Woordenboek

Latijn/Nederlands

OMANUM
A
B
C
D
E
F
5
6
7
8
Guthalus
Rha
Venedi
Sarmatae
Borysthenes
Tanais
Hypanis
Tyra
Iazyges
Bastarnae
Costoboci
Pyretus
Hierasus
Getae
Rhoxolani
Alani
Aorsi
Scythae
Daix
Oxus Mare
Maeotae
Dandari
Maeotis Palus
Siraci
Alonta
Porolissum
Napoca
Potaissa
Apulum
Marisia
Sarmizegetusa
DACIA
Trosmis
Drobeta
Alutus
Axiopolis
Durostorum
Tomi
Tropaeum Trajani
Histropolis
Ratiaria
Oescus
Danubius
MOESIA
Nicopolis
Odessos
Mesembria
Apollonia
Serdica
Olbia
Tyras
Chersonesus Taurica
REGNUM BOSPHORI
Panticapaeum
Theodosia
Cherronesus
PONTUS EUXINUS
CAUCASUS MONS
Iberia
Albania
Albana
CASPIUM MARE
Pityus
Dioscurias
Cygnus
Phasis
Colchis
Bathys
Cyrus
Lychnitis Lacus
Otene
Armariva
Artaxata
Araxes
Sinope
Amisus
Cerasus
Trapezus
Amastris
Heraclea Pontica
Amasia
Themiscyra
Nicopolis
Satala
Zela
ARMENIA
Thospitis Lacus
Matianus Lacus
Amardus
THRACIA
Hebrus
Bizya
Philippopolis
Plotinopolis
Stobi
Philippi
Byzantium
Nicomedia
BITHYNIA ET PONTUS
Gangre
Ancyra
CAPPADOCIA
Randeia
Corduena
Tigranocerta
Gazaca
Media
Atropatene
MACEDONIA
Thessalonice
Pydna
Thasos
Lemnos
Propontis
Nicaea
Cyzicus
Pessinus
GALATIA
Halys
Melitene
Sophene
Amida
Arsanias
Troja
Phrygia
Pergamum
ASIA
Caesarea
Cataonia
Adiabene
Nisibis
Ninus
Arbela
Ecbatana
Pharsalus
AEGAEUM MARE
Lesbos
Mysia
Synnada
Tatta Lacus
Tyana
Taurus Mons
COMMAGENE
Samosata
Edessa
Carrae
Mygdonia
Singara
Hatra
REGNUM PARTHICUM
Thermopylae
Magnesia
Sardis
Apamea
Iconium
CILICIA
Euboea
Chios
Smyrna
Lydia
Lycaonia
Pisidia
Tarsus
Cyrrhus
Nicephorium
MESOPOTAMIA
ASSYRIA
Tigris
Dialas
Choaspes
ACHAIA
Corinthus
Athenae
Samos
Ephesus
Laodicea
Caria
Attalia
Perga
Sida
Pompeiopolis
Antiochia
SYRIA
Dura Europos
Sparta
Naxos
Coos
LYCIA ET PAMPHYLIA
Selinus
Laodicea
Apamea
Rhodos
Myra
Emesa
Palmyra
Euphrates
Ctesiphon
Susa
Cythera
Salamis
CYPRUS
Tripolis
PHOENICE
Babylon
Babylonia
Charax
Gnossus
Gortyn
CRETA
Berytus
Damascus
Deserta Syriae
MARE
Tyrus
Bostra
Persicus Sinus
Caesarea
IUDAEA
Cyrene
Apollonia
Barce
Hierosolyma
Gaza
Mortuum Mare
Catabathmos Major
Juliopolis
Pelusium
Alexandrea
Sais
Petra
ARABIA
Paraetonium
CYRENAICA
Arsinoe
Aelana
Nabathaea
Marmarica
Memphis
ARABIA
Oxyrynchus
Deserta Libyca
AEGYPTUS
Hermopolis
Nilus
ARABICUS SINUS
Ptolemais
Coptos
Thebae
Syene

William Oke

Woordenboek

Latijn/Nederlands

Hoofdredacteur
prof. dr Harm Pinkster
emeritus hoogleraar aan de
Universiteit van Amsterdam

Vijfde herziene druk

AMSTERDAM UNIVERSITY PRESS

Het redactieteam van het Woordenboek Latijn/Nederlands bestond uit de volgende personen, met vermelding van een – vereenvoudigde – aanduiding van hun inbreng:
Ronald Blankenborg, Sé Lenssen, Emilie van Opstall, Marijke Ottink, Mischa Veldman (*eerstelijn vertalers*),
Machtelt Bolkestein, Wichert Claassen, Daan den Hengst, Jan de Jong, Sé Lenssen, Rodie Risselada (*redacteuren*),
Ronald Blankenborg, Ineke Blijleven, Jan de Jong, Jan Vonk (*eindredactie en computerondersteuning*) en
Harm Pinkster (*hoofdredacteur*).

Dit woordenboek is gebaseerd op het PONS *Globalwörterbuch Lateinisch-Deutsch*, uitgegeven door Ernst Klett Verlag für Wissen und Bildung GmbH.
Dit woordenboek kwam mede tot stand dankzij een subsidie van het ministerie van OC en W.

Eerste druk: 1998, AUP, Amsterdam
Tweede, herziene druk: 2003, AUP, Amsterdam
Derde druk: 2005, AUP, Amsterdam
Vierde druk: 2007, AUP, Amsterdam
Vijfde, herziene druk: 2009, AUP, Amsterdam

Basisontwerp omslag:
Harry Sierman, Amsterdam
Ontwerp omslag: Kok Korpershoek, Amsterdam
Ontwerp binnenwerk: Harry Sierman, Amsterdam
Zetwerk: Thieme MediaICT, Deventer

ISBN ingenaaid 9789089640734
ISBN gebonden 9789089641229
NUR 627

Voorwoord

Het besluit om een nieuw (vertaal)woordenboek Latijn/Nederlands te maken is voortgekomen uit een aantal overwegingen die te maken hebben met het feit dat de positie van het Latijn in onze maatschappij heel anders is dan ten tijde van bv. de vervaardiging van het welbekende woordenboek van Muller en Renkema (en de latere bewerkingen daarvan). In het voorbereidend wetenschappelijk onderwijs is de omvang van de lectuur van Latijnse teksten aanzienlijk verminderd. Vertrouwdheid met de woordenschat van de voornaamste literaire teksten kan niet verondersteld worden. Steeds vaker worden bij schoolteksten toegespitste woordenlijstjes geproduceerd. Verder is de kennis van de vormleer zo veel minder dan vroeger dat veel leerlingen niet gemakkelijk van een woord in de tekst bij de lemmata in een van de bestaande woordenboeken terecht zullen komen. In het wetenschappelijk onderwijs is de kennis van het Latijn weliswaar nog maar voor weinig vakken verplicht, maar voor bepaalde studierichtingen zijn Latijnse teksten nog steeds belangrijk. Ook studenten in dergelijke studierichtingen hebben een ontoereikende morfologische en lexicale kennis om zelfstandig Latijnse teksten te kunnen lezen. Dit woordenboek biedt daarom meer morfologische hulp en geeft meer expliciete informatie over constructies. In de Appendix wordt bovendien systematische grammaticale informatie gegeven en informatie over realia. De verwachting is dat het woordenboek zo ook een betere ondersteuning kan geven om zelfstandig Latijn te lezen en o.a. een goede functie kan vervullen in de tweede fase van het VWO (het 'studiehuis').

Hierboven is al aangegeven dat het woordenboek bedoeld is voor een grotere doelgroep dan alleen VWO-leerlingen. Behalve op universitaire studenten richt het woordenboek zich ook op mensen die bij de uitoefening van hun beroep zo nu en dan Latijnse woorden moeten kunnen opzoeken. Te denken valt aan juristen en theologen. Het woordenboek is daarom gebaseerd op een corpus dat naar tijd en genre aanzienlijk ruimer is dan gebruikelijk.

Voor makers en gebruikers zou het ideaal zijn geweest om van voren af aan een nieuw woordenboek te maken. Dit was door de tijd en mankracht die daarvoor nodig zijn niet haalbaar. Toen ik besloten had dat er een nieuw woordenboek moest komen en subsidiëring door het ministerie van Onderwijs, Cultuur en Wetenschappen in het vooruitzicht werd gesteld, ben ik op zoek gegaan naar een bruikbaar voorbeeld, dat bovendien in computerleesbare vorm beschikbaar was. Als uitgangspunt voor dit woordenboek heb ik toen gekozen voor het bestaande PONS woordenboek Latijn/Duits (uitg. Klett). Ons woordenboek verschilt echter sterk van het Duitse voorbeeld. Het aantal lemmata is aanzienlijk groter en veel bestaande lemmata zijn grondig aangepast, o.a. met behulp van de *Oxford Latin Dictionary* en de gepubliceerde delen van de Thesaurus Linguae Latinae, en flink wat zijn geschrapt. In beginsel zijn nu alle woorden opgenomen die ten minste enkele malen voorkomen in de niet-christelijke teksten tot ca. 400 (m.u.v. inscripties) die in de Thesaurus zijn verwerkt en ook de woorden die met redelijke frequentie voorkomen in toegankelijke christelijke teksten. Woorden die in de context worden uitgelegd of op andere wijze makkelijk te begrijpen zijn, zijn niet opgenomen. Een zekere willekeurigheid was daarbij niet te vermijden. De in het Duitse uitgangswerk opgenomen Middeleeuwslatijnse woorden zijn gehandhaafd. Wat de eigennamen betreft is in grote lijnen de keuze aangehouden van het Duitse woordenboek. Verdere uitbreiding bleek onwenselijk i.v.m. de omvang van het woordenboek.

Bij de opbouw van de lemmata heb ik – in navolging van het Duitse voorbeeld – gekozen voor een lineaire opsomming van betekenissen van een woord en niet voor een hiërarchische structuur met hoofdbetekenis(sen), deelbetekenissen en ad-hocinterpretaties. Ik ben me ervan bewust dat daarmee de grens tussen contextuele interpretatie en betekenis vaak wordt overschreden, met uiteraard het risico van onjuiste of te toegespitste interpretaties. Ik heb voorrang gegeven aan de overzichtelijkheid voor de gebruiker boven een eventuele vanuit de semantische theorie meer verantwoorde systematiek.

Bij de woorden wordt waar mogelijk aangegeven van welk Latijns woord ze zijn afgeleid. Bij leenwoorden wordt aangegeven uit welke taal ze zijn overgenomen, uiteraard bijna steeds het Grieks.

Ik heb lang geaarzeld over de te hanteren taalkundige terminologie. Uiteindelijk heb ik gekozen voor de gelatiniseerde, internationaal gebruikelijke terminologie. Het is dus *n* en niet *onz.*, en *adj.* en niet *bv.nw.* In de afkortingenlijst zijn wel de Nederlandse equivalenten toegevoegd. Een nog lastiger probleem vormden de grammaticale constructies bij werkwoorden van het type *donare* ('begiftigen', 'schenken') met naast het subject twee noodzakelijke aanvullingen, zeker als – zoals in dit voorbeeld – er twee constructies bestaan bij hetzelfde werkwoord. Hierbij heb ik wat ingewikkelder grammaticale terminologie helaas niet kunnen vermijden. Voor verdere informatie over de uitgangspunten die zijn gehanteerd, verwijs ik naar de paragraaf over de opbouw van het woordenboek.

In dit woordenboek is de nieuwe spelling gevolgd. Dat geldt ook voor ingeburgerde klassieke namen als Jupiter en Pompeji. Waar 'het Groene Boekje' niet helpt, in het bijzonder in het geval van eigennamen, heb ik de spelling aangehouden van de Winkler Prins. Maar dat was ook vaak niet mogelijk.

Dit woordenboek is een product van samenwerking tussen velen, junioren en senioren, bezoldigden en vrijwilligers. De namen van de meest intensief betrokkenen worden elders in dit boek vermeld. Ik maak een uitzondering om hier Jan Vonk te noemen, zonder wiens onvermoeibare inzet het boek er niet zou zijn. De medewerkers van Amsterdam University Press hebben ons werk geëngageerd begeleid. Het ministerie van OC en W (later de Commissie Lexicografische Vertaalvoorzieningen) heeft de uitgave mogelijk gemaakt door een royale subsidie. Het Computer Centrum Geesteswetenschappen van de Universiteit van Amsterdam heeft de uitgave technisch ondersteund. Ik heb het voorrecht gehad de hoofdredactie te mogen voeren. Ik dank alle betrokkenen voor hun inzet en steun. In het computertijdperk is het altijd mogelijk verbeteringen aan te brengen in nieuwe oplagen. Ik ben bij voorbaat erkentelijk voor iedere vorm van commentaar.

Amsterdam, 25 januari 1998

Voorwoord bij de tweede, herziene druk

Het Woordenboek Latijn/Nederlands is buitengewoon gunstig ontvangen, door recensenten en door gebruikers. Een flink aantal gebruikers heeft suggesties gezonden voor verbeteringen. Hun namen worden hieronder vermeld. Dit was een stimulans om verder te werken aan het woordenboek. Het is nu tijd om een herziene versie uit te brengen, met naar schatting 3000 kleine (een fout geplaatst haakje) en grote (nieuwe woorden, herziene beschrijvingen) veranderingen. Ook in de Appendix is een aantal storende fouten verwijderd. Gelijktijdig komt nu ook een cd-rom beschikbaar, die inhoudelijk gelijk is aan het woordenboek, maar op zijn minst twee voordelen heeft: het beeld kan vergroot worden, en het is mogelijk het woordenboek te doorzoeken op Nederlandse en Latijnse woorden. Verder zal er ook experimenteel, vooralsnog gratis, een website versie worden aangeboden.

Ik dank de volgende gebruikers voor hun suggesties: Leon ter Beek, Jan Bloemendal, Wichert Claassen, C.N.D. Harderwijk, Daan den Hengst, Nico Koeneman, Cees Kostelijk, Sé Lenssen, Fik Meijer, Marijke Ottink, Marc v.d. Poel, Wim Remmelink, Rodie Risselada, Jan Vonk, Mark de Wilde. Ik wijk van de alfabetische volgorde af voor drie "grootleveranciers", die ik in het bijzonder dank voor hun vele kritische opmerkingen: Guus Bal, Joop Jagers en Jona Lendering. Voor de voorbereiding van de nieuwe tekst heb ik weer mogen profiteren van de inzet van Jan de Jong en Jan Vonk, ook al onvermoeibaar betrokken bij de eerste druk, en van Sabine Kok en Fenne Pinkster. De directeur en staf van de AUP dank ik voor ook nu weer hun hartverwarmende betrokkenheid en deskundigheid.

Een woordenboek is nooit af. Alle suggesties voor verbetering blijven welkom. Net als voorheen zullen regelmatig verbeteringen worden ingevoerd op www.latijnnederlands.nl.

Amsterdam, oktober 2002

Harm Pinkster

h.pinkster@uva.nl

Voorwoord bij de vijfde, herziene druk

Ook deze keer is de tekst van het woordenboek aanzienlijk gewijzigd. De appendix is uitgebreid met een overzicht van de declinatie van de adjectieven. Ook is een beknopt overzicht van de Romeinse geschiedenis toegevoegd. Dr Wolfgang de Melo (Oxford) heeft de lengtetekens op de klinkers gecontroleerd en een groot aantal verbeteringen voorgesteld. Van Wichert Claassen, Harm Poortvliet en Mark de Wilde, maar vooral ook van Friederike Bremer en Guus Bal heb ik veel suggesties voor verbetering en aanvulling ontvangen. De verwerking van al deze verbeteringen heeft Akke Pinkster voor haar rekening genomen. Zij is ook verantwoordelijk voor heel veel onzichtbare wijzigingen in de electronische versies, waardoor de doorzoekbaarheid is verbeterd. Jan de Jong is nog steeds de steun en toeverlaat voor de technische infrastructuur. Ik dank hen allen zeer voor hun hulp. Mijn dank gaat ook weer uit naar de enthousiaste en competente staf van AUP en naar Saskia de Vries, directeur van AUP.
Voor alle vormen van commentaar houd ik me aanbevolen.

Amsterdam, juli 2008
Harm Pinkster

h.pinkster@uva.nl

De opbouw van het woordenboek

De ordening van de lemmata

fācunditās
fācundus
faeceus
faecula

De lemmata (titelwoorden) zijn alfabetisch geordend.

ōs[1], ōris *n*
os[2], ossis *n*

Woorden die op gelijke wijze geschreven worden, maar tot een verschillende woordsoort behoren of van een verschillende stam zijn afgeleid, worden van elkaar onderscheiden met een verhoogd cijfer: [1], [2], aan het eind van het titelwoord. (N.B. lengtetekens boven klinkers worden in dit verband genegeerd.)

De opgenomen basisvorm

Bij de vervoegde en verbogen vormen van resp. werkwoorden en naamwoorden wordt het lemma gevormd door een **basisvorm**, gevolgd door beknopte informatie van voornamelijk morfologische aard. Bij het titelwoord en de andere vormen worden lange klinkers gemarkeerd met een lengteteken boven de klinker, bv. **ā, ī**.

amō, amāre
pūniō, pūnīre
cubō, cubāre, cubuī, cubitum
habeō, habēre, habuī, habitum
dēleō, dēlēre, dēlēvī, dēlētum
dīcō, dīcere, dīxī, dictum
queror, querī, questus sum

- Bij **werkwoorden (verba)** is als basisvorm genomen de eerste persoon van de singularis praesentis indicativi activi (of passivi). Naast deze basisvorm wordt in principe de **infinitivus praesentis** gegeven en vaak ook de **stamtijden**. Het laatste gebeurt niet bij de regelmatige werkwoorden van de *a*- en i-conjugatie, zoals *amāre* en *punīre*.

re-stituō, stituere, stituī, stitūtum
ad-veniō, venīre, vēnī, ventum

- Bij **samengestelde werkwoorden** (composita) wordt met een streepje (-) een scheiding aangegeven tussen het voorvoegsel (prefix) en het niet-samengestelde werkwoord (simplex). Bij de stamtijden wordt het prefix weggelaten.

---

af-fluō, fluere, flūxī, —
flōrēscō, flōrēscere, — —

Het ontbreken van een bepaalde stamtijd wordt aangeduid met een liggend streepje: —.

Onregelmatige vormen

Afgezien van de basisvorm en de andere zojuist beschreven informatie zijn in het woordenboek ook **onregelmatige vormen** opgenomen, die met de eerdere informatie niet gevonden kunnen worden. Zij zijn strikt alfabetisch geordend. Het is ondoenlijk alle onregelmatige vormen op te nemen. Volstaan is met de volgende gevallen:

velle *inf. praes. act. v. volo*[2]

- de infinitivi van onregelmatige werkwoorden, bv. *velle*, *ferre*;

momordī *pf. v. mordeo*
ēmī *pf. v. emo*
cēpī *pf. v. capio*
tulī *pf. v. fero*

morsus ppp. *v. mordeo*
ēmptus ppp. *v. emo*
captus ppp. *v. capio*
lātus ppp. *v. fero*

- de eerste pers. sg. ind. pf. act. en het participium perfecti passivi (ppp.) van
  - de werkwoorden van de 2e conjugatie met aanzienlijke verschillen tussen de perfectumstam, het participium en de praesensstam, bv. *mordeo*;
  - de werkwoorden van de 3e conjugatie (consonantstammen), bv. *emo*;
  - de werkwoorden van de gemengde conjugatie, bv. *capio*;
  - de onregelmatige werkwoorden, bv. *fero*;
- de paradigmata van de meest onregelmatige werkwoorden zijn meer of minder uitgebreid opgenomen in de appendix;
- de onregelmatige vormen van samengestelde werkwoorden zijn onvolledig opgenomen.

absconditus, a, um
abundāns, *gen.* antis
tacitus, a, um

Verder zijn apart opgenomen **als adjectief gebruikte** participia.

---

galea, ae *f*
oppidum, ī *n*
nātiō, ōnis *f*
imber, bris *m*

- Bij **substantieven** is als basisvorm genomen de nominativus singularis. Naast deze basisvorm is de uitgang van de genitivus singularis opgenomen en tevens een aanduiding van het grammaticale geslacht (genus) (*m*, *f* en *n*).

ōs[1], ōris *n*
os[2], ossis *n*
iūs, iūris *n*

Bij korte woorden is voor de duidelijkheid de hele genitivusvorm gegeven.

laetus, a, um

- Bij **adjectieven** is als basisvorm genomen de nominativus singularis masc. Daarnaast wordt de volgende informatie gegeven:

ācer, ācris, ācre

- bij adjectieven met drie uitgangen de uitgang of vorm van het vrouwelijke (femin.) en onzijdige (neutr.) geslacht;

brevis, e

- bij adjectieven met twee uitgangen de nominativus singularisvorm van het onzijdige geslacht;

ferōx, *gen.* ōcis
in-ops, *gen.* opis

- bij adjectieven van één uitgang de genitivus singularis.

bonus, a, um (*comp.* melior, ius, *superl.* optimus, a, um; *adv.* bene)
bene, *adv. v. bonus*
melior, ius *comp. v. bonus*
optimus, *superl. v. bonus*

Verder zijn onregelmatige adverbia, comparativus- en superlativusvormen opgenomen. Deze zijn ook nog eens apart alfabetisch opgenomen.

Structuur van de betekenisomschrijvingen

In de omschrijvingen van de betekenis van het woord wordt naast de Nederlandse vertalingen ook allerlei aanvullende informatie opgenomen.

Wat bedoeld is als Nederlands equivalent van het Latijnse woord of van de onderscheiden betekenis is in normaal lettertype gezet. Alle andere informatie is typografisch afwijkend.

hostis, is *m, zelden f*
1. vijand (**a**) staatsvijand, vijand *in de oorlog* [**socii atque hostes** vriend en vijand]; *(coll.)* de vijand [**externus**]; (**b**) openlijke vijand, tegenstander, opponent [**bonorum** van de conservatieven; **patriae** landverrader; **veritatis**; *(ook m. dat.)* **dis hominibusque**]; (**c**) *(poët.) (in de liefde)* rivaal, mededinger;
2. vreemdeling, buitenlander; ▸ *cives atque hostes;*
3. *(Laatl.)* duivel.

Wanneer bij een woord verschillende betekenissen of toepassingen kunnen worden onderscheiden, zijn deze met (vette) Arabische cijfers, steeds op een nieuwe regel, aangeduid. Daarbinnen wordt waar nodig weer een onderscheid gemaakt met (vette) kleine letters.

īn-suēscō, suēscere, suēvī, suētum
I. *intr.* zich gewennen aan, gewend raken aan *(m. ad; dat.; inf.)* [**ad disciplinam; imperare**];
II. *tr.* gewennen aan *(m. ut; inf.)*; ▸ *insuevit pater hoc me ut (Hor.).*
gemellus *(demin. v. geminus) (poët.; postklass.)*
I. *adj.* a, um
1. tweeling- [**fratres**];
2. dubbel [**vites; legio** dubbellegioen];
3. (als tweelingen) gelijkend, helemaal gelijk;
II. *subst.* ī *m* tweeling, tweelingbroer.

Met vette Romeinse cijfers worden meer fundamentele onderscheidingen, bv. van grammaticale aard, zichtbaar gemaakt.

Voorbeelden van het gebruik van een woord

honestus, a, um *(honos)*
1. geëerd, geacht, voornaam, aanzienlijk [**homo; familia; vir**]; ▸ *-o loco natus; vir ~ eretitel v.d. equites;*
2. eervol, fatsoenlijk, betamelijk, behoorlijk [**laudatio; victoria; mores; res** middelen die bij zijn stand passen]; ▸ *vita -e acta; -um est* het is eervol *of* het strekt tot eer;
3. moreel goed, deugdzaam [**vita**]; ▸ *-e vivere;*
4. *(v. niet-lev.)* mooi, knap, edel [**facies; forma; caput; oratio** mooi klinkend].

- Om het gebruik van een woord te illustreren worden Latijnse voorbeelden gegeven. Deze vallen uiteen in twee typen:
  - korte voorbeelden, **halfvet** gedrukt, van typerende woordcombinaties tussen rechte haken [ ];
  - meer uitvoerige uitdrukkingen en citaten, aangeduid met ▸, cursief gedrukt.

Soms is voor de duidelijkheid een vertaling toegevoegd. Bij langere en meer letterlijke citaten is soms tussen haakjes d.m.v. een afkorting de naam van de auteur vermeld (zie Lijst van afkortingen).

obtrectātiō, ōnis *f (obtrecto)* jaloezie, afgunst; ▸ *~ laudis alienae* over de waardering voor iem. anders; *~ atque invidia adversus crescentem in dies gloriam alcis.*
hāc *adv. (hic*[1]*; vul aan: parte of viā)*
1. hierlangs, via deze weg; op deze manier;
2. aan deze kant; ▸ *~ atque illac (Ter.)* overal.

- In de opgenomen uitdrukkingen wordt het titelwoord zelf als regel weggelaten. Een golflijntje (tilde, ~) geeft aan dat iets aangevuld moet worden, nl.
  - bij *verba* de infinitivus;
  - bij *substantiva* de nominativus;
  - bij *adjectiva, adverbia* en *preposities* het titelwoord.

Verdere informatie bij het lemma

iānitrīx, īcis *f* *(ianitor)* *(pre- en postklass.)* portierster.
im-mūniō, mūnīre *(Tac.)* aanleggen [**praesidium**].
hāc-tenus *adv.* *(ook gesplitst)*
1. *(v. plaats)* *(poët.; postklass.)* tot hier, tot daar, zover; ▸ *hac Troiana tenus fuerit Fortuna secuta;*
2. *(v. tijd)* tot nu toe;
3. *(afsluitend in redevoering en geschrift)* tot hier, tot aan dit punt, zover; ▸ *~ de amicitia dixi;*
4. in zoverre, in die mate.
ab-dīcō,[2] dīcere, dīxī, dictum
1. afwijzen, afzweren, verbieden; *(v. voortekens)* niet toelaten, weigeren, verwerpen *(itt. addico);* ▸ *aves abdicunt (alqd)* de voorspellende vogels laten (iets) niet toe;
2. *(jur.)* (bij vonnis) ontzeggen, betwisten.

• Bij woorden of betekenisonderscheidingen die hoofdzakelijk of alleen maar voorkomen
  • in (een) bepaalde **periode(s)** (bv. preklassiek), of vanaf een bepaalde periode (bv. postklassiek). De volgende aanduidingen worden gebruikt:
  klassiek: het Latijn van de auteurs Cicero en Caesar;
  preklassiek: het Latijn van auteurs geboren of werkend voor Cicero en Caesar, bv. Cato en Varro; daarbinnen worden met **archaïsch** de auteurs en teksten uit de vroegste periode aangeduid;
  postklassiek: het Latijn van auteurs geboren of werkend na Cicero en Caesar, van Nepos tot Suetonius;
  Laatlatijn: het Latijn van auteurs als Gellius en Apuleius en lateren; daarbinnen worden met **ecclesiastisch** de christelijke auteurs en teksten aangeduid.
  • bij een bepaalde **auteur** (bv. *Tac.*);
  • in een bepaald **genre** (bv. *poët.*)

is in afgekorte vorm tussen haakjes relevante informatie gegeven. Ook is vermeld of een woord behoort tot het **jargon** van een bepaald beroepsveld (bv. *jur.*).
Voor afkortingen raadplege men de afkortingenlijst.
Tenslotte wordt het **metaforische** en **metonymische** gebruik van woorden aangeduid. Bij opeenvolgende metaforische betekenissen wordt als regel de aanduiding '*metaf.*' niet herhaald.

ab-iungō, iungere, iūnxī, iūnctum
1. *(poët.)* uitspannen [**iuvencum**];
2. *(metaf.)* scheiden, verwijderen.

im-pendō, pendere, pendī, pēnsum
1. *(geld)* besteden, gebruiken, uitgeven [**sumptum; pecuniam;** *(aan, voor: in m. acc.)* **in res vanas; nummos in navem**];
2. *(metaf.)* *(moeite, tijd e.d.)* besteden, opofferen, gebruiken *(aan, voor: in m. acc.; ad; dat.; in m. abl.)* [**operam; sanguinem in socios; vitam vero**].

• Wanneer uit de Nederlandse vertaling niet gemakkelijk kan worden geconcludeerd in welke constructies een woord voorkomt is tussen haakjes **syntactische** informatie toegevoegd.

homi-cīda, ae *m en f* *(homo en caedo)*
1. moordenaar, moordenares;
2. *(Hor.)* mannendoder [**Hector**].
hodiē *adv.* *(< hō[c] diē)*
hydra, ae *f* *(Gr. leenw.)*

• Informatie over de **etymologie** is toegevoegd bij samengestelde woorden (voorzover bekend). Achter woorden die aan het Grieks ontleend zijn, staat *(Gr. leenw.)* met soms de letterlijke betekenis van dat Griekse woord tussen enkele aanhalingstekens.

Eigennamen

Agathoclēs, is *en* ī *m tiran v. Syracuse (360–289 v. Chr.), bekend om zijn oorlogen tegen de Carthagers.*
Aegeus, eī *m koning v. Athene, vader v. Theseus;* – *patron.* **Aegidēs,** ae *m nakomeling v. Aegeus,* Aegide, *ihb. zijn zoon Theseus.*
Gādēs, ium *f Fen. (Tyrische) kolonie in Z.W.-Spanje, nu Cádiz;* – *inw. en adj.* **Gādītānus,** ī *m resp.* a, um; – **Gādītānae,** ārum *f* danseressen uit Gades.

Van een aantal bekende personen uit de geschiedenis en de mythologie, voorzover ze in veelgelezen teksten voorkomen, is korte **encyclopedische** informatie opgenomen.

Bij plaatsnamen is geografische en eventueel historische informatie opgenomen.

Verklaring van tekens en lettertypen

[ ]	voorbeelden van typerende constructies
▸	vaste uitdrukkingen en citaten
~	tilde, gebruikt als vervanging voor: - de infinitivus van het werkwoord - de nominativus van het substantief - het betreffende adjectief, adverbium of de prepositie
—	1. bij stamtijden: betreffende vorm ontbreekt 2. binnen een lemma: De volgende informatie is alleen maar geldig binnen het cijfer waarbinnen het teken voorkomt

<	afgeleid van
>	wordt
<->	in tegenstelling tot
*	niet geattesteerd woord
?	woord dat niet geheel zeker is overgeleverd of waarvan de betekenis niet vaststaat
/	aan het eind van een lemma, of voor een apart onderdeel van een lemma of een toelichting: Wat volgt heeft betrekking op het hele lemma of op meerdere voorafgaande cijfers van het lemma.
::	sprekerswisseling in een dialoog

Vet	lemma of onderdelen daarvan
Halfvet	karakteristieke combinaties
Cursief	Latijnse voorbeelden na een ▸, grammaticale termen en allerlei toelichtingen
Normaal	betekenissen en vertalingen in het Nederlands

Lijst van afkortingen

aand.	aanduiding
abl.	ablativus
abl. abs.	ablativus absolutus
abs.	absoluut gebruikt
abstr.	abstract(um/a)
acc.	accusativus
aci.	accusativus cum infinitivo
act.	actief
adj.	adjectief (bijvoeglijk naamwoord)/adjectivisch
adv.	adverbium (bijwoord)/adverbia(a)l(e)
afh. vr.	afhankelijke vraagzin
afk.	afkorting
agr.	agrarisch(e)
alci	alicui
alcis	alicuius
alg.	algemeen
alqa(m)	aliqua(m)
alqd	aliquid
alqm	aliquem
alqo(s)	aliquo(s)
alqs	aliquis
Apul.	Apuleius
arch.	archaïsch(e)
archit.	architectonisch(e)
Att.	Attisch(e)
attrib.	attribuut/attributief
Aug.	Augustus
August.	Augustinus
beh.	behalve
bew.	bewoner
biol.	biologisch(e)
botan.	botanisch(e)
bz.	bijzin
Caes.	Caesar
Catull.	Catullus
christ.	christelijk(e)
Cic.	Cicero
cj.	conjunctie (voegwoord)
cogn.	cognomen
coll.	collectivum/collectief
comb.	combinatie
comp.	comparativus (vergrotende trap)
concr.	concreet
conj.	conjunctivus (aanvoegende wijs)
cons.	consonant(isch)
constr.	constructie
dat.	dativus
decl.	declinatie (verbuiging)
defect.	defectivum (verbum -, 'onvolledig' ww.)
demin.	deminutivum (verkleinwoord)
dep.	deponens
desid.	desiderativum
dir.	direct(e)
dir. vr.	directe vraagzin
dubb.	dubbel(e)
eccl.	ecclesiastica (werken van kerkelijke schrijvers)
Egypt.	Egyptisch(e)
encl.	enclitisch
Enn.	Ennius
epith.	epitheton
Etr.	Etruskisch(e)
f	femininum (vrouwelijk)
fem.	femininum (vrouwelijk)
Fen.	Fenicisch(e)
frequ.	frequentativum
filos.	filosofisch(e)
fut.	futurum
Gall.	Gallisch(e)
geestel.	geestelijk
Gell.	Gellius
gen.	genitivus
geom.	geometrisch(e)
gerechtel.	gerechtelijk
geringsch.	geringschattend
Germ.	Germaans(e)
gew.	gewoonlijk
Gr.	Grieks(e)

gramm.	grammaticaal
Hebr.	Hebreeuws(e)
Hor.	Horatius
i.d.	in de
iem.	iemand
iems.	iemands, van iemand
imp.	imperativus
impf.	imperfectum
incoh.	incohativum
indecl.	indeclinabel (onverbuigbaar)
indic.	indicativus (aantonende wijs)
inf.	infinitivus (onbepaalde wijs)
inscr.	inscriptie(s)
instr.	instrumentalis (abl. instrum.)
intens.	intensivum
interj.	interjectie (tussenwerpsel)
intr.	intransitief (onovergankelijk)
inw.	inwoner(s)
iron.	ironisch
Ital.	Italisch(e)
jur.	juridisch(e)
Juv.	Juvenalis
Kelt.	Keltisch(e)
Kl.-Azië	Klein-Azië
klass.	klassiek
kom.	komedie
kwal.	kwalitatief
kwant.	kwantitatief
Laatl.	Laatlatijn
Lat.	Latijn/Latijns(e)
leenw.	leenwoord
lich.	lichamelijk
Liv.	Livius
loc.	locativus
log.	logisch
Lucr.	Lucretius
m	masculinum (mannelijk)
m.	met
Macedon.	Macedonisch(e)
Mart.	Martialis
masc.	masculinum (mannelijk)
math.	mathematisch(e)
mbt.	met betrekking tot
med.	medisch(e)
Mel.	Middeleeuws Latijn
metaf.	metaforisch (overdrachtelijk)
meton.	metonymisch
metr.	metrisch(e)
milit.	militair(e)
Min. Fel.	Minucius Felix
missch.	misschien
mnl.	mannelijk(e)
mondel.	mondeling
mor.	moreel
muz.	muzika(a)l(e)
myth.	mythisch(e)
mythol.	mythologie/mythologisch(e)
n	neutrum (onzijdig)
nakom.	nakomeling(en)
naut.	nautisch(e)
nci.	nominativus cum infinitivo
neg.	negatief (-ieve)
Nep.	Nepos
neutr.	neutrum (onzijdig)
niet-lev.	niet-levend
niet-klass.	niet-klassiek
niet-refl.	niet-reflexief
niet.-Rom.	niet-Romeins(e)
nom.	nominativus
NT	Nieuwe Testament
nv.	nevenvorm
obj.	object (lijdend voorwerp)
onomatop.	onomatopeeïsch
onpers.	onpersoonlijk(e)
oorspr.	oorspronkelijk(e)
openb.	openba(a)r(e)
OT	Oude Testament
oudchr.	oudchristelijk(e)
Oudital.	Ouditalisch(e)
Oudrom.	Oudromeins(e)
Ov.	Ovidius
p. adj.	van participium afgeleid adjectief
partit.	partitivus
pass.	passief
patric.	patricisch(e)

patron.	patronymicum
pejor.	pejoratief
pers.	persoon
Pers.	Persius
persoonl.	persoonlijk(e)
personif.	personificatie
Perz.	Perzisch(e)
Petr.	Petronius
pf.	perfectum
Phaedr.	Phaedrus
Plaut.	Plautus
pleb.	plebejisch(e)
Plin. Mai.	Plinius Maior
Plin. Min.	Plinius Minor
plqpf.	plusquamperfectum
plur. t.	plurale tantum
plur.	pluralis (meervoud)
poët.	poëtisch
pol.	politiek(e)
pos.	positivus (stellende trap)
poss.	possessivus (gen. poss.)
postklass.	postklassiek
postp.	postpositie (achterzetsel)
p.p.	participium van het perfectum van een deponens
ppp.	participium van het passieve perfectum
praes.	praesens
pred.	predicatief (-ieve)
preklass.	preklassiek
prep.	prepositie (voorzetsel)
pron.	pronomen (voornaamwoord), pronomina(a)l(e)
pron. dem.	pronomen demonstrativum (aanwijzend voornaamwoord)
pron. indef.	pronomen indefinitum (onbepaald voornaamwoord)
pron. interr.	pronomen interrogativum (vragend voornaamwoord)
pron. pers.	pronomen personale (persoonlijk voornaamwoord)
pron. poss.	pronomen possessivum (bezittelijk voornaamwoord)
pron. refl.	pronomen reflexivum (wederkerend voornaamwoord)
pron. rel.	pronomen relativum (betrekkelijk voornaamwoord)
Prop.	Propertius
ptc.	participium (deelwoord)
ptc. fut.	participium van het futurum
ptc. pf.	participium van het perfectum
ptc. pr.	participium van het praesens
publ.	publiek(e)
Pun.	Punisch(e)
refl.	reflexief (wederkerend)
reg.	regeerde
relat.	relatief/relatieve
relig.	religie/religieus
rel. bz.	relatieve (betrekkelijke) bijzin
retor.	retorisch(e)
Rom.	Romeins(e)
Sab.	Sabijns(e)
Sall.	Sallustius
scheldw.	scheldwoord
scherts.	schertsend(e)
schriftel.	schriftelijk
Sen.	Seneca
sg.	singularis (enkelvoud)
Sic.	Siciliaans(e)
Spart.	Spartaans(e)
sprw.	spreekwoord/spreekwoordelijk
subj.	subject (onderwerp)
subst.	substantief (zelfstandig naamwoord)/substantivisch
Suet.	Suetonius
sup.	supinum
superl.	superlativus (overtreffende trap)
sync.	gesyncopeerd
Syr.	Syrisch(e)
taalgebr.	taalgebruik
Tac.	Tacitus
Ter.	Terentius
Thrac.	Thracië/Thracisch(e)
Tib.	Tibullus
tijdsadv.	bijwoord van tijd
tr.	transitief (overgankelijk)
trag.	tragedie/tragisch
t.t.	terminus technicus
uitdr.	uitdrukking(en)
v.	van
Var.	Varro
vd.	vandaar
v.d.	van de
v.e.	van een
verb.	verbum/verba [werkwoord(en)]

Verg.	Vergilius
vergl.	vergelijking(en)
versch.	verschillend
verw.	verwant
v.h.	van het
vijandel.	vijandelijk(e)
voc.	vocaal
vocat.	vocativus
volg.	volgend(e)
voll.	volledig
voorgr.	voorgrieks(e)
vroegchr.	vroegchristelijk(e)
vroegrom.	vroegromeins(e)
vrl.	vrouwelijk(e)
Vulg.	*Vulgata*
wsch.	waarschijnlijk

A

A, a[1] *(afk.)*
1. = *de voornaam Aulus;*
2. = *absolvo* ik spreek vrij *(vd. heet de letter a de littera salutaris);*
3. = *anno;* zo **A. U. C.** = *anno urbis conditae; (eccl.)* **A. D.** = *anno Domini;*
4. = *antiquo* ik verwerp het *wetsvoorstel;*
5. **a. u. c.** = *ab urbe condita;*
6. **a. d.** = *ante diem;*
7. = *Augustus (vaak in inscripties).*

ā[2], **āh** *interj., uitdr. v. verbazing, pijn of verdriet:* ah!, ach!, och! *(vooral poët.).*

ā[3], **ab, abs** *a staat alleen voor cons. behalve h; ab voor voc. en h, soms ook voor cons.; abs alleen in vaste combinaties zoals bv. abs te*
I. *prep. m. abl.*
1. *(v.* plaats*)* (a) van, van . . . af, vanuit, uit; ▸ *ab urbe proficisci; bij namen v. steden ook* uit de omgeving van *a Gergovia discedere; bij uitdr. v. verwijderd of gescheiden zijn* van (. . . af): *longe abesse a finibus;* (b) aan, bij, in, aan de kant van *(waarbij het Latijn aan het uitgangspunt denkt en dus 'waarvandaan?' vraagt, terwijl het Nederlands aan de plaats denkt en dus 'waar?' vraagt);* ▸ *a septentrionibus* in het noorden; *sagittae pendent ab umero* aan; *Gallia attingit a Sequanis Rhenum* in het gebied van; *a Sabinis . . . a Romanis* aan de kant van; *a tergo* in de rug; *ab utrāque parte* aan beide kanten; *a dextrā (parte)* aan de rechterkant; *a sinistrā* aan de linkerkant;
2. *(v. tijd)* (a) vanaf, sinds; ▸ *ab illo tempore; ab initio; a pueritia, ab ineunte aetate, a teneris* van jongs af aan; *ab integro* opnieuw; *ab incenso Capitolio; ab urbe condita;* (b) meteen na, onmiddellijk na; ▸ *ab hoc sermone dimissus; tacuit ab his* hij zweeg na deze woorden;
3. *om oorsprong, afkomst aan te geven:* van; ▸ *esse ab alqo* van iem. afstammen;
4. *bij pass. om aan te geven door wie de handeling verricht wordt:* door; ▸ *laudari, reprehendi, doceri ab alqo;*
5. *bij uitdr. v. beschermen en verdedigen:* voor, tegen; ▸ *alqm ab iniuriis defendere;*
6. *bij uitdr. v. onderscheid, v. bevrijden, afhouden:* van; ▸ *differre, liberare ab alqo (ab alqa re);*
7. *bij uitdr. v. terugschrikken, -deinzen:* voor; ▸ *abhorrere ab alqo (ab alqa re);*
8. *bij uitdr. v. nemen, ontvangen, horen, vernemen:* van; ▸ *accipere, audire, cognoscere, comperire, discere ab alqo;*
9. *bij uitdr. v. noemen:* naar; ▸ *appellare a;*
10. *bij uitdr. v. beginnen:* met, bij; ▸ *initium capere, ordiri ab alqa re;*
11. *ter aanduiding v.d. functie v. slaven e.a.: servus a manu* schrijver; *servus a pedibus* koerier;
II. *prefix.*
1. af-, weg- [**abduco, abiuro, asporto**];
2. on-, ont-, mis-, wan-, -loos [**absonus, abusus**].

ab-āctor, ōris *m (abigo) (Apul.)* veedief.

abāctus[1], a, um *ppp. v. abigo.*

abāctus[2], ūs *m (abigo) (Plin. Min.)* het (met geweld) wegdrijven, verjagen.

abacus, ī *m (Gr. leenw.)*
1. telraam, rekentafel;
2. een bord voor spelletjes, speeltafel;
3. pronktafel.

abaliēnātiō, ōnis *f (abalieno) (jur.)* vervreemding, overdracht.

ab-aliēnō, aliēnāre
1. vervreemden *(van: ab);* ▸ *me ab illo abalienatum;*
2. *(jur.)* afstaan, vervreemden [**agrum; nutricem** (voedster = akker)];
3. beroven *(van: abl.);* ▸ *abalienati iure civium;*
4. doen afvallen; ▸ *oppida abalienata* afvallig, ontrouw.

ab-ante *(Laatl.)*
I. *adv. (v. plaats)* voor;
II. *prep. m. acc. (v. plaats)* voor; ▸ *abante faciem tuam* voor Uw aangezicht.

Abās, antis *m koning in Argos, zoon v. Lyncēus, vader v. Acrisius, grootvader v. Danaë en Atalante;* — *adj.* **Abantēus,** a, um; — *patron.* (a) **Abantiadēs,** ae *m mannelijke nakomeling v. Abas: zijn zoon Acrisius, zijn achterkleinzoon Perseus;* (b) **Abantias,** adis *f vrouwelijke nakomeling v. Abas: Danaë of Atalante.*

ab-avia, ae *f (postklass.)* betovergrootmoeder; stammoeder.

ab-avunculus, ī *m (jur.)* broer v. betovergrootvader.

ab-avus, ī *m* betovergrootvader; stamvader.

abbās, ātis *m (eccl.)* abt.

abbātia, ae *f (abbas) (eccl.)* abdij.

abbātiola, ae *f (demin. v. abbatia) (eccl.)* (kleine)

abdij.

abbātissa, ae *f (abbas) (eccl.)* abdis.

abbreviātiō, ōnis *f (abbrevio) (Laatl.)* afkorting.

abbreviō, abbreviāre *(brevis) (Laatl.)*
1. afkorten;
2. reduceren, afzwakken.

Abdēra, ōrum *n en* ae *f stad aan de zuidkust v. Thracië, geboorteplaats v.d. filosofen Protagoras, Democritus en Anaxarchus; bespot wegens de domheid, kleinburgerlijkheid en onnozele grappen v. zijn inwoners, nu Avdira; — inw.* **Abdērītēs,** ae *m; — adj.* **Abdērītānus,** a, um *(Mart.)* Abderitisch = stompzinnig.

abdicātiō, ōnis *f (abdico[1])*
1. het neerleggen *v.e. ambt;* ▸ *~ dictaturae;*
2. *(postklass.)* het verstoten (en onterven).

ab-dicō[1], dicāre
1. afwijzen, verwerpen, afschaffen, verwijderen [**legem agrariam; aurum e vita**];
2. niet (als de zijne) erkennen, verloochenen, verstoten [**filium**];
3. *een ambt vóór de wettelijk bepaalde termijn* neerleggen [**consulatum**];
4. *se ~* (a) voortijdig neerleggen *(m. abl.)* [**magistratu**]; (b) zich bevrijden van *(m. abl.; ab)* [**humanitate; ratione**];
5. *(abs.)* ontslag nemen, aftreden.

ab-dīcō[2], dīcere, dīxī, dictum
1. afwijzen, afkeuren; ▸ *aves abdicunt (alqd)* de voorspellende vogels laten (iets) niet toe;
2. *(jur.)* (bij vonnis) ontzeggen, betwisten.

ab-didī *pf. v. abdo.*

abditus, a, um *zie abdo.*

ab-dō, dere, didī, ditum
1. verwijderen, *(troepen)* terugtrekken *(naar: in m. acc., zelden in m. abl., poët. en postklass. m. abl. of dat.)* [**alqm in insulam** verbannen]; — *se ~* zich terugtrekken [**se in montes; se in bibliothecam** zich begraven; *metaf.* **se in litteras** *of* **se litteris** zich terugtrekken om te studeren];
2. verbergen, verstoppen, begraven *(in, sub m. acc. of m. abl.; intra; ook m. abl. en m. dat.)* [**aurum in terram; se in proximas silvas; se in suis tectis; vultus frondibus; caput undis; ferrum** *of* **ensem lateri** boren in, diep instoten; **alto vulneri ferrum**];
/ *p. adj.* **abditus,** a, um (a) verwijderd, afgelegen, ontoegankelijk; verborgen *(in, sub m. abl.; abl.; intra)* [**regiones; pars aedium; in tabernaculis; argentum terris** verborgen, nog niet ontdekt; **virgo turri** opgesloten; **intra muros**]; (b) teruggetrokken (levend) [**in tectis silvestribus**]; (c) *(metaf.)* geheim [**sensus**]; / *subst.* **abdita,** ōrum *n (poët.; postklass.)* afgelegen vertrekken, plaatsen.

abdōmen, inis *n* onderbuik, pens; ▸ *natus abdomini suo* die alleen voor zijn buik zorgt; *abdominis voluptates.*

ab-dūcō, dūcere, dūxī, ductum
1. (a) wegvoeren, ergens vandaan leiden [**cohortes secum; obsides; capellas; in servitutem; alqm vi de foro**]; (b) ontvoeren [**filiam; uxorem a marito**]; (c) roven [**armenta**];
2. doen afvallen, van iem. weglokken, van iets doen afwijken, afbrengen [**servum ab avo; equitatum Dolabellae ad se** aan zijn kant krijgen; **cives a fide ad licentiam; alqm a negotiis; alqm ab institutis suis** van zijn principes afbrengen];
3. wegnemen, -brengen, verwijderen [**alci aquam** wegleiden].

abductiō, ōnis *f (abduco) (Laatl.)*
1. het (met geweld) gevangennemen, wegvoeren;
2. ontvoering, roof;
3. teruggetrokkenheid, eenzaamheid.

ab-dūxī *pf. v. abduco.*

ab-ēgī *pf. v. abigo.*

Abella, ae *f stad in Campanië, nu* Avella vecchia; *— inw. en adj.* **Abellānus,** ī *m resp.* a, um.

ab-eō, īre, iī, itum
1. weggaan, vertrekken; ▸ *m. prep.: de Sicilia ~ ; ex urbe ~ ; ab oculis ~, e conspectu ~* uit het gezichtsveld verdwijnen; *m. abl.: magistratu ~* aftreden, een ambt neerleggen; *comitio ~ ; m. sup.: exulatum ~* in ballingschap gaan; *m. inf.: abi quaerere* ga zoeken, ga en zoek; *abi!* ga weg!, *deels goedkeurend* oké, goed: *abi, laudo; non es avarus, abi; deels afkeurend* maak dat je wegkomt!, hoepel op!: *abi in malam rem of abin (= abis-ne) in malam crucem (Plaut.)* loop naar de duivel!;
2. weggaan, ervan afkomen *(vnl. v. troepen);* ▸ *pauci integri abeunt; Etrusci pro victis abiere* zo goed als overwonnen; *bellis victor abibat* kwam als overwinnaar uit de strijd;
3. vergaan, voorbijgaan, verstrijken, heengaan, verdwijnen; ▸ *abiit annus, tempus* is voorbij; *terror, somnus, sol abit; abeunte curru* (zonnewagen); *abeuntia vela* verdwijnend; *spiritus abiit in auras* vervloog; *e vita ~* sterven; *in vanum abibunt verba monentium (Sen.)* zullen vergeefs gesproken zijn;
4. *(v. ziektes)* ophouden, tot stilstand komen,

verdwijnen; ▸ *abiit pestilentia, nausea;*
5. *(v. rotsen, bergen)* oprijzen; ▸ *abeunt in nubila montes* verdwijnen;
6. binnendringen ▸ *cornus sub altum pectus abit;*
7. *(metaf.)* afwijken, afdwalen; ▸ *quid ad istas ineptias abis?;*
8. overgaan op; ▸ *ad sanos abeat tutela propinquos* (Hor.);
9. opgaan in, veranderen in; ▸ *abeunt studia in mores* (Ov.) gewoon worden; *deus in flammas abiit* (Ov.) ging in vlammen op.

ab-equitō, equitāre wegrijden.

aberrātiō, ōnis *f (aberro)* afleiding, verstrooiing [a **dolore**; a **molestiis**].

ab-errō, errāre
1. afdwalen, verdwalen [a **patre**]; ▸ *aberrantes ex agmine naves;*
2. *(metaf.)* zich vergissen *(in: abl.)* [**coniecturā** wat betreft een vermoeden];
3. uitweiden, afdwalen [a **proposito**; a **sententia**; **ad alia**];
4. van iets loskomen [a **miseria**].

ab-hibeō, hibēre, — — *(habeo)* (Plaut.) op een afstand houden, ver houden.

ab-hinc *adv.*
1. *(v. plaats)* hiervandaan; ▸ *aufer abhinc lacrimas* (Lucr.);
2. *(v. tijd)* (a) *(vanuit het heden naar het verleden toe)* tevoren, ... geleden *(m. acc. en abl.)*; (b) *(vanuit het heden naar de toekomst gerekend)* van nu af aan.

ab-horreō, horrēre, horruī, —
1. terugschrikken voor, terugdeinzen voor, verafschuwen *(m. ab; postklass. ook m. abl. of acc.)* [a **pace**; a **caede**; **spectaculis**; **cadaverum tabem**];
2. *(metaf.)* strijdig zijn met, niet overeenstemmen met, afwijken van *(m. ab; ook m. abl. of dat.)*; ▸ ~ *a fide* ongeloofwaardig zijn; *nullum consilium abhorret a tuo scelere; non abhorret vero* het is waarschijnlijk; — *p. adj.* **abhorrēns,** *gen.* entis (a) vreemd, afwijkend; (b) niet passend; ▸ *vestrae istae absurdae atque abhorrentes lacrimae* (Liv.).

ab-horridus, a, um *(Sen.)* ruig, onooglijk.

ab-iciō, icere, iēcī, iectum *(iacio)*
1. weg-, neerwerpen [**togam**; **anulum in mare**; **arma**; **se e muro in mare** storten; *sprw.* **hastam (hastas)** het bijltje erbij neergooien];
2. op de grond werpen, neergooien [**tela ex vallo**]; *in een gevecht* vellen, neerslaan; *een dier* neerschieten;
3. *(metaf.)* verkwanselen [**aedes**; **agros**];
4. opgeven, zich gewonnen geven, afzien van [**spem**; **amorem**; **se** zichzelf opgeven, geen houvast meer hebben];
5. ontmoedigen; ▸ *se perculsum atque abiectum esse sentit* (Cic.);
6. verlagen, vernederen; ▸ *cogitationes suas in rem tam humilem* ~ verlagen tot;
/ *zie ook abiectus.*

abiectiō, ōnis *f (abicio)*
1. neerslachtigheid [**animi**];
2. (Laatl.) verachting, vernedering, *ook in plur.*

abiectus, a, um *(p. adj. v. abicio)*
1. achteloos (neergeworpen), laag-bij-de-gronds, prozaïsch [**senarii**; **versus**; **oratio**];
2. bedrukt, moedeloos, neerslachtig [**animus**];
3. laag, gewoon *(itt. amplus)* [**verba**];
4. verachtelijk [**vita**].

abiegnus, a, um *(abies)* van dennenhout [**hastile**; **equus** = paard v. Troje].

abiēs, etis *f*
1. den [**secta** dennenhouten planken, balken];
2. *(poët.) (meton.) iets dat van dennenhout gemaakt is:* (a) schip; (b) speer; (c) brief; (d) dekblad v.e. schrijftafeltje; (e) koker v.e. papyrusrol.

abigeātus, ūs *m (abigeus) (jur.)* veeroof.

abigeus, ī *m (abigo) (jur.)* veedief.

ab-igō, igere, ēgī, āctum *(ago)*
1. wegdrijven, verjagen [**greges ovium**; **volucres et feras**; **anseres de frumento**];
2. wegdrijven, roven [**pecus**; **praedas hominum pecorumque**];
3. afdrijven [**partum**; **fetum**];
4. *(postklass.)* verstoten [**uxorem**];
5. *(niet-klass.) (metaf.)* verdrijven, verjagen [**nubes**; **curas**].

ab-iī *pf. v. abeo.*

ab-inde *adv.* (Laatl.) = *inde.*

ab-intus *adv.* (Laatl.) van binnen.

ab-invicem *adv.* (Laatl.) = *invicem.*

abitiō, ōnis *f (abeo) (kom.)* het weggaan.

ā-bītō, bītere (Plaut.) weggaan.

abitus, ūs *m (abeo)*
1. het weggaan, vertrekken, vertrek; ▸ *post abitum huius;*
2. *(meton.)* uitgang.

ab-iūdicō, iūdicāre *(jur.)* geen recht toekennen op, ontzeggen [**agrum**; **alci libertatem**].

ab-iungō, iungere, iūnxī, iūnctum
1. *(poët.)* uitspannen [**iuvencum**];
2. *(metaf.)* scheiden, verwijderen.

ab-iūrō, iūrāre onder ede loochenen, afzweren

[**pecuniam; munusculum**].

ablactātiō, ōnis *f* *(ablacto)* *(Laatl.)* het spenen.

ab-lactō, lactāre *(Laatl.)* *(een zuigeling)* spenen.

ablaqueātiō, ōnis *f* *(ablaqueo)* *(agr.)* het graven v.e. geul *(rondom een wijnstok)*.

ab-laqueō, laqueāre *(agr.)* een geul graven *(rondom een wijnstok)*.

ablātiō, ōnis *f* *(aufero)* *(Laatl.)* het wegnemen, ontvreemding, roof.

ablātīvus, ī *m* *(aufero)* *(gramm.)* ablativus *(ook: casus ~)*.

ablātor, ōris *m* *(aufero)* *(August.)* iem. die iets wegneemt.

ablātus *ppp. v. aufero.*

ablēgātiō, ōnis *f* *(ablego)* het verwijderen.

ab-lēgō, lēgāre

1. wegsturen, wegzenden, verwijderen, wegbrengen [**equum; alqm in exilium;** *(m. sup.)* **pueros venatum**];
2. *(metaf.)* afhouden van, beletten; ▸ *a fratris adventu me ablegat (Cic.)* belet mij bij de aankomst v. mijn broer aanwezig te zijn;
3. *(milit.)* (a) detacheren; (b) van zijn plaats dringen.

ab-levō, levāre *(Laatl.)* verwijderen.

ab-ligur(r)iō, ligur(r)īre *(pre- en postklass.)*

1. opeten;
2. verbrassen, verspillen [**bona**].

ab-locō, locāre *(Suet.)* verhuren, verpachten [**domum in reliquam partem anni**].

ab-lūdō, lūdere, — — afwijken van *(m. ab)*; ▸ *haec a te non multum abludit imago (Hor.)* lijkt heel erg op jou.

ab-luō, luere, luī, lūtum *(lavo)*

1. afwassen, -spoelen, schoonmaken [**Ulixi pedes; manūs; vulnera; se flumine**];
2. *(poët.; postklass.)* uitwassen, door wassen verwijderen [**maculas e veste; lacrimas**]; ▸ *sitis de corpore abluitur (Lucr.)* wordt weggespoeld;
3. *(metaf.)* uitwissen, tenietdoen [**maculam** schandvlek; **periuria** zich van meineed proberen te zuiveren];
4. *(Sen.)* *(v. watermassa's)* (met zich) meevoeren in zijn stroom; ▸ *torrens abluens villas;*
5. *(eccl.)* dopen.

ablūtiō, ōnis *f* *(abluo)*

1. *(Plin. Mai.)* het afspoelen, afwassen;
2. *(eccl.)* doop.

ab-mātertera, ae *f* *(jur.)* zuster v. betovergrootmoeder.

abnegātiō, ōnis *f* *(abnego)* *(Laatl.)* het verloochenen, ontkennen.

ab-negō, negāre

1. *(poët.; postklass.)* weigeren, ontzeggen, afslaan [**comitem** een begeleiding weigeren; **coniugium**]; — *abs. en m. inf.* weigeren;
2. *(Laatl.)* verloochenen, ontkennen.

ab-nepōs, ōtis *m* *(postklass.)* zoon v.e. achterkleinzoon.

ab-neptis, is *f* *(postklass.)* dochter v.e. achterkleinzoon.

Abnoba, ae *m* *(Kelt. woord)* *(vul aan: mons)* het Zwarte Woud.

ab-noctō, noctāre *(nox)* *(postklass.)* buitenshuis overnachten.

ab-nōrmis, e *(norma)* *(poët.)* van de regel afwijkend, in strijd met de regel.

ab-nuō, nuere, nuī, nuitūrus

1. afgelasten *(itt. annuo)* [**manu** met de hand te kennen geven, dat niet *(m. aci.)*];
2. afwijzen, afslaan, weigeren, ontzeggen *(= recusare)* *(abs.; m. de; acc.; inf.; aci.; non ~ quin)*; ▸ *abnuente Tigrane* tegen de wil v. Tigranes;
3. *(v. soldaten)* gehoorzaamheid weigeren, weigeren verder te vechten;
4. versmaden [**pacem; omen**];
5. betwisten, loochenen.

ab-nūtō, nūtāre *(intens. v. abnuo)* *(preklass.; Laatl.)* hevig schudden van nee, afwijzen; ▸ *quid mi abnutas? (Plaut.)* waarom gebaar je me om te zwijgen?

aboleō, abolēre, abolēvī, abolitum

1. *(poët.; postklass.)* vernietigen, verwoesten [**monumenta; opus**];
2. *(metaf.)* afschaffen, uitwissen [**infamiam; dedecus armis; alci magistratum** ontnemen; **Sychaeum** de herinnering aan Sychaeus]; ▸ *pudor flagitii prioris abolitus est (Liv.)* is tenietgegaan;
3. afschaffen, opheffen, ongeldig verklaren [**legem; patrios mores**].

abolēscō, abolēscere, abolēvī, — *(incoh. v. aboleo)* vergaan, verloren gaan, verdwijnen, tenietgaan; ▸ *non abolescet gratia facti (Verg.)*.

abolēvī *pf. v. aboleo en abolesco.*

abolitiō, ōnis *f* *(aboleo)* *(postklass.)*

1. opheffing, afschaffing [**legis; sententiae**];
2. amnestie.

abolitus *ppp. v. aboleo.*

abolla, ae *f* *(pre- en postklass.)* cape, (reis-, oorlogs)mantel.

abōminābilis, e *(Laatl.)* afschuwelijk.

abōminamentum, ī *n* *(eccl.)* iets afschuwelijks.

abōminātiō, ōnis *f* *(abominor)* *(eccl.)* het verafschuwen, afschuw; gruwel.

ab-ōminor, ōminārī *en* **-ōminō,** ōmināre *van iets ongunstigs, onheilspellends* wensen dat het er niet was, verafschuwen, verwensen; ▸ *quod abominor* wat God verhoede!; *abominandum nomen* verfoeilijk; *abominatus Hannibal* vervloekt.

Aborīginēs, um *m (ab origine = stamvolk, eerste inwoners)* de Aborigines, *volgens de legende de uit de Apennijnen afkomstige voorouders v.d.* Romeinen.

ab-orior, orīrī, ortus sum *(niet-klass.)*
1. vergaan, ten onder gaan;
2. een miskraam hebben.

ab-orīscor, orīscī, — *(incoh. v. aborior) (Lucr.)* vergaan.

abortiō, ōnis *f (aborior)* voortijdige bevalling, miskraam.

abortīvus, a, um *(aborior)*
1. *(poët.)* te vroeg geboren;
2. *(Plin. Mai.)* een voortijdige bevalling opwekkend, afdrijvend;
/ *subst. (Juv.)* **abortīvum,** ī *n* afdrijvingsmiddel.

abortō, abortāre *(abortus)* te vroeg baren.

abortus, ūs *m (aborior)*
1. voortijdige bevalling, miskraam; ▸ *abortu perire; abortum facere* (a) te vroeg baren, een voortijdige bevalling, miskraam hebben *(= abortum pati)*; (b) een voortijdige bevalling, miskraam veroorzaken, afdrijven;
2. *(Plin. Mai.) (meton.)* het te vroeg geborene.

ab-patruus, ī *m (jur.)* broer v. betovergrootvader.

ab-rādō, rādere, rāsī, rāsum
1. af-, wegkrabben, afscheren [**supercilia; barbam; radices** uithakken];
2. *(metaf.) iem. wat betreft zijn vermogen* afpersen *(alqd ab alqo)*.

abrenūntiātiō, ōnis *f (abrenuntio) (eccl.)* het afstand doen.

ab-renūntiō, renūntiāre *(eccl.)* afstand doen.

ab-ripiō, ripere, ripuī, reptum *(rapio)*
1. wegrukken, -sleuren; ▸ *abripi vi fluminis; abripi tempestate ab Africa ad insulam* uit de koers geslagen worden; *alqm de convivio in vincula* ~; *se* ~ zich uit de voeten maken;
2. *(pre- en postklass.)* afrukken [**articulos morsu**];
3. ontrukken, wegnemen, -brengen, roven [**signa** (veldtekens)];
4. roven, ontvoeren [**omnes eius gentis cives; filios e complexu parentum**].

ab-rōdō, rōdere, rōsī, rōsum afknagen.

abrogātiō, ōnis *f (abrogo)* afschaffing, opheffing *(v.e. wet door een voorstel in de volksvergadering)*.

ab-rogō, rogāre
1. *door een voorstel in de volksvergadering* afschaffen, opheffen [**legem**];
2. tenietdoen, vernietigen [**pudorem feminarum; leges moresque; poenas sibi** zichzelf de straf kwijtschelden];
3. *iem. een ambt* afnemen [**alci magistratum, imperium**];
4. ontzeggen [**alci fidem** krediet].

abrotonum, ī *n en* **-us,** ī *f (Gr. leenw.) (poët.)* citroenkruid, driedistel *(gebruikt als keukenkruid en als geneesmiddel)*.

ab-rumpō, rumpere, rūpī, ruptum
1. af-, weg-, losrukken [**ramos; vincula; se** zich losrukken];
2. *(metaf.)* scheiden [**equites ab exercitu**]; ▸ *plebs velut abrupta a populo (Liv.)* afgesneden;
3. verscheuren, openbreken [**pontem** afbreken; **venas** openen; **ordines** doorbreken]; ▸ *verberibus corpus abrumpitur (Sen.)* wordt verscheurd;
4. *(metaf.)* onder-, afbreken; (ver)storen, verdrijven; opheffen [**somnos; medium sermonem; coniugium**];
5. *(metaf.)* verijdelen [**spem**];
6. *(metaf.)* schenden [**fas**]; breken [**fidem**].

abruptiō, ōnis *f (abrumpo)*
1. het afscheuren;
2. *(metaf.)* het afbreken *(v.e. handeling, gesprek)*;
3. echtbreuk.

abruptum, ī *n (abruptus)*
1. *(poët.; postklass.)* steile hoogte; loodrechte diepte, afgrond [**montium**];
2. *(Tac.) (metaf.)* verderf, onheil; ▸ *in -um trahere.*

abruptus, a, um *(p. adj. v. abrumpo) (poët.; postklass.)*
1. loodrecht, steil, hellend, ontoegankelijk [**ripa; petra; rupes**];
2. *(metaf.)* (a) *(v. taalgebr.)* kortaf, bot; (b) *(v. karakter)* ongenaakbaar.

abs zie *a*[3].

abs-cēdō, cēdere, cessī, cessum
1. weggaan, zich verwijderen, zich terugtrekken; *(milit.)* afmarcheren, zich terugtrekken;
2. terugtreden, toegeven;
3. wijken, vergaan; ▸ *abscessit somnus;*
4. *(v.d. maan)* afnemen; ▸ *luna accedens . . . abscedens;*
5. *(metaf.)* verloren gaan; ▸ *urbes, quae regno (dat.) abscedunt.*

abscessiō, ōnis *f* (*abscedo*) het terugwijken; het afnemen.

abscessus, ūs *m* (*abscedo*) het weggaan [**solis; continuus** teruggetrokkenheid]; (*in een gevecht*) aftocht.

ab-scidī *pf. v. abscindo.*

abs-cīdō, cīdere, cīdī, cīsum (*caedo*)
1. afhakken, -snijden [**ramos; crines**];
2. scheiden; ▸ *abscisus in duas partes exercitus;*
3. (*metaf.*) onttrekken, (ont)nemen [**aquam; spem**]; ▸ *abscisis omnibus praesidiis* (hulp).

ab-scindō, scindere, scidī, scissum
1. weg-, af-, losscheuren (*van: ab; de; abl.*) [**tunicam a pectore; umeris vestem; venas** openen]; ▸ *abscissa comas* (*Verg.*) met uitgerukt haar;
2. scheiden [**caelo terras**];
3. (*Hor.*) ontnemen [**reditūs dulces**].

abscīsiō, ōnis *f* (*abscido*)
1. het afsnijden;
2. (*retor.*) afbreking.

abscīsus, a, um (*p. adj. v. abscido*)
1. steil, loodrecht, ontoegankelijk [**rupes; petra**];
2. (*metaf.*) nors, bot [**responsum**];
3. (*v. taalgebr.*) beknopt (*itt. plenus, latus*).

absconditus, a, um (*p. adj. v. abscondo*)
1. verstopt, verborgen;
2. (*metaf.*) geheim(zinnig), onbekend.

abs-condō, condere, condī *en* condidī, conditum
1. verbergen, verstoppen (*in: abl.; in m. abl.*) [**se in tenebris; cadavera foveis**];
2. hullen in, verhullen, onzichtbaar maken; ▸ *fumus abscondit caelum;* — *abscondi* zichzelf onzichtbaar maken = óndergaan;
3. (*metaf.*) verbergen, geheimhouden.

abscōnsiō, ōnis *f* (*eccl.*) het verbergen.

absēns, *gen.* entis (*p. adj. v. absum*)
1. (*v. personen*) (**a**) afwezig (*itt. praesens*); ▸ *me absente* in mijn afwezigheid; *te praesente absente* of je er nu bent of niet; (**b**) geestelijk afwezig, er niet bij; ▸ *mente ac sensu absentissimus* (*August.*);
2. (*v. plaatsen en zaken*) ver verwijderd.

absentia, ae *f* (*absens*)
1. (*v. personen*) afwezigheid;
2. (*postklass.*) (*v. zaken*) tekort, gebrek [**testimoniorum**].

absentīvus, a, um (*absens*) (*Petr.*) langdurig afwezig.

absentō, absentāre (*absens*) (*Laatl.*)
I. *tr.* wegsturen, verwijderen;
II. *intr.* afwezig zijn, verwijderd zijn.

ab-siliō, silīre, — — (*salio*) (*Lucr.*) wegspringen, in allerijl weggaan.

ab-similis, e niet lijkend op, *gew. non* ~ *m. dat.*; ▸ *non absimile pecori genus* sprekend lijkend op het vee.

absinthium, ī *n* (*Gr. leenw.*) (*niet-klass.*) alsem.

absis, īdis *f* = *apsis.*

ab-sistō, sistere, stitī, —
1. weggaan, zich verwijderen, (*milit.*) inrukken (*van: ab; abl.*) [**limine; luco;** (*milit.*) **a signis**];
2. laten varen, opgeven, -houden (*m. abl.; inf.*) [**pugna; obsidione; spe; magistratu; precando; sequendo; ingratis benefacere**].

absolūtiō, ōnis *f* (*absolvo*)
1. vrijspraak (*itt. damnatio, condemnatio*), bevrijding (*van: gen.*) [**anxietatis**];
2. voltooiing, volmaaktheid [**rationis; corporis**]; volledigheid (in de weergave);
3. (*eccl.*) absolutie.

absolūtōrius, a, um (*absolvo*) (*postklass.*) vrijsprekend, betrekking hebbend op vrijspraak (*itt. damnatorius*) [**sententiae; tabella**].

absolūtus, a, um (*p. adj. v. absolvo*)
1. voltooid, volkomen, volmaakt (= *perfectus*) [**officium**];
2. onbeperkt, onvoorwaardelijk [**necessitudo; causa**].

ab-solvō, solvere, solvī, solūtum
1. losmaken, bevrijden (*van iets: abl. of gen.; van iem.: ab*) [**consulem regni suspicione; timoris**];
2. (*voor de rechtbank*) vrijspreken (*van: gen.; zelden abl. of de*) (*itt. damnare, condemnare*) [**capitis** van een halsmisdrijf; **crimine**];
3. voltooien, beëindigen [**opus**];
4. (kort) uiteenzetten; ▸ *paucis sententiam absolvit* (*Liv.*);
5. (*een gelovige*) bedienen;
6. (*eccl.*) absolutie verlenen (*m. acc.*).

ab-sonus, a, um
1. vals, onwelluidend [**vox; clamores**];
2. niet overeenstemmend, onverenigbaar, niet overeenkomstig (*met: ab; dat.*).

ab-sorbeō, sorbēre, sorbuī, —
1. verslinden, achteroverslaan, doorslikken [**placentas;** (*metaf.*) **umorem** opzuigen];
2. (*metaf.*) opslokken, meeslepen; ▸ *tribunatus absorbet meam orationem* (*Cic.*); *hunc absorbuit aestus gloriae* (*Cic.*).

absp- = *asp-.*

abs-que *prep. m. abl.*

1. *(kom.; postklass.)* zonder;
2. *(postklass.)* uitgezonderd, behalve.

abs-tēmius, a, um *(vgl. temetum, eig.: vrij van bedwelmende dranken)*
1. zich onthoudend, sober *(van, in: gen.)* [**vini cibique;** *meton.* **prandium -um** *(zonder het genot v. wijn)*];
2. (nog) nuchter *(mbt. dranken, zonder tevoren gedronken te hebben);* ▸ *ieiunus adhuc et* ~ nog zonder gegeten en gedronken te hebben;
3. *(postklass.)* niet vrijgevig, gierig.

abstentus ppp. *v. abstineo.*

abs-tergeō, tergēre, tersī, tersum
1. afvegen, -drogen [**lacrimas; cruorem; sudorem**];
2. *(metaf.) iets onaangenaams* verdrijven [**senectutis molestias; dolorem**];
3. *(postklass.) (bij het langs elkaar heen varen)* afstropen, wegvagen [**remos**].

abs-terreō, terrēre, terruī, territum
1. weg-, verjagen [**hostem**];
2. afschrikken, door angst aan te jagen afhouden van *(m. ab; abl.; non ~ quin m. conj.)* [**animos vitiis; alqm bello**]; ▸ *ab urbe oppugnanda Poenum absterruēre conspecta moenia (Liv.);*
3. *(poët.)* onttrekken, ontzeggen [**sibi pabula amoris**].

abstināx, *gen.* ācis *(abstineo) (Petr.)* zich onthoudend.

abstinēns, *gen.* entis *(p. adj. v. abstineo)*
1. zich onthoudend *(van: gen.)* [**pecuniae**];
2. onbaatzuchtig.

abstinentia, ae *f (abstinens)*
1. onthouding *(van: gen.; ab)* [**vini; cenae; ab aqua**];
2. *(postklass.)* het vasten, hongeren; ▸ *-ā vitam finire (Tac.);*
3. beperking, bescheidenheid *(itt. luxuria);*
4. onbaatzuchtigheid, onomkoopbaarheid.

abs-tineō, tinēre, tinuī, tentum *(teneo)*
I. *tr.*
1. afhouden, verwijderd houden, beletten *(ab; abl.; dat. v.d. pers.)* [**manus ab alqo; ignem ab aede; vim finibus; alqm bello; hostes urbe; milites vino; Aeneae ius belli**];
2. *(poët.) (metaf.)* onderdrukken [**risus; culpam; amorem**];
3. *(postklass.)* op dieet zetten;
II. *intr. of se ~*
1. *(m. abl.; ab; poët. gen.; neg. m. quin en conj.)* (a) zich onthouden van, zich verre houden van [**proelio; scelere; maledictis; publico** niet naar buiten gaan; **vino et venere; lacrimis; a ceteris causis; a voluptatibus; irarum**]; (b) sparen, ontzien [**Tarento; a mulieribus atque infantibus**];
2. *(postklass.)* vasten; dieet houden.

ab-stitī *pf. v. absisto.*

ab-stō, stāre, — —
I. *intr. (Hor.)* op een afstand staan;
II. *tr. (Plaut.)* verwijderd houden.

abs-trahō, trahere, trāxī, tractum
1. wegtrekken, weg-, voortslepen, wegrukken *(ab; de; ex; abl.; dat.; ad alqm; ad, in alqd)* [**boves; ab alqo liberos; filiam de matris complexu; naves e portu; alqm legionibus; ad supplicium; in servitutem**];
2. *(metaf.)* verwijderen, scheiden *(van: ab; abl.; ex)* [**hostes commeatu** afsnijden]; — *se ~ ab alqa re* zich losmaken van, zich bevrijden van [**se a sollicitudine**];
3. *(metaf.)* afhouden van *(m. ab)* [**ducem ab oppugnanda Capua; alqm a rebus gerendis**];
4. *(metaf.)* tot afvalligheid brengen [**copias a Lepido**];
5. *(metaf.)* meeslepen [**alqm ad bellicas laudes; in partes** in kampen verdelen; **in pravum** overhalen].

abs-trūdō, trūdere, trūsī, trūsum verbergen, verstoppen *(in: in m. acc.; in m. abl.)* [**se in silvam; alqd in terra;** *metaf.* **tristitiam; metum; dolorem**].

abstrūsus, a, um *(p. adj. v. abstrudo)*
1. verborgen, verstopt;
2. *(v. karakter)* gesloten.

abs-tulī *pf. v. aufero.*

ab-sum, abesse, āfuī, āfutūrus
1. afwezig, ver weg zijn *(itt. adesse); ook:* in ballingschap zijn *(van: ab; ex; abl.)* [(a) **foro; ab (ex) urbe**];
2. op een afstand blijven, niet deelnemen *(itt. adesse, interesse) (van, aan: ab; abl.)* [**a periculis** zich verre houden; **ab his studiis; bello; publicis consiliis**];
3. niet helpen, *ihb. als raadsman voor de rechtbank (itt. adesse, defendere) (m. dat.; ab);*
4. geestelijk afwezig zijn;
5. niet voorhanden zijn, ontbreken *(m. ab; dat.);*
6. *van iets onaangenaams* bevrijd, vrij zijn *(m. ab)* [**a culpa; a cupiditate pecuniae**];
7. verwijderd, gescheiden zijn *(van: ab; abl.);*
8. zich onderscheiden van, verschillend zijn

van (*m. ab*);
9. niet geschikt zijn voor (*m. ab*) [**a principis persona**];
10. (*metaf.*) verwijderd zijn; ▸ *id enim vero hinc nunc abest* (*Ter.*) daaraan moet men nu niet denken; *longe a spe* ~; — *onpers. uitdr.*: (a) *non multum* (*of paulum, nihil*) *abest, quin* het scheelt niet veel (*of* weinig, niets), of = bijna; (b) *tantum abest ut*... *ut* verre van... te...,... eerder; ▸ *ego te tantum abest ut laudem ut vehementer vituperem* verre van je te prijzen, berisp ik je eerder ernstig;
/ *conj. impf. ook āforem = abessem; inf. fut. āfore = āfutūrum esse.*

absūmēdō, inis *f* (*absumo*) (*Plaut.*) het opmaken, verbrassen.

ab-sūmō, sūmere, sūmpsī, sūmptum
1. verbruiken, opeten [**vires; alimenta**]; ▸ *purpura absumitur* slijt;
2. verkwanselen, verbrassen [**res maternas atque paternas; pecuniam**];
3. (*tijd*) doorbrengen, verspillen [**tempus dicendo**];
4. vernietigen, verwoesten; *pass.* ook vergaan, te gronde gaan; ▸ *incendium domos absumpsit; umbra absumitur* verdwijnt; *multos pestilentia absumpsit; absumi gurgitibus* opgeslokt worden; *morbo absumi.*

absurdus, a, um
1. vals (= *absonus*); ▸ *vox quasi extra modum absona atque -a* (*Cic.*); *-e canere*;
2. smakeloos, dwaas, niet passend (*voor: ab; dat.*); — *absurdum est m. inf.*;
3. (*v. personen*) niet begaafd, onbekwaam, ongeschikt; *vaak: non* (*of haud*) *absurdus* zeer begaafd, intelligent, pienter; ▸ *ingenium eius haud -um.*

Absyrtus, ī *m zoon v. Aeëtes, stiefbroer v. Medea; Medea doodde hem toen zij op de vlucht was voor Aeëtes: ze gooide hem in stukken in zee om haar achtervolgers op te houden.*

abundāns, *gen.* antis (*p. adj. v. abundo*)
1. (*v. water*) overstromend;
2. in overvloed aanwezig, overvloedig, buitensporig veel [**multitudo** enorm aantal; **voluptates**];
3. (*metaf.*) (zeer) rijk aan (*m. gen.; abl.*) [**ingenio; locus fontibus;** (*abs.*) **oratio** rijk; **cena** copieus]; ▸ *abundanter dicere* (*loqui*) breedvoerig, uitvoerig;
4. (*v. personen*) in overvloed levend (*itt. egens*).

abundantia, ae *f* (*abundo*)
1. (*Plin. Min.*) overstroming [**Nili**];
2. overvloed, overgrote hoeveelheid, een teveel (*aan, van: gen.*) [**pecuniae; vini ceterarumque copiarum; virium; voluptatum**];
3. (*Tac.*) rijkdom.

abundē *adv.* (*v. abundus*) in overvloed, buitensporig [**vituperare; mirari; magnus**]; — *m. esse: mihi* ~ *est, si* voor mij is het meer dan genoeg, als.

ab-undō, undāre (*unda*)
1. (*v. water*) overstromen, buiten de oevers treden; ▸ *aqua abundat; fons abundat; flumina abundant*;
2. in overvloed, in (over)grote hoeveelheden aanwezig zijn; ▸ *velut abundarent omnia* (*Liv.*) alsof nergens gebrek aan was;
3. in overvloed, in grote hoeveelheden hebben, rijk zijn aan (*itt. egere en indigere*) (*m. abl.*) [**caseo; melle; equitatu; copia frumenti; divitiis; ingenio et doctrina**]; *abs.* in overvloed leven, rijk zijn.

abundus, a, um (*abundo*) (*Gell.*) overvol, boordevol.

abūsiō, ōnis *f* (*abutor*)
1. oneigenlijk woordgebruik, catachrese, tegenstrijdige beeldspraak;
2. (*Laatl.*) misbruik.

abūsīvus, a, um (*abutor*) (*Laatl.*) oneigenlijk.

ab-ūsque *prep. m. abl., ook postp.* (*poët.; postklass.*)
1. (*v. plaats*) vanuit [**Oceano**];
2. (*v. tijd*) sinds, sedert; ▸ *fundamentis urbis* ~ *in haec tempora; Tiberio* ~.

abūsus, ūs *m* (*abutor*) verbruik, het opmaken.

ab-ūtor, ūtī, ūsus sum (*m. abl.*)
1. verbruiken, verspillen;
2. ten volle benutten, gebruiken, besteden, profiteren van [**otio** genieten van];
3. misbruiken [**militum sanguine** nodeloos bloedvergieten; **patientia nostra**];
4. (*retor.*) een woord in oneigenlijke zin gebruiken [**verbo; nomine**].

Abȳdus, Abȳdos, ī *f en* **Abȳdum,** ī *n stad in Kl.-Azië aan het smalste gedeelte v.d. Hellespont;* — *adj.* **Abȳdēnus,** a, um [**aquae** = Hellespont]; — *subst.* **Abȳdēnus,** ī *m* = Leander; *plur.* inwoners v. Abydus.

abyssus, ī *f* (*Gr. leenw.*) (*eccl.*)
1. peilloze diepte, afgrond;
2. hel;
3. het oneindige, het onmetelijke heelal, *als verblijfplaats v. zielen.*

ac *zie atque.*

Acadēmīa, ae *f*

1. Academie, *klein bos bij Athene, oorspr. aan de held* **Acadēmus** *gewijd, plaats waar Plato onderwijs gaf;* (*meton.*) de filosofie v.d. Academie; — *adj.* **Acadēmicus,** a, um behorend tot de Academie, Academisch; — *subst.* **Acadēmicī,** ōrum *m* de Academici, *leerlingen v. Plato en aanhangers v.d. Academische (platoonse) filosofie;*
2. (a) *Cicero's gymnasium op zijn landgoed in Tusculum, dat hij, als aanhanger v.d. Academische filosofie, naar de Atheense Academie vernoemd had;* (b) *landgoed in Campanië, dat Cicero naar de Atheense Academie noemde en waar hij zijn 'Academica' schreef;*
3. (*Mel.*) universiteit.

acalanthis, idis *f* (*Gr. leenw.*) (*poët.; postklass.*) distelvink, putter.

Acamās, antis *m zoon v. Theseus en Phaedra.*

acanthinus, a, um (*Gr. leenw.*) van de acanthus (*zie daar*).

acanthus, ī (*Gr. leenw.*) (*poët.; postklass.*)
1. *m* berenklauw (*sierplant met brede bladeren, vaak op kunstwerken, zuilen en kleren afgebeeld*);
2. *f* acacia (*boom met stekels uit Egypte*).

Acanthus, ī *f stad aan de oostkust v.h. Macedonische schiereiland Chalcidice, nu Ierisos.*

acapnus, a, um (*Gr. leenw.*) zonder rook, niet rokend.

Acarnānia, ae *f* Acarnania, *landstreek in Midden-Griekenland;* — *inw.* **Acarnān,** ānis *m;* — *adj.* **Acarnān(ic)us,** a, um.

Acastus, ī *m zoon v.d. Thessalische koning Pelias, vader v. Laodamia.*

acatalēctus, a, um (*Gr. leenw.*) acatalectisch, *eindigend op een volledige versvoet* (*itt. catalecticus*) [**versus**].

Acca Lārentia, ae *f Rom. godin v.h. akkerland, volgens de legende echtgenote v.d. herder Faustulus, pleegmoeder v. Romulus en Remus, moeder v.d. twaalf 'akkerbroeders' (de zgn. fratres arvales, een priestercollege); ter ere v. haar werd op 23 december een feest gevierd, de zgn. Larentalia of Accalia.*

ac-cēdō, cēdere, cessī, cessum (*ad; in m. acc.; acc.; dat.; abs.*)
1. dichterbij komen, naderen (*itt. abscedere, decedere, recedere*) [**ad aedes; ad urbem; in Macedoniam; terram cum classe**];
2. *als smekeling of hulpzoekende* benaderen, zich wenden tot; ▸ *senatus supplex accedit ad Caesarem* (*Cic.*);
3. als vijand naderen, oprukken [**ad castra; ad moenia; muris; ad manum** handgemeen worden; **ad corpus alcis** iem. te lijf gaan];
4. (*metaf.*) bereiken [**in infamiam** geraken; **ad amicitiam alcis** vriendschap met iem. sluiten, iems. vriendschap winnen];
5. op-, intreden; ▸ *febris accedit* (*itt. decedit*); *fama ad nos accedit; accedunt anni* de ouderdom treedt in;
6. *werk* aannemen, zich bezighouden met [**ad rem publicam** staatszaken op zich nemen; **ad causam** een zaak (*voor de rechtbank*) op zich nemen];
7. toestemmen, instemmen met (*itt. abhorrere ab*) [**ad sententiam alcis; ad condiciones; ad consilium**];
8. (*bij een vergelijking*) in de buurt komen, lijken op [**propius ad deos**];
9. erbij komen, toenemen, groeien (*itt. decedere, recedere, deminui*); ▸ *accessit ager; pretium accedit agris* de prijs van het akkerland stijgt; *luna accedens* wassend (*itt. abscedens*); (*huc, eo*) *accedit quod of ut* daarbij komt nog dat.

accelerātiō, ōnis *f* (*accelero*) versnelling.

ac-celerō, celerāre
I. *tr.* versnellen [**iter; gradum**];
II. *intr.* zich haasten, toesnellen.

ac-cendō, cendere, cendī, cēnsum
1. in brand steken, aansteken (*itt. exstinguere*) [**ignem; aras** vuur op de altaren];
2. verhitten; ▸ *calor oram accendit* verzengt;
3. verlichten; ▸ *luna accensa solis radiis;*
4. (*metaf.*) aanvuren, doen ontsteken in (*door: abl.; tot: ad of in m. acc.; poët.: dat.*) [**animos ad virtutem; animos bello**]; ▸ *accensus amore, odio, irā;*
5. doen ontstaan, doen oplaaien, aanwakkeren [**seditionem; proelium; curam alci** veroorzaken];
6. versterken, doen toenemen, vermeerderen, vergroten [**discordiam**]; *pass. ook:* stijgen, toenemen.

ac-cēnseō, cēnsēre, —, cēnsum toevoegen aan (*als dienaar of vervanger*).

accēnsus[1]**,** a, um *ppp. v. accendo en accenseo.*

accēnsus[2]**,** ī *m* (*accenseo*)
1. (gerechts)dienaar *v.e. hoger geplaatste magistraat (v.e. consul, praetor enz.) in Rome en in de provincies;*
2. (*milit. t.t.*) *gew. plur.* **accēnsī,** ōrum *m* reservemanschappen, reservetroepen; *deze werden aan de legioenen toegevoegd en stonden in de achterste rijen v.d. derde slaglinie (de triariërs) en vulden tijdens de strijd de uitgedunde gelederen v.e. legioen aan; omdat ze ongewapend waren (ze namen de*

wapens v. hen die in de strijd gevallen waren) ook accensi velati genoemd.

accentus, ūs *m (postklass.)* accent; klank, toon.

ac-cēpī *pf. v. accipio.*

acceptābilis, e *(accepto) (eccl.)* geloofwaardig, welgevallig.

acceptilātiō, ōnis *f (jur.)* vormelijke kwijtschelding.

acceptiō, ōnis *f (accipio)* ontvangst [**frumenti**].

acceptō, acceptāre *(frequ. v. accipio) (pre- en postklass.)*
1. aannemen, ontvangen, krijgen;
2. toelaten, goedkeuren;
3. zich laten welgevallen [**iniuriam**].

acceptor, ōris *m (accipio)*
1. *(Plaut.)* iem. die iets goedkeurt, voorstander;
2. *(Phaedr.) = accipiter;*
3. *(Laatl.)* (a) ontvanger; (b) iem. die iets moet verdragen [**iniuriae**].

acceptrīx, īcis *f (acceptor) (Plaut.)* ontvangster.

acceptum, ī *en zie accipio.*

acceptus, a, um *(p. adj. v. accipio)* welkom, wenselijk, aangenaam, dierbaar, graag gezien, geliefd *(aan, bij: dat.) (= gratus, carus)* [**plebi**]; ▸ *munus gratum acceptumque.*

accersō = *arcesso.*

ac-cessī *pf. v. accedo.*

accessiō, ōnis *f (accedo)*
1. het naderen, aankomen, toenadering; toegang, audiëntie;
2. groei, toename, vermeerdering [**pecuniae; dignitatis; virium**];
3. iets dat erbij komt, toegevoegd wordt: (a) *(filos.)* toevoeging; (b) aanhangsel; (c) aanbouw *(aan een bestaand gebouw)*; ▸ *accessionem aedibus adiungere;* (d) *(geldw.)* subsidie, toelage;
4. *(Suet.) (med.)* intrede, aanval, symptoom; ▸ *prima ~ morbi.*

accessitō, cessitāre *(accedo) (preklass.)* herhaaldelijk komen.

accessus, ūs *m (accedo)*
1. toenadering, het aankomen, naderen; ▸ *~ stellarum et recessus; solis ~ discessusque; ~ et recessus aestuum* eb en vloed;
2. toegang, audiëntie; ▸ *dare alci accessum; accessum negare;*
3. vermeerdering, toename;
4. toegang, ingang;
5. *(med.)* intrede, aanval;
6. neiging *(tot: ad)* [**ad res salutares**].

accidēns, *gen.* entis *n (accido) (postklass.)*
1. toevallige gebeurtenis, omstandigheid;
2. bijkomstigheid.

ac-cidō[1], cidere, cidī, — *(ad en cado)*
1. neervallen, *(v. hulpzoekenden of mensen die om genade smeken)* zich ter aarde werpen, laten vallen *(op, bij: ad; in m. acc.; dat.; poët.: acc.)* [**ad pedes; ad alcis genua, alci ad genua** *of* **genibus alcis**];
2. (a) dóórdringen, bereiken *(tot: ad; dat.)* [**ad aures** *of* **auribus**]; ▸ *vox accidit ad hostes;* (b) *abs.* ter ore komen; ▸ *clamor accidens ab increscente pugna; fama accidit;*
3. zich voordoen, vóórkomen, plaatsvinden, gebeuren, geschieden; ▸ *periculum, calamitas accidit; — m. dat.* iem. overkomen; *— onpers. accidit* het gebeurt, geschiedt, komt voor *(m. ut; quod; inf.; aci.)*;
4. aflopen, uitkomen *(voor iem.: dat.)* [**bene; alci opportune**].

ac-cīdō[2], cīdere, cīdī, cīsum *(ad en caedo)*
1. de bijl zetten in, bijna omhakken, in stukken snijden [**arbores; crines** kort afknippen; **dapes** opeten];
2. zwak maken, hard aanpakken, zware verliezen toebrengen; *pass. ook:* zware verliezen lijden, aan lagerwal raken.

ac-cieō, ciēre, cīvī, — *(niet-klass.)* erbij roepen, halen.

ac-cingō, cingere, cīnxī, cīnctum
1. (a) aangorden [**lateri ensem**]; (b) omgorden; ▸ *gladiis accincti; miles non accinctus* ongewapend; *— ook v. kleren: feminae pellibus accinctae;*
2. uitrusten met, voorzien van *(m. abl.)*; ▸ *accinctus gemmis fulgentibus ensis; Britannia tot accincta portibus;*
3. *se ~ en pass.* zich voorbereiden, zich gereedmaken *(op, voor: ad; in m. acc.; dat.)* [**ad omnes casus; in proelium; pugnae**].

ac-ciō, cīre, cīvī, cītum erbij roepen, halen, laten komen, ontbieden; — *p. adj.* **accītus,** a, um geïmporteerd, buitenlands, vreemd [**scientia arsque haruspicum; lascivia**].

accipetrīna, ae *f (accipiter) (Plaut.)* havikachtigheid.

ac-cipiō, cipere, cēpī, ceptum *(ad en capio)*
I. *(m. actieve medewerking v.h. subj.)* in ontvangst nemen:
1. aannemen, zich laten aanbieden, in ontvangst nemen; innemen *(van bv. voedsel)* [**pecuniam; ius iurandum** zich een eed laten afleggen; **arma obsidesque** zich laten geven; **rationes** de afrekeningen in ontvangst ne-

men]; — *subst.* **acceptum,** ī *n* ontvangst, *(plur.)* inkomsten;
2. *(lasten)* op zich nemen, overnemen [**onus; iugum**];
3. goedkeuren, -vinden; zich tevredenstellen met, aanvaarden [**condicionem; orationem; pacem; excusationem; legem; ius imperiumque Caesaris** erkennen];
4. als geldig erkennen, aanvaarden [**omen, augurium**];
5. opnemen, ontvangen [**milites urbe tectisque; armatos in arcem; hostem in Italiam; alqm in amicitiam; alqm in civitatem** burgerrecht verlenen]; ▸ *Delos errantem accepit (Ov.); tellus fessos portu accipit (Verg.);*
6. *(als gast)* opnemen, onthalen [**alqm eleganter, bene; alqm hospitio agresti; alqm regio apparatu**];
7. iem. behandelen, met iem. omgaan [**alqm leniter clementerque; alqm verberibus** met zweepslagen toetakelen];
8. in zich opnemen, waarnemen, begrijpen [**alqd auribus, sensu, animo; consilia alcis**];
9. vernemen, horen, gewaarworden [**nuntium; gemitum; clamorem; alqd rumore; alqd aequo animo**]; ▸ *ut accepi a senibus; sic a patribus accepimus;*
10. op een bepaalde manier opvatten, uitleggen, verklaren [**in omen** als voorteken; **falsa pro veris**];
II. *(zonder actieve medewerking v.h. subj.)* ontvangen:
1. krijgen, ontvangen [**hereditatem; munera; provinciam; epistulam a filio; exercitum a Caesare; morem, libertatem a maioribus**]; ▸ *turris nomen ab insula accepit;*
2. ondergaan, ondervinden, oplopen, lijden [**cladem; calamitatem; detrimentum; iniuriam; ignominiam; vulnera**].

accipiter, tris *m (abl. sg. -tre; gen. plur. -trum)* havik, valk; *(metaf.)* aasgier.

accīsus *ppp. v. accido*[2].

accītus[1]**,** ūs *m (accio)* oproep, uitnodiging.

accītus[2] *zie accio.*

Accius, a, um *naam v.e. Rom. gens: L.* ~, *Rom. tragediedichter; maakte vrije bewerkingen v. Gr. tragedies voor het Rom. toneel; geb. rond 170 v. Chr.;* — *adj.* **Acciānus,** a, um.

acclāmātiō, ōnis *f (acclamo)*
1. geschreeuw;
2. **(a)** *(als blijk v. afkeuring)* gejoel; **(b)** toejuiching, bijval.

ac-clāmō, clāmāre
1. toeroepen: **(a)** *afkeurend, honend;* **(b)** *instemmend;*
2. uitroepen tot, door bijval verklaren tot, toejuichen als *(m. dubb. acc.)* [**alqm servatorem**].

ac-clārō, clārāre *(ad en clarus)* duidelijk laten zien, openbaren.

acclīnis, e *(acclino)*
1. (aan)leunend, steunend *(tegen: dat.)* [**parieti; trunco arboris**]; ▸ *municipium monti accline* aanliggend tegen;
2. *(metaf.)* geneigd tot, overhellend naar; ▸ ~ *falsis animus* geneigd tot bedrog.

ac-clīnō, clīnāre doen leunen *(tegen iets: dat.; tegen iem.: in alqm)* [**se in illum**]; *(metaf.) se* ~ toegenegen zijn [**ad causam senatūs**].

ac-clīvis, e *en (poët.)* **-clīvus,** a, um *(ad clivum)* schuin oplopend, glooiend *(itt. declivis);* ▸ *collis leniter* ~.

acclīvitās, ātis *f (acclivis)* lichte stijging, helling.

ac-clīvus *zie acclivis.*

ac-cognōscō, cognōscere, cognōvī, cognitum herkennen.

accola, ae *m (accolo)* omwonende, buurman; ▸ *-ae Cereris* van de tempel v. Ceres; *habere -as* als buren hebben; *attrib.: pastor* ~ *eius loci* een daar in de buurt wonende herder; *-ae fluvii* zijrivieren.

ac-colō, colere, coluī, — wonen bij, in de buurt van *(m. acc.)* [**mare; Tiberim**]; ▸ *fluvius accolitur oppidis (Plin. Mai.)* aan de rivier liggen steden.

accommodātiō, ōnis *f (accommodo)* aanpassing; tegemoetkoming, het rekening houden met.

accommodātus, a, um *(p. adj. v. accommodo)* aangepast, passend, geschikt voor *(aan, bij, voor: ad; dat.);* ▸ *puppes ad magnitudinem fluctuum tempestatumque -ae (Caes.); oratio hominum sensibus ac mentibus -a (Cic.); exemplum temporibus suis -um (Cic.); lex alci -a atque utilis (Cic.); homo ad Verris flagitia libidinesque* ~ *(Cic.).*

ac-commodō, commodāre *(m. ad; dat.)*
1. aanpassen, aandoen, aanhechten, opzetten [**clipeum ad dorsum; lateri ensem; coronam sibi ad caput**];
2. *(metaf.)* aanpassen, afstemmen [**orationem auribus auditorum**];
3. besteden, wijden [**operam studiis**]; *se* ~ zich wijden [**ad rem publicam**].

accommodus, a, um passend bij, geschikt voor *(m. dat.; ad);* ▸ *nox -a fraudi.*

ac-corporō, corporāre *(Laatl.)* inlijven.

ac-crēdō, crēdere, crēdidī, crēditum geloven, geloof hechten aan.
ac-crēscō, crēscere, crēvī, crētum
1. toenemen, erbij komen *(m. dat.)*; ▸ *veteribus negotiis nova accrescunt;*
2. groeien, toenemen, zich vermeerderen *(itt. decrescere)*; ▸ *filius accrescens; flumen subito accrevit; accrescit dolor; invidia accrevit; amicitia cum aetate accrescit.*
accrētiō, ōnis *f (accresco)* het toenemen, wassen; ▸ *~ et deminutio luminis (v.d. maan).*
accubitiō, ōnis *f (accumbo)* het gaan aanliggen aan tafel *(naar Rom. gebruik op een triclinium)*; ▸ *~ epularis amicorum.*
accubitum *ppp. v. accumbo.*
accubitus, ūs *m (accubo) (Laatl.)* zetel, plaats *(aan tafel).*
ac-cubō, cubāre *(voor pf. vorm zie accumbo)*
1. liggen *(bij, naast: dat.)*;
2. *(naar Rom. gebruik)* aan tafel *(op een triclinium of een lectulus)* aanliggen [**in convivio; cum alqo** iem. als tafelheer, -dame hebben; **apud alqm** bij iem. als gast]; ▸ *accuba* neem plaats!
ac-cubuī *pf. v. accumbo.*
accubuō *adv. (accubo) (Plaut., scherts., gevormd naar assiduo)* bij me liggend.
ac-cūdō, cūdere, cūdī, cūsum *(Plaut.)* erbij slaan *(v. munten).*
ac-cumbō, cumbere, cubuī, cubitum
1. gaan liggen;
2. aan tafel *(op een triclinium)* gaan aanliggen, plaats nemen voor het eten [**in epulo; epulis** *(dat.)*; **in convivio alcis; alqm** naast iem.];
3. *(poët.) (alci)* seksuele omgang hebben met, slapen met.
accumulātē *zie accumulo.*
accumulātiō, ōnis *f (accumulo) (postklass.)* ophoping *(v. aarde).*
accumulātor, ōris *m (accumulo) (Tac.)* iem. die ophoopt [**opum**].
ac-cumulō, cumulāre *(cumulus)*
1. opstapelen, op(een)hopen;
2. in rijke mate toedelen, verlenen [**alci summum honorem**];
3. overladen *(met: abl.)* [**alqm donis, laudibus**];
4. vergroten, doen toenemen [**curas**];
/ *adv. v.h. ppp.* **accumulātē** overvloedig.
accūrātiō, ōnis *f (accuro)*
1. zorgvuldigheid;
2. *(med.)* behandeling.
accūrātus, a, um *(p. adj. v. accuro)* zorgvuldig, precies, uitvoerig *(uitgevoerd, uitgewerkt)* [**oratio; genus dicendi**]; ▸ *-e loqui, scribere.*
ac-cūrō, cūrāre
1. iets zorgvuldig doen, nauwgezet uitvoeren;
2. *(Plaut.)* iem. onthalen.
ac-currō, currere, (cu)currī, cursum toesnellen, naartoe rennen [**auxilio** te hulp snellen].
accursus, ūs *m (accurro) (postklass.)* toeloop [**populi**]; het snel komen.
accūsābilis, e *(accuso)* laakbaar, verwerpelijk [**turpitudo**].
accūsātiō, ōnis *f (accuso) (itt. defensio)*
1. aanklacht, beschuldiging, klacht, verwijt *(tegen, over, wegens: gen.)*;
2. *(meton.)* akte v. beschuldiging.
accūsātīvus, ī *m (accuso) (gramm.)* accusativus *(ook: casus ~).*
accūsātor, ōris *m (accuso)*
1. iem. die beschuldigt;
2. aanklager;
3. *(postklass.)* verklikker, verrader, aanbrenger.
accūsātōrius, a, um *(accusator)* beschuldigend, van de aanklager [**artificium** advocatentruc; **lex; vox**].
accūsātrīx, īcis *f (accusator)* aanklaagster:
1. *(Plaut.)* zij die klachten naar voren brengt;
2. *(Plin. Min.)* verraadster.
accūsitō, accūsitāre *(frequ. v. accuso) (Plaut.)* beschuldigen.
ac-cūsō, cūsāre *(ad en causa)*
1. voor de rechtbank aanklagen *(itt. defendere) (wegens: gen.; de; propter)*; ▸ *alqm ambitūs (coniurationis, proditionis, rei capitalis) ~ ; alqm de vi (de veneficiis, de crimine) ~ ; alqm propter iniurias ~ ; inter sicarios ~* wegens sluipmoord; — *m. gen. v.d. straf: alqm capitis ~* wegens een halsmisdrijf;
2. iem. beschuldigen, verwijten maken *(van, over: de; gen.)* [**alqm de epistularum neglegentia; regem temeritatis**];
3. zijn beklag doen, zich beklagen *(over: acc.)* [**alcis avaritiam perfidiamque; inertiam adulescentium; superbiam alcis**].
Acē, ēs *f stad in Fenicië, nu* Akko *(in N.-Israël).*
acēdior, acēdiārī *(Vulg.)* verveeld zijn.
acentētus, a, um *(Gr. leenw.) (postklass.)* vlekkeloos, gaaf.
aceō, acēre, acuī, — *(acer[2]) (preklass.)* scherp, zuur zijn.
acephalus, a, um *(Gr. leenw.) (gramm.)* met korte eerste lettergreep.
acer[1], eris *n* ahorn(boom), esdoorn.

ācer[2], ācris, ācre *(aceo, acies)*
1. scherp, puntig [**arma; ferrum**];
2. scherp *(van smaak)* [**cibus**];
3. snijdend, stekend, bijtend [**frigus; hiems; ventus; tempestas; sol**];
4. doordringend *(voor het gehoor)*, schel, snerpend [**vox; flammae sonitus**];
5. *(v. geur)* scherp, doordringend, penetrant [**odor; unguenta**];
6. *(v. gezichtsvermogen e.d.)* scherp, doordringend [**sensus videndi**];
7. *(om te zien)* verblindend, fel [**splendor**];
8. stekend, pijnlijk, kwellend [**cura; dolor; sitis; memoria** pijnlijke herinnering; **egestas** bittere nood];
9. scherpzinnig, fijn, treffend [**iudicium**]; ▸ *vir acri ingenio;*
10. *(v. karakter)* vurig, ijverig, energiek [**milites; hostis**]; ▸ *homo ad perdiscendum acerrimus* zeer leergierig;
11. *(v. karakter en gemoedsaandoeningen)* driftig, heftig, hartstochtelijk [**ira; cupiditas**];
12. streng, grimmig; woest [**leo**];
13. hard, wreed [**supplicium**];
/ *subst.* (Hor.) **ācre,** ācris *n* sarcasme, bijtende spot.

acerbitās, ātis *f (acerbus)*
1. wrangheid [**fructuum**];
2. strengheid, hardheid [**imperii; morum; legis**];
3. *(metaf.)* onvriendelijkheid, onvriendelijke manier v. doen;
4. bitterheid, treurigheid;
5. tegenspoed, ellende.

acerbitūdō, inis *f = acerbitas.*

acerbō, acerbāre *(acerbus) (poët.; postklass.)* verbitteren; verscherpen; verergeren.

acerbus, a, um *(acer*[2]*)*
1. wrang, bitter, zuur *(v. smaak), vd. ook:* onrijp [**pirum; uva**];
2. *(metaf.)* nog niet rijp, niet klaar, vroeg-, voortijdig [**virgo** onvolwassen; **partus** voortijdige geboorte];
3. *(voor het gehoor)* schel, snerpend [**vox; stridor**];
4. snijdend, guur [**frigus**];
5. *(v.h. gezicht)* grimmig [**vultus**];
6. *(v. personen)* ruw, wreed, hard, streng, onvriendelijk;
7. *(v. werking of v. optreden v. iem.)* streng, hard, wreed [**imperium; poena; lex; supplicium**];
8. *(v. toestanden)* bitter, pijnlijk, treurig [**recordatio**];
/ *adv.* **-ē** met tegenzin, knorrig; ▸ *-e ferre.*

acernus, a, um *(acer*[1]*) (poët.)* van ahornhout, van esdoornhout [**rami; trabes; mensa**].

acerra, ae *f* wierookkistje.

Acerrae, ārum *f stad in Campanië, nu Acerra;* — *inw.* **Acerrānī,** ōrum *m.*

acervālis *(acervus)*
I. *adj.* e opgehoopt;
II. *subst.* is *m* kettingredenering *(zie ook sorites).*

acervātim *adv. (acervo)*
1. in hopen, in groten getale;
2. beknopt, kort (samengevat), bondig [**dicere**].

acervātiō, ōnis *f (acervo) (postklass.)* opeenhoping.

acervō, acervāre *(acervus)* op(een)hopen.

acervus, ī *m*
1. hoop [**frumenti; auri**];
2. massa, grote hoeveelheid [**scelerum; armorum; civium**];
3. *(metaf.)* kettingredenering *(zie ook sorites).*

acēscō, acēscere, acuī, — *(incoh. v. aceo) (poët.; postklass.)* zuur worden.

Acesta, ae *f oude naam v.d. door de Romeinen Segesta genoemde stad in het noordwesten v. Sicilië;* — *inw.* **Acestēnsēs,** ium *m.*

Acestēs, ae *m (acc. -ēn) koning op Sicilië, stichter v. Acesta.*

acētābulum, ī *n (acetum)* (maat)beker.

acētāria, ōrum *n (postklass.)* met azijn bereide sla.

acētum, ī *n (aceo)*
1. azijn;
2. *(metaf.)* wrok;
3. bijtende, honende spot.

Achaemenēs, is *m voorvader v.d. Oudperzische koningen, stichter v.d. dynastie v.d. Achaemeniden in de 7e eeuw v. Chr.;* — **Achaemenidae,** ārum *m* de Achaemeniden; — *adj.* **Achaemenius,** a, um Perzisch, Parthisch.

Achaeus, ī *m stamvader v.d. Achaeërs.*

Achaia *en* **Achāïa,** ae *f*
1. *de landstreek Achaea aan de noordkust v.d. Peloponnesus;*
2. *na de afscheiding v.d. Peloponnesus en het Attisch-Boeotische vasteland v.d. Rom. provincie Macedonië aanduiding voor* Griekenland *als Rom. provincie;*
3. *(poët.)* Griekenland;
/ *inw.* **Achaeī,** ōrum *m* Achaeërs, *bewoners v. Achaea;* / **Achāïas,** iadis *f* vrouw uit Achaea;

/ **Achais,** idis *f* vrouw uit Achaea, *poët.* Griekenland; / *adj.* **Achāïcus, Achāïus, Achaeus** *en* **Achīvus,** a, um Achaeïsch, Grieks.

achātēs, ae *f* (*en m*) (*postklass.*) agaat.

Achātēs, ae *m metgezel v. Aeneas.*

Achelōus, ī *m*

1. *grootste rivier v. Griekenland, tussen Acarnanië en Aetolië, nu de Achelóos;*

2. *riviergod;* — **Achelōias,** adis *en* **Achelōis,** idis *f* dochter v. Acheloüs, *meton.* nimf; — *adj.* **Achelōius,** a, um uit de Acheloüs afkomstig, van de Acheloüs [**Callirhoë** *dochter v. Acheloüs;* **pocula** vol water].

Acherōn, ontis *m* (*acc.* -ontem *en* -onta)

1. *rivier in Epirus, nu* Acherondas;

2. *rivier in Bruttium;*

3. *mythol. rivier in de onderwereld, vd. poët. ook aanduiding voor de onderwereld zelf;* ▸ *fugere Acheronta* onsterfelijkheid verkrijgen; — *adj.* **Acherontēus, Acherontius** *en* **Acheronticus,** a, um behorend tot de Acheron, van de Acheron.

Acherontia, ae *f plaats in Apulië, nu* Acerenza.

Acherūns, untis *m* (*f*) (< *Acheron*) = Acheron, *ihb. in de betekenis:* onderwereld; ▸ *ab Acherunte redimere* uit de onderwereld bevrijden; *loc.: Acherunti* in de onderwereld; — *adj.* **Acherunticus** *en* **Acherū(n)sius,** a, um (a) van de rivier de Acheron; (b) van de onderwereld, onderaards.

Achillēs, is *m zoon v.d. Thessalische koning Peleus en de nereïde Thetis, de door kracht en schoonheid uitblinkende Gr. held voor Troje; de rancune v. Achilles is het thema v.d. Ilias v. Homerus; metaf.* een mooie en krachtige held; — *adj.* **Achillēus,** a, um van Achilles; — **Achillīdēs,** ae *m* nakomeling v. Achilles.

Achīvī, ōrum *m* Achaeërs, Grieken; — *adj.* **Achīvus,** a, um.

Achradina, ae *f wijk v.d. stad Syracuse.*

achras, adis *f* (*Gr. leenw.*) (*postklass.*) (*een soort wilde*) perenboom.

acia, ae *f* (*acus*) (*postklass.*) naaigaren; ▸ *ab -a et acu* tot in het kleinste detail.

Acīdalia, ae *f bijnaam v. Venus, naar de bron Acidalia in Boeotië, waarin ze gewoonlijk met de Gratiën, haar dochters, baadde;* — *adj.* **Acīdalius,** a, um.

acidus, a, um (*aceo*)

1. zuur;

2. (*metaf.*) (*v. geluid*) schel [**sonus; canticum**];

3. lastig, onaangenaam (*voor: dat.*); ▸ *alci invisus acidusque; alci* ~ *ac molestus;*

4. scherp, bijtend, giftig; ▸ *homo -ae linguae.*

aciēs, ēī *f* (*acer*[2])

1. scherpte, snede [**securis; hastae**]; ▸ (*metaf.*) ~ *auctoritatis hebescit;*

2. (a) gezichtsscherpte, gezichtsvermogen; (b) blik, gezichtsveld; (c) (*poët.*) oog; (d) pupil (*v.h. oog*); (e) (*v. sterren*) schittering;

3. scherpzinnigheid, helderheid [**animi**];

4. (*milit.*) (a) slaglinie, slagorde [**prima** voorhoede; **novissima (extrema, postrema)** achterhoede; **dextra** rechtervleugel]; ▸ *legiones in acie constituere (collocare)*; (b) (*voor de slag opgesteld*) leger [**pedestris; equitum**]; (c) slag (*ook metaf.*); ▸ *in acie cadere.*

Acīlius, a, um *naam v.e. Rom. gens, o.a.:*

1. M'. ~ Glabrio, *consul in 191 v. Chr., overwinnaar van de Seleucide Antiochus III de Grote bij Thermopylae (191);* — *adj.* **Acīliānus,** a, um;

2. C. ~ Glabrio, *rond 160 v. Chr., schrijver v.e. geschiedenis v.d. 2e Pun. oorlog in het Gr., die door Claudius Quadrigarius in het Lat. is vertaald;*

3. M'. ~ Glabrio, *volkstribuun in 122 v. Chr., bekend door een wet de repetundis (lex Acilia).*

acina, ae *f* = *acinus.*

acīnacēs, is *m* (*Perz. leenw.*) kromme sabel *v.d. Perzen, Meden en Scythen.*

acinōsus, a, um (*acinus*) (*Plin. Mai.*) lijkend op een (wijn)druif.

acinus, ī *m en* **acinum,** ī *n*

1. *een soort* (wijn)druif *of* bes;

2. pit (*v.e. druif of bes*).

acipēnser, eris *m een soort vis, wsch.* steur.

Ācis, idis *m* (*acc.* Ācim *en* Ācin; *vocat.* Āci; *abl.* Ācī *en* Ācide) *kleine rivier op Sicilië, aan de noordkant v.d. voet v.d. Etna ontspringend; volgens de legende een knappe herder, zoon v. Faunus, minnaar v. Galatea, door Polyphemus uit jaloezie met een rotsblok verpletterd, door de goden in een rivier veranderd.*

aclys, ydis *f* werpspies (*met slingerriem*).

Acmōnia, ae *f stad in Groot-Frygië, ten O. v. Sardes, nu de Ahat Köyü;* — *inw.* **Acmōnēnsēs,** ium *m;* — *adj.* **Acmōnēnsis,** e.

acnua, ae *f vlaktemaat v. 120 vierkante voet.*

aconītum, ī *n* (*Gr. leenw.*) (*botan.*)

1. monnikskap;

2. *het uit deze plant bereide* gif.

acopum, ī (*Gr. leenw.*) (*med.*) zalf tegen pijn of vermoeidheid.

acor, ōris *m* (*aceo*) (*postklass.*) zure smaak, zure stof.

acorum *en* **acoron,** ī *n* (*Gr. leenw.*) (*botan.*) kalmoes, lelie of pimpernel.

ac-quiēscō, quiēscere, quiēvī, quiētum
1. tot rust komen, (uit)rusten, pauzeren [**in lecto; lassitudine** van vermoeidheid];
2. *(postklass.) met en zonder somno* slapen;
3. sterven, ontslapen; ▸ *anno acquievit sexagesimo;*
4. *(v. niet-lev.)* rust vinden, rusten; ▸ *civitas acquiescens; mentis agitatio, quae numquam acquiescit;*
5. tot rust komen, troost vinden *(m. abl. of in m. abl.)*; ▸ *in litteris tuis acquiesco;*
6. blij, tevreden zijn *(m. abl. of in m. abl.)* [**in unico filio; parva spe**];
7. *(postklass.)* het eens zijn met iem., iem. gelijk geven.

ac-quīrō, quīrere, quīsīvī *(en* quīsiī*)*, quīsītum *(ad en quaero)*
1. erbij krijgen, erbij verwerven [**ad fidem** zijn krediet vermeerderen; **nihil ad gloriam**];
2. verkrijgen, verwerven [**opes; pecuniam; favorem**].

acquīsītiō, ōnis *f (acquiro)* het verwerven.

acraeus, a, um *(Gr. leenw.)* op bergen wonend; — **Acraeus** *bijnaam v. Jupiter en Juno, die op bergen werden vereerd.*

Acragās, antis *m = Agrigentum.*

acrātophorus, ī *m en* **-um,** ī *n (Gr. leenw.)* wijnkruik.

ācre, ācris *n zie acer*[2].

ācrēdō, inis *f (acer) (postklass.)* scherpte, scherpe smaak.

acrēdula, ae *f een diersoort, missch. kleine uil.*

ācriculus, a, um *(demin. v. acer*[2]*)* een beetje driftig; ▸ *ille ~* die kleine driftkop.

ācrimōnia, ae *f (acer*[2]*)*
1. *(pre- en postklass.)* scherpte, scherpe smaak, scherpe geur;
2. energie, ijver;
3. levendigheid v.e. discussie, levendig gesprek.

Acrisius, ī *m koning v. Argos, vader v. Danaë;* — *patron.* **Acrisiōnē,** ēs *f dochter v. Acrisius (=* Danaë*) en* **Acrisiōniadēs,** ae *m kleinzoon v. Acrisius, zoon v. Danaë (=* Perseus*)*; — *adj.* **Acrisiōnēus,** a, um [**arces** burcht v. Argos; **coloni** Argivisch].

ācriter *adv. v. acer*[2].

ācritūdō, inis *f (acer)* scherpte.

acroāma, atis *n (Gr. leenw.)*
1. (muzikaal) optreden, uitvoering;
2. *(meton.) de persoon die optreedt:* voorlezer, zanger, muzikant.

acroāsis, is *f (acc. -in; abl. -ī) (Gr. leenw.)* voordracht, het voorlezen.

acroāticus, a, um *(Gr. leenw.) (Gell.)* voor de voordracht bestemd.

Acroceraunia, ōrum *n voor de scheepvaart gevaarlijke noordkant v.d. rotsige, steile kust v.d. Ceraunii montes in Epirus, nu* Kepi i Gjuhëzës.

Acrocorinthus, ī *f burcht v. Corinthe.*

Ācrota, ae *m koning v. Alba (ook Agrippa genoemd).*

acrōtērium, ī *n (Gr. leenw.)*
1. landtong;
2. *(archit.) plur. kleine vlakken aan een gevel als basis voor versieringen (bv. beelden of vazen).*

acta[1]**,** ae *f (Gr. leenw.)*
1. kust, strand;
2. *plur.* strandleven.

ācta[2]**,** ōrum *n zie ago.*

Actaeōn, onis *m zoon v. Autonoë, kleinzoon v. Cadmus; door* Diana, *die hij bij het baden bespied had, in een hert veranderd en door zijn eigen honden verscheurd.*

Actaeus, a, um Attisch, Atheens; — *subst.* **Actaeī,** ōrum *m* inwoners v. Attica, Atheners.

Actē, ēs *f oude naam voor Attica.*

Actiacus, a, um *zie Actium.*

Actias, *gen.* adis Attisch, Atheens.

āctiō, ōnis *f (ago)*
1. uitvoering, verrichting [**gratiarum** dankbetuiging];
2. bezigheid, handeling [**vitae** praktisch leven]; ▸ *adhibenda est ~* er moet handelend opgetreden worden; *actionem suscipere* een activiteit beginnen;
3. ambtsverrichting [**senatorum**]; *plur.* ambtsuitoefening, publieke functie, *(pejor.)* (geheime) activiteiten;
4. publieke bespreking, voorstel, voordracht *(voor het volk, voor de senaat)*, publieke rede(voering);
5. *(jur.)* (a) rechtszitting; (b) verdediging [**causae**]; (c) aanklacht, proces; ▸ *actionem instituere (constituere, intendere)* een aanklacht tegen iem. indienen, iem. gerechtelijk vervolgen; (d) rede v.d. aanklager, aanklacht; ▸ *actiones Verrinae;* (e) rechtsingang; ▸ *actionem habere, postulare, dare, accipere, restituere;* (f) gerechtelijke termijn;
6. wijze v. voordragen, gesticulatie, presentatie.

āctitō, āctitāre *(frequ. v. ago)* (steeds weer) doen, gewoonlijk doen [**causas** veel processen voeren; **tragoedias** vaak in tragedies als toneelspeler optreden].

Actium, ī *n*

1. *voorgebergte en stad in Acarnanië, bekend door een tempel v. Apollo en door de zeeslag v. 31 v. Chr. (overwinning v. Augustus op Antonius en Cleopatra);*
2. *haven en ankerplaats bij Corcyra;*
/ *adj.* **Actiacus** *en* **Actius,** a, um (a) bij, van Actium [**Apollo; litora; legiones** die bij Actium vochten; **triumphus** na de overwinning bij Actium; **bella** slag bij Actium]; (b) *(poët.)* van Apollo, aan Apollo gewijd [**frondes** de aan Apollo gewijde lauwertakken].

āctiuncula, ae *f (demin. v. actio) (Plin. Min.)* klein pleidooi.

āctīvus, a, um *(ago) (Sen.)* bezig, actief [**philosophia** praktisch *(itt. contemplativa)*].

āctor, ōris *m (ago)*
1. drijver [**pecoris** herder];
2. bemiddelaar, iem. die ergens voor zorgt;
3. *(jur.)* (a) aanklager; (b) verdediger, raadsman [**causae**];
4. (vermogens)beheerder, zaakwaarnemer [**publicus** beheerder v.d. staatsdomeinen; **praedii**];
5. publiek redenaar;
6. acteur, toneelspeler [**carminum**].

Actōr, oris *m*
1. *vader v. Menoetius, grootvader v. Patroclus; — patron.* **Actoridēs,** ae *m* Actoride, nakomeling v. Actor *(= Menoetius of Patroclus);*
2. *koning v. Elis, vader v.d. tweeling Eurytus en Cteatus; — patron.* **Actoridae,** ārum *m* de Actoriden, *Actors tweelingzonen Eurytus en Cteatus.*

āctrīx, īcis *f (actor) (postklass.)*
1. actrice, toneelspeelster;
2. aanklaagster;
3. beheerster.

āctuālis, e *(actus) (Laatl.)* bezig, werkzaam, praktisch [**virtus; philosophia**].

āctuāria, ae *f (actuarius*[1]*; vul aan: navis)* snel schip.

āctuāriola, ae *f (demin. v. actuaria)* roeiboot, kleine boot, schuitje.

āctuārius[1], a, um *(ago)* snel (zeilend) [**navis**].

āctuārius[2], ī *m (ago) (postklass.)*
1. snelschrijver; notulist;
2. boekhouder, administrateur.

āctuōsus, a, um *(actus*[2]*)* beweeglijk, actief, energiek.

āctus[1] *ppp. v. ago.*

āctus[2], ūs *m (ago)*
1. het drijven *(v. vee);*
2. *(jur.)* recht om vee te drijven, weiderecht, overpad;
3. *een oppervlaktemaat (= 1260 m²)* [**quadratus**];
4. (a) beweging v.h. lichaam, *ihb.* beweging van iem. die iets uitbeeldt, gebaar; (b) *(meton.)* uitbeelding, opvoering v.e. stuk *of* opvoering v.e. rol [**fabellarum; scaenarum; tragicus**]; (c) akte, bedrijf *(v.e. toneelstuk);*
5. *(metaf.)* episode, deel; ▸ *primus ~ vitae; quartus ~ improbitatis;*
6. beweging, activiteit; ▸ *usque ad extremae vitae finem in actu esse (Sen.);*
7. *(postklass.)* vervulling v.e. openbare functie *of* v.e. openbaar ambt; ▸ *~ rerum;*
8. *(postklass.)* daad, handeling, verrichting;
9. *(eccl.) plur. Āctūs Apostolorum* Handelingen (v.d. Apostelen).

āctūtum *adv. (actus*[2]*)* direct, dadelijk.

acua, ae *f = aqua.*

acula, ae *f = aquula.*

aculeātus, a, um *(aculeus)*
1. *(postklass.)* stekelig;
2. *(metaf.)* scherp, bijtend [**litterae**];
3. spitsvondig [**sophisma**].

aculeus, ī *m (acus)*
1. punt, angel, stekel [**sagittae; apis; spinarum**];
2. *(metaf.)* scherpte, het kwetsende *(ihb. v. kwetsende woorden en v. scherp optreden)* [**orationis; contumeliarum; iudicii**]; ▸ *-i in alqm* scherpe opmerkingen aan het adres v. iem.;
3. aansporing, prikkel;
4. diepe indruk, *die de spreker of de toespraak op de toehoorders maakt;* ▸ *-um in animis audientium relinquere;*
5. spitsvondigheid.

acūmen, inis *n (acuo)*
1. punt, spits [**hastae; digiti**]; ▸ *auspicium ex acuminibus: gunstig voorteken, wanneer van de speerpunten vonken springen (elmsvuur);*
2. *(metaf.)* scherpzinnigheid, geestigheid [**ingenii; verbi** pointe];
3. spitsvondigheid, sluwheid;
4. *(Laatl.)* hoogste punt, top.

acūminātus, a, um *(acumen) (postklass.)* scherp, puntig.

acuō, acuere, acuī, acūtum *(acus)*
1. scherp maken, slijpen, wetten, (aan)punten [**gladios; enses; palos**];
2. *(metaf.)* (aan)scherpen, trainen [**linguam; ingenium**];
3. perfectioneren;
4. aansporen, aanvuren, prikkelen [**ad crude-**

litatem];
5. vergroten, verhogen, aanwakkeren [**industriam; metum; iras**].
acus[1], ūs *f (acuo)*
1. naald; ▸ *filum conicere in acum* een draad in de naald steken; *acu pingere (facere)* borduren; *rem acu tangere* de spijker op de kop slaan;
2. haarspeld.
acus[2], eris *n* kaf.
acūtulus, a, um *(demin. v. acutus)* tamelijk scherpzinnig, spitsvondig [**conclusiones**].
acūtus, a, um *(p. adj. v. acuo)*
1. scherp, spits [**cuspis; sagitta; angulus**];
2. scherp *(voor de zintuigen e.d.)*: (a) *voor de reuk* [**odor; unguentum**]; (b) *voor de smaak* [**sapor; cibus**]; (c) *voor het gezichtsvermogen*: scherp, verblindend; (d) *voor het gehoor*: doordringend, schril, schel [**sonus; vox**]; (e) *voor het lichaam* [**morbus** acute ziekte; **febris**];
3. scherpzinnig, intelligent, indringend [**homo; ingenium; interrogatio**];
4. gevaarlijk [**acuta belli** de gevaren v.d. oorlog].
ad
I. *prep. m. acc.*
1. *(v. plaats)* (a) *(ter aand. v.d. richting op de vraag: waarnaartoe?)* naar, naar ... toe, tot, tot aan; ▸ *venire ad alqm; venire ad castra; tendere manus ad caelum; ad omnes partes* naar alle kanten; *spectare ad orientem solem* uitzien op; *convertere simulacrum Iovis ad orientem*; — *(bij namen v. steden)* in de buurt van, bij *of* naar de omgeving van: *proficisci ad Capuam*; — *m. namen v. goden in de gen., met weglating v. aedem of templum*: *ad Dianae* (naar de tempel v. Diana) *venire*; (b) *(om aan te geven hoever iets zich uitstrekt op de vraag: tot waar?)* tot, tot aan; ▸ *ab angulo castrorum ad flumen*; — *ook in verbinding m. usque*: *ab imis unguibus usque ad verticem summum*; (c) *(op de vraag: waar?)* (dicht) bij, aan; ▸ *habere hortos ad Tiberim; proelium ad Nolam committere*; (d) *(bij personen) ad alqm* = voor, bij iem. *(ter aand. v.d. persoon onder wiens leiding, in wiens aanwezigheid enz. iets gebeurt)*; ▸ *ad iudicem agere; ad tibicinem hostias immolare* onder begeleiding van een fluitspeler; (e) *(metaf.) ad alqd (als begeleiding)* bij iets; ▸ *ad vinum* bij de wijn; *ad tibiam* bij de fluit, begeleid door een fluit; *ad lunam; ad lunae lumina*; (f) in; ▸ *senatus habetur ad aedem Bellonae* in de tempel v. Bellona;
2. *(v. tijd)* (a) *(ter aand. v.h. eindtijdstip)* tot, tot aan *(ook in verbinding met usque)*; ▸ *ab hora septima ad vesperum pugnatum est; ad multam noctem* tot diep in de nacht; *ad nostram memoriam* tot in onze tijd; *a consulatu eius usque ad extremum tempus; a condita urbe ad liberatam* vanaf de stichting v.d. stad tot aan het begin v.d. republiek; *usque ad hanc aetatem; ad summam senectutem*; (b) *(ter aand. van tijd[sverloop])* tot, op; ▸ *ad tempus* op het juiste moment; *ad horam destinatam; ad decem milia annorum* over tienduizend jaar, na afloop v. tienduizend jaar; (c) *(om een tijdstip bij benadering aan te geven)* tegen, omstreeks; ▸ *ad extremam orationem* tegen het eind v.d. redevoering; *ad meridiem* tegen de middag; *ad mediam noctem*; (d) *(ter aand. van tijdsduur)* voor, gedurende; ▸ *ad nonnullos dies* voor (gedurende) een paar dagen;
3. *(om aantal, geldhoeveelheid of maat aan te geven)* (a) tot (aan), tot op; ▸ *ad unum omnes* allemaal zonder uitzondering; *ad partem dimidiam* tot de helft; *obsides ad numerum miserunt* voltallig; *ad nummum convenit* tot op de laatste cent; (b) tegen, ongeveer; ▸ *equitatus ad numerum quattuor milium; fuimus omnino ad ducentos; ad mille ducenti eo proelio ceciderunt*;
4. (a) *(om een doel aan te geven, vaak in verbinding m. gerundium of gerundivum)* tot, voor, om; ▸ *ad id ipsum factum* speciaal daarvoor; *facultas ad dicendum data; occasionem ad rem gerendam dare*; (b) (in reactie) op; ▸ *ad haec respondere; ad clamorem concurrere; ad famam belli legiones conscribere*; (c) overeenkomstig, naar; ▸ *ad praescriptum agere; ad naturam* overeenkomstig de natuur; *ad voluntatem* naar believen; (d) in verhouding tot, in vergelijking met; ▸ *scuta ad amplitudinem corporum parum lata*; (e) met betrekking tot; ▸ *quid id ad me (vul aan: pertinet)* wat heb ik daarmee te maken?; *hoc nihil ad me* gaat me niet aan; *impiger ad labores belli; vir ad cetera egregius*; (f) *(bij middelen, ihb. geneesmiddelen)* voor, tegen; ▸ *radicum genera ad morsus bestiarum; ad oculorum morbos*; (g) *(om een hoge graad aan te geven)* tot (aan) *(vaak in verbinding m. usque)*; ▸ *ad extremum, ad ultimum* uiterst, hoogst; *homo non ad extremum perditus; consilium non ad ultimum demens*; (h) *(toevoegend)* daarbij, daarnaast; ▸ *ad haec accedit quod; ad id (hoc, haec, cetera)* bovendien, daarenboven;
II. *prefix (meestal geassimileerd met de volg. cons.: acc-, app- enz.)*:
1. naartoe-, naderbij-, dichterbij- [**adduco, accedo, apporto**];
2. toe-, bij- [**adiungo**];

3. er, erbij [**assum**].

adāctiō, ōnis *f (adigo)* het brengen *(v. iem.)* tot iets [**iuris iurandi** het beëdigen].

adāctus[1] *ppp. v. adigo.*

adāctus[2]**,** ūs *m (adigo) (Lucr.)* het zetten *(v.d. tanden)* in, beet.

ad-aequē *adv.* op dezelfde manier, even *(meestal m. ontkenning);* ▸ *neque est quisquam ~ miser (Plaut.); ~ atque of ut* net zo als.

ad-aequō, aequāre

1. gelijkmaken aan *(m. dat.)* [**tecta solo**];
2. gelijkstellen aan *(m. cum; dat.)* [**cum virtute fortunam; colonias urbi; se virtute nostris**];
3. vergelijken met *(m. cum; dat.)* [**sua fata fatis Alexandri**];
4. evenaren, bereiken [**altitudinem muri; navium cursum; deorum vitam**].

adaerō, adaerare *(Aes.) (postklass.)* berekenen.

ad-aggerō, aggerāre *(postklass.)* ophopen [**terram circa arborem**]; ▸ *terra adaggerata Nilo* door de Nijl afgezet.

ad-alligō, alligāre *(Plin. Mai.)* opbinden.

adamantēus, a, um *(adamas) (poët.)* hard als staal, stalen, ijzersterk [**catenae**].

adamantinus, a, um *(poët.; postklass.) = adamanteus.*

adamās, antis *m (acc. sg. -antem en -anta) (Gr. leenw.)*

1. staal; *(poët.)* alg. hard metaal; *(metaf.)* hardvochtig, gevoelloos hart; ▸ *in pectore ferrum aut adamanta gerit (Ov.); lacrimis, voce sua adamanta movere* een hart v. steen ontroeren;
2. *(postklass.)* diamant.

ad-ambulō, ambulāre *(Plaut.)* heen en weer lopen bij *of* langs [**ad ostium**].

ad-amō, amāre

1. buitengewoon bewonderen, buitengewoon waarderen;
2. (hevig) verliefd worden op *(m. acc.);*
3. begeren, nastreven.

ad-aperiō, aperīre, aperuī, apertum

1. openleggen, ontbloten, zichtbaar maken [**caput**];
2. openen, openmaken [**fores; librum**].

adapertilis, e *(adaperio) (Ov.)* die geopend kan worden.

ad-aptō, aptāre *(Suet.)* aanpassen, geschikt maken.

ad-aquō, aquāre *(aqua) (postklass.)*

1. *(planten)* begieten, water geven;
2. *(vee)* laten drinken [**bovem; greges**]; — *pass.* gaan drinken.

ad-aquor, aquārī water halen.

adauctus, ūs *m (adaugeo) (Lucr.)* groei, toename.

ad-augeō, augēre, auxī, auctum vermeerderen, vergroten, doen toenemen [**bonum; maleficia aliis nefariis**].

ad-augēscō, augēscere, — — toenemen, groeien.

adaugmen, inis *n (adaugeo) (Lucr.)* groei, toename.

adāxint = *adegerint, zie adigo.*

ad-bibō, bibere, bibī, —

1. extra drinken;
2. *(metaf.)* opnemen, zich inprenten, ter harte nemen.

ad-bītō, bītere, — — *(Plaut.)* dichterbij komen.

adc- = *acc-.*

ad-decet *onpers.* het past, is gepast *(iem. of voor iem.: acc.).*

ad-dēnseō, dēnsēre, — — *(Verg.)* dichter maken.

ad-dīcō, dīcere, dīxī, dictum

1. *(in de taal v.d. augures)* (a) gunstig zijn; (b) goedkeuren; ▸ *aves addicunt;*
2. *(als rechter, ihb. als pretor)* als eigendom toewijzen [**alci bona; liberum corpus in servitutem** een insolvente schuldenaar tot tijdelijke slaaf *(v.d. schuldeiser)* maken; **alcis bona in publicum** confisqueren]; — *subst.* **addictus,** ī *m* tijdelijke slaaf;
3. verkopen *(wat eigenlijk niet verkocht zou mogen worden)* [**regna; consulatum**];
4. *(op veilingen)* aan de meest biedende toewijzen, gunnen;
5. wijden, toekennen [**agros deae**];
6. overlaten, prijsgeven, overgeven [**alci totum patrimonium; alci animum** zijn hele hart geven]; — *(pejor.) se alci ~* zich willoos aan iem. overgeven, zich slaafs aan iem. onderwerpen [**senatui**]; — *adj.* **addictus,** a, um slaafs onderworpen aan, toegedaan;
7. *(postklass.) een geschrift aan iem.* toeschrijven.

addictiō, ōnis *f (addico)* het toewijzen als eigendom *(door de pretor)* [**bonorum**].

addictus *zie addico.*

ad-didī *pf. v. addo.*

ad-discō, discere, didicī, — erbij leren [**cottidie alqd**].

additāmentum, ī *n (addo)* toevoeging.

additiō, ōnis *f (addo) (pre- en postklass.)* het toevoegen, toevoeging.

ad-dō, dere, didī, ditum

I. *(m. het prefix in zijn volle betekenis)*

1. erbij doen, toevoegen [**gradum** *(vul aan: gradui)* de pas versnellen; **nummum nummo** geld ophopen; **operi noctem** ook de nacht gebruiken om te werken];
2. *mondel. of schriftel.* toevoegen, aanvullen [**in orationem quaedam** bepaalde dingen toevoegen];
3. *(tijd)* toevoegen, extra toekennen [**paucos dies ad rem publicam gerendam**]; ▸ *addito tempore* mettertijd; *addita aetate* met de jaren;
4. optellen;
II. *(m. het prefix in afgezwakte betekenis)*
1. geven, zetten, leggen, doen [**epistulas in fasciculum; manūs alcis in vincula; alci calcar(ia)** iem. aansporen; **frena feris** aanleggen];
2. toevoegen, meegeven [**alqm alci comitem**];
3. inboezemen, ingeven; geven; bewijzen [**metum; mentibus ardorem; furorem animis; animum; virtutem; honorem**].

ad-doceō, docēre, — — (Hor.) meer, erbij onderwijzen, iets nieuws onderwijzen.

addormīscō, addormīscere, — — *(incoh. v. dormio)* inslapen; een dutje doen.

ad-dubitō, dubitāre
I. *intr.* twijfelen, bedenkingen hebben *(de; in m. abl.; afh. vr. m. num; ook id, quod, illud)*;
II. *tr.* betwijfelen, in twijfel trekken.

ad-dūcō, dūcere, dūxī, ductum
1. brengen, leiden naar, naderbij brengen, erbij halen, aanvoeren; meebrengen [**testes; aurum secum** meebrengen; **aquam** (ge)leiden; **exercitum subsidio** (te hulp) **alci; legiones contra populum Romanum; milites in castra; alqm in ius** *of* **in iudicium** iem. voor het gerecht brengen; **amicos ad cenam; victorem in conspectum populi; copias navibus;** *zelden m. acc. van richting:* **alqm litora**]; *(poët.) een toestand* teweegbrengen, veroorzaken [**sitim; febres**];
2. *in een positie, in een toestand* brengen [**alqm in invidiam, in vituperationem** tot (een) voorwerp maken van ... ; **alqm in suspicionem** iem. verdacht maken; **in metum; in summam sollicitudinem; in spem maximam; ad iracundiam; populum ad summam inopiam; suum regnum ad ultimum discrimen** op het spel zetten];
3. iem. *in een bep. stemming* brengen, bewegen tot, tot een besluit brengen *(alqm ad alqd of alqm, ut)* [**ad misericordiam; ad tantum facinus**];
4. naar zich toe trekken [**ramum**];
5. spannen, strak aantrekken [**habenas; arcum; sagittam**];
6. samentrekken [**frontem** het voorhoofd fronsen].

adductus, a, um *(p. adj. v. adduco) (postklass.)*
1. gefronst [**vultus; frons**];
2. eng, smal;
3. streng, strak [**servitium**];
4. *(v.e. redenaar)* afgemeten.

ad-dūxī *pf. v. adduco.*

ad-edō, edere, ēdī, ēsum
1. knagen aan, aanvreten; ▸ *iecur* ~; *(metaf.) cum me supremus adederit ignis* (Ov.) verteren; *scopulus adesus aquis* aangevreten; *adesi lapides* door het water afgesleten, glad;
2. *gedeeltelijk* verteren, opmaken [**frumentum; pecuniam**]; ▸ *(metaf.) adesus cladibus Hasdrubal* aangetast, verzwakt.

ad-ēgī *pf. v. adigo.*

Adelphī *en* **Adelphoe,** ōrum *m* 'De broers', *komedie v. Terentius.*

ad-ēmī *pf. v. adimo.*

adēmptiō, ōnis *f (adimo)* het weg-, ontnemen, onttrekken [**provinciae; bonorum** verbeurdverklaring].

adēmptus *ppp. v. adimo.*

ad-eō[1], īre, iī, itum
1. gaan naar, naderen, komen, bezoeken, opzoeken *(m. ad; in m. acc.; acc.)* [**ad te; in conventum; praetorem; ripam; epulas; sacrum** bijwonen; **curiam** betreden]; — *adīrī (v. plaatsen)* betreden worden, benaderd worden, toegankelijk zijn; ▸ *castellum angustā semitā adibatur; interiora regionis eius haud adiri poterant;*
2. *(jur. t.t.)* ~ *ad praetorem (in ius) of* ~ *in ius* zich tot de rechter wenden;
3. zich *met een vraag of een verzoek* wenden tot, vragen [**senatum; oraculum**];
4. bezoeken, bereizen [**maria** bevaren];
5. met vijandelijke bedoelingen naderen, aanvallen *(m. acc. of m. prep.)* [**castella**];
6. zich belasten met *(m. acc. of m. prep.)* [**ad causas et privatas et publicas; ad rem publicam** (staatszaken); **honores** (ereambten)];
7. op zich nemen, trotseren *(m. acc. of m. prep.)* [(**ad**) **periculum; labores**];
8. *(jur. t.t.) hereditatem* aanvaarden.

ad-eō[2] *adv.*
1. *(v. plaats)* tot daartoe;
2. *(v. tijd)* zolang *(door voorafgaand usque versterkt en gevolgd door dum, donec, quoad)*;

3. *(versterkend)* (a) zozeer *(meestal gevolgd door ut)*; (b) (ja) zelfs; ▸ *ducem hostium intra moenia atque adeo in senatu videmus (Cic.)*; (c) *(achter het woord dat benadrukt moet worden)* juist, precies, in het bijzonder; ▸ *ihb. id adeo: id adeo, si placet, considerate (Cic.)*.

adeps, adipis *m en f* vet, reuzel; *(meton.)* hangbuik.

adeptiō, ōnis *f (adipiscor)* het verkrijgen [**bonorum; virtutis**].

adeptus *p.p. v. adipiscor.*

ad-equitō, equitāre

1. rijden naar *(m. dat.; ad; in m. acc.)* [**portis; vallo; castris; ad nostros; in primos ordines**];
2. *(Suet.)* rijden naast.

ad-esse *inf. praes. v. assum*[1].

ad-ēs(s)uriō, ēs(s)urīre *(desider. v. adedo) (Plaut.)* trek, honger hebben.

adēsus *ppp. v. adedo.*

adf-, adg-, adgn- = *aff-, agg-, agn-.*

ad-haereō, haerēre, haesī, (haesum) *(m. dat.; soms in m. abl.)*

1. vastzitten, kleven aan [**saxis**];
2. *(v. plaats of v. tijd)* grenzen aan; ▸ *Peloponnesus continenti adhaerens;*
3. zich vastklampen aan, niet wijken van; ▸ *pestis adhaeret lateri* wijkt niet van de zijde.

ad-haerēscō, haerēscere, haesī, (haesum) *(incoh. v. adhaereo)*

1. blijven hangen, steken, plakken, zich hechten aan *(abs.; m. dat.; ad; in m. abl.; in m. acc.)*; ▸ *ignis adhaerescit; sudor adhaesit ovibus; tragula ad turrim adhaesit; ad disciplinam tamquam ad saxum ~; in me omnia coniurationis tela adhaeserunt (Cic.)*;
2. zich vastklampen aan, niet wijken van *(m. dat.; minder vaak: m. ad, in m. abl., in m. acc.)*; ▸ *adhaesit homini fames; egressibus ~* iem. overal volgen; *iustitiae honestatique ~;*
3. *(v.e. redenaar en v.e. redevoering)* blijven steken, stokken, horten; ▸ *oratio ita libere fluebat ut nusquam adhaeresceret.*

adhaesiō, ōnis *f (adhaereo)* het aanhechten, het zich aansluiten; ▸ *adhaesiones atomorum inter se.*

adhaesus, ūs *m (adhaereo) (Lucr.)* het vastzitten aan.

ad-hibeō, hibēre, hibuī, hibitum *(habeo)*

1. aanwenden, gebruiken; *(een bepaalde manier v. denken)* aan de dag leggen, tonen *(jegens iem.: alci; in alqo; in, erga, adversus alqm; bij iets: dat.; ad; in m. acc.; in m. abl.)* [**alci vim** aandoen; **severitatem in filio; saevitiam in servos; officium erga alqm; reverentiam adversus deos; modum voluptati; tempus ad res considerandas**];
2. aantrekken, erbij halen *(m. ad; in m. acc.; dat.)* [**alqm in (ad) consilium** *of* **consilio** raadplegen; **alqm in convivium** *of* **convivio; Iovem testem** als getuige aanroepen];
3. wenden naar, richten op [**aures et animos ad vocem**];
4. leggen op, aanleggen *(m. ad; dat.)* [**manus ad vulnera; civibus vincula; alci calcaria** iem. aansporen; **manus genibus** de knieën omvatten];
5. erbij nemen [**nihil ad panem**];
6. iem. behandelen [**alqm liberaliter**];
7. *se ~* zich gedragen.

ad-hinniō, hinnīre

1. toehinniken [**equae; equulam**];
2. *(v. personen)* smachten, snakken naar *(m. dat.; acc.; ad; in m. acc.)* [**ad hanc orationem**].

ad-hōc = *adhuc.*

adhortātiō, ōnis *f (adhortor)* aansporing *(tot: gen.)* [**capessendi belli**].

adhortātor, ōris *m (adhortor)* iem. die aanspoort, maant *(tot: gen.)* [**operis**].

ad-hortor, hortārī aansporen, (ver)manen, opwekken, aanmoedigen *(tot: ad; in m. acc.; ut m. conj.)* [**alqm ad defendendam rem publicam; in bellum; in officium**].

ad-hūc *adv.*

1. *(v. tijd)* tot nu toe; nog (steeds);
2. *(postklass.) (versterkend)* nog meer, bovendien, *(ihb. bij comp.)* nog;
3. *(m. ut of qui m. conj.)* in zoverre als.

Adiabēna, ae *en* **Adiabēnē,** ēs *f naam in de eerste eeuwen n. Chr. voor het vroegere Assyrië; Parthische vazalstaat; — adj.:* **Adiabēnus,** a, um.

adiacentia, ium *n (adiaceo)* omgeving.

ad-iaceō, iacēre, — — liggen bij *of* naast, grenzen aan *(m. dat.; acc.; ad)* [**vallo; agro Romano; undis; mare; ad ostium Rhodani**]; ▸ *(abs.) adiacentes populi* nabuurvolken.

adībilis, e *(adeo*[1]*) (Mel.)* toegankelijk [**terra**].

ad-iciō, icere, iēcī, iectum *(iacio) (m. ad of dat.)*

1. (a) werpen naar [**laqueos funium ad saxa eminentia**]; (b) leggen, plaatsen op [**capiti insignia**];
2. *(metaf.)* wenden naar, richten op [**oculos ad hereditatem; novo consilio animum**];
3. toevoegen [**legiones ad exercitum**];

4. *(op veilingen)* hoger bieden;
5. *(in een redevoering)* toevoegen [**minas**].

adiectiō, ōnis *f (adicio)*
1. het toevoegen; ▸ *familiarum adiectiones* opname v. nieuwe families;
2. *schriftelijke* toevoeging;
3. *(op veilingen)* hoger bod.

adiectus[1] *ppp. v. adicio.*

adiectus[2]**,** ūs *m (adicio) (Lucr.)* het toevoegen, in contact brengen.

ad-igō, igere, ēgī, āctum *(ago)*
1. naderbij, binnen drijven *of* brengen [**oves; pecus; homines**];
2. *(jur. t.t.) (ad) arbitrum ~ alqm* iem. dagen voor arbitrage;
3. slingeren naar; ▸ *ex locis superioribus telum in litus ~; sagittā turbine adactā;*
4. stoten in [**alci ensem; sibi gladium; ferrum per pectus**];
5. brengen, dwingen tot [**ad mortem; ad insaniam**];
6. *(milit. t.t.) alqm (ad) ius iurandum (of iure iurando of sacramento) ~* iem. de eed afnemen.

ad-iī *pf. v. adeo*[1].

ad-imō, imere, ēmī, ēmptum *(emo) (alqd alci, zelden ab alqo)*
1. ontnemen, roven [**agrum Campanis; alci pecuniam; regna; vitam; somnum; spem**];
2. (a) *(iets hinderlijks)* afnemen [**canibus vincula**]; (b) *(metaf.) (iets onaangenaams)* wegnemen, iem. bevrijden van [**alci metum, curas, dolores**];
3. ontnemen, verbieden [**reditum; cantare**];
4. ontrukken [**alqm leto** aan de dood]; *(poët.) (ihb. v.d. dood)* uit het leven rukken, wegrukken *(alqm alci)*; — *p. adj.* **adēmptus,** a, um dood.

ad-impleō, implēre, implēvī, implētum *(postklass.)*
1. helemaal vullen;
2. *(metaf.)* vervullen [**alqm laetitiā**];
3. voltooien.

ad-īnspectō, īnspectāre *(Suet.)* bewaken.

ad-inveniō, invenīre, invēnī, inventum *(postklass.)* uitvinden.

adinventiō, ōnis *f (adinvenio) (eccl.)* uitvinding.

ad-invicem *adv. (Laatl.)* naar elkaar toe, wederzijds.

adipālis, e *(adeps) (Laatl.)* vet(tig).

adipātus, a, um *(adeps)*
1. *(poët.)* vet(tig), met vet bereid; — *subst.* **adipātum,** ī *n* met reuzel bereide koek;
2. *(v. taal)* overladen.

ad-ipīscor, adipīscī, adeptus sum *(apiscor)*
1. met inspanning bereiken, behalen, verwerven [**honores; victoriam; laudem; consulatum;** *(ook m. gen. bij Tac.)* **rerum**]; *(ook m. ut, ne)*;
2. bereiken, inhalen [**fugientem**].

aditiālis, e *(aditus) (pre- en postklass.)* inaugureel [**cena**].

aditiō, ōnis *f (adire)*
1. het naderen;
2. *(jur.)* aanvaarding [**hereditatis**].

aditus[1]**,** ūs *m (adeo*[1]*)*
1. het naderen;
2. recht, mogelijkheid om te naderen [**in curiam; in forum; litoris** tot de kust];
3. toegang, audiëntie; ▸ *aditum ad alqm postulare; aditum regis* (audiëntie bij de koning) *obtinere; aditum petere;*
4. in-, toegang *(als plaats)* [**ad castra; insulae** landingsplaats]; ▸ *duo sunt aditus in Ciliciam ex Syria; omnes aditus claudere;*
5. *(metaf.)* gelegenheid *(tot: ad; gen.)* [**ad honorem; laudis**];
6. mogelijkheid, recht [**postulandi; sermonis**];
7. begin, aanvang, eerste stap; ▸ *primus ~ et postulatio Tuberonis haec fuit ut; ~ mortis* afscheid van het leven.

aditus[2] *ppp. v. adeo*[1].

adiūdicātiō, ōnis *f (adiudico) (jur.)* toewijzing, toekenning.

ad-iūdicō, iūdicāre
1. toekennen, toewijzen [**agros populo Romano**];
2. toeschrijven aan [**alci salutem imperii**].

ad-iugō, iugāre *(postklass.)* verbinden, samenvoegen.

adiūmentum, ī *n (adiuvo)* hulpmiddel; hulp.

adiūnctiō, ōnis *f (adiungo)*
1. aansluiting, toevoeging, combinatie [**verborum**];
2. *(retor. t.t.) beperkende* toevoeging;
3. *(metaf.)* neiging, sympathie [**animi**].

adiūnctīvus, a, um *(adiungo) (gramm.)* bijvoeglijk.

adiūnctor, ōris *m (adiungo) (Cic.)* iem. die toevoegt.

adiūnctum, ī *n (adiunctus)*
1. het karakteristieke, wezenlijke *(m. gen. of dat.)*;
2. *plur.* bijkomende omstandigheden.

adiūnctus, a, um *(p. adj. v. adiungo)* nauw verbonden, in nauwe verbinding staand *(aan, met: dat.)*.

ad-iungō, iungere, iūnxī, iūnctum *(m. dat. of ad)*
1. spannen aan *of* voor, inspannen; opbinden [**tauros aratro; ulmis vites**];
2. bij-, toevoegen, doen aansluiten, verenigen, verbinden [**ad honestatem voluptatem; summae gravitati comitatem**]; — *ihb. pass.*: *adiunctum esse* aansluiten bij, grenzen aan; ▸ *insula adiuncta oppido; classis lateri castrorum adiuncta;*
3. toevoegen aan, annexeren bij [**Ciliciam ad imperium populi Romani; agros populo Romano**];
4. meegeven aan, toevoegen aan [**fidelem libertum lateri filii sui**];
5. *(v. taalgebr.)* aanknopen, toe-, bijvoegen;
6. toekennen, verlenen [**honorem populi Romani rebus**];
7. *sibi alqd ~* voor zich verwerven, verkrijgen [**sibi auxilium**];
8. richten op [**animum ad studium**].

adiūrātiō, ōnis *f (adiuro) (Apul.)* het een beroep doen op, het zweren bij *(m. gen.)*.

ad-iūrō, iūrāre
1. er (nog) bij zweren, zwerend toevoegen;
2. bezweren, onder ede beloven *(m. aci.)*; ▸ *eam suam filiam esse adiurabat mihi; per deos* (bij de goden) *~*;
3. smeken, dringend vragen.

adiūtābilis, e *(adiuto) (Plaut.)* behulpzaam.

adiūtō, adiūtāre *(frequ. v. adiuvo) (pre- en postklass.)* helpen, ondersteunen.

adiūtor, ōris *m (adiuvo)*
1. helper, begunstiger;
2. *(pejor.)* handlanger; ▸ *eos homines ad suum scelus ... adiutores adhibuit* gebruikte als handlangers;
3. assistent, hulp: (a) lagere magistraat [**quaestoris; negotiorum publicorum**]; (b) hulponderwijzer *(als assistent v.e. retor)*; (c) acteur v.e. bijrol.

adiūtōrium, ī *n (adiutor) (postklass.)* ondersteuning, hulp.

adiūtrīx, īcis *f (adiutor)*
1. helpster, begunstigster; ▸ *Minerva ~ consiliorum meorum; legem adiutricem adhibere* als helpster;
2. *legiones adiutrices: naam v. twee legioenen, die in de keizertijd uit zeelieden samengesteld waren.*

ad-iuvō, iuvāre, iūvī, iūtum
1. ondersteunen, helpen, bijstaan *(met: abl.; bij, mbt.: in m. abl. of ad, ook de; helpen om iets (niet) te doen: ut, ne)* [**alqm operā; alqm ad bellum; consulem ad traiciendas in Asiam legiones**]; ▸ *sprw.: fortes fortuna adiuvat* die waagt, die wint;
2. aanmoedigen [**clamore militem**];
3. bevorderen, voeden, versterken [**causam; ignem**];
4. bevorderlijk, nuttig zijn voor, helpen *(m. acc. of abs.)*; ▸ *nihil te Neronis iudicium adiuvat; nihil adiuvat procedere in virtute; si di adiuvabunt.*

adl- = *all-*.

ad-mātūrō, mātūrāre *(Caes.)* helpen bespoedigen.

ad-mētior, mētīrī, mēnsus sum toemeten [**frumentum militi**].

Admētus, ī *m*
1. *in de mythologie: koning v. Pherae in Thessalië, echtgenoot v. Alcestis;*
2. *in de geschiedenis: koning v.d. Molossen, vriend en beschermer v. Themistocles.*

ad-migrō, migrāre *(Plaut.)* trekken naar.

adminiculō, adminiculāre *(adminiculum)*
1. *(door palen e.d.)* steunen; ▸ *vites adminiculatae sudibus;*
2. *(metaf.)* ondersteunen; ▸ *tribunicio auxilio adminiculati.*

adminiculum, ī *n*
1. steun, stut *(ihb. voor wijnranken)*;
2. *(metaf.)* steun, hulpmiddel, bijstand [**gubernandi; senectuti**].

administer, trī *m*
1. dienaar;
2. medewerker, assistent, hulp;
3. *(pejor.)* handlanger, werktuig; ▸ *C. Manlius, audaciae tuae ~.*

administra, ae *f (administer)* dienares, helpster.

administrātiō, ōnis *f (administro)*
1. (bewezen) dienst, hulp(verlening); ▸ *sine hominum administratione* zonder menselijke hulp;
2. beheer, bestuur, leiding, uitvoering [**belli; rei publicae**].

administrātor, ōris *m* bestuurder, leider [**rerum civitatis**].

administrātōrius, a, um *(administro) (Laatl.)* behulpzaam, hulp-.

ad-ministrō, ministrāre
1. leiden, (be)sturen [**rem publicam; exercitum** aanvoeren; **bellum** het opperbevel hebben; **navem**];
2. beheren, besturen [**rem familiarem; provinciam**];

3. verzorgen, uitvoeren, verrichten [**negotium**];
4. behulpzaam zijn *(bij: dat.)*.
admīrābilis, e *(admiror)*
1. bewonderenswaardig, wonderbaarlijk;
2. merkwaardig, bevreemdend.
admīrābilitās, ātis *f (admirabilis)* bewonderenswaardigheid; ▸ *admirabilitatem facere* bewondering wekken.
admīrandus, a, um *(gerundivum v. admiror)* bewonderenswaardig, wonderbaarlijk.
admīrātiō, ōnis *f (admiror)*
1. bewondering, verering, grote belangstelling *(voor: gen.)* [**dicentis; divitiarum**]; ▸ *homo admiratione dignus* de bewondering waard; *admirationem habere* bewondering wekken; *admiratione affici, in admiratione esse* bewonderd worden;
2. verwondering, verbazing *(over: gen.)* [**tam atrocis rei; ancipitis sententiae**]; ▸ *homines obstupefacti admiratione;*
3. merkwaardigheid.
admīrātor, ōris *m (admiror)* bewonderaar.
ad-mīror, mīrārī
1. bewonderen [**alqm; res gestas alcis; ingenium; magnitudinem animi**];
2. zich verwonderen, zich verbazen *(over: acc. of de; m. aci.; quod; afh. vr.)*; ▸ *admiratus sum brevitatem epistulae; de Dionysio sum admiratus.*
ad-misceō, miscēre, miscuī, mixtum
1. (er)bij mengen;
2. (er)bij-, toevoegen [**legionibus milites; versum orationi** invlechten];
3. ver-, dooreenmengen;
4. iem. verwikkelen in *(m. ad)*.
ad-mīsī *pf. v. admitto.*
admissārius, ī *m (admitto)* dekhengst.
admissiō, ōnis *f (admitto) (postklass.)* toelating, toegang, audiëntie.
admissum, ī *n (subst. ppp. v. admitto)* misdrijf, schuld, vergrijp.
admissūra, ae *f (admitto)* het fokken *of* laten dekken.
ad-mittō, mittere, mīsī, missum
1. toelaten, toestaan [**religiones**]; ▸ *non admittit hoc veritas; v. voortekens: aves admittunt* de vogels staan het toe, beloven een gunstige afloop;
2. *voor deelname aan iets* toelaten, erbij halen [**alqm ad consilium, ad colloquium**];
3. (a) *iem. als toehoorder e.d.* toe-, binnenlaten; (b) *iem. op audiëntie* toe-, binnenlaten, de toegang verlenen;
4. *(v. zaken)* binnenlaten [**lucem in thalamos**];
5. de vrije teugel laten, de vrije loop laten [**equos**]; ▸ *admissi equi* de voortgalopperende paarden; *equo admisso* in galop;
6. *mannetjes- of vrouwtjesdieren erbij halen om te* (laten) dekken;
7. zich schuldig maken aan, begaan, op zich laden *(m. en zonder in se)* [**scelus; culpam; facinus (in se)**].
admixtiō, ōnis *f (admisceo)* bijmenging.
admixtus ppp. *v. admisceo.*
admoderātē *(adv.)* in overeenstemming *(met: dat.)*.
ad-modum adv. *(modus)*
1. *(als aand. v. graad)* helemaal, in ruime mate, zeer, buitengewoon; ▸ *forma ~ impolita et plane rudis; ~ magnus; ~ munitus; ~ raro; nihil (of: nullus) ~* zo goed als niets (als niemand);
2. (a) *(bij aand. v. maat en tijd)* precies; (b) *(bij getallen)* minstens, zeker, ongeveer; *(zelden)* hoogstens; ▸ *mille ~ hostium; post menses ~ septem; Alexandri filius decem annos ~ habens;*
3. *(als antwoord)* ja zeker, beslist.
ad-moeniō, moenīre (Plaut.) insluiten, belegeren [**oppidum**].
ad-mōlior, mōlīrī, mōlītus sum
I. *tr.*
1. *(iets zwaars)* neerzetten; ▸ *natura rupes admolita est;*
2. *manus alci rei ~* de hand aan iets slaan;
II. *intr.* (Plaut.) zich inspannen.
ad-moneō, monēre, monuī, monitum
1. (doen) herinneren, doen denken *(aan: meestal de; zelden gen.; acc. klass. alleen neutr. v.e. pron. evenals multa e.d.; m. aci.; afh. vr.)*; ▸ *admones me de fratre; admonuit eos de auxiliis Dei; de moribus civitatis tempus admonuit; aeris alieni ~ ; haec me admones* hieraan herinner jij me;
2. aanmanen tot, dringend verzoeken, aansporen, aandringen *(m. ut)*;
3. waarschuwen *(m. ne)*;
4. de les lezen, terechtwijzen.
admonita, ōrum *n (subst. ppp. v. admoneo)* waarschuwingen.
admonitiō, ōnis *f (admoneo)*
1. herinnering, het herinneren *(aan: gen.)*;
2. vermaning, waarschuwing;
3. terechtwijzing, berisping.
admonitor, ōris *m (admoneo)* iem. die vermaant *(om of tot: gen.)* [**operum**].
admonitus, ūs *m = admonitio.*

ad-mordeō, mordēre, (momordī), morsum 1. *(poët.)* knagen, bijten aan; ▸ *admorsa stirps;* 2. *(Plaut.) (metaf.)* afzetten, geld aftroggelen.

admorsus, ūs *m (admordeo) (poët.)* het knagen aan.

admōrunt = *admoverunt, zie admoveo.*

admōsse = *admovisse, zie admoveo.*

admōtiō, ōnis *f (admoveo)* het aanbrengen [**digitorum** vingerzetting *(bij snarenspel)*].

ad-moveō, movēre, mōvī, mōtum *(naar, tot: dat.; ad; in m. acc.)*
1. dichterbij bewegen, brengen, voeren, nader brengen, doen naderen [**poculum labris; gladium iugulo; manum operi** ter hand nemen; **manus nocentibus** zich vergrijpen; *(als t.t. bij offers)* **pecus aris; tauros templis**];
2. *calcar, stimulos* de sporen geven, aansporen;
3. *catenas* aandoen;
4. *(metaf.)* laten komen over, brengen over, inboezemen [**terrorem alci; lugubria; desiderium patriae**];
5. richten op; ▸ *mentes suas, non solum aures, ad haruspicum vocem* ~;
6. *(milit.) (oorlogstuig e.d.)* dichterbij brengen, schuiven, plaatsen tegen [**scalas moenibus**];
7. laten aanrukken [**armatos muris; copias propius**]; *abs.* naderen: ▸ *rex admovebat;*
8. gebruiken, te baat nemen, richten op [**herbas; remedia; vim; alci preces**];
9. aantrekken, erbij halen [**multos in convivium**].

ad-mūgiō, mūgīre, mūgīvī, — *(poët.; postklass.)* toeloeien.

admurmurātiō, ōnis *f (admurmuro) (goed- of afkeurend)* gemompel, het morren.

ad-murmurō, murmurāre *(goed- of afkeurend) (erbij)* mompelen, morren.

ad-mutilō, mutilāre *(Plaut.) (haren)* knippen; *(metaf.) (scherts.)* kaalplukken.

ad-nāscor, nāscī = *agnascor.*

ad-natō, natāre = *annato.*

ad-nātus *zie agnatus*[2].

ad-nāvigō, nāvigāre = *annavigo.*

adne-, adni-, adno- = *anne-, anni-, anno-; maar* **adnōscō** = *agnosco.*

adnu- = *annu-.*

ad-obruō, ruere, ruī, rutum *(agr.)* met aarde bedekken.

ad-oleō, olēre, oluī, —
1. als brandoffer aanbieden, offeren [**viscera tauri flammis; Iunoni honores** eervolle offers aanbieden];
2. verbranden.

adolēscēns = *adulescens.*

adolēscentia = *adulescentia.*

ad-olēscō[1], adolēscere, adolēvī, adultum
1. opgroeien;
2. *(metaf.)* (a) *(v. tijd)* rijp worden, vorderen; ▸ *mox cum matura adoleverit aetas;* (b) *(v. innerlijke sterkte)* rijpen, sterker worden; ▸ *ratio cum adolevit atque perfecta est.*

adolēscō[2], adolēscere, —— *(incoh. v. adoleo) (Verg.)* oplaaien, opvlammen; ▸ *adolescunt ignibus arae.*

Adōn, ōnis *m* = *Adonis.*

Adōneus, ī *m* = *Adonis.*

Adōnis, idis *m (dat. -idi; acc. -idem en -im; vocat. Adoni) volgens de mythologie een geliefde v. Venus van een buitengewone schoonheid; hij werd door een wild everzwijn, dat Mars uit jaloezie op hem afstuurde, tijdens de jacht verscheurd, maar Venus veranderde de dode in de bloem adonis; symbool voor de stervende en weer oplevende natuur; oorspr. oosterse vruchtbaarheidsgod, die met Astarte (Aphrodite, Venus) een paar vormde zoals in Egypte Osiris met Isis.*

ad-operiō, operīre, operuī, opertum *(meestal ppp.)*
1. bedekken, omhullen; ▸ *capite adoperto; tellus marmore adoperta; poët. m. acc. respectus: adoperta vultum (wat betreft)* het gezicht bedekt; *purpureo comas adopertus amictu;*
2. sluiten; ▸ *foribus adopertis.*

ad-opīnor, opīnārī *(Lucr.)* erbij vermoeden.

adoptātīcius, ī *m (adopto) (Plaut.)* adoptiefzoon.

adoptātiō, ōnis *f* = *adoptio.*

adoptātor, ōris *m (adopto) (postklass.)* adoptiefvader.

adoptiō, ōnis *f (adopto)* het aannemen als kind, adoptie; ▸ *ius adoptionis; dare alqm alci in adoptionem.*

adoptīvus, a, um *(adopto)*
1. adoptief- [**filius; pater; frater; soror**];
2. *(poët.) (v. vruchten)* geënt.

ad-optō, optāre
1. kiezen, aannemen als [**sibi alqm patronum** *(of* **defensorem)** als beschermer; **Etruscas opes** te baat nemen; **virtutes veterum** zich toe-eigenen];
2. adopteren [**alqm sibi pro filio** *(of* **sibi filium)**; **in regnum** door adoptie tot opvolger benoemen].

ador *n (alleen in nom. en acc.)* spelt *(een soort tarwe).*

adōrābilis, e *(adoro) (postklass.)* aanbiddelijk.

adōrātiō, ōnis *f (adoro) (postklass.)* aanbidding.
adōrātor, ōris *m (eccl.)* vereerder.
adōrea *zie adoria.*
adōreus, a, um *(ador)* met spelt bereid.
adōria *en* **adōrea,** ae *f (adoro)* kamp-, zegeprijs.
ad-orior, orīrī, ortus sum
1. aanvallen [**urbem vi; tribunum gladiis**];
2. zich wenden tot *(met vragen, dreigementen e.d.)*;
3. ondernemen; ▸ *maius adorta nefas; ook m. inf.*
ad-ōrnō, ōrnāre
1. uitrusten, in gereedheid brengen;
2. uitrusten met, voorzien van [**maria praesidiis**];
3. (ver)sieren, tooien [**alqm insigni veste**]; ▸ *(metaf.) iusti honores alqm adornant; tantis adornatus virtutibus.*
ad-ōrō, ōrāre
1. aanbidden, vereren, bewonderen [**deos; Ennium**];
2. smekend aanroepen, bidden *(m. ut)*;
3. smeken om [**pacem deum**];
4. (be)groeten [**vulgum**].
adortus *p.p. v. adorior.*
adp- *zie app-.*
adqu- *zie acqu-.*
adr- *zie ook arr-.*
ad-rādō, rādere, rāsī, rāsum *(haar, bomen)* knippen, scheren, snoeien; ▸ *adrasum caput; adrasi surculi.*
Adramyttēum *en* **Adramyttium,** ī *n stad aan de kust in Mysië, nu* Karataş; — *inw.* **Adramyttēnus,** ī *m.*
Adrana, ae *m* de Eder, *zijrivier v.d.* Fulda *(Midden-Duitsland).*
Adrāstus, ī *m koning v. Argos, een v.d. Zeven tegen Thebe.*
Adria *zie Hadria.*
Adrūmētum (Hadrūmētum), ī *n stad aan de kust ten Z. v. Carthago, nu* Sousse.
ads- *zie ass-.*
adsc- *zie asc-;* **adsp-** *zie asp-;* **adst-** *zie ast-.*
adt- *zie att-.*
Aduatuca, ae *f*
1. *versterkte plaats in het gebied v.d. Eburones;*
2. *vanaf Augustus de hoofdstad van de Tungri, nu* Tongeren.
Aduatucī, ōrum *m volksstam in Gallia Belgica tussen Namen en Hoei.*
ad-ubi *en* **at-ubi** *cj. (Laatl.)* zodra als.
adūlātiō, ōnis *f (adulor)*
1. het kwispelstaarten [**canum**];
2. vleierij.
adūlātor, ōris *m (adulor)* vleier.
adūlātōrius, a, um vleiend, kruiperig, vleierig.
adulēscēns, entis *(adolesco[1])*
I. *p. adj.* opgroeiend, jong, jeugdig;
II. *subst.*
1. *m* jongen, jongeman;
2. *f* meisje, jonge vrouw.
adulēscentia, ae *f (adulescens)*
1. (tijd v.d.) jeugd *(15 tot 30 jaar)*; ▸ *a prima -a* vanaf het begin v. iems. jeugd;
2. jeugdigheid; ▸ *excusantes errorem adulescentiamque;*
3. *(meton.)* jongelui, jeugd *(= adulescentes).*
adulēscentula, ae *f (demin. v. adulescens)* zeer jong meisje.
adulēscentulus *(demin. v. adulescens)*
I. *subst.* ī *m* zeer jonge man;
II. *adj.* a, um zeer jong.
ad-ūlor, ūlārī, *zelden (niet-klass.)* **adūlō,** ūlāre
1. *(v. dieren)* kwispelen tegen, zich vlijen tegen *(m. acc. of abs.)*; ▸ *ferae adulantes;*
2. vleien, kruipen voor *(m. acc., postklass. ook dat.)* [**plebem**];
3. met een knieval vereren.
adulter
I. *subst.* terī *m* echtbreker; *(poët.; postklass.)* minnaar;
II. *adj.* tera, terum *(poët.; postklass.)*
1. overspelig;
2. vervalst, nagemaakt [**clavis**].
adultera, ae *f (adulter)* echtbreekster.
adulterīnus, a, um *(adulter)*
1. overspelig; ▸ *liberi -o sanguine nati;*
2. nagemaakt, vervalst, vals, onecht [**nummus; signum; clavis**].
adulterium, ī *n (adulter)*
1. echtbreuk, overspel; ▸ *-um facere (inire, committere); suspicionem -i habere* onder verdenking v. overspel staan;
2. *(poët.)* ontrouw;
3. vervalsing.
ad-ulterō, ulterāre
I. *intr.* overspel plegen;
II. *tr.*
1. *(poët.; postklass.)* tot overspel verleiden [**matronas**];
2. vervalsen, namaken [**verum; gemmas; faciem** veranderen].
adultus, a, um *(p. adj. v. adolesco[1])*
1. *(v. mensen, dieren en planten)* volwassen, groot geworden [**virgo; fetus**];

2. *(v. tijd, leeftijd)* gevorderd, volwassen [**nox; aestas** nazomer]; ▸ *filius aetate -ā* van volwassen leeftijd;
3. *(v.d. innerlijke sterkte, politiek, geestelijk)* sterk(er) geworden, ontwikkeld [**Athenae; populus; seditio; eloquentia**].
adumbrātim *adv. (adumbro) (Lucr.)* alleen in omtrekken, vaag.
adumbrātiō, ōnis *f (adumbro)* schets, aanduiding.
ad-umbrō, umbrāre
1. beschaduwen;
2. schetsen, aanduiden; — *p. adj.* **adumbrātus,** a, um (a) vaag, onduidelijk; (b) geschetst, aangeduid; (c) verzonnen, alleen in de fantasie bestaand [**laetitia**].
adūnātiō, ōnis *f (aduno) (eccl.)* vereniging.
aduncitās, ātis *f (aduncus)* kromming.
ad-uncus, a, um (haakvormig) gekromd, naar binnen gebogen.
ad-ūnō, ūnāre *(unus) (Laatl.)* verenigen, verbinden.
ad-urgeō, urgēre, — —
1. aandrukken;
2. in het nauw brengen, vervolgen.
ad-ūrō, ūrere, ussī, ustum
1. verbranden, schroeien, (ver)zengen;
2. ontsteken, doen ontbranden [**alqm ignibus amoris**];
3. bruinen; — *adj.* **adustus,** a, um door de zon verbrand, gebruind;
4. doen bevriezen.
ad-ūsque *(poët.; postklass.)*
I. *adv.* geheel en al;
II. *prep. m. acc. = usque ad* tot aan.
adustus *zie aduro.*
advectīcius, a, um *(adveho)* uit het buitenland ingevoerd, geïmporteerd [**vinum**].
advectiō, ōnis *f (adveho) (postklass.)* toe-, aanvoer, transport; ▸ *longa ~ a Brundisio.*
advectō, advectāre *(intens. v. adveho) (postklass.)* toe-, aanvoeren [**rei frumentariae copiam**].
advectus, ūs *m (adveho) (Tac.)* het aanvoeren, -brengen.
ad-vehō, vehere, vēxī, vectum nader(bij) voeren, brengen, aanvoeren [**religionem** invoeren]; — *pass.:* advehor, vehī, vectus sum *(m. en zonder curru, equo, navi)* gaan, komen naar, bereiken; rijden naar; zeilen naar.
ad-vēlō, vēlāre omhullen; ▸ *advelat tempora lauro (Verg.).*
advena, ae *m en f (advenio)*
1. (pas) aangekomene, vreemdeling *(itt. indigena)*; — *attrib.:* vreemd, buitenlands; ▸ *indigenae advenaeque* in- en uitheemsen; *volucres -ae* trekvogels;
2. nieuweling, leek.
ad-veneror, venerārī vereren.
ad-veniō, venīre, vēnī, ventum
1. komen naar, aankomen bij, bereiken *(m. in m. acc.; ad; acc.)* [**in provinciam belli gerendi causa; ad forum; Tyriam urbem**];
2. *(v. tijd)* naderen, komen; ▸ *interea dies advenit;*
3. *(v. toestanden en gebeurtenissen)* aan-, uitbreken, intreden; ▸ *morbi advenientes et crescentes;*
4. *(v. bezittingen)* ten deel vallen;
/ *arch. conj. praes.* bij *Plaut.: advenat.*
adventīcia, ae *f (adventicius) (Petr.)* welkomstmaal.
adventīcius, a, um *(advenio)*
1. buitenlands, vreemd; ▸ *merces -ae* ingevoerde waren; *doctrina -a;*
2. buitengewoon, ongewoon, toevallig; ▸ *ex -o* van buitenaf; *fructus ~* extra winst;
3. *(postklass.)* aankomst- [**cena**].
adventō, adventāre *(intens. v. advenio)* naderen, toesnellen, dichterbij komen *(m. ad; acc.; dat.).*
adventor, ōris *m (advenio) (pre- en postklass.)* vreemdeling, (pas) aangekomene, bezoeker, gast.
adventōria, ae *f (advenio) (Mart.)* welkomstmaal.
adventum *ppp. v. advenio.*
adventus, ūs *m (advenio)*
1. aankomst, het arriveren [**consulis Romam, ad urbem**];
2. opmars, het aanrukken [**imperatoris** intocht];
3. het naderen, aan-, uitbreken [**lucis** aanbreken v.d. dag; **malorum**].
ad-verberō, verberāre *(postklass.)* slaan op, tegen.
adverbium ī *n (ad en verbum) (gramm.)* bijwoord, adverbium.
adversāria[1], ae *f (adversarius)* tegenstandster.
adversāria[2], ōrum *n (adversarius)* journaal, kladblok.
adversārius *(adversus)*
I. *adj.* a, um tegenoverstaand, tegenwerkend, weerstrevend, vijandig [**factio** tegenpartij; **opiniones; argumenta;** *(m. dat.)* **iuri**]; ▸ *-is ducibus;*
II. *subst.* ī *m*
1. tegenstander, vijand, tegenstrever;

2. *(eccl.)* duivel, kwade geest.
adversātor, ōris *m (adversor) (postklass.)* tegenstander.
adversātrīx, īcis *f (adversator) (kom.)* tegenstandster.
adversitās, ātis *f (adversus) (postklass.)* tegenspoed, ongeluk.
adversitor, ōris *m (Plaut.) (scherts.) slaaf die zijn meester afhaalt.*
adversō, adversāre *(intens. v. adverto) (Plaut.)* aandachtig richten [**animum**].
adversor, adversārī *(adversus)* zich verzetten, tegenstand bieden, bestrijden [**legi; imperatori**]; ▸ *adversantibus diis* tegen de wil v.d. goden; *adversante vento* met tegenwind.
adversum¹, ī *n (adversus¹)*
1. tegenovergestelde richting; ▸ *in -um* tegemoet; *ex -o* vanaf de andere kant, tegenover *of* tegemoet;
2. *(meestal plur.)* tegenspoed, ongeluk.
adversum² *zie adversus².*
adversus¹, a, um *(p. adj. v. adverto)*
1. toegewend, toegekeerd; ▸ *solem -um intueri* tegen de zon in kijken;
2. vooraan(liggend) [**dentes** voortanden]; ▸ *-o corpore* in de (toegekeerde) borst;
3. gekeerd tegen, tegenover(staand, -liggend) [**collis; venti** tegenwinden]; ▸ *-o flumine* stroomopwaarts *(itt.: secundo flumine)*;
4. tegenoverstaand, vijandig; ▸ *-o senatu of -a patrum voluntate* tegen de wil v.d. senaat; — *subst.* **adversus,** ī *m* tegenstander;
5. gehaat [**regna**];
6. *(v. omstandigheden)* ongunstig, ongelukkig [**tempus navigandi; bellum** verwoestende oorlog; **auspicia**]; ▸ *res adversae (of: casūs -i, fortuna -a)* ongeluk.
adversus² *en* **adversum** *(oorspr. nom. resp. acc. v. ppp. v. adverto)*
I. *adv.* tegemoet; ▸ *alci* ~ *ire*;
II. *prep. m. acc.*
1. in de richting van, op . . . af, naar . . . toe [**montem**];
2. tegen, in tegenspraak met [**legem; senatus consultum**];
3. tegenover [**aedes publicas**]; ▸ ~ *montes consistere*;
4. jegens, ten opzichte van;
5. in vergelijking met.
ad-vertō, vertere, vertī, versum
1. wenden naar, richten op *(m. in m. acc.; ad; dat.)* [**aures ad vocem; vultūs sacris; urbi agmen**];
2. *animum (of: animos, mentem)* ~ *(vgl. animadverto)*: (a) de gedachten, de aandacht richten op *(m. ad; soms m. dat. of acc.)* [**animos ad religionem; animos monitis; animum id**]; — *m. ut (ne)* erop letten dat (dat niet): ▸ *animum advertant ne quos offendant*; — *pass.* zich wenden naar; (b) waarnemen, bemerken, constateren *(m. acc.; de; aci.; afh. vr.)* [**vitium**];
3. *(naut. t.t.)* sturen, wenden naar *(constr. als 1.)* [**classem in portum; proras terrae**];
4. op zich richten, aantrekken = *in se* ~ [**numen malis; odia** zich op de hals halen; **omnium animos in se**]; ▸ *octo aquilae imperatorem advertēre* trokken de aandacht v.d. veldheer;
5. opmerken, waarnemen, constateren [**signa morbi**];
6. *(Tac.)* straffend optreden tegen, berispen, straffen *(m. in m. acc.)*.
ad-vesperāscit, vesperāscere, vesperāvit *(incoh.; zie vespera)* het schemert, het wordt avond; ▸ *ubi coepit* ~ ; *cum iam advesperasceret.*
ad-vigilō, vigilāre waken bij, waakzaam zijn *(m. ad; dat.)*.
ad-vīvō, vīvere, vīxī, — *(postklass.)* blijven leven; leven met.
advocātiō, ōnis *f (advoco)*
1. het bijeenroepen v. deskundigen voor gemeenschappelijk overleg: (a) *alg.*; (b) het bijeenroepen v. rechtsgeleerden voor overleg;
2. bijstand v. rechtsgeleerden, juridisch advies;
3. *(sinds de advocati in de keizertijd rechtszaken behandelden)* behartiging v.e. zaak, advocatuur, het beroep v. advocaat;
4. *(meton.)* de voor advies aangetrokken deskundigen, raadgevers;
5. uitstel, respijt;
6. *(eccl.)* hulp, troost.
advocātus, ī *m (advoco)*
1. advocaat, raadsman;
2. helper, getuige.
ad-vocō, vocāre
1. erbij roepen *(ergens heen: in m. acc.; ad)* [**alqm in consilium; alqm in auxilium; populum ad contionem**];
2. bijeenroepen [**contionem populi; senatum**];
3. aanroepen [**deum; deos testes** de goden als getuigen aanroepen];
4. *(jur. t.t.)* (a) *(ttv. de republiek) in consilium* ~ deskundigen, ihb. rechtsgeleerden, voor overleg erbij halen, aantrekken; (b) *(in de keizertijd)* een

advocaat zoeken, nemen;
5. *(eccl.)* ondersteunen, troosten [**languentes**];
6. te baat nemen, aanwenden, gebruiken [**secretas artes; omnia arma** alles als wapen gebruiken].

advolātus, ūs *m (advolo)* het vliegen naar.

advolitō, volitāre *(Plin. Mai.)* fladderen naar.

ad-volō, volāre *(ad; in m. acc.; ook dat.; zelden acc.)*
1. vliegen naar [**in agrum**];
2. toesnellen, *(v. ruiters)* galopperen naar [**ad urbem; rostra**].

ad-volvō, volvere, volvī, volūtum
1. *(poët.; postklass.)* naderbij wentelen *(ad; in m. acc.; dat.)* [**robora focis**];
2. *se ~ of pass. (v. smekelingen)* zich op de grond werpen, neervallen *(ad; in m. acc.; dat.; zelden acc.)*; ▸ *tuis advolvimur aris; pedibus eius advolutus est; genua (acc.) patrum advolvuntur.*

advorsātrīx, advorsitor, advorsō, advorsor, advorsus, advortō *(arch.)* = *adver-.*

adytum, ī *n (Gr. leenw.) (poët.)*
1. *(meestal plur.)* het allerheiligste v.d. tempel;
2. grafkamer;
3. *(metaf.)* het binnenste [**cordis**].

Aeacidēius, -cidēs, -cidīnus *zie Aeacus.*

Aeacus, ī *m in de mythologie koning v. Aegina, zoon v. Jupiter en de nimf Aegina, vader v. Telamon, Peleus en Phocus; wegens zijn vroomheid (templorum fabricator) en rechtvaardigheid na zijn dood rechter in de onderwereld; — patron.* **Aeacidēs,** ae *m nakomeling v. Aeacus,* Aeacide, *o.a.: (a) zijn zonen Telamon, Peleus en Phocus; (b) de zoon v. Peleus, Achilles en diens zoon Pyrrhus; (c) Perseus, koning v. Macedonië; — adj.: (a)* **Aeacidēius,** a, um van de Aeaciden [**regna** het eiland Aegina]; *(b)* **Aeacidīnus,** a, um een Aeacide waardig *(ihb. v. Achilles).*

Aeaea, ae *f (acc.* Aeaean*) mythologisch eiland, woonplaats v. Circe; — adj.* **Aeaeus,** a, um [**artes** toverkunsten; **carmina** toverspreuken; **Telegonus** *als zoon v. Circe*]; — **Aeaea,** ae *f bijnaam v. Circe.*

Aeaeē, ēs *f = Aeaea.*

Aeaeus *zie Aeaea.*

Aeās, antis *m rivier in Epirus.*

aed. cur., pl. = *aedīlis curūlis, plēbis.*

aedēs *en* **aedis,** is *f*
I. *sg.*
1. tempel [**sacra; Minervae; deorum**];
2. vertrek, kamer;
II. *plur.*
1. (woon)huis [**marmoreae; imperatoriae** keizerlijk paleis];
2. *(Plaut.) (meton.)* familie;
3. *(Verg.)* bijenkorf.

aedicula, ae *f (demin. v. aedes)*
1. kamertje;
2. kapel, nis *(waarin een godenbeeld stond)*;
3. *plur.* huisje.

aedificātiō, ōnis *f (aedifico)*
1. het bouwen, oprichten;
2. bebouwde ruimte; ▸ *~ amplexusque urbis;*
3. *(eccl.)* stichting, geestelijke verheffing.

aedificātiuncula, ae *f (demin. v. aedificatio)* klein gebouw.

aedificātor, ōris *m (aedifico)*
1. bouwer [**mundi** schepper];
2. iem. die graag bouwt.

aedificium, ī *n (aedifico)* gebouw.

aedificō, aedificāre *(aedes en facio)*
1. (op)bouwen, oprichten, aanleggen [**aedes; navem; hiberna; urbem; hortos; mundum** scheppen; **rem publicam** stichten];
2. *(eccl.)* geestelijk verheffen, stichten.

aedīlicius *(aedilis)*
I. *adj.* a, um van de aedilis [**munus; scriba; honores; viri** oud-aediles];
II. *subst.* ī *m* oud-aedilis.

aedīlis, is *m (aedes)* aedilis (politiebeambte): *dit ambt bestond sinds de vrede v.d. Mons Sacer (494 v. Chr.); oorspr. waren er twee aediles plebei (of plebis), die als stadspolitie de spelen v.d. plebs organiseerden en in de tempel v. Ceres het archief v.h. volk bewaarden; sinds 366 v. Chr. waren er bovendien twee patricische aediles (aediles curules) als organisatoren v.d. grote spelen en opzichters v.d. patricische tempels; het politiewezen en de zorg voor openbare gebouwen was de gemeenschappelijke taak v.d. vier aediles.*

aedīlitās, ātis *f (aedilis)* aediliteit, ambt v. aedilis.

aedis, is *f zie aedes.*

aedituēns, entis *m (aedes en tueor) (Lucr.)* tempelbewaarder.

aeditumus *(of* **aeditimus***) en* **aedituus,** ī *m (aedes)*
1. tempelbewaarder;
2. *(eccl.)* koster.

aēdōn, onis *f (acc. -ona) (Gr. leenw. 'zangeres') (postklass.)* nachtegaal.

Aeduī *zie Haedui.*

Aeētēs *en* **Aeēta,** ae *m koning v. Colchis, zoon v.d. zonnegod Helios, vader v. Medea, met wier hulp de*

Argonauten hem het Gulden Vlies ontstalen; — *adj.* **Aeētaeus,** a, um van Aeëtes [**fines** = Colchis]; — *patron.* **Aeētias,** adis *en* **Aeētīnē,** ēs *f* dochter v. Aeëtes, Medea.

Aefula, ae *f plaats in Latium tussen Tibur en Praeneste;* — *adj.* **Aefulānus,** a, um van Aefula [**arx**].

Aegaeōn, ōnis *m een honderdarmige reus (andere naam v. Briareus).*

Aegaeum, ī *n (mare)* de Egeïsche Zee.

Aegaeus, a, um Egeïsch.

Aegātēs, ium *en* **Aegātae,** ārum *f (insulae)* de Aegatische eilanden *voor de westkust v. Sicilië.*

Aegēae, ārum *f*

1. *stad in Aeolis, nu* Palatitsia; — *inw.* **Aegēātae,** ārum *m;*

2. *stad in Cilicië, nu* Yumurtalık.

aeger, gra, grum

1. ziek, lijdend *(aan of als aand. v.d. oorzaak v.d. ziekte: abl.; ex; de; later ook: acc. respectus; gen.);* ▸ *vulneribus* ~; *oculis* ~; *gravi et periculoso morbo* ~; *longa navigatione* ~; *ex vulnere* ~; *manum* ~; *ook mbt. het zieke lichaam of zieke lichaamsdelen: corpus aegrum; stomachus* ~; *dens* ~; — *subst.* **aeger,** grī *m* zieke (man); **aegra,** ae *f* zieke (vrouw);

2. *(v. planten)* ziek, verwelkt [**seges; arbor; vites**];

3. ontwricht [**civitas; municipia** onrustig];

4. treurig, bedroefd, geërgerd, ontstemd, verdrietig [**animus; oculi** afgunstig]; ▸ *(m. abl. causae) amore* ~;

5. smartelijk, moeizaam, droevig [**mors; senectus; exilium**].

Ageus, eī *m koning v. Athene, vader v. Theseus;* — *patron.* **Aegidēs,** ae *m nakomeling v. Aegeus,* Aegide, *ihb. zijn zoon Theseus.*

aegilōpium, ī *n (Gr. leenw.) (med.)* gezwel in het oog.

aegilōps, ōpis *f (Gr. leenw.)*

1. *(botan.) een soort plant, o.a.* eikenboom;

2. = *aegilopium.*

Aegimūrus, ī *f door gevaarlijke klippen omgeven eiland in de Golf v. Carthago, nu* Zembra.

Aegīna, ae *f*

1. *nimf, moeder v. Aeacus;*

2. *eiland in de Saronische Golf;* — *inw.* **Aegīnētae,** ārum *m;* — *adj.* **Aegīnēticus,** a, um.

Aegīnium, ī *n stad in Macedonië;* — *inw.* **Aegīniēnsēs,** ium *m.*

aegis, idis *f (Gr. leenw.)*

1. de aegis, *het schild v. Jupiter;*

2. *wapen v.* Minerva (a) *als schild;* (b) *als geitenvel (met slangen en Medusahoofd) over borst en schouders;*

3. *(poët.) (metaf.)* schild, bescherming, verschansing.

aegi-sonus, a, um *(aegis en sono) (poët.)* door de aegis klinkend.

Aegīsos, ī *f stad in Beneden-Moesië aan de Donau.*

Aegisthus, ī *m zoon v. Thyestes, geliefde v. Clytaemnestra, moordenaar v. haar echtgenoot Agamemnon en v. Atreus, werd door Orestes gedood.*

Aegium, ī *n stad in Achaea, nu* Aigion; — *adj.* **Aegiēnsis,** e.

Aeglē, ēs *f vrl. eigennaam, ihb. als naam v.d. schoonste najade, de moeder v.d. Gratiën.*

Aegos flūmen ('Geitenrivier') *rivier en plaats op de Thrac. Chersonesus; plaats v.d. nederlaag v.d. Atheense vloot in 405 v. Chr.*

aegrē *(adv. v. aeger)*

1. onaangenaam, smartelijk; ▸ ~ *esse* onaangenaam zijn; alqd ~ *facere alci (kom.)* krenken, last veroorzaken;

2. met moeite, moeizaam, zwaar, nauwelijks [**sustentare**];

3. niet graag [**ferre, pati** erg vinden] *(m. acc.; quod; aci.).*

aegreō, aegrēre *(aeger) (Lucr.)* ziek zijn.

aegrēscō, aegrēscere, —— *(incoh. v. aegreo) (poët.)*

1. ziek worden;

2. bedroefd worden;

3. erger, heftiger worden; ▸ *violentia Turni aegrescit medendo.*

aegrimōnia, ae *f (aeger)* verdriet.

aegritūdō, inis *f (aeger)*

1. *(postklass.)* het ziek zijn, ziekte; ▸ *metu et aegritudine fessus;*

2. ontstemming, verdriet; ▸ *adimere, afferre alci aegritudinem.*

aegror, ōris *m (aeger) (Lucr.)* ziekte.

aegrōtātiō, iōnis *f* (langdurige) ziekte.

aegrōtō, aegrōtāre *(aegrotus)*

1. lijden, ziek zijn;

2. *(metaf.)* kwijnen; ▸ *mores, artes aegrotant.*

aegrōtus *(aeger)*

I. *adj.* a, um

1. ziek;

2. *(Ter.)* geestelijk ziek, ihb. ziek van liefde;

3. ontwricht [**res publica**];

II. *subst.* ī *m* zieke.

Aegyptus[1], ī *f* Egypte; — *inw. en adj.* **Aegyptius,** ī *m resp.* a, um.

Aegyptus[2], ī m *in de mythologie koning v. Egypte, zoon v. Belus en Anchinoë, kleinzoon v. Neptunus, tweelingbroer v. Danaüs.*

aelinos, ī m (*acc.* -on) (*Gr. leenw.*) (*Ov.*) klaaglied; *vgl. Linus.*

Aelius, a, um *naam v.e. pleb. gens; lex Aelia de comitiis (156 v. Chr.) gaf de magistraten en tribunen het recht, door spectio en obnuntiatio (zie daar) verkiezingen te verhinderen.*

Aëllō, ūs *f* (*Gr. leenw.* 'stormwind')
1. *een v.d. Harpijen;*
2. *een hond v. Actaeon.*

aelūrus, ī (*Gr. leenw.*) *een soort kat.*

Aemilius, a, um *naam v.e. patric. gens, o.a.:*
1. L. ~ Paullus, *als consul in de slag bij Cannae (216 v. Chr.) gesneuveld;*
2. L. ~ Paullus Macedonicus, *overwinnaar v. Perseus v. Macedonië bij Pydna (168 v. Chr.);*
/ *adj.* (a) **Aemilius,** a, um: (*via*) *Aemilia: weg van Ariminum naar Placentia, in 187 v. Chr. door consul M. ~ Lepidus aangelegd; ~ ludus: een door P. ~ Lepidus gestichte gladiatorenschool;* (b) **Aemiliānus,** a, um van de gens Aemilia, *na adoptie bijnaam v. Scipio Africanus Minor; — subst.* **Aemiliāna,** ōrum *n voorstad v. Rome.*

aemulātiō, ōnis *f* (*aemulor*)
1. wedijver, rivaliteit (*in, om: gen.*) [**laudis; gloriae**];
2. jaloezie, afgunst.
3. (*postklass.*) navolging [**naturae**].

aemulātor, ōris *m* (*aemulor*) toegewijd navolger [**virtutum**].

aemulātus, ūs *m* (*aemulor*) (*Tac.*) = *aemulatio 2.*

aemulor, aemulārī *en* **aemulō,** aemulāre (*aemulus*)
1. nastreven, proberen te bereiken, nabootsen, wedijveren met (*m. acc.; dat.*) [**alqm; virtutes maiorum**];
2. jaloers, afgunstig zijn (*op: dat.; zelden: cum; inter se*).

aemulus, a, um
1. navolgend, wedijverend (*m. gen.; dat.*); ▸ *Hannibal ~ itinerum Herculis; — subst.* ī *m en* **-a,** ae *f* toegewijd navolger, ihb. aanhanger (*v.e. filosofische richting*) [**eiusdem rationis**];
2. jaloers, afgunstig, naijverig (*m. gen.*); — *subst.* mededing(st)er, rivaal, rivale; ▸ *Carthago -a imperii Romani;*
3. vijandig;
4. gelijk(waardig).

aēna, ae *f* (*ahēna*) (*Plin. Mai.*) kam.

Aenāria, ae *f eiland bij Napels, nu Ischia.*

aēnātor, ōris *m* = *aeneator.*

Aenēa, ae *f stad op het schiereiland Chalcidice.*

Aenēās, ae *m zoon v. Anchises en Venus, via zijn zoon Ascanius of Iulus stamvader v. Rome en het Iulische huis; — nakom.* **Aeneadēs** (*ook* **Aenīdēs**), ae *m*:
1. zijn zoon Ascanius; 2. Caesar, Augustus; 3. *plur.* **Aeneadae** (a) metgezellen v. Aeneas; (b) *alg.* Trojanen; (c) Romeinen; — **Aenēis,** idis *en* idos *f epos over Aeneas v. Vergilius; — adj.* **Aenēius,** a, um.

aēneātor, ōris *m* (*aēneus*) (*postklass.*) trompetblazer.

aēneolus, a, um (*demin. v. aēneus*) (*Petr.*) van brons.

aēneus *en* (*ouder, later vooral poët.*) **aēnus,** a, um
1. metalen, koperen, bronzen [**vasa; statua; signa;** (*poët.*) **proles** de mensen uit het Bronzen Tijdperk];
2. koperkleurig, roodgeel;
3. (*poët.*) (*metaf.*) ijzeren, rotsvast, onbedwingbaar [**manus; murus; turris**].

Aeniānes, um *m Gr. volksstam in Z.-Thessalië.*

Aenīdēs, ae *m zie Aeneas.*

aenigma, atis *n* (*Gr. leenw.*)
1. raadsel;
2. het raadselachtige, geheimzinnigheid [**somniorum**];
3. raadselachtige aanduiding, toespeling.

aēni-pēs, *gen.* pedis (*aēneus*) (*poët.*) koperhoevig [**boves**].

Aēnobarbus, ī *m zie Domitius.*

aēnum, ī *n* (*aēnus, zie aēneus*) koperen vat, koperen ketel.

aēnus, a, um *zie aēneus.*

Aenus, ī
1. *f plaats in Thracië aan de monding v.d. Hebrus,* nu Enez; — *inw.* **Aeniī,** ōrum *m;*
2. *m* (*Tac.*) *de rivier de Inn.*

Aeolēs, um *m* (*ook* **Aeoliī,** ōrum *m*) de Aeoliërs, *bewoners v.* **Aeolia,** ae *f* (*ook* **Aeolis,** idis *f*) *landstreek in het noordwesten van Klein-Azië; — adj.* **Aeoli(c)us,** a, um.

Aeolidēs, ae *m zie Aeolus.*

Aeolis *zie Aeoles.*

Aeolius *zie Aeoles en Aeolus.*

Aeolus *en* **Aeolos,** ī *m*
1. *zoon v. Hippotes, heerser over de Aeolische (resp. Liparische) eilanden, god v.d. winden;*
2. *zoon v. Hellen, kleinzoon v. Deucalion; koning v. Thessalië, stamvader v.d. Aeoliërs; — patron.* **Aeolidēs,** ae *m de Aeolide, ihb. de zonen v. koning Aeolus: Sisyphus, Athamas, Salmoneus;* **Aeolis,**

idis *f dochter v. Aeolus;* — *adj.* **Aeolius,** a, um van Aeolus, Aeolisch.

aequābilis, e *(aequo)*
1. gelijk(matig), gelijkvormig;
2. onpartijdig [**ius in omnes**];
3. gelijkmoedig.

aequābilitās, ātis *f (aequabilis)*
1. gelijkmatigheid;
2. onpartijdigheid [**decernendi** in het oordelen];
3. gelijkmoedigheid, gelatenheid, beheersing.

aequ-aevus a, um *(aequus en aevum)* even oud.

aequālis, e *(aequus)*
1. gelijk (aan) *(m. dat.; inter);* ▸ *paupertas ~ divitiis; virtutes sunt inter se aequales et pares; linguā et moribus aequales;*
2. gelijkmatig, gelijkvormig; ▸ *collis aequaliter declivis;*
3. *(m. dat.; gen.)* (**a**) even oud (als); — *subst.* leeftijdgenoot; (**b**) gelijktijdig (met); — *subst.* tijdgenoot.

aequālitās, ātis *f (aequalis)*
1. gelijkheid;
2. gelijkmatigheid;
3. gelijke leeftijd;
4. *(meton.)* leeftijdgenoten;
5. rechtsgelijkheid.

aequanimitās, ātis *f (aequanimus)*
1. *(Ter.)* mildheid;
2. *(postklass.)* gelijkmoedigheid, gelatenheid;
3. *(postklass.)* geduld.

aequ-animus, a, um *(aequus en animus) (Laatl.)*
1. gelijkmoedig, gelaten;
2. geduldig.

aequātiō, ōnis *f (aequo)* gelijkstelling, gelijkmaking, gelijke verdeling.

aequātor, ōris *m (aequo) (Laatl.)* equator, evenaar.

aequē *adv. (v. aequus)*
1. gelijk(matig);
2. gelijk, op gelijke wijze, evenzo *(als: ac, atque of et).*

Aequī *en* **Aequīculī,** ōrum *m Ital. volksstam ten O. v. Rome;* — *adj.* **Aequicus** *en* **Aequīculus,** a, um Aequisch.

aequi-lātātiō, ōnis *f (aequus en latus) (postklass.)* gelijke breedte.

aequi-lībritās, ātis *f (aequus en libra)* (wet v.h.) evenwicht.

aequi-lībrium, ī *n (aequus en libra)*
1. *(Sen.)* evenwicht;
2. *(Gell.)* volledige gelijkheid.

Aequimēlium *(en* **Aequimaelium**), ī *n plek in Rome op de helling v.h. Capitool.*

aequinoctiālis, e *(aequinoctium)* (op de tijd) v. dag- en nachtevening [**tempus; horae**].

aequi-noctium, ī *n (aequus en nox)* dag- en nachtevening; ▸ *dies -i; -um exspectare.*

aequi-par, *gen.* -paris *(aequus en par) (postklass.)* gelijk.

aequi-pedus, a, um *(aequus en pes) (postklass.)* gelijkbenig.

aequiperābilis, e *(aequipero)* vergelijkbaar *(m. dat.)* [**diis**].

aequi-perō, perāre *(aequus en par)*
1. gelijkstellen, vergelijken *(aan, met: dat.; zelden ad of cum);*
2. evenaren, opwegen tegen *(m. acc.; zelden m. dat.; door, in, wat betreft: abl.)* [**voce magistrum**].

aequipondium, ī *n (aequus en pondus) (postklass.)* tegenwicht.

aequitās, ātis *f (aequus)*
1. vlakheid, effenheid [**loci**];
2. gelijkheid, gelijkmatigheid [**membrorum**];
3. *m. en zonder animi* evenwichtigheid, gelatenheid; *ook* onverschilligheid;
4. rechtsgelijkheid, gelijkheid voor de wet;
5. gerechtigheid, billijkheid.

aequō, aequāre *(aequus)*
1. (**a**) effenen, gladmaken [**locum; arenam pedibus**]; (**b**) rechtzetten [**mensam**]; ▸ *(milit.) frontem of aciem ~* zich in één (rechte) lijn opstellen; (**c**) gelijkmaken, in evenwicht brengen, gelijkmatig verdelen [**pecunias** gelijkheid v. vermogen invoeren; **laborem**]; ▸ *ira aequavit vires; aequato omnium periculo* bij een voor ieder even groot gevaar; *aequato iure omnium* met gelijkmaking v.d. rechten v. allen; (**d**) gelijkmaken, gelijkstellen; ▸ *alqd solo (dat.) ~* met de grond gelijkmaken; *alqd caelo ~* hemelhoog verheffen; *metaf.: alqm caelo laudibus ~* de hemel in prijzen; (**e**) gelijkstellen, op één lijn stellen, vergelijken; ▸ *omnes aequat cinis* de dood maakt allen gelijk; — *se aequare en pass.* gelijkstaan, gelijkgesteld worden;
2. *(metaf.)* evenaren, opwegen tegen *(m. acc.)* [**superiores reges; alqm equestri gloriā; equitem cursu**].

aequor, oris *n (aequus)*
1. vlakte, effen oppervlakte [**campi**];
2. (vlakke) grond, aardbodem [**proscissum** braakland]; ▸ *ferro scindere aequor* met de ploeg de grond omwoelen;

3. *(poët.)* zee(spiegel) [**vastum; placidum; rapidum**]; *(meton.)* zeewater; *plur.* golven.

aequoreus, a, um *(aequor) (poët.)* zee-, van de zee [**rex** Neptunus; **genus** vissen; **Britanni** door de zee omgeven].

aequum, ī *n (aequus)*
1. (effen) vlakte, het vrije veld;
2. gelijkheid, gelijke positie, gelijk recht; ▸ *ex -o* op basis v. gelijkheid; *in -o esse (stare)* op één lijn, op gelijke voet;
3. *(metaf.)* billijkheid, redelijkheid; ▸ *per -a per iniqua* met alle geoorloofde of ongeoorloofde middelen, tot elke prijs.

aequus, a, um
1. effen, vlak [**locus**]; ▸ *ex -o loco loqui, dicere* in de senaat spreken *(itt. ex inferiore loco: voor het gerecht tot de rechters, die hoger zaten; ex superiore loco: in de volksvergadering vanaf het Tribunal tot het volk)*;
2. gelijk, recht (opgesteld) [*milit.* **frons** (in) recht(e lijn opgesteld) front];
3. gunstig (gelegen) [**locus; tempus**];
4. welgezind, welwillend, genadig;
5. evenwichtig, gelaten, rustig; ook onverschillig; ▸ ~ *animus* evenwichtigheid, gelatenheid, ook onverschilligheid; *-o animo* evenwichtig, gelaten, rustig;
6. rechtvaardig, onpartijdig [**iudex; arbiter; testis; iudicium; lex; condicio**]; ▸ *-um est* het is rechtvaardig en billijk;
7. gelijk, gelijkmatig, even groot *(als [in vergelijking]: ac, atque, ook cum; in, wat betreft: abl.)*; ▸ *-o spatio abesse; in -a laude ponere* als even prijzenswaardig beschouwen; *viribus -i*;
8. *(proelium e.d.)* gelijk, onbeslist; ▸ *-o proelio of Marte pugnare* strijden met gelijke kansen, zonder dat een v.d. partijen wint.

āēr, āëris *m (acc.* āera *en* āerem) *(Gr. leenw.)*
1. de onderste luchtlaag; lucht [**maritimus; salubris**];
2. nevel, wolk.

aera, ae *f (Gr. leenw.) (botan.)* dwerghaver(?).

aerācius, a, um *(aes) (postklass.)* bronzen.

aerāmentum, ī *n (aes) (Plin. Mai.)* (koperen, bronzen) vaatwerk.

aerāria, ae *f (aes) (vul aan: fodina)* kopermijn.

aerārium, ī *n (aes)* schatkamer, staatskas, schatkist, vermogen v.d. staat [**militare** oorlogskas; **privatum** particulier vermogen].

aerārius *(aes)*
I. *adj.* a, um
1. koper-, brons- [**artifex; ars**];
2. geld betreffend [**tribuni** betaalmeesters];
II. *subst.* ī *m*
1. kopermijnwerker, kopersmid;
2. aerariër, *gew. plur., burgers v.d. laagste vermogensklasse in Rome.*

aerātae, ārum *f (aeratus; vul aan: naves) (Sen.)* oorlogsschepen.

aerātus, a, um *(aes)*
1. met brons beslagen [**navis; acies** gepantserd; **lecti** met bronzen poten];
2. van brons, bronzen [**securis; fores**];
3. *(metaf.)* (rots)vast [**murus; nodi**].

aereus, a, um *(aes) = aeratus 1. en 2.*

aeri-fer, fera, ferum *(aes en fero) (Ov.)* koperen cimbalen dragend [**manus**].

aerinus, a, um *(aera)* mbt. dwerghaver.

aeri-pēs, *gen.* pedis *(aes) (poët.)* bronshoevig [**tauri; cerva**].

aeri-sonus, a, um *(aes en sono) (poët.)* bronsklinkend.

āërius, a, um *(aër)*
1. zich in de lucht bevindend, lucht-; ▸ *-as vias carpere* door de lucht vliegen;
2. hoog (in de lucht) oprijzend [**mons; quercus**].

aerō, ōnis *m (Gr. leenw.) (postklass.) van biezen gevlochten* draagmand.

Aëropē, ēs *en* Aëropa, ae *f moeder v. Agamemnon en Menelaüs.*

aerōsus, a, um *(aes)* koperhoudend.

aerūginōsus, a, um *(aerugo) (Sen.)*
1. vol koperroest, kopergroen [**lamellae**];
2. *(metaf.)* vuil, armzalig [**manus**].

aerūgō, inis *f (aes)*
1. koperroest, kopergroen;
2. *(poët.)* (a) afgunst, nijd; (b) hebzucht, eigenbelang.

aerumna, ae *f* moeite, verdriet, ellende.

aerumnābilis, e *(aerumna) (Lucr.)* ellendig.

aerumnōsus, a, um *(aerumna)*
1. verdrietig, ellendig [**vita**]; ▸ *-o navigare salo* op een zee v. ellende *(poët.)*;
2. neerslachtig, geteisterd [**hospes; Ulixes**].

aes, aeris *n*
1. koper(erts), brons; *(poët.)* Bronzen Tijdperk;
2. *(meton.) van brons of koper gemaakt voorwerp:* (a) vat; (b) trompet, tuba; ▸ *aere ciere viros*; (c) *aera* bronzen beelden; (d) bronzen wapen; ▸ ~ *triplex* drievoudig pantser; (e) bronzen plaat, tafel; (daarop geschreven) tekst; ▸ *aera legum* bronzen wetstafels; *aes publicum per fora ac templa fixum* van staatswege op markten en

aan tempels opgehangen bronzen platen met mededelingen;
3. (a) kopergeld, *oorspr. niet tot munt geslagen (aes rude), dat uit stukken koper bestond, die op hun gewicht beoordeeld werden;* (b) *alg.* geld; ▸ ~ *alienum (alleen sg.)* schuld(en); *aes alienum facere, contrahere* schulden maken;
4. vermogen;
5. *(meestal plur.)* loon, soldij; dienstjaren; *(Hor.)* schoolgeld; ▸ *procedunt aera* de soldij wordt doorbetaald; *pueri referentes aera* schoolgeld betalend.

aesar, aris *m (Etr.) (Suet.)* god *(= deus).*

Aesar, aris *m rivier bij Crotone in Z.-Italië, nu de* Esaro; — *adj.* **Aesareus,** a, um [**flumen**].

Aeschinēs, is *en* ī *m*
1. *filosoof, leerling v. Socrates;*
2. *beroemde redenaar in Athene, tegenstander v. Demosthenes;*
3. *uit Napels, filosoof, leerling v. Carneades, leraar aan de Nieuwe Academie in Athene;*
4. *uit Milete, redenaar ttv. Cicero.*

Aeschylus, ī *m*
1. *tragediedichter in Athene (525—456 v. Chr.);* — *adj.* **Aeschylēus,** a, um;
2. *redenaar uit Cnidus ttv. Cicero.*

aeschȳnomenē, ēs *f* 'de zich schamende' *(Plin. Mai.) een soort mimosa, een plant die bij aanraking haar bladeren samentrekt.*

Aesculāpium, ī *n (Aesculapius)* tempel v. Aesculapius.

Aesculāpius, ī *m god v.d. geneeskunde, zoon v. Apollo en de nimf Coronis; de slang is aan hem gewijd.*

aesculētum, ī *n (aesculus) (niet-klass.)* eikenbos.

aesculeus, a, um *(aesculus) (Ov.)* eiken-.

aesculīnus, a, um *(aesculus) (postklass.)* eiken-.

aesculus, ī *f (een soort)* eik.

Aesernia, ae *f stad in Samnium, nu Isernia;* — *inw. en adj.* **Aesernīnus,** ī *m resp.* a, um *ook bijnaam v. M. Marcellus, die in 90 v. Chr. in Aesernia gevangengenomen werd.*

Aesis, is *m (acc. -im) rivier in Umbrië, nu de Esino.*

Aesōn, onis *m vader v. Iason;* — *patron.* **Aesonidēs,** ae *m* Iason; — *adj.* **Aesonius,** a, um.

Aesōpus, ī *m* Aesopus
1. *Gr. fabeldichter uit Frygië, ca. 550 v. Chr.;* — *adj.* **Aesōpīus (-pēus),** a, um Aesopisch, van Aesopus;
2. Claudius *of* Clodius ~, *tragediespeler in Rome ttv. Cicero.*

aestās, ātis *f (aestus)*
1. zomer [**prima** *of* **nova** voorzomer; **summa** *of* **media** hartje zomer; **praeceps** nazomer];
2. *(meton.)* zomerweer; (zomer)hitte.

aesti-fer, fera, ferum *(aestus en fero) (poët.)* hittebrengend, heet.

Aestiī, ōrum *m volksstam aan de Oostzee.*

aestimābilis, e *(aestimo)* waardevol, te waarderen.

aestimātiō, ōnis *f (aestimo)*
1. schatting, waardebepaling; ▸ *aequam aestimationem facere; in aestimationem venire* geschat worden; *aestimationem habere* een schatting maken, taxeren; ~ *censūs* schatting v.h. vermogen; ~ *frumenti* prijsbepaling v.h. graan; ~ *(m. en zonder litis)* taxatie v. geleden schade (bij een geschil), bepaling v.d. hoogte v.d. schadeloosstelling; ~ *poenae (of multae)* omrekening v.d. straf in geld; geldboete; — *plur.* de door een schuldeiser bij wijze v. betaling aangenomen goederen;
2. waarde;
3. berekening [**longinquitatis**]; het rekening houden met;
4. beoordeling, oordeel [**meritorum**];
5. *(metaf.)* achting, respect, waardering [**virtutum**].

aestimātor, ōris *m (aestimo)* taxateur [**frumenti**]; beoordelaar, deskundige [**studiorum**].

aestimātōrius, a, um *(aestimo) (jur.)* mbt. de waardebepaling.

aestimō, aestimāre *(aes)*
1. (a) schatten, taxeren [**frumentum; possessiones**]; *(m. gen. resp. abl. als aand. v.d. waarde)* [**pluris, minoris; magno, permagno, minimo**]; (b) *(jur. t.t.) litem* ~ de schade in een proces vaststellen, iem. een geldboete opleggen;
2. (a) beoordelen, waarderen *(constructies zoals boven; zelden m. dubb. acc. of aci.; aand. v.d. norm: abl. of ex)* [**virtutem annis** naar jaren]; (b) hoogachten, respecteren;
3. geloven, menen, beschouwen als *(m. aci. of dubb. acc.).*

aestīva, ōrum *n (aestivus)*
1. (a) zomerkamp *(v.h. leger);* (b) *(meton.)* veldtocht;
2. (a) zomerverblijf; (b) *(meton.)* kudde op de zomerweide.

aestīvō, aestīvāre *(aestivus) (pre- en postklass.)* de zomer doorbrengen.

aestīvus, a, um *(aestas)* zomers, zomer- [**tempora; menses; nox; sol; vestimenta; saltūs**

zomerweiden; **avis** trekvogel; **castra**].

aestuārium, ī *n* *(aestus)*
1. (bij vloed overstroomd) laagland, lagune; ▸ *-a ac paludes;*
2. *(Tac.)* baai;
3. *(Tac.)* riviermonding;
4. *(Plin. Min.)* *(meton.)* tijrivier;
5. *(archit.)* luchtgat, -schacht.

aestumō *(arch.)* = *aestimo.*

aestuō, aestuāre *(aestus)*
1. *(v. vuur)* oplaaien;
2. *(door hitte)* koken, gloeien, verhit zijn, zweten;
3. *(v. water)* kolken, breken, schuimen; ▸ *gurges aestuat;*
4. gisten; ▸ *vina aestuantia;*
5. *(metaf.)* hartstochtelijk bewogen zijn, *(van woede)* koken, *(van liefde voor iem.)* gloeien *(in alqo)*, *(van begeerte)* branden; ▸ *nobilitas invidiā aestuabat;* ~ *in aurum* door begeerte naar goud verteerd worden;
6. heen en weer geslingerd worden, besluiteloos zijn [**dubitatione**].

aestuōsus, a, um *(aestus)*
1. (a) heet, gloeiend [**solum**]; (b) zwoel [**auster**];
2. kolkend, brekend [**freta**];
3. vurig, onstuimig [**meretrix**].

aestus, ūs *m*
1. hitte, gloed, zwoelte, *(poët.)* zomer(hitte); ▸ *meridiei* ~ *; fervidus* ~ *; labore et aestu languidus; frigora atque aestūs tolerare;*
2. *(v. water)* het kolken, het deinen, branding, stroming, tij, getijden; ▸ *fervit aestu pelagus; decessus (of recessus) aestūs* eb; *aestuum accessus et recessus* vloed en eb; *aestu minuente* bij aflopend tij;
3. *(metaf.)* (a) onstuimigheid, hartstocht, heftig temperament; (b) onrust, bezorgdheid; (c) besluiteloosheid.

aetās, ātis *f* *(aevum)*
1. levensduur, leven; ▸ *aetatem agere (of degere, consumere)* zijn leven doorbrengen *(met: in m. abl.)* [**in litteris; in tranquillitate; procul** a re **publica**];
2. mensenleeftijd, generatie; ▸ *tertiam iam aetatem hominum vivebat (over Nestor);*
3. *(meton.)* de mensen van één tijdvak, geslacht;
4. leeftijd, leeftijdsgroep (a) jeugd; ▸ *forma* (schoonheid) *atque* ~ ;(b) volwassenheid; (c) ouderdom;
5. *(meton.)* de mensen van één leeftijd, leeftijdsgroep [**vestra** mensen v. jullie leeftijd];
6. tijdperk, tijd [**aurea** Gouden Tijdperk; **Romuli**]; ▸ *clarissimus imperator suae aetatis; nostra aetate; heroicis aetatibus.*

aetātula, ae *f* *(demin. v. aetas)*
1. kindertijd, jeugd;
2. *(meton.)* *(Apul.)* jeugdig iemand.

aeternālis, e *(aeternus)* *(Laatl.)* eeuwig.

aeternitās, ātis *f* *(aeternus)*
1. eeuwigheid;
2. onsterfelijkheid, onvergankelijkheid [**animorum**];
3. eeuwige nagedachtenis, vereeuwiging; ▸ *alqm aeternitati mandare* vereeuwigen; *opus aeternitate tua dignum* uw onsterfelijke naam waardig;
4. *(Laatl.)* *vestra* ~ *aanspreektitel v.d. Rom. keizer;*
5. *(eccl.)* eeuwige leven.

aeternō, aeternāre *(aeternus)* *(preklass.; poët.)* vereeuwigen.

aeternus, a, um *(adv. -ō en -um)* *(arch. aeviternus v. aevum)*
1. eeuwig [**ignes** sterren]; ▸ *in -um* voor eeuwig;
2. onvergankelijk, onsterfelijk [**memoria; virtus; imperium**];
3. voortdurend, aanhoudend, bestendig [**bellum; pax; amor**];
4. *(eccl.)* *vita -a* het eeuwige leven *(v.e. christen).*

aethēr, eris *m* *(acc. -era)* *(Gr. leenw.)*
1. de bovenste luchtlaag, ether;
2. *(poët.)* (a) hemel, heelal, *ihb. als woonplaats v.d. goden;* ▸ *Iuppiter aethere summo despiciens;* (b) *(meton.)* de hemelbewoners, goden; ▸ *oneravit aethera votis;*
3. *(poët.)* lucht; ▸ *veniens ab aethere telum;*
4. bovenwereld;
5. *personif.* **Aethēr** *god v.d. hemel;*
6. *(eccl.)* hemel, hiernamaals.

aetherius, a, um *(Gr. leenw.)*
1. van de ether, etherisch [**natura**];
2. *(poët.)* hemels [**sedes; arces; equi** paarden v.d. zon];
3. *(poët.)* zich in de lucht bevindend;
4. *(Verg.)* van de bovenwereld; ▸ *vesci aurā aetheriā* ademen, leven.

Aethiops, opis *m* *(acc. plur.* Aethiopas*)* Ethiopiër; *alg.* mens met donkere huid; *ook attrib.;* — **Aethiopia,** ae *f* Ethiopië.

aethra, ae *f* *(Gr. leenw.)* *(poët.)* heldere lucht, uitspansel; glans v.d. hemel.

Aethra, ae *f*

1. *dochter v. Pittheus, echtgenote v. Aegeus, moeder v. Theseus;*
2. *dochter v. Oceanus en Tethys, moeder v. Hyas en de twaalf Hyaden.*

aetiologia, ae *f (Gr. leenw.) (Sen.)* onderzoek naar de oorzaken.

āetītēs, ae *m (Gr. leenw.) (Plin. Mai.)* adelaarssteen (*~ lapis*).

Aetna, ae *en* **Aetnē,** ēs *f*
1. de Etna, *vulkaan op Sicilië; volgens de mythologie bevond zich in het binnenste de werkplaats v. Vulcanus, die hier met de Cyclopen de bliksemschichten v. Jupiter smeedde; — adj.* **Aetnaeus,** a, um; *— subst.* **Aetnaeī,** ōrum *m mensen uit de omgeving v.d. Etna;*
2. *stad aan de voet v.d. Etna; — adj.* **Aetnēnsis,** e [**ager**]; *— inw.* **Aetnēnsēs,** ium *m.*

Aetōlia, ae *f landstreek in het westen van Midden-griekenland; — inw.* **Aetōlī,** ōrum *m* ;— **Aetōlis,** idis *f* Aetolische; *— adj.* **Aetōli(-c)us** *en* **-lus,** a, um [**heros** Diomedes; **arma** *van Diomedes;* **urbs** *de door Diomedes gestichte stad Arpi in Apulië*].

aevitās, ātis *f (aevum) arch. vorm voor aetas.*

aevum, ī *n*
1. tijd, eeuwigheid; ▸ *in -um* voor altijd;
2. onvergankelijkheid, onsterfelijkheid;
3. *= aetas.*

aevus, ī *m (arch.) = aevum.*

afannae, ārum *f (Apul.)* smoesjes.

Āfer *zie Afri.*

affābilis, e *(affor)* vriendelijk, aanspreekbaar.

affābilitās, ātis *f (affabilis)* vriendelijkheid.

af-fabrē *adv. (ad en faber)* (vak)kundig, kunstzinnig [**factus**].

affāmen, inis *n (affor)* begroeting, toespraak.

af-fatim *adv.* voldoende, rijkelijk; ▸ *~ est hominum; pecuniae ~ est.*

affātus[1], a, um *p.p. v. affor.*

affātus[2], ūs *m (affor) (poët.)* toespraak.

af-fēcī *pf. v. afficio.*

affectātiō, ōnis *f (affecto) (postklass.)*
1. het streven *(naar: gen.)* [**sapientiae; decoris; imperii**];
2. aanspraak *(op: gen.)* [**Germanicae originis**];
3. *(retor. t.t.)* gekunsteldheid, aanstellerij.

affectātor, ōris *m (affecto)* iem. die tracht te verkrijgen, nastreeft.

affectiō, ōnis *f (afficio)*
1. indruk, invloed;
2. toestand, gesteldheid [**corporis**];
3. stemming, gemoedstoestand;
4. voorliefde, genegenheid, welgezindheid, liefde;
5. het streven *(naar: gen.).*

affectō, affectāre *(intens. v. afficio) (m. acc.)*
1. (aan)grijpen [**viam** een weg inslaan, zich een weg banen];
2. zich belasten met;
3. teisteren; ▸ *gravi morbo affectari;*
4. streven naar, proberen te verkrijgen [**regnum; imperium; bellum** het bevel in de oorlog; **artem; caelum; immortalitatem; spem** hoop koesteren];
5. veinzen, voorwenden [**decus in dicendo**]; — *ppp.* **affectātus,** a, um *(v.e. redevoering e.d.)* gekunsteld, gezocht [**subtilitas**].

affectuōsus, a, um *(affectus[1]) (Laatl.)* liefdevol, teder.

affectus[1], ūs *m (afficio)*
1. stemming, gemoedstoestand *(m. en zonder animi of mentis)* [**publicus** de algemene stemming];
2. *(poët.)* hartstocht, begeerte, gemoedsaandoening; ▸ *affectus erumpunt, languescunt;*
3. genegenheid, liefde;
4. *(postklass.)* toestand [**corporis**].

affectus[2], a, um *(p. adj. v. afficio)*
1. voorzien van, uitgerust met *(m. abl.)* [**virtutibus; vitiis**];
2. geaard, (ergens op) ingesteld;
3. gestemd, gezind;
4. zwak, uitgeput [**res familiaris** ontredderd; **fides** aangetaste geloofwaardigheid; **valetudine** van aangetaste gezondheid; **senectute** *of* **aetate** zwak door ouderdom];
5. verdrietig, ellendig;
6. het einde naderend, ten einde lopend; ▸ *aestate iam prope -ā* in de nazomer.

af-ferō, afferre, attulī, allātum
1. dragen, brengen, voeren naar; meebrengen [**hominem in forum; ex urbibus cibaria in castra; a Graecia leges**];
2. *(metaf.)* brengen [**alci auxilium; pacem; consilium** raad geven];
3. *(brieven, berichten)* overbrengen [**epistulam; nuntium**]; melden; ▸ *allatum est eum dictatorem esse;*
4. *(manūs, vim)* geweld aandoen, de hand slaan aan, zich vergrijpen aan;
5. toevoegen aan;
6. *(vreugde e.d.)* veroorzaken, berokkenen, (aan)doen, brengen [**laetitiam; gloriam; dolorem; perniciem; detrimentum**];

7. bijdragen aan, nuttig zijn voor *(m. ad of dat.)* [**alqd ad communem utilitatem; alqd ad bene vivendum**];
8. *(als voorbeeld, bewijs)* aanvoeren, naar voren brengen [**exemplum; argumentum; testimonium; causam**];
9. *(v. bomen, v.d. aarde)* dragen, voortbrengen.

af-ficiō, ficere, fēcī, fectum *(ad en facio)*
1. voorzien van, uitrusten met, vervullen van *(m. abl.)* [**rem nomine** benoemen; **alqm exilio** verbannen; **sepulturā** begraven; **nuntiis bonis** met goede berichten verblijden; **laetitiā; honore; iniuriā** onrecht aandoen; **poenā** (be)straffen; **servitute** tot slaaf maken; **laude** prijzen];
2. behandelen, in een bepaalde toestand brengen; ▸ *exercendum corpus et ita afficiendum est ut (Cic.)*;
3. (a) in een bepaalde stemming brengen, stemmen; ▸ *varie sum affectus tuis litteris*; (b) indruk maken op;
4. zwaar aantasten, verzwakken; ▸ *fames affecit exercitum.*

affictīcius, a, um *(affingo)* vastgehecht aan.

af-figō, figere, fīxī, fixum
1. aanhechten, bevestigen *(aan: dat. of ad)* [**clavum parieti** in de muur slaan; **hominem lecto** aan het ziekbed kluisteren; **Prometheum ad Caucasum**];
2. *(metaf.)* (a) (vast)ketenen, boeien *(aan: ad; dat.; ook in m. abl.)*; ▸ *Hispania affixa Pyrenaeo* grenzend aan de Pyreneeën; *iuvenes affixi valvis (curiae); Ithaca illa in asperrimis saxis tamquam nidulus affixa*; — *pass.* zich nauw aansluiten bij, niet van iems. zijde wijken; (b) *(animo of memoriae)* inprenten.

af-fingō, fingere, fīnxī, fictum
1. toevoegen [**membra corpori**];
2. *(metaf.)* (a) erbij denken; (b) erbij dichten, toedichten, erbij verzinnen; ▸ *multa rumore affingebantur; neque vera laus ei detracta neque falsa afficta; homines affingentes vana auditis* die aan wat ze gehoord hebben verzinsels toevoegen.

af-fīnis, e *(m. dat.; gen.)*
1. aangrenzend, naburig; ▸ *gens ~ Mauris*;
2. deelnemend aan, verwikkeld in [**sceleri; culpae; negotiis; suspicionis**];
3. aangetrouwd; — *gew. subst.* **affīnis,** is *m en f (abl. -e en -i)* verwant, zwager, schoonzuster, schoonvader, schoonzoon.

affīnitās, ātis *f (affinis)*
1. verwantschap door huwelijk; *alg.* verwantschap; ▸ *affinitate coniungi cum alqo*;
2. nauwe relatie, nauwe samenhang [**litterarum**];
3. *(Laatl.)* vriendschap.

affirmātē *(affirmo) adv.* plechtig, onder (plechtige) verzekeringen [**promittere**].

affirmātiō, ōnis *f (affirmo)* verzekering, bewering, bevestiging.

affirmātīvus, a, um *(affirmo) (Laatl.)* bevestigend.

affirmātor, ōris *m (affirmo) (Laatl.)*
1. iem. die iets verzekert, beweert *of* bevestigt;
2. borg.

af-firmō, firmāre
1. versterken, bekrachtigen; ▸ *ea res Troianis spem affirmat* sterkt de Trojanen in hun hoop;
2. bevestigen, bewijzen; ▸ *promissa rebus ~; populi Romani virtutem armis ~*;
3. verzekeren, beweren *(m. aci.; afh. vr.; de).*

af-fīxī *pf. v. affigo.*

affīxus ppp. *v. affigo.*

afflātus, ūs *m (afflo)*
1. het beademen, het blazen *of* waaien naar, tocht; ▸ *~ montium* berglucht; *~ maris (of maritimus)* zeelucht, zeewind; *~ vaporis* gloed; *(ook plur.) frondes afflatibus ardent*;
2. *(metaf.)* inspiratie (door goddelijke bezieling) [**divinus**].

af-flectō, flectere *(postklass.)* buigen naar.

af-fleō, flēre, —— *(poët.)* huilen bij, met *(m. dat.)*; ▸ *ita flentibus afflent.*

afflīctātiō, ōnis *f (afflicto)* pijn, kwelling, ellende.

afflīctiō, ōnis *f (affligo) (postklass.)*
1. teistering;
2. neerslachtigheid.

afflīctō, afflīctāre *(intens. v. affligo)*
1. (heftig) slaan; ▸ *se ~* zich op de borst slaan;
2. beschadigen; ▸ *onerarias (naves) tempestas afflictabat*;
3. teisteren, plagen, pijnigen [**colonias; Batavos** in het nauw brengen; **Italiam luxuriā saevitiāque** onderdrukken]; ▸ *morbo afflictari*;
4. *se ~ en pass.* (zich af)tobben.

afflīctor, ōris *m (affligo)* iem. die vernielt; ▸ *~ et perditor dignitatis et auctoritatis.*

afflīctus[1], a, um zie *affligo.*

afflīctus[2], ūs *m (affligo) (Apul.)* het botsen tegen.

af-flīgō, flīgere, flīxī, flīctum
1. slaan, smijten, gooien *(tegen: ad of dat.)* [**alqm ad terram; caput saxo; vasa parietibus; navem undae** hard laten neerkomen in

het water];
2. beschadigen; verwonden; ▸ *lapsu equi afflictus;*
3. (a) op de grond werpen, neergooien [**statuam; monumentum**]; *pass.* op de grond vallen, naar beneden vallen; (b) *(metaf.)* neerdrukken, ten val brengen [**auctoritatem** doen wankelen; **consulare nomen** door het slijk halen];
4. verzwakken; ▸ *proelio opes hostium* ~ *; fames affligebat hostes;*
5. teisteren; ▸ *vectigalia bellis affliguntur* hebben te lijden onder de oorlogen;
6. bedroeven, ontmoedigen; ▸ *animos* ~ *; maerore afflictus;*
7. *refl.* verdriet hebben, tobben, lijden *(over, aan: abl.)* [**vulnere; pestilentia**];
/ *p. adj.* **afflīctus,** a, um (a) ontwricht, ellendig [**fortuna; amicitia; res -ae** slechte stand v. zaken; **Italia cladibus**]; (b) terneergeslagen, bedroefd; (c) veracht, verwerpelijk; ▸ *homo afflictus et perditus; afflicti mores.*

af-flō, flāre
I. *tr.*
1. ademen tegen, blazen tegen; ▸ *afflatus aurā; taurorum afflari ore;*
2. verzengen [**ignibus; incendio**];
3. doorfluisteren [**rumorem**];
4. *(poët.; Laatl.)* van enthousiasme vervullen;
II. *intr.*
1. tegemoetwaaien;
2. gunstig waaien; ▸ *afflante fortuna.*

affluēns, *gen.* entis *(p. adj. v. affluo)*
1. rijkelijk (toestromend), in overvloed voorhanden; ▸ *uberiores et affluentiores aquae; senatorum numerus* ~ ; — *subst.: ex affluenti* in overvloed;
2. overstromend van, rijkelijk bedeeld met, rijk aan *(m. abl.; zelden m. gen.)* [**opibus et copiis; bonitate; omni scelere**].

affluentia, ae *f (affluens)* grote hoeveelheid, overvloed *(van, aan: gen.)* [**omnium rerum; annonae**].

af-fluō, fluere, flūxī, —
1. stromen naar, in *(m. ad; dat.)*;
2. *(v.e. mensenmassa)* toestromen, -snellen; ▸ *multitudine affluente;*
3. *in grote hoeveelheden* toestromen, rijkelijk voorhanden zijn; ▸ *vires (opes, divitiae) affluunt;*
4. in grote hoeveelheden hebben, een overvloed hebben van, rijkelijk voorzien zijn van *(m. abl.)* [**divitiis; honore; laude**];
5. in overvloed leven.

af-fodiō, fodere, — — *(Plin. Mai.)* door te graven toevoegen.

af-for, fārī, fātus sum
1. toespreken, aanspreken [**nomine alqm; alqm blandis verbis**];
2. smeken [**deos; hostem**];
3. *(Sen.) (pass.) affatum esse* door het noodlot beschikt zijn.

af-fore, af-forem zie *assum*[1].

af-formīdō, formīdāre *(Plaut.)* bang zijn *(dat: ne)*.

af-frangō, frangere, -, frāctum *(poët.)* verbrijzelen tegen *(m. dat.)*.

af-fremō, fremere, — — *(poët.) (m. dat.)* brullen tegen; luid instemmen met.

af-fricō, fricāre, fricuī, fricātum *(postklass.)*
1. wrijven tegen *(m. dat.)*;
2. *(metaf.)* overdragen, aansteken met [**alci rubiginem suam**].

affrictus, ūs *m (affrico) (postklass.)* het wrijven.

af-fūdī *pf. v. affundo.*

af-fuī *pf. v. assum*[1].

af-fulgeō, fulgēre, fulsī, —
1. tegemoet stralen *of* schitteren; ▸ *nitenti affulsit vultu ridens Venus;*
2. oplichten, schitteren; ▸ *affulsit lux quaedam* (een lichtpuntje) *civitati; consuli rei maioris spes affulsit.*

af-fundō, fundere, fūdī, fūsum *(m. dat.)*
1. gieten in, bij [**venenum potioni**];
2. laten stromen naar; — *pass.* zich uitstorten; ▸ *amnis Maeander plurimis affusus oppidis* langs vele steden stromend;
3. *(v. mensenmassa's)* toestromen; ▸ *undique affusa ducum plebisque turba;*
4. *pass.* zich storten op [**cornibus** op de vleugels *(v.e. leger)*]; — ppp. **affūsus,** a, um op de grond uitgestrekt bij, neergevallen voor [**tumulo; genibus alcis**].

af-futūrus, a, um zie *assum*[1].

ā-fluō, fluere, — —
1. wegstromen;
2. = *affluo* 4.

ā-fore, ā-forem zie *absum.*

Āfrānius, a, um *naam v.e. pleb. gens, o.a.:*
1. L. ~ *(ca. 100 v. Chr.), beroemdste vertegenwoordiger v.d. in Rome ontwikkelde komedie, de fabula togata;*
2. L. ~, *legaat v. Pompeius in Spanje (gest. 46 v. Chr.)*;— *adj.* **Āfrāniānus,** a, um van Afranius [**milites; legio**].

Āfrī, ōrum *m inwoners v.d. provincie Africa, ihb. v.h. gebied rond Carthago,* Puniërs; ook: inwoners v. Afrika; *sg.* **Āfer,** Āfrī *m* Puniër; — *adj.* **Āfricānus, Āfricus** a, um *en (zelden)* **Āfer,** fra, frum uit Africa, Punisch, Carthaags; — *subst.* **Āfricānae,** ārum *f (vul aan: bestiae)* wilde dieren uit Afrika; **Āfricus,** ī *m* zuidwestenwind.

Āfrica, ae *f*
1. Afrika *(als continent)*;
2. *de Rom. provincie Africa (Africa propria of Africa provincia).*

ā-fuī *pf. v. absum.*

agaga, ae *m (Gr. leenw.) (Petr.)* pooier.

Agamemnō(n), onis *m (acc. -onem en [poët.] -ona) koning v. Mycene, zoon v. Atreus, broer v. Menelaüs, echtgenoot v. Clytaemnestra, vader v. Orestes, Iphigeneia en Electra, opperbevelhebber v.d. Grieken bij Troje, na zijn terugkeer door zijn echtgenote en haar minnaar Aegisthus vermoord;* — *adj.* **Agamemnonius,** a, um van Agamemnon [**classis**]; — *patron.* **Agamemnonidēs,** ae *m* = Orestes.

Aganippē, ēs *f aan de muzen gewijde bron op de Helicon en nimf v. deze bron, dochter v.d. riviergod Permessus;* — *adj.* **Aganippēus,** a, um [**unda; lyra** aan de muzen gewijd] *en fem.* **Aganippis,** idis *(en* idos*)* van de Aganippe afkomstig, aan de muzen gewijd.

agapē, ēs *f (Gr. leenw.) (eccl.)*
1. naastenliefde;
2. heilig avondmaal.

agaricum, ī *n (Gr. leenw.) (botan.)* boomzwam.

agāsō, ōnis *m*
1. paarden-, stalknecht;
2. *(als scheldw.)* boerenkinkel.

Agathoclēs, is *en* ī *m tiran v. Syracuse, bekend om zijn oorlogen tegen de Carthagers (leefde 360—289 v. Chr.).*

Agathyrna, ae *f stad aan de noordkust v. Sicilië, nu* Capo d'Orlando.

Agathyrsī, ōrum *m Scythische stam.*

Agavē *en* **Agauē,** ēs *f dochter v. Cadmus, echtgenote v. koning Echion v. Thebe, moeder v. Pentheus.*

age, agedum *zie ago.*

Agedincum, ī *n belangrijkste stad in het gebied v.d. Senones in Gallië, nu Sens (v. Senones) in de streek Champagne.*

agellus, ī *m (demin. v. ager)* akkertje.

agēma, atis *n (Gr. leenw.) Macedonische garde.*

Agēnōr, oris *m koning v. Fenicië, vader v. Cadmus en Europa, voorouder v. Dido* [**Agenoris urbs** Carthago]; — *adj.* **Agēnoreus,** a, um [**bos** *eig. Jupiter, de aan de sterrenhemel geplaatste stier, die Europa schaakte*]; — *patron.* **Agēnoridēs,** ae *m* = Cadmus *of* Perseus.

agēns, *gen.* entis *zie ago.*

ager, agrī *m*
1. akker, veld, stuk grond [**publicus; privatus**]; ▸ *agrum colere;*
2. *(vooral plur.)* open veld, vlak land ▸ *permulti et ex urbe et ex agris; montes agrosque salutat;*
3. *(vooral sg.)* (stads)gebied, (land)streek, regio [**Tusculanus; Veiens; publicus** staatsgebied]; ▸ *agrum nostrum invadere;*
/ *in agrum* in de diepte *(bij een lengtemaat, itt. in fronte:* in de breedte*).*

ā-gerō, gerere, — — *(Plaut.)* verwijderen; ▸ *nunc agerite vos.*

Agēsilāus, ī *m koning v. Sparta (397—361 v. Chr.).*

ag-gemō, gemere, — — meezuchten met *(m. dat.).*

ag-geniculor, geniculārī *(ad en genu, geniculum) (postklass.)* knielen *(voor: dat.).*

agger, eris *m (vgl. aggero²)*
1. aarde voor een dam, materiaal voor een verschansing; ▸ *aggerem comportare; aggere fossas explere;*
2. *(meton.)* aarden wal, dam (a) *(milit. t.t.)* belegeringsdam, verschansing; ▸ *aggerem ad urbem promovere; aggere urbem cingere;* (b) ~ *Tarquinii of alleen* agger *verdedigingswal om Rome, door Servius Tullius opgeworpen, door Tarquinius Superbus nog eens opgehoogd, door Cicero maximus genoemd; (vd. poët. ook)* stadswal, -muur; (c) *(Tac.)* grenswal; (d) havendam; *(glooiing v.d.)* oever [**ripae; herbosus**];
3. *(poët.) iedere soort verhoging op vaste ondergrond* (a) grafheuvel; (b) spreekgestoelte; (c) brandstapel; (d) heuvel, berg; ▸ *aggeres Alpini;* (e) hoop, stapel; ▸ *aggeres nivei;*
4. (verharde) weg;
5. dijkweg *(verhoogde weg over drassige bodem).*

aggerātiō, ōnis *f (aggero¹)* dam.

aggerō¹, aggerāre *(agger) (poët.; postklass.)*
1. ophogen;
2. ophopen, -stapelen [**cadavera; ossa**];
3. *(agr. t.t.)* (a) aarde rond bomen en planten ophopen; (b) *(arbores)* aanaarden, de aarde ophogen rondom;
4. *(metaf.)* vermeerderen, vergroten, verhogen [**dictis iras**].

ag-gerō², gerere, gessī, gestum *(m. dat. of ad)*
1. dragen, brengen, slepen naar [**humum; aquam; opes opibus** schatten op schatten sta-

pelen]; ▸ *aggeritur tumulo tellus;*
2. *(woorden)* aanvoeren [**falsa; probra**].
aggestus, ūs *m (aggero²) (postklass.)*
1. het brengen naar, slepen naar [**pabuli; lignorum**];
2. *(meton.)* dam.
ag-glomerō, glomerāre *(Verg.)* dicht opeendringen; ophopen.
ag-glūtinō, glūtināre
1. lijmen, kleven *(aan: dat.)*;
2. *(Plaut.) (metaf.) se* ~ zich *(als een klit)* vastklampen.
ag-gravēscō, gravēscere, — — *(incoh.; zie gravis) (Ter.)* erger worden.
ag-gravō, gravāre
1. *(v. gewicht)* zwaarder maken; ▸ *aggravatur pondus;*
2. erger maken, vergroten [**dolorem; curam**];
3. *(metaf.)* (a) lastigvallen; (b) tot last zijn.
ag-gredior, gredī, gressus sum *(ad en gradior) (m. acc. of ad)*
1. gaan naar, naderen;
2. zich begeven naar, betreden [**Bacchi templa**];
3. zich wenden tot; voor zich proberen te winnen [**iudicem; alqm pecuniā, dictis**];
4. (a) aan-, overvallen [**alqm ferro; alcis bona**]; (b) gerechtelijk aanklagen, vervolgen [**alqm legibus**];
5. beginnen aan, ondernemen *(m. acc.; ad m. acc.)* [**facinus; ad crimen; ad causam; ad disputationem; ad rem publicam** deelnemen aan; **ad dicendum** als redenaar optreden]; *m. inf.* beginnen, een poging wagen, proberen [**oppidum oppugnare; Iugurtham beneficiis vincere**].
ag-gregō, gregāre *(ad en grex)*
1. als gezelschap meegeven, toevoegen *(m. ad; in m. acc.; dat.)* [**alqm in nostrum numerum** scharen onder]; *refl. en pass.* zich aansluiten; ▸ *se* ~ *Romanis; aggregari Vespasiani partibus;*
2. ophopen, vergaren [**pecunias**].
aggressiō, ōnis *f (aggredior)*
1. aanval; ▸ *aggressiones ferinae;*
2. *(retor. t.t.)* (eerste) aanloop *(v.e. redenaar)*.
aggressor, ōris *m (aggredior) (postklass.)* aanvaller.
aggressūra, ae *f (aggredior) (postklass.)* aanval.
aggressus p.p. *v. aggredior.*
ag-gubernō, gubernāre *(postklass.)* sturen.
agilis, e *(ago)*
1. *(v. personen)* (a) behendig, snel en wendbaar [**dea** *v.* Diana]; (b) actief, beweeglijk, bedrijvig;
2. *(v. zaken)* makkelijk te bewegen [**remus**].
agilitās, ātis *f (agilis)* beweeglijkheid, snelheid [**navium; currentis aquae; naturae** flexibiliteit van karakter].
aginō, agināre *(Petr.)* zich inspannen.
Āgis, idis *m (acc. Āgin en Āgim; abl. Āgī en Āgide) naam v. verscheidene Spartaanse koningen.*
agitābilis, e *(agito)* makkelijk te bewegen.
agitātiō, ōnis *f (agito)*
1. beweging: (a) het bewegen, zwaaien [**telorum armorumque**]; (b) het bewogen worden, wankelen [~ **motusque corporis**];
2. *(metaf.)* (a) uitoefening van, het bezig zijn met [**studiorum**]; (b) geestelijke activiteit, werkzaamheid; ▸ ~ *mentis; numquam animus agitatione et motu esse vacuus potest.*
agitātor, ōris *m (agito)*
1. (vee)drijver [**aselli**];
2. wagenmenner *(bij wedrennen tijdens de spelen,* = *auriga)*.
agitātus, ūs *m (agito) (preklass.)* beweging, activiteit.
agite(dum) *zie ago.*
agitō, agitāre *(intens. v. ago)*
1. *(herhaaldelijk of hevig)* bewegen, in beweging zetten, (heen en weer) jagen, schudden [**hastam** zwaaien];
2. *(dieren)* (op)drijven [**equum; greges**];
3. opjagen, achternazitten, achtervolgen; *(metaf.)* verontrusten, kwellen; ▸ *feras* ~ *; dii deaeque te agitant irati; sceleris poenis agitatur; eos agitant furiae;*
4. drijven, aansporen; ▸ *agitatus cupidine regni;*
5. *(pol.)* in beroering, in rep en roer brengen; ▸ *seditionibus tribuniciis atrociter res publica agitabatur;*
6. *(v. wind)* (heen en weer) bewegen, doen zwiepen; ▸ *humus arida vento agitatur* dwarrelt omhoog; *ventis agitatur pinus;*
7. *(v. water)* voort-, opstuwen, in beroering brengen; ▸ *agitata fluctibus Helle;*
8. *(metaf.)* levendig bediscussiëren, bespreken, behandelen; ▸ *agraria lex vehementer agitabatur;*
9. overwegen, overdenken, op het oog hebben, voornemens zijn, van plan zijn *(m. of zonder [in] animo, [in] mente)*; ▸ *fugam* ~ *; mente agitabat bellum renovare;*
10. *(feest)* vieren [**dies festos; diem meum natalem**];
11. verrichten, uit-, beoefenen [**imperium;**

pacem; artes; iustitiam rechtvaardig zijn; praecepta uitvoeren]; — *pass.* bedreven worden, van toepassing zijn; ▸ *pax agitatur* heerst;
12. *(tijd)* doorbrengen; *abs.* leven; ▸ *vita hominum sine cupiditate agitabatur;*
13. verblijven, zich bevinden, wonen [**propius mare**];
14. zich gedragen [**ferociter**].

Aglaïē, ēs *f naam v.d. oudste v.d. gratiën.*

Aglaophōn, ontis *m schilder uit Thasus (ca. 420 v. Chr.), vader v. Polygnotus.*

Aglaurus, ī *f dochter v. Cecrops.*

agmen, inis *n (ago)*
1. *(v. mensen)* troep, schare, stoet; ▸ *~ perpetuum totius Italiae;*
2. *(v. dieren)* roedel, zwerm [**ferarum** kudde; **canum** meute];
3. stroom *v. water,* stroming, watervloed; ▸ *dulci fluit agmine flumen; immensum caelo venit ~ aquarum (v. regen);*
4. *(remorum)* riemslag; ▸ *agmine remorum celeri;*
5. *(milit. t.t.)* (a) mars, leger op mars, colonne; ▸ *agmine ire ad urbem; agmine facto* in gesloten formatie; *primum ~* voorhoede; *novissimum (of extremum) ~* achterhoede; *agmen ducere* de voorhoede vormen; *agmen claudere* de colonne sluiten, de achterhoede vormen; *~ navium* eskader; (b) *(poët.) (meton.)* slag [**Iliacum** om Troje].

agminātim *adv. (agmen) (postklass.)* in troepen, in scharen.

agna, ae *f (agnus)* lam *(ooi).*

Agnālia, ium *n = Agonalia.*

agnāscor, agnāscī, agnātus sum *(ad en nascor)* naderhand geboren worden *(na de dood v.d. vader of nadat deze zijn testament gemaakt heeft).*

agnātiō, ōnis *f (agnascor)*
1. bloedverwantschap *v.d. kant v.d. vader;*
2. latere geboorte, *nadat het testament v.d. vader opgesteld is.*

agnātus[1] *p.p. v. agnascor.*

agnātus[2], ī *m (agnascor)*
1. later geboren zoon;
2. verwant van vaderskant.

agnellus, ī *m (demin. v. agnus)* lammetje *(ram); bij Plaut. als koosnaam.*

agnīna, ae *f (agninus; vul aan: caro) (Plaut.; Hor.)* lamsvlees.

agnīnus, a, um *(agnus) (pre- en postklass.)* van een lam, lams-.

agnitiō, ōnis *f (agnosco)*
1. kennisneming, inzicht;
2. erkenning;
3. herkenning.

agnitus *ppp. v. agnosco.*

agnōmen, inis *n (ad en nomen)* bijnaam, *die men op grond v. persoonlijke eigenschappen (bv. Pius) of verdiensten (bv. Africanus) verkreeg; — vgl. cognomen.*

agnōscibilis, e *(agnosco) (postklass.)* duidelijk zichtbaar, herkenbaar.

agnōscō, agnōscere, agnōvī, agnitum *(ad en nosco)*
1. gewaarworden, zich realiseren, (leren) kennen [**humanitatem tuam; deos**];
2. herkennen [**suos; Troiam**];
3. erkennen *(als: m. dubb. acc.),* inzien [**Alexandrum filium** als zoon; **gloriam facti**];
4. *(jur.)* aansprakelijkheid aanvaarden voor *(m. acc.)* [**hereditatem** accepteren].

agnus, ī *m* lam *(ram).*

agō, agere, ēgī, āctum drijven, voeren
1. (a) bewegen, in beweging zetten, voortstuwen; ▸ *ventus nubes agens;* (b) *(dieren als veedrijver of herder)* (voort)drijven [**tauros; capellas; ex agris in urbem pecora armentaque; boves ad flumina**]; (c) *(mensen)* drijven, meevoeren, leiden [**captivos prae se; virgis proditorem in urbem; alqm ad mortem** de dood in drijven; **servum ad supplicium**]; (d) *se ~ en pass.* in beweging komen, opbreken; ▸ *agmen agitur;* (e) *een voertuig of paard (als voerman of als ruiter)* (be)sturen, leiden, mennen [**currum; equum ad vallum** naar de wal toe rijden, drijven; **equum in hostem** op de vijand af laten gaan]; (f) voortdrijven, meevoeren, -trekken; roven; ▸ *quā quemque metus agebat, diffugerunt; pass. agi* voortgedreven, voortgesleurd worden: *turbā fugientium actus;* (g) achternajagen, -zitten, achtervolgen, opjagen, verdrijven [**canes; praecipites Pompeianos; fugientes hostes ad naves**]; *soms* gerechtelijk vervolgen, aanklagen; (h) *(muren e.d.)* optrekken, bouwen, aanleggen [**fundamenta; parietem; aggerem; cuniculos ad aerarium**]; (i) *(milit. t.t.)* naar voren schuiven, aanrukken [**vineas ad oppidum**];
2. (a) doen, uitvoeren; *abs.* bezig zijn, handelen; (b) *(male, bene e.d.) ~ cum alqo* (slecht, goed) omgaan met, behandelen; ▸ *cum omnibus aequo iure ~* iedereen op gelijke voet behandelen; (c) *(v. magistraten)* een functie bekleden, uitoefenen [**proconsulatum**]; (d) *se ~* zich gedragen, zich opstellen; ▸ *se ingenti modestia*

~ ; *neglegenter se et avare agentes*; (c) trachten te bereiken, streven naar, van plan zijn, beogen; ▸ *aliud agentes* (beogend), *aliud simulantes* (veinzend); *id* ~ *ut* (*ne*) trachten te bereiken, ervoor proberen te zorgen dat (dat niet);
3. (a) (*tijd*) doorbrengen; *abs.* leven, vertoeven, zich ophouden, wonen; ▸ *aetatem* ~ *procul a re publica*; *aetatem in litteris* ~ ; *vitam ruri* ~ ; *hiemem sub tectis suis* ~ ; (b) (*poët.*) (*een periode, toestand of bezigheid*) afronden, beëindigen; ▸ *cum Tithonia coniunx quintae tempora lucis aget*; (c) (*in comb. m. annus en een rangtelwoord*) in het . . . jaar zijn, . . . jaar oud zijn; ▸ *quartum annum ago et octogesimum*;
4. (a) behandelen, bespreken; *ihb. res agitur*: het gaat om, over; iets staat op het spel; (b) (*voor de rechtbank*) een proces voeren: (*v.e. aanklager*) aanklagen, een proces aandoen; (*v.e. verdediger*) (*causam of rem*) een zaak verdedigen, bepleiten;
5. (a) (*t.t. v.h. toneel*) vertonen, (*een rol*) spelen [**senatorem; nobilem**]; opvoeren [**comoediam; tragoediam**]; (b) (*v. auteur en redenaar*) voordragen [**carmen**];
6. (a) (*gratias alci*) dank betuigen, danken; (b) (*laudes alci*) loven, prijzen [**dis**];
7. (a) (*feest*) vieren [**festum diem; diem natalem**]; (b) organiseren, houden [**censum**];
/ *imp.* **age, agite** *bij wijze v. aansporing, v. oproep, vaak door -dum of -sis versterkt* kom op!, hup!, vooruit! (*bij imp. of conj. adhortativus*): *agedum dic!*; *agitedum ite mecum!*; *age nunc consideremus*;
/ *ptc. pr.* **agēns,** gentis (a) *adj.* sprekend; levendig: *imagines agentes*; *acer orator, incensus et agens*; (b) *subst. m* advocaat, eiser; — *agens* (*in rebus*) (*Laatl.*) keizerlijk koerier; ambtenaar van de inlichtingendienst; / *ppp.* **ācta,** ōrum *n, zelden sg.* (a) handelingen, daden, werken: *Herculis acta*; *pueritiae acta recordari*; *ook m. adv. fideliter acta* trouw verleende diensten; (b) openbare verhandelingen; *ook* notulen, lijst, register, oorkondes; (c) wetten, verordeningen, besluiten.

agōn, ōnis *m* (*acc. sg.* -ōnem *en* -ōna, *acc. plur.* -ōnas) (*Gr. leenw.*)
1. (wed)strijd; ▸ *nunc demum* ~ *est* nu spant het erom;
2. (*eccl.*) ~ *exitūs* strijd, beproeving.

Agōnālia, ium *en* iōrum *n* de Agonaliën, *offerfeest dat op bevel v. Numa Pompilius ter ere v. Janus gevierd werd*; — *adj.* **Agōnālis,** e: *dies Agonales* = *Agonalia*.

agōnia, ōrum *n* (*Ov.*) offerdieren.

Agōnia, ōrum *n* = *Agonalia*.

agōnisticus, a, um (*Gr. leenw.*) (*eccl.*) wedstrijd-.

agōnizō, agonizāre *en* **agōnizor,** agōnizārī (*Gr. leenw.*) (*eccl.*) strijden.

agōnotheta, ae *m* (*Gr. leenw.*) toezichthouder (*bij de spelen*).

agorānomus, ī *m* (*Gr. leenw.*) marktopzichter *in Griekenland, een politieagent, vergelijkbaar met de aedilis plebis te Rome*.

Agragā(n)s, Agragantīnus = *Agrigentum, Agrigentīnus*.

agrārius, a, um (*ager*)
1. de landerijen van de staat betreffend, *ihb.* de verdeling daarvan [**lex** akkerwet; **largitio** royale akkerverdeling]; — *subst.* (a) **agrāria,** ae *f* = *lex agraria*; (b) **agrāriī,** ōrum *m* voorstanders v.d. akkerwetten;
2. (*postklass.*) akker-, veld-.

agrestis, e (*ager*)
1. zich op het veld, op het land bevindend (a) (*v. planten*) op het veld groeiend, (in het) wild (groeiend), veld-; (b) (*v. dieren*) op het veld levend, veld- [**mus** veldmuis; **columbae** wilde duiven (*itt. columbae domesticae*)]; (c) (*v. mensen*) op het land levend, akkerbouw bedrijvend, land- [**homo** plattelandsbewoner, boer]; — *subst.* **agrestis,** is *m* boer;
2. landelijk [**vita**];
3. boers, plomp, ruw, onbeschaafd; ▸ *senex durus ac paene* ~ ; *servi agrestes et barbari*; — *subst.* **agrestis,** is *m* onbeschaafd mens.

agricola, ae *m* (*ager en colo*[1]) plattelandsbewoner, boer; — *deus* ~ (*Tib.*) (*hier attrib. gebruikt*) beschermgod van de akkerbouw (*bedoeld wordt Silvanus*).

Agricola, ae *m* Cn. Iulius ~ (*40—93 n. Chr.*), *Tacitus' schoonvader, wiens biografie door Tacitus geschreven werd*.

agrī-cultiō, -cultor, -cultūra *zie cultio, cultor, cultura*.

Agrigentum, ī *n Gr. kolonie aan de zuidkust v. Sicilië, nu Agrigento*; — *adj.* **Agrigentīnus,** a, um; — *inw.* **Agrigentīnī,** ōrum *m*.

agri-mēnsor, ōris *m* (*ager*) (*Laatl.*) landmeter.

agri-peta, ae *m* (*ager en peto*) kolonist.

Agrippa, ae *m cognomen en praenomen v. verschillende families, o.a.*:
1. Menenius ~, *die de naar de Mons Sacer getrokken plebejers de fabel v.d. maag en de ledematen vertelde en ze zo overhaalde terug te keren (494 v. Chr.)*;
2. M. Vipsanius ~ (*63—12 v. Chr.*), *vriend en*

veldheer v. Augustus, overwinnaar bij Actium (31 v. Chr.), in zijn derde huwelijk echtgenoot v. Julia, de dochter v. Augustus;
3. ~ Postumus, *na de dood v. M. Vipsanius ~ uit het huwelijk met Julia geboren zoon, in het begin v.h. keizerschap v. Tiberius vermoord.*

Agrippīna, ae *f*
1. *dochter v. M. Vipsanius Agrippa en Pomponia, echtgenote v. keizer Tiberius;*
2. *dochter v. M. Vipsanius Agrippa en Julia, echtgenote v. Germanicus, moeder v. Caligula;*
3. *kleindochter v. M. Vipsanius Agrippa, dochter v. Germanicus en Agrippina, in haar derde huwelijk echtgenote v. keizer Claudius (haar oom), uit haar eerste huwelijk moeder v. Nero, op wiens bevel zij vermoord werd; haar geboorteplaats in het gebied v.d. Ubii werd op haar initiatief in 50 n. Chr. een kolonie en* **Colōnia Agrippīnēnsis** *(voluit* Colonia Claudia Ara Agrippinensis*) genoemd (nu* Keulen*); — inw.* **Agrippīnēnsēs,** ium *m.*

agrius, a, um *(Gr. leenw.)* wild *(v. planten e.d.).*

Agyiēus, *vocat.* ēu *m epith. v. Apollo als beschermheer v.d. straten.*

Agylla, ae *f oude Gr. naam v.d. stad Caere in Etrurië; — adj.* **Agyllīnus,** a, um *Agyllina urbs (poët.) = Agylla; — inw.* **Agyllīnī,** ōrum *m.*

āh = *a*².

aha *interj. (Plaut.) (v. verdriet en afkeuring)* ach!, o!

Ahāla, ae *m cogn. v.d. gens Servilia:* C. Servilius ~, *bekend door het feit dat hij Maelius vermoord heeft (439 v. Chr.).*

Aharna, ae *f stad in Etrurië.*

ahēneus *en* **ahēnus,** a, um = *aeneus en aenus.*

Ahēnobarbus *zie Domitius.*

ai *(Ov.) interj. (v. verdriet)* ach!, o!

Aiāx, ācis *m (acc. -cem en -cēn) naam v. twee beroemde Gr. helden bij Troje:*
1. *zoon v. Telamon uit Salamis; omdat niet hij, maar Odysseus de wapenrusting v. Achilles kreeg, pleegde hij zelfmoord;*
2. *zoon v. Oïleus uit Locris.*

aiēns *zie aio.*

aiō *verb. defect.*
1. ja zeggen, bevestigen;
2. zeggen, verzekeren, beweren *(vaak midden in de directe of indirecte rede geplaatst);* ▸ *ut ait Homerus;* ut aiunt zoals men zegt;
/ *klass. alleen de volgende vormen: aio, ais, ait, aiunt; conj. aias, aiat, aiant; aiebam enz. (verkort aibam enz.); zelden imp. ai;* **aïn** *(= aisne)* vind je?, echt?; *quid ais?* hè?, wat zeg je?;
/ *p. adj.* **aiēns,** *gen.* entis bevestigend.

Aius Locūtius *of* **Aius Loquēns** *m (aio en loquor) de goddelijke stem die de Romeinen waarschuwde voor de komst v.d. Galliërs (390 v. Chr.); ter ere hiervan bouwde Camillus een tempel.*

āla, ae *f*
1. vleugel, vlerk; ▸ *alis plaudens columba; movere alas; (v. Icarus) alas accommodare umeris; (poët.) (v.d. goden) Mors atris circumvolat alis (Hor.); bibulae cupidinis alae (Ov.);*
2. *(poët.)* (roei)riem; ▸ *classis centenis remiget alis (Prop.);*
3. *(poët.)* zeil; ▸ *velorum pandimus alas (Verg.);*
4. bovenarm, schouder;
5. oksel(holte); okselhaar;
6. *(milit. t.t.)* flank, vleugel *v.e. leger; ihb.* ruiterafdeling; *later* hulptroepen v.d. bondgenoten, *ihb. hun ruiterij;*
7. *(archit.)* zijbeuk.

Alabanda, ae *f en* ōrum *n stad in Carië, gesticht door Alabandus, nu Araphisar; — adj.* **Alabandēnsis,** e, **Alabandēus** *en* **Alabandicus,** a, um uit Alabanda; *— inw.* **Alabandēnsēs,** ium *m.*

alabarchēs = *arabarches.*

alabaster, trī *m en* **alabastrum,** ī *n (Gr. leenw.)* olieflesje *van albast of onyx.*

alacer, cris, cre *en (zelden)* **alacris,** e
1. druk, opgewonden;
2. opgewekt, vrolijk, levendig, enthousiast.

alacritās, ātis *f (alacer)* opgewektheid, vrolijkheid, enthousiasme [**pugnandi** strijdlust; **rei publicae defendendae**].

Alamannī *en* **Alemannī,** ōrum *m groep Germ. stammen in de buurt v.d. Main, behorende tot de Sueven; in 213 n. Chr. wordt voor het eerst melding van hen gemaakt; —* **Alamannia,** ae *f* gebied v.d. Alamannen; *— adj.* **Alamannicus,** a, um *(bijnaam v. keizer Caracalla als overwinnaar v.d. Alamannen) en* **Alamannus,** a, um.

Alānī, ōrum *m Scythische stam, oorspr. wonend in het gebied v.d. Kaukasus.*

alapa, ae *f (poët.; postklass.)*
1. oorvijg; ▸ *-am alci ducere* verkopen; *-as accipere;*
2. *symbolische kaakslag bij de vrijlating v.e. slaaf.*

ālārius, a, um *en* **ālāris,** e *(ala) (milit. t.t.)* tot de (hulp)troepen op de vleugel behorend, vleugel- [**cohortes; equites**]; *— subst. plur.* **ālāriī,** ōrum *m en (postklass.)* **ālārēs,** ium *m* hulptroepen.

ālātus, a, um *(ala) (poët.)* gevleugeld; ▸ *Phoebus -is aethera carpit equis (Ov.).*

alauda, ae *f (Kelt. leenw.)*

1. kuifleeuwerik;
2. *(metaf.) naam v.e. door Caesar opgericht Gall. legioen (zo genoemd naar hun helmbos, die op een kuif leek).*

Alazōn, onis m *(acc. -ona)* 'De opschepper', *titel v.e. Gr. komedie, door Plautus bewerkt tot zijn Miles gloriosus.*

alba, ae *f (albus; vul aan: vestis) (Laatl.)* wit gewaad; feestkledij [**in albis**]; *(Mel.) wit koorhemd v.e. geestelijke,* albe.

Alba, ae *f*
1. **Alba Longa** *de oudste stad in Latium, volgens de legende door Ascanius gebouwd, moederstad v. Rome, op de westelijke helling v.h. Albaanse gebergte (mons Albanus) gelegen;* — *adj.* **Albānus,** a, um uit Alba, *poët. ook* Romeins; — *inw.* **Albānī,** ōrum m; — **Albānum,** ī n: (a) *(vul aan: praedium) naam v. prachtige villa's in het Albaanse gebergte, ihb. die v. Pompeius, v. keizer Nero en v. keizer Domitianus; later de uit deze villa's ontstane plaats, nu* Albano; (b) *(vul aan: vinum)* Albaanse wijn;
2. **Alba Fūcentia** *(of* Fūcens) *stad ten oosten van Rome, belangrijke vesting en staatsgevangenis v.d. Romeinen;* — *inw. en adj.* **Albēnsis,** is m *resp.* e.

Albānia, ae *f landstreek in de oostelijke Kaukasus;* — *inw.* **Albānī,** ōrum m.

albārius, a, um *(albus) (archit.)* van pleisterwerk, gepleisterd.

albātus *(albus)*
I. *adj.* a, um in het wit (gekleed);
II. *subst.* ī m *(Mel.)* engel.

albēdō, inis *f (albus) (Laatl.)* witte kleur, witheid.

albeō, albēre, — — *(albus) (poët.; postklass.)* wit zijn; — *p. adj.* **albēns,** *gen.* entis wit.

albēscō, albēscere, — — *(incoh. v. albeo)* wit, helder, licht worden; ▸ *lux albescit* het wordt licht.

albi-capillus, a, um *(albus) (Plaut.)* witharig.

albi-cērus, a, um *(albus en cera)* grijsgeel.

Albicī, ōrum m *Gall. volksstam in de bergen bij het huidige Marseille.*

albicō, albicāre *(albus) (poët.; postklass.)* wit(achtig) zijn, schitteren; ▸ *albicans litus.*

albidus, a, um *(albus) (poët.; postklass.)* wit(achtig) [**spuma**].

Albinovānus, ī m *naam v.e. Rom. gens:*
1. C. ~ *Pedo, episch dichter, tijdgenoot en vriend v. Ovidius;*
2. Celsus ~, *geheimschrijver v. Tiberius.*

Albintimilium, ī n *belangrijkste stad in het gebied v.d. Intemelii, nu* Ventimiglia.

Albīnus, ī m *cogn. v.e. aantal Rom. gentes: o.a.* Aulus Postumius ~, *geschiedschrijver ca. 150 n. Chr.*

Albiōn, ōnis *f oude naam voor Britannia.*

Albis, is m *(acc. -im; abl. -ī)* de rivier de Elbe.

albitūdō, inis *f (albus)* witheid, het wit [**capitis** wit haar].

Albius, ī m *naam v.e. Rom. gens:* ~ Tibullus *zie Tibullus;* — *adj.* **Albiānus,** a, um van Albius.

albor, ōris m *(albus) (Laatl.)* witheid.

Albrūna, ae *f naam v.e. Germ. zieneres.*

albūgō, ginis *f (albus) (postklass.)* witte plek, *ihb.* op het oog.

Albula, ae *f (vul aan: aqua) oude naam voor de Tiber;* ▸ *fluvius Albula, quem nunc Tiberim vocant (Liv.).*

Albulae *(aquae) beekje bij Tibur.*

albulus, a, um *(demin. v. albus)* witachtig, *(v. water)* wit schuimend [**freta**].

album, ī n *(albus)*
1. witte kleur;
2. *wit geverfd* houten bord voor bekendmakingen.

Albunea, ae *f zwavelhoudende bron bij Tibur en (poët.) de voorspellende nimf v. deze bron.*

Alburnus, ī m *bosrijk gebergte in Lucanië, nu* Monte Alburno.

albus, a, um
1. *(dof)* wit *(terwijl candidus stralend wit betekent)* [**vinum; corpus; equi** schimmels; **vestis**]; *(poët.)* in het wit (gekleed); wit geverfd;
2. grijs(wit) [**barba; capilli; plumbum** tin];
3. bleek, vaal;
4. *(v. hemellichamen)* helder [**sol**];
5. *(metaf.)* voorspoedig, gunstig [**stella**];

/ *sprw. uitdr.: -a avis* witte raaf; *-ae gallinae filius* zondagskind; *equis praecurrere -is* met gemak overtreffen.

Alcaeus, ī m
1. *Gr. lyrische dichter uit Mytilene op Lesbos (ca. 600 v. Chr.), tijdgenoot v.d. dichteres Sappho; introduceerde een bepaald type strofe;*
2. *vader van Amphitryon.*

Alcamenēs, is m *Gr. beeldhouwer en bronsgieter, leerling v. Phidias.*

Alcathoē, ēs *f burcht v. Megara.*

Alcathous, ī m *zoon v. Pelops, bouwde de door de Kretenzers verwoeste muren v. Megara weer op;* ▸ *urbs -i* = Megara; *-i moenia.*

alcē, ēs *f* eland.

alcēdō, inis *f (preklass.)* ijsvogel.

alcēdōnia, ōrum n *(alcedo; vul aan: tempora) (preklass.)* broedtijd v.d. ijsvogel, rustige, windstille periode in de winter.

Alcēstis, idis *f* (*acc.* -tim *en* -tin) *en* **Alcēstē,** ēs *f* *dochter v. Pelias, echtgenote v. Admetus, de koning v. Pherae; stierf vrijwillig om het leven v. haar man te redden, maar keerde vervolgens terug uit de onderwereld; volgens de ene legende werd ze door Hercules uit de onderwereld bevrijd, volgens een andere werd ze door Proserpina teruggezonden (tragedie v. Euripides).*

Alcibiadēs, is *m Atheens staatsman, neef v. Pericles, leerling v. Socrates, gest. in 404 v. Chr.*

Alcidamās, antis *m Gr. redenaar, leerling v. Gorgias.*

Alcidēmos, ī *f bijnaam v.d. godin Athene (Minerva).*

Alcīdēs, ae *m* de Alcide, *nakomeling v. Alcaeus* = Hercules.

Alcinous, ī *m koning v.d. Phaeaken op Scheria (Corcyra, nu Korfoe), vader v.* Nausicaä, *nam de op de kust v. zijn eiland terechtgekomen Odysseus gastvrij op; zijn prachtige boomgaarden werden spreekwoordelijk, vd. Alcinoi silvae (Verg.) weelderige vruchtbomen.*

Alcmaeō(n), onis *m*

1. *in de mythologie: zoon v. Amphiaraüs en Eriphyle, doodde zijn moeder op bevel v. zijn vader en werd waanzinnig; onderwerp v.e. tragedie v. Ennius; — adj.* **Alcmaeonius,** a, um [**furiae** de furiën die Alcmaeon vervolgden];
2. *filosoof, leerling v. Pythagoras.*

Alcmēna, ae *en* **Alcmēnē,** ēs *f echtgenote v. Amphitryon, moeder v. Hercules.*

Alcumēna, ae *f* = *Alcmena.*

alcyōn, onis *f* (*acc. plur.* -onas) (*Gr. leenw.*) (*poët.; postklass.*) ijsvogel.

Alcyonē, ēs *f*

1. *dochter v. Aeolus, de god v.d. wind;*
2. *een v.d. Pleiaden, dochter v. Atlas.*

alcyonēum, ī *n* meerschuim, zeeschuim, *o.a. gebruikt als geneesmiddel.*

alcyonēus *en* **-nius,** a, um (*alcyon*) (*niet-klass.*) van de ijsvogel.

ālea, ae *f*

1. dobbelsteen; ▸ *~ iacta est* de teerling is geworpen (*naar men zegt de woorden die Caesar sprak, toen hij na lang aarzelen besloot de Rubico over te trekken*);
2. dobbelspel; *alg.* kansspel; ▸ *alqd in -a perdere;*
3. onzekerheid, risico; gevaar; waagstuk; toeval; ▸ *~ est in alqa re; ~ inest alci rei; ~ vitae ac rei familiaris; ~ belli; periculosae plenum opus -ae; in dubiam imperii servitiique -am ire* zich wagen aan het onzekere spel om heerschappij of slavernij.

āleārius, a, um (*alea*) van het dobbelspel, dobbel-.

āleātor, ōris *m* (*alea*) dobbelaar, speler.

āleātōrius, a, um (*aleator*) speel- [**damna** bij het spelen opgelopen verliezen].

ālēc = *allec.*

Alēctō *en* **Allēctō** *f* (*acc.* -ō, *alleen in nom. en acc.*) *een v.d. drie Furiën.*

Alēī campī *m de velden in Cilicië, waar de mythologische held Bellerophon na zijn val van Pegasus lang zou hebben rondgedwaald.*

Alemannī *zie Alamanni.*

āleō, ōnis *m* (*alea*) (*Catull.*) speler.

āles, *gen.* ālitis (*ala*) (*gen. plur.* ālitum *en* [*poët.*] ālituum)

I. *adj.* (*abl. sg.* -ī *en* -e)
1. gevleugeld [**deus** = Mercurius; **puer** = Amor];
2. vlug, snel; ▸ *passu volat alite virgo;*

II. *subst. f* (*poët. ook m*)
1. vogel (*een relatief grote vogel, terwijl met avis iedere soort vogel aangeduid kan worden*);
2. (*als t.t. in de taal v.d. augures*) voorspellende vogel (*die door de richting v. zijn vlucht een voorteken geeft*);
3. (*poët.*) voorteken; ▸ *bonā* (*of secundā*) *alite.*

alēscō, alēscere, —— (*incoh. v. alo*) (*preklass.; poët.*) groter worden, gedijen.

Alesia, ae *f stad in het gebied v.d. Mandubii in Gallia Lugdunensis, door Caesar in 52 v. Chr. platgebrand, later weer opgebouwd, in de Middeleeuwen Alise-Ste-Reine, nu een dorpje ongeveer 70 km ten N. v. Autun.*

Aletrium, ī *n stad in het gebied v.d. Hernici in Latium, nu Alatri; — adj.* **Aletrīnās,** *gen.* ātis.

Āleus, a, um = *Eleus; zie Elis.*

Alexander, drī *m*

1. = Paris, *zoon v. Priamus;*
2. *tiran in Pherae in Thessalië (ca. 360 v. Chr.), door zijn echtgenote Thebe en haar broers vermoord;*
3. *koning v.d. Molossen in Epirus, oom v. Alexander de Grote (reg. 342—330 v. Chr.);*
4. *~ Magnus* Alexander de Grote (*356—323*), *koning v. Macedonië (reg. 336—323), zoon v. koning Philippus II v. Macedonië.*

Alexandrēa *en* **-īa,** ae *f naam v. talrijke door Alexander de Grote gestichte steden, o.a.:*

1. *stad in Egypte, gesticht ca. 330 v. Chr., ook met de bijnaam Magna (ook nu nog Alexandrië);*
2. *stad ten Z. v. Troje (oorspr. Antigoneia geheten);*

3. ~ ultima, *noordelijkste door Alexander gestichte stad (in 327 v. Chr. aan de rivier de Syr-darja in Centraal-Azië)*;
/ *inw. en adj.* **Alexandrīnus,** ī *m resp.* a, um.

Alexis, idis *en* is *m (acc.* -in *en* -im; *vocat.* -i) *Gr. komediedichter ttv. Alexander de Grote.*

Alfēnus, ī *m* P. ~ Varus, *uit Cremona afkomstige rechtsgeleerde ttv. Augustus.*

alga, ae *f (poët.; postklass.)*
1. zeegras, -wier; *alg.* waterplant;
2. *(metaf.)* iets van geen waarde.

algeō, algēre, alsī, — het koud hebben.

algēscō, algēscere, alsī, — *(algeo) (Ter.)* kouvatten.

algidus, a, um *(algeo) (poët.)* koud [**nix; saxa**].

Algidus, ī *m (mons) berg in Latium, waar Diana van oudsher vereerd werd, nu* Monte Ceraso; — **Algidum,** ī *n kleine vesting in het gebied v.d. Aequi op de Algidus*; — *adj.* **Algidus,** a, um [**terra**].

algor, ōris *m (algeo)* koude, vorst.

algōsus, a, um *(alga)* rijk aan zeewier.

algus, ūs *m (niet-klass.) = algor.*

aliā *adv. (abl. sg. f v. alius; vul aan: viā)* langs een andere weg.

Ālia, ae *f zie Allia.*

Aliacmōn, onis *m = Haliacmon.*

aliās *adv. (alius)*
1. een andere keer, vroeger, in het vervolg; ▸ *semper* ~ anders altijd; ~ ... ~ soms ... soms; ~ *aliud* nu eens dit, dan weer dat;
2. ergens anders (heen);
3. *(postklass.) non* ~ *quam* onder geen andere voorwaarde, om geen andere reden dan, om niets anders dan.

āliātum, ī *n (alium) (Plaut.)* met knoflook bereid voedsel.

alibī *adv. (alius en ibi)*
1. ergens anders, elders; ▸ ~ ... ~ hier ... daar; ~ *preces,* ~ *minae audiebantur; alius* ~ de een hier, de ander daar; *non* ~ *quam* nergens anders dan;
2. in andere opzichten, anders.

alica, ae *f (Gr. leenw.) (postklass.)* speltkorrel; pap van spelt.

alicārius, a, um *(alica) (Plaut.)* spelt- [**reliquiae** afval]; — *subst.* **-a,** ae *f* straatmadelief, hoer.

alicubī *adv. (aliquis en ubi)*
1. ergens;
2. elders.

ālicula, ae *f (Gr. leenw.) (postklass.)* manteltje, cape.

alicunde *adv. (aliquis en unde)* ergens vandaan.

alid = *aliud, zie alius.*

Ālidēnsis, e = *Elidensis, e = Eleus, a, um zie Elis.*

aliēnātiō, ōnis *f (alieno)*
1. vervreemding, afvalligheid, afkeer; ▸ *tua a me* ~; *in Vitellium* ~ *per Illyricos exercitus;*
2. *(jur. t.t.)* vervreemding, overdracht;
3. *(mentis)* geestelijke afwezigheid, bewusteloosheid; *(Tac.)* waanzin.

aliēni-gena, ae *m (alienus en gigno)* buitenlander, vreemdeling *(itt. indigena)*; *attrib.* buitenlands, vreemd *(alleen v. personen).*

aliēni-genus, a, um *(alienigena)* buitenlands, vreemd(soortig).

aliēnō, aliēnāre *(alienus)*
1. vervreemden, tot vijand maken, tweedracht zaaien tussen, tot afvalligheid bewegen; — *pass.* afvallen, afvallig worden; ▸ *insulae alienatae* afvallig; *non vultu alienatus* zonder een spoor v. afkeer op het gezicht;
2. (a) weggeven, verwijderen, verstoten, in andermans handen geven; — *pass.* in andermans handen vallen [**urbs alienata**]; (b) *(jur. t.t.)* vervreemden, overdragen;
3. *mentem* tot waanzin drijven.

aliēnum, ī *n (alienus)*
1. andermans bezit *of* eigendom; andermans zaken;
2. andermans grond; ▸ *in -o aedificium exstruere;*
3. *-a loqui* wartaal spreken.

aliēnus *(alius)*
I. *adj.* a, um
1. andermans, aan een ander toebehorend [**domus; opes; aes** schuld];
2. vreemd, buitenlands; ▸ *Graeca nomina aut -a; arbor ex -o petita orbe;*
3. vreemd, niets te maken hebbend met; niet verwant *(m. dat. of ab)*; ▸ *mihi non* ~; *non* ~ *sanguine regibus; homines alienissimi* wildvreemde mensen;
4. vervreemd; afkerig; vijandig *(constr. zoals 3.)*; ▸ *homo non* ~ *a litteris* niet onbekend met; *numquam a poëtice* ~ *fui;* ~ *alci animus; ambitioni* ~;
5. vreemd(soortig) *(constr. zoals 3.)*; ▸ *mos* ~; *-o Marte* met een ongebruikelijke manier v. strijden;
6. niet passend, ongepast; ▸ *-o tempore* op een ongelegen moment;
7. ongunstig, nadelig; ▸ *-o loco* (terrein) *proelium committere;*

II. *subst.* ī *m* vreemdeling, buitenlander.

āli-fer, fera, ferum *(ala en fero) (Ov.)* gevleugeld.

āli-ger, gera, gerum *(ala en gero) (poët. en Plin. Mai.)* gevleugeld; ▸ *Amor* ~ ; *agmen -um* vogeltrek; *Iovis nuntius* ~ = Mercurius; *axis* ~ wagen voortgetrokken door draken.

alimentārius, a, um *(alimentum)*
1. voedings-, onderhouds- [**lex**];
2. recht hebbend op een toelage voor levensonderhoud; ▸ *pueri et puellae -i.*

alimentum, ī *n (alo)*
1. *(vooral in plur.)* voedsel, levensmiddelen; ▸ *captivis egentibus -a clam suppeditare; -a ignis (of flammae)* voor het vuur; *(metaf.) -a seditionis; -a famae; addidit -a rumoribus adventus Attali;*
2. plur. alimentatie, toelage(n) voor levensonderhoud.

Alimentus, ī *m Rom. cogn., zie Cincius.*

alimōnium, ī *n en* **-a,** ae *f (alo) (pre- en postklass.)* voeding, onderhoud.

aliō *adv. (alius)*
1. ergens anders heen; ▸ ~ *se conferre; alius* ~ de een hierheen, de ander daarheen;
2. naar iem. anders, op anderen; ▸ *a te causam regiam* ~ *transferebant;*
3. naar iets anders, op een ander onderwerp; ▸ *sermonem* ~ *transferre;*
4. voor een ander doel; ▸ *non* ~ *data summa, quam in emptionem* voor niets anders gegeven dan voor de aankoop; *nusquam* ~ *natus, quam ad serviendum.*

aliō-quī(n) *adv.*
1. overigens, voor het overige;
2. sowieso, over het algemeen;
3. in het andere geval, anders.

aliōrsum *en* **aliō-versum (-vorsum)** *adv.*
1. ergens anders heen;
2. in andere zin, met andere bedoeling, anders.

āli-pēs, *gen.* pedis *(ala) (poët.)*
1. met gevleugelde voeten [**deus** = Mercurius; **equi** *v.d. paarden v. Phoebus*];
2. *(metaf.)* snel(voetig) [**cervi; equi**]; — *subst. plur.* paarden.

Aliphēra, ae *f stad in Arcadië.*

āli-pilus, ī *m (ala en pilo) slaaf die in de Rom. badhuizen okselhaar epileerde.*

alīptēs *en* **alīpta,** ae *m (Gr. leenw.)* masseur, *bij de Romeinen de slaaf die zijn meester in het badhuis afdroogde en inwreef.*

aliquā *adv. (vul aan: viā)*
1. langs een of andere weg;
2. *(poët.) (metaf.)* op een of andere manier [**nocere**].

aliquam *adv.* tamelijk [**multi**].

aliquamdiū *adv.* een tijd lang; tamelijk lang.

aliquandō *adv.*
1. *(betrekking hebbend op een niet nader bepaald moment in het verleden, in het heden of in de toekomst)* (ooit) eens, te eniger tijd; (op) een keer; ▸ *illucescet* ~ *ille dies; sero, verum* ~ *tamen; scribe* ~ *ad nos, quid agas;*
2. eindelijk (eens);
3. soms.

aliquantillum, ī *n (demin. v. aliquantum) (Plaut.)* een beetje.

aliquantīsper *adv. (aliquantus en per) (pre- en postklass.)* een tijd lang, een tijdje.

aliquantulum, ī *n (demin. v. aliquantum)* een beetje *(m. gen.)* [**panis; frugis**]; *ook als adv.*

aliquantulus, a, um *(demin. v. aliquantus)* tamelijk klein, gering.

aliquantum, ī *n* een tamelijk grote hoeveelheid, tamelijk veel *(m. gen.)* [**aquae; itineris**].

ali-quantus, a, um tamelijk veel, tamelijk groot, aanmerkelijk, aanzienlijk [**numerus; iter; maris spatium; timor**]; — *adv.* (a) **-um** tamelijk, aanzienlijk; (b) **-ō** heel wat *(bij comp. en comparatieve uitdr.)*: ▸ *-o amplius; -o post of post -o* geruime tijd daarna.

aliquā-tenus *adv. (postklass.)* enigermate, tot op zekere hoogte.

ali-quī[1], aliqua(e), aliquod *pron. indef. adj.* een of andere [**morbus; dolor; locus; magistratus**].

aliquī[2] *adv. (preklass.)* op een of andere manier.

ali-quis, aliqua, aliquid *pron. indef. subst., aliquis en aliqua ook adj.*
1. (een of ander) iemand, (een of ander) iets; de een of andere; *plur.* enige; ▸ *adj.: aliquis deus; aliquis error; sine aliquo timore; non sine aliqua spe et cogitatione; aliquo modo; aliqua ex parte* enigszins; *subst.: aliquid consilii capere* een of ander besluit nemen;
2. menig, *plur. (om een aantal grofweg aan te duiden)* ongeveer; ▸ *tres aliqui aut quattuor;*
3. aanzienlijk, noemenswaardig; ▸ *aliquo numero esse* meetellen, invloed hebben; *aliquid esse* van belang zijn; — *adv.* **aliquid** *(acc. sg. neutr.)* enigszins.

aliquō *adv.* ergens heen.

aliquodfāriam *adv. (aliquot en fariam) (preklass.)* in verscheidene richtingen.

aliquot *(indecl. adj.)* enige, enkele, een aantal [**amici; epistulae**].

aliquotiē(n)s *adv. (aliquot)* enige malen, herhaaldelijk.

aliquō-vorsum *adv.* (*Plaut.*) ergens heen.

alis, alid *oudere variant v. alius, aliud.*

Ālis, idis *f* = *Elis.*

Alīsō, ōnis *m Romeins fort aan de rivier de Lippe in Duitsland, gebouwd door Drusus, nu* Haltern(?).

aliter *adv.*

1. anders, op een andere manier; ▸ ~ *ac* (*atque, et*) anders dan; *non* ~ *nisi* alleen als; *fieri* ~ *non potest;* ~ *atque* ~ nu eens zus, dan weer zo, op verschillende manieren; ~ *alius* de een zus, de ander zo;

2. anders, tegenovergesteld [**evenire**];

3. in het andere geval, anders.

alitūra, ae *f* (*alo*) (*postklass.*) voeding.

alitus *zie alo.*

aliubī *adv.* ergens anders.

ālium, ī *n* knoflook.

ali-unde *adv.* (*alius*)

1. ergens anders vandaan; ▸ *alii* ~ *coibant* de ene groep hiervandaan, de andere daarvandaan; ~ *quam* ergens anders vandaan dan;

2. bij iem. anders, bij anderen vandaan;

3. bij iets anders vandaan.

alius, alia, aliud (*gen.* alīus, *gew.* alterīus, *dat.* aliī)

1. een ander (*gew. v.e. groter aantal, terwijl alter wordt gebruikt voor de ander v. twee*); ▸ *alii . . . alii* sommigen . . . anderen; *alius alii subsidium ferunt* elkaar; *alius aliud* de een dit, de ander dat; *alii alio in loco* de een hier, de ander daar; *aliud alio melius* het een beter dan het andere; *alius post* (*of super*) *alium* de een na de ander; *alius ac* (*of atque of et*) iemand anders dan, een ander(e) dan: *longe alia ac tu scribis; na een negatie of na een pron. interr. m. nisi, quam, praeter: nihil aliud nisi* (*of quam*) niets anders dan; *quid aliud quam?* wat anders dan?; — *acc. plur. neutr.* **alia** in andere opzichten, verder: *et alia clarus* ook verder beroemd;

2. verschillend, anders; ▸ *alium facere alqm* tot een heel ander mens maken, veranderen;

3. de overige, de rest van [**alia omnis multitudo**].

Ālīus, a, um = *Elius, zie Elis.*

al-lābor, lābī, lāpsus sum ergens naar toe glijden, vloeien, stromen, terechtkomen (*naar . . . toe, bij: dat. of acc.*); ▸ *mare crescenti allabitur aestu; antiquis allabimur oris;* ~ *aures* de oren bereiken, binnendringen.

al-labōrō, labōrāre (*Hor.*) extra moeite besteden aan.

al-lacrimō, lacrimāre (*poët.; postklass.*) huilen bij.

allāpsus[1], ūs *m* (*allabor*) het glijden, stromen naar.

allāpsus[2] *p.p. v. allabor.*

al-lātrō, lātrāre (*postklass.*) (*m. acc.*)

1. toeblaffen, *ihb. v. personen:* toeschreeuwen, tekeergaan tegen;

2. (*Plin. Mai.*) (*v.d. zee*) bulderen tegen; ▸ *Oceanus interna maria allatrat.*

allātus *ppp. v. affero.*

al-laudābilis, e (*Plaut.; Lucr.*) prijzenswaardig [**opus**].

al-laudō, laudāre (*Plaut.*) prijzen.

allēc, ēcis *n en* **allēx,** ēcis *m en f* (*niet-klass.*) vissaus.

allectātiō, ōnis *f* (*allecto*) aantrekking, verlokking.

allectō, allectāre (*intens. v. allicio*) naar zich toe lokken, verlokken; ▸ *invitare atque* ~.

Allēctō *zie Alēctō.*

allēctus[1] *ppp. v. allego*[2].

allectus[2] *ppp. v. allicio.*

allēgātiō, ōnis *f* (*allego*[1])

1. afvaardiging (*v.e. persoon, bv. als onderhandelaar*), het zenden, missie;

2. (*Laatl.*) rechtvaardiging, beroep.

allēgātus, ūs *m* (*allego*[1]) = *allegatio* 1.

al-lēgō[1], lēgāre

1. (*in privé-zaken, bv. als onderhandelaar*) uitzenden, afvaardigen, sturen (*naar: ad; dat.*);

2. naar voren brengen, aanvoeren [**preces; mandata**];

3. zich beroepen op.

al-legō[2], legere, lēgī, lēctum erbij kiezen, uitkiezen voor opname in [**octo praetoribus duos; alqm in senatum; pontifices de plebe**]; ▸ *gens a Tarquinio inter Romanas gentes allecta.*

allēgoria, ae *f* (*Gr. leenw.*) allegorie.

allēgoricus, a, um (*Gr. leenw.*) allegorisch, zinnebeeldig.

allevāmentum, ī *n* (*allevo*[1]) verlichting, verzachting, verzachtend middel; ▸ *in adversis sine ullo remedio atque -o permanere.*

allevātiō, ōnis *f* (*allevo*[1])

1. (*postklass.*) het optillen, opbeuren;

2. (*metaf.*) verlichting.

al-leviō, leviāre (*ad en levis*) (*eccl.*) verlichten.

al-levō[1], levāre

1. opheffen, optillen, ondersteunen; ▸ *allevatus circumstantium umeris; allevatis scutis* met op-

geheven schilden; *clipeo se* ~ *conatus est*;
2. (*metaf.*) verlichten, verzachten [**sollicitudines meas; animum a maerore**]; *pass.* zich herstellen.
al-lēvo[2], lēvāre gladmaken.
allex[1], icis *n* grote teen; (*Plaut.*) ~ *viri* (*scherts.*) kleinduimpje.
allēx[2], ēcis *m en f zie allec.*
al-lēxī *pf. v. allicio.*
Allia *en* **Ālia,** ae *f riviertje dat ca. 16 km ten N. v. Rome in de Tiber stroomt; op 18 juli 390 v. Chr. werden de Romeinen hier verslagen door de Galliërs (deze datum werd daarna altijd als zwarte dag, dwz. ongeluksdag: dies ater, beschouwd); — adj.* **Al(l)iēnsis,** e.
alliātum, ī *n = aliatum.*
allice-faciō, facere, —, factum (*allicio*) naar zich toe lokken.
al-liciō, licere, lēxī, lectum (*vgl. lacesso*) verlokken, aantrekken; (voor zich) winnen [**mentes dicendo; hominem ad se; oratione benigna multitudinis animos ad benevolentiam**].
al-līdō, līdere, līsī, līsum (*ad en laedo*) slaan, stoten tegen [**alqm ad saxa; clipeos in latus**]; *pass. ook metaf.* schipbreuk lijden.
Allīfae, ārum *f stad in Samnium; — inw. en adj.* **Allīfānus,** ī *m resp.* a, um; — **Allīfāna,** ōrum *n* (*vul aan: pocula*) (*Hor.*) in Allifae gemaakte (aardewerken) bekers.
alligātiō, ōnis *f* (*alligo*) (*postklass.*)
1. het vastbinden [**Promethei;** (*als agr. t.t.*) **arbustorum**];
2. (*metaf.*) huwelijksband.
al-ligō, ligāre
1. vastbinden (aan) [**alqm ad palum;** (*als agr. t.t.*) **vineas**];
2. belemmeren, inperken, beperken [**licentiam**];
3. (*med.*) verbinden [**vulnus; caput lanā**];
4. boeien, vastbinden [**leones**];
5. (*metaf.*) binden, verplichten; ▸ *nuptiis alligatus; foedere* ~ ; *lex omnes mortales alligat;*
6. *se scelere* ~ zich schuldig maken aan; — p. *adj.* **alligātus,** a, um verwikkeld in, medeplichtig aan.
al-linō, linere, lēvī, litum
1. (*poët.; postklass.*) smeren op, bekladden;
2. (*metaf.*) bezoedelen.
al-līsī *pf. v. allido.*
allīsus *ppp. v. allido.*
allium, ī *n = alium.*
Allobroges, um *m* (*acc. -as*) *de Allobrogen, machtige en welvarende volksstam in de bergen v. Gallia Narbonensis (Provence); sg.* **Allobrox,** ogis; — *adj.* **Allobrogicus,** a, um.
allocūtiō, ōnis *f* (*alloquor*)
1. het aanspreken, aanspreekvorm;
2. bemoediging, troost, het kalmeren.
allōdium, ī *n* (*Mel.*) eigen, vrij erfgoed (*itt. feudum*).
alloquium, ī *n* (*alloquor*) = *allocutio.*
al-loquor, loquī, locūtus sum (*m. acc.*)
1. toe-, aanspreken, een toespraak houden tot [**populum; milites; alqm comiter**];
2. bemoedigend toespreken, troosten [**parentes in luctu**].
al-lubentia, ae *f* (*Apul.*) neiging (*tot: gen.*).
al-lubēscit (*incoh. v. lubet*) (*Plaut.*) (*me*) ~ ik heb zin in, begin zin te krijgen in.
al-lūceō, lūcēre, lūxī, — (*Plaut.; postklass.*) beschijnen, bijlichten (*m. dat.*).
al-lūcēscit, lūcēscere, lūxit (*Laatl.*) het wordt licht.
allūdiō, allūdiāre (*ad en ludo*) (*Plaut.*) stoeien, liefkozen.
al-lūdō, lūdere, lūsī, lūsum (*m. ad; dat.; acc.*)
1. spelen, schertsen; ▸ *quasi alludens* bij wijze van grapje;
2. speels benaderen;
3. (*metaf.*) (*v. water*) tegen iets slaan, kabbelen; ▸ *mare litoribus alludit;*
4. een toespeling maken; ▸ *Phidias Homeri versibus egregio dicto allusit;*
5. benaderen [**sapientiae**].
al-luō, luere, luī, — klotsen, spoelen tegen; ▸ *urbs mari alluitur; urbis murus fluctu alluitur.*
alluviēs, ēī *f* (*alluo*)
1. ondergestroomd land, aangespoelde grond;
2. (*Apul.*) overstroming; deinend *of* kabbelend water.
alluviō, ōnis *f* (*alluo*) het aanslibben van grond, slibafzetting.
Almō, ōnis *m beek die uitmondt in de Tiber, nu de* Acquataccio; *ook naam v.d. bijbehorende riviergod (Ov.).*
almus, a, um (*alo*)
1. voedend, vruchtbaar [**ager; Ceres**];
2. verkwikkend [**sol**];
3. (*poët.*) zegenrijk, goedgunstig (*ihb. v. goden*).
alnus, ī *f* els; (*meton.*) bootje van elzenhout.
alō, alere, aluī, altum *en* alitum
1. voeden, voeren, zogen; ▸ *ali venando* leven van de jacht;
2. opvoeden, grootbrengen; ▸ *altus educatusque*

inter arma;
3. onderhouden [**exercitum**];
4. laten groeien, voortbrengen [**fruges**];
5. (a) vergroten [**spem; furorem; vires**]; (b) verergeren [**morbum**];
6. bevorderen, goed zorgen voor; ▸ *laus alit artes; urbs, in qua et nata et alta sit eloquentia.*

Alōēus, eī *m een v.d. giganten, zoon v. Neptunus en Canace, echtgenoot v. Iphimedia, de moeder v.d. Aloïden;* — **Alōīdae,** ārum *m de* Aloïden, *de naar Aloeus genoemde zonen v. Neptunus en Iphimedia, de vrouw v. Aloeus, de giganten Otus en Ephialtes.*

alogia, ae *f (Gr. leenw.) (postklass.)* dwaasheid; onnozelheid; *plur.* dwaze gedachten, vreemde ideeën.

Alōīdae, ārum *m zie Aloeus.*

Alopē, ēs *f*
1. *dochter v. Cercyon, moeder v. Hippothoüs;*
2. *stad in het gebied v.d. Opuntische Locriërs.*

alōpecia, ae *f (Gr. leenw.)* kale plek op het *hoofd.*

Alpēs, Alpium *f* de Alpen; — *adj.* **Alpīnus,** a, um; — *bew.* **Alpīnī** *en* **Alpicī,** ōrum *m.*

alpha *n (indecl.) de eerste letter v.h. Gr. alfabet; sprw.* de eerste.

Alphesiboea, ae *f dochter v. Phegeus, de koning v. Psophis in Arcadië, echtgenote v. Alcmaeon, die haar later verliet en met Callirrhoë trouwde.*

Alphēus *en* **-os,** ī *m rivier in Elis; riviergod die werd vereerd in Olympia, nu de Alfios;* — *adj.* **Alphēus,** a, um; — **Alphēias,** adis *f de nimf Arethusa, geliefde v.d. riviergod Alpheus.*

Alpīnī, Alpicī *zie Alpes.*

alsī *pf. v. algeo en algesco.*

Alsium, ī *n stad in Etrurië, nu Palo;* — *adj.* **Alsiēnsis,** e; — **Alsiēnse,** is *n (vul aan: praedium) landgoed v. Pompeius bij Alsium.*

alsius, a, um *(algeo) (Lucr.)* koud, verkleumd [**corpora**].

alsus, a, um *(algeo)* koel, verfrissend [**nihil alsius**].

altāria, ium *n (altus) klass. en preklass. alleen plur., later sg.:* (a) **altāre,** is *n* (b) **altar,** āris *n* (c) **altārium,** ī *n*
1. opzetstuk op een offertafel *voor het verbranden v. offerdieren,* offerhaard;
2. brandaltaar.

alter, era, erum *(gen.* alterīus, *dat.* alterī*)*
1. de een, de ander *(v. twee) (terwijl alius wordt gebruikt voor een ander in geval v.e. groter aantal);* ▸ ~ *exercitus;* ~ *consulum;* ~ *ex censoribus;* ~ *de duobus; ambo imperatores Romani aut* ~ *ex illis;* ;**alter . . . alter** de een . . . de ander: *alter perdidit, alter vendidit; alteri . . . alteri* de ene groep . . . de andere: *alteri dimicant, alteri victorem timent; het tweede alter vaak in een andere naamval: alter alteri inimicus* vijandig jegens elkaar; *alteri alteros aliquantum attriverant;*
2. de ander = tegenovergesteld, tegen-; ▸ *ripa altera* de overzijde; *pars (of factio) altera* tegenpartij; — *(poët.)* anders, verschillend: *metuit secundis alteram sortem;*
3. naaste, medemens; ▸ *qui alteri exitium parat;*
4. een tweede *(van dezelfde aard);* ▸ ~ *Verres; me sicut alterum parentem diligit* als een tweede vader;
5. *(als telwoord)* (a) de tweede; ▸ *altero vicesimo die* op de 22e dag; *altero die;* (b) *alterum tantum* twee keer zoveel; *altero tanto longior* nog eenmaal zo lang.

alterās *adv. (alter)* een andere keer.

altercātiō, ōnis *f (altercor)* woordenwisseling, ruzie.

altercātor, ōris *m (altercor) (postklass.)* iem. die debatteert.

altercor, altercārī *en (pre- en postklass.)* **-ō,** -āre *(alter)* een woordenwisseling hebben, twisten.

alternātiō, ōnis *f (alterno) (postklass.)* afwisseling.

alternīs *adv. zie alternus.*

alternō, alternāre *(alternus)*
I. *tr.* (af)wisselen [**fidem** nu eens vertrouwen wekken, dan weer niet; **vices**];
II. *intr.*
1. wisselend zijn; ▸ *arborum fertilitas omnium fere alternat;*
2. weifelen, nu eens het ene, dan weer het andere overwegen.

alternus, a, um *(alter)*
1. afwisselend, beurtelings; ▸ *-is versibus* in beurtzang; *-is diebus* om de andere dag; *-i sermones* dialoog; *(subst.) -a loqui cum alqo* een tweegesprek, dialoog voeren; *abl. sg. alternā (vul aan: vice)* om de beurt; *abl. plur. alternis:* (a) *(vul aan: vicibus)* om beurten: *alternis . . . alternis* nu eens . . . dan weer; (b) *(vul aan: versibus)* in beurtzang; (c) *(vul aan: annis)* om het jaar;
2. in disticha, elegisch.

alter-uter, alter(a)utra, alter(um)utrum een v. beide(n); ▸ ~ *vestrum;* ~ *de filiis;* ~ *ex his duobus; alterautra victoria.*

alter-uterque, -utraque, -utrumque *(Plin. Mai.)* elk van beide(n).

alti-cīnctus, a, um *(altus[1] en cingo) (Phaedr.)* (met het kleed) hoog opgeschort, hooggegord.
altilis, e *(altus[2])* (vet)gemest, mest- [**boves**]; — *subst.* **altilis,** is *f (vul aan: avis)* mesthoen, poularde; *plur.* **-ēs,** ium *f en* **-ia,** ium *n* mestvogels.
Altīnum, ī *n plaats aan de monding v.d. Piave, ten N. v.h. huidige Venetië;* — *inw.* **Altīnātēs,** ium *m.*
alti-sonus, a, um *(altus[1] en sono) (poët.)* in de hoogte klinkend, donderend [**Iuppiter**]; verheven [**Maro**].
alti-tonāns, *gen.* antis *(altus[1] en tono) (epith. v. Jupiter)* in de hoogte donderend.
altitūdō, inis *f (altus[1])*
1. (a) hoogte [**aedificiorum; turris; montium**]; (b) *(metaf.)* grootsheid, verhevenheid [**animi** voornaamheid; **orationis**];
2. (a) diepte [**maris; fluminis**]; (b) *(metaf.)* diepgang *(van geest)* ; ondoorgrondelijkheid.
altiusculus, a, um *(demin. v. altius)* nogal hoog, iets te hoog.
alti-volāns, *gen.* antis *(altus[1] en volo[1]) (poët.)* hoogvliegend [**rota solis**]; — *subst.* **altivolantēs,** um *f (vul aan: aves)* vogels.
altor, ōris *m (alo)* (op)voeder, verzorger.
altrim-secus *en* **altrīn-secus** *adv. (alter) (pre- en postklass.)* aan de andere kant.
altrīx, īcis *f (altor)* voedster, min; opvoedster; *attrib.* (op)voedend.
altrō-vorsum *adv. (alter en versus) (Plaut.)* naar de andere kant.
altum, ī *n zie altus[1].*
altus[1], a, um
1. hoog [**arbor; mons; nix; turris**]; *(v. grote steden)* hoog oprijzend *(wegens hun hoge ligging of hun hoge muren)* [**Carthago; Roma**]; — *subst.* **altum,** ī *n* (a) hoogte [**in altum editae arces**]; (b) *(poët.)* hemel; (c) volle zee, het ruime sop: *in altum provehi; in portum ex alto invehi; libero mari vela in -um dare; et terris iactatus et -o;*
2. *(metaf.)* hoog, verheven (a) *(mbt. status of karakter)* ▸ *altior dignitatis gradus; altior ordo; magnus et ~ vir; homo -a mente praeditus;* (b) *(v. goden, personen en gepersonifieerde wezens)* [**Iuppiter; Caesar; Aeneas** van hoge afkomst]; (c) *(v. taalgebr.)* [**oratio**]; — *subst.* **altum,** ī *n* het verhevene [**-a cupere**];
3. *(v. geluid)* luid, hoog; ▸ *altiore voce; altissimus sonus;*
4. *(v. tijd)* ver verwijderd, oud; ▸ *-a vetustas* hoge ouderdom; *altior memoria* vroegere tijden;
5. diep [**aqua; flumen**]; diep doordringend [**radix**]; — *subst.* **altum,** ī *n* de diepte;
6. *(metaf.)* diep [**somnus; silentium; nox**];
7. *(v. emoties)* diep [**pavor; sollicitudo**]; — *subst.* **altum,** ī *n* diepte, binnenste [**ex alto animi**];
8. ondoorgrondelijk, heimelijk [**dissimulatio**];
9. *(v. afstand)* diep, uitgestrekt [**saltus**]; — *subst.* **altum,** ī *n* uitgestrektheid, verte.
altus[2] *zie alo.*
alūcinātiō, ōnis *f (alucinor) (postklass.)* wartaal, gefantaseer [**puerilis; otiosa**].
alūcinor, alūcinārī in het wilde weg praten *of* handelen, fantaseren.
alucita, ae *f (Petr.)* mug.
aluī *pf. v. alo.*
alūmen, inis *n* aluin.
alūminōsus, a, um *(alumen)* aluinhoudend [**locus; fontes; aquae**].
alumna, ae *f (alo)* pleegdochter, pupil.
alumnor, alumnārī *(alumnus) (postklass.)* grootbrengen.
alumnus *(alo)*
I. *subst.* ī *m*
1. pleegzoon, pupil;
2. volgeling, leerling [**Platonis**];
3. *(m. aand. v.d. plaats of het gebied waar iem. opgroeit)* kind, zoon [**Paeligni ruris; agrestis**];
4. *(poët.) (v. dieren)* jong; ▸ *parvi -i* jongvee;
II. *adj.* a, um *(poët.)* grootgebracht, opgevoed.
Aluntium, ī *n stad aan de noordkust v. Sicilië;* — adj. **Aluntīnus,** a, um [**civitas; vinum**].
alūta, ae *f (alumen)*
1. aluinleer, *zacht, met aluin gelooid en geverfd leer;*
2. *(meton.) iets dat van aluinleer gemaakt is of erop lijkt, o.a.:* (a) schoen(riem); (b) leren tas, buidel; (c) schoonheidspleister.
alv(e)ārium, ī *en* **alveāre,** is *n (alv[e]us)* bijenkorf.
alveātus, a, um *en* **alveolātus,** a, um *(alveus)* uitgehold.
alveolus, ī *m (demin. v. alveus)*
1. kom, bakje, kleine trog, waterbekken;
2. *(postklass.)* (kleine) rivierbedding;
3. (a) dobbelbord; (b) *(meton.)* dobbelspel.
alveus, ī *m (alvus)* buikvormige, langwerpige uitholling
1. (bad)kuip, bak, trog, waterbekken;
2. rivierbedding; ▸ *~ Tiberis; manu factus ~* kunstmatige bedding, kanaal;

3. bootje, schuitje; *(in poëzie ook)* schip;
4. bijenkorf;
5. (a) dobbelbord; (b) *(meton.)* dobbelspel.

alvus, ī *f*
1. buik; onderbuik; maag; ▸ ~ *soluta* buikloop, diarree *(Tac.)*;
2. *(Tac.)* buik v.e. schip;
3. bijenkorf.

Alyattēs, is *en* eī *m koning v. Lydië, vader v. Croesus (regeerde van 600 tot 561 v. Chr.).*

Alyzia, ae *f plaats aan de westkust v. Griekenland.*

am- *zie ambi-.*

ama *zie hama.*

amābilis, e *(amo)* beminnelijk.

amābilitās, ātis *f (amabilis) (pre- en postklass.)* vriendelijkheid, beminnelijkheid.

Amalthēa, ae *f*
1. *nimf, dochter v. koning Melissus v. Kreta, die de pasgeboren Zeus voedde; in de latere overlevering voorgesteld als geit;* — **Amalthēa,** ae *f en* **Amalthēum** (**-thīum**), ī *n heiligdom v.d. nimf Amalthea;*
2. *naam v. een v.d. sibillen v. Cumae.*

āmandātiō, ōnis *f (amando)* uitwijzing, verbanning.

ā-mandō, āmandāre verwijderen, verbannen, wegsturen, uitwijzen.

amāns, *gen.* antis *(p. adj. v. amo)*
1. *(v. personen)* -lievend, liefhebbend *(m. gen.)* [**patriae**]; *subst. m en f* minnaar, minnares;
2. *(v. zaken)* lief(devol), vriendelijk [**verba; consilia**].

Amantia, ae *f stad in Illyrië;* — *inw.* **Amantīnī,** ōrum *m.*

ā-manuēnsis, is *m (a manu) (Suet.)* klerk, secretaris.

Amānus, ī *m deel v.h. Taurusgebergte in Klein-Azië; nu* Alma dağ; — *adj.* **Amānicus,** a, um; — *bew.* **Amāniēnsēs,** ium *m.*

amāracinum, ī *n (amaracinus) (poët.; postklass.)* marjoleinzalf.

amāracinus, a, um *(amaracus) (Plin. Mai.)* van marjolein [**oleum; unguentum**].

amāracus, ī *m en f en* **-um,** ī *n (Gr. leenw.)* marjolein.

amarantus, ī *m (Gr. leenw.* 'niet verwelkend') duizendschoon.

amāricō, amāricāre *(amarus) (Laatl.)* verbitteren; *pass.* verbitterd zijn.

amāritiēs, ēī *f (amarus) (Catull.)* bitterheid.

amāritūdō, inis *f (amarus)*
1. bitterheid, bittere smaak;
2. verbittering, bitterheid;
3. bitterheid, het kwetsende [**verborum**].

amāror, ōris *m (amarus) (niet-klass.)* bitterheid *(v. smaak en emoties).*

amārus, a, um
1. (a) *(v. smaak)* bitter; — *subst.* **amārum,** ī *n* bitterheid; (b) *(v. geur)* scherp, bijtend [**fumus**]; (c) *(v. geluid)* schril, akelig [**sonitus**];
2. *(v.e. situatie)* hinderlijk, moeilijk, onaangenaam; ▸ *casus* ~ ; *amarissimae calamitates;*
3. *(v. emoties)* bitter [**curae; luctus**]; — *subst.* **amāra,** ōrum *n* het wrange, bittere; ▸ *amara curarum;*
4. *(v. stemmingen)* (a) prikkelbaar; ▸ *amariorem me senectus facit;* (b) wreed [**hostis**];
5. *(v. woorden)* bijtend, scherp, kwetsend [**sermo; dicta**].

Amarynthis, idis *f bijnaam v. Diana, naar Amarynthus op Euboea.*

Amasēnus, ī *m rivier in Latium, nu de* Amaseno.

Amāsis, idis *m een farao (570—526 v. Chr.).*

amāsiuncula, ae *f (amasiunculus) (Petr.)* minnaresje.

amāsiunculus, ī *m (demin. v. amasius) (Petr.)* minnaartje.

amāsius, ī *m (amo) (Plaut.)* minnaar, aanbidder.

Amastris, idis *f stad in Paphlagonië (Klein-Azië), nu* Amasra.

Amathūs, ūntis
1. *f: stad op Cyprus met een tempel v. Venus;*
2. *m: volgens de overlevering stichter v.d. stad en v.d. tempel;*
/ **Amathūsia,** ae *f* Venus; *adj.* **Amathūsi(a-c)us,** a, um.

amātiō, ōnis *f (amo) (Plaut.)* het liefhebben, vrijage, liefkozing.

amātor, ōris *m (amo)*
1. minnaar;
2. vriend, bewonderaar [**consulis; sapientiae; virtutis; antiquitatis**].

amātorculus, ī *m (demin. v. amator) (Plaut.)* miezerige vrijer.

amātōrium, ī *n (amatorius) (postklass.)* liefdesdrank.

amātōrius, a, um *(amator)* verliefd, liefkozend, liefdes- [**epistulae; poesis**].

amātrīx, īcis *f (amo) (Plaut.; Mart.)* minnares.

Amāzōn, onis *f* amazone; *plur.* **Amāzones** *of* **Amāzonides,** um amazones, *myth. stam v. krijgsvrouwen in het noordoosten v. Klein-Azië;* — *adj.* **Amāzoni(c)us,** a, um van de amazones [**secures**].

amb- *zie ambi-.*

ambactus, ī *m (Kelt. leenw.)* horige, knecht.

amb-āgēs, is *f (meestal plur.) (ago)*
1. omweg, dwaaltocht *(ihb. v.d. gangen v.h. labyrint)*;
2. *(metaf.)* omhaal van woorden, uitweiding; ▸ *missis ambagibus* zonder omhaal;
3. dubbelzinnigheid, onduidelijkheid, raadselachtigheid; orakeltaal; ▸ *ambages canere (v.d. sibille).*

Ambarrī, ōrum *m volksstam bij de rivier de Saône.*

amb-edō, edere, ēdī, ēsum rondom knagen aan, aanvreten, verteren.

amb-ēstrīx, īcis *f (ambedo) (Plaut.) vrouwelijke* veelvraat.

ambi-, amb-, *ook* **am-** *en* **an-** *(ambo) prefix* van beide kanten, om, rond(om).

Ambiānī, ōrum *m volksstam bij de rivier de Somme en langs de kust v.h. Kanaal (belangrijkste stad Samarobriva, nu Amiens).*

Ambibariī, ōrum *m volksstam in het tegenwoordige Normandië.*

ambifāriam *adv. (Laatl.)* op een tweeslachtige manier.

amb-igō, igere, — — *(amb en ago)*
I. *intr.*
1. twijfelen, bedenkingen hebben, weifelen *(m. de; aci.; afh. vr.)*;
2. *(voor de rechtbank)* twisten *(m. de; cum; afh. vr.)* [**de vero**];
II. *tr.* betwijfelen; — *pass.* twijfelachtig, omstreden, onzeker zijn.

ambiguitās, ātis *f (ambiguus)* ambiguïteit, dubbelzinnigheid [**verborum**].

ambiguus, a, um *(ambigo)*
1. naar twee kanten gericht, van tweeërlei aard; veelvormig, veranderlijk [**viri** centauren; **lupus** weerwolf; **virgo** Sphinx];
2. *(metaf.)* weifelend, onzeker;
3. *(v. woorden)* dubbelzinnig, raadselachtig, onduidelijk, duister [**verba; oracula; vox**]; — *subst.* **ambiguum,** ī *n* dubbelzinnigheid;
4. onbetrouwbaar, twijfelachtig, onzeker [**viae; fides; tribuni**]; — *subst.* **ambiguum,** ī *n* onzekerheid, twijfel;
5. *(mbt. de afloop, het resultaat)* onzeker, hachelijk;
6. *(mbt. het bezit)* omstreden [**possessio**].

Ambiliātī, ōrum *m volksstam ten Z. v. de rivier de Loire(?).*

ambiō, ambīre, ambīvī *en* -iī, ambītum *(amb en eo[2])*
1. gaan rondom, omheen gaan;
2. omgeven, omsluiten; ▸ *insula, quam amnis Euphrates ambiebat; muros turresque urbis mare ambiebat;*
3. vermijden, om iets heen gaan [**patriam deviis itineribus**];
4. zich met een verzoek om iets wenden tot, vragen om *(iem.: acc.; met of om: abl.; m. ut; ne; inf.)*;
5. vragen om steun bij de verkiezingen, campagne voeren *(van, bij: acc.)* [**privatos**];
6. streven naar;
/ *impf. ook ambibam enz.*

Ambiorīx, īgis *m vorst v.d. Belgische Eburonen.*

ambitiō, ōnis *f (ambio)*
1. het dingen (naar een ambt);
2. het streven om zich geliefd te maken, proberen in de gunst te komen;
3. eerzucht, ambitie; ▸ *me ~ quaedam ad honorum studium duxit; a quo incepto studioque me ~ mala detinuerat;*
4. ijdelheid, bluf;
5. het streven naar [**gloriae**].

ambitiōsus, a, um *(ambitio)*
1. om iets heen gaand, omgevend, omstrengelend [**amnis**];
2. uit op eer, eervolle posities, ambten;
3. eerzuchtig, ambitieus; ▸ *-e regnum petere;*
4. ijdel;
5. erop uit zich geliefd te maken; partijdig, omkoopbaar;
6. strevend naar.

ambitus, ūs *m (ambio)*
1. (a) omloop, kringloop [**siderum; saeculorum**]; (b) zoom, rand, oever [**campi; lacūs**]; (c) kromming, kronkeling [**properantis aquae**]; (d) omtrek [**muri**];
2. (a) omhaal v. woorden, *plur.* uitweidingen; ▸ *multos circa rem unam ambitūs facere;* (b) omschrijving; ▸ *alqd per ambitum enuntiare;*
3. het dingen naar eervolle posities, kandidatuur, het op een onwettige manier *(ihb. door omkoperij)* dingen naar een ambt, omkoperij; ▸ *lex de ambitu; ambitūs alqm accusare;*
4. (a) eerzucht; (b) ijdelheid, eigendunk; (c) het streven naar populariteit; (d) toegewijd streven.

Ambivaretī, ōrum *m volksstam in het gebied v.d. bovenloop v.d. Loire.*

Ambivaritī, ōrum *m volksstam in Gallia Belgica, in het gebied ten W. v.d. rivier de Maas.*

Ambivius Turpio *toneelspeler in Rome, tijdgenoot*

v. Terentius.

ambō, ae, ō beide(n) (tezamen); ▸ *alter ambove consules; aut ~ imperatores Romani . . . aut alter ex iis;*
/ *verbuiging als duo.*

Ambracia, ae *f stad in Z.-Epirus, nu Arta; — adj.* **-cius,** a, um *en* **-ciēnsis,** e; — *inw.* **-ciōtēs,** ae *en* **-ciēnsis,** is *m.*

ambrosia, ae *f (Gr. leenw.)* ambrozijn
1. godenspijs; ▸ *orator -ā alendus (v.e. uitmuntende redenaar)* een god onder de redenaars;
2. *(poët.)* godenzalf.

ambrosius, a, um *(Gr. leenw.)*
1. (a) bestaande uit godenspijs [**dapes**]; (b) geurend naar godenzalf [**comae**];
2. *(poët.)* (a) onsterfelijk, goddelijk; (b) wonderschoon; (c) liefelijk.

ambūbaia[1], ae *f (Syr. leenw.) (poët.; postklass.)* Syrische fluitspeelster.

ambūbaia[2] *en* **-beia,** ae *f (botan.)* cichorei.

ambulācrum, ī *n (ambulo) (pre- en postklass.)* laan, allee.

ambulātiō, ōnis *f (ambulo)*
1. wandeling;
2. galerij; promenade, allee.

ambulātiuncula, ae *f (demin. v. ambulatio)*
1. wandelingetje;
2. kleine galerij.

ambulātor, ōris *m (ambulo)*
1. wandelaar;
2. *(Mart.)* marskramer.

ambulātōrius, a, um *(ambulo)* heen en weer gaand, beweeglijk.

ambulō, ambulāre
I. *intr.*
1. lopen, wandelen;
2. rondslenteren, rondzwerven;
3. paraderen, trots rondstappen;
4. reizen, zwerven;
5. marcheren;
II. *tr.* zwerven door, bevaren [**maria; vias**].

amb-ūrō, ūrere, ussī, ustum
1. rondom aantasten *(v. vuur)*, verzengen, verbranden; — *subst.* **ambustum,** ī *n* brandwond;
2. *alleen in ppp.* **ambustus,** a, um half bevroren [**artūs frigore -i**];
3. *pass. (metaf.)* het zwaar te verduren hebben, er niet zonder kleerscheuren van afkomen *(ihb. voor de rechtbank).*

ambustulātus, a, um *(amb en ustulo) (Plaut.)* rondom verbrand, gebraden.

ambustus ppp. *v. amburo.*

amellus, ī *m (poët.; postklass.)* aster.

āmēn *(Hebr. leenw.) (eccl.)* zo zij het! *ter bevestiging aan het slot v.e. gebed.*

Amenānus, ī *m rivier bij de vulkaan de Etna, nu de* Giudicello.

āmendō = *amando.*

ā-mēns, *gen.* entis
1. buiten zinnen, redeloos, buiten zichzelf [**metu; dolore; irā**];
2. zinloos, onzinnig; ▸ *consilium amentissimum; furor ~.*

āmentātus, a, um *(amentum)* voorzien van een slingerriem.

āmentia, ae *f (amens)* redeloosheid, dwaasheid, waanzin *(itt. ratio)*; ▸ *caecus -ā; mens sana cum -a certat.*

āmentō, āmentāre = *ammento.*

āmentum, ī *n* = *ammentum.*

Ameria, ae *f provinciestad in Umbrië (80 km ten N. v. Rome), nu Amelia; — inw. en adj.* **Amerīnus,** ī *m resp.* a, um.

Ameriola, ae *f stad in het gebied v.d. Sabijnen, door de Romeinen verwoest.*

ames, amitis *m (poët.; postklass.)* stok *(voor vogelnetten).*

Amēstratus, ī *f stad aan de noordkust v. Sicilië, nu* Mistretta; — *adj.* **Amēstratīnus,** a, um.

amethystinātus, a, um *(amethystinus) (Mart.)* in een amethistkleurig gewaad.

amethystinus, a, um *(Gr. leenw.)*
1. amethistkleurig;
2. *(Mart.)* met amethisten bezet.

amethystus, ī *f (Gr. leenw.)* amethist.

amfrāctus, ūs *m* = *anfractus.*

amia, ae *f en* **amiās,** ae *m (Gr. leenw.)* kleine tonijn.

amīca, ae *f (amicus)*
1. vriendin;
2. geliefde, maîtresse.

amīcālis, e *(amicus) (postklass.)* vriendschappelijk.

amicīmen, inis *n (amicio)* kleed.

amiciō, amicīre, (amicuī *en* amixī), amictum *(amb en iacio)*
1. *(een kledingstuk)* omdoen, aantrekken, *ihb.*: *se ~ en pass.* iets omslaan *(m. abl.)*; ▸ *amictus togā;*
2. omhullen, hullen in; ▸ *nube cava amictus; amictae vitibus ulmi.*

amīciter *(arch. adv. bij amicus = amice)* vriendschappelijk.

amīcitia, ae *f* (*amicus*)
1. (a) vriendschap; ▸ *esse in -a cum alqo* met iem. bevriend zijn; *est mihi ~ cum alqo* ik ben met iem. bevriend; *~ est inter alqos* er bestaat vriendschap tussen; *-am facere* (*of iungere*) vriendschap sluiten; *-am dissolvere* (*of dissociare*) de vriendschap verbreken; (b) (*meton.*) vrienden;
2. (*pol.*) vriendschapsverbond; ▸ *-am petere; ceteros reges in -am recipere; pacem atque -am cum rege facere; in -am populi Romani venire; Caesaris -am sequi* de zijde v. Caesar kiezen; *regum -as sequi* de vriendschap v.d. koningen zoeken.

amīcitiēs, ēī *f* (*Lucr.*) = *amicitia.*

amīcō, amīcāre (*amicus*) (*poët.*) tot vriend maken.

amictus[1], ūs *m* (*amicio*)
1. het omslaan v.e. kledingstuk;
2. de manier waarop men het bovenkleed (*ihb. de toga*) draagt; plooiing, drapering;
3. (boven)kleed, mantel;
4. (*poët.*) sluier;
5. bedekking, omhulsel, omhulling [**nebulae**].

amictus[2] *ppp. v. amicio.*

amīcula, ae *f* (*demin. v. amica*) geliefde, liefje.

amiculum, ī *n* (*amicio*) mantel, kleed.

amīculus, ī *m* (*demin. v. amicus*) dierbare vriend.

amīcus (*amo*)
I. *adj.* a, um
1. bevriend, vriendschappelijk (gezind) (*met, jegens: dat.; in m. acc.; erga*);
2. (*v. personen en zaken*) (a) vriendelijk, welgezind, toegenegen, gunstig [**vir; dicta; aures** welwillende oren; **ventus**]; (b) lief, dierbaar, welkom, aangenaam; ▸ *-um mihi est* (*vooral poët.*) het is mij welkom;
II. *subst.* ī *m*
1. vriend [**magnus** intieme vriend; **summus** beste vriend];
2. (*Ov.*) = *socius* metgezel, kameraad;
3. vriend, bewonderaar [**veritatis**];
4. (*pol.*) aanhanger;
5. (*Hor. en Juv.*) = *patronus* beschermer;
6. *plur.* (a) (*postklass.*) vertrouwelingen, gunstelingen (*aan het hof*); (b) (*Suet.*) hovelingen *v.d. keizer.*

ā-migrō, āmigrāre wegtrekken.

Amīnaeus, a, um *uit de wijnstreek Aminaea in Picenum* [**vinum; vites**].

ā-mīsī *pf. v. amitto.*

Amīsia, ae *en* **Amissis,** is *m de rivier* de Eems (*in* Duitsland).

āmissiō, ōnis *f* (*amitto*) verlies [**regni; dignitatis; boni**]; *ihb. het verlies door de dood* [**liberorum; propinquorum; amicorum**].

āmissus *ppp. v. amitto.*

Amīsus, ī *f stad in Pontus, residentie v.d. heersers over Pontus, nu Samsun;* — *inw.* **Amīsēnī,** ōrum *m.*

amita, ae *f* tante (*v. vaderszijde*).

Amiternum, ī *n Sabijnse stad, geboorteplaats v.d. geschiedschrijver Sallustius, nu* San Vittorino; — *adj.* **Amitern(īn)us,** a, um; — *inw.* **Amiternīnī,** ōrum *m.*

amitīna, ae *f* (*amita*) dochter v.e. tante, nicht.

amitīnus, ī *m* (*amita*) zoon v.e. tante, neef.

ā-mittō, āmittere, āmīsī, āmissum
1. (*pre- en postklass.*) wegsturen, weg laten gaan;
2. opgeven, afzien van, laten gaan [**omnes provincias; fidem** zijn woord breken];
3. zich laten ontglippen [**occasionem; tempus** het goede moment; **praedam**];
4. verliezen, erbij inschieten, inboeten [**classes; oppidum; dentes; pennas; patriam; vitam; mentem** het verstand]; *ook* door de dood verliezen [**liberos; uxorem**].

ammentō, ammentāre (*ammentum*)
1. voorzien van een slingerriem [**hastam**];
2. (*poët.*) voortjagen met een slingerriem.

ammentum, ī *n* slingerriem.

Ammōn *zie Hammon.*

amni-cola, ae *m en f* (*amnis en colo*[1]) (*Ov.*) bij een rivier groeiend [**salices** treurwilgen].

amniculus, ī *m* (*demin. v. amnis*) stroompje.

amnicus, a, um (*amnis*) (*postklass.*) van, bij de rivier, rivier-.

amnigena, ae *m en f* (*amnis en gigno*) (*poët.*) uit een rivier geboren.

amnis, is *m* (*preklass. ook f*) (*abl.* amne, *poët. ook* amni)
1. stroom [**piscosus; rapidus; placidus**]; (*poët. ook*) riviergod;
2. stroming; ▸ *secundo amne* stroomafwaarts, *adverso amne* stroomopwaarts;
3. riviertje, beek, bergbeek; ▸ *ruunt de montibus amnes;*
4. (*poët.*) water(massa).

amō, amāre
1. houden van, liefhebben; ▸ *alqm corde atque animo suo ~ ; inter se ~ ; ~ se* (*of ipsum*) alleen van zichzelf houden, met zichzelf ingenomen zijn, egoïstisch zijn; *si me amas* als je me liefhebt, om mij een plezier te doen; *amabo te* alsjeblieft; (*als groet*) *di te ament* ‘mogen de goden je zegenen’;

2. verliefd zijn (*op: acc.*); — *subst.* **amāta,** ae *f* geliefde;
3. gesteld zijn op (*m. acc.*) [**litteras; otia**];
4. graag doen; gewoon zijn (*m. aci. of inf.*);
5. iem. verplicht zijn, erkentelijk zijn (*m. acc.; voor: de; in m. abl.; ook m. quod*).

ā-modo *adv.* (*eccl.*) van nu af aan.

amoenitās, ātis *f* (*amoenus*)
1. (*v. plaatsen*) aantrekkelijke ligging, mooie omgeving [**hortorum; urbium**];
2. aantrekkelijkheid, bekoorlijkheid, charme [**vitae; naturae; studiorum**].

amoenus, a, um
1. (*v. plaatsen*) aantrekkelijk (gelegen) [**urbs; locus; aedificia**]; — *subst.* **amoena,** ōrum *n* mooie streken;
2. liefelijk, aantrekkelijk, aangenaam [**horti; vita; verba; ingenium** innemend karakter].

amolētum *zie amuletum.*

ā-mōlior, āmōlīrī, āmōlītus sum
1. (*met moeite*) wegwerken, opruimen [**onera**];
2. verwijderen, uit de weg ruimen, afwentelen, afwenden [**pericula; invidiam crimenque ab alqo**];
3. (*bij het spreken*) buiten beschouwing laten [**nomen**];
4. uit de weg ruimen, uitschakelen.

āmōlītiō, ōnis *f* (*amolior*) (*postklass.*) verwijdering.

amōmum, ī *n* (*Gr. leenw.*) amoom, *een oriënt. specerijplant en de daaruit bereide balsem.*

amor, amōris *m* (*amo*)
1. liefde (*voor, jegens: erga; adversus; in m. acc.; gen.*); ▸ *habere alqm in amore* van iem. houden; ~ *sui* eigenliefde; *alci in amore* (*of in amoribus*) *esse* door iem. bemind worden; — *personif.* **Amor** god v.d. liefde, Amor, Cupido;
2. (*poët.*) vrijage; *plur.* liefdesverhouding, vrijage;
3. (*meton.*) (a) geliefde; (b) lieveling; ▸ ~ *et deliciae generis humani*; (c) (*poët.*) liefdeslied; ▸ *lusor tenerorum amorum*;
4. verlangen, begeerte, hartstocht (*naar: gen.*) [**laudis; argenti; habendi** hebzucht];
5. (*Laatl.*) liefhebberij.

Amorgus *en* **-os,** ī *f eiland in de Egeïsche Zee ten zuidoosten v. Naxos.*

āmōtiō, ōnis *f* (*amoveo*) verwijdering [**doloris**].

ā-moveō, āmovēre, āmōvī, āmōtum
1. wegdoen, verwijderen; ▸ *Porcia lex virgas ab omnium civium Romanorum corpore amovit; locus a conspectu amotus; alqm ab altaribus ~; exercitum ab urbe circumsessa ~; amoto patre* in afwezigheid v.d. vader;
2. (*poët.; postklass.*) afnemen, ontstelen [**boves**];
3. (*Tac.*) verbannen [**alqm in insulam**];
4. afwenden, verdrijven, afwentelen [**bellum; terrorem; culpam ab alqo** de schuld van iem. afwentelen; **suspicionem ab adulescente**];
5. (*ihb. bij het spreken*) weglaten, terzijde, erbuiten laten; ▸ *amolior et amoveo nomen meum; amoto ludo* in ernst.

Amphiarāüs, ī *m heerser v. Argos, echtgenoot v. Eriphyle, beroemde ziener en held, een v.d. Zeven tegen Thebe*; — *adj.* **Amphiarēüs,** a, um; — *nakom.* **Amphiarēiadēs,** ae *m.*

amphibolia, ae *f* (*Gr. leenw.*) dubbelzinnigheid, ambiguïteit (= *ambiguitas*).

Amphictyones, um *m* (*acc.* -as) Amphictyonen, *godsdienstpolitieke verbonden v. naburige volken die rondom belangrijke heiligdommen woonden, ihb. het verbond v.h. gebied rond Delphi en dat v.h. gebied rond Delos.*

Amphilochia, ae *f landstreek in Acarnania in Griekenland*; — *inw.* **Amphilochī,** ōrum *m*; — *adj.* **Amphilochius,** a, um.

Amphīō(n), onis *m zoon v. Jupiter en Antiope, meester in het citerspel, koning v. Thebe, echtgenoot v. Niobe*; — *adj.* **Amphīonius,** a, um.

Amphipolis, is *f* (*acc.* -im *en* -in; *abl.* -ī) *economisch belangrijke stad in Thracië bij de monding v.d. Strymon*; — *adj.* **Amphipolītānus,** a, um.

amphiprostȳlos, ī *m* (*Gr. leenw.*) *tempel met vier zuilen aan de voorkant en vier aan de achterkant.*

amphisbaena, ae *f* (*Gr. leenw.*) (*postklass.*) *een soort slang met een kop aan beide uiteinden v.h. lichaam.*

Amphissa, ae *f oude hoofdstad v.d. Ozolische Lociërs ten N.W. v. Delphi.*

amphithalamus, ī *m* (*Gr. leenw.*) (*postklass.*) voorkamer v.h. slaapvertrek (*thalamus*).

amphitheātrālis, e (*amphitheatrum*) (*postklass.*) behorende bij het amfitheater, in *of* van het amfitheater [**spectaculum**].

amphitheātricus, a, um (*amphitheatrum*) (*postklass.*) amfitheater-, van het amfitheater.

amphitheātrum, ī *n* (*Gr. leenw.*) amfitheater (*ellipsvormig theater, voor gevechten tussen gladiatoren en tegen wilde beesten*).

Amphitrītē, ēs *f zeegodin, echtgenote v. Neptunus*; (*poët.*) (*meton.*) zee.

Amphitryōn, ōnis *m* (*arch.* **-truō**) *koning v. Thebe, zoon v. Alcaeus, de koning v. Tiryns, kleinzoon v.*

Perseus, echtgenoot v. Alcmene, de moeder v. Hercules; — *patron.* **-ōniadēs,** ae *m* = Hercules.

amphora, ae *f* (*Gr. leenw.*) amfoor:
1. *grote kruik, met twee handvatten, meestal van aardewerk, naar beneden spits toelopend om hem in de grond te kunnen steken, meestal voor wijn, maar ook voor vruchten, olie of honing gebruikt;*
2. (a) *maat voor vloeistoffen (26¼ liter);* (b) *gewichtseenheid voor de bepaling v.h. laadvermogen v.e. schip (ong. 26 kg);* ▸ *navis plus quam trecentarum -arum.*

Amphrȳsus *en* **-os,** ī *m rivier in Thessalië in de provincie Phthiotis, waar Apollo volgens de legende de kudden v. koning Admetus weidde;* — *adj.* **Amphrȳsius,** a, um (*poët.*) Apollinisch, van Apollo, sibillijns [**vates**]; Locrisch [**saxa**].

ampla, ae *f*
1. handvat;
2. (*metaf.*) aanleiding.

am-plector, amplectī, amplexus sum (*amb en plecto*)
1. (a) omvatten, vastpakken [**genua; manum alcis; aram; manibus saxa**]; (b) omarmen; (c) omgeven, omsluiten; ▸ *nox tellurem alis amplectitur* omhult; *hostium aciem* ~ omsingelen, insluiten; *locum munimento* ~ ; *urbes muro* ~ ; (d) (*v. vuur*) zich meester maken van (*m. acc.*);
2. (a) liefhebben, gaan houden van, in zijn hart sluiten [**alqm amicissime**]; (b) hoogschatten, goedkeuren, aannemen [**nobilitatem et dignitates hominum**]; (c) grote waarde toekennen aan, koesteren [**artem; suas possessiones**];
3. (a) opnemen in, begrijpen in; ▸ *quod idem (honestum) interdum virtutis nomine amplectimur;* (b) bevatten; ▸ *illae (tabulae) perpetuae existimationis fidem et religionem amplectuntur;*
4. (a) overwegen, doordenken [**omnia consilio**]; (b) bespreken, afhandelen [**argumentum pluribus verbis; omnes res per scripturam**]; (c) samenvatten, beknopt behandelen [**omnes oratores; omnia communiter; omnia genera breviter**].

amplexor, amplexārī *en* **amplexō,** amplexāre (*intens. v. amplector*)
1. omvatten, omarmen [**cum alqo** *of* **inter se** elkaar omarmen];
2. grote waarde toekennen aan, hoogschatten [**otium**].

amplexus[1], ūs *m* (*amplector*)
1. omstrengeling, omsluiting; ▸ *serpentis amplexu; Oceanus, qui orbem terrarum amplexu finit;*
2. omarming; ▸ *tenere alqm amplexu.*

amplexus[2] *p.p. v. amplector.*

ampliātiō, ōnis *f* (*amplio*)
1. (*eccl.*) uitbreiding, vergroting;
2. (*postklass.*) (*jur. t.t.*) verdaging *v.d. rechterlijke uitspraak.*

amplificātiō, ōnis *f* (*amplifico*)
1. vermeerdering, vergroting [**pecuniae; rei familiaris; honoris et gloriae**];
2. (*retor. t.t.*) versterking v.d. uitdrukking.

amplificātor, ōris *m* (*amplifico*) iem. die vergroot, vermeerdert.

amplificē *adv.* (*amplus en facio*) (*Catull.*) heerlijk, groots.

ampli-ficō, ficāre (*amplus en facio*)
1. uitbreiden, vergroten, vermeerderen [**urbem; civitatem; divitias**];
2. (*metaf.*) verhogen, verheffen, versterken [**alcis dignitatem; gloriam; dolorem**];
3. (*retor. t.t.*) (a) sterker laten uitkomen, accentueren, benadrukken; ▸ *alqd dicendo* ~ *atque ornare;* ~ *rem ornando;* (b) (*orationem*) kracht bijzetten.

ampliō, ampliāre (*v. comp. amplius*)
1. (a) uitbreiden, vergroten [**templum; civitatem**]; (b) (*metaf.*) vergroten, verhogen [**honorem; maiestatem**];
2. (*retor. t.t.*) (beter) laten uitkomen, verheerlijken; ▸ *Hannibalis bellicis laudibus ampliatur virtus Scipionis* door de oorlogsroem v. Hannibal komt de voortreffelijkheid v. Scipio nog sterker uit;
3. (*jur. t.t.*) de uitspraak, het proces verdagen.

ampliter *adv.* (*v. amplus naast ample*) (*pre- en postklass.*)
1. rijkelijk;
2. (*mbt. het spreken*) heerlijk, prachtig.

amplitūdō, inis *f* (*amplus*)
1. uitgestrektheid, grootte [**urbis**];
2. grootsheid, verhevenheid, heerlijkheid [**rerum gestarum; triumphi**];
3. waardigheid, aanzien; ▸ ~ *civitatis; iudices, in quibus summa auctoritas est atque* ~ ;
4. (*retor. t.t.*) weidsheid, verhevenheid (*v. uitdrukkingswijze*).

ampliusculus, a, um (*demin. v. amplius*) nogal overdadig.

amplus, a, um
1. (a) weids, ruim, groot [**insula; curia; domus**]; (b) (*veelomvattend in aantal, hoeveelheid e.d.*) belangrijk, rijkelijk, aanzienlijk, groot; ▸ *pecunia amplissima; numerus amplior; amplio-*

res copiae; amplior exercitus; — *subst. comp. neutr.* **amplius** meer, grotere dingen: *non daturus sum amplius; (ook met gen.) amplius negoti;*
2. *(metaf.)* (a) groot, belangrijk; ▸ *amplior potentia; amplissimi effectus;* (b) hevig, sterk; ▸ *amplior morbus; -a spes;*
3. (a) heerlijk, prachtig, groots [**praemia; res gestae; triumphus**]; (b) aanzienlijk, vooraanstaand; ▸ *amplissimi viri; -ae familiae;*
4. groot-, edelmoedig [**verba**];
/ *adv. comp.* **amplius** (a) verder, langer, meer, bovendien, daarenboven, voorts; ▸ *non (nihil) dico (dicam) amplius* meer zeg ik niet, ik zwijg liever; *quid vis amplius?;* (b) *(bij getallen)* (nog) meer (dan); ▸ *amplius centum cives* meer dan 100 burgers; *haud amplius quam mille.*

Ampsānctus, ī *m zwavelhoudend meer in Samnium.*

Ampsivariī, ōrum *m stam in het gebied v.d. benedenloop v.d. Eems.*

ampulla, ae *f (demin. v. amphora)*
1. flesje *met twee handvatten, ihb.* olieflesje;
2. *(Hor.)* bombast *(overdrijving in de toepassing v. retorische middelen).*

ampullārius, ī *m (ampulla) (Plaut.)* flessenmaker.

ampullor, ampullārī *(ampulla) (Hor.)* hoogdravende taal gebruiken.

amputātiō, ōnis *f (amputo)* het afsnijden.

am-putō, amputāre
1. *(agr. t.t.)* (a) rondom afsnijden, wegsnijden, kappen [**ramos inutiles; cacumen (ulmi)**]; (b) *(een boom)* (rondom) snoeien [**vitem**];
2. (a) *(een lichaamsdeel)* afsnijden, afhakken [**membra; capillos; alci manus; aurem alcis**]; (b) *(med. t.t.)* amputeren;
3. *(metaf.)* (a) beperken, verkorten, verminderen [**longa colloquia; legionum numerum**]; (b) *(retor. t.t.) amputata loqui* in korte zinnen spreken.

Ampycus, ī *m*
1. *zanger en priester v. Ceres;*
2. *een v.d. Lapithen, zoon v. Pelias, vader v.d. ziener Mopsus;* — *patron.* **Ampycidēs,** ae *m* Mopsus.

amulētum *en* **amolētum,** ī *n (Gr. leenw.)* amulet.

Amūlius, ī *m koning v. Alba Longa, door Romulus en Remus gedood.*

amurca, ae *f (Gr. leenw.) (preklass.; poët.) waterig vocht, bijproduct v.d. olijfolie.*

amussis, is *f (acc. -im) (niet-klass.)* timmermansliniaal; ▸ *ad amussim* nauwkeurig, precies.

amus(s)ium, ī *n (archit.)* plaat *(om de vlakheid v.e. oppervlak te bepalen).*

Amyclae, ārum *f*
1. *stad in Laconië, geboorteplaats v.d. Dioscuren, Helena en Clytaemnestra, nu* Amykles; — *adj.* **Amyclaeus,** a, um Laconisch: *fratres Amyclaei* = de Dioscuren;
2. *stad in Latium tussen Caieta en Terracina;* — *adj.* **Amyclānus,** a, um [**sinus** de baai v. Caieta].

Amyclīdēs, ae *m zoon v. Amyclas, de stichter v. Amyclae in Laconië* = Hyacinthus.

Amycus, ī *m zoon v. Neptunus, koning v. Bithynië (Klein-Azië).*

amygdalinus, a, um *(amygdala) (postklass.)* van de amandel.

amygdalum, ī *n en* **-a,** ae *f (Gr. leenw.)*
1. amandel(pit);
2. amandelboom.

amylum, ī *n (Gr. leenw.) een fijn soort zetmeel.*

Amȳmōnē, ēs *f*
1. *dochter v. Danaüs en Europa;*
2. *bron en beekje in Argolis.*

Amyntōr, oris *m koning v.d. Dolopes;* — *patron.* **Amyntoridēs,** ae *m* Phoenix, *zoon v. Amyntor.*

amystis, idis *f (Gr. leenw.) (Hor.)* het in één teug leegdrinken v.e. (drink)beker.

an-[1] *zie ambi.*

an[2] *vraagpartikel*
I. *in zelfstandige vraagzinnen*
1. *in keuzevragen:* of (of niet *an non*); ▸ *maneam an abeam?;*
2. *in ja/nee-vragen* (a) *ter bevestiging v.e. voorafgaande bewering:* of . . . soms; ▸ *necesse est cum Arvernis nos coniungere; an dubitamus* (of twijfelen we er soms aan, of moeten we er soms aan twijfelen), *quin Romani iam ad nos interficiendos concurrant?;* (b) *om een voorafgaande vraag nader te preciseren:* toch zeker, zeker; ▸ *quidnam beneficiis provocati facere debemus? an* (toch zeker) *imitari agros fertiles?;*
II. *in afhankelijke vraagzinnen*
1. *in keuzevragen:* of (of niet *necne*); ▸ *permultum interest, utrum perturbatione animi an consulto fiat iniuria* het maakt een zeer groot verschil, of onrecht in een toestand v. verwarring of met voorbedachten rade gepleegd wordt;
2. *in ja/nee-vragen:* of niet *(of an non), alleen in uitdr. als: haud scio, nescio, dubito, incertum est an;* ▸ *haud scio, an erres* ik weet niet, of je je niet vergist = ik denk dat je je wel vergist = misschien, vermoedelijk vergis je je; *nescio an non*

veniat ik weet niet, of = misschien niet = waarschijnlijk niet.

anabathra, ōrum *n (Gr. leenw.) (Juv.)* verhoogde zitplaats.

Anacreōn, ontis *m Gr. lyrische dichter uit Teos in Ionië (midden 6e eeuw v. Chr.).*

Anactorium, ī *n voorgebergte en stad aan de Ambracische baai.*

anadēma, atis *n (Gr. leenw.) (Lucr.)* hoofdband *(v. vrouwen),* haarband.

anaglypta, ōrum *n (Gr. leenw.) (Plin. Mai.; Mart.)* geciseleerd werk, reliëfs.

Anāgnia, ae *f stad in Latium, ten O. v. Rome, in het gebied v.d. Hernici, nu Anagni; — adj.* **Anāgnīnus,** a, um; *— inw.* **Anāgnīnī,** ōrum *m;* — **Anāgnīnum,** ī *n (vul aan: praedium) landgoed v. Cicero bij Anagnia.*

anagnōstēs, ae *m (Gr. leenw.)* voorlezer.

analecta, ae *m (Gr. leenw.) (postklass.)* slaaf die de kruimels v.d. maaltijd opraapt.

analectris, idis *f (Gr. leenw.) (Ov.)* schoudervulling.

analogia, ae *f (Gr. leenw.)*
1. gelijke verhouding, proportie;
2. *(gramm. t.t.)* gelijkmatigheid, analogie;
3. *(retor. t.t.)* eenheid in de weergave.

analogicus, a, um *(analogia)* met betrekking tot de analogie.

anancaeum, ī *n (Gr. leenw.) (preklass.)* grote *drinkbeker, die bij het tegen elkaar op drinken in één keer leeggedronken moest worden.*

anapaestum, ī *n (anapaestus; vul aan: carmen)* gedicht in anapesten.

anapaestus, a, um *(Gr. leenw. 'teruggeslagen, omgekeerd')* anapestisch; **pēs anapaestus** *en* **anapaestus,** ī *m de versvoet* anapest (◡◡— *omgekeerde dactylus).*

Anaphē, ēs *f vulkanisch eiland dat deel uitmaakt van de Sporaden, nu Anafi.*

Anāpus, ī *en* **-pis,** is *m rivier bij Syracuse, nu de* Anapo.

Anartēs, ium *m volksstam in Dacië bij de rivier de Tisza.*

anas, anatis *(en* anitis) *f* eend.

Anās, ae *m rivier in het zuidwesten van Spanje, nu de* Guadiana.

anathēma[1]**,** atis *n (Gr. leenw.) (eccl.)* wijgeschenk.

anathema[2]**,** atis *n (Gr. leenw.) (eccl.)*
1. (a) vervloeking; (b) *(meton.)* vervloekte;
2. (a) kerkban; (b) *(meton.)* geëxcommuniceerde.

anathȳmiāsis, is *f (Gr. leenw.) (postklass.)* opstijgende dampen.

anaticula, ae *f (demin. v. anas)* eendje; *bij Plaut. als koosnaam.*

anatīnus, a, um *(anas) (Plaut.)* eenden-; *— subst.* **anatīna,** ae *f (vul aan: caro) (Petr.)* eendenvlees.

anatocismus, ī *m (Gr. leenw.)* rente op rente.

Anaxagorās, ae *m Gr. filosoof uit Clazomenae (ca. 500—428 v. Chr.), vriend en leraar v. Pericles en Euripides.*

Anaxarchus, ī *m Gr. filosoof uit Abdera, begeleider v. Alexander de Grote op diens veldtochten.*

Anaximander, drī *m Gr. natuurfilosoof uit Milete (ca. 610—547 v. Chr.), leerling v. Thales.*

Anaximenēs, is *m Gr. natuurfilosoof uit Milete (gest. ca. 530 v. Chr.).*

an-ceps, *gen.* cipitis *(amb en caput)*
1. met twee hoofden [**Ianus**]; *(poët.)* met twee toppen [**mons**];
2. aan twee kanten snijdend [**securis; ferrum**];
3. van twee kanten, dubbelzijdig, aan beide zijden, tweevoudig, dubbel; ▸ *~ hostis urget; munimenta ancipitia* naar twee kanten verdedigbaar; *periculum ~;*
4. *(metaf.)* weifelend, besluiteloos, radeloos; onzeker [**proelium; fortuna belli**]; ▸ *ancipiti Marte pugnare* onbeslist;
5. ambigu, voor tweeërlei uitleg vatbaar, dubbelzinnig [**oraculum; sententia**];
6. onzeker, onbetrouwbaar [**fides**];
7. gevaarlijk, riskant; ▸ *eos revocare anceps erat; ancipites viae (maris); morbus ~; — subst. neutr.* hachelijke, gevaarlijke situatie: *in ancipiti esse* zich in een netelige positie bevinden; *inter ancipitia* in gevaar.

Anchīsēs, ae *m Trojaanse vorst, vader v. Aeneas; — adj.* **Anchīsēus,** a, um *van Anchises; — patron.* **Anchīsiadēs,** ae *m Aeneas.*

ancīle, is *n (gen. plur. ook ancīliōrum)* heilig schild, *ttv. Numa uit de hemel gevallen; poët. alg.* schild.

ancilla, ae *f* slavin, dienares.

ancillāriolus, ī *m (ancilla) (postklass.)* iem. die slavinnetjes achternazit, rokkenjager.

ancillāris, e *(ancilla)* behorend bij een slavin, van een slavin, slavinnen-.

ancillor, ancillārī *als slavin dienen.*

ancillula, ae *f (demin. v. ancilla)* slavinnetje.

ancipes = *anceps.*

ancīsus, a, um *(amb en caedo) (Lucr.)* in stukken gehakt.

ancōn, ōnis *m (Gr. leenw.) (postklass.)* elleboog,

hoek (*gebruikt voor diverse instrumenten*).

Ancōn, ōnis *en* **Ancōna,** ae *f stad in Picenum aan de Adriatische Zee, kolonie v. Syracuse, nu* Ancona; — *inw.* **Ancōnitānus,** ī *m.*

ancora, ae *f* (*Gr. leenw.*) anker; ▸ *-am iacere en ponere* (*poët.*: *figere en pangere*) voor anker gaan, *metaf.* ophouden; *-am tollere* het anker lichten, *metaf.* weggaan; *consistere ad -am* voor anker liggen.

ancorāle, is *n* (*ancora*) ankerkabel.

ancorārius, a, um (*ancora*) anker-.

Ancus Mārcius, ī *m legendarische vierde koning v. Rome.*

Ancȳra, ae *f stad in Galatia, nu Ankara; beroemd is een daar ontdekte inscriptie, een kopie v.d. Res Gestae v. keizer Augustus: het Monumentum Ancyranum.*

andabata, ae *m* (*Kelt. leenw.*) gladiator met een helm zonder kijkgat, met gesloten vizier.

Andania, ae *f stad in Messenië in Griekenland.*

Andecāvī, ōrum *m* (= **Andēs,** ium *en* **Andī,** ōrum *m*) *volksstam in het gebied v.d. benedenloop v.d. Loire* (*het huidige Anjou*).

Andēs[1] *zie Andecavi.*

Andēs[2], ium *f geboorteplaats v. Vergilius, in de buurt v. Mantua.*

Andī, ōrum *m zie Andecavi.*

andrachlē *en* **andrachnē,** ēs *f* (*Gr. leenw.*)
1. *soort boom, lijkend op de aardbeiboom;*
2. postelein.

Andrius, a, um *zie Andros.*

Androgeōs, -eus, ī *en* **-eōn,** ōnis *m zoon v.d. Kretenzische koning Minos en Pasiphaë;* — *adj.* **Androgeōnēus,** a, um.

androgynus, ī *m* (*Gr. leenw.*) hermafrodiet.

Andromachē, ēs en **-a,** ae *f uit Cilicië afkomstige echtgenote v. Hector, na de verovering v. Troje gevangene v. Pyrrhus; ook de titel v.e. tragedie v. Ennius.*

Andromeda, ae en **-ē,** ēs *f dochter v.d. Ethiopische koning Cepheus en Cassiope; Perseus redde haar van een zeemonster, voor wie zij als prooi was bestemd, en werd haar echtgenoot; ze werd na haar dood als sterrenbeeld aan de hemel geplaatst.*

andrōn, ōnis *m* (*Gr. leenw.* 'mannenvertrek') (*postklass.*) (*bij de Rom.*) gang (*tussen twee huizen, binnenplaatsen of tuinen*).

Andronīcus, ī *m Livius* ~ *uit Tarente* (*ca. 240 v. Chr.*), *door krijgsgevangenschap slaaf, vervolgens vrijgelatene v. M. Livius Salinator; hij was de eerste Rom. dichter; eerste opvoering v.e. toneelstuk in Rome: 240 v. Chr.*

andrōnītis, idis *f* (*Gr. leenw.*) mannenvertrek.

Andros *en* **Andrus,** ī *f het noordelijkste eiland v.d. Cycladen in de Egeïsche Zee;* — *adj. en inw.* **Andrius,** a, um *resp.* ī *m.*

ānellus, ī *m* (*demin. v. anulus*) ringetje.

anemōnē, ēs *f* (*Gr. leenw.*) (*botan.*) *een soort anemoon.*

Anemūrium, ī *n voorgebergte en stad in Cilicië, nu* Anamur; — *adj.* **Anemūriēnsis,** e.

aneō, anēre, — — (*anus*[1]) (*Plaut.*) beven als een oud vrouwtje, zwak zijn van ouderdom.

anēsum *en* **-īsum,** ī *m* (*Gr. leenw.*) anijs(plant).

anēthum, ī *n* (*Gr. leenw.*) (*poët.; postklass.*) dille.

anetīnus, a, um = *anatinus.*

ān-frāctum, ī *n* (*frango*) (*preklass. voor het klass. anfractus, us m*) kromming.

ān-frāctus, ūs *m* (*frango*)
1. bocht, kromming [**viarum; litorum; solis** kringloop];
2. (*retor.*) wijdlopigheid;
3. (*jur.*) ingewikkeldheid [**iudiciorum**].

angāriō, angāriāre (*Gr. leenw.*) (*jur. en eccl.*) dwingen dienst te nemen.

angelicus, a, um (*angelus*) (*eccl.*)
1. bode-;
2. engelen-.

angellus, ī *m* (*demin. v. angulus*) (*Lucr.*) hoekje.

angelus, ī *m* (*Gr. leenw.*) (*postklass.; eccl.*) bode, *ihb.* boodschapper v. God, engel.

Angerōna *en* **-ōnia,** ae *f Romeinse godin, afgebeeld met dichtgebonden mond* ;— **Angerōnālia,** ium *n feest ter ere v.d. godin Angerona* (*21 december*).

angina, ae *f* (*ango*) keelontsteking.

angi-portum, ī *n en* **-us,** ūs *m* (*ango en portus*) steegje.

Angitia, ae *f godin v.d. geneeskunde bij de Marsi.*

Angliī, ōrum *m* de Angelen, *Germ. stam in het huidige Sleeswijk.*

angō, angere, (ānxī), —
1. benauwen, beklemmen, samenknijpen, dichtdrukken, wurgen;
2. (*metaf.*) beangstigen, kwellen, verontrusten; *pass. angi* zich zorgen maken (*animi en animo*) (*over, wegens: abl.; de*); ▸ *cura angit hominem; multa sunt, quae me sollicitant anguntque.*

angor, ōris *m* (*ango*)
1. benauwdheid; ▸ *aestu et angore vexata;*
2. angst, ongerustheid; *plur.* melancholie; ▸ *animus omni liber curā et angore.*

Angrivariī, ōrum *m Germ. volksstam bij de rivier de Wezer.*

angui-comus, a, um (*anguis en coma*) (*poët.*) met

slangenhaar [**Gorgo**].
anguiculus, ī *m* (*demin. v. anguis*) slangetje.
angui-fer, fera, ferum (*anguis en fero*) (*poët.*) slangendragend.
angui-gena, ae *m en f* (*anguis en gigno*) (*Ov.*) nakomeling(e) v.e. draak *of* v.e. slang.
anguilla, ae *f* (*anguis*) aal.
angui-manus, ūs (*anguis*) (*Lucr.*) met slangenhanden, -armen (*v. olifanten, vanwege de buigzaamheid v. hun slurf*).
anguineus *en* **anguīnus,** a, um (*anguis*)
1. slangen- [**capilli**];
2. (*eccl.*) duivels.
angui-pēs, *gen.* pedis (*anguis*) (*Ov.*) slangvoetig (*v. giganten*).
anguis, is *m en f*
1. slang; *sprw. v. dreigend gevaar* [**frigidus latet ~ in herba**] *en v. iets gehaats* [**alqm odisse aeque atque angues**];
2. (*als sterrenbeeld*) (a) Draak; (b) Slang; (c) Hydra.
angui-tenēns, tenentis *m* (*anguis en teneo*) Slangendrager (*een sterrenbeeld*).
angulāris, e (*angulus*) hoekig, hoek-.
angulātim *adv.* (*angulus*) (*postklass.*) in alle uithoeken.
angulātus, a, um (*angulus*) hoekig.
angulōsus, a, um (*angulus*) (*postklass.*) met veel hoeken.
angulus, ī *m* (*ango*)
1. hoek;
2. (*metaf.*) uithoek, afgelegen plek; ▸ *in ullo -o Italiae*;
3. (*math.*) hoek [**obtusus** stompe].
angustiae, ārum (*zelden sg.* **-a,** ae) *f* (*angustus*)
1. engte, nauwheid, smalheid [**loci; itineris; viarum; fretorum**]; *abs.* bergpas;
2. (*temporis*) kortheid; *abs.* korte tijd;
3. (*metaf.*) (a) gebrek, tekort, armoede [**pecuniae; aerarii; rei familiaris; rei frumentariae**]; (b) nood, moeilijkheid, verlegenheid [**famis** hongersnood]; ▸ *in -is esse*;
4. (*pectoris*) bekrompenheid;
5. (*verborum*) spitsvondigheid, haarkloverij.
angusti-clāvius, a, um (*angustus en clavus*) (*Suet.*) met een smalle purperen rand aan de tunica, *waarmee pleb. krijgstribunen zich van de ridders (laticlavii) onderscheidden.*
angustō, angustāre (*angustus*)
1. vernauwen;
2. (*metaf.*) in-, beperken [**gaudia; patrimonium**].
angustus, a, um (*ango*)
1. (*v. plaats*) nauw, smal [**pons; fenestra; via**]; — *subst.* **angustum,** ī *n* (a) engte, kleine ruimte: *angusta viarum*; (b) (*metaf.*) *in angustum concludere, adducere, deducere* in-, beperken;
2. (*v. vormen*) smal [**sagitta** met dunne punt; **habenae** strak aangetrokken];
3. (*v. tijd*) beperkt, kort [**nox; dies**];
4. (a) (*v. bezit*) karig, beperkt, schaars, gering [**res frumentaria**]; (b) (*v. levensomstandigheden*) benard, moeilijk; — *subst.* **angustum,** ī *n* benarde positie, moeilijkheid, nood; ▸ *spes est in angusto* er is weinig hoop;
5. bekrompen; ▸ *animi -i est* het getuigt van bekrompenheid;
6. kort, beknopt.
anhēlātiō, ōnis *f* (*anhelo*) het hijgen, ademnood.
anhēlitus, ūs *m* (*anhelo*)
1. (a) het hijgen; (b) adem(tocht);
2. uitwaseming, damp.
an-hēlō, hēlāre (*halo*)
I. *intr.*
1. moeizaam ademen, hijgen, snuiven;
2. (ver)dampen; ▸ *amnis vapore anhelans* dampend door de hitte v.d. zon;
II. *tr.*
1. uitblazen [**ignes; frigus** uitademen];
2. (*metaf.*) snakken naar [**scelus**].
anhēlus, a, um (*anhelo*) (*poët.*)
1. briesend, hijgend [**equi; senes**];
2. benauwdheid veroorzakend [**tussis; cursus**].
Anicius, a, um *naam v.e. uit Praeneste afkomstige Rom. gens*: L. ~ Gallus, *de eerste consul uit deze gens in 160 v. Chr.*; — **Aniciānus,** a, um [**nota (vini)** type wijn uit het jaar waarin Anicius consul was, *dat (blijkens Cicero) als beroemd wijnjaar te boek stond*].
anicula, ae *f* (*demin. v. anus*[1]) oud vrouwtje.
Aniēn, Aniēnsis *en* **Aniēnus** *zie Anio.*
anīlis, e (*anus*[1]) eigen aan oude vrouwen [**superstitio; fabellae** baker-, oudewijvenpraatjes].
anīlitās, ātis *f* (*anilis*) (*Catull.*) hoge leeftijd (*v. vrouwen*).
anima, ae *f* (*eccl. dat., abl. plur. ook animabus*)
1. (a) luchtstroom, wind; (b) lucht;
2. adem(tocht); ▸ *-am ducere* ademhalen; *-am continere* de adem inhouden;
3. ziel, leven(skracht); ▸ *-am efflare* (*of exspirare, edere*) de laatste adem uitblazen, sterven; *-am agere* op sterven liggen;
4. (*meton.*) bezield wezen;

5. *plur.* zielen v.d. overledenen, schimmen, geesten;
6. geest, denkvermogen;
7. *(als koosnaam)* hartje; ▸ *vos, meae carissimae -ae.*

animadversiō, ōnis *f (animadverto)*
1. opmerkzaamheid, aandacht; waarneming;
2. (a) berisping, terechtwijzing; (b) straf [**capitalis** *of* **capitis** doodstraf].

animadversor, ōris *m (animadverto)* waarnemer.

anim-advertō, advertere, advertī, adversum *(arch.:* -vortō, vortere, vortī, vorsum) *(< animum adverto)*
1. de gedachten, aandacht richten op, letten op, acht slaan op *(m. afh. vr.; ut; ne)*;
2. aandacht schenken aan, (be)merken, waarnemen, zien, inzien *(m. acc.; aci.; afh. vr.)*;
3. (a) terechtwijzen, berispen *(alqd; in alqm)*; (b) (be)straffen *(alqd)*, optreden tegen *(in alqm)* [**peccata; in complures nobiles; gladio** met de dood door het zwaard straffen].

animal, ālis *n (anima)* levend wezen, schepsel; dier, beest.

animālis, e *(anima)*
1. luchtig, van lucht;
2. (a) *(pass.)* bezield, levend(ig) [**corpora**]; (b) *(act.)* verkwikkend [**cibus**].

animāns, *gen.* antis *(animo)*
I. *adj.* bezield, levend(ig) [**imagines**];
II. *subst. m, f, in plur. ook n* levend wezen, schepsel; ▸ *animantia omnia; pestifera animantia.*

animātiō, ōnis *f (animo)* levend wezen, schepsel.

animātus[1], a, um *(p. adj. v. animo)*
1. bezield, levend;
2. gezind, gestemd *(jegens: erga; in m. acc.)* [**bene**];
3. moedig, onbevreesd, dapper.

animātus[2], ūs *m (animo) (Plin. Mai.)* het ademen; ▸ *animatu carere* niet ademen.

animō, animāre
1. *(vgl. anima)* leven inblazen, bezielen; ~ *in m. acc.* opwekken tot, in iets levends veranderen [**guttas in angues**];
2. *(vgl. animus)* opmonteren, aanmoedigen [**acrius**].

animōsitās, ātis *f (animosus) (Laatl.)*
1. dapperheid, moed;
2. verbittering, woede.

animōsus, a, um *(animus)*
1. moedig; ▸ *fortis et ~ vir;*
2. driftig, onstuimig, heftig, hartstochtelijk;
3. *(v. wind)* stormachtig [**Euri**];
4. trots *(op: abl.)* [**spoliis**]; ▸ *mater vobis -a creatis* trots dat ze jullie gebaard heeft.

animula, ae *f (demin. v. anima)*
1. zieltje;
2. een beetje leven.

animulus, ī *m (demin. v. animus) (Plaut.) (als koosnaam)* schatje.

animus, ī *m*
1. (a) geest, denkvermogen; ▸ *alqd -o concipere* zich voorstellen; *-os adhibete* let op; *-um advertere (appellere)* de aandacht richten op; (b) gedachten; ▸ *-o (-is) adesse* er met de gedachten bij zijn; *habere -um in armis* alleen aan oorlog denken; *rem -o praecipere (fingere)* zich in gedachten voorstellen;
2. (a) ziel, hart, gemoed, gevoel; ▸ *aequo -o* kalm, gelaten; *iniquo -o* met tegenzin; *uno -o* eensgezind; (b) *ter omschrijving v. personen: animi civium = cives;*
3. *(Cic.)* levenskracht, leven; ▸ *~ spirabilis;*
4. (a) stemming, gezindheid, instelling; ▸ *bono (alieno, inimico) -o esse in alqm;* (b) aard, karakter [**magnus** *(of* **altus**) edel; **ingens** heroïsch; **parvus** kleingeestig; **laetus; apertus et simplex** openhartig en oprecht];
5. energie, moed, (zelf)vertrouwen; ▸ *alci -um (of -os) facere (of addere)* iem. bemoedigen; *-um sumere* moed vatten; *crevit Romanis ~ ; magnus mihi ~ est (m. aci.)* ik heb het volste vertrouwen; *bono -o esse* vol goede moed zijn; *in re mala -o bono uti* zich groot houden;
6. hoogmoed, trots, overmoed *(vaak plur.)*;
7. woede, drift *(gew. plur.)*; ▸ *vince -os iramque tuam; alcis -os retardare;*
8. genoegen, plezier; ▸ *-i causā (of gratiā)* voor het plezier, voor de grap;
9. wil, wens, verlangen, voornemen, bedoeling; ▸ *di immortales -um suum nobis ostenderunt* hun wil; *in -o habeo of in -o mihi est* ik ben van plan;
10. oordeel, overtuiging, mening; ▸ *meo -o* naar mijn mening; *incertus (dubius) -i;*
11. bewustzijn, kennis; ▸ *~ alqm relinquit; ~ rediit;*
12. geheugen; ▸ *ex -o effluere (of excidere)* uit het geheugen verdwijnen; *-is dicta figere* in het geheugen prenten.

Aniō en **Aniēn,** Aniēnis *m grensrivier tussen Latium en het gebied v.d. Sabijnen, zijrivier v.d. Tiber, nu de Aniene;* — *adj.* **Aniēnsis,** e *en* **Aniēnus,** a, um.

aniticula, ae *f (demin. v. anas)* eendje.

anitis *gen. v. anas.*

Anius, ī *m priester v. Apollo en koning op Delos.*

Anna, ae *f*

1\. *zuster v.* Dido;

2\. **Anna Perenna** Oudital. *godin v.h. voorjaar, wier feest in Rome op 15 maart gevierd werd.*

annālis, e *(annus)* jaar-; ▸ *lex* ~ wet mbt. de minimumleeftijd bij kandidaatstelling voor een functie; — *subst. plur.* **annālēs,** ium *m (vul aan:* libri*)* annalen, kronieken, jaarboeken, *waarin de belangrijkste gebeurtenissen v.h. jaar opgeschreven werden; in het begin door de pontifices bijgehouden (vd. annales pontificum of annales maximi genoemd); de eerste Rom. geschiedschrijvers (annalisten) namen deze vorm v. berichtgeving per jaar over, vd. alg.* geschiedkundig werk, geschiedenis, geschiedkundige verhandelingen, *waarin de stof met inachtneming v.d. chronologie jaar voor jaar behandeld wordt;* — **Annālēs,** ium *m het epos v.* Ennius.

an-natō, natāre zwemmen naar *(m. ad; dat.).*

an-nāvigō, nāvigāre *(*Plin. Mai.*)* zeilen naar, per schip naderen.

anne = *an*[2].

an-nectō, nectere, nexuī, nexum *(m. ad; dat.)*

1\. aanbinden, -knopen, -hechten; ▸ *stomachus ad linguam annectitur; cadavera saxis annexa; epistulas pedibus columbarum* ~;

2\. verbinden met, vastknopen aan, samenvoegen met [**rebus praesentibus futuras; insulas continenti**]; *pass.* samenhangen;

3\. *aan een familie* verbinden; ▸ *magnis domibus annexa;*

4\. *(mondel. of schriftel.)* toevoegen.

an-nepōs, ōtis *m (jur.)* achterachterachterkleinzoon.

an-neptis, is *f (jur.)* achterachterachterkleindochter.

annexus, ūs *m (annecto) (*Tac.*)* verbintenis, connectie; ▸ *Cremona annexu conubiisque gentium adolevit floruitque.*

anniculus, a, um *(annus)* eenjarig, één jaar oud [**taurus; aper**].

anni-fer, fera, ferum *(annus en fero) (*Plin. Mai.*)* het hele jaar door vruchten dragend.

an-nītor, nītī, nīxus *en* nīsus sum

1\. steunen op, leunen tegen *(m. dat.; ad);* ▸ *annixi hastis; hasta annixa columnae; Latona oleae annisa;*

2\. zich inspannen, moeite doen *(m. de; ad m. gerundivumconstructie; pro; adversus* strijden tegen; *ut m. conj.; postklass. m. inf.)* [**de triumpho; ad ea patranda; summo studio ad augendam liberi populi maiestatem**].

Annius, a, um *naam v.e. Rom. pleb. gens:* T. ~ Milo *zie* Milo; — *adj.* **Anniānus,** a, um.

anniversārius, a, um *(annus en verto)* ieder jaar terugkerend, jaarlijks [**sacra; dies festi; arma** gevechten]; — *subst.* **anniversāria,** ōrum *n* jaarlijkse herdenkingsdagen.

an-nō, nāre

1\. (a) ergens naartoe zwemmen *(abs.; m. ad; dat.; acc.)* [**ad litus; insulae; naves**]; (b) varen naar [**ad urbem**];

2\. *(*Tac.*)* zwemmen naast *(m. dat.);* ▸ *equites annantes equis.*

an-nōdō, nōdāre *(botan.)* snoeien.

an-nōminātiō, ōnis *f (retor.)* woordspeling.

annōn = *an non.*

annōna, ae *f (annus)*

1\. jaarlijkse opbrengst *(ihb. v. graan),* (graan)oogst;

2\. (a) graantoevoer; (b) *(meton.)* graan, *alg.* levensmiddelen; ▸ *-ae pretium; urbis annonaeque cura; -ae caritas* duurte;

3\. (a) graanprijs, *alg.* prijs v. levensmiddelen; ▸ *-am levare (laxare)* de prijs verlagen; *-ae varietas* fluctuatie; ~ *salaria* prijs v.h. zout; ~ *vini;* (b) hoge marktprijs; schaarste aan graan, duurte, tekort; ▸ *-ā premente; acri -ā fatigari;*

4\. *(milit. t.t. uit de keizertijd)* rantsoen.

annōsus, a, um *(annus)* hoogbejaard [**mater**], (zeer) oud [**vinum; arbor**].

annotāmentum, ī *n (postklass.)* aantekening.

annotātiō, ōnis *f (annoto) (postklass.)* aantekening, notitie.

annotātiuncula, ae *f (demin. v. annotatio) (postklass.)* aantekeningetje.

annotātor, ōris *m (annoto) (*Plin. Min.*)* observeerder.

annōtinus, a, um *(annus)* van het vorige jaar.

an-notō, notāre

1\. (a) aantekenen, registreren; schriftelijke opmerkingen maken; (b) *(librum)* een boek van aantekeningen, opmerkingen voorzien;

2\. opmerken, waarnemen;

3\. *(jur. t.t.)* noteren, registreren voor een bepaalde bestraffing.

an-nuī *pf. v. annuo.*

an-numerō, numerāre

1\. tellen bij, erbij rekenen *(m. dat.; in m. abl.; inter)* [**alqm his duobus; alqm in vatibus et Faunis; servos inter urbanos**];

2\. toedelen, uitbetalen [**pecuniam**].

annūntiātiō, ōnis *f* (*annuntio*) (*eccl.*) verkondiging.

annūntiātor, ōris *m* (*annuntio*) (*eccl.*) verkondiger.

an-nūntiō, nūntiāre aan-, verkondigen, berichten.

an-nuō, nuere, nuī, —
1. toeknikken, een wenk geven;
2. (a) (*door te knikken*) toestemmen, ja zeggen, goedkeuren; (b) toestaan dat (*m. ut en conj. of m. inf.*);
3. toezeggen, beloven;
4. (*door te knikken*) aanwijzen.

annus, ī *m*
1. jaar; ▸ *ineunte -o, principio* (*initio*) *-i* aan het begin v.h. jaar; *-o exeunte* (*extremo*) aan het eind v.h. jaar; *omnibus -is* ieder jaar; *tempus -i* seizoen; *plur.* ook (*poët.*) tijden: *nati melioribus -is*; — *adverbiale gebruikswijzen*: *anno* vorig jaar (*Plaut.*); gedurende een jaar (*Liv.*); *in anno* (*niet-klass. anno*) jaarlijks: *consules anno creare*; *bis, ter in anno*; *tribus in anno diebus*; *annum* een jaar lang; *in annum* voor een jaar; *in annos* voor jaren; *ad annum* volgend jaar; *ante annum* een jaar geleden; *intra annum* binnen een jaar; *ad decem annos* over tien jaar;
2. levensjaar; ▸ *puer novem -orum*; *-um decimum agere* negen jaar oud zijn; *plur.* vaak (*poët.*) (hoge) leeftijd; ▸ *-i iuveniles*;
3. ambtsjaar; ▸ *prorogare -um*;
4. jaargetijde [**formosissimus** (*v.h. voorjaar*); **pomifer** herfst; **hibernus; frigidus**];
5. (*meton.*) jaaropbrengst, oogst; ▸ *exspectare -um*.

an-nūtō, nūtāre (*intens. v. annuo*) (*pre- en postklass.*) toeknikken.

an-nūtriō, nūtrīre (*Plin. Mai.*) laten groeien tegenop (*m. dat.*) [**arboribus vites**].

annuus, a, um (*annus*)
1. een jaar durend, beperkt tot een jaar, voor een jaar [**magistratus; oppugnatio**];
2. jaarlijks, ieder jaar terugkerend [**sacra; sollemnia; frigorum et calorum varietates**]; — *subst.* **annuum,** ī *n* (*postklass.*) jaarlijkse betaling.

anōmalia, ae *f* (*Gr. leenw.*) (*gramm. t.t.*) onregelmatigheid, anomalie.

an-quīrō, quīrere, quīsīvī, quīsītum (*quaero*)
1. in de rondte zoeken [**ad vivendum necessaria**];
2. onderzoeken, navorsen (*m. acc.*; *de*; *afh. vr.*; *neg. m. quin*); ▸ *mens semper alqd aut anquirit aut agit*;
3. (*jur. t.t.*) (a) een onderzoek naar een misdaad instellen; (b) een straf vorderen [(*de straf*: *abl. of gen.*) **capite** *en* **capitis** doodstraf; **pecunia**; (*de reden v.d. bestraffing*: *de*) **de perduellione**].

anquīsītiō, ōnis *f* (*anquiro*) (*preklass.*) (*jur. t.t.*) strafvordering.

ānsa, ae *f*
1. handvat, oor [**poculi**]; lus, oog;
2. (*metaf.*) aanknopingspunt, aanleiding, gelegenheid (*tot*: *gen. of ad*); ▸ *-am quaerere*; *sermonis -as dare*.

ānsātus, a, um (*ansa*) (*preklass.*) van een handvat *of* hengsel *of* van twee hengsels voorzien; ▸ *scherts.* (*Plaut.*): *quis hic* ~ *ambulat* met de handen in de zij.

ānser, eris *m* (*zelden f*) gans.

ānserīnus, a, um (*anser*) (*postklass.*) ganzen-.

ānsula, ae *f* (*demin. v. ansa*) (*postklass.*) handvat; lusje; kram.

antae, ārum *f* vierkante pilaar, pilaster.

Antaeus, ī *m een Libische gigant, zoon v.d. god v.d. zee Poseidon* (*Neptunus*) *en Gaia* (*aarde*); *het aanraken v. zijn moeder, de aarde, verleende hem telkens nieuwe kracht; Hercules overwon hem in een worsteling, waarbij hij hem in de lucht hief en dooddrukte.*

Antandros (-us), ī *f stad aan zee in Mysië in Kl.-Azië aan de voet v.d. berg Ida*; — *adj.* **Antandrius,** a, um uit Antandrus.

antārius, a, um (*postklass.*) van voren steunend, voor-.

ante
I. *adv.*
1. (*v. plaats*) (a) vooraan [**pugnare**]; (b) naar voren, voorwaarts [**ingredi**];
2. (*v. tijd*) vroeger, tevoren, . . . geleden (*waarbij de preciezere tijdsaanduiding in de abl. staat*); ▸ *multis ante saeculis*; *paucis ante annis*; *ook in comb. m. adverbia*: *longe ante*; — *vaak volgt quam op ante, waarmee het soms tot antequam verbonden wordt* voordat: *ut te ante videret quam a vita discederet*; *veniam ante quam plane ex animo tuo effluo* ik zal komen voordat je me helemaal vergeten bent;
3. (*in een opsomming*) eerst; ▸ *ante . . ., deinde . . ., tum*;
II. *prep. m. acc.* voor
1. (*v. plaats*) ▸ *ante oculos omnium* voor ieders ogen; ~ *oppidum*; ~ *aram statuere*; *alqm vinctum* ~ *se agere*;
2. (*v. tijd*) ▸ ~ *lucem*; ~ *hunc diem*; ~ *bru-*

mam; m. tijdsadv.: *multo* ~ *noctem*; ~ *rem* voor de strijd; ~ *annum* een jaar geleden; ~ *id tempus* tot die tijd; ~ *tempus* voortijdig; *a.d. V. Kal. Febr.* (= *ante diem quintum Kalendas Februarias*) 28 januari;
3. (*ter aand. v. prioriteit, v.e. hogere plaats in een rangorde*) ▸ ~ *alqm of alqd esse* overtreffen; ~ *Iovem haberi* beter geacht worden dan Jupiter; ~ *omnes*; ~ *ceteros*;
III. *prefix*
1. (*v. plaats*) vooraan [**antefixus**], voor- [**antecedo**];
2. (*v. tijd*) voor- [**antemeridianus**];
3. (*ter aand. v. prioriteit en v. voorrang*) over- [**antecello**].

anteā *adv.* (*ante en eā*) vroeger, tevoren.

ante-ambulō, ōnis *m* (*postklass.*) *een slaaf die voor een voornaam persoon uit liep om ruim baan voor hem te maken.*

ante-canem *indecl.* de Kleine Hond (*sterrenbeeld, voorbode v.d. Grote Hond, Sirius*).

ante-capiō, capere, cēpī, captum *en* ceptum
1. van tevoren *of* vooraf grijpen, innemen, bezetten [**pontem**];
2. anticiperen;
3. van tevoren *of* vooraf zorgen voor (*m. acc.*) [**quae bello usui sunt**];
4. vlugger zijn dan, voor zijn [**noctem; tempus**];
5. (*filos. t.t.*) ▸ *antecepta animo rei informatio* een a priori begrip.

antecēdēns, entis (*p. adj. v. antecedo*)
1. voor-, voorafgaand; ▸ *antecedente operis parte; hora* ~; *annus* ~;
2. (*filos. t.t.*) *causa* ~ *en subst. neutr. sg. en plur.* iets dat voorafgaat en de oorzaak is van.

ante-cēdō, cēdere, cessī, cessum (*m. acc.; dat.*)
1. (*v. plaats en v. tijd*) vooraf-, voorgaan; ▸ *gregem* ~; *stellae tum antecedunt, tum subsequuntur; alci aetate* ~;
2. voor zijn, eerder zijn dan, passeren [**nuntios**];
3. overtreffen, beter zijn (*door, in: abl.*) [**virtute regi; alqm scientiā; fidem** te boven gaan].

ante-cellō, cellere, — — (*celsus*) uitsteken boven, uitmunten, uitblinken boven, overtreffen (*m. dat.; postklass. m. acc.; in: abl.; in m. abl.*) [**ceteris eloquentiā**].

antecēnium, ī *n* (*cena*) (*Apul.*) vroege maaltijd.

ante-cēpī *pf. v. antecapio.*

ante-cessī *pf. v. antecedo.*

antecessiō, ōnis *f* (*antecedo*)
1. het vooruitlopen, voorsprong;
2. het voorafgaande, antecedent.

antecessor, ōris *m* (*antecedo*)
1. (*milit. t.t.*) *plur.* voorhoede;
2. voorganger in een ambt.

antecessum *ppp. v. antecedo.*

antecessus (*antecedo*) *in de comb.* in antecessum (*postklass.*) bij voorbaat [**accipere; dare**].

ante-currō, currere, — — (*postklass.*) voorop rennen.

antecursōrēs, um *m* (*antecurro*) (*milit. t.t.*) voorhoede.

ante-eō, īre, iī, —
1. (*v. plaats*) voorgaan (*m. dat.; poët. en postklass. m. acc.*);
2. (*v. tijd*) voorafgaan, voorgaan (*m. dat. en acc.*) [**alci** *of* **alqm aetate** *of* **aetatem alcis**];
3. overtreffen, zich onderscheiden van (*m. dat. en acc.; door, in: abl.*) [**alci sapientiā; alqm virtutibus; cursus alcis; questus omnium**];
4. voorkomen, verijdelen [**damnationem**];
/ *in poëzie en postklass. proza werd de -e van ante weggelaten, bv. antibo, antissent.*

ante-ferō, ferre, tulī, lātum
1. voor iem. uit dragen [**fasces**];
2. tevoren brengen;
3. (*metaf.*) verkiezen (*boven: dat.*) [**pacem bello**].

ante-fīxus, a, um (*figo*) aan de voorkant bevestigd; — *subst.* **antefīxa,** ōrum *n* gevelversieringen.

ante-gredior, gredī, gressus sum (*gradior*) (*v. plaats en v. tijd*) voor-, voorafgaan.

ante-habeō, habēre, — — (*Tac.*) prefereren (*boven: dat.*) [**incredibilia veris**].

ante-hāc *adv.* vroeger, tevoren.

ante-iī *pf. v. anteeo.*

ante-lātus *ppp. v. antefero.*

ante-logium, ī *n* (*logus*) (*Plaut.*) proloog.

ante-lūcānus, a, um (*lux*) voor, tot aan zonsopgang, voor dag en dauw [**ambulatio; cena** tot in de vroege ochtend; (*eccl.*) **coetus** vroegmis]; — *subst.* **antelūcānum,** ī *n* dageraad.

antelūciō *adv.* (*Apul.*) voor zonsopgang.

antelūculō *adv.* (*Apul.*) voor zonsopgang.

antelūdium, ī *n* (*ludus*) (*Apul.*) voorspel.

ante-merīdiānus, a, um (*meridies*) ochtend- [**ambulatio**].

ante-mittō, mittere, — — vooruitzenden.

antemna *en* **antenna,** ae *f* ra.

Antemnae, ārum *f Sabijnse nederzetting op de plaats waar de rivieren Anio en Tiber samenkomen,* *nu* Monte Antenne; — *inw.* **Antemnātēs,** ium *m.*

antenna *zie antemna.*

Antēnor, oris *m* (*acc.* -orem *en* -ora) *Trojaanse vorst, die na de verovering v. Troje naar Italië ging en daar Patavium (Padua) stichtte;* — *nakom.* **Antēnoridēs,** ae *m.*

ante-occupātiō, ōnis *f* (*retor. t.t.*) anticipatie op de tegenwerpingen v.e. tegenstander.

antepagmentum, ī *n* (*pango*) (*archit.*) bekleding.

ante-parta *en* **ante-perta,** ōrum *n* (*pario*) (*kom.*) vroeger verworven bezittingen.

ante-pendulus, a, um (*postklass.*) naar voren hangend [**crines**].

ante-pēs, pedis *m* voorvoet.

ante-pīlānī, ōrum *m* (*pilum*) *de hastati en principes, die in de Rom. slaglinie voor de met een pilum bewapende triarii stonden.*

ante-polleō, pollēre, — — (*Apul.*) machtiger zijn dan, overtreffen.

ante-pōnō, pōnere, posuī, positum

1. (*preklass.*) (*iets te eten of te drinken*) voorzetten [**alci prandium**];
2. (*postklass.*) vooropstellen;
3. (*metaf.*) prefereren, de voorkeur geven aan (*boven: dat.*) [**amicitiam omnibus rebus humanis**];

/ *soms wordt ante achter pono geplaatst: mala bonis ponit ante.*

ante-potēns, *gen.* entis (*Plaut.*) overtreffend.

ante-quam (*ook gesplitst*) *cj.* voordat.

anterior, *gen.* ōris (*ante*) (*postklass.*)

1. (*v. plaats*) voorst;
2. (*v. tijd*) vorig, eerder.

antēris, idos *f* (*Gr. leenw.*) stut, zuil.

Ant-erōs, ōtis *m god v.d. 'wederliefde'; ook: wreker v. onbeantwoorde liefde.*

antēs, ium *m* (*poët.*) rijen, *ihb. v. wijnstokken.*

ante-signānī, ōrum *m* (*signum*) (*milit. t.t.*)

1. *aanvankelijk de naam voor de hastati en principes die voor de legerstandaard v.d. triarii vochten;*
2. *ttv. Caesar* de voorste soldaten, *het uit lichtbewapende soldaten bestaande elitekorps v. ieder legioen, dat als eerste tot de aanval overging;* frontlinie.

ante-stō *zie antisto.*

an-testor, testārī, testātus sum (*ante*) als getuige oproepen, nemen.

ante-tulī *pf. v. antefero.*

ante-veniō, venīre, vēnī, ventum

1. vóór zijn (*m. acc.; zelden m. dat.*) [**magnis itineribus Metellum**];
2. overtreffen [**nobilitatem**];
3. verijdelen [**consilia et insidias hostium**].

anteventulus, a, um (*venio*) (*Apul.*) naar voren komend.

ante-vertō, vertere, vertī, versum (*arch.* antevorto *enz.*) *en dep.* **antevertor,** vertī, versus sum (*arch.* ante-vortor *enz.*)

1. een voorsprong krijgen (*op: dat.*);
2. voorkomen, verijdelen [**supplicium voluntaria morte**];
3. prefereren.

ante-volō, volāre, — — (*poët.*) vliegen voor.

anthēdōn, onis *f* (*Gr. leenw.*) (*Plin. Mai.*) *een bepaald type mispel.*

Anthēdōn, onis *f stad aan de kust v. Boeotië.*

Anthemūsias, adis *f stad in Mesopotamië.*

anthēra, ae *f* (*Gr. leenw.*) (*med.*) een soort zalf.

anthiās, ae *m* (*Gr. leenw.*) (*poët.; postklass.*) *een soort zeevis.*

anthologica, ōrum *n* (*Gr. leenw.*) (*Plin. Mai.*) 'bloemlezing', *een verzameling v. spreuken en gedichten v. verschillende auteurs,* anthologie.

anthypophora, ae *f* (*Gr. leenw.*) (*postklass.*) (*retor. t.t.*) *het aanvoeren en weerleggen v.e. mogelijke tegenwerping.*

Antiās *zie Antium.*

Anti-catō, ōnis *m geschrift v. Caesar in antwoord op Cicero's lofrede op Cato (Uticensis), ook plur.* **-ōnēs,** um *m, omdat het geschrift uit twee boeken bestond.*

anticipātiō, ōnis *f* (*anticipo*) vooropgezette mening over, voorstelling van (*m. gen.*) [**deorum**].

anti-cipō, cipāre (*ante en capio*)

1. van tevoren nemen, vooruitlopen op; *ihb.* van tevoren zich een voorstelling vormen (*van: acc.*);
2. anticiperen;
3. (*molestiam*) zich van tevoren zorgen maken (*om: gen.*).

Anticlēa *en* **-clīa,** ae *f moeder v. Ulixes (Odysseus).*

antīcus *zie antiquus.*

Anticyra, ae *f naam v.e. aantal Gr. steden, o.a.:*

1. *op het schiereiland Phocis, bekend om het daar groeiende nieskruid, dat als geneesmiddel tegen waanzin werd gebruikt, nu* Aspraspitia;
2. *in Thessalië;*
3. *in Locris.*

antid- (*arch.*) = *ante.*

antid-eā (*arch.*) = *antea.*

antid-eō (*arch.*) = *anteeo.*

antid-hāc (*arch.*) = *antehac.*

anti-dotum, ī *n en* **-dotus,** ī *f* (*Gr. leenw.*) (*poët.; postklass.*) tegengif; *alg.* medicijn.

Antigenēs, is m *officier v. Alexander de Grote.*

Antigona, ae en **Antigonē,** ēs *f*
1. *dochter v. Oedipus en Iocaste, zuster v. Ismene, Eteocles en Polynices;*
2. *dochter v.d. Trojaanse koning Laomedon, zuster v. Priamus.*

Antigonēa, ae *f naam v.e. aantal Gr. steden, o.a.:*
1. *in Epirus; — adj.* **Antigonēnsis,** e;
2. *in Macedonië op Chalcidice.*

Antigonus, ī m
1. *veldheer v. Alexander de Grote (gest. in 301 v. Chr.);*
2. *naam v.e. aantal Macedon. koningen (nakomelingen v. 1.).*

Antilibanus, ī m *gebergte in Syrië, parallel aan het Libanongebergte.*

Antilochus, ī m *zoon v. Nestor, vriend v. Achilles, deed mee in de strijd tegen Troje.*

Antimachus, ī m *Gr. dichter uit Clarus in Kl.-Azië (ca. 400 v. Chr.).*

Antiochīa en **-ēa,** ae *f naam v. talrijke Hellenistische steden, o.a.:*
1. *Seleucidische hoofdstad v. Syrië, nu Antakya; — inw. en adj.* **Antiochēnsis,** is m *resp.* e;
2. *stad in Carië.*

Antiochus, ī m
1. *naam v. Syrische koningen uit de dynastie der Seleuciden, o.a. Antiochus III de Grote, beschermheer v. Hannibal;*
2. *naam v.e. aantal koningen v. Commagene (N.-Syrië);*
3. *uit Ascalon afkomstige filosoof in Athene, leermeester v. Cicero; — adj.* **Antiochī(n)us,** a, um.

Antiopa, ae en **Antiopē,** ēs *f*
1. *dochter v. Nycteus, moeder v. Amphion en Zethus;*
2. *moeder v.d. Piëriden;*
3. *een v.d. amazones.*

Antipater, trī m
1. *veldheer v. Philippus v. Macedonië en Alexander de Grote;*
2. *naam v.e. aantal Gr. filosofen uit Cyrene, Tarsus en Tyrus;*
3. *L. Caelius ~ zie Caelius.*

Antiphōn, ōntis m
1. *redenaar in Athene (479—411 v. Chr.);*
2. *sofist, tijdgenoot en tegenstander v. Socrates.*

antiphōna, ae *f (Gr. leenw.) (Mel.)* liturgische beurtzang.

antipodes, um m *(acc. -as) (Gr. leenw., eig. 'tegenvoeters') (postklass.)*
1. antipoden *(mensen aan de andere kant v.d. aardbol);*
2. *iron. v. mensen die de nacht als dag gebruiken:* nachtmensen, -brakers.

Antipolis, is *f (acc. -im) kolonie v. Massilia in Gallia Narbonensis (Provence) in de buurt v. Nice, nu Antibes; — adj.* **Antipolitānus,** a, um.

antīquāria, ae *f (antiquarius) (Juv.)* liefhebster v.d. vroegrom. cultuur.

antīquārius, ī m *(antiquus) (postklass.)* liefhebber en kenner v.d. vroegrom. cultuur.

antīquitās, ātis *f (antiquus)*
1. oude tijd, oudheid; ▸ *antiquitatis monumenta;*
2. *(meton.)* (a) mensen uit oudere generaties, de ouden; ▸ *~ tradidit;* (b) gebeurtenissen uit de oudheid, geschiedenis v.d. oudheid; (c) *(vaak plur.)* zeden, gewoonten v.d. oude tijd; (d) de goede oude tijd, ouderwetse degelijkheid; ▸ *documentum antiquitatis;* (e) hoge leeftijd; (f) oud gebruik [**spectaculorum**];
3. *(Sall.)* verering [**pro Italica gente**].

antīquitus *adv. (antiquus)*
1. van oudsher;
2. lang geleden, in vroeger tijden.

antīquō, antīquāre *(antiquus)* bij het oude laten; *(jur. t.t.) een wetsvoorstel* verwerpen, afwijzen [**legem; rogationem**].

antīquus *en* **antīcus,** a, um *(ante)*
1. *(v. tijd)* (a) vorig, voormalig, vroeger [**concordia; duritia; hiemes**]; (b) (stok)oud, ouderwets [**genus; templa**]; *subst.* **antīquī,** ōrum m de ouden, mensen uit de oertijd; **antīqua,** ōrum n het oude, de oudheid; (c) eerbiedwaardig [**Troia**]; (d) van de oude stempel [**officium; patroni**]; *subst.* **antīquum,** ī n oud gebruik;
2. *(v. plaats)* voorste; ▸ *antiqua pars templi;*
3. *(v. rang en waarde in comp. en superl.)* belangrijker, de belangrijkste; ▸ *quod mihi est et sanctius et antiquius; id antiquius consuli fuit; navalis apparatus ei semper antiquissima cura fuit.*

antisophista, ae m *(Gr. leenw.) (postklass.) een geleerde die ideeën verdedigt, die tegengesteld zijn aan die v.e. ander,* rivaal.

antistes, stitis m en *f (antisto)*
1. opperpriester(es) [**sacrorum; templi**];
2. meester *(in: gen.)* [**artis dicendi; iuris**];
3. *(eccl.)* (aarts)bisschop; paus.

Antisthenēs, is m *leerling v. Socrates en leraar v. Diogenes v. Sinope, stichter v.d. Cynische School.*

antistita, ae *f (antisto)* opperpriesteres [**fani; Phoebi**].

anti-stō *(en* **ante-stō**), stāre, stitī

1. de voorkeur verdienen; overtreffen, staan boven *(m. dat.; in: abl.)* [**viribus et magnitudine ceteris** *(dat.)*];
2. vooraan staan.

Antium, ī *n stad aan de kust v. Latium, nu Anzio;* — *inw. en adj.* **Antiās,** ātis *(m).*

antlia, ae *f (Gr. leenw.) (poët.; postklass.)* pomp, schoepenrad.

Antōnīnus, ī *m naam v.e. aantal Romeinse keizers.*

Antōnius, a, um *naam v.e. Rom. gens, o.a.:*
1. M. ~ *met als bijnaam* Orator *(143—87 v. Chr.), beroemde Rom. redenaar; consul in 99, censor in 97 v. Chr.);*
2. C. ~ Hybrida, *zoon v.d. onder 1. genoemde, in 63 v. Chr. samen met Cicero consul, verwikkeld in de samenzwering v. Catilina;*
3. M. ~ Creticus, *broer v.d. onder 2. genoemde;*
4. M. ~, *de triumvir (83—30 v. Chr.), zoon v.d. onder 3. genoemde, met Octavianus en Lepidus maakte hij deel uit v.h. tweede triumviraat; tegenstander v. Cicero;*
5. Iulus ~, *zoon v.d. onder 4. genoemde;*
/ **Antōniānus,** a, um van Antonius; *subst.* **Antōniānī,** ōrum *m* aanhangers v. Antonius;
/ **Antōnia,** ae *f o.a. de twee dochters v.d. triumvir en Octavia: 1. de oudere Antonia, echtgenote v. L. Domitius Ahenobarbus, grootmoeder v. Nero; 2. de jongere Antonia, echtgenote v. Drusus, moeder v. Germanicus.*

antrum, ī *n (Gr. leenw.) (poët.; postklass.)* grot, spelonk; holte; ▸ *per -a et cavas rupes; exesae arboris -o* in de holte v.d. boom.

Anūbis, idis *m (acc.* -bim) *Egypt. god v.d. onderwereld die werd afgebeeld met een hondenkop: de 'blaffer' (latrator).*

ānulārius *(anulus)*
I. *subst.* ī *m* maker v. ringen;
II. *adj.* a, um van ringen; ▸ *Scalae anulariae* Ringenmakerstrappen *te Rome.*

ānulātus, a, um *(anulus) (Plaut.)* voorzien v.e. ring [**aures**].

ānulus, ī *m (demin. v. anus*[2]*)*
1. ring (voor aan de vinger), zegelring; ▸ *exornare -is digitos; tabulis testamenti -um imprimere; het dragen v. gouden ringen was ttv. de republiek een voorrecht v.d. ridders:* ~ *equester* gouden ring v.e. ridder; *-o aureo donari* in de ridderstand opgenomen worden; *ius -orum* het recht om een gouden ring te dragen;
2. *andersoortige ring, iets ringvormigs:* (a) *(Plin. Mai.)* ring *of* schakel v.e. ketting, *(Mart.)* slavenketen; (b) *(Plin. Mai.)* gordijnring; (c) *(poët.; postklass.)* krul in het haar [**comarum**].

anus[1], ūs *f* oude vrouw, oudje; *(poët.)* waarzegster [**Cumaea** *v.d. sibille*]; *(poët.; postklass.) attrib.* oud, bejaard.

ānus[2], ī *m*
1. *(Plaut.)* ring, voetboei;
2. aars, anus.

ānxī *zie ango.*

ānxietās, ātis *f (anxius)*
1. bezorgdheid, angst;
2. zorgvuldigheid, precisie.

ānxi-fer, fera, ferum *(anxius en fero)* angstaanjagend, beangstigend, kwellend [**cura**].

ānxitūdō, inis *f (anxius)* bezorgdheid.

ānxius, a, um
1. angstig, vol bange voorgevoelens, bezorgd [*(wegens: erga)* **erga Seianum;** *(m. abl.)* **inopia;** *(m. gen.)* **futuri; nepotum securitatis;** *(pro)* **pro mundi regno; pro eius salute;** *(de)* **de successore**]; *(ook circa; m. ne en conj.; m. afh. vr.)*; ▸ *alqm -um habere* angst aanjagen;
2. vreeswekkend, beangstigend, kwellend [**aegritudines; curae**].

Anxur, uris *n oude stad in het gebied v.d. Volsci, later Tarracina genoemd, nu* Terracina; — **Anxurus** *(ook* **Anxur** *en* **Axur***) beschermgod v.d. stad* [**Anxurus Iuppiter**]; — *adj.* **Anxurnās,** *gen.* ātis.

Anytus, ī *m* Anytus, *een v.d. aanklagers v. Socrates* [**Anyti reus** = Socrates].

Āones, um *m (acc.* -as) *oorspr. inwoners v. Boeotië;* — *adj.* **Āonius,** a, um Boeotisch [**vir** = Hercules; **deus** = Bacchus; **fons** *of* **aquae** = de bron Aganippe; **vertex** = de Helicon; **sorores** = de muzen]; — **Āonidēs,** um *f* = de muzen; — **Āonia,** ae *f* = Boeotië.

Aornos, ī *m (Gr. leenw. 'zonder vogels') (Verg.)* het Avernische meer, *zie Avernus.*

Ap. = *Appius.*

ap-age *interj. (Gr. leenw.)* ga weg!, wegwezen jij! *(abs. of m. acc.)*; ▸ *apage te a me.*

Apamēa *en* **-īa,** ae *f*
1. *stad in Syrië, nu* Qalaat el-Moudiq (= Pella);
2. *stad in Frygië, nu* Dinar; — *inw. en adj.* **Apamēnsis,** is *m resp.* e;
3. *stad in Bithynië, nu* Mudanya; — *inw.* **Apamēī,** ōrum *m.*

apathīa, ae *f (acc.* -an) *(Gr. leenw.) (postklass.)* afwezigheid v. hartstocht, onverstoorbare gemoedsrust.

apēliōtēs, ae *m* = apheliotes.

Apellēs, is *m beroemde Gr. schilder, tijdgenoot v.*

Alexander de Grote; — *adj.* **Apellēus,** a, um.

Āpenn- = *Appenn-.*

aper, aprī *m* wild zwijn, ever; ▸ *uitdr.: liquidis immittere fontibus apros* iets ondoordachts doen.

Aperantia, ae *f landstreek v. Aetolië in Griekenland;* — *inw.* **Aperantī,** ōrum *m.*

aperiō, aperīre, aperuī, apertum

1. (a) openen, openmaken (*itt. operire, claudere*) [**portam; fenestram; aerarium; oculos**]; *se aperire* opengaan: ▸ *flos numquam se aperit nisi vento spirante;* — *door het afnemen v.e. banderol, zegel e.d.* openen, verbreken [**fasciculum litterarum; epistulam**]; (b) dóórbreken [**parietem; murum**]; (c) (*een plaats*) toegankelijk maken [**saltum caedendo**]; (d) (*viam, iter*) banen; (e) opgraven, blootleggen [**fundamenta templi; cavernas**]; (f) openstellen, toegankelijk maken; ▸ *Britanniam tam diu clausam* ~; *ver aperit navigantibus maria;*

2. (a) tonen, zichtbaar maken (*itt. operire, tegere*); ▸ *luce aperiente aciem; unda dehiscens aperit terram* laat de aarde zien; *dispulsa sole nebula aperuit diem; lux aperit hostem;* — *se* ~ *en pass.* zichtbaar worden, te voorschijn komen: *stellae aperiuntur;* (b) ontbloten [**caput**]; (c) (*iets verborgens, onbekends*) aan het daglicht brengen, onthullen, openbaren, (*ook*) verraden; bekendmaken, uiteenzetten (*itt. occultare, tegere*) [**tua flagitia; sententiam suam; errorem; consilium suum** zijn plan bekendmaken; **coniurationem** oprollen]; — *se* ~ *en pass.* zich vertonen, zich verraden.

apertiō, ōnis *f* (*aperio*) het openstellen, openen.

apertō, apertāre (*intens. v. aperio*) (*Plaut.*) volledig ontbloten [**brachium**].

apertūra, ae *f* (*aperio*) (*postklass.*) het openen; opening.

apertus, a, um (*p. adj. v. aperio*)

1. (a) open, onbedekt, ontbloot (*itt. opertus, tectus*) [**caput; navis** zonder dek; **caelum** *of* **aether** helder, onbewolkt]; onbeschermd [**latus; umerus**]; (b) open(staand), niet gesloten (*itt. opertus, clausus*) [**fenestra**]; (c) open, gemakkelijk toegankelijk; ▸ *vastum atque -um mare; locus* ~; *regio -a; via patens apertaque; beate vivendi via -a;* — *subst.* **apertum,** ī *n* open, vrije ruimte, het open, vrije veld: *-um petere* de open lucht opzoeken; *in -o castra locare; -a Oceani* volle zee; (d) in het vrije veld, open [**acies; proelium**];

2. (a) zichtbaar, openlijk, duidelijk, open (*itt. occultus, obscurus, dubius, suspectus*); ▸ *actio -a rerum illarum; -i clamores* (*itt. occulta colloquia*); *-um latrocinium* (*itt. occultae insidiae*); *pericula -a; dolorem -e ferre* openlijk tonen; — *apertum est* (*m. aci.*) het is duidelijk; — *als subst. in de uitdr.: in -o est* (a) het is duidelijk; (b) (*postklass.*) het is gemakkelijk uitvoerbaar, mogelijk; (b) (*v.e. redevoering en v.e. redenaar*) duidelijk, helder, begrijpelijk; ▸ *narratio -a; -is verbis* (*itt. tectis verbis*); (c) (*v. gezindheid en v. karakter*) onverholen, openhartig; *pejor.* lomp, ongegeneerd, respect-, tactloos [**animus; homo; in dicendo** vrijmoedig].

aperuī *pf. v. aperio.*

apex, apicis *m*

1. (*poët.; postklass.*) punt; kruin; top [**obelisci; lauri; montis**];

2. puntmuts, *ihb.* (a) muts v.e. priester; (b) tiara *v. Aziatische koningen;*

3. (*metaf.*) (a) koninklijke macht; (b) hoogste waardigheid, hoogste sieraad; ▸ ~ *senectutis est auctoritas;*

4. (*poët.*) helmspits; (*meton.*) helm.

aphēliōtēs, ae *m* (*Gr. leenw.*) (*poët.; postklass.*) oostenwind.

aphractus, ī *f* (*Gr. leenw.*) schip zonder dek.

Aphrodīsia, ōrum *n feest v. Aphrodite.*

Aphrodīsias, adis *f naam v. vele naar Aphrodite genoemde plaatsen, o.a.:*

1. *stad in Carië, nu Geyre;* — *inw.* **Aphrodīsiēnsēs,** ium *m;*

2. *havenstad in Cilicië.*

aphronitrum, ī *n* (*Gr. leenw.*) (*Plin. Mai.; Mart.*) salpeter.

apiacus, a, um (*apium*) (*Plin. Mai.*) selderij-, peterselieachtig.

apiānus, a, um (*apis*) (*agr.*) van bijen; ▸ *uva apiana* muskaatdruif.

apiārium, ī *n* (*apis*) (*agr.*) bijenkorf.

apiārius, ī *m* (*apis*) (*Plin. Mai.*) imker, bijenhouder.

apiastrum, ī *n een soort balsem.*

apiātus, a, um (*apium*) (*Plin. Mai.*) peterselieachtig.

apicātus, a, um (*apex*) (*Ov.*) met de priestermuts getooid.

Apīcius, ī *m Rom. cogn.:* M. Gabius ~, *Rom. fijnproever ttv. Augustus en Tiberius; op zijn naam staat een kookboek uit de late Oudheid.*

apicula, ae *f* (*demin. v. apis*) (*pre- en postklass.*) bijtje.

Āpidanus, ī *m rivier in Thessalië.*

apinae, ārum *f* (*Mart.*) (flauwe) grap, niemendalletje.

Apiōn, ōnis *m*
1. *bijnaam v. Ptolemaeus, koning v. Cyrene;*
2. *Gr. grammaticus met de bijnaam Plistonices, ca. 30 n. Chr.*

apis, is *f* bij.

Āpis, is *m (acc.* -im; *abl.* Āpī *en* Āpide) *de heilige stier v.d. Egyptenaren.*

apīscor, apīscī, aptus sum
1. bereiken, inhalen [**legatos**];
2. *(metaf.)* bereiken, behalen, verkrijgen [**laudem; summum honorem;** favorem];
3. begrijpen, zich eigen maken [**artem Chaldaeorum**].

apium, ī *n (poët.)* eppe, selderij; peterselie.

aplūda, ae *f* kaf.

aplustre, is *en* **aplustrum,** ī *n* achtersteven.

apocalypsis, is *f (Gr. leenw.) (eccl.)* openbaring.

apocha, ae *f (Gr. leenw.) (jur.)* kwitantie.

apoclētī, ōrum *m (Gr. leenw.* 'zij die geroepen zijn') *(Liv.) (de leden v.d.) permanente commissie v.d. Aetolische bond.*

apocolocyntōsis, is *f (Gr. leenw.)* verandering in een pompoen, *satire v.d. filosoof Seneca op keizer Claudius; Claudius krijgt hierin geen plaats onder de goden maar onder de pompoenen, dwz. de sukkels.*

apocryphus, a, um *(Gr. leenw.)* verborgen.

apoculō, apoculāre *(Petr.)* onzichtbaar maken; *se* ~ ervandoor gaan, ertussenuit knijpen.

apocynon, ī *n (Gr. leenw.) (Plin. Mai.) een voor honden giftige plant.*

apodīcticus, a, um *(Gr. leenw.) (Gell.)* overtuigend.

apodīxis, *acc.* in *f (Gr. leenw.) (postklass.)* bewijs.

apodytērium, ī *n (Gr. leenw.)* kleedkamer in badhuizen.

apolactizō, apolactizāre *(Plaut.)* verstoten; *(metaf.)* versmaden.

Apollō, inis *(Liv.* -ōnis) *m zoon v. Jupiter en Latona, broer v. Diana, god v.h. boogschieten (arcitenens) en voorspellen, v.d. geneeskunst, v.d. kunsten en wetenschappen, ihb. v.d. muziek en de dichtkunst, leider v.d. muzen, later zonnegod; de stralende god met eeuwig jeugdige schoonheid met als epitheta* Phoebus, pulcher, formosus, *naar zijn geboorteplaats Delos* Delius *en* Delius vates, *naar de belangrijkste plaats v. verering Delphi* Delphicus *genoemd; Apollinis urbs: Apollonia in Thracië;* — *adj.* (a) **Apollināris,** e aan Apollo gewijd [**laurea; sacrum; ludi** ter ere v. Apollo op 5 juli gevierd]; *subst.* **Apollināre,** is *n een aan Apollo gewijde plaats;* (b) **Apollineus** a, um van Apollo [**ars; proles** = Apollo's zoon Aesculapius; **mater** = Latona; **vates** = Orpheus; **urbs** = Delos].

Apollodōrus, ī *m*
1. *uit Athene (ca. 140 v. Chr.), grammaticus, leerling v.d. stoïsche filosoof Panaetius en v.d. grammaticus Aristarchus;*
2. *uit Pergamum, redenaar, leraar v. Octavianus (de latere keizer Augustus).*

Apollōnia, ae *f* ('stad v. Apollo') *naam v. veel Gr. steden (bv. in Illyrië, Thracië, Mysië, op Kreta);* — *inw.* **Apollōniātēs,** ae *m (plur.* **Apollōniātae,** ārum *m en* **Apollōniātēs,** [i]um *m);* — *adj.* **Apollōniēnsis,** e.

Apollōnis, idis *f stad in Lydië;* — *adj.* **Apollōnidēnsis,** e.

Apollōnius, ī *m*
1. ~ *Rhodius, Gr. episch dichter en grammaticus ca. 295—215 v. Chr., schrijver v.h. epos Argonautica;*
2. ~ *Molo, beroemde Gr. redenaar, in 81 v. Chr. in Rome, leermeester v. Cicero.*

apologō, apologāre *(Gr. leenw.) (Sen.)* afwijzen.

apologus, ī *m (Gr. leenw.)* parabel, gelijkenis, *ihb.* Aesopische fabel, sprookje.

Aponus, ī *m hete zwavelbron bij Padua.*

apophorētus, a, um *(Gr. leenw.) (Petr.)* bedoeld *(voor de gasten)* om mee te nemen; — *subst.* **apophorēta,** ōrum *n* geschenken, *die men bij feestelijke gelegenheden aan de gasten gaf.*

apophysis, is *f (Gr. leenw.) (archit.)* bolling.

apoproēgmena, ōrum *n (Gr. leenw.) (filos. t.t. v.d. Stoïci)* iets verwerpelijks, iets dat gemeden moet worden.

aporia, ae *f (Gr. leenw.) (eccl.)* twijfel.

aporior, aporiārī *(aporia) (Gr. leenw.) (eccl.)* in twijfel, verlegenheid verkeren.

aposphrāgisma, atis *n (Gr. leenw.) (Plin. Min.)* in een zegelring gegraveerde afbeelding.

apostata, ae *m (Gr. leenw.) (eccl.)* afvallige.

apostēma, atis *n (Gr. leenw.) (med.)* abces.

apostolātus, ūs *m (Gr. leenw.) (eccl.)* apostelschap.

apostolicus, a, um *(Gr. leenw.) (eccl.)* van een apostel, apostolisch; *subst.* **-ī,** ōrum *m leerlingen en vrienden v.d. apostelen.*

apostolus, ī *m (Gr. leenw.) (eccl.)* apostel.

apostrophē, ēs *en* **-a,** ae *f (Gr. leenw.) (retor. figuur)* het afwenden *(wanneer een redenaar zich tijdens zijn voordracht van de rechter afwendt en het woord richt tot zijn tegenstander).*

apothēca, ae *f (Gr. leenw.)* magazijn, voorraadkamer, ihb. opbergplaats voor wijn.

Apoxȳomenos, ī *m* 'hij die zichzelf afschraapt', *beeld v. Lysippus.*

apparātiō, ōnis *f (apparo)*
1. toerusting, het zorgen voor [**popularium munerum**];
2. *(v.e. redenaar)* het toewerken naar, voorbereiding.

apparātus[1], ūs *m (apparo)*
1. toerusting, verschaffing, voorbereiding *(voor: gen.)*; ▸ *~ sacrificii; apparatūs terrestres maritimique; ihb. voor de oorlog: curam intendere in belli apparatum; urbs ipsa strepebat apparatu belli*;
2. uitrusting, apparatuur (= werktuigen, gereedschappen, machines *e.d.)*; ▸ *belli ~* oorlogsvoorraden, -apparaat, -tuig; *apparatum incendere; omnis ~ oppugnandarum urbium*;
3. pracht, praal, grote weelde [**regius; epularum; ludorum**]; verfraaiing v.e. redevoering; ▸ *dixit causam nullo apparatu.*

apparātus[2], a, um *(p. adj. v. apparo)*
1. *(Plaut.) (v. personen)* goed toegerust, goed voorbereid;
2. *(v. zaken)* goed verzorgd, prachtig, schitterend [**epulae; ludi**].

ap-pāreō, pārēre, pāruī, (pāritūrus)
1. te voorschijn komen, verschijnen, zichtbaar worden, zich vertonen; ▸ *equus mecum demersus rursus apparuit; cum stella in caelo apparuisset; (m. dat. v.d. pers.) anguis ille qui Sullae apparuit immolanti*; — *p. adj.* **appārēns,** *gen.* entis zichtbaar;
2. zichtbaar zijn, duidelijk zijn, blijken (te zijn); erkenning vinden, aan de verwachtingen beantwoorden, zich waarmaken; ▸ *ratio apparet; in angustiis amici apparent* ware vrienden blijken te zijn; *non apparent labores* vinden geen erkenning; — *onpers.:* **appāret** het is duidelijk *(m. aci. of afh. vr.)*;
3. dienen, bijstaan [**consulibus; quaestioni**]; zich richten naar, zich aanpassen aan *(m. dat.)*.

ap-pariō, parere, — — *(Lucr.)* erbij krijgen, winnen [**spatium**].

appāritiō, ōnis *f (appareo)*
1. bediening, ondersteuning;
2. *plur. (meton.)* dienaren *(= apparitores)*;
3. *(eccl.)* verschijning.

appāritor, ōris *m (appareo)* dienaar v.e. magistraat *(bv.* schrijver, lictor, viator *e.d.)*.

appāritūra, ae *f (appareo) (Suet.)* bediening.

ap-parō, parāre voorbereiden, zich opmaken voor, zich gereedmaken voor *(m. acc.)* [**ludos; convivium; bellum; aggerem** aanleggen; **iter** banen]; *m. inf.:* op het punt staan te.

appellātiō, ōnis *f (appello*[1]*)*
1. het aan-, toespreken;
2. *(jur. t.t.)* beroep *(op: gen.)* [**tribunorum**];
3. benaming, naam; ▸ *plures gentis appellationes*;
4. uitspraak [**litterarum**];
5. *(gramm.) een soort substantief.*

appellātor, ōris *m (appello*[1]*)* appellant.

appellitō, appellitāre *(frequ. v. appello*[1]*)* herhaaldelijk noemen.

ap-pellō[1], pellāre
1. aan-, toespreken, zich richten tot; begroeten; ▸ *milites benigne ~; legatos superbius ~* toesnauwen;
2. (a) zich met een verzoek wenden tot *(m. acc.; mbt., om: de; ut)* [**de proditione**]; (b) manen *(tav.: de)* [**de pecunia**];
3. (a) om bescherming, hulp vragen; (b) *(voor de rechtbank)* om bijstand vragen [**tribunos; praetorem**]; *(wegens, in: de; in m. abl.)*; (c) *met een eed* aanroepen; (d) aanroepen, bidden tot [**deos**];
4. *dmv. een aanklacht* ter verantwoording roepen;
5. (a) noemen, aanhalen, vermelden; ▸ *quos non appello hoc loco*; (b) noemen, betitelen als *(m. dubb. acc.)* [**alqm patrem; alqm sapientem; alqm victorem**] *(naar: ab; ex)*; *pass.* heten: ▸ *ipsorum linguā Celtae appellantur*; (c) benoemen tot, uitroepen tot *(m. dubb. acc.)* [**alqm regem**];
6. uitspreken [**litteras**].

ap-pellō[2], pellere, pulī, pulsum
1. (a) drijven naar, brengen naar [**armentum ad aquam; alqm ad arbitrum**]; (b) *(metaf.) mentem ad aliquid ~* richten op [**ad philosophiam** zich wijden aan];
2. *(in comb. m. navem, classem, e.d.)* doen landen, aanleggen *(m. ad; in m. acc.; postklass. m. dat.)* [**naves ad ripam; classem in insulam; navigia litori**]; *abs. of pass.* landen *(v. personen en schepen)*: ▸ *navis appellitur (en appellit) ad villam; classe ad Euboeam appulsā; classis Punica litori appulsa est.*

ap-pendī *pf. v. appendo.*

appendicula, ae *f (demin. v. appendix)* klein aanhangsel.

appendix, icis *f (appendo)* aanhangsel, toevoeging; ▸ *appendices maioris muneris.*

ap-pendō, pendere, pendī, pēnsum

1. afwegen [**aurum**], uittellen;
2. (op)hangen [**pallium; velum**].

Appennīni-cola, ae *m (Appenninus en colo[1]) bewoner v.d. Apennijnen.*

Appennīni-gena, ae *m en f (Appenninus en gigno) (poët.)* in de Apennijnen ontsprongen [**Thybris**].

Appennīnus, ī *m (vul aan: mons)* de Apennijnen.

appetēns, *gen.* entis *(p. adj. v. appeto)* strevend, begerig naar *(m. gen.)*; ▸ *gloriae ~; alieni ~* naar andermans bezit ; *studiosissimus appetentissimusque honestatis; abs.* hebzuchtig: *homo non cupidus neque ~; gratus animus, non ~.*

appetentia, ae *f (appetens) = appetitio.*

appetītiō, ōnis *f (appeto)*
1. het grijpen naar *(m. gen.)* [**solis**];
2. het streven, het verlangen *(naar: gen.)* [**laudis**].

appetītor, ōris *m (appeto) (Laatl.)* iem. die streeft naar.

appetītus, ūs *m (appeto) = appetitio.*

ap-petō, petere, petīvī *en* petiī, petītum *(m. acc.)*
1. (a) grijpen [**solem manibus**]; (b) nastreven, begeren, trachten te verkrijgen, verlangen [**regnum; societatem alcis; amicitiam populi Romani**]; ▸ *(m. inf.) appetit animus alqd agere semper;*
2. (a) een plaats opzoeken, gaan naar; ▸ *Europam ~; mare terram appetens* naderend; (b) vijandel. afgaan op, aanvallen, bedreigen; ▸ *alqm lapidibus ~; (metaf.) fata Veios appetebant* hingen boven Veji; *ignominiis omnibus appetitus;*
3. *(v. tijd)* naderen, aanbreken; ▸ *iam appetit meridies; tempus comitiorum appetebat; cum lux appeteret* tegen het ochtendgloren.

ap-pingō, pingere, pīnxī, pictum erbij schilderen, toevoegen *(bij, aan: dat.).*

Appius, ī *m* Rom. *praenomen, ihb. in de gens Claudia gebruikelijk (zie Claudius)*; — *adj.* 1. **Appius,** a, um van Appius, door een Appius gebouwd *of* gesticht: *via Appia weg van Rome naar Capua; deze werd door de censor Appius Claudius Caecus in 312 v. Chr. aangelegd en later tot aan Brundisium doorgetrokken; aqua Appia door dezelfde Appius aangelegd aquaduct;* 2. **Appiānus,** a, um van Appius; — *subst.* 1. **Appias,** adis *f beeld v.e. nimf bij de fontein v.d. aqua Appia;* 2. **Appietās,** ātis *f (iron.) de oeroude adel v.d. Appii.*

ap-plaudō, plaudere, plausī, plausum
1. slaan *(op: dat.)*;
2. applaudisseren.

applausus, ūs *m (applaudo) (poët.)* geklapper *(v. vleugels).*

applicātiō, ōnis *f (applico)*
1. aansluiting; genegenheid [**animi**];
2. aansluiting bij een patronus; ▸ *ius applicationis: het recht dat ontstaat op grond v.d. relatie tussen een cliens en een patronus.*

ap-plicō, plicāre, plicāvī, plicātum *en* plicuī, plicitum
1. doen aansluiten bij, doen naderen tot, aanhechten aan, doen leunen tegen *(m. ad of dat.)*; ▸ *alqm terrae ~* tegen de grond drukken; *moenibus scalas ~* plaatsen tegen; *se ad arborem ~* leunen tegen; *castra flumini ~* dicht bij de rivier opslaan; — p. adj. **applicātus,** a, um gelegen tegen, gebouwd tegen: *applicata colli colonia;* — p. adj. **applicitus,** a, um nabij(gelegen);
2. (a) verbinden met, toevoegen aan *(constr. als 1.)* [**voluptatem ad honestatem**]; (b) *se ~ en pass.* zich aansluiten bij *(constr. als 1.)* [**se ad alqm quasi patronum; se ad alcis societatem**];
3. *(naut. t.t.)* afsturen op, doen landen *(ad; in m. acc.; dat.)* [**naves ad terram**]; *pass. en abs.* aanleggen, landen *(v. schepen en personen)* [**ad oras; in terras; ignotis oris**];
4. wenden naar, richten op [**aures**] *(ad en poët. m. dat.)*; *refl. se ~ ad philosophiam* zich wijden aan;
5. ten laste leggen [**crimina alci**].

ap-plōdō, plōdere, plōsī, plōsum *(colloq.) = applaudo.*

ap-plōrō, plōrāre *(poët.; postklass.)* jammeren *(tegen: dat.).*

applumbō, plumbāre *(jur.)* vastsolderen *(aan: dat.).*

ap-pōnō, pōnere, posuī, positum
1. plaatsen, zetten, leggen *(op, tegen, bij: prep. of dat.)* [**puerum ante ianuam**];
2. *(voedsel, servies)* voorzetten, opdienen [**cenam; convivis panem; patellam**];
3. *(als begeleiding, bescherming e.d.)* meegeven [**alci alqm custodem** als bewaker];
4. toevoegen [**annos alci; vitiis modum** een eind maken aan];
5. rekenen tot, beschouwen als *(m. dat.)* [**diem lucro** als winst].

ap-porrēctus, a, um *(ad en porrigo) (Ov.)* ernaast uitgestrekt [**draco**].

apportātiō, ōnis *f (apporto) (postklass.)* het brengen naar, transport.

ap-portō, portāre
1. aandragen, brengen naar; overbrengen [**signa; magnas divitias domum; nuntium**];
2. (*poët.*) (*metaf.*) met zich meebrengen, veroorzaken [**damnum**].

ap-poscō, poscere, — — (*poët.*) erbij eisen.

appositiō, ōnis *f* (*appono*) (*postklass.*) het ernaast plaatsen, vergelijking.

appositum, ī *n* (*appono*) adjectief.

appositus[1], ūs *m* (*appono*) toediening (*v.e. medicijn*).

appositus[2], a, um (*p. adj. v. appono*)
1. (a) gelegen dicht bij, grenzend aan (*m. dat.*) [**regio urbi; castellum flumini**]; (b) (*metaf.*) liggend dicht bij [**audacia fidentiae**];
2. geschikt, bruikbaar; ▸ *menses -i ad agendum*.

ap-pōtus, a, um (*Plaut.; Gell.*) aangeschoten, dronken.

ap-precor, precārī (*poët.*) aanroepen, bidden tot, smeken [**deos**].

ap-prehendō, prehendere, prehendī, prehēnsum, *poët. ook* **ap-prēndō,** prēndere, prēndī, prēnsum
1. vastpakken, grijpen [**alqm** bij de hand nemen];
2. in bezit nemen, veroveren [**Hispaniam**];
3. begrijpen, zich eigen maken;
4. (*v.e. redenaar*) ter sprake brengen.

ap-pressī *pf. v. apprimo*.

appressus *ppp. v. apprimo*.

ap-prīmē *adv.* bijzonder, bij uitstek, uitermate; ▸ *~ probus; ~ nobilis*.

ap-primō, primere, pressī, pressum (*ad en premo*) (*postklass.*) drukken (*op, tegen: dat.*) [**scutum pectori**].

approbātiō, ōnis *f* (*approbo*)
1. goedkeuring, instemming, bijval;
2. (*filos. t.t.*) uiteenzetting, bewijs.

approbātor, ōris *m* (*approbo*) iem. die goedkeurt.

ap-probē *adv.* (*Plaut.*) heel goed.

ap-probō, probāre
1. (a) instemmen met, goedkeuren, inwilligen, aanvaarden [**consilium alcis; sententiam; orationem; falsa pro veris**]; (b) zegenen; ▸ *di approbent*;
2. tot tevredenheid v. iem. doen *of* voltooien, aanvaardbaar maken [**opus**];
3. bewijzen, laten blijken, betuigen [**innocentiam; fidem suam regi**].

apprōmissor, ōris *m* (*appromitto*) (*jur.*) iem. die garant staat voor een ander.

ap-prōmittō, prōmittere, — — erbij beloven.

ap-properō, properāre
I. *tr.* bespoedigen [**coeptum opus**];
II. *intr.* zich haasten, spoeden (*ad; m. inf.*) [**ad facinus**].

appropinquātiō, ōnis *f* (*appropinquo*) nadering, het naderen [**mortis**].

ap-propinquō, propinquāre
1. (a) (*v. plaats*) naderen (*m. dat.; ad*) [**moenibus; ad insulam**]; (b) (*v. tijd*) naderen, op handen zijn; ▸ *hiems appropinquat; cum dies comitiorum appropinquaret; illi poena, nobis libertas appropinquat*;
2. (*v. personen*) op het punt staan ergens aan te komen, te bereiken, te doen (*m. dat.; ad; ut m. conj.*); ▸ *centuriones qui iam primis ordinibus appropinquabant* die bevordering tot de hoogste rang in het vooruitzicht hadden; *qui iam appropinquat ut videat* die al bijna ziet.

ap-pugnō, pugnāre (*Tac.*) bestormen, aanvallen [**classem; castra**].

Appuleius, ī *m* = *Apuleius*.

ap-pulī *pf. v. appello*[2].

Appulia, ae *f* = *Apulia*.

appulsus[1], ūs *m* (*appello*[2])
1. nadering [**solis**];
2. landing (*op: gen.*) [**litoris**]; (*meton.*) landingsplaats;
3. (*metaf.*) invloed, werking [**frigoris; deorum**].

appulsus[2] *ppp. v. appello*[2].

aprīcātiō, ōnis *f* (*apricor*) het zonnen, zonnebad.

aprīcitās, ātis *f* (*apricus*) (*postklass.*) zonnigheid [**regionis; diei**].

aprīcor, aprīcārī (*apricus*) zonnen.

aprīcus, a, um
1. zonnig [**hortus; colles**]; — *subst.* **aprīcum,** ī *n* zonlicht; zonnige plek; ▸ *alqd in -um proferre* aan het licht brengen;
2. (*poët.*) van de zonnewarmte, zonneschijn houdend [**flores; arbor**].

Aprīlis
I. *adj.* e van april;
II. *subst.* is *m* (*vul aan: mensis*) (*abl. -ī*) april.

aprīnus, a, um (*aper*) (*postklass.*) van een everzwijn [**dens**].

aprū(g)nus, a, um (*aper*) (*pre- en postklass.*) van een everzwijn [**callum; dentes**].

aps = *abs, zie a*[3].

aps- = *abs-*.

apsis, īdis *f* (*Gr. leenw.*)
1. (*Plin. Min.*) boog, segment; welving;
2. (*Plin. Mai.*) (*astron. t.t.*) *plur.* baan die een pla-

neet beschrijft;
3. *(eccl.)* apsis *(halfronde uitbouw v.e. kerk);*
4. *(jur.) een soort vaatwerk.*

aptō, aptāre *(aptus)*
1. aan-, omdoen, bevestigen *(aan: dat.)* [**vincula collo; corpori arma** de wapenrusting passen; **anulum digito;** *metaf.* **animos armis** de aandacht op de strijd richten];
2. in orde brengen, klaarmaken, toerusten *(voor: dat. of ad)* [**arma; se pugnae**];
3. voorzien van, uitrusten met [**classem velis** zeilklaar maken];
4. van pas maken, aanpassen.

aptus[1], a, um
1. (a) bevestigd, vastgebonden, toegevoegd; (b) *(metaf.)* afhankelijk, voortkomend *(van, uit: ex of abl.)*; ▸ *honestum, ex quo aptum est officium; vita modica et -a virtute;* (c) samengevoegd, verbonden, verenigd; ▸ *-a inter se et cohaerentia; oratio -a* afgerond; *naturā nihil est aptius* niets is harmonischer dan de natuur; (d) in gereedheid gebracht, in goede conditie, toegerust [**exercitus** paraat]; (e) uitgerust, versierd met; ▸ *nautico instrumento -a et armata classis; caelum stellis fulgentibus -um;*
2. (a) aangepast, passend *(aan, bij: ad; dat.; in m. acc.)*; ▸ *calcei habiles atque -i ad pedem;* (b) geschikt, passend *(constr. als 2,a)*; ▸ *locus ad insidias aptior; castra erant ad bellum ducendum aptissima; haec genera dicendi aptiora sunt adulescentibus; abs.: tempus -um* het juiste moment; (c) bekwaam, geschikt *(constr. als 2,a)*; ▸ *milites minus -i ad huius generis hostem; poët. m. inf.: Circe apta cantu mutare figuras; m. relat. bz.: nulla videbatur aptior persona, quae de illa aetate loqueretur;* — *m. abl.* vaardig in het spreken [**sermone**].

aptus[2] *p.p. v. apiscor.*

apud *(in inscripties en manuscripten ook vaak: aput) prep. m. acc.*
1. (a) bij, in de buurt van; ▸ ~ *alqm sedere;* (b) bij iem. = in iems. woning *of* bij iem. thuis, ihb. ~ *me, te, se . . .;* (c) *(ihb. bij rechtszaken)* voor, ten overstaan van; ▸ ~ *iudices causam dicere;* ~ *regem verba facere;*
2. (a) bij, ten tijde van; ▸ ~ *antiquos;* (b) *(bij namen v. schrijvers e.d.)* bij; ▸ ~ *Xenophontem (in zijn werk);* ~ *Solonem (in zijn wetten);*
3. *(bij namen v. volkeren en volksstammen)* bij; ▸ ~ *Persas;*
4. (a) bij, nabij, in de buurt van, in de omgeving van; ▸ ~ *oppidum;* ~ *Massagetas cecidit;* (b) in, op; ▸ ~ *Asiam;* ~ *forum;*
5. in iems. ogen, naar iems. mening; ▸ *plus* ~ *me antiquorum auctoritas valet;*
6. ten overstaan van, aan; ▸ *sacrificare* ~ *deos.*

Āpuleius, ī *m naam v.e. Rom. pleb. gens:*
1. L. ~ Saturninus, *Rom. politicus ttv. Marius, volkstribuun in 103 en 100 v. Chr.;*
2. *Rom. schrijver, redenaar en platonisch filosoof uit Madaura in Africa (geb. ca. 130 n. Chr.); naast een aantal filosofische werken en een bloemlezing uit zijn redevoeringen (Florida) schreef hij de roman 'Metamorphosen', met daarin het sprookje v. Amor en Psyche.*

Āpulia, ae *f landstreek in Z.-Italië tussen de Apennijnen en de Adriatische Zee (niet gelijk te stellen met het huidige Apulië, dat ook wat in de Oudheid Calabria heette omvat); — inw. en adj.* **Āpulus,** ī *m resp.* a, um.

aput *zie apud.*

apyrēnum *(ook* **-īnum** *en [Mart.]* **-inum**), ī *n (Gr. leenw.) (postklass.) een soort granaatappel.*

aqua, ae *f (arch. gen. aquai)*
1. water; ▸ ~ *pluvia, pluvialis, caelestis* regenwater; ~ *viva* stromend water; ~ *putealis* bron-, putwater; *uitdr.: -ā et igni interdicere alci of -ā et igni alqm arcere* iem. verbannen; *-am praebere* aan tafel uitnodigen, onthalen; *-am terramque petere (of poscere) ab alqo* onderwerping eisen; ~ *haeret* het loopt niet;
2. *v. water(plas)* (a) zee; ▸ *ad -am* aan de kust; (b) meer *(= lacus)*; (c) rivier; ▸ *secundā -ā* stroomafwaarts;
3. *plur. -ae magnae (of ingentes)* hoog water, overstroming;
4. regen; ▸ *agmen -arum* stortbui;
5. *plur.* (a) bron; (b) geneeskrachtige bron, badplaats [**calidae**]; *als plaatsnaam:* **Aquae Sextiae,** *nu* Aix-en-Provence;
6. waterleiding; ▸ *-am in urbem ducere;*
7. *(poët.)* tranen; ▸ *illius ex oculis multa cadebat* ~;
8. Aqua *(deel v.h. sterrenbeeld Aquarius).*

aquae-ductus, ūs *m (aqua en duco)* aquaduct, waterleiding.

aquāliculus, ī *m (aqualis) (postklass.)* maag, ihb. maag v.e. varken.

aquālis, *(aqua) (preklass.)*
I. *adj.* e water-;
II. *subst.* is *m en f (vul aan: urceus of hama)* waterkruik, -emmer.

aquāriolus, i *(demin. v. aquarius)* waterdrager.

aquārius, *(aqua)*

I. *adj.* a, um water(leidingen) betreffend;
II. *subst.* ī *m*
1. waterdrager;
2. Waterman *(sterrenbeeld).*

aquāticus, a, um *(aqua) (poët.; postklass.)*
1. in *of* bij het water levend *of* groeiend [**lotos; aves**];
2. vochtig, waterig [**panis; auster** regen brengend].

aquātilis, e = *aquaticus.*

aquātiō, ōnis *f (aquor)*
1. het waterhalen;
2. plaats waar water te halen is.

aquātor, ōris *m (aquor)* iem. die water haalt.

aquātus, a, um *(aqua) (postklass.)* met water aangelengd [**potio**], waterig; dun [**medicamentum**].

aquifolia, ae *f en* **-ium,** ī *n een plant met stekelige bladeren,* hulst.

aquila, ae *f*
1. adelaar, arend;
2. legioensadelaar; ▸ *-am defendere;*
3. *(Tac.) (plur.) de adelaars (v. Jupiter) in het fronton v.d. tempel v. Jupiter Capitolinus;*
4. Adelaar *(als sterrenbeeld).*

Aquileia, ae *f stad in* N.-*Italië;* — *inw. en adj.* **Aquileiēnsis,** is *m resp.* e [**ager**].

aqui-lex, legis *m (aqua en lego*[1]*)* expert in het vinden v. water.

aquili-fer, ferī *m (aquila en fero)* vaandeldrager *(v.e. legioen).*

aquilīnus, a, um *(aquila) (pre- en postklass.)* adelaars-.

Aquīl(l)ius, a, um *naam v.e. Rom. pleb. gens:* C. ~ Gallus, *een vriend v. Cicero, jurist;* — **Aquīliānus,** a, um van Aquilius [**defensio**].

aquilō, ōnis *m*
1. noord(noordoost)enwind; *alg.* storm; ▸ *stridens Aquilone procella; hiems aquilonibus asperat undas;*
2. *(meton.)* noorden; ▸ *ad aquilonem conversus;*
3. **Aquilō** *in de mythologie echtgenoot v. Orithyia, vader v. Calaïs en Zetes.*

aquilōnālis, e *(aquilo)* = *aquilonius.*

Aquilōnia, ae *f stad in Samnium.*

aquilōnius, a, um *(aquilo)* noordelijk [**regio**]; **Aquilōnius,** a, um van Aquilo *(als persoon)* [**proles** = Calaïs en Zetes].

aquilus, a, um *(pre- en postklass.)* zwartachtig, donkerkleurig.

Aquīnum, ī *n stad in Latium, geboorteplaats v. Juvenalis, nu* Aquino; — *adj.* **Aquīnās,** ātis van, uit Aquinum; — *inw.* **Aquīnātēs,** ium *m (sg.* **Aquīnās,** ātis).

Aquītānia, ae *f landstreek in het zuidwesten van Gallië;* — *adj.* **Aquītānus,** a, um; — *inw.* **Aquītānī,** ōrum *m.*

aquor, aquārī *(aqua)* water halen.

aquōsus, a, um *(aqua)*
1. waterrijk [**hiems** regenachtig; **nubes** regenwolken; **Eurus** regen brengend; **languor** waterzucht; **mater** = *Thetis, de godin v.d. zee*];
2. helder als water [**crystallus**].

aquula, ae *f (demin. v. aqua)* beetje water; watertje, stroompje.

āra, ae *f*
1. altaar; ▸ *-am tangere* zweren; *Iovis* ~; *-as ponere; -am consecrare deo; -ae et foci* altaren *v.* tempels en haarden *als* altaren *v.d. Laren en Penaten in het atrium* = de heiligdommen v. tempels en huizen = huis en haard; *plur. ook als sg. gebruikt: filia victima -is admota;*
2. *(meton.)* toevluchtsoord, bescherming; ▸ *vos estis nostrae portus et ara fugae;*
3. *(sepulcri, sepulcralis)* brandstapel;
4. gedenkteken [**virtutis**];
5. *(poët.)* Altaar *(als sterrenbeeld);*
6. *(plur.) naam v.e. groep rotseilandjes tussen Sicilië en Sardinië.*

arabarchēs, ae *m belangrijkste Egypt. tolbeambte.*

Arabia, ae *f* Arabië; — *inw.* **Arabs,** bis *en* **Arabus,** ī *m* Arabier; — *adj.* **Arabicus, Arabius, Arabus,** a, um *en* **Arabs,** *gen.* abis Arabisch.

arābilis, e *(aro) (Plin. Mai.)* ploegbaar; ▸ *campus nullis* ~ *tauris.*

Arachnē, ēs *f (Gr. leenw. 'spin') kundige Lydische weefster, die Athene uitdaagde voor een wedstrijd in het weven; uit woede over Arachnes prachtige werk verscheurde Athene het en veranderde Arachne in een spin.*

Aracynthus, ī *m gebergte in Aetolië (Midden-Griekenland), nu Zygos.*

Aradus, ī *f Fen. eiland met gelijknamige stad.*

arānea, ae *f*
1. spinnenweb;
2. spin.

arāneola, ae *f (demin. v. aranea) en* **arāneolus,** ī *m (demin. v. araneus)* spinnetje.

arāneōsus, a, um *(araneus)*
1. *(Catull.)* vol spinnenwebben;
2. *(Plin. Mai.)* lijkend op een spinnenweb [**fila**].

arāneum, ī *n (araneus) (poët.; postklass.)* spinnenweb.

arāneus
I. *adj.* a, um *(postklass.)* van een spin, spinnen-;
II. *subst.* ī *m (pre- en postklass.)* spin.
Arar, Araris *m rivier in Gallië, nu de* Saône.
arātiō, ōnis *f (aro)*
1. het ploegen, akkerbouw;
2. *(meton.)* akkerland; *plur.* in pacht gegeven *of* gehouden grond, staatsdomeinen.
arātiuncula, ae *f (demin. v. aratio) (Plaut.)* akkertje.
arātor, ōris *m (aro)*
1. ploeger; *attrib.* ploegend, ploeg- [**taurus** voor het ploegen gebruikte stier];
2. *(poët.)* plattelandsbewoner, boer;
3. *(ihb. als Rom. zakelijke t.t.) plur.* pachtboeren.
arātrum, ī *n (aro)* ploeg; ▸ *subigere terram -is.*
Arātus, ī *m*
1. *Gr. dichter (ca. 270 v. Chr.) uit Cilicië, schrijver v.e. gedicht over astronomie, dat door Cicero in het Latijn vertaald is; — adj.* **Arātēus** *en* **Arātīus,** a, um [**carmen**];
2. *Gr. veldheer uit Sicyon (271—213 v. Chr.), initiatiefnemer v.d. Achaeïsche Bond.*
Araxēs, is *m (acc. -ēn en -em)*
1. *rivier in Armenië, nu de Aras;*
2. *rivier in Perzië.*
arbiter, trī *m*
1. ooggetuige, medeweter; ▸ *-is remotis* zonder getuigen, onder vier ogen;
2. scheidsrechter [**elegantiae** deskundige inzake de verfijnde smaak];
3. rechter, beslisser *(over: gen.)* [**pugnae; pacis et armorum**];
4. meester, bevelhebber *(over: gen.)* [**imperii**].
arbitra, ae *f (arbiter) (poët.; postklass.)*
1. vrl. getuige, vrl. medeweter;
2. vrl. scheidsrechter;
3. vrl. rechter.
arbitrāriō *(arbitrarius) adv. (Plaut.)* twijfelachtig.
arbitrārius, a, um *(arbiter) (pre- en postklass.)*
1. afhankelijk van iems. beslissing, willekeurig, nog onbeslist;
2. naar vrije keuze, willekeurig.
arbitrātus, ūs *m (arbitror)*
1. goeddunken, vrije wil, willekeur, believen; *arbitratu* naar goeddunken, naar believen [**meo, tuo, suo; Sullae**];
2. onbeperkte macht.
arbitrium, ī *n (arbiter)*
1. het aanwezig zijn, aanwezigheid *bij iets;*
2. uitspraak v.e. scheidsrechter;
3. vonnis, oordeel;
4. goeddunken, welgevallen, eigen beoordeling, eigen beslissing *(van, over: gen.);* ▸ *liberum ~ pacis ac belli; ~ salis vendendi* vrije prijsbepaling v.h. zout; *-o meo, suo -o* uit vrije wil; *parentum -o* naar het oordeel v.d. ouders; *ad -um suum imperare; mortis -um dare alci; ~ eligendi* vrije keuze;
5. willekeur, onbeperkte macht, heerschappij; ▸ *Iovis -o mundus regitur; me vindices a Romanorum -o; -um regni agere* de baas over het rijk spelen; *in eius -um ac potestatem venire volebant.*
arbitror, arbitrārī *(zelden* **arbitrō,** arbitrāre) *(arbiter)*
1. *(pre- en postklass.)* getuige zijn van, observeren [**dicta alcis** afluisteren]; beschouwen;
2. menen, oordelen, denken, geloven *(abs.; m. aci.; m. inf.);* ▸ *ut arbitror; — m. dubb. acc.* beschouwen als: *scelestissimum te arbitror.*
arbor *(poët.* **arbōs**), oris *f*
1. boom [**abietis** spar; **fici** vijgenboom; **pomifera;** *poët.* **Iovis** = eik; **Phoebi** = laurier; **Herculea** = populier];
2. *(meton.) iets dat van een boom gemaakt is:* (a) *(poët.)* mast; (roei)riem; schip [**Pelias** het schip de Argo]; (b) *(infelix)* galg; (c) *(eccl.)* kruis;
3. *(Plin. Mai.) een soort inktvis.*
arborārius, a, um *(arbor)* op bomen betrekking hebbend.
arborātor, ōris *m (arbor)* snoeier.
arboreus, a, um *(arbor)*
1. van een boom, boom- [**fetūs** boomvruchten; **frondes; umbra**];
2. lijkend op een boom (a) zo lang als een boom [**telum**]; (b) vertakt [**cornua cervorum**].
arbōs, oris *f (poët.)* = arbor.
arbuscula, ae *f (demin. v. arbor) (pre- en postklass.)* boompje.
arbustum, ī *n (arbor, arbos)*
1. boomaanplant; boomgaard *(ihb. v. olmen, waarlangs men wijnranken omhoog liet slingeren);*
2. *(poët.; postklass.) (ihb. plur.)* bosjes, struiken.
arbustus, a, um *(arbor, arbos)* met bomen beplant [**ager**].
arbuteus, a, um *(arbutus) (poët.)* van de aardbeiboom.
arbutum, ī *n (arbutus) (poët.)*
1. vrucht v.d. aardbeiboom;
2. loof v.d. aardbeiboom;
3. aardbeiboom *(= arbutus).*
arbutus, ī *f* aardbeiboom.
arca, ae *f*
1. doos, kist;

2. geldkist [**aerata; ferrata**]; kas; (*meton.*) geld in een kist;
3. iets dat op een kist lijkt: (a) sarcofaag; (b) gevangeniscel; (c) (*eccl.*) ark.

Arcadia, ae *f* *Arcadië, gebergte op de Peloponnesus;* — *inw.* **Arcades,** um *m* (*sg.* **Arcas,** adis) Arcadiërs; — **Arcas,** adis *m zoon v. Jupiter en Callisto, stamvader v.d. Arcadiërs;* — *adj.* **Arcadicus** *en* **Arcadius,** a, um Arcadisch [**urbs; dea** = *Carmenta;* **virgo** = *de nimf Arethusa;* **deus** = *Pan*].

arcānus, a, um (*arca*)
1. (*niet-klass.*) stilzwijgend, zwijgzaam [**nox**];
2. heimelijk, geheim; ▸ *-a consilia; -um et occultum scelus;*
3. privé, intiem [**sermones**];
4. geheimzinnig, mysterieus [**sacra**]; / *subst.* **arcānum,** ī *n* (*vaak plur.*) (a) geheim; ▸ *prodere -um; -a imperii;* (b) het geheimzinnige; / *adv.* **arcānō** in het geheim, heimelijk; ▸ *~ tibi ego hoc dico.*

Arcas, adis *m zie Arcadia.*

arceō, arcēre, arcuī, —
1. in-, opsluiten; omheinen; indammen [**flumina**];
2. (*metaf.*) binnen de perken houden [**audaciam**];
3. afweren, op een afstand houden, afhouden van; verhinderen, voorkomen [(*m. acc.*) **copias hostium; solem;** (*van, tegen: ab of abl.*) **Campanos a vallo; alqm ab iniuria; vim a portis moenibusque; hostem Galliā; alqm foro**]; (*ook m. inf., zelden m. ne of quin*);
4. (*poët.*) beschermen, behoeden (*tegen, voor: abl.; ab*) [**classes aquilonibus**].

arcera, ae *f* (*arca*) (*preklass.*) overdekte wagen.

arcessītor, ōris *m* (*arcesso*) iem. die ontbiedt.

arcessītus, ūs *m* (*arcesso*) het ontbieden, laten komen; ▸ *tuo arcessitu; eius rogatu arcessituque* op zijn verzoek en uitnodiging.

arcessō, arcessere, arcessīvī, arcessītum
1. ontbieden, laten komen (*meestal personen, zelden zaken*) [**patrem; librum; alqm ex Hispania; alqm ab aratro; Corintho colonos;** (*naar, tot: ad; dat.; sup.*) **Gallorum gentem ad bellum; Gallos auxilio** te hulp; **alqm lavatum**];
2. (*jur. t.t.*) dagvaarden, gerechtelijk vervolgen; aanklagen, beschuldigen [**alqm capitis; pecuniae captae; maiestatis; veneni crimine**];
3. zich verschaffen, bereiken, verwerven [**gloriam ex periculo;** *poët.* **vitas sibi** ontvangen];
4. *een onderwerp, gedachte e.d.* erbij halen, zoeken [**orationi splendoris alqd**]; — *p. adj.* **arcessītus,** a, um gezocht, met de haren erbij gesleept, geforceerd [**dictum; iocus**];
5. de bruid in het huis v.d. bruidegom halen [**virginem**].

archangelus, ī *m* (*Gr. leenw.*) (*eccl.*) aartsengel.

Archelāus, ī *m*
1. *Gr. filosoof uit Milete, leerling v. Anaxagoras (5e eeuw v. Chr.);*
2. *koning v. Macedonië (413—399 v. Chr.).*

archetypus, a, um (*Gr. leenw.*) (*poët.; postklass.*) origineel (*v. schilderijen, geschriften, beelden e.d.*); — *subst.* **archetypum (-on),** ī *n* origineel, voorbeeld, oervorm.

Archiās, ae *m*
1. *A. Licinius ~, Gr. dichter, door Cicero in 62 v. Chr. verdedigd tegen de beschuldiging dat hij het Rom. burgerrecht op slinkse wijze verkregen zou hebben;*
2. *bekende meubelmaker in Rome;* — *adj.* **Archiacus,** a, um [**lecti** eenvoudige aanligbedden].

archiater *en* **archiātros (-trus),** trī *m* (*Gr. leenw.*) (*Laatl.*) officiële arts, *ihb. aan het keizerlijk hof.*

archidiāconus, ī *m* (*Gr. leenw.*) (*eccl.*) aartsdiaken.

archiepiscopus, ī *m* (*Gr. leenw.*) (*eccl.*) aartsbisschop.

archigallus, ī *m* (*Gr. leenw.*) (*postklass.*) opperpriester v. Cybele.

Archilochus, ī *m Gr. dichter van jamben uit Paros, ca. 650 v. Chr., die als eerste bijtende spotdichten schreef;* — *adj.* **Archilochīus,** a, um bijtend, scherp.

archimagīrus, ī *m* (*Gr. leenw.*) (*Juv.*) chef-kok.

archimandrīta, ae *m* (*Gr. leenw.*) (*eccl.*) abt.

Archimēdēs, is *m beroemde Gr. wiskundige, natuurkundige en werktuigkundige in Syracuse (287—212 v. Chr.), bij de verovering v.d. stad door de Romeinen gedood.*

archimīmus, ī *m* (*Gr. leenw.*) leider v.e. mimegezelschap.

archipīrāta, ae *m* (*Gr. leenw.*) zeerovershoofdman.

archisynagōgus, ī *m* (*Gr. leenw.*) (*eccl.*) hoofd v.e. synagoge.

architectōn, onis *m* (*Gr. leenw.*)
1. (*pre- en postklass.*) bouwmeester;
2. (*preklass.*) intrigant.

architector, architectārī (*architectus*)
1. (op)bouwen, aanleggen;
2. (*metaf.*) bezorgen, verschaffen [**voluptates**].

architectūra, ae *f* (*architectus*) bouwkunst.

architectus, ī m (*Gr. leenw.*)
1. bouwmeester;
2. aanstichter, grondlegger, schepper, uitvinder; ▸ ~ *beatae vitae; princeps atque ~ sceleris.*
archī(v)um, ī n (*Gr. leenw.*) (*Laatl.*) archief.
archōn, ontis m (*Gr. leenw.*) archont, *titel v.d. hoogste Atheense waardigheidsbekleders.*
Archȳtās, ae m *pythagoreïsch filosoof uit Tarente, wiskundige en staatsman* (*ca. 380 v. Chr.*).
arci-potēns, *gen.* entis (*arcus*) (*poët.*) machtig met een boog [**Apollo**].
arci-sellium, ī n (*arcus en sella*) (*Petr.*) leunstoel.
arci-tenēns, *gen.* tenentis (*arcus en teneo*)
I. *adj.* (*poët.*) een boog dragend (*epitheton v. Apollo en v. Diana*);
II. *subst.* m (boog)schutter (*ook als sterrenbeeld*).
Arctophylax, acis m *een sterrenbeeld* = *Boötes.*
Arctos, ī f (*acc. -on, nom. plur.* Arctoe; *nv.* **Arctus,** ī f) (*Gr. leenw.*)
1. berin, *meestal plur.*: Grote en Kleine Beer *aan de noordelijke sterrenhemel* [**geminae**];
2. (*poët.*) (*meton.*) (a) noordpool; (b) noorden; (c) nacht;
/ *adj.* **Arctōus,** a, um (*poët.*) noordelijk [**gens**].
Arctūrus, ī m (*Gr. leenw.*)
1. Berenhoeder, Arcturus *de helderste ster in het sterrenbeeld Boötes; ook* = *Boötes;*
2. (*Verg.*) (*meton.*) *sub ipsum -um* bij de opkomst v.d. Berenhoeder.
arcuātus, a, um (*arcus*)
1. boogvormig, gewelfd, gebogen [**currus** overdekt];
2. = *arquatus.*
arcula, ae f (*demin. v. arca*) kistje, geldkistje, verfdoosje, juwelenkistje [**muliebris**].
arculārius, ī m (*arcula*) (*Plaut.*) maker v. juwelenkistjes.
arcus, ūs m
1. boog (*als wapen*); ▸ *arcum intendere;* (*meton.*) *arcūs Haemonii* = Boogschutter (*als sterrenbeeld*);
2. regenboog [**caelestis; pluvius; imbrifer**];
3. (*poët.; postklass.*) kromming, bocht; ▸ *anguis sinuatur in arcus;* ~ *aquarum* vloedgolf;
4. (a) (*poët.*) welving (*v. bouwwerken, v. bogen v. bruggen*); (b) (*postklass.*) triomfboog;
5. (*poët.; postklass.*) (*math. t.t.*) boog v.e. cirkel.
ardaliō, ōnis m (*Phaedr.; Mart.*) druktemaker, nietsnut.
ardea, ae f (*Verg.; Plin. Mai.*) reiger.
Ardea, ae f *stad in het gebied v.d. Rutuli in Latium;* — *adj.* **Ardeās,** ātis *en* **Ardeātīnus,** a, um; — *inw.* **Ardeās,** ātis m.
ārdēns, *gen.* entis (*p. adj. v. ardeo*)
1. brandend, gloeiend (heet) [**aqua; lapides; fax**];
2. fonkelend, glanzend [**oculi; clipeus; stella**];
3. (*v. taalgebr. en redenaars*) vurig, meeslepend;
4. hevig, hartstochtelijk [**ira; amor**];
5. (*Hor.*) (*v. wijn*) zwaar, krachtig [**Falernum**].
ārdeō, ārdēre, ārsī, ārsūrum
1. (a) branden, in vuur en vlam staan, in vlammen opgaan; ▸ *ardentes taedae, faces; vis lignorum ardens; largior arsit ignis; ardet domus;* (b) gloeien; ▸ *ardentes lapides;*
2. glanzen, oplichten, fonkelen; ▸ *oculi ardent; campi armis ardent; ardebat murice laena;*
3. (*metaf.*) (a) branden, gloeien, verteerd worden [**siti; amore; dolore; iracundiā; cupiditate**]; (b) ~ *ad; in m. acc.* hevig verlangen [**ad ulciscendum; in proelia; in caedem**]; (c) (*m. inf.*) branden van verlangen; (d) (*ihb. poët.*) hartstochtelijk liefhebben, in liefde ontbrand zijn voor (*m. abl.; in m. abl.; acc.; in m. acc.*) [**virgine; in illa; Alexin**];
4. (*v. samenzweringen, oorlogen e.d.*) ontbrand zijn, volop aan de gang zijn; ▸ *cum arderet coniuratio;*
5. in vuur en vlam staan; ▸ *Gallia ardet.*
ardeola a, ae f = *ardiola.*
ārdēscō, ārdēscere, ārsī, — (*incoh. v. ardeo*)
1. ontbranden, in brand vliegen; beginnen te gloeien; ▸ *ardescit axis;*
2. beginnen te schitteren, glanzen; ▸ *fulmineis ardescunt ignibus undae;*
3. (*metaf.*) (a) ontvlammen, ontsteken in [**caede; libidinibus; in iras**]; (b) in liefde ontbranden (*voor: abl.*); ▸ *non alia magis arsisti;*
4. (*v. strijd e.d.*) oplaaien; ▸ *ardescente pugna; fremitus ardescit equorum.*
ardiola, ae f (*Plin. Mai.*) reiger.
ārdor, ōris m (*ardeo*)
1. brand; (verzengende) hitte [**solis** zonnewarmte; **caeli** roodgloeiende hemel; **corporis**]; *plur.* hete zone (*Sall.*): *procul ab ardoribus;* heet klimaat (*Tac.*): *Libanus inter tantos ardores opacus;*
2. het oplichten, fonkelen, flikkeren, glans [**oculorum; stellarum**];
3. (*metaf.*) (a) hartstocht, vuur, hitte; enthousiasme; woede [**animi; pugnandi** = **ad dimicandum** vechtlust; **militum; civium** woede, oproer]; (b) het vuur v.d. liefde, liefde (*voor: gen.*) [**virginis**]; (*meton.*) geliefde persoon, ge-

liefde.

Arduenna, ae *f (vul aan: silva) uitgestrekt bos ten W. v.d. Rijn, waar de Ardennen hun naam aan ontlenen.*

arduitās, ātis *f (arduus)* steilte [**montium**].

arduus, a, um

1. (a) steil; ▸ *collis* ~; *ascensus difficilis atque* ~; (b) *(poët.)* hoog (oprijzend) [**sidera; cedrus; nubes**]; — *subst.* **arduum,** ī *n* steile hoogte, steile plek: ~ *montis; ardua et rectae prope rupes;*
2. *(metaf.)* moeilijk, moeizaam, bezwaarlijk; ▸ *opus -um; res -ae* ongeluk; *m. sup.: -um factu;* — *subst.* **arduum,** ī *n* moeilijkheid: *in -o esse (Tac.)* moeilijk zijn.

ārea, ae *f*

1. open plaats, terrein *(openbare plaats, ihb. voor tempels en gebouwen, ook speelplaats e.d.)* [**Capitolii; Palatina**];
2. bouwterrein;
3. binnenplaats v.e. huis; ▸ *resedimus in -a domus;*
4. dorsvloer; ▸ *in -is frumenta sunt;*
5. renbaan; ▸ *circi* ~ *media;*
6. *(metaf.)* gebied, terrein *(werkterrein e.d.)*; ▸ *patet in curas* ~ *lata meas* een grote vlakte ligt open voor mijn zorgen = ik maak me grote zorgen;
7. bloem-, groentebed;
8. *(Mart.)* kale plek op het hoofd.

āre-faciō, facere, fēcī, factum *(pass. -fīō,* fierī, factus sum) *(areo en facio) (pre- en postklass.)* drogen.

Arelāte, tis *n stad aan de Rhône, nu* Arles.

Aremoricus, a, um *-ae civitates volksstammen in Bretagne en Normandië.*

arēn- = *haren-.*

ārēns, *gen.* entis *(p. adj. v. areo)*

1. droog, verdroogd, dor [**silva; rosae; rivus; loca**]; — *subst.* **ārentia,** ium *n* zandwoestijn;
2. uitgedroogd [**faux**].

āreō, ārēre, āruī, —

1. droog, dor zijn; ▸ *aret ager, herba;*
2. uitgedroogd zijn, (van dorst) smachten; ▸ *arentibus siti monstrare viam* aan hen die van dorst vergaan.

āreola, ae *f (demin. v. area) (postklass.)*

1. kleine open plaats;
2. klein bloembed.

Arēopagus *(en* **Arīopagus**), ī *m*

1. aan Ares (Mars) gewijde heuvel *in Athene;*
2. *het hoogste gerechtshof v. Athene,* de Areopagus, *die zitting hield op de Areopagus;* — **Arēopagītēs,** ae *m lid v.d. Areopagus.*

ārēscō, ārēscere, āruī, — *(incoh. v. areo)* (ver)drogen, verdorren; ▸ *herbae arescunt.*

aretālogus, ī *m (Gr. leenw.) (Juv.; Suet.)* sprookjesverteller; charlatan [**mendax**].

Arethūsa, ae *f bron op het eiland* Ortygia *(het oudste gedeelte v. Syracuse); in de mythologie een nimf, op wie de riviergod Alpheus verliefd was;* — *adj. (f)* **Arethūsis,** idis.

Arēus[1], a, um van Ares (Mars); ▸ *-um iudicium (Tac.)* van de Areopagus; *vgl. Areopagus.*

Arēus[2], ī *m Gr. filosoof, leraar v. Augustus.*

Argēī, ōrum *m*

1. *27 heiligdommen in Rome, waarbij op 16 en 17 maart door de pontifices zoenoffers gebracht werden;*
2. *27 biezen poppen, die jaarlijks op 14 mei door de Vestaalse maagden als symbolisch mensenoffer vanaf de Pons Sublicius in de Tiber gegooid werden.*

argema, atis *n (Gr. leenw.) (Plin. Mai.)* oogontsteking *(witte plek op de iris).*

argemōn, onis *f (Gr. leenw.)* kliskruid.

argemonia, ae *f (Gr. leenw.)* agrimonie *(plant uit de rozenfamilie).*

argentāria, ae *f (argentarius)*

1. *(vul aan: fodina)* zilvermijn;
2. *(vul aan: taberna)* (wissel)bank;
3. *(vul aan: ars)* beroep van bankier; ▸ *-am facere; -a non ignobilis.*

argentārius *(argentum)*

I. *adj.* a, um

1. zilver- [**metalla** zilvermijn];
2. geld- [**inopia; taberna** (wissel)bank];

II. *subst.* ī *m*

1. geldwisselaar, bankier;
2. *(Laatl.) (vul aan: faber)* zilversmid.

argentātus, a um *(argentum)*

1. verzilverd, met zilver beslagen [**sella; milites** soldaten met schilden met zilverbeslag];
2. *(Plaut.)* geld betreffend [**querimonia**].

argenteolus, a, um *(demin. v. argenteus) (Plaut.)* zilveren, van zilver gemaakt.

argenteus, a, um *(argentum)*

1. van zilver, zilveren [**vas; poculum**]; *subst.* ī *m* zilveren munt;
2. verzilverd, met zilver versierd, beslagen, ingelegd [**scaena; triclinia**];
3. zilverkleurig [**anser; fons** zilverhelder]; **flūmen Argenteum** *of* **Argenteus,** ī *m rivier in Gallië, nu de* Argens;
4. *(poët.)* van het Zilveren Tijdperk, het Zilveren Tijdperk toebehorend [**proles**].

argenti-fodīna, ae *f* (*argentum*) (*Plin. Mai.*) zilvermijn.

Argentorātus, ī *f stad in N.O.-Frankrijk, nu* Straatsburg.

argentum, ī *n*
1. zilver [**factum** bewerkt zilver; **signatum** gemunt zilver, zilvergeld; **infectum** ongemunt zilver];
2. (*meton.*) (a) zilverwerk [**plenum artis; caelatum**]; (b) (zilver)geld; ▸ ~ *multaticium* geldboete; *-um creditum solvere*;
3. (*Plin. Mai.*) ~ *vivum* kwikzilver.

argentumexterebrōnidēs, ae *m* (*argentum en exterebro*) (*Plaut.*) (*scherts.*) 'zoon v.e. geldafperser', woekeraar.

argestēs, ae *m* (*Gr. leenw.*) (*poët.; postklass.*) westnoordwestenwind.

Argēus, Argī zie *Argos.*

Argīlētum, ī *n straat met ambachtslieden en boekhandelaars ten N. v.h. Forum in Rome;* — *adj.* **Argīlētānus,** a, um zich op de Argiletum bevindend [**aedificium; tabernae**].

argilla, ae *f* (*Gr. leenw.*) witte klei, pottenbakkersklei.

argillōsus, a, um (*argilla*) rijk aan klei.

Arginūsae, ārum *f drie eilanden bij Lesbos; bekend v.d. overwinning ter zee v.d. Atheners op de Spartanen in 406 v. Chr.*

argītis, idis *f* (*Gr. leenw.*) (*poët.; postklass.*) wijnstok met witte druiven.

Argī(v)us zie *Argos.*

Argō, *acc.* Argo(n) *f* de Argo, *het schip v.d. Argonauten* (**Argonautae,** ārum *m: Iason en zijn metgezellen*). *Zij voeren hiermee naar Colchis om het Gulden Vlies mee naar huis te nemen; door Minerva als sterrenbeeld aan de zuidelijke sterrenhemel geplaatst;* — *adj.* **Argōus,** a, um.

Argolis zie *Argos.*

Argos *n* (*alleen nom. en acc.*) en **Argī,** ōrum *m*
1. *belangrijkste stad v. Argolis;* — *subst.* **Argīvī,** ōrum en (*poët.*) um *m* de Argivi, *poët.* ook = de Grieken; **Argī,** ōrum *m* (*Sen.*) de Argivi; **Argolis,** idis *f landstreek op de Peloponnesus;* — *adj.* **Argīvus, Argēus** en **Argīus,** a, um uit Argos, Argivisch, *poët.* ook Grieks; **Argus,** a, um (*Plaut.*) uit Argos, Argivisch; **Argolicus,** a, um Argolisch [**sinus; mare**], *poët.* ook Grieks [**reges; classis**];
2. ~ *Amphilochium, stad in Epirus in Griekenland.*

arguī *pf. v. arguo.*

argūmentātiō, ōnis *f* (*argumentor*) bewijsvoering.

argūmentor, argūmentārī (*argumentum*)
I. *intr.* het bewijs leveren, redenen geven (*abs.; m. de; afh. vr.*);
II. *tr.* als bewijs aanvoeren.

argūmentōsus, a, um (*argumentum*)
1. (*postklass.*) rijk aan stof *of* onderwerpen;
2. (*Laatl.*) slim.

argūmentum, ī *n* (*arguo*)
1. bewijs(middel), argument (*voor: gen.*); ▸ ~ *veritatis; -a* (bewijzen) *et rationes* (conclusies); *-o esse* als bewijs dienen; *afferre -a; certum* ~ ; *-a ratione conclusa* sluitende bewijzen;
2. stof, onderwerp, inhoud [**epistulae; orationis; libri**];
3. inhoudelijke waarde; ▸ *epistula sine -o et sententia;*
4. weergave (*in beeld, woord en geschrift*); verhaal;
5. fabel; ▸ *hoc -o* in deze fabel; ~ *docet;* — (toneel)voorstelling; scène; ▸ *-i exitus.*

arguō, arguere, arguī, argūtum
1. duidelijk te kennen geven, beweren, bewijzen, aantonen;
2. (*poët.*) laten blijken, verraden, tonen; ▸ *degeneres animos timor arguit;* — *pass.* zich verraden, blijken (te zijn): *genus arguitur vultu; arguitur vinosus;*
3. bewijzen dat iets onjuist *of* verkeerd is, weerleggen [**leges**];
4. (*culpam*) laken, veroordelen;
5. beschuldigen, aanklagen; ▸ *servos ipsos neque accuso neque arguo; qui arguuntur* de beschuldigden; *qui arguunt* de aanklagers; *m. vermelding v.d. beschuldiging of v.d. misdaad: gen.: malorum facinorum; summi sceleris; abl.: hoc crimine te non arguo; de: de crimine; acc. neutr. v.e. pron.; dubb. acc., ook m. ut: alqm* (*ut*) *falsum filium* ~ ; *aci. of inf.; pass. m. nci. of inf.: Roscius arguitur patrem occidisse.*

Argus[1], a, um zie *Argos.*

Argus[2], ī *m de honderdogige bewaker v.d. in een koe veranderde Io; hij werd op bevel v. Jupiter door Mercurius gedood. Juno zette daarna zijn honderd ogen op de staart v.d. pauw.*

argūtātiō, ōnis *f* (*argutor*) (*Catull.*) het kraken [**tremuli lecti**].

argūtiae, ārum *f* en (*postklass.*) **argūtia,** ae *f* (*argutus*)
1. expressiviteit, levendigheid, sprekendheid [**vultūs; operum** (*v. beeldhouwwerken*); **digitorum** levendig spel met de vingers];
2. (a) intelligentie, scherpzinnigheid, fijnheid, scherpte v.d. weergave; ▸ *huius orationes tantum*

-*arum, tantum urbanitatis habent, ut*; (b) spitsvondigheid, sluwheid, trucjes.

argūtiola, ae *f* (*demin. v. argutia*) (*postklass.*) slimmigheidje.

argūtor, argūtārī *en* **argūtō,** argūtāre (*argutus*) (*vooral preklass.*) kletsen, babbelen.

argūtulus, a, um (*demin. v. argutus*) tamelijk spitsvondig, tamelijk scherpzinnig.

argūtus, a, um (*p. adj. v. arguo*)
1. scherp, expressief, sprekend, levendig [**oculi**];
2. (a) (*poët.*) schel, galmend; ruisend; tjilpend; sjirpend; suizend [**ilex; nemus** (*galmend v.h. gezang v. herders*); **aves; hirundo; cicada; forum** rumoerig; **dolor** schelle jammerklacht; **serra** krassend]; (b) zangerig, met heldere stem [**poëta**];
3. welbespraakt; praatziek; ▸ *litteras quam argutissimas mittere* (*Cic.*) met zo veel mogelijk roddels;
4. (*v. reuk en smaak*) scherp, doordringend, penetrant [**odor; sapor**];
5. (*omen; exta*) duidelijk, sprekend, betekenisvol;
6. (a) intelligent, scherpzinnig, geestig [**sententiae; dicta; orator**]; ▸ -*e disputare*; (b) (*pejor.*) sluw, slim, doortrapt [**meretrix; calo**].

argyraspides, um *m* (*Gr. leenw.*) de dragers v.e. zilveren schild, *Macedon. legeronderdeel.*

Argyripa, ae *f zie Arpi.*

Ariadna, ae *en* **Ariadnē,** ēs *f dochter v.d. Kretenzische koning Minos en v. Pasiphaë. Ze gaf Theseus de mogelijkheid om mbv. een knot wol uit het labyrint terug te keren en werd vervolgens door hem ontvoerd en op Naxos achtergelaten. Ze trouwde met Bacchus. Haar bruidstooi kreeg een plaats onder de sterren*; — *adj.* **Ariadnēus,** a, um.

Arīcia, ae *f een stad in Latium aan de voet v.d. Mons Albanus en aan de Via Appia met tempel en heilig bos v. Diana, nu Ariccia*; — *adj.* **Arīcīnus,** a, um [**nemus**].

āriditās, ātis *f* (*aridus*) (*postklass.*) droogte, dorheid.

āridulus, a, um (*demin. v. aridus*) (*Catull.*) een beetje droog [**labella**].

āridus, a, um (*areo*)
1. (a) droog, dor [**folia; lignum; terra; stramentum; regio;** *poët.* **sonus, fragor** knappend (*zoals bij het breken v. droog hout*)]; — *subst.* **āridum,** ī *n* droog land, ihb. het droge, vaste wal; ▸ *naves in -um subducere; ex -o tela conicere*; (b) (*Verg.*) (*nubila*) zonder regen;
2. dun, mager [**crura**];
3. (*poët.*) (a) uitgedroogd, smachtend v. dorst [**viator**]; (b) heet, brandend [**sitis; febris**];
4. (*v. levenswijze*) gebrekkig, armoedig [**victus; vita**]; (*Mart.*) (*v. mensen*) arm [**cliens**];
5. (*kom.*) gierig [**senex; pater**];
6. droog, fantasieloos, saai (a) (*v.e. tekst*) [**genus orationis; libri**]; (b) (*v.e. redenaar*) [**rhetor; magister**];
7. (*Suet.*) zonder enige kennis.

ariēs, etis *m*
1. ram, mannelijk schaap; ~ *dux* belhamel;
2. (*poët.*) Ram *als sterrenbeeld*;
3. (a) (*milit. t.t.*) stormram; ▸ *murum ~ percutit*; (b) golfbreker.

arietārius, a, um (*aries*) betrekking hebbend op de stormram.

arietātiō, ōnis *f* (*arieto*) (*Sen.*) het tegen elkaar stoten, rammen.

arietillus, ī *m* (*aries*) (*Petr.*) (*pejor.*) doordrammer.

arietīnus, a, um (*aries*) (*postklass.*)
1. van een ram [**cornu**];
2. *cicer ~ een soort kikkererwt.*

arietō, arietāre (*aries*) (*poët.; postklass.*)
1. stoten; ▸ *acies inter se arietant* stoten hard tegen elkaar;
2. omverwerpen [**alqm in terram**];
3. komen aanrennen, komen aanstormen [**immissis frenis in portas**].

Arīminum, ī *n plaats aan de kust in Umbrië, nu* Rimini; — *inw. en adj.* **Arīminēnsis,** is *m resp. e.*

arinca, ae *f* (*Plin. Mai.*) *een soort graan.*

Ariobarzanēs, is *m naam v. verscheidene Cappadocische koningen.*

ariol- zie *hariol-*.

Arīōn, onis *m citerspeler, dichter, zanger en componist uit Methymna op Lesbos (ca. 600 v. Chr.)*; — *adj.* **Arīonius,** a, um.

Arīopagus, ī *m* = *Areopagus.*

Ariovistus, ī *m vorst v.d. Sueven, een Germ. stam die zich in Gallië wilde vestigen; Caesar versloeg hem in 58 v. Chr.*

arista, ae *f*
1. baard v.e. korenaar, kafnaald;
2. korenaar.

Aristaeus, ī *m zoon v. Apollo en Cyrene, god v.d. kuddes, olijfboomgaarden en bijenteelt.*

Aristarchus, ī *m*
1. *uit Samos, ca. 310—230 v. Chr., astronoom in Alexandrië*;
2. *uit Samothrace, 217—145 v. Chr., grammaticus*

en criticus (v. Homerus) in Alexandrië; (meton.) strenge criticus [**mearum orationum**].

Aristīdēs, is *en* ī *m*

1. *politicus in Athene, tegenstander v. Themistocles;*

2. *schrijver v. korte verhalen (Milesiaca) uit Milete (ca. 100 v. Chr.);*

3. **P. Aelius** ~ *sofist en veelzijdig schrijver uit Hadrianotherae (in Mysië) (117—ca. 181 n. Chr.).*

Aristippus, ī *m filosoof uit Cyrene (ca. 380 v. Chr.), leerling v. Socrates, oprichter v.d. Cyreneïsche filosofenschool; — adj.* **Aristippēus,** a, um.

Aristius Fuscus *dichter, redenaar en grammaticus, vriend v. Horatius.*

Aristō, ōnis *m Gr. filosoof uit Chios; — adj.* **Aristōnēus,** a, um.

Aristogītōn, onis *m samen met Harmodius moordenaar v.d. Att. tiran Hipparchus (514 v. Chr.).*

aristolochia, ae *f (Gr. leenw.)* pijpbloem, *een (voor medische doeleinden gebruikte) plant.*

Aristophanēs, is *m*

1. *uit Athene, tijdgenoot v. Socrates; hij was de belangrijkste dichter v.d. oude Att. komedie (ca. 452—388 v. Chr.); — adj.* **Aristophanēus** *en* **-nīus,** a, um;

2. *uit Byzantium (ca. 257—180 v. Chr.), bibliothecaris v.h. Museion in Alexandrië, beroemd filoloog, grammaticus en criticus, grondlegger v.d. lexicografie, leermeester v. Aristarchus.*

Aristotelēs, is *en* ī *m filosoof en universeel geleerde uit Stagira op Chalcidice (384—322 v. Chr.), leerling v. Plato, leraar v. Alexander de Grote, oprichter v.d. peripatetische filosofenschool in Athene; — adj.* **Aristotelēus** *en* **-īus,** a, um.

Aristoxenus, ī *m filosoof en muziektheoreticus uit Tarente (ca. 320 v. Chr.), leerling v. Aristoteles.*

arithmētica, ae *f (ook* **-icē,** ēs *soms plur.* **-a,** orum *n) (Gr. leenw.)* rekenkunde.

āritūdō, inis *f (areo) (preklass.)* droogte.

Ariūsius, a, um uit de omgeving v. Ariusia op Chios [**vinum**].

arma, ōrum *n*

1. uitrusting, gereedschap, werktuig [**cerealia** gereedschap om brood te bakken; **venatoria** jachtgereedschap; **ratis** tuigage];

2. oorlogstuig, krijgsmaterieel, *ihb.* harnas, wapens, schild [**equestria** cavalerie-, ruiteruitrusting]; ▸ *-a induere* de wapenrusting aandoen; ~ *auro et argento caelata* in goud en zilver gedreven; *-orum et equitandi peritissimus* in het hanteren v.d. wapens en in het paardrijden; *exercitationes campestres -orum et equorum* krijgsoefeningen met wapens en paarden; *-a capere* naar de wapens grijpen; *in -is esse* onder de wapenen zijn; *in -is mori* in het harnas; *ad -a!* te wapen!; *vi et -is* met wapengeweld; *se in -a colligere* dekking zoeken achter het schild;

3. *(meton.)* (a) wapengeweld, strijd, oorlog; ▸ *Galli inter ferrum et -a nati; -a referre* de strijd hernieuwen; *cedant* ~ *togae* de oorlog moet wijken voor de vrede; *-a inferre Graeciae;* (b) wapenfeiten [**canere** bezingen]; (c) krijgs-, legermacht [**Macedonum; publica**]; (d) gewapenden, strijders, soldaten; ▸ *levia* ~ lichtgewapenden; ~ *auxiliaria* hulptroepen; *machina plena -is (v.h. paard v. Troje);*

4. *(metaf.)* middel om zich te beschermen, verdedigen, hulpmiddel; ▸ ~ *senectutis, prudentiae; amico arma* (raad, adviezen) *dare; -a quaerere* hulp zoeken;

5. partij *in een oorlog;* ▸ *neutra -a sequi* neutraal blijven.

armamaxa, ae *f (Gr. leenw.) (postklass.) een overdekte reiswagen voor het vervoer v. personen, ihb. vrouwen en kinderen.*

armāmenta, ōrum *n (armo)* uitrusting *ihb. v. schepen;* zeiltuig, takelwerk.

armāmentārium, ī *n* wapenarsenaal *(opslagruimte voor oorlogstuig).*

armāriolum, ī *n (demin. v. armarium) (Plaut.)* kastje.

armārium, ī *n (arma)*

1. kast; *(postklass.)* boekenkast;

2. *(Mel.) plur.* bibliotheek, archief.

armārius, ī *m (armarium) (Mel.)* bibliothecaris, archivaris.

armātūra, ae *f (armo)* bewapening; *(meton.)* gewapende macht; gewapenden *(coll.)* [**levis** lichtbewapenden; **gravis** zwaarbewapenden].

armātus[1], ūs *m (armo) = armatura.*

armātus[2], a, um *(p. adj. v. armo)* gewapend, uitgerust, oorlogs-; ▸ *-ae classes; urbs -a muris;* ~ *togatusque* gewapend en een toga dragend = in oorlog en vrede; — *subst.* **armātī,** ōrum *m* gewapenden.

Armenia, ae *f Armenië, hoogland aan de bovenloop v.d. Eufraat en de Tigris:* ~ *Maior ten N. v.d. Eufraat,* ~ *Minor ten Z. v.d. Eufraat; — adj. en inw.* **Armenius,** a, um *resp.* ī *m.*

armentālis, e *(armentum) (poët.; Laatl.)* behorend tot het grootvee; in kuddes weidend [**equae**].

armentārius, ī *m (armentum)* koeherder, veehoeder.

armenticius, a, um *(armentum) (Var.)* uit vee bestaand, runder-.

armentīvus, a, um *(armentum)* (Plin. Mai.) in kuddes weidend.

armentōsus, a, um *(armentum)* *(postklass.)* rijk aan kuddes.

armentum, ī n *(vooral plur.)*
1. (groot)vee; ihb. runderen *(itt. pecus: kleinvee)*; ▸ *greges -orum reliquique pecoris; pecus armentumque; Pan erat -i custos;*
2. kudde [**boum; cervorum** roedel].

armi-fer, fera, ferum *(arma en fero)* wapens dragend, gewapend; krijgshaftig.

armi-ger, gera, gerum *(arma en gero)*
1. wapens dragend, gewapend [**deus** Mars]; — *subst.* **armiger,** gerī *m* wapendrager, schildknaap [**Iovis** *omschrijving v.d. adelaar*]; **armigera,** ae *f* wapendraagster [**Dianae**];
2. (Prop.) gewapenden voortbrengend [**humus**].

armilla, ae *f (armus)* armband.

armillātus, a, um *(armilla)* *(poët.; postklass.)* met armbanden getooid; ▸ *~ in publicum processit.*

armillum, ī n *(armus)* *(pre- en postklass.) een op de schouders gedragen* wijnkruik; ▸ *ad -a redire* terugvallen in oude gewoontes.

Armilūstr(i)um, ī n *(arma en lustrum[2])*
1. *jaarlijks feest v.d. wapenwijding in Rome;*
2. *plaats op de Aventinus waar het feest gehouden werd.*

Arminius, ī m *vorst v.d. Cherusken, die in 9 n. Chr. in het Teutoburgerwoud Quintilius Varus versloeg.*

armi-potēns, *gen.* entis *(arma)* *(poët.)* machtig (door wapens), krijgshaftig, dapper [**Mars; Diana**].

armi-sonus, a, um *(arma en sono)* *(poët.)* met kletterende wapens.

armō, armāre *(arma)*
1. (a) *voor de strijd* uit-, toerusten, gevechtsklaar maken; ▸ *muros propugnaculis ~; urbs armata muris; exercitum ~;* (b) bewapenen [**milites; gladiis dextras**];
2. *(naut. t.t.)* optuigen, zeilklaar maken [**naves; classem**];
3. *(metaf.)* uit-, toerusten met, voorzien van [**se eloquentiā**].

armoracia, ae *f en* **armoracium,** ī n *(Gr. leenw.) een soort wilde radijs.*

armus, ī m *(poët.; postklass.)*
1. *(bij mensen)* bovenarm, schouder(blad);
2. *(bij dieren)* schoft, schouderblad; *plur.* flanken [**equi**].

Arnus, ī m *de rivier de Arno;* — *adj.* **Arniēnsis,** e [**tribus** aan de Arno gelegen].

arō, arāre
1. ploegen; *(de akker)* bewerken, bebouwen [**terram; agrum**]; *abs.* de akkerbouw bedrijven, van de akkerbouw leven;
2. *(poët.) (metaf.)* (a) doorploegen, rimpelig maken; ▸ *aratā rugis fronte;* (b) *(de zee e.d.)* doorklieven, bezeilen [**latum aequor**].

arōma, atis n *(Gr. leenw.) (postklass.)*
1. (welriekend) kruid;
2. aangename geur, aroma.

arōmaticus, a, um *(aroma) (Laatl.)*
1. van kruiden;
2. welriekend.

arōmatītēs, ae m *(Gr. leenw.) (Plin. Mai.)* gekruide wijn.

Arpī, ōrum *m stad in Apulië, volgens de legende door Diomedes van Argos gesticht, nu S. Nicola d'Arpi; poët.* **Argyripa,** ae *f;* — *inw. en adj.* **Arpīnus,** ī *m resp.* a, um.

Arpīnum, ī n *stad in Latium, vanaf 305 v. Chr. onder Rom. heerschappij; geboorteplaats v. Cicero en Marius, nu Arpino;* — *adj.* **Arpīnās,** ātis *en* **Arpīnus,** a, um: *chartae Arpinae* = Cicero's geschriften; — *inw.* **Arpīnās,** ātis *m;* — **Arpīnās,** ātis n *(vul aan: praedium) landgoed v. Cicero bij Arpinum.*

arquātus, a, um *(postklass.)* in de kleuren v.d. regenboog; *subst.* ī m iem. die aan geelzucht lijdt.

arqui-tenēns = *arcitenens.*

arra, ae *f (postklass.)* handgeld; onderpand.

arrabō, ōnis *m (Gr. leenw.)* handgeld; onderpand.

arrēctārium, ī n *(arrectus) (postklass.)* staander, stut.

arrēctus, a, um *(p. adj. v. arrigo)*
1. steil [**saxa**];
2. *(postklass.)* omhooggericht [**auricula**].

ar-rēpō, rēpere, rēpsī, rēptum
1. binnensluipen *(m. ad; dat.; in m. acc.)*;
2. kruipen naar, sluipen naar *(m. ad; dat.)*.

arrepticius, a, um *(arripio) (Laatl.)* bezeten.

Arrētium, ī n *stad in Etrurië in het dal aan de bovenloop v.d. Arno, geboorteplaats v. Maecenas, nu Arezzo;* — *inw. en adj.* **Arrētīnus,** ī *m resp.* a, um.

ar-rēxī *pf. v. arrigo.*

arrhenicum, ī n *(Gr. leenw.) (postklass.)* arsenicum.

ar-rīdeō, rīdēre, rīsī, rīsum
1. (a) meelachen *(met: dat.)* [**ridentibus**]; (b) toelachen, glimlachen tegen *(m. dat.)*; (c) glimlachen om *(m. acc.)*; *(Sen.)* (glim)lachen bij *(m.*

dat.) [**probrosis in se dictis**];
2. (*metaf.*) (a) (*poët.*) (*v. situaties*) iem. toelachen = gunstig gezind zijn; ▸ *quandoque mihi Fortunae arriserit hora; cum tempestas arridet;* (b) iem. bevallen, goedkeuring v. iem. wegdragen.

ar-rigō, rigere, rēxī, rēctum (*ad en rego*)
1. optillen, oprichten [**arma; hastas; aures** spitsen]; ▸ *arrectae horrore comae; arrectus in digitos* op de tenen;
2. (*metaf.*) opwinden, aansporen, -vuren, -wakkeren [**alqm oratione sua; ad bellandum animos**]; ▸ *arrectae spes iuvenum.*

ar-ripiō, ripere, ripuī, reptum (*ad en rapio*)
1. (a) naar zich toe rukken, vastgrijpen, beetpakken [**gladium; arma; alqm manu**]; (b) haastig verzamelen [**naves**]; (c) snel in bezit (proberen te) nemen [**locum; tellurem** bereiken]; (d) (*v. vuur*) aantasten;
2. (a) overmannen (*ook v. pijn, ziekte, slaap e.d.*); ▸ *adversa valetudine arreptus; dolor arripit alqm;* (b) aan-, overvallen, bestormen [**castra**]; (c) zich wederrechtelijk toe-eigenen, zich aanmatigen [**sibi imperium**];
3. (*v.e. bezigheid*) een begin maken met, vol ijver aanpakken [**studium litterarum**];
4. (a) (*metaf.*) aangrijpen, zich toe-eigenen [**primam occasionem recuperandi; tempus** benutten; **condicionem**]; (b) in zich opnemen, beseffen, begrijpen [**celeriter res innumerabiles**];
5. (a) arresteren; ▸ *Virginius iubet arripi hominem et in vincula abduci;* (b) (*jur. t.t.*) voor de rechter dagen, gerechtelijk vervolgen [**consules**].

ar-rīsī *pf. v. arrideo.*

arrīsiō, ōnis *f* (*arrideo*) het toelachen.

arrīsor, ōris *m* (*arrideo*) (*Sen.*) vleier, *die voortdurend naar zijn weldoeners glimlacht.*

arrīsum *ppp. v. arrideo.*

ar-rōdō, rōdere, rōsī, rōsum knagen aan, knabbelen aan, verteren [*metaf.* **rem publicam** aan de staat knagen (*v. niet-functionerende magistraten*)].

arrogāns, *gen.* antis (*p. adj. v. arrogo*) aanmatigend, hoogmoedig; veeleisend (*tegen: dat.*); ▸ *adversus superiores (est) tristi adulatione,* ~ *minoribus.*

arrogantia, ae *f* (*arrogans*) aanmatiging, hoogmoed, verwaandheid.

arrogātiō, ōnis *f* (*arrogo*) (*postklass.*) adoptie v.e. meerderjarige.

arrogātor, ōris *f* (*arrogo*) (*jur.*) iem. die *door arrogatio* een zoon adopteert.

ar-rogō, rogāre (*en* **ad-rogō**)
1. *sibi alqd* ~ zich aanmatigen, voor zich opeisen;
2. (*poët.*) verschaffen, verlenen [**pretium chartis** waarde verlenen aan de geschriften];
3. adopteren v.e. meerderjarige;
4. (*Plaut.*) opnieuw vragen, nogmaals verzoeken;
5. *aan een magistraat dmv. een voorstel aan het volk een magistraat* toevoegen [**consuli dictatorem**].

ar-rōsī *pf. v. arrodo.*

arrōsor, ōris *m* (*arrodo*) (*Sen.*) iem. die aan iets knabbelt; (*metaf.*) klaploper, parasiet.

arrōsus *ppp. v. arrodo.*

Arrūns, untis *m* Etr. *voornaam, ihb. in de gens Tarquinia.*

ar-ruō, ruere, ruī, rūtum ophopen [**terram**].

ars, artis *f*
1. kunstvaardigheid, bekwaamheid, bedrevenheid; ▸ *arte laboratae vestes* knap, kunstig gemaakt;
2. kunst; wetenschap; ▸ *artes optimae* wetenschappen; *artes urbanae* rechtswetenschap en retorica; ~ *musica;* ~ *dicendi en* ~ *oratoria;* ~ *disserendi* dialectica; ~ *gubernandi;* ~ *medendi;*
3. (*meton.*) (a) kunstwerk; (b) artistieke waarde; ▸ *pretiosae artis vasa;*
4. plur. muzen; ▸ *Artium chorus;*
5. (a) (kunst)theorie; ▸ *ex arte dicere, scribere* volgens de regels der kunst; ~ *et praecepta* theoretische voorschriften; (b) leerboek (*over kunst of wetenschap*); ▸ ~ *oratoria; hoc ex antiquis artibus elegit;*
6. handwerk, ambacht, vak; ▸ *artes sordidae;*
7. eigenschap, gedrag, aard; ▸ *artibus bonis malisque mixtus;*
8. plur. middelen, methoden, manieren; ▸ *imperium his artibus retinetur; artes nocendi;*
9. kunstgreep, truc, kneep, list, bedrog; ▸ *artes belli.*

Arsacēs, is *m eerste koning in Parthië en grondvester v.d. Parthische dynastie v.d. Arsaciden* (**Arsacidae,** ārum *m*), *ca.* 250 *v. Chr.*; — *adj.* **Arsacius,** a, um.

arsenicum, ī *n* = *arrhenicum.*

arsī *pf. v. ardeo en ardesco.*

arsis, is *f* (*acc.* -in; *abl.* -ī) (*Gr. leenw.*) (*postklass.*) (*metr. t.t.*) heffing *v.d. stem* (*itt. thesis: daling*).

Artaxata, ōrum *n en* ae *f belangrijkste stad v.* Armenia Maior, nu Yerevan.

Artaxerxēs, is *m naam v. verscheidene Perz. koningen.*

Artemīsium, ī *n noordelijke kaap v. Euboea (Midden-Griekenland). In 480 v. Chr. vond hier een zeeslag plaats tussen de Grieken en de Perzen.*

artemōn, ōnis *m (Gr. leenw.) (postklass.)*
1. blok v.e. takel;
2. (voor)zeil.

artēria, ae *f (Gr. leenw.)*
1. luchtpijp; *ook* ~ *aspera; postklass. ook plur.*;
2. slagader, arterie.

artēriacē, ae *f (arteria) (med.)* geneesmiddel voor de luchtpijp.

arthrīticus, a, um *(Gr. leenw.)* lijdend aan jicht.

articulāmentum, ī *n (articulo)* gewricht.

articulāris, e *(articulus) (postklass.)* de gewrichten betreffend [**morbus** jicht].

articulātim *adv. (articulus)*
1. *(poët.)* lid voor lid, stuk voor stuk;
2. *(v. taalgebr. e.d.)* gestructureerd; helder, overzichtelijk, punt voor punt.

articulātiō, ōnis *f (articulo) (Plin. Mai.)* geleding, gelede structuur.

articulō, articulāre *(articulus) (Lucr.) eig.* onderverdelen; *(metaf.)* articuleren, duidelijk uitspreken.

articulōsus, a, um *(articulus) (Plin. Mai.)* vol geledingen en knoesten [**radix**].

articulus, ī *m (demin. v. artus[1])*
1. (a) gewricht, knokkel; ▸ *-orum dolores* gewrichtspijn, pijn door jicht; *-um extorquere* ontwrichten; (b) *(meton.)* vinger(kootje);
2. *(bij planten)* knoop [**sarmentorum**];
3. *(v. taalgebr.)* zinsdeel, (onder)deel; ▸ *continuatio verborum -is membrisque distincta*;
4. *(v. tijd)* beslissend moment, ogenblik; keerpunt; ▸ *in ipso -o temporis* op het kritieke ogenblik;
5. *(postklass.)* hoofdstuk, passage, punt;
6. *(gramm. t.t.)* (a) voornaamwoord; (b) lidwoord.

arti-fex, ficis *(ars en facio)*
I. *subst. m en f*
1. kunstenaar, -nares *(in: gen., zelden abl.)* [**dicendi; scaenicus** toneelspeler, acteur];
2. stichter, schepper [**mundi**]; *attrib.* beeldend, scheppend, creatief; ▸ *natura omnium* ~;
3. vakman; ambachtsman;
4. veroorzaker, aanstichter [**caedis**];
5. schelm, oplichter;
II. *adj.*
1. van een kunstenaar, bedreven, vaardig [**manus**];
2. kunstig, meesterlijk [**forma**].

artificiālis, e *(artificium) (postklass.)* vakkundig, volgens de regels v.d. kunst.

artificiōsus, a, um *(artificium)*
1. bedreven, kunstvaardig;
2. (a) kunstig, meesterlijk; ▸ *-um opus divinumque*; (b) gekunsteld.

artificium, ī *n (artifex)*
1. kunstvaardigheid, bekwaamheid, kunst; ▸ ~ *gubernatoris; simulacrum singulari opere artificioque perfectum* met unieke kundigheid en bekwaamheid uitgevoerd;
2. *(meton.)* kunstwerk; ▸ *opera atque -a* ambachtelijke en kunstzinnige producten;
3. handwerk, ambacht;
4. theorie, leer; ▸ *componere -um de iure civili*;
5. kunstgreep; list, truc, kneep, sluwheid.

artiō, artīre *(artus[2]) (preklass.)* nauwer maken.

artō, artāre *(artus[2])*
1. nauwer maken, strak aantrekken [**habenas**];
2. beperken, beknotten;
3. nauwelijks verlenen, krap toewijzen, -meten; ▸ *in praemiis, in honoribus omnia artata.*

artocreas, atos *n (Gr. leenw.) (postklass.)* vleespasteitje.

artolaganus, ī *m (Gr. leenw.)* broodkoek.

artopta, ae *m (Gr. leenw.) bakvorm voor brood.*

artopticius, a, um *(artopta) (Plin. Mai.) (v. brood)* in een pan gebakken.

artus[1], ūs *m* gewricht; *gew. plur.*:
1. gewrichten, ledematen; ▸ *dolor artuum* gewrichtspijn, pijn aan de ledematen;
2. *(poët.)* = *membra* lichaamsdelen.

artus[2], a, um
1. nauw, strak, vast *(itt. laxus)* [**catena; frenum; toga**];
2. nauw, begrensd, samengedrongen, dicht opeen [**regiones; silvae; vallis; via; aditus; ostium**]; — *subst.* **artum,** ī *n* (a) engte, nauwe ruimte: *in -um concreti montes nimborum*; (b) gedrang, *ihb.* strijdgewoel: *in -um compulsi* klemgezet, samengeperst;
3. *(metaf.)* vast, diep; hecht, innig; ▸ ~ *somnus* vaste, diepe slaap; *artissimum societatis vinculum; -a familiaritate alqm complecti*;
4. strikt *(v. wetten, voorschriften e.d.)*;
5. krap, beperkt, gering [**numerus; annona**];
6. hachelijk; ▸ *res -ae* hachelijke situatie; — *subst.* **artum,** ī *n* hachelijke situatie, moeilijkheden: *in -o esse.*

āruī *pf. v. areo en aresco.*

ārula, ae *f (demin. v. ara)* klein altaar.

āruncus, ī *m (Gr. leenw.) (Plin. Mai.)* sik *v.e. geit.*

arundi-fer, fera, ferum *(arundo en fero) (Ov.)* riet dragend, met riet omkranst [**caput**].

arundināceus, a, um *(arundo) (Plin. Mai.)* lijkend op riet [**folium**].

arundinētum, ī *n (arundo) (pre- en postklass.)* rietbos.

arundineus, a, um *(arundo)*
1. *(poët.)* van riet, rieten; met riet begroeid [**silva** rietbos; **carmen** herderslied *(op de herdersfluit gespeeld)*];
2. *(Plin. Mai.)* lijkend op riet, rietachtig.

arundinōsus, a, um *(arundo) (Catull.)* rijk aan riet [**Cnidus**].

arundō, inis *f*
1. riet, bamboe; ▸ *tecta arundine texta;*
2. *(meton.) iets dat van riet gemaakt is* (a) riet-, herdersfluit, schalmei; (b) hengel; ▸ *moderator arundinis* hengelaar; *captare arundine pisces;* (c) lijmstok *om vogels te vangen;* (d) schrijfpen; *meton.* stijl [**tristis**]; (e) schacht *v.e.* pijl; *poët. ook* pijl; (f) *(Ov.)* kam *v.e. weefgetouw;* ▸ *stamen secernit* ~; (g) *(Hor.)* stokpaard *(speelgoed)* (h) *(Hor.)* rietbundel *als vogelverschrikker;* (i) *(preklass.)* staak *waarlangs een wijnstok groeit;* (j) stok, staf; (k) *(Suet.)* spalk *(v. chirurgen).*

Ārūns *zie Arruns.*

aruspex *zie haruspex.*

arvālis, e *(arvum)* behorend tot het zaailand; *Fratres Arvales:* Akkerbroeders, *een college v. 12 Rom. priesters, die jaarlijks de zegen over de akkers afsmeekten.*

Arvernī, ōrum *m Gall. volksstam in het centrale bergland v.d. huidige Auvergne;* — *adj.* **Arvernus,** a, um.

arvīna, ae *f (poët.; postklass.)* vet, spek.

arvum, ī *n (aro)*
1. akker-, zaailand; ▸ *prata et -a; subigere -a;* — *(meton.)* graan, (opbrengst v.d.) oogst;
2. *(poët.)* (a) akker, veld, streek [-**a laeta**]; (b) *(Prop.)* weiland; (c) *(Verg.) -a Neptunia* = zee; (d) *(Verg.)* kust, oever;
3. *(poët.)* vrouwelijke schaamstreek.

arvus, a, um *(aro)* ploegbaar, akker-, zaai- [**agri**].

arx, arcis *f (arceo)*
1. burcht, vesting; het hoger gelegen en versterkte deel v.e. stad *(bv. de Acropolis)* [**oppidi; Capitolina**];
2. *(poët.)* (a) Jupiters hemelburcht [**siderea; caeli**]; *plur.* hemel: *aethereae arces; igneae arces;* (b) verblijfplaats v.d. goden, tempel [**sacrae**];
3. bergtop, hoogte, heuvel; ▸ *Parnassi* ~; *Romae septem arces;*
4. verschansing, toevluchtsoord; ▸ *urbs Roma* ~ *omnium gentium; templum illud fuit* ~ *civium perditorum;*
5. bolwerk, hoofdzetel [**imperii**];
6. *(v. steden) beatae arces (v. Corinthe);*
7. *(metaf.)* hoogtepunt, top [**eloquentiae**].

as, assis *m*
1. *(postklass.) (twaalfdelig)* geheel, eenheid; ▸ *heres ex asse* universeel erfgenaam;
2. *(Ov.) (als gewichtseenheid)* as, *een Rom. pond (327 g) = libra;*
3. *(als munteenheid)* as, *oorspr. een koperen staaf met een gewicht v. één Rom. pond (as librarius); het gewicht v.d. as werd vaak gereduceerd, zodat hij ten slotte nog maar weinig waarde had, vd. ook:* cent, duit; ▸ *vilem ad assem redigi* al zijn waarde verliezen; *ad assem omnia perdere* tot op de laatste cent; *unius assis aestimare* geringschatten; *assem habeas, assem valeas* iem. is zoveel waard als hij bezit; *ab asse crevit* hij is met bijna niets begonnen;
4. *(Plin. Mai.) (als maat v.e. akker)* morgen.

asarōtus, a, um *(Gr. leenw.) (postklass.)* ongeveegd *(aanduiding v.e. soort mozaïek).*

asarum, -ī *n (Gr. leenw.)* hazelwortel, mansoor.

a-scalpō, scalpere, — — *(Apul.)* krabben.

Ascanius[1], ī *m zoon v. Aeneas, door de Romeinen Iulus genoemd; de gens Iulia beschouwde hem als stamvader en leidde zo haar afkomst af van Venus, de moeder v. Aeneas.*

Ascanius[2], ī *m*
1. *meer in Bithynië in Kl.-Azië;*
2. *rivier die door het meer Ascanius in Bithynië heen stroomt, nu de İznik Gölü.*

ascaulēs, ae *m (Gr. leenw.) (Mart.)* doedelzakspeler.

a-scendō, ascendere, ascendī, ascēnsum *(ad en scando)*
I. *intr.*
1. stijgen, klimmen [**in equum; in murum; in contionem** het spreekgestoelte bestijgen, als redenaar optreden];
2. *(metaf.)* opstijgen, opklimmen, zich opwerken *(tot een hoger niveau)* [**in tantum honorem**];
II. *tr.*
1. beklimmen, bestijgen; bestormen [**murum; montem; equum; navem**];
2. *(v. dieren)* bespringen.

ascēnsiō, ōnis *f (ascendo)*
1. (a) *(pre- en postklass.)* het opstijgen; (b) *(eccl.)* *(Domini of Christi)* de Hemelvaart;
2. *(metaf.)* geleidelijke opbloei, opkomst [**oratorum**].
ascēnsor, ōris *m (Laatl.)* ruiter, menner [**equi; asini**].
ascēnsus[1], ūs *m (ascendo)*
1. het (be)stijgen, beklimmen; *(meton.)* mogelijkheid om te stijgen; ▸ *ascensum dare alci;*
2. *(metaf.)* het (be)stijgen, slagen in; ▸ *ad victoriam facilis ~; in virtute multi sunt ascensus* trappen;
3. opgang, weg omhoog, toegang; ▸ *difficilis atque arduus ~; tanto collis ascensu* bij zo'n steile heuvel.
ascēnsus[2] *ppp. v. ascendo.*
ascia, ae *f* bijl.
Asciburgium, ī *n Rom. vesting aan de Beneden-Rijn, nu* Asberg bij Moers.
a-sciō, ascīre *(en ad-sciō)* op-, aannemen; ▸ *socios ~; asciri per adoptionem; in societatem ~.*
a-scīscō, ascīscere, ascīvī, ascītum *(en ad-scīscō; incoh. v. ascio)*
1. erbij halen, aan-, opnemen [**alqm in numerum civium; in senatum; inter patricios;** *(m. dubb. acc.)* **alqm patronum** als beschermheer];
2. *(metaf.)* aan-, overnemen, zich toe-eigenen [**consuetudinem; peregrinos ritus**]; ▸ *sacra a Graecis ascita et accepta;* — *p. adj.* **ascītus,** a, um geïmporteerd, vreemd [**lepos** aangeleerd];
3. *(sibi)* ~ voor zich opeisen, zich aanmatigen [**sapientiam; eloquentiae laudem**];
4. goedkeuren, -vinden, toelaten, aanvaarden, erkennen [**leges**].
ascopa *en* **ascopēra,** ae *f (Gr. leenw.) (Suet.)* leren zak.
Ascra, ae *f stad in Boeotië bij de berg de Helicon, geboorteplaats v.d. dichter Hesiodus, nu Pyrgaki;* — *adj.* **Ascraeus,** a, um (a) uit Ascra [**nemus; poëta, senex** = Hesiodus]; *ook subst.* **Ascraeus,** ī *m* = Hesiodus; (b) van Hesiodus [**carmen**]; (c) van de Helicon [**fontes**].
a-scrībō, ascrībere, ascrīpsī, ascrīptum *(ad en scribo)*
1. erbij schrijven, schriftelijk toevoegen [**alci salutem** iem. laten groeten];
2. schrijven op, als opschrift aanbrengen;
3. dmv. een schriftelijke verklaring toewijzen; *(m. dubb. acc.)* aanstellen, benoemen [**alci legatum; alqm tutorem liberis**];
4. *op een lijst* inschrijven, opnemen (a) op de lijst van burgers: *alqm in civitatem;* (b) op de lijst van kolonisten: *colonos Venusiam;* (c) als soldaten op de stamlijst: *urbanae militiae ascribi;*
5. vaststellen, bepalen; ▸ *ascriptus poenae dies;*
6. rekenen tot, tellen bij, rekenen onder, indelen bij *(m. ad; in m. acc.; dat.)* [**ad hoc genus narrationes apologorum; in numerum amicorum; alqm ordinibus deorum; alqm antiquis temporibus; alqm tertium ad amicitiam** als derde];
7. toeschrijven, toekennen [**hoc sibi exemplum** op zich betrekken; **alci incommodum**].
ascrīpticius, a, um *(ascribo) (in de lijst v. burgers, soldaten e.d.)* extra, nieuw ingeschreven [**cives**].
ascrīptiō, ōnis *f (ascribo)* schriftelijke toevoeging.
ascrīptīvus, a, um *(ascribo) (Plaut.)* boventallig.
ascrīptor, ōris *m (ascribo)* medeondertekenaar [**legis agrariae**].
Āsculum, ī *n stad in Picenum ten Z. v. Ancona, nu* Ascoli Piceno; — *inw. en adj.* **Āsculānus,** ī *m resp.* a, um.
asella, ae *f (demin. v. asina)* ezelin.
asellus, ī *m (demin. v. asinus)*
1. ezel(tje); ▸ *agitator -i* ezeldrijver; *~ onustus auro; sprw.: narrare fabellam surdo -o* voor dovemansoren spreken;
2. *(poët.; postklass.) een fijn soort zeevis, misschien* heek.
Asia, ae *f*
1. Azië;
2. Klein-Azië;
3. Asia *(de westelijke helft v. Kl.-Azië, Romeinse provincie sinds 133 v. Chr.);*
/ *inw.* **Asiānus,** ī *m;* / *adj.* (a) **Asiānus,** a, um Aziatisch, afkomstig uit Azië of Asia, behorend tot Azië of Asia; (b) **Asiāticus,** a, um Aziatisch, van Asia [**exercitus; bellum** met Mithridates; **oratores** gezwollen, in overdreven stijl sprekend]; (c) **Āsis,** idis *(f) (acc.* Asida) van Asia [**terra**]; (d) **Āsius,** a, um van Asia [**villae**].
Asiāgenēs, is *m = Asiaticus (zie Asia), bijnaam v. L. Cornelius Scipio, de overwinnaar v. Antiochus in de provincie Asia.*
asīlus, ī *m (poët.; postklass.)* paardenvlieg, horzel.
asina, ae *f (asinus)* ezelin.
asinālis, e *(asinus) (Apul.)* passend bij een ezel.
asinārius, a, um *(asinus) (pre- en postklass.)* ezel-; *subst.* (a) ī *m* ezeldrijver; (b) **Asināria,** ae *f (vul aan: fabula) titel v.e. komedie v. Plautus.*

asinīnus, a, um *(asinus) (pre- en postklass.)* van een ezel, ezels- [**pullus** ezelsveulen].

Asinius, a, um *naam v.e. Rom. gens:* C. ~ Pollio *(76 v. Chr.—5 n. Chr.), consul in 40 v. Chr., dichter, redenaar, geschiedschrijver, kunstverzamelaar, grondlegger v.d. eerste openbare bibliotheek te Rome in de tempel v. Libertas.*

asinus, ī *m*
1. ezel; ▸ ~ *in tegulis* de ezel op het dak, *v.e. zeldzame verschijning;*
2. *(als scheldw.)* domoor, ezel.

Āsis *en* **Āsius** *zie Asia.*

Āsōpus, ī *m*
1. *rivier in Boeotië in Griekenland;*
2. *riviergod, zoon v. Oceanus en Tethys; — patron.* **Āsōpiadēs,** ae *m* = Aeacus *en* **Āsōpis,** idis *f* = Aegina.

asōtia, ae *f (Gr. leenw.) (postklass.)* verkwisting.

asōtus, ī *m (Gr. leenw.)* losbol, verkwister, lekkerbek.

Asparagium, ī *n plaats bij Dyrrhachium in Illyrië (N.-Griekenland).*

asparagus, ī *m (Gr. leenw.) (pre- en postklass.)* asperge.

aspargō = *aspergo.*

Aspasia, ae *f uit Milete, geliefde en later tweede echtgenote v. Pericles; bewonderaarster v. Socrates.*

aspectābilis, e *(aspecto)* zichtbaar.

a-spectō, aspectāre *(en* **ad-spectō**) *(intens. v. aspicio)*
1. (opmerkzaam) aankijken, bekijken;
2. *(Lucr.) (met bewondering)* aankijken, aangapen;
3. *(Tac.)* letten op, in acht nemen *(m. acc.)* [**principis iussa**];
4. *(v. plaatsen)* gericht zijn naar, uitkijken op *(m. acc.)*; ▸ *collis aspectat arces; mare, quod Hiberniam insulam aspectat.*

aspectus[1], ūs *m (aspicio)*
1. (a) het kijken, blik; ▸ *primo aspectu; aspectum alcis fugere; hominum aspectum lucemque vitare; se aspectu alcis subtrahere;* (b) uitzicht, gezichtsveld; (c) gezichtspunt; ▸ *sub uno aspectu poni* overzichtelijk bij elkaar gezet worden; (d) gezichtsvermogen; ▸ *amittere aspectum* het gezichtsvermogen verliezen, blind worden; *omnia, quae sub aspectum cadunt of veniunt* al het zichtbare;
2. (a) het zichtbaar worden, verschijnen [**aspectu siderum**]; (b) uiterlijk, aanblik; ▸ *pomorum iucundus* ~ *; apes horridae aspectu.*

aspectus[2] *ppp. v. aspicio.*

as-pellō, pellere, pulī, pulsum *(preklass.)* wegdrijven [**metum alci** verdrijven].

aspendios, ī *f (Gr. leenw.) (Plin. Mai.) een druivensoort.*

Aspendos, ī *f stad in Pamphylië in Klein-Azië, nu* Belkis.

asper, era, erum
1. ruw, oneffen; ▸ *loca aspera et montuosa; asperrimus aditus* moeilijk begaanbaar; *mare asperum* onstuimig; *(ook v. vazen met reliëf) pocula aspera;*
2. ruig, stekend [**barba**];
3. *(v. smaak en reuk)* bitter, bijtend, scherp; ▸ *vinum asperum; piper asperrimum; herba odoris asperi;*
4. *(v. geluid)* rauw, raspend, onbeschaafd [**vox; oratio**];
5. *(v. manier v. uitdrukken)* hortend, niet vlot [**oratio**]; hard, bijtend, beledigend [**verba; facetiae**];
6. *(v. gedrag)* ruw, bars, grof, bruut, hard; onstuimig, wild, driest; ▸ *homo* ~ *et durus; gens laboribus et bellis aspera; virgo aspera Diana;*
7. verbitterd [**Iuno**];
8. *(v. dieren)* wild, geprikkeld; ▸ *anguis* ~ *siti; bos aspera* (dreigend) *cornu;*
9. *(v. oordelen, wetten, straffen, meningen e.d.)* hard, streng [**lex; censura; doctrina; sententia**]; ▸ *aspere agere* harde maatregelen treffen;
10. *(v. omstandigheden)* moeizaam, moeilijk, hard, drukkend, *(v.e. gevecht)* wild [**pericula; negotium; fata; bellum; pugna**]; ▸ *asperius opinione* moeilijker dan verwacht; — *subst.* **aspera,** ōrum *n* tegenspoed, nood;
11. *(v. klimaat)* ruw, koud [**hiems**].

a-spergō[1], aspergere, aspersī, aspersum *(ad en spargo)*
1. sprenkelen, strooien *(op: dat.; in m. abl.)* [**liquorem oculis; pigmenta in tabula**];
2. besproeien, bestrooien [**aram sanguine; vestimenta aquā; olivam sale**]; ▸ *(metaf.) canis* (met grijze haren) *aspergitur aetas;*
3. *(metaf.)* toevoegen *(aan: dat.)* [**sales orationi; alci molestiam** aandoen, veroorzaken];
4. *(metaf.)* besmeuren, beschimpen; ▸ *aspergi infamiā, suspicione.*

aspergō[2], inis *f (aspergo*[1]*) (niet-klass.)*
1. het besprenkelen;
2. druppel, spetter [**aquae; caedis** bloeddruppel];
3. schuim;
4. (mot)regen.

asperitās, ātis *f (asper)*

1. ruwheid, oneffenheid [**viarum; saxorum; montium**]; *plur.* *ook* moeilijkheden veroorzaakt door terreingesteldheid: ▸ *omnes asperitates supervadere;*
2. *(v. geluid)* scherpte, rauw, schel geluid [**vocis; soni**];
3. *(v. taal)* bitterheid, vinnigheid, het beledigende [**verborum**];
4. barsheid, grofheid, onbeschaafdheid, wildheid; botheid, hardheid, strengheid [**Stoicorum**]; ruwheid, hevigheid [**belli**];
5. *(v. omstandigheden)* druk, hardheid, moeilijkheid; ▸ *in ea tanta asperitate* in deze zo benarde toestand;
6. *(v. klimaat)* onherbergzaamheid, strengheid [**frigorum; hiemis**].

aspernābilis, e *(aspernor) (pre- en postklass.)* verachtelijk.

aspernāmentum, ī *n (aspernor) (eccl.)* verachting.

aspernanter *adv. (aspernor) (Laatl.)* verachtelijk, met verachting.

aspernātiō, ōnis *f (aspernor)* het versmaden, afwijzing.

a-spernor, aspernārī *(ab en sperno)* afslaan, afwijzen, versmaden, verwerpen [**condicionem**]; *m. inf.* weigeren; — *een enkele maal heeft aspernor pass. betekenis.*

asperō, asperāre *(asper)*
1. ruw maken; ▸ *glacialis hiems aquilonibus asperat undas* stuwt op;
2. aanpunten, scherpen [**sagittas**];
3. opwekken, prikkelen [**iram victoris; alqm in saevitiam**].

a-spersī *pf. v. aspergo*[1].

aspersiō, ōnis *f (aspergo*[1]*)*
1. het besprenkelen, het besproeien;
2. het aanbrengen v. kleuren.

aspersus[1] *ppp. v. aspergo*[1].

aspersus[2]**,** ūs *m (aspergo*[1]*) (Plin. Mai.)* het besproeien.

asperum, ī *n (asper) (postklass.)* ruigte; ▸ *per -a et devia; -a maris* ruwe zee.

a-spexī, *pf.v aspicio.*

asphodelus, ī *m (Gr. leenw.) (postklass.)* affodil, slaaplelie.

a-spiciō, aspicere, aspexī, aspectum *(ad en specio)*
1. in het oog vatten, opmerken, zien *(m. acc.; dubb. acc.; aci.)*; ▸ *haud aspexeram te; te plenam aspicio;*
2. kijken naar, aanzien; ▸ *aspice huc; aspice me;*
3. zien [**lucem** het levenslicht];
4. terugzien; ▸ *o rus, quando ego te aspiciam? (Hor.)*;
5. bekijken, bezichtigen [**situm omnem regionis; opera**];
6. onverschrokken aankijken [**hostem in acie**];
7. *(poët.; postklass.) (v. plaatsen)* gericht zijn naar, uitkijken op; ▸ *ea pars Britanniae quae Hiberniam aspicit; domus quae aspicit ad aquilonem* op het noorden;
8. *(poët.)* letten op, rekening houden met, omzien naar; ▸ *aspice nos* zie naar ons om, help ons.

aspīrāmen, inis *n (aspiro) (postklass.)* het blazen tegen.

aspīrātiō, ōnis *f (aspiro)*
1. het ademen, blazen tegen, het aanwaaien [**aëris** briesje];
2. (uit)damping [**terrarum**];
3. *(gramm. t.t.)* aspiratie, klank v.d. letter h.

a-spīrō, aspīrāre *(ad en spiro)*
I. *intr.*
1. ademen, waaien (naar); ▸ *aspirant aurae in noctem* tegen de avond waait een gunstige wind;
2. uitademen [**pulmones aspirantes**];
3. *(postklass.) (gramm. t.t.)* aan een klank een h toevoegen, met aspiratie uitspreken;
II. *tr. (poët.; postklass.)*
1. doen waaien naar; ▸ *Iuno ventos aspirat eunti;*
2. toedienen, ingeven [**divinum amorem dictis**];
3. *(v. muziekinstrumenten)* begeleiden; ▸ *tibia aspirat choris;*
4. *(metaf.)* gunstig zijn voor, helpen, ondersteunen; ▸ *aspirante fortuna; vos, Calliope, aspirate canenti (Verg.)* help de zanger; *Iuppiter ducum nostrorum consiliis aspiravit; aspirat primo fortuna labori; coeptis* ∼ ;
5. streven naar, proberen te bereiken, proberen te naderen [**ad successionem; bellica laude ad Africanum; in curiam; equis Achillis** begeren].

aspis, idis *f (acc. sg. -idem en poët. -ida; acc. plur. -idas)* gladde (gif)slang, adder; — *(Laatl.) sprw.: aures aspidis habere* dovemansoren hebben.

aspisatis, is *f (Gr. leenw.?) (Plin. Mai.) een soort edelsteen.*

asportātiō, ōnis *f (asporto)* het weghalen, het wegbrengen [**signorum**].

as-portō, portāre wegbrengen, -halen, meenemen, wegvoeren, ontvoeren [**vina; ex Sicilia**

litteras].

asprētum, ī *n (asper)* ruwe, steenachtige plaats.

aspritūdō, inis *f (asper) (postklass.)* ruwheid.

as-pulī *pf. v. aspello.*

aspulsus, a, um *ppp. v. aspello.*

a-spuō, spuere, — — *(Plin. Mai.)* spugen op.

assa, ae *f (Juv.)* baker.

Assaracus, ī *m koning v. Troje, zoon v. Tros, overgrootvader v. Aeneas.*

assārius

I. *adj.* a, um *(as) (preklass.)* één as waard;

II. *subst.* ī m *(preklass.) (vul aan: nummus)* as *(Rom. munt).*

assātūra, ae *f (asso) (Laatl.)* gebraden vlees.

assecla *en* **assecula,** ae *m (assequor)* begeleider, aanhanger, partijganger *(vaak pejor.)* [**praetoris**].

assectātiō, ōnis *f (assector)*

1. voortdurende begeleiding *(ihb. v.e. kandidaat voor een ambt)*;

2. bestudering [**caeli**].

assectātor, ōris *m (assector)*

1. begeleider, aanhanger; ▸ *vetus ~ ex numero amicorum*;

2. *(Plin. Min.)* rokkenjager;

3. *(postklass.)* klaploper, profiteur;

4. aanhanger, leerling *(v.e. leer of leraar)* [**sapientiae** filosoof; **eloquentiae** redenaar].

as-sector, sectārī *(intens. v. assequor)* voortdurend volgen, begeleiden, nalopen.

assecula, ae *m zie assecla.*

assecūtus *p.p. v. assequor.*

as-sēdī *pf. v. assideo en assido.*

as-sellor, sellārī *(ad en sella) (Laatl.)* schijten, poepen.

assēnsiō, ōnis *f (assentior)*

1. instemming, bijval [**popularis**];

2. *(filos. t.t.)* instemming *v.d. geest met wat zintuiglijk is waargenomen.*

assēnsor, ōris *m (assentior)* iem. die het ermee eens is.

assēnsus[1], ūs *m (assentior)*

1. instemming, bijval;

2. *(filos. t.t.)* instemming *v.d. geest met wat zintuiglijk is waargenomen*;

3. *(Verg.)* echo, nagalm [**nemorum**].

assēnsus[2] *p.p. v. assentior.*

assentātiō, ōnis *f (assentor)*

1. vleierij [**erga principem**];

2. *(postklass.)* instemming, bijval.

assentātiuncula, ae *f (demin. v. assentatio)* kleine vleierij, geflikflooi.

assentātor, ōris *m (assentor)* vleier; ▸ *reginae humillimus ~.*

assentātōriē *adv. (assentator)* op de manier v.e. vleier, vleiend.

assentātrīx, īcis *f (assentator) (Plaut.)* vleister.

as-sentior, sentīrī, sēnsus sum *(minder vaak act.* as-sentiō, sentīre, sēnsī, sēnsum) instemmen, het eens zijn met *(m. dat.; over: de of in, ook acc. neutr.: illud, nihil e.d.)*; ▸ *ei senatus assensus est; orationi ~; illud assentior Theophrasto* op dat punt ben ik het met Theophrastus eens; *cetera assentior Crasso.*

as-sentor, sentārī *(intens. v. assentior)*

1. met alles instemmen, vleien;

2. *(pre- en postklass.) (in positieve zin)* instemmen.

as-sequor, sequī, secūtus sum

1. inhalen, bereiken [**vehiculum Darei**];

2. *(metaf.)* bereiken, evenaren [**merita alcis; vim dicendi**];

3. (ver)krijgen, behalen [**omnes magistratus; propositum; immortalitatem; laudem; honorum gradus**]; *(ook m. ut, ne of m. inf.)*;

4. begrijpen, bevatten [**alqd cogitatione** door nadenken; **ludibria fortunae animo; suspicione, coniecturā** vermoeden].

asser, eris *m* staak, lat; *(postklass.)* draagstang v.e. draagstoel.

asserculus, ī *m en* **-um,** ī *n (demin. v. asser) (nietklass.)* kleine staak, latje.

as-serō[1], serere, seruī, sertum

1. *(poët.; postklass.)* indelen bij;

2. toekennen [**alci regnum**];

3. rekenen tot [**alqm caelo** tot de goden rekenen];

4. *sibi alqd ~* zich aanmatigen [**sibi nomen sapientis; sibi dominationem** aanspraak maken; *m. dubb. acc.*: **Iovem sibi patrem** opeisen, claimen als];

5. *se ~* zich wijden aan [**studiis**];

6. *(jur. t.t.)* door handoplegging (a) iem. tot (zijn) slaaf maken [**alqm in servitutem**]; (b) een slaaf vrij maken; ▸ *alleen asserere of: manu alqm liberali causa ~ of liberali manu alqm ~ of alqm in libertatem of in ingenuitatem ~*;

7. *(poët.; postklass.)* bevrijden, beschermen *(van, tegen: ab)* [**se a mortalitate; ab iniuria**];

8. *(postklass.)* veiligstellen [**dignitatem; libertatem**].

as-serō[2], serere, sēvī, situm *(preklass.; poët.)* zaaien naast, planten naast *(m. dat.; ad)*.

assertiō, ōnis *f (assero*[2]*)*

1. *(postklass.)* aanspraak;

2. *(postklass.) (jur. t.t.)* aanspraak op de status v. iemand als vrije *of* als slaaf;
3. *(Laatl.)* bewering, verklaring.

assertor, ōris *m (assero²)*
1. iem. die er aanspraak op maakt dat iem. *(gen.)* vrij is *of* voor diens vrijheid opkomt [**virginis**];
2. *(poët.; postklass.)* bevrijder, beschermer, verdediger [**veritatis**].

assertus, a, um *ppp. v. assero².*

as-seruī *pf. v. assero².*

as-serviō, servīre, servīvī, — behulpzaam zijn, helpen, ondersteunen *(m. dat.).*

as-servō, servāre
1. bewaren, in bewaring houden [**praedam; sacra fideli custodiā**];
2. bewaken, toezicht houden op [**portas; exitus; alqm assiduā operā**].

assessiō, ōnis *f (assideo)*
1. het zitten bij;
2. *(Laatl.)* functie van bijzitter *(in een rechtbank).*

assessor, ōris *m (assideo)* bijzitter, helper, assessor.

assessum *ppp. v. assideo en assido.*

assessus, ūs *m (assideo)* het zitten bij iem. [**assessu meo** door het feit dat ik naast haar zit].

assevēranter *adv. (v. asseverans, ptc. pr. v. assevero)* ernstig, nadrukkelijk [**loqui cum alqo**].

assevērātiō, ōnis *f (assevero)*
1. plechtige verzekering, bewering;
2. *(meton.)* ernst, nadruk, vastberadenheid, hardnekkigheid.

as-sevērō, sevērāre *(ad en severus)*
1. ernstig te werk gaan, volhouden *(m. in m. abl.)*;
2. ernstig beweren, verzekeren *(m. acc.; de; aci.)*;
3. *(Tac.)* een duidelijke aanwijzing zijn voor *(m. acc.)* [**Germanicam originem**].

as-sēvī *pf. v. assero¹.*

as-siccō, siccāre *(postklass.)* (laten) drogen [**lacrimas**].

assiculus *zie axiculus².*

as-sideō, sidēre, sēdī, sessum *(ad en sedeo)*
1. zitten bij, *ihb.* aan het bed v.e. zieke zitten, een zieke verplegen, iem. helpen *(m. prep. of dat.)* [**aegro; valetudini** iem. tijdens diens ziekte ter zijde staan]; ▸ *(metaf.) parcus assidet insano (Hor.)* is nauw verwant aan;
2. *(voor de rechtbank of alg. in een ambt)* bijzitter zijn, assisteren *(m. dat.)* [**magistratibus**];
3. bijwonen *(m. dat.)* [**iudiciis**];
4. zich wijden aan [**litteris** de wetenschap];
5. *(als milit. t.t.)* (a) gelegerd zijn *(m. prope of m. dat.)* [**prope moenia; intactis muris; sepultae urbis ruinis**]; (b) belegeren *(m. acc. of dat.)* [**muros; castellum; moenibus**]; (c) de wacht houden *(voor: dat.)* [**theatro**].

as-sīdō, sīdere, sēdī, sessum gaan zitten, plaatsnemen *(bij of naast: prep. of acc.)* [**in sella apud magistrum; dexterā Adherbalem** rechts van Adherbal].

assiduitās, ātis *f (assiduus)*
1. voortdurende aanwezigheid *of* tegenwoordigheid *(ihb. om iem. te verplegen)* [**medici**];
2. begeleiding; ▸ *cotidiana amicorum ~ et frequentia;*
3. standvastigheid, doorzettingsvermogen, ijver; ▸ *assiduitate perfecit ut;*
4. het voortduren; voortdurende herhaling [**epistularum** ononderbroken correspondentie; **bellorum**].

assiduus *(assideo)*
I. *adj.* a, um *(adv.* **-ē** *en [pre- en postklass.]* **-ō**)
1. woonachtig, gevestigd;
2. standvastig, vlijtig, werkzaam [**agricolae; dominus; custos**];
3. voortdurend aanwezig *(bij: cum; dat.)* [**flamen Iovi**];
4. ononderbroken, voortdurend, aanhoudend; vaak terugkerend [**hiems; imbres; deorum cura; bella**]; ▸ *homines labore -o et cotidiano assueti; cotidianae querimoniae et ~ fletus sororis;*
II. *subst.* ī *m (welgestelde en belastingplichtige)* ingezetene.

assignātiō, ōnis *f (assigno)*
1. toewijzing, toekenning [**aquae**]; *(agrorum)* landverdeling;
2. *(meton.) (meestal plur.)* de toegewezen landerijen; ▸ *Sullanarum assignationum possessores* de bezitters v.d. door Sulla toegewezen landerijen.

as-signō, signāre
1. toewijzen, toedelen [**ordinem** functie v. centurio], *ihb. landerijen aan kolonisten* [**loca; agros colonis**];
2. bestemmen; ▸ *quibus (animalibus) rerum natura caelum assignaverat (Plin. Mai.);*
3. toeschrijven, toekennen [**fortia facta gloriae principis**];
4. *(postklass.) (ter bewaking of bewaring)* overleveren, uitleveren [**alqm custodibus**].

as-siliō, silīre, siluī, — *(ad en salio)*
1. *(poët.; postklass.)* toespringen op, springen naar *(m. in m. acc.; dat.)* [**aris**];
2. *(poët.; postklass.) (v. soldaten)* bestormen *(m. dat.)*; ▸ *moenibus ~; improvisi assiluere* onver-

wacht kwamen ze aanstormen;
3. *(poët.)* *(v. water)* opspatten tegen, kabbelen tegen, klotsen tegen; ▸ *assilientia aequora;*
4. *(metaf.)* zich overhaast storten in *(m. ad.)* [**ad genus illud orationis**].

assimilātiō, ō, ōnis *f* = *assimulatio.*

as-similis, e erg gelijkend *(op: dat.; gen.);* ▸ *~ spongiis mollitudo; aeri ~ capillus; ~ fratribus.*

assimilō = *assimulo.*

assimulātiō, ōnis *f (assimulo) (postklass.)*
1. gelijkheid, gelijkenis; vergelijking;
2. veinzerij.

as-simulō, simulāre
1. gelijk maken, als gelijk voorstellen, imiteren, namaken [**deos in humani oris speciem** goden als op een mens gelijkend voorstellen]; — p. adj. **assimulātus,** a, um gelijkend; nagemaakt;
2. vergelijken *(met: dat.);*
3. als gelijk beschouwen; ▸ *servitus morti assimulatur;*
4. zich voordoen als, voorwenden, huichelen *(m. acc.; dubb. acc.; inf.; aci.; quasi)* [**se amicum; se laetum**]; — *p. adj.* **assimulātus,** a, um gehuicheld, schijn- [**virtus**].

assis, is *m* = *axis*[2].

as-sistō *(en* **ad-sistō**), sistere, astitī *(en* adstitī), —
1. gaan staan bij, zich plaatsen bij *(m. prep. of dat.)* [**ad Achillis tumulum; precanti; lecto**];
2. blijven staan;
3. staan *(bij: prep. of dat.);*
4. een plaats innemen; *(jur.)* verschijnen *(m. dat.)* [**tribunali**];
5. *(postklass.)* helpen, ondersteunen *(m. dat.), ihb. voor de rechtbank* [**causae alcis**].

assitus[1], a, um *ppp. v. assero*[1].

assitus[2], a, um *(ad en situs) (Apul.)* gelegen bij.

assō, assāre *(assus) (postklass.)* braden, stoven.

as-sociō, sociāre *(postklass.)* verbinden, verenigen met.

as-solet *en plur.* **as-solent** het gebeurt gewoonlijk, het is gewoon.

as-sonō, sonāre, — — *(postklass.)* als begeleiding klinken; instemmen *(met: dat.);* ▸ *plangentibus* (met de klagenden) *assonat Echo.*

as-sūdāscō, sūdāscere, — — *(incoh.; zie desudasco) (Plaut.)* beginnen te zweten.

as-sūdēscō, sūdēscere, — — *(incoh.; zie desudesco) (preklass.)* beginnen te zweten.

as-suē-faciō, facere, fēcī, factum (doen) wennen aan *(m. abl.; ad; dat.; inf.);* ▸ *genere quodam pugnae assuefacti* gewend aan een bepaalde manier v. vechten; *assuefacti frigore; ad supplicia patrum plebem ~; pedites operi ~; ~ ceteras nationes imperio Romano parēre (Caes.).*

as-suēscō, suēscere, suēvī, suētum
I. *intr.*
1. wennen aan iets *(m. abl.; ad; in m. acc.; dat.; acc.; inf.);* ▸ *homines labore assiduo et cotidiano assueti; non assuetae ad sceptra manus; gens umori et frigori assueta; bella assueti; assueti vinci;* — *pf.* **assuēvī** ik ben gewend, ik ben gewoon;
2. wennen aan iem. *(m. dat.; abl.; ad; inter se* wennen aan elkaar) [**assueti inter se hostes**];
3. aan iem. gehecht raken *(m. dat. of abl.);* ▸ *amici, quibus assueverat;*
II. tr. *(poët.; postklass.) (= assuefacio)* iem. doen wennen aan iets *(m. dat.; abl.; in m. acc.; inf.);* / **assuētus,** a, um (a) gewend aan; (b) bekend, vertrouwd [**longius assueto** verder dan gewoonlijk].

assuētūdō, inis *f (assuesco)*
1. het wennen, gewenning *(aan: gen.)* [**laborum; frigoris**];
2. *(Tac.)* omgang, contact *(met: gen.);* ▸ *Nero assuetudine Actēs devinctus* uit liefde voor Acte.

as-sūgō, sūgere, —, sūctum *(Lucr.)* vastzuigen.

assula, ae *f (demin. v. axis*[2]*) (pre- en postklass.)* splinter, spaander.

assulātim *adv. (assula) (Plaut.)* in splinters.

assulōsē *adv. (assula) (Plin. Mai.)* in splinters.

assultim *adv. (assilio) (Plin. Mai.)* huppelend, springend.

as-sultō, sultāre *(intens. v. assilio) (postklass.)*
1. springen, stormen naar *(m. dat.);*
2. (a) aanstormen op *(m. dat.)* [**castris**]; (b) bestormen, aanvallen *(m. acc.)* [**latera agminis**].

assultus, ūs *m (assilio) (poët.; postklass.)* bestorming, aanval.

as-sum[1] *en* **ad-sum,** adesse, affuī *en* adfuī
1. erbij, aanwezig zijn, er zijn *(m. prep. of dat.);* ▸ *in foro ~; apud alqm ~; domi ~; portis ~; omnes qui adsunt resp. aderant of aderunt* alle aanwezigen;
2. verschijnen, opduiken;
3. *(jur. t.t.)* voor de rechtbank verschijnen *(als aangeklaagde of als aanklager);*
4. bijwonen, deelnemen aan, meewerken aan *m. dat.; ad; in m. abl.)* [**comitiis; pugnae; omnibus periculis; convivio; spectaculo; ad suffragium; in senatu; scribendo** betrokken zijn bij het schriftelijk vastleggen *(v.e. besluit)*];

5. (a) helpen, ter zijde staan, bijstaan *(m. dat.)* [**amico absenti**]; (b) verdedigen *(ihb. voor de rechtbank) (m. dat.; contra en adversus alqm)*; (c) *(v.e. godheid)* genadig zijn, begunstigen *(m. dat.)* [**coeptis**];
6. voorhanden zijn, ter beschikking staan; ▸ *frumentum adest*;
7. *(v. tijd of v.e. toestand)* er zijn; op komst zijn; ▸ *tempus, seditio, certamen, occasio adest*;
8. *(animo resp. animis)* (a) opletten, aandachtig zijn; (b) rustig, kalm zijn; ▸ *ades animo et omitte timorem*;
/ *afforem (adforem) = affuturus (adfuturus) essem en adessem; affore (adfore) = affuturum esse.*

assum², ī *n (assus)*
1. gebraden vlees [**vitulinum** gebraden kalfsvlees];
2. stoombad.

as-sūmō *(en* **ad-sūmō**), sūmere, sūmpsī, sūmptum
1. op-, aannemen, (tot zich) nemen [**coniugem** tot vrouw nemen; **alqm in nomen familiamque** *of* **alqm sibi filium** adopteren];
2. aandoen *(aan: dat.)* [**alas umeris**];
3. tot zich nemen, *(v. medicijnen)* innemen [**cibum; aquam**];
4. te hulp roepen, erbij halen [**novos socios; uxoris consilium; alqm in societatem consilii**];
5. zich toe-eigenen, verwerven [**conservatoris sibi nomen; regni insignia; robur** krachtig worden; **parentis patriae vocabulum** de titel vader des vaderlands];
6. voor zich opeisen, aanspraak maken op, aan zichzelf toekennen, zich aanmatigen [**praecipuam prudentiam**];
7. grijpen, kiezen; ▸ *omnis voluptas assumenda est, omnis dolor depellendus*;
8. erbij nemen [**aliam artem sibi**];
9. *(filos. t.t.)* als tweede (minor)term in een syllogisme formuleren.

assūmptiō, ōnis *f (assumo)*
1. het aannemen, overname;
2. *(filos. t.t.)* tweede (minor)term in een syllogisme;
3. het opeisen van, aanspraak op [**originis**];
4. *(eccl.)* tenhemelopneming v. Maria.

assūmptīvus, a, um *(assumo) (retor. t.t.)* onvolledig *(zodat buiten de zaak vallende omstandigheden als verdedigingsgrond aangevoerd moeten worden) (itt. absolutus)* [**pars; causa**].

as-suō, suere, suī, sūtum *(poët.; postklass.)*
1. aannaaien, aanzetten *(aan: dat.)*;
2. *(Laatl.)* opnaaien *(op: dat.)* [**cruces vestibus**].

as-surgō, surgere, surrēxī, surrēctum
1. opstaan, gaan staan, zich oprichten;
2. *(uit eerbied)* opstaan *(voor: dat.)* [**maioribus natu**]; *(metaf.)* de eerste plaats laten aan *(m. dat.)*;
3. beter worden, genezen [**e gravi corporis morbo**];
4. zich uitstrekken *(voor een slag, stoot, worp)*; ▸ *assurgens dextrā plagamque ferens*;
5. *(v. bergen, bouwwerken, hemellichamen e.a.)* zich verheffen, opstijgen, oprijzen, opgaan; ▸ *colles assurgunt; turres assurgunt; Orion assurgit*;
6. in de lucht hoger opstijgen [**in auras**];
7. beginnen te doen; uitbreken in *(m. dat.)* [**querelis** in gejammer uitbarsten];
8. bezield worden, in vuur raken; ▸ *sublimitate heroici carminis animus assurgat*;
9. *(Verg.) (v. emoties)* stijgen, groeien; ▸ *assurgunt irae.*

assus, a, um *(areo)*
1. gebraden, gesmoord [**piscis; caro; bubula**];
2. droog; ▸ *sol* ~ zonnebad op de *ongezalfde huid*;
3. alleen, zonder toevoeging [**vox** a capella; **tibiae** fluiten zonder vocale begeleiding].

Assyria, ae *f* Assyrië; — *inw.* **Assyrius**, ī *m*; — *adj.* **Assyrius**, a, um Assyrisch [**regnum; amomum**]; *poët. vaak* Syrisch, Indisch, Fenicisch [**venenum** Syrisch purper; **ebur** Indisch ivoor; **malus** = citroenboom; **puella** = Europa; **stagnum** = het Meer v. Genesaret].

ast *cj.*
1. *(arch.)* als (verder), maar als;
2. *(poët.)* = *at.*

asta, ae *f* = *hasta.*

Asta, ae *f stad in Z.-Spanje.*

Astartē, ēs *f Fenicisch-Syrische godin, o.a. v.d. liefde.*

asteriscus, ī *m (Gr. leenw.) (postklass.)* sterretje *als typografisch teken voor een lacune in een tekst.*

a-sternō, asternere, astrāvī, astrātum *(poët.)* (uit)strooien; *pass.* zich neerwerpen voor *(m. prep.; dat.)* [**ante lares; sepulcro**].

asticus *(Gr. leenw.) (poët.; postklass.)*
I. *adj.* a, um stads- [**vita; ludi**];
II. *subst.* ī *m* stedeling.

astipulātiō, ōnis *f (astipulor) (postklass.)* instemming, overeenstemming.

astipulātor, ōris *m (astipulor)*
1. *(jur. t.t.)* iem. die een beding, aanspraak on-

dersteunt;
2. aanhanger, naprater [**Stoicorum; vanae opinionis**].

astipulātus, ūs *m* (*astipulor*) (*Plin. Mai.*) instemming [**Iovis astipulatu**].

a-stipulor, astipulārī
1. instemmen met;
2. (*jur. t.t.*) een beding *of* aanspraak mede ondersteunen.

a-stitī *pf. v. assisto en v. asto.*

a-stituō, astituere, astituī, astitūtum (*ad en statuo*) (*pre- en postklass.*) neerzetten.

a-stō, astāre, astitī
1. erbij, er staan (*m. prep. of m. dat.*); ▸ *astante atque audiente Italiā totā*; ~ *arrectis auribus* met gespitste oren; *ante aedes* ~; *pro foribus* ~; *portis* ~; *sedes relictae astant* staan verlaten;
2. helpen, ter zijde staan; dienen, bedienen; (*m. dat.*) ▸ *tibi servi multi ad mensam astant*;
3. (*poët.*) rechtop, overeind staan;
4. (*poët.*) te wachten staan; ▸ *certa quidem finis vitae mortalibus astat* (*Lucr.*).

astraba, ae *f* (*Gr. leenw.*) zadel (*v.e. muilezel*) (*ook de titel v.e. aan Plautus toegeschreven komedie*).

Astraea, ae *f maagdelijke godin v.d. gerechtigheid, die in het IJzeren Tijdperk als laatste v.d. goden de aarde verliet en als het sterrenbeeld Virgo (Maagd) aan de hemel staat.*

Astraeus, ī *m een titaan, die bij Aurora (godin v.d. dageraad) de winden, de fratres Astraei (de Astraeïsche broers), verwekte (Ov.).*

astragalizontes, um *m* (*Gr. leenw.*) 'De dobbelaars', *een beeld v. Polyclitus.*

astragalus, ī *m* (*Gr. leenw.*)
1. astragalus (*rond geprofileerde lijst aan de bovenkant v.e. zuil*);
2. (*Plin. Mai.*) *een plant.*

a-strangulō, astrangulāre (*Min. Fel.*) wurgen.

a-strepō (*en* **ad-strepō**), astrepere, astrepuī, astrepitum (*postklass.*)
1. luid roepen *of* schreeuwen (bij); luidruchtig toeroepen; ▸ *vulgus clamore et vocibus astrepebat*; *omnes scopuli astrepunt* stemmen echoënd in;
2. luidruchtig instemmen met, toejuichen (*m. dat.*) [**haec dicenti**];
3. lawaai maken naast (*m. acc.*).

astrictiō, ōnis *f* (*astringo*)
1. het samentrekken;
2. (*med.*) verstopping.

astrictus, a, um (*p. adj. v. astringo*)
1. (*poët.; postklass.*) strak aangetrokken, vastgesnoerd, nauw; ▸ *non* ~ *soccus* los; *frons -a* gefronst voorhoofd; *aquae -ae* bevroren; *humus gelu -a* verstijfd, bevroren;
2. (*poët.; postklass.*) zuinig, sober, schaars; ▸ *pater* ~; *mos* ~ zuinige manier v. leven; *Platonis verbis astricta, sensu praevalens sententia* sober mbt. stijl, rijk mbt. inhoud;
3. (*retor.*) (**a**) gebonden; ▸ *numeris* wat betreft het ritme; (**b**) kort, bondig [**oratio**].

astricus, a, um (*astrum*) (*preklass.*) sterren-.

astri-fer, fera, ferum (*astrum en fero*) (*poët.; postklass.*) met sterren bezaaid [**axis**].

astri-ger, gera, gerum (*astrum en gero*) (*poët.*) sterren dragend [**Atlas**].

a-stringō, astringere, astrīnxī, astrictum
1. vastbinden, -snoeren, strak aantrekken;
2. samentrekken, -binden; ▸ *vincula* ~; *astrictae fauces* dichtgesnoerde kelen;
3. doen bevriezen; ▸ *corpora vis frigoris astrinxerat*; — *astringi* verstijven, afkoelen;
4. (*med.*) verstijven, verstoppen;
5. beperken [**milites parsimoniā** strak houden];
6. (*retor.*) samenvatten [**breviter argumenta**];
7. bezighouden, de aandacht opeisen van; binden, verplichten; ▸ *Iugurtha maioribus astrictus* door belangrijkere dingen in beslag genomen; *alqm legibus* ~; *populum iure iurando* ~.

astrologia, ae *f* (*Gr. leenw.*) sterrenkunde, astronomie.

astrologus, ī *m* (*Gr. leenw.*)
1. sterrenkundige, astronoom;
2. sterrenwichelaar, astroloog.

astronomia, ae *f* (*Gr. leenw.*) (*postklass.*) sterrenkunde, astronomie.

astrum, ī *n* (*Gr. leenw.*)
1. ster, gesternte [**natale**];
2. plur. hoogte, hemel; onsterfelijkheid, roem; ▸ *ad* (*of in*) *-a tollere of educere in -a* tot de sterren, hemelhoog verheffen = uitbundig prijzen; *sic itur ad -a* zo verkrijgt men onsterfelijkheid.

a-struō (*en* **ad-struō**), astruere, astrūxī, astrūctum
1. aanbouwen (*aan: dat.*);
2. (*poët.; postklass.*) toevoegen (*aan: dat.; ad*) [**animum formae**];
3. toeschrijven aan (*m. dat.*); ▸ *quae Neroni falsus astruit scriptor.*

astu (*en* **asty**) *n* (*Gr. leenw.*) (*slechts in acc. en abl. sg. astū gebruikelijk*) 'de stad' = Athene.

astula, ae *f = assula.*

a-stupeō, astupēre, —— (*poët.; postklass.*) aangapen, zich verbazen over (*m. dat.*) [**divitiis**].

Astura, ae *m rivier in Latium.*

asturcō, ōnis *m* Asturisch paard.

Asturia, ae *f* Asturië, *landstreek in het noordwesten van Spanje.*

astus, ūs *m*
1. list, sluwe streek; ▸ *callide et cum astu;*
2. (*postklass.*) krijgslist; ▸ *-us hostium in perniciem ipsis vertebat.*

astūtia, ae *f* (*astutus*) sluwheid, list; slimme streek; *plur.* intriges.

astūtus, a, um (*astus*) sluw, listig, doortrapt [**homo; vulpes; ratio; consilium**].

asty *zie astu.*

Astyanax, actis *m*
1. *zoon v. Hector en Andromache;*
2. *tragediespeler ttv. Cicero.*

Astypalaea, ae *f eiland bij Kreta;* — *adj.* **Astypalēius,** a, um *en* **Astypalaeēnsis,** e.

asȳlum, ī *n* (*Gr. leenw.*) toevluchtsoord, asiel; ▸ *ius -i* asielrecht; *e fano Dianae servum suum, qui in illud -um confugerat, abducit (Cic.).*

asymbolus, a, um (*Gr. leenw.*) (*pre- en postklass.*) gratis.

asyndetus, a, um (*Gr. leenw.*) (*gramm. t.t.*) niet verbonden (*door een voegwoord*).

at *cj.* ja maar, maar; maar toch, echter, daarentegen, anderzijds.

atābulus, ī *m* (*poët.; postklass.*) *hete zuidoostenwind, sirocco.*

Atacīnus *zie Atax.*

Atalanta, ae *en* **-ē,** ēs *f Arcadische jageres, dochter v. Iasius en Clymene, deelneemster aan de jacht op het Calydonische everzwijn; wie met haar wilde trouwen moest een hardloopwedstrijd met haar doen en van haar winnen; Melanion slaagde daarin dmv. een list.*

atat = *attat.*

at-avia, ae *f vrl. pendant v. atavus.*

at-avus, ī *m* betoudovergrootvader, grootvader v. overgrootvader *of* v. overgrootmoeder; voorvader, stamvader.

Atax, Atacis *m uit de Pyreneeën komende rivier in Gallia Narbonensis, nu de Aude; naburige bew. en adj.* **Atacīnus,** ī *m resp.* a, um.

Ateius, ī *m*
1. *C.* ~ Capito, *Rom. volkstribuun in 55 v. Chr.;*
2. *zijn gelijknamige zoon, beroemd jurist.*

Ātella, ae *f Oscische stad in Campanië;* — *inw. en adj.* **Ātellānus,** ī *m resp.* a, um; *ihb.* **fābella Ātellāna** *of alleen* **Ātellāna,** ae *f volkse klucht van Oscische oorsprong, door de Romeinen overgenomen; vd.* **Ātellānus,** ī *m* toneelspeler in de Atellanen (*adj.* **Ātellāni[c]us,** a, um).

āter, ātra, ātrum
1. donker, dofzwart (*itt. niger: glanzend zwart*) [**fax** zwartwalmend; **tempestas; hiems; nox; nemus; speluncae; nubes; mare** onstuimig];
2. (*poët.*) in het zwart gekleed [**lictores**];
3. (*niet-klass.*) treurig, ongelukkig;
4. huiveringwekkend, onheilspellend [**mors; dies** dag des onheils; **ignes** vuur v.d. brandstapel; **timor**];
5. boosaardig [**mens**];
6. hatelijk, vals; ▸ *versibus atris oblinere alqm.*

Ateste, is *n stad bij Venetië, nu Este;* — *adj.* **Atestīnus,** a, um.

Athamānia, ae *f landstreek in Epirus in N.-Griekenland;* — *inw.* **Athamānes,** um *m;* — *adj.* **Athamānus,** a, um Athamanisch [**litora**].

Athamās, antis *m zoon v. Aeolus, echtgenoot v. Nephele; kinderen uit dit huwelijk: Phrixus en Helle; later getrouwd met de dochter v. Cadmus, Ino; hun gemeenschappelijke kinderen: Melicertes en Learchus;* — *patron.* **Athamantiadēs,** ae *m Melicertes als zoon v. Athamas;* **Athamantis,** idis *f Helle als dochter v. Athamas;* — *adj.* **Athamantēus,** a, um.

Athēnae, ārum *f* Athene, *belangrijkste stad v. Attica;* — *inw. en adj.* **Athēniēnsis,** is *m resp.* e.

Athēnaeum, ī *n*
1. *tempel v.d. godin Athene in Athene, waarin dichters en geleerden hun werken voordroegen;*
2. *hogeschool in Rome, gesticht door keizer Hadrianus om wetenschappelijke vorming te bevorderen.*

Athēniō, ōnis *m Sicilische herder, die in de slavenopstand (103 v. Chr.) de slaven aanvoerde, omgekomen in een tweegevecht met de Rom. consul M'. Aquilius.*

Athēnodōrus, ī *m stoïsch filosoof ttv. Augustus.*

Athesis, is *m* (*acc.* -im; *abl.* -ī) *rivier in N.-Italië, nu de Adige.*

āthlēta, ae *m* (*Gr. leenw.*) atleet, deelnemer aan een wedstrijd; — *adj.* **āthlēticus,** a, um.

āthlum, ī *n* (*meestal plur.*) (*Gr. leenw.*) inspanning, taak.

Athōs *en* **Athō(n),** ōnis *m* (*dat.* -ō; *acc.* -ōnem *en* -ō[n]; *abl.* -ō) *de berg Athos op het schiereiland Chalcidice.*

Atīlius, a, um *naam v.e. Rom. gens:*
1. *A.* ~ *Calatinus, consul in 258 en 254, dictator in 249 v. Chr.;*
2. *M.* ~ *Regulus zie Regulus;*

3. M. ~, Rom. toneelschrijver; adj. **Atīliānus,** a, um.

Ātīna, ae *f stad in Latium; — inw. en adj.* **Ātīnās,** ātis *(m).*

Atius, a, um *naam v.e. Rom. gens, o.a.:* M. ~ Balbus, *grootvader v. Augustus.*

Atlantēus, a, um *zie Atlas.*

Atlanticus, a, um *zie Atlas.*

Atlās, antis *m (acc.* -antem *en* -anta; *vocat.* Atlā)
1. *zoon v.d. titaan Iapetus en v. Clymene, broer v. Prometheus; een god, die bij Homerus met zijn schouders de zuil stut die de hemel draagt, bij de latere schrijvers drager v.h. hemelgewelf; vader v.d. Plejaden, Hyaden, Hesperiden en v. Calypso; door Perseus in de berg Atlas veranderd; — patron.* **Atlantiadēs,** ae *m mnl. nakomeling v. Atlas:* (a) Mercurius, *kleinzoon v. Atlas;* (b) Hermaphroditus, *achterkleinzoon v. Atlas;* **Atlantis,** idis *f dochter v. Atlas:* (a) Maia, *moeder v. Mercurius;* (b) Electra, *een v.d. Pleiaden;* (c) Calypso; *plur.* de Pleiaden *en* Hyaden; — *adj.* **Atlantēus,** a, um [**Pleiades**];
2. Atlasgebergte in Marokko; — *adj.* **Atlantēus,** a, um [**finis**] *en* **Atlanticus,** a, um [mare Atlantische Oceaan].

atomus, ī *f (Gr. leenw.)* ondeelbaar deeltje, atoom.

at-que *en* **ac**
1. en, en daarbij, en ook *(waarbij na atque resp. ac meestal het belangrijkste begrip staat);* ▸ *dicto ~ facto; res nova ~ inaudita; res aperta ~ manifesta; orat ~ obsecrat; vaak om met twee woorden één ding uit te drukken (hendiadys): fama ~ invidia* ongunstige reputatie; *clamore ~ assensu* met instemmend geschreeuw;
2. *(ter benadrukking v.h. volgende)* en zelfs, en in het bijzonder; ▸ *intra moenia ~ in sinu urbis sunt hostes (Sall.); res tanta ~ tam atrox;*
3. *(verklarend)* en wel;
4. *(na neg. uitdrukkingen soms bijna te vertalen met)* maar = sed; ▸ *dissimiles inter se ac tamen laudandos (Cic.);*
5. *(in vergelijkingen)* (a) *na woorden die gelijkheid of gelijkenis uitdrukken, zoals par, similis, idem, item:* als; (b) *na woorden die een verschil uitdrukken, zoals bv. alius, aliter:* dan; (c) *na comp. ipv. quam:* dan; ▸ *amicior mihi nullus vivit ~ is est (Plaut.);*
6. *(concluderend)* en zo, en daarom;
7. *(bevestigend)* en werkelijk;
/ uitdrukkingen: *alius ~ alius* de een na de ander; *etiam ~ etiam* herhaaldelijk; *~ adeo* en zelfs.

at-quī(n) *cj. (oorspr.: at en qui*[2])
1. maar toch;
2. daarentegen, integendeel;
3. zeer zeker, natuurlijk;
4. nu echter.

ātrāmentārium, ī *n (Vulg.)* inktkoker.

ātrāmentum, ī *n (ater)*
1. zwarte kleur, zwartheid;
2. kopersulfaat, schoensmeer [**sutorium**];
3. zwarte vloeistof; inkt.

ātrātus, a, um *(ater)*
1. *(poët.)* zwart gemaakt;
2. in het zwart gekleed, in rouwkleding.

Atrax, acis *m stad in Thessalië;* **Atracidēs,** ae *m (poët.)* Thessaliër; **Atracis,** idis *f (poët.)* (a) inwoonster v. Thessalië; (b) = Hippodamia.

Atrebatēs, um *en* ium *m (sg.* **Atrebas,** atis) *volksstam in Gallia Belgica, in het huidige Artesië.*

Atreus, eī *m koning v. Mycene, zoon v. Pelops, broer v. Thyestes; — patron.* **Atrīdēs** *en* **-a,** ae *m* Atride: Menelaüs *of* Agamemnon.

ātriārius, ī *m (postklass.)* slaaf werkzaam in het atrium.

ātriēnsis, is *m (abl.* -e *en* -ī) *(atrium)* opzichter v.h. atrium, huismeester.

ātriolum, ī *n (demin. v. atrium)* klein atrium.

ātriplex, icis *n (botan.)* melde.

ātritās, ātis *f (ater) (Plaut.)* zwartheid, zwarte kleur.

ātrium, ī *n (poët. vaak plur. = sg.)*
1. *in de oudste tijd atrium, belangrijkste ruimte in het Rom. huis, woonruimte;*
2. *later* (a) ontvangstzaal *v.e. voornaam Rom. huis;* (b) hal, (voor)zaal; *ook in publ. gebouwen: ~ Libertatis* in de tempel v. Libertas *op de Aventijn; ~ Vestae* (hal v.d.) tempel v. Vesta; *atria auctionaria* veilinghallen; (c) *plur. (principum)* paleis; (d) *(poët.) plur.* woning v.d. goden; (e) *(eccl.)* voorportaal *v.d. oudchristelijke basilica.*

atrōcitās, ātis *f (atrox)*
1. afgrijselijkheid, gruwelijkheid;
2. wreedheid; wildheid [**morum**];
3. hardheid, onverbiddelijkheid [**poenae**].

atrōx, *gen.* ōcis
1. afgrijselijk, gruwelijk [**caedes**];
2. grimmig, dreigend [**ingenium**]; ▸ *saevissimi principis atrocissima effigies;*
3. koppig, onverbiddelijk, onbuigzaam [**animus Catonis; fides; virtus**];
4. hard, streng [**atrociter decernere**];
5. *(v.e. redevoering)* dreigend, woedend; ▸ *vehe-*

mens atque ~ orationis genus.

Atta, ae *m* Rom. *cogn.*: C. Quinctius ~, Rom. *toneeldichter, die populaire komedies (fabulae togatae) schreef (gest. in 77 v. Chr.).*

attāctus[1], ūs *m* (*attingo*[1]) (*poët.*) aanraking.

attāctus[2] ppp. *v. attingo*[1].

attagēn, ēnis *m en* **attagēna,** ae *f* (*Gr. leenw.*) (*niet-klass.*) hazelhoen.

Attalus, ī *m naam v.e. aantal koningen v. Pergamum, ihb. ~ III (gest. in 133 v. Chr.), bekend door zijn rijkdom; hij liet de Romeinen zijn schatten en zijn rijk na;* — *adj.* **Attalicus,** a, um (a) van Attalus; uit Pergamon [**reges; agri; urbes**]; (b) met goud doorweven, schitterend, rijk [**vestes**].

at-tamen *cj.* maar toch, niettemin.

at-tāminō, tāmināre (*postklass. voor contamino*)
1. aanraken;
2. onteren, schenden.

attāt *en* **attat** *en* **attatae,** *interj.* (*kom.*) ha!, ach! (*als uitroep v. vreugde, verdriet, verwondering, angst*).

attegia, ae *f* (*Kelt. leenw.*) (*Juv.*) hut.

attemperātē *adv.* (*attempero*) (*Ter.*) op het juiste ogenblik.

at-temperō, temperāre aanpassen.

at-temptō, temptāre
1. aanvallen [**alqm bello; iura**];
2. proberen, beproeven [**vias volucrum**];
3. tot ontrouw, tot afvalligheid proberen te verleiden; in verleiding brengen.

at-tendō, tendere, tendī, tentum
1. spannen, uitstrekken, richten;
2. *animum ~ (m. ad; dat.; afh. vr.) en alleen ~ (m. acc.; dat.; aci.; afh. vr.)* zijn aandacht richten op, opmerken, opletten, aandacht schenken aan; ▸ *(animum) attendite* let op!; *ad cavendum animum ~; ~ animos ad ea quae consequuntur; alqd diligenter ~; dictis animum ~; nunc quid velim, animum attendite;*
3. zich moeite getroosten om, zich inspannen om (*m. inf.; ut*).

attentiō, ōnis *f* (*attendo*) gespannen aandacht, opmerkzaamheid.

at-tentō, tentāre = *attempto.*

attentus, a, um (*p. adj. v. attendo*)
1. gespannen; ▸ *animus in spe atque in timore ~;*
2. aandachtig; ▸ *attentissimis animis audire; attentius spectare, legere;*
3. lettend op (*m. dat. of ad*);
4. nauwlettend, stipt;
5. zuinig (*mbt.: dat.*) [**quaesitis**];
6. (*Laatl.*) vol overgave.

attenuātiō, ōnis *f* (*attenuo*)
1. vermindering;
2. (*retor.*) eenvoud.

attenuātus, a, um (*p. adj. v. attenuo*) eenvoudig, sober [**oratio**].

at-tenuō, tenuāre (*tenuis*)
1. dun maken; *pass.* dun worden; vermageren; krimpen;
2. verzwakken, verminderen [**legionem**];
3. verlichten [**curas**].

at-terō, terere, trīvī, trītum
1. (*poët.; postklass.*) aanwrijven tegen (*dat.*);
2. (*poët.; postklass.*) afwrijven, afschuren, afslijten; — ppp. **attrītus,** a, um (a) versleten, afgewreven; (b) (*Juv.*) schaamteloos, brutaal;
3. (*poët.*) vertrappen, verpletteren [**herbas**];
4. verzwakken, uitputten [**proeliis copias; Italiae opes**]; — ppp. **attrītus,** a, um mat, niet overtuigend [**orator**].

attestātiō, ōnis *f* (*attestor*) (*Laatl.*) getuigenis, bewijs, bevestiging.

at-testor, testārī (*poët.; postklass.*) getuigen, bevestigen.

at-texō, texere, texuī, textum
1. vastvlechten, bevestigen aan;
2. toevoegen, rijgen (*aan: ad of dat.*).

Atthis, *gen.* idis (*acc. sg.* -ida; *acc. plur.* -idas)
I. *adj.* Attisch, Atheens;
II. *subst. f*
1. Attica;
2. vrouw uit Athene [**Atthidum chorus**];
3. (*meton.*) nachtegaal; zwaluw (*omdat volgens de mythe Philomela en Procne, de dochters v.d. Atheense koning Pandion, resp. in een nachtegaal en in een zwaluw veranderd werden*).

Attica, ae *f* Attica, *landstreek in Griekenland met als belangrijkste stad Athene.*

atticissō, atticissāre (*Gr. leenw.*)
1. (*postklass.*) Attisch spreken;
2. (*Plaut.*) zich Attisch voordoen.

Atticus
I. *adj.* a, um Attisch, Atheens;
II. *subst.* ī *m*
1. inwoner v. Attica, Athener;
2. redenaar v.d. Attische stijl, Atticist;
3. *als bijnaam*: T. Pomponius ~ (*omdat Pomponius lang in Athene gewoond had*), *een vriend v. Cicero, schreef historische werken, bracht als uitgever werken v.d. belangrijkste auteurs v. zijn tijd (onder wie Cicero) op de markt;*

4. (*meton.*) rijk man.

at-tigī *pf. v. attingo*[1].

attigō, attigere = *attingo*[1].

attiguus, a, um (*attingo*) (*postklass.*) aangrenzend.

Attīlius, a, um = *Atilius*.

at-tineō, tinēre, tinuī, tentum (*teneo*)

I. *intr.*

1. (*onpers.*) *aliquid attinet ad* het betreft, het gaat iem. aan (*ook met afh. vr.*); ▸ *quid id ad vos attinet?* — *vaak in de uitdrukking: quod attinet ad* wat betreft;

2. (*onpers.*) (*aliquid*) *non of nihil attinet* het komt er niet op aan, het is niet van belang, het doet er niet toe (*m. inf.; aci.; afh. vr.*); ▸ *dici plura non attinet;*

3. (*postklass.*) zich uitstrekken, reiken [**ad Tanaim**];

II. *tr.* (*pre- en postklass.*)

1. vasthouden, ophouden, tegenhouden; ▸ *alqm carcere* ~ ; *valetudine infensā domi attineri;*

2. iem. aan het lijntje houden [**spe pacis**];

3. *als bezit* vasthouden, niet uit handen geven, verdedigen [**magnos dominatus; ripam Danuvii**];

4. bezighouden, boeien.

at-tingō[1]**,** tingere, tigī, tāctum (*ad en tango*)

1. aanraken, beroeren;

2. (*een plaats*) bereiken, betreden; ▸ *Britanniam* ~ ; *planitiem* ~ ; *forum non* ~ niet bezoeken;

3. grenzen aan, aanliggen tegen (*m. acc.*); ▸ *eorum fines Nervii attingebant* (*Caes.*); *Gallia attingit flumen Rhenum;*

4. (*poët.*) iem. aantreffen;

5. (*vijandel.*) stuiten op (*m. acc.*); ▸ *Sulla, quem primum hostes attigerant* (*Sall.*);

6. aanraken, te pakken krijgen; ▸ *de praeda teruncium non attigit* (*Cic.*);

7. voedsel aanraken, proeven, eten, vreten [**graminis herbam; nullos cibos**];

8. (*postklass.*) (*med. t.t.*) *pulsum venarum* (*of venam*) ~ de pols voelen;

9. (*metaf.*) treffen, raken; ▸ *dolor alqm attingit; eum non attingit aegritudo;*

10. in verbinding staan met, van iem. zijn, iem. aangaan, betreffen (*m. acc.; ook m. ad*); ▸ *corporis similitudo attingit naturam animi* (*Cic.*) het lichaam vertoont overeenkomst met de ziel; *quae nihil attingunt ad rem* wat niets met de zaak te maken heeft;

11. zich bezighouden, bezig zijn met (*m. acc.*) [**rem militarem; Graecas litteras; gaudia**] genieten];

12. vluchtig bekijken [**librum**];

13. bespreken, vermelden; ▸ *illam iniuriam non* ~, *quae; alqd breviter* ~.

at-tingō[2]**,** tingere (*en* **at-tinguō,** tinguere), tīnxī, tīnctum (*niet-klass.*) besprenkelen, besmeren.

Attis, idis *m Frygische god, geliefde v. Cybele.*

Attius, a, um *naam v.e. Rom. gens*: P. ~ Varus, *pretor in Africa, aanhanger v. Pompeius; adj.*: **Attiānus,** a, um [**milites; legiones**].

at-tolerō, tolerāre (*Apul.*) dragen.

at-tollō, tollere, — —

1. opheffen, in de hoogte heffen, optillen, oprichten, verheffen; (*gebouwen e.d.*) optrekken [**parvum natum; manus ad caelum; oculos; turres**]; — *se* ~ *en pass. attolli* zich oprichten, zich verheffen; opstijgen; ▸ *miscent se maria et nigrae attolluntur arenae* (*Verg.*); *se attollere in auras;*

2. (*postklass.*) aan-, verheffen [**clamorem; vocem**];

3. (*postklass.*) *orationem* meer vaart aan een redevoering geven; — *se* ~ *en pass.* (*v. redenaars en dichters*) met enthousiasme en bezieling spreken *of* schrijven;

4. (*postklass.*) (*in een redevoering*) nadruk leggen op;

5. (*lich. en geestel. toestand*) doen opleven, bemoedigen [**vires in milite; animos civium**];

6. (*postklass.*) bevorderen, onderscheiden [**rem publicam bello armisque; alqm insignibus triumphi**].

at-tondeō, tondēre, tondī, tōnsum

1. (*poët.; postklass.*) scheren, snoeien [**vitem**];

2. (*poët.; postklass.*) aanvreten [**virgulta**];

3. verminderen, verkleinen [**laudem**].

attonitus, a, um (*p. adj. v. attono*)

1. als door de donder getroffen, verdoofd [**aures**]; ▸ *mater attonitae similis fuit* (*Ov.*); *attonitos subitus tremor occupat artus* (*Ov.*);

2. geschokt, verbijsterd, ontzet [**magnitudine periculi; voce deorum; formidine; novitate ac miraculo**];

3. in extase, bezield [**vates**].

at-tonō, tonāre, tonuī, tonitum

1. (*postklass.*) met bliksem *of* donder(slag) treffen;

2. (*poët.*) verbijsteren, in de war brengen; ▸ *quis furor vestras attonuit mentes?*

at-torqueō, torquēre, — — (*Verg.*) werpen naar,

slingeren naar.

at-tractō, tractāre *(arch.)* = *attrecto.*

attractum, ī *n (Laatl.)* gekocht, verworven goed.

attractus, a, um *(p. adj. v. attraho) (Sen.)* samengetrokken, gefronst [**frons**].

at-trahō, trahere, trāxī, tractum
1. aantrekken, trekken naar, naar zich toe trekken;
2. slepen naar; ▸ *tribunos attrahi ad se iussit (Liv.)*;
3. aantrekken, (aan)lokken, voor zich winnen;
4. laten komen; ▸ *alqm Romam* ~ ; *ea me ad hoc negotium provincia attraxit*;
5. *(poët.; postklass.)* strak (aan)trekken, spannen [**lora; arcum**];
6. inademen, opnemen [**spiritum**].

attrectātiō, ōnis *f (attrecto) (postklass.)* het aanraken.

attrectātus, ūs *m (attrecto)* het betasten, aanraking.

at-trectō, trectāre *(ad en tracto)*
1. betasten, aanraken;
2. grijpen naar, zich proberen toe te eigenen *(m. acc.)* [**insignia summi imperii, fasces securesque**];
3. zich bezighouden met *(m. acc.)*;
4. *(Laatl.)* aanroeren, vermelden [**virtutes alcis**].

at-tremō, tremere, — — *(poët.)* beven.

at-trepidō, trepidāre *(Plaut.)* naderbij sukkelen.

at-tribuō, tribuere, tribuī, tribūtum
1. toedelen, toewijzen [**alci equos; agros**];
2. *een plek als verblijfplaats, woonoord of bezit* toedelen, aanwijzen; ▸ *iis urbes agrosque attribui iussit; partem vici cohortibus ad hibernandum* ~ ;
3. *de verzorging, uitvoering, leiding* opdragen, toebedelen, toewijzen [**Cassio urbem inflammandam**];
4. onder het bevel stellen van, toewijzen [**centurionibus naves; oppidum civibus Romanis; alci legionem; equites praefectis**]; ▸ *insulae, quae erant a Sulla Rhodiis attributae; Apulia ei attributa est*;
5. *(zakel. t.t.) pecuniam* geld toewijzen;
6. *(als hulp e.d.)* toevoegen [**centuriones ei classi**];
7. *(metaf.)* toekennen, verlenen; ▸ *huc accedit summus timor, quem mihi natura pudorque meus attribuit (Cic.)*;
8. toeschrijven, wijten; ▸ *uni culpam* ~ ; *bonos exitus attribuimus dis immortalibus (Cic.); tanta fuit Verris impudentia ut aliis causam calamitatis attribueret quae omnis propter avaritiam ipsius accidisset (Cic.)*;
9. *(retor. en gramm. t.t.) alci (rei) attribui* als eigenschap toegekend worden aan; *attributum esse* toekomen.

attribūtiō, ōnis *f (attribuo)*
1. toewijzing;
2. betalingsmandaat;
3. *(retor. t.t.)* bijzondere eigenschap, kenmerk.

attribūtus ppp. *v. attribuo.*

attrītus[1] *zie attero.*

attrītus[2], ūs *m (attero) (postklass.)* het wrijven, wrijving.

at-trīvī *pf. v. attero.*

at-tulī *pf. v. affero.*

at-tumulō, tumulāre *(Plin. Mai.)* ophopen; indammen.

Atuatuca, ae *f en* **-ī,** ōrum *m zie Aduat-.*

at-ubi *zie adubi.*

Atys, yos *m (acc. -ym en -yn; abl. -ye)*
1. *zoon v. Hercules en Omphale, vader v. Tyrrhenus en Lydus, stamvader v.d. Lydische koningen, die daarom Atyadae genoemd worden*;
2. *stamvader v.d. gens Atia.*

au *interj. (kom. en Petr.)* bah!, mijn hemel! *(uitdr. v. verrassing en verontwaardiging, vooral door vrouwen gebruikt).*

auca, ae *f (Laatl.)* gans.

aucella, ae *f (demin. v. auca) (preklass.; Laatl.)* vogeltje.

au-ceps, cupis *m (avis en capio)*
1. vogelvanger;
2. *(metaf.)* (a) ~ *syllabarum* taalpurist, muggenzifter; (b) ~ *est sermoni* hij speelt luistervink bij het gesprek.

auctārium, ī *n (augeo) (Plaut.)* toelage, toeslag *(op een som geld).*

aucti-fer, fera, ferum *(auctus*[2] *en fero)* vruchtbaar [**terrae**].

aucti-ficus, a, um *(auctus*[2] *en facio) (Lucr.)* de groei bevorderend.

auctiō, ōnis *f (augeo, eig.* vermeerdering*)*
1. verkoping bij opbod, veiling; ▸ *auctionem facere (constituere, instituere)* houden; *auctionem praedicare (en proscribere)* openbaar aankondigen;
2. *(meton.)* dingen die te koop aangeboden worden; ▸ *auctionem vendere.*

auctiōnārius, a, um *(auctio)* veiling- [**tabulae** veilingcatalogus; **atria** veilinghallen].

auctiōnor, auctiōnārī *(auctio)* een veiling houden.

auctitō, auctitāre *(frequ. v. augeo)* *(Tac.)* sterk vermeerderen.

auctō, auctāre *(intens. v. augeo)* *(preklass.; poët.)* gestaag vermeerderen; verrijken.

auctor, ōris *m en f (augeo, eig.* iem. die vermeerdert, bevordert)
1. dader, initiatiefnemer, aanstichter; ▸ *~ sceleris; ~ Cadmeae occupandae; ~ salutis; alqo auctore* op iems. instigatie; *dis auctoribus; fatis auctoribus; auctoribus vobis;*
2. stichter, schepper, uitvinder, oprichter, grondlegger, bouwer [**citharae** *(v. Mercurius)*; **lucis** *(v. Apollo)*; **Troiae; templi; statuae**];
3. voor-, stamvader; ▸ *~ gentis; L. Brutus, praeclarus ~ nobilitatis tuae (Cic.);*
4. zegsman, iem. die borg staat; getuige; ▸ *fama nuntiabat te esse in Syria, ~ erat nemo (Cic.); auctore certo comperisse* uit betrouwbare bron vernomen hebben; — *auctorem esse m. aci.* garanderen, ervoor instaan;
5. iem. die bekrachtigt; ▸ *patres auctores fiunt* de senaat bekrachtigt *(het besluit v.h. volk)*;
6. rapporteur, (geschied)schrijver, auteur; ▸ *scripta auctori perniciosa suo; ~ carminis; ~ rerum* geschiedschrijver; — *auctorem esse m. aci.* berichten, melden;
7. iem. die bevordert *of* ondersteunt, verdediger, beschermheer, voorvechter [**rei publicae**];
8. leider; woordvoerder, spreekbuis [**suae civitatis**];
9. voorbeeld, model; ▸ *auctoribus optimis uti;*
10. adviseur, raadgever; — *alci auctorem esse* adviseren, raad geven *(mbt.: gen.; ad; inf.; aci.; acc. v.e. pron. neutr.; m. ut of ne)*; ▸ *semper senatui pacis ~ fui (Cic.); non modo ipse fautor dignitatis tuae fui, verum etiam ceteris ~ ad te adiuvandum (Cic.); illi magnopere ~ fui, ne differret tempus petitionis suae (Cic.);*
11. vertegenwoordiger: (**a**) *alg.* ▸ *~ beneficii populi Romani; ~ sententiae;* (**b**) curator *v.e. vrouw;* (**c**) curator *v.e. vermogen bij de verkoop (Ned. vaak =* verkoper).

auctōrāmentum, ī *n (auctoro)*
1. handgeld, loon, beloning;
2. *(Sen.)* (arbeids)contract.

auctōritās, ātis *f (auctor)*
1. aanzien, invloed, gewicht, autoriteit; *(meton.)* invloedrijk persoon; ▸ *eorum ~ apud plebem plurimum valet; auctoritate multum apud alqm posse; auctoritatem habere apud alqm; ~ legum; ~ vetustatis; ~ orationis;*
2. waarde [**pecuniae**];
3. garantie, waarborg, bekrachtiging; geloofwaardigheid, geldigheid [**testimonii; testis**];
4. (ideaal) voorbeeld, model; ▸ *~ maiorum; alcis auctoritatem sequi;*
5. aanbeveling, -moediging, -sporing, -drang, ondersteuning, raad; ▸ *eius ~ multum apud me valet; eius auctoritate impulsi; alcis consilio atque auctoritate Lacedaemoniis bellum indicere;*
6. wilsuiting, uitspraak, verklaring, wil, mening, besluit; *(met en zonder senatūs)* senaatsbesluit; ▸ *illius sententia atque ~; ~ populi Romani;*
7. volmacht, machtiging; ▸ *~ legum dandarum; legatos cum auctoritate mittere;*
8. macht, gezag; ▸ *esse in alcis auctoritate;*
9. order, bevel; ▸ *persequi* (opvolgen) *alcis auctoritatem;*
10. *(jur. t.t.)* eigendomsrecht.

auctōrō, auctōrāre *en* **auctōror,** auctōrārī *(auctor)*
1. verhuren; *se ~ en pass.* zich verhuren, zich engageren; — *ppp.* **auctōrātus,** a, um verbonden, verplicht;
2. *(jur.)* *pass.* toestemming geven.

auctumn- = *autumn-.*

auctus[1], a, um *(p. adj. v. augeo)* vermeerderd, vergroot, verrijkt *(met: abl.)*; ▸ *socii honore auctiores.*

auctus[2], ūs *m (augeo)*
1. vermeerdering, vergroting, toename, groei, stijging [**aquarum** het stijgen, wassen];
2. bloei, voorspoed;
3. grootte, sterkte.

aucupātiō, ōnis *f (aucupor)* *(preklass.; Laatl.)* vogelvangst.

aucupātōrius, a, um *(aucupor)* *(poët.; postklass.)* geschikt voor de vogelvangst [**calamus** lijmstok].

aucupium, ī *n (auceps)*
1. vogelvangst;
2. *(poët.; postklass.)* *(meton.)* gevangen vogels;
3. *(metaf.)* het najagen van, de jacht op *(m. gen.)*.

aucupor, aucupārī *en (niet-klass.)* **aucupō,** aucupāre *(auceps)*
1. op vogelvangst gaan;
2. najagen, loeren op *(m. acc.)* [**occasionem; voluptatem**].

audācia, ae *f (audax)*
1. dapperheid, moed;
2. *(meton.)* waagstuk, dappere daad;
3. *(pejor.)* roekeloosheid, overmoed, arrogantie,

brutaliteit; ▸ ~ *ingrediendi flumen; audaciā abundare.*

audāculus, a, um *(demin. v. audax) (Petr.)* tamelijk dapper, vrij dapper.

audāx, *gen.* ācis *(adv. meestal* audācter, *zelden* audāciter) *(audeo)*
1. dapper, moedig [**miles; consilium**];
2. *(pejor.)* roekeloos, overmoedig, arrogant, brutaal; ▸ *homo audacissimus atque amentissimus.*

audēns, *gen.* entis *(p. adj. v. audeo) (poët.; postklass.)* dapper, moedig; ▸ *audentes fortuna iuvat (Verg.); audentissimus quisque miles.*

audentia, ae *f (audens) (postklass.)* dapperheid, moed.

audeō, audēre, ausus sum *(avidus)*
1. durven, wagen *(m. inf.; m. acc.); abs.* moedig, roekeloos handelen; ▸ *audeo dicere* (te beweren); ~ *tantum facinus;* ~ *proelium;*
2. begeren, verlangen, (graag) willen *(m. inf.; in m. acc.);* ▸ *sapere aude (Hor.);* ~ *in proelia* strijdlustig zijn; *si audes* als u (je) wilt, alstublieft, alsjeblieft: *da mihi hoc, si audes (Plaut.);*
/ *arch. conj.: ausim, -is, -it* ik, jij, hij zou durven.

audiēns, entis *(audio)*
I. *ptc. pr. v. audio;*
II. *subst. m* luisteraar, toehoorder, *gew. plur.* toehoorders, publiek; ▸ *animos audientium inflammare.*

audientia, ae *f (audiens)*
1. oplettendheid, aandacht, gehoor;
2. *(Laatl.)* vergadering; hoorzitting.

audiō, audīre, audīvī *en* audiī, audītum
1. (kunnen) horen; ▸ *audiendi sensus* gehoor(zin); *clarissime* ~ ; *apertis atque integris et oculis et auribus nec videre nec* ~ ;
2. horen, vernemen, gewaarworden *(m. acc.; acc. en ptc.; aci.; afh. vr.; van iem.: ab, ex, de)* [**clamorem; adventum eius; alqm querentem** iem. horen klagen; **alqm gloriantem** iem. horen opscheppen]; ▸ *id Socratem audio dicentem (Cic.); saepe hoc maiores natu dicere audivi;*
3. aan-, toehoren, luisteren;
4. studeren bij, les hebben van; ▸ *Athenis Cratippum, in astrologia Sulpicium audivimus;*
5. verhoren, ondervragen [**audientibus iudicibus**];
6. verhoren, inwilligen *(alqm of preces alcis);*
7. gehoorzamen, volgen, zich voegen naar; ▸ *dicto (abl.) audientem esse alci* iems. bevelen opvolgen; *dicto audiens fuit iussis (dat.) absentium magistratuum;*
8. gelden; ▸ *si curas esse quid audis* waarvoor je doorgaat; *bene, male* ~ een goede, slechte naam hebben;
9. toegeven, begrijpen; ▸ *'istum exheredare in animo habebat'. 'Audio'.;*
10. gelijk geven, geloof hechten aan, instemmen met *(m. acc.)* [**Homerum; vos; fabulas**];
11. *(Suet.)* audiëntie verlenen *(m. acc.)* [**legationes**];
/ *pf.vormen vaak sync.:* audīstī, audīsse(m); *arch. en poët. fut.:* audībō; *impf.:* audībam.

audītiō, ōnis *f (audio)*
1. het toe-, aanhoren;
2. het horen zeggen, gerucht, praatjes.

audītō, audītāre *(frequ. v. audio) (Plaut.?)* vaak horen.

audītor, ōris *m (audio)* toehoorder, leerling.

audītōrium, ī *n (auditor)*
1. *(postklass.)* auditorium, gehoorzaal, school;
2. *(postklass.)* publiek, gehoor;
3. *(Laatl.)* rechtszaal; sacristie.

audītus, ūs *m (audio)*
1. gehoor(zin);
2. *(postklass.)* het toe-, aanhoren;
3. *(postklass.)* het horen zeggen, gerucht, praatjes.

au-ferō, auferre, abstulī, ablātum
1. wegdragen, -brengen, verwijderen [**sacra publica ab incendiis**]; — *se* ~ *en pass. auferri* zich verwijderen, zich uit de voeten maken: *se e conspectu alcis* ~ ; *aufer te hinc; pass. ook* weggerukt worden, verdwijnen;
2. *(v. golven, wind e.d.)* meevoeren, -sleuren; ▸ *auferet unda rates;*
3. weg-, ontrukken, roven;
4. *(poët.)* wegrukken, vernietigen; ▸ *mors Achillem abstulit;*
5. weg-, afnemen [**curas**];
6. *(poët.)* afrukken, afhakken, afsnijden [**crinem**]; ▸ *mare Europam auferens Asiae (Plin. Mai.)* scheidend van;
7. verkrijgen, verwerven, winnen [**gloriam**];
8. afdwingen [**pecuniam; tribunatum**];
9. misleiden; ▸ *me malus abstulit error (Verg.);*
10. verleiden, meeslepen; ▸ *ne te auferant aliorum consilia;*
11. ophouden met, achterwege laten [**nugas**]; ▸ *aufer me terrere (Hor.).*

Aufidius, a, um *naam v.e. Rom. pleb. gens, o.a.:*
1. Cn. ~ *, volkstribuun in 114 v. Chr., pretor in 108 v. Chr.;*
2. ~ Bassus, *geschiedschrijver ttv. Augustus en Tiberius, schreef een Bellum Germanicum.*

Aufidus, ī *m rivier in Apulië in Z.-Italië, nu de* Ofanto.

au-fugiō, fugere, fūgī, —
I. *intr.* wegvluchten;
II. *tr.* mijden.

Aug. = *Augustalia.*

Augē, ēs *f moeder v. Telephus.*

Augēās, ae *m koning v. Elis, wiens stallen Hercules schoonmaakte als een v. zijn twaalf werken.*

augeō, augēre, auxī, auctum
1. vermeerderen, vergroten; doen toenemen, versterken [**possessiones suas; numerum legatorum; exercitum; muros civitatis; turres castrorum**]; *pass.* groeien, groter worden;
2. bevorderen [**pacem**];
3. overladen met, verblijden [**cives agro**];
4. verheerlijken; ▸ ~ *nomen populi Romani;*
5. *(in taal)* als belangrijker voorstellen, overdrijven [**crimen**];
6. laten bloeien, laten groeien, de groei bevorderen; bevruchten; ▸ *ilex aucta in altitudinem* gegroeid.

augēscō, augēscere, auxī, — *(incoh. v. augeo)*
1. groeien, gedijen, toenemen;
2. *(v. water)* toenemen, stijgen, wassen; ▸ *Nilus aliis amnibus augescit atque alitur; augescente flumine.*

augificō, augificāre *(augeo en facio)* (Enn.) vermeerderen.

augmen, inis *n (augeo)* (Lucr.) toename, aanwas.

augmentō, augmentāre *(augmentum)* (Laatl.)
1. vermeerderen;
2. bevorderen.

augmentum, ī *n (augeo) (postklass.)* groei, toename, aanwas.

augur, uris
1. *m* augur, vogelwichelaar *(lid v.e. priestercollege in Rome; de auguren leidden voorspellingen voor de toekomst af uit de vlucht en het gedrag v. vogels);*
2. *m en f (poët.) alg.* waarzegger, -zegster, ziener(es); ▸ ~ *Apollo* als god v.d. voorspellingskunst; ~ *aquae* regenprofetes.

augurāle, is *n (auguralis) (postklass.)*
1. plaats voor het interpreteren v. voortekens naast de veldheerstent *en tevens* de veldheerstent *zelf;*
2. staf v.e. augur.

augurālis, e *(augur)* van een augur, van de auguren [**libri; insignia**].

augurātiō, ōnis *f (auguror)* voorspelling.

augurātō *(abl. abs. v. auguror)* na het houden v. auguria; ▸ ~ *urbem condere.*

augurātus, ūs *m (auguror)* augursambt.

augurium, ī *n (augur)*
1. observatie en interpretatie v. voortekens *(ihb. v.d. vlucht v. vogels),* augurium; ▸ *-um agere en capere* houden, uitvoeren;
2. voorspelling, profetie [**rerum futurarum**];
3. voorgevoel;
4. *(poët.; postklass.)* voorspellingskunst;
5. voorteken, omen.

augurius, a, um *(augur)* van een augur, van de auguren.

auguror, augurārī *en (zelden)* **augurō,** augurāre *(augur)*
1. de vlucht v. vogels, voortekens observeren en interpreteren, auguria houden *of* uitvoeren, augureren;
2. voorspellen, profeteren [**alci mortem; futurae pugnae fortunam**];
3. voorvoelen, vermoeden [**bella civilia mentibus; arma Orientis**];
4. wijden [**templum**].

Augusta, ae *f*
1. *titel v.d. vrouwelijke leden v.h. keizerlijk huis:* keizerin, keizerlijke hoogheid, majesteit;
2. *naam v. verschillende door Augustus en andere keizers gestichte steden, bv.:* ~ *Treverorum* Trier, ~ *Vindelicorum* Augsburg; — *inw. v. deze steden:* **Augustānī,** ōrum *m.*

Augustālia, ium *n (Augustalis)* de Augustalia *(feest ter ere v.d. terugkeer v. Augustus uit het Oosten op 12 oktober 19 v. Chr.).*

Augustālis, e *(Augustus)* keizer Augustus betreffend, van keizer Augustus [**ludi** ter ere v. Augustus]; *plur.* **Augustālēs,** um *m* (priester)*college ter verzorging v.d. keizercultus.*

Augustānus, a, um *(Augustus)* van Augustus, Augusteïsch [**colonia**].

Augustiānus, a, um *(Augustus) (postklass.)* van Augustus; keizerlijk; — *subst.* **Augustiānī,** ōrum *m* keizerlijke garde *(sinds Nero).*

Augustīnus, ī *m* D. Aurelius ~, *Rom. kerkvader (354—430).*

Augustodūnum, ī *n belangrijkste stad in het gebied v.d. Haeduers, nu* Autun.

augustus, a, um *(augeo)*
1. verheven, eerbiedwaardig;
2. zeer heilig [**templum; sedes**];
/ *adv.* eerbiedig: *-e venerari deos.*

Augustus
I. ī *m bijnaam v. Octavianus (sinds 17 januari 27 v. Chr.) en latere Rom. keizers, ook in de Middeleeuwen:* keizer, keizerlijke hoogheid *(in de Middel-*

eeuwen als 'vergroter v.h. rijk' geïnterpreteerd); II. a, um Augusteïsch; keizerlijk, van de keizer [**pax; domus; forum; mensis** augustus, *de maand waarin Augustus stierf, voor die tijd Sextilis genaamd*].

aula[1], ae *f (Gr. leenw.)*
1. binnenplaats v.e. huis, ook erf;
2. *(poët.)* hal, entree *(= atrium)*;
3. koninklijk hof, paleis, koninklijke residentie, slot [**regia; Priami**];
4. *(meton.)* (a) hovelingen, hofhouding; (b) hofleven; (c) koninklijke waardigheid, macht v.e. vorst;
5. *(poët.)* dierenverblijf.

aula[2], ae *f (pre- en postklass.)* pot *(om te koken)*.

aulaeum, ī *n (Gr. leenw.)*
1. toneelgordijn;
2. *(niet-klass.)* tapijt;
3. *(niet-klass.)* beddensprei;
4. *(poët.)* baldakijn.

Aulercī, ōrum *m Gall. stamverband bestaande uit vier stammen.*

aulicī, ōrum *m (aulicus)* hovelingen, hofhouding.

aulicus, a, um *(Gr. leenw.) (aula*[1]*) (postklass.)* van het (keizerlijk) hof, hof-.

Aulis, idis *f (acc. -ida, -idem en -in; abl. -ide) havenstad in Boeotië, waar de Gr. vloot zich verzamelde om naar Troje te varen, nu Avlida.*

auloedus, ī *m (Gr. leenw.)* zanger begeleid door fluitspel.

Aulōn, ōnis *m wijngebied bij Tarente in Z.-Italië.*

aulula, ae *f (demin. v. aula*[2]*) (postklass.)* kleine pot.

Aululāria (fābula), ae *f (aulula)* 'De komedie van de pot' *v. Plautus (genoemd naar de pot met geld v.d. hoofdpersoon, een vrek).*

Aulus, ī *m Rom. praenomen.*

aumatium, ī *n (Petr.)* openbaar toilet.

aura, ae *f (Gr. leenw.)*
1. bries(je), luchtstroom, het waaien; *(poët.)* alg. wind [**rapida; secunda**];
2. *(poët.)* (levens)adem;
3. *(Verg.)* de lucht, hoogte, hemel; ▸ *cursum per -as dirigere; stat ferrea turris ad -as* rijst hoog de hemel in;
4. *(Ov.)* bovenwereld;
5. *(Verg.)* daglicht; ▸ *fugere -as* het daglicht mijden;
6. *(Verg.)* openbaarheid; ▸ *ferre sub -as* bekendmaken;
7. *(poët.)* glans, schittering [**auri**];
8. *(poët.)* wasem, damp;
9. *(poët.)* reuk, geur [**dulcis**];
10. gunst [**popularis** populariteit];
11. *(metaf.)* vleugje, sprankje [**honoris; spei**].

aurāria, ae *f (aurarius; vul aan: fodina) (Tac.)* goudmijn.

aurārius, a, um *(aurum) (pre- en postklass.)* goud- [**metalla** goudmijn].

aurāta, ae *f (auratus) (poët.; postklass.)* goudbrasem.

aurātus, a, um *(aurum)* verguld, met goud versierd [**tempora** met gouden helm; **milites** met vergulde schilden; **vestis** met goud bewerkt, bestikt].

Aurēliānēnsis, e *(Aurelianus) ~ urbs nu Orléans.*

Aurēliānus
I. *subst.* ī *m* Flavius Claudius ~, *Rom. keizer 270—275 n. Chr.; hij versterkte Rome met de nu nog bestaande muur v. Aurelianus als bescherming tegen vijandige invallen;*
II. *adj.* a, um van Aurelianus [**balneum** door keizer Aurelianus gebouwd].

Aurēlius, a, um
I. *naam v.e. pleb. gens:*
1. C. ~ *Cotta, consul in 252 en 248 v. Chr., censor in 241 v. Chr., begon met de aanleg v.d. via Aurelia;*
2. C. ~ *Cotta, consul in 75 v. Chr., redenaar;*
3. *zijn broer L.* ~ *Cotta, pretor in 70 v. Chr.;*
II. *adj.* van Aurelius; ▸ *via -a van Rome naar Pisa (in 241 v. Chr. door C. Aurelius Cotta aangelegd), later tot aan Arelate (nu Arles) doorgetrokken; aan deze weg lag Forum -um, een stad in Etrurië; lex -a iudiciaria door pretor L.* ~ *Cotta afgekondigd.*

aureolus
I. *adj.* a, um *(demin. v. aureus)*
1. *(poët.)* gouden [**anellus**];
2. goudkleurig;
3. *(metaf.)* prachtig, lieflijk [**pedes**];
II. *subst.* ī *m (vul aan: nummus) (Mart.)* goudstuk.

aurēscō, aurēscere *(aurum) (preklass.)* goudkleurig worden.

aureus
I. *adj.* a, um *(aurum)*
1. van goud, gouden [**poculum; anulus; nummus** goudstuk];
2. verguld, met goud versierd, beslagen, bewerkt [**sella; vestis; currus** *v.e. triomfwagen*];
3. goudkleurig, glanzend als goud [**sidus; uvae; mala** kweeappels];
4. *(poët.) (metaf.)* prachtig, heerlijk, verrukkelijk, zeer dierbaar [**Venus; puella**];
II. *subst.* ī *m gouden munt ter waarde van 25 denarii.*

aurichalcum, ī *n* = *orichalcum.*
auricilla, ae *f* (*Catull.*) = *auricula* [**imula** oorlelletje].
auri-comus, a, um (*aurum en coma*) (*poët.; postklass.*)
1. goudharig;
2. met gouden loof [**nemus**].
auricula, ae *f* (*demin. v. auris*)
1. oor(tje);
2. oorlelletje.
auriculārius, a, um van, voor de oren.
auri-fer, fera, ferum (*aurum en fero*) (*poët.; postklass.*)
1. goud voortbrengend [**terra; orae**];
2. goud dragend [**arbor** gouden appels dragend];
3. goud met zich mee voerend [**amnis**].
auri-fex, ficis *m* (*aurum en facio*) goudbewerker, -smid.
aurifodīna, ae *f* (*aurum*) (*Plin. Mai.*) goudmijn.
aurīga, ae *m*
1. wagenmenner;
2. (*poët.*) stuurman;
3. (*sterrenbeeld*) Voerman;
4. (*Laatl.*) koetsier.
aurīgārius, ī *m* (*auriga*) (*Suet.*) wagenmenner.
aurīgātiō, ōnis *f* (*aurigo*) (*postklass.*) het wagenrennen.
auri-gena, ae *m* (*aurum en gigno*) (*poët.*) de uit goud geborene (*epith. v. Perseus, de zoon v. Danaë, die bij haar door Jupiter in de gedaante v. gouden regen verwekt werd*).
auri-ger, gera, gerum (*aurum en gero*) goud dragend [**taurus** met vergulde horens].
aurīgō, aurīgāre (*auriga*) (*postklass.*) de wagen mennen, als wagenmenner bij spelen optreden.
auripigmentum, ī *n* (*aurum*) (*een heldergele minerale substantie*) operment, zwavelarseen.
auris, is *f*
1. oor; ▸ *admovere aurem* luisteren, opletten; *aures erigere en arrigere* de oren spitsen; *arrectis auribus* met gespitste oren;
2. (*meton.*) gehoor(zin); ▸ *aurem alci praebere of dare* iem. gehoor geven; *aequis auribus* welwillend;
3. oordeel, beoordelingsvermogen;
4. (*Hor.*) toehoorder;
5. (*Verg.*) strijkbord (*aan een ploeg*).
auri-scalpium, ī *n* (*auris en scalpo*) (*Mart.*) (*med. t.t.*) oorlepel.
aurītulus, ī *m* (*demin. v. auritus*) (*Phaedr.*) langoor = ezel.
aurītus, a, um (*auris, eig. voorzien v. oren, ihb. lange oren*) (*poët.; postklass.*)
1. langorig [**lepus**];
2. (*metaf.*) aandachtig luisterend.
aurōra, ae *f*
1. morgenrood;
2. **Aurōra** godin v.h. morgenrood (= *Eos*);
3. (*meton.*) oosten.
aurōrō, aurōrāre (*aurora*) (*preklass.*) vuurrood glanzen.
aurōsus, a, um (*aurum*) (*postklass.*) goud bevattend, goud brengend.
aurūgō, inis *f* (*aurum*) (*med. t.t.*) geelzucht.
aurum, ī *n*
1. goud;
2. *iets dat van goud gemaakt is:* (a) gouden serviesgoed, bv. schaal, beker; ▸ ~ *caelatum; bibere venenum in -o;* (b) gouden sieraad, bv. ketting, armband; ▸ ~ *fulvum; oneratae veste atque -o;* (c) gouden munt;
3. (*poët.*) goudverf, -glans; ▸ *spicae nitido flaventes -o;*
4. (*poët.*) het Gouden Tijdperk; ▸ *subiit argentea proles, -o deterior* (*Ov.*).
Auruncī, ōrum *m volksstam in Z.-Latium, ca. 313 v. Chr. door Rome onderworpen;* — *adj.* **Auruncus,** a, um.
Auscī, ōrum *m volksstam in Aquitanië in Gallië.*
ausculor, auscularī = *osculor.*
auscultātiō, ōnis *f* (*ausculto*)
1. (*Sen.*) het (ingespannen) luisteren;
2. (*Plaut.*) het gehoorzamen.
auscultātor, ōris *m* (*ausculto*) toehoorder.
auscultātus, ūs *m* (*Apul.*) het luisteren.
auscultō, auscultāre (*auris*)
1. (*poët.*) oplettend, aandachtig luisteren (*m. dat. en acc.*);
2. gehoorzamen (*m. dat.*).
ausculum, ī *n* = *osculum.*
ausim zie *audeo.*
Ausones, um, **Ausoniī,** ōrum *en* **Ausonidae,** um *m* de Ausonii, *oorspronkelijke inwoners v. Midden- en Z.-Italië;* **Ausona,** ae *f belangrijkste stad in het gebied v.d. Ausonii;* **Ausonia,** ae *f het land v.d. Ausonii,* Ausonia, Midden- en Z.-Italië, (*poët.*) alg. Italië; — *adj.* **Ausonius,** a, um Ausonisch, (*poët.*) Italisch [**mare** Tyrrheense Zee], *fem. ook* **Ausonis,** idis [**ora**].
auspex, *gen.* icis (*avis en specio*)
I. *subst. m en f*
1. vogelwichelaar [**providus**];
2. aanvoerder, leider, beschermer [**dis auspici-**

bus onder bescherming v.d. goden];
3. getuige bij een huwelijk;
II. *adj.* (*poët.*) gunstig.
auspicālis, e (*auspex*) (*postklass.*) voorspellend.
auspicāliter *en* **auspicātō** *adv.* (*auspicalis, auspicor*)
1. na het observeren v.d. vlucht v. vogels;
2. onder gunstige omstandigheden.
auspicātus, a, um (*p. adj. v. auspico*)
1. onder gunstige auspiciën gewijd; plechtig geopend [**comitia**];
2. (*poët.; postklass.*) gelukkig begonnen, gunstig.
auspicium, ī *n* (*auspex*)
1. het observeren v.d. vlucht v. vogels; ▸ *-a concipere* regelen, organiseren; *praeesse -is* leiden;
2. voorteken, omen [**victoriae; felix; optimum**]; ▸ *-um facere* een voorteken geven (*bv. v. vogels*);
3. het recht om auspiciën te houden; ▸ *propraetores -a non habent*;
4. aanvang, begin, inauguratie;
5. leiding, opperbevel, commando; ▸ *consulis -a; paribus -is regere populum.*
auspicor, auspicārī *en* (*niet-klass.*) **auspicō,** auspicāre (*auspex*)
1. auspiciën houden, de vlucht v. vogels observeren;
2. (*alleen dep.*) (*postklass.*) (*onder goede voortekens*) aanvangen, beginnen.
auster, trī *m*
1. zuidenwind;
2. (*meton.*) zuiden.
austēritās, ātis *f* (*austerus*) (*postklass.*)
1. wrangheid [**vini**];
2. donkerheid (*v. kleur*);
3. strengheid, ernst [**magistri**].
austērus, a, um (*Gr. leenw.*)
1. (*v. smaak*) wrang [**vinum**];
2. (*postklass.*) (*v. reuk*) scherp;
3. (*postklass.*) (*v. kleur*) donker;
4. (*metaf.*) ernstig, streng; ▸ *illo -o more ac modo.*
austrālis, e (*auster*) zuidelijk [**regio; ora**].
austrifer, fera, ferum (*auster en fero*) de zuidenwind brengend.
austrīna, ōrum *n* (*austrinus; vul aan: loca*) (*postklass.*) de zuidelijke streken *v.e. land* [**Sardiniae; Cappadociae**].
austrīnus, a, um (*auster*) (*poët.; postklass.*)
1. van de zuidenwind;
2. zuidelijk.
ausum, ī *n* (*poët.; postklass.*) *en* **ausus,** ūs *m* (*postklass.*) (*audeo*) waagstuk, onderneming.
ausus *zie audeo.*
aut *cj.*
1. of; ▸ *verum* ~ *falsum; hic vincendum* ~ *moriendum, milites, est* (*Liv.*);
2. (*overtreffend*) of zelfs; ▸ *non multum* ~ *nihil omnino*;
3. (*afzwakkend of beperkend*) of tenminste, of in ieder geval, of althans; ▸ *cuncti* ~ *magna pars*;
4. ofwel, of ook;
5. **aut . . . aut** hetzij . . . hetzij; of . . . of.
autem *cj., als regel op de tweede plaats v.d. zin*
1. echter, evenwel, daarentegen, aan de andere kant, maar (*drukt een zwakke tegenstelling uit*);
2. verder, voorts, en dan (*ter voortzetting of uitwerking v. iets voorafgaands*).
authenticus, a, um (*Gr. leenw.*) oorspronkelijk, origineel (*v. documenten*).
authepsa, ae *f* (*Gr. leenw. 'zelfkoker'*) *een kookapparaat* (*pot*) *met twee bodems: tussen de bodems zat het vuur.*
autocthōn, onis *m* (*Gr. leenw.*) oorspronkelijke bewoner.
autographus, a, um (*Gr. leenw.*) (*Suet.*) eigenhandig geschreven [**epistula**].
Autolycus, ī *m de vindingrijke zoon v. Mercurius, grootvader v. Odysseus.*
Automatia, iās *f* (*Gr. leenw.*) (*eig. naar eigen wil, dwz. zonder menselijk toedoen besturende*) godin v.h. noodlot.
automatopoeētus, a, um (*Gr. leenw.*) (*postklass.*) zichzelf bewegend [**machinae**].
automatum, ī *n* (*automatus*) (*postklass.*)
1. (zich)zelf bewegend apparaat;
2. (*Petr.*) mechanische beweging.
automatus, a, um (*Gr. leenw.*) (*postklass.*) uit eigen beweging, vrijwillig.
Automedōn, ontis *m wagenmenner v. Achilles en Patroclus; alg.* bekwaam wagenmenner.
Autonoē, ēs *f dochter v. Cadmus, moeder v. Actaeon*; — *adj.* **Autonoēius,** a, um [**heros** = Actaeon].
autopȳrus, ī *m* (*Gr. leenw.*) (*postklass.*) volkorenbrood.
Autrōnius, a, um *naam v.e. Rom. gens*: P. ~ Paetus, *deelnemer aan de samenzwering v. Catilina.*
autumnālis, e (*autumnus*) herfstachtig, herfst-.
autumnitās, ātis *f* (*autumnus*) (*pre- en postklass.*)
1. herfst(weer);
2. (*meton.*) oogst v.d. herfst, herfstvruchten.
autumnō, autumnāre de herfst brengen.
autumnus

I. *subst.* ī *m* herfst [**pomifer**];
II. *adj.* a, um (*poët.*; *postklass.*) herfstachtig, herfst- [**frigus; tempestas**].

autumō, autumāre
1. beweren, zeggen, noemen;
2. menen, geloven (*m. acc.*; *aci.*); beschouwen als (*m. dubb. acc.*).

auxī *pf. v. augeo en augesco.*

auxiliāris, e *en* **auxiliārius,** a, um (*auxilium*)
1. behulpzaam, helpend, hulp biedend [**numen; arma**];
2. (*milit. t.t.*) tot de hulptroepen behorend; ▸ *auxiliares milites* (*cohortes*) hulptroepen; *subst.* **auxiliārēs,** ium *m* hulptroepen; *sg.* soldaat uit de hulptroepen.

auxiliātor, ōris *m* (*auxilior*) (*poët.*; *postklass.*) helper.

auxiliātus, ūs *m* (*auxilior*) (*Lucr.*) hulp.

auxilior, auxiliārī (*auxilium*) helpen (*m. dat.*).

auxilium, ī *n* (*vgl. augeo*)
1. hulp, bijstand, ondersteuning; ▸ *alci -o esse = -um ferre*; *alqm -o arcessere* te hulp roepen; *-o mittere* te hulp sturen; *alci -o venire*; *succedentibus -o succurrere*; (*metaf.*) *-o noctis* onder de bescherming v.d. nacht; *-o tempestatis* geholpen door de storm;
2. (*meton.*) hulpmiddel;
3. *plur.* hulptroepen.

Auximum, ī *n stad in Picenum in Midden-Italië, nu* Osimo; — *inw.* **Auximātēs,** ium *m.*

Avaricum, ī *n belangrijkste stad in het gebied v.d. Bituriges in Gallië, in 52 v. Chr. door Caesar veroverd en verwoest, nu* Bourges; — *adj.* **Avaricēnsis,** e.

avāritia, ae *f* (*avarus*)
1. inhaligheid, hebzucht, gierigheid [**gloriae** zucht naar roem];
2. (*Plaut.*) vraatzucht, gulzigheid.

avāritiēs, ēī *f* (*Lucr.*) = *avaritia.*

avārus, a, um (*aveo*)
1. begerig (*naar*: *gen.*) [**venter** onverzadigbaar; **spes** mateloos]; ▸ *milites caedis -i*; *animus laudis* ~;
2. hebzuchtig, gierig, vrekkig; — *subst.* ī *m* gierigaard, vrek.

avē (*de vormen* avētō, avēte, avēre *zijn zeldzaam*) *imp.* (*als welkomst- en als afscheidsgroet*) goedendag!, vaarwel!

ā-vehō, āvehere, āvēxī, āvectum wegbrengen, -voeren; — *pass.* *āvehī* vertrekken, wegrijden, wegzeilen.

ā-vellō, āvellere, āvellī *en* āvulsī, āvulsum
1. af-, weg-, losrukken [**poma ex arboribus**];
2. uitrukken [**crinem**];
3. ontrukken, (*met geweld*) scheiden, verwijderen (*aan, van*: *dat.*; *ab, de, ex*) [**alci pretium; natam de matris complexu** uit de armen v. haar moeder; *metaf.* **alqm ab errore** behoeden voor een vergissing].

avēna, ae *f*
1. haver; *ook* wilde haver;
2. (*poët.*) (riet)halm;
3. (*poët.*) herdersfluit (*met één pijp*) (= *tibia*); *plur.* de (*uit verschillende pijpen bestaande*) syrinx (= *fistula*).

avēnāceus, a, um (*avena*) (*Plin. Mai.*) van haver, haver- [**farina**].

Aventicum, ī *n belangrijkste stad in het gebied v.d. Helvetii, nu* Avenches.

Aventīnus, ī *m en* **-um,** ī *n* de Aventinus, *een v.d. zeven heuvels v. Rome*; — *adj.* **Aventīnus,** a, um [**mons; herbae**].

aveō, avēre, — — verlangen naar, begeren (*m. inf.*; *afh. vr.*; *zelden m. acc.*).

avēre *zie avē.*

Avernus
I. *subst.* ī *m en* **lacus Avernī**
1. het meer v. Avernus, *kratermeer in Campanië bij Cumae* (*veronderstelde toegang tot de onderwereld*), *nu* Lago di Averno.
2. (*meton.*) onderwereld;
II. *adj.* a, um *en* **Avernālis,** e van Avernus, van de onderwereld;
/ *subst.* **Averna,** ōrum *n* (*vul aan*: *loca*) (a) streek aan het meer v. Avernus; (b) (*ima*) onderwereld.

ā-verrō, āverrere, āverrī, — wegvegen, -graaien.

ā-verruncō, āverruncāre (*relig. t.t.*) afwenden [**deorum iram; haec mala**].

āversābilis, e (*aversor*[1]) (*Lucr.*) afschuwelijk.

āversātiō, ōnis *f* (*aversor*[1]) (*Sen.*) afkeer, afschuw.

āversātrīx, īcis *f* (*aversio*) (*Laatl.*) iem. die zich afkeert.

āversiō, ōnis *f* (*averto*) (*Laatl.*)
1. het afwenden, afkeren [**ex aversione** van achteren, in de rug];
2. distantiëring, ontrouw;
3. weerzin, afschuw;
4. (*jur. t.t.*) het als één geheel beschouwen (*door af te zien v. onderdelen*).

āversor[1], āversārī (*intens. v. averto*)
1. zich (*uit verachting, afkeer, schaamte*) afwenden (*van*: *acc.*) [**filium**];
2. versmaden, afwijzen; niet erkennen; verafschuwen [**preces; principem**].

āversor[2], ōris *m* (*averto*) iem. die ontvreemdt,

verduistert.

āversus, a, um *(p. adj. v. averto)*

1. afgewend, afgekeerd, achterwaarts; in de rug, van achteren; ▸ *porta -a* achterdeur; *domūs pars -a; -um hostem transfigit* van achteren; — *subst.* **āversa,** ōrum *n* afgelegen delen, uithoeken [**urbis; castrorum; insulae; Asiae**];

2. afkerig, vijandig *(tov.: ab; dat.)*; ▸ *~ a consiliis belli; aversissimo animo esse ab alqo; ~ mercaturis; aversior defensioni.*

ā-vertō, āvertere, āvertī, āversum

1. afwenden, afkeren [**equos in fugam; Galliae animos a se**];

2. *se ~ en pass. averti* zich afwenden [**a iudicibus**]; ▸ *se ex oculis avertit (Verg.)*;

3. in een andere richting leiden [**flumina**]; *(metaf.)* (iems. aandacht) afleiden; ▸ *aversae curae hominum sunt a bello Etrusco (Liv.)*;

4. verwijderd houden, afhouden, afweren [**omen; periculum; pestem ab Aegyptiis**];

5. verduisteren, vervreemden [**stipendium; praedam**];

6. verdrijven [**hostem; classem**].

avēte *zie avē.*

avētō *zie avē.*

avia, ae *f (avus)* grootmoeder.

aviārium, ī *n (avis)*

1. volière;

2. nestplaats v. vogels.

aviārius, ī *m* vogelhouder.

avicula, ae *f (demin. v. avis) (postklass.)* vogeltje.

aviditās, ātis *f (avidus)*

1. verlangen, begeerte *(naar: gen.)* [**gloriae; cibi; imperandi** heerszucht];

2. hebzucht, gierigheid.

avidus, a, um *(aveo)*

1. verlangend, begerig *(naar: gen.; ad; in m. acc.; inf.)* [**laudis; sermonum** spraakzaam; **ad pugnam; in novas res; committere pugnam**];

2. hebzuchtig [**gens**];

3. vraatzuchtig, onverzadigbaar [**iuvencae; convivae; mare** alles verslindend];

4. hartstochtelijk.

Avionēs, um *m Suevische volksstam.*

avis, is *f*

1. vogel; *(poët.)* voorspellende vogel;

2. *(meton.)* voorteken, omen.

avītus, a, um *(avus)*

1. van de grootvader, -moeder;

2. *alg.* oeroud;

3. overgeërfd [**malum**].

āvius, a, um *(a via)*

1. afgelegen, eenzaam [**loca**]; — *subst.* **āvia,** ōrum *n* afgelegen oorden, woestenij, wildernis [**nemorum; montium**];

2. *(poët.)* zich verwijderend van de weg, op zijwegen; ▸ *in montes sese ~ abdidit altos.*

āvocāmentum, ī *n (avoco) (postklass.)* verstrooiing, afleiding.

āvocātiō, ōnis *f (avoco)* afleiding.

ā-vocō, āvocāre

1. weg-, terugroepen [**populum ab armis; exercitum ad bellum**];

2. verwijderd houden, afhouden; ▸ *nulla res nos avocabit*;

3. *(postklass.) (metaf.)* verstrooien, afleiden, opvrolijken.

ā-volō, āvolāre

1. wegvliegen;

2. wegsnellen.

Avona, ae *m rivier in Britannia, nu de* Avon.

avonculus, ī *m (arch.) = avunculus.*

āvorsor, āvorsārī *(arch.) = aversor*[1].

āvortō, āvortere *(arch.) = averto.*

ā-vulsī *pf. v. avello.*

āvulsiō, ōnis *f (postklass.)* het wegrukken, afscheuren.

āvulsor, ōris *m (avello) (Plin. Mai.)* iem. die afscheurt.

āvulsus *ppp. v. avello.*

avunculus, ī *m* oom *(v. moederskant)* [**magnus** oudoom].

avus, ī *m*

1. grootvader; *ook* overgrootvader *(= proavus)*;

2. *(poët.; postklass.) alg.* voorvader, -ouder.

Axenus *en* **Axīnus,** ī *m oude naam v.d. Pontus Euxinus de* Zwarte Zee.

axicia, ae *f = axitia.*

axiculus[1]**,** ī *m (demin. v. axis*[1]*)* kleine bijl.

axiculus[2] *(en* **assiculus***)*, ī *m (demin. v. axis*[2]*) (postklass.)* plankje.

axilla, ae *f (demin. v. ala)* oksel.

Axīnus *zie Axenus.*

axis[1]**,** is *m*

1. wagenas;

2. *(poët.) (meton.)* wagen;

3. aardas;

4. pool, *ihb.* noordpool; poolster;

5. hemelstreek [**boreus** noorden; **hesperius** westen];

6. *(poët.)* hemel; ▸ *sub (nudo) axe* onder de blote hemel.

axis[2] *(en* **assis***)*, is *m* vloerdeel, plank.

axitia, ae *f* (Plaut.) schaar(?).
Axius, ī *m rivier in Macedonië, nu (bovenloop)* de Vardar, *(benedenloop)* de Axios.
Axona, ae *f rivier in Noord-Frankrijk, nu* de Aisne.
axungia, ae *f (axis en ungo) (postklass.)* (wagen)-smeer, vet *(om te smeren).*
azȳmum, ī *n (azymus) (eccl.)* ongezuurd brood.
azȳmus, a, um *(Gr. leenw.) (eccl.)* ongezuurd [panis].

B

Baal *m indecl. en* **Bahal,** alis *m (eccl.) een in vele gedaanten en gestalten vereerde Semitische godheid.*

babae *en* **papae** *(Gr. leenw.) (kom.; postklass.) uitroep v. verwondering* drommels!, ah!, o jee!

babaecalus, ī *m (babae) (postklass.)* losbol, levensgenieter.

Babel, elis *f* = Babylon.

Babylō, ōnis *m (Babylon) (Ter.)* 'de Babyloniër', rijkaard.

Babylōn, ōnis *f* Babylon (*Hebr. vorm:* Babel), *belangrijkste stad v.h. door Akkadiërs bewoonde Babylonië aan de Eufraat.*

Babylōnia, ae *f*

1. Babylonische vrouw;
2. *(vul aan: terra) de landstreek* Babylonië, *aan de benedenloop v.d. Eufraat en Tigris, ook gebruikt voor Syrië, Assyrië, Mesopotamië;*
3. *de stad* Babylon.

Babylōnicus

I. *adj.* a, um Babylonisch, Chaldeeuws; ▸ *-a Chaldaeum doctrina* Chaldeeuwse berekeningen, astrologie;

II. *subst.* **Babylōnica,** ōrum *n* Babylonische stoffen *of* kleden.

Babylōniēnsis, e uit Babylon, Babylonisch.

Babylōnius

I. *adj.* a, um uit Babylon, Babylonisch;

II. *subst.* ī *m* Babyloniër.

bāca, ae *f*

1. bes [**lauri; cupressi**];
2. (ronde) boomvrucht, ihb. olijf; ▸ *fruges terrae et -ae arborum; -ae cum ramis semper frondentis olivae;*
3. *(Hor.; Petr.)* parel [**Indica**].

bacalūsiae, ārum *f (Petr.)* domme gedachten(?).

bācātus, a, um *(baca) (poët.)* met parels versierd [**monile**].

bacca, ae *f* = *baca.*

baccar, aris *n en* **baccaris,** is *f (Gr. leenw.) (poët.; postklass.) een onbekende plant, misschien cyclaam; ook* = asarum.

Baccha, ae *f* bacchante, metgezellin v. Bacchus; *(meton.) Bacchis initiare alqm* iem. in de riten v.d. Bacchusverering inwijden.

bacchābundus, a, um *(bacchor) (postklass.)* in bacchische vervoering verkerend, rondzwervend; razend, rumoerig; ▸ *turbabat in medio foro ~.*

Bacchānal, nālis *n (Bacchus)* aan Bacchus gewijde plaats, cultusplaats v. Bacchus; — *plur.* **Bacchānālia,** ium *(zelden* ōrum*) n* (a) Bacchanalia, Bacchusfeest, *als geheime cultus in Rome verboden door het bewaard gebleven Senatus consultum de Bacchanalibus (186 v. Chr.); het verbod betrof niet de publieke cultus v. Bacchus;* (b) losbandig feest, orgie, gelag.

bacchantēs, (i)um *f (bacchor)* volgelingen v. Bacchus, bacchanten.

bacchātim, *adv. (bacchor) (Apul.)* op bacchische wijze.

bacchātiō, ōnis *f (bacchor)* losbandige brasserij, orgie.

Bacchē, ēs *f* = Baccha.

Bacchē(ī)us, a, um *(poët.)* van Bacchus, bacchisch.

bacchiacus, a, um *(Gr. leenw.) (metr. t.t.) naam v.e. maatsoort.*

Bacchiadae, ārum *m koningsgeslacht in Corinthe dat afstamde van de Heraclide Bacchis en na te zijn verdreven Syracuse (ca. 735 v. Chr.) gesticht zou hebben.*

Bacchicus, a, um *(poët.)* = *Baccheius.*

Bacchis, idis *f (poët.)* bacchante, vrouw in extase, razende.

bacchīus, ī *m (Gr. leenw.) (metr. t.t.) naam v.e. maatsoort* (◡ — —).

bacchor, bacchārī *(Bacchus)*

I. *intr.*

1. *(poët.; postklass.)* het Bacchusfeest vieren;
2. in bacchantische vervoering zijn, razen, woeden; ▸ *Boreas bacchatur ab Arcto; bacchante vento; vates bacchatur;*
3. zwelgen, losbandig zijn [**in voluptate; in caede**];
4. *(poët.)* rondzwerven, -dwalen, -lopen [**per urbem; in antro**];
5. *(poët.)* orgieën houden;

II. *tr.*

1. de Bacchusroep *(euoe)* laten horen;
2. *ppp.* **bacchātus,** a, um vol met (rondzwervende) bacchanten [**Naxos; Taygeta**];
3. *(Juv.)* in wilde geestdrift dichten [**carmen**].

Bacchus, ī *m*

1. *god v.d. wijn, zoon v. Jupiter en Semele;*
2. *(meton.)* (a) wijn [**vetus**]; (b) wijnstok, wijnrank; (c) Bacchusroep [**audito Baccho**].

bacciballum, ī n (*bacca*) (*Petr.*) (*scherts.*) propje, dikkerdje.

Bācēnis, is *f* (*vul aan: silva*) *deel v.h. Duitse middelgebergte, wellicht het westelijke deel v.h. Thüringerwoud.*

baceolus, ī m (*Gr. leenw.*) (*Suet.*) *woord door Augustus gebruikt voor stultus* domkop.

bāci-fer, fera, ferum (*baca en fero*) (*poët.*) bes-, bessen-, vruchtdragend.

bacillum, ī n (*demin. v. baculum*)
1. stafje, stokje;
2. staf v.e. lictor.

Bactra, ōrum *n belangrijkste stad v.d. gelijknamige landstreek aan de Oxus (= Amu-darja), dwz. ongeveer v.h. huidige Afghanistan, nu Balkh*; — *adj.* **Bactri(ān)us,** a, um; — *inw.* **Bactriānus,** ī *m.*

Bactrus, ī *m rivier bij Bactra, zijrivier v.d. Oxus.*

bācula, ae *f* (*demin. v. baca*) (*Plin. Mai.*) besje, vruchtje.

baculum, ī n *en* (*later*) **-us,** ī m stok, staf, *ihb.* herdersstaf *en* staf v.e. augur; ▸ *pastor -o innixus; augur dextra manu -um tenens.*

badizō, badizāre (*Gr. leenw.*) (*Plaut.*) gaan, schrijden.

Baebius, a, um *naam v. pleb. Rom. gens*; — *lex Baebia (de praetoribus creandis, ca. 180 v. Chr.).*

Baetica, ae *f de provincie Baetica, nu Andalusië*; — *inw.* **Baeticī,** ōrum *m.*

Baeticātus, a, um (*Baetica*) (*Mart.*) gekleed in wol uit Baetica.

Baeti-cola, ae *m* (*Baetis en colo*[1]) (*poët.*) wonend bij de rivier de Baetis.

Baeti-gena, ae *m* (*Baetis en gigno*) (*poët.*) geboren bij de rivier de Baetis.

Baetis, is *m* (*acc. -im en -in; abl. -e en -i*) *rivier in Z.-Spanje, nu de Guadalquivir*; — *adj.* **Baeticus,** a, um.

baetō, baetere, — — (*preklass.*) gaan, schrijden.

Baetūria, ae *f het noordwestelijk deel v. Hispania Baetica.*

Bagrada, ae *m rivier in het gebied v. Carthago, nu de* Oued Mejerda.

Bahal *zie* Baal.

Baiae, ārum *f*
1. *oude haven v. Cumae en prominente badplaats bij Napels*;
2. (*meton.*) (a) badplaats; (b) weelderig leven in een badplaats;
/ *adj.* **Baiānus,** a, um.

baiulō, bāiulāre (*pre- en postklass.*) (*een last*) dragen; ▸ *asinus baiulans sarcinas.*

baiulus, ī m (*baiulo*) (last)drager.

bālaena, ae *f* = *ballaena.*

balanātus, a, um (*balanus*) (*postklass.*) geurend naar de olie v.d. behennoot.

balaninus, a, um (*balanus*) (*Plin. Mai.*) van de behennoot.

balanus, ī *f* (*Gr. leenw.*) (*poët.; postklass.*)
1. eikel;
2. (*Arabische*) behennoot;
3. *de uit die noot geperste* olie *waarmee balsem werd bereid*;
4. *een zeemossel*;
5. zetpil.

balatrō, ōnis *m* (*poët.; preklass.*) (flauwe) grappenmaker, grapjas, kletsmajoor.

bālātus, ūs *m* (*balo*) (*poët.; postklass.*) het blaten.

balaustium, ī n (*Gr. leenw.*) (*botan.*) *bloem v.d. granaatappel.*

balbus, a, um stamelend, stotterend, hakkelend [*verba* gestamelde]; — *Balbus Rom. cogn.*

balbūtiō, balbūtīre (*balbus*)
I. *intr.*
1. (*postklass.*) stamelen, stotteren, lallen;
2. zich onduidelijk uitdrukken (*over: de*);
II. *tr.*
1. (*Hor.*) stamelend noemen;
2. onduidelijk uitdrukken; ▸ *Stoicus perpauca balbutiens.*

Baleārēs, ium *f* (*insulae*) de Balearen (*de beide hoofdeilanden: insula maior nu Mallorca, insula minor nu Menorca*); — *inw.* **Baleārēs,** ium *m*; — *adj.* **Baleāris,** e *en* **Baleāricus,** a, um.

balin- *zie baln-.*

baliscus[1], ī *m* (*Petr.*) bad.

baliscus[2], a, um (*botan.*) *een soort druif.*

bālista, ae *f* = ballista.

ballaena, ae *f* (*poët.; postklass.*) walvis.

ballētus, ī *m* (*Mel.*) paddestoel, champignon (= *boletus*).

Balliō, ōnis *m naam v.e. schurk in de Pseudolus v. Plautus*; vd. boef, nietswaardig persoon.

ballista, ae *f*
1. katapult, geschut;
2. (*meton.*) projectiel.

ballistārium, ī n (*ballista*) (*Plaut.*) geschutsarsenaal.

ballistārius (*ballista*) (*Laatl.*)
I. *adj.* a, um tot de *ballista* behorend;
II. *subst.* ī *m* betrokken bij het bedienen *of* vervaardigen v.d. *ballista.*

balneae, balineae, ārum *f en* **bal(i)nea,** ōrum *n* badcomplex, thermen, badhuis; ▸ *aedificare balneas.*

balneāria, ōrum *n* (*balnearius*) baden, badkamers.

balneārius, a, um (*balneum*) (*poët.*; *postklass.*) bad- [fur dief in de thermen].

balneātor, ōris *m* (*balneum*) badmeester.

balneolum, ī *n* (*demin. v. balneum*) klein bad.

balneum *en* **balineum,** ī *n* (*Gr. leenw.*)
1. *sg.* (a) badkamer; (b) (*postklass.*) badkuip; (c) (*postklass.*) badwater; (d) (*postklass.*) het baden, bad;
2. *plur.* **bal(i)nea,** ōrum *n* badcomplex.

bālō, bālāre (*poët.*; *postklass.*) blaten; — *subst.* **bālantēs,** (i)um *f* schapen.

balsaminus, a, um (*balsamum*) (Plin. Mai.) balsem- [**oleum**].

balsamōdēs, *gen.* ae (*Gr. leenw.*) (Plin. Mai.) balsemachtig.

balsamum, ī *n* (*Gr. leenw.*) (*poët.*; *postklass.*)
1. balsemstruik, -heester;
2. balsem(zalf), balsemolie (*vaak plur.*).

balteus, ī *m* (*en zelden* **balteum,** ī *n*)
1. gordel, schouderriem;
2. *riem om wapens aan te bevestigen:* draagriem, koppel(riem);
3. (*poët.*) gordel v. Venus;
4. (*Juv.*) (*meton.*) *plur.* **baltea,** ōrum *n* slagen *met de gordel of riem.*

balūx, ūcis *f* (*poët.*; *postklass.*) goudzand, goudstof.

Bambaliō, ōnis *m* 'stamelaar', *bijnaam v. M. Fulvius, de vader v. Fulvia, de echtgenote v. Antonius.*

bancālis, e (Mel.) bank-; — *subst. m en f* kleed voor een bank.

Bandusia, ae *f door Horatius in een gedicht bezongen bron, misschien in de omgeving v. Venusia gelegen.*

bannus, ī *m* (Laatl.) ban [**imperialis** rijksban].

Bantia, ae *f stad in Apulië, nu Banzi;* — *adj.* **Bantīnus,** a, um.

baptisma, atis *n* (*Gr. leenw.*) (*eccl.*) doop.

baptismālis, e (Mel.) *ecclesia* ~ doopkerk.

baptismus, ī *m* (*Gr. leenw.*) (*eccl.*) doop.

baptista, ae *m* (*Gr. leenw.*) (*eccl.*) doper.

baptistērium, ī *n* (*Gr. leenw.*)
1. (*postklass.*) bassin om in te baden;
2. (*eccl.*) doopkapel; doopvont.

baptizō, baptizāre (*Gr. leenw.*) (*eccl.*) dopen.

barathrum, ī *n* (*Gr. leenw.*) (*poët.*; *postklass.*)
1. afgrond, ravijn; ▸ *alqd -o donare* in een afgrond werpen = verspillen;
2. onderwereld;
3. (*eccl.*) hel.

barba, ae *f* baard.

barbaria, ae *f* (*barbarus*)
1. gebied buiten de beschaafde wereld;
2. (*meton.*) barbaren, vreemdelingen;
3. barbaarsheid, ruwheid, wreedheid, onmenselijkheid, wildheid; ▸ *tanta ~ Sarmatarum est ut pacem non intellegant;*
4. gebrek aan ontwikkeling, onbeschaafd gedrag.

barbaricārius, ī *m* (*barbaricus*) (Laatl.) iem. die iets borduurt *of* bewerkt met goud.

barbaricus, a, um = *barbarus.*

barbariēs, ēī *f* = *barbaria.*

barbarismus, ī *m* (*Gr. leenw.*) (*postklass.*) barbarisme, niet beschaafde spreek- *of* schrijfwijze.

barbarizō, barbarizāre (*Gr. leenw.*) (Laatl.) onbeschaafd spreken.

barbarus (*Gr. leenw.*)
I. *adj.* a, um
1. buiten de beschaafde wereld wonend, vreemd; ▸ *-e loqui* op niet-Griekse *of* niet-Romeinse manier;
2. onbeschaafd, ruw;
3. wreed, onmenselijk, wild [**consuetudo; pirata**];
II. *subst.* ī *m* barbaar, vreemdeling.

barbātōria, ae *f* (*barba*) (Petr.) het voor de eerste maal scheren v.d. baard; ▸ *-am facere.*

barbātulus, a, um (*demin. v. barbatus*) met weinig baard, met lichte baard(groei) [**iuvenis**] (*ook v. dieren*).

barbātus (*barba*)
I. *adj.* a, um
1. met (een) baard, baardig (*ook v. dieren*);
2. (*meton.*) volwassen;
3. (Mart.) (*v.e. boek*) uit elkaar gevallen, rafelig, rommelig;
II. *subst.* ī *m*
1. (gebaarde) Romein v.d. oude tijd;
2. (*postklass.*) filosoof (*omdat filosofen vaak een baard droegen*);
3. (*poët.*) bok, sik.

Barbātus, ī *m cogn. v. verscheidene Rom. gentes (bv. v.d. Cornelii).*

barbi-ger, gera, gerum (*barba en gero*) (Lucr.) baardig [**pecudes; capellae**].

barbitium, ī *n* (*barba*) (*postklass.*) baard(groei).

barbitos, ī *m en f* (*acc.* -on; *vocat.* -e) (*Gr. leenw.*) (*poët.*)
1. luit, lier;
2. (*meton.*) spel, klank v.d. luit.

barbula, ae *f* (*demin. v. barba*) baardje, vlasbaard [prima].

barca, ae *f* (Laatl.) (*kleine*) boot.

Barca, ae *m* (*Fen. woord*) *Barcas, legendarische stamvader v.d. Barciden in Carthago, bijnaam v. Hamilcar, de vader v. Hannibal;* — *adj.* **Barcīnus,** a, um; — *subst.* **Barcīnī,** ōrum *m* de Barcini.

barcala, ae *m* (*Petr.*) (*scherts.*) domkop, sukkel.

bardītus, ūs *m* = *barritus.*

bardocucullus, ī *m* (*Mart.*) Gall. capuchon *van vilt, cape van vilt.*

bardus[1], a, um stompzinnig, dom.

bardus[2], ī *m* (*Kelt. woord*) (*postklass.*) dichter en zanger v.d. Galliërs, bard.

Bargyliae, ārum *f stad in Carië;* — *inw.* **Bargyliētae,** ārum *m;* — *adj.* **Bargyliēticus,** a, um [sinus].

bāris, idos *f* (*Gr. leenw.*) (*Prop.*) *een klein Egypt. schip,* (Nijl)boot.

barītus, ūs *m* = *barritus.*

Bārium, ī *n havenstad in Apulië, nu* Bari.

bārō[1], ōnis *m* hannes, sukkel.

barō[2], ōnis *m* (*Germ. woord*) (*Mel.*) baron, vrijheer.

barratō, barratāre (*Mel.*) bedriegen.

barrītus, ūs *m* (*barrus*)
1. getrompetter *v.e. olifant;*
2. (*Tac.*) krijgsgeschreeuw.

barrus, ī *m* (*Ind. woord*) (*Hor.*) olifant.

barycephalus, a, um (*Gr. leenw.*) (*Laatl.*) topzwaar.

bascauda, ae *f* (*poët.*) waskom *v. metaal.*

bāsiātiō, ōnis *f* (*basio*) (*poët.*) het zoenen; *plur.* kussen.

bāsiātor, ōris *m* (basio) (*Mart.*) iem. die zoent.

basileus, ī *m* (*Gr. leenw.*) (*Laatl.*) keizer ihb. de Oostrom. keizer.

basilica, ae *f* (*Gr. leenw.*)
1. markthal, hal voor rechtszittingen, basiliek, raadhuis;
2. (*eccl.*) godshuis, basiliek, kerk, dom.

basilicon, ī *n* (*Gr. leenw.*) *een soort pleister.*

basilicus (*Gr. leenw.*)
I. *adj.* a, um (*pre- en postklass.*) koninklijk, vorstelijk:
1. van machthebbers [**facinora**];
2. heerlijk, prachtig [**victus**];
II. *subst.* ī
1. *m* (*vul aan: iactus*) (*Plaut.*) voortreffelijke worp (*in een spel*);
2. *n* (*Plaut.*) prachtig gewaad.

basiliscus, ī *m* (*Gr. leenw.*) (*postklass.*) *een soort slang.*

basilīum, ī *n* (*Gr. leenw.*) (*Laatl.*) koninklijk diadeem.

bāsiō, bāsiāre (*basium*) (*poët.; postklass.*) kussen, zoenen.

bāsiolum, ī *n* (*demin. v. basium*) (*postklass.*) kusje.

basis, is (*en -eos*) *f* (*acc. -im; abl. -ī*) (*Gr. leenw.*)
1. (*archit.*) voetstuk, sokkel, fundering [**statuae; villae**];
2. (*math. t.t.*) grondlijn, basis [**trianguli**];
3. (*Laatl.*) brugpijler.

bāsium, ī *n* (*poët.; postklass.*) kus.

Bassareus, eī *m bijnaam v. Bacchus;* — *adj.* **Bassaricus,** a, um.

Bassus, ī *m cogn. v. verscheidene Rom. gentes.*

bastaga, ae *f* (*Gr. leenw.*) (*Laatl.*) wagentransport.

Bastarnae *en* **Basternae,** ārum *m Oostgerm. volksstam, die de gebieden vanaf de bronnen v.d. Weichsel (Wisła) tot voorbij de mondingen v.d. Donau bewoonde.*

basterna, ae *f* (*Laatl.*) gesloten draagkoets.

bat (*Plaut.*) *een woord dat rijmt op at en gebruikt wordt om een met at begonnen gedachte als belachelijk af te doen.*

Batāvī, ōrum *m* de Bataven, *een volksstam op de eilanden tussen de mondingen v.d. Rijn, bekend door de opstand tegen de Romeinen onder Iulius Civilis (69—70 n. Chr.).*

Batāvodūrum, ī *n oudste naam van de hoofdstad van de Bataven, nu* Nijmegen.

Bathyllus, ī *m*
1. *lieveling v.d. dichter Anacreon;*
2. *uit Alexandrië, vrijgelatene v. Maecenas, met de Ciliciër Pylades, zijn rivaal, beroemd als grondlegger v.d. Rom. pantomimiek.*

batillum, ī *n* = *vatillum.*

batioca, ae *f* (*Gr. leenw.*) (*Plaut.*) platte drinkschaal.

batlīnea, ae *f* (*Mel.*) beddenlaken.

batrachomachia, ae *f* (*Gr. leenw.*) (*poët.*) *aan Homerus toegeschreven gedicht* 'Veldslag der kikkers'.

bat(t)uō, bat(t)uere, bat(t)uī, — (*en* **battō**)
1. slaan, stompen [**os**]; *obsc.* neuken;
2. vechten.

Battus, ī *m stichter v. Cyrene;* — *nakom.* **Battiadēs,** ae *m de Gr. dichter* Callimachus.

batuō *zie battuo.*

baubor, baubārī (*onomatop. woord uit de kindertaal*) blaffen.

Baucis, idis *f echtgenote v. Philemon uit Frygië.*

Baulī, ōrum *m stad in Campanië, bij Baiae, nu* Bacoli.

baxea, ae *f* (*Gr. leenw.*) (*pre- en postklass.*) lichte sandaal.

bdellium, ī *n* en **bdella,** ae *f* (*Gr. leenw.*) (*med.*)
1. *een soort gom*;
2. *boom die deze gom produceert.*

beātī, ōrum *m* (*beatus*)
1. de gelukkigen;
2. (*v. gestorvenen*) de zaligen [**insulae beatorum** de eilanden v.d. zaligen = Elysium].

beāti-ficō, ficāre (*beatus en facio*) (*eccl.*) gelukkig maken, gelukkig prijzen.

beāti-ficus, a, um (*beatus en ficus*) (*postklass.*) gelukkig makend.

beātitās, ātis *f* = *beatitudo.*

beātitūdō, inis *f* (*beatus*) geluk, gelukzaligheid.

beātum, ī *n* (*beatus*) geluk(zaligheid).

beātus, a, um (*p. adj. v. beo*)
1. gelukkig, blij, gelukzalig; tevreden (*met: abl.*); ▸ *-e vivere; agricolae parvo -i*;
2. vermogend, welgesteld, rijk [**civitas; Roma**];
3. gezegend, vruchtbaar [**rus**];
4. (*poët.*) rijk, kostbaar, prachtig [**munera; commoda**];
/ *zie ook beati.*

Bebrycia, ae *f landstreek in Bithynië*; — *adj.* **Bebrycius,** a, um.

beccus, ī *m* (*Suet.*) snavel.

Bedriacum, ī *n dorp tussen Mantua en Cremona, nu* Calvatone; — *adj.* **Bedriacēnsis,** e [**campi**].

Belgae, ārum *m* de Belgae, *aanduiding voor de bewoners van het gebied tussen de rivieren de Seine en de Rijn.*

Belgicus, a, um Belgisch.

Belgium, ī *n* en **Belgica,** ae *f* (*vul aan: provincia*) (*ook Gallia Belgica*) Belgisch Gallië.

Bēlīdēs en **Bēlides** *zie Belus*[1].

bellāria, ōrum *n* (*bellus*) (*pre- en postklass.*) nagerecht, dessert.

bellātor, *gen.* ōris
I. *subst. m* strijder, oorlogsheld;
II. *adj.* (*poët.*; *postklass.*) strijdlustig, strijdbaar, oorlogs- [**deus** oorlogsgod; **equus** strijdros].

bellātōrius, a, um (*bellator*) (*postklass.*) strijdlustig, strijdbaar; (*metaf.*) polemisch [**stilus**].

bellātrīx, *gen.* īcis (*bellator*)
I. *subst. f* strijdster;
II. *adj.* (*f*) (*poët.*; *postklass.*) strijdlustig, strijdbaar [**Roma; Diva; Thraciae gentes; ira; iracundia**].

bellāx, *gen.* ācis (*bellum*) (*poët.*) strijdlustig.

Bellerophōn, ōntis *en* **Bellerophontēs,** ae *m zoon v. Glaucus v. Corinthe en v. Eurymeda, kleinzoon v. Sisyphus, berijder v.h. gevleugelde paard Pegasus, doodde het monster Chimaera in Lycië*; — *adj.* **Bellerophontēus,** a, um.

belliāt(ul)us, a, um (*bellus*) (*Plaut.*) mooi.

bellicōsus, a, um (*bellicus*)
1. strijdlustig, oorlogszuchtig; bedreven in de oorlog [**gentes; homines; provinciae**];
2. rijk aan oorlogen; ▸ *limina -a Iani.*

bellicum, ī *n* (*bellicus*) aanvalsteken; ▸ *-um canere* met de trompet het teken geven om aan te vallen.

bellicus, a, um (*bellum*)
1. van de oorlog, oorlogs- [**gloria** oorlogsroem; **ius** oorlogsrecht; **ensis; res** oorlogszaken];
2. strijdlustig, oorlogszuchtig.

belli-ger, gera, gerum (*bellum en gero*) (*poët.*) oorlogvoerend, strijdlustig [**gentes; turmae**].

belli-gerō, gerāre (*bellum en gero*) oorlog voeren; strijden [**cum Gallis; adversus accolas**].

belli-potēns, *gen.* entis (*bellum*)
I. *adj.* machtig in de oorlog;
II. *subst. m* = Mars.

bellō, bellāre (*bellum*)
1. oorlog voeren [**homines bellandi cupidi**];
2. strijden [**armis; ense; manu**].

Bellōna, ae *f* (*bellum*) *Rom. oorlogsgodin.*

bellor, bellārī = *bello.*

Bellovacī, ōrum *m Belgische volksstam gevestigd in de buurt v.h. huidige Beauvais.*

bellulus, a, um (*demin. v. bellus*) (*pre- en postklass.*) allerliefst.

bellum, ī *n*
1. oorlog [**navale** zeeoorlog; **terrestre** landoorlog; **civile, intestinum, domesticum** burgeroorlog; **Helvetiorum** met de Helvetiërs; **Asiaticum** in Azië]; ▸ *domi bellique* in oorlog en vrede; *-um gerere, habere* voeren (*tegen: cum*); *-um ducere, trahere* rekken; *-um facere, (com)movere* veroorzaken; *-um inferre* (*m. dat.*; *contra*; *in m. acc.*) beoorlogen;
2. gevecht, slag, treffen;
3. (*metaf.*) gevecht, strijd, ruzie, twist, onenigheid [**tribunicium** met de tribunen].

bellus, a, um
1. mooi, knap, leuk, lief(tallig) [**puella; epistula**]; fijn, kostelijk [**vinum**];
2. fit, gezond; ▸ *-e se habere* zich gezond voelen.

bēlua, ae *f*
1. groot dier (*bv. olifant, tijger, leeuw, walvis*) [**Inda** = olifant];
2. (*als scheldw.*) (*kom.*) monster, bruut; rund,

schaapskop;
3. monster, gedrocht [**immanis**].

bēluātus, a, um (*belua*) (*Plaut.*) van (opgeborduurde figuren v.) dieren voorzien.

bēluīnus, a, um (*belua*) (*postklass.*) dierlijk, beestachtig.

bēluōsus, a, um (*belua*) (*poët.*) rijk aan (zee)monsters [**Oceanus**].

Bēlus[1]**,** ī *m* (*oorspr. Semitische oppergod = Baäl, Bal*)
1. *oude koning v. Babylon en stichter v.h. Assyrische rijk;*
2. *koning v. Tyrus, vader v.* Dido;
3. *koning v. Egypte, vader v.* Danaüs *en Aegyptus;* / *nakom.* **Bēlīdēs,** ae *m* Lynceus; Palamedes; **Bēlides,** um *f de dochters v.* Danaüs, de Danaïden.

Bēlus[2]**,** ī *m rivier in Fenicië, nu* nahr Na'mân.

Bēnācus, ī *m* (*vul aan: lacus*) het Gardameer.

Bendīs, īdis *f Thrac. maangodin;* — *adj.* **Bendīdius,** a, um.

bene (*adv. v. bonus; comp.* melius, *superl.* optimē)
1. (*bij verba*) goed, wel, juist, gunstig; ▸ ~ *vivere* deugdzaam; ~ *mori* roemvol; ~ *cenare* lekker; ~ *narrare* goed nieuws brengen; ~ *reprehendere* terecht; ~ *iudicare* juist; ~ *dissimulare* sluw, handig; *ager* ~ *cultus;* ~ *ferre* met waardigheid, zelfbeheersing dragen; *occasionem negotii* ~ *gerendi amittere* een gunstige gelegenheid voorbij laten gaan; — *uitdrukkingen:* **bene agere** (a) goed handelen; (b) *cum alqo* goed met iem. omgaan, iem. vriendelijk behandelen; **bene audire** een goede naam hebben; **bene dicere** (*ook aan elkaar geschreven*) *en* **bene loqui** (a) goed, juist, verstandig spreken, welsprekend zijn; (b) *alci* iem. prijzen [**bene dictum,** ī *n* roem, lof]; **bene facere** (*ook aan elkaar geschreven*) (a) op de juiste manier doen, goed uitvoeren, ergens goed aan doen; (b) *alci en erga alqm* iem. een dienst bewijzen, iem. goed doen [**bene factum,** ī *n* goede daad, weldaad]; **bene velle** *alci* iem. begunstigen; **bene sperare** (*m. de*) het beste hopen van; **bene cedere** lukken, met succes verlopen; **bene est** (habet) het gaat goed, staat er goed voor; *bene est mihi en bene me habeo* het gaat goed met mij; *res* (*causa*) *bene se habet* gaat goed; **bene** proost!; *bene te* (*of tibi*) op je gezondheid!;
2. (*bij adj. en adv.*) zeer, erg, uitermate, behoorlijk; ▸ *mentis* ~ *sanae;* ~ *barbatus;* ~ *magna caterva;* ~ *ante lucem* ruim voor zonsopgang;
3. (*bij de hele zin*) ~ *vocas* (*Plaut.*) het is goed dat je me uitnodigt.

benedicē *adv.* (*bene en dico*) (*Plaut.*) met vriendelijke woorden.

bene-dīcō, dīcere, dīxī, dictum
1. = *bene dico, zie bene;*
2. (*eccl.*) (*m. dat. of acc.*) (a) (lof)prijzen [**domino; deum**]; (b) zegenen, wijden.

benedictiō, ōnis *f* (*benedico*) (*eccl.*)
1. het lofprijzen, lof;
2. zegen, zegening;
3. geschenk.

benedictum, ī *n* (*benedico*) (*ook gesplitst*) roem, lof.

bene-faciō, facere, fēcī, factum
1. = *bene facio, zie bene;*
2. (*Mel.*) met een leen begiftigen.

benefactum, ī *n* (*benefacio*) (*ook gesplitst*) goede daad, weldaad.

beneficentia, ae *f* (*beneficus*) liefdadigheid.

beneficiārius (*beneficium*)
I. *subst.* ī *m bevoorrechte soldaat, die vrijgesteld was van zware taken, in de keizertijd toegewezen aan hogere officieren voor administratieve taken;* soldaat eerste klasse;
II. *adj.* a, um (*Sen.*) als een weldaad te beschouwen [**res**].

beneficiātus, ī *m* (*beneficium 4.*) (*Mel.*) leenman.

beneficientia, ae *f* (*beneficium 4.*) (*Mel.*) het recht om een leen (*een stuk land*) te schenken.

beneficiolum, ī *n* (*demin. v. beneficium*) (*Mel.*) kleine gunst.

beneficium, ī *n* (*bene en facio*)
1. weldaad, genade, gunst, dienst; ▸ *-um alci dare* (*en tribuere, offerre*) *of in alqm conferre of -o alqm afficere; -um ab alqo accipere; -i causa of per -um* uit vriendelijkheid, uit barmhartigheid; (*abl.*) *beneficio* met hulp van, dankzij [**-o deorum, sortium, silvarum, tuo**];
2. onderscheiding, begunstiging, bevordering;
3. (*postklass.*) voorrecht, privilege [**consulum**];
4. (*Mel.*) leen (*een stuk land*).

bene-ficus, a, um (*facio*) weldoend, vriendelijk.

bene-nūntiō, nūntiāre (*eccl.*) preken.

bene-placeō, placēre (*eccl.*) behagen.

bene-veniō, venīre (*Mel.*) welkom zijn.

Beneventum, ī *n stad in het gebied v.d. Hirpini in Samnium, nu* Benevento; — *inw. en adj.* **Beneventānus,** ī *m resp.* a, um.

bene-volēns, *gen.* entis (*volo*[2])
I. *adj.* welwillend; ▸ *naturā benevolentissimus Titus;*
II. *subst. m en f* (*preklass.*) weldoen(st)er.

benevolentia, ae *f* (*benevolens*)
1. welwillendheid, genegenheid (*jegens: erga; in m. acc.*), gunstige gezindheid, genade [**principum**];
2. bewijs v. goedgunstigheid [**civium**];
3. populariteit; ▸ *eius -ā* als gevolg van zijn populariteit;
4. (*Laatl.*) *nostra* ~ *titel v.d. Rom. keizer.*

bene-volus, a, um (*volo*[2]) welwillend, gunstig, vriendelijk [**animus; actio**].

benignitās, ātis *f* (*benignus*)
1. goedheid, vriendelijkheid;
2. vrijgevigheid, liefdadigheid.

benigniter *adv.* = *benignē, zie benignus.*

benignus, a, um (*adv.: -ē en* [*kom.*] benigniter)
1. goedaardig, vriendelijk, welwillend, mild, goedmoedig [**homines; numen;** *ook v. niet-lev.:* **verba; sermo; vultus**]; ▸ *milites -e appellare; -e respondere;*
2. vrijgevig, royaal (*m. dat.;* [*Plaut.*] *erga;* [*Sen.*] *adversus*); ▸ *Fortuna -a; qui benigniores volunt esse quam res patitur; adversus amicos* ~, *adversus inimicos temperatus; -e facere alci* iem. een goede dienst bewijzen;
3. rijk(elijk) [**praeda; ager**].

beniv- = *benev-.*

beō, beāre
1. gelukkig maken, blij maken; ▸ *hoc me beat;*
2. begiftigen [**alqm munere; alqm caelo** iem. onder de goden opnemen].

berb- *zie verv-.*

Berecyntes, um *en* **Berecyntae,** ārum *m volksstam in Frygië; — adj.* **Berecyntius,** a, um van de Berecyntes, *poët. ook* = Frygisch [**mater** = Cybele; **heros** = Midas, *zoon v. Cybele;* **tibia, cornu, sacerdos** behorend tot de cultus v. Cybele].

Berenīcē, ēs *f*
1. *echtgenote v.d. Egypt. koning Ptolemaeus III Euergetes, medeheerseres v. haar zoon Ptolemaeus IV Philopator, leefde ca. 273—221; haar haar werd als sterrenbeeld aan de hemel geplaatst; — adj.* **Berenīcēus,** a, um;
2. *dochter v. koning Herodes Agrippa I v. Judea, geliefde v. Titus.*

Bergomum, ī *n stad in N.-Italië, nu* Bergamo; — *inw.* **Bergomātēs,** ium *m.*

Beroea, ae *f stad in Macedonië, nu Veroia; — inw. en adj.* **Beroeaeus,** ī *m resp.* a, um.

bēryllus (*en* **-os**), ī *m en f* (*Gr. leenw.*) beril (*een zeegroene edelsteen*).

Bērȳtus, ī *f havenstad in Fenicië, nu Beiroet.*

bēs, bessis *m* tweederde; ▸ *heres ex besse* erfgenaam v. tweederde.

bēs(s)ālis, e (*postklass.*) tweederde bevattend.

Bessī, ōrum *m volksstam in Thracië; — adj.* **Bessicus,** a, um.

bēstia, ae *f*
1. dier; wild dier, roofdier, beest;
2. (*meton.*) *plur.* gevecht met wilde dieren in de arena; ▸ *alqm ad -as mittere of condemnare; alqm -is obicere;*
3. (*als scheldw. en scherts.*) beest.

bēstiālis, e (*bestia*) (*eccl.*) beestachtig; wild als een dier [**saevitia; mens**].

bēstiārius (*bestia*)
I. *subst.* ī *m* vechter met wilde dieren (*in het amfitheater*);
II. *adj.* a, um (*Sen.*) dier- [**ludus** gevecht met wilde dieren].

bēstiola, ae *f* (*demin. v. bestia*) beestje.

bēta[1] (*indecl.*) (*poët.*) *de tweede letter v.h. Gr. alfabet: alpha et* ~ het alfabet; *sprw.* de tweede.

bēta[2], ae *f* (*Kelt. leenw.*) (rode) biet.

bētāceus, ī *m* (*beta*[2]) (*pre- en postklass.*) (rode) biet.

bētizō, bētizāre (*beta*[2]) (*volgens Suet. door Augustus gevormd en gebruikt voor languēre*) slaperig, moe zijn.

bi- *prefix* (*bis*) twee-.

Biās, antis *m staatsman in Priëne in Ionië (in Klein-Azië), een van de zeven wijzen (ca. midden 6e eeuw v. Chr.).*

Bibāculus, ī *m cogn. v.d. Rom. gentes v.d. Furii en Sextii.*

bibāx, *gen.* ācis (*postklass.*) drankzuchtig.

biberārius, ī *m* (*Sen.*) drankverkoper.

Biberius, ī *m* (*bibo*) 'zuiplap' (*bijnaam v. keizer Tiberius*).

bibī *pf. v. bibo.*

biblia, ae *f* (*Gr. leenw.*) (*Mel.*) bijbel.

bibliopōla, ae *m* (*Gr. leenw.*) (*poët.; postklass.*) boekhandelaar.

bibliothēca, ae *f* (*Gr. leenw.*)
1. bibliotheek, boekerij;
2. (*postklass.*) boekenkast;
3. boekenverzameling;
4. (*eccl.*) (*sancta*) de Heilige Schrift.

biblus, ī *f* (*Gr. leenw.*) (*poët.*) papyrus(riet).

bibō, bibere, bibī, —
1. drinken; ▸ *dare* ~ te drinken geven; ~ *ex fonte;* ~ *ab amne;* ~ (*e*) *gemma* uit een met edelstenen versierde beker; ~ (*ex*) *auro;* ~ *cava manu;*
2. zuipen, hijsen; ▸ *ab hora tertia bibebatur; in*

lucem ~ tot het dag wordt; *Graeco more* ~ een toost op iem. uitbrengen;
3. *(poët.; postklass.) (metaf.)* opzuigen, tot zich trekken, in zich opnemen; ▸ *pugnas aure* ~ gretig luisteren naar; *hortus aquas bibit; arcus bibit* de regenboog trekt het water tot zich; *hasta bibit cruorem.*

Bibracte, is *n belangrijkste stad in het gebied v.d. Haeduers, later Augustodunum, nu* Autun.

Bibrax, actis *f stad in het gebied v.d.* Remi *in Belgisch Gallië.*

bibulus *(bibo)*
I. *adj.* a, um *(poët.; postklass.)*
1. graag drinkend, dorstig, *(m. gen.)* dorstend naar;
2. *(v. dingen)* vocht opzuigend, *ook* vochtig [**charta** vloeipapier; **arena** (vocht) opnemend; **lapis** puimsteen; **lana** kleur aannemend];
3. drinkbaar, lekker [**vinum**];
II. *subst.* ī *m (Laatl.)* drinkmakker.

Bibulus, ī *m (bibulus) cogn. v.d. Rom. gentes v.d. Calpurnii en Publicii.*

bi-ceps, *gen.* cipitis *(caput)*
1. tweekoppig [**Ianus**];
2. *(poët.)* met twee toppen [**Parnasus**].

bi-clīnium, ī *n (Plaut.)* aanligbed voor twee personen.

bi-color, *gen.* ōris tweekleurig [**populus** zilverpopulier].

bi-corniger, gera, gerum *m (Ov.)* twee horens dragend *(bijnaam v. Bacchus).*

bi-cornis, e *(cornu) (poët.; postklass.)* tweehoornig [**caper; luna** halve maan; **furca** met twee tanden; **Rhenus** met twee mondingen].

bi-corpor, *gen.* corporis *(corpus)* met twee lichamen.

bi-dēns, *gen.* dentis *(niet-klass.)*
I. *subst.*
1. *f (vul aan: hostia) (ca.* 1¼—2 *jaar oud)* offerdier *(waarvan twee [permanente] tanden al aanwezig zijn), ihb.* schaap;
2. *m (vul aan: raster)* houweel, hak met twee tanden;
II. *adj.*
1. *(t.t. bij offers)* met twee (permanente) tanden, volgroeid;
2. tweetandig [**ancora**].

bidental, ālis *n (bidens) (poët.; postklass.) door de bliksem getroffen plaats (waar een offerdier [bidens] als zoenoffer werd geofferd en die zo als geheiligd gold);* ▸ *bidental movere* verstoren, ontwijden.

Bidis, is *f plaats op Sicilië ten noordwesten van Syracuse, nu* Bidi; — *adj. en inw.* **Bidīnus,** a, um *resp.* ī *m.*

bī-duum, ī *n (dies) (periode v.)* twee dagen; ▸ *-o ante, post* twee dagen ervoor, erna; *-o, quo* twee dagen nadat.

bi-ennium, ī *n (annus) (periode v.)* twee jaar.

bi-fāriam *adv.* naar twee kanten, dubbel, tweevoudig; ▸ ~ *dividere copias; gemina victoria duobus* ~ *proeliis parta (Liv.);* ~ *laudatus est (Suet.).*

bifārius, a, um *(bifariam) (postklass.)* dubbel.

bi-fer, fera, ferum *(fero)* twee keer (in het jaar vruchten) dragend [**mālus; arbores**].

bi-fidus, a, um *(findo) (poët.; postklass.)* in twee delen gesplitst, gespleten.

bi-foris, e *(foris[1]) (poët.; postklass.)* met twee deuren *of* (deur)vleugels [**valvae; fenestrae**].

bi-fōrmātus, a, um *(formo)* met twee gedaanten.

bi-fōrmis, e *(forma) (poët.; postklass.)* met twee gedaanten [**monstra; proles** Minotaurus].

bi-frōns, *gen.* frontis *(poët.; Laatl.)* met twee voorhoofden, met twee gezichten [**Ianus**].

bi-furcor, furcārī (Mel.) zich splitsen.

bifurcum, ī *n (bifurcus) (postklass.)*
1. vork, gaffel;
2. kruis.

bi-furcus, a, um *(furca)* tweetandig, tweepuntig [**ramus; valli** gaffelvormige schanspalen].

bīgae, ārum *en (postklass.)* **bīga,** ae *f* tweespan.

bīgātus *(bigae)*
I. *adj.* a, um met het teken v.h. tweespan als stempel [**argentum**];
II. *subst.* ī *m* zilveren denarius.

bi-iugis, e *en* **bi-iugus,** a, um *(iugum) (poët.; postklass.)* tweespans- [**equi; curriculum; certamen** wedstrijd met door twee paarden getrokken wagens]; — *subst.* **biiugī,** ōrum *m (Verg.)* tweespan; strijdwagen.

Bilbilis, is *(acc. -im)*
1. *m zijrivier v.d. Ebro, nu de* Jalón;
2. *f geboorteplaats v. Martialis aan de Bilbilis, nu* Calatayud Vieja.

bi-lībra, ae *f (Liv.)* twee pond.

bilībris, e *(bilibra) (poët.; postklass.)*
1. twee pond wegend;
2. twee pond bevattend.

bi-linguis, e *(lingua)*
1. *(preklass.)* met twee tongen;
2. tweetalig, twee talen sprekend;
3. dubbeltongig, huichelachtig, vals.

bilinguus, a, um = *bilinguis* 1. *en* 2.

bīliōsus, a, um *(bilis) (med.)* van de gal, gallig.

bīlis, is *f* (*abl. sg.* -ī *en* -e)
1. gal (*vloeistof*);
2. woede, ontstemming, ergernis; ▸ *bilem habere* woedend zijn;
3. (*atra of nigra*) (a) melancholie, zwartgalligheid; (b) razernij, waanzin.

bi-līx, *gen.* līcis (*licium*) tweedraads, uit twee draden gevlochten [**lorica**].

bi-lūstris, e (*lustrum*[2]) (*Ov.*) tien jaren durend, tienjarig [**bellum**].

bi-lychnis, e (*lychnus*) (*Petr.*) met twee pitten [**lucerna**].

bi-maris, e (*mare*) (*poët.; postklass.*) aan twee zeeën gelegen [**Corinthus; Isthmus**].

bi-marītus, ī *m* bigamist, echtgenoot v. twee vrouwen.

bi-māter, *gen.* tris (*poët.; postklass.*) twee moeders hebbend, uit twee moeders geboren, *bijnaam v. Bacchus.*

bīmātus, ūs *m* (*Plin. Mai.*) leeftijd v. twee jaar.

bi-membris, e (*membrum*) (*poët.; postklass.*) met tweeërlei ledematen; — *subst. plur.* **-es,** ium *m* = centauren.

bi-mē(n)stris, e (*abl.* -ī *en* -e) (*mensis*)
1. (*poët.*) twee maanden oud [**porcus**];
2. twee maanden durend [**spatium**];
3. voor twee maanden [**stipendium**].

bīmulus, a, um (*demin. v. bimus*) pas twee jaar oud.

bīmus, a, um
1. twee jaar oud [**taurus; equus; merum**];
2. zich over twee jaar uitstrekkend [**principes** twee jaar regerend; **honos** voor twee jaar toegekend].

bīnī, ae, a (*gen.* binum) (*bis*)
1. telkens twee; ▸ *Romae quotannis bini consules creabantur;*
2. (*bij plur. t.*) twee, beide [**castra**];
3. een paar, twee [**boves; frena**].

bi-noctium, ī *n* (*nox*) (*postklass.*) (tijd v.) twee nachten.

bi-nōminis, e (*nomen*) (*Ov.*) twee namen hebbend (*bv. Ascanius* = *Iulus; Hister* = *Danuvius*).

binōmius, a, um (*Mel.*) twee namen voerend.

Biōn, ōnis *m*
1. *aanhanger v.d. cynische filosofische school, scherp satiricus, 3e eeuw v. Chr.;* — *adj.* **Biōnēus,** a, um (*Hor.*) = scherp [**sermones**];
2. *dichter v. bucolische poëzie uit Smyrna in Klein-Azië, eind 2e eeuw v. Chr.*

bi-pālium, ī *n* (*pala*) dubbele spade.

bi-palmis, e (*palma*[1]) twee handbreedtes lang *of* breed [**tabulae; spiculum**].

bi-partītus *en* **bi-pertītus,** a, um (*adv.*: -ō) (*partio*) in twee delen gedeeld, in twee gedeeltes, dubbel; ▸ *argumentatio -a; -i Aethiopes in orientem occasumque versi* (*Plin. Mai.*); *signa -o inferre* van twee kanten aanvallen.

bi-patēns, *gen.* entis (*pateo*) (*poët.*) aan beide zijden open [**portae** met beide deurvleugels open].

bi-pedālis, e twee voet lang *of* breed *of* dik.

bipenni-fer, fera, ferum (*bipennis en fero*) (*Ov.*) een dubbele bijl dragend.

bi-pennis
I. *adj.* e
1. (*penna*) met twee vleugels, tweevleugelig;
2. tweesnijdend [**ferrum**];
II. *subst.* is *f* dubbele bijl.

bi-pertītus *zie bipartitus.*

bi-pēs, *gen.* pedis
I. *adj.* tweevoetig;
II. *subst. m* tweevoeter; (*geringsch.*) mens.

bi-rēmis (*remus*)
I. *adj.* e met twee roeiriemen, tweeriems-;
II. *subst.* is *f* (*vul aan: navis*) tweedekker, 'tweeriemer' (*een van twee niveaus geroeid schip*).

bi-rotus, a, um (*rota*) (*Laatl.*) tweewielig.

birrus, ī *m* (*Laatl.*) mantel met capuchon.

birsō, birsāre (*Mel.*) op sluipjacht gaan, jagen.

bis *adv.*
1. tweemaal; ▸ ~ *tantum en tanto* tweemaal zo groot, zo ver; ~ *terve* (slechts) twee- of driemaal, zelden; *bis(que) terque* vaker, meer keren;
2. (*poët.; Laatl.*) voor de tweede keer (= *iterum*) [**consul factus**].

bi-saccium, ī *n* (*saccus*) (*Petr.*) dubbele, over de rug gelegde reiszak.

Bīsaltae, ārum *m Thrac. volksstam aan de rivier de Strymon;* — **Bīsaltica,** ae *f het land v.d. B.;* — **Bīsaltis,** idis *f* (*acc.* -ida) = Theophane, *dochter v.d. held* **Bīsaltēs.**

bi-sextum, ī *n* (*postklass.*) *een periode v. twee dagen, omvattend 24 februari en de extra dag in een schrikkeljaar in de Juliaanse kalender.*

bisōn, ontis *m* (*poët.; postklass.*) oeros, bizon.

Bistones, um *m volksstam in Thracië in de omgeving v. Abdera;* — *adj.* **Bistonius,** a, um *en* (*f*) **Bistonis,** idis Bistonisch; Thracisch; — *subst.* **Bistonis,** idis *f* Thracische; Bacchante.

bi-sulcis, e *en* **bi-sulcus,** a, um (*sulcus*) (*poët.; postklass.*) (in twee delen) gesplitst, gespleten.

Bīthȳnia, ae *f* Bithynië, *landstreek aan de noordkust v. Klein-Azië;* — *inw.* **Bīthȳnī,** ōrum *m;*

— *adj.* **Bīthȳn(ic)us,** a, um.

bītō, bītere = *baeto.*

bitūmen, inis *n* (*poët.; postklass.*) (aard)pek, *o.a.* asfalt [**tenax; durum**].

bitūmineus, a, um (*bitumen*) (*Ov.*) van asfalt.

bitūminōsus, a, um (*bitumen*) (*Laatl.*) asfalthoudend [**fontes; terra**].

Bituriges, gum *m volksstam in Aquitanisch Gallië bij Avaricum (nu Bourges) en Burdigala (nu Bordeaux).*

bi-vertex, *gen.* icis (*poët.*) met twee pieken.

bi-vira, ae *f* (*vir*) vrouw met twee echtgenoten.

bi-vium, ī *n* (*bivius*)

1. splitsing, tweesprong;
2. (*metaf.*) keuze uit twee mogelijkheden.

bi-vius, a, um (*via*) (*poët.; postklass.*) met twee wegen, met twee ingangen [**fauces** *de in- en uitgang van een weg door een dal*].

blaesus, a, um (*Gr. leenw.*) (*poët.; postklass.*) lispelend, stamelend, stotterend [**sonus**].

Blaesus, ī *m Rom. cogn., ihb. in de gens Iunia en de gens Sempronia.*

blandi-dicus, a, um (*blandus en dico*[1]) (*Plaut.*) vleiend.

blandi-loquentia, ae *f* (*blandus en loquor*) (*Enn.*) vleiende taal.

blandi-loquentulus *en* **blandi-loquus,** a, um (*blandus en loquor*) (*Plaut.; Sen.*) vleiend.

blandīmentum, ī *n* (*blandior*) (*vooral plur.*)

1. vleierij; liefkozing; ▸ *-a tua; -a dare alci; captus -is;*
2. het aangename, aantrekkelijkheid; ▸ *-a voluptatis; -a vitae.*

blandior, blandīrī, blandītus sum (*blandus*) (*m. dat.*)

1. vleien; liefkozen; ▸ *~ votis suis* datgene geloven, wat men graag wil;
2. vleiend vragen (*m. ut; conj.*);
3. bekoren, verlokken, bevallen;
4. begunstigen; ▸ *blandiebatur coeptis fortuna* (*Tac.*);

/ *ppp.* **blandītus,** a, um aangenaam, bekoorlijk.

blanditer = *blandē, zie blandus.*

blanditia, ae *f* (*blandus*)

1. vleierij, liefkozing [**popularis** tegenover het volk]; *plur.* vleiende woorden, liefkozingen; ▸ *benevolentiam civium -is colligere* (*Cic.*);
2. bekoorlijkheid, verleidelijkheid; genot; ▸ *-ae praesentium voluptatum.*

blandulus, a, um (*demin. v. blandus*) (*Laatl.*) vleiend.

blandus, a, um (*adv.* -ē *en* [*kom.*] -iter)

1. vleiend, liefkozend, teder, flikflooiend (*tegen: dat.; adversus*); ▸ *-a columba; catulorum -a propago; -um amicum a vero secernere* (*Cic.*);
2. innemend, hoffelijk [**verba; litterae**];
3. verleidelijk, aantrekkelijk, innemend [**voluptas**]; ▸ *-ā voce vocare; ne -ā aut supplici oratione fallamur* (*Cic.*).

blasphēmia, ae *f* (*Gr. leenw.*) (*eccl.*) smaad, godslastering.

blasphēmō, blasphēmāre (*Gr. leenw.*) (*eccl.*) honen, smaden.

blasphēmus, a, um (*Gr. leenw.*) (*eccl.*) honend, godslasterlijk.

blaterō, blaterāre (*pre- en postklass.*) babbelen, leuteren, kletsen.

blatiō, blatīre (*Plaut.*) kletsen, babbelen.

blatta, ae *f lichtschuw, in kleding, boeken enz. knagend insect v. verschillende soort, bv.* mot, kakkerlak.

blattārius, a, um (*blatta*) (*postklass.*) mottig; ▸ *balnea -a* (*Sen.*) donkere badkamer (*zo genoemd naar de lichtschuwheid v.d. mot*).

Blaudēnus, a, um uit de stad Blaudus (*in Armenia in Klein-Azië*).

blennus, ī *m* (*Gr. leenw.*) (*preklass.*) sukkel.

bliteus, a, um (*blitum*) (*Plaut.*) smakeloos, flauw, onbenullig [**meretrix**].

blitum, ī *n* (*Gr. leenw.*) (*pre- en postklass.*) (*botan.*) melde (*een in de Rom. keuken als groente gebruikte plant*).

boārius *en* **bovārius,** a, um (*bos*) runder- [**forum** rundermarkt (*marktplaats in Rome tussen het Circus Maximus en de Tiber*)].

boātus, ūs *m* (*boo*) (*Apul.*) het schreeuwen, brullen.

Boc(c)hus, ī *m naam v. twee koningen v. Mauretanië (ca. 110—80, resp. ca. 50—33 v. Chr.).*

bōcula, ae *f* = *bucula.*

Boebē, ēs *f*

1. *en* **Boebēis,** idos *f meer in Thessalië (in Griekenland), nu Bio;*
2. *stad aan dit meer.*

Boeōtarchēs, ae *m* Boeotarch, *een v.d. elf hoogste magistraten in Boeotië.*

Boeōtia, ae *f* Boeotië, *landstreek in Midden-Griekenland met als belangrijkste stad Thebe;* — *inw.* **Boeōt(i)ī,** ōrum *m* de Boeotiërs; — *adj.* **Boeōt(i)us** *en* **Boeōticus,** a, um Boeotisch.

boia, ae *f* (*Plaut.*) halsboei (*voor slaven en misdadigers*).

Bo(i)ī, ōrum *m Kelt. volksstam, oorspr. in Gallië,*

later weggetrokken, deels in de Povlakte, deels in Bohemen wonend; — **Boi(o)haemum,** ī *n land v.d. Bojers,* Bohemen.

Bōla, ae *f* (ook plur.) *stad in het gebied v.d. Aequi in Latium, niet ver van Rome;* — *inw. en adj.* **Bōlānus,** ī *m resp.* a, um.

bolbus, ī *m* = *bulbus.*

bōlētar, āris *n* (*boletus*) (Mart.) schaal voor paddestoelen.

bōlētus, ī *m* (*poët.; postklass.*) eetbare paddestoel (*ihb.* champignon).

bolus, ī *m* (*Gr. leenw.*)
1. (*Plaut.*) worp (*bij het dobbelen*);
2. (*Suet.*) *de in één worp gevangen vissen,* vangst;
3. (*preklass.*) winst.

bombarda, ae *f* (Mel.) geschut.

bombax *interj.* (*Gr. leenw.*) (*Plaut.*) wel verdraaid!

bombiō, bombīre (*bombus*) (*Suet.*) zoemen (*v. bijen*).

bombus, ī *m* (*Gr. leenw.*) (*niet-klass.*) doffe toon, het brommen, zoemen.

bombȳcinus, a, um (*bombyx*) (*poët.; postklass.*) uit zijde vervaardigd, zijden [**vestis; taenia**]; — *subst.* **bombȳcina,** ōrum *n* zijden gewaden, zijden stoffen.

bombȳx, ȳcis *m* (*Gr. leenw.*) (*poët.; postklass.*)
1. zijderups;
2. zijde.

Bona Dea, ae *f* de goede godin, *godin v.d. vruchtbaarheid en kuisheid* (*feest op 1 mei*).

bonātus, a, um (*bonus*) (*Petr.*) goedaardig, van nature goed(moedig).

bonitās, ātis *f* (*bonus*)
1. (*v. personen*) goedheid, goedmoedigheid, goedhartigheid; ▸ *fides alcis bonitasque;*
2. (*v. zaken*) voortreffelijkheid [**agrorum**].

Bonna, ae *f legerplaats aan de Rijn, nu* Bonn; — *adj.* **Bonnēnsis,** e.

Bonōnia, ae *f stad in Gallia Cisalpina, nu* Bologna; — *adj.* **Bonōniēnsis,** e.

bonum, ī *n* (*bonus*)
1. het (*zedel.*) goede, zedelijkheid, rechtschapenheid, deugd, goede principes, goed gedrag; ▸ ~ *honestumque* rechtschapenheid en achtenswaardigheid; ~ *et aequum* rechtvaardigheid en billijkheid; *periit ius fasque bonumque;*
2. goede gesteldheid, toestand, conditie [**corporis et ingenii**]; ▸ *vertere in -um* ten goede keren; *it in melius valetudo principis* gaat de goede kant op;
3. *plur.* have en goed, goederen, vermogen, rijkdommen; ▸ *-a aliena; -a privata; -a paterna et avita; -orum omnium heres* universeel erfgenaam; *divisa inter creditores -a; alqm patriis -is evertere of exturbare;*
4. voordeel, nut, winst; ▸ *nullā -i spe* zonder voordeel te verwachten;
5. het (*geestel., mor., lich.*) goed, gave [**naturale** natuurtalent; **summum** het hoogste goed]; ▸ *forma ~ fragile est; sunt animi -a, sunt corporis, sunt fortunae;*
6. geluk, welzijn [**publicum** welzijn v.d. staat].

bonus, a, um (*comp.* melior, ius; *superl.* optimus, a, um [*arch.* optumus]; *adv.* bene)
1. goed, voortreffelijk, bekwaam [**navis; res; dux; poeta; gubernator**];
2. eerbaar, zedig, deugdzaam [**virgo; coniunx**];
3. goed, rechtschapen, trouw, eerlijk; ▸ *ingenio -o esse; -o animo in populum esse; consilio -o* met goede bedoelingen; *-a atque honesta amicitia; -a fide* gewetensvol, te goeder trouw; *-i mores; ~ vir* man v. eer;
4. de heersende staatsvorm welgezind, patriottisch, loyaal; ▸ *-i cives; optimi viri* achtenswaardige patriotten; *pars melior of partes optimae* patriottische partij;
5. goedmoedig, onbaatzuchtig;
6. welwillend, genadig, genegen (*m. dat.; in m. acc.*); ▸ *di -i; vicinis ~;*
7. dapper, moedig;
8. voornaam; ▸ *-o genere natus;*
9. vermogend, rijk;
10. mooi, knap [**forma; statua**];
11. goed (uitgevoerd), voortreffelijk; ▸ *agrum meliorem in his regionibus habet nemo* (*Ter.*); *optimum argentum* voortreffelijk bewerkt; *memoria -a* goede herinnering, goed geheugen;
12. geschikt, nuttig, bruikbaar (*voor: dat.; ad*); ▸ *ager ~ pecori; campi ad proelium -i;*
13. nuttig, verdienstelijk [**facta; exemplum**];
14. goed, gunstig, geluk brengend, gelukkig [**eventus; fata; omen; annus**];
15. (*v. berichten en geruchten*) goed, aangenaam, gunstig [**nuntii**];
16. (*v. gezondheid[stoestand]*) goed, gezond, fris; ▸ *valetudo -a; animus ~* rustige, bedaarde geest; *-o animo esse = -um animum habere* vol goede moed zijn; *color ~* gezonde gelaatskleur; *aetas -a* jeugd;
17. gezond, heilzaam [**aquae; vinum**];
18. aanzienlijk, belangrijk; ▸ *-a pars hominum.*

boō, boāre (*Gr. leenw.*) (*niet-klass.*)

1. brullen;
2. weerklinken; ▸ *toto voce boante foro* (*Ov.*).

Boōtēs, ae *en* is *m* (*Gr. leenw.*) 'Ossendrijver, Berenhoeder', *sterrenbeeld aan de noordelijke hemel bij de Wagen resp. Grote Beer.*

boreālis, e (*boreas*) (Laatl.) noordelijk.

boreās, ae *m* (*Gr. leenw.*) (*poët.*; *postklass.*)
1. N.O.-wind; *alg.* N.-wind; ▸ *boreae frigus*; ~ *saevus*;
2. (*Hor.*) (*meton.*) noorden;
3. *personif.* = Aquilo (*zie aquilo 3.*).

borēus, a, um (*Gr. leenw.*) noordelijk [**axis**].

borriō, borrīre (*Apul.*) krioelen.

Borysthenēs, is *m rivier in Scythië, later* = Danapris, *nu de* Dnjepr; — *naburige volksstam* **Borysthenidae,** ārum *m*; — *adj.* **Borysthenius,** a, um.

bōs, bovis *m en f* (*nom. sg. ook* bovis; *gen. plur.* boum, *arch.* bovum; *dat. en abl.* bōbus *en* būbus)
1. rund: *m* os; *f* koe;
2. (*postklass.*) *een soort zeevis.*

Bosp(h)orus, ī *m* zee-engte, *ihb.*:
1. ~ Thracius de Bosporus;
2. ~ Cimmerius de Straat v. Jenikale *resp.* Kertsj *bij de Krim* (*f* = *de landstreek aan de Bosporus*);
/ *adj.* **Bosporius** *en* **Bosporānus,** a, um [**bellum**]; / *naburige bew.* **Bosporānus,** ī *m*.

botellus, ī *m* (*demin. v. botulus*) (*Mart.*) worstje.

botrus *zie botrys.*

botryītis, idis *of* idos *f* (*Gr. leenw.*) (*postklass.*) zinkoxide.

botryō(n), ōnis *m* (*Gr. leenw.*) (*Hor.*; *Mart.*) druiventros.

botrys, yos *en* **botrus,** ī *f* (*Gr. leenw.*)
1. (*Laatl.*) wijndruif;
2. (*Plin. Mai.*) *een plantensoort met op druiven lijkende vruchten.*

botulārius, ī *m* (*botulus*) (*Sen.*) worstverkoper.

botulus, ī *m* (*postklass.*) worst.

bovārius *zie boarius.*

Boviānum, ī *n stad in Samnium, nu* Boiano.

bovīle, is *n* (*bos*) runderstal.

Bovillae, ārum *f stad in Latium aan de voet v.d. mons Albanus* (*nu Monte Caro*); — *adj.* **Bovillānus,** a, um.

bovīllus, a, um (*bos*) runder- [**grex**].

brabēum, ī *n* = *brabium.*

brabeuta, ae *m* (*Gr. leenw.*) (*Suet.*) scheidsrechter.

brabīum, ī *n* (*Gr. leenw.*) (*eccl.*) prijs voor de overwinning.

brācae, ārum *f* (*zelden sg.*) (*Kelt. leenw.*) (*poët.*; *postklass.*) wijde broek, pofbroek; ▸ *Galli -as deposuerunt, latum clavum sumpserunt.*

brācātus, a, um (*bracae*)
1. (een) broek dragend;
2. benoorden de Alpen; ▸ *Gallia -a*: *later* Gallia Narbonensis; *cognatio -a* (*iron.*) verwantschap met mensen uit Gallia Narbonensis.

bra(c)chiālis, e (*bracchium*) (*pre- en postklass.*) arm- [**nervus**]; — *subst.* **bra(c)chiāle,** is *n* armband.

bra(c)chiolum, ī *n* (*demin. v. bracchium*) (*Catull.*) armpje.

bra(c)chium, ī *n*
1. onderarm;
2. arm; ▸ *-um frangere, extendere*; *-um iactare* zwaaien; *-a collo dare, circumdare, inicere, implicare* omarmen;
3. *met de armen corresponderende ledematen v. dieren*: (a) *schaar v.d. krab en v.d. schorpioen*; (b) dijbeen *v.d. olifant*;
4. *op de arm lijkende zaken*: (a) tak, twijg; (b) zeearm; (c) steng, ra; (d) havenhoofd, dam; (e) uitloper *v.e. gebergte*; (f) been *v.e. passer.*

bract = *bratt*

branchiae, ārum *f* (*Gr. leenw.*) (*Plin. Mai.*) kieuwen.

Branchidae, ārum *m priesters v.h. orakel v. Apollo in Didyma.*

brassica, ae *f* kool.

brattea, ae *f* (*poët.*; *postklass.*) dun plaatje van metaal, *ihb.* gouden blaadje.

bratteātus, a, um (*brattea*) (*postklass.*)
1. met bladgoud bedekt [**sellae**];
2. goudglanzend, gouden;
3. (*Sen.*) (*metaf.*) alleen uiterlijk glanzend, niet degelijk [**felicitas**].

bratteola, ae *f* (*demin. v. brattea*) (*Juv.*) gouden blaadje.

bravīum, ī *n* = *brabīum.*

Brennus, ī *m Kelt. titel* ('*vorst*' *of* '*koning*'); *naam v. twee onderscheiden legeraanvoerders* (*390 v. Chr. slag bij de rivier de Allia*; *279/8 v. Chr. bij Delphi*).

Breunī, ōrum *m volksstam in het dal v.d. Inn in Oostenrijk.*

breve, is *n zie brevis 1. c en 3. b.*

breviārium, ī *n* (*brevis*)
1. (*Suet.*) kort register, kort overzicht;
2. (*Laatl.*) oorkonde.

breviculus, a, um (*demin. v. brevis*) (*Plaut.*) een beetje kort, een beetje klein.

brevi-loquēns, *gen.* entis (*brevis en loquor*) zich beknopt uitdrukkend.

breviloquentia, ae *f (breviloquens)* beknoptheid in het spreken.

breviō, breviāre *(brevis) (postklass.)* kort maken, verkorten.

brevis, e
1. *(v. plaats)* (a) *(in de lengte, hoogte)* kort, klein, laag *(itt. longus, altus)* [**homo**]; (b) *(in de breedte)* smal, klein *(itt. longus, latus)*; ▸ *via* ~; *libellum in breve cogere* strak oprollen; (c) *(in de diepte)* ondiep, laag [**vada**]; — *subst.* **breve,** is *n* doorwaadbare plaats, ondiepte, wad *(meestal plur.)*;
2. *(v. tijd)* (a) kort; ▸ *tempus breve; brevi (tempore)* binnenkort; in korte tijd, gedurende een korte tijd; *brevi post, deinde* kort daarop; *ad breve (tempus)* voor korte tijd; (b) kortstondig, tijdelijk, vluchtig, vergankelijk [**vita; dolor; flos** kort bloeiend];
3. *(kwant.)* (a) *(metr.)* kort (uitgesproken) [**syllaba**]; (b) *(v. uitdrukking)* beknopt (uitgedrukt), kort en bondig [**litterae; narratio; carmen; praeceptum**]; ▸ *brevi en breve* kort, met weinig woorden; *breve faciam* ik zal het kort maken; *in breve cogere* kort samenvatten; *breviter describere*; — *subst. (Laatl.)* **breve,** is *n en* **brevis,** is *m* kort register, korte lijst; (c) *(v.e. redenaar, schrijver)* zich beknopt uitdrukkend *(itt. copiosus)* [**in scribendo**]; (d) schaars, gering, krap [**cena; pondus; impensa**].

brevitās, ātis *f (brevis)*
1. *(v. plaats en v. tijd)* kortheid [**spatii** korte afstand; **temporis; vitae**];
2. *(metr.)* kortheid [**syllabae**];
3. *(v. uitdrukking)* kortheid, bondigheid, korte en bondige behandeling [**litterarum; orationis**].

Briareūs, eī *m een honderdarmige reus.*

Brigantes, um *m volksstam in N.-Brittannië.*

Brīmō, ūs *f (Gr. leenw.)* 'de woedende', *bijnaam v. Proserpina.*

Brīsēis, idis *en* idos *f krijgsgevangene en geliefde v. Achilles.*

Britannia, ae *f* Groot-Brittannië *(Engeland met Wales en Schotland)*; — *inw.* **Britannus,** ī *m*; — *adj.* **Britann(ic)us,** a, um; — **Britannicus,** ī *m bijnaam v.d. zoon v. keizer Claudius en Messalina, geb. in 41 n. Chr., op bevel v. Nero in 55 n. Chr. vergiftigd.*

Brittiī, ōrum *m* = Bruttii.

Brixellum, ī *n stad op de rechteroever v.d. Po, nu* Brescello.

Brixia, ae *f stad in N.-Italië, nu* Brescia; — *adj.* **Brixiānus,** a, um.

brocchus, a, um *(preklass.)* vooruitstekend, met vooruitstekende tanden.

Bromius, ī *m (Gr. leenw.) de rumoerige bijnaam v. Bacchus.*

brūchus, ī *m (Gr. leenw.) (eccl.)* sprinkhaan.

Bructerī, ōrum *m Germ. volksstam tussen de benedenloop van de Eems en de rivier de Lippe, betrokken bij de strijd tegen Varus in 9 n. Chr.*; — *adj.* **Bructerus,** a, um.

brūma, ae *f*
1. de kortste dag, winterzonnestilstand;
2. *(poët.)* winter(kou);
3. *(poët.) (meton.)* jaar.

brūmālis, e *(bruma)* van de winterzonnestilstand, winters [**signum** teken v.d. Steenbok; **dies** de kortste dag; **tempus** wintertijd; **frigus**].

Brundisium, ī *n havenstad in Calabria (het huidige Apulië), nu* Brindisi; — *inw. en adj.* **Brundisīnus,** ī *m resp.* a, um.

brunellus, ī *m (Mel.)* ezel.

brūtālis, e *(brutus) (Mel.)* gevoelloos, grof.

Bruttiī, ōrum *m*
1. de Bruttiërs, *bewoners v.d. zuidelijkste landstreek v. Italië (nu Calabrië)*;
2. *(meton.) het land v.d. Bruttiërs* [**in Bruttiis**]; / *adj.* **Bruttius,** a, um [**ager** het Bruttische gebied, Bruttië]; *subst.* **Bruttiānī,** ōrum *m* deurwaarders, gerechtsdienaren *(talrijke Bruttiërs werden in de tweede Pun. oorlog Rom. staatsslaven).*

brūtus, a, um
1. zwaar, massief [**tellus**];
2. sloom, log [**corpus**];
3. stompzinnig, dom.

Brūtus, ī *m (brutus) bekendste cogn. in de gens Iunia, o.a.:*
1. L. Iunius ~, *bevrijdde Rome volgens de legende van de monarchie; eerste consul (509 v. Chr.)*;
2. M. Iunius ~ *(85—42 v. Chr.), neef v.d. jongere Cato (v. Utica), filosoof en redenaar, tegenstander, vriend, later een van de moordenaars v. Caesar, door Antonius bij Philippi overwonnen*; — *adj.* **Brūtīnus,** a, um;
3. D. Iunius ~ *(ca. 81—43 v. Chr.), een van de moordenaars v. Caesar en vijand v. Antonius.*

bryon, ī *n (Gr. leenw.) (Plin. Mai.) naam v.e. soort korstmos en v. andere planten.*

bryōnia, ae *f (botan.)* heggenrank.

būbalus, ī *m (Gr. leenw.) (poët.; postklass.)*
1. gazelle;
2. buffel.

Būbastis, is *f Egypt. maangodin, als leeuwin en vooral als kat afgebeeld.*
būbīle, is *n (bos)* runderstal.
būbō, ōnis *m (en [Verg.] f)* oehoe [**luctifer**].
būbula, ae *f (bubulus; vul aan: caro)* rundvlees.
bubulcitō, bubulcitāre *en* **bubulcitor,** bubulcitārī *(Plaut.)* ossendrijver zijn.
bubulcus, ī *m (bos)* ossendrijver, -knecht.
būbulus, a, um *(bos)* van een rund, rund-.
būcaeda, ae *m (bos en caedo) (Plaut.) (scherts.)* een met de bullepees gegeselde.
bucca, ae *f*
1. *(opgeblazen of volgestopte)* wang; kaak; ▸ *-ae fluentes* hangwangen; *-as inflare;*
2. mond; ▸ *quicquid in buccam venit;*
3. *(postklass.) (meton.)* een mondvol, hap [**panis**];
4. *(Juv.) iem. die zijn wangen opblaast:* (a) hoornblazer; (b) schreeuwer;
5. *(Plin. Mai.)* holte.
buccea, ae *f (bucca) (Aug. bij Suet.)* hap, stukje.
buccella *en* **bucella,** ae *f (demin. v. bucca) (postklass.)* hapje.
buccō, ōnis *m (bucca) (Plaut.)* blaaskaak; lomperd.
buccula, ae *f (demin. v. bucca)*
1. *(pre- en postklass.)* wangetje;
2. *(meton.)* wangstuk *v.e. helm of iets dat daarop lijkt;*
3. *(Laatl.)* schildknop.
bucculentus, a, um *(bucca) (Plaut.)*
1. met bolle wangen;
2. met een grote mond.
bucella *zie buccella.*
Būcephalās, ae *en* **-us,** ī *m lievelingspaard v. Alexander de Grote; ter nagedachtenis aan hem noemde hij een nieuw gestichte stad aan de rivier de Hydaspes* **Būcephala,** ae *of* **-ē,** ēs *f, vaak geïdentificeerd met het huidige Jalalpur.*
būcerus, a, um *(Gr. leenw.) (poët.)* met runderhorens, gehoornd [**armenta**].
būcētum, ī *n* weide.
būcina, ae *f (bos en cano)*
1. *(Prop.)* (herders)hoorn;
2. signaalhoorn, trompet; ▸ *secundae vigiliae -ā signum datum;*
3. *(poët.; postklass.) (meton.)* trompetsignaal;
4. *(Ov.)* tritonshoorn.
būcinātor, ōris *m (bucino)*
1. trompetter;
2. iem. die uitbazuint [**existimationis meae**].
būcinō, būcināre *(bucina)* (de hoorn) blazen.
būcinum, ī *n (bucina) (Plin. Mai.)*
1. geluid v.e. trompet;
2. posthoornslak.
būcinus, ī *m (bucina) (Petr.)* trompettist *(v.e. haan).*
būcītum = *bucetum.*
būcolica, ōrum *n (bucolicus) (poët.; postklass.)* herderszangen.
būcolicus, a, um *(Gr. leenw.) (poët.; postklass.)* landelijk, herders- [**poëma** herdersdicht; **modi**].
būcula, ae *f (demin. v. bos)* jonge koe, vaars.
būfō, ōnis *m (Verg.)* pad.
būglōssa, ae *f (Gr. leenw.) (Plin. Mai.)* ossentong *(een plant).*
bulbāceus, a, um *(bulbus) (Plin. Mai.)* knolachtig [**radix**].
bulbōsus, a, um *(Plin. Mai.)* = *bulbaceus.*
bulbus, ī *m (Gr. leenw.) (poët.; postklass.)* bol, ui.
būlē, ēs *f (Gr. leenw.) (Plin. Min.)* raadsvergadering.
būleuta, ae *m (Gr. leenw.) (Plin. Min.)* raadslid.
būleutērium, ī *n (Gr. leenw.) verzamelplaats v. raadsleden in Griekenland, raadhuis.*
bulga, ae *f (preklass.; Laatl.)* zak, baarmoeder.
bulla, ae *f*
1. *(niet-klass.)* bel, waterbel; *metaf. v.h. vergankelijke:* ▸ *non pluris sumus quam ~ (Petr.);*
2. knop, beslag *(als versiering v. gordels, deuren e.d.);*
3. gouden medaillon *(als amulet);*
4. *(Mel.)* zegel *(pauselijk van lood; keizerlijk van goud);*
5. *(Mel.)* oorkonde.
bullātor, ōris *m (bulla) (Mel.)* (pauselijk) secretaris.
bullātus, a, um *(bulla)*
1. *(postklass.)* als een waterblaas, nietig [**nugae**];
2. *(preklass.)* met knoppen versierd [**cingulum**];
3. *(postklass.)* een amulet dragend [**puer**].
bulliō, bullīre *(bulla) (postklass.)* bellen vormen, borrelen, bruisen, koken.
bullō, bullāre *(bulla)* borrelen, koken.
bullula, ae *f (demin. v. bulla)* blaasje, blaar.
būmammus, a, um *(preklass.)* met grote bessen [**uva**].
būmastus, ī *f (Gr. leenw.) (poët.; postklass.)* wijnrank met grote druiven.
būnias, adis *f (Gr. leenw.) (postklass.) een soort raap.*
Būpalus, ī *m Gr. beeldhouwer uit Chius, vijand v.d.*

dichter Hipponax.

būprēstis, is *f* (*Gr. leenw.*) (*Plin. Mai.*)
1. *een giftig soort kever;*
2. *een soort huislook.*

būra, ae *f* = būris.

Burdigala, ae *f belangrijkste stad in het gebied v.d. Bituriges Vivisci aan de rivier de Garonne, nu Bordeaux.*

burdōnārius, ī *m* (*Laatl.*) muilezeldrijver.

burdubasta, ae *m* (*Petr.*) lamlendige ezel.

burgēnsis (*Germ. woord*) (*Mel.*)
I. *adj.* e stad-; burcht-; burgerlijk;
II. *subst.* is *m* burger, stedeling.

burggrāvius, ī *m* (*Germ. woord*) (*Mel.*) burchtgraaf.

Burgondionēs, Burgundionēs, um *en* **Burgundiī,** ōrum *m* de Bourgondiërs, *Germ. volksstam.*

burgus, ī *m* (*Laatl.; Mel.*) burcht, kasteel; (*Mel.*) benedenstad, voorstad, nieuw stadsgedeelte.

būris, is *m* (*acc. -im*) (*poët.*) kromhout *v.e. ploeg.*

Būris, is *f stad aan de kust v. Achaea in Griekenland, in 373 v. Chr. door een aardbeving verwoest.*

bursa, ae *f* (*Mel.*)
1. (geld)buidel;
2. (bal)zak.

būsequa, ae *m* (*bos en sequor*) (*Apul.*) veehoeder.

Būsīris, idis *m myth. Egypt. koning, die vreemdelingen aan de goden offerde; werd door Hercules gedood.*

busti-rapus, ī *m* (*bustum en rapio*) (*Plaut.*) grafschender.

bustuārius (*bustum*)
I. *adj.* a, um bij het graf behorend;
II. *subst.* ī *m* (*Laatl.*) iem. die lijken verbrandt.

bustum, ī *n*
1. (*poët.; postklass.*) brandstapel;
2. grafheuvel, graf(monument);
3. plaats v. ondergang;
4. *de persoon door wie iets vernietigd wordt* [**rei publicae; nati** *v. Tereus, die zijn zoon opgegeten heeft*].

būteō, ōnis *m* (*Plin. Mai.*) *een soort buizerd.*

Būthrōtum, ī *n* (*en* **-tos,** ī (*f*) *stad aan de kust v. Epirus, nu Butrinti (in Albanië tegenover Korfoe);* — *adj. en inw.* **Būthrōtius,** a, um *resp.* ī *m.*

būthysia, ae *f* (*Gr. leenw.*) (*Suet.*) plechtig runderoffer.

buticula, ae *f* (*Mel.*) kruik, fles.

būtȳrum, ī *n* (*Gr. leenw.*) (*Plin. Mai.*) boter.

buxāns, *gen.* antis van de buxus, van palmhout.

Buxentum, ī *n stad in Lucanië in Z.-Italië, nu* Policastro.

buxētum, ī *n* (*buxus*) (*Mart.*) buxusaanplanting.

buxeus, a, um (*buxus*) met de kleur v.e. buxus, geelachtig [**color; dentes**].

buxi-fer, fera, ferum (*buxus en fero*) (*Catull.*) buxus dragend.

buxōsus, a, um (*buxus*) (*Plin. Mai.*) lijkend op buxushout.

buxus, ī *f en* **-um,** ī *n* (*poët.*)
1. buxus(hout);
2. (*meton.*) *van buxushout gemaakt voorwerp:* (**a**) fluit; (**b**) kam; (**c**) schrijftafeltje.

Byblos, ī *f stad in Frygië in Klein-Azië, nu Jbeil.*

Byllis, idis *f stad aan de kust v. Illyrië, nu Hekal (in Albanië);* — *inw.* **Bylli(d)ēnsēs,** ium, **Bylliōnēs,** um *en* **Byllīnī,** ōrum *m.*

Byrsa, ae *f burcht v. Carthago.*

byssinum, ī *n* (*Gr. leenw.*) (*Laatl.*) batist, fijn linnen.

byssinus, a, um (*byssinum*) (*Plin. Mai.*) van fijn linnen, van batist.

byssus, ī *f* (*Gr. leenw.*) (*postklass.*) fijn linnen, batist.

Bȳzacium, ī *n landstreek in Afrika, ongeveer het huidige Tunesië.*

Bȳzantium, ī *n* Byzantium, *later* Constantinopel, *nu* Istanboel; — *inw. en adj.* **Bȳzantius,** ī *m resp.* a, um.

C

C. *(afk.)* = *de voornaam Gaius.*

C, c *(afk.)*
1. *(als cijfer)* = *centum;*
2. *(op de stembordjes v.d. rechters)* = *condemno (vd. littera tristis);*
3. = *censuerunt;*
4. = *comitialis (dies).*

caballicō, caballicāre *(caballus) (Laatl.)* paardrijden.

caballīnus, a, um *(caballus)* paarden- [**caro**].

caballus, ī *m (niet-klass.)* paard, knol; ▸ *-o vectus* rijdend.

Cabillōnum, ī *n* = *Cavillonum.*

Cabīrī, ōrum *m op Lemnos en Samothrace vereerde Fen. goden.*

cacanus, ī *m (Mel.) titel v.d. koningen v.d. Avaren.*

cacāturiō, cacāturīre *(desid. v. caco) (Mart.)* nodig moeten (poepen).

caccabus, ī *m (Gr. leenw.) (pre- en postklass.)* kookpot; braadpan.

caccitus, ī *m (Petr.)* mooie jongen(?).

cachecta, ae *m (Gr. leenw.) (Plin. Mai.)* iem. die ziekelijk is.

cachinnātiō, ōnis *f* = *cachinnus.*

cachinnō, cachinnāre *(cachinnus)* schaterlachen, schateren *(om: acc.).*

cachinnus, ī *m*
1. harde lach, schaterlach; ▸ *-um tollere, -um edere* = *cachinnare;*
2. *(poët.) (meton.) (v. golven)* het luid kabbelen; ▸ *leviter sonant plangore -i.*

cacō, cacāre
I. *intr.* poepen, schijten;
II. *tr.* vuilmaken, bevuilen.

cacodaemōn, ōnis *m (Gr. leenw.) (eccl.)* boze geest.

cacoēthes, is *n (Gr. leenw.)*
1. *(Plin. Mai.)* kwaadaardige tumor;
2. *(Juv.) (metaf.)* zucht, drang [**scribendi**].

cacozēlia, ae *f (Gr. leenw.)* slechte imitatie, naaperij; slechte smaak.

cacozēlus, a, um *(Gr. leenw.) (postklass.)* smakeloos; — *adv.* **cacozēlōs.**

cacula, ae *m (Plaut.)* slaaf *of* dienaar v.e. soldaat.

cacūmen, inis *n*
1. punt, spits [**metae**]; top [**pyramidis; montis**]; kruin [**arboris**]; loot [**ficorum**];
2. *(Lucr.) (metaf.)* de top = het hoogste, het uiterste, limiet; ▸ *artibus ad summum cacumen venire* de hoogste volmaaktheid bereiken;
3. *(Laatl.)* gevel, dak.

cacūminō, cacūmināre *(cacumen) (poët.; postklass.)* spitsen, wetten [**aures; ensem**].

Cācus, ī *m zoon v. Vulcanus, vuurspuwende, roofzuchtige reus in een hol bij de Aventijn; stal een deel v.d. kudde v. Hercules en werd door hem gedood.*

cadāver, eris *n (cado)*
1. lijk, dood lichaam; *(metaf., v. levenden)* kreng;
2. kadaver, aas;
3. *plur.* ruïnes [**oppidorum**].

cadāverīnus, a, um *(cadaver) (August.)* van een kadaver.

cadāverōsus, a, um *(cadaver) (Ter.; Laatl.)* als een lijk, doodsbleek [**facies**].

cadīvus, a, um *(cado) (Plin. Mai.)* gevallen [**māla**].

cadmēa, ae *f (Gr. leenw.) (postklass.)* galmei *(zinkerts).*

Cadmus, ī *m zoon v.d. Fen. koning Agenor, stichter v. Thebe;* — *adj.* **Cadmē(i)us,** a, um *(fem. ook* **Cadmēis,** idis*)* van Cadmus, Thebaans; — *subst.* (a) **Cadmēis,** idis *f dochter v. Cadmus (Semele of Ino);* (b) **Cadmēa,** ae *f (vul aan: arx)* burcht v. Thebe.

cadō, cadere, cecidī, cāsūrus
1. omlaagvallen *(van: ab; de; ex)* **(a)** *(v. projectielen)* vallen op, treffen [**in terram**]; **(b)** *(v. hemellichamen)* ondergaan, zinken; ▸ *primis cadentibus astris* na middernacht; **(c)** *(v. bladeren, vruchten e.d.)* afvallen; ▸ *poma (folia) cadunt;* **(d)** *(v. vloeistoffen)* naar beneden stromen, vallen, uitstromen; ▸ *cadunt lacrimae per genas; cadunt imbres; flumen cadit in sinum maris;*
2. (neer)vallen, (neer)storten;
3. *(in de strijd)* vallen, sterven [**in acie; per acies; in bello; pro patria; ense**];
4. *(v. dieren)* geslacht *of* geofferd worden; ▸ *prima ovis cadit Fauno;*
5. *(v. steden)* vallen, veroverd worden;
6. vallen, mislukken *(v. theaterstukken, processen e.d.);* ▸ *cadit fabula* het stuk wordt een flop; *in iudicio* ~ het proces verliezen; *(ook abs. met en zonder aand. v.d. reden) criminibus repetundarum* ~;
7. zinken, afnemen, verminderen, verdwijnen, slinken; ▸ *animus cadit* de moed zakt; *animo of*

animis ~ de moed verliezen; *cadit pretium; cadit vis venti* gaat liggen; *cecidit pelagi fragor;*
8. terechtkomen in, (ge)raken in [**in morbum** ziek worden; **in suspicionem; in unius potestatem; in conspectum** zichtbaar worden; **sub sensus**];
9. gebeuren, overkomen; ▸ *alqd alci opportune cadit; mihi omnia semper honesta et iucunda ceciderunt;*
10. gebeuren, plaatsvinden, werkelijkheid worden; ▸ *in adventum tuum cadit* valt met jouw aankomst samen;
11. uitvallen, aflopen [**ad (in) irritum** mislukken];
12. ten deel vallen, toevallen;
13. van toepassing zijn op, gelden voor, passen bij (*m. in*); ▸ *cadit ergo in bonum virum mentiri?*;
14. geuit, uitgesproken worden [**verba**];
15. eindigen (op), uitgaan op [**in syllabas longiores; numerose** ritmisch].

cādūceātor, ōris *m* (*caduceus*) heraut, onderhandelaar; ▸ *caduceatore ad consulem misso qui indutias ad sepeliendos milites peteret* (*Liv.*).

cādūceus, ī *m en* (*postklass.*) **-um,** ī *n* herautenstaf.

cādūci-fer, ferī *m* (*caduceus en fero*) (*Ov.*) drager v.d. herautenstaf (*bijnaam v. Mercurius*).

cadūcus, a, um (*cado*)
1. zwak, vergankelijk, nietig [**spes; preces; labores; corpus; res humanae**];
2. vallend; (neer)gevallen [**lacrimae; glans; bello** in de oorlog gevallen; **fulmen**];
3. rijp om te vallen, tot vallen geneigd [**vitis; flos**];
4. rijp om te sterven = gedoemd, ten dode opgeschreven;
5. (*jur. t.t.*) zonder erfgenaam, vervallen, onbeheerd [**hereditas**].

cadurcum, ī *n* (*poët.*) sprei; (*meton.*) huwelijksbed.

cadus, ī *m* (*poët.; postklass.*)
1. grote aarden kruik *voor wijn, olie, honing;*
2. (as)urn.

Cadūsiī, ōrum *m volksstam aan de Kaspische Zee.*

caeciās, *acc.* -ān *m* (*Gr. leenw.*) N.O.-wind.

caeci-genus, a, um (*caecus en gigno*) (*Lucr.*) blindgeboren.

Caecilius, a, um *naam v.e. pleb. gens; de familie v.d. Metelli heeft de gens Caecilia sinds de 3e eeuw v. Chr. aanzien gegeven; C.* ~ *Statius, komediedichter v. Insubrische afkomst, gest. in 168 v. Chr.; — adj. ook* **Caecili(ān)us,** a, um.

Caecīna, ae *m Etr. familienaam; in Rome ihb. cogn. v.d. gens Licinia.*

caecitās, ātis *f* (*caecus*)
1. blindheid;
2. (*metaf.*) verblinding [**mentis; animi**].

caecō, caecāre (*caecus*)
1. (*Lucr.*) blind maken, verblinden; ▸ *sol caecat;*
2. (*metaf.*) (*fysiek en geestelijk*) verblinden; ▸ *caecati libidinibus, voluptatibus;*
3. (*metaf.*) verduisteren, vertroebelen; ▸ *celeritate caecata oratio* onbegrijpelijk.

Caecubum, ī *n*
1. = Caecubus ager *moerassige vlakte aan de kust in Z.-Latium, waar een uitstekende wijn vandaan kwam; — adj.* **Caecubus,** a, um [**vites**];
2. (*vul aan: vinum*) Caecubische wijn.

caecus, a, um
1. blind, niet-ziend [**vultus; fortuna**]; ▸ *traditum est Homerum caecum fuisse; — subst.* ī *m* (*postklass.*) blinde;
2. (*metaf.*) blind, verblind [**cupidine; timor**];
3. zonder licht, donker, duister, zonder openingen [**nox; carcer; parietes**]; ▸ *caecā die emere* (*Plaut.*) op de pof kopen;
4. warrig, vaag, onduidelijk [**murmura**];
5. onzichtbaar, verborgen [**saxa** klippen onder het zeeoppervlak; **fossae** overdekt];
6. donker, verborgen, onbegrijpelijk [**crimen; fata; cursus Fortunae**];
7. onzeker, ongewis, doelloos, zinloos [**casus; metus; Mars** hopeloze strijd].

caecūtiō, caecūtīre (*caecus*) (*pre- en postklass.*) verblind zijn, slecht zien, (ahw.) blind zijn.

caedēs *en* **caedis,** is *f* (*caedo*)
1. het neerslaan, moord, doodslag; ▸ ~ *infanda legatorum;* ~ *fraterna* broedermoord; *intestinae caedes* moorden op verwanten;
2. bloedbad, slachting; ▸ *caedem facere, edere of committere* een bloedbad aanrichten; *sine caede* zonder slag of stoot;
3. het doden; het slachten, *ihb. v. offerdieren,* het offeren [**ferarum; armenti; bidentium**];
4. (*sg. en plur.*) het verlies aan doden, de gesneuvelden, gevallenen; ▸ *ingentes Rutulae caedis acervi* (*Verg.*); *plenae caedibus viae* (*Tac.*); ~ *prope par utrimque fuit* (*Liv.*) het aantal gesneuvelden was aan beide zijden bijna even groot;
5. (*poët.*) het door moord vergoten bloed; ▸ *terrae caede madentes;*
6. (*postklass.*) aframmeling;
7. (*postklass.*) het vellen, afhakken [**ligni**].

caedō, caedere, cecīdī, caesum

1. vellen, om-, afhakken, -slaan [**arbores; cervicem**];
2. neerslaan, vermoorden, doodslaan; ▸ *consulem exercitumque* ~ ; *in acie caesus; caesus sanguis* vergoten bloed;
3. doden; slachten, offeren [**cervos; boves**]; ▸ *inter caesa et porrecta* op een ongeschikt moment;
4. slaan, afranselen, geselen [**alqm virgis, loris**]; ▸ *(metaf.) frontem* ~ kleur op het gezicht brengen; *(obsceen)* rammen;
5. *(stenen)* breken, hakken [**lapides; silicem; marmor; viam** uithakken];
6. *(postklass.)* kort en klein slaan, verpletteren [**murum** een bres slaan in].

caeduus, a, um *(caedo)* geschikt om te vellen [**silva**]; *ook metaf. (Plin. Mai.).*

caelāmen, inis *n (caelo) (poët.; postklass.)* reliëf.

caelātor, ōris *m (caelo) kunstenaar in drijfwerk,* ciseleerder, (metaal)graveur.

caelātūra, ae *f (caelo)*
1. kunst v.h. ciseleren, graveren;
2. geciseleerd werk.

caelebs, *gen.* ibis
1. ongetrouwd, ongehuwd *(v.e. man, vrijgezel, gescheiden of weduwnaar); ook als subst.;*
2. *(v. bomen)* geen wijnranken steunend.

caeles, *gen.* itis *(caelum[1])*
I. *subst. m* god, godheid *(meestal plur.);*
II. *adj. (poët.)* hemels, bovenaards [**regna**].

caelestis, e *(caelum[1])*
1. in, aan, van de hemel, hemels, hemel- [**astra; orbis; aqua** regen; **arcus** regenboog; **ignis** bliksemschicht; **prodigia**]; — *subst.* **caelestia,** ium *n* hemellichamen; ook astronomie [**peritus caelestium** sterrenkundige];
2. *(poët.; postklass.)* goddelijk [**numen; nectar; stirps; religiones** *voor een keizer*]; — *subst.* **caelestēs,** ium *m en f* goden, godheden;
3. als een god, lijkend op een god, schitterend, onvergelijkelijk; ▸ ~ *in dicendo vir; caelestes divinaeque legiones; ingenium caeleste.*

Caeliānus, *zie Caelius.*

caelibātus, ūs *m (caelebs) (postklass.)* ongehuwde staat, celibaat.

caeli-cola, ae *m (gen. plur.* caelicolum) *(caelum[1] en colo[1]) (poët.)* hemelbewoner, godheid.

caeli-fer, fera, ferum *(caelum[1] en fero) (poët.)* de hemel dragend [**Atlas**].

caeli-genus, a, um *(caelum[1] en gigno)* uit de hemel afkomstig.

Caeli-montānus, a, um op de mons Caelius in Rome gelegen.

caeli-potēns, *gen.* entis *(caelum[1]) (Plaut.)* machtig in de hemel [**di**].

caelitus *adv. (caelum[1]) (Laatl.)* van de hemel.

Caelius *(en* **Coelius**), a, um
1. *naam v.e. pleb. gens in Rome:* (a) C. ~ Caldus, *volkstribuun, tijdgenoot v.d. redenaar L. Crassus;* (b) L. ~ Antipater, *Rom. geschiedschrijver en rechtsgeleerde, tijdgenoot v.d. Gracchen;* (c) M. ~ Rufus, *politicus en redenaar, leerling en vriend v. Cicero;*
/ *adj.* **Caeliānus,** a, um;
2. ~ mons *een v.d. zeven heuvels v. Rome;* — *adj.* **Caelicus,** a, um.

caelō, caelāre *(caelum[2])*
1. drijven, graveren, ciseleren, gegraveerd afbeelden, met reliëfwerk versieren [**in auro fortia facta patrum**]; borduren [**velamina**];
2. *(poët.)* kunstig uitvoeren.

caelum[1], ī *n en* **caelus,** ī *m*
1. hemel, hemelgewelf; ▸ *-o albente* tijdens de ochtendschemering; *-o vesperascente* tegen de avond; *de -o tangi of percuti* door de bliksem getroffen worden; *-um ac terras miscere* alles ondersteboven keren, alles omverwerpen; *-um findere aratro* iets onmogelijks doen; *de -o servare* de hemeltekenen waarnemen *(door de auguren);*
2. hemel *(als woonplaats v.d. goden);* ▸ *ad -um manus tendere; commercia -i* omgang met de goden; *de -o delapsus of demissus* door een god gezonden;
3. (a) bovenwereld *(itt. Tartarus);* (b) universum, heelal;
4. *(metaf.)* het hoogste, toppunt v. geluk, v. roem; ▸ *alqm in (ad) -um (laudibus) efferre of tollere* iem. de hemel in prijzen, roemen; *alqm detrahere de -o* iem. van zijn voetstuk stoten; *digito caelum attingere* ontzettend veel geluk hebben;
5. lucht(ruim), hemel-, windstreek; ▸ *hoc -o, sub quo natus essem;*
6. klimaat, weer; ▸ *serenitas -i;*
7. *(metaf.)* hemel *(v.e. bed),* binnenzijde v.e. gewelf.

caelum[2], ī *n (caedo)* graveerstift, beitel *v.e. graveerder.*

caelus *zie caelum[1].*

caementārius, ī *m (caementum) (Laatl.)* metselaar.

caementīcius, a, um *(caementum)* van natuursteen.

caementum, ī *n (caedo)*

1. natuursteen, bouwsteen;
2. *(Mel.)* kalkmortel, specie.

Caeneus, eī *m naam v. diverse mythol. figuren, o.a. v. Caenis, dochter v. Elatus, de koning v.d. Lapithen; zij werd door Neptunus in een onkwetsbare jongen veranderd.*

Caenīna, ae *f plaats in Latium; — adj.* **Caenīnus,** a, um [arx]; — *inw.* **Caenīnēnsēs,** ium *m.*

Caenis, idis *f zie Caeneus.*

caenōsus, a, um *(caenum)* vol drek, modderig, moerassig.

caenum, ī *n*
1. vuil, drek, viezigheid, slijk;
2. *(als scheldw.)* smeerlap, vuilak.

caepa, ae *f = cepa.*

Caepiō, ōnis *m Rom. cogn., gebruikelijk in de gens Servilia.*

Caere, *n (indecl.), ook* **Caeres,** itis *en* ētis *f stad in Etrurië, nu Cervéteri; — adj.* **Caeres,** *gen.* itis *en* ētis *en* **Caerētānus,** a, um; — *inw.* **Caeritēs** *en* **Caerētēs,** um *m; stad met beperkte burgerrechten; Caere kreeg in 353 v. Chr. het Rom. burgerrecht, maar geen stemrecht (suffragium), vd. tabulae Caerites of Caeritum resp. Caeres cera (Hor.) lijst v. Rom. burgers met minder rechten, die geen stemrecht en geen politieke rechten hadden (= aerarii): in tabulas Caerites (Caeritum) referri* zijn burgerrecht verliezen.

caerefolium, ī *n (Gr. leenw.)* kervel.

caerimōnia *en* **caeremōnia,** ae *f*
1. verering, eerbied *(iems. en voor iem.: gen.)* [**deorum**]; ▸ *summa religione caerimoniāque sacra conficere* de offers met de grootste nauwgezetheid en eerbied uitvoeren;
2. heiligheid, eerbiedwaardigheid;
3. feest(elijkheid), ceremonie *(meestal plur.)* [**publicae**].

Caeritēs *zie Caere.*

caerula, ōrum *n (caerulus) (poët.)* blauwe kleur, blauw *(v. lucht en zee e.a.).*

caeruleum, ī *n (caeruleus) (postklass.)* lazuursteen, azuriet; *een soort* blauw glas.

caeruleus *en (poët.)* **caerulus,** a, um *(caelum*[1]*)*
1. blauw, blauwachtig *in allerlei schakeringen:* hemels-, zee-, donker-, groen-, zwartblauw [**caeli templa; pontus; oculi; deus** Neptunus; **mater** *(vul aan: Achillis)* = Thetis];
2. *(poët.)* donkergroen [**prata; arbor Palladis** *v.d. olijfboom*];
3. *(poët.)* donker, zwartachtig [**nubes; imber; nox; anguis; equi Plutonis; puppis Charontis**];
4. van de hemel, hemel-.

Caesar, aris *m cogn. v.e. familie v.d. gens Iulia, o.a.:*
1. C. Iulius ~ *(100—44 v. Chr.), dictator, veldheer en schrijver; — adj.* **Caesareus** *en* **Caesariānus,** a, um van Caesar, *ook als titel v.d. Rom. keizers;* **Caesariēnsis,** e *(Tac.) bijnaam v. verscheidene plaatsen en provincies, bv. Mauretania Caesariensis* O.-Mauretanië; — **Caesariānus,** ī *m* aanhanger v. Caesar;
2. *achterneef en adoptiefzoon van* 1. C. Iulius ~ Octavianus *(63 v. Chr.—14 n. Chr.), eerste Rom. keizer (keizer Augustus), grondlegger v.h. principaat; zijn opvolgers voerden de bijnaam Caesar naast de titel Augustus.*

Caesaraugusta, ae *f stad in Spanje, nu Zaragoza.*

Caesarēa, ae *f (Caesar)*
1. *belangrijkste stad v. Cappadocië, nu Kayseri;*
2. *havenstad in Palestina, nu Qesaria;*
3. *belangrijkste stad v.d. provincie Mauretania Caesariensis, nu* Cherchel.

caesariātus, a, um *(caesaries) (Plaut.)* met veel haar; *metaf. (Apul.)* rijk begroeid.

caesariēs, ēī *f*
1. (hoofd)haar; *alg.* lang haar [**barbae**];
2. *(poët.)* helmbos.

Caesariō, ōnis *m zoon v. Julius Caesar en Cleopatra.*

caesīcius, a, um *(Plaut.)* dicht geweven.

caesim *adv. (caedo)*
1. al hakkend;
2. *(retor.)* in korte zinsneden; ▸ *membratim caesimque dicere.*

caesiō, ōnis *f (caedo) (postklass.)* het snoeien, afkappen *(van bomen).*

caesius, a, um
1. blauwgrijs [**oculi**];
2. met grijze ogen, met kattenogen [**leo; virgo**].

Caesius Bassus, ī *m dichter (1e eeuw n. Chr.), gold in de oudheid als belangrijkste Rom. lyrische dichter na Horatius; vriend v.d. dichter Persius.*

caespes, itis *m (caedo)*
1. (gras)zode, plag;
2. *(meton.) iets dat van plaggen gemaakt is:* (a) (plaggen)hut; (b) (plaggen)altaar; (c) grafheuvel;
3. aarde, grond; gras(veld).

caespitō, caespitāre *(caespes) (Laatl.) (op het grasveld)* strompelen, struikelen.

caestus, ūs *m (caedo)* boksriem.

caesūra, ae *f (caedo)*
1. *(Plin. Mai.)* het hakken, vellen [**arboris; ligni; silvae**];

2. (*Laatl.*) (*metr. t.t.*) cesuur, verssnede, pauze in een vers.

caesus *ppp. v. caedo.*

caetra, ae *f* klein, licht leren schild.

caetrātus, a, um (*caetra*) met licht leren schild bewapend; — *subst.* **caetrātī,** ōrum *m* lichtbewapenden.

Caīcus, ī *m rivier in Mysië (Kl.-Azië), nu Bakır Çay.*

Caiēta, ae *f*

1. *voedster v. Aeneas;*

2. *havenstad in Latium, nu Gaeta (volgens de overlevering de plaats waar de voedster Caieta begraven is).*

caiō, caiāre, — — (*Plaut.*) slaan, afranselen.

Caius, ī *m = Gaius.*

Cal. = *Calendae.*

Calabria, ae *f het Z.O.-schiereiland v.h. antieke Italië (= tegenwoordige Apulië; Calabrië is nu Z.W.), geboorteland v.d. dichter Ennius;* — *inw.* **Calabrī,** ōrum *m;* — *adj.* **Calaber,** bra, brum *of* **Calabricus,** a, um [**Pierides** = de gedichten v. Ennius].

Calactē, ēs *f stad aan de N.-kust v. Sicilië, nu* Caronia; — *inw. en adj.* **Calactīnus,** ī *m resp.* a, um.

Calagurris, is *f plaats aan de rivier de Ebro in Spanje, nu* Calahorra (Nassica); — *inw.* **Calagurritānī,** ōrum *m.*

Calaïs, is *m (acc.* -im *en* -in; *abl.* -ī) *gevleugelde zoon v. Boreas; broer v. Zetes.*

calamārius, a, um (*calamus*) (*Suet.*) van het schrijfriet, van de pen [**theca** pennenkoker].

calamentum, ī *n* dood hout.

Calamis, idis *m Gr. beeldhouwer, ca. 450 v. Chr.*

calamister, trī *m = calamistrum.*

calamistrātus, a, um (*calamistrum*)

1. gekruld [**coma**];

2. met gekrulde lokken [**cinaedus**].

calamistrum, ī *n* (*calamus*)

1. krultang *om haren te krullen;* ▸ *-a in cinere calefacere;*

2. (*metaf.*) gekunsteldheid (*v. spreken*).

calamitās, ātis *f*

1. schade, verlies;

2. ongeluk, ramp, onheil;

3. nederlaag; ▸ *calamitatem accipere* lijden.

calamitōsus, a, um (*calamitas*)

1. onheil brengend, rampzalig, schadelijk, verderfelijk (*voor iem.: dat.*) [**tempestas; bellum**];

2. geteisterd, ellendig, ongelukkig, aan zware schade blootgesteld [**agri; homines**].

calamus, ī *m* (*Gr. leenw.*)

1. riet(halm);

2. halm, stengel;

3. (*meton.*) *voorwerp van riet:* (a) rietfluit; *plur.* herdersfluit (*de uit een aantal rieten pijpjes bestaande syrinx*); (b) schrijfriet, -pen; ▸ *levi -o ludere* onbelangrijke versjes maken; (c) rieten stok; (d) rieten pijl; (e) lijmstok (*om vogels te vangen*); (f) hengel.

Calanus, ī *m Ind. brahmaan.*

calathiscus, ī *m* (*demin. v. calathus*) (*Catull.; Petr.*) gevlochten mandje.

calathus, ī *m* (*Gr. leenw.*)

1. gevlochten mand, korf;

2. drinkschaal.

Cālātia, ae *f plaats bij Capua in Midden-Italië;* — *adj.* **Cālātīnus,** a, um.

calātor, ōris *m* (*calo*[1]) (*pre- en postklass.*)

1. omroeper, bode;

2. dienaar (*vooral v. pontifices en flamines*).

calautica, ae *f* kap (*hoofdbedekking v. voorname vrouwen*).

calcāneum, ī *n* (*Laatl.*) = *calx*[2].

calcar, āris *n* (*calx*[2])

1. spoor, stekel; ▸ *calcaribus equum concitare* het paard de sporen geven;

2. aansporing, prikkel (*meestal plur.*); ▸ *ignaviae calcar subdere; alter frenis eget, alter calcaribus* (*Cic.*).

calcārius (*calx*[1])

I. *adj.* a, um kalkbrandend;

II. *subst.* ī *m* kalkbrander.

calcātūra, ae *f* (*calco*) het in een tredmolen lopen.

calceāmentum, ī *en* (*Plin. Mai.*) **calceāmen,** inis *n* (*calceo*) schoen.

calceāria, ae *f* (*calceus*) (*preklass.*) schoenwinkel.

calceārium, ī *n* (*calceus*) (*Suet.*) geld voor schoenen.

calceātus, ūs *m* (*calceo*) (*postklass.*) schoeisel.

calceō, calceāre (*calceus*) schoenen aandoen, schoeien; *metaf.* (*scherts.*) (*Plaut.*) *calceati dentes* scherp, goed bijtend.

calceolārius, ī *m* (*calceolus*) (*Plaut.*) schoenmaker.

calceolus, ī *m* (*demin. v. calceus*) schoentje, laarsje.

calceus, ī *m* (*calx*[2]) schoen, halve laars; ▸ *-os poscere* zijn schoenen vragen = van tafel opstaan (*omdat men zijn schoenen uitdeed als men aan tafel ging*); *-os mutare* senator worden (*omdat senatoren een speciaal soort rode schoenen, calcei mullei of patricii, droegen*).

Calchās, antis *m* (*abl.* Calchā) *Gr. ziener.*

Calchēdōn, onis *f* (*ook* **Chalcēdōn**) *plaats in Bithynië aan de ingang v.d. Bosporus, tegenover Byzantium, nu Kadıköy*; — *inw. en adj.* **Calchēdonius,** ī *m resp.* a, um.

calciā- = *calcea-*.

calcitrātus, ūs *m* (*calcitro*) (*Plin. Mai.*) het achteruittrappen.

calcitrō[1], calcitrāre (*calx*[2])
1. achteruitschoppen, -trappen;
2. (*metaf.*) zich verzetten.

calcitrō[2], ōnis *m* (*calcitro*[1])
1. (*dier*) *dat wild naar achteren trapt*;
2. (*v. personen*) (*Plaut.*) *iem. die wild naar achteren tegen de deur trapt.*

calcitrōsus, a, um (*calcitro*[1]) (*postklass.*) graag achteruitschoppend [**equus; iuvencus**].

calcō, calcāre (*calx*[2])
1. stappen op (*m. acc.*) [**viperam**];
2. in-, aan-, vaststampen, vasttrappen [**agrum; terram pedibus; parietes**];
3. treden, trappen (*met de voeten uitpersen*) [**uvas**];
4. (*een plaats*) betreden, bezoeken;
5. (*metaf.*) met voeten treden, onderdrukken [**libertatem; ius**];
6. bespotten, beschimpen, honen.

calculātor, ōris *m* (*calculus*) (*Mart.*) rekenleraar.

calculōsus, a, um (*calculus*)
1. vol steentjes *of* kiezel;
2. (*med.*) lijdend aan niersteen.

calculus, ī *m* (*demin. v. calx*[1])
1. steentje, kiezel;
2. stemsteen (*een witte voor goedkeuring of vrijspraak, een zwarte voor afkeuring of veroordeling*); ▸ *~ demittitur in urnam*;
3. steen op het rekenbord; (*meton.*) rekening; ▸ *alqm ad -os vocare* met iem. afrekenen;
4. *een soort damsteen.*

calda, ae *f* = *calida*.

caldārium, ī *n* (*caldarius*) (*Sen.*) warm bad.

caldārius, a, um (*calidus*) voor het verhitten, om te verhitten [**cella** vertrek v.h. warme bad; **aes** *dat alleen mbv. hitte bewerkt kan worden*].

caldi-cerebrius, ī *m* (*calidus en cerebrum*) (*Petr.*) heethoofd.

caldus
I. *subst.* ī *m* (*calidus*) heethoofd;
II. *adj.* a, um *zie calidus.*

Calēdonia, ae *f hoogland in N.W.-Schotland*; — *inw.* **Calēdones,** um *m.*

cale-faciō, facere, fēcī, factum (*pass.* -fīō, fierī, factus sum) (*caleo*)
1. warm maken, verwarmen, verhitten [**aquam; focum**]; *pass. calefieri* warm *of* heet worden;
2. prikkelen, ophitsen, doen ontvlammen [**corda**];
3. verontrusten.

calefactiō, ōnis *f* (*calefacio*) (*postklass.*) het verhitten, verwarmen.

calefactō, calefactāre (*intens. v. calefacio*) (*poët.*) verhitten, verwarmen [**aquam**].

calefactus, ūs *m* = *calefactio*.

cale-fīō *pass. v. calefacio.*

Calendae *en* **Kalendae,** ārum *f* (*meestal afgekort Cal. of Kal.*)
1. de Calendae (*de eerste dag v.d. maand*) (*v. calo*[1], *eig. 'afroepdag', omdat op de Calendae bekendgemaakt werd, of de Nonae op de vijfde of op de zevende dag v.d. maand vielen*); ▸ *~ tristes* (*als dag om de rente te betalen*); (*Augustus bij Suet., scherts.*) *ad -as Graecas solvere* met sint-juttemis betalen;
2. (*poët.*) (*meton.*) maand.

calendārium *en* **kalendārium,** ī *n* (*Calendae*) (*Sen.*) schuldenlijst, -boek.

caleō, calēre, caluī, (calitūrus)
1. warm, heet zijn, gloeien; ▸ *aqua, ignis calens; epulae calent*;
2. (*v. personen en emoties*) in opwinding verkeren, ontvlamd zijn, gloeien [**in agendo**];
3. in hartstocht ontbrand zijn, van liefde gloeien (*voor: abl.*) [**puellā**];
4. nog warm, nog nieuw *of* vers zijn; ▸ *crimen calet*;
5. met (grote) ijver gedaan worden; ▸ *indicia calent* (*Cic.*).

Calēs, Calium *f stad in Campanië, nu Calvi*; — *adj.* **Calēnus,** a, um.

calēscō, calēscere, caluī, — (*incoh. v. caleo*)
1. warm *of* heet worden;
2. (*door hartstocht en liefde*) ontvlammen, in vuur en vlam raken.

calfaciō = *calefacio*.

calfactō = *calefacto*.

calficiō = *calefacio*.

caliandrum, ī *n* (*preklass.; poët.*) pruik.

caliculus, ī *m* (*demin. v. calix*) kleine drinkbeker, kelk.

calida, ae *f* (*vul aan: aqua*) warm water.

calidār- = *caldar-*.

Calidius, a, um *naam v.e. Rom. gens.*

calidum, ī *n* (*calidus; vul aan: vinum*) warme wijn.

calidus, a, um *(sync.* caldus) *(caleo)*
1. warm, heet [**venti; aqua; Calidae Aquae** *badplaats bij Tunis*];
2. heet(gebakerd), vurig, hartstochtelijk, onbezonnen, overhaast [**iuventa; equus; consilium**];
3. *(Plaut.)* nog vers.
caliendrum, ī *n = caliandrum.*
caliga, ae *f*
1. halfhoge laars, *ihb.* soldatenlaars;
2. *(Sen.) (meton.)* militaire dienst.
caligāris, e *(Plin. Mai.) en* **caligārius,** a, um *(caliga) (postklass.)* bij de soldatenlaars horend [**clavus**].
caligātus *(caliga) (poët.; postklass.)*
I. *adj.* a, um in soldatenlaarzen;
II. *subst.* ī *m* gewoon soldaat.
cālīginōsus, a, um *(caligo[1])*
1. nevelig, mistig [**caelum**];
2. donker, duister;
3. *(metaf.)* duister, onzeker; ▸ *verba lucida -is disputationibus obscurare.*
cālīgō[1], inis *f*
1. nevel, damp, rook [**densa; nigra** stofwolk; **picea** rookwolk];
2. duisternis;
3. duizeligheid; ▸ *oculis alcis caliginem offundere* iem. duizelig maken;
4. geestelijke blindheid, onzekerheid, verwarring.
cālīgō[2], cālīgāre *(caligo[1])*
1. *(Verg.)* donker, duister zijn, in duisternis gehuld zijn; ▸ *caligans nigra formidine lucus;*
2. *(postklass.) (metaf.)* door duisternis omgeven zijn, in het duister tasten, blind zijn *(voor: ad)*;
3. *caligant oculi (Lucr.)* het wordt zwart voor de ogen;
4. *(Juv.)* duizelig zijn; ▸ *caligantes fenestrae.*
caligula, ae *f (demin. v. caliga)* soldatenlaarsje; — **Caligula,** ae *m bijnaam v.d. Rom. keizer Gaius (keizer 37—41 n. Chr.).*
calix, icis *m (Gr. leenw.)*
1. beker, kelk;
2. *(poët.) (meton.)* wijn;
3. schaal, pot;
4. inlaatmondstuk *(v.e. waterleiding)*;
5. *(Mel.)* kelk voor het Avondmaal.
Callaecia, ae *f landstreek in N.W.-Spanje, nu Galicië;* — *adj.* **Callaïcus,** a, um.
callaïnus, a, um *(Gr. leenw.) (poët.; postklass.)* bleekgroen, zeegroen; — *subst.* **callaïna,** ae *f (Plin. Mai.) een soort edelsteen.*
calleō, callēre, calluī *(callum)*
1. een harde huid, eelt hebben;
2. *(metaf.)* ervaren zijn *(in: abl.)* [**artibus**];
3. kennen, weten, verstand hebben van, ervaren zijn in *(m. acc.)* [**iura; urbanas rusticasque res; leges**].
calliblepharum, ī *n (Gr. leenw.)* make-up voor de oogleden en wimpers.
calliditās, ātis *f (callidus)*
1. slimheid, sluwheid, doortraptheid;
2. schranderheid, handigheid.
callidus, a, um *(calleo)*
1. slim, sluw, vals;
2. ervaren, geoefend, kundig *(in: gen.)* [**rei militaris; rerum naturae; rerum rusticarum**];
3. (levens)wijs;
4. *(v. niet-lev.)* (a) slim bedacht, uitgekiend [**artificium; oratio; consilium; fraudes**]; (b) slim berekend [**liberalitas** berekenend].
Callimachus, ī *m Gr. dichter uit Cyrene in N.-Afrika (ca. 250 v. Chr.), woonde en werkte in Alexandrië.*
Calliopē, ēs *en* **Calliopēa,** ae *f*
1. *moeder v. Orpheus, muze (ihb.) v.h. epos, koorleidster v.d. negen muzen;*
2. *(Verg.)* = muze;
3. *(Ov.) (meton.)* lied, poëzie.
Callipolis, is *f*
1. *stad aan de ingang v.d. Hellespont, nu Gallipoli resp. Gelibolu;*
2. *(oudere naam = Callium) Aetolische stad op de Krim.*
callis, is *m en f*
1. bos-, bergpad, weidepad [**invia; devia**]; ▸ *per calles silvestres;*
2. *(meton.) plur.* bergweide;
3. *(eccl.)* (levens)weg;
4. *(Mel.)* dorpsstraat, steeg.
Callisthenēs, is *m Gr. biograaf v. Alexander de Grote uit Olynthus (geb. ca. 360, gest. 327 v. Chr.).*
Callistō, ūs *f nimf, dochter v.d. Arcadische koning Lycaon; Jupiter had bij haar een zoon (Arcas); zij werd door Juno uit jaloezie in een berin veranderd en daarop door Jupiter als sterrenbeeld aan de hemel gezet.*
callistrūthia, ae *en* **-is,** idis *f (Gr. leenw.) een soort vijg.*
callithrix, ichos *f (Gr. leenw.) (Plin. Mai.)*
1. *een soort aap;*
2. *een soort kruid.*
callōsus, a, um *(callum) (poët.; postklass.)*
1. met een dikke huid, eeltig;

2. hard, taai.

callum, ī *n en* **callus,** ī *m*

1. harde huid, eelt [**pedum**];

2. hardheid, ongevoeligheid; ▸ *-um obducere alci rei* ongevoelig maken voor, harden tegen; *ingenio alendo -um inducere* ontluikend talent ongevoelig maken.

calō[1], calāre (*relig. t.t.*) afkondigen, bijeenroepen; ▸ ~ *in Capitolium plebem; comitia calata: religieuze bijeenkomsten, door de pontifex bijeengeroepen.*

calō[2], calāre (*Gr. leenw.*) (*postklass.*)

1. neerlaten, laten hangen;

2. neuken.

cālō[3], ōnis *m*

1. soldatenknecht;

2. stal-, paardenknecht.

cālō[4], ōnis *m* klomp, toneellaars.

calor, ōris *m* (*caleo*)

1. warmte, hitte, gloed [**solis; fulminis**];

2. zomer(hitte); ▸ *mediis caloribus* midden in de zomer;

3. hartstocht, vuur, ijver;

4. (*poët.*) liefdesvuur; ▸ *calorem trahere* verliefd worden; *exstinctas revocat calores.*

Calor, ōris *m rivier in Samnium (in Midden-Italië), nu de* Calore.

calōrātus, a, um (*calor*)

1. (*Hor.*) heet;

2. (*Laatl.*) heet(hoofdig), vurig.

Calpē, ēs *f berg aan de straat v. Gibraltar.*

Calpurnius, a, um *naam v.e. Rom. pleb. gens, waarvan de Pisonen de bekendste tak waren, o.a.:*

1. L. ~ Piso Frugi, *volkstribuun in 149 v. Chr., consul in 133;*

2. C. ~ Piso Frugi, *schoonzoon v. Cicero;*

3. L. ~ Piso Caesonius, *consul in 58 v. Chr., politieke tegenstander v. Cicero, schoonvader v. Caesar;*

4. Calpurnia, *echtgenote v. Caesar, dochter v. Calpurnius 3.*

calt(h)a, ae *f* (*poët.; postklass.*) goudsbloem.

calt(h)ula, ae *f* (*caltha*) (*Plaut.*) geelgebloemd vrouwenkleed.

caluī *pf. v. caleo en calesco.*

calumnia, ae *f*

1. verdraaiing v.h. recht, valse aanklacht, bedrog; ▸ *-am of de -ā iurare* zweren dat men geen valse aanklacht doet; *causam -ae reperire;*

2. (*meton.*) veroordeling wegens een valse aanklacht; ▸ *-am ferre* wegens een valse aanklacht veroordeeld worden; *propter -ae metum;*

3. onjuiste, ongefundeerde bewering, laster;

4. bedrog, voorwendsel, intrige;

5. muggenzifterige kritiek.

calumniātor, ōris *m* (*calumnior*)

1. valse aanklager, rechtsverkrachter, bedrieger; ▸ *calumniatorem quaerere; calumniatorem opponere;*

2. muggenzifter.

calumnior, calumniārī (*calumnia*)

1. ten onrechte aanklagen;

2. intrigeren, intriges opzetten;

3. overdreven *of* boosaardige kritiek uitoefenen.

calumniōsus, a, um (*calumnia*) (*postklass.*) bedrieglijk, vals.

calva, ae *f* (*calvus*) schedel, hersenpan.

calvāria, ae *f* (*postklass.*) = *calva.*

calvātus, a, um (*calvus*) (*postklass.*) kaal (gemaakt).

Calvēna, ae *m* (*calvus*) 'kaalkop' (*bijnaam*).

calveō, calvēre, — — (*calvus*) (*postklass.*) kaal zijn.

calvēscō, calvēscere, — — (*calvus*) (*postklass.*) kaal worden.

calvitiēs, ēī *f* (*Petr.*) = *calvitium.*

calvitium, ī *n* (*calvus*) kaalheid.

calvor, calvī, — *act. en pass. betekenis:* misleiden, bedriegen *resp.* misleid, bedrogen worden.

calvus (*pre- en postklass.*)

I. *adj.* a, um

1. kaal; glad;

2. leeg;

II. *subst.* ī *m* kaalkop; — **Calvus,** ī *m cogn. in de gens Licinia.*

calx[1], calcis *f en* (*zelden*) *m*

1. kalk(steen);

2. (*meton.*) de (*oorspr. met kalk gemarkeerde*) finish v.d. renbaan (*itt. carceres: de slagboom aan het begin v.d. renbaan*); (*ook metaf.*) einde, doel; ▸ *ad carceres a calce revocari* opnieuw beginnen;

3. (*Plaut.*) steen (*van een bordspel*).

calx[2], calcis *f* hiel, hak (*v. mensen en dieren*); (*poët. ook*) hoef; ▸ *nuda calce vexare ilia equi; calces remittere en calcibus caedere* achteruitschoppen, -trappen; *calcem terere calce* iem. op de hielen trappen; *pugnis et calcibus* uit alle macht; *calcem impingere alci rei* zijn tanden zetten in, zijn best doen op.

calyculus, ī *m* (*demin. v. calyx*) kelk (*v.e. bloem*).

Calydōn, ōnis *f belangrijkste stad v. Aetolië in Griekenland;* — *adj.* **Calydōnius,** a, um Calydonisch; Aetolisch [**amnis** = de Acheloüs; **heros** = Meleager]; *fem.* **Calydōnis,** idis (*als subst.:* = *Deïanira*).

Calymnē, ēs *f eiland in de Egeïsche Zee tussen Samos en Kos, nu* Kalymna.

Calypsō, ūs *f (acc. -ō) nimf op het eiland Ogygia, dochter v. Atlas.*

calyx, ycis *f = calix.*

camara, ae *f = camera.*

camarō, camarāre *(camara) (Plin. Mai.)* overdekken.

cambiātor, ōris *= cambitor.*

cambiō, cambiāre *(postklass.)* (uit)wisselen, ruilen.

cambitor, ōris *m (cambio) (Mel.)* (geld)wisselaar.

camēlārius, ī *m (camelus) (Laatl.)* kameeldrijver.

camēlīnus, a, um *(camelus) (Plin. Mai.)* van een kameel.

camella, ae *f (demin. v. camera) (poët.; postklass.)* schaal.

camēloparda, -pardala, ae *en* **-pardalis,** is *f (Gr. leenw.)* giraffe.

camēlus, ī *m en f (Gr. leenw.)* kameel; dromedaris.

Camēna, ae *f (arch.* Casmena*)*
1. *bronnimf en profetes, wier eredienst werd gehouden voor de Porta Capena;*
2. *(poët.)* muze;
3. *(poët.) (meton.)* lied, gedicht, poëzie.

camera, ae *f (Gr. leenw.)*
1. gewelf;
2. *(postklass.)* (kleine) boot *(met gewelfd plankendak);*
3. *(Mel.)* voorraadkamer; schatkamer; staatskas.

camerārius[1], a, um *(camera) (Plin. Mai.)* zich omhoogslingerend.

camerārius[2], ī *m (camera) (Mel.)* kamerheer.

Cameria, ae *f en* **-um,** ī *n plaats in Latium; — adj.* **Camerīnus,** a, um; — **Camerīnus,** ī *m cogn. in de gens Sulpicia.*

Camerīna, ae *f*
1. *stad aan de Z.W.-kust v. Sicilië, nu* Camarina;
2. *een moeras in de omgeving van 1.*

Camerīnum, ī *n plaats in Umbrië, nu* Camerino; — *adj.* **Camers,** *gen.* ertis *en* **Camertīnus,** a, um.

camerula, ae *f (demin. v. camera) (Mel.)* kamertje.

Camillus, ī *m cogn. in de gens Furia; zie Furius.*

camīnāta, ae *f (caminus) (Mel.)* (verwarmbaar) vertrek, 'kemenade', kloostercel.

camīnō, camīnāre *(Plin. Mai.)* in de vorm v.e. oven maken.

camīnus, ī *m (Gr. leenw.)*
1. stookplaats, oven, (open) haard;
2. *(meton.)* (open) haardvuur; ▸ *metaf. oleum addere -o* olie op het vuur gooien, het kwaad verergeren;
3. smeltoven, smidsoven.

camīs(i)a, ae *f (Laatl.)* hemd.

camīsile, is *n (camisia) (Laatl.)* eenvoudige hemdenstof.

cammarus, ī *m (Gr. leenw.) (pre- en postklass.)* zeekreeft, hommer.

campāna, ae *f (Laatl.)* klok.

campānārium, ī *n (campana) (Mel.)* klokkentoren.

campānia, ae *f (campus) (Laatl.)* vlakte.

Campānia, ae *f* Campanië, *landstreek in Midden-Italië met Capua als belangrijkste stad; — adj.* **Campānus,** a, um *en* **Campāns,** *gen.* antis Campanisch *en* Capuaans; — *inw.* **Campānī,** ōrum *m* Campaniërs *en* Capuaners.

campē, ēs *f (Gr. leenw.) (postklass.)* rups.

campester, tris, tre *en (zelden)* **campestris,** e *(campus)*
1. in de vlakte, vlak, effen [**loca; iter** door de vlakte; **hostis** aan de strijd in de vlakte gewend];
2. van, op het Marsveld [**certamen**]; *(meton.)* sport- [**arma** sporttoestellen];
3. de *(op het Marsveld plaatsvindende)* verkiezingen betreffend [**quaestus; gratia** invloed bij de verkiezingen].

campestre, is *n (campester) (Hor.)* schort; gordel.

campestria, ium *n (campester)* vlakke streek, vlakte.

campi-ductor, ōris *m (campus) (Laatl.)* officier.

campiō, ōnis *m (Mel.)* strijder, bokser.

campus, ī *m*
1. het (vrije) veld; akkerland, zaaiveld;
2. (**a**) open ruimte *(in en buiten Rome);* (**b**) *campus en* ~ *Martius* Marsveld, *vlakte aan de Tiber, voor verkiezingsbijeenkomsten en als sport- en exercitieterrein gebruikt: curiam pro senatu, -um pro comitiis; vd. meton.* verkiezingen: *dies -i = dies comitiorum* dag v.d. verkiezingen;
3. speelplaats, sportveld;
4. *(poët.)* vlakte, *ihb.* zeeoppervlak; ▸ *-i liquentes, caerulei, natantes;*
5. *(Juv.)* slagveld, open veldslag;
6. *(metaf.)* werkterrein, speelruimte, gelegenheid *voor een activiteit* [**aequitatis; gloriae**]; ▸ *magnus est in re publica* ~;
7. *(retor.)* onderwerp, thema.

Camulodūnum, ī *n stad in Brittannië, nu* Colchester.

camurus, a, um *(Verg.)* gekromd [**cornua**].

Canacē, ēs *f dochter v. Aeolus.*
canālicula, ae *f en* **canāliculus,** ī *m (demin. v. canalis)* buisje, kleine pijp.
canālis, is *m en f* buis, (water-, afvoer)pijp, sloot, kanaal, trechter.
canārius, a, um *(canis)* (Plin. Mai.) van een hond, honden-.
canava, ae *f* (Mel.) hennep.
cancellārius, ī *m (cancellus)* (Laatl.) leider, chef.
cancellātim *adv. (cancellus)* (Plin. Mai.) in de vorm v.e. raster.
cancellō, cancellāre *(cancellus) (postklass.)*
1. een raster- *of* tralieachtige vorm geven;
2. doorhalen, schrappen [**scripturam testamenti**].
cancellus, ī *m (demin. v. cancer[2])*
1. raster, tralie, versperring;
2. *(v.e. olifant) (rastervormige)* geplooide huid;
3. *(metaf.)* grenzen, perken; ▸ *extra -os egredi;*
4. (Mel.) venstertralies; koorhek.
cancer[1], crī *m*
1. kreeft; krab;
2. *(poët.; postklass.)* Kreeft *als sterrenbeeld, waar de zon op 21 juni in komt;*
3. (Ov.) *(meton.)* het zuiden; zomerhitte;
4. *(med.)* kanker(gezwel).
cancer[2], crī *m (postklass.)* tralies.
Candāvia, ae *f bergstreek in Illyrië.*
candē-faciō, facere, fēcī, factum *(candeo) (pre- en postklass.)*
1. glanzend wit maken;
2. (gloeiend) heet maken.
candēla, ae *f (candeo)*
1. met was besmeerde draad;
2. (Juv.) waskaars.
candēlābrum, ī *n en* (Petr.) **candēlābrus,** ī *m (candela)* luchter *voor verscheidene kaarsen,* kandelaber.
candeō, candēre, canduī, — *(vaak in ptc. pr. candēns)*
1. glanzend wit zijn; glanzen, stralen; ▸ *ortus candens* stralende zonsopgang; *villa candens* glanzend van marmer; *circus candens* de Melkweg; *luna candens; lumen candens;*
2. gloeiend heet zijn, gloeien; ▸ *carbo candens; ferrum candens.*
candēscō, candēscere, canduī, — *(incoh. v. candeo)*
1. wit worden, beginnen te glanzen *(door: abl.)*;
2. beginnen te gloeien, heet worden.
candicō, candicāre *(candeo) (postklass.)* glanzen, glinsteren.
candidātōrius, a, um *(candidatus)* van de kandidaat.
candidātus *(candidus)*
I. *adj.* a, um *(pre- en postklass.)* in het wit gekleed;
II. *subst.* ī *m*
1. de *(in witte toga geklede)* kandidaat [**praetorius** *of* **praeturae** kandidaat voor het ambt v. pretor; **consularis; tribunicius**];
2. iem. die nastreeft.
candidulātus, a, um (Mel.) wit.
candidulus, a, um *(demin. v. candidus)* tamelijk wit [**dentes**].
candidus, a, um *(candeo)*
1. glanzend wit, glinsterend wit, sneeuwwit [**equus** schimmel; **populus** zilverpopulier; **avis** ooievaar; **toga; sententia** met witte stenen aangegeven, goedkeurend];
2. glanzend, stralend [**Dido** verblindend mooi];
3. *(poët.)* in het wit gekleed;
4. *(v. wind)* beter weer brengend, wolken verjagend [**Favonius**];
5. *(postklass.) (v.d. stem)* zuiver, helder;
6. *(v. stijl)* duidelijk, helder, doorzichtig [**genus dicendi**];
7. *(poët.) (v. karakter)* betrouwbaar, oprecht;
8. *(v. toestanden)* blij, vrolijk, gelukkig, gunstig [**natalis; dies; convivium; fatum; omina**].
candor, ōris *m (candeo)*
1. glanzend witte kleur [**tunicarum; dentium; pellium**];
2. glans, glinstering [**solis; caeli; marmoreus**];
3. *(poët.; postklass.)* verblindende schoonheid;
4. *(postklass.) (v. stijl)* duidelijkheid, helderheid;
5. *(poët.; postklass.) (v. karakter)* oprechtheid [**animi**].
canduī *pf. v. candeo en candesco.*
cāneō, cānēre, cānuī, — *(canus) (poët.)* wit, grijs zijn; ▸ *ager gravidis canet aristis* glanst van de aren *(= het graan is rijp)*; — *ptc. pr.* **cānēns,** entis wit, grijs.
canēphoroe *f (sg.* **canēphoros,** ī *en* **-a,** ae *f) (Gr. leenw.)* mandendraagsters *(jonge meisjes, die bij Gr. feesten de offermanden op het hoofd droegen).*
canēs, is *m en f (arch.) = canis.*
cānēscō, cānēscere, cānuī, — *(incoh. v. caneo)*
1. *(poët.; postklass.)* wit, grijs worden; ▸ *canescunt capilli; canescunt aequora* de zee wordt wit door golven en schuimkoppen;
2. oud(er) worden; ▸ *(metaf.) oratio iam nostra*

canescit.

cānī, ōrum *m (canus; vul aan: capilli)* grijs haar; *(meton.)* ouderdom.

canīcula, ae *f (demin. v. canis)*
1. *(Plin. Mai.)* kleine (vrl.) hond;
2. *(Plaut.)* teef, vinnige vrouw;
3. Hondsster = *Sirius.*

Canīnius, a, um *naam v.e. pleb. gens:*
1. C. ~ Rebilus, *legaat onder Caesar in Gallië;*
2. L. ~ Gallus, *in 56 v. Chr. volkstribuun; — adj.* **Canīniānus,** a, um.

canīnus, a, um *(canis) (poët.; postklass.)*
1. van een hond, honden- [**latratus**];
2. op een hond lijkend: (a) *(mbt. uiterlijk)* [**dentes**]; (b) *(mbt. geluid)* grommend, blaffend [**vocis sonitus; lingua**]; (c) *(mbt. aard)* bijtend.

canis, is *m en f (gen. plur.* canum)
1. hond [**pastoricius** herdershond; **acer; mordax**];
2. *(poët.; postklass.) (als scheldw.)* hond;
3. bits *of* bars persoon; ▸ *uxorem suam esse aiebat rabiosam canem;*
4. *(poët.)* Hond *als sterrenbeeld; (Maior)* de Grote Hond *waartoe Sirius behoort; (Minor)* de Kleine Hond;
5. *(poët.; postklass.) (marinus)* hondshaai;
6. *(poët.; postklass.)* 'hondenworp' *(de slechtste worp in het spel: bij alle dobbelstenen ligt de een boven);*
7. *(Plaut.)* boei(?).

canistrum, ī *n (Gr. leenw.)* rieten mandje.

cānitiēs, ēī *f (canus) (poët.; postklass.)*
1. (wit)grijze kleur;
2. grijze haren;
3. ouderdom, geestelijke rijpheid;
4. witte stof.

canna[1]**,** ae *f (Gr. leenw.) (poët.; postklass.)*
1. riet [**palustris**];
2. *(meton.) voorwerp van riet:* (a) rieten pijp, rietfluit; (b) klein vaartuig, klein schip.

canna[2]**,** ae *f (Laatl.)* kan.

cannabinus, a, um *(Gr. leenw.)* gemaakt van hennep.

cannabis, is *f (Gr. leenw.)* hennep.

Cannae, ārum *f stad in Apulië in Z.-Italië (slag bij Cannae in 216 v. Chr.), nu* Canne; — *adj.* **Cannēnsis,** e.

cannula, ae *f (demin. v. canna*[1]*) (Laatl.)* rietje.

canō, canere, cecinī, cantātum
I. *intr.*
1. *(v. mensen en vogels)* zingen; ▸ *ad tibiam ~* bij de fluit; *sprw.: surdis auribus ~* tegen dovemansoren praten; — *(v. dieren)* kraaien, krassen, kwaken;
2. *(v. instrumenten)* (weer)klinken; ▸ *tubae cecinerunt; classicum (of signum) canit* het teken voor de aanval klinkt;
3. *(op een instrument)* spelen, blazen *(op: abl.)* [**harundine; fidibus; citharā; tibiā**]; ▸ *receptui ~* het sein voor de aftocht geven];
II. *tr.*
1. zingen [**carmen; versūs**];
2. bezingen, in een lied prijzen; *alg.* prijzen, verheerlijken [**regum facta**];
3. dichten;
4. voorspellen, aankondigen [**omina; fata**];
5. *als leer* verkondigen, uiteenzetten;
6. *(instrumenten)* bespelen, blazen, laten klinken, *ihb. milit.* [**classicum** *of* **signa** het teken tot de aanval geven].

canōn, onis *m (acc.* -ona) *(Gr. leenw.)*
1. *(Plin. Mai.)* regel, richtsnoer;
2. *(August.)* canon *(lijst v.d. boeken v.h. OT en NT).*

canonicātus, ūs *m (canonicus)* (Mel.) positie v. kanunnik.

canonicus *(Gr. leenw.)*
I. *adj.* a, um
1. *(postklass.)* regelmatig;
2. *(eccl.)* canoniek, volgens het kerkelijk recht, rechtmatig;
II. *subst.* ī *m*
1. *(Plin. Mai.)* astronoom;
2. *(Mel.)* kanunnik, domheer.

canonista, ae *m (canon)* (Mel.) verdediger, behartiger v.h. kerkelijk recht.

Canōpus, ī *m*
1. *stad op een eiland in de westelijke monding v.d.* Nijl;
2. *(meton.)* (Noord-)Egypte.

canor, ōris *m (cano) (poët.; postklass.)* gezang; klank; ▸ *Martius aeris rauci ~* oorlogszuchtige klank; *~ lyrae.*

canōrum, ī *n (canorus)* welluidende klank.

canōrus, a, um *(canor)*
1. welluidend, melodisch [**vox; versus**];
2. zingend, klinkend, spelend [**vox; aves** zangvogels; **olor; aes** helder klinkend; **Triton** blazend].

Cantabrī, ōrum *m (sg.* **Cantaber**) *volksstam in N.-Spanje; — het land:* **Cantabria,** ae *f; — adj.* **Cantabricus,** a, um.

cantabrum[1]**,** ī *n (postklass.)* standaard, vaandel.

cantabrum[2]**,** ī *n (postklass.)* zemelen.

cantābundus, a, um *(canto) (Petr.)* zingend, neuriënd.

cantāmen, inis *n (canto) (Prop.)* toverspreuk.

cantātiō, ōnis *f (canto) (postklass.)* gezang; lied.

cantātor, ōris *m (canto)* zanger.

cantātrīx, īcis *f (cantator) (postklass.)* zangeres.

cantēr- = *canther-.*

cantharis, idis *f (Gr. leenw.) een soort kever,* Spaanse vlieg *(gebruikt als vergif en in medicijnen).*

cantharus, ī *m (Gr. leenw.)*
1. kan, grote beker;
2. pieterman *(een zeevis).*

canthērīnus, a, um *(cantherius) (Plaut.)* van een ruin.

canthērius, ī *m* ruin; *alg.* werkpaard; *geringsch.* knol; ▸ *-o vehi; sprw.: minime -um in fossam (vul aan: demitte)* niet met je knol in een kuil! = doe niet zo dom!

canticum, ī *n (cantus)*
1. lied, gezang;
2. *(in de Rom. komedie) lyrisch gedeelte met begeleiding v. fluiten;* ▸ *-um agere* voordragen; *-um desaltare* pantomimisch voordragen;
3. *(eccl.)* geestelijk lied, psalm; ▸ *~ canticorum* Hooglied.

cantilēna, ae *f (canto)*
1. *(preklass.; Laatl.)* deuntje;
2. alom bekend, ook afgezaagd lied;
3. *(metaf.)* het oude liedje, het oude gezeur;
4. *(Mel.)* lied; kerkgezang.

cantilō, cantilāre *(canto) (Apul.)* zingen.

cantiō, ōnis *f (cano)*
1. *(pre- en postklass.)* gezang, lied;
2. *(August.)* deuntje;
3. toverspreuk.

cantitō, cantitāre *(frequ. v. cano)* vaak zingen.

Cantium, ī *n landstreek in Z.O.-Engeland, nu* Kent.

cantiuncula, ae *f (demin. v. cantio)* liedje.

cantizō, cantizāre *(Mel.)* zingen.

cantō, cantāre *(intens. v. cano)*
I. *intr.*
1. zingen; kraaien;
2. *(poët.) (v. instrumenten)* (weer)klinken, weergalmen; ▸ *tibia cantat; pastoris bucina lenti cantat;*
3. *(op een instrument)* spelen, blazen *(op: abl.)* [**tibiis; calamo; citharā**];
4. *(Verg.)* toverformules opzeggen;
II. *tr.*
1. zingen;
2. dichten [**carmina; versūs**];
3. *(poët.)* bezingen, in een lied verheerlijken, verkondigen [**proelia; victoriam; fortunam Priami**]; — *alg.* prijzen [**Caesarem**];
4. *(postklass.)* voordragen, reciteren [**fabulam**];
5. *(postklass.)* opdreunen;
6. *(poët.)* herhaaldelijk op het hart drukken, inprenten, waarschuwen voor;
7. *(poët.; postklass.)* betoveren, bezweren, in zijn ban houden.

cantor, ōris *m (cano)*
1. *(poët.; postklass.)* zanger;
2. toneelspeler, acteur;
3. iem. die iets opdreunt, afdraait [**formularum**];
4. vleier [**Euphorionis**].

cantrīx, īcis *f (cantor) (Plaut.)* zangeres.

canturiō, canturīre *(desid. v. cano) (Petr.)* zingen.

cantus, ūs *m (cano)*
1. het zingen, gezang; *(v. dieren ook)* het kraaien, zoemen;
2. lied, melodie;
3. *(v. instrumenten)* toon, klank, muziek, spel [**bucinarum; tibicinum**];
4. *(poët.)* voorspelling;
5. *(poët.)* toverspreuk; ▸ *amores cantibus aut herbis solvere; cantu vertere in pisces* in vissen veranderen.

Canuleius, a, um *naam v.e. pleb. Rom. gens: C. ~, volkstribuun in 445 v. Chr.* [**lex Canuleia de conubio** *over de geldigheid v. huwelijken tussen patriciërs en plebejers*].

cānus, a, um
1. lichtgrijs, wit, *(ihb. v. haar)* [**capilli; aequora**];
2. met grijze haren, hoogbejaard;
3. eerbiedwaardig [**senectus**].

canusīnātus, a, um *(postklass.)* gemaakt van wol uit Canusium.

Canusium, ī *n stad in Apulië in Z.-Italië, toevluchtsoord v.h. Rom. leger na de slag bij Cannae; nu* Canosa; — *inw. en adj.* **Canusīnus,** ī *m resp.* a, um.

capācitās, ātis *f (capax)*
1. bevattingsvermogen, ruimte;
2. *(postklass.)* omvang, grootte;
3. *(jur.)* recht om te erven.

capāx, *gen.* ācis *(capio)*
1. in staat om veel te bevatten, ruim, groot [**urbs; mundus; domus**];
2. ontvankelijk, geschikt, vatbaar *(voor: gen.; ad);* ▸ *imperii ~; amicitiae ~; gloriae ~; animal ~ mentis* in staat tot denken; *animus ~ ad praecepta.*

capēdō, inis *f* (*Mel.*) schaal.
capēduncula, ae *f* (*demin. v. capedo*) kleine schaal.
capella[1]**,** ae *f* (*demin. v. capra*)
1. geitje;
2. (*poët.; postklass.*) Geit *als ster in het sterrenbeeld Voerman;* ▸ *sidus pluviale -ae.*
capella[2]**,** ae *f* (*Mel.*)
1. kapel;
2. geestelijkheid (*die bij een kapel hoort*).
capellānus, ī *m* (*capella*[2]) (*Mel.*) geestelijke, kapelaan.
capellus, ī *m* (*Mel.*) monnikskap.
Capēna[1]**,** ae *f stad in Etrurië ten Z. v.d. berg Soracte;* — *inw. en adj.* **Capēnus,** ī *m resp.* a, um *en* **Capēnās,** ātis (*m*).
Capēna[2] *porta* ~ *poort in Rome, waar de via Appia begon.*
caper, prī *m* (*poët.; postklass.*)
1. geitenbok;
2. (*meton.*) stank v. geiten, zweetlucht;
3. (*poët.; postklass.*) Steenbok *als sterrenbeeld.*
caperrō, caperrāre (*pre- en postklass.*)
I. *intr.* rimpelig worden; ▸ *illi caperrat frons severitudine* (*Plaut.*);
II. *tr.* fronsen [**frontem**].
capessō, capessere, capessīvī, capessītum (*intens. v. capio*)
1. grijpen, vastpakken [**arma**];
2. (*een bezigheid, ambt*) aangrijpen, beginnen, aanvaarden; ▸ *magistratūs, imperium* ~ op zich nemen; *pugnam manu* ~ handgemeen worden; *partem belli* ~ ; *rem publicam* ~ zijn politieke loopbaan beginnen; *curas imperii* ~ ; *viam* ~ inslaan; *provincias* ~ het bestuur v.d. provincies op zich nemen;
3. streven naar (*m. acc.*) [**superiora** naar het hogere];
4. snellen naar, afgaan op (*m. acc.*) [**Italiam; montem**].
Caphēreus (*en* **-āreus**), eī *m zuidoostelijke landtong v. Euboea* (*Midden-Griekenland*); — *adj.* **Caphērēus,** a, um.
capillāceus, a, um (*capillus*) (*postklass.*) lijkend op haar.
capillāmentum, ī *n* (*capillus*)
1. het haar, haren;
2. vals haar, pruik;
3. wortelvezels *v. planten.*
capillāre, is *n* (*capillus*) (*Mart.*) pommade.
capillātus, a, um (*capillus*)
1. behaard; langharig; ▸ *adulescens bene* ~ ; *nationes -ae;*
2. (*Plin. Mai.*) harig [**radices**].
capillitium, ī *n* (*capillus*) (*postklass.*) het haar, haren.
capillus, ī *m* (*verw. m. caput*)
1. haar *v.e. mens:* hoofd- *en* baardhaar;
2. haar *v. dieren;*
3. harige vezels *of* wortels *v. planten.*
capiō[1]**,** capere, cēpī, captum
1. grijpen, nemen, pakken [**arma** naar de wapens grijpen; **cibum** tot zich nemen; **flammeum; baculum**];
2. (*plaatsen*) (a) innemen, bezetten, gaan zitten op [**montem; oppidum**]; (b) bereiken, aankomen bij [**portum**];
3. (*metaf.*) grijpen, nemen, vatten [**occasionem** de gelegenheid aangrijpen; **consilium** een besluit nemen; **conatum** een poging ondernemen];
4. (*ambten, taken*) aanvaarden, op zich nemen [**consulatum; honores**];
5. (*v. toestanden, emoties*) iem. bevangen, aangrijpen, bekruipen; ▸ *senatum metus cepit; animum capit cura;*
6. (*met geweld*) wegnemen, zich toe-eigenen [**rem publicam** de macht (in de staat) grijpen];
7. gevangennemen [**regis filiam; duces**];
8. veroveren [**impedimenta; praedam** buit maken; **naves** kapen; **classem; ex hostibus pecuniam**];
9. innemen, veroveren [**hostium castra**];
10. (*dieren*) vangen [**cervos; pisces**];
11. (uit)kiezen, uitzoeken [**locum castris idoneum**];
12. voor zich innemen, boeien, aantrekken; ▸ *captus eius humanitate; oculos* ~ ;
13. verlokken, verleiden, inpakken [**blanditiis**]; *pass.* zich laten verleiden [**novitate rei**];
14. *pass.* verliezen, beroofd worden van (*bv. van gezichtsvermogen*) (*m. abl.*); ▸ *luminibus capi* blind worden; *auribus captus* doof; *pedibus captus* verlamd; *mente captus* zwakzinnig;
15. (*als ontvanger*) aannemen, ontvangen, (ver)krijgen [**praemium; nihil ex hereditate; ex bonis testatoris solidum**];
16. zich op de hals halen [**infamiam**];
17. vinden, genieten [**quietem**];
18. (*inkomsten*) ontvangen, incasseren [**stipendium iure belli; vectigal ex agro**];
19. (*poët.*) iem. opnemen; ▸ *Italia fessos cepit;*
20. (*een gestalte e.d.*) aannemen [**gestum atque**

vultum novum; formam];
21. *(vreugde e.d.)* voelen, ondervinden [**laetitiam; voluptatem**];
22. *(verdriet, onaangename dingen)* lijden, ondergaan [**molestiam; dolorem**];
23. verkrijgen, verwerven [**gloriam**];
24. begrijpen, (be)vatten [**orationem; gratiam** beseffen];
25. *(v. plaats)* bevatten, in zich (kunnen) opnemen; ▸ *portus ingentem vim navium capit;*
26. geschikt, passend zijn voor, toelaten, verdragen; ▸ *vix dolor frenos capit (Sen.);*
27. *pecuniam ~ ab alqo* zich door iem. laten omkopen;
28. *(eccl.) (onpers.) non capit (m. aci.)* het is onmogelijk.

capiō[2], ōnis *f (capio*[1]*) (pre- en postklass.)* het nemen, het vastpakken; ▸ *usus capio (ook als één woord usu[s]capio)* eigendomsrecht door verjaring.

capis, idis *f (acc. plur. -idas) (Gr. leenw.)* schaal met handvatten, ihb. offerschaal met handvatten.

capistrō, capistrāre *(capistrum)* een halster omdoen, inspannen [**boves; iumenta ad iugum**].

capistrum, ī *n (capio*[1]*)* lus; halster; muilkorf; *(Laatl.)* hoofdstel.

capital *(postklass.* **capitāle***)*, ālis *n (capitalis)* halsmisdaad, kapitaal misdrijf.

capitālis, e *(caput)*
1. het hoofd, het leven betreffend, levens-, doods- [**periculum** levensgevaar; **poena** doodstraf; **res** *of* **facinus** halsmisdaad];
2. dodelijk, uiterst gevaarlijk, verderfelijk, doods- [**hostis** doodsvijand; **odium; ira; inimicitiae**];
3. uitstekend [**ingenium**].

capitāneus *(caput) (Mel.)*
I. *adj.* a, um opvallend door grootte;
II. *subst.* ī *m*
1. aanvoerder;
2. graaf.

capitātiō, ōnis *f (caput) (Laatl.) (jur.)* belasting, belastingheffing *(op vrije personen of onroerend goed).*

capitātus, a, um *(caput)* voorzien van een hoofd *of* kop.

capitellum, ī *n (demin. v. caput) (Laatl.)* hoofd, kop.

capitium, ī *n (caput)*
1. *(postklass.)* opening voor het hoofd *in de tunica;*
2. *(Laatl.)* kap.

capitō, ōnis *m (caput)* dikkop.

Capitō, ōnis *m Rom. cognomen.*

Capitōlium, ī *n (caput)* het Capitool: *heuvel met twee toppen in Rome met de burcht, de Tarpeïsche rots (zuidoostelijke helling) en de tempel v. Jupiter;* / *adj.* **Capitōlīnus,** a, um.

capitulātim *adv. (capitulum)* in hoofdlijnen, in het kort.

capitulātus, a, um *(caput) (Laatl.)* voorzien van een hoofd *of* kop.

capitulum, ī *n (demin. v. caput)*
1. *(Plaut.)* hoofdje;
2. *(kom.) (scherts.)* mens;
3. *(archit.)* kapiteel *v.e.* zuil;
4. bloemhoofdje, zaadbol *e.d.*;
5. *(jur.)* personele belasting;
6. *(Laatl.)* hoofdstuk, passage;
7. *(eccl.)* hoofdzaak.

capītum, ī *n en* **capītus,** ī *m (Gr. leenw.) (Laatl.)* rantsoen, veevoer.

capnos, *acc.* -on *f (Gr. leenw.) (Plin. Mai.)* duivekervel.

cāpō, ōnis *m (postklass.)*
1. kapoen;
2. eunuch; *(scherts.)* ventje.

cappa, ae *f (Mel.)*
1. hoofdbedekking, kap;
2. gewaad, mantel *v.e. geestelijke.*

Cappadocia, ae *f landstreek in Klein-Azië, nu Kapadokya; — bew.* **Cappadox,** ocis *m; — adj.* **Cappadoc(i)us,** a, um.

capparis, is *f (Gr. leenw.) (pre- en postklass.)* kappertje *(specerij)*; heester die kappertjes voortbrengt.

capra, ae *f (caper)*
1. geit; — *Caprae of Capreae palus* 'Geitenmoeras', *de plek op de Campus Martius waar Romulus verdween;*
2. *(poët.)* Geit *als sterrenbeeld = capella*[1] *2.;*
3. *(meton.)* stank, geur v.e. bok = *caper 2.*

caprāritia, ae *f (Mel.)* kudde geiten.

caprea, ae *f (capra) (poët.; postklass.)* ree; — *Capreae palus zie capra.*

Capreae, ārum *f* 'Geiteneiland', *klein rotsachtig eiland voor de Campanische kust, nu Capri; — adj.* **Capreēnsis,** e; — *subst.* **Caprīneus,** ī *m spotnaam v. keizer Tiberius.*

capreāginus, a, um *(caprea en gigno) (Plaut.)* lijkend op een ree.

capreolus, ī *m (caper)*
1. reebok;

2. *plur.* (*archit.*) stut, steunbalk, balkwerk v.e. dak;
3. wijnrank.

capri-cornus, ī *m* (*caper en cornu*) Steenbok *als sterrenbeeld.*

caprificātiō, ōnis *f* (*caprifico*) (*Plin. Mai.*) het aanbrengen van wilde vijgen *om bestuiving te stimuleren.*

caprificō, caprificāre (*caprificus*) (*agr.*) wilde vijgen aanbrengen.

capri-ficus, ī *f* (*caper*) 'geitenvijg', wilde vijgenboom; wilde vijg.

capri-genus, a, um (*caper en gigno*) afkomstig van geiten.

caprīle, is *n* (*caprilis*) geitenstal.

caprīlis, e (*caper*) geiten-.

capri-mulgus, ī *m* (*capra en mulgeo*)
1. (*Catull.*) geitenmelker, herder;
2. (*Plin. Mai.*) nachtzwaluw(?).

caprīnus, a, um (*caper*) geiten-, bokken- [**pellis; grex; lac; capilli**].

capri-pēs, *gen.* pedis (*caper*) (*poët.*) met bokkenpoten [**Satyri; Panes**].

capsa, ae *f* (*capio*)
1. koker, kist, houder (*ihb. voor boekrollen*);
2. (*Mel.*) reliekschrijn.

Capsa, ae *f stad ten Z. v. Tunis, nu* Gafsa; — *inw.* **Capsēnsēs,** ium *en* **Capsitānī,** ōrum *m.*

capsārius, ī *m* (*capsa*)
1. (*Suet.*) sjouwer (*slaaf die de boekenkist v.d. zoon v. zijn meester droeg*);
2. *slaaf die op de kledingstukken past* (*bv. in de baden*).

capsella *en* **capsula,** ae *f* (*demin. v. capsa*) (*poët., postklass.*) kokertje, doosje, kistje.

capsus, ī *m* (*capio*)
1. kooi, kist *voor wilde dieren;*
2. wagenbak, koetsbak.

captātiō, ōnis *f* (*capto*) het grijpen, jagen, jacht maken (*naar, op: gen.*) [**verborum** woordenzifterij; **testamenti** het jacht maken op een erfenis; (*Laatl.*) **benevolentiae** het vechten om de gunst v.d. toehoorder *of* lezer].

captātor, ōris *m* (*capto*)
1. iem. die ijverig jacht maakt op *of* probeert te verkrijgen (*m. gen.*) [**lucri**];
2. (*poët.; postklass.*) erfenisjager.

captiō, ōnis *f* (*capio*[1])
1. het vangen (*v.e. dier*), grijpen, pakken, aanhouding (*v. mensen*);
2. bedrog, misleiding;
3. schade, nadeel;
4. drogreden; ▸ *captiones discutere, metuere.*

captiōsa, ōrum *n* (*captiosus*) drogredeneringen.

captiōsus, a, um (*captio*)
1. bedrieglijk, sluw [**societas; beneficium**];
2. lastig, netelig [**interrogatio; probabilitas**].

captitō, captitāre (*frequ. v. capio*) (*Laatl.*) grijpen.

captiuncula, ae *f* (*demin. v. captio*) (juridische) valstrik, spitsvondigheid.

captīva, ae *f* (*captivus*) vrl. (krijgs)gevangene.

captīvitās, ātis *f* (*captivus*) (*postklass.*)
1. gevangenschap, slavernij; ▸ *captivitati patrem eripere;*
2. verovering, inname [**urbis**];
3. gevangenneming, arrestatie.

captīvō, captīvāre (*captivus*) (*Laatl.*) gevangennemen.

captīvus (*captus v. capio*[1])
I. *adj.* a, um
1. (krijgs)gevangen [**cives; reges; duces**];
2. veroverd, buitgemaakt [**naves; classis; cibus; pecunia**];
3. van een gevangene [**habitus; corpus; brachia**];
II. *subst.* ī *m* (krijgs)gevangene.

captō, captāre (*intens. resp. frequ. v. capio*)
1. (*poët.; postklass.*) gretig *of* herhaaldelijk grijpen naar, vatten, jagen op (*m. acc.*);
2. (*poët.; postklass.*) jagen [**feras**];
3. streven naar, proberen te verkrijgen (*m. acc.; inf.*) [**assensionem alcis; occasionem; gloriam; sermonem alcis** afluisteren; **ceteris praestare**];
4. te slim af zijn, om de tuin leiden [**insidiis hostem**];
5. op een slimme manier proberen te winnen *of* te verkrijgen [**hereditatem**].

captūra, ae *f* (*capio*[1]) (*postklass.*) vangst, winst.

captus[1] *ppp. v. capio*[1].

captus[2]**,** ūs *m* (*capio*[1])
1. geestelijk vermogen, begripsvermogen, talent;
2. (*Sen.*) omvang [**corporis**];
3. (*Plin. Mai.*) het vatten, het grijpen.

Capua, ae *f belangrijkste stad v. Campanië in Midden-Italië, nu* Santa Maria Capua Vetere.

capūdō, inis *f* = *capedo.*

capula, ae *f* (*demin. v. capis*) (*preklass.*) kleine schaal met handvatten.

capulāris, e (*capulus*) (*Plaut.*) van de doodkist = met één voet in het graf.

capulātor, ōris *m* (*capulo*[1]) (*agr.*) iem. die olie overgiet.

capulō[1], capulāre *(capula)* (Plin. Mai.) overscheppen.
capulō[2], capulāre *(capio)* *(postklass.)* vastbinden.
capulō[3], capulāre *(capio)* (Laatl.) afsnijden, vellen.
capulus, ī *m* *(capio*[1]*)*
1. handvat, greep [**gladii; ensis; aratri**];
2. doodkist.
cāpus, ī *m* = *capo.*
caput, pitis *n*
1. hoofd, kop; ▸ *capite demisso* met gebogen hoofd; *capite aperto* blootshoofds; *capite operto* met bedekt hoofd; *sprw.*: *nec caput nec pedes habere* kop noch staart hebben; *per caputque pedesque* hals over kop; *supra caput esse* iem. op de nek zitten;
2. mens;
3. *(v. dieren)* stuk; ▸ *bina capita boum;*
4. het leven; ▸ *capitis periculum* levensgevaar; *poena capitis* doodstraf; *capitis accusare* van een halsmisdrijf beschuldigen; *capitis of capite damnare* ter dood veroordelen; *capitis absolvere* vrijspreken van een halsmisdrijf;
5. hoofd(persoon), initiatiefnemer; ▸ ~ *scelerum;* ~ *coniurationis* raddraaier; *capita rerum* leiders v.d. staat;
6. hoofdstad, belangrijkste plaats; ▸ *Thebae* ~ *totius Graeciae* de belangrijkste stad; *Roma* ~ *Latii est;* ~ *belli* middelpunt;
7. hoofdzaak, -punt, -inhoud; ▸ ~ *cenae* hoofdgerecht; *quod* ~ *est* wat de hoofdzaak is; ~ *rerum* voornaamste punt;
8. hoofdstuk, passage;
9. uiterste, begin *of* eind [**pontis** bruggenhoofd]; *(v. rivieren)* bron *of* monding; *(metaf.)* bron = oorsprong, oorzaak [**miseriarum**];
10. status als vrij burger; ▸ *capitis causa of iudicium* proces over de burgerlijke eer; *capite deminuere* van zijn burgerrechten beroven;
11. kapitaal, hoofdsom.
Cār, Cāris *m, plur.* **Cāres,** um Cariër, *bewoner v.* **Cāria,** ae *f, de zuidwestelijkste landstreek v. Klein-Azië;* — *adj.* **Cāricus,** a, um; — **Cārica,** ae *f (vul aan: ficus)* Carische vijg.
carabus, ī *m (Gr. leenw.)* (Plin. Mai.) *een soort kreeft.*
Caralēs, ium *f stad op Sardinië, nu Cagliari;* — *inw. en adj.* **Caralītānus,** ī *m resp.* a, um.
caraxō = *charaxo.*
carbās, ae *m (Gr. leenw.)* *(postklass.)* *oostelijke wind.*
carbasa, ōrum *n* *(carbasus)*
1. batisten kleding;
2. *(poët.)* zeilen.
carbaseus, a, um *(carbasus*[1]*)* van fijn linnen, van mousseline [**vela**].
carbasineus *(preklass.)* *en* **carbasinus,** a, um (Plin. Mai.) = *carbaseus.*
carbasus[1], ī *f (poët.; postklass.)*
1. fijn linnen, (katoenen) batist, mousseline;
2. *(meton.)* iets vervaardigd uit carbasus.
carbasus[2], a, um (Prop.) = *carbaseus.*
carbatinus, a, um = *carpatinus.*
carbō, ōnis *m* steenkool; — **Carbō** *cogn. in de gens Papiria.*
carbōnārius, ī *m* *(carbo)* (Plaut.) kolenbrander, kolenhandelaar.
carbunculātiō, ōnis *f* *(carbunculo)* aantasting door meeldauw.
carbunculō, carbunculāre *(carbunculus 5. en 6.)* aangetast zijn door meeldauw *of* zweren.
carbunculōsus, a, um *(carbunculus 3.)* vol zandsteen.
carbunculus, ī *m* *(demin. v. carbo)*
1. (Plaut.) kooltje;
2. *(metaf.)* brandend verdriet;
3. *een soort zandsteen;*
4. *een soort edelsteen,* robijn, karbonkel *e.d.;*
5. *(agr.)* *een soort meeldauw;*
6. *(med.)* zweer.
carcer, eris *m*
1. gevangenis, kerker; ▸ *custos carceris; in carcerem ducere, conicere; carcere includere; emitti e carcere; carcerem refringere;* — *v.h. lichaam als gevangenis v.d. ziel: corpore animus tamquam carcere saeptus; vincula carceris rumpere;*
2. *(meton.)* de gevangengezette misdadigers;
3. (Ter.) *(als scheldw.)* schurk;
4. *plur.* slagboom *aan het begin v.d. renbaan,* startperk *(itt. calx: eindpaal v.d. renbaan);* ▸ *ad carceres a calce revocari* opnieuw beginnen.
carcerālis, e *(carcer)* (Laatl.) de gevangenis betreffende.
carcerārius, a, um *(carcer)* (Plaut.) de gevangenis betreffende [**quaestus** beroep v. cipier].
carcerō, carcerāre *(carcer)* (Laatl.) in de gevangenis gooien, in een kerker opsluiten.
Carchēdonius, ī *m* Carthager.
carchēsium, ī *n (Gr. leenw.)*
1. drinkbeker *(met handvatten van de rand tot aan de onderkant);*
2. top v.e. mast;
3. *een soort hijskraan.*
carcinōdēs, ēs, es *(Gr. leenw.)* *(postklass.)* kankerachtig.
carcinōma, atis *n (Gr. leenw.)* *(pre- en postklass.)*

kanker(gezwel), tumor (*ook als scheldwoord*).

Carda *zie Cardea.*

cardamōmum, ī *n* (*Gr. leenw.*) kardemom.

Cardea *en* **Carda,** ae *f* (*cardo*) *godin v.d. deurscharnieren* (*godin v.d. familie*).

cardēlis, is *f* (*carduus*) (*postklass.*) distelvink, putter.

cardiacus, a, um (*Gr. leenw.*) lijdend aan pijn aan het hart *of* aan de maag; *ook subst.*

Cardiānus, a, um uit Cardia (*stad op de Thrac. Chersonesus aan de Zwarte Zee/Dardanellen*).

cardinālis (*cardo*)

I. *adj.* e

1. met betrekking tot het draaipunt;

2. belangrijk, vooraanstaand;

II. *subst.* is *m* (*Mel.*) kardinaal.

cardō, inis *m*

1. (deur)scharnier; tap; ▸ ~ *stridebat; cardinem versare en vertere* de deur openen;

2. (*metaf.*) draai-, keerpunt, as; ▸ ~ *caeli* noordpool; *cardines mundi* uiteinden v.d. aarde, noord- en zuidpool;

3. (*N.-Z. lopende*) scheidingslijn;

4. hoofdstraat *of* -as *in een Rom. legerkamp of in Rom. steden*;

5. hemelstreek, deel v.e. gebied;

6. (*postklass.*) hoofdpunt, keerpunt.

carduēlis, is *f* = *cardelis.*

carduus, ī *m* (*poët.; postklass.*) distel.

cārectum, ī *n* (*carex*) wei met rietgras.

careō, carēre, caruī, (caritūrus) (*m. abl.*)

1. vrij zijn van, niet hebben, niet bezitten [**dolore; vitio**];

2. zich ver houden van, mijden, wegblijven van [**foro; patria; senatu**];

3. ontberen, missen, het moeten stellen zonder [**consuetudine amicorum; matre; cibo**];

4. (*postklass.*) verliezen, kwijtraken.

careēta, ae = *caryota.*

Cāres *zie Car.*

cārex, icis *f* rietgras *of* zegge.

Cāria, Cārica, Cāricus *zie Car.*

cariēs, ēī *f*

1. rotheid, vermolmdheid;

2. verschaling; smaak v. oude wijn.

carīna, ae *f*

1. (scheeps)kiel;

2. (*poët.*) (*meton.*) schip;

3. (*Plin. Mai.*) notendop;

/ **Carīnae,** ārum *f stadswijk in Rome op de westelijke helling v.d. Esquilijn.*

carinārius, ī *m* (*carinum*) (*Plaut.*) maker *of* verver v.e. nootkleurig kledingstuk.

carinus, a, um *n* (*Gr. leenw.*) (*Plaut.*) nootbruin gekleurd.

cariōsus, a, um (*caries*) (*niet-klass.*) rot, bedorven [**dentes; amphora Falerni** verschaald].

cariēta, ae = *caryota.*

cāris, idis *f* (*Gr. leenw.*) krab.

caristia (*en* **charistia**), ōrum *n* (*Gr. leenw.*) (*poët.; postklass.*) *familiefeest v. liefde en eensgezindheid op 22 februari.*

cāritās, ātis *f* (*carus*)

1. hoge prijs, duurte [**annonae; rei frumentariae**];

2. hoogachting, verering, liefde (*voor: gen.; erga; in m. acc.*) [**patriae; in regem**];

3. (*eccl.*) (christelijke) naastenliefde;

4. (*Laatl.*) (*meton.*) lieveling (*ook als aanspreektitel: caritas vestra*).

cāritātīvus, a, um (*caritas*) (*Mel.*) van naastenliefde vervuld.

Carmānia, ae *f* Carmanië, *landstreek ten O. v.d. Perzische Golf.*

Carmēlus, ī *m* de Karmel, *berg in Galilea* (*Israël*).

carmen, inis *n* (*verw. m. cano*)

1. lied, gezang;

2. (a) gedicht, dichtwerk [**epicum; tragicum**]; (b) (*poët.*) lyrisch gedicht, ode; (c) (*Lucr.*) *als deel v.e. groter dichtwerk:* zang; (d) vers (*v.e. gedicht*);

3. (*v. instrumenten*) klank, spel, muziek [**lyrae; citharae**];

4. (*poët.; postklass.*) voorspelling, orakelspreuk;

5. toverspreuk;

6. spreuk, formule, *ihb.* eed-, gebeds-, wetsformule;

7. poët. inscriptie *of* opschrift;

8. (*Prop.*) spotgedicht [**obscoena carmina; famosum**].

Carmentis, is *en* **Carmenta,** ae *f* (*carmen*) *profetes, moeder v. Euander; oorspr. Oudital. godin v. vrouwen; geboorte- en voorspellingsgodin;* — *adj.* **Carmentālis,** e [**porta**]; — **Carmentālia,** ium *n feest ter ere v.d. godin Carmenta.*

carminātiō, ōnis *f* (*carmino*) (*Plin. Mai.*) het kammen, kaarden.

carminō, carmināre (*caro²*) (*pre- en postklass.*) kaarden [**lanam**].

Carmō, ōnis *f stad in Andalusië* (*Z.-Spanje*), *nu* Carmona; — *inw.* **Carmōnēnsēs,** ium *m.*

carnālis, e (*caro¹*) (*eccl.*) vleselijk, lijfelijk; aards, zondig.

carnāria, ae *f* (*carnarius*) (*preklass.*) vleeskraam.

carnārium, ī *n* (*caro¹*)

1. (*Plaut.*) vleeshaak; vleeskamer;
2. (*Petr.*) (*metaf.*) bloedbad, slachting.
carnārius, ī *m* (*caro*[1]) (*Mart.*) (*scherts.*) vleeshandelaar.
Carneadēs, is *m Gr. filosoof uit Cyrene in Africa* (*214—129 v. Chr.*), *stichter v.d. derde Academie in Athene; — adj.* **Carneadēus** *en* **-īus,** a, um.
carneus, a, um (*caro*[1]) (*eccl.*) vleselijk, lijfelijk; aards.
Carnī, ōrum *m volksstam in de Karnische Alpen, in het tegenwoordige Karinthië en Krain.*
carni-fex (*arch.* **carnufex**), ficis *m* (*caro*[1] *en facio*)
1. beul, scherprechter;
2. folteraar;
3. *als scheldw.*: schurk.
carnificīna (*arch.* **carnuficīna**), ae *f* (*carnifex*)
1. beroep v. beul;
2. foltering, marteling, kwelling [-**ae locus** folterkamer].
carnificius (*arch.* **carnuficius**), a, um (*carnifex*) (*Plaut.*) van de beul, beuls-.
carnificō, carnificāre (*carnifex*) afslachten.
carnis
1. is *f* = *caro*[1];
2. *gen. v. caro*[1].
carni-vorus, a, um (*caro en voro*) (*Plin. Mai.*) vleesetend.
carnōsus, a, um (*caro*[1]) (*Plin. Mai.*)
1. vlezig [**crura; poma**];
2. lijkend op vlees, vleeskleurig.
carnufex, carnuficīna, carnuficius *zie carnif-.*
Carnuntum, ī *n Illyrisch-Kelt. stad aan de Donau in Pannonië, ten O. v. het huidige Wenen.*
Carnutēs, um *m volksstam aan de Loire.*
carō[1]**,** carnis *f*
1. vlees, (*v. planten*) vruchtvlees; *plur.* (*poët.; postklass.*) stukken vlees; ▸ ~ *ferina* wild (-braad); *carne vivere of vesci* zich voeden met vlees;
2. *geringsch. v. mensen*: ~ *putida* kreng;
3. (*Sen.*) lichaam (*itt. de geest*).
carō[2]**,** carere, — — (*preklass.*) kaarden [**lanam**].
carpa, ae *f* (*Laatl.*) karper.
Carpathus, ī *f eiland in de Egeïsche Zee tussen Kreta en Rhodos; — adj.* **Carpathius,** a, um.
carpatinus, a, um (*Gr. leenw.*) (*Catull.*) van ruw leer [**crepidae**].
carpentārius (*carpentum*)
I. *adj.* a, um (*postklass.*) wagen-;
II. *subst.* ī *m* (*Laatl.*) wagenmaker.
carpentum, ī *n* (*Kelt. leenw.*) tweewielige wagen:
1. *als stads- of reiswagen*: koets, karos (*ihb. door de staat ter beschikking gestelde reiswagen voor hoge magistraten*); ▸ *-o in forum invehi;*
2. vrachtwagen; ▸ *-a multā praedā onerata; -a captiva;*
3. (*postklass.*) strijdwagen.
Carpetānī, ōrum *m volksstam in Spanje met als belangrijkste stad Toletum* (*nu Toledo*); *— het gebied:* **Carpetānia,** ae *f.*
carpineus, a, um (*carpinus*) (*postklass.*) van hout v.d. haagbeuk.
carpinus, ī *f* haagbeuk.
carpō, carpere, carpsī, carptum
1. (af)plukken, afbreken, afrukken, (af)trekken [**flores ex arbore; herbas manibus; pensum** spinnen];
2. (*v. dieren*) (af)vreten, (af)grazen [**gramen**]; (*v. bijen*) uitzuigen [**flores**];
3. genieten; ▸ *carpe diem!* (*Hor.*); *aetatem* ~ ; *quietem* ~ ; *molles sub divo somnos* ~ ; *soporem* ~ ;
4. (*een weg*) stap voor stap afleggen, doorkruisen, (haastig) lopen door, vliegen door [**mare; aethereum volucri pede iter**];
5. (in stukken) scheuren [**viscera dente; iecur**];
6. versplinteren, verdelen, verbrokkelen [**in multas parvasque partes exercitum; orationem** in korte, afgebroken zinnen voordragen];
7. uitzoeken, uitkiezen;
8. bespotten; (be)kritiseren, berispen [**alqm sermonibus**];
9. (langzamerhand) verzwakken, uitputten, verteren; ▸ *labor carpit corpus; curā carpitur ista mei;*
10. (*milit. t.t.*) (*de vijand*) ongerust maken, prikkelen, door kleine aanvallen aan verschillende kanten verzwakken.
carptim *adv.* (*carpo*) (*postklass.*)
1. gedeeltelijk, selectief; ▸ *res gestas* ~ *perscribere;*
2. herhaald [**aggredi**];
3. in gedeelten, afzonderlijk.
carptor, ōris *m* (*carpo*) (*Juv.*) voorsnijder, trancheur *v. gerechten.*
carptus *ppp. v. carpo.*
carrāgō, inis *f* (*Laatl.*) omheining gevormd door wagens.
Carrhae, ārum *f stad in Mesopotamië* (*beroemd door de nederlaag v. Crassus in 53 v. Chr.*), *nu Harran* (*Z.-Turkije*).
carrō, carrēre, — — = *caro*[2].
carrūca, ae *f* (*carrus*) (*poët.; postklass.*) vierwielige

wagen: reiswagen, *(later)* staatsiekaros.

carrus, ī *m en (postklass.)* **carrum,** ī *n (Kelt. leenw.)* vierwielige wagen, kar.

Carseolī, ōrum *m stad in Latium, nu* Carsoli; — *adj.* **Carseolānus,** a, um.

carta, ae *f = charta.*

Carteia, ae *f stad in Z.-Spanje aan de Middellandse Zee;* — *adj.* **Carteiēnsis,** e.

Carthaea, ae *f stad op het eiland Ceos in de Egeïsche Zee;* — *adj.* **Carthaeus** *en* **Carthēïus,** a, um [moenia].

Carthāgō, inis *f*
1. *stad in N.-Afrika, kolonie v.d. Fen. stad Tyrus, volgens de legende in de 9e eeuw v. Chr. gesticht; in 146 v. Chr. door de Romeinen verwoest;* — *inw. en adj.* **Carthāginiēnsis,** is *m resp.* e;
2. Carthago Nova: *de door de Carthagers in 227 v. Chr. gestichte stad in Z.O.-Spanje, nu* Cartagena.

cartilāgineus, a, um *(cartilago) (Plin. Mai.)* van kraakbeen.

cartilāginōsus, a, um *(cartilago) (postklass.)* met veel kraakbeen.

cartilāgō, inis *f (postklass.)* kraakbeen; vruchtvlees.

caruncula, ae *f (demin. v. caro[1])* een stukje vlees.

cārus, a, um *(in inscripties ook:* **kārus,** a, um*)*
1. lief, geliefd, dierbaar *(aan, bij: dat.; apud);* ▸ *~ omnibus; dis ~; alqm -um habere* iem. in zijn hart gesloten hebben; — **Cārus,** ī *m Rom. cognomen;*
2. duur, kostbaar [**annona; aurum argentumque**].

Caryae, ārum *f stad in N.-Laconië (Peloponnesus) met een tempel v. Artemis (Diana).*

Caryātides, um *f de (naar de stad Caryae genoemde) tempeldienaressen en danseressen v. Artemis (Diana).*

caryōta, ae *en* **caryōtis,** idis *f (Gr. leenw.)* dadel, dadelpalm.

Carystus, ī *f*
1. *stad aan de zuidkust v. Euboea (Midden-Griekenland);* — *adj.* **Carystius** *en* **Carystēus,** a, um;
2. *stad in Ligurië, nu* Carosio.

casa, ae *f* hut, huisje, barak [**frondea; parvula**].

cascus, a, um *(preklass.)* oeroud.

cāseātus, a, um *(caseus) (Apul.)* met kaas gemengd.

cāseolus, ī *m (demin. v. caseus)* stukje kaas.

cāseus, ī *m* kaas.

casia, ae *f (Gr. leenw.) (poët.; postklass.)*
1. wilde kaneel;
2. marjoraan(?).

Casilīnum, ī *n plaats in Campanië, nu* Capua; — *inw.* **Casilīnēnsēs,** ium *m;* — *adj.* **Casilīnus,** a, um.

Casīnum, ī *n plaats in Latium aan de voet v.d. mons Casinus, waar sinds de 6e eeuw n. Chr. het klooster Monte Cassino staat;* — *adj.* **Casīnās,** *gen.* ātis.

Casperia, ae *f plaats in het gebied v.d. Sabijnen.*

Caspium mare *of* **pelagus** *en* **Caspius ōceanus** Kaspische Zee; — *naburig volk:* **Caspiānī,** ōrum *m;*— *adj.* **Caspius,** a, um: Caspiae (portae) *bergpas in de Kaukasus.*

Cassandra, ae *f dochter v.d. Trojaanse koning Priamus, profetes, voorspelde dreigend onheil, maar werd door niemand geloofd.*

Cassandrēa *en* **-drīa,** ae *f plaats in Macedonië;* — *inw.* **Cassandrēnsēs,** ium *m;*
— **Cassandreūs,** eī *m* = Apollodorus, *tiran v. Cassandrea.*

Cassiānus *zie Cassius.*

cassida, ae *f = cassis[1].*

Cassiopē, ēs *f*
1. *echtgenote v. Cepheus, moeder v. Andromeda, als sterrenbeeld (Cassiopēa en Cassiopīa) aan de hemel gezet;*
2. *havenstad op Korfoe (Corcyra).*

cassis[1], idis *f*
1. *(metalen)* helm *(v.d. ruiterij),* stormhoed;
2. *(poët.; postklass.) (meton.)* oorlog.

cassis[2], is *m (meestal plur.) (poët.)*
1. jagersnet;
2. spinnenweb;
3. *(metaf.)* val; ▸ *casses tendere alci.*

cassīta, ae *f (cassis[1])* kuifleeuwerik.

Cassius, a, um *naam v.e. Rom. gens:*
1. L. ~ Longinus Ravilla, *consul in 127 v. Chr., censor in 125 v. Chr., rechter, bekend door zijn rechtvaardigheid en strengheid, vd.: Cassianus iudex* strenge rechter;
2. L. ~ Longinus, *in 107 v. Chr. in een gevecht tegen de Helvetiërs (bellum Cassianum) verslagen en gedood;*
3. ~ Parmensis, *een v.d. moordenaars v. Caesar, dichter;*
4. ~ Longinus, *een v.d. moordenaars v. Caesar;*
5. C. ~ Longinus, *belangrijke rechtsgeleerde ttv. de keizers Claudius, Nero en Vespasianus, stichter v.d. schola Cassiana;*
/ *adj.* **Cassiānus,** a, um.

cassō, cassāre = *quasso.*

cassus, a, um *(verw. m. careo)*

1. leeg, hol [**nux; canna; granum**];
2. *(poët.)* beroofd, missend, *in het Nederlands te vertalen met:* zonder *(m. gen.; abl.)* [**luminis** *of* **lumine**];
3. nietig, ijdel, nutteloos, vergeefs; — *in cassum of incassum als adv.* vergeefs, zonder resultaat [**preces mittere**].

Castalia, ae *f de aan Apollo en de muzen gewijde bron op de Parnassus bij Delphi, waarvan het water voor rituele doeleinden in Delphi gebruikt werd;* — *adj.* **Castalius,** a, um [**fons; aqua; antrum** orakelgrot v. Delphi; **arbor** laurierboom]; *fem.:* **Castalis,** idis *(Mart.)* [**Castalides (sorores)** de muzen].

castanea, ae *f (Gr. leenw.) (poët.; postklass.)* kastanje *als vrucht en* kastanjeboom; — *adj.* **castaneus,** a, um.

castellānus *(castellum)*
I. *adj.* a, um van een fort [**triumphi** wegens de verovering v. forten];
II. *subst.* ī m bewoner v.e. fort.

castellātim *adv. (castellum)* in afzonderlijke burchten, over forten (verdeeld).

castellum, ī n *(demin. v. castrum)*
1. fort, vesting, bolwerk [**in alto tumulo positum**]; *(Mel.)* burcht;
2. bergdorp;
3. *(metaf.)* toevlucht(soord), schuilplaats; ▸ *templum* ~ *latrocinii;* ~ *omnium scelerum;*
4. *(postklass.)* waterreservoir.

castēria, ae *f (Gr. leenw.) (Plaut.)* slaapruimte v. roeiers op het dek, dek.

castificō, castificāre *(castificus) (eccl.)* rein *of* zuiver maken.

casti-ficus, a, um *(castus[1] en facio)* rein, kuis.

castīgābilis, e *(castigo) (Plaut.)* straf verdienend.

castīgātiō, ōnis *f (castigo)* straf, standje, terechtwijzing, tuchtiging.

castīgātor, ōris m *(castigo)* strenge leermeester, bestraffer.

castīgātōrius, a, um *(castigator)* terechtwijzend.

castīgātus, a, um *(p. adj. v. castigo)*
1. *(Ov.)* strak, stevig;
2. *(August.)* zuinig, sober [**-e vivere**].

castīgō, castīgāre
1. straffen, tuchtigen [**verberibus**]; ▸ *poena adhibetur castigandi atque emendandi causa;*
2. terechtwijzen, berispen, een standje geven [**alqm litteris; inertiam**];
3. *(postklass.)* beperken, aan banden leggen, beteugelen, intomen, bedwingen, smoren, onderdrukken [**equum frenis; risum**]; — *zie ook castigatus.*

castimōnia, ae *f (castus[1]) (relig. t.t.)*
1. onthouding;
2. kuisheid, reinheid.

castitās, ātis *f (castus[1])* kuisheid, reinheid.

castor, oris m *(Gr. leenw.)* bever.

Castor, oris m *zoon v. Zeus resp. Tyndareus en Leda, een v.d. Dioscuren, met zijn tweelingbroer Pollux als dubbelgesternte Tweeling (als teken v.d. dierenriem) aan de hemel gezet, helper in nood, ihb. schutspatroon v. zeelieden;* ▸ *aedes Castoris: tempel aan de zuidkant v.h. Forum.*

castoreum, ī n *(castor)* bevergeil *(geneesmiddel).*

castra, ōrum n *(castrum)*
1. kamp, legerkamp *(dat omgeven was door een greppel [fossa] en daarachter een wal [vallum], waar palissaden [pali] in vast waren gezet);* ▸ ~ *stativa* vast kamp; ~ *aestiva* zomerkwartier; ~ *hiberna* winterkwartier; *-a (col)locare, facere, ponere* opslaan; *-a movere* het kamp opbreken; *-a promovere* oprukken; *-a habere contra alqm* te velde staan tegenover iem.; — *als naam: Castra Cornelia heuvel bij Utica; Castra Vetera vast legerkamp bij Xanten (in Duitsland);*
2. ~ *praetoria(na)* kazerne v.d. pretorianen bij Rome;
3. krijgsdienst, oorlog; ▸ *in -is usum habere* oorlogservaring hebben;
4. dagmars *(omdat men elke avond een kamp opsloeg);* ▸ *secundis -is* in twee dagmarsen;
5. kamp, partij, zijde;
6. kwartier;
7. leger.

castra-mētor, castrametārī *(eccl.)* een kamp opzetten.

castrātiō, ōnis *f (castro) (postklass.)* castratie.

castrātus, ī m *(castro)* eunuch.

castrēnsis, e *(castra)* van het legerkamp, leger-.

castrō, castrāre
1. castreren, ontmannen;
2. krachteloos maken, verzwakken, verminderen [**rem publicam; vires; vina saccis** filtreren];
3. *(Plin. Mai.) bomen* kappen, snoeien;
4. *(Mart.) (libellos)* van obsceniteiten ontdoen.

castrum, ī n *(plur.* **castra,** *zie daar)*
1. fort, burcht, versterkte plaats, kasteel; — *als naam: Castrum Album (in Spanje); Castrum Novum (aan de kust v. Etrurië);*
2. stad.

Castulō, ōnis m *stad in Spanje aan de bovenloop v.d. Guadalquivir;* — *adj.* **Castulōnēnsis,** e [**saltus** Sierra Morena].

castus[1], a, um *(careo)*
1. rein *(in zedelijk opzicht)*, fatsoenlijk, gewetensvol, onschuldig [**homo; vita; -e vivere**];
2. sober, onbaatzuchtig; ▸ *homo ~ ac non cupidus;*
3. kuis, zedig;
4. vroom, religieus; ▸ *sacerdotes -i; ~ Aeneas; deos castissime colere;* — *(v. zaken)* heilig, *(aan een god)* gewijd [**nemus**];
5. *(v. stijl)* zuiver, vrij van barbarismen.

castus[2], ūs *m (careo, castus*[1]*) (pre- en postklass.) (relig. t.t.)* (rituele) onthouding.

cāsuālis, e *(casus)*
1. *(gramm.)* betrekking hebbend op de uitgang of naamval;
2. *(Laatl.)* toevallig.

casula, ae *f (demin. v. casa)*
1. *(postklass.)* hutje;
2. *(Petr.)* dodenkamer, graf;
3. *(Laatl.)* mantel met capuchon; *(Mel.)* misgewaad, kazuifel.

cāsus, ūs *m (cado)*
1. het vallen, val, het neerstorten [**nivis** sneeuwval; **fulminum**];
2. toeval, gebeurtenis, voorval, situatie; ▸ *casu* toevallig; *sive casu sive consilio deorum; casus secundi et adversi; casum potius quam consilium sequatur; casus varii* wisselvalligheden;
3. ongeluk, ongeval; dood;
4. einde, afloop [**hiemis**];
5. verval, ondergang [**urbis Troianae; rei publicae**];
6. *(pol.)* val [**Gracchorum**];
7. gelegenheid, kans *(tot, op: gen.)* [**navigandi; victoriae**];
8. *(gramm. t.t.)* uitgang, naamval, casus.

catabolēnsis, is *m (Laatl.)* voerman op een vrachtwagen.

catachrēsis, is *f (Gr. leenw.) (postklass.)* oneigenlijk, onjuist gebruik v.e. woord.

cataclysmus, ī *m (Gr. leenw.)* overstroming, zondvloed.

catadromus, ī *m (Gr. leenw.) (Suet.) een schuin van boven* naar beneden gespannen koord.

Catadūpa, ōrum *n cataracten v.d. Nijl aan de grens v. Ethiopië, nu waterval v. Wadi Halfa.*

catagelasimus, a, um *(Gr. leenw.) (Plaut.) (scherts.)* belachelijk.

catagraphus, a, um *(Gr. leenw.) (Catull.)* bont beschilderd, van een patroon voorzien.

catagūsa, ae *f (Gr. leenw.)* 'de naar beneden leidende', *beeld v. Praxiteles (stelt Ceres voor, die Proserpina naar de Hades voert).*

catalēcticus, a, um *(Gr. leenw.) (niet-klass.)* catalectisch, *met een onvolledige versvoet eindigend* [**versus**].

catalogus, ī *m (Gr. leenw.) (Laatl.)* lijst, register.

Catamītus *en* **-meitus,** ī *m*
1. *(Plaut.) Lat. naam v. Ganymedes, de wijnschenker en lieveling v. Jupiter;*
2. **catamītus** schandknaap; homoseksueel.

Cataonia, ae *f landstreek in het noorden v.h. Taurusgebergte, grenzend aan de Rom. provincie Cappadocië;* — *bew.* **Cataones,** num *m.*

cataphagās, ae *m (Gr. leenw.) (Petr.)* veelvraat, gulzigaard.

cataphractārius, a, um *(Laatl.)* = *cataphractus.*

cataphractēs, ae *m (Gr. leenw.) (postklass.)* maliënkolder.

cataphractus, a, um *(Gr. leenw.)* gepantserd.

cataplasma, atis *n (Gr. leenw.)* kompres, pleister.

cataplēxis, is *f (Gr. leenw.) (Lucr.)* verbazingwekkende zaak.

cataplūs, ī *m (Gr. leenw., eig. het landen v.e. vloot, v.e. schip, vd. meton.)* de (landende) vloot, het (landende) schip.

catapotium, ī *n (Gr. leenw.) (med.)* pil.

catapulta, ae *f (Gr. leenw.)* werpwerktuig, katapult; *(meton.)* projectiel.

catapultārius, a, um *(catapulta) (Plaut.)* van een werpwerktuig, door een katapult afgeschoten [**pilum**].

cataracta, ae *f en* **-tēs,** ae *m (Gr. leenw.)*
1. *(postklass.)* waterval;
2. *(postklass.)* sluis;
3. valhek *(bij een poort).*

cataractria, ae *f (Plaut.) verzonnen naam v.e. specerij.*

catarrhus, ī *m (Gr. leenw.) (med.)* catarre.

catascopium, ī *n en* **catascopus,** ī *m (Gr. leenw.)* spioneerboot.

catasta, ae *f (Gr. leenw.)*
1. *(poët.; postklass.)* podium *(ihb. voor het uitstallen v. slaven voor de verkoop, later ook als plaats waar martelaren gefolterd werden);*
2. *(Laatl.)* folterbed.

catastropha, ae *f (Gr. leenw.) (spectaculaire)* ommekeer.

catēchēsis, eōs *f (Gr. leenw.) (eccl.)* mondeling onderricht.

catēchizō, catēchizāre *(Gr. leenw.) (eccl.)* het geloof onderwijzen.

catēchūmenus, ī *m (Gr. leenw.) (eccl.)* catechumeen, doopleerling, *iem. die in het christelijke geloof onderwezen wordt, voordat hij de doop ontvangt.*

catēgoria, ae *f* (*Gr. leenw.*) (*Laatl.*)
1. beschuldiging;
2. klasse, categorie.

catēgoricus, a, um (*Gr. leenw.*) (*Laatl.*) bevestigend, categorisch.

cateia, ae *f* (*poët.; postklass.*) werptuig *v.d.* Galliërs *en Germanen (een soort boemerang?).*

catēlla[1]**,** ae *f* (*demin. v. catena*) kettinkje (*als sieraad en als militaire onderscheiding*).

catella[2]**,** ae *f* (*demin. v. catula*) (*postklass.*) hondje.

catellus, ī *m* (*demin. v. catulus*) hondje; *poët. ook als koosnaam.*

catēna, ae *f* (*verw. m. cassis*[2])
1. keten, boei; ▸ ~ *ferrea; alqm -is vincire; alqm in -as conicere; alci -as inicere; in -is tenere;*
2. (*metaf.*) boei, beperking, dwang [**legum**];
3. (*Plin. Mai.*) ketting (*als sieraad*);
4. (*Gell.*) reeks, aaneenschakeling.

catēnārius, a, um (*catena*) (*postklass.*) aan de ketting liggend [**canis**].

catēnātiō, ōnis *f* (*catena*) (*postklass.*) verbinding, schakeling.

catēnātus, a, um (*catena*) (*poët.; postklass.*)
1. geketend, geboeid, in de boeien;
2. (*Mart.*) dicht aaneensluitend, ononderbroken [**labores**].

catēnula, ae *f* (*Laatl.*) kettinkje.

caterva, ae *f*
1. groep, schare, gezelschap [**amicorum; iuvenum;** (*v. dieren*) **pecudum; avium** zwerm];
2. troep, schare *niet-Rom. of irreguliere soldaten;*
3. toneelgezelschap.

catervārius, a, um (*caterva*) (*postklass.*) bij een troep, gezelschap horend.

catervātim *adv.* (*caterva*) (*poët.; postklass.*) in (ongeorganiseerde) groepen, in drommen.

catharticus, a, um (*Gr. leenw.*) (*med.*) purgerend.

cathedra, ae *f* (*Gr. leenw.*)
1. (*poët.; postklass.*) leunstoel, (arm)stoel, *later ook* draagstoel;
2. (*poët.; postklass.*) katheder, stoel v.e. leraar;
3. (*eccl.*) taak als leraar;
4. (*eccl.*) taak als bisschop.

cathedrālis, e (*cathedra*) (*eccl.*) bij het bisdom horend, bisschoppelijk.

cathedrārius, a, um (*cathedra*) (*Sen.*) bij de stoel v.e. leraar horend; alleen maar docerend; ▸ philosophi -i (onervaren) kathederfilosofen (*itt. veri*).

cathetus, a, um (*Gr. leenw.*) (*postklass.*) loodrecht.

catholicus, a, um (*Gr. leenw.*)
1. (*postklass.*) algemeen;
2. (*eccl.*) katholiek, orthodox.

Catilīna, ae *m cogn. in de gens Sergia:* L. Sergius ~, *drijvende kracht achter de zogenoemde Catilinarische samenzwering;* — *adj.* **Catilīnārius,** a, um.

catīllō, catīllāre (*catillus*) (*Plaut.*) de borden aflikken.

catīllus, ī *m en* **catīllum,** ī *n* (*demin. v. catinus*) (*niet-klass.*) schoteltje, bordje.

Cātil(l)us, ī *m stichter v. Tibur (nu Tivoli)* [**moenia Catili**].

Catina, ae *f stad op Sicilië, nu* Catania; — *adj.* **Catinēnsis,** e.

catīnus, ī *m* schotel, kom; (smelt)kroes.

Catius, ī *m epicureïsch filosoof, ca. 50 v. Chr.;* — *adj.* **Catiānus,** a, um.

catlaster, trī *m* (*catulus*) (*postklass.*) jongeman.

Catō, ōnis *m cogn., ihb. in de gens Porcia gebruikelijk, o.a.:*
1. M. Porcius ~ de oudere (maior, priscus, Censorius), *234—149 v. Chr.; politicus en redenaar, streng in zijn morele opvattingen en tegenstander v. alle vernieuwingen en Gr. invloeden, vijand v. Carthago;* — *adj.* **Catōniānus,** a, um; — **Catōnēs,** um *m* mannen zoals Cato = oude Romeinen;
2. M. Porcius ~ de jongere (Uticensis), *achterkleinzoon v.d. vorige, 95—46 v. Chr., strenge republikein, pleegde zelfmoord in Utica na de overwinning v. Caesar bij Thapsus;* — **Catōnīnī,** ōrum *m aanhangers v. Cato;*
3. P. Valerius ~, *dichter midden 1e eeuw v. Chr.*

catōblepās, ae *m* (*Gr. leenw.*) (*Plin. Mai.*) *een soort wild dier.*

catōmidiō, catōmidiāre *en* **catōmizō,** catōmizāre (*Gr. leenw.*) (*Petr.*) over de schouder leggen (*om af te ranselen*).

catōmum *adv.* (*Gr. leenw.*) over de schouder.

catta[1] *zie cattus.*

catta[2]**,** ae *f* (*Mart.*) kauwtje *of* zwaluw(?).

Cattī *zie Chatti.*

cattus, ī *m en* **catta,** ae *f* (*Laatl.*) kat.

catula, ae *f* (*catulus*) hondje.

catulīnus, a, um (*catulus*) honden-.

catuliō, catulīre (*catulus*) loops zijn.

Catullus, ī *m* C. Valerius ~, *Rom. lyrisch dichter uit Verona (ca. 87—54 v. Chr.);* — *adj.* **Catulliānus,** a, um.

catulus, ī *m* jong dier, welp, *ihb.* jonge hond.

Caturīgēs, um *m volksstam aan de bovenloop v.d. Durance in de Provence.*
catus, a, um verstandig, slim, bijdehand, vindingrijk, scherpzinnig.
caucalis, idis *f (Gr. leenw.) (Plin. Mai.) een soort plant.*
Caucasus, ī *m* de Kaukasus; — *bew. en adj.* **Caucasius,** ī *m resp.* a, um.
cauda, ae *f*
1. staart [**leonis; serpentis; vaccae; ultima** punt v.d. staart];
2. laatste, achterste deel;
3. penis.
caudeus, a, um *(Plaut.)* (van) biezen (gemaakt) [**cistella**].
caudex *en (later)* **cōdex,** icis *m*
1. *(poët.; postklass.)* boomstam; — *als scheldw. (Ter.; Petr.)* (boeren)kinkel;
2. *(pre- en postklass.)* strafblok *(waaraan slaven vastgebonden werden om afgeranseld te worden)*;
3. *(met was bestreken houten)* schrijftafeltje;
4. notitieboek; kasboek;
5. register, document;
6. *(Laatl.)* handschrift *(met de hand geschreven overgeleverde tekst)*;
7. *(eccl.)* bijbel.
caudica, ae *f (caudex) (Gell.) uit een boomstam vervaardigde* boot, kano.
caudicālis, e *(caudex) (Plaut.)* de boomstam betreffend, hout-; ▸ *te cum securi caudicali praeficio provinciae (scherts.)* houthakdivisie.
caudiceus, a, um *(caudex) (Laatl.)* houten.
Caudium, ī *n stad in Samnium (in Midden-Italië); bekend door de omsingeling v.d. Rom. troepen bij de Caudijnse passen in 321 v. Chr., nu* Montesarchio; — *inw. en adj.* **Caudīnus,** ī *m resp.* a, um.
caulae, ārum *f (poët.; postklass.)*
1. holte;
2. omheining, schaapskooi.
caulātor, ōris *m = cavillator.*
cauliculus, ī *m (demin. v. caulis) (botan.)* kleine, tere stengel, uitloper, spruit *(ook als groente).*
caulis, is *m*
1. stengel, steel, stronk;
2. koolstronk, kool;
3. *(meton.) stengelvormig voorwerp, o.a.:* (a) pennenschacht; (b) *(Plin. Mai.)* legboor v. insecten; (c) penis.
Caulōn, ōnis *m en* **-ōnia,** ae *f plaats in het gebied v.d. Bruttii (in Calabrië), nu* Caulonia.
cauma, atis *n (Gr. leenw.) (Laatl.)* hitte.
Caunus, ī
1. *f stad aan de zee in Carië, nu* Dalyan; — *inw. en adj.* **Cauneus** *en* **Caunius,** ī *m resp.* a, um; — **Cauneae,** ārum *f (vul aan: fici)* Caunische *of* Carische vijgen;
2. *m naam v.d. stichter v. Caunus.*
caupō[1]**,** ōnis *m* venter, waard, herbergier.
caupo[2] *(Laatl.) = capo 1.*
caupōna, ae *f (caupo*[1]*)*
1. kroeg, herberg;
2. *(Apul.)* herbergierster.
caupōnius, a, um *(caupona)* bij de kroeg horend, kroeg- [**puer** kelner].
caupōnor, caupōnārī *(caupo*[1]*)* knoeien met, sjacheren met [**bellum** de oorlog versjacheren = proberen te kopen met goud].
caupōnula, ae *f (demin. v. caupona)* kroegje.
caurus *en* **c(h)ōrus,** ī *m* (N.W.-)wind.
causa *en* **caussa,** ae *f*
1. grond, oorzaak, aanleiding, (beweeg)reden *(meestal m. gen.; ook m. dat.; zelden m. ad of inf.)* [**mortis; salutis; doloris; veniendi; lacrimis**]; ▸ *alci -ae esse* voor iem. als aanleiding dienen *of* iem. aanleiding geven; *cum -a* met steekhoudende reden; *sine -a; qua de causa, quam ob causam* waarom en daarom; *ob eam causam, ea de causa* daarom; — *abl.* **causā** *postp.* wegens, ter wille van *(m. gen.; m. pron. poss.): honoris causa; rei publicae adiuvandae causa; amicitiae causa* uit vriendschap; *mea, tua causa* ter wille van mij, jou; *(refl.) sua, (niet-refl.) eius causa* ter wille van hem *of* haar *enz.*;
2. goede reden, goed recht;
3. *(v. personen)* veroorzaker;
4. verantwoordelijkheid, schuld; ▸ *-am in alqm transferre* de schuld op iem. schuiven; *-am alcis rei sustinere* de schuld v. iets dragen; *in -a esse* de verantwoordelijkheid dragen;
5. gegrond excuus, bezwaar; ▸ *-am accipere* laten gelden;
6. schijnreden, voorwendsel, uitvlucht; ▸ *-am fingere; per -am* onder het voorwendsel;
7. ziektegeval; aandoening, ziekte;
8. het onderhavige geval, zaak die ter discussie staat, stand v. zaken, onderwerp, thema, geschilpunt, strijdvraag; ▸ *in hac -a* in dit geval; ~ disserendi thema v.d. discussie;
9. rechtszaak, rechtsgeding, proces [**publica; privata; forensis**]; ▸ *-am perdere = -ā cadere* het proces verliezen; *-am obtinere* winnen; *-am agere* procederen; *-am constituere; -am exponere;*
10. zaak, belang *(v.e. partij in een geschil)* [**publica** staatsbelang];

11. aangelegenheid, zaak, geval;
12. situatie, toestand, omstandigheden;
13. persoonlijke betrekkingen, (vriendschappelijke) betrekking *(met: cum)*.

causālis, e *(causa) (gramm.)* oorzakelijk, van reden [**coniunctio**].

causārius, a, um *(causa)*
1. ziek, invalide;
2. wegens ziekte [**missio** ontslag].

causātiō, ōnis *f (causa) (Laatl.)*
1. gegrond excuus, bezwaar;
2. geschil;
3. *(med.)* (oorzaak v.) ziekte.

causia *en* **causea,** ae *f (Gr. leenw.) (pre- en postklass.)* hoed met brede rand.

causi-dicus, ī *m (causa en dico*[1]*)* advocaat, zaakwaarnemer, pleitbezorger.

causi-ficor, ficārī = *causor.*

causor, causārī *(causa)*
1. als reden opgeven, voorwenden [**negotia; consensum patrum**];
2. *(postklass.)* klagen, beklagen.

caussa *zie causa.*

causticum, ī *n (causticus)* bijtend geneesmiddel.

causticus, a, um *(Gr. leenw.) (postklass.)* brandend, bijtend.

causula, ae *f (demin. v. causa)*
1. onbeduidende aanleiding;
2. onbeduidende rechtszaak.

cautēla, ae *f (cautus) (pre- en postklass.)*
1. zorg, voorzichtigheid, oplettendheid;
2. borg, garantie, zekerheid.

cautēr, ēris *m (Gr. leenw.) (Laatl.)* brandijzer.

cautēriō, cautēriāre *(Gr. leenw.) (Laatl.)* het brandijzer gebruiken, (uit)branden.

cautērium, ī *n (Gr. leenw.) (postklass.)*
1. bijtend middel;
2. brandijzer.

cautēs *en* **cōtēs,** is *f* rots, rif, klip.

cautim *adv. (cautus) (Ter.)* voorzichtig.

cautiō, ōnis *f (caveo)*
1. zorg, voorzichtigheid, behoedzaamheid *(voor, bij: gen.)* [**vitiorum atque incommodorum; defendendi**]; ▸ *cautionem adhibere* aanwenden; *res cautionem habet* hierbij is voorzichtigheid op zijn plaats; *mihi* ~ *est* ik moet oppassen;
2. *(jur. t.t.)* zekerheid, vrijwaring, borgtocht, cautie;
3. garantie, belofte, verbintenis; *ook: schriftelijk vastgelegde garantie.*

cautor, ōris *m (caveo)* iem. die afwendt [**periculi**].

cautus, a, um *(p. adj. v. caveo)*
1. voorzichtig, behoedzaam *(in, bij: in m. abl.; ad; adversus; erga; m. inf. of ne)*; ▸ *-i in periculis, non timidi in contionibus;* ~ *erga bona sua;*
2. zeker gesteld, zeker [**nummi**].

cav-aedium, ī *n (< cavum aedium, eig.* 'het hol v.h. huis') binnenplaats *v.e. Rom. huis.*

cavāticus, a, um *(cavus) (Plin. Mai.)* in holtes, grotten levend [**cochleae**].

cavātiō, ōnis *f (cavo) (preklass.)* holte.

cavātūra, ae *f (cavo) (Laatl.)* holte; welving.

cavea, ae *f (cavus)*
1. *(Plin. Mai.)* holte;
2. *(preklass.)* verblijf, kooi voor *wilde dieren* [**leonis**];
3. vogelkooi;
4. *(Verg.)* bijenkorf;
5. toeschouwersruimte *(in [amfi]theater of circus)* [**prima** de eerste rang; **media** de middelste rang; **ultima** *of* **summa** de laatste *of* bovenste bankenrijen];
6. *(Sen.) (meton.)* de toeschouwers, publiek;
7. *(meton.)* theater.

caveātus, a, um *(cavea)*
1. omsloten;
2. theatervormig.

caveō, cavēre, cāvī, cautum
1. zich hoeden, zich in acht nemen, oppassen *(voor: m. acc.; ab; ne: zich ervoor hoeden dat; ut: ervoor zorgen dat; [poët.; postklass.] inf.)* [**socios; periculum; ab eo; ab homine impuro; ab insidiis**]; ▸ *cave canem! (waarschuwing voor de hond bij Rom. huisdeuren);* — **cavē, cavēte** *m. conj. of ne (poët. m. inf.)* zeker niet: *cave credas* geloof toch niet;
2. voorzorgsmaatregelen treffen voor, veiligstellen, waarborgen, behoeden *(m. dat.; tegen: ab)* [**civitatibus; agris; concordiae publicae; ab invidia**]; ▸ *alci cautum velle* iem. in veiligheid wensen;
3. *(jur. t.t.)* (a) zich veiligstellen, zich (een) waarborg(en) laten geven; (b) veiligstellen, waarborg geven, cautie stellen voor, bij cautie rechtsbijstand verlenen, zekerheid verschaffen [**in iure**];
4. vaststellen, bepalen, verordenen.

caverna, ae *f (cavus)* hol, grot, spelonk, holte [**arboris; caeli** hemelgewelf; **navigii** *of* **puppis** scheepsruim]; ▸ *-as ingentes (v.h. paard v. Troje) uterumque armato milite complent.*

cavernōsus, a, um *(caverna) (Plin. Mai.)* vol holten, vol gaten [**radix**].

cavernula, ae *f* (*caverna*) (*Plin. Mai.*) kleine holte.

cāvī *pf. v. caveo.*

cavilla, ae *f* (*pre- en postklass.*) plagerij, hatelijkheid.

cavillātiō, ōnis *f* (*cavillor*)
1. plagerij, spot, ironie, hatelijkheid;
2. (*postklass.*) woordenzifterij, spitsvondigheid, sofisme.

cavillātor, ōris *m* (*cavillor*)
1. spotter;
2. (*Sen.*) sofist, schijngeleerde.

cavillātrīx, *gen.* īcis (*postklass.*) sofistisch.

Cavillōnum, ī *n stad in het gebied v.d. Haeduers aan de rivier de Arar, nu* Chalon-sur-Saône.

cavillor, cavillārī (*cavilla*)
1. plagen, bespotten, zich vrolijk maken over (*m. acc.; ook in m. abl. en cum*); ▸ *artem ~ ; verba patrum ~ ; in eo cavillatus est;*
2. spitsvondigheden bedenken, uitvluchten zoeken.

cavillum, ī *n en* **-us,** ī *m = cavilla.*

cavitās, ātis *f* (*cavus*) (*Laatl.*) holte.

cavō, cavāre (*cavus*)
1. uithollen [**lapidem; tellurem**]; — *p. adj.* **cavātus,** a, um uitgehold, hol [**rupes; cortices**];
2. door uithollen maken [**naves ex arboribus; vas ex lapide**];
3. (*Verg.*) doorbóren [**parmam gladio**].

cavum, ī *n* (*cavus*) holte, gat.

cavus
I. *adj.* a, um
1. hol, gewelfd [**concha; testudo; via** holle weg; **rupes** rotsspleten];
2. (*Verg.; Lucr.*) omhullend, bedekkend [**umbra; nubes**];
3. (*Verg.*) nietig, zonder inhoud (*= inanis*) [**formae imago**];
II. *subst.* ī *m* holte, gat.

Caystros *en* **-us,** ī *m rivier in Ionië, mondt bij Ephesus uit in de Egeïsche Zee, nu de* Küçük Menderes; — *adj.* **Caystrius,** a, um [**ales** zwaan].

-ce *oorspr. deiktisch partikel* hier, daar (*encl. m. het pron. verbonden*) [**huiusce; hisce**]; *vaak tot -c verkort* [**hic; hinc**].

Cēa *en* **Cīa,** ae *en* **Ceōs,** *acc., abl.* Ceō *f een v.d. Cycladen* (*eilandengroep in de Egeïsche Zee*); — *adj.* **Cēus** *en* **Cīus,** a, um; — *inw.* **Cēī,** ōrum *m.*

Cebenna, ae *m* (*mons*) de Cevennen in Z.-Frankrijk.

Cebrēnis, idos *f* (*acc.* -ida) *dochter v. Cebren, een riviergod in Troas* (*Klein-Azië*).

cecidī[1] *pf. v. cado.*

cecīdī[2] *pf. v. caedo.*

cecinī *pf. v. cano.*

Cecrops, opis *m eerste koning v. Attica, zoon v.d. aarde, half mens en half slang, stichter v. Athene en v.d. burcht* **Cecropia,** ae *f* (*vul aan: arx*); — *patron.* **Cecropidēs,** ae *m* (*plur.* Atheners) *en* **-pis,** idis *f* (*ook adj.*); — *adj.* **Cecropius,** a, um van Cecrops, (*poët.*) Attisch [**cothurnus** de Attische tragedie].

cēdō[1], cēdere, cessī, cessum
I. *intr.*
1. (voort)gaan, schrijden;
2. (*poët.; postklass.*) verlopen, aflopen [**prospere; optime; male**];
3. overgaan *of* veranderen in (*m. in m. acc.*); ▸ *temeritas in gloriam cesserat; ~ in exemplorum locum;*
4. toevallen, ten deel vallen, overgaan op (*m. dat.; in m. acc.*); ▸ *praeda victoribus cessit; res Albana in Romanum imperium cedit; bona in medium cedunt* vallen de staat ten deel; *in dicionem M. Antonii provinciae cesserant;*
5. (*pre- en postklass.*) gelden voor; ▸ *epulae pro stipendio cedunt;*
6. weggaan, heengaan, wijken (*voor iem.: dat.; voor iets: abl.; ex; de; ab*) [**hosti; senatu** uittreden; **patriā;** (**e**) **memoria** ontschieten; (**e**) **vita** sterven];
7. (*v. troepen*) zich terugtrekken [(**ex**) **acie; de oppido**];
8. (*v. niet-lev.*) vergaan, wijken, verdwijnen; ▸ *horae cedunt et dies; cessit pudor;*
9. (*postklass.*) (*v. plaatsen*) zich terugtrekken, krimpen; ▸ *ripae fluminis cedunt;*
10. toegeven, zich schikken, wijken [**hosti; tempori; pluribus** voor de meerderheid]; ▸ *cedens* meegaand;
11. opgeven, afzien van (*m. abl.*) [**hortorum possessione**];
12. onderdoen voor, voorrang verlenen aan [**Graecis nihil** in niets; **virtute nostris** in dapperheid; **in nulla re Agesilao**];
II. *tr.*
1. afstaan, overlaten [**locum**];
2. toestaan, toestemming geven (*dat, om: ut*); ▸ *plebs cessit patribus ut tribuni militum crearentur* (*Liv.*).

cedo[2], *plur. arch.* **cette** (*ce en * dō, date, imp. v. dare*)
1. geef hier, hier ermee, breng hier;
2. zeg op, laat horen, voor de dag ermee [**tuum**

consilium];
3. neem nou bijvoorbeeld.
cedria, ae *f* *(cedrus)* gom, hars *(van de ceder).*
cedrinus, a, um *(Gr. leenw.)* van de ceder.
cedrus, ī *f* *(Gr. leenw.)*
1. ceder;
2. *(meton.)* cederhout; cederolie.
Celaenae, ārum *f plaats in Frygië (in Klein-Azië), nu* Dinar.
cēlātor, ōris *m* *(celo)* *(poët.)* iem. die verbergt.
celeber, bris, bre *(postklass.* **celebris,** bre)
1. *(v. plaatsen)* (a) drukbezocht, levendig [**forum; portus; conventus; templum; urbes; dies festus** druk gevierd; **convivium**]; (b) *(poët.)* rijk aan *(m. abl.)* [**mons fontibus**]; (c) dichtbevolkt [**urbs**];
2. beroemd, gevierd, bekend, veelgenoemd, algemeen verbreid [**deus; viri**]; ▸ *inter celeberrimos duces; celebre est apud nos imperium tuum* (Plaut.);
3. *(Ov.)* vaak herhaald, vaak gebruikt [**verba**].
celebrātiō, ōnis *f* *(celebro)*
1. grote opkomst;
2. plechtige viering, plechtigheid [**ludorum**].
celebrātor, ōris *m* *(celebro)* verheerlijker.
celebrātus, a, um *(p. adj. v. celebro)*
1. drukbezocht [**forum**];
2. door velen gevierd [**dies festus**];
3. bekend, beroemd, geprezen, verheerlijkt [**eloquentia; artifices**];
4. gebruikelijk, wijdverbreid, gangbaar.
celebris *zie celeber.*
celebritās, ātis *f* *(celeber)*
1. levendigheid, drukte [**viae; ludorum; supremi diei**];
2. drukte, bezoek in groten getale, (grote) menigte [**audientium**];
3. talrijkheid, talrijk voorkomen [**periculorum**];
4. beroemdheid, verheerlijking.
celebrō, celebrāre *(celeber)*
1. in groten getale *of* vaak bezoeken, verlevendigen, vullen [**silvas; atrium; templa**];
2. zich verdringen om; (be)geleiden;
3. in groten getale vieren [**ludos; nuptias; festum canendo; diem natalem**];
4. uitvoeren, uit-, beoefenen [**artes**];
5. algemeen bekendmaken, verbreiden;
6. vervullen [**contiones convicio cantorum; ripas carmine**];
7. roemen, prijzen, verheerlijken [**alqd in maius** overdreven prijzen; **alqd carminibus** bezingen; **nomen alcis scriptis; honores**]; vereren [**deum**].
Celemna, ae *f* *(Verg.) stad in Campanië.*
celer, eris, ere
1. snel, vlug [**equus; classis; sagittae; gradus**];
2. *(metaf.)* snel (intredend) [**remedium** snelwerkend; **victoria** snel behaald];
3. snel denkend, behendig [**mens**].
Celerēs, um *m oude naam v.d. Rom. ridders.*
celeri-pēs, *gen.* pedis *(celer)* snelvoetig.
celeritās, ātis *f* *(celer)*
1. snelheid *(v. bewegen)* [**pedum; equorum; peditum**];
2. snelheid *(v. spreken, handelen, werking e.d.)* [**verborum; orationis; veneni**];
3. snelheid, behendigheid, vlotheid [**animorum, consilii, ingenii** tegenwoordigheid v. geest; **respondendi** gevatheid].
celerō, celerāre *(celer)* *(poët.; postklass.)*
I. *tr.* versnellen, bespoedigen, snel uitvoeren [**gradum; fugam**];
II. *intr.* zich haasten, snellen.
celēs, ētis *m* *(Gr. leenw.)* *(Plin. Mai.)*
1. renpaard;
2. snel zeilschip, jacht.
celētizōn, *gen.* ontos *(Gr. leenw.)* *(Plin. Mai.)* paardrijdend.
celeuma, atis *n* *(Gr. leenw.)* commando (v.d. stuurman).
Celeus, ī *m myth. koning in Eleusis (Griekenland).*
cella, ae *f*
1. voorraadkamer, kelder [**vinaria; olearia; promptuaria**]; ▸ *in cellam imperare* voor eigen gebruik vorderen;
2. *deel v.d. tempel waar het godenbeeld in een nis stond,* heiligdom in een tempel;
3. kamer(tje) *(om te wonen);*
4. bijencel;
5. *(Mel.)* kloostercel; klooster.
cellārium, ī *n* *(cellarius)*
1. = *cella 1. en 3.;*
2. *(Laatl.)* (wijn)kelder.
cellārius *(cella)* *(Plaut.)*
I. *adj.* a, um bij de voorraadkamer horend;
II. *subst.* ī *m* bottelier, keukenmeester.
cellula, ae *f* *(demin. v. cella)*
1. kamertje;
2. *(Mel.)* kloostercel; klooster; kluizenaarswoning.
cēlō, cēlāre
1. verbergen voor, geheimhouden voor, verhe-

len voor (*alqm alqd; m. afh. vr.*); ▸ *deus homines res futuras celavit; celo eos consilia mea;*
2. in onwetendheid laten, houden (*over: de*); ▸ *celo eos de consiliis meis;* — *pass. celor de re* voor mij wordt iets verborgen: *celantur de consiliis meis* men houdt hen in onwetendheid over mijn plannen;
3. (*poët.*) verzwijgen, zonder te noemen voorbijgaan aan [**auctorem**];
4. verhullen, bedekken [**vultus manibus**];
5. verbergen, verstoppen [**alqm silvis**];
6. bevatten, bergen; ▸ *aequora pisces celant.*

celōcula, ae *f* (*demin. v. celox*) (*Plaut.*) klein jacht.

celōx, ōcis *m en f* (*celer*) snel schip, jacht; ▸ *piratici celoces;* ~ *publica* schip v.d. stad, pakketboot.

celsitūdō, inis *f* (*celsus*) (*Laatl.*)
1. hoogte, verhevenheid [**montium**];
2. *als aanspreektitel v.d. keizer in de late Oudheid:* Hoogheid, Majesteit [**vestra** Uwe Hoogheid].

celsus, a, um
1. hoog (uitstekend), opgericht [**turres**]; ▸ *cervus in cornua* ~ met hoog gewei;
2. hoogstaand, edel, verheven;
3. hoogmoedig.

Celsus, ī *m Rom. cogn., in talrijke gentes voorkomend:* A. Cornelius ~, *arts en encyclopedist ttv. Tiberius.*

Celtae, ārum *m* de Kelten; — **Celticum,** ī *n* het rijk v.d. Kelten; — *adj.* **Celticus,** a, um Keltisch.

Celt-ibērī, ōrum *m* de Keltiberiërs, *Kelten die zich hadden vermengd met Iberiërs in N.-Spanje;* — *hun land:* **Celtibēria,** ae *f;* — *adj.* **Celtibēricus,** a, um.

Celticum, ī *n en* **Celticus,** a, um *zie Celtae.*

cēna, ae *f*
1. hoofdmaaltijd *v.d. Romeinen,* (middag)eten, maal(tijd); *ook* gastmaal; ▸ *ad -am alqm invitare; -am apparare* bereiden; *tempus -ae; caput -ae* hoofdgerecht; ~ *nuptialis; inter of super -am* aan tafel;
2. (*Petr.; Mart.*) gang v.e. maaltijd [**prima; altera; tertia**];
3. (*Juv.*) (*meton.*) tafelgezelschap, gasten; ▸ *ingens* ~ *sedit;*
4. (*eccl.*) (*domini, dominica*) avondmaal [**novissima** het laatste avondmaal (*Christi*)].

Cēnabum, ī *n belangrijkste stad in het gebied v.d. Carnuten in Gallië, later Aurelianensis urbs, nu* Orléans; — *inw. en adj.* **Cēnabēnsis,** is *m resp. e.*

cēnāculum, ī *n* (*ceno*)
1. eetkamer (*doorgaans op de bovenverdieping gelegen*);
2. bovenverdieping; *alg.* verdieping;
3. zolderkamertje;
4. (*eccl.*) het Heilig Avondmaal.

Cēnaeum, ī *n voorgebergte v. Euboea (Midden-Griekenland);* — *adj.* **Cēnaeus,** a, um.

cēnāticus, a, um (*cena*) (*Plaut.*) bij de maaltijd horend [**spes** op een maaltijd].

cēnātiō, ōnis *f* (*ceno*) (*postklass.*) eetkamer, -zaal.

cēnātiuncula, ae *f* (*demin. v. cenatio*) kleine eetkamer.

cēnātōrius, a, um (*cena*) (*postklass.*) bij de maaltijd horend.

cēnāturiō, cēnāturīre (*desid. v. ceno*) (*Mart.*) willen eten.

Cenchreae, ārum *f haven v. Corinthe aan de Saronische Golf, nu* Kechriai.

Cenchreus *en* **-chrius,** ī *m rivier bij Ephesus in Klein-Azië.*

cenchris[1], idis *f* (*Gr. leenw.*) (*postklass.*) *een soort slang.*

cenchris[2], idis *f* (*Gr. leenw.*) (*Plin. Mai.*) torenvalk.

Cenchrius *zie Cenchreus.*

cēnitō, cēnitāre (*frequ. v. ceno*) gewoonlijk eten [**foris; in publico; cum alqo**].

cēnō, cēnāre (*cena*)
I. *intr.* de (middag)maaltijd gebruiken; ▸ *accepi tuas litteras cenans* (*Cic.*) aan tafel; — *ptc. pf.* **cēnātus,** a,um die gegeten heeft, na het eten;
II. *tr.* (op)eten, nuttigen; ▸ *cenatae noctes* (*Plaut.*) nachtelijke feestmalen.

Cenomanī, ōrum *m*
1. *deel v.d. stam v.d. Aulerci in Gallië bij het huidige Le Mans;*
2. *Cenomani (1.) die zich in N.-Italië hebben gevestigd.*

cenotaphium, ī *n* (*Gr. leenw.*) (*postklass.*)
1. cenotaaf, praalgraf;
2. (*eccl.*) standbeeld v.e. overledene.

cēnseō, cēnsēre, cēnsuī, cēnsum
1. (*jur. t.t.*) (*als censor*) *het vermogen van Rom. burgers schatten,* iem. mbt. het vermogen taxeren [**familias; pecunias; absentem**]; ▸ *censum* ~ de schatting houden; *legem censui censendo dicere* de formule voor de belasting (*censendi formula*) bij wet vaststellen; *capite censi* de (*naar hoofden getelde*) laagste, armste burgerklasse;
2. (*jur. t.t.*) *de mensen (burgers, slaven)* tellen; ▸ *censebantur centum milia capitum;*
3. (*ook pass.*) zijn vermogen opgeven;

4. *alg.* schatten, beoordelen, onderzoeken;
5. menen, van mening zijn (*m. aci.*), (*m. dubb. acc.*) beschouwen als [**alqd aequum**]; ▸ *auxilio vos dignos censet senatus; Stoici sapientem semper beatum esse censent; quid me censes?* wat denk je van mij?;
6. aanraden, (*v. senatoren*) voorstellen, stemmen voor (*m. aci.; acc.; ut of ne; inf. pass.*); ▸ *tibi hoc censeo; reddenda censebat bona; plerique censebant ut noctu iter facerent;*
7. (*v.d. senaat*) besluiten, verordenen (*m. acc.; de; aci.; ut of ne*); ▸ *bellum Samnitibus* ~ ; *de ea re ita censeo;*
8. (*Tac.*) dmv. een senaatsbesluit toekennen (*aan: dat.*) [**aram; triumphi insignia**].

cēnsiō, ōnis *f* (*censeo*)
1. (*preklass.; Gell.*) schatting (*door de censor*);
2. (*Plaut.*) mening, voorstel;
3. (*Plaut.*) bestraffing (*door de censor*), tuchtiging.

cēnsor, ōris *m* (*censeo*)
1. censor, *sinds 443 v. Chr. werden telkens twee censors, oorspr. voor 5, later voor 1½ jaar gekozen; hun taken waren:* (a) *volkstelling en tevens schatting v.h. vermogen en indeling in klassen v.d. Rom. burgers;* (b) *toezicht op de zeden;* (c) *verpachten v.d. landerijen v.d. staat en het oprichten en onderhoud v. openbare gebouwen; het ambt v. censor werd bijna alleen aan oud-consuls toegekend;*
2. strenge (zeden)rechter;
3. scherpe criticus [**factorum dictorumque**].

cēnsōrius (*censor*)
I. *adj.* a, um
1. van de censor; ▸ *opus -um* een handeling waarop de bestraffing door de censor volgde; *lex -a* pachtovereenkomst *of* publieke verordening; *tabula -a* oorkonde *of* lijst v.d. censor; *severitas -a; animadversio atque auctoritas -a; homo* ~ oud-censor;
2. streng oordelend;
II. *subst.* ī *m* oud-censor.

cēnsuālis (*census²*)
I. *adj.* e betrekking hebbend op de census (*census²*);
II. *subst.* is *m* (*Laatl.*) klerk die oorkondes vervaardigt.

cēnsūra, ae *f* (*censeo*)
1. ambt v. censor;
2. (*postklass.*) oordeel, beoordeling;
3. toezicht op de zeden;
4. (*Laatl.*) (a) toezicht; (b) berisping.

cēnsus¹, *ppp.v. censeo.*

cēnsus², ūs *m* (*censeo*)
1. de census, schatting v.h. vermogen *v.d. Rom. burgers;* ▸ *censum habere of agere* de census houden;
2. volkstelling (*elke vijf jaar op de Campus Martius door de censor uitgevoerd*);
3. (*meton.*) burger- *of* belastingregister; ▸ *censu prohibere* (*excludere*) opname in het burgerregister weigeren; *ne censibus negotiatorum naves ascriberentur;*
4. vermogen, bezit [**equester; senatorius; dives; tenuis**];
5. (*Mel.*) belasting, pacht.

centaurēum *en* **centaurium,** ī *n* (*Gr. leenw.*) (*poët.; postklass.*) duizendguldenkruid.

Centaurus, ī *m* (*poët.*)
1. centaur (*myth. wezen, van boven mens en van onder paard*);
2. Centaur *als sterrenbeeld;*
/ *adj.* **Centaurēus** *en* **-ricus,** a, um.

centēnārium, ī *n* (*centenarius; vul aan: pondus*) (*Laatl.*) honderd pond.

centēnārius, a, um (*centenus*) (*pre- en postklass.*)
1. honderd bevattend;
2. *v. gewicht, lengte, prijs enz.;* ▸ *centenarii liberti* met een bezit v. 100.000 sestertiën.

centēnus, a, um (*centum*)
1. (*poët.*) honderdvoudig;
2. *plur.* **centēnī,** ae, a telkens, elk honderd.

centēsima, ae *f* (*centesimus; vul aan: pars*)
1. één honderdste, één procent;
2. betaling van één procent; — *plur. v. rente:* één procent maandelijks = twaalf procent jaarlijks.

centēsimus, a, um (*centum*) honderdste.

centi-ceps, cipitis (*centum en caput*) (*Hor.*) honderdkoppig.

centiē(n)s *adv.* (*centum*) honderdmaal.

centi-manus, a, um (*centum*) (*poët.*) honderdhandig.

centō, ōnis *m* uit oude lappen gemaakte deken, (lappen)deken, matras.

centōnārius, ī *m* (*cento*) (*Petr.*) lappensnijder, *maker v. kussens en dekens uit oude lappen die doordrenkt met water gebruikt werden om vuur te blussen.*

centrum, ī *n* (*Gr. leenw.*) middelpunt v.e. cirkel, centrum.

centum
1. honderd;
2. (*poët.*) vele; ▸ ~ *puer artium* in veel kunsten en wetenschappen onderricht; ~ *sunt causae cur.*

centum-geminus, a, um honderdvoudig, -armig [**Briareus**].

centum-plex, *gen.* plicis *(vgl. duplex)* honderdvoudig.

centum-pondium, ī *n (pondus) (preklass.)* gewicht v. 100 pond.

centumvirālis, e *(centumviri)* bij de centumviri horend, van de centumviri.

centum-virī, ōrum *m* honderdmannen, centumviri *(voor een jaar gekozen college v. rechters voor privaatrecht).*

centunculus, ī *m (demin. v. cento)* kleine lap.

centuplicō, centuplicāre *(centumplex) (Laatl.)* verhonderdvoudigen.

centuplum, ī *n (centuplus) (Laatl.)* het honderdvoudige [**accipere**].

centuplus, a, um *(centum en plus) (Laatl.)* honderdvoudig.

centuria, ae *f (centum)*
1. *(milit.)* (eenheid v.) honderd man, centurie *(oorspr. 100, later 60 man; het 60e deel v.e. legioen, het 6e deel v.e. cohort, de helft v.e. manipel);*
2. centurie *(als stemafdeling);*
3. stuk land *(vierkant of rechthoek v. 100, later 200 iugera).*

centuriātim *adv. (centuria)* bij, volgens centuriën:
1. *v.h. leger* [**milites producere**];
2. *v.h. volk* [**populum citare**].

centuriātus, ūs *m*
1. *(centurio*[1]*)* ambt v. centurio;
2. *(centurio*[2]*)* indeling in centuriën.

centuriō[1]**,** ōnis *m (centuria)* aanvoerder v.e. centurie, centurio, hoofdman [**classiarius** kapitein].

centuriō[2]**,** centuriāre *(centuria)* in of naar centuriën indelen:
1. *de legioenen* [**iuventutem**];
2. *de Rom. burgers; vd. comitia centuriata* vergadering v.d. centuriën *(vergadering waarin het volk in centuriën verenigd stemde); lex centuriata* een in de comitia centuriata aangenomen wet.

centuriōnātus, ūs *m (centurio*[1]*) (Tac.)*
1. positie v. centurio;
2. keuze v. centurio's.

Centuripae, ārum *f en* **Centuripa,** ōrum *n stad op Sicilië, nu* Centúripe; *— inw. en adj.* **Centuripīnus,** ī *m resp.* a, um.

centussis, is *m (centum en as)* bedrag v. 100 as.

cēnula, ae *f (demin. v. cena)* kleine maaltijd.

Ceōs, ō *f = Cea.*

cēpa, ae *f en (poët.)* **cēpe** *(indecl.)* ui.

cephalaea, ae *f (Gr. leenw.)* hoofdpijn.

Cephallānia *(en* **-llēnia**), ae *f grootste v.d. Ionische eilanden (in de Ionische Zee), nu* Kefallinia; *— bew.* **Cephallānes** *en* **-llēnes,** um *m.*

Cephaloedium, ī *n stad aan de* N.*-kust v. Sicilië, nu* Cefalù.

Cephalus, ī *m kleinzoon v.d. Thessalische koning Aeolus.*

Cēphēnes, um *m Ethiopische volksstam; — adj.* **Cēphēnus,** a, um.

Cēpheus, eī *en* eos *m koning in Ethiopië, echtgenoot v. Cassiopea, vader v. Andromeda, net als zij onder de sterren opgenomen; — adj.* **Cēphē(i)us,** a, um; *— patron.* **Cēphēis,** idis *f dochter v. Cepheus* = Andromeda.

Cēphīsus, ī *m*
1. *rivier in Boeotië (Midden-Griekenland), als riviergod vader v.* Narcissus; *— adj.* **Cēphīsius,** a, um, *fem. ook* **Cēphīsis,** idis [**undae**]; *— patron.* **Cēphīsius,** ī *m* = Narcissus;
2. *belangrijkste rivier v. Attica; — adj. fem.* **Cēphīsias,** adis [**ora**].

cēpī *pf. v. capio*[1].

cēpīna, ae *f (cepa) (postklass.)* uienbed.

cēpolendrum, ī *n (Plaut.) een verzonnen kruid.*

cēra, ae *f*
1. was;
2. *(meton.)* (a) met was bestreken houten schrijftafeltje; (b) wassen beeld, *vaak plur. (poët.)* wassen beelden v. voorouders; ▸ *dispositae per atria -ae.*

Ceramīcus, ī *m eig. en oorspr.* 'Pottenbakkersmarkt', *wijk in Athene.*

ceramītis, idis *f (Gr. leenw.) (Plin. Mai.) een soort edelsteen.*

cērārium, ī *n (cera)* vergoeding voor een zegel *voor de gebruikte was.*

cerasinus, a, um *(cerasum) (Petr.)* kersenrood.

cerasium, ī *n (botan.)* kers, kersenboom.

cerastēs, ae *m (Gr. leenw.)* hoornslang.

cerasum, ī *n (cerasus) (Plin. Mai.)* kers.

cerasus, ī *f (Gr. leenw.)*
1. kersenboom;
2. *(poët.; postklass.)* kers *(door Lucullus in 74 v. Chr. uit Cerasus aan de Pontus ingevoerd).*

ceratina, ae *f (Gr. leenw.) (postklass.) (filos.)* 'drogreden v.d. horens' *('Wat je niet verloren hebt, heb je nog; horens heb je niet verloren, dus heb je horens').*

cērātūra, ae *f (cera) (postklass.)* het bestrijken met was.

cērātus, a, um *(p. adj. v. cero)* met was bestreken;

dmv. was samengevoegd [**pennae**].

Ceraunia, ōrum *n en* **montēs Ceraunii** het Ceraunische gebergte *aan de kust v. Epirus (Griekenland).*

ceraunius, a, um *(Gr. leenw.) (postklass.)* fonkelend, schitterend roodachtig *(v. edelstenen en planten).*

Cerberus *en* **-os,** ī *m* de drie- *of (volgens anderen) honderdkoppige Hellehond met slangenstaart, die de ingang v.d. onderwereld bewaakte; — adj.* **Cerbereus,** a, um.

Cercīna, ae *f eiland in de kleine Syrte (ten O. v. Tunesië), nu* Kerkenna.

Cercōpes, um *m myth. volk v. kobolden of meinedige bedriegers, dat volgens verschillende tradities op verschillende plaatsen gelokaliseerd werd en, na door Jupiter in apen veranderd te zijn, naar het eiland Pithecusa ('Apeneiland') verbannen werd; — ook alg.* apen.

cercopithēcus *en* **-os,** ī *m (Gr. leenw.)* meerkat, *door de Egyptenaren als god vereerd.*

cercūrus *en* **cercȳrus,** ī *m (Gr. leenw.)*
1. *een soort kotter;*
2. *(alleen cercyrus) (poët.; postklass.) een zeevis.*

Cercyōn, onis *m rover in Attica, door Theseus gedood; — adj.* **-onēus,** a, um.

cercȳrus *zie cercurus.*

cerdō, ōnis *m (Gr. leenw.) (postklass.)* handwerksman, *vaak geringschattend.*

Cereālia, Cereālis *zie Ceres.*

cerebellum, ī *n (demin. v. cerebrum)* hersenen [**pavonum**].

cerebrōsus, a, um *(cerebrum)*
1. doldriftig;
2. heethoofd, driftkop.

cerebrum, ī *n*
1. hersenen;
2. *(poët.)* verstand;
3. *(poët.)* heethoofdigheid;
4. schedel.

cēreolus, a, um *(cera) (postklass.)* waskleurig.

Cerēs, Cereris *f*
1. *godin v.d. landbouw en het huwelijk, dochter v. Saturnus en Ops, moeder v. Proserpina; — adj.* **Cereālis** *en* **Ceriālis,** e (a) aan Ceres gewijd [**nemus**]; (b) van Ceres [**munera** brood]; — **Cereālia,** ium *n* Ceresfeest *op 12 april;*
2. *(meton.)* zaad, graan, koren, brood; *— adj.* **Cereālis** *en* **Ceriālis,** e graan-, brood-.

cēreus *(cera)*
I. *adj.* a, um
1. van was, wassen [**imago**];
2. *(poët.; postklass.)* waskleurig, -geel [**poma**], *ook (Hor.)* wit als was [**bracchia**];
3. glanzend van vet, vettig;
4. soepel als was, zacht, gemakkelijk te buigen;
II. *subst.* ī *m* waskaars, fakkel van was.

cerevisia, ae *f = cervisia, zie cervesia.*

Ceriālis *zie Ceres.*

ceriāria, ae *f (Plaut.)* vrouwelijke arbeider.

cēri-ficō, ficāre *(cera en facio) (Plin. Mai.)* was maken.

cērintha, ae *f (Gr. leenw.) (poët.; postklass.)* wasbloem.

cērinus, a, um *(Gr. leenw.)* waskleurig, -geel.

cērium, ī *n (Gr. leenw.) (med.) een soort gezwel,* cyste.

Cermalus *zie Germalus.*

cernō, cernere, crēvī, crētum
1. in het oog krijgen, waarnemen, (duidelijk) zien;
2. in-, doorzien, zich overtuigen van *(mente, animo, ingenio); — pass.* zich tonen, zich doen kennen; ▸ *amicus certus in re incerta cernitur (Enn.);*
3. onderscheiden;
4. *(niet-klass.)* scheiden, sorteren [**per cribrum** zeven];
5. een besluit nemen, beslissen *(m. acc.; inf.; aci.)* [**alqd de Armenia**]; ▸ *priusquam id sors creverit;*
6. *(niet-klass.)* met een gevecht beslissen = strijden om [**ferro; vitam** om het leven; **de victoria**];
7. *(jur. t.t.) (hereditatem)* de erfenis aannemen, aanvaarden.

cernulō, cernulāre *(cernuus) (Sen.)* voorovergooien.

cernuō, cernuāre *(cernuus)* voorovervallen, vooroverstorten, een duikeling maken.

cernuus, a, um
1. *(Verg.)* vooroverstortend, over de kop slaand [**equus**];
2. *(Laatl.)* voorovergebogen.

cērō, cērāre *(cera)* met was bestrijken; *ihb. ppp.* **cērātus,** a, um, *ook* aaneengekleefd, samengevoegd [**tabella; pennae; rates**].

cērōma, atis *n (Gr. leenw.) (poët.; postklass.)*
1. *door worstelaars gebruikte* zalf van was;
2. *(meton.)* worstelperk; het worstelen.

cērōmaticus, a, um *(Gr. leenw.) (Juv.)* met zalf van was bestreken [**collum**].

cērōtum, ī *n (Gr. leenw.)* zalf van was.

cerreus, a, um *(cerrus) (postklass.)* van de moseik.

cerrinus, a, um = *cerreus.*
cerrītus, a, um krankzinnig, dol; ▸ *numquam cerritior fuit quam in hoc negotio.*
cerrus, ī *f (postklass.)* Turkse of moseik.
certāmen, inis *n (certo*[1]*)*
1. wedstrijd [**gladiatorium; quadrigarum**]; ▸ *certamen ponere* een wedstrijd houden; *in certamen descendere;*
2. wedijver *(om: gen.; de)* [**gloriae**]; ▸ *certamine summo;*
3. strijd, gevecht, treffen, slag [**navale**];
4. geschil, ruzie, *plur.* twisten [**verborum;** *(over, om: gen.)* **iuris** over het recht]; ▸ *in certamen venire cum alqo;*
5. geschilpunt;
6. *(Mel.) locus certaminis* plaats v.d. openbare terechtstelling.
certātim *adv. (certatus v. certo*[1]*)* om strijd, wedijverend.
certātiō, ōnis *f (certo*[1]*)*
1. wedstrijd [**corporum; xysticorum**];
2. wedijver [**honesta inter amicos**]; ▸ *ingenia exercere certationibus;*
3. ruzie, geschil;
4. geschil, zitting, behandeling *(voor het gerecht).*
certātor, ōris *m (certo*[1]*) (Gell.)* strijder *(met woorden).*
certē *adv. (v. certus)*
1. zeker, beslist, zonder twijfel; ▸ *~ scio; si enim scit, ~ illud eveniet: sin ~ eveniet, nulla fortuna est;*
2. *(in antwoorden)* beslist, inderdaad, natuurlijk, zeker;
3. *(beperkend)* toch zeker, toch, tenminste.
certiōrō, certiōrāre *(certior v. certus) (Laatl.)* op de hoogte stellen *(= certiorem facio).*
certō[1], certāre *(certus)*
1. wedijveren *(om: de; abl.; pro)* [**cum civibus de virtute; officiis inter se; pro sua quisque potentia**]; *(poët. m. iem.: alci)* [**solus tibi certat Amyntas**];
2. vechten; ▸ *proelio ~ ; de imperio cum populo Romano ~ ; de principatu armis ~ ; cum Gallis pro salute ~ ; multum certato* na lange strijd;
3. (rede)twisten, strijden [**verbis**];
4. *(voor het gerecht)* twisten over, (be)pleiten *(m. acc.)* [**multam** over de straf];
5. erg zijn best doen, streven *(m. inf.; ut m. conj.)* [**vincere; aequales superare**].
certō[2] *adv. (v. certus)* zeker, stellig.
certus, a, um *(adv. -ē en -ō, zie daar) (cerno)*
1. zeker, stellig; ▸ *-um est* het staat vast; *-um scire, habere* zeker weten, overtuigd zijn van; *pro -o habere* als zeker beschouwen;
2. vastgesteld, -staand, bepaald [**dies**];
3. *(v. personen)* betrouwbaar, geloofwaardig [**pater familias; accusator; amicus; auctor**];
4. *(v. zaken)* zeker, ontwijfelbaar, vast, onbetwistbaar [**iudicium; oraculi fides; sagitta** trefzeker];
5. *(v. zaken)* beslist, besloten [**consilium**]; ▸ *(mihi) -um est (m. inf.)* ik ben vastbesloten;
6. *(poët.; postklass.)* vastbesloten *(tot: inf.; gen.)* [**mori; eundi; relinquendae vitae**];
7. ingelicht, op de hoogte; zeker v.e. zaak [**eventūs**]; — *certiorem facere* en *certum facere* inlichten, op de hoogte stellen *(over, van: de; gen.; aci.); pass. certior fio.*
cerūchus, ī *m (Gr. leenw.) (naut.)* stag.
cērula, ae *f (demin. v. cera)*
1. een stukje was;
2. *~ miniata* rood (vet)krijt *voor het aanstrepen v. fouten; (meton.)* kritiek.
cērussa, ae *f (preklass.; poët.)* loodwit *(voor het schilderen en als schmink gebruikt).*
cērussātus, a, um *(cerussa)* met wit geschilderd; geschminkt.
cerva, ae *f (cervus)* hinde, *poët. alg.* hert.
cervēsia *en* **cervīsia** ae *f (Kelt. leenw.) (postklass.) een soort* bier.
cervīcal, ālis *n (cervix) (postklass.)* hoofdkussen.
cervīcātus, a, um *(cervix) (Vulg.)* koppig.
cervīcōsus, a, um = *cervicatus.*
cervīcula, ae *f (demin. v. cervix)* (kleine) nek.
cervīnus, a, um *(cervus)* herten- [**pellis; cornu**].
cervīx, īcis *f (meestal plur.)*
1. hals, nek; ▸ *cervices alci of alcis frangere* iem. terechtstellen; *alci cervices dare* zich laten doden door iem.; *praebere cervicem gladio; (poët.) dare bracchia cervici* iem. omhelzen; *pendēre in cervice alcis* aan iems. nek hangen, iem. omhelzen; *metaf.: esse in cervicibus alcis* iem. op de nek zitten, iem. in het nauw drijven *(bv. v.e. vijand);* op korte termijn te wachten staan; iem. op de nek zitten *(als een last); depellere of repellere alqm of alqd a cervicibus alcis* iem. *of* iets afschudden; *a cervicibus avertere alqm; dare cervices* zich buigen [**crudelitati**]; *sustinere cervicibus suis rem publicam* op zijn schouders dragen; — *(metaf.)* dapperheid, driestheid; trots;
2. *(poët.; postklass.)* hals *(v. voorwerpen)* [**amphorae; fistularum**].
cervu(o)lus, ī *m*

1. jong hert;
2. plur. (milit.) Friese ruiter (*een balk om ingangen te versperren*).

cervus, ī *m*
1. hert;
2. plur. (milit.) Friese ruiter (*een balk om ingangen te versperren*).

cēryx, ȳcis *m* (*Gr. leenw.*) (*Sen.*) heraut.

cessātiō, ōnis *f* (*cesso*)
1. het nietsdoen, vrije tijd, rust;
2. het treuzelen, langzaamheid, traagheid;
3. nalatigheid.

cessātor, ōris *m* (*cesso*) treuzelaar.

cessī *pf. v. cedo*[1].

cessīcius, a, um (*cedo*[1]) (*jur.*) door een *cessio* toegewezen.

cessim *adv.* (*cedo*[1]) (*pre- en postklass.*) terug, achteruit [**ire**].

cessiō, ōnis *f* (*cedo*[1]) het afstand doen, overdracht [**in iure** door een verklaring voor de rechtbank].

cessō, cessāre (*frequ. v. cedo*[1])
I. *intr.*
1. aarzelen, treuzelen (*om: inf.*); ▸ *morbus cessans* langdurig, chronisch;
2. verslappen, ophouden met (*m. inf.; in m. abl.; poët. in m. acc.; postklass. ab*) [**in studio suo; in vota** treuzelen om geloften te doen; **ab opere**];
3. het aan iets laten ontbreken, tekortschieten in (*m. abl.*) [**audaciā; nullo officio**];
4. vrij (van werk) zijn, pauzeren, rusten, niets doen;
5. (*jur.*) (a) in gebreke blijven, niet verschijnen; (b) niet van toepassing zijn; ▸ *potest dici edictum* ~;
6. (*postklass.*) (*v.e. akker*) onbebouwd, braak liggen;
II. *tr.* (*poët.*) verzuimen, werkeloos doorbrengen; ▸ *cessata tempora* werkeloos doorgebracht.

cestros, ī *m* (*Gr. leenw.*) (*Plin. Mai.*) graveernaald.

cestrosphendonē, ēs *f* (*Gr. leenw.*) werpmachine, geschut (*voor pijlen*).

cestus *en* **-os,** ī *m* (*Gr. leenw.*) (*preklass.*); gordel, riem; de (*liefde opwekkende*) gordel v. Venus (*Mart.*).

cētārium, ī *n en* **cētāria,** ae *f* (*cetarius*) visvijver (*aan zee voor tonijn e.d.*).

cētārius (*cetus*)
I. *adj.* a, um van een (zee)vis, ihb. van een tonijn;
II. *subst.* ī *m* verkoper v. (zee)vis, ihb. verkoper v. tonijn.

cētē *zie cetus.*

cētera *en* **ad cētera** *adv.* (*ceterus*) overigens, in andere opzichten [**vir ~ egregius**].

cēterō *en* **dē cēterō** *adv.* (*ceterus*) overigens, wat de rest aangaat.

cēterō-quī(n) *adv.* overigens, verder, afgezien daarvan.

cēterum *adv.* (*ceterus*)
1. overigens, voor het overige, verder;
2. (*postklass.*) maar, echter, toch, daarentegen;
3. (*bij de overgang naar een nieuwe gedachte*) bovendien, nu echter.

cēterus, a, um de (het) overige, andere (*sg. alleen bij coll.*) [**classis; exercitus; praeda**]; *meestal plur.* **cēterī,** ae, a de overigen, de anderen.

Cethēgus, ī *m cogn. in de patric. gens Cornelia, o.a.:*
1. M. Cornelius ~, *consul in 204 v. Chr., belangrijke redenaar (gest. in 196 v. Chr.)*;
2. C. Cornelius ~, *medeplichtige in de samenzwering v. Catilina.*

cētra, cētrātus = *caetr-.*

cette *zie cedo*[2].

cētus (*en* **-os**), ī *m* (*plur.* **cētē** *n indecl.*) (*Gr. leenw.*)
1. *groot zeedier, bv. walvis, haai, dolfijn;*
2. zeemonster;
3. *het sterrenbeeld* Walvis.

ceu
I. *adv.* (*bij een vergelijking*) zoals, net als;
II. *cj. m. conj.* (= *quasi*) alsof, evenals wanneer.

Cēus *zie Cea.*

Ceutrones, num *m*
1. *volksstam in België;*
2. *volksstam in de westelijke Alpen bij de rivier de Isère.*

ceva, ae *f* (*postklass.*) *een klein soort koe.*

Cevenna, ae *f* = *Cebenna.*

cēveō, cēvēre (*arch.; poët.*) buigen; heupwiegen.

Cēyx, ȳcis *m koning v. Trachis aan de Oeta, echtgenoot v. Alcyone.*

chaerephyllum *en* **chaerepolum,** ī *n* = *caerefolium.*

Chaerōnēa, ae *f plaats in W.-Boeotië (Griekenland), geboorteplaats v. Plutarchus; plaats v.d. overwinning v. Philippus II v. Macedonië op de Thebanen en Atheners in 338 v. Chr.*

chalaziās, ae *f* (*Gr. leenw.*) (*Plin. Mai.*) *een soort* edelsteen.

chalcanthon, ī *n* (*Gr. leenw.*) zwarte schoensmeer.

chalcaspides, um *m* (*Gr. leenw.*) *soldaten met bronzen schild.*

Chalcēdōn = *Calchedon.*

chalceos, ī *m* (*Gr. leenw.*) (*Plin. Mai.*) *een soort* distel.

chalceus, a, um (*Gr. leenw.*) bronzen; — *subst.* **chalcea,** ōrum *n* (*Mart.*) bronzen wapens.

Chalcioecos, ī *f* (*bij de Grieken bijnaam v. Athene: een bronzen huis bewonend*) *bij de Romeinen de* tempel v. Minerva.

chalcis, idis *f* (*Gr. leenw.*) (*postklass.*)
1. *een soort vis, missch.* sardine;
2. *een soort* hagedis.

Chalcis, idis *f naam v. diverse Griekse steden, ihb. v.d. belangrijkste stad v.* Euboea (Midden-Griekenland); — *inw.* **-cidēnsēs,** ium *m*; — *adj.* **-cidēnsis,** e *en* **-cidicus,** a, um; — *subst.* **chalcidicum,** ī *n* voorhal v.e. basilica.

chalcītis, idis *f* (*Gr. leenw.*) (*postklass.*) kopererts.

Chaldaea, ae *f het land* Chaldea *in* Babylonië; — **Chaldaeī,** ōrum *m* (a) Chaldeeërs, *als sterrenwichelaars bekend om hun grote kennis v.d. astronomie, vd.* (b) astrologen, bezweerders, waarzeggers; — *adj.* **-dae(ic)us, -daïcus,** a, um Chaldeeuws.

chalō, chalāre = *calo*[2].

chalybēius, a, um (*Gr. leenw.*) (*Ov.*) stalen, staal-.

Chalybes, um *m volk in Pontus aan de Zwarte Zee, beroemd om zijn metaalbewerking, ihb. van staal*; — *adj.* **-bēius,** a, um.

chalybs, ybis *m* (*Gr. leenw.*)
1. (*poët.; postklass.*) staal;
2. (*Sen.*) (*meton.*) zwaard;
3. (*poët.*) pijlpunt.

chamaecissos, ī *f* (*Gr. leenw.*) *een soort* klimop.

chamaedaphnē, ēs *f* (*Gr. leenw.*) *een soort plant, missch.* maagdenpalm.

chamaedrȳs, yis *f* (*Gr. leenw.*) *een soort plant, missch.* gamander.

chamaeleōn, ontis *m en f* (*Gr. leenw.*)
1. kameleon;
2. *een soort* distel.

Chamāvī, ōrum *m Germ. volksstam in de IJsselvallei.*

chamelaea, ae *f* (*Gr. leenw.*) (*Plin. Mai.*) dwergolijfplant.

channē, ae *f* (*Gr. leenw.*) zeebaars.

Chāones, um *m volksstam in N.W.-Epirus in de landstreek* **Chāonia,** ae *f, nu* Canina *in Albanië*; — *adj.* **Chāonius,** a, um *en fem.* **Chāonis,** idis Chaonisch, *poët. ook* Epirotisch *en* Dodonaeïsch [pater = Jupiter; ales = duif; arbos = eik].

chaos *n* (*alleen nom., acc. en abl.* chaō) (*Gr. leenw.*) (*poët.; postklass.*) de chaos:
1. vormloze oermassa, *waaruit het heelal is ontstaan*;
2. oneindige, lege ruimte (*als rijk v.d. duisternis*), onderwereld.

chara, ae *f eetbare* knol *met bittere smaak.*

charactēr, ēris *m* (*acc.* -ēra) (*Gr. leenw.*)
1. het karakteristieke (*in de uitbeelding*), karakter, stijl;
2. letter; teken.

charaxō, charaxāre (*Gr. leenw.*) (*Laatl.*) (be)krassen, inkrassen, schilderen, schrijven.

charisma, atis *n* (*Gr. leenw.*) (*eccl.*) geschenk, (hemelse) gave.

charistia, ōrum *n* = *caristia.*

Charites, um *f* (*poët.; postklass.*) (*Gr. leenw.*) *de drie gratiën* (= *Gratiae*).

Charmadās, ae *m Gr. filosoof v.d. academische school, ca. 110 v. Chr.*

Charmidēs, dāī *en* dī *m Gr. eigennaam, komische grijsaard bij Plautus.*

charmidō, charmidāre (Charmides) (*Plaut.*) (*scherts.*) tot Charmides maken.

Charōn, ontis *en* ōnis *m veerman die de doden over de Styx (rivier in de onderwereld) naar het dodenrijk vervoert.*

Charōndās, ae *m Sic. wetgever, ca. 650 v. Chr.*

charta, ae *f* (*Gr. leenw.*)
1. papyrusblad, papier, blad [**dentata** gladgemaakt; **bibula** vloeipapier];
2. (*meton.*) *beschreven papier:* geschrift, boek, brief, gedicht [**-ae Arpinae** geschriften v. Cicero; **-ae annales**];
3. (*Suet.*) dunne plaat [**plumbea**].

chartānus, a, um (*charta*) (*postklass.*) betrokken bij het maken v. papyrus.

charteus, a, um (*charta*) (*pre- en postklass.*) van papier, papieren.

chartula, ae *f* (*demin. v. charta*) briefje.

Charybdis, is *f*
1. *draaikolk in de Straat v. Messina, tegenover de Scylla; slurpte driemaal per dag de vloed in en spuwde die weer uit; in de Oudheid gepersonifieerd als verslindend monster* [**implacata; Austro agitata; irrequieta**];
2. (*metaf.*) bodemloze put.

chasma, atis *n* (*Gr. leenw.*) (*postklass.*) spleet, kloof.

Chasuariī, ōrum *m volksstam aan de rivier de Hase.*

Chattī *en* **Cattī,** ōrum *m volksstam in Hessen* (*Duitsland*); — *adj.* **Chattus,** a, um.

Chaucī, ōrum *m volksstam aan de Noordzeekust in Oost-Friesland (Duitsland) en Groningen.*

chēlē, ēs *f (Gr. leenw.)*
1. *(archit.)* klauw, grijper;
2. *(plur.)* **chēlae,** ārum *(astron. t.t.)* de scharen v.d. Schorpioen en *(omdat deze zich tot in het sterrenbeeld Weegschaal uitstrekken)* Weegschaal.
chelīdōn, onis *f (Gr. leenw.)* zwaluw.
chelīdonia, ae *f (Gr. leenw.)*
1. *een soort edelsteen;*
2. *een soort plant, o.a.* stinkende gouwe.
Chelīdoniae īnsulae, ārum *f 'Zwaluweilanden', een groep rotseilanden voor de kust v. Lycië (Klein-Azië).*
chelīdonius, a, um *(chelidon) (Gr. leenw.) (postklass.)* zwaluwachtig.
chelydrus, ī *m (Gr. leenw.) (poët.; postklass.) een soort giftige* waterslang.
chelys, yos *f (acc. -yn) (Gr. leenw.) (poët.)*
1. schildpad;
2. *(meton.) (van het schild v.e. schildpad gemaakte)* lier.
chēma, ae *f (Gr. leenw.) (Plin. Mai.) een soort* schelpdier.
chēnalōpēx, icis *m (Gr. leenw.) Egypt. gans.*
chēniscus, ī *m (Gr. leenw.) (Apul.) (beeld op de achtersteven v.e. schip lijkend op een)* gans.
chēragra, ae *f (poët.) = chiragra.*
cherolaba, ae *f (Gr. leenw.) (archit.)* handvat.
Cherronēsus *en* **Chersonēsus,** ī *f 'schiereiland'*
1. ~ Taurica de Krim;
2. ~ Thracia het schiereiland v. Gallipoli (Turks Gelibolu).
chersinus, a, um *(Gr. leenw.) (Plin. Mai.)* op het (droge) land levend [**testudo** landschildpad].
Chersonēsus *zie Cherronesus.*
chersos, ī *f (Mart.) (Gr. leenw.)* landschildpad.
chersydros, ī *m (Gr. leenw.) (postklass.) een soort* amfibische slang.
Cheruscī, ōrum *m Germ. volksstam bij de rivier de Weser.*
chīliarchus, ī *en* **-chēs,** ae *m (Gr. leenw.) (postklass.)*
1. bevelhebber over duizend man, overste;
2. *(alleen* **-us***) (bij de Perzen)* hoogste functionaris; ▸ *ad -um qui secundum gradum in imperio tenebat accedere.*
chīliastae, ārum *m (Gr. leenw.) (August.) degenen die geloven in de komst v.h. duizendjarige rijk, de* Chiliasten.
Chimaera, ae *f in Lycië wonend vuurspugend monster, een wezen met leeuwen-, slangen- en geitenkop, door Bellerophon gedood.*
chimaeri-fer, fera, ferum *(Chimaera en fero) (Ov.)* de Chimaera voortbrengend [Lycia].
Chionē, ēs *f*
1. *moeder v. Autolycus;*
2. *moeder v. Eumolpus; — patron.* **Chionidēs,** ae *m* = Eumolpus.
Chios *en* **Chius,** ī *f* Chios, *eiland in de Egeïsche Zee; — adj.* **Chīus,** a, um van Chios [**ficus; vinum**]; *— inw.* **Chiī,** ōrum *m; —* **Chīa,** ae *f (vul aan: ficus) (postklass.)* op Chios voorkomende vijg; — **Chīum,** ī *n (vul aan: vinum) (Hor.)* wijn v. Chios.
chīragra, ae *f (Gr. leenw.) (postklass.) jicht aan de handen.*
chīramaxium, ī *n (Gr. leenw.) (Petr.) kleine, met de hand getrokken wagen,* handkar.
chīrographum, ī *n en* **-us,** ī *m (Gr. leenw.)*
1. handschrift; ▸ *neque utar meo -o neque signo; alcis -um imitari;*
2. *(eigenhandig geschreven)* geschrift, aantekening; *(jur.)* schriftelijke toezegging.
Chīrō(n), ōnis *m centaur met buitengewone kennis v.d. muziek, geneeskrachtige kruiden en de voorspellingskunst, zoon v. Saturnus en Philyra, leermeester v. Aesculapius, Jason, Achilles e.a., door Hercules met een giftige pijl getroffen, door Jupiter als sterrenbeeld aan de hemel gezet.*
chīronomos, ī *m en f en* **chīronomōn,** ūntis *m (Gr. leenw.) (Juv.)* gesticulerend.
chīrot(h)ēca, ae *f (Mel.)* handschoen.
chīrūrgia, ae *f (Gr. leenw.)*
1. chirurgie;
2. gewelddadige maatregelen.
chīrūrgicus, a, um *(Gr. leenw.)* chirurgisch.
chīrūrgus, ī *m (Gr. leenw.)* chirurg.
Chius *zie Chios.*
chlamydātus, a, um *(chlamys)* gekleed in een (gevechts)mantel.
chlamys, ydis *f (Gr. leenw.)*
1. *wijd Gr. overkleed van wol, meestal voor mannen,* (reis)mantel;
2. *Gr.* militaire cape;
3. staatsiemantel [**purpurea**];
4. *gewaad v.d. Citharoeden en v.h. koor in de tragedie;*
5. *(Mel.)* kroningsmantel.
chlōriōn, ōnis *m (Gr. leenw.) (Plin. Mai.) een soort vogel.*
Chlōris, idis *f*
1. *(Ov.) Lat.* Flora, *godin v.d. bloemen, godin v.d. vegetatie;*
2. *dochter v.* Niobe.
Choerilus, ī *m hofdichter v. Alexander de Grote.*

cholera, ae *f* (*Gr. leenw.*) (aanval v.) cholera.
cholericus, a, um (*Gr. leenw.*)
1. aan cholera lijdend;
2. betrekking hebbend op gal *of* cholera.
chorāgium, ī *n* (*Gr. leenw.*) (*pre- en postklass.*)
1. toneelrekwisieten en theaterkostuums;
2. (*metaf.*) uiterlijk vertoon.
chorāgus, ī *m* (*Gr. leenw.*)
1. (*Plaut.*) *iem. die decors en kostuums voor een voorstelling levert;*
2. (*Suet.*) *iem. die voor de benodigdheden voor een feest zorgt.*
choraulēs *en* **-la,** ae *m* (*Gr. leenw.*) (*poët.; postklass.*) *fluitspeler bij een koordans.*
chorda *en* **corda,** ae *f* (*Gr. leenw.*)
1. (*in de muziek*) (darm)snaar; ▸ *tangere -as;*
2. (*Petr.*) pens.
chorēa, ae *f* (*acc.* -ān) (*Gr. leenw.*) koordans, reidans (*met gezang*).
chorēus, ī *m* (*Gr. leenw.*) (*metr.*) de versvoet choreüs, trochee (—◡).
choriambus, ī *m* (*Gr. leenw.*) (*metr.*) de versvoet choriambe (—◡◡—).
chorīus, ī *m* = *choreus.*
chorizō, chorizāre (*Mel.*) dansen.
chōrobatēs, ae *m* (*Gr. leenw.*) (*archit.*) *een soort grote waterpas, die wordt gebruikt bij het nivelleren v.d. grond.*
chorocitharistēs, ae *m* (*Gr. leenw.*) (*Suet.*) citerspeler (*bij een koordans*).
chōrs *zie cohors.*
chorus[1], ī *m* (*Gr. leenw.*)
1. (*poët.*) koordans, reidans;
2. schare v. dansende en zingende mensen, koor;
3. koor *in de tragedie;*
4. menigte, schare, rij [**philosophorum; iuventutis; virtutum; comitum; puellarum; apostolorum**];
5. (*poët.*) *zich harmonisch bewegende hoeveelheid sterren,* rij sterren;
6. (*eccl.*) koor (*de aan de geestelijken voorbehouden ruimte in de kerk*).
chōrus[2] *zie caurus.*
Chremēs, ētis *m knorrige vrek in de Att. en Rom. komedie.*
chrīa, ae *f* (*Gr. leenw.*) (*postklass.*) thema, onderwerp (*in het retoricaonderwijs*).
chrīsma, atis *n* (*Gr. leenw.*) (*eccl.*) zalving; zalfolie.
chrīsmō, chrīsmāre (*chrisma*) (*eccl.*) zalven, oliën.
Chrīstiānitās, ātis *f* (*Christus*) (*eccl.*)
1. christelijke religie, christendom;
2. clerus, geestelijkheid.
Chrīstiānus (*Christus*) (*postklass.*)
I. *adj.* a, um christelijk;
II. *subst.* ī *m* christen.
Chrīsticola, ae *m* (*Christus en colo[1]*) (*eccl.*) christen.
christi-para, ae *f* (*Christus en pario*) (*Mel.*) moeder v. God.
Chrīstus, ī *m* (*Gr. leenw.* 'de gezalfde') (*postklass.*) Christus.
chrōma, atis *n* (*Gr. leenw.*) (*postklass.*) kleur; (*muz.*) (*chromatische*) toonschaal.
chromis, *acc.* in *f* (*Gr. leenw.*) (*postklass.*) *een soort zeevis.*
chronica[1], ōrum *n* (*chronicus*) (*postklass.*) chronologisch opgezette geschiedboeken, kroniek.
chronica[2], ae *f* (*chronicus*) (*Laatl.*) kroniek.
chronicus, a, um (*Gr. leenw.*) (*postklass.*)
1. chronologisch geordend;
2. (*med. t.t.*) langdurig, chronisch [**aegritudines**].
Chrȳsē, ēs *en* **-sa,** ae *f plaats in Troas met een tempel v. Apollo.*
chrȳsea, ōrum *n* (*chryseus*) (*Mart.*) gouden gereedschap.
chrȳsendeta, ōrum *n* (*chrysendetos; vul aan: vasa*) (*Mart.*) met goud ingelegd vaatwerk *en* schalen met gouden rand.
chrȳsendetus, a, um (*Gr. leenw.*) (*Mart.*) met goud ingelegd.
Chrȳsēs, ae *m priester v. Apollo uit Chryse;* — **Chrȳsēis,** idis *f dochter v. Chryses.*
chrȳseus, a, um (*Gr. leenw.*) (*postklass.*) gouden; goudkleurig.
Chrȳsippus, ī *m filosoof v.d. stoïsche school uit Soli in Cilicië (Klein-Azië), ca. 280—210 v. Chr., leerling v. Zeno en Cleanthes;* — *adj.* **Chrȳsippēus,** a, um.
chrȳsocolla, ae *f* (*Gr. leenw.*) kopergroen (*gebruikt voor het solderen v. goud*).
chrȳsolithus *en* **-thos,** ī *m en f* (*Gr. leenw.*) (*poët.; postklass.*) chrysoliet, topaas (*een edelsteen*).
chrȳsophrȳs, *acc.* ȳn *m* (*Gr. leenw.*) (*poët.; postklass.*) *een soort vis.*
chrȳsos, ī *m* (*Gr. leenw.*) (*Plaut.*) goud.
Cīa *zie Cea.*
cibāmen, inis *n* (*Mel.*) voedsel.
cibāria, ōrum *n* (*cibarius*)
1. voedings-, levensmiddelen *voor mensen en vee,* proviand, voer;
2. rantsoen *voor soldaten,* (*Suet.*) *voor slaven;*

3. *van staatswege verstrekt* loon in graan.

cibārium, ī *n* (*cibarius*) (*Plin. Mai.*) grof gerstemeel.

cibārius, a, um (*cibus*)
1. (*pre- en postklass.*) tot het eten behorende;
2. van grof meel gemaakt [**panis** grof gerstebrood];
3. (*metaf.*) alledaags, gewoon, middelmatig [**vinum**].

cibātus, ūs *m* (*cibo*) voedsel.

cibō, cibāre (*cibus*)
1. *dieren* voederen; — *pass.* vreten;
2. (*Vulg.*) te eten geven [**hominem**]; — *pass.* eten, zich voeden.

cibōrium, ī *n* (*Gr. leenw.*)
1. (*Hor.*) drinkbeker *van metaal*;
2. (*eccl.*) kelk; hostiekelk;
3. (*eccl.*) altaarbaldakijn.

cibus, ī *m*
1. voedsel *voor mensen en dieren*, spijs, voer; ▸ ~ *agrestis*; *-um sumere* tot zich nemen; *-um petere*;
2. (*metaf.*) voeding, voedsel [**mali; furoris**];
3. (*poët.*) lokaas [**fallax**];
4. maaltijd, het eten.

Cibyra, ae *f stad in Frygië*; — *inw.* **Cibyrātae,** ārum *m*; — *adj.* **Cibyrāticus,** a, um.

cicāda, ae *f* (*onomatop.*) (*poët.; postklass.*) boomkrekel, cicade.

cicarō, ōnis *m* (*Petr.*) jongetje.

cicātrīcōsus, a, um (*cicatrix*) (*pre- en postklass.*) vol littekens, met veel littekens [**tergum; miles**].

cicātrīx, īcis *f*
1. litteken, schram [**recens; vetus; foeda; adversa** op de borst; **bello accepta**];
2. (*poët.; postklass.*) (*bij planten*) insnijding, naad [**in stirpe**];
3. (*metaf.*) een tot litteken geworden wond [**rei publicae**];
4. (*Juv.*) naad (*v.e. opgelapte schoen*).

ciccum, ī *n* (*Gr. leenw.*) (*preklass.*) klokhuis; ▸ *non* ~ geen cent, niet het minste.

cicer, eris *n* (*niet-klass.*) kikkererwt, grauwe erwt.

Cicerō, ōnis *m cogn. in de gens Tullia*:
1. M. Tullius ~, *Rom. redenaar en schrijver, geb. op 3 januari 106 v. Chr. in Arpinum, in 43 v. Chr. op bevel v. Antonius vermoord*; — *adj.* **Cicerōniānus,** a, um;
2. *zijn gelijknamige zoon*;
3. Q. Tullius ~, *broer v.d. redenaar.*

cichorēum *en* **cichorium,** ī *n* (*Gr. leenw.*) andijvie, cichorei.

cīcilendrum *en* **cīcimandrum,** ī *n* (*Plaut.*) *verzonnen namen voor specerijen.*

cicindēla, ae *f* (*postklass.*) glimwormpje.

cicinus, a, um (*Gr. leenw.*) (*postklass.*) *oleum —um* wonderolie, castorolie.

Cicirrus, ī *m* (*onomatop.*) ('kukeleku') *bijnaam v. Messius als kemphaan (bij Horatius).*

Cicones, num *m Thrac. volksstam aan de rivier de Hebrus.*

cicōnia, ae *f* ooievaar.

cicur, *gen.* uris
1. tam; ▸ *aves cicures*; *ferae et cicures apes*;
2. (*metaf.*) wijs, mild [**ingenium; consilium**].

cicurō, cicurāre (*cicur*) (*preklass.*) temmen.

cicūta, ae *f*
1. (*poët.; postklass.*) scheerling, dollekervel (*het sap werd als gif, de bladeren als verkoelend kompres, de steel voor rietfluiten gebruikt*);
2. (*meton.*) (a) *de uit een scheerlingstengel gemaakte* rietfluit, schalmei; (b) sap v.d. scheerling *als gif en als geneesmiddel.*

cidaris, is *f* (*Semitisch leenw.*) (*postklass.*) tiara (*hoge, spits toelopende tulband v. Perz. koningen*).

cieō, ciēre, cīvī, citum
1. in beweging zetten *of* houden, bewegen, aansporen; ▸ *pugnam* ~ de strijd telkens opnieuw aanwakkeren; *erctum* ~ de erfenis verdelen; *natura omnia ciens et agitans motibus et mutationibus suis* (*Cic.*);
2. (*postklass.*) erbij roepen;
3. (*poët.*) te hulp roepen (*ihb. een godheid*) [**nocturnos manes carminibus**];
4. (*tot het gevecht*) oproepen [**exercitūs; alqm ad arma; agmen a patriis oris**];
5. roepen, aan-, oproepen [**alqm magna voce; singulos nomine**];
6. (uit)roepen, noemen [**nomina singulorum**];
7. (*poët.*) laten klinken [**gemitūs** kreunen; **mugitūs** loeien; **murmur**];
8. *verschijnselen en toestanden* voortbrengen, veroorzaken, opwekken, doen ontstaan [**fletus; lacrimas** vergieten *of* opwekken];
9. *oorlogs- en pol. toestanden* veroorzaken, opwekken, teweegbrengen, beginnen [**bellum; seditiones; vanos tumultus**];
10. opwekken, in rep en roer brengen, doen schudden; opwoelen; ▸ *mare venti et aurae cient*; ~ *imo aequora fundo* (*v.e. zeegod*); *caelum tonitru* ~;
11. (*jur. t.t.*) *patrem* ~ zijn vader bij name noemen, de naam opgeven v. zijn vader (*om zijn*

vrije afkomst te bewijzen).

Cilicia, ae *f* Ciliciё, *landstreek in het zuidoosten v. Klein-Aziё;* — *inw.* **Cilix,** icis *m en* **Cilissa,** ae *f;* — *adj.* **Ciliciēnsis,** e, **Cilicius,** a, um *en* **Cilix,** icis.

cilicium, ī *n (Cilicia)*
1. tapijt *of* kleed van (Cilicisch) geitenhaar;
2. *(Laatl.)* tapijt, kleed;
3. *(Vulg.)* boetekleed.

cilium, ī *n (Plin. Mai.)* (bovenste) ooglid.

Cimbrī, ōrum *m Germ. volksstam in Jutland;* — *adj.* **Cimbricus,** a, um.

cīmex, icis *m* (wand)luis.

Ciminius lacus *kratermeer in Etruriё met aan zijn oevers de dichtbeboste bergketen, nu Lago de Vico;* **Ciminius saltus** *(ook plur.),* **mōns** *of* **Ciminia silva.**

cīmītērium, i *n = coemeterium.*

Cimmeriī, ōrum *m*
1. *myth. volk in het uiterste westen bij de ingang v.d. onderwereld, in voortdurende duisternis levend;* — *adj.* **Cimmerius,** a, um duister [**lacus** onderwereld];
2. *volksstam die de tegenwoordige Krim bewoonde;* — *adj.* **Cimmerius,** a, um [**litus**].

Cimōlus, ī *f eiland van de eilandengroep Cycladen in de Egeïsche Zee.*

Cimōn, ōnis *m zoon v. Miltiades (ca. 510—450 v. Chr.), Ath. veldheer.*

cinaedicus, a, um *(cinaedus) (Plaut.)* wellustig, geil; schaamteloos [**cantio**].

cinaedus *(Gr. leenw.) (poёt.)*
I. *subst.* ī *m*
1. homoseksueel (persoon);
2. schandknaap;
II. *adj.* a, um onbeschaamd, schaamteloos.

cincinnātus, a, um *(cincinnus)* met gekruld haar.

Cincinnātus, ī *m cogn. v.d. dictator L. Quinctius, vertegenwoordiger v. Oudrom. eenvoud en strenge morele opvattingen, consul in 460 v. Chr.; in 458 werd hij achter de ploeg vandaan gehaald en tot dictator benoemd om het door de Aequi omsingelde leger te bevrijden.*

cincinnus, ī *m (Gr. leenw.)*
1. kunstmatig gekrulde haarlok *(itt. cirrus: natuurlijke haarlok);*
2. *(retor.)* veel franje *in de uitdrukking,* taal met veel opsmuk.

Cinciolus, ī *m (demin. v. Cincius)* de lieve, kleine Cincius.

Cincius, a, um *naam v.e. Rom. gens:*
1. L. ~ *Alimentus, pretor in 210 v. Chr., schreef annalen in het Grieks ttv. de 2e Pun. oorlog, naast Q. Fabius Pictor de oudste Rom. geschiedschrijver;*
2. M. ~ *Alimentus, volkstribuun in 204 v. Chr., vaardigde de lex Cincia uit, die advocaten verbood voor het voeren v.e. proces geld aan te nemen;*
3. L. ~, *zaakwaarnemer v. Atticus.*

cīncticulus, ī *m (demin. v. cinctus[1]) (Plaut.)* kleine gordel.

cīnctūra, ae *f (cingo) (Suet.)* gordel.

cīnctus[1], ūs *m (cingo)*
1. manier van zich omgorden;
2. gordel *(v. mannen),* lendenschort.

cīnctus[2] *ppp. v. cingo.*

cīnctūtus, a, um *(cinctus[1]) (poёt.)* een gordel dragend, (alleen) in een lendenschort gekleed *(ipv. de tunica)* = Oudromeins, ouderwets.

cine-factus, a, um *(cinis en facio) (Lucr.)* tot as geworden.

cinerāceus, a, um *(cinis)* op as lijkend.

cinerārius, ī *m (cinis) slaaf die de friseerijzers in gloeiende as heet maakte,* friseur.

cinereus, a, um *(cinis) (postklass.)* asachtig.

cinerōsus, a, um *(cinis) (Apul.)* vol as, asachtig.

Cingetorīx, igis *m*
1. *koning v.d. Treveri in Galliё, die een verbond gesloten had met Caesar;*
2. *Britse koning.*

cingillum, ī *n (demin. v. cingulum) (pre- en postklass.)* gordel *v. vrouwen.*

cingō, cingere, cīnxī, cīnctum
1. omgorden [**fulgentibus armis; latus ense**]; *(poёt.; postklass.) pass.* zich omgorden [**ferro; in proelia** zich uitrusten voor de strijd];
2. *(poёt.; postklass.)* opschorten, hoog opbinden [**vestes**]; *pass.* (zijn kleren) opgorden [**alte cinctus** hoog opgegord];
3. omgeven, omringen, insluiten; draaien om; omhullen; ▸ *flumen oppidum cingit; urbem moenibus* ~; *castra vallo* ~; *provincia mari cincta; cycni polum cingunt* cirkelen rond in de lucht; *nimbi aethera cingunt; Delus cingitur V milia passuum (Plin. Mai.)* heeft een omtrek van vijf mijl;
4. *(vijandel.)* omsingelen, omringen, insluiten [**urbem obsidione**];
5. begeleiden; ▸ *cincta virgo matrum catervā* door een schare vrouwen; *pantomimos* ~;
6. omwinden, omkransen [**tempora floribus; aram cypresso**].

cingulum, ī *n en (Ov.)* **cingula,** ae *f (cingo)*
1. gordel, riem;
2. *(poёt.; postklass.)* koppelriem;

3. buikriem *voor dieren*;
4. *(Laatl.)* ~ militiae militaire dienst;
5. aardgordel, zone.

Cingulum, ī *n bergvesting in Picenum, nu* Cingoli.

cingulus, ī *m* = *cingulum.*

cini-flō, ōnis *m (cinis) (Hor.)* = *cinerarius.*

cinis, eris *m (zelden (f)*
1. as; ▸ *in cinerem dilabi* in as uiteenvallen, tot as worden;
2. *(kom.) poeder om vaatwerk te schuren;*
3. as *(v.e. verbrand lijk);* ▸ *post cinerem* na de crematie; *ad cineres et ossa parentis;*
4. (a) dood; ▸ *fama post cineres maior venit;* (b) graf; plaats v.d. verbranding; ▸ *poma volo sint circa cineres meos;* (c) brandstapel, vlammen;
5. verwoesting, vernietiging, ondergang, puinhopen [**patriae; imperii**]; ▸ *in cinerem vertere* in de as leggen; *Iliaci cineres; patria in cinerem collabitur;*
6. *(Mel.) dies cinerum* Aswoensdag.

Cinna, ae *m Rom. cogn.:*
1. L. Cornelius ~, *aanhanger v. Marius;* — *adj.* **Cinnānus,** a, um;
2. *zijn gelijknamige zoon, een v.d. moordenaars v. Caesar;*
3. C. Helvius ~, *Rom. dichter, vriend v. Catullus, volkstribuun; in 44 v. Chr. werd hij door een volksmenigte, die hem hield voor de tegenstander v. Caesar (2.), gedood.*

cinnabaris, is *f (Gr. leenw.) (Plin. Mai.)* drakenbloed *(een rode kleurstof).*

cinnamōmum *en* **cinnamum,** ī *n (Gr. leenw.) (poët.; postklass.)* kaneel.

cīnxī *pf. v. cingo.*

Cīnyphius, a, um gelegen, horend bij de Cinyps *(een rivier in Libië); (poët.)* Libisch, Afrikaans.

Cinyrās, ae *m*
1. *koning v. Cyprus, vader v. Adonis en Myrrha;* — *adj.* **Cinyrēius,** a, um [**virgo** = Myrrha; **heros** = Adonis];
2. *Assyrische koning.*

ciō, cīre = *cieo.*

Cios *en* **Cius,** ī *f stad in Bithynië (Kl.-Azië), nu* Gemlik; — *inw.* **Ciānī,** ōrum *m.*

cippaticus, ī *m (Mel.)* loot v.d. wijnstok.

cippus, ī *m*
1. spitse schanspaal;
2. *(vierkante)* spitse zuil, *als graf- of grenssteen.*

circā
I. *adv.* (rond)om, in het rond; ▸ *multae circa civitates;*
II. *prep. m. acc.*
1. *(v. plaats)* (a) om ... heen, rondom; (b) (dicht)bij, in de omgeving van; ▸ *circa Liternum posuit castra;* (c) in het rond naar; ▸ *litteris ~ praefectos dimissis;*
2. *(v. tijd) (postklass.)* om, tegen, ongeveer; ▸ *~ eandem horam;*
3. *(bij getallen) (postklass.)* tegen de, ongeveer [~ **septuaginta**];
4. *(postklass.)* over; ▸ *disputare ~ alqd.*

circāmoerium, ī *n (Liv.)* = *pomerium.*

circātor, ōris *m (Mel.)* (klooster)opzichter.

Circē, ēs *en* **-a,** ae *f tovenares; dochter v. Helius, nimf op het eiland Aeaea; Telegonus, zoon van haar en Odysseus, zou Tusculum gesticht hebben;* — *adj.* **Circaeus,** a, um van Circe [**moenia** = Tusculum], *(poët. ook)* tover-, gif- [**poculum; gramen**].

Circeiī, ōrum *m stad en voorgebergte in Latium, nu* Circello; *volgens de mythologie genoemd naar de uit Colchis daarheen gevluchte Circe;* — *inw. en adj.* **Circeiēnsis,** is *m resp. e.*

circēnsis, e *(circus)* in, van de circus (maximus), circus- [**ludi**]; — *subst.* **circēnsēs,** ium *m (vul aan: ludi) (poët.; postklass.)* spelen in de circus.

circes, itis *m (verw. m. circus, circinus) (preklass.)* cirkel.

circiēnsis, e = *circensis.*

circinātiō, ōnis *f (circino)* cirkel, omtrek; omwenteling.

circinō, circināre *(circinus)*
1. *(Plin. Mai.)* rondbuigen [**ramos in orbem**];
2. *(Ov.)* in een cirkel vliegen door, cirkelen door *(m. acc.)* [**auras**].

circinus, ī *m (Gr. leenw.)* passer; ▸ *ad -um* cirkelvormig.

circiter *(circum)*
I. *adv.*
1. *(v. tijd en bij getallen)* ongeveer [**horā diei ~ quartā**];
2. *(v. plaats) (postklass.)* rondom;
II. *prep. m. acc.*
1. *(v. tijd)* om, tegen, ongeveer [~ **noctem**];
2. *(v. plaats) (Plaut.)* dichtbij.

circitō, circitāre *(Sen.)* rondgaan langs *(m. acc.).*

circitor, ōris *m (circum en eo*[2]*) (postklass.)* iem. die rondgaat *(bv. als marskramer).*

circius, ī *m* N.W.-wind.

circlus, ī *m (sync. < circulus).*

circō, circāre *(circum) (Laatl.)* gaan rondom ... heen, draaien om *(m. acc.).*

circu-eō = *circumeo.*

circuitiō *en* **circumitiō,** ōnis *f (circueo, circumeo)*

1. het rondtrekken, omloop;
2. omweg; indirecte handelwijze, omhaal v. woorden;
3. (*milit. t.t.*) het controleren v.d. wachten, het patrouilleren; ▸ *~ ac cura vigiliarum aedilium plebei erat;*
4. (*archit.*) omtrek, ombouw.

circuitus *en* **circumitus,** ūs *m* (*circueo, circumeo*)
1. omloop, kringloop, cyclus [**solis; lunae**];
2. het zeilen rondom [**Hispaniae**]; het doorkruisen;
3. omtrek; ▸ *in oppidi circuitu;*
4. omweg; ▸ *pons deletus magnum circuitum habebat* veroorzaakte;
5. (*metaf.*) indirecte handelwijze, omweg; ▸ *circuitu gloriam petere;*
6. (*retor.*) periode, lange samengestelde zin;
7. omschrijving; ▸ *per circuitus loqui;*
8. (*Laatl.*) rondedans.

circulātim *adv.* (*circulor*) (*postklass.*) in groepen.

circulātor, ōris *m* (*circulor*)
1. (*postklass.*) straatverkoper;
2. opkoper; ~ *auctionum* handelaar die zijn op veilingen opgekochte waren weer verkoopt.

circulātōrius, a, um (*circulator*) (*postklass.*) schreeuwerig.

circulātrīx, īcis *f* (*circulator*) straatverkoopster.

circulō, circulāre (*circulus*)
1. (*postklass.*) rondmaken;
2. (*dep.*) een groep vormen, een kring v. toeschouwers om zich heen vormen.

circulus, ī *m* (*demin. v. circus*)
1. cirkel(omtrek), ring; ▸ *coronae modici -i* van matige omvang;
2. cirkelvormig lichaam, ring [**eboreus**];
3. (*metaf.*) kring, gezelschap, vergadering, groep; ▸ *per fora et -os loqui;*
4. (*astron. t.t.*) kringloop [**stellarum**];
5. (*Mart.*) ringvormige afdruk, kring.

circum
I. *adv.*
1. in een kring, rondom (heen); ▸ *~ sub moenibus* rondom bij de muren;
2. (*poët.; postklass.*) in de omgeving, aan beide zijden;
II. *prep. m. acc.*
1. (rond)om; ▸ *terra ~ axem se convertit* draait om haar as;
2. (dicht)bij, in de omgeving van; in gezelschap van, om ... heen; ▸ *~ haec loca commorabor; omnia templa, quae ~ forum sunt; equites ~ se habere;*
3. (in het) rond in, naar, langs, bij; ▸ *concursare ~ tabernas; legatio ~ insulas missa;*
III. *prefix*
1. rondom, om ... heen;
2. aan, van alle kanten.

circumāctiō, ōnis *f* (*circumago*)
1. het (rond)draaien, omwenteling;
2. (*Gell.*) (*metaf. v. taal*) afronding.

circumāctus[1]**,** ūs *m* (*circumago*) (*postklass.*) het (rond)draaien, omwenteling [**rotarum; corporis**].

circumāctus[2] *ppp. v. circumago.*

circum-agō, agere, ēgī, āctum
1. in een cirkel rondvoeren;
2. omdraaien, omwenden, omkeren [**equos frenis**]; *refl. en pass.* zich omdraaien, zich (om)wenden; ▸ *ventus se circumagit* draait; *fortuna circumagitur* keert;
3. (*Tac.*) ronddrijven; ▸ *huc illuc clamoribus hostium circumagi; refl. en pass.* (*Hor.*) rondzwerven;
4. van mening doen veranderen; *pass.* van mening veranderen; ▸ *rumoribus vulgi circumagi;*
5. (*v. tijd*) *refl. en pass.* voorbijgaan, verstrijken; ▸ *annus circumactus est;*
6. (*postklass.*) omgeven, omringen met [**muro**].

circum-amiciō, amicīre (*amictus*) (*Laatl.*) omhullen.

circum-arō, arāre met een vore omgeven, ploegen rondom.

circum-caesūra, ae *f* (*Lucr.*) omtrek, buitenkant (*v.e. lichaam*).

circum-celliō, ōnis *m* (*cella*) (*eccl.*) rondtrekkende monnik.

circum-cīdō, cīdere, cīdī, cīsum (*caedo*)
1. rondom afsnijden, afsnoeien [**arbores ad medullam; caespites** zoden, plaggen steken];
2. verminderen, beperken [**sumptūs; impensam funeri**];
3. (*v. spreken*) inkorten; ▸ *orator circumcidat si quid redundabit.*

circum-cingō, cingere, cīnxī, cīnctum rondom omsluiten, insluiten.

circum-circā *adv.* rondom.

circum-circinō, circināre (*Mel.*) een cirkel trekken (*om: acc.*).

circumcīsiō, ōnis *f* (*circumcido*) (*eccl.*) besnijdenis.

circumcīsūra, ae *f* (*circumcido*) (*Plin. Mai.*) inkeping rondom.

circumcīsus, a, um (*p. adj. v. circumcido*)
1. steil, (sterk af)hellend [**collis; saxum; Henna ab omni aditu**];

2. *(Plin. Min.) (metaf.)* beperkt, beknot [**vita**];
3. *(Plin. Min.) (v. uitdrukking)* bondig, beknopt; ▸ *oratio -a et brevis.*

circum-clūdō, clūdere, clūsī, clūsum *(claudo[1])*
1. rondom insluiten, omsluiten;
2. *(vijandel.)* insluiten, omsingelen; ▸ *exercitibus circumclusi; Catilina meis praesidiis, meā diligentiā circumclusus (Cic.)*;
3. vatten in [**cornua argento**].

circum-colō, colere, — — wonen rondom *(m. acc.)* [**sinum maris; paludem**].

circum-currō, currere, — — *(ook gesplitst)* rondom, eromheen rennen, lopen; ▸ *quam (chlamydem) plurima circum purpura cucurrit (Verg.).*

circumcursiō, ōnis *f (circumcurro) (Apul.)* het rondrennen.

circum-cursō, cursāre *(intens. v. circumcurro)*
1. rondrennen, rennen om ... heen;
2. *(Lucr.)* in een cirkel (snel) rondlopen, in een cirkel ronddraaien.

circum-dō, dare, dedī, datum
1. leggen, zetten, plaatsen rond, om ... heen *(om: dat.)* [**bracchia collo; arma umeris** omdoen];
2. rondom opstellen, aanbrengen *(om: dat.)* [**exercitum castris; murum silvae**];
3. omgeven met *(met: abl.)* [**portum moenibus; saltūs canibus** afzetten; **corpus amictu**].

circum-dūcō, dūcere, dūxī, ductum
1. (in een cirkel) rondvoeren, -trekken [**aratrum**];
2. rondvoeren, *ihb.* in een boog, langs omwegen (om)leiden; ▸ *cohortes longiore itinere ~ ; agmen per invia ~ ; pars militum devio saltu circumducta*;
3. *(preklass.)* met een cirkel omtrekken;
4. *(Plaut.)* om de tuin leiden, bedriegen, afzetten *(m. abl.)* [**ornamentis** afhandig maken; **argento**];
5. *(gramm.)* rekken, verlengen [**alqd longius**];
6. *(jur.)* intrekken.

circumductiō, ōnis *f (circumduco 4.) (Plaut.)* bedrog, oplichterij.

circumductus, ūs *m (circumduco) (postklass.)* omtrek.

circum-eō *(ook* circueō*)*, īre, iī, itum
1. gaan rond, gaan om ... heen *(m. acc.)* [**castra; templum**];
2. omgeven, insluiten; *(milit.)* omsingelen [**hostem a tergo; aciem a latere; sinistrum cornu; muros**];
3. *(milit.)* de ronde doen, controleren *(m. acc.)* [**vigilias; ordines**];
4. reizen door [**provincias**];
5. bezichtigen, inspecteren [**hiberna**];
6. rondgaan [**equo** rondrijden];
7. van de een naar de ander gaan *(m. acc.)* [**saucios** na elkaar bezoeken; **senatum** van de ene senator naar de andere gaan];
8. *(kom.)* om de tuin leiden, bedriegen;
9. *(postklass.)* een boog *of* omweg maken om [**fossam**]; (ver)mijden [**insidias**];
10. *(Tac.) nomen alcis ~* niet noemen.

circum-equitō, equitāre rijden rondom [**moenia; urbem**].

circum-errō, errāre *(Sen.)* ronddwalen *(om: dat.).*

circumferentia, ae *f (circumfero) (postklass.)* omtrek.

circum-ferō, ferre, tulī, lātum
1. rondgeven, -reiken, laten rondgaan; — *pass.* rondgaan [**poculum circumfertur**];
2. (rondom) verspreiden [**bellum; terrorem; clamorem; sententiam**];
3. *(een deel v.h. lichaam, ihb. de ogen)* laten ronddwalen, ronddraaien; ▸ *quocumque circumtuli oculos (Liv.)* waarheen ik ook maar mijn ogen wendde;
4. *(postklass.)* met zich ronddragen, bij zich hebben [**signa; scuta vetera**].

circum-flectō, flectere, flexī, flexum
1. *(Verg.)* varen rondom;
2. *(Gell.) (gramm. t.t.) een lettergreep* lang uitspreken.

circumflexus[1], ūs *m (circumflecto) (Plin. Mai.)* welving [**caeli**].

circumflexus[2] *ppp. v. circumflecto.*

circum-flō, flāre waaien om ... heen.

circum-fluō, fluere, flūxī, —
I. *tr.*
1. *(poët.; postklass.)* stromen rondom, omstromen; ▸ *oceanus omnes terras circumfluit*;
2. *(pre- en postklass.)* in groten getale *of* rijkelijk omgeven;
II. *intr.*
1. overlopen, overstromen;
2. *(v. taal)* overladen zijn [**circumfluens oratio**];
3. baden in, overvloed hebben aan *(m. abl.)* [**copiis**];
4. *(postklass.)* in overvloed voorhanden zijn [**circumfluens pecunia**].

circum-fluus, a, um *(circumfluo) (poët.; postklass.)*

1. omstromend;
2. omstroomd, omgeven; ▸ *-a Thybridis alveo insula* door de rivier de Tiber.

circum-flūxī *pf. v. circumfluo.*

circum-fodiō, fodere, fōdī, fossum *(postklass.)* graven om . . . heen *(m. acc.)* [**platanos; arborem**].

circum-forān(e)us, a, um *(forum)*
1. langs markten rondtrekkend;
2. op het forum betrekking hebbend [**aes** op het forum v.d. geldwisselaars geleend geld = schulden].

circum-fremō, fremere, fremuī, — *(postklass.)* lawaai maken rondom, om . . . heen *(m. acc.).*

circum-fulgeō, fulgēre, fulsī, fulsum *(postklass.)* stralen om . . . heen *(m. acc.).*

circum-fundō, fundere, fūdī, fūsum
1. gieten om *(m. dat.)*; — *pass., zelden refl.* zich uitstorten rondom, omstromen; ▸ *amnis circumfunditur insulae; abs.: flumina circumfusa* omstromend;
2. *(pass.)* omstuwen; ▸ *cedentibus circumfusi* zich verdringend rond; *collo parentis circumfusa* om de hals hangend;
3. om-, overgieten *(met: abl.)* [**mortuum cera**];
4. omgeven, omringen, omstuwen; ▸ *milites praefectum circumfundebant; M. Catonem vidi multis circumfusum Stoicorum libris;* — *(vijandel.)* omsingelen; ▸ *hostes undique circumfusi erant;*
5. omgeven, -hullen; ▸ *caligo terram circumfundit.*

circum-gemō, gemere, — — *(Hor.)* met gebrom, gebrul omgeven [**ovile**].

circum-gestō, gestāre overal met zich meedragen [**epistulam**].

circum-gredior, gredī, gressus sum *(gradior)* *(vijandel.)* omgeven, omringen [**exercitum; terga**].

circumgressus, ūs *m (circumgredior) (Laatl.)* het om iets heen bewegen.

circum-iaceō, iacēre, — — liggen rondom *(om: dat.).*

circum-iciō, icere, iēcī, iectum *(iacio)*
1. werpen, plaatsen *of* leggen rondom; ▸ *vallum* ~ opwerpen rondom;
2. omsluiten *of* omgeven met;
/ *p. adj.* **circumiectus,** a, um (a) omliggend, zich rondom bevindend [**silvae; oppida; nemora;** *(om: dat.)* **aedificia -a muris**]; (b) omgeven, omsloten door [**planities saltibus**]; — *subst.* **circumiecta,** ōrum *n* omgeving.

circumiecta, ōrum *n zie circumicio.*

circumiectus[1], ūs *m (circumicio)*
1. omringing;
2. *(preklass.)* bekleding.

circumiectus[2] *zie circumicio.*

circumitiō, ōnis *f zie circuitio.*

circumitus, ūs *m zie circuitus.*

circumlātiō, ōnis *f (circumfero) (postklass.)* omwenteling.

circum-lātrō, lātrāre *(Sen.)* blaffen rondom, van alle kanten toeblaffen [**hominem**].

circumlātus *ppp. v. circumfero.*

circum-ligō, ligāre
1. binden om, binden aan *(om, aan: dat.)*;
2. omwikkelen, omgorden, omstrengelen.

circum-linō, linere, —, litum *(zelden* circumliniō, linīre, liniī, —*)*
1. smeren *of* plakken rondom *(om: dat.)*;
2. besmeren, bestrijken, overtrekken *(met: abl.)* [**mortuos cera**]; *meestal ppp.* overtrokken, bedekt: *circumlitus auro, cera; musco circumlita saxa.*

circumlitiō, ōnis *f (circumlino) (postklass.)*
1. beschildering;
2. *de kleur die men aan marmeren beelden gaf door ze in te wrijven met een mengsel van was en olie.*

circumlitus *ppp. v. circumlino.*

circumlocūtiō, ōnis *f (circumloquor)* omschrijving.

circum-loquor, loquī, locūtus sum *(Laatl.)* omschrijven.

circumlūcēns, *gen.* entis *(circum en luceo) (Sen.)* rondom glanzend, fel stralend, *ook metaf.* [**fortuna**].

circum-luō, luere, — — omspoelen [**litora**].

circum-lūstrō, lūstrāre *(Lucr.)* rondom verlichten.

circumluviō, ōnis *f (circumluo)* omspoeling, eilandvorming.

circum-mingō, mingere, mīnxī, — *(Petr.)* een kring pissen om *(m. acc.).*

circum-mittō, mittere, mīsī, missum
1. langs een omweg sturen, een omweg laten maken;
2. (overal) rondsturen [**praecones; tribunos militum; legationes in omnes partes**].

circum-moeniō *(Plaut.)* = *circummunio.*

circum-mūgiō, mūgīre *(Hor.)* loeien om . . . heen *(v. koeien).*

circum-mūniō, mūnīre met een muur insluiten, ommuren; omheinen.

circummūnītiō, ōnis *f (circummunio)* insluiting *(dmv. een muur of andere fortificaties).*

circum-mūrānus, a, um *(murus) (Laatl.)* zich

rondom de muren bevindend.

circum-ōrnātus, a, um *(orno)* *(Laatl.)* rondom versierd.

circum-padānus, a, um (zich bevindend) rondom de Po *(Padus)* [**campi; lanae**].

circum-pendeō, pendēre, — — *(poët.; postklass.)* rondom hangen *(intr.)*.

circum-plaudō, plaudere, — — *(Ov.)* van alle kanten met applaus begroeten.

circum-plector, plectī, plexus sum *en* **circum-plectō,** plectere, —, plexum omvatten, omarmen, omgeven [**collem opere** een heuvel met vestingwerken].

circum-plicō, plicāre omwikkelen, omstrengelen.

circum-pōnō, pōnere, posuī, positum rondom opstellen, plaatsen, zetten, leggen om . . . heen *(om: dat.)*; ▸ *nemus stagno* ~ een bos om een meer aanleggen; *circumpositi sunt huic oppido colles.*

circumposita, ōrum *n* *(circumpono)* omgeving.

circum-pōtātiō, ōnis *f* het drinken uit een rondgaande beker, drinkgelag.

circum-quāque *adv.* *(Laatl.)* aan (naar) alle kanten, overal.

circum-rētiō, rētīre *(rete)* (in zijn netten) strikken, verstrikken *(metaf.)*; ▸ *alqm fraude* ~; *te circumretitum frequentiā populi Romani esse video* *(Cic.)*.

circum-rōdō, rōdere, rōsī, —

1. *(Plin. Mai.)* aan alle kanten knagen aan;
2. *(metaf.)* lang kauwen op = aarzelen om iets te zeggen;
3. *(Hor.)* beschimpen.

circum-saepiō, saepīre, saepsī, saeptum omgeven, omsingelen; omheinen.

circum-scindō, scindere, — — de kleren van het lijf scheuren.

circum-scrībō, scrībere, scrīpsī, scrīptum

1. een cirkel *(om iets of om iem.)* beschrijven, een cirkel trekken, tekenen om . . . heen, insluiten [**alqm virgulā**]; beschrijven [**orbem**];
2. begrenzen, afbakenen, beperken, beknotten [**vitae spatium; alci locum habitandi; luxuriam**];
3. binnen de perken houden, in toom houden [**praetorem**];
4. *(een geschilpunt)* buiten beschouwing laten, ter zijde stellen, *(als niet ter zake)* uitsluiten [**tempus Sullanum ex accusatione**];
5. een andere uitleg geven, (de betekenis) verdraaien;
6. verstrikken, bedriegen, misleiden; ▸ *fallacibus et captiosis interrogationibus circumscripti*;
7. iem. van zijn geld beroven, oplichten;

/ *zie ook circumscriptus.*

circumscrīptiō, ōnis *f* *(circumscribo)*

1. een getrokken cirkel;
2. begrenzing, omtrek [**terrae; temporis**]; ▸ *corporeae forma circumscriptionis*;
3. omschrijving;
4. bedrog, oplichterij, afzetterij;
5. *(retor. t.t.)* periode.

circumscrīptor, ōris *m* *(circumscribo)* bedrieger.

circumscrīptus, a, um *(p. adj. v. circumscribo)*

1. *(retor.)* scherp begrensd, precies, bondig, afgerond; ▸ *brevis et -a quaedam explicatio* *(Cic.)*;
2. *(Plin. Min.)* nauw begrensd, beperkt.

circum-secō, secāre, —, sectum

1. rondom snoeien [**radices vitium**];
2. *(Suet.)* besnijden.

circum-secus *adv.* *(postklass.)* rondom, in de omgeving.

circum-sedeō, sedēre, sēdī, sessum

1. belegeren, omsingelen [**Mutinam; alqm vallo; hinc mari hinc terrā arcem**];
2. *(postklass.)* zitten rondom *(m. acc.)*;
3. *(met smeekbeden, tranen, vleiende woorden)* bestoken [**alqm lacrimis, blanditiis**].

circumsessiō, ōnis *f* *(circumsedeo)* belegering, omsingeling.

circum-sīdō, sīdere, sēdī, — belegeren, omsingelen [**urbem; regem**].

circum-signō, signāre *(postklass.)* rondom markeren.

circum-siliō, silīre, siluī, — *(salio)* *(poët.)*

I. *intr.* *(v.e. mus)*; (in een cirkel) rondhuppen

II. *tr.* springen, dansen rondom.

circum-sistō, sistere, stetī *(en minder vaak stitī)*, —

1. gaan staan om, insluiten, omringen *(m. acc.)*;
2. *(vijandel.)* insluiten, omringen, omsingelen; ▸ *plures paucos circumsistebant*;
3. *(metaf.)* bedreigen; ▸ *magnus terror circumsistebat muros.*

circum-situs, a, um *(Laatl.)* rondom liggend, gelegen [**gentes; terrae; nationes**].

circum-sonō, sonāre, sonuī, sonātum

1. rondom weerklinken, galmen *(van: abl.)*; ▸ *locus qui circumsonet ululatibus* *(Liv.)*;
2. klinken rondom, doen weerklinken; ▸ *clamor hostes circumsonat* *(Liv.)*; *Rutulus murum circumsonat armis* *(Verg.)*.

circumsonus, a, um *(circumsono)* *(Ov.)* rondom

klinkend [**turba canum**].

circumspectātrīx, īcis *f (circumspecto) (Plaut.)* rondspiedende vrouw.

circumspectiō, ōnis *f (circumspicio)*
1. omzichtigheid, het met overleg te werk gaan;
2. *(Mel.)* ~ *vestra (aanspreektitel v.d. aartsbisschop)* Uwe Wijsheid.

circum-spectō, spectāre *(intens. resp. frequ. v. circumspicio)*
I. *intr. (bij Plaut. ook refl.: circum se spectare)* steeds weer om zich heen spieden, om zich heen kijken;
II. *tr.*
1. rondom bekijken, in de gaten houden *(vol verwachting, angstig, argwanend)* [**patriciorum vultūs; omnia** alles angstig in de gaten houden; **caelum ac mare**];
2. zoekend om zich heen kijken naar, uitkijken naar; ▸ *te circumspectabam;*
3. proberen te ontdekken, loeren op [**bellum armaque; fugam et artes fallendi**].

circumspectus[1]**,** ūs *m (circumspicio)*
1. het om zich heen kijken, om zich heen spieden, rondkijken; uitzicht;
2. *(metaf.)* beschouwing, overweging [**rerum aliarum**].

circumspectus[2]**,** a, um *(p. adj. v. circumspicio) (poët.; postklass.)*
1. met overleg, voorzichtig [**verba**];
2. omzichtig, bedachtzaam, bezonnen [**homo**].

circum-spergō, spergere, — — *(spargo) (postklass.)* rondom besprenkelen.

circumspicientia, ae *f (circumspicio) (postklass.)* omzichtigheid.

circum-spiciō, spicere, spexī, spectum *(specio)*
I. *intr.*
1. in het rond kijken, om zich heen kijken, om zich heen spieden;
2. erop letten dat (niet) *(m. ut, ne);*
II. *tr. (poët.; postklass.)*
1. bekijken, inspecteren [**urbis situm; se** zichzelf in acht nemen];
2. rondom overzien [**aquam; undas**];
3. overdenken, overwegen, overleggen [**pericula; alcis consilia animo**];
4. uitkijken naar, zoeken, verlangen [**fugam; externa auxilia**];
/ *zie ook circumspectus*[2].

circumstantia, ae *f (circumsto) (postklass.)*
1. het omringen;
2. omstandigheid, toestand;
3. *(eccl.)* context, samenhang.

circum-stetī *pf. v. circumsisto en circumsto.*

circum-stipō, stipāre *(poët.)* omstuwen.

circum-stō, stāre, stetī, —
I. *intr.* staan rondom; — *ptc. pr.* **circumstantēs,** ium omstanders;
II. *tr.* staan rondom, omgeven, omringen; belegeren, omsingelen [**urbem**]; *(metaf.)* in het nauw brengen; ▸ *cum tanti undique terrores eos circumstarent (Liv.); cum omnia nos undique fata circumstent (Cic.); quae te circumstent pericula, cernis (Verg.); me saevus circumstetit horror.*

circum-strepō, strepere, strepuī, strepitum
1. lawaai maken *of* razen, bruisen rondom;
2. *(Tac.)* met lawaai bekend maken, luid roepen [**atrociora**].

circum-struō, struere, strūxī, strūctum *(postklass.)* bouwen rondom, ommuren; ▸ *ripis undique circumstructis lapide.*

circum-sūtus, a, um *(suo) (postklass.)* rondom genaaid.

circum-tegō, tegere, — — rondom bedekken [**corpus veste**].

circum-tendō, tendere, —, tentum omspannen.

circum-terō, terere, — — *(Tib.)* 'rondom wrijven' = omstuwen *(v.e. menigte).*

circum-textus, a, um *(texo)* omzoomd.

circum-tinniō, tinnīre, — — *(preklass.)* rondom schallen.

circum-tonō, tonāre, tonuī, — donderen, ruisen, oorverdovend lawaai maken rondom.

circum-tōnsus, a, um *(tondeo)*
1. rondom geschoren;
2. *(Sen.) (metaf.)* gekunsteld [**oratio**].

circum-torqueō, torquēre, — — *(Apul.)* ronddraaien.

circum-tulī *pf. v. circumfero.*

circum-vādō, vādere, vāsī, —
1. van alle kanten aanvallen, omgeven, omringen, omsingelen [**naves; redeuntem noctu**];
2. *(metaf.)* overvallen, treffen; ▸ *terror, somnus circumvadit alqm.*

circum-vagor, vagārī ronddwalen.

circum-vagus, a, um *(Hor.)* rondom stromend [Oceanus de aarde met zijn stroom omvattend].

circum-vallō, vallāre rondom met een wal omgeven, insluiten [**oppidum; hostes**].

circum-vāsī *pf. v. circumvado.*

circumvectiō, ōnis *f (circumvehor)*

1. binnenlands handelsverkeer [**portorium circumvectionis** doorvoerrechten];
2. omloop, (cirkelvormige) baan [**solis**].

circum-vector, vectārī *en* **-vectō,** vectāre (*intens. resp. frequ. v. circumvehor*)
1. steeds weer rondrijden voorbij *of* om iets heen, (*v. schepen*) varen langs (*m. acc.*) [**oppida; oram**];
2. (*Verg.*) op de rij af beschrijven, doorlopen [**singula**].

circum-vehor, vehī, vectus sum
I. *tr.* rijden rondom *of* voorbij, varen rondom;
II. *intr.* rondrijden, rondvaren [**in terras orasque ultimas**].

circum-vēlō, vēlāre (*Ov.*) rondom omhullen.

circum-veniō, venīre, vēnī, ventum
1. omgeven, omringen, omsluiten, stromen rondom; ▸ *homines circumventi flammā; Rhenus insulas circumveniens; planities locis paulo superioribus circumventa;*
2. omsingelen [**hostes a tergo; armis regiam; moenia vallo fossāque**];
3. (*metaf.*) strikken, inpalmen, in het nauw brengen; bedriegen; ▸ *circumventus falsis criminibus; alqm falso testimonio* ~.

circumventiō, ōnis *f* (*circumvenio*) (*Laatl.*) misleiding.

circumventōrius, a, um (*circumvenio*) (*August.*) bedrieglijk.

circum-verrō, verrere, —, versum (*arch.*) rondom vegen.

circumversiō, ōnis *f* (*circumverto*) (*postklass.*) het omdraaien, omwenteling.

circum-versor, versārī (*Lucr.*) ronddraaien.

circumversus *ppp. v. circumverto en circumverro.*

circum-vertō, vertere, vertī, versum (*arch. -vortō, vortere, vortī, vorsum*)
1. omkeren, omdraaien; — *pass. of refl.* zich omdraaien, (rond)draaien (*om: acc.*) [**axem**];
2. (*Juv.*) *een slaaf vrijlaten met de symbolische handeling v.h. omdraaien.*

circum-vestiō, vestīre rondom bekleden, bedekken.

circum-vinciō, vincīre, —, vinctum rondom vastbinden.

circum-vīsō, vīsere, — — (*Plaut.*) rondom inspecteren.

circum-volitō, volitāre (*intens. v. circumvolo*) (*poët.; postklass.*)
I. *intr.* rondvliegen;
II. *tr.* vliegen rondom, fladderen rondom (*m. acc.*) [**lacum**].

circum-volō, volāre (*poët.; postklass.*) vliegen rondom, fladderen rondom [**navem**].

circum-volūtor, volutārī (*voluto*) (*Plin. Mai.*) *intr.* rondwentelen.

circum-volvō, volvere, volvī, volūtum (*poët.; postklass.*) rondwentelen, rondrollen; — *pass.* zich draaien, ronddraaien; ▸ *sol circumvolvitur annum* voltooit de loop v.h. jaar.

circum-vortō *zie circumverto.*

circus, ī *m* (*Gr. leenw.*)
1. cirkel(omtrek), ring;
2. renbaan, circus; ▸ ~ *maximus* (*tussen de Palatijn en de Aventijn*); ~ *Flaminius* (*in 221 v. Chr. door consul C. Flaminius gebouwd aan het beginpunt v.d. Via Flaminia*).

cīris, is *f* (*Gr. leenw.*) (*Ov.*) *een zeevogel, in de gedaante waarvan Scylla, de dochter v. Nisus, veranderd werd.*

cirrātus, a, um (*cirrus*) (*postklass.*) met krullen, met kroeshaar.

Cirrha, ae *f haven v. Delphi;* — *adj.* **Cirrhaeus,** a, um.

cirrus, ī *m*
1. haarlok, krul;
2. kuifje (*v.e. vogel, plant e.d.*);
3. (*Phaedr.*) franje (*aan een kledingstuk*).

Cirta, ae *f stad in Numidië, nu* (*naar Constantinus, die de stad liet herbouwen*) Constantine; — *inw.* **Cirtēnsēs,** ium *m.*

cis *prep. m. acc.*
1. (*v. plaats*) aan deze zijde van [**Tiberim**];
2. (*v. tijd*) (*pre- en postklass.*) binnen [**paucos menses**].

cis-alpīnus, a, um (*Alpes*) aan deze zijde v.d. Alpen (*van Rome uit gezien*) [**Gallia**].

cisium, ī *n lichte, tweewielige* reiswagen.

cis-rhēnānus, a, um (*Rhenus*) aan deze zijde v.d. Rijn (*van Rom. Gallië uit gezien*), ter linkerzijde v.d. Rijn [**Germani**].

cissanthemos, ī *f* (*Gr. leenw.*) (*Plin. Mai.*) kamperfoelie.

Cissēis, idis *f* Hecuba, *dochter v. Cisseus, de koning v. Thracië.*

cista, ae *f* (*Gr. leenw.*) kist, koffer.

cistella, ae *f* (*demin. v. cista*) (*kom.*) kistje, koffertje.

Cistellāria, ae *f* (*cistella; vul aan: fabula*) 'De komedie van het kistje' *v. Plautus.*

cistellātrīx, īcis *f* (*cistella*) (*Plaut.*) *slavin die de juwelenkistjes v. haar meesteres onder haar hoede had.*

cistellula, ae *f* (*demin. v. cistella*) (*Plaut.*) klein koffertje.

cisterna, ae *f (cista) (pre- en postklass.)* cisterne, onderaardse regenput.

cisternīnus, a, um *(cisterna) (postklass.)* uit de cisterne, van de cisterne [**aqua**].

cistiber, eris *m (cis en Tiber)* iem. die zich bevindt aan deze zijde v.d. Tiber *(lagere politiebeambte).*

cisti-fer, ferī *m (cista en fero)* kofferdrager.

cistophorus, ī *m (Gr. leenw. 'kistdrager') munt uit de provincie Asia, die als stempel de cista mystica v.d. cultus v. Dionysus draagt (= 2½ denariën).*

cistula, ae *f (demin. v. cista) (pre- en postklass.)* kistje, koffertje.

citātim *adv. (cito*[2]*)* haastig, snel.

citātiō, ōnis *f (cito*[2]*) (Laatl.)* dagvaarding, oproep.

citātus[1]**,** a, um *(p. adj. v. cito*[2]*)*

1. gehaast, spoedig, snel; ▸ *equo -o* in galop; *-o agmine* in geforceerde mars;

2. *(v. rivieren)* snelstromend; ▸ *citatior solito amnis* ongewoon snel stromende rivier;

3. *(Gell.) (v.e. voordracht en v.e. redenaar)* levendig, opgewonden; ▸ *soni tum placidi tum -i* dan weer rustige, dan weer opgewonden tonen.

citātus[2]**,** ūs *m (cito*[2]*) (Sall.)* impuls.

citerior, ius *(comp. v. preklass. citer, tra, trum)*

1. aan deze zijde [**Gallia**];

2. dichterbij(gelegen); — *superl.* **citimus,** a, um meest nabij gelegen [**stella citima terris**].

Cithaerōn, ōnis *m gebergte tussen Boeotië en Attica (in Midden-Griekenland).*

cithara, ae *f (Gr. leenw.) (poët.; postklass.)*

1. citer, lier, luit;

2. *(poët.) (meton.)* snarenspel; ▸ *-ae studium; -am docere alqm; cui laetus Apollo augurium citharamque dabat.*

citharista, ae *m (Gr. leenw.)* citerspeler.

citharistria, ae *f (Gr. leenw.) (poët.)* citerspeelster.

citharizō, citharizāre *(Gr. leenw.)* citer spelen.

citharoedicus, a, um *(Gr. leenw.) (postklass.)* van de citerspeler.

citharoedus, ī *m (Gr. leenw.)* citerspeler *(die zichzelf bij het zingen op de citer begeleidt).*

citimus *zie citerior.*

Citium, ī *n*

1. *plaats op Cyprus, nu Larnaca; — inw.* **Citiēī,** ōrum *m; — adj.* **Citiēus,** a, um;

2. *plaats in Macedonië.*

citius *adv. (comp. v. cito*[1]*)* eerder, liever.

citō[1] *adv. (v. citus), (comp. citius, superl. citissimē)*

1. snel, rap, *(v. tijd)* spoedig; ▸ *dicto citius* sneller dan men het kan zeggen; *serius aut citius* vroeg of laat;

2. *non ~* niet eenvoudig; *non tam ~ ... quam* niet zozeer ... als; — *comp.* eerder, gemakkelijker [**citius diceres**].

citō[2]**,** citāre *(frequ. resp. intens. v. cieo)*

1. (steeds weer) (krachtig) in beweging zetten, aandrijven *(vgl. citatus)*;

2. erbij roepen, oproepen [**alqm nominatim; alqm victorem** om de eerste prijs in ontvangst te nemen];

3. *(poët.)* de hulp v.d. goden inroepen [**numina Iovis**];

4. bijeenroepen, oproepen [**patres in curiam; centuriatim populum** ter stemming; **senatum in forum; reum, testem** dagvaarden];

5. *(m. dubb. acc.)* als zegsman *of* als getuige opvoeren, noemen, aanhalen; zich beroepen op [**alqm testem** *of* **auctorem; libros auctores**];

6. *(een toestand)* veroorzaken, teweegbrengen [**motum animi**].

citrā

I. *adv.* aan deze zijde;

II. *prep. m. acc.*

1. *(v. plaats)* aan deze zijde van, voor [**~ flumen**];

2. *(v. tijd)* voor; binnen [**~ Troiana tempora**];

3. *(postklass.)* zonder, behalve, met voorbijgaan aan; ▸ *~ spectaculorum dies* met uitzondering v.d. vastgestelde spelen.

citreus, a, um *(citrus)* van cederhout, horend bij de cederboom, ceder- [**mensa; oleum** cederolie]; van de citroenboom [**mala**].

citrō *adv.* hierheen, hiernaartoe *(meestal in verbinding m. ultro)*; ▸ *beneficia ultro et ~ data, accepta* wederzijds, over en weer.

citrum, ī *n (citrus)* cederhout.

citrus, ī *f (Gr. leenw.)*

1. citroenboom;

2. ceder.

citus, a, um *(p. adj. v. cieo)*

1. snel, spoedig, haastig; ▸ *cursor ~; homo -o sermone* slagvaardig; *eques ~* ijlbode te paard;

2. *(milit.)* optrekkend in geforceerde mars [**equites; milites; legiones; agmen**].

Cīus *zie Cea.*

cīvī *pf. v. cieo.*

cīvicus, a, um *(civis)* burgerlijk, burger-; ▸ *muri -i* stadsmuren; *bella -a; corona -a* erekrans *(krans van eikenblad, die een burger ontving voor het redden v.e. medeburger in de strijd).*

cīvīlis, e *(civis)*

1. burgerlijk, (mede)burgers betreffend, bur-

ger-, privé-; ▸ *exercitus* ~ burgerwacht; *ius civile* burgerlijk recht, privaatrecht; *causa* ~ privaatproces; *bellum civile* burgeroorlog; *coniuratio* ~; *dissensio* ~;
2. patriottisch;
3. (*poët.; postklass.*) vriendelijk, prettig in de omgang, welwillend;
4. openbaar, politiek; ▸ *res civiles* de politiek; *rerum civilium peritus of vir* ~ staatsman;
5. de overheidsdienst betreffend [**officia**];
6. (*postklass.*) *lis* ~ burgerlijk proces;
7. (*Laatl.*) inheems.

Cīvīlis, is *m* C. Iulius Claudius ~, *leider v.d. opstandige Bataven tegen Rome in de jaren 68 tot 70 n. Chr.*

cīvīlitās, ātis *f* (*civilis*) (*postklass.*)
1. het gedrag v.e. gewoon burger;
2. bestuur over burgers, politiek;
3. (*Vulg.*) burgerrecht.

cīvis, is *m en f*
1. burger(es); ▸ *se pro cive Romano ferre* zich voordoen als, zich uitgeven voor; *se pro cive gerere* zich gedragen als;
2. medeburger(es), landgeno(o)t(e).

cīvitās, ātis *f* (*civis*)
1. burgerrecht; ▸ *civitatem dare alci* verlenen; *alqm civitate donare; civitatem alci negare; civitatem adipisci;*
2. burgerij, de burgers gezamenlijk, *vd. ook*: gemeente, stad, staat; ▸ *muri civitatis; civitatem incendere; multae civitates Graeciae;* ~ *bellica;* ~ *foederata;* ~ *maritima; administratio civitatis; civitatem bello persequi;*
3. (*eccl.*) (a) stad, bisschopszetel; (b) ~ *dei* de staat Gods.

cīvitātula, ae *f* (*demin. v. civitas*) (*postklass.*)
1. burgerrecht v.e. kleine stad;
2. kleine stad.

clādēs *en* **clādis,** is *f*
1. schade, verlies, onheil, ramp;
2. nederlaag; ▸ *cladem accipere* incasseren; *cladem afferre, inferre of facere alci* bezorgen; *cladi superesse;*
3. (*v. personen*) aanstichter v.h. ongeluk;
4. epidemie, pest.

clam
I. *adv.* heimelijk; ▸ *clamque palamque; iram* ~ *ferre* verborgen houden;
II. *prep. m. abl. en* (*kom.*) *acc.* verborgen voor, achter de rug om van [**vobis; senem**].

clāmātor, ōris *m* (*clamo*) schreeuwer, *ihb. v.e. slechte redenaar.*

clāmitātiō, ōnis *f* (*clamito*) (*Plaut.*) luid geschreeuw.

clāmitō, clāmitāre (*frequ. v. clamo*)
1. luid schreeuwen, uitroepen;
2. (*poët.; postklass.*) (*m. dubb. acc.*) hardop noemen; ▸ *miserum te clamitas.*

clāmō, clāmāre
I. *intr.* roepen, schreeuwen;
II. *tr.*
1. bij zich roepen [**comites**];
2. (*m. dubb. acc.*) noemen [**alqm furem; se deum**];
3. uitroepen, luid verkondigen, (*m. acc.; aci.*) proclameren [**triumphum** 'triomf' roepen];
4. duidelijk (aan)tonen, duidelijk maken.

clāmor, ōris *m* (*clamo*)
1. het luid roepen, geschreeuw; ▸ ~ *civilis* van medeburgers; *fremitus et* ~ *dissonus in diversa vocantium;*
2. instemmend geschreeuw; ▸ *clamore et plausu;* ~ *militum gaudentium;*
3. afkeurend geschreeuw, boegeroep [**inimicus**];
4. (*poët.*) gebulder, echo [**montium**];
5. geweeklaag, angstgeschreeuw [**mulierum; aegri; supremus** bij een stervende];
6. krijgsgeschreeuw, strijdkreet; ▸ ~ *militaris strepitusque armorum;* ~ *proelii;* ~ *hostium; clamorem tollere; cum clamore ingenti invadere.*

clāmōsus, a, um (*clamo*) (*postklass.*)
1. luid schreeuwend;
2. gevuld met geschreeuw, lawaaiig [**circus**].

clanculārius, a, um (*clanculum*) geheim, verborgen.

clanculō *adv.* (*clam*) heimelijk, stiekem.

clanculum (*clam*)
I. *adv.* heimelijk, stiekem;
II. *prep. m. acc.* verborgen voor [~ **patres**].

clandestīnus, a, um (*adv. -o*) (*clam*) heimelijk, geheim, verborgen [**consilia; nuptiae; introitus; colloquia cum hostibus; foedus**].

clangō, clangere, clanguī, — helder klinken.

clangor, ōris *m* klank, geluid:
1. geschreeuw, gekrijs *v. vogels* [**anserum** gesnater];
2. geschal [**tubarum**].

Clanis, is *m zijrivier v.d. Tiber in Etrurië, nu de* Chiana.

Clanius, ī *m rivier in Campanië (Midden-Italië).*

clāreō, clārēre, — — (*clarus*)
1. helder zijn, glanzen;
2. duidelijk zijn;

3. *door daden of roem* uitmunten, bekend zijn.

clārēscō, clārēscere, clāruī, — (*incoh. v. clareo*) (*poët.; postklass.*)
1. schitteren;
2. helder, duidelijk weerklinken;
3. duidelijk worden;
4. *door daden of roem* uitmunten, voortreffelijk zijn.

clāri-ficō, ficāre (*clarus en facio*) (*eccl.*) beroemd maken, verheerlijken.

clārigātiō, ōnis *f* eis om genoegdoening; schadeclaim.

clārigō, clārigāre (*clarus*)
1. (*Apul.*) schitteren, beroemd zijn;
2. (*Plin. Mai.*) schadeloosstelling eisen.

clāri-sonus, a, um (*clarus en sono*) (*poët.*) helder klinkend [**voces; aurae**].

clāritās, ātis *f* (*clarus*)
1. (*postklass.*) helderheid [**solis**];
2. heldere klank [**vocalium**];
3. (*metaf.*) glans, roem, beroemdheid; ▸ *viri claritate praestantes;*
4. (*postklass.*) duidelijkheid, helderheid.

clāritūdō, inis *f* (*postklass.*) = *claritas.*

clārō, clārāre (*clarus*)
1. helder maken, verlichten, laten schitteren;
2. verklaren, toelichten;
3. verheerlijken.

Claros, ī *f plaats in Ionië bij Colophon* (*Kl.-Azië*); — *adj.* **Clarius,** a, um [**poeta** = Antimachus].

clāruī *pf. v. claresco.*

clārus, a, um
1. duidelijk, helder, lichtend, schitterend [**stella; gemma**]; ▸ *luce -a* op klaarlichte dag;
2. luid, duidelijk [**vox; -e dicere**];
3. (*metaf.*) helder, duidelijk, begrijpelijk [**consilia; argumentum**];
4. (*metaf.*) beroemd, roemvol [**orator; mors**]; ook berucht; ▸ *oppugnatio fani antiquissimi clara apud omnes.*

classiārius (*classis*)
I. *adj.* a, um (*postklass.*) behorend tot de vloot [**centurio** marineofficier];
II. *subst.* **classiāriī,** ōrum *m*
1. (*vul aan: milites*) mariniers;
2. (*vul aan: nautae*) matrozen.

classicula, ae *f* (*demin. v. classis*) kleine vloot.

classicum, ī *n* (*classicus*)
1. (trompet)signaal; ▸ *-um canere* geven; ~ *canit* het signaal klinkt; *convocare -o contionem;*
2. (*poët.*) (*meton.*) krijgstrompet; ▸ *-a inflare* blazen, laten klinken; *-a Martia.*

classicus, a, um (*classis*)
1. behorend tot de vloot, vloot-, zee- [**milites; legio; bellum** zeeoorlog]; — *subst.* **-ī,** ōrum *m* (*Tac.*) mariniers;
2. behorend tot de hoogste klasse v.d. burgers.

classis, is *f* (*sg. acc.* classem *en* -im; *abl.* -e, *zelden* -ī; *gen. plur.* -ium)
1. (oorlogs)vloot; ▸ *classem ornare* uitrusten; *classem aedificare; classem appellere ad Delum* doen landen;
2. stand, klasse *naar de indeling v.h. Romeinse volk door Servius Tullius in zes standen, waarvan er vijf belastingplichtig waren, vd.: quintae classis esse* behoren tot de armste stand;
3. schip; ▸ *classe navigare* per schip;
4. (land)leger; lichting;
5. regiment [**servorum**];
6. (*postklass.*) schoolklas;
7. (*postklass.*) keizerlijk hof.

Clastidium, ī *n stad in Gallia Cispadana, nu* Casteggio.

clātrātus, a, um (*clatri*) van tralies voorzien.

clātrī, ōrum *m en* **-a,** ōrum *n* (*poët.*) traliehek.

claudeō, claudēre, — — (*kom.*) = *claudico.*

claudicātiō, ōnis *f* (*claudico*) het mank lopen.

claudicō, claudicāre (*claudus*)
1. hinken, mank zijn; ▸ ~ *ex vulnere;*
2. wankelen, schommelen; ▸ *claudicat axis mundi;*
3. (*metaf.*) niet sterk zijn, slecht gesteld zijn, wankelen, tekortschieten, niet toereikend zijn; ▸ *tota res vacillat et claudicat; ne tota amicitia quasi* ~ *videatur.*

Claudius *en* **Clōdius,** a, um
I. *naam v. een v.d. voornaamste Rom. geslachten:*
1. Appius Claudius Regillensis Crassus, *de door zijn misdrijf tegen Verginia bekende decemvir (ca. 450 v. Chr.);*
2. Appius Claudius Caecus, *censor in 312 v. Chr., bouwer v.d. via Appia en de aqua Appia;*
3. M. Claudius Marcellus, *was enige malen consul, in 212 v. Chr. veroverde hij Syracuse;*
4. Q. Claudius Quadrigarius, *Rom. geschiedschrijver uit de 1e eeuw v. Chr., schreef een geschiedenis v. Rome van 390 v. Chr. tot aan zijn eigen tijd;*
5. Tib. Claudius Drusus Nero Germanicus, *bekend als keizer Claudius, de vierde Rom. keizer (41—54 n. Chr.), door zijn vierde echtgenote Agrippina vergiftigd;* — *adj.* **Claudiānus,** a, um *en* **Claudiālis,** e van Claudius;
6. P. Clodius Pulcher, *volkstribuun, tegenstander v. Cicero, in 52 v. Chr. door Milo vermoord;* — *adj.*

Clōdiānus, a, um;
II. *adj.* van Claudius; ▸ *via Claudia (in Z.-Etrurië); aqua Claudia: een door keizer Caligula begonnen en door keizer Claudius voltooide waterleiding.*

claudō[1], claudere, clausī, clausum *en* **clūdō,** clūdere, clūsī, clūsum
1. sluiten, dichtdoen; ▸ *portas* ~; *(metaf.) homo clausus* gesloten; *aures alci rei of ad, contra, adversus alqd* ~ de oren sluiten voor iets;
2. *(poët.; postklass.)* in-, opsluiten *(= includere, concludere)* [**thesauros; rem anulo** verzegelen];
3. *(poët.; postklass.)* afsluiten, beëindigen, ten einde brengen [**epistulam**];
4. *(poët.; postklass.) agmen* ~ de rij sluiten, de achterhoede vormen;
5. omgeven [**forum porticibus**];
6. omsingelen, insluiten [**urbem obsidione; adversarios**];
7. *(poët.; postklass.)* versperren, afzetten, ontoegankelijk maken; ▸ *Alpes hieme clausae; clausum mare* onbevaarbaar; *(metaf.) vocem* ~ afsnijden; *fugam* ~ onmogelijk maken;
8. *(poët.; postklass.) (retor. t.t.)* afronden; ▸ *verba pedibus* ~ in verzen afronden = in versvorm zetten; *oratio clausa* ritmisch.

claudō[2], claudere, —, clausūrus = *claudico.*

claudus, a, um *(arch.* **clūdus,** *vulgair* **clōdus)**
1. hinkend, mank, kreupel; ▸ *altero pede* ~ aan één been mank;
2. *(poët.; postklass.)* beschadigd; ▸ *navis -a en navigium -um* met aan één kant gebroken roeiriemen; *-a alterno carmina versu* elegische disticha;
3. *(metaf.)* wankel, onzeker [**fides**].

clausī *pf. v. claudo[1].*

claustellum, ī *n (demin. v. claustrum) (Petr.)* sleutelgat.

claustra, ōrum *n (postklass.* **claustrum,** *vulgair* **clōstrum,** ī *(n)) (claudo[1])*
1. afsluiting, slot, grendel; ▸ ~ *ianuae; sub -is positum esse* achter slot en grendel liggen; *obstantia -a rumpere;*
2. versperring [**portūs**];
3. hindernis, omheining, barrière; ▸ *-a refringere* doorbreken;
4. muur, wand, dam; ~ *undae;*
5. kooi, gevangenis; ▸ *venti circum -a fremunt (Verg.); -is retentae ferae;*
6. bolwerk, vesting die de sleutel vormt tot een bepaald gebied [**loci**];
7. *(poët.; postklass.)* pas, nauwe doorgang [**montium** bergpassen; **maris** toegang tot de zee];
8. *(Mel.)* klooster(hof).

claustrālis, e *(claustra 8.) (Mel.)* klooster-.

claustrum *zie claustra.*

clausula, ae *f (claudo[1])*
1. slot, einde, afronding [**epistulae**];
2. *(retor. t.t.)* clausula, *ritmisch eind v.e. periode;*
3. slotzin, slotvers;
4. *(jur.)* clausule, bepaling, beding; ▸ *doli* ~.

clausum, ī *n (claudo[1]) (poët.; postklass.)* afgesloten ruimte; ▸ *-a frangere.*

clausūra, ae *f (claudo[1]) (Laatl.)*
1. slot, afsluiting, versperring;
2. omheinde ruimte;
3. fort, burcht.

clausus *ppp. v. claudo[1].*

Clausus, ī *m Sabijnse heerser, voorvader v.d. gens Claudia.*

clāva, ae *f (clavus)* knoestige stok, knuppel, knots [**Herculis**].

clāvārium, ī *n (clavus) (Tac.)* schoenspijkergeld *(werd aan de soldaten betaald voor de aanschaf v. schoenspijkers).*

clāvātor, ōris *m (clava) (Plaut.)* knotsdrager.

clāvicula, ae *f (demin. v. clavis)*
1. sleuteltje;
2. (dunne) (wijn)rank.

clāvi-ger, gerī *m*
1. *(clava en gero)* knotsdrager [**Hercules**];
2. *(clavis en gero) (Ov.)* sleuteldrager [**Ianus** *als god v.d. deuren*].

clāvis, is *f (sg. acc. clavem en -im; abl. -e en -i)*
1. sleutel [**portarum**]; ▸ *sub clavi esse* gesloten zijn; *claves adimere uxori* verstoten, scheiden van;
2. slot, grendel;
3. *(Prop.)* hoepelstok.

clāvus, ī *m*
1. spijker [**ferreus** klimijzer; **trabalis** balkspijker]; ▸ *-o ab dictatore fixo (jaarlijks sloeg de hoogste magistraat op 13 september een 'jaarspijker' in de muur v.d. tempel v. Jupiter);*
2. helmstok; ▸ *-um rectum tenere* het roer recht houden; *(metaf.) -um imperii tenere;*
3. *(poët.; postklass.)* purperen zoom *(aan de tunica) (latus van de senatoren, angustus van de ridders);* ▸ *latum -um induere* het senatorengewaad aantrekken; *angusto -o contentus* met de status v. ridder; *depositum -um sumere* opnieuw senator worden;
4. *(med.)* gezwel, eeltplek, likdoorn, wrat.

Clazomenae, ārum *f stad in Ionië (Kl.-Azië), nu*

Kılızman; — adj. **-menius,** a, um.

Cleanthēs, is *m stoïsch filosoof uit Assus (in Troas), ca. 260 v. Chr.*

clēmēns, *gen.* entis

1. *(v. personen)* zacht(moedig), mild; toegeeflijk, genadig [**animus; consilium**]; ▸ *clementer ferre alqd; clementes iudices et misericordes;*

2. *(poët.; postklass.) (v. dingen, toestanden enz.)* kalm, mild, rustig, stil, zacht [**mare; amnis; rumor** niet verontrustend]; ▸ *collis clementer assurgens* geleidelijk oplopend.

clēmentia, ae *f (clemens)* zachtmoedigheid, mildheid; toegevendheid, genade; ▸ *in captos -ā uti* clementie betrachten; *sine -ā punire alqm.*

clēnōdium, ī *n (Germ. woord) (Mel.)* kleinood.

Cleombrotus, ī *m*

1. *Spart. koning, legeraanvoerder bij Leuctra (371 v. Chr.);*

2. *academisch filosoof.*

Cleōn, ōnis *m Atheens politicus ttv. de Peloponnesische oorlog, gesneuveld bij Amphipolis in 422 v. Chr.*

Cleōnae, ārum *f plaats tussen Corinthe en Argos;* — *adj.* **Cleōnaeus,** a, um.

Cleopatra, ae *f Cleopatra VII, laatste koningin v. Egypte (51—30 v. Chr.), gesteund door Caesar, met Antonius verslagen door Octavianus bij Actium.*

clepō, clepere, clepsī, cleptum *(Gr. leenw.)* stelen [**sese** zich verbergen].

clepsydra, ae *f (Gr. leenw.)*

1. waterklok *(tijdmeter, ihb. bij redevoeringen en voordrachten);*

2. *(meton.)* (maat voor) spreektijd *(ca. 20 minuten).*

clepta, ae *m (Gr. leenw.) (Plaut.)* dief.

cleptus *ppp. v. clepo.*

clēricātus, ūs *m (clerus) (eccl.)* status *of* ambt v.e. geestelijke.

clēricellus, ī *m (clericus) (Mel.)* leerling op een domschool.

clēriculus, ī *m (clericus) (Mel.)* geestelijke.

clēricus, ī *m (clerus) (eccl.)* geestelijke.

clēritātus, ūs *m (clerus) (eccl.)* positie, functie v. monnik.

clērus, ī *m (Gr. leenw.) (eccl.)* clerus, geestelijkheid.

clībanus, ī *m (Gr. leenw.)*

1. *(postklass.)* bakpan;

2. *(Laatl.)* (bak)oven.

clīdūchus, ī *m (Gr. leenw.) (Plin. Mai.)* 'sleuteldrager', *naam v.e. beeld v. Phidias en Euphranor.*

cliēns, entis *m (gen. plur.* clientium *en* clientum*)*

1. *(in Rome)* (**a**) *in vroegere tijden:* cliënt, horige, beschermeling, *de tot het verlenen v. diensten verplichte, halfvrije horige v.e. patricische familie, die hem in geval v. nood hielp en hem voor de rechtbank steunde;* (**b**) *sinds ca. 400 v. Chr.: lid v.h. nu volledig rechtsbevoegde gevolg v.d. patronus, die tegenover hem een patriarchale positie innam;* (**c**) *in de keizertijd: armere burger, die bij een voornaam persoon (patronus) zijn geld verdiende en zich verdere gunsten verwierf door diensten te verrichten;*

2. *(buiten het Rom. gebied)* vazal, leenman, ondergeschikte;

3. *(poët.; postklass.)* beschermeling v.e. godheid; ▸ *poeta ~ Bacchi.*

clienta, ae *f (cliens)* cliënte, horige, beschermelinge.

clientēla, ae *f (cliens)*

1. cliëntela, horigheidsverhouding *(tussen patronus en cliens);* bescherming;

2. *(v. steden en landen)* protectoraat;

3. *(meton.) (meestal plur.)* cliënten.

clientō, clientāre *(Mel.)* afhankelijk maken.

clientulus, ī *m (demin. v. cliens) (Tac.)* arme cliënt.

clīma, atis *n (Gr. leenw.)* omgeving.

clīmactēr, ēris *m (acc. sg.* -ēra; *acc. plur.* -ēras*) (Gr. leenw.) (postklass.)* 'ladder', *een gevaarlijke periode in het menselijk leven (die zich elk 7e, ihb. in het 63e jaar zou voordoen);* — *adj.* **clīmactēricus,** a, um [**tempus** kritieke periode].

clīmax, acis *f (Gr. leenw. 'ladder') (poët.; postklass.) (als retor. figuur)* climax.

clīnāmen, inis *n (clino) (Lucr.)* zwenking [**principiorum**].

clīnātus, a, um *(vgl. ac-clino) (poët.)* hellend, gebogen.

clīnicē, ēs *f (acc.* -ēn*) (Gr. leenw.) (postklass.)* geneeskunst bij het ziekbed.

clīnicus *(Gr. leenw.)*

I. *subst.* ī *m (Mart.)* arts die bedlegerige zieken bezoekt;

II. *adj.* a, um *(Laatl.)* bedlegerig, ziekelijk.

clīnopalē, ēs *f (Gr. leenw.) (Suet.)* het vechten, worstelen in bed.

Cliō, ūs *f*

1. Clio, *een muze, ihb. v.d. geschiedschrijving;*

2. *(Juv.) alg.* muze;

3. *(Verg.) nimf, dochter v. Oceanus.*

Clipea, ae *zie* Clupea.

clipeātus *(clipeus) (poët.; postklass.)*

I. *adj.* a, um schilddragend, met een schild bewapend [**acies**];

II. *subst.* ī *m* schilddrager.

clipeolum, ī *n* (*demin. v. clipeum*) klein schild.

clipeus (*arch.* **clupeus**), ī *m en minder vaak* **clipeum,** ī *n*
1. rond ijzeren schild *v.d. Romeinen;* ▸ *sprw.: -um sumere post vulnera* als het kalf verdronken is, dempt men de put;
2. (*Enn.*) hemelgewelf;
3. (*Ov.*) zonneschijf;
4. met reliëf versierd schild, medaillon; ▸ ~ *auro insignis.*

Clīsthenēs, is *m Ath. staatsman en redenaar (ca. 500 v. Chr.).*

Clītarchus, ī *m schrijver v.e. geschiedenis v. Alexander de Grote.*

clītellae, ārum *f* pakzadel (*voor ezels en muildieren*).

clītellārius, a, um (*clitellae*) een pakzadel dragend, pak- [**mulus**].

Clīternia, ae *f plaats in het gebied v.d. Aequi in Midden-Italië, nu Capradosso;* — *adj.* **-nīnus,** a, um.

Clītomachus, ī *m leerling v. Carneades, academisch filosoof, ca. 130 v. Chr.*

Clītōr, oris *m plaats in N.-Arcadië op de Peloponnesus;* — *adj.* **Clītorius,** a, um [**fons; lacus**].

Clītumnus, ī *m riviertje in Umbrië (Midden-Italië).*

Clītus, ī *m aanvoerder v.d. cavalerie v. Alexander de Grote, die hem bij een maaltijd in drift vermoordde.*

clīvōsus, a, um (*clivus*) (*poët.; postklass.*) oplopend, steil [**Olympus**].

clīvulus, ī *m* (*demin. v. clivus*) hellinkje.

clīvus, ī *m*
1. helling; schuine kant, glooiing; ▸ *molli iugum demittere -o; -um mollire* de helling verminderen; ~ *mensae* schuine stand; *adversus -um* bergop;
2. hellende rijweg [**Capitolinus** *of* (*Hor.*) **sacer** *de vanaf het Forum naar het Capitool leidende weg*].

cloāca, ae *f*
1. onderaards afvoerkanaal, riool; ▸ ~ *maxima: de in de Tiber uitmondende hoofdafvoer onder het Forum;* — *sprw.: arcem facere e cloaca* van een mug een olifant maken;
2. (*metaf.*) *o.a.* buik.

cloācārium, ī *n* (*cloaca*) (*jur.*) rioolbelasting.

Cloācīna, ae *f* (*cloaca*) de reinigende, *bijnaam v. Venus.*

Clōdius *zie Claudius.*

clōdus *zie claudus.*

Cloelius (*en* **Cluilius**), a, um *oorspr. naam v.e. Albaanse, later v.e. Rom. gens:*
1. C. Cloelius, *de laatste koning v. Alba Longa;*
2. Cloelia, *Rom. meisje uit een patric. geslacht, dat met andere meisjes aan de Etr. koning Porsenna was uitgeleverd, aan het hoofd v. haar metgezellinnen de Tiber overzwom en naar Rome ontkwam; zij werd aan Porsenna teruggegeven, die haar, omdat hij haar moed bewonderde, vrijliet (508 v. Chr.).*

clōstrum *zie claustra.*

Clōthō, ūs *f* (*Gr. leenw.*) 'spinster', *een v.d. drie parcen.*

cluāca, ae *f = cloaca.*

Cluācīna, ae *f = Cloacina.*

clūdō *zie claudo*[1].

cluēns, entis *m = cliens.*

Cluentius, a, um *naam v.e. Rom. gens:* A. ~ Avitus *uit Larinum, door Cicero in 66 v. Chr. in een redevoering verdedigd;* — *adj.* **Cluentiānus,** a, um.

clueō, cluēre, — — (*preklass.; poët.*)
1. genoemd worden, heten, gelden (*constr. als koppelwerkwoord*);
2. geprezen worden, beroemd zijn.

Cluilius *zie Cloelius.*

clūnis, is *f* (*Gr. leenw.*) bil *gew. plur.* = achterwerk (*bij mensen en dieren*).

cluō, cluere, — — = *clueō.*

Clupea, ae *f plaats en voorgebergte bij Carthago, nu Kelibia.*

clupeātus, clupeus *zie clip-.*

clūrīnus, a, um van een aap, apen-.

clūsa, ae *f* (*Mel.*) bergpas.

Clūsium, ī *n stad in Etrurië, nu Chiusi;* — *inw. en adj.* **Clūsīnus,** ī *m resp.* a, um.

Clūsius, ī *m* (*cludo*) 'de sluiter', *bijnaam v. Ianus, omdat zijn poort in vredestijd gesloten werd.*

Cluvia, ae *f plaats in Samnium (Midden-Italië);* — *adj.* **Cluviānus,** a, um.

Clymenē, ēs *f dochter v. Oceanus, echtgenote v.d. Ethiopische koning Merops, moeder v. Phaëthon;* — *adj.* **Clymenēius,** a, um.

clymenus, ī *m* (*Gr. leenw.*) (*Plin. Mai.*) *een soort kruid.*

Clymenus, ī *m* (*Gr. leenw.*) 'de beroemde', *bijnaam v. Pluto.*

clystēr, ēris *m* (*Gr. leenw.*) (*postklass.*) klisteerspuit; injectie.

clystērium, ī *n* (*Gr. leenw.*) kleine klisteerspuit.

Clytaem(n)ēstra *en* **Clytem(n)ēstra,** ae *f dochter v. Tyndareus en Leda, zuster v. Helena en de Dioscuren, echtgenote v. Agamemnon, moeder v. Iphigeneia, Electra en Orestes.*

Cn. *afkorting v.* Gnaeus.

cnēcos, ī *(acc. -on) f (Gr. leenw.) een soort kruid, missch.* saffloer.

cneōrum, ī *n (Gr. leenw.) een soort kruid.*

Cnidus *en* **-os** *of* **Gnidus** *en* **-os,** ī *f Dorische stad aan de kust v. Carië (Kl.-Azië) met een cultus v. Aphrodite; — inw. en adj.* **Cnidius,** ī *m resp.* a, um.

cnōdax, acis *m (Gr. leenw.) (postklass.)* pin, spil.

Cnōsus, Cnōsius = *Gnos*

co- *in samenstellingen = com-.*

Cōa *zie Cōs.*

coacervātim *adv. (coacervo)* in hopen.

coacervātiō, ōnis *f (coacervo)*
1. *(retor. t.t.)* opeenstapeling *(v. bewijzen e.d.)*;
2. *(Sen.)* opeenhoping [**aliorum super alios ruentium**].

co-acervō, acervāre opeenstapelen, ophopen, verzamelen [**pecunias; multitudinem civium; cadavera; agros** met grote aantallen tegelijk opkopen; *metaf.*: **argumenta**].

co-acēscō, acēscere, acuī, —
1. zuur worden; ▸ *vinum coacescens;*
2. *(metaf.)* verwilderen; ▸ *gens coacuit.*

coācta, ōrum *n (cogo) vilt van wol of haren.*

coāctiō, ōnis *f (cogo) (Suet.)*
1. het bijeenbrengen, samenvatten;
2. het innen.

coāctō, coāctāre *(intens. v. cogo) (Lucr.)* met geweld dwingen *(m. inf.)*.

coāctor, ōris *m (cogo)*
1. ontvanger v. belastingen;
2. *(Tac.) plur. (milit.) agminis* achterhoede;
3. *(Sen.)* (aan)drijver.

coāctūra, ae *f (cogo) (postklass.)* persing *(v. olie)*.

coāctus[1] *zie cogo.*

coāctus[2], ūs *m (cogo)* dwang.

co-acuī *pf. v. coacesco.*

co-addō, addere, — — *(preklass.)* erbij voegen.

co-addūcō, addūcere, — — *(Mel.)* toevoegen, bijmengen.

co-adiūtor, ōris *m (eccl.)* (geestelijk) helper.

co-adūnō, adūnāre *(postklass.)* verenigen.

co-aedificō, aedificāre (be)bouwen, van gebouwen voorzien [**Campum Martium**].

co-aequālis, e
1. even oud, dezelfde leeftijd hebbend; — *subst.* **coaequālēs,** ium *m* leeftijdgenoten, speelkameraden;
2. overeenkomend, gelijk.

co-aequō, aequāre
1. effenen, gelijkmaken;
2. *in waarde, rang, macht* gelijkmaken, -stellen.

co-aetāneus, ī *m en* **-a,** ae *f (aetas) (postklass.)* leeftijdgeno(o)t(e).

co-aeternus, a, um *(eccl.)* voor eeuwig tezamen bestaand.

co-aevus, a, um *(aevum) (Laatl.)* even oud, dezelfde leeftijd hebbend.

co-aggerō, aggerāre *(postklass.)* opeenhopen.

coāgmentātiō, ōnis *f (coagmento)* samenvoeging.

coāgmentō, coāgmentāre *(coagmentum)*
1. samenvoegen, -kleven, -lijmen, door samenvoegen maken;
2. *(metaf.)* nauw verbinden [**verba verbis**].

coāgmentum, ī *n* voeg; naad; — *(metaf.) (Gell.)* samenvoeging: ▸ *~ syllabarum; verborum.*

coāgulātiō, ōnis *f* het stremmen, indikken.

coāgulō, coāgulāre *(coagulum) (postklass.)* laten stremmen, indikken [**lac**].

coāgulum, ī *n*
1. binding, band;
2. stremsel;
3. *(postklass.) (meton.)* gestremde melk;
4. *(Gell.)* het stremmen *of* bevriezen.

co-alēscō, alēscere, aluī, alitum *(alo)*
1. vergroeien, samengroeien;
2. zich verbinden, versmelten, zich verenigen; ▸ *multitudo coalescit in populi unius corpus (Liv.); ut cum patribus coalescant plebis animi (Liv.);*
3. *(metaf.)* toenemen, sterker worden, gedijen; ▸ *regnum coalescens; pace coalescente;*
4. wortel schieten, (op)groeien; ▸ *in eo loco grandis ilex coaluerat inter saxa (Sall.).*

co-ambulō, ambulāre *(postklass.)* meewandelen.

co-angustō, angustāre
1. beperken [**legem**];
2. samendringen, vernauwen.

co-aptō, aptāre *(eccl.)* precies samenvoegen, geschikt maken.

co-arguō, arguere, arguī, argūtum, arguitūrus
1. *(iets verkeerds)* aan het licht brengen, aantonen, bewijzen, onthullen [**errorem, perfidiam alcis**];
2. beschuldigen *(van: gen.)* [**avaritiae**]; iem. hekelen, aan de kaak stellen [**alqm multis testibus; alqm coram**];
3. de onwaarheid bewijzen v., weerleggen [**legem**].

coartātiō, ōnis *f (coarto)* het samendringen.

co-artō, artāre
1. samendringen, vernauwen, inperken, boeien;

2. (*v. taal*) beknopt uitdrukken;
3. (*poët.; postklass.*) (*v. tijd*) verkorten, bekorten [**consulatum aliorum; tempus potestatis censoriae**];
4. (*jur.*) dwingen.

coaxātiō, ōnis *f* (*postklass.*) vloerplanken.

coaxō[1]**,** coaxāre (*onomatop. woord*) kwaken.

co-axō[2]**,** axāre (*axis*) van een lattenvloer voorzien.

Cocceius, a, um *naam v.e. Rom. gens:*
1. L. ~ Nerva, *bemiddelaar tussen Octavianus en Antonius (40 v. Chr., verdrag v. Brundisium);*
2. M. ~ Nerva, *rechtsgeleerde ttv. keizer Tiberius;*
3. M. ~ Nerva, *kleinzoon v.d. voorgaande, de eerste adoptiefkeizer, bekend als Nerva (96—98 n. Chr.).*

coccinātus, a, um (*coccinum*) (*postklass.*) in scharlaken gekleed.

coccineus, a, um (*coccum*) (*postklass.*) scharlaken(rood).

coccinum, ī *n* (*coccineus*) (*postklass.*)
1. scharlaken;
2. scharlaken kledingstuk.

coccinus, a, um = *coccineus.*

coccum, ī *n* (*Gr. leenw.*) (*poët.; postklass.*)
1. bes, *ihb.* kermesbes (*eig. een soort schildluis, waaruit kleurstof werd gewonnen*);
2. (*meton.*) scharlaken kleur; scharlakenrode draad *of* stof.

coc(h)lea, ae *f* (*Gr. leenw.*)
1. slak; (*Mart.*) (*meton.*) slakkenhuis;
2. (*meton.*) *voorwerpen in de vorm v.e. slakkenhuis, o.a.:* (a) schroef; (b) spiraal;
3. (*Laatl.*) toren met wenteltrap.

coc(h)lear *en* **-eāre,** āris *n* (*postklass.*) lepel.

cocilendrum, ī *n* (*Plaut.*) *een toverkruid.*

cōciō, ōnis *m* handelaar.

cōciōnor, cōciōnārī (*cocio*) (*postklass.*) handel drijven.

Cocles, itis *m* (*vanaf zijn geboorte*) eenogige, cycloop; — *bijnaam v. P. Horatius, die in zijn eentje de brug over de Tiber verdedigde tegen Porsenna.*

cocta, ae *f* (*coctus*) gekookt water.

coctilis, e (*coquo*) gebakken [**murus** muur van baksteen].

coctiō, ōnis *f* (*coquo*) (*postklass.*) het koken, kooksel.

coctor, ōris *m* (*coquo*) (*Petr.*) kok.

coctūra, ae *f* (*coquo*)
1. het koken;
2. het smelten;
3. het kooksel.

coctus *ppp. v. coquo.*

coculum, ī *n* (*coquo*) (*preklass.*) kookgerei.

cocuma, ae *f zie cucuma.*

cocus, ī *m* (*coquo*) kok.

Cōcӯtus *en* **-os,** ī *m* (*Gr. leenw.* 'gejammer, tranenvloed') *rivier in de onderwereld;* — *adj.* **Cōcӯtius,** a, um.

cōda, ae *f* = *cauda.*

Codānus sinus de Duitse Bocht(?).

Cōdēta (ae *f*) **minor** *met biezen begroeid deel v.d. Campus Martius.*

cōdex *zie caudex.*

cōdicārius, a, um (*codex*) uit één blok hout gemaakt [**naves**].

cōdicillus, ī *m* (*demin. v. codex*)
1. (*preklass.*) klein houtblok, kleine stam;
2. (*meton.*) *plur.* houten, *met was overtrokken* schrijftafeltje;
3. *plur. het op de schrijftafel geschrevene:* (a) brief; (b) opstel; (c) (*postklass.*) smeekschrift; ▸ *precari per -os;* (d) toevoegsel bij een testament, codicil; (e) keizerlijk schrijven, decreet.

Codrus, ī *m* (*myth.*) *laatste koning v. Athene, bekend door zijn offerdood in de oorlog tegen de Doriërs.*

coēgī *pf. v. cogo.*

Coela, ōrum *n inham op Euboea (Midden-Griekenland).*

Coelē, ēs *f en* **Coelē Syria,** ae *f dal tussen Libanon en Antilibanon, ook:* Z.-Syrië.

coeliacus, a, um (*Gr. leenw.*) (*med.*)
1. van *of* in de ingewanden;
2. lijdend aan een ingewandsstoornis.

Coelius *zie Caelius.*

coemētērium, ī *n* (*Gr. leenw.*) (*eccl.*) begraafplaats, kerkhof.

co-emō, emere, ēmī, ēmptum opkopen [**multos equos; frumentum**].

coēmptiō, ōnis *f* (*coemo*)
1. schijnkoop (*soort huwelijk waarbij de vrouw ten overstaan v. getuigen door een symbolische koop in de macht [manus] v.d. echtgenoot kwam*);
2. (*Laatl.*) koop.

coēmptiōnālis, e = *comptionalis.*

coēmptiōnātor, ōris *m* (*coemptio*) (*jur.*) (fictieve) opkoper (v.e. vrouw bij de *coemptio*).

coēmptor, ōris *m* (*coemo*) (*Apul.*) opkoper.

coenobīta, ae *m* (*coenobium*) (*eccl.*) monnik.

coenobium, ī *n* (*Gr. leenw.*) (*eccl.*) klooster.

co-eō, coīre, coiī, coitum
I. *intr.*
1. samenkomen, elkaar ontmoeten, treffen, zich verzamelen;

2. zich verenigen, zich verbinden;
3. *(poët.; postklass.) (vijandel.)* op elkaar stoten; ▸ *agmina coibant*;
4. *(milit. t.t.)* zich in carré opstellen [**inter se**];
5. *(poët.; postklass.)* seksuele omgang hebben; *(v. dieren)* paren;
6. *(levenl.)* samenvloeien, samenkomen; ▸ *coëuntibus aquis; litora ex diverso prope coëuntia; coëunt cornua*;
7. *(poët.; postklass.) (v. verwondingen e.d.)* zich sluiten;
8. verstijven, stollen, bevriezen; ▸ *coit pontus*;
II. *tr. societatem* ~ een verbintenis aangaan.

coepiō, coepere, coepī, coeptum *(praes. vormen alleen preklass.; in plaats daarvan wordt incipio gebruikt; klass. alleen pf.* coepī, coepisse, coeptus*)*
I. *intr.* beginnen, aanvangen; ▸ *ubi dies coepit*;
II. *tr.* een begin maken met, beginnen, ondernemen [**orationem; bellum**].

co-episcopus, ī *m (eccl.)* hulpbisschop.

coeptō, coeptāre *(intens. v. coepio)*
I. *tr.* een begin maken met, beginnen, ondernemen, opnemen;
II. *intr.* van start gaan, beginnen.

coeptum, ī *n (coepio)* plan, onderneming *(m. adv.: temere coepta; m. adj.: coepta immania)*.

coeptus[1]**,** ūs *m (coepio)* begin, onderneming.

coeptus[2] *ppp. v. coepio.*

co-epulōnus, ī *m (epulo) (Plaut.)* disgenoot.

co-erceō, ercēre, ercuī, ercitum *(arceo)*
1. bijeenhouden, insluiten [**operibus hostem;** *metaf.*: **numeris verba** in dichtregels vatten];
2. *(metaf.)* binnen de perken houden, beperken, beteugelen, aan banden leggen [**cupiditates; iras; iuventutem; milites; seditionem** onderdrukken; **impetum aquarum**];
3. (be)straffen [**alqm verberibus; alqm vinculis**];
4. *(jur.)* in bedwang houden, bedwingen;
5. kort houden [**vitem amputando**];
6. *(poët.)* in het gareel houden [**virgā turbam**].

coërcitiō, ōnis *f (coërceo)*
1. straf, bestraffing, dwang(maatregel); — *ook:* bevoegdheid om te straffen; ▸ *m. gen. subi.: ~ magistratūs; m. gen. obi.: ~ errantium sceleratorumque; ~ servorum*;
2. *(Tac.)* beteugeling.

coërcitor, ōris *m (coërceo)* iem. die binnen de perken houdt, handhaver [**luxuriae; disciplinae militaris**].

coerō, coerāre *(arch.) = curo.*

coetus, ūs *m (< co-itus v. coëo)*
1. samenkomst, vergadering, vereniging, gezelschap, groep; ▸ *coetum celebrare* in groten getale bijeenkomen;
2. samenscholing, oploop; ▸ *coetus nocturni*;
3. *(poët.; postklass.)* het ontmoeten, het samenvloeien [**amnium**];
4. *(postklass.)* coïtus, geslachtsgemeenschap.

Coeus, ī *m titaan, vader v. Latona.*

coexercitātus, a, um *(exercito) (Laatl.)* gezamenlijk geoefend.

cōgitābilis, e *(cogito) (Sen.)* denkbaar.

cōgitābundus, a, um *(cogito) (Gell.)* peinzend, in gedachten verzonken.

cōgitātiō, ōnis *f (cogito)*
1. het (na)denken, overwegen, overleggen; ▸ *cogitatione comprehendere; fingere alqd cogitatione; ne in cogitationem quidem cadit* het is volkomen ondenkbaar;
2. denkvermogen, verbeeldingskracht; ▸ *homo particeps rationis et cogitationis*;
3. gedachte *(aan)*, voorstelling *(van) (tot: gen.)* [**periculi**]; ▸ *curas cogitationesque in rem publicam conferre; mandare litteris cogitationes suas*;
4. voornemen, bedoeling, plan, besluit *(tot: gen.)* [**rerum novarum**]; ▸ *cogitationibus alcis obstare; versantur in animo meo multae et graves cogitationes.*

cōgitātum, ī *n (cogito)* gedachte, mening; plan.

cōgitātus[1]**,** a, um *zie cogito.*

cōgitātus[2]**,** ūs *m (cogito) (postklass.)*
1. het nadenken;
2. plan.

cōgitō, cōgitāre
I. *intr.*
1. denken *(aan: de)* [**de claris viris; de Romanis**];
2. nadenken *(over: de)* [**de natura deorum**];
3. gezind zijn; ▸ *bene (male) de alqo ~* iem. goed (slecht) gezind zijn;
4. bedacht zijn op *(m. de; inf.)* [**de re publica; de pernicie alcis**];
II. *tr.*
1. denken, bedenken, overwegen *(m. acc.; aci.; afh. vr.)* [**alqm** aan iem. denken; **pacem**];
2. uitdenken, verzinnen [**scelus; nefas; multa ad perniciem alcis**];
3. van plan zijn, plannen *(m. acc.; inf.; ut en ne)* [**scelus; exheredare filium** zijn zoon te onterven];
/ *p. adj.* **cōgitātus,** a, um (a) doordacht; *adv.:* met overleg; ▸ *res diu cogitatae; cogitate scribere;*

(b) weloverwogen, opzettelijk [**facinus; iniuria**].

cognātiō, ōnis *f* (*nascor*)
1. bloedverwantschap;
2. (*meton.*) verwanten, familie; ▸ *homo magnae cognationis*;
3. (*metaf.*) verwantschap, gelijkenis [**studiorum et artium**].

co-gnātus (*gnatus = natus*)
I. *adj.* a, um
1. (*v. personen*) verwant (*met: dat.*); ▸ *is mihi ~ fuit*;
2. *ook v. dingen* (a) verwant, overeenstemmend, gelijk (*aan, met: dat.*); ▸ *vocabula -a rebus*; (b) (*poët.*) met dezelfde afstamming [**moenia; urbes**];
II. *subst.* ī m (bloed)verwant.

cognitiō, ōnis *f* (*cognosco*)
1. het leren kennen, kennismaking;
2. het leren kennen, het onderkennen, studie, kennis [**rerum; iuris; naturae; artis; veterum oratorum**];
3. voorstelling, begrip;
4. gerechtelijk onderzoek; ▸ *dies cognitionis; cognitionem excipere* overnemen;
5. (*Ter.*) het herkennen [**formarum**].

cognitor, ōris *m* (*cognosco*)
1. getuige v.d. identiteit (*die als getuige optreedt mbt. de naam v. iem. en de positie die iem. als burger inneemt*);
2. advocaat; juridisch adviseur;
3. verdediger, vertegenwoordiger *v.e. standpunt* [**huius sententiae**].

cognitūra, ae *f* (*cognitor*) (*Suet.*) het ambt v. openbaar aanklager.

cognitus, a, um (*p. adj. v. cognosco*) bekend; beproefd, bewezen; ▸ *populo bene ~ ; homo virtute -ā.*

cognōbilis, e (*cognosco*) (*postklass.*) begrijpelijk.

cognōmen, inis *n* (*nomen*)
1. bijnaam, *die men verkreeg wegens een daad of speciale eigenschap* [**Germanicus; Sapiens**];
2. familienaam, *die nog kwam bij de naam v.e. Rom. gens* [**Scipio; Cicero**];
3. (*poët.*) naam, aanduiding; ▸ *cognomina prisca locorum; urbem Ascanius clari condet cognominis Albam* (*Verg.*).

cognōmentum, ī *n = cognomen.*

cognōminis, e (*cognomen*)
1. met dezelfde naam (*m. dat.; gen.*);
2. (*Gell.*) (*gramm. t.t.*) met dezelfde betekenis, qua betekenis verwant, synoniem.

cognōminō, cognōmināre (*cognomen*) een bijnaam geven; — *p. adj.* **cognōminātus,** a, um met dezelfde betekenis, qua betekenis verwant [**verba** synoniemen].

cognōscibilis, e (*cognosco*) (*Laatl.*) kenbaar.

co-gnōscō, gnōscere, gnōvī, gnitum (*gnosco = nosco*)
1. leren kennen; ▸ *naturam moresque ~ ; m. dubb. acc.: alqm fortem ~* als een moedig mens; *m. gen. en abl. qual.: alqm magni animi ~ ; alqm egregia virtute ~ ;* — herkennen (aan): *m. abl.; ex; ab: alqd et litteris et nuntiis ~ ; alqm sermone ab ipso ~ ; — pf. m. praes. betekenis* **cognōvisse** kennen;
2. waarnemen, opmerken, vernemen, gewaarworden (*m. acc.; de*) [**miserias sociorum; sententiam alcis; mortem regis; de Bruto**]; — *pf. m. praes. betekenis* **cognōvisse** weten;
3. herkennen;
4. erkennen;
5. (*jur. t.t.*) getuigen van iems. identiteit;
6. verkennen [**iter; situm castrorum**];
7. onderzoeken, toetsen (*m. acc.; de*) [**causam; numerum militum; de hereditate; de eorum postulatis**];
8. lezen, (be)studeren [**litteras; librum**];
9. (*poët.; postklass.*) seksuele omgang hebben met (*m. acc.*) [**uxorem alcis adulterio**];
/ *p. adj.* **cognitus,** a, um bekend; beproefd, bewezen.

cōgō, cōgere, coēgī, coāctum (<* *coago*)
1. samendrijven, -brengen [**pecus; oves**];
2. verzamelen, verenigen, bijeenbrengen; — *pass.* zich verenigen; ▸ *socios ad litora ~ ; ad iudicium omnem suam familiam undique ~ ; omnes eodem cogimur;*
3. bijeenbrengen, ophopen, inzamelen, oogsten [**arma; aurum; vinum; mella; fructus**];
4. (*troepen*) samentrekken, verzamelen [**copias in unum locum; equitatum ex provincia; magnum numerum equitum**];
5. (*schepen e.d.*) bijeenbrengen;
6. dwingen, noodzaken, dringend aansporen; ▸ *alqm in ordinem ~* terechtwijzen; *oppida in deditionem ~ ; alqm ad scelus ~ ; nullo cogente* zonder dwang; — *alqm alqd ~* iem. tot iets (*klass. alleen neutr. v.e. pron., bv. id, hoc, nihil*): *id cogi non possum* daartoe kan ik niet gedwongen worden; (*ook m. inf. of ut*); — **coāctus,** a, um (a) gedwongen; (b) geforceerd [**lacrimae** gemaakt, geveinsd];

7. dik, compact maken, verdichten; *pass.* dichter worden; ▸ *in nubem cogitur aër; lac coactum* gestremd;
8. *(geld)* innen [**pecuniam a civitatibus; stipendium; bona in fiscum** verbeurd verklaren];
9. bijeenroepen, oproepen [**senatum in curiam; iudices; concilium**];
10. *(de legertros)* bijeenhouden, gesloten houden [**agmen** de achterhoede vormen];
11. naar binnen duwen, drijven;
12. *(plaatsen)* vernauwen; ▸ *saltus in fauces coactus* tot een kloof versmald;
13. logisch afleiden, concluderen; ▸ *ex quibus effici cogique potest nihil esse.*

cohabitātor, ōris *m (cohabito) (Laatl.)* medebewoner.

co-habitō, habitāre *(Laatl.)* samenwonen.

cohaerentia, ae *f (cohaereo)* samenhang [**mundi; mortis et vitae**].

co-haereō, haerēre, haesī, haesūrus
1. samenhangen, verbonden zijn met *(m. cum; dat.; abl.; onderling: inter se)*; ▸ *cohaerens cum corpore membrum;*
2. *innerlijk of organisch* samenhangen; ▸ *mundus cohaeret; non cohaerentia inter se* onsamenhangende zaken;
3. standhouden, voortduren; ▸ *virtutes sine beata vita ~ non possunt;*
4. *(v. taal en v. gedachten)* samenhang vertonen; ▸ *male cohaerens cogitatio.*

co-haerēscō, haerēscere, haesī, — *(incoh. v. cohaereo)* samenhangen, samenkleven *(m. dat.; inter se).*

co-hērēs, hērēdis *m en f* mede-erfgena(a)m(e).

co-hibeō, hibēre, hibuī, hibitum *(habeo)*
1. bijeenhouden [**crinem nodo**];
2. stevig omsluiten [**lacertos auro** met een gouden armband];
3. vasthouden, insluiten [**milites intra castra; alqm in vinculis; ventos carcere**];
4. *(metaf.)* terughouden, beteugelen, aan banden leggen, afremmen [**iracundiam; lacrimas**];
5. ver houden, weghouden, afweren [**manum ab alieno**].

cohibilis, e *(cohibeo) (Gell.)* kort en bondig [**oratio**].

cohibitiō, ōnis *f (cohibeo) (postklass.)* beperking.

co-honestō, honestāre eren, huldigen, verheerlijken [**funus; victoriam**].

co-horrēscō, horrēscere, horruī, — huiveren, rillen, schrikken.

co-hors, hortis, **cōrs** *en* **chōrs,** tis *f*
1. *(milit.)* cohort *(het tiende deel v.e. Rom. legioen)*;
2. *plur.* hulptroepen *v.d. bondgenoten (itt. legiones)*;
3. gevolg [**praetoris; reginae; praetoria (regia)** lijfwacht v.d. veldheer (v.d. koning)];
4. *(poët.; postklass.)* menigte, groep [**amicorum; canum** meute];
5. erf, binnenplaats voor het vee, omheind gebied.

cohortālis, e *(cohors)*
1. behorend bij de lijfwacht;
2. behorend bij de binnenplaats (voor het vee).

cohortātiō, ōnis *f (cohortor)* aansporing, opmontering, toespraak [*m. gen. subi.*: **ducis;** *m. gen. obi.*: **militum**].

cohorticula, ae *f (demin. v. cohors)* klein, zwak cohort.

co-hortor, hortārī indringend moed inspreken, opmonteren, aanvuren *(m. ut; conj.; inf.).*

cohum, ī *n (arch.)* hemelgewelf.

co-hūmidō, hūmidāre *([h]umidus)* natmaken.

Coī *zie Cos.*

co-iciō = *conicio.*

co-incidentia, ae *f (incido) (Mel.)* het samenvallen.

co-inquinō, inquināre bezoedelen, bevlekken.

coitiō, ōnis *f (coëo)*
1. *(pol.)* verbond; *(vaak)* complot, samenzwering; *ook: verbond tussen twee kandidaten om de overige kandidaten te verdringen;* ▸ *suspicio coitionis; coitionem facere; in coitionibus candidatorum; coitiones honorum adipiscendorum causā factae (Liv.)* om ambten te verkrijgen;
2. *(Ter.) (vijandel.)* treffen, botsing.

coitus, ūs *m (coëo)*
1. *(postklass.)* ontmoeting *(v. hemellichamen)*;
2. *(postklass.)* geslachtsgemeenschap, paring;
3. *(gramm. t.t.)* versmelting *(v. lettergrepen en woorden).*

col- *in samenstellingen* = *com-.*

colaphizō, colaphizāre *(Gr. leenw.) (postklass.)* een klap geven.

colaphus, ī *m (Gr. leenw.) (pre- en postklass.)* vuistslag [**-is percussus**].

Colax, acis *m* 'De vleier', *titel v.e. komedie v. Menander.*

Colchis, idis *f streek aan de oostelijke kant v.d. zuidoever v.d. Zwarte Zee, doel v.d. Argonautentocht;* — *inw.* **Colchus,** ī *m* Colchiër *en* **Colchis,** idis *f* vrouw uit Colchis, *ihb.* Medea;

— *adj.* **Colch(ic)us,** a, um.
cōlēpium, ī *n* (*postklass.*) heupbeen, dij(been).
cōleus, ī *m* bal, testikel; ▸ *si coleos haberemus* (*Petr.*) als we kerels waren.
cōlicē, ēs *f* (*Gr. leenw.*) (*med.*) middel tegen koliek.
cōliculus, ī *m* = *cauliculus.*
col-labāscō, labāscere, — — (*Plaut.*) aan het wankelen raken.
col-labefactō, labefactāre (*Ov.*) aan het wankelen brengen.
col-labefīō, labefierī, labefactus sum
1. ineenstorten, inzinken;
2. (*v. staatslieden*) ten val gebracht worden.
col-lābor, lābī, lāpsus sum
1. (*v. personen en dieren*) ineenstorten, ineenzinken; ▸ *fugiens collabitur; ante pedes alcis* ~; *equo collapso*;
2. (*v. gebouwen*) instorten, vervallen; ▸ *aedes sacrae vetustate collapsae*;
3. (*Verg.*) (*v. lichaamsdelen*) invallen, ineenzakken; ▸ *ossa morbo collapsa.*
col-labōrō, labōrāre (*eccl.*) gezamenlijk lijden of werken.
col-lacerātus, a, um (*lacero*) (*Tac.*) volledig aan stukken gescheurd [**corpus**].
collacrimātiō, ōnis *f* (*collacrimo*) stroom v. tranen.
col-lacrimō, lacrimāre (be)wenen.
collactāneus, ī *m en* **-a,** ae *f* (*postklass.*) zoogbroeder, zoogzuster (*door dezelfde zoogster gevoed*).
collacteus, ī *m en* **-a,** ae *f* = *collactaneus resp. -a.*
col-laetor, laetārī (*eccl.*) zich samen verheugen.
collāpsus *p.p. v. collabor.*
collāre, is *n* (*collaris*) (*Plaut.*) halsband (*als straf voor slaven*).
collāris, e (*collum*) (*Petr.*) behorend bij de hals, hals-.
col-laterālis, e (*collatero*) (*Laatl.*) met raad en daad ter zijde staand, vertrouwd.
col-laterō, laterāre (*latus*) aan weerszijden plaatsen.
Collātia, ae *f Sab. stad aan de Anio ten O. v. Rome*; — *inw. en adj.* **Collātīnus,** ī *m resp.* a, um.
collātīcius, a, um (*confero*) (*postklass.*) samengebracht, verzameld; geleend [**instrumenta**].
Collātīnus[1], ī *m* (*Collatia*) *bijnaam v. L. Tarquinius, echtgenoot v. Lucretia.*
Collātīnus[2] *zie* Collatia.
collātiō, ōnis *f* (*confero*)
1. het verzamelen, het verenigen [**signorum** botsing; **centuriarum** *bij de stemming*];
2. het bijdragen, bijdrage; (*postklass.*) geschenk in geld;
3. (*jur.*) inbreng [**bonorum; dotis**];
4. het naast elkaar plaatsen, het vergelijken, vergelijking; ▸ *quae est in ista collatione similitudo?* (*Cic.*); *collatione alcis rei* in vergelijking met iets;
5. (*retor. t.t.*) vergelijking;
6. (*filos. t.t.*) (*rationis*) analogie;
7. (*Mel.*) lichte maaltijd, hapje.
collātīvus, a, um (*collatus v. confero*) bijeengebracht, verzameld; ▸ *venter* ~ (*Plaut.*) volgevreten pens.
collātor, ōris *m* (*confero*) iem. die bijdraagt.
collātus[1], ūs *m* (*confero*) (*vijandel.*) ontmoeting, botsing.
collātus[2] *ppp. v. confero.*
collaudātiō, ōnis *f* (*collaudo*) loftuiting.
collaudātor, ōris *m* (*collaudo*) (*postklass.*) deelnemer aan de lofzang.
col-laudō, laudāre zeer loven, roemen [**alqm amplissimis verbis; mores maiorum; virtutem militum**].
col-laxō, laxāre verbreden, wijd maken.
collēcta, ae *f* (*collectus v. colligo*[2]; *vul aan: pecunia*)
1. bijdrage *voor een gemeenschappelijke maaltijd*;
2. (*eccl.*) collecte;
3. (*Mel.*) collegegeld.
collēctāneus, a, um (*collectus v. colligo*[2]) verzameld; ▸ *dicta -a* verzameling v. sententiae, *jeugdwerk v. Caesar.*
collēctīcius, a, um (*collectus v. colligo*[2]) haastig bijeengeraapt [**exercitus**].
collēctiō, ōnis *f* (*colligo*[2])
1. het verzamelen;
2. (*retor. t.t.*) samenvatting;
3. (*filos. t.t.*) conclusie, syllogisme.
collēctīvus, a, um (*collectus v. colligo*[2])
1. samengebracht;
2. (*retor. t.t.*) gebaseerd op een syllogisme.
collēctor, ōris *m* (*con en lector*) (*Laatl.*) medelezer, klasgenoot.
collēctus[1], a, um (*p. adj. v. colligo*[2]) kort, bondig, beknopt [**genus dicendi**].
collēctus[2], ūs *m* (*colligo*[2]) verzameling [**lapidum**].
collēga, ae *m* (*con en lego*[1])
1. collega, ambtgenoot; ▸ ~ *imperii* mederegent; *habere alqm -am in consulatu*;
2. medelid (v.e. gilde), kameraad.
col-lēgī *pf. v. colligo*[2].
collēgiātus, ī *m* (*collegium*) (*Laatl.*) gildenbroeder.

collēgium, ī *n* (*collega*)
1. ambtgenootschap;
2. college [**praetorum; tribunorum plebis; pontificum**];
3. genootschap, gemeenschap, vereniging, corporatie; ▸ ~ *militare* ridderstand;
4. gilde [**mercatorum**].
col-lēvī *pf. v. collino.*
col-lēvō, lēvāre (*postklass.*) gladstrijken.
col-lībertus, ī *m en f* medevrijgelatene.
col-libet, libuit *of* libitum est (*arch.* **col-lubet,** lubuit *of* lubitum est) het belieft, bevalt (*abs.; m. dat.; m. inf.*).
col-lībrō, lībrāre (*arch.*) meten.
col-liciae, ārum *f* (*con en liqueo*) (*postklass.*) goot, pijp.
colliculus, ī *m* (*demin. v. collis*) (*postklass.*) heuveltje.
col-līdō, līdere, līsī, līsum (*laedo*)
1. tegen elkaar stoten *of* slaan [**manūs**]; — *pass.* botsen, op elkaar stoten; ▸ (*metaf.*) *collisa inter se duo rei publicae capita;*
2. (*poët.; postklass.*) vijandelijk samenbrengen, tweedracht zaaien; ▸ *mille causae nos cotidie collident;* — *pass.* vijandelijk samenkomen, op elkaar stoten (*m. dat.; inter se:* op elkaar botsen;
3. stukslaan, fijnknijpen [**vasa; corpus; nasum**].
colligātiō, ōnis *f* (*colligo*[1])
1. verbinding;
2. (*metaf.*) vereniging, aaneensluiting.
col-ligō[1]**,** ligāre
1. samenbinden, (ver)binden [**manus; scuta** aan elkaar bevestigen];
2. (*met een verband*) samenbinden, dichtbinden, verbinden; ▸ *colligatis vulneribus;*
3. vastbinden, boeien;
4. (*metaf.*) verbinden, verenigen [**homines sermonis vinculo** door de band v.d. taal];
5. samenvatten [**septingentorum annorum memoriam uno libro**];
6. tegenhouden, vasthouden, afremmen [**impetum alcis; Brutum in Graecia** verplichten te blijven; **se cum multis**];
7. (*pol.*) aan zich binden.
col-ligō[2]**,** ligere, lēgī, lēctum (*lego*[1])
1. verzamelen, oprapen [**sarmenta; sarcinas** zich klaarmaken voor vertrek];
2. samentrekken, -duwen; ▸ *vertex in unum apicem collectus* versmald tot een spitse punt; *se ~ in arma* (*of pass.*) wegduiken achter het schild;
3. opeenhopen, bijeenschrapen [**pecuniam**];
4. (*ihb. milit.*) verzamelen, samenbrengen, -trekken, concentreren [**milites; naves; omnes copias undique; de pagis omnibus bonos viros; reliquos ex fuga**]; — *refl.* zich verzamelen, zich aaneensluiten;
5. optillen, oprapen, opschorten [**togam**];
6. terugtrekken, afremmen [**gressum; equos**];
7. (*metaf.*) bijeenzoeken, verzamelen [**facete dicta; multa vitia in alqm** veel misstappen ten nadele v. iem. ontdekken];
8. (*iets goeds of iets slechts*) naar zich toetrekken, ontvangen, verkrijgen, behalen, voor zich winnen [**vires; iram** woedend worden; **benevolentiam civium blanditiis; auctoritatem; sitim** krijgen; **frigus** een verkoudheid oplopen];
9. *refl. of animum* (*animos, mentem*) ~ herstellen, op krachten komen, tot bedaren komen, moed vatten; ▸ *collecto animo;*
10. (*mondel. of schriftel.*) samenstellen, opstellen;
11. (*in gedachten*) samenvatten;
12. afleiden, concluderen (*alqd* (*ex*) *alqa re; m. aci.; m. afh. vr.*); ▸ *ex vultu mores hominum ~* iems. karakter afleiden uit zijn gelaatsuitdrukking; *quod ex oratione eius colligi potest* (*Suet.*);
13. (*postklass.*) berekenen [**annos**];
14. omvatten, bevatten, beslaan [**duos pedes**].
col-līmō, līmāre (*limus*[2]) (*Apul.*) loensen.
col-līneō, līneāre (*en* **col-līniō,** līniāre)
1. recht richten op, mikken op;
2. *abs.* doel treffen.
col-linō, linere, lēvī, litum (*poët.; postklass.*) bestrijken, besmeren.
collīnus, a, um (*collis*) (*preklass.*) bij een heuvel horend, zich op een heuvel bevindend, heuvel- [**loca; vineae**].
Collīnus, a, um (*collis*)
1. bij *of* op de Quirinalis (*heuvel in Rome*) gelegen [**porta**];
2. (*poët.*) bij de porta Collina (*in Rome*) gelegen *of* groeiend [**turris; herbae**].
col-liquefactus, a, um helemaal gesmolten, opgelost.
col-liquēscō, liquēscere, liquī, — vloeibaar worden, smelten.
collis, is *m* heuvel, hoogte.
col-līsī *pf. v. collido.*
collīsiō, ōnis *f* (*collido*) (*Laatl.*) botsing, schok.
collīsus[1]**,** ūs *m* (*collido*) (*postklass.*) botsing.
collīsus[2] *ppp. v. collido.*

collitus *ppp. v. collino.*

collocātiō, ōnis *f (colloco)*
1. plaats, plaatsing, ordening [**siderum; moenium; verborum**];
2. het uithuwelijken [**filiae**].

col-locō, locāre
1. opstellen, plaatsen, (neer)zetten, leggen *(op: in m. abl.)*; ▸ *custodes* ~; *librum in mensa* ~ op tafel; *(metaf.) benefacta in luce* ~ niet onder de korenmaat zetten; *multa in pectore suo* ~ op veel dingen bedacht zijn;
2. onderbrengen [**comites apud hospitem; in aedibus suis**]; *(milit.)* inkwartieren, stationeren [**milites in hibernis; copias pro vallo; legiones propius Armeniam**];
3. *(in een toestand, positie)* brengen [**in otium; in tuto (tutum)**];
4. vestigen, zich laten vestigen [**colonos in insula; philosophiam in urbibus**];
5. vestigen bij *of* op, afhankelijk maken van [**spem**]; *(pass.)* zich bevinden, gelegen zijn, betrekking hebben op; ▸ *omnia sunt collocata in usu cotidiano;*
6. *(een meisje)* uithuwelijken [**filiam; sororem**]; ▸ *virginem alci in matrimonio of (zelden) in matrimonium* ~;
7. investeren in, gebruiken voor *(m. in m. acc.)* [**patrimonium in rei publicae salute**];
8. *(tijd, werk)* besteden aan *(m. in m. acc.)* [**omne studium in doctrina et sapientia**];
9. *refl.* zich toeleggen op, zich bezighouden met;
10. bijeenplaatsen, samenstellen; inrichten, ordenen;
11. *(een gewaad)* klaarleggen, ordenen, draperen [**chlamydem**].

col-locuplētō, locuplētāre *(Ter.)* verrijken [**se**].

collocūtiō, ōnis *f (colloquor)* gesprek, discussie, onderhoud; ▸ *venire cum hostium ducibus in collocutionem.*

collocūtor, ōris *m (colloquor) (eccl.)* gesprekspartner.

collocūtus *p.p. v. colloquor.*

colloquium, ī *n (colloquor)*
1. onderhoud, bespreking, gesprek; ▸ *-a cum hostibus, cum civibus habere; -um alcis petere; -um dare, denegare; tempus locumque -o statuere; diem -o decernere;*
2. *(Laatl.)* vergadering; bijeenkomst.

col-loquor, loquī, locūtus sum
1. (be)spreken, discussiëren *(cum alqo; inter se; Plaut. m. acc.: te volo* ~*)*;
2. *per litteras cum alqo* ~ met iem. in briefwisseling staan, met iem. corresponderen;
3. *(postklass.) alqd* ~ iets bespreken.

col-lubet *zie collibet.*

col-lūceō, lūcēre, —— van alle kanten schijnen, stralen, schitteren, fel (verlicht) zijn; ▸ *collucent faces, ignes; fulgore* ~; *metaf.: agri collucent floribus.*

collūcō, collūcāre *(agr.)* snoeien, uitdunnen.

colluctātiō, ōnis *f (colluctor) (postklass.)* het worstelen, strijden; *ook* doodsstrijd.

col-luctor, luctārī *(postklass.)* worstelen, strijden *(ook metaf.)*; ▸ *cum calamitate* ~; *duabus legibus inter se colluctantibus* die met elkaar in tegenspraak zijn.

col-lūdō, lūdere, lūsī, lūsum
1. *(poët.)* spelen *(m. iem.: dat.)* [**paribus** met zijn gelijken]; ▸ *in aqua colludunt plumae* bewegen zich spelend, dansen;
2. *(metaf.)* onder één hoedje spelen, gemene zaak maken *(met: cum).*

col-luī *pf. v. colluo.*

collum, ī *n en (arch.)* **-us,** ī *m*
1. hals, nek; ▸ *colubriferum* ~ *(v. Medusa); invadere in -um alcis* iem. om de hals vallen; *-o dare bracchia circum; cingere -a lacertis; -um dare* zich onderwerpen; *-um (ob)torquere resp. obstringere alci* bij de kraag pakken en voor het gerecht slepen;
2. hals v.e. fles *of* v.e. vaas;
3. *(poët.)* stengel;
4. *(Mel.)* bergrug.

col-lūminō, lūmināre *(postklass.)* beschijnen.

col-luō, luere, luī, lūtum *(poët.; postklass.)* wassen, spoelen, reinigen.

collus, ī *m zie collum.*

col-lūsī *pf. v. colludo.*

collūsiō, ōnis *f (colludo)* geheime verstandhouding.

collūsor, ōris *m (colludo)* speelkameraad, medespeler; medeplichtige.

collūstrātiō, ōnis *f (collustro) (Mel.)* lichtschittering, glans.

col-lūstrō, lūstrāre
1. verlichten;
2. bezichtigen, beschouwen, monsteren.

collūsum *ppp. v. colludo.*

col-lutulentō, lutulentāre *(lutulentus) (Plaut.)* door het slijk halen *(metaf.).*

collūtus *ppp. v. colluo.*

colluviō, ōnis *en* **colluviēs,** ēī *f (colluo)*
1. vermenging, verwarring, warboel, mengel-

moes; ▸ ~ *ciborum;* ~ *rerum;* ~ *omnium scelerum;* ~ *hominum; exercitu mixto et colluvione omnium gentium; in colluvione Drusi* bij de chaos die Drusus had aangericht; *ex hac turba et colluvione* (drukte en warboel) *discedere;*
2. (*Laatl.*) onreinheid.
collybus, ī *m* (*Gr. leenw.*)
1. opgeld, agio bij het wisselen;
2. (*meton.*) het wisselen v. geld.
collȳra *en* **collȳrida,** ae *f* (*Gr. leenw.*) grof brood.
collȳricus, a, um (*collyra*) (*Plaut.*) van grof brood, brood- [**ius** broodsoep].
collȳrium, ī *n* (*Gr. leenw.*)
1. (*vettige*) (zet)pil;
2. (oog)zalf.
colō¹, colere, coluī, cultum
1. (*land*) bebouwen, bewerken [**agrum; hortum**]; *abs.* akkerbouw bedrijven;
2. bewonen [**insulas**]; *intr.* wonen, woonachtig zijn [**prope Oceanum**];
3. behandelen [**milites arte** kort houden; **se opulenter**];
4. (*planten, e.d.*) kweken, verbouwen [**arbores**];
5. zorg dragen voor, zorgen voor (*m. acc.*) [**reliquias meorum**];
6. (*poët.; postklass.*) (*het lichaam*) verzorgen, versieren [**corpus; capillos; bracchia auro**];
7. (*geestel.*) verzorgen, vormen, verfraaien [**genus orationis**];
8. (be)oefenen, bedrijven, in stand houden, in ere houden [**studia; officium; amicitiam; pessimas artes; pacem; leges; vitam** leven];
9. vereren, aanbidden [**Cererem**]; ▸ *alqm pro deo of in deorum numero of inter deos* ~ als god;
10. eren [**templum; aram**];
11. (*poët.; postklass.*) (*offers, feesten*) vieren [**sacra; festa**];
12. waarderen, (ver)eren [**matrem; alqm patris loco**];
/ *subst.* **colentēs,** ium *m* inwoners; *zie ook cultus¹.*
cōlō², cōlāre (*colum¹*) (*postklass.*) zeven, filteren, zuiveren.
colocāsium, ī *n en* **colocāsia,** ae *f* (*Gr. leenw.*) (*poët.; postklass.*) Ind. waterlelie (*bonen voortbrengende plant*).
colocyntha, ae *f* (*Gr. leenw.*) (*Juv.*) *een soort augurk.*
colon¹, ī *n* (*Gr. leenw.*) (*med.*) dikke darm; kramp in de dikke darm, koliek.
cōlon², ī *n* (*Gr. leenw.*) (*postklass.*)
1. lichaamsdeel; *plur.* ledematen;
2. deel v.e. vers *of* v.e. periode.
colōna, ae *f* (*colonus*) (*Ov.*) boerin, bewoonster.
Colōnae, ārum *f stad in Troas* (*Kl.-Azië*).
Colōnēus, a, um (*Colonus*) bij het Att. district Colonus horend, uit Colonus.
colōnia, ae *f* (*colonus*)
1. kolonie, nederzetting; ▸ *-am constituere, collocare, condere; colonos deducere in -as;* — *in namen v. steden bewaard gebleven, bv.:* Colonia Agrippinensis Keulen;
2. (*meton.*) de kolonisten; ▸ *-am deducere;*
3. (*postklass.*) landerij.
colōniārius, ī (*colonia*) (*postklass.*) behorend tot een kolonie.
colōnicus, a, um (*colonus*) bij een kolonie horend, uit een kolonie afkomstig [**cohortes** in Rom. koloniën gelicht; **decuriones**].
colōnus, ī *m* (*colo¹*)
1. boer; pachter;
2. kolonist;
3. (*Verg.*) bewoner, inwoner.
Colōnus, ī *m heuvel en district aan de noordkant v. Athene, waar een tempel v. Poseidon en het graf v. Oedipus lagen; Sophocles, daar geboren, schildert de plaats in zijn tragedie 'Oedipus in Colonus'.*
Colophōn, ōnis *f stad in Ionië tussen Smyrna en Ephesus* (*Kl.-Azië*), *florerend in de 7e eeuw v. Chr., geboorteplaats v.d. dichter Mimnermus;* — *inw. en adj.* **Colophōnius,** ī *m resp.* a, um.
color (*en arch.* **colōs**), ōris *m*
1. kleur; ▸ *colorem accipere, colorem bibere, colorem ducere* kleur krijgen;
2. kleurstof, pigment; gebruik v. kleur;
3. gelaatskleur [**exsanguis** bleek; **niveus; egregius**]; (*poët.; postklass.*) gezonde gelaatskleur, mooie teint;
4. (*poët.*) schoonheid, glans; ▸ *nimium ne crede colori* (*Verg.*);
5. (*metaf.*) kleuring, uiterlijk, voorkomen;
6. (*retor.*) kleuring, koloriet [**tragicus; urbanitatis** beschaafde toon];
7. uiterlijk vertoon, schijn, voorwendsel.
colōrātus, a, um (*p. adj. v. coloro*)
1. gekleurd, kleurig;
2. (*poët.; postklass.*) (*v. huidskleur*) gebruind [**corpora**].
colōrō, colōrāre (*color*)
1. kleuren; ▸ *genas* ~; *nubes coloratur* verkleurt;
2. (*pass.*) bruin worden; ▸ *qui in solem venit, colorabitur* (*Sen.*);
3. (*taal*) kleur geven, verfraaien;

4. *(postklass.)* mooi voorstellen, verzinnen.
colōs *zie color.*
Colossae, ārum *f* Colosse, *plaats in Frygië (Kl.-Azië), bekend van een brief v. Paulus (aan de Colossenzen).*
colossaeus *(en* **-ssiaeus** *of* **-ssēus)**, a, um *(Gr. leenw.) (postklass.)* reusachtig [**statua**].
colossicus, a, um *en* **-ssicos,** on *(Gr. leenw.)* reusachtig.
colossus, ī *m (Gr. leenw.)* reusachtig beeld, kolos *(vaak de aan de zonnegod gewijde kolos v. Rhodos).*
colostra, ae *f = colustra.*
coluber, brī *m en* **-bra,** ae *f* (ring)slang.
colubri-fer, fera, ferum *(coluber en fero) (poët.)* slangendragend [**monstrum** = Medusa].
colubrīnus, a, um *(coluber) (Plaut.)* slangachtig; *(metaf.)* listig.
coluī *pf. v. colo*[1].
cōlum[1], ī *n (niet-klass.)* zeef.
cōlum[2], ī *n = colon*[2].
columba, ae *f* duif; *als koosnaam: mea* ~ mijn duifje.
columbar, āris *n (columba) (Plaut.)* duivenkooi; *(metaf.)* gevangenis.
columbārium, ī *n (columba)*
1. *(pre- en postklass.)* duivenkooi;
2. nis *voor asurnen.*
columbārius, ī *m (columba) (preklass.)* duivenhouder.
columbīnus, a, um *(columba)* duiven- [**ovum**].
columbor, columbārī *(columba) (postklass.)* liefkozen zoals duiven.
columbula, ae *f (demin. v. columba) (Plin. Min.)* duifje.
columbus, ī *m (columba) (poët.; postklass.)* mannetjesduif, doffer.
columella, ae *f (demin. v. columna)* kleine zuil, paal; *ook* grafzuil.
columellāris, e *(columella) (pre- en postklass.)* ~ *dens* hoektand.
columen, inis *n*
1. spits, piek, top(punt) *(ook metaf.)* [**audaciae**];
2. stut, sluitsteen, hoeksteen *(ook metaf.)* [**rei publicae; libertatis**].
columis, e *(Plaut.) = incolumis.*
columna, ae *f*
1. zuil, pilaar [**Doricae; Ionicae**]; ▸ *sprw.: incurrere amentem in -as* met het hoofd tegen de muur lopen;
2. ~ *Maenia* 'schandpaal' v. Maenius *op het forum, waarbij de tresviri capitales rechtspraken over dieven en wanbetalers;*
3. *als naam:* **Columnae Herculis** de zuilen v. Hercules *(de bergen Calpe en Abyla aan de Straat v. Gibraltar als W.-grens v.d. aarde);* **Columnae Prōteī** de zuilen v. Proteus *(de grenzen v. Egypte);*
4. *plur.* zuilengalerij, *(Hor.) gebruikt als boekwinkel;*
5. *(Hor.) (metaf.)* steunpilaar;
6. *(meton.) voor dingen die lijken op een zuil, o.a.:* (a) *(postklass.)* vuurzuil; (b) *(Lucr.)* waterhoos; (c) *(Mart.)* penis.
columnāriī, ōrum *m (columna) personen die rondhangen in zuilengangen,* gespuis, nietsnutten.
columnārium, ī *n (columna)* belasting op zuilen *(door Caesar als maatregel tegen te weelderige bouw ingevoerd).*
columnārius, a, um *(columna) (Laatl.)* met zuilen omgeven [**atria**].
columnātus, a, um *(columna)* door zuilen gestut.
colurnus, a, um *(corulus) (Verg.)* van hazelaarshout.
colus, ī *en* ūs *f (ook m)*
1. spinrokken;
2. *(postklass.) (meton.)* draad; *(metaf.)* draad v.d. parcen, levensdraad.
colustra, ae *f en* **-um,** ī *n (poët.; postklass.)* biest(melk); *(Plaut.) als koosnaam: mea -a.*
colymbas, adis *f (Gr. leenw.)* ingelegde olijf.
cōlȳphia, ōrum *n (Gr. leenw.) (poët.)* lende v.e. varken, varkensfilet.
com *(arch.) = cum*[1]*; in samenstellingen* **com-**: met, gezamenlijk, samen; tegelijk; van alle kanten; volledig.
coma, ae *f (Gr. leenw.)*
1. (hoofd)haar;
2. haar (v. dieren), manen, wol;
3. loof, bladeren, bloesem, aren, gras;
4. *(meton.) zaken die lijken op haar* (a) *(Catull.; Sen.)* licht-, zonnestralen; (b) *(Tib.)* het wollige, harige *v. perkament.*
Comāna, ōrum *n*
1. *stad in Pontus aan de Zwarte Zee;*
2. *stad in Cappadocië (Kl.-Azië), nu Sahr.*
comāns, *gen.* antis *(coma) (poët.; postklass.)*
1. behaard [**colla equorum; galea** met helmbos];
2. bladerrijk;
3. *stella* ~ komeet.
cōmarchus, ī *m (Gr. leenw.) (Plaut.)* dorpshoofd.
comātōrius, a, um *(coma) (Petr.)* bestemd voor het kammen v. haar.

comātus, a, um *(coma)*
1. behaard; langharig; — *Gallia -a* Gallia Transalpina *(naar de haardracht v.d. inwoners)*;
2. *(Catull.)* bladerrijk [**silva**].
combardus, a, um *(bardus) (Plaut.)* heel dom.
com-bibō[1], bibere, bibī, —
I. *tr.*
1. opdrinken, opzuigen [**venenum corpore; lacrimas** wegslikken];
2. opnemen [**maculas**]; in zich opnemen;
II. *intr. (Sen.)* in gezelschap drinken.
combibō[2], ōnis *m (combibo[1])* drinkmakker.
combīnō, combīnāre *(com- en binī)* samenvoegen.
combūrō, combūrere, combussī, combustum *(< com en uro)*
1. (volledig) verbranden, verzengen [**aedes; libros; alqm vivum; alqm in foro** *(v. doden)*];
2. *(metaf.)* te gronde richten, in het verderf storten [**alqm iudicio**];
3. *(Plaut.) diem* ~ zoekbrengen, stukslaan.
combustiō, ōnis *f (comburo) (Laatl.)* het verbranden; *(meton.)* iets verbrands.
combustum, ī *n (comburo) (postklass.)* brandwond.
com-edō[1], edere, ēdī, ēs(s)um
1. opeten, verteren;
2. *(metaf.)* verbrassen, verkwisten, verspillen [**argentum; bona alcis**];
3. *(alqm)* iems. vermogen erdoor jagen, iem. te gronde richten;
/ *voor nevenvormen zie edō[2].*
comedō[2], ōnis *m (comedo[1]) (preklass.)* smulpaap.
Cōmēnsis *zie* Comum.
comes, itis *m en f (com en eo[2])*
1. begeleid(st)er, metgezel(lin), deelgeno(o)t(e) *(aan: gen.)* [**fugae**];
2. *plur.* gevolg, staf *(ihb. v. magistraten en andere hoogwaardigheidsbekleders)*;
3. *(poët.; postklass.)* opvoeder, onderwijzer; ▸ *~ et rector alcis*;
4. *(poët.; postklass.)* intendant, bediende;
5. *(Laatl.; Mel.)* graaf [**stabuli** opperstalmeester; **palatii** paltsgraaf].
comēsor, ōris *m (comedo[1]) (postklass.)* smulpaap.
comēs(s)us *ppp. v. comedo[1].*
comēstiō, ōnis *f (comedo[1]) (postklass.)* het opeten.
comētēs, ae *m (Gr. leenw.)* komeet.
cōmicus *(Gr. leenw.)*
I. *adj.* a, um
1. bij de komedie horend, komisch, komedie- [**poëta; poëma; artificium**];
2. in de komedie uitgebeeld [**servi; senes**];
II. *subst.* ī *m*
1. komediedichter;
2. *(Plaut.)* toneelspeler in een komedie.
cōmis, e
1. vriendelijk, voorkomend, aardig *(jegens: in m. acc.; erga)*;
2. vrolijk, levendig;
3. *(v. dingen)* leuk [**libelli; sermo**].
cōmissābundus, a, um *(comissor)* feestvierend.
cōmissātiō, ōnis *f (comissor)* vrolijke optocht; drinkgelag.
cōmissātor, ōris *m (comissor)*
1. drinkmakker; deelnemer aan een vrolijke optocht;
2. handlanger [**coniurationis**].
cōmissor, cōmissārī *(Gr. leenw.)* na een (drink)-gelag uitgelaten rondzwieren, een vrolijke optocht houden, brassen, slempen; ▸ *comissatum ire ad alqm of in domum alcis* naar iem. toegaan om feest te vieren; *comissantium modo currum secuti sunt.*
cōmitās, ātis *f (comis)*
1. vriendelijkheid, voorkomendheid, beleefdheid [**in socios; per comitatem** uit vriendelijkheid];
2. vrolijkheid, opgewektheid [**epulantium**].
comitātēnsis, e *(comitatus) (postklass.)* betrekking hebbend op oorlogen met externe vijanden; ▸ *milites -es.*
cōmitātus, ūs *m (comitor)*
1. *(abstr.)* begeleiding, escorte, het gepaard gaan met; ▸ *comitatu equitum; tanto virtutum cum comitatu*;
2. *(concr.)* de begeleiders; ▸ *magno comitatu venire*;
3. gevolg [**praetoris**];
4. reisgezelschap; karavaan;
5. *(postklass.)* hof(houding) [**principis**];
6. gezelschap, menigte.
comitessa *zie comitissa.*
comitia, ōrum *n (com en eo[2])* de comitia, *de voor een stemming bijeengeroepen volksvergadering*; ▸ *-a habere, facere, gerere* houden; *-a differre; -a edicere* aankondigen.
comitiālis, e *(comitia)*
1. bij de comitia (volksvergadering) horend, verkiezings- [**dies** verkiezingsdag; **mensis** verkiezingsmaand = januari];
2. *morbus* ~ epilepsie *(deze ziekte werd beschouwd als slecht voorteken en leidde tot het afbreken v.d. verkiezingsprocedure).*

comitiātus, ūs *m* (*comitia*) beslissende volksvergadering [**maximus** comitia v.d. centuriae]; ▸ *comitiatum dimittere, impedire.*
comitissa *en* **-tessa,** ae *f* (Mel.) gravin.
comitium, ī *n* (*comitia*) verzamelplaats, plaats waar gekozen wordt:
1. *in Rome: noordelijk deel v.h. Forum;*
2. *in Sparta: het gebouw waar de Ephoren zetelden, het Ephoreum.*
comitor, comitārī *en* (*poët.; postklass.*) **comitō,** comitāre (*comes*)
1. begeleiden, vergezellen, escorteren, samengaan met, gepaard gaan met [**alqm in exilium; alqm fugā; iter alcis**]; ▸ *quando comitetur semper artem decor; — pass.: comitārī alqo* door iem. vergezeld worden; *klass. alleen p. adj.* **comitātus** *alqo* door iem. begeleid;
2. (*een dode*) naar het graf dragen;
3. (*m. dat.*) zich aansluiten, voegen bij; iem. ter zijde staan; ▸ *iniusto domino aliquamdiu prospera fortuna comitata est.*
comma, atis *n* (*Gr. leenw.*) (*gramm.*) deelzin, deel v.e. vers.
com-maculō, maculāre bevlekken, bezoedelen [**se scelere; sanguine manus**].
com-madeō, madēre, maduī, — (*preklass.*) zacht worden.
Commāgēnē, ēs *f het noordoostelijke deel v. Syrië; — inw. en adj.* **Commāgēnus,** ī *m resp.* a, um.
com-mandō, mandere, —, mānsum (*postklass.*) opeten.
com-manducō, manducāre (*postklass.*) grondig kauwen op, opeten.
com-maneō, manēre, — — (*Laatl.*) voortduren; zich ophouden, wonen.
com-manipulāris (*postklass.*)
I. *subst.* is *m* soldaat uit dezelfde manipel;
II. *adj.* e bij dezelfde manipel horend.
com-marceo, marcēre, marcuī, — (*postklass.*) verwelkt, slap zijn.
com-marginō, margināre (*postklass.*) van een rand voorzien.
com-marītus, ī *m* (*Plaut.*) mede-echtgenoot.
com-masculō, masculāre (*com- en masculus*) (*Apul.*) vermannen, sterk maken.
com-māter, tris *f* (*Laatl.*) peettante.
com-mātūrēscō, mātūrēscere, mātūruī (*postklass.*) rijp worden.
commeātor, ōris *m* (*commeo*) (*Apul.*) boodschapper.
commeātus, ūs *m* (*commeo*)
1. het komen en gaan; verkeer, vrije doorgang;
2. konvooi;
3. bevoorrading, *ihb.* proviand, oorlogsbehoeften; ▸ *hostem commeatu intercludere; commeatūs inopia; ~ frumenti; frumentum ac ~* en de overige proviand;
4. zending, transport, goederen;
5. verlof, respijt; ▸ *commeatum sumere; alci commeatum dare.*
com-meditor, meditārī instuderen [**sonitūs** getrouw weergeven].
com-meiō = *commingo.*
com-meminī, meminisse
1. zich goed herinneren (*m. acc., zelden gen.*);
2. in herinnering roepen, melding maken van, vermelden (*m. acc.; gen.*).
commemorābilis, e (*commemoro*) vermeldenswaardig, gedenkwaardig [**pugna; pietas**].
commemorātiō, ōnis *f* (*commemoro*)
1. herinnering (*aan: gen.*);
2. vermelding, aanhaling.
com-memorō, memorāre
1. zich herinneren (*m. aci.; afh. vr.*);
2. herinneren aan (*m. acc.*) [**amicitiam; foedus; beneficia**];
3. vermelden, aanhalen [**humanam societatem**];
4. uiteenzetten, spreken over (*m. de; aci.; afh. vr.*).
commendābilis, e (*commendo*) aanbevelenswaardig.
commendātīcius, a, um (*commendatus v. commendo*) als aanbeveling dienend, aanbevelings- [**litterae** *of* **tabellae** aanbevelingsbrief].
commendātiō, ōnis *f* (*commendo*)
1. het aan iems. zorg toevertrouwen, aanbeveling;
2. aanbevelenswaardige eigenschap, achting, waarde [**ingenii**].
commendātor, ōris *m* (*commendo*) (*postklass.*) iem. die aanbeveelt, begunstiger.
commendātrīx, īcis *f* (*commendo*) (*vrl.*) iem. die aanbeveelt, begunstigster.
com-mendō, mendāre (*mando*)
1. toevertrouwen, overgeven [**natos curae alcis**; *metaf.*: **posteritati nomen**];
2. aanbevelen [**alqm alci diligenter; se Caesari**]; — *ppp.* **commendātus,** a, um aanbevolen; aanbevelenswaardig.
commēnsālis, is *m* (*Mel.*) tafelgenoot; (*metaf.*) tafelgenoot v. God *in het hiernamaals.*
com-mēnsus *p.p. v. commetior.*
commentāriēnsis, is *m* (*postklass.*) *persoon ve-*

rantwoordelijk voor de commentarii: secretaris, boekhouder.

commentāriolum, ī *n en* **-us,** ī *m (demin. v. commentarium en -us)* ruw ontwerp, aantekening(en), notitie(s), schets.

commentārius, ī *m en soms* **-um,** ī *n (commentor[1]) (vaak plur.)*
1. (notitie)boekje; dagboek;
2. verslag, aantekening;
3. *plur.* openbare verslagen, kronieken [**rerum urbanarum**];
4. verhandeling, uiteenzetting, commentaar;
5. *(jur. t.t.)* protocol.

commentātiō, ōnis *f (commentor[1])*
1. het zorgvuldig overdenken, voorbereiding, bestudering;
2. *(postklass.) (meton.)* wetenschappelijke verhandeling, geschrift;
3. *(Laatl.)* uitleg, interpretatie.

commentātor, ōris *m (commentor[1]) (Laatl.)*
1. schrijver v. wetenschappelijke geschriften;
2. iem. die geschriften interpreteert.

commentīcius, a, um *(commentum)*
1. uitgevonden, bedacht, verzonnen [**nomen; spectacula; civitas**];
2. gelogen, vervalst [**crimen; fabula**].

com-mentior, mentīrī *(postklass.)* liegen over, ten onrechte zeggen.

commentor[1], commentārī *(frequ. resp. intens. v. comminiscor)*
1. zorgvuldig overdenken, overwegen;
2. *(retor.)* ontwerpen; (in)studeren [**orationem**];
3. beschrijven, behandelen;
4. beraadslagen *(cum alqo, inter se)*;
5. *(pre- en postklass.)* verklaren, uitleggen, interpreteren.

commentor[2], ōris *m (comminiscor) (Ov.)* uitvinder, schepper [**uvae** *v. Bacchus*].

commentum, ī *n (comminiscor)*
1. uitvinding, inval;
2. *(poët.)* verzinsel, leugen;
3. *(postklass.)* geschrift, verhandeling;
4. *(Laatl.)* uitleg, interpretatie.

com-mentus *zie comminiscor.*

com-meō, meāre
1. samenkomen, -stromen [**undique; ad spectacula in urbem**];
2. in en uit gaan, heen en weer gaan *(of* reizen, rijden) *(bv. v. gezanten, kooplieden, schepen, brieven)*;
3. gaan, komen.

commercium, ī *n (merx)*
1. handel, zakelijk verkeer;
2. *(meton.)* (a) handelscontract; kooprecht; (b) handel(swaar);
3. *(metaf.)* verkeer, omgang, contact *(m. gen.)* [**plebis** met het volk; **epistularum** briefwisseling; **linguae** verkeer tussen mensen in dezelfde taal; bekendheid met de taal]; ▸ *-um habere cum alqo* in verbinding met iem. staan; *est deus in nobis, et sunt -a caeli*;
4. *(postklass.) (metaf.)* gelegenheid, mogelijkheid *(m. gen.)* [**loquendi**].

com-mercor, mercārī opkopen [**captivos; arma**].

com-mereō, merēre, meruī, meritum *(ook:* **-mereor**)
1. verdienen [**poenam**];
2. *(kom.)* zich schuldig maken aan, begaan [**culpam** op zich laden; **in se alqd mali**].

commers, ercis *f (Plaut.) = commercium.*

com-mētior, mētīrī, mēnsus sum
1. meten;
2. vergelijken.

com-mētō[1], mētāre *(frequ. v. commeo) (kom.)* in en uit gaan, herhaaldelijk ergens heen gaan.

com-mētō[2], mētāre *(Plaut.)* opmeten.

commictus *ppp. v. commingo.*

commigrātiō, ōnis *f (commigro) (Sen.)* het gaan, trekken [**siderum**].

com-migrō, migrāre (ergens heen) gaan, trekken, verhuizen [**huc; Romam; in domum suam**].

com-mīlitium, ī *n (miles)*
1. gezamenlijke militaire dienst;
2. *(metaf.)* deelgenootschap [**studiorum**].

com-mīlitō, ōnis *m* strijdmakker.

comminātiō, ōnis *f (comminor)* bedreiging.

com-mingō, mingere, mī(n)xī, mīnctum *en* mictum *(poët.)* pissen op, bevuilen.

com-minīscor, minīscī, mentus sum *(memini)*
1. bedenken, verzinnen [**vectigal; litteras novas**];
2. verzinnen, liegen [**maledicta; crimen**]; — *p. adj.* **commentus,** a, um verzonnen, gelogen;
3. *(Plaut.)* zich bezinnen op.

com-minister, trī *m (eccl.)* collega *(in het kerkelijk ambt).*

com-minō, mināre *(Apul.)* bijeendrijven.

com-minor, minārī, minātus sum
1. dreigen, dreigementen maken;
2. *(m. dat. v.d. persoon)* bedreigen;

3. *(m. acc. v.d. zaak)* dreigen met [**obsidionem; carcerem; mortem**].

com-minuō, minuere, minuī, minūtum
1. vernietigen, vernielen [**statuam; anulum**];
2. verzwakken, ondergraven, vernietigen [**opes civitatis; alqm; vires ingenii**];
3. *(poët.)* week maken [**lacrimis**];
4. *(Hor.)* *(geld, bezit)* versnipperen, verminderen [**argenti pondus**].

com-minus *adv. (manus)*
1. *(milit.)* in een handgemeen, man tegen man [**pugnare**]; ▸ *nec eminus hastis aut ~ gladiis uteretur;*
2. *(poët.; postklass.)* in de buurt, uit de omgeving [**ire** dichterbij komen].

comminūtus *ppp. v. comminuo.*

com-mīnxī *pf. v. commingo.*

com-misceō, miscēre, miscuī, mixtum
1. (ver)mengen, door mengen vervaardigen, *ook metaf.;* ▸ *temeritatem cum sapientia ~; gemitu commixta querela;*
2. (mengend) toevoegen *(aan: abl.; dat.);*
/ *p. adj.* **commixtus,** a, um *(Verg.)* (a) verward [**clamor**]; (b) *(m. abl.; ex)* door vermenging voortgekomen; ▸ *Silvius Italo commixtus sanguine.*

commiserātiō, ōnis *f (commiseror) (retor.)* het bejammeren *of* beklagen *van de beklaagde door de redenaar (om ook bij de rechters tijdens de redevoering medelijden te wekken).*

com-misereor, miserērī, miseritus sum *(Gell.)* medelijden hebben met [**interitum fratris**].

com-miserēscō, miserēscere, — — *(preklass.)* *(ook onpers. me commiserescit)* medelijden hebben *(met: gen.).*

com-miseror, miserārī
1. medelijden hebben met, beklagen, betreuren [**fortunam**];
2. *(retor.)* een sentimentele toon aanslaan.

com-mīsī *pf. v. committo.*

commissārius, ī *m (Mel.)* gevolmachtigde.

commissiō, ōnis *f (committo)*
1. opening [**ludorum**];
2. wedstrijd; spel;
3. *(Laatl.)* het begaan [**iniuriae**].

commissum, ī *n (committo)*
1. onderneming *(nadere bepaling door adv. of adj.);* ▸ *in temere -o; ~ audax of audacter;*
2. overtreding, vergrijp, schuld;
3. geheim; ▸ *-a celare, tacere, enuntiare, prodere, tegere, retinere.*

commissūra, ae *f (committo)* verbinding, band, voeg, naad.

com-mītigō, mītigāre *(Ter.)* *(door slaan)* murw maken [**alci caput sandalio**].

com-mittō, mittere, mīsī, missum
1. samenbrengen, -voegen, verbinden, verenigen *(met: dat.)* [**mālos** balken]; — *pass.* zich verenigen, zich aansluiten *(met, bij: dat.)* [**vir equo commissus** centaur];
2. voor de strijd samenbrengen, laten vechten; ▸ *commissae acies* tegenover elkaar opgesteld; *manum Teucris ~* handgemeen worden, beginnen te vechten;
3. beginnen, laten plaatsvinden, organiseren [**proelium; bellum; spectaculum; commissi ludi** opening v.d. spelen];
4. begaan, plegen [**caedem; nefas**];
5. een overtreding begaan [**contra legem; in legem; lege**];
6. zich eraan schuldig maken dat, het zover laten komen dat *(m. ut, inf., cur, quare);*
7. *(een straf)* oplopen;
8. *(jur.)* in werking doen treden;
9. overlaten, toevertrouwen, overgeven [**imperium alci; alci urbem tuendam**];
10. in vertrouwen nemen, vertrouwen schenken [**iudicibus**];
11. prijsgeven, blootstellen [**se mortis periculo** zich in doodsgevaar begeven];
12. *se ~* zich wagen, riskeren [**in aciem**];
13. het op iets laten aankomen; ▸ *rem proelio (of in aciem) ~* het op een gevecht laten aankomen;
14. *(m. ut)* opdragen iets te doen.

commixtim *adv. (commixtus) (Vulg.)* gemengd.

commixtiō, ōnis *f (commisceo) (postklass.)*
1. (ver)menging;
2. seksuele gemeenschap.

commixtūra, ae *f (commisceo) (preklass.)* menging.

commixtus *ppp. v. commisceo.*

commodātor, ōris *m (jur.)* iem. die beschikbaar stelt.

commoditās, ātis *f (commodus)*
1. gepastheid, doelmatigheid [**orationis** passende voordracht];
2. gemak, genoegen [**vitae; itineris**];
3. voordeel; ▸ *consequi commoditatem;*
4. gunstige omstandigheden;
5. *(poët.)* behulpzaamheid, voorkomendheid [**viri**].

commodō, commodāre *(commodus)*
1. behulpzaam, ter wille zijn;

2. (uit)lenen; ter beschikking stellen, geven [**aquam hosti; operam civi; aurem alci; testes falsos** leveren; **rei publicae tempus** de staat tijd geven (om te betalen)];
3. (*Plin. Min.*) aanpassen (*aan: dat.*) [**orationi oculos, vocem, manum**].

commodulē *en* **-lum** *adv.* (*demin. v. commode en commodum*[2]) (*preklass.*) redelijk geschikt *of* passend.

commodum[1], ī *n* (*commodus*)
1. gemak;
2. voordeel, nut, belang, *ook* (*ihb. plur.*) welzijn, geluk; ▸ *rei familiaris -a* privé-belangen; *contra -um alcis* ten nadele v. iem.; *-o of per -um alcis* tot iems. voordeel; *-o rei publicae; amicitias ex -o* (op hun voordeel) *aestimare;*
3. gunstig tijdstip; ▸ *-o meo* (*tuo enz.*) op het voor mij juiste ogenblik; *ex -o of per -um* bij gunstige gelegenheid;
4. *plur.* voorrechten, gunsten [**veteranorum**];
5. *plur.* geleende voorwerpen.

commodum[2] *adv.* (*commodus*) (*v. tijd*) juist, net, zopas.

com-modus, a, um
1. aangepast, nuttig, doelmatig, geschikt (*voor iem.: dat.; voor iets: dat. of ad*); ▸ *curationi omnia commodiora; leges omnibus -ae; vestis -a ad cursum; -um est* (*alci*) het komt gelegen, het bevalt (*m. inf. of aci.*);
2. gemakkelijk *uit te voeren* [**traiectus; iter; -e vivere**];
3. vriendelijk, hoffelijk, attent (*tegen: alci*) [**mores; homo; ~ meis sodalibus**];
4. goed gelegen, gunstig [**hiberna**];
5. compleet; ▸ *valetudo minus -a* niet bijzonder goed.

Commodus, ī *m* L. Aelius Aurelius ~ Antoninus, *Rom. keizer* (*reg. 180—192*).

com-moeniō (*arch.*) = *communio.*

com-mōlior, mōlīrī, mōlītus sum (*poët.; postklass.*) in beweging zetten.

com-molō, molere, moluī, molitum vermorzelen, verpletteren, vermalen [**olivam; bacam; grana**].

commone-faciō, facere, fēcī, factum = *commoneo* (*aan: gen., acc., de; m. aci.; afh. vr.; ut, ne*); *pass.* **commonefīō,** fierī, factus sum.

com-moneō, monēre, monuī, monitum
1. iem. herinneren aan (*aan: gen., de, acc. v.h. neutr. v.e. pron. of v.e. adj.* [**id; ea; nonnulla**]; *dubb. acc.* [**alqm officium suum** aan zijn plicht]; *aci.; afh. vr.*);
2. iem. aansporen tot, vermanen (*ut, ne*).

commonitiō, ōnis *f* (*commoneo*) (*postklass.*) herinnering, aansporing.

com-monitō, monitāre (*Mel.*) vermanen, aansporen.

commonitōrium, ī *n* (*commoneo*) (*Laatl.*) aansporing, instructie.

com-mōnstrō, mōnstrāre tonen, laten zien, duidelijk maken [**viam**].

commorātiō, ōnis *f* (*commoror*) het blijven, verwijlen; oponthoud; (*retor.*) het insisteren *op een thema.*

com-mordeō, mordēre, — — (*Sen.*) bijten in *of* op (*m. acc.*).

com-morior, morī, mortuus sum samen sterven met (*m. cum; dat.*).

com-moror, morārī
I. *intr.* blijven, zich ophouden, vertoeven; (*retor.*) insisteren *op een thema;*
II. *tr.* (*Plaut.*) ophouden.

com-mōstrō (*arch.*) = *commonstro.*

commōtiō, ōnis *f* (*commoveo*)
1. opwinding, emotie [**animi**];
2. (*postklass.*) beweging.

commōtiuncula, ae *f* (*demin. v. commotio*) lichte onpasselijkheid.

commōtus[1], a, um *zie commoveo.*

commōtus[2], ūs *m* (*commoveo*) beweging.

com-moveō, movēre, mōvī, mōtum
1. bewegen, in beweging brengen, voortbewegen, van zijn plaats krijgen, wegrukken [**alas; castra** opbreken; **aciem** laten oprukken; **caput** schudden]; — *refl.* zich bewegen, zich roeren = zich actief (be)tonen, ondernemen;
2. (*een tegenstander*) doen wijken [**hostem; hostium aciem**];
3. (*metaf.*) opwinden, aangrijpen, ontroeren; ▸ *misericordiā* (*libidine, metu, gaudio*) *commotum esse;*
4. aanzetten, aansporen, aandrijven, bewegen; ▸ *dulcedine gloriae commoti; hoc nuntio commotus* in reactie op;
5. verontrusten, opwinden, verschrikken, ontstellen; ▸ *nova re commoti* verbijsterd; *litteris alcis vehementer commoveri; commoti vice fortunarum* door de omslag v.h. geluk;
6. kwaad maken, irriteren, prikkelen, ophitsen [**civitatem; contionem**];
7. veroorzaken, teweegbrengen, opwekken [**iram tyranni; tumultum; misericordiam; dolorem; risum; invidiam in alqm**];
8. (*Verg.*) *een wild dier* opjagen [**aprum**];

9. *(Tac.)* opvorderen; ▸ *commoto simul omnium aere alieno;*
/ *p. adj.* **commōtus,** a, um (a) opgewonden, geprikkeld, geïrriteerd; (b) onzeker, aarzelend.
com-mulceō, mulcēre, mulsī, mulsum *(postklass.)* strelen, liefkozen.
commulcium, ī *n (commulco) (Cic.) (?)* schrobbering.
com-mulcō, mulcāre *(Apul.)* flink afranselen.
com-mundō, mundāre grondig reinigen.
commūne, nis *n (communis)*
1. gemeengoed;
2. gemeente;
/ *adv.* **in commūne** (a) voor het algemeen welzijn [**consulere**]; (b) in het algemeen; (c) gelijkmatig; (d) gemeenschappelijk; (e) *(als aansporing)* eerlijk delen!
commūnicātiō, ōnis *f (communico)*
1. het met elkaar delen, gemeenschap(pelijkheid) [**sermonis**];
2. *(retor. t.t.)* raadpleging *(stijlfiguur waarmee een redenaar zich tot de toehoorders richt en hen ahw. raadpleegt).*
commūnicātor, ōris *m (communico) (postklass.)* deelnemer, deelgenoot *(aan: gen.)* [**gloriae**].
commūnicātus, ūs *m (Apul.)* contact.
commūnicō, commūnicāre *(communis)*
I. *tr.*
1. gemeenschappelijk doen, verenigen, bijeenvoegen; ▸ *causam civium cum servis communicavit;*
2. met iem. delen [**paupertatem**];
3. iem. iets mededelen, iets met iem. bespreken, iem. aan iets laten deelnemen *(alqd cum alqo)* [**consilium**];
4. geven, toekennen [**praemium**];
II. *intr.*
1. beraadslagen [**de maximis rebus**];
2. *(postklass.)* omgaan met;
3. *(eccl.)* (a) het avondmaal ontvangen, ter communie gaan; (b) de communie uitreiken.
com-mūniō[1], mūnīre
1. versterken, verschansen [**castra; loca**];
2. *(metaf.)* bevestigen, versterken [**causam testimoniis; ius**].
commūniō[2], ōnis *f (communis)*
1. gezamenlijke deelname, gemeenschap [**iuris; sanguinis; litterarum et vocum**];
2. *(eccl.)* avondmaal, communie.
com-mūnis, e
1. gemeenschappelijk, algemeen, openbaar, gezamenlijk *(m. iem.: dat.; gen.; cum);* ▸ *ius gentium commune; vitium commune omnium est; sensus* ~ gezond menselijk verstand; *res communiter gerere cum alqo; communiter loqui* in het algemeen; *vita* ~ de algemene omgangsvormen, goede manieren; *salutatio* ~ overal gebruikelijk; *locus* ~ *(plur. loci) (filos. en retor.)* gemeenplaats; *locus* ~ *(plur. loca)* openbare plaats;
2. vriendelijk, minzaam.
commūnitās, ātis *f (communis)*
1. gemeenschap [**humana; vitae** (gemeenschappelijk) samenleven];
2. vriendelijkheid.
commūnītiō, ōnis *f (communio*[1]*)* versterking.
com-murmuror, murmurārī in zichzelf mompelen.
commūtābilis, e *(commuto)* veranderlijk, wisselvallig [**ratio vitae**].
commūtātiō, ōnis *f (commuto)*
1. verandering, wisseling, omslag [**caeli; aestuum** van de getijden; **fortunae**];
2. uitwisseling [**captivorum**];
3. *(Mel.)* handelsverkeer.
commūtātus, ūs *m (commuto) (Lucr.)* verandering.
com-mūtō, mūtāre
1. veranderen, omvormen [**tabulas publicas** vervalsen; **opinionem; iter; rei publicae statum**]; — *pass.* anders worden; ▸ *annona commutatur* verandert sterk; *tempus commutatur;*
2. wisselen, ver-, uitwisselen, verruilen [**captivos; inter se vestem ac nomina**]; *(met, tegen, voor: abl. of cum)* [**studium belli gerendi agri culturā; mortem cum vita**].
cōmō, cōmere, cōmpsī, cōmptum *(co en emo)*
1. *(het haar)* kammen, vlechten, fatsoeneren;
2. versieren;
3. *(Lucr.)* samenvoegen;
4. *(een redevoering)* polijsten.
cōmoedia, ae *f (Gr. leenw.)* komedie, blijspel.
cōmoedicus, a, um *(Gr. leenw.)* zoals in de komedie.
cōmoedus *(Gr. leenw.)*
I. *subst.* ī *m* komediespeler;
II. *adj.* a, um *(Juv.)* van de komedie, komedie-.
comōsus, a, um *(coma)* dichtbehaard.
com-pacīscor, pacīscī, pactus (pectus) sum *(Plaut.)* een verdrag sluiten.
com-pācō, pācāre *(Laatl.)* verzoenen.
compāctilis, e *(compingo)*
1. dicht opeengevoegd, stevig;
2. gedrongen.

compāctiō, ōnis *f* (*compingo*) samenvoeging [**membrorum**].

compactum *en* **-pectum,** ī *n* (*compaciscor*) verdrag, overeenkomst; ▸ *-ō en de of ex -ō* met wederzijds goedvinden.

compāctus[1], a, um (*compingo*) gedrongen, stevig.

compactus[2] *p.p. v. compaciscor.*

compāgēs, is *f* (*compingo*)
1. het samenvoegen; samenvoeging, verbinding, constructie [**saxorum**];
2. bouw, structuur [**corporis**];
3. (*Tac.*) het organisme v.d. staat;
4. verbinding, band; ▸ *Veneris* ~ omarmingen (*Lucr.*);
5. voeg, naad.

com-pāginō, pāgināre (*Laatl.*) samenstellen, verbinden.

compāgō, inis *f* (*compingo*) (*poët.*; *postklass.*)
1. samenvoeging, verbinding [**cerae**];
2. samenvoegsel, verband.

com-pār, *gen.* paris
I. *adj.* gelijk; ▸ *compari Marte concurrere; conubium* ~ partners v. gelijke afkomst; *consilium consilio* ~;
II. *subst. m en f* (*poët.*) vriend(in); geliefde; echtgeno(o)t(e).

comparābilis, e (*comparo*[2]) vergelijkbaar.

comparātē *adv.* (*comparo*[2]) vergelijkenderwijs.

comparātiō[1], ōnis *f* (*comparo*[1])
1. voorbereiding, uitrusting [**belli; pugnae; veneni** bereiding];
2. inkoop, het verwerven [**frumenti; testium; voluptatis**].

comparātiō[2], ōnis *f* (*comparo*[2])
1. vergelijking (*met, tot: gen.; cum*); ▸ *comparationem habere* zich laten vergelijken; *in comparatione meliorum* in vergelijking met;
2. (juiste) verhouding, gelijke positie, constellatie;
3. overeenstemming;
4. (*gramm. t.t.*) comparativus.

comparātīvus, a, um (*comparo*[2])
1. vergelijkend;
2. (*postklass.*) (*gramm. t.t.*) in de comparativus staand [**vocabulum**].

com-parcō, parcere, parsī, parsum = *comperco.*

com-pāreō, pārēre, pāruī, —
1. verschijnen, te voorschijn komen, zichtbaar worden;
2. nog aanwezig, voorhanden zijn; ▸ *non comparens pars* het niet meer voorhanden zijnde, het ontbrekende deel.

com-parō[1], parāre
1. in gereedheid brengen, zorgen voor, aanschaffen, op de been brengen, bijeenbrengen [**arma; auxilia; classem; copias; exercitus; accusatores pecuniā**];
2. opkopen [**frumentum**];
3. verschaffen, behalen, verwerven [**novos socios; laudes; sibi auctoritatem**];
4. voorbereiden, organiseren, maken, veroorzaken [**bellum** zich voor de oorlog bewapenen; **factionem** vormen; **fugam; interitum rei publicae** veroorzaken];
5. (*voor de strijd*) (toe)rusten [**arma; copias; classem**]; *abs.* de nodige voorzorgsmaatregelen treffen;
6. *se* ~ zich uitrusten, zich klaarmaken [**ad iter; ad omnes casus**];
7. inrichten, ordenen; — *ppp. ita comparātus* zo geregeld.

com-parō[2], parāre (*par*)
1. vergelijken (*met: dat. of cum; wat betreft: abl.*) [**exercitum exercitui; hominem cum homine; causas inter se; tempus cum tempore; imperatores formā ac decore corporis**];
2. vergelijkend bekijken, overwegen (*m. acc.; afh. vr.*);
3. gelijkstellen (*aan: dat.; cum*) [**virtute se cum alqo**];
4. samenstellen, -brengen, verbinden;
5. *als collega's* naast elkaar plaatsen; ▸ *priore consulatu inter se comparati* collega's tijdens het eerdere consulaat;
6. (*als tegenstanders*) tegenover elkaar opstellen; ▸ *gladiatores* ~; *ad extremum certamen comparati duces*;
7. bijleggen, beslechten; het eens worden over, overeenkomen; onder elkaar verdelen [**inter se provincias**].

com-parsī *pf. v. comparco.*

com-pāscō, pāscere, (pāvī), pāstum
I. *intr.* samen grazen;
II. *tr.*
1. (*preklass.*) laten afgrazen;
2. (*Plin. Mai.*) verzadigen.

com-pāscuus, a, um (*compasco*) gemeenschappelijk afgegraasd [**ager** gemeenschappelijke weide].

compassiō, ōnis *f* (*compatior*) medelijden.

compāstus *ppp. v. compasco.*

compater, tris *m* (*Laatl.*) peetoom.

compaternitās, ātis *f* (*Mel.*) peetoomschap.

com-patior, patī, passus sum *(eccl.)*
1. tegelijk *of* samen lijden;
2. medelijden hebben.
com-patrōnus, ī *m (jur.)* iem. die samen met een ander een slaaf heeft vrijgelaten.
com-pavēscō, pavēscere *(postklass.)* bang worden.
com-pāvī *zie compasco.*
com-paviō, pavīre *(Apul.)* vertrappen.
compectum *zie compactum.*
compectus *zie compaciscor.*
compediō, compedīre *(compes)* in de (voet)boeien slaan.
com-pēgī *pf. v. compingo.*
compellātiō, ōnis *f (compello[2])*
1. het aanspreken;
2. verwijt, berisping.
com-pellō[1], pellere, pulī, pulsum
1. samendrijven, -dringen [**pecus; agnos; armentum**];
2. drijven, jagen [**hostem intra moenia; hostem in naves**];
3. *(metaf.)* in het nauw drijven;
4. (aan)zetten, bewegen, dwingen [**minis ad arma; ad defectionem**];
5. wegdrijven, uit de koers drijven [**noto compulsus**].
com-pellō[2], pellāre
1. aanspreken, toespreken [**alqm nomine; alqm verbis amicis; alqm blande**];
2. verwijten maken; uitschelden *(m. acc.; voor: dubb. acc.; pro)* [**eum fratricidam**]; ▸ *pro cunctatore segnem, pro cauto timidum compellabat;*
3. *(voor het gerecht)* beschuldigen, aanklagen [**alqm crimine**].
compendiāria, ae *f (compendiarius) (Sen.)*
1. *(vul aan: via)* korte, directe route;
2. *(vul aan: ratio)* snelle, eenvoudige methode.
compendiārium, ī *n (compendiarius; vul aan: iter) (Sen.)* kortste weg.
compendiārius, a, um *(compendium) (v.e. route)* kort, direct.
compendiōsus, a, um *(compendium) (postklass.)*
1. voordelig;
2. *(v.e. route)* kort, direct;
3. beknopt [**verba**].
compendium, ī *n*
1. voordeel, winst; ▸ *-um facere;*
2. *(pre- en postklass.)* besparing, verkorting [**operae; temporis**]; ▸ *conferre verba ad -um* met weinig woorden spreken;
3. *(postklass.) (meestal plur.)* (a) kortste weg, korte, directe route; ▸ *per -a maris assequi alqm;* (b) *(metaf.)* eenvoudige methode.
compēnsātiō, ōnis *f (compenso)*
1. het in balans brengen, vereffening;
2. afweging, vergelijking [**commodorum**].
com-pēnsō, pēnsāre
1. doen opwegen tegen, in balans brengen, compenseren [**bona cum vitiis; laetitiam cum doloribus**];
2. *(Laatl.)* afwegen, vergelijken;
3. veiligstellen;
4. door een kortere weg vermijden; ▸ *qua via longum compensat iter.*
com-percō, percere, persī, — *(parco) (kom.)*
1. opsparen;
2. sparen, ongedeerd laten *(m. dat.)*;
3. ophouden *(m. inf.)*.
comperendinātus, ūs *m en (postklass.)* **-tiō,** ōnis *f (comperendino)*
1. het verdagen v.e. rechtszaak tot twee dagen later;
2. *(Laatl.)* het opschorten, uitstel.
com-perendinō, perendināre *(perendinus)*
1. een rechtszaak tot twee dagen later verdagen;
2. *(v.e. advocaat)* verzoeken om verdaging tot twee dagen later;
3. dagvaarden om twee dagen later te verschijnen [**reum**].
com-periō, perīre, perī, pertum *(zelden dep.: comperior)* vernemen, te weten komen *(m. acc.; aci.; afh. vr.)* [**rem gestam; facinus**]; *(over: de)* [**de amore; de scelere**]; *(van iem.: ab of ex alqo; door iem.: per alqm of abl.)* [**ex fratre; testibus**]; ▸ *omnia falsa comperta sunt* bleek onjuist te zijn; *comperto* nadat men vernomen had; — *p. adj.* **compertus,** a, um (a) vernomen, gebleken, bewezen; (b) betrouwbaar, zeker; ▸ *alqd compertum habere* zeker weten; *pro re comperta habere* voor zeker houden; *pro comperto est* het wordt als vaststaand feit beschouwd; (c) schuldig bevonden aan *(m. gen.; inf.)* [**sacrilegii; stupri; publicam pecuniam avertisse**].
com-persī *pf. v. comperco.*
compertus *zie comperio.*
com-pēs, pedis *f (gen. plur. -pedum en -pedium)*
1. voetboei *(ihb. v. slaven)*; ▸ *compedes gerere; alci compedes dare, adimere* iem. in de boeien slaan, iems. boeien afnemen;
2. *(metaf.)* keten, boei [**corporis**];
3. *(postklass.)* enkelring *(als sieraad)*.

com-pescō, pescere, pescuī, — *(parco) (poët.; postklass.)* matigen, intomen, onderdrukken, bedwingen [**equum celerem freno; linguam; sitim** lessen; **ramos** snoeien].

competēns, *gen.* entis *(p. adj. v. competo) (Laatl.)*
1. passend, gepast, geschikt [**modus**];
2. competent, bevoegd [**tribunal; iudex**].

competentia, ae *f (competo)*
1. overeenstemming, symmetrie;
2. *(Mel.)* geschiktheid.

competītor, ōris *m (competo)* mededinger, concurrent.

competītrīx, īcis *f (competo)* mededingster, concurrente.

com-petō, petere, petīvī *en* petiī, petītum
1. geschikt zijn, in staat zijn [**ad arma capienda**];
2. ontmoeten, samenvallen;
3. *(postklass.)* meedingen naar, tegelijk met anderen trachten te verkrijgen;
4. *(postklass.)* gebeuren, vóórkomen; ▸ *si ita competit ut* als het gebeurt dat;
5. *(postklass.)* passen, betamen; ▸ *scientia bonorum et malorum, quae sola philosophiae competit (Sen.)*;
6. *(postklass.)* toekomen; ▸ *eius tutela tibi competit.*

compīlātiō, ōnis *f (compilo*[1]*)* diefstal, roof.

compīlātor, ōris *m (compilo*[1]*)* dief, rover.

com-pīlō[1]**,** pīlāre
1. plunderen, beroven [**aedes; fana; hortos**]; ▸ *templa omnibus ornamentis compilata*;
2. roven [**sapientiam**]; ▸ *ubi vir compilet clanculum quidquid domist (Plaut.)*;
3. stelen *(v.e. schrijver)*, plagiëren.

com-pīlō[2]**,** pīlāre *(pilum) (Apul.)* afranselen.

com-pingō, pingere, pēgī, pāctum *(pango)*
1. samenvoegen, bouwen [**trabes; casam**];
2. opsluiten, wegstoppen, verstoppen [**alqm in carcerem; se in Apuliam;** *metaf.* **oratorem in iudicia**].

Compitālia, ium *en* iōrum *n (compitum)* de Compitaliën, *op kruispunten gevierd feest ter ere v.d. Lares Compitales.*

compitālicius, a, um *(Compitalia)* van de Compitaliën [**ludi; dies**].

compitālis, e *(compitum)* van, op kruispunten [**Lares**].

compitum, ī *n (competo)*
1. kruispunt;
2. *(meton.)* mensen die zich op kruispunten ophouden; ▸ *de te nulla ~ tacent (Prop.)*;
3. *(metaf.)* cruciaal moment.

com-placeō, placēre, placuī, placitum
1. *(pre- en postklass.)* bevallen;
2. *(eccl.)* genoegen scheppen in.

com-plānō, plānāre
1. effenen [**terram**]; met de grond gelijkmaken [**domum**];
2. *(metaf.)* gladstrijken, uit de weg ruimen *v. problemen.*

com-plector, plectī, plexus sum
1. omarmen, in de armen nemen [**mulierem; puellam; dextram alcis; aram; genua; saxa manibus** omklemmen];
2. omvatten, omgeven, omspannen [**collem opere; alcis effigiem in auro** vatten in];
3. omvatten, beslaan; ▸ *populus Romanus orbem terrarum complectens*;
4. zich toe-eigenen [**plures provincias; idoneam naturam**];
5. *(metaf.)* samenvatten, beknopt weergeven, opsommen; ▸ *hoc uno ~ omnia*;
6. vatten, begrijpen; ▸ *animo rei magnitudinem ~; quod neque oculis neque auribus neque ullo sensu percipi potest, cogitatione tantum et mente complectimur (Cic.)*;
7. in het hart sluiten, koesteren, vertroetelen [**omnes cives caritate; alqm benevolentiā** iem. gunstig gezind zijn; **philosophiam; virtutem**];
/ *soms heeft complector pass. betekenis, evenals p.p.* **complexus,** a, um.

complēmentum, ī *n (compleo)* opvulling.

com-pleō, plēre, plēvī, plētum
1. vullen, opvullen [**fossam aquā; litora; aedes; urnam; alqm floribus** overladen met, bedelven onder; **paginam** volschrijven; **collem castris** volledig bedekken]; — *pass. ook* zich vullen;
2. *(metaf.)* vervullen [**omnia clamore et fletu; milites bonā spe**];
3. *(een handeling of toestand)* voltooien, afronden [**sacrum ante noctem; studia**];
4. aanvullen, voltallig maken [**legiones; cohortes**];
5. *(een periode)* vullen, beleven [**annos; quinque saecula vitae suae**];
6. *(milit.)* volledig bemannen [**turrim militibus; naves sociis**].

complētōrius, a, um *(compleo) (eccl.)* het werk v.d. dag afsluitend.

complētus, a, um *(p. adj. v. compleo)* afgerond, compleet [**verborum ambitus**].

complex, icis *(vgl. duplex) m (Laatl.)* bondgenoot; medeplichtige.

complexiō, ōnis *f (complector)*
1. verbinding, samenstelling, verzameling [**atomorum; aëris; bonorum**];
2. *(retor. t.t.)* (a) samenvatting [**verborum**]; (b) periode, volzin;
3. *(filos. t.t.)* (a) conclusie; (b) dilemma.

complexus[1], ūs *m*
1. omhelzing; ▸ *complexūs alci dare* omhelzen; *matri obviae complexum ferre* zijn moeder met gespreide armen tegemoet snellen; *currere ad alcis complexum* in iems. armen snellen; *alqm complexu suo tenere* in de armen houden;
2. seksuele omgang, relatie; ▸ *Latona pariet casta complexu Iovis;*
3. greep, wurggreep [**armorum, Martis** handgemeen];
4. *(metaf.)* begrip [**rationis**];
5. het omvatten, insluiten; ▸ *mundus omnia complexu suo coërcet et continet;*
6. het bijeenbrengen, combineren; verband, samenstelling [**totius gentis humanae; causarum**].

complexus[2] *p.p. v. complector.*

com-plicō, plicāre, plicāvī, plicātum *en* plicuī, plicitum oprollen, opvouwen [**rudentem; epistulam**]; — *p. adj.* **complicātus,** a, um onduidelijk, gecompliceerd [**notio** duister begrip].

com-plōdō, plōdere, plōsī, plōsum *(plaudo) (postklass.)* tegen elkaar slaan [**manūs** klappen].

complōrātiō, ōnis *f en* **-tus,** ūs *m (comploro)* weeklacht *(over: gen.).*

com-plōrō, plōrāre weeklagen *(over: acc.)* [**mortem; vivos mortuosque**].

com-plōsī *pf. v. complodo.*

complōsus *ppp. v. complodo.*

com-pluō, pluere, pluī, plūtum *(Laatl.)* bevloeien; vullen.

com-plūrēs, plūra *(zelden* -plūria; *gen.* -plūrium) tamelijk veel, verscheidene, een behoorlijk aantal.

complūriē(n)s *adv. (complures) (pre- en postklass.)* meer dan eens, een aantal malen.

com-plūrimī, ae, a *(postklass.)* heel veel, erg veel.

complūsculī, ae, a *(demin.) (complures) (kom.)* tamelijk vele.

compluvium, ī *n (compluo) (pre- en postklass.)* compluvium:
1. *vierkante opening in het dak v.e. Rom. huis;*
2. *door zuilen omgeven* binnenplaats.

com-pōnō, pōnere, posuī, positum *(poët. ook* compostum)
1. bij elkaar zetten, leggen *of* brengen *(bij iets anders: dat.)* [**lignum; manūs manibus** handen op elkaar; **labra labellis; arma** de wapens neerleggen];
2. *(postklass.) (troepen)* samentrekken, concentreren [**legionem**];
3. *(vijandel.)* tegenover elkaar plaatsen;
4. *(milit.) troepen* opstellen; ▸ *agmen ad pugnam* ~ ; *exercitum pugnae (dat.)* ~ ; *compositi ordines* gesloten gelederen;
5. *(vreedzaam)* samenbrengen, verzamelen, verenigen [**genus dispersum**];
6. vormen, vervaardigen, maken, oprichten, stichten [**urbem, templa** bouwen, oprichten; **aggerem** opwerpen; *metaf.* **foedus** sluiten; **pacem** stichten];
7. *schriftelijk* opstellen, op schrift stellen, schrijven [**librum; edictum; carmina; litteras**]; ▸ *composita in magnificentiam oratio* in hoogdravende bewoordingen;
8. verzinnen [**dolum; fabulam**]; beramen, bedenken [**crimen**];
9. vaststellen, bepalen, afspreken [**locum tempusque; diem rei gerendae**];
10. ordenen, in orde maken, rangschikken [**torum** het bed opmaken; **capillum** kappen, opmaken];
11. *(zaken)* ordenen, regelen [**causam; consilia**];
12. *(voor het gerecht)* confronteren [**cum indice**];
13. *(de strijd)* beslechten, tot bedaren brengen, sussen, bijleggen [**controversias; lites; aversos amicos** verzoenen]; ▸ *mare compositum* kalm; — *onpers.: componitur* men komt tot een schikking;
14. *(poët.; postklass.) (as, gebeente)* bijzetten [**cinerem; ossa alcis**];
15. begraven [**alqm terrā**]; opbaren [**toro mortuam**];
16. *se* ~ zich te ruste leggen;
17. *(tuigage)* binnenhalen [**armamenta**];
18. vergelijken *(met: cum of dat.)* [**alcis dicta cum factis; parva magnis; cladem cladi**].

comportātiō, ōnis *f (comporto)* transport.

com-portō, portāre
1. bij elkaar brengen, *(naar de markt)* vervoeren [**vimina materiamque; frumentum**];
2. verzamelen.

com-pos, *gen.* potis *(potis) (m. gen. of abl.)*

1. in het bezit van, deelhebbend aan [**virtutis; voti** iem. die zijn wens in vervulling ziet gaan; **praedā**]; ▸ *compotes* deelgenoten;
2. *(een zaak)* machtig, meester [**sui; mentis** *of* **mentis suae** bij zijn volle verstand; **rationis et consilii; linguā**].

compositīcius, a, um *(compositus)* samengesteld [**vocabulorum genus**].

compositiō, ōnis *f (compono)*
1. het samenbrengen [**gladiatorum; magistratuum**];
2. samenstelling *(uit verschillende bestanddelen)* [**remediorum**];
3. ordening, structuur, inrichting;
4. het *schriftelijk* opstellen [**iuris pontificalis**];
5. het bijleggen, beslechten, verzoening [**per compositionem**];
6. *(retor. t.t.)* woordschikking, zinsbouw [**apta; verborum**].

compositō *zie compositum.*

compositor, ōris *m (compono) (Ov.)* schrijver, dichter [**operum**].

compositum, ī *n (compositus)*
1. afspraak, regeling; ▸ *ex (de) composito* volgens afspraak;
2. *(plur.)* ordelijke, vreedzame situatie.

compositūra, ae *f (compono)*
1. *(pre- en postklass.)* samenstelling;
2. *(Lucr.)* fijne structuur.

compositus, a, um *(p. adj. v. compono)*
1. samengesteld, -gevoegd [**effigies**];
2. *(retor.)* goed opgebouwd *of* afgewerkt [**verba; oratio; dicendi genus; -e dicere**];
3. geordend, geregeld [**civitas; pugna; capillus**]; ▸ *-o agmine legiones ducere;*
4. *(v. personen)* geschikt, bekwaam *(voor: in m. acc.; ad; dat.)* [**ad iudicium**];
5. *(postklass.)* gelaten, kalm, rustig [**vultus; aetas; orator; compositius agere**];
6. *(postklass.)* verzonnen, gelogen.

compostūra, ae *f = compositura.*

compostus *zie compono.*

com-posuī *pf. v. compono.*

com-pōtātiō, ōnis *f (poto)* drinkgelag, *vertaling v.h. Gr. symposion.*

com-potiō, potīre *(compos)* laten delen, deelgenoot maken *(in, van: abl.; gen.)*; — *pass.* deel krijgen aan, verkrijgen.

com-pōtor, ōris *m (poto)* metgezel bij het drinken.

com-pōtrīx, īcis *f (poto) (Ter.)* metgezellin bij het drinken.

com-prānsor, ōris *m (prandeo)* disgenoot.

comprecātiō, ōnis *f (comprecor)* het bidden tot, aanroepen van *een godheid.*

com-precor, precārī
1. *(poët.; postklass.)* bidden, *een godheid* aanroepen, smeken *(m. acc. en dat.)* [**deos; Iovi**];
2. *(postklass.)* toewensen.

com-prehendō, prehendere, prehendī, prehēnsum
1. beetpakken, vatten [**dextram alcis**];
2. grijpen, arresteren; ▸ *fures in fuga* ~ *; interfectores fugientes* ~ *; belli duces captos et comprehensos tenere;*
3. betrappen [**alqm in furto**];
4. *(een misdaad)* aan het licht brengen [**facinus; nefandum adulterium**];
5. te pakken krijgen, wegnemen [**epistulas** onderscheppen];
6. bezetten [**colles**];
7. *(v. vuur)* zich meester maken van, aantasten; ▸ *incendium turres comprehendit; comprehensa aedificia* door vuur overmeesterd; — *ignem of flammam* ~ vlam vatten: *casae ignem comprehenderunt;*
8. aan elkaar vastmaken, samenvoegen, met elkaar verbinden [**naves**];
9. *(metaf.)* omgeven met, aan zich binden [**alqm humanitate** *of* **amicitiā; disputationes memoriā** in het geheugen prenten, onthouden];
10. behandelen; vervatten, dekken; ▸ *haec ita lege comprehensa sunt;*
11. begrijpen, vatten, waarnemen [**sensibus, scientiā, cogitatione**];
12. weergeven, beschrijven, behandelen, uitdrukken [**sententiam; alqd verbis** *of* **dictis; numero** tellen].

comprehēnsibilis, e *(comprehendo)* begrijpelijk; waarneembaar.

comprehēnsiō, ōnis *f (comprehendo)*
1. het beetpakken, vatten;
2. het grijpen, arrestatie [**sontium**];
3. waarneming; het begrijpen, begrip;
4. samenvatting;
5. *(retor.)* periode, volzin; ▸ *ut* ~ *numerose et apte cadat; universa* ~ *orationis* stijl.

comprehēnsus *ppp. v. comprehendo.*

com-prēndō, prēndere, prēndī, prēnsum = *comprehendo.*

com-pressī *pf. v. comprimo.*

compressiō, ōnis *f (comprimo)*
1. het samendrukken, -persen;
2. *(Plaut.)* innige omhelzing, aanranding;

3. verkorte weergave.
compressus[1], ūs *m (comprimo)*
1. het samendrukken;
2. *(kom.)* aanranding.
compressus[2], a, um
1. smal, nauw [**naves; vallis**];
2. stevig, strak [**alvus**]; kort [**morbus**];
3. *(metaf.)* bondig; ▸ *compresse loqui.*
com-primō, primere, pressī, pressum *(premo)*
1. samendrukken, -persen; ▸ *sprw.: compressis manibus sedere* de handen in de schoot leggen;
2. inhouden, onderdrukken [**gressum** halt houden; **libidinem; laetitiam; furores; conatūs alcis**];
3. neerslaan, de kop indrukken, afstoppen [**tumultum; seditionem; Pompeianos**];
4. samendringen [**compressis ordinibus** met gesloten gelederen];
5. pakken, aanranden; ▸ *vi compressa Vestalis (Liv.)* verkracht;
6. achterhouden, tegenhouden [**frumentum; annonam**];
7. geheimhouden, verzwijgen [**delicta; famam captae Carthaginis**].
comprobātiō, ōnis *f (comprobo)* goedkeuring.
comprobātor, ōris *m (comprobo)* iem. die iets goedkeurt.
com-probō, probāre
1. goedkeuren, aannemen [**decretum; legem; orationem**]; — *pass.* goedkeuring wegdragen, erkenning krijgen;
2. als juist bewijzen, bevestigen [**consilium; beneficium re**]; ▸ *vox eventu comprobata.*
comprōmissum, ī *n (compromitto) (jur. t.t.)* overeenkomst *(onderlinge afspraak tussen strijdende partijen om de beslissing v.e. zelfgekozen arbiter te accepteren).*
com-prōmittō, prōmittere, prōmīsī, prōmissum *(jur. t.t.)* de onderlinge overeenkomst aangaan om de beslissing v.e. arbiter te accepteren *(zie compromissum).*
com-prōvinciālis, e *(eccl.)* uit dezelfde provincie afkomstig.
Compsa, ae *f stad in Samnium (Midden-Italië), nu* Conza; — *adj.* **-ānus,** a, um.
cōmpsī *pf. v. como.*
cōmptiōnālis, e *(coemptio)* geschikt voor de uitverkoop [**senex**].
cōmptulus, a, um *(demin.) (comptus*[1]*) (Sen.)* vrij elegant gekleed [**iuvenis**].
cōmptus[1], a, um *(p. adj. v. como)* elegant, verzorgd, correct [**sermo; capilli; homo**].
cōmptus[2], ūs *m (como)*
1. versiering, sieraad; *plur.* verzorgd kapsel;
2. *(Lucr.)* verbinding.
com-pugnō, pugnāre met elkaar vechten.
com-pulī *pf. v. compello*[1].
compulsiō, ōnis *f (compello) (Laatl.)* dwang.
com-pulsō, pulsāre *(postklass.)* beuken, hard stoten.
compulsor, ōris *m (compello*[1]*) (Laatl.)*
1. iem. die dwingt;
2. inner *v. belastingen.*
compulsus *ppp. v. compello*[1].
compūnctiō, ōnis *f (compungo) (Laatl.)*
1. prik, punctie;
2. *(eccl.)* berouw, nederigheid.
com-pungō, pungere, pūnxī, pūnctum
1. prikken, steken; ▸ *se suis acuminibus* ~ zich met de eigen spitsvondigheden treffen, kwetsen; — *v. dingen die pijn doen aan de zintuigen* [**oculos** *v. kleuren*];
2. tatoeëren;
3. *(eccl.) pass.* door gewetenswroeging gekweld worden, berouw voelen.
computātiō, ōnis *f (computo) (postklass.)*
1. het optellen, berekening [**pretii**];
2. uitkomst.
computātor, ōris *m (computo) (Sen.)* iem. die (be)rekent.
com-putō, putāre
1. optellen, berekenen;
2. *(postklass.)* berekenend zijn;
3. *(jur.)* bij de berekening betrekken, erbij optellen *(m. dat.; in m. acc.; in m. abl.)*; vaststellen [**dotem**].
com-putrēscō, putrēscere, putruī, — *(poët.; postklass.)* (weg)rotten.
computus, ī *m (computo) (eccl.)* berekening *(v.d. tijd, ihb. v. kerkelijke hoogtijdagen).*
comula, ae *f (demin. v. coma) (Petr.)* kapseltje.
Cōmum, ī *n stad in N.-Italië aan het Meer v. Comum; ttv. Caesar een kolonie v. Rom. burgers geworden:* Novum Comum, *nu* Como; — *inw. en adj.* **Cōmēnsis,** is *m resp.* e.
con- = *com-, alleen in samenstellingen.*
cōnāmen, inis *n (conor) (poët.)*
1. poging; (krachts)inspanning, moeite;
2. *(Ov.)* steun, stut.
cōnātiō, ōnis *f (conor) (Sen.)* poging.
cōnātum, ī *n en* **cōnātus,** ūs *m (conor)*
1. poging, onderneming, waagstuk;
2. moeite, inspanning;
3. aandrang; ▸ *conatum habere ad naturales pas-*

tus capessendos.

conb- = *comb-*.

con-cacō, cacāre (*postklass.*) onderschijten.

con-cadō, cadere, — — (*Sen.*) tegelijkertijd vallen.

con-caedēs, is *f* (*caedo*) (*postklass.*) versperring.

con-cale-faciō (*en* con-calfaciō), facere, fēcī, — (*pass.* -fīō, fierī, factus sum) door en door verwarmen.

con-caleō, calēre, — — (*Plaut.*) helemaal, door en door warm zijn.

con-calēscō, calēscere, caluī, — door en door warm worden.

con-callēscō, callēscere, calluī, — (*con- en incoh. v. calleo*)
1. eelt krijgen, hard worden;
2. bedreven, gewiekst worden.

con-caluī *pf. v. concalesco.*

con-cambium, ī *n* (*Mel.*) het geld wisselen.

concamerātiō, ōnis *f* (*concamero*) welving, gewelf.

con-camerō, camerāre (*camera*) overwelven [**templum**].

Concanī, ōrum *m* de Concani, *een (volgens de legende) van de Scythische Massageten afstammende volksstam in Spanje.*

con-captīvus, ī *m* (*eccl.*) medegevangene.

con-castīgō, castīgāre zwaar straffen.

con-catēnō, catēnāre (*catena*) (*Laatl.*)
1. samenvoegen, aaneensluiten;
2. (*metaf.*) verbinden [**sollicitudines angore**].

con-catervātus, a, um (*caterva*) (*Laatl.*) opeengehoopt.

concavō, concavāre (*concavus*) uithollen; buigen.

con-cavus, a, um hol, gewelfd, gekromd [**vallis; saxa; aqua** vloedgolf vlak voor het omslaan; **tempora; oculi** verzonken].

con-cēdō, cēdere, cessī, cessum
I. *intr.*
1. weggaan, zich verwijderen, wegtrekken; ▸ *a parentum oculis* ~; *Italiā* ~; *vitā* ~ sterven; *irae deum (= deorum) concessere* (*Verg.*); *concessit superis ab oris;*
2. (*m. aand. v.d. bestemming*) gaan, zich begeven [**in hiberna; rus; trans Rhenum; Argos habitatum** om zich in Argos te vestigen];
3. wijken, het veld ruimen, plaatsmaken; ▸ *voluptas dignitati concedit; iniuriae* ~ het afleggen tegen; *obsidioni* ~ instemmen met; *naturae, fato* ~ een natuurlijke dood sterven; *concedat laurea linguae; maiestati eius viri* ~;
4. onderdoen, voorrang verlenen (*voor, aan: dat.; in: de*);
5. toegeven aan, zich schikken naar [**matri; alcis postulationi; inter se** een compromis sluiten];
6. begrip tonen, vergeven (*m. dat.*) [**inimico; temere dicto**];
7. afstaan, toestaan (*wat wordt afgestaan: abl. of de*) [**Poenis agro**];
8. terechtkomen in [**in paucorum potentium ius atque dicionem**];
9. overgaan in *of* tot [**in deditionem** zich overgeven; **in nomen imperantium**];
10. het eens zijn met, instemmen met [**in sententiam alcis** iems. mening delen; **in condiciones** accepteren];
II. *tr.*
1. overlaten, afstaan, geven [**libertatem** schenken; **oppidum militibus ad diripiendum**];
2. veroorloven, goedvinden, ermee instemmen dat, toestaan (*m. aci.; nci.; ut; conj.; an; afh. vr.*);
3. toestaan, gunnen, verlenen [**laudem**];
4. opofferen, prijsgeven [**rei publicae amicitias suas**];
5. vergeven, genade schenken [**Attico sororis filium** omwille v. Atticus].

con-celebrō, celebrāre
1. vieren, op plechtige wijze laten plaatsvinden [**diem natalem; spectaculum; funus**];
2. loven, prijzen, verheerlijken [**virtutem**];
3. bekendmaken, verkondigen;
4. zich voortdurend bezighouden met [**studia per otium**];
5. (*poët.*) bevolken [**loca; terras**].

con-cēlō, cēlāre (*Gell.*) zorgvuldig verborgen houden.

con-cēnātiō, ōnis *f* (*con en ceno*) gastmaal, banket.

concentiō, ōnis *f* (*concino*) samenzang, harmonie.

con-centuriō, centuriāre (*Plaut.*) (*als in centuriën*) bijeenbrengen, verzamelen.

concentus, ūs *m* (*concino*)
1. het samen zingen, samenzang, harmonie [**vocis lyraeque**];
2. gezang;
3. (*metaf.*) eenstemmigheid, eenheid, eendracht.

con-cēpī *pf. v. concipio.*

conceptāculum, ī *n* (*concipio*) (*postklass.*) vergaarbak; (*metaf.*) bewaarplaats.

conceptiō, ōnis *f* (*concipio*)

1. conceptie;
2. het opstellen v. gerechtelijke formules;
3. ~ *rei* idee, concept.

conceptum, ī *n* (*concipio*)
1. foetus, ongeboren kind;
2. *plur.* -*a mente* ideeën.

conceptus[1], ūs *m* (*concipio*)
1. conceptie;
2. (*postklass.*) foetus, ongeboren kind;
3. het (aan)vatten, het grijpen [**camini** het vlam vatten v.h. fornuis];
4. reservoir of bassin, *waar water in opgevangen wordt.*

conceptus[2] *ppp. v. concipio.*

con-cernō, cernere, crēvī, crētum (*postklass.*)
1. waarnemen;
2. vermengen, verbinden, verenigen met (*m. dat.*) [**concreta cruento cerebro sanies**].

con-cerpō, cerpere, cerpsī, cerptum (*carpo*)
1. afplukken; verscheuren [**litteras**];
2. (*met woorden*) onderuithalen, (be)kritiseren.

concertātiō, ōnis *f* (*concerto*)
1. strijd, rivaliteit [**magistratuum**];
2. woordenwisseling, twistgesprek.

concertātīvus, a, um (*concertatio*) (*Laatl.*) horend bij een conflict [**accusatio** tegenaanklacht].

concertātor, ōris *m* (*concerto*) (*postklass.*) rivaal.

concertātōrius, a, um (*concerto*) horend bij een woordenwisseling [**iudiciale genus** stijl v.h. juridisch dispuut].

con-certō, certāre
1. vechten, strijd leveren [**proelio; de regno**];
2. bekvechten, discussiëren (*met: cum; over: de*).

con-cessī *pf. v. concedo.*

concessiō, ōnis *f* (*concedo*)
1. het afstaan, toekennen [**agrorum; praemiorum**]; verlof;
2. (*retor.*) het toegeven, erkenning.

con-cessō, cessāre ophouden, rusten.

concessus[1], ūs *m* (*concedo*) verlof, toestemming [**concessu patrum** met permissie v.d. senatoren].

concessus[2] *ppp. v. concedo.*

concha, ae *f* (*Gr. leenw.*)
1. mossel, oester, schelpdier [-**as legere, captare**]; schelp (v.e. mossel);
2. (*poët.*) parel [**lucida**];
3. (*poët.; postklass.*) (*meton.*) *iets in de vorm v.e. schelp*: (a) ~ *salis* zoutvaatje; (b) ~ *unguenti* parfumflesje; (c) (*Plaut.*) vrl. geslachtsdeel, mossel, oester;
4. (*Lucr.*) purperslak; (*Ov.*) purper [**Sidonis**];
5. (*poët.; postklass.*) hoorn *v. Triton*; ▸ *cava personat aequora concha* (*Verg.*); -*ā canens Triton.*

conchātus, a, um (*concha*) (*Plin. Mai.*) schelpvormig.

concheus, a, um (*concha*) van een schelp [**baca** parel].

conchis, is *f* (*Gr. leenw.*) (*poët.*) *een soort boon* [**aestiva**]; gerecht v. bonen (*in de dop*).

conchīta, ae *m* (*Gr. leenw.*) (*Plaut.*) iem. die schelpdieren vangt.

conchula, ae *f* (*demin. v. concha*) klein schelpdier, mossel.

conchȳliātus, a, um (*conchylium*)
1. purper geverfd;
2. (*Sen.*) in purper gekleed.

conchȳlium, ī *n* (*Gr. leenw.*)
1. schaaldier, *ihb.* oester;
2. (*poët.; postklass.*) purperslak;
3. purper(kleurige verf); ▸ *vestis -o tincta*;
4. purperkleurig gewaad.

con-cidō[1], cidere, cidī, — (*cado*)
1. instorten, in elkaar vallen; ▸ *pars turris concidit*;
2. (*v. levende wezens*) neerstorten, ineenstorten [**sub onere; in cursu**]; (*in de strijd*) vallen [**in proelio**];
3. (*v. toestanden*) verdwijnen, eindigen, te gronde gaan; ▸ *omnis spes concidit; bellum, religio, auctoritas concidit; opes Carthaginis concidunt*;
4. (*v. personen*) ten val komen, een nederlaag lijden, het onderspit delven (*ihb. in de politiek en voor de rechtbank*); ▸ *una cum re publica* ~ ;
5. iedere hoop, de moed verliezen; ▸ *ne unā plagā acceptā patres conscripti conciderent, ne deficerent* (*Cic.*);
6. *mente, animis* ~ instorten, opgeven;
7. (*Ov.*) invallen, verschrompelen; ▸ *concidimus macie*;
8. (*Hor.*) (*v.d. wind*) gaan liggen.

con-cīdō[2], cīdere, cīdī, cīsum (*caedo*)
1. neerslaan, -houwen, in de pan hakken; ▸ *adversariorum multa milia* ~ ; *exercitus concisus atque interfectus est*;
2. kapotmaken, te gronde richten [**reum iudicio; auctoritatem; alqm decretis suis**];
3. vernietigend weerleggen [**Timocratem totis voluminibus**];
4. in stukken hakken, kort en klein slaan [**ligna; naves; essedum argenteum**];
5. afranselen [**virgis; loris**];
6. (*door sloten, greppels e.d.*) in stukken verdelen, opdelen [**scrobibus montes; agrum fossis**];

7. (*geestel.*) onderverdelen, splitsen [**sententias**];
8. (*filos. t.t.*) ontrafelen;
9. (*Plaut.*) (*scherts.*) om de tuin leiden.

con-cieō, ciēre, cīvī, citum *en* (*meestal in proza*) **con-ciō,** cīre, cīvī, cītum
1. bijeenbrengen, bij elkaar brengen, verzamelen, op de been brengen (*ihb. milit.*) [**multitudinem ad se; exercitum ex tota insula; totam urbem**];
2. in (snelle) beweging brengen, aanzetten; ▸ *equus calcaribus concitus*; — *p. adj.* **concitus,** a, um snel, snelstromend [**navis; flumen**];
3. (*pol.*) opruien, tot opstand aanzetten [**populos; plebem contionibus; homines ad arma; per largitionem veteranos**];
4. teweegbrengen, veroorzaken [**tantum mali; seditionem; bellum; motūs animorum**];
5. (*poët.; postklass.*) ophitsen, prikkelen, kwaad maken [**duces; accusatorem**]; ▸ *concitus irā* geïrriteerd.

conciliābulum, ī *n* (*concilio*)
1. vergaderplaats, markt, ontmoetingsplaats; ▸ ~ *damni* speelhol;
2. vergadering, bijeenkomst.

conciliātiō, ōnis *f* (*concilio*)
1. vereniging, verbintenis; ▸ *communem totius generis hominum conciliationem et consociationem colere* (*Cic.*);
2. het innemen voor, winnen voor (*ihb. v. toehoorders voor zichzelf of voor iets*);
3. geneigdheid, neiging (*tot: gen.; ad*);
4. het verwerven [**gratiae**].

conciliātor, ōris *m* (*concilio*)
1. bemiddelaar, pleitbezorger;
2. koppelaar [**nuptiarum**].

conciliātrīcula, ae *f* (*demin. v. conciliatrix*) bemiddelaarster, pleitbezorgster.

conciliātrīx, īcis *f* (*concilio*)
1. bemiddelaarster, pleitbezorgster;
2. koppelaarster.

conciliātūra, ae *f* (*concilio*) (*Sen.*) het koppelen.

conciliātus[1], ūs *m* (*concilio*) (*Lucr.*) verbinding, koppeling.

conciliātus[2], a, um (*p. adj. v. concilio*)
1. geliefd, bevriend (*bij, met: dat.*);
2. geneigd tot (*m. ad; dat.*).

conciliō, conciliāre
1. (als vriend) verwerven, winnen [**sibi amicum; sibi legiones pecuniā; civitatem alci; iudicem** aan zijn kant krijgen; **animos hominum** voor zich innemen];
2. verkrijgen, verwerven, winnen [**sibi favorem; regnum alci; pecunias**];
3. bewerkstelligen, tot stand brengen, voor elkaar krijgen, veroorzaken [**gratiam; pacem; nuptias**];
4. (*Lucr.*) verenigen, aan elkaar verbinden [**corpora**];
5. aanbevelen [**tyranno artes suas**];
6. (*poët.; postklass.*) koppelen; *als maîtresse* leveren.

concilium, ī *n*
1. bijeenkomst, kring, schare; ▸ ~ *deorum*; ~ *amicorum*; *in -um pastorum se recipere*;
2. politieke vergadering: (**a**) *in Rome*: ~ *patrum* vergadering *of* zitting v.d. senaat; ~ *plebis* volksvergadering (= *comitia tributa*); ~ *populi* vergadering v.d. curiae (= *comitia curiata*); (**b**) *buiten Rome*: landsvergadering, landdag [**Gallorum; Achaicum** van de Achaeïsche Bond]; (**c**) (*Liv.*) hoorzitting;
3. debat, overleg;
4. (*Lucr.*) vereniging, verbinding [**rerum**];
5. (*Mel.*) kerkvergadering, concilie.

concinnātīcius, a, um (*concinno*) (*Apul.*) elegant.

concinnātiō, ōnis *f* (*concinno*) (*Laatl.*) vervaardiging, compositie [**epistulae**].

concinnis, e = *concinnus*.

concinnitās, ātis *f* (*concinnus*)
1. (*retor. t.t.*) (**a**) evenwichtigheid in stijl (*met en zonder verborum of sententiarum*); (**b**) (*postklass.*) gezochtheid, gekunsteldheid; ▸ *vitare sententiarum ineptias et concinnitatem*;
2. (*Gell.*) kunstige combinatie, harmonie [**colorum**].

concinnitūdō, inis *f* = *concinnitas*.

concinnō, concinnāre (*concinnus*)
1. klaarmaken, bereiden, in orde brengen [**vinum; pallam** verstellen; **vultum**];
2. aanstichten, bewerkstelligen, veroorzaken [**multum negotii alci**];
3. (*Plaut.*) (*m. pred. adj.*) maken [**alqm insanum**];
4. (*Sen.*) (*metaf.*) vormen [**ingenium** het karakter].

concinnus, a, um
1. kunstig (gemaakt) [**versus; tectorium**];
2. (*v. taalgebr.*) gepolijst, elegant, evenwichtig [**oratio; sententiae; sermo; -e dicere**];
3. (*v. sprekers, auteurs e.d.*) mooi, knap, sierlijk, verfijnd;
4. (*poët.*) (*v. personen*) aardig, aangenaam [**amicis**].

con-cinō, cinere, cinuī, centum *(cano)*
I. *intr.*
1. tegelijkertijd klinken *of* schallen; ▸ *concinunt tubae;*
2. *(postklass.)* samen zingen;
3. *(metaf.)* overeenstemmen, in evenwicht, harmonie zijn *(inter se; cum alqo);*
II. *tr.*
1. tegelijkertijd aanheffen, samen zingen [**carmen**];
2. *(poët.)* bezingen, prijzen, verheerlijken [**Caesarem; laetos dies**];
3. *(postklass.) (op een instrument)* begeleiden *(m. dat.)* [**tragoedo**];
4. *(poët.) (v. vogels) (als waarschuwing)* uiten, voorspellen; ▸ *funestum concinit omen avis (Prop.).*
con-ciō *zie concieo.*
con-cipilō, cipilāre *(pre- en postklass.)* met geweld grijpen.
con-cipiō, cipere, cēpī, ceptum *(capio)*
1. *(in zich)* opnemen, innemen, opvangen *(in: abl.)* [**umorem; medicamentum venis**]; ▸ *terra caducas concepit lacrimas;*
2. vlam vatten [**ignem**]; *(ook metaf.)* hevig verliefd worden; ▸ *concepit corpore flammam;*
3. afleiden van, ontlenen aan *(m. ab; ex; abl.; adv.);*
4. zwanger, drachtig worden; moeder zijn van; — *pass.* verwekt worden [**ex adulterio conceptus**];
5. *(v.d. aarde)* doen ontkiemen; ▸ *terra concipit semina;*
6. voortbrengen, vormen; ▸ *Ganges multis fontibus conceptus;*
7. bijeenhouden [**ignem trullis ferreis** in ijzeren pannen];
8. *(wandaden)* begaan [**flagitium; fraudes**];
9. voelen, waarnemen [**animo iram; odium; spem** koesteren];
10. *(een ziekte e.d.)* oplopen [**morbum**]; *(metaf.)* zich op de hals halen [**dedecus; maculam bello; furorem ex maleficiis**];
11. zich voorstellen, zich inbeelden [**alqd animo, mente**];
12. verzinnen, uitdenken [**scelus**];
13. *(in woorden, formules)* vatten, verwoorden, formuleren [**edictum**]; ▸ *verbis conceptis iurare* een formele eed afleggen;
14. op- *of* nazeggen [**vota; preces; verba**];
15. *(pre- en postklass.)* officieel aankondigen, bekendmaken [**iustum bellum; nova auspicia; foedus** sluiten].
concīsiō, ōnis *f (concido[2])*
1. *(retor. t.t.)* verdeling v. zinnen in kleinere zinsdelen;
2. het in stukken snijden;
3. *(Vulg.)* verderf.
concīsūra, ae *f (concido[2])*
1. *(Sen.)* verdeling, distributie [**aquarum**];
2. *(Plin. Mai.)* kerf, spleet.
concīsus, a, um *(p. adj. v. concido[2])*
1. beknopt, bondig [**disputationes**];
2. bondig sprekend [**orator**].
concitāmentum, ī *n (concito[1]) (Sen.)* prikkel.
concitātiō, ōnis *f (concito[1])*
1. snelle beweging [**remorum** riemslag];
2. opschudding, oproer; ▸ *crebrae ex concursu multitudinis concitationes fiebant;*
3. opwinding *(klass. altijd m. gen.: animi e.d.);* ▸ *concitationem animorum frangere;*
4. *(postklass.)* vuur *v.e. redenaar.*
concitātor, ōris *m (concito[1])*
1. opruier;
2. aanstichter [**tumultūs**].
concitātus, a, um *(p. adj. v. concito[1])*
1. snel, haastig, gehaast [**equo -o** in galop];
2. opgewonden, heftig [**vox; clamor** luid].
concitō[1], concitāre *(frequ. v. concieo)*
1. in snelle, hevige beweging brengen, voortdrijven, -jagen, aanvuren, aansporen; ▸ *equum calcaribus* ~ de sporen geven; *classem remis* ~ ; *magno cursu concitati* in ijltempo; *mare* ~ ; *aquas* ~ ; — *se* ~ zich storten op [**in hostem; in Teucros; in fugam** op de vlucht slaan];
2. slingeren, afschieten [**telum**];
3. *(metaf.)* opruien, -hitsen, in opschudding brengen [**multitudinem; milites**];
4. opwekken, veroorzaken, doen ontstaan, teweegbrengen [**iram; misericordiam; seditionem; bellum**]; — *pass.* ontstaan;
5. bijeenroepen, verzamelen *(ihb. voor de strijd)* [**multitudinem armatorum; omnem iuventutem suam**].
concitō[2] *adv.* snel.
concitor, ōris *m (concieo)*
1. opruier [**vulgi**];
2. aanstichter [**belli**].
concitus *ppp. v. concieo.*
con-cīvī *pf. v. concieo.*
con-cīvis, is *m (eccl.)* medeburger.
conclāmātiō, ōnis *f (conclamo)* luid geroep, geschreeuw; aanvuring.
con-clāmitō, clāmitāre *(intens. v. conclamo)*

(Plaut.) hard roepen, schreeuwen.

con-clāmō, clāmāre
1. gezamenlijk roepen, luid verkondigen [**victoriam** 'victorie' roepen; **gaudio** kreten v. vreugde slaken]; — *m. ut of conj.* luid eisen dat;
2. (*poët.*) bijeenroepen, verzamelen [**socios; agrestes**];
3. (*milit. t.t.*) een signaal geven; ▸ *vasa* ~ 'spullen pakken' roepen, het signaal voor het vertrek geven; ~ *ad arma* te wapen roepen, het signaal voor de aanval geven;
4. (*een dode*) luid bewenen [**suos; corpora**]; ▸ *conclamatum est* alles is verloren;
5. toejuichen [**auctorem pacis**]; aanroepen [**deos**];
6. (Mart.) met jammerklachten vullen; ▸ *immensis conclamata querelis saxa senis.*

conclaudō = *concludo.*

con-clāve, is *n* (*clavis*)
1. kamer, vertrek;
2. (Mart.) *openbaar* toilet.

con-clūdō, clūdere, clūsī, clūsum (*claudo*)
1. (bij elkaar) opsluiten, insluiten [**magnam hominum multitudinem; bestias**];
2. omsluiten, afsluiten, versperren [**stationem**]; ▸ *conclusum mare* binnenzee;
3. samenvatten; ▸ *uno volumine vitam virorum complurium* ~; *in hanc formulam omnia iudicia* ~;
4. afmaken, beëindigen [**facinus; epistulam; vitam**];
5. (*retor. t.t.*) afsluiten, afronden [**orationem; versum**];
6. (*filos. t.t.*) samenvatten, concluderen, een conclusie trekken (*abs.; m. acc.; aci.*); als slotsom naar voren brengen of noemen [**rationem** motivering; **argumentum** bewijsvoering].

conclūsē *adv.* (*conclusus, ppp. v. concludo*) (*retor. t.t.*) beknopt, afgerond [~ **apteque dicere**].

con-clūsī *pf. v. concludo.*

conclūsiō, ōnis *f* (*concludo*)
1. (*milit. t.t.*) insluiting, belegering, blokkade;
2. afsluiting, einde [**muneris ac negotii**];
3. (*retor. t.t.*) afsluiting, afronding; laatste deel [**orationis**]; (*concr.*) afgeronde zin, volzin;
4. gevolgtrekking, slotsom [**brevis; rationis** logische conclusie].

conclūsiuncula, ae *f* (*demin. v. conclusio*) nietszeggende gevolgtrekking, lachwekkende conclusie.

conclūsum, ī *n* (*concludo*)
1. afgebakende ruimte;
2. = *conclusio* 4.

conclūsus *ppp. v. concludo.*

concoctiō, ōnis *f* (*concoquo*) (goede) spijsvertering.

concoctus *ppp. v. concoquo.*

con-color, *gen.* ōris (*poët.; postklass.*)
1. met dezelfde kleur;
2. overeenstemmend.

con-comitātus, a, um (Plaut.) begeleid.

con-coquō, coquere, coxī, coctum
1. (*poët.; postklass.*) (*verschillende dingen*) bij elkaar koken;
2. gaar koken;
3. verteren [**cibum**];
4. (*metaf.*) verdragen, dulden; ▸ *alqm senatorem non* ~ als senator; *odia alcis* ~ hatelijke opmerkingen; *plagas* ~; *famem* ~;
5. bekokstoven, beramen, verzinnen (*m. acc.; afh. vr.*);
6. (*Sen.*) (*gehoorde of gelezen stof*) in zich opnemen, zich eigen maken.

concordantia, ae *f* (*concors*) (Mel.) overeenstemming.

concordia, ae *f* (*concors*)
1. eendracht, saamhorigheid (*itt. discordia*); ▸ ~ *omnium ordinum;* ~ *equestris* van de ridderstand; *-am constituere; -am confirmare cum alqo;*
2. harmonie, vriendschap; ▸ *felix* ~ (Ov.) een mooi voorbeeld v. vriendschap.

Concordia, ae *f godin v.d. eendracht (in wier tempel op het Capitool geregeld senaatszittingen werden gehouden).*

concorditer (*concors*) *adv.* eendrachtig, in harmonie.

concordō, concordāre (*concors*)
I. *intr.*
1. (*v. levende wezens*) in harmonie, eendracht leven; ▸ *concordante civitate;* ~ *cum Romano;*
2. (*v. niet-lev.*) overeenstemmen, in harmonie zijn (*met: cum; poët. m. dat.*); ▸ *concordante sententiā multorum; sermo concordat cum vita; concordant carmina nervis;*
II. *tr.* met elkaar in overeenstemming, harmonie brengen [**discordes**].

con-cors, *gen.* cordis (*cor*) eensgezind, eendrachtig, in harmonie (*itt. discors*) (*met: cum; dat.*); ▸ *sorores concordes; concordibus animis iuncti; pax* ~; *sonus* ~.

con-coxī *pf. v. concoquo.*

con-crēbrēscō, crēbrēscere, crēbruī, — (*poët.*) toenemen.

con-crēdō, crēdere, crēdidī, crēditum toevertrouwen [**alci aurum; navigia mari; alqd taciturnitati alcis**].
con-cremō, cremāre platbranden, volledig verbranden [**omnia tecta; urbes; epistulas**].
con-creō, creāre (*Laatl.*) tegelijk *of* gezamenlijk scheppen.
con-crepō, crepāre, crepuī, —
I. *intr.* dreunen, kraken, kletteren; ▸ *foris, ostium concrepuit; concrepuēre arma; armis concrepat multitudo; digitis* ~ knippen, *ihb. als teken v.e. meester voor zijn slaven, vd. sprw.: si digitis concrepuerit* op zijn eerste wenk;
II. *tr.*
1. (*poët.; postklass.*) laten kletteren, doen klinken [**aera; hastis scuta**];
2. (*Laatl.*) met veel lawaai aankondigen.
con-crēscō, crēscere, crēvī, crētum
1. samengroeien, stijf worden, verstijven, verstarren; ▸ *mare concretum* ijszee; *concretus gelu Danuvius* dichtgevroren; *concreta sanguine barba* aan elkaar klevend van het bloed; *aër concretus* dicht; (*metaf.*) *concretus dolor* opgekropt, zonder tranen;
2. (*door verdichting*) ontstaan, zich vormen; ▸ *cum cinis in foco concrescit;*
3. (*v. wolken*) zich samenpakken.
concrētiō, ōnis *f* (*concresco*) het zich verdichten, dichtheid [**mortalis** vergankelijke materie].
concrētus, a, um *ppp. v. concerno en concresco.*
con-crēvī *pf. v. concresco.*
con-crīminor, crīminārī (*Plaut.*) een aanklacht indienen.
con-crispō, crispāre
I. *tr.*
1. doen krullen;
2. (*Laatl.*) slingeren, zwaaien [**tela**];
II. *intr.* (*v. dampen*) omhoog kringelen.
con-cruciō, cruciāre (*Lucr.*) kwellen.
concubīna, ae *f* (*concumbo*) concubine, minnares (*oorspr. een vrouw die met een ongetrouwde man samenleefde*).
concubīnātus, ūs *m* (*concubina*)
1. (*Plaut.*) concubinaat (*erkende samenlevingsvorm v. personen die voor de wet niet konden trouwen, bv. v.e. vrijgelaten vrouw met een ongetrouwde man*);
2. (*Suet.*) buitenechtelijke geslachtsgemeenschap [**nuptarum** met getrouwde vrouwen].
concubīnus, ī *m* (*concumbo*) (*poët.; postklass.*) minnaar, geliefde; man die in concubinaat leeft.
concubitus, ūs *m* (*concumbo*)
1. (*poët.*) het bijeenliggen (*ihb. aan tafel*);
2. geslachtsgemeenschap, paring.
concubium, ī *n* (*concumbo*)
1. (*Plaut.*) ~ *noctis* de tijd waarop men diep slaapt, het holst v.d. nacht;
2. (*pre- en postklass.*) geslachtsgemeenschap.
concubius, a, um (*concumbo*) *alleen: concubiā nocte* bij het naar bed gaan, tijdens de eerste slaap.
con-cubuī *pf. v. concumbo.*
conculcātiō, ōnis *f* (*conculco*) (*postklass.*)
1. het vertrappen;
2. onderdrukking, mishandeling.
con-culcō, culcāre (*calco*)
1. in elkaar trappen, plattrappen;
2. mishandelen; minachten, verachten.
con-cumbō, cumbere, cubuī, cubitum (*cubo*) gaan liggen bij, naar bed gaan met (*m. cum; poët. m. dat.*).
concupīscentia, ae *f* (*concupisco*) (*postklass.*) hevig verlangen, felle begeerte.
concupīscibilis, e (*concupisco*) (*postklass.*) begeerlijk.
con-cupīscō, cupīscere, cupīvī (*en* cupiī), cupītum (*cupio*) hevig verlangen, wensen, begeren; ▸ *non pecuniam, non opes, sed caritatem civium et gloriam* ~; *mortem gloriosam* ~; ~ *pervertere civitatem.*
con-cūrō, cūrāre (*Plaut.*) verzorgen.
con-currō, currere, currī (*zelden* cucurrī), cursum
1. te hoop lopen, samenstromen, van alle kanten aan komen snellen; ▸ *ex omnibus locis* ~; *undique a navibus* ~; *ex proximis castellis eo concursum est; alci obviam* ~ van alle kanten op iem. afrennen; *ad curiam* ~; *concurritur ad arma;*
2. zijn toevlucht nemen tot [**ad Leonidam**];
3. op elkaar afstormen, slaags raken, komen aanstormen, aanvallen; ▸ *concurrunt equites inter se; utrimque magno clamore concurritur; concurrunt hastati cum hastatis;*
4. tegen elkaar slaan, botsen; ▸ *concurrit dextera laevae* (*dat.*) er wordt geapplaudisseerd;
5. (*v. tijd*) samenvallen, tegelijk plaatsvinden, op hetzelfde moment gebeuren; ▸ *ut non concurrerent nomina* (*Cic.*) betalingstermijnen;
6. overeenkomen, samenvallen [**signa**].
concursātiō, ōnis *f* (*concurso*)
1. het te hoop lopen, het samenstromen;
2. het rondlopen, -rennen [**puerorum noctur-**

na; **mulierum**];
3. het rondreizen [**regis**; **decemviralis** van de decemviri *in de provincies*];
4. *(milit.)* schermutseling [**leviter armatorum**].
concursātor, ōris *m (concurso) (milit.) (attrib.)* alleen gewend aan schermutselingen [**hostis**].
concursiō, ōnis *f (concurro)*
1. het samenkomen; het samenvallen;
2. *(retor. t.t.)* vervlechting *(stijlfiguur: herhaling v. hetzelfde woord of v. dezelfde woordgroep aan het begin en aan het einde v.e. zin).*
concursō, concursāre *(intens. v. concurro)*
I. *intr.*
1. te hoop lopen, samenstromen;
2. heen en weer rennen, rondzwerven [**circum tabernas**];
3. *(milit. t.t.)* kleine aanvallen doen, schermutselen [**modo in** (tegen) **primum, modo in novissimum agmen**];
II. *tr.* opzoeken, reizen door, langs [**domos**; **provinciam**].
concursus, ūs *m (concurro)*
1. het te hoop lopen, samenstromen [**legatorum**; **hostium**; **aquarum**; **torrentium**];
2. samenscholing, opstootje; ▸ *~ hominum in forum; ad curiam ~ fit plebis; concursūs facere* voor oproer zorgen;
3. het tegen elkaar botsen, stoten [**navium**; **atomorum**; **verborum**; **caeli** onweer, donder; **vocalium**];
4. vijandelijk treffen, confrontatie: (a) *(milit.)* aanval, offensief [**exercituum**]; (b) *(alg.)* [**philosophorum**];
5. *(metaf.)* het samenvallen, samenlopen [**calamitatum**];
6. het samenwerken, medewerking, hulp [**honestissimorum studiorum**];
7. competitie, concurrentie.
con-cussī *pf. v. concutio.*
concussiō, ōnis *f (concutio) (postklass.)*
1. het zwaaien, doen trillen, beving [**hastae**; **mundi**];
2. *(metaf.)* opschudding, verstoring;
3. *(jur.)* afpersing.
concussus[1]**,** ūs *m (concutio)* beving, hevige schok.
concussus[2]**,** a, um *(p. adj. v. concutio)* opgewonden, onrustig.
con-custōdiō, custōdīre *(poët.)* bewaken [**aurum**]; ▸ *poma ab insomni concustodita dracone.*
con-cutiō, cutere, cussī, cussum *(quatio)*
1. *(poët.; postklass.)* hevig schudden, zwaaien [**caput**; **quercum**; **tela**; **arma manu** slingeren];
2. doen trillen, in hevige beroering brengen [**terram ingenti motu**; **freta**];
3. aan het wankelen brengen, omverwerpen [**opes**; **rem publicam**; **imperium**; **senatus consultum**; **fidem**];
4. onrust zaaien onder, doen schrikken, angst aanjagen [**populum Romanum**; **populares**; **barbaros**];
5. *(poët.)* aanzetten tot actie, prikkelen [**pectus**; **plebem**; **equos**];
6. *(postklass.)* tegen elkaar slaan [**frameas**; **manūs**].
condalium, ī *n (Gr. leenw.) (kom.)* ringetje *(voor de vinger).*
con-decet *(onpers.) (kom.)* het is gepast *(voor: acc.).*
con-decōrō, decōrāre *(pre- en postklass.)* zorgvuldig uitdossen, versieren.
con-dēlector, dēlectārī *(eccl.)* behagen scheppen in *(m. dat.).*
condemnātiō, ōnis *f (condemno)*
1. veroordeling;
2. straf, boete.
condemnātor, ōris *m (condemno) (Tac.)* aanklager *(die een veroordeling bewerkstelligt).*
con-demnō, demnāre *(damno)*
1. veroordelen, schuldig verklaren *(het misdrijf wordt uitgedrukt door gen. of de)* [**proditionis**; **de vi** wegens een gewelddaad; **de ambitu**], *(de straf door gen., abl. of ad)* [**capitis** *en* **capite** ter dood; **ad mortem**];
2. berispen [**alqm summae iniquitatis** betichten van];
3. afkeuren, laken [**audaciam alcis**];
4. *(v. aanklagers)* een veroordeling bewerkstelligen.
con-dēnsō, dēnsāre *(pre- en postklass.) en* **con-dēnseō,** dēnsēre *(Lucr.)* dicht opeendringen, -drukken [**aciem**].
con-dēnsus, a, um
1. dicht (opeengedrongen) [**agmen**];
2. dicht bezet met; ▸ *vallis -a arboribus* dicht begroeid.
con-dēscendō, dēscendere, dēscendī, — *(Laatl.)* afdalen naar, te hulp komen *(m. ad; dat.).*
condiciō, ōnis *f (condico)*
1. voorwaarde; ▸ *~ tolerabilis; condiciones pacis; nullā condicione* onder geen enkele voorwaarde; *condicionem accipere; condiciones recusa-*

re; condiciones ferre stellen;*eā condicione ut* op voorwaarde dat;
2. situatie, omstandigheden; ▸ *~ vitae; bonā (pari) condicione* onder gunstige (gelijke) omstandigheden;
3. positie, staat, lot [**servitutis**];
4. voorstel, aanbod; mogelijkheid, keuze;
5. afspraak, overeenkomst, schikking, verdrag [**aequa; iniqua**]; ▸ *pacem condicionibus facere* volgens bepaalde afspraken;
6. huwelijksovereenkomst, -partij.

condiciōnālis, e *(condicio)* voorwaardelijk.

con-dīcō, dīcere, dīxī, dictum
1. gezamenlijk afspreken, vaststellen *(met: dat.)* [**indutias; tempus cenae; locum**];
2. (zich) aankondigen; *(cenam of ad cenam)* een uitnodiging om te komen eten aannemen *(m. dat.; cum)*;
3. *(postklass.) (een vergoeding)* opeisen.

condictīcius, a, um *(condictum) (jur.)* betrekking hebbend op het terugeisen.

condictiō, ōnis *f (condico) (jur.)* aankondiging; eis tot vergoeding.

condictum, ī *n (condico) (Gell.)* overeenkomst; ▸ *pactum atque -um cum populo Romano rumpere.*

con-didī *pf. v. condo.*

con-didicī *pf. v. condisco.*

con-dignus, a, um waardig, gepast, behoorlijk.

condīmentum, ī *n (condio)* kruiderij, specerij; ▸ *cibi ~ est fames, potionis sitis (Cic.); metaf.: facetiae omnium sermonum -a* humor is het zout in de pap v. ieder gesprek.

condiō, condīre
1. kruiden, op smaak brengen [**cenas; vinum**];
2. inmaken;
3. *(metaf.)* kruiden, onderhoudend, aangenaam maken [**orationem**]; ▸ *tristitiam temporum ~; comitate condita gravitas;*
4. balsemen [**mortuos**];
/ **condītus,** a, um gekruid, smakelijk; onderhoudend.

con-discipula, ae *f* medeleerlinge.

condiscipulātus, ūs *m (condiscipulus)* gezamenlijke schooltijd.

con-discipulus, ī *m* medeleerling.

con-discō, discere, didicī, —
1. aanleren, grondig leren;
2. *(Apul.)* leren samen met *(m. dat.).*

condītiō[1], ōnis *f (condio)* het kruiden, inmaken.

conditiō[2], ōnis *f (condo) (eccl.)*
1. het voortbrengen, schepping;
2. *(meton.)* schepsel.

conditīvum, ī *n (condo) (Sen.)* graf.

conditīvus, a, um *(condo)* geschikt om te bewaren, in te maken [**mala; cibaria**].

conditor, ōris *m (condo)*
1. stichter, oprichter [**urbis; Romanae arcis**]; *(eccl.)* Schepper;
2. veroorzaker, uitvinder, grondlegger [**libertatis; scientiae medicorum**];
3. *(poët.; postklass.)* auteur, verteller [**carminum; rerum** geschiedschrijver].

conditōrium, ī *n (condo 9.) (postklass.)* doodkist; grafmonument.

condītūra, ae *f (condio)*
1. smakelijke toebereiding; het inmaken *(v. vruchten)*;
2. *(Petr.)* het temperen.

conditus[1] *ppp. v. condo.*

condītus[2] *zie condio.*

con-dīxī *pf. v. condico.*

con-dō, dere, didī, ditum
1. stichten, oprichten [**gentem; urbem**]; ▸ *ab urbe condita* vanaf de stichting v.d. stad (Rome); *(eccl.)* scheppen;
2. bouwen, aanleggen [**arcem**];
3. instellen, vervaardigen, tot stand brengen [**collegium novum; leges**];
4. opbergen, bewaren, veiligstellen, in veiligheid brengen [**pecuniam in aerarium** *en* **in aerario; argentum**];
5. *(poët.; postklass.)* verbergen, verstoppen, verzwijgen *(m. in m. acc.; in m. abl.; abl.)* [**iram; lumina** sluiten; **oculos** dichtdrukken *(bij een overledene)*]; ▸ *sol conditus in nubem (tenebris)* in nevelen gehuld; *milites in silvis ~; — refl. of pass.* zich verstoppen: *se ~ portu; (metaf.) sol se condit in undas;*
6. opsluiten [**piratas in carcerem, in vincula**];
7. *(poët.) (een wapen)* diep stoten in [**ensem alci in pectus** *of* **(in) pectore**];
8. *(postklass.) (het zwaard)* in de schede steken [**ensem**];
9. *(doden)* bijzetten, ter aarde bestellen, begraven [**ossa terrā; alqm sepulcro**];
10. *(vruchten, wijn e.d.)* bewaren, in de kelder *of* op zolder opslaan; inmaken [**fructūs; vinum; frumentum**];
11. *(in de herinnering)* bewaren;
12. schrijven, opstellen [**carmen; leges**];
13. *(poët.)* beschrijven, bezingen [**Caesaris acta; bella**];

14. *(poët.; postklass.) (een periode)* doormaken, doorbrengen; beëindigen, afsluiten [**saecula; diem; noctem**].
con-doce-faciō, facere, fēcī, factum *(condoceo en facio)* africhten, instrueren [**beluas; tirones gladiatores**].
con-doceō, docēre, docuī, doctum *(Plaut.)* oefenen, africhten.
con-doleō, dolēre, doluī, —
1. pijn lijden;
2. *(postklass.)* samen lijden, medelijden hebben *(met: dat.)*.
con-dolēscō, dolēscere, doluī, — *(incoh. v. condoleo)*
1. pijn gaan doen, *meestal pf.*: pijn doen; ▸ *dens condoluit;*
2. pijn lijden.
condōnātiō, ōnis *f (condono)* schenking.
con-dōnō, dōnāre
1. (weg)geven; overlaten, overdragen [**alci hereditatem** *(als rechter)* toewijzen; **consuli totam Achaiam**];
2. opgeven, opofferen [**se vitamque suam rei publicae**];
3. *(schulden)* kwijtschelden [**pecunias**];
4. *(een vergrijp)* ongestraft laten, door de vingers zien, vergeven [**alci crimen**];
5. *(een schuldige)* omwille van iem. anders *(dat.)* ongestraft laten.
con-dormiō, dormīre diep slapen.
con-dormīscō, dormīscere, dormīvī, — *(incoh. v. condormio) (Plaut.)* inslapen.
Condrūsī, ōrum *m volksstam aan de Maas in Gallia Belgica.*
condūcibilis, e *(conduco) (Plaut.)* bevorderlijk, zinvol, nuttig [**consilium**].
con-dūcō, dūcere, dūxī, ductum
I. *tr.*
1. samenbrengen, -trekken, bij elkaar brengen, verzamelen; ▸ *exercitum in unum locum ~; eo copias auxiliaque ~; dispersas per urbem cohortes in castra ~; populum in forum ~;*
2. verbinden [**cortice ramos; vulnera cerā**];
3. in dienst nemen [**milites; multitudinem**]; — *subst.* **conductī,** ōrum *m* huurlingen;
4. huren, pachten [**hortum; fundum; nummos** lenen];
5. *(werk)* aannemen;
6. *(Plaut.; Gell.)* kopen [**agnum**];
II. *intr. (onpers.)* **condūcit** het is nuttig, het is bevorderlijk *(voor iem.: dat.; voor iets: dat.; ad; in m. acc.; m. inf.)* [**omnibus; nostris rationibus; saluti tuae; ad vitae commoditatem**].
conductīcius, a, um *(conduco)* gehuurd, huur(lingen)- [**domus; exercitus**].
conductiō, ōnis *f (conduco)*
1. het huren, pacht; *(meton.)* huur-, pachtovereenkomst;
2. *(retor. t.t.)* samenvatting v. hetgeen gezegd is.
conductor, ōris *m (conduco)*
1. huurder, pachter;
2. aannemer [**operis**].
conductum, ī *n (conduco)* huurwoning; huur, pacht.
conductus[1], ūs *m (conduco)*
1. het samentrekken, fronsen [**superciliorum**];
2. *(Mel.)* begeleiding, geleide;
3. *(Mel.)* openingslied.
conductus[2] *ppp. v. conduco.*
conduplicātiō, ōnis *f (conduplico)*
1. verdubbeling;
2. *(retor.)* herhaling.
con-duplicō, duplicāre
1. verdubbelen [**divitias**];
2. *(Plaut.) (scherts.) corpora ~* elkaar omarmen.
con-dūrō, dūrāre harden [**ferrum**].
condus, ī *m (condo)* bewaarder.
con-dūxī *pf. v. conduco.*
condylōma, atis *n (Gr. leenw.) (med.) wratachtige* knobbel.
cō-nectō, nectere, nexuī, nexum
1. aan elkaar knopen, vlechten, samenvoegen, verbinden [**crines; nodum** knopen; **lamminas inter se; naves trabibus**];
2. *(postklass.) (v. plaatsen)* verbinden [**Mosellam atque Ararim fossā**];
3. *(bij het spreken)* verbinden, samenhang geven [**sententias; verba**];
4. *(postklass.)* door verwantschap verbinden *(met iem.: dat.);* ▸ *alci conexus* nauw verwant met iem.;
5. *(Tac.)* betrekken in; ▸ *discrimini mariti conexa;*
6. *(filos. t.t.)* logisch verbinden.
cōnexiō, ōnis *f (conecto)* connectie, verbinding, aaneenschakeling, conclusie.
cōnexum, ī *n (conecto)* logische redenering.
cōnexus[1], ūs *m (conecto)* connectie, nauwe verbinding, vervlechting.
cōnexus[2], a, um *(p. adj. v. conecto) (postklass.)* nauw verwant *(met iem.: dat.)* [**Caesari**]; aangetrouwd.
cōn-fabricor, fabricārī *(postklass.)* vervaardigen.

cōnfābulātiō, ōnis *f* *(confabulor)* *(postklass.)* gesprek.
cōn-fābulor, fābulārī
I. *intr.* praten, babbelen;
II. *tr.* *(Plaut.)* praten over, bespreken.
con-familiāris, is *m* *(Mel.)* makker.
cōnfarreātiō, ōnis *f* *(confarreo)* *(poët.; postklass.)* *rituele huwelijksceremonie v.d. patriciërs, waarbij een koek v. spelt (far) geofferd werd.*
cōn-farreō, farreāre *(far)* *(postklass.)* op rituele wijze in de echt verbinden *(zie confarreatio)*; ▸ *confarreatis parentibus genitus* uit een strikt ritueel gesloten huwelijk.
cōn-fātālis, e *(fatum)* door het lot beschikt.
cōn-fēcī *pf. v. conficio.*
cōnfectiō, ōnis *f* *(conficio)*
1. vervaardiging, bereiding [**medicamenti; libri** het schrijven; **testamenti** het opmaken];
2. beëindiging [**belli**];
3. het vorderen, inning [**tributi**];
4. vernietiging; verzwakking [**valetudinis**].
cōnfector, ōris *m* *(conficio)*
1. vervaardiger;
2. iem. die afhandelt [**negotiorum**];
3. vernieler, vernietiger.
cōnfectūra, ae *f* *(conficio)* *(postklass.)* bereiding.
cōnfectus *ppp. v. conficio.*
cōn-ferbuī *pf. v. confervesco.*
cōn-ferciō, fercīre, fersī, fertum *(farcio)* volproppen; samenpersen, dicht op elkaar dringen; — *meestal p. adj.* **cōnfertus,** a, um; ▸ *confertā legione* dicht opeengedrongen.
cōn-ferō, cōnferre, contulī, collātum
1. bij elkaar brengen, verzamelen; samentrekken [**ligna; sarcinas; signa**];
2. *(tot een geheel)* samenvoegen, bij elkaar trekken, verenigen; ▸ *vires in unum* ~; *aquae collatae* verzameld; *signa ad alqm* ~ zich voegen bij;
3. dicht bij elkaar brengen, naar elkaar toe brengen [**capita** de koppen bij elkaar steken; **pedem; gradum** elkaar naderen];
4. *(vijandel.)* bij elkaar brengen, tot een treffen laten komen; ▸ *signa* ~ slaags raken; *signa in laevum cornu* ~ de linkervleugel aanvallen; *signis collatis of collato Marte* in een handgemeen; *collato pede (gradu)* man tegen man; *castra* ~ naar voren verplaatsen;
5. *(vergelijkend)* tegenover elkaar stellen, vergelijken *(met: cum; dat.)* [**pacem cum bello; cum maximis minima; nostras leges cum illorum Lycurgo et Dracone et Solone; parva magnis**];
6. *vires* ~ zijn krachten meten met;
7. *(woorden, meningen)* (uit)wisselen; ▸ *sermones cum alqo* ~ gesprekken voeren; *consilia cum alqo* ~ plannen uitwisselen *of* meedelen; *alqd inter se* ~ iets met elkaar bespreken;
8. *(geld)* betalen, bijdragen [**tributa; pecuniam in statuas** voor beelden];
9. brengen, voeren naar [**obsides in arcem; omnia sua in naves; vota ad deos** richten tot]; — **sē cōnferre** zich begeven naar [**Athenas; in fugam** vluchten; **ad studia** zich wijden aan];
10. doen toekomen, aanbieden *(aan: dat.; in m. acc.)*;
11. *(gedachten of activiteiten)* richten op [**omnem curam atque operam ad philosophiam**];
12. besteden aan, gebruiken voor [**pecuniam ad beneficentiam; legem ad perniciem rei publicae** misbruiken voor; **tempus ad belli comparationem**];
13. opdragen, overlaten aan [**curam restituendi Capitolii in L. Vestinum**];
14. veranderen in [**alqm in saxum**];
15. toeschrijven aan, wijten aan, ten laste leggen van [**suum timorem in angustias itinerum; in alqm culpam**];
16. verzetten, verschuiven [**alqd in longiorem diem** naar een later tijdstip; **Carthaginis expugnationem in hunc annum**];
17. *(postklass.)* bijdragen tot, nuttig zijn voor [**nihil, multum, plus** niets, veel, meer baten].
cōn-fersī *pf. v. confercio.*
cōnfertim *adv.* *(confercio)* dicht op elkaar, in gesloten gelederen [**se recipere; pugnare**].
cōnfertus *zie confercio.*
cōn-fervēfaciō, fervēfacere, —— *(Lucr.)* doen smelten.
cōn-fervēscō, fervēscere, ferbuī, — *(incoh. v. ferveo)* heet worden, ontbranden.
cōnfessiō, ōnis *f* *(confiteor)*
1. bekentenis, erkenning; ▸ *alqm ad confessionem compellere; se ipsos turpissimis confessionibus produnt; ab alqo confessionem culpae exprimere;*
2. *(eccl.)* biecht; *(fidei)* geloofsbelijdenis.
cōnfessor, ōris *m* *(confiteor)* *(eccl.)* belijder *van het christendom.*
cōnfessōrius, a, um *(confessor)* *(jur.)* *actio -a* actie tegen iem. die bekend heeft *iets verschuldigd te zijn.*
cōnfessus *zie confiteor.*

cōn-festim *adv.* *(festino)* onmiddellijk, dadelijk, onverwijld [**subsequi alqm; patres consulere; respondere**].

cōnficiēns, *gen.* entis *(p. adj. v. conficio)* tot stand brengend, vervaardigend *(m. gen.)* [**litterarum** zorgvuldig in het bijhouden v.d. boeken].

cōn-ficiō, ficere, fēcī, fectum *(facio)*
1. tot stand brengen, vervaardigen, maken, ten uitvoer brengen; ▸ *vestem* ~; *alutae tenuiter confectae* gelooid; *sacra* ~ uitvoeren; *tabulas* ~ boekhouden; *quibus rebus confectis* hierna; *bellum* ~ tot een einde brengen;
2. vermoeien, afmatten, verzwakken; ▸ *vetustas omnia conficit; maeror me confecit; populi vires se ipsae conficiunt;* — *p. adj.* **cōnfectus,** a, um uitgeput [**vulneribus; itinere; senectute** zwak];
3. *(afstanden)* afleggen [**iter; aequor** óvervaren; **cursum; viam**];
4. *(tijd)* doorbrengen [**adulescentiam in voluptatibus; omnem vitae suae cursum**]; — *pass.* verlopen [**hieme confecta** toen de winter voorbij was];
5. verkwisten, over de balk gooien [**patrimonium**];
6. *(zaken)* doen, afsluiten, afhandelen, voltrekken [**negotium; facinus; nuptias; pretium** vaststellen; **rationem** de rekening opmaken];
7. verzamelen, bij elkaar brengen [**frumentum; magnam pecuniam**];
8. *(mensen)* op de been brengen, samenbrengen [**equites; legiones; exercitum**];
9. bewerkstelligen, veroorzaken [**motūs animorum**];
10. verteren [**cibum**]; opeten [**pavones**];
11. ombrengen, doden;
12. omverwerpen, onderwerpen, overwinnen [**plures provincias; Athenienses**];
13. *(geschriften, redevoeringen)* opstellen, schrijven, samenstellen [**libros; orationes**];
14. *(filos. t.t.)* een conclusie trekken, concluderen.

cōnfictiō, ōnis *f* *(confingo)* het verzinnen [**criminis**].

cōnfictō, cōnfictāre *(intens. v. confingo)* *(preklass.)* van begin tot eind verzinnen.

cōnfictus *ppp. v. confingo.*

cōnfīdēns, *gen.* entis *(p. adj. v. confido)*
1. vol goede moed, vol vertrouwen;
2. roekeloos, overmoedig.

cōnfīdentia, ae *f* *(confidens)*
1. optimisme, (vast) vertrouwen;
2. zelfvertrouwen;
3. brutaliteit, onbeschaamdheid.

cōnfīdenti-loquus, a, um *(confidens en loquor)* *(Plaut.)* opschepperig.

cōn-fīdō, fīdere, fīsus sum
1. vertrouwen in, zich verlaten op [*(m. dat.)* **legioni; virtuti militum; equitatui;** *(m. abl.)* **firmitate corporis; natura loci;** *(m. de)* **de salute urbis**]; — ppp. **cōnfīsus,** a, um vertrouwend;
2. *(abs. of m. aci.)* vol vertrouwen hopen.

cōn-fīgō, fīgere, fīxī, fīxum
1. aan elkaar vastmaken, vastnagelen, samenvoegen;
2. beslaan, bedekken;
3. doorbóren, doorsteken [**capras sagittis**].

cōn-figūrō, figūrāre *(postklass.)* dezelfde vorm geven, aanpassen.

cōn-findō, findere, — — *(Tib.)* splijten.

cōnfīne, is *n* *(confinis)* *(poët.)* grens.

cōn-fingō, fingere, fīnxī, fictum
1. verzinnen, bedenken, uitdenken, beweren *(m. acc.; aci.)* [**causas falsas ad discordiam; probabilem causam**];
2. bouwen, construeren, vormen.

cōn-fīnis
I. *adj.* e *(m. dat.)*
1. aangrenzend, naburig, grenzend aan;
2. *(poët.; postklass.)* gelieerd aan, verwant aan;
II. *subst.* is *m* eigenaar v.e. belendend perceel.

cōnfīnium, ī *n* *(confinis)*
1. grensgebied, grens; *plur.* grensgebied;
2. *(poët.; postklass.)* *(metaf.)* grens, scheidslijn [**lucis** ochtendschemer; **noctis** avondschemer];
3. nabijheid [**mortis**].

cōn-fīnxī *pf. v. confingo.*

cōn-fīō, fierī, —
1. totstandkomen, uitgevoerd worden, gebeuren;
2. *(v. geld)* opgebracht, bijeengebracht worden;
3. *(Plaut.)* *(v. geld)* opgemaakt worden.

cōnfirmātiō, ōnis *f* *(confirmo)*
1. vestiging, het totstandbrengen [**perpetuae libertatis; amicitiae**];
2. bemoediging, kalmering, troost [**animi**];
3. bevestiging, versterking;
4. *(retor. t.t.)* het funderen dmv. een bewijsvoering.

cōnfirmātor, ōris *m* *(confirmo)* borg.

cōnfirmātus, a, um *(p. adj. v. confirmo)*
1. zelfverzekerd, moedig [**animus; sensus;**

exercitus];
2. bevestigd, bewezen.
cōnfirmitās, ātis *f (confirmo) (Plaut.)* halsstarrigheid.
cōn-firmō, firmāre
1. vastmaken, bevestigen [**stipitem**];
2. versterken, sterker maken [**valetudinem; suam manum** manschappen; **Galliam praesidiis**]; — *pass.* aansterken, zich herstellen;
3. sterk *of* duurzaam maken [**pacem; amicitiam; societatem**];
4. bemoedigen, troosten [**afflictos animos bonorum; militum animos spe auxilii; se animo** moed vatten];
5. verzekeren, met nadruk zeggen;
6. bekrachtigen, geldig verklaren [**decreta**];
7. *(beweringen e.d.)* kracht bijzetten, bewijzen [**alqd exemplis, argumentis; rem teste**]; — *pass.* bevestigd worden; ▸ *suspicio confirmata est;*
8. *(in) een opvatting* sterken [**alcis fidem; civitatem**].
cōn-fiscō, fiscāre *(fiscus)*
1. in de kas bewaren, in contant geld hebben liggen;
2. in beslag nemen voor de keizerlijke kas [**hereditates**].
cōnfīsiō, ōnis *f (confido)* vertrouwen.
cōnfīsus sum *pf. v. confido.*
cōn-fiteor, fitērī, fessus sum *(fateor)*
1. toegeven, bekennen; ▸ *scelus* ~; *(m. dubb. acc.) se hostem* ~ ervoor uitkomen een vijand te zijn; — *p.p.* **cōnfessus,** a, um (a) *(act.)* die een bekentenis heeft afgelegd [**reus**]; ▸ *manūs confessae (Ov.)* vol berouw smekend; (b) *(pass.)* erkend, zeker [**in confesso esse** uitgemaakt zijn];
2. duidelijk te kennen geven, laten blijken [**vultibus iram; se** zich verraden; **(se) deam** zich verraden als];
3. *(eccl.)* het christendom openlijk belijden *of* erkennen; biechten;
4. *(eccl.) (m. acc.)* loven; *(m. dat.)* danken.
cōn-fīxī *pf. v. configo.*
cōnfīxilis, e *(configo) (Apul.)* in elkaar gezet, gebouwd.
cōnfīxus *ppp. v. configo.*
cōnflagrātiō, ōnis *f (conflagro) (postklass.)* brand, verbranding [**conflagratione interire; Vesuvii montis** uitbarsting].
cōn-flagrō, flagrāre
1. oplaaien, in vlammen opgaan, verbranden; ▸ *classis praedonum incendio conflagrabat; metaf.:* ~ *flammā amoris;*
2. te gronde gaan [**invidiā** ten offer vallen aan].
cōnflīctātiō, ōnis *f (conflicto)*
1. *(postklass.)* botsing, strijd, verschil v. mening;
2. stuiptrekking.
cōnflīctiō, ōnis *f (confligo)*
1. botsing, strijd;
2. *(retor.)* strijdigheid.
cōnflīctō, cōnflīctāre *(intens. v. confligo) (eig.* herhaaldelijk *of* heftig botsen)
I. *tr.* aanpakken, ontwrichten, teisteren [**per scelera rem publicam; se maerore**]; — *vaak pass.* geplaagd, aangetast worden [**gravi morbo; tempestatibus; diuturnis molestiis; magnā inopiā necessariarum rerum**]; *abs. (Tac.)* in het nauw komen; ▸ *plebs inter armatos conflictabatur;*
II. *intr. en (vooral) pass.* te kampen hebben met, vechten tegen [**cum adversa fortuna; cum alqo**].
cōnflīctus, ūs *m (confligo)*
1. botsing, treffen [**lapidum; nubium; corporum** *(in de strijd)*];
2. *(postklass.)* vijandelijke botsing, strijd.
cōn-flīgō, flīgere, flīxī, flīctum
I. *intr.*
1. botsen; ▸ *naves graviter conflixerunt;*
2. in een gevecht verwikkeld raken, strijden [**inter se; armis; acie cum hoste; adversus classem;** *(metaf., in processen)* **leviore actione**];
3. *(v. niet-lev.)* strijdig zijn; ▸ *causae confligunt inter se; leges diversae confligunt;*
II. *tr. (Lucr.)* tegen elkaar slaan, bijeenbrengen, verenigen.
cōn-flō, flāre
1. *(pre- en postklass.)* aanblazen, *(door blazen)* aanwakkeren [**ignem**];
2. *(metaf.)* (aan)stoken, aanstichten, doen uitbreken [**bellum; tumultum; seditionem; coniurationem** smeden];
3. *(metaal)* (ver)smelten, doen smelten, omsmelten [**aes; argentum; argenteas statuas**]; *(metaf.)* samenstellen; ▸ *ut una ex duabus naturis conflata videatur;*
4. *(geldstukken)* munten, slaan;
5. optrommelen, op de been brengen [**magnum exercitum; copias**];
6. vergaren [**rem** vermogen; **aes alienum** schulden opeenstapelen];
7. veroorzaken, uitdenken, verzinnen, bereiden

[accusationem et iudicium; crimen; alci periculum; alqd negotii alci].
cōn-flūctuō, flūctuāre *(Apul.)* golven, wapperen; ▸ *palla confluctuabat.*
cōnfluēns, entis *m (confluo) (ook plur.)* samenvloeiing; — **Cōnfluentēs,** ium *f het huidige* Koblenz *(waar de Moezel in de Rijn stroomt).*
cōn-fluō, fluere, flūxī, —
1. *(v. rivieren e.d.)* samenvloeien;
2. *(metaf.)* samenstromen, -komen [**vulgus; multitudo; maeror**].
cōnfluvium, ī *n (confluo)* plaats waar lucht- of waterstromen samenkomen.
cōn-fodiō, fodere, fōdī, fossum
1. doorboren, neersteken [**alqm pugione**];
2. *(metaf.)* vernietigen [**iudiciis**];
3. *(pre- en postklass.)* omspitten [**terram; hortum**].
cōnfoederātiō, ōnis *f (confoedero) (Laatl.)* verbond, bondgenootschap.
cōn-foederō, foederāre *(Laatl.)* door een bondgenootschap verenigen.
cōn-foedō, foedāre besmeuren.
cōn-fore, futūrum gebeuren, het geval zijn.
cōnfōrmātiō, ōnis *f (conformo)*
1. vormgeving, training, vorming [**animi; corporis; doctrinae**];
2. ~ *vocis* stembuiging, intonatie;
3. voorstelling, begrip [**animi**];
4. *(retor. t.t.)* woordplaatsing, stijl, formulering [**verborum; orationis**].
cōn-fōrmis, e *(forma) (Laatl.)* gelijk(soortig).
cōn-fōrmō, fōrmāre
1. (harmonisch) vormgeven, vormen, scheppen [**orationem; mundum**];
2. vormen, scholen [**animum et mentem**];
3. in overeenstemming brengen, aanpassen [**vocem**].
cōn-fornicō, fornicāre *(fornix) (postklass.)* overwelven.
cōn-fortō, fortāre *(fortis) (Laatl.)* versterken, sterker maken; *(metaf.)* dapper maken.
cōnfossus *ppp. v. confodio.*
cōn-foveō, fovēre, fōvī, fōtum *(pre- en postklass.)* koesteren, verzorgen [**alqm; membra**].
cōnfrāctiō, ōnis *f (confringo) (Laatl.)*
1. breuk;
2. *(metaf.)* vernietiging.
cōnfrāctus *ppp. v. confringo.*
cōnfragōsum, ī *n (confragosus)*
1. oneffen, bergachtig terrein;
2. *(metaf.)* moeilijkheid, probleem.
cōn-fragōsus, a, um *(frango)*
1. hobbelig, oneffen [**ager; via**];
2. *(Plaut.) (metaf.)* lastig, moeilijk.
cōn-fragus, a, um *(frango)* ruig.
cōn-frāter, tris *m (Mel.) (eccl.)* broeder, medechristen.
cōn-frēgī *pf. v. confringo.*
cōn-fremō, fremere, fremuī, — *(poët.)* gezamenlijk morren, weerklinken; ▸ *illic agmina confremunt; caelum confremit.*
cōnfricātiō, ōnis *f (confrico) (Laatl.)* prikkelende omgang *(met: gen.).*
cōn-fricō, fricāre, (fricuī), fricātum in-, afwrijven [**genua; faciem sibi**].
cōn-fringō, fringere, frēgī, frāctum *(frango)*
1. breken, vernietigen; ▸ *tesseram* ~ de vriendschap, trouw verbreken;
2. tenietdoen, verijdelen [**consilia senatoria**];
3. *(Plaut.)* verkwisten [**rem** vermogen].
cōn-fūdī *pf. v. confundo.*
cōn-fugiō, fugere, fūgī, — vluchten naar, zijn toevlucht nemen tot *(m. ad; in m. acc.)* [**ad alqm; ad aram; in aedem Minervae;** *metaf.* **ad clementiam tuam; ad vim atque ad arma**].
cōnfugium, ī *n (confugio)* toevlucht, toevluchtsoord.
cōn-fulciō, fulcīre, —, fultum *(Lucr.)* tegen elkaar doen botsen.
cōn-fulgeō, fulgēre, — — *(Plaut.)* oplichten.
cōn-fundō, fundere, fūdī, fūsum
1. bijeengieten, -storten;
2. vermengen, dooreenmengen [**venenum in poculo; omnia ramo** dooreenroeren];
3. verenigen, verbinden, versmelten [**duos populos in unum; sermones in unum**]; — *pass.* zich vermengen, zich verenigen *(met: cum; dat.)*;
4. in verwarring, in de war brengen [**ordines; foedus** verbreken; **iura**];
5. *(poët.; postklass.)* onherkenbaar maken, verminken [**ora; oris notas**];
6. uit het lood slaan, in de war brengen [**animum; animi sensūs**];
7. gieten in;
8. *(pass.)* uitstromen, binnenstromen, instromen [**in vas; in fossam**]; *(metaf.)* zich verbreiden over, zich verspreiden over *(m. in m. acc.; abl.)* [**in totam orationem**].
cōnfūsīcius, a, um *(confundo) (Plaut.)* door elkaar gemengd.
cōnfūsiō, ōnis *f (confundo)*

1. verwarring, ongeregeldheid [**religionum; rerum; vitae**];
2. vereniging, versmelting [**virtutum**];
3. *(postklass.)* vermenging [**colorum**];
4. *(postklass.)* onzekerheid, verwarring, verwardheid; ▸ *tanta in vultu ~ ; animos militum a confusione retrahere;*
5. *(Tac.)* het rood aanlopen *van woede of schaamte;* ▸ *crebra oris ~ ;*
6. *(Laatl.)* vernedering, schande; wandaad;
7. *(jur.)* vermenging *en daardoor teloorgang v. rechten, plichten e.d.*

cōnfūsus, a, um *(p. adj. v. confundo)*
1. ongeordend, verward, onduidelijk [**oratio; verba**];
2. verward, in de war [**vultus; ingenium**].

cōnfūtātiō, ōnis *f (confuto) (postklass.)* weerlegging.

cōn-fūtō, fūtāre
1. weerleggen, bestrijden [**audaciam alcis; opinionis levitatem**];
2. in de kiem smoren, onderdrukken [**dolorem**].

cōn-futuō, futuere, futuī, futūtum *(Catull.)* platneuken.

confutūrum *zie confore.*

con-gaudeō, gaudēre, — *(Laatl.)*
1. zich verheugen samen met *(m. dat.)*;
2. zich verheugen *(over: de; super).*

congelāscō, congelāscere, — *(postklass.)* bevriezen.

congelātiō, ōnis *f (congelo) (postklass.)* bevriezing.

con-gelō, gelāre
I. *tr.*
1. doen bevriezen; — *pass.* bevriezen;
2. *(Ov.)* doen verstijven, hard maken;
II. *intr.*
1. *(Ov.)* dichtvriezen; ▸ *Ister congelat;*
2. *(Ov.)* verstijven, hard worden;
3. *(metaf.)* sloom worden.

congeminātiō, ōnis *f (congemino) (Plaut.)* verdubbeling; *scherts.* omstrengeling.

con-geminō, gemināre
I. *tr.* verdubbelen, herhalen [**crebros ictūs ensibus; securim** bijlslag];
II. *intr. (Plaut.)* zich verdubbelen.

con-gemō, gemere, gemuī, —
I. *intr.* luid steunen;
II. *tr.* klagen over *(m. acc.)* [**mortem**].

con-generālis, is *m (Mel.)* familielid.

con-generō, generāre *(postklass.)* door familiebanden binden.

con-genitus, a, um *(Plin. Mai.)* aangeboren; even oud als *(m. dat.)* [**mundo**].

conger, grī *m (Gr. leenw.)* zeepaling.

congeriēs, ēī *f (congero)*
1. stapel, hoop, berg [**lapidum; armorum; lignorum**];
2. verzameling [**verborum**].

con-gerō, gerere, gessī, gestum
1. bijeenbrengen, verzamelen [**arida virgulta; undique saccos**];
2. opeenhopen, opeenstapelen [**opes; auri pondus**];
3. oprichten, bouwen [**oppida; aram arboribus**]; *(v. vogels)* nestelen, nesten bouwen;
4. royaal uitdelen, veelvuldig werpen, slaan met *(m. acc.)* [**oscula; tela; gladios**];
5. *(metaf.)* in grote hoeveelheden uitstorten over *(m. in m. acc.; ad; dat.)* [**ingentia beneficia in hospitem; omnia ornamenta ad alqm**];
6. *schriftel. of mondeling* bijeenbrengen, verzamelen [**nomina poëtarum; maledicta in Caesarem**].

con-gerrō, ōnis *m (pre- en postklass.)* feestvierder.

con-gessī *pf. v. congero.*

congestīcius, a, um *(congero)* opeengehoopt, opgetast [**humus**].

congestiō, ōnis *f (congero)*
1. het opvullen [**fossarum**];
2. *(meton.)* hoop, massa [**terrae**].

congestus[1] *ppp. v. congero.*

congestus[2]**,** ūs *m (congero)*
1. *(postklass.)* het opeenhopen, het optassen [**magnarum opum; copiarum** levering v. voorraden];
2. *(meton.)* massa, hoop [**lapidum; pulveris**];
3. het nestelen *v. vogels* [**avium**].

congiālis, e *(congius)* met de inhoud v.e. congius [**fidelia**].

congiārium, ī *n (congius; vul aan: donum)* gift, schenking *(oorspronkelijk een uitkering v.e. maat [congius] olie, wijn e.d. voor de armen of soldaten, later een uitkering in geld).*

congiārius, a, um *(congius) (preklass.)* van een congius.

congius, ī *m (Gr. leenw.)* Rom. *inhoudsmaat, ca.* $3^1/_2$ *liter* = $^1/_8$ *amphora = 6 sextarii.*

con-glaciō, glaciāre bevriezen; ▸ *aqua frigoribus conglaciat.*

con-glīscō, glīscere, — — *(Plaut.)* gloeien, ontvonken.

conglobāti, ōnis *f (congōlobo) lees:* conglobātiō.

conglobātiō, ōnis *f (congŏlobo)*
1. *(postklass.)* opeenhoping [**nubium**];
2. *(Tac.)* het bijeenbrengen [**militum**].
con-globō, globāre *(globus)*
1. samenballen, rondmaken; ▸ *terra conglobata;*
2. samenvoegen, opeendringen; — *pass.* samenstromen [**multitudo conglobatur**].
con-glomerō, glomerāre
1. oprollen, opwinden;
2. *(Enn.)* opeenhopen, -dringen.
con-glūtinātiō, ōnis *f (conglutino)*
1. het aan elkaar lijmen;
2. *(retor. t.t.)* samenvoeging, verbinding [**verborum**].
con-glūtinō, glūtināre
1. aan elkaar lijmen, plakken [**libros; vulnera** dichtplakken];
2. bij elkaar brengen, binden; ▸ *hominem natura conglutinavit;*
3. nauw met elkaar verbinden, aanknopen [**amicitias**];
4. *(Plaut.)* in elkaar flansen.
con-graecō, graecāre *en* **con-graecor,** graecārī *(Plaut.) als een Griek* verbrassen [**aurum**].
con-grātulor, grātulārī
1. *(pre- en postklass.)* gelukwensen;
2. met vreugde begroeten [**libertatem concordiamque**];
3. *(eccl.) (m. dat.)* (a) zich verheugen samen met; (b) zich verheugen over.
con-gredior, gredī, gressus sum *(gradior)*
1. samenkomen [**ad colloquium; cum alqo in Macedonia; cum servis; inter se** elkaar ontmoeten];
2. treffen, slaags raken, strijden *(met: cum; dat.)*;
3. twisten [**tecum; cum Academico**].
congregābilis, e *(congrego)* in groepen levend [**apium examina**].
congregātiō, ōnis *f (congrego)*
1. het bijeenbrengen; samenkomst;
2. verzameling, combinatie;
3. *(Laatl.)* menigte, gezelschap, gemeenschap.
congregō, congregāre *(congrex)*
1. in een kudde bijeenbrengen [**oves**]; — *pass.* zich tot een groep verenigen; ▸ *apium examina congregantur;*
2. samenbrengen, verzamelen, verenigen; ▸ *dissipatos homines in unum locum ~;* — *pass.* zich verzamelen, samendrommen: *cuncti ad curiam congregantur;*
3. *zaken* bij elkaar zetten [**signa in unum locum**].
congressiō, ōnis *f = congressus*[1].
congressus[1], ūs *m (congredior)*
1. samenkomst, ontmoeting; ▸ *ad alcis congressum colloquiumque pervenire;*
2. sociale omgang, gezelschap; ▸ *~ cotidianus; congressūs hominum fugere atque odisse;*
3. seksuele gemeenschap;
4. *(Cic.)* overeenkomst;
5. botsing, aanval, strijd.
congressus[2] *p.p. v. congredior.*
con-grex, *gen.* gregis *(postkl.)*
1. tot dezelfde kudde behorend; tot dezelfde groep behorend;
2. bijeengebracht, verzameld.
congruēns, *gen.* entis *(p. adj. v. congruo)*
1. overeenstemmend met, passend bij, geschikt voor *(m. dat.; cum)* [**orationi vita; gestus cum sententiis**]; ▸ *congruens videtur (m. inf.)* het lijkt op zijn plaats, gepast;
2. met zichzelf in overeenstemming, gelijkmatig, eensgezind, harmonieus [**clamor; vox**].
congruentia, ae *f (congruens)* overeenstemming, symmetrie, harmonie [**membrorum; morum**].
con-gruō, gruere, gruī, —
1. samen-, bijeenkomen;
2. op hetzelfde moment gebeuren, samenvallen;
3. overeenstemmen, beantwoorden, passen *(met, aan, bij: cum; dat.; inter se; in: in m. abl.; abl.)*; ▸ *eius sermo cum tuis litteris valde congruit (Cic.); dicta cum factis congruunt.*
congruus, a, um = *congruens.*
con-iciō, icere, iēcī, iectum *(iacio)*
1. bijeenwerpen, bijeenbrengen [**virgulta; sarcinas in acervum** op een hoop];
2. (weg)gooien, toewerpen, slingeren, schieten [**spolia igni; pecuniam in alqd** aan iets verspillen; **pila in hostes; sagittam**];
3. (laten) brengen, werpen, drijven naar *(m. in m. acc.)*; ▸ *mulieres in eum locum ~; auxilia in mediam aciem ~; alqm in vincula ~* in de boeien slaan; *exercitum in angustias ~; hostem in fugam ~* op de vlucht jagen; — *refl.* haastig gaan *of* snellen naar, zijn toevlucht zoeken in [**se in sacrarium**];
4. wenden, richten *(naar: in m. acc.)* [**oculos; crimina**];
5. indelen *(bij: in m. acc.)* [**turbam in tribūs**];
6. *in een toestand* brengen *(m. in m. acc.)* [**alqm in**

laetitiam; rem publicam in periculum]; 7. gissen, concluderen *(op grond van: ex; de)* [**ex oraculo**]; interpreteren [**omen**].

coniectātiō, ōnis *f (coniecto) (postklass.)* vermoeden, gissing.

coniectiō, ōnis *f (conicio)*
1. het bij elkaar plaatsen;
2. het werpen, slingeren [**telorum; lapidum**];
3. uitleg [**somniorum**].

coniectō, coniectāre *(intens. v. conicio)*
1. vermoeden, concluderen *(op grond van: ex; de)*, uitleggen [**rem vetustate obrutam; iter** de weg raden];
2. *(Gell.)* (bijeen)werpen.

coniector, ōris *m (conicio)* (droom)uitlegger.

coniectrīx, īcis *f (coniector) (Plaut.)* (droom)uitlegster.

coniectūra, ae *f (conicio)*
1. vermoeden, veronderstelling, gissing; ▸ *-am facere of capere (m. afh. vr.; op grond van: ex; de)* vermoeden, concluderen; *aberrare -ā* een verkeerde inschatting maken;
2. uitleg, verklaring, voorspelling [**somnii; futuri**].

coniectūrālis, e *(coniectura)* op een vermoeden gebaseerd, hypothetisch.

coniectus[1], ūs *m (conicio)*
1. het bijeenwerpen, -brengen; ▸ *voraginem coniectu terrae explere;*
2. het werpen, slingeren, schieten [**teli** bereik];
3. *(metaf.)* het richten [**oculorum**].

coniectus[2] *ppp. v. conicio.*

cōni-fer, fera, ferum *(conus en fero) (poët.)* kegeldragend.

cōni-ger, gera, gerum *(conus en gero) (poët.) = conifer.*

con-iocor, iocārī (Mel.) grappen maken.

cō-nītor, nītī, nīsus *(en* nīxus) sum
1. zich schrap zetten [**corpore**];
2. zich inspannen, zijn best doen *(m. ut; inf.; ad)* [**ad eum convincendum** om de schuld v. hem te bewijzen]; ▸ *capella gemellos conixa* (na de inspanning v.h. baren) *reliquit (Verg.);*
3. zich oprichten, overeind komen, omhoog zwoegen [**ad surgendum; praealtam in arborem**].

coniuga, ae *f (coniunx) (Apul.)* echtgenote, vrouw.

coniugālis, e *= coniugialis.*

coniugātiō, ōnis *f (coniugo)*
1. *(postklass.)* verbinding, vereniging;
2. *(retor. t.t.)* etymologische verwantschap *v. woorden;*
3. *(gramm. t.t.)* conjugatie, vervoeging *v. werkwoorden.*

coniugātor, ōris *m (coniugo) (Catull.)* iem. die verbindt *(m. gen.).*

coniugiālis, e *(coniugium)* huwelijks-, trouw- [**festa; iura; foedus**]; van de echtgenoot, echtgenote.

coniugium, ī *n (coniungo)*
1. huwelijk, huwelijkse staat;
2. huwelijk, bruiloft;
3. *(poët.) (v. dieren)* het paren, paring;
4. *(poët.) (meton.)* (a) huwelijkspaar; (b) echtgenote, echtgenoot;
5. *(Lucr.)* verbinding, vereniging [**corporis atque animae**].

con-iugō, iugāre
1. verbinden [**amicitiam** aanknopen];
2. in de echt verbinden.

coniūnctim *adv. (coniunctus)* gemeenschappelijk.

coniūnctiō, ōnis *f (coniungo)*
1. verbinding, vereniging, samenhang [**portuum; tectorum** gebouwencomplex; **potestatis et sapientiae**];
2. sociale band, vriendschap *(met: cum; gen.)*; ▸ *~ inter se* met elkaar;
3. verwantschap, familieband;
4. huwelijk, bruiloft;
5. politieke verbinding;
6. *(filos. t.t.)* verbinding *v. begrippen;*
7. *(retor. t.t.)* taalkundige verbinding;
8. *(gramm. t.t.)* voegwoord, conjunctie.

coniūnctus, a, um *(p. adj. v. coniungo)*
1. verbonden, verenigd, samenhangend, overeenstemmend *(met: dat.)*; — *subst.* **coniūncta,** ōrum *n* verwante, met elkaar verbonden begrippen;
2. *(v. plaats)* aangrenzend *(aan: dat.)*; ▸ *theatrum -um domui; castra oppido -a;*
3. *door verwantschap, vriendschap, instelling* verbonden, vertrouwd *(met: cum, dat.; inter se)* [**societate; sanguine**]; ▸ *-e cum alqo vivere;*
4. getrouwd met *(m. dat.)* [**digno -a viro**];
5. *(v. tijd)* verbonden met, direct volgend op *(m. dat.)* [**proelio**].

con-iungō, iungere, iūnxī, iūnctum
1. verbinden met, verenigen met, voegen bij *(m. dat.; cum)* [**castra muro oppidoque; animam cum animo**]; ▸ *dextras ~* elkaar de hand geven; *navem navi ~; noctem diei ~; cohortes cum exercitu ~;* — *pass.* zich verbinden, zich verenigen, samenhangen;

2. *(vriendschap e.d.)* sluiten, aanknopen [**amicitiam; societatem; bellum** gezamenlijk voeren];
3. *(postklass.)* zonder onderbreking voortzetten [**cibi abstinentiam** zonder onderbreking vasten; **consulatum**];
4. samenstellen, formeren [**causam; verba**];
5. laten overeenstemmen, aansluiten [**corpora; consilia**];
6. delen in *(m. acc.)* [**utilitatem; iniuriam**].

coniūnx, iugis *f en m (coniungo)*
1. echtgenote, vrouw; echtgenoot, man;
2. *(poët.)* bruid;
3. *(Prop.)* geliefde;
4. *(poët.; postklass.) (v. dieren)* wijfje.

con-iūnxī *pf. v. coniungo.*

coniūrātiō, ōnis *f (coniuro)*
1. samenzwering, complot [**Catilinae; militum; servorum**]; ▸ *caput, princeps coniurationis; coniurationem facere contra rem publicam; in coniuratione esse* deelnemen aan een samenzwering; *extra coniurationem esse* niet betrokken zijn bij een samenzwering;
2. *(meton.)* samenzweerders;
3. bondgenootschap [**nobilitatis**];
4. onderling afgelegde eed, gemeenschappelijke beëdiging.

coniūrātus, a, um *(p. adj. v. coniuro)* door een eed verbonden [**testes; arma** wapens v.d. samenzweerders; **agmina; in proditionem urbium suarum**]; — *subst.* **-ī,** ōrum *m* samenzweerders.

con-iūrō, iūrāre
1. samenzweren *(m. adversus; contra; de; in m. acc.; ad; inf.; ut)* [**adversus cives suos; contra rem publicam; de consule interficiendo; in mortem patris**]; ▸ *principes inter se coniurant;*
2. zich door een eed verbinden; ▸ *omne coniurat Latium;*
3. *(milit.)* (gemeenschappelijk) de krijgseed afleggen; ▸ *ut omnes Italiae iuniores coniurarent (Caes.);*
4. gezamenlijk *of* tegelijkertijd een eed afleggen, zweren.

coniux, iugis *f en m = coniunx.*

cōnīventia, ae *f (coniveo 3.) (Laatl.)* toegeeflijkheid.

cō-nīveō, nīvēre, nīvī *en* nīxī, — *(vgl. nicto)*
1. de ogen sluiten;
2. *(v.d. ogen)* zich sluiten, dichtgaan *of* gesloten, dicht zijn [**oculis somno conviventibus**];
3. *(metaf.)* een oogje dichtdoen, toegeeflijk zijn *(bij, ten opzichte van: in m. abl.)* [**in sceleribus alcis; in ceteris**].

conl- = *coll-;* **conm-** = *comm-;* **con-n-** = *co-n-.*

connumerō, numerāre *(Laatl.)* tegelijk tellen, erbij tellen.

Conōn, ōnis *m*
1. *Atheense admiraal, ca. 400 v. Chr.;*
2. *mathematicus en astronoom uit Samos, ca. 250 v. Chr., bevriend met Archimedes.*

cōnōpium *en* **-pēum,** ī *n (Gr. leenw.)*
1. muskietennet, klamboe;
2. (hemel)bed *(met gordijnen).*

cōnor, cōnārī
1. proberen, wagen, ondernemen *(m. acc.; inf.);*
2. zich inspannen.

con-p- = *com-p-.*

con—quadrō, quadrāre vierkant maken.

conquassātiō, ōnis *f (conquasso)* het door elkaar schudden; ondermijning [**totius valetudinis corporis**].

con-quassō, quassāre
1. hevig schudden; ▸ *Apulia a maximis terrae motibus conquassata est;*
2. ontwrichten, verstoren [**corpus; mentem**].

con-queror, querī, questus sum luid klagen, (zich) beklagen, zijn beklag doen *(over: acc.; de; m. aci.; cur; quod; ten overstaan van, bij: cum; apud)* [**fortunam adversam; patris in se saevitiam intolerabilem; iniqua iudicia; de fratris iniuria; apud patres vim atque iniuriam dictatoris**].

conquestiō, ōnis *f (conqueror)*
1. beklag, geweeklaag *(over: gen.; de);* ▸ *praeteritorum dolorum conquestiones; longa ~ de bellis civilibus;*
2. klacht.

conquestus[1], ūs *m (conqueror)* weeklacht, geweeklaag.

conquestus[2] *p.p. v. conqueror.*

con-quēxī *pf. v. conquinisco.*

con-quiēscō, quiēscere, quiēvī, quiētum
1. tot rust komen, (uit)rusten, pauzeren;
2. (in)slapen [**meridie; post cibum**];
3. *(geestelijk)* rust vinden [**in studiis litterarum; in musica**];
4. rust krijgen *(van: ab; ex);*
5. *(v. niet-lev.)* bedaren, ophouden, stagneren; ▸ *imbre conquiescente; conquiescent litterae* briefwisseling; *febris conquievit; conquiescit mercatorum navigatio.*

con-quinīscō, quinīscere, quēxī, — *(Plaut.)* hurken.

con-quīrō, quīrere, quīsīvī, quīsītum *(quaero)*
1. bijeenzoeken, -brengen, opdrijven, verzamelen [**naves; frumentum; pecus ex agris; litteras** documenten, schriftelijke bewijzen; **pecuniam**];
2. opzoeken, -sporen [**causas; argumenta; perfugas; voluptates**];
3. *(soldaten, kolonisten)* lichten, werven [**sagittarios; colonos; socios**].

conquīsītiō, ōnis *f (conquiro)*
1. het bijeenzoeken, verzamelen [**librorum; pecuniarum**];
2. *(milit. t.t.)* lichting, werving [**militum**].

conquīsītor, ōris *m (conquiro)* officier belast met de lichting van soldaten.

conquīsītus, a, um *(p. adj. v. conquiro) (adv.* conquīsītē*)* zorgvuldig uitgezocht, uitgelezen; ▸ *mensas conquisitissimis epulis exstruere.*

con-quīsīvī *pf. v. conquiro.*

conquīstor, ōris *m (sync. < conquisitor) (Plaut.)* speurder, spion.

conr- = *corr-.*

con-sacerdōs, ōtis *m (eccl.) (geestel.)* ambtsbroeder.

cōn-sacrō = *consecro.*

cōn-saepiō, saepīre, saepsī, saeptum omheinen, -muren; *vooral ppp.* **cōnsaeptus,** a, um omheind, -muurd [**ager; locus**].

cōnsaeptum, ī *n (consaepio)* omheining, -muring.

cōnsalūtātiō, ōnis *f (consaluto)* begroeting *(door een menigte)* [**forensis**].

cōn-salūtō, salūtāre tegelijk *of* luid begroeten *(m. acc.; dubb. acc.)* [**alqm dictatorem** iem. als dictator; **alqm patrem patriae**].

cōn-sānēscō, sānēscere, sānuī, — *(vgl. sanus)* beter worden, genezen *(v. wonden en zweren).*

cōn-sanguineus *(sanguis)*
I. *adj.* a, um verwant, *ihb.* van broer(s) en zus (-sen); *alg.* verwant *(ook v. stamverwante volkeren)* [**populus**];
II. *subst.* ī *m* bloedverwant, *ihb.* broer; — **cōnsanguinea,** ae *f (Catull.)* zuster.

cōnsanguinitās, ātis *f (consanguineus)* bloedverwantschap; *alg.* verwantschap *(ook metaf.)* [**doctrinae**].

cōn—sānō, sānāre genezen, gezond maken.

cōn-sānuī *pf. v. consanesco.*

cōn-sarcinō, sarcināre *(postklass.)* dichtnaaien, hechten.

cōn-sariō, sarīre grondig schoffelen.

cōn-sauciō, sauciāre ernstig verwonden [**caput**].

cōn-sāviō, sāviāre *en* **cōn-sāvior,** sāviārī *(Apul.)* zoenen.

cōnscelerātus
I. *adj.* a, um *(p. adj. v. conscelero)* misdadig, verwerpelijk, gewetenloos, laaghartig [**filius; mens; impetus; bellum**];
II. *subst.* ī *m* misdadiger.

cōn-scelerō, scelerāre door (een) misdaad bezoedelen.

cōn-scendō, scendere, scendī, scēnsum *(scando)*
1. bestijgen, beklimmen, klimmen op *(m. acc.; zelden in m. acc.)* [**aethera; moenia; currum; aequor navibus** bevaren; **in equos**];
2. *(naut. t.t.)* scheep gaan, zich inschepen, aan boord gaan *(m. acc.; in m. acc.; abs.)* [**navigium; in navem**];
3. *(Prop.) (metaf.)* zich verheffen tot *(m. acc.)* [**laudis carmen** tot een lofdicht].

cōnscēnsiō, ōnis *f (conscendo)* het bestijgen [**in naves** inscheping].

cōn-scholāris, is *m (schola) (Mel.)* medeleerling.

cōn-scidī *pf. v. conscindo.*

cōn-scientia, ae *f (conscio)*
1. het medeweten, medeplichtigheid [**coniurationis; facinoris**]; ▸ *alqm in -am assumere* iem. in vertrouwen nemen, medeplichtig maken;
2. het zich bewust zijn van, het overtuigd zijn van *(m. gen., zelden de)*; ▸ *~ virium nostrarum; ~ de culpa; nostra stabilis ~* zelfbewustzijn;
3. geweten *(afhankelijk v.d. context ook:* zuiver *of* slecht geweten*)*; ▸ *~ mentis suae; animi -ā excruciari; magna vis est -ae; angor -ae; mea mihi ~ pluris est quam omnium sermo (Cic.).*

cōn-scindō, scindere, scidī, scissum
1. verscheuren, aan stukken scheuren [**epistulam**]; ▸ *alqm capillo ~* iems. kapsel ruïneren;
2. *(metaf.) (met woorden)* onderuithalen, verguizen; ▸ *ab optimatibus conscindi; sibilis ~* uitjouwen, -fluiten.

cōn-sciō, scīre, — — zich bewust zijn [**nil sibi** van geen kwaad].

cōn-scīscō, scīscere, scīvī *en* sciī, scītum
1. formeel besluiten *(m. acc.; ut)*; ▸ *bellum ~; consciverant ut bellum cum priscis Latinis fieret;*
2. besluiten tot, vrijwillig kiezen, op zich nemen, zich aandoen [**(sibi) mortem** zelfmoord plegen; **turpem fugam; facinus**].

cōnscius *(scio)*
I. *adj.* a, um
1. medeplichtig aan, ingewijd in, vertrouwd

met *(m. gen.; dat.; de; in m. abl.; afh. vr.)* [**necis; coniurationi; his de rebus; in privatis rebus; vobis tanti facinoris** medeplichtig met u aan een zo belangrijke daad];
2. *(m. en zonder sibi)* zich bewust van *(m. gen.; dat.; aci.; afh. vr.)* [**sceleris; iniuriae; formae -a coniunx** van haar schoonheid];
3. schuldbewust [**animus**];
II. *subst.* ī *m* medeplichtige, vertrouweling, deelnemer *(m. gen.)* [**coniurationis** samenzweerder]; — **cōnscia,** ae *f* vertrouwelinge.
cōn-scīvī *pf. v. conscisco.*
cōn—scolāris, is *m* = *conscholaris.*
cōn-screor, screārī *(screo) (Plaut.)* de keel schrapen.
cōnscrībillō, cōnscrībillāre *(demin. v. conscribo)*
1. *(preklass.)* bekrassen;
2. *(Catull.) (metaf.)* met striemen bedekken.
cōn-scrībō, scrībere, scrīpsī, scrīptum
1. opschrijven, *(op een lijst)* in-, bijschrijven [**sex milia familiarum** *(als kolonisten)*; **collegia**];
2. opstellen, samenstellen, schrijven [**librum; testamentum; legem**];
3. *(soldaten)* lichten, rekruteren [**legiones; exercitum; omnes qui arma ferre possunt**];
▸ *modo conscripti* rekruten;
4. *(burgers in een bepaalde stand)* inschrijven, indelen; ▸ *centuriae tres equitum conscriptae sunt* werden ingesteld;
5. in de lijst van senatoren inschrijven, (nieuwe senatoren) bijschrijven; — *subst.* **cōnscrīptī,** ōrum *m* de nieuwe senatoren, *die volgens de overlevering afkomstig waren uit de ridderstand en bijgeschreven werden op de bestaande lijst v. senatoren;* **patrēs cōnscrīptī** *(eig. patres et conscripti)* vaders *(dwz.* patriciërs) en bijgeschrevenen = de senatoren, de senaat;
6. beschrijven, volschrijven.
cōnscrīptī, ōrum *m zie conscribo.*
cōnscrīptiō, ōnis *f (conscribo)*
1. het schriftelijk optekenen; verhandeling; ▸ *falsae conscriptiones quaestionum* vervalsing van de onderzoeksrapporten;
2. *(Laatl.) (meton.)* akte; oorkonde.
cōnscrīptus *ppp. v. conscribo.*
cōn-secō, secāre, secuī, sectum
1. in stukken snijden, hakken [**brassicam; membra fratris**];
2. *(Plin. Mai.)* (terug)snoeien [**truncum arboris**].
cōnsecrātiō, ōnis *f (consecro)*
1. wijding [**aedium; domūs; bonorum; legis aut poenae** verklaring van onschendbaarheid];
2. vervloeking [**capitis**];
3. *(postklass.)* vergoddelijking *v.d. keizer,* apotheose.
cōnsecrātor, ōris *m (eccl.)* iem. die wijdt *(Christus, de paus).*
cōn-secrō, secrāre *(sacro)*
1. *aan een godheid* wijden [**aedem Iovi; totam Siciliam Cereri; bona alcis**];
2. aan de goden v.d. onderwereld wijden = vervloeken; ▸ *te tuumque caput consecro;*
3. aan iems. wraak prijsgeven [**Miloni**];
4. tot godheid verheffen, vergoddelijken, heilig verklaren [**Romulum; Claudium; alcis virtutes**]; ▸ *apud Memphim bovem Apim consecraverunt;*
5. onsterfelijk maken, vereeuwigen; ▸ *alcis res gestas memoriā et litteris ~; amplissimis monumentis ~ memoriam nominis tui;*
6. wijden, opdragen aan; ▸ *se patriae ~* zich opofferen voor; *matrem immortalitati ~* onsterfelijk maken; *Africanus veterem Carthaginem nudatam tectis atque moenibus ad testificandam nostram victoriam, ad aeternam hominum memoriam consecravit (Cic.) (om de mensen eraan te herinneren dat het niet opnieuw opgebouwd mocht worden);*
7. onschendbaar maken.
cōnsectāneus, ī *m (consector) (August.)* aanhanger.
cōnsectārius, a, um *(consector)* consequent, logisch volgend.
cōnsectātiō, ōnis *f (consector)* het streven *(naar: gen.)* [**concinnitatis**].
cōnsectātrīx, īcis *f (consector)* volgelinge [**voluptatis**].
cōnsectiō, ōnis *f (conseco)* het in stukken hakken.
cōn-sector, sectārī *(intens. resp. frequ. v. consequor) (m. acc.)*
1. ijverig *of* voortdurend begeleiden; volgen;
2. streven naar, nastreven, najagen, trachten te bereiken [**opes; potentiam; largitione benevolentiam Macedonum**];
3. een zaak naspeuren, onderzoeken;
4. *(vijandel.)* vervolgen, achtervolgen, achternajagen [**alqm stricto gladio; hostes; naves; feminas**].
cōnsecūtiō, ōnis *f (consequor)*
1. gevolg; ▸ *consecutionem alcis rei afferre* iets tot gevolg hebben, resulteren in iets;
2. *(retor. t.t.)* juiste opeenvolging, ordening [**verborum**];

3. *(filos. t.t.)* gevolgtrekking, conclusie.

cōnsecūtus *p.p. v. consequor.*

cōn-sedeō, sedēre *(Laatl.)* bijeenzitten.

cōn-sēminālis, e beplant met meer soorten (planten).

cōnsēmineus, a, um *(semen) = conseminalis.*

cōn-senēscō, senēscere, senuī, —

1. *(v. personen)* (a) samen oud worden; ▸ *illā consenuere casā (v. Philemon en Baucis);* (b) *alg.* een hoge leeftijd bereiken, oud worden; ▸ *in Puteolano praedio usque ad centesimum annum consenuit;* (c) zwak, gebrekkig worden; ▸ *sub armis ~; iuventus ad Veios consenescit;* (d) *(v. innerlijke kracht)* krachteloos worden, in daadkracht inboeten; ▸ *otio et tranquillitate rei publicae consenescebat* in tijden van politieke rust boette hij in qua daadkracht; (e) *(pol.)* in waarde, invloed, aanzien inboeten;
2. *(v. zaken)* (a) verouderen; (b) kracht, werking verliezen, in verval raken; ▸ *veteres leges ipsā vetustate consenescunt;*
3. *(v. lichaams- en geesteskracht)* oud en gebrekkig worden, afnemen, achteruitgaan; ▸ *consenescunt vires atque deficiunt; animus patris consenuit in affecto corpore.*

cōnsēnsiō, ōnis *f = consensus.*

cōnsēnsus, ūs *m (consentio)*

1. *(v. personen)* overeenstemming, eensgezind-, eendrachtig-, eenstemmigheid, unaniem besluit [**omnium gentium; patrum; bonorum; universae Galliae**]; *(in, over: gen.; de; in m. abl.)* [**libertatis vindicandae; in me tuendo**]; ▸ *ex consensu* met algemene instemming; *omnium (of uno, communi) consensu* eenstemmig *(postklass. ook alleen consensu);*
2. *(v. niet-lev.)* harmonie, overeenstemming [**naturae**];
3. afspraak; *(in neg. zin)* samenzwering, complot.

cōnsentānea, ōrum *n (consentaneus)* dingen die overeenstemmen.

cōnsentāneus, a, um *(consentio)* overeenstemmend, verenigbaar, passend *(met, bij: dat.; zelden cum)* [**rationi disciplinaeque; tempori; cum iis litteris**]; ▸ *-um est* het past, het is logisch, natuurlijk, in orde, het klopt *(m. inf.; aci.; ut).*

Cōnsentia, ae *f belangrijkste stad v. Bruttium in Z.-Italië, ook bekend door het graf v. Alarik, 410 n. Chr., nu* Cosenza; — *inw.* **Cōnsentīnī,** ōrum *m.*

cōnsentiēns *zie consentio.*

cōn-sentiō, sentīre, sēnsī, sēnsum

1. overeenstemmen, eenstemmig zijn, overeenstemming bereiken *(met: cum of dat.; over, in: de; in m. abl.)* [**cum populi Romani voluntate; de amicitiae utilitate; de rei publicae salute; sibi** zichzelf trouw blijven, consequent zijn];
2. eenstemmig besluiten *(m. acc.; ut; inf.; aci.);*
3. samenzweren [**urbem inflammare; in Philippi necem; ad prodendam urbem; de urbe tradenda**];
4. *(v. zaken)* overeenstemmen, in harmonie zijn, passen *(abs.; inter se; met, bij: cum; dat.; de);* ▸ *vultus consentit cum oratione; his principiis reliqua consentiebant;*

/ *p. adj.* **cōnsentiēns,** entis eenstemmig, eendrachtig, overeenstemmend.

cōn-senuī *pf. v. consenesco.*

cōn-sepeliō, sepelīre *(eccl.)* begraven.

cōnsequē *adv. (consequus) (Lucr.)* daaropvolgend.

cōnsequēns, *gen.* entis *(consequor)*

I. *adj. (adv.* consequenter*)*
1. volgend *(in tijd of plaats);*
2. *(filos. t.t.)* (a) passend, in overeenstemming; (b) logisch, consistent, consequent;
3. *(gramm. t.t.)* juist geconstrueerd; analoog;

II. *subst. n* gevolg(trekking), conclusie.

cōnsequentia, ae *f (consequor)* gevolg, opeenvolging.

cōnsequius, a, um *(consequor) (Apul.)* volgend.

cōn-sequor, sequī, secūtus sum *(m. acc.)*

1. onmiddellijk (achter)volgen;
2. *(v. tijd)* volgen; ▸ *nox consequitur diem; consequitur tranquillitas;*
3. vervolgen, achtervolgen [**copias Helvetiorum**];
4. *(een voorbeeld)* volgen, nadoen;
5. strikt opvolgen, zich precies houden aan [**eum morem; alcis sententiam; suum institutum; scriptorem**];
6. inhalen, bereiken [**fugientem; cohortes; rates**]; ▸ *litterae alqm consequuntur;*
7. verkrijgen, verwerven, bereiken, behalen [**multa studio; gloriam duabus victoriis; libertatem; honores amplissimos; eloquentiam; multum in dicendo**];
8. *(v. geluk of ongeluk)* treffen, achterhalen;
9. gelijkkomen met *(m. acc.)* [**maiorem**];
10. begrijpen, vatten, inzien [**similitudinem veri; alqd memoriā** in zijn geheugen opslaan, onthouden];
11. *(als resultaat)* het gevolg zijn van, volgen; ▸ *pudorem rubor consequitur;*

12. (*log.*) volgen uit;
13. volledig weergeven [**causas verbis**].

cōnsequus, a, um (*consequor*) volgend.

cōn-serō[1]**,** serere, seruī, sertum
1. (*vijandel.*) bij elkaar brengen, samenbrengen; ▸ *manum of manūs cum alqo* ~ slaags raken, beginnen te vechten, het gevecht aangaan; *conserta acies* gevecht van man tegen man;
2. (*v. strijd*) aanbinden, leveren [**proelium; bellum**];
3. (*poët.; postklass.*) aaneenrijgen, samenvoegen, verbinden (*met of aan: dat.*) [**vincula; vehicula vehiculis**];
4. (*poët.; postklass.*) aansluiten, aanknopen [**nocti diem** de dag bij de nacht nemen = dag en nacht doorwerken; **sermonem** een gesprek aanknopen];
5. (*poët.; postklass.*) vastmaken, -spelden [**sagum fibulā**];
6. (*poët.; postklass.*) knopen, vlechten; ▸ *lorica conserta auro* gevlochten uit;
7. (*jur. t.t.*) *in of ex iure manum* ~ de hand op het object van onenigheid leggen, een eigendomsproces beginnen; ▸ *alqm ex iure manum consertum (sup.) vocare* dagvaarden voor een eigendomsproces;
8. (*poët.*) aanvlijen tegen, tegen elkaar vlijen [**teneros sinūs; latus lateri**].

cōn-serō[2]**,** serere, sēvī, situm
1. beplanten, bezaaien; ▸ *agrum* ~ bebouwen; *regio consita pomis*;
2. aanplanten [**arbores; nemora**];
3. (*poët.*) (*metaf.*) bezwaren, hinderen; ▸ *senectute consitus*.

cōnsertē *adv.* (*consertus v. consero*[2]) onderling verbonden; in samenhang.

cōn-serva, ae *f* medeslavin.

cōnservātiō, ōnis *f* (*conservo*)
1. het bewaren, behouden [**frugum**];
2. (*metaf.*) het in stand houden, in acht nemen, behoud [**ordinis; officiorum; bonorum; aequabilitatis; Marii**].

cōnservātor, ōris *m* (*conservo*) beschermer, redder [**rei publicae; urbis**].

cōnservātrīx, īcis *f* (*conservo*) beschermster.

cōn-servitium, ī *n* (*kom.*) gemeenschappelijke slavernij.

cōn-servō, servāre
1. bewaren, behouden [**fruges**];
2. in stand houden, handhaven [**morem veterem; consuetudinem; auctoritatem; ius iurandum** zich houden aan; **fidem** trouw blijven; **ordines** in het gareel lopen; **ordinem** de orde bewaren];
3. *voor, van de ondergang* behoeden, redden, beschermen [**rem publicam; homines incolumes** mensen ongedeerd laten; **omnia simulacra arasque**];
4. genade schenken, in leven laten [**captivum**].

cōn-servus, ī *m* medeslaaf.

cōnsessor, ōris *m* (*consido*)
1. buurman, iem. die naast een ander zit;
2. (*in de rechtbank*) bijzitter.

cōnsessus, ūs *m* (*consido*)
1. (*postklass.*) het bij elkaar zitten;
2. vergadering, zitting; ▸ ~ *praeconum; consessus theatrales gladiatoriique*;
3. rechtszitting.

cōnsīderātiō, ōnis *f* (*considero*) beschouwing, overweging.

cōnsīderātus, a, um (*p. adj. v. considero*) (*adv.* considerātē)
1. (*v. zaken*) zorgvuldig afgewogen, weloverwogen [**via vivendi; iudicium**];
2. (*v. personen*) bedachtzaam, behoedzaam [**iudex**].

cōn-sīderō, sīderāre
1. bekijken, observeren [**milites; opus pictoris; caelum**];
2. overdenken, overwegen (*m. acc.; de; m. ut* erop bedacht zijn dat; *m. afh. vr.*) [**causam; se** kritisch over zichzelf nadenken; **de tota re; de praemiis**]; ▸ *alqd secum, cum animo suo of secum in animo* bij zichzelf overwegen.

cōnsidium, ī *n* = *consilium*.

cōn-sīdō, sīdere, sēdī, sessum
1. bij elkaar gaan zitten, gezamenlijk plaatsnemen [**eodem in loco; sub arbore;** (*poët. ook m. abl.*) **saxo**];
2. (*v. individuen*) gaan zitten, plaatsnemen [**in sella regia**];
3. (*ter beraadslaging*) bij elkaar gaan zitten, zich verzamelen, zitting houden [**ad ius dicendum**];
4. zich vestigen, gaan wonen [**in finibus Ubiorum**];
5. (*milit.*) zich legeren, zich opstellen, zijn positie innemen [**in colle; pro castris; in insidiis**];
6. (*metaf.*) bedaren, afnemen, ophouden; ▸ *terror, cura, motus consedit*;
7. in vergetelheid raken; ▸ *nomen eius consedit*;
8. (in)zinken, wegzinken, verzinken, instorten; ▸ *terra consedit; considit in ignes (in igne)*

Ilium wordt in de as gelegd; *urbs luctu considit* verzinkt in verdriet;
9. (*metaf.*) zich vastzetten; ▸ *multa bona in pectore consident; improbitas in mente alcis considit;*
10. (*poët.*) landen, binnenlopen [**Ausonio portu**].

cōn-signō, signāre
1. van een zegel voorzien, bezegelen, verzegelen [**epistulas; tabulas signis**];
2. schriftelijk bekrachtigen, bevestigen, waarborgen, vastleggen, garanderen; ▸ *senatūs iudicia publicis litteris* ~; *auctoritatem alcis* ~; *antiquitas clarissimis monumentis testata consignataque* bevestigd en gewaarborgd;
3. optekenen [**alqd litteris; fundos publicis commentariis; notiones in animis** inscherpen].

cōn-silēscō, silēscere, siluī, — (*pre- en postklass.*) verstommen.

cōnsiliārius (*consilium*)
I. *subst.* ī *m*
1. adviseur, raadgever [**regis; in negotiis publicis**];
2. bijzitter, assessor *bij een raadszitting of voor het gerecht;*
3. (*Mel.*) (*caesareus*) keizerlijk raadsheer;
II. *adj.* a, um (*pre- en postklass.*) adviserend, raadgevend [**senatus; amicus**].

cōnsiliātor, ōris *m* (*consilior*) (*poët.; postklass.*) adviseur, raadgever.

cōnsiliātrīx, īcis *f* (*consilior*) (*postklass.*) raadgeefster.

cōnsilīgō, inis *f* (*med.*) o.a. longkruid.

cōnsilior, cōnsiliārī (*consilium*)
1. beraadslagen, overleggen;
2. iem. raad geven.

cōnsilium, ī *n* (*consulo*)
1. plan, voornemen, bedoeling (*om, tot: gen.; inf.; gen. v.h. gerundivum; de; ut*) [**callidum; acre; audax**]; ▸ *clandestina -a* heimelijke plannen, list(en), intriges; ~ *fugae* het plan om te vluchten; ~ *ex oppido profugere; -a (con)coquere* smeden; *particeps -orum; ignarus (expers) eius -i; -um frangere, probare, detegere, patefacere; -i auctor; -a perniciosa rei publicae;* ~ *plenum sceleris et audaciae; -o desistere; deterreri ab eo -o iniquitate loci; enuntiare sociorum -a adversariis; inire -um senatūs interficiendi;* — **cōnsiliō** weloverwogen, met opzet;
2. beleid, overleg, inzicht; ▸ *quis virtute, -o, auctoritate praestantior?; philosophus magni -i; ratio et* ~ intelligente berekening;
3. besluit, beslissing; ▸ ~ *constat* staat vast; *-a occulta inire; id suo privato -o fecit* dit deed hij op eigen initiatief; *certus (incertus) -i* vastberaden (weifelend) in zijn besluiten;
4. raad(geving), advies [**bonum; utile; fidele**]; ▸ *alci -um dare; -um accipere; alcis -a sequi* opvolgen; *alcis -o uti; orbus -o auxilioque* radeloos en hulpeloos; *de (ab) amico -um petere* een vriend om raad vragen;
5. (*meton.*) raadgever;
6. beraadslaging, beraad, onderling overleg, bespreking, (adviserende) vergadering; ▸ *-a nocturna; -a principum;* ~ *propinquorum* familieberaad; *in -um ire* gaan overleggen; *-um habere* houden, beleggen; *-is arcanis interesse; cum alqo -a conferre; saepe in senatu -a versata sunt;*
7. bijeenkomst v.e. overheidsorgaan (*v.d. senaat, magistraten*), zitting, raadsvergadering; ▸ *iudices in -um advocare* ter zitting bijeenroepen; *-um vocare, dimittere* bijeenroepen, ontbinden;
8. adviescollege [**praetoris**];
9. krijgsraad, overleg v.d. aanvoerder met zijn officieren (= ~ *bellicum, castrense of militare*);
10. (krijgs)list [**fallax; imperatorium**].

cōn-similis, e volkomen gelijk (*aan: dat.; gen.*); ▸ *aedificia fere Gallicis consimilia.*

cōn-sipiō, sipere, — — (*sapio*) (*postklass.*) bij zijn volle verstand zijn *of* blijven.

cōn-sistō, sistere, stitī, —
1. (**a**) zich gezamenlijk opstellen, bijeenkomen; *pf. m. praes. betekenis:* staan (*m. in m. abl.*); ▸ *tota Italia constitit* kwam bijeen; (**b**) (*v. individuele personen*) een positie innemen, zich plaatsen, zich opstellen, gaan staan, optreden; *pf. m. praes. betekenis:* staan (*m. in m. abl.*) [**in foro**];
2. (*milit. t.t.*) stellingen betrekken, posities innemen, aantreden;
3. (*milit.*) halt houden, zich legeren, rusten; ▸ *acies consistit; in monte* ~; *in sinistra parte* ~;
4. stilstaan, blijven staan [**in valle; ante urbem; ante portas**];
5. (*als reiziger e.d.*) de reis onderbreken, zich ophouden, verblijven [**in Italia; Romae; in urbe**];
6. vaste voet krijgen, standhouden [**in fluctibus; in arido; in vadis**];
7. zich vestigen, gaan wonen [**in provincia**];
8. *cum alqo* ~ iems. kant kiezen;
9. bestaan, voorhanden zijn; ▸ *ubi maleficia consistunt, ibi poena consistit;*
10. (*v. toestanden*) intreden, zich voordoen;
11. stokken, ophouden, gaan liggen, tot stil-

stand komen; ▸ *bellum, ira consistit;*
12. *(Ov.)* blijven steken; ▸ *iaculum constitit;*
13. stilstaan, verwijlen *(bij: in m. abl.)* *(ihb. bij het spreken)* [**in singulis**];
14. berusten op, bestaan in *of* uit *(in m. abl. of ex)*; ▸ *in te salus omnium consistit; victus in lacte et caseo consistit;*
15. tot rust komen, rustig worden, bedaren, kalmeren;
16. zich handhaven, zich staande houden, standhouden [**certā in sententia; in forensibus causis**];
17. voor anker gaan [**in portu**].

cōnsistōrium, ī *n (consisto) (postklass.; Laatl.)* plaats v. samenkomst, vergaderruimte, ihb. keizerlijk adviescollege.

cōnsitiō, ōnis *f (consero*[1]*)* het bezaaien, beplanten, aanplant; *plur.* manieren om te telen.

cōnsitor, ōris *m (consero*[1]*) (poët.)* planter [**uvae** = Bacchus].

cōnsitūra, ae *f = consitio.*

cōnsitus *ppp. v. consero*[1].

cōn-sobrīna, ae *f* volle nicht *(strikt genomen de dochter v.e. tante aan moederskant).*

cōn-sobrīnus, ī *m* volle neef *(strikt genomen de zoon v.e. tante aan moederskant).*

cōn-socer, erī *m (poët.; postklass.)* schoonvader v. iems. zoon of dochter.

cōnsociālis, e *(Mel.)* gelijkwaardig; — *subst.* is *m* kameraad.

cōnsociātiō, ōnis *f (consocio)* verbondenheid, vereniging [**totius generis hominum**].

cōn-sociō, sociāre
1. verbinden, verenigen; ▸ *animos eorum ~; imperium ~; inter nos naturā ad civilem communitatem coniuncti et consociati sumus* wij zijn van nature met elkaar tot samenleving verbonden;
2. iets gemeenschappelijk doen, delen [**regnum; consilia cum alqo** iem. in zijn plannen betrekken]; ▸ *dii consociati* de gezamenlijke verering v.d. goden.

cōn-socius *(postklass.)*
I. *adj.* a, um verenigd, verbonden;
II. *subst.* ī *m* (strijd)makker, kameraad.

cōnsōlābilis, e *(consolor)*
1. *(pass.)* troostbaar, te troosten; ▸ *est vix ~ dolor* is nauwelijks te verzachten;
2. *(act.) (Gell.)* troostend [**carmen**].

cōnsōlātiō, ōnis *f (consolor)*
1. troost, vertroosting, bemoediging; *plur.* troostende woorden; ▸ *lenire se consolatione; afferre huic malo consolationem;*
2. *(meton.)* troostrede, -schrift.

cōnsōlātor, ōris *m (consolor)*
1. trooster;
2. *(eccl.)* Heilige Geest.

cōnsōlātōrius, a, um *(consolator)* troostend, troost- [**litterae; codicilli**].

cōn-solidō, solidāre
1. verstevigen, versterken;
2. *(jur.) vruchtgebruik en eigendom* laten samenvallen.

cōn-sōlor, sōlārī
1. troosten, bemoedigen, kalmeren, tot bedaren brengen [**trepidantem**]; ▸ *spes sola homines in miseriis ~ solet (Cic.); qui te ~ cupio, consolandus ipse sum (Cic.); consolando levare dolorem; verba consolantia;* — *p. adj.* **cōnsōlātus,** a, um bemoedigd;
2. *(door troost)* iets lenigen, verlichten, verzachten [**dolorem**]; ▸ *consolatur honestas egestatem; brevitatem vitae posteritatis memoriā ~* door de herinnering v.h. nageslacht.

cōnsonantia, ae *f (consono) (postklass.)* harmonie, overeenstemming.

cōn-sonō, sonāre, sonuī, —
1. tegelijk klinken, in harmonie klinken; ▸ *consonante clamore* eenstemmig;
2. overeenstemmen, in harmonie zijn;
3. *(niet-klass.)* weergalmen; ▸ *tubae utrimque contra canunt, consonat terra (Plaut.).*

cōn-sonus, a, um *(consono)*
1. tegelijk klinkend, harmonisch [**plangor; vox**];
2. *(metaf.)* overeenstemmend, passend.

cōn-sōpiō, sōpīre
1. vast doen inslapen; ▸ *somno consopiri* vast inslapen;
2. *(Lucr.; Suet.)* volledig bedwelmen.

cōn-sors, *gen.* sortis
I. *adj.*
1. een even groot aandeel hebbend, gelijkelijk in iets delend;
2. gemeenschappelijk, gezamenlijk [**tecta; vita**];
3. een ongedeelde erfenis gezamenlijk bezittend [**tres fratres**];
4. verwant, van broers en zusters [**pectora; sanguis**];
II. *subst. m en f*
1. deelgenoot, compagnon [**imperii** medeheerser; **tribuniciae potestatis**];
2. broer; zus; echtgenote.

cōnsortiō, ōnis *f (consors)* gemeenschap, deelgenootschap [**humana; inter binos reges**].

cōnsortium, ī *n* (*consors*)
1. gemeenschap, deelgenootschap; ▸ *~ regni* gemeenschappelijke heerschappij;
2. gemeenschappelijk bezit, gemeenschap v. goederen; ▸ *alqm in -um admittere* opnemen; *ab alqo in -um recipi.*

cōnspectus[1]**,** ūs *m* (*conspicio*)
1. het zien, het in het oog krijgen, het waarnemen, *vaak weer te geven als* zicht, gezichtsveld, ogen, tegenwoordigheid, nabijheid; ▸ *~ est in Capitolium* men kan zien; *in conspectu esse* in het zicht, te zien zijn, zichtbaar zijn; *bellum erat in conspectu* lag in het vooruitzicht; *in alcis conspectum venire* in het zicht komen van, onder ogen komen, verschijnen voor; *e terrae conspectu auferri* vanaf het land niet meer te zien zijn; *in conspectu alcis* in iems. tegenwoordigheid; *abducere alqm e conspectu; amittere alqm e conspectu suo;*
2. (*geestel.*) het beschouwen, het bekijken, het overzien; ▸ *uno in conspectu omnia videre* alles in één blik overzien; *in hoc conspectu et cognitione naturae;*
3. kort overzicht, synopsis;
4. het zichtbaar worden, het verschijnen; ▸ *conspectu suo proelium restituit; primo statim conspectu* meteen bij het eerste verschijnen;
5. aanblik, voorkomen [**iucundissimus tuus**].

cōnspectus[2] *ppp. v. conspicio.*

cōn-spergō, spergere, spersī, spersum (*spargo*)
1. besproeien, besprenkelen, bevochtigen [**humum ante aedes; vias propter pulverem**];
2. bestrooien, overdekken; ▸ *herbas floribus ~; caput Tauri (sterrenbeeld) stellis conspersum est;* (*metaf.*) *ut oratio conspersa sit quasi verborum sententiarumque floribus* (*Cic.*).

cōnspersiō, ōnis *f* (*conspergo*) (*eccl.*)
1. besprenkeling;
2. mengsel, deeg.

cōn-spexī *pf. v. conspicio.*

cōnspicābilis, e (*conspicor*) (*eccl.*) zichtbaar; opmerkelijk.

cōnspiciendus, a, um (*conspicio*) bezienswaardig, opmerkelijk [**opus; templum**].

cōnspicillum, ī *n* (*conspicio*) (*Plaut.*) uitkijkpost, -plaats.

cōn-spiciō, spicere, spexī, spectum (*specio*)
1. aanschouwen, kijken naar, bekijken, in ogenschouw nemen; — *ihb. pass.* **cōnspicī** in het oog springen, opvallen, opzien baren; ▸ *supellex in neutram partem conspici poterat* viel in geen enkel opzicht op;
2. (kunnen) zien, gewaarworden (*m. acc.; aci.*); ▸ *alqm humi iacentem ~; hostes milites nostros flumen transisse conspexerunt;*
3. inzien, begrijpen.

cōn-spicor, spicārī waarnemen, in het oog krijgen, gewaarworden, opmerken (*m. acc.; dubb. acc.; aci.; afh. vr.*) [**agmen Aeduorum; alqm in via; trans rivum multitudinem hostium; castra hostium vacua** leeg aantreffen]; — *ook ook pass. betekenis:* zichtbaar worden, verschijnen; ▸ *Metellus conspicatur.*

cōnspicuus, a, um (*conspicio*)
1. zichtbaar [**signum omnibus; acies barbarorum**];
2. opvallend, in het oog springend, uitstekend, eminent [**feminae; arma**].

cōnspīrātī, ōrum *m* (*conspiro*) (*Suet.*) samenzweerders.

cōnspīrātiō, ōnis *f* (*conspiro*)
1. overeenstemming, eensgezindheid, harmonie [**omnium gentium; omnium bonorum**]; (*in: gen.; in m. abl.*) [**in re publica gerenda**];
2. samenzwering, complot; ▸ *princeps conspirationis; sceleratissima ~ hostium; ~ militaris.*

cōn-spīrō, spīrāre
1. overeenstemmen, het eens zijn, eensgezind, gelijkgezind zijn, samenwerken [**ad liberandam rem publicam**]; ▸ *milites subito conspirati pila coniecerunt;* — *p. adj.* **cōnspīrāns,** *gen.* antis *en* **cōnspīrātus,** a, um eensgezind, overeenstemmend;
2. samenzweren, een complot smeden [**ad res novas**]; — *p. adj.* samenzwerend;
3. (*Verg.*) samen *of* tegelijk klinken.

cōn-spissō, spissāre (*postklass.*) indikken.

cōn-spondeō, spondēre, spondī, spōnsum (*pre- en postklass.*) een wederzijdse gelofte afleggen.

cōnspōnsor, ōris *m* (*conspondeo*) iem. die zich mede garant stelt.

cōn-spuō, spuere, spuī, spūtum
1. bespugen, bespuwen;
2. bestrooien, bedekken; ▸ *Iuppiter hibernas cana nive conspuit Alpes.*

cōn-spurcō, spurcāre (*poët.; postklass.*) bevuilen; verkrachten.

cōn-spūtō, spūtāre bespugen, bespuwen.

cōn-stabiliō, stabilīre (*pre- en postklass.*) versterken, zeker stellen.

cōnstāns, *gen.* antis (*consto*)
1. (*mbt. denk- en handelwijze*) vast, standvastig,

volhardend, onwankelbaar, karaktervast, evenwichtig; ▸ *vir, testis* ~ ; *constanter ferre dolorem; inimicus* ~ hardnekkig; *civis in rebus optimis constantissimus; fides, pietas, animus* ~ ; *(wat betreft, in: gen.) fidei* ~ ;
2. *(v. zaken)* vast, stabiel, kalm [**gradus; vultus**];
3. *(v. bewegingen)* constant, onveranderlijk, gelijk-, regelmatig, bestendig, gelijkblijvend [**motus lunae; reversio stellarum**];
4. *(v. toestanden)* duurzaam, ononderbroken [**pax**];
5. *(v. uitspraken, meningen, geruchten e.d.)* eensluidend, in overeenstemming met elkaar, consistent; ▸ *fama* ~ ; *constanter nuntiare; oratio* ~ .

cōnstantia, ae *f (constans)*
1. vastheid, kalmte [**vocis atque vultūs**];
2. continuïteit, onveranderlijkheid, bestendigheid, gelijkmatigheid, regelmaat [**astrorum**]; ▸ *nihil est tam contrarium rationi et -ae quam fortuna (Cic.)*;
3. vastberadenheid, volharding, karaktervastheid, bedachtzaamheid [**militum** uithoudingsvermogen, energie; **iudicum; animi in subeundis periculis**];
4. het consequent zijn, het consistent zijn, consistentie; ▸ *-ae causā defendere alqd* om consequent te zijn;
5. duurzaamheid, bestendigheid; ▸ *stabilitas et* ~ *benevolentiae*;
6. *(filos.)* gemoedsrust.

cōn-stēllātiō, ōnis *f (stella) (Laatl.) de op het lot v.d. mens inwerkende* stand v.d. sterren, constellatie.

cōnsternātiō, ōnis *f (consterno*[2]*)*
1. het schichtig worden [**equorum**];
2. het (op)schrikken, consternatie, ontzetting, ontsteltenis, verbijstering [**mentis**];
3. oproer, tumult, muiterij [**militum; vulgi; publica**].

cōn-sternō[1]**,** sternere, strāvī, strātum
1. bestrooien [**iter floribus**];
2. dicht bedekken; ▸ *constrata omnia telis, armis, cadaveribus (Sall.); forum corporibus civium constratum caede nocturna (Cic.)*;
3. overdekken, bedekken, bekleden, beleggen [**cubile purpurea veste; nidum mollibus plumis; naves** van een dek voorzien];
4. *(metaf.)* bedekken, bezaaien [**maria classibus; amnem navigiis**];
5. neer-, omwerpen; ▸ *tempestas in Capitolio aliquot signa constravit.*

cōn-sternō[2]**,** sternāre
1. schichtig maken [**clamoribus dissonis equos**]; — *pass.* schichtig worden;
2. opschrikken, opjagen; ▸ *in fugam consternari*;
3. doen schrikken, bang maken, verbijsteren, in verwarring brengen; ▸ *pavida et consternata multitudo*;
4. opwinden, kwaad maken, in toorn doen ontsteken, tot een opstand drijven; ▸ *Galli metu servitutis ad arma consternati.*

cōnstīpātiō, ōnis *f (constipo) (Laatl.)* gedrang.

cōn-stīpō, stīpāre
1. opeendringen, samenpersen; ▸ *tantum numerum hominum in agrum Campanum* ~ *(Cic.)*;
2. *(August.)* volstoppen met.

cōn-stitī *pf. v. consisto en consto.*

cōn-stituō, stituere, stituī, stitūtum *(statuo)*
1. plaatsen, neerzetten, -leggen, opstellen *(m. in m. abl.)* [**impedimenta; arma in templo**];
2. vaststellen, -leggen, bepalen, afspreken, overeenkomen [**diem concilio; tempus agendae rei; tempus in posterum diem locumque**];
3. besluiten, een besluit nemen, tot een besluit komen *(bij gelijk subj.: meestal inf.; bij ongelijk subj.: ut of aci.)*;
4. oprichten, bouwen, aanleggen [**turres; castella; quercum in tumulo; oppidum; portum**];
5. *(troepen)* opstellen [**legiones pro castris; aciem ordinesque**];
6. stationeren, opslaan, plaatsen [**hiberna in Belgis**];
7. inrichten, organiseren, op orde brengen [**rem publicam; rem familiarem**];
8. halt laten houden [**agmen**];
9. vestigen, een vaste woonplaats geven [**plebem in agris publicis**];
10. *in een ambt, functie* aanstellen [**imperatorem; curatores legibus agrariis**];
11. beslissen [**de iure**];
12. *wettelijk* vaststellen [**controversiam** geschilpunt];
13. stichten, instellen, invoeren, tot stand brengen, grondvesten, oprichten [**amicitiam; pacem; imperium**];
14. in gang zetten, uitvoeren, ondernemen, houden [**auctionem; quaestionem** een onderzoek];
15. voor anker laten gaan [**naves**];
/ p. adj. **cōnstitūtus,** a, um vastgesteld, be-

paald; ▸ *die constituto* op de vastgestelde dag.

cōnstitūtiō, ōnis *f* (*constituo*)
1. inrichting, organisatie [**rei publicae** staatsinrichting; **religionum**]; schepping [**mundi**];
2. gesteldheid, toestand [**corporis; prima naturae**];
3. bepaling, verordening [**senatūs; praetoris**];
4. (*retor. t.t.*) vaststelling *v.h. geschilpunt*;
5. begripsbepaling, definitie.

cōnstitūtum, ī *n* (*constituo*)
1. afspraak, overeenkomst; ▸ *-um facere cum alqo, ut; sero ad -um venire*;
2. afgesproken plaats, afgesproken tijd;
3. beslissing;
4. (*postklass.*) beschikking, verordening.

cōn-stō, stāre, stitī, stātūrus
1. stilstaan, niet wijken *of* wankelen, blijven staan, standhouden, volharden; ▸ *acies nullo loco constabat* hield op geen enkele plaats stand; *dum sanitas constabit; qua in sententia si ~ voluissent*;
2. voorhanden zijn, bestaan; ▸ *antiquissimi, quorum quidem scripta constent*;
3. vaststaan, bekend zijn (*meestal onpers.*); — **cōnstat** (*m. aci. of afh. vr.*) (a) het is bekend, het staat vast [**omnibus, inter omnes** algemeen; **inter homines sapientissimos**]; (b) *mihi constat* ik ben vastbesloten;
4. samengesteld zijn, bestaan uit; ▸ *homo ex corpore et animo constat; constat tota oratio longioribus membris, brevioribus periodis*;
5. bestaan in, berusten op, afhangen van (*m. abl.; in m. abl.*); ▸ *victoria in virtute militum constat; sapientiā imperia constant* zijn gegrondvest op;
6. voortbestaan, onveranderd, hetzelfde blijven; ▸ *constat fides; mens non constitit mihi* ik verloor mijn zelfbeheersing;
7. overeenstemmen; ▸ *constat idem omnibus sermo* allen zeggen hetzelfde; *ratio constat* de rekening klopt, ook *metaf.*: het klopt, het is juist; *sibi ~* zichzelf trouw blijven, consequent zijn (*in of bij*: *in m. abl.*);
8. (*zakelijke t.t.; oorspr. van het in balans zijn v.e. weegschaal*) te staan komen, kosten (*m. abl. of gen. pretii*) [**parvo, magno; auro; tanti**]; ▸ *victoria multo sanguine constabat*;
9. (*Plaut.*) bij elkaar staan.

cōnstrātum, ī *n* (*consterno*[1]) bedekking, dek [**navis; -a pontium** planken brugdek].

cōn-strepō, strepere, strepuī — (*postklass.*) luid klinken.

cōnstrictiō, ōnis *f* (*constringo*) het dichtsnoeren, samentrekken; het aantrekken (*v.d. teugels*).

cōn-stringō, stringere, strīnxī, strictum
1. dichtsnoeren, samen-, dichtbinden [**vineam; sarcinam**];
2. binden, boeien, vastbinden, -maken; ▸ *alqm of corpus alcis vinculis ~; illum laqueis ~; alcis manus ~; curru constrictus* aan de wagen gebonden;
3. (*med.*) samentrekken; ▸ *quae res stomachum constringunt*;
4. (*metaf.*) bevestigen, bekrachtigen, bindend maken [**fidem religione; psephismata iure iurando**];
5. beperken, in zijn handelen belemmeren, hinderen, beteugelen [**senatum**];
6. (*in het spreken*) kort samenvatten [**sententiam aptis verbis; rem dissolutam**];
7. (*postklass.*) doen bevriezen; *pass.* bevriezen; ▸ *bruma cuncta constrinxit gelu; nives rigore constrictae*;
8. (*Petr.*) (*een lichaamsdeel*) samentrekken, fronsen [**frontem**].

cōnstrūctiō, ōnis *f* (*construo*)
1. bouw [**theatri; gymnasii; hominis**];
2. (*retor. t.t.*) periodenbouw [**verborum**];
3. plaatsing *v. boeken in een bibliotheek*;
4. (*Sen.*) samenvoeging, verbinding [**lapidum**].

cōn-struō, struere, strūxī, strūctum
1. (op)bouwen, oprichten [**aedificium; nidum; navem; arces; cubilia**]; ▸ *dentes in ore constructi* rijen tanden;
2. bijeenplaatsen, optassen [**ligna**];
3. ophopen, opstapelen [**divitias; acervos nummorum**];
4. (*Catull.*) beladen; ▸ *constructae dape mensae*.

cōnstuprātor, ōris *m* (*constupro*) verkrachter.

cōn-stuprō, stuprāre onteren, verkrachten.

cōn-suādeō, suādēre, suāsī, suāsum (*Plaut.*) dringend, nadrukkelijk aanraden.

Cōnsuālia, ium *n zie Consus.*

cōn-suāsor, ōris *m* (*consuadeo*) raadgever.

cōn-suāviō, suāviāre = *consavio.*

cōn-subsīdō, subsīdere, — — (*Min. Fel.*) achterblijven.

cōn-sūcidus, a, um (*Plaut.*) sappig.

cōn-sūdō, sūdāre (*pre- en postklass.*) hevig zweten.

cōn-suē-faciō, facere, fēcī, factum (*pass.*: cōnsuē-fīō, fierī, factus sum) iem. laten wennen aan.

cōn-suēscō, suēscere, suēvī, suētum
I. *intr.*
1. zich gewennen, gewend raken aan (*m. dat.*; *ad*; *inf.*) [**mori**]; — *pf.* gewend, gewoon zijn, plegen; — *p. adj.* **cōnsuētus,** a, um gewend aan, vertrouwd met (*m. dat. of inf.*);
2. *cum alqo consuevisse* een verhouding hebben met iem.;
II. *tr.* (*poët.*; *postklass.*) laten wennen aan (*m. dat.*; *inf.*) [**iuvencum aratro; vitem umori**]; — *p. adj.* **cōnsuētus,** a, um (*poët.*; *postklass.*) gewoon (gemaakt), gebruikelijk [**libido**].

cōnsuētiō, ōnis *f* (*consuesco*) (*kom.*) seksuele omgang.

cōnsuētūdinārius, a, um (*consuetudo*) (*Laatl.*) gebruikelijk.

cōnsuētūdō, inis *f* (*consuesco*)
1. gewoonte, gebruik, zede, gewenning; ▸ (*pro, ex*) *consuetudine of ad consuetudinem alcis* volgens, overeenkomstig iems. gewoonte, naar gewoonte, gebruik; *ad consuetudinem Graecorum disputare*; *praeter of contra consuetudinem* tegen, in strijd met de gewoonte; *in consuetudinem venire* tot gewoonte worden, een gewoonte aannemen; ~ *oculorum* vertrouwde, herhaalde aanblik; ~ *incommodorum* gewenning aan; ~ *vivendi* levenswijze; ~ *dicendi, loquendi, scribendi*; *mos consuetudoque civilis* de zeden en gewoonten v.d. burgers; *vita hominum consuetudoque communis*; *communis* ~ *sermonis of loquendi* het algemene, heersende spraakgebruik (*zie 3.*); ~ *regia* manier v. doen v.e. koning; *ius consuetudinis* gewoonterecht; *adducere alqm of se in eam consuetudinem ut* iem. *of* zichzelf eraan wennen om; *ab omnium Siculorum consuetudine discedere* afwijken; *est* ~ *Siculorum ut*; *alqm in suam rationem consuetudinemque inducere*;
2. (gewone, gebruikelijke) levenswijze, manier v. leven (= ~ *vitae, victūs, vivendi*); ▸ *deflectere a pristina consuetudine* afwijken; *neque vino neque consuetudine reliqua abstinere*; *imitari sociorum consuetudinem*;
3. (algemeen) spraakgebruik (= ~ *sermonis, loquendi*); ▸ ~ *saeculi*; *consuetudinem imitari*;
4. ervaring; ▸ *consuetudinem alcis rei habere* ervaring, oefening in iets hebben;
5. vertrouwde, vriendschappelijke omgang, dagelijks verkeer; ▸ ~ *iucundissima, longinqua*; *revocare alqm in consuetudinem pristinam*;
6. tedere omgang tussen geliefden, liefdesverhouding;
7. (*Suet.*) tedere, vertrouwde omgang tussen man en vrouw; ▸ *Agrippinae consuetudine teneri* zeer aan Agrippina gehecht zijn.

cōnsuētus *zie consuesco.*

cōnsul, lis *m* (*sg. afgekort* COS, *plur.* COSS)
1. consul, *aanduiding v.d. hoogste twee magistraten v.d. Rom. republiek, die vanaf ca. 450 v. Chr. telkens voor een jaar door de comitia centuriata gekozen werden; in het begin konden alleen patriciërs consul worden; vanaf 367 v. Chr. hadden ook rijke plebejische families toegang tot het consulaat; later is geregeld een v.d. consuls van plebejische afkomst*; ▸ ~ *ordinarius* gewoon consul (*die vanaf 153 v. Chr. aantrad bij het begin v.h. jaar*); ~ *suffectus* later gekozen; ~ *designatus* benoemd, voor het volgende jaar gekozen; *consules creare*; *alqm creare consulem* iem. tot consul kiezen; *alqm facere consulem*; *consulem (sub)rogare* voorstellen om te kiezen; — *de namen v.d. beide consules ordinarii of van slechts een v. beiden dienden ter aanduiding v.h. jaar*: *M. Claudio (et) L. Furio consulibus* tijdens het consulaat van; *consule Tullo*; — **prō cōnsule** *en* **prōcōnsul** proconsul, bezitter v. consulaire macht (*zonder consul te zijn*), stadhouder v.e. consulaire provincie, voormalig consul (*met de bevoegdheden v.e. consul*): *Furius Camillus pro consule Africae*; *pro consule in Ciliciam proficisci* als proconsul;
2. *bij geschiedschrijvers soms = proconsul.*

cōnsulāris (*consul*)
I. *adj.* e
1. consulair, van de consul(s); ▸ *provincia* ~; *aetas* ~ *wettelijke minimumleeftijd (43 jaar) om consul te worden*; *exercitus* ~ door een consul aangevoerd; *comitia consularia* gehouden om de consuls te kiezen; *auctoritas* ~; *candidatus* ~ kandidaat voor het consulaat; *tribuni militum consulari potestate*; *vita consulariter acta* een consul waardig;
2. die consul geweest is [**homo**];
II. *subst.* is *m*
1. voormalig consul;
2. (*in de keizertijd*) gezant met de rang v. consul, keizerlijke stadhouder v.e. provincie.

cōnsulātus, ūs *m* (*consul*)
1. consulaat, ambt v. consul;
2. (*Mel.*) (stads)raad.

cōnsulō, cōnsulere, cōnsuluī, cōnsultum (*vgl. consul, consilium*)
I. *intr.*
1. beraadslagen, overleggen [**in publicum** voor het algemeen welzijn; **de communibus**

rebus];
2. een besluit nemen, maatregelen treffen [**de perfugis; de salute alcis**]; handelen, optreden [**graviter in plebem; in alqm superbe**];
II. *tr.*
1. (*m. acc.*) om raad vragen, raadplegen [**senatum de re publica; populum**]; *een godheid, een orakel* raadplegen [**Apollinem**];
2. (*m. acc.*) denken aan, beoordelen, overwegen [**veritatem**];
3. (*m. dat.; ut*) zorgen, zorg dragen voor, helpen, denken aan [**civibus; patriae; sibi; dignitati; honori; saluti**];
4. *boni* ~ goedkeuren, tevreden zijn met [**hoc munus**].

cōnsultātiō, ōnis *f* (*consulto*[2])
1. beraadslaging, overleg (*over: de; afh. vr.*); ▸ *consultationes prolatare; venit alqd in consultationem; de pace dilata* ~ *est in concilium Achaeorum* (*Liv.*); ~ *de Macedonico bello integra ad consules reiecta est* (*Liv.*);
2. raadpleging, vraag; ▸ *consultationi respondere;*
3. (*retor. t.t.*) algemene stelling.

cōnsultō[1] *en* **cōnsultē** *adv. v. consultus*[1].

cōnsultō[2], cōnsultāre (*intens. v. consulo*)
1. goed overwegen, ernstig nadenken, beraadslagen, overleggen (*m. de; super; acc.; afh. vr.*) [**de officio; cum amicis de bello**]; ▸ *tempus ad consultandum petere; in commune, in medium* ~ gezamenlijk overleggen;
2. zorg dragen, zorgen (*voor: dat.*) [**rei publicae; in longius** voor de toekomst];
3. *personen, orakels* raadplegen, om raad vragen.

cōnsultor, ōris *m* (*consulo*)
1. iem. die raadpleegt; ▸ *eius domus a consultoribus compleri solet* (*Cic.*);
2. raadgever, adviseur.

cōnsultrīx, īcis *f* (*consultor*) raadgeefster.

cōnsultum, ī *n* (*consultus*[1])
1. besluit, maatregel, plan; ▸ *senatūs* ~ (*afgekort: SC*) senaatsbesluit; *facta et -a fortium et sapientium; approbare -a;*
2. (*Verg.*) orakel(spreuk); ▸ *-um petere.*

cōnsultus[1], a, um (*adv. -ē en -ō*) (*p. adj. v. consulo*)
1. goed overdacht, weloverwogen [**omnia; consilium**];
2. kundig, ervaren [**iuris** *of* **iure** rechtskundig; **iustitiae; eloquentiae**];
/ *adv.* (a) **cōnsultē** met overleg, behoedzaam [**rem gerere; cavere**]; (b) **cōnsultō** met opzet, opzettelijk, expres [**bellum trahere**].

cōnsultus[2], ī *m* (*consultus*[1]) jurist, advocaat, rechtsgeleerde.

cōnsuluī *pf. v. consulo.*

cōnsummābilis, e (*consummo*) in staat tot volmaaktheid [**ratio**].

cōnsummātiō, ōnis *f* (*consummo*) (*postklass.*)
1. samenvatting, (optel)som [**argumentorum**];
2. samenvoeging, opeenhoping [**ciborum**];
3. voltooiing, afronding, vervolmaking, toppunt [**operis; coeptorum**]; ▸ *in consummatione gladiatorum* (*Plin. Mai.*) beëindiging v.d. diensttijd;
4. (*Laatl.*) vernietiging, verderf.

cōn-summō, summāre (*summa*)
1. optellen, de som opmaken van [**pretium; gloriam** vergaren];
2. voltooien, beëindigen, uitvoeren [**opera**];
3. tot volmaaktheid brengen, perfectioneren [**facultatem orandi; artem**]; — *p. adj.* **cōnsummātus,** a, um volmaakt [**sapientia**];
4. (*Suet.*) (*abs.*) zijn diensttijd (*als soldaat*) voltooien.

cōn-sūmō, sūmere, sūmpsī, sūmptum
1. gebruiken, besteden (*voor, aan: in m. abl.; postklass. in m. acc.*) [**pecuniam in monumento; omne tempus in litteris; aetatem in eo studio; omne aurum in ludos**];
2. opmaken, verbruiken [**omnia tela** verschieten];
3. (*voedsel*) opeten [**frumenta; fruges; pabulum**];
4. verbrassen, verkwisten [**patrimonia; rem familiarem; gloriam**];
5. (*tijd*) doorbrengen, vullen, *ook* verdoen; *pass.* verstrijken; ▸ *annos suos* ~; *magnā diei parte consumptā; per* (met) *ludum iocumque paene totum diem* ~;
6. (*een middel, een bezigheid e.d.*) aanwenden, uitputten, volledig verbruiken, *ook* tevergeefs, zonder succes aanwenden, verspillen; ▸ *omnia remedia* ~; *multis diebus laboribusque consumptis; multam operam frustra* ~; *misericordiam* ~ (het recht op) medelijden verspelen;
7. vernietigen, verslijten, aanvreten, aantasten; ▸ *consumit rubigo ferrum; consumitur anulus usu; nihil est operā factum, quod aliquando non conficiat aut consumat vetustas* (*Cic.*); *consumit vocem metus instans* verstikt de stem;
8. (*v. vuur*) verteren, vernietigen, verwoesten [**classem hostium incendio**]; — *gew. pass. consumi incendio, flammā* door vuur verteerd,

verwoest, vernietigd worden; ▸ *aedes Fortunae et matris Matutae incendio consumptae erant* (*Liv.*);
9. (*levende wezens*) vernietigen, ombrengen, doden; ▸ *multos autumni pestilentia consumpsi*;
10. verzwakken, uitputten; ▸ *excercitus fame consumptus; Italia bello consumpta.*

cōnsūmptiō, ōnis *f* (*consumo*) vertering, vernietiging.

cōnsūmptor, ōris *m* (*consumo*) vernieler, verkwister.

cōnsūmptus *ppp. v. consumo.*

cōn-suō, suere, suī, sūtum (*pre- en postklass.*)
1. aan elkaar naaien;
2. *os alcis* ~ iem. de mond snoeren;
3. in elkaar flansen, verzinnen; ▸ *doli consuti.*

cōn-surgō, surgere, surrēxī, surrēctum
1. (gezamenlijk) opstaan, zich verheffen; ▸ *senatus consurgit*;
2. (*poët.*) (*v. wind, water e.d.*) zich verheffen, oprijzen, omhoogrijzen, komen opzetten; ▸ *vespere ab atro consurgunt venti; mare imo consurgit ad aethera fundo*;
3. (*v. gebouwen, bomen e.d.*) zich verheffen, oprijzen; ▸ *murus consurgit; consurgunt geminae quercūs*;
4. (*na een rustperiode*) zich zetten tot [**in arma; magno tumultu ad bellum**];
5. (*metaf.*) streven naar, zich opwerken (tot) [**ad dignitatem**]; ▸ Maeonio ~ *carmine* een hoge vlucht nemen (Ov.);
6. (*poët.; postklass.*) (*v. gebeurtenissen en situaties*) uitbreken, ontstaan; ▸ *bellum in media pace consurgit.*

cōnsurrēctiō, ōnis *f* (*consurgo*) het gezamenlijk opstaan.

cōnsurrēctum *ppp. v. consurgo.*

cōn-surrēxī *pf. v. consurgo.*

Cōnsus, ī *m* Oudrom. *god v.d. aarde, landbouw en oogst; door Livius met Neptunus equester gelijkgesteld, omdat op het feest v. Consus paardenrennen gehouden werden*; — **Cōnsuālia,** ium *n feest van Consus, wiens onderaardse altaar in de Circus Maximus op 21 augustus en 15 december geopend werd.*

cōn-susurrō, susurrāre (*Ter.*) samen fluisteren.

con-tābēfaciō, tābēfacere, tābēfēcī, tābēfactum (*Plaut.*) langzamerhand doen wegkwijnen; *metaf.* verteren.

con-tābēscō, tābēscere, tābuī, — wegkwijnen, verteerd worden.

contabulātiō, ōnis *f* (*contabulo*) balkenlaag, plankenvloer, verdieping.

con-tabulō, tabulāre (*tabula*)
1. met planken beleggen, dmv. een plankenvloer van een verdieping voorzien [**turrim**];
2. (*postklass.*) (*metaf.*) overbruggen [**Hellespontum**].

contāctus[1], ūs *m* (*contingo*)
1. aanraking;
2. (*v. ziekte of geestelijke relaties*) besmetting; verderfelijke invloed [**dominationis**].

contāctus[2] *ppp. v. contingo.*

contāgēs, is *f* (*contingo*) (*Lucr.*) aanraking.

contāgiō, ōnis *f en* **contāgium,** ī *n* (*contingo*)
1. het aanraken, aanraking [**corporis**];
2. werking, invloed [**naturae**];
3. toenadering, omgang; ▸ *ab omni mentione et contagione Romanorum abstinere*;
4. besmetting [**pestifera; morbi**];
5. slechte invloed, verderfelijk voorbeeld; ▸ ~ *imitandi belli* aanstekelijk verlangen naar oorlog; *se ab omni contagione vitiorum reprimere ac revocare.*

contāgiōsus, a, um (*contagio*) (*Laatl.*) besmettelijk.

contāgium *zie contagio.*

contāminātiō, ōnis *f* (*contamino*) (*postklass.*) vervuiling, verontreiniging.

contāminō, contāmināre (*door aanraking, versmelting, menging*) bederven, bevlekken, onteren, ontwijden; ▸ *se sanguine, maleficio* ~; *se ipsos ac domos suas nefandā praedā* ~; *fabulas* ~ door versmelting (*van twee Griekse toneelstukken tot één Romeins stuk*) bederven; — *p. adj.* **contāminātus,** a, um bevlekt, onteerd, ontwijd [**sceleribus**]; met schuld beladen, met zonde bevlekt [**vita**].

con-technor, technārī (*techna*) (*Plaut.*) listen smeden.

con-tegō, tegere, tēxī, tēctum
1. (be)dekken, omhullen; ▸ *spoliis contectum iuvenis corpus; naves* ~ van een dek voorzien; *contecta stramine casa* met een rieten dak; — ook: *ter bescherming* bedekken, beschutten [**alqm veste suā; caput amictu**];
2. (*Tac.*) (*metaf.*) beschermen; ▸ *fide clientium contecti*;
3. verzwijgen, verhelen;
4. begraven [**corpus, ossa alcis tumulo**].

con-temerō, temerāre (*poët.*) bevlekken, ontwijden [**torum; manūs**].

con-temnō, temnere, tempsī, temptum
1. verachten, geringschatten, onverschillig staan tegenover, links laten liggen [**morbum** onderschatten; **deos; aras; fortunam; leges;**

paupertatem; verba; plebem];
2. *se contemnere* een lage dunk van zichzelf hebben, bescheiden zijn; *se non contemnere* zelfvertrouwen hebben;
3. zich laatdunkend uitlaten over, de spot drijven met (*m. acc.*);
4. trotseren [**ventos; Charybdim**].

con-temperō, temperāre (*postklass.*)
1. mengen;
2. gelijkmaken, aanpassen aan (*m. dat.*).

contemplābilis, e (*contemplor*) (*Laatl.*)
1. zichtbaar;
2. mikkend.

contemplātiō, ōnis *f* (*contemplor*)
1. het kijken naar, aanblik [**caeli**];
2. beschouwing [**naturae; virtutum alcis; rerum caelestium**];
3. (*postklass.*) het rekening houden met, inachtneming [**personarum**].

contemplātīvus, a, um (*contemplor*) (*postklass.*) beschouwend, theoretisch [**philosophia; vita**].

contemplātor, ōris *m* (*contemplor*) iem. die kijkt naar, beschouwer [**caeli; astrorum; mundi**].

contemplātus, ūs *m* (*contemplor*)
1. (*Ov.*) beschouwing;
2. (*postklass.*) inachtneming, consideratie.

con-templor, templārī *en* (*arch.*) **con-templō,** templāre
1. kijken, staren naar, onderzoeken;
2. (*metaf.*) beschouwen, overwegen [**animo**].

con-temporālis, e (*tempus*) (*eccl.*) gelijktijdig.

con-temporāneus, a, um (*tempus*) (*Gell.*) gelijktijdig.

con-tempsī *pf. v. contemno.*

contemptibilis, e (*contemno*) verachtelijk, verfoeilijk.

contemptim *adv.* (*comp.* contemptius) (*contemptus*[1]) met verachting, geringschattend [**de Romanis loqui**]; zonder vrees.

contemptiō, ōnis *f* (*contemno*) verachting, geringschatting, onverschilligheid (*voor, mbt.: gen.*) [**dolorum laborumque; pecuniae; mortis; deorum**].

contemptor, *gen.* ōris (*contemno*)
I. *subst. m* verachter [**divitiarum; mortis; religionum**];
II. *adj.* minachtend, geringschattend [**animus**].

contemptrīx, īcis *f* (*contemptor*) verachtster.

contemptus[1]**,** a, um (*adv.* contemptim) (*contemno*)
1. veracht, geminacht;
2. verachtelijk.

contemptus[2]**,** ūs *m* (*contemno*)
1. verachting, minachting, geringschatting [**omnium hominum; vitae**];
2. het geminacht worden; ▸ *contemptui esse alci* door iem. geminacht worden: *Gallis prae magnitudine corporum suorum brevitas nostra contemptui est* (*Caes.*).

con-tendō, tendere, tendī, tentum
1. (aan)spannen, strak aantrekken [**arcum**];
2. spannen, (tot het uiterste) inspannen [**omnes nervos**];
3. zich inspannen, zijn best doen [**de salute rei publicae**];
4. (*poët.*) (*projectielen*) slingeren, afschieten [**tela; hastam**];
5. zich haasten [**cursum** haastig afleggen; (*m. inf.*) **proficisci**];
6. snellen, snel marcheren [**huc magnis itineribus; ad Rhenum; in castra; per ea loca**];
7. ijverig streven (naar), nastreven (*abs.; m. ut; acc.; ad*) [**magistratum; ad summam laudem**];
8. zich meten met, wedijveren met (*m. cum; dat.*) [**cum aequalibus virtute; cum alqo de principatu; inter se viribus; cursu** een hardloopwedstrijd houden; **Homero**];
9. strijden, vechten [**cum Sequanis bello**];
10. kibbelen, (rede)twisten, bekvechten [**verbis et litteris**];
11. met aandrang eisen, dringend vragen (*m. acc.; ut*) [**omnia**];
12. nadrukkelijk verzekeren, stellig beweren (*m. acc.; aci.*); ▸ *victores barbaros venisse* ~ (*Caes.*);
13. tegenover elkaar zetten, vergelijken (*met: cum; dat.*) [**leges; annales nostros cum scriptura eorum**].

con-tenebrēsco, tenebrēscere (*Vulg.*) donker worden.

con-tenebrō, tenebrāre (*tenebrae*) (*postklass.*) verduisteren.

contentiō, ōnis *f* (*contendo*)
1. het spannen, spanning [**membrorum**];
2. hevige inspanning; ▸ *summa contentione dimicare*;
3. het ijverig streven, inzet (*naar, voor: gen.*) [**honoris** naar eer; **rei publicae** voor de staat];
4. wedstrijd; *alg.* gevecht, rivaliteit, geschil, meningsverschil, onenigheid (*in, om: gen.; om, over: de*) [**forensis** voor de rechtbank; **rei**

privatae in een privé—zaak; **dicendi** in het spreken; **honorum** om ereambten; **de regno**];
5. *(postklass.) (retor. t.t.)* antithese;
6. het vergelijken, vergelijking [**fortunarum**].

contentiōsus, a, um *(contentio) (postklass.)*
1. twistziek, polemisch [**oratio**];
2. hardnekkig [**pernicies**].

contentus[1]**,** a, um *(contineo)* genoegen nemend, tevreden met *(m. abl.)* [**minimo; paucis; modicis aedibus; se**].

contentus[2]**,** a, um *(contendo)*
1. gespannen, strak [**funis**];
2. (in)gespannen, geconcentreerd [**vox**];
3. ijverig, energiek [**studium**].

conterminō, contermināre *(conterminus) (Laatl.)* grenzen aan *(m. dat.)*.

conterminum, ī n *(conterminus) (postklass.)* aangrenzend gebied.

con-terminus, a, um *(poët.; postklass.)* aangrenzend, naburig *(aan: dat.)*; ▸ *stabula ripae -a.*

con-terō, terere, trīvī, trītum
1. stukwrijven, verbrokkelen, platdrukken [**pabula; cornua cervi**];
2. afwrijven, doen slijten [**ferrum usu; viam sacram** platlopen];
3. uitputten, afmatten [**boves et vires agricolarum; corpora**]; — *se conterere en pass. conteri* zich uitsloven, zich afmatten, zich uitputten: *se in musicis conterere; conteri in causis et in negotiis et in foro*;
4. tijd doorbrengen, slijten, besteden, laten verstrijken, verspillen; ▸ *cum alqo diem* ~ ; *omne otiosum tempus in studiis* ~ ; *aetatem in litibus* ~ ; *vitam suam in quaerendo* ~ ;
5. *(in redevoeringen en geschriften)* uitputtend behandelen; ▸ *proverbium vetustate contritum* afgesleten; *communia et contrita praecepta* algemeen bekend en afgezaagd;
6. *(pre- en postklass.)* moeite besteden [**operam**];
7. wegstrepen, delgen; ▸ *eius omnes gravissimas iniurias voluntariā quādam oblivione* ~ vrijwillig uit de herinnering wissen;
8. geringschatten, met voeten treden, als waardeloos beschouwen [**praemium; dignitatem virtutis**];
9. *(preklass.)* voor schut zetten [**alqm sua oratione; alqm indigno quaestu**].

con-terrāneus, ī m *(terra) (postklass.)* landgenoot.

con-terreō, terrēre, terruī, territum doen schrikken, bang maken.

contestātiō, ōnis *f (contestor)*
1. verklaring *(onder aanroeping v. getuigen)*, getuigenis [**litis** begin v.e. proces];
2. plechtige verzekering.

con-testis, is *m (Mel.)* getuige.

con-testor, testārī
1. als getuige aanroepen, bezweren [**deos hominesque; caelum noctemque**];
2. *(jur. t.t.) litem* ~ een proces inleiden door het oproepen van getuigen *(ook pass.: contestata lis* begin v.e. proces; *contestatā lite* na het begin v.h. proces);
3. *(Laatl.)* getuigen, bewijzen, aantonen;
4. *(Laatl.)* verklaren *(m. acc.; aci.)* [**dei virtutem**];
/ *p. adj.* **contestātus,** a, um bevestigd, aangetoond, beproefd [**virtus**].

con-texō, texere, texuī, textum
1. aan elkaar weven [**villos ovium**];
2. aan elkaar vlechten [**membra viminibus**];
3. samenvoegen, -stellen, aan elkaar rijgen [**opus; crimen** aanstichten; **tigna materiā; orationem**];
4. *(metaf.)* vastknopen, verbinden; ▸ *contexta historia* aaneengeschakeld, samenhangend;
5. *(in taal)* toevoegen, aanvullen; voortzetten [**carmen longius; interrupta** weer opnemen].

contextiō, ōnis *f (contexo) (Laatl.)* samenhang, verwevenheid.

contextus[1]**,** a, um *(p. adj. v. contexo)*
1. vervlochten, verbonden;
2. voortdurend, ononderbroken [**voluptates; scelus**];
3. samenhangend, coherent [**historia eorum temporum; oratio**].

contextus[2]**,** ūs *m (contexo)*
1. verweving, verbinding [**pennarum**];
2. samenhang, nauw verband [**orationis; operis** voortgang, vervolg].

con-texuī *pf. v. contexo.*

con-ticēscō, ticēscere *(en* **con-ticīscō,** ticīscere), ticuī, —
1. er het zwijgen toe doen, zijn mond houden; ▸ *conticuit adulescens; sermo, lyra conticuit* verstomde;
2. *(v. niet-lev.)* tot rust komen, stil worden, verstommen; ▸ *conticuere undae; conticuit tumultus, furor.*

conticinium *en* **conticinnum,** ī *n (conticesco) (pre- en postklass.)* stilte rond middernacht.

con-ticīscō *zie conticesco.*

con-ticuī *pf. v. conticesco.*

con-tigī *pf. v. contingo.*
contignātiō, ōnis *f (contigno)* balklaag, vloer, zoldering; verdieping.
con-tignō, tignāre *(tignum)* met balken beleggen.
contiguus, a, um *(contingo) (poët.; postklass.)*
1. aangrenzend, naburig *(aan: dat.)*; ▸ *horti muris -i;*
2. bereikbaar *(voor: dat.)* [**missae hastae**].
continēns, *gen.* entis *(contineo)*
I. *adj.*
1. samenhangend, aanpalend, aangrenzend *(met, aan: dat.)* [**tecta; collis ripae; aër mari**];
2. onmiddellijk volgend *(op: dat.)*; ▸ *continentibus diebus* op de volgende dagen; *timori malum ~ fuit* volgde op de voet;
3. samenhangend, ononderbroken, voortdurend [**agmen; terra** vasteland; **labor; bellum; imperium** ononderbroken]; ▸ *continenter ire, pugnare;*
4. sober, matig, ingetogen; ▸ *continenter vivere;*
II. *subst. f*
1. *(vul aan: terra)* vasteland, continent;
2. essentie, kern.
continentia, ae *f (continens)*
1. matigheid, ingetogenheid, zelfbeheersing; ▸ *~ principum; aequitate et -ā tueri socios; ~ in omni victu cultuque corporis;*
2. *(Laatl.)* samenhang; inhoud [**libri**].
con-tineō, tinēre, tinuī, tentum *(teneo)*
1. bij elkaar houden, bijeenhouden [**exercitum (in) castris; legiones uno loco; ventos carcere**]; vasthouden; ▸ *agricolam si continet imber* binnenshuis houdt;
2. bevatten, omvatten; ▸ *liber continet res gestas;* — *pass. contineri (m. abl.)* vervat, opgenomen zijn in: *litteris insidiae continebantur;*
3. verbinden; ▸ *fundamenta saxis ~; metaf.: eius hospitio contineri* door gastvriendschap met hem verbonden zijn; *omnes artes quasi cognatione quadam inter se continentur;*
4. (be)houden [**socios in fide**];
5. (blijven) houden, in stand houden, bewaren [**amicitiam; odium; patrimonium**]; ▸ *pollicitationem animi ~;*
6. omgeven, omvatten, insluiten, ingesloten houden; ▸ *beluas saeptis ~; mundus omnia complexu suo continet;*
7. omringen, begrenzen; ▸ *vicus altissimis montibus continetur; Oceanus ponto continet orbem;*
8. *(vijandel.)* insluiten [**hostem munitionibus**];
9. in toom houden, beteugelen, binnen de perken houden, matigen [**oppida metu; exercitum; linguam; cupiditates; dolorem**]; — *se ~ en pass. contineri* zich beheersen [**in libidine**];
10. *se ~ (m. abl.)* zich beperken tot, blijven in, niet verlaten [**vallo; oppido; finibus Romanis**]; — *pass. contineri (m. abl.)* beperkt worden door, zich beperken tot [**angustiis** tot een kleine ruimte];
11. de kern v.e. zaak vormen; — *pass. contineri (m. abl.)* berusten op, bestaan in: *vita corpore et spiritu continetur;*
12. vasthouden, ophouden, tegenhouden; — *se ~* vasthouden aan, blijven bij *(m. in m. abl.)* [**in studiis**];
13. afhouden, weerhouden [**milites a proelio, a seditione; animum a libidine**]; ▸ *vix me contineo, quin* ik kan me nauwelijks bedwingen om;
14. voor zich houden, verzwijgen [**quae audivi**].
con-tingō, tingere, tigī, tāctum *(tango)*
1. aanraken, beroeren [**terram osculo** de aarde kussen; **pede undas**];
2. *(poët.)* bestrijken, bestrooien, bevochtigen [**os ambrosiā; lac sale**];
3. grijpen, vastpakken; ▸ *alcis dextram ~; funem manu ~; habenas manibus ~; metaf.:* libido *me contigit;*
4. *(poët.; postklass.)* proeven, aanroeren; eten, nuttigen [**cibum; aquas** drinken; **fontem** uit de bron];
5. *(poët.) een doel* bereiken, treffen; ▸ *vox contingit alqm, aures alcis; cursu metam ~;* Italiam, *portum ~; hostem ferro ~; avem sagittā ~;*
6. grenzen aan, liggen naast *(m. acc.)*; ▸ *turris vallum contingit; castra silvam contingunt; agger murum contingit; saltus Falernum contingens agrum;*
7. *door verwantschap of vriendschap* een band hebben *(met: acc.)* [**hominem cognatione, sanguine ac genere, amicitiā**];
8. betreffen, aangaan; ▸ *haec res nihil me contigit; haec consultatio* Romanos *nihil contingit;*
9. bevlekken, bezoedelen, besmetten; — *meestal ppp.* **contāctus,** a, um bevlekt, bezoedeld, *met schuld* beladen; ▸ *dies religione contactus* met een vloek beladen; *plebs regiā praedā contacta* geschandvlekt;
10. *(m. dat.)* ten deel vallen, overkomen, treffen; ▸ *pugnandi occasio consuli contigit* deed zich

voor; *contigit tibi honos*; — *meestal onpers.* **contingit** het gebeurt; *ihb.* het lukt (*meestal m. ut; zelden inf.*).

continor, continārī (*pre- en postklass.*) ontmoeten, zich voegen bij (*m. acc.*).

continuātiō, ōnis *f* (*continuo*[1])
1. ononderbroken voortzetting [**imbrium** aanhoudende regen; **laborum**];
2. samenhang [**rerum**];
3. (*retor. t.t.*) ~ (*verborum*) doorlopende zin, periode.

continuō[1], continuāre (*continuus*)
I. *v. plaats*
1. nauw laten aansluiten, onmiddellijk op elkaar laten volgen, aan elkaar vastmaken, samenvoegen, verbinden; ▸ *scuta inter se* ~; *domos* ~ aan elkaar vastbouwen; (*m. dat.*) *latus lateri* ~ aanvlijen tegen; — *pass. continuari* (a) ononderbroken doorlopen: *opera continuantur* worden één doorlopend geheel; (b) nauw aansluiten aan, grenzen aan (*m. dat.*): *aër mari continuatus*;
2. verder uitbreiden, vergroten, voltooien [**agros; pontem** afbouwen]; — *pass.* een geheel vormen; — *ppp.* **continuātus,** a, um aaneengesloten, ongedeeld;
II. *v. tijd*
1. onmiddellijk op elkaar laten volgen; ▸ *diem noctemque potando* ~ dag en nacht doordrinken; — *pass.* onmiddellijk volgen op (*m. dat.*): *hiemi continuatur hiems* (*Ov.*);
2. zonder onderbreking voortzetten, niet onderbreken [**militiam; iter die ac nocte**]; — *pass.* voortduren, aanhouden: *incendium continuatur*; — *p. adj.* **continuātus,** a, um onafgebroken [**labor**];
3. *een functie* behouden, na de ambtstermijn meteen opnieuw bekleden [**magistratum**];
4. *met een jaar* verlengen [**alci consulatum**].

continuō[2] *adv.* (*continuus*)
1. meteen, terstond, dadelijk;
2. ononderbroken, voortdurend;
3. (*in comb. m. negaties of in vraagzinnen*) zonder meer.

continuus, a, um (*adv.* -ē *en* -ō) (*contineo*)
I. *v. plaats*
1. (*v. twee of meer zaken*) één geheel vormend, aan elkaar grenzend, naast elkaar liggend [**aedificia; agri; montes** bergketen]; — *subst.* **continua,** ōrum *n* aan elkaar grenzende gebieden;
2. (*v. één zaak*) (a) één geheel vormend met, nauw aansluitend aan, grenzend aan (*m. dat.*); ▸ *aër* ~ *terrae est*; (b) samenhangend, ononderbroken, doorlopend [**oratio; mare; litus**];
II. *v. tijd*
1. (*v. twee of meer zaken*) onmiddellijk op elkaar volgend, na elkaar; ▸ *-is diebus* verscheidene opeenvolgende dagen; *ex eo die dies -os quinque Caesar suas copias produxit* (*Caes.*);
2. (*v. één zaak*) daaropvolgend [-ā **nocte** in de daaropvolgende nacht];
3. onophoudelijk, voortdurend, constant [**incommoda; honores; oppugnatio**]; — *m. abl. v.h. gerundivum*: *annus postulandis reis* ~ (*Tac.*) van voortdurende dagvaardingen;
III. (*v. personen*) het dichtst staand bij (*m. dat.*) [**principi**]; — *subst.* ī *m* gunsteling, favoriet.

cōntiō, ōnis *f* (*v. arch. coventio v. convenio*)
1. (volks)vergadering, vergadering van soldaten (*om te luisteren, niet om beslissingen te nemen*) [**populi; militum; nocturna; legitima**]; ▸ *contiones civium seditiosae*; *contionem differre* verdagen; *in contionem ascendere* (als redenaar) in de vergadering optreden; *contionem (ad)vocare*; *convocare milites ad contionem*;
2. (*meton.*) (a) mensen in een vergadering; ▸ *clamor contionis*; (b) toespraak tot het verzamelde volk *of* de soldaten; ▸ *contionem apud milites, in alqm habere*; ~ *libera et moderata*; ~ *saeva atque acerba*; (c) toestemming om te spreken; ▸ *contionem dare alci*.

cōntiōnābundus, a, um (*contionor*) voor een vergadering sprekend [**imperator**]; (*m. acc.*) in een toespraak naar voren brengend [**haec prope**].

cōntiōnālis, e *en* **cōntiōnārius,** a, um (*contio*) behorend tot de volksvergadering, gebruikelijk *of* vaak te vinden in volksvergaderingen; ▸ ~ *prope clamor* bijna net zo'n geschreeuw als in de volksvergadering.

cōntiōnātor, ōris *m* (*contionor*)
1. redenaar *in de volksvergadering*; demagoog;
2. (*eccl.*) prediker.

cōntiōnor, cōntiōnārī (*contio*)
1. *voor de volksvergadering of de vergadering v. soldaten* een toespraak houden, in het openbaar spreken [**ad populum; apud milites**]; ▸ *contionatus signa constituit* na zijn redevoering;
2. (*m. acc. neutr. v.e. pron.; aci.*) voor de volksvergadering verkondigen *of* toelichten;
3. vergaderen, in vergadering zijn;
4. (*eccl.*) prediken.

cōntiuncula, ae *f* (*demin. v. contio*) volksverga-

deringetje; onbeduidend toespraakje.
con-tollō, tollere, — — (*Plaut.*) *gradum* ~ zich op weg begeven.
con-tonat (*tono*) (*Plaut.*) (*onpers.*) het dondert hevig; ▸ *ibi contonat sonitu maximo.*
con-torqueō, torquēre, torsī, tortum
1. ronddraaien, omdraaien, heen en weer slingeren; ▸ *navem quolibet* ~ keren; *amnes in alium cursum contorti et deflexi*;
2. (*poët.*) slingeren, werpen [**hastam in latus**];
3. *verba* ~ vol vuur spreken;
4. (*postklass.*) draaien, winden; ▸ *contorta toga* om de arm gedraaid; *arbor contorta* gekronkeld; *crinis contortus*;
/ *p. adj.* **contortus,** a, um (a) ingewikkeld, gecompliceerd; ▸ *contorta et difficilis res*; (b) gezocht, geaffecteerd [**verba**]; (c) vurig, krachtig [**oratio**].
contortiō, ōnis *f* (*contorqueo*)
1. het ronddraaien [**dexterae**];
2. gewrongenheid, gekunsteldheid; ▸ *contortiones orationis* gecompliceerde uitdrukkingen.
contortiplicātus, a, um (*contortus en plico*) (*Plaut.*) ingewikkeld.
contortor, ōris *m* (*contorqueo*) (*Ter.*) verdraaier [**legum**].
contortulus, a, um (*demin. v. contortus*) enigszins gekunsteld.
contortus *zie contorqueo.*
contrā
I. *adv.*
1. (*v. plaats*) ertegenover, aan de andere kant [**stare; esse**];
2. ertegen, ertegenin [**pugnare; dicere** tegenspreken *of* aanklagen; **intueri** recht in de ogen kijken];
3. daartegenover, anderzijds [**liceri** een tegenbod doen; **amare** wederkerig liefhebben];
4. daarentegen, integendeel;
5. andersom, helemaal anders, (precies) omgekeerd [**facere**]; ▸ *res* ~ *accidit* pakt in de tegenovergestelde richting uit; *si* ~ in het tegenovergestelde geval; ~ *ac, atque, quam* anders dan;
II. *prep. m. acc.* (*soms als postpositie*)
1. (*v. plaats*) (a) tegenover; ▸ *insula quae est* ~ *Massiliam*; (b) tegen ... in, aan, op *of* omhoog, in de richting van; ▸ *duo pondera* ~ *scalas ferebat* (*Plin. Mai.*);
2. tegen; ▸ *hoc testimonium* ~ *te est*; *defendere alqd* ~ *alqm*; *firmus* ~ *pericula*; ~ *ventos*; ~ *vim*;
3. tegen, in tegenspraak met, afwijkend van [~ ea daarentegen, integendeel; ~ **verum**];
III. *prefix* tegen-, weer- [**contradico**].
contractiō, ōnis *f* (*contraho*)
1. het samentrekken [**digitorum; nervorum** kramp; **superciliorum** het fronsen];
2. verkorting (*in woord en geschrift*): (a) (*paginae*) ~ het dicht op elkaar schrijven *onderaan de pagina*; (b) (*Cic.*) het kort uitspreken (*itt. productio*); (c) bondige stijl [**orationis**];
3. ~ *animi* depressie, angst.
contractiuncula, ae *f* (*demin. v. contractio*) licht gevoel v. beklemdheid [**animi**].
contractūra, ae *f* (*contraho*) (*archit.*) het taps toelopen (*v. zuilen*).
contractus[1], a, um (*p. adj. v. contraho*)
1. nauw, smal; ▸ *locus exiguus atque* ~ ; *introitūs contractiores*; *vestigia vatum -a* smalle (*en vd.* moeilijk begaanbare) paden;
2. (*v.e. redevoering*) bondig, kernachtig [**oratio**];
3. (*v. toestanden*) beperkt, benepen [**studia**];
4. (*v. tijd*) beperkt, kort; ▸ *iam contractioribus noctibus*;
5. (*v. stemgeluid*) geknepen; ▸ *-um genus vocis*;
6. (*Hor.*) teruggetrokken, rustig, ongestoord; ▸ *contractus leget*;
7. (*Sen.*) zuinig, gierig.
contractus[2], ūs *m* (*contraho*)
1. (*pre- en postklass.*) samentrekking;
2. (*postklass.*) verdrag, overeenkomst.
contrā-dīcō, dīcere, dīxī, dictum (*ook gesplitst*)
1. bezwaar maken, zich verzetten (*tegen: dat.*) [**legibus**];
2. (*postklass.*) tegenspreken (*m. dat.; in comb. m. een ontkenning m. quin*) [**patri**];
3. (*Mel.*) herroepen.
contrādictiō, ōnis *f* (*contradico*)
1. (*postklass.*) het tegenspreken, tegenspraak;
2. (*Laatl.*) geschil.
contrādictor, ōris *m* (*contradico*) (*postklass.*) iem. die tegenspreekt, tegenstander.
contrādictōrius, a, um (*contradico*) (*Laatl.*) bezwaren bevattend [**libellus** bezwaarschrift].
con-trādō, trādere, trādidī, trāditum (*Laatl.*) overgeven, overleveren.
contra-eō, īre, iī, itum (*postklass.*) tegenstand bieden, tegenspreken (*m. dat.*).
con-trahō, trahere, trāxī, tractum
1. samentrekken [**frontem** fronsen; **vela** reven, innemen, (*ook metaf.*) inbinden]; (*ledematen*) doen verkrampen, doen verstijven;
2. bijeenbrengen, verzamelen, concentreren

(ihb. als milit. t.t.) [**copias undique; exercitum in unum locum**];
3. (metaf.) beperken, indammen [**cupidinem**];
4. verkorten, inkorten [**orationem**];
5. benauwen, beklemmen; ▸ *cui non animus formidine divum contrahitur;*
6. bijeenbrengen [**pecuniam**];
7. veroorzaken, bewerkstelligen, tot stand brengen, doen plaatsvinden [**damnum** schade berokkenen; **molestias; cladem; amicitiam; sibi numinis iram** zich de woede v.d. goden op de hals halen; **nefas** iets ongeoorloofds doen; **aes alienum** schulden maken; **alci invidiam** iem. in diskrediet brengen; **alci negotium** het iem. moeilijk maken];
8. *zaken* aangaan, afsluiten; ▸ *rationem, rem ~ cum* een zakelijke relatie aangaan met; *in contrahendis negotiis; res contracta* overeenkomst, contract;
9. (poët.; postklass.) nader tot elkaar brengen.

contrārietās, ātis *f* (contrarius) (Laatl.) tegenstelling, tegengesteldheid.

contrārium, ī *n* (contrarius)
1. tegengestelde richting;
2. tegendeel, het tegenovergestelde; ▸ *in -um mutare, vertere* in het tegendeel; *e, ex -o* integendeel, daarentegen.

contrārius, a, um (contra)
1. tegenoverliggend, tegenoverstaand [**collis; litora; vulnus** op de borst];
2. tegenovergesteld, in tegenovergestelde richting; ▸ *in -as partes fluere* (v. rivieren); *-o amne* tegen de stroom in, stroomopwaarts; *vento ~ aestus* stroming tegen de wind in; *classi -a flamina* tegemoet waaiend; *~ ac of atque* tegenovergesteld aan;
3. (metaf.) tegengesteld aan (m. dat.; zelden gen.); ▸ *voluptas -a honestati; clementiae -am imperiti putant severitatem* (Sen.);
4. tegensprekend, weerleggend; ▸ *litterae -ae* met elkaar in tegenspraak; *verba relata -e* op tegengestelde manier;
5. vijandig, tegenovergesteld [**arma** van de tegenpartij]; — subst. **contrārius,** ī *m en* **-a,** ae *f* tegenstander, vijand;
6. schadelijk, nadelig [**otium**];
7. ongepast, ongunstig; ▸ *-e dicere; exta -a.*

Contrebia, ae *f stad v.d. Celtiberi ten Z.O. v. het huidige Zaragoza;* — inw. **Contrebiēnsēs,** ium *m.*

contrectābilis, e (contrecto) (Laatl.) aanraakbaar.

contrectābiliter *adv.* (contrectabilis) (Lucr.) met zachte aanraking.

contrectātiō, ōnis *f* (contrecto) aanraking, betasting.

con-trectō, trectāre (tracto)
1. (poët.; postklass.) aanraken, aftasten, betasten [**vulnus; omnes partes corporis**]; ▸ *liber contrectatus manibus* beduimeld;
2. (metaf.) nadenken over, zich bezighouden met (m. acc.) [**varias voluptates; studia et disciplinas philosophiae**];
3. (postklass.) strelen, aaien [**capillum; leonem**];
4. liefkozen, knuffelen; gemeenschap hebben met (m. acc.);
5. (postklass.) schenden, te schande maken, onteren; ▸ *contrectata pudicitia;*
6. (jur.) onrechtmatig behandelen;
7. behandelen [**disciplinas**].

con-tremīscō, tremīscere (en **con-tremēscō,** tremēscere), tremuī, —
I. *intr.*
1. beginnen te trillen, beven, sidderen; ▸ *tellus et aequora contremuerunt; timore perterritus contremui; toto corpore ~;*
2. (metaf.) beginnen te wankelen; ▸ *eius fides virtusque numquam contremuit;*
II. *tr.* (poët.; postklass.) van angst trillen voor, beven voor, bang zijn voor (m. acc.) [**iniurias; Hannibalem**].

con-tremō, tremere, — — hevig trillen, beven, sidderen.

con-tremuī *pf. v. contremisco.*

con-tremulus, a, um (contremo) (preklass.) trillend, bevend.

con-tribūlis, is *m* (tribus)
1. lid v. dezelfde *tribus;*
2. (eccl.) geloofsgenoot.

con-trībulō, trībulāre (eccl.) verpletteren; teisteren.

con-tribuō, tribuere, tribuī, tribūtum
1. toevoegen, toewijzen aan, inlijven bij (m. dat.) [**regna alienigenis** aan buitenlanders = aan buitenlandse koningen];
2. (tot één geheel) samenvoegen, verenigen; ▸ *milites in unam cohortem ~; in unam urbem contributi;*
3. (Ov.) *samen met anderen* bijdragen, geven.

contriō, contrīre (Apul.) verslijten.

con-trīstō, trīstāre (tristis)
1. verdriet doen, treurig stemmen; ▸ *haec sententia eum contristat;*
2. (poët.; postklass.) donker maken, verduisteren

[**caelum**]; ▸ *Aquarius annum contristat.*

contrītiō, ōnis *f* (*contero*) (*eccl.*)
1. vernietiging, verderf, onheil;
2. verdriet, berouw.

contrītus *ppp. v. contero.*

contrōversia, ae *f* (*controversus*)
1. geschil, onenigheid (*om: gen.; de*) [**rei familiaris; de finibus**]; ▸ *-ae forenses; adducere rem in -am; alere diutius -am; in -a esse* betwist worden;
2. geschilpunt, twistpunt [**hereditaria**];
3. tegenspraak, bezwaar, protest; ▸ *sine -a* ontegenzeggelijk, onbetwistbaar; ~ *non est, quin* niemand betwist dat;
4. (*postklass.*) *rede over een fictief geschilpunt (in de scholen waar welsprekendheid werd onderwezen)*; ▸ *-am declamare.*

contrōversiōsus, a, um (*controversia*) betwist, omstreden.

contrōversor, contrōversārī (*controversus*) een betoog pro en contra houden.

contrō-versus, a, um (*contra en verto*)
1. (*postklass.*) tegengesteld, tegenover gelegen;
2. betwist [**ius; auspicium**].

con-trucīdō, trucīdāre
1. inhakken op, afmaken (*m. acc.*) [**plebem; corpus; bestias**];
2. (*metaf.*) in het verderf storten, vernietigen [**rem publicam**].

con-trūdō, trūdere, trūsī, trūsum
1. opeendringen; ▸ *contrusa corpora;*
2. (*in een bepaalde richting*) duwen, drijven [**equum in flumen**].

con-truncō, truncāre
1. in stukken hakken;
2. verslinden [**cibum**].

con-tubernālis, is *m en f* (*contubernium*)
1. tentgenoot; ▸ *domi unā eruditi, militiae contubernales;*
2. krijgsmakker;
3. adjudant (*toegevoegd aan een generaal ter opleiding*);
4. metgezel, collega (*bij hogere bestuurlijke functies*); ▸ *ille Torquatus, cum esset meus* ~ *in consulatu* (*Cic.*);
5. huisvriend, disgenoot;
6. (*postklass.*) partner, geliefde (*ihb. v. slaven en slavinnen*).

con-tubernium, ī *n* (*taberna*)
1. het delen v.e. tent *van soldaten in het legerkamp*, kameraadschappelijk samenleven [**militum** met de soldaten];
2. (*meton.*) gevolg; ▸ *patris -o* (in het uit soldaten bestaande gevolg v.d. vader) *ibidem militare;*
3. het samenleven, -wonen, vertrouwelijke omgang, hechte vriendschap; ▸ *Metrodorum et Polyaenum magnos viros non schola Epicuri, sed* ~ *fecit* (*Sen.*);
4. gemeenschappelijke tent *in het legerkamp*; ▸ *deponere in -o arma;*
5. (*postklass.*) gemeenschappelijke woning, *ihb. v.e. slavenpaar.*

con-tudī *pf. v. contundo.*

con-tueor, tuērī, tuitus sum *en* (*arch.*) **con-tuor,** tuī, —
1. bekijken, aankijken [**alqm acrius; alqm non sine admiratione**]; ▸ *ook metaf.*: *a contuendis malis avocari;*
2. zien, ontwaren;
3. (*v. plaatsen*) uitzien op (*m. acc.*);
4. overdenken, beschouwen.

contuitus, ūs *m* (*contueor*) (*postklass.*)
1. het bekijken, aanschouwen;
2. het beschouwen.

con-tulī *pf. v. confero.*

contumācia, ae *f* (*contumax*)
1. koppigheid, eigenzinnigheid [**adversus principem**];
2. trots, onbuigzaamheid [**libera; maxima**].

con-tumāx, *gen.* ācis
1. koppig, eigenwijs, eigenzinnig, onverzettelijk; ▸ ~ *adversus plebem; animus contra calamitates fortis et* ~ ; *preces contumaces;*
2. (*poët.*) stug, weerbarstig, moeilijk te bewerken [**lima**]; niet in het metrum passend [**syllaba**].

con-tumēlia, ae *f*
1. belediging, beschimping, smadelijke behandeling, schande; ▸ *in -am vertere* als belediging opvatten; *-am accipere; afficere alqm -ā, -am alci facere, imponere* beledigend behandelen; *accipere alqd ad, in -am* zich in zijn eer gekrenkt voelen; *nullam adhibere memoriam -ae* geen herinnering aan een belediging hebben; *dicere -as;*
2. ruwe behandeling; ▸ *naves factae ad quamvis -am perferendam* (*Caes.*).

contumēliōsus, a, um (*contumelia*)
1. (*v. personen*) geneigd tot beledigen, krenken, honen; ▸ *in servos contumeliosissimi;* ~ *in edictis;*
2. (*v. zaken*) beledigend, kwetsend, krenkend [**dicta; edicta; oratio; verba; epistula**].

con-tumulō, tumulāre (*postklass.*)
1. begraven, ter aarde bestellen;
2. een bergje maken van (*m. acc.*).

con-tundō, tundere, tudī, tū(n)sum
1. stukslaan, verpletteren, vermorzelen, verpulveren, fijnmaken [**radices**]; ▸ *classis contusa est* is vernietigd;
2. *(metaf.)* verzwakken, uitputten, neerslaan, vernietigen; ▸ *populos feroces* ~ ; *Hannibalem* ~ ontmoedigen; *corpora magno contusa labore; Romanorum vires proelio* ~ ; *ferociam hostis* ~ ; *audaciam alcis* ~ *et frangere.*

con-tuor zie *contueor.*

conturbātiō, ōnis *f* *(conturbo)* verwarring, verbijstering.

conturbātor, ōris *m* *(conturbo)* *(Mart.)* iem. die verstoort *(m. gen.)*; — *attrib.* ruïneus, buitensporig duur.

conturbātus, a, um *(p. adj. v. conturbo)*
1. verward, warrig [**animus**]; ▸ *eram in scribendo conturbatior (Cic.)*;
2. ontsteld.

con-turbō, turbāre
1. verwarren, in verwarring brengen [**hostes; rem publicam; Romanorum ordines; publicos mores**];
2. ontmoedigen, van zijn stuk brengen [**animos**];
3. *(abs.)* failliet gaan, in gebreke blijven.

con-turmālis, is *m* *(turma)* *(Laatl.)* eskadronskameraad.

con-turmō, turmāre *(turma)* *(Laatl.)* opstellen in eskadrons.

contus, ī *m* *(Gr. leenw.)*
1. boom *om schepen voort te duwen,* vaarboom; ▸ *-i bini a prora prominentes;*
2. werpspies; ▸ *praefixa -is capita.*

contūsiō, ōnis *f* *(contundo)* *(postklass.)* het kneuzen, kneuzing.

contūsum, ī *n* *(contundo)* *(postklass.)* kneuzing.

con-tūtor, ōris *m* *(jur.)* medevoogd.

contūtus, ūs *m* *(arch.)* = *contuitus.*

cōnūbiālis, e *(conubium)* *(poët.)* van het huwelijk, huwelijks-; ▸ *conubialia iura.*

cō-nūbium, ī *n* *(nubo)*
1. *wettig Rom.* huwelijk;
2. huwelijksrecht; ▸ *-um petere; -um finitimis tribuere, negare;*
3. *(poët.)* geslachtsgemeenschap *(met: gen.)*; ▸ *Veneris famulae -a inire* met een slavinnenliefje;
4. *(meton.)* *(postklass.)* (getrouwde) partner.

cōnus, ī *m* *(Gr. leenw.)*
1. kegel;
2. kegelvormig *voorwerp, o.a.:* (a) bovenste stuk v.e. helm; (b) zonnewijzer; (c) dennenappel.

con-vador, vadārī *(Plaut.)* dagvaarden.

con-valēscō, valēscere, valuī, —
1. sterk, krachtig worden; ▸ *arbores convaluerunt; non convalescit planta, quae saepe transfertur;*
2. *(metaf. v. abstr. en toestanden)* in kracht toenemen, de overhand krijgen; ▸ *fides, iustitia convaluit; postquam pestifer ignis convaluit;*
3. *(v. personen, staten e.d.)* sterker worden, in macht toenemen; ▸ *Milo magis in dies convalescebat (Cic.); his moribus brevi civitas convaluit;*
4. *(jur.)* geldig worden, gelden [**libertas**];
5. genezen, herstellen [**ex morbo**].

con-vallis, is *f* (ketel)dal, vallei.

con-vallō, vallāre *(postklass.)* omheinen.

con-valuī *pf. v. convalesco.*

con-variō, variāre *(Apul.)* bespikkelen.

con-vāsō, vāsāre *(vas[2])* *(Ter.)* bijeen-, inpakken.

con-vectō, vectāre *(intens. v. conveho)* *(poët.; postklass.)* bijeenbrengen [**praedam**].

convector, ōris *m* *(conveho)* reisgenoot, medepassagier.

con-vehō, vehere, vēxī, vectum bijeenbrengen [**frumentum; praedam**].

con-vellō, vellere, vellī *(en [zelden]* vulsī), vulsum
1. lostrekken, uiteentrekken, van elkaar scheuren, verscheuren; ▸ *pedem mensae* ~ ; *radices aratro* ~ ; *simulacrum Cereris e sacrario* ~ *auferreque; munitionem* ~ afbreken; *centuriones* ~ ; *signa, vexilla* ~ de veldtekens uit de grond trekken = opbreken; *fruges ferro* ~ afsnijden; *dapes avido dente* ~ afbijten; *convulsum remis aequor* opgewoeld; *naves undis convulsae* lekgeslagen;
2. *(metaf.)* doen wankelen, ondermijnen; ▸ *cuncta auxilia rei publicae* ~ ; *castrorum decus* (eergevoel) ~ ; *nuntiis et promissis fidem legionum* ~ ; *Tiberius vi dominationis convulsus et mutatus est* van het juiste pad gebracht, bedorven; *pectus verbis* ~ in beroering brengen;
3. *(ledematen)* (a) ontwrichten, verrekken [**artūs**]; (b) *(Sen.)* *(op de pijnbank)* uitrekken;
4. *(pass.)* verkrampen;
5. *(Sen.)* *(metaf.)* verdraaien [**verba**].

con-vēlō, vēlāre *(Gell.)* helemaal bedekken.

convena, ae *(adj. m en f)* *(convenio)* samenkomend.

convenae, ārum *m en f* *(convenio)*
1. samengestroomde mensen;
2. vreemdelingen.

con-vēnī *pf. v. convenio.*

conveniēns, *gen.* entis *(p. adj. v. convenio)*
1. overeenstemmend, harmoniërend, passend, geschikt *(met, bij, voor: dat.; cum; ad)*; ▸ *minime inter se convenientes orationes; oratio tempori* ~ passend bij de situatie;
2. eensgezind, verenigd [**propinqui**];
3. *(Ov.)* passend, sluitend [**toga bene** ~].

convenientia, ae *f (conveniens)* overeenstemming, harmonie.

con-veniō, venīre, vēnī, ventum
I. *intr.*
1. samenkomen, zich verzamelen; ▸ *in unum locum* ~; *apud hiberna* ~; *gratulatum* ~; *diem ad conveniendum edicere; huc undique* ~; *ex diversis regionibus* ~; *in contionem* ~; *Carthaginem conveniunt populi LXV (Plin. Mai.)* Carthago is het juridische centrum voor vijfenzestig volkeren;
2. het eens worden, overeenstemming bereiken; ▸ *de ea re inter nos convenimus;* — *klass. alleen:* (a) *(onpers.) convenit* men komt tot overeenstemming; ▸ *de pace inter duces convenit; ut convenerat* zoals overeengekomen was; (b) *(onpers.) convenit ut* men komt overeen om; (c) *(onpers.) inter omnes convenit (m. aci.)* men beweert algemeen dat; (d) totstandkomen; ▸ *colloquium convenit; pax convenit;* (e) *bene convenit mihi cum eo* ik sta op goede voet met hem;
3. passen bij *(m. dat.; ad)*; ▸ *dicitur Afrani toga convenisse Menandro; ad nummum convenit* het klopt tot op de cent;
4. overeenkomen, overeenstemmen met *(m. acc.; ad; in m. acc.; dat.; cum)*; ▸ *captivorum oratio cum perfugis convenit* met die v.d. overlopers; *mores conveniunt;*
5. *(jur. t.t.) door een huwelijk* onder het gezag *(in manum)* v.d. man komen;
6. gelden voor, betrekking hebben op *(m. in m. acc.; ad)*; ▸ *haec contumelia in omnes cives of ad maximam partem civium convenit;*
7. *(onpers.)* **convenit** het is goed, het schikt *(m. inf.; aci.; zelden ut; voor: dat.)*;
II. *tr.*
1. treffen, opzoeken, bezoeken, ontmoeten [**Caesarem in itinere; tribunos in foro; fratrem; adversarios**];
2. procederen of juridische stappen nemen tegen *(wegens: gen.; ex)*.

conventīcium, ī *n (conventicius; vul aan: aes)* presentiegeld *voor deelname aan de volksvergadering*.

conventīcius, a, um *(convenio) (Plaut.)* toevallig ontmoet [**patres**].

conventiculum, ī *n (demin. v. conventus)*
1. kleine, onbelangrijke bijeenkomst, vergadering, vereniging; ▸ *-a hominum, quae postea civitates nominatae sunt (Cic.)*;
2. *(Tac.) (meton.)* ontmoetingsplaats;
3. *(Mel.)* kleine gemeente *(v. kloosterbroeders)*.

conventiō, ōnis *f (convenio)*
1. volksvergadering;
2. overeenkomst, verdrag;
3. *(jur.)* (a) *in manum* ~ *(v.e. vrouw)* het juridisch onder de zeggenschap komen v.d. man; (b) eis, dagvaarding.

conventiōnālis, e *(conventio) (jur.)* op een overeenkomst berustend [**stipulatio**].

conventum, ī *n (convenio)* overeenkomst, afspraak, verdrag.

conventus[1], ūs *m (convenio)*
1. samenkomst, vergadering [**militum; civium; nocturnus**];
2. congres [**Arcadum**];
3. landdag; ▸ *conventum agere* houden; *conventibus peractis;*
4. *(jur.)* (a) (rechts)zitting *(v.e. magistraat in een provincie)*; (b) rechtsgebied, ressort;
5. gemeente v. Rom. burgers *(in een provincie)*;
6. overeenkomst, verdrag [**ex conventu**];
7. *(eccl.; Mel.)* (a) klooster(gemeenschap); (b) de hoogleraren v.e. universiteit; (c) ~ *publicus* rijksdag; (d) synode, concilie.

conventus[2] *ppp. v. convenio.*

con-verberō, verberāre *(postklass.)* slaan [**caput alcis**]; tuchtigen.

con-verrō, verrere, verrī, versum
1. *(Plaut.)* bijeenvegen [**sabulum**];
2. *(metaf.)* bijeenschrapen [**hereditates omnium**];
3. schoonvegen [**villam**].

conversātiō[1], ōnis *f (conversor)*
1. omgang, contact *(met: gen.)* [**amicorum**];
2. *(postklass.)* manier v. doen, levenswijze, gedrag.

conversātiō[2], ōnis *f (converso) (eccl.)* = *conversio* 5.

conversiō, ōnis *f (converto)*
1. omwenteling, omloop [**astrorum; annua** kringloop v.d. seizoenen];
2. periodieke terugkeer [**mensium annorumque**];
3. omslag, verandering [**tempestatum; rei publicae** omwenteling];
4. *(retor. t.t.)* (a) periode [**orationis; verborum**]; (b) ~ *orationis in extremum* herhaling

v.e. woord aan het eind v.d. zin; (c) chiastische plaatsing v. zinsdelen; (d) (*postklass.*) verandering v. bedoeling; (e) (*postklass.*) vertaling [**ex Latinis**];
5. (*eccl.*) bekering;
6. (*Mel.*) intrede in het klooster.

con-versō, versāre (*intens. v. converto*)
1. ronddraaien; ▸ *animus se ipse conversans;*
2. (*Sen.*) (*metaf.*) grondig overwegen; ▸ *alqd in animo salutare converso.*

con-versor, versārī (*postklass.*)
1. zich ophouden [**in montibus**];
2. omgang, contact hebben, samenleven met; ▸ *sine discordia cum parentibus* ~;
3. (*postklass.*) zich gedragen.

conversus[1] ppp. *v. converto en converro.*

conversus[2], ī m (*Mel.*) novice, lekenbroeder.

con-vertō, vertere, vertī, versum
I. *tr.*
1. omdraaien, omkeren; ▸ *equum* ~; *in fugam* ~ op de vlucht jagen; *fugam* ~ de vlucht keren; *terga* ~ het hazenpad kiezen; *iter in, ad provinciam* ~ terugkeren; *signa* ~ rechtsomkeert maken; *signa ad hostem* ~ een front vormen tegen; — *refl. en pass.* zich omdraaien, zich omkeren: *se* ~ *in Phrygiam;*
2. veranderen [**terras in freti formam; classem in Nymphas**]; — *refl. en pass.* (zich) veranderen, omslaan: *ex homine in beluam se* ~; *deus in hominem se convertit; metus in venerationem convertitur;*
3. in verwarring brengen, verstoren [**rem publicam; hunc ordinem; animum avaritiā** bederven];
4. wenden, richten; ▸ *omnia consilia ad, in bellum* ~; *oculos, animum alcis* ~ iems. blik, aandacht richten op [*ad tribunum militum; ad negotia; ad, in se* op zichzelf]; — *refl. of pass.* zich wenden, koers zetten, zich richten: *civitas se ad eos convertit; hinc se in Asiam* ~; *se ad otium pacemque* ~ verlangen naar;
5. veranderen, bekeren; ▸ *nova religio mentes militum convertit;*
6. (ver)ruilen (*voor: abl.*) [**castra castris** = steeds een nieuw kamp opslaan, voortdurend verder oprukken];
7. vertalen [**librum e Graeco in Latinum**];
8. gebruiken (*voor: in m. acc.*) [**tempora in laborem**];
9. een cirkelvormige baan beschrijven; ▸ *luna convertitur;*
II. *intr.* (= *se convertere*)
1. zich wenden naar, tot [**in regnum suum; ad sapientiam; ad Liviam**];
2. omslaan in, uitlopen op (*m. in m. acc.*); ▸ *vitium huic in bonum convertit* veranderde in iets goeds; *regium imperium in superbiam dominationemque convertit;*
3. (*postklass.*) zich omdraaien.

con-vescor, vescī, — (*eccl.*) samen eten.

con-vestiō, vestīre
1. (*preklass.*) kleden [**corpora**];
2. bedekken; ▸ *domus duobus lucis convestita* beplant.

con-vēxī *pf. v. conveho.*

convexiō, ōnis *f* (*convexus*) (*postklass.*) welving, ronding [**mundi**].

convexitās, ātis *f* (*convexus*) boog, ronding [**circuli; mundi**].

con-vexō, vexāre (*Gell.*) stevig samenpersen, drukken tegen (*m. acc.*).

convexum, ī n (*meestal plur.*) welving; boog; holte; ▸ *-a caeli; in -o nemorum.*

convexus, a, um
1. gebogen, gewelfd [**caelum; mundus**];
2. (*poët.; postklass.*) zich verdiepend, wigvormig [**iter; vallis; trames silvae** steil bospad].

con-vibrō, vibrāre (*postklass.*)
I. *intr.* snel trillen [**ignes**];
II. *tr.* in een snelle beweging brengen [**linguam**].

convīciātor, ōris m (*convicior*) lasteraar.

convīcior, convīciārī (*convicium*) verwijten maken, uitschelden; belasteren (*m. acc.; dat.*).

con-vīcium, ī n (< *convocium* [*con- en vox*])
1. luid geroep; ▸ ~ *mulierum;* ~ *ranarum* gekwaak; *aures -o defessae; ante aedes -um facere* aanheffen;
2. ruzie, twist;
3. scheldwoord, beschimping, belediging; ▸ *dicere, facere, ingerere -um alci* iem. uitschelden; *ferre patienter maledicta et -a;*
4. terechtwijzing, verwijt, berisping; ▸ *alci -um facere* iem. verwijten maken, berispen; *alqm -o ab errore avellere.*

convīctiō, ōnis *f* (*convivo*) het samenleven, samenleving; — *meton.: convictiones domesticae* huispersoneel.

convīctor, ōris m (*convivo*) kameraad, huisvriend, tafelgenoot; ▸ *convictorem esse alci.*

convīctus[1], ūs m (*convivo*)
1. het samenleven, contact, omgang (*met: gen.*);
2. gastmaal, banket, feest; ▸ *trahere convictum in longum.*

convictus[2] *ppp. v. convinco.*
con-vincō, vincere, vīcī, victum
1. overwinnen;
2. schuldig bevinden, verklaren (*aan: gen.; in m. abl.; inf.; aci.*); ▸ *alqm maleficii* ~ ; *alter latrocinii, alter caedis convictus est; convinci in crimine; convincor id fecisse; alqm testibus* ~ ; *alqm mores ipsius ac vita convincunt;*
3. weerleggen [**falsa; errores; adversarium**];
4. onweerlegbaar aantonen, bewijzen, beargumenteren [**avaritiam**]; ▸ *Stoicos nihil de dis explicare convincit (Cic.); (v. niet-lev.) eum ne liberum quidem esse ratio et veritas convincit (Cic.).*
con-vīsō, vīsere, — — (*poët.*)
1. (aandachtig) bekijken;
2. gaan zien, bezoeken; (*v.d. zon*) *een plek beschijnen.*
convīva, ae *m* (*convivo*) gast, tafelgenoot.
convīvālis, e (*conviva*) horend bij het gastmaal, tafel- [**carmen; fabulae** tafelgesprek; **ioci**].
convīvāria, ae *f* (*Mel.*) tafelgenote.
convīvātor, ōris *m* (*convivor*) gastheer.
convīvium, ī *n* (*convivo*)
1. gastmaal, banket, feest [**nocturnum; publicum; sollemne**]; ▸ *comparare -um magnifice et ornate;*
2. (*poët.; postklass.*) (*meton.*) tafelgezelschap, gasten [**nuptiale** bruiloftsgasten].
con-vīvō, vīvere, vīxī, vīctum (*postklass.*) (*m. dat.; cum*)
1. samenleven met;
2. samen eten met.
convīvor, convīvārī (*conviva*) in gezelschap, samen eten.
convocātiō, ōnis *f* (*convoco*) het bijeenroepen; ▸ *ad rem publicam defendendam populi Romani* ~.
con-vocō, vocāre bijeenroepen, verzamelen [**senatum; concilium; dissipatos homines in societatem vitae; milites ad contionem**].
con-volō, volāre
1. samenstromen, toesnellen; ▸ *ad sellas consulum* ~ ; *populus convolat; furiae tamquam ad funus rei publicae convolant (Cic.);*
2. (*postklass.*) zijn toevlucht nemen tot (*m. ad*).
con-volūtor, volūtārī (*Sen.*) ronddwalen; *metaf.* rondwentelen.
con-volvō, volvere, volvī, volūtum
1. oprollen, opwinden; ▸ *lubrica terga (v.e. slang)* ~ ; *crines convoluti ad verticem capitis;*
2. *in een cirkel rollen; — se* ~ *en pass. convolvi (v. hemellichamen)* een cirkelvormige baan beschrijven: *sol se convolvens; convolvitur Ales (sterrenbeeld Zwaan);*
3. omwikkelen;
4. (*Sen.*) *een schriftrol* verder afrollen [**magnam partem libri** overslaan].
con-vomō, vomere, vomuī, vomitum onderkotsen [**mensas**].
con-vorrō (*arch.*) = *converro.*
con-vortō (*arch.*) = *converto.*
con-vulnerō, vulnerāre (*postklass.*) ernstig verwonden, beschadigen.
convulsiō, ōnis *f* (*convello*) (*med.*) ontwrichting *v. ledematen;* kramp, stuip.
cooperātiō, ōnis *f* (*cooperor*) (*eccl.*) medewerking.
cooperātor, ōris *m* (*cooperor*) (*eccl.*) medewerker.
cooperculum, ī *n* (*cooperio*) (*postklass.*) deksel.
cooperīmentum, ī *n* (*cooperio*) (*poët.; postklass.*) bedekking, dek, deksel.
co-operiō, operīre, operuī, opertum helemaal bedekken; ▸ *lapidibus* ~ ; *humus spinis cooperta piscium; Decii corpus coopertum telis; — ihb. ppp.* **coopertus,** a, um (a) bedekt; (b) (*metaf.*) bedekt, beladen [**miseriis** gebukt gaand onder; **stupris** verstrikt in; **famosis versibus**].
co-operor, operārī (*eccl.*) meewerken, medewerking verlenen (*aan: dat.; in m. acc.*).
cooptātiō, ōnis *f* (*coopto*) verkiezing ter aanvulling [**censoria** aanvulling v.d. senaat door de censoren; **collegiorum; tribunorum**].
co-optō, optāre
1. *een nieuw lid* erbij kiezen [**collegas; sacerdotem; senatores; patricios in loca vacua**];
2. *een gezelschap door verkiezing* aanvullen [**senatum**].
co-orior, orīrī, ortus sum
1. (*v. natuurverschijnselen en gebeurtenissen*) uitbreken, ontstaan; ▸ *tum subito tempestates sunt coortae maximae; ventus coortus arenam humo excitavit; magno coorto imbre; bellum coortum est; seditio coorta est;*
2. gezamenlijk beginnen aan, losbarsten in, tot de aanval overgaan; ▸ *ad bellum coorti sunt; omnibus in eum tribunis plebis coortis;*
3. (*Lucr.*) (*v. organismen*) ontstaan; ▸ *cooriuntur portenta mira facie membrisque.*
coortus, ūs *m* (*coorior*) (*Lucr.*) het ontstaan, uitbarsting.
Coōs, ī *f* = *Cos.*
cōpa, ae *f* (*caupo*[1]) danseres.
Cōpāis, *gen.* idis (*f*) palus ~ Kopaismeer *in Boeotië, nu drooggelegd.*
cōperculum, ī *n* = *cooperculum.*

cophinus, ī m (*Gr. leenw.*) (*postklass.*) grote mand, korf.

cōpia, ae *f* (< * *co-opia* [*ops*], *vgl. in-opia*)
1. voorraad, grote hoeveelheid, hoop [**frumenti; vectigalium**];
2. rijkdom, overvloed [**omnium rerum**];
3. (*meestal plur.*) middelen, voorraden, *ihb.* levensmiddelen, financiële middelen; ▸ ~ *rei frumentariae* graanvoorraden; *conferre suas -as in provinciam* zijn vermogen beleggen;
4. (*milit.*) (*meestal plur.*) proviand, toevoer;
5. vermogen; welstand;
6. (*v. levende wezens*) menigte, massa, groot aantal, schare [**pecoris; civium; amicorum; latronum**];
7. (*milit.*) (*meestal plur.*) troepen, strijdkrachten [**hostium; parvae; magnae; summae** het hele leger; **navales, maritimae** zeemacht; **terrestres urbiumque** troepen op het land en in de steden]; (*zelden sg.*) groep [**armatorum**]; ▸ *augebatur illis copia* ze kregen versterking;
8. (*v. abstr.*) grote hoeveelheid, massa [**verborum** vocabulaire; **exemplorum; rerum** grote hoeveelheid onderwerpen];
9. bloemrijke stijl, rijkdom aan uitdrukkingsmogelijkheden; ▸ *Periclis ubertas et* ~ ; ~ *eloquentiae*;
10. omvangrijke kennis, rijkdom aan gedachten; ▸ *vir summā -ā*;
11. capaciteit, mogelijkheid, gelegenheid, beschikking, macht (*tot, voor: gen.*); ▸ *mihi est* ~ *somni* ik kan slapen; *alci* ~ *est dimicandi cum hoste*; ~ *pugnae fit*; *habere -am Iugurthae* macht hebben over;
12. (*personif.*) **Cōpia,** ae *f godin v.d. overvloed.*

cōpiolae, ārum *f* (*demin. v. copiae*) kleine troepenmacht.

cōpiōsus, a, um (*copia*)
1. rijk, rijkelijk voorzien, (*v. personen*) in goeden doen, (*m. abl.*) rijk aan; ▸ *domus -a*; *patrimonium amplum et -um*; *urbs celebris et -a*; *victus* ~ ; *hostis* ~ rijkelijk voorzien v. proviand; *opulenti homines et -i*;
2. overvloedig, talrijk [**ignis** groot; **advenae**];
3. rijk aan gedachten *of* woorden, eloquent, breedvoerig [**disputatio; oratio; ingenium; orator, vir** geoefend, begaafd]; ▸ *causam copiosissime disputare.*

cōpis[1], e (*vgl. copia*) (*Plaut.*) rijk, machtig.

copis[2], idis *f* (*Gr. leenw.*) (*postklass.*) Perzisch kromzwaard.

cōpl- = *copul-*.

cōpō, ōnis m = *caupo*[1].

coppa indecl. n (*Gr. leenw.*) koppa (*archaïsche Gr. letter k*).

coprea, ae m (*Gr. leenw.*) (*Suet.*) grappenmaker.

copta, ae *f* (*Gr. leenw.*) (*postklass.*) harde koek.

copto-placenta, ae *f* (*Petr.*) = *copta.*

cōpula, ae *f*
1. band, touw, lijn, riem;
2. (*metaf.*) band, verbond, vriendschapsband;
3. enterhaak; ▸ *naves -is continere*;
4. (*Gell.*) woordverbinding.

cōpulātiō, ōnis *f* (*copulo*) combinatie, verbinding.

cōpulō, cōpulāre *en* (*arch.*) **cōpulor,** cōpulārī (*copula*)
1. koppelen, samenbinden, verbinden (*aan, met: cum; dat.*) [**caput et corpus cum alqo; hominem cum pecude; ratem rati**];
2. (*metaf.*) verbinden, verenigen [**se cum alqo; honestatem cum voluptate; equestrem ordinem cum senatu**];
3. (*retor. t.t.*) (a) samenvoegen tot een periode; (b) twee woorden tot één versmelten (*bv.: si vis* > *sis*);
4. (*Laatl.*) uithuwelijken;
/ *p. adj.* **cōpulātus,** a, um verbonden, verenigd; samengesteld; hecht, intiem.

coqua, ae *f* (*coquus*) (*Plaut.*) kokkin.

coquibilis, e (*coquo*) (*Plin. Mai.*) gemakkelijk te koken [**caro**].

coquīna, ae *f* (*coquinus*) (*Laatl.*) keuken.

coquīnāris, e (*coquina*) (*preklass.*) horend tot de keuken, keuken- [**culter**].

coquīnārius, a, um (*coquina*) (*Plin. Mai.*) keuken- [**vasa**].

coquinō, coquināre (*coquo*) (*Plaut.*) eten maken, koken.

coquīnus, a, um (*coquo*) (*Plaut.*) horend bij het koken, horend bij koks.

coquitātiō, ōnis *f* (*Apul.*) het koken.

coquō, coquere, coxī, coctum
1. koken, bakken, bereiden [**cenam; liba in foco; panem; medicamenta**];
2. (doen) branden, smelten;
3. doen verdrogen, uitdrogen; ▸ *flumina cocta*; *glaebas* ~ ; *robur coctum* door vuur gehard hout; *agger coctus* uit bakstenen opgetrokken;
4. *onder invloed v.d. zon* doen rijpen [**uvas; messem; poma cocta** rijp];
5. verteren [**cibum**];
6. (*metaf.*) broeden op, zinnen op (*m. acc.*) [**consilia; bellum**];

7. verontrusten, beangstigen, kwellen; ▸ *cura, quae nunc te coquit* (Enn.); *me coquo.*

coquus, ī *m* (*coquo*) kok.

cor, cordis *n*

1. hart; ▸ ~ *palpitat; pulsus cordis* hartslag;

2. hart, gemoed, gevoel, ziel [**molle; plumbeum** gevoelloos hart]; ▸ *cordi esse* ter harte gaan, lief, dierbaar zijn; *forti corde ferre mala;* — *corde* van harte, hartelijk: *corde amare inter se;*

3. moed;

4. geest, verstand, inzicht;

5. (*poët.*) (*meton.*) ziel = individu, mens *of* dier; ▸ *noxia corda* schuldigen; — (Plaut.) *als koosnaam: meum cor;*

6. (*poët.*) maagopening (*in de buurt v.h. hart*); *alg.* maag.

Cora, ae *f stad in Latium, in het gebied v.d. Volsci, nu* Cori; — *adj.* **Corānus,** a, um [**ager**].

Coracēsium, ī *n plaats en voorgebergte op de grens van Cilicië en Pamphylië* (*Kl.-Azië*), *nu* Alanya.

coracinus[1], a, um (*Gr. leenw.*) (raven)zwart.

coracīnus[2], i *m* (*Gr. leenw.*) (*Plin. Mai.*) *een vissoort.*

Corallī, ōrum *m volksstam in Moesië in de Donaudelta.*

corallium *en* **cūral(l)ium,** ī *n* (*Gr. leenw.*) (*poët.; postklass.*) koraal.

cōram

I. *adv.*

1. openlijk, ten overstaan v. iedereen; ▸ *Manlius se ipse* ~ *offert* (*Liv.*) vertoont zich;

2. aanwezig, ter plaatse, persoonlijk, zelf; ▸ ~ *disputare cum alqo;* ~ *adesse;* ~ *intueri alqd;* ~ *audire;*

II. *prep. m. abl.* in aanwezigheid, tegenwoordigheid van, ten overstaan van [~ **conventu**].

corax, acis *m* (*Gr. leenw.*) raaf.

Corax, acis *m Griekse redenaar uit Syracuse.*

corbana, ae *f* (*eccl.*) kast, kist, kas.

Corbiō, ōnis *f*

1. *stad in het gebied v.d. Aequi bij Vitellia;*

2. *stad in Spanje.*

corbis, is *f* (*en m*) korf.

corbīta, ae *f* (*corbis*) vrachtschip.

corbona, ae = corbana.

corbula, ae *f* (*demin. v. corbis*) (*pre- en postklass.*) korfje.

corcillum, ī *n* (*demin. v. cor*) (*Petr.*) hartje; goed stel hersens; ▸ ~ *est quod homines facit.*

corcodīlus, ī *m* = *crocodilus.*

corcōta, ae *f* = *crocota.*

corcōtārius, a, um = *crocotarius.*

corculum, ī *n* (*demin. v. cor*) (*Plaut.*) hartje; ▸ *meum* ~ (*vleiend*); — Corculum *bijnaam v.* Scipio Nasica (de verstandige, intelligent en verstandig man).

Corcȳra, ae *f* Kérkira, *ook* Korfoe, *noordelijkste v.d. Ionische eilanden, het Homerische Scheria, residentie v.d. Phaeacenkoning Alcinoüs, in de historische periode de belangrijkste kolonie v. Corinthe;* — *adj.* **Corcȳraeus,** a, um [**rex** = Alcinoüs; **hortus** van Alcinoüs]; — *inw.* **Corcȳraeī,** ōrum *m.*

corda, ae *f zie chorda.*

cordātus, a, um (*cor*) (*pre- en postklass.*) verstandig, schrander.

cordāx, ācis *m* (*Gr. leenw.*)

1. *uitdagende koordans v.d. oude Griekse komedie;*

2. (*meton.*) trochee (*wegens het huppelende metrum*).

cordiāliter (*Mel.*) *adv.* hartelijk.

cor-dolium, ī *n* (*doleo*) hartzeer.

Corduba, ae *f* Córdoba, *stad in Hispania Baetica, geboorteplaats v.d. beide Seneca's en v. Lucanus;* — *inw. en adj.* **Cordubēnsis,** is *m resp. e.*

cordus, a, um (*preklass.*) laat geproduceerd, laat geboren [**agni**].

cordȳla, ae *f* (*Gr. leenw.*) (*postklass.*) jonge tonijn.

Corfīnium, ī *n stad in het gebied v.d. Paeligni in Samnium* (*Midden-Italië*), *nu* Corfinio; — *inw. en adj.* **Corfīniēnsis,** is *m resp. e.*

coriāgō, inis *f* (*postklass.*) huidziekte bij vee.

coriandrum, ī *n* (*Gr. leenw.*) (*pre- en postklass.*) koriander.

coriārius[1], a, um (*corium*) het leerlooien betreffend.

coriārius[2], ī *m* (*corium*) leerlooier.

Corinna, ae *f*

1. *dichteres uit Tanagra in Boeotië ttv. Pindarus, ca. 500 v. Chr.;*

2. *door Ovidius in zijn gedichten gebruikt als naam v. zijn geliefde.*

Corinthus *en* **-os,** ī *f* Corinthe, *de op een na grootste stad in Griekenland, handelsstad aan de Isthmus, door L. Mummius* (*in 146 v. Chr., hetzelfde jaar als Carthago*) *verwoest en geplunderd, door Caesar als Rom. kolonie opnieuw gesticht;* — *meton.: captiva Corinthus* buitgemaakte schatten uit Corinthe; — *sprw.: non cuivis homini contingit adire Corinthum* (*Hor.*) het is niet iedereen gegeven naar Corinthe te reizen, *ter aand. v. iets dat niet iedereen kan doen of dat niet iedereen lukt vanwege de ermee samenhangende moeilijkheden;* — *inw.* **Corinthius,** ī *m;* — *adj.* (a) **Corinthius,** a, um [**aes** Corinthisch brons; **vasa** Corinthisch bronzen vaatwerk]; (b) **Co-**

rinthiacus, a, um; (c) **Corinthiēnsis,** e; — *subst.* **Corinthia,** ōrum *n* kunstwerken gemaakt van Corinthisch brons; — **Corinthiārius,** ī *m bronssmid, bronshandelaar (spottend gebruikt mbt. Augustus).*

Coriolī, ōrum *m stad in het gebied v.d. Volsci in Latium, verwoest door C. Marcius (vd. zijn bijnaam: Coriolanus); — inw. en adj.* **Coriolānus,** ī *m resp.* a, um.

Coriosolitēs, um *m volksstam in Bretagne.*

corium, ī *n (Gr. leenw.)*
1. vel, huid *(v. dieren)* [**elephanti; bovis**]; *metaf.: petere -um* iem. *(met de zweep)* ervan langs geven;
2. leer;
3. *(Plaut.) (meton.)* karwats;
4. *(postklass.)* huid, dikke schil, dik omhulsel *(v. vruchten en planten)* [**pomi; castaneae** bolster];
5. *(pre- en postklass.)* laag, pleisterlaag, deklaag, korst [**parietum; papyri**].

corius, ī *m (arch.) = corium.*

Cornēlia, ae *f (Cornelius) o.a. dochter v. P. Cornelius Scipio Africanus Maior, moeder v.d. Gracchen.*

Cornēlius, a, um *naam v.e. Rom. gens; hiertoe behoorden o.a.:*
1. *patric. geslachten met soms grote families: de bekendste waren de Scipiones, Lentuli, Sullae, Dolabellae, Cethegi; daarnaast de Cossi, Rufini (later = Sullae), Blasiones, Merulae;*
2. *pleb. families: Balbi, Cinnae, Mammulae, Sisennae;*
/ *adj.* (a) **Cornēlius,** a, um [**leges** door de Cornelii gemaakt; **Castra** *gebied tussen Utica en de rivier de Bagrada, vernoemd naar P. Cornelius Scipio Africanus Maior ter herinnering aan zijn overwinning op Hannibal*]; (b) **Cornēliānus,** a, um.

corneolus, a, um *(demin. v. corneus[2])* hoornachtig.

cornētum, ī *n (cornus[1])* kornoeljebosje.

corneus[1], a, um *(cornus[1]) (poët.)* van kornoeljehout [**arcus**].

corneus[2], a, um *(cornu)*
1. hoornen, van hoorn;
2. *(postklass.)* hoornachtig: (a) *(net zo)* hard, stevig *(als hoorn)*; (b) hoornkleurig.

corni-cen, cinis *m (cornu en cano)* hoornblazer; *ook* fluitist *(bespeler van de Frygische fluit).*

cornīcor, cornīcārī *(cornix) (Pers.)* krassen *(als een kraai).*

cornīcula, ae *f (demin. v. cornix) (Hor.)* jonge kraai, *geringsch.* domme kraai.

corniculāns, *gen.* antis *(corniculum) (postklass.)* hoornvormig [**luna**].

corniculārius, ī *m (corniculum) (postklass.)* soldaat die een erehoorn als onderscheiding draagt, adjudant.

corniculātus, a, um *(corniculum) (postklass.)* hoornvormig [**luna**].

corniculum, ī *n (demin. v. cornu)* hoorntje; *ihb.* erehoorn *(militaire onderscheiding in de vorm v.e. hoorntje op de helm);* ▸ *-o merere* dienen als adjudant.

Corniculum, ī *n plaats in Latium; — adj.* **Corniculānus,** a, um.

Cornificius, a, um *naam v.e. pleb. gens in Rome:*
1. *Q.* ~, *pretor in 67 v. Chr.;*
2. *Q.* ~, *zoon van 1., pretor in 46 v. Chr.; redenaar en dichter.*

corni-ger, gera, gerum *(cornu en gero) (poët.; postklass.)* gehoornd, een gewei dragend.

corni-pēs, *gen.* pedis *(cornu) (poët.)* hoornvoetig, met hoeven.

cornīx, īcis *f* kraai [**loquax**]: *voorspellende vogel; zijn gekras kondigde regen aan;* ▸ *sprw.: cornicum oculos configere* de kraaien de ogen uitsteken = zelfs de allerslimsten te slim af zijn.

cornu, ūs *n, soms* **cornum,** ī *n en* **cornus,** ūs *m*
1. hoorn, *plur.* horens, gewei *(symbool v. weerbaarheid, moed en kracht [attribuut v. Bacchus], v. omstuimigheid [attribuut v. riviergoden], v. vruchtbaarheid en overvloed [cornu Copiae]);* ▸ *cornua tollere in alqm* tegenstand bieden; *cornua sumere* moed vatten; *cornua addere alci* iem. moed geven, bemoedigen; *cornua amittere* het gewei verliezen; *surgere in cornua* de horens omhoog steken;
2. *dingen die de vorm v.e. hoorn hebben:* (a) *uitgroeisel op het voorhoofd;* (b) *plur.* horens *v.d. maansikkel;* (c) knop *op de staaf v.e. boekrol;* (d) helmkam; (e) *(milit.)* vleugel *v.e. leger;* ▸ *a dextro cornu proelium committere;* (f) arm *v.e. ra; (meton.)* ra; (g) rivierarm; ▸ *Nilus in septem cornua divisus;* (h) (uit)einde *v.e. plaats of voorwerp;* (i) landtong; ▸ *inclusum cornibus aequor;*
3. hoorn *als materiaal (bv. v.e. hoef of snavel);*
4. *(meton.) voorwerpen van hoorn:* (a) hoorn *als blaasinstrument (oorspr. van hoorn, later van metaal),* signaalhoorn, trompet; *(poët.)* ook mondstuk *v.d. Frygische fluit;* ▸ *tibia adunco cornu;* (b) *(sg. en plur.)* boog *om te schieten (gemaakt van twee horens);* ▸ *flectere cornua;* ~ *curvum;* (c) hoornen trechter *(voor het schenken van vloeistoffen);* (d) klankbodem *v.d. lier, die oorspr. uit twee holle horens bestond;* (e) olieflesje.

cornum[1], ī *n (cornus*[1]*) (poët.)*
1. kornoelje;
2. *(meton.) lans van kornoeljehout.*
cornum[2], ī *n zie cornu.*
cornus[1], ī *en* ūs *f (poët.; postklass.)*
1. kornoeljeboom;
2. kornoeljehout;
3. *(meton.) lans van kornoeljehout.*
cornus[2], ūs *m zie cornu.*
Cornus, ī *f stad op Sardinië.*
cornūtus, a, um *(cornu) (poët.; postklass.)*
1. gehoornd;
2. *(Mel.)* tweepuntig *(v.d. bisschopsmijter).*
corocottās *en* **crocottās,** ae *m (Gr. leenw.) (Plin. Mai.) een onbekend dier.*
Coroebus, ī *m zoon v.d. Frygische koning Mygdon.*
corōlla, ae *f (demin. v. corona) (niet-klass.)* kransje.
corōllārium, ī *n (corolla)* kransje, ihb. *als geschenk voor toneelspelers en andere kunstenaars; oorspr. van echte bloemen, daarna verguld of verzilverd of van goud of zilver, later vervangen door geld of andere geschenken, vd. ook:* geschenk, toeslag, fooi.
corōna, ae *f (Gr. leenw.)*
1. krans *(als versiering of onderscheiding)* [**laurea; pinea; quercea; honoris** erekrans; **castrensis; civica; virtute parta; victoriae**]; ▸ *sub -a vendere* krijgsgevangenen als slaven verkopen *(omdat gevangenen een krans om hadden); (poët.) -am nectere alci* verheerlijken, prijzen;
2. kring v. toehoorders *of* toeschouwers, vergadering, menigte [**vulgi**];
3. *(milit.)* belegeringslinie, cordon; ▸ *urbem -ā circumdare; -ā vallum defendere;*
4. *(poët.)* kroon, diadeem [**regni**];
5. *(poët.; postklass.)* kroon v. Ariadne, Noorderkroon *(sterrenbeeld);*
6. *(postklass.)* kroonlijst, bovenrand v.e. muur;
7. *(Plin. Mai.) montium* bergketen;
8. *(eccl.)* (a) *fidei* martelaarskroon; (b) konings-, keizerskroon; (c) *rasa, clericalis, capitis* tonsuur.
corōnālis, e *(corona) (postklass.)* bij een krans horend.
corōnāmen, inis *n (corona) (postklass.)* omkransing.
corōnāmentum, ī *n (corona)* bloemen voor een krans.
corōnārius, a, um *(corona)* bij een krans horend, bestemd voor een krans; ▸ *aurum -um: door een provincie (ipv. de oorspr. geschonken gouden kroon) naar een zegevierend veldheer gestuurd* geld.
Corōnē, ēs *f stad in Messenië op de Peloponnesus.*
Corōnēa, ae *f stad in Boeotië (Midden- Griekenland); — inw.* **Corōnaeī,** ōrum *m; — adj.* **Corōnēus,** a, um *en* **Corōnēnsis,** e.
Corōnīdēs, ae *m* = Aesculapius *(zoon v.d. nimf Coronis).*
corōnis, idis *f (Gr. leenw.) (Mart.)* eindvignet, eindversiering *(v.e. boek of hoofdstuk).*
Corōnis, idis *f nimf, moeder v. Aesculapius.*
corōnō, corōnāre *(corona)*
1. bekransen, omkransen; ▸ *poëtam laureā coronā* ~ ; *victores lauro* ~ ; *decemviri coronati laureā; coronati iuvenci; templa* ~ ;
2. *(poët.)* als een krans omgeven, omsluiten; ▸ *silva coronat aquas;*
3. *(poët.)* omsingelen [**omnem abitum custode; nemus densa statione**];
4. *(Laatl.)* kronen, koning maken.
corōnopūs, podis *f (Gr. leenw.) (Plin. Mai.) een soort kruid.*
corporālis, e *(corpus)*
1. *(postklass.)* lichamelijk, fysiek [**voluptates**];
2. *(eccl.)* lijfelijk, vleselijk, aards.
corporāliter *adv. (corporalis)* fysiek, in materieel opzicht.
corporātūra, ae *f (corporo)* lichaamsbouw.
corporātus, a, um *(p. adj. v. corporo)* belichaamd [**mundus**]; *(Laatl.) subst.* ī *m* lid v.e. genootschap.
corporeus, a, um *(corpus)*
1. lichamelijk, fysiek;
2. *(poët.; postklass.)* vleselijk, lijfelijk;
3. *(eccl.)* aards.
corporō, corporāre *(corpus)*
1. *(Enn.)* doden;
2. *(postklass.)* tot lichaam maken, voorzien van een lichaam; — *pass.* tot lichaam worden, mens worden.
corpulentia, ae *f (corpulentus)*
1. *(Plin. Mai.)* (zwaar)lijvigheid, corpulentie;
2. *(eccl.)* lichamelijke gesteldheid.
corpulentus, a, um *(corpus)*
1. (zwaar)lijvig, dik;
2. lichamelijk.
corpus, oris *n*
1. lichaam, lijf *(v. mensen en dieren);* ▸ *dolor corporis; homo constat ex corpore et animo; corpus in prato prosternere* zich uitstrekken; *corpore albo* met bleke huidskleur, bleek;
2. persoon, wezen *(ihb. mbt. lichamelijke aspecten);* ▸ *liberum corpus in servitutem addicere;* ~ *captivum* gevangene; *fidissima corpora* vertrouwelingen;
3. vlees aan het lichaam; ▸ *ossa subiecta corpori;*

corpus facere aankomen, dik worden; *corpus amittere* vermageren;
4. lijk; ▸ *corpus ad sepulturam dare;*
5. schim;
6. *(v. schepen)* romp, ruim [**navium**];
7. één geheel, eenheid, lichaam [**rei publicae** staatslichaam]; ▸ *in unum corpus coalescere of confundi;*
8. totaliteit, geheel [**universitatis** heelal]; ▸ *toto corpore regni certare* met alle verzamelde krachten;
9. (maatschappelijk) lichaam, stand [**militum** legerkorps]; ▸ *regem sui corporis creari voluerunt* uit hun eigen gelederen;
10. substantie, materie, stof, massa [**ferri; Neptuni** zeewater];
11. *(v. geschriften)* (verzameld) werk, verzameling [**omnis iuris Romani**];
12. gemeenschap, verband; ▸ *nunc in corpus unum confusi omnes (v.d. verschillende inwoners v.e. stad);*
13. *(postklass.)* hoofdbestanddeel, hoofdzaak, essentie, kern [**eloquentiae**].

corpusculum, ī *n (demin. v. corpus)* lijfje:
1. *(Sen.)* klein menselijk lichaam;
2. *(Sen.)* kinderlijfje *in de moederbuik;*
3. *(pre- en postklass.)* buikje; *Plaut. als koosnaam* [**melliculum**];
4. atoom.

cor-rādō, rādere, rāsī, rāsum *(con)*
1. *(Lucr.)* bijeenharken, bij elkaar schrapen [**semina ex aëre** *(v.d. wind)*];
2. *(kom.)* bijeenscharrelen;
3. *(metaf.)* (met enige moeite) verzamelen [**argumenta**].

corrēctiō, ōnis *f (corrigo)*
1. het verbeteren, verbetering [**morum; philosophiae**];
2. *(retor.)* verbetering *(door een geschiktere uitdrukking te gebruiken);*
3. terechtwijzing.

corrēctor, ōris *m (corrigo)*
1. verbeteraar [**civitatis; peccantium**];
2. *(postklass.)* keizerlijke stadhouder *in kleinere provincies.*

corrēgnātor, ōris *m (corregno) (Mel.)* mederegent.

cor-rēgnō, rēgnāre *(con) (Mel.)* meeregeren.

cor-rēpō, rēpere, rēpsī, rēptum
1. wegkruipen, wegsluipen [**in onerariam navem**];
2. *(Lucr.)* ineenkrimpen; ▸ *correpunt membra pavore.*

correptiō, ōnis *f (corripio)*
1. *(Gell.)* het vastpakken [**manūs**];
2. *(eccl.)* blaam;
3. het korter worden [**dierum**];
4. *(gramm. t.t.)* verkorting [**syllabae**].

correptus, a, um *(p. adj. v. corripio) (poët.; postklass.)* kort (uitgesproken).

cor-rēxī *pf. v. corrigo.*

cor-rīdeō, rīdēre, — —
1. *(Lucr.)* in lachen uitbarsten;
2. meelachen.

cor-rigia, ae *f*
1. schoenriem; *alg.* riem;
2. *(Laatl.)* gordel, ceintuur.

cor-rigō, rigere, rēxī, rēctum *(con en rego)*
1. rechtmaken [**digitum; ceras** weer glad strijken, uitwissen; **cursum** de koers bijstellen *(v. schepen)*];
2. rechtzetten, verbeteren, corrigeren, herstellen [**errorem; mores civitatis; alcis sententiam; disciplinam castrorum**];
3. terechtwijzen; ▸ *re ipsā corrigi;* — *se* ~ zich beteren.

cor-ripiō, ripere, ripuī, reptum *(con en rapio)*
1. naar zich toetrekken, (vast)grijpen, (bijeen)grissen [**hastam; mulierem manu; praefecturam; sacram effigiem**];
2. zich met geweld toe-eigenen, in beslag nemen [**undique pecunias**];
3. oppakken, arresteren [**equites**];
4. *se* zich wegspoeden; *ook: corpus;*
5. *campum* zich haasten door; *gradum* versnellen; *viam* snel afleggen; *spatia* over de renbaan voortsnellen.
6. *(poët.; postklass.) (v. ziektes, hartstochten e.d.)* aangrijpen, overvallen, meesleuren, overmannen; ▸ *morbi corpora corripiunt; corripi dolore, cupidine, duplici ardore; militiā corripi* door strijdlust meegesleept worden; *correptus imagine formae* in vervoering gebracht; *hunc plausus corripuit* verrukte, verheugde hem;
7. berispen, afkeuren [**alqm graviter; scelera alcis**];
8. *(Tac.)* voor het gerecht slepen, aanklagen;
9. samentrekken, af-, verkorten [**impensas; syllabam**].

corrīvātiō, ōnis *f (corrivo) (Plin. Mai.)* het samen laten stromen *v. water (bv. in een bekken)* [**aquae pluviae; aquarum**].

cor-rīvō, rīvāre *(con en rivus) (postklass.)* in een bedding (samen) laten stromen.

corrōborātiō, ōnis *f* (*corroboro*) (*eccl.*) het sterker maken, worden.
cor-rōborō, rōborāre versterken, sterker maken; ▸ *mens hominis philosophiam ipsam corroborat* (*Cic.*); *coniurationem nascentem non credendo corroboraverunt* (*Cic.*); — *pass.* sterker worden.
cor-rōdō, rōdere, rōsī, rōsum aanvreten, aantasten.
cor-rogō, rogāre
1. bij elkaar bedelen [**vestimenta; auxilia a sociis; pecuniam**];
2. uitnodigen [**auditores**].
cor-rotundō, rotundāre rondmaken, afronden; - *pass.* rond worden.
corrūda, ae *f* (*pre- en postklass.*) wilde asperge.
cor-rūgō, rūgāre rimpelig maken [**nares** de neus optrekken].
cor-rumpō, rumpere, rūpī, ruptum
1. vernietigen, bederven, te gronde richten, vernielen; ▸ *reliquum frumentum flumine atque incendio* ~ ; *vineas lapidibus* ~ ; *res familiares* ~ ruïneren; — *pass.* te gronde gaan, bederven;
2. tenietdoen, ondermijnen, verijdelen, verspelen; ▸ *gratiam* ~ de gunst; *dei beneficia* ~ ; *libertatem* ~ ; *spem* ~ ; *dubitando magnas opportunitates* ~ ; *fidem artis* ~ het geloof in de kunst verliezen; *corrupta totiens victoria*; *occasionem* ~ een gelegenheid onbenut laten;
3. doen verslechteren, verpesten, bederven (*pass.* bederven, verrotten); ▸ *pabulum et aquarum fontes* ~ ; *vinum* ~ ; *conclusa aqua facile corrumpitur*; *umor in similitudinem vini corruptus* gegist;
4. misvormen, verminken [**corpus livore; nomen** verbasteren];
5. verzwakken, kapotmaken (*pass.* achteruitgaan, verzwakken); ▸ *corrupti equi macie*;
6. (*mbt. betekenis, inhoud*) vervalsen, verdraaien [**litteras; tabulas publicas**];
7. *mor.* verderven [**mores civitatis; iuventutem; populum largitione**];
8. onteren, verkrachten [**mulierem**];
9. verleiden, verlokken [**alqm ad scelus; alqm in spem rapinarum**];
10. omkopen [**iudicem; alqm pecuniā**].
cor-ruō, ruere, ruī, ruitūrus
I. *intr.*
1. neer-, instorten, in elkaar storten, omvallen; ▸ *arbor repente corruit; statuae corruerunt; tota urbs eorum corruit* (*bij een aardbeving*);
2. (*v. levende wezens*) ter aarde storten; ▸ *paene ille timore, ego risu corrui; corruit telis obrutus; corruit equus*;
3. (*v.e. gemoedstoestand, politieke toestand*) instorten; ▸ *nostrae contentiones in medio spatio franguntur et corruunt*;
4. ten onder gaan, te gronde gaan; ▸ *Lacedaemoniorum opes corruerunt*;
5. (*op het toneel*) mislukken, een flop worden;
6. (*in het zakenleven*) bankroet gaan;
7. (*Plin. Min.*) veroordeeld worden;
II. *tr.*
1. omverwerpen;
2. (*Catull.*) in het verderf storten;
3. (*Plaut.*) bij elkaar vegen [**divitias**].
cor-rūpī *pf. v. corrumpo.*
corruptēla, ae *f* (*corrumpo*)
1. (*mor.*) verderf, bederf, verdorvenheid; ▸ *largitionem -am esse dixit* (*Cic.*);
2. verleiding, *ihb.*: (a) omkoping; ▸ ~ *servi*; (*door: ab*) ~ *accusatoris a reo*; (b) schending, verkrachting;
3. (*Ter.*) (*meton.*) verleider; ▸ *communis* ~ *nostrum liberum* (= *nostrorum liberorum*).
corruptibilis, e (*corrumpo*) (*eccl.*) vergankelijk.
corruptibilitās, ātis *f* (*corruptibilis*) (*eccl.*) vergankelijkheid.
corruptiō, ōnis *f* (*corrumpo*)
1. bederf, verrotting [**corporis; opinionum** verkeerdheid, afwijkendheid];
2. verleiding, *ihb.* omkoping [**militum**].
corruptor, ōris *m* (*corrumpo*)
1. (*pre- en postklass.*) bederver [**amicitiae; civium**];
2. verleider, *ihb.* (a) omkoper [**exercitūs**]; (b) verkrachter, schender [**virginum Vestalium**].
corruptrīx, *gen.* īcis (*corruptor*)
I. *subst. f* bederfster, verleidster;
II. *adj.* verleidelijk.
corruptus, a, um (*p. adj. v. corrumpo*)
1. (*v. stoffelijke zaken*) bedorven, oneet-, ondrinkbaar, slecht (geworden) [**hordeum**];
2. verdorven, slecht [**civitas; mores; homines; saeculum**];
3. corrupt [**iudex; adversarius**];
4. verleid, onteerd;
5. (*v. uitdrukkingen en denkbeelden*) verkeerd, fout [**consuetudo** spraakgebruik; **genus dicendi; sententia**];
/ *adv.* **corruptē** verkeerd, verdorven.
cōrs *zie cohors.*
Corsica, ae *f* het eiland Corsica, *vanaf 238 v. Chr.* een Rom. provincie; — *bew.* **Corsus,** ī *m* Corsicaan; — *adj.* **Corsicus** *en* **Corsus,** a, um.

cortex, icis *m en (poët.) f*
1. boomschors;
2. kurk; *voorwerp van kurk:* (a) prop, stop; (b) zwemgordel; ▸ *sprw.: sine cortice nare* op eigen benen staan;
3. schil, dop [**glandis; nucum**];
4. *(pre- en postklass.)* huid, schild *van dieren* [**testudinis**];
5. *(preklass.)* omhulsel [**corporeus**].

corticeus, a, um *(cortex) (preklass.)* van schors *of* kurk.

corticōsus, a, um *(cortex) (Plin. Mai.)* door een bastlaag bedekt, vol bast.

corticulus, ī *m (demin. v. cortex) (postklass.)* velletje *v.d. olijf.*

cortīna[1], ae *f*
1. *(pre- en postklass.)* ketel;
2. *(poët.) ketelvormige drievoet van Apollo, waarop de Pythia zat als ze orakelspreuken verkondigde;*
3. *(Verg.) (meton.)* ∼ Phoebi orakel van Apollo;
4. *(Suet.)* drievoet *als wijgeschenk;*
5. *(Tac.)* publieke tribune *(bij een rechtszitting);*
6. *(Enn.)* hemelgewelf.

cortīna[2], ae *f (poët.; Laatl.)* gordijn.

Cortōna, ae *f stad in Etrurië; — inw. en adj.* **Cortōnēnsis,** is *m resp.* e.

corulētum, ī *n (corulus) (Ov.)* hazelaarsbos(je).

corulus, ī *f* hazelaar, hazelnotenstruik.

Coruncānius, a, um *naam v.e. pleb. gens, ihb. Ti.* ∼, *uit Camerium, consul in 280 v. Chr.; eerste pontifex maximus v. pleb. afkomst in 254 v. Chr.*

cōrus *zie caurus.*

coruscātiō, ōnis *f (corusco) (Laatl.)* het bliksemen, bliksem.

corusci-fer, fera, ferum *(coruscus en fero) (Laatl.)* bliksem dragend.

coruscō, coruscāre
I. *intr.*
1. snel heen en weer bewegen, trillen; ▸ *apes pennis coruscant; linguis coruscant (colubrae); satiati agni ludunt blandeque coruscant* maken snelle stootbewegingen;
2. *(poët.; postklass.)* flikkeren, schitteren, blinken; ▸ *apes fulgore coruscant;*
3. flitsen, oplichten, bliksemen; ▸ *flamma inter nubes coruscat;*
II. *tr. (poët.)* snel bewegen, slingeren [**telum; ferrum**].

coruscus, a, um *(corusco)*
1. schitterend, fonkelend [**sol; ensis**]; ▸ *iuvenes auro -i;*
2. *(poët.)* flitsend, flikkerend [**fulgura; ignis**];
3. *(poët.)* trillend, bevend [**silvae; ilices**];
4. *(Gell.) (metaf.)* weifelend.

corvāda, ae *f (Mel.) persoonlijke* herendienst, corvee.

corvīnus, a, um *(corvus) (postklass.)* raven-.

Corvīnus, a, um *bijnaam in een familie uit de gens Valeria, de Valerii Messalae, zie Valerius.*

corvus, ī *m*
1. raaf *(als voorspellende vogel aan Apollo gewijd; zijn vlucht of gekras aan iems. rechterhand betekende geluk, aan iems. linkerhand ongeluk);* ▸ ∼ *loquax; -i cantus* het krassen, gekras; *— ook als sterrenbeeld:* Raaf;
2. *(postklass.)* breekijzer, koevoet.

Corybantes, um *en* ium *m* de Corybanten, *priesters v.d. moeder v.d. goden Cybele (Rhea), die hun godin met rituele wapendansen en luide muziek eerden; later werden zij gelijkgesteld met de Cureten, de helpers bij de geboorte v. Zeus op Kreta; — sg.* **Corybās,** antis *m zoon v. Cybele; — adj.* **Corybantius,** a, um.

Cōrycius[1], a, um behorend bij de Corycische *grot op de berg Parnassus.*

Cōrycius[2] *zie Corycus 1.*

cōrycus, ī *m (Gr. leenw.)* leren zak *voor bokstrainingen.*

Cōrycus, ī
1. *f havenstad in Cilicië (Kl.-Azië), nu Kızkalesi; — adj.* **Cōrycius,** a, um;
2. *f stad in Pamphylië (Kl.-Azië);*
3. *m voorgebergte in Ionië (Kl.-Azië).*

coryl- = *corul-.*

corymbi-fer, fera, ferum *(corymbus en fero) (Ov.)* klimop(druiven) dragend [**Bacchus**].

corymbion, ī *n (Gr. leenw.) (Petr.)* pruik met krullen.

corymbus, ī *m (Gr. leenw.) (poët.; postklass.)*
1. tros bloemen *of* vruchten, *ihb. v.d.* klimop;
2. *(plur.)* achtersteven, achterschip.

coryphaeus, ī *m (Gr. leenw.)* leider.

Corythus, ī
1. *f stad in Etrurië, later Cortona;*
2. *m zoon v. Jupiter, myth. stichter v. 1.*

cōrȳtus, ī *m (Gr. leenw.) (poët.)* (pijl)koker.

cōs, cōtis *f* wet-, slijpsteen *(ook metaf.);* ▸ *acuere sagittas cote.*

Cōs, Coōs *en* **Cous,** Coī *f klein, tot de Sporaden behorend eiland in de Egeïsche Zee voor de kust v. Carië; beroemd door wijnbouw en zijdeproductie; geboorteplaats v.d. beroemde arts Hippocrates; — bew. en adj.* **Cōus,** ī *m resp.* a, um [**poeta** = Philetas; **artifex** = Apelles; **Venus** *schilderij van*

Apelles in de tempel *v.* Aesculapius *op* Cos]; — **Cōum,** ī *n* (*vul aan:* vinum) wijn *v.* Cos; — **Cōa,** ōrum *n* met gouddraad doorweven, doorschijnende zijden gewaden.

CŌS *afk. voor* consul; — **CŌSS** *afk. voor* consules.

Cosa, ae *en* **Cosae,** ārum *f*
1. *stad aan de kust en voorgebergte in Etrurië; nu* Ansedonia — *inw. en adj.* **Cosānus,** ī *m resp.* a, um;
2. *stad in Lucanië (Z.-Italië).*

cosmētēs, ae *m* (*Gr. leenw.*) (*Juv.*) *iem. die zorg droeg voor de garderobe en sieraden v.e. Rom. vrouw,* kamenier.

Cosmiānum *en* **Cosmiānus** *zie* Cosmus.

cosmicus, a, um (*Gr. leenw.*) (*Mart.*) wereIds.

cosmoe, ōrum *m* (*Gr. leenw.*) 'ordebewaarders', *Cosmoi, het uit tien leden bestaande hoogste staatsorgaan op Kreta.*

cosmos, ī *m* (*Gr. leenw.*) (*eccl.*) wereld.

Cosmus, ī *m beroemde vervaardiger en verkoper v. cosmetica in Rome (Mart.);* — *adj.* **Cosmiānus,** a, um; — **Cosmiānum,** ī *n* (*vul aan:* unguentum) parfum in crèmevorm.

cō-sp- = *con-sp-.*

CŌSS *zie* COS.

cossim *adv.* (*postklass.*) bukkend.

cossus, ī *m* (*postklass.*) een soort (hout)worm, made.

costa, ae *f*
1. rib; ▸ *-ae aselli; ensis trans abiit -as (Verg.);*
2. (*poët.; postklass.*) (*metaf.*) *plur.:* (a) (ribachtige) zijwand, geraamte; ▸ *equum aedificant sectāque intexunt abiete -as (v.h. paard v. Troje);* (b) buik *v.e. ketel;* ▸ *flamma subgeritur -is aëni* onder de buik van de ketel.

costum, ī *n* (*Gr. leenw.*) (*poët.; postklass.*) Indische heester; zalf, *gemaakt uit de wortel v.d. Indische heester.*

Cosȳra, ae *f eiland tussen Sicilië en Afrika, nu* Pantelleria.

cōtēs *zie cautes.*

cōthō, ōnis *m* kunstmatige haven.

cothurnātus, a, um (*cothurnus*)
1. (*Sen.*) (*v. tragediespelers*) cothurnen dragend;
2. (*poët.; postklass.*) tragisch, verheven [**deae; versus**];

/ *subst.* **cothurnātī,** ōrum *m* (*Sen.*) tragediespelers.

cothurnus, ī *m* (*Gr. leenw.*)
1. halve laars;
2. cothurne, *toneelschoen v. tragediespelers;*
3. (*poët.*) (*metaf.*) tragische, verheven stijl; ▸ *sola Sophocleo tua carmina digna -o (Verg.);*
4. (*poët.*) (*meton.*) tragedie.

cōticula, ae *f* (*cos*) (*Plin. Mai.*)
1. toetssteen;
2. kleine vijzel.

cotīdiānus, cotīdiē = *cott-.*

cotōneus, a, um (*pre- en postklass.*) *malum -um* kweepeer; — *subst.* ī *n* (a) kweepeer; (b) kweepeerboom.

Cotta, ae *m bijnaam in de gens Aurelia.*

cottabus, ī *m* (*Gr. leenw.*) (*Plaut.*)
1. *Gr. spel, waarbij men met het laatste beetje wijn in het glas een schaaltje zo probeerde te raken, dat het naar beneden viel;*
2. klinkende slag.

cottana, ōrum *n* = *cottona.*

cottīdiānus, a, um (*adv.* -ō) (*cottidie*)
1. dagelijks [**cibus; labor**];
2. alledaags, gewoon [**verba**].

cottī-diē *adv.* (*dies*) dagelijks, dag na dag.

Cottius, a, um *Alpes -ae gedeelte v.d. Alpen waar de Po ontspringt.*

cottona, ōrum *n* (*Gr. leenw.*) (*postklass.*) kleine vijgen uit Syrië.

cotula, ae *f* (*Gr. leenw.*)
1. kleine beker;
2. = *hemina, maat v.e. halve sextarius.*

coturnīx *en* **cōturnīx,** īcis *f* kwartel, *bij Plaut. ook als koosnaam.*

coturnus, ī *m* = *cothurnus.*

cotyla, ae *f* = *cotula.*

cotylēdōn, onis *f* (*Gr. leenw.*) navelkruid.

Cotys, yis *en* **Cotus,** ī *m naam v. Thrac. koningen.*

Cotyttia, ōrum *n losbandig feest ter ere v.d. Thrac. godin Cotytto.*

Cotyttō, ūs *f oorspr. Thrac. godin, net als Cybele met lawaai en losbandige feesten vereerd.*

Cōum *zie* Cos.

Cous *en* **Cōus** *zie* Cos.

covinnārius, ī *m* (*covinnus*) (*Tac.*) strijder op een zeiswagen.

covinnus, ī *m* (*Kelt. leenw.*) (*postklass.*)
1. zeiswagen;
2. *Rom.* reiswagen.

coxa, ae *f* (*postklass.*) heup.

coxendīx, īcis *f* (*coxa*) (*pre- en postklass.*) heup (-been).

coxī *pf. v. coquo.*

Crabra, ae *f beek bij Tusculum in de buurt v. Rome, nu de Marrane.*

crābrō, ōnis *m* (*poët.; postklass.*) horzel.

Cragus, ī *m gebergte in Lycië (Kl.-Azië).*

crambē, ēs *f (Gr. leenw.)*
1. *(Plin. Mai.) een soort* kool;
2. *(Juv.) sprw.:* ~ *repetita* opgewarmde kool *(iets dat vaak naar voren gebracht is),* ouwe koek.
Crānōn, ōnis *f stad in Thessalië.*
Crantōr, oris *m filosoof uit de school v. Plato, ca. 320 v. Chr.*
crāpula, ae *f (Gr. leenw.)*
1. roes, dronkenschap;
2. *(Laatl.)* vraatzucht.
crāpulārius, a, um *(crapula) (Plaut.)* tegen een kater [**unctio**].
crās *adv.*
1. morgen;
2. *(poët.)* in de toekomst.
crassāmen, inis *en* **crassāmentum,** ī *n (crasso) (postklass.)* droesem, drab.
crassēscō, crassēscere, — — *(crassus) (postklass.)* dik, vet, dicht, stevig worden.
crassitās, ātis *en* **crassitiēs,** ēī *f (crassus) (Apul.)* dikte, dichtheid.
crassitūdō, inis *f (crassus)*
1. het dik zijn, dikte [**parietum**];
2. dichtheid [**aëris**].
crassō, crassāre *(crassus) (postklass.)* dik maken, verdikken, verdichten; — *pass.* zich verdichten.
crassus, a, um
1. dik, dicht [**aër; tenebrae; pulvis**];
2. dik, corpulent [**homo**];
3. vet, vruchtbaar, slijkerig [**ager; terra; paludes**];
4. grof, ruw [**filum; toga** grof geweven];
5. *(poët.) (metaf.)* grof, onbeschaafd, lomp; ▸ *poëma -e compositum; -a Minerva* boerenverstand.
Crassus, ī *m familienaam in veel Rom. gentes, ihb. in de gens Licinia.*
crāstinum, ī *n (crastinus)* de dag van morgen; ▸ *-i neglegens; in -um* tot morgen.
crāstinus, a, um *(adv. -ō) (cras)* van morgen [**dies**].
Crataeis, idis *f moeder v. Scylla.*
crātēr, ēris *m (acc. sg. -ēra, acc. plur. -ēras) en (in proza meestal)* **crātēra,** ae *f (Gr. leenw.)*
1. mengvat, -kruik; *(poët.)* oliekruik;
2. *(poët.; postklass.)* kloof, afgrond; (vulkaan)-krater;
3. *(Plin. Min.)* waterbekken, bassin.
Crātēr, ēris *m (Cic.; Ov.) het sterrenbeeld Beker.*
crātēra *zie crater.*
Craterus *en* **-os,** ī *m*
1. *legeraanvoerder v. Alexander de Grote;*
2. *beroemde Gr. arts in Rome ttv. Cicero, lijfarts v. Atticus;* — *alg.* kundig arts.
Crāthis, idis *m grensrivier tussen Lucanië en Bruttium, nu de Crati.*
crātīcula, ae *f (demin. v. cratis) (pre- en postklass.)* klein vlechtwerk, klein rooster.
Cratīnus, ī *m dichter v.d. oude Att. komedie (5e eeuw v. Chr.).*
Cratippus, ī *m peripatetisch filosoof in Athene (ca. 50 v. Chr.), leraar v.d. zoon v. Cicero.*
crātis, is *f (meestal plur.)*
1. vlechtwerk, rooster; *(poët.)* horde *voor het vee; (milit.)* takkenbos *voor fortificaties;*
2. *(Verg.) een soort eg;*
3. *(poët.)* gevlochten constructie *of* bouwsel [**favorum** honingraat; **pectoris** borstkas].
creābilis, e *(crea) (Laatl.)* maakbaar, te scheppen.
creātiō, ōnis *f (creo)*
1. verkiezing *tot een ambt* [**magistratuum**];
2. *(postklass.)* het voortbrengen [**liberorum**];
3. *(eccl.)* schepping;
4. *(eccl.)* schepsel.
creātor, ōris *m (creo)* schepper, verwekker, veroorzaker [**urbis** stichter; **Achillis** vader]; *(jur.)* iem. die kiest.
creātrīx, īcis *f (creator) (poët.)* voortbrengster, moeder; ▸ *natura* ~ *rerum; patria o mei* ~ *(Catull.).*
creātūra, ae *f (creo) (eccl.)*
1. schepping, wereld;
2. schepsel.
crēber, bra, brum *(adv. meestal* crēbrō, *soms* crēbrē)
1. talrijk, dicht opeen, dicht op elkaar [**aedificia; castella; stationes**];
2. welig, dicht opeengroeiend [**arbores**];
3. herhaald, voortdurend [**impetūs; ignes** bliksemflitsen; **nuntii; colloquia; auster** aanhoudend];
4. herhaaldelijk gebruikmakend van *of* bezig met *(m. abl.; in m. abl.)* [**in scribendo**];
5. dichtbegroeid, dicht bezet met [**lucus harundinibus**];
6. vol van, rijk aan *(m. abl.) (ook metaf.)* [**procellis; scriptor sententiis**];
/ *adv. meestal* **crēbrō** *(zelden* crēbrē, *postklass.* crēbriter, *poët. en postklass. acc. plur. neutr.* crēbra; *comp.* crebrius, *superl.* creberrime) vaak, herhaaldelijk, veelvuldig.
crēb(r)ēscō, crēb(r)ēscere, crēb(r)uī, — *(incoh.; zie creber)*
1. groeien, toenemen, zich vermeerderen, tal-

rijk worden, de overhand krijgen; ▸ *seditio crebrescit*;
2. (*v. geruchten e.d.*) zich verspreiden; — *onpers.* **crēbrēscit** (*m. aci.*) het gerucht verspreidt zich.

crēbritās, ātis *f* (*creber*) veelvuldigheid, talrijkheid, hoge frequentie.

crēbrō *adv.* (*creber*) op veel plaatsen, vaak, herhaaldelijk, veelvuldig.

crēb(r)uī *pf. v. creb(r)esco.*

crēdibilis, e (*credo*) geloofwaardig, aannemelijk, plausibel [**narratio; suspicio**]; ▸ *credibili fortior* ongelooflijk dapper; *alqd pro credibili sumere* als geloofwaardig aannemen; *vix credibili celeritate.*

crēdidī *pf. v. credo.*

crēditor, ōris m (*credo*)
1. schuldeiser;
2. (*Mel.*) geldschieter.

crēditum, ī n (*credo*) lening, schuld; ▸ *-um abiurare; -um exigere.*

crēdō, crēdere, crēdidī, crēditum
1. geloven in, als waar beschouwen (*m. acc.*) [**deos; omnia**];
2. geloven, geloof hechten aan (*m. dat.; mbt.: de; in m. abl.; acc.; aci.*); ▸ *mihi crede* (*als tussenvoegsel*) op mijn woord; — *pass.* (*postklass.*) (*m. persoonl. constr.*) *credor* men gelooft mij (= [*klass.*] *creditur mihi*);
3. vertrouwen, vertrouwen schenken (*m. dat.*) [**testi; virtuti militum; tempori; campo** zich in een veldslag wagen];
4. geloven, menen, van mening zijn (*m. aci.; afh. vr.*); — *credo* (*als tussenvoegsel*) denk ik, wel, waarschijnlijk; *crederes* men had kunnen geloven;
5. beschouwen als (*m. dubb. acc.; pass. m. dubb. nom.; pro*); ▸ *se Iovis filium* ~ ; *alqs deus creditur; falsum pro vero* ~ ;
6. toevertrouwen, overlaten, overgeven aan [**militi arma; alci salutem suam; liberos fidei alcis; arcana libris; se ponto, nocti** zich op zee, in de nacht wagen];
7. (*geld*) lenen, voorschieten [**grandem pecuniam; centum talenta; pecuniam sine fenore**]; ▸ *pecunia credita* lening.

credra, ae *f* (*Gr. leenw.*) (*Petr.*) citrusvrucht.

crēdulitās, ātis *f* (*credulus*)
1. lichtgelovigheid, goedgelovigheid;
2. (*eccl.*) christelijk geloof.

crēdulus (*credo*)
I. *adj.* a, um
1. lichtgelovig, al te goed van vertrouwen, argeloos; ▸ *stultus et* ~ *auditor*;
2. (*Tac.*) gemakkelijk geloofd [**fama**];
3. (*eccl.*) gelovig;
II. *subst.* ī m (*eccl.*) gelovige, christen.

cremacula, ae *f en* **-us,** ī m (*Laatl.*) ketelhaak.

cremātiō, ōnis *f* (*cremo*) (*postklass.*) verbranding.

crēmentum, ī n (*cresco*) (*postklass.*) groei, toename.

Cremera, ae m *zijrivier v.d. Tiber in Etrurië, bekend door de heldendood v.d. Fabiërs (477 v. Chr.)*; — *adj.* **Cremerēnsis,** e.

cremō, cremāre
1. verbranden (*vaak in comb. m. igni, incendio, flammis e.d.*) [**urbem** platbranden; **corpus alcis; mortuos**];
2. (*v. vuur*) verzengen [**silvas**].

Cremōna, ae *f stad aan de rivier de Po*; — *inw. en adj.* **Cremōnēnsis,** is m *resp.* e.

Cremōnis iugum *pas in het westelijk Alpengebied.*

cremor, ōris m (*poët.*) *een soort brij gekookt van graan*, gruwel.

Cremūtius, ī m A. ~ Cordus, *geschiedschrijver ttv. keizer Tiberius.*

creō, creāre
1. scheppen, voortbrengen; ▸ *omnes res, quas et creat natura et tuetur* (*Cic.*);
2. voortbrengen, baren; ▸ *Maiā creatus* zoon v. Maia; *Sulmone creatus* (afkomstig) uit Sulmo; *prolem ex se videre creatam; o caeruleo creata ponto* (*Catull.*) (*v. Venus*);
3. (*magistraten*) (laten) kiezen, benoemen [**consules; magistratūs; dictatorem**];
4. (*een ambt, instelling*) instellen, in het leven roepen [**dictaturam; tribuniciam potestatem**];
5. veroorzaken, teweegbrengen, bereiden [**voluptatem; seditionem; alci periculum; dolorem**].

Creōn, ontis *en* **Creō,** ōnis m (*Gr. leenw.* 'heerser')
1. *koning v. Thebe, broer v. Iocaste*;
2. *koning v. Corinthe, vader v. Creüsa.*

crepāx, *gen.* ācis (*crepo*) (*Sen.*) knarsend [**mola**].

creper, era, erum (*pre- en postklass.*) onzeker, twijfelachtig.

crepida, ae *f* (*Gr. leenw.*) lage schoen, sandaal.

crepidātus, a, um (*crepida*) sandalen dragend.

crepīdō, inis *f* (*Gr. leenw.*)
1. (*Plin. Mai.*) gemetseld voetstuk, sokkel [**obelisci**];
2. (*metaf.*) basis, fundament;
3. kade, walkant; trottoir;
4. (*postklass.*) vooruitstekend gedeelte, rand.

crepidula, ae *f* (*demin. v. crepida*) (*Plaut.*) kleine sandaal.

crepitācillum, ī *n* (*demin. v. crepitaculum*) (*Lucr.*) kleine ratel, rammelaar.

crepitāculum, ī *n* (*crepito*) ratel, rammelaar.

crepitō, crepitāre (*intens. v. crepo*) galmen, rinkelen, dreunen, kraken, knarsen, knetteren, ruisen *e.d.*; ▸ *intestina crepitant* de maag knort; *crepitans cicada* sjirpend.

crepitus[1], ūs *m* (*crepo*)
1. het galmen, knetteren, ratelen, kraken, *e.d.* [**ventris**];
2. scheet.

crepitus[2] *ppp. v. crepo.*

crepō, crepāre, crepuī, crepitum (*niet-klass.*)
I. *intr.*
1. galmen, klinken, ruisen, knarsen, knetteren, ratelen, kraken *e.d.*;
2. (*Laatl.*) barsten, openspringen;
II. *tr.*
1. laten galmen, doen klinken, laten horen [**faustos sonos, laetum sonum** applaudisseren];
2. vaak praten over (*m. acc.*) [**gravem militiam aut pauperiem** klagen over].

crepundia, ōrum *n* (*crepo*)
1. (kinder)rammelaar, ratel;
2. (*Apul.*) amulet.

crepusculum, ī *n* (*niet-klass.*) avondschemering, halfdonker; (*poët.*) schemering, donker.

Crēs *zie Creta.*

crēscō, crēscere, crēvī, crētum
1. groeien, ontstaan; ▸ *crescentes segetes; haec villa inter manus meas crevit* (*Sen.*); — *p. adj.* **crētus,** a, um geboren, ontstaan, ontsproten, ontsprongen (*uit, aan: abl.; ab*): *cretus Troiano a sanguine; cretus ab origine eadem; mortali corpore cretus;*
2. groeien, toenemen, steeds groter worden, zich vermeerderen, stijgen, rijzen; ▸ *vis animi pariter crescit cum corpore toto; crescit in dies singulos hostium numerus; crescit mihi materies* de stof (*voor het schrijven*) groeit onder mijn handen; *rapi crescentibus annis* in de bloei v.h. leven; *in aeternum urbe conditā, in immensum crescente* (*Liv.*); *crescens minuensque sidus; illius vox crescebat; crescente vento; advenientes crescentesque morbi; crescit mobilitas eundo; crescente certamine;*
3. (*v. jongeren*) groot, volwassen worden; ▸ *toti salutifer orbi cresce puer* (*Ov.*); *crevisti sub* (onder de leiding van) *noverca;*
4. zich ontwikkelen tot, worden tot, vergroeien tot (*m. in m. acc.*); ▸ *coeperunt curvari manūs et aduncos* ~ *in ungues* (*Ov.*) tot kromme klauwen; *in frondem crines, in ramos brachia crescunt* (*Ov.*);
5. (*v. bronnen, meren e.d.*) stijgen, zwellen; ▸ *cum Albanus lacus praeter modum crevisset* (*Cic.*);
6. *in roem, macht* groeien, macht krijgen; ▸ *sic fortis Etruria crevit; ubi labore atque iustitiā res publica crevit* (*Sall.*);
7. rijk worden, fortuin maken; ▸ *de nihilo crevit;*
8. (*poët.; postklass.*) moed krijgen; ▸ *cresco et exsulto.*

Crēssa *en* **Crēs(s)ius** *zie Creta.*

crēta, ae *f*
1. witte klei; krijt;
2. slijk;
3. (*poët.*) schmink, make-up [**umida**];
4. (*bij wagenrennen*) krijtlijn *als finish.*

Crēta, ae *en* **Crētē,** ēs *f*
1. *het eiland* Kreta, *nu* Kriti; — *inw.* **Crēs,** Crētis *en* **Crētēnsis,** is *m en* **Crēssa,** ae *en* **Crētis,** idis *f; plur.* **Crētānī,** ōrum *m*; — *adj.* **Crētēnsis,** e, **Crēticus, Crēs(s)ius** *en* **Crētaeus,** a, um, *fem. ook* **Crēssa,** ae;
2. (*meton.*) de Kretenzers.

Crētaeus *zie Creta.*

Crētānī *zie Creta.*

crētātus, a, um (*creta*) met krijt bestreken, bepoeierd; in het wit gekleed.

Crētēnsis *zie Creta.*

crētēra *en* **crēterra,** ae *f* = *crater.*

crēteus, a, um (*creta*) (*Lucr.*) van klei.

crēticus, ī *m.* (*Gr. leenw.*) creticus (*versmaat* — ◡ —).

Crēticus *zie Creta.*

crētiō, ōnis *f* (*cerno*) (aanvaarding van de) erfenis.

Crētis *zie Creta.*

crētōsus, a, um (*creta*) rijk aan klei [**locus**].

crētula, ae *f* (*demin. v. creta*) witte aarde, *gebruikt voor verzegeling*; (*meton.*) zegel.

crētus *ppp. v. cerno en cresco.*

Creūsa, ae *f*
1. *echtgenote v. Aeneas, dochter v. Priamus;*
2. *dochter v. koning Creon v. Corinthe, echtgenote v. Jason, ook Glauce genoemd;*
3. *havenstad in Boeotië.*

crēvī *pf. v. cerno en cresco.*

crībrō, crībrāre (*cribrum*) (*postklass.*) zeven.

crībrum, ī *n* (*cerno*) zeef.

crīmen, inis *n*
1. beschuldiging, aanklacht (*wegens: gen.*);

▸ ~ *proditionis;* ~ *avaritiae;* ~ *ambitūs* wegens het verkrijgen van een ambt op bedrieglijke manier; ~ *regis* tegen de koning; ~ *falsum;* ~ *meum, tuum, suum* door mij, jou, hem naar voren gebracht *of* tegen mij, jou, hem ingebracht; *in crimen vocare of adducere* beschuldigen, aanklagen; *in crimen vocari of venire* beschuldigd, aangeklaagd worden; *sibi crimen facere of afferre* zich op de hals halen; *in crimine esse* schuldig geacht worden;
2. *(meton.)* punt van beschuldiging;
3. verwijt; ▸ *alqd alci crimini dare* iem. iets verwijten; *crimini esse alci* een reden tot verwijt voor iem. zijn;
4. *(Ov.) (meton.)* voorwerp van verwijt; ▸ ~ *posteritatis eris* je zult door het nageslacht gehoond worden;
5. laster, kwaadsprekerij;
6. misdaad, vergrijp, schuld; ▸ *crimen fateri; sine crimine vitam degere; qui nos poenā, non crimine liberant (Liv.)* van de schuld;
7. *(Ov.)* echtbreuk;
8. *(Verg.) plur.* voorwendsels [**belli** om de oorlog te beginnen].

crīminālis, e *(crimen)* een misdaad betreffend [**lis** strafproces].

crīminātiō, ōnis *f (criminor)* beschuldiging, verdachtmaking, laster.

crīminātor, ōris *m (criminor) (pre- en postklass.)* lasteraar.

crīminor, crīminārī *en (arch.)* **-ō,** -āre *(crimen)*
1. beschuldigen, verdacht maken, belasteren [**patres apud populum; senatum**];
2. verwijten, ten laste leggen, zijn beklag doen over, zich beklagen over *(m. acc.; de; aci.; quod)*;
3. een aanklacht indienen.

crīminōsus, a, um *(crimen)* beschuldigend, verwijtend, lasterlijk, hatelijk [**orator; liber**].

crīnāle, is *n (crinis) (Ov.)* sieraad voor het haar.

crīnālis, e *(crinis) (poët.)*
1. haar- [**aurum** gouden haarband];
2. harig.

crīniger, era, erum *(crinis en gero) (poët.)* langharig.

crīniō, crīnīre als met haar bedekken.

crīnis, is *m*
1. haar, hoofdhaar *(sg. en plur. als coll.)*; ▸ *crines passi* loshangend haar *(ihb. v. rouwende mensen en smekelingen); crines abscidere; crinibus templa verrere;*
2. *(Plaut.) plur.* vlecht;
3. *(Mart.)* een *(enkele)* haar;
4. *(poët.; postklass.)* staart v.e. komeet.

Crīnī(s)sus, ī *m rivier in het westen v. Sicilië.*

crīnītus, a, um *(crinis)*
1. *(poët.; postklass.)* behaard, *ihb.* langharig [**Apollo; puella; galea** behaarde helm];
2. *stella -a* komeet.

crīnomenon, ī *n (Gr. leenw.) (retor. t.t.)* beslispunt.

crinon, ī *n (Gr. leenw.) een soort* lelie *(Plin. Mai.).*

criobolium, ī *n (Gr. leenw.) (Laatl.)* offer bestaande uit een ram.

crisis, is *f (acc. -*in*) (Gr. leenw.) (Sen.)* beslissende wending, crisis.

crīsō, crīsāre wellustige heupbewegingen maken.

crispicō, crispicāre *(crispus) = crispare.*

crispi-sulcāns, antis *(crispus en sulco)* een kronkelende vore trekkend.

crispō, crispāre *(crispus) (poët.; postklass.)*
1. krullen [**capillum**];
2. doen trillen, zwaaien [**hastilia**].

crispulus, a, um *(demin. v. crispus) (postklass.)* met kroeshaar.

crispus *(vgl. crinis) (niet-klass.)*
I. *adj.* a, um
1. kroes-, gekruld [**coma**];
2. trillend, snel bewegend [**pecten**];
3. *materies -a* gevlamd hout;
4. *(v. taalgebr.)* gekunsteld;
II. *subst.* ī *m* krullenbol.

Crispus, ī *m cogn. v.d. Rom. geschiedschrijver Sallustius.*

crista, ae *f (vgl. crinis)*
1. kam *(op de kop v. dieren)*; — *sprw.: alci -ae surgunt* iem. zwelt van trots;
2. helmbos.

cristātus, a, um *(crista)*
1. een kam dragend [**draco; aves**];
2. een helmbos dragend, met een helmbos getooid [**Achilles; galea; iubar**].

Crithōtē, ēs *f plaats op de Thrac. Chersonesus aan de Zwarte Zee.*

Critiās, ae *m Atheens politicus en redenaar, 404 v. Chr. leider v.d. 30 tirannen in Athene (omgekomen in 403).*

criticus *(Gr. leenw.)*
I. *subst.* ī *m* beoordelaar van kunst, kunstcriticus;
II. *adj.* a, um *(August.)* beslissend, kritiek.

Critō, ōnis *m leerling en vriend v. Socrates.*

Critobūlus, ī *m*
1. *leerling v. Socrates;*

2. *Gr. arts ttv. Philippus en zijn zoon Alexander de Grote.*

Critolāus, ī *m*

1. *peripatetische filosoof, deelnemer aan het beroemde Atheense gezantschap v. filosofen naar Rome (156/155 v. Chr.);*

2. *veldheer v.d. Achaeïsche Bond (in de beslissende strijd met de Romeinen in 147 v. Chr.).*

crocātus, a, um *(crocus)* saffraankleurig.

croceus, a, um *(crocus) (poët.; postklass.)* saffraan- [**odores**]; saffraangeel, goudblond [**comae**].

crocinum, ī *n (crocinus; vul aan: oleum)* saffraanolie *(Prop.); bij Plaut. als koosnaam.*

crocinus, a, um *(Gr. leenw.) (Catull.; Plin. Mai.)* saffraan-; saffraangeel [**tunica**].

crōciō, crōcīre *(en crocciō) (Plaut.)* krassen (als een raaf).

crocodīlinus, a, um *(Gr. leenw.) (postklass.)* van een krokodil.

crocodīlus, ī *m (Gr. leenw.)* krokodil.

crocomagma, atis *n (Gr. leenw.) residu na het persen van saffraan.*

crocōta, ae *f (Gr. leenw.; vgl. crocus)* saffraankleurig kledingstuk *voor vrouwen.*

crocōtārius, a, um *(crocota) (Plaut.)* van saffraan [**infector** iem. die kledingstukken saffraangeel verft].

crocottās *zie corocottas.*

crocōtula, ae *f (demin. v. crocota) (Plaut.)* saffraangeel gewaad.

crocus, ī *m en* **-um,** ī *n (Gr. leenw.)*

1. saffraan *(specerij);*

2. *(meton.)* (a) saffraanolie, -water *(om iets mee te besprenkelen, ihb. het toneel);* (b) *(Verg.)* saffraankleurige verf, saffraangeel; ▸ *vestis picta -o.*

Croesus, ī *m zoon v. Alyattes, koning v. Lydië, beroemd om zijn rijkdom. Hij verloor zijn rijk en vervolgens zijn leven na de slag bij de rivier de Halys tegen de Perzen, 547 v. Chr.; alg.* een Croesus = een rijk iemand.

Cromyōn, ōnis *f plaats in Megaris (op de Isthmus v. Corinthe).*

Cronium mare Noordelijke IJszee.

crotalia, ōrum *n (Gr. leenw.) (postklass.)* rinkelende oorhangers met parels.

crotalistria, ae *f (Gr. leenw.) (Prop.)* danseres met castagnetten.

crotalum, ī *n (Gr. leenw.) (poët.)* ratel; castagnetten.

crotō(n), ōnis *f (Gr. leenw.)* ricinus(boom).

Crotō(n), ōnis *en* **Crotōna,** ae *f Gr. stad (Achaeische kolonie) aan de oostkust v. Bruttium (Z.-Italië), aan het eind v.d. 6e eeuw v. Chr. plaats waar Pythagoras werkzaam was, sinds 194 v. Chr. Rom. kolonie, nu* Crotone; *— inw.* **Crotōniātēs,** ae *en* **Crotōniēnsis,** is *m; — adj.* **Crotōniēnsis,** e.

cruciābilis, e *(crucio) (Gell.)* kwellend.

cruciābilitās, ātis *f (cruciabilis) (Plaut.)* marteling, kwelling.

cruciāmentum, ī *n (crucio)* marteling, kwelling.

cruciārius *(crux)*

I. *subst.* ī *m (Sen.; Petr.)* gekruisigde;

II. *adj.* a, um *(postklass.)* van het kruis; kwellend.

cruciātus, ūs *m (crucio)*

1. marteling, kwelling, foltering; terechtstelling onder marteling;

2. *(meton.) plur.* martelwerktuigen.

crucī-fīgō, fīgere, fīxī, fīxum *(crux) (postklass.)* aan het kruis nagelen, kruisigen.

crucīfīxiō, ōnis *f (crucifigo) (eccl.)* kruisiging.

crucī-fīxus, a, um *(p. adj. v. crucifigo)* aan het kruis genageld, gekruisigd.

cruciō, cruciāre *(crux)*

1. kwellen, martelen, pijnigen *(lich. en geestel.);* op wrede wijze terechtstellen; ▸ *necati omnes cruciati* (onder marteling) *sunt; cruciari amore; — se* ~ *en pass.* zich kwellen, zich pijnigen; *— ptc. pr.* **cruciāns** zich kwellend, zich afbeulend [**cantherius**];

2. *(Laatl.)* aan het kruis nagelen, kruisigen.

cruci-salus, ī *m (crux en salio) (Plaut.) (scherts.)* kruisdanser.

crūdēlis, e *(crudus)*

1. wreed, ruw, meedogenloos, hardvochtig, onverbiddelijk [**mens; tyrannus**];

2. verschrikkelijk, gruwelijk, wreed [**instrumenta necis; bellum; fortuna; mors; scelus**].

crūdēlitās, ātis *f (crudelis)* wreedheid, hardheid, onbarmhartigheid, hardvochtigheid; ▸ ~ *militum; ista in nostros homines* ~ *(Cic.); immoderata civium suorum licentia crudelitasque erga nobiles (Nep.).*

crūdēscō, crūdēscere, crūduī, — *(incoh.; zie crudus) (poët.; postklass.)* hevig worden, toenemen; ▸ *crudescit morbus, pugna, seditio.*

crūditās, ātis *f (crudus)*

1. overlading van de maag, bedorven maag;

2. onverteerbaarheid.

crūduī *pf. v. crudesco.*

crūdus, a, um *(cruor)*

1. rauw, ongekookt [**exta victimae; caro**];

2. onbewerkt, ruw; ▸ *caestus* ~ uit onbewerkt leer; *cortice -o hasta;*
3. onrijp (*v. vruchten*) [**poma**];
4. (*poët.*) nog onrijp, nog te jong; ▸ *-a viro virgo;*
5. (*Tac.*) nog pril, nog nieuw [**amor; servitium**];
6. (*Verg.; Tac.*) kras [**senectus**];
7. met volle maag; met bedorven maag;
8. (*postklass.*) onverteerd;
9. (*poët.; postklass.*) bloedend, bloedig [**vulnus**];
10. (*poët.*) gevoelloos, wreed, hardvochtig [**Getae; ensis; bella**];
11. (*Suet.*) ruw, ongevormd, onbeschaafd.

cruentō, cruentāre (*cruentus*)
1. met bloed bespatten, bevlekken [**manūs sanguine civium; gladium**]; — *pass.* bebloed raken;
2. (*door moord*) bezoedelen, ontwijden [**deos caede principis**];
3. tot bloedens toe verwonden, kwetsen; ▸ *haec te lacerat, haec cruentat oratio* (*Cic.*).

cruentus, a, um (*cruor*) (*adv.* cruente, cruenter)
1. bebloed, met bloed bespat, bevlekt [**hostis; gladius; castra**];
2. bloedig [**victoria; annus; bellum**];
3. bloeddorstig, wreed [**Mars; hostis; ira**];
4. (*Verg.*) bloedrood [**myrta**];
5. (*Hor.*) wonden toebrengend; ▸ *dens* ~ bijtende tand.

crumēna, ae *f* = *crumina.*

crumīlla, ae *f* (*demin. v. crumina*) (*Plaut.*) geldbuideltje.

crumīna, ae *f*
1. (*Plaut.; Gell.*) geldbuidel;
2. (*Hor.*) (*meton.*) geld.

cruor, ōris *m*
1. bloed (*buiten het lichaam; sanguis is bloed dat door het lichaam stroomt*), gestold bloed [**captivus** van de gevangenen; ~ **inimici recentissimus**];
2. (*poët.*) *plur.* bloeddruppels, bloedsporen;
3. (*meton.*) het bloedvergieten, moord; ▸ ~ *civilis* burgermoord; ~ *Cinnanus* de bloedige tijd van Cinna; *e gremio et complexu matrum ad caedem et cruorem abstrahi* (*Cic.*).

cruppellārius, ī *m* (*Kelt. woord*) (*Tac.*) *van top tot teen gepantserde* vechter *bij de Haeduers.*

crūrālis, e (*crus*) (*Petr.*) van het scheenbeen, scheenbeen-.

crūri-crepida, ae *m* (*crus en crepo*) (*Plaut.*) *slaaf, bij wie een regen v. slagen op de scheenbenen neerdaalt,* rammelpoot.

crūri-fragius, ī *m* (*crus en frango*) (*Plaut.*) *slaaf, bij wie de scheenbenen gebroken zijn,* brekebeen.

crūs, crūris *n*
1. onderbeen, scheenbeen; *alg.* been, poot;
2. (*Catull.*) pijler *v.e. brug.*

crūsculum, ī *n* (*demin. v. crus*) (*Plaut.; Mart.*) beentje.

crūsma, atis *n* (*Gr. leenw.*) (*Mart.*) het geluid *v.e.* tamboerijn *e.d.*

crusta, ae *f*
1. korst, schaal [**panis; fluminis** ijskorst];
2. inlegwerk *van marmer;* beslag *van goud of zilver.*

crustō, crustāre met een korst, laag bedekken.

crustulārius, ī *m* (*crustulum*) (*Sen.*) banketbakker, suikerbakker.

crustulum, ī *n* (*demin. v. crustum*) koekje.

crustum, ī *n* (*vgl. crusta*) (*poët.*) *met een korstje bedekt* gebak, suikerwerk.

Crustumeria, ae *f,* **-merium,** ī *n en* **-merī,** ōrum *m plaats in Latium;* — *inw.* **Crustumīnus,** ī *m;* — *adj.* **Crustumīnus** *en* **-mius,** a, um.

crux, crucis *f*
1. kruishout, folterpaal, kruis (*in de vorm v.e.* T *of v.e. kruis*); ▸ *alqm in crucem tollere of agere, cruci affigere, in cruce suffigere; detrahere alqm ex cruce; figere crucem damnatis servis;*
2. (straf door) kruisiging; ▸ *alqm cruce afficere, alci crucem minari of proponere;*
3. (*meton.*) kwelling, marteling;
4. onheil, verderf;
5. (*kom.*) (*als scheldw.*) galgenaas, kwelgeest.

crypta, ae *f* (*Gr. leenw.*)
1. overdekte gang;
2. gewelf, grot, crypte.

crypto-porticus, ūs *f* (*Gr. 'verborgen' en porticus*) (*Plin. Min.*) overdekte galerij, wandelgang; onderaardse gang.

crystallinum, ī *n* (*crystallinus*) (*Sen.*) kristallen beker.

crystallinus, a, um (*Gr. leenw.*) (*postklass.*) van kristal [**poculum**].

crystallus, ī *f en* **-um,** ī *n* (*Gr. leenw.*)
1. ijs;
2. (*postklass.*) (berg)kristal;
3. (*meton.*) (a) (*Prop.*) kristallen sieraad; (b) (*Mart.*) kristallen beker.

Ctēsiās, ae *m uit Cnidus in Carië, lijfarts v.d. Perz. koning Artaxerxes Mnemon.*

Ctēsiphōn, ōntis
1. *m vriend v. Demosthenes, die hem in 336 v. Chr.*

met succes tegen Aeschines verdedigde;
2. *f belangrijkste stad in het gebied v.d. Parthen, aan de Tigris.*

cubiculāris, e *(cubiculum)* van *of* voor de slaapkamer [**lectus**].

cubiculārius, ī *m (cubiculum)* kamerdienaar.

cubiculāta, ae *f (cubiculum; vul aan: navis) (Sen.) van hutten voorzien* luxejacht.

cubiculum, ī *n (cubo)*
1. slaapkamer, vertrek;
2. woonkamer;
3. *(postklass.)* keizerlijke loge bij de circusspelen.

cubīle, is *n (cubo)*
1. bed, leger(stede); ▸ *alci ~ terra est; ~ humi positum;*
2. *(v. dieren)* nest, leger [**bestiarum; canis; avium**];
3. *(metaf.)* zetel, *ihb. v.e. kwaad* [**avaritiae**].

cubital, ālis *n (cubitum*[1]*) (Hor.)* kussen voor de arm.

cubitālis, e *(cubitum*[1]*)* een el lang.

cubitō, cubitāre *(frequ. v. cubo) (gewoonlijk)* liggen, slapen.

cubitōrius, a, um *(cubo) (Petr.)* aan tafel gedragen [**vestimenta** dinerkleding].

cubitum[1]**,** ī *n en* **-us,** ī *m*
1. elleboog; onderarm;
2. *(meton.)* el *(45 cm)*;
3. *(Plin. Mai.)* kromming, bocht.

cubitum[2] *ppp. v. cubo.*

cubitūra, ae *f (cubo) (Plaut.)* het liggen.

cubitus[1] *zie cubitum*[1].

cubitus[2]**,** ūs *m (cubo)*
1. *(Plin. Mai.)* het liggen;
2. *(Plaut.)* seksuele gemeenschap;
3. *(postklass.)* bed.

cubō, cubāre, cubuī, cubitum
1. liggen, rusten; ▸ *cubans legere solebat;*
2. aanliggen aan tafel, dineren;
3. in bed liggen, slapen; ▸ *cubitum ire* gaan slapen, seksuele gemeenschap hebben;
4. ziek in bed liggen [**in morbo**];
5. *(poët.) (v. plaatsen)* licht overhellen, hellen [**cubantia tecta**].

cubus, ī *m (Gr. leenw.)*
1. kubus; *(Ov.)* brok;
2. *(Gell.)* derde macht.

cucāniēnsis, e *(Mel.)* uit luilekkerland.

cuculla, ae *f (eccl.)* capuchon; monnikspij.

cucullus[1] ī *en* **cucculliō** *en* **cucūlio,** ōnis *m (postklass.)*
1. capuchon;
2. puntzak [**piperis**].

cucullus[2] *zie cuculus.*

cucūlō, cucūlāre *(cuculus) (Suet.)* 'koekoek' roepen.

cucūlus *en (Hor.)* **cucullus,** ī *m*
1. *(Plin. Mai.)* koekoek;
2. *(Plaut.; Hor.) (als scheldw.)* onnozele hals, vlegel, luilak.

cucuma, ae *f*
1. *(Petr.)* kookpan;
2. *(Mart.)* warmwaterketel voor het bad.

cucumis, meris *m (niet-klass.)* komkommer.

cucumula, ae *f (demin. v. cucuma)* kookpannetje.

cucurbita, ae *f (postklass.)*
1. pompoen;
2. sukkel;
3. *(med.)* laatkop *(om bloed af te tappen).*

cucurbitīnus *en* **cucurbitīvus,** a, um *(cucurbita)* pompoenvormig.

cucurbitula, ae *f (demin. v. cucurbita) (postklass.) (med.)* kleine laatkop.

cucurrī *pf. v. curro.*

cūdō[1]**,** cūdere, cūdī, cūsum *(pre- en postklass.)*
1. slaan, kloppen, stampen;
2. munten [**nummos**];
3. vervaardigen.

cūdō[2]**,** ōnis *m* helm.

cuiās, ātis *(cuius)* waar geboren?, uit welk land afkomstig?

cui(cui)-modī *(arch.* quoiquoimodī; *gen. v. quisquis modus)* van welke aard ook, van wat voor soort ook.

cuius, a, um *(arch.* quōius)
1. *(pron. interr.)* van wie?, wiens?; ▸ *cuium pecus?; quoia hic vox prope me sonat? (Plaut.);*
2. *(pron. relat.)* van wie, wiens; ▸ *is, cuia ea uxor fuerat.*

cuiusdam-modī *(ook gesplitst) adv. (gen. v. quidam modus)* van een bepaalde aard.

cuius-modī *(ook gesplitst) adv. (gen. v. qui modus)* van welke aard?, van wat voor soort?

cuiusque-modī *(ook gesplitst) adv. (gen. v. quisque modus)* van elke aard, allerlei [**voluptates**].

culcit(r)a, ae *f* matras, kussen; ▸ *alqm collocare in -a plumea.*

culcitula, ae *f (demin. v. culcita) (Plaut.)* matrasje, kussentje.

culex, icis *m (poët.; postklass.)* mug.

culigna, ae *f* kom.

culilla, ae *f en* **culillus,** ī *m = cululla en culullus.*

culīna, ae *f (bij coquo)*
1. keuken;

2. *(poët.)* eten, kost;
3. delicatessen, de fijne keuken.

culleus, ī *m* *(Gr. leenw.)*
1. leren zak; ▸ *oleum -is deportare;*
2. *(maat voor vloeistof)* de culleus *(= 20 amphorae).*

culmen, inis *n* *(sync. < columen)*
1. top, spits, punt [**fabae; montium**];
2. *(metaf.)* top, hoogtepunt; ▸ *summum ~ fortunae; ~ honoris;*
3. nok, dak [**aedis; templi**];
4. *(meton.)* hut, huis;
5. hoop, stapel.

culmus, ī *m*
1. (stro)halm; aar;
2. *(Verg.)* *(meton.)* rieten dak.

cūlō, cūlāre *(culus)* *(Petr.)* loslaten op; ▸ *arietes culavit in gregem.*

culpa, ae *f*
1. schuld, verantwoordelijkheid; ▸ *~ belli; liberatio -ae; expers -ae; a -a vacuus; in -a esse of versari* schuldig zijn; *~ est in alqo of alcis* de schuld ligt bij iem.; *extra -am esse, a -a abesse, -ā carere* vrij van schuld zijn; *-ā amittere alqd* door eigen schuld;
2. onkuisheid;
3. *(Hor.)* nalatigheid;
4. *(Verg.)* schuldige.

culpābilis, e *(culpo)* *(Laatl.)* afkeurenswaardig, strafbaar.

culpātiō, ōnis *f* *(culpo)* *(Gell.)* beschuldiging.

culpātus, a, um *(p. adj. v. culpo)* *(postklass.)* afkeurenswaardig.

culpitō, culpitāre *(intens. v. culpo)* *(Plaut.)* ten zeerste afkeuren.

culpō, culpāre *(culpa)* *(niet-klass.)*
1. afkeuren; berispen; ▸ *laudatur ab his, culpatur ab illis (Hor.); deorum consilia ~ ;*
2. beschuldigen.

culta, ōrum *n* *(cultus)* bouwland, akkerland.

cultellō, cultellāre *(cultellus)* *(Plin. Mai.)* scherp maken.

cultellus, ī *m* *(demin. v. culter)* mesje [**tonsorius**].

culter, trī *m* (slacht)mes [**venatorius** jachtmes; **tonsorius** scheermes]; — *sprw.: me sub cultro linquit (Hor.)* levert me over aan de beul.

cultiō, ōnis *f* *(colo[1])* bebouwing, het bebouwen [**agri** akkerbouw].

cultor, ōris *m* *(colo[1])*
1. bebouwer, planter [**agri; terrae; vitis**];
2. veehouder [**pecoris**];
3. boer, landbouwer;
4. bewoner [**aquarum; insularum**];
5. vereerder, aanbidder [**numinis; deorum**]; *(postklass.)* priester;
6. vriend, liefhebber, vereerder [**imperii; veritatis**];
7. *(Pers.)* opvoeder [**iuvenum**].

cultrārius, ī *m* *(culter)* *(Suet.)* slachter v. offerdieren.

cultrātus, a, um *(culter)* *(Plin. Mai.)* mesvormig.

cultrīx, īcis *f* *(cultor)*
1. verzorgster;
2. *(poët.; postklass.)* bewoonster;
3. *(Laatl.)* vereerster.

cultūra, ae *f* *(colo[1])*
1. bewerking, verzorging, bebouwing, het bebouwen [**agri; agelli; vitis**];
2. vorming, ontwikkeling [**animi**];
3. *(poët.; postklass.)* verering.

cultus[1], a, um *(p. adj. v. colo[1])*
1. verzorgd, bewerkt, bebouwd, aangelegd [**ager; horti**];
2. ontwikkeld, beschaafd, verfijnd [**animi; carmina; -e loqui**];
3. *(poët.; postklass.)* getooid, uitgedost; ▸ *milites -i; matrona -a purpurā.*

cultus[2], ūs *m* *(colo[1])*
1. bewerking, bebouwing, verzorging [**agrorum**]; ▸ *insula Gyarum immitis et sine cultu hominum est (Tac.); regiones omni cultu propter vim frigoris aut caloris vacantes (Cic.);*
2. *(meton.)* het verbouwen [**Cereris** van graan];
3. zorg, verzorging, onderhoud; ▸ *victus cultusque corporis; ~ pecoris;*
4. *verzorging die het lichaam verfraait,* opsmuk, tooisel;
5. geestelijke ontwikkeling, vorming, verfijning [**ingenii**];
6. ontwikkeling, beschaving; ▸ *homines a fera agrestique vita ad hunc humanum cultum civilemque deducere (Cic.)* tot de huidige menselijke cultuur in staatsverband;
7. verering, aanbidding *v.e. godheid* [**deorum; numinum**];
8. verering, huldiging *(m. gen.; in m. acc.);* ▸ *~ in regem; ~ meus* mij ten deel gevallen; *cultum tribuere alci;*
9. kleding, tooi, uitrusting; luister, comfort [**regius; militaris; muliebris; dotalis** bruidstooi; **triumphi**];
10. levenswijze, leefgewoonte, huishouden [**pastoralis; Gallorum; humilis; liberalis; domesticus; agrestis**]; ▸ *cultum mutare; gens*

aspera cultu;
11. (be)oefening, bezigheid [**litterarum; animi** geestelijke bezigheid]; ▸ *malo cultu corruptus;*
12. verfraaiing *v. taalgebr.*, verzorgde stijl;
13. weelderigheid, uitbundige levenswijze, luxe, verspilling, spilzucht [**provinciae; imperatoris**].

culul(l)a, ae *f of* **culul(l)us,** ī *m (Hor.)* beker, bokaal.

cūlus, ī *m* achterste, anus.

cum[1] *(in inscr.* com) *prep. m. abl.*
1. *(ter aand. v. begeleiding of gezelschap)* samen met; ▸ *cum amico ambulare; cum alqo cenare, habitare; imperator cum exercitu profectus est; venenum secum habere* bij zich hebben;
2. met, onder begeleiding, leiding, toezicht van; ▸ *legio hiemabat cum Cicerone; cum deis iuvantibus;*
3. *(in samenwerking, samen)* met; ▸ *cum alqo loqui, agere, foedus facere; arma ferre cum alqo contra alqm; cum alqo stare (facere)* aan iemands kant staan; *secum of cum animo suo reputare of deliberare e.d.* bij zichzelf overleggen; *quid mihi tecum (vul aan: est)?* wat heb ik met jou te maken?; *cum peditibus in urbem invadere; bellum gerere cum Aegyptiis adversus regem;*
4. *(in vijandel. zin)* met = tegen; ▸ *cum alqo pugnare, proelium committere;*
5. *(ter aand. v. twee gelijktijdige handelingen)* tegelijk met, gelijktijdig met, op dezelfde tijd als; ▸ *cum nuntio exire; cum die surgere* bij het aanbreken v.d. dag;
6. voorzien van, gekleed in, uitgerust, bewapend, begiftigd met; ▸ *cum armis, cum ferro* met wapens, gewapend; *esse cum telo* een wapen dragen; *sedere cum tunica pulla; esse cum imperio* het opperbevel hebben; *cum gravi vulnere in castra referri;*
7. *(om aan te duiden dat dingen bij elkaar horen, bij verba v. verbinden en overeenstemmen)* met; ▸ *coniungere alqd cum re; consentire cum alqo;*
8. *(ter aand. v.d. manier waarop)* met; ▸ *cum studio discere; cum virtute vivere* deugdzaam; *cum gaudio proficisci;*
9. *(ter aand. v. begeleidende omstandigheden)* met, onder, begeleid door; ▸ *multis cum lacrimis precari; cum pace* in alle rust;
10. *(beperkend)* slechts met, alleen met; ▸ *eis videmus optabilem mortem fuisse cum gloria* hun scheen de dood begerenswaardig, mits die gepaard ging met roem.

cum[2] *(arch.* quom) *cj.*
I. *m. conj.*
1. *(cum narrativum of historicum) (m. conj. impf. of plqpf.)* toen, nadat; ▸ *Zenonem, cum Athenis essem, audiebam frequenter;*
2. *(cum causale)* omdat, aangezien; ▸ *cum Parum reconciliare non posset, copias e navibus eduxit; quae cum ita sint* omdat het er zo voor staat, onder dergelijke omstandigheden;
3. *(cum concessivum)* hoewel, ofschoon; ▸ *fuit perpetuo pauper, cum divitissimus esse posset;*
4. *(cum adversativum)* terwijl (daarentegen); ▸ *erat omnino in Gallia ulteriore legio una, cum Helvetiorum exercitus esset ad nonaginta duo milia armatorum;*
II. *m. indic.*
1. *(cum temporale)* toen; nu; wanneer, *ihb. in comb.* als: *eo tempore (die, mense, anno) cum; nunc cum; tum cum;* ▸ *Scipioni clarissimus fuit ille dies cum senatu dimisso domum reductus est a populo; fuit quoddam tempus cum in agris homines passim bestiarum more vagabantur; cum Caesar in Galliam venit, alterius factionis principes erant Haedui, alterius Sequani;*
2. *(cum iterativum)* telkens wanneer, zo vaak als *(met inachtneming v.d. voor- of gelijktijdigheid);* ▸ *cum cohors impetum fecerat, hostes velocissime refugiebant;*
3. *(cum inversum)* toen (plotseling); ▸ *vix exercitus Romanus extra munitiones processerat, cum Galli flumen transierunt;*
4. *(cum explicativum)* doordat; ▸ *cum taces, facinus confiteri videris;*
III. *combinaties*
1. **cum prīmum** *(meestal m. indic. pf.)* zodra (als);
2. **cum . . . tum** *(tum wordt vaak versterkt door praecipue, maxime, imprimis, etiam e.d.)* zowel . . . als ook (in het bijzonder), weliswaar . . . maar *(meestal m. indic.; m. conj. als tussen beide zinnen een causaal of concessief verband bestaat);*
3. **cum maximē** *(ook aaneengeschreven)* juist toen, net toen; *(als adv.) tum of nunc cum maxime* toen juist, toen net.

Cūmae, ārum *f stad aan de kust v. Campanië in de buurt v. Napels; oudste Gr. kolonie in Italië en verblijfplaats v.d. sibille v. Cumae, nu Cuma;* — *inw. en adj.* **Cūmānus** *en* **Cūmaeus,** ī *m resp.* a, um.

Cūmānum, ī *n (vul aan: praedium) landgoed v. Cicero bij Cumae.*

cūmatilis, e *(Gr. leenw.) (Plaut.)* zeekleurig,

blauw.

cumba, ae *f* (*Gr. leenw.*) (roei)bootje (*ihb. v. Charon*).

cumbula, ae *f* (*demin. v. cumba*) (*Plin. Min.*) bootje.

cumera, ae *f en* **-um,** ī *n* (graan)korf.

cumīnum, ī *n* (*Gr. leenw.*) (*niet-klass.*) komijn.

cummi *indecl. n en* **cummis,** is *f* (*postklass.*) gomhars.

cumminōsus, a, um (*cummi*) (*Plin. Mai.*) vol gom.

cum-prīmīs (*ook gesplitst*) *en* **cum-prīmē** *adv.* in het bijzonder.

cum-que (*arch.* quomque) *adv., meestal verbonden m. een pron. of relat. adv.*: *quicumque, ubicumque* wie ook maar, waar ook maar; (*Hor.*) *alleen cumque* wanneer ook maar.

cumulātē *adv.* (*cumulatus*) rijkelijk, ruimschoots.

cumulātus, a, um (*p. adj. v. cumulo*)
1. opeengehoopt;
2. vermeerderd, vergroot;
3. voltooid, volmaakt [**virtus**].

cumulō, cumulāre (*cumulus*)
1. ophopen, opstapelen; ▸ *nix cumulata vento; arma in acervum* ~; *opes, arenas, pyram* ~; *metaf.*: *honores in alqm* ~;
2. overladen, bedelven [**altaria odoribus; alqm laude; alqm muneribus magnis; eloquentiam magnis praemiis**];
3. verergeren, vergroten, doen toenemen [**invidiam; iniurias**]; — *pass.* toenemen, groeien;
4. vervolmaken [**gaudium; eloquentiam**].

cumulus, ī *m*
1. berg, hoop, massa [**armorum; hostium** stapel lijken];
2. (*metaf.*) overmaat, toppunt, kroon; ▸ ~ *mercedis; alci afferre -um gaudii* de kroon op iems. vreugde zetten; *ad summam laetitiam meam magnus ex illius adventu* ~ *accedit*;
3. (*poët.*) vloedgolf [**aquarum**];
4. toevoeging, iets extra's.

cūnābula, ōrum *n* (*cunae*)
1. wieg;
2. (*poët.; postklass.*) nestplaats *v. vogels en jonge bijen*, nest; ▸ *-a in terra facere* nestelen;
3. (*poët.*) geboorteplaats, vaderland.

cūnae, ārum *f*
1. wieg;
2. nest; ▸ *sub trabibus -as facere* nestelen;
3. vroegste jeugd; ▸ *primis -is* in de wieg.

cūncta, ōrum *n* (*cunctus*) het geheel, alles.

cūnctābundus, a, um (*cunctor*) aarzelend, weifelend.

cūnctāns, *gen.* antis (*p. adj. v. cunctor*)
1. (*postklass.*) aarzelend, weifelend, traag, besluiteloos; terughoudend [**ad dimicandum**];
2. (*poët.*) (*v. niet-lev.*) taai, star, weerbarstig [**ramus; glebae; corda viri; ira**].

cūnctātiō, ōnis *f* (*cunctor*) het aarzelen, weifelen, besluiteloosheid; terughoudendheid; ▸ *habes cunctationis meae causas* (*Plin. Min.*); *deditio sine cunctatione est facta* (*Liv.*); *dicam sine cunctatione quod sentio* (*Cic.*).

cūnctātor, *gen.* ōris (*cunctor*)
I. *subst. m* talmer, weifelaar; — *Cūnctātor eervolle bijnaam v. Q. Fabius Maximus*;
II. *adj.* bedachtzaam [**Lacedaemoniorum populus**].

cūnctātus, a, um (*p. adj. v. cunctor*) (*Suet.*) langzaam, omzichtig.

cūnctor, cūnctārī *en* (*arch.*) **cūnctō,** cūnctāre
1. aarzelen, weifelen; ▸ *assequor omnia, si propero, si cunctor, amitto* (*Cic.*); *unus homo nobis cunctando restituit rem* (*Ennius over Q. Fabius Maximus Cunctator*); — *p.p. ook onpers. pass.*: *nec cunctatum est apud latera* (*Tac.*) ook op de flanken was er geen aarzeling;
2. achterblijven;
3. besluiteloos zijn.

cūnctus, a, um gezamenlijk, geheel, totaal (*sg. alleen bij coll.*) [**populus; senatus; gens; terra**]; — *plur.* alle [**maria; oppida; cives**].

cuneātim *adv.* (*cuneus*) wigvormig.

cuneātus, a, um (*p. adj. v. cuneo*) wigvormig toelopend [**collis**].

cuneō, cuneāre (*cuneus*) (*postklass.*)
1. (met een wig) vastzetten;
2. wigvormig laten toelopen.

cuneolus, ī *m* (*demin. v. cuneus*) kleine wig, pin.

cuneus, ī *m*
1. wig (*om te splijten, vast te zetten en dicht te maken*);
2. (*meton.*) *iets in de vorm v.e. wig, o.a.*: (**a**) wigvormige troepenopstelling; ▸ *-um facere* vormen; (**b**) *wigvormig segment in de oplopende rijen zitplaatsen v.h. theater, begrensd door de trappen,* wigvormige afdeling zitplaatsen, vak; (*poët.*) toeschouwers; (**c**) tapgat.

cuniāda, ae *f* (*Mel.*) (wigvormige) bijl.

cunīculōsus, a, um (*cuniculus*) (*Catull.*) vol konijnen.

cunīculus, ī *m*
1. konijn; ▸ *mollior -i capillo*;

2. onderaardse gang; ▸ *-os ad aerarium agere* graven, aanleggen;
3. *(milit.)* mijn; ▸ *~ occultus; aperire -um;*
4. *(postklass.)* schacht *in de mijnbouw;*
5. *(postklass.)* overdekt aquaduct, kanaal; ▸ *aqua per secretos -os reddita; -is divisus alveus amnis.*

cunīla, ae *f (Gr. leenw.) (pre- en postklass.) (botan.)* marjolein.

cunni-lingus, ī *m (cunnus en lingo) (Mart.)* iem. die beft.

cunnus, ī *m (poët.)*
1. kut;
2. *(meton.) (geringsch.)* vrouwmens; slet; ▸ *fuit ~ belli causa;*
3. bolus *(als gebaksoort).*

cunque = *cumque.*

cūpa[1], ae *f* kuip, ton, vat [**vinaria**].

cūpa[2], ae *f (Gr. leenw.) (preklass.)* spil, as.

cupe- = *cuppe-.*

Cupīdineus, a, um *(Cupido)*
1. *(Ov.)* van de liefdesgod, liefdes- [**tela**];
2. *(Mart.)* lieflijk, aantrekkelijk.

cupiditās, ātis *f (cupidus)*
1. begeerte, verlangen, lust, hartstocht *(naar, voor: gen.)* [**regni, imperii** om te heersen; **gloriae; belli gerendi; effrenata et furiosa**]; *meton. ook* voorwerp v. lust [**inhonestissima**];
2. ambitie, eerzucht [**collegarum**];
3. hebzucht;
4. zucht naar genot; ▸ *vita disiuncta a cupiditate;*
5. zinnelijke liefde, liefdesverlangen;
6. toewijding, voorliefde;
7. partijdigheid; ▸ *sine cupiditate iudicare.*

cupīdō, inis *f (poët. ook m)* = *cupiditas.*

Cupīdō, inis *m* god v.d. liefde = Amor, *zoon v. Venus; ook plur.* [**mater saeva Cupidinum** *(Hor.)*].

cupidus, a, um *(cupio)*
1. vol verlangen *(naar: gen.; zelden in m. abl. of m. inf.)* [**novarum rerum** strevend naar een omwenteling, revolutionair; **pacis** vredelievend; **gloriae; imperii**];
2. hebzuchtig;
3. baatzuchtig, egoïstisch;
4. ambitieus, eerzuchtig;
5. genotzuchtig;
6. *(poët.)* verliefd;
7. hartstochtelijk toegewijd, toegedaan;
8. partijdig [**iudex; testis**].

cupiēns, *gen.* entis *(ptc. pr. v. cupio)* vol verlangen, begerig *(naar: gen.)* [**regni**]; ▸ *Marius cupientissimā plebe* (op uitdrukkelijke wens v.h. volk) *consul factus est (Sall.).*

cupiō, cupere, cupīvī *en* cupiī, cupītum
1. wensen, verlangen *(m. acc.; inf.; aci.)* [**pacem; bellum**]; ▸ *qui multum habet plus cupit (Sen.); cupit te videre; ego me cupio non mendacem putari (Cic.);*
2. toegedaan zijn, begunstigen *(m. dat.; causā);* ▸ *favere et ~ Helvetiis; eius causā cupio;*
3. *(poët.)* (liefdevol) verlangen naar *(m. acc.)* [**puellam**].

cupītor, ōris *m (cupio) (Tac.)* iem. die verlangt naar *(m. gen.)* [**matrimonii**].

cupītum, ī *n (cupio)* wens, verlangen.

cupītus *ppp. v. cupio.*

cupīvī *pf. v. cupio.*

cuppēdia[1], ae *f (cuppes)* snoeplustigheid; *(meton.)* lekkernij.

cuppēdia[2], ōrum *n (cuppes) (preklass.)* lekkernijen, snoepjes.

cuppēdinārius, ī *m (cuppedo) (Ter.)* banketbakker.

cuppēdō, inis *f (cuppes)*
1. *(pre- en postklass.) forum cuppedinis* snoepmarkt;
2. *(Lucr.)* verlangen.

cuppēs, ēdis *m (cupio) (Plaut.)* lekkerbek.

cupressētum, ī *n (cupressus)* cipressenbos.

cupresseus, a, um *(cupressus)* van cipressenhout, cipressen-.

cupressi-fer, fera, ferum *(cupressus en fero) (Ov.)* cipressen dragend.

cupressinus, a, um *(cupressus) (postklass.)* van cipressenhout, cipressen- [**oleum**].

cupressus, ī *en* ūs *f (niet-klass.)*
1. cipres *(gewijd aan Pluto)* [**funebris; atra; invisa**];
2. *(meton.) voorwerp gemaakt van cipressenhout, o.a.:* (a) kistje; (b) speer;
3. olie of hout v.d. cipres.

cūr *adv.* waarom; ▸ *(interr.) cur senatum cogor reprehendere?; quaeram cur statim nihil egerit; (relat.) duae sunt causae cur; afferre rationem cur.*

cūra, ae *f*
1. zorg, zorgvuldigheid, aandacht, interesse *(voor, om: meestal gen.; de; pro)* [**civium; rei publicae; habendi** hebzucht; **de Pompeio tuendo**]; ▸ *est mihi cura (m. gen.; ut, ne; inf.)* ik ben bedacht op, richt mijn aandacht op; *mihi alqd (magnae) curae est (ook ut, ne; aci.; afh. vr.)* ik draag zorg voor, neem ter harte; *curam habere (m. gen.), curae habere (m. acc.)* zorgvuldig be-

handelen; *curam agere* (*m. gen.*; *de*; *pro*) zorg dragen voor; *omnem curam ponere, adhibere, consumere in* (*m. abl.*) *of conferre ad*;
2. zorg, verzorging [**corporis; lentis** het verbouwen v. linzen; **agrorum**];
3. ziekenverzorging; ▸ *saucios curā sustentare*;
4. genezing, kuur [**doloris mei; morbi**];
5. (*poët.*; *postklass.*) toezicht (*op*: *gen.*) [**tabularum publicarum; viarum**];
6. (*poët.*) (*meton.*) opzichter, wachter;
7. (*poët.*) (*meton.*) (**a**) voorwerp v. zorg; (**b**) beschermeling; ▸ *Anchises ~ deorum*;
8. studie, wetenschappelijk onderzoek;
9. (*meton.*) geschrift, boek [**inedita**];
10. bestuur, leiding; (*milit.*) commando, bevelvoering [**belli**];
11. (*meton.*) functie, taak;
12. zorg, smart, droefenis, deelneming (*ook plur.*); ▸ *alqm curā afficere*; *curis frangi, confici*; *sine cura esse* onbezorgd, zorgeloos zijn;
13. (*poët.*) liefdesverdriet;
14. (*meton.*) geliefde, lieveling;
15. (ziekelijke) nieuwsgierigheid.

cūrābilis, e (*curo*) (*Juv.*) zorg eisend.

cūral(l)ium *zie corallium.*

cūrātiō, ōnis *f* (*curo*)
1. verzorging, zorg [**corporum**];
2. behandeling, genezing [**aegrorum; dentium; valetudinis;** *metaf.* **perturbationum**];
3. bestuur, leiding, toezicht [**regni; negotii publici; sacrorum**];
4. uitvoering, afhandeling [**munerum regiorum**].

cūrātor, ōris *m* (*curo*)
1. verzorger [**gallinarum**];
2. bestuurder, opzichter, voorman, leider (*van, over*: *gen.*; *dat.*) [**negotiorum** zaakgelastigde; **urbis; annonae; ludorum; muris reficiendis**]; ▸ *alqm curatorem constituere legibus agrariis, muris reficiendis*;
3. (*poët.*; *postklass.*) voogd, *ihb. v.e. zwakzinnig of spilziek persoon* [**a praetore datus**].

cūrātūra, ae *f* (*curo*) (*Ter.*) verzorging, zorg.

cūrātus, a, um (*p. adj. v. curo*)
1. (*pre- en postklass.*) verzorgd;
2. aandachtig, nauwgezet (= *accuratus*).

curculiō, ōnis *m* (*pre- en postklass.*) korenworm.

Curculiō, ōnis *m* Korenworm, *naam v.e. parasiet in de gelijknamige komedie v. Plautus.*

curculiunculus, ī *m* (*demin. v. curculio*) (*Plaut.*) korenwormpje = iets nietigs.

Curēs, ium *f belangrijkste stad in het gebied v.d. Sabijnen* (*de naam Quirites zou ervan zijn afgeleid*), *nu Corese*; — *inw. en adj.* **Curēnsis,** is *m resp. e en* **Curēs,** ētis (*m*).

Cūrētes, um *m priesters v. Zeus op Kreta, vaak gelijkgesteld met de Corybantes* (*zie daar*); — *adj.* **Cūrētis,** idis (*f*) ook Kretenzisch [**terra** = Kreta].

cūria, ae *f*
1. afdeling v.h. volk, curie (*ieder v.d. drie oorspronkelijke tribūs bestond uit tien curiae van elk tien gentes*);
2. vergaderplaats v.d. curiën; ▸ *-ae veteres* (*in de N.O.-hoek v.d. Palatijn*);
3. senaatsvergadering, senaat;
4. senaatsgebouw, curia [**Hostilia, Iulia** *op het Comitium*; **Pompeia** *op het Marsveld*];
5. ambtsgebouw, ook vergaderplaats *v. niet-Rom. gezagsdragers buiten Rome* [**Martis** Areopagus *in Athene*];
6. (*Mel.*) (**a**) pauselijke regering, curie; (**b**) (konings)hof, residentie; (**c**) *~ generalis* rijksdag.

cūriālis (*curia*)
I. *adj.* e
1. behorend tot dezelfde curie;
2. (*Laatl.*) (**a**) behorend tot het keizerlijk hof; (**b**) hoofs; (**c**) betrouwbaar; (**d**) hoffelijk, voorkomend;
II. *subst.* is *m* curiegenoot.

cūriātim *adv.* (*curia*) curiegewijs, naar curie.

Cūriātius, a, um *naam v.e. uit Alba Longa afkomstige Rom. gens.*

cūriātus, a, um (*curia*)
1. van de curiën, patricisch, bestaand uit curiën [**comitia** *vergadering v.d. patriciërs*];
2. door de curiën aangenomen [**lex**].

cūriō[1], ōnis *m* (*curia*)
1. voorzitter *of* priester v.e. curie;
2. boodschapper, heraut.

cūriō[2], ōnis *m* (*cura*) (*Plaut.*) (*scherts.*) 'zorgelijk beestje', zorgenkindje.

cūriōsitās, ātis *f* (*curiosus*) weetgierigheid; nieuwsgierigheid.

cūriōsus, a, um (*cura*)
1. zorgvuldig, oplettend, geïnteresseerd; ▸ *auribus erectis curiosisque alqd audire* (*Sen.*); *-is oculis* (met speurende ogen) *perspici non posse*; *in omni historia ~* in alles wat met geschiedenis te maken heeft;
2. weetgierig; nieuwsgierig; ▸ *homines naturā -i sunt*;
3. bezorgd.

curis, is *f* werpspies, lans.

Curius, a, um *naam v.e. pleb. gens in* Rome:
1. M'. ~ Dentatus, *bekendste drager v.d. naam (hij zou met tanden geboren zijn; vandaar het cognomen); overwon de Samnieten, Sabijnen en Pyrrhus; belichaming v. Oudrom. virtus; plur.* **Curiī,** ōrum *m* mannen als Curius, *ook* = *Curiatii;* — *adj. ook* **Curiānus,** a, um;
2. Q. ~, *deelnemer aan de samenzwering v. Catilina.*

cūrō, cūrāre *(cura)*
1. verzorgen, zorg dragen voor, zich bekommeren om, geven om *(m. acc.; dat.; de; ut; ne; inf.; alleen conj.; aci.; afh. vr.; acc. v.h. gerundivum* = laten) [**virginem; sociorum iniurias; preces** verhoren; **rebus publicis; de rumore; in Siciliam ire**]; ▸ *hunc ego amicum habere non curo* ik hoef niet; *pontem faciendum* ~ een brug laten bouwen; *tyrannum interficiendum* ~; — *persoonl. pass.: curor* men bekommert zich om mij; *curaberis a deo;*
2. verzorgen [**funus; prodigia** verzoenen]; *zaken e.d.* uitvoeren [**negotia; praeceptum**];
3. koesteren, verkwikken; ▸ *somno curatus; alqm cibo* ~; *corpora* ~ zichzelf verzorgen *of* rusten;
4. bevelen, besturen, leiden [**bellum maritimum; legiones; rem publicam; Asiam**]; *abs.* het bevel voeren;
5. *zieken of ziektes* behandelen, genezen [**aegros; morbum; quadrupedes**];
6. verschaffen, laten leveren [**signa**];
7. *geld* betalen [**nummos; pecuniam**].

currāx, *gen.* ācis *(curro) (Laatl.)* snel (lopend).

curriculō *adv. (curriculum)* haastig.

curriculum, ī *n (curro)*
1. loop; wedloop, wedren *te voet, te paard en met wagens* [**equorum**];
2. *een enkele* ronde *(bij wedstrijden);* ▸ *-a numerare;*
3. kringloop, baan [**solis et lunae; noctis; vitae** levensloop];
4. renbaan;
5. wagen, renwagen, strijdwagen [**quadrigarum**].

currō, currere, cucurrī, cursum
1. hardlopen, snellen, rennen; ▸ *alci subsidio* ~; *ad vocem praeceps amensque cucurri (Ov.)* ik rende blindelings op de stem af; *superare currendo omnes; tu pueris curre obviam (Ter.); domum, ad litus, ad muros* ~; — *sprw.: currentem incitare, (ad)hortari, currenti calcaria addere* iem. die zijn best doet nog meer aansporen;
2. hardlopen *in een wedstrijd;* ▸ *in sacro certamine* ~; *currentes equi;*
3. doorrennen *(m. acc.)* [**stadium** op de renbaan lopen];
4. *(poët.)* varen, *(m. acc.)* bevaren [**cavā trabe vastum aequor; trans mare; per placidas aquas; extremos ad Indos**];
5. een cirkelvormige baan beschrijven; ▸ *currebant per annum sidera; currens rota;*
6. stromen; ▸ *currentes aquae; in freta* ~;
7. *(v. tijd)* snel verlopen, vliegen; ▸ *currit aetas; nox inter pocula currat* onder het genot v. drank;
8. *(v.e. redevoering)* vaart hebben; ▸ *perfacile currens oratio* makkelijk vloeiend;
9. *(poët.) (v. lich. toestanden)* zich verbreiden, zich uitbreiden; ▸ *rubor calefacta per ora cucurrit; frigus, tremor per ossa cucurrit;*
10. *(poët.; postklass.) (v. zaken)* zich uitstrekken, lopen; ▸ *limes currit per agrum; purpura circum chlamydem currit* loopt helemaal rondom de mantel; *infula currit per crines* kronkelt.

currūlis, e *(currus) (postklass.)* van wagens.

currus, ūs *m (curro)*
1. wagen [**Solis**]; renwagen [**quadrigarum**]; strijdwagen [**falcatus** zeiswagen]; triomfwagen [**curru (in) Capitolium invehi**];
2. *(meton.)* triomf; ▸ *quem ego currum aut quam lauream cum tua laudatione conferrem? (Cic.);*
3. *(Verg.)* span [**equorum**]; ▸ *currūs domitare, infrenare;*
4. *(Verg.)* ploeg *voorzien van wielen;*
5. *(Catull.)* schip.

cursim *adv. (curro)*
1. in looppas, snel; ▸ ~ *alqm persequi; agmen* ~ *agere* in stormpas;
2. *(metaf.)* terloops, vluchtig; ▸ ~ *et breviter attingere alqd (in een redevoering); librum* ~ *legere.*

cursitō, cursitāre *(frequ. v. curso)* heen en weer rennen.

cursō, cursāre *(intens. v. curro)* rondrennen [**per urbem; modo huc modo illuc**].

cursor, ōris *m (curro)* hardloper:
1. wedstrijdloper [**in stadio**];
2. *(postklass.)* ijlbode;
3. *(postklass.)* iem. die vooroploopt *(voor een wagen of draagstoel).*

Cursor, ōris *m cogn. van L. Papirius.*

cursum *ppp. v. curro.*

cursūra, ae *f (curro)* het rennen.

cursus, ūs *m (curro)*
1. ren, het rennen, snelle beweging; ▸ *cursu*

fugere haastig; *magno cursu* in volle ren; *iungere cursum equis* meehollen met de paarden;
2. vaart, snelheid; ▸ *adaequare cursum navium* de snelheid evenaren; *ad fretum eo cursu contendit*;
3. *(milit.)* looppas; ▸ *cursibus terras lustrare* in looppas snellen door;
4. baan *v. hemellichamen* [**solis; stellarum**]; ▸ *ad cursūs lunae* (volgens de omlooptijden v.d. maan) *annum discribere*;
5. marsroute, koers, richting; ▸ *cursum tenere* op koers blijven; *cursu decedere* van de koers afwijken; *cursum dirigere ad litora* koers zetten naar; *vaak metaf.*: *alqm de suo cursu demovere* afbrengen; ~ *animi* denkrichting; ~ *rerum* loop der dingen; ~ *vitae, vivendi*; *cursūs error* het afdwalen van de koers;
6. verloop, gang;
7. wedloop [**Olympiacus**]; ▸ *Atalanta victa cursu*;
8. *(poët.)* wedren [**equester**];
9. loopbaan, carrière; ▸ ~ *honorum*; *transcurrere cursum suum* snel carrière maken;
10. rit, het rijden; ▸ *cursum in medios hostes dare* naar voren stormen tussen;
11. vaart, zeereis [**maritimus; navium; pelagi**]; ▸ *cursum exspectare* wachten op gunstige wind;
12. *(Ov.)* vlucht [**aërius**];
13. stroming; ▸ ~ *amnium*; *maris cursus alterni et recursus* afwisselingen van eb en vloed;
14. stroom, vaart *(v. taal)* [**verborum; orationis**].

curtis, is *f (cohors) (Mel.)* hof; koninklijk hof, hofhouding.

curtisānus, ī *m (curtis) (Mel.)* hoveling.

Curtius, a, um *naam v.e. Rom. gens*:
1. M. ~, *legendarische Romein; om een orakelspreuk te vervullen stortte hij zich in 362 v. Chr. in een spleet in de aarde die op het Forum Romanum was ontstaan; door zijn offerdood wilde hij de goden gunstig stemmen; na zijn opoffering verdween de kloof weer (het zogenoemde lacus Curtius)*;
2. Q. ~ Rufus, *Rom. geschiedschrijver ttv. keizer Claudius; schreef een geschiedenis over Alexander de Grote.*

curtō, curtāre *(curtus) (poët.; postklass.)* inkorten, verminderen, verkleinen [**rem** het vermogen].

curtus, a, um *(poët.; postklass.)*
1. verkort, verminkt [**equus** met gecoupeerde staart; **Iudaei** besneden];
2. onvolledig, gebrekkig.

curūlis *(currus)*
I. *adj.* e
1. tot de wagen behorend, wagen-, ren- [**equi; triumphus** *(waarbij de legeraanvoerder op een wagen reed, itt. bij de ovatio)*];
2. *sella curulis* ambtszetel *v. hogere magistraten*;
3. curulisch, van curulische rang [**aedilis**];
II. *subst.* is *f (postklass.)* = *curulis* I. 2.

curvāmen, inis *n (curvo) (poët.; postklass.)* kromming, ronding.

curvātiō, ōnis *f (curvo)* = *curvamen.*

curvātūra, ae *f (curvo) (poët.; postklass.)* kromming, ronding; boog; gewelf.

curvō, curvāre *(curvus) (poët.; postklass.)*
1. krommen, (om)buigen, welven [**collum**]; ▸ *curvata glandibus ilex* gebogen onder het gewicht v.d. eikels; *pacem curvatis genibus orare*; — *se* ~ *en pass.* zich krommen, (zich) buigen: *pondere serpentis curvatur arbor*;
2. *(metaf.)* soepel, meegaand maken;
/ *p. adj.* **curvātus,** a, um = *curvus.*

curvum, ī *n (curvus) (poët.; postklass.)* het kromme.

curvus, a, um *(Gr. leenw.) (meestal poët.)*
1. krom, gekromd, gebogen, gewelfd [**arator; falces; arbor; ungues; cornua; aratrum; arcus; calamus; culter**];
2. hol [**naves; alvus; cavernae; vallis** diep];
3. slingerend, bochtig, kronkelend [**litus; flumen; limes; via**];
4. *(v. golven e.d.)* oprijzend, zich verheffend [**aequor; aquae**];
5. verkeerd, slecht [**mores**].

cuspidō, cuspidāre *(cuspis) (Plin. Mai.)* van een punt voorzien, scherpen.

cuspis, idis *f*
1. punt, spits [**teli; sagittae; ferrea**];
2. *(poët.; postklass.)* gifstekel, angel [**scorpionis**];
3. *(meton.) voorwerp met een punt, o.a.*: (a) werpspies, lans; ▸ *cuspidem alte gerens*; (b) *(Ov.)* drietand *v. Neptunus*; ▸ *deus aequoreas qui cuspide temperat undas*; (c) *(Mart.)* braadspies.

cūssinus, ī *m (Laatl.)* kussen.

custōdēla, ae *f (custos) (Plaut.)* = *custodia.*

custōdia, ae *f (custos)*
1. bewaking, bescherming, beschutting, toezicht, zorg; ▸ *m. gen. subi.*: ~ *pastoris*; ~ *canum*; ~ *templi*; ~ *tenebrarum ac parietum*; *m. gen. obi.*: ~ *navium*; ~ *pecudum*; ~ *mei capitis*; ~ *corporis*; ~ *regis*; ~ *rei publicae*; ~ *urbis* bescherming, bestuur v.d. stad; *continere tabu-*

las privatā -ā;
2. wacht, bewaking (door wachters, militaire wachtposten), het wachthouden, het op wacht staan; ▸ m. gen. subi.: ~ militum bewaking door; m. gen. obi.: ~ arcis, portae, portūs, urbis;
3. (meton.) op wacht staande persoon of personen, wacht, wachtpost (meestal plur.), schildwacht, lijfwacht, garnizoen; ▸ frequens -is locus met veel wachtposten bezet; dimittere (ontbinden) -am provinciae; disponere -as; unicus anser erat, minimae ~ villae; abest ~ regis;
4. standplaats, wachttoren, post; ▸ in hac -a collocati sumus;
5. bewaring, hechtenis (soms plur.) [**regia; tutissima**]; ▸ -ae amicorum propinquorumque; attinere alqm publicā -ā; elabi -ae ontsnappen aan; eripere alqm e -a;
6. gevangenis; ▸ alqm in -am conicere; alqm e -a educere;
7. (postklass.) gevangene, arrestant; ▸ unus ex -arum agmine.

custōdiō, custōdīre (custos)
1. bewaken, bewaren, beschermen, waken over (m. acc.); ▸ provinciam Macedoniam tueri, defendere, ~; pacem ~, servare, protegere; salutem alcis ~; regnum ~; corpus domumque alcis ~; templum ab (tegen) Hannibale ~; se ~ (ut) oppassen, op zijn hoede zijn;
2. toezicht houden op, in het oog houden (m. acc.); ▸ piratae oculis tantummodo Caesarem captum custodiebant; Terentius Varro ad custodiendum iter legatorum missus (Liv.); castra sunt circumsessa et nocte custodita, ne quis elabi posset (Liv.);
3. bewaren, in bewaring houden; ▸ liber tuus a me custoditur diligentissime (Cic.); ornamenta triumphi ~;
4. gevangen houden, in hechtenis houden; ▸ ducem praedonum ~; obsides Aeduis custodiendos tradere (Caes.); custodiri in carcere;
5. (postklass.) goedhouden, bewaren [**poma**];
6. handhaven, behouden, bewaren, in acht nemen [**ordinem; morem**].

custōdītē adv. (custodio) (Plin. Min.) voorzichtig, ingetogen [**ludere**].

custōs, ōdis m en f
1. bewaker, bewaakster, hoed(st)er, bescherm(-st)er, opzichter(es) [**pecuniae regiae** schatmeester; **Tartareus** Cerberus; **pecoris**]; bewaarder [**casae; templi**]; ▸ dii custodes huius urbis; ~ defensorque provinciae; fortitudo ~ dignitatis; custodem religionum facere alqm; custodem in frumento publico ponere alqm;
2. ~ corporis lijfwacht;
3. wachtpost, schildwacht; ▸ custodes (dis)ponere in vallo;
4. plur. bewaking(stroepen), verdediging [**arcis**]; ▸ custodes dare een escorte geven;
5. gevangenbewaarder, cipier; ▸ praefectus custodum kerkermeester; custodes obsidum; clam se a custodibus subducere;
6. opzichter, oppasser [**tabellarum** bij de afgifte v.d. stemtafeltjes];
7. (poët.; postklass.) toezichthouder v.e. jong persoon, mentor; ▸ custodem nobis et paedagogum dedit (Sen.);
8. (poët.) (meton.) houder [**telorum** koker; **turis** wierookkistje];
9. (Mel.) koster(es).

Cusus, ī m zijrivier v.d. Donau.

cutīcula, ae f (demin. v. cutis) huid.

Cutiliae, ārum f stad en meer bij Reate in het gebied v.d. Sabijnen, nu Paterno.

cutis, is f huid [**oris** gezichtshuid; **tenera; cervorum; uvarum** schil]; ▸ ego te intus et in cute novi (Pers.) ik ken jou door en door; cute perditus (Pers.) uiterlijk een wrak; — sprw.: cutem (bene) curare (Hor.) het ervan nemen.

Cyanē, ēs f bron bij Syracuse; nimf van die bron.

Cȳaneae, ārum f = Symplegades.

cyathissō, cyathissāre (Gr. leenw.) (Plaut.) de beker vullen, inschenken.

cyathus, ī m (Gr. leenw.)
1. lepel, beker (om wijn uit het mengvat in de bekers te scheppen); ▸ statui ad -um schenker worden; puer dignus -o caeloque (Juv.) het ambt v. schenker te midden v.d. goden waardig (= een tweede Ganymedes);
2. beker: (a) als drinkbeker; (b) als inhoudsmaat (ca. 0,05 l).

cybaea (navis), ae f geroeid vrachtschip.

Cybelē en **Cybēbē,** ēs en ae f
1. Frygische godin, die op bergen en in holen werd vereerd; moeder v.d. goden, als Grote Moeder (Magna Mater) en vruchtbaarheidsgodin vereerd; gelijkgesteld met de Kretenzische Rhea, de moeder v. Zeus; men eerde haar met muziek en dans, waarbij de deelnemers in extase raakten; haar priesters werden Galli of Corybantes genoemd; in Rome werd de Cybeleverering met het overbrengen v. haar cultussteen uit Pessinus in ca. 205 v. Chr. ingevoerd; haar feest, de Megale(n)sia of ludi Megalenses, werd van 4 tot 10 april gevierd; — adj. **Cybelēius,** a, um;
2. berg in Frygië.

cybiosactēs, ae m (Gr. leenw.) (Suet.) handelaar in

zoute vis (*spotnaam v. keizer Vespasianus*).

Cybistra, ōrum *n stad in Cappadocië (Kl.-Azië).*

cybium, ī *n (Gr. leenw.) (postklass.)*
1. tonijn;
2. *(meton.)* tonijn(vlees).

cycladātus, a, um *(cyclas) (Suet.)* in staatsiekleding.

Cyclades, um *f* de Cycladen, *eilandengroep rond Delos in de Egeïsche Zee.*

cyclamīnos *f en* **cyclamīnum,** ī *n (Gr. leenw.)* cyclaam.

cyclas, adis *f (Gr. leenw.) (poët.)* rond kleed, wit staatsiekleed *v. Rom. vrouwen.*

cyclicus, a, um *(Gr. leenw.) (Hor.)* cirkelvormig; *metaf.* tot de epische cyclus behorend: *scriptores -i post-Homerische Gr. epische dichters die de heldenverhalen vanaf de tijd v.d. Trojaanse oorlog tot het midden v.d. 6e eeuw v. Chr. op dezelfde manier als Homerus behandelden.*

Cyclōps, ōpis *m (acc. -ōpem en -ōpa)* cycloop, *ihb.* Polyphemus, *plur.* **Cyclōpes,** um *m* Cyclopen, *eenogige reuzen, smeden op Sicilië in dienst v. Vulcanus;* ▸ *Cyclopa saltare, moveri* de pantomimische Cyclopendans opvoeren *(de liefde v. Polyphemus voor Galathea uitbeelden); — adj.* **Cyclōpius,** a, um [saxa *op Sicilië*].

cycnēus, a, um *(Gr. leenw.)* van een zwaan, zwanen- [**vox; plumae**].

cycnus, ī *m (Gr. leenw.)* zwaan *(aan Apollo gewijd); meton. (Hor.)* dichter [**Dircaeus** = Pindarus].

Cycnus, ī *m (cycnus)*
1. *in een zwaan veranderde en aan de sterrenhemel geplaatste koning v. Ligurië, zoon v. Sthenelus;*
2. *in een zwaan veranderde zoon v. Neptunus;*
/ *adj.* **Cycnēius,** a, um.

Cydnus, ī *m rivier in Cilicië bij Tarsus (Kl.-Azië), nu* Tarsos Çay.

Cydōnēa, ae *f stad aan de noordkust v. Kreta, waar kweeappels vandaan kwamen, nu* Chaniá; *— inw.* **Cydōn,** ōnis *m en plur.* **Cydōniātae,** ārum *m; — adj.* **Cydōnius** *en* **Cydōnēus,** a, um Cydonisch, Kretenzisch [**mala** kweeappels].

cygn- = *cycn-.*

cylindrus, ī *m (Gr. leenw.)* rol, cilinder.

Cyllēnē, ēs *en* ae *f*
1. *gebergte in het N.O. v. Arcadië op de Peloponnesus, gewijd aan Hermes (Mercurius), die daar geboren was; — adj.* **Cyllēnius** *en* **-ēus,** a, um, *fem. ook* **Cyllēnis,** idis Cylleens, van Mercurius [**mons, vertex; fides** *(Hor.)* lier; **proles** *(Verg.; Ov.)* = Mercurius, *ook* = *Cephelus als zoon v. Mercurius;* **ignis** *(Verg.) de planeet Mercurius*]; — **Cyllēnidēs,** ae *m* Mercurius;
2. *stad aan zee in Elis.*

Cylōn, ōnis *m Athener die ca. 630 v. Chr. probeerde tiran te worden; — adj.* **Cylōnius,** a, um.

cymba, ae *f* = *cumba.*

cymbalum, ī *n (Gr. leenw.)* cimbaal, klankbekken *(instrument dat ihb. bij de feesten v. Cybele en de Bacchanaliën werd bespeeld).*

cymbium, ī *n (Gr. leenw.)* (kleine) drinkschaal.

Cȳmē, ēs *f*
1. *stad in Aeolis (Kl.-Azië), moederstad v. Cumae in Campanië; — inw. en adj.* **Cȳmaeus,** ī *m resp.* a, um;
2. = *Cumae.*

Cynicus *(Gr. leenw.)*
I. *subst.* ī *m* cynisch filosoof, cynicus;
II. *adj.* a, um tot de cynische school *(v. Diogenes, de leerling v. Antisthenes)* behorend, cynisch.

cynocephalus, ī *m (Gr. leenw.)* hondkoppige aap, baviaan.

Cynosarges, is *n heuvel en daarop gelegen sportschool bij Athene.*

Cynoscephalae, ārum *f twee heuvels in Thessalië, waar in 197 v. Chr. T. Quinctius Flamininus Philippus V van Macedonië versloeg.*

Cynosūra, ae *f* poolgesternte, Kleine Beer; *— adj.* **Cynosūris,** idis *en* idos *(f)* [**ursa** *(Ov.)* Kleine Beer].

Cynosūrae, ārum *f voorgebergte in Attica in de buurt v. Marathon.*

Cynthus, ī *m berg op het eiland Delos met Zeus- en Athenatempel, geboorteplaats v. Apollo en Diana; — adj.* **Cynthius,** a, um.

Cȳnus *en* **-os,** ī *f voorgebergte en havenstad in Locris tegenover Euboea (Midden-Griekenland).*

cyparissus *en* **cypressus,** ī *f* = *cupressus.*

cypēros *f en* **-um,** ī *n (Gr. leenw.) (postklass.)* galigaan, cypergras.

cypīros *en* **-us,** ī *f (Gr. leenw.)* een soort gladiool.

cypressus *zie cyparissus.*

cyprium, ī *n (Cypros)* koper.

Cyprius, a, um *vicus* ~ *straat in Rome in de buurt v.h. Colosseum.*

Cypros *en* **-us,** ī *f het eiland Cyprus, belangrijkste plaats v.d. cultus v. Aphrodite, rijk aan koper; — inw. en adj.* **Cyprius,** ī *m resp.* a, um: *aes Cyprium* koper.

cyprum, ī *n (Cypros) (Laatl.)* koper.

cyprus, ī *f (Gr. leenw.)* henna(plant); *— adj.* **cyprinus,** a, um.

Cyprus *zie Cypros.*

Cypselus, ī *m tiran v. Corinthe (ca. 600 v. Chr.).*

Cȳrēnē, ēs *en* **Cȳrēnae,** ārum *f belangrijkste stad in het huidige Libië, nu* Sjahhat; *vanuit Thera gesticht als Gr. kolonie, geboorteplaats v. Aristippus, Callimachus, Eratosthenes en Carneades; — inw.* **Cȳrēnēnsis,** is *m; — adj.* **Cȳrēnēnsis,** e, **Cȳrēnaeus** *en* **Cȳrēnaïcus,** a, um; — **Cȳrēnaïcī,** ōrum *m aanhangers v.d. cyrenaeïsche school (v. Aristippus, leerling v. Socrates).*

Cyrnos, ī *f het eiland* Corsica.

Cyrtiī, ōrum *m volksstam in Perzië.*

Cȳrus, ī *m*

1. *grondlegger v.h. Perzische* Rijk *(gest. in 530 v. Chr.);*

2. *broer v. Artaxerxes Mnemon (gest. in 401 v. Chr.), bekend door de Anabasis v. Xenophon;*

3. *architect in Rome ttv. Cicero;* — **Cȳrēa,** ōrum *n* bouwwerken van Cyrus.

Cyssūs, ūntis *f haven in Ionië (Kl.-Azië).*

Cytae, ārum *f stad in Colchis aan de Zwarte Zee, geboortestad v. Medea;* — **Cytaeis,** idis *en* **Cytāīnē,** ēs *f* Medea; — *adj.* **Cytaeus,** a, um Cyteïsch, *ook* Colchisch.

Cythēra, ōrum *n eiland ten Z. v. Laconië (Peloponnesus) met een cultus v. Aphrodite; — adj.* **Cytherē(ï)us** *en* **Cythēriacus,** a, um, *fem. ook* **-ēïs,** idis *en* **-ēïas,** adis Cytherisch, van Venus, aan Venus gewijd; — *subst.* **Cytherē(ï)a,** ae *en* **-ēïs,** idis *f* Venus (Aphrodite).

Cythnos, ī *f een v.d. Cycladeneilanden ten Z. v. Ceos in de Egeïsche Zee.*

cytisus, ī *m en f en* **-um,** ī *n (Gr. leenw.) (niet-klass.)* slakkeklaver.

Cytōrus, ī *m berg in Paphlagonië (Kl.-Azië), nu* Kidros Dağ; — *adj.* **Cytōri(ac)us,** a, um.

Cyzicus *en* **-os,** ī *f stad aan de Propontis; — inw.* **Cyzicēnī,** ōrum *m.*

D

D, d *(afk.)*
1. *als voornaam:* Decimus;
2. = Divus;
3. *ter aand. v.h. getal* 500;
4. **D. M.** = Dis Manibus *(op graven)*;
5. **D. O. M.** = Deo Optimo Maximo *(op tempels)*;
6. **D. D.** = dono *of* donum dedit *(bij geschenken voor de goden)*;
7. **D. D. D.** = dat, donat, dedicat *of* dat, dicat, dedicat *(bij geschenken voor de goden)*;
8. *ter aand. v.d. datum v.e. brief:* (a) **D** = dabam *of* dies; (b) **a. d.** = ante diem.

Dācia, ae *f* Dacië *(het gebied ten N. v.d. rivier de Donau, omvat o.a. een groot deel v.h. huidige Roemenië)*; — *inw.* **Dācus,** ī *m*; — *adj.* **Dācicus,** a, um.

dacrima, ae *f (arch.)* = lacrima.

dactylicus, a, um *(Gr. leenw.)* dactylisch *(vgl. dactylus)* [**numerus; pes**].

dactyliothēca, ae *f (Gr. leenw.) (Mart.)* kistje voor ringen.

dactylus, ī *m (Gr. leenw.* 'vinger'*)*
1. *(metr. t.t.) de versvoet* dactylus (— ◡ ◡);
2. *een soort vrucht, o.a. (Plin. Mai.)* dadel.

daedalus, a, um *(Gr. leenw.) (poët.)*
1. kunstvaardig, bedreven [**Minerva**]; listig [**Circe**]; ▸ *(m. gen.) verborum -a lingua;*
2. *(v. niet-lev.)* kunstig (bewerkt of versierd) [**signa; tellus; carmina chordis** kunstig gespeeld op de snaren].

Daedalus, ī *m (eig.* 'kunstenaar'*) Atheens architect, bouwer v.h. labyrint op Kreta, vader v. Icarus, volgens de legende uiteindelijk in Cumae beland;* — *adj.* **Daedalēus,** a, um.

daemōn, onis *m (Gr. leenw.)*
1. *(Apul.)* tussenwezen tussen mens en god, geest;
2. *(eccl.)* boze geest, demon, duivel.

daemoniacus *(Gr. leenw.) (eccl.)*
I. *subst.* ī *m* iem. die door de duivel bezeten is;
II. *adj.* a, um demonisch, duivels.

daemonicola, ae *m (daemon en colo[1]) (August.)* vereerder van boze geesten en afgoden, afgodendienaar.

daemonicus, a, um *(Gr. leenw.) (eccl.)* duivels.

daemonium, ī *n (Gr. leenw.) (postklass.)*
1. bovennatuurlijke geest;
2. boze geest, demon.

Dahae, ārum *m volksstam in het gebied ten oosten v.d. Kaspische Zee.*

Dalmatia, ae *f Dalmatië, landstreek ten oosten v.d. Adriatische Zee;* — *inw.* **Dalmatae,** ārum *m;* — *adj.* **Dalmaticus,** a, um.

dāma[1], ae *f en m* = *damma.*

dama[2], ae *f (= domina) (Mel.)* dame *(in het schaakspel).*

Dāmarātus, ī *m* = *Demaratus.*

Damascus, ī *f belangrijkste stad v. Z.-Syrië;* — *adj.* **Damascēnus,** a, um; — **Damascēna,** ae *f gebied dat bij Damascus hoort.*

dāmiūrgus, ī *m* = *demiurgus.*

damma, ae *f (en m) (poët.; postklass.)* (dam)hert, ree, antilope, gems.

dammula, ae *f (demin. v. damma) (postklass.)* hertje, reekalf.

damnābilis, e *(damno) (Laatl.)* afkeurenswaardig.

damnās *(indecl.) (pre- en postklass.) (jur. t.t.)* verplicht *bv. tot een betaling of verrichting.*

damnātiō, ōnis *f (damno)* veroordeling *(m. gen. om de reden aan te geven: ambitūs; m. gen. ter aand. v.d. straf: tantae pecuniae)*; ▸ *damnationem voluntario fine praevertere* vóór zijn.

damnātōrius, a, um *(damno)* een veroordeling inhoudend [**iudicium; tabella**].

damnātus, a, um *(p. adj. v. damno)*
1. veroordeeld, schuldig bevonden;
2. *(poët.)* afkeurenswaardig, misdadig.

damni-ficō, ficāre *(damnum en facio) (Laatl.)* schade berokkenen.

damni-ficus, a, um *(damnum en facio)* en **-gerulus,** a, um *(damnum en gero) (Plaut.)* schadelijk.

damnō, damnāre *(damnum)*
1. veroordelen, schuldig bevinden; ▸ *pecuarios* ~ ; *servi damnati; alqs absens damnatur; inique damnari a suis civibus* ten onrechte; *damnari merito, publice; alqm sine ullo argumento ac sine teste* ~ ; — *wegens: gen., de, ob, propter: maiestatis* ~ wegens majesteitsschennis; *falsi* ~ wegens valsheid in geschrifte; *ambitūs* ~ ; *peculatūs* ~ ; *de vi* ~ ; *ob provinciam avare habitam* ~ ; *ob haec facinora* ~ ; *ob latrocinia* ~ ; — *eo nomine* op grond daarvan; *inter sicarios* als moordenaar; *pro malo* als misdadiger; *capitis of capite* ter dood; *longi laboris* tot langdurige dwang-

arbeid; *ad mortem; pecuniā* tot een geldboete; *exilio*;
2. *(v. aanklagers)* de veroordeling v. iem. bewerkstelligen;
3. veroordelen wegens, betichten van [**alqm summae stultitiae**];
4. *(poët.; postklass.)* verwerpen, afkeuren, veroordelen, afwijzen [**consilium; vitam alcis**];
5. *(postklass.)* als onrechtvaardig verwerpen [**causam**];
6. *(poët.) (aan de dood of het verderf)* overleveren; ▸ *morti damnatum esse; Ilion, mihi castaeque damnatum Minervae (Hor.)*;
7. *(poët.; postklass.)* verplichten tot; ▸ *voti (zelden voto) damnatum esse* verplicht zijn tot het inlossen v.e. belofte, een wens in vervulling hebben zien gaan.

damnōsus, a, um *(damnum)*
1. schadelijk, verderfelijk; ▸ *voluptas -a; bellum -um Romanis; discordia tribunorum rei publicae -a*;
2. *(poët.; postklass.)* spilziek.

damnum, ī *n*
1. schade, verlies, nadeel; ▸ *~ sarcinarum; ~ incendiorum* brandschade; *stomachum suum -o Tullii explere (Cic.)* ten koste v. Tullius zijn maag vullen; *-um accipere, pati, (per)ferre* schade lijden; *-o afficere alqm, -um dare, inferre, afferre* schade berokkenen;
2. *(in de oorlog)* nederlaag, verlies; ▸ *-a accepta Romano bello*;
3. *(jur. t.t.)* geldboete, -straf; ▸ *ferre damnum detrectantibus militiam*;
4. gebrek, fout [**naturae**];
5. *(poët.) (meton.)* het verloren gegane; ▸ *mater circum sua -a volans* om haar verloren kroost.

Dāmoclēs, is *m hoveling v. Dionysius I v. Syracuse.*

Dāmōn, ōnis *m*
1. *pythagoreïsch filosoof te Syracuse, vriend v. Phintias*;
2. *musicus uit Athene, leraar v. Socrates.*

Danaē, ēs *f dochter v. Acrisius en Aganippe, moeder v. Perseus, door Jupiter in de gedaante v. gouden regen verleid; — adj.* **Danaēius,** a, um [**heros** = Perseus].

Danaus, ī *m zoon v. Belus, broer v. Aegyptus, vader v.d. 50 Danaïden, myth. stichter v. Argos; — adj.* **Danaus,** a, um van Argos, Grieks; *— subst.* **Danaī,** ōrum *en* um *m* mensen v. Argos, Grieken; *— patron.* **Danaides,** um *f de 50 dochters v. Danaüs, de Danaïden, die op een na (nl. Hypermestra) allen hun echtgenoten doodden en daarom in de onderwereld een vat met een bodem vol gaten eeuwig moesten vullen met water.*

danīsta, ae *m (Gr. leenw.) (Plaut.)* woekeraar.

danīsticus, a, um *(danista) (Plaut.)* van een woekeraar [**genus**].

danunt *(arch.) = dant; zie do.*

Dānuvius, ī *m*
1. bovenloop v.d. Donau *(benedenloop: Hister)*;
2. *(poët.)* Donau.

daphnē, ēs *f (Gr. leenw.) (Petr.)* laurierboom.

Daphnē, ēs *f (eig.* 'laurier'*)*
1. *nimf, dochter v.d. riviergod Peneus; Apollo was verliefd op haar en zat haar achterna, omdat zij voor hem wegvluchtte; tijdens haar vlucht werd haar gebed verhoord en veranderde ze in een laurierboom*;
2. *landstreek in Syrië, met een bos v. laurierbomen en een tempel v. Apollo en Diana.*

Daphnis, idis *m myth. Siciliaanse herder, die beschouwd werd als zoon v. Mercurius en bedenker v.d. bucolische poëzie, lieveling v. Pan.*

daphnōn, ōnis *m (Gr. leenw.) (Petr.; Mart.)* aanplanting v. laurier.

dapinō, dapināre *(daps) (Plaut.)* (de maaltijd) aanbieden, betalen.

daps, dapis *f (meestal plur.)*
1. *(relig. t.t.)* offermaal, feestmaal; ▸ *ergo obligatam redde Iovi dapem (Hor.)*;
2. *(poët.; postklass.) alg.* voedsel, voeding; ▸ *exstructae dapibus mensae; onerare mensas dapibus.*

dapsilis, e *(Gr. leenw.) (Plaut.)* rijkelijk.

Dardania, ae *f*
1. *door Dardanus gestichte stad aan de Hellespont; poët.* = Troje;
2. *landstreek in N.-Moesië (aan de benedenloop v.d. Donau)*;
/ *inw.* **Dardanī,** ōrum *m.*

Dardanus, ī *m zoon v. Jupiter, stichter v. Dardania, stamvader v.d. Trojanen en (via Aeneas) v.d. Romeinen; — patron.* **Dardanidēs,** ae *m* Iulus *of* Aeneas; *plur.* **Dardanidae,** ārum *en* um = de Trojanen; *fem.* **Dardanis,** idis Trojaanse, *ihb.* Creüsa, *echtgenote v. Aeneas; — adj.* **Dardanius** *en* **Dardanus,** a, um van Dardanus, Trojaans, van Aeneas; — **Dardanus,** ī *m* nazaat v. Dardanus, Trojaan; Aeneas.

Dārēus *en* **Dārīus,** ī *m naam v.e. aantal Perzische koningen.*

dasypūs, podis *m (Gr. leenw.) een soort* ruigharige haas.

datārius, a, um *(do) (Plaut.)* om weg te geven, te schenken [**salus**].

datātim *adv. (dato) (preklass.)* over en weer gevend.

datiō, ōnis *f (do)*
1. het geven, verlenen, toedelen [**legum; signi** van het sein voor de strijd];
2. recht v. overdracht.
datīvus, a, um *(do)*
1. *casus* ~ *(gramm.) de naamval* dativus; — *ook subst.* ī *m*;
2. *(jur.)* toegewezen.
datō, datāre *(intens. v. do) (pre- en postklass.)* weggeven, afstaan.
dator, ōris *m (do) (poët.; postklass.)* gever, schenker [**laetitiae** *van Bacchus*].
datrīx, īcis *f (dator) (eccl.)* geefster, schenkster.
datum, ī *n (do)* gift, geschenk.
datus[1], ūs *m (do) (Plaut.)* het geven.
datus[2] *ppp. v. do.*
daucos, ī *f en* **daucum,** ī *n (botan.)* wortel(?).
Daulis, idis *f stad in Phocis, ten N. v. Delphi (Midden-Griekenland), nu* Davlia; — *adj.* **Daulius,** a, um, *fem. ook* **Daulias,** adis [**ales** = zwaluw; **puellae** = Procne en Philomele], *als subst.* Procne.
Daunus, ī *m myth. koning in N.-Apulië in Z.-Italië, voorvader v. Turnus (de koning v.d. Rutuli)*; — *adj.* **Daunius,** a, um [**heros** = Turnus; **gens** = de Rutili]; — **Daunias,** adis *f* Apulië.
dē
I. *prep. m. abl.*
1. *(v. plaats)* (**a**) van, uit, van . . . uit; ▸ *de finibus suis exire; de digito anulum detrahere; de manibus effugere; de civitate alqm eicere; de sella exsilire; de foro discedere; de castris procedere; de vita decedere; audire, scire, discere alqd de alqo* van iem.; *de medio tollere* uit de weg ruimen; *de Danais arma* aan de Grieken ontrukt; (**b**) van . . . af; ▸ *de vehiculo dicebat; alqm de saxo deicere; de umero pendere; de caelo alqd demittere;*
2. *(v. tijd)* (**a**) onmiddellijk na; ▸ *statim de auctione venire;* (**b**) nog in de loop van, nog tijdens; ▸ *multā de nocte venire* nog diep, midden in de nacht; *de tertia vigilia proficisci* nog in de derde nachtwake vertrekken;
3. *(ter aand. v. afstamming, stand)* van; ▸ *adulescens de summo loco; genetrix Priami de gente; homo de plebe;*
4. *(ter aand. v. delen v.e. geheel)* van, uit; ▸ *unus de multis milibus; fortissimum de ducibus in Galliam mittere; nemo de nobis;*
5. *(ter aand. v.e. bep. stof of v.e. zaak waaruit een andere zaak ontstaan is)* uit, van; ▸ *signum de marmore factum; verno de flore corona; de nave carcerem facere;*
6. *(ter aand. v.e. geldbron)* uit, van; ▸ *de publico* uit de staatskas; *de alieno* uit andermans zak; *de tuo* van jouw geld;
7. *(causaal)* wegens, om, uit, door; ▸ *qua de causa* = *qua de re* waarom, om welke reden; *flebat non de suo supplicio, sed; senatui parendum de salute rei publicae fuit;*
8. naar, overeenkomstig, ingevolge; ▸ *de illis verbis; de mea sententia; de more; de gestu intellegere; de consilio alcis;*
9. betreffende, aangaande; ▸ *legatos mittere de pace; de me actum est* het is met mij gedaan; *de ceteris (cetero)* overigens, wat betreft het overige;
10. *(bij verba dicendi en sentiendi en bij vergelijkbare substantiva)* over, van; ▸ *de immortalitate animorum disserere; cogitare de aliqua re; multa narrare de Laelio (Cic.); de moribus admonere (Sall.); tertius de vita beata liber;*
11. *in adv. uitdr.: de integro* opnieuw, weer; *de improviso, de transverso* onverwachts;
II. *als prefix*
1. af-, weg- [**destringo**];
2. neer-, af- [**descendo**];
3. *(om aan te duiden dat iets ontbreekt)* on-, ont- [**demens; desum**];
4. volledig, volkomen, zeer [**devinco**].
dea, ae *f (deus) (dat. en abl. plur.* deīs, dīs, deābus*)* godin [**venatrix** *of* **silvarum** Diana; **bellica** Minerva]; ▸ *deae novem* de muzen; *deae triplices* de Parcae, schikgodinnen.
de-albō, albāre *(albus)* witten, witkalken [**parietem**].
deambulācrum, ī *n (deambulo) (Vulg.)* plaats om te wandelen.
deambulātiō, ōnis *f (deambulo) (Ter.; Laatl.)* wandeling.
deambulātōrium, ī *n (deambulo) (Laatl.)* zuilengalerij, wandelgang.
de-ambulō, ambulāre *(pre- en postklass.)* een wandeling maken.
de-amō, amāre dol zijn op *(m. acc.)*; ▸ *lepidissima munera (Plaut.).*
de-armō, armāre ontwapenen [**exercitum**].
de-artuō, artuāre *(artus) (Plaut.)* in stukken scheuren; *metaf.* ruïneren; ▸ *deartuatus sum miser.*
de-asciō, asciāre *(ascia)*
1. met de bijl bewerken, gladmaken;
2. *(Plaut.) (metaf.)* oplichten, afzetten.
de-aurō, aurāre *(aurum) (postklass.)* vergulden.
dē-bacchor, bacchārī *(poët.)* tekeergaan, uitrazen.

dē-battuō, battuere, — — (Petr.) hard stompen; neuken.
dēbellātor, ōris *m* (*debello*) (*poët.; postklass.*) bedwinger, overwinnaar [**ferarum**].
dē-bellō, bellāre
I. *intr.* een einde maken aan de oorlog, de oorlog beëindigen;
II. *tr.*
1. (*een strijd*) uitvechten, ten einde voeren [**rixam**];
2. veroveren, overwinnen, overmeesteren [**gentem; hostem; clamore**];
3. (*metaf.*) bestrijden, onderdrukken, tegengaan; ▸ *alium canum morsus debellat* helpt tegen.
dēbeō, dēbēre, dēbuī, dēbitum
1. verschuldigd, schuldig zijn, moeten betalen [**grandem pecuniam alci; nummum nemini**];
2. schulden hebben (*bij: dat.*); ▸ *illi quibus debeo* mijn schuldeisers; *ii qui debent* debiteuren, schuldenaars;
3. (*metaf.*) iem. iets schuldig blijven, iem. tekortdoen; ▸ *non posse alci alqd* ~ iem. niets schuldig kunnen blijven, iem. niet tekort kunnen doen;
4. iem. iets schuldig, verschuldigd zijn, verplicht zijn tot; ▸ *alci gratiam* ~ iem. dank verschuldigd zijn; *videris patriae hoc munus* ~; *iuvenis nil iam caelestibus ullis debens; alci mutua officia* ~ verplicht zijn iem. een wederdienst te bewijzen;
5. iem. iets te danken hebben [**multum sociis; alci salutem**];
6. moeten, verplicht zijn, *m. ontkenning:* mogen, hoeven (*m. inf.*); ▸ *debueram loqui* ik had moeten spreken; *oppida expugnari non debuerunt* (*Caes.*) hadden niet veroverd mogen worden; *ea tibi ego non debeo* (hoef ik niet) *commendare* (*Cic.*);
7. (*poët.*) voorbestemd, uitverkoren zijn voor (*m. acc.*); ▸ *urbem* ~ voorbestemd zijn de stad te stichten;
8. *pass. deberi* (voor)bestemd, gedoemd zijn; ▸ *debita coniunx* door het lot bestemd; *Pergama debita* tot de ondergang gedoemd; *animae, quibus altera fato corpora debentur; cui regnum Italiae Romanaque tellus debentur* (*Verg.*); *fatis of morti debitus* gedoemd te sterven;
/ *p. adj.* **dēbitus,** a, um verschuldigd, verplicht, toekomend, gepast [**praemia; honores; laudes; poenae**].
dēbilis, e zwak, krachteloos, gebrekkig, broos [**viator; equi; membra metu**]; verzwakt, ontwricht, ondermijnd [**praetura**].
dēbilitās, ātis *f* (*debilis*)
1. zwakheid, gebrekkigheid, verlamming [**membrorum; corporis; linguae**];
2. (*metaf.*) (*animi*) onevenwichtigheid, labiliteit.
dēbilitātiō, ōnis *f* (*debilito*) (*animi*) neerslachtigheid.
dēbilitō, dēbilitāre (*debilis*)
1. verzwakken, verlammen, schade toebrengen, beschadigen, verminken; ▸ *debilitatum corpus; debilitati inter saxa rupesque; urbs debilitata;*
2. (*metaf.*) ontmoedigen, uit z'n evenwicht brengen, in werkzaamheid *of* effectiviteit belemmeren, ontkrachten [**animos militum** de soldaten; **audaciam; spem alcis; furores**]; ▸ *fortissimi viri mentio vocem meam fletu debilitavit.*
dēbitiō, ōnis *f* (*debeo*) het verschuldigd, schuldig zijn [**pecuniae; dotis**].
dēbitor, ōris *m* (*debeo*)
1. debiteur, schuldenaar;
2. (*poët.; postklass.*) (**a**) *iem. die iem. dank verschuldigd is voor iets* [**huius officii; vitae**]; (**b**) *iem. die een bepaalde verplichting heeft.*
dēbitum, ī *n* (*debeo*)
1. schuld(en); ▸ *acerbius -um reposcere;*
2. (*postklass.*) morele verplichting.
dēbitus *zie debeo.*
dē-blaterō, blaterāre
1. (*Plaut.*) (*m. aci.*) doorvertellen, rondbazuinen;
2. (*Gell.*) opdreunen.
dēcacūminātiō, ōnis *f* (*decacumino*) (*botan.*) het aftoppen.
dē-cacūminō, cacūmināre (*botan.*) aftoppen.
decalogus, ī *m* (*Gr. leenw.*) (*eccl.*) de tien geboden.
dēcalvātiō, ōnis *f* (*decalvo*) (*Vulg.*) het kaalscheren.
dē-calvō, calvāre (*Vulg.*) kaalscheren.
decānātus, ūs *m* (*decanus*) (*Mel.*) functie v. deken.
dē-cantō, cantāre
1. opdreunen, afdraaien [**augurium; fabulam**];
2. (*poët.; postklass.*) zingend voordragen, zingen [**elegos**].
decānus, ī *m* (*decem*) (*postklass.*) leider v. tien mannen (*v. tien soldaten, v. tien monniken*); *later:* deken; hoofd v.d. keurvorsten.
dē-capillō, capillāre (*Mel.*) het haar afknippen (*als straf*).
decas, adis *f* (*Gr. leenw.*) (*eccl.*) tiental.
decastȳlos, on (*Gr. leenw.*) (*postklass.*) met tien

zuilen.

dē-cēdō, cēdere, cessī, cessum

1. weggaan, zich verwijderen; ▸ *Italiā* ~ ; *relinquere domos ac sedes suas et* ~ *ex Sicilia;*

2. *(milit.)* wegtrekken, afmarcheren, *(een plek)* verlaten; ▸ *de vallo* ~ ; *de colle* ~ ; *pugnā* ~ ; *armis relictis Siciliā* ~ ; ~ *atque exercitum deducere ex his regionibus;*

3. *(van de koers, weg)* afdwalen [**cursu; viā**];

4. de provincie *(na beëindiging v.d. ambtstermijn)* verlaten [**(de; ex) provincia; ex Asia**];

5. *(v. staatslieden) de foro* zich uit het openbare leven terugtrekken;

6. *(v. acteurs) de scaena* het toneel *(voorgoed)* verlaten;

7. *(vitā, de vita)* overlijden, sterven; ▸ *in tanta paupertate decessit; pater familiae (vita) decessit;*

8. *(bij levende wezens e.d.)* uitwijken voor, uit de weg gaan voor *(zowel uit respect als uit afkeer) (m. dat.)* [**sanctis divis; canibus**];

9. *(bij niet-lev.)* uitwijken voor, mijden *(m. dat.)* [**calori**];

10. *(poët.) (m. dat.)* onderdoen voor, achterblijven bij; het veld moeten ruimen voor [**collegis**];

11. *(metaf.) de via* van het rechte pad afraken; ▸ *se nulla cupiditate inductum de via* ~ ;

12. laten varen, opgeven, afzien van, afstand doen van [**de suis bonis omnibus; de (ex) iure suo**];

13. afwijken van [**(de) sententia; instituto suo; a decretis; fide** ontrouw worden; **de dignitate**];

14. *(v. water)* dalen, zakken, wegvloeien; ▸ *aestus decedit; decedentibus fluviis;*

15. *(poët.; postklass.) (v. hemellichamen)* ondergaan; ▸ *sol decedens;*

16. *(v. ziektes, pijn, emoties, tijd e.d.)* voorbijgaan, ophouden, afnemen, minder worden, verdwijnen; ▸ *febris decessit; invidia decesserat; tempora decesserunt; odor decessit; (m. dat.; de) cura patribus decedet; decessit animis pavor;*

17. weggaan, verdwijnen; ▸ *quantum virium Antiocho decessisset.*

Decelēa *en* **-līa,** ae *f dorp in N.-Attica.*

decem indecl. tien; ▸ ~ primi *de senaat in municipia en kolonies telde 100 leden en was in 10 decuriae ingedeeld; de 10 leiders v. deze decuriae heetten decem primi.*

December *(decem)*

I. *subst.* bris *m oorspr. de 10e, later de 12e maand v.h. Rom. jaar,* december;

II. *adj.* bris, bre van december, december- [**Kalendae; Nonae; Idus; mensis** december; **libertas** *bij de Saturnalia in december*].

decem-iugis *(iugum) (Suet.)*

I. *adj.* e met een tienspan;

II. *subst.* is *m (vul aan: currus)* een wagen met een tienspan ervoor.

decem-peda, ae *f (pes)* meetlat met een lengte v. 10 voet.

decempedātor, ōris *m (decempeda)* iem. die landerijen opmeet, landmeter.

decem-plex, *gen.* plicis *(vgl. du-plex)* tienvoudig.

decem-prīmī, ōrum *m (ook gesplitst) zie decem.*

decem-scalmus, a, um voorzien van tien dollen, voor tien roeiers.

decemvirālis, e *(decemviri)* van de tienmannen, decemviri.

decemvirātus, ūs *m (decemviri)* tienmanschap, decemviraat.

decem-virī, ōrum *en* um *m (zelden sg.* decemvir*)* tienmannen, decemviri *(college bestaande uit 10 personen)*:

1. ~ *legibus scribundis (voor het eerst gekozen in 451 v. Chr.; zij stelden de wetten v.d. twaalf tafelen op);*

2. ~ *agris metiendis dividendisque (belast met de verdeling v.d. ager publicus onder kolonisten);*

3. ~ *stlitibus iudicandis (zij hadden tot taak recht te spreken in processen op het gebied v. vrijheid en burgerrecht);*

4. ~ *sacris faciundis of sacrorum (bewakers en uitleggers v.d. sibillijnse boeken).*

decennālis, e *(decem en annus) (Laatl.)* tienjarig [**bellum**].

decennis, e *(decem en annus) (postklass.)* tienjarig [**proelium**].

decennium, ī n *(decennis) (postklass.)* tijdperk v. tien jaar, decennium.

decēns, *gen.* entis *(p. adj. v. deceo) (poët.; postklass.)*

1. betamelijk, behoorlijk, passend, fatsoenlijk [**ornatus; genus**];

2. lieflijk, bevallig, mooi [**forma; facies; Gratiae**].

decentia, ae *f (decens)* gepastheid.

deceō, decēre, decuī, — *(vrijwel alleen 3e pers. sg. en plur.) (decus, decor)*

1. passen, goed staan, sieren *(m. acc.)*; ▸ *haec vestis me decet; alba (witte kleren) decent Cererem;*

2. passen, betamen, behoren *(m. aci.; niet-klass. m. dat.)*; ▸ *omnes bonos rei publicae subvenire decebat (Sall.); mortaline decuit violari vulnere divum?; decet (vaak te vertalen met)* het moest,

zou moeten; *decebat, decuit* (*vaak te vertalen met*) het had gemoeten.

dē-cēpī *pf. v. decipio.*

dēceptiō, ōnis *f* (*decipio*) (*postklass.*) oplichterij, bedrog.

dēceptor, ōris *m* (*decipio*) (*postklass.*) oplichter, bedrieger.

dēceptōrium, ī *n* (*deceptorius*) (*Laatl.*) oplichterij, bedrog.

dēceptōrius, a, um (*deceptor*) (*postklass.*) bedrieglijk, verraderlijk.

dēceptus ppp. *v. decipio.*

decēris, is *f* (*Gr. leenw.*) (*Suet.*) tienriemer (*een type schip*).

dē-cernō, cernere, crēvī, crētum

1. *ihb. bij arbitrage* uitmaken, een beslissing nemen over, een oordeel vellen over, oordelen over *een twijfelachtige zaak* (*m. acc.; de; afh. vr.*); ▸ *litem* ~; *de his Catonis praecepta decernent* (*Plin. Mai.*); *non satis decernere poterant, quā suis opem ferrent;*

2. (*v. commissies, vergaderingen*) besluiten tot, beslissen, vaststellen, verklaren, verordenen, stemmen voor; goedkeuren (*m. acc.; de; inf.; aci.; conj.; ut; ne*) [**delectum; statuas; diem colloquio; de morte alcis**]; ▸ *quaestionem de bonis direptis* ~; *de Postumio senatus decrevit ut statim in Siciliam iret;*

3. (*v. individuen*) (*abs.*) een beslissing nemen, (*m. acc.; inf.; aci.; ut; ne*) besluiten; zich uitspreken voor, stemmen voor; de stellige overtuiging hebben; het plan opvatten; ▸ *Caesar in provinciam proficisci decrevit; decreveram cum eo familiariter vivere;* (*mihi*) *decretum est* (*m. inf.*) ik ben vastbesloten;

4. (*in de oorlog*) een beslissende slag leveren, uitvechten, met de wapens beslechten; ▸ *de salute rei publicae decernitur; in illo certamine, quo ferro decernitur; ferro ancipiti decernunt; cursibus et crudo caestu* ~ (*Verg.*);

5. (*met woorden*) strijden, ihb. *voor de rechtbank* [**de capite; pro mea fama; pro propinquis suis**];

6. toekennen, toewijzen [**alci honores; triumphum alci; populo iura**];

7. (*m. dubb. acc.*) verklaren voor, betitelen als [**alqm dignum**].

dē-cerpō, cerpere, cerpsī, cerptum (*carpo*)

1. (*poët.; postklass.*) afplukken, —rukken [**aristas; uvam; pomum arbore; lilia tenero ungui**];

2. (*metaf.*) ontlenen, verkrijgen (*aan, van: abl.*); ▸ *humanus animus decerptus ex mente divina;*

3. (*poët.; postklass.*) genieten [**fructūs ex re; decus pugnae**];

4. tenietdoen, vernietigen [**spes**].

dēcertātiō, ōnis *f* (*decerto*) beslissende slag (*om: gen.*).

dē-certō, certāre

1. een beslissende slag leveren, op leven en dood strijden, zich meten (*om: de; met: cum*); ▸ *proelio* ~ doorvechten tot er een beslissing valt; *telis* ~; *manu* ~; *ne cives cum civibus armis decertarent* (*Caes.*); *vi et armis contra vim* ~; *de imperio in Italia decertatum est; pro libertate* ~;

2. met woorden strijden (*ihb. in een openbaar debat*); ▸ *cum consulibus* ~.

dēcesse = *decessisse* (*inf. pf. v. decedo*).

dē-cessī *pf. v. decedo.*

dēcessiō, ōnis *f* (*decedo*)

1. het weggaan, vertrek;

2. vertrek *v.e. magistraat uit de provincie* [**Verris**];

3. afname, vermindering [**bonorum**].

dēcessor, ōris *m* (*decedo*) ambtsvoorganger.

dēcessus, ūs *m* (*decedo*)

1. het weggaan, vertrek [**Gallorum ex urbe**];

2. vertrek *v.e. magistraat uit de provincie;*

3. het heengaan, dood;

4. (*v. water*) het zakken, afnemen [**Nili**];

5. verbetering, herstel [**morbi**].

Decetia, ae *f stad in het gebied v.d. Haeduers aan de rivier de Loire, nu* Decize.

deciānus, ī *m* (*Mel.*) dobbelaar.

dē-cidī[1] *pf. v. decido*[1].

dē-cīdī[2] *pf. v. decido*[2].

dē-cidō[1], cidere, cidī, — (*cado*)

1. neervallen, naar beneden vallen, op de grond vallen; ▸ *poma ex arboribus decidunt; de muro* ~; *e superiore caelo* ~; *e flore guttae decidunt;*

2. (*metaf.*) terechtkomen in, vervallen tot (*m. in m. acc.*) [**in turbam praedonum; in scelus**];

3. (*a, de*) *spe* ~ in zijn verwachtingen teleurgesteld worden, bedrogen uitkomen;

4. geen succes hebben, niet slagen; ▸ *non enim virtute hostium, sed perfidiā amicorum decidi* (*Nep.*); *ab hoc archetypo labor et decido* (*Plin. Min.*);

5. (*postklass.*) (*metaf.*) diep zinken, vallen; ▸ *ad eas rei familiaris angustias* (in zulke financiële problemen) *decidit ut* (*Suet.*);

6. (*poët.; preklass.*) sterven [**morbo**];

7. (*Tib.*) verdwijnen; ▸ *decido toto pectore* ik verdwijn volkomen uit de gedachten.

dē-cīdō[2], cīdere, cīdī, cīsum (*caedo*)

I. tr.
1. afsnijden, —hakken [**aures; caput; nasum; alqd ex iuba**];
2. overeenkomen, afhandelen [**negotia**];
II. *intr.* een overeenkomst sluiten, een akkoord sluiten, beslissen [**de rebus rationibusque societatis; de iure patriae; cum Flavio pro societate**].

dēciduus, a, um *(decido[1]) (postklass.)* vallend.

deciē(n)s *adv. (decem)* tienmaal; vaak.

decima, ae *f = decuma.*

Decima *en* **Decuma,** ae *f (decimus) godin, een v.d. drie parcen (schikgodinnen); beslist over de geboorte v.e. kind in de laatste maand v.d. zwangerschap.*

decimāna *zie decumana.*

decimānus *zie decumanus.*

decimātiō, ōnis *f (decimo) (Laatl.)* betaling v.d. tiende *(een soort belasting).*

decimō, decimāre *(decimus) (postklass.)*
1. iedere tiende man (met de dood) straffen;
2. een belasting v.e. tiende opleggen.

decimum *(decimus)*
I. *en* **decumum** *subst.* ī *n* het tienvoudige, tienvoudige opbrengst; ▸ *ager efficit, effert cum -o* levert tienmaal zo veel op;
II. *adv.* voor de tiende keer.

decimus *en (ouder)* **decumus,** a, um *(decem)*
1. tiende;
2. ontzaglijk groot [**unda**].

Decimus, ī *m Rom. voornaam, afk.* D.

dē-cipiō, cipere, cēpī, ceptum *(capio)*
1. misleiden, om de tuin leiden, bedriegen [**amicum; spem alcis**]; ▸ *decipi non posse; deceptus per fas ac fidem; deceptus dolo; in prima spe deceptus (Liv.); eo deceptus quod* hierdoor misleid, doordat; *viā decipi* de weg kwijtraken;
2. ontgaan, onopgemerkt blijven (voor) *(abs.; m. acc.)*; ▸ *amatorem caecum amicae turpia vitia decipiunt;*
3. ongemerkt voorbij laten gaan, de tijd verdrijven [**diem; laborem cantando**].

dēcipula, ae *f (decipio)* val(strik).

dēcīsiō, ōnis *f (decido[2])* overeenkomst, akkoord; ▸ *decisionis arbiter; decisionem facere* een overeenkomst sluiten.

dēcīsus *ppp. v. decido[2].*

Decius, a, um *naam v.e. Rom. gens:* P. ~ Mus, *vader, zoon en kleinzoon, die als consul hun leven vrijwillig gaven in de oorlog voor de redding v.h. land (de vader in de oorlog met de Latijnen, de zoon in de oorlog met de Samnieten, de kleinzoon in de oorlog met Pyrrhus, resp. in 340, 295 en 279 v. Chr.)*;
— *adj. ook* **Deciānus,** a, um.

dēclāmātiō, ōnis *f (declamo)*
1. declamatie, voordracht; voordrachtsoefening; *(meton.) (postklass.) (voor een voordrachtsoefening gekozen)* onderwerp;
2. *(geringsch.)* nietszeggende voordracht, hol gepraat;
3. het luid ageren, opgewonden praten; ▸ *non placet mihi ~ potius quam persalutatio (Cic.).*

dēclāmātiuncula, ae *f (demin. v. declamatio) (Gell.)* kleine voordrachtsoefening.

dēclāmātor, ōris *m (declamo)* leraar in de voordrachtskunst, voordrachtskunstenaar.

dēclāmātōrius, a, um *(declamator)* van de voordrachtskunstenaar.

dē-clāmitō, clāmitāre *= declamo.*

dē-clāmō, clāmāre
I. *intr.*
1. voordrachtsoefeningen doen, bij wijze van oefening een voordracht houden, zich oefenen in de voordrachtskunst; ▸ *ad fluctum aiunt ~ solitum Demosthenem (Cic.)*;
2. *(geringsch.)* tekeergaan, opgewonden en woedend praten *(tegen: contra; in m. acc.; dat.)*; ▸ *ille insanus qui pro isto contra me declamat;*
II. *tr.* luid voordragen, declameren.

dēclārātiō, ōnis *f (declaro)* bekendmaking, verklaring [**animi tui**].

dēclārātor, ōris *m (declaro) (Plin. Min.)* iem. die bekendmaakt.

dē-clārō, clārāre
1. duidelijk *of* kenbaar maken, aanduiden [**ducis navem militibus**]; ▸ *dentibus cervorum senecta declaratur (Plin. Mai.)*;
2. *(metaf.)* duidelijk te kennen geven, duidelijk tonen *(m. acc.; aci.; afh. vr.)*; ▸ *divi praesentiam suam saepe declarant; suam benevolentiam ~; tot signis natura declarat, quid velit; gaudia vultu declarant (Catull.)*;
3. *(m. dubb. acc.)* openlijk uitroepen tot, verklaren tot, aanwijzen als; ▸ *alqm victorem, praetorem ~; me unā voce universus populus Romanus consulem declaravit (Cic.); tanto consensu rex est declaratus;*
4. duidelijk maken, verduidelijken, ophelderen; ▸ *propriam generis iuris civilis vim definitione ~ (Cic.)*;
5. duidelijk, helder uitdrukken [**pluribus nominibus unam rem**].

dēclīnātiō, ōnis *f (declino)* het afbuigen:
1. het uitwijken; het ontwijken, vermijden;
2. *(metaf.)* afkeer, tegenzin; ▸ *quae ~, si cum*

ratione fiet, cautio appelletur;
3. (*retor. t.t.*) uitweiding, afdwaling *van het onderwerp* [**a proposito**];
4. uitwijkende beweging v.h. lichaam; ▸ *alcis petitiones quādam declinatione et corpore effugere* (*Cic.*);
5. (*gramm. t.t.*) afleiding, verbuiging, vervoeging.
dēclīnātus, ūs *m* = *declinatio 5*.
dēclīnis, e (*declino*) (*postklass.*)
1. naar beneden gaand;
2. (van zijn baan) afwijkend.
dē-clīnō, clīnāre
I. *tr.*
1. afbuigen, afwenden [**iter; agmen**]; ▸ *non se* ~ *ab illo* de blik niet afwenden van; *non prius ex illo flagrantia lumina* ~ (*Catull.*);
2. (ver)mijden, uit de weg gaan; ▸ *urbem mihi amicissimam declinavi; impetum* ~; *vitia* ~; *impudicitiam uxoris* ~ (*Tac.*);
3. (*gramm. t.t.*) verbuigen, vervoegen;
II. *intr.*
1. uitwijken, van richting veranderen, zich afwenden (*van: ab; de; abl.*); zich wenden tot (*m. ad; in m. acc.*); ▸ *a Roma* ~; *a recto itinere* ~; *a religione* ~; *a delictis* ~; *de via* ~; *cohortes paululum declinaverunt; Manlium iussit ad se* ~; *in fugam* ~; *si omnes atomi declinabunt, nullae umquam cohaerescent* (*Cic.*);
2. afbuigen; ▸ *via ad mare declinans; bellum in Italiam declinaverat;*
3. (*in een redevoering*) afwijken, uitweiden, afdwalen [**a rerum ordine; a proposito**]; ▸ *inde huc declinavit oratio;*
4. (*postklass.*) ten einde lopen; ▸ *dies coeperat* ~.
dēclīve, is *n* (*declivis*) helling; ▸ *per declive se recipere* (*Caes.*) zich langs de helling terugtrekken.
dē-clīvis, e (*clivus*)
1. steil, hellend, aflopend [**locus; collis; ripa; latitudo**];
2. (*postklass.*) *aetate* ~ op gevorderde leeftijd.
dēclīvitās, ātis *f* (*declivis*) steilte.
dēcocta, ae *f* (*decoquo; vul aan: aqua*) (*postklass.*) (*door keizer Nero uitgevonden*) gekookte (*en vervolgens* [*in sneeuw*] *gekoelde*) drank.
dēcoctiō, ōnis *f* (*Laatl.*)
1. het inkoken;
2. ingedikt vocht.
dēcoctor, ōris *m* (*decoquo*) verkwister, bankroetier.
dēcoctus *ppp. v. decoquo.*
dē-collō, collāre (*collum*) (*postklass.*) onthoofden.
dē-cōlō, cōlāre (*colum*[1]) (*Plaut.*) doorsijpelen; *metaf.* mislukken, falen.
dē-color, *gen.* ōris (*poët.; postklass.*)
1. verkleurd, verschoten, donkergekleurd;
▸ ~ *ipse suo sanguine Rhenus;*
2. gebruind, bruingebrand [**India**];
3. (*metaf.*) ontaard, gedegenereerd [**aetas; fama**].
dē-colōrātiō, ōnis *f* (*decoloro*) verkleuring.
dē-colōrō, colōrāre (*decolor*)
1. (*poët.; postklass.*) doen verkleuren *of* verschieten;
2. (*Laatl.*) (*metaf.*) te schande maken [**famam**].
dē-condō, condere, — — (*Sen.*) verbergen.
dē-contrā *adv.* (*Laatl.*) van de overkant.
dē-coquō, coquere, coxī, coctum
1. (*poët.; postklass.*) (gaar)koken, inkoken [**alqd in patina, patella**];
2. (*bij het smelten*) laten vervliegen; ▸ *pars quarta argenti decocta erat* (*Liv.*);
3. zijn vermogen erdoor jagen, failliet gaan (*ten nadele van: dat.*); ▸ *tenesne memoriā praetextatum te decoxisse?*
decor[1]**,** ōris *m* (*deceo, decus*) (*poët.; postklass.*)
1. fatsoen, gepastheid, betamelijkheid; ▸ *mobilibusque* ~ *naturis dandus* (*est*) *et annis* (*Hor.*); *cuncta ad decorem imperii composita* (*Tac.*);
2. bekoorlijkheid, waardig voorkomen; ▸ ~ *oris cum quadam maiestate* (*Tac.*); *fugit retro levis iuventa et* ~ (*Hor.*);
3. sieraad, versiering.
decor[2]**,** *gen.* oris (*deceo, decus*) versierd, sierlijk.
decorāmen, inis *n* (*decoro*) (*postklass.*) sieraad, versiering.
dē-coriō, coriāre (*corium*) (*Laatl.*) van de huid, schil ontdoen.
decorō, decorāre (*decus*)
1. versieren, uitdossen; ▸ *parte praedae et spoliis navalibus decoratus; insignibus decoratus;*
2. (*metaf.*) verheerlijken, eren [**alqm singularibus honoribus; domos suas gloriā**].
decōrum, ī *n* (*decorus*) = *decor*[1].
decōrus, a, um (*decor*[1])
1. behoorlijk, fatsoenlijk, passend, gepast, in overeenstemming met de zeden en gewoonten [**certamen**]; ▸ *ut vix satis -um videretur eum plures dies esse in Crassi Tusculano* (*Cic.*); *loqui apte et quasi decore* (*Cic.*);
2. sierlijk, mooi, bekoorlijk, charmant [**facies; aedes**]; ▸ *dea -a formāque armisque;*
3. eervol [**proelium**]; ▸ *dulce et -um est pro*

patria mori (Hor.).
dē-crepitus, a, um (*crepo*) stokoud, afgeleefd [**anus; aetas**].
dē-crēscō, crēscere, crēvī, crētum afnemen, dalen, minder worden, verdwijnen; ▸ *decrescunt aestūs; decrescentia flumina; valetudo decrescit.*
dēcrētālis, is *f* (Mel.) *pauselijke* verordening.
dēcrētista, ae *m* (Mel.) rechter.
dēcrētōrius, a, um (*decerno*) (*postklass.*) beslissend [**pugna**].
dēcrētum, ī *n* (*decerno*)
1. besluit, beslissing, verordening [**patrum; consulis**]; ▸ *-um facere* een besluit nemen; *-o stare* bij een besluit blijven; *-um mutare; sua -a confirmare;* Druidum *-is iudiciisque parēre* (Caes.);
2. (*filos. t.t.*) grondbeginsel, principe, dogma;
3. (Mel.) plur. decretalen (*geestelijk recht, vgl. decretalis*).
dē-crētus, *ppp.v. decerno.*
dē-crēvī *pf. v. decerno en decresco.*
dē-cubō, cubāre (Laatl.) liggen; ziek zijn.
dē-cubuī *pf. v. decumbo.*
decuma, ae *f* (*decem*)
1. tiende deel, *aan een godheid beloofde* tiende v.d. buit; ▸ *Apollini -am vovere;*
2. tiende (*als belasting*) [**hordei**].
Decuma zie Decima.
decumāna *en* (*later*) **decimāna,** ae *f* (*decumanus*) vrouw v.e. tiendpachter.
decumānus *en* (*later*) **decimānus** (*decem*)
I. *adj.* a, um
1. tiend-, tiendplichtig [**ager** tiendplichtige grond; **frumentum** tiende deel v.d. oogst];
2. behorend bij het tiende legioen *of* cohort [**porta** hoofdingang v.h. kamp (*omdat daarachter het tiende cohort gestationeerd was*), *tegenover de porta praetoria*];
II. *subst.* ī *m*
1. tiendpachter;
2. soldaat uit het tiende legioen;
3. (*vul aan: limes*) pad, weg (*lopend van oost naar west door een stuk land, kamp of stad*).
decumātēs, ium *m* (Tac.) *agri* ~ tiendplichtige landerijen (*tussen de rivieren Rijn en Donau*).
decumātiō, ōnis *f* = *decimatio.*
dē-cumbō, cumbere, cubuī, cubitum
1. (*pre- en postklass.*) gaan liggen;
2. (*van een getroffen gladiator*) onderuitgaan, neervallen [**honeste**].
decumō, decumāre = *decimo.*
decumum zie *decimum* I.
decumus zie *decimus.*

dē-cūnctor, cūnctārī (*postklass.*) aarzelen, zich langdurig beraden.
decuria, ae *f* (*decem; vgl. centuria*)
1. decuria, afdeling van tien personen;
2. *alg.* afdeling [**senatoria** groep rechters uit de senatorenstand; **lictorum**];
3. (Plaut.) (*scherts.*) eetgezelschap.
decuriālis, e (*decuria*) (Laatl.) horend bij een decuria.
decuriātiō, ōnis *f en* **decuriātus,** ūs *m* (*decurio*[1]) indeling in decuriae.
decuriō[1], decuriāre (*decuria*)
1. in groepen van tien indelen [**equites**];
2. in afdelingen onderbrengen.
decuriō[2], ōnis *m* (*decuria*)
1. (*milit.*) aanvoerder v.e. groep (*v. ten hoogste 10 mannen*) [**equitum**];
2. senator in municipia *en* kolonies, raadslid;
3. (*Suet.*) ~ *cubiculariorum* kamerheer.
decuriōnātus, ūs *m* (*decurio*[2]) (*postklass.*) functie van raadslid.
dē-currō, currere, (cu)currī, cursum
I. *intr.*
1. naar beneden hollen, rennen, stormen (*van, uit: ab; ex; de;* [*poët.*] *abl.*) [**de castello; de tribunali; ad flumen; ex omnibus partibus; ex montibus in vallem; ex Capitolio in hostem**]; ▸ *barbari catervis* (in ongeordende groepen) *decurrentes;*
2. (*milit.*) (a) manoeuvres maken; ▸ *pedites decurrendo signa sequi et servare ordines docuit;* (b) voorbij marcheren, defileren [**in armis**]; ▸ *mos erat lustrationis sacro peracto* ~ *exercitum* (Liv.); *ter circum rogos cincti fulgentibus armis decurrerunt* (Verg.);
3. rennen, (voort)snellen [**late campis**]; ▸ *rus* ~ een uitstapje naar het platteland maken, de stad ontvluchten;
4. varen, reizen [**super aequora; celeri cumba; pelago aperto; tuto mari**];
5. naar beneden stromen, storten; ▸ *flumen in mare decurrit* mondt uit;
6. (*v. schepen*) stroomafwaarts zeilen; landinwaarts varen; binnenvaren, binnenlopen; ▸ *classis in portum ex alto* (uit volle zee) *decurrit; naves onustae rudere decurrunt* (Tac.);
7. (*metaf.*) overgaan tot, zijn toevlucht nemen tot [**ad istam hortationem; ad extrema iura; ad alqm**]; ▸ *postremum eo decursum est ut proconsuli creando in Hispaniam comitia haberentur* (Liv.); *decurritur ad leniorem verbis sententiam* (Liv.);

II. *tr.*
1. doorlópen, afleggen [**spatium**];
2. (*metaf.*) snel doornemen, doorlópen, voltooien [**laborem; vitam; honores** (ere)ambten; **aetatem; annos**];
3. (*in een redevoering*) behandelen, afhandelen, bespreken [**alqd breviter**].

dēcursiō, ōnis *f* (*decurro*) het naar beneden lopen:
1. (*Suet.*) (*milit.*) parademars;
2. het naar beneden stormen, uitval.

dēcursus[1]**,** ūs *m* (*decurro*)
1. het naar beneden lopen *of* rennen; ▸ *prono decursu; ~ praeceps;*
2. (*milit.*) (**a**) parademars; ▸ *decursibus cohortium interesse;* (**b**) het vijandelijk naar beneden stormen, inval, aanval [**subitus ex collibus; in urbem; in litus**];
3. (*Suet.*) het doorlópen, afleggen (*van een renbaan*); ▸ *desistere ante decursum* voor het doel bereikt is;
4. (*poët.; postklass.*) (*v. water*) het naar beneden stromen, lopen [**fluminum**]; ▸ *~ (amnium) rapidus de montibus;*
5. (*metaf.*) voltooiing [**temporis mei** van mijn ambtstermijn]; het bekleden van alle (ere)-ambten [**honorum**].

dēcursus[2] *ppp. v. decurro.*

dē-curtō, curtāre inkorten, afhakken, verminken.

decus, decoris *n* (*deceo*)
1. sieraad, versiering; glans;
2. decoratie, ornament; ▸ *decora templorum;*
3. roem, eer, huldiging, onderscheiding [**regale**]; ▸ *~ et ornamentum triumphi; nec minimum decus meruerunt* (*Hor.*); *civitatis dignitatem et decus sustinere* (*Cic.*);
4. (*meton.*) heldendaad, eervolle daad [**belli**];
5. deugd, het moreel goede;
6. waardigheid; ▸ *contra decus regium;*
7. (*poët.*) schoonheid [**oris**];
8. (*metaf., v. personen*) (**a**) sieraad, trots; ▸ *Pompeius imperii ~ ; decus ordinis, ~ atque ornamentum iudiciorum; dulce ~ meum; lecta decora* uitverkoren mensen; (**b**) (*Tac.*) *plur.* roemrijke voorouders.

decussātim *adv.* (*decusso*) (*postklass.*) in de vorm van een X, kruisgewijs.

decussātiō, ōnis *f* (*decusso*) (*postklass.*) kruising.

dē-cussī *pf. v. decutio.*

decussis, is *m* (*decem en as*)
1. *een munt ter waarde v. tien as;*
2. *het getal* tien;
3. *X-vormig* kruis.

decussō, decussāre (*decussis*) in de vorm van een X *of* kruisgewijs indelen.

dē-cutiō, cutere, cussī, cussum (*quatio*) afschudden, afwerpen, neerstoten, neerslaan, neergooien [**lilia; rorem; nidos plumbatis sagittis** neerschieten; **partem muri**].

dē-deceō, decēre, decuī, — (*vrijwel alleen in de 3e pers. sg. en plur.*) (*m. acc.*)
1. (*poët.*) misstaan, slecht staan; ▸ *dominam motae comae non dedecuerunt;*
2. niet passen, niet behoren, ongepast zijn; ▸ *oratorem simulare non dedecet.*

dē-decor, *gen.* oris (*Sall.*) onterend, schandelijk, smadelijk.

dē-decorō, decorāre (*dedecus*) onteren, te schande maken [**urbis auctoritatem; se flagitiis**]; misvormen.

dē-decōrōsus, a, um (*Laatl.*) = *dedecorus.*

dē-decōrus, a, um (*Tac.*) onterend.

dē-decus, oris *n*
1. smaad, schande, iets onterends; ▸ *probrum atque ~ ; in dedecora incurrunt* (*Cic.*); *dedecori esse, fieri* tot schande zijn; *dedecus concipere* zichzelf te schande maken; *per dedecus* smadelijk, schandelijk;
2. (*meton.*) schanddaad, schandelijke daad; ▸ *nullo dedecore abstinere; militiae ~* oneervol gedrag in de oorlog; *nullum dedecus reperire potest;*
3. (*filos. t.t.*) het moreel slechte, het verdorvene; ▸ *in scelera simul ac dedecora prorupit.*

dedī *pf. v. do.*

dēdicātiō, ōnis *f* (*dedico*) (in)wijding [**aedis; templi**].

dē-dicō, dicāre
1. (*aan een godheid*) wijden, opdragen [**delubrum Castori et Polluci; aedem Saturno; aedem Mercurii**];
2. *deum ~ een godheid met een heiligdom eren* [**Apollinem; Concordiam aede**];
3. (*postklass.*) bestemmen voor (*m. dat.; ad; in m. abl.*) [**scripta publicis bibliothecis**]; ▸ *regio ad populi otium dedicata* (*Sen.*); *Parrhasii tabulam in cubiculo ~* (*Suet.*);
4. (*poët.; postklass.*) *een geschrift* opdragen aan [**alci librum**];
5. (*Suet.*) inwijden [**theatrum; thermas atque gymnasium**];
6. (*Lucr.*) bewijzen, aantonen, duidelijk maken [**naturam**];

7. *(bij de census)* aangeven.
dē-didī *pf. v. dedo.*
dē-didicī *pf. v. dedisco.*
dēdignātiō, ōnis *f (dedignor) (Plin. Min.)* het versmaden, weigering.
dē-dignor, dīgnārī *(poët.; postklass.)* versmaden, weigeren [**honorem; venire; cibos attingere**].
dē-discō, discere, didicī, — verleren; afleren, vergeten; ▸ *nomen disciplinamque populi Romani* ~ ; *dedidici Latine loqui.*
dēditīcius, a, um *(dedo)* onvoorwaardelijk overgegeven, onderworpen; — *subst.* **dēditīciī,** ōrum *m* onderdanen.
dēditiō, ōnis *f (dedo)* het zich overgeven, overgave, capitulatie, uitlevering; onderwerping; ▸ *in deditionem venire* zich overgeven; *in deditionem accipere (m. acc.)* de capitulatie aanvaarden van; *agere de deditione; deditionis spem alci non adimere; compellere in deditionem; oppidum vi atque armis cogere in deditionem; deditionem significare* te kennen geven.
dēditus, a, um *(p. adj. v. dedo) (m. dat.)*
1. toegenegen;
2. bezig met, toegewijd aan *(m. dat.)* [**litteris; iis artibus; religionibus; voluptatibus; luxuriae saevitiaeque**].
dē-dō, dēdere, dēdidī, dēditum
1. overgeven, uitleveren [**noxios hostibus; hominem trucidandum populo**];
2. overleveren, prijsgeven, in handen geven, offeren [**animum sacris; alqm crudelitati hostium; aures suas poëtis** het oor lenen aan; **filiam libidini alcis; alqm omnibus periculis**];
3. *se* ~ *en pass.* (a) zich overgeven, capituleren, zich onderwerpen [**Lacedaemoniis; populo Romano; potestati alcis; dediti** onderworpenen]; (b) *(metaf.)* zich overleveren aan, zich voegen naar, zich wijden aan [**patrum auctoritati; litteris; voluptatibus** verslaafd zijn aan]; (c) zich moeite geven; ▸ *deditā operā* met opzet.
dē-doceō, docēre, — — doen vergeten, iem. iets afleren [**falsis uti vocibus**]; iem. iets uit het hoofd praten.
dē-doleō, dolēre, doluī, — *(Ov.)* een einde maken aan zijn verdriet, zijn leed.
dē-dolō, dolāre
1. *(Plaut.)* om-, afhakken, uithouwen; ▸ *osse fini dedolabo assulatim viscera* ik zal zijn vlees tot op het bot in stukken van zijn lichaam rijten;
2. *(postklass.)* bewerken, polijsten;
3. beuken; neuken.
dē-dūcō, dūcere, dūxī, ductum
I. naar beneden leiden:
1. naar beneden halen, voeren, trekken, brengen; ▸ *alqm e curru* ~ ; *alqm ad terram* ~ ; *pecora in campum* ~ ; *alqm de rostris* ~ ; *imbres nivesque deducunt Iovem* te midden van regen en sneeuw daalt Jupiter neer uit de hemel; *equitatum ad pedes* ~ doen afstijgen; *tiaram* ~ van het hoofd nemen; *pectine crines* ~ kammen; *tunicam* ~ uittrekken; *ramos* ~ omlaaghalen;
2. *(milit.)* naar beneden leiden, doen afdalen [**instructos ordines in locum aequum; aciem in planum**];
3. *(schepen)* laten uitvaren, het ruime sop laten kiezen [**naves in aquam; naves litore** te water laten]; *(zelden)*: aan land trekken [**naves in portum**];
4. *(Ov.) (de zeilen) van de ra* laten zakken, bijzetten;
5. *(door toverspreuken)* naar beneden halen [**lunam cursu; lunam e curru**]; ▸ *cantando rigidas montibus ornos* ~ *(Verg.)*;
6. *(metaf.)* reduceren [**ad singulos**];
7. vernederen, zijn waardigheid ontnemen [**sollemne**];
II. wegleiden:
1. af-, weg-, meevoeren, verwijderen [**animalia; capellas; dominam Ditis thalamo; alqm in arcem; alqm ex via; suos ex agris; alqm ab alqo** iem. van een ander scheiden];
2. *(troepen)* laten in-, uitrukken, verplaatsen [**praesidia ab urbibus; nostros de vallo; exercitum in aciem**]; ▸ *militari more vigilias* ~ *(Sall.)* de wachten hun post laten innemen; *legiones ab opere* ~ ;
3. met geweld wegvoeren, verdrijven, verstoten [**alqm ex possessionibus**];
4. *(kolonies)* vestigen, stichten [**coloniam in Asiam** in de provincie Asia; **in eum locum**];
5. *(kolonisten)* vestigen [**veteranos in colonias**];
6. *(poët.; postklass.) (de oorsprong)* afleiden, *(zijn naam)* ontlenen; ▸ *genus ab Anchise ac Venere deductum; nomen ab Anco deductum*;
7. *(water)* wegleiden [**rivos** naar de akkers; **aquam in vias**];
8. *(metaf.)* afbrengen van [**ab humanitate; a pietate; de sententia; de animi lenitate**];
9. verleiden tot, overhalen tot, winnen voor [**alqm ad eam sententiam; ad iniquam pug-**

nam; ad disciplinam];
10. *(poët.; postklass.) (draden)* spinnen [**filum pollice**];
11. *(poët.)* schrijven, verhalen [**carmina; commentarios**];
12. *(een bouwwerk)* dóórtrekken, voortzetten [**vallum a mari ad mare**];
13. *(math. t.t.)* aftrekken, verminderen;
III. leiden naar:
1. leiden naar, brengen naar; ▸ *legiones in Galliam ~; alqm in urbem ~; alqm in tutum ~; amnes deducunt undas in mare;*
2. geleiden, begeleiden [**alqm Romam; eum domum; alqm ex ultimis gentibus**];
3. *(v.e. bruidegom) (de bruid)* naar zijn huis voeren = trouwen [**uxorem domum**];
4. een ere-escorte geven [**alqm ad (in) forum**]; ▸ *magnam dignitatem affert cotidiana in deducendo frequentia; magna multitudo me de domo deducebat;*
5. *(gevangenen)* afvoeren [**alqm in carcerem; Iugurtham ad Marium; alqm vinctum ad Caesarem**];
6. *(jonge mannen voor hun verdere vorming aan een staatsman)* toevertrouwen *(aan: ad)*;
7. voor de rechtbank leiden *(bv. als getuige)* [**testem ad iudicium**];
8. leiden tot, laten komen tot, *in een bepaalde toestand* brengen; ▸ *alqm in eum casum ~; res eo (huc, in eum locum) deducta est ut* het kwam zo ver dat; *rem ad otium ~; rem in controversiam ~.*

dēductiō, ōnis *f (deduco)*
1. het verplaatsen, wegvoeren [**militum in oppida**];
2. het afvoeren, verdrijven, uitzetting; ▸ *tum Caecina postulavit ut moribus ~ fieret (Cic.);*
3. het afvoeren *v. water* [**aquae Albanae; rivorum a fonte**];
4. aftrek van geld, korting;
5. kolonisatie.

dē-ductor, ōris *m (deduco)* begeleider.

dēductus, a, um *(p. adj. v. deduco)*
1. *(Suet.)* gebogen, krom [**nasus** adelaarsneus];
2. *(v. klank)* gedempt, zacht [**vox**];
3. fijn gesponnen, *metaf.* verfijnd [**carmen**].

de-errō, errāre af-, verdwalen, zich vergissen *(ook metaf.)* [**in navigando a ceteris; inter homines a patre; a vero**].

dē-faecō, faecāre *(faex)*
1. *(Plin. Mai.) (wijn)* van droesem ontdoen, reinigen;
2. *(Plaut.) (metaf.)* (a) *alg.* reinigen, wassen [**se**];
(b) helder maken [**animum**].

dē-faenerō = *defenero.*

dē-fāmō, fāmāre *(Laatl.)* onteren.

dēfatīgātiō, ōnis *f (defatigo)* algehele vermoeidheid, afmatting, uitputting [**membrorum; hostium; equorum; exercitationum** vermoeidheid tgv. oefeningen].

dē-fatīgō, fatīgāre afmatten, uitputten; ▸ *defatigati cursu et spatio* (lange duur) *pugnae; animo defatigato; defatigari clamore.*

dē-fēcī *pf. v. deficio.*

dēfectiō, ōnis *f (deficio)*
1. oproer, het afvallen, opstand, muiterij; ▸ *~ Galliae; ~ sociorum; ~ a Romanis ad Hannibalem; auctores defectionis; defectionem parare;*
2. het afnemen, ophouden, verdwijnen, tekortschieten [**animi** onmacht; moedeloosheid, neerslachtigheid];
3. uitputting, krachteloosheid, vermoeidheid, zwakte [**subita; corporis**]; ▸ *recreandae defectioni cibum afferre (Tac.); defectione perire (Sen.);*
4. verduistering [**solis; lunae; sideris**];
5. *(Gell.) (gramm. t.t.)* ellips, weglating.

dēfectīvus, a, um *(deficio) (gramm. t.t.)* ontbrekend, onvolledig.

dēfector, ōris *m (deficio) (postklass.)* afvallige.

dēfectus[1]**,** ūs *m* = *defectio.*

dēfectus[2] *zie deficio.*

dē-fendō, fendere, fendī, fēnsum
1. afweren, op afstand houden, afhouden, verwijderd houden *(van: dat.; ab)* [**iniuriam; civium pericula; solis ardores; hostem; frigus; solstitium pecori; ignem a tectis**];
2. *abs.* zich weren, zich te weer stellen; ▸ *defendente nullo; ad defendendum opes* verdedigingsmiddelen;
3. verdedigen, beschermen, behoeden, redden *(tegen, voor, van: ab, contra en adversus)*; ▸ *alqm ~; sui defendendi causā telo uti; domini caput ~; domum ac penates suos ~; rem publicam ~; ~ iure se potius quam armis; gladio se a multitudine ~; alqm a periculo ~; alqm ab iniuria alcis ~; vitam ab inimicorum audacia ~; patriam adversus hostium crudelitatem ~;*
4. *(door een redevoering of geschrift zichzelf, iem. anders of andermans zaak tegen aantijgingen, beschuldigingen, aanklachten)* verdedigen, in bescherming nemen, bepleiten, opkomen voor, zich ontfermen over; ▸ *provinciae iura ~; alqm contra inimicos suos ~; se adversus populum Romanum ~* tegen het Romeinse volk; *vitam salutemque provinciae ~; alcis innocentiam ~;*

5. ter verdediging zeggen, naar voren brengen, aanvoeren; ▸ *provideo enim, quid sit defensurus Hortensius (Cic.); id aliorum exemplo se fecisse defendit (Cic.);*
6. *(een mening)* verdedigen, voorstaan, staande houden [**sententiam; rem in suis disputationibus**];
7. *(een positie, taak, plicht)* volhouden, ten uitvoer brengen, overeind houden [**officium censurae**]; ▸ *vicem rhetoris* ~ de rol vervullen van.

dē-fēnerō, fēnerāre *(fenus)* door woekeren uitzuigen; diep in de schulden storten.

dēfēnsāculum, ī *n (defenso) (Laatl.)* verschansing.

dēfēnsiō, ōnis *f (defendo)*
1. *(milit.)* verdediging [**castrorum; urbis; patriae**];
2. afweer, het afwenden [**criminis**];
3. het opkomen voor, bescherming [**salutis**];
4. *(ihb. voor de rechtbank)* verdediging, pleidooi, verantwoording, rechtvaardiging; ▸ *defensionis constantia; id ad suam defensionem afferre; in eo iudicio defensionem non habere (Cic.)* geen verweer hebben; *defensionem patefacere alci (Cic.)* iem. de mogelijkheid tot verdediging geven;
5. *(meton.)* verdedigingsrede, pleidooi; ▸ *defensionem alci legere* voorlezen; *defensionem scribere; defensionem accipere* aanhoren.

dēfēnsitō, dēfēnsitāre *(frequ. v. defenso)* herhaaldelijk, gewoonlijk verdedigen: (a) *(als redenaar voor een rechtbank)* [**causas**]; (b) bepleiten, voorstaan [**sententiam**].

dēfēnsō, dēfēnsāre *(intens. v. defendo)*
1. met kracht verdedigen, beschermen *(tegen: abl. of ab)* [**moenia; sese castellis; armentum; libertatem; alios ab hostibus; alqm iniuriā**];
2. *(Gell.)* vol vuur bestrijden [**invidiam**].

dēfēnsor, ōris *m*
1. *(milit.)* verdediger, *plur.* vaak garnizoen, dekking [**oppidi; templi**]; ▸ *defensores vallo depellere; defensores dare* dekking geven; *oppidum vacuum a defensoribus;*
2. *(ihb. voor de rechtbank)* verdediger, advocaat [**miserorum; causae alcis**]; ▸ *constituere alci defensorem; adoptare sibi alqm defensorem sui iuris* iem. als verdediger aantrekken;
3. beschermer [**libertatis; provinciae**];
4. iem. die afweert [**periculi; calamitatis**].

dēfēnsus *ppp. v. defendo.*

dēferbuī *zie defervesco.*

dē-ferō, ferre, tulī, lātum
1. naar beneden dragen, brengen, leiden, voeren [**alqd ad inferos; sub aequora** onderdompelen; **signa in campum**];
2. naar beneden verplaatsen, verleggen, laten oprukken [**aedes in planum; acies in campos; castra in viam**];
3. neerstoten, doen neerstorten [**ferrum in pectus** in de borst stoten; **eum ex tanto regno**]; — *pass.* neervallen, neerstorten [**ad terram; in praeceps; de muro in undas**];
4. stroomafwaarts meevoeren, mee naar beneden laten stromen; ▸ *amnes plurimum limi deferentes;* — *pass.* naar beneden stromen, wegstromen: *amne deferri; flumina, quae in mare deferuntur;*
5. *van een plek, van de juiste richting* wegleiden; ▸ *fuga eo defert regem;* — *pass.* afdwalen, terechtkomen in [**in foveas**]; ▸ *optatum negotium sibi in sinum delatum est* is hem in de schoot geworpen;
6. uit de koers doen raken, doen gaan; ▸ *tempestas errantes ex alto ignotas ad terras et in desertum litus detulit;* — *pass.* uit de koers raken, wegdrijven: *huc delati portum intravimus;*
7. wegleiden, wegdragen, wegbrengen [**captum** (verlamd) **omnibus membris in curiam; virgines domos; litteras ad alqm in Hispaniam ulteriorem; dicta, mandata per auras**];
8. overbrengen, melden, berichten, meedelen, toevertrouwen [**alcis consilia ad adversarios; alqd Ciceroni; mandata; sociorum querimonias**];
9. aangeven, aanklagen *(wegens: de; gen.)* [**crimen ad praetorem; nomen amici mei de ambitu; de defectione patris; de parricidio; furti; maiestatis; impietatis**]; ▸ *crimina in dominum* ~ beschuldigingen tegen zijn meester uiten;
10. aanbieden; ▸ *delatum accipere* het aanbod aannemen;
11. *(ter uitvoering, leiding)* overdragen, geven, opdragen [**negotium ad collegam; rem ad Pompeium; primas** (hoofdrol) **ad alqm; causam ad eum** de leiding over het proces; **alci praemium; summam imperii** *of* **summum imperium ad alqm; regnum, legationem, praefecturam alci; fasces indigno**];
12. *(ter beoordeling, goedkeuring)* over-, voorleggen [**rem ad consilium** aan de krijgsraad; **rem dubiam ad patres sub certo auctore; alqd in forum iudiciumque** op het forum en voor de

rechtbank; alqd **ad senatum** *of* **ad magistratum**];
13. afdragen, voldoen; inleveren, deponeren; ▸ *aurum et argentum in aerarium* ~ ;
14. *(personen en vermogen)* aanmelden; ▸ *alqd in censum* ~ iets voor de schatting; *censum* ~ zijn vermogen; *deferri in censum* zich voor de schatting aanmelden; *in beneficiis ad aerarium* ~ bij de staatskas voor een gratificatie aanbevelen; *ad aerarium* ~ bij het aerarium aangeven, in de registers van de schatkamer (laten) bijschrijven.

dē-fervēfaciō, facere, fēcī, factum flink laten koken.

dē-ferveō, fervēre, fervī, — flink koken.

dē-fervēscō, fervēscere, fervī *en* ferbuī, —
1. *(pre- en postklass.)* uitgisten;
2. *(v. emoties e.d.)* tot rust komen, bedaren; ▸ *ira defervescit.*

dēfessus *zie defetiscor.*

dēfetīg- = *defatig-.*

dē-fetīscor, fetīscī, fessus sum *(fatiscor)* geheel vermoeid, afgemat, uitgeput raken, *klass. alleen:* **dēfessus,** a, um moe, uitgeput, afgemat.

dē-ficiō, ficere, fēcī, fectum *(facio)*
I. *intr.*
1. afvallen, ontrouw worden *(van, aan: ab); (m. ad)* overlopen naar; ▸ *iam nonnullae insulae propter acerbitatem imperii defecerant; a patribus ad plebem* ~ ; *a re publica* ~ ; *a senatu* ~ ; *a bonis omnibus* ~ ; *a se* ~ zichzelf ontrouw worden; *ad Poenos* ~ ; *illis legibus (dat.) populus Romanus prior non deficiet (Liv.)*;
2. opraken, zijn einde naderen, ten einde lopen, verdwijnen, afnemen, uitblijven, ophouden; ▸ *pecunia, frumentum, spes deficit; deficit dies sermoni* is te kort voor; *tempus ad bellum gerendum deficit; levitatis Atheniensium exempla deficiunt;*
3. *(v. bronnen en rivieren)* opdrogen; ▸ *fontis aquae deficiunt;*
4. *(v.d. zee)* zich terugtrekken, teruglopen;
5. *(v. vuur en licht)* doven, uitgaan;
6. *(v. sterrenbeelden)* verduisterd worden, ondergaan; afnemen, verbleken;
7. bouwvallig worden; ▸ *munimenta deficiunt;*
8. verflauwen, verminderen, bezwijken, zijn kracht verliezen; ▸ *manus ad coepta deficiunt* dienst weigeren; *navis deficit surgentibus undis (abl.)* houdt geen stand; *mente* ~ het verstand verliezen; *deficiente ore* omdat de woorden stokten in zijn keel;
9. *animo* de moed verliezen, moedeloos worden;
10. *(postklass.) (vitā)* op sterven liggen, sterven;
II. *tr.*
1. ontbreken, in de steek laten; ▸ *me mea deficit aetas; oppidanos animus defecit;* — *pass. deficior (a) re* het ontbreekt, mankeert mij aan [**ab arte; consilio et ratione**];
2. tekort (beginnen te) schieten; ▸ *vires me deficiunt; tela nostros deficiebant;*
/ ppp. **dēfectus,** a, um (a) verstoken, beroofd [**aquā ciboque; dentibus** tandeloos]; (b) krachteloos, zwak, verzwakt; ▸ *defectus annis; corpus defectum.*

dē-fīcō, fīcāre = *defaeco.*

dē-fīgō, fīgere, fīxī, fīxum
1. slaan, stoten, voegen, bevestigen in *(m. in m. abl.; sub; ad; abl.; dat.)*; ▸ *virgas in terra* ~ ; *crucem in foro* ~ ; *arborem penitus terrae* ~ ; *sub aqua defixae sudes;*
2. *(een wapen)* stoten, steken in *(m. in m. abl.; abl.)* [**sicam in consulis corpore; cultrum in corde; gladium iugulo; vertice nudo spicula**];
3. *(de ogen of de aandacht)* strak richten op, fixeren op *(m. in m. abl.; zelden dat. of in m. acc.)*; ▸ *oculos in vultu regis* ~ ; *in eo* (daarop) *mentem orationemque* ~ ; *Libyae lumina regnis* ~ ; *defixis oculis* met strakke blik; *omnes curas in salute rei publicae* ~ ; *in cogitatione defixus* in gedachten verdiept, in diep gepeins verzonken; *parum defigunt animos in ea (Cic.)* ze schenken daar niet genoeg aandacht aan;
4. *(metaf.)* inprenten *(m. in m. abl.)*; ▸ *his locis in mente et cogitatione defixis* in geest en denken ingeprent; *ea sententia, quam populi sermo in animis vestris iam ante defixerat (Cic.); non modo in auribus vestris, sed in oculis omnium eius furta atque flagitia defixa sunt;*
5. *(personen)* verstomd doen staan, doen verstarren, aan de grond nagelen; ▸ *utraque obiecta simul res oculis animisque immobiles eos parumper defixit (Liv.); stupor omnes admiratione rei tam atrocis defixit;* — ppp. **dēfīxus,** a, um *(van verbazing, angst)* als aan de grond genageld, onbeweeglijk, bewegingloos, verstard: *cum silentio of per silentium defixus* in diepe stilte;
6. vasthechten, fixeren; — *pass.* vastgeworteld, vastgehecht zijn; ▸ *virtus est una altissimis radicibus defixa;*
7. *(relig. t.t.)* vastleggen, onveranderlijk verklaren;
8. *(poët.; postklass.) (relig. t.t.)* vervloeken; ▸ *caput sanctum tibi dira imprecatione defigis (Sen.)*;

defigi imprecationibus (Plin. Mai.).

dē-findō, findere, — — geheel splijten.

dē-fingō, fingere, fīnxī, fictum vormen, afbeelden.

dē-fīniō, fīnīre
1. afbakenen, begrenzen (*ook metaf.*); ▸ *tractus muri definitus montibus;*
2. nader bepalen, aanduiden, aangeven, definiëren; ▸ *universam et propriam oratoris vim ~ complectique; rem ~ et breviter illustrare verbis; unamquamque rem certo naturae termino ~ ; ~ quid sit fur;*
3. bepalen, vastleggen, -stellen; ▸ *suum cuique locum ~ ; modum alcis rei ~ ; victori praemia ~ ; consulatum in annos ~* voor de volgende jaren; *quam vitam ingrediar, definias; tibi, quid facias, definit;*
4. binnen zekere grenzen houden, beperken [**orationem; amicitiam paribus officiis atque voluntatibus**]; — *pass.* zich beperken tot; ▸ *oratio eis viris definietur.*

dēfīnītiō, ōnis *f* (*definio*)
1. preciezere bepaling, omschrijving;
2. (*retor. t.t.*) begripsbepaling, definitie [**verborum**].

dēfīnītīvus, a, um (*definio*)
1. begripsbepalend;
2. beslissend, volmaakt.

dēfīnītus, a, um (*p. adj. v. definio*) afgebakend, precies, specifiek.

dē-fīō, fierī = *deficior, pass. v. deficio.*

dēflagrātiō, ōnis *f* (*deflagro*) het afbranden, volledige vernietiging door vuur.

dē-flagrō, flagrāre
1. in vlammen opgaan, (tot op de grond) afbranden; ▸ *curia, aedes deflagravit;*
2. (*v. emoties e.d.*) in rook opgaan, verdwijnen; ▸ *ira deflagrat; deflagrante paulatim seditione;* / **dēflagrātus,** a, um afgebrand: *fana flammā deflagrata; domo deflagratā.*

dē-flammō, flammāre (*postklass.*) doven, uitmaken [**taedam**].

dē-flectō, flectere, flexī, flexum
I. *tr.*
1. (*Catull.; Plin. Mai.*) naar beneden buigen;
2. afbuigen, -wenden, wegleiden, -brengen (*ook metaf.*) [**tela** (*v.e. godheid*); **alqm de via** van richting doen veranderen; **omnem acerbitatem in senatum; alqm a veritate**];
3. omkeren, veranderen [**virtutes in vitia; perniciosa illorum consilia in melius**];
II. *intr.* afwijken, afdwalen [**de via** = **a consuetudine; a veritate**]; ▸ *oratio redeat illuc, unde deflexit* (Cic.).

dē-fleō, flēre, flēvī, flētum
I. *tr.*
1. bewenen, betreuren [**alcis mortem**];
2. (*poët.; postklass.*) in tranen, vol droefenis vertellen [**civilia bella** (*v. geschiedschrijvers*)];
II. *intr.* (*Prop.*) uithuilen.

dē-flexī *pf. v. deflecto.*

dēflexus ppp. *v. deflecto.*

dē-flō, flāre wegblazen; (*metaf.*) afwijzen.

dē-floccō, floccāre (*floccus*) (*Plaut.*) kaal maken; — *p. adj.* **dēfloccātus,** a, um kaal.

dē-flōrēscō, flōrēscere, flōruī, — uitbloeien, verwelken (*ook metaf.*); ▸ *deflorescens vitis; philosophia iam defloruerat.*

dē-flōrō, flōrāre (*flos*) (*Laatl.*)
1. uitkiezen, selecteren, bloemlezen;
2. verwoesten.

dē-fluō, fluere, flūxī, —
1. omlaagstromen, neerstromen, van ... af stromen; ▸ *flumen monte defluens; sudor a capite defluit; defluit incerto lapidosus murmure rivus* (Ov.); *defluit saxis umor;*
2. wegdrijven, -zeilen, stroomafwaarts gevoerd worden, afdrijven; ▸ *hostes ad insulam defluxerunt; medio amni ad oppidum defluxerunt; cum paucis navigiis secundo amni ~ ;*
3. naar beneden glijden, neervallen; ▸ *defluebant coronae; ne quid in terram defluat; tanta flamma* (*nl.: gloeiende magmastroom*) *ex Aetna monte defluxit ut* (Liv.);
4. (*v. ruiters*) van het paard glijden, neerzakken; ▸ *moribundus Romanus ad terram defluxit* (Liv.); *frenisque manu moriente remissis in latus a dextro paulatim defluit armo* (Ov.);
5. (*poët.*) (*v. kleding en v. haar*) omlaaggolven, slap of los afhangen; ▸ *pedes vestis defluxit ad imos* (Verg.) tot op de voeten; *toga defluit;*
6. naar beneden komen, afkomstig zijn van; ▸ *quodsi inest in hominum genere mens, fides, virtus, concordia, unde haec in terras nisi a superis ~ potuerunt?* (Cic.);
7. (*metaf.*) ten deel vallen, toestromen, toevallen (*m. ad; dat.*); ▸ *necesse est, si quid redundaverit de vestro quaestu, ad illum per quem agebatis defluxisse* (Cic.);
8. (*Suet.*) afstammen van; ▸ *is Gnaeum et Gaium procreavit, a quibus duplex Octaviorum familia defluxit;*
9. afwijken, loskomen van, geleidelijk overgaan in, vervallen in; ▸ *adulescentes tantum ab eo* (*Se-*

neca) defluebant; a necessariis artificiis ad elegantiora defluximus (Cic.) van de noodzakelijke kunsten in de meer verfijnde;
10. (pol.) afvallen, ontrouw worden; ▸ *ex novem tribunis unus defluxit;*
11. (poët.; postklass.) wegstromen, -vloeien, opdrogen, verdwijnen; ▸ *cum hiberni defluxere torrentes;*
12. (poët.; postklass.) vervagen, verdwijnen, vergaan; ▸ *celerrime is odor defluit; ignavus defluxit corpore somnus;*
13. (poët.; postklass.) (v. haren) uitvallen; ▸ *tristi medicamine tactae defluxere comae* (Ov.); *alci pili maturius defluunt* (Plin. Mai.);
14. (v. tijd) verlopen, aflopen, verstrijken;
15. (poët.; postklass.) uit de gedachten verdwijnen [**ex animo**].

dēfluus, a, um (*defluo*) neerstromend, vocht doorlatend.

dēfluvium, ī n (*defluo*) het omlaagstromen.

dēflūxiō, ōnis *f* (*defluo*) het omlaagstromen.

dē-fodiō, fodere, fōdī, fossum
1. begraven, ingraven; ▸ *defossus stipes in agro; nova virgulta in terram* ~ ; *signum in terram* ~ ;
2. (poët.; postklass.) ondergronds aanleggen [**specus; lacum**];
3. (Hor.; Plin. Mai.) (aarde) uitgraven, opwerpen.

dē-foedō, foedāre (Mel.) verafschuwen.

dē-fore = *defuturum esse v. desum;* Laatl. ook = *deesse.*

dē-forīs *adv.* (Laatl.) van buiten.

dēfōrmātiō, ōnis *f* (*deformo*)
1. misvorming [**corporis**];
2. vernedering [**maiestatis** schending];
3. (Laatl.) beschrijving, uitbeelding.

dēfōrmis, e (*deformo*)
1. misvormd, mismaakt, wanstaltig, lelijk [**corpus; iumenta**]; ▸ *domus aliquando pulchra, nunc* ~ *ruinis;* ~ *urbs veteribus incendiis ac ruinā erat;*
2. (Ov.) vormloos, amorf [**animae**];
3. beschamend, eerloos, onterend, smadelijk [**opus; obsequium** onderworpenheid; **blanditiae**]; ▸ *deformia meditari* iets onbehoorlijks; *nec ulla deformior est species civitatis quam* (Cic.);
4. smakeloos, ongepast [**pertinacia**].

dēfōrmitās, ātis *f* (*deformis*)
1. mismaaktheid, misvormdheid, lelijkheid [**corporis; oris; aedificiorum**]; ▸ ~ *agendi* smakeloze voordracht;
2. smaad, schande, iets onterends; ▸ *fugae* ~ ; *alcis rei* ~ *atque indignitas.*

dē-fōrmō, fōrmāre
1. mismaken, misvormen; ▸ *vultum deformat macies* magerte; *fulminibus complura loca deformavit tempestas* (Liv.);
2. onteren, vernederen, zijn waardigheid ontnemen [**victoriam clade; domum; genus et fortunam honestam**];
3. weergeven, schilderen, beschrijven; ▸ *ille quem supra deformavi* (Cic.).

dēfossus ppp. *v. defodio.*

dēfrāctus ppp. *v. defringo.*

dē-fraudō, fraudāre oplichten, bedriegen, benadelen [**genium suum** zich ieder genot ontzeggen; **aures** het publiek tekortdoen].

dē-frēgī *pf. v. defringo.*

dē-fremō, fremere (Plin. Min.) uitrazen.

dē-frēnātus, a, um (*freno*) (Ov.) teugelloos [**cursus**].

dē-fricātiō, ōnis *f* (*defrico*) (*med.*) het afwrijven.

dē-fricō, fricāre, fricuī, fricātum *en* frictum
1. afwrijven [**equum; caput**];
2. (Hor.) hekelen, bekritiseren [**urbem sale multo** op gepeperde wijze].

dē-frīgēscō, frīgēscere, frīxī, — (postklass.) afkoelen.

dē-fringō, fringere, frēgī, frāctum (*frango*)
1. afbreken [**plantas ex arbore; ferrum ab hasta**];
2. (Sen.) (*metaf.*) afbreuk doen aan (*alqd*).

dē-frūdō, frūdāre (*arch.*) = *defraudo.*

dē-frustō, frustāre (*frustum*) (Laatl.) in kleine stukjes scheuren, hakken.

dē-frūstror, frūstrārī (Plaut.) oplichten, bedriegen.

dēfrutārius, a, um (*defrutum*) gebruikt voor het inkoken.

dēfrutō, frutāre (*defrutum*) inkoken.

dēfrutum, ī n (pre- en postklass.) ingekookte most.

dē-fūdī *pf. v. defundo.*

dē-fugiō, fugere, fūgī, —
I. *intr.* wegvluchten, op de vlucht slaan;
II. *tr.* (ver)mijden, uit de weg gaan, zich onttrekken aan [**aditum hominum; pugnam; iudicia; illam Caesaris coniunctionem; auctoritatem consulatūs** de verantwoordelijkheid voor het consulaat].

dē-fuī *pf. v. desum.*

dēfūnctōrius, a, um (*defungor*) (Petr.) nonchalant.

dēfūnctus *zie defungor.*

dē-fundō, fundere, fūdī, fūsum (pre- en post-

klass.)
1. (uit)gieten, uit laten stromen; ▸ *ex uno fonte in occidentem orientemque defusi amnes*; ~ *merum pateris* uit drinkschalen (*Hor.*);
2. (*metaf.*) uitstrooien, verspreiden.

dē-fungor, fungī, fūnctus sum
1. (*m. abl.*) afmaken, ten einde brengen, voltooien, doorstaan; ▸ *bello* ~; *curā* ~; *defunctus honoribus* die alle (ere)ambten bekleed heeft; *laboribus, periculis defunctus* die beproevingen, gevaren doorstaan heeft; *carinae defunctae* die gevaren getrotseerd hebben; *defuncta morbis corpora*;
2. (*abs. of vitā*) sterven, doodgaan; — *p. adj.* **dēfūnctus,** a, um dood.

dēfūsus *ppp. v. defundo.*

dē-futūtus, a, um (*futuo*) (*Catull.*) moegeneukt.

dē-gener, *gen.* eris (*genus*)
1. ontaard, verbasterd, onecht [**herba**], *ook metaf.*; (*m. gen.*) onwaardig; ▸ ~ *patriae artis*; *iuvenis patrii non* ~ *oris* qua welbespraaktheid niet ongelijk aan zijn vader;
2. verwekelijkt; verachtelijk, laag [**hostis; animus**].

dē-generō, generāre (*degener*)
I. intr.
1. ontaarden, verbasteren, verslechteren; ▸ *cum degeneravit animus*; *frumenta degenerant*;
2. niet met het voorgeslacht overeenstemmen, zich zijn afkomst onwaardig betonen, zijn (hoge) afkomst te schande maken [**a patribus; a civili more**]; ▸ *ab hac virtute maiorum* ~;
II. tr. vernederen, te schande maken, zijn waarde ontnemen, onteren [**palmas; propinquos**].

dē-gerō, gerere, gessī, gestum (*Plaut.*) wegdragen, -voeren.

dē-glūbō, glūbere, glūpsī, glūptum (*pre- en postklass.*) villen, schillen.

dē-glūtinō, glūtināre (*Plin. Mai.*) van lijm ontdoen.

dē-gluttiō *en* **dēglūtiō,** gluttīre *en* glūtīre (*postklass.*)
1. doorslikken [**cibum**];
2. (*metaf.*) aanvaarden, dragen [**mortem**].

dēgō, dēgere, — — (*de en ago*)
1. (*tijd*) doorbrengen [**aetatem; vitam in egestate; senectam turpem**];
2. (*abs.*) leven.

dē-gradō, gradāre (*gradus*) (*eccl.; Laatl.*) vernederen, degraderen.

dē-grandinat (*onpers.*) (*Ov.*) het houdt op met hagelen.

dē-grassor, grassārī (*postklass.*) neerzinken (*op: acc.*).

dē-gravō, gravāre
1. naar beneden, omlaag drukken;
2. (*metaf.*) drukken op, een last zijn voor, bezwaren.

dē-gredior, gredī, gressus sum (*gradior*)
1. naar beneden gaan, marcheren, trekken [**de montibus; ex arce; colle; castello; in vallum; in aequum; ad pedes** afstijgen (*v. ruiters*)];
2. weggaan, vertrekken.

dē-grūmō, grūmare (*preklass.*) vlak maken.

dē-grunniō, grunnīre (*Phaedr.*) knorren als een varken.

dē-gustō, gustāre
1. proeven van (*m. acc.*);
2. oppervlakkig aanraken, licht strijken over [**summum corpus**];
3. (uit)proberen, testen, proeven [**genus hoc exercitationum; de fabulis** van zijn verhalen; **hanc vitam**].

dē-hauriō, haurīre, —, haustum afscheppen.

de-hibeō, hibēre (*habeo*) = *debere* (*Plaut.*) schuldig zijn.

de-hinc *adv.*
1. (*v. plaats*) vanaf hier, hiervandaan;
2. (*v. tijd*) (**a**) vanaf nu, voortaan; (**b**) vanaf toen; ▸ *duplex* ~ *fama est*; (**c**) hierop, vervolgens; ▸ *Eurum ad se Zephyrumque vocat,* ~ *talia fatur* (*Verg.*); *mors quoque, de qua* ~ *dicam, ostentis praecognita est* (*Suet.*).

de-hīscō, hīscere, — — openbarsten, splijten, zich openen, gapen; ▸ *unda* (*of terra*) *dehiscens*; *terra* (*of tellus*) *dehiscat mihi* (*Verg.*) moge de aarde mij verzwelgen.

dehonestāmentum, ī *n* (*dehonesto*)
1. beschimping, smaad, schande; ▸ *auribus decisis vivere in nos -o* (*dat.*) *iubet* (*Tac.*) tot schande van ons;
2. misvorming [**corporis**].

de-honestō, honestāre te schande maken, in diskrediet brengen, beschimpen [**artes; imperium Romanum; proavum infami operā**].

de-hortor, hortārī
1. afraden, ontraden (*m. ne; inf.*); ▸ *dehortatus est me ne illam tibi darem* (*Ter.*); *plura de Iugurtha scribere me dehortatur fortuna mea* (*Sall.*);
2. afschrikken, vervreemden (*van: ab*); ▸ *multa me dehortantur a vobis* (*Sall.*).

Dēianīra, ae *f dochter v.e. Aetolische koning, zuster*

v. *Meleager, echtgenote v. Hercules.*

dē-iciō, icere, iēcī, iectum *(iacio)*
1. naar beneden gooien, neergooien, neerwerpen [**alqm praecipitem de porticu in forum; alqm (de) saxo; alqm equo; libellos** *van de muur* afscheuren; **crines** slordig naar beneden laten hangen; **equum in viam** naar beneden drijven]; — *se deicere en pass. deici* (a) *(v. personen)* naar beneden storten, neerstorten, naar beneden springen [**de muro; in mare**]; (b) *(v. water)* naar beneden storten; ▸ *tanta vis aquae se deiecit; deiectis lacrimis;* (c) *(v. wind)* naar beneden suizen; ▸ *venti ab utriusque terrae praealtis montibus se deiciunt (Liv.); tempestas cum grandine ac tonitribus caelo deiecta (Liv.)* met hagel en donder; *deiecti nubibus turbines;*
2. *(beelden, grensstenen, bomen, palen)* omverwerpen, neerhalen; ▸ *statuam ~ ; fulmine deiectum est Iovis signum (Liv.); insani deiecta viribus austri trabs (Ov.)* door de stormachtige zuidenwind; *arbores ~* vellen;
3. *(bouwwerken)* afbreken, slopen, vernielen [**muros; turrim; arces; hostium castra**]; — *pass.* instorten;
4. *(Suet.) (een kledingstuk)* laten zakken [**togam ab umeris**];
5. *(het hoofd, de ogen)* laten zakken, neerslaan; ▸ *deiecto capite; deiecti in terram militum vultus;*
6. in de urn gooien [**sortes**];
7. op de vlucht jagen, verdrijven [**hostes muro turribusque; praesidium ex saltu; nostros ex utraque munitione**];
8. *(naut. t.t.)* uit de koers brengen, terecht doen komen *(meestal pass.)*; ▸ *Menelaus ad terram Libyam deiectus est (Tac.);*
9. opzij dringen, duwen *of* stoten [**de gradu**]; ▸ *metaf.: alqm de statu omni ~ (Cic.)* iem. volledig van zijn stuk brengen;
10. *(jur. t.t.)* iem. uit zijn bezit verdrijven, onteigenen [**aratores; alqm de possessione fundi; alqm de agro communi**];
11. *iem. uit zijn ambt* dringen, stoten [(**de**) **honore, principatu; aedilitate, praetura**];
12. *(pol.)* beroven van, verdrijven uit [**de possessione imperii**];
13. afwenden [**oculos nusquam a re publica; vitia a se** verre van zich houden];
14. afbrengen van [**alqm de sententia**];
15. doden; ▸ *paucis deiectis;*
16. neerschieten, neerhalen [**avem ab alto caelo**];
17. *(Verg.)* afslaan, -hakken [**caput uno ictu; ense sinistram**].

deicō *(kom.)* = *dico*[1].

Dēidamīa, ae *f dochter v. Lycomedes, de koning v. Syracuse; moeder v. Pyrrhus bij Achilles.*

dē-iēcī *pf. v. deicio.*

dēiectiō, ōnis *f (deicio)*
1. verdrijving uit het bezit, onteigening;
2. *(postklass.) (med. t.t.)* diarree.

dē-iectō, iectāre *(frequ. v. deicio)* neerwerpen.

dēiectus[1]**,** a, um *(p. adj. v. deicio)*
1. laaggelegen [**loca**];
2. *(Verg.)* moedeloos, terneergeslagen.

dēiectus[2]**,** ūs *m (deicio)*
1. het neerwerpen, -storten, het vellen [**arborum; aquae**]; ▸ *in iram ~ animorum est* een zich neerstorten *(Sen.)*;
2. (steile) helling [**collis**].

dē-ierō, ierāre *(iuro)* een eed afleggen, zweren; ▸ *deiera te argentum mihi daturum (Plaut.).*

dei-ficō, ficāre *(deus en facio) (eccl.)* vergoddelijken.

dei-ficus, a, um *(deus en facio) (eccl.)* door een god gemaakt *of* gegeven.

de-in *verkorte vorm v. deinde.*

dein-ceps *adv. (deinde en capio)*
1. achtereenvolgens, op de rij af; ▸ *quinque ~ viri interfecti sunt;*
2. (onmiddellijk, meteen) daarna, vervolgens; ▸ *dicam ~ de periculo.*

de-inde *adv.*
1. *(v. tijd)* dan, daarop, hierop, daarna; ▸ *incipe Damoeta, tu ~ sequere, Menalca (Verg.); plebs montem sacrum prius, ~ Aventinum occupavit;*
2. *(v. plaats)* daarvandaan, van daaraf; ▸ *iuxta Hermunduros Narisci ac ~ Marcomanni et Quadi agunt (Tac.);*
3. *(in reeksen en opsommingen)* hierna, verder, dan, vervolgens *(primum . . . deinde . . . tum . . . postremo).*

de-intus *adv. (Laatl.)* van binnenuit.

Dēionidēs, ae *m* Miletus, *zoon v. Deione.*

Dēiotarus, ī *m tetrarch (vorst) in Galatië (Kl.-Azië); Pompeius verleende hem de titel v. koning en breidde zijn machtsgebied uit; vijand v. Caesar in de burgeroorlog; hij werd aangeklaagd wegens een vermeende poging tot moord op Caesar en werd door Cicero verdedigd (Pro rege Deiotaro).*

Dēiphobē, ēs *f dochter v. Glaucus.*

Dēiphobus, ī *m zoon v. Priamus en Hecuba, na de dood v. Paris echtgenoot v. Helena.*

deitās, ātis *f (deus) (August.)* godheid.

dē-iugis, e *(iugum) (Laatl.)* naar beneden gebogen.

dē-iungō, iungere, iūnxī, iūnctum uitspannen [se a labore zich losmaken].

dēiūrium, ī *n (deiero) (Gell.)* eed.

dē-iūrō, iūrāre = *deiero.*

dē-iuvō, iuvāre, — — *(Plaut.)* niet meer helpen.

dē-lābor, lābī, lāpsus sum

1. naar beneden glijden, vallen, zinken, ontglippen; ▸ *signum de caelo delapsum; de manibus delapsi libelli; e corpore ~ (v. kledingstukken); ex equo ~; in flumen ~;*

2. naar beneden zweven, omlaagvliegen, omlaagzeilen [**(de) caelo; aetheriis ab astris; ab aethere; superas per auras; in terram**];

3. naar beneden stromen; ▸ *ex utraque parte tecti aqua delabitur; Nilus lato delapsus in alveo;*

4. voortkomen uit, ontstaan uit; ▸ *illa sunt ab his delapsa plura genera (Cic.);*

5. *(metaf.)* afdwalen, onopgemerkt overgaan tot; ▸ *scribere saepe aliud cupiens delabor eodem;*

6. vervallen (tot), afzinken (tot), in verval raken;

7. *(poët.)* terechtkomen in [**medios in hostes**]; ▸ *metaf.: si foret hoc nostrum fato delapsus in aevum (Hor.).*

dē-lacerō, lacerāre *(Plaut.)* in stukken scheuren.

dēlacrimātiō, ōnis *f (delacrimo)* het opwekken v. tranen.

dē-lāmentor, lāmentārī *(Ov.)* bejammeren, beklagen.

dēlāpsus *p.p. v. delabor.*

dē-lassō, lassāre *(poët.)* afmatten, uitputten.

dēlātiō, ōnis *f (defero)* het aangeven, verraden, aanbrengen; ▸ *delationem nominis postulare.*

dēlātor, ōris *m (defero)* aanbrenger, verrader, aanklager; ▸ *criminum auctores delatoresque.*

dē-lātus *ppp. v. defero.*

dēlēbilis, e *(deleo) (Mart.)* vergankelijk.

dēlectābilis, e *(delecto) (postklass.)* smakelijk, heerlijk, verrukkelijk, lekker [**cibus** lievelingsgerecht].

dēlectāmentum, ī *n (delecto)* iets dat plezier doet, om plezier mee te maken.

dēlectātiō, ōnis *f (delecto)* amusement, genot, tijdverdrijf.

dēlectō, dēlectāre *(deliciae)* verheugen, verblijden, een plezier doen, boeien; ▸ *litterae eius incredibiliter me delectaverunt (Cic.); me status hic rei publicae non delectat (Cic.);* — *onpers.* **dēlectat** het verheugt, het doet genoegen; — *pass.* dēlectārī zich verheugen over, blij zijn met, genoegen scheppen in *(m. abl.)* [**filiolā suā; disputatione; suis bonis**].

dēlēctus[1] *ppp. v. deligo*[1].

dēlēctus[2], ūs *m (deligo*[1]*)*

1. keuze;

2. *(milit. t.t.)* lichting.

dēlēgātiō, ōnis *f (delego)* betalingsopdracht, machtiging.

dēlēgātus, ī *m (Mel.)* afgezant, iem. met een pauselijke missie.

dē-lēgī *pf. v. deligo*[1].

dē-lēgō, lēgāre

1. wegsturen, wegzenden;

2. toevertrouwen aan, overdragen aan, onder de hoede plaatsen van [**rem ad senatum; obsidionem in curam collegae; fortunae spes suas; filium amico**];

3. *(de schuld, de eer)* doen toekomen, toeschrijven aan, schuiven op *(m. dat.; ad)* [**crimen alci; adversa casibus incertis belli et fortunae** tegenslagen aan de onzekerheden v.d. oorlog en v.h. lot wijten];

4. verwijzen naar, attent maken op [**studiosos ad illud volumen**];

5. *(Plaut.)* opdragen; ▸ *delegati ut plauderent.*

dēlēni-ficus, a, um *(delenio en facio) (Plaut.)* kalmerend, vleiend, innemend.

dēlēnīmentum, ī *n (delenio)*

1. middel ter verzachting of verlichting [**periculorum**];

2. stimulerend middel, verleiding, verlokking [**vitiorum**].

dē-lēniō, lēnīre

1. kalmeren, sussen, verzachten [**dolorem his remediis; alqm suis dictis**];

2. voor zich winnen, voor zich innemen, gunstig stemmen, lokken [**muneribus multitudinem; popularium animos praedā; milites blande appellando**].

dēlēnītor, ōris *m (delenio)* iem. die iem. *(gen.)* voor zich wint.

dēleō, dēlēre, dēlēvī, dēlētum

1. verwoesten, vernietigen [**oppida; aedificia; epistulas**];

2. *(metaf.)* uitwissen, verdelgen, uitroeien [**Volscum nomen; memoriam alcis; suspicionem ex animo; bellum** definitief beëindigen; **omnes leges una rogatione**];

3. *(personen)* vernietigen, verdelgen, afslachten [**hostes; exercitum; senatum**];

4. *(een geschreven tekst)* vernietigen, wissen, schrappen; ▸ *versūs ~; lacrimis prope ~ epistulam.*

dēlētiō, ōnis *f* (*deleo*) (*postklass.*) verwoesting.
dēlētrīx, īcis (*f*) (*deleo*) verwoestend [**sica**].
dēlēvī *pf. v. deleo en delino.*
Dēlia, Dēliacus *zie* Delos.
dēlīberābundus, a, um (*delibero*) in diep gepeins verzonken.
dēlīberātiō, ōnis *f* (*delibero*)
1. overweging, overdenking, beraadslaging; ▸ *res habet deliberationem* behoeft overleg; *habere deliberationes de alqa re*;
2. (*retor. t.t.*) *redevoering die het karakter v.e. beraadslaging heeft,* beschouwing.
dēlīberātīvus, a, um (*delibero*) behorend bij de beraadslaging.
dēlīberātor, ōris *m* (*delibero*) iem. die altijd bedenktijd nodig heeft.
dē-līberō, līberāre
1. overwegen, overdenken, beraadslagen, nadenken, zich bezinnen (*over, op: de; acc.; m. afh. vr.*); ▸ *deliberandi spatium* bedenktijd; *cum ea parte animi* ~ ; *de Corintho cum imperatore Romano* ~ ; *diem ad deliberandum sumere; deliberando tempus terere; maxima de re* ~ ; *delibera hoc, dum ego redeo* (*Ter.*);
2. beslissen, besluiten (*m. inf.; aci.; alqd*); — *p. adj.* **dēlīberātus,** a, um beslist, (vast)besloten;
3. om raad vragen, raadplegen (*ihb. een orakel*); ▸ *Delphos deliberatum* (*sup.*) *missi sunt.*
dē-lībō, lībāre
1. tot zich nemen, proeven [**paululum carnis; philosophiae doctrinas**];
2. genieten, gebruiken [**novum honorem; artes suas**];
3. verminderen, kleiner maken, beperken [**alqd de gloria; pudicitiam**].
dē-librō, librāre (*liber*[1]) schillen.
dē-libūtus, a, um bevochtigd, natgemaakt [**capillus** gezalfd; **unguentis; sanguine; gaudio** dronken van vreugde]; ▸ *-o senio luxu* (*Plin. Mai.*) nadat ze het er op hoge leeftijd goed van genomen hebben.
dēlicātus (*deliciae*)
I. *adj.* a, um
1. verrukkelijk, aantrekkelijk, aanlokkelijk, elegant, verfijnd, luxueus, lekker, overdadig [**sermo; merces** luxeartikel; **convivium; cibus**];
2. zinnelijk, wellustig, genotzuchtig, frivool [**-e vivere; versus; iuventus; adulescens**];
3. verwend, vertroeteld, kieskeurig;
4. (*poët.; postklass.*) zacht, teer, fijn, heerlijk [**capella; amnis**];
II. *subst.* ī *m* lieveling.
dēliciae, ārum *f* (*niet-klass. ook sg.*) *en* (*poët.*) **dēlicium,** ī *n* (*vgl. delecto*)
1. genot, genoegen, vermaak, liefhebberij, luxe; ▸ *-as facere* schertsen, grappen maken; *esse alci in -is* iem. toegenegen zijn; *habere alqm in -is* iem. liefhebben; *aut supellectilis ad -as aut epularum ad voluptates* (*Cic.*); *multarum -arum comes est extrema saltatio* (*Cic.*);
2. (*meton.*) (**a**) lieveling [**meae**]; (**b**) kleinood.
dēliciolae, ārum *f* (*demin. v. deliciae*) *en* (*Sen.*) **-olum,** ī *n* (*demin. v. delicium*) lieveling, schat, liefje.
dēliciōsus, a, um (*deliciae*) (*Laatl.*) wellustig, heerlijk.
dēlicium, ī *n zie deliciae.*
dē-licō, licāre *zie deliquo.*
dēlictum, ī *n* (*delinquo*) vergrijp, misstap; ▸ *-a fateri nolle.*
dēlictus ppp. *v. delinquo.*
dē-licuī *pf. v. deliquesco.*
dēlicuus = *deliquus.*
dē-ligō[1]**,** ligere, lēgī, lēctum (*lego*[1])
1. (uit)kiezen; ▸ *locum domicilio idoneum* ~ ; *diem ad inimicos opprimendos* ~ ; *consulem* ~ ; (*m. dubb. acc.*) *alqm consulem* ~ ; — *p. adj.* **dēlēctus,** a, um uitgelezen, uitverkoren; — *subst.* **dēlēctī,** ōrum *m* elite;
2. (*milit. t.t.*) (*troepen*) lichten; ▸ *delecti pedites*;
3. (*poët.*) (af)plukken [**maturam uvam; fructūs; primam rosam;** *metaf.* **astra** naar beneden halen];
4. (*poët.*) (*als ongeschikt*) afzonderen, verwijderen [**senes**].
dē-ligō[2]**,** ligāre vastmaken, bevestigen (*aan: ad; in m. abl.*) [**naves ad terram; alqm ad palum; sarmenta in cornibus**].
dē-līneō, līneāre (*postklass.*) tekenen, schetsen.
dē-lingō, lingere, — — (*Plaut.*) (af)likken, uitlikken; — *sprw.*: ~ *salem* op een houtje moeten bijten.
dē-līniō = *delenio en delineo.*
dē-linō, linere, lēvī, litum
1. (*postklass.*) bestrijken, insmeren;
2. afvegen, uitwissen.
dēlinquentia, ae *f* (*eccl.*) zonde.
dē-linquō, linquere, līquī, lictum een misdaad, misstap begaan, een fout maken, schuldig zijn; ▸ *miles in bello propter hostium metum deliquerat; si cunctatione deliqui, virtute corrigam*; (*mbt.: acc.*) *nihil deliquerunt; si quid iracundiā deliquēre.*

dē-liquēscō, liquēscere, licuī, — wegsmelten, vervliegen; *metaf.* vergaan, oplossen [**alacritate futtili** (verwekelijken) door nietszeggende opgewektheid].

dē-līquī *pf. v. delinquo.*

dēliquiō, ōnis *f (delinquo) (poët.; postklass.)* gebrek.

dēliquium, ī *n (Laatl.)* eclips [**solis**].

dē-liquō, liquāre *en* **dē-licō,** licāre *(preklass.)*
1. *(een troebele vloeistof)* helder maken [**vinum**];
2. *(metaf.)* duidelijk maken, verhelderen; ▸ *ut tu ipse me dixisse delices (Plaut.).*

dēliquus, a, um *(delinquo)* ontbrekend, missend.

dēlīrāmentum, ī *n (deliro) (kom.)* onzin, gezwets.

dēlīrātiō, ōnis *f (deliro)* dwaasheid, waanzin.

dēlīrium, ī *n (med.)* delirium, waanzin.

dē-līrō, līrāre gek, krankzinnig zijn.

dēlīrus, a, um *(deliro)* waanzinnig, krankzinnig.

dē-litēscō, litēscere (*en* **-litīscō,** litīscere), lituī, — *(latesco)* zich verbergen, zich verstoppen, zich schuilhouden [**noctu in silvis; in quadam cauponula**].

dē-lītigō, lītigāre *(Hor.)* schelden, uitrazen.

dē-litīscō *zie delitesco.*

dē-lituī *pf. v. delitesco en v. delitisco.*

dēlitus *ppp. v. delino.*

Dēlium, ī *n plaats in Boeotië (in het midden v. Griekenland).*

Dēlius *zie Delos.*

Delmat- = *Dalmat-.*

delongoris, is *m (Mel.)* admiraal *(in Byzantium).*

Dēlos *en* **Dēlus,** ī *f (acc. -on en -um) eiland in de Egeïsche Zee, een v.d. Cycladen, geboorteplaats v. Apollo en Diana en de belangrijkste plaats v. hun verering, nu Dilos; — inw.* **Dēlius,** ī *m* god van Delos *(ihb. Apollo) en* **Dēlia,** ae *f* godin van Delos *(ihb. Diana); — adj.* **Dēli(ac)us,** a, um [**vates, deus** = Apollo; **dea** = Diana].

Delphī, ōrum *m stad aan de voet v.d. Parnassus (in Phocis) met een orakel v. Apollo; — inw.* **Delphī,** ōrum *m*; — *adj.* **Delphicus,** a, um [**mensa** *tafel in de vorm v.d. drievoet uit Delphi*], *als subst.:* = Apollo.

delphīnus, ī *en (poët.; postklass.)* **delphīn,** īnis *m (Gr. leenw.)* dolfijn *(ook als sterrenbeeld).*

Delta *n (indecl.)* de Nijldelta.

deltōton, ī *n (Gr. leenw.)* Driehoek *(sterrenbeeld).*

dēlūbrum, ī *n (deluo)* tempel, heiligdom.

dē-luctō, luctāre *en* **dē-luctor,** luctārī *(Plaut.)* worstelen, het uitvechten *(ook metaf.)* [**cum Antaeo**].

dē-lūdificō, lūdificāre *en* **dē-lūdificor,** lūdificārī *(Plaut.)* voor de gek houden, foppen.

dē-lūdō, lūdere, lūsī, lūsum voor de gek houden, foppen, bespotten, bedriegen.

dē-lumbis, e *(lumbus) (niet-klass.)* lam, lamlendig.

dē-lumbō, lumbāre *(lumbus)* doen verslappen, afzwakken.

dē-luō, luere, luī, — *(Gell.)* afspoelen.

Dēlus, ī *f zie Delos.*

dē-lūsī *pf. v. deludo.*

dēlūsus *ppp. v. deludo.*

dē-lutō, lutāre *(preklass.)* (be)pleisteren.

Dēmādēs, is *m Gr. redenaar, tijdgenoot v. Demosthenes (4e eeuw v. Chr.).*

dē-madēscō, madēscere, maduī, — *(Ov.)* doorweekt, kletsnat worden.

dē-mandō, mandāre toevertrouwen, overdragen, toewijzen, opdragen, aanbevelen [**pueros curae alcis; curam legatorum tribunis; testamentum virgini Vestali**].

dē-mānō, mānāre *(poët.; postklass.)* naar beneden stromen.

Dēmarātus, ī *m*
1. *koning v. Sparta (ca. 500 v. Chr.);*
2. *vader v. Tarquinius Priscus, afkomstig uit Corinthe.*

dēmarchus, ī *m (Gr. leenw.) (Plaut.)* leider v.e. demos *(in Athene).*

dēmeāculum, ī *n (demeo) (Apul.)* afdaling.

dē-mēns, *gen.* mentis *(< de mente)* krankzinnig, gek, verblind, buiten zinnen, onzinnig [**summi viri; consilium**].

dēmēnsum, ī *n (demensus; vul aan: frumentum) (Ter.)* het maandelijks aan slaven toegemeten graanrantsoen.

dēmēnsus, a, um *(demetior)* toegemeten.

dēmentia, ae *f (demens)* waanzin, dwaasheid.

dēmentiō, dēmentīre *(demens) (Lucr.)* gek zijn, zich dwaas gedragen.

dēmentō, dēmentāre *(demens) (Laatl.)* gek maken; gek zijn.

dē-meō, meāre *(postklass.)* afdalen; ▸ *Venus caelo demeat; ad inferos ~.*

dē-mereō, merēre, meruī, meritum *en* **dē-mereor,** merērī, meritus sum
1. voor zich winnen, aan zich verplichten, aan zich binden, zich verdienstelijk maken bij *(m. acc.)* [**servos; avunculum**]; ▸ *crimine te potui demeruisse meo (Ov.);*
2. *(alleen demereo) (Plaut.; Gell.)* verdienen.

dē-mergō, mergere, mersī, mersum

1. onderdompelen, laten zinken; — *pass.* zinken, verdrinken; ▸ *Marius in palude demersus; equus demersus rursus apparuit; dapes in alvum* ~ verslinden;
2. (*metaf.*) in het verderf storten, onderdrukken; — *pass.* te gronde gaan.

dēmersiō, ōnis *f* (*demergo*) (*Laatl.*) onderdompeling.

dē—mētior, mētīrī = *dimetior.*

dē-metō, metere, messuī, messum afmaaien, afsnijden, oogsten [**segetes; frumentum; fructūs; hordeum**]; ▸ *tempora demetendis fructibus accommodata* (*Cic.*); — (af)plukken [**florem**]; afknippen [**caudam**]; afslaan [**ense caput**].

Dēmētrius, ī *m*

1. ~ Poliorcētēs, *zoon v. Antigonus Monophthalmus, koning v. Macedonië* (*293—287, gest. 283 v. Chr.*);
2. ~ Phalēreūs *v. Phaleron* (*344 tot ca. 280 v. Chr.*), *staatsman, geleerde, leerling v. Aristoteles en Theophrastus, stadhouder v. Athene 317—307;*
3. *cynisch filosoof ttv. de eerste Rom. keizers, vriend v. Seneca.*

dēmigrātiō, ōnis *f* (*demigro*) emigratie.

dē-migrō, migrāre emigreren, wegtrekken, weggaan [**de oppidis; ex insula; loco; in alia loca; in urbem ex agris; ad virum optimum**].

dēminōrātiō, ōnis *f* (*deminoro*) (*Laatl.*) vermindering, vernedering.

dē-minuō, minuere, minuī, minūtum

1. verminderen, verkleinen, beknotten, afbreuk doen aan, verzwakken [**numerum copiarum; vires militum; potentiam alcis**]; — *pass. ook:* afnemen, wegsmelten, slinken: ▸ *res familiaris deminuta est; copiae sunt deminutae;*
2. wegnemen [**de voluptate quicquam**];
3. *capite se* ~ *en capite deminui* zijn rechten als burger gedeeltelijk verliezen;
4. stuk voor stuk verkopen, gedeeltelijk van de hand doen [**de bonis**];
5. (*gramm. t.t.*) tot een verkleinwoord maken.

dēminūtiō, ōnis *f* (*deminuo*)

1. vermindering, verkleining, afbreuk, verzwakking [**civium; luminis** afnemende maan; **vectigalium** belastingverlaging; **capitis** ~ **maxima** verlies v. zowel burgerrechten als vrijheid; **capitis** ~ **media** *of* **minor** verlies v. burgerrechten; **sui** van zijn waardigheid, eer]; ▸ *neque de bonis privatorum publice* ~ *fiat* (*Cic.*) dat men het privé-bezit niet beperkt;
2. verkorting *v.d. wettelijke ambtsperiode* [**provinciae** in de provincie];
3. (*jur.*) (**a**) aftrek, onttrekking; (**b**) recht op verkoop, vervreemding;
4. (*Suet.*) *mentis* afname v. verstandelijke vermogens;
5. (*gramm. t.t.*) verkleinwoord, diminutief.

dēminūtīvus, a, um (*deminuo*)

1. vermindering veroorzakend;
2. (*gramm.*) diminutief, verkleinend.

dē-mīror, mīrārī

1. zich zeer verwonderen (*m. aci.; acc.*); ▸ *nihil te ad me postea scripsisse demiror* (*Cic.*); *quod demiror;*
2. (*kom.*) zich verwonderd afvragen.

dē-mīsī *pf. v. demitto.*

dēmissīcius, a, um (*demitto*) (*Plaut.*) neerhangend.

dēmissiō, ōnis *f* (*demitto*)

1. het laten zakken;
2. *animi* neerslachtigheid.

dēmissus *zie demitto.*

dē-mītigō, mītigāre mild stemmen.

dē-mittō, mittere, mīsī, missum

1. omlaagzenden, omlaag laten vallen, neerlaten, laten zakken; ▸ *ex caelo nimbos* ~ laten regenen; *castra ad ripam fluminis* ~ het kamp verplaatsen; *alqm ad imos manes of Stygiae nocti* ~ naar de onderwereld sturen = doden; *alqm per tegulas* ~; *navem secundo amni* ~ stroomafwaarts laten varen; *navem* ~ doen landen; *lacrimas* ~ vergieten; (*metaf.*) *aures suas ad preces alcis* ~ genadig naar iems. verzoeken luisteren;
2. laten afdalen, naar beneden laten gaan [**agmen in inferiorem campum; exercitum in planitiem; equum in flumen**]; ▸ (*matres*) *de muris per manus demissae;* — *pass. demitti* afdalen, naar beneden gaan;
3. laten zakken, laten hangen [**vultum; oculos (in terram)** neerslaan];
4. iets in de grond slaan, heien [**stipites**];
5. (*poët.; postklass.*) (*een wapen*) diep naar binnen stoten, boren in [**ferrum in pectus; gladium iugulo**];
6. (*Verg.*) in de diepte graven [**puteum** een put slaan];
7. (*kledingstukken, haren*) omlaag laten hangen, lang laten vallen, omlaag laten golven [**barbam; tunicam usque ad talos; togam usque in pedes**]; — *pass.* naar beneden hangen: ▸ *laena demissa ex umeris;*

8. *animum (mentem of se animo)* de moed laten zakken, het vertrouwen verliezen;
9. *se* ~ (a) zich begeven naar [**in Ciliciam; ad aures alcis** zich buigen naar; **ob assem** bukken; **manibus** zich aan de handen laten zakken]; (b) zich begeven in *(m. in m. acc.)* [**in causam; in res turbulentas**]; (c) zich verlagen tot [**in (ad) adulationem**];
10. *se* ~ *en pass. demitti* (a) *(v. water)* omlaagvloeien, -stromen; ▸ *se demittunt rivi;* (b) *(v. heuvels, dalen)* naar beneden lopen; ▸ *quā se montium iugum paulatim ad planiora demittit;*
11. *pass. (poët.; postklass.)* afstammen van; ▸ *Romanus Troiā demissus; a magno demissum nomen Iulo;*
12. opnemen, laten bezinken [**alqd in pectus** zich inprenten; **spem animo** hoop krijgen]; / *p. adj.* **dēmissus,** a, um (a) omlaaggezakt, omlaaghangend [**umeri; aures**]; (b) laaggelegen [**loca** laagvlaktes]; (c) laag, verkeerd [**demissius volare**]; (d) *(v.d. stem)* gedempt, zwak, zacht [**vox**]; (e) bescheiden, pretentieloos, sober [**sermo; titulus; orator**]; (f) terneergeslagen, moedeloos [**animus**].

dēmiūrgus, ī *m (Gr. leenw.) belangrijkste magistraat in sommige Gr. stadstaten.*

dēmō, dēmere, dēmpsī, dēmptum *(< de-emo)*
1. wegnemen, afnemen [**iuga bobus; fetūs (ab) arbore** plukken; **aristas** oogsten; **amictum ex umeris**];
2. *(metaf.)* verwijderen, ont-, wegnemen; ▸ *alci molestiam* ~; *metum* ~; *dempto fine* eindeloos;
3. *(bij het rekenen)* aftrekken.

Dēmocritus, ī *m filosoof uit Abdera in Thracië (ong. 460—370 v. Chr.), leerling v. Leucippus, een v.d. grondleggers v.d. leer v.d. atomen; — adj.* **Dēmocritēus** *en* **-tīus,** a, um; — **Dēmocritēī** *en* **-tiī,** ōrum *m* aanhangers, leerlingen v. Democritus; — **Dēmocritēa,** ōrum *n* leer, leerstellingen v. Democritus.

dē-mōlior, mōlīrī
1. neerhalen, slopen, afbreken, verwoesten, vernietigen *(ook metaf.)* [**simulacrum; munitiones; columnam; ius**];
2. *(Plaut.) (metaf.)* afwentelen [**culpam**].

dēmōlītiō, ōnis *f (demolior)* het afbreken, het verwoesten [**castelli**].

dēmōlītor, ōris *m (demolior)* verwoester.

dēmōnstrātiō, ōnis *f (demonstro)*
1. het tonen, aanwijzen;
2. betoog, illustratie, bewijs, het aanschouwelijk voorstellen;
3. aanduiding, beschrijving [**fundi**]; bepaling, vaststelling [**temporis**];
4. *(retor. t.t.)* pronkrede, lofrede.

dēmōnstrātīvus, a, um *(demonstro)*
1. *(retor. t.t.)* verheerlijkend;
2. *(gramm.)* aanwijzend.

dēmōnstrātor, ōris *m (demonstro)* iem. die aanwijst, aantoont, aangeeft, uitlegt.

dēmōnstrātōrius, a, um *(jur.)* bepalend, definiërend.

dē-mōnstrō, mōnstrāre
1. nauwkeurig aanwijzen, aanduiden, wijzen naar *(m. acc.)* [**figuram digito; alqm digito; viam**];
2. *(met woorden)* typeren, uitleggen, voorstellen, te kennen geven, duidelijk aangeven *(m. acc.; aci.; afh. vr.; abs. in tussenzinnen als: ut supra of ante demonstravimus, ut [supra, ante] demonstratum est* zoals in het voorafgaande uiteengezet is); ▸ *earum navium modum formamque* ~; *magnum periculum rei publicae* ~; *mihi Fabius demonstravit te id cogitare facere (Cic.); ad ea castra quae supra demonstravimus contendit (Caes.);*
3. aantonen, bewijzen;
4. precies vaststellen [**fines**];
5. aanduiden, betekenen; ▸ *vocabula rufum colorem demonstrantia; verba usitata ac proprie demonstrantia ea quae significari ac declarari volemus (Cic.).*

dē-mordeō, mordēre, mordī, morsum *(postklass.)* afbijten.

dē-morior, morī, mortuus sum
1. ontvallen *(aan een college, een familie enz.)*, sterven; ▸ *cum esset ex veterum numero quidam senator demortuus;*
2. *(Plaut.) (metaf.)* omkomen, vergaan; ▸ *paene sum fame demortuus;*
3. *(Plaut.)* dodelijk verliefd zijn op *(m. acc.)*.

dē-moror, morārī
I. *tr.* tegen-, ophouden, vertragen; ▸ ~ *alqm et detinere; novissimum agmen* ~; *iter* ~; *Teucros armis (abl.)* ~ afhouden van de strijd; *repentinas eorum eruptiones* ~; *mortalia arma* ~ afwachten;
II. *intr.*
1. zich ophouden, verblijven;
2. aarzelen, treuzelen; ▸ *ille nihil demoratus* (zonder aarzelen) *exsurgit.*

dē-morsicō, morsicāre *(postklass.)* knabbelen aan *(m. acc.)*.

dēmorsus *ppp. v. demordeo.*

dēmortuus *p.p. v. demorior.*

dēmos, ī *m* (*Gr. leenw.*) (*postklass.*) volk.

Dēmosthenēs, is *en* ī *m Atheens redenaar en staatsman, verdediger v.d. Gr. onafhankelijkheid* (384—322 *v.* Chr.).

dē-moveō, movēre, mōvī, mōtum
1. verdrijven, verwijderen;
2. iem. uit zijn positie verdrijven, verdringen [**suo loco; ex ea possessione rem publicam; praefecturā**];
3. afwenden, afbrengen (*van: ab; de; abl.*) [**culpam, molestiam ab alqo; odium a nobis ac nostris; alqm de sententia** van zijn mening; **alqm lucro**].

dēmpsī *pf. v. demo.*

dēmptiō, ōnis *f* (*demo*) het wegnemen.

dēmptus ppp. *v. demo.*

dē-mūgītus, a, um (*mugio*) (*Ov.*) vol van gebrul [**paludes**].

dē-mulceō, mulcēre, mulsī, mulsum *en* mulctum
1. aaien, strelen [**dorsum equis; alci caput**];
2. (*Gell.*) vleien [**animum; aures omnium mentesque**].

dēmum (*arch.* dēmus) *adv.*
1. ten slotte, (uit)eindelijk, pas; ▸ *tum* ~ toen eindelijk; *nunc* ~ nu pas; *post* ~ *m. fut.* pas later; *modo* ~ dan pas; *decimo* ~ *pugnavimus anno* (*Ov.*);
2. (*voor extra nadruk*) (*meestal m. pron.*) juist, precies, pas; ▸ *hac* ~ *terrā; ea* ~ *firma amicitia est; ea* ~ *Romae libertas est;*
3. (*in een climax*) pas echt, nu helemaal;
4. (*postklass.*) (*beperkend*) slechts, voornamelijk; ▸ *post somnum* ~ *lectionemque non vehiculo, sed equo vehor* (*Plin. Min.*).

dē-mūneror, mūnerārī (*Ter.*) een geschenk geven aan (*m. acc.*).

dē-murmurō, murmurāre (*Ov.*) mompelen [**carmen**].

dēmus *zie demum.*

dē-mussō, mussāre (*postklass.*) verkroppen.

dēmūtātiō, ōnis *f* (*demuto*) verandering; ontaarding [**morum**].

dē-mūtō, mūtāre
I. *tr.* (*pre- en postklass.*) veranderen, wijzigen [**imperium; nihil instituto flaminum**];
II. *intr.* (*Plaut.*)
1. (*in wezen*) afwijken van, anders zijn;
2. (*van gezindheid*) veranderen; ▸ *non demutabo* daar blijft het bij.

dēnārius (*deni*)
I. *subst.* ī *m* de denarius:
1. *Rom. zilveren munt van oorspronkelijk* 10, *sinds de tijd v.d. Gracchen* 16 *asses; voor de waarde zie* Appendix 5;
2. (*postklass.*) *als gewicht* = 3,5 *gram;*
II. *adj.* a, um elk tien bevattend [**nummus** muntstuk van 10 asses; **fistulae** waterleidingen van tien duim breed].

dē-narrō, narrāre (*poët.; postklass.*) nauwkeurig vertellen.

dē-nāscor, nāscī, nātus sum verzwakken, kwijnen.

dē-nāsō, nāsāre (*nasus*) (*Plaut.*) beroven van de neus.

dē-natō, natāre (*Hor.*) wegzwemmen.

dendrophorus, ī *m* (*Gr. leenw.*) bomendrager (*titel v. leden v.e. bepaald gilde*).

dē-negō, negāre
1. (stellig) ontkennen [**obiecta**];
2. afslaan, (stellig) weigeren (*m. acc.; inf.; aci.; quominus*); ▸ *denegat hoc genitor; operam* (zijn diensten) *rei publicae* ~ ; *alci praemium dignitatis* ~ ; *sibi eam gloriam* ~ .

dēnī, ae, a (*decem*) (*gen. plur.* -um, *zelden* -ōrum)
1. telkens, ieder tien; ▸ *uxores habent deni duodenique inter se communes;*
2. (*poët.*) tien ineens;
3. (*poët.*) *sg.* telkens de tiende; ▸ *dena luna.*

dē-nicālis, e (*nex*) de dood betreffend; ▸ *feriae denicales* dodenfeest (*reinigingsfeest na de begrafenis v.e. lid v.d. familia*).

dē-nigrō, nigrāre (*niger*) volledig zwart maken *of* zwart verven.

dēnique *adv.*
1. (*aan het eind v.e. opsomming*) (uit)eindelijk, ten slotte, ihb.: *primum . . . deinde . . . tum . . . denique;*
2. (*samenvattend*) kortom, in één woord; ▸ *incolae domos, agros,* ~ *omnia quae possidebant motu terrae perdiderunt;*
3. (*generaliserend*) in 't algemeen, überhaupt; ▸ *qui non civium, non* ~ *hominum numero essent* (*Liv.*); *vel* ~ of überhaupt;
4. (*in een climax*) (ja) zelfs, daarnaast nog;
5. (*beperkend*) althans; ▸ *unam* ~ *audire vocem;*
6. (*v. tijd*) (**a**) aan het eind, ten slotte; (**b**) eindelijk, pas; (**c**) juist, precies, pas; ▸ *tum* ~ .

dēnōminātiō, ōnis *f* (*denomino*) metonymie; afleiding.

dē-nōminō, nōmināre
1. benoemen; een naam geven;
2. afleiden.

dē-nōrmō, nōrmāre (< *de norma*) (*Hor.*) onregelmatig maken.

dē-notō, notāre
1. duidelijk aangeven *of* kenbaar maken, markeren;
2. *(Suet.)* beschimpen, brandmerken [**alqm omni probro**].

dēns, dentis *m*
1. tand [**eburneus, Libycus** *of* **Indus** ivoor];
▸ *evulsio dentium; rari dentes* uit elkaar staande tanden;
2. *(poët.)* ~ *aevi* tand des tijds;
3. *(metaf.)* afgunst;
4. *(meton.) v. dingen die lijken op een tand:* (a) ~ *ancorae* hand; (b) ~ *Saturni* sikkel; (c) ~ *vomeris of curvus* spits v.d. ploegschaar; (d) ~ *uncus* houweel; (e) *dentes perpetui* zaagtanden; (f) *insecti dentes* tanden v.d. weverskam; (g) *densus* ~ fijne haarkam.

dēnsātiō, ōnis *f (denso)* het dik worden.

Dēnsēlētae, ārum *m = Dentheleth*i.

dēnseō, dēnsēre *(densus)*
1. *(poët.)* dichtmaken; — *pass.* dichter worden;
▸ *densetur caelum* trekt dicht; *densentur tenebrae; favilla glomerata corpus in unum densetur;*
2. dicht opeen opstellen [**agmina**];
3. *(poët.; postklass.)* dicht op elkaar laten volgen; kort na elkaar gooien [**hastilia; ictūs**]; ▸ *mixta senum ac iuvenum densentur funera (Hor.)* hopen zich op; — *pass.* snel op elkaar volgen, elkaar verdringen.

dēnsitās, ātis *f (densus) (postklass.)* dichtheid.

dēnsō, dēnsāre *(densus)*
1. comprimeren, dichtmaken [**solum** aanstampen];
2. *(milit. t.t.)* dicht op elkaar plaatsen [**scuta; ordines; catervas**].

dēnsus, a, um
1. dicht [**silva; umbra; aequor** bevroren; **aër; imber**];
2. *(poët.; postklass.)* in dichte drommen, opeengehoopt [**hostes; arma; aristae; agmen**];
3. *(Verg.)* talrijk, ononderbroken [**ictūs; suboles**];
4. *(Ov.)* dichtbezet, vol *(met: abl.)*; ▸ *caput -um caesarie;*
5. *(Ov.)* aanhoudend, krachtig, hevig [**frigoris asperitas**].

dentāle, is *en* **dentālia,** ium *n (dens)* schaarboom *v.d. ploeg, ploegbodem (Verg.); meton.* ploeg *(Pers.)*.

dentātus, a, um *(dens)*
1. met tanden *of* punten *of* een vork (uitgerust);
▸ *capillos meos dentatā manu duxit (Petr.)* ze kamde met haar vingers door mijn haar;
2. *met ivoor* gladgemaakt [**charta**];
3. **Dentātus** *bijnaam voor wie met tanden geboren wordt, zoals* M'. Curius Dentatus *(zie Curius)*.

dentex, icis *m (postklass.)* tandvis.

Denthēlēthī, ōrum *m Thrac. volksstam bij de rivier de Strymon.*

denticulātus, a, um *(denticulus) (Plin. Mai.)* van kleine tanden *of* punten *of* van een kleine vork voorzien [**concha**].

denticulus, ī *m (demin. v. dens)*
1. kleine tand, kleine punt;
2. *(archit. t.t.)* tandlijst.

denti-frangibulus *(dens en frango) (Plaut.)*
I. *adj.* a, um tanden brekend;
II. *subst.* ī *m* iem. die een ander de tanden uit de mond slaat.

denti-fricium, ī *n (dens en frico) (postklass.)* tandschuurmiddel.

denti-legus, a, um *(dens en lego*[1]*) (Plaut.)* de uit zijn mond geslagen tanden bijeenzoekend; ▸ *-os facere* de tanden uit de mond slaan.

dentiō, dentīre *(dens) (pre- en postklass.)* tanden krijgen.

denti-scalpium, ī *n (dens en scalpo) (Mart.)* tandenstoker.

dentītiō, ōnis *f (dentio) (Plin. Mai.)* het tanden krijgen.

dē-nūbō, nūbere, nūpsī, nuptum *(poët.; postklass.)* (uit het ouderlijk huis) trouwen, in het huwelijk treden [**in domum alcis; in nullos thalamos**].

dē-nūdō, nūdāre
1. ontbloten, blootleggen [**ossa**];
2. *(metaf.)* onthullen, openbaren [**alci consilium suum; arcana**]; ▸ *multa incidunt quae invitos denudent (Sen.)*;
3. plunderen, beroven [**cives Romanos crudelissime**].

dē-numerō = *dinumero.*

dēnūntiātiō, ōnis *f (denuntio)*
1. aankondiging, kennisgeving [**belli** oorlogsverklaring];
2. (be)dreiging [**periculi; belli; terroris**];
3. verordening; ▸ *huic denuntiationi ille pareat? (Cic.)*;
4. aankondiging v. iets dat komen gaat; ▸ *quae est enim a dis profecta significatio et quasi ~ calamitatum? (Cic.)*;
5. *(Suet.)* aantijging *(voor de rechtbank)*; ▸ *accusatorum denuntiationes.*

dē-nūntiō, nuntiāre
1. aankondigen, verkondigen, verklaren *(m. acc.; aci.; afh. vr.)*;
2. dreigen met *(m. acc.)* [**direptionem; alci catenas; alci inimicitias; periculum**];
3. bevelen *(m. ut, ne; conj.; inf.)*; ▸ *tribuno exsequi caedem* ~;
4. profeteren, voorspellen, dreigend verkondigen [**alci mortem; nigram horam; tristes iras**];
5. *(jur. t.t.)* (a) aangifte doen; (b) *alci testimonium* iem. tot een getuigenverklaring dwingen, ook: *testibus* ~.

dēnuō *adv.* opnieuw, weer, nogmaals; ▸ *urbes terrae motu subversas* ~ *condidit (Suet.).*

dē-nūpsī *pf. v. denubo.*

dēnuptum *ppp. v. denubo.*

Dēō, ūs *f* = Ceres; — *adj.* **Dēōius,** a, um aan Ceres gewijd; — **Dēōis,** idis *f dochter v. Ceres,* Proserpina.

de-onerō, onerāre ontlasten, afnemen.

de-operiō, operīre, operuī, opertum *(Plin. Mai.)* onthullen.

deorsum *en* **deorsus** *adv.*
1. neerwaarts; ▸ *sursum (ac)* ~ op en neer;
2. onder, beneden.

de-ōsculor, ōsculārī *(Plaut.)* hartelijk kussen.

dē-pacīscor = *depeciscor.*

dē-pangō, pangere, —, pāctum
1. *(Plin. Mai.)* in de grond slaan, inzetten;
2. *(Lucr.) (metaf.) (een doel, grenzen)* vaststellen; ▸ *vitae depactus terminus alte.*

dē-parcus, a, um *(Suet.)* gierig.

dē-pāscō, pāscere, pāvī, pāstum
1. *(v. vee)* afgrazen, kaalvreten *(= depascor)* [**agros**];
2. *(poët.) (v. herders)* laten afgrazen, laten kaalvreten [**saltūs; luxuriem segetum**];
3. *(metaf.)* beknotten, beperken [**luxuriem orationis stilo**].

dē-pāscor, pāscī, pāstus sum *(poët.; postklass.)*
1. afgrazen, kaalvreten;
2. verslinden, verteren *(ook metaf.)*; ▸ *febris depascitur artūs.*

dē-pecīscor, pecīscī, pectus sum *(paciscor)*
1. een verdrag sluiten, overeenstemming bereiken;
2. bedingen [**tria praedia sibi**].

dē-pectō, pectere, —, pexum
1. *(poët.; postklass.)* grondig kammen [**crines; barbam**]; *scherts. (Ter.)* afrossen;
2. *(poët.; postklass.)* wegkammen, afkammen.

dēpector, ōris *m (depeciscor) (Apul.)* iem. die beslecht.

dēpecūlātor, ōris *m (depeculor)* plunderaar [**aerarii**].

dēpecūlātus, ūs *m (depeculor) (Plaut.)* het leegplunderen.

dē-pecūlor, pecūlārī leegplunderen, (be)roven [**fana; alqm omni argento;** *metaf.* **laudem** familiae schaden].

dē-pellō, pellere, pulī, pulsum
1. naar beneden drijven [**ovium fetūs Mantuam**]; naar beneden stoten, werpen [**simulacra deorum**];
2. verdrijven, verdringen *(van: abl.; ab; de; ex)* [**oppidanos muris; defensores vallo munitionibusque; gradu; (de) loco; barbarorum praesidia ex his regionibus**];
3. *(metaf.) (een euvel)* verdrijven, verjagen, verwijderen [**periculum; dolorem; famem sitimque; morbum; crimen** afwijzen; **itinerum atque agrorum latrocinia** verhinderen];
4. afweren, afhouden [**impetum; incendium; rapinas ab alqo; suspicionem a se; alci timorem**];
5. *(van een bezigheid, uit een ambt)* verdringen, uitstoten, buitensluiten [**alqm tribunatu, senatu, de provincia**];
6. *(Tac.)* verbannen [**(ex) urbe; Italiā**];
7. afbrengen van [**de sententia**];
8. *(Tac.)* uit de koers drijven, slaan; ▸ *eum obvii aquilones depellunt; adversante vento portum depelli* gedwongen worden de haven binnen te lopen;
9. *(jongen die gezoogd worden)* aan de borst of uier ontwennen, spenen *(a lacte; ab ubere matris)* [**agnum**].

dē-pendeō, pendēre, — —
1. naar beneden hangen [**ex umeris**]; ▸ *vitis, cui aureae uvae, aurea folia dependent (Sen.)*;
2. *(poët.; postklass.) (metaf.)* afhangen, afhankelijk zijn van, berusten op; ▸ *fides dependet a die; ex hoc malo dependet illud vitium (Sen.).*

dē-pendō, pendere, pendī, pēnsum
1. (af)betalen;
2. *poenas* boeten;
3. *(Sen.)* besteden aan, opofferen voor; ▸ *libertas patriae, salūs omnium, pro quibus dependit animam.*

dēpendulus, a, um *(dependeo) (Apul.)* neerhangend.

dēpēnsum, ī *n (dependo) (jur.)* betaling.

dē-perdō, perdere, perdidī, perditum

1. *(poët.; postklass.)* te gronde richten, verderven *(meestal ppp.)*; ▸ *sutor inopiā deperditus* aan lagerwal geraakt, berooid; *deperditus alcis amore (of in alqa, alqā)* dodelijk verliefd;
2. verliezen, erbij inschieten [**paucos ex suis; nihil sui; apud alqm de existimatione sua; linguae usum; non solum bona, sed etiam honestatem**].

dē-pereō, perīre, periī, peritūrus te gronde gaan, omkomen, verloren gaan; ▸ *magna pars illius exercitūs deperiit; gens hominum vitio deperitura fuit (Ov.); amore* ~ van liefde sterven; *in alqo en alqm* ~ dodelijk verliefd zijn op iem.

dēpetīgō, inis *f (preklass.) een soort* schurft.

dēpexus *ppp. v. depecto.*

dē-pilis, e *(pilus*[1]*)* haarloos.

dē-pilō, pilāre *(pilus*[1]*) (Sen.)* ontharen, plukken.

dē-pingō, pingere, pīnxī, pictum
1. schilderen; ▸ *nimium depicta* al te gekunsteld *(v. zinsbouw)*;
2. met woorden schilderen, beschrijven [**vitam**];
3. *cogitatione alqd* zich iets voorstellen;
4. *(Suet.)* borduren [**auro**].

dē-plangō, plangere, plānxī, plānctum *(Ov.)* beklagen, bejammeren.

dē-plantō, plantāre *(botan.)* afbreken.

dē-plexus, a, um *(plecto) (Lucr.)* zich om iets naar beneden slingerend.

dēplōrātiō, ōnis *f (deploro) (Sen.)* het bewenen, bejammeren.

dē-plōrō, plōrāre
I. *intr.* luid wenen, hevig klagen [**lamentabili voce**];
II. *tr.*
1. luid bewenen, beklagen, weeklagen over [**patrem; alcis interitum; domum incensam**];
2. als verloren beschouwen, opgeven [**spem; libertatem; agros**]; — *p. adj.* **dēplōrātus,** a, um deerniswekkend, hopeloos.

dē-pluō, pluere, pluī, — *(poët.)* neerregenen.

dē-poliō, polīre grondig polijsten.

dē-pōnō, pōnere, posuī *(en poët.* posīvī*)*, positum
1. neerleggen, -zetten, planten, plaatsen [**lecticam; onus; caput terrā; corpora sub ramis arboris altae; coronam in aram**];
2. in veiligheid brengen, in bewaring geven, deponeren [**signa apud amicos; pecuniam apud alqm; impedimenta citra flumen Rhenum; amphoras in templo Dianae; saucios; obsides apud eos; liberos, uxores suaque omnia in silvis**];
3. toevertrouwen, overgeven; ▸ *pecunias in publica fide* ~ ; *ius populi Romani in vestra fide ac religione depono (Cic.); in eo omnes sollicitudines meas deposui*;
4. *(metaf.)* neerleggen, afleggen, opgeven, afstand doen van, laten varen [**luctum; bellum** beëindigen; **amicitias; gloriam; spem; consilium; curas doloresque; molestias; memoriam alcis rei**];
5. *een taak, ambt e.d.* neerleggen [**magistratum; imperium; tutelam; provinciam; triumphum** afzien van];
6. weg-, afleggen, aan de kant leggen [**arma** de wapens neerleggen *(v. overwonnenen) en* de wapens afdoen];
7. afnemen [**onera iumentis** *(abl.)*; **librum de manibus**];
8. *(Ov.) sitim* lessen, stillen;
9. *animam* de geest geven;
10. *comas* afknippen;
11. *(poët.)* voortbrengen [**fetūs; onus naturae**];
12. *(poët.) (zieken, stervenden)* opgeven, *alleen ppp.* **dēpositus,** a, um op sterven liggend; gestorven; *metaf.* opgegeven, (reddeloos) verloren [**victoria**];
13. *(Verg.) als prijs* uitloven [**vitulam**].

dēpopulātiō, ōnis *f (depopulor)* (leeg)plundering, verwoesting, ontvolking *(m. gen.)* [*door:* **Tiberini fluminis igniumque;** *van:* **aedium sacrarum**].

dēpopulātor, ōris *m (depopulor)* plunderaar.

dē-populor, populārī *en* **dē-populō,** populāre verwoesten, (leeg)plunderen, ontvolken [**regionem; fines; agrum**].

dēportātiō, ōnis *f (deporto)*
1. het wegdragen;
2. *(jur.)* overbrenging naar een ballingsoord, ballingschap.

dē-portō, portāre
1. naar beneden dragen, brengen, voeren, wegdragen, -brengen, *(naut. t.t.)* vervoeren; ▸ *decumas ad aquam* ~ ; *argentum ad mare ex oppido* ~ ; *frumentum in castra* ~ ; *legatum vinctum Romam* ~ ; *naves exercitum in Italiam deportant*;
2. *(uit een provincie of uit een veroverd land)* mee naar huis brengen *of* voeren, meenemen [**exercitum victorem; ex provincia triumphum; aliud nihil ex tanta praeda domum suam**];
3. *(v. rivieren)* met zich meevoeren;

4. (*metaf.*) brengen; ▸ *negotia deportant Adramytteum* (*Plin. Mai.*);
5. (*Tac.*) verbannen [**alqm in insulam; alqm Italiā** uit Italië].

dē-poscō, poscere, poposcī, —
1. dringend eisen, hevig verlangen [**pugnam; caedem alcis; unum ad id bellum imperatorem; disceptatorem**];
2. de uitlevering verlangen, eisen van (*m. acc.*) [**auctorem culpae; Hannibalem; alqm ad mortem; alqm morti; in poenam**]; ▸ *talia ausum* ~ (*Ov.*) de bestraffing verlangen v. degene die zoiets gedurfd heeft;
3. voor zich bedingen, opeisen [**consulatum sibi**];
4. tot een gevecht uitdagen.

dēpositārius, ī *m* (*depono*) (*jur.*) iem. die in bewaring geeft *of* neemt.

dēpositiō, ōnis *f* (*depono*) (*postklass.; Laatl.*)
1. het neerhalen, verwoesten;
2. het in bewaring geven;
3. het afstand doen van, opgeven;
4. (*eccl.*) begrafenis, dood.

dēpositor, ōris *m* (*depono*) (*postklass.*)
1. iem. die afstand doet;
2. iem. die in bewaring geeft.

dēpositum, ī *n* (*depono*) (*postklass.*) in bewaring gegeven goed.

dēpositus *zie depono.*

dē-post *adv.* (*Vulg.*) achter, na.

dē-postulō, postulāre opeisen.

dē-posuī *pf. v. depono.*

dēpraedātiō, ōnis *f* (*depraedor*) (*eccl.; Laatl.*) (leeg)plundering.

dē-praedor, praedārī (*postklass.*) leegplunderen, (be)roven.

dē-praesentiārum *adv.* (*Petr.*) nu meteen.

dēprāvātiō, ōnis *f* (*depravo*) vervorming, misvorming [**oris** grimassen trekken].

dē-prāvō, prāvāre (*pravus*)
1. vervormen, verdraaien, misvormen; ▸ *depravata imitatio* karikatuur; *depravari in malum*;
2. bederven, verleiden, slechter maken [**sensūs; mores; puerum indulgentiā**].

dēprecābundus, a, um (*deprecor*) (*Tac.*) smekend.

dēprecātiō, ōnis *f* (*deprecor*)
1. het (door bidden) afwenden [**periculi**];
2. verzoek om genade, om vergeving [**facti** voor een daad; **inertiae**];
3. aanroeping [**deorum**];
4. (*postklass.*) vervloeking; ▸ *defigi diris deprecationibus.*

dēprecātor, ōris *m* (*deprecor*) verdediger, voorspraak [**miseriarum; huius periculi**]; ▸ *praebere se deprecatorem pro alcis periculo; eo deprecatore* op zijn voorspraak.

dē-precor, precārī
1. door bidden proberen af te wenden, af te weren [**mortem; periculum; aerumnas; iram senatūs** door beden kalmeren, sussen];
2. om vergeving vragen, om genade smeken; ▸ *numina* ~;
3. verzoeken om, smeken, vragen, afsmeken (*m. acc.; ut, ne*) [**pacem; civem a civibus; fratris salutem a populo Romano; vitam ab alqo**]; ▸ *deprecor ne me tantā iniuriā dignum indicetis* (*Liv.*); *dispensatorem* ~ *ut servo poenam remitteret*;
4. als verontschuldiging aanvoeren (*m. aci.*) [**regem erravisse**];
6. (*Catull.*) iem. verwensen.

dē-prehendō, prehendere, prehendī, prehēnsum (*en* **dē-prēndō,** prēndere, prēndī, prēnsum)
1. (aan)grijpen, vastgrijpen, wegpakken [**litteras; multos in agris inopinantes; tabellarios; alqm ex itinere; partem nuntiorum**];
2. betrappen, verrassen, aantreffen [**alqm in adulterio, in facinore, in scelere**];
3. ontdekken, vinden [**venenum; arma apud hospitem; coniurationem** aan het licht brengen];
4. (*ihb. v.e. zeestorm*) overvallen, verrassen; ▸ *Argolico mari deprensus; hostes* ~;
5. *pass. deprehendi* in het nauw gedreven worden, in verlegenheid gebracht worden; ▸ *tum se deprehensum negare non potuisse* (*Cic.*);
6. (*met de geest*) vatten, bemerken, waarnemen [**res magnas in minimis rebus; totam rem manifesto**]; — *pass.* aan het licht komen.

dēprehēnsiō, ōnis *f* (*deprehendo*) het vinden, ontdekking [**veneni**].

dē-prēndō *zie deprehendo.*

dē-pressī *pf. v. deprimo.*

dēpressiō, ōnis *f* (*deprimo*) (*postklass.*) het omlaag drukken, laten zakken.

dēpressus, a, um (*p. adj. v. deprimo*) laag(gelegen).

dē-primō, primere, pressī, pressum (*premo*)
1. neer-, omlaag-, indrukken [**aratrum** (*vul aan: in terram*)]; ▸ *lanx in libram ponderibus impositis deprimitur* (*Cic.*); *figere in terram oculos et* ~ (*Sen.*) de blik op de grond gericht houden;

2. *(metaf.)* onderdrukken, terneerdrukken [**ius ac libertatem; animos; veritatem; fortunam suam; ingenium et virtutem; preces** tot zwijgen brengen; **hostem**];
3. *(naut. t.t.)* tot zinken brengen [**naves; classem**];
4. (diep de grond in) laten zakken, diep ingraven [**vites in terram**]; ▸ *locus circiter duodecim pedes humi depressus (Sall.)*;
5. *(Sen.) (de stem)* dempen.

dē-proelior, proeliārī *(Hor.)* hevig strijden.

dē-prōmō, prōmere, prōmpsī, prōmptum
1. voor de dag halen, te voorschijn brengen [**pecuniam ex aerario; sagittam pharetrā; venenum sinu; gramina loculis; Caecubum cellis**];
2. *(metaf.)* overnemen, ontlenen [**orationem ex iure civili; vel a peritis vel de libris; verba domo patroni**].

dē-properō, properāre
I. *intr. (Plaut.)* zich haasten;
II. *tr. (poët.)* haastig maken *of* doen [**coronas** vlechten].

depsō, depsere, depsuī, depstum *(Gr. leenw.)* kneden.

depstīcius, a, um *(depso) (preklass.)* gekneed [**panis**].

dē-pudēscō, pudēscere, puduī, — *(poët.; postklass.)* zijn schaamte afleggen.

dē-pudet, pudēre, — — *(onpers.) (postklass.)* zich schamen *(m. acc., m. inf.)*.

dē-pūgis, e *(puga) (Hor.)* met magere billen, met smalle heupen.

dē-pugnō, pugnāre
I. *intr.* een beslissende slag leveren, op leven en dood strijden; ▸ *haudquaquam certamine dubio cum Gallis* ~;
II. *tr.*
1. *(Plaut.)* beslechten [**proelium**];
2. op leven en dood bestrijden.

dē-pulī *pf. v. depello.*

dēpulsiō, ōnis *f (depello)*
1. het afstoten, terugkaatsen [**luminum** weerkaatsing];
2. het afweren [**mali; servitutis; doloris**];
3. *(retor. t.t.)* verwerping, het afschuiven v. schuld.

dēpulsō, dēpulsāre *(intens. v. depello) (Plaut.)* wegstoten.

dēpulsor, ōris *m (depello)* iem. die verwerpt, afweert [**dominatūs**].

dēpulsōrius, a, um *(depulsor)* afwerend.

dēpulsus *ppp. v. depello.*

dē-pungō, pungere, — — *(Pers.)* afbakenen.

dē-pūrgō, pūrgāre *(Plaut.)* reinigen.

dēputātum, ī *n (Mel.)* afdracht.

dēputātus, a, um
1. gedetacheerd;
2. *(Mel.)* horig (zonder bezit).

dē-putō, putāre
1. *(Ov.)* (af)snoeien [**umbras** = *ramos;* **vineam**];
2. *(kom.)* (in)schatten, achten [**operam alcis parvi pretii; me malo esse dignum**];
3. *(postklass.; Laatl.)* toewijzen aan, bestemmen voor, rekenen tot *(m. dat.; inter; ad)*.

dē-que zie *sus*[2].

dē-queror, querī, questus sum *(poët.)* beklagen, klagen over.

dē-rādō, rādere, rāsī, rāsum *(pre- en postklass.)*
1. afschaven, afwrijven;
2. *capillum ex capite en alleen caput* het haar afscheren; — p. *adj.* **dērāsus,** a, um kaal.

Derbētēs, is *m inwoner v. Derbe in Lycaonië (Kl.-Azië).*

Derbīces, um *m volksstam aan de Kaspische Zee.*

Dercetis, is *f Syrische godin.*

dērēctus, a, um = *directus.*

dērelictiō, ōnis *f (derelinquo)* veronachtzaming.

dērelictus, ūs *m (derelinquo) (postklass.)* verwaarlozing.

dē-relinquō, relinquere, relīquī, relictum
1. verlaten, in de steek laten; ▸ *agros* ~ ; *solum derelictum* onbeheerd; *ab omni non modo fortuna, verum etiam spe derelicti; derelictus ab amicis;*
2. *(Laatl.)* achterlaten, nalaten;
3. *(Laatl.)* achterwege laten;
4. *(Vulg.)* overlaten, over laten blijven.

dē-repente *adv.* plotseling.

dē-rēpō, rēpere, rēpsī, — naar beneden kruipen, sluipen.

dēreptus *ppp. v. deripio.*

dē-rīdeō, rīdēre, rīsī, rīsum uitlachen, bespotten; *(abs.)* er lachend vanaf komen.

dērīdiculum, ī *n (deridiculus) (pre- en postklass.)* belachelijkheid, mikpunt v. spot [**-o esse** *of* **haberi** uitgelachen worden]; ▸ *quid tu me -i gratia sic salutas? (Plaut.)*.

dērīdiculus, a, um *(derideo)* volstrekt belachelijk, bespottelijk.

dērigēscō, rigēscere, riguī, — *(poët.; postklass.)* verstijven, stijf worden; ▸ *derigescit cervix; derigescunt mihi comae* rijzen te berge; *deriguēre oculi* verstarden; *derigescit formidine sanguis*

stolt.
dē-rigō = *dirigo.*
dē-riguī *pf. v. derigesco.*
dē-ripiō, ripere, ripuī, reptum *(rapio)* neer-, los-, weg-, ontrukken [**alqm de ara; alqm de provincia; signum de manu; ensem vaginā; lunam caelo** naar beneden trekken; **spolia Romanis; de auctoritate** verminderen; **tergora costis**].
dē-rīsī *pf. v. derideo.*
dērīsor, ōris *m (derideo) (niet-klass.)* spotter, grappenmaker, spotvogel.
dērīsus[1], ūs *m (derideo) (poët.; postklass.)* spot, bespotting, het uitlachen.
dērīsus[2], *ppp. v. derideo.*
dērīvātiō, ōnis *f (derivo)*
1. het wegleiden, afleiding [**aquae Albanae**];
2. *(postklass.) (gramm. t.t.)* afleiding *(v. woorden).*
dērīvātīvum, ī *n (derivo)* afgeleid woord.
dē-rīvō, rīvāre
1. af-, wegleiden [**aquam**];
2. *(metaf.)* afschuiven [**crimen; culpam in alqm; iram alcis in se** zich op de hals halen; **partem curae in Asiam; responsionem alio**].
dē-rōdō, rōdere, rōsī, rōsum afknagen.
dērogātiō, ōnis *f (derogo)* gedeeltelijke afschaffing *v.e. wet.*
dērogātor, ōris *m (derogo) (Laatl.)* vitter.
dē-rogō, rogāre
1. *(wetten)* beperken, gedeeltelijk afschaffen; ▸ *ex hac lege alqd derogari potest;*
2. ontzeggen, onttrekken [**fidem alci** *of* **de fide alcis; alqd ex aequitate** afbreuk doen aan de gerechtigheid].
derrō, = *deerro.*
dē-runcinō, runcināre *(Plaut.)* beetnemen, bedriegen.
dē-ruō, ruere, ruī, rutum
I. *tr.* neerwerpen, naar beneden storten; ▸ *hiems immensam vim aquarum ruptis nubibus deruat (Sen.); (metaf.) cumulum de laudibus Dolabellae* ~ afwerpen;
II. *intr.* naar beneden vallen.
dē-ruptus, a, um *(rumpo)* steil.
dēs. *afk. v. designatus.*
dē-sacrō, sacrāre *(postklass.)* wijden.
dē-saeviō, saevīre, saeviī, saevītum *(poët.; postklass.)*
1. hevig woeden, razen;
2. ophouden te razen, uitwoeden; ▸ *dum tempestas prima desaevit (Sen.).*
dē-saltō, saltāre *(Suet.)* dansend opvoeren [**canticum**].
dē-scendō, scendere, scendī, scēnsum *(scando)*
1. afdalen, naar beneden gaan, komen [**de rostris; de Capitolio; de castello; (ex) equo; ad mare; in naves; ad naviculas; ad imas umbras Erebi**]; ▸ *per os specus oraculo utentes sciscitatum deos descendunt (Liv.);*
2. *(milit.)* naar beneden marcheren, naar de kust marcheren [**ex superioribus locis in planitiem; in Graeciam; in campum**];
3. *(voor zakelijke activiteiten) (in, ad forum)* naar de markt, naar het forum komen, gaan; ▸ *in causam (partes)* ~ partij kiezen;
4. *(poët.)* gaan liggen (om de liefde te bedrijven);
5. *(v. wapens)* binnendringen; ▸ *totum descendit in ilia ferrum (Ov.);*
6. *(metaf.)* doordringen tot, in; ▸ *cura in animos descendit; verbum in pectus descendit;*
7. *(v. kledingstukken, haren)* naar beneden hangen *of* golven;
8. *(poët.; postklass.) (v. gebergten, bossen)* afhellen, aflopen; ▸ *mons descendit ex alto in aequum; silvae cum ipso monte descendunt;*
9. *(postklass.) (v. water)* omlaagstromen, zich uitstorten; ▸ *mare in campos descendit;*
10. zich inlaten met, zich vernederen tot, zich verlagen tot, overgaan tot [**ad vim atque arma** naar de wapens grijpen; **in certamen; in causam; ad inimicitias; ad eius modi consilium; ad ultimum (extremum) auxilium; ad supplicia innocentium**];
11. *(v. ziektes)* zich uitbreiden; ▸ *toto descendit corpore pestis;*
12. *(v. tonen, stemmen)* dalen;
13. *(in omvang)* afnemen, minder worden; ▸ *descendunt noctes* worden korter;
14. afstammen van, afkomstig zijn van; ▸ *ego nesciam, unde descenderim (Sen.).*
dēscēnsiō, ōnis *f (descendo)*
1. het afdalen, -varen [**Tiberina** van de Tiber];
2. *(Plin. Min.) (meton.) (verzonken)* badkuip.
dēscēnsum *ppp. v. descendo.*
dēscēnsus, ūs *m (descendo)*
1. het afdalen, afdaling;
2. weg naar beneden.
dē-sciō, scīre *(Mel.)* vergeten, niet meer kennen.
dē-scīscō, scīscere, scīvī *en* sciī, scītum
1. met iets of iem. breken, afvallen, overlopen [**a senatu; a Latinis ad Romanos; a populo Romano**];
2. zich afwenden, zich losmaken van [**a veritate; a virtute; a se** zijn principes ontrouw

worden; **ad fortunam inclinatam**];
3. afwijken van, achterblijven bij [**a consuetudine parentum**].
dē-scrībō, scrībere, scrīpsī, scrīptum
1. opschrijven, -tekenen [**geometricas formas in arena; carmina in cortice** inkerven; **caeli meatūs radio**]; ▸ *populi Romani festa* ~ ; *factorum dictorumque eius descripta (Tac.)* een dagboek over zijn woorden en daden;
2. overschrijven, kopiëren [**litteras; tabulas**];
3. beschrijven, schilderen, schetsen [**certamen; flumen Rhenum; hominum mores; facta versibus; alqm sicarium** iem. als sluipmoordenaar aanduiden];
4. bepalen, verklaren, definiëren [**verba; rem verbis; officia**];
5. vaststellen, bepalen, voorschrijven, verordenen [**iura; leges; rationem belli; iudicia**];
6. *leveranties* uitschrijven, opleggen [**civitatibus pro numero militum pecuniarum summas; vecturas frumenti finitimis civitatibus; sociis quindecim milia peditum**].
dēscrīptiō, ōnis *f (describo)*
1. tekening, schets [**aedificandi** bouwplan];
▸ *numeri aut descriptiones* geometrische figuren;
2. afschrift, kopie [**tabularum**];
3. beschrijving, schildering, schets [**regionum** topografie; **locorum**];
4. begripsbepaling, definitie [**nominis**];
5. afbakening, bepaling [**expetendarum fugiendarumque rerum**].
dēscrīptiuncula, ae *f (demin. v. descriptio) (postklass.)* korte beschrijving.
dēscrīptus, a, um *(p. adj. v. describo)* bepaald, vastgesteld.
dē-secō, secāre, secuī, sectum afsnijden, -maaien, -hakken [**herbas; aures**].
dēsectiō, ōnis *f (deseco) (postklass.)* het maaien.
dē-sēdī *pf. v. desideo en desido.*
dē-senēscō, senēscere, senuī, — verouderen, afnemen; ▸ *ira belli desenuit (Sall.).*
dēsentia, ae *f (Mel.)* afwezigheid.
dē-serō, serere, seruī, sertum
1. achterlaten, verlaten, in de steek laten;
▸ *omnes amici me deserunt; desertus coniuge; desertus suis; inamabile regnum* ~ ; *agrum* ~ braak laten liggen;
2. *(milit. t.t.) exercitum, castra e.d. (ook abs.)* het leger, het kamp verlaten, deserteren;
3. verwaarlozen, opgeven [**officium; causam; promissa; inceptum; curam belli; vitam; vadimonium** de termijn laten voorbijgaan, niet nakomen; **rem publicam libertatemque suam**]; ▸ *a mente deseri* het hoofd verliezen; *Petreius non deserit se (Caes.)* blijft zichzelf.
dēserta, ōrum *n (desertus) (poët.; postklass.)* onbewoonde streken, wildernis.
dēsertiō, ōnis *f (postklass.)*
1. *(milit. t.t.)* desertie;
2. afvalligheid, het afvallen *(van God).*
dēsertor, ōris *m (desero)*
1. *(milit. t.t.)* deserteur;
2. *(poët.) alg.* vluchteling, wegloper;
3. verwaarlozer *(m. gen.)* [**amicorum; communis utilitatis**].
dēsertus, a, um *(p. adj. v. desero)* verlaten, woest, eenzaam [**vita -a ab amicis** een leven zonder vrienden; **locus; via; ager; fana** vervallen].
dē-seruī *pf. v. desero.*
dē-serviō, servīre
1. vlijtig dienen, zeer toegewijd zijn, zich wijden aan *(m. dat.)* [**divinis rebus; studiis; amicis**];
2. dienen voor; ▸ *iumenta portandae aquae deservientia.*
dē-ses, *gen.* sidis *(desideo)* traag, lui, niets doend.
dē-siccō, siccāre *(Plaut.)* (af)drogen [**vasa**].
dē-sideō, sidēre, sēdī, sessum *(sedeo) (pre- en postklass.)* blijven zitten; niets doen, werkeloos zitten.
dēsīderābilis, e *(desidero)*
1. wenselijk;
2. gemist, betreurd [**avus**].
dēsīderanter *adv. (postklass.)* verlangend.
dēsīderātiō, ōnis *f = desiderium.*
dēsīderium, ī *n (desidero)*
1. verlangen, wens, begeerte, gemis *(naar, van: gen.)*; ▸ ~ *Athenarum me cepit; miserum* ~ *urbis me tenet; -i poculum* liefdesdrank; *esse in -o rerum sibi carissimarum* verlangen naar; *ook: -o alcis rei teneri; esse in -o civitatis* verlangd, gewenst worden door; *-o tabescere* van verlangen; ~ *ad sanandum vulnus iniuriae; facere alqd cum -o;*
2. object v. verlangen, lieveling [**meum**];
3. behoefte [**naturale**];
4. *(postklass.)* wens, verzoek, vraag [**provinciarum**].
dē-sīderō, sīderāre
1. verlangen, wensen, begeren, snakken naar;
▸ *pacem* ~ ; *haec scire desidero; rem ad se importari desiderant;*
2. missen; ▸ *ex me audies, quid in oratione tua desiderem (Cic.); fortiter* ~ *suos (Sen.)* het verlies v. naasten moedig dragen; — *pass.* op zich laten

wachten, ontbreken: *desideror* ik laat op me wachten; *ex fano signum desideratum est* ontbrak;
3. verliezen [**milites; classem**]; — *pass.* verloren gaan.

dē-sīdī zie *desido.*

dēsidia[1], ae *f (deses)*
1. het nietsdoen, het luieren, traagheid, luiheid;
2. *(Prop.)* het lang zitten, zich ophouden *of* verblijven *op een plaats.*

dēsīdia[2], ae *f (desido) (Apul.)* het neerzakken.

dēsidiābulum, ī *n (desidia[1]) (Plaut., scherts.)* luilekkerland.

dēsidiōsus, a, um *(desidia[1])* traag, lui, nonchalant.

dē-sīdō, sīdere, sēdī *en* sīdī, — neerzinken, (in-een)zinken; ▸ *urbs desedit; metaf.: mores desidentes* in verval rakend.

dēsignātiō, ōnis *f (designo) (soms verward met dissignatio)*
1. aanduiding, specificatie [**personarum et temporum**];
2. *(postklass.)* aanwijzing, benoeming tot, *in een ambt (tot, in: gen.)* [**consulatūs; annua**].

dē-signō, signāre *(soms verward met dissigno)*
1. afbakenen, aangeven [**fines templo; urbem aratro; oppidum sulco; alqm digito** iem. aanwijzen];
2. afbeelden, schetsen;
3. aanduiden, duiden op [**oratione Dumnorigem; nimiam luxuriam; alqm notā ignaviae**];
4. *(in een ambt)* benoemen *(m. dubb. acc.)* [**alqm consulem, praetorem**]; — *ihb. ppp.* **dēsignātus** aankomend, nieuwgekozen *(aand. tot de ambtsaanvaarding)* [**consul; tribunus plebis**];
5. vaststellen, bepalen [**indicia**]; ▸ ~ *et constituere;*
6. tonen, duidelijk maken [**mores hominum**].

dē-siī *pf. v. desino.*

dē-siliō, silīre, siluī, sultum *(salio)*
1. naar beneden springen, afspringen van; ▸ *de (ex) navibus* ~ *; de raeda* ~ *; ex essedis* ~ *; ex (ab) equo* ~ *; in mare* ~ *; in artum* ~ vastlopen; *equites ad pedes desiliunt;*
2. *(v. dingen) (poët.)* naar beneden storten; ▸ *ex alto desiliens aqua; unde loquaces lymphae desiliunt tuae (Hor.).*

dē-sinō, sinere, siī, situm
1. ophouden, eindigen;
2. ophouden met, opgeven, achterwege laten *(m. acc.; gen.; abl.; in m. abl.; inf., waarbij desinere vaak door* niet meer, niet verder *te vertalen is)* [**artem; bellum; oppugnationem; querellarum**]; ▸ *illud timere desino* daarvoor ben ik niet meer bang; *desiit defendere* verdedigde niet meer, niet langer;
3. ophouden te spreken;
4. overgaan in, omslaan in; ▸ *aestas in autumnum desinit.*

dēsipientia, ae *f (desipio) (Lucr.)* waanzin.

dē-sipiō, sipere, — — *(sapio)*
1. dwaas zijn *of* handelen;
2. *(Hor.)* uitgelaten zijn; ▸ *dulce est* ~ *in loco.*

dē-sistō, sistere, stitī, stitum
1. afzien van, opgeven, ophouden met *(m. abl.; de; ab; gen.; inf., waarbij desistere vaak door* niet meer, niet verder *te vertalen is)*; ▸ *negotio* ~ *; accusatione* ~ *; de sententia* ~ *; ab incepto* ~ *; pugnae* ~ *; mortem timere* ~ niet meer bang zijn voor;
2. *(Ov.) (v.d. stem)* stokken; ▸ *destitit sonus;*
3. zich verwijderen van *(m. ab)*; ▸ *iratus abs te destitit (Plaut.).*

dēsitus ppp. *v. desino.*

dēsōlātiō, ōnis *f (desolo) (eccl.)* het alleenzijn, verlatenheid; *meton.* eenzame, afgelegen streek, woestenij.

dē-sōlō, sōlāre *(solus) (poët.; postklass.)* eenzaam maken, verlaten [**agros**]; — *ihb. ppp.* **dēsōlātus,** a, um vereenzaamd, verlaten, ontvolkt [**terrae; templa**]; ▸ *manipli desolati* door hun aanvoerders in de steek gelaten.

dē-somnis, e *(somnus) (Petr.)* slapeloos.

dē-spectō, spectāre *(intens. v. despicio)*
1. *(poët.)* neerzien, -kijken op *(m. acc.)* [**terras ex alto**];
2. *(v. plaatsen)* uitsteken boven, beheersen; ▸ *Taurus mons Lyciae Pisidiaeque agros despectat;*
3. *(postklass.)* (minachtend) neerzien op, verachten; ▸ *ne ut victi et ignavi despectarentur (Tac.).*

dēspectus[1], a, um *(p. adj. v. despicio)* veracht; verachtelijk.

dēspectus[2], ūs *m (despicio)*
1. uitzicht, vergezicht [**in campum; in mare**];
2. *(postklass.)* verachting; ▸ *alci despectui esse* door iem. veracht worden.

dēspēranter *adv. (desperans v. despero)* vol wanhoop.

dēspērātiō, ōnis *f (despero)* wanhoop, het wanhopen *(aan: gen.)* [**victoriae; vitae; salutis; rei publicae; recuperandi**]; ▸ *magnam pacis desperationem afferre (Caes.)* de vrede hoogst onwaarschijnlijk maken; *ad summam desperationem pervenire; adducere alqm ad desperationem* iem. tot wanhoop brengen.

dēspērātus, a, um (*p. adj. v. despero*)
1. wanhopig, vertwijfeld [**captivi**];
2. hopeloos, opgegeven [**res publica**]; — *subst.* **-ī,** ōrum *m* opgegeven zieken.

dē-spērō, spērāre
1. (de hoop op iets) opgeven, wanhopen aan (*m. de; dat.; acc.; inf.; aci.*) [**de exercitu; de Italicis commeatibus; de re publica; suis fortunis; oppido** aan het behoud v.d. stad; **honores; reditum; pacem**];
2. *een zieke opgeven;*
/ *zie ook desperatus en desperanter.*

dē-spexī *pf. v. despicio.*

dēspicābilis, e (*despicor*) (*Laatl.*) verachtelijk.

dēspicātiō, ōnis *f* (*despicor*) verachting.

dēspicātus¹, a, um (*p. adj. v. despicor*) veracht.

dēspicātus², ūs *m* (*despicor*) verachting.

dēspicientia, ae *f* (*despicio*) verachting [**rerum externarum**].

dē-spiciō, spicere, spexī, spectum (*specio*)
1. neerzien, -kijken op (*m. in m. acc.; acc.*) [**de vertice montis in valles; a summo caelo in aequor; varias gentes et urbes**];
2. geringschattend kijken naar, minachten, verachten, versmaden [**munus; servos; divitias**]; — **dēspiciendus,** a, um verachtelijk;
3. zich minachtend uitlaten over (*m. acc.*) [**copias Caesaris**];
4. de blik afwenden.

dē-spicor, spicārī (*despicio*) (*niet-klass.*) verachten, versmaden; — *zie ook despicatus¹.*

dēspol(i)ātor, ōris *m* (*despolio*) (*Plaut.*) plunderaar, rover.

dē-spoliō, spoliāre
1. beroven, plunderen [**templum; alqm armis;** *metaf.* **alqm triumpho**];
2. van kleding ontdoen, ontbloten [**servum**].

dē-spondeō, spondēre, spondī, spōnsum
1. formeel beloven, toezeggen [**Romanis imperium orientis**]; ▸ *bibliothecam tuam cave cuiquam despondeas (Cic.);*
2. *sibi alqd* voor zichzelf bedingen [**consulatum**];
3. *een dochter* verloven; ▸ *filiam alci ~ ; sororem in tam fortem familiam ~ ; alci invito filiam suam ~* opdringen; *v.d. bruidegom: sibi alqam ~* zich met een meisje verloven;
4. opgeven [**animum** *of* **animos** de moed verliezen].

dē-spōnsō, spōnsāre (*intens. v. despondeo*)
1. (*postklass.*) verloven;
2. (*Laatl.*) uithuwelijken.

dēspōnsus *ppp. v. despondeo.*

dē-spūmō, spūmāre (*poët.; postklass.*)
I. *tr.* afschuimen, schuim verwijderen van (*m. acc.*);
II. *intr.* (*metaf.*) uitwoeden, bedaren.

dē-spuō, spuere, spuī, spūtum (*niet-klass.*)
1. (uit)spuwen, *ihb. om ongeluk af te wenden;*
2. afwijzen [**preces**];
3. verafschuwen [**divitias**].

dē-squāmō, squāmāre (*squama*)
1. (*Plaut.*) afschubben [**pisces**];
2. (*Plin. Mai.*) afschillen, afschuren, reinigen [**corticem; vestem**].

dē-stertō, stertere —— (*poët.*) ophouden te snurken.

dēstīllātiō, ōnis *f* (*destillo*) (*postklass.*) slijmvliesontsteking, (neus)verkoudheid.

dē-stīllō, stīllāre (*poët.; postklass.*) naar beneden druppelen; druipen van.

dē-stimulō, stimulāre
1. aansporen;
2. = *distimulo.*

dēstinātiō, ōnis *f* (*destino*)
1. bepaling, vaststelling; ▸ *nulli placere partium ~ ;*
2. aanwijzing, toewijzing, benoeming [**consulatūs**];
3. voornemen, opzet;
4. (*Laatl.*) vastbeslotenheid, volharding.

dēstinātum, ī *en* **-a,** ōrum *n* (*destino*)
1. plan, voornemen; ▸ *(ex) destinato* volgens plan, opzettelijk; *-is alcis adversari* de bedoelingen;
2. doel; ▸ *-um petere.*

dēstinātus, a, um (*p. adj. v. destino*)
1. vastbesloten tot [**ad obsequium**]; voorbereid op; ▸ *debiti destinatique morti* ten dode opgeschreven;
2. hardnekkig, koppig;
3. (*v. niet-lev.*) bepaald, vast [**sententia**].

dē-stinō, stināre
1. vastmaken, vastbinden, bevestigen [**antemnas ad malos; rates ancoris**];
2. (*metaf.*) vaststellen, bepalen, bestemmen [**tempus locumque ad certamen; Hannibali provinciam; alqm ad mortem; aurum in aliud**]; ▸ *eum animo auctorem caedis ~ (Liv.)* hem zeker houden voor;
3. besluiten, zich vast voornemen, vast van

plan zijn (*m. inf.*); ▸ *si destinarent potiorem populi Romani quam regis Persei amicitiam habere*;
4. erop rekenen (*m. aci.*); ▸ *urbes direpturos se destinaverant*;
5. tot doel kiezen, mikken op [**alqm ad ictum; locum oris**];
6. *voor een ambt* bestemmen, uitkiezen [**alqm praetorem; alqm Pompeio collegam**];
7. zijn zinnen zetten op, willen kopen [**fidicinam**];
8. (*poët.; postklass.*) *een dochter* verloven, uithuwelijken [**alci filiam suam**].

dē-stitī *pf. van desisto.*

dē-stituō, stituere, stituī, stitūtum (*statuo*)
1. plaatsen, laten staan, opstellen, laten aantreden [**alqm in convivio; alqm ante tribunal regis; cohortes extra vallum**]; ▸ *metaf.: destitui inter patrum et plebis odia*;
2. alleen laten, achterlaten; ▸ *navigia (aestu) destituta* gestrand; *freta nudos in litore pisces destituunt* aan land werpen, aanspoelen;
3. in de steek laten, hulpeloos achterlaten, prijsgeven, verlaten; ▸ *alqm in ipso discrimine periculi* ~; *destituti inermes; urbem* ~; *alqm fortuna destituit; ventus destituit navem*;
4. opgeven [**inceptam fugam**]; negeren [**preces**];
5. (*bij een kandidatuur*) iem. laten vallen; ▸ *alqm in septemviratu* ~ (*Cic.*);
6. om de tuin leiden, bedriegen, misleiden; ▸ *quorum ego consiliis, promissis, praeceptis destitutus in hanc calamitatem incidi* (*Cic.*); (a) *spe destitui* in zijn hoop bedrogen worden;
/ p. *adj.* **dēstitūtus,** a, um (a) verlaten, eenzaam, hulpeloos; ▸ *destitutus morte liberorum of parentum; destituta senectus* (*Liv.*); (b) beroofd van, zonder (*m. abl.; gen.; ab*) [**sociis; parentum** verweesd; **a re familiari; ab omni spe**]; (c) door iem. of in iets bedrogen (*m. ab*).

dēstitūtiō, ōnis *f* (*destituo*)
1. (*postklass.*) het trouweloos in de steek laten;
2. bedrog.

dēstrictus, a, um (*p. adj. v. destringo*) (*postklass.*) scherp, streng, vastberaden [**accusator**].

dē-stringō, stringere, strīnxī, strictum
1. (*poët.; postklass.*) aftrekken, afstropen [**tunicam ab umeris**];
2. (*postklass.*) (*badenden met een badschraper*) afwrijven, afkrabben;
3. (*wapens*) trekken [**ensem; ferrum**];
4. (*poët.; postklass.*) schampen, licht aanraken [**aequora alis; pectus sagittā**];
5. (*poët.*) (*metaf.*) hekelen, (be)kritiseren [**alqm mordaci carmine; alcis versūs**].

dēstrūctiō, ōnis *f* (*destruo*) (*postklass.*)
1. het neerhalen [**murorum**];
2. (*metaf.*) weerlegging [**sententiarum**].

dēstrūctor, ōris *m* (*destruo*) (*eccl.*) vernieler.

dē-struō, struere, strūxī, strūctum
1. neerhalen, afbreken, vernielen, slopen [**theatrum; navem; moenia**];
2. te gronde richten, vernietigen, ten val brengen, onschadelijk maken [**senem; ius; regnum; tyrannidem; constantiam alcis**].

dē-sub *prep. m. abl.* (*postklass.*) onder, beneden.

dē-subitō *adv.* plotseling.

dē-sūdāscō, sūdāscere, —— (*incoh. v. desudo*) (*Plaut.*) hevig gaan zweten.

dē-sūdō, sūdāre
1. hevig zweten [**in balneo**];
2. zich vermoeien, zich afbeulen.

dē-suē-fīō, fierī, factus sum ontwend raken; ▸ *multitudo desuefacta iam a contionibus.*

dē-suēscō, suēscere, suēvī, suētus ontwend raken.

dēsuētūdō, inis *f* (*desuetus*) ontwenning.

dē-suētus, a, um (*p. adj. v. desuesco*)
1. ontwend; ▸ *-a triumphis agmina;* ~ *Samnis clamorem Romani exercitus pati* (*Liv.*);
2. in onbruik geraakt, ongewoon; ▸ *arma -a; voces iam mihi -ae; sidera -a cerno* (*Ov.*) ik zie de sterren, die mij vreemd geworden zijn.

dēsuēvī *pf. v. desuesco.*

dēsultor, ōris *m* (*desilio*)
1. kunstrijder (*die bij de wedrennen van het ene paard op het andere sprong*);
2. (*Ov.*) *amoris* rokkenjager.

dēsultōrius (*desultor*)
I. *adj.* a, um van een kunstrijder [**equus**];
II. *subst.* ī *m* paard v.e. kunstrijder.

dēsultūra, ae *f* (*desilio*) (*Plaut.*) het (van een paard) afspringen.

dē-sum, esse, fuī, futūrus
1. ontbreken, weg zijn, afwezig zijn, niet voorhanden zijn; ▸ *non ratio, verum argentum deerat; hoc unum ad pristinam fortunam Caesari defuit; barbaris consilium non defuit* (*Caes.*); *paulum ad summam felicitatem defuit*;
2. in de steek laten, verwaarlozen, prijsgeven, laten lopen (*m. dat.*); ▸ *neque amicis neque etiam alienioribus operā, consiliō, labore* ~; *nullo loco* ~ *alci* overal dienen; *rei publicae* ~; *bello* ~ niet meedoen aan; *convivio* ~ niet deelnemen aan; *officio* ~ verwaarlozen; *occasioni temporis*

∼ een gelegenheid voorbij laten gaan; *nulla in re saluti communi* ∼ ; *sibi* ∼ zijn eigenbelang verwaarlozen; *sibi non* ∼ doen wat tot eigen voordeel strekt; *dolori alcis* ∼ onverschillig zijn tegenover;
3. *bij een ontkenning* (non, nihil deesse *e.d.*) *m. quin, quominus m. conj. of m. inf.* niet nalaten, niet verzuimen, alles doen om; ▸ ∼ *mihi nolui quin* ik wilde niet nalaten om;
/ *contracties, bv. dēsse < deesse; dēst < deest; dērat < deerat; dēro < deero.*

dē-sūmō, sūmere, sūmpsī, sūmptum uitkiezen, uitzoeken, op zich nemen [**sibi hostem**].

dē-super *adv.* (*poët.*; *postklass.*) van boven(af).

dē-surgō, surgere, surrēxī, surrēctum (*poët.*) zich verheffen, opstaan van [**cenā**]; ▸ *metaf.* (*v.d. zon*) *certā parte sol desurgit* opkomen.

dē-tegō, tegere, tēxī, tēctum
1. onthullen, blootleggen, zichtbaar maken; ▸ *artūs* ∼ ; *ventus detexit villam* beroofde van het dak; *iuga montium detexerat nebula*;
2. (*metaf.*) onthullen, openbaren, verraden, aan het licht brengen [**culpam; insidias; fraudem; coniurationem**].

dē-tendō, tendere, (tendī), tēnsum laten zakken, afbreken [**tabernacula**].

dētentātiō, ōnis *f* = *detentio.*

dētentiō, ōnis *f* (*detineo*) (*Laatl.*) het achterhouden, het (tijdelijk) bezitten.

dē-tergeō, tergēre (*en* **dē-tergō,** tergere), tersī, tersum
1. af-, wegvegen [**lacrimas; sudorem frontis bracchio**];
2. verdrijven, verjagen; ▸ *notus deterget nubila caelo; detersit sidera nubes*;
3. reinigen, schoonmaken [**cloacas; mensam**];
4. afbreken [**remos**];
5. afrukken [**pinnas**];
6. (*metaf.*) (*geld*) uit iets slaan.

dēterior, ius (*adv.* -ius), *gen.* dēteriōris, *comp.* minder goed, geringer, slechter, zwakker; — *superl.*: **dēterrimus,** a, um slechtst, minst, geringst.

dēterminātiō, ōnis *f* (*determino*)
1. begrenzing, grens [**mundi**];
2. einde, slot [**orationis**].

dē-terminō, termināre
1. af-, begrenzen;
2. vaststellen, bepalen;
3. afsluiten [**clausulas**].

dē-terō, terere, trīvī, trītum (*niet-klass.*)
1. afwrijven, -schuren, -vijlen;
2. verslijten [**vestem**];
3. (*metaf.*) verminderen, verzwakken [**laudes**];
— *pass.* verdwijnen, vergaan.

dē-terreō, terrēre, terruī, territum
1. afschrikken, -houden, doen terugschrikken (*van, voor: ab; de; abl.; inf.; ne; na een ontkenning quominus, quin*) [**alqm a dimicatione, a proposito; alqm de sententia; alqm caedibus**]; ▸ *nefarias eius libidines commemorare deterreor; quin loquar haec, numquam me potes* ∼ ;
2. afweren, op een afstand houden [**vim a censoribus; nefas; iram deorum**].

dē-tersī *pf. v. detergeo en detergo.*

dētersus *ppp. v. detergeo en detergo.*

dētestābilis, e (*detestor*) verfoeilijk, afschuwelijk.

dētestātiō[1], ōnis *f* (*detestor*)
1. verwensing, vervloeking;
2. boete(doening) [**scelerum** voor misdaden].

dētestātiō[2], ōnis *f* (*testis*) (*Apul.*) castratie.

dē-testor, testārī
1. *onder aanroeping v.d. goden* afsmeken [**minas periculaque in alcis caput; deorum iram in caput pueri**];
2. *onder aanroeping v.d. goden* verwensen, vervloeken [**Ambiorigem; caput euntis hostili prece; exitum belli civilis**]; — **dētestandus,** a, um verfoeilijk, afschuwelijk [**fraus**];
3. afwijzen, afweren; ▸ *a se quandam prope iustam patriae quaerimoniam* ∼ *ac deprecari* (*Cic.*).

dē-tēxī *pf. v. detego.*

dē-texō, texere, texuī, textum
1. (*poët.*) afweven, afvlechten;
2. (*metaf.*) voltooien.

dē-tineō, tinēre, tinuī, tentum (*teneo*)
1. op-, tegen-, vasthouden; ▸ *Romano bello in Italia detineri; naves tempestatibus detinebantur*;
2. afhouden [**alqm ab incepto, de negotio**];
3. bezighouden, binden; ▸ *in alienis negotiis detineri; alqm in admiratione sui* ∼ ; *manūs in lyricis modis* ∼ ; *nisi quid te detinet* tenzij je ergens mee bezig bent;
4. (*Ov.*) tijd met iets rekken [**sermone diem**];
5. (*postklass.*) vasthouden, achterhouden [**regnum; pecuniam**];
6. (*postklass.*) (be)houden, handhaven; ▸ *manum suspensam* ∼ ; *minus triennio in ea legatione detentus*;
7. (*Tac.*) *se* ∼ zich in leven houden;
8. (*postklass.*) beslaan, in beslag nemen, innemen [**locum; terras**].

dē-tondeō, tondēre, tondī, tōnsum
1. *(Sen.)* afknippen [**capillos**];
2. *(poët.; postklass.)* scheren [**oves; virgulta** snoeien]; ▸ *frondes detonsae frigore (Ov.)*;
3. *(Enn.) (metaf.)* verwoesten, vernielen [**agros**].
dē-tonō, tonāre, tonuī, — *(poët.)*
1. hevig donderen;
2. ophouden met donderen; *(metaf.)* uitrazen; ▸ *Aeneas nubem belli, dum detonet omnis, sustinet (Verg.)*.
dētōnsus *ppp. v. detondeo.*
dē-tornō, tornāre *(postklass.)* op een draaibank vervaardigen.
dē-torqueō, torquēre, torsī, tortum
1. wegdraaien, afkeren, -wenden, *ook metaf. (van: ab; naar: ad; in m. acc.)*; ▸ *proram ad undas* ~; *cervicem ad oscula* ~; *voluptates animos a virtute detorquent (Cic.)*; *voluntas testium nullo negotio detorqueri potest (Cic.)*; *verba parce detorta (Hor.)* voorzichtig ontleend;
2. verdraaien, misvormen; ▸ *corporis partes detortae; detorto corpore; detorta hastilia* krom;
3. *(metaf.)* verdraaien; ▸ *verba prave detorta* verdraaid weergegeven uitspraken.
dētractātiō, dētractātor = *detrect-.*
dētractiō, ōnis *f (detraho)*
1. het onttrekken, wegnemen [**alieni** van andermans bezit; **doloris**];
2. vermindering, aftrekking *(bij het rekenen)*;
3. *(med.)* verwijdering, *o.a. door purgeren* [**cibi** ontlasting];
4. *(eccl.)* afbreuk, laster.
dē-tractō = *detrecto.*
dētractor, ōris *m (detraho) (postklass.)* iem. die kleineert; ▸ *Nero haudquaquam* ~ *sui (Tac.)* die bepaald geen lage dunk van zichzelf had.
dētractus, ūs *m (detraho) (postklass.)* weglating [**syllabae**].
dē-trahō, trahere, trāxī, tractum
1. aftrekken, naar beneden trekken, omlaag rukken [**alqm equo; de curru**];
2. onttrekken, ontrukken, afnemen, *ook metaf.* [**scutum militi; equos equitibus; honorem alci**];
3. weg-, aftrekken, afrukken [**sacerdotem ab ara; de digito anulum; pellem**];
4. wegnemen, ontvreemden [(**ex**) **templo arma**];
5. wegtrekken, wegslepen [**alqm spectaculis**]; weghalen, verwijderen [**Hannibalem ex Italia**];
6. sleuren, brengen naar [**alqm in iudicium**];
7. *(metaf.)* noodzaken, dwingen [**alqm ad aequum certamen**];
8. naar beneden halen, kleineren [**regum maiestatem**];
9. afbreuk doen aan, schaden, benadelen, onthouden; ▸ *multum ei detraxit quod alienae erat civitatis; alci Armeniam a senatu datam* ~; *alci dignitatem* ~; *multa de suis commodis* ~; *ne quid de summo meo erga te amore detractum esse videatur (Cic.)* om niet de indruk te wekken alsof mijn onbegrensde liefde voor jou verminderd zou zijn;
10. onttrekken aan, verwijderen, weg laten lopen; ▸ *detracto sanguine venis (Lucr.)*;
11. *(postklass.) (bouwwerken)* afbreken [**muros; castella; pontes**].
dētrectātiō, ōnis *f (detrecto)* weigering, afwijzing.
dētrectātor, ōris *m (detrecto)*
1. iem. die kleineert [**laudum suarum**];
2. *(Petr.)* weigeraar [**ministerii**].
dē-trectō, trectāre *(intens. v. detraho)*
1. weigeren, afwijzen, afslaan [**pugnam; sacramentum; principem**];
2. kleineren, tekortdoen, in de schaduw stellen [**ingenium; virtutes; bene facta**].
dētrīmentōsus, a, um *(detrimentum)* nadelig.
dētrīmentum, ī *n (detero)*
1. verlies, schade, nadeel [**rei publicae; Africani exercitūs**];
2. *(milit.)* nederlaag, echec;
/ *-um accipere, capere, facere* lijden; *-um inferre, afferre* toebrengen.
dētrītus *ppp. v. detero.*
dē-triumphō, triumphāre *(Laatl.)* triomferen over, overwinnen.
dē-trīvī *pf. v. detero.*
dē-trūdō, trūdere, trūsī, trūsum
1. (naar beneden) stoten, duwen, drijven [**naves scopulo** van de rots af; **alqm in mare; alqm Stygias ad undas; alqm sub inania Tartara**];
2. verdrijven, weg-, verdringen *(ook metaf.)* [**alqm de saltu agroque communi; alqm ex praedio; hostem finibus; alqm de sua sententia** afbrengen van];
3. dringen, drijven naar; ▸ *in luctum et laborem* ~; *ad necessitatem belli* ~; *vi tempestatum Cythnum insulam detrusus* door het geweld v.d. stormen op het eiland Cythnus beland; *alqm ad id* ~ *quod facere possit*;
4. *(metaf.)* verplaatsen, uitstellen [**comitia in**

adventum Caesaris].

dētruncātiō, ōnis *f (detrunco) (postklass.)* het afhakken [**ramorum**].

dē-truncō, truncāre
1. afhakken [**caput**];
2. snoeien, verminken [**arbores; corpora**];
3. *(Apul.)* oppeuzelen [**cibum**].

dē-trūsī *pf. v. detrudo.*

dētrūsus *ppp. v. detrudo.*

dē-tulī *pf. v. defero.*

dē-tumēscō, tumēscere, tumuī, — *(Petr.)* ophouden met zwellen, *metaf.* bedaren, afnemen.

dē-tundō, tundere, —, tūsum *(Apul.)* hevig kneuzen.

dē-turbō, turbāre
1. naar beneden drijven, storten, dringen, werpen [**alqm de tribunali; alqm de ponte in Tiberim; alqm ab alta puppi in mare**];
2. afbreken [**aedificium**];
3. *(milit. t.t.) de vijand uit zijn stellingen verdrijven,* verjagen; ▸ *Pompeianos ex vallo* ~ *; Macedonas ex praesidiis stationibusque* ~ *; deturbatis Samnitibus;*
4. *iem. uit zijn bezittingen verdrijven,* verdringen [**alqm possessione; alqm de fortunis omnibus**];
5. *(metaf.)* beroven van [**(ex) spe**]; ▸ *tempestas verecundiam mihi et virtutis modum deturbavit (Plaut.)* de stormachtige ontwikkeling heeft mij van mijn eerbaarheid en morele gematigdheid beroofd.

dē-turpō, turpāre *(postklass.)* misvormen.

Deucaliōn, ōnis *m zoon v. Prometheus, koning v. Phthia in Thessalië, met zijn echtgenote Pyrrha, de dochter v. Epimetheus, uit de zondvloed gered;* — *adj.* **Deucaliōnēus,** a, um.

de-ūnx, ūncis *m (de en uncia, eig. 'waaraan een uncia, dwz. een twaalfde, ontbreekt')* elf twaalfde.

de-ūrō, ūrere, ussī, ustum
1. af-, verbranden [**vicos; frumenta; libros**];
2. *(v.d. kou)* doen verstijven; ▸ *aquilone deuri.*

deus, ī *m (nom. plur.* dei, dii, dī; *gen. plur.* deorum *en* deum; *dat. en abl. plur.* deis, diis, dīs) *(vgl. divus)*
1. god, godheid; ▸ *alqm ut deum colere; naturam tamquam deum sequi; di hominesque* heel de wereld; *ita me di ament* zo waarlijk helpen mij de goden; *cum dis volentibus* met hulp v.d. goden; *di meliora piis (vul aan: dent)* wees de vrome mensen genadig, goden!; *si di volunt of si dis placet* als de goden het willen *(iron. =* men zou het nauwelijks geloven); *di meliora (ferant, dent)* mogen de goden mij bewaren!; *di tibi faciant bene!; dent tibi di multa bona!;* D. O. M. = *Deo optimo maximo (Rom. tempelopschrift)* aan de beste, hoogste god, *dwz. Jupiter,* gewijd; *(v. vrl. godheden) ducente deo (v. Venus); nec dextrae erranti deus afuit (v. Alecto); audentes deus ipse iuvat (v. Fortuna);*
2. beschermgod, beschermer;
3. *(kom.)* gelukkig mens;
4. *(Hor.)* machthebber.

de-ussī *pf. v. deuro.*

deustus *ppp. v. deuro.*

de-ūtor, ūtī, ūsus sum misbruiken *(m. abl.).*

dē-vāstō, vāstāre helemaal verwoesten, leegplunderen.

dē-vehō, vehere, vēxī, vectum naar beneden *of* stroomafwaarts voeren, brengen naar [**naves a castris; commeatum in castra ex urbe; frumentum; exercitum Rheno; alqm in ultimas oras**]; — *pass.* dēvehī wegvaren, varen, zeilen naar [**in fines sociorum secundo amne**].

dē-vellō, vellere, vellī *(en* vulsī, volsī), vulsum *(en* volsum) *(poët.; postklass.)* afrukken, afbreken [**ramum trunco**].

dē-vēlō, vēlāre *(Ov.)* onthullen, ontsluieren [**ora sororis**].

dē-veneror, venerārī *(Tib.) door smeekbeden tot een god* afwenden [**somnia**].

dē-veniō, venīre, vēnī, ventum
1. naar beneden komen, neerkomen;
2. komen in [**ad legionem; in castra**];
3. *(metaf.)* terechtkomen in, geraken in [**in alcis potestatem; in alienas manus**];
4. *(metaf.)* zich wenden tot [**ad hanc rationem; ad iuris studium**].

dē-venustō, venustāre *(Gell.)* misvormen.

dē-verberō, verberāre *(Ter.)* afranselen.

dē-verbium, ī *n = diverbium.*

dēvergentia, ae *f (Gell.)* helling.

dē-vergō, vergere, — — *(postklass.)* afdalen, zinken.

dē-verrō, verrere, — — wegvegen.

dēversitō, dēversitāre *(intens. v. deverto) (Gell.)* afdwalen naar, stilstaan bij.

dēversitor, ōris *m (deversor) (Petr.)*
1. gast *(in een herberg);*
2. herbergier.

dē-versor[1]**,** versārī verblijven, zich ophouden, als gast wonen [**apud alqm; domi suae; in taberna**].

dēversor[2]**,** ōris *m* gast *(in een herberg).*

dēversōriolum, ī *n (demin. v. deversorium)* kleine

herberg.
dēversōrium, ī *n* *(deversorius)*
1. herberg, logement;
2. schuilplaats, toevluchtsoord [**flagitiorum**].
dēversōrius, a, um *(deversor)* geschikt om te verblijven [**taberna**].
dēversus *ppp. v. deverto.*
dē-vertī *pf. v. deverto.*
dēverticulum, ī *n* *(deverto)*
1. afslag, zijweg;
2. herberg;
3. toevluchtsoord;
4. *(Juv.)* *(in het spreken)* het afdwalen *van het thema;*
5. *(Gell.)* afwijking *v.e. woord van de gewone betekenis* [**significationis**].
dē-vertō *(arch.* dēvortō), vertere, vertī, versum
I. *tr.* *(postklass.)* afwenden;
II. *intr.* *(meestal pass. dēvertor)*
1. zich afwenden, zich afkeren;
2. een omweg maken; zijn intrek nemen [**in tabernam; ad alqm in hospitium; ad hospitem; domum Charonis** = sterven];
3. *(Ov.)* zijn toevlucht nemen [**ad artes**];
4. *van het thema* afdwalen, afwijken; ▸ *ea, a quibus devertit oratio.*
dē-vēscor, vēscī, — *(postklass.)* opeten.
dē-vestiō, vestīre, — — *(Apul.)* ontkleden.
dē-vēxī *pf. v. deveho.*
dēvexiō, ōnis *f* *(Mel.)* helling.
dēvexitās, ātis *f* *(devexus)* *(postklass.)* steile ligging, glooiing [**loci**].
dēvexus, a, um
1. *(v. beweging)* zich naar beneden bewegend, naar beneden gaand, neerwaarts stromend [**amnis ~ ab Indis**]; *(v. hemellichamen)* zakkend [**sol paulum a meridie ~**]; *metaf. (v. tijd) aetas iam a diuturnis laboribus -a ad otium;*
2. *(v. ligging)* zich neerwaarts uitstrekkend, glooiend, aflopend [**litus**].
dē-vīcī *pf. v. devinco.*
dēvictus *ppp. v. devinco.*
dē-vinciō, vincīre, vīnxī, vīnctum
1. vastbinden, boeien [**servum; leonem; manūs**];
2. omwinden; ▸ *devinctus tempora* (slapen) *lauro;*
3. *(metaf.)* nauw verbinden, samenknopen [**homines inter se rei publicae societate; se affinitate cum alqo**]; ▸ *sanguinis coniunctio benevolentiā homines et caritate devincit;*
4. *(metaf.)* (aan zich) binden, verplichten [**alqm beneficio; alqm iure iurando**]; ▸ *se cupiditate malā ~* zich verstrikken in; — *p. adj.* **dēvīnctus,** a, um toegedaan [**uxori; studiis**];
5. *(retor. t.t.)* koppelen, samenvoegen [**verba comprehensione**].
dē-vincō, vincere, vīcī, victum
1. geheel overwinnen, verslaan [**Hannibalem; Poenos classe**]; ▸ *bonum publicum privatā gratiā devictum (Sall.);*
2. (zegevierend) uitvechten [**bellum**];
3. de overhand hebben, winnen; ▸ *Catonis sententia devicit ut in decreto perstaretur.*
dēvīnctus *zie devincio.*
dē-vīnxī *pf. v. devincio.*
dē-viō, viāre *(via)* (Laatl.) afdwalen.
dē-virginō, virgināre *(virgo)* *(postklass.)* ontmaagden.
dēvītātiō, ōnis *f* *(devito)* het vermijden, ontwijken [**legionum**].
dē-vītō, vītāre vermijden, ontwijken [**turpia; dolorem; hoc malum**].
dē-vius, a, um *(< de via)*
1. ver weg gelegen, afgelegen [**rura; itinera** sluipwegen; **oppidum; saltus; limina**]; — *subst.* **dēvia,** ōrum *n* ongebaande wegen, sluipwegen; ▸ *per aspera ac -a;*
2. afgelegen wonend, eenzaam (levend, wonend) [**gens; avis; civitas**]; ▸ *Anagnini, cum essent devii;*
3. verdwaald, afgedwaald [**capellae**];
4. *(metaf.)* onrustig, rusteloos, wispelturig [**animus; homo; vita**];
5. *(postklass.)* van het thema afdwalend.
dē-vocō, vocāre
1. naar beneden roepen, naar beneden laten komen [**suos a tumulo; deos ad auxilium**];
2. (weg)roepen, terugroepen [**alqm de provincia ad gloriam; omnes ex praesidiis**];
3. *(metaf.)* weglokken van, verleiden tot [**alqm ab instituto cursu ad praedam; ad perniciem**]; ▸ *status mutatione in id devocari ut (Sen.)* ertoe gebracht worden, dat.
dē-volō, volāre
1. naar beneden vliegen; naar beneden snellen [**de tribunali; in forum**];
2. wegvliegen; wegsnellen, -ijlen.
dē-volvō, volvere, volvī, volūtum
I. *tr.* naar beneden (laten) wentelen, rollen, voortwentelen [**saxa; corpora in humum; verba in de stroom meevoeren**];
II. *intr.* *(pass. devolvor)*
1. neerstromen, naar beneden rollen *of* vallen

[**monte devolutus torrens**];
2. (*metaf.*) afglijden, degraderen [**ad egestatem**]; ▸ *eo devolvitur res ut* het komt zo ver, dat.
dē-vorō, vorāre
1. verslinden, verzwelgen, doorslikken;
2. (*metaf.*) verkwisten, verspillen, verdoen, verbrassen [**patrimonium; pecuniam**];
3. belust zijn op (*m. acc.*) [**praedam; fortunas; hereditatem**];
4. gretig opnemen, verslinden [**orationem; libros**];
5. *iets onaangenaams* geduldig verdragen, aanvaarden, slikken [**hominum stultitias; molestiam paucorum dierum**];
6. (zonder kauwen) doorslikken, voor zoete koek aannemen [**orationem**];
7. (*poët.; postklass.*) (*tranen e.d.*) onderdrukken, worstelen tegen;
8. (*v. niet-lev. subj.*) verzwelgen; ▸ *aquae devorant terras; quot oppida in Syria devorata sunt (Sen.)* zijn verzonken; *devorent vos arma vestra.*
dēvortium, ī *n* = *divortium.*
dē-vortō, vortere *zie deverto.*
dēvōtiō, ōnis *f* (*devoveo*)
1. wijding, opoffering [**Decii consulis offerdood**];
2. gelofte; ▸ *eius devotionis esse convictum;*
3. verwensing, vloek;
4. (*postklass.*) tovenarij, toverspreuk;
5. (*eccl.*) devotie, vroomheid.
dēvōtō, dēvōtāre (*intens. v. devoveo*)
1. betoveren [**sortes**];
2. verwensen, beschimpen.
dē-voveō, vovēre, vōvī, vōtum
I. *tr.*
1. *aan een godheid als offer beloven, tot zoenoffer* bestemmen, wijden [**praedam Marti; filiam Dianae; sacerdotes ad mortem**];
2. (*poët.; postklass.*) prijsgeven, (over)geven, opofferen [**vitam pro patria; morti pectora**];
3. vervloeken, verwensen [**scelerata arma; suas artes**];
4. (*Tib.*) betoveren;
II. *se* ~
1. zich opofferen, de offerdood sterven [**se dis immortalibus pro re publica; se pro populo Romano legionibusque**];
2. zich (over)geven aan [**se alcis amicitiae**];
/ *p. adj.* **dēvōtus,** a, um (*poët.; postklass.*) (a) vervloekt, verwenst [**sanguis**]; (b) devoot, aanhankelijk; *subst.* **dēvōtī,** ōrum *m* getrouwen.
dēxtāns, antis *m* (*de en sextans, eig. waaraan een zesde ontbreekt*) vijf zesde.
dextella, ae *f* (*demin. v. dextra*) rechterhandje.
dexter, t(e)ra, t(e)rum (*comp.* dexterior, ius; *superl.* dextumus *en* dextimus, a, um)
1. rechts, aan de rechterkant (gelegen), rechter- [**ripa**]; ▸ *-a parte; a -o latere hostium; apud dextumos* op de uiterste rechterflank;
2. (*poët.*) *als gunstig voorteken aan de rechterkant* verschijnend = gelukbrengend, genadig, gunstig [**omen; Apollo; sidera**];
3. (*poët.*) passend, gunstig, geschikt [**tempus; modus; potestas** gelegenheid];
4. handig, vaardig; ▸ *officia dextre obire; dexterius fortunā uti;*
/ *subst.* **dext(e)ra,** ae *f* (*vul aan: manus*) (a) rechterhand; ▸ *-as coniungere, miscere* elkaar de hand geven; *ad -am* aan de rechterhand, rechts; (a) *-a laevaque* rechts en links; (b) handslag; (c) (*meton.*) plechtige belofte, toezegging, trouw; ▸ *-as renovare* het verbond vernieuwen; *-as fallere* zijn woord breken; (d) (*poët.*) vuist = dapperheid, kracht.
dextera *zie dexter.*
dexteritās, ātis *f* (*dexter 4.*) vaardigheid, handigheid; sociale vaardigheid.
dextimus, a, um *superl. v. dexter.*
dextra *zie dexter.*
dextrārius, ī *m* (*Mel.*) strijdros.
dextrōrsum *en* **-us** *adv.* (< *dextrō-vorsum, v. vorto*) naar rechts.
dextumus *superl. v. dexter.*
Dīa[1], ae *f oude naam v.h. eiland Naxos.*
Dīa[2], ae *f godin, schenkster v.d. oogsten.*
diabathrārius, ī *m* (*Gr. leenw.*) (*Plaut.*) vervaardiger v. lichte schoenen.
diabolicus, a, um (*Gr. leenw.*) (*eccl.*) van de duivel; duivels.
diabolus, ī *m* (*Gr. leenw.*) (*eccl.*) duivel.
diācōn, onis *en* **-onus,** ī *m* (*Gr. leenw.*) (*eccl.*) hulpprediker, diaken.
diāconissa, ae *f* (*diacon*) (*eccl.*) diacones.
diadēma, atis *n* (*Gr. leenw.*) hoofdband (*ihb. aan de tiara v.d. Perz. koningen*); diadeem.
diadēmātus, a, um (*diadema*) (*postklass.*) met een hoofdband, diadeem versierd [**Apollo; statua**].
diadūmenus, a, um (*postklass.*) = *diadematus.*
diaeresis, is *f* (*Gr. leenw.*) (*gramm.*) scheiding (*v.e. tweeklank in twee klinkers*).
diaeta, ae *f* (*Gr. leenw.*)
1. geregelde levenswijze; ▸ (*metaf.*) *sed ego diaetā curare incipio (Cic.)* door zachte maatregelen;
2. (*postklass.*) verblijfplaats, woning, kamer.

diaetārius, ī m (*diaeta*) hutbediende.
diagōnālis, e *en* **-nios,** on (*Gr. leenw.*) dwars erdoorheen lopend, diagonaal [**linea** de diagonaal].
diagramma, atis *n* (*Gr. leenw.*) (*muz.*) beschrijving, diagram.
dialectica[1], ae *f* (*dialecticus; vul aan: ars*) kunst v.d. discussie, dialectiek.
dialectica[2], ōrum *n* (*dialecticus*) dialectische onderzoeken, dialectische leerstellingen.
dialecticus (*Gr. leenw.*)
I. *adj.* a, um bij het discussiëren horend, dialectisch;
II. *subst.* ī *m* kenner en leraar v.d. dialectiek, dialecticus.
dialectos (**-us**), ī *f* (*Gr. leenw.*) (*Suet.*) dialect, streektaal.
Diālis, e (*Diespiter*) bij Jupiter horend, van Jupiter; — (flamen) Diālis *m* priester v. Jupiter.
dialogus, ī *m* (*Gr. leenw.*) (wetenschappelijk) gesprek, dialoog.
diameter, tra, trum (*Gr. leenw.*) (*postklass.*) diametraal.
Diāna, ae *f*
1. *jacht-, maan- en geboortegodin, gelijkgesteld aan de Griekse godin Artemis, dochter v. Jupiter en Latona;* — *adj.* **Diānius,** a, um [**turba** jachthonden v. Diana]; *subst.* **Diānium,** ī *n* tempel v. Diana;
2. (*meton.*) (a) jacht; (b) maan.
diapasma, atis *n* (*Gr. leenw.*) (*postklass.*) lekker ruikend strooipoeder.
diapāsōn *indecl.* (*Gr. leenw.*) octaaf (*in de muziek*).
diapente *indecl.* (*Gr. leenw.*) kwint (*in de muziek*).
diārium, ī *n* (*dies*) dagelijkse kost, rantsoen (*v. soldaten, slaven e.a.*).
diastēma, atis *n* (*Gr. leenw.*) afstand, interval (*in de muziek*).
diastȳlos, on (*Gr. leenw.*) (*archit.*) met ver uiteen staande zuilen.
diatessarōn *indecl.* (*Gr. leenw.*) kwart (*in de muziek*).
diatonos, on (*Gr. leenw.*) (*muz.*) diatonisch.
diatrēta, ōrum *n* (*Gr. leenw.*) (*Mart.*) bekers van glas *met opengewerkte versieringen.*
diatriba, ae *f* (*Gr. leenw.*) (*Gell.*) filosofen- *of* retorenschool.
dibaphus (*Gr. leenw.*)
I. *adj.* a, um (*postklass.*) tweemaal geverfd;
II. *subst.* ī *f* (*vul aan: vestis*) met een purperen rand omzoomd staatsiegewaad (*v. hogere magistraten*).

dica, ae *f* (*Gr. leenw.*) proces, aanklacht; ▸ *alci dicam scribere* formeel (schriftelijk) aanklagen; *alci dicam impingere* iem. in een proces verwikkelen.
dicācitās, ātis *f* (*dicax*) (sarcastische) humor; spotternij.
dicāculus, a, um (*demin. v. dicax*) (*Plaut.*) tamelijk geestig *of* vinnig.
dicātiō, ōnis *f* (*dico*[2])
1. het zich laten opnemen in een andere staat;
2. (*Laatl.*) toegewijdheid, toewijding (*ook als aanspreektitel:* ~ *tua* Uwe excellentie).
dicāx, *gen.* ācis (*dico*[1]) grappig, sarcastisch, vinnig, spottend.
dichorēus, ī *m* (*Gr. leenw.*) dubbele trochee (— ◡ — ◡).
dichronus, a, um (*Gr. leenw.*) (*gramm.*) (*v. vocalen*)
1. met dubbele lengte;
2. met twee verschillende lengtes (*lang of kort; anceps*).
diciō, ōnis *f* (*dico*[1]) gezag, macht, heerschappij, jurisdictie; ▸ *esse dicionis of in (sub) dicione alcis* in iems. macht zijn, onder iems. zeggenschap vallen; *alqm suae dicionis facere, alqm in (sub) dicionem suam redigere of alqm dicioni suae subicere* iem. onder zijn gezag brengen; *omnes gentes, nationes, provincias, regna X virum dicioni, iudicio, potestati permittere et condonare (Cic.); urbes multas sub imperium populi Romani dicionemque subiungere (Cic.).*
dicis causā *of* **grātiā** (alleen) voor de schijn, voor de vorm.
dīcō[1], dīcere, dīxī, dictum
1. spreken, praten, een redevoering houden; ▸ *clare* ~ duidelijk; *inclementer homini libero dicit* tegen, tot; *de incommodis Siciliae* ~; *ad populum* ~; *ars dicendi* welsprekendheid; *pro alqo* ~ iemand verdedigen; *contra alqm* ~ iemand aanvallen; *dicendo valere* succes hebben als redenaar; *qui ante me dixerunt* de vorige sprekers;
2. zeggen: (a) melden, vertellen (*m. aci.; nietklass. m. quia; quod; afh. vr.*); ▸ *ut dico; ut ante (supra) diximus; incredibile dictu* ongelooflijk om te vertellen; *ne dicam* om niet te zeggen; *dictum (ac) factum* zo gezegd, zo gedaan = meteen; — *pass.* (*m. nci.*) *dicor, diceris, dicitur, enz.* men zegt van mij, jou, hem, *enz.*, het gerucht doet de ronde, men beweert dat ik, jij, hij, *enz.*; ▸ *Aesculapius primus vulnus dicitur obligavisse;* (b) bevelen, gelasten (*m. ut; ne*);
3. zeggen, vertellen, mededelen [**verum** waar-

heid; **salutem** groeten];
4. stellen, beweren; ▸ *dicebant, ego negabam* (Cic.);
5. noemen, een naam geven; ▸ *animus ab anima dictus est* (Cic.);
6. zeggen, uiten [**causam** een zaak bepleiten; **sententiam** zijn mening geven, stemmen (*in de senaat*); **testimonium; ius** rechtspreken];
7. zeggen, uitspreken; ▸ *litteram ~*;
8. zingen, voordragen [**carmina**];
9. vertellen van *of* over, bespreken [**amores; facta; aliquem carmine** bezingen];
10. doelen op, bedoelen; ▸ *uxoris dico, non tuam (mortem)* (Plaut.);
11. bepalen, vaststellen [**diem operi; multam** boete bepalen; **diem alci** termijn bepalen]; ▸ *dictum inter nos fuit, ne* afgesproken;
12. toezeggen, beloven [**alci dotem**]; ▸ *pecuniae Appio dictae; doti Valeria pecuniam omnem suam dixerat*;
13. noemen, betitelen (*m. dubb. acc.*) [**aliquem felicem; me Caesaris militem dici volui**];
14. benoemen tot (*m. dubb. acc.*) [**aliquem dictatorem, aedilem, tribunum militum**].

dicō², dicāre
1. (*aan een godheid*) toezeggen, wijden [**donum Iovi; Veneri carmen**];
2. plaatsen, opstellen [**statuam; spolia**];
3. opdragen, wijden, overgeven aan [**studium suum alcis laudi; operam alci; librum alci**]; *se ~* zich wijden [**se Crasso**]; ▸ *se alii civitati ~* zich als burger laten opnemen in een andere staat;
4. (*postklass.*) onder de goden opnemen; ▸ *ille inter numina dicatus Augustus; Ianus geminus a Numa dicatus*;
5. (*Tac.*) inwijden, in gebruik nemen [**nova signa novamque aquilam**].

dicōlos, on (*Gr. leenw.*) (*gramm.*) twee cola bevattend.

di—crepō, crepāre = *discrepo*.

dicrotum, ī n (*vul aan: navigium*) *en* **-a,** ae *f* (*vul aan: navis*) (*Gr. leenw.*) *een van twee niveaus geroeid schip*.

Dicta, ae *en* **Dictē,** ēs *f berg op Kreta met een diepe grot, waar volgens de mythe Zeus (Jupiter) is geboren en opgevoed, nu* Modi.

Dictaeus, a, um Dicteïsch, van de berg Dicta, *ook* Kretenzisch [**rex** = Jupiter *en* Minos].

dictāmen, inis *n* (*Mel.*) gedicht.

dictamnus, ī *f en* **-um,** ī *n* (*Gr. leenw.*) essenkruid (*geneeskrachtige plant van de berg Dicta*).

dictāta, ōrum *n* (*dicto*) dictaat, (*aan studenten gedicteerde*) leerstellingen *of* lessen (*om uit het hoofd te leren*).

dictātiō, ōnis *f* (*dicto*) (*Laatl.*) het dicteren, dictaat.

dictātor, ōris *m* (*dicto*) dictator:
1. *in Rome*: (a) *hoogste gezagsdrager met onbeperkte macht in noodsituaties, bij senaatsbesluit benoemd door een v.d. beide consuls voor ten hoogste zes maanden* [**dictatorem dicere, facere, creare**]; (b) *hoogste magistraat voor speciale taken*; ▸ *dicere dictatorem comitiorum habendorum causā, ludorum faciendorum causā, feriarum constituendarum causā*;
2. *hoogste magistraat in Italische steden*;
3. suffeet (*een v.d. twee hoogste magistraten in Carthago*).

dictātōrius, a, um (*dictator*) van de dictator [**gladius; invidia** jegens de dictator; **iuvenis** zoon v.d. dictator].

dictātrīx, īcis *f* (*dictator*) (*Plaut.*) (*scherts.*) gebiedster; ▸ *hic tu eris ~ nobis*.

dictātūra, ae *f* (*dictator*) dictatuur, ambt v. dictator; ▸ *-ā se abdicare of -am abdicare*.

dictātus, ūs *m* (*Mel.*) notitie.

Dictē, ēs *f zie* Dicta.

dictērium, ī *n* (*Mart.*) sarcastische opmerking.

dictiō, ōnis *f* (*dico¹*)
1. het spreken, rede [**subita** voor de vuist weg; **forensis** op het forum; **secreta** in besloten kring]; ▸ *mediam dictionem fletu interrumpere; dictioni operam dare*;
2. het uiten, voordragen, bekendmaken [**sententiae; multae** het vaststellen v.d. straf; **iuris**];
3. wijze v. spreken, stijl [**Attica**];
4. (uitspraak v.e.) orakel;
5. uitdrukking; woord; woordvorm.

dictitō, dictitāre (*frequ. v. dicto*)
1. steeds weer zeggen, plegen te zeggen, herhaaldelijk beweren;
2. *causas* vaak processen voeren;
3. (*m. dubb. acc.*) plegen te noemen.

dictō, dictāre (*frequ. v. dico¹*)
1. vaak zeggen;
2. dicteren [**versūs; carmina**];
3. bevelen;
4. laten opschrijven *of* vervaardigen [**codicillos**];
5. (*jur.*) instellen [**iudicium** een proces].

dictor, ōris *m* (*dico¹*) (*Laatl.*) spreker.

dictum, ī *n* (*dico¹*)

1. het gezegde, het uitgesprokene, uiting, woord; ▸ *-a testium* getuigenverklaringen; *-a tristia* klachten; *mutua -a reddere* zich met elkaar onderhouden; *-o citius* sneller dan je kunt zeggen = meteen, nu direct;
2. uitspraak, gezegde [**Catonis**]; *ook poët.* uitspraak v.e. orakel [**triste**];
3. grap; ▸ *-a dicere in alqm* grappen over iem. maken; *arcessitum* ~ gezochte grap;
4. bevel; ▸ *contra -um suum; -o parēre;*
5. belofte, verzekering;
6. *(kom.)* scheldwoord.

dictus[1] *ppp. v. dico*[1].

dictus[2]**,** ūs *m (dico*[1]*)* het spreken.

Dictynna, ae *f (Dicta, Dicte)*
1. *Kretenzische godin die bij het Dictagebergte vereerd werd;*
2. *bijnaam v.d. godin Artemis (Diana);* — **Dictynnēum,** ī *n heiligdom v. Artemis bij Sparta.*

didicī *pf. v. disco.*

dīdidī *pf. v. dido.*

dīditus ppp. *v. dido.*

dī-dō, dī-dere, dī-didī, dī-ditum *(niet-klass.)* verdelen, verspreiden; *pass.* zich verbreiden, zich uitbreiden.

Dīdō, ūs *of* ōnis *f (ook Theiosso en Fen. Elis[s]a) dochter v. koning Belus v. Tyrus, stichtster en koningin v. Carthago.*

dī-dūcō, dūcere, dūxī, ductum *(dis-*[1]*)*
1. uit elkaar trekken, openen, opensperren [**pugnum; summam arenam** de bovenste laag zand loswoelen; **vestem; nodos**];
2. scheiden, (ver)delen, afzonderen [**assem in partes centum; hostem** uit elkaar jagen]; ▸ *diductae terrae* spleten in de grond;
3. *(milit.)* de gelederen laten openen, naar beide kanten verdelen [**cornua; naves; ordines; aciem in cornua**]; — *pass.* onderling afstand nemen;
4. *(metaf.)* met geweld scheiden *of* uit elkaar trekken [**civitatem; matrimonium** ontbinden].

dīductiō, ōnis *f (diduco)*
1. het opdelen, scheiden;
2. *(Sen.)* verspreiding;
3. *(Sen.)* scheiding [**rerum**].

Didymēon, ēī *n heiligdom v. Apollo in Didyma bij Milete (Kl.-Azië).*

diēcula, ae *f (demin. v. dies)* dagje; uitstel v. betaling.

dī-ērēctus, a, um *(Plaut.)* hoog opgericht *(v. gekruisigden)*; ▸ *abi* ~ loop naar de duivel!

diēs, ēī *m en f*

I. *m*
1. dag [**festus** feestdag; **dies fasti** zittingsdagen *(itt. dies nefasti)*; **natalis** verjaardag; **medius** middag]; ▸ *multo die* laat op de dag; *ad multum diem of diei* tot laat op de dag; *ad diem* op de afgesproken dag; *dies noctesque* dag en nacht; *in dies* dagelijks; *in diem vivere* bij de dag; *carpe diem (Hor.)* pluk de dag;
2. gebeurtenissen v.d. dag; ▸ *diem exercere* dagelijkse werkzaamheden; *diei poenas dare; in disponendo die* bij het indelen v.d. dag;
3. *(poët.; postklass.)* daglicht; *metaf.* leven; ▸ *cum die* bij het aanbreken v.d. dag; *diem videre* het levenslicht aanschouwen;
4. dagmars, dagreis; ▸ *dierum plus triginta in longitudinem patere (Liv.)*;
5. dag v.d. ondergang, stervensuur [**supremus**]; ▸ *diem obire* sterven; *diem proferre Ilio* de ondergang;

II. *f*
1. vastgestelde dag, tijdstip [**certa; pecuniae** betaaldag; **iudicii** zittingsdag; **indutiarum** laatste dag v.d. wapenstilstand]; ▸ *diem obire* afwachten; *in diem emere; diem dicere alci* iem. op een bepaalde dag voor het gerecht dagen; *diem statuere ante quam* een termijn vaststellen tot wanneer; *diem ex die ducere* de termijn van dag tot dag verlengen;
2. termijn [**annua** jaarlijkse termijn *(om te betalen)*]; ▸ *prodicere diem* de termijn verlengen;
3. tijd(sruimte); ▸ *quod est dies allatura; negat summo bono afferre incrementum diem (Cic.)*;
4. datum (op een brief); ▸ *habet diem epistula* is gedateerd;

/ *arch. gen. sg.* diē en diī, *dat.* diē.

Diēs, ēī *m (dies, personif.) god v.d. dag.*

Diēs-piter, tris *m* = Jupiter.

diēta, ae *f*
1. = *diaeta;*
2. *(Mel.)* dagreis.

diezeugmenos, ē, on *(Gr. leenw.) (muz.)* gescheiden.

dif-fāmō, fāmāre *(dis-*[1] *en fama)*
1. *(poët.; postklass.)* belasteren, geruchten verspreiden over *(m. acc.)* [**alqm procacibus scriptis; alqm carminibus**];
2. *(August.)* prijzen, roemen [**religionem Christianam**].

differēns *zie differo.*

differentia, ae *f (differo II.)* verschil, onderscheid.

differitās, ātis *f* (*Lucr.*) = *differentia.*

dif-ferō, dif-ferre, dis-tulī, dī-lātum

I. *tr.*

1. in verschillende richtingen dragen, verspreiden, verbreiden [**ignem; arbores** uitplanten];

2. uitstellen, verschuiven, vertragen [**triumphum; bellum; contionem in posterum diem; tempus** uitstel verschaffen]; ▸ *alqm ~, donec* niet veroordelen totdat; *consul differendum negat* vindt dat men niet mag treuzelen;

3. iem. afschepen, aan het lijntje houden, verwijzen [**alqm in tempus aliud; legatos ad novos magistratus**];

4. (*poët.; postklass.*) verscheuren, vernietigen, met geweld scheiden, verstrooien; ▸ *insepulta membra differunt lupi; aquilo differt nubila; castra vi fluminis differebantur* werd weggespoeld;

5. (*metaf.*) verspreiden [**rumorem**];

6. (*poët.; postklass.*) in opspraak brengen [**alqm turpi famā; alqm variis rumoribus**];

7. verwarren; *pass. differri alqa re* verscheurd worden door [**doloribus; laetitiā; amore**];

II. *intr.* (*alleen in de praesensstam*) verschillen, zich onderscheiden (*inter se; ab; dat.; cum; door: abl.*); *onpers.*: **differt** er is een verschil; *nihil differt* het maakt geen verschil; — *adj.* **differēns,** *gen.* entis verschillend, afwijkend, ongelijk (*van, aan: ab*) [**genera; causae**].

dif-fertus, a, um (*dis-*[1] *en farcio*) volgestopt met, wemelend van (*m. abl.*); ▸ *forum -um nautis; corpus -um odoribus.*

dif-fībulō, fībulāre (*dis-*[1] *en fibulo*) (*poët.*) losmaken.

dif-ficilis, e (*dis-*[1] *en facilis*) (*superl.* difficillimus; *adv.* difficulter, *minder vaak* difficiliter *en* difficile)

1. (*in onpers. uitdr.*) moeilijk, lastig, moeizaam [**ad eloquendum**]; ▸ *difficile dictu, factu* moeilijk te zeggen, te doen; *in omni re difficillimum est formam exponere optimi;*

2. moeilijk, ingewikkeld [**res; quaestio**];

3. moeilijk te passeren, riskant, gevaarlijk, lastig [**via; aditus; iter**]; ▸ *difficillimis temporibus;*

4. nors, lastig, ontoegankelijk, stroef, lichtgeraakt, eigenzinnig [**senex; puella; alci; precibus; pater in liberos**].

difficultās, ātis *f* (*difficilis*)

1. moeilijkheid, hindernis, probleem [**tempestatis** tegenslag; **discendi; dicendi; rerum** moeilijke situatie; **domestica**]; ▸ *erat in magnis Caesaris difficultatibus res ne maiorem aestatis partem flumine impediretur* (*Caes.*); *magnam haec res Caesari difficultatem ad consilium capiendum afferebat;*

2. gebrek, (geld)nood [**navium; pecuniaria**];

3. nors karakter, onhandelbaarheid, prikkelbaarheid, koppigheid;

4. last, klacht [**corporis**].

difficulter *adv. v. difficilis.*

diffidēns, *gen.* entis (*p. adj. v. diffido*) wantrouwend; angstvallig.

diffidentia, ae *f* (*diffidens*) wantrouwen; gebrek aan zelfvertrouwen; ▸ *-am rei simulare; non tam -ā* (uit wantrouwen) *futurum quae imperavisset* (*Sall.*).

dif-fidī *pf. v. diffindo.*

dif-fīdō, fīdere, fīsus sum (*dis-*[1]) wantrouwen, niet vertrouwen, twijfelen aan (*m. dat.; abl.; aci.*); ▸ *veteri exercitui patriaeque ~; sibi ~; saluti ~* aan de redding; *rem posse confici diffido* (*Cic.*).

dif-findō, findere, fidī, fissum

1. splijten, kort en klein slaan, versplinteren [**truncum; portas muneribus** door omkoping openen];

2. (*jur. t.t.*) *diem* de zaak tot een andere dag uitstellen.

dif-fingō, fingere, fīnxī, fictum (*Hor.*)

1. vervormen [**ferrum** omsmeden];

2. (*metaf.*) veranderen; ▸ *neque diffinget infectumque reddet, quod fugiens semel hora vexit.*

diffissiō, ōnis *f* (*diffindo*) (*postklass.*) uitstel.

diffissus *ppp. v. diffindo.*

diffīsus *p.p. v. diffido.*

dif-fiteor, fitērī (*dis-*[1] *en fateor*) ontkennen, loochenen.

dif-flāgitō, flāgitāre (*Plaut.*) luid eisen.

dif-fleō, flēre (*Apul.*) (zijn ogen) uithuilen.

dif-flō, flāre (*Plaut.*) uit elkaar blazen.

dif-fluō, fluere, flūxī, —

1. uit elkaar stromen, zich verspreiden; ▸ *quasi extra ripas diffluens; ook metaf.: quod efficiatur aptum illud, quod fuerit ante diffluens ac solutum* (*Cic.*) breed en losjes geweest is;

2. vervliegen, verdwijnen;

3. (*Phaedr.; Plin. Mai.*) druipen van [**sudore**];

4. (*metaf. v. personen*) verslappen, zwelgen [**luxuriā** in weelde en wellust leven, zwelgen];

5. verdwijnen, afslijten; ▸ *diffluunt iuga montium; ook metaf.: ubi per socordiam vires, tempus, ingenium diffluxerunt* (*Sall.*).

dif-fluviō, fluviāre (*dis-*[1] *en fluvius*) uiteenstromen.

dif-fringō, fringere, frēgī, frāctum *(frango)* breken, verbrijzelen; ▸ *gubernaculo diffracto; crura alci* ~ *(Plaut.).*

dif-fūdī *pf. v. diffundo.*

dif-fugiō, fugere, fūgī, fugitūrus uit elkaar vluchten, zich verspreiden; ▸ *metu perterriti repente diffugimus (Cic.); diffugiunt stellae; diffugēre nives.*

diffugium, ī *n (diffugio) (Tac.)* het uit elkaar vluchten, ontvluchten.

dif-fulminō, fulmināre *(poët.)* als door de bliksem scheiden.

dif-funditō, funditāre overal heen gieten, verspreiden; *(metaf.)* verspillen.

dif-fundō, fundere, fūdī, fūsum

1. uitgieten, in verschillende richtingen laten stromen; ▸ *aquam in agros* ~ ;

2. *se* ~ *en pass. diffundi* in verschillende richtingen stromen, zich verspreiden; ▸ *glacies liquefacta se diffundit; freta diffundi iussit; medicamentum in venas diffunditur;*

3. uit-, verspreiden *(ook metaf.)* [**comas** laten waaien]; ▸ *equitem campis* ~ laten uitwaaieren; — *pass.* zich verspreiden, zich uitbreiden: *rami diffunduntur; lux diffunditur;*

4. *(metaf.)* doen ontspannen, afleiden, verlichten, opmonteren [**bonis amicos; vultum; iram; dolorem suum flendo**];

/ *p. adj.* **diffūsus,** a, um (a) uitgebreid, wijd; ▸ *luce diffusā toto caelo; in omne latus diffusa flamma;* (b) *(metaf.)* breedvoerig, een breed gebied beslaand, uitgebreid [**ius civile**]; ▸ *diffusius dicere.*

diffūsilis, e *(diffundo) (Lucr.)* zich gemakkelijk verspreidend [**aether**].

diffūsiō, ōnis *f (diffundo)*

1. *(Laatl.)* het uit elkaar stromen; het zich uitbreiden [**ramorum**];

2. *(Sen.)* ontspannenheid, opgeruimdheid [**animi**].

diffūsus *zie diffundo.*

dif-futuō, futuere, futuī, futūtum *(Catull.)* moe neuken.

digamia, ae *f (Gr. leenw.)* dubbel huwelijk, tweede huwelijk.

digamma, -on *indecl. n en* **-a,** ae *f (Gr. leenw.) Oudgriekse letter* F; *meton.* overzicht v. schulden *(vanwege het opschrift Fenus).*

Dīgentia, ae *f beek bij het Sab. landgoed v. Horatius, mondt uit in de Anio, nu de Licenza.*

dī-gerō, gerere, gessī, gestum *(dis-[1])*

1. *(poët.; postklass.)* uit elkaar drijven, scheiden, verspreiden [**nubes**];

2. verdelen [**novem volucres in belli annos; poenam in omnes; pulverem in catinos**]; ▸ *Crete centum digesta per urbes;*

3. indelen [**annum in totidem species; populum in partes; ius civile in genera**];

4. rangschikken, ordenen [**rem publicam bene; carmina in numerum; senes orbos in litteram** op alfabet];

5. *(postklass.)* uiteenzetten, weergeven, verhalen [**controversiam; situm Persidis**];

6. op volgorde boeken [**nomina in codicem**];

7. in juiste volgorde uitvoeren, verrichten [**mandata**];

8. *(Verg.)* interpreteren, duiden [**omina**];

9. *(Verg.)* uitplanten [**arborem per agros**];

10. *(postklass.)* (door het lichaam) verspreiden, verteren [**cibos**];

11. *(med.)* verlichting geven, ontspannen.

dīgestiō, ōnis *f (digero)*

1. indeling, ordening;

2. *(als retorische figuur)* opsomming *v.d. afzonderlijke punten;*

3. *(postklass.)* berekening [**annorum**];

4. *(med.)* het verteren, het oplossen.

dīgestus *ppp. v. digero.*

digitābulum, ī *n* vingerling.

digitālis, e *(digitus) (Plin. Mai.)* vingerdik.

digitellus, ī *m en* **digitellum,** ī *n (botan.)* huislook.

Digitī Īdaeī *(vertaling v.e. Gr. uitdrukking) demonen bij de Ida, priesters v. Cybele.*

digitulus, ī *m (demin. v. digitus)* vingertje.

digitus, ī *m*

1. vinger [**index** wijsvinger]; ▸ *-o se caelum attigisse putare* geloven bijna in de hemel te zijn, zielsblij zijn; *-um intendere ad* met de vinger aanwijzen; *computare -is en numerare per -os* op de vingers tellen, berekenen; *-um tollere* de vinger opsteken *(bij het stemmen); novi tuos -os* ik weet hoe knap je bent in rekenen; *-os comprimere pugnumque facere;*

2. *(poët.; postklass.)* teen; ▸ *insistere -is* op de tenen gaan staan; *insistere summis -is* op de punt v.d. tenen gaan staan;

3. *(als maat)* vingerbreedte, duim *(= 18,5 mm);* ▸ *sprw.: non -um (transversum) discedere a re.*

dī-gladior, gladiārī *(dis-[1] en gladius)* elkaar te lijf gaan [**inter se sicis**]; *metaf.* elkaar in de haren zitten; ▸ *digladientur illi, per me licet.*

dignātiō, ōnis *f (digno)*

1. achting, eerbetoon, respect; ▸ *dignatione alqm diligere;*
2. rang, positie, waardigheid, reputatie; ▸ *de dignatione laborare; reddere honorem sacerdotiis dignatione sua;*
3. *(eccl.) (meton.)* ~ *tua* Uwe excellentie.

dignitās, ātis *f (dignus)*
1. het waardig zijn, verdienste [**consularis** voor het consulaat]; ▸ *alqm pro dignitate laudare; honor dignitate impetratus;*
2. achting, aanzien, uiterlijke eer; ▸ *neque suae neque populi Romani dignitatis esse* dat het niet in overeenstemming was met; *civitatis dignitatem et decus sustinere;*
3. *(v.h. menselijk lichaam)* indrukwekkende schoonheid [**corporis**];
4. *(v. gebouwen en plaatsen)* pracht [**portūs; urbis**];
5. positie, rang; ▸ *secundum locum dignitatis obtinere; altus dignitatis gradus* verheven positie; *alqm ad summam dignitatem perducere; dignitati servire;*
6. ambt, ambtelijke waardigheid; ▸ *summa cum dignitate esse* een hoog ambt bekleden; *dignitates* mannen v. aanzien en stand;
7. zedelijke waardigheid, innerlijke eer, eerzaamheid; ▸ *dignitatem servare of obtinere* zijn waardigheid behouden; *res non habet dignitatem* is niet in overeenstemming met de waardigheid;
8. *(Tac.) (v. stijl)* het waardige, het indrukwekkende [**orationis**].

dignitōsus, a, um *(dignitas) (Petr.)* aanzienlijk [**homo**].

dignō, dignāre *en* **dignor,** dignārī *(dignus) (poët.; postklass.)*
1. waardig, waard achten [**alqm honore; alqm non sermone, non visu; libellum venia**];
2. het gepast achten, zich verwaardigen, willen *(m. inf.)*; ▸ *Aeneae se pulchra viro dignatur iungere* Dido.

dīgnōscentia, ae *f (dignosco) (Laatl.)* het onderscheiden, herkennen.

dī-gnōscō *(en* **dī-nōscō***)*, (g)nōscere, (g)nōvī, — *(dis-*[1] *en nosco) (poët.; postklass.)* onderscheiden, waarnemen, herkennen [**veri speciem; bonum malumque**].

dignus, a, um
1. waardig, waard *(m. abl.; ut; qui m. conj.; sup.; zelden m. gen. of inf.)*; ▸ *laude* ~ ; *maioribus suis* ~ ; *fabulae -ae, quae iterum legantur; dictu, memoratu -um* het vermelden, de herinnering waard; *salutis* ~ ; *laudari* ~ ;
2. verdiend, toekomend, gepast, passend; ▸ *-a indigna pati* verdiende en onverdiende dingen; *dignum est (m. inf. of aci.)* het hoort, het past.

dī-gredior, gredī, gressus sum *(dis-*[1] *en gradior)*
1. weggaan, zich verwijderen, uiteengaan, scheiden [**ab alqo; a colloquio; domo**];
2. afwijken, afdwalen; ▸ *sed eo unde huc digressi sumus revertamur.*

dīgressiō, ōnis *f (digredior)*
1. het weggaan, scheiding;
2. *(in een redevoering)* uitweiding [**a proposita oratione**].

dīgressus[1], ūs *m = digressio.*

dīgressus[2] *p.p. v. digredior.*

diiūdicātiō, ōnis *f (diiudico)* beslissing.

diiūdicātrīx, īcis *f (diiudico) (Apul.)* vrouwelijke scheidsrechter, scheidsvrouw.

dī-iūdicō, iūdicāre
1. beslissen [**inter duas sententias; diiudicatā belli fortunā**]; ▸ *diiudicari non potuit, uter utri virtute anteferendus videretur;*
2. een beslissing nemen over *(m. acc.)* [**conscientiam meam**];
3. onderscheiden [**vera et falsa; vera a falsis**].

diiun- = *disiun-.*

dīlābidus, a, um *(dilabor) (Plin. Mai.)* uiteenvallend.

dī-lābor, lābī, lāpsus sum
1. uit elkaar vallen, uiteen-, vervallen; ▸ *moenia vetustate dilapsa; aedificium dilabens; fax in cineres dilapsa;*
2. vergaan, verdwijnen; ▸ *rem familiarem* ~ *sinere; dilapsa robora corporum animorumque; concordiā parvae res crescunt, discordiā maxumae dilabuntur (Sall.); vectigalia publica neglegentiā dilabebantur* gingen verloren;
3. vervloeien, wegsmelten, oplossen; ▸ *dilapsus calor* weggevloeid; *nebula dilabitur* verdwijnt;
4. wegstromen, wegvloeien; ▸ *dilabente aestu* wanneer het eb wordt;
5. *(v. personen, ihb. v. soldaten)* ontwijken, ontglippen, ontsnappen, zich verspreiden [**a signis; ex praesidio; in civitates; nocte in sua tecta** uiteengaan; **pabulatum**];
6. *(metaf.)* ontglippen, ontsnappen, vervliegen; ▸ *dilapsis curis;*
7. *(v. tijd)* verstrijken; ▸ *dilapso tempore.*

dī-lacerō, lacerāre
1. verscheuren, uiteenrukken; ▸ *corpus tormentis dilacerari iubet;*
2. *(metaf.)* ontwrichten [**rem publicam; opes**].

dī-laniō, laniāre verscheuren, uiteenrukken,

uiteenrijten.
dī-lapidō, lapidāre
1. stenigen;
2. *(metaf.)* tenietdoen; verspillen, verkwisten [**pecuniam publicam**].
dīlāpsiō, ōnis *f (dilabor) (August.)* het vervallen, het vergaan.
dīlāpsus *p.p. v. dilabor.*
dī-largior, largīrī vrijgevig uitdelen, royaal weggeven [**foedera sociis; bona**].
dīlātātiō, ōnis *f (dilato) (postklass.)* uitbreiding, toename.
dīlātātus, a, um *(p. adj. v. dilato)* breed (uitgemeten).
dīlātiō, ōnis *f (differo)* uitstel, opschorting, verdaging [**belli; legis agrariae**]; ▸ *sine dilatione; res dilationem non recipit of non patitur* duldt geen uitstel.
dī-lātō, lātāre *(dis-[1] en latus[2])* uitbreiden, uitspreiden, verwijden *(ook metaf.)* [**manum; litteras** lang uitspreken, verlengen; **orationem** breed uitmeten; **gloriam; legem; nomen in continentibus terris** verspreiden].
dīlātor, ōris *m (differo) (Hor.)* treuzelaar.
dīlātōrius, a, um *(differo) (jur.)* betrekking hebbend op uitstel *of* verdaging.
dīlātus *ppp. v. differo.*
dī-laudō, laudāre in alle opzichten prijzen.
dīlēctiō, ōnis *f (diligo) (eccl.)* liefde.
dīlēctor, ōris *m (diligo) (postklass.)* aanbidder, bewonderaar.
dīlēctus[1] *zie diligo.*
dīlēctus[2], ūs *m (diligo) (Laatl.)* liefde.
dīlēctus[3], ūs *m (dis-[1] en lego[1])*
1. *(milit. t.t.)* lichting; ▸ *dilectum habere, agere* houden;
2. *(meton.)* gelichte soldaten, lichting;
3. (uit)verkiezing; onderscheid.
dī-lēxī *pf. v. diligo.*
dī-līdō, līdere *(dis-[1] en laedo) (Plaut.)* in stukken slaan.
dīligēns, *gen.* entis
1. zorgvuldig, precies, nauwkeurig, gewetensvol, stipt, omzichtig *(in: gen.; in m. abl.)* [**veritatis** waarheidslievend; **in omni genere; ad declarandam benevolentiam**]; ▸ *alqd diligentissime facere;*
2. zuinig, spaarzaam [**homo**].
dīligentia, ae *f (diligens)*
1. zorgvuldigheid, oplettendheid, opmerkzaamheid, nauwgezetheid, precisie *(tov.: gen.; in m. abl.; erga)*; ▸ *~ sacrorum; mea in re publica ~; summā cum -ā* zeer nauwkeurig; *-am adhibere of conferre ad en in alqd;*
2. zuinigheid; ▸ *res familiaris conservari debet -ā et parsimoniā.*
dī-ligō, ligere, lēxī, lēctum *(dis-[1] en lego[1])* hoogschatten, als dierbaar beschouwen, liefhebben [**alqm ~ et carum habere; se ipsum; inter se** wederkerig; **aurum; hunc locum**]; — *p. adj.* **dīlēctus,** a, um lief, dierbaar, geliefd *(aan: dat.)*; ▸ *dilecti tibi poetae;* — *subst.* **dīlēctī,** ōrum *m (Suet.)* lievelingen.
dī-liquēscō = *deliquesco.*
dī-lōrīcō, lōrīcāre *(dis-[1] en lorica)* uit elkaar rukken, openscheuren [**tunicam**].
dī-lūceō, lūcēre, — — duidelijk zijn; ▸ *~ deinde brevi fraus coepit* kwam aan het licht.
dī-lūcēscō, lūcēscere, lūxī, — *(incoh. v. diluceo)* helder worden; — *onpers.:* **dilucescit** het wordt licht, het begint te dagen.
dī-lūcidus, a, um *(diluceo)*
1. helder;
2. *(metaf.)* duidelijk [**verba; expositio**]; ▸ *quo brevior eo dilucidior et cognitu facilior narratio erit.*
dīlūculum, ī *n (diluceo)* ochtendschemering, dageraad.
dī-lūdium, ī *n (dis-[1] en ludus) (Hor.)* (wedstrijd)-pauze; *(metaf.)* uitstel.
dī-luō, luere, luī, lūtum
1. doorweken, oplossen [**vulnus aceto** wassen; **colorem** doen verbleken];
2. wegwassen, wegspoelen [**sata**];
3. *door oplossing* bereiden, mengen, verdunnen [**venenum; vinum** aanlengen];
4. *(metaf.)* verdrijven, verwijderen [**curam mero; alcis auctoritatem** ondermijnen; **vitium ex animo**];
5. ontkrachten, onhoudbaar maken [**crimen**]; ▸ *~ alqd et falsum esse docere;*
6. laten verwateren [**amicitiam**];
7. *(Plaut.)* duidelijk uiteenzetten.
dīluviēs, ēī *f (diluo) (poët.)* overstroming.
dīluviō, dīluviāre *(diluvium) (Lucr.)* overstromen.
dīluvium, ī *n (diluo) (postklass.)* overstroming, zondvloed.
dī-lūxī *pf. v. dilucesco.*
dimachae, ārum *m (Gr. leenw.) (postklass.) Macedon.* 'tweevechters' *(te paard en te voet).*
dī-madēscō, madēscere, maduī, — *(Lucr.)* wegsmelten.
dī—mānō, mānāre *(Cic.)* = *demanare.*
dīmēnsiō, ōnis *f (dimetior)* het (op)meten [**quadrati**]; maat.

dī-mētior, mētīrī, mēnsus sum op-, uit-, afmeten [**terram**]; ▸ *studium dimetiendi caeli; campum ad certamen* ~ ; — *p.p.* **dīmēnsus,** a, um *ook pass.* uitgemeten [**domus**].
dī-mētō, mētāre *en* **dī-mētor,** mētārī afbakenen, afmeten [**signa**].
dīmicātiō, ōnis *f (dimico)*
1. (beslissend) gevecht; ▸ ~ *universa en universae rei* beslissende strijd; *haec duorum opulentissimorum in terris populorum* ~ ;
2. strijd *(om: gen.)* [**famae fortunarumque**].
dī-micō, micāre *(pf. poët. ook -cuī)*
1. vechten, strijden [**cum Latinis de imperio; acie** in een open gevecht; **ferro; pro patria; pro aris et focis**];
2. *(metaf.)* worstelen, strijden, zich aftobben [**de vita; de fortuna; de liberis**].
dīmidia, ae *f (dimidius; vul aan: pars)* helft; halve winst.
dīmidiātus, a, um *(dimidium)* half, gehalveerd.
dīmidium, ī *n (dimidius; = dimidia pars)* helft [**pecuniae; militum**]; ▸ *dimidio (abl.) plus* de helft meer.
dīmidius, a, um *(dis-*[1] *en medius)* half, voor de helft [**spatium; pars** de helft].
dī-minuō, minuere, (minuī), minūtum *(pre- en postklass.)* verbrijzelen [**caput**].
dīminūtiō, ōnis *f = deminutio.*
dī-mīsī *pf. v. dimitto.*
dīmissiō, ōnis *f (dimitto)*
1. uitzending [**libertorum ad diripiendas provincias**];
2. ontslag uit dienst, het afdanken [**remigum**];
3. *(med.)* afname [**febris**].
dī-mittō, mittere, mīsī, missum
1. uitzenden, rondzenden, uitsturen [**pueros circum amicos; nuntios in omnes partes; ex omni parte flagella** de vangarmen uitstrekken; **litteras in alias urbes;** *metaf.* **animum ignotas in artes; (oculorum) in omnes partes** rondkijken];
2. wegzenden, vrijlaten, laten gaan [**legionem; regem spoliatum; alqm ex custodia; alqm incolumem; Rhodios domum**];
3. *(bijeenkomsten)* opheffen, uiteen laten gaan [**senatum; exercitum; ludos** beëindigen];
4. (a) *een magistraat* ontslaan [**legatos**]; (b) *(leerlingen)* laten gaan; (c) *(Suet.) scholam* een school opheffen;
5. *(zijn echtgenote)* verstoten, scheiden van [**uxorem; alqam e matrimonio**];
6. loslaten, laten vallen, weggooien [**arma; signa ex metu**];
7. opgeven, staken, opheffen, afstand doen van, een einde maken aan *(m. acc.)* [**quaestionem; iniuriam ignominiamque nominis Romani inultam impunitamque** ongewroken en ongestraft laten; **vim suam; oppida; provinciam;** *metaf.* **occasionem** onbenut laten; **praeterita oblivione** uit zijn gedachten bannen, vergeten];
8. *(postklass.)* kwijtschelden, vergeven [**tributa; raptori poenam; illis peccatum**]; (over)laten [**omnia ventis**].
dim-minuō = *diminuo.*
dī-moveō, movēre, mōvī, mōtum
1. *(poët.; postklass.)* uit elkaar drijven, verdelen, scheiden [**undas; terram aratro** ploegen; **rauca ora talibus sonis** openmaken, openen; **aquam corpore** doorklieven; **obstantes propinquos** zich een weg banen door];
2. *(poët.; postklass.)* verwijderen, uit de weg ruimen, wegdoen; ▸ *dimotis omnibus paulum requievit;*
3. *(metaf.)* scheiden, afvallig maken; ▸ *spes societatis equites Romanos a plebe dimoverat;*
4. *(med.)* (heen en weer) bewegen *of* lopen.
Dindymēnē, ēs *f = Cybele.*
Dindymus, ī *m en* **-a,** ōrum *n gebergte in Frygië (Kl.-Azië) waar Cybele vereerd werd.*
dīnōscentia, ae *f = dignoscentia.*
dī-nōscō *zie dignosco.*
dī-notō, notāre onderscheiden.
dīnumerātiō, ōnis *f (dinumero)* berekening, opsomming.
dī-numerō, numerāre
1. tellen, opsommen [**stellas; sententias**];
2. berekenen [**tempora; noctes; horas**];
3. *(geld)* uitbetalen [**viginti minas**].
Diō, ōnis *m = Dion.*
diōbolāris, e *(Gr. leenw.) (Plaut.)* voor twee obolen te koop *(dwz. heel goedkoop).*
Diocharēs, is *m vrijgelatene v. Caesar;* — *adj.* **Diocharīnus,** a, um.
Dioclētiānus, ī *m*: C. Aurelius Valerius ~ *(geb. na 230, gestorven in 316 n. Chr.),* Rom. *keizer van 284 tot 305.*
Diodōrus, ī *m*
1. *beoefenaar v.d. dialectiek uit Carië (Kl.- Azië), ca. 300 v. Chr.;*
2. *peripatetisch filosoof uit Tyrus (Syrië), ca. 100 v. Chr.;*
3. *Gr. geschiedschrijver van Sicilië (vd. Siculus ge-*

noemd), tijdgenoot v. keizer Augustus.

dioecēsānus, a, um *(dioecesis) (Laatl.)* behorend tot het diocees.

dioecēsis, is *f (Gr. leenw.)*
1. bestuurlijke eenheid binnen een provincie, district;
2. *(Laatl.)* diocees, bisdom.

dioecētēs, ae *m (Gr. leenw.)* beheerder *v.d. koninklijke inkomsten.*

Diogenēs, is *m*
1. *beroemd cynisch filosoof uit Sinope (404—323 v. Chr.);*
2. *stoïsch filosoof, leerling v. Chrysippus en leraar v. Carneades.*

Diomēdēs, is *m zoon v. Tydeus, de koning v. Aetolië, streed aan de kant v.d. Grieken in de Trojaanse oorlog, stichter v. Arpi in Apulië; — adj.* **Diomēdēus,** a, um.

Diōn, ōnis *m van Syracuse (409—354 v. Chr.), schoonzoon v. Dionysius I, de tiran v. Syracuse; bewonderaar v. Plato.*

Diōna, ae *en* **Diōnē,** ēs *f*
1. *moeder v. Venus;*
2. Venus; *— adj.* **Diōnaeus,** a, um [**mater** Venus, *moeder v. Aeneas;* **Caesar** *als nakomeling v. Aeneas;* **antrum** aan Venus gewijd].

Dionȳsia, ōrum *n (Dionysus)* Bacchusfeest.

Dionȳsius, ī *m heerser v. Syracuse:*
1. *~ I, vanaf 406 v. Chr. tiran v. Syracuse, gest. in 367;*
2. *~ II, zijn zoon, werd eerst door Dion in 357 v. Chr., daarna definitief door Timoleon in 343 naar Corinthe verbannen.*

Dionȳsus, ī *m = Bacchus 1.; — adj.* **Dionȳsius,** a, um.

dioptra, ae *f (Gr. leenw.) optisch instrument om niveaus te meten.*

diōta, ae *f (Gr. leenw.) (Hor.)* wijnkruik (met twee oren).

Dīphilus, ī *m*
1. *Griekse komediedichter uit Sinope, ca. 300 v. Chr.; komedies van zijn hand werden door Plautus bewerkt;*
2. *bouwmeester in Rome.*

diphrygēs, ēs *f (Gr. leenw.)* metaalslak.

diphthongus, ī *f (Gr. leenw.) (gramm.)* tweeklank.

diplinthius, a, um *(Gr. leenw.) (postklass.)* de dikte van twee bakstenen hebbend [**paries**].

diplois, idis *f (Gr. leenw.) een soort mantel.*

diplōma, atis *n (Gr. leenw., eig. een geschreven tekst op twee samengevouwen bladen)*
1. diploma, (geloofsbrief, identificatie-, begenadigings)oorkonde, oorkonde ten bewijze v.h. verleende Rom. burgerrecht; patent; aanbevelingsbrief;
2. *(ttv. de republiek)* vrijgeleidebrief *(door de senaat opgesteld voor hen die naar een provincie reisden);*
3. *(in de keizertijd) pas om van de staatspost gebruik te maken.*

dipsacos, ī *f (Gr. leenw.) (botan.) een soort* kaarde.

dipsas, adis *f (Gr. leenw.) (postklass.)een soort* giftige slang.

dipteros, on *(Gr. leenw.)* met twee rijen zuilen [**aedes**].

diptychum, ī *n (Gr. leenw.) (Laatl.)*
1. uit twee wastafeltjes bestaand schrijftafeltje;
2. lijst [**episcoporum; mortuorum**].

Dipylon, ī *n dubbele poort in het noordwesten v. Athene.*

dipyros, on *(Gr. leenw.) (Mart.)* tweemaal gebrand.

dīrae, Dīrae *zie dirus.*

Dircē, ēs *f*
1. *bron bij Thebe; — adj.* **Dircaeus,** a, um *ook* Thebaans, Boeotisch [**cycnus** = Pindarus];
2. *echtgenote v. Lycus, de koning v. Thebe; zij zou in bovengenoemde bron zijn veranderd.*

dīrēctim *adv. (directus) (Laatl.)* recht(uit).

dīrēctiō, ōnis *f (dirigo) (postklass.)*
1. het effenen, het vlakmaken; effenheid;
2. *(eccl.)* gerechtigheid; eerlijkheid.

dīrēctūra, ae *f (dirigo) (postklass.)* het effenen, het gelijkmaken.

dīrēctus, a, um *(p. adj. v. dirigo; adv. -ē en -ō)*
1. recht(gemaakt) [**via**]; *adv.* dīrēctē *en* -ō: (a) rechtuit; (b) gewoonweg, onmiddellijk;
2. horizontaal, waterpas [**trabes**];
3. loodrecht, verticaal, rechtopstaand, recht naar beneden lopend, steil omlaag vallend [**locus; crates; latera; cornu**]; ▸ *urbs Henna tota ab omni aditu circumcisa atque -a est (Cic.)* rondom steil afgesneden;
4. *(metaf.)* direct, rechtstreeks [**percunctatio** rechtstreekse navraag]; *adv.* eenvoudigweg, ronduit;
5. beslist, zeker [**ratio**]; vastbesloten; openhartig [**homo**];
6. *(jur.)* onafhankelijk, onmiddellijk [**actio**].

dir-ēmī *pf. v. dirimo.*

dirēmptiō, ōnis *f (dirimo) (postklass.)* scheiding.

dirēmptus[1], ūs *m (dirimo)* scheiding.

dirēmptus[2] *ppp. v. dirimo.*

dīreptiō, ōnis *f (diripio)* plundering, roof [**urbis; bonorum; sociorum et civium**]; ▸ *urbs relicta direptioni et incendiis.*

dīreptor, ōris *m (diripio)* plunderaar.

dīreptus *ppp. v. diripio.*

dī-rēxī *pf. v. dirigo.*

dir-ibeō, ibēre, ibuī, ibitum *(dis-*[1] *en habeo)*
1. scheiden, uitzoeken, sorteren [**tabellas** stemtafeltjes];
2. *(Plin. Mai.)* verdelen [**gentes et regna**].

diribitiō, ōnis *f (diribeo)* het sorteren, tellen v.d. stemtafeltjes.

diribitor, ōris *m (diribeo)* teller v.d. stemtafeltjes; iem. die uitdeelt.

diribitōrium, ī *n (diribeo) (postklass.) gebouw in Rome, waar oorspr. de stemtafeltjes werden gesorteerd en waar later o.a. soldij aan de soldaten werd uitgedeeld.*

dī-rigēscō = *derigesco.*

dī-rigō, rigere, rēxī, rēctum *(dis-*[1] *en rego)*
1. rechtmaken, vlak maken, effenen [**flumina** kanaliseren; **finem**];
2. in rechte lijn opstellen [**suos in Veientem hostem; naves in pugnam**];
3. richten, sturen [**duas litteras**];
4. wenden, keren, sturen naar [**vela ad castra; ratem in ripam**];
5. *(poët.)* richten, mikken, werpen, schieten [**in corpus tela; validam hastam Ilo** *(dat.)* op Ilus];
6. *(abs.)* zich uitstrekken; ▸ *planities hinc dirigens* zich uitstrekkend;
7. *(metaf.)* regelen, bestemmen, richten *(naar, voor: ad; abl.)* [**omnia ad rationem civitatis; utilitate (ad utilitatem) officia**].

dir-imō, imere, ēmī, ēmptum *(dis-*[1] *en emo)*
1. uit elkaar nemen, scheiden, delen, splitsen [**corpus**]; ▸ *urbs flumine dirempta;*
2. *(een gevecht)* afbreken, onderbreken [**pugnam**];
3. onderbreken, storen, verhinderen; ▸ *comitia consularia certamen patrum et plebis diremit;*
4. *(een relatie)* opheffen, verbreken [**amicitias; societatem; veterem coniunctionem**];
5. *(een strijd)* bijleggen, opheffen, beslechten [**certamen; controversiam; bellum inter Philippum atque Aetolos; simultates; consiliorum diversitatem**].

dī-ripiō, ripere, ripuī, reptum *(dis-*[1] *en rapio)*
1. *(poët.)* uit elkaar scheuren, verscheuren, in stukken scheuren;
2. *(poët.; postklass.)* afrukken, losscheuren, wegrukken [**a pectore vestem; funem litore; arma militibus**];
3. plunderen, verwoesten [**aras; castra; villas; provincias**];
4. wegslepen, roven [**res ex Asia; bona**].

dīritās, ātis *f (dirus)*
1. ongeluk, onheil;
2. wreedheid, gruwelijkheid; ▸ *quanta in altero ~, in altero comitas; ~ morum eius.*

dī-rumpō, rumpere, rūpī, ruptum
1. verscheuren, stukbreken, verbrijzelen [**imagines**]; — *pass.* dīrumpī barsten, ontploffen *(ook metaf. door ergernis, ontstemming, boosheid e.d.)*; ▸ *dirumpi plausu alcis* uit ergernis over de bijval voor iem. anders;
2. *(metaf.)* afbreken, verbreken [**amicitiam; societatem**].

dī-ruō, ruere, ruī, rutum uit elkaar scheuren, slopen, verwoesten; ▸ *aedificium ~; domum ~; agmina ~* uiteendrijven; *aere dirutus* gekort op de soldij; *homo dirutus* bankroet.

dī-rūpī *pf. v. dirumpo.*

dīruptus, a, um *ppp. v. dirumpo.*

dīrus, a, um
1. onheilspellend, noodlottig, huiveringwekkend [**cometae; funus; aves; preces** vervloekingen; **deae** *of* **sorores** = de Erinyen, Furiën];
2. afgrijselijk, verschrikkelijk [**bellum; nefas; fames**]; ▸ *dira fremere* angstaanjagend knarsen;
/ *subst.* **dīrae,** ārum *f (ook* **dīra,** ōrum *(n)* (a) onheilspellende voortekens; (b) vervloekingen: *dira alci precari* verwensingen tegen iem. uitspreken; **Dīrae,** ārum *f* de Erinyen, Furiën.

dis-[1] *prefix (volledige vorm voor c, p, t, s [behalve de verbindingen sc, sp, st]: dis-curro, dis-cido, dis-sero; voor sc, sp, st di-: di-stinguo; voor f door assimilatie dif-: dif-fundo; voor de overige consonanten dī-: dī-ruo, dī-gero; voor vocalen dir-: dir-imo)*
1. *(om een scheiding of verwijdering aan te duiden)* weg-, uiteen-, uit elkaar [**diduco, discedo, discerpo, dilabor**];
2. *(als ontkenning)* on- [**dispar**];
3. *(als versterking)* zeer [**discupio**].

dīs[2] *m en f, n:* dīte, *gen.* dītis *(< dives) (comp.* dītior, *superl.* dītissimus*)*
1. rijk, rijk voorzien *(aan, van: gen.)* [**homo; domus; ditissimus agri**]; ▸ *nulla res publica umquam bonis exemplis ditior fuit (Liv.);*
2. *(metaf.)* rijkelijk, kostbaar, lonend, overvloedig; ▸ *opulenta ac ditia stipendia facere; ditissimi belli victoria.*

Dīs, Dītis *m*
1. Pluto, *god v.d. onderwereld* [**Dis pater**];
2. (*Verg.*) (*meton.*) onderwereld; ▸ *atri ianua Ditis.*

dis-calciātus, a, um (*postklass.*) zonder schoeisel.

dis-cēdō, cēdere, cessī, cessum
1. uiteengaan, uit elkaar gaan, zich verdelen; ▸ *in duas partes* ~ ; *in manipulos* ~ ; *discedit terra of caelum* opent zich;
2. zich verspreiden; ▸ *hostes ex fuga in civitates discedunt;*
3. weggaan, zich verwijderen [**de foro; e Gallia**];
4. (*milit. t.t.*) afmarcheren, wegtrekken [**ex hibernis; a Brundisio; ab armis** de wapens neerleggen; **a bello** zich van het strijdtoneel verwijderen];
5. (*zegevierend, overwonnen, gewond uit de strijd e.d.*) te voorschijn komen, weggaan; er vanaf komen; ▸ *aequo Marte discesserunt* de strijd bleef onbeslist; *victor discedit; inferior discedit* verliest; *graviter vulneratus discedit; sine detrimento* ~ ; *consulum iudicio probatus discessit* eindigde met de bijval v.d. consuls; *iniuria impunita discedit* blijft ongestraft;
6. afvallen van, verlaten (*m. ab*) [**ab amicis; ab imperatore**];
7. (*in de senaat*) *in sententiam alcis* ~ zich aansluiten bij iems. mening; *in alia omnia* ~ juist voor het tegendeel stemmen; *ad quod senatūs consultum numquam ante discessum est* (*Caes.*) tot welk senaatsbesluit men vroeger nooit is gekomen;
8. (*metaf.*) afwijken, afzien van, opgeven (*m. ab*) [**a consuetudine; a constantia;** (*v.e. redenaar*) **a proposito** van het thema afdwalen; **a sua sententia**]; ▸ *cum a vobis discesserim* jullie uitgezonderd;
9. heengaan, vertrekken, verdwijnen, vergaan; ▸ *sol, lux discedit; ex (a) vita* ~ ; *hostibus spes discessit.*

disceptātiō, ōnis *f* (*discepto*)
1. discussie, debat, gedachtewisseling, bespreking [**civium** privaatrechtelijke geschillen]; ▸ *rationum et firmamentorum contentio adducit in angustum disceptationem* perkt de discussie in;
2. uitspraak, vonnis.

disceptātor, ōris *m* (*discepto*) scheidsrechter [**iuris; agrorum**].

disceptātrīx, īcis *f* (*disceptator*) vrouwelijke scheidsrechter, scheidsvrouw.

dis-ceptō, ceptāre (*capto*)
1. discussiëren, debatteren, strijden, beraadslagen [**de iure**]; ▸ *multum invicem disceptato* na lange onderlinge besprekingen; *de controversiis suis iure potius quam bello* ~ ; *Tarracone disceptant populi LXII* (*Plin. Mai.*) handelen hun juridische aangelegenheden af; — *onpers. pass. quanto periculo de iure publico armis disceptaretur* (*Cic.*);
2. beslissen, beslechten [**controversias; inter amicos**]; ▸ *abs.*: *in uno proelio omnis fortuna rei publicae disceptatur* (*Cic.*).

dis-cernō, cernere, crēvī, crētum
1. afzonderen, (af)scheiden; ▸ *duae urbes magno inter se maris terrarumque spatio discretae* (*Liv.*); *sedes discretae* afgelegen; ▸ *Calpurnia discreta velo* afgescheiden;
2. onderscheiden [**fas atque nefas; auditorem ab iudice; suos** herkennen]; ▸ *animus discernit, quid sit eiusdem generis, quid alterius;*
3. (*postklass.*) beslissen, beslechten.

dis-cerpō, cerpere, cerpsī, cerptum (*carpo*)
1. (uit elkaar) plukken, in stukken verdelen, verscheuren [**corpus ferro**];
2. (*in een redevoering*) (in stukken) opdelen, verbrokkelen [**rem in membra**];
3. (*Catull.; Gell.*) (*metaf.*) hekelen, afkraken, zwartmaken [**alqm dictis**];
4. (*poët.*) verstrooien, vernietigen.

dis-cessī *pf. v. discedo.*

discessiō, ōnis *f* (*discedo*)
1. het uit elkaar gaan, scheiding, scheuring [**populi in duas partes**];
2. (*in de senaat*) stemming (*door aan de ene of de andere kant te gaan staan*); ▸ *discessionem facere* laten stemmen; ~ *fit* er wordt gestemd; *senatus consultum facere per discessionem* slechts door stemming, zonder discussie;
3. (*Ter.*) echtscheiding;
4. (*Tac.*) aftocht.

discessum ppp. *v. discedo.*

discessus, ūs *m* (*discedo*)
1. het uit elkaar gaan, scheiding [**caeli** het splijten];
2. het weggaan, vertrek [**subitus; voluntarius; omnis nobilitatis**]; vakantie, reces [**senatūs**];
3. afmars, aftocht [**exercituum a Dyrrachio**];
4. verbanning [**de domo**].

di-scidī[1] *pf. v. discindo.*

dis-cīdī[2] *pf. v. discido.*

discidium, ī *n* (*discindo*)
1. (*Lucr.*) het scheuren, barsten [**nubis**]; ver-

breking [**foederum**];
2. scheiding;
3. echtscheiding, scheiding v. geliefden;
4. onenigheid.

dis-cīdō, cīdere, cīdī, cīsum *(caedo)* stukhakken, -slaan.

discīnctus *zie discingo.*

di-scindō, scindere, scidī, scissum
1. uit elkaar scheuren, verscheuren, splijten;
2. *(een kledingstuk)* afrukken, openscheuren [**vestem a pectore**];
3. *(metaf.)* plotseling af-, verbreken [**amicitiam**]; ▸ *oratio inter respondentem et interrogantem discissa est* door vraag en antwoord onderbroken.

dis-cingō, cingere, cīnxī, cīnctum
1. los-, afgorden [**tunicam**];
2. *(metaf.)* verzwakken, verslappen [**ingenium**];
/ *p. adj.* **discīnctus,** a, um (a) zonder gordel; (b) in tunica zonder wapengordel *(als teken v. rouw)*; (c) van de wapengordel ontdaan *(als militaire straf)*; (d) *(poët.) (metaf.)* losbandig, lichtzinnig.

disciplīna, *(arch.* discipulīna*),* ae *f (discipulus)*
1. onderwijs, onderricht [*(door, van: gen.)* **magorum; furis atque divisoris;** *(in: gen.)* **virtutis**]; ▸ *-am adhibere alci* geven; *nec -am* (onderricht, theorie) *modo, sed exemplum* (voorbeeld, praktijk) *a me petere;*
2. vorming, kennis, vaardigheid, kunst; ▸ *quaedam insitiva* ~ van elders ingevoerd;
3. leer, methode, systeem; school, *ihb.* filosofenschool [**Stoicorum**];
4. wetenschap, wetenschappelijk vak; *plur.* wetenschappen [**iuris civilis** rechtswetenschap; **militaris** *en* **bellica** krijgskunst; **navalis** theoretische kennis v.h. zeewezen; **populorum** de kunst v.h. leiden v. volkeren; **dicendi** retorica];
5. strenge opvoeding, discipline [**domestica; maiorum**];
6. militaire discipline [**militaris; populi Romani**];
7. zede, gewoonte, gebruik [**sacrificandi** offerrite; **certa vivendi** vaste levenswijze];
8. staatsregeling, -inrichting [**rei publicae**].

disciplīnātus, a, um *(disciplina) (postklass.)* ontwikkeld.

discipula, ae *f (discipulus) (poët.; postklass.)* leerlinge.

discipulus, ī *m* leerling.

discissus *ppp. v. discindo.*

discīsus *ppp. v. discido.*

dis-clūdō, clūdere, clūsī, clūsum *(claudo)*
1. afzonderen, afsluiten, scheiden; ▸ *mons qui Arvernos ab Helvetiis discludit (Caes.); Nerea ponto* ~;
2. *(poët.)* splijten, openscheuren [**turres**].

discō, discere, didicī, —
1. leren, (be)studeren; leren kennen; zich op de hoogte stellen van, te weten komen *(iets van iem.: alqd ab, de, ex alqo; m. inf.; aci.; afh. vr.)* [**ius civile; artes; litteras** leren lezen en schrijven; **dialecticam ab eo Stoico; id ex istis fastis; virtutem a (ex) patre; alqd ex testibus; apud alqm litteras**]; — *pf.*: kennen, weten, begrijpen; — **discentēs,** ium *m* leerlingen, studenten;
2. *(poët.)* onderzoeken, nagaan [**crimina**].

discobolos, ī *m (Gr. leenw.) (postklass.)* discuswerper *(beroemd beeld v. Myron).*

dis-color, *gen.* ōris
1. veelkleurig, bont [**vestis; signa**];
2. *(poët.; postklass.)* verschillend, ongelijk [**matrona meretrici**].

discolōr(i)us, a, um *(discolor) (postklass.)* bont.

dis-condūcō, condūcere, — — *(kom.)* niet bevorderlijk zijn, schaden.

dis-conveniō, convenīre, — — *(Hor.)* niet overeenstemmen; ▸ *vitae disconvenit ordine toto* is onevenwichtig in alle aspecten v.h. leven; — *onpers.* er is (een) verschil: *eo disconvenit inter meque et te* daarin bestaat er verschil tussen mij en jou.

dis-cooperiō, cooperīre, cooperuī, coopertum *(Laatl.)* onthullen, ontbloten.

dis-coquō, coquere, coxī, coctum *(postklass.)* door koken uiteen laten vallen.

discordābilis, e *(discordo) (Plaut.)* niet overeenstemmend.

discordāntia, ae *f (Mel.)* tegenspraak.

discordia, ae *f (discors)*
1. onenigheid, tweedracht, strijd [**animi; -ae civiles**];
2. *(Prop.)* oorzaak v.e. ruzie, twistappel;
3. *(Tac.)* muiterij, opstandigheid; ▸ *semina -ae* kiemen v. muiterij.

Discordia, ae *f (discordia) godin v.d. tweedracht.*

discordiōsus, a, um *(discordia)* twistziek [**vulgus**].

discordō, discordāre *(discors)*
1. het oneens zijn, onenigheid hebben; ▸ *cum Cheruscis* ~; *animus secum discordans; inter se*

~ ;
2. (*Hor.*) verschillen van, niet overeenstemmen met (*m. dat.*);
3. (*Tac.*) muiten, opstandig zijn.
dis-cors, *gen.* cordis (*cor*)
1. oneens, tweedrachtig, verdeeld; ▸ *cum matre ~ ; civitas secum ipsa ~ ;*
2. tegenstrijdig, verschillend, ongelijk; ▸ *tam discordia inter se responsa;*
3. (*Tac.*) opstandig [**legiones**].
discrepantia, ae *f* (*discrepo*)
1. verschil v. mening, onenigheid [**inter consules**];
2. tegenspraak, discrepantie [**scripti et voluntatis**].
dis-crepitō, crepitāre (*intens. v. discrepo*) (*Lucr.*) niet overeenstemmen, geheel verschillend zijn.
dis-crepō, crepāre, crepāvī (*en poët.* crepuī), —
1. (*muz.*) niet stemmen, niet gelijk klinken, disharmoniëren;
2. (*metaf.*) niet overeenstemmen, afwijken, verschillen (*met, van: inter se; cum; ab; dat.*); — *onpers.*: **discrepat** er bestaat een verschil v. mening, het is omstreden [**inter scriptores; inter auctores**] (*m. de; aci.; quin; afh. vr.*); ▸ *nec discrepat, quin dictator eo anno A. Cornelius fuerit.*
discrētim *adv.* (*discretus*) (*postklass.*) apart, afzonderlijk.
discrētiō, ōnis *f* (*discerno*) (*postklass.*)
1. onderscheiding(svermogen) [**boni et mali**]; scheiding;
2. onderscheid, verschil.
discrētor, ōris *m* (*discerno*) (*eccl.*) iem. die (onder)scheidt.
discrētus *ppp. v. discerno.*
dis-crēvī *pf. v. discerno.*
di-scrībō, scrībere, scrīpsī, scrīptum
1. indelen, ordenen, onderverdelen [**agrum in iugera dena; populum censu, ordinibus; annum in duodecim menses**];
2. (*personen*) indelen [**veteres milites in legiones**];
3. toe-, verdelen, toewijzen, toekennen, doen toekomen [**agros; bona suis comitibus; suum cuique munus; urbis partes ad incendia**].
dis-crīmen, inis *n* (*discerno*)
1. scheidslijn, punt v. scheiding; ▸ *discrimen murus facit; leti ~ parvum* (*Verg.*) smalle afscheiding van de dood; *cum pertenui discrimine duo maria separarentur* (*Cic.*);
2. (*metaf.*) onderscheid; ▸ *nullum discrimen habere* vertonen; *~ inter gratiosos cives atque fortes;*
3. onderscheiding(svermogen); ▸ *non est ~ in vulgo;*
4. beslissing [**pugnae**]; ▸ *alqd in discrimen venit of adducitur utrum* de beslissing komt naderbij *of* wordt naderbij gebracht of;
5. beslissende strijd [**extremum; vehemens**];
6. gevaar, gevaarlijke situatie; ▸ *in summo discrimine rerum* in een zeer hachelijke situatie; *ad ipsum discrimen eius temporis* precies op het beslissende moment v. die kritische situatie; — *ook*: punt v. beslissing: *cum discrimine ultimo vitae et regni* (*Liv.*);
7. (*Ov.*) proef; ▸ *discrimine aperto;*
8. (*poët.*) afstand, tussenruimte [**discrimina fallere** tussenruimten verhullen];
9. (*Verg.*) interval (*in de muziek*); ▸ *septem discrimina vocum* zevensnarige lier.
discrīminō, discrīmināre (*discrimen*)
1. scheiden, afzonderen; ▸ *via late discriminat agros* (*Verg.*) markeert de akkers tot ver in de omtrek; *vigiliarum somnique tempora ~ ;*
2. (*postklass.*) onderscheiden.
discrīptiō, ōnis *f* (*discribo*) indeling, (onder)verdeling [**civitatis; populi; privatarum possessionum**].
discrīptus *ppp. v. discribo.*
dis-cruciō, cruciāre martelen, kwellen, pijnigen; — *se ~ en pass.* *discruciārī* (*m. en zonder animi; m. aci.*) zich bang maken; zich kwellen.
discubitus, ūs *m* (*discumbo*) (*postklass.*) het gaan aanliggen.
dis-cumbō, cumbere, cubuī, cubitum (*cubo*) zich neerleggen, gaan slapen; gaan aanliggen aan tafel [**ad cenandum; in convivio**].
dis-cupiō, cupere, cupīvī, cupītum vurig wensen [**te videre**].
dis-currō, currere, (cu)currī, cursum
1. uit elkaar rennen, zich verspreiden, zich verstrooien [**ad praedam; ad portas; ad diripiendam urbem**]; ▸ *Nilus manu canalibus factis per totam discurrit Aegyptum* (*Sen.*);
2. (*poët.; postklass.*) heen en weer rennen, lopen, gaan [**hic atque illuc; per omnes silvas**].
discursātiō, ōnis *f* (*discurso*) (*Sen.*) het heen en weer rennen [**per urbem**].
dis-cursō, cursāre (*intens. v. discurro*) (*postklass.*) heen en weer rennen.
discursus, ūs *m* (*discurro*)
1. het zich verspreiden [**militum**];
2. het rondrennen, heen en weer gaan, heen en weer bewegen.

discus, ī *m (Gr. leenw.)*
1. werpschijf, discus; ▸ *-um audire quam philosophum malunt* ze horen liever een discus (suizen) dan een filosoof (spreken);
2. *(postklass.)* schotel, schaal.

dis-cussī *pf. v. discutio.*

discussiō, ōnis *f (discutio)*
1. *(Sen.)* beving;
2. *(Laatl.)* onderzoek, controle, toetsing *o.a. v.d. staatsinkomsten in de provincies.*

dis-cutiō, cutere, cussī, cussum *(quatio)*
1. stukslaan, vernielen, splijten, uiteenslaan [**murum; ora saxo**]; ▸ *delubra fulmine discussa sunt;*
2. uiteendrijven, uiteenjagen, verdrijven [**nefarios coetus**];
3. *(metaf.)* beëindigen, opheffen, verijdelen, onderdrukken [**famam; caedem**]; ▸ *res discussa est* is mislukt; *eorum captiones* ~ weerleggen; *eorum advocationem manibus, ferro, lapidibus* ~;
4. *(Laatl.)* bespreken, onderzoeken.

disdiapāsōn *indecl. (Gr. leenw.) (muz.)* dubbele octaaf.

disertim *adv. (disertus) (preklass.)* ronduit, duidelijk.

disertus, a, um *(adv. ook -tim) (dissero[2])*
1. *(v.e. redevoering e.d.)* goed geschreven, goed geformuleerd, duidelijk [**oratio; historia; epistula; -e dicere**];
2. (wel)bespraakt, welsprekend [**orator**]; ▸ *disertissimum cognovi avum tuum;*
3. slim, handig; ▸ ~ *facetiarum (Catull.).*

dis-iciō, icere, iēcī, iectum *(iacio)*
1. verbrijzelen, stukslaan, vernielen, neerhalen [**statuas; munitiones; moenia**];
2. uiteendrijven, -jagen, uiteen doen vallen, verstrooien [**aciem; naves; obvios; arenas** verstuiven; **capillos** in de war maken]; ▸ *disiecti equi; disiectae catervae; disiecta comas* met loshangende haren; — *p. adj.* **disiectus,** a, um (a) verspreid liggend [**aedificia; moenia**]; (b) *(Tac.)* verspreid wonend;
3. verijdelen, dwarsbomen [**novarum tabularum exspectationem; consilia ducis**].

dis-iectō, iectāre *(intens. v. disicio) (Lucr.)* uiteenwerpen, verstrooien; ▸ ~ *solet magnum mare antemnas.*

disiectus[1] *zie disicio.*

disiectus[2], ūs *m (disicio) (Lucr.)* het verstrooien.

disiūnctiō *en* **dīiūnctiō,** ōnis *f (disiungo)*
1. scheiding; ▸ *in tanta disiunctione meorum;*
2. verscheidenheid [**animorum; sententiae**];
3. *(in de dialectiek)* tegenstelling;
4. *(retor. t.t.)* asyndeton.

dis-iungō *(en* **dī-iungō***),* iungere, iūnxī, iūnctum
1. uitspannen, onttuigen [**iuvencos**];
2. scheiden, afzonderen, verwijderen; ▸ *intervallo locorum et temporum diiuncti sumus; alqm ab alcis amicitia* ~;
3. onderscheiden;
/ *p. adj.* **disiūnctus** *en* **dīiūnctus,** a, um (a) gescheiden, verwijderd, ver: *in locis disiunctissimis; Aetolia procul barbaris disiuncta gentibus;* (b) *(metaf.)* verwijderd, afwijkend, zich onderscheidend van: *vita disiuncta a cupiditate; homines Graeci, longe a nostrorum hominum gravitate disiuncti (Cic.); nihil est ab ea cogitatione disiunctius;* (c) *(in de dialectiek)* tegenovergesteld, elkaar uitsluitend; (d) *(retor. t.t.)* onsamenhangend, afgebroken.

dis-marītus, ī *m (Plaut.)* echtgenoot v. twee vrouwen, bigamist.

dis-pālēscō, pālēscere, — — *(incoh. v. dispalor) (Plaut.)* zich wijd verbreiden, overal bekend worden.

dis-pālor, pālārī verspreid, overal ronddwalen; ▸ *multitudo in artes vitasque varias dispalata.*

dis-pandō, pandere, pandī, pānsum *(poët.; postklass.)* uitspannen, -spreiden, -breiden.

dis-pār, *gen.* paris ongelijk, verschillend *(aan, van: dat.; gen.; inter se);* ▸ *transfertur in multa disparia* op vele verschillende zaken.

disparātiō, ōnis *f (disparo) (postklass.)* het scheiden, scheiding.

disparātus, a, um *(p. adj. v. disparo)* gescheiden, onderscheiden; tegenovergesteld.

dis-parilis, e ongelijk, verschillend.

disparilitās, ātis *f (disparilis) (postklass.)* ongelijkheid, verschil.

dis-parō, parāre afzonderen, scheiden; — *pass. (Laatl.)* gescheiden zijn, verwijderd zijn.

dispart- = *dispert-.*

dispectus[1], ūs *m (dispicio) (Sen.)* onderzoek, inachtneming.

dispectus[2] *ppp. v. dispicio.*

dis-pellō, pellere, pulī, pulsum uiteendrijven, -jagen; verstrooien, verdrijven, wegjagen *(ook metaf.)* [**pecudes; tenebras; curas**].

dispendium, ī *n (dispendo[1])* kosten; verlies, schade, nadeel [**morae** tijdverlies, oponthoud]; ▸ *plus -i facere* meer verliezen.

dis-pendō[1], pendere, —, pēnsum *(niet-klass.)* uitwegen, uitdelen.

dis-pendō[2]**,** pendere, —, pessum *en* **dis-pennō,** pennere, —, pessum = *dispandō.*

dispēnsātiō, ōnis *f (dispenso)*
1. nauwkeurige, gelijkmatige verdeling [**inopiae** van de geringe graanvoorraad]; ▸ *est autem in eximendis favis necessaria ~ ;*
2. beheer [**pecuniae; annonae**];
3. ambt v. schatmeester [**regia** bij de koning].

dispēnsātor, ōris *m (dispenso)*
1. beheerder *(v.e. huis[houden])*; schatmeester;
2. verschaffer, bedienaar [**bonorum; verbi**].

dispēnsō, dispēnsāre *(intens. v. dispendo*[1]*)*
1. ver-, uitdelen [**fontem inter incolas; oscula per natos**];
2. indelen, zorgvuldig inrichten [**victoriam** de bij een overwinning horende zaken regelen];
3. beheren, exploiteren [**res domesticas; fila mortalia** *(v.d. Parcen)* in handen hebben]; een huishouding voeren.

dis-percutiō, percutere, — — *(Plaut.)* verpletteren, verbrijzelen [**cerebrum**].

dis-perdō, perdere, perdidī, perditum te gronde richten, vernietigen [**carmen** verknoeien; **rem** verspillen]; ▸ *me mea disperdat nullo prohibente puella, si.*

dis-pereō, perīre, periī, — te gronde gaan, omkomen, verloren gaan *(v. levende wezens en v. zaken)*; ▸ *cibus disperiit; serpens disperit; disperii (kom.)* ik ben verloren!, wee mij!

di-spergō, spergere, spersī, spersum *(spargo)*
1. uit-, verstrooien; ▸ *cur deus tam multa pestifera terra marique disperserit?;*
2. verspreiden, verdelen [**partes rei gestae in causam** verdelen over];
3. bespatten, bestrooien; ▸ *Peraea dispersa montibus (Plin. Mai.)* overdekt met;
/ *p. adj.* **dispersus,** a, um *(adv. -ē en -im)* verstrooid, verspreid; ▸ *quae -e a me multis in locis dicentur.*

dispersiō, ōnis *f (dispergo) (eccl.)* verspreiding, verstrooiing; diaspora.

dispersus[1] *zie dispergo.*

dispersus[2]**,** ūs *m (dispergo)* verstrooiing.

dis-pertiō, pertīre *(en* **-pertior,** pertīrī*) (partio*[1]*)* uit-, verdelen, distribueren [**proxima loca tribunis** ter bewaking toedelen; **funditores inter manipulos**]; indelen; ▸ *Ceres et Libera, a quibus initia vitae atque victus hominibus dispertita sunt (Cic.).*

dispertītiō, ōnis *f (dispertio) (postklass.)* verdeling.

dis-pescō, pescere, — — *(parco)* scheiden [**Africam ab Aethiopia**].

dispessus *ppp. v. dispendo*[2] *en dispenno.*

di-spiciō, spicere, spexī, spectum *(specio)*
1. beginnen te zien, de voorwerpen om zich heen met de ogen onderscheiden; ▸ *catuli, qui iam dispecturi sint; tanta oborta caligo est ut ~ non posset (Suet.);*
2. *(Plaut.; Lucr.)* rondkijken, rondspieden;
3. ontwaren, ontdekken, waarnemen *(ook metaf.)* [**libertatem**];
4. *(metaf.)* doorzien, doorgronden [**illa in cognitione mentem principis**]; ▸ *sed ego quod sperem non dispicio;*
5. overwegen, -denken, onderzoeken [**res Romanas**]; ▸ *quorum nihil cum dispexisset caecata mens subito terrore (Liv.).*

displicentia, ae *f (displiceo) (Sen.)* ongenoegen, ontevredenheid [**sui** met zichzelf].

dis-pliceō, plicēre, plicuī, (plicitum) *(placeo)*
1. niet bevallen *(m. dat.)* [**sibi** niet tevreden zijn met zichzelf, slecht gehumeurd zijn];
2. *(onpers.)* **dis-plicet** het bevalt niet *(m. aci.; inf.)*.

dis-plōdō, plōdere, plōsī, plōsum *(plaudo)*
1. uitspreiden;
2. *(poët.)* doen barsten.

dispoliātiō, ōnis *f (dispolio)* plundering.

dī-spoliō, spoliāre = *despolio.*

dis-pōnō, pōnere, posuī, positum *(en* postum*)*
1. uit elkaar plaatsen, verdelen [**tormenta in muris; tabernas per litora; vigilias per urbem; praesidia ad ripas; cohortes castris praesidio**];
2. in orde brengen, inrichten, indelen, opstellen [**tellurem quinque in partes; otium**]; ▸ *dispositi milites in slagorde; disposita congeries;*
3. vaststellen, bepalen, voorschrijven;
4. *(poët.)* geordend presenteren [**carmina; modos**]; — *p. adj.* **dispositus,** a, um goed ingedeeld, gestructureerd [**oratio; vir** die een ordelijk opgebouwd verhaal houdt].

dispositiō, ōnis *f (dispono)*
1. ordening, geleding, indeling;
2. *(retor. t.t.)* indeling, dispositie;
3. *(postklass.)* regeling, beschikking, verordening.

dispositor, ōris *m (dispono) (Sen.)* iem. die inricht, bestuurder [**mundi**].

dispositūra, ae *f (dispono) (Lucr.)* plaatsing.

dispositus[1] *zie dispono.*

dispositus[2]**,** ūs *m (dispono) (Tac.)* ordening.

dis-posuī *pf. v. dispono.*

dis-pudet, pudēre, puduit, — *onpers. (kom.)* zich diep schamen; ▸ *me dispudet id facere.*

dis-pulī *pf. v. dispello.*

dispulsus *ppp. v. dispello.*

dis-pulverō, pulverāre *(pulvis) (preklass.)* tot stof maken [**montes**].

dispūnctiō, ōnis *f (dispungo) (Laatl.)* onderzoek, controle.

dis-pungō, pungere, pūnxī, pūnctum
1. puntsgewijs nalopen, controleren [**rationes** de berekeningen doorlopen; **dies vitae** berekenen, overwegen];
2. onderscheiden.

disputābilis, e *(disputo) (Sen.)* bespreekbaar, waard besproken te worden.

disputātiō, ōnis *f (disputo)* bespreking, uiteenzetting, verhandeling; ▸ *in hac disputatione de fato; ~ illa contra Gorgiam; haec in utramque partem ~.*

disputātiuncula, ae *f (demin. v. disputatio) (postklass.)* korte verhandeling *of* uiteenzetting.

disputātor, ōris *m (disputo)* iem. die iets grondig behandelt; verdediger *v.e. mening.*

dis-putō, putāre
1. overdenken, overleggen [**secum**];
2. uiteenzetten, bespreken, behandelen *(m. de; aci.; afh. vr.; acc. meestal neutra zoals multa, id e.a.)* [**de honestate; in contrarias partes** *of* **in utramque partem** voor en tegen argumenteren];
3. *(Plaut.)* afrekenen [**rationem cum alqo**].

dis-quīrō, quīrere, — — *(quaero) (Hor.; postklass.)* onderzoeken.

disquīsītiō, ōnis *f (disquiro)* onderzoek.

dis-rārō, rārāre *(rarus) (agr.)* uitdunnen.

dis-rumpō = *dirumpo.*

dis-saepiō, saepīre, saepsī, saeptum afsluiten, omheinen, scheiden.

dissaeptiō, ōnis *f (dissaepio)* het optrekken v.e. scheidsmuur; *metaf.* scheiding.

dissaeptum, ī *n (dissaepio)* tussenmuur.

dis-sāvior, sāviārī hartelijk kussen [**oculos**].

dis-secō, secāre, secuī, sectum *(postklass.)* dóórsnijden, doorslaan.

dis-sēdī *pf. v. dissideo en dissido.*

dis-sēminō, sēmināre uitzaaien; *metaf.* uitstrooien, verbreiden [**malum**].

dis-sēnsī *pf. v. dissentio.*

dissēnsiō, ōnis *f en* **dissēnsus,** ūs *m (dissentio)*
1. verschil v. mening [**inter homines de iure**]; ▸ *nulla mihi tecum potest esse ~;*
2. onenigheid, tweespalt, ruzie [**civilis** burgeroorlog; **huius ordinis**];
3. tegenspraak [**actionum**].

dissentāneus, a, um *(dissentio)* niet overeenstemmend *(met: dat.).*

dis-sentiō, sentīre, sēnsī, sēnsum
1. *(v. personen)* van mening verschillen, het oneens zijn, niet instemmen *(van, met: ab; cum; dat.; inter se)*; ▸ *ipsum sibi in sua oratione ~* zichzelf tegenspreken;
2. *(v. niet-lev.)* niet overeenstemmen, in strijd zijn met *(m. ab; dat.; cum)* [**a more maiorum; orationi**].

dis-serēnō, serēnāre
1. *onpers.* **dis-serēnat** *(postklass.)* het wordt helder;
2. *(Laatl.)* doen opklaren [**nubilum** doen verdwijnen]; *(metaf.)* verhelderen.

dis-serō[1], serere, seruī, sertum uiteenzetten, bespreken; betogen, zich nader verklaren *(m. de; acc.; aci.; afh. vr.)* [**de alqa re in contrarias partes; de amicitia; de re publica; libertatis bona; seditiosa** opruiende redevoeringen afsteken].

dis-serō[2], serere, sēvī, situm
1. *(pre- en postklass.)* met tussenruimten zaaien; verspreiden; ▸ *dissita pars animae per totum corpus;*
2. met tussenruimten in de grond steken [**taleas** palen];
3. *(Apul.)* scheiden.

dis-serpō, serpere, — — *(Lucr.)* zich onopgemerkt verbreiden.

dissertātiō, ōnis *f (disserto) (Gell.)* uiteenzetting, verhandeling.

dissertiō, ōnis *f (dissero*[2]*)* bespreking, verklaring, uitleg.

dissertō, dissertāre *(intens. v. dissero*[2]*)* grondig uiteenzetten, bespreken *(m. de; acc.).*

dissertus *ppp. v. dissero*[2]*.*

dis-seruī *pf. v. dissero*[2]*.*

dis-sēvī *pf. v. dissero*[1]*.*

dissiciō, dissicere = *disicio.*

dis-sideō, sidēre, sēdī, — *(sedeo)*
1. van mening verschillen, het oneens zijn *(van, met: ab; cum; dat.; inter se; over: de; in m. abl.)* [**a se ipso** het niet met zichzelf eens zijn]; ▸ *nobiles dissident a nobis; plebi ~;*
2. vijandig staan tegenover, in tweedracht zijn met *(m. ab; cum; dat.; inter se)* [**a propinquis**];
3. *(v. niet-lev.)* in tegenspraak zijn met, niet overeenstemmen met, niet passen bij *(m. ab; cum; inter se)*; ▸ *scriptum a sententia dissidet;*

fama a fide dissidet; cupiditates inter se dissident; — p. adj. **dissidēns,** entis afwijkend [**opinio**];
4. verwijderd zijn, gescheiden liggen (*m. dat.*); ▸ *Hypanis dissidet Eridano;*
5. (Hor.) *toga dissidet impar* de toga zit scheef, ongelijk.

dis-sīdō, sīdere, sēdī, — met iem. in onmin raken (*m. ab*).

dissignātiō, ōnis *f* (*dissigno*) inrichting, ordening [**totius operis; librorum**].

dissignātor, ōris *m* (*dissigno*) (*niet-klass.*) iem. die mensen hun plaats wijst in het theater (*een — mannelijke — ouvreuse*) *of* in een rouwstoet.

dis-signō, signāre
1. ordenen, inrichten [**discriptionem**]; ▸ *ut nec domus nec res publica ratione quadam et disciplina dissignata videatur* (Cic.); — ook = *designo* 5.;
2. aanrichten, veroorzaken; ▸ *quid non ebrietas dissignat?* (Hor.).

dis-siliō, silīre, siluī, sultum (*salio*)
1. (*poët.; postklass.*) uiteenspringen, barsten; ▸ *dissilit omne solum* vloer; ~ *risu;*
2. (*poët.*) zich splitsen, zich scheiden;
3. (*poët.*) (*metaf.*) oplossen, vergaan; ▸ *gratia fratrum dissiluit.*

dis-similis, e (*superl.* dissimillimus) ongelijk, niet hetzelfde, verschillend (*m. gen.; dat.; inter se; ten opzichte v. iem., in vergelijking m. iem.: in m. acc.*); ▸ *cives tui dissimillimi; quam ~ exitus initiis adest* (Sen.).

dissimilitūdō, inis *f* (*dissimilis*) verschil, verscheidenheid [**caeli**]; ▸ *hanc habet ius civile ab illis rebus dissimilitudinem, quod; inter oratores ~ est.*

dissimulābiliter (Plaut.) *en* **dissimulanter** *adv.* (*dissimulo*) ongemerkt, in het geheim.

dissimulāmentum, ī *n* (*dissimulo*) (Apul.) het verbloemen, verbergen (*v. zijn echte ideeën*).

dissimulantia, ae *f* (*dissimulo*) huichelarij.

dissimulātiō, ōnis *f* (*dissimulo*)
1. het verbergen (*v. zijn echte opvatting*), valse schijn; ironie; ▸ *sermo, qualem ira et ~ gignit;*
2. (Tac.) het onherkenbaar maken; ▸ *veste servili in dissimulationem sui compositus* in slavenkleding vermomd om zich onherkenbaar te maken;
3. (*postklass.*) veronachtzaming.

dissimulātor, ōris *m* (*dissimulo*) huichelaar, verloochenaar [**opis propriae; alienae etiam culpae**]; ▸ *cuius rei lubet simulator ac ~* (Sall.) een meester in het huichelen en veinzen.

dis-simulō, simulāre
1. verborgen houden, niet laten blijken, verzwijgen, ontkennen (*m. acc.; aci.; afh. vr.*) [**alqd silentio; nomen suum**];
2. veinzen, huichelen; ▸ *non ~* er geen geheim van maken; *ex dissimulato* onopgemerkt;
3. (Ov.) onherkenbaar maken, verbergen; ▸ *nec se dissimulat* en hij neemt geen andere gedaante aan; *tauro dissimulante deum;*
4. (*postklass.*) geen acht slaan op, negeren, veronachtzamen;
5. (August.) verwaarlozen.

dissipābilis, e (*dissipo*) makkelijk te verstrooien *of* te verdelen.

dissipātiō, ōnis *f* (*dissipo*)
1. verstrooiing [**civium**];
2. verdeling, opsplitsing [**pecuniae; corporum** ontbinding];
3. (*retor. t.t.*) het opsplitsen v.e. begrip in afzonderlijke delen.

dis-sipō, sipāre (*arch.* **dis-supō**) (*arch. supo, supare strooien*)
1. uiteenstrooien, verspreiden, verdelen [**piceum per ossa venenum**]; ▸ *Medea in fuga fratris sui membra in eis locis dissipavit quā;*
2. (*een gerucht e.d.*) rondstrooien, verbreiden [**famam**];
3. uiteenjagen [**milites**];
4. (*metaf.*) verkwisten, verdoen [**rem familiarem; hereditatem**];
5. vernielen, verwoesten [**tecta**]; ▸ *homo fractus et paene dissipatus;*
/ p. adj. **dissipātus,** a, um (a) verstrooid, verjaagd [**milites**]; (b) onsamenhangend [**oratio**]; ▸ *facilius est apta dissolvere quam dissipata conectere.*

dissitus[1] ppp. *v. dissero*[1].

dis-situs[2], a, um ver weg gelegen.

dissociābilis, e (*dissocio*) onverenigbaar; ▸ *Oceanus ~* waarmee geen omgang mogelijk is, ongastvrij (Hor.).

dissociātiō, ōnis *f* (*dissocio*) (*postklass.*) scheiding [**spiritūs corporisque**].

dis-sociō, sociāre
1. scheiden, splitsen, doen uiteenvallen, in tweeën delen [**barbarorum copias**]; ▸ *morum dissimilitudo dissociat amicitias;*
2. (*poët.*) (*v. plaats*) scheiden [**montes valle**];
/ p. adj. **dissociātus,** a, um een kluizenaarsbestaan leidend, geïsoleerd.

dissolūbilis, e (*dissolvo*) oplosbaar, scheidbaar [**coagmentatio**].

dissolūtiō, ōnis *f* (*dissolvo*)

1. het uiteenvallen, verval;
2. *(metaf.)* gebrek aan energie, zwakte, verslapping [**animi**];
3. opheffing, afschaffing [**imperii; iudiciorum**];
4. *(voor de rechtbank)* weerlegging;
5. *(retor. t.t.)* asyndeton.

dissolūtus, a, um *(p. adj. v. dissolvo)*
1. opgelost;
2. *(metaf.)* futloos, slap;
3. zorgeloos, lichtzinnig, onverschillig;
4. onachtzaam, ongeremd, uitbundig; [**filius; consilia**];
5. *(v.e. redevoering)* niet verbonden.

dis-solvō, solvere, solvī, solūtum
1. losmaken [**membra** doen verslappen; **monumenta** in stukken breken, verwoesten];
2. *(Lucr.; Plin. Mai.)* smelten, oplossen [**resinam oleo**];
3. afbreken, naar beneden trekken [**pontem; simulacrum Veneris**];
4. *(metaf.)* opheffen, afschaffen, scheiden, oplossen, vernietigen [**leges; interdictum; imperium; amicitiam**];
5. ontkrachten, weerleggen, ontzenuwen [**controversiam controversiā; obiecta**];
6. (af)betalen [**aes alienum; pro sua parte**]; ▸ *Scapulis difficiliore condicione* ~ de Scapuli genoegdoening geven onder nogal ongunstige voorwaarden;
7. *(vraagstukken, problemen)* oplossen, verklaren [**captiosas interrogationes; causam**];
8. *(kom.)* bevrijden, vrijmaken;
9. *(retor. t.t.)* asyndetisch laten, niet met elkaar verbinden [**argumenta; orationem**];
/ *zie ook dissolutus.*

dis-sonō, sonāre *(postklass.)* slecht klinken; *(metaf.)* afwijken *(van: ab).*

dis-sonus, a, um
1. disharmonisch, verward, verschillend klinkend [**clamor; strepitus**];
2. *(metaf.)* niet overeenstemmend, verschillend, afwijkend *(met, van: ab; in, door: abl.)*; ▸ *gentes sermone moribusque -ae.*

dis-sors, *gen.* sortis *(Ov.)* niet gemeenschappelijk, vreemd; ▸ *mea gloria a milite ~ est.*

dis-suādeō, suādēre, suāsī, suāsum afraden *(abs.; m. acc.; de; aci.; ne)* [**pacem; suis bellum; de captivis**].

dissuāsiō, ōnis *f (dissuadeo)* het afraden, ontraden [**rogationis; legis agrariae** redevoering tegen de akkerwet].

dissuāsor, ōris *m (dissuadeo)* iem. die iets ontraadt, die tegen iets spreekt; ▸ ~ *honesti; (ook metaf.) Auster quasi ~ consilii mei* de zuidenwind die ahw. mijn voornemen afwijst.

dissuāsus *ppp. v. dissuadeo.*

dis-suī *pf. v. dissuo.*

dis-sultō, sultāre *(intens. v. dissilio) (poët.; postklass.)*
1. uiteenspringen, barsten; ▸ *dissultat utrimque ferrum;*
2. zich overal naartoe verbreiden;
3. *(Sen.)* afketsen; ▸ *tela dissultant grandinis more* als hagel.

dis-suō, suere, suī, sūtum
1. lostornen, openen [**sinum; undique malas** de mond wijd opensperren];
2. *(metaf.)* langzaam laten bekoelen [**amicitias**].

dissupō *zie dissipo.*

dissūtus *ppp. v. dissuo.*

dis-tābēscō, tābēscere, tābuī, — *(pre- en postklass.)* wegsmelten, vervliegen *(ook metaf.).*

dis-taedet, taedēre, — — *onpers. (kom.)* walgen [**me tui** ik walg van jou].

distantia, ae *f (disto)*
1. verscheidenheid, verschil [**morum studiorumque; formarum**];
2. *(postklass.)* afstand, tussenruimte.

dis-tendō, tendere, tendī, tentum *(en tēnsum)*
1. uiteenspannen, uitrekken, -strekken [**hominem; aciem**];
2. verdelen, verstrooien [**animos** verwarren];
3. *(milit. t.t.) (de vijandelijke troepen)* uit elkaar houden, op verschillende punten bezighouden [**copias hostium**];
4. *(poët.)* geheel vullen [**ventrem; horrea**].

distentiō, ōnis *f (distendo) (postklass.)*
1. gespannenheid [**membrorum; oris**];
2. uitgestrektheid;
3. bezigheid.

distentus[1]**,** a, um *(p. adj. v. distendo)* gespannen, barstensvol [**uber** gezwollen].

distentus[2]**,** a, um *(p. adj. v. distineo)* drukbezet, in spanning gehouden [**libro scribendo; circa summa scelera**].

dis-terminō, termināre scheiden, begrenzen; ▸ *flumen Dahas Ariosque disterminat.*

di-sternō, sternere, strāvī, strātum *(Apul.)* uitspreiden; ▸ *torum* ~ opmaken.

distichon en **distichum,** ī *n (Gr. leenw.) (poët.; postklass.)* distichon *(dubbelvers, samengesteld uit een hexameter en een pentameter).*

di-stimulō, stimulāre (*Plaut.*) verbrassen, erdoor jagen [**bona**].

distīnctiō, ōnis *f* (*distinguo*)
1. afzondering, scheiding, onderscheiding [**solis, lunae siderumque** de afzonderlijke banen]; ▸ *lex est iustorum iniustorumque* ~;
2. verschil, onderscheid, verscheidenheid [**sonorum**];
3. (*retor. t.t.*) pauze, interpunctie;
4. onderscheidende kwaliteit; ▸ ~ *honosque civitatis.*

distīnctus¹, ūs *m* (*distinguo*) (*Tac.*) kleurschakering, tekening.

distīnctus², a, um (*p. adj. v. distinguo*)
1. afgezonderd, onderscheiden, verschillend, afwisselend; ▸ *intervalla ratione distincta* (*Cic.*) door nauwkeurige berekening onderscheiden afstanden; *civitas distinctos dignitatis gradus non habebat* (*Cic.*);
2. precies ingedeeld [**acies**];
3. (*v.e. redevoering en redenaar*) helder opgebouwd, duidelijk, precies [**oratio; -e scribere**];
4. versierd [**urbs delubris**];
5. (*Plin. Min.*) goed geordend [**vitae genus**].

dis-tineō, tinēre, tinuī, tentum (*teneo*)
1. uit elkaar houden, scheiden, splitsen (*ook metaf.*); ▸ *mare terrarum distinet oras; legiones distinebat flumen* belemmerde hun samenkomst; *copias Caesaris* ~; *unanimos* ~; *duae senatum distinebant sententiae* verdeelden de senaat in twee partijen; *Galbam duae sententiae distinebant* verhinderden tot een besluit te komen;
2. weghouden [**a domo**];
3. (*metaf.*) druk bezighouden, afleiden; ▸ *litibus distineri; multitudine iudiciorum et novis legibus distineri;*
4. op-, tegenhouden, verhinderen [**rem; victoriam**].

di-stinguō, stinguere, stīnxī, stīnctum
1. onderscheiden, scheiden [**voces in partes** klanken in afzonderlijke delen ontleden; **artificem ab inscio; veri similia ab incredibilibus; falsum vero**]; ▸ *quid inter naturam et rationem intersit non distinguitur* (*Cic.*);
2. (bont) versieren, verfraaien [**vaginam gemmis; orationem; vestem auro** afzetten; **litora tectis et urbibus**];
3. verschillend kleuren [**poma vario colore**];
4. laten afwisselen, verlevendigen [**historiam varietate locorum**];
5. (*Suet.*) (*gramm. t.t.*) onderbreken, pauzeren, interpungeren [**exemplaria**];
6. (*Sen.*) *het haar* in orde brengen [**crinem doctā manu**].

di-stō, stāre, — —
1. (*v. plaats*) gescheiden, verwijderd zijn (*van: ab of dat.; inter se*) [**a castris; foro**]; ▸ *castra modico inter se distantia intervallo; sol ex aequo metā distabat utrāque;*
2. (*v. tijd*) (*poët.; postklass.*) uit elkaar liggen;
3. (*metaf.*) zich onderscheiden, verschillend zijn (*van: ab; dat.; inter se*); ▸ *vocabula nomina rerum* ~ *voluerunt;* — *distat* het maakt verschil.

dis-torqueō, torquēre, torsī, tortum (*poët.; postklass.*)
1. verdraaien, verwringen [**oculos; os; alqm** iems. ledematen verrekken];
2. martelen.

distortiō, ōnis *f* (*distorqueo*) verdraaiing, verrekking [**membrorum**].

distortus, a, um (*p. adj. v. distorqueo*)
1. verdraaid, verrekt, mismaakt [**corpus**]; ▸ *solos sapientes esse, si distortissimi sint, formosos* (*Cic.*);
2. (*metaf.*) gewrongen, verwrongen.

distractiō, ōnis *f* (*distraho*)
1. (*Gell.*) het uit elkaar trekken [**membrorum**];
2. scheiding, afzondering [**animae corporisque**];
3. ruzie, onenigheid [**civium**].

dis-trahō, trahere, trāxī, tractum
1. uiteentrekken, -scheuren, verdelen, scheiden [**pugnantes; turmas** breed opstellen, laten uitwaaieren; **saxa; lumina** uitkrabben; **genas** openrijten]; ▸ *fuga distrahit alqos* verstrooit;
2. aftrekken, losscheuren, met geweld scheiden, verwijderen [**alqm a complexu suorum**]; ▸ *vi anima distrahitur a corpore* maakt zich los; *non potui ab illo tam cito distrahi* me losmaken van;
3. (*metaf.*) (*verbintenissen, vrienden e.d.*) opheffen, vernietigen, scheiden, vervreemden [**societatem; collegia** gildes, genootschappen; **Caesarem et Pompeium**]; — *distrahi cum alqo* in onmin raken [**cum filio**];
4. (*geschillen*) beslechten, bijleggen [**controversias**];
5. (*metaf.*) in verschillende richtingen trekken [**Caesarum domum in partes** in partijen verdelen; **industriam in plura studia** versnipperen]; ▸ *animus in contrarias sententias distrahitur*

twijfelt tussen verschillende meningen; *distrahi* gaan twijfelen; *in subtilitatem inutilem distrahi* zich verliezen in nutteloze spitsvondigheden;
6. verijdelen, verstoren [**hanc rem**];
7. (*postklass.*) per stuk verkopen, door verkoop verbrokkelen [**agros**];
8. (*Plaut.*) (*vermogen*) verkwisten, erdoor jagen;
9. (*Tac.*) *alqm famā* iem. in opspraak brengen;
10. *voces* met hiaat uitspreken.

dis-tribuō, tribuere, tribuī, tribūtum
1. ver-, uitdelen, toewijzen [**pecunias exercitui; frumentum civitatibus** opleggen om te leveren; **naves in legiones ac socios; milites in legiones** verdelen over; **sanguinem in corpus; minutas summulas flentibus servis** kleine geldbedragen verdelen onder];
2. indelen, (onder)verdelen [**se in duas partes; copias in tres partes**];
3. indelen, ordenen; — *p. adj.* **distribūtus,** a, um geordend [**expositio**].

distribūtiō, ōnis *f* (*distribuo*)
1. verdeling [**quadripertita** in vieren];
2. systematische indeling.

distribūtus *zie distribuo.*

districtus, ūs *m* (*distringo*) (*Mel.*) omgeving v.d. stad; district.

di-stringō, stringere, strīnxī, strictum
1. uiteentrekken, -strekken, uitrekken;
2. (*milit. t.t.*) (*de vijand*) op verscheidene punten aanvallen *of* binden [**Romanos**];
3. (*metaf.*) op de pijnbank binden, kwellen; ▸ *sollicitudine districtus*;
4. (*postklass.*) afleiden, storen, iems. aandacht (door verschillende zaken) in beslag nemen [**officiis; votis** overstelpen]; — *p. adj.* **districtus,** a, um (door verschillende zaken) in beslag genomen, beziggehouden, afgeleid [**bellis; contentione ancipiti**].

dis-truncō, truncāre (*Plaut.*) in stukken hakken.

dis-tulī *pf. v. differo.*

disturbātiō, ōnis *f* (*disturbo*) verwoesting [**Corinthi**].

dis-turbō, turbāre
1. uiteendrijven, verstrooien; ▸ *contionem gladiis ~; auster disturbat freta; sortes ~*;
2. vernietigen, verwoesten [**aedificium; porticum; opera**];
3. (*metaf.*) dwarsbomen, doen mislukken, verijdelen [**vitae societatem; legem**].

disyllabus, a, um (*Gr. leenw.*) tweelettergrepig.

dītēscō, dītēscere (*dis*[2]) (*poët.; postklass.*) rijk worden.

dīthyrambicus, a, um (*Gr. leenw.*) dithyrambisch [**poëma**].

dīthyrambus, ī *m* (*Gr. leenw.*) dithyrambe, loflied, hymne, danslied, *ihb. ter ere v. Bacchus.*

dītiae, ārum *f* = *divitiae.*

dītior *zie dis*[2].

dītis, e = *dis*[2].

dītissimus *zie dis*[2].

dītō, dītāre (*dis*[2]) verrijken (*ook metaf.*) [**militem ex hostibus; sermonem patrium**]; — *pass.* *dītārī* zich verrijken, rijk worden.

diū[1] *adv.* (*dies; vgl. interdiu*) bij dag.

diū[2] *adv.* (*comp.* diūtius, *superl.* diūtissimē)
1. lang, lange tijd, gedurende enige tijd; (*comp.*) nogal lang, te lang;
2. al sinds lang;
3. (*ontkend m. comp.*) niet langer, niet verder.

dīum, ī *n* (*dius*[2]) (*pre- en postklass.*) hemelruim, heelal; ▸ *sub dio en sub diu* in de open lucht; *klass.: sub divo, zie divum.*

diurna, ōrum *n* (*diurnus; vul aan: acta*) berichten v.d. dag, *een soort krant.*

diurnum, ī *n* (*diurnus*)
1. (*vul aan: frumentum*) (*Sen.*) dagelijkse verzorging, rantsoen;
2. (*vul aan: commentariolum*) (*Juv.*) dagboek (*v.e. slaaf over de huishoudelijke aangelegenheden*).

diurnus, a, um (*v. diu*[1], *zoals nocturnus v. noctu*)
1. overdag plaatsvindend, bij dag, dag- [**labores; stella** morgenster];
2. dagelijks; voor één dag [**fata** efemeer leven].

diūs[1] *adv.* (*dies*) (*Plaut.*) overdag.

dīus[2], a, um (*nv. v. divus*) hemels, goddelijk, edel [**dius Fidius,** *vgl.* Fidius].

diūtinus *en* **diutinus,** a, um (*adv.* -ē *en* -ō; *diu*[2]) langdurig, lang [**amicus** sinds vele jaren].

diuturnitās, ātis *f* (*diuturnus*)
1. langdurigheid, duurzaamheid [**temporis; pacis; belli; rei publicae**];
2. (*meton.*) blijvend bezit.

diuturnus, a, um (*diu*[2]) langdurig, lang bestaand, aanhoudend, langlevend; ▸ *diuturniores venti* langer aanhoudende winden; *diuturnior impunitas* het langduriger vrijuit gaan.

dīva, ae *f* = *dea.*

dī-vagor, vagārī (*Laatl.*) overal ronddwalen.

dīvālis, e (*divus*) (*Laatl.*)
1. goddelijk;
2. keizerlijk.

dī-vāricō, vāricāre uit(een)spreiden.

dī-vāstō, vāstāre (*Laatl.*) geheel verwoesten, te

gronde richten.

dī-vellō, vellere, vellī (vulsī, volsī), vulsum (volsum)
1. *(poët.; postklass.)* uiteentrekken, verscheuren [**vulnus** het verband van de wond rukken];
2. wegtrekken, losscheuren, afbreken [**ramum suo trunco; membra ab alqo**]; — *se divellere en pass. divelli* zich losscheuren [**ab otio; a voluptate**];
3. *(metaf.)* opheffen, verbreken, vernietigen [**amicitiam; affinitatem; somnos** onderbreken].

dī-vendō, vendere, vendidī, venditum in het klein verkopen *of* veilen [**bona; praedam**].

dī-verberō, verberāre *(poët.; postklass.)* uiteenslaan, uiteen doen springen, scheiden [**terram; ferro umbras; noctis umbras**].

dī-verbium, ī *n (dis en verbum)* samenspraak *v. twee toneelspelers op het toneel,* dialoog *in het drama.*

dīversitās, ātis *f (diversus) (postklass.)*
1. verscheidenheid, verschil *(aan, van: gen.)* [**ciborum; animorum** verschil v. stemming; **naturae** verscheidenheid v.d. natuur];
2. verschil v. mening, tegenspraak, tegenstelling *(tussen: gen.; inter)* [**inter exercitum imperatoremque**]; tegenstelling in opvattingen, verschillende opvattingen [**auctorum; tradentium; inter medicos**].

dīversitor, dīversor, dīversōrium zie dev-.

dīversum, ī *n (diversus)* tegenpartij; ▸ *transferre invidiam in -um; e -o* daarentegen.

dī-versus *(arch.* dīvorsus), a, um *(p. adj. v. diverto)*
1. *(dis-: weg)* naar de tegenovergestelde *of* een andere richting gekeerd: (a) tegenovergesteld, tegenoverliggend, afgekeerd; ▸ *-i flebant servi (Ov.)* zich afwendend; *-a petere* de tegenovergestelde richting inslaan; *per -um* via de overkant; (b) *(poët.; postklass.)* terzijde gelegen, afgelegen; ▸ *-o orbe* aan het andere eind v.d. aarde; *colunt diversi;* (c) *(postklass.)* vijandelijk [**acies; factio** tegenpartij]; ▸ *Armenia diversis praesidiis vacua; diversae partis advocatus* advocaat v.d. tegenpartij; (d) tegenovergesteld = geheel verschillend, geheel afwijkend; ▸ *per -a* uit geheel tegenstrijdige gronden; *duo tela -orum operum* met tegenovergestelde uitwerking; *nullo in -um auctore* voor een tegenovergesteld belang;
2. *(dis-: uit elkaar)* naar verschillende kanten gewend: (a) hier- en daarheen gericht, gewend; ▸ *-i pugnabant; -i discedunt; -i circumspiciunt; proelium -um* op verschillende plaatsen geleverd; *~ agebatur* werd heen en weer getrokken; (b) van elkaar gescheiden, afzonderlijk, ieder voor zich; ▸ *ex locis tam longinquis tamque -is; Corinthus duo maria maxime navigationi -a paene coniungit;* (c) *(v. personen)* verdeeld, onenig, ruziënd.

dīverticulum, ī *n = deverticulum.*

dīvertium, ī *n = divortium.*

dī-vertō, vertere, vertī, versum *(arch.* dīvortō) *(pre- en postklass.)*
1. uiteengaan, weggaan, scheiden;
2. *(metaf.)* verschillen, uiteenlopen.

dīves, *gen.* dīvitis *(vgl. dis*[2]*) (comp.* dīvitior, *superl.* dīvitissimus)
1. rijk *(v. personen) (aan: abl.; gen.)* [**agris; pecoris; opum** aan macht]; ▸ *ex pauperrimo ~ factus est;*
2. welvoorzien, rijkelijk, vruchtbaar [**ager; Nilus** waterrijk; **epistula** veelbelovend; **spes; vena** rijkelijk vloeiende ader];
3. *(poët.; postklass.)* kostbaar, prachtig [**cultus** kleding; **opus**].

dī-vexō, vexāre
1. teisteren, mishandelen [**matrem; agros** verwoesten];
2. *(preklass.)* heen en weer sleuren.

Dīviciācus, ī *m*
1. *Romeinsgezinde koning v.d. Haeduers, broer en tegenstander v. Dumnorix; hij ging een verbond aan met Caesar tegen de Helvetiërs, Ariovistus en de Belgen;*
2. *koning v.d. Belgische Suessiones (ca. 80 v. Chr.).*

dīvidia, ae *f (divido) (pre- en postklass.)* ergernis, zorg.

dī-vidō, videre, vīsī, vīsum
1. (ver)delen, splijten, splitsen [**marmor cuneis; alqm medium securi** middendoor slaan; **omne caelum**]; ▸ *animum nunc huc nunc illuc dividit* richt zijn aandacht nu hierop, dan daarop; *nos alio mentes, alio divisimus aures* wendden hierheen onze aandacht, daarheen ons oor;
2. *(pol.)* splijten, scheiden, delen; ▸ *divisi in factiones; divisus senatus* verdeeld; *populum in duas partes ~;*
3. op-, in-, verdelen [**spatium urbis in regiones vicosque; copias**]; ▸ *Gallia est omnis divisa in partes tres (Caes.); vicus in duas partes flumine dividebatur;*
4. *(retor. t.t.)* verdelen, ontleden [**verba** de woorden in lettergrepen; **Naevii Punicum bellum**

in **septem libros**]; ▸ *accusationis tuae membra* ~ (*Cic.*) verdelen in de afzonderlijke onderdelen;
5. uit-, toe-, verdelen [**munera; nummos; praedam per milites; vinum per tribus; agros per veteranos**]; (*jur.*) *communi dividundo* een *actio* om gemeenschappelijk bezit te verdelen;
6. (*over verscheidene plaatsen*) verdelen, verplaatsen; ▸ *equitatum in omnes partes* ~; *Romanos in custodiam civitatum* ~;
7. *sententiam* het voorstel *v.e. senator dat verscheidene punten omvat* splitsen;
8. scheiden, afzonderen; ▸ *exiguo divisa freto Asia; Gallos ab Aquitanis Garumna dividit; patriā* ~ op een afstand houden van;
9. (onder)scheiden [**iniuriam a calumnia**];
10. (*Hor.*) voordragen, spelen [**citharā carmina**].

dīviduus, a, um (*divido*)
1. (ver)deelbaar;
2. (*poët.; postklass.*) gedeeld, gescheiden [**aqua** dat zich in twee armen verdeelt]; ▸ *dividuom fac* betaal de helft.

dīvīnātiō, ōnis *f* (*divino*)
1. zienersgave; voorspelling, ingeving van hoger hand;
2. gissing, vermoeden;
3. (*jur. t.t.*) het aanwijzen v.d. aanklager.

dīvīnitās, ātis *f* (*divinus*)
1. goddelijkheid, goddelijk wezen;
2. (*meton.*) goddelijke wijsheid; ▸ *divinitatis auctores*;
3. bovenmenselijke perfectie, onovertroffen meesterschap.

dīvīnitus *adv.* (*divinus*)
1. van godswege, door goddelijke beschikking *of* ingeving; ▸ *non partum per nos, sed* ~ *ad nos delatum*;
2. buitengewoon, voortreffelijk [**scribere; dicta**].

dīvīnō, dīvīnāre (*divinus*) voorspellen, profeteren, zienersgave hebben; vermoeden, raden (*m. acc.; de; aci.; afh. vr.*) [**futura; de exitu**].

dīvīnum, ī *n* (*divinus*)
1. het goddelijke;
2. eredienst, offer.

dīvīnus (*divus*)
I. *adj.* a, um
1. goddelijk [**numen; stirps**]; ▸ *res -a en res -ae* eredienst, offer; *iura -a* natuurrecht; *scelera -a* jegens de goden; *non sine ope -a bellum gerere*;
2. van goddelijke ingeving vervuld, bezield, profetisch, voorvoelend, voorspellend [**poeta; pectus**];
3. (*metaf.*) buitengewoon, onvergelijkbaar, voortreffelijk, heerlijk [**consilium; studia**];
II. *subst.* ī *m en* **-a,** ae *f*
1. waarzegger, ziener, profeet;
2. (*Laatl.*) theoloog.

dī-vīsī *pf. v. divido.*

dīvīsiō, ōnis *f* (*divido*)
1. indeling [**orbis terrae**];
2. (*filos. en retor. t.t.*) indeling, opsomming v.d. afzonderlijke punten;
3. (*Tac.*) verdeling [**agrorum; praediorum**].

dīvīsor, ōris *m* (*divido*) verdeler, uitdeler (*v. bouwland onder kolonisten, v. smeergeld onder kiezers*).

dīvīsūra, ae *f* (*divido*) (*Plin. Mai.*) insnijding, inkerving.

dīvīsus[1] *ppp. v. divido.*

dīvīsus[2]**,** ūs *m* (*divido*) (ver)deling; ▸ *facilis divisui* gemakkelijk deelbaar; *divisui esse* verdeeld worden.

Dīvitiācus, ī *m* = *Diviciacus.*

dīvitiae, ārum *f* (*dives*) rijkdom, schatten, kostbaarheden; ▸ *Delos referta -is; metaf.:* ~ *ingenii* vruchtbaarheid *of* productiviteit v.d. geest; ~ *verborum* rijkdom aan uitdrukkingsmogelijkheden; ~ *aquarum* rijkdom aan water; ~ *soli* vruchtbaarheid v.h. bouwland.

Dīvodūrum, ī *n belangrijkste stad in het gebied v.d. Mediomatrici in Gallia Belgica, sinds de 4e/5e eeuw n. Chr. Mettis (Mettensis urbs), nu Metz.*

dī-volgō, volgāre = *divulgo.*

dīvorsus *zie diversus.*

dīvortium, ī *n* (*diverto*)
1. scheiding;
2. splitsing v.e. weg *of* v.e. rivier [**aquarum**]; ▸ *metaf.: haec, ut ex Apennino fluminum, sic ex communi sapientium iugo sunt doctrinarum facta -a* (*Cic.*);
3. (*Tac.*) grens [**inter Europam Asiamque**];
4. echtscheiding; ▸ *-um facere cum uxore* zich laten scheiden van; ~ *Octaviae; subitum* ~;
5. breuk, scheiding (*v. geliefden, verwanten*).

dī-vortō *zie diverto.*

dī-vulgō, vulgāre bekendmaken, openbaar maken, verbreiden [**consilium alcis**]; ▸ *divulgato ingenio* omdat zijn talent bekend was geworden; — *p. adj.* **dīvulgātus,** a, um (a) algemeen; (b) (*poët.; postklass.*) wijdverbreid.

dīvulsiō, ōnis *f* (*divello*) (*Sen.*) het uiteenscheuren, scheiding [**familiarum**].

dīvulsus *ppp. v. divello.*

dīvum, ī *n* *(divus)* blote hemel, open lucht; *alleen in de uitdrukkingen:* ▸ *sub -o* onder de blote hemel; *sub -um rapere* aan het licht brengen.

dīvus

I. *adj.* a, um

1. goddelijk, van goddelijke natuur [**parens; Ilia**];

2. onder de goden opgenomen, vergoddelijkt *(bijnaam v.d. Rom. keizers)* [**divus Augustus**];

II. *subst.* ī *m* *(gen. plur. ook* divum*)* god.

dīxī *pf. v. dico*[1].

dō, dare, dedī, datum

1. geven, aanreiken, overhandigen [**dextram; librum; munus; dotes; frumentum plebi; agros** uitdelen];

2. geven, verlenen, ten deel doen vallen [**alci quietem; beneficia; alci civitatem** het burgerrecht; **aditum ad caelum; servis libertatem; honores**];

3. (over)geven, opdragen, (over)laten [**id alci cogitandum** ter overdenking geven; **tantas res alci scribendas; librum legendum**];

4. toevertrouwen, overgeven [**infantem nutrici**];

5. weggeven, prijsgeven [**urbem militibus diripiendam; captum oppidum praedae; alqd oblivioni aut neglegentiae; vela ventis; alqm morti**];

6. *epistulam of litteras* (**a**) *alci* aan iem. meegeven (ter bezorging); ▸ *erit cotidie cui des* je zult dagelijks de mogelijkheid hebben om aan iem. mee te geven; (**b**) *ad alqm of alci* aan iem. zenden, schrijven; ▸ *discedens dabo ad te aliquid;*

7. bieden, (aan)reiken [**alci cervices** *of* **iugulum; manūs** *om in de boeien te slaan;* **cervices crudelitati nefariae** buigen voor; **terga** vluchten];

8. wijden, offeren [**Apollini donum; deo templum; exta deo; inferias manibus; patriae sanguinem**];

9. betalen, voldoen [**pecuniam; aes**]; ▸ *alci pecuniam mutuam* ∼ iem. geld lenen; *in pontibus pro transitu* ∼ tol betalen; ∼ *milia terna macello (dat.)* op de vleesmarkt; ∼ *poenas* gestraft worden; *alci exilium* ∼ iem. straffen met verbanning;

10. toestaan, vergunnen, verlenen [**alci vitam; iura** rechtspreken; **veniam** toestemming, vergeving *of* genade; **veniam diei** uitstel van een dag; **soli et lunae divinitatem; solacia; laetitiam; alci senatum** audiëntie bij de senaat; **alci contionem; alci pacem**]; ▸ *ihb. v.d. pretor:* do (ik verleen, *vul aan:* rechten, de mogelijkheid tot klagen), *dico* (ik spreek, *vul aan:* het oordeel), *addico* (ik wijs toe, *vul aan:* het eigendom); — *alci dare ut m. conj. en datur m. inf. of ut m. conj.* het is toegestaan;

11. toegeven, erkennen; ▸ *dasne manere animos post mortem?;*

12. aanwijzen, toewijzen, bepalen [**locum colloquio; alci locum in theatro; alci sedem inter inferos; condiciones alci** de voorwaarden dicteren; **requiem voce remis** gelasten];

13. *(getuigen, gijzelaars e.a.)* leveren [**testem; obsides; arbitrum; iudicem; militem**];

14. willen geven, aanbieden *(alleen praes. en impf.)*;

15. *(een opdracht, een ambt e.d.)* geven, toekennen, toedelen, opdragen, toewijzen [**negotium; mandata; potestatem; imperium; legationem**];

16. *(tijd) aan een zaak* besteden [**corpori omne tempus; noctem somno; reliquam partem diei tribunali**]; *ihb.* ∼ *operam alci rei* moeite aan iets besteden;

17. (aan)melden [**nomen** zich melden *(ihb. v. soldaten voor de krijgsdienst en v. nieuwe kolonisten)*];

18. *alci m. pred. dat.* aanrekenen *of* uitleggen als [**alci alqd laudi, vitio, ignaviae; alci alqd crimini** als verwijt voor de voeten werpen];

19. laten horen, laten vernemen [**sonum; fragorem; clamorem; dicta; mugitum; plausum**];

20. te voorschijn laten komen [**cruorem, lacrimas** vergieten]; ▸ *ara dabat fumos* liet opstijgen;

21. afleggen, geven [**specimen** een proef afleggen; **documentum** een bewijs leveren; **exemplum**];

22. produceren, scheppen, laten ontstaan [**fetus**]; ▸ *tellus dedit ferarum ingentia corpora partu; quercus singulos ramos dedit (Suet.)* bracht voort;

23. organiseren [**ludos; exsequias; fabulam** opvoeren; **nataliciam in hortis**];

24. brengen, leggen, werpen *(op, in: prep.; dat.)* [**alqm in hanc domum; corpus tumulo; urnae ossa; bracchia collo; retro capillos; scripta foras** uitgeven];

25. ten val brengen, laten vallen [**alqm ad terram**];

26. *(poët.) in een toestand* brengen [**alqm in timorem; animum in luctus** in rouw dompelen];
27. maken, doen [**fugam** op de vlucht slaan; **impetum in hostem; cursum in medios** snellen, stormen];
28. maken, creëren [**locum** plaatsmaken, opzij gaan; **viam** een weg banen];
29. geven, verschaffen, inboezemen [**animos** moed; **spiritūs; vires; spem**];
30. bereiden, maken, veroorzaken, teweegbrengen [**alci tussim; risūs** stof geven tot; **alci somnum; alci curas; alci dolorem; bello finem** een eind maken aan];
31. *(Ov.)* maken, bewerken *(m. inf.)*; ▸ *dat posse moveri*;
32. *(poët.) de teugels* vieren, loslaten [**frena**];
33. *spijzen* laten opdienen, voorzetten;
34. uiten, zeggen [**dicta**];
35. meedelen, zeggen *(m. acc., aci, ind. vr.)* [**sententiam**];
/ **sē dare** (a) zich aan iets overgeven *of* wijden *(m. dat.; in m. acc.; ad m. acc. v.h. gerundi(v)um)* [**vitae rusticae; voluptatibus; philosophiae; ad docendum; ad defendendos homines**]; (b) voor iem. zwichten, zich gewonnen geven [**regibus; legionibus**]; (c) zich schikken *of* voegen naar, zich overgeven aan *een toestand* [**somno; quieti**]; (d) zich begeven in, zich storten in [**in bella**]; (e) zich met iets inlaten, in iets begeven [**in consuetudinem**]; ▸ ~ *alci se in adoptionem* zich door iem. laten adopteren; (f) zich tonen, zich voordoen *(ook metaf.)* [**populo; se placidum**]; (g) vóórkomen, verschijnen, zich tonen; ▸ *quocumque tempore se dabunt vires*; (h) zich voegen, meegaand zijn; ▸ *iudices se dant.*

doceō, docēre, docuī, doctum *(vgl. disco)*
1. leren, onderrichten, onderwijzen *(iem.: acc.; iets of in iets: acc.; abl.; de; m. inf.; aci.; afh. vr.; adv.)* [**discipulos; ius civile; puerum elementa, litteras; alqm fidibus** in het snarenspel; **alqm equo armisque** in paardrijden en vechten; **alqm Graece** *(vul aan: loqui)*];
2. tonen, uiteenzetten;
3. in kennis stellen, onderrichten *(iem.: acc.; van, in: acc.; de)* [**alqm causam** voorleggen; **iudices de eius iniuriis**];
4. *(een toneelstuk)* instuderen, opvoeren [**fabulam**];
5. lesgeven [**mercede**].

dochmius, ī *m (Gr. leenw.)* dochmius, *vijfvoetige versmaat met de grondvorm* ◡ — — ◡ —.

docibilis, e *(doceo) (Laatl.)* leergierig.

docilis, e *(doceo)*
1. gemakkelijk lerend, leergierig, ontvankelijk *(mbt., naar, voor: ad; gen.; abl.)* [**belua; ad agriculturam; modorum; Graeco sermone**];
2. *(Prop.)* gemakkelijk te begrijpen [**usus**].

docilitās, ātis *f (docilis)* leergierigheid, ontvankelijkheid [**ingenii; ad omnes fere artes**].

doctor, ōris *m (doceo)*
1. leraar [**gladiorum** leermeester in het zwaardvechten; **liberalium artium**];
2. *(Mel.)* (a) *gentium: de apostel Paulus als leermeester v.d. heidenen*; (b) kerkleraar; (c) universitair docent; (d) *een academische graad.*

doctrīna, ae *f (doctor)*
1. *(wetenschappelijk)* onderricht, onderwijs *(in: gen.)*; ▸ *ab aliis rerum, ab aliis verborum doctrina quaeritur (Cic.)*;
2. leer, wetenschap, kunst [**Graeca**];
3. geleerdheid, wetenschappelijke vorming, theoretische scholing, kennis; ▸ *cum in virtute nostri multi valuerunt, tum plus etiam doctrinā.*

doctus *(doceo)*
I. *p. adj.* a, um
1. geschoold, ontwikkeld, knap, geleerd, bekwaam *(in: abl.; gen.; in m. abl.; ad; inf.)* [**virgines** = muzen; **vir; Graecis litteris; fandi** in het spreken; **tendere sagittas**];
2. *(v. niet-lev.)* dat wat van onderwijs getuigt, op ontwikkeling duidt, geleerd [**libelli; lingua** welbespraakt; **carmina; sermones**];
II. *subst.* ī *m* geleerde *(klass. alleen plur.).*

documen, inis *n (Lucr.)* = *documentum 1. en 2.*

documentum, ī *n (doceo)*
1. waarschuwing *(voor: gen.)* [**cavendae similis iniuriae**];
2. voorbeeld, toonbeeld; ▸ *P. Rutilius ~ fuit hominibus nostris virtutis (Cic.)*;
3. bewijs, getuigenis; ▸ *dare -a; -o esse* bewijzen; *patientiae -um dare;*
4. *(eccl.) antiquum* Oude Testament.

dōdecatēmorium, ī *n (Gr. leenw.) (postklass.)* twaalfde deel v.e. teken v.d. dierenriem.

Dōdōna, ae *f*
1. *stad in het gebied v.d. Molossen in Epirus bij de berg Tomarus (in N.W.-Griekenland) met eikenbos en orakel v. Zeus;*
2. *(meton.)* (a) eikenbos v. Dodona; (b) priesters v. Dodona;
/ *adj.* **Dōdōnaeus,** a, um, *fem. ook* **Dōdōnis,** idis.

dōdrāns, antis *m*
1. drievierde; ▸ *heres ex dodrante* erfgenaam v. driekwart v.h. vermogen; *aedificii reliquus* ~;
2. *(als oppervlaktemaat)* ¾ morgen;
3. *(als lengtemaat) (Suet.)* ¾ voet;
4. *(als tijdmaat) (Plin. Mai.)* drie kwartier.

dōdrantālis, e *(dodrans)* driekwart voet metend.

dōdrantārius, a, um *(dodrans)* driekwart-, met driekwart verlaagd [**tabulae** schuldboeken, *waarin op grond v.d. lex Valeria feneratoria drievierde deel v.d. schulden kwijtgescholden werd*].

dogma, atis *n (Gr. leenw.)*
1. *(filosofische)* leerstelling; *(filosofische)* mening;
2. *(eccl.)* geloofspunt; christelijke leer.

dogmaticus, a, um *(Gr. leenw.) (eccl.)* betrekking hebbend op de leer.

Dolābella, ae *m cogn. in de Rom. gens Cornelia:* P. Cornelius ~ *(69—43 v. Chr.), schoonzoon v. Cicero.*

dolābra, ae *f (dolo¹)* pikhouweel, bijl.

dolātūra, ae *f (Mel.)* strijdbijl, snijmes.

dolēns, *gen.* entis *(p. adj. v. doleo)* smartelijk, droevig.

doleō, dolēre, doluī, dolitūrus
1. bedroefd zijn, treuren, lijden, verdriet hebben, betreuren *(over, wegens: abl.; acc.; de; ex; aci.; quod)* [**dolore alcis; alcis mortem; de febricula; ex commutatione rerum; pro gloria imperii**]; ▸ *tuam vicem doleo (Cic.)* ik ben bedroefd over jouw lot;
2. *(v. ledematen)* pijn doen *of* veroorzaken; ▸ *caput mihi dolet;*
3. *(lich.)* pijn hebben;
4. *(Prop.)* verdriet, pijn doen; ▸ *dictum mihi dolet; — onpers.: dolet mihi quod* het doet mij pijn dat.

dōliāris, e *(dolium) (Plaut.)* betrekking hebbend op een vat; ▸ *anus* ~ zo rond als een ton.

dōliolum, ī *n (demin. v. dolium)*
1. klein vat;
2. *(Plin. Mai.)* kelk *v.e. bloem* [**floris**].

dōlium, ī *n (aardewerken)* vat, ihb. wijnvat, *waarin de most enkele maanden moest gisten;* ▸ *de -o haurire; in pertusum ingerimus dicta dolium* in een bodemloze put *(Plaut.)*.

dolō¹, dolāre
1. met een bijl bewerken [**robur; materiem;** *metaf.:* **dolum** *(Plaut.)* een list smeden];
2. ruw uitwerken [**opus**];
3. *(poët.)* een pak slaag geven; *(seksueel)* een goede beurt geven *(m. acc.)*.

dolō² *en* **dolōn,** ōnis *m (Gr. leenw.)*
1. dolk, degenstok;
2. *(Phaedr.)* stekel *(v. vliegen e.a.)*;
3. fok.

Dolopes, um *m volksstam in het Pindusgebergte; hun gebied grensde aan Thessalië en aan Epirus* (N.-*Griekenland); hun land:* **Dolopia,** ae *f.*

dolor, ōris *m (doleo)*
1. *(lich.)* pijn [**laterum; capitis; dentium**];
2. *(geestel.)* pijn, verdriet, bedroefdheid, medeleven, ergernis *(over, met: gen.; ex)* [**coniugis amissae** over het verlies v. zijn echtgenote; **ex** *of* **in alqa re**]; ▸ *mihi dolori est* het doet mij verdriet; *dolorem alci facere, efficere, dare, afferre;*
3. *(poët.) (meton.)* bron v. verdriet; ▸ *illa potest duris mentibus esse* ~ kan verdriet veroorzaken;
4. gekwetstheid, verbittering; ▸ *dolore incensus;*
5. *(retor. t.t.)* hartstocht, pathos.

dolōrōsus, a, um *(dolor) (Laatl.)*
1. rijk aan smarten [**mater** Maria];
2. pijnlijk.

dolōsitās, ātis *f (dolosus) (eccl.)* sluwheid, schurkachtigheid.

dolōsus, a, um *(dolus)* sluw, bedrieglijk, achterbaks *(v. personen en zaken)* [**gens; consilia**].

dolus, ī *m (Gr. leenw.)*
1. list, bedrog, valsheid, gemene streek, misleiding; ▸ *-o en per -um* op een sluwe manier; *ne dicam -o* om eerlijk te zeggen; *haud -o* onomwonden;
2. *(jur. t.t.)* ~ *malus* opzettelijk bedrog, boos opzet;
3. *(Ov.) (meton.)* middel tot bedrog.

domābilis, e *(domo) (poët.)* tembaar, te bedwingen.

domesticātim *adv. (domesticus) (Suet.)* met eigen personeel [**apparare alqd**].

domesticus *(domus)*
I. *adj.* a, um
1. huiselijk, van het huis, tot het huis *of* de familie behorend, huis-, familie- [**vestis** huiselijke kleding; **tempus** thuis doorgebracht; **luctus** rouw om een familielid; **successores** uit het huis, uit de familie; **iudicium** oordeel, mening v.d. zijnen, v. zijn omgeving];
2. privé, persoonlijk, eigen; ▸ *cepi consilium -um* beslissing voor eigen risico; *exemplis -is* uit eigen ervaring; *-o praeconio* door luidkeels voor zichzelf reclame te maken; *canes -os alere* op eigen kosten onderhouden;

3. inheems, binnenlands [**certamen; copiae rei frumentariae** proviand die het eigen land biedt; **hostis** in eigen kamp; **insidiae; crudelitas** tegen medeburgers];
4. innerlijk = in eigen hart wonend [**Furiae**];
II. *subst.* ī *m* familielid; (huis)vriend; — *plur.* familie; huisvrienden; huisgenoten; personeel; huiselijke omgeving.
domicella, ae *f* (*domina*) (*Mel.*)
1. jonge meesteres; jong meisje;
2. de Maagd Maria.
domicellus, ī *m* (*dominus*) (*Mel.*) schildknaap.
domicēnium, ī *n* (*domus en cena*) (*Mart.*) maaltijd thuis [**triste**].
domicilium, ī *n* (*domus en colo*[1])
1. woning, woonplaats; paleis; ▸ *-um collocare of constituere in alqo loco; aliud -um petere; quibus in oppidis erant -a regis; huic verbo proprium ~ est in officio* de eigenlijke betekenis van dit woord heeft betrekking op plichten;
2. (*metaf.*) zetel, plek [**imperii** *v.* Rome; **superbiae**].
domina, ae *f* (*dominus*)
1. meesteres, gebiedster (*ihb. als vererende bijnaam v. godinnen; ook metaf.*); ▸ *voluptates blandissimae -ae; cupiditas honoris quam dura est ~!; iuncti currum -ae subierunt leones* (*v. Cybele*); *Fors ~ campi;*
2. huisvrouw;
3. echtgenote; vrouw; (*poët.*) geliefde;
4. (*Suet.*) dame aan het keizerlijk hof.
domināns, antis *m* (*dominor*) (*Tac.*) gebieder, heerser.
dominātiō, ōnis *f* (*dominor*)
1. heerschappij; ▸ *haec te omnis ~ regnumque iudiciorum tanto opere delectat* (*Cic.*) je schept er zozeer genoegen in te heersen als een koning en de baas te zijn over de rechtspraak;
2. tirannie, alleenheerschappij, dwingelandij [**crudelis**];
3. (*meton.*) *plur.* heersers, heren.
dominātor, ōris *m* (*dominor*) heerser, regent.
dominātrīx, īcis *f* (*dominator*) heerseres, ook *metaf.*: *caeca ac temeraria ~ animi cupiditas.*
dominātus, ūs *m* = *dominatio.*
dominica, ae *f* (*dominicus; vul aan: dies*) (*eccl.*) dag des Heren, zondag.
dominicus (*dominus*)
I. *adj.* a, um
1. van de meester, eigenaar;
2. (*Laatl.*) keizerlijk;
3. (*eccl.*) van de Heer (Christus) [**passio; praecepta; cena** avondmaal; **dies** zondag];
II. *subst.* ī *m* (*vul aan: dies*) (*eccl.*) dag des Heren, zondag.
dominium, ī *n* (*dominus*)
1. (*Sen.*) bezit, eigendom(srecht);
2. (*Sen.*) heerschappij, macht; ▸ *omnia ista in quae ~ casus exercet;*
3. (*Sen.*) (*meton.*) *plur.* heersers;
4. feestmaal; ▸ *huius argento -a vestra ornari* (*Cic.*).
dominor, dominārī (*dominus*)
1. heersen, de baas, meester zijn, gebieden [**Alexandriae; summa arce; in suos; in adversarios; in cetera (animalia); in capite fortunisque; in his sartis tectisque** de leiding hebben over dit soort bouwprojecten]; ▸ *dominante homine furioso; dominandi avidus;*
2. (*metaf.*) (over)heersen, de grootste invloed hebben; ▸ *libido, fortuna dominatur; quod unum in oratore dominatur* waarin de voornaamste kracht v.d. redenaar ligt;
3. (*poët.*) beheerst worden;
4. [**dominantia verba** gewone, letterlijke] (*Hor.*).
dominus (*domus*)
I. *subst.* ī *m*
1. heer (des huizes); (*Plaut.*) zoon des huizes, jonge meester [**rerum suarum**]; — *plur.* heer des huizes en zijn vrouw;
2. bezitter, eigenaar [**navis; insularum; dites domini** grootgrondbezitters];
3. heerser, gebieder, machthebber [**terrarum; gentium; vitae necisque** over leven en dood]; ▸ *v. rechters: rei ~;*
4. organisator (*v. publ. spelen*);
5. gastheer [**convivii**];
6. opdrachtgever bij *de bouw v.e. huis,* bouwheer;
7. (*Ov.*) echtgenoot; geliefde; ▸ *-o erat anxia rapto;*
8. (*poët.; postklass.*) heer (*als titel v.d. keizer*);
9. (*eccl.*) God; Christus;
10. (*Mel.*) leenheer;
II. *adj.* a, um (*poët.*) van de meester, eigenaar [**manus; torus**].
domi-porta, ae *f* (*domus en porto*) huisdraagster, huisjesslak.
Domitiānus, ī *m*: T. Flavius ~ Augustus, *Rom. keizer van 81 tot 96 n. Chr., zoon v. Vespasianus, broer v. Titus.*
Domitius, a, um *naam v.e. plebejische, sinds Augustus (door adoptie in het Julisch-Claudische huis) patricische gens; bekend geworden zijn met name de*

afstammelingen met het cogn. A(h)enobarbus en Calvinus:

1. Cn. ~ A(h)enobarbus Allobrogicus, *consul in 122 v. Chr.;*

2. L. ~ A(h)enobarbus, *consul in 54 v. Chr., aanhanger v. Pompeius en verbeten tegenstander v. Caesar;*

3. Cn. ~ Calvinus, *in 59 v. Chr. volkstribuun, in 58 v. Chr. praetor, in 53 v. Chr. consul, eerst tegenstander, later aanhanger v. Caesar;*

/ *adj.* **Domitiānus,** a, um.

domitō, domitāre *(intens. v. domo) (poët.; postklass.)* temmen, bedwingen, overwinnen [**boves; elephantos**].

domitor, ōris *m (domo)* temmer, bedwinger [**ferarum; serpentium**]; bedwinger, overwinnaar [**generis humani; terrarum marisque; belli externi**].

domitrīx, īcis *f (domitor) (poët.; postklass.)* temster [**ferarum**]; overwinnares.

domitūra, ae *f (domito) (postklass.)* het temmen.

domitus[1] *ppp. v. domo.*

domitus[2], ūs *m (domo)* het temmen, bedwingen; ▸ *efficimus domitu nostro quadrupedum vectiones (Cic.).*

domna, domnus = *domina, dominus.*

domō, domāre, domuī, domitum

1. temmen, bedwingen [**feras; leones**];

2. *(volkeren)* bedwingen, overwinnen, onderwerpen, overweldigen [**Britannos; maximas nationes virtute**]; ▸ *fame domiti Samnites;*

3. *(metaf.)* overwinnen, beteugelen [**invidiam; libidines; iracundias; terram rastris** ontginnen, bebouwen; **arbores** veredelen; **durum saporem** milder maken; **vim fluminis** breken; **carnem** gaarkoken; **uvas prelo** persen].

domu-itiō, ōnis *f (= domum itio)* terugkeer.

domuncula, ae *f (demin. v. domus)* huisje.

domus, ūs *f (arch. gen.* -ī; *dat. ook* -ō *en* -ū; *abl.* -ō, *zelden* -ū; *loc.* -ī; *gen. plur.* -uum *en* -ōrum; *acc. plur.* -ōs *en* -ūs*)*

1. huis; woning, verblijfplaats [**avium** nest; **cornea** schild *v.e. schildpad*]; ▸ *domum aedificare; alqm tecto et domo invitare;*

2. *(meton.)* (a) huisgezin, familie, geslacht; (b) filosofische school; (c) huishouding, huiselijke aangelegenheden; ▸ ~ *ratione regitur;*

3. vaderland, vaderstad; ▸ *foris bella, domi seditiones; accire a domo novos milites; domi splendidus* in het vaderland;

/ *adv. vormen:* (a) **domum** *(plur.* **domōs***)* naar huis, het huis in, naar het vaderland: *reverti domum;* (b) **domō** van huis, van thuis, uit het vaderland: *alqm domo eicere; domo proficisci;* (c) **domī** *en (zelden)* **domuī** thuis, in huis, in het vaderland: *domi bellique of militiaeque* in oorlog en vrede.

domuscula, ae *f* = *domuncula.*

dom-ūsiō, ōnis *f (domus en usus) (Petr.)* eigen gebruik.

dōnābilis, e *(dono) (Plaut.)* (een geschenk) verdienend.

dōnārium, ī *n (donum) (poët.; postklass.)*

1. offeraltaar, tempel; ▸ *-a manibus puris contingere (Ov.)* het altaar met reine handen aanraken;

2. wijgeschenk.

dōnātiō, ōnis *f (dono)*

1. het schenken;

2. gave, geschenk.

dōnātīvum, ī *n (dono)* keizerlijk geschenk in geld, *dat door de keizer bij bijzondere gebeurtenissen (troonsbestijgingen e.d.) aan de soldaten werd uitgedeeld.*

dōnātor, ōris *m (dono) (Sen.)* schenker.

Dōnātus, ī *m:*

1. Aelius ~, *Rom. grammaticus uit de 4e eeuw n. Chr., commentator op Terentius;*

2. Tiberius Claudius ~, *Rom. grammaticus (ca. 400 n. Chr.), commentator op Vergilius.*

dōnec, dōneque, *(arch.)* **dōnicum,** *(Lucr.)* **dōnique** *cj.*

1. zolang (als);

2. totdat, tot (eindelijk).

dōnō, dōnāre *(donum)*

1. geven *(aan: dat.)* [**alci munus**]; *abs.* schenken; ▸ ~ *et ludere (Hor.);*

2. begiftigen *(met: abl.)* [**equites insignibus donis; urbes civitate; cohortem militaribus donis**];

3. verlenen, vergunnen, toestaan, toelaten [**alci aeternitatem immortalitatemque; alci gaudia; mutis piscibus cygni sonum**]; ▸ *alia membra videntur propter eorum usum a natura esse donata;*

4. kwijtschelden, iem. iets besparen [**mercedes habitationum annuas conductoribus; poenam**];

5. *(poët.; postklass.)* ongestraft laten, vergeven, iem. gratie verlenen *(terwille van: dat.)* [**scelera; patrem filio**]; ▸ *culpa gravis precibus donatur suorum (Ov.);*

6. opgeven, laten varen *(terwille van: dat.)* [**inimicitias rei publicae**];

7. (*poët.*) wijden, offeren [**caput Iunoni**].

dōnum, ī *n* (*do*)
1. gift, geschenk; ▸ *~ regale; -a dotalia; -a militaria; -um alci dare, alqd -o dare* iem. iets cadeau geven;
2. offer(gave), wijgeschenk [**Apollinis** voor Apollo]; ▸ *-a magnifica Delphos ad Apollinem mittere;*
3. dodenoffer; ▸ *-a feralia; exstincto cineri sua -a ferre* (*Ov.*).

Donūsa, ae *f eiland bij Naxus in de Egeïsche Zee.*

dorcas, adis *f* (*Gr. leenw.*) (*poët.*) gazelle.

Dōrēs *en* **Dōrīs**[1], um *m* de Doriërs, *een v.d. belangrijkste stammen v.d. Grieken, woonachtig in N.- en Midden-Griekenland en op de Peloponnesus;* — *adj.* **Dōri(c)us,** a, um, *fem. ook* **Dōris,** idis Dorisch, poët. ook Grieks.

Dōris[2]
I. *subst.* idis *f dochter v. Oceanus en Tethys, echtgenote v. Nereus, moeder v.d. 50 Nereïden; ook de naam v. een v.d. Nereïden; meton.* (*poët.*) = zee;
II. *adj.*, *zie Dores.*

dormiō, dormīre
1. slapen; ▸ *in medios dies ~ ; dormientem excitare; sprw.: non omnibus dormio* ik heb niet met iedereen evenveel consideratie;
2. (*poët.*) slapend doorbrengen [**noctem; hiemem**];
3. (*metaf.*) niets doen; ▸ *beneficia dormientibus deferuntur* in de slaap = zonder hun toedoen.

dormītātor, ōris *m* (*dormito*) (*Plaut.*) dromer(?).

dormītiō, ōnis *f* (*dormio*) (*Laatl.*) het slapen, slaap.

dormītō, dormītāre (*dormio*)
1. slaperig zijn, indutten, -slapen; ▸ *dormitanti mihi epistula illa reddita;*
2. (zijn aandacht laten) verslappen.

dormītor, ōris *m* (*dormio*) (*Mart.*) slaper.

dormītōrium, ī *n* (*dormitorius*)
1. (*Plin. Mai.*) slaapkamer;
2. (*Mel.*) slaapzaal *v. monniken.*

dormītōrius, a, um (*dormitor*) van of voor het slapen, slaap-.

dorsuālis, e (*dorsum*) (*postklass.*) betrekking hebbend op de rug.

dorsum, ī *n en* (*zelden*) **-us,** ī *m*
1. rug [**equi**]; ▸ *clipeum ad -um accommodare;*
2. op een rug lijkende, bultachtige verhoging: (a) bergrug, kam [**montis**]; (b) (*poët.*) rug v.d. ploegschaar; (c) (*Verg.*) *vadi* zandbank; (d) (*Plin. Mai.*) *saxeum* stenen dam; (e) (*Verg.*) *immane* rif.

Dorylaeum, ī *n stad in Frygië (Kl.-Azië) aan de rivier de Thymbris;* — *inw.* **Dorylēnsēs,** ium *m.*

doryphorus *en* **-os,** ī *m* (*Gr. leenw.*)
1. speerdrager, *een bronzen beeld, ihb. dat van Polyclitus;*
2. (*postklass.*) lijfwacht.

dōs, dōtis *f* (*do*)
1. bruidsschat; ▸ *uxor sine dote; filiarum dotes;*
2. (*poët.; postklass.*) (*metaf.*) gave, talent, waarde, goede eigenschap [**ingenii; corporis animique**].

Dossennus, ī *m* (*v. dorsum, vulgair dossum*) *de bultenaar, komische figuur uit de Rom. fabulae Atellanae.*

dōtālis, e (*dos*) tot de bruidsschat behorend [**agri; dona** bruidsgeschenken].

dōtō, dōtāre (*dos*) (*poët.; postklass.*) een bruidsschat geven, voorzien van een bruidsschat; ▸ *sanguine Troiano dotari* bloed v.d. Trojanen als bruidsschat krijgen; — *p. adj.* **dōtātus,** a, um voorzien van een rijke bruidsschat; *metaf.: dotatissimā formā* met stralende schoonheid; *vite dotata ulmus.*

drachma, *arch.* **drachuma,** ae *f* (*Gr. leenw.*)
1. drachme, *Gr. zilveren munt, ong. evenveel waard als een Rom. denarius;*
2. (*Plin. Mai.*) (*gewicht*) ⅛ ons = 1/96 as.

drachumissō, drachumissāre (*drachma, arch. drachuma*) (*Plaut.*) voor één drachme werken.

dracō, ōnis *m* (*Gr. leenw.*)
1. slang, draak;
2. Draak *als sterrenbeeld;*
3. (*eccl.*) slang, duivel.

Dracō, ōnis *m Atheense wetgever (ca. 620 v. Chr.).*

dracōni-genus, a, um (*draco en gigno*) (*poët.*) door slangen verwekt, van draken afstammend.

Drangae, ārum *m inwoners v.d. Perz. provincie Drangiana.*

drāpeta, ae *m* (*Gr. leenw.*) (*Plaut.*) weggelopen slaaf.

drappus, ī *m* (*Laatl.*) doek, lap.

draucus, ī *m* (*Kelt. leenw.*) (*Mart.*) atleet.

Drepanum, ī *en* **-a,** ōrum *n stad aan de W.-kust v. Sicilië, nu* Trapani; — *inw. en adj.* **Drepanitānus,** ī *m resp.* a, um.

dromas, adis *m* (*Gr. leenw.*) dromedaris.

dromos, ī *m open ruimte, ihb. vlakte bij Sparta, waar de jeugd zich in het hardlopen oefende.*

drōpax, acis *m* (*Gr. leenw.*) (*Mart.*) pekpleister (*ontharingsmiddel*).

Druentia, ae *m zijrivier v.d. Rhône, ontspringend in de Cottische Alpen, nu de* Durance.

Druidae, ārum *en* **Druidēs,** um *m* druïden

(priesters in Gallia en Britannia).

Drūsus, ī *m cogn. in de gens Livia en later ook in de gens Claudia:*
1. M. Livius ~, *consul in 112 v. Chr., was als volkstribuun tegenstander v. zijn collega C. Gracchus;*
2. M. Livius ~, *zoon v. 1., trachtte als volkstribuun (in 91 v. Chr.) een aantal wetten in te voeren en werd vermoord;*
3. Nero Claudius ~ Germanicus, *gew.* Drusus *genoemd, broer v. Tiberius, stiefzoon v. Augustus, streed in Germanië, (38—9 v. Chr.);*
/ *adj.* **Drūsiānus** en **Drūsīnus,** a, um;/ **Drūsilla,** ae *f naam v. vrouwen in de familie v.d. Drusi.*

dryas, adis *f (meestal plur.)* boomnimf.

Dryopes, um *m volksstam bij het Oetagebergte in Thessalië (N.-Griekenland).*

duālis, e *(duo) (postklass.)* op twee betrekking hebbend; ▸ *gramm.: numerus ~.*

dubietās, ātis *f (dubius) (Laatl.)* twijfel, aarzeling.

dubiōsus, a, um *(dubius) (postklass.)* twijfelachtig.

Dūbis, is *m zijrivier v.d. Saône, nu de* Doubs.

dubitābilis, e *(dubito) (Ov.)* twijfelachtig [**virtus**].

dubitanter *adv. (dubito)* twijfelend, aarzelend, talmend.

dubitātiō, ōnis *f (dubito)*
1. twijfel, onzekerheid *(aan, over: gen.; de; m. afh. vr.; bij voorafgaande ontkenning m. quin);* ▸ *~ adventūs legionum; ~ iuris; illa Socratica ~ de omnibus rebus; sine (ulla) dubitatione* zonder (enige) twijfel, zeer zeker;
2. het aarzelen, dralen, talmen, besluiteloosheid; ▸ *~ ad rem publicam adeundi* bedenkingen staatszaken te verrichten; *sine dubitatione* zonder te aarzelen.

dubitō, dubitāre *(dubius)*
1. (be)twijfelen, in twijfel trekken *(m. de; acc., klass. alleen neutr. v.e. pron., bv. id, haec, nihil; afh. vr.; bij voorafgaande ontkenning m. quin; nietklass. m. aci.);* ▸ *de animo Ciceronis ~; de tua erga me voluntate dubito; ook pass.: de hac re dubitatur; dubitatus parens* van wie men betwijfelt of hij de echte vader is;
2. aarzelen, besluiteloos zijn, weifelen, dralen *(m. inf., zelden quin na voorafgaande ontkenning);*
3. overwegen, zich afvragen of niet.

dubium, ī *n (dubius)*
1. twijfel; ▸ *sine -o* zonder twijfel; *in -o esse* twijfelachtig zijn; *in -um vocare* in twijfel trekken; *in -um venire* in twijfel getrokken worden; *nihil -i est, quin* het lijdt geen twijfel dat; *Sextium haud pro -o consulem esse* ongetwijfeld;
2. gevaar; ▸ *in -o esse* in gevaar verkeren; *in -um (de)vocare* op het spel zetten, in gevaar brengen; *in -um venire* en *in -um futurum esse* in gevaar komen.

dubius, a, um
1. twijfelend, weifelend, besluiteloos, onzeker *(m. gen.; afh. vr.; ontkend m. quin; aci.);* ▸ *vitae ~* op de grens v. leven en dood; *animi ~; mentis ~; ~ inter spem metumque* zwevend tussen; *~ sum, quid faciam; haud ~ facilem victoriam fore (Liv.);*
2. twijfelachtig, onzeker, onbeslist [**victoria; consilia; caelum** betrokken; **dubiae crepuscula lucis** ochtendschemering; **nox** (avond)-schemering; **auctor** onbetrouwbaar; **haud dubius** (ongetwijfeld) **praetor**]; ▸ *non -um est quin* het lijdt geen twijfel dat; *dubiumne est quin?; cui dubium est quin?; haud dubio* omdat er geen twijfel over bestond;
3. bedenkelijk, hachelijk, gevaarlijk [**res** hachelijke situatie; **tempora**]; ▸ *loca dubia nisui videbantur;*
4. *(poët.)* zich in een hachelijke situatie bevindend, in gevaar verkerend [**aeger** een ernstig zieke].

ducālis, e *(dux)* van de veldheer, veldheers-.

ducātor, ōris *m (dux) (postklass.)* leider, gids.

ducātus, ūs *m (dux)* positie v. veldheer, commando.

ducēnārius, a, um *(duceni) (postklass.)* tweehonderd inhoudend, bevattend; 200.000 sestertiën bezittend [**iudex** *of* **procurator** met een vermogen (*of* salaris) v. 200.000 sestertiën].

ducēnī, ae, a *(ducenti)*
1. telkens, ieder tweehonderd;
2. *(postklass.)* tweehonderd (per keer);
3. *(m. milia)* tweehonderd.

ducentēsima, ae *f (ducentesimus; vul aan: pars) (postklass.)* 1/200, belasting van ½%.

ducentēsimus, a, um *(ducenti)* tweehonderdste.

du-centī, ae, a *(duo en centum)* tweehonderd; *alg.* een groot getal, duizend.

ducentiē(n)s *adv. (ducenti)* tweehonderdmaal; *alg.* duizendmaal.

ducissa, ae *f (dux) (Laatl.)* hertogin.

dūcō, dūcere, dūxī, ductum *(imp.* dūc, *arch.* dūce*)*
I. leiden, voeren:
1. leiden [**alqm domum; alqm ante currum; principes obsidum loco; equum loro**];

▸ *ducente deo* onder leiding van;
2. *(poët.; postklass.) (v. niet-lev.)* leiden naar; ▸ *via of iter ducit ad urbem; via in editum leniter collem duxit; quo via ducit;*
3. meenemen, -brengen [**in provinciam poetas; in Hispaniam secum filium**]; ▸ *duxit sua praemia victor (Ov.);*
4. *(jur. t.t.) iem. voor het gerecht, naar de gevangenis, ter dood, ter bestraffing* (weg)voeren [**alqm in ius** voor het gerecht; **in vincula, ad supplicium**];
5. *(troepen)* voeren, laten marcheren, laten oprukken [**cohortes ad munitiones; recto itinere exercitum ad alqm**];
6. aanvoeren, het bevel voeren over [**milites; ordinem** centurio zijn];
7. *abs. (v. veldheren)* marcheren, oprukken [**contra hostes**]; *(v. soldaten)* vooruitmarcheren; ▸ *pars equitum ducebant;*
8. *(v.e. man)* trouwen [**uxorem; ex plebe** een plebejische vrouw];
9. *(metaf.)* brengen, bewegen, overhalen tot; ▸ *me ad credendum ducit oratio; — pass. duci* zich laten leiden: *amore (suspicione) ductus* uit liefde (argwaan);
10. *(poët.)* dichterbij brengen *(ook metaf.)* [**pecudes; soporem** veroorzaken];
11. *(water)* leiden, voeren [**aquam non longe a villa; aquam per fundum alcis**];
12. aan het lijntje houden; voor de gek houden; ▸ *mater imagine tauri ducta;*
13. leiden [**funera; exsequias; choros**];
II. trekken:
1. trekken, achter zich aan trekken [**navem per adversas undas** stroomopwaarts; **capellam**]; ▸ *sidera crinem ducunt;*
2. naar zich toe trekken, aantrekken [**alterna bracchia** zwemmen; **remos** roeien];
3. eruit trekken, te voorschijn trekken [**alqm** *of* **alqd sorte** door loting selecteren, loten; **ferrum vaginā; gemitūs** zuchten; **verba** uitstamelen];
4. *(tijd)* doorbrengen, slijten [**aetatem in litteris; vitam**];
5. rekken, uitstellen [**bellum; vitam; spiritum; diem ex die; tempus; amores in longum** op de lange baan schuiven, lang laten wachten; **somnos** blijven slapen];
6. *(muren, grachten e.d.)* optrekken, bouwen, aanleggen [**murum; vallum ex castris ad aquam; viam; fossam**];
7. *(metaf.)* af-, herleiden [**nomen ex alqa re; principium ab alqo; originem ab alqo**]; ▸ *ab eodem verbo ducitur oratio* gaat uit, begint;
8. door trekken voortbrengen, scheppen, vervaardigen, maken, vormen [**lineam; orbem** een cirkel beschrijven; **litteram in pulvere**]; ▸ *flamma apicem ducit* loopt spits toe;
9. *(poët.)* kunstvaardig vormen [**de marmore vultūs; ocreas argento**]; dichten, schrijven [**epos; versūs**];
10. *(poët.) stamina of filum* spinnen;
11. krijgen, aannemen [**rimam; formam; colorem** kleur krijgen];
12. meeslepen, prikkelen, boeien; ▸ *errore duci; pocula ducentia somnos; fabellarum auditione ducuntur;*
13. naar binnen trekken, binnenhalen [**aëra spiritu; spiritum, animam** inademen, inhaleren; **frigus ab umbra**]; *(poët.)* (op)slurpen, zuigen [**nectaris sucos**];
14. vertrekken [**os** het gezicht];
III. *diverse geestelijke activiteiten:*
1. achten, beschouwen als, houden voor; ▸ *(m. gen. pretii) alqd parvi (pluris)* ~ gering (hoger) achten; *(m. gen. qual.) id continentis debet duci* moet voor soberheid doorgaan; *alqd pro nihilo* ~; *(m. dat.) despicatui* ~ als verachtelijk beschouwen, verachten; *alqd laudi* ~ als eervol beschouwen; *(m. dubb. acc.) alqm victorem* ~; *alqd optimum* ~; *in gloria* ~ als eervol beschouwen; *(m. aci.) illa ficta esse ducimus; — pass.* ook: gelden als *(m. dubb. nom.)*;
2. rekenen tot, tellen onder [**alqm (in) hostium numero; alqm loco affinium; alqd in malis**];
3. (be)rekenen, schatten [**fenus quaternis centesimis**]; ▸ *oratores in ratione non* ~ niet meerekenen;
4. *rationem alcis of alcis rei* ~ rekening houden met [**non ullius rationem sui commodi; suam rationem** aan zijn eigen voordeel denken].

ductārius, a, um *(ductus*[2]*) (postklass.)* van een katrol.

ductilis, e *(duco)*
1. *(Mart.)* die *of* dat geleid kan worden [**flumen**];
2. pletbaar *(v. metaal)*.

ductim *adv. (duco) (Plaut.)* met volle teugen.

ductiō, ōnis *f (duco)* het (weg)leiden; leiding [**aquae**].

ductitō, ductitāre *(intens. v. ducto) (Plaut.)*
1. mee naar huis nemen;

2. (*metaf.*) voor de gek houden, bedriegen.
ductō, ductāre (*intens. v. duco*)
1. voeren, met zich meevoeren [**exercitum per saltuosa loca**];
2. mee naar huis nemen;
3. (*milit. t.t.*) aanvoeren, het bevel voeren over;
4. (*Plaut.*) (*metaf.*) voor de gek houden, bedriegen [**alqm dolis; alqm labiis**];
5. (*Enn.*) lokken.
ductor, ōris *m* (*duco*)
1. leider, gids [**itineris**];
2. (*milit. t.t.*) (leger)aanvoerder, generaal [**ordinum** centurio; **classis**];
3. berijder; drijver.
ductus[1] *ppp. v. duco.*
ductus[2], ūs *m* (*duco*)
1. (*milit. t.t.*) aanvoering, leiding, bevel; ▸ *alcis ductu* onder leiding v. iem.;
2. het optrekken, leiden, leiding [**muri; aquarum** waterleiding];
3. het trekken, tekenen [**litterarum**];
4. het trekken, trek; ▸ *ductūs oris* gelaatstrekken.
dū-dum *adv.*
1. vroeger, zo-even, onlangs; ▸ *iam* ~ een tijd(je) geleden al;
2. lang, lange tijd; ▸ *iam* ~ al lang, *poët. ook*: nu eindelijk, meteen; *quam* ~ hoe lang, sinds wanneer?
Duēlius = *Duilius.*
duellātor, ōris *m* (*duellum*) (*arch. voor bellator*) krijger.
duellicus, a, um (*duellum*) (*arch. voor bellicus*) krijgs-; krijgshaftig.
Duellius = *Duilius.*
duellum, ī *n* (*arch., poët. en in wetsformules voor bellum*)
1. oorlog; slag; strijd;
2. (*postklass.*) tweekamp, duel.
Duīl(l)ius, a, um *naam v.e. pleb. gens, die in de 3e eeuw v. Chr. verdween; C.* ~ *overwon als consul in 260 v. Chr. tijdens de 1e Pun. oorlog de Carthagers in de zeeslag bij Mylae.*
duim, duis, duit, duint *arch. voor dem, des, det, dent (v. do).*
dulce, is *n* (*dulcis*) (*poët.*) iets zoets, zoetigheid, *ihb.* zoete wijn; *klass. alleen plur.* **dulcia,** ium *n* zoetigheden.
dulcēdō, inis *f* (*dulcis*)
1. zoetigheid, zoete smaak [**frugum; mellis; sanguinis**];
2. lieftalligheid, bekoorlijkheid, charme [**orationis; vocis**];
3. zin, verlangen [**plebeios creandi; praedarum**];
4. (*postklass.*) kriebel, jeuk.
dulcēscō, dulcēscere, —— (*incoh.; zie dulcis*) zoet worden.
dulciāmen, inis *n* (*dulcis*) (*Mel.*) zoetigheid, lekkernij.
dulciārius, a, um (*dulcis*) (*Mart.*) suiker-, koek- [**pistor** banketbakker].
dulciculus, a, um (*demin. v. dulcis*) tamelijk zoet [**potio**].
dulci-fer, fera, ferum (*dulcis en fero*) (*preklass.*) zoet.
dulci-loquus, a, um (*dulcis en loquor*) (*Laatl.*) zoetklinkend [**calamus**].
dulcis, e
1. zoet (*v. smaak*) [**mel; merum; sapor**];
2. zoet, niet zout [**aqua**];
3. lieflijk, aangenaam [**nomen; somnus; sonus; terra**];
4. vriendelijk, liefdevol, aardig [**amicus; conviva**]; ▸ *amicitia dulcior esse debet.*
dulcitūdō, inis *f* (*dulcis*) zoetigheid; aangenaamheid.
dulcium, ī *n* (*dulcis*) (*postklass.*) taart.
dulcor, ōris *m* (*dulcis*) (*Laatl.*) zoetheid, zoetigheid.
dulcōrō, dulcōrāre (*dulcor*) (*Laatl.*) zoet maken.
Dulgubniī, ōrum *m Germ. volksstam bij de rivier de Wezer.*
dūlicē *adv.* (*Gr. leenw.*) (*Plaut.*) op de manier v. slaven.
Dūlichium, ī *n en* (*Prop.*) **-a,** ae *f eiland ten Z.O. v. Ithaca in de Ionische Zee, dat hoorde bij het rijk v. Odysseus;* — *adj.* **Dūlichius,** a, um *poët. ook:* van Odysseus [**rates; dux** = Odysseus].
dum
I. *cj.*
1. (*temporeel*) (a) gedurende de tijd dat, terwijl (*meestal m. indic. praes.*); ▸ *Alexander, dum inter primores pugnat, sagittā ictus est; dum haec geruntur* (ondertussen), *tempestas orta est*; (b) zolang (als) (*m. indic. v. alle tempora*); ▸ *abite, dum erit facultas; dum Galli longius aberant munitione, plus multitudine telorum proficiebant*; (c) (zolang) totdat (*zuiver temporeel: m. indic. praes., pf. en fut. exactum; m. finale bijsmaak: m. conj. praes. en impf.*); ▸ *temporeel: pasce capellas, dum redeo (of rediero); finaal: exspectavit Caesar, dum naves convenirent* met de bedoeling dat intussen;
2. (*conditioneel*) als maar, mits (*m. conj.*); *ont-*

kend: dum ne; *vaak versterkt:* **dummodo** ; ▸ *oderint, dum metuant;* 3. *(causaal)* nu, omdat;
II. *adv. (encl.)*
1. *(na woorden met een negatieve betekenis)* nog [**nondum, necdum, nequedum** nog niet; **nullusdum, nulladum** nog geen; **vixdum** nauwelijks nog; **nihildum** nog niets];
2. *(na imp.)* toch, dan toch [**agedum, agitedum** kom op dan; **dicdum**].

dūmētum, ī *n (dumus) (dicht)* struikgewas, kreupelhout *(ook metaf. v. ingewikkelde beweringen)*; ▸ *in -a correpere (Cic.)* zich in het struikgewas verschuilen = zijn toevlucht nemen tot ingewikkelde redeneringen.

dum-modo *zie dum* I. 2.; *ontkend:* dummodo ne.

Dumnorīx, īgis *m broer en tegenstander v.d. Haeduer Diviciacus, schoonzoon v.d. Helvetiër Orgetorix.*

dūmōsus, a, um *(dumus) (poët.)* met struikgewas begroeid [**saxa**].

dum-taxat *adv. (dum en taxo 'terwijl men de zaak nauwkeurig schat')*
1. alleen, enkel (en alleen), slechts: *non ~ . . . sed etiam* niet alleen . . . maar ook;
2. minstens, tenminste, althans, in ieder geval; ▸ *coluntur (tyranni) simulatione ~ ad tempus;*
3. in zoverre, voor zover als;
4. *(postklass.)* namelijk.

dūmus, ī *m* struikgewas, kreupelhout, bosje.

duo, duae, duo twee; beide(n), allebei *(gen.:* duōrum [*arch.* duum], duārum; *dat. en abl.:* duōbus, duābus; *acc.* duōs *en* duo, duās); ▸ *duo senatores mihi obviam sunt facti, ambos salutavi, uterque resalutavit (Liv.).*

duo-dē- *dient ter vorming v. getallen die eindigen op 8, bv.: duodeviginti 18, duodetriginta 28, duodevice(n)simus 18e, duodetrice(n)simus 28e enz.*

duo-deciē(n)s *adv.* twaalfmaal.

duo-decim *(decem)* twaalf [**tabulae** twaalf wetstafelen].

duodecimus, a, um *(duodecim)* twaalfde.

duo-dēnī, ae, a *(duodecim)*
1. ieder twaalf; twaalf per keer;
2. *(poët.)* twaalf (in totaal).

duo-et-vīcēsimānī, ōrum *m (duoetvicesimus) (Tac.)* soldaten v.h. 22e legioen.

duo-et-vīcēsimus, a, um tweeëntwintigste.

duo-virī, ōrum *m zie duumviri.*

dupla, ae *f (duplus; vul aan: pecunia) (pre- en postklass.)* dubbele prijs, dubbele koopsom; ▸ *-am dare.*

du-plex *(duo en plico)*
I. *adj. gen.* plicis *(adv.* dupliciter)
1. dubbel, dubbel (op)gevouwen, dubbel- [**pannus; acies; rates; vallum** dubbele wal];
2. dubbel, tweevoudig, tweemaal zo groot, tweemaal zo veel [**fenus; frumentum** dubbel rantsoen];
3. *(poët.)* beide [**palmae; oculi**];
4. *(poët.; postklass.)* dubbeltongig, listig [**Ulixes**];
II. *subst.* plicis *n* het dubbele.

duplicārius, a, um *(duplex)* dubbel rantsoen *of* dubbele soldij ontvangend; — *subst.* ī *m* soldaat *of* matroos die dubbele soldij ontvangt.

duplicātiō, ōnis *f (duplico)*
1. verdubbeling;
2. *(jur.)* dupliek.

duplicitās, ātis *f (duplex) (Laatl.)* dubbelheid, dubbelzinnigheid.

duplicō, duplicāre *(duplex)*
1. verdubbelen, tweemaal zo groot, lang, breed maken [**numerum equitum; tributa provinciis; copias; exercitum; crescentes umbras** *(door de zon)*; **iter**];
2. vergroten, vermeerderen, verhogen, verlengen [**curam; bellum** hernieuwen];
3. *(poët.)* dubbelvouwen, in tweeën delen, krommen, knikken; ▸ *duplicato poplite;*
4. *(retor. t.t.) verba:* (a) onmiddellijk na elkaar herhalen; (b) aan elkaar koppelen.

dupliō, ōnis *f (duplus)* het dubbele, dubbele schadeloosstelling *(als straf)*.

duplō, duplāre *(duplus) (jur.)* verdubbelen.

duplum, ī *n (duplus)* het dubbele; dubbel bedrag, dubbele som *(ihb. als straf)*; ▸ *in -um ire* het dubbele v.d. straf voldoen; *iudicium dare in -um; populo (dat.) in -um praediis (abl.) cavere (Tac.)* het volk met landgoederen garanties geven tot het dubbele v.d. waarde.

du-plus, a, um *(duplex)* tweevoudig, tweemaal zoveel, tweemaal zo groot.

dupondiārius, a, um *(dupondius) (postklass.)* twee as waard; twee pond wegend.

du-pondius, ī *m*
1. *(= duo asses pondo)* muntstuk van twee as;
2. *lengte van twee voet.*

dūra, ōrum *n (durus)* benarde situatie, nood *(= res durae)*.

dūrābilis, e *(duro) (Ov.)* duurzaam.

dūracinus, a, um *(durus en acinus) (postklass.)* hard van schil [**uva**].

dūrāmen, inis *n (duro) (Lucr.)* verharding [**aquarum** bevriezing].

dūrāmentum, ī n (*duro*) (*Sen.*) verharding, stevigheid.

dūrateus, a, um (*Gr. leenw.*) (*Lucr.*) houten [**equus** *v.h. paard v. Troje*].

dūrēscō, dūrēscere, dūruī, — (*durus*) hard, stijf worden; ▸ *frigoribus durescit umor* bevriest; *limus durescit.*

dureta, ae *f* (*Suet.*) houten badkuip.

dūritās, ātis *f* (*durus*) hardheid, strengheid [**orationis**].

dūriter *adv. v. durus.*

dūritia, ae *en* **-tiēs,** ēī *f* (*durus*)
1. hardheid [**lapidis**];
2. (*metaf.*) gehardheid, strenge levenswijze, soberheid, uithoudingsvermogen; ▸ *a pueritia -am voluptati habuisse;*
3. hardheid, hardvochtigheid, strengheid [**animi; veterum**]; ▸ *-ā ferrum ut superes adamantaque* (*Ov.*);
4. (*postklass.*) last, ongemak [**operum; caeli militiaeque**].

dūriusculus, a, um (*demin. v. durus*) (*Plin. Min.*) een beetje hard, *metaf.* een beetje stroef [**versus**].

dūrō, dūrāre (*durus*)
I. *tr.*
1. harden, hard maken, verharden [**ferrum; hastas igne; ossa in scopulos; lac** stremmen];
2. (*poët.; postklass.*) droogmaken, (uit)drogen, roosteren [**Albanam fumo uvam; Cererem in foco** bakken];
3. (*metaf.*) harden, krachtig maken; ▸ *se labore* ~; *durati usu armorum; umeros ad vulnera* ~;
4. (*poët.; postklass.*) afstompen, gevoelloos maken (*voor: ad*); ▸ *ad omne facinus duratus;*
5. uithouden, verdragen [**laborem; imperiosius aequor**];
II. *intr.*
1. hard worden; ▸ *pontus frigore durat;*
2. droog worden, uitdrogen; ▸ *solum durat;*
3. (*metaf.*) zich verharden [**in necem alcis** tot moord op iem.; *evenzo* **usque ad caedem**]; ▸ *crudeles manus in hoc supplicium durant;*
4. uithouden, volharden; ▸ ~ *nequeo in aedibus; sub Iove* ~ onder de blote hemel; ~ *in opere et labore sub pellibus;*
5. (voort)duren, voorhanden zijn, blijven (bestaan); ▸ *durat simulacrum; durant colles* lopen helemaal door; *vinum durat per annos* blijft goed; *a matutino tempore durant in occasum.*

Dūrocortorum, ī n *belangrijkste stad in het gebied v.d. Remi in Gallia Belgica, later Remi(s) genoemd, nu* Reims.

Durrachium, ī n = *Dyrr(h)achium.*

dūruī *pf. v. duresco.*

dūrus, a, um (*adv.* dūrē *en* dūriter)
1. hard [**lapis; cautes**];
2. (*metaf.*) gehard, volhardend, sterk, krachtig [**Scipiadae; -um a stirpe genus; bos**];
3. ruw, grof, bot, plomp, onbeschaafd; ▸ *dicendi genere* ~ *et rusticus; versūs -i* stroeve;
4. onontvankelijk (*voor: ad*) [**ad haec studia**];
5. gevoelloos, wreed, onvriendelijk, hardvochtig, streng (*tegen: in m. acc.; dat.*) [**miles; pater; ingenium; animus; in plebem**]; ▸ *animo agresti et -o esse;*
6. (*niet-klass.*) onbeschaamd, driest; ▸ *-i oris* met een brutaal gezicht;
7. bezwarend, moeilijk, lastig, drukkend, ongunstig [**labor; dolor; via; vita; res -ae** benarde situatie; **lex; tempora rei publicae; condiciones**];
8. (*v. weer en jaargetijden*) guur, onaangenaam [**tempestas; frigus**];
9. (*voor het gehoor*) hard, stroef, onaangenaam [**vocis genus; oratio**];
10. stijf [**signa** beelden];
11. (*preklass.; poët.*) (*v. smaak*) droog [**vinum**].

duumvirātus, ūs *m* (*duumviri*) tweemanschap.

duumvirī *en* **duovirī,** ōrum *m* tweemannen, *commissie v. twee mannen*
1. *in Rome:* (a) ~ *perduellionis* onderzoeksrechters bij hoogverraad; (b) ~ *aedi faciendae of locandae* voor de bouw v.e. tempel; (c) ~ *sacrorum of sacris faciundis* commissie belast met het toezicht op de sibillijnse boeken (*sinds 367 v. Chr. uit* 10, *sinds Sulla uit* 15 *personen bestaand*); (d) ~ *navales* voor de uitrusting v.d. vloot;
2. *in de municipia en koloniën:* ~ *municipiorum* burgemeesters.

dux, ducis *m en f* (*duco*)
1. leider, leidster, aanvoerder, aanvoerster; ▸ *magistrā ac duce naturā; dis ducibus* onder leiding v.d. goden; ~ *superum* (*v. Jupiter*); ~ *locorum;* ~ *gregis* stier, ram; *armenti* ~ = stier;
2. aanvoerder, veldheer [**agminis; classis; praedonum; alaribus cohortibus**];
3. leider (*bij, van: gen.*) [**facti; impietatis**];
4. (*poët.*) vorst, keizer;
5. (*Laatl.*) hertog(in);
6. (*Laatl.*) *plur. duces* de vooraanstaanden, groten v.h. rijk.

dūxī *pf. v. duco.*

dyas, adis *f (Gr. leenw.)* tweetal, twee.

Dȳmae, ārum *en* **Dȳmē,** ēs *f stad aan zee in Achaea (in het noorden v.d. Peloponnesus); — inw. en adj.* **Dȳmaeus,** ī *m resp.* a, um.

Dymās, antis *m vader v. Hecuba (die vd. ook Dymantis, idis f heette).*

dynastēs, ae *m (Gr. leenw.)* heerser, machthebber, vorst.

Dyrr(h)achium, ī *n latere naam v.d. stad Epidamnus aan de kust in Illyrië (in het huidige Albanië), in 626 v. Chr. als kolonie v. Corinthe en Corcyra gesticht, nu Durrës; — inw. en adj.* **Dyrr(h)achīnus,** ī *m resp.* a, um.

E

E, e[1] (*afk.*)
1. = *emeritus;*
2. = *evocatus;*
3. **E. M. V.** = *egregiae memoriae vir;*
4. **EQ. R.** = *eques Romanus.*

ē[2] *prep. en prefix, zie ex.*

eā *adv.* (*abl. fem. v. is, vul aan: viā of parte*) daarlangs; ginds.

eādem *adv.* (*abl. fem. v. idem*)
1. (*vul aan: viā*) daarlangs, langs dezelfde weg; ▸ ~ *regreditur;*
2. (*vul aan: operā*) (*kom.*) (**a**) tegelijkertijd; (**b**) op dezelfde wijze.

eampse (*Plaut.*) = *eam ipsam.*

eā-propter *adv.* (*Ter.; Lucr.*) daarom (= *propterea*).

eāpse (*Plaut.*) = *ea ipsa.*

eā-tenus *adv.* (*vul aan: parte*) (*ook gesplitst*) tot zo ver, in zoverre.

ebenum, ī *n* (*ebenus*) (*poët.*) ebbenhout.

ebenus, ī *f* (*Gr. leenw.*) (*poët.; postklass.*) ebbenhout(boom).

ē-bibō, ēbibere, ēbibī, —
1. opdrinken, uitdrinken, legen, uitzuigen [**aquam; poculum; ubera; cruorem e vulneribus; Nestoris annos** zoveel bekers als Nestor jaren geleefd heeft];
2. verdrinken, verbrassen.

ē-bītō, bītere, — — (*Plaut.*) naar buiten gaan.

ē-blandior, ēblandīrī
1. door vleierij aftroggelen *of* verkrijgen [**unum diem consulatūs**]; *p.p.* **ēblandītus,** a, um *ook pass.* door vleien verkregen [**suffragia**];
2. bekoren, strelen; *p.p.* **ēblandītus,** a, um *ook pass.* [**aures nostrae**];
3. verzachten.

eborātus, a, um = *eburatus.*

eboreus, a, um (*ebur*) (*postklass.*) van ivoor.

ēbrietās, ātis *f* (*ebrius*) dronkenschap, roes.

ēbriō, ēbriāre (*ebrius*) (*Laatl.*) dronken maken.

ēbriolus, a, um (*demin. v. ebrius*) (*Plaut.*) halfdronken.

ēbriōsitās, ātis *f* (*ebriosus*) drankzucht.

ēbriōsus (*ebrius*)
I. *adj.* a, um
1. verslaafd aan drank;
2. (*Catull.*) sappig [**acina**];
II. *subst.* ī *m* dronkaard.

ēbrius
I. *adj.* a, um
1. beschonken, dronken; ▸ *sprw.: qui peccat ebrius, luat sobrius;*
2. (*poët.*) wankelend [**gradus; vestigia**];
3. (*poët.*) *verba* in aangeschoten toestand geuit;
4. (*poët.*) (zeer) rijkelijk [**cena**];
5. (*poët.; postklass.*) (*metaf.*) dronken van, versuft, bedwelmd door [**ocelli** dronken van liefde; **sanguine civium; dulci fortunā; curis**];
II. *subst.* ī *m* dronkeman.

ē-bulliō, ēbullīre (*bulla*)
1. (*postklass.*) doen opborrelen [**animam** de geest geven, sterven];
2. pralen met, pochen op (*m. acc.*) [**virtutes**].

ebulum, ī *n* wilde vlier.

ebur, eboris *n*
1. ivoor [**signum ex ebore**];
2. (*poët.*) (*meton.*) *voorwerp van ivoor, o.a.:* (**a**) ivoren beeld; (**b**) ivoren fluit [**inflare ebur**]; (**c**) schede ingelegd met ivoor [**ab ense vacuum**]; (**d**) stoel bezet met ivoor [**premere ebur** zitten op];
3. slagtand; (*Juv.*) olifant.

eburātus, a, um (*ebur*) (*Plaut.*) met ivoor versierd, ingelegd [**lecti; vehicula**].

eburneolus, a, um (*demin. v. eburneus*) van ivoor gemaakt [**fistula**].

eburn(e)us, a, um (*ebur*)
1. ivoren [**signum; dens** slagtand v.e. olifant];
2. met ivoor versierd [**ensis**];
3. wit als ivoor [**bracchia; colla**].

Eburōnēs, um *m volksstam in Gallia Belgica tussen de rivieren Rijn en Maas.*

Eburōvīcēs, um *m volksstam in Normandië, een v.d. vier stammen v.d. Aulerci rond Mediolanum, nu Evreux.*

Ebusus, ī *f eiland voor de kust v. O.-Spanje, nu* Ibiza.

ec *zie ex II.*

ē-castor *interj.* (*gebruikt door vrouwen*) bij Castor!

Ecbatana, ōrum *n belangrijkste stad v. Medië, ook residentie v.d. Perz. Grote Koningen, nu* Hamadan.

eccam, eccās *zie ecce.*

ecce *adv. demonstratief partikel* daar!, kijk (daar)! [**ecce me** daar ben ik dan]; *in de omgangstaal en in de komedie vaak met een pronomen versmolten: eccum, eccam, eccos, eccas, eccistam, eccillum, eccil-*

lam, eccillud = *ecce eum enz.* daar is hij *enz.*
ecce-re *adv.* daar!, kijk (daar)!
ecc-illam, -illud, -illum, -istam *zie ecce.*
ecclēsia, ae *f* (*Gr. leenw.*)
1. (Plin. Min.) volksvergadering;
2. (*eccl.*) christelijke gemeente; (*meton.*) kerk (-gebouw); ▸ *mulier taceat in -a.*
ecclēsiastēs, ae *m* (*Gr. leenw.*) (*eccl.*) prediker; *ook als titel v.h. gelijknamige boek v.h. OT.*
ecclēsiasticus, a, um (*Gr. leenw.*) (*eccl.*) kerkelijk [beneficium kerkelijke prove].
eccōs, eccum *zie ecce.*
ecdicus, ī *m* (*Gr. leenw.*) openbaar aanklager.
Ecetra, ae *f belangrijkste stad in het gebied v.d. Volsci (volksstam ten Z. v. Rome)*; — *inw.* **Ecetrānus,** ī *m.*
ecf- = *eff-.*
Echecratēs, ae *m Grieks filosoof, pythagoreeër uit de 4e eeuw v. Chr.*
echenēis *en* **-āis,** idis *f* (*Gr. leenw.*) (*poët.*; *postklass.*) zuigvis (*een vis die zich aan zeedieren en schepen vastzuigt*).
echidna, ae *f* (*Gr. leenw.*) (Ov.) slang, adder.
Echidna, ae *f* (*echidna*) *oerslang, monster v.d. onderwereld, moeder v. Cerberus, v.d. Hydra, v.d. Chimaera en v. andere monsters*; — *adj.* **Echidnēus,** a, um [**canis** Cerberus].
Echīnades, um *f eilandengroep ten O. v. Ithaca.*
echīnātus, a, um (*echinus*) (Plin. Mai.) stekelig.
echīnus, ī *m* (*Gr. leenw.*)
1. zee-egel;
2. spoelkom.
Echīōn, onis *m*
1. *vader v.d. Thebaanse koning Pentheus*; — *nakom.* **Echīonidēs,** ae *m* Pentheus; — *adj.* **Echīonius,** a, um *ook:* Thebaans [**arces**];
2. *zoon v. Mercurius, een v.d. Argonauten, deelnemer aan de Calydonische jachtpartij.*
ēchō *f* (*alleen nom. en acc.* ēchō *of* ēchōn) (*Gr. leenw.*) weergalm, echo.
Ēchō *f* (*alleen nom. en acc.* Ēchō *of* Ēchōn) (*echo*) *een Boeotische bosnimf.*
eclīgma, atis *n* (*Gr. leenw.*) (Plin. Mai.) likkepot (*een geneesmiddel dat opgelikt werd*).
eclīpsis, is *f* (*Gr. leenw.*) (*postklass.*) zons- *of* maansverduistering.
ecloga, ae *f* (*Gr. leenw.*) (*niet-klass.*) passage uit een groter geheel; kort gedicht; ecloge.
ēcontrā (*ook gesplitst*) *adv.* (*Laatl.*)
1. van de andere kant;
2. anderzijds.
ecphora, ae *f* (*Gr. leenw.*) (*archit.*) uitsteeksel; kraagsteen.
ec-quandō *adv.* wanneer dan?, wel . . . ooit?
ec-quī[1], -quae (*en* -qua), -quod *pron. interr.* (*adj.*) wel enig? *versterkt door suffix nam* (*bv. ec-quī-nam*).
ecquī[2] *adv.* (*in dir. vr.*) wel op een of andere wijze?; (*in afh. vr.*) of (wel) op een of andere wijze.
ec-quis, -quid *pron. interr.* (*meestal subst., soms adj.*) wel iemand?, wel iets?; (*afh.*) of (wel) iemand, of (wel) iets; ▸ *ecquis in aedibus est?*; *ecquis me hodie vivit fortunatior?* is er vandaag iemand gelukkiger dan ik?; — *versterkt door suffix nam* (*bv. ec-quis-nam*); — **ecquid** soms?, wel?; (*afh.*) of . . . wel.
ecquō *adv.* wel ergens heen?
ectypus, a, um (*Gr. leenw.*) (*postklass.*) voorzien van een reliëfversiering, in reliëf uitgewerkt.
eculeus, ī *m* (*demin. v. equus*)
1. jong paard, veulen;
2. een folterwerktuig *in de vorm v.e. paard.*
ecus, ī *m* = *equus.*
edācitās, ātis *f* (*edax*) vraatzucht, gulzigheid.
edāx, *gen.* ācis (*edo*[2])
1. vraatzuchtig, gulzig [**animalia; hospes**];
2. (*poët.*) (*metaf. v. niet-lev.*) verterend, vernietigend [**curae; imber**]; ▸ *tempus* ~ *rerum.*
ē-dentō, ēdentāre (*dens*) (*Plaut.*) de tanden uitslaan (*m. acc.*).
ēdentulus, a, um (*e en dens*) (*Plaut.*)
1. tandeloos;
2. (*scherts.*) zeer oud [**vinum**].
edepol *interj.* (*kom.*) bij Pollux!
edera, ae *f* = *hedera.*
Edessa, ae *f*
1. *stad in Macedonië*; — *adj.* **Edessaeus,** a, um;
2. *stad in Z.O.-Turkije, nu Urfa.*
ēdī *pf. v. edo*[2].
ē-dīcō, ēdīcere, ēdīxī, ēdictum
1. verkondigen, bekendmaken, proclameren (*m. acc.*; *aci.*; *afh. vr.*);
2. bepalen, vaststellen, verordenen (*krachtens een ambt of wet*) (*m. acc.*; *ut, ne*; *mbt.*: *de*) [**diem comitiis; senatum in posterum diem**];
3. (*Laatl.*) verklaren, uitleggen [**sensum huius sermonis**];
/ *imp.*: ēdīc *en* (*poët.*) ēdīce.
ēdictālis, e (*edictum*) (*jur.*) volgens het edict v.d. pretoren.
ēdictiō, ōnis *f* (*edico*) (*Plaut.*) decreet.
ēdictō, ēdictāre (*intens. v. edico*) (*Plaut.*) bekendmaken.

ēdictum, ī *n* *(edico)* bekendmaking, ambtelijke verordening, beschikking, edict, *ihb.:* (a) *v.e. magistraat, veldheer, koning;* (b) *v.e. pretor bij de aanvaarding v. zijn ambt, waarin hij de principes v. zijn rechtshandhaving aangaf;* (c) *v.d. censoren.*

ēdictus ppp. *v. edico.*

ē-didī *pf. v. edo*[1].

edim *arch. conj. praes. v. edo*[2].

ē-discō, ēdiscere, ēdidicī, —
1. van buiten leren [**magnum numerum versuum; alqd ad verbum**];
2. grondig leren (kennen); *pf.* kennen, weten [**istam artem**].

ē-dis-serō, serere, seruī, sertum uitvoerig uiteenzetten, bespreken.

ēdissertō, ēdissertāre *(intens. v. edissero) = edissero.*

ēditīcius, a, um *(edo*[1]*)* voorgesteld, aangewezen *(door de aanklager).*

ēditiō, ōnis *f* *(edo*[1]*)*
1. het ter wereld brengen;
2. *(postklass.)* uitgave *v.e. geschrift* [**libri**];
3. bekendmaking, bericht [**discrepans**]; *(jur.)* voorstel *(door de aanklager)* [**tribuum** *van de tribus waaruit een jury moet worden samengesteld*];
4. voorstelling, productie [**ludorum**].

ēditor, ōris *m* *(edo*[1]*)* *(postklass.)* iem. die voortbrengt, produceert.

ēditum, ī *n* *(edo*[1]*)*
1. *(postklass.)* hoogte [**-a montium**];
2. *(Ov.)* bevel.

ēditus, a, um *(p. adj. v. edo*[1]*)*
1. zich verheffend, hoog [**collis ex planitie; conclave; arbor**];
2. *(Hor.) (metaf.)* *viribus editior* beter, sterker.

ē-dīxī *pf. v. edico.*

ē-dō[1]**,** ēdere, ēdidī, ēditum
1. voortbrengen, naar buiten brengen [**animam** de laatste adem uitblazen, sterven; **risum; sonum, voces** laten horen; **latratūs** blaffen; **se ex aedibus** zich naar buiten begeven]; ▸ *cuniculus armatos repente edidit* bracht boven de grond; *flumen editur in mare* mondt uit;
2. baren, ter wereld brengen [**geminos**]; ▸ *in lucem edi* het levenslicht zien; *editus alqo* iems. zoon *of* nakomeling; voortbrengen; ▸ *terra edit innumeras species (Ov.); arbor frondem edit;*
3. *(opdrachten)* uitvaardigen, bevelen [**mandata**];
4. uiten, zeggen, onthullen, noemen, uitspreken, bekendmaken [**haec verba; indicium; bella** vertellen; **consilia hostium** verraden; **nomen alcis** zich uitgeven voor; **alqm auctorem alcis rei**];
5. *(geschriften)* uitgeven, openbaar maken, verspreiden [**librum de vita alcis; orationem scriptam; carmina; annales suos**];
6. *(geruchten)* verbreiden, rondstrooien, bekendmaken; ▸ *opinio in vulgus edita;*
7. *(orakeluitspraken)* verkondigen; ▸ *Apollo oraculum edidit Spartam perituram; ita ex fatalibus libris editum erat;*
8. *(jur. t.t.)* voorleggen, voorstellen, aangeven, bepalen, vaststellen [**iudices; quaesitorem; tribūs; actionem** de aanklacht; **formulas** de formuleringen v.d. aanklacht];
9. veroorzaken, verrichten, aanrichten, teweegbrengen [**immortalia opera; operam** een dienst verlenen; **fortium virorum operam** zich dapper betonen; **tumultum** veroorzaken; **spectaculum** organiseren; **gladiatores** laten optreden; **scelus; proelium** leveren; **ruinas** verwoestingen aanrichten; **magnam caedem** aanrichten];
10. optillen, verheffen [**corpus super equum** te paard stijgen].

edō[2]**,** edere, ēdī, ēsum
1. eten, verteren, *(v. dieren)* vreten; ▸ *ardor edendi* razende honger; *penuria edendi* gebrek aan eten;
2. *(v. niet-lev. subj.)* verteren, tenietdoen, verwoesten [**corpora; animum**]; ▸ *ignis carinas edit;*
/ *nevenvormen: arch. conj. praes.* edim, edis, edit, edimus, edint, *ook* edam *enz.; verkorte vormen:* est, estis, *inf.* esse, *conj. impf.* essem *enz., praes. pass.* estur.

ē-doceō, ēdocēre, ēdocuī, ēdoctum
1. grondig onderwijzen in *of* leren, nauwkeurig tonen *of* meedelen *(gew. alqm alqd; ook alqm m. inf.; m. aci.; m. afh. vr.; m. acc. v.d. pers. of zaak)* [**iuventutem mala facinora; alqm omnes artes; praecepta parentis**];
2. in kennis stellen van, berichten over, nauwkeurige informatie verstrekken over *(alqm alqd en de; m. aci.; afh. vr.);*
/ *p. adj.* **ēdoctus,** a, um nauwkeurig onderwezen *of* ingelicht *(in, over: acc.; in m. abl.; de; m. aci.; afh. vr.)* [**artes belli; in disciplina; de origine sua**].

ē-dolō, ēdolāre
1. *met een bijl* uithakken;
2. *(metaf.)* afmaken, voltooien.

ē-domō, ēdomāre, ēdomuī, ēdomitum volledig bedwingen *of* temmen.
Ēdōnī, ōrum *m Thrac. volksstam bij het Pangaea-gebergte, bekend om de cultus v. Bacchus; — adj.* **Ēdōnus,** a, um, *fem. ook* Ēdōnis, idis *ook* Thracisch.
ē-dormiō, ēdormīre
I. *intr.* uitslapen;
II. *tr.*
1. door slapen verdrijven, uitslapen [**crapulam** roes; **nocturnum vinum**];
2. *(poët.; postklass.)* slapend doorbrengen [**dimidium ex hoc tempore**].
ēdormīscō, ēdormīscere, — — *(incoh. v. edormio) (kom.) = edormio.*
ēducātiō, ōnis *f (educo[1])* opvoeding [**liberorum; infantis**]; *(v. dieren)* het grootbrengen, teelt.
ēducātor, ōris *m (educo[1])* opvoeder.
ēducātrīx, īcis *f (educator)* opvoedster *(ook metaf.)*; ▸ *earum rerum parens est educatrixque sapientia (Cic.).*
ē-ducō[1], ēducāre
1. grootbrengen, opvoeden [**alqm liberaliter; alqm humili cultu; animalia**]; *— pass.* opgroeien;
2. *(v. niet-lev. subj.)* voortbrengen, laten groeien; ▸ *non ager hic pomum, non dulces educat uvas.*
ē-dūcō[2], ēdūcere, ēdūxī, ēductum
1. naar buiten voeren, weg-, afvoeren [**ex urbe; e carcere; hominem de senatu; copias ex navibus** ontschepen; **alqm huc foras; alqm secum rus** meenemen];
2. *(milit. t.t.) (troepen)* laten uitrukken, laten uitmarcheren [**cohortes ex urbe; copias (e) castris; copias in aciem; exercitum in expeditionem**];
3. voor het gerecht brengen [**alqm ex domo in ius; alqm ad consules**];
4. *(schepen)* laten uitvaren [**classem ex portu**];
5. *(water)* afvoeren [**lacum; aquam in fossas**];
6. *(poët.; postklass.) (bouwwerken)* bouwen, optrekken, oprichten [**molem in Rhenum; turres; aram**];
7. *(poët.)* in de hoogte trekken, omhoog voeren [*metaf.*: **mores aureos in astra** tot de sterren verheffen, prijzen];
8. *(= educo[1])* grootbrengen, opvoeden [**alqm a parvulo; alqm bene et pudice**];
9. *(poët.; postklass.) (een tijd)* doorbrengen [**annos; insomnem noctem**];
10. uittrekken [**gladium e vagina; radicem e terra; oculos** uitkrabben];
11. (uit)loten [**sortem** trekken; **alqm ex urna; tribūs**];
12. *(Plaut.)* uitdrinken;
/ *imp.* ēdūc, *arch.* ēdūce.
edūlia, ium *n (edulis) (poët.; postklass.)* etenswaren.
edūlis, e *(edo[2]) (Hor.)* eetbaar.
ē-dūrō, dūrāre *(durus) (postklass.)*
I. *tr.* hardmaken;
II. *intr.* voortduren.
ē-dūrus, a, um *(poët.)* zeer hard.
ē-dūxī *pf. v. educo[2].*
Ēetiōn, ōnis *m koning v.d. Ciliciërs, vader v. Andromache, de vrouw v. Hector; — adj.* **Ēetiōnēus,** a, um.
ef-farciō *= effercio.*
effascinātiō, ōnis *f (effascino) (postklass.)* betovering.
ef-fascinō, fascināre *(postklass.)* beheksen, betoveren.
effātum, ī *n (effor)*
1. uitspraak, profetie;
2. *(filos.)* stelling, bewering.
effātus[1] *zie effor.*
effātus[2], ūs *m (effor) (postklass.)* het uitspreken, uitspraak.
ef-fēcī *pf. v. efficio.*
effectiō, ōnis *f (efficio)*
1. het tot stand brengen, het veroorzaken; uitoefening [**artis**];
2. het vermogen om tot stand te brengen.
effector, ōris *m (efficio)* maker, schepper [**mundi**].
effectrīx, īcis *f (effector)* maakster, schepster.
effectus[1], ūs *m (efficio)*
1. uitvoering, voltooiing; ▸ *alqd ad effectum adducere* iets verwezenlijken; *ad effectum operis venire;*
2. effect, gevolg; ▸ *~ eloquentiae est audientium approbatio; cessante causā cessat effectus* valt het effect weg; *effectū* bijgevolg;
3. werking, het functioneren; ▸ *vis effectusque censurae.*
effectus[2], a, um *(p. adj. v. efficio) (postklass.)* verwerkt, uitgevoerd.
effēminātus, a, um *(p. adj. v. effemino)* verwekelijkt, verwijfd.
ef-fēminō, fēmināre *(femina)*
1. vrouwelijk maken;
2. verwijfd maken, verwekelijken [**corpus animumque virilem; vultum**].
efferātus, a, um *(p. adj. v. effero[2])* verwilderd,

wild [**gentes; mores; ritus**].

ef-ferbuī *pf. v. effervesco.*

ef-ferciō, fercīre, fersī, fertum *(farcio)* volstoppen, vullen [**intervalla saxis**].

efferitās, ātis *f (efferus)* wildheid.

ef-ferō[1], efferre, extulī, ēlātum

1. naar buiten brengen, dragen, leiden, meenemen [**cibaria sibi domo** voor zichzelf meenemen; **sua** zijn geld meenemen; **caput antro** naar buiten steken uit; **in lucem** ter wereld brengen; **frumentum ex hibernis; alqm de templo; arma** troepen laten uitrukken; **pedem** *of* **se** zich verwijderen; **alqm ex acie**];

2. ten grave dragen, begraven [**alqm prope regio funere**];

3. *(vruchten)* dragen, voortbrengen [**fruges**]; ▸ *id, quod agri efferunt; metaf.: exercitatio virtutum fructum effert;*

4. *(metaf.)* te voorschijn brengen [**motūs animi** tonen]; — *se efferre en pass. efferri* te voorschijn komen;

5. laten horen, uitspreken, uiten [**clamorem; sententias verbis**]; *(geheimen)* laten uitlekken, verbreiden [**clandestina consilia**];

6. optillen, opheffen [**alqm in murum; filium in umeros**]; laten stijgen; ▸ *pulvis vento elatus; pennis sublime elatus;* — *se efferre en pass. efferri* zich verheffen;

7. *(metaf.)* verheffen [**alqm ad summum imperium; alqm honore et pecuniā** onderscheiden; **rem in summam invidiam** iets zeer gehaat maken];

8. trots, hoogmoedig maken; — *se efferre en pass. efferri* trots, overmoedig, aanmatigend worden, pochen [**insolenter**];

9. roemen, prijzen [**alqm summis laudibus; verbis**];

10. *(in snelle vaart)* meevoeren, meeslepen; ▸ *Messium impetus per hostes extulit ad castra;*

11. *(v. emoties)* meeslepen; ▸ *dolor, spes vana alqm effert;* — *pass. efferri* zich laten meeslepen [**laetitiā; iracundiā; studio**].

ef-ferō[2], ferāre *(ferus)*

1. wild maken, laten verwilderen [**speciem oris; vultum**]; — *pass.* wild worden, verwilderen;

2. *(metaf.)* woedend maken, vertoornen; ▸ *odio irāque efferati* woedend door.

ef-fersī *pf. v. effercio.*

effertus, a, um *(p. adj. v. effercio)* vol(gestopt), rijk aan *(m. abl.)*; ▸ *dies ~ fame* een dag barstensvol honger *(Plaut.)*; *hereditas effertissima* zeer rijk.

ef-ferus, a, um *(poët.)* wild, razend, verwilderd, ruw [**proles; facinus**].

ef-fervēscō, fervēscere, ferbuī *(en* fervī*)*, —

1. (over)koken, gisten, opbruisen; ▸ *aquae effervescunt subditis ignibus;*

2. *(Ov.)* opflikkeren, oplichten; ▸ *sidera coeperunt toto ~ caelo;*

3. *(metaf.)* opgewonden raken [**iracundiā**].

ef-fervō, fervere *(en* **ef-ferveō,** fervēre*)*, — —

1. (over)koken, opbruisen [**in agros** *(v.d. Etna)*];

2. *(v.e. menigte)* te voorschijn stromen, uitzwermen; ▸ *apes effervunt.*

ef-fētus, a, um

1. *(v. dieren en planten)* die voortgebracht heeft;

2. *(postklass.)* door baren verzwakt [**uxor**];

3. *alg.* vermoeid, uitgeput, krachteloos [**corpus; solum**]; ▸ *saeculis -a senectus; terra -a calore;*

4. *(Verg.)* afgestompt, ongevoelig voor *(m. gen.)* [**veri**].

efficācia, ae *f (efficax) (postklass.)* effectiviteit; het succesvol functioneren.

efficācitās, ātis *f (efficax) = efficacia.*

efficāx, *gen.* ācis *(efficio)*

1. effectief, succesvol [**preces**]; ▸ *imperator ~ ad invidiam faciendam;*

2. actief, krachtdadig [**Hercules**].

efficiēns, *gen.* entis *(p. adj. v. efficio)* bewerkstelligend, werkzaam [**causa** ontstaansgrond]; ▸ *(m. gen.) ~ utilitatis.*

efficientia, ae *f (efficio)* werking, kracht [**solis**].

ef-ficiō, ficere, fēcī, fectum *(facio)*

1. tot stand brengen, teweegbrengen, veroorzaken, bewerkstelligen [**aestūs; rerum commutationes**];

2. vervaardigen, bouwen, maken, vormen [**columnam; pontem; turres; castella**];

3. bijeenbrengen, op de been brengen, opbrengen [**legiones; cohortes; pecuniam**];

4. maken tot *(m. dubb. acc.)* [**alqm consulem**]; ▸ *montem murus arcem efficit;*

5. ten einde brengen, volbrengen, uitvoeren, bereiken *(m. acc.; ut, ne)* [**iussa parentis; facinora**]; ▸ *nihil non ~* alles klaarspelen; *non effici potest quin* het kan niet anders of;

6. *(filos. t.t.)* afleiden, concluderen, bewijzen, verklaren *(uit: ex; m. aci.; ut)* [**deos esse immortales**]; ▸ *hoc of ita of ex quo efficitur* daaruit blijkt, daaruit volgt.

effictus *ppp. v. effingo.*

effigia, ae *f (arch.) = effigies.*

effigiēs, ēī *f* (*effingo*)
1. afbeelding [**deorum; animalium; saxea**];
2. (even)beeld, afspiegeling [**Veneris; patris; humanitatis; virtutis paternae**];
3. schim;
4. ideaal, voorbeeld [**iusti imperii**];
5. (*poët.; postklass.*) gestalte, verschijning [**Herculis; humana; delphini**]; ▸ *statua triumphali effigie.*

effigiō, effigiāre (*effigies*) (*postklass.*) vormen, gestalte geven; met beelden versieren.

ef-fingō, fingere, finxī, fictum
1. namaken, afbeelden [**illum argento; deorum imagines**];
2. uitdrukken, voorstellen, schetsen [**alcis mores**]; ▸ *primi Aegyptii per figuras animalium sensūs mentis effingebant* drukten dmv. dierfiguren hun gedachten uit;
3. nabootsen, navolgen [**vim Demosthenis**];
4. afvegen, afwrijven [**sanguinem**];
5. (*poët.*) strelen [**manūs alcis**].

efflāgitātiō, ōnis *f* (*efflagito*) dwingende eis, dringend verlangen.

efflāgitātus, ūs *m* = *efflagitatio.*

ef-flāgitō, flāgitāre dringend verlangen, eisen, dringend aansporen tot [**ensem; epistulam; mortem ab alqo; misericordiam alcis; sibi reique publicae auxilium**].

efflātus, ūs *m* (*efflo*) (*Sen.*) het opsteken v.d. wind.

efflīctim *adv.* (*effligo*) (*pre- en postklass.*) hevig, dodelijk [**amare**].

ef-flīctō, flīctāre (*intens. v. effligo*) (*Plaut.*) doodslaan.

ef-flīgō, flīgere, flīxī, flīctum
1. doodslaan;
2. (*Gell.*) zedelijk bederven.

ef-flō, flāre
1. uitblazen, uitademen [**animam** sterven];
2. (*Lucr.*) (*metaf.*) *colorem* verliezen.

ef-flōrēscō, flōrēscere, flōruī, — opbloeien, ontluiken, ontstaan (*metaf.*); ▸ *adulescentia ingenii laudibus efflorescit; hinc efflorescunt genera virtutum.*

ef-fluō, fluere, flūxī, —
I. *intr.*
1. uitvloeien, uit-, wegstromen;
2. (*poët.; postklass.*) ontvallen, ontglippen; ▸ *effluit telum (manibus)*;
3. vervliegen, verdwijnen, ontsnappen; ▸ *vires effluunt* schieten tekort;
4. vergeten worden (*abs. of ex animo alcis*);
5. (*v. toestanden*) vergaan;
6. (*v. tijd*) verstrijken, vergaan; ▸ *ne effluat aetas; multi anni mecum effluxerant*;
7. in de openbaarheid komen, bekend worden;
II. *tr.* (*Petr.*) laten wegstromen; ▸ *ne amphorae effluant vinum.*

effluvium, ī *n* (*effluo*) (*postklass.*) het wegstromen, uitmonding [**lacūs**].

ef-flūxī *pf. v. effluo.*

ef-fōcō, fōcāre (*fauces*) (*eccl.*) doen stikken.

ef-fodiō, fodere, fōdī, fossum
1. uit-, opgraven [**mortuum; lapides; thesaurum**]; doorzoeken; ▸ *spoliatis effossisque domibus*;
2. uitsteken, -krabben [**oculos** *of* **lumen alci**];
3. omspitten [**terram**];
4. graven [**lacum; portūs**].

ef-for, fārī, fātus sum
1. uitspreken, zeggen;
2. wijden [**templum**]; — *ihb. p.p.* **effātus,** a, um gewijd aan, bestemd voor; ▸ *locus templo effatus.*

effossus *ppp. v. effodio.*

effrāctārius, ī *m* (*effringo*) (*Sen.*) inbreker.

effrāctor, ōris *m* = *effractarius.*

effrāctūra, ae *f* (*effringo*) (*postklass.*) het inbreken.

effrāctus *ppp. v. effringo.*

ef-frēgī *pf. v. effringo.*

ef-frēnātiō, ōnis *f* (*frenum*) teugelloosheid [**animi**].

effrēnātus, *a, um* (*p. adj. v. effreno*) teugelloos [**orator; furor**].

ef-frēnō, frēnāre (*frenum*) de teugels afnemen van, de teugels laten vieren (*van een paard*).

ef-frēnus, a, um *en* **ef-frēnis,** e (*frenum*)
1. teugelloos, onbeteugeld [**equus**];
2. (*metaf.*) teugelloos, bandeloos [**homo; multitudo; cupiditas; furor**].

ef-fricō, fricāre, —, fricātum (*postklass.*) af-, schoonwrijven.

ef-fringō, fringere, frēgī, frāctum (*frango*)
1. openbreken [**portam; carcerem**];
2. inslaan, verbrijzelen [**cerebrum; crus**].

ef-fūdī *pf. v. effundo.*

ef-fugiō, fugere, fūgī, fugitūrus
I. *intr.* ontsnappen, ontkomen [**ex urbe; ex vinculis; e proelio; e caede; ad delubra**];
II. *tr.*
1. iets *of* iem. ontvluchten, ontkomen, ontgaan [**hostem; equitatum Caesaris; patrem; invidiam; mortem; incendium; alcis manūs**] (*ook m. ne; quin*); ▸ *res me effugit* ontgaat me,

ontsnapt aan mijn aandacht;
2. mijden; ▸ *has terras fuge (Verg.)*;
3. vermijden; *parum* ~ nauwelijks kunnen vermijden.

effugium, ī *n (effugio)*
1. het ontvluchten, vlucht;
2. gelegenheid *of* middel om te ontvluchten; ▸ *-um alci dare; -um mortis assequi* kans om aan de dood te ontsnappen; *fuit* ~ *interim in castra (Tac.)*;
3. uitweg; ▸ *si* ~ *patuisset in publicum (Liv.)*.

ef-fugō, fugāre *(Laatl.)* op de vlucht jagen, verdrijven.

ef-fulgeō, fulgēre, fulsī, — glanzen, schitteren; *(metaf.)* uitblinken *(door: abl.)* [**ornatu**].

ef-fultus, a, um *(fulcio) (poët.)* leunend *of* gelegen op *(m. abl.)* [**velleribus stratis; foliis**].

ef-fundō, fundere, fūdī, fūsum
1. uit-, vergieten [**lacrimas; multum sanguinem**]; — *se effundere en pass. effundi* uitstromen [**in Oceanum**], uitmonden, *(v. rivieren ook)* buiten de oevers treden; losbarsten; ▸ *Tiberis super ripas effusus; tempestas effusa*;
2. uitstorten [**frumentum; saccos** leegmaken];
3. *(zijn hart)* uitstorten *(bij: dat.)*; ▸ *effudit omnia quae tacuerat*;
4. naar buiten sturen, zenden, voortdrijven [**omnem equitatum; currūs in hostes** loslaten; **impetum in hostem** op de vijand afstormen]; — *se effundere en pass. effundi* naar buiten stormen, zich naar buiten haasten; ▸ *equitatus se ex castris effundit; obviam effundi* tegemoet snellen; *in Macedoniam se effundere* in stromen binnenvallen; *late effusum incendium* wijd uitslaande brand;
5. *(klanken)* laten horen, laten klinken [**tales voces; carmina**];
6. *(vruchten, jongen)* voortbrengen, geven, baren; ▸ *autumnus effundit fruges*;
7. *(hartstochten)* de vrije loop laten, botvieren [**odium**]; — *se effundere en pass. effundi* zich laten gaan, zich volledig overgeven [**in lacrimas; in questūs; in amorem**];
8. *(adem, levensgeest)* uitblazen [**animam; vitam; spiritum**];
9. los laten, losmaken [**sinum togae**]; ▸ *effusus crinem* met loshangend haar;
10. slingeren, werpen [**tela**];
11. neer-, op de grond gooien, laten vallen [**alqm solo** op de grond; **equitem super caput** de ruiter afwerpen *(v.e. paard)*];
12. *(metaf.)* laten vallen, verwaarlozen [**curam**];
13. omverwerpen [**muros**]; — *se effundere en pass. effundi* zich laten vallen, zich werpen [**in amplexum**];
14. *(bezit, kracht, arbeid)* verbruiken, verkwisten, verspillen [**patrimonium; aerarium; omnes fortunas; vires in ventum; laborem**]; ▸ *quantumcumque virium habebat, primo impetu effudit.*

effūsiō, ōnis *f (effundo)*
1. het laten uitstromen, uitstorten [**aquae; sanguinis**];
2. verspilling [**pecuniarum**];
3. mateloos verlangen [**alqd faciendi**]; uitgelatenheid [**animi in laetitia**];
4. het naar buiten stromen *(v.e. menigte)* [**hominum ex oppidis**].

effūsus, a, um *(p. adj. v. effundo)*
1. wijd, uitgestrekt [**mare; cursus**]; ▸ *loca -a* vlakten; *agrum -e vastare* wijd en zijd, wijd in het rond;
2. verspreid, ongeregeld, wanordelijk [**agmen; exercitus; -e ire; fuga, caedes** wild, in het wilde weg];
3. losgelaten; ▸ *-is habenis* met losse teugel = in gestrekte draf; ~ *cursus* volle vaart; *comae -ae* loshangend;
4. verkwistend [**homo; -e donare**]; ▸ *quis in largiendo effusior?*;
5. teugelloos, mateloos, overdreven [**sumptus; honores; laetitia**].

ef-fūtiō, fūtīre *(vgl. futilis)* kletsen, uitflappen [**foris**].

ef-futuō, futuere, futuī, futūtum moe neuken.

ē-gelidus, a, um *(poët.; postklass.)*
1. lauw, warm [**notus**];
2. zeer koud [**flumen**].

egēns, *gen.* egentis *(p. adj. v. egeo)* behoeftig, zeer arm [**captivi**]; *(m. gen.)* zonder, arm aan; ▸ *multarum rerum* ~; *servus consilii* ~; *verborum non* ~; *insulae cultorum egentes* onbewoond.

egēnus, a, um *(egeo)* behoeftig, gebrek hebbend aan, arm aan *(m. gen.)*; hulpeloos; ▸ *lucis* ~ *Tartarus; -a aquarum regio.*

egeō, egēre, eguī, —
1. gebrek hebben, arm, noodlijdend zijn; ▸ *semper avarus eget (Hor.)*;
2. behoefte hebben aan, nodig hebben *(m. abl.; gen.)* [**auxilio; medici; custodis**];
3. ontberen, niet hebben *(m. abl.; gen.)* [**auctoritate; classis**]; ▸ *rationis egens* van het ver-

stand beroofd;
4. verlangen naar, wensen (*m. abl.; gen.*) [**pane; tui amantis**].

Ēgeria, ae *f waternimf, raadgeefster v. koning Numa.*

ē-gerō, ēgerere, ēgessī, ēgestum
1. weg-, naar buiten dragen, -brengen, -voeren, -slepen [**pecuniam ex aerario; praedam; aurum ex templis**];
2. uitspuwen, uitbraken [**sanguinem**]; uitscheiden [**urinam**]; — *pass.* zich uitstorten, uitmonden; ▸ *lacus in flumen egeritur;*
3. (*postklass.*) voortbrengen [**squillas**];
4. (*Ov.*) (*metaf.*) verdrijven [**dolorem lacrimis** door tranen];
5. (*metaf.*) gebruiken, opmaken [**noctem metu** in angst doorbrengen];
6. (*poët.*) leegmaken [**Dorica castra**].

egestās, ātis *f* (*egeo*)
1. armoede, gebrek; ▸ *deduci in egestatem;*
2. (*m. gen.*) gebrek aan [**cibi; pabuli; pecuniae; rationis**]; behoefte aan.

ēgestiō, ōnis *f* (*egero*) (*postklass.*) het wegbrengen, verwijderen; het opmaken.

ēgestus[1] *ppp. v. egero.*

ēgestus[2], ūs *m* (*postklass.*) = *egestio.*

ēgī *pf. v. ago.*

ē-gignō, ēgignere, — — (*Lucr.*) voortbrengen.

ego *en* **egō,** ik (*casus obliqui v.d. stam me: gen.* meī, *dat.* mihi *en* mihī, *acc. en abl.* mē, *arch.* mēd) (*nom. alleen gebruikt in geval van contrast of nadruk*); — *versterkt door -met en -pte;* ▸ *alter ego* het andere ik.

ē-gredior, ēgredī, ēgressus sum (*gradior*)
I. *intr.*
1. naar buiten gaan *of* komen [**e curia; a Tarento; extra fines; ad portam; foras; hinc**];
2. (*milit. t.t.*) (a) uitrukken, wegmarcheren [(**e**) **castris; ex hibernis; ex provincia; adversus hostes; ad proelium; ad oppugnandum**]; (b) *ordine* ~ uit de rij treden;
3. (a) landen, aan land gaan, zich ontschepen, van boord gaan [(**ex**) **navi, in terram, in litus**]; (b) uitzeilen [**e portu**];
4. (*van het thema*) afdwalen [**a proposito**];
5. omhooggaan, stijgen [**ad summum montis; in altitudinem; in vallum**];
II. *tr.*
1. verlaten, ontruimen [**urbem; navem; tecta**];
2. overschrijden (*ook metaf.*) [**flumen; modum; fines**]; ▸ *vix septemdecim annos egressus.*

ē-gregius, a, um (*e grege* 'boven de kudde uitstekend')
1. uitstekend, voortreffelijk, buitengewoon [**civis; virtus; fides; liberalitas**]; (*door, mbt.: abl.*) [**moribus; pietate; formā**]; (*in: in m. abl.*) [**in bellica laude; in aliis artibus**]; (*m. gen.*) [**militiae** in de strijd; **animi** van moed];
2. (*postklass.*) roemrijk, eervol [**merita**].

ēgressiō, ōnis *f* (*egredior*)
1. (*retor.*) uitweiding;
2. (*postklass.*) het weggaan, aftocht, uittocht [**ex Aegypto**].

ēgressus[1], ūs *m* (*egredior*)
1. het weggaan, uitgaan, naar buiten gaan; ▸ *rarus in publicum egressus;*
2. (*in een redevoering*) afdwaling *van het thema,* uitweiding; ▸ *libero egressu;*
3. het van boord gaan, landing; ▸ *in egressu navis;*
4. (*postklass.*) uitgang; ▸ *obsidere omnes egressūs;*
5. (*Ov.*) monding [**fluminis**].

ēgressus[2] *p.p. v. egredior.*

ē-gurgitō, ēgurgitāre (*gurges*) (*Plaut.*) verkwisten.

ehem *interj.* (*kom.; Apul.*) (*uitroep v. blijde verrassing*) aha!, kijk eens aan!

ēheu *interj.* (*uitroep v. verdriet*) o!, ach!, wee! [~ **me miserum**].

eho(dum) *interj.* (*kom.*) hé!, jij daar!, wacht eens!, hoor eens even!

ei *interj.* (*poët.*) (*uitroep v. verdriet, vooral van mannen*) ach!, wee! [~ **mihi!**].

eia *en* **heia** *interj.*
1. (*uitroep ter aansporing*) vooruit!, kom op!;
2. (*kom.*) (*uitroep v. verwondering*) nee maar!, zo!

ē-iaculor, ēiaculārī (*poët.; postklass.*) naar buiten storten *of* werpen [**se in altum** naar buiten spuiten (*v. bloed*)].

ē-iciō, ēicere, ēiēcī, ēiectum (*iacio*)
1. uit-, weggooien, -werpen [**alqm de navi; sessores urbe; cadaver domo**];
2. uit-, wegdrijven, verbannen, verstoten [**cohortes; tyrannum; uxorem** verstoten; **alqm ex oppido; de senatu** uitstoten; **ex patria** *of* **e re publica** verbannen; **alqm in exilium;** *metaf.* **curam, amorem ex animo**]; — *se eicere* (a) zich naar buiten haasten, naar buiten stormen [**ex castris; portā; in agros; foras**]; (b) (*metaf.*) te voorschijn komen, losbarsten; ▸ *voluptates se eiciunt;*
3. naar buiten werpen [**magnos fluctūs** naar buiten stuwen, laten stromen]; uitbraken,

spuwen [**sanguinem**]; uitsteken [**linguam**];
4. verwijderen, weghalen [**ex oleis nucleos**]; kwijtraken, verliezen [**dentes; partum** ongeboren kind];
5. (*naut. t.t.*) laten landen, aanleggen [**classem; navem eo**]; — *pass.* stranden; — **ēiectus:** (a) *p. adj.* a, um schipbreuk geleden hebbend; (b) *subst.* ī *m* schipbreukeling;
6. iem. uitfluiten [**actores**];
7. verwerpen, afwijzen; ▸ *iam explosae eiectaeque sententiae Pyrrhonis;*
8. verzwikken, verrekken, verstuiken; (*pass.*) uit het lid schieten [**armus**].

eid. = *eidus, oudere schrijfwijze voor Idus.*

ē-iēcī *pf. v. eicio.*

ēiectāmentum, ī *n* (*eiecto*) (*Tac.*) *iets dat door de zee* is aangespoeld [**maris**].

ēiectiō, ōnis *f* (*eicio*)
1. verdrijving, verbanning [**de domo**];
2. (*med.*) het braken.

ēiectō, ēiectāre (*intens. v. eicio*) (*poët.*)
1. naar buiten werpen [**arenas**];
2. uitbraken [**ore dapes**].

ēiectus[1] *ppp. v. eicio.*

ēiectus[2], ūs *m* (*eicio*) (*Lucr.*) = *eiectio* 1.

ēier- *zie eiur-.*

eiulātiō, ōnis *f en* **eiulātus,** ūs *m* (*eiulo*) het jammeren, weeklagen.

eiulō, ēiulāre (*ei*)
I. *intr.* jammeren, weeklagen [**magnitudine dolorum**];
II. *tr.* (*postklass.*) bejammeren.

ēiuncidus, a, um zo dun *of* mager als een bies.

ēiūrātiō *en* **ēierātiō,** ōnis *f* (*eiuro, eiero*) (*postklass.*) het plechtig afstand doen.

ē-iūrō, ēiūrāre *en* (*ouder*) **ē-ierō,** ēierāre
1. afzweren [**bonam copiam** zich onder ede voor insolvent verklaren, zich bankroet verklaren];
2. afwijzen, weigeren, verwerpen [**iudicem** wraken];
3. (*postklass.*) (*een ambt*) neerleggen [**consulatum; imperium**];
4. (*postklass.*) zich van iets losmaken, verloochenen (*m. acc.*) [**nomen patriae**].

eiusdem-modī (*idem en modus*) van dezelfde aard.

eius-modī (*is en modus*) van dien aard, zodanig, dergelijk, zo.

ē-lābor, ēlābī, ēlāpsus sum
1. uit-, af-, wegglijden; ▸ *anguis ex columna elapsus;*
2. ontglippen, ontvallen [(**de**) **manibus**];
3. ontkomen, ontsnappen, ontglippen (*v. personen, metaf. ook v. zaken*) (*m. prep.; dat.; acc.*) [**inde; e proelio; e vinculis; de** (*of* **e**) **manibus alcis; custodiae; villae; telis; pugnam aut vincula**]; ▸ *disciplina elapsa est de manibus* uit handen gegleden;
4. (*voor de rechtbank*) vrijgesproken worden [**ex tot tantisque criminibus; ex iudicio**];
5. geraken in [**in servitutem**];
6. verdwijnen, vergaan, ophouden; ▸ *assensio, spes elabitur;*
7. vergeten worden;
8. (*postklass.*) (*v. ledematen*) uit het lid schieten.

ē-labōrō, ēlabōrāre
I. *tr.* zorgvuldig uitvoeren, maken, uit-, bewerken, bereiden; — *p. adj.* **ēlabōrātus,** a, um (a) zorgvuldig uitgewerkt [**versūs; in verbis**]; (b) gekunsteld [**concinnitas**]; (c) opgetooid;
II. *intr.* moeite doen, zich inspannen (*m. in m. abl.; ut*) [**in his disciplinis**].

Elaea, ae *f stad in Aeolis* (*Kl.-Azië*), *tegenover Lesbos.*

ē-lāmentābilis, e zeer klaaglijk [**gemitus**].

ē-languēscō, ēlanguēscere, ēlanguī, — afgemat raken, verslappen, wegkwijnen; ▸ *proelium elanguerat; elanguescit vis.*

ē-lapidō, ēlapidāre (*lapis*) (*Plin. Mai.*) van stenen ontdoen [**solum**].

ēlāpsus *p.p. v. elabor.*

ē-largior, ēlargīrī (*Pers.*) rijkelijk geven.

elatērium, ī *n* (*Gr. leenw.*) (*postklass.*) *sap v.e. soort komkommer, gebruikt als medicijn.*

ēlātiō, ōnis *f* (*effero*[1])
1. het laten stijgen, verheffing [**vocis; maris** stijging];
2. het naar buiten dragen; begrafenis [**mortui**];
3. verhevenheid, elan [**animi**];
4. (*eccl.*) hooghartigheid, opgeblazenheid.

ē-lātrō, ēlātrāre (*Hor.*) uitgalmen, -schreeuwen.

ēlātus, a, um (*p. adj. v. effero*[1])
1. verheven, edel [**animus**];
2. (*v. taal*) vol pathos [**verba**];
3. (*postklass.*) trots, overmoedig [**spe victoriae**].

Elaver, eris *n rivier in Aquitanië, zijrivier v.d. Loire, nu de* Allier.

ē-lavō, ēlavāre, ēlāvī, ēlautum = *eluo.*

Elea, ae *f stad in Lucanië* (*Z.-Italië*), *geboortestad v.d. filosofen Parmenides en Zeno; naar Elea is de door Xenophanes omstreeks 540 v. Chr. gestichte filosofische school genoemd, nu* Veliani; — *inw.* **Eleātēs,** ae *m, ook* = *Zeno;* — *adj.* **Eleāticus,**

a, um.

ēlecebra, ae *f* (*elicio*) (*Plaut.*) uitlokking, oplichting.

ēlēctilis, e (*eligo*) (*Plaut.*) uitgelezen, voortreffelijk.

ēlēctiō, ōnis *f* (*eligo*) (gelegenheid tot) keuze, uitverkiezing.

ēlectō, ēlectāre (*intens. v. elicio*) (*Plaut.*) (informatie) ontlokken.

ēlēctor, ōris *m* (*eligo*) (*Mel.*) kiezer; keurvorst.

Ēlectra, ae *f*

1. *een v.d. Plejaden, dochter v. Atlas, moeder v. Dardanus;*

2. *dochter v. Agamemnon en Clytaemnestra, zuster v. Orestes en Iphigenia.*

ēlectrum, ī *n* (*Gr. leenw.*) (*poët.; postklass.*)

1. barnsteen; — *plur.* druppels barnsteen;

2. zilvergoud, elektron (*legering van goud en zilver, lijkend op barnsteen*).

ēlēctus[1], a, um (*p. adj. v. eligo*) uitverkoren, verkozen, uitgezocht [**verba; viri**].

ēlēctus[2], ūs *m* (*eligo*) (*Ov.*) keuze [**necis**].

eleēmosyna, ae *f* = *elemosina.*

ēlegāns, *gen.* antis (*eligo*)

1. (*v. personen*) (a) fijn, spiritueel, van goede smaak [**poëta; familia; scriptor**]; (b) (*in slechte zin*) kieskeurig [**homo**];

2. (*v. zaken*) verfijnd, fijn, smaakvol [**artes; lingua; comoedia**].

ēlegantia, ae *f* (*elegans*)

1. (*Plaut.*) kieskeurigheid;

2. fijne smaak, elegantie, verfijndheid, verfijnde manieren [**morum; ingenii; cenarum; figurarum**];

3. verzorgdheid, nauwkeurigheid, onberispelijkheid [**verborum; loquendi; disserendi**].

elegē(ï)a, ae *f* = *elegia.*

elegēum, ī *n* (*Gr. leenw.*) elegisch gedicht.

elegī[1], ōrum *m* (*Gr. leenw.*) (*poët.; postklass.*) elegische verzen, elegie.

ē-lēgī[2] *pf. v. eligo.*

elegīa, ae *f* (*Gr. leenw.*) (*poët.; postklass.*) elegisch gedicht, elegie.

elegīdarion, ī *n* (*Gr. leenw.*) (*Petr.*) kleine elegie.

elegīdion, ī *n* = *elegidarion.*

ē-lēgō, ēlēgāre (*Petr.*) bij testament vermaken.

Eleleûs, eī *m* (*kreet v.d. bacchanten*) *bijnaam v. Bacchus;* — **Eleleïdes,** um *f* bacchanten.

elelisphacus, ī *f* (*Gr. leenw.*) (*Plin. Mai.*) *een soort* salie.

elementārius, a, um (*elementum*) (*Sen.*) tot de grondbeginselen behorend [**litterae elementaire kennis; senex** die het alfabet nog moet leren].

elementum, ī *n*

1. (*Ov.*) grondstof, oerstof; element; ▸ *-a quattuor: tellus atque unda, aër atque ignis;*

2. *plur.* (a) letters; alfabet; (b) beginselen, beginstadium; ▸ *-a loquendi; pueros -a docere; prima -a Romae.*

elēmosina *en* **eleēmosyna,** ae *f* (*Gr. leenw.*) (*eccl.*) weldaad; gift, aalmoes.

elenchus, ī *m* (*Gr. leenw.*) (*postklass.*)

1. druppelvormige parel (*als oorbel*);

2. kritische verhandeling.

elephāns *zie elephas.*

elephantiasis, is *f* (*Gr. leenw.*) (*med.*) elephantiasis, knobbelmelaatsheid.

Elephantīnē, ēs *f stad op een eiland in de Nijl in Z.-Egypte.*

elephantinus, a, um (*Gr. leenw.*) (*postklass.*)

1. van een olifant;

2. van ivoor, ivoren.

elephantomachae, ārum *m* (*Gr. leenw.*) (*Liv.*) olifantenbestrijders.

elephantus, ī *m en f* (*Gr. leenw.*)

1. olifant;

2. (*Verg.*) (*meton.*) ivoor.

elephās *en* **elephāns,** antis *m* (*Gr. leenw.*)

1. olifant;

2. (*Lucr.*) (*meton.*) = *elephantiasis.*

Ēlēus *zie Elis.*

Eleusīn, īnis *f* Eleusis, *stad in Attica, door de 'Heilige Weg' met Athene verbonden, beroemd door de cultus v. Demeter en Persephone, nu Elefsina;* — *adj.* **Eleusīn(i)us,** a, um.

Eleutheria, ōrum *n* (*vul aan: sacra*) *Gr. bevrijdingsfeest ter herinnering aan de overwinning op de Perzen bij Plataeae.*

ēlevātiō, ōnis *f* (*elevo*) (*postklass.*)

1. het opheffen, verheffen [**manuum; domini**];

2. ironische loftuiting, bespotting.

ē-levō, ēlevāre

1. opheffen [**oculos** opslaan];

2. zachter maken, verlichten, het onaangename weghalen van [**aegritudinem; causas suspicionum**];

3. verminderen, verkleinen, kleineren, verzwakken, benadelen [**alcis facta; adversarium; famam; verbis**].

Ēlias *zie Elis.*

ē-liciō, ēlicere, ēlicuī, ēlicitum (*vgl. lacesso*)

1. naar buiten *of* te voorschijn *of* naderbij lok-

ken [**hostem ex paludibus; litteris** door een brief; **foras; ad (in) proelium**];
2. ontlokken, afdwingen, ontwringen [**responsum; sententiam alcis; epistulas; arcana; causam** aan de weet proberen te komen];
3. verlokken, prikkelen *(tot: ad)* [**alqm ad disputandum; alqm ad querelas**];
4. verwekken, opwekken, veroorzaken [**sonos; lapidum ictu ignem; viriditatem; iram regis; misericordiam; lacrimas**];
5. te voorschijn brengen *of* halen [**ferrum e terrae cavernis; levi ictu cruorem**];
6. *(door toverformules)* oproepen, te voorschijn toveren [**Iovem caelo; deos; inferorum animas; fulmina**].

Ēlicius, a, um aan wie men *(voortekens, regen)* ontlokt *(bijnaam v. Jupiter).*

ē-licuī *pf. v. elicio.*

ē-līdō, ēlīdere, ēlīsī, ēlīsum *(laedo)*
1. slaan *of* stoten uit [**aurigam e curru; vina prelis** uitpersen]; uiteenduwen [**aëra**];
2. uit-, verdrijven [**morbum; tussim**];
3. stukslaan, verpletteren, vermorzelen, platdrukken [**caput alcis; artūs; fauces** wurgen; **herbas** fijnwrijven]; ▸ *naves tempestate eliduntur;*
4. *(metaf.)* vernietigen, doden [**nervos virtutis**]; ▸ *aegritudine elidi;*
5. *(Gell.) (gramm. t.t.)* door syncope uitstoten, elideren [**litteras**].

ē-ligō, ēligere, ēlēgī, ēlēctum *(lego*[1]*)*
1. (uit)kiezen, uitzoeken [**locum ad pugnam; urbi condendae locum; imperatorem; ex omnibus legionibus fortissimos viros**];
2. wieden, uittrekken [**gramina manu;** *metaf.* **stirpes superstitionis** wortels v.h. bijgeloof].

ē-līminō, ēlīmināre *(limen)*
1. *(Enn.)* over de drempel zetten, buiten de deur zetten, uitstoten [**domo; se extra aedes** zich verwijderen];
2. *(Hor.)* verklappen [**dicta foras**].

ē-līmō, ēlīmāre *(lima)*
1. vijlen, polijsten [**catenas;** *metaf.* **versūs**];
2. *(wetenschappelijke werken)* vervaardigen, uitwerken;
3. *(postklass.)* afvijlen, verminderen.

ē-lingō, ēlingere, ēlīnxī, — *(Laatl.)* aflikken, oplikken.

ē-linguis, e *(lingua)* sprakeloos, stom; niet welbespraakt.

ē-linguō, ēlinguāre *(lingua) (Plaut.)* van de tong beroven.

ē-liquō, ēliquāre *(postklass.)*
1. zuiveren, zeven, filtreren [**fontem**];
2. reinigen, in het reine brengen;
3. verduidelijken, verklaren, ophelderen [**sententiam**];
4. naar buiten laten stromen.

Ēlis, idis *f landstreek in het N.W. v.d. Peloponnesus met de gelijknamige hoofdstad, die in 471 v. Chr. is gesticht; — inw. en adj.* **Ēlēus** *en* **Ēlīus,** ī *m resp.* a, um, *fem. ook* **Ēlias,** adis Elisch, Olympisch.

ē-līsī *pf. v. elido.*

ēlīsiō, ōnis *f (elido)*
1. *(Sen.)* het uitstoten, het uitpersen;
2. *(Laatl.) (gramm. t.t.)* elisie.

Elissa, ae *f andere naam v. Dido.*

ēlīsus ppp. *v. elido.*

ē-lix, icis *m* greppel *(in velden om water af te laten vloeien),* afwateringssloot.

ē-lixō, ēlixāre *(Laatl.) (in water)* koken.

ēlixus, a, um
1. *(in water)* gekookt;
2. hevig zwetend, zeer nat [**balneator**].

ellebor- = *hellebor-.*

ellīpsis, eōs *f (Gr. leenw.) (gramm., retor.)* weglating.

ellum, ellam *(< em illum, illam)* daar is hij, zij.

ellychnium, ī *n (Gr. leenw.) (postklass.)* pit, kous *v.e. lamp.*

ē-locō, ēlocāre verpachten, verhuren [**fundum; boves**].

ēlocūtiō, ōnis *f (eloquor)* manier v. uitdrukken, stijl.

ēlocūtus *p.p. v. eloquor.*

ēlogium, ī *n*
1. elegisch gedicht, grafschrift, opschrift, uitspraak [**in sepulcro incisum**];
2. aanhangsel v.e. testament, clausule, mogelijkheid tot onterven [**ultimum** laatste wilsbeschikking];
3. *(postklass.)* proces-verbaal, protocol *(over een misdadiger).*

ē-longō, ēlongāre *(longus) (Laatl.)* verwijderen, weghouden.

ēloquēns, *gen.* entis *(p. adj. v. eloquor)* welbespraakt, taalvaardig, sierlijk van stijl.

ēloquentia, ae *f (eloquens)* welsprekendheid.

ēloquium, ī *n (eloquor)*
1. welsprekendheid;
2. manier v. uitdrukken, taal, stijl;
3. *(postklass.)* het gesprokene, woord.

ē-loquor, ēloquī, ēlocūtus sum uitspreken, uiten; voordragen, spreken, zeggen; ▸ *id quod* *sentit ~ non potest.*

ēlōtus, a, um = *elutus, zie eluo.*

Elpēnōr, oris *m metgezel v. Odysseus.*

ē-lūceō, ēlūcēre, ēlūxī, —
1. schitteren, blinken; ▸ *quotiens sol inter nubila eluxit (Sen.)*;
2. *(metaf.)* zich duidelijk vertonen, zichtbaar naar voren treden, uitblinken [**virtutibus**]; ▸ *ex quo elucebit omnis constantia omnisque moderatio.*

ē-lūcēscō, ēlūcēscere, ēlūxī, — *(incoh. v. eluceo)*
1. beginnen te schitteren; — *onpers.: elucescit* het wordt dag;
2. *(Laatl.)* zich vertonen.

ē-lūcidō, ēlūcidāre *(Vulg.)* aan het licht brengen, onthullen.

ēluctābilis, e *(eluctor) (Sen.)* overwinnelijk.

ē-luctor, ēluctārī
I. *tr.* zich ontrukken aan, met moeite overwinnen [**locorum difficultates**];
II. *intr. (poët.; postklass.)* zich naar buiten *of* naar voren worstelen [**per angusta** zich wringen door *(v.d.* Nijl*)*].

ē-lūcubrō, ēlūcubrāre *en* **ēlūcubror,** ēlūcubrārī (bij lamplicht) werken aan *of* vervaardigen [**librum; per omnes dies**].

ē-lūdificor, ēlūdificārī *(Plaut.)* voor de gek houden.

ē-lūdō, ēlūdere, ēlūsī, ēlūsum
I. *intr.* speels kabbelen; ▸ *fluctūs eludunt*;
II. *tr.*
1. ontwijken, vermijden, proberen te ontgaan [**pugnam; vim legis**];
2. een spelletje spelen met, voor de gek houden, bespotten [**alqm omnibus contumeliis; artem**];
3. vrij spel hebben, ongestraft zijn gang kunnen gaan;
4. verijdelen, ongedaan maken [**bellum quiete invicem**]; *(jur.)* ontduiken;
5. bedriegen [**senes**];
6. *(tijdens een gevecht)* ontwijken, pareren [**hastas**];
7. *(Plaut.)* iets van iem. winnen in een spel *(m. dubb. acc.)* [**alqm anulum**].

ē-lūgeō, ēlūgēre, ēlūxī, — gedurende de gebruikelijke periode treuren; betreuren [**patriam; virum**].

ē-luī *pf. v. eluo.*

ē-lumbis, e *(lumbus) (postklass.)* lamlendig; *(retor.)* krachteloos, slap.

ē-luō, ēluere, ēluī, ēlūtum *(lavo)*
I. *tr.*
1. wegspoelen; afspoelen, uit-, afwassen, reinigen [**corpus; os; vulnera; sanguinem; vascula**];
2. *(metaf.)* uitwissen, ontzenuwen, verwijderen [**vitia; crimen; amicitias** verbreken; **animi labes**];
II. *intr.* zich ruïneren.

ēlūtriō, ēlūtriāre *(Plin. Mai.)* uitwassen.

ēlūtus, a, um *(p. adj. v. eluo) (poët.; postklass.)* waterig, flauw, krachteloos.

ēluviēs, ēī *f (eluo)*
1. het wegspoelen, het wegvloeien;
2. overstroming [**aquarum**]; ▸ *eluvie mons est deductus in aequor*;
3. *(postklass.)* (door water uitgesleten) kloof.

ēluviō, ōnis *f (eluo)* overstroming.

ē-lūxī *pf. v. eluceo, elucesco en elugeo.*

Elymaeus
I. *subst.* ī *m inwoner v.d. Perz. landstreek Elymaea (Elam)*;
II. *adj.* a, um Elymaeïsch.

Ēlysium, ī *n* het Elysium *(verblijfplaats v.d. gelukzaligen in het dodenrijk)*; — *adj.* **Ēlysius,** a, um.

em *interj.* (< *imp. v. emo, eme neem!, pak aan!)* daar!, ziedaar!

ē-macerō, ēmacerāre *(macer) (postklass.)* uitmergelen.

ē-macēscō, ēmacēscere, ēmacuī, — *(macies) (postklass.)* vermageren.

ē-maciō, ēmaciāre *(macies) (postklass.)* mager, dor maken.

emācitās, ātis *f (emax) (Plin. Min.)* koopzucht.

ē-macrēscō, ēmacrēscere, ēmacruī, — *(postklass.)* vermageren.

ē-maculō, ēmaculāre *(postklass.)* reinigen [**vulnera; animam**].

ē-madēscō, ēmadēscere, ēmaduī, — *(Ov.)* zeer vochtig *of* doornat worden.

ēmānātiō, ōnis *f (emano) (Laatl.)* het uitvloeien, uitstromen.

ēmancipātiō, ōnis *f (emancipo)*
1. vrijlating v.d. zoon uit de vaderlijke macht, verlening v. zelfstandigheid;
2. overdracht v. bezit [**fundorum**].

ē-mancipō, ēmancipāre *(arch.* ēmancupō*)*
1. de zoon uit de vaderlijke macht vrijlaten, zelfstandig verklaren;
2. *(een kind)* in andermans macht geven, afstaan [**filium in adoptionem**];
3. afstaan, overdragen [**tribunatum; fundos;**

agrum].

ē-mancō, ēmancāre *(mancus) (Sen.)* verminken.

ē-maneō, ēmanēre, ēmānsī, ēmānsum buiten blijven, wegblijven.

ē-mānō, ēmānāre
1. naar buiten, te voorschijn stromen;
2. ontspringen, ontspruiten, ontstaan;
3. zich verbreiden; ▸ *contagiones malorum latius emanarunt;*
4. bekend worden [**in vulgus**]; ▸ *indicia coniurationis Romam emanarunt.*

ē-marcēscō, ēmarcēscere, ēmarcuī, — *(postklass.)* verslappen, wegkwijnen.

ē-marginō, ēmargināre *(Plin. Mai.)* de randen verwijderen.

ēmasculātor, ōris *m (emasculo) (Apul.)* flikker.

ē-masculō, ēmasculāre *(masculus) (Apul.)* ontmannen, castreren.

Ēmathia, ae *f landstreek in het midden v. Macedonië rond Pella en Edessa, ook = Macedonië (inclusief Thessalië); — adj.* **Ēmathius,** a, um, *fem. ook* **Ēmathis,** idis; — **Ēmathides,** um *f (Ov.)* de muzen, Piëriden.

ē-mātūrēscō, ēmātūrēscere, ēmātūruī, —
1. *(Plin. Mai.; Gell.)* geheel rijp worden;
2. *(Ov.) (metaf.)* milder worden, bedaren; ▸ *si modo laesiematuruerit Caesaris ira.*

emāx, *gen.* ācis *(emo)* kooplustig, koopziek.

embaenetica, ae *f (Gr. leenw.)* inscheping.

embamma, atis *n (Gr. leenw.) (postklass.) een met azijn bereide saus.*

embasicoetās, ae *m (Gr. leenw.) (Petr.)*
1. *(obsceen gevormde)* beker;
2. flikker.

embatēr, ēris *m (Gr. leenw.) (archit.) een bouwelement (deel v.e. stylobaat?).*

emblēma, atis *n (Gr. leenw.)*
1. inlegwerk, mozaïek;
2. reliëf *(op vazen).*

emboliārius, ī *m en* **-a,** ae *f (Gr. leenw.) (Plin. Mai.)* iem. die het tussenspel speelt.

embolium, ī *n (Gr. leenw.)* tussenspel *(tussen de aktes v.e. drama).*

embolum, ī *n (Gr. leenw.) (Petr.)* scheepsram.

embolus, ī *m (Gr. leenw.) (postklass.)* zuiger.

ēmeātus, ūs *m (emeo) (Laatl.)* uitstroom.

ē-meditātus, a, um *(Apul.)* weloverwogen.

ēmendābilis, e *(emendo) (postklass.)* voor verbetering vatbaar [**error; aetas**].

ēmendātiō, ōnis *f (emendo)*
1. verbetering; ▸ *correctio philosophiae veteris et ~;*
2. *(mor.)* beterschap; ▸ *eo maiore animo ad emendationem nostri debemus accedere; poena constituitur in emendationem hominum.*

ēmendātor, ōris *m (emendo)* verbeteraar [**civitatis**].

ēmendātrīx, īcis *f (emendator)* verbeteraarster; ▸ *vitiorum emendatricem legem esse oportet (Cic.).*

ēmendātus, a, um *(p. adj. v. emendo)*
1. foutloos, correct, juist [**opus; locutio; carmina**];
2. *(mor.)* onberispelijk [**mores**].

ē-mendīcō, ēmendīcāre *(postklass.)* bedelen [**pecuniam**].

ē-mendō, ēmendāre *(mendum)*
1. fouten uit iets halen, verbeteren, perfectioneren [**annales; exemplaria**];
2. *(mor.)* verbeteren [**civitatem; consuetudinem**].

ēmēnsus *zie emetior.*

ē-mentior, ēmentīrī, ēmentītus sum
1. liegen, verzinnen, voorwenden [**falsa naufragia**]; — *p.p.* ēmentītus *ook pass.* gelogen, verzonnen, gespeeld [**auspicia; lassitudo**];
2. *(m. dubb. acc.)* valselijk aanwijzen als [**auctorem eius doli Sullam**];
3. *(abs.)* valse uitspraken doen.

ēmentus *p.p. v. eminiscor.*

ē-mercor, ēmercārī *(Tac.) en (Laatl.)* **-ō,** āre omkopen, door omkoping verkrijgen [**hostes ad exuendam fidem**].

ē-mereō, ēmerēre, ēmeruī, ēmeritum *en* **ē-mereor,** ēmerērī, ēmeritus sum
1. *(poët.; postklass.)* verdienen [**libertatem; favorem; pecuniam**];
2. zich verdienstelijk maken *(jegens: acc.);*
3. *(milit. t.t.)* uitdienen [**stipendia** zijn diensttijd vervullen].

ē-mergō, ēmergere, ēmersī, ēmersum
I. *intr.*
1. opduiken; ▸ *emersus e palude; navigia fundo emergunt;*
2. te voorschijn komen, zichtbaar worden, zich tonen; ▸ *emergit rursum dolor;*
3. *(Lucr.) (metaf.)* omhoogkomen, -stijgen [**ad summas opes**];
4. zich herstellen, loskomen, zich losmaken, zich bevrijden [**ex paternis probris; ex iudicio peculatūs**];
II. *tr. (Catull.)* laten opduiken;
III. *se emergere en pass. emergi*
1. opduiken, omhoogkomen [**e flumine**];
2. *(metaf.)* zich omhoogwerken, zich losmaken

[**ex malis**].

ēmeritus *(emereo resp. emereor)*
I. *adj.* a, um
1. uitgediend [**miles**];
2. *(poët.; postklass.) (metaf.)* uitgediend, oud, onbruikbaar geworden [**equus; aratrum; puppis; acus**];
3. beëindigd [**stipendia**];
II. *subst.* ī *m (poët.; postklass.)*
1. veteraan;
2. verdienstelijk man.

ē-mersī *pf. v. emergo.*

ēmersus[1] *ppp. v. emergo.*

ēmersus[2], ūs *m (emergo) (postklass.)*
1. het te voorschijn komen;
2. uitmonding *v.e. meer.*

ē-mētior, ēmētīrī, ēmēnsus sum *(p.p. emensus ook pass.)*
1. *(poët.; postklass.)* af-, uitmeten [**oculis spatium; longitudines et altitudines vocis**];
2. doorlopen, afleggen [**terras; silvas**]; ▸ *una nocte aliquantum itineris ~;*
3. *(poët.; postklass.) (tijd)* doorbrengen, slijten, doormaken [**quinque principes** meemaken]; ▸ *emensae noctes;*
4. toemeten, toedelen, doen toekomen [**frumentationes**].

ē-metō, ēmetere, —, ēmessum *(Hor.)* afmaaien [**frumentum; fruges**].

ēmī *pf. v. emo.*

ē-micō, ēmicāre, ēmicuī, ēmicātum
1. *(poët.; postklass.) (v.e. vlam e.d.)* oplichten, opflitsen, te voorschijn schieten; ▸ *ex turri ignes emicant; flamma emicat ex oculis; fulmina emicuerunt;*
2. *(v. bronnen, bloed e.d.)* plotseling te voorschijn komen, opwellen, omhoogspuiten, *(v. planten)* opschieten; ▸ *magna vis sanguinis emicat;*
3. *(v. projectielen)* wegschieten; ▸ *emicuit nervo telum; saxa tormento emicant;*
4. *(poët.)* springen *of* snellen uit, naar voren rennen [**carcere; in litus**];
5. *(poët.)* opspringen [**in currum**];
6. *(Tac.) (metaf.)* in een flits zichtbaar worden; ▸ *alci pavor emicat;*
7. *(Hor.) (metaf.)* uitblinken, -schitteren boven; ▸ *inter haec verba emicuit decorum;*
8. *(Sen.) (v.d. geest)* het brengen tot *(grote daden, kunstzinnige prestaties);* ▸ *animus ad summa emicaturus; animus in* (tot) *cogitationes divinas emicat.*

ē-migrō, ēmigrāre verhuizen, wegtrekken.

ēminātiō, ōnis *f (eminor) (Plaut.)* dreigement.

ēminēns *(emineo)*
I. *adj., gen.* entis
1. uitstekend, uitspringend, naar voren springend [**saxa; genae**];
2. *(postklass.) (metaf.)* uitstekend, uitblinkend, buitengewoon [**orator; vir; auctor; eloquentia**];
II. *subst.*
1. entis *n* uitspringend gedeelte; ▸ *per inaequaliter eminentia rupis* uitsteeksels;
2. *(Tac.) plur.* **ēminentēs,** ium *m* uitmuntende personen; ▸ *eminentissimi Graecorum.*

ēminentia, ae *f (emineo)*
1. het uitstekende, verhoging, erbovenuit stekende gestalte;
2. *(t.t. uit de schilderkunst)* voorgrond;
3. voortreffelijkheid.

ē-mineō, ēminēre, ēminuī, — *(mons)*
1. uitsteken, erbovenuit steken; ▸ *rupes aequore eminent; stipites ex terra eminent; eminentibus promunturiis;*
2. duidelijk op de voorgrond treden, zichtbaar *of* waarneembaar worden *of* zijn, zich tonen; ▸ *primum metus eius, mox gaudium eminuit (Plin. Min.); toto ex ore crudelitas eminebat; per confusa frementis verba tamen vulgi vox eminet una (Ov.);*
3. uitblinken, zich onderscheiden; ▸ *Demosthenes unus eminet inter omnes in omni genere dicendi (Cic.); tantum eminebat peregrina virtus (Liv.);*
4. *(t.t. uit de schilderkunst)* de voorgrond vormen.

ē-minīscor, ēminīscī, ēmentus sum verzinnen, uitdenken.

ē-minor, ēminārī *(Plaut.)* dreigementen uiten.

ēminulus, a, um *(emineo)* een beetje vooruitstekend *of* naar voren staand [**dens**].

ē-minus *adv. (manus; vgl. comminus)* van verre, uit de verte.

ē-mīror, ēmīrārī *(poët.)* aangapen [**aequora**].

ē-mīsī *pf. v. emitto.*

ēmissārium, ī *n (emitto)* afwateringssloot, kanaal.

ēmissārius, ī *m (emitto)*
1. verspieder, spion;
2. loot *(v.e. wijnrank).*

ēmissīcius, a, um *(emitto) (Plaut.)* spiedend [**oculi** speurogen].

ēmissiō, ōnis *f (emitto)*
1. het slingeren, werpen, worp [**lapidum**];
2. het laten ontsnappen [**anguis**].

ēmissus, ūs *m (emitto) (Lucr.)* het uitzenden.

ē-mittō, ēmittere, ēmīsī, ēmissum
1. uit-, af-, wegzenden, uit-, wegsturen, *(milit.)* laten uitrukken [**portis equitatum; essedarios ex silvis; equites in hostem**];
2. uitwijzen, uitstoten, verjagen, wegjagen [**Catilinam ex urbe; alqm ex domo**];
3. *(uit gevangenschap, uit zijn macht)* laten gaan, vrijlaten, vrijgeven [**alqm ex vinculis, e (de) carcere, e custodia**];
4. *(een onzelfstandige)* vrijlaten [**manu** (uit zijn macht) **adoptatos; servum**];
5. *(milit. t.t.)* vrije aftocht laten *of* garanderen [**alqm ex obsidione**];
6. eruit laten, laten lopen [**alqm noctu per vallum; agnos foras; anguem**];
7. *de (ex) manibus* uit zijn handen laten glippen, zich laten ontgaan, laten ontkomen [**certamen; adversarium**];
8. *(projectielen)* afschieten, slingeren, werpen [**iacula, saxa in alqm**];
9. *(vloeistof)* laten afvloeien, laten weglopen [**aquam ex lacu Albano; lacrimas** vergieten]; ▸ *Pomptinam paludem in mare* ~;
10. *(klanken)* uiten, uitstoten [**sonitum**]; ▸ *vox caelo emissa;*
11. loslaten, laten vallen [**scutum manu; caseum ore**];
12. *animam* uitblazen;
13. uitgeven [**elegos**];
14. *(postklass.)* voortbrengen, produceren;
15. *(postklass.) (een lijn)* doortrekken; laten uitsteken.

emō, emere, ēmī, ēmptum
1. kopen, door koop verkrijgen [**aedes ab alqo; servos; magno** duur, **parvo** goedkoop; **pluris** duurder, **minoris** goedkoper]; ▸ *empti dentes* valse tanden;
2. kopen, omkopen, voor zich winnen [**pacem pretio; iudices pecuniā; animos; percussorem in eum**].

ē-moderor, ēmoderārī *(Ov.)* matigen.

ē-modulor, ēmodulārī *(Ov.)* metrisch bezingen.

ē-mōlior, ēmōlīrī
1. *(Plaut.)* met moeite tot stand brengen [**negotium**];
2. met moeite verwijderen; opwoelen; ▸ ~ *fretum (Sen.).*

ē-molliō, ēmollīre
1. week maken, weken;
2. *(metaf.)* milder maken [**mores; severa praecepta**];
3. *(metaf.)* verzwakken [**exercitum; auctoritatem principis**].

ē-molō, ēmolere, ēmoluī, ēmolitum *(postklass.)*
1. door malen vervaardigen;
2. geheel malen.

ēmolumentum, ī *n* winst, voordeel, nut, goede uitwerking.

ē-moneō, ēmonēre, — — vermanen *(m. acc.; ut).*

ē-morior, ēmorī ēmortuus sum
1. (af)sterven; ▸ ~ *per virtutem* heldhaftig; *arente culmo sterilis emoritur seges;*
2. *(metaf.)* vergaan, verbleken; ▸ *laus* ~ *non potest.*

ēmortuālis, e *(emorior) (Plaut.)* tot het sterven behorend, sterf-.

ē-moveō, ēmovēre, ēmōvī, ēmōtum
1. naar buiten brengen, wegdoen, ergens uitdrijven, opzij zetten, verwijderen [**arma tectis; multitudinem e foro**];
2. *(metaf.)* verdrijven, wegjagen [**pestilentiam ex agro; curas dictis**];
3. in beweging zetten, eruit tillen, doen schudden, opwoelen [**muros fundamentaque; postes cardine** uit de scharnieren tillen];
4. *(Sen.)* ontwrichten, verrekken [**articulos**];
5. *(Sen.) mens emota* gestoord.

Empedoclēs, is *m Gr. natuurfilosoof uit Agrigentum op Sicilië (ca. 483—423 v. Chr.).*

emphasis, is *f (Gr. leenw.) (retor.) het gebruik v.d. taal op een zodanige manier dat meer gesuggereerd en geïmpliceerd wordt dan strikt genomen gezegd wordt.*

empīricē, ēs *f (Gr. leenw.) (Plin. Mai.)* geneeskunde die uitsluitend op waarneming en ervaring berust.

empīricī, ōrum *m (Gr. leenw.)* empirische artsen, empirici.

emplastrātiō, ōnis *f (emplastro) (botan.)* het enten.

emplastrō, emplastrāre *(emplastrum) (botan.)* enten.

emplastrum, ī *n (Gr. leenw.) (pre- en postklass.)*
1. *(med. t.t.)* pleister;
2. *(botan.) een bij het enten gebruikt stuk schors.*

emporētica *(ook* **emporītica***),* ae *f (Gr. leenw.; vul aan: charta) (Plin. Mai.)* (in)pakpapier.

Emporiae, ārum *f stad aan de kust in het N.O. v. Spanje, nu* Ampurias; — *inw.* **Emporitānī,** ōrum *m.*

emporium, ī *n (Gr. leenw.)* handelsplaats, markt.

emporos, ī *m (Gr. leenw.)* koopman.

ēmptīcius, a, um *(emo) (pre- en postklass.)* gekocht.

ēmptiō, ōnis *f (emo)* (aan)koop [**equina** aankoop v. paarden].

ēmptitō, ēmptitāre *(frequ. v. emo) (postklass.)* kopen.

ēmptor, ōris *m (emo)* koper [**fundi; bonorum**]; omkoper.

ēmptum, ī *n (emo)* koop, koopovereenkomst; ▸ *ex -o* krachtens, op grond van de koopovereenkomst.

ēmptus, a, um *ppp. v. emo.*

ē-mūgiō, mūgīre *(postklass.)* luid loeien.

ē-mulgeō, ēmulgēre, —, ēmulsum uitzuigen.

ēmūnctiō, ōnis *f (emungo) (postklass.)* het snuiten.

ēmūnctōrium, ī *n (emungo) (Vulg.)* snuiter *(om kaarsen uit te maken).*

ēmūnctus, a, um *(emungo) (poët.; postklass.)* een fijne neus hebbend.

ēmundātiō, ōnis *f (emundo) (eccl.)* het reinigen, zuiveren.

ē-mundō, ēmundāre *(postklass.)* grondig schoonmaken *of* reinigen.

ē-mungō, ēmungere, ēmūnxī, ēmūnctum

1. snuiten; *ook v. kaarsen (Vulg.)*; — *se emungere en pass. emungi* zijn neus snuiten;
2. bedriegen *(mbt.: abl.)* [**alqm auro, argento** afhandig maken].

ē-mūniō, ēmūnīre

1. ommuren, versterken [**locum**];
2. *(postklass.)* begaanbaar maken, van wegen voorzien [**silvas ac paludes**].

ē-mūnxī *pf. v. emungo.*

ēmussitātus, a, um *(amussis) (Plaut.)* precies afgemeten, onberispelijk.

ēmūtātiō, ōnis *f (emuto) (postklass.)* verandering.

ē-mūtō, ēmūtāre *(postklass.)* veranderen.

ēn *interj. (Gr. leenw.)*

1. *(demonstratief)* kijk (daar)! *(m. nom., acc. of m. volledige zin)*; ▸ *en ego* daar ben ik; *en Priamus; en causam; en crimen;*
2. *(aansporend)* vooruit!, kom!; ▸ *en age!;*
3. *(vragend) (in dir. en afh. vr.)* (of) wel?

ēnarrābilis, e *(enarro) (poët.; postklass.)* te vertellen.

ēnarrātiō, ōnis *f (enarro)* het duidelijk vertellen *of* uiteenzetten; het interpreteren.

ēnarrātor, ōris *m (enarro) (postklass.)* interpretator.

ē-narrō, ēnarrāre

1. volledig vertellen *of* beschrijven [**alci somnium**];
2. *(Gell.)* interpreteren [**versum Plauti**].

ē-nāscor, ēnāscī, ēnātus sum te voorschijn komen, ontstaan; ▸ *enata inter iuncturas lapidum palma (Suet.).*

ē-natō, ēnatāre

1. wegzwemmen, zich door zwemmen redden;
2. zich erdoorheen slaan, zich redden.

ēnātus *p.p. v. enascor.*

ē-nāvigō, ēnāvigāre

I. *intr.* wegzeilen, wegvaren;

II. *tr.* bevaren, varen door [**undam**].

encaenia, ōrum *n (Gr. leenw.) (eccl.)* inwijdingsfeest.

encaustus, a, um *(Gr. leenw.) (postklass.)* gebrandschilderd.

Enceladus, ī *m een v.d. giganten, door Jupiter met zijn bliksemschicht gedood en onder de Etna begraven.*

enchīridion, ī *n (Gr. leenw.) (Laatl.)* handboek.

enclima, atos *n (Gr. leenw.) (postklass.)* schuine stand, schuinte.

encōmium, ī *n (Mel.)* loflied, lofrede.

encyclios, on *(Gr. leenw.)* omvattend.

endo *arch. prep. = in.*

endo-plōrō, plōrāre *(arch.) = imploro.*

endromis, idis *f (Gr. leenw.) (poët.)* wollen mantel.

Endymiōn, ōnis *m schone jongeling, bemind door de maangodin (Luna) en door toedoen v. Jupiter in eeuwige slaap verzonken.*

ē-necō, ēnecāre, ēnecuī (*en* ēnecāvī), ēnectum

1. doden, ombrengen;
2. dodelijk kwellen, uitputten; ▸ *siti, fame, frigore enectus.*

ēnervis, e *(enervo) (postklass.)* krachteloos, slap [**corpus**].

ē-nervō, ēnervāre *(nervus)*

1. de pezen doorsnijden van *(m. acc.)* [**poplites**];
2. *(metaf.)* verlammen, krachteloos maken; — *ppp.* **ēnervātus,** a, um krachteloos, zwak, mat [**civitas; oratio**].

Engonasin *m indecl. (Gr. leenw.)* de knielende *(sterrenbeeld aan de noordelijke sterrenhemel), sinds Eratosthenes Hercules genoemd.*

Enguīnus

I. *adj.* a, um uit Engyon, *een stad op Sicilië, nu Engio;*

II. *subst.* ī *m inwoner v. Engyon.*

ēnicō, ēnicāre *= eneco.*

enim *cj. (staat gewoonlijk op de tweede of latere plaats in de zin)*

1. namelijk, immers, toch immers; ▸ *illi viri*

vituperandi, non enim omnes cives salvos esse voluerunt (Cic.); *habes legis prooemium, sic enim haec appellat Plato* (Cic.);
2. natuurlijk, vind je ook niet?; ▸ *quid metuis? :: enim ne nosmet perdiderimus uspiam;*
3. *quid enim?* wat dan?, hoezo?;
4. *at enim, sed enim* maar het is toch zo dat, maar natuurlijk.

enim-vērō *cj.* inderdaad, werkelijk, (maar) natuurlijk; ja zelfs.

Enīpeus, eī *en* eos *m zijrivier v.d. Peneus in Thessalië; god v. deze rivier.*

ēnīsus *zie enitor.*

ē-niteō, ēnitēre, ēnituī, —
1. (*poët.; postklass.*) oplichten, schitteren, glanzen; ▸ *enitet myrtus;*
2. (*metaf.*) uitblinken; ▸ *Crassi magis enitebat oratio* (Cic.); *in eo bello et virtus et fortuna enituit Tulli* (Liv.).

ēnitēscō, ēnitēscere, ēnituī, — (*incoh. v. eniteo*)
1. gaan glanzen, beginnen op te lichten;
2. (*metaf.*) beginnen uit te blinken.

ē-nītor, ēnītī, ēnīxus *en* ēnīsus sum
I. *intr.*
1. zich inspannen, moeite doen, zijn best doen (*m.* ut); ▸ *quantum facere enitique potui;*
2. zich naar buiten, omhoogwerken [**per adversos fluctus ingenti labore remigum**];
3. (*poët.; postklass.*) stijgen, klimmen [**in altiora**; *metaf.* **in summum ambitionis**];
II. *tr.*
1. streven naar, doorzetten;
2. baren, werpen; — *p.p.* **ēnīxus,** a, um *ook pass.* (*Laatl.*) geboren;
3. (*Tac.*) bestijgen, beklimmen [**Alpes**].

ē-nituī *pf. v. eniteo en enitesco.*

ēnīxus[1], a, um (*p. adj. v. enitor*) ingespannen, ijverig [**-o studio**].

ēnīxus[2], ūs *m* (*enitor*) (*Plin. Mai.*) het baren, bevalling.

Enna, ae *f* = *Henna.*

Ennius, ī *m* Q. ~, *dichter uit Rudiae in Calabrië (239—169 v. Chr.), vanaf 204 in Rome woonachtig, schiep het Rom. epos (Annales, de geschiedenis v. Rome vanaf de aankomst v. Aeneas tot aan zijn eigen tijd in 18 boeken in hexameters); verder schreef hij tragedies, komedies, satiren, leerdichten.*

ennosigaeus, ī *m* (*Gr. leenw.*) (*Juv.*) aardschokker, *epitheton v. Neptunus.*

ē-nō, ēnāre
I. *intr.*
1. zwemmen uit, zich zwemmend redden;
2. (*poët.*) wegvliegen;
II. *tr.* (*poët.*) (zwemmend) afleggen *of* doorkruisen.

ēnōdātiō, ōnis *f* (*enodo*) uitleg, verklaring.

ēnōdātus, a, um (*p. adj. v. enodo*) verduidelijkt, duidelijk; ▸ *praecepta -a diligenter.*

ē-nōdis, e (*nodus*)
1. zonder knoesten, glad [**truncus; arbores**];
2. (*metaf.*) gepolijst, bijgevijld [**elegi**].

ē-nōdō, ēnōdāre (*nodus*)
1. (*pre- en postklass.*) van knoesten ontdoen;
2. ontwarren, verklaren [**veterum scriptorum sententias**].

ē-nōrmis, e (*norma*) (*postklass.*)
1. onregelmatig [**versus**];
2. bovenmatig (groot), monsterachtig [**spatium**].

ēnōrmitās, ātis *f* (*enormis*) (*postklass.*)
1. onregelmatigheid;
2. monsterachtige grootte.

ē-nōtēscō, ēnōtēscere, ēnōtuī, — (*incoh.; zie notus*) (*postklass.*) bekend worden.

ē-notō, ēnotāre (*Plin. Min.*) optekenen.

ē-nōtuī *pf. v. enotesco.*

ēnsiculus, ī *m en* **-a,** ae *f* (*demin. v. ensis*) (*Plaut.*) klein zwaard.

ēnsi-fer, fera, ferum *en* **ēnsi-ger,** gera, gerum (*ensis en fero resp. gero*) (*Ov.*) zwaarddragend.

ēnsis, is *m* (*poët.*) zwaard; ▸ *lateri accommodat ensem* (*Verg.*).

Entellīnus, a, um uit Entella *op Sicilië.*

enterocēlē, ēs *f* (*Gr. leenw.*) (*postklass.*) darmbreuk.

enterocēlicus, a, um (*enterocele*) (*postklass.*) lijdend aan een darmbreuk.

entheātus *en* **entheus,** a, um (*Gr. leenw.*) (*Mart.*) bezeten, enthousiast [**turba**].

enthēca, ae *f* (*Gr. leenw.*) (*Laatl.*)
1. (*jur.*) toebehoren; gereedschap;
2. bewaarplaats, magazijn.

enthȳmēma, atis *n* (*Gr. leenw.*) (*postklass.*) gevolgtrekking, argumentatie.

ē-nūbilō, nūbilāre (*nubilus*) (*eccl.*)
1. van wolken ontdoen, reinigen;
2. ophelderen, verhelderen.

ē-nūbō, ēnūbere, ēnūpsī, ēnuptum buiten haar stand trouwen (*v. vrouwen*) [**e patribus** buiten het patriciaat].

ēnucleātus, a, um (*p. adj. v. enucleo*) helder, zakelijk, precies.

ē-nucleō, ēnucleāre (*nucleus*)
1. verklaren, verduidelijken [**rem**]; zorgvuldig

behandelen [**suffragia** weloverwogen uitbrengen];
2. uitpluizen [**argumenta**];
3. *(postklass.)* ontpitten [**olivas**].
ēnumerātiō, ōnis *f (enumero)*
1. opsomming [**singulorum argumentorum; factorum**];
2. *(retor. t.t.)* recapitulatie.
ē-numerō, ēnumerāre
1. uit-, berekenen [**dies**];
2. optellen, opsommen [**multitudinem beneficiorum; singulorum nomina**].
ēn-umquam *(kom.)* soms ooit?
ēnūntiātiō, ōnis *f (enuntio)*
1. aankondiging;
2. bewering, stelling.
ēnūntiātīvus, a, um *(enuntio) (Sen.)* horend bij de bewering, beweerd.
ēnūntiātrīx, īcis *f (enuntio) (postklass.) (attrib.)* onder woorden brengend.
ēnūntiātum, ī *n (enuntio)* bewering, uitspraak.
ē-nūntiō, ēnūntiāre
1. bekendmaken, verbreiden, verraden [**mysteria**]; ▸ *sociorum consilia adversariis* ~;
2. uitspreken, aanduiden, uitdrukken; ▸ *breviter enuntiatae sententiae;*
3. *(gramm.)* uitspreken.
ēnuptiō, ōnis *f (enubo)* het door huwelijk uittreden uit een *gens.*
ē-nūtriō, ēnūtrīre (op)voeden.
eō[1] *adv. (versteende abl. v. is)*
1. daarheen [**pervenire** daar];
2. *(metaf.)* tot aan het punt, tot die mate, zo ver; ▸ *eo consuetudinis res est adducta ut; eo ira processit ut; res eo crevit;*
3. zo lang *(m. dum, quoad, donec* totdat);
4. daarbij (nog); ▸ *eo accedit ut of quod* daar komt nog bij dat; *eo accessit studium doctrinae;*
5. daarom, om die reden; ▸ *eo quod of quia; eo dico ne;*
6. *(bij comp.)* des te [**magis; maior**]; — **quo ... eo** hoe ... des te;
7. daar *(zelden, klass. alleen metaf.)*; ▸ *res erat eo iam loci ut* het was al zo ver gekomen dat.
eō[2], īre, iī (en īvī), itum *(zie appendix voor onregelmatige vormen)*
I. *(v. levende wezens)*
1. *zich op enigerlei manier verplaatsen,* gaan [**domum; ad forum; eodem itinere** langs dezelfde weg; **viā sacrā; pedibus** te voet]; — *onpers. pass.: itur* men gaat;
2. rijden [**curru; in raeda**];
3. varen, zeilen [**puppi per undas; in portum** binnenlopen; **cum classe**];
4. *(te paard)* rijden [**equo**]; ▸ *contra hostem* ~ *(v.d. cavalerie)* tegen de vijand;
5. *(poët.; postklass.)* vliegen [**per auras; ad caelum**];
6. komen; ▸ *unde is?; subsidio* ~ te hulp;
7. *(milit. t.t.)* (a) marcheren, optrekken [**bello** ten strijde trekken; **viā** *of* **pedibus** over land; **cum exercitu; maximis itineribus** in geforceerde marsen]; (b) oprukken tegen, tegemoet marcheren, losgaan op [**alci obviam; adversus alqm; contra hostes; ad muros**]; (c) *ad arma, ad saga* ~ naar de wapens, naar de krijgsmantel grijpen = zich voor de strijd uitrusten;
8. *(poët.)* naar het graf begeleiden [**exsequias**];
9. *(jur. t.t.)* ~ *in ius, ad iudicium* voor de rechtbank verschijnen;
10. *(meestal metaf.)* naar iets toe gaan, op iets af gaan [**in consilium** ter vergadering gaan; **in suffragium** ter stemming gaan; **in scelus** een misdaad begaan; **in sententiam** zich bij een mening aansluiten; **in alia omnia** voor de tegenovergestelde opvatting stemmen; **in lacrimas** in tranen uitbarsten; **in poenas** overgaan tot bestraffing; **per medium** de middenweg kiezen]; — *m. sup.* eropuit gaan: *dominationem raptum ire;*
II. *(v. zaken en toestanden) (meestal poët. en postklass.)*
1. gaan; ▸ *it clamor ad aethera; per oppida rumor it; fama per urbes it;*
2. *(v. schepen)* varen, zeilen [**per aequora**]; ▸ *euntes* de wegzeilenden;
3. *(v. projectielen)* vliegen, dringen; ▸ *hasta per corpus it* dringt;
4. *(v.d. wind)* stormen, razen; ▸ *tempestas per campos it;*
5. *(v. rivieren en vloeistoffen)* vloeien, stromen [**aliā ripā**]; ▸ *it naribus ater sanguis;*
6. *(v. sterren)* gaan, zich voortbewegen;
7. verstrijken, verdwijnen; ▸ *eunt anni; dies it;*
8. voorwaarts gaan, verlopen; ▸ *prorsus ibat res; res eodem cursu eunt;*
9. overgaan in, worden tot [**in melius**]; ▸ *odia in perniciem ibunt.*
eōdem *adv. (versteende abl. v. idem)*
1. naar dezelfde plaats [**proficisci; alqm mittere**];
2. hierbij ook [**addere**];
3. juist daar; ▸ *eodem loci* op dezelfde plaats, in dezelfde toestand; *arduum est eodem loci poten-*

tiam et concordiam esse (*Tac.*).

eōpse = *eo ipso.*

Ēōs *en* **Eōs** *f* (*alleen nom.*) morgenrood; — **Ēōus** *en* **Eōus,** a, um (a) van *of* in de morgen; (b) oostelijk [**Indi; domus Aurorae**]; — **Eōus,** ī *m* (a) morgenster; ▸ *primo Eoo* bij de opkomst v.d. morgenster, bij het aanbreken v.d. dag; (b) het Oosten; inwoner v.h. Oosten; (c) *een v.d. paarden v.d. zonnewagen.*

Epamīnōndās, ae *m veldheer en staatsman v.d. Thebanen, die in 362 v. Chr. bij Mantinea de Spartanen overwon en daarbij zelf sneuvelde.*

epaphaeresis, is *f* (*Gr. leenw.*) (*Mart.*) het opnieuw wegnemen.

ēpāstus, a, um (*pascor*) (*Ov.*) opgevreten.

Epēus, ī *m ontwerper en bouwer v.h. paard v. Troje.*

ephēbēum, ī *n* (*Gr. leenw.*) (*postklass.*) efebeum (*ruimte in een gymnasium bestemd voor jongemannen*).

ephēbicus, a, um (*Gr. leenw.*) (*postklass.*) geschikt voor efeben.

ephēbus, ī *m* (*Gr. leenw.*) efebe, jongeman *van 18 tot 20 jaar* (*gew. v. Grieken*); ▸ *exire ex -is* de volwassen leeftijd bereiken.

ephēlis, idos *f* (*Gr. leenw.*) (*med.*) harde plek op de huid, *missch.* moedervlek *of* (zomer)sproet.

ephēmeris, idis *f* (*Gr. leenw.*) dagboek, kasboek (*voor werkzaamheden, gebeurtenissen, inkomsten en uitgaven*).

ephēmeron *en* **ephēmerum,** ī *n* (*Gr. leenw.*) (*Plin. Mai.*) *naam v. twee plantensoorten.*

Ephesus, ī *f stad in Kl.-Azië, tegenover Samos, beroemd om de tempel v. Diana, nu Selçuk*; — *inw. inw. en adj.* **Ephesius,** ī *m resp.* a, um.

ephippiātus, a, um (*ephippium*) met een paardendekkleed *of* sjabrak rijdend.

ephippium, ī *n* (*Gr. leenw.*) paardendekkleed, sjabrak.

ephod *en* **ephud** *indecl.* (*Hebr. leenw.*) (*eccl.*) efod (*een schort gedragen bij de eredienst*).

ephorus, ī *m* (*Gr. leenw.*) opzichter, efoor (*een v.d. hoogste vijf magistraten in Sparta*).

Ephorus, ī *m Gr. geschiedschrijver uit de 4e eeuw v. Chr., schreef een Gr. wereldgeschiedenis die liep tot 358 v. Chr.*

ephud *zie ephod.*

Ephyra, ae *en* **Ephyrē,** ēs *f*
1. *oude naam v. Corinthe*; — *adj.* **Ephyraeus** *en* **Ephyrēius,** a, um Corinthisch, uit Corinthe;
2. (*Verg.*) *een zeenimf.*

epibata, ae *m* (*Gr. leenw.*) marinier.

epicactis, ? *f* (*Gr. leenw.*) (*Plin. Mai.*) *een soort* nieskruid.

epicēdīon, ī *n* (*Gr. leenw.*) (*postklass.*) begrafenislied.

Epicharmus, ī *m Gr. komediedichter uit Syracuse, ca. 470 v. Chr.*

epichīrēma, atis *n* (*Gr. leenw.*) (*retor.*) *een soort* argumentatie.

epichysis, is *f* (*acc. -in; abl. -ī*) (*Gr. leenw.*) (*preklass.*) schenkkan.

Epiclērus, ī *f* 'De erfdochter', *komedie v. Menander.*

epicoenos, os, on (*Gr. leenw.*) (*gramm.*) gemeenslachtig.

epicōpus, a, um (*Gr. leenw.*) van roeiriemen voorzien.

Epicratēs, is *m* 'de oppermachtige' (*Cicero over Pompeius*).

epicrocus, a, um (*Gr. leenw.*) (*preklass.*) met dunne inslagdraden (*v. weefsels*); dun (*scherts. v.e. soep*).

Epicūrus, ī *m Gr. filosoof van Samos* (*342—271 v. Chr.*), *vanaf 323* (*definitief vanaf 306*) *woonachtig in Athene, stichter v.d. epicurische school; het uiteindelijke streven v. zijn leer was het individuele geluk voor de mens*; — *adj.* **Epicūrēus,** a, um epicurisch; — *subst.* **Epicūrēī,** ōrum *m* leerlingen, aanhangers v. Epicurus, epicuristen.

epicus, a, um (*Gr. leenw.*) episch; — *subst.* **epicī,** ōrum *m* epische dichters.

Epidamnus *en* **-os,** ī *f stad in het Gr. Illyrië, later Dyrrachium* (*in het huidige Albanië*); — *adj.* **-nius,** a, um *en* **-niēnsis,** e.

Epidaphna, ae *f een buitenwijk v. Antiochië.*

Epidaurus *en* **-os,** ī *f stad in Argolis op de Peloponnesus, cultusplaats v. Aesculapius, nu Epidavros*; — *adj.* **Epidaurius,** a, um [**litora; deus** Aesculapius]; — **Epidaurius,** ī *m* Aesculapius.

Epidicazomenos, *acc. -on m* 'Hij die zich iets laat toewijzen' (*toneelstuk v. Apollodorus*).

epidīcticus, a, um (*Gr. leenw.*) pronkend, pronk- [**orationis genus** type redevoering om retorische vaardigheden te tonen].

epidīpnis, idis *f* (*Gr. leenw.*) (*postklass.*) dessert.

epidromus, ī *m* (*Gr. leenw.*) koord *om een net te sluiten.*

Epigonī, ōrum *m* ('de nakomelingen') de Epigonen, de zonen v.d. 'Zeven tegen Thebe' (*tragedie v. Aeschylus*).

epigramma, atis *n* (*Gr. leenw.*)
1. in-, opschrift;
2. puntdicht, epigram.

epigrus, ī *m* = *epiurus.*

epilogus, ī *m* (*Gr. leenw.*) slot v.e. redevoering, nawoord, epiloog.
epimēnia, ōrum *n* (*Gr. leenw.*) (*Juv.*) maandelijks rantsoen (*voor slaven*).
Epimenidēs, is *m Kretenzische wonderdoener* (*ca. 600 v. Chr.*).
Epimēthis, idis *f* Pyrrha, *de vrouw v.* Deucalion, *dochter v.* Epimetheus (*de broer v.* Prometheus).
epinīcia, ōrum *n* (*Gr. leenw.*) (*Suet.*) overwinningsliederen.
Epiphanēa, ae *f stad in Cilicië* (*Kl.-Azië*).
epiphanīa, ae *f en* ōrum *n* (*Gr. leenw.*) (*eccl.*) feest v.d. verschijning v. Christus, feest v.d. Epifanie.
epiphōnēma, atis *n* (*Gr. leenw.*) (*Sen.*) uitroep (*ter afronding v.e. betoog*).
epiphora, ae *f* (*Gr. leenw.*) ontsteking, ihb. oogontsteking.
epi-raedium *en* **-rēdium,** ī *n* (*Gr. leenw.*) (*Juv.*) koets, wagen.
Ēpīrus, ī *f landstreek aan de W.-kust v.* N.-*Griekenland, waarvan de bewoners met de Illyriërs, Macedoniërs en Thessaliërs verwant waren en reeds vroeg onder Griekse invloed stonden, nu Ipiros;* — *inw.* **Ēpīrōtēs,** ae *m;* — *adj.* **Ēpīrōticus,** a, um *en* **Ēpīrēnsis,** e.
episcaenium, ī *n* (*Gr. leenw.*) (*postklass.*) *de bovenverdieping v.h. toneel.*
episcopālis, e (*episcopus*) (*eccl.*) bisschoppelijk.
episcopātus, ūs *m* (*episcopus*) (*eccl.*) bisschoppelijke waardigheid.
episcopus, ī *m* (*Gr. leenw.*) (*eccl.*) bisschop.
epistatēs, ae *m* (*Gr. leenw.*) opzichter.
epistola, ae *f* = *epistula.*
epistolicus, a, um (*Gr. leenw.*) (*postklass.*) in de vorm v.e. brief.
epistolium, ī *n* (*Gr. leenw.*) (*Catull.*) briefje.
epistula, ae *f* (*Gr. leenw.*) (*postklass. ook plur.*) brief; schriftelijke reactie; ▸ *~ ad alqm missa ab alqo; commercium -arum* briefwisseling; *-am inscribere alci* aan iem. richten; *-am reddere* afgeven, ter hand stellen; *ab -is* secretaris.
epistulāris, e (*epistola*) (*postklass.*) behorend tot een brief.
epistȳlium, ī *n* (*Gr. leenw.*) *een op zuilen rustende dwarsbalk die de bovenbouw draagt,* architraaf.
epitaphium, ī *n* (*Gr. leenw.*) (*Laatl.*) grafschrift.
epitaphius, ī *m* (*Gr. leenw.*) lijkrede.
epithalamium, ī *n* (*Gr. leenw.*) (*postklass.*) bruiloftslied.
epithēca, ae *f* (*Gr. leenw.*) (*Plaut.*) toegift.
epitheton, ī *n* (*Gr. leenw.*) (*gramm.*) adjectief.
epitoma, ae *en* **epitomē,** ēs *f* (*Gr. leenw.*) uittreksel (*uit een geschrift*).
epitonion, ī *n* (*Gr. leenw.*) *kraan aan een buis.*
Epitrepontes ('de [*aan een beslissing v.e. scheidsgerecht*] toevertrouwenden') 'Het scheidsgerecht' (*komedie v.* Menander).
epitȳrum, ī *n* (*Gr. leenw.*) (*Plaut.*) olijvensalade.
epiūrus, ī *m* (*Gr. leenw.*) (*Sen.*) houten spijker.
epodes, um *m* (*poët.; postklass.*) *een soort zeevissen.*
epōdos *en* **-us,** ī *m* (*Gr. leenw.*) (*postklass.*)
1. *korter vers volgend op een langer vers;*
2. epode, *dichtvorm met regelmatig afwisselende langere en kortere verzen, bedacht door Archilochus en door Horatius in de Rom. literatuur geïntroduceerd.*
Epona, ae *f* (*oorspr. als 'merrie' vereerde Gall.*) *beschermgodin v. paarden en ezels.*
epops, opis *m* (*Gr. leenw.*) (*poët.*) hop.
Eporedia, ae *f Rom. kolonie in Gallia Transpadana ten N. v. Turijn, nu* Ivrea.
epos *n* (*alleen nom. en acc.*) (*Gr. leenw.*) (*poët.*) epos, heldendicht.
ē-pōtō, ēpōtāre, ēpōtāvī, ēpōtum, ēpōtātūrus
1. leegdrinken; *klass. alleen ppp.* **ēpōtus,** a, um op-, uitgedronken, geleegd [**venenum; medicamentum; poculum**];
2. (*poët.*) (*v. niet-lev. subj.*) in zich opnemen;
3. (*Plaut.*) met drinken erdoor jagen, verdrinken [**argentum**].
epulae, ārum *f*
1. spijzen, gerechten; ▸ *vino et -is onerati;*
2. maaltijd, smulpartij, feestmaal; ▸ *-as a medio die ad mediam noctem protrahere.*
epulāris, e (*epulae*) bij de maaltijd (horend), tafel- [**accubitio amicorum; sermo**].
epulātiō, ōnis *f* (*epulor*) feestmaal.
epulō, ōnis *m* (*epulum*)
1. iem. die toezicht houdt op een feestmaal: *college v. priesters, sinds 198 v. Chr. drie* (*tresviri*), *later zeven* (*septemviri*), *ttv. Caesar tien leden* (*decemviri epulones*), *die de bij de publieke spelen horende maaltijden verzorgden;*
2. veelvraat, smulpaap.
epulor, epulārī (*epulae*)
I. *intr.* een feestmaal houden, de maaltijd gebruiken [**cum alqo; modice; more Persarum luxuriosius**];
II. *tr.* (*poët.; postklass.*) opeten, verorberen.
epulum, ī *n* feestmaal, gastmaal, banket; ▸ *alci -um dare.*
equa, ae *f* (*equus*) merrie.
eques, itis *m en f* (*equus*)

1. ruiter, amazone; *(milit.)* cavalerist; — *attrib.* bereden, te paard;
2. *(plur. en sg. coll.)* ruiterij, cavalerie;
3. ridder;
4. *(coll.)* ridderstand, ridderschap *(klasse tussen senaat en plebs)*;
5. *(Mel.)* paard *(als schaakstuk)*.

equester, tris, tre, *zelden* **equestris,** e *(eques)*
1. van de ruiterij, ruiter-, bereden [**copiae; arma; proelium** ruitergevecht; **tumultus; procella**];
2. van een ridder, ridder- [**ordo** ridderstand; **dignitas** rang v. ridder]; — *subst. m (Tac.)* ridder.

equestria, ium *n (equester; vul aan: loca)* zitplaatsen v.d. ridders *in het amfitheater.*

e-quidem *adv. (versterkt quidem)* zeer zeker, stellig, inderdaad, natuurlijk; ▸ *id equidem ego certo scio.*

equi-ferus, ī *m (equus) (Plin. Mai.) een soort wild* paard.

equīle, is *n (equus) (pre- en postklass.)* paardenstal.

equīnus, a, um *(equus)* van een paard, paarden- [**cauda; emptio** koop v. paarden].

equiō, equīre *(equus) (postklass.)* hengstig zijn.

equi(r)ria, ōrum *en* ium *n (equus en curro)* paardenrennen *in Rome ter ere v. Mars, elk jaar op 27 februari en 14 maart.*

equīsō, ōnis *m (equus)* paardenverzorger.

equitābilis, e *(equito) (postklass.)* voor de ruiterij begaanbaar.

equitātiō, ōnis *f (equito) (Plin. Mai.)* het (paard)-rijden.

equitātus, ūs *m (equito)*
1. ruiterij;
2. ridderschap, de ridders;
3. *(Plin. Mai.)* het paardrijden.

equitō, equitāre *(eques)*
1. (paard)rijden;
2. *(poët.) (v.d. wind)* voortstormen [**per undas**];
3. *(poët.; Laatl.)* te paard doorkruisen.

equola *en* **equula,** ae *f en* **equolus** *en* **equulus,** ī *m (demin. v. equa en equus) (preklass.)* veulen.

equuleus, ī *m = eculeus.*

equus *en* **ecus,** ī *m (gen. plur. ook equum)*
1. paard, ros, hengst [**bellator** strijdros]; ▸ *(in) -o vehi* (te paard) rijden; *ex -o pugnare* te paard; *-o merere* bij de ruiterij dienen; ~ *publicus;* — *sprw.: -i donati dentes non inspiciuntur* men moet een gegeven paard niet in de bek zien; *viris equisque* met man en macht;
2. *het sterrenbeeld* Pegasus.

Equus Tuticus, ī *m plaats ten N.O. v. Beneventum (in de buurt v. Napels), nu* Castelfranco.

era, ae *f (erus)*
1. *(preklass.)* vrouw des huizes, meesteres;
2. *(poët.)* meesteres, gebiedster, geliefde.

ē-rādīcō, ērādīcāre *(radix) (kom.)*
1. met wortel en al uitrukken, uittrekken, verscheuren;
2. *(metaf.)* uitroeien, verdelgen.

ē-rādō, ērādere, ērāsī, ērāsum
1. afschrapen, afkrabben; scheren [**terram; genas**];
2. schrappen, (uit)wissen [**alqm albo senatorio** van de senatorenlijst schrappen];
3. *(metaf.)* doen vergeten [**vitae tempora; vitia**].

eranus, ī *m (Gr. leenw.) (postklass.)* liefdadigheidsvereniging, armenkas.

ē-rāsī *pf. v. erado.*

Erasīnus, ī *m rivier in Argolis op de Peloponnesus.*

ērāsus *ppp. v. erado.*

Eratō, ūs *f een muze, ihb. v.d. liefdespoëzie.*

Eratosthenēs, is *m Gr. wiskundige, geograaf, dichter en filosoof (ca. 275—194 v. Chr.), hoofd v.d. Alexandrijnse bibliotheek.*

ercīscō, ercīscere, — — de erfenis verdelen; *meestal in de verbinding: familia erciscunda* boedelscheiding.

erctum, ī *n (vgl. ercisco)* erfgoed, bezittingen, nalatenschap, erfenis; ▸ *-um ciere* de erfenis verdelen.

Erebus, ī *m*
1. *god v.d. duisternis, zoon v. Chaos, broer en echtgenoot v. Nox (nacht) of vader v. Nox; meton.* onderwereld;
2. *(Mel.)* hel.

Erechthe͡us, eī *m koning v. Athene;* — *adj.* **Erechthēus,** a, um ook Atheens [**arces** Athene]; — **Erechthīdae,** ārum *m* Atheners; — **Erechthis,** idis *f dochter v. Erechtheus =* Procris *en* Orithyia.

ērēctiō, ōnis *f (erigo)*
1. *(postklass.)* het rechtop zetten, oprichting [**tabernaculi**];
2. hoogte, hoge positie; *(metaf.)* hoogmoed.

ērēctus, a, um *(p. adj. v. erigo)*
1. opgericht, recht(opstaand);
2. *(metaf.)* hoog, verheven [**ingenium**]; trots;
3. moedig, resoluut [**animus**];
4. aandachtig, gespannen [**ad honesta**].

ē-rēmigō, ērēmigāre *(postklass.)* roeien over [**undas**].

erēmīta, ae *m* (*Gr. leenw.*) (*eccl.*) kluizenaar, heremiet.

erēmus, ī *f* (*Gr. leenw.*) (*eccl.*)
1. onbewoonde streek, woestijn;
2. (*meton.*) afzondering (*v.e. monnik*).

ē-rēpō, ērēpere, ērēpsī, ērēptum (*niet-klass.*)
I. *intr.*
1. te voorschijn kruipen [**a cubili; e ruinis**];
2. omhoogklimmen [**per aspera et devia ad alqm**];
II. *tr.*
1. kruipen over [**agrum**];
2. beklimmen [**montes**].

ēreptiō, ōnis *f* (*eripio*) roof.

ēreptor, ōris *m* (*eripio*) rover [**libertatis; bonorum**].

ēreptus[1] *ppp. v. eripio.*

ērēptus[2] *ppp. v. erepo.*

ērēs = *heres.*

Eretria, ae *f*
1. *stad in Thessalië* (*N.-Griekenland*);
2. *stad op Euboea* (*Midden-Griekenland*); — *inw.* **Eretriēnsis,** is *m*; — *adj.* **Eretricus,** a, um *en* **Eretriēnsis,** e; — **Eretri(a)cī,** ōrum *m aanhangers v.d. filosoof Menedemus uit Eretria.*

Ērētum, ī *n stad in het gebied v.d. Sabijnen aan de Tiber, nu Ereto*; — *adj.* **Ērētīnus,** a, um.

ē-rēxī *pf. v. erigo.*

ergā *prep. m. acc.*
1. (*v. plaats*) tegenover, dicht bij;
2. (*metaf.*) ten opzichte van, tegenover, voor; ▸ *benignum esse erga alqm; fides erga populum Romanum; amor erga te suus; odium erga Romanos.*

ergastērium, ī *n* (*Gr. leenw.*) (*Laatl.*) werkplaats.

ergastulārius, a, um (*ergastulum*) (*postklass.*) betrekking hebbend op een strafkamp.

ergastulum, ī *n* (*Gr. leenw.*)
1. strafkamp, tuchthuis (*voor slaven en debiteurs*); ▸ *apud alqm in -o esse*;
2. (*postklass.*) (*meton.*) gevangenen v.e. strafkamp.

ergata, ae *m* (*Gr. leenw.*) (*postklass.*) windas.

ergō
1. *cj.* (*ook gescandeerd als ergŏ*) dus, dan, daarom, *o.a. in de volgende contexten gebruikt:* (a) *in een logische conclusie:* dus; ▸ *negat haec filiam me suam esse: non ergo haec mater mea est*; (b) *in een (herhaald) bevel:* dus, dan; ▸ *desinite ergo de compositione loqui*; (c) *in een vraag:* dus, dan, dan soms; ▸ *dedemus ergo Hannibalem?*; (d) *in een verzoek om bevestiging*; ▸ *Philolaches hic habitat :: Philolaches ergo?*; (e) *om de draad v.e. betoog weer op te pakken:* welnu, dus; ▸ *tres viae sunt... tres, ergo, ut dixi, viae*; (f) *in antwoord of reactie op een bewering v.e. gesprekspartner:* maar, dus; ▸ *quando usus veniet fiet :: nunc ergo usus est*;
2. *postp. m. gen.* wegens, ter wille van; ▸ *eius legis ergo*; — (*Mel.*) *obsidis ergo* als gijzelaar.

erīcē, ēs *f* (*Gr. leenw.*) (*postklass.*) heide(kruid), erica.

Erichthō, ūs *f Thessalische tovenares.*

Erichthonius, ī *m*
1. *koning v. Athene, uitvinder v.h. vierspan en v.h. wagenrennen*; — *als adj.* Atheens;
2. *zoon v. Dardanus, vader v. Tros.*

ērīcius, ī *m*
1. (*pre- en postklass.*) egel;
2. balk met ijzeren punten *om aanvallers af te weren*, Friese ruiter.

Ēridanus, ī *m* (*in de mythol.:*) *rivier in het Westen, zoon v. Oceanus en Tethys; werd door geografen uit de oudheid met verschillende rivieren gelijkgesteld, o.a. met de Po; poëtische naam v.d. Po.*

eri-fuga, ae *m* (*erus en fugio*) (*Catull.*) slaaf die zijn meester ontvlucht.

ē-rigō, ērigere, ērēxī, ērēctum (*rego*)
1. oprichten, omhoogrichten, opheffen, verheffen [**scalas ad moenia; iacentem; hastas; aures** spitsen; **oculos** opslaan]; — *se erigere en pass. erigi* zich oprichten, opstaan, oprijzen; ▸ *insula Sicanium iuxta latus erigitur*;
2. naar boven toe aanleggen [**viam in montem**];
3. (*gebouwen e.d.*) optrekken, bouwen [**villas; castra**];
4. (*milit. t.t.*) opwaarts laten optrekken *of* oprukken [**agmen in adversum clivum**];
5. prikkelen, opmerkzaam maken [**mentes auresque; auditorem; senatum**]; ▸ *dolor, fiducia erigitur* wordt opgewekt;
6. opbeuren, bemoedigen [**provinciam adflictam; animos ad (in) spem**]; — *se erigere en pass. erigi* moed vatten [**ad spem libertatis**].

Ērigonē, ēs *f dochter v.d. Athener Icarus* (2.); *werd als sterrenbeeld* (*Virgo:* Maagd) *aan de hemel geplaatst*; — *adj.* **Ērigonēius,** a, um.

erīlis, e (*erus, era*) (*poët.*) van de heer *of* vrouw des huizes, van de meester(es) [**metus** voor de meester(es)].

Ērillus, ī *m stoïsch filosoof uit Carthago, ca. 260 v. Chr.*; — **Ērilliī,** ōrum *m leerlingen v. Erillus.*

Ērinnē, ēs *en* **-a,** ae *f Gr. dichteres* (*midden 4e eeuw v. Chr.*).

Erīnȳs, yos *f*
1. *poët. voor* Furia, wraakgodin, furie;
2. *(metaf.)* (a) vloek, gesel *(patriae)*, verderf; (b) wraakzucht, woede, toorn.

Eriphȳla, ae *en* **-ē,** ēs *f echtgenote v.d. ziener Amphiaraüs in Argos; zij haalde hem over om deel te nemen aan de tocht v.d. Zeven tegen Thebe, nadat ze door Polynices met een gouden halsketting omgekocht was; werd daarom door haar zoon Alcmaeon vermoord.*

ē-ripiō, ēripere, ēripuī, ēreptum *(rapio)*
1. uit-, wegrukken, uittrekken [**alqd e (de) manibus alcis; ensem vaginā; tibias ex ore; vocem ab ore loquentis** iem. de woorden uit de mond nemen];
2. ontrukken, afnemen, met geweld wegnemen, roven [**alci gladium; omne frumentum ab alqo; imperium; ornamenta ex urbibus; virginem ab alqo** ontvoeren]; ▸ *ereptis omnibus copiis* welvaart;
3. *iets onwenselijks* verwijderen, wegnemen [**alci timorem, errorem**];
4. wegrukken; ▸ *ereptus fato* door het (nood)lot; *matre mihi erepta*;
5. losrukken, redden, bevrijden uit *of* van [**alqm ex vinculis; alqm ex servitute; filium a morte; se fugā; se calamitatibus; se ex pugna; legibus reum**]; ▸ *eripe fugam* zorg voor de mogelijkheid om te vluchten = vlucht, zolang het nog mogelijk is.

erīsma, atis *n (Gr. leenw.) (postklass.)* stut, steun.

erithacē, ēs *f (Gr. leenw.) (Plin. Mai.)* bijenbrood.

ē-rōdō, ērōdere, ērōsī, ērōsum
1. afknagen [**vites**];
2. *(postklass.) (metaf.)* wegvreten; ▸ *arbores erosae sale.*

ērogātiō, ōnis *f (erogo)* uitgave, uitbetaling, levering [**pecuniae**]; ▸ *necessitas erogationum* noodzakelijke uitgaven.

ē-rogitō, ērogitāre *(Plaut.)* met klem vragen *(ex alqo; m. afh. vr.).*

ē-rogō, ērogāre
1. uitgeven, besteden *(aan, voor: in m. acc.)* [**pecuniam in classem**];
2. *(postklass.)* verkwisten;
3. *(Apul.)* vragen; *door smeken* vermurwen.

errābundus, a, um *(erro[1])* rondzwervend, -trekkend [**agmen; bovis vestigia**].

errāticus, a, um *(erro[1])* zonder vaste (verblijf)plaats, rondzwervend, -trekkend, onrustig [**homo** landloper; **stella** planeet; **brassica** wild].

errātiō, ōnis *f (erro[1])* het rondzwerven, verdwalen, afwijking.

errātor, ōris *m (erro[1]) (Ov.)* iem. die rondzwerft.

errātum, ī *n (erro[1])*
1. vergissing, fout [**fabrile**];
2. *(mor.)* vergissing, dwaling; ▸ *-a aetatis meae* van mijn jeugd; *-a officiis superare.*

errō[1], errāre
I. *intr.*
1. rondzwerven, ronddwalen *(ook metaf.)* [**per lucos; per litora**]; ▸ *errantes stellae* planeten; *non per dubias errant mea carmina laudes (Tib.)*; *errantes oculi* onrustig;
2. wankelen *(ihb. metaf.)*; ▸ *sententia errans; dubiis affectibus* ~ ; *errans opinio* onzeker; *errantes male ferre pedes (Tib.)* nauwelijks op de been blijven;
3. verdwalen; (het doel) missen; ▸ *erranti viam monstrare; viā* ~ van de weg afraken; *metaf.*: *oratio errans*;
4. zich vergissen *(in: abl.; in m. abl.; m. acc. neutr. v.e. pron.; poët. ook m. acc. v.e. subst.)*; ▸ *valde* ~ ; *in alteram partem* ~ ; *tempora* ~ zich in de tijdrekening vergissen; *quid erro?* in hoeverre vergis ik me?;
5. *(mor.)* een fout maken, zich vergissen;
II. *tr. (poët.)* (dwalend) zwerven door *(m. acc.)* [**litora**]; ▸ *terrae erratae.*

errō[2], ōnis *m (erro[1])* zwerver, spijbelaar *(die voor korte tijd wegblijft).*

errōneus, a, um *(erro[2]) (postklass.)* rondzwervend, -trekkend.

error, ōris *m (erro[1])*
1. misvatting, misverstand, vergissing; ▸ *errore duci* zich vergissen; *in errorem induci, rapi*; *per errorem* per abuis; *opinionis* ~ verkeerde voorstelling; *(van: gen.)* ~ *veri*;
2. het afdwalen, afwijken van de goede weg; ▸ *alqm ex errore in viam reducere;* ~ *viae* het verdwalen; *intorquet iaculum quod detulit* ~ *in Idan (Ov.)*;
3. aarzeling, onzekerheid *(m. afh. vr.; mbt., over: gen.)*; ▸ *sequitur hunc errorem alius* ~, *Papiriusne ... an ...*; ~ *nominum*; *errorem facere alci* iem. van de wijs brengen;
4. verblinding, waan(zin) [**mentis**];
5. *(poët.)* verblinding door liefde [**malus**];
6. vergissing, fout; ▸ *sive ipsorum perturbatio sive error aliquis*;
7. *(mor.)* misslag, vergrijp; ▸ *corrigere errorem paenitendo* het weer goedmaken door berouw te tonen; *errorem misero detrahe*;

8. het rondzwerven, -trekken, zwerftocht; ▸ ~ *ac dissipatio civium*; ~ *pelagi* op zee; *ad quos Ceres in illo errore venisse dicitur*;
9. (*poët.*) dwaalweg (*v.e. labyrint*);
10. (*poët.*) kromming, kronkeling; ▸ *errorem volvere* zigzaggend stromen; *implere errore vias* wegen vol bochten aanleggen;
11. (*Lucr.*) onregelmatige beweging (*v. atomen*);
12. (*Ov.*) **Error** (*personif.*) Verblinding (*als demon, veroorzaker v. dwaze handelingen*).

ē-rubēscō, ērubēscere, ērubuī, —
I. *intr.*
1. rood worden;
2. *van schaamte* blozen, zich schamen (*over, voor, wegens: abl.; in m. abl.; propter*) [**rustica dote**];
II. *tr.*
1. eerbiedigen, ontzien [**iura fidemque**];
2. (*poët.; postklass.*) ērubēscendus, a, um waarvoor men zich schamen moet [**amores ordinaire** liefdesaffaires].

ērūca, ae *f* (*postklass.*)
1. koolrups;
2. raket (*een koolsoort gebruikt als afrodisiacum*).

ē-ructō, ēructāre
1. uitspuwen, oprispen [**saniem; caedem** in dronkenschap spreken over]; overgeven;
2. (*poët.; postklass.*) uitstoten, -werpen [**vaporem; fumum**]; ▸ *Aetna scopulos eructans*.

ē-rudiō, ērudīre (*rudis*) opleiden, onderrichten (*in: abl.; in m. abl.; acc.*) [**iuventutem; iuvenes doctrinis, in re militari; filios omnibus artibus; prolem artes; exercitum** trainen]; (*alqm de re*) informeren over; — *p. adj.* **ērudītus,** a, um ontwikkeld, geleerd, rijk aan kennis.

ērudītiō, ōnis *f* (*erudio*)
1. onderricht, onderwijs;
2. kennis, geleerdheid; *plur.* wetenschappen, vakken.

ērudītulus, a, um (*demin. v. eruditus, zie erudio*) (*Catull.*) een beetje ontwikkeld.

ērudītus *zie erudio.*

ē-rūgō, ērūgāre (*ruga*) (*Plin. Mai.*) van rimpels *of* kreukels ontdoen.

ē-ruī *pf. v. eruo.*

ē-rumpō, ērumpere, ērūpī, ēruptum
I. *intr.*
1. uitbreken, -barsten, losbarsten, te voorschijn stormen [**ex carcere**]; ▸ *ignes ex Aetnae vertice erumpunt; ex latebris* ~;
2. (*milit. t.t.*) een uitval doen, uitbreken [**duabus simul portis; ex castris; ad Catilinam; inter tela hostium; per hostes** zich een weg banen door];
3. (*v. toestanden, hartstochten e.d.*) uit-, losbarsten, tot uitbarsting komen, duidelijk worden; ▸ *furor, scelus, seditio erupit; coniuratio ex latebris erupit* kwam aan het licht; *ex me vera vox erumpit*;
4. overgaan tot, eindigen in, ontaarden in [**in** *of* **ad perniciem alcis; ad ultimum seditionis; in omne genus crudelitatis**];
5. (*v. personen*) uitbarsten in [**in lacrimas; ad minas** in dreigementen; **in iurgia patris** tegen de vader];
6. (*v. planten*) (ont)spruiten, tot bloei komen; (*v. gezwellen e.d.*) opzwellen;
II. *tr.*
1. (*poët.*) doen uitbarsten, te voorschijn doen komen [**fontibus dulces liquores**];
2. (*poët.; postklass.*) doorbreken [**nubem; vincula**];
3. (*gevoelens*) uiten, lucht geven aan [**iram in hostes; gaudium**];
III. *se erumpere*
1. uitstorten, -stormen [**portis foras**];
2. leiden tot; ▸ *invidiosa coniunctio ad bellum se erumpit*.

ē-runcō, ēruncāre (*agr.*) loswroeten, wieden.

ē-ruō, ēruere, ēruī, ērutum
1. uitgraven, loswroeten, delven [**aurum terrā; humanorum corporum reliquias**];
2. (*poët.; postklass.*) op-, omwoelen [**humum; sepulcra**];
3. (*poët.; postklass.*) uitrukken [**segetem; alci oculos**];
4. (*poët.; postklass.*) verwoesten [**urbem totam**];
5. (*poët.; postklass.*) omverwerpen [**regnum**];
6. opsporen, zoeken, uitvorsen; vinden, ontdekken, aan het daglicht brengen [**arcana; coniurationem; ex tenebris**].

ē-rūpī *pf. v. erumpo.*

ēruptiō, ōnis *f* (*erumpo*)
1. uitbarsting [**Aetnaeorum ignium**; *metaf.* **vitiorum**]; overstroming, stortvloed [**amnis**];
2. (*milit. t.t.*) uitval [**hostium; ex oppido; in provinciam**];
3. (*v. planten*) het ontspruiten; (*v. gezwellen e.d.*) het opzwellen.

ēruptus *ppp. v. erumpo.*

erus, ī *m* heer (des huizes), meester.

ērutus *ppp. v. eruo.*

ervilia, ae *f* (*demin. v. ervum*) (*pre- en postklass.*) *een soort* kikkererwt.

ervum, ī *n (niet-klass.)* linzenwikke.
Erycīnus, Erycus *zie Eryx.*
Erymanthus, ī *m*
1. *gebergte in het N.W. v. Arcadië op de Peloponnesus;* — *adj.* **Erymanthius,** a, um, *fem. ook* **Erymanthis,** idis;
2. *zijrivier v.d. Alpheus.*
Erysichthōn, onis *m Thessalische prins, die in het heilige woud v. Ceres bomen velde en daarom door haar met eeuwige honger gestraft werd, zodat hij wegkwijnde.*
Erythēa, ae *f eiland in de Golf v. Cádiz (Spanje);* — *adj. fem.* **Erythēis,** idis [**boves** de (door Hercules) ontvoerde runderen (*v. Geryon*)].
erythīnus, ī *m (Gr. leenw.) (poët.; postklass.)* rode zeebarbeel.
Erythrae, ārum *f*
1. *stad in Aetolië (ten N. v.d. Golf v. Corinthe), nu Monastirakion;*
2. *stad aan de kust in Ionië (Kl.-Azië), tegenover Chios, nu Ildır;* — *inw. en adj.* **Erythraeus,** ī *m resp.* a, um; — **Erythraea,** ae *f (vul aan: terra)* het gebied v. Erythrae.
Erythrās, ae *en* **Erythrus,** ī *m myth. koning v. Z.-Azië, naar wie de Erythraeïsche of* Rode Zee *(mare Erythraeum of rubrum = deel v.d. Indische Oceaan, van de huidige Rode Zee tot Sri Lanka) genoemd zou zijn;* — *adj.* **Erythraeus,** a, um ook Indisch.
Eryx, ycis *m*
1. *berg (ook* Erycus mons*) en stad in het westen v. Sicilië met een beroemde tempel v. Venus, nu Erice;*— *adj.* **Erycīnus,** a, um; — **Erycīna,** ae *f = Venus;*
2. *held v. die plaats, zoon v. Venus.*
ēsca, ae *f (edo²)* eten, voedsel; voer; (lok)aas.
ēscāria, ōrum *n (escarius) (Juv.)* schotels.
ēscārius, a, um *(esca)* bij het eten horend, eet- [vasa].
ē-scendō, ēscendere, ēscendī, ēscēnsum *(scando)*
I. *intr.*
1. (omhoog)stijgen, klimmen in, naar, op, beklimmen *(m. in m. acc.)* [**in currum; in navem** zich inschepen; **in tribunal**];
2. *(van de kust naar het binnenland)* (op)trekken, reizen naar *(m. acc.)* [**Pergamum**];
II. *tr.* bestijgen, beklimmen [**equos; vehiculum; rostra**].
ēscēnsiō, ōnis *f (escendo)* landing; ▸ *escensionem facere a navibus in terram.*
ēscēnsus¹, ūs *m (escendo) (Tac.)* het beklimmen; ▸ *capta escensu munimenta.*
ēscēnsus² *ppp. v. escendo.*
eschatocollion, ī *n (Gr. leenw.) (Mart.)* laatste blad *v.e. papyrusrol.*
escit, escunt *(arch. incoh. v. est, sunt)* (hij, zij, het) is, (zij) zijn (voorhanden); *ook = erit, erunt.*
ēsculentum, ī *n (esculentus)* voedsel, spijs.
ēsculentus, a, um *(esca)* eetbaar.
ēsculētum, ēsculeus, ēsculus *= aescul-.*
ēsitō, ēsitāre *(frequ. v. edo²) (pre- en postklass.)* (gewoonlijk) eten.
esox, ocis *m (postklass.)* snoek(?).
Esquiliae, ārum *f (ex en colo¹, eig. 'buitenwijk, voorstad')* de Esquilijn, *de grootste v.d. zeven heuvels v. Rome (in het N.O. v. Rome, buiten de muur v. Servius);* — *adj.* **Esquilīnus, Esquiliārius, Esquilius,** a, um.
esse¹ *inf. praes. v. sum.*
ēsse² *inf. praes. v. edō (= edere).*
esseda, ae *f = essedum.*
essedārius, ī *m (essedum)* wagenstrijder, *ihb. als gladiator.*
Essēdones, um *m Scythische volksstam.*
essedum, ī *n tweewielige* strijdwagen *v.d. Galliërs en Brittanniërs, later ook v. Rom. gladiatoren; ook als* reiswagen *gebruikt.*
essentia, ae *f* het wezen; het zijn, bestaan; vorm v. zijn of bestaan.
essentiāliter *adv. (essentia) (Laatl.)* wezenlijk.
ēssitō, essitāre *= esito.*
ēssur- *= esur-.*
ēstur *= editur (v. edo²).*
Esubiī, ōrum *m volksstam in Normandië.*
ēsuriālis, e *(esuries) (Plaut.)* honger-.
ēsuriēs, ēī *f (esurio¹) (Laatl.)* honger; het vasten.
ēsuriō¹, ēsurīre *(desid. v. edo²)*
I. *intr.* willen eten, honger hebben, honger lijden;
II. *tr. (poët.; postklass.)* hongeren naar, verlangen, willen hebben.
ēsuriō², ōnis *m (esurio¹) (Plaut.)* hongerlijder.
ēsurītiō, ōnis *f (esurio¹) (poët.; postklass.)* honger.
ēsurītor, ōris *m (esurio¹) (postklass.)* hongerlijder.
ēsus¹ *ppp. v. edo².*
ēsus², ūs *m (edo²) (pre- en postklass.)* het eten.
et
1. *(aaneenrijgend)* en, en ook, en verder, en tevens; ▸ *se et suos tutari; annos octoginta et quattuor;* — *soms kan het onvertaald blijven: multae et magnae res; multa et improbissima facinora* vele schandelijke daden; — *in hendiadys: ardor et impetus* hevige aanval; *relinquere et deserere* trouweloos verlaten;
2. *(verklarend)* en wel, namelijk; ▸ *laudat, et*

saepe, virtutem; id, et facile, effici potest;
3. *(contrasterend)* en toch, en daarbij, en desondanks; ▸ *plurimum facere et minimum ipse de se loqui;*
4. *(bevestigend)* en werkelijk, en inderdaad, en waarachtig; ▸ *et erat, ut rettuli, clementior;*
5. *(consecutief)* en zodoende, en daarom, en dus; ▸ *pons est interruptus et reliqua multitudo equitum interclusa;*
6. (a) *(na uitdrukkingen v. gelijkheid en gelijksoortigheid zoals idem, par, similis, alius [gewoner: ac of atque])* (zo)als; ▸ *nunc tu mihi es germanus pariter corpore et animo; haec eodem tempore Caesari referebantur et legati veniebant; non eadem nobis et illis necessitudo impendet;* (b) *(als verbinding v. [bijna] gelijktijdige gebeurtenissen, zoals na vix[dum], ubi, iam e.d.)* of; ▸ *vix venerat et audit* nauwelijks was hij binnen of hij hoorde;
7. *(adversatief na een negatie)* maar *(ongeveer = sed)*; ▸ *populi potentiae non amicus et optimatium fautor erat;*
8. *(ter inleiding v. zelfstandige zinnen) o.a.:* (a) verder, bovendien; ▸ *et quod paene praeterii, Bruti tui causa feci omnia (Cic.)*; (b) *(in uitroepen)* en; ▸ *et tu credis omnia! (Ter.)*; (c) *(in syllogismen)* nu echter;
9. **et non** en niet *(ontkenning van één enkel woord itt. neque, dat een hele zin ontkent)*;
10. **et ... et** zowel ... als ook; ▸ *et audax et malus;* **neque ... et** aan de ene kant niet ..., aan de andere kant echter; niet alleen niet ..., maar (ook); **et ... neque** aan de ene kant (weliswaar) ..., aan de andere kant niet;
11. ook; ▸ *salve et tu; non solum ... sed et;*
12. zelfs; ▸ *timeo Danaos et dona ferentes (Verg.)*.

et-enim *cj. (in proza aan het begin v.e. zin, poët. ook op de tweede of derde plaats)* namelijk, want; immers ook; en zeker, en inderdaad.

Eteoclēs, is *en* eos *m zoon v. Oedipus.*

etēsiae, ārum *m (Gr. leenw. 'jaarwinden')* passaatwinden, *ihb. de N.W.-winden die tijdens de hondsdagen 40 dagen lang waaien op de Egeïsche Zee.*

etēsius, a, um *(Gr. leenw.) (Lucr.)* jaarlijks.

ēthica, ae *en* **ēthicē,** ēs *f (Gr. leenw.) (postklass.)* moraalfilosofie, ethiek.

ēthicus, a, um *(adv. -ōs) (Gr. leenw.) (postklass.)* ethisch [res ethiek].

ethnicus, a, um *(Gr. leenw.) (eccl.)*
I. *(adj.)* a, um heidens [**populus**];
II. *subst.* ī *m* heiden.

ēthologia, ae *f (Gr. leenw.) (postklass.)* karakterisering, karakterschets.

ēthologus, ī *m (Gr. leenw.)* karakterkomiek, mimespeler.

etiam *adv. (< et en iam)*
1. ook, zelfs *(staat voor of achter het woord waar het bij hoort)*; ▸ *placidissimus etiam, etiam placidissimus; quin etiam* ja zelfs;
2. ook, verder, bovendien, eveneens, daarbij; ▸ *addam et illud etiam* ook dat nog; *praeclara oratio, egregia etiam voluntas;* — **nōn modo** *(of* **sōlum**) ... **sed** *(of* **vērum**) **etiam** niet alleen ..., maar ook; ▸ *tenebat non modo auctoritatem, sed etiam imperium in suos;*
3. *(in comb. m. comp.)* nog; ▸ *etiam maior; etiam magis; etiam clariora; maiores etiam difficultates;*
4. (ook) nog, nog altijd; ▸ *etiam nunc of nunc etiam* ook nu nog, nog altijd; *etiam tum of tum etiam* ook toen nog, toen ook;
5. nogmaals, nog een keer, weer; ▸ *etiam atque etiam videre, cogitare, dicere* altijd weer, herhaaldelijk; *circumspice etiam* kijk nog een keer om;
6. *(in wrevelige vragen)* nog bovendien, zelfs, ook nog; ▸ *etiam clamas?*;
7. *(in antwoorden)* ja, zeker; ▸ *numquid vis? etiam.*

etiam-dum *adv. (ook gesplitst) (kom.)* (ook) nu nog, al.

etiam-num *en* **etiam-nunc** *adv.*
1. ook nu nog, nog altijd;
2. *(Plaut.)* nogmaals; ▸ ~ *vale!* nogmaals het beste!;
3. *(postklass.)* verder, bovendien.

etiam-sī *cj. (ook gesplitst)* ook als, ook al, zelfs wanneer *(meestal m. indic.)*.

etiam-tum *en* **etiam-tunc** *adv. (ook gesplitst)*
1. toen nog;
2. ook toen nog; nog steeds.

Etrūria, ae *f de landstreek Etrurië in Italië, nu Toscane;* — *inw. en adj.* **Etrūscus,** ī *m resp.* a, um.

et-sī *cj. (ook gesplitst)* (ook) al, ofschoon, hoewel *(meestal m. indic.)*; ▸ *mane, etsi properas (Plaut.)*; — *corrigerend in hoofdzinnen:* en toch.

etymologia, ae *f (Gr. leenw.) (pre- en postklass.)* verklaring v.e. woord *(op grond v.d. oorspronkelijke betekenis)*, etymologie.

eû *interj. (Gr. leenw.)* goed!, mooi!, bravo!; — *versterkt* **eugae, euge, eugepae** fantastisch!, prima!

Euadnē, ēs *f dochter v. Iphis, echtgenote v. Capaneus, een v.d. Zeven tegen Thebe; bij zijn verbranding stortte zij zich op de brandstapel.*

eūān *interj. (Gr. leenw.) (preklass.; poët.)* Euan, Euhan *(bijnaam v. Bacchus), juichkreet v.d. bacchanten.*

Euander, drī *en* **Euandrus,** ī *m mythol. figuur, zoon v. Mercurius en de zieneres Carmentis; zou, ca. 60 jaar voor de verovering v. Troje, emigranten vanuit Pallantion in Arcadië naar Italië hebben gebracht en in de omgeving v.h. latere Rome op de Palatijn de eerste nederzetting (Pallanteum) hebben gesticht;* — *adj.* **Euandrius,** a, um.

euangel- = *evangel-.*

euāns, *gen.* antis *(euan) (poët.) (v.d. bacchanten)* 'euan' roepend, juichend.

euax *interj. (Plaut.)* hoera!

Euboea, ae *f eiland voor de kust v. Boeotië (Midden-Griekenland), nu Evia;* — *adj.* **Euboïcus,** a, um, *fem. ook* **Euboïs,** idis (a) van Euboea [**urbs** Cumae *(als kolonie v. Euboea)*]; (b) liggend tegenover Euboea [**Aulis**]; (c) van Cumae *(als kolonie v. Euboea)* [**carmen** voorspelling v.d. sibille v. Cumae].

eucharistia, ae *f (Gr. leenw.) (eccl.)*

1. dankzegging, -gebed; avondmaal; ▸ ~ *facere;*
2. *(meton.)* olie *of* brood *gebruikt bij de dankzegging;* hostie.

Euclīdēs, is *m*

1. *filosoof uit Megara (bij Athene), leerling v. Socrates (ca. 450—380 v. Chr.);*
2. *Gr. wiskundige in Alexandrië (ca. 300 v. Chr.).*

eudaemōn, *gen.* onis *(Gr. leenw.) (postklass.)* gelukkig, rijk, vruchtbaar [**Arabia**].

Eudosēs, um *m Germ. volksstam in Jutland.*

Eudoxus, ī *m sterrenkundige, leerling v. Plato.*

Euēnus, ī *m*

1. *koning v. Aetolië (Midden-Griekenland);*
2. *naar hem genoemde rivier in Aetolië;* — *adj.* **Euēnīnus,** a, um.

eugae, euge, eugepae *zie eu.*

Euganeī, ōrum *m volksstam in N.O.-Italië.*

euhān, euhāns = *euan, euans.*

Euhēmerus, ī *m Gr. filosoof en geschiedkundige (ca. 300 v. Chr.).*

Euhias *en* **Euias,** adis *f (Hor.)* bacchante.

Euhius *en* **Euius,** ī *m (vgl. euoe) (poët.)* bijnaam v. *Bacchus.*

euhoe = *euoe.*

eulogia, ae *f (Gr. leenw.) (eccl.)*

1. eucharistie, zegening;
2. geschenk, gift;
3. gezegende maaltijd *of* gezegend brood.

Eumenēs, is *m*

1. *aanvoerder onder Alexander de Grote, een v.d. diadochen;*
2. *naam v. verscheidene koningen v. Pergamum (Kl.-Azië).*

Eumenides, um *f (Gr. leenw.* 'de welwillenden') wraakgodinnen, wreeksters van alle onrechtvaardige daden = Erinyen, Furiën *(Alecto, Tisiphone, Megaera).*

Eumolpus, ī *m Thraciër, stichter v.d. Eleusinische mysteriën;* — *nakom.* **Eumolpidae,** ārum *m leden v.e. priesterfamilie in Athene, die van Eumolpus afstamde.*

eumpse *(arch.)* = *eum ipsum.*

eunūchus, ī *m (Gr. leenw.)*

1. eunuch, castraat;
2. *(Mel.)* kamerheer *aan het hof v. Byzantium.*

euoe *interj. (Gr. leenw.)* hoera! *(juichkreet v.d. bacchanten).*

Euphorbus, ī *m Trojaan, zoon v. Panthus; Pythagoras, die in reïncarnatie geloofde, beweerde vroeger Euphorbus te zijn geweest.*

Euphoriōn, ōnis *m dichter uit Chalcis op Euboea (ca. 275—244 v. Chr.).*

Euphrānor, oris *m beeldhouwer en schilder ttv. Praxiteles (1e helft 4e eeuw v. Chr.).*

Euphrātēs, is *en* ī *m (acc.* -em *en* -ēn)

1. *de rivier de Euphraat;*
2. *stoïsch filosoof, afkomstig uit Syr. Tyrus, geb. ca. 40 n. Chr.*

Eupolis, idis *m dichter v.d. oude Att. komedie, tijdgenoot v. Aristophanes.*

Eurīpidēs, is *m Atheens tragediedichter (480—406 v. Chr.), van wie ca. 20 tragedies over zijn (Medea, Bacchae e.a.);* — *adj.* **Eurīpidēus,** a, um.

eurīpus *en* **-os,** ī *m (Gr. leenw.)*

1. zee-engte; *ihb.* Eurīpus, *de zee-engte tussen Euboea en het Gr. vasteland;*
2. sloot, kanaal.

euro-auster, trī *m (eurus en auster) (postklass.)* Z.O.-wind.

euro-notus, ī *m (eurus en notus[2]) (postklass.)* Z.Z.O.-wind.

Eurōpa, ae *en* **-ē,** ēs *f*

1. *dochter v.d. Fen. koning Agenor, door Zeus in de gedaante v.e. stier naar Kreta ontvoerd; moeder v. Minos, Rhadamanthus en Sarpedon;*
2. *het naar haar genoemde werelddeel* Europa;

/ *adj.* **Eurōpaeus,** a, um (a) van Europa afstammend [**dux** = Minos]; (b) Europees.

Eurōtās, ae *m belangrijkste rivier in Laconië (Z.-Peloponnesus), nu Evrotas.*

eurōus, a, um *(eurus) (Verg.)* oostelijk.

eurus, ī *m* *(Gr. leenw.)*
1. *(koude)* Z.O.-wind; *(poët.)* O.-wind, wind;
2. *(poët.)* het Oosten.

Eurydicē, ēs *f* *echtgenote v. Orpheus, stierf pasgetrouwd door een slangenbeet; toen Orpheus, die haar met toestemming v. Persephone uit de onderwereld wilde halen, tegen het verbod om om te kijken, toch omkeek naar haar, moest ze in de onderwereld blijven.*

Eurymedōn, ontis *m* *rivier in Pamphylië (Kl.-Azië).*

Eurymidēs, ae *m* *de ziener* Telemus, *zoon v.d. augur Eurymus.*

Eurypylus, ī *m*
1. *zoon v. Hercules, koning v.h. eiland Cos;*
2. *Thessalische legeraanvoerder in de Trojaanse oorlog.*

Eurystheus, eī *m* *koning v. Tiryns of v. Mycene; legde Hercules, op bevel van Juno, de beroemde twaalf werken op.*

Eurytus, ī *m* *koning v. Oechalië op Euboea (Midden-Griekenland);* — **Eurytis,** idos *f* *zijn dochter* Iole.

euschēmē *adv. (Gr. leenw.) (Plaut.)* keurig.

Euterpē, ēs *f* *muze v.d. muziek.*

euthygrammum, ī *n* *(Gr. leenw.) (postklass.)* liniaal, richtlat.

Eutrapelus, ī *m* *(Gr. leenw.* 'grappig, geestig'*)* *bijnaam v.d. Romein P. Volumnius.*

euxīnus, a, um *(Gr. leenw.* 'gastvrij'*)* *Pontus Euxīnus (ook mare of aequor -um, undae of aquae -ae)* de Zwarte Zee.

ē-vacuō, ēvacuāre *(postklass.)*
1. legen [**vasa**];
2. *(med.)* reinigen, purgeren [**alvum**];
3. uitputten, vernietigen, ongedaan maken [**verbum dei**].

ē-vādō, ēvādere, ēvāsī, ēvāsum
I. *intr.*
1. naar buiten gaan *of* komen, uitkomen *(m. ex; zelden abl.)* [**ex illis sedibus in haec loca; oppido; undis; in terram** landen; **in mare** uitmonden];
2. opstijgen, omhoogklimmen [**in muros; ad auras; ad fastigia**];
3. ontkomen, ontsnappen *(m. prep.; abl.; dat.)* [**ex manibus hostium; ex insidiis; ex iudicio; ex morbo; (e) periculo; pugnae; ante ora parentum** zijn toevlucht zoeken bij zijn ouders];
4. uitlopen, aflopen, eindigen *(op, in: in m. acc.)*; ▸ *pestilentia in morbos evadit; quorsum haec evaderent* hoe dat zou aflopen;
5. *(v. personen)* zich ontwikkelen tot, worden, te voorschijn komen als *(m. dubb. nom.)* [**oratores** tot redenaars]; ▸ *ex infami ganeone maximus philosophus evasit;*
II. *tr.*
1. afleggen, doorlopen, passeren [**viam; spatium; amnem**];
2. ontkomen, ontgaan [**necem; insidias; flammam**];
3. beklimmen, bestijgen [**ardua**].

ēvagātiō, ōnis *f* *(evagor) (postklass.)* het afdwalen, afwijken.

ē-vāgīnō, ēvāgīnāre *(ex en vagina) (Laatl.)* uit de schede trekken [**gladium**].

ē-vagor, ēvagārī
I. *intr.*
1. rondtrekken, ronddwalen [**effuse**];
2. zich uitbreiden, zich verbreiden; ▸ *evagata est vis morbi;*
3. *(milit. t.t.)* afdwalen, uitzwermen;
4. *(postklass.)* van het thema afdwalen;
II. *tr. (Hor.)* overschrijden [**ordinem rectum**].

ē-valēscō, ēvalēscere, ēvaluī, — *(poët.; postklass.)*
1. sterker worden, (uit)groeien, toenemen; ▸ *affectatio quietis in tumultum evaluit (Tac.);*
2. van kracht worden, gebruik worden, in zwang komen;
3. kunnen, in staat zijn, slagen *(m. inf.)*.

ē-validus, a, um heel sterk.

ē-vallō, ēvallere *(vallus) (Plin. Mai.)* ziften.

ē-vānēscō, ēvānēscere, ēvānuī, — verdwijnen, vergaan, vervagen [**in auras** zich oplossen]; ▸ *vinum evanescit* verdampt; *orationes evanuerunt; fama evanuit.*

ēvangelicus, a, um *(Gr. leenw.) (eccl.)*
1. het evangelie betreffend;
2. christelijk [**scriptura**].

ēvangelista, ae *m* *(Gr. leenw.) (eccl.)* evangelist.

ēvangelium, ī *n* *(Gr. leenw.) (eccl.)*
1. evangelie, christelijke leer; ▸ *-um praedicare;*
2. evangelie *(als boek)* [**Iohannis**].

ēvangelizō, ēvangelizāre *(Gr. leenw.) (eccl.)* het evangelie verkondigen.

ēvānidus, a, um *(evanesco) (poët.; postklass.)*
1. verdwijnend, vergaand [**amor; ignis** uitgaand];
2. *(v. personen)* zwak, kwijnend.

ē-vānuī *pf. v. evanesco.*

ēvapōrātiō, ōnis *f* *(evaporo) (postklass.)* uitdamping.

ē-vapōrō, ēvapōrāre *(vapor) (Gell.)* uitdampen,

uitwasemen.

ē-vāsī *pf. v. evado.*

ē-vāstō, ēvāstāre volledig verwoesten [**agrum; omnia**].

ēvāsus *ppp. v. evado.*

ēvectiō, ōnis *f* (*eveho*)
1. (*postklass.*) het wegrijden, het wegvliegen;
2. (*preklass.; Laatl.*) permissie om per staatspost te reizen.

ē-vehō, ēvehere, ēvēxī, ēvectum
1. naar buiten voeren, brengen, wegvoeren, wegbrengen [**statuas et picturas; ex planis locis aquas**]; ▸ *lanas ~ Tarento non licet* uit te voeren;
2. omhoogvoeren, naar boven brengen, verheffen (*ihb. metaf.*) [**alqm ad honores, ad consulatum, ad aethera, in sidera; imperium ad summum fastigium**];
3. *pass. evehi en* (*zelden*) *refl. se ~* : (a) uitrijden, -varen, -zeilen, wegrijden [**curru; equo; navi; ex portu** uitlopen; **ad regem; in altum**]; (b) (*vijandel.*) afstormen op, zich storten op, afvliegen op (*m. in m. acc.*) [**in hostem**]; (c) (*postklass.*) verder varen dan, zeilen voorbij (*m. acc.*) [**insulam; ōs amnis** de riviermonding voorbijvaren]; (d) omhoogrijden, naar boven gaan [**in collem**]; (e) (*metaf.*) beginnen vanuit; ▸ *e Piraeo eloquentia evecta est;* (f) (*postklass.*) zich verbreiden over de grenzen van (*m. acc.*); ▸ *fama insulas evehitur* (*Tac.*) verspreidt zich tot buiten de eilanden; (g) (*postklass.*) overschrijden, uitgaan boven (*m. acc.*) [**modum**]; (h) zich laten meeslepen [**spe vana**]; (*v.e. redevoering*) te ver gaan [**longius** van het onderwerp afdwalen].

ē-vellō, ēvellere, ēvellī, ēvulsum
1. uitrukken, lostrekken [**arborem terrā; truncos** ontwortelen; **hastam ex corpore**];
2. (*metaf.*) vernietigen, verwijderen [**alqd ex hominum memoria; tristitiam**];
3. af-, losrukken [**poma ex arboribus**].

ē-veniō, ēvenīre, ēvēnī, ēventum
1. uitkomen, in vervulling gaan; ▸ *eveniunt optata; utinam istud evenisset;*
2. gebeuren, geschieden, totstandkomen; ▸ *pax evenit;*
3. aflopen, eindigen; ▸ *res feliciter evenit;*
4. overkomen, treffen (*m. dat.*); ▸ *si quid sibi eveniret* als hem iets zou overkomen;
5. toevallen, ten deel vallen (*m. dat.*); ▸ *provincia sorte evenit ei;*
6. (*Hor.*) naar buiten komen, tevoorschijn komen;
7. (*Plaut.*) terechtkomen, verzeild raken [**Capuam; in Asiam; ad mare**];
/ *arch. conj. praes.* ēvenat, ēvenant.

ē-ventilō, ēventilāre (*postklass.*) *door zeven of ventileren* reinigen [**frumenta; aëra**].

ēventum, ī *n* (*evenio*)
1. afloop, uitkomst, gevolg;
2. gebeurtenis; ▸ *-orum memoria;*
3. (*Lucr.*) toevallige eigenschap.

ēventus, ūs *m* (*evenio*)
1. afloop, uitkomst; ▸ *belli ~ prosper; ~ eius diei; pugnare (cum) dubio eventu;*
2. gunstige afloop, resultaat, succes; ▸ *nec ~ defuit;*
3. voorval, gebeurtenis;
4. lot(geval) [**Decii; navium**];
5. slot, einde;
6. (*personif.*) **Bonus Ēventus,** ī *m godheid v.d. Rom. boer, het vruchtbaar groeien v. veldvruchten.*

ē-verberō, ēverberāre (*poët.; postklass.*)
1. opzwepen, omhoogslaan [**fluctūs**];
2. (aan stukken) slaan [**clipeum; os oculosque hostis**];
3. afschudden [**cineres alis**].

ēverriculum, ī *n* (*everro*) sleepnet.

ē-verrō, ēverrere, ēverrī, ēversum
1. vegen, schoonmaken [**stabulum**];
2. (met een sleepnet be)vissen [**aequor; piscem** vangen]; (*scherts.*) leegvissen [**fanum**].

ēversiō, ōnis *f* (*everto*)
1. het omvergooien [**columnae**];
2. vernietiging, verwoesting [**templorum; urbis**];
3. (*metaf.*) revolutie, ontwrichting [**patriae**].

ēversor, ōris *m* (*everto*)
1. verwoester [**regnorum Priami; tot civitatum**];
2. iem. die de regering omver wil werpen, revolutionair [**civitatis**].

ē-vertō, ēvertere, ēvertī, ēversum
1. omgooien, omverwerpen [**statuam; currum; naviculam**];
2. (*poët.*) omkeren, omdraaien, verdraaien [**cervices**];
3. (*Verg.*) (*golven*) opwoelen [**aequora ventis; aquas**];
4. vernietigen, verwoesten [**Pergama; castellum; domum**];
5. te gronde richten, ontwrichten, ondermijnen [**imperium; rem publicam; tribuni-**

ciam potestatem; provincias; amicitiam]; 6. verdrijven, verdringen (uit: abl.) [sedibus van huis en haard; alqm agro; alcis bonis, fortunis iem. zijn geld afhandig maken]; ▸ *pupillum fortunis patriis* ~.

ē-vestīgō, ēvestīgāre (*postklass.*) opsporen.

ē-vēxī *pf. v. eveho.*

ē-vibrō, vibrāre (*Laatl.*)
1. wegslingeren;
2. (*metaf.*) prikkelen, opwinden [animos].

ē-vīcī *pf. v. evinco.*

ēvictiō, ōnis *f* (*evinco*) (*jur. t.t.*) uitwinning (*een soort rechtsvordering*).

ēvictus ppp. *v. evinco.*

ēvidēns, *gen.* entis (*ex en video*)
1. overduidelijk, onmiskenbaar [narrationes; argumentum; numen; causa victoriae]; ▸ *quid est evidentius?*;
2. zichtbaar.

ēvidentia, ae *f* (*evidens*)
1. duidelijkheid, helderheid;
2. zichtbaarheid;
3. (*retor. t.t.*) veraanschouwelijking.

ē-vigilō, ēvigilāre
I. *intr.*
1. waken, wakker blijven, onvermoeibaar bezig zijn;
2. (*postklass.*) ontwaken, wakker worden [maturius];
II. *tr.*
1. (*Tib.*) wakend doorbrengen [noctem];
2. (*poët.; postklass.*) 's nachts bezig zijn aan (*m. acc.*) [libros];
3. nauwkeurig overwegen [consilia].

ē-vigōrō, ēvigōrāre (*vigor*) (*postklass.*) ontkrachten.

ē-vīlēscō, ēvīlēscere, ēvīluī, — (*vilis*) (*postklass.*) waardeloos worden.

ē-vinciō, ēvincīre, ēvīnxī, ēvīnctum (*poët.; postklass.*)
1. omwinden, omwikkelen; ▸ *caput alcis diademate* ~; *viridi evinctus olivā;*
2. binden, boeien.

ē-vincō, ēvincere, ēvīcī, ēvictum
1. totaal verslaan *of* overwinnen [hostes; difficultates; sociorum superbiam];
2. voor elkaar krijgen, bereiken (*m. ut*); ▸ *summa ope evicerunt ut M. Furius Camillus crearetur;*
3. (*poët.; postklass.*) overreden, overtuigen; — *pass. evinci* zich laten overtuigen, zich laten bewegen [lacrimis; dolore; precibus; donis]; ▸ *supremis eius necessitatibus ad miserationem evinci* zich tot medelijden laten bewegen;
4. (*poët.; postklass.*) uitsteken boven (*m. acc.*) [aequora; litora]; ▸ *arbor celso vertice evincit nemus;*
5. (*Hor.*) bewijzen, duidelijk maken (*m. aci.*);
6. (*jur.*) uitwinnen.

ēvīnctus ppp. *v. evincio.*

ē-vīnxī *pf. v. evincio.*

ē-virō, ēvirāre (*vir*) (*niet-klass.*) ontmannen, ontkrachten [corpus].

ē-vīscerō, ēvīscerāre (*viscera*)
1. van ingewanden ontdoen; ▸ *eviscerata corpora;*
2. (*Sen.*) eroderen [terras];
3. (*August.*) uitmergelen; ▸ *cum ego curis eviscerarer.*

ēvītābilis, e (*evito*[1]) (*poët.; postklass.*) te ontwijken, te vermijden [telum; mala].

ēvītātiō, ōnis *f* (*evito*[1]) (*postklass.*) het vermijden [impendentis periculi].

ē-vītō[1]**,** ēvītāre vermijden, ontwijken, ontgaan, zich onttrekken aan (*m. acc.*) [tela amictu; suspicionem; periculum fugā; impendentem tempestatem; imperium].

ē-vītō[2]**,** ēvītāre (*vita*) van het leven beroven.

ēvocātiō, ōnis *f* (*evoco*) (*postklass.*) het oproepen, oproep; dagvaarding.

ēvocātor, ōris *m* (*evoco*) opruier [servorum].

ē-vocō, ēvocāre
1. naar buiten, te voorschijn roepen [alqm e curia; ad se undique mercatores; cantibus Auroram];
2. naar buiten lokken, verlokken *of* prikkelen tot; ▸ *cupiditas multos longius evocabat; alqm in saevitiam* ~ verleiden tot; *iram alci* ~; *lacrimas, alci risum* ~ ontlokken; *alqm in laetitiam* ~;
3. dagvaarden, oproepen [alqm litteris; alqm ad se; alqm ad senatum];
4. *in een ereambt* benoemen, bevorderen [alqm ad eum honorem; alqm in locum alcis];
5. (*milit. t.t.*) *voor de krijgsdienst* ontbieden, oproepen [equites; oppidanos ad bellum; legiones ex hibernis]; — *subst.* ēvocātī, ōrum *m uitgediende soldaten die in noodsituaties gemobiliseerd werden;*
6. (*milit.*) tot een gevecht uitdagen; ▸ *magnā cum contumeliā nostros ad pugnam* ~;
7. (*overledenen*) opwekken [manes; proavos sepulcris; Metellos ab inferis];
8. *tijdens een belegering een godheid uitnodigen zijn heiligdom in de belegerde stad voor een ander te*

verruilen;
9. te voorschijn brengen, onttrekken [**radices; sanguinem**].
ē-volō, ēvolāre
1. uitvliegen;
2. te voorschijn stormen, naar buiten vliegen [**foras; e senatu; ex omnibus partibus silvae; rus ex urbe**];
3. ontvluchten [**e vinculis; e conspectu; ex alcis severitate; e poena** ontgaan];
4. omhoogvliegen, zich verheffen.
ēvolūtiō, ōnis *f (evolvo)* het openrollen *v.e. boekrol* = het lezen [**poëtarum**].
ē-volvō, ēvolvere, ēvolvī, ēvolūtum
1. te voorschijn rollen, naar buiten rollen, wegrollen; — *se evolvere en pass. evolvi* voortrollen, zich voortwentelen, zich ontrollen; ▸ *anguis repente evoluta* haastig weggegleden; *(metaf., v. berichten)* uitkomen; ▸ *ad aures militum dicta evolvebantur;* — zich redden uit: *evolutus periculo;*
2. laten uitstromen [**fluctūs in litus; aquas per campos**]; — *se evolvere* uitstromen [**in mare**];
3. verdrijven, verdringen [**alqm sede patriā; alqm ex praeda** beroven];
4. ontrollen, afrollen, afwikkelen [**volumina; vestes** openslaan]; *(een boekrol)* openrollen, *dwz.* lezen [**auctores; libellos; librum; versūs**];
5. *(metaf.)* onthullen, ontvouwen, uiteenzetten [**alqd accuratius in litteris; rem propositam; ingentes causas belli; seriem fati**];
6. *(poët.) (klosjes)* afspinnen, de draad afwikkelen [**fusos**];
7. *(poët.; postklass.) (punt voor punt)* nagaan, overdenken [**promissa**];
8. ontrafelen, vaststellen [**exitum criminis**];
9. *(Plaut.)* opscharrelen [**argentum**];
10. *(metaf.) (eccl.)* verstrijken, verlopen *(van tijd);* ▸ *evoluto tempore.*
ē-vomō, ēvomere, ēvomuī, ēvomitum
1. uitspuwen [**haustum venenum**];
2. *(woorden)* uitstoten [**orationem in alqm** tegen iem.];
3. *(poët.; postklass.)* uitstoten, uitbraken, uitstorten [**arenam** *(v.d. zee);* **flammas** *(v.e. vulkaan)*].
ē-vortō = *everto.*
ē-vulgō, ēvulgāre *(postklass.)*
1. openbaar maken, bekendmaken [**ius civile; iniurias alcis; arcanum**];
2. prijsgeven [**pudorem**].
ēvulsiō, ōnis *f (evello)*
1. het uittrekken [**dentis** het tanden trekken];
2. *(Vulg.)* uitroeiing *(v.e. volk).*
ēvulsus *ppp. v. evello.*
ex, ē
I. *prep. m. abl. (voor consonanten ex en e, voor vocalen en voor h alleen ex)*
1. *(v. plaats)* (a) uit, weg van, van ... vandaan; ▸ *e civitate expulsus; venire ex urbe, ex navi; exire e vita* sterven; (b) van, van ... naar beneden; ▸ *eicere alqd e saxo; delabi ex equo; prospicere e summo; e curru trahitur;* (c) van ... omhoog, uit ... omhoog; ▸ *surgere e lectulo; globus terrae eminens e mari;* (d) vanaf, van, vanuit, van ... vandaan; ▸ *lucus ex insula conspiciebatur; ex arido* vanaf het land; *ex vallo tela iacere; ex diverso* uit verschillende richtingen; *ex regione; ex parte; ex equo, ex prora, ex puppi pugnare; ex vinculis causam dicere* in geketende toestand; *Rhenus oritur ex Alpibus* in de Alpen; *ex Aethiopia; Philocrates ex Alide;* (e) *ex itinere* tijdens de mars, onderweg; (f) *(bij uitdr. v. nemen en ontvangen)* van, uit; ▸ *ex populo Romano bona accipere; fructum capere ex otio; praedam ex sociis agere; ex oppido signa tollere;* (g) *(bij uitdr. v. zintuiglijke waarneming)* van, uit iems. mond; ▸ *haec audivi ex amico; vidi, non ex audito arguo;* (h) bij *'(laten) hangen' (intr. en tr.)* aan; ▸ *pendēre ex arbore; suspendere alqd ex quercu;*
2. *(v. tijd)* (a) vanaf, sinds, sedert; ▸ *ex illo* sinds die tijd; *ex quo* sinds; *ex longo* sinds lang; *ex Metello consule* sinds het consulaat v. Metellus; *ex adulescentia tua; ex a.d. V. Kal. Febr.* vanaf 28 januari; (b) direct na, meteen na; ▸ *ex praetura urbem relinquere; ex consulatu profectus in Galliam; statim ex somno; aliud ex alio* het een na het ander; *aliam rem ex alia cogitare; diem ex die* van dag tot dag, dag na dag;
3. *(metaf.)* (a) *(om herkomst, afstamming aan te geven)* uit, van; ▸ *e plebe esse; soror ex matre* van moederszijde; *filius ex serva natus;* (b) *(partitief)* van, uit; ▸ *alqs ex nobis; unus ex filiis; audacissimus ex omnibus; pars ex Rheno* zijtak v.d. Rijn; (c) *(ter aand. v. materialen, v. middelen)* uit, van; ▸ *statua ex aere facta; muros restituere ex hostium praeda; domum ex aerario aedificare* op staatskosten; *vivere ex rapto* van roof; (d) *(ter aand. v.d. oorzaak, de beweegreden)* uit, ten gevolge van, op grond van, wegens, door; ▸ *ex quo fit, efficitur, accidit ut* daardoor komt het dat; *ex ea re, qua ex re, ex ea causa* daardoor,

daarom; *laborare ex invidia; ex alqo dolere; ex vulnere mori (perire); ex nuntiis cunctari* vanwege; *ex doctrina nobilis et clarus; Liger (flumen) ex nivibus creverat* ten gevolge v.d. sneeuwval; (e) in overeenstemming met, volgens, naar, krachtens, met betrekking tot; ▸ *iudicare of aestimare alqd ex alqa re* iets beoordelen naar; *e natura* in overeenstemming met de natuur; *e virtute esse; ex libidine* willekeurig; *ex usu esse* tot voordeel zijn; *e re publica* tot nut v.d. staat; *ex edicto; ex decreto; ex lege; ex iure; e mea, tua enz. re* in mijn, jouw *enz.* voordeel; *ex senatūs consulto; ex more (consuetudine)* volgens het gebruik; (f) *bij 'triumphare, triumphum agere' e.d.: ex alqo* over iem.; (g) *vanuit een bepaalde toestand;* ▸ *ex labore se reficere; animus requiescit ex miseriis;*
4. *(in een aantal vaste uitdrukkingen) e(x) contrario* integendeel; *ex composito* volgens, in overeenstemming met de afspraak; *ex improviso* onvoorzien; *e vestigio* onmiddellijk; *ex memoria* van buiten; *ex industria* ijverig; met opzet; *ex animo* van harte, oprecht; *ex parte* ten dele; *magna ex parte* grotendeels; *ex professo* uitdrukkelijk;
II. *als prefix (voor vocalen, h, c, p, t: ex-; na ex kan de begin-s v.e. woord uitvallen [exsanguis en exanguis]; voor f: ec- of geassimileerd ef- [ecfero en effero; effugio]; in overige gevallen ē-)*
1. uit-, naar buiten [**educo**[2]; **elido; eloquor; emigro**];
2. omhoog-, op- [**exstruo**];
3. volledig, geheel [**enarro; exacerbo**];
4. zeer, nogal [**edurus**];
5. ont-, ver- [**enervo; exarmo; effemino**].

ex-acerbō, acerbāre *(postklass.)*
1. verbitteren, krenken, woedend maken [**contumeliis hostes**];
2. erger maken.

ex-acēscō, acēscere, acuī, — *(postklass.)* zuur worden.

exāctiō, ōnis *f (exigo)*
1. het verdrijven, verdrijving [**regum**];
2. invordering, heffing, inning [**pecuniae**];
3. uitvoering, toezicht *v. publieke werken door een overheidsorgaan.*

exāctor, ōris *m (exigo)*
1. verdrijver [**regum**];
2. ontvanger, invorderaar *(v. belastingen e.d.)*;
3. *promissorum* aanmaner tot de vervulling van beloften;
4. uitvoerder, voltrekker [**supplicii** *of* **mortis** van de doodstraf; **disciplinae gravissimus**].

exāctrīx, īcis *f (exactor) (Laatl.)* vrouw die maant of toezicht houdt.

exāctus, a, um *(p. adj. v. exigo)* precies, stipt; exact [**numerus**].

ex-acuō, acuere, acuī, acūtum
1. scherper maken, scherpen, punten [**mucronem; palatum** prikkelen];
2. aansporen, ophitsen, prikkelen [**animos in bella**]; ▸ *exacui irā;*
3. verergeren [**sollicitudines**].

ex-adversum *en* **-us** *adv. en prep. m. acc.* tegenover [**Athenas**].

exaedificātiō, ōnis *f (exaedifico)* het opbouwen *v.e. gebouw* [**amphitheatri**]; *(metaf.)* opbouw, uitbouw.

ex-aedificō, aedificāre
1. (op)bouwen [**urbem; templa**];
2. voltooien [**opus**];
3. *(Plaut.)* 't huis uitzetten [**ex aedibus**].

exaequātiō, ōnis *f (exaequo)*
1. het gelijkmaken, het effenen;
2. geëffende oppervlakte.

ex-aequō, aequāre
1. effenen; gelijkmaken [**aciem cornibus hostium**];
2. gelijkstellen, vergelijken *(aan, met: dat.; cum)* [**se dis**]; ▸ *neminem secum dignitate* ~;
3. compenseren;
4. *(poët.)* evenaren, bereiken *(m. acc.)*.

exaeresimus, a, um *(Gr. leenw.) (Cic.)* uitneembaar [**dies** schrikkeldag].

ex-aestuō, aestuāre
I. *intr.*
1. opbruisen; ▸ *exaestuat fretum;*
2. gloeien [**calore solis**];
3. *(poët.) (door emoties)* verhit worden, koken; ▸ *mens irā exaestuat; dolor exaestuat intus;*
II. *tr. (poët.; postklass.)* bruisend laten uitstromen [**aestūs**].

exaggerātiō, ōnis *f (exaggero)*
1. verheffing, *geestelijke verbetering* [**animi**];
2. *(Gell.)* opeenstapeling v. uitdrukkingen.

ex-aggerō, aggerāre *(agger)*
1. met een dam ophogen, tot een aarden wal opwerpen [**planitiem humo; spatium** opvullen];
2. ophopen, vermeerderen [**rem familiarem; opes**];
3. vergroten, op de voorgrond plaatsen [**artem oratione; beneficium verbis**];
4. *(metaf.)* verheffen, verhogen [**orationem** levendiger maken; **animum virtutibus**].

exagitātor, ōris *m* (*exagito*) criticus.

ex-agitō, agitāre
1. opjagen, opdrijven; ▸ *exagitatus a tota Asia*;
2. (*Ov.*) (*wild*) verstoren, opjagen [**leporem; feras**];
3. (*metaf.*) teisteren, kwellen, verontrusten; ▸ *a Suebis exagitati*;
4. bespotten, aanvallen, kritiseren [**nobilitatem; Demosthenem**];
5. in verwarring brengen, opruien, ophitsen [**seditionibus rem publicam**];
6. (*een emotie*) opwekken [**odium**];
7. niet laten rusten [**dissensionem**].

exagōga, ae *f* (*Gr. leenw.*) (*Plaut.*) uitvoer, transport.

ex-albēscō, albēscere, albuī, — (*albus*)
1. (*Gell.*) wit worden;
2. verbleken.

ex-albidus, a, um (*postklass.*) witachtig.

ex-altō, altāre (*altus*) (*postklass.*) verhogen, verdiepen.

ex-ambulō, ambulāre (*Plaut.*) naar buiten gaan, wandelen [**hinc foras**].

exāmen, inis *n* (*exigo*)
1. zwerm [**apium**];
2. menigte [**iuvenum**];
3. (*poët.; postklass.*) tongetje aan een weegschaal; weegschaal; het wegen;
4. (*poët.*) onderzoek, toets; ▸ *examina legum servare* vasthouden aan de beproefde wetten;
5. (*postklass.*) (a) oordeel; (b) *ultimum* het Laatste Oordeel; (c) *mortis* stervensuur.

exāminātiō, ōnis *f* (*examino*) het wegen; toets, onderzoek.

exāminātor, ōris *m* (*examino*) (*Laatl.*) onderzoeker, beoordelaar.

exāminātus, a, um (*p. adj. v. examino*) (*eccl.*) weloverwogen, nauwkeurig [**diligentia**].

exāminō, exāmināre (*examen*)
1. afwegen; ▸ *animus tamquam paribus examinatus ponderibus* (*Cic.*) wordt in evenwicht gehouden;
2. beoordelen, onderzoeken, toetsen [**verborum pondera; diligenter**].

ex-amplexor, amplexārī (*niet-klass.*) vastklampen.

ex-amurgō, amurgāre (*amurca*) (*Apul.*) uitdrogen.

ex-amussim *adv.* (*amussis*) nauwkeurig.

ex-anclō, anclāre
1. (*preklass.*) uitscheppen [**vinum** uitdrinken; **maternum sanguinem** vergieten];
2. (*metaf.*) uithouden, verduren [**omnes labores; annos belli**].

exanguis, e = *exsanguis*.

exanimālis, e (*exanimo*) (*Plaut.*)
1. ontzield, dood;
2. dodelijk [**cura**].

exanimātiō, ōnis *f* (*exanimo*) het buiten adem raken; ontsteltenis, angst.

ex-animis, e (*anima*) ademloos:
1. ontzield, dood, levenloos [**corpus; artus**]; ▸ *aspexit matrem exanimem*;
2. bewusteloos;
3. (*poët.*) ontsteld, verbijsterd [**metu**].

ex-animō, animāre (*anima, animus*)
1. van de adem beroven; — *pass.* buiten adem raken; — ppp. ademloos; ▸ *milites cursu exanimati*; uitademen; ▸ *verba exiliter exanimata* gelispeld;
2. doden [**servum verberibus** doodgeselen]; — *pass.* sterven; ▸ *cum gravi vulnere exanimari se videret*; — ppp. ontzield, dood;
3. uitputten; ▸ *lassitudine exanimatus*;
4. verbijsteren, verschrikken; ▸ *Tulliae meae mors me exanimat* (*Cic.*).

ex-animus, a, um = *exanimis*.

exaniō, exanīre = *exsanio*.

ex-antlō, antlāre = *exanclo*.

exarciō, exarcīre = *exsarcio*.

ex-ārdēscō, ārdēscere, ārsī, ārsūrus
1. ontbranden, vlam vatten; heet worden; ▸ *cinis exstinctus et iam diu frigidus exarsit repente* (*Suet.*);
2. (*v. personen*) ontbranden, hevig aangegrepen worden [**dolore; libidinibus; iracundiā; amore; desiderio**]; *in alqm* ~ voor iem. in liefde ontsteken; *ad, in alqd* ~ voor iets ontbranden, zich tot iets laten meeslepen [**in perniciosam seditionem; in proelium; ad spem libertatis**];
3. (*v. dingen, gemoedsbewegingen e.d.*) ontbranden, uitbreken, ontvlammen; ▸ *bellum exarsit; benevolentiae magnitudo exardescit*;
4. (*Suet.*) (*v.d. prijs*) stijgen, omhooggaan [**in immensum**].

ex-ārēscō, ārēscere, āruī, —
1. uit-, opdrogen; ▸ *exarescunt amnes, fontes, lacrimae*;
2. (*metaf.*) verdrogen, vergaan.

ex-armō, armāre (*postklass.*)
1. ontwapenen [**cohortes**];
2. ontkrachten [**accusationem**];
3. aftuigen [**navem**].

ex-arō, arāre
1. *(door ploegen)* te voorschijn brengen, verwerven [**tantum frumenti**];
2. uitgraven [**radices**];
3. omploegen [**terram**];
4. *(Hor.)* rimpelen [**frontem rugis**];
5. schrijven, optekenen [**librum**].

ex-ārsī *pf. v. exardesco.*

ex-āruī *pf. v. exaresco.*

ex-asciō, asciāre *(ascia) (Plaut.)* (met een bijl) bewerken; *metaf.* uitknobbelen.

ex-asperō, asperāre
1. ruw *of* oneffen maken; — *pass.* verwilderen, ruw worden;
2. ophitsen, verbitteren [**canes** ophitsen; **animos**; **Ligures**];
3. *(de zee)* omwoelen; ▸ *fretum quietum saeva ventorum rabies motis exasperat undis (Ov.)*;
4. *(postklass.) (med. t.t.)* (a) ruw maken, doen ontsteken; (b) gladmaken, verzachten [**fauces**].

exatiō, exatiāre = *exsatio.*

exaturō, exaturāre = *exsaturo.*

ex-auctōrō, auctōrāre *(milit. t.t.)* uit de dienst ontslaan, afdanken [**militem**]; — *se* ~ de dienst verlaten.

ex-audiō, audīre
1. duidelijk horen, vernemen [**clamorem**]; — *pass.* tot iems. oren doordringen;
2. verhoren, gehoor geven aan *(m. acc.)* [**preces**; **monitorem**]; — *pass.* gehoor vinden;
3. luisteren naar, gehoorzamen *(m. acc.)*.

ex-augeō, augēre, — — *(poët.)* sterk vermeerderen, vergroten, versterken.

exaugurātiō, ōnis *f (exauguro)* ontwijding.

ex-augurō, augurāre ontwijden [**fana**; **sacerdotes**].

ex-auspicō, auspicāre *(Plaut.)* onder gunstige voortekens, gelukkig bevrijd worden [**ex vinculis**].

ex-ballistō, ballistāre *(ballista) (Plaut.)* overhoopschieten; *metaf.* voor de gek houden.

ex-bibō = *ebibo.*

ex-caecō, caecāre
1. blind maken;
2. *(Ov.) (rivieren, bronnen)* verstoppen [**flumina**; **venas in undis**];
3. *(postklass.) (geestelijk)* verblinden;
4. *(postklass.)* verduisteren; onooglijk maken [**formam**].

ex-calceō, calceāre *(poët.; postklass.)* van schoenen ontdoen: *pedes en pass.* de schoenen uittrekken; — *adj.* *excalceātus, a, um* blootsvoets, ongeschoeid; — *subst.* **excalceātī,** ōrum *m* eenvoudige toneelspelers *(omdat ze alleen sandalen droegen, geen cothurni zoals de acteurs in de tragedie en geen socci zoals de acteurs in de komedie).*

ex-cal(e)faciō, cal(e)facere, cal(e)fēcī, cal(e)factum *(postklass.)* verwarmen, verhitten.

excal(e)factōrius, a, um *(excal[e]facio) (med.)* verwarmend.

excandēscentia, ae *f (excandesco)* opvliegendheid, drift.

ex-candēscō, candēscere, canduī, —
1. ontvlammen, ontbranden;
2. *(metaf., v. personen)* opvliegen, driftig worden.

ex-cantō, cantāre *(poët.)* te voorschijn, naar beneden toveren.

ex-carnificō, carnificāre
1. (dood)martelen;
2. *(Ter.; Sen.) (metaf.)* op de pijnbank leggen.

ex-castrō, castrāre *(postklass.)* castreren; wegsnijden.

ex-catarissō, catarissāre *(Petr.)* leegschudden, beroven.

excavātiō, ōnis *f (excavo) (Sen.)* uitholling.

ex-cavō, cavāre uithollen.

ex-cēdō, cēdere, cessī, cessum
I. *intr.*
1. naar buiten gaan, weggaan, zich verwijderen [**urbe**; **finibus**; **e medio**; **ex pugna** verlaten];
2. scheiden [**(ex) vita** sterven; **e pueris** de kinderschoenen uittrekken; **e memoria** verdwijnen; **possessione** afstand doen van het bezit];
3. uit-, omhoogsteken, zich verheffen; ▸ *rupes excedit*;
4. overgaan in, uitlopen op *(m. in m. acc.)*; ▸ *res parva studiis in magnum certamen excedit*;
5. uitlopen tot [**in annum Flaminii** tot in het consulaat v. Flaminius];
6. *(van het thema)* afdwalen;
7. *(metaf.)* uitsteken boven [**ultra alqd** boven iets uit];
8. *(Tac.) (metaf.)* bereiken [**ad clarissimum gloriae lumen**];
II. *tr.*
1. verlaten, ontruimen [**urbem**; **curiam**];
2. overschrijden [**terminos**]; ▸ *Olympus nubes excedit* steekt uit boven;
3. *(metaf.)* uitgaan boven, overschrijden [**modum**; **triennium vitae**].

excellēns, *gen.* entis *(excello)*
1. hooggelegen;
2. uitstekend, uitmuntend, voortreffelijk, ver-

heven [**dux; ingenium; scientia; virtus**].

excellentia, ae *f (excellens)*

1. voortreffelijkheid, uitmuntendheid, goede kwaliteit, grootsheid [**picturae; animi**];
2. *propter (of per) excellentiam* bij uitstek;
3. *(Laatl.) (als titel)* excellentie.

ex-cellō, cellere *(en* **ex-celleō,** cellēre*),* — —

1. uitsteken (boven);
2. uitmunten, zich onderscheiden *([te midden] van: inter; praeter; super; door: abl.; in: in m. abl.)* [**inter omnes; praeter ceteros; pulchritudine; in arte**];
3. overtreffen *(m. dat.)*.

excelsitās, ātis *f (excelsus)*

1. *(postklass.)* hoogte [**montium**];
2. *(metaf.)* verhevenheid, grootsheid [**animi**].

excelsum, ī *n (excelsus)*

1. hoogte, hooggelegen plaats; ▸ *ab -o aspicere; simulacrum in -o collocare;*
2. hoge rang, hoge waardigheid; ▸ *in -o aetatem agere.*

excelsus, a, um *(excello)*

1. hoog oprijzend, hoog [**mons; rupes**];
2. *(metaf.)* uitstekend, uitmuntend, voortreffelijk, verheven [**homo; animus**].

ex-cēpī *pf. v. excipio.*

exceptiō, ōnis *f (excipio)*

1. uitzondering, beperking; beperkende voorwaarde, voorbehoud; ▸ *cum (ea) exceptione; sine (ulla) exceptione; alci exceptionem dare* een uitzondering voor iem. maken;
2. *(jur. t.t.)* exceptie, tegenwerping *(verweermiddel bestaande in het aanvoeren v.e. grond v. niet-ontvankelijkheid)* [**doli** verweer op grond v. onrechtmatig gedrag v.d. eiser]; ▸ *exceptionem alci dare* toestaan; *exceptione excludi.*

exceptiuncula, ae *f (demin. v. exceptio) (Sen.)* kleine beperking.

exceptō, exceptāre *(intens. v. excipio)*

1. opnemen, omhoogtrekken [**singulos**];
2. (in zich op)nemen; ▸ *ore auras ~* inademen *(Verg.)*.

exceptus *ppp. v. excipio.*

ex-cerebrō, cerebrāre *(postklass.)* de hersenen inslaan.

ex-cernō, cernere, crēvī, crētum

1. afscheiden, afzonderen; ▸ *ex captorum numero excreti Saguntini (Liv.);*
2. *(med.)* uitscheiden.

ex-cerpō, cerpere, cerpsī, cerptum *(carpo)*

1. uitkiezen; ▸ *ex malis ~, si quid inest boni;*
2. overschrijven, een uittreksel maken [**ex epistulis; nomina ex tabulis**];
3. weglaten, schrappen, uitzonderen [**alqd de numero**]; ▸ *ego me illorum numero excerpo;*
4. uitnemen; ▸ *~ semina pomis.*

ex-cessī *pf. v. excedo.*

excessus, ūs *m (excedo)*

1. het weggaan, vertrek;
2. het sterven, dood;
3. *(postklass.) (retor. t.t.)* het afdwalen *van het thema,* uitweiding;
4. *(med.)* uitstulping.

excetra, ae *f* (water)slang; *ook als scheldw. voor een vrouw.*

ex-cidī[1] *pf. v. excido*[1].

ex-cīdī[2] *pf. v. excido*[2].

excidiō, ōnis *f (exscindo) (Plaut.)* verwoesting [**oppidi**].

excidium, ī *n (exscindo)* verwoesting, vernietiging [**arcis; Carthaginis**]; slachting [**gentis; legionum**]; — *plur.* puinhopen, ruïnes [**castellorum; fumantia -a Troiae**].

ex-cidō[1]**,** cidere, cidī, — *(cado)*

1. ergens uit-, afvallen [**equo**]; ▸ *gladius de manu excidit; in flumen ~; puppi ~; sol excidisse mihi e mundo videtur;*
2. *(v.e. lot)* uit de kruik vallen; ▸ *sors excidit; nomen alcis sorte excidit;*
3. ontsnappen, ontglippen, ontvallen [**vinculis** ontkomen aan];
4. *(v. woorden)* vallen, geuit worden; ▸ *verbum tibi non excidit fortuito; vox per auras excidit* klonk *(Verg.);*
5. *(uit, aan de herinnering)* verdwijnen, ontvallen [**(ex) animo**]; ▸ *nomen tuum mihi excidit;*
6. vergaan, verloren gaan, verdwijnen; ▸ *vera virtus excidit; spes alci excidit;*
7. *(Hor.)* ontaarden in; ▸ *libertas in vitium excidit;*
8. kwijtraken, verliezen *(m. abl.)* [**regno**];
9. *(poët.; postklass.)* het bewustzijn verliezen, ineenzinken [**metu**];
10. *(Prop.)* sterven.

ex-cīdō[2]**,** cīdere, cīdī, cīsum *(caedo)*

1. (uit)hakken, -snijden, -breken, afhakken, afsnijden [**lapides e terra; columnas rupibus; arbores** vellen; **caput; portas** openbreken, forceren];
2. uithollen [**montem**];
3. verwoesten, vernietigen, verdelgen [**murum; urbem; hostem; multorum statūs** welvaart];
4. verwijderen, wegnemen [**alqm numero ci-**

vium uitstoten; **illud tristissimum tempus ex animo; iram animis**];
5. *(poët.; postklass.)* castreren.

ex-cieō, ciēre, cīvī, citum *en* **ex-ciō,** cīre, ciī, cītum
1. in beweging zetten, verdrijven, verjagen, opjagen [**suem latebris; ventos; Cyclopes e silvis; homines sedibus**];
2. naar buiten roepen [**foras**]; weghalen;
3. laten komen, ontbieden [**principes Romam; artifices e Graecia**];
4. oproepen, inschakelen, te hulp roepen [**reges bello** voor de oorlog; **omnium civitatum vires; deos**];
5. doen opschrikken, verschrikken, opwekken, in beroering brengen [**iuventutem largitionibus; hostes ad dimicandum; tellurem** schudden; **lacrimas; tumultum** verwekken]; ▸ *mens excita* verontrust, in beroering gebracht; *excita anus;*
6. wekken [**(ex) somno**]; — *pass.* wakker worden.

excindō, excindere = *exscindo.*

ex-ciō *zie excieo.*

ex-cipiō, cipere, cēpī, ceptum *(capio)*
1. uitsluiten, uitzonderen, een uitzondering maken *(voor: acc.)*; ▸ *amicos* ~; *excepi de antiquis neminem; nihil* ~; *excepto quod* behalve dat; *excepto Cicerone, exceptā virtute* met uitzondering van;
2. als voorwaarde stellen, bedingen, bepalen; ▸ *rogum ac tumulum* ~ begrafeniskosten bedingen;
3. bevrijden van [**alqm servitute**];
4. opvangen [**labentem; regis corpus; se pedibus** *of* **in pedes** op zijn voeten terechtkomen];
5. uitnemen, uittrekken [**natantes e mari; vidulum e mari; telum e vulnere**];
6. vangen, gevangennemen [**fugientes; uros; bestias; litteras** onderscheppen];
7. opvangen, afweren, weerstaan [**vim fluminis** breken; **impetum hostium** de aanval weerstaan; **aprum**];
8. *(poët.; postklass.)* treffen [**aves** in hun vlucht neerschieten; **alqm in latus** verwonden];
9. *(postklass.)* overvallen, aanvallen [**bello**];
10. opvangen, horen, afluisteren [**rumores; voces; clamorem**]; ▸ *laudem avidissimis auribus excipit;*
11. op zich nemen, zich belasten met; uithouden, verdragen, doorstaan [**dolores; vim frigorum; labores magnos; rem publicam** de verdediging v.d. staat; **has partes** deze rol; **invidiam** zich op de hals halen]; ▸ *equus regem excipiebat* liet op zijn rug zitten;
12. ontvangen, opnemen [**alqm manu** met een handdruk; **ex fuga; fugientes; alqm epulis, hospitaliter**];
13. *(postklass.)* ontvangen, opvatten, uitleggen; ▸ *vox assensu populi excepta;*
14. *(poët.; postklass.)* iem. in beslag nemen, iems. aandacht opeisen; ▸ *dolor alqm excipit; quis te casus excipit?;*
15. te wachten staan *(m. acc.)*; ▸ *bellum grave, labor eum excipit;*
16. voortzetten, vervolgen [**pugnam; gentem** voortplanten; **memoriam illius viri; vices alcis**];
17. zich aansluiten (bij), volgen (op) *(m. acc.; ook abs.)*; ▸ *tristem hiemem pestilens aestas excepit; turbulentior annus excepit;*
18. opvolgen, aflossen [**alios**];
19. antwoorden, reageren, tegenwerpen *(m. acc.; ook abs.)*; ▸ *hunc locutum excepit Labienus.*

excipulum, ī *n (excipio) (Plin. Mai.)* vergaarbak.

excīsiō, ōnis *f (excido[2])*
1. uitholling;
2. verwoesting [**urbium**].

excīsus *ppp. v. excido[2].*

ex-citō, citāre
1. opjagen, wegjagen, verdrijven [**cervum nemorosis cubilibus; feras**];
2. wakker maken; ▸ *dormientes spectatores e (de) somno* ~; — *pass.* wakker worden;
3. *(metaf.)* opwekken, hernieuwen [**alci memoriam caram**];
4. opschrikken [**militem**]; ▸ *nuntio excitatus;*
5. ergens vandaan *of* naar buiten roepen, weg-, oproepen [**alqm a porta; alqm a cena; alqm ab inferis; testem**];
6. *(een wachtpost)* waarschuwen, alarmeren, storen [**vigilem; canes**];
7. laten opstaan, zich laten verheffen [**legatos; reum**]; — *pass.* opstaan;
8. aanvuren, aansporen, enthousiast maken [**diffidentes ad spem; alqm ad virtutem; alqm ad laborem et laudem**];
9. troosten, bemoedigen [**amici iacentem animum**];
10. *(vuur)* aanwakkeren [**ignem; sopitas ignibus aras** het smeulende vuur op het altaar aanwakkeren];
11. *(emoties, situaties)* veroorzaken, verwekken,

ontsteken, doen ontvlammen [**alcis libidines; amores; invidiam; bellum; tumultum**];
12. veroorzaken, uitlokken [**risūs; spem; motum in animis; discordiam**];
13. (doen) opwaaien, laten opstijgen [**humo arenam; vapores**]; — *pass.* opstijgen;
14. *(gebouwen)* oprichten, bouwen [**turres; aras**];
/ *p. adj.* **excitātus,** a, um krachtig, hevig, sterk [**clamor; odor**].
excītus[1], ūs *m (excio) (Apul.)* opwekking.
excitus[2] *ppp. v. excieo.*
ex-cīvī *pf. v. excieo.*
exclāmātiō, ōnis *f (exclamo)* uitroep [**admirationis**]; uitspraak [**Epicuri**].
ex-clāmō, clāmāre
1. luid schreeuwen, 't uitschreeuwen [**maius** luider; **maximum** zeer luid; **alci ~** iem. toeroepen]; in (luid) gejuich uitbarsten; ▸ *in stadio cursores exclamant quam maxime possunt;*
2. uitroepen *(m. aci.; ut; afh. vr.)*;
3. luid noemen, aanroepen [**Ciceronem; uxorem tuam**];
4. *(postklass.)* luid voordragen [**cantica; multa memoriā digna**].
ex-clūdō, clūdere, clūsī, clūsum *(claudo)*
1. uitsluiten, buitensluiten, afwijzen [**populum foro; alqm a domo sua; a portu; a re publica; alqm ab hereditate** onterven; **petitorem**];
2. scheiden, afzonderen [**locum; partes urbis**];
3. afhouden, niet toelaten [**a conspectu; fervidos ictūs** zonnestralen];
4. afsnijden *of* afsluiten van *(m. abl.; ab)* [**alqm reditu; cohortes ab acie; a perfugio; Romanos a re frumentaria**];
5. verhinderen, onmogelijk maken [**discrimen; cupiditatem**];
6. uithalen, uitbroeden [**pullos ex ovis**]; — *pass. excludi* uitkomen.
exclūsiō, ōnis *f (excludo)* het buitensluiten, afwijzing.
excoctus *ppp. v. excoquo.*
excōgitātiō, ōnis *f (excogito)* het uitdenken, verzinnen.
excōgitātus, a, um *(p. adj. v. excogito)* uitgekiend, voortreffelijk.
ex-cōgitō, cōgitāre uitdenken, verzinnen [**omnia** al het mogelijke; **novum atque inauditum genus spectaculi; nova officia**].
ex-colō, colere, coluī, cultum
1. *(poët.; postklass.)* met zorg bebouwen, bewerken [**agrum; praedia; regionem; vineas; lanas rudes**];
2. *(poët.; postklass.)* versieren, verfraaien, verfijnen [**parietes marmoribus; orationem**];
3. vormen, veredelen, vervolmaken [**animos doctrinā; ingenia disciplinis; se philosophiā; vitam per artes**];
4. *(postklass.)* uiterlijke glans verlenen, vergroten, tot aanzien brengen [**gloriam**]; ▸ *alqm ornare et ~ ;*
5. *(poët.)* vereren [**deos**].
excommūnicātiō, ōnis *f (excommunico) (eccl.)* kerkelijke ban.
ex-commūnicō, commūnicāre *(eccl.)* uit de kerkgemeenschap uitsluiten, de kerkelijke ban opleggen, excommuniceren.
ex-concinnō, concinnāre *(Plaut.)* verfraaien.
ex-cōnsul, is *m (Laatl.)* oud-consul.
ex-coquō, coquere, coxī, coctum
1. sterk verhitten [**ferrum** uitgloeien; **argentum**];
2. uitdrogen; ▸ *sol excoquit terram;*
3. smelten [**harenas in vitrum** tot glas];
4. smelten uit [**vitium metallis** slak afscheiden];
5. bakken; *(metaf.)* bekokstoven; ▸ *~ malam rem (Plaut.).*
ex-coriō, coriāre *(corium) (Laatl.)* villen, stropen.
ex-cors, *gen.* cordis *(cor)* dwaas, onnozel, dom.
excrēmentum, ī *n (excerno) (postklass.) iets dat wordt uitgescheiden, ihb. door het menselijk lichaam:* uitscheiding, uitwerpselen [**oris** speeksel].
excreō, excreāre = *exscreo.*
ex-crēscō, crēscere, crēvī, crētum *(postklass.)*
1. uit-, opgroeien;
2. *(metaf.)* toenemen, uitdijen, *(med.)* uitwassen.
excrētus *ppp. v. excerno en excresco.*
ex-crēvī *pf. v. excerno en excresco.*
excruciābilis, e *(excrucio) (Plaut.)* foltering verdienend.
ex-cruciō, cruciāre
1. folteren, martelen [**legatum igni; alqm vinculis ac verberibus**];
2. *(metaf.)* kwellen, pijnigen.
excubiae, ārum *f (excubo)*
1. het waken, wacht; ▸ *-as agere alci* bij iem. de wacht houden, iem. bewaken;
2. *(meton.)* wachtpost, wacht.
excubitor, ōris *m (excubo)*
1. wachter, wachtpost;

2. lijfwacht *v.d. keizer.*
excubitus, ūs *m (excubo)* het wachthouden.
ex-cubō, cubāre, cubuī, cubitum
1. de nacht buiten doorbrengen [**in agris**];
2. de wacht houden, waken [**pro castris; in armis**]; ▸ *cohortes ad munitionem excubant;*
3. waakzaam, bezorgd zijn [**pro alqo**];
4. *(Mel.)* vigilies houden *(in een klooster).*
ex-cucurrī *zie excurro.*
ex-cūdō, cūdere, cūdī, cūsum
1. *(poët.; postklass.)* uitslaan, -drijven [**scintillam silici**];
2. *(door te slaan)* maken, vervaardigen, smeden [**ferrum; aera** vormen; **ceras** *v. bijen*];
3. *schriftelijk* uitwerken, vervaardigen [**librum**];
4. uitbroeden [**pullos**].
ex-culcō, culcāre
1. *(Plaut.)* uittrappen;
2. aanstampen.
exculpō, exculpere = *exsculpo.*
excultus *ppp. v. excolo.*
ex-cūrātus, a, um *(curo) (Plaut.)* goed verzorgd, keurig uitgedost.
ex-currō, currere, (cu)currī, cursum
I. *intr.*
1. ergens uitlopen, -rennen [**domo; foras**];
2. *(milit.)* plotseling tevoorschijn komen, een uitval doen [**in fines Romanos** binnenvallen]; ▸ *sine signis in omnibus portis* ~;
3. een uitstapje, een reis maken [**in Pompeianum; Tusculum**];
4. uitsteken, zich uitstrekken, naar voren springen; ▸ *Sicania excurrit in aequor; regio usque ad rubrum mare excurrit* strekt zich uit; *paeninsula ab intimo sinu excurrit;*
5. *(postklass.) (metaf.)* te buiten gaan; ▸ *supra humanam naturam concurrentia;*
6. zich tonen, zich laten zien; ▸ *campus, in quo* ~ *virtus possit (Cic.);*
7. *(retor. t.t.)* afdwalen, uitweiden [**longius**];
8. *(postklass.)* ontspringen, uitlopen; ▸ *fons ex summo montis cacumine excurrens; rami excurrentes;*
II. *tr.* doorlopen [**spatium**].
excursiō, ōnis *f (excurro)*
1. het naar buiten stormen, uitval, verkenning, inval [**ex oppido; equitatūs**]; ▸ *excursionem facere; excursiones et latrocinia hostium;*
2. het naar voren stappen *(retorisch gebaar v.de redenaar naar het spreekgestoelte of naar de toehoorders);*
3. *(postklass.)* uitstapje.
excursor, ōris *m (excurro)* verkenner.
excursus[1], ūs *m (excurro)*
1. het naar buiten gaan, uitval, verkenning [**militum; navigiorum**];
2. *(Verg.)* het uitzwermen [**apium**];
3. *(postklass.)* het uitsteken, vooruitstekend gedeelte [**montis**];
4. *(postklass.)* het uitstromen [**fontis**];
5. *(retor. t.t.) (postklass.)* afdwaling.
excursus[2] *ppp. v. excurro.*
excūsābilis, e *(excuso) (poët.; postklass.)* vergeeflijk.
excūsātiō, ōnis *f (excuso)*
1. verontschuldiging, rechtvaardiging [**criminis; peccati**]; ▸ *excusationem accipere* accepteren, aannemen;
2. excuus, uitvlucht, voorwendsel [**adulescentiae**]; ▸ *nullae istae excusationes sunt;*
3. *(postklass.)* inwilliging v.e. excuus;
4. *(jur.)* vrijstelling.
excūsātus, a, um *(p. adj. v. excuso) (postklass.)* verontschuldigd, gerechtvaardigd.
ex-cūsō, cūsāre *(causa)*
1. verontschuldigen, rechtvaardigen *(wegens: de; bij: dat.; apud)* [**se de consilio; verba Alexandro**];
2. als verontschuldiging aanvoeren, voorwenden [**morbum; inopiam; aetatem; vires** de geringe strijdkrachten];
3. *(postklass.)* met excuses weigeren, afwijzen [**reditum**]; — *se* ~ *en pass. excusari* zich onttrekken aan;
4. excuseren; vrijstellen.
ex-cussī *pf. v. excutio.*
excussus *ppp. v. excutio.*
excūsus *ppp. v. excudo.*
ex-cutiō, cutere, cussī, cussum *(quatio)*
1. afschudden [**pulverem digitis; poma**];
2. uitrukken, uitslaan [**alci oculum; dentes**];
3. *(poët.; postklass.)* verdrijven *(ook metaf.)* [**hostes vallo; patriā; feras; cursu excuti** uit de koers gedreven worden; **propriis** uit zijn eigendom; **somno** wakker schudden; **metum de corde** verjagen];
4. uit-, afwerpen, ergens afstoten, naar beneden smijten; ▸ *equitem equus excutit; ancoram e nave* ~ uitwerpen; — *pass.* ergens af-, uitvallen, -storten;
5. uitstorten, uitgieten;
6. afschieten, slingeren [**tela**];
7. wegrukken, verwijderen [**agnam ore lupi;**

studia alci de manibus; sensum alci van zijn verstand beroven; opinionem; Senecam Seneca van de lectuurlijst schrappen];
8. *(poët.)* beroven [alqm sceptris]; ▸ *navis excussa magistro* van de kapitein;
9. uitdrijven, uitpersen [sudorem]; ontlokken [risum; sibi opinionem];
10. schudden [caesariem; pennas];
11. ontvouwen, uitspreiden, uitstrekken [bracchia];
12. *(schuddend)* doorzoeken [pallium; gremium];
13. nauwkeurig onderzoeken, nagaan, uitvorsen [verbum; verum];
/ *p. adj.* **excussus,** a, um *(postklass.)* uitgestrekt, gespannen; ▸ *excusso lacerto* met uitgestrekte arm.

ex-dorsuō, dorsuāre *(dorsum) (Plaut.)* fileren, van graten ontdoen.

exe- *zie ook exse-.*

execō, execāre = *exseco.*

execrō, execrāre = *exsecro.*

execūtiō, ōnis = *exsecutio.*

execūtor, ōris = *exsecutor.*

ex-edō, edere, ēdī, ēsum
1. *(kom.)* opeten, consumeren, verbruiken; — *alqm* ~ iems. vermogen verkwisten;
2. *(v. niet-lev.)* aanvreten, aantasten; uithollen [locum]; ▸ *monumenta vetustas exederat;* — *p. adj.* **exēsus,** a, um aangevreten, aangetast, hol [mons met kloven; arbor; saxa];
3. *(metaf.)* uitputten, kwellen; ▸ *aegritudo exedit animum; exspectando exedor;*
4. *(poët.; postklass.)* verwoesten, vernietigen [urbem odiis; rem publicam];
/ *voor nevenvormen zie edo*[2].

exedra, ae *f (Gr. leenw.) een halfronde uitbreiding v.d. zuilenrij in Gr. gymnasia, die van zitplaatsen was voorzien,* halfronde aanbouw, ronde hal; — *in Rom. privé-huizen* zaal, hal *v. soortgelijke architectonische vorm;* — *in een christelijke kerk* apsis.

exedrium, ī *n (Gr. leenw.; demin. v. exedra)* halfronde nis, erker *met zitplaatsen,* kleine ronde ruimte.

ex-ēgī *pf. v. exigo.*

ex-ēmī *pf. v. eximo.*

exemplar *en (Lucr.)* **exemplāre,** āris *n (exemplaris)*
1. voorbeeld, model; exemplaar;
2. evenbeeld, kopie;
3. afschrift, kopie [testamenti; epistulae].

exemplāris, e *(exemplum) (postklass.)* als afschrift dienend; — *subst.* **exemplārēs,** ium *m (vul aan: libri)* afschriften.

exemplārium, ī *n (exemplum) (postklass.)* kopie, afschrift.

exemplō, exemplāre *(exemplum) (postklass.)* als voorbeeld aanvoeren.

exemplum, ī *n (eximo)*
1. voorbeeld, toonbeeld, model, patroon [utile; virtutis; bonitatis; innocentiae; pudicitiae; fidei publicae]; ▸ *hoc -o* naar dit voorbeeld; *-um edere, prodere, dare en -o esse alci* iem. tot voorbeeld dienen; *-um capere (of petere, sumere) ab alqo* zich iem. als voorbeeld stellen; *alcis -um sequi;*
2. afschrikwekkend voorbeeld [crudelitatis]; ▸ *-o esse* tot waarschuwing dienen; *edere -a in alqm; meritum novissima -a Mithridatem* de zwaarste straf *(Tac.);*
3. *(verklarend, bewijzend)* voorbeeld [praeclarum; antiquum]; ▸ *-o uti* een voorbeeld aanvoeren; *-i causā (of gratiā)* bijvoorbeeld; *magna -a casuum humanorum;*
4. handelwijze, gedrag, manier v. doen; ▸ *more et -o populi Romani* volgens gewoonte en gebruik; *omnia -a belli* in de oorlog gebruikelijke maatregelen; *eodem -o vivere* op dezelfde manier;
5. afschrift, kopie [litterarum];
6. *(in de kunst en metaf.)* kopie, afdruk, portret [pingere; dei];
7. *(in de schilder- en beeldhouwkunst)* origineel;
8. ontwerp, concept *voor een geschrift;* ▸ *litterarum -um componere;*
9. tekst, inhoud *v.e. geschrift* [scripti]; ▸ *eodem -o* met dezelfde inhoud;
10. precedent, voorbeeldformulering; ▸ *nullo -o* zonder precedent; *huius urbis iura et -a* wettelijke bepalingen en precedenten; *nullum* ~ *est idem omnibus* precedenten zijn nooit helemaal vergelijkbaar.

exēmptiō, ōnis *f en* **exēmptus**[1]**,** ūs *m (eximo)*
1. het uit-, wegnemen;
2. *(jur.)* verhindering om voor de rechter te verschijnen.

exēmptus[2]**,** a, um *ppp. v. eximo.*

exenterō, exenterāre *(Gr. leenw.) (pre- en postklass.)*
1. *een dier* ontweien, van de ingewanden ontdoen;
2. leegmaken;
3. *(metaf.)* martelen, kwellen.

ex-eō, īre, iī, itum
I. *intr.*
1. uitgaan, naar buiten gaan, weggaan, vertrekken, eropuit gaan [**obviam** tegemoet gaan; **ex urbe; e patria; de provincia; domo; praedatum in agrum**];
2. (*v. magistraten*) naar de provincie vertrekken;
3. (*milit.*) uitrukken, te velde trekken [**extra vallum; in aciem; ad bellum**];
4. aan land gaan, van boord gaan [**de (ex) nave**];
5. (*v. schepen*) uitvaren; ▸ *classis exiit;*
6. (ge)raken uit, verdwijnen uit; verlaten, opgeven, achter zich laten (*m. ex; de; abl.*) [**e iure patrio; memoriā** uit de herinnering verdwijnen, vergeten worden; **e conspectu; ex hac aerumna; servitio** ontsnappen aan; **aere alieno** uit de schulden komen];
7. sterven; *ook:* ~ *de (e) vita;*
8. (*v. water*) ontspringen; buiten de oevers treden; uitmonden; ▸ *fons solo exit; amnis exit; in mare* ~;
9. (*v. gewassen*) uitgroeien, ontspruiten, uitlopen; ▸ *folia a radice exeunt;*
10. te voorschijn komen; ▸ *exit sors; nihil insolens exit* geen overmoedig woord;
11. zich verbreiden, bekend worden; ▸ *fama (opinio) exierat;*
12. (*poët.; postklass.*) oprijzen, opstijgen; ▸ *domus exit; ignis in auras exiit; in altitudinem* ~;
13. zich ontwikkelen tot, veranderen in (*m. in m. acc.*); worden (*m. pred. adj.*); ▸ *valida exit suboles;*
14. voortkomen, ontstaan; ▸ *ex eadem officina exit opus;*
15. aflopen, ten einde lopen, verstrijken; ▸ *indutiarum dies exierat;*
II. *tr.* (*poët.*)
1. voorbij *of* buiten iets gaan, overschrijden [**valles; modum**];
2. ontkomen aan, vermijden, ontwijken [**tela; vim viribus** geweld met geweld bestrijden].

exeq- = *exseq-.*

ex-erceō, ercēre, ercuī, ercitum (*arceo, arx*)
1. in beweging zetten, houden [**turbinem** laten draaien; **aquas** laten stromen];
2. constant bezighouden, afmatten, geen rust gunnen [**milites operibus; ancillas; equos** voortdrijven]; ▸ *apes exercet labor;*
3. in beroering brengen [**undas; fluctūs**];
4. (*land*) bewerken, ploegen, bebouwen [**solum; campos; praedia**];
5. storen, verontrusten, plagen, kwellen [**candidatos**]; ▸ *alqm curis* ~; *exerceri poenis* geteisterd worden; *ambitio animos exercet; lex civitatem exercet;*
6. aanwakkeren [**ignem**];
7. (*door praktische oefening*) oefenen, bekwamen, trainen (*in: abl.; in m. abl.*) [**iuventutem; membra; stilum; memoriam; ingenium; vires**]; — *pass.* zich oefenen [**armis; cotidianis commentationibus; in venando; in mandatis**]; ▸ *pueri exercentur equis (Verg.);*
8. (*milit.*) drillen, trainen [**copias**];
9. uitoefenen, bedrijven, hanteren, verrichten [**artem; eloquentiam; commercium; labores; regnum; licentiam; iudicium** rechtspreken; **quaestionem** uitvoeren; **vectigalia** belasting heffen; **faenus** geld uitlenen; **cantūs** laten klinken; **vices** om de beurt de dienst waarnemen; **pacem** handhaven; **inimicitias cum alqo** op voet v. vijandschap leven met iem.; **victoriam** najagen; **diem** zijn dagtaak verrichten; **choros** leiden];
10. hanteren, aanwenden [**arma contra patriam**];
11. bewerken [**ferrum** smeden; **telas** spinnen];
12. botvieren, uitleven, doen voelen (*op, bij: in m. acc.; in m. abl.*) [**iras; libidinem; avaritiam; odium; victoriam foede in captis; in alqo suam vim (suas opes)** invloed uitoefenen op, macht uitoefenen over]; ▸ *fortuna exercet in alqo vim suam* doet zijn macht gelden.

exercitātiō, ōnis *f* (*exercito*)
1. het oefenen [**iuventutis; corporis; ingenii**]; lichaamsoefening, sport;
2. geoefendheid, vaardigheid (*in: gen.; in m. abl.*) [**dicendi; linguae; in armis**];
3. uitoefening, uitvoering [**virtutis**];
4. het in beweging, beroering brengen; beweging.

exercitātor, ōris *m* (*exercito*) (*Plin. Mai.*) trainer, oefenmeester.

exercitātus, a, um (*p. adj. v. exercito*)
1. geoefend, geschoold, ervaren (*in: abl.; in m. abl.; ad*) [**proeliis; in armis; in dicendo; in arithmeticis; in maritimis rebus; ad pulsandos homines**];
2. verontrust, geteisterd, geplaagd [**animus curis; Syrtes noto** door de wind]; ▸ *senex -i vultūs.*

exercitiō, ōnis *f* (*exerceo*)
1. oefening, training;

2. uitoefening, uitvoering; ▸ *navium* ~ beheer over de schepen.

exercitium, ī *n* (*exerceo*) (*postklass.*)
1. oefening, training, het drillen [**equitum**]; ▸ *frequentibus -is praeparare milites ad proelia*;
2. (*postklass.*) bezigheid.

exercitō, exercitāre (*intens. v. exerceo*)
1. trainen, oefenen, drillen [**corpus atque ingenium**];
2. teisteren, plagen.

exercitor, ōris *m* (*exerceo*)
1. sportleraar, trainer;
2. uitbater, exploitant; [**navis** reder].

exercitōrius, a, um (*exercitor*) (*jur.*) betrekking hebbend op de uitoefening *of* het beheer; betrekking hebbend op de beheerder.

exercitus[1]**,** ūs *m* (*exerceo*)
1. geoefende manschappen, leger [**voluntarius** bestaand uit vrijwilligers; **terrestris; navalis; fortissimorum militum**]; ▸ *exercitui praeesse; exercitūs ducere; exercitum (con)scribere* lichten; — *plur.*: troepen, legerkorps (*groter troepenverband*);
2. landleger, landmacht; ▸ *cum classe et exercitu*;
3. voetvolk, infanterie; ▸ *exercitum castris continuit, equestri proelio contendit*;
4. (*metaf.*) menigte, schare, groep, zwerm, troep [**perditorum civium; corvorum; Phorci** gevolg];
5. het verzamelde volk, *vd.* = *comitia centuriata*;
6. (Plaut.) oefening.

exercitus[2]**,** a, um (*p. adj. v. exerceo*)
1. (*pre- en postklass.*) geoefend, geschoold [**bello; militiā; ad flagitium**];
2. zwaar beproefd, geplaagd [**curis**];
3. moeilijk, zwaar [**aestas; militia**].

exerō, exerere = *exsero.*

ex-errō, errāre (*postklass.*) afdwalen.

exēsor, ōris *m* (*exedo*) (Lucr.) wegvreter, vernieler.

exēst = *exedit, v. exedo.*

exēsus, a, um *ppp. v. exedo.*

ex-fāfillātus, a, um (Plaut.) ontbloot [**bracchium**].

ex-fodiō = *effodio.*

exfr- = *effr-.*

ex-gignō, gignere = *egigno.*

ex-haerēd- = *exhered-.*

exhālātiō, ōnis *f* (*exhalo*) uitwaseming.

ex-hālō, hālāre uitwasemen, -blazen, -ademen [**odores; vaporem; nebulam; vinum** *en* **crapulam** zijn roes kwijtraken, nuchter worden; **animam** *en* **vitam** sterven]; — *abs.* sterven.

ex-hauriō, haurīre, hausī, haustum (*ptc. fut. act.* ook exhausūrus)
1. uitscheppen, (helemaal) leegmaken, leegdrinken, opdrinken [**poculum; vinum; aquam; uber** uitmelken];
2. naar buiten brengen, wegbrengen, uitnemen, -tillen, -graven [**terram manibus; humum; pecuniam ex aerario**];
3. nemen, onttrekken [**vitam sibi; dolorem; amorem**];
4. uitputten, afmatten, kwellen [**aerarium; homines sumptu; plebem impensis** uitzuigen; **patriae facultates; vires populi Romani**];
5. doorstaan, verduren [**pericula; labores; dura et aspera belli**];
6. voltooien, uitvoeren, ten einde brengen [**mandata; aes alienum** afbetalen]; ▸ *exhausto anno.*

exhed- = *exed-.*

ex-herbō, herbāre (*herba*) (*agr.*) van onkruid ontdoen.

exhērēdātiō, ōnis *f* (*exheredo*) (*postklass.*) onterving.

ex-hērēditō, hērēditāre = *exheredo.*

ex-hērēdō, hērēdāre (*exheres*) onterven; ▸ *fratrem exheredans te faciebam heredem* (Cic.).

ex-hērēs, *gen.* ēdis onterfd [**paternorum bonorum**].

ex-hibeō, hibēre, hibuī, hibitum (*habeo*)
1. te voorschijn brengen, voorgeleiden, produceren [**testem; pupillum; servum; uxorem; liberos**];
2. aanbieden, presenteren, leveren, zorgen voor [**librum; cibum; potum**];
3. waarneembaar maken, tonen, laten zien, hoorbaar maken, doen herkennen [**linguam paternam** verraden; **ore sonos** laten horen; **veritatem** aan het licht brengen; **se auctorem** zich als ooggetuige, bron presenteren; **se admirabilem** zich betonen]; ▸ *dea Pallada exhibuit* gaf zich als Pallas bloot; *me philosophiam populo nostro exhibiturum* dat ik ons volk kennis zal laten maken met de filosofie;
4. veroorzaken, bereiden, maken (tot) [**alci molestiam; alci negotium; curam; vias tutas** vrije doorgang garanderen];
5. toestaan, verschaffen [**tectum; liberam contionem**];
6. in praktijk brengen, aanwenden, bewijzen, betonen [**imperium; virtutem; alci huma-**

nitatem; regi fidem]; ▸ *promissa exhibent fidem* worden bewaarheid; *vicem tortoris* ~ de rol v. folteraar spelen;
7. *(postklass.) (een toneelstuk e.d.)* opvoeren, vertonen [**comoediam publicis spectaculis; naumachiam**];
8. *(postklass.) (levende wezens)* laten optreden [**Africanas** Afrikaanse panters];
9. *(jur.)* steunen, onderhouden.

exhibitiō, ōnis *f (exhibeo)*
1. *(Gell.; Laatl.)* overhandiging, het afgeven, voorgeleiding; het (ver)tonen;
2. *(Laatl.) (jur.)* steun, onderhoud.

exhibitōrius, a, um *(exhibeo) (jur.)* mbt. het afgeven, voorgeleiden.

ex-hilarō, hilarāre opvrolijken.

ex-hinc *adv. (postklass.)* sindsdien, vervolgens.

exhodium, ī *n = exodium.*

exhonōrātiō, ōnis *f (exhonoro) (Laatl.)* ontering.

ex-honōrō, honōrāre *(Laatl.)* onteren, verachten.

ex-horreō, horrēre
1. *(postklass.)* hevig huiveren;
2. *(Laatl.)* huiveren voor, verachten *(m. acc.)*.

ex-horrēscō, horrēscere, horruī, — ontzet zijn, huiveren *(voor iem.: in m. abl.; voor iets: acc.)* [**metu; vultūs alcis**].

exhortātiō, ōnis *f (exhortor)* aansporing, bemoediging, aanmaning.

ex-hortor, hortārī
1. aansporen, bemoedigen, aanvuren [**suos; dolentem; equos**];
2. ophitsen [**cives in hostem**].

exi- *ook = exsi-;* **exibeō** *= exhibeo;* **exicō** *= exseco.*

exībilō, exībilāre *= exsibilo.*

exiccō, exiccāre *= exsicco.*

ex-igō, igere, ēgī, āctum *(ago)*
1. uit-, wegdrijven, verdrijven, verjagen [**alqm domo; foras; reges ex civitate; hostem campo; morbos;** *metaf.* **otium** verstoren];
2. naar buiten drijven *of* brengen [**aquas** (in zee) uitstorten]; voortbrengen [**uvas**];
3. innen, opeisen [**vectigalia; quaternos denarios; tributa; pensionem; frumentum;** *metaf.* **poenas, supplicium ab, de alqo** *of* **alci** aan iem. voltrekken];
4. opeisen, vorderen [**obsides; a civitatibus pedites; nautas**]; ▸ *equitum peditumque certum numerum* ~;
5. verlangen, eisen, staan op [**officia a suis** plichtsbetrachting; **disciplinam; rationem** rekenschap; **ius iurandum; a teste veritatem; promissum** het nakomen v.e. belofte];
6. *(tijd)* (tot het einde toe) doorbrengen, doormaken [**annos; vitam sine cura; aerumnam** doormaken, verduren]; ▸ *triginta dies in exspectatione mortis* ~; — *pass.* voorbijgaan, verstrijken, aflopen, ten einde lopen: ▸ *dies exactus erat; tertiā vigiliā exactā* na afloop van; *ante exactas ferias* voor het einde van; *temporibus exactis; homo exacta aetate* en *exactae aetatis* hoogbejaard;
7. afmeten, afwegen [**pondus margaritarum manu**];
8. *(metaf.)* onderzoeken, beoordelen *(op: ad)* [**humanos ritus ad caelestia; ius ad veritatem; opus ad vires suas**];
9. beraadslagen, onderhandelen, overleggen [**de his rebus cum alqo** een schikking treffen];
10. *(poët.; postklass.)* vragen (naar), te weten komen [**causam tristitiae**]; — **exācta,** ōrum *n* inlichtingen;
11. afwegen, overwegen [**tempus; de alqa re coram; talia secum**]; ▸ *mecum exigo; haec exigentes* terwijl ze zich daarop beraadden;
12. afmaken, tot stand brengen, voltooien [**opus; cultum ad magnificentiam** de uitrusting afstemmen op pracht en praal];
13. *(poët.) (wapens)* helemaal naar binnen stoten, doorstoten [**ferrum per ilia** door de ingewanden];
14. *(Ov.) (een zwaard)* zwaaien [**ensem**];
15. *(waren)* uitvoeren, exporteren [**agrorum fructūs**].

exiguitās, ātis *f (exiguus)*
1. geringe omvang *of* grootte [**castrorum; terrae**];
2. gering aantal [**copiarum**];
3. kortheid, krapte [**temporis**];
4. *(postklass.)* gebrek [**cibi**].

exiguus, a, um *(exigo)*
1. klein *of* gering *in grootte, lengte, omvang,* krap, eng, kort, niet erg uitgestrekt, onaanzienlijk [**aedificia; pars terrae; campi; casa; civitas; fines; spatium**]; — *subst.* **exiguum,** ī *n* een beetje, een stukje [**campi; spatii**];
2. piepklein [**mus**];
3. mager, tenger [**corpus; femur**];
4. gering, onbeduidend, weinig, onvoldoende [**pars populi; copiae; numerus oratorum; haustūs** kleine slokken];
5. *(v. tijd)* kort [**tempus; dies** korte termijn];
6. van weinig betekenis, zwak, ineffectief, on-

belangrijk [**ingenium; laus; facultates**].

ex-iī *pf. v. exeo.*

exiliō, exilīre = *exsilio.*

exīlis, e

1. mager, tenger [**membra**]; leeg, dor [**solum** *en* **ager** schrale grond];

2. *(metaf.)* inhoudsloos, armoedig, gebrekkig, pover, miezerig, krachteloos [**domus; oratio** droog; **res** beperkte middelen].

exīlitās, ātis *f (exilis)*

1. dunheid, magerte [**crurum**];

2. schraalheid;

3. *(metaf.)* dunheid [**vocis**];

4. dorheid, saaiheid *(v. taalgebr.).*

exilium, ī *n (exul)*

1. ballingschap; ▸ *in -um ire of proficisci; in -um (ex)pellere, eicere, mittere; de -o alqm revocare of reducere; ab of de -o redire of reverti; alqm -o multare of afficere;*

2. plaats v. verbanning, ballingsoord; toevluchtsoord;

3. *(Tac.)* exilia = *exules* ballingen; ▸ *plenum -is mare.*

exim = *exinde.*

eximius, a, um *(eximo)*

1. uitgezonderd; ▸ *tu unus ~ es;*

2. uitzonderlijk, uitstekend [**laus; belli scientia; ingenium; -e diligere alqm**].

ex-imō, imere, ēmī, ēmptum *(emo)*

1. uit-, wegnemen [**biduum ex mense; rem acervo; favos; acinos de dolio; anulum digito** aftrekken van];

2. *(van een lijst e.d.)* verwijderen, schrappen [**nomen alcis de tabulis; alqm ex** *of* **de reis**];

3. *(metaf.)* wegnemen [**famem epulis** stillen; **alci curas** iem. verlossen van]; ▸ *exempta dubitatio est;*

4. losmaken, bevrijden, ontslaan *(van: ex; de; abl.; dat.)* [**cives ex servitio; urbem (ex) obsidione; alqm ex cruciatu; e vinculis; agros de vectigalibus; alqm supplicio; alqm poenae**];

5. *(tijd)* verbruiken, doorbrengen [**diem dicendo**]; ▸ *aetas male exempta;*

6. *se ~* zich afzonderen van iem. [**hominibus**];

7. *(jur.)* iem. verhinderen om voor de rechtbank te verschijnen.

exin = *exinde.*

ex-ināniō, inānīre *(inanis)*

1. leegmaken [**navem** lossen];

2. *(med.)* reinigen, purgeren;

3. *(metaf.)* leegplunderen, uitzuigen [**agros; domos; gentes**];

4. *(postklass.)* (uit)drogen; verzwakken [**aciem**]; ongedaan maken.

exinānītiō, ōnis *f (exinanio) (postklass.)* het leegmaken; reiniging.

ex-inde, *verkort* **exim** *en* **exin** *adv.*

1. *(v. plaats)* vandaar(uit); ▸ *~ Cappadociam petivit;*

2. *(v. tijd)* (a) hierop, daarna, vervolgens; (b) *(postklass.)* vanaf toen, sindsdien;

3. *(v. volgorde)* daarna, vervolgens;

4. *(v. oorzaak, reden)* daarom, op grond daarvan.

exinterō, exinterāre = *exentero.*

exīstimātiō, ōnis *f (existimo)*

1. mening, beoordeling, oordeel [**omnium; militum de imperatore; communis omnibus**];

2. reputatie, aanzien [**bona; integra; magna**]; goede naam; ▸ *alcis existimationem violare of offendere;*

3. krediet(waardigheid) [**debitorum**].

exīstimātor, ōris *m (existimo)* beoordelaar, criticus.

ex-īstimō, īstimāre *(aestimo)*

1. schatten, waard achten, aanslaan *(m. gen., bv. parvi, magni, pluris);*

2. beoordelen, houden voor, beschouwen als, *pass.:* doorgaan voor, gelden als, beschouwd worden als *(act.: m. dubb. acc.; pass.: m. dubb. nom.; act. en pass.: m. gen.);* ▸ *alqm hostem ~ ; alqm avarum ~ ; alqm idoneum ~ ; alqd verum ~ ; optimarum partium existimari* als aanhanger v.d. aristocraten; *in hostium numero ~* rekenen tot; *in probro existimari;*

3. beslissen, oordelen *(over: de; m. afh. vr.; op grond van: ex)* [**de ingeniis; de scriptoribus; ex eventu de alcis consilio; bene de re** gunstig over iets oordelen, met iets ingenomen zijn; **male de re** een lage dunk hebben van]; — *subst.* **exīstimantēs,** ium *m* critici;

4. menen, geloven *(meestal m. aci.; pass. m. nci.);* ▸ *nihil precibus te perfecturum esse existimo; quod ego nullo modo existimo; qui vivere existimantur.*

existō, existere = *exsisto.*

exīstum- *(arch.)* = *existim-.*

exitiābilis *en* **exitiālis,** e *(exitium)* onheil brengend, rampzalig, verderfelijk [**tyrannus; bellum; scelus; morbus**]*(voor: dat.; in m. acc.).*

exitiō, ōnis *f (exeo) (Plaut.)* het naar buiten komen, het uitgaan.

exitiōsus, a, um *(exitium)* onheil brengend, verderfelijk *(voor: dat.; in m. acc.)*; ▸ *coniuratio -a; -um esse rei publicae; in publicum -i* voor de staat.

exitium, ī *n (exeo)*

1. ondergang, dood, verderf, vernietiging, val [**gentis; principum; urbis; alci -o esse**];

2. *(meton.)* ondergang = vernietiger; ▸ *Catilina ~ rei publicae; ~ Troiae Achilles.*

exitus, ūs *m (exeo)*

1. het naar buiten gaan, het uitgaan; ▸ *exitum sibi parere;*

2. mogelijkheid naar buiten te gaan, uitweg; ▸ *omni exitu interclusi; insula quae undique exitus maritimos habet;*

3. uitgang [**portarum; aedificii; portūs**];

4. *(metaf.)* afloop, einde, slot, doel [**vitae; anni; argumenti; oppugnationis**]; ▸ *verba quae similes casus habent in exitu;*

5. levenseinde, dood, ondergang [**Caesaris; humanus**];

6. uitkomst, resultaat, lot [**belli; causae; incertus; bonus**]; ▸ *sine exitu esse; de exitu divinare* de uitkomst vermoeden.

exlecebra, ae *f = elecebra.*

ex-lēx, *gen.* lēgis niet aan de wet gebonden.

ex-līdō, līdere = *elido.*

ex-loquor, loquī = *eloquor.*

ex-moveō, movēre = *emoveo.*

ex-obruō, obruere, obruī, obrutum *(postklass.)* uitgraven.

ex-obsecrō, obsecrāre *(Plaut.)* dringend verzoeken, smeken *(m. ut).*

ex-oculō, oculāre *(oculus)* van de ogen beroven.

exodium, ī *n (Gr. leenw.)* vrolijk naspel, *ihb. in de fabulae Atellanae;* slot, afloop.

exodus, ī *f (Gr. leenw.) (eccl.)* uittocht.

ex-olēscō, olēscere, olēvī, olētum *(alo)*

1. opgroeien; — *p. adj.* **exolētus,** a, um volwassen, (geslachts)rijp; — *subst.* **exolētus,** ī *m* schandknaap;

2. vergaan, verdwijnen, verouderen; in vergetelheid raken, in onbruik raken; ▸ *disciplina exolevit; favor patris exolescit;* — *p. adj.* **exolētus,** a, um verouderd [**instituta; annalium exempla vetustate**].

exolō, exolāre = *exulo.*

exolvō, exolvere = *exsolvo.*

ex-onerō, onerāre

1. ontlasten, lossen, ontladen [**navem; alvum; stomachum; colos** afspinnen]; — *se ~ (v. rivieren)* uitstromen, uitmonden;

2. verlichten, ontlasten, bevrijden [**civitatem metu; animum sollicitudine**];

3. *(Plaut.; Tac.)* verwijderen, wegnemen [**alqm ex agro; multitudinem in proximas terras; curas**].

ex-opīnissō, opīnissāre *(opinio) (Petr.)* menen, geloven.

exoptābilis, e *(exopto) (Plaut.)* gewenst, welkom [**nuntius**].

ex-optō, optāre

1. vurig wensen, verlangen, uitzien naar *(m. acc.; ut; inf.)* [**ea maxime; Samnitium adventum; civile bellum; sibi honorem, imperium**]; ▸ *omnes te oderunt, tibi pestem exoptant (Cic.);* — *p. adj.* **exoptātus,** a, um vurig gewenst, langverwacht, welkom [**gratulatio**];

2. *(Plaut.)* uitkiezen.

exōrābilis, e *(exoro)* toegeeflijk, makkelijk te vermurwen *(tov.: in m. acc.).*

exōrābula, ōrum *n (exoro) (Plaut.)* smeekbede.

exōrātiō, ōnis *f (exoro) (Laatl.)* verzoek, voorspraak.

exōrātor, ōris *m (exoro)*

1. *(Ter.)* smekeling;

2. *(postklass.)* pleitbezorger.

exorbeō, exorbēre = *exsorbeo.*

ex-orbitō, orbitāre *(orbita) (postklass.)*

1. opzijspringen;

2. *(van een koers)* afwijken [**a tramite veritatis**];

3. (van de waarheid) afwijken [**a regula**].

exorcismus, ī *m (Gr. leenw.)* exorcisme:

1. *(postklass.)* het bezweren v. boze geesten;

2. *(Mel.)* het uitdrijven v. boze geesten.

exorcista, ae *m (Gr. leenw.) (postklass.)* iem. die boze geesten bezweert.

exorcizō, exorcizāre *(Gr. leenw.)*

1. *(Laatl.)* boze geesten bezweren;

2. *(Mel.)* boze geesten uitdrijven.

ex-ōrdior, ōrdīrī, ōrsus sum

1. *(een weefsel)* opzetten, beginnen; ▸ *pertexe* (weef af, maak af) *quod exorsus es;*

2. aanvangen, beginnen [**facinus; orationem; narrare; dicere; bellum a causa nefanda**]; — *subst.* **exōrsa,** ōrum *n (Verg.)* onderneming; inleidingen.

exōrdium, ī *n (exordior)*

1. aanvang, begin [**vitae; huius mali; pugnae**]; ▸ *-um (-a) capere, sumere;*

2. *(retor. t.t.)* inleiding *(v.e. redevoering of verhandeling)* [**dicendi; fabulae**]; ▸ *ergo ita nascetur ~.*

ex-orior, orīrī, ortus sum

1. zich verheffen, opstaan;

2. *(v. hemellichamen)* opgaan [**sol exoriens**];

— *subst.* **exoriēns,** entis *m* (*vul aan: sol*) (*Prop.*) de opgaande zon, de morgen;
3. te voorschijn komen; ▸ *exorti repente insidiatores; ventus a mari exoritur* steekt op;
4. (*onverwacht*) optreden, verschijnen, zich vertonen; ▸ *exortus est servus* trad (*als aanklager*) op; *species Homeri exoritur; repentinus Sulla nobis exoritur;*
5. ontstaan, te voorschijn komen, opduiken, intreden; ▸ *amnis exoriens* ontspringend; *exoritur clamor, fama, discordia inter cives; tot bella exoriebantur;*
6. voortkomen uit, zijn oorzaak vinden in (*m. ab; ex*); ▸ *ex iniustitia perturbatio exorta est.*

exōrnātiō, ōnis *f* (*exorno*)
1. versiering [**urbis**];
2. (*retor. t.t.*) (a) verfraaiing v.e. redevoering [**verborum**]; (b) pronkrede (*om de vaardigheden v.e. redenaar te demonstreren*).

exōrnātor, ōris *m* (*exorno*) iem. die versiert; iem. die in een fraaie vorm giet (*m. gen.*) [**rerum**].

exōrnātulus, a, um (*demin. v. exornatus, het ppp. v. exorno*) (*Plaut.*) mooi opgedoft.

ex-ōrnō, ōrnāre
1. uitrusten, voorzien van [**classem; vicinitatem armis**];
2. regelen, inrichten, klaarmaken, aanrichten [**aciem** opstellen; **convivium omni opulentiā**]; — *abs.* maatregelen nemen [**providenter**];
3. op-, versieren, verfraaien [**orationem; urbem signis; locum in palaestra**];
4. verheerlijken, tot aanzien brengen [**dignitatem rei publicae; alqm praeturā** bevorderen tot; **philosophiam falsā gloriā; Graeciam**].

ex-ōrō, ōrāre
1. smeken, door bidden bewegen, vermurwen [**deos; patrem**](*m. ut, ne, na negatie quin*); — *pass.* zich laten vermurwen;
2. (*poët.*) bidden om, afsmeken [**pacem**].

exors = *exsors.*

exōrsa *zie exordior.*

exōrsus[1] p.p. *v. exordior.*

exōrsus[2]**,** ūs *m* (*exordior*) begin [**orationis**].

exortīvus, a, um (*exorior*) (*Plin. Mai.*)
1. betrekking hebbend op de opkomst v. hemellichamen;
2. van de zon; oostelijk.

exortus[1] p.p. *v. exorior.*

exortus[2]**,** ūs *m* (*exorior*)
1. opkomst (*v.e. hemellichaam*) [**solis; lunae; siderum**]; (plaats v.d.) zonsopkomst;
2. verheffing; opkomst, verschijning (*v. personen en toestanden*);
3. het ontstaan, begin, oorsprong [**Danuvii; Romae**].

ex-os, *gen.* ossis (*Lucr.*) zonder botten.

ex-ōsculor, ōsculārī (*postklass.*)
1. hartelijk kussen;
2. onder loftuitingen bedelven.

exossis, e = *exos.*

ex-ossō, ossāre (*os*) (*poët.*) van botten *of* graten ontdoen.

exossus, a, um = *exos.*

exōstra, ae *f* (*Gr. leenw.*) toneelmachine *waarmee de toeschouwers een ruimte achter het toneel als het interieur v.e. huis getoond werd.*

ex-ōsus, a, um (*odi*) (*poët.; postklass.*)
1. hatend, verafschuwend [**Troianos; patrios mores; arma**];
2. (*Laatl.*) gehaat [**ob scelera**].

exōtericus, a, um (*Gr. leenw.*) (*postklass.*) voor het grote publiek bestemd.

exōticus, a, um (*Gr. leenw.*) uitheems [**unguenta; vinum; Graecia** Groot-Griekenland]; — *subst.* **-um,** ī *n* uitheems kostuum.

exp- *zie ook* exsp-.

ex-pallēscō, pallēscere, palluī, —
1. (*Ov.*) verbleken [**toto ore**];
2. (*Hor.*) (*m. acc.*) *van schrik* verbleken *of* terugdeinzen voor.

ex-palliātus, a, um (*pallium*) (*Plaut.*) van zijn mantel beroofd.

ex-pallidus, a, um (*Suet.*) zeer bleek.

ex-palpor, palpārī *en* **ex-palpō,** palpāre (*Plaut.*) aftroggelen.

ex-pandō, pandere, pandī, pānsum *en* passum
1. (*postklass.*) uitspreiden, uitspannen [**alas**];
2. (*postklass.*) wijd openzetten [**fores**];
3. (*Lucr.*) duidelijk uitleggen, verklaren [**rerum naturam dictis**].

expatior, expatiārī = *exspatior.*

ex-patrō, patrāre (*Catull.*) verspillen.

ex-pavēscō, pavēscere, pāvī, — (*postklass.*) bang worden, opschrikken; vrezen (*voor, van: acc.; ad*) [**insidias; mortem; ad id**].

expectātiō, ōnis = *exspect-.*

expectō, expectāre = *exspecto.*

ex-pectorō, pectorāre (*pectus*) uit de geest, het hart verdrijven [**sapientiam**].

ex-pecūliātus, a, um (*peculium*) (*Plaut.*) van zijn vermogen beroofd [**servi**].

ex-pediō, pedīre

I. *tr.*
1. losmaken, ontknopen, ontwarren [**nodum** losmaken; **caput laqueis mortis; illigatum**];
2. vrijmaken, bevrijden, redden [**alqm occupatione; nos omni molestia; ex servitute filium**]; *(in een moeilijke situatie)* verlossen, erdoor helpen [**alqm per acuta belli**]; — *se ~ en pass. expediri* zich redden, ontkomen [**curā; crimine; ex turba**];
3. *(iets moeilijks)* afwikkelen, uitvoeren, tot stand brengen, in orde brengen, zorgen voor [**res; negotia; commeatūs; rem frumentariam** de voedselvoorziening regelen; **exitum orationis**]; ▸ *haec quaestio facile expedietur;*
4. *(iets lastigs)* uit de weg ruimen, opruimen [**curas**]; *(moeilijkheden)* te boven komen [**quod instat**];
5. mogelijk maken, bevorderen, vinden [**iter fugae; alci vicarium; sibi locum** zich een plaats verschaffen];
6. te voorschijn halen *of* brengen [**virgas; Cererem canistris** brood uit de manden];
7. uitrusten voor de strijd, in gereedheid brengen [**arma, ferrum** zich klaarmaken voor de strijd; **legiones; exercitum; vela; naves** zeilklaar maken; **se ad pugnam**];
8. uiteenzetten, verklaren, uitleggen, toelichten [**initia et causas; ea de caede**]; ▸ *age, hoc mihi expedi;*
9. *(poët.)* werpen, slingeren [**discum**];
10. *(Plaut.) se ~* zich ontwikkelen, aflopen;
II. *intr.*
1. bevorderlijk zijn, baten [**rei publicae**], *meestal onpers.* **expedit** het baat, het is nuttig *(m. inf.; aci.; ut; subj. alleen neutr. v.e. pron. of v.e. algemeen adj. zoals bv. id, nihil, aliud)*; ▸ *ubi vinci necesse est, expedit cedere; expedit rei publicae ne suā re quis male utatur; (abs.) sic magis expedit;*
2. *(Tac.)* zich klaarmaken, eropuit trekken [**ad bellum**];
3. *(Plaut.)* zich ontwikkelen, aflopen.

expedītiō, ōnis *f (expedio)*
1. uitrusting, inrichting [**aedificiorum**];
2. veldtocht, expeditie [**nocturna**]; ▸ *expeditionem obire, suscipere; milites in expeditionem mittere, educere.*

expedītus, a, um *(p. adj. v. expedio)*
I. *(v. personen)*
1. vrij, ongehinderd, onbelemmerd;
2. *(milit.)* (a) lichtbewapend [**iaculatores; pedites**]; — *subst.* **-ī,** ōrum *m* lichtbewapende soldaten; (b) lichtbepakt; — *subst.* **-us,** ī *m* lichtbepakte reiziger; ▸ *iter patet -o;* (c) gevechtsklaar, in staat v. paraatheid [**copiae; legiones; manūs** manschappen; **navis; classis** snel zeilend, slagvaardig];
3. energiek, opgewekt, met verve [**viator**];
4. vaardig, vlot [**ad dicendum; ad pronuntiandum**];
II. *(v. niet-lev.)*
1. zonder hindernissen, gemakkelijk [**locus; res frumentaria; negotia** in orde gebracht; **senatūs consultum** dat geen tegenstand ondervindt; **victoria** beslist, zeker; **celeritas dicendi**]; ▸ *alqd (copias) in -o habere* gereedhouden; *in -o esse* gemakkelijk zijn; *via expeditior ad honores;*
2. klaar, beschikbaar [**argumenta**]; ▸ *in expedito* klaar, bij de hand.

ex-pellō, pellere, pulī, pulsum
1. wegdrijven, verdrijven, verjagen [**alqm manibus; pecus portā; agris; hostes finibus; naves a litore in altum; sagittam arcu** afschieten; **alqm domo patriāque; alqm (ex) re publicā; regem regno; alqm in provinciam** tot de aftocht naar de provincie dwingen];
2. beroven [**alqm vitā, potestate**];
3. verbannen [**alqm civitate**]; ▸ *Sulla, quos voluit, expulit, quos potuit, occidit;* — **expulsī,** ōrum *m* ballingen;
4. uit-, verstoten [**uxorem e matrimonio**];
5. *(gemoedstoestanden, toestanden)* verdrijven, verjagen, wegnemen [**famem; somnum; morbum; laetitias (curas) ex pectore; memoriam alcis rei; sententiam** verwerpen];
6. *(v.d. zee)* aan land werpen, doen aanspoelen [**navigia in ripam; corpora; alqm naufragio**]; — *pass.* schipbreuk lijden;
7. laten *of* doen uitsteken *of* uitstulpen [**promunturium**].

ex-pendō, pendere, pendī, pēnsum
1. (af)wegen *(ihb. geld en edelmetalen)* [**bacam**]; ▸ *expendantur, non numerentur pecuniae; sprw.: hunc hominem decet auro expendi (Plaut.);*
2. afwegen, overwegen, beoordelen [**consilia belli; verba; singula animo suo; omnes casus; testem** de geloofwaardigheid v.e. getuige]; ▸ *meritis* (op grond van) *expendite causam;*
3. uitbetalen, uitgeven [**nummos**]; ▸ *alci alqd expensum (expensam pecuniam) ferre* een betaling aan iem. boeken, iets aan iem. uitbetalen;
4. lenen; ▸ *sine faenore pecunias expensas ferre*

(*Liv.*) geld lenen zonder interest;
5. *straf* ondergaan [**supplicia; poenas scelerum; poenas capite; scelus** boeten voor het vergrijp].
expēnsum, ī *n en* **-a,** ae *f* (*expendo*) uitgave, betaling.
expēnsus *ppp. v. expendo.*
expergē-faciō, facere, fēcī, factum (*pass.* expergē-fīō, fierī, factus sum)
1. (*postklass.*) wakker maken, wekken; — *pass.* wakker worden [**e somno**];
2. opwekken, teweegbrengen, ontlokken.
expergificō, expergificāre (*Gell.*) opwekken, stimuleren [**ingenium**].
expergīscor, expergīscī, experrēctus sum
1. wakker worden, ontwaken [**simul cum sole**];
2. *uit een passieve houding* ontwaken, zich vermannen.
expergitē *adv.* (*expergo*) (*Apul.*) oplettend.
expergō, expergere, experrēxī, expergitum wakker maken; (*metaf.*) opwekken.
experiēns, *gen.* entis (*experior*)
1. ondernemend, druk, actief [**vir; arator; ingenium**];
2. (*Ov.*) standvastig [**Ulixes;** (*in: gen.*) **laborum**];
3. (*August.*) ervaren, kundig.
experientia, ae *f* (*experior*)
1. poging, proef (*m. gen.*) [**patrimonii amplificandi; veri**];
2. (*poët.; postklass.*) ervaring (*in: gen.*) [**multarum rerum; proeliorum**].
experīmentum, ī *n* (*experior*)
1. poging, proef [**morum**];
2. bewijs [**ingenii; virtutis**];
3. ervaring; ▸ *discimus -o.*
ex-perior, perīrī, pertus sum (*vgl. peritus, comperio*)
1. proberen, beproeven, op de proef stellen [**fidem alcis; fortunam belli; iudicium discipulorum**];
2. (*in de strijd*) zich meten met, het opnemen tegen (*m. acc.; inter*) [**Romanos**];
3. strijden, zijn recht doen gelden [**legibus** gerechtelijk; **gravi iudicio; de tantis iniuriis**];
4. wagen, op het spel zetten, proberen [**omnia de pace** alle middelen; **ultima** *of* **extrema** het uiterste; **aera pennis** zich in de lucht wagen; **licentiam** zich veroorloven; **imperium** op het spel zetten; **sua propria mala bonaque** laten gelden]; (*m. inf.; ut*);
5. door ervaring leren kennen (*m. acc.; dubb. acc.; aci.; afh. vr.*) [**alcis vires; mala captivitatis; alqm fortem inimicum; animum alcis** iems. gezindheid];
6. doormaken, ervaren, uithouden [**accusandi molestiam; labores**].
experrēctus *p.p. v. expergiscor.*
ex-pers, *gen.* pertis (*pars*)
1. geen deel hebbend, zonder aandeel (*aan: gen., minder vaak abl.*) [**publici consilii** niet toegelaten tot; **periculorum**];
2. vrij van, zonder (*m. gen., minder vaak m. abl.*) [**humanitatis** onbeschaafd; **Graeci sermonis** onbekend met; **ingenii** zonder talent; **culpae** onschuldig; **sui** buiten zichzelf; **metu** zonder angst].
expertus, a, um (*p. adj. v. experior*)
1. ervaren (*in: gen.; abl.*) [**belli; tribuniciis certaminibus**];
2. beproefd, bewezen [**exercitus; virtus**].
expetendus, a, um (*expeto*) nastrevenswaardig, begerenswaardig [**gloria**].
expetēns, *gen.* entis (*expeto*) hevig verlangend, begerig.
expetessō, expetessere, — — (*intens. v. expeto*) (*Plaut.*) wensen, verlangen [**consilium ab alqo; preces** (vervulling v.d. wensen) **a patrona**].
expetibilis, e (*expeto*) (*Sen.*) nastrevenswaardig, begeerlijk.
ex-petō, petere, petīvī, petītum
I. *tr.*
1. nastreven, wensen, verlangen, eisen [**gloriam; alcis mortem** *of* **vitam** iem. naar het leven staan; **poenas ab alqo** iem. bestraffen; **supplicia** voltrekken]; (*ook m. inf.; aci.; ut*);
2. trachten te bereiken [**Asiam**];
3. verlangen, vergen; ▸ *iustitia nihil praemii expetit;*
II. *intr.* voorvallen, gebeuren; overkomen, treffen (*m. in m. acc.; dat.*); ▸ *in servitute expetunt multa iniqua; omnes belli clades in eum expetunt.*
expiātiō, ōnis *f* (*expio*) verzoening [**portentorum**], het goedmaken [**scelerum**]; reiniging; (*eccl.*) boetedoening.
expictus *ppp. v. expingo.*
expīlātiō, ōnis *f* (*expilo*) plundering, beroving [**Asiae; sociorum; fanorum**].
expīlātor, ōris *m* (*expilo*) plunderaar.
ex-pīlō, pīlāre (*vgl. compilo*) leegplunderen, beroven, stelen [**aerarium; socios; heredita-**

tem].

ex-pingō, pingere, pīnxī, pictum
1. *(postklass.)* beschilderen, schminken [**genas; cutem**];
2. *(metaf.)* afschilderen, aanschouwelijk beschrijven.

ex-pīnsō, pīnsere *(preklass.)* malen.

ex-piō, piāre
1. door een zoenoffer reinigen, van schuld vrijmaken [**civitatem; forum a sceleris vestigiis**];
2. weer goed maken, genoegdoening bieden voor, wreken [**legatorum iniurias; caedem regis; incommodum virtute; scelus supplicio; consulum ignominiam**];
3. door een zoenoffer verzoenen, onschadelijk maken, *(de kwalijke gevolgen v. iets)* afwenden [**prodigium; vocem nocturnam**]; ▸ *arma nondum expiatis uncta cruoribus;*
4. *door zoenoffers* verzoenen, gunstig stemmen [**poenis manes mortuorum; iram caelestium**].

expīr- = *exspir-.*

expīrō, expīrāre = *exspiro.*

ex-piscor, piscārī uitvissen [**omnia ab alqo**].

explānābilis, e *(explano) (Sen.)* duidelijk, gearticuleerd [**vox**].

explānātiō, ōnis *f (explano)*
1. uitleg, interpretatie [**portentorum; religionis**];
2. verduidelijking, verklaring [**naturae**];
3. *(postklass.)* duidelijke uitspraak [**verborum; vocum**].

explānātor, ōris *m (explano)* uitlegger, interpreet, verklaarder [**oraculorum**].

ex-plānō, plānāre
1. verduidelijken, verklaren [**obscuram rem interpretando**]; ▸ *hoc facilius intellegi quam explanari potest;*
2. uiteenzetten [**de alcis moribus pauca**];
3. interpreteren, uitleggen [**carmen**];
4. duidelijk uitspreken [**verba**]; — *p. adj.* **explānātus,** a, um duidelijk [**vocum impressio** de gave om duidelijk te articuleren]; ▸ *parum explanatis vocibus sermo praeruptus.*

ex-plantō, plantāre *(planta)* ontwortelen, uit de grond trekken.

ex-plaudō, plaudere = *explodo.*

explēmentum, ī *n (expleo)*
1. *(Plaut.; Sen.)* (maag)vulling;
2. *(Sen.)* aanvulling.

ex-pleō, plēre, plēvī, plētum *(vgl. compleo, plenus)*
1. (op)vullen [**fossam aggere; cavernas; locum** geheel bezetten];
2. *(metaf.)* vervullen [**animum gaudio; condicionem**];
3. *(plichten, opdrachten)* vervullen [**officium; munus**];
4. vol maken, bereiken [**muri altitudinem; quadraginta annos** *of* **quadragesimum annum** veertig jaar vol maken; **centurias** *of* **tribūs** het vereiste aantal stemmen behalen; **quinque orbes cursu** doorlopen];
5. voltallig, volledig maken, aanvullen [**nautarum numerum; exercitum**];
6. verzadigen, stillen, bevredigen [**sitim** lessen; **iram** koelen; **cupiditatem; alcis spem; avaritiam pecuniā; dolorem lacrimis; alqm divitiis** tevredenstellen];
7. voltooien, doorlopen, doorstaan [**supremum diem** sterven; **annos fatales; mortalitatem** zijn lot als sterveling];
/ *p. adj.* **explētus,** a, um volmaakt, volledig; ▸ *expleta rerum comprehensio.*

explētiō, ōnis *f (expleo)* vervulling, voltooiing.

explētus *zie expleo.*

ex-plēvī *pf. v. expleo.*

explicābilis, e *(explico) (postklass.)* te ontwarren, verklaarbaar.

explicātiō, ōnis *f (explico)*
1. het afrollen [**rudentis** van een touw];
2. ontwikkeling, aanleg [**aedificiorum**];
3. *(metaf.)* uiteenzetting;
4. verklaring, interpretatie [**quaestionum obscurarum; verborum; naturae**].

explicātor, ōris *m (explico)* verklaarder.

explicātrīx, īcis *f (explicator)* uitlegster.

explicātus, ūs *m (explico)* verklaring.

explicit (liber) *(als afkorting voor explicitus [est]) (Laatl.; Mel.)* het boek is afgelopen *(notitie aan het eind v.e. manuscript).*

explicitus *zie explico.*

ex-plicō, plicāre, plicāvī, plicātum *en* plicuī, plicitum *(vgl. complico, implico)*
1. uitvouwen, -rollen, -spreiden, ontvouwen [**vestem; velum; plagas; volumen** *of* **librum** afrollen; **frontem sollicitam** de rimpels wegstrijken van];
2. loswikkelen; ▸ *ex his laqueis se ~* zich bevrijden;
3. ontwarren, ordenen, in orde brengen [**confusum agmen**];
4. uitstrekken, uitbreiden; ▸ *montes se explicant;* — *pass.* zich uitbreiden;

5. *(milit. t.t.) troepen* laten uitwaaieren *(vanuit een smallere formatie in een bredere)*, in de breedte opstellen, gepaste afstand laten nemen [**ordines; aciem; equitatum; classem**];
6. *(iets moeilijks)* afwikkelen, tot stand brengen, klaarspelen [**consilium; iter** volbrengen; **elegos** maken; **fugam**];
7. bevrijden, verlossen, redden [**rem publicam; Siciliam; legatos**]; ▸ *da operam ut te explices;*
8. ontvouwen, uiteenzetten, verklaren, uitleggen, beschrijven, schilderen [**alqd aperte; res gestas narrando; causam; crimen; vitam totam alcis; philosophiam; Graecas orationes** vrij vertaald weergeven]; — zich uitspreken over *(m. de)* [**de officiis**];
/ *p. adj.* **explicātus,** a, um (a) geordend, geregeld [**provincia**]; (b) duidelijk, helder [**responsum; -e dicere**]; **explicitus,** a, um makkelijk uitvoerbaar, eenvoudig.

ex-plōdō, plōdere *(en* ex-plaudō, plaudere*)*, plōsī, plōsum *(plaudo)*
1. uitfluiten [**histrionem**]; ▸ *per sibilos explodi;*
2. *(metaf.)* verwerpen, afkeuren [**sententiam**];
3. *(poët.; postklass.)* verjagen, verdrijven.

explōrātiō, ōnis *f (exploro) (postklass.)*
1. verkenning [**equestris** te paard];
2. onderzoek, naspeuring [**veri**].

explōrātor, ōris *m (exploro)*
1. *(pre- en postklass.)* verkenner, verspieder [**rerum**];
2. *(milit. t.t.) plur.* patrouille;
3. *(Suet.) viae* verkenner *uit het gevolg v.d. keizer die zorgde dat de reis v.d. keizer niet gehinderd werd.*

explōrātōrius, a, um *(explorator) (Suet.)* verkenners- [**corona** *als beloning voor een verkenner*].

ex-plōrō, plōrāre
1. verkennen [**insidias; cubiculum**]; ▸ *itinera hostium* ~ ; *explorato* na voorafgaande verkenning;
2. zoeken, omzien naar [**locum castris idoneum; fugam** gelegenheid om te vluchten];
3. uit-, onder-, doorzoeken, vaststellen [**onera vehiculorum; ambitum Africae; alcis consilia; regis animum** gezindheid]; een onderzoek instellen naar *(m. de)* [**de eius voluntate**]; ▸ *explora rem totam* onderzoek de zaak grondig;
4. *(poët.; postklass.)* beproeven, onderzoeken, proberen [**portas; epulas gustu**];
/ *p. adj.* **explōrātus,** a, um beproefd; zeker, stellig, uitgemaakt, beslist [**pax; victoria; ratio**]; ▸ *mihi exploratum est* het staat voor mij vast *(m. aci.)*; *exploratum of pro explorato habere* zeker weten.

ex-plōsī *pf. v. explodo.*

explōsiō, ōnis *f (explodo)* het uitjouwen [**ludorum**].

explōsus *ppp. v. explodo.*

ex-poliō[1]**,** polīre
1. polijsten [**libellum pumice**]; witten, beschilderen;
2. vormen, verfijnen [**alqm doctrinis; artes**];
3. *(retor.)* verfraaien.

expoliō[2]**,** expoliāre = *exspolio.*

expolītiō, ōnis *f (expolio*[1]*)*
1. het gladmaken; het bepleisteren, aanstrijken;
2. *(retor.)* verfraaiing; ▸ *inest in numero* (ritme) ~.

ex-pōnō, pōnere, posuī, positum
1. uitstallen, tentoonstellen [**rem venditioni; copias**];
2. voor ogen stellen, voorhouden [**rem ante oculos; alqd in publico; factum** tot navolging];
3. *(beloningen)* uitloven [**praemium alci**];
4. *(kinderen)* te vondeling leggen [**puellam ad necem**];
5. aan land zetten, ontschepen, lossen [**milites (ex) navibus; frumentum; merces suas; tegulas de navibus; copias in litus**]; — *pass.* landen;
6. ter beschikking stellen [**commeatūs; alci DCCC**];
7. blootstellen *(meestal pass.)*;
8. uiteenzetten, verklaren, uitleggen, beschrijven [**causam; omnem antiquitatem in uno volumine; mores alcis; mandata in senatu; rem breviter; narrationem; vitam alcis**]; — spreken over *of* melding maken van *(m. de)* [**de vita imperatorum**]; — *ook m. aci.; afh. vr.; dubb. acc.;*
9. *(poët.; postklass.)* buitenzetten, in juiste positie brengen [**scalas** loopplanken uitleggen];
/ *p. adj.* **expositus,** a, um (a) open, vrij [**Sunion; urbes; limen**]; (b) blootgesteld, prijsgegeven [**rupes ponto** aan de branding; **provincia barbaris nationibus; ager ventis; nomen ad invidiam**]; (c) voor iedereen toegankelijk; (d) *(poët.; postklass.)* voor iedereen te begrijpen, gewoon; (e) *(poët.; postklass.)* open(hartig) [**homo**].

ex-poposcī *pf. v. exposco.*

ex-porrigō, porrigere *(en* [*kom.*] exporgō, porgere*)*, porrēxī, porrēctum
1. uitstrekken, naar voren strekken;
2. uitrekken, uitbreiden [**lumbos**];
3. gladmaken; ▸ *exporge frontem* kijk niet zo zorgelijk.

exportātiō, ōnis *f (exporto)* export, uitvoer [**mercium**].

ex-portō, portāre
1. naar buiten dragen, brengen [**signa ex fanis**];
2. uitvoeren, exporteren *(itt. importare)* [**frumentum; vinum; aurum ex Italia**];
3. verbannen [**portentum**].

ex-poscō, poscere, poposcī, —
1. dringend verlangen, eisen, smeken om [**signum proelii; misericordiam**];
2. iems. uitlevering verlangen *(m. acc.)* [**ad poenam**];
3. *(door gebed, geloftes)* afsmeken, smeken om [**pacem precibus; victoriam a dis**];
4. *(Ov.)* vereisen; ▸ *tempus exposcit opes; maior pecunia quam ratio singulorum exposcit.*

expositīcius, a, um *(expono) (Plaut.)* te vondeling gelegd [**puella**].

expositiō, ōnis *f (expono)*
1. *(postklass.)* het te vondeling leggen;
2. uiteenzetting, verklaring, beschrijving [**sententiae**];
3. *(Vulg.)* uitleg; ▸ *expositiones psalmorum.*

expositor, ōris *m (expono) (Laatl.)* verklaarder, uitlegger.

expositus zie *expono.*

expostulātiō, ōnis *f (expostulo)*
1. dringende wens, dringende eis;
2. klacht, verwijt [**singulorum**]; ▸ *expostulationes facere* naar voren brengen.

ex-postulō, postulāre
1. *(postklass.)* dringend vragen *of* eisen *(m. acc.; ut; aci.)*; ▸ *causam expostulatus* gevraagd naar de oorzaak;
2. *(postklass.)* iems. uitlevering verlangen [**alqm ad poenam**];
3. zijn beklag doen, zich beklagen *(bij: cum; over: acc.; de; m. aci.; afh. vr.)* [**cum illo iniuriam; de nostris cupiditatibus**].

ex-posuī *pf. v. expono.*

ex-pōtō = *epoto.*

ex-pressī *pf. v. exprimo.*

expressim *adv. (expressus[1]) (postklass.)* expliciet, duidelijk.

expressiō, ōnis *f (exprimo)*
1. het uitpersen, uitknijpen [**pomorum**];
2. *(archit.)* lijstwerk; *ook* = *expressus[2]*;
3. *(Laatl.)* vormgeving; verklaring.

expressus[1], a, um *(p. adj. v. exprimo)*
1. uitgeknepen, (samen)geperst;
2. duidelijk, aanschouwelijk, expressief, zichtbaar, evident [**sceleris vestigia**]; ▸ *-e dicere; corpora expressa* gespierd; *omnibus membris expressus infans* ontwikkeld.

expressus[2], ūs *m (exprimo)* bergop gaande waterleiding.

ex-primō, primere, pressī, pressum *(premo)*
1. uitdrukken, -persen [**sucum e semine; sudorem de corpore; spongiam; madidas imbre comas; vinculo spiritum** zich ophangen];
2. afpersen, afdwingen [**vocem** een woord; **deditionem; veritatem tormentis; confessionem alci**]; ▸ *pecunia vi expressa et coacta;*
3. *(met woorden)* weergeven, levendig beschrijven, schilderen, voorstellen [**mores alcis oratione; bellum**]; vertalen [**alqd Latine; verbum e verbo** woord voor woord];
4. (duidelijk) uitspreken [**verba**];
5. imiteren, nadoen [**alcis vitam et consuetudinem**];
6. vormen, vormgeven, vervaardigen *(in was of metaal, met verf)* [**imaginem in cera; simulacra ex auro; vultūs per aenea signa; effigiem de signis; imagines hominis gypso e facie ipsa**]; ▸ *vestis exprimens artūs* dat de lichaamsvormen goed doet uitkomen;
7. omhoogdrukken, omhoogstuwen [**turres; aquam in altum**].

exprobrātiō, ōnis *f (exprobro)* het verwijten, verwijt [**vitiorum; stultitiae**].

exprobrātor, ōris *m (exprobro) (Sen.)* berisper.

exprobrātrīx, īcis *f (exprobrator) (Sen.)* vrl. vitter; *attrib.*: verwijtend.

ex-probrō, probrāre *(probrum)*
1. verwijten, wijzen op, verwijten maken over *(m. acc.; de; aci.)* [**casus bellicos; officia; fugam amico; alci periurium; de uxore**];
2. verwijtend opnoemen *of* vermelden [**sua merita cicatricesque acceptas; suam militiam**].

exprōmissor, ōris *m (expromitto) (jur.)* iem. die borg staat, garandeert.

ex-prōmittō, prōmittere, prōmīsī, prōmissum *(jur.)* instaan voor, garanderen.

ex-prōmō, prōmere, prōmpsī, prōmptum

1. te voorschijn halen, voor de dag halen [**apparatūs supplicii; supplicia in cives** toepassen; **vinum in urceum**];
2. aan de dag leggen, ontvouwen, duidelijk tonen [**sensūs; amorem; crudelitatem in inimico**];
3. te kennen geven, uiteenzetten, uiten [**sententiam; preces; suum odium; causas et ordinem belli; leges de religione**]; *(ook m. aci.; afh. vr.)*;
4. *(poët.) (klanken)* uitstoten, laten horen [**maestas voces**];
/ *p. adj.* **exprōmptus,** a, um *(Ter.)* bij de hand, gereed.

expudōrātus, a, um *(pudor) (Petr.)* schaamteloos.

expugnābilis, e *(expugno)* inneembaar [**arx**].

expugnātiō, ōnis *f (expugno)* verovering, bestorming, inname [**castrorum; oppidi**].

expugnātor, ōris *m (expugno)* veroveraar [**urbis**].

expugnāx, *gen.* ācis *(expugno) (Ov.)* werkzaam [**herba**].

ex-pugnō, pugnāre
1. veroveren, bestormen, innemen [**oppidum vi** *of* **per vim; naves; Cirtam armis**];
2. overwinnen, onderwerpen, overmeesteren [**tyrannos**]; ▸ *fames obsessos expugnavit* dwong tot overgave;
3. onderdrukken, bedwingen, breken [**pertinaciam legatorum**];
4. afdwingen, verwerven [**aurum a patre**]; doorzetten [**coepta**].

ex-pulī *pf. v. expello.*

expulsiō, ōnis *f (expello)* verdrijving.

ex-pulsō, pulsāre *(intens. v. expello) (Mart.) (een bal)* wegslaan.

expulsor, ōris *m (expello)* verdrijver [**tyranni; civium;** *(uit: gen.)* **bonorum**].

expulsus *ppp. v. expello.*

expultrīx, īcis *f (expulsor)* verdrijfster [**vitiorum**].

ex-pungō, pungere, pūnxī, pūnctum
1. *(Plaut.)* krachtig prikken *of* steken;
2. *(letters op een wastafeltje)* schrappen, doorhalen, annuleren [**nomen** *(in het schuldenboek)*];
3. *(postklass.) (een lijst)* controleren, nagaan;
4. *(postklass.)* afsluiten, voltooien.

expuō = *exspuo.*

expūrgātiō, ōnis *f (expurgo) (Plaut.)* reiniging, *metaf.* verontschuldiging.

ex-pūrgō, pūrgāre
1. reinigen, schoonmaken [*metaf.* **sermonem**];
2. rechtvaardigen, verontschuldigen; ▸ *sui expurgandi causā* tot zijn rechtvaardiging; *non facile est expurgatu.*

expūrigātiō, expūrigō = *expurg-.*

ex-pūtēscō, pūtēscere, — — *(Plaut.)* verrotten.

ex-putō, putāre
1. *(agr.)* snoeien; schoonmaken;
2. overwegen, onderzoeken.

ex-quaerō *(arch.)* = *exquiro.*

ex-quīrō, quīrere, quīsīvī, quīsītum *(quaero)*
1. uitzoeken, uitkiezen [**ex amicis unum**];
2. doorzoeken [**locum**];
3. onderzoeken, nagaan [**tabulas; alcis facta**];
4. uitzoeken, opsporen, uitvorsen [**veritatem; ambages**]; ▸ *rationes agitare et* ~ ;
5. informeren naar, (be)vragen *(m. acc.)* [**consilium alcis**]; ▸ *exquire quidquid* vraag wat je wilt; *idem ego dicam, si me exquiret miles;*
6. wensen, afsmeken [**pacem per aras**];
/ *p. adj.* **exquīsītus,** a, um (a) uitgezocht, uitgelezen, voortreffelijk [**epulae; dicendi genus; munditia** gezocht, gekunsteld; **comitas; iudicium litterarum**]; (b) zorgvuldig, precies [**doctrina; rationes** met zorg geselecteerde redenen].

exquīsītiō, ōnis *f (exquiro) (postklass.)* het opsporen, onderzoek.

exquīsītor, ōris *m (exquiro) (Laatl.)* onderzoeker.

exquīsītus *zie exquiro.*

ex-quīsīvī *pf. v. exquiro.*

ex-rādīcitus *adv. (radix) (Plaut.)* met wortel en tak.

ex-sacrificō, sacrificāre een offer brengen.

ex-saeviō, saevīre, — — uitrazen, tot rust komen *(v. noodweer).*

ex-sanguinō, sanguināre *(sanguis) (postklass.)* leeg laten bloeden.

ex-sanguis, e
1. bloedeloos, zonder bloed [**nasus; animae**]; ▸ *hostes enervati atque exsangues;*
2. dood, ontzield [**corpus**];
3. verzwakt, uitgeput [**homines; senectus; tot acceptis vulneribus**];
4. *(metaf.)* krachteloos, zonder leven [**vox; sermo; imperium**];
5. bleek, vaal, wit [**ōs; genae; visū**];
6. *(poët.)* bleek makend [**herbae; horror**].

ex-saniō, saniāre *(sanies) (postklass.) (van etter of pus)* reinigen.

ex-sarciō, sarcīre, sarsī, sartūm verstellen; herstellen.

ex-satiō, satiāre = *exsaturo.*

exsaturābilis, e *(exsaturo) (Verg.)* te verzadigen; ▸ *non exsaturabile pectus* onverzadigbaar.

ex-saturō, saturāre
1. helemaal verzadigen;
2. *(metaf.)* ten volle bevredigen, helemaal tevredenstellen.

ex-scalpō, scalpere = *exsculpo.*

exscen- = *escen-.*

ex-scindō, scindere, scidī, scissum uitroeien, verwoesten, vernietigen [**urbem; coloniam; hostem**].

ex-screō, screāre ophoesten, uitkuchen.

ex-scrībō, scrībere, scrīpsī, scrīptum
1. overschrijven, kopiëren [**tabulas**];
2. opschrijven, optekenen [**sacra; nomina**];
3. *(postklass.)* kopiëren, het evenbeeld zijn van.

ex-sculpō, sculpere, sculpsī, sculptum *(scalpo)*
1. uitsnijden, uitbeitelen [**simulacrum e quercu; signum ex lapide**];
2. schrappen, wegkrassen, verwijderen, uitwissen [**versūs**];
3. *door vragen* iets uit iem. persen [**verum ex testibus**].

ex-secō, secāre, secuī, sectum
1. uitsnijden, afsnijden [**linguam; cornu**];
2. insnijden, opensnijden;
3. castreren;
4. *(Hor.) (winst, geld)* eruit slaan [**quinas capiti mercedes** maandelijks 5 % rente over het kapitaal].

execrābilis, e *(exsecror)*
1. vervloekt, verwenst [**fortuna**];
2. vervloekend, verwensend [**carmen** vervloekingsformule; **ira; odium** dodelijk].

exsecrābilitās, ātis *f (exsecrabilis) (Apul.)* schande.

exsecrātiō, ōnis *f (exsecror)*
1. verwensing, vervloeking [**belli**];
2. plechtige verzekering, eed;
3. *(Mel.)* kerkelijke ban.

ex-secrō, secrāre *en* **ex-secror,** secrārī *(sacer)*
1. verwensen, vervloeken, verafschuwen [**consilia Catilinae; gentem; bellum**]; — *ptc. pf.* **exsecrātus,** a, um *ook pass.* verwenst *(door: dat.)*;
2. *abs.* verwensingen uiten, vloeken.

ex-sectiō, ōnis *f (exseco)* het uit- *of* afsnijden.

exsectus *ppp. v. exseco.*

ex-secuī *pf. v. exseco.*

execūtiō, ōnis *f (exsequor) (postklass.)*
1. uitvoering [**negotii**];
2. bestuur, uitvoerende macht [**Syriae** in Syrië];
3. uiteenzetting, behandeling;
4. vervolging [**delictorum**];
5. voltrekking, tenuitvoerlegging [**sententiae** van een vonnis].

execūtor, ōris *m (exsequor) (postklass.)*
1. iem. die ten uitvoer brengt, executeur;
2. wreker.

execūtus *p.p. v. exsequor.*

exsequiae, ārum *f (exsequor)* uitvaart, begrafenisplechtigheid, rouwstoet.

ex-sequiālis, e *(exsequiae) (poët.)* lijk-, begrafenis- [**carmen**].

ex-sequor, sequī, secūtus sum
1. ten grave dragen [**alqm laude**];
2. vervolgen [**Tarquinium; alqm ferro ignique**];
3. straffen, wreken [**violata iura; iniurias**];
4. streven naar [**aeternitatem; alcis aspectum** verlangen om iem. te zien];
5. *(zijn recht)* doen gelden [**ius suum armis; causam**];
6. onderzoeken, uitvorsen [**alqd quaerendo, cogitando**]; *(m. afh. vr.)*;
7. uitvoeren, voltrekken, ten uitvoer brengen [**iussa; imperium; mandata alcis; munus; rem iudicatam; pompas** houden; **mortem** zich van kant maken, zelfmoord plegen];
8. voortzetten [**incepta**]; ▸ *difficile est id non ~ ad extremum*;
9. doorstaan, verdragen, meemaken [**aerumnam; cladem illam fugamque** die rampzalige vlucht];
10. uiteenzetten, beschrijven, vertellen [**sententias; vera; diligentius; subtiliter numerum** nauwkeurig aangeven]; *(m. afh. vr.)*; ▸ *ea vix verbis ~ possunt*;
11. volgen; ▸ *sectam ~ (Catull.).*

ex-serciō = *exsarcio.*

ex-serō, serere, seruī, sertum
1. uitsteken, naar voren steken [**linguam; enses; caput altius** opheffen];
2. ontbloten, laten zien [**umeros; bracchia**];
3. losmaken, verlossen, bevrijden [**se vinculis**];
4. *(postklass.)* openbaren, tonen, laten voelen [**principem** zich als vorst]; ▸ *secreta mentis ore confuso exserit*;
5. uitoefenen, uitvoeren [**libertatem**].

exsertō, exsertāre *(frequ. v. exsero) (poët.)* uitsteken [**ora**].

exsertus *ppp. v. exsero.*

ex-seruī *pf. v. exsero.*

ex-sībilō, sībilāre
1. uitfluiten, uitjouwen;
2. *(postklass.)* sissend uiten [**nescio quid taetrum**].

ex-siccō, siccāre
1. laten uitdrogen [**arbores**]; — *p. adj.* **exsiccātus,** a, um (a) verdroogd; (b) *(metaf.)* droog, dor [**genus dicendi**];
2. uitdrinken, legen [**vina; amphoram**].

ex-signō, signāre (met een zegel) bekrachtigen, bezegelen.

ex-siliō, silīre, siluī *(ook:* silīvī *en* siliī), sultum *(salio)*
1. springen uit, naar buiten springen [**e cunis; ad alqm**]; ▸ *piscis e mari exsiluit; foras* ~ ; *protinus* ~ ; *oculi exsiluere* puilden uit;
2. op-, omhoogspringen [**de sella; stratis** van het bed; **gaudio** van vreugde];
3. ontspringen, ontstaan; ▸ *exsiliunt folia.*

exsilium, ī *n* = *exilium.*

ex-siluī *pf. v. exsilio.*

exsistentia, ae *f (exsisto) (eccl.)* het zijn, het bestaan, existentie.

ex-sistō, sistere, stitī, —
1. komen uit, te voorschijn komen [**ex arvis; de terra; cornu a media fronte; ab inferis** uit de doden opstaan; **e latebris**];
2. opduiken, naar boven komen; ▸ *armati terrā* (uit de aarde) *exstiterunt;*
3. verschijnen, zich (ver)tonen, blijken te zijn; ▸ *alqd verum exsistit* blijkt waar te zijn;
4. aan het daglicht komen; ▸ *occultum malum exstitit;*
5. ontstaan, beginnen, opkomen, worden; ▸ *motus repente exstitit; intolerabilis aestus exsistit; summa utilitas exsistit; ex amicis inimici exsistunt; ex rege dominus, ex optimatibus factio, ex populo turba et confusio exsistit;* — *pf. ook:* voorhanden zijn, gebeuren;
6. resulteren, volgen; ▸ *ex quo exsistit et illud* (Cic.).

exsolūtiō, ōnis *f (exsolvo)*
1. *(Sen.)* verlossing, bevrijding;
2. betaling, het voldoen *(v.e. schuld).*

ex-solvō, solvere, solvī, solūtum
1. losmaken *(ook metaf.)* [**vincula; catenas vi; nexūs** ontwarren; **famem** verdrijven; **obsidium** opheffen];
2. *(poët.)* losmaken uit, bevrijden van [**alqm vinculis; pugionem a latere**];
3. *(metaf.)* verlossen, bevrijden van [**alqm poenā, curis; populum (animos) religione; alqm errore; se voto; contumeliā**];
4. *(schulden, verplichtingen)* (af)betalen, afdragen [**aes alienum; stipendium praeteritum** achterstallige soldij];
5. vervullen, gestand doen, nakomen [**ius iurandum; vota; promissum; pretium**]; ▸ *debitum munus exsolvit;*
6. *(dank)* betuigen, bewijzen [**gratiam**];
7. *(een boete)* voldoen [**poenas morte**];
8. *(Tac.) (weldaden)* vereffenen, goedmaken [**beneficia**];
9. *(postklass.)* openen [**bracchia ferro** aderen in de pols];
10. *(Lucr.)* verklaren, oplossen.

ex-somnis, e *(somnus) (poët.; postklass.)* slapeloos, wakker.

ex-sonō, sonāre, sonuī, — *(Petr.)* luid klinken, weerklinken.

ex-sorbeō, sorbēre, sorbuī *en (zelden)* sorpsī, —
1. opslurpen, opzuigen; leegzuigen; ▸ *civilem sanguinem* ~ tot de laatste druppel opdrinken;
2. *(metaf.)* verslinden, opslokken [**praedas; vectigal** verkwisten].

ex-sors, *gen.* sortis
1. uitgesloten van, geen aandeel hebbend in *(m. gen.)* [**amicitiae; dulcis vitae; culpae**];
2. *(poët.)* speciaal toegekend [**honores**]; vrijgesteld.

ex-spatior, spatiārī
1. *(poët.)* van zijn baan afwijken; ▸ *equi exspatiantur;*
2. *(postklass.)* zich uitbreiden;
3. *(poët.; postklass.)* buiten zijn oevers treden; ▸ *lacus exspatians; exspatiata ruunt per apertos flumina campos.*

exspectātiō, ōnis *f (exspecto)*
1. afwachting, spanning, nieuwsgierigheid; verlangen [**vestrarum litterarum**]; ▸ *pro exspectatione omnium* overeenkomstig ieders verwachting; *contra omnium exspectationem* tegen ieders verwachting in; *in exspectatione alcis rei esse* benieuwd zijn naar iets;
2. het verwacht worden; ▸ *in exspectatione esse* verwacht worden.

ex-spectō, spectāre
I. *intr.* wachten [**ad portam; paucos dies**];
II. *tr.*
1. verwachten, wachten op [**legatos; adventum alcis; eventum pugnae; aliud tempus; ventum** gunstige wind; **transitum tempestatis; praemia a rege; iniurias**]; ▸ *exspectan-*

dus erit annus ik moet een jaar wachten;
2. benieuwd zijn naar (a) vrezen [**maiorem Galliae motum; supplicium**]; (b) hopen, verlangen, wensen [**alcis auxilium; finem laborum omnium**]; ▸ *quod magnā cum spe exspectamus;*
3. (*postklass.*) te wachten staan, wachten; ▸ *alqm exspectat tranquilla senectus; nos praemia exspectant* ons wachten beloningen;
/ *p. adj.* **exspectātus,** a, um (a) verwacht; ▸ *ante exspectatum* voor men het verwachtte; (b) gewenst, welkom [**adventus; triumphus**].

ex-spergō, spergere, spersī, spersum (*spargo*) (*poët.*)
1. geheel besprenkelen;
2. verstrooien, uiteenslaan.

ex-spēs (*alleen nom.*) (*poët.; postklass.*) hopeloos, zonder hoop (*op: gen.*) [**vitae**].

exspīrātiō, ōnis *f* (*exspiro*) uitwaseming [**terrae**].

ex-spīrō, spīrāre
I. *tr.* (*poët.; postklass.*) uitademen, -blazen [**auras** *of* **animam** de geest geven; **flammas pectore**];
II. *intr.*
1. sterven [**inter verbera**]; *metaf.* vergaan, in vergetelheid raken; ▸ *exspirante iam libertate;*
2. (*poët.*) uitgeademd worden, losbarsten; ▸ *vis ventorum exspirat; exspirant ignes; exspirantes pectoris irae;*
3. (*jur.*) aflopen.

ex-splendēscō, splendēscere, splenduī, — (*postklass.*)
1. schitteren;
2. (*metaf.*) uitblinken.

ex-spoliō, spoliāre plunderen, helemaal leegroven, beroven (*van: abl.*) [**urbem; Pompeium exercitu et provinciā**].

exspuitiō, ōnis *f* (*exspuo*) (*Plin. Mai.*) het uitspuwen.

ex-spūmō, spūmāre (*postklass.*) naar buiten schuimen.

ex-spuō, spuere, spuī, spūtum
1. uitspugen [**vina; sanguinem**];
2. (*metaf.*) loslaten, opgeven [**spiritum** de geest geven; **vitam** laten; **miseriam ex animo** uitbannen].

exstantia, ae *f* (*exsto*) (*postklass.*) uitstekend deel, uitsteeksel.

exstasis, is *f* (*Gr. leenw.*) (*Laatl.*) extase, geestvervoering.

ex-sternō, sternāre (*poët.*) van zijn stuk brengen, hevig verschrikken, schuw maken [**animum alcis; equos**].

ex-stīllēscō, stīllēscere, — — (*incoh. v. exstillo*) (*poët.*) beginnen te druipen.

ex-stīllō, stīllāre (*kom.*) hevig druipen [**lacrimis** in tranen wegsmelten].

exstimulātor, ōris *m* (*exstimulo*) (*Tac.*) opruier, raddraaier.

ex-stimulō, stimulāre (*poët.; postklass.*) ophitsen; ▸ *talis laudatio animos adulescentium exstimulat* (*Sen.*).

exstīnctiō, ōnis *f* (*exstinguo*) vernietiging.

exstīnctor, ōris *m* (*exstinguo*)
1. blusser [**incendii**];
2. (*metaf.*) vernietiger, verwoester, onderdrukker [**patriae; coniurationis; domestici belli**].

exstīnctus, ūs *m* (*exstinguo*) (*Plin. Mai.*) het blussen.

ex-stinguō, stinguere, stīnxī, stīnctum
1. (uit)doven [**lumen; faces accensas; sitim** lessen]; — *pass. exstingui* uitdoven: *sol exstinguitur;*
2. droogmaken, doen verdrogen [**aquam; sucum**];
3. verdelgen, vernietigen, onderdrukken, een eind maken aan [**furorem alcis; omnes leges; pestem; populi Romani nomen**]; — *pass.* te gronde gaan, ondergaan;
4. doden, ombrengen; ▸ *iuvenem fortuna morbo exstinxit;* — *pass.* omkomen: *Dareo exstincto;*
5. doen vervagen [**crimina sua; memoriam publicam; gloriam**]; — *pass.* in vergetelheid raken, verstommen: *rumor exstinguitur.*

ex-stirpō, stirpāre (*stirps*)
1. ontwortelen, uittrekken [**arbores**];
2. (*metaf.*) uitroeien [**vitia; perturbationes**].

ex-stitī *pf. v. exsisto.*

ex-stō, stāre, — —
1. uitsteken, erbovenuit steken, naar voren staan; ▸ *ossa exstabant; signa exstantia* in reliëf gemaakt; *serpens exstat* richt zich op;
2. zich tonen, bestaan, voorhanden zijn; *onpers.* het is duidelijk, zeker (*m. aci. of afh. vr.*); ▸ *hominum nemo exstat qui;*
3. nog voorhanden zijn; ▸ *exstant epistulae Philippi ad Alexandrum; exstant eius orationes;*
4. (*Mel.*) = *sum.*

exstrūctiō, ōnis *f* (*exstruo*) het bouwen, het oprichten; gebouw, constructie.

ex-struō, struere, strūxī, strūctum
1. optrekken, (op)bouwen, oprichten, ordenen

[**muros; aedificium; theatrum; mare** huizen bouwen in zee; **verba**];
2. ophopen, (op)stapelen [**rogum; acervum librorum; aggerem; montes ad sidera**];
3. beladen [**mensas epulis**].
ex-sūcō, sūcāre *(sucus) (postklass.)* uitdrogen.
exsūctus *ppp. v. exsugo.*
ex-sūcus, a, um *(postklass.)* zonder sap.
ex-sūdō, sūdāre
I. *tr.*
1. *(Plin. Mai.)* uitzweten [**acidum liquorem**];
2. zweten op, met inspanning doen [**certamen; causas** processen];
II. *intr. (poët.; postklass.)* wegvloeien; ▸ *umor exsudat.*
ex-sūgō, sūgere, sūxī, sūctum *(pre- en postklass.)* uitzuigen [**alci sanguinem; venena**]; ▸ *infirmum corpus et exsuctum* uitgemergeld.
exsul, exsulō = *exul, exulo.*
exsultāns, *gen.* antis *(p. adj. v. exsulto) (postklass.)* uitgelaten; buitensporig, overdadig.
exsultantia, ae *f* = *exsultatio 2.*
exsultātiō, ōnis *f (exsulto)*
1. het opspringen, dansen;
2. luidruchtige vrolijkheid, uitgelatenheid, gejubel.
exsultim *adv. (exsilio) (Hor.)* met uitgelaten sprongen.
ex-sultō, sultāre *(salto)*
1. opspringen [**ferocitate** *(v. paarden)*; **in numerum** dansen];
2. heel blij zijn, (beginnen te) juichen, jubelen *(met, om, over: abl.)* [**laetitiā; victoriā**]; *(bij: abl.; in m. abl.)* [**luctu alcis; in alcis ruinis**];
3. overmoedig zijn, pralen [**successu**]; ▸ *homo furens exsultansque; Hannibal iuveniliter exsultans; furor exsultans;*
4. *(poët.; postklass.) (v. water e.d.)* (op)bruisen, opborrelen;
5. *(poët.; postklass.)* (rond)dartelen [**per catervas** in groepen];
6. *(v.e. redevoering en redenaar)* uitweiden.
exsultum zie *exsilio.*
exsuperābilis, e *(exsupero) (Verg.)* overwinnelijk.
exsuperāns, *gen.* antis *(p. adj. v. exsupero)* uitstekend, buitengewoon, voortreffelijk [**forma**].
exsuperantia, ae *f (exsupero)* het uitblinken, voortreffelijkheid [**virtutis**].
exsuperātiō, ōnis *f (exsupero) (niet-klass.)* overdrijving.
ex-superō, superāre
I. *tr.*
1. *(poët.; postklass.)* zich verheffen *of* uitsteken boven; ▸ *angues exsuperant undas; vites exsuperant ulmos;*
2. overschrijden, passeren, overstijgen [**amnem; angustias; clivum; iugum**];
3. *(metaf.)* uitsteken boven, overtreffen, te boven gaan, uitgaan boven [**alqd latitudine; summum Iovem** Jupiters macht; **genus morum nobilitate; laudes alcis**]; ▸ *magnitudo sceleris omnium ingenia exsuperat* gaat alle verstand te boven; *materia vires meas exsuperat;*
4. *(Verg.)* te boven komen, overwinnen [**moras; consilium caecum**];
5. *(postklass.)* overleven; ▸ *tu, vero, pater, vive et me exsupera;*
II. *intr.*
1. *(Verg.)* oprijzen, hoog uitslaan; ▸ *exsuperant flammae, furit aestus ad auras; metaf.: violentia alcis exsuperat* laait op;
2. *(metaf.)* uitblinken [**virtute; astu**];
3. *(poët.; postklass.) (in de strijd)* de overhand krijgen, overwinnen; ▸ *si non poterunt ~, cadant (Ov.).*
ex-surdō, surdāre *(surdus) (poët.; postklass.)*
1. doof maken [**aures**];
2. *(metaf.)* verdoven, afstompen [**palatum** gehemelte, *dwz.* smaak]; ▸ *tantis clamoribus exsurdatus.*
ex-surgō, surgere, surrēxī, surrēctum
1. opstaan, zich verheffen, zich oprichten, *(milit.)* opduiken [**a genibus; foras; ex insidiis; in collem** tegen een heuvel oprukken];
2. *(v. niet-lev.)* oprijzen, zich verheffen; ▸ *petra in cacumen exsurgit;*
3. *(pol.)* in opstand komen tegen, opstaan tegen; ▸ *plebs rursus exsurgit;*
4. zich herstellen, weer op krachten *of* in aanzien komen; ▸ *auctoritate vestrā res publica exsurget;*
5. opkomen, ontstaan; ▸ *clamor exsurgit.*
exsuscitātiō, ōnis *f (exsuscito) (niet-klass.)* het opwekken v. emoties.
ex-suscitō, suscitāre
1. (op)wekken;
2. aanwakkeren [**flammam**]; ▸ *metaf.: ne quandoque parvus hic ignis incendium ingens exsuscitet (Liv.);*
3. prikkelen, aansporen [**animos**].
ex-sūxī *pf. v. exsugo.*
ext- zie ook exst.
exta, ōrum *n (v. offerdieren)* ingewanden *(hart, longen, lever) op grond waarvan voorspellingen ge-*

daan werden [**victimae; tauri; laeta, tristia** geluk, ongeluk voorspellend]; ▸ *-a inspicere, consulere.*

ex-tābēscō, tābēscere, tābuī, —
1. mager worden, verzwakken, wegkwijnen; ▸ *corpus macie extabuit; is fame extabuit;*
2. langzamerhand verdwijnen, geleidelijk vervagen.

extāris, e *(exta) (Plaut.)* dienend voor het koken v. ingewanden [**aula**].

ex-templō *adv.*
1. onmiddellijk, dadelijk, ogenblikkelijk;
2. rechtstreeks.

extemporālis, e *(ex tempore) (postklass.)* onvoorbereid, voor de vuist weg [**declamatio**].

extemporālitās, ātis *f (extemporalis) (Suet.)* vermogen om voor de vuist weg een redevoering *of* verzen te construeren.

ex-tempulō *(Plaut.)* = *extemplo.*

ex-tendō, tendere, tendī, tentum *en* tēnsum
1. uitstrekken, uitspreiden [**bracchium; manum; pennas nido** de vleugels; **cervicem**]; spannen, uitrekken [**funem**]; gladmaken, rechtmaken [**cutem; gladios**];
2. *(milit.)* uitspreiden, afstand laten nemen, in slagorde opstellen [**agmen ad mare; phalangem in duo cornua; classem**]; — *pass. extendi* zich uitspreiden, zich uitstrekken;
3. *(poët.; postklass.)* wijder maken, vergroten, uitbreiden, verlengen [**agros; munimenta castrorum; epistulam; verba; spem in Africa quoque**]; ▸ *cupiditas gloriae extenditur* groeit;
4. rekken, slepende houden, verlengen, tot het uiterste benutten [**labores in horam quintam; consulatum suum; bellum; luctūs in aevum; vitae spatium; suam aetatem; omnes imperii vires**];
5. *(poët.; postklass.) in de lengte* op de grond uitstrekken [**alqm arenā** in het zand neervellen]; — *pass.* zich in zijn volle lengte uitstrekken *of* uitgestrekt liggen;
6. *(poët.)* verbreiden [**nomen in ultimas oras; famam factis**];
7. *se* ~ zich inspannen [**se supra vires; se magnis itineribus** in geforceerde marsen oprukken].

extēnsiō, ōnis *f (extendo) (Laatl.)* het spannen, het uitrekken.

extēnsus[1] *zie extendo.*

extēnsus[2], ūs *m (extendo) (poët.)* reikwijdte.

extentiō, ōnis *f (extendo) (postklass.)*
1. uitspreiding;
2. het uitrekken, uitrekking.

ex-tentō, tentāre *(intens. v. extendo)* rekken, uitstrekken [**umeros angustos; nervos**]; beproeven [**vires**]; ▸ *venisti huc te extentatum?* om je in te spannen?

extentus *ppp. v. extendo.*

extenuātiō, ōnis *f (extenuo)*
1. *(postklass.)* verdunning [**aëris**]; het ineenschrompelen;
2. *(retor. t.t.)* verkleining, litotes; ▸ *distincte concisa brevitas et* ~ *(Cic.).*

ex-tenuō, tenuāre
1. verdunnen, dunner maken, verkleinen, fijn-, kleinmaken [**cibum dentibus**]; — *pass. extenuari* zich verdunnen, dun worden, vervloeien, oplossen [**in aquas** in water]; ▸ *aër extenuatus sublime fertur, tum autem concretus in nubes cogitur (Cic.);*
2. *(milit.)* uitspreiden, in slagorde opstellen [**mediam aciem; agmen**];
3. *(metaf.)* verkleinen, verminderen, verzwakken [**vires; spem**]; ▸ *sumptu fructum non extenuabunt;*
4. *(retor.)* verkleinen, verminderen, afzwakken [**famam belli; crimen; facta; opes**];
/ *p. adj.* **extenuātus,** a, um gering, zwak.

exter *en* **exterus,** tera, terum
I. *(pos.)* van elders, buitenlands, zich buiten bevindend [**civitates**]; ▸ *mare exterum* oceaan (*itt. de Middellandse Zee*); — *subst.* **exterī,** ōrum *m (postklass.)* vreemdelingen, buitenlanders;
II. *(comp.)* **exterior,** ius, *gen.* iōris de buitenste (van twee), zich meer naar buiten bevindend, verder naar buiten [**orbis; hostis**]; ▸ *in exteriora;*
III. *(superl.)* **extrēmus,** a, um *en (zelden)* **extimus** *(ouder* **extumus**), a, um
1. *(v. plaats)* uiterst, verst (verwijderd), laatst, achterst [**gentes; pars**]; *vaak te vertalen als:* het laatste deel, einde van [**fines, fossa, pons** einde v.h. gebied, v.d. gracht, v.d. brug]; ▸ *in extrema India* in het zeer verre India; *in extremo libro* in het slot v.h. boek; *extremis digitis alqd attingere* met de vingertoppen; — *subst.* **extrēmī,** ōrum *m* achterhoede; **extrēmum,** ī *n* einde, uiterste punt; ▸ *in extremo montis;*
2. *(v. tijd)* laatst [**mensis; aetas; bellum**]; ▸ *in extrema oratione* aan het einde v.d. redevoering; *extrema hieme* aan het einde v.d. winter; *extremo tempore;* — *subst.* **extrēmum,** ī *n* einde [**anni**]; — *adv.* **extrēmō** *en* **extrēmum** eindelijk, ten-

slotte, voor de laatste keer; **ad extrēmum** tot het laatst; aan het einde, tenslotte, uiteindelijk;

3. *(v. graad)* (a) uiterst, ergst, gevaarlijkst, slechtst; ▸ *extrema desperatio* grootste wanhoop; *auxilium extremum* het laatste redmiddel; — *subst.* **extrēmum,** ī *n* uiterste; ▸ *poenarum extremum; extrema pati, sustinere; extrema metuere; plura de extremis loqui; perventum erat ad extrema* tot het uiterste; *ad extremum* (uiterst) *tenax; extrema periculorum* grootste gevaren; *per omnia extrema* door de verschrikkelijkste ellende; *res publica in extremo sita* in het grootste gevaar; (b) geringst, laagst, slechtst, verachtelijkst [**latrones**]; ▸ *servus notae extremae.*

ex-terebrō, terebrāre
1. (er)uitboren [**aurum**];
2. *(Plaut.)* afdwingen *(m. ut).*

ex-tergeō, tergēre, tersī, tersum
1. *(Plaut.)* afvegen, schoonvegen [**manus; lacrimas**];
2. *(metaf.)* leegplunderen [**fanum**].

exterior, ius *zie exter II.*

exterminium, ī *n (extermino) (eccl.)* vernietiging, verwoesting, ondergang.

ex-terminō, termināre *(terminus)*
1. verdrijven, verjagen, verbannen [**reges; alqm urbe, e civitate, ex hominum communitate**];
2. *(metaf.)* uitbannen [**auctoritatem senatūs e civitate**].

externus, a, um *(exter)*
1. uitwendig, uiterlijk, buitenst; ▸ *mare -um* oceaan; — *subst.* **externa,** ōrum *n* uiterlijke zaken;
2. buitenlands, uitheems, vreemd(soortig) [**populus; bellum; religio; hostis; timor** voor een buitenlandse vijand; **victoria** op buitenlandse vijanden]; — *subst.* **externus,** ī *m* vreemdeling, buitenlander; **externa,** ōrum *n* het vreemd(soortig)e; vreemde streek, buitenland.

ex-terō, terere, trīvī, trītum
1. (er)uitwrijven;
2. stuk wrijven;
3. vertrappen, verpletteren, vermorzelen [**magno pondere**].

ex-terreō, terrēre, terruī, territum
1. opschrikken, opjagen [**armenta;** *metaf.* **freta conchā** met de tritonshoorn]; ▸ *exterritus somno;*
2. erg doen schrikken, bang maken; ▸ *repentino hostium incursu exterreri; exterritus aspectu.*

extersus, ūs *m (extergeo) (Plaut.)* het afvegen.

exterus *zie exter.*

ex-texō, texere, — — *(Plaut.) (scherts.)* kaalplukken, beroven.

exti- *ook = exsti-.*

ex-timēscō, timēscere, timuī, — bevreesd worden, erg bang zijn *(voor: acc.)* [**tyrannum; victorem orbis terrarum; periculum; victoriae ferocitatem**]; *(mbt.: de)* [**de fortunis communibus**]; *(ook m. ne; quod; inf.).*

extimus *zie exter III.*

extinguō, extinguere = *exstinguo.*

exti-spex, spicis *m (exta en specio)* schouwer v. ingewanden *(iem. die voorspellingen doet op grond v.h. bekijken v.d. ingewanden v. dieren).*

extispicium, ī *n (extispex) (postklass.)* het schouwen v. ingewanden *(het bekijken v.d. ingewanden v. dieren om op grond daarvan voorspellingen te doen).*

extō, extāre = *exsto.*

ex-tollō, tollere, tulī, —
1. oprichten, op-, verheffen [**caput; pugionem**]; *metaf.* verheffen [**alqm supra ceteros**]; ▸ *ii qui superiores sunt debent inferiores* ~;
2. loven, prijzen, roemen [**meritum alcis verbis; alqd oratione, laudibus; Hannibalis fortunam**];
3. *alqm of animum alcis* iem. opbeuren, bemoedigen, iems. gevoel v. eigenwaarde verhogen [**alqm secundā oratione**];
4. *(Tac.) animum alcis ad superbiam* ~ iem. overmoedig maken;
5. *se magis* ~ naar het hogere streven;
6. *(Plaut.)* uitstellen [**res serias ex hoc die in alium diem; nuptias**].

ex-torqueō, torquēre, torsī, tortum
1. (er)uitdraaien, (er)uitwringen, ontrukken [**arma, tela de (e) manibus; mucronem dextrae**];
2. *(metaf.)* ontrukken, ontwringen, afdwingen, afpersen [**alci regnum; consulatum senatui; obsides; victoriam hosti; beneficium; alci veritatem**];
3. folteren;
4. *(postklass.)* verrekken, ontwrichten [**articulum**].

ex-torreō, torrēre, torruī, tostum *(postklass.)* roosteren, drogen.

ex-torris, e *(terra)* uit het land verdreven, uitgeweken, ontheemd, verbannen [**patriā; regno**].

ex-torsī *pf. v. extorqueo.*

extortor, ōris *m (extorqueo) (Ter.)* afperser.
extortus *ppp. v. extorqueo.*
extrā
I. *adv.* uitwendig, (van) buiten, naar buiten; ▸ *~ et intus hostem habere;* — *extra quam* behalve; *extra quam si* tenzij; *extra quam qui* uitgezonderd zij die;
II. *prep. m. acc.*
1. buiten; ▸ *~ muros; metaf.: ~ coniurationem esse* niets met de samenzwering te maken hebben; *~ periculum esse;*
2. behalve, uitgezonderd, met uitzondering van; ▸ *omnes ~ ducem; ~ unum te;*
3. boven . . . uit, buiten *(ook metaf.);* ▸ *progredi ~ munitiones; ~ modum* bovenmatig; *~ honorem; ~ consuetudinem* buitengewoon.
ex-trahō, trahere, trāxī, tractum
1. uittrekken, -rukken [**telum e corpore; gladium e vulnere; dentes; retia;** *metaf.* **religionem ex animis** wegnemen];
2. naar buiten voeren, naar voren slepen, uitsleuren [**alqm domo; senatores in publicum; copias in aciem; alqm cubili**];
3. *(vocht)* opzuigen, naar boven halen [**aquam**];
4. naar boven, naar buiten trekken *of* slepen [**manu alqm; naves in altum**];
5. *(iets geheims)* aan het licht brengen [**scelera in lucem; secreta mentis** openbaren];
6. *(metaf.)* verheffen, bevorderen [**alqm ad honorem, ad consulatum**];
7. bevrijden, redden [**urbem ex periculis; se ex alqo malo**];
8. rekken [**obsidionem; bellum in tertium annum; certamen usque ad noctem**];
9. *(tijd)* nutteloos doorbrengen, verdoen [**tempus morando; triduum disputationibus; diem cunctando**];
10. laten wachten, aan het lijntje houden [**multitudinem**].
extrāneus *(extra)*
I. *adj.* a, um
1. buiten liggend, van buiten komend, uitwendig [**ornamenta**];
2. van elders, buitenlands, vreemd;
3. niet tot de familie behorend, vreemd [**mulieres; heres**];
II. *subst.* ī *m* buitenlander, vreemdeling.
extrā-ōrdinārius, a, um *(extra ordinem)*
1. buitengewoon, uitzonderlijk [**cura; honor; potestas; munus** ambt, toegewezen buiten de normale opeenvolging v. ereambten om; **reus** buiten de normale volgorde berecht];
2. *(milit.)* uitgelezen [**equites; cohortes**]; — *subst.* **extrāōrdināriī,** ōrum *m (= milites -i)* elitetroepen.
extrārius = *extraneus.*
ex-trāxī *pf. v. extraho.*
extrēmitās, ātis *f (extremus)* het uiterste:
1. uiterste grens; (buiten)omtrek; rand [**Aethiopiae; mundi; circuli; lacūs**];
2. *(geom. t.t.)* vlak, zijde;
3. *(Gell.) (gramm. t.t.)* uitgang.
extrēmum, ī *n zie exter III.*
extrēmus *zie exter III.*
ex-trīcō, trīcāre *(tricae)*
1. *(poët.; postklass.)* afwikkelen; eruit wikkelen; — *pass. extricari* zich eruit redden;
2. *(metaf.)* komen aan, opsnorren [**nummos**]; ▸ *nihil ~* niets bereiken.
extrīn-secus *adv. (exter)*
1. van buiten; ▸ *(metaf.) belli causa ~ venit, non orta inter ipsos est;*
2. buiten, aan de buitenzijde; ▸ *columna ~ inaurata.*
extrītus *ppp. v. extero.*
ex-trīvī *pf. v. extero.*
ex-trūdō, trūdere, trūsī, trūsum
1. uitstoten, wegdrijven, naar buiten dringen [**alqm ex aedibus; alqm foras; mare aggere** terugdringen];
2. *(Hor.)* zich bevrijden van *(m. acc.)* [**merces**];
3. *(Lucr.)* verdringen; ▸ *rerum novitate extrusa vetustas.*
extruō, extruere = *exstruo.*
extūberātiō, ōnis *f (extubero) (Plin. Mai.)* zwelling, tumor.
ex-tūberō, tūberāre *(tuber[1]) (postklass.)*
I. *tr.* doen oprijzen *of* (op)zwellen;
II. *intr.* oprijzen, (op)zwellen.
ex-tudī *pf. v. extundo.*
ex-tulī *pf. v. effero[1] en extollo.*
ex-tumeō, tumēre, — — *(Plaut.)* opzwellen.
extumus, a, um = *extimus, zie exter III.*
ex-tundō, tundere, tudī, (tūsum) (er)uitslaan:
1. *(in metaal)* drijven, ciseleren, in reliëf maken [**ancilia**];
2. met moeite tot stand brengen, verschaffen, verkrijgen [**honorem alci**];
3. afdwingen; ▸ *ex duro pectore gratiam extundit;*
4. verdrijven [**fastidia**];
5. stukslaan [**calcibus frontem**].
ex-turbō, turbāre
1. met geweld verjagen *of* verdrijven [**homines**

e possessionibus; civem (ex) civitate; plebem ex agris; alqm foras; *metaf.* spem pacis tenietdoen; mentem alcis in de war brengen; alci ex animo aegritudinem];
2. verstoten [Octaviam]; ▸ *matrimonio* ~.
ex-tussiō, tussīre (*med.*) ophoesten.
ex-ūberō, ūberāre (*uber²*)
1. (*v. water*) rijkelijk te voorschijn stromen, overstromen, golven opstuwen; ▸ *exuberat amnis;*
2. (*metaf.*) rijkelijk voorhanden zijn, zich in overvloed tonen; (*ex*) opwellen uit; ▸ *luxuriā foliorum exuberat umbra* (*Verg.*) door de rijkdom aan bladeren is er schaduw in overvloed; *ex eruditione eloquentia exuberat;*
3. overvloed hebben (*aan: abl.*).
exūdō, exūdāre = *exsudo.*
exūgō, exūgere = *exsugo.*
ex-uī *pf. v. exuo.*
exul, ulis *m en f* balling(e); — *attrib.* (a) verbannen, uitgeweken, uitgewezen, ontheemd; geëmigreerd (*m. abl.; gen.*) [patriā; mundi]; ▸ *exules damnatique; exules reducere;* (b) (*Ov.*) uitgesloten van, zonder (*m. gen.*) [mentis domūsque].
exulcerātiō, ōnis *f* (*exulcero*) (*postklass.*)
1. het laten etteren *of* zweren;
2. het etteren, zweren [vulnerum].
ex-ulcerō, ulcerāre (*ulcus*)
1. aan het zweren brengen, doen ontsteken;
2. (*metaf.*) verergeren [dolorem alcis];
3. (*metaf.*) kwaad maken, vertoornen (*alqm of animum alcis*); ▸ *ira exulceratos ignominiā stimulabat animos.*
exulō, exulāre (*exul*)
1. verbannen zijn, in ballingschap leven; in het buitenland leven; ▸ *exulatum (ab)ire;*
2. (*Mel.*) een buitenlandse reis maken.
exultantia, exultātiō, exultim, exultō = *exsult-.*
exultō, exultāre = *exsulto.*
ex-ululō, ululāre
1. luid huilen; — *p. adj.* **exululātus,** a, um (a) door huilen gewekt; (b) in huilen uitbarstend;
2. (*Ov.*) huilend aanroepen.
exūnctus *ppp. v. exung(u)o.*
exundātiō, ōnis *f* (*exundo*) (*postklass.*) overstroming [fluminum].
ex-undō, undāre
1. te voorschijn stromen, ontspringen, naar buiten golven;
2. overlopen, overstromen (*ook metaf.*), rijkelijk voorhanden zijn; ▸ *sanguine exundans solum; largus et exundans ingenii fons; exundantes opes; exundat furor.*
ex-ung(u)ō, ung(u)ere, —, ūnctum *en* **-ung(u)or,** ung(u)ī, — (*Plaut.*) met zalven (zijn geld) verkwisten.
ex-uō, uere, uī, ūtum (*vgl. ind-uo*)
1. uittrekken, afleggen [vestem; vincula sibi zijn boeien afdoen; arma];
2. (*metaf.*) afleggen, opgeven, verwijderen, zich ontdoen van [metum; societatem opgeven; mores antiquos; hominem gestalte v.e. mens; pacem, fidem (ver)breken; patriam banden verbreken met; iussa zich niet bekommeren om; obsequium in alqm weigeren; animam uitblazen; pacta];
3. ontkleden, ontbloten; uittrekken, losmaken [lacertos; membra pellibus; se iugo het juk afschudden; se ex laqueis]; — *pass.* *exui* zich ontkleden;
4. beroven [alqm armis; alqm agro paterno; hostem praedā de vijand van de buit]; ▸ *omnibus fortunis exutus* in de steek gelaten.
exuperō, exuperāre = *exsupero.*
ex-urgeō, urgēre, —— (*Plaut.*) uitdrukken, -persen.
exurgō, exurgere = *exsurgo.*
ex-ūrō, ūrere, ussī, ustum
1. (*poët.*) uitbranden [genas; scelus igni];
2. helemaal verbranden, afbranden [villas; oppida; classem];
3. uitdrogen, doen verdorren [lacūs; paludem];
4. *van dorst* doen versmachten, kwellen [fatigatos]; ▸ *fervidā exustus siti;*
5. (*Ov.*) verwarmen, verhitten; ▸ *antra exusta caminis;*
6. aanvreten, aantasten, verteren, vernietigen; ▸ *vis veneni exurit ferrum;*
7. (*Tib.*) in liefde doen ontvlammen [deos];
8. (*Sen.*) (*v. zorgen*) afmatten, kwellen; ▸ *magis exurunt curae.*
exustiō, ōnis *f* (*exuro*) brand, verbranding [terrarum].
exustus *ppp. v. exuro.*
exūtus *ppp. v. exuo.*
exuviae, ārum *f en* (*Prop.*) **-um,** ī *n* (*exuo*)
1. *aan de vijand ontnomen* wapenrusting, wapenbuit (*als teken v.d. overwinning*); buit [hostiles; Achillis; nauticae buitgemaakte voorstevens (*v. schepen*)]; ▸ *alcis -is ornatus;*
2. afgelegde kleding [uxoris];

3. afgestroopte *of* afgelegde dierenhuid [serpentis; leonis]; ▸ *-as ponere* vervellen;
4. attributen v.e. god *meegevoerd bij godsdienstige plechtigheden.*

F

F. (*afk.*)
1. = *filius*;
2. = *fecit* (*vaak in grafinscripties*);
3. **F. I.** = *fieri iussit*.

Fab. = Fabiā (tribu) uit de tribus Fabia.

faba, ae *f*
1. boon, bonen;
2. (*meton.*) *iets in de vorm v.e. boon, o.a.*: ~ *vitrea* kraal.

fabālis, e (*faba*) bonen- [**stipulae** bonenstro].

Fabaris, is *m zijrivier v.d. Tiber in het gebied v.d. Sabijnen, nu de* Farfa.

fabārius, a, um (*faba*) = *fabalis*.

fābella, ae *f* (*demin. v. fabula*)
1. verhaaltje, anekdote;
2. (*poët.*) fabel, sprookje;
3. toneelstuk.

faber[1]**,** brī *m*
1. handwerksman, kunstenaar (*vaak m. een bepalend adj. of gen.*) [**tignarius** timmerman; **ferrarius** smid; **aeris, marmoris, eboris** kunstenaar *of* ambachtsman die werkt met brons, marmer, ivoor]; *ook*: smid; ▸ ~ *volans* = Daedalus; — *plur.* handwerkslieden, *ihb.* bouwvakkers;
2. (*milit.*) *plur.* geniesoldaten: *praefectus fabrum* (= *fabrorum*) commandant v.d. genie;
3. *een soort zeevis*.

faber[2]**,** bra, brum (*poët.*) kunstvaardig, kunstig.

Fabius, a, um *naam v.e. Rom. patric. gens, een adellijke familie ttv. de Rom. republiek met een vergelijkbare status als de Cornelii, Aemilii, Claudii en Valerii*:
1. Q. ~ Maximus Cunctator, *tegenstander v. Hannibal in de 2e Pun. oorlog, dictator in 217, gest. in 203 v. Chr.*;
2. Q. ~ Pictor, *senator, geb. ca. 250 v. Chr., beschreef als eerste de Rom. geschiedenis vanaf de oertijd (in de Gr. taal), bron voor Polybius en Livius*;
3. Q. ~ Maximus Allobrogicus, *consul in 121 v. Chr., versloeg met Cn. Domitius Ahenobarbus de Allobrogen, triomf in 120 v. Chr.*;
/ **Fabiānus,** a, um van Fabius [**milites**]; **Fabiānī,** ōrum *m* soldaten v. Fabius; mensen uit de tribus Fabia.

Fabrāteria, ae *f stad in het gebied v.d. Volsci, nu* S. Giovanni bij Falvaterra; — *inw.* **Fabrāternī,** ōrum *m*.

fabrē-faciō, facere, fēcī, factum (*pass.* -fīō, fierī, factus sum) kunstig vervaardigen, bewerken, smeden [**alqd ex auro; argentum**].

fabrica, ae *f* (*faber*)
1. werkplaats; smidse;
2. kunst, metier, handwerk *v.e. faber*; bouwkunst;
3. kunstige bewerking [**aeris**]; ▸ ~ *materiaria* houtbewerking;
4. kunstige bouw [**membrorum**];
5. (*kom.*) (*metaf.*) kunstgreep, list; ▸ *fingere alqam fabricam*;
6. (*Laatl.*) bouwwerk.

fabricātiō, ōnis *f* (*fabricor*)
1. kunstige vormgeving, vorming, bouw [**hominis**];
2. kunstmatige verandering [**in verbo**];
3. kunstgreep;
4. (*August.*) het vervaardigde, fabrikaat.

fabricātor, ōris *m* (*fabricor*) vervaardiger, maker, ontwerper [**operis; mundi; templorum; doli**]; ▸ *dolor ac morbus leti* ~ *uterque est*.

Fabricius, a, um *naam v.e. Rom. pleb. gens*:
1. C. ~ Luscinus, *consul in 282, censor in 275 v. Chr.; zegevierend veldheer tegen de Samnieten (triomf in 282 v. Chr.) en tegen Pyrrhus, gold in latere tijd als toonbeeld v. Rom. deugdzaamheid*;
2. L. ~, *in 62 v. Chr. als curator viarum bouwer v.d. pons* ~, *de stenen brug tussen de linkeroever v.d. Tiber (Marsveld) en het Tibereiland*;
/ *adj. ook* **Fabriciānus,** a, um.

fabricor, fabricārī *en* (*poët.; postklass.*) **fabricō,** fabricāre (*fabrica*)
1. vervaardigen, maken; smeden [**signa; arma; gladium**]; bouwen [**moenia**]; timmeren; — *p.p.* fabricātus *ook pass.*;
2. bedenken, uitdenken, verzinnen [**verba** neologismen].

fabrīlis, e (*faber*[1]) van de handwerksman, van de kunstenaar, handwerks-, smids- [**opera** smidswerk].

fābula, ae *f* (*fari*)
1. gepraat, geklets [**urbis; sine auctore sparsa** gerucht]; ▸ *in -is esse* onderwerp v. gesprek zijn; ~ *est* (*m. aci.*) men beweert; *-am fieri, esse* bij iedereen over de tong gaan;
2. (*postklass.*) gesprek; ▸ *tempus -is conterere; -ae convivales*;

3. *(postklass.)* onderwerp v. gesprek;
4. *(verzonnen)* verhaal, geschiedenis [**ficta**];
5. legende [**sine auctore edita**]; ▸ *-ae ferunt of produnt, in -is est* de legende vermeldt; — *plur.* mythologie [**Graecae**];
6. *(Phaedr.)* fabel [**Aesopi**]; ▸ *haec ~ significat;*
7. *(Hor.)* onderwerp v.e. gedicht, stof;
8. drama, schouwspel, toneelstuk; ▸ *-am agere* een toneelstuk opvoeren, spelen; *-am dare* een toneelstuk laten opvoeren; *alcis nova ~;*
9. epos, heldendicht;
10. *(kom.)* (a) *-ae!* onzin!, nonsens!; (b) *quae haec est ~?* wat vertel je me nu?

fābulāris, e *(fabula) (postklass.)* mythisch, legendarisch.

fābulātor, ōris *m (fabulor) (postklass.)* verteller.

fābulor, fābulārī *en* **fābulō,** fābulāre *(fabula)*
1. praten, converseren [**inter sese; cum alqo**]; ▸ *falsa ~* vertellen;
2. *(postklass.)* een verhaal bedenken.

fābulōsitās, ātis *f (fabulosus)* fantasie.

fābulōsus, a, um *(fabula) (poët.; postklass.)*
1. rijk aan legenden, mythen [**carmina Graecorum; narrationes**];
2. beroemd in de mythologie;
3. verzot op mythen *of* legenden [**antiquitas**];
4. *(metaf.)* legendarisch, ongelooflijk, fabelachtig [**multitudo**];
5. behorend tot het rijk der mythen, verzonnen.

fabulus, ī *m (demin. v. faba)* boon.

facessō, facessere, facessīvī *en* facessī, facessītum *(intens. v. facio)*
I. *tr.*
1. *(poët.)* uitvoeren, verrichten [**rem; iussa, matris praecepta** opvolgen];
2. *(iets ongunstigs)* veroorzaken [**alci periculum, negotium**];
II. *intr.* zich verwijderen, zich uit de voeten maken [**aedibus; hinc Tarquinios; ab omni societate rei publicae**].

facētiae, ārum *en* **-a,** ae *f (facetus)*
1. handigheid, knapheid;
2. geestigheid, scherts, grap.

facētus, a, um
1. sierlijk, gracieus, elegant, fijn [**orator; oratio; meretrix**];
2. geestig, gevat, vlot; ▸ *alqd -e dicere.*

faciēs, ēī *f (facio)*
1. uiterlijke verschijning, uiterlijk, voorkomen [**hominis; locorum**];
2. gedaante, gestalte, vorm [**arboris; vehiculi**];
3. gezicht [**rubida**];
4. *(poët.)* knap gezicht;
5. *(poët.)* schoonheid, sierlijkheid [**digna deā**]; ▸ *cura dabit faciem;*
6. aard, verschijningsvorm, gesteldheid [**laborum; scelerum**]; ▸ *non una pugnae facies* de aanblik v.d. strijd wisselt; *quā facie sunt?;*
7. *(Tac.) (uiterlijke)* schijn; ▸ *publici consilii facie* onder de schijn van.

facilis, e *(superl.* facillimus) *(facio)*
1. gemakkelijk, moeiteloos *(om te doen of te verkrijgen),* eenvoudig, naar wens [**descensus Averno; aditus; favor** gemakkelijk te winnen; **humus** gemakkelijk te bewerken; **remedium** zacht werkend; **iactura** gemakkelijk te dragen verlies; **saevitia** gemakkelijk te bedwingen]; ▸ *urbes faciles capi; nihil est dictu facilius;*
2. beweeglijk, bedreven, vlug, vaardig [**manus; canes; in inventione; ad dicendum** gemakkelijk sprekend];
3. vriendelijk, meegaand, inschikkelijk, welwillend *(in: abl.; in m. abl.)* [**nymphae; civis; pater; sermone**];
4. willig, bereid *(tot: ad; in m. acc.; dat.)* [**ad gaudia; ad, in bella; in suum cuique tribuendo**]; ▸ *facilem populum habere;*
/ *adv.* **facile,** *postklass.* **faciliter** (a) gemakkelijk, moeiteloos; (b) bereidwillig, graag; [**credere alci alqd; egestatem ferre**]; ▸ *facillime agitare;* (c) aangenaam, behaaglijk [**vivere**]; (d) *(bij graadaanduidingen)* met gemak, zeker: ▸ *(bij adj.) virtute facile princeps; genere facile primus; facile doctissimus; facile deterrimus; (bij verba v. overtreffen) alqm facile superare; (bij getallen) facile mille homines;* (e) *m. negatie: non (of haud) facile* nauwelijks, moeizaam, niet gemakkelijk.

facilitās, ātis *f (facilis)*
1. *(postklass.)* gemakkelijkheid, gemak [**camporum** toegankelijkheid, gemakkelijke begaanbaarheid; **soli** gemakkelijk te bewerken];
2. minzaamheid, inschikkelijkheid, vriendelijkheid, toegevendheid [**animi**];
3. *(postklass.) (retor.)* vlotheid, spreekvaardigheid;
4. geschiktheid, aanleg, neiging *(voor, tot: gen.);*
5. (a) *(postklass.)* onachtzaamheid; (b) *(Vulg.)* lichtzinnigheid [**fornicationis**].

facinorōsus *en* **facinerōsus,** a, um *(facinus)* misdadig, crimineel, snood [**vir; animus; vita**].

facinus, oris *n* *(facio)*
1. daad, handeling [**nefarium; egregium; praeclarum**];
2. schanddaad, misdaad; ▸ *facinus facere, committere, obire; facinoris suspicio;*
3. *(meton.)* (a) crimineel, misdadiger, booswicht; (b) *(poët.)* werktuig v.d. misdaad; ▸ *facinus excussit ab ore* de gifbeker;
4. *(kom.)* ding, zaak; ▸ *quod facinus video?*

faciō, facere, fēcī, factum
I. *tr.*
1. doen, verrichten [**multa crudeliter avareque**]; ▸ *hoc perfacile est factu; quid faciam?* wat moet ik doen?; *quid hoc homine facias?; quid fecisti scipione?;*
2. vervaardigen, maken, oprichten, bouwen [**arma; signum de marmore; vasculum; castra** opslaan; **classem; aggerem; moenia; templa**];
3. *(iets abstracts)* doen, maken, tot stand brengen, uitvoeren [**promissa** vervullen; **imperata; furtum, fraudem** plegen; **iniuriam** aandoen; **comitia** houden; **indutias, pacem** sluiten; **seditionem; proelium** leveren; **bellum alci** oorlog tegen iem. beginnen, *ook:* oorlog tegen iem. voeren; **finem pretio** bepalen; **vim** geweld gebruiken; **deditionem** zich overgeven; **iactum; facinus** begaan; **significationem** een teken geven; **impetum in alqm; iudicium** een vonnis vellen *of* rechtspreken; **iter** een reis ondernemen *of* marcheren; **insidias** leggen; **mentionem facere** melding maken *(van: de; gen.)*]; ▸ *ego plus quam feci facere non possum;*
4. maken, schrijven [**carmina; poema; versūs** dichten; **litteras; orationem**];
5. zeggen, spreken [**verba** een redevoering houden];
6. organiseren, vieren, aanrichten [**ludos; cenas; mysteria; sacrificium; res divinas** offeren];
7. *(materialen)* bewerken [**ebur; aurum**]; *(munten)* slaan [**argentum**];
8. voortbrengen, produceren [**laetas segetes; ignem** aansteken];
9. *(geld, buit e.d.)* verwerven, winnen [**rem** vermogen; **divitias ex alqa re; praedam; stipendia** in het leger dienen];
10. *(troepen, geld)* bijeenbrengen, opscharrelen, op de been brengen [**manum; auxilia; exercitum; summam**];
11. *(zaken, beroepen)* drijven, uitoefenen [**argentariam** bankier zijn; **medicinam** een doktersspraktijk hebben; **piraticam**];
12. *(emoties, gevoelens)* te voorschijn roepen, veroorzaken, oproepen, (op)wekken [**alci dolorem** aandoen; **oblivia rei** doen vergeten; **alci fidem** overtuigen; **spem; curam; admirationem alcis rei; metum; suspicionem; iram**];
13. verschaffen, verlenen, inwilligen [**alci decorem; silentium; transitum** de doortocht toestaan];
14. lijden, oplopen, ondervinden [**detrimentum; damnum; difficultatem; naufragium**];
15. *(postklass.)* *(tijd)* doorbrengen, beleven, volbrengen [**annum in fuga**];
16. *(postklass.)* *(een afstand)* afleggen [**cursu quingenta stadia**];
17. *(poët.)* offeren [**liba Pali**];
18. *(m. ut of alleen conj., m. ne, quin, aci.)* bewerkstelligen, veroorzaken, ervoor zorgen dat; ▸ *moenia, fac, condas!; facite ut recordemini!* herinnert het jullie!; *invitus feci ut eum e senatu eicerem* ik verwaardigde me er met tegenzin toe; *facere non possum ut* het is voor mij niet mogelijk; *facere non possum (of fieri non potest) quin* ik kan er niet onderuit, ik moet per se;
19. *(m. aci.)* stellen, aannemen; ▸ *faciamus deos non esse;*
20. bedragen, beslaan, oplopen tot, bereiken; ▸ *actus in longitudinem iugerum faciebat;*
21. stellen op, berekenen; ▸ *ab Histri ostio ad os Ponti passuum duo milia fecerunt;*
II. *tr. m. aanvullende constr.*
1. *(m. dubb. acc.)* maken tot; benoemen *of* kiezen tot [**Siciliam provinciam; alqm reum** aanklagen; **alqm testem** tot getuige nemen; **alqd planum** ophelderen; **alqd reliquum** overlaten; **alqm certiorem** op de hoogte brengen *(van: de)*; **eam terram suam** aan zich onderwerpen; **alqm oratorem** iem. tot een redenaar *of* van iem. een redenaar maken; **alqm consulem; alqm regem**];
2. *(m. acc. en pred. gen.)* tot iems. eigendom maken [**optionem Carthaginiensium** de Carthagers de keus laten; **agrum Gallicum suae dicionis** (*of* **potestatis**) onder zijn gezag brengen; **rem publicam sui muneris** laten gelden als zijn geschenk; **alqm sui iuris** iem. aan zich ondergeschikt maken];
3. *(m. acc. en gen. pretii of pro)* achten, schatten, waarde hechten aan *(alqd magni, pluris, plurimi, parvi, tanti enz.)* [**alqd lucri** als winst beschou-

wen; **alqd pro nihilo**]; ▸ *te cottidie pluris feci*; 4. (*m. acc. en acc. v.h. participium of m. aci.*) iem. drukdoende afschilderen; ▸ *Xenophon Socratem disputantem facit*;
III. *intr.*
1. doen, handelen, bezig zijn [**iure; animo optimo**]; ▸ *ratio faciendi*;
2. zich gedragen [**contra legem; amice; fraterne; iucunde**];
3. (*cum of ab alqo*) op iems. hand zijn, aan iems. zijde staan, voor iems. partij zijn, iem. steunen; ▸ *omnes cum senatu faciunt*; *metaf.*: *veritas cum hoc facit* staat aan zijn kant;
4. (*contra of adversus alqm*) tegen iem. partij kiezen, de tegenpartij begunstigen;
5. (*poët.; postklass.*) geschikt zijn, bevorderlijk zijn, baten, helpen, nuttig zijn; ▸ *nec caelum nec aquae mihi faciunt* bekomen me goed, zijn goed voor me; *dura corona capiti meo non facit*;
6. offeren (*met: abl.*) [**pro populo; dis; vitulā; agnis**];
7. (*Ter.*) op het land werken;
8. goed functioneren, werken, het doen; ▸ *nihil aeque ~ ad viperae morsum quam taxi arboris sucum (Suet.)*;
9. het doen (*seksueel*) (*met: cum*).

facteon (*scherts. Gr. qua woordvorming*) (*Cic.*) = *faciendum, v. facio.*

factīcius, a, um (*facio*) (*postklass.*) (na)gemaakt, kunstmatig.

factiō, ōnis *f* (*facio*)
1. (*Plaut.*) het maken, doen, handelen; ▸ *quae haec factio est?* wat is dit voor een gedoe?;
2. het vermogen om te maken *of* te doen [**testamenti** het recht om een testament op te stellen];
3. politiek bedrijf, kliek, partijwezen;
4. partij [**paucorum** aristocratische partij];
5. (*postklass.*) gezelschap, troep [**histrionum**].

factiōsus, a, um (*factio*)
1. (*Plaut.*) bereid *of* geschikt tot handelen;
2. tot een groep behorend;
3. machtig, met veel volgelingen.

factitō, factitāre (*frequ. v. facio*)
1. plegen te doen *of* te maken, gewoonlijk doen *of* beoefenen [**simulacra; sacrificia; accusationem; versūs**];
2. (*m. dubb. acc.*) iem. gewoonlijk maken tot *of* benoemen tot [**alqm heredem**];
/ *p. adj.* **factitātus,** a, um gewoonlijk, gebruikelijk.

factor, ōris *m* (*facio*)
1. (*pre- en postklass.*) vervaardiger, schepper [**rerum; mundi**];
2. (*Plaut.*) (*vul aan: pilae*) *iem. die de (hem toegeworpen) bal slaat.*

factum, ī *n* (*facio*) (*meestal nader bepaald door een adv., soms door een adj.*)
1. daad, handeling, werk [**illustre; bene facta; egregium**];
2. voorval, gebeurtenis; ▸ *post id -um*;
3. feit.

factūra, ae *f* (*facio*)
1. (*Plin. Mai.*) bewerking;
2. (*Gell.*) bouw(stijl) [**corporis** lichaamsbouw].

factus, a, um (*p. adj. v. facio*)
1. (*kom.*) gedaan, gemaakt, gebeurd; ▸ *dictum -um* zo gezegd, zo gedaan; *factius nihilo facit* hij krijgt niets meer voor elkaar;
2. kunstig bewerkt [**argentum**];
3. (*retor.*) kunstig, volgens de regels v.d. kunst [**oratio; versiculi**];
4. (*v. personen*) gevormd; geschapen voor.

facula, ae *f* (*demin. v. fax*) (*pre- en postklass.*) toorts, fakkel.

facultās, ātis *f* (*facilis*)
1. mogelijkheid, gelegenheid (*om, voor: gen.; ad; ut*) [**fugae; iudicandi; redimendi; ad dicendum**]; ▸ *alci facultatem dare (facere, concedere, offerre) ut*; *facultatem efficiendi habere*; *hinc abite, dum est ~*; *~ offertur* biedt zich aan;
2. toestemming [**itineris faciendi**];
3. geschiktheid, aanleg, talent, vaardigheid [**ingenii**; (*voor, in: gen., minder vaak in m. abl.*) **dicendi; medicamentorum**];
4. redenaarstalent, spreekvaardigheid; ▸ *facultate florens*;
5. voorraad, massa, menigte [**omnium rerum in oppido; navium; virorum**];
6. *plur.* (geld)middelen, hulpbronnen [**Italiae; belli** voor de oorlog]; vermogen; ▸ *pro facultatibus dare*;
7. gemak, gemakkelijkheid.

fācundia, ae *f* (*facundus*) welbespraaktheid, welsprekendheid.

fācunditās, ātis *f* (*facundus*) (*Plaut.*) welbespraaktheid.

fācundus, a, um (*fari*)
1. welbespraakt, welsprekend; ▸ *loquax magis quam ~*;
2. vlot, vloeiend [**oratio**].

faeceus, a, um (*faex*) (*Plaut.*) vol droesem, ordinair [**mores**].

faecula, ae *f* (*demin. v. faex*) (*poët.; postklass.*) ge-

brande wijnsteen, wijnsteenzout (*als geneesmiddel of specerij*).
faeculentus, a, um (*faex*) (*postklass.*) vol droesem, vol bezinksel, troebel.
faelēs *en* **-lis** = *feles en -lis.*
faen- = *fen-.*
Faesulae, ārum *f stad ten* N.O. *v.* Florence, *nu* Fiesole; — *inw. en adj.* **Faesulānus,** ī *m resp.* a, um.
faex, faecis *f*
1. (*poët.*) (wijn)droesem;
2. (*poët.; postklass.*) bezinksel, neerslag;
3. (Mart.) *dies sine faece* onbewolkte, heldere dag;
4. (*metaf.*) heffe [**plebis**].
fāgin(e)us *en* **fāgeus,** a, um (*fagus*) beuken-, van beukenhout.
fāgus, ī *f* (Gr. *leenw.*) beuk; *meton.* beukenhout.
faida, ae *f* (Germ. *woord*) (Mel.) vete.
faila, ae *f* (Mel.) mantel.
fala, ae *f* houten belegeringstoren.
falārica, ae *f* (*fala*) (Iberische) *met de hand of met een catapulta geworpen* speer.
falcārius, ī *m* (*falx*) sikkelsmid, zeisensmid; ▸ *inter -os* in de Zeisensmedenstraat.
falcātus, a, um (*falx*)
1. van zeisen voorzien, zeis- [**quadrigae**];
2. (*poët.*) sikkelvormig gebogen [**ensis; cauda**].
Falcidius, a, um *naam v.e. Rom. gens:* C. ~, *volkstribuun ttv.* Cicero; — *adj. ook* **Falcidiānus,** a, um.
falci-fer, fera, ferum (*falx en fero*) (*poët.*)
1. zeisdragend [**manus; deus** Saturnus];
2. van zeisen voorzien [**currus** zeiswagen *als strijdwagen*].
falci-ger, gera, gerum (*falx en gero*) (*poët.*) = *falcifer.*
falcō, ōnis *m* (Laatl.) valk.
falcōnārius, ī *m* (*falco*) (Mel.) valkenier.
falcula, ae *f* (*demin. v. falx*)
1. = *falx*;
2. klauw.
faler- = *phaler-.*
falere, is *n* (*preklass.*) verhoging, platform.
Falerii, ōrum *m stad in het gebied v.d.* Falisci *in* Z.-Etrurië, *nu* Cività Castellana; — *inw. en adj.* **Faliscus,** ī *m resp.* a, um; — **Faliscum,** ī *n* gebied v. Falerii.
Falernus ager Falernisch gebied (*bij de grens v.* Latium *en* Campanië); — **Falernus,** a, um Falernisch [**tribus; vites; uvae; vinum**]; — **Falernum,** ī *n* (a) (*vul aan: vinum*) Falernische wijn; (b) (*vul aan: praedium*) het Falernum, *landgoed v.* Pompeius.
Faliscus *zie* Falerii.
fallācia, ae *f* (*fallax*) misleiding, bedrog, bedriegerij, huichelarij, intrige; ▸ ~ *alia aliam trudit.*
fallāciēs, ēī *f* = *fallacia.*
fallāci-loquus, a, um (*fallax en loquor*) misleidend sprekend.
fallāciōsus, a, um (*fallacia*) (*postklass.*) oneerlijk, achterbaks.
fallācitās, ātis *f* (*fallax*) (*postklass.*) bedrieglijkheid.
fallāx, *gen.* ācis (*fallo*) bedrieglijk, misleidend, verraderlijk, achterbaks [**homines; nuntius; spes; vadum;** (*in: gen.*) **amicitiae**].
fallō, fallere, fefellī (falsum *gew. adj.; ppp. door* dēceptum *vervangen*)
1. bedriegen, oplichten, misleiden, om de tuin leiden; ▸ *cives suos* ~; *alqm dolis* ~; *alcis faciem* ~ bedrieglijk echt imiteren; *spem* (*of opinionem*) *alcis* ~ iem. in zijn hoop (verwachting) bedriegen; *spes* (*opinio, dies, tempus*) *alqm fallit* iem. wordt teleurgesteld in, iem. vergist zich in; *onpers.*: *me fallit* ik heb het bij het verkeerde eind; *non est regula quin fallit* die niet bedriegt; — *pass.* zich vergissen, het mis hebben: *nisi fallor* wanneer ik me niet vergis = *nisi me fallo* = *nisi me fallit* (*animus, memoria*);
2. (*poët.*) onherkenbaar *of* onmerkbaar maken, doen vergeten [**furta** verbergen; **discrimina; laborem** niet doen voelen; **luctum** onderdrukken; **horas sermonibus** ongemerkt voorbij laten gaan; **curam vino et somno**];
3. zich onttrekken, verborgen *of* onontdekt, ongemerkt blijven, ontgaan; ▸ *abs.*: *aetas fallit* gaat ongemerkt voorbij; *m. acc.*: *ducem, dominum, custodes, oculos* ~; *nihil me fallis* ik heb je wel door; *m. ptc.*: *hostis fallit incedens* de vijand nadert ongemerkt; Pan *te fefellit vocans* heeft je stiekem gelokt; *moriens fefellit* zijn dood is onopgemerkt gebleven; — *alqm* (*non*) *fallit* (*m. aci.*) het ontgaat iem. (niet) dat;
4. niet nakomen, niet vervullen, nalaten [**promissum; mandata; ius iurandum; fidem** zijn woord breken]; ▸ (*eedformule*) *si fallo*;
5. (*poët.*) krachteloos maken [**omen**];
6. ten val brengen; ▸ *glacies fallit pedes* doet uitglijden; *gradus instabilis fallit alqm.*
falsārius, ī *m* (*falsus*) (*postklass.*) vervalser (*ihb. v. handschriften en testamenten*).
falsi-dicus, a, um (*falsus en dico*) (Plaut.; Laatl.)

leugenachtig [**homo; fallaciae**].

falsi-ficus, a, um (*falsus en facio*) (*Plaut.*) misleidend handelend.

falsi-iūrius, a, um (*falsus en iuro*) (*Plaut.*) vals zwerend.

falsi-loquus *en* **-locus,** a, um (*falsus en loquor*) (*Plaut.*) leugenachtig.

falsimōnia, ae *f* (*falsus*) (*Plaut.*) bedrog.

falsi-parēns, *gen.* entis (*falsus*) (*Catull.*) een verzonnen vader hebbend.

falsitās, ātis *f* (*falsus*) (*Laatl.*) onwaarheid; vervalsing.

falsō *adv. v. falsus, zie falsus.*

falsum, ī *n* (*falsus*) vervalsing, bedrog; onwaarheid, leugen; vergissing; ▸ *-um dicere; -um iudicare* een vals oordeel uitspreken; *-um iurare* een valse eed afleggen; *ex -is verum effici non potest.*

falsus (*fallo*)

I. *adj.* a, um

1. bedrieglijk, misleidend, leugenachtig, huichelachtig [**accusator; verba; simulacrum; sensus; visus; avis** vals voorteken];

2. (a) zich vergissend; ▸ *illi -i sunt* vergissen zich; *ea res me -um habuit* heeft me misleid; (b) (*v. abstr.*) onjuist, leeg, ongegrond [**fama; metus; spes**];

3. (a) onwaar, verzonnen, gefingeerd, vals, onecht, niet werkelijk [**dicta; rumores; litterae; crimen; argumentum**]; ▸ *falsus in uno, falsus in omnibus;* (b) (*v. personen*) ondergeschoven, onecht, verzonnen [**pater; genitor; testis**]; / *adv.* **falsō,** *zelden* **falsē** valselijk, onjuist [**suspicari**]; (*als uitroep*) vals!, ten onrechte!;

II. *subst.* ī *m* (*poët.*) bedrieger, leugenaar.

falx, falcis *f*

1. sikkel, zeis;

2. (*poët.*) snoei-, tuinmes;

3. (*milit.*) (a) grote haak, breekijzer (*als stormram*); (b) (*Lucr.; Gell.*) zeis *aan een strijdwagen.*

fāma, ae *f* (*fari*)

1. gerucht, verhaal, legende; geschiedkundige overlevering, traditie [**incerta;** (*over: gen.; de*) **rerum** de geschiedenis; **circumventi exercitūs; de victoria Caesaris**]; ▸ *~ est* (*m. aci.*) het gerucht gaat, het verhaal wil, de overlevering is; *~ tenet, obtinet* heerst, bestaat; *~ pervenerat Tarentum; -ae per omnem provinciam ibant;*

2. publieke opinie, oordeel v.d. massa [**omnium; hominum; forensis**];

3. roem, beroemdheid [**aeterna**]; ▸ *posteritas famaque* roem bij het nageslacht;

4. naam, reputatie [**bona; mala; integra; crudelitatis; eloquentiae**];

5. goede naam, goede reputatie; ▸ *-ae servire* iets doen omwille v. zijn goede naam; *fundamentum est -ae iustitia;*

6. de eer v.e. vrouw, onbesproken naam; ▸ *-am sororis defendere;*

7. slechte reputatie [**sinistra**]; ▸ *~ atque invidia* gemene roddels; *-am in se transferre.*

Fāma, ae *f* (*fama*) (*poët.*) *godin v.h. gerucht of v.h. geklets.*

famēlicus (*fames*)

I. *adj.* a, um (*poët.; postklass.*) hongerig, uitgehongerd [**senex; canes; iumenta**];

II. *subst.* ī *m* (*kom.*) hongerlijder.

famēs, is *f*

1. honger; ▸ *plebem fame necare; fame interire* (*of mori*) verhongeren; *famem tolerare, sustentare, perferre* honger lijden; *fame vinci* door uithongering; *famem explere, depellere* stillen;

2. hongersnood; ▸ *per totum famis tempus;*

3. (*Ter.; Mart.*) armoede;

4. (*metaf.*) gebrekkigheid, poverheid (*in stijl*);

5. (*poët.; postklass.*) begeerte, hebzucht, verlangen (*naar: gen.*) [**argenti**].

famex, icis m zweer, gezwel.

fāmi-gerābilis, e (*fama en gero*) (*Apul.*) beroemd, veelbesproken.

fāmi-gerātiō, ōnis *f* (*fama en gero*) (*Plaut.*) geklets.

fāmi-gerātor, ōris m (*fama en gero*) (*Plaut.*) roddelaar.

familia, ae *f* (*famulus*)

1. *alle familieleden en bedienden die samen in één huis wonen:* huishouding; ▸ *pater familias* heer des huizes; *mater -as en -ae* vrouw des huizes; *filius, filia -as en -ae* zoon, dochter des huizes;

2. familie (*als onderdeel v.e. gens*) [**nobilissima; antiquissima; honesta**];

3. geslacht, stam (= *gens*) [**Aemiliorum et Fabiorum -ae**];

4. slaven, personeel; horigen;

5. vermogen, bezit; ▸ *decem dierum vix mihi est ~* genoeg om van te leven;

6. (*metaf.*) groep (zwaardvechters);

7. filosofenschool [**Peripateticorum**]; ▸ *-ae dissentientes inter se.*

familiāricus, a, um (*familia*) behorend tot de slaven v.h. huis.

familiāris (*familia*)

I. *adj.* e

1. behorend tot het huis, huis- [**focus; filius; servus; dignitas; copiae** vermogen; **res -is** huishouden, vermogen; **res -es** financiële positie];
2. behorend tot de familie, familie- [**res -es** familieaangelegenheden; **convivium; cena**];
3. *(v. personen)* vertrouwd, bekend, bevriend, intiem *(met: dat.)* [**amicus; medicus**]; ▸ *vir optimus mihique familiarissimus;*
4. *(v. dingen)* vertrouwd, welbekend, vertrouwelijk, persoonlijk [**sermo; epistulae; usus** omgang; **iura** vriendschapsrechten]; ▸ *familiari vultu* met de bij hem passende blik; *familiariter vivere cum alqo;*
5. *(Plaut.)* behorend tot het personeel, slaven-;
6. *(t.t. v.h. ingewandschouwen)* gunstig voor de offeraar *of* voor de staat;
II. *subst.* is
1. *m en f* goede bekende, vriend(in);
2. *m* slaaf, dienaar; *plur.* personeel, slaven;
3. *plur.* **familiārēs,** ium *m (Plaut.)* huisgenoten.

familiāritās, ātis *f (familiaris)*
1. vriendschap, vertrouwelijke omgang; ▸ *in alcis familiaritatem venire of intrare; mihi cum alqo ~ est of intercedit;*
2. *(postklass.) (meton.)* goede bekenden, huisvrienden.

fāmōsus, a, um *(fama)*
1. beroemd, roemvol [**urbs; vir**];
2. berucht, verdacht [**largitio**];
3. beledigend, krenkend [**libelli** smaadschriften; **carmen** smadelijk gedicht].

famul *(arch.)* = *famulus.*

famula, ae *f (famulus)* dienares; ▸ *(metaf.) virtus ~ fortunae est.*

famulāmen, inis *f (Mel.)* bediening.

famulāris, e *(famulus)* slaven-, van een dienaar [**vestis** slavenkleding; **fides** trouw v.h. personeel]; ▸ *iura famularia dare* tot slaaf maken.

famulātus, ūs *m (famulor)* slavernij, het dienen, dienstbaarheid.

famulitās, ātis *f (famulus) (preklass.)* slavernij.

famulitiō, ōnis *f (famulus) (Apul.)* groep slaven.

famulitium, ī *n* = *famulitio.*

famulor, famulārī *(famulus)*
1. dienaar zijn; dienen *(m. dat.)* [**deo**];
2. *(metaf.)* onderworpen zijn aan *(m. dat.)* [**divinae potentiae**].

famulus
I. *subst.* ī *m*
1. dienaar [**sacrorum**];
2. onderdanige, slaaf;
II. *adj.* a, um *(poët.)*
1. dienstbaar, van slaven [**manūs**];
2. onderdanig, onderworpen [**aquae**].

fānāticus, a, um *(fanor, fanum)* door een godheid in vervoering *of* tot razernij gebracht, razend, bezield, fanatiek [**Galli** priesters v. Cybele; **philosophi; agmen; cursus**].

fandus zie *for.*

Fannius, a, um *naam v.e. pleb. gens; — adj. ook* **Fanniānus,** a, um.

fānō, fānāre *(fanum)*
1. inwijden;
2. *pass. (Sen.)* in vervoering handelen.

fānum, ī *n (fas)* heiligdom, tempel; heilige, aan een godheid gewijde plek; ▸ *-a templaque deum (= deorum); sacerdotes -i.*

Fānum (Fortunae), ī *n stad in Umbrië, nu* Fano.

far, farris *n (abl. sg.* farre; *plur.: nom.* farra, *gen.* farrium)
1. spelt *(een tarwesoort)*; *plur.* speltkorrels;
2. *(meton.)* (a) grof gemalen graan, meel, *ihb.* offermeel [**pium**]; (b) van spelt gebakken brood e.d. [**salsum**].

farcīmen, inis *n (farcio) (pre- en postklass.)* worst.

farciō, farcīre, farsī, fartum volstoppen, vullen.

Farfarus, ī *m* = *Fabaris.*

farferus, ī *m (Plaut.)* klein hoefblad.

fārī *inf. v. for.*

farīna, ae *f (far) (niet-klass.)* meel.

farīnārius, a, um *(farina)* van meel, meel-.

farīnula, ae *f (demin. v. farina) (Laatl.)* een beetje meel.

farīnulentus, a, um *(farina) (Apul.)* gemengd met meel *of* bloem.

farnus, ī *f (vgl. fraxinus)* es; essenhout.

farrāceus, a, um *(far)* van spelt.

farrāgō, inis *f (far)*
1. *(Verg.)* mengvoeder;
2. *(Juv.) (metaf.)* mengelmoes, allegaartje.

farrārius, a, um *(far)* bestemd voor spelt.

farrāta, ōrum *n (farratus) (Juv.)* pap.

farrātus, a, um *(far) (postklass.)* met pap gevuld.

farreum, ī *n (farreus; vul aan: libum) (Plin. Mai.)* speltkoek.

farreus, a, um *(far) (postklass.)* bestaand uit *of* gemaakt van spelt *of* graan.

fars *en* **fartis,** fartis *f (farcio) (kom.)* vulling.

farsī *pf. v. farcio.*

fartilis, e *(farcio) (postklass.)* vetgemest.

fartim *adv. (fars)* volgepropt.

fartis zie *fars.*

fartor, ōris *m (farcio) (poët.)* iem. die gevogelte

vetmest.
fartūra, ae *f (farcio)*
1. het volproppen, vetmesten;
2. *(postklass.)* vulsel.
fartus *ppp. v. farcio.*
fās *n (indecl.)*
1. goddelijk recht, goddelijk gebod, goddelijke wet; ▸ *contra ius fasque* tegen menselijk en goddelijk recht; *ius ac fas omne delere, violare;* ~ *omne mundi* alle goden;
2. plicht, recht, heilige orde; ▸ *omne fas abrumpere; per omne fas ac nefas* in goed en kwaad; *fas est* het is (je) plicht;
3. dat wat moreel juist is, wat geoorloofd is; ▸ *fas est (m. inf.; aci.; sup.)* het is toegestaan, het mag, het is goed; het is mogelijk;
4. *(poët.)* (nood)lot; ▸ ~ *obstat; fas est (m. inf. of aci.)* het is door het noodlot bepaald.
fascea, ae *f = fascia.*
fasceola, ae *f = fasciola.*
fascia, ae *f (fascis)*
1. strook, reep (stof);
2. *(meton.)* (a) verband, zwachtel, bandage; windsel, luier; ▸ *sprw.: non es nostrae fasciae (Petr.)* jij bent niet van ons slag; (b) *(poët.; postklass.)* bustehouder, beha; *(postklass.)* hoofdband, diadeem [**purpurea**]; (c) schoenveter; zeel, draagriem v.e. bed; *(Gell.)* gordel; riem; (d) *(Juv.)* wolkenflarden [**nigra**].
fasciculus, ī *m (demin. v. fascis)* bundeltje, pakket [**epistularum; librorum; florum** bos bloemen].
fascina, ae *f = fascis 1.*
fascinātiō, ōnis *f (fascino) (postklass.)* betovering.
fascinō, fascināre *(poët.; postklass.)* betoveren, beheksen [**alci teneros agnos**].
fascinum, ī *n en* **-us,** ī *m (poët.)* amulet *in de vorm v.e. penis; vd.* penis.
fasciō, fasciāre *(fascia) (postklass.)* omwikkelen, omwinden.
fasciola, ae *f (demin. v. fascia)*
1. strook, reep (stof);
2. zwachtel, bandage, band.
fascis, is *m*
1. bundel, pakket [**lignorum; librorum**];
2. last, vracht; ▸ *ultro animam sub fasce dedere;*
3. *plur.* (a) roedenbundel *(waaruit een bijl stak, die de lictoren voor de hoogste magistraten uit droegen als symbool v. macht en bevoegdheid tot berechting);* ▸ *fasces alci praeferre; fasces submittere of demittere alci* voor iem. laten zakken *(als teken v. eerbied), (metaf.)* iem. voorrang verlenen; (b) *(meton.)* consulaat, consulaire macht; ▸ *fasces corripere* het consulaat naar zich toetrekken; *alci fasces dare;* (c) *(poët.; postklass.) alg.* hoge functies.
fasēlus, ī *m en f = phaselus.*
fassus *p.p. v. fateor.*
fāstī, ōrum *m (acc. plur. ook fāstūs)*
1. gerechts-, zittingsdagen *v.d. pretor;* ▸ *omnibus -is legem ferre;*
2. *(meton.)* lijst v. zittingsdagen *(oorspr. in de handen v.d. pontifices en daarom alleen voor patriciërs toegankelijk; in 304 v. Chr. door Cn. Flavius, de secretaris v. Appius Claudius Caecus, openbaar gemaakt);*
3. kalender; ▸ *in fastos referre;* — **Fāstī** 'de Fasti', *titel v.e. werk v. Ovidius, dat de kalender v. plechtige feesten beschrijft;*
4. ambtskalender, *doorlopende lijst v.d. hoogste magistraten v. elk jaar, van 508 v. Chr. tot 354 n. Chr., meestal fasti consulares of fasti Capitolini (naar hun tegenwoordige bewaarplaats in Rome) genoemd; deze lijst was het uitgangspunt voor de annalistische Rom. geschiedschrijving;*
5. *(poët.)* jaarboeken, annalen.
fastīdiō, fastīdīre *(fastidium)*
1. *(poët.; postklass.)* weerzin, afschuw, afkeer hebben *(van: acc.)* [**vinum; olus; pulmentarium**];
2. versmaden, afwijzen [**alcis amicitiam; vitium amici; mores Macedonum**] *(ook m. inf. of aci.);*
3. aan te merken hebben *(op: in m. abl.);*
4. *(Plaut.)* opscheppen, gewichtig doen.
fastīdiōsus, a, um *(fastidium)*
1. walgend of afkerig van *(m. gen.)* [**litterarum Latinarum; terrae**];
2. kieskeurig, lastig *(in: in m. abl.)* [**aedilis; aestimator**];
3. *(postklass.)* hoogmoedig;
4. *(poët.)* walgelijk, weerzinwekkend [**aegrimonia; copia**].
fastīdium, ī *n*
1. walging, tegenzin *(van, in: gen.)* [**cibi**];
2. afkeer, verachting, antipathie *(van, voor, tegen: gen.)* [**domesticarum rerum; sui**];
3. het uit de hoogte doen, hoogmoed, verwaandheid, trots;
4. verfijnde smaak, kieskeurigheid.
fastīgātus, a, um *(p. adj. v. fastigo)*
1. in een punt uitlopend [**testudo**];
2. glooiend, hellend; ▸ *collis leniter* ~.
fastīgium, ī *n*

1. stijging, verheffing; ▸ *molli -o* met een flauwe bolling;
2. daling, helling; ▸ *tenui -o* zacht glooiend;
3. hoogte, spits, top [**montis; muri**];
4. diepte, laagte;
5. gevel(dak), timpaan [**aedificii; delubri**]; ▸ *(metaf.) operi -um imponere* de laatste hand leggen aan;
6. *(metaf.)* hoogte(punt) [**fortunae**]; ▸ *pari -o stare* op gelijke hoogte staan; *in -o eloquentiae stare;*
7. hoge functie, rang [**regium; dictaturae**];
8. *(Verg.)* hoofdpunt; ▸ *summa sequar -a rerum.*

fastīgō, fastīgāre
1. laten stijgen;
2. toespitsen.

fastōsus, a, um *(fastus*[2]*) (postklass.)*
1. hooghartig;
2. *(Mart.) (scherts.)* voortreffelijk.

fāstus[1]**,** a, um *(fas)* **diēs fāstī** gerechtsdagen.

fāstus[2]**,** ūs *m (poët.; postklass.)*
1. hoogmoed, trotse minachting;
2. hooghartigheid.

Fāta, ōrum *n (fatum) (poët.)* schikgodinnen, parcen.

fātālis, e *(fatum)*
1. door het noodlot bepaald [**calamitas; terminus**]; *adv.* voorbeschikt: *fataliter definitum est;*
2. van het noodlot, noodlots- [**hora** uur v.h. noodlot = stervensuur; **stamina** draden v.h. noodlot; **libri** de sibillijnse boeken; **deae** de parcen, schikgodinnen; **responsum** lotsvoorspellende orakelspreuk];
3. noodlottig, verderfelijk, dodelijk [**dies** sterfdag; **bellum; monstrum; vincula**].

fateor, fatērī, fassus sum *(fari)*
1. bekennen, toegeven [**verum; culpam suam; peccatum**]; ▸ *testis qui tacet non fatetur;* — een bekentenis afleggen *(over: de)* [**de facto turpi**]; *(ook m. dubb. acc.; inf.; aci.; afh. vr.);* ▸ *fassus huius se spectaculi debitorem; fatetur se peccasse;*
2. *(poët.; postklass.)* laten blijken, aan de dag leggen, tonen, verraden [**iram vultu; animum; deum** zich als een god].

fāti-canus *en* **-cinus,** a, um *(fatum en cano) (Ov.)* het noodlot verkondigend, voorspellend [**sortes**].

fāti-dicus *(fatum en dico*[1]*)*
I. *adj.* a, um voorspellend [**vates; anus; deus; puella**];
II. *subst.* ī *m* waarzegger.

fāti-fer, fera, ferum *(fatum en fero) (poët.)* de dood brengend, dodelijk [**arcus; ensis**].

fatīgātiō, ōnis *f (fatigo)* vermoeidheid, uitputting; ▸ *fatigatione deficiens.*

fatīgō, fatīgāre
1. moe maken, vermoeien, afmatten [**membra in iactando**]; ▸ *stando (itinere, magno aestu) fatigati; boves fatigati; dentem in dente ~* onophoudelijk tandenknarsen;
2. kwellen, plagen, teisteren, niet tot rust laten komen [**animum consiliis; suppliciis; carcere; tormentis; die noctuque animum; noctem** slapeloos doorbrengen; **terga iuvencorum hastā** aansporen; **silvas** onophoudelijk doorkruisen];
3. afbeulen, volledig uitputten [**equos; cervos iaculo cursuque**];
4. lastigvallen [**prece Vestam**]; ▸ *lacrimis fatigari;*
5. *(Verg.)* onophoudelijk aansporen [**socios; Martem** onophoudelijk oproepen tot de strijd].

fāti-legus, a, um *(fatum en lego*[1]*) (poët.)* dodelijke stoffen vergarend.

fāti-loquus, a, um *(fatum en loquor)* voorspellend, waarzeggend.

fatīscō, fatīscere, — — *en* **fatīscor,** fatīscī, — *(fatigo)*
1. scheuren krijgen, splijten, uiteenvallen, barsten; ▸ *tellus fatiscit; ianua fatiscit* gaat open; *aes fatiscit* barst; *naves rimis fatiscunt;*
2. verslappen, moe worden; ▸ *(metaf.) seditio fatiscit* komt tot bedaren.

fatua, ae *f (fatuus) (poët.; postklass.)* gekke vrouw, domme gans.

Fātua, ae *f* (Fatuus) = *Fauna.*

fatuitās, ātis *f (fatuus)* dwaasheid, onnozelheid.

fātum, ī *n (fari)*
1. orakel, voorspelling *(meestal plur.)*; ▸ *-a caeca; -a Sibyllina; -a implere* in vervulling laten gaan; *-is, ominibus oraculisque portendere;*
2. wereldorde, noodlot, levenslot, bestemming [**insuperabile; inevitabile**]; ▸ *Stoici omnia -o fieri dicunt; fatum est (m. aci. of ut)* het is door het noodlot bestemd dat; *fatum mihi instat triste;*
3. ramp, onheil, verderf, ondergang, dood *(vaak plur.)* [**-a Troiana** *of* **Troiae** ondergang v. Troje; **extremum rei publicae**]; ▸ *ad -a novissima* tot aan zijn dood; *-o (con)cedere, obire, (per)fungi* een natuurlijke dood sterven; *-a alcis proferre* iems. leven verlengen; *perfuncti iam fato* doden;

— *(meton.)* *plur.* personen die naar de ondergang leiden: *duo illa rei publicae paene -a*; 4. *(poët.)* wil v.e. godheid [**Iovis**].

fatuor, fatuārī *(fatuus)* *(Sen.)* leuteren.

fātus[1], ūs *m* *(fari)* *(postklass.)* het voorspellen, voorspelling.

fātus[2], ī *m* = *fatum* *(Petr.)*.

fātus[3] *p.p. v. for.*

fatuus

I. *adj.* a, um

1. onnozel, simpel, dwaas, zot; ▸ *monitor non* ~;

2. *(Mart.)* flauw, smakeloos [**placenta**];

II. *subst.* ī *m* *(poët.; postklass.)* dwaas, domkop.

Fātuus, ī *m* *(fari)* *bijnaam v. Faunus als orakels gevende bos- en veldgod.*

faucēs, ium *f* *(zelden sg.* faux, faucis *f)*

1. keelgat, keel, hals, bek; ▸ *sitis urit fauces; merum ingurgitare faucibus plenis;* *(metaf.)* *alqm eripere ex faucibus belli; faucibus teneor* mij wordt het mes op de keel gezet; *cum inexplebiles populi fauces exaruerunt libertatis siti* *(Cic.)*; *lupus fauce improbā incitatus* *(Phaedr.)*;

2. nauwe ingang, uitgang [**portūs; urbis**];

3. (nauwe) pas, kloof [**montis**];

4. landengte;

5. zeestraat [**Hellesponti; Bospori**];

6. holte, krater [**Aetnae**]; ▸ *patefactis terrae faucibus*;

7. *(poët.; postklass.)* riviermonding [**siccae**].

Fauna, ae *f dochter of echtgenote v. Faunus.*

Fauni-gena, ae *m* *(Faunus en geno)* Latinus, *zoon v. Faunus.*

Faunus, ī *m volgens de legende koning v. Latium, kleinzoon v. Saturnus, vader v. Latinus; hij werd na zijn dood net als Silvanus als orakels gevende veld- en bosgod vereerd en later met de Gr. Pan gelijkgesteld; in 194 v. Chr. kreeg hij in Rome op het eiland in de Tiber een plaats waar hij vereerd werd;* — *plur.* **Faunī,** ōrum *m naakte, gehoornde bosgeesten met bokkenpoten.*

Fausta, ae *f zie Faustus.*

Faustitās, ātis *f* *(faustus)* *godin v.d. vruchtbaarheid.*

Faustulus, ī *m herder v. koning Amulius; vond Romulus en Remus en voedde hen op.*

faustus, a, um *(faveo)* gunstig, gezegend [**tempus; exitus**]; gelukbrengend [**omen**]; ▸ *quod bonum, faustum, felix fortunatumque sit* moge het goed, gunstig, gelukkig en vruchtbaar zijn.

Faustus, ī *m* *(faustus)* *bijnaam v. L. Cornelius Sulla, zoon v.d. dictator;* — **Fausta,** ae *f naam v.e. dochter v. Sulla.*

fautor, ōris *m* *(faveo)*

1. begunstiger, beschermer [*m. gen.*: **bonorum; laudis alcis;** *attrib. m. dat.*: **accusationi** gunstig gestemd]; weldoener;

2. bewonderaar; aanhanger [**nobilitatis**].

fautrīx, īcis *f* *(fautor)* beschermster, patrones; *attrib.* welgezind, gunstig gezind; ▸ *regio suorum* ~.

fautum *ppp. v. faveo.*

faux, faucis *f zie fauces.*

favea, ae *f* *(faveo)* *(Plaut.)* lievelingsslavin.

faveō, favēre, fāvī, fautum

1. welgezind, genadig, gunstig gezind zijn, begunstigen, steunen *(m. dat.)* [**nobilitati; alcis gloriae; rebus Gallorum; precibus alcis**]; ▸ *si tibi dei favent* *(Catull.)*; *tu modo nascenti puero casta fave Lucina* *(Verg.)* de geboorte v.h. kind; *(m. dat. en ut)* *favetis illi ut mutet servitutem*;

2. zich wijden aan, zich geven aan [**operi**];

3. *(poët.)* *(bij relig. handelingen)* eerbiedig zwijgen *(ore, linguā of linguis)* [**linguis animisque** zich onthouden van slechte woorden en gedachten];

4. bewonderen, sympathiseren met; ▸ *turba faventium; tu Veneri dominae plaude favente manu*;

5. gunstig zijn voor; ▸ *venti faventes* gunstige; *tellus favet Baccho* is geschikt voor wijnbouw.

favilla, ae *f* *(foveo)*

1. gloeiende as, alg. as; ▸ *-ae Aetnaeae; corporis* ~;

2. *(poët.)* *(metaf.)* vuur, vonk; ▸ *prima* ~ *venturi mali* *(Prop.)*;

3. *(meton.)* iets dat op as lijkt, o.a. fijn zout.

favīsor, ōris *m* *(faveo)* *(postklass.)* aanhanger.

favitor, ōris *m* *(arch.)* = *fautor.*

favōnius, ī *m* *(foveo)* zoele westenwind *(voorbode v.d. lente).*

favor, ōris *m* *(faveo)*

1. gunst, begunstiging, sympathie, instemming [**plebis; partium Pompeii**]; ▸ *in favorem alcis venire*;

2. bijval [**audientium**];

3. *(poët.)* *(bij relig. handelingen)* aandacht.

favōrābilis, e *(favor)* *(postklass.)*

1. geliefd, aangenaam;

2. innemend [**eloquentia**];

3. de voorkeur verdienend.

favus, ī *m* (honing)raat; *(meton.)* (**a**) honing; (**b**) *iets in de vorm v.e. raat.*

fax, facis *f*

1. kienspaan, toorts; ▸ *facem incendere; cum fa-*

cibus ambulare; (*metaf.*) *alci ad libidinem facem praeferre* iem. de weg wijzen naar uitspattingen;
2. bruiloftsfakkel [**nuptialis; marita; legitimae**]; (*meton.*) (*poët.*) bruiloft;
3. begrafenisfakkel [**funebris**];
4. brandfakkel [**ad inflammandam urbem**]; ▸ *faces castris inicere*;
5. (*meton.*) veroorzaker, aanstichter [**belli; accusationis**];
6. vallende ster, meteoor; ▸ *faces caeli; stella facem ducens* komeet;
7. (*poët.*) licht *v. hemellichamen* [**Phoebi**]; ▸ *crescens face noctiluca*;
8. (*metaf.*) vlam, gloed, vuur (*meestal plur.*) [**dicendi** gloedvolle welsprekendheid]; liefdesgloed [**mutua** wederzijdse liefde; **furoris** voorteken van]; ▸ *flagrantibus animis faces addere* olie op het vuur gieten.

faxim, faxitur, faxō = *fecerim, factum erit, fecero.*

febricitō, febricitāre (*febris*) (*postklass.*) koorts hebben.

febricula, ae *f* (*demin. v. febris*) lichte koorts; ▸ *-am habere.*

febriculōsus, a, um (*febricula*) (*poët.; postklass.*) koortsig.

febriō, febrīre (*febris*) (*postklass.*) koorts hebben.

febris, is *f* koorts(aanval); ▸ *in febrim incidere; febrim habere; febrim nancisci; in Achaia febrim habere coepisse* koorts krijgen; — *personif.* **Febris,** is *f godin v.d. koorts.*

februa, ōrum *n* (*poët.; postklass.*) reinigings-, verzoeningsmiddelen.

februārius, a, um (*februa*) behorend tot de maand februari; — *subst.* **Februārius,** ī *m* (*vul aan: mensis*) februari (*tot 450 v. Chr. de laatste, sindsdien de tweede maand v.h. jaar*).

fēcī *pf. v. facio.*

fēcunditās, ātis *f* (*fecundus*)
1. vruchtbaarheid [**mulieris; equarum; terrarum**]; ▸ *fecunditatem dare*; (*metaf., v.d. geest*) *magna ~ animi; volo se efferat in adulescente ~* (*Cic.*); — *personif.* **Fēcunditās,** ātis *f godin v.d. vruchtbaarheid*;
2. (*Plin. Mai.*) grote productie, overvloed [**voluminum**].

fēcundō, fēcundāre (*fecundus*) (*poët.; postklass.*) bevruchten, vruchtbaar maken.

fēcundus, a, um (*vgl. fe-lix, fe-tus*)
1. vruchtbaar [**coniunx; virgo; gens; solum; lepus** drachtig];
2. rijk, overvloedig, vol [**seges; colles; calix; fons** waterrijk];
3. rijk aan, vol van (*m. gen.; abl.*) [**tellus metallorum**];
4. (*metaf.*) vruchtbaar, nuttig, rijk [**studia**];
5. vruchtbaar makend [**imbres; Nilus**].

fefellī *pf. v. fallo.*

fel, fellis *n*
1. galblaas, gal [**nigrum**];
2. (*metaf.*) bitterheid, hatelijkheid;
3. woede [**atrum**];
4. (*Ov.*) gif.

fēlēs *en* **fēlis,** is *f*
1. kat; marter;
2. (*Plaut.*) rover [**virginaria** pooier].

felicātus, a, um = *filicatus.*

fēlīcitās, ātis *f* (*felix*[1])
1. (*postklass.*) vruchtbaarheid [**arboris**];
2. geluk(zaligheid); — *personif.* **Fēlīcitās,** ātis *f godin v.h. geluk*;
3. zegen, voorspoed, succes, het slagen [**rerum gestarum**]; ▸ *pari felicitate uti* evenveel succes hebben.

fēlis *zie feles.*

fēlīx[1], *gen.* īcis
1. vruchtbaar, rijk [**arbor; regio; Arabia**];
2. gelukkig, verheugd, door het geluk begunstigd, gelukzalig [**vir; aetas; tempora; saecula**]; ▸ *donec eris ~, multos numerabis amicos* (*Ov.*); (*m. abl.; gen.; in m. abl.*) [**amando; cerebri; in bello**]; *als aanmoediging: feliciter succes!*;
3. gelukkig makend, gelukbrengend, geluk voorspellend, gunstig [**omen; mālum** geneeskrachtig (*als tegengif*)];
4. succesvol, voorspoedig aflopend *of* uitgevoerd (*v. dingen*) [**tela; seditio; victoria**]; ▸ *feliciter rem gerere*;
5. (*Verg.*) vruchtbaar makend [**limus**].

felix[2] *zie filix.*

fellātor, ōris *m* (*fello*) (*Mart.*) iem. die pijpt.

fellō, fellāre
1. zuigen, sabbelen;
2. pijpen.

Felsina, ae *f* = *Bononia.*

fēmella, ae *f* (*demin. v. femina*) (*Catull.*) vrouwtje.

femen, inis *n* (*arch.*) = *femur.*

fēmina, ae *f*
1. vrouw;
2. (*v. dieren*) wijfje;
/ *attrib.* vrouwelijk; wijfjes-, vrouwtjes- [**lupus; palma**].

fēminal, ālis *n* (*femina*) (*Apul.*) schaamheuvel.

feminālia, ium *n (femur) (Suet.)* banden om het dijbeen, onderbroek.

fēmineus, a, um *(femina) (poët.; postklass.)*
1. vrouwelijk, van het vrouwelijk geslacht [**genus; sexus; nomen**];
2. vrouwen- [**voces, clamor** vrouwengegil; **dolor**];
3. *(poët.)* vrouwen betreffend [**amor** *of* **venus** liefde voor een vrouw; **sors**];
4. verwijfd, onmannelijk [**pectus**].

fēminīnus, a, um *(femina) (pre- en postklass.)* vrouwelijk; vrouwen-.

femorālia, ium *n = feminalia.*

femur, oris *en* inis *n* dij, dijbeen.

fēnārius, a, um *(fenum)* van, voor hooi.

fēnebris, e *(fenus)* rente betreffend, rente- [**lex** wet over rente; **res** *of* **malum** het woekeren; **pecunia** tegen rente uitgeleend].

fēnerātiō, ōnis *f (feneror)* het uitlenen tegen rente, het woekeren.

fēnerātō *adv. (feneror) (Plaut.)* met woekerrente.

fēnerātor, ōris *m (feneror)* geldlener; woekeraar; ▸ *violentia et crudelitas feneratorum.*

fēneror, fēnerārī *en* **fēnerō,** fēnerāre *(fenus)*
1. tegen rente uitlenen;
2. woeker drijven;
3. winst opleveren, rijkelijk vergoeden; ▸ *feneratum beneficium* rijkelijk vergoed.

Fenestella, ae *f Rom. eigennaam;* ▸ *porta Fenestellae (Ov.) kleine poort bij de Palatijn.*

fenestra, ae *f*
1. venster, raam *(met luiken of tralies, later met doorzichtig gips, vanaf de 1e eeuw n. Chr. met glas);* ▸ *lucem admitte -is;*
2. *(poët.) alg.* opening, gat; ▸ *telum dedit -am;*
3. *(Enn.; Petr.)* nauwe ingang, toegang;
4. schietgat [**ad tormenta mittenda**];
5. *(metaf.)* gelegenheid; ▸ *-am ad nequitiem patefacere* de weg banen voor.

fenestrō, fenestrāre *(fenestra)* van vensters voorzien.

fenestrula, ae *f (demin. v. fenestra) (Apul.)* raampje.

fēneus, a, um *(fenum)* van hooi [**corona**; *metaf.* **homines** stromannen].

fēniculārius, a, um *(feniculum)* venkel-; — *Fēniculārius campus* 'Venkelveld' = Spanje.

fēniculum, ī *n (pre- en postklass.)* venkel.

fēnīlia, ium *n (fenum) (poët.)* hooizolder.

fēni-seca, ae *en* **fēni-sex,** secis *m (fenum en seco)* maaier.

fēni-sicium, ī *n (fenum en seco)*
1. het maaien *v. gras;*
2. gemaaid gras, hooi.

fēnum, ī *n* hooi; ▸ *(metaf., sprw.) -um edere* hooi vreten = zo dom als een koe zijn; *-um in cornu habere* boosaardig, gevaarlijk zijn als een stotig rund *(omdat men in Rome bij stotige runderen hooi om de horens deed).*

fēnus, oris *n*
1. rente [**grave; grande; iniustum**]; ▸ *pecuniam sine fenore credere* (lenen) *alci; pecuniam fenore (in fenus) dare* tegen rente uitlenen; *(metaf.) cum fenore reddere alqd;*
2. *(meton.)* (a) *(pre- en postklass.)* rentedragend kapitaal *of* geld; (b) schulden, schuldenlast; ▸ *fenore obrutus; fenoris onere oppressa plebes;* (c) winst door hoge rente, woeker(praktijken); ▸ *fenore lacerare homines; fenore trucidare plebem.*

fēnusculum, ī *n (demin. v. fenus) (Plaut.)* lage rente.

fera, ae *f zie ferus.*

ferācitās, ātis *f (ferax) (postklass.)* vruchtbaarheid.

fērālis, e *(poët.; postklass.)*
1. behorend tot de doden, doden- [**carmen; sacra; cupressus; reliquiae** as v.d. doden]; — *subst.* **Fērālia,** ium *n* dodenfeest *(in Rome jaarlijks op 21 februari gevierd);* — **fērālia,** ium *n (Tac.)* begrafenis;
2. dodelijk, verderfelijk [**dona; annus; bellum**];
3. *(metaf.)* treurig, verschrikkelijk [**tenebrae**].

ferāmen, inis *n (Mel.)* wild.

ferāx, *gen.* ācis *(fero)* vruchtbaar, overvloedig dragend, veel opleverend, winstgevend [**ager; ficus; regio; annus**]; *(m. gen. of abl.)* rijk aan [**arborum; oleo**].

ferbuī *pf. v. ferveo.*

ferctum *zie fertum.*

ferculum, ī *n (fero)*
1. draagstel, -baar, brancard [**pomparum** *voor godenbeelden bij godsdienstige plechtigheden*];
2. *(poët.; postklass.)* dienblad;
3. *(poët.; postklass.) (meton.)* gerecht, gang; ▸ *iam sublatum erat* ~ er was al afgeruimd.

ferē *adv.*
1. ongeveer, circa; ▸ *centum* ~ *pedites; eodem* ~ *tempore; abhinc menses decem* ~; *quinta* ~ *hora;*
2. bijna, haast; ▸ *nemo* ~ zo goed als niemand; *totius fere Galliae legati; omnes* ~ *civitates Graeciae; nigra* ~ *terra;*
3. bijna altijd, in de regel, gewoonlijk, meestal;

▸ *fit* ~ *ut; non* ~ slechts bij uitzondering; ~ *libenter homines id quod volunt credunt.*

ferentārius, ī *m (meestal plur.)* lichtbewapende tirailleur, infanterist; *(scherts.) (Plaut.)* helper in nood.

Ferentīnum, ī *n*

1. *(ook* Ferentium*) stad in Etrurië, nu* Ferento;
2. *stad in het gebied v.d. Hernici in Latium, nu* Ferentino; — *inw. en adj.* **Ferentīnās,** ātis *(m)*;
3. *streek ten W. v.h. Albaanse Meer (ten Z. v.* Rome*) met een heilig woud v.d. Latijnse godin* **Ferentīna,** ae *f en bron v.e. riviertje, de aqua Ferentina.*

Feretrius, ī *m* 'Slingeraar', *bijnaam v. Jupiter.*

feretrum, ī *n (fero)* draagstel, baar.

fēriae, ārum *f*

1. feestdagen, vrije dagen (= *dies festi*), vakantie(dagen) [**scholarum; forenses** dagen zonder rechtszittingen; **messium** oogstfeest; **Latinae** feest v.h. verbond tussen de Latijnse steden];
2. *(poët.) (meton.)* rust, vrede; ▸ *praestare patriae longas -as;*
3. *(Plaut.) esuriales* vastendagen.

fēriātus, a, um *(p. adj. v. ferior)*

1. bij een feest passend, feestvierend, vrij van werk [**male** te onpas; *(ook mbt. dingen)* **toga** niet gebruikt]; ▸ ~ *non ab suis studiis; animus* ~ *ad legendum;* ~ *a negotiis publicis* vrij van;
2. *(postklass.)* feestelijk [**dies** feestdag].

fericulum, ī *n en* **-us,** ī *m* = *ferculum.*

ferīna, ae *f (ferinus; vul aan: caro)* gebraden wild.

ferīnus, a, um *(fera)*

1. van wilde dieren [**pellis; rabies; caro** wild; **caedes** jacht];
2. *(metaf.)* wild, beestachtig.

feriō, ferīre, — —

1. slaan, houwen, stoten, treffen [**adversarium; alqm sagittā; parietem; caput** zich voor het hoofd slaan; **partem corporis sibi; femur** op de dij; **venam** openen; **carmina lyrā** met begeleiding v.e. lier zingen]; ▸ *feriri a serpente* gebeten worden; *(metaf.) alqd ferit oculos, sensum of animum* maakt indruk op;
2. *(postklass.) munten* slaan [**asses**];
3. slachten [**agnam; foedus** een verbond sluiten, *waarbij een offerdier geslacht wordt*];
4. neerschieten, doden [**feras; hostem**]; terechtstellen, onthoofden [**securi**];
5. *(metaf.)* treffen, raken, beroeren [**animum; oculos**]; ▸ *quod provisum ante non sit, id vehementius ferit (Cic.)*;
6. *(kom.)* iem. iets *(abl.)* door de neus boren, aftroggelen, afhandig maken [**munere**].

fērior, fēriārī *(feriae) (preklass.; Laatl.)* feestvieren; vrij hebben, niet werken; — *zie ook feriatus.*

feritās, ātis *f (ferus)* wildheid, ruwheid.

fermē *adv.* = *fere.*

fermentō, fermentāre *(fermentum)*

1. laten rijzen, luchtig maken; ▸ *panis fermentatus* gezuurd brood;
2. beginnen te rijzen *of* te gisten.

fermentum, ī *n*

1. *(postklass.)* gisting;
2. *(postklass.)* giststof, zuurdesem;
3. *(poët.)* gistend graan, mout;
4. *(poët.)* gegiste drank, (mout)bier;
5. *(Plaut.) (metaf.)* verbittering, woede; ▸ *in -o esse.*

ferō, ferre, tulī, lātum

I. dragen:

1. dragen [**onus; sacra Iunonis; faces in Capitolium; arma in sarcinis; nuces sinu laxo**]; ▸ *qui arma* ~ *poterant* degenen die in staat waren om wapens te dragen; *arma* ~ *adversus (contra, in) alqm* strijden tegen; *signa* ~ *in hostem* aanvallen; *(metaf.) nomen alcis ad sidera of ad, in astra* ~ verheffen, verheerlijken; *(sprw.) in silvam ligna* ~;
2. op, aan, bij, in zich dragen [**aure duos lapides; censūs suos** (zijn vermogen) **corpore; ventrem** zwanger zijn];
3. voortbrengen, produceren; ▸ *ferens arbor* vruchtboom; *terra of ager fruges fert; (metaf.) ea aetas oratorem prope perfectum tulit;*
4. dragen, voeren [**nomen; imaginem alcis** zich valselijk uitgeven voor; **alqm in oculis** veel van iem. houden];
5. *prae se* ~ *(metaf.)* tentoonspreiden, openlijk tonen, laten merken, verraden, aan de dag leggen [**dolorem; vultu laetitiam**]; *(m. aci. of afh. vr.)*; ▸ *ut se fert ipse* hoe hij zich gedraagt; — itt.: *alqd obscure of clam ferre* verbergen, verheimelijken;
6. *(mondel. of schriftel.)* verbreiden, overal vertellen [**bella sermonibus**]; ▸ *fama fertur* verbreidt zich; *sicut fama fert* zoals het verhaal gaat; *ut fertur* zoals gezegd wordt; *vivus per ora feror* (Enn.) ik leef door de mond v.h. volk;
7. beweren, zeggen; ▸ *haud dubie ferebant* zij verklaarden eenduidig; — **ferunt** *(m. aci.)* men vertelt, men zegt, het zou zo zijn = *fertur en feruntur (m. nci.)*;
8. prijzen, roemen; ▸ *alqm praecipuā laude* ~;

nostra feretur pugna; (*m. dubb. acc.*: *als*) *Mercurium omnium artium inventorem* ~;
9. verdragen, dulden, uithouden, zich laten welgevallen [**iniurias; contumaciam alcis; frigus; sitim; famem; vetustatem** de ouderdom verdragen, lang goed blijven (*bv. v. boeken, wijn*); **militiam et bella**]; (*m. aci.*); ▸ *alqm non* ~ onuitstaanbaar vinden; *non ferendus* onverdraaglijk, ontoelaatbaar, ongeoorloofd; — (*m. adv. bepalingen*) *alqd aequo animo* ~ kalm accepteren; *clementer, humaniter* ~; *alqd aegre* (*of iniquo animo, inique, moleste*) ~ zich aan iets ergeren, zich beledigd voelen door iets, iets kwalijk nemen;
10. behalen, verkrijgen, winnen, ontvangen [**laudem; victoriam ex hoste; gratiam alcis rei** dank voor iets; **praemium; palmam** de overwinning behalen; **fructum ex fortuna; suffragia** stemmen krijgen; **tribūs, centuriam** de (stemmen v.d.) triben, centuria winnen];
11. wegdragen, meenemen [**cibaria**; *metaf.* **spem tui** hoop op jou hebben];
12. (*als buit*) wegdragen, roven, (uit)plunderen [**Pergama**]; ▸ ~ *et rapere* helemaal leegplunderen;
13. met geweld wegdragen, wegrukken, ontvoeren; ▸ *armenta fert aqua*; (*metaf.*) *omnia fert aetas* neemt weg; *te fata tulerunt* (*Verg.*);
14. ronddragen; *pass.* rondgaan; ▸ *eius scripta feruntur*;
II. brengen:
1. brengen [**alci epistulam; argentum ad alqm; venenum**; *metaf.* **alci oscula** kussen; **matri complexum** omarmen; **opem, auxilium** *of* **subsidium** hulp bieden; **alci fidem** geloof schenken];
2. veroorzaken, teweegbrengen [**alci luctum; fastidia; alci vim** geweld aandoen; **alci vulnera** verwonden; **animos** bemoedigen; **alci plagam** geven];
3. opbrengen, voldoen [**tributum; suprema cineri** de laatste eer bewijzen];
4. aanbieden, wijden [**tura altaribus, in aras; crinem Diti** wijden; **munera templis; dis preces**];
5. overbrengen, melden, berichten [**responsa Turno**]; (*m. aci.*);
6. aanbieden [**condicionem** stellen];
7. bewegen, in beweging zetten [**gressūs per urbem** aan komen schrijden; **oculos, ora** richten, wenden; **manūs ad colla** *of* **caelo** uitstrekken];
8. drijven, voeren, leiden; ▸ *ventus ferens* gunstige wind; *navis tempestate Naxum ferebatur*; *eum tulit ad scaenam gloria*; *rem in maius* ~ overdrijven; (*m. inf.*) *in nova fert animus mutatas dicere formas corpora* (*Ov.*) ik voel me gedreven om . . . te bezingen;
9. *se* ~ *en pass.* zich haasten, (zich) storten, ijlen; ▸ *domum se* ~; *se* ~ *obviam alci* iem. tegemoet snellen; *in hostes ferri* zich storten op; *praecipites equi feruntur* stormen; *Rhenus fertur* stroomt snel; *columba fertur* vliegt weg; *super astra ferri* zich verheffen;
10. *pass.* weggevoerd, meegesleurd worden [**equo (equis)** rijden; **pronā aquā (flumine)** stroomafwaarts drijven]; (*metaf.*) zich laten meesleuren; ▸ *odio in Ciceronem ferri* zich door haat jegens Cicero laten meeslepen; *per mala praeceps ferri* in gevaren meegesleurd worden;
11. (*wetten, voorstellen*) indienen, voorstellen [**legem; rogationem de alqa re**]; (*m. ut*); *ook*: *ferre ad populum* (*in plebem*) *de re* iets aan het volk voorstellen;
12. (*zijn stem*) uitbrengen [**suffragium** (*in de volksvergadering*); **sententiam** (*v. rechters en colleges*)];
13. (*rechters*) voordragen [**iudicem**];
14. (*m. abstr. subj.*) met zich meebrengen, verlangen, vereisen; ▸ *tempus* (*aetas*) *hoc fert*; *adulescentia id fert*; *si ita res feret* wanneer het zo moet zijn; (*m. ut*) *natura fert ut*;
15. (*in een rekeningenboek*) boeken, registreren [**acceptum et expensum**].

ferōcia, ae *f* (*ferox*) onstuimigheid, strijdlust, woestheid, ontembaarheid; eigenzinnigheid, onhandelbaarheid; ▸ ~ *verborum militem incendebat*.

ferōciō, ferōcīre (*ferox*) (*postklass.*) onstuimig zijn, tieren.

ferōcitās, ātis *f* = *ferocia*.

ferōculus, a, um (*demin. v. ferox*) (*niet-klass.*) nogal onstuimig.

Fērōnia, ae *f* Oudital. *beschermgodin v. slaven en vrijgelatenen, ihb. vereerd bij de berg Soracte in Etrurië en bij Tarracina in Latium*.

ferōx, *gen.* ōcis (*ferus*)
1. onverschrokken, moedig, strijdlustig [**bello; ad bellandum; adversus pericula**];
2. wild, eigenzinnig, onstuimig, onhandelbaar [**iuvenis; equus; oratio**]; (*in, mbt.*: *abl.*; *gen.*) [**viribus; scelerum; animi**]; ▸ *aetas* ~ *currit* ijlt onweerstaanbaar voort.

ferrāmentum, ī *n* (*ferrum*) ijzeren *of* met ijzer beslagen werktuig.

ferrāria, ae *f* (*ferrarius; vul aan: fodina*) ijzermijn.

ferrārius (*ferrum*)
I. *adj.* a, um (*postklass.*) tot het ijzer behorend, ijzer- [**faber** smid; **metalla** ijzermijnen];
II. *subst.* ī *m* (*postklass.*) smid.

ferrātilis, e (*ferrum*) (*Plaut.*) van ijzer voorzien, in de ijzers geslagen [**genus** *v. geketende slaven*].

ferrātus, a, um (*ferrum*)
1. met ijzer beslagen, van ijzer voorzien [**hasta; orbes; calx** met sporen uitgerust];
2. (*poët.; postklass.*) gepantserd, geharnast [**agmina**]; — **ferrātī,** ōrum *m* gepantserde, geharnaste soldaten;
3. (*Sen.*) ijzerhoudend [**aquae**];
4. (*pre- en postklass.*) van ijzer, ijzeren [**saecula**].

ferre *inf. v. fero.*

ferreus, a, um (*ferrum*)
1. ijzeren, van ijzer [**securis; ensis; clavi; fores; catenae; manus** enterhaak; **imber** regen v. werptuigen];
2. (*metaf.*) (a) stevig, sterk, onwankelbaar, onwrikbaar, duurzaam [**vox; decreta; iura**]; (b) hardvochtig, gevoelloos, wreed [**saeculum, proles** het IJzeren tijdperk; **praecordia; ōs** onbeschaamd; **bellum**]; (c) (*poët.*) hard, drukkend [**sors vitae; iura**]; (d) (*retor.*) niet soepel, onbeholpen [**scriptor**].

ferri-crepīnus, a, um (*ferrum en crepo*) (*Plaut.*) rammelend van het ijzer [(*scherts.*) **insulae** gevangenis].

ferri-terium, ī *n* (*ferrum en tero*) (*Plaut.*) (*scherts.*) 'het ijzerschuren' = gevangenis.

ferri-terus, ī (*ferrum en tero*) *en* **ferri-trībāx,** ācis *m* (*ferrum en Gr. leenw.*) (*Plaut.*) (*scherts.*) 'de ijzerschuurder' = geketende, slaaf.

ferrūgineus *en* (*Lucr.*) **ferrūginus,** a, um (*ferrugo*) roestkleurig; *alg.* donker(kleurig).

ferrūgō, inis *f* (*ferrum*) (*poët.; postklass.*) (ijzer)roest; (*meton.*) donkere, donkerbruine, donkerblauwe kleur.

ferrum, ī *n*
1. ijzer, staal;
2. (*meton.*) (a) ijzeren wapen: zwaard, dolk, speer; ▸ *in alqm cum -o invadere* gewapend; *-um stringere* het blanke wapen trekken; *-o ignique of -o flammāque* te vuur en te zwaard; — ijzeren pantser; lans-, pijlpunt; (b) (*poët.*) ijzeren gereedschap: keten; ▸ *homines in -um conicere;* — grendel; ▸ *-o claudentur Belli portae;* — schrijfstift, griffel; ▸ *dextra -um tenet;* — mes, schaar; ploeg(schaar);
3. (*metaf.*) (a) wapengeweld; ▸ *(de)cernere -o;* (b) (*poët.*) hardvochtigheid; ▸ *-um in pectore gerere;* (c) (*poët.*) IJzeren tijdperk.

ferrūmen, inis *n* (*postklass.*) bindmiddel, kit, lijm.

ferrūminō, ferrūmināre (*ferrumen*) (*postklass.*) aaneenlijmen, solderen, verbinden [**muros bitumine**].

fertilis, e (*fero*)
1. vruchtbaar, vruchtdragend [**ager; terra; seges; arbores;** *metaf.* **annus; urbs** rijk; (*aan: gen.; abl.*) **fructuum; hominum**];
2. (*poët.*) vruchtbaar makend [**Nilus; dea** (*Ceres*); **Bacchus**].

fertilitās, ātis *f* (*fertilis*) vruchtbaarheid, productiviteit [**agrorum**].

fertō, ōnis *m* (*Mel.*) *een muntstuk.*

fertum *en* (*arch.*) **ferctum,** ī *n* (*pre- en postklass.*) offerkoek (*bereid uit fijne gerst, olie en honing*).

ferula, ae *f* (*poët.; postklass.*) riet, bamboe; (*meton.*) gard, roede, stok.

ferulāceus, a, um (*ferula*) (*Plin. Mai.*)
1. lijkend op riet *of* bamboe;
2. gemaakt van riet *of* bamboe.

ferūmen, inis *n* = *ferrumen.*

ferūminō, ferūmināre = *ferrumino.*

ferus
I. *adj.* a, um
1. wild, ongetemd [**bestiae**];
2. in het wild groeiend, bos- [**fructus; arbor**];
3. wild, onbewoond [**montes; silvae**];
4. onbehouwen, ruw [**homines; vita**];
5. wild, hard, gevoelloos (*tegen: dat.*) [**tyrannus; mores; cor; ingenium; dolores; bellum; caedes; Britanni hospitibus**];
II. *subst.* ī *m* (*zelden*) *en* (*gew.*) **fera,** ae *f* wild dier, *alg.* dier; ▸ *ferarum ritu* zoals dieren; (*metaf.*) *magna minorque ferae* de Grote en de Kleine Beer (*sterrenbeelden*).

fervē-faciō, facere, fēcī, factum (*ferveo*) kokendheet, gloeiend maken [**oleum; iacula**].

fervēns, *gen.* entis (*p. adj. v. ferveo*) = *fervidus.*

ferveō, fervēre, ferbuī, — *en* (*preklass.; poët.*) **fervō,** fervere, fervī, — (*intr.*)
1. zieden, koken; ▸ *aqua fervens;*
2. (*poët.*) onstuimig bewegen, bruisen, schuimen; ▸ *aequor fervet; ferventes undae;*
3. (*poët.; postklass.*) gloeien, branden;
4. (*poët.*) (*metaf.*) in volle gang zijn; ▸ *opus fervet;*
5. (*Verg.*) glanzen; ▸ *aurum fervet;*

6. (*Verg.*) (*v. plaatsen*) wemelen van;
7. (*Ov.*) krioelen; ▸ *fervent examina de bove* zwermen (bijen) komen te voorschijn uit;
8. (*Lucr.*) heen en weer golven;
9. (*metaf.*) (*in hartstocht*) ontvlammen, (ont)-branden, koken (*door: abl.; ab*); ▸ *fervet avaritiā pectus; caede* ~ door moordlust; *animus ab iracundia fervet.*

fervēscō, fervēscere, — — (*incoh. v. ferveo*) (*niet-klass.*) (gloeiend) heet worden, beginnen te koken; ▸ *saxum fervescit.*

fervidus, a, um (*ferveo*)
1. (*poët.; postklass.*) kokend [**aqua**];
2. gloeiend, brandend [**axis; rotae; aestas**];
3. (*metaf.*) vurig, heethoofdig, hartstochtelijk; ▸ *-a animi natura; -i animi vir; -a imperatorum ingenia; iuvenes -i;*
4. (*poët.*) bruisend, schuimend, kokend, gistend [**aequor; mare; Aetna**];
5. glanzend, helder [**fax; signa; dies**];
6. (*v.e. redevoering en v.e. redenaar*) onstuimig [**genus dicendi**].

fervō *zie ferveo.*

fervor, ōris *m* (*ferveo*)
1. hitte, gloed [**solis**]; ▸ *mediis fervoribus* in de middaghitte; *usta fervoribus terra;*
2. (*metaf.*) hartstocht, enthousiasme, onstuimigheid, drift [**iuventae; animi**];
3. het deinen, golven, bruisen [**Oceani**].

Fescennia, ae *f en* **-um,** ī *n stad in Z.-Etrurië;* — *adj.* **Fescennīnus,** a, um [**carmina** *of* **versūs** uitgelaten spotliederen].

fessus, a, um (*fatisco*)
1. moe, afgemat, uitgeput [**milites; viator; boves; artus** zwak; **proelio; longitudine viae; de via; plorando; malis**]; *ook:* moe van, beu [**vitā** *of* **vivendo** levensmoe];
2. versleten, verzwakt, vermolmd [**puppes**].

festīnābundus, a, um (*festino*) (*postklass.*) haastig, gehaast.

festīnanter *adv.* (*festino*) haastig, ijlings.

festīnātiō, ōnis *f* (*festino*) haast, spoed, ongeduld; *plur.* situaties waarin men haast heeft.

festīnātō *adv.* (*festino*) (*postklass.*) snel, haastig, ongeduldig.

festīnō, festīnāre
I. *intr.* snellen, zich haasten, zich spoeden (*m. inf.; ad*) [**abire; ad effectum operis**];
II. *tr.* (*poët.; postklass.*) bespoedigen [**fugam; iter**]; haastig volbrengen, haastig doen [**soleas** snel aandoen].

festīnus, a, um (*festino*) (*poët.*) snel, haastig, ongeduldig, overhaast.

fēstīvitās, ātis *f* (*festivus*)
1. (*Plaut.*) feestvreugde, genoegen; *als koosnaam: mea* ~ mijn zonnetje!;
2. vrolijkheid, goede bui; grappigheid [**sermonis**];
3. (*Ter.; Suet.*) beminnelijkheid [**patris mei**]; ▸ *infans insigni festivitate;*
4. verlevendiging, versiering (*v.d. taal*); ▸ *festivitatibus abuti.*

fēstīvus, a, um (*festus*)
1. feestelijk, feest-;
2. vrolijk, opgewekt; grappig, geestig [**homo; poëma; sermo**];
3. aardig, prettig;
4. (*v. personen*) aangenaam, gezellig [**pater**].

festūca[1]**,** ae *f*
1. (*pre- en postklass.*) grasspriet;
2. (*Plaut.*) stokje, *waarmee een slaaf werd aangeraakt als teken v. zijn vrijlating.*

festūca[2]**,** ae *f* ram, heiblok.

festūcō, festūcāre (*festuca*[2]) neerstampen, aanstampen.

festūcula, ae *f* (*demin. v. festuca*[2]) kleine ram, klein heiblok.

fēstum, ī *n* (*festus*) (*poët.; postklass.*) feest(dag), festival.

fēstus, a, um (*vgl. feriae*)
1. feestelijk, feest- [**dies** feestdag; **tempus**];
2. (*poët.*) feestvierend; feestelijk versierd [**domus**];
3. (*postklass.*) vrolijk; ▸ *-is vocibus excipi* met vrolijk geroep.

fēta, ae *f* (*fetus*) (*Verg.*) moederdier.

fēteō, fētēre — — = *foeteo.*

fētiālis
I. *subst.* is *m* krijgsheraut, verkondiger v.d. oorlogsverklaring; — **Fētiālēs,** ium *m* de fetialen, *college v. 20 priesters in Rome, verantwoordelijk voor de rituele waarborging v.d. volkenrechtelijke betrekkingen v.d. Rom. staat (vredesverdragen, wapenstilstanden, verbonden, oorlogsverklaringen en bemiddeling);*
II. *adj.* e fetiaal- [**ius** fetiaalrecht].

fētidus, fētor = *foet-.*

fēti-ficō, ficāre (*fetus*[1] *en facio*) (*Plin. Mai.*) voortbrengen.

fētō, fētāre (*fetus*[1]) (*postklass.*)
1. voortbrengen;
2. zwanger maken, bevruchten.

fētulentus, a, um = *foetulentus.*

fētūra, ae *f* (*fetus*[2]) voortplanting, teelt; (*meton.*)

nakomelingen, jongen.

fētus[1], a, um *(vgl. fe-cundus, fe-lix)*
1. *(preklass.; poët.)* zwanger, drachtig [**pecus; canis**];
2. *(poët.)* vruchtbaar, vruchtdragend [**ager; regio**];
3. rijk aan, vol van, zwanger van *(m. abl.)*; ▸ *terra frugibus -a; machina -a armis (v.h. paard v. Troje); praecordia irā -a;*
4. *(poët.)* die jongen geworpen heeft, zogend [**lupa**].

fētus[2], ūs *m*
1. het voortbrengen, baren, werpen, leggen; geboorte; conceptie;
2. vrucht **(a)** *(v. mensen en dieren)* telg, kind, spruit, jong [**geminus** tweeling]; **(b)** *(v. planten) (poët.)* twijg, loot [**olivae**]; **(c)** *(v.h. aardoppervlak)* vrucht, opbrengst [**terrae**]; ▸ *fetūs edere of dare;*
3. vruchtbaarheid [**terrae**];
4. *(Verg.)* wasdom; ▸ *fetūs adimere arbori* ontroven;
5. *(metaf.)* vrucht, opbrengst [**animi** geesteskind; **Musarum**];
6. aanwas [**oratorum** van redenaars].

fētūtīna, ae = *foetutina.*

feudālis, e *(Mel.)* in bruikleen gegeven, leen- [**bona**].

feudum, ī *n (Mel.)* leen.

fiber, brī *m (pre- en postklass.)* bever.

fibra, ae *f*
1. (wortel)vezel; ▸ *omnes radicum -as evellere;*
2. *lobben aan de ingewanden, ihb. aan de lever;*
3. *(poët.; postklass.) (meton.) plur.* ingewanden [**bidentis**]; ▸ *-as inspicere.*

Fibrēnus, ī *m kleine rivier in Latium bij Arpinum, nu de Fibreno, mondt uit in de Liris.*

fibrīnus, a, um *(fiber) (Plin. Mai.)* van een bever, bever-.

fībula, ae *f*
1. gesp, speld, (haar)naald;
2. kram, bout, pin.

fībulō, fībulāre *(fibula) (postklass.)* vastpinnen.

Fīcāna, ae *f plaats in Latium, aan de Tiber.*

fīcārius, a, um *(ficus)* van een vijg, vijgen-.

fīcēdula, ae *f (ficus) (niet-klass.)* bastaardnachtegaal, vijgensnip *(een soort grasmus).*

Fīcēdulēnsēs, ium *m (ficedula) (Plaut.)* 'Snippendallers' *(scherts. troepenbenaming).*

fīcētum, ī *n (ficus) (niet-klass.)* vijgenboomgaard.

fīcōsus, a, um *(ficus) (postklass.)* vol gezwellen.

fictīcius, a, um *(fingo) (postklass.)* kunstmatig.

fictile, is *n (fictilis) (poët.; postklass.)* aarden vaas, kruik.

fictilis, e *(fingo)* van leem, van aardewerk [**vasa**].

fictiō, ōnis *f (fingo) (poët.; postklass.)*
1. vorm, vormgeving; ▸ *vocum fictiones* woordvormingen;
2. fictie [**poëtarum**];
3. het voorwenden, fantasievoorstelling [**voluntatis; legis**]; ▸ *~ naturam imitatur, quantum potest.*

fictor, ōris *m (fingo)*
1. boetseerder, beeldhouwer;
2. bakker v. offerkoeken;
3. *(pre- en postklass.)* schepper [**fortunae; poëmatis**]; ▸ *~ fandi (Verg.)* meester in het liegen [**Ulixes**].

fictrīx, īcis *f (fictor)* schepster, vormster.

fictum, ī *n (fictus) (poët.)* verzinsel, leugen; ▸ *-a rerum* pure leugens.

fictūra, ae *f (fingo) (pre- en postklass.)* vorming, het vormen.

fictus, a, um *(p.adj. v. fingo)*
I. *adj.* a, um
1. gebouwd, gevormd [**signum ex auro**];
2. verzonnen, gelogen, geveinsd [**fabula; amor; dii; cunctatio**];
3. huichelachtig, vals [**testis**]; ▸ *alqm -um loqui* iem. huichelachtig noemen;
II. *subst.* ī *m (Hor.)* huichelaar.

fīcula, ae *f (demin. v. ficus) (Plaut.)* kleine vijg.

Fīculea, ae *f stad in het gebied v.d. Sabijnen; — adj.* **Fīculēnsis,** e.

fīculnea, ae *f (ficulnus) (eccl.)* vijgenboom.

fīculneus *en* **fīculnus,** a, um *(ficula) (poët.; postklass.)* van de vijgenboom, vijgen- [**truncus; folia**].

fīcus, ī *en* ūs *f*
1. vijgenboom;
2. vijg; ▸ *~ prima (Hor.)* de eerste vijg = vroege herfst;
3. gezwel, aambei.

fideicommissārius, a, um *(fideicommissum) (jur.)* betrekking hebbend op een *fideicommissum.*

fideicommissum, ī *n (fideicommitto) (jur.) verzoek bij testament aan een erfgenaam om iets te doen.*

fidei-committō, committere, commīsī, commissum *(fides) (jur.) een verzoek doen aan de tenuitvoerlegger v.e. testament om iets aan een derde te geven.*

fidē-iubeō, iubēre, iussī, iussum *(fides) (jur.)*

borg gaan staan (*voor*: *pro*).

fidēiussiō, ōnis *f* (*fideiubeo*) (*jur.*) het borg gaan staan (*voor*: *pro*).

fidēiussor, ōris *m* (*fideiubeo*) (*jur.*) borg, zekerheid.

fidēiussōrius, a, um (*fideiussor*) (*jur.*) van de borg *of* zekerheid.

fidēlia, ae *f*
1. aarden pot;
2. kalkpot (*voor het witten*).

fidēlis, e (*adv.* fidēliter *en* fidēle) (*fides*[1])
1. trouw, betrouwbaar, oprecht, eerlijk [**amicus; amicitia; mens; canis; consilium**]; — *subst.* **fidēlēs,** ium *m* getrouwen, betrouwbare personen;
2. stevig, betrouwbaar, veilig [**lorica; navis; portus**];
3. (*eccl.*) gelovig; — *subst.* **fidēlis,** is *m* christen; / *adv.* **fidēliter** *ook*: betrouwbaar, nauwgezet; ▸ ~ *discere artes; alqd* ~ *curare.*

fidēlitās, ātis *f* (*fidelis*)
1. trouw, betrouwbaarheid [**erga amicum; erga patriam**];
2. (*Mel.*) trouw als leenman, eed v. trouw.

Fīdēnae, ārum *en* **-a,** ae *f stad in het gebied v.d. Sabijnen in Latium aan de Tiber, ten N. v. Rome, naar men beweert gesticht door koningen v. Alba, nu* Fidene; — *inw. en adj.* **Fīdēnās,** ātis (*m*).

fīdēns, *gen.* entis (*p. adj. v. fido*) vol vertrouwen, vastberaden, moedig [**homo; animus; impetus**].

fīdentia, ae *f* (*fido*) zelfvertrouwen, vastberadenheid.

fidēprōmissor, ōris *m* (*fidepromitto*) (*jur.*) borg.

fidē-prōmittō, prōmittere, prōmīsī, prōmissum (*fides*) (*jur.*) zich borg stellen.

fidēs[1], eī *f* (*fido*)
1. vertrouwen, geloof; ▸ *fidem habere* (*of tribuere, adiungere*) geloof, vertrouwen schenken; ~ *fit alci* het wordt voor iem. geloofwaardig; *fidem facere* (*alci*) vertrouwen wekken (bij iem.), iem. overtuigen; *bona* ~ goed vertrouwen; *cum fide* vol vertrouwen; *propter fidem decepta* door misbruik te maken van het vertrouwen; *per fidem fallere, violare*;
2. vertrouwen *dat iem. geniet, geloof dat iem.* bij *anderen vindt*; ▸ *alqs fidem habet* iem. vindt geloof, geniet vertrouwen; *si qua* ~ *mihi est* als ik geloofwaardig ben in uw ogen;
3. trouw, eerlijkheid, betrouwbaarheid, zorgvuldigheid, rechtschapenheid (*in*: *gen.*); ▸ ~ *rerum et verborum* in woord en daad; ~ *erga populum Romanum*; *fidem servare*; *de fide queri* over een schending v.h. vertrouwen; *cum fide* eerlijk, gewetensvol; — **Fidēs,** eī *f godin v.d. trouw*;
4. geloofwaardigheid; ▸ ~ *verborum*; *res fidem habet* is geloofwaardig; *alci rei fidem facere of afferre* iets geloofwaardig maken;
5. belofte, erewoord, toezegging, eed; ▸ *fidem conservare, exsolvere* zijn woord houden, gestand doen; *fidem mutare, violare, fallere, frangere* zijn woord breken; *fidem dare alci* iem. zijn woord geven; *fidem dare et accipere* elkaar met een eed binden; *fide meā* op mijn woord;
6. garantie, waarborg, onderpand, bevestiging, bewijs; ▸ *in* (*ad*) *fidem rei* ter bevestiging, als bewijs; *alci rei fidem addere* iets bevestigen *of* garanderen; *fidem reportare* betrouwbare, geloofwaardige mededelingen; *promissa exhibuere fidem* werden vervuld; *dictis addere fidem* de woorden in vervulling doen gaan;
7. krediet; ▸ *res fidesque* vermogen en krediet; *alcis* ~ *concidit* iems. krediet valt weg; *fidem renovare*;
8. (persoonlijke) zekerheid, onschendbaarheid, vrijgeleide; ▸ *fidem publicam postulare*; *alci fidem publicam dare*;
9. bescherming, hulp; ▸ *alcis fidem sequi, in fidem alcis venire of se conferre* zich onder iems. bescherming stellen; *in alcis fide esse* onder iems. bescherming staan; *deorum fidem implorare* de bescherming v.d. goden aanroepen;
10. (*eccl.*) christelijk geloof.

fidēs[2], is *f*
1. (*niet-klass.*) snaar;
2. (*meestal plur.*) snaarinstrument, lier, luit; ▸ *fidibus canere* luit spelen; — *ook als sterrenbeeld*: Lyra, Lier;
3. (*meestal plur.*) snarenspel; poëzie.

fīdī *pf. v. findo.*

fidi-cen, cinis *m* (*fides*[2] *en cano*) luitspeler; (*poët.*) lyrische dichter.

fidicina, ae *f* (*fidicen*) (*kom.*) luitspeelster.

fidicinius, a, um (*fidicen*) (*Plaut.*) van het luitspelen.

fidicula, ae *f* (*demin. v. fides*[2])
1. (*meestal plur.*) kleine luit;
2. (*postklass.*) *folterwerktuig, bestaande uit touwen, waarmee de ledematen v.d. veroordeelde uit de gewrichten werden getrokken.*

Fidius, ī *m* (*fides*[1]) *voll.* Dius Fidius, *god v.d. trouw*; *uitdrukkingen om mee te zweren*: *per Dium Fidium*; *me Dius Fidius* (*vul aan*: *iuvet*) zo waarlijk helpe mij god!, waarachtig!

fīdō, fīdere, fīsus sum vertrouwen (*op: dat. of abl.; m. aci.*) [**nemini; sibi; prudentiā; ingenio suo**]; (*m. inf.*) het wagen, het aandurven om [**pugnam committere**].

fīdūcia, ae *f* (*fido*)
1. vertrouwen, verwachting (*in, op, van: gen.*) [**sui** zelfvertrouwen; **victoriae**];
2. zelfvertrouwen, moed [**vana**]; ▸ *alci -am afferre* iem. moed geven;
3. betrouwbaarheid;
4. het geven v.e. onderpand;
5. (onder)pand, garantie, hypotheek [**vitae nostrae; regni**].

fīdūciālis, e (*fiducia*) (*Laatl.*) vol vertrouwen, optimistisch.

fīdūciārius, a, um (*fiducia*)
1. op vertrouwen *of* krediet berustend, fiduciair;
2. tijdelijk toevertrouwd *of* overgedragen.

fīdus, a, um (*fido*)
1. trouw, betrouwbaar, nauwgezet [**amicus; coniunx**];
2. (*v. zaken*) betrouwbaar, zeker [**litora**]; ▸ *mons ~ nivibus* met eeuwige sneeuw.

fierī *inf. praes. v. fio.*

figlīna, ae *f* (*figulus*)
1. kleigroeve;
2. pottenbakkerskunst;
3. pottenbakkerij.

figlīnus, a, um (*figulus*) pottenbakkers- [**creta**]; — *subst.* **figlīnum,** ī *n* aardewerk, vaas.

figmentum, ī *n* (*fingo*) (*postklass.*)
1. beeltenis, afbeelding, gestalte;
2. verzinsel.

fīgō, fīgere, fīxī, fīxum
1. vasthechten, bevestigen, vastslaan [**arma thalamo; hominem in cruce;** *metaf.* **oscula** kussen; **vestigia** stevig doorstappen]; *pass.* blijven vastzitten: ▸ *telum figitur (in) pectore; alto sub aethere fixae stellae;*
2. (*ter kennisgeving*) zichtbaar bevestigen, publiekelijk bekendmaken [**decretum; senatūs consultum aere publico**];
3. (*als wijgeschenk of trofee*) ophangen, wijden [**spolia (arma) in postibus (ad postem)**];
4. strak richten (*op: in m. abl.; in m. acc.; abl.*) [**oculos** *of* **lumina in terra, in terram, solo; oculos in virgine** laten rusten; *metaf.* **mentem, studia, curam, industriam, cogitationem in re; fixus in silentium** in stilzwijgen verzonken];
5. slaan, stoten *of* boren in (*m. in m. acc.; in m. abl.*) [**clavum; palum in parietem; iaculum tellure; in acumine dentes**];
6. (*metaf.*) inprenten (*alqd penitus animo, in animo, alqd animis; m. aci.*) [**dicta animis**];
7. doorboren, doorsteken, treffen, verwonden [**pectora telo; alqm sagittā; animalia; cervam, columbam** neerschieten; *metaf.* **alqm maledictis**];
8. (*bouwwerken*) oprichten, bouwen [**moenia; domos** huizen bouwen = zich vestigen];
9. *modum ~ alci rei* paal en perk stellen aan.

figulāris, e (*figulus*) (*Plaut.*) pottenbakkers- [**rota**].

figulīnus, a, um = *figlinus.*

figulus, ī *m* (*fingo*) pottenbakker.

Figulus *Rom. cogn., zie Nigidius.*

figūra, ae *f* (*fingo*)
1. gestalte, uiterlijk, aanblik [**humana; virginea; tauri; cervi; navium; lapidis**];
2. (*Ov.*) mooi voorkomen, schoonheid [**dei; fallax**];
3. bouw, vorm, figuur [**fictilis** figuur uit klei];
4. (*poët.*) schim *v.e. overledene,* verschijning;
5. (*metaf.*) karakter, hoedanigheid, aard, soort [**loci; negotii; orationis; dicendi; pereundi** wijze v. sterven; **condicionis**];
6. (*retor. t.t.*) retorische figuur, uitdrukking; ▸ *-as variare;*
7. (*postklass.*) toespeling.

figūrātiō, ōnis *f* (*figuro*)
1. vorming, voorstelling;
2. vorm;
3. (*postklass.*) weergave, beschrijving.

figūrō, figūrāre (*figura*)
1. modelleren, vormen [**corpus; equum (Troianum); mundum; caseum; anūs in volucres** veranderen];
2. (*postklass.*) (*metaf.*) (*in gedachten*) zich voorstellen [**inanes species animo**];
3. (*postklass.*) (*retor. t.t.*) met retorische figuren verfraaien [**orationem**]; ▸ *plurima mutatione figuramus.*

fīlātim *adv.* (*filum*) (*Lucr.*) draad voor draad.

fīlia, ae *f* (*filius*) (*dat. en abl. plur. fīliīs, fīliābus*) dochter [**familias** *en* **familiae** dochter des huizes].

fīlicātus, a, um (*filix*) versierd met figuren in de vorm v. varens.

fīlicula, ae *f* (*demin. v. filix*) *een klein soort* varen.

fīliola, ae *f* (*demin. v. filia*) dochtertje; (*iron.*) verwijfd figuur.

filiolus, ī *m* (*demin. v. filius*) zoontje.
fīlius, ī *m* (*voc.* fīlī) zoon [**familias** *en* **familiae** zoon des huizes; **naturalis**; **terrae** persoon van onbekende herkomst; **fortunae** zondagskind]; *plur. ook:* kinderen; ▸ *adoptare sibi alqm -um.*
filix *en* **felix,** icis *f* (*postklass.*) varen; onkruid.
fīlum, ī *n*
1. draad, garen; ▸ *-a croci* meeldraden; *-um pollice deducere; -a ducere;*
2. (*poët.*) (*ook plur.*) levensdraad, *die door de schikgodinnen, de parcen, wordt gesponnen voor de mensen* [**trium sororum**];
3. (*poët.; postklass.*) weefsel; ▸ *caput velatum -o* met een wollen band;
4. (*metaf.*) (*v.e. redevoering*) weefsel, vervlochtenheid [**orationis**]; ▸ *argumentandi tenue* ~; *tenui deducta poëmata -o* met fijne draad gesponnen = verzorgd *of* zorgvuldig uitgewerkt;
5. (*niet-klass.*) bouw, vorm [**mulieris; corporis; solis**]; ▸ *bono -o;*
6. (*poët.*) vezel (*v. planten*);
7. (*Ov.*) snaar [**lyrae**].
fimbria, ae *f*
1. haarlok, krul; ▸ *madentes cincinnorum -ae* klamme krullen;
2. (*postklass.*) zoom, franje.
Fimbria *Rom. cogn., zie* Flavius 2. *en* 3.
fimbriātus, a, um (*fimbria*) (*postklass.*) met franje.
fimum, ī *n en* **-us,** ī *m* mest; slijk, modder.
fīnālis, e (*finis*) (*postklass.*) de grenzen betreffend; uiteindelijk, eind- [**causa**].
findō, findere, fidī, fissum
1. splijten, splitsen, (ver)delen [**saxa; corticem; terras vomere** omploegen]; — *pass. en se* ~ (a) zich splitsen, zich delen: ▸ *via se findit in ambas partes;* (b) barsten: ▸ *navis fissa* lek geworden; *ferula fissa; caelum findi visum* scheen te barsten;
2. (*poët.*) doorklieven, stromen door, vliegen door [**fretum; aëra**].
fingō, fingere, fīnxī, fictum
1. vormgeven, vormen, maken, vervaardigen, boetseren (*ihb. in klei en was*) [**pocula de humo; alqd ex argilla**]; ▸ *venuste pingere et* ~;
2. (*v. beeldhouwers en bronsgieters*) kunstzinnig vormgeven, uitbeelden [**simulacra**]; ▸ *ars fingendi* beeldhouwkunst; *imago ficta* (stand)beeld;
3. (*metaf.*) vormen, maken, creëren [**carmina, versūs** dichten; **se ad alqd** zich naar iets richten]; ▸ *natura fingit hominem;*
4. bouwen, maken [**favos**]; ▸ *aves nidos fingunt;*
5. zich inbeelden, zich voorstellen [**maleficium**];
6. verzinnen, bedenken [**causas** voorwendselen; **verba**];
7. huichelen, veinzen [**fugam; se pavidum** angst veinzen; **stultitiam**];
8. (*een gezicht*) trekken, (*een houding*) aannemen [**vultum; habitum**];
9. aaien, zacht aanraken [**manūs aegras**];
10. (*poët.*) (*het haar*) ordenen, schikken [**comas; vitem** in vorm snoeien]; *pass.* het haar laten fatsoeneren: ▸ *fingi curā mulierum;*
11. africhten, dresseren [**equum**];
12. (*m. dubb. acc.*) maken (tot) [**alqm miserum**];
13. (*door onderwijs*) vormen [**ingenium; animum; vocem**]; ▸ *artibus fingi; voce paternā ad rectum fingi;*
14. vervormen, veranderen [**vitam**].
fīniēns, entis *m* (*finio; vul aan: lia*) horizon.
fīniō, fīnīre (*finis*)
I. *tr.*
1. begrenzen; ▸ *Rhenus finit imperium populi Romani; cavernas* ~ sluiten;
2. (*metaf.*) inperken, beperken [**cupiditates; potestatem**];
3. een einde maken aan, beëindigen, besluiten [**bellum; alci vitam; studia; famem** stillen; **sitim** lessen; **dolores; iras; odium**];
4. vaststellen, bepalen [**diem; tempus; locum; modum**]; ▸ *mors est omnibus finita;*
5. (*retor. t.t.*) een volzin laten aflopen *of* afsluiten [**verba; sententias**];
6. (*filos. t.t.*) (*Sen.*) beschrijven, definiëren; ▸ *non aliter finiri potest* niet op een andere wijze = niet nauwkeuriger;
II. *intr.*
1. (*poët.; postklass.*) ophouden met spreken *of* schrijven, besluiten;
2. (*Tac.*) sterven; ▸ *sic Tiberius finivit;*
3. (*Petr.*) eindigen, ophouden;
/ *p. adj.* **fīnītus,** a, um vastgesteld; beperkt; beëindigd.
fīnis, is *m zelden f*
1. grens, grenslinie; ▸ *Rubico* ~ *est Galliae;* (*meestal plur.*) *fines agrorum; fines regere of terminare* vastleggen; — **fīne** (*m. gen.*) (*ook* **fīnī**) tot aan [**Orientis; genūs** tot aan de knie];
2. (*meton.*) *plur.* gebied, land; grondbezit [**Carthaginiensium; angusti; primi** *of* **extremi**

grensgebied]; ▸ *in alienis finibus decertare*;
3. het hoogste, top [**bonorum** het hoogste goed]; ▸ *honorum populi finis est consulatus*;
4. einde, voltooiing [**vitae** *of* **vivendi; epistulae; operis**]; ▸ *labor in fine est* loopt ten einde; *belli (gen.) of iniuriis (dat.) finem facere* een einde maken aan; *ad finem venire* ten einde lopen; *sine fine = nullo (cum) fine* eindeloos, zonder einde; *~ consili* afloop, uitkomst;
5. *(metaf.)* grens, beperking [**humanae naturae; officiorum**]; ▸ *finem et modum transire; fines iuris transcedere; sine ulla fine* onbeperkt;
6. doel, plan [**laudis; medicinae; artium**]; ▸ *ad of in eum finem*;
7. *(Tac.)* levenseinde, dood [**voluntarius**]; ▸ *septem menses a fine Neronis.*

fīnītē *adv. v. finitus, zie finio.*

fīnitimus *(oudere vorm* **fīnitumus***)*, a, um *(finis)*
1. aangrenzend, naburig [**civitas; regio; bellum** in de directe omgeving; **arma** van de buren]; — *subst.* **-ī,** ōrum *m* buren;
2. *(metaf.)* in verband staand, verwant, bijna gelijk [**oratori poëta; huic generi historia**].

fīnītiō, ōnis *f (finio)*
1. begrenzing, beperking, *ook metaf.*;
2. *(Sen.)* verklaring, definitie;
3. *(postklass.)* regel, wet;
4. einde, afloop; levenseinde.

fīnītīvus, a, um *(finio) (postklass.)* berustend op een definitie v. termen [**causa; quaestio**].

fīnītor, ōris *m (finio)*
1. iem. die de grens bepaalt *of* aangeeft;
2. landmeter;
3. horizon; *ook attrib.: circulus ~.*

fīnitumus *zie finitimus.*

fīnxī *pf. v. fingo.*

fīō, fierī, factus sum
1. worden, ontstaan, geboren *of* geschapen worden; ▸ *Arabia ubi apsinthium fit (Plaut.)*;
2. *(v. toestanden en gebeurtenissen)* ontstaan, gebeuren, intreden, bewerkstelligd worden; ▸ *clamor fit; fluctūs, ignes fiunt; alci furtum fit* overkomt; *nihil fit; id interdum fit; quid mihi (en me [abl.]) fiet?* wat zal er met mij gebeuren?; — *zegswijzen:* **fit ut** het gebeurt dat; **quī fit ut?** hoe komt het dat; **quō factō** toen dit gebeurd was, hierop; **factum!** het is gebeurd! = ja!; **fierī (nōn) potest ut** het is (on)mogelijk dat; **fierī nōn potest quīn** *of* **ut nōn** het is noodzakelijk dat; **ut (ferē) fit = ut fierī solet** zoals dat gaat, zoals gewoonlijk; **ita fit ut** daaruit volgt dat; **eō fit ut** daardoor komt het dat;
3. *(als pass. v. facio)* gemaakt, gedaan, vervaardigd worden; ▸ *pons fit; testudo ex ligno fit; impetus factus est; castra fiunt* wordt opgeslagen; *statua ei fit* wordt opgericht; *insidiae alci fiunt* wordt gelegd; — *zegswijzen:* **bene factum!** goed gedaan!, bravo!; **male factum!** prutswerk!;
4. worden (tot); ▸ *ossa lapis fiunt; alqs fit inimicus alci; certior fio* ik word op de hoogte gesteld;
5. gemaakt, benoemd, gekozen worden tot; ▸ *Themistocles praetor fit; consules facti sunt*;
6. *(m. gen.)* geraamd, geschat worden op *(bv. magni, pluris, plurimi)*;
7. *(bij het rekenen)* de uitkomst zijn, opleveren; ▸ *quid fit?*;
8. geofferd worden; ▸ *fit diis.*

firmāmen, inis *n (firmo) (poët.; postklass.)* stut.

firmāmentum, ī *n (firmo)*
1. middel ter versterking, steun; ▸ *-o esse* tot steun dienen; *ossa sunt -a corporis*;
2. *(metaf.)* steun, kracht [**rei publicae; accusationis**]; ▸ *legionem -um* (ter versterking) *adduxit*;
3. hoofdpunt in bewijs *of* verdediging;
4. *(eccl.)* hemel(gewelf), firmament.

firmātor, ōris *m (firmo) (postklass.)* bevestiger, versterker [**disciplinae militaris**].

firmitās, ātis *f (firmus)*
1. stevigheid, sterkte, kracht [**corporis; materiae; vocis; imperii**];
2. standvastigheid, volharding, betrouwbaarheid [**exercitūs**]; ▸ *ea amicitia non satis habet firmitatis.*

firmiter *adv. v. firmus.*

firmitūdō, inis *f = firmitas.*

firmō, firmāre *(firmus)*
1. stevig maken, sterk maken, versterken [**locum munitionibus; castra munimentis; aciem subsidiis**];
2. *(metaf.)* versterken, beveiligen [**imperium; opes; urbem colonis; gradum** vaste voet krijgen];
3. duurzaam, onaantastbaar maken [**amicitiam; regnum; pacem; memoriam; soporem**];
4. *(lichamelijk en geestelijk)* (ver)sterken, krachtig maken [**corpus; animum adulescentis; milites cibo, quiete**]; — *pass.* sterk worden, krachtig worden;
5. bekrachtigen, bevestigen, handhaven [**alqd iure iurando; ius; foedera dictis**];

6. bewijzen [**naturam fati**];
7. bemoedigen, geruststellen; aanmoedigen (*tot: ad; in m. acc.*) [**suos; populum**]; *pass.* zich vermannen; ▸ *firmato vultu* met een stalen gezicht.

Firmum, ī *n stad in Picenum in Midden-Italië ten Z. v. Ancona, nu* Fermo; — *inw. en adj.* **Firmānus,** ī *m resp.* a, um.

firmus, a, um (*adv.* firmē *en* firmiter)
1. stevig, sterk [**carina; ianua; fundamenta**];
2. duurzaam [**assensio; opinio**];
3. (*lichamelijk*) sterk, krachtig [**corpus; catuli**];
4. sterk, in staat weerstand te bieden, taai [**legiones; exercitus; res publica**]; ▸ *Chrysippi consolatio ad veritatem firmissima;*
5. (*metaf.*) standvastig, zeker [**animus; adversus** (*of* **contra**) **pericula**];
6. betrouwbaar, zeker, trouw [**copiae; amicitia; auxilium**];
7. (*v. voedsel e.d.*) krachtig, sterk, voedzaam [**cibus; vinum**];
8. (*v. argumenten e.d.*) goed gefundeerd, betrouwbaar, geldig.

fiscālis, e (*fiscus*) (*postklass.*) de schatkist betreffend.

fiscella, ae *f* (*demin. v. fiscina*) mandje.

fiscina, ae *f* (*fiscus*) mand [**ficorum**].

fiscus, ī *m*
1. mand;
2. geldmandje, kas;
3. (*ttv. de republiek*) staatskas; ▸ *sprw.:* ~ *non erubescit;*
4. (*in de keizertijd*) keizerlijke schatkist, fiscus; ▸ *bona in -um cogere* innen.

fissilis, e (*findo*) splijtbaar; gespleten [**lignum**].

fissiō, ōnis *f* (*findo*) het splijten, delen [**glebarum**].

fissum, ī *n* (*findo*) spleet, snede, *ihb. in de lever* (*als t.t. voor het schouwen v.d. ingewanden*) [**iecorum**].

fissus *ppp. v. findo.*

fistūc- = *festuc-.*

fistula, ae *f*
1. pijp, buis [**ferrea; urinae**];
2. (a) holle (riet)stengel; (b) (*meton.*) *iets dat daaruit gemaakt is, o.a.:* rietfluit, herdersfluit [**eburneola**]; (*Pers.*) schrijfstift, griffel;
3. water(leiding)buis;
4. (*kleine*) handvijzel;
5. (*med. t.t.*) fistel, pijpzweer.

fistulātim *adv.* (*fistula*) (*Apul.*) in een straal.

fistulātor, ōris *m* (*fistula*) fluitspeler.

fistulātus, a, um (*fistula*) (*postklass.*) van pijpen voorzien; hol.

fistulōsus, a, um (*fistula*)
1. poreus;
2. van een pijp voorzien;
3. (*med.*) vol fistels, fistuleus.

fīsus *p.p. v. fido.*

fītilla, ae *f* (*postklass.*) *een soort* brij.

fīxī *pf. v. figo.*

fīxus, a, um (*p. adj. v. figo*) vast, blijvend, onveranderlijk [**vestigia; decretum**].

FL. (*afk.*) = *Flavius of Flaviā* (*tribu*) uit de tribus Flavia.

flābelli-fera, ae *f* (*flabellum en fero*) (*Plaut.*) waaierdraagster.

flābellulum, ī *n* (*demin. v. flabellum*) (*Ter.*) waaiertje.

flābellum, ī *n* (*flabra*) waaier.

flābilis, e (*flo*) blaasbaar, luchtig.

flābra, ōrum *n* (*flo*) (*poët.*) (wind)vlaag; wind.

flacceō, flaccēre, — — (*flaccus*) slap, mat zijn.

flaccēscō, flaccēscere, — — (*incoh. v. flacceo*) verslappen, kwijnen, verwelken; ▸ *voluptates flaccescebant; flaccescebat oratio; frons flaccescit.*

flaccidus, a, um (*flaccus*) (*poët.; postklass.*) mat, zwak, krachteloos.

flaccus, a, um zwak, slap; met hangende oren.

Flaccus, a, um (*flaccus*) *Rom. cogn., zie Horatius.*

flagellō, flagellāre (*flagellum*) (*postklass.*)
1. geselen, slaan;
2. (*metaf.*) opdrijven [**pretia**].

flagellum, ī *n* (*demin. v. flagrum*)
1. gesel, zweep;
2. (*Verg.*) werpriem;
3. (*Ov.*) tentakel;
4. (*poët.*) takje, loot.

flāgitātiō, ōnis *f* (*flagito*) (dringende) eis.

flāgitātor, ōris *m* (*flagito*)
1. vorderaar, opeiser [**pugnae; triumphi**];
2. schuldeiser.

flāgitiōsus, a, um (*flagitium*) schandelijk, smadelijk, eerloos; verdorven [**vita; factum**].

flāgitium, ī *n* (*flagito*)
1. schanddaad, misdrijf, laagheid, schandaal; ▸ *plenus -i; -um facere of committere; nihil -i praetermittere; ista -a Democriti* die schandelijke beweringen;
2. (*Plaut.*) beschimping, scheldpartij;
3. schande, smaad;
4. (*meton.*) booswicht; ▸ *-orum catervae;* ~ *hominis.*

flāgitō, flāgitāre (*flagitium*)

1. hevig verlangen, dringend eisen [**arma; consulis auxilium**]; *(van: ab of acc.; m. ut; inf.* [Hor.]; *aci.* [postklass.]); ▸ *praemia a civibus* ~ ; *ab amico promissa per litteras* ~ ; *flagitas me ut eloquar* (Plaut.);
2. *(m. abstr. subj.)* dringend verlangen, noodzakelijk maken, vergen; ▸ *quae tempus et necessitas flagitat* (Cic.); *quid artes a te flagitent, tu videbis* (Cic.);
3. verlangen te weten [**nomen; crimen; quae sint ea numina**];
4. opeisen, de uitlevering verlangen van *(m. acc.)* [**filium ab alqo; testes** dagvaarden];
5. (Tac.) voor het gerecht brengen.

flagrāns, *gen.* antis *(p. adj. v. flagro)*
1. brandend, laaiend [**aestus**];
2. *(metaf.)* gloeiend, hartstochtelijk, hevig, opgewonden [**cupiditas; tumultus; studium; cupido gloriae;** *(door: abl.)* **invidiā**];
3. oplichtend, schitterend, glanzend, stralend [**oculi; genae; vultus; crinis;** *(door: abl.)* **clipeo**].

flagrantia, ae *f (flagro)*
1. (verzengende) gloed [**solis; aestatis; montis**];
2. *(metaf.)* gloed, vuur [**oculorum**]; brandende liefde, innigheid [**materna; caritatis**].

flagri-triba, ae *m (flagrum en Gr. leenw.)* (Plaut.) *(scherts.)* 'zweepslijter', slaaf die vaak gegeseld wordt.

flagrō, flagrāre
1. branden, gloeien; ▸ *flagrabant ignes, onerariae;*
2. *(poët.)* fonkelen, glanzen; ▸ *flagrant lumina nymphae;*
3. *(metaf.)* blaken, (hartstochtelijk) gloeien, branden *(van, door: abl.)* [**pugnandi cupiditate; amore; inopiā** zeer geplaagd worden];
4. *(v. toestanden)* ontbranden; ▸ *bellum flagrat.*

flagrum, ī *n* zweep, gesel.

flāmen¹, inis *n (flo)* (preklass.; poët.)
1. het blazen, waaien *v.d. wind;* (wind)vlaag;
2. *(meton.)* wind [**hibernum**];
3. het blazen op een fluit, *plur.* tonen v.e. fluit.

flāmen², inis *m* flamen, priester *v. één speciale god (er waren 3 flamines maiores uit patricische families, nl. de flamen* Dialis *voor* Jupiter, *de flamen* Martialis *voor Mars, de flamen* Quirinalis *voor* Romulus, *en 12 flamines minores uit plebejische families voor lagere goden, ook voor de als god vereerde keizers)*; ▸ *flaminem inaugurare, prodere.*

flāminica, ae *f (flamen²)* echtgenote v.e. flamen.

Flāminīnus *zie Quinctius.*

Flāminius, a, um *naam v.e. pleb. gens:* C. ~ *liet als censor in 220 v. Chr. de via Flaminia (van Rome naar Ariminum) aanleggen en liet de Circus Flaminius bouwen; sneuvelde als consul in 217 v. Chr. in de strijd tegen Hannibal bij het Trasimeense Meer;* — *adj. ook:* **Flāminiānus,** a, um.

flamma, ae *f (flagro)*
1. vlam, vuur; ▸ *-am concipere* vlam vatten; *-am sedare; -ā torreri; ferro flammāque* te vuur en te zwaard;
2. *(meton.)* (a) fakkel; ▸ *-am alci de manibus extorquere; -as ad culmina iactant;* (b) *(poët.)* bliksemschicht [**trifida**]; (c) *(poët.)* (staart v.e. vallende) ster; (d) *(poët.)* glans, schittering [**galeae; solis**];
3. *(metaf.)* gloed, vuur, hevigheid [**amoris; oratoris; belli; invidiae; gulae** geeuwhonger; **ultrix** gloeiende wraaklust]; ▸ *ira spirat pectore flammas;*
4. *(poët.)* liefdesvuur; *(meton.)* geliefde;
5. verderf [**duorum bellorum**].

flamm(e)ārius, ī *m (flammeum)* (Plaut.) maker van bruidssluiers.

flammeolum, ī *n (demin. v. flammeum)* (Juv.) (kleine) bruidssluier.

flammeolus, a, um *(flamma)* (postklass.) gevlamd.

flammēscō, flammēscere, — — *(incoh.; zie flamma)* (Lucr.) gloeiend worden, vlam vatten.

flammeum, ī *n (flammeus)* (niet-klass.) (vuurrode) bruidssluier; ▸ *puellae caput involvere -o.*

flammeus, a, um *(flamma)*
1. gloeiend, brandend, vurig *(ook metaf.)* [**stella; versus; carmen**];
2. *(poët.)* glanzend, schitterend [**lumina**];
3. *(poët.)* vuurrood [**vestimentum**].

flammidus, a, um (Apul.) = *flammeus.*

flammi-fer, fera, ferum *(flamma en fero)* (poët.; postklass.)
1. vlammen dragend, brandend;
2. gloeiend, heet [**aestus; vis**], vurig.

flammi-ger, gera, gerum *(flamma en gero)* (poët.) vlammen dragend, brandend.

flammō, flammāre *(flamma)*
I. *tr.*
1. aansteken, verbranden;
2. *(metaf.)* ontsteken, ontvlammen [**cor**]; ▸ *flammatus amore;*
II. *intr.* (poët.) *(alleen ptc. praes.)* gloeien, branden, laaien; ▸ *fenum flammans; flammantia lumina.*

flammula, ae *f* (*demin. v. flamma*) vlammetje.
flāmōnium, ī *n* (*flamen*[2]) ambt v. flamen.
flascō, ōnis *m* (*Germ. woord*) (*Laatl.*) (wijn)fles.
flātō, flātāre (*frequ. van flo*) (*Laatl.*)
I. *intr.* blazen [**tibiis**];
II. *tr.* aanblazen, aanwakkeren [**incendia**].
flātūra, ae *f* (*flo*)
1. het smelten, gieten [**auri; aeris**];
2. gietsel.
flātus, ūs *m* (*flo*)
1. het waaien, blazen *v.d. wind;* (wind)vlaag [**aestivus; secundus** gunstig; **adversus** ongunstig; **austri**]; ▸ *flatu figuratur vitrum;*
2. (*metaf.*) ademtocht [**fortunae**];
3. (*poët.; postklass.*) het ademen, snuiven [**equorum**]; adem, zucht;
4. (*poët.*) het blazen op een fluit, fluitspel;
5. (*postklass.*) winderigheid, wind;
6. (*poët.*) hoogmoed (*meestal plur.*); ▸ *flatūs remittere.*
flāvēns, *gen.* entis (*flavesco*) (*poët.*) (goud)geel, blond [**cera; arena; coma**].
flāvēscō, flāvēscere, — — (*flavus*) (*poët.; postklass.*) (goud)geel worden; blond worden.
Flāviālis, Flāviānus zie *Flavius.*
Flāvīnius, a, um van de stad Flavina (*in Etrurië*), Flavinisch [**arva**].
Flāvius, a, um *naam v.e. Rom.* (*oorspr. Sab.*) *gens:*
1. Cn. ~, *ca.* 300 *v. Chr., zoon v.e. vrijgelatene, secretaris v. Appius Claudius Caecus, later (als eerste vrijgelatene) aedilis curulis; maakte de eerste Rom. kalender;*
2. C. ~ Fimbria, *aanhanger v. Marius en Cinna, overwon Mithridates, bestreden door Sulla;*
3. T. ~ Vespasianus, *Rom. keizer van 69 tot 79 n. Chr.;*
4. *gelijknamige zoon v.d. vorige, Rom. keizer van 79 tot 81 n. Chr., bekend als keizer Titus;*
5. T. ~ Domitianus, *broer v.d. vorige, Rom. keizer van 81 tot 96 n. Chr.;*
/ *adj. ook:* **Flāviānus,** a, um; / **Flāviālis,** is *m flamen (eigen priester) v.d. gens Flavia.*
flāvus, a, um (*poët.; postklass.*) (goud)geel, blond [**arva; coma**].
flēbilis, e (*fleo*)
1. tranen verwekkend [**cepa**];
2. betreurenswaardig, beklagenswaardig;
3. huilend, klagend; ▸ *flebiliter respondere* in tranen;
4. (*v. niet-lev.*) klaaglijk, (ont)roerend [**vox; elegia**].
flectō, flectere, flexī, flexum
I. *tr.*
1. buigen, krommen [**membra; artūs; ramum; arcum** spannen]; ▸ *anguis flectit sinūs* kronkelt (zich) in bochten; — *pass. flecti* kronkelen, knielen; ▸ *flexi crines* gekruld haar; *flexum mare* baai;
2. draaien, wenden, sturen, richten [**equos; currum; navem; cursūs in orbem; oculos** *of* **lumina a re ad alqm** *of* **in alqd; ora retro**]; — *se* ~ *en pass.* zich wenden;
3. veranderen, wijzigen [**iter** *of* **viam** de marsroute veranderen, een andere weg nemen; **vitam**]; — *pass.* veranderen;
4. afbrengen van [**alqm a proposito; alqm a studio ad imperium**];
5. afwenden [**fatum**];
6. (*metaf.*) van mening doen veranderen, vermurwen [**superos; iudices; alqm precibus, donis; ingenium aversum alcis**];
7. (*geluid*) moduleren, van toon(hoogte) (doen) veranderen [**vocem**]; ▸ *flexo sono* met, in een andere toonhoogte;
8. (*naut.*) varen *of* zeilen om . . . heen, ronden [**promunturium**];
9. (*Tac.*) in verband brengen met; ▸ *versūs qui in Tiberium flectuntur;*
10. (*Gell.*) (*gramm. t.t.*) vormen, afleiden; ▸ *hoc vocabulum de Graeco flexum est;*
II. *intr.* zich wenden naar, oprukken naar [**Cremonam; ad Oceanum; in Capitolium**]; (*metaf.*) zich wenden tot [**ad sapientiam**].
flēmina, um *n* (*Plaut.; Plin. Mai.*) dikke enkels.
fleō, flēre, flēvī, flētum
I. *intr.*
1. huilen, wenen; ▸ *alqd flens ab alqo petere; quid fles, Asterie?;*
2. (*Lucr.*) (*v. niet-lev.*) druppelen, druipen;
II. *tr.* huilen om, bewenen, betreuren [**amissum fratrem; filii necem; casum rei publicae; inultos dolores**].
flētus[1] *ppp. v. fleo.*
flētus[2], ūs *m* (*fleo*)
1. het huilen, het jammeren, ontroering [**maeroris; tacitus**]; ▸ *fletum alci movere* tot tranen toe roeren; *fletum reprimere* onderdrukken; *magno fletu* (onder luid gejammer) *auxilium petere;*
2. (*meton.*) (*ook plur.*) tranen; ▸ *fletibus ora rigare; fletūs fundere.*
flēvī *pf. v. fleo.*
Flēvum, ī *n Romeinse legerplaats in het gebied v.d. Friezen (Velsen?).*

flex-animus, a, um *(flecto) (poët.)*
1. ontroerend, aangrijpend;
2. geroerd.

flexī *pf. v. flecto.*

flexibilis, e *(flecto)*
1. buigzaam, soepel [**arcus;** *metaf.* **vocis genus; oratio**];
2. beïnvloedbaar [**aetas; ingenium**]; veranderlijk.

flexilis, e *(flecto) (poët.; postklass.)* buigzaam, soepel [**cornu; ulmus**]; gevlochten, gekruld.

flexi-loquus, a, um *(flecto en loquor)* raadselachtig [**oracula**].

flexiō, ōnis *f (flecto)*
1. buiging, kromming;
2. *plur. (metaf.)* slinkse wegen, uitvluchten; ▸ *flexiones quaerere;*
3. modulatie *v.d. stem, v. gezang* [**vocis; modorum**].

flexi-pēs, *gen.* pedis *(flecto) (Ov.)* slingervoetig [**hederae**].

flexuōsus, a, um *(flecto)* bochtig, slingerend, grillig [**iter; Taurus mons**].

flexūra, ae *f (flecto)* buiging, kromming, kronkeling.

flexus[1] *ppp. v. flecto.*

flexus[2], ūs *m (flecto)*
1. (om)buiging, kromming, kronkeling [**cervicis; manūs; viae; vallium**];
2. omweg, zijweg; ▸ *flexu Armeniam petunt; in nullos flexūs recedere* niet afdwalen;
3. *(metaf.)* keerpunt [**autumni; aetatis**];
4. wending, verandering [**rerum publicarum**].

flīctus, ūs *m (fligo) (poët.)* het botsen, tegen elkaar slaan, botsing [**navium**].

flīgō, flīgere, — — slaan, tegen de grond slaan.

flō, flāre
I. *intr.* blazen *(v. wind, v.e. fluit, v. personen);* ▸ *ventus flat* blaast, waait; *tibia flabit* zal klinken; *sprw.: simul flare sorbereque haud factu facile est;*
II. *tr.*
1. *(preklass.; poët.)* uitblazen, *(vuur)* spuwen [**acrem flammam** *(v.d. Chimaera)*]; ▸ *anima quae flatur* adem die uitgeademd wordt;
2. *(poët.)* blazen (op) *(de fluit)* [**tibiam**];
3. met een blaasbalg *(metalen)* doen smelten, *(brons)* gieten, *(munten)* slaan [**argentum; aes; nummos**]; ▸ *flata signataque pecunia.*

floccus, ī *m*
1. wolvlok, draadje;
2. *(metaf.)* kleinigheid; ▸ *alqd, alqm non -i facere* lak hebben aan, zich niet bekommeren om, zich niets aantrekken van.

Flōra, ae *f (flos) godin v.d. bloemen;* — *adj.* **Flōrālis,** e [**ludi** = *Floralia*]; — *subst.* **Flōrālia,** ium *en* iōrum *n* feest v. Flora, bloemenfeest *v.d. Romeinen (een volksfeest dat in de vroege keizertijd van 28 april tot 3 mei duurde).*

flōrēns, *gen.* entis *(p. adj. v. floreo)*
1. bloeiend [**corona** bloemenkrans];
2. in de bloei v. zijn jeugd, pril [**adulescens; iuventa**]; ▸ *femina ~ aetate;*
3. *(metaf.)* voortreffelijk, overvloedig bedeeld *(door, met: abl.)* [**ingenio; eloquentiā; aetate; honoribus**];
4. machtig, vooraanstaand, invloedrijk, in hoge achting staand [**civitas; opes Etruscorum; homo; amicitia**]; ▸ *Macedones imperio terrarum florentes;*
5. *(retor.)* bloemrijk [**orationis genus; oratores**].

Flōrentia, ae *f stad aan de Arno, nu* Firenze (Florence); — *inw. en adj.* **Flōrentīnus,** ī *m resp.* a, um.

flōrēnus, ī *m (Mel.)* florijn, *aanvankelijk een in Florence geslagen gouden munt, later de naar zijn voorbeeld o.a. in Nederland geslagen gulden* [**aureus**].

flōreō, flōrēre, flōruī, — *(flos)*
1. bloeien; ▸ *arbor floret; papavera florent; annus floret* is in volle bloei;
2. *(metaf.)* floreren, vooraanstaand, machtig zijn, uitblinken [**in patriā; in re militari** als veldheer];
3. in hoge graad bezitten, rijk voorzien zijn van, overvloed hebben aan *(m. abl.)* [**gratiā et auctoritate; gloriā; favore; honoribus; laudibus**];
4. *(poët.)* vol zijn van, pralen met *(m. abl.);* ▸ *ager autumno floret; Hybla multis thymis floret; mare florebat navibus (velis);*
5. *(poët.)* (zacht) glanzen, schitteren; ▸ *florentes aere catervae; florentia lumina flammis;*
6. *(v. wijn)* mousseren; ▸ *vina florent.*

flōrēscō, flōrēscere, — — *(incoh. v. floreo)* opbloeien, tot bloei komen *(ook metaf.);* ▸ *patria nostra florescit.*

flōreus, a, um *(flos) (poët.)*
1. van bloemen, uit bloemen bestaand [**corona**];
2. vol bloemen, met veel bloemen [**rura; crines**].

flōridulus, a, um *(demin. v. floridus) (Catull.)* mooi bloeiend.

flōridus, a, um *(flos)*
1. *(poët.)* bloeiend [**pinus; ramuli**];
2. *(poët.)* van bloemen, uit bloemen bestaand [**serta**];
3. *(preklass.; poët.)* vol bloemen, met veel bloemen [**prata; montes**];
4. *(poët.; postklass.) (metaf.)* bloeiend, jeugdig, pril [**aetas; filia; forma**];
5. *(retor.)* bloeiend, bloemrijk [**sententiae**]; ▸ *floridiorem esse* een meer bloemrijke stijl hebben; *floridior in declamando quam in agendo*;
6. *(v. kleuren)* levendig;
/ *subst. n plur.* **flōrida et varia** bonte verzameling bloemen.

flōri-fer, fera, ferum *(flos en fero) (poët.; postklass.)* bloemen dragend, vol bloemen [**saltus; ver**].

flōri-legus, a, um *(flos en lego*[1]*) (Ov.)* honing zoekend [**apes**].

flōrulentus, a, um *(flos) (Laatl.)* bloeiend *(ook metaf.)*.

flōrus, a, um *(floreo)* blond [**crines**].

Flōrus, ī *m* L. Annaeus ~, *Rom. geschiedschrijver ttv. Trajanus en Hadrianus, schreef een beknopt overzicht v.d. Rom. geschiedenis tot de tijd v. Augustus.*

flōs, flōris *m*
1. bloem, bloesem [**thymi; rosae**]; ▸ *florum omnium varietas; flores legere*;
2. het bloeien; bloei van iems. leven, bloei v.d. jeugd, jeugdige frisheid; ▸ *senectus redit in florem* wordt weer jong;
3. *(metaf.)* toestand v. bloei, hoogtepunt, glansperiode, het beste deel [**Graeciae; vini; cenae; aetatis** de beste jaren];
4. *(meton.)* jeugd, bloei, puikje [**nobilitatis et iuventutis; Italiae**];
5. glans, sieraad, kleinood, parel; ▸ *ager Sabinus, ~ Italiae*;
6. *(poët.; postklass.) meton. voor diverse stoffen aan de oppervlakte v. iets, o.a.:* (a) schuim [**vini**]; (b) roest [**aeris**];
7. *(poët.)* eerste zachte baardharen, dons(haren) [**iuvenilis**];
8. (zachte) glans, glinstering; ▸ *poëticis floribus.*

flōsculus, ī *m (demin. v. flos)*
1. bloempje, bloesempje;
2. *(metaf.)* versiering, sieraad [**vitae** jeugd]; *(v. taal)* uitdrukking ter versiering, mooie zinswending; ▸ *omnes undique -os carpere atque delibare*;
3. *(Sen.)* zinspreuk, sententie.

flūcti-fragus, a, um *(fluctus en frango) (Lucr.)* golven brekend.

flūcti-ger, gera, gerum *(fluctus en gero)* door de golven gedragen.

flūcti-sonus, a, um *(fluctus en sono) (Sen.)* ruisend door de golven.

flūcti-vagus, a, um *(fluctus en vagor) (poët.)* zwervend over de golven.

flūctuātiō, ōnis *f (fluctuo)*
1. golving; *(Sen.)* onrustige beweging [**corporis**];
2. *(metaf.)* het heen en weer geslingerd worden, besluiteloosheid [**animorum**].

flūctuō, flūctuāre *en* **flūctuor,** flūctuārī *(fluctus)*
1. *(poët.; postklass.)* golven, deinen; ▸ *mare fluctuat; aër fluctuat; fluctuat Zephyro seges; (metaf.) turba, populus fluctuans* op en neer deinend;
2. *(poët.) (metaf., v. hartstochten en personen)* woeden, tekeergaan, zieden; ▸ *irarum fluctuat aestu*;
3. *(metaf.)* weifelen, besluiteloos zijn; ▸ *acies fluctuans; inter spem metumque ~; inter varia consilia ~; in suo decreto ~; animo nunc huc, nunc fluctuat illuc*;
4. *(in het water)* drijven, dobberen.

flūctuōsus, a, um *(fluctus) (pre- en postklass.)* golvend, stormachtig.

flūctus, ūs *m (fluo)*
1. golf, vloed; ▸ *fluctu operiri; fluctūs sedare, frangere; medio fluctu* midden op zee;
2. *(Lucr.)* het golven, stromen, stroming [**aquae**];
3. *(metaf.) (meestal plur.)* onrust, gevaren, maalstroom [**belli; civiles** van het politieke leven; **irarum** onstuimige driften]; ▸ *rerum fluctibus in mediis.*

fluēns, *gen.* entis *(p. adj. v. fluo)*
1. (gelijkmatig) voortvloeiend, rustig [**elegi**];
2. vloeiend [**oratio**];
3. verslapt, slap [**membra; buccae** hangwangen].

fluenti-sonus, a, um *(fluentum en sono) (Catull.)* ruisend door de golven [**litus**].

fluentum, ī *n (fluens) (poët.)* stroom, vloed [**Iordanis; flammarum** vlammenzee].

fluidus, a, um *(fluo)*
1. *(poët.)* vloeiend, vloeibaar [**liquor**]; druipend [**sanguine** van het bloed];
2. *(Lucr.)* neergolvend [**frondes**];
3. slap, slungelig [**lacerti; caro; corpora**]; on-

standvastig [**habitus**];
4. (*Ov.*) verslappend, ontbindend [**calor**].

fluitō, fluitāre (*intens. v. fluo*)
1. (*poët.*) (heen en weer) stromen, golven; ▸ *undae fluitantes; aequor fluitans;*
2. (in het water) drijven, dobberen; ▸ *fluitans alveus, materia; ebenus in aquis non fluitat;*
3. (*poët.; postklass.*) slap naar beneden hangen; golven, wapperen; ▸ *vela fluitantia; vestis fluitans; fluitantia lora* losse teugels;
4. (*poët.; postklass.*) wankelen, weifelen (*ook metaf.*); ▸ *animus incerto errore fluitans; fides fluitans.*

flūmen, inis *n* (*fluo*)
1. stromend water, stroom [**vivum** stromend water; **fontis** bronwater; **curvum** kronkelend]; ▸ *flumina limosa potare;*
2. rivier, stroom; water; ▸ *flumine secundo* stroomafwaarts; *flumine adverso* stroomopwaarts; *flumina publica sunt;*
3. (*poët.*) (*personif.*) riviergod;
4. (*metaf.*) stroom [**lacrimarum; sanguinis; aëris**];
5. (*v.d. geest*) rijke hoeveelheid, stroom, overvloed [**ingenii**];
6. (woorden)vloed [**orationis; gravissimorum verborum**].

Flūmentāna porta, ae *f* de 'Rivierpoort' in Rome *aan de Tiber (ten Z.W. v.h. Capitool).*

flūmineus, a, um (*flumen*) (*Ov.*) zich in of aan de rivier bevindend, rivier- [**avis** zwaan].

fluō, fluere, flūxī, (flūxum, *arch.* flūctum)
1. vloeien, stromen; ▸ *aqua, imber fluit; lacrimae fluunt; inter Helvetiorum fines et Allobrogum Rhodanus fluit; fluit de corpore sudor; fluit in terram cruor;*
2. druipen, nat zijn (*van: abl.*) [**sudore; cruore**]; ▸ *Graeculae vites acinorum exiguitate minus fluunt* hebben maar weinig sap;
3. (*metaf.*) in beweging zijn; ▸ *cuncta fluunt* alles is voortdurend in verandering;
4. (*v. taal*) (a) stromen; ▸ *oratio ex ore alcis fluit;* (b) eentonig voortstromen; ▸ *ne fluat oratio; cum flueret lutulentus* in de troebele stroom v. zijn verzen; (c) (*Sen.*) gelijkmatig, rustig stromen; ▸ *oratio fluens leniter;*
5. (*poët.*) (*v. tijd*) verlopen, voorbijvliegen; ▸ *fluunt tempora;*
6. (*poët.; postklass.*) (*v.e. mensenmassa*) (samen)stromen; ▸ *turba fluit castris* uit het legerkamp;
7. (*v. abstr.*) zich uitbreiden, zich verbreiden, om zich heen grijpen, overslaan; ▸ *multus sermo fluit* er worden veel opmerkingen gemaakt; *Pythagorae doctrina longe lateque fluxit;*
8. (*poët.*) rijkelijk voorzien zijn van (*m. abl.*) [**luxu**];
9. ontstaan uit, afstammen, afkomstig zijn van; ▸ *nomen ex Graeco fluit; omnia ex natura rerum fluunt; haec omnia ex eodem fonte fluxerunt;*
10. verlopen, zich ontwikkelen, gaan; ▸ *videamus illius rationes quorsum fluant; rebus ad voluntatem fluentibus* omdat alles naar wens loopt;
11. vervliegen, wegvloeien, uiteenvallen, vergaan, verslappen; ▸ *vires lassitudine fluunt; mollitiā* ~ opgaan, wegsmelten in; *membra fluunt;*
12. vloeibaar worden, smelten; ▸ *fluit ignibus aurum;*
13. vallen, (neer)storten [**ad terram**]; ▸ *arma de manibus fluunt;*
14. (*poët.*) naar beneden hangen, neergolven; ▸ *coma, tunica, balteus fluens; rami fluentes.*

fluor, ōris *m* (*fluo*) (*postklass.*) het vloeien, het stromen, stroming.

flūtō, flūtāre = *fluito.*

fluviālis, e *en* **fluviāticus,** a, um = *fluviatilis.*

fluviātilis, e (*fluvius*) in, bij *of* van de rivier, rivier- [**aqua; testudo**].

fluvidus, a, um = *fluidus.*

fluvius, ī *m* (*fluo*)
1. rivier, stroom [**rapidus**]; ▸ *de -o aquam derivare;*
2. (*poët.; postklass.*) stroom, stromend water e.d.; ▸ ~ *cruoris;*
3. (*poët.*) stroming; ▸ *-o secundo* stroomafwaarts;
4. (*poët.*) (*personif.*) riviergod [**corniger**].

flūxī *pf. v. fluo.*

flūxūra, ae *f* (*fluo*) (*postklass.*) vocht (*v.e. druif*).

flūxus[1], a, um (*fluo*)
1. (*postklass.*) vloeiend, vloeibaar [**sucus**]; ▸ *elementa arida atque -a;*
2. (*poët.; postklass.*) (naar beneden) golvend, wapperend, los [**crines; amictus**];
3. slap (naar beneden hangend) [**habena**];
4. (*postklass.*) (*metaf.*) zwak, slap [**corpus**];
5. onstandvastig, weifelend, onzeker [**fides; divitiarum gloria; auctoritas; animus**];
6. bouwvallig [**muri;** *metaf.* **auctoritas** ondermijnd]; ▸ *murorum fluxa* afbrokkelende delen; *studia inania et -a* met kortstondig succes.

flūxus[2], ūs *m* (*fluo*) (*postklass.*) het stromen.

fōcāle, is *n* (*fauces*) (*poët.; postklass.*) halsdoek, sjaal.

fōcilō, fōcilāre (*focus*) (*postklass.*) (*door warmte*) doen herleven, koesteren.

fōculum, ī *n (focus) (Plaut.)* vat of middel om te verwarmen.

foculus, ī *m (demin. v. focus)*
1. kleine haard om te offeren;
2. *(Plin. Mai.)* kleine haard;
3. *(Juv.)* haardvuur.

focus, ī *m*
1. stookplaats *v.h. huis,* haard; ▸ *ad -um sedere;*
2. *(metaf.)* (eigen) huis, huis en hof, bezitting, familie; ▸ *pro aris et -is pugnare; domo et -is patriis alqm eicere;*
3. haard om te offeren, offeraltaar; ▸ *dare tura* (wierook) *in -os;*
4. *(Verg.)* brandstapel;
5. *(poët.; postklass.)* vuur, gloed; ▸ *-um facere.*

fōdī *pf. v. fodio.*

fodicō, fodicāre *(intens. v. fodio)*
1. *(poët.; postklass.)* stoten [**latus** in de zij(de)];
2. *(metaf.)* verontrusten [**animum**].

fodīna, ae *f (fodio)* mijn, groeve.

fodiō, fodere, fōdī, fossum
1. graven [**fossam**]; ▸ *in fundo ~ aut arare;*
2. omwoelen, omspitten [**terram; arva; hortum; murum** ondermijnen];
3. opgraven [**argentum**];
4. steken, prikken [**equum calcaribus**];
5. doorstéken, -bóren [**alqm stimulis; guttura cultro; hostem pugionibus; militem hastā; pectora telis**];
6. neuken;
7. *(poët.)* uitsteken [**lumina alci**].

foederātus, a, um *(foedus²)* door een verdrag verbonden [**civitas; gentes**]; — *subst.* **foederātī,** ōrum *m* bondgenoten.

foedi-fragus, a, um *(foedus² en frango)* zich niet houdend aan een verdrag.

foeditās, ātis *f (foedus¹)*
1. lelijkheid, afschuwelijkheid [**vestitūs; odoris**];
2. schandelijkheid, schande [**animi; decreti; supplicii**].

foedō, foedāre *(foedus¹)*
1. misvormen, verminken, toetakelen [**agros** verwoesten; **crines** in de war maken; **bracchia tabo; alqm verberibus; ferro volucres** doden]; ▸ *foedant et proterunt hostium copias;*
2. verduisteren, doen betrekken [**lumen; serenos vultūs**];
3. *(poët.; postklass.)* bezoedelen, bevlekken [**sanguine tellurem**];
4. *(metaf.)* schenden, onteren, ontwijden [**alqm scelere**]; ▸ *rem patriam et gloriam maiorum ~.*

foedus¹, a, um
1. lelijk, afstotelijk, afschuwelijk, afgrijselijk, huiveringwekkend [**locus; odor**];
2. schandelijk, laag, onfatsoenlijk [**facinus; bellum; homo**].

foedus², eris *n*
1. verdrag, verbond *tussen staten* [**pacis; duorum populorum; aequum** op voet v. gelijkheid gesloten]; ▸ *foedus facere, icere, ferire of componere cum alqo* sluiten; *de foedere decedere; foedus frangere, rumpere of violare* breken; *foedus accipere* aannemen; *ex foedere* krachtens het verbond;
2. verbintenis, verbond, overeenkomst, verdrag *tussen individuen* [**coniugale, thalami** huwelijksband; **hospitii; amicitiae** vriendschapsband]; ▸ *foedus inter se facere; foedere iuncti* verwanten;
3. *(poët.)* bepaling, wet [**naturae**]; ▸ *foedera caeli.*

foen- = *fen-.*

foeteō, foetēre, —— stinken; *(metaf.)* walging veroorzaken.

foetidus, a, um *(foeteo)* vies ruikend, stinkend [**anima; corpus**].

foetor, ōris *m (foeteo)*
1. stank;
2. *(Suet.) (metaf.) plur.* walgelijke aspecten.

foetulentus, a, um *(foeteo) (postklass.)* stinkend.

foetus = *fetus.*

foetūtīna, ae *f (foeteo) (Laatl.)* mestvaalt.

foliāceus, a, um *(folium) (Plin. Mai.)* de vorm v.e. blad hebbend.

foliātum, ī *n (foliatus; vul aan: unguentum) (postklass.) (uit de bladeren v.d. nardus, een Indische plant, verkregen)* parfum.

foliātus, a, um *(folium) (postklass.)* voorzien van bladeren.

foliōsus, a, um *(folium) (Plin. Mai.)* vol bladeren.

folium, ī *n* blad *(v.e. plant); plur.* loof.

follicō, follicāre *(follis) (Apul.)* hangen, uitzakken.

folliculus, ī *m (demin. v. follis)*
1. kleine leren zak;
2. *(Suet.)* ballon;
3. *(pre- en postklass.)* omhulsel; schil.

follis, is *m*
1. (leren) zak;
2. blaasbalg; ▸ *folles spirant mendacia (schertsend v.d. longen v.e. redenaar)* uiten leugens;
3. ballon, grote bal;

4. (*Plaut.*; *Juv.*) geldbuidel, beurs.

follītus, a, um (*follis*) (*Plaut.*) in een zak opgesloten.

fōmentum, ī *n* (*meestal plur.*) (*foveo*)
1. (*poët.*; *postklass.*) kompres, verband [**aquae calidae**];
2. (*metaf.*) verlichting, kalmering [**dolorum**];
3. spaander brandhout.

fōmes, itis *m* (*foveo*) (*postklass.*)
1. spaander, brandhout;
2. (*metaf.*) prikkel, voedsel.

fōns, fontis *m*
1. bron [**calidus; frigidus**];
2. (*poët.*) (*meton.*) bronwater, alg. water;
3. (*metaf.*) bron, oorsprong, oorzaak [**gloriae; iuris; mali**];
4. (*personif.*) **Fōns,** Fontis *m* brongod; ▸ *Fontis delubrum*; — *adj.* **Fontinālis,** e aan de brongod gewijd [**porta** 'bronpoort' *aan de Z.-kant v.d. Campus Martius*]; — **Font.** = **Fontinālia,** ium *n* feest v.d. brongod, bronnenfeest (*op 13 oktober*);
5. (*Mel.*) (*sacer*) doop(sel).

fontānus, a, um (*fons*) (*poët.*; *postklass.*) van een bron, bron- [**numina** brongoden].

Fonteius, a, um *naam v.e. pleb. Rom. gens, die ook elders in Italië voorkomt:* M. ~, *gezant v. Sulla, in 69 v. Chr. door Cicero tegen de aanklacht v. afpersing en verduistering verdedigd*; — *adj. ook* **Fonteiānus,** a, um.

fonticulus, ī *m* (*demin. v. fons*) kleine bron.

Fontinālia, ium *n zie fons.*

Fontinālis, e *zie fons.*

for, fārī, fātus sum
1. spreken, zeggen; ▸ *fando accepisse of audisse* weten van horen zeggen; — **fandus,** a, um (a) te zeggen, uitspreekbaar; *non fandus* onuitspreekbaar, naamloos; (b) geoorloofd, juist; ▸ *non fanda timemus*;
2. verkondigen, vertellen;
3. (*Prop.*) bezingen [**Tarpeium nemus**];
4. (*preklass.*; *poët.*) voorspellen [**fata**].

forābilis, e (*foro*) (*poët.*; *postklass.*) te doorbóren.

forāmen, inis *n* (*foro*) (boor)gat, opening [**operculi; terrae**].

forās *adv.* (*foris*[1])
1. naar buiten, eruit [**ire; alqm pellere; alqm proicere; ambulare hinc**];
2. in vreemde handen; in de openbaarheid [**alqd (scripta) efferre** *of* **dare** bekendmaken];
3. (= *foris*[2] *1.*) buiten, buitenshuis; ▸ ~ *cenare*; *omnia* ~ *parata sunt.*

for-ceps, cipis *m en f* tang; schaar.

forda, ae *f* (*Ov.*) drachtige koe.

fore, forem *enz. zie sum.*

forēnsia, ium *n* (*forensis*; *vul aan: vestimenta*) (*Suet.*) staatsiekleding, pronkgewaad.

forēnsis (*forum*)
I. *adj.* e
1. van het forum, van de markt, markt-;
2. bestemd voor het uitgaan, openbaar; ▸ *vestitu forensi ad portam egredi*;
3. gerechtelijk, gerechts- [**labor; opera; feriae** dagen waarop geen rechtszittingen plaatsvinden; **Mars** openbare welbespraaktheid];
II. *subst.* is *m* pleiter, advocaat.

Forentum, ī *n stad in Apulië bij Venusia, nu Forenzo.*

forfex, icis *m en f* tang; schaar.

forica, ae *f* (*Juv.*) openbaar toilet.

forīn-secus *adv.* (*foris*[2]) buiten, van buiten; naar buiten.

foris[1], is *f*
1. deur(vleugel);
2. *plur.* **forēs,** ium *f* deur (*bestaande uit twee vleugels*); *ook* deurvleugels [**invisae; asperae**];
3. (*metaf.*) toegang, ingang, opening (*tot, naar: gen.*) [**antri; amicitiae**].

forīs[2] *adv.* (*foris*[1])
1. (a) buiten, aan de buitenkant; ▸ *intra vallum et* ~; (b) buitenshuis, niet thuis, elders [**cenare**]; ▸ *domi forisque*; (c) buiten de stad; buiten Rome; in het buitenland; (d) buiten de senaat;
2. van buiten, van elders [**venire**];
3. naar buiten (toe).

fōrma, ae *f*
1. vorm, gestalte, figuur, omtrek, uiterlijk [**virginea; corporis**];
2. mooie gestalte, schoonheid [**insignis**];
3. gezicht, profiel; ▸ *-ae dignitas*;
4. (*poët.*) verschijning, visioen [**deorum** verschijning v. goden];
5. beeld, afbeelding [**ferarum; deorum**];
6. (*metaf.*) aard, hoedanigheid, karakter, vorm, inrichting [**terrae; rerum publicarum; tyranni; officii; sollicitudinum; pugnae** manier v. vechten; **ingenii; dicendi**]; ▸ *duae -ae matrimoniorum*; *in provinciae -am redigere* tot provincie maken; *speciem principatūs in regni -am convertere*;
7. (*jur.*) regeling, procedure; verordening;
8. ideaal, beeld, voorstelling [**beatae vitae; rei publicae**];

9. mathematisch figuur [**geometrica**]; ▸ *-as in pulvere describere;*

10. ontwerp, schets, plan [**scripti; totius negotii**];

11. *(postklass.)* gietvorm, mal, model;

12. *(poët.; postklass.)* stempel [**nummi**]; ▸ *denariorum -ae* denariën;

13. *(poët.)* (schoen)leest [**sutorum; muliebris** voor vrouwenschoenen].

fōrmābilis, e *(formo) (eccl.)* vormbaar, te vormen [**materia**].

fōrmālis, e *(forma) (postklass.)* aan een vaste vorm *of* model gebonden, formeel [**epistula** standaardbrief].

fōrmāmentum, ī *n (Lucr.) = formatio.*

fōrmātiō, ōnis *f (formo)* vormgeving, ontwerp [**aedium sacrarum; morum**].

fōrmātor, ōris *m (formo) (postklass.)* maker, bouwer, schepper [**universi; morum**].

fōrmātūra, ae *f (Lucr.) = formatio.*

Formiae, ārum *f stad aan zee in Z.-Latium, rijk aan villa's en beroemd om haar wijn, nu Formia;* — *inw. en adj.* **Formiānus,** ī *m resp.* a, um; — **Formiānum,** ī *n (vul aan: praedium) landgoed v. Cicero bij Formiae.*

formīca, ae *f* mier.

formīcātiō, ōnis *f (formico) (Plin. Mai.)* gekriebel.

formīcīnus, a, um *(formica) (Plaut.)* van de mier, mieren-.

formīcō, formīcāre *(formica) (Plin. Mai.)*

1. *(v.d. huid)* kriebelen, jeuken;

2. *(v.d. pols)* onregelmatig zijn.

formīcula, ae *f (demin. v. formica) (postklass.)* miertje.

formīdābilis, e *(formido[1]) (poët.; postklass.)* verschrikkelijk, huiveringwekkend [**sonus; aspectus**].

formīdō[1], formīdāre *(formido[2])* vrezen, bang zijn *(voor: acc.; dat: ne; om: inf.)* [**omnia; alcis iracundiam**]; ▸ *et intus paveo et foris formido;* — *p. adj.* **formīdātus,** a, um *(poët.; postklass.)* gevreesd *(door: dat.)* [**aquae -ae** watervrees].

formīdō[2], inis *f*

1. vrees, hevige schrik, ontzetting *(voor: gen.)* [**tyranni; mortis; poenae**]; ▸ *formidinem alci inicere;*

2. *(meton.)* monster, schrikbeeld, vogelverschrikker;

3. religieuze eerbied, eerbiedige schroom.

formīdolōsus *en* **formīdulōsus,** a, um *(formido[2])*

1. bang makend, vreeswekkend, huiveringwekkend [**bellum**];

2. *(pre- en postklass.)* angstig, bang, schuw *(voor: gen.)* [**equus** schichtig; **hostium**].

fōrmō, fōrmāre *(forma)*

1. vormen, vormgeven [**materiam; terram; ceram; in anguem** tot een slang]; ▸ *verba recte ~;*

2. uitbeelden [**Ammonem cum cornibus; versūs citharā** begeleiden met];

3. maken, produceren, vervaardigen [**signum e marmore; simulacrum hominis; classem** bouwen; *metaf.* **gaudia tacitā mente** zich voorstellen, zich indenken; **personam** een karakter scheppen; **librum** schrijven];

4. *(metaf.)* doen wennen aan, inrichten naar, aanpassen aan *(m. in m. acc.)* [**se in alterius (alios in suos) mores**];

5. vormen, onderwijzen, opleiden tot, africhten [**disciplinam filii; puerum praeceptis; animos** vormen; **boves ad usum agrestem** africhten]; ▸ *artibus formatus.*

fōrmō(n)sitās, ātis *f (formosus)* schoonheid.

fōrmō(n)sus, a, um *(forma)* mooi, welgevormd [**puella; iuvenca; domus; tempus** lente].

fōrmula, ae *f (demin. v. forma)*

1. regel, voorschrift, wet, maatstaf [**argumenti; scribendi; Stoicorum**]; ▸ *ad -am vivere;*

2. traditionele gewoonte *of* aard [**disciplinae**];

3. verdrag(svoorwaarden); ▸ *ex -a* volgens de overeenkomst; *in sociorum -am referre* door verdrag tot bondgenoten maken;

4. belastingformule, belastingtarief [**censendi**]; ▸ *censum agere ex -a;*

5. *(vaste)* juridische formulering [**testamentorum; postulationum**]; voorschrift; gerechtelijke procedure; ▸ *formulā cadere of excidere* het proces verliezen;

6. *(postklass.)* lijst, register;

7. *(Plaut.)* schoonheid.

fornācālis, e *(fornax)* van de (bak)oven [**dea** = *Fornax, godin v.d. bakovens, ovengodin*]; — **Fornācālia,** ium *n* feest v.d. godin v.d. bakovens *in februari.*

fornācula, ae *f (demin. v. fornax)* kleine oven; *(Juv.) metaf. voor het woeste hoofd v. Tiberius.*

fornāx, ācis *f*

1. (bak-, kalk-, smelt)oven;

2. *(poët.)* vuurmond *v.d. Etna;* schoorsteen *v.d. smidse v. Vulcanus;*

3. *(poët.) (personif.)* **Fornāx** *godin v.d. bakovens, ovengodin.*

fornicātiō[1], ōnis *f (fornix)* welving, boog *(tussen* *muren).*

fornicātiō², ōnis *f (fornico) (eccl.)*
1. ontucht, overspel; prostitutie;
2. afgodenverering; ontrouw *(jegens: ab).*

fornicātor, ōris *m (fornico) (eccl.)* iem. die ontucht pleegt, hoerenloper.

fornicātus, a, um *(fornix)* gewelfd [**paries; via** overdekte straat].

fornicō, fornicāre *en* **fornicor,** fornicārī *(eccl.)*
1. ontucht *of* overspel plegen; hoerenlopen;
2. ongelovig zijn; ontrouw zijn *(jegens: ab).*

fornix, icis *m*
1. gewelf, boog [**lapideus; aedificii; caeli; saxi** spelonk]; ▸ *aqua fornicibus structis perducta;*
2. triomfboog;
3. *(milit. t.t.)* overdekte weg, uitvalspoort;
4. *(poët.; postklass.)* onderaards gewelf, kelder, bordeel.

forō, forāre *(pre- en postklass.)* (door)bóren; ▸ *(metaf.) forati animi (Sen.)* vol gaten, niets bewarend.

forpex, icis *f (Suet.)* tang.

fors, *abl.* forte *f (fero)*
1. toeval, lot [**fortuna** gelukkig toeval]; ▸ *ut ~ fert* zoals het toeval bepaalt;
2. *(personif.) (dea)* **Fors,** Fortis *f* godin v.h. lot; *Fors Fortuna* gelukkige samenloop (v. omstandigheden);
3. *adv.* (a) *(abl.)* **forte** toevallig, bij toeval; ▸ *forte temere* op goed geluk; *(ihb. na si, sin, nisi, ne)* misschien, soms; (b) *(nom.)* **fors** *(poët.)* misschien; *fors et* misschien ook.

fors-an = *forsitan.*

forsit (< *fors sit*) *(poët.)* = *forsitan.*

forsitan *adv. (fors sit, an)* misschien.

fortasse, fortassean *en (zelden)* **fortassis** *adv. (fors)*
1. misschien, mogelijk;
2. *(bij getallen)* ongeveer, plusminus.

forte *zie fors.*

fortēscō, fortēscere, — — *(incoh.; zie fortis) (Gell.)* dapper worden.

forticulus, a, um *(demin. v. fortis)* nogal moedig, tamelijk standvastig.

fortis, e
1. sterk, krachtig, energiek [**agricola; corpus; equus; herbae** krachtig werkend]; ▸ *loris fortius uti* strakker aantrekken; *sprw.: fortior est custodia legis quam hominis;*
2. stevig, solide [**pons; ligna; castra; vincula**];
3. *(metaf.)* onverschrokken, moedig, dapper, flink [**vir; gladiator; imperator; animus; oratio; acta, facta** oorlogsdaden]; ▸ *ut virum fortem decet* man v. eer;
4. *(postklass.)* machtig, invloedrijk [**res publica**];
5. krachtig, ferm, boud; ▸ *placidis miscere fortia dictis.*

fortitūdō, inis *f (fortis)*
1. *(poët.; postklass.)* sterkte, kracht [**corporis; nervorum**];
2. *(metaf.)* onverschrokkenheid, dapperheid, moed; *plur.* dappere daden [**Germanorum**].

fortuītus, a, um *(adv. -ō) (fors)* toevallig, willekeurig, spontaan [**mors; malum** onverdiend; **oratio** onvoorbereid; **sermo** toevallig]; — *subst.* **fortuīta,** ōrum *n (Tac.)* toeval(ligheden); — *adv.* **fortuītō** toevallig, lukraak; ▸ *casu et fortuito.*

fortūna, ae *f (fero; fors)*
1. lot, toeval, fortuin [**utraque** geluk en ongeluk; **altera** omslag v.h. geluk]; ▸ *fortes fortuna adiuvat* de dapperen = wie niet waagt, die niet wint;
2. geluk; ▸ *-am sibi facere; eum ~ ex hostium telis eripuit;*
3. *(personif.)* **Fortūna,** ae *f* godin v.h. lot, v.h. geluk, vrouwe Fortuna; ▸ *~ mala; ~ bona;*
4. ongeluk, pech; ▸ *commiserari -am Graeciae;*
5. toestand, lot, omstandigheden [**prospera; adversa; corporis** lichaamsgesteldheid];
6. status, stand, afkomst [**humilis** arme familie; **magna** hoge afkomst];
7. *(meestal plur.)* vermogen, bezit, have en goed; ▸ *-is maximis ornatus; alci bona fortunasque adimere; gratiā fortunāque crescere;*
8. uitkomst, afloop, ihb. succes [**belli** geluk in de oorlog];
9. kans, gelegenheid [**gerendae rei**].

fortūnō, fortūnāre *(fortuna)* gelukkig maken, zegenen; — *p. adj.* **fortūnātus,** a, um (a) gelukkig, in gelukkige toestand, gezegend [**homo; vita; res publica**]; ▸ *fortunatorum insulae (nemora)* eilanden (wouden) v.d. gelukzaligen, Elysium; — *subst.* zondagskind; (b) rijk, vermogend [**urbs**]; — *subst.* vermogende, rijke.

forulī, ōrum *m (forus) (postklass.)* boekenplank, -kast.

Forulī, ōrum *m Sab. stad dicht bij Rome, nu* Civitatomassa.

forum, ī *n*
1. marktplein, markt, handelsmarkt, markt v.

geldwisselaars; *fora in Rome:* (a) *forum (Romanum)* het Forum, *tussen het Capitool en de Palatijn, later voorzien van talloze beelden en bebouwd met openbare gebouwen en tempels, middelpunt v.h. openbare en zakelijke leven;* (b) *forum bo(v)arium* rundermarkt, veemarkt *tussen de Circus Maximus en de Tiber;* (c) *forum (h)olitorium* groentemarkt *tussen het Capitool en de Tiber;* (d) *forum pisca(to)rium* vismarkt *tussen de basilica Porcia en de tempel v. Vesta;* (e) *sinds de keizertijd: forum Iulium (v. Caesar), forum Augusti, Traiani, Nervae;*
2. *(meton.)* handelsplaats [**rerum venalium**];
3. belangrijkste stad *v.e. provincie,* stad waar rechtgesproken werd, *waar marktdagen gehouden werden; steden hiernaar genoemd:* **Forum Appii** *aan de via Appia in Latium;* **Forum Aurelii** *of* **Aurelium** *in Etrurië;* **Forum Cassii** *aan de via Cassia;* **Forum Cornelii** *of* **Cornelium** *door L. Cornelius Sulla gesticht, nu* Imola, *tussen Bologna en Faenza;* **Forum Flaminii** *aan de via Flaminia;* **Forum Gallorum** *bij Castelfranco;* **Forum Iulii** *of* **Iulium** *ten Z.W. v.* Nice, *aangelegd door Caesar in 49 v. Chr., nu* Fréjus;
4. gerechtsdag, zittingsdag; ▸ *-um agere* zitting houden, rechtspreken;
5. rechtswezen, rechtbank, rechtszittingen, processen; ▸ *-um indicere* tijd en plaats voor de rechtszittingen vaststellen; *-i tabes* de pest v.h. forum = de daar heersende slechte verhoudingen; *in alieno -o litigare* zich geen raad weten *(zoals een aanklager op een vreemd forum);*
6. zakenleven, geld- en geldwisselaarszaken; ▸ *in -o versari* in zaken zijn;
7. openbaar leven, staatsaangelegenheden, staatszaken; ▸ *-um attingere* zich met staatszaken inlaten; *in -o esse* aan het openbare leven deelnemen; *-o carere of de -o decedere* zich uit het openbare leven terugtrekken;
8. *ruimte in een druiven- of oliepers.*

forus, ī *m*
1. *(meestal plur.)* gangboord, dek;
2. *plur.* zitplaatsen, rijen *in het theater en de circus;*
3. *(Verg.) plur.* gangen *tussen de honingraten;*
4. *(Suet.) aleatorius* speelbord, bord voor dobbelspelen.

Fōsī, ōrum *m Germ. volksstam in de omgeving v.h. tegenwoordige Hildesheim (in Duitsland).*

fossa, ae *f (fodio)*
1. greppel, sloot, gracht; ▸ *-am facere, fodere, percutere; oppidum vallo et -a circumdedi;*
2. rivierbedding [**Rheni**];
3. kanaal [**navigabilis**];
4. *(preklass.; poët.)* vore, gleuf.

fossīcius, a, um *en* **fossilis,** e *(fodio)* uitgegraven.

fossiō, ōnis *f (fodio)* het omspitten [**agri**]; het graven.

fossō, fossāre *(fossa) (Laatl.)* uitgraven.

fossor, ōris *m (fodio) (poët.)*
1. boer, wijnbouwer;
2. mijnwerker;
3. *(metaf.)* ruwe, onbeschaafde man.

fossula, ae *f (demin. v. fossa) (agr.)* kleine vore.

fossūra, ae *f (fodio)*
1. het graven;
2. *(meton.)* greppel.

fossus *ppp. v. fodio.*

fōtus[1] *ppp. v. foveo.*

fōtus[2], ūs *m (foveo) (Laatl.)* het verwarmen.

fovea, ae *f*
1. *(poët.)* kuil;
2. valkuil *voor het wild;* ▸ *ursos -is capere; iacens in -a lupus; in -am incidere.*

foveō, fovēre, fōvī, fōtum
1. (ver)warmen, warm houden [**epulas foculis; pullos pennis; aras ignibus** het offervuur op de altaren brandend houden];
2. een warm bad *of* warme kompressen geven [**genua**];
3. verfrissen, verzorgen, genezen [**corpus; matrem; vulnus; se luxu** het ervan nemen; **sensūs hominum** de zinnen strelen];
4. *(poët.)* omarmd houden, liefkozen [**sinu filiam**];
5. *(poët.) (metaf.)* bewaken, niet verlaten [**castra** zich verschanst houden; **larem sub terra** wonen, zich ophouden];
6. begunstigen, bevorderen, koesteren, instandhouden [**Romanos; ingenia et artes; alias partes; bellum** rekken].

FR. *(afk.) = frumentum of frumentarius.*

fracēs, fracium *f restant na het persen v. olijven.*

fracēscō, fracēscere, fracuī, — *(fraces)* zacht, week worden.

frāctāria, ae *f (frango) (Plin. Mai.)* hamer, breekijzer.

frāctiō, ōnis *f (frango) (eccl.)* het breken [**panis**].

frāctūra, ae *f (frango) (preklass.; Laatl.)* het breken [**calculi**]; *(med. t.t.)* botbreuk, fractuur.

frāctus, a, um *(p. adj. v. frango)*
1. gebroken, krachteloos, zwak, mat [**animus; pronuntiatio**];
2. *(poët.; postklass.)* week, verwijfd; ▸ *-e loqui.*

fragilis, e *(frango)*

1. (*poët.; postklass.*) breekbaar, broos [**aquae** ijs; **rami; cadus; ratis**];
2. (*metaf.*) gebrekkig, zwak, krachteloos, uitgeput [**corpus**];
3. vergankelijk, onbestendig [**gloria divitiarum; res humanae; vita**];
4. (*poët.*) (*vgl. fragor*) knetterend, krakend [**sonitus**].

fragilitās, ātis *f* (*fragilis*)
1. (*postklass.*) breekbaarheid, broosheid;
2. (*metaf.*) zwakheid;
3. vergankelijkheid.

fragium, ī *n* (*frango*) (*Apul.*) breuk.

fraglō, fraglāre = *fragro.*

fragmen, inis *n* = *fragmentum.*

fragmentum, ī *n* (*frango*) brokstuk; *plur. ook:* puin [**lapidis; saxi; panis** brok].

fragor, ōris *m* (*frango*)
1. (*Lucr.*) het breken;
2. het kraken, knetteren, dreunen, geraas [**aequoris; pelagi; ruentium tectorum**].

fragōsus, a, um (*fragor*) (*poët.*)
1. vol breuken, brokkelig, verbrokkeld;
2. ruw, oneffen, hobbelig [**mons;** *metaf.* **versus**];
3. krakend, dreunend, ruisend, bruisend [**torrens; murmura leonum**].

fragrantia, ae *f* (*fragro*) (*postklass.*) geur.

fragrō, fragrāre sterk geuren, ruiken (*naar: abl.*) [**gemma vinum**]; — *p. adj.* **fragrāns,** antis welriekend, geurig.

frāgum, ī *n* (*poët.; postklass.*) aardbei.

framea, ae *f* (*Germ. leenw.*) (*postklass.*) werpspies v.d. *Germanen;* ▸ *hastas vel ipsorum vocabulo -as gerunt* (*Tac.*).

Francī, ōrum *m* de Franken.

frangō, frangere, frēgī, frāctum
1. (in stukken) breken; verbrijzelen, stukslaan, verpletteren [**anulum aureum; hastas; corpora ad saxum; cerebrum; alci talos; crus, bracchium** een been, arm breken; **ianuam** openbreken; **simulacrum; navem** schipbreuk lijden; **pontum** ruw maken]; — *pass.* breken, te pletter slaan, barsten: *unda frangitur* breekt;
2. (*poët.*) (*graan, vruchten*) malen, fijnstampen [**fruges saxo; frumenta**];
3. (*metaf.*) (*beloftes, trouw e.d.*) breken, geweld aandoen, schenden [**fidem; mandata** in strijd met de opdrachten handelen];
4. verzwakken, ontkrachten, verhinderen [**alcis vim, nervos mentis; audaciam; se laboribus; sententiam alcis** iems. voorstel ondermijnen]; — *se frangere en pass. frangi* minder worden, afnemen: ▸ *calor se frangit; fracti aestus;*
5. aan banden leggen, bedwingen, overweldigen [**nationes; cupiditates; impetum; furorem; se** zich beheersen];
6. ontmoedigen, vernederen [**infamiā**]; ▸ *animo frangi* de moed verliezen; *contumelia eum non frangit;*
7. vermurwen, roeren, bewegen [**alqm misericordiā**].

frāter, tris *m*
1. broer [**germanus** volle; **gemini** *of* (*poët.*) **gemelli** tweelingbroers; **uterini** van dezelfde moeder]; *plur. ook:* (a) *de Dioscuren Castor en* Pollux; (b) (*postklass.*) broers en zusters;
2. neef (*zoon v. oom of tante*);
3. (*Tac.*) neef (*zoon v.e. broer*); ▸ *~ patruelis;*
4. bloedverwant; medeburger; ▸ *perfusi sanguine fratrum;*
5. (*als koosnaam*) broertje, maatje, schatje;
6. (*als eretitel*) bondgenoot; ▸ *Haedui fratres nostri pugnant;*
7. lid v.e. godsdienstig genootschap; (*Mel.*) kloosterbroeder, monnik;
8. *plur.* (*poët.; postklass.*) *van bij elkaar horende en gelijksoortige dingen: fratres libri* ; boeken v. dezelfde schrijver; *positi ex ordine fratres* (*v. geschriften*).

frāterculus, ī *m* (*demin. v. frater*) broertje (*ook als koosnaam*).

frāternitās, ātis *f* (*fraternus*) (*postklass.*) broederschap.

frāternus, a, um (*frater*)
1. broederlijk, van (een) broer(s), broeder- [**nomen; amor** liefde van *of* voor een broer; **nex** broedermoord];
2. (*poët.*) van een neef;
3. goed bevriend, vriendschappelijk.

frātri-cīda, ae *m* (*frater en caedo*) broedermoordenaar.

fraudātiō, ōnis *f* (*fraudo*) bedrog, oplichterij.

fraudātor, ōris *m* (*fraudo*) bedrieger.

fraudō, fraudāre (*fraus*)
1. bedriegen, oplichten, beroven [**creditores**];
2. afnemen, verduisteren [**stipendium**]; ▸ *fraudata restituere;*
3. doen verliezen, beroven van, onthouden (*m. abl.*) [**milites praedā; se victoriae fructū; alqm cibo victuque; alqm somno**].

fraudulenter zie *fraudulentus.*

fraudulentia, ae *f* (*fraudulentus*) (*Plaut.*) doortraptheid, bedrog.

fraudulentus, a, um *(adv.* fraudulenter*)* *(fraus)* bedrieglijk [**homo; venditio; malitia**].

fraus, fraudis *f*

1. bedrog, arglist, misleiding, boze opzet; ▸ *sine fraude* zonder bedrog, eerlijk; *fraude malā* bedrieglijk; *occasio fraudis; fraudis plenus; legi fraudem facere* de wet ontduiken; *(metaf.) fraude loci et noctis; sprw.: fraus omnia corrumpit;*

2. *(kom.)* *(meton.)* bedrieger, schurk;

3. zelfbedrog, vergissing, dwaling; ▸ *in fraudem incidere of delabi; in fraudem se induere; alqm in fraudem impellere, deducere;*

4. schade, nadeel; benadeling; ▸ *alci fraudi esse* benadelen; *in fraudem agere* in het verderf storten;

5. vergrijp, misdaad; ▸ *fraudem committere.*

frausus sum *(Plaut.)* = *fraudāvī.*

fraxineus, a, um *(fraxinus*[2]*)* *(poët.; postklass.)* essen-, van essenhout.

fraxinus[1]**,** a, um *(Ov.)* = *fraxineus.*

fraxinus[2]**,** ī *f*

1. es;

2. *(Ov.)* speer van essenhout.

Fregellae, ārum *f stad in het gebied v.d. Volsci aan de rivier de Liris ten Z. v. Rome; — inw. en adj.* **Fregellānus,** ī *m resp.* a, um.

Fregēnae, ārum *f stad aan de kust in Z.-Etrurië, ten W. v. Rome, nu* Maccarese.

frēgī *pf. v. frango.*

fremebundus *en* **fremibundus,** a, um *(fremo)* dreunend, bruisend; *(van woede)* briesend.

fremidus, a, um *(fremo)* *(Ov.)* razend [**turba**].

fremitus, ūs *m* *(fremo)*

1. dof geraas, gedruis [**armorum** wapengekletter], lawaai, het zoemen [**apium**], geruis, het bruisen [**aequoris**], gebrom, het briesen [**equorum**];

2. gemompel, gemor [**indignantium; egentium; militum**].

fremō, fremere, fremuī, (fremitum)

I. *intr.*

1. een dof geluid laten horen, (dof) dreunen, bruisen, gonzen; ▸ *mare fremit; fremunt venti; fremunt ripae* ruisen; *rumor fremit in theatro;*

2. morren, mompelen [**adversus iniuriam**]; ▸ *laetitiā fremunt* laten een verheugd gemompel horen;

3. *(van woede)* briesen;

4. briesen, snuiven; ▸ *fremit equus;* — brullen, huilen; ▸ *leo, lupus ad caulas fremit;*

II. *tr.*

1. mompelen, laten horen, uiten, verklaren;

2. morren over, zijn ontevredenheid uiten over, in opstand komen tegen [**imperia**]; ▸ *hoc frementes Galli;*

3. brullen om, luidkeels opeisen [**arma; bellum**].

fremor, ōris *m* *(fremo)* *(poët.)* gemompel.

fremuī *pf. v. fremo.*

frēnātor, ōris *m* *(freno)* *(postklass.)* menner [**equorum**], *ook metaf.*

frendō, frendere, —, frēsum *(Laatl. ook* **frendeō,** frendēre, — —*)*

I. *intr.* knarsetanden [**irā** van woede], woedend zijn; *(over het feit dat: aci.);*

II. *tr.* malen, vermalen.

frēnī, ōrum *m zie frenum.*

frēni-ger, gera, gerum *(frenum en gero)* *(poët.)* teugel dragend, opgetoomd.

frēnō, frēnāre *(frenum)*

1. tomen, optomen [**equos**]; ▸ *equites frenati* ruiters met opgetoomde paarden;

2. beteugelen, tegenhouden, aan banden leggen [**spes avidas; voluptates temperantiā; alcis furores**]; ▸ *luctantes ventos vinculis et carcere frenat (v. Aeolus) (Verg.);*

3. *(poët.)* mennen, sturen, *metaf.* regeren [**gentes iustitiā; legibus**].

Frentānī, ōrum *m Samnitische volksstam in Midden-Italië bij de Adriatische Zee; — adj.* **Frentānus,** a, um.

frēnum, ī *n* *(plur. ook* -ī, ōrum *m)*

1. toom, teugel; bit *(v.e. paard)*; ▸ *-um inhibere, ducere of retinere* aantrekken; *-os dare of remittere* vieren; *-um accipere of -os recipere* zich laten welgevallen, zich schikken naar; *-a imperii* teugels = leiding v.d. regering; *frenum momordi* ik heb mijn tanden laten zien *(Cic);*

2. *(metaf.)* beteugeling, band.

frequēns, *gen.* entis

1. talrijk, in groten getale (verzameld), massaal (aanwezig) [**senatus** voldoende bezocht, gerechtigd om te beslissen]; ▸ *cives frequentes in forum convenerunt;*

2. dichtbevolkt, drukbezocht [**convivium; provincia; municipium; vici; ludi**];

3. vol, dicht bezet *(met: meestal abl., zelden gen.)* [**loca custodiis; emporium**];

4. dikwijls (aanwezig), veelvuldig; ▸ *erat Romae* ~ bevond zich vaak;

5. *(v. zaken)* veelvuldig, talrijk, telkens herhaald, gebruikelijk [**litterae; edicta; fama; sententia** waar velen het mee eens zijn; **fami-**

liaritas innig]; ▸ ~ *est* (*m. inf.*) het is gebruik om.

frequentāmentum, ī *n* (*frequento*) (*postklass.*) (*muz.*) modulatie, triller.

frequentātiō, ōnis *f* (*frequento*) opeenhoping [**verborum; consequentium**].

frequentātīvus, a, um (*frequento*) (*Gell.*) iteratief [**verba**].

frequentia, ae *f* (*frequens*)
1. (*v. personen*) grote opkomst, menigte [**hominum; auditorum; vulgi**];
2. (*v. zaken*) talrijkheid, groot aantal, massa;
3. het herhaaldelijk voorkomen *of* doen.

frequentō, frequentāre (*frequens*)
1. in groten getale bezoeken, samenstromen naar (*m. acc.*) [**domum Catilinae; Marium**]; ▸ *iuventutis concursu frequentari; coetu salutantium frequentari* omstuwd worden;
2. dikwijls, regelmatig bezoeken *of* opzoeken [**domum; scholas**];
3. in grote aantallen *of* hoeveelheden verzamelen *of* samenbrengen [**populum; scribas; ad aerarium**];
4. bevolken, bezetten [**solitudinem Italiae; urbes; templa; piscinas**];
5. iets vaak doen, vaak gebruiken, herhalen [**Hymenaee** herhaaldelijk roepen];
6. (*festiviteiten*) massaal vieren [**ludos; sacra; Cererem**].

frēsum *ppp. v. frendo.*

fretēnsis, e (*fretum*) van een zee-engte [**mare** Straat v. Messina; **legio** *bijnaam van het tiende legioen*].

fretum, ī *n*
1. zee-engte, zeestraat [**Hesperium** *of* **Gaditanum** Straat v. Gibraltar];
2. zee-engte v. Sicilië, Straat v. Messina (= ~ *Siculum, Siciliae of Siciliense*);
3. branding, stroming;
4. (*poët.*) zee, golven;
5. (*poët.; postklass.*) (*metaf.*) vuur; het kolken [**adulescentiae; aetatis; invidiae**].

frētus[1], a, um (*m. abl., zelden m. dat.; m. aci.*)
1. steunend, vertrouwend, zich verlatend op [**gratiā Bruti; intelligentiā vestrā; vobis**];
2. pochend, trots.

fretus[2], ūs *m* = *fretum.*

friābilis, e (*frio*) (*Plin. Mai.*) kruimelig, bros.

fricātiō *en* **frictiō,** ōnis *f* (*frico*) (*postklass.*) het (af)wrijven, massage.

fricātūra, ae *f* (*frico*) (*postklass.*) het gladwrijven.

fricātus, ūs *m* (*frico*) (*Plin. Mai.*) het wrijven.

fricō, fricāre, fricuī, fric(ā)tum (af)wrijven, masseren [**corpus oleo**]; masturberen.

frictiō *zie fricatio.*

frīctus[1] *ppp. v. frigo.*

frictus[2] *ppp. v. frico.*

fricuī *pf. v. frico.*

frīgē-factō, factāre (*frigus*) (*Plaut.*) verkoelen.

frīgeō, frīgēre, — —
1. koud, verstijfd, bevroren zijn; ▸ *frigente sanguine; manūs frigent;*
2. (*poët.*) levenloos, dood zijn; *frigens* overledene;
3. (*metaf.*) slap, laks zijn, niets uitrichten; ▸ *frigent vires; frigens animis;*
4. blijven steken, stokken; ▸ *cum omnia consilia frigerent* omdat goede raad duur was;
5. koel behandeld worden, uit de gratie zijn [**ad populum**].

frīgerō, frīgerāre (*frigus*) (*Catull.*) verkoelen.

frīgēscō, frīgēscere, frīxī, — (*incoh. v. frigeo*) (*niet-klass.*)
1. koud worden, verstijven;
2. (*metaf.*) verslappen, laks worden.

frīgidārius, a, um (*frigidus*) verkoelend, voor het koude bad [**cella**].

frīgide-factō, factāre (*frigidus*) (*Plaut.*) ver-, afkoelen.

frīgiditās, ātis *f* (*frigidus*) (*Laatl.*) kou.

frīgidiusculus, a, um (*frigidus*) (*Gell.*) wat zwak.

frīgidulus, a, um (*demin. v. frigidus*) (*Catull.*) wat koud.

frīgidus, a, um (*frigeo*)
1. koud [**annus** koude seizoen, winter; **locus; aqua; fons**]; ▸ *caelum est hieme -um et gelidum;*
2. koel, fris [**umbra; aura**];
3. (*poët.; postklass.*) kou *of* vorst brengend, ijzig [**sidera; aquilo**]; (*metaf.*) huiveringwekkend, kil [**horror** ijzige huiver; **mors**];
4. zwak, slap, flauw [**solacia**];
5. onbeduidend, banaal [**verba**]; ▸ *dies -is rebus absumere;*
6. verstijfd, dood [**sanguis; membra; lumina** gebroken ogen].

frīgō, frīgere, frīxī, frīctum (*pre- en postklass.*) roosteren.

frīgus, oris *n* (*frigeo*)
1. kou; ▸ *vis frigoris; frigora tolerare; nec calor nec frigus metuo* (*Plaut.*);
2. (*poët.*) verkoeling [**umbrae; amabile**];
3. (*poët.*) *plur.* koude dagen, koud weer, koud klimaat; ▸ *propter frigora frumenta matura non erant;*

4. winterkou, vorst; *(meton.)* *(poët.)* winter; ▸ *frigore of frigoribus* in de winter; *frigoribus parto agricolae plerumque fruuntur;*
5. *(poët.)* *(meton.)* koud land, koude plek [**non habitabile**];
6. *(poët.)* kou v.d. dood, dood [**letale; aeternum leti**];
7. *(poët.)* koude rilling van vrees, ontzetting [**glaciale**];
8. *(metaf.)* slapheid, laksheid, gebrek aan energie;
9. *(poët.; postklass.)* lauwheid, onverschilligheid, koele ontvangst; ▸ *metuo ne quis amicus frigore te feriat (Hor.).*

friguttiō, friguttīre *(pre- en postklass.)*
1. tjilpen;
2. lispelen, stotteren.

fringilla, ae *f en* **fringillus,** ī *m (pre- en postklass.)* *een kleine vogel, missch.* vink.

fringul(t)iō, fringul(t)īre = *friguttio.*

Friniātēs, ium *m Ligurische volksstam in N.-Italië.*

friō, friāre *(niet-klass.)* verkruimelen, verbrokkelen; ▸ *glebae terrarum friatae.*

Frīsiī, ōrum *m* de Friezen, *Germ. volksstam aan de Noordzee;* — *adj.* **Frīsius,** a, um.

frit *n (indecl.) (preklass.)* bovenste korrel v.d. aar, graantje.

fritillus, ī *m (postklass.)* dobbelbeker; ▸ *-um movere* schudden.

fritinniō, fritinnīre *(pre- en postklass.)* tjilpen, kwetteren.

frīvolum, ī *n (frivolus) (postklass.)*
1. waardeloze kleinigheid;
2. *plur.* armzalige huisraad.

frīvolus, a, um *(frio) (poët.; postklass.)*
1. waardeloos, onbeduidend;
2. *(metaf.)* onbelangrijk, leeg, triviaal [**insolentia**].

frīxī *pf. v. frigo.*

frondātor, ōris *m (frons[1]) (poët.; postklass.)* tuinman *die het loof v.d. bomen snoeit.*

frondeō, frondēre, — — *(frons[1]) (poët.)* loof hebben, groen zijn.

frondēscō, frondēscere, — — *(incoh. v. frondeo)* loof krijgen, groen worden, uitlopen.

frondeus, a, um *(frons[1]) (poët.)* met loof bedekt, uit loof gemaakt, loof- [**nemus; casa**].

frondi-fer, fera, ferum *(frons[1] en fero) (niet-klass.)* loofdragend [**nemus**].

frondōsus, a, um *(frons[1])* bladerrijk, lommerrijk [**ramus**].

frōns[1], frondis *f*
1. loof, gebladerte [**nigra** naalden]*(ook plur.)*;
2. *(poët.)* *(meton.)* bladerkrans, olijfkrans, laurierkrans; ▸ *tempora* (de slapen) *frondibus ornare, cingere.*

frōns[2], frontis *f (zelden m)*
1. voorhoofd; ▸ *frontem contrahere* fronsen; *frontem explicare, remittere* ontrimpelen, ontspannen; *capillos a fronte retroagere; adversis frontibus* voorhoofd tegen voorhoofd; *taurus torvā fronte;*
2. gelaat *om karakter en stemming uit te drukken,* gezicht, gezichtsuitdrukking [**laeta; tristis; sollicita; tranquilla; proterva** brutaal gezicht, brutaliteit; **urbana** stedelijke vrijpostigheid]; ▸ *verissimā fronte alqd dicere* met het eerlijkste gezicht;
3. voorzijde, voorkant [**ianuae; castrorum; pontis; scaenae; navium**]; ▸ *a fronte* van voren;
4. uiterlijk, eerste aanblik, schijn; ▸ *~ politus; decipit ~ prima multos; minime blanda ~* het nauwelijks aansprekende uiterlijk;
5. buitenkant, rand [**anuli**]; ▸ *frontes geminae* de randen *(v. boekrollen)*;
6. *(milit. t.t.)* front, voorste linie; ▸ *aequā fronte* in rechte slaglinie; *(in) frontem dirigere (dirigi)* front maken;
7. *(poët.)* *(v.e. akker)* breedte; ▸ *mille pedes in fronte* in de breedte *(itt.: in agrum* in de diepte).

frontālia, ium *n (frons[2])* versieringen aan het hoofdstel *v. paarden of olifanten.*

Frontīnus, ī *m* S. Iulius ~ *(ca. 40—103 n. Chr.), veldheer in Brittannië en Germanië, onder de keizers Nerva en Trajanus verantwoordelijk voor de watervoorziening in Rome (curator aquarum), was in 100 consul; schrijver v. werken over de landmeetkunde, de waterleidingen v. Rome en krijgslisten.*

frontō, ōnis *m (frons[2])* iem. met een breed voorhoofd; — **Frontō** *als cognomen:* M. Cornelius ~ *uit het Numidische Cirta in Africa, retor, opvoeder v. Marcus Aurelius, in 143 n. Chr. consul.*

frontōsus, a, um *(frons[2]) (August.)* koppig, onbeschaamd.

FRU. *(afk.)* = *frumentum of frumentarius.*

frūcti-fer, fera, ferum *(fructus en fero) (postklass.)* vruchtdragend, vruchtbaar [**vitis**].

frūcti-ficō, ficāre *(fructus en facio) (postklass.)*
I. *intr.* ontspruiten, uitlopen;
II. *tr.* vruchten voortbrengen.

frūctuārius *(fructus)*
I. *adj.* a, um
1. vruchtdragend; vruchten-;

2. (*jur.*) betrekking hebbend op het vruchtgebruik;
II. *subst.* ī *m* (*jur.*) vruchtgebruiker.
frūctuōsus, a, um (*fructus*)
1. rijk aan vruchten, vruchtbaar [**ager; locus**];
2. lonend; kostbaar [**vinum**];
3. (*metaf.*) voordelig, nuttig [**philosophia; virtus; dos**].
frūctus[1]**,** ūs *m* (*fruor*)
1. het genieten, genot, genoegen [**animi** geestelijk genot]; ▸ *oculis fructum capere* zich verlustigen in het aanschouwen; *meus est* ~ *prior* het recht op het eerste gebruik;
2. opbrengst, winst; *plur.* producten *v.d. land- en mijnbouw* [**agrorum; metallorum**]; ▸ *fructum edere* voordeel opleveren; *gallinarum fructus sunt ova et pulli*;
3. vrucht *v. veld of boom*; ▸ *rami fructus tulēre; ver ostendit futuros fructūs; fructus demetere* oogsten;
4. kapitaalrente [**pecuniae**], inkomen;
5. (*metaf.*) nut, voordeel, winst, succes [**studiorum; alcis amoris**]; ▸ *alci fructum ferre of fructui esse* nuttig zijn; *fructum capere of percipere ex re* voordeel trekken.
frūctus[2] *p.p. v. fruor.*
frūgālis, e
1. (*frugi*) ingetogen, rechtschapen, braaf; zuinig, spaarzaam;
2. (*frux*) (*postklass.*) van vruchten [**maturitas**].
frūgālitās, ātis *f* (*frugalis*) zuinigheid, soberheid; ingetogenheid, bezonnenheid; ▸ *homo summae frugalitatis; frugalitatem colere.*
frūgēs, um *f zie frux.*
frūgī *indecl.* (*versteende dat. v. frux, gebruikt als adj.*) zuinig, sober; ingetogen, bezonnen, braaf; ▸ *alqs frugi of bonae frugi est; atrium, cena frugi* eenvoudig; — **Frūgī** *als bijnaam, zie Calpurnius.*
frūgi-fer, fera, ferum *en* (*Lucr.*) **frūgi-ferēns,** *gen.* ferentis (*frux en fero*)
1. vruchtdragend, vruchtbaar [**ager; messis; numen** zegenrijk](*in: abl.*); ▸ *alimentis frugifera insula*;
2. (*metaf.*) nuttig [**philosophia**].
frūgi-legus, a, um (*frux en lego*[1]) (*Ov.*) vruchten verzamelend.
frūgi-parus, a, um (*frux en pario*) (*Lucr.*) vruchten voortbrengend.
fruitus *p.p. v. fruor.*
frūmentārius (*frumentum*)
I. *adj.* a, um
1. het graan betreffend, graan-, de proviand betreffend [**navis** proviandschip; **praesidia** graanschuren; **largitio** graanuitdeling; **lex** graanwet; **res** bevoorrading, proviandering; **quaestus** graanhandel; **inopia** gebrek aan graan];
2. rijk aan graan [**loca; provincia**];
II. *subst.* ī *m* graanhandelaar.
frūmentātiō, ōnis *f* (*frumentor*)
1. het foerageren, proviandering;
2. (*Suet.*) graanuitdeling.
frūmentātor, ōris *m* (*frumentor*) graanleverancier, foerier.
frūmentor, frūmentārī (*frumentum*) graan *of* proviand halen, foerageren; ▸ *milites frumentatum mittere* om proviand te halen.
frūmentum, ī *n* (*fruor*)
1. koren, graan;
2. *plur.* graansoorten; (*Verg.*) graankorrels;
3. (*postklass.*) tarwe.
frūnīscor, frūnīscī, frūnītus sum (*fruor*) (*pre- en postklass.*) genieten van (*m. abl. en acc.*).
fruor, fruī, fruitus *en* frūctus sum, *part. fut.* fruitūrus (*m. abl., arch. m. acc.*)
1. genieten van, plezier hebben in [**urbis conspectu; pace; vitā**];
2. benutten, gebruiken, profiteren van [**campis**];
3. bevriend zijn met, omgaan met [**Attico; cara coniuge**]; naar bed gaan met;
4. (*jur. t.t.*) het vruchtgebruik hebben van [**certis fundis**]; ▸ *agrum fruendum locare.*
Frusinō, ōnis *m stad in O.-Latium, nu* Frosinone; — *inw. en adj.* **Frusinās,** ātis (*m*).
frustātim *adv.* (*frustum*) (*postklass.*) in stukjes.
frustil(l)ātim *adv.* (*frustum*) (*Plaut.*) in kleine stukjes *of* brokjes.
frūstrā (*arch.* frūstra) *adv.* (*fraus*)
1. doelloos, zonder reden, per abuis; ▸ ~ *esse* zijn doel missen; ~ *habere alqm* iem. in zijn verwachting teleurstellen;
2. tevergeefs, zonder nut, zonder succes; ▸ ~ *esse* mislukken; ~ *habere alqd* iets verwaarlozen; ~ *rogare*; ~ *tantum laborem sumere; nullum telum* ~ *missum est.*
frūstrāmen, inis *n* (*frustror*) (*Lucr.*) misleiding.
frūstrātiō, ōnis *f* (*frustror*)
1. (*Plaut.*) misleiding, bedrog;
2. het rekken, opzettelijke vertraging [**Gallorum**];
3. teleurstelling, echec.
frūstrātus, ūs *m* (*frustror*) (*Plaut.*) misleiding, bedrog; ▸ *frustratui habere alqm* iem. beetne-

men, foppen.

frūstror, frūstrārī *en* **frūstrō,** frūstrāre *(frustra)*
1. bedriegen, misleiden, teleurstellen, foppen [**spem alcis; se ipsum; alqm spe auxilii**]; ▸ *clamor frustratur hiantes* blijft in de keel steken;
2. rekken; tegenhouden;
3. verijdelen, verhinderen, tenietdoen [**improbas spes hominum; exspectationem alcis; laborem**].

frustulentus, a, um *(frustum) (Plaut.)* vol stukjes (vlees) [**aqua** vleesbouillon].

frustum, ī *n* stuk, brok [**panis; capreae**]; ▸ *-a esculenta* brokken voedsel; *in -a secare; (Plaut.) (scherts.) ~ pueri!* snotneus!

frutectōsus, a, um *(frutectum)*
1. vol struikgewas;
2. struikachtig, ruig.

frutectum, ī *n (frutex) (postklass.)* struikgewas, bosjes.

frutex, icis *m*
1. struik, bosje [**olerum**], *plur. ook* struikgewas, bosjes;
2. loot, uitloper, stam *v.e. boom*;
3. *(Plaut.) (als scheldw.)* domkop.

fruticētum, ī *n (frutex) (poët.; postklass.)* struikgewas, bosjes.

fruticor, fruticārī *en (postklass.)* **fruticō,** fruticāre *(frutex)*
1. takken krijgen, uitbotten; ▸ *arbor fruticatur*;
2. *(metaf.) (poët.)* zich ontwikkelen, (uit)groeien.

fruticōsus, a, um *(frutex) (poët.; postklass.)*
1. *(v. planten)* vol jonge takken, welig [**vimina**];
2. *(v. plaatsen)* vol struiken [**litora; mare**].

frūx, frūgis *f (fruor) (zelden nom. sg., meestal plur.* **frūgēs***)*
1. vrucht, veld-, peulvrucht, graan [**terrae; tosta** brood]; ▸ *sterilis sine fruge, sine arbore tellus (Ov.); ager frugum fertilis; medicatae fruges* toverkruiden; — *(meton.) (poët.)* meel, offerkoek; *(Hor.)* boomvrucht;
2. *(metaf.)* vrucht, opbrengst, nut; ▸ *fruges industriae; fruges animi; carmina expertia frugis* zonder educatieve waarde, zonder moraal; *bonam frugem libertatis ferre*;
3. zedelijke discipline; ▸ *ad bonam frugem se recipere* zijn leven beteren, verstandiger worden; *alqm ad frugem compellere of corrigere* tot rede brengen; — *dat. sg.* frūgī *(ook* bonae frugi*) als adj., zie frugi.*

fū *interj. (Plaut.)* bah!

fuam, fuās, fuat *enz. zie sum.*

fūcinum, ī *n (fucus[1])* lap stof met lakmoes geverfd.

Fūcinus lacus *m meer in het gebied v.d. Marsi, ten O. v. Rome, nu drooggelegd.*

fūcō, fūcāre *(fucus[1])*
1. *(poët.; postklass.)* verven [**tabulas colore** bepleisteren];
2. *(het gezicht e.d.)* opmaken, *metaf.* verfraaien [**orationem**];
3. *(metaf.)* oppoetsen, vervalsen.

fūcōsus, a, um *(fucus[1])* opgemaakt, *(metaf.)* vervalst, schijn- [**amicitia; vicinitas**].

fūcus[1], ī *m (Gr. leenw.)*
1. *(postklass.) (botan.)* lakmoes *(om wol een duurzame purperkleur te geven)*;
2. *(meton.)* (a) *(poët.)* rode verf, purperverf; (b) *(Prop.)* rode make-up; (c) *(Verg.)* bijenwas;
3. *(metaf.)* schijn, bedrog, namaak; ▸ *sine -o ac fallaciis.*

fūcus[2], ī *m* dar, hommel.

fūdī *pf. v. fundo[2].*

Fūfius, a, um *naam v.e. pleb. gens: Q. ~* Calenus, *volkstribuun in 61 v. Chr., legaat v. Caesar vanaf 51 v. Chr.*

fuga, ae *f*
1. vlucht, het (ont)vluchten, ontwijken [**desperata; servorum**]; ▸ *-ā salutem petere* zijn heil in de vlucht zoeken; *hostes in -am convertere, conicere, dare; se in -am convertere, conferre, conicere, dare, -ae se mandare, -am capere, petere* op de vlucht slaan; *in -a esse; -am reprimere*;
2. *(meton.)* gelegenheid *of* mogelijkheid om te vluchten; ▸ *alci -am dare* laten ontkomen; *alci -am claudere*;
3. vlucht uit het vaderland; verbanning; *(meton.) (Ov.)* verbanningsoord, toevluchtsoord;
4. *(poët.)* vlugheid, haast, snelle loop, vaart [**equorum; temporum**]; ▸ *fugā* haastig; *abire fugā*;
5. vrees voor, afkeer van, weerzin tegen *(m. gen.)* [**laboris; turpitudinis; periculi; culpae**].

fugāx, *gen.* ācis *(fugio)*
1. snel vluchtend, schuw [**hostis; ferae; cervi; nymphae**]; *(poët.)* preuts [**Pholoë**];
2. vluchtend [**cumba**]; wegsnellend, snel [**Atalante**];
3. *(metaf.)* vergankelijk [**bona; anni**];
4. *(poët.; postklass.)* vermijdend, versmadend *(m. gen.)* [**rerum; ambitionis; gloriae**].

fūgī *pf. v. fugio.*

fugiēns, *gen.* entis *(p. adj. v. fugio)* vluchtend *(voor: gen.)* [**laboris** werkschuw].

fugiō, fugere, fūgī, fugitūrus *(fuga)*
I. *intr.*
1. vluchten, zich uit de voeten maken, ontkomen [ex **oppido; a foro; ex caede; ex proelio; per tela; domo; in provinciam; ad Tiberim;** *metaf.* **a turpitudine** zich verre houden van];
2. weglopen; deserteren; ▸ *fugit mihi servus;*
3. *(pol.)* (het land) ontvluchten, uitwijken, in ballingschap gaan, verbannen worden [**ex patria**];
4. *(poët.)* wegvliegen, voortijlen, *(v. plaatsen)* uit het gezicht verdwijnen, steeds verder terugwijken; ▸ *fugiens anima; navis fugit per undas; portus fugiens;*
5. *(metaf.)* verdwijnen, vergankelijk zijn; ▸ *fugiens hora* vluchtig; *mensis fugiens* einde v.d. maand; *vita, amor fugiens; fugit memoria; fugit ore color; fugientes ocelli* brekende, stervende; *vires fugiunt; vinum fugiens* verschalende wijn;
II. *tr.*
1. ontvluchten, vluchten voor [**hostem; erum** weglopen van]; ▸ *cerva fugiens lupum;*
2. (proberen te) ontkomen aan, ontsnappen aan [**enses; arma Iovis; insidiatorem**];
3. *(blikken, herkenning)* proberen te vermijden, onbekend blijven voor *(m. acc.; inf.; aci.; afh. vr.)* [**Ciceronem; visus; memoriam alcis**]; ▸ *fugit me (m. aci.)* het ontgaat mij dat;
4. mijden, ontwijken, schuwen [**imbrem; caedem; conventūs hominum; percontatorem; caelum** het daglicht];
5. *(plaatsen)* vermijden, verlaten [**patriam**];
6. *(metaf.)* verwerpen, versmaden, weigeren, schuwen [**procurationem rei publicae; iudicium; iudicem** wraken, niet erkennen]; ▸ *fuge quaerere* houd op te zoeken; *fuge suspicari.*

fugitāns, *gen.* antis *(p. adj. v. fugito) (Ter.)* afkerig van *(m. gen.)* [**litium**].

fugitīvārius, ī *m (fugitivus)* iem. die zijn geld verdient met het vangen v. weggelopen slaven.

fugitīvus *(fugito)*
I. *adj.* a, um weggelopen, voortvluchtig, ontkomen [**servus; canis; piscis;** *metaf.* **a iure et legibus**];
II. *subst.* ī *m* weggelopen slaaf, vluchteling *(ook als scheldw. voor slaven).*

fugitō, fugitāre *(intens. v. fugio)*
I. *intr.*
1. *(Ter.)* haastig vluchten;
2. *(Ter.; Lucr.) (m. inf.)* vermijden iets te doen;
II. *tr.*
1. ontvluchten, vluchten voor;
2. (ver)mijden, schuwen [**necem; alcis conspectum; quaestionem**].

fugitor, ōris *m (fugio) (Plaut.)* wegloper, deserteur.

fugō, fugāre *(fuga)*
1. op de vlucht jagen [**equitatum; hostes**];
2. verdrijven, verjagen, verwijderen [**nubes; tenebras; timorem; maculas ore**]; ▸ *Phoebus fugat astra;*
3. *(poët.)* verbannen.

fuī *pf. v. sum.*

fulcīmen, inis *n (fulcio) (Ov.)* stut, pijler.

fulcīmentum, ī *n (fulcio)* stut; *metaf.* steun.

fulciō, fulcīre, fulsī, fultum
1. stutten, schragen [**porticum**]; ▸ *Atlas qui caelum vertice fulcit;*
2. *(metaf.)* overeind houden, ondersteunen, sterken [**amicum; rem publicam labentem; imperium**];
3. *(poët.)* versterken, barricaderen [**postes; ianuam serā**];
4. *(Prop.)* vasttrappen [**pedibus pruinas**];
5. *(Sen.) (door eten en drinken)* sterken [**stomachum frequenti cibo; vino venas cadentes**].

fulci-pedia, ae *f (fulcio en pes) (Petr.)* kakmadam *(v.e. vrouw die op haar strepen staat).*

fulcrum, ī *n (fulcio) (poët.; postklass.)* steun; hoofdeind *of* rug v.e. bed *of* sofa; *(meton.)* bed, sofa.

fulgēns, *gen.* entis *(p. adj. v. fulgeo) (postklass.)* schitterend, stralend; *(metaf.)* uitstekend.

fulgeō, fulgēre, fulsī, — en *(poët.)* **fulgō,** fulgere, — — *(verw. m. flagro)*
1. weerlichten; ▸ *Iove of caelo fulgente* als het bliksemt;
2. schitteren, blinken, stralen, flikkeren; ▸ *luna fulgebat; fulgentia signis castra; oculi fulgentes; purpurā* ~;
3. *vergeleken met anderen* uitblinken, zich onderscheiden, schitteren; ▸ *fulgebat iam in adulescentia indoles* (aanleg) *virtutis; sacerdotio fulgens.*

fulgētrum, ī *n (fulgeo) (postklass.)* bliksemschicht.

fulgidus, a, um *(fulgeo) (poët.)* flikkerend, schitterend.

fulgō zie *fulgeo.*

fulgor, ōris *m (fulgeo)*
1. bliksem, weerlicht;
2. glans, schittering [**auri; speculorum; armorum; vestis; oculorum**];
3. *(poët.; postklass.) (metaf.)* luister, roem [**glo-**

riae; nominis];
4. (*meton.*) lichtgevend voorwerp; meteoor.

fulgur, uris *n* (*fulgeo*)
1. bliksem, weerlicht; ▸ *caelo ceciderunt fulgura;*
2. blikseminslag;
3. (*poët.*) glans, flikkering [**solis; galeae**].

fulgurālis, e (*fulgur*) de bliksem betreffend [**libri** bliksemboeken, *die de betekenis v. bliksemschichten behandelen en de zoenoffers daarvoor*].

fulgurātiō, ōnis *f* (*fulguro*) (*Sen.*) het bliksemen, weerlichten.

fulgurātor, ōris *m* (*fulguro*)
1. priester die de door de bliksem gegeven voortekens uitlegt;
2. de Bliksemer (*als bijnaam v. Jupiter*).

fulgurītus, a, um (*fulgur*) (*pre- en postklass.*) door de bliksem getroffen [**arbores**].

fulgurō, fulgurāre (*fulgur*)
1. bliksemen; — *p. adj.* **fulgurātus,** a, um (*Sen.*) door de bliksem getroffen; — *subst.* **fulgurāta,** ōrum *n* door de bliksem getroffen voorwerpen;
2. (*poët.; postklass.*) (*metaf.*) schitteren.

fulica, ae *f* (meer)koet.

fūlīgineus, a, um (*fuligo*) (*Petr.*) van roet, roet-.

fūlīgō, inis *f*
1. roet;
2. (*Juv.*) mascara.

fulix, icis *f* (*poët.*) = *fulica.*

fullō, ōnis *m* (*pre- en postklass.*) voller, wolkammer.

fullōnia, ae *f* (*fullonius*) (*Plaut.*) vollerij, bedrijf v.e. wolkammer.

fullōni(c)us, a, um (*fullo*) (*pre- en postklass.*) van een wolkammer, vollers-.

fulmen, inis *n* (*fulgeo*)
1. bliksem(inslag); ▸ *fulmine percutere alqm; fulmen iacere; fulmen e caelo ictum; fulmine tactus;*
2. (*Ov.*) vurige *of* gloeiende adem; ▸ *~ ab ore venit;*
3. (*metaf.*) slag, verpletterende kracht [**fortunae** donderslag v.h. noodlot; **verborum**]; ▸ *vires fulminis; fulmen habent in dentibus apri;*
4. (*meton.*) oorlogsheld; ▸ *duo fulmina imperii nostri.*

fulmenta, ae *f en* **fulmentum,** ī *n* (*fulcio*) stut, steun (*ook metaf.*).

fulminātiō, ōnis *f* (*fulmino*) (*Sen.*) het slingeren v.d. bliksem, het bliksemen.

fulmineus, a, um (*fulmen*) (*poët.*)
1. van de bliksem [**ignes**];
2. (*metaf.*) dodelijk, moorddadig [**ensis**].

fulminō, fulmināre (*fulmen*) (*poët.; postklass.*)
1. bliksemen, de bliksem slingeren; ▸ *Iuppiter fulminans;* (*onpers.*) *fulminat* het bliksemt;
2. (*metaf.*) razen; ▸ *Marte fulminante;*
3. (*pass.*) door de bliksem getroffen worden (*ook metaf.*); ▸ *fulminati* door de bliksem getroffenen; *fulminatus hac pronuntiatione.*

fulsī *pf. v. fulcio en fulgeo.*

fultūra, ae *f* (*fulcio*)
1. stut, steun, *ook metaf.*;
2. het stutten, steunen.

fultus *ppp. v. fulcio.*

Fulvius, a, um *naam v.e. pleb. gens uit Tusculum:*
1. M. ~ Flaccus, *consul in 125 v. Chr., aanhanger v.d. Gracchen;*
2. M. ~ Nobilior, *consul in 189 v. Chr.; overwon de Aetolische Bond; beschermheer v. Ennius;*
3. Fulvia, *onverzoenlijke vijandin v. Cicero, die aanvankelijk met de aanhanger v. Caesar* P. Clodius Pulcher, *vervolgens met* C. Curio *en ten slotte met de triumvir* M. Antonius *getrouwd was.*

fulvus, a, um (*verw. m. flavus*) (*poët.; postklass.*) roodgeel, bruingeel, bruinachtig [**cera; comae; sidera; aurum**].

fūmārium, ī *n* (*fumus*) (*poët.*) rookvertrek (*waar de wijn werd opgeslagen om te rijpen*).

fūmeus, a, um (*fumus*) (*poët.*) vol rook, rokend [**flatus**]; in de rookkamer bewaard, gerookt [**vinum**].

fūmidus, a, um (*fumus*) (*poët.; postklass.*) rokend, dampend [**taeda; altaria**].

fūmi-fer, fera, ferum (*fumus en fero*) (*poët.*) rokend, walmend [**ignes**].

fūmificō, fūmificāre (*fumificus*) (*Plaut.*) een reukoffer brengen.

fūmi-ficus, a, um (*fumus en facio*)
1. (*Plaut.*) rook veroorzakend [**cocus**];
2. (*Ov.*) rokend, dampend.

fūmigō, fūmigāre (*fumus*) aan rook blootstellen, roken.

fūmō, fūmāre (*fumus*) roken, dampen, walmen; ▸ *agger fumat; villae incendiis fumabant; arae sacrificiis fumant.*

fūmōsus, a, um (*fumus*)
1. (*poët.*) vol rook, rokend, walmend, dampend [**focus; arae**];
2. berookt, vuil door rook *of* roet [**paries; imagines** *de beelden v.d. voorvaderen in het atrium*];
3. (*Hor.*) gerookt [**perna**];
4. (*Plin. Mai.*) rookachtig.

fūmus, ī *m*
1. rook, damp, walm (*ook metaf.*); ▸ *-o dare sig-*

num; — *plur.* rookwolken, nevel;
2. *(Plaut.)* dom geklets, onzin;
3. *sprw.*: (a) *vendere -um of -os* gebakken lucht verkopen; (b) *(Hor.) alqd in -um et cinerem vertere* in rook doen opgaan, verbrassen;
4. *(Mart.) fumi Massiliae* gerookte wijn uit Marseille.

fūnāle, is *n (funalis)*
1. *(Hor.)* fakkel;
2. *(Ov.)* kroonluchter.

fūnālis, e *(funis)*
1. gemaakt van touw;
2. *(poët.; postklass.)* aan de lijn lopend, trekkend.

fūn-ambulus, ī *m (funis en ambulo) (pre- en postklass.)* koorddanser.

fūnctī *zie fungor.*

fūnctiō, ōnis *f (fungor)* uitvoering, vervulling [**muneris**].

fūnctus *p.p. v. fungor.*

funda, ae *f*
1. slinger; ▸ *lapides -ā mittere; hostes -is propellere*;
2. *(meton.)* slingersteen, projectiel; ▸ *-ā vulnerari*;
3. *(Verg.)* werpnet; ▸ *~ verberat amnem.*

fundāmen, inis *n (fundo*[1]*) (vaak plur.)* fundament; *metaf.* grondslag [**rerum**]; ▸ *fundamina alcis rei ponere.*

fundāmentum, ī *n (fundo*[1]*)*
1. fundament *(meestal plur.)* [**maximorum operum**]; ▸ *-a agere; -a iacere* de grondslag leggen *(voor: dat.; gen.)*;
2. *(metaf.)* basis, grondslag; ▸ *~ iustitiae est fides; ponere -um philosophiae (eloquentiae).*

fundātiō, ōnis *f (fundo*[1]*)* fundament.

fundātor, ōris *m (fundo*[1]*) (Verg.)* grondlegger, stichter [**urbis**].

fundātus, a, um *(p. adj. v. fundo*[1]*)* goed gefundeerd, onwrikbaar [**familia**].

Fundī, ōrum *m kuststad in Z.-Latium, nu* Fondi; — *inw. en adj.* **Fundānus,** ī *m resp.* a, um.

fundibalārius, ī *m (fundibalum) (Laatl.)* slingeraar.

fundibalum *en* **fundibulum,** ī *n (funda en Gr. leenw.) (Laatl.)* slinger.

funditō, funditāre *(intens. v. fundo*[2]*) (Plaut.)*
1. met een slinger beschieten [**volantes illos**];
2. (ver)gieten; *metaf.* uitflappen [**verba**].

funditor, ōris *m (funda)* slingeraar.

funditus *adv. (fundus)*
1. tot op *of* vanaf de bodem [**monumenta delere; templum destruere**];
2. *(metaf.)* volledig, geheel en al [**evertere amicitiam**];
3. *(Lucr.)* in de grond, naar beneden;
4. *(Catull.)* in zijn binnenste.

fundō[1]**,** fundāre *(fundus)*
1. *(poët.)* van een bodem voorzien [**navem**];
2. het fundament leggen voor, grondvesten [**arces; urbem; aedes**];
3. *(metaf.)* de grondslag leggen voor, vestigen [**disciplinam**];
4. versterken, consolideren [**rem publicam; nostrum imperium; suas opes**];
5. *(Verg.)* vastleggen; ▸ *dente tenaci ancora fundabat naves.*

fundō[2]**,** fundere, fūdī, fūsum
1. gieten, uit-, vergieten, laten stromen [**vina pateris; lacrimas; sanguinem**]; — *pass. fundi* vloeien, stromen: ▸ *fusus imber* stromende regen; *flumen late funditur; sanguine ob rem publicam fuso*;
2. uitstorten, naar beneden werpen, uitschudden, uitstrooien [**picem; segetem in Tiberim**]; — *pass.*: ▸ *crines fusi* neergolvend;
3. *(poët.) (projectielen e.d.)* slingeren [**tela; sagittam**];
4. *(Tib.)* bevochtigen met [**tempora mero** de slapen met wijn];
5. gieten, smelten [**aera**]; *(meton.)* door gieten vervaardigen [**glandes; fistulas; vitrum** glas maken];
6. *(metaf.) (woorden, klanken)* laten horen, uitspreken [**verba in auras; preces a pectore; carmen**];
7. opjagen; — *se ~ en pass.* voortstormen: ▸ *a carcere fusi currus; agmina se fundunt portis*;
8. voortbrengen, baren; ▸ *terra fundit fruges; Mercurium Maia fudit*;
9. loslaten, verbreiden [**lumen; incendium**]; — *meestal: se fundere en pass.* zich uitbreiden, zich verbreiden: ▸ *flamma e capite fusa*;
10. *(vijanden)* verstrooien, verdrijven, verslaan [**hostium copias; alqm arcu; Gallos de delubris**]; ▸ *exercitus caesus fususque*;
11. *(poët.; postklass.)* op de grond gooien, vellen [**manu alqm**]; — *pass.* zich uitstrekken, gaan liggen [**humi**]: ▸ *fusus in herba; fundi in alga; fusa membra toro* liggend;
12. *(poët.)* verspillen, verkwisten [**opes**];
13. laten wegvloeien [**vitam cum sanguine**].

fundus, ī *m*
1. grond, bodem [**ollae; armarii; amnis;** *(metaf.)* **cenae** hoofdgerecht]; ▸ *(metaf.) res -o ver-*

tere tot op de bodem;
2. *(meton.)* stuk grond, landgoed; ▸ *fundos decem reliquit;*
3. *(metaf.)* bodem, beperking; ▸ *largitio -um non habet;*
4. basis, grondslag, autoriteit;
5. *(Mart.) (meton.) een soort* beker.

fūnebria, ium *n (funebris)* begrafenisplechtigheden.

fūnebris, e *(funus)*
1. tot de begrafenis behorend, begrafenis-, lijk- [**cupressus; contio; lamentatio; epulum;** sacra mensenoffers];
2. *(poët.; postklass.) (metaf.)* bloedig, verderfelijk [**munera; bellum**].

fūnerārius, a, um *(funus) (jur. t.t.)* betreffende een begrafenis, begrafenis-.

fūnereus, a, um *(funus) (poët.) = funebris.*

fūnerō, fūnerāre *(funus)*
1. *(postklass.)* begraven;
2. *(poët.)* doden.

fūnestō, fūnestāre *(funestus) door bloedvergieten* bezoedelen, onteren, ontwijden [**templa hostiis humanis; gentem**].

fūnestus, a, um *(funus)*
1. betrekking hebbend op de dood *of* op de begrafenis;
2. *(poët.; postklass.) (door dood, moord)* onrein, bevlekt, bezoedeld [**manus; capilli**];
3. *(poët.) (metaf.)* dodend, dodelijk [**morsus; venenum; manus; securis**];
4. onheilbrengend, -spellend, verderfelijk [**latro; dies; omen; epistula; victoria**];
5. in rouw gedompeld, diepbedroefd [**familia; domus**].

fungīnus, a, um *(fungus) (Plaut.)* paddestoel- [**genus** paddestoelsoort].

fungor, fungī, fūnctus sum *(m. abl., zelden m. acc.)*
1. verrichten, uitoefenen, uitvoeren, ten uitvoer brengen, zich kwijten van, volbrengen [**consulatu, quaestura** bekleden; **populari munere; officiis iustitiae; sacris** brengen; **virtute** betonen, aan de dag leggen; **senatoria munera; hominum officia; ex more**]; ▸ *stipendio functum esse* uitgediend hebben;
2. *(poët.; postklass.)* ondergaan, lijden, doorstaan [**laboribus; periculis; fato, morte, vita** sterven; **mala**];
3. *(poët.; postklass.)* verkrijgen, bereiken [**fato** zijn levensdoel bereiken; **sepulcro** een begrafenis krijgen];
/ **fūnctī,** ōrum *m* gestorvenen.

fungōsus, a, um *(fungus) (postklass.)* paddestoelachtig.

fungus, ī *m*
1. paddestoel, zwam;
2. *(Plaut.) (als scheldw.)* stommeling;
3. *(Verg.) (metaf.)* verkoold uiteinde v.e. (lampen)pit, snuitsel.

fūniculus, ī *m (demin. v. funis)* dun touw.

fūnis, is *m* touw, kabel, koord [**nauticus; ancorarius** ankertouw]; ▸ *funem solvere; sprw.: funem ducere* bevelen, heersen; *funem sequi* gehoorzamen, dienen; *funem reducere* van mening veranderen.

fūnus, eris *n*
1. begrafenis(plechtigheid), plechtige begrafenis, uitvaart, lijkstoet; ▸ *funus celebrare, ornare; funere efferri* plechtig ten grave gedragen worden; *funus facere alci* bezorgen; *~ procedit* zet zich in beweging; *corpus crematum publico funere;*
2. *(poët.) (meton.)* lijk, kadaver; — *plur. ook* schimmen v.d. gestorvenen, manen;
3. *(poët.)* dood; ▸ *sub ipsum funus* de dood reeds nabij;
4. *(poët.)* het sterven;
5. *(poët.)* moord; ▸ *funera edere* moorden plegen; *crudeli funere exstinctus;*
6. ondergang, val *(ook plur.)*; ▸ *funera lacrimosa Troiae; funus imperio parare;*
7. *(v. personen)* vernietiger [**rei publicae**].

fūr, fūris *m en f* dief, dievegge [**nocturnus**]; *(als scheldw.)* schurk, (spits)boef.

fūrācitās, ātis *f (fur) (postklass.)* diefachtigheid.

fūrātrīna, ae *f (furor²) (Apul.)* diefstal.

fūrāx, *gen.* ācis *(furor²)* diefachtig [**homo; manus**].

furca, ae *f*
1. tweetandige vork, *ihb.* hooi- *of* mestvork;
2. gevorkte stut, steunpaal; ▸ *-as subdere vitibus;*
3. halsblok *(in de vorm v.e. tweetandige vork; werd op de nek gelegd v. iem. die gegeseld moest worden, waarbij de handen aan de uiteinden werden vastgebonden)*; ▸ *ire sub -am* tot slaaf worden;
4. *(Plaut.) juk voor het dragen v. lasten.*

furci-fer, ferī *m (furca en fero, eig.* drager v.e. halsblok) *(als scheldw.)* galgenbrok.

furcilla, ae *f (demin. v. furca)* kleine vork, hooivork, gaffel.

furenter *adv. (furo)* razend, woedend.

furfur, furfuris *m (pre- en postklass.)*

1. *meestal plur.* zemelen;
2. pityriasis, (huid)schilfering.

furia, ae *f (furo)*
1. woede, razernij, waanzin *(meestal plur.)*; ▸ *-as concipere* in woede ontsteken; *-is accensus et irā*;
2. *(poët.)* liefdesdrift, passie;
3. vervoering, geestdrift, extase [**Cassandrae** bezetenheid];
4. *(meton.)* boze geest, kwelgeest;
/ *personif.* **Furia,** ae, *meestal plur.* **Furiae,** ārum *f* Furiën, Wraakgodinnen, *gelijkgesteld met de Gr. erinyen (Allecto, Megaera en Tisiphone)*; ▸ *parricidas agitant Furiae.*

furiālis, e *(furia)*
1. razend, woedend, waanzinnig [**vox**];
2. *(poët.)* tot razernij brengend [**aurum; malum** waanzin verwekkend];
3. van de Furiën, Furiën- [**taedae**].

Fūriānī *zie Furius.*

furibundus, a, um *(furo)*
1. woedend, razend [**homo; taurus; impetus**];
2. in vervoering, bezeten [**praedictio**].

Furīna *en* **Furrīna,** ae *f Rom. godin wier functie onbekend is.*

fūrīnus, a, um *(fur) (Plaut.)* van dieven.

furiō[1], furiāre *(furia) (poët.)* tot razernij brengen [**vulgum**]; — *p. adj.* **furiātus,** a, um woedend, razend, krankzinnig [**mens**].

furiō[2], furīre *(furia) (Laatl.)* woedend, razend zijn.

furiōsus, a, um *(furia)* woedend, razend, bezeten, hartstochtelijk [**orator; cupiditas; genus dicendi; vultus; tibia**].

Fūrius, a, um *naam v.e. Rom. patric. gens:* M. ~ Camillus, *belangrijk veldheer en staatsman ttv. de Rom. republiek; veroverde Veii in 396 v. Chr. en Falerii in 394 v. Chr.; bevrijdde Rome van de Galliërs in 387 v. Chr.*; — **Fūriānī,** ōrum *m* soldaten van M. Furius Camillus.

furnāceus, a, um *(furnus) (Plin. Mai.)* in een oven vervaardigd, gebakken.

furnāria, ae *f (furnus)* bakkerij.

furnus, ī *m (vgl. fornax)* oven, fornuis; bakkerij.

furō, furere, — —
1. *(poët.; postklass.)* (voort)stormen, (voort)snellen, (voort)razen [**per urbem; contra tela**];
2. *(metaf.)* woeden, razen, tieren, tekeergaan *(door: abl.; dat: aci.)* [**audaciā; libidinibus; id** hierover; *(m. acc. v. inhoud)* **furorem** uit laten woeden]; ▸ *(m. gen.) furens animi*; *(poët.) ook v. zaken: furentes austri; flammae furentes*;
3. *(postkl.)* razend verlangen; *(m. inf.)* ; ▸ *ecce furit te reperire atrox Tydides (Hor.)*;
4. razend zijn dat; *(m. acc.)*; ▸ *furebat a Racilio se contumaciter urbaneque vexatum (Cic.)* ;
5. *(poët.; postklass.)* hartstochtelijk verliefd zijn *(op: abl.; in m. abl.)*; ▸ *furens puer*;
6. *(poët.)* in geestvervoering, extase zijn, dwepen;
7. *(poët.)* uitgelaten zijn; ▸ *recepto dulce mihi ~ est amico (Hor.).*

furor[1], ōris *m (furo)*
1. razernij, woede-uitbarsting [**Catilinae; tribunicii**]; ▸ *furore atque amentiā impulsus*; *(poët.) ook v. zaken: ~ boreae; ~ caeli marisque* het tekeergaan; — *(poët.) personif.* **Furor,** ōris *m* wraakgeest [**nocturnus**];
2. *(poët.)* vechtlust; ▸ *animis iuvenum ~ additus*;
3. toorn, woede; ▸ *Iuno acta furore gravi (Verg.)*;
4. waanzin, krankzinnigheid, dolheid, verblinding; ▸ *velut captus furore*;
5. *(poët.)* liefde, liefdespassie, -verlangen [**igneus**]; ▸ *puellarum furores* liefdesaffaires met; — *(meton.)* geliefde: *mihi Phyllis est ~* ;
6. geestvervoering, extase; ▸ *feminae in furorem turbatae*;
7. *(poët.; postklass.)* hevige begeerte, zucht *naar bezit* [**lucri**]; ▸ *prodigus ~ vitae.*

fūror[2], fūrārī *(fur)*
1. stelen, ontvreemden; ▸ *ad furandum venire*;
2. *(metaf.)* op slinkse wijze verkrijgen [**civitatem; speciem alcis** iems. gestalte aannemen];
3. *(poët.; postklass.)* onttrekken aan [**fessos oculos labori**];
4. *(Tac.)* (verrassings)acties *(overvallen met een klein aantal personen)* uitvoeren; ▸ *exercitus furandi melior.*

Furrīna *zie Furina.*

fūrti-ficus, a, um *(furtum en facio) (Plaut.)* diefachtig.

fūrtim *adv. (fur)* stiekem, heimelijk; ongemerkt.

fūrtīvus, a, um *(furtum)*
1. gestolen, ontvreemd [**res; virgines**]; — **fūrtīva,** ōrum *n* gestolen goederen;
2. *(metaf.)* stiekem, steels, heimelijk, geheim [**amor; victoria** op slinkse wijze behaald; **iter per Italiam; libertas**].

fūrtum, ī *n (fur)*
1. diefstal; ▸ *(alci) -um facere (iem.)* (be)stelen, bedriegen;
2. *(meton.)* gestolen goed, buit *(meestal plur.)*; ▸ *navis onusta* (beladen) *-is*; *-a reddere*;

3. heimelijke handeling;
4. heimelijke liefde; overspel;
5. *(poët.)* schelmen-, boevenstreek;
6. krijgslist, verrassingsactie; ▸ *-is decipere hostem; -a belli; furto, non proelio opus esse.*

fūrunculus, ī *m (demin. v. fur)*
1. kruimeldief;
2. *(postklass.)* puist;
3. *(postklass.)* knoest.

furvus, a, um *(verw. m. fuscus)* zwart, donker, duister [**equus; nubes; antra** onderwereld; **Proserpina** *als godin v.d. onderwereld*].

fuscina, ae *f* drietand.

fuscō, fuscāre *(fuscus) (poët.; postklass.)* bruin, zwart, donker maken [**corpus**]; ▸ *ne fuscet inertia* (nalatigheid bij het poetsen) *dentes (Ov.).*

fuscus, a, um *(verw. m. furvus)* donker, grauw, zwartachtig; *(v. klanken)* dof, hees [**genus vocis**].

fūsilis, e *(fundo²)* vloeibaar, gesmolten, gegoten [**aurum**].

fūsiō, ōnis *f (fundo²)* het gieten; uitgietsel, *metaf.* uitvloeisel.

fūsterna, ae *f (fustis) (postklass.)* hout met veel knoesten.

fūsticulus, ī *m (demin. v. fustis) (postklass.)* stokje, blokje.

fūstīgō, fūstīgāre *(fustis) (Laatl.) met een stok afranselen.*

fūstis, is *m (abl. sg. -ī en -e)* knuppel, stok.

fūsti-tudīnus, a, um *(fustis en tundo) (Plaut.) (scherts.)* met een stok slaand.

fūstuārium, ī *n (fustis) (vul aan: supplicium)* (straf bestaande uit) stokslagen *die in de regel dodelijk afliep,* het doodranselen.

fūsūra, ae *f (fundo²) (postklass.)* het smelten.

fūsus¹, ī *m* spinklos, *ihb. v.d. parcen.*

fūsus², a, um *(p. adj. v. fundo²)*
1. *(v. personen)* languit, uitgestrekt [**humi**];
2. *(poët.) (v. plaatsen)* zich ver uitstrekkend, uitgestrekt; ▸ *campi -i in omnem partem;*
3. *(poët.; postklass.) (v. haar en kleding)* (lang) afvallend, loshangend, golvend [**crines; toga**];
4. *(v. lichamen)* breed, gespierd; ▸ *Gallorum fusa et candida corpora;*
5. *(metaf.)* uitvoerig, wijdlopig, breedsprakig [**oratio; orationis genus**]; ▸ *-e disputare; poëma initio fusum; in descriptionibus fusi ac fluentes.*

fūtilis *en* **futtilis,** e
1. *(poët.)* doorlatend, niets vasthoudend [**glacies** breekbaar];
2. *(metaf.) (v. personen)* onbetrouwbaar [**servus; haruspex**];
3. *(v. zaken)* waardeloos, inhoudsloos, onbeduidend, nutteloos, vergeefs [**opes; laetitia**]; — *adv.* **fūtile** vergeefs.

futtilitās, ātis *f (futilis)* onbeduidendheid.

futuō, futuere, futuī, futūtum neuken *(abs.; m. acc.).*

futūra, ōrum *n = futurum.*

futūrum, ī *n (futurus)* toekomst.

futūrus, a, um *(sum)* toekomstig, aanstaand, komend [**tempus; res; malum**]; ▸ *post futuri* nog ongeborenen; — *futūrum esse: inf. fut. v. esse.*

futūtiō, ōnis *f (futuo) (poët.)* het neuken, wip.

futūtor, ōris *m (futuo)* neuker.

futūtrīx, *gen.* īcis *(f) (futuo) (Mart.)* neukend [**manus**].

G

G, g *ca. midden 3e eeuw v. Chr. als zevende letter in het Lat. alfabet opgenomen, ontstaan uit de letter C; G als afkorting (in inscripties):*
1. *(ipv. C)* = Gaius;
2. *bij aanduidingen v. legioenen:* (a) = Gallica; (b) = Gemina;
3. *provincienamen:* (a) **G. I.** = Germania Inferior; (b) **G. S.** = Germania Superior.

Gabalī, ōrum *m volksstam in Aquitanië (Z.W.-Frankrijk) ten Z. v.d. Arverni in de Cevennen.*

gabata, ae *f (Mart.)* schaal, schotel.

Gabiī, ōrum *m stad in Latium tussen Rome en Praeneste, nu Castiglione; — adj.* **Gabīnus,** a, um [**saxum** tufsteen; **cinctus** *bij religieuze feesten gebruikelijke manier om de toga te dragen; de tip die anders over de linkerschouder hing, werd onder de rechterarm doorgetrokken*]; *— inw.* **Gabīnī,** ōrum *m.*

Gabīniānus[1], ī *m Gall. retor ttv. keizer Vespasianus.*

Gabīniānus[2] *zie Gabinius.*

Gabīnius, a, um *naam v.e. Rom. pleb. gens: A.* ~, *volkstribuun in 67 v. Chr., gaf Pompeius het opperbevel tegen de zeerovers en Pompeius' collega M. Aelius Glabrio het bevel in de oorlog tegen Mithridates; — adj. ook* **Gabīniānus,** a, um.

Gādēs, ium *f Fen. (Tyrische) kolonie in het zuidwesten van Spanje, nu Cádiz; — inw. en adj.* **Gādītānus,** ī *m resp.* a, um; *—* **Gādītānae,** ārum *f* danseressen uit Gades.

gaesātī, ōrum *m (gaesum)* met een *gaesum* gewapende troepen.

gaesum, ī *n (Kelt. leenw.)* zware werpspies; ▸ *Alpina coruscant -a manu.*

Gaetūlī, ōrum *m Berberstam in N.W.-Afrika; — adj.* **Gaetūlus,** a, um Afrikaans.

gāïolus, ī *m (poët.; postklass.) een soort koek.*

Gaius, ī *m (bij Catullus ook drielettergrepig Gāïus),* **Gaia,** ae *f Rom. voornaam, afgekort C.*

Galaesus, ī *m rivier bij Tarente in Z.-Italië, nu de Galaso.*

Galatae, ārum *m* de Galaten, *ca. 275 v. Chr. naar Kl.-Azië getrokken, waar ze na de nederlaag tegen Attalus I v. Pergamum (235 v. Chr.) halverwege de rivier de Halys woonden; —* **Galatia,** ae *f land v.d. Galaten (= Gallograecia), door Augustus in 25 v. Chr. tot Rom. provincie gemaakt.*

Galatēa, ae *f dochter v. Nereus, zeenimf, op wie Polyphemus verliefd was.*

galba[1], ae *f (Kelt. leenw.) (Suet.)* larve v.d. houtworm.

galba[2], ae *m (Kelt. leenw.) (Suet.)* dikke buik; *—* **Galba** *cogn. v.d. gens Sulpicia:* Ser. Sulpicius ~ *(5 v. Chr.—69 n. Chr.), Rom. keizer v. juni 68 tot januari 69; —* **Galbiānī,** ōrum *m* aanhangers v. Galba.

galbaneus, a, um *(galbanum) (Verg.)* uit *of* van gom, moederhars [**odores; nidor**].

galbanum, ī *n (Gr. leenw.) (postklass.)* gom, moederhars *(aangenaam ruikend hars).*

galbeī, ōrum *m en* **-ae,** ārum *f (postklass.)* wollen draagverband doordrenkt met geneeskrachtige kruiden.

galbeus, ī *m* wollen draagverband doordrenkt met geneeskrachtige kruiden.

galbinātus, a, um *(galbinum) (Mart.)* in 't groengeel, *dwz.* modieus *of* verwijfd gekleed.

galbinus, a, um *(galbus) (postklass.)*
1. groengeel [**avis; cingulum**];
2. *(metaf.)* verwekelijkt [**mores**].

galbulus, ī *m (galbus) (poët.; postklass.) kleine groengele vogel, missch.* wielewaal.

galea, ae *f (met leer bedekte)* helm *(v.d. infanterie).*

Galēnus, ī *m uit Pergamum (129 tot ca. 216 n. Chr.), lijfarts v.d. keizers Marcus Aurelius en Commodus.*

galeō, galeāre *(galea)* met een helm bedekken, een helm opzetten; *— klass. alleen* **galeātus,** a, um gehelmd [**Minerva; centuriones**].

galēriculum, ī *n (demin. v. galerum) (postklass.)*
1. kleine bontmuts;
2. kleine pruik.

galērītus, a, um *(galerum) (poët.; postklass.)* met een bontmuts bedekt; ▸ *avis -a* kuifleeuwerik.

galērum, ī *n en* **-us,** ī *m (Gr. leenw.)*
1. bontmuts;
2. pruik.

galgulus, ī *m = galbulus.*

Galilaeī, ōrum *m* de Galileeërs, *bewoners v. Galilea (in Palestina, ten W. v.h. Meer v. Genesaret).*

galla, ae *f* galappel.

Galla *zie Galli*[1].

Gallaecia, ae *f landstreek in N.W.-Spanje, het tegenwoordige Galicië; — inw.* **Gallaecī,** ōrum *m.*

Gallī[1], ōrum *m (vgl. Galatae)* Galliërs, *Lat. verzamelnaam voor diverse stammen, ihb. in het tegenwoordige N.-Italië, Frankrijk en België; sg.* **Gallus,**

ī *m* inwoner v. Gallië, **Galla,** ae *f* inwoonster v. Gallië; *hun land:* **Gallia,** ae *f* Gallië, *door de Alpen gescheiden in* **Gallia cisalpīna** (*of* **citerior,** togāta) = N.-*Italië en* **Gallia trānsalpīna** (*of* **ulterior,** comāta *of plur.* Galliae) = *Frankrijk; Gallia cisalpina werd naar de ligging aan deze of aan de andere kant v.d. rivier de Po in* **Gallia cispadāna** *en* **trānspadāna** *onderverdeeld; in Gallia transalpina werden onderscheiden:* (a) **Gallia Nārbōnēnsis** *of* **Prōvincia** = *de Provence tot aan de rivier de Rhône, sinds 121 v. Chr. Romeins;* (b) **Aquītānia** = *Z.W.-Gallië tot aan de rivier de Loire;* (c) **Gallia Lugdūnēnsis** *tussen de rivieren Loire, Seine en Marne;* (d) **Gallia Belgica** *tussen de Rijn en de Seine;*
/ *adj.* (a) **Gallicus,** a, um Gallisch [ager *of* provincia *kustgebied v. Umbrië bij Ariminum;* bellum oorlog v.d. Romeinen tegen de Galliërs]; *subst.* **gallica,** ae *f* (*vul aan:* *solea*) Gallische houten sandaal, overschoen; (b) **Gallicānus,** a, um in of uit de provincia Gallica; (c) **Gallus,** a, um Gallisch [**miles**].

Gallī[2], ōrum *m en* (*scherts. bij Catull.*) **Gallae,** ārum *f* gecastreerde priesters v. Cybele; — *adj.* **Gallicus,** a, um.

galliambus *en* **galliambos,** ī *m* (*Galli*[2] *en iambus*) (*Mart.*) *een maatsoort die gebruikt werd in de liederen v.d. cultus v. Cybele,* galliambe.

gallica *zie Galli*[1].

Gallicānus, a, um *zie Galli*[1].

galli-cinium, ī *n* (*gallus en cano*) (*postklass.*) tijd v.h. eerste hanengekraai.

Gallicus, a, um *zie Galli*[1] *en Galli*[2].

gallīna, ae *f* (*gallus*) kip, hen; *bij Plautus als koosnaam;* — ad Gallinas 'Hoenderhof' (*landhuis aan de Tiber bij Rome*).

gallīnāceus, a, um (*gallina*)
I. *adj.* kippen- [**gallus** huishaan]; ▸ *cunila -a* wilde marjolein;
II. *subst.* ī *m* haantje.

gallīnārium, ī *n* (*gallina*) (*postklass.*) kippenhok.

gallīnārius (*gallina*)
I. *adj.* a, um kippen- [**scala; vasa**]; — silva Gallinaria *dennenbos in Campanië;*
II. *subst.* ī *m* kippenhoeder.

gallīnula, ae *f* (*demin. v. gallina*) (*Apul.*) kuiken.

Gallo-graecī, ōrum *m* = *Galatae.*

Gallo-graecia, ae *f* = *Galatia, zie Galatae.*

gallus, ī *m* haan, huishaan; ▸ *-i of -orum cantus* hanengekraai; *ad cantum -i secundum;* — *sprw.* (*Sen.*) ~ *in suo sterquilino plurimum potest* iedereen is de baas in zijn eigen huis.

Gallus, ī *m*
1. inwoner v. Gallië, *zie Galli*[1];
2. priester v. Cybele, *zie Galli*[2];
3. *Rom. cogn.:* C. Cornelius ~ *uit Forum Iulii* (*nu Fréjus*) *in Gallië* (*69—26 v. Chr.*), *politicus, elegisch dichter, vriend v. Augustus en Vergilius;*
4. *rivier in Frygië, nu de Göksu Çayı.*

Gamala, ae *f stad in Palestina, nu es Salam.*

gamēliōn, ōnis *m* (*Gr. leenw.*) *zevende maand v.d. Att. kalender.*

gānea, ae *f* kroeg; gaarkeuken; (*meton.*) gesmul, geschrans.

gāneō, ōnis *m* (*ganea*) smulpaap.

gāneum, ī *n* = *ganea.*

Gangaridae *en* **Gangarides,** um *m* (*acc. -as*) *volksstam aan de benedenloop v.d. Ganges.*

Gangēs, is *m de Ganges, na de Indus de grootste rivier v. India;* — *adj.* **Gangēticus,** a, um *en* (*f*) **Gangētis,** idis van de Ganges, (*poët.*) *alg.* Indisch.

gangraena *en* **gangrēna,** ae *f* (*Gr. leenw.*) (*med.*) koudvuur.

ganniō, gannīre, — —
1. (*v. honden*) janken, keffen;
2. (*v. mensen*) snauwen, tieren.

gannītus, ūs *m* (*gannio*)
1. (*Lucr.*) gekef *v. kleine honden;*
2. (*postklass.*) (*v. mensen*) gesnauw;
3. (*Apul.*) gefluister.

Ganymēdēs, is *en* ī *m zoon v. Tros of v. Laomedon, wegens zijn schoonheid door Jupiter ontvoerd naar de Olympus.*

Garamantes, um *m Berberstam in het binnenland v. Libië;* — *adj.* (*f*) **Garamantis,** idis van de Garamantes, Afrikaans.

garci-fer, ferī *m* (*fero*) (*Mel.*) kok.

garciō, ōnis *m* (*Mel.*) knecht, dienaar.

Gargānus, ī *m voorgebergte in Apulië, nu Monte Gargano.*

Gargaphiē, ēs *f aan Diana gewijd dal met een bron in Boeotië.*

Gargara, ōrum *n top v.h. Idagebergte in Mysië met gelijknamige stad aan de voet v.d. berg.*

gargarizātiō, ōnis *f* (*gargarizo*) (*med.*) het gorgelen.

gargarizō, gargarizāre (*Gr. leenw.*) (*med.*) gorgelen.

Gargēttius, ī *m* de Gargettiër = Epicurus, *zo genoemd naar de geboorteplaats van zijn vader* (*de deme Gargettus in Attica*).

garriō, garrīre
1. (*v. mensen*) kletsen, babbelen; ▸ ~ *nugas;*

2. (*v. dieren en instrumenten*) (laten) klinken.

garrulitās, ātis *f* (*garrulus*) (*poët.*; *postklass.*) spraakzaamheid, praatzucht.

garrulus, a, um (*garrio*)
1. spraakzaam, praatzuchtig;
2. (*v. dieren en instrumenten*) (luid) klinkend.

garum, ī *n* (*Gr. leenw.*) (*poët.*; *postklass.*) pikante vissaus.

Garumna, ae *f rivier in* Z.W.-*Frankrijk, nu de* Garonne; — *naburige volksstam:* **Garumnī,** ōrum *m.*

gasta(l)dius, ī *m* (*Mel.*) koninklijke rentmeester.

gastra, ae *f* (*Gr. leenw.*) (*postklass.*) buikige vaas van aardewerk.

gastrimargia, ae *f* (*Gr. leenw.*) (*eccl.*) vraatzucht, brasserij.

gaudeō, gaudēre, gāvīsus sum
1. zich verheugen, blij zijn (*over: abl., in m. abl.; zelden gen., de, acc. v.h. neutr. v.e. pron.;* [*daarover*] *dat: quod, aci., inf., ptc.*); ▸ *equo acri* ~ zich verlustigen in; *virtutis exemplis* ~; *gaudeat in puero; id* ~; *gaudet potitus* hij is blij met de buit; *gaudent scribentes* ze schrijven naar hartelust; *in sinu of in se* ~ zich verkneukelen, in z'n vuistje lachen;
2. (*poët.*) (*in brieven*) *bv. Celso gaudere refer* doe Celsus de groeten van mij;
3. (*v. niet-lev. subj.*) houden van, graag zien of horen; ▸ *umore omnia hortensia gaudent; scaena gaudet miraculis.*

gaudiālis, e (*gaudium*) (*Apul.*) vreugdevol, blij makend.

gaudibundus, a, um (*gaudeo*) (*postklass.*) blij.

gaudimōnium, ī *n* (*gaudeo*) (*postklass.*) vreugde.

gaudium, ī *n* (*gaudeo*)
1. vreugde, plezier (*vaak plur.*); ▸ *-o lacrimare; -is exsultare* van vreugde juichen; *triumphare -o; -o esse alci* iem. plezier doen; *-um atque laetitiam agitare;*
2. (*poët.; postklass.*) genot, lust, wellust (*meestal plur.*) [**corporis; Veneris**];
3. (*poët.*) (*meton.*) (geluk)zaligheid = voorwerp v. vreugde, lieveling (*meestal plur.*).

gaulus, ī *m* (*Gr. leenw.*) (*Plaut.*) drinkschaal, kom.

Gaurus, ī *m gebergte in Campanië, nu* Monte Gauro.

gausapa, ae *f*, **gausape,** is *en* **gausapum,** ī *n*, **gausapēs,** is *m* (*Gr. leenw.*) (*poët.; postklass.*) fries (*ruig wollen weefsel als deken of gewaad*).

gausapātus, a, um (*gausapa*) (*postklass.*) in fries (*wollen stof*) gekleed of gehuld.

gausapina, ae *f* (*gausapinus*) (*postklass.*) kledingstuk van fries (*wollen stof*).

gausapinus, a, um (*gausapa*) (*Mart.*) van fries (*wollen stof*).

gāvia, ae *f* (*postklass.*) *een soort vogel, missch.* meeuw.

gāvīsus sum *pf. v. gaudeo.*

gaza, ae *f* (*Perz. woord*)
1. schat (*oorspr. v.d. Perz. koningen, vervolgens v. elke koning of vorst*); ▸ *custos -ae regiae* koninklijke schatmeester;
2. plur. (*poët.*) kostbaarheden, schatten, vermogen;
3. (*poët.*) bezit, voorraad [**agrestis**].

Gaza, ae *f stad in Palestina.*

gazophylacium, ī *n* (*Gr. leenw.*) (*eccl.*) schatkamer.

gehenna, ae *f* (*eccl.*) de hel.

Gela, ae *f stad aan de Z.W.-kust v. Sicilië aan de rivier* **Gelās,** ae *m;* — *inw.* **Gelēnsēs,** ium *m;* — *adj.* **Gelōus,** a, um.

gelasīnus, ī *m* (*Gr. leenw.*) (*Mart.*) kuiltje (*dat bij het lachen in iems. wang ontstaat*).

gelātiō, ōnis *f* (*gelo*) (*postklass.*) het bevriezen.

Gelduba, ae *f castellum in het gebied v.d. Ubii aan de rivier de Rijn, nu* Krefeld.

gelicidium, ī *n* (*gelu en cado*) rijp.

gelida, ae *f* (*gelidus; vul aan: aqua*) (*Hor.*) koud water.

gelidus, a, um (*gelu*)
1. (ijs)koud, ijzig [**aqua; hiems; Scythes** die in koude gebieden wonen; **partes -ae Aquilonis**];
2. koel, fris [**saxum; montes; antrum**];
3. (*poët.*) koud (makend), stijf [**mors; metus; formido** koude rilling].

Gellius, a, um *naam v.e. Rom. gens:* A. ~, *Rom. schrijver uit de 2e eeuw n. Chr., schreef de 'Noctes Atticae' waarvan alle 20 boeken (met uitzondering v.h. 8e) zijn overgeleverd, waarin hij ook citaten en uittreksels v. niet overgeleverde werken, ihb. uit de tijd voor Cicero, verzameld heeft.*

gelō, gelāre (*gelu*) (*postklass.*) doen bevriezen, koud maken, doen verstijven; — ppp. **gelātus,** a, um bevroren [**amnis**].

Gelōnī, ōrum *m Scyth. volksstam aan de rivier de Dnjepr.*

Gelōus, a, um *zie Gela.*

gelū, ūs *n* (*meestal abl. sg.*) (*poët.; postklass.*) *en* **gelum,** ī *n* (*Lucr.*)
1. vorst; ▸ *gelu rigere* stijf van de kou zijn; *rura gelu claudit hiems* (*Verg.*);
2. (*meton.*) ijs, rijp;

3. (*metaf.*) koude, verstijving; ▸ *tarda gelu senectus.*

gemebundus, a, um (*gemo*) zuchtend, steunend.

gemelli-para, ae *f* (*gemellus en pario*) (*Ov.*) moeder v.e. tweeling.

gemellus (*demin. v. geminus*)

I. *adj.* a, um

1. tweeling- [**fratres**];

2. dubbel [**vites; legio** dubbellegioen];

3. (als tweelingen) gelijkend, helemaal gelijk;

II. *subst.* ī *m* tweeling, tweelingbroer.

geminātiō, ōnis *f* (*gemino*) verdubbeling, herhaling [**verborum; vocalium**].

geminō, gemināre (*geminus*)

1. verdubbelen [**honorem; urbem** door twee steden samen te voegen er één maken]; — *ppp.* **geminātus,** a, um verdubbeld, dubbel [**victoria**];

2. (tot een paar) verenigen, herhalen, vlak achterelkaar plaatsen [**castra legionum; consulatūs** onmiddellijk op elkaar laten volgen; **aera** tegen elkaar slaan];

3. (*Hor.*) doen paren (*met: dat.*) [**serpentes avibus; tigribus agnos**];

4. (*abs.*) (*Lucr.*) dubbel zijn, zich verdubbelen.

geminus

I. *adj.* a, um

1. tweeling- [**filii; sorores; fratres; proles** tweelingskinderen];

2. dubbel, tweevoudig, beide [**portae; nares; pedes; nuptiae; sidus** sterrenpaar; **Arcti** Grote en Kleine Beer; **legio X**];

3. (*Ov.*) uit twee gestalten bestaand [**Centauri**];

4. (als tweelingen) gelijkend, gelijk, identiek [**audacia; cupido laudis**];

II. *subst.* ī *m*

1. tweeling, tweelingbroer; *gemini* Castor en Pollux (*ook als sterrenbeeld*);

2. plur. (*Laatl.*) testikels.

gemitus, ūs *m* (*gemo*)

1. het zuchten, steunen, klagen, jammeren, kermen (*vaak plur.*) [**morientium; leonis;** (*over, om: gen.*) **ereptae virginis; vulnerum**]; ▸ *gemitūs edere of dare* jammerklanken uitstoten; *clamore et gemitu templum resonat caelitum*;

2. (*Verg.*) (*v. dingen*) gedreun, gebulder [**pelagi**]; ▸ *tellus dat gemitum; gemitum dedēre cavernae equi Troiani.*

gemma, ae *f*

1. knop *of* oog *v.e. plant, ihb. v.e. wijnstok*;

2. edelsteen; juweel; parel;

3. (*poët.; postklass.*) (*meton.*) *van edelstenen gemaakte of met edelstenen bezette of op edelstenen lijkende voorwerpen, o.a.*(a) drinkbeker; ▸ *-ā bibere; in -ā posuere merum*; (b) (*Ov.*) zegelring, zegel; ▸ *-am imprimere; -ā signari* (*v.e. brief*); (c) (*Ov.*) oog *v.e. pauwenstaart*;

4. (*metaf.*) kleinood, sieraad, versiering;

5. (*postklass.*) druppeltje hars; barnsteen.

gemmāscō, gemmāscere (*gemma*) (*botan.*) uitbotten.

gemmātus, a, um (*gemma*) met edelstenen *of* parels bezet [**monilia**].

gemmeus, a, um (*gemma*)

1. van edelstenen;

2. (*poët.; postklass.*) met edelstenen versierd [**anulus**];

3. (*poët.; postklass.*) lijkend op een edelsteen: (a) schitterend als juwelen, als met juwelen versierd [**cauda** *v.e. pauw*]; (b) in de vorm v.e. juweel.

gemmi-fer, fera, ferum (*gemma en fero*) (*poët.; postklass.*)

1. parels met zich meevoerend [**amnes**];

2. met edelstenen *of* parels versierd [**aures**].

gemmō, gemmāre (*gemma*)

1. uitbotten;

2. (*Ov.*) met edelstenen bezet zijn, van edelstenen fonkelen; ▸ *sceptra gemmantia*;

3. (*Lucr.; Mart.*) schitteren als edelstenen; ▸ *herbae gemmantes rore recenti* van de frisse dauw; *alae gemmantes pavonis.*

gemmōsus, a, um (*gemma*) (*Apul.*) met edelstenen bezet [**monilia**].

gemmula, ae *f* (*demin. v. gemma*) (*postklass.*)

1. kleine knop;

2. kleine edelsteen.

gemō, gemere, gemuī, —

I. *intr.*

1. zuchten, steunen, kermen (*v. personen, zelden v. dieren*);

2. (*poët.*) (*v. dieren*) krassen, brullen, hinniken, koeren;

3. (*poët.; postklass.*) (*v. dingen*) dof weerklinken, suizen, bulderen, dreunen, knarsen *e.d.*; ▸ *gubernacula gemunt; plaustra gemunt*;

II. *tr.* treuren *of* klagen over (*m. acc.*) [**plagam acceptam; ignominiam**].

Gemōniae, ārum *f* (*vul aan: scalae*) *trap bij het Capitool naast de Carcer, waarover de lijken v. terechtgestelde misdadigers naar de Tiber gesleept werden.*

gemuī *pf. v. gemo.*
gena, ae *f (meestal plur.)*
1. wang;
2. *(Ov.)* oogkas; ▸ *-is oculos expilare* uit de oogkassen rukken;
3. *(poët.)* oog;
4. *(pre- en postklass.)* ooglid.
Genaunī, ōrum *m Illyrische volksstam, misschien in het dal v.d. rivier de Inn (Oostenrijk).*
Genava, ae *f stad in het gebied v.d. Allobrogen, nu* Genève.
geneālogia, ae *f (Gr. leenw.) (postklass.)* geslacht, familie; afstamming.
geneālogus, ī *m (Gr. leenw.)* maker v. stambomen.
gener, generī *m*
1. schoonzoon;
2. zwager;
3. *(Tac.)* man v. klein- *of* achterkleindochter.
generāle, is *n (generalis) (Mel.)* universiteit.
generālis, e *(genus)*
1. het geslacht betreffend, van de soort;
2. algemeen; — *adv.* **generāliter** in het algemeen, in alle opzichten.
generālitās, ātis *f (generalis) (Laatl.)* algemeenheid, het algemene.
generāscō, generāscere, — — *(genero) (Lucr.)* geboren worden, zich ontwikkelen.
generātim *adv. (genus)*
1. naar soort (stammen, standen, klassen); ▸ *copias ~ constituere;*
2. in het algemeen, in alle opzichten.
generātiō, ōnis *f (genero) (postklass.)*
1. vruchtbaarheid;
2. het voortbrengen;
3. nakomelingschap; generatie.
generātor, ōris *m (genero)*
1. verwekker, schepper; stamvader, voorvader;
2. *(Verg.)* fokker [**equorum**].
generō, generāre *(genus)* verwekken, scheppen, voortbrengen; *pass.* afstammen, *ihb. ppp.* **generātus,** a, um afstammend van, ontsproten uit *(m. abl.; ab).*
generōsitās, ātis *f (generosus) (postklass.)*
1. *(v. mensen)* goede afkomst, voornaamheid;
2. goede kwaliteit.
generōsus, a, um *(genus)*
1. uit een edel geslacht, adellijk, voornaam;
2. *(postklass.) (v. dieren)* van een edel ras, edel [**equus**];
3. *(v. dingen)* van een edel soort, edel, voortreffelijk [**arbor; flos; vinum; forma dicendi**];
4. *(v. karakter)* edel(moedig), grootmoedig [**mens**].
genesis, is *f (Gr. leenw.) (postklass.)*
1. schepping, geboorte;
2. lot, gesternte;
3. Genesis *(het eerste boek v.h. OT.).*
genesta, ae *f = genista.*
genethliacus, ī *m (Gr. leenw.) (postklass.)* iem. die een horoscoop trekt; astroloog.
genetīvus, a, um *(gigno) (poët.; postklass.)* aangeboren, oorspronkelijk [**nota** moedervlek; **nomen** geslachtsnaam; **casus** genitivus].
genetrīx, īcis *f (genitor) (poët.; postklass.)*
1. moeder [**magna deum** *(= deorum)* = Cybele; **Venus** *als stammoeder v.d. gens Iulia;* **Priami**];
2. *(metaf.)* vrl. schepper [**frugum** = Ceres; **urbium** = moederstad].
geniālis *(genius)*
I. *adj.* e
1. aan Genius gewijd, voor de bruiloft, van het huwelijk [**lectus** huwelijksbed; **pulvinar divae**];
2. *(poët.)* Genius verblijdend = vrolijk, opgewekt, feestelijk [**rus; festum; dies** dag v. vreugde, feestdag; **serta** feestelijke kransen];
II. *subst.* is *m (vul aan: torus)* huwelijksbed.
geniculātus, a, um *(geniculum)* vol knopen, knoestig [**culmus; arundo**].
geniculum, ī *n (demin. v. genu)*
1. *(v. mensen)* knie;
2. *(v. planten)* knoop;
3. bocht, elleboog *(v.e. pijp).*
genimen, inis *n (gigno) (eccl.)*
1. afstamming; afstammeling, nakomeling;
2. *(v. niet-lev.)* voortbrengsel.
genista, ae *f (poët.; postklass.)* brem.
genitābilis, e *(gigno)* in staat om voort te brengen, vruchtbaar.
genitāle, is *n, meestal plur.* **genitālia,** ium *n (genitalis) (postklass.)* geslachtsdelen.
genitālis, e *(gigno) (poët.; postklass.)* bij de voortplanting *of* de geboorte horend, verwekkend, vruchtbaar, geboorte- [**semina; membra; loca; dies** verjaardag; **dea** godin v.d. geboorte]; — *subst.* **Genitālis,** is *f* godin v.d. geboorte *(bijnaam v. Diana).*
genitīvus, a, um *= genetivus.*
genitor, ōris *m (gigno) (vooral poët.)*
1. verwekker, vader [**deum** *(= deorum) v. Jupiter*];
2. schepper, maker.
genitrīx *= genetrix.*

genitūra, ae *f* (*gigno*) (*postklass.*)
1. voortplanting; geboorte; het ontstaan;
2. tijdstip v.d. geboorte; stand v.d. sterren bij de geboorte.

genitus[1] ppp. *v. gigno.*

genitus[2], ūs *m* (*gigno*) (*Apul.*) voortbrenging.

genius, ī *m* (*gigno*)
1. Genius (*oorspr. 'de verwekker' als symbool v.h. mannelijke zaad, later de personificatie v.d. manlijke kracht*), beschermgeest v.d. man, *die hem tijdens zijn leven begeleidt en lief en leed met hem deelt; men zwoer bij hem, men bracht hem offers, ihb. op verjaardagen en bruiloften;* ▸ *-um piare, placare; -um mero curare* zich met wijn verkwikken; *-um suum defraudare* zijn genius bedriegen = zich niets veroorloven;
2. beschermgeest *v. steden, volksstammen, staten, families, haarden e.a.*;
3. (*Plaut.*) weldoener, gastheer.

genō, genere, (genuī, genitum) (*arch.*) = *gigno.*

gēns, gentis *f* (*gigno*)
I. *v. bloedverwantschap:*
1. geslacht, familie, *verband v. verscheidene families die bij elkaar hoorden door gelijke afkomst en gemeenschappelijke familienaam, oorspr. alleen v. patriciërs* [**Claudia; Aemilia; patricia**]; ▸ *sine gente* van lage afkomst, van lage stand, niet van adel, onbekend; *patres maiorum gentium* senatoren die behoren tot oude patricische families; *patres minorum gentium* senatoren die behoren tot plebejische families, *v. wie de voorouders voor het eerst onder Tarquinius Priscus in de senaat opgenomen waren; quem Lesbia malit quam te cum tota gente, Catulle, tua;* (*metaf.*) *di maiorum* en *minorum gentium* hogere en lagere goden;
2. (*poët.*) (*meton.*) nakomeling, telg; ▸ *vigilasne, deum* (= *deorum*) *~, Aenea?*;
II. *v. volkeren e.d.:*
1. (volks)stam, volk, natie (*verband v. mensen met gemeenschappelijke woonplaats, gemeenschappelijke taal en gemeenschappelijke gewoonten*); ▸ *~ Germanorum, Thraciae; populum Romanum di omnibus gentibus imperare voluerunt; ex utraque gente* (*Romana, Latina*) *unus populus, una res publica facta est; tot populorum, tot gentium; ubi gentium sumus* waar ter wereld zijn we?; *ius gentium* volkenrecht;
2. gemeente, burgerij; ▸ *eius gentis cives;*
3. streek, gebied; ▸ *Danuvius per innumeras lapsus gentes;*
4. *plur.* (*postklass.*) buitenland, buitenlanders, barbaren;
III. *biologisch:*
1. geslacht [**animantium; humana** het menselijk geslacht]; ▸ *toto surget ~ aurea mundo;*
2. (*v. dieren*) soort, geslacht; ▸ *~ pecudum; gentes apium* bijenvolken;
IV. (*eccl.*) (ook gentes) heidenen.

gentiāna, ae *f* (*Plin. Mai.*) gentiaan.

genticus, a, um (*gens*) (*postklass.*) eigen aan een volk, nationaal [**mos**].

gentīlicius, a, um (*gentilis*)
1. tot een *gens* behorend, geslachts- [**sacra; nomen; tumulus**];
2. (*Gell.*) nationaal, volks-;
3. (*eccl.*) heidens.

gentīlis (*gens*)
I. adj. e
1. (*poët.; postklass.*) tot dezelfde *gens*, familie behorend [**nomen; domus**];
2. (*postklass.*) uit dezelfde stam, tot hetzelfde volk behorend, nationaal, vaderlands [**solum; imperium; religio**];
3. (*Laatl.*) niet-Romeins, buitenlands;
4. (*eccl.*) heidens [**libri** v.d. antieke auteurs];
II. *subst.* is *m*
1. lid v. dezelfde *gens*, (bloed)verwant;
2. (*Gell.*) landgenoot;
3. *plur.* (*Laatl.*) niet-Romeinen, buitenlanders;
4. *plur.* (*eccl.*) heidenen.

gentīlitās, ātis *f* (*gentilis*)
1. verwantschap op basis v. *gens*;
2. (*Laatl.*) volksaard, nationaliteit;
3. (*eccl.*) heidendom; (*meton.*) heidense godsdienst; heidenen.

genū, ūs *n*
1. knie; ▸ *genuum orbis* knieschijf; *ad genua alcis procumbere; genu ponere of submittere* door de knieën gaan, knielen (*voor: dat.*); *corde et genibus tremit;*
2. (*Plin. Mai.*) (*v. planten*) knoop.

Genua, ae *f stad aan de kust in Ligurië, nu* Genova (Genua).

genuālia, ium *n* (*genu*) (*Ov.*) sierband om de knie.

genū-flectō, flectere, flexī, flexum (*eccl.*) knielen.

genuī *pf. v. gigno.*

genuīnus[1], a, um (*gigno*)
1. aangeboren, natuurlijk [**virtutes; pietas**];
2. (*Gell.*) onvervalst, echt [**Plauti comoedia**].

genuīnus[2] (*gena*)
I. *adj.* a, um bij de wangen horend, wang- [**dentes** kiezen];

II. *subst.* ī *m* *(poët.)* kies; *metaf.* afgunst.

genus[1], eris *n* *(gigno)*

1. geboorte, afstamming, herkomst [**magnum; summum; patricium; plebeium**]; ▸ *Graecus genere* van geboorte; *genus (de)ducere of trahere ab alqo* van iem. afstammen; *nobile duco genus de gente Catonis; avus paterno of materno genere* van vaderskant *of* van moederskant; *genere et nobilitate et pecuniā primus; a matris genere et nomine;*

2. voorname afstamming, adel; ▸ *virtute, non genere populo commendari* zich op basis v. bekwaamheid, niet op basis v. adel aan het volk aanbevelen; *nec minus in sese generis esse quam in Hercule;*

3. geslacht, familie, huis [**Marcellorum**]; ▸ *auctores generis mei* mijn voorouders; *genus prodere* voortplanten;

4. *(poët.)* nageslacht; nakomeling, telg, kind, kleinkind [**Iovis** = Bacchus; **Adrasti** = Diomedes];

5. stam, volk, natie [**Graecorum; bellicosum; fallacissimum Phoenicum**];

6. natuurlijk geslacht, sekse [**virile; muliebre**];

7. geslacht, soort: (a) *(v. mensen)* geslacht, soort [**hominum; humanum; colonorum**]; ▸ *hostes omnium generum;* (b) *(v. dieren)* soort, ras [**animale; ferarum; vipereum; equarum**]; (c) *(v. zaken)* soort, type [**frugum; pomorum; herbarum**]; ▸ *in omni genere vitae* (levens)omstandigheden; *aliquid id genus* iets dergelijks; *genere, non numero resp. magnitudine* kwalitatief, niet kwantitatief;

8. *(kan verscheidene speciēs omvatten)* overkoepelende klasse, categorie; ▸ *genus in species partiri;*

9. wijze, manier, wijze v. behandeling [**praedandi; dicendi** manier v. spreken; **scriptorum; scribendi**];

10. geaardheid, aard; ▸ *id genus verba* woorden van die aard, dergelijke woorden; ▸ *quod genus ...sic* zoals ... zo *(Lucr.)*;

11. opzicht, aspect; ▸ *in omni genere diligens.*

genus[2], ūs *m of n* = *genu.*

Genūsus, ī *m* *rivier in Illyrië (Balkan), ten Z. v. Dyrrachium, nu* de Shkumbini.

geōgraphia, ae *f* *(Gr. leenw.)* aardrijkskunde, geografie.

geōmetrēs, ae *m* *(Gr. leenw.)* landmeter, meetkundige.

geōmetria, ae *f* *(Gr. leenw.)* (land)meetkunde, geometrie.

geōmetrica, ōrum *n* *(geometricus)* meetkunde.

geōmetricus, a, um *(Gr. leenw.)* meetkundig [**formae** figuren; **rationes** bewijzen]; ▸ *-um quiddam explicare.*

geōrgicus, a, um *(Gr. leenw.) (poët.; postklass.)* mbt. de landbouw, van de landbouw; — **Geōrgica,** ōrum *n* *dichtwerk v. Vergilius over de landbouw.*

Geraesticus portus *haven bij de stad Teos in Ionië (aan de kust v. Kl.-Azië).*

Geraestus, ī *f* *havenstad en voorgebergte op* Euboea *(Midden-Griekenland).*

Gergovia, ae *f* *stad in het gebied v.d. Arverni in* Midden-Gallië *(Auvergne), door Caesar in* 52 *v. Chr. zonder succes belegerd, nu* Gergovie.

Germalus, ī *m* Z.O. *helling v.d. Palatijn.*

germāna, ae *f* *(germanus)* (volle) zuster, halfzuster; ▸ *Magni Iovis ~ et coniunx.*

Germānī, ōrum *m* de Germanen; — **Germānia,** ae *f* *land v.d. Germanen,* Germanië; *plur.* N.- en Z.-Germanië; — *adj.* **Germānicus,** a, um *(subst. erenaam wegens succes in het voeren v. oorlog in Germanië),* **Germānus,** a, um *en* **Germāniciānus,** a, um.

germānitās, ātis *f* *(germanus)*

1. *(band tussen broer[s] en/of zuster[s])* broederschap, zusterschap, verwantschap [**nexus germanitatis**];

2. verwantschap *(bv. v. steden doordat ze dezelfde moederstad hebben).*

germānitus, a, um *(Laatl.)* broederlijk, echt, zuiver, oprecht.

germānus

I. *adj.* a, um

1. vol, echt, eigen [**frater; soror**];

2. *(Plaut.)* van broer(s) en zuster(s), broederlijk, zusterlijk;

3. echt, waar(achtig), werkelijk [**iustitia; germanissimus Stoicus**];

II. *subst.* ī *m* (volle) broer, halfbroer.

germen, inis *n*

1. *(poët.; postklass.)* kiem, spruit, knop, stengel, twijg;

2. *(metaf.)* kiem, bron [**virtutis**];

3. vrucht, voortbrengsel;

4. *(Laatl.)* nakomeling, telg; *(coll.)* geslacht, stam.

germinātiō, ōnis *f* *(germino)* het kiemen, uitlopen.

germinō, germināre *(germen) (poët.; postklass.)*

I. *intr.* (ont)kiemen, uitlopen, zaad vormen;

II. *tr.* voortbrengen, doen uitlopen.

gerō, gerere, gessī, gestum
1. dragen [**sarcinas; clipeum; cuspidem; hastas; pharetram; Sisyphio labore saxa**]; ▸ *caelum omne Atlas gerens;*
2. met zich (mee)dragen, meevoeren, hebben *(iets dat aan het lichaam zit)* [**crines; barbam; cornua; vestem; coronam Olympiacam capite; clavam dextra manu; ornamenta; angues immixtos crinibus; vincula; iaculum;** *metaf.* **vulnera; falsum cognomen; nomen decusque** genieten]; *ptc. pr.* **gerēns,** *gen.* entis ook = met: ▸ *ora pallidiora buxo gerens;*
3. *(v. niet-lev.)* (a) (op zich) dragen, voortbrengen; ▸ *gerit India lucos; terra viros urbesque gerit; silva frondes gerens; arbores gesserat* Oete; (b) in zich dragen, bevatten; ▸ *terra multos lacus multasque lacunas in gremio gerit;*
4. dragen naar, aanvoeren [**amicis argentum; procul hinc simulacra**];
5. *(metaf.) (prae se)* openlijk tonen, aan de dag leggen, ten toon spreiden [**mores; animum altum et erectum; in rebus adversis vultum secundae fortunae**];
6. in zich dragen, koesteren, (ge)voelen [**amicitiam** *en* **inimicitias cum alqo; curam pro alqo; odium in alqm; animum infirmum, muliebrem**];
7. dulden, verdragen; ▸ *tibi sunt gerendae aerumnae;*
8. uitvoeren, uitoefenen, verrichten, bedrijven, maken, doen [**scelus; nefas; res magnas; omnia per servos; nihil pro salute alcis**]; ▸ *Ulixis consilio haec gerunt;* — *pass.* geschieden, gebeuren: *dum haec geruntur* terwijl deze dingen gebeuren, ondertussen; *his rebus gestis* nadat deze dingen gebeurd waren; *quid negotii geritur?* wat is er aan de hand?; *res quemadmodum gesta sit, exponemus; quam personam gerere velimus;*
9. *(ambten e.a.)* bekleden, uitoefenen [**praeturam; aedilitatem; potestatem; munus egregie**];
10. *(vergaderingen e.a.)* houden [**comitia; concilium; synodum; censum**];
11. leiden, (be)sturen [**rem publicam; imperium**];
12. *(oorlog)* voeren [**bellum; proelia** leveren];
13. *(zaken)* doen [**suum negotium; male rem** het vermogen slecht beheren];
14. *(zijn leven, tijd)* doorbrengen [**vitam; aetatem; tempus; annos**];
15. *(feesten e.a.)* vieren [**diem festum; nuptias**];
16. **sē gerere** *(m. adv. of adv. uitdrukking)* zich gedragen, zich houden, zich (be)tonen [**honeste; contumacius; liberius; excellentius** een vooraanstaande positie innemen; **turpissime; pro cive** (zo)als een burger; **se medium** zich neutraal opstellen];
17. *rem* ~ (a) een daad volbrengen; — *subst.* **rēs gesta** voorval, gebeurtenis; *plur.* **rēs gestae** *(zelden* gesta, ōrum *n)* daden, *ihb.* oorlogsdaden *(nadere bepaling door adv. of adj.)* [**bene, audacter; magnae, animosae, memorabiles**]; ▸ *memoria rerum gestarum populi Romani; res gestas scribere;* (b) *(v. veldheren)* aanvoeren, het bevel voeren [**eo cornu**]; ▸ *Gnaeus terrā, Publius navibus* (op zee) *rem gerit;* (c) *(v. soldaten)* vechten [**rem comminus** *of* **eminus** gevecht van dichtbij *of* uit de verte; **gladiis**].

geronticōs *adv. (Gr. leenw.) (Suet.)* op de manier v. oude mannen.

gerrae, ārum *f (niet-klass.)* onzin, flauwekul.

gerrēs, is *m (postklass.) een kleine minderwaardige zeevis;* ▸ *addere garo gerrem* aan iets kostbaars iets waardeloos toevoegen.

gerrō, ōnis *m (gerrae) (kom.)* dwaas.

gerula, ae *f (gerulus) (postklass.)* draagster, *ihb. v. kleine kinderen.*

geruli-figulus, ī *m (gerulus) (scherts.) (Plaut.)* handlanger.

gerulus, ī *m (gero) (poët.; postklass.)* drager; bode [**lecticae; litterarum**].

gerūsia, ae *f (Gr. leenw.)*
1. raadhuis;
2. *verzorgingshuis voor oude mannen die zich voor de staat verdienstelijk gemaakt hadden.*

Gēryōn, ōnis *en* **Gēryonēs,** ae *m reus met drie lichamen, wonend op het eiland Erythea bij het huidige Cádiz; Hercules doodde hem en voerde zijn kudde runderen mee.*

Gesoriacus, ī *m (vul aan: portus) havenplaats in het N. v. Picardië, later Bononia, nu Boulogne-sur-Mer.*

gessī *pf. v. gero.*

gesta, ōrum *n zie gero 17.*

gestāmen, inis *n (gesto) (poët.; postklass.)*
1. last, vracht; *bij een bepaalde positie horend(e)* kleding *of* sieraad;
2. (draag)baar [**sellae** draagstoel; **lecticae** draagbare sofa]; draagstoel.

gestātiō, ōnis *f (gesto) (postklass.)*
1. tochtje [**vehiculorum** op wagens]; ▸ *in gestatione disserere;*

2. wandelpad, laan.
gestātor, ōris *m* (*gesto*)
1. (*postklass.*) drager;
2. (*Mart.*) iem. die zich laat dragen.
gestātōrius, a, um (*gesto*) (*postklass.*) dienend voor het dragen [**sella** draagstoel].
gesticulātiō, ōnis *f* (*gesticulor*) (*postklass.*) expressieve beweging, gebarenspel, gebaar.
gesticulor, gesticulārī (*gestus*[2]) (*postklass.*)
I. *intr.* gesticuleren, gebaren maken;
II. *tr.* door gebaren uitdrukken.
gestiō[1], ōnis *f* (*gero*) het doen, uitvoering [**negotii**].
gestiō[2], gestīre (*gestus*[2])
I. *intr.*
1. blij zijn, jubelen, uitgelaten, overmoedig zijn [**otio; laetitiā**]; ▸ *laetitia gestiens* uitbundige vreugde; *animus gestiens rebus secundis*;
2. ongeduldig zijn, popelen;
3. (*Gell.*) gebaren maken, gesticuleren;
II. *tr.* hevig verlangen, begeren, wensen (*m. acc.*; *inf.*; *aci.*) [**tibi agere gratias**].
gestitō, gestitāre (*frequ. v. gesto*) gewoonlijk dragen [**anulum;** *metaf.* **pectus purum et firmum**].
gestō, gestāre (*intens. v. gero*)
I. *tr.*
1. dragen [**onera; regem lecticā;** *metaf.* **in sinu** *of* **in oculis** hartstochtelijk houden van]; — *pass.* zich laten dragen, (paard)rijden;
2. (*kleding, sieraden, wapens*) dragen, met zich meedragen [**diadema; sceptrum**];
3. (*Tac.*) aandragen, aanslepen [**cibos**];
4. (*Plaut.*) verklappen [**crimina; verba**]; (*Sen.*) verspreiden [**vitia**];
II. *intr.* (*Suet.*) zich laten dragen *of* rijden.
gestor, ōris *m* (*gero*)
1. (*Plaut.*) overbrenger v. berichten;
2. iem. die iets behandelt [**bellorum civilium**].
gestuōsus, a, um (*gestus*[2]) (*postklass.*) met mooie gebaren.
gestus[1] *ppp. v. gero.*
gestus[2], ūs *m* (*gero*)
1. houding, beweging; ▸ *gestum imitari*;
2. gebaar, geste.
Getae, ārum *m* (*sg.* **Geta** *en* **Getēs,** ae *m*) *Thrac. volksstam ten N. v.d. benedenloop v.d. Donau*; — *adj.* **Geticus,** a, um.
geuma, atis *n* (*Gr. leenw.*) (*Plaut.*) smaak.
gibba, ae *f* (*gibbus*) (*Suet.*) bochel, bult.
gibber[1], era, erum (*gibbus*) (*pre- en postklass.*) gebocheld, bultig.
gibber[2], eris *m* (*gibbus*) (*postklass.*) bochel, bult.
gibberōsus, a, um (*gibber*[2]) (*postklass.*) gebocheld.
gibbus[1], a, um (*postklass.*) krom, bol; gebocheld.
gibbus[2], ī *m* (*Juv.*) bochel, bult.
Gigās, antis *m* gigant, *gew. plur.* **Gigantes,** um giganten, *reuzen met voeten die in slangen uitlopen, zonen v.d. aarde; toen ze de Olympus wilden bestormen, werden ze door de goden overwonnen*; — *adj.* **Gigantēus,** a, um gigantisch, van de giganten [**bellum**]; reusachtig.
gignō, gignere, genuī, genitum
1. verwekken, baren (*v. mensen en dieren*) [**ova** leggen]; — *ppp.* **genitus,** a, um afstammend van, telg van [(**ex**) **matre; de sanguine nostro; Amphione; dis**];
2. (*v. zaken, ihb. v.d. aarde en planten*) voortbrengen; ▸ *quae terra gignit*; — *pass.* ontstaan, groeien; — *subst.* **gignentia,** ium *n* gewassen, schepsels: *loca nuda gignentium* zonder vegetatie;
3. veroorzaken, teweegbrengen [**permotionem animorum; odium; sitim**]; — *pass.* ontstaan.
gilvus, a, um (*niet-klass.*) bruinachtig geel, izabel(kleurig), geelwit (*v. paarden*) [**equi**].
gingilipho (*Petr.*) *een uitroep met onbekende betekenis.*
gingīva, ae *f* tandvlees.
ginnus, ī *m* (*Gr. leenw.*) (*postklass.*) (kleine) muilezel.
gīt *indecl. n* (*Semitisch leenw.*) (*postklass.*) zwarte komijn (*als kruid en medicijn*).
gizēria, ōrum *n* (*Petr.*) levertjes(?).
glabellus, a, um (*demin. v. glaber*) (*postklass.*) (glad)geschoren, onbehaard.
glaber, bra, brum (*niet-klass.*) glad, onbehaard, kaal; — *subst.* **glabrī,** ōrum *m* onthaarde slaven, schandknapen.
glabrāria, ae *f* (*glaber*) (*Mart.*) (*scherts.*) vrouw die van gladgeschoren slaven houdt.
glaciālis, e (*glacies*) (*poët.; postklass.*) ijzig (koud), ijskoud, ijs- [**hiems; oceanus** ijszee].
glaciēs, ēī *f* (*verw. m. gelu*)
1. ijs; *plur.* ijsvlakten;
2. (*Lucr.*) (*metaf.*) stugheid, hardheid [**aeris**].
glaciō, glaciāre (*glacies*) (*poët.; postklass.*)
1. tot ijs maken, in ijs (doen) veranderen [**nives**]; ▸ (*metaf.*) *metus corda glaciat*;
2. (doen) stollen, stremmen.
gladiātor, ōris *m* (*gladius*)

1. gladiator, zwaardvechter *(meestal krijgsgevangenen, slaven of misdadigers die in de gladiatorengevechten moesten optreden)*;
2. *(als scheldw.)* bandiet, moordenaar;
3. plur. *(meton.)* gladiatorengevechten, gladiatorenspelen; ▸ *gladiatores dare of edere* organiseren; *edendis gladiatoribus praesedit; gladiatoribus* bij de gladiatorengevechten.

gladiātōrium, ī *n (gladiatorius)* premie *voor een vrij man die zich als gladiator in dienst liet nemen.*

gladiātōrius, a, um *(gladiator)* van de gladiatoren, gladiatoren- [**spectaculum, munus** gladiatorengevecht; **familia** groep gladiatoren; **locus** strijdtoneel voor gladiatorengevechten].

gladiātūra, ae *f (gladiator) (postklass.)* gladiatorenbestaan.

gladiolus, ī *m (demin. v. gladius)*
1. klein zwaard;
2. *diverse planten v. die naam.*

gladius, ī *m*
1. kort, *tweesnijdend* zwaard; ▸ *-um (de)stringere en educere* trekken, te voorschijn halen; *-um condere* in de schede steken; *sprw.: ignem -o scrutari* olie op het vuur gieten; *plumbeo -o iugulari* met zwakke bewijzen weerlegd worden; *suo -o iugulare* op zijn eigen wapen verslaan;
2. *(meton.)* moord; ▸ *licentia -orum; -orum impunitas;*
3. gladiatorenbestaan; ▸ *locare ad -um; servus ad -um damnatus;*
4. *voorwerpen en dieren in de vorm v.e. zwaard, o.a.* zwaardvis.

glaeba, ae *f*
1. (aard)kluit; ▸ *-as fecundas vertere vomere;*
2. (a) *(meton.)* akker, grond; (b) landstreek, gebied;
3. *(metaf.)* brok, stuk(je) [**turis; marmoris**].

glaebōsus, a, um *(glaeba) (postklass.)* vol kluiten.

glaebula, ae *f (demin. v. glaeba)*
1. kleine (aard)kluit;
2. akkertje;
3. brokje, stukje.

glaesum, ī *n (postklass.)* barnsteen.

glandi-fer, fera, ferum *(glans en fero)* eikels dragend [**quercus**].

glandiōnida, ae *m (Plaut.) (scherts.) eigennaam gebaseerd op glandium.*

glandium, ī *n (glans) (pre- en postklass.)* zwezerik.

glandula, ae *f (demin. v. glans)*
1. *(med.)* klier in de hals, plur. amandelen;
2. *(Mart.) = glandium.*

glāns, glandis *f*
1. eikel;
2. kogel *voor de slinger* [**plumbea**];
3. eikel *(v.d. penis).*

glārea, ae *f* kiezelzand, kiezel.

glāreōsus, a, um *(glarea)* vol kiezelzand, kiezelachtig.

glaucina, ōrum *n (glaucion) (Mart.) zalf gemaakt van de gouwe.*

glaucion *en* **glaucium,** ī *n (Gr. leenw.)* gouwe *(een plant uit de papaverfamilie).*

glaucōma, atis *n en (arch.)* **glaucūma,** ae *f (Gr. leenw.) (med. t.t.)* groene staar; ▸ *(metaf.) -am alci ob oculos obicere (Plaut.)* een rad voor de ogen draaien.

glaucus, a, um *(Gr. leenw.) (poët.; postklass.)* blauwgroen, grijsgroen.

Glaucus, ī *m Boeotische visser die werd veranderd in een voorspellende zeegod (half vis, half mens).*

glēba, glēbula, ae *f = glaeba, glaebula.*

glēsum, ī *n = glaesum.*

gleucinus, a, um *(Gr. leenw.) (postklass.)* gemaakt van most [**oleum**].

glīs, glīris *m (niet-klass.)* hazelmuis.

glīscō, glīscere, —— toenemen, (aan)groeien, voortwoekeren; ▸ *ventus gliscens; ~ numero; gliscentibus negotiis; invidia gliscit; accenso gliscit violentia Turno (Verg.); gliscente in dies seditione (Liv.); ook v. personen: singuli gliscunt* groeien in rijkdom en macht.

globō, globāre *(globus) (Plin. Mai.)* rondmaken, samenballen.

globōsus, a, um *(globus)* bolvormig, rond [**mundus**].

globulus, ī *m (demin. v. globus) (pre- en postklass.)* bolletje.

globus, ī *m (verw. m. glaeba)*
1. bol [**terrae; solis et lunae**];
2. *(poët.; postklass.)* opeengepakte massa [**nubium**];
3. *(metaf.)* menigte, massa, schare [**militum**];
4. vereniging, club, *(pejor.)* kliek [**nobilitatis; coniurationis**].

glomerāmen, inis *n (glomero) (Lucr.)* massa; plur. ronde atomen.

glomerō, glomerāre *(glomus)*
1. tot een kluwen oprollen, samenballen [**lanam in orbes**];
2. *(metaf.)* samendringen, opstapelen, verzamelen [**manum** (menigte) **bello** ten strijde]; — *se ~ en pass. glomerari* samendrommen [**circum alqm**]; ▸ *collecti Troes glomerantur eodem; iam legiones in testudinem glomerabantur;*

3. (Ov.) tot een klont maken [**frusta mero**];
4. versnellen; ▸ *gressūs superbos* ~ (*Verg.*) hoog laten draven; — snel afleggen [**cursum**].

glomus, eris *n* (*poët.*) bol, kluwen [**lanae**].

glōria, ae *f*
1. roem, eer [**belli; doctrinae et ingenii; in re militari; posteritatis** bij het nageslacht]; ▸ *-ae certamen* wedstrijd om roem *of* rang; *-am sequi*; *-am petere*; *alqm -ā afficere* iem. roem verlenen; *-ae esse* eervol zijn;
2. (*pre- en postklass.*) (*meton.*) *plur.* roemrijke daden;
3. (*poët.*; *postklass.*) voorwerp v. roem, trots [**frontis** trotse voorhoofdsversiering]; ▸ *taurus, armenti* ~;
4. eerzucht; ▸ *-ā duci*; *studio et -ā*;
5. pralerij, grootspraak, snoeverij.

glōriātiō, ōnis *f* (*glorior*) pralerij, grootspraak.

glōrificātiō, ōnis *f* (*glorifico*) (*eccl.*) verheerlijking.

glōri-ficō, glōrificāre (*gloria en facio*) (*eccl.*) verheerlijken, prijzen.

glōriola, ae *f* (*demin. v. gloria*) een beetje roem.

glōrior, glōriārī (*gloria*) zich beroemen, pochen, opscheppen (*op, met, over*: *abl.*; *de*; *acc. neutr. v.e. pron.* [*haec*; *idem*]; *aci.*; *zelden quod of inf.*; *bij, tegenover*: *ad*); ~ *in m. abl.* zijn eer in iets stellen *of* zoeken [**in virtute**]; — **glōriandus,** a, um prijzenswaardig [**vita**].

glōriōsus, a, um (*gloria*)
1. roemvol, eervol [**factum; honores**];
2. opschepperig; — Miles Gloriosus *geliefde figuur in de komedie en titel v.e. komedie v. Plautus*;
3. eerzuchtig.

glōssa, ae *f* (*Gr. leenw.*) (*Laatl.*) woord met onduidelijke betekenis.

glōssārium, ī *n* (*Gr. leenw.*) (*Gell.*) glossarium (*woordenboek om verouderde en vreemde woorden te verklaren*).

glōssēma, atis *n* (*gen. plur.* -atum *en* -atōrum) (*Gr. leenw.*) (*pre- en postklass.*) verouderd *of* onduidelijk woord, dat *een verklaring door een bekend woord behoeft*.

glūbō, glūbere, (glūpsī, glūptum) (*preklass.*; *poët.*) schillen [**grana de cortice** pellen]; *obsc.* aftrekken(?).

glūten, inis *n* (*niet-klass.*) lijm.

glūtināmentum, ī *n* (*glutino*) gelijmd stuk.

glūtinātiō, ōnis *f* (*glutino*) (*postklass.*) het lijmen, hechten.

glūtinātor, ōris *m* (*glutino*) boekbinder.

glūtinō, glūtināre (*gluten*)
1. (*Plin. Mai.*) (aaneen)lijmen [**chartas**];
2. (*med. t.t.*) laten hechten, helemaal laten genezen; *pass.* zich sluiten; ▸ *vulnera glutinantur.*

glūtinum, ī *n* (*vgl. gluten*) lijm.

gluttiō, gluttīre verslinden, verzwelgen [**epulas**].

Gnaeus, ī *m voornaam* (*afgekort Cn.*).

gnāritās, ātis *f* (*gnarus*) kennis [**locorum**].

gnāruris, e (*arch.*) = *gnarus.*

gnārus, a, um (*vgl.* (*g*)*nosco, ignoro*)
1. kundig *of* ervaren in, bekend met (*m. gen.*; *afh. vr.*; *aci.*) [**loci; rei publicae; Latinae linguae**];
2. (*postklass.*) bekend [**Caesari**].

gnāscor = *nascor.*

Gnathō, ōnis *m naam v.e. profiteur bij Terentius*; *alg.* klaploper, profiteur.

Gnātia, ae *f havenstad in Apulië* (*Z.-Italië*), *nu* Egnazia.

gnātus, gnāta = *natus, nata zie nascor.*

gnāvus *zie navus.*

Gnidus *zie Cnidus.*

gnōmōn, onis *m* (*Gr. leenw.*) wijzer v.e. zonnewijzer.

gnōmonica, ae *f en* **gnōmonicē,** ēs *f* (*Gr. leenw.*) (*postklass.*) expertise, deskundig onderzoek op het gebied v. zonnewijzers.

gnōmonicus, a, um (*Gr. leenw.*) (*postklass.*) betrekking hebbend op zonnewijzers.

gnōscō (*kom.*) = *nosco.*

Gnōs(s)us, ī *f* Knossos, *een v.d. oudste steden op Kreta, residentie v. Minos*; — *inw.* **Gnōsius,** ī *m*; — **Gnōsias,** adis *en* **Gnōsis,** idis *f* de Kretenzische = Ariadne; — *adj.* **Gnōsius** *en* **Gnōsiacus,** a, um uit, van Knossos, *alg.* Kretenzisch.

gnōveris = *noveris, zie nosco.*

gōbius, ī *en* **gōbiō,** ōnis *m* (*Gr. leenw.*) (*poët.*; *postklass.*) grondeling (*een vis*).

Golgī, ōrum *m een aan Venus gewijd gebied op Cyprus.*

Gomphī, ōrum *m stad in Thessalië* (*N.-Griekenland*) *aan de voet v.h. Pindusgebergte*; — *inw.* **Gomphēnsēs,** ium *m.*

gonger = *conger.*

Gonnī, ōrum *m* (*ook sg.*) *stad in Thessalië* (*N.-Griekenland*).

Gordium, ī *n residentie v.d. Frygische koningen, beroemd door de Gordiaanse knoop* (*zie Gordius*), *later horend bij Galatië, nu Yassıhüyük.*

Gordius, ī *m myth. koning v. Groot-Frygië, die aan zijn wagen een onontwarbare knoop had, waarover het verhaal de ronde deed, dat degene die de knoop* *ontwarde heerser over heel Azië zou worden; Alexander de Grote hakte deze knoop door met zijn zwaard.*

Gordiūtīchos n *(indecl.) kleine plaats in Carië (Kl.-Azië).*

Gordyaeī, ōrum *m volksstam aan de bovenloop v.d. Tigris.*

Gorgiās, ae *m*

1. *Gr. sofist uit Leontini op Sicilië, leraar in de retorica ttv. Socrates;*

2. *retor in Athene, leraar v.d. zoon v. Cicero.*

Gorgō, Gorgonis, *minder vaak* Gorgūs *f, meestal plur.* **Gorgones,** um *drie dochters v. Phorcys (Stheno, Euryale, Medusa), gevleugelde monsters met slangenharen, wier blik alles in steen veranderde; de naam Gorgo wordt vooral gebruikt voor Medusa, die als enige sterfelijk was; Perseus sloeg haar met hulp v. Athene het hoofd af (vd. Gorgo meton.* Medusahoofd); *— adj.* **Gorgoneus,** a, um van de Gorgonen, van Medusa [**equus** = Pegasus; **lacus** *de door de hoefslag v. Pegasus ontstane bron Hippocrene*].

Gorgobina, ae *f stad v.d. Bojers in het gebied v.d. Haeduers (tussen de rivieren Saône en Loire).*

Gortȳna, ae *f stad op Kreta; — adj.* **Gortȳni(acus,** a, um *ook alg.* Kretenzisch; *— inw.* **Gortȳniī,** ōrum *m.*

gōrȳtus, ī *m = corytus.*

gossypinus, ī *f,* **-um,** ī *n en* **gossypion,** ī *n* (Plin. Mai.) katoen(plant).

Gotōnēs, um *m de Goten, Germ. volksstam aan de benedenloop v.d. Weichsel (Wisła).*

grabātulus, ī *m (demin. v. grabatus)* (Apul.) bedje.

grabātus, ī *m (Gr. leenw.)* (laag) bed; (Laatl.) draagbed.

Gracchus, ī *m cogn. v.d. gens Sempronia, vooral bekend door de volkstribunen en broers Tib. (vermoord in 133 v. Chr.) en C. Sempronius (153—121 v. Chr.) Gracchus, zonen v. Tib. Sempronius Gracchus en Cornelia, de dochter v. Scipio Africanus Maior; — adj.* **Gracchānus,** a, um van de Gracchen.

gracilentus, a, um *(gracilis) (pre- en postklass.)* slank, dun.

gracili-pēs, *gen.* pedis *(gracilis)* (Laatl.) met slanke voeten.

gracilis, e *(superl.)* gracillimus

1. tenger, slank, smal, *(pejor.)* mager, dun, schraal *(v. personen, dieren en zaken)* [**virgo; equa; comae; crura**]; smal, nauw [**via**];

2. *(Plin. Mai. en Min.) (metaf.)* schraal, mager [**ager**];

3. *(poët.; postklass.) (v.e. redevoering en redenaar)* pretentieloos, eenvoudig;

4. *(poët.)* dun, fijn, ijl [**umbra**].

gracilitās, ātis *f (gracilis)*

1. slankheid, *(pejor.)* magerheid [**corporis**];

2. *(postklass.) (retor.)* eenvoudigheid [**narrationis**];

3. *(v. klank)* fijnheid.

grāculus, ī *m (poët.; postklass.)* kauw *of een andere soort kraai.*

gradārius, a, um *(gradus) (postklass.)* stap voor stap bewegend.

gradātim *adv. (gradus)*

1. stap voor stap;

2. *(metaf.)* trapsgewijs, langzamerhand [**honores assequi;** ~ **istuc pervenire**].

gradātiō, ōnis *f (gradus)*

1. (trede v.e.) trap;

2. *(retor. t.t.)* climax *in uitdrukkingswijze.*

gradātus, a, um *(gradus) (Plin. Mai. en Min.)* trapsgewijs (gesnoeid).

gradior, gradī, gressus sum stappen, schrijden; gaan, wandelen.

Grādīvus, ī *m (om metrische redenen ook -ă-) bijnaam v. Mars.*

gradus, ūs *m (gradior)*

1. stap; ▸ *modico, presso, citato gradu; gradum celerare; gradūs ferre* zetten; *gradum referre* teruggaan; *gradum proferre* voorwaarts gaan; *suspenso gradu* op de tenen; *gradum inferre* oprukken; *gradum conferre* handgemeen worden; *pleno gradu* met versnelde pas; *(metaf.) primus* ~ *capessendae rei publicae* de eerste stap in de politieke loopbaan; *gradum facere ex aedilitate ad censuram* de sprong maken;

2. positie; *metaf.* standpunt; ▸ *stabili gradu impetum hostium excipere; alqm gradu depellere of (de)movere, de gradu deicere* iem. uit zijn positie verdrijven *of* van zijn stuk brengen; *hostes gradu demoti; stare in gradu; de gradu pugnare* vanuit goede positie;

3. *(Hor.)* tred, nadering; ▸ *mortis timuit gradum;*

4. trede, sport; *plur.* trap, ladder; ▸ *per gradus deici; in gradibus delubri stare;*

5. *(postklass.)* trapsgewijs oplopende zitbanken *(in het theater),* (publieks)tribune [**spectaculorum**];

6. *(metaf.)* trap, graad, rang [**aetatis** levensfase; **sonorum** toonhoogte; **temporum**]; ▸ *mille argumentorum gradus; gradibus, per gradus* trapsgewijs; *tertio gradu heres* erfgenaam in de derde lijn;

7. rang, waardigheid, titel [**senatorius; equester; summus; ultimus; idem**]; ▸ *ad altiorem gradum dignitatis pervenire; alqm per omnes honorum gradūs efferre; eodem gradu fuit* hij bekleedde dezelfde rang.

Graecī, ōrum *m* Grieken; *zelden sg.*: **Graecus,** ī *m* Griek; **Graeca,** ae *f* Griekse; — *adj.* (a) **Graecus,** a, um Grieks [**mos; litterae**]; *adv.* **Graecē** Grieks, in de Griekse taal [**scribere; loqui; scire** Grieks kennen]; **Graecum,** ī *n* Grieks (*als taal*): *e Graeco in Latinum convertere*; (b) **Graeculus,** a, um (*demin. v. Graecus*) Grieks (*meestal minachtend of iron.*); *als subst. m* 'Griekje'; (c) (*pre- en postklass.*) **Graecānicus,** a, um op de Griekse manier [**toga**].

Graecia, ae *f*
1. Griekenland;
2. Groot-Griekenland [**magna, maior** *het door Grieken gekoloniseerde Z.-Italië*];
3. (*meton.*) = de Grieken.

Graecigena, ae *m* (*Graecus en geno*) (*August.*) Griek van geboorte.

graecissō, graecissāre (*Gr. leenw.*) (*Plaut.*) zich als een Griek gedragen, Grieks spreken.

graecor, graecārī (*Graecus*) (*Hor.*) op Griekse wijze leven, de Grieken nadoen.

Graecostasis, is *f* (*Gr. leenw.*) 'Griekenhal', *hal in de nabijheid v.d. Curia in Rome voor buitenlandse, ihb. Gr. gezanten.*

Graeculiō, ōnis *m* = *Graeculus, zie Graeci.*

Graeculus, Graecus *zie Graeci.*

Graiī *en* **Grāī,** ōrum (*poët. ook Graium*) *m* = *Graeci*, de Grieken (*ihb. uit het myth. verleden*); — *adj.* **Grāius,** a, um [**urbes; saltus**].

Graiocelī, ōrum *m Gall. volksstam in de Grajische Alpen met als belangrijkste stad Ocelum, de laatste stad v.d. provincie Gallia Citerior.*

Graiu-gena, ae *m* (*Graius*[1] *en geno*) (*poët.*) Griek van geboorte.

Graius[1], a, um *zie Graii.*

Graius[2], a, um Grajisch [**Alpes** de Grajische Alpen *tussen Mont Cenis en Aosta*].

grallātor, ōris *m* (*preklass.*) steltenloper.

grāma, ae *f* (*niet-klass.*) (oog)dracht, oogvuil.

grāmen, inis *n*
1. gras, *poët. ook* grasveld; *plur.* weide; ▸ *graminis herba* grashalm, grasspriet;
2. plant, kruid [**mala** giftige planten]; ▸ *Arabum de gramine odores.*

grāmineus, a, um (*gramen*)
1. van gras *of* plaggen [**sedile** van graszoden; **corona**];
2. (*Verg.*) met gras begroeid [**campus; palaestra**];
3. van riet [**hasta** uit een bamboestengel].

grāminōsus, a, um (*gramen*) (*postklass.*) rijk aan gras.

grammatica, ae *f en* **-a,** ōrum *n* (*grammaticus*) taalkunde, filologie.

grammaticus (*Gr. leenw.*)
I. *adj.* a, um (*Hor.*) taalkundig, van de grammatica [**tribūs** gilden v.d. schoolmeesters];
II. *subst.* ī *m* taalkundige, filoloog.

grammatista, ae *m* (*Gr. leenw.*) (*postklass.*) onderwijzer in het lezen en schrijven.

grānārium, ī *n* (*granum*) graanschuur.

grānātim *adv.* (*granum*) (*Apul.*) graantje voor graantje.

grānātus, a, um (*granum*) (*postklass.*) vol (graan)-korrels.

grand-aevus, a, um (*grandis en aevum*) (*poët.; postklass.*) hoogbejaard.

grandēscō, grandēscere, — — (*grandis*) groot worden, groeien.

grandiculus, a, um (*demin. v. grandis*) (*kom.*) tamelijk groot [**globi**]; tamelijk volwassen [**virgo**].

grandi-fer, fera, ferum (*grandis en fero*) rijke oogst leverend [**arationes**].

grandi-loquus (*grandis en loquor*)
I. *adj.* a, um
1. opschepperig;
2. (*v. redenaars en dichters*) verheven *qua stijl*;
II. *subst.* ī *m* praler, opschepper.

grandinat, grandināre (*grando*) (*Sen.*) het hagelt.

grandiō, grandīre, — — (*grandis*) (*preklass.*) vergroten.

grandis, e
1. groot [**saxum; membra**];
2. (*poët.*) (*v. gewassen*) met grote korrels [**hordea; seges**];
3. groot, volwassen [**puer; alumnus; bestia**];
4. oud, bejaard (*met en zonder natu of aevo*);
5. groot, omvangrijk [**peditatus; pondus argenti; pecunia** veel; **aes alienum**];
6. (*metaf.*) gewichtig, belangrijk [**res; certamen**];
7. (*retor.*) verheven, plechtig, imposant, indrukwekkend [**carmen; oratio; orator; Ciceronis verba; sententiae**];
8. (*wat het karakter betreft*) verheven, edel.

grandi-scāpius, a, um (*grandis en scapus*) (*Sen.*) met een grote stam [**arbores**].

granditās, ātis *f* (*grandis*)

1. verhevenheid [**verborum**];
2. gevorderdheid [**aetatis**].

grandiusculus, a, um *(demin. v.d. comp. v. grandis) (August.)* tamelijk groot, volwassen.

grandō, inis *f* hagel *(ook metaf.)*.

grangium, ī *n (Mel.)* (graan)schuur.

Grānīcus, ī *m rivier in Mysië (Kl.-Azië); bekend door de overwinning v. Alexander de Grote op de Perzen onder Darius in 334 v. Chr.*

grāni-fer, fera, ferum *(granum en fero) (Ov.)* korrels dragend [**agmen** *v. mieren*].

grānōsus, a, um *(granum) (Plin. Mai.)* vol zaadjes.

grānum, ī *n*
1. korrel, graantje [**hordei; salis**];
2. pit [**fici; piperis; uvae**];
3. bes.

graphiārium, ī *n (graphiarius) (Mart.)* griffelkoker = *theca graphiaria.*

graphiārius, a, um *(graphium) (Suet.)* horend bij de griffel *of* schrijfstift [**theca** griffelkoker].

graphicē, ēs *f (Gr. leenw.) (Plin. Mai.)* schilderkunst.

graphicus, a, um *(Gr. leenw.)*
1. schilderachtig; fijn;
2. *(Plaut.) (v. personen)* perfect [**mortalis; servus**].

graphis, idis *en* idos *f (Gr. leenw.)* griffel, schrijfstift.

graphium, ī *n (Gr. leenw.) (poët.; postklass.)* griffel, schrijfstift.

grassātor, ōris *m (grassor)*
1. straatrover [**nocturnus**];
2. *(Gell.)* leegloper, vagebond;
3. *(Mel.)* vijand.

grassātūra, ae *f (grassor) (postklass.)* straatroverij.

grassor, grassārī *(intens. v. gradior)*
1. stappen, gaan [**ad gloriam viā virtutis** streven naar];
2. belust zijn op [**in possessionem agri publici**];
3. rondzwerven; ▸ *iuventus grassans in Subura; per omnia clandestina scelera latrociniorum* ~ ;
4. *(v. straatrovers)* rondsluipen;
5. optreden, te werk gaan [**iure, non vi; ferro** met geweld te werk gaan; **consilio; dolo**];
6. *(postklass.)* woeden; ▸ *vis grassabatur.*

grātanter *adv. (grator) (Laatl.)* met plezier.

grātēs *f plur. (alleen nom., acc. en abl.* grātibus*) (gratus)*
1. dank *(ihb. jegens de goden)*; ▸ *alci grates agere, dicere, referre; pro tantis his totque victoriis grates dis immortalibus agere habereque (Liv.)* dankzeggen;
2. *(Ov.)* dankfeest; ▸ *superis decernere grates.*

grātia, ae *f (gratus)*
1. charme, bevalligheid, bekoorlijkheid, lieftalligheid, gratie [**oris; corporis; carminis**]; — *personif., meestal plur.* **Grātiae,** ārum *f de drie* gratiën, godinnen v.d. charme, *Euphrosyne, Aglaië en Thalia, dochters v. Zeus;*
2. gunst *(waarin men bij iem. staat)*, geliefdheid, aanzien, invloed; ▸ *(in) -ā esse apud alqm* geliefd zijn bij iem.; *mihi* ~ *est* ik ben geliefd; *-am ab alqo inire of parēre* zich bij iem. geliefd maken; *alqm in -a ponere* iem. geliefd maken; *-am quaerere; in antiquum locum -ae restitui; quantum -ā, auctoritate, pecuniā valent; eum triumphum magis -ae quam rerum gestarum magnitudini datum constabat (Liv.)*;
3. vriendschap, liefde; ▸ *in -am redire of reverti cum alqo* zich verzoenen; *cum bona -a* in goede verstandhouding; *cum mala -a* in haat; *alcis -am sequi;*
4. gunst *(die men iem. bewijst)*, welwillendheid, genade, bereidheid om te helpen; ▸ *alci -am dicendi facere* iem. toestaan te spreken; — ook toegevendheid: *-am exercere* laten gelden; *-am petere ab alqo; alci -am delicti facere* een misstap vergeven; *eis senatus belli -am fecerat;* — *adv.* **grātiā** *(abl.) (regeert de gen. als postpositie)* ter wille van, wegens, om [**amicorum; exempli** bijvoorbeeld; *evenwel:* **meā, tuā** *enz.* -ā voor mijn, jouw enz. part; **eā** -ā daarom];
5. *(eccl.)* (goddelijke) genade;
6. dank, dankbaarheid, erkentelijkheid; ▸ *deis -am debere* verschuldigd zijn; *-am alcis rei ferre* betuigen; *-am referre* zich dankbaar betonen; *-as alci agere (pro; ob; de; quod of aci.)* iem. dankzeggen, danken; *-am (-as) alci habere* iem. dankbaar zijn; *-am reddere; immortales ago tibi -as agamque dum vivam, nam relaturum me affirmare non possum (Cic.); renuntiate -as regi me agere, referre -am aliam nunc non posse (Liv.);* ~ *deo (of dis) (vul aan: sit)* god zij dank; — *adv.* **grātīs** *(uit* grātiīs*) (abl. plur.)* zonder betaling, kosteloos, voor niets, gratis;
7. vreugde, welgevallen, genot; ▸ *cum omnium -a* tot ieders vreugde; *cum -a praetoris* tot vreugde v.d. pretor.

Grātidius, a, um *naam v.e. Rom. gens uit Arpinum;* — **Grātidia,** ae *f grootmoeder v. Cicero;* — *adj.* **Grātidiānus,** a, um.

grātificātiō, ōnis *f (gratificor)*
1. dienst, plezier;

2. gunst, schenking [**Sullana**].
grātificor, grātificārī *(gratus en facio)*
1. *(m. dat.)* ter wille zijn, zich welwillend betonen;
2. *(m. acc.)* schenken; gewillig (op)offeren [**potentiae paucorum libertatem suam**].
grātiīs = *gratis zie gratia* 5.
grātiola, ae *f* (Mel.) genade.
grātiōsus *(gratia)*
I. *adj.* a, um
1. in de gunst, begunstigd, geliefd, geacht [**in sua tribu; in provincia**];
2. een gunst bewijzend, welwillend, vriendelijk;
3. als gunst verleend [**missio**];
II. *subst.* ī *m* gunsteling.
grātīs *adv. zie gratia* 5.
grātor, grātārī *(gratus)* = *gratulor.*
Grattius, ī *m* Faliscus *(uit Falerii), dichter v.e. liber cynegeticōn (leerdicht over de jacht), tijdgenoot v. Ovidius.*
grātuītus, a, um *(adv. -ō) (gratis)*
1. zonder beloning, zonder loon *of* rente [**pecunia** zonder rente geleend];
2. kosteloos, gratis [**suffragia, comitia** waarbij de stemmen niet gekocht zijn; **in circo loca** gratis plaatsen];
3. belangeloos, zonder winstbejag, spontaan [**milites** vrijwillig; **amicitia**].
grātulābundus, a, um *(gratulor)* gelukwensend.
grātulātiō, ōnis *f (gratulor)*
1. (openlijk betuigde) vreugde [**civium**];
2. gelukwens *(voor, wegens: gen.)* [**victoriae**]; ▸ *mutuā gratulatione fungi* elkaar feliciteren; *in sua gratulatione* op de dag v. zijn ambtsaanvaarding *(toen men hem feliciteerde)*;
3. dankzegging, dankfeest; ▸ *gratulationem decernere;* ~ *quam tuo nomine ad omnia deorum templa fecimus.*
grātulātor, ōris *m (gratulor)* (Mart.) iem. die komt feliciteren.
grātulātōrius, a, um *(gratulor)* (Laatl.) gelukwensend.
grātulor, grātulārī
1. *(m. dat.)* feliciteren, gelukwensen *(met, wegens: acc.; de; m. quod of aci.)* [**amico; alci recuperatam libertatem; de reditu; de victoria; de filia; de nostro statu; sibi** blij zijn, zichzelf feliciteren];
2. *(niet-klass.) (m. dat.)* blij danken [**dis immortalibus**];
3. blij zijn, zich verheugen.

grātus, a, um
1. *(poët.)* lieflijk, bekoorlijk, betoverend [**Venus; carmen; dies; loca; artes**];
2. dank verdienend, welkom, gewenst, verheugend, aangenaam, geliefd, geacht *(meestal v. zaken, zelden v. personen)* [**victoria; munus; conviva**]; ▸ *-um alci (alqd) facere* iem. (met iets) een plezier doen *(gratius* een groter, *gratissimum* het grootste plezier); — *adv.* graag;
3. dankbaar *(jegens: dat.; in m. acc.; erga; adversus)* [**homo; animus; pro beneficiis**];
4. *(poët.)* welwillend;
5. *(metaf.)* (Plin. Min.) vruchtbaar [**terrae**].
Graupius mōns *berg in Schotland, waar Agricola in 84 n. Chr. de Noord-Brittanniërs overwon.*
gravāmen, inis *n (gravo)* (Laatl.) ongemak, drukkende last.
grāvastellus, ī *m* = *ravastellus.*
gravātē *en* **gravātim** *adv. (gravor)* niet graag, ongaarne, met tegenzin.
gravēdinōsus, a, um *(gravedo)* verkouden; verkouden makend.
gravēdō, inis *f (gravis)*
1. *(postklass.)* moeheid, uitputting;
2. (vastzittende) verkoudheid.
graveolēns, *gen.* entis *(gravis en oleo) (ook gesplitst)* stinkend, sterk geurend.
graveolentia, ae *f (graveolens)* (Plin. Mai.) sterke, onaangename geur, stank.
gravēscō, gravēscere, —— *(incoh.; zie gravis) (poët.; postklass.)*
1. zwaar worden [**fetu** vol vruchten zitten];
2. *(metaf.)* verergeren; ▸ *gravescit aerumna, malum.*
gravida, ae *f (gravidus)* (Plaut.; Plin. Mai.) zwangere vrouw.
gravīdinōsus, a, um = *gravedinosus.*
graviditās, ātis *f (gravidus)* zwangerschap.
gravīdō[1], inis *f* (Catull.) = *gravedo.*
gravidō[2], gravidāre *(gravidus)* bevruchten; ▸ *terra gravidata seminibus.*
gravidus, a, um *(gravis)*
1. zwanger; drachtig;
2. *(metaf.)* vol, gevuld, beladen (met), vruchtbaar, rijk (aan) [**nubes** regen-; **olivae; uber** gezwollen; *(van, met, aan: abl.)* **metallis** rijk aan]; ▸ *pharetra -a sagittis; -ae semine terrae; urbs bellis -a; tempestas fulminibus atque procellis -a.*
gravis, e
1. zwaar [**sarcina; argentum; corpora;** *metaf.* **tellus** zware, vruchtbare grond]; ▸ *cum gravius*

dorso (aselli) subiit onus (Hor.);
2. *(metaf.)* drukkend, lastig, vermoeiend, bezwaarlijk [**labor; senectus; vita; oppugnatio; sol** drukkende hitte; **aestas** zomerhitte; **hiems; crimen** belastend; **morbus**];
3. zwaar (om te verdragen), erg, hard, treurig [**fatum; servitium; superbia; supplicium; bellum; ruina; nuntius**];
4. *(v. personen)* lastig, onaangenaam [**hospes; accola**]; ▸ *senes ad ludum adulescentium descendant, ne sint iis odiosi et graves (Cic.)*; ~ *popularibus esse coepit (Liv.)*;
5. gewichtig, belangrijk, voornaam, waardevol [**testis; causa; auctoritas; civitas; oratio; defensio; supellex**]; ▸ *non tulit ullos haec civitas aut gloriā clariores aut auctoritate graviores aut humanitate politiores (Cic.); gravius erit tuum unum verbum ad eam rem quam centum mea (Plaut.)*;
6. *(retor.)* indruk makend, krachtig [**orator; poëta; oratio; laudatio**]; ▸ *vehemens et* ~;
7. ernstig, vast van karakter, bedachtzaam, streng [**iudex; sententia; genus epistularum; senatūs consultum; verba**]; ▸ *liber graviter scriptus; habemus senatūs consultum in te, Catilina, vehemens et grave (Cic.)*;
8. verheven, plechtig, majesteitelijk, vol majesteit [**numen; caerimonia**];
9. zwaar, hevig, sterk, enorm [**ictus; tempestas; ira; odium; curae**]; ▸ *graviter ferire hostem; graviter aegrotare; graviter amare alqm; cives gravissime dissentientes; graviter crepuerunt fores; graviter pertentat tremor terras; gravissime afflictae erant naves; neque is sum qui gravissime ex vobis mortis periculo terrear (Caes.)*;
10. *(v. geluiden)* laag, dof [**vox; sonus**]; ▸ *graviter sonare; vocem ab acutissimo sono usque at gravissimum sonum recipiunt (Cic.)*;
11. ongezond, onverdraaglijk, niet goed bekomend, gevaarlijk [**caelum** hemelstreek, omgeving; **locus; anni tempus; annus pestilentiā**];
12. walgelijk, weerzinwekkend, afstotelijk [**odor; hircus; helleborus**];
13. *(v. lichaamsbouw)* zwaar, kolossaal, stevig, corpulent;
14. zwaar (beladen); *(metaf.)* bezwaard, bedrukt [**navis spoliis; pharetrae; gemmis auroque patera; aere manus** met geld gevuld; **miles armis** zwaarbewapend; **agmen praedā; vinculis captivus; imbre nubes; fructu vites;** *metaf.* **vulnere; morbo; aetate** door ouderdom gebogen; **malis annisque; somno epulisque** versuft door];
15. *(poët.; postklass.)* door ouderdom gebogen, hoogbejaard;
16. zwanger; ▸ *Lara fit* ~ *geminosque parit*;
17. *adv.* **graviter** niet graag, ongaarne, met tegenzin; ▸ *graviter ferre (m. acc.; m. quod of aci.); graviter accipere, tolerare alqd.*

Graviscae, ārum *f stad in Etrurië, nu* Porto Clementino.

gravitās, ātis *f (gravis)*
1. gewicht, zwaarte, last [**oneris; armorum; rerum**]; *(metaf.)* belasting, druk [**annonae** hoge prijs];
2. *(Ov.)* (last v.d.) zwangerschap;
3. *(metaf.)* afgematheid, uitputting, loomheid, zwaarte [**corporis; sensuum; capitis; aurium; soporis; senilis** zwakheid door ouderdom];
4. ongemak, last, onaangenaamheid [**temporum; belli; morbi** ernst; **odoris; halitūs**];
5. belasting *(voor de gezondheid)*, schadelijke invloed [**loci; caeli**];
6. hardheid, strengheid [**legum; verborum; linguae; iudiciorum**];
7. betekenis, belang, gewichtigheid, invloed [**civitatis; sententiae**];
8. ernst, waardigheid, verhevenheid, hoge vlucht [**parentis; Caesaris; oratoris; orationis; dicendi**].

gravitūdō, inis *f (gravis)* het lijden.

gravō, gravāre *(gravis)*
1. *(poët.; postklass.)* zwaar maken, beladen, belasten [**alqm sarcinis; caput**];
2. *(poët.; postklass.) (metaf.)* verzwaren, verergeren, versterken, verhogen [**aes alienum; invidiam matris; mala alcis; fortunam alcis**];
3. belasten, bezwaren, drukken op; ▸ *labor gravat alqm; gravari iniuriis militum; officium quod me gravat (Hor.)*;
4. *(postklass.)* de schuld geven *(m. acc.)* [**reum; dominum**];
5. *(pass.)* bezwaar hebben of maken tegen, afwijzen, weigeren, niet willen *(m. acc.; inf.; quod)* [**aquam; aspectum civium**]; ▸ *neque gravabor quid sentiam dicere (Cic.)*.

gregālis *(grex)*
I. *adj.* e
1. *(postklass.)* tot een kudde behorend [**equae**];
2. *(postklass.)* van een gewoon soort [**poma; siligo; miles** gewoon soldaat];
3. van een gewoon soldaat [**amiculum; habi-**

tus uniform]; ▸ *gregali sagulo amictus*;
II. *subst.* is *m*
1. kameraad, *(pejor.)* handlanger [**Catilinae**];
2. gewoon soldaat.

gregārius *(grex)*
I. *adj.* a, um
1. tot een kudde behorend;
2. gewoon [**milites**];
II. *subst.* ī *m*
1. herder;
2. gewoon soldaat.

gregātim *adv.* *(grex)* in kuddes *of* groepen.

gregō, gregāre *(grex)* *(postklass.)* bijeenbrengen.

gremium, ī *n*
1. schoot; ▸ *in -o matris sedere*; *-o accipere alqm* op schoot nemen;
2. *(metaf.)* schoot *als plaats v. geborgenheid en veiligheid*; ▸ *abstrahi e -o patriae*; *in vestris pono gremiis* ik leg het in uw handen;
3. buik; baarmoeder;
4. binnenste; ▸ *-um terrae mollire*; *medio Graeciae -o* midden in Griekenland.

gressus[1] *p.p. v. gradior.*

gressus[2], ūs *m* *(gradior)*
1. *(poët.)* tred, het schrijden, het gaan, gang; ▸ *gressum ferre* gaan, lopen; *gressum ante ferre* vooruitgaan; *gressum recipere* teruggaan; *gressum comprimere* stilstaan; *gressum inferre* naar binnen gaan;
2. *(meton.)* voet;
3. *(Verg.)* koers v.e. schip; ▸ *huc dirige gressum.*

grex, gregis *m*
1. kudde [**pecorum; armentorum; equarum; cervorum** roedel; **avium** zwerm];
2. groep, drom, kring, gezelschap, kliek [**amicorum** vriendenkring; **iuvenum; servorum; praedonum**]; ▸ *obsceni greges (v.d. volgelingen v. Bacchus)*;
3. *(kom.; postklass.)* toneelgezelschap;
4. *(filos.)* sekte [**philosophorum**];
5. *(milit.)* horde, troep, rot; ▸ *grege facto* in gesloten gelederen;
6. *(poët.; postklass.)* *(v. niet-lev.)* massa, hoop [**virgarum**].

grillus, ī *m* *(postklass.)* krekel.

grīphus, ī *m* *(Gr. leenw.)* *(postklass.)* raadsel.

grossus[1], ī *m* onrijpe vijg.

grossus[2], a, um *(Laatl.)* dik, grof, ruw.

Grudiī, ōrum *m volksstam in Gallia Belgica, in het huidige O.-Vlaanderen.*

gruis, is *f* *(Phaedr.)* = *grus.*

grummus, ī *m* = *grumus.*

grūmulus, ī *m* *(demin. v. grumus)* kleine hoop aarde, kleine heuvel.

grūmus, ī *m* hoop aarde, heuvel.

grundiō, grundīre *en* **grunniō,** grunnīre knorren.

grundītus, ūs *m en* **grunnītus,** ūs *m* het knorren.

grūs, gruis *f en (zelden) m*
1. kraanvogel;
2. *een soort belegeringswerktuig.*

gryllus, ī *m* = *grillus.*

Grȳnium, ī *n stad in Aeoliё (aan de W.-kust v. Kl.-Aziё)*; — *adj.* **Grȳnēus,** a, um.

grȳps, grȳpis *m* *(acc. plur.* grȳpas*)* *(Gr. leenw.)* *(poët.; postklass.)* griffioen *(fabeldier met leeuwenlichaam, vleugels en adelaarskop).*

gubernābilis, e *(guberno)* *(Sen.)* bestuurbaar.

gubernāculum *en (poët. sync.)* **gubernāclum,** ī *n (guberno)*
1. roer; ▸ *navis -o parens*;
2. *(metaf.)* *(meestal plur.)* besturing, leiding, regering; ▸ *ad rei publicae -a accedere.*

gubernātiō, ōnis *f* *(guberno)*
1. het sturen [**navis**];
2. *(metaf.)* besturing, leiding, regering [**civitatis**].

gubernātor, ōris *m* *(guberno)*
1. stuurman; ▸ *gubernatoris ars*;
2. *(metaf.)* bestuurder, leider.

gubernātrīx, īcis *f* *(gubernator)* bestuurster, leidster; ▸ *ista praeclara* ~ *civitatum, eloquentia (Cic.).*

gubernō, gubernāre *(Gr. leenw.)*
1. aan het roer staan [**tranquillo mari**]; sturen [**navem**];
2. *(metaf.)* besturen, leiden, regeren [**rem publicam; orbem terrarum**].

gubernum, ī *n* = *gubernaculum.*

guerra, ae *f* *(Germ. woord)* *(Mel.)* strijd, oorlog.

gula, ae *f*
1. keel, strot; gehemelte; ▸ *-am laqueo frangere* wurgen; *irritamenta -ae* prikkeling v.h. gehemelte;
2. *(meton.)* vraatzucht, brasserij;
3. *(Mel.)* *Cerberi* afgrond v.d. hel.

gulōsus, a, um *(gula)* *(postklass.)*
1. gulzig;
2. *(metaf.)* kieskeurig [**lector** kieskeurige lezer, literaire fijnproever].

gumia, ae *m en f* lekkerbek.

gurges, gurgitis *m*
1. snelstromend water, draaikolk, maalstroom

[**rapidus**]; ▸ *rapi gurgite; sub gurgite vasto* in de diepte v.e. enorme draaikolk;
2. diep water, zee, stroom; ▸ ~ *curvos sinuatus in arcus* boogvormige baai;
3. afgrond, kolk, diepte [**Stygius**];
4. *(metaf.)* afgrond, poel [**libidinum**];
5. *(meton.)* veelvraat, verkwister [**altissimus; patrimonii** van het vaderlijk erfdeel].

gurgitulus, ī *m (demin. v. gurges) (Mel.)* zee.

gurguliō[1]**,** ōnis *m (gurges)* keel, luchtpijp.

gurguliō[2]**,** ōnis *m = curculio.*

gurgustium, ī *n (gurges)* armoedige woning, hut; kroeg.

gūrus, ī *m = gyrus.*

gustātiō, ōnis *f (gusto)*
1. het genieten, proeven;
2. *(meton.)* voorgerecht.

gustātōrium, ī *n (gusto) (postklass.)* eetservies, schotel.

gustātus, ūs *m (gusto)*
1. het proeven, smaakzin, smaak; ▸ *(metaf.) verae laudis gustatum non habere* echte lof niet weten te waarderen;
2. smaak [**pomorum; uvae**].

gustō, gustāre
1. proeven, een paar hapjes nemen van, keuren, genieten [**aquam; gallinam; anserem**];
2. *(metaf.)* leren kennen, proberen, genieten [**amorem vitae; studia litterarum** plezier hebben in].

gustulum, ī *n (demin. v. gustus) (Apul.)* hapje.

gustus, ūs *m (gusto) (postklass.)*
1. het proeven *v.e. gerecht,* het keuren; ▸ *gustu explorare cibum; gustu libata potio;*
2. *(metaf.)* voorproefje, proef; ▸ *dare alci gustum;*
3. *(meton.)* voorgerecht;
4. smaak [**vini**];
5. smaakzin.

gutta, ae *f*
1. druppel [**-ae lacrimarum; -ae imbrium**]; ▸ ~ *cavat lapidem non vi, sed saepe cadendo;*
2. *(Plaut.)* druppeltje, beetje;
3. *(metaf.)* vlek *(op dierenhuiden of op stenen).*

guttātim *adv. (gutta) (preklass.)* druppel voor druppel.

guttātus, a, um *(gutta) (postklass.)* gespikkeld [**gallinae** parelhoenders].

guttula, ae *f (demin. v. gutta)* druppeltje.

guttur, gutturis *n (preklass. ook m)*
1. keel, strot; ▸ *guttur alci frangere* iem. de nek breken;
2. *(Juv.) (meton.)* vraatzucht.

gūtus *(en guttus),* ī *m (gutta) (poët.; postklass.)* kruik met nauwe hals.

Gyaros, ī *f en* **Gyara,** ōrum *n eiland behorend tot de Cycladen, ten Z. v. Andros (in de Egeïsche Zee).*

Gyās *en* **Gyēs,** ae *m een honderdarmige reus.*

Gȳgēs, is *en* ae *m koning v. Lydië (van 680 tot 644 v. Chr.), bezitter v.e. toverring; — adj.* **Gȳgaeus,** a, um Lydisch.

Gylippus, ī *m Spart. aanvoerder; voerde het bevel over de Syracusanen tegen de Atheners op Sicilië in 414 v. Chr.*

gymnasiarchus, ī *m (Gr. leenw.)* hoofd v.e. sportschool.

gymnasium, ī *n (Gr. leenw.) openbaar* sportterrein *of* school voor lichaamsoefeningen, worstelschool, *ook ontmoetingsplaats voor filosofen en retors; alg.* speelplaats v.d. jeugd.

gymnasticus, a, um *(Gr. leenw.) (Plaut.)* gymnastisch, turn-.

gymnicus, a, um *(Gr. leenw.)* gymnastisch, turn- [**ludi; certamen**].

gynaecēum *en* **gynaecīum,** ī *n (Gr. leenw.)* vrouwenverblijf *(binnenste deel v.e. Grieks huis).*

gynaecōnītis, idis *f (Gr. leenw.) = gynaeceum.*

Gyndēs, is *m zijrivier v.d. Tigris.*

gypsō, gypsāre *(gypsum)* in het gips zetten, bepleisteren *(met gips);* ▸ *gypsatissimis manibus (v. toneelspelers die vrouwenrollen speelden).*

gypsum, ī *n (Gr. leenw.)*
1. gips;
2. *(meton.)* gipsen beeld.

gȳrō, gȳrāre *(gyrus) (Laatl.)*
I. *tr.* omsingelen, gaan rondom;
II. *intr.* in een cirkel ronddraaien.

Gyrtōn, ōnis *en* **Gyrtōnē,** ēs *f stad in Thessalië (N.-Griekenland).*

gȳrus, ī *m (Gr. leenw.)*
1. cirkel(omtrek), kring, bocht, baan; ▸ *telum volat ingenti -o;*
2. kring, volte *(bij het paardrijden);* ▸ *in -os ire of -um carpere* in een kring lopen of draven;
3. *(poët.) (metaf. v.d. tijd)* kringloop, tijdsverloop; ▸ *bruma nivalem interiore diem -o trahit (Hor.)* in de binnenste, kleinere baan *(zodat de dag korter is).*

Gythēum, Gythīum *en* **Gythium,** ī *n stad en haven in Laconië (Peloponnesus), wapendepot en belangrijkste haven v. Sparta.*

H

H, h *(afk.)*
1. = *hic*[1] *en casus obliqui daarbij;*
2. = *hastata (cohors);*
3. = *heres;*
4. = *hora;*
5. **H. C.** = *Hispania citerior;*
6. **H. H.** = *heredes;*
7. **H. E. T.** = *heres ex testamento;*
8. **H. S.** *eig.* L L S *(dwz. libra libra semis) of* II S *(dwz. duo semis), daaruit* H S *(2½ as)*: sestertie *(een munt).*

habēna, ae *f (habeo)*
1. teugel *(meestal plur.)*; ▸ *-as dare, effundere, immittere* vieren; *-is immissis* in galop; *-as adducere of premere* aantrekken; *(metaf.) amicitiae -as adducere, remittere; classi -as immittere* met volle zeilen varen; *quam potuit effusissimis -is stationem hostium invadit;*
2. *(poët.)* riem, *ihb. v.e. slinger; (meton.)* slinger;
3. *(poët.)* riem v.e. zweep; *(meton.)* zweep, gesel;
4. *(poët.) (metaf.) plur.* bestuur, leiding, bewind [**rerum** van de staat; **populi**].

habēnula, ae *f (demin. v. habena) (med.)* reepje *(huid).*

habeō, habēre, habuī, habitum
1. *bij zich (in de hand, om de hals enz.)* hebben, houden, dragen [**iaculum manibus; tunicam; coronam in capite**];
2. *(metaf.)* (vast)houden [**alqm in custodiis** gevangen houden; **milites in castris; milites in armis; urbem in obsidione, in potestate**];
3. behouden [**hereditatem; honores; alqd secum** verborgen houden]; ▸ *habeant sibi arma* voor zich behouden; *echtscheidingsformule: coniugem suas res sibi habere iussit* hij verstootte zijn vrouw *of* liet zich van zijn vrouw scheiden;
4. hebben, bevatten; ▸ *ea regio montes non habet; alqs habet satis eloquentiae;*
5. *(v. geschriften)* inhouden;
6. *(vergaderingen e.d.)* houden [**contionem; comitia; senatum; concilia**]; *alg.* houden, organiseren [**quaestionem; auspicia; censum; delectum militum; ludos**];
7. *(redevoeringen)* houden, voordragen [**orationem; querimoniam; verba** spreken; **verba cum alqo** spreken met iem., woorden tot iem. richten];
8. *(m. adv. bepaling)* iem. behandelen [**alqm bene, male; exercitum luxuriose nimisque liberaliter; superbe; omnes nullo discrimine** allen gelijk behandelen]; ▸ *(m. gen.) eius auctoritas magni habebatur;*
9. *(m. objectcomplement)* houden voor, aanzien voor, beschouwen als, rekenen tot; *pass.* beschouwd worden als, gelden als *(zelden act. m. dubb. acc., vaak pass. m. dubb. nom.)*; ▸ *maximam illam voluptatem habemus; quae habuit venalia; Cato clarus atque magnus habetur;* — *andere constructies: (m. pro) alqm pro amico* ∼ ; *alqd pro certo* ∼ ; *pro non dicto haberi* beschouwd worden als niet gezegd; *(m. [in] loco of [in] numero alcis) alqm (in) numero hostium* ∼ ; *(m. in m. abl.) alqm in summis ducibus* ∼ ; *(m. pred. dat.) alqd honori (laudi)* ∼ tot eer rekenen; *alqm ludibrio* ∼ iem. voor de gek houden; *alqd voluptati* ∼ in iets behagen scheppen; *(m. gen.) alqs habetur magnae auctoritatis* geldt als een zeer aanzienlijk man;
10. *(se) habere en (minder vaak) pass. haberi* (**a**) *(v. zaken)* gesteld zijn, ervoor staan; ▸ *res se male (ita, sic) habet* staat er slecht (zo) voor; *bene habet* het gaat goed; *sic habet* zo staat het ervoor; (**b**) *(v. personen)* eraantoe zijn; ▸ *ego me bene habeo; se graviter* ∼ ernstig ziek zijn;
11. bezitten, hebben [**fundum; pecuniam; tantas divitias; uxorem; potestatem; copiam**]; ▸ *amor (cura) habendi* hebzucht; *(metaf.) animus habet cuncta neque ipse habetur; habentes* welgestelden; — *abs.* bezittingen, vermogen hebben [**in Veiente agro; in nummis** vermogen in baar geld];
12. *(poët.)* als echtgenote hebben; ▸ *alqam habere in matrimonio; di habuere suas sorores;*
13. in handen hebben, bezet houden; ▸ *hostis habet muros;*
14. beheersen; ▸ *Romam reges habuere; urbem Romam condidere atque habuere initio Troiani;*
15. bewonen [**Capuam**]; *abs.* wonen, zich ophouden [**ibi**];
16. *(poët.) (vee)* houden, fokken; ▸ *pecora habens* veehouder;
17. *(v. toestanden e.d.)* iem. in zijn greep houden, beheersen, gevangen houden, boeien; ▸ *omnia languor habet;*
18. *in een toestand* houden [**alqm in magno honore; alqm sollicitum** in spanning houden; **Numidas intentos proelio** zich op de

strijd laten concentreren; **alqm suspectum** verdenken; **falsum alqm** misleiden]; — *ihb. m. ppp. ter aanduiding v.e. toestand:* ▸ *portas clausas* ~ ; *vectigalia redempta* ~ in pacht hebben; *aciem instructam* ~ ; *alqd cognitum (notum)* ~ iets doorzien, herkend hebben; *sibi persuasum* ~ overtuigd zijn; *omnia pericula consueta habeo* ik ben gewend aan;
19. in gebruik hebben, gebruiken [**urbem pro arce**]; in acht nemen [**morem**];
20. te verduren hebben, lijden [**vulnus; aes alienum; suspicionem adulterii** onder verdenking staan];
21. bij zich, aan zijn zijde *of* aan zijn kant hebben [**equitatum; secum senatorem; duos servos**];
22. *(m. dubb. acc.)* hebben als *of* tot [**alqm collegam; deos faciles** als toegeeflijk ervaren];
23. *(gemoedstoestanden)* koesteren, hebben, (be-)tonen [**alci gratiam** dankbaar zijn; **alci fidem** geloven; **spem in armis** in de wapens stellen; **odium in equestrem ordinem**]; ▸ *res fidem habuit* vond geloof;
24. *(als eigenschap)* hebben; ▸ *locus nihil religionis habet; virtus hoc habet ut* heeft als kenmerk dat;
25. opwekken, veroorzaken [**magnam invidiam** grote naijver veroorzaken];
26. weten, kennen [**nostras sententias**]; ▸ *regis matrem habemus, ignoramus patrem; (m. afh. vr.) non habeo, quid dicam, faciam, sentiam;*
27. *(m. inf.)* in staat zijn, kunnen; ▸ *haec habeo dicere; de re publica nihil habeo ad te scribere;*
28. *(m. het neutr. v.h. gerundivum)* moeten; ▸ *habeo dicendum; cum respondendum haberent;*
29. *(tijd)* doorbrengen [**adulescentiam; aetatem procul a re publica; vitam**].

habilis, e *(habeo)*
1. gemakkelijk te hanteren *of* te sturen, handig [**currus; gladius; arcus**];
2. passend, geschikt, deugdelijk *(bij, voor: ad; dat.)*.

habilitās, ātis *f (habilis)* vermogen.

habitābilis, e *(habito)* bewoonbaar [**regiones; casae; orae**].

habitāculum, ī *n (habito) (postklass.)* woonplaats, woning [**pastorum; leonis**].

habitātiō, ōnis *f (habito)*
1. woning;
2. het (recht op) wonen; ▸ *sumptus habitationis;*
3. *(Suet.)* huur [**annua**].

habitātor, ōris *m (habito)*
1. bewoner, *ihb.* huurder; ▸ *tumultu habitatorum territus;*
2. inwoner [**civitatis**].

habitō, habitāre *(frequ. v. habeo)*
I. *tr.* bewonen [**casas; silvas**];
II. *intr.*
1. wonen [**in urbe; ruri; ad litora; apud alqm; cum alqo; bene** comfortabel]; ▸ *quanti habitas* voor hoeveel woon je?, hoeveel huur betaal je?;
2. zich ophouden, vertoeven, huizen [**in foro; in subselliis; in oculis** altijd voor ogen staan]; ▸ *mens in corde habitat;*
3. *(metaf.)* ijverig bezig zijn met [**in hac una ratione tractanda; in eo genere rerum**].

habitūdō, inis *f (habeo)*
1. uiterlijk, gestalte, gedaante [**corporis**];
2. *(postklass.)* hoedanigheid, gesteldheid.

habituriō, habiturīre *(desid. v. habeo) (Plaut.)* graag willen hebben.

habitus[1], ūs *m (habeo)*
1. uiterlijk, houding, gestalte [**corporis; virginis**];
2. dracht, kleding; ▸ ~ *vestitusque; sprw.: suo habitu vitam degere* niet met andermans veren pronken;
3. toestand, ligging, gesteldheid, aard [**locorum; maris; corporis; animae; naturae**];
4. stemming, gezindheid [**provinciarum** van de provinciebewoners; **civitatis**];
5. eigenaardigheid, eigenschap;
6. *(eccl.) habitum (com)mutare* het habijt aannemen, in het klooster gaan.

habitus[2], a, um *(p. adj. v. habeo) (kom.)* in goeden doen, stevig, gezet.

habrotonum, ī *n = abrotonum.*

hāc *adv. (hic*[1]*; vul aan: parte of viā)*
1. hierlangs, via deze weg; op deze manier;
2. aan deze kant; ▸ ~ *atque illac (Ter.)* overal.

hāc-tenus *adv. (ook gesplitst)*
1. *(v. plaats) (poët.; postklass.)* tot hier, tot daar, zover; ▸ *hac Troiana tenus fuerit Fortuna secuta;*
2. *(v. tijd)* tot nu toe;
3. *(afsluitend in redevoering en geschrift)* tot hier, tot aan dit punt, zover; ▸ ~ *de amicitia dixi;*
4. in zoverre, in die mate.

Hadria *en* **Adria,** ae
1. *f* (a) *stad in Picenum, nu Atri; — inw. en adj.* **Hadriānus,** ī *m resp.* a, um; (b) *ooit een belangrijke haven aan de monding v.d. Po; gaf de Adriatische Zee haar naam; — inw.* **Hadriānus,** ī *m; — adj.* **Hadriānus, Hadriāticus** *en* **Hadria-**

cus, a, um [**mare**]; *abs.* **Hadriāticum,** ī *n* de Adriatische Zee;
2. *m* de Adriatische Zee.

Hadriānus, ī *m* P. Aelius ~, *geb. in 76 n. Chr., Rom. keizer (117—138).*

Hadrūmētum *zie Adrumetum.*

haedilia, ae *f (haedus) (Hor.)* geitje.

haedillus, ī *m (demin. v. haedus) (Plaut.)* bokje *(als koosnaam).*

haedīnus, a, um *(haedus)* van geitenbokjes.

Haeduī *en* **Aeduī,** ōrum *m* de Haeduers, *volksstam tussen de rivieren Loire en Saône; — adj.* **Haeduus,** a, um [**civitas**].

haedulus, ī *m (demin. v. haedus) (Juv.)* geitenbokje.

haedus, ī *m* bokje, jonge geitenbok; *(metaf.)* plur. Haedī *(poët.; postklass.) twee sterren in het teken v.d. Voerman, waarvan de opkomst in oktober het begin v.d. herfststormen aankondigde.*

haematītēs, is *m (Gr. leenw.) (postklass.) (een brok)* rood ijzererts.

Haemonia, ae *f oudere poëtische naam v. Thessalië; — adj.* **Haemonius,** a, um Thessalisch [**iuvenis** = Jason; **puer** *of* **heros** = Achilles; **equi** de paarden *v. Achilles;* **puppis** = de Argo; **culter** tovermes *v. Medea*]; — **Haemonis,** idis *f* Thessalische.

haemorr(h)agia, ae *f (Gr. leenw.) (Plin. Mai.)* hevige bloeding.

haemorr(h)ois, idos *f (Gr. leenw.) (postklass.)*
1. aambei;
2. *een soort* slang.

Haemus, ī *m Thrac. naam v.h. Balkangebergte.*

haereō, haerēre, haesī, haesūm
1. (blijven) hangen *of* steken, vastzitten, kleven *(aan, in: abl.; in m. abl.; ad; dat.);* ▸ *terra ima sede semper haeret; haerent parietibus scalae; navis in vado* (ondiep gedeelte) *haerebat; in equo* ~ vast in het zadel zitten; *haesit in corpore ferrum; in vestigio* ~ zich niet verroeren; *fames utero haeret meo; in oculis* ~ altijd voor ogen staan; *in criminibus* ~ verstrikt zijn; *in complexu liberorum* ~ door zijn kinderen omklemd worden; ~ *in luto* in de stront zitten, in moeilijkheden zitten; *dolor animo haeret; in medullis populi Romani ac visceribus* ~ ; *onpers.: haeret in alcis mente of alci in animo (m. aci.)* iem. koestert het vaste vertrouwen; *abs.: hasta haeret;*
2. vastzitten, vertoeven, blijven hangen [**circa muros urbis**];
3. in de buurt blijven van, klitten aan, zich niet kunnen losmaken van, volharden in *(m. in m. abl.; dat.)* [**in eadem sententia; in virgine; in tergo alcis** iem. op de nek zitten; **lateri alcis** niet van iems. zijde wijken];
4. *als aan de grond genageld* blijven staan, blijven steken, stokken; ▸ *alqs territus haeret; lingua metu haeret; vox faucibus haesit; sprw.: in hac causa mihi aqua haeret (Cic.)* zit ik vast;
5. *(poët.)* haperen, ophouden; ▸ *amor haesit; Hectoris manu victoria Graium (= Graiorum) haesit (Verg.);*
6. *(metaf.)* weifelen, zich geen raad weten [**in nominibus** niet kunnen raden].

haerēscō, haerēscere, — — *(incoh. v. haereo)* blijven hangen *of* steken.

haeresiarcha *en* **haeresiarchēs,** ae *m (eccl.)* leider v.e. (ketterse) sekte; aartsketter.

haeresis, is *en* eos *f (Gr. leenw.)*
1. leer, dogma;
2. filosofenschool, filosofische sekte;
3. *(eccl.) van de kerk afwijkend dogma,* ketterij; sekte.

haereticus *(Gr. leenw.) (eccl.)*
I. *adj.* a, um ketters;
II. *subst.* ī *m* ketter.

haesī *pf. v. haereo.*

haesitābundus, a, um *(haesito) (Plin. Min.)* stamelend.

haesitantia, ae *f (haesito)* het haperen [**linguae** het stotteren].

haesitātiō, ōnis *f (haesito)*
1. het haperen *bij het spreken;*
2. *(metaf.)* aarzeling, besluiteloosheid.

haesitātor, ōris *m (haesito) (Plin. Min.)* weifelaar.

haesitō, haesitāre *(intens. v. haereo)*
1. blijven hangen, zitten, steken *of* kleven [**in vadis**];
2. stotteren [**linguā**];
3. *(metaf.)* aarzelen, weifelen, besluiteloos *of* verlegen zijn.

haesus, *ppp. v. haereo.*

hāgētēr, ēros *m (Gr. leenw.) (Plin. Mai.)* leider.

hahae, hahahae *(kom.)* haha! *(uiting v. vreugde).*

Halaesa, ae *f stad op Sicilië, nu* Alesa; *— adj.* **Halaesīnus,** a, um.

halagora, ās *f (Gr. leenw.) (Plaut.) missch.* zoutmarkt.

halcēdō, inis *f = alcedo.*

halcyōn, onis *f = alcyon.*

hālēc = *allec.*

hālēcula, ae *f = hallecula.*

Halēs, ētis *m rivier in Lucanië (Z.-Italië), nu de* Alento.

Haliacmōn, ōnis *m rivier in Macedonië.*
haliaeëtos (-us) *en* **haliāetos** (-us), ī *m* (*Gr. leenw.*) (*postklass.*) zeearend; *Nisus v. Megara, de vader v. Scylla, werd in zo'n arend veranderd.*
Haliartus, ī *f stad op de zuidoever v.h. Copaismeer in Boeotië (Midden-Griekenland);* — *inw.* **Haliartiī,** ōrum *m.*
halica, ae = *halica.*
halicac(c)abum, ī *n* (*Gr. leenw.*) *naam v. diverse planten, o.a.:* (a) winterkers; (b) nachtschade.
Halicarnassus *en* **Halicarnāsus,** ī *f stad in Carië (Kl.-Azië), nu Bodrum, geboorteplaats v.d. geschiedschrijvers Herodotus en Dionysius en v.d. dichter Callimachus; beroemd door het grafmonument v. Maussolus, het Mausoleum;* — *inw. en adj.* **Halicarnassēnsis** *en* **Halicarnāsensis,** is *m resp.* e, **Halicarnassēus** *en* **Halicarnāsēus,** eī *m resp.* a, um *en* **Halicarnassius** *en* **Halicarnāsius,** ī *m resp.* a, um.
Halicyae, ārum *f stad op Sicilië bij Lilybaeum, nu* Salemi; — *inw. en adj.* **Halicyēnsis,** is *m resp.* e.
hālitus, ūs *m* (*halo*)
1. adem; het blazen;
2. nevel, damp.
hallēc, hallēx = *allec.*
hallēcula, ae *f* (*demin. v. hallex*) (*postklass.*) *een soort kleine vis.*
hallūcinātiō, ōnis *f* = *alucinatio.*
hālō, hālāre (*poët.*)
I. *intr.* geuren, ruiken (*naar: abl.*); ▸ *arae sertis recentibus* (naar verse kransen) *halant* (*Verg.*);
II. *tr.* uitdampen, uitwasemen [**nectar; graves sulphuris auras; vapores**].
halophanta, ae *m* (*Plaut.*) (*scherts.*) schurk.
halōsis, *acc.* in *f* (*Gr. leenw.*) (*Petr.*) verovering.
haltēres, ēris *m* (*Gr. leenw.*) (*Mart.*) halter.
hālūcinor, hālūcinārī = *alucinor.*
Haluntium, ī *n* = *Aluntium.*
Halys, yos *m langste rivier v. Kl.-Azië, nu de Irmak.*
hama, ae *f* (*Gr. leenw.*) (*postklass.*) (brand)emmer.
hamadryas, adis *f* (*dat. plur.* -asin; *acc. plur.* -adas) (*Gr. leenw.*) (*poët.*) boomnimf.
hāmātilis, e (*hamus*) (*Plaut.*) met weerhaken.
hāmātus, a, um (*hamus*)
1. (*Ov.*) voorzien van weerhaken [**harundo, sagitta** pijl met weerhaken; **sentis** stekelige doornstruik];
2. haakvormig, gekromd [**ensis; corpora**];
3. (*Plin. Min.*) (*metaf.*) *munera -a* lokaas;
4. (*Mel.*) *lorica -a* maliënkolder.
Hamilcar, aris *m Pun. eigennaam:* ~ *Barcas* ('bliksemschicht'), *vader v. Hannibal, veldheer v.d. Carthagers in de 1e Pun. oorlog; in 229 v. Chr. sneuvelde hij in de strijd.*
hāmiōta, ae *m* (*hamus*) (*preklass.*) hengelaar.
Hammōn *en* **Ammōn,** ōnis *m* (*Egypt. Amūn*) *gehoornde Egypt. orakelgod, door de Grieken als Zeus Ammon, door de Romeinen als Jupiter Hammon vereerd;* — **Hammōniī,** ōrum *m inwoners v.d. Libische plaats Hammonium (met het heiligdom v. Hammon);* — *adj.* **(H)ammōniacus,** a, um [**sal** *een soort steenzout*].
hamula, ae *f* (*demin. v. hama*) (*postklass.*) emmertje.
hāmulus, ī *m* (*demin. v. hamus*) (*Plaut.*) haakje [**piscarius** vishaakje].
hāmus, ī *m*
1. haak;
2. vishaakje; (*meton.*) (*Hor.*) aas;
3. weerhaak (*v.e. pijl*);
4. (*meton.*) *voor diverse haakvormige dingen, o.a.* gevest (*Ov.*).
Hannibal, alis *m Pun. eigennaam: zoon v. Hamilcar Barcas, veldheer v.d. Carthagers in de 2e Pun. oorlog (leefde van 247 tot 183 v. Chr.); spreekwoordelijk voor een doodsvijand v.d. Romeinen;* — *'Hannibal ad portas' sprw. om dreigend gevaar aan te kondigen.*
hapalopsis, idis *f* (*Gr. leenw.*) (*Plaut.*) *naam v.e.* kruid.
haphē, ēs *f* (*Gr. leenw.*) (*postklass.*) fijn zand; stof.
hapsis, īdis *f* = *absis.*
hara, ae *f* (varkens)kot, stal.
harēna, ae *f*
1. zand; ▸ *cumulus -ae;* ~ *nigra* slib;
2. *plur.* zandkorrels, zandhopen; zandwoestijn; ▸ *-ae Libycae; -arum inculta vastitas;*
3. zandvlakte;
4. (*poët.*) zandstrand, kust;
5. (*het met zand bestrooide*) strijdperk in het amfitheater, arena; (*meton.*) strijd tussen gladiatoren;
6. strijdtoneel, schouwtoneel.
harēnāceus, a, um (*harena*) (*Plin. Mai.*) zanderig, korrelig.
harēnāria, ae *f* (*harenarius; vul aan: fodina*) zandgroeve.
harēnārius, a, um (*harena*) (*postklass.*)
1. op zand betrekking hebbend, zand- [**navis**];
2. op het amfitheater betrekking hebbend [**fera**]; — *subst.* ī *m* (*Petr.*) gladiator.
harēnātum, ī *n* (*harenatus*) (metsel)specie.
harēnātus, a, um (*harena*) vermengd met (metsel)specie.

harēni-vagus, a, um *(harena)* door het zand dwalend.
harēnōsus, a, um *(harena)* zanderig [**litus**].
hariola *en* **ariola,** ae *f (hariolus)* waarzegster.
hariolātiō *en* **ariolātiō,** ōnis *f (hariolor) (pre- en postklass.)* voorspelling.
hariolor, hariolārī *en* **ariolor,** ariolārī
1. waarzeggen, voorspellen;
2. *(kom.)* bazelen.
hariolus *en* **ariolus,** ī *m* waarzegger.
harispex = *haruspex.*
Harmodius, ī *m een v.d. moordenaars v.d. tiran Hipparchus (514 v. Chr.); spreekwoordelijk voor een* tirannendoder *(Sen.).*
harmonia, ae *f (Gr. leenw.)*
1. overeenstemming, harmonie;
2. toonladder;
3. melodie.
Harmonia, ae *f dochter v. Mars en Venus, echtgenote v. Cadmus, de stichter v. Thebe.*
harpa, ae *f (Germ. woord) (Mel.)* harp.
harpagō[1], harpagāre *(Gr. leenw.; vgl. harpago*[2]*) (Plaut.)* roven.
harpagō[2], ōnis *m (Gr. leenw.)*
1. muurhaak *(om muren omver te halen)*;
2. enterhaak;
3. *(Plaut.) (metaf.)* rover.
harpastum, ī *n (Gr. leenw.) (Mart.)* handbal.
harpē, ēs *f (Gr. leenw.)*
1. *(poët.)* sikkelzwaard;
2. *(Plin. Mai.) een soort* gier.
Harpocratēs, is *m de jonge Horus, de zonnegod v.d. Egyptenaren; als kind met zijn vinger in zijn mond afgebeeld, vandaar door de Romeinen als het 'zwijgen' opgevat; metaf. (Catull.) alqm reddere Harpocratem* iem. het zwijgen opleggen.
Harpyia, ae *f* Harpij, *mensenrovend monster (gevleugeld vrouwelijk wezen).*
Harūdēs, um *m Germ. volksstam ten N. v.h. Bodenmeer.*
hārunc *(kom.)* = *harum, zie hic*[1].
harund- = *arund-.*
haru-spex, spicis *m* 'offerdierschouwer' *(iem. die op grond v.d. ingewanden v. offerdieren voorspellingen doet); alg.* waarzegger, ziener.
haruspica, ae *f (haruspex) (Plaut.)* waarzegster.
haruspicīna, ae *f (haruspicinus; vul aan: ars)* waarzeggerij.
haruspicīnus, a, um *(haruspex)* de waarzeggerij betreffend [**libri**].
haruspicium, ī *n (haruspex) (poët.; postklass.)* waarzeggerij.
Hasdrubal, alis *m Pun. eigennaam:*
1. *jongere broer v. Hannibal, veldheer in de 2e Pun. oorlog, sneuvelde in 207 v. Chr.;*
2. *schoonzoon v. Hamilcar Barcas.*
hasta, ae *f*
1. (werp)spies, speer, lans [**pura** lans zonder ijzeren punt *(gegeven als beloning voor dapperheid)*]; ▸ *-am iactare, dirigere in alqm, contendere; sprw.: -am abicere* het bijltje erbij neergooien;
2. staf, schacht, steel [**graminea** van bamboeriet; ~ **pampineis frondibus velata** thyrsusstaf];
3. *(meton.)* veiling *(gezien de daarbij in de grond gestoken lans)*; ▸ *-am ponere* de lans in de grond steken = een veiling houden; *emptio ab -a; ad -am publicam accedere* deelnemen aan een veiling; *sub -a vendere of -ae subicere* openbaar verkopen; *ius -ae* recht om in het openbaar te verkopen;
4. ~ *recurva (Ov.)* haarspeld *(om de haren v.d. bruid te ordenen).*
hastātus *(hasta)*
I. *adj.* a, um *(Tac.)* gewapend met speren *of* met een speer [**Bellona; acies**];
II. *subst.* ī *m*
1. *(postklass.)* lansdrager;
2. *(meestal plur.)* de *hastati* = *legioensoldaten in de voorste linie;*
3. manipel bestaande uit *hastati.*
hastīle, is *n (hasta)*
1. (lans)schacht;
2. *(poët.)* werpspies, speer, lans;
3. *(poët.; postklass.)* staak, stut *v.e. wijnrank;*
4. *(Verg.)* tak, twijg; ▸ *densis hastilibus horrida myrtus.*
hastilūdium, ī *n (Mel.)* toernooi.
hastula, ae *f* = *assula.*
hau[1] = *au.*
haud, haut *en (arch. en alleen voor cons.)* **hau**[2] *adv.* niet, niet bepaald, geenszins *(staat meestal als ontkenning v.e. enkel woord voor adj. en adv., bv. haud magnus ≈ parvus; soms als ontkenning voor verba gebruikt, klass. vooral in comb. m. scio: haud scio an* misschien; *haud scio an non* misschien niet*).*
haud-dum *adv. (ook gesplitst)* nog niet.
haud-quāquam *adv. (ook gesplitst)* geenszins, absoluut niet.
hauriō, haurīre, hausī, haustum *(en zelden hausum)*
1. *(vloeistoffen)* (uit)scheppen, putten [**aquam galeā; lymphas de gurgite; terram** uitgra-

ven];
2. (poët.) (op)drinken [**vinum**];
3. (poët.) legen, leegdrinken [**pateram; pocula**];
4. (poët.) inzuigen, inademen [**auras; suspiratūs** diep zuchten; **lucem** het daglicht aanschouwen = geboren worden];
5. opscheppen, vergaren [**pulverem palmis; cineres**];
6. (bloed) vergieten [**sanguinem**];
7. (metaf.) ontlenen, putten [**ex natura legem; alqd ex vano** uit onbetrouwbare bron];
8. de diepte in trekken, verzwelgen; *pass. ook* verzinken; ▸ *equi gurgitibus hauriuntur;*
9. (metaf.) verteren, verzwelgen; ▸ *flamma multos hausit;*
10. verzwakken, uitputten [**provincias** uitzuigen];
11. (bezit) erdoor jagen [**sua** zijn vermogen; **patrias opes**];
12. ondervinden: (a) genieten [**voluptates**]; (b) verdragen, verduren [**dolorem; luctum; supplicia; spem inanem**];
13. (met de zintuigen of met de geest) gretig in zich opnemen, indrinken [**strepitum** vernemen; **alqd cogitatione; dicta auribus; vocem**]; ▸ *miratur et haurit pectore ignes* (Ov.);
14. (poët.; postklass.) verwonden, doorboren [**pectora ferro; rostro femur adunco; latus gladio**]; ▸ (metaf.) *pavor haurit corda* doorboort;
15. (poët.; postklass.) ten einde brengen, voltooien; ▸ *medium sol orbem hauserat* (Verg.) de helft v. haar baan; *vastum iter* ~.

hausī *pf. v.* haurio.

haustrum, ī *n* (haurio) (Lucr.) scheprad (*in een waterrad*).

haustus[1]**,** ūs *m* (haurio)
1. het scheppen, het putten [**aquae**];
2. (*jur. t.t.*) ~ *aquae* het recht om water te putten (*uit een bron*);
3. (poët.) (meton.) het geschepte, schep [**aquarum** geput water; **undarum; arenae** een handvol zand];
4. het drinken; dronk, slok, teug [**aquae; veneni**];
5. (poët.; postklass.) het innemen, het opslokken; het inademen [**caeli** van lucht; **aetherius** adem]; ▸ *marinus* ~ (Plin. Mai.) het naar binnen stromen v. zeewater.

haustus[2] *ppp. v.* haurio.

hausum *zie* haurio.

haut, haut- = *haud, haud-.*

haveō, havēre, — — = *aveo.*

Heautontīmōrūmenos, ī *m* (*Gr. leenw.*) 'De zelfkweller' (*komedie v. Terentius*).

hebdomas, adis *f* (*acc. sg.* -ada) *en* (postklass.) **hebdomada,** ae *f* (*Gr. leenw.*)
1. zevental, aantal v. zeven [**annorum; librorum**];
2. aantal v. zeven dagen, week;
3. zevende (kritieke) dag bij ziekten [**quarta** 28e dag].

Hēbē, ēs *f* (*Lat. Iuventas*) *Gr. godin v.d. jeugd, dochter v. Juno en Jupiter, schenkster v.d. goden, echtgenote v.d. vergoddelijkte Hercules.*

heben- = *eben-.*

hebeō, hebēre, — — (hebes)
1. bot zijn; ▸ *ferrum nunc hebet;*
2. (*v. licht*) zwakker worden; *metaf.* (*v. gevoelens*) wegebben, verdwijnen;
3. (poët.; postklass.) (metaf.) traag, mat zijn; ▸ *hebet homo; hebet sanguis; temporis adversi sic mihi sensus hebet* (Ov.).

hebes, *gen.* hebetis
1. stomp, bot [**mucro; gladius; telum**];
2. (metaf.) (*v. zintuigen, gewaarwordingen e.d.*) afgestompt, zwak [**sensus; acies oculorum; memoria**];
3. zwak, mat, traag, uitgeblust [**ad sustinendum laborem miles; exercitus; ōs** zonder eetlust; **adulescentia**];
4. stompzinnig, stom, dom [**homo; puer; ingenium**];
5. (*v. stijl*) saai;
6. (poët.; postklass.) (*v. kleuren*) dof [**color**].

hebēscō, hebēscere, — — (*incoh. v.* hebeo)
1. stomp worden; zwak worden, afstompen, verflauwen; ▸ *hebescunt sensus; hebescebant oculi; mentis acies hebescit;*
2. (*v. sterren*) verbleken.

hebetātiō, ōnis *f* (hebeto) (postklass.) afstomping, zwakte.

hebetō, hebetāre (hebes)
1. stomp maken [**gladios; aciem ferri**];
2. (metaf.) afstompen, verzwakken, krachteloos maken [**flammas; sidera** doen verbleken; **vires rei publicae**]; ▸ *umbrā terrae luna hebetatur.*

hebetūdō, inis *f* (hebes) (Laatl.) afgestomptheid, gevoelloosheid.

Hebraeus, a, um (postklass.) Hebreeuws, joods.

Hebrus, ī *m rivier in Thracië, nu* Maritsa (*bovenloop*), Evros (*benedenloop*).

Hecatē, ēs *en* **Hecata,** ae *f godin vereerd bij drie-*

sprongen en poorten; gevreesd als godin v.d. tovenarij; nu eens met Diana, dan weer met Proserpina gelijkgesteld; voorgesteld met drie lichamen of drie hoofden en zes armen; — *adj.* **Hecatēius,** a, um [carmina toverspreuken], *fem. ook* **Hecatēis,** idis *en* idos.

hecatombē, ēs *f* (*acc.* -ēn) (*Gr. leenw.*) (*pre- en postklass.*) offer v. honderd ossen *of andere dieren; alg.* groot openbaar offer, hecatombe.

hecatompylos *en* **hecatompylus,** a, um (*Gr. leenw.*) (*Laatl.*) honderdpoortig.

Hecatompylos, ī *f stad in Parthië (in het huidige Iran), nu Shahr-e Qumis.*

Hecatōn, ōnis *m stoïsch filosoof (2e eeuw v. Chr.).*

Hector, oris *m zoon v. Priamus en Hecuba, echtgenoot v. Andromache; aanvoerder v.d. Trojanen, door Achilles in een tweekamp gedood;* — *adj.* **Hectoreus,** a, um van Hector; ook Trojaans.

Hecuba, ae *f echtgenote v. koning Priamus v. Troje, na de val v. Troje in een hond veranderd; alg.* (*Mart.*) *type van de lelijke oude vrouw.*

Hecyra, ae *f* (*Gr. leenw.*) 'De schoonmoeder' (*komedie v. Terentius*).

hedera, ae *f* klimop; *plur.* klimopranken.

hederāceus, a, um (*hedera*) van klimop, lijkend op klimop.

hederi-ger, gera, gerum (*hedera en gero*) (*Catull.*) klimop dragend.

hederōsus, a, um (*hedera*) (*Prop.*) rijk aan klimop [antrum].

hēdychrum, ī *n* (*Gr. leenw.*) *een soort* geurende crème.

hei, heia = *ei, eia.*

hēic (*arch.*) = *hic*[2].

heiul- = *eiul-.*

helciārius, ī *m* (*Gr. leenw.*) (*Mart.*) schuitenjager.

helcium, ī *n* (*Apul.*) (trek)touw, lijn.

Helena, ae *en* **Helenē,** ēs *f dochter v. Jupiter en Leda, zuster v. Clytaemnestra, Castor en Pollux, echtgenote v. Menelaüs, de koning v. Sparta; werd om haar schoonheid door Paris naar Troje ontvoerd; deze ontvoering was de aanleiding tot de Trojaanse oorlog.*

Helenus, ī *m zoon v. Priamus, waarzegger.*

Hēliades, um *f de drie dochters v.d. zonnegod Sol, zusters v. Phaëton; werden na de dood v. Phaëton in populieren veranderd, hun tranen die ze over de dood v. hun broer vergoten in barnsteen;* ▸ *nemus Heliadum* populierenbos; *lacrimae Heliadum* (*Ov.*).

helica, ae *f* (*Gr. leenw.*) spiraal, horentje (*bv. v.e. slakkenhuis*).

Helicē, ēs *f* (= *Arctos*) de Grote Beer; (*meton.*) (*Sen.*) het Noorden.

Helicōn, ōnis *m gebergte in Boeotië, aan de muzen gewijd;* — *adj.* **Helicōnius,** a, um; — **Helicōniades,** um *f* de muzen; — **Helicōnis,** idos *f* muze.

hēliocamīnus, ī *m* (*Gr. leenw.*) (*Plin. Min.*) kamer aan de zonkant.

Hēliopolis, is *f stad in N.-Egypte, 12 km ten N.O. v.h. huidige Caïro.*

Hēlios *en* **-ius,** ī *m* = *Sol.*

hēliotropium, ī *n* (*Gr. leenw.*) (*postklass.*) *een soort* zonnebloem.

helix, icis *f* (*Gr. leenw.*) (*Plin. Mai.*) spiraal, kronkeling.

Helladicus, a, um (*Hellas*) (*postklass.*) Grieks.

Hellas, ados *en* adis *f het vasteland v. Griekenland (itt. de Peloponnesus); alg.* (heel) Griekenland.

Hellē, ēs *f dochter v. Athamas en Nephele; vluchtte met haar broer Phrixus voor haar stiefmoeder Ino naar Colchis op de ram met het Gulden Vlies, afkomstig v. Mercurius; Helle viel en verdronk in de zeeengte, die naar haar pontus Helles, 'Hellespont', genoemd werd.*

helleborōsus, a, um (*helleborus*) (*Plaut.*) die nieskruid nodig heeft, niet goed bij zijn verstand.

helleborus, ī *m en* **-um,** ī *n* (*Gr. leenw.*) (*poët.; postklass.*) nieskruid (*geneesmiddel tegen waanzin en epilepsie; braakmiddel*).

Hellēspontus, ī *m* (*Gr. leenw. 'Zee v. Helle'; zie Helle*) Hellespont, *nu de Dardanellen;* — **Hellēspontius,** ī *m kustbewoner v.d. Hellespont;* — *adj.* **Hellēsponti(ac)us,** a, um.

helluātiō, ōnis *f* (*helluor*) zwelgerij.

helluō, ōnis *m* genieter, verkwister [patrimonii].

helluor, helluārī (*helluo*) zwelgen, overvloedig eten en drinken.

helops, opis *m* (*Gr. leenw.*) (*niet-klass.*) *een soort* steur.

Helōrus, ī

1. *m rivier in het oosten v. Sicilië;*
2. *f stad aan zijn monding, nu* Eloro; — *inw.* **Helōrīnī,** ōrum *m;*

/ *adj.* **Helōrius,** a, um.

helvella, ae *f* keukenkruid, groente.

Helvētiī, ōrum *m volksstam tussen het Juragebergte, het Meer v. Genève en de rivieren Rhône en Rijn (Zwitserland);* — *adj.* **Helvēti(c)us,** a, um.

Helviī, ōrum *m Kelt. volksstam in de huidige Provence;* — *adj.* **Helvicus** *en* **Helvīnus,** a, um.

hem *interj.* (*v. verbazing of verwondering en v. verdriet*) hm!, hè!, hé!, o!, ach!

hēmerodromus, ī *m* (*Gr. leenw.*) ijlbode, koerier.
hēmicrānia, ae *f* (*Gr. leenw.*) (*Laatl.*) eenzijdige hoofdpijn, migraine.
hēmicyclium, ī *n* (*Gr. leenw.*)
1. halve cirkel;
2. (halfronde) leunstoel; (halfronde) tuinbank;
3. (halfronde) zonnewijzer.
hēmīna, ae *f* (*Gr. leenw.*)
1. halve sextarius, kwart liter (0,274 liter);
2. beker *van die maat.*
hēmisphaerium, ī *n* (*Gr. leenw.*) (*pre- en postklass.*) halve bol, hemisfeer.
hēmistichium, ī *n* (*Gr. leenw.*) halve versregel.
hēmitonium, ī *n* (*Gr. leenw.*) interval v.e. halve toon.
hēmitritaeus *en* **-os** (*Gr. leenw.*) (*postklass.*)
I. *subst.* ī *m* (om de dag terugkerende) wisselkoorts;
II. *adj.* a, um aan wisselkoorts lijdend.
hendecasyllabus, ī *m* (*Gr. leenw.*) (*poët.; postklass.*) elflettergrepig vers, hendecasyllabe; *plur.* gedicht in hendecasyllabi.
Hēniochī, ōrum *m volksstam aan de voet v.h. Kaukasusgebergte, bekend als goede ruiters;* — *adj.* **Hēniochus,** a, um.
Henna, ae *f stad op Sicilië met een beroemde tempel v. Ceres, nu* Enna; — *inw.* **Hennēnsēs,** ium *m;* — *adj.* **Hennēnsis,** e *en* **Hennaeus,** a, um.
hēpatia, ōrum *n* (*Gr. leenw.*) levertjes (*als gerecht*).
hēpatiārius, a, um (*hepatia*) (*Plaut.*) lever- [**morbus**].
hēpaticus, ī *m* (*Gr. leenw.*) (*Plin. Mai.*) iem. met leverklachten.
Hēphaestia, ae *f stad op het Gr. eiland Lemnos (in het noorden v.d. Egeïsche Zee).*
hephthēmimerēs *en* **hepthēmimerēs,** *acc.* in *n* (*Gr. leenw.*) *naam voor de eerste* 3½ *voet v.d. hexameter voor de cesuur.*
heptapylus, a, um (*Gr. leenw.*) zevenpoortig [Thebae].
heptēris, is *f* (*Gr. leenw.*) *een scheepstype waarbij zeven roeiers in één lijn boven elkaar zitten op maximaal drie niveaus, een 'zeven'.*
hepthēmimerēs *zie hephthemimeres.*
hera, ae *f* = *era.*
Hēraclēa *en* **-īa,** ae *f* (*eig. 'Heraclesstad'* [*'Herculesstad'*]) *naam v. diverse steden, o.a.:*
1. *kuststad in Lucanië (Z.-Italië), kolonie v. Tarente (plaats v.d. slag tegen Pyrrhus in 280 v. Chr.), nu* Policoro;
2. ~ Minoa *aan de Z.-kust v. Sicilië, nu* Eraclea; / *inw.* **Hēracleōtēs,** ae *m;* / *adj.* **Hēracleēnsis,** e.
Hēraclēum, ī *n stad in Z.-Macedonië (N.-Griekenland).*
Hēraclītus, ī *m filosoof uit Efese (ca. 500 v. Chr.).*
Hēraea[1], ae *f stad in Arcadië (Peloponnesus).*
Hēraea[2], ōrum *n* feest ter ere v. Hera.
herba, ae *f*
1. halm, stengel [**graminis**];
2. (*sg. en plur.*) gras, grasveld; ▸ *-ā requiescere;* ~ *viridis; -ae tenerae;*
3. *plur.* weide, grasland; ▸ *armenta per -as errant;*
4. (*sg. en plur.*) jong gewas [**recens; sterilis; -ae non fallaces**]; ▸ *frumenta in -is sunt* staan in de halm; *segetes primis moriuntur in -is* in de eerste halm, direct bij het opkomen; *Ceres dominum primis fallebat in -is;*
5. kruid, plant [**palustres** moerasplanten; **veneni** giftige plant];
6. keukenkruid; ▸ *-as condire;*
7. geneeskrachtig kruid [**salutaris; fortis**]; ▸ *vulnus -is curare;*
8. (*poët.; postklass.*) onkruid [**mala**];
9. (*poët.; postklass.*) toverkruid [**potens**]; ▸ *revocatus -is.*
herbāceus, a, um (*herba*) (*Plin. Mai.*) grasachtig, -kleurig, -groen.
herbārius (*herba*) (*Plin. Mai.*)
I. *adj.* a, um kruiden- [**ars** kruidenkennis];
II. *subst.* ī *m* kruidenkenner.
herbēscō, herbēscere (*herba*) in groene halmen opschieten, ontspruiten; ▸ *campi herbescunt; viriditas herbescens.*
herbeus, a, um (*herba*) (*Plaut.*) grasgroen [**oculi**].
herbidus, a, um (*herba*) grasrijk, grasachtig [**locus; color**].
herbi-fer, fera, ferum (*herba en fero*) (*poët.; postklass.*) gras-, kruidenrijk [**colles**].
herbi-gradus, a, um (*herba en gradior*) (*Cic.*) door het gras kruipend (*v.e. slak*).
Herbita, ae *f stad op Sicilië, nu* Nicosia; — *inw. en adj.* **Herbitēnsis,** is *m resp.* e.
herbō, herbāre (*herba*) (*Apul.*) groen zijn.
herbōsus, a, um (*herba*)
1. (*preklass.; poët.*) gras-, kruidenrijk [**campus; flumen; pascua; arae** van graszoden; **moretum** met groene kruiden];
2. grasachtig.
herbula, ae *f* (*demin. v. herba*) kruidje, plantje.
hercēus, a, um (*Gr. leenw.*) (*poët.; postklass.*) tot de voorhof behorend: Iuppiter Herceus *als bescher-*

mer v. huis, hof en haard.

hercīscō, hercīscere = ercisco.

hercle zie Hercules.

herctum, ī n = erctum.

Herculāneum, ī n stad in Campanië, in 79 n. Chr. bij de uitbarsting v.d. Vesuvius net als Pompeji onder lava bedolven, nu Ercolano; — adj. **Herculānēnsis,** e en **Herculāneus,** a, um.

Herculēs, is en ī m zoon v. Jupiter en Alcmene, de echtgenote v. Amphitryon; echtgenoot v. Deianira; verrichtte de twaalf werken (zie Eurystheus), na zijn dood vergoddelijkt en echtgenoot v. Hebe; Gr. held v. dapperheid en kracht, schenker v. rijkdom, ook aanvoerder v.d. muzen (Suet.); — krachttermen: hercle, herculē(s), mehercle, meherculē(s) bij Hercules!, waarachtig!, warempel!; — adj. **Herculeus** [**labor; urbs** = Herculaneum; **litora** bij Herculaneum; **hospes** = de stad Croton, die Hercules opnam; **arbor** de aan Hercules gewijde zilverpopulier; **gens** de gens Fabia, die Hercules als haar stamvader beschouwde] en **Herculānus,** a, um.

Hercȳnia silva, ae f en saltus Hercȳnius, ī m het Zwarte Woud in Z.W.-Duitsland.

here = heri.

hērēdiolum, ī n (demin. v. heredium) klein geërfd landgoed.

hērēdi-peta, ae m (heres en peto) (Petr.) erfenisjager.

hērēditārius, a, um (hereditas)
1. erfelijk, geërfd, overgeërfd [**agri; cognomen; regnum**];
2. de erfenis betreffend, erfenis- [**auctio; lites; ius** erfrecht].

hērēditās, ātis f (heres)
1. het erven, erfgenaam zijn;
2. erfenis, nalatenschap; ▸ hereditatem concedere, accipere, tradere, relinquere.

hērēditō, hērēditāre (Vulg.; eccl.)
1. erven;
2. tot erfgenaam maken;
3. nalaten.

hērēdium, ī n (heres) erfgoed.

Herennius, a, um naam v.e. Rom. gens:
1. C. ~, volkstribuun in 80 v. Chr.;
2. ~ Senecio, vriend van Plinius Minor, onder keizer Domitianus in 93 n. Chr. vermoord;
/ adj. **Herenniānus,** a, um.

hērēs, hērēdis m en f
1. erfgenaam; ▸ heredem alqm facere, scribere of (testamento) instituere; alqm heredem testamento relinquere; ~ ex asse universeel erfgenaam; ~ ex dodrante erfgenaam voor driekwart; ~ secundus vervangend erfgenaam (voor het geval de eigenlijke erfgenaam de erfenis niet kan aanvaarden);
2. (erf)opvolger [**regni; Academiae**]; ▸ gemino cervix herede valentior erat (v.d. Hydra) (Ov.);
3. (Plaut.) (scherts.) bezitter, eigenaar.

herī adv. gisteren; ▸ hodie atque heri.

herifuga, ae m = erifuga.

herīlis, e = erilis.

Hermae, ārum m hermeszuilen, hermen (vierkante zuilen met een gebaarde Hermeskop en fallus).

Hermaeum, ī n ('Hermestempel') (Suet.) gebouw gewijd aan Hermes.

Hermagorās, ae m Gr. retor v. Rhodos (2e eeuw v. Chr.); — **Hermagorēī,** ōrum m zijn leerlingen.

hermaphrodītus, a, um tweeslachtig [**equae**].

Hermaphrodītus, ī m
1. zoon v. Hermes en Aphrodite met wie de bronnimf Salmacis zich uit liefde tot één lichaam versmolt;
2. tweeslachtig (androgyn) wezen, hermafrodiet.

Herm-athēna, ae f dubbele buste v. Hermes (Mercurius) en Athene (Minerva).

Hermēraclēs, is m dubbele buste v. Hermes (Mercurius) en Heracles (Hercules).

Herminonēs en **Hermionēs,** um m Germ. volksstam tussen de rivieren Elbe en Wisła.

Hermionē, ēs f
1. dochter v. Menelaüs en Helena;
2. kuststad in Argolis (Peloponnesus), nu Ermioni;
— adj. **Hermionius,** a, um [**ager**].

Hermionēs zie Herminones.

hernia, ae f navel-, liesbreuk.

Hernicī, ōrum m volksstam in Latium; — adj. **Hernicus,** a, um.

herniōsus, a, um (hernia) (poët.; postklass.) een breuk hebbend.

Hērō, ūs f priesteres v. Aphrodite in Sestos aan de Hellespont, geliefde v. Leander; — adj. **Hērōus,** a, um.

Hērōdēs, is m naam v. joodse vorsten, ihb.: Herodes de Grote, koning der Joden (37—4 v. Chr.).

Hērodotus, ī m uit Halicarnassus (ca. 484 tot ca. 424 v. Chr.), grondlegger v.d. Gr. geschiedschrijving.

hērōicus, a, um (Gr. leenw.)
1. heroïsch, helden-, mythisch [**saeculum**];
2. (postklass.) (meton.) episch [**carmen; metrum**].

hērōīnē, ēs en **hērōis,** idis f (Gr. leenw.) (poët.; postklass.) halfgodin, heldin; — plur. **Hērōides** 'Heldinnenbrieven' v. Ovidius.

hērōs, ōis m (Gr. leenw.)

1. (*poët.*) *held uit de voorhomerische tijd, half van goddelijke, half van menselijke afkomst,* heros, halfgod [**Troius** = Aeneas; **Laërtius** = Odysseus];
2. (*metaf.*) voortreffelijk man, held, man van eer; ▸ *~ ille noster Cato.*

hērōus (*Gr. leenw.*)
I. *adj.* a, um
1. heroïsch [**labores**];
2. episch [**carmen** epos; **versus** episch vers, hexameter];
II. *subst.* ī *m* (*postklass.*) episch vers, hexameter.

Hērōus *zie Hero.*

Hersilia, ae *f echtgenote v. Romulus.*

herus, ī *m* = *erus.*

Hēsiodus, ī *m episch dichter uit Ascra in Boeotië (Griekenland), geb. ca. 700 v. Chr.;* — *adj.* **Hēsiodīus,** a, um.

Hēsionē, ēs *en* **-a,** ae *f dochter v.d. Trojaanse koning Laomedon, door Hercules gered van een zeemonster; later echtgenote v. Telamon.*

Hesperus, ī *m* de avondster; — *adj.* **Hesperius,** a, um, *fem. ook* **Hesperis,** idis van de avondster, westelijk; (*vanuit Gr. oogpunt*) Italisch [**terra** Latium]; (*vanuit Rom. oogpunt*) o.a. Spaans; — **Hesperia,** ae *f* (*vul aan: terra*) (*poët.*) avondland (*Italië, Spanje e.d.*); — **Hesperides,** um *f* Hesperiden, *de dochters v.d. nacht of v. Atlas en Hesperia; zij bewaakten op een eiland in het verre westen in de buurt v.h. Atlasgebergte de boom met de gouden appels (Hesperidum mala), die door Hercules werden geroofd.*

hesternus, a, um (*vgl. heri*) van gisteren; ▸ *-o sermone;* — *adv.* hesternō (*vul aan: die*) gisteren.

hetaeria, ae *f* (*Gr. leenw.*) (*Plin. Min.*) broederschap, vereniging.

hetaericē, ēs *f* (*Gr. leenw.*) bereden lijfwacht *bestaand uit Macedoniërs.*

heu *interj.* (*v. verbijstering, pijn en verdriet*) ach!, wee!, o!; ▸ *heu me miserum* ik, ongelukkige!; *heu miser* ongelukkige!

heus *interj.* hé daar!, hola!, hoor eens!

hexaclīnon, ī *n* (*Gr. leenw.*) (*Mart.*) sofa voor zes personen.

hexameter (*Gr. leenw.*) (*metr. t.t.*)
I. *adj.* tra, trum zesvoetig [**versus**];
II. *subst.* trī *m* (*postklass.*) zesvoetig vers, hexameter.

hexaphorum, ī *n* (*Gr. leenw.*) (*postklass.*) door zes mannen gedragen draagstoel.

hexēris, is *f* (*Gr. leenw.*) *een scheepstype waarbij zes roeiers in één lijn boven elkaar zitten op maximaal drie niveaus, een 'zes'.*

hiātus, ūs *m* (*hio*)
1. opening, kloof, afgrond [**terrarum**];
2. openstaande mond, opengesperde muil; ▸ *auras captare hiatu;* (*metaf.*) *Sophocleo hiatu* Sofocleïsche grootspraak;
3. (*meton.*) (*retor. t.t.*) hiaat, *het opeenstoten v. twee klinkers;*
4. (*postklass.*) (*metaf.*) begeerte (*m. gen.*) [**praemiorum**].

Hibēria, ae *f*
1. land v.d. Iberiërs (*volksstam aan de rivier de Ebro*); *alg.* Spanje; — *inw.* **Hibēr,** ēris *en* **Hibērus,** ī *m* Iberiër, Spanjaard; — *adj.* **Hibērus** *en* **Hibēricus,** a, um Iberisch, Spaans; — **Hibērus,** ī *m de rivier de Ebro;*
2. *landstreek ten Z. v.d. Kaukasus;* — *inw.* **Hibērus,** ī m.

hīberna, ōrum *n* (*hibernus*)
1. winterverblijf; (*vul aan: castra*) winterkwartier; ▸ *exercitum in -is collocare; cohortes in -a mittere;*
2. (*meton.*) verblijf in het winterkwartier;
3. (*poët.*) winter(tijd).

hībernāculum, ī *n* (*hiberno*)
1. (*postklass.*) wintertent, -verblijf;
2. *plur.* winterkwartier.

Hibernia, ae *f* Ierland.

hībernō, hībernāre (*hibernus*) overwinteren; ▸ *naves in sicco hibernant;* — (*als milit. t.t.*) in de winterkwartieren verblijven.

hībernum, ī *n* (*hibernus*) winter.

hībernus, a, um (*vgl. hiems*)
1. winters, winter- [**tempus; mensis; annus** winter; **legio** in het winterkwartier gelegerd; **tunica**];
2. (*poët.*) guur, koud [**mare; ventus; nox**].

Hibērus *zie Hiberia.*

hibiscum, ī *n* (*Gr. leenw.*) (*poët.; postklass.*) malve.

hibrida, ae *m* = *hybrida.*

hic[1], **haec, hoc** (*in poëzie ook hicc, hocc*) *pron. dem.* deze, dit (*heeft betrekking op een persoon of zaak die ruimtelijk, in de tijd of in de verbeelding zeer dicht bij de spreker staat*):
1. (*v. plaats*) deze of dit hier, mijn, ons; ▸ *hic liber* dit (mijn) boek; *haec urbs* onze stad (hier);
2. (*v. tijd*) tegenwoordig, hedendaags, huidig; ▸ *hic dies; hāc annonā* bij de huidige prijsstijging; *haec* (de huidige toestand) *talia sunt; hi mores; his temporibus* in onze tijd, tegenwoordig; — *mbt. de recent verleden tijd: per hos annos* (in) de laatste jaren; *hoc triduo* (in) de afgelopen

drie dagen;
3. onderhavig [**haec causa**]; — *bij subst. soms goed anders te vertalen:* ▸ *hic dolor* het verdriet hierover; *hic timor* de angst hiervoor;
4. (*terugwijzend in een tekst*) de zojuist genoemde, deze, dit;
5. (*vooruitwijzend in een tekst*) de *of* het volgende;
6. **hic . . . ille . . .** (a) de een . . . de ander (*poët.* ook *hic . . . hic*); (b) (*mbt. twee eerder genoemde onderwerpen*) deze . . . die, laatstgenoemde . . . eerstgenoemde;
7. een zodanige, zo een, zo'n;
8. *neutr.* **hoc** (*nom. of acc.*) (a) (slechts) zo veel; ▸ *hoc constat of certum est;* (b) *m. gen.: hoc honoris* deze mate v. eer; *hoc terrae* dit stuk land; (c) **hoc est** dat wil zeggen; ▸ *honor amplissimus, hoc est consulatus;* — **hōc** (*abl.*) (a) (*m. comp.*) des te; ▸ *hoc maior; quo . . . hoc* naarmate . . . des te; (b) daardoor; (c) daarom, om die reden (*m. volg. quod*);
9. **hōc** *adv.* = *huc;*
/ *het suffix -c is het restant v.h. demonstratieve partikel -ce, dat 'hier' betekent; het volledige partikel is soms bij de op -s eindigende vormen te vinden, bv. huiusce = huius, hisce = his, hosce = hos; / arch. vormen: nom. plur. m hīsce, f haec; gen. plur. hōrunc, hārunc; dat. hībus; / versterkt vragend: hīcine, haecine, hōcine.*

hīc[2] *adv.* (*arch. heic; oorspr. loc. v. hic*[1])
1. (*v. plaats*) hier, op deze plaats; ▸ *hic ante aedes;*
2. (*v. tijd*) nu, hierop; ▸ *hic regina poposcit pateram* (*Verg.*);
3. (*metaf.*) hierbij, bij deze gelegenheid, onder dergelijke omstandigheden;
4. (*eccl.*) hier op aarde.

hice, haece, hoce *versterkt hic*[1].

hiccine, haecine, hoccine (*interr.*) (*hic*[1] *en -ne*[3]) deze soms?, dit soms?

hiemālis, e (*hiems*)
1. winters, winter- [**tempus; vis** winterkou]; ▸ *amnis nimbis hiemalibus auctus;*
2. stormachtig [**navigatio**].

hiemātus, a, um (*Mel.*) winters.

hiemō, hiemāre (*hiems*)
I. *intr.*
1. (*poët.; postklass.*) overwinteren [**in urbe**];
2. (*milit.*) de winterkwartieren betrekken *of* in de winterkwartieren verblijven;
3. (*poët.; postklass.*) stormachtig zijn; ▸ *mare hiemat;*
II. *tr.* (*Plin. Mai.*) doen bevriezen [**aquas**]; ▸ *hiematur lacus* vriest dicht.

hiemps *zie hiems.*

Hiempsal, alis *m*
1. *zoon v.d. Numidische koning Micipsa, kleinzoon v. Masinissa, op bevel v. Jugurtha in 117 v. Chr. vermoord;*
2. *koning v. Numidië, vriend v. Pompeius, schreef een geschiedenis v. Numidië in de Pun. taal.*

hiems, hiemis *f* (ook hiemps)
1. winter [**tristis**]; ▸ *hiemem castris agere* overwinteren; *ook metaf.* (*Ov.*) het bekoelen [**amoris**];
2. (*poët.*) (*meton.*) kou, vorst [**letalis** kilte v.d. dood]; ▸ *hiemem et aestatem pati* kou en hitte;
3. storm, onweer, regen [**intonata** vergezeld v. donderslagen]; ▸ *saevit* ~; — *personif.* (*poët.*) **Hiems** *god v. stormen en onweer;*
4. (*poët.*) jaar; ▸ *plures hiemes; ultima* ~.

hierāticus, a, um (*Gr. leenw.*) (*Plin. Mai.*) heilig, voor religieus gebruik [**charta**].

Hiericūs, ūntis *f* Jericho.

Hierō *en* **Hierōn,** ōnis *m Gr. naam, o.a. v. twee koningen v. Syracuse:*
1. ~ I, *reg. 478—466 v. Chr.;*
2. ~ II, *reg. 269—215 v. Chr.;* — *adj.* **Hierōnicus,** a, um.

Hierocaesarēa, ae *f stad in Lydië* (*Kl.-Azië*); — *inw.* **Hierocaesariēnsis,** is *m.*

Hieroclēs, is *m Gr. retor, tijdgenoot v. Cicero.*

hieronīca, ae *m* (*Gr. leenw.*) (*Suet.*) overwinnaar in de heilige spelen.

Hierosolyma, ōrum *n* Jeruzalem; — *adj.* **Hierosolymitānus,** a, um; — **Hierosolymārius** *schertsende bijnaam v. Pompeius* = held v. Jeruzalem (*omdat Pompeius zich liet voorstaan op zijn veroveringen in Kl.-Azië*).

hietō, hietāre (*intens. v. hio*) (*Plaut.*) de mond opensperren, gapen.

hilarēscō, hilarēscere (*hilarus*)
I. *intr.* opgewekt, vrolijk worden;
II. *tr.* (*August.*) opvrolijken.

hilariculus, a, um (*demin. v. hilarus*) (*Sen.*) nogal vrolijk [**vultus**].

hilaris, e = *hilarus.*

hilaritās, ātis *en* (*Plaut.*) **-tūdō,** inis *f* (*hilarus*) opgewektheid, vrolijkheid.

hilarō, hilarāre (*hilarus*) opvrolijken.

hilarulus, a, um (*demin. v. hilarus*) tamelijk opgeruimd.

hilarus, a, um (*Gr. leenw.*)
1. opgewekt, vrolijk [**homo; animus; vita**];
2. blij makend, verheugend [**litterae**];

3. opwekkend, vrolijk [**color**].

hīlla, ae *f* (stuk) darm; (*Hor.*) worstje.

Hīlōtae, ārum *m* heloten, *een soort slaven (horigen) v.d. Spartanen, afstammelingen v.d. oorspronkelijke bewoners v.h. land.*

hīlum, ī *n* (*preklass.*) (*meestal m. een ontkenning*) iets kleins, kleinigheid; ▸ *non proficis hilum* je schiet er niets mee op.

Hilur- = *Illyr-*.

Himella, ae *f beek in het gebied v.d. Sabijnen bij* Reate *(ten* N. *v.* Rome*).*

Hīmera, ae

1. *m naam v. twee rivieren op Sicilië, nu* de Fiume Salso en de Fiume Grande;

2. *f stad aan de* N.-*kust v. Sicilië aan de monding v.d. noordelijke Himera (bij Ov. ook Hīmera, ōrum n), nu* Imera.

hinc *adv.*

1. (*v. plaats*) hiervandaan, van hieruit, vanaf deze plaats; ▸ ~ *a nobis profecti in caelum*;

2. (*v. tijd*) (*poët.; postklass.*) (**a**) van nu af aan; (**b**) dan, daarop; ▸ *hinc anni labor* hier begint;

3. vandaar, als gevolg daarvan; ▸ ~ *illae lacrimae*;

4. hier, op deze plaats (*ihb. in comb. m. illinc*); ▸ *hinc . . . illinc of hinc . . . hinc* hier . . . daar, aan deze kant . . . aan die kant: *hinc pudicitia pugnat, illinc stuprum; hinc atque illinc of hinc illincque* aan weerszijden;

5. hiervan; ▸ *dimidium aut plus* ~.

hinniō, hinnīre hinniken.

hinnītus, ūs *m* (*hinnio*) het hinniken, gehinnik (*ook plur.*); ▸ *hinnitum tollere, edere, effundere.*

hinnuleus, ī *m* (*Gr. leenw.*) (*poët.; postklass.*) mnl. jong hert, jonge reebok.

hinnulus, ī *m* (*demin. v. hinnus*) (*niet-klass.*) jonge muilezel.

hinnus, ī *m* (*Gr. leenw.*) (*niet-klass.*) muilezel.

hiō, hiāre

I. *intr.*

1. openstaan, gapen; ▸ *concha hians; flos hiat*;

2. (*poët.; postklass.*) (*v. mensen en dieren*) de mond (de muil) opendoen, gapen, de snavel opensperren;

3. (*poët.; postklass.*) (*metaf.*) verbaasd, verbluft staan (*over: ad*); ▸ *vulgus ad magnitudinem praemiorum hiabat (Tac.)*;

4. smachten *of* snakken naar; vurig verlangen; ▸ *emptor, corvus hians* begerig;

5. (*v.e. redevoering*) onsamenhangend zijn; ▸ *hians compositio* lacuneuze, onsamenhangende opbouw; *hiantia loqui*;

6. (*postklass.*) hiaat toelaten; ▸ *oratio hiat*; ~ *semper vocalibus*;

II. *tr.* (*poët.*) met wijdopen mond voordragen, uitgalmen [**fabulam; carmen**].

hippagōgos (*acc. plur.* -*ūs*) *f* (*Gr. leenw.*) transportschip voor paarden.

Hipparchus, ī *m*

1. *tiran v. Athene, in 514 v. Chr. door* Harmodius *en* Aristogiton *vermoord*;

2. *Gr. wiskundige en sterrenkundige (2e eeuw v. Chr.).*

Hippō, ōnis *m*

1. ~ Regius *stad in Numidië, nu* Annaba *(Algerije)*;

2. ~ Diarrytus *stad in Africa bij Utica, nu* Bizerte; — *adj.* **Hippōnēnsis,** e;

3. *stad in Spanje, nu* Yepes.

hippocampus, ī *m* (*Gr. leenw.*) (*Plin. Mai.*) zeepaardje.

hippocentaurus, ī *m* (*Gr. leenw.*) centaur (*fabelwezen, half mens, half paard*).

Hippocratēs, is *m Gr. arts van* Kos *(ca. 460—370 v. Chr.), grondlegger v.d. Gr. geneeskunde.*

Hippocrēnē, ēs *f* (*Gr. leenw., eig.* 'paardenbron', *namelijk v. Pegasus) bron v.d. muzen bij de Helicon, die ontsprongen zou zijn door de hoefslag v. Pegasus.*

Hippodamē, ēs, **Hippodamīa** *en* **-ēa,** ae *f*

1. *dochter v. Oenomaüs, de koning v. Pisa in Elis (Peloponnesus), echtgenote v. Pelops*;

2. *echtgenote v. Pirithoüs.*

hippodromos *en* **-us,** ī *m* (*Gr. leenw.*) (*pre- en postklass.*) renbaan.

Hippolytē, ēs *f*

1. *koningin v.d. Amazonen, echtgenote v. Theseus, moeder v. Hippolytus*;

2. *echtgenote v.d. Thessalische koning Acastus.*

Hippolytus, ī *m zoon v. Theseus en Hippolyte; toen hij de liefde v. zijn stiefmoeder Phaedra had afgewezen, belasterde zij hem in een brief aan Theseus; Theseus smeekte Poseidon Hippolytus te straffen; Poseidon liet de paarden v. Hippolytus schrikken, zodat deze door zijn eigen paarden meegesleurd werd en stierf; hij werd echter op verzoek v. Diana door Aesculapius weer tot leven gewekt en door Diana naar Latium gebracht, waar hij als de god Virbius in haar woud bij Aricia vereerd werd.*

hippomanes, is *n* (*Gr. leenw.*) (*poët.; postklass.*)

1. slijm uit de schaamdelen v.e. merrie (*gebruikt bij de bereiding v. liefdesdranken*);

2. uitwas *op het voorhoofd v. pasgeboren veulens.*

Hippōnax, actis *m uit* Ephesus, *schrijver v. spotdichten (2e helft v.d. 6e eeuw v. Chr.), bedenker v.d.*

hinkjambe; — *adj.* **Hippōnactēus,** a, um bijtend, spot-; — **Hippōnactēī,** ōrum *m* hinkjamben.

hippopērae, ārum *f (Gr. leenw.) (Sen.)* zadeltassen.

Hippopodes, um *m (Gr. leenw. 'paardvoetigen') legend. volksstam in het Noorden.*

hippopotamus, ī *m (Gr. leenw.)* nijlpaard.

hippotoxota, ae *m (Gr. leenw.)* boogschutter te paard.

hippūrus *en* **-os,** ī *m (Gr. leenw.) (poët.; postklass.) een vis (missch. goudkarper).*

hīra, ae *f* darm; *plur.* ingewanden.

hircaritia, ae *f (Mel.)* kudde bokken.

hircīnus, a, um *(hircus)*
1. van een bok, bokken-;
2. stinkend als een bok [**alae**].

hircōsus, a, um *(hircus) (poët.)* stinkend als een bok.

hircuōsus, a, um = *hircosus.*

hircus, ī *m (niet-klass.)* geitenbok; *(meton.)* stank v.e. bok; *(metaf., als scheldw.)* geile bok.

hirnea[1]**,** ae *f (Plaut.)* kruik.

hirnea[2]**,** ae *f* = *hernia.*

hirneōsus, a, um = *herniosus.*

Hirpīnī, ōrum *m volksstam in Z.-Samnium (ten O. v. Napels);* — *adj.* **Hirpīnus,** a, um.

hirqu- = *hirc-.*

hirsūtus, a, um
1. stekelig [**castaneae; frondes**];
2. ruw, ruig, borstelig [**comae; barba; canis; ora** baardig; **Getae**];
3. *(poët.; Laatl.) (metaf.)* ruw, onbeschaafd.

Hirtius, a, um *naam v.e. Rom. gens: A.* ~, *legaat v. Caesar, sneuvelde als consul in 43 v. Chr. in de beslissende slag tegen Antonius bij Mutina; hij schreef het 8e boek v. Caesars Bellum Gallicum;* — *adj.* **Hirtiānus** *en* **Hirtīnus,** a, um.

hirtus, a, um = *hirsutus.*

hirūdō, inis *f* bloedzuiger *(ook metaf.)* [**aerarii**]; ▸ *non missura cutem, nisi plena cruoris,* ~.

hirundinīnus, a, um *(hirundo)* zwaluwen- [**nidus**].

hirundō, inis *f* zwaluw.

hīsce *arch. nom. plur. m v. hic*[1].

hīscō, hīscere, — — *(incoh. v. hio)*
I. *intr.*
1. *(poët.)* zich openen, gapen; ▸ *aedes hiscunt;*
2. de mond opendoen, een kik geven; ▸ *respondebisne aut omnino* ~ *audebis? (Cic.);*
II. *tr. (poët.)* vertellen, voordragen, bezingen [**reges et regum facta**].

Hispalis, is *f stad in Z.W.-Spanje, nu* Sevilla; — *inw.* **Hispaliēnsis,** is *m.*

Hispānia, ae *f* Spanje *(Iberisch schiereiland), opgedeeld in H. citerior (of Tarraconensis) en H. ulterior (Lusitania et Baetica), waarbij de rivier de Ebro de grens vormde; plur.* Hispaniae: de beide Spaanse provincies; — *inw.* **Hispānus,** ī *m* Spanjaard; — *adj.* (a) **Hispān(ic)us,** a, um Spaans [**populi; gladius**]; (b) **Hispāniēnsis,** e met Spanje samenhangend, zich in Spanje bevindend, in Spanje gebeurd [**legatus** Rom. legaat in Spanje; **iter** naar Spanje; **exercitus** Rom. leger in Spanje].

hispidus, a, um *(poët.; postklass.)* ruw, ruig, borstelig [**facies; frons; sus**]; *(metaf.)* onbeschaafd.

Hister, trī *m benedenloop v.d. Donau.*

historia, ae *f (Gr. leenw.)*
1. onderzoek; ▸ *in omni -a curiosus;*
2. verslag, beschrijving [**naturalis**];
3. bericht; mythe; *(meestal plur.)* anekdote, verhaal;
4. *(poët.) (meton.)* onderwerp v. gesprek [**nobilis** beroemd persoon];
5. (onderzoek naar de) geschiedenis, geschiedschrijving, geschiedenisboek; ▸ *fides -ae* historische waarheid.

historiālis, e *(historia) (Laatl.)* historisch.

historicus *(Gr. leenw.)*
I. *adj.* a, um historisch;
II. *subst.* ī *m* historicus, geschiedschrijver.

historiographus, ī *m (Gr. leenw.) (Laatl.)* geschiedschrijver.

Histria, ae *f* Istrië, *schiereiland in de Adriatische Zee;* — *inw.* **Histrī** *en* **Histriānī,** ōrum *m;* — *adj.* **Histricus,** a, um.

histricus, a, um *(histrio) (Plaut.)* van de toneelspelers, theater- [**imperator** theaterdirecteur; **imperium** theaterdirectie].

histriō, ōnis *m* acteur, toneelspeler, pantomimespeler [**aulae** *of* **aulicus** toneelspeler aan het hof]; ▸ *ex pessimo histrione bonum comoedum fieri; histriones* (tragische acteurs) *et comoedi.*

histriōnālis, e *(histrio) (Tac.)* acteurs-, toneel-.

histriōnia, ae *f (histrio) (pre- en postklass.)* toneelspeelkunst.

histriōnicus, a, um *(histrio) (Laatl.)* = histrionalis.

hiulcō, hiulcāre *(hiulcus) (Catull.)* splijten [**agros**].

hiulcus, a, um *(hio)*
1. *(poët.)* gespleten, open [**arva**];
2. *(metaf.) (v.e. redevoering)* onsamenhangend;

met hiaat; ▸ *-e loqui;*
3. *(Plaut.)* inhalig [**gens**].
hōc *adv. = huc.*
hodiē *adv. (< hō[c] diē)*
1. op deze dag, vandaag;
2. tegenwoordig, in onze tijd, nu;
3. nog vandaag, nu nog;
4. tot op de dag v. vandaag, nog steeds;
5. *hodie quoque* ook nu nog;
6. *hodieque*: (a) en (ook) nog vandaag; (b) *(postklass. = klass. hodie quoque)* ook nu nog.
hodiēque *zie hodie 6.*
hodiernus, a, um *(hodie)*
1. van vandaag; ▸ *-o die; ad -um diem; -a victoria;*
2. huidig, tegenwoordig.
hol- *zie ook ol-.*
holocaustum, ī *n (Gr. leenw.) (eccl.)* (brand)offer.
Homērista, ae *m (Petr.) iemand die de gedichten v. Homerus voordraagt,* rapsode.
Homēromastīx, īgis *m* 'gesel v. Homerus', strenge criticus v. Homerus.
Homērōnida, ae *m (Plaut.)* imitator v. Homerus.
Homērus, ī *m de vroegste Gr. dichter (9e eeuw v. Chr.), 'vader' v.d. epische dichtkunst; — adj.* **Homēricus, Homērius** *en* **Homēriacus,** a, um.
homi-cīda, ae *m en f (homo en caedo)*
1. moordenaar, moordenares;
2. *(Hor.)* mannendoder [**Hector**].
homicīdium, ī *n (homicida) (postklass.)* moord, doodslag.
homīlia, ae *f (Gr. leenw.) (Laatl.)* redevoering voor het volk; preek.
hominium, ī *n (Mel.)* leenmanschap, leendienst.
homō, hominis *m*
1. mens; *plur.* de mensen, het volk; ▸ *genus hominum* mensheid; *hominum coetus; inter homines esse* in leven zijn *of* met mensen omgaan; *paucorum hominum esse* met slechts weinig mensen omgaan; *post hominum memoriam* sinds mensenheugenis; *monstrum hominis* monster v.e. mens; ~ *nemo of nemo* ~ niemand, geen mens; *summi sunt, homines tamen* zwakke mensen; *hominem ex homine tollere* iem. datgene ontnemen wat hem tot mens maakt; *pro deum (= deorum) atque hominum fidem!;*
2. man [**factiosus; plebeius** man uit het gewone volk; **novus** *man die als eerste in zijn familie een curulisch ambt bekleedt, (Laatl.)* nieuweling, parvenu; **Romanus** Romein; **homines nominis Latini** behorend tot de Latini];
3. (flinke) man, kerel, man van karakter;
4. *(geringsch.)* kerel, persoon;
5. *plur.* (a) personeel, slaven; ▸ *tui homines;* (b) kolonisten met hun families; (c) *(milit.)* voetvolk; ▸ *capti multi homines equitesque;*
6. *(Laatl.)* leenman, vazal.
homoeomerīa, ae *f (acc. -ān) (Gr. leenw.) (Lucr.)* gelijkvormigheid in structuur, homogeniteit.
Homolē, ēs *f berg in Thessalië (N.-Griekenland).*
homōnymia, ae *f (Gr. leenw.) (postklass.)* homonymie.
homoūsius, a, um *(Gr. leenw.) (eccl.)* van dezelfde aard.
homullus, ī, **homunciō,** ōnis *en* **homunculus,** ī *m (demin. v. homo)* mannetje, kereltje, ventje.
honesta, ōrum *n (honestus) (Sen.)* het moreel goede.
honestāmentum, ī *n (honesto) (postklass.)* versiering, versiersel.
honestās, ātis *f (honestus)*
1. eer, aanzien; ▸ *honestatem amittere* verliezen;
2. *plur.* (a) onderscheidingen; ▸ *alqm honestatibus privare;* (b) *(meton.)* aanzienlijke burgers; ▸ *omnes honestates civitatis;*
3. deugdzaamheid, fatsoen, eerbaarheid;
4. *(filos. t.t.)* deugd, zedelijkheid;
5. *(v. niet-lev.)* schoonheid [**in rebus**].
honestī, ōrum *m (honestus)* aanzienlijke, achtenswaardige mensen.
honestō, honestāre *(honestus)*
1. eren [**alqm laude**]; met onderscheiding behandelen;
2. versieren, sieren [**currum**].
honestum, ī *n (honestus)*
1. fatsoen, het moreel goede, zedelijkheid, deugd;
2. *(Hor.)* iets fatsoenlijks.
honestus, a, um *(honos)*
1. geëerd, geacht, voornaam, aanzienlijk [**homo; familia; vir**]; ▸ *-o loco natus; vir* ~ *eretitel v.d. equites;*
2. eervol, fatsoenlijk, betamelijk, behoorlijk [**laudatio; victoria; mores; res** middelen die bij zijn stand passen]; ▸ *vita -e acta; -um est* het is eervol *of* het strekt tot eer;
3. moreel goed, deugdzaam [**vita**]; ▸ *-e vivere;*
4. *(v. niet-lev.)* mooi, knap, edel [**facies; forma; caput; oratio** mooi klinkend].
honor *en (ouder)* **honōs,** honōris *m*

1. eer, huldebetoon, eerbetoon, eerbewijs [**summus; triumphi**]; ▸ *honorem alci tribuere, habere, dare, reddere of honore alqm afficere* iem. eer bewijzen; *honoris causā (of gratiā)* eershalve; *honori alci est* het strekt iem. tot eer; *honori ducitur* het wordt als een eer beschouwd;
2. *(personif.)* **Honor** *god v.d. eer;*
3. *(poët.)* (hoog)achting, waardering, verering, respect; ▸ *templum miro honore colere; honore dignari* eerbied waard achten; *gratiā, dignitate, honore auctus* overladen;
4. aanzien, goede reputatie, onbesproken gedrag, beroemdheid, roem [**pugnae** oorlogsroem; **gentis**]; ▸ *in honore esse apud alqm, in honore vigere* in aanzien staan; *alqd in honorem adducere; avidus honoris;*
5. (ere)ambt, erebaan, waardigheid [**censurae; praeturae; aedilitatis; curulis**]; ▸ *cursus honorum* loopbaan v. ambten of politieke carrière; *honoris gradus* ererang; *honores (ap)petere* nastreven; *honorem inire* een (ere)ambt aanvaarden, op zich nemen; *ad honores ascendere of pervenire; honore abire; deposito honore; equites Romanos in tribunicium restituit honorem (Caes.); qui (populus) stultus honores saepe dat indignis (Hor.);*
6. onderscheidingsteken, onderscheiding, (ere)titel [**militaris**]; ▸ *honorem dare; honore contentus; amplissimis honoribus et praemiis decorari;*
7. (ere)prijs, beloning, honorarium [**medici**]; ▸ *honoris sui causā laborare; hoc pretium atque hunc reddebamus honorem; mirantur infernos virtutis honores;*
8. *(relig. t.t.)* (a) offer(gave), dankoffer; ▸ *supplex aris imponit honorem; perfecto honore; honores mactare* offerdieren slachten; *turis honorem ferre;* (b) *(poët.)* offer-, dankfeest; ▸ *divum (= divorum) templis indicit honorem;* (c) *(Verg.)* loflied; ▸ *honorem Baccho dicere; ipsa mone ne tuus erret* ~;
9. *(poët.)* sier, versiering, schoonheid, glans, pracht, bekoorlijkheid [**formae; eximiae frontis; ruris** vruchten; **frondis** (blader)krans]; ▸ *cinctus honore caput (acc.)* het hoofd met een krans omwonden; *silvis Aquilo decussit honorem (Verg.);*
10. *(Mel.)* leen; bezit; recht.

honōrābilis, e *(honoro)*
1. eervol;
2. *(Laatl.)* eerwaardig, voornaam.

honōrārium, ī n *(honorarius) (postklass.) (als eer of dank gegeven)* bijdrage [**decurionatūs** entreegeld, gift aan de fiscus om lid v.d. raad te mogen worden].

honōrārius, a, um *(honor)*
1. eershalve plaatsvindend, gegeven *of* gekozen [**frumentum; tumulus; arbiter** scheidsrechter];
2. *(jur.)* behorend bij *of* voortvloeiend uit een ambt.

honōrātus *(honoro)*
I. *adj.* a, um
1. geëerd, geacht;
2. eervol [**praefectura; decretum; rus** als geschenk (verleend); **sedes** ereplaats];
3. hooggeplaatst, een ereambt bekledend [**vir; senes**];
II. *subst.* ī *m* waardigheidsbekleder.

honōrificentia, ae *f (honorificus) (Laatl.)* het eren; eerbewijs, eer; vrijgevigheid.

honōri-ficō, honōrificāre *(honor en facio) (eccl.)* eer bewijzen, eren, vereren.

honōri-ficus, a, um *(honor en facio)* eer verschaffend, eervol, erend [**oratio; verba**]; — *comp.* honōrificentior; *superl.* honōrificentissimus.

honōrō, honōrāre *(honor)*
1. eren, onderscheiden, belonen [**hominem sellā curuli; populum congiariis**];
2. verheerlijken, vieren [**virtutem; diem; mortem alcis**].

honōrus, a, um *(honor) (poët.; postklass.)* eervol.

honōs *zie honor.*

hoplītēs, ae *m (Gr. leenw.) (postklass.)* zwaarbewapende, hopliet.

hoplomachus, ī *m (Gr. leenw.) (postklass.)* zwaarbewapende gladiator.

hōra, ae *f (Gr. leenw.)*
1. uur *(bij de Romeinen het 12e deel v.d. dag, gerekend van zonsopgang tot zonsondergang, qua lengte per jaargetijde verschillend; zie schema in de appendix);* ▸ ~ *quarta* ongeveer 10.00 uur; ~ *nona* ongeveer 15.00 uur; *quota* ~ *est?* hoe laat is het?; *in -a* binnen één uur; *in -am of in -as* van uur tot uur, elk uur; *nuntiare -as* de tijd meedelen; *ad -am venire* op tijd komen; *(Plin. Mai.)* zonnestand *(op een bepaald uur);*
2. *(poët.)* periode, termijn *(vaak plur.);* ▸ *ad opem ferendam brevis* ~ *est;*
3. *(poët.; postklass.)* seizoen;
4. *(meton.)* plur. klok; ▸ *mittere ad -as* naar de klok sturen *(om te kijken hoe laat het is); machinatione -ae moventur;*
5. *(eccl.) -ae canonicae* de (zeven) gebedsuren v. *geestelijken en monniken; ab -a ad -am* eenmaal per dag.

Hōra, ae *f naam v.d. vergoddelijkte Hersilia, de echtgenote v. Romulus.*

Hōrae, ārum *f* de Horen, *de drie dochters v. Jupiter en Themis, godinnen v.d. groei, bloei en rijping en v.d. wisselingen v.d. seizoenen (ihb. v. lente, zomer en herfst).*

hōraeus *en* **-os,** a, um (*of* on) (*Gr. leenw.*) van het seizoen; ▸ *scomber* ~ (*Plaut.*) op de juiste tijd ingezouten makreel.

Horātius, a, um *naam v.e. Rom. gens:*
1. *de drie Horatii, die onder leiding v. Tullus Hostilius de drie Curiatii uit Alba Longa overwonnen;*
2. P. ~ Cocles *zie Cocles;*
3. Q. ~ Flaccus (*65—8 v. Chr.*), *Rom. lyrisch dichter, schreef oden en epoden, satiren en brieven.*

hordeāceus *en* **-cius,** a, um (*hordeum*) (*pre- en postklass.*) van gerst, gerste- [**farina; panis**].

hordeārius, a, um (*hordeum*)
1. van gerst, gerste-;
2. (*Suet.*) lijkend op gerst = opgeblazen [**rhetor**].

hordeia, ae *f* (*Plaut.*) *een onbekende vis.*

hordeum, ī *n* gerst (*poët. vaak plur.*).

hōria *en* (*demin.*) **hōriola,** ae *f* (*pre- en postklass.*) vissersbootje.

horizōn, ontis *m* (*acc.* -ontem *en* -onta) (*Gr. leenw.*) (*postklass.*) horizon, kim.

hormīnum, ī *n* (*Gr. leenw.*) (*postklass.*) salie.

hōrnōtinus, a, um (*hornus*) van dit jaar [**vinum; frumentum**]; ▸ *-ae nuces virides sunt.*

hōrnus, a, um (*adv.* -ō) (*preklass.; poët.*) van dit jaar [**vina; agni**]; — *adv.* -ō (in) dit jaar.

hōrologium, ī *n* (*Gr. leenw.*) klok.

hōroscopos, ī *m* (*Gr. leenw.*) (*postklass.*)
1. stand v.d. sterren bij de geboorte v.e. mens, horoscoop;
2. (*t.t. in de astrologie*) de horizon in het oosten *waar de sterren opkomen.*

horreārius, ī *m* (*horreum*) (*postklass.*) opzichter v.e. pakhuis.

horrendus, a, um (*eig. gerundivum v. horreo*)
1. (*poët.; postklass.*) huiveringwekkend, verschrikkelijk [**monstrum; carmen**]; ▸ *-um dictu;* (*neutr. als adv.*) *-um stridens belua;*
2. (*Verg.*) ontzagwekkend.

horreō, horrēre, horruī, —
I. *intr.*
1. stijf staan, verstijfd zijn, omhoogstaan; (*v. haren*) te berge rijzen; ▸ *horret seges aristis; phalanx horrens hastis; horrebant saevis verba minis* (*Ov.*) stonden bol van; *horrebant densis aspera crura pilis; duris cautibus horrens Caucasus;* — *p. adj.* **horrēns,** entis (*poët.; postklass.*) (omhoog)rijzend, stekelig, borstelig, *metaf.* huiveringwekkend [**capillus; barbae**];
2. (*van kou*) huiveren, rillen;
3. (*van angst*) huiveren, beven, ontzet zijn;
4. een ruig *of* ruw uiterlijk hebben [**habitus; saxa**];
5. een akelig(e), somber(e) aanblik *of* karakter hebben [**umbra; ingenia**];
II. *tr.* terugdeinzen voor, terugschrikken voor [**alcis crudelitatem; tela; iudicium**]; ▸ (*m. inf.; afh. vr.*) *horreo dicere; horret animus referre; non horreo in hunc locum progredi.*

horrēscō, horrēscere, horruī, — (*incoh. v. horreo*)
I. *intr.*
1. stijf worden, verstijven; ▸ *horruerunt comae* rezen hem te berge; *mare horrescit* wordt ruig; *segetes horrescunt* golven; *horrescit telis exercitus;*
2. huiveren, trillen, van angst ineenkrimpen [**visu**]; ▸ *ferae terrore mortis horrescunt;*
II. *tr.* huiveren voor [**procellas; mortem**].

horreum, ī *n*
1. (voorraad)schuur, pakhuis, magazijn; ▸ *rumperunt -a messes;*
2. voorraadkamer (*poët. ook v. mieren, bijen, muizen*).

horribilis, e (*horreo*)
1. huiveringwekkend, angstaanjagend, verschrikkelijk [**sonitus; spectaculum;** (*m. sup.*) **dictu** om te zeggen]; verbazingwekkend;
2. (*Mart.*) ruw, lomp.

horricomis, e (*horreo en coma*) (*Apul.*) ruigharig.

horridicus, a, um (*Mel.*) angstaanjagend.

horridulus, a, um (*demin. v. horridus*)
1. stijf staand, omhoogrijzend [**papillae**];
2. (*poët.*) ruw, ruig;
3. (*Pers.*) huiverend *van de kou;*
4. (*metaf.*) (*v.e. redevoering*) tamelijk ongepolijst, onverzorgd.

horridus, a, um (*horreo*)
1. omhoogstaand, ruig, ruwharig, ruw [**caesaries; myrtus; sus** borstelig]; (*m. abl.*) stijf staand van, dicht bedekt met; ▸ *silva dumis -a;*
2. ongecultiveerd [**locus**];
3. (*metaf.*) wild, ruw, onontwikkeld, ongepolijst [**gens; miles; virgo; ingenium; oratio; verba; vita** landleven]; ▸ *-e dicere;*
4. (*poët.*) huiverend, rillend *van de kou,* (*v. nietlev.*) ijskoud; ▸ *bruma -a gelu;*
5. huiveringwekkend, verschrikkelijk, angstaanjagend [**aspectus; procella; fata belli; arma; paupertas**].

horri-fer, fera, ferum *(horror en fero) (poët.)*
1. koude brengend, ijskoud [**boreas**];
2. huiveringwekkend, verschrikkelijk [**aestus**].

horrificō, horrificāre *(horrificus) (poët.)*
1. ruw maken [**mare** opwoelen];
2. doen schrikken, ontsteltenis veroorzaken.

horri-ficus, a, um *(horror en facio) (poët.; postklass.)* huiveringwekkend, verschrikkelijk, angstaanjagend [**letum; poena**].

horri-pilō, horripilāre *(horreo) (Apul.)* (ruig)harig worden.

horri-sonus, a, um *(horreo en sono)* vreselijk klinkend [**fretum** vreselijk bruisend; **fragor**].

horror, ōris *m (horreo)*
1. ruwheid; ▸ *ille ~ dicendi* die ruwe manier v. spreken;
2. *koude* rilling; *koorts*rilling;
3. rilling, huivering, afgrijzen, ontsteltenis, schrik; ▸ *ea res me horrore afficit;*
4. *(metaf.)* eerbied, heilig ontzag; ▸ *arboribus suus ~ inest; horrore animos imbuere of alqm perfundere* vervullen van.

horruī *pf. v. horreo en horresco.*

hōrsum *adv. (kom.)* hierheen.

hortāmen, inis *en* **hortāmentum,** ī *n (hortor)* (middel tot) aansporing.

hortātiō, ōnis *f (hortor)* aansporing, opwekking.

hortātor, ōris *m (hortor)*
1. aanmoediger, animator, stimulator *(tot: gen.; ad)* [**studii; pugnae**]; ▸ *alqo hortatore* op iems. aanraden *of* aandringen;
2. iem. die *(soldaten)* aanvuurt, moed inspreekt; ▸ *rex ipse ~ aderat;*
3. *(preklass.; poët.)* aanvoerder bij het roeien *(die de roeiers aanvuurt).*

hortātōrius, a, um *(hortor) (Laatl.)* opwekkend.

hortātrīx, īcis *f (hortor) (vrl.)* iem. die aanspoort.

hortātus, ūs *m (hortor)* aansporing.

hortēnsia *en* **hortēsia,** ōrum *n (hortensius)* tuingewassen, -vruchten.

hortēnsius, a, um *(hortus) (Plin. Mai.)* van de tuin, in de tuin groeiend, tuin-.

Hortēnsius, a, um *naam v.e. Rom. gens: Q. ~* Hortalus *(114—50 v. Chr.), consul in 69 v. Chr., redenaar, verdediger v. Verres, rivaal v. Cicero;* — *adj.* **Hortēnsiānus,** a, um; — **Hortēnsiāna,** ōrum *n Cicero's filosofische geschrift* 'Hortensius'.

hortēsia *zie hortensia.*

Hortīnus, a, um *(Verg.)* van de stad Horta *(in Z.-Etrurië), nu Orte;* [**classes**].

hortor, hortārī *(pre- en postklass. ook:* hortō, hortāre*)*
1. aansporen, opwekken, aanvuren, aanzetten, vermanen *(tot: ad; in m. acc.; soms alleen acc.; ut);* ▸ *alqo hortante* op iems. aandringen *of* aansporen;
2. *(soldaten)* aanvuren, tot de strijd aansporen;
3. *(v. dingen als subj.)* aanzetten, aanleiding geven tot; ▸ *multae res ad hoc consilium Gallos hortabantur (Caes.).*

hortulus, ī *m (demin. v. hortus)* kleine tuin; *plur.* klein park.

hortus, ī *m*
1. *(groente-, fruit)*tuin; *plur.* plantsoen, park;
2. *(niet-klass.) (meton.)* groente.

hospes, itis
I. *subst. m, zelden f*
1. gastvriend, gast;
2. gastheer; herbergier; persoon bij wie soldaten ingekwartierd zijn;
3. vreemde, buitenlander;
II. *adj.*
1. behorende bij een gast(vriend) [**iura**];
2. gastvrij [**aequora**];
3. gastvrij onthaald [**dei**];
4. vreemd, buitenlands [**sedes**].

hospita, ae *f (hospes)*
I. *subst.*
1. *(vrl.)* gast;
2. gastvrouw; waardin;
3. vreemdelinge;
II. *adj.*
1. gastvrij, hartelijk [**tellus; litora**]; ▸ *unda* (bevroren rivier) *plaustris -a* voor wagens berijdbaar;
2. gastvrij onthaald [**navis**];
3. vreemd, buitenlands [**gentes**]; ▸ *(m. dat.) coniunx -a Teucris (Verg.)* een vreemde, buitenlandse voor de Trojanen.

hospitāle, is *n (hospitalis)*
1. *(postklass.)* logeerkamer; *plur.* gastenhuis;
2. *(Laatl.) (ook plur.)* zieken-, armenhuis.

hospitālis, e *(hospes)*
1. van de gastvriend, van de gast, gasten- [**cubiculum; beneficia** tegenover gastvrienden; **tessera** herkenningsteken voor gastvrienden];
2. gastvrij, hartelijk [**domus; Iuppiter** beschermer v.h. gastrecht; **cena Augusti;** *metaf.* **umbra** uitnodigend].

hospitālitās, ātis *f (hospitalis)* gastvrijheid, hartelijkheid.

hospitātor, ōris *m (hospitor) (Apul.)* gast.

hospitiolum, ī *n (demin. v. hospitium) (Laatl.)*

(klein) (gast)verblijf.

hospitium, ī *n (hospes)*
1. gastvriendschap; ▸ *-um habere; -i iura; -um cum alqo facere of (con)iungere* sluiten; *vetus -um renovare; -o alcis uti;*
2. gastvrije ontvangst, gastvrij onthaal [**liberale; modicum**]; ▸ *-um alci praebere; alqm -o recipere, excipere of accipere* iem. gastvrij opnemen;
3. herberg, onderkomen, logeerkamer [**publicum**]; ▸ *cohortes per -a dispersae* verdeeld;
4. *(poët.; postklass.)* rustplaats, leger *(v. dieren)*;
5. *(metaf.)* onderdak [**confidentiae** *(dat.)*].

hospitor, hospitārī *(hospes) (postklass.)* als gast vertoeven, verblijven.

hostia, ae *f*
1. offerdier; slachtoffer [**humana** mensenoffer]; ▸ *-as immolare, mactare, caedere; per -as dis supplicare;*
2. *(eccl.)* hostie.

hostiātus, a, um *(hostia) (Plaut.)* voorzien van offerdieren.

hosticum, ī *n (hosticus)* vijandelijk gebied.

hosticus, a, um *(hostis)*
1. vijandelijk, van de vijand [**ager; moenia; ensis**];
2. *(Plaut.)* vreemd, buitenlands [**domicilium**].

hosti-ficus, a, um *(hostis en facio)* vijandig [**bellum**].

hostīlia, ium *n (hostilis)* vijandelijkheden.

Hostīlia, ae *f stad aan de benedenloop v.d. Po ten Z. v. Verona, geboorteplaats v. Cornelius Nepos, nu* Ostiglia.

hostīlis, e *(hostis)*
1. vijandig, van de vijand(en) [**terra; naves; condiciones** met de vijanden overeengekomen; **metus** voor de vijand; **monumenta** herinneringen aan vijandelijkheden];
2. vijandig (gezind) [**animus; odium; spiritus**].

hostīlitās, ātis *f (hostilis) (Laatl.)* vijandigheid, vijandschap; vijand.

Hostīlius, a, um *naam v.e. Rom. gens:* Tullus ~, *de 3e Rom. koning.*

hostīmentum, ī *n (hostio) (preklass.)* vergelding.

hostiō, hostīre *(preklass.)* vergelden.

hostis, is *m, zelden f*
1. vijand (a) staatsvijand, vijand *in de oorlog* [**socii atque hostes** vriend en vijand]; *(coll.)* de vijand [**externus**]; (b) openlijke vijand, tegenstander, opponent [**bonorum** van de conservatieven; **patriae** landverrader; **veritatis**; *(ook m. dat.)* **dis hominibusque**]; (c) *(poët.) (in de liefde)* rivaal, mededinger;
2. vreemdeling, buitenlander; ▸ *cives atque hostes;*
3. *(eccl.)* duivel.

hūc, *arch. en vulgair ook* **hōc** *adv.*
1. *(v. plaats)* hierheen, hiernaartoe; ▸ *huc homines veniebant* hier; *nunc huc, nunc illuc* nu eens hierheen, dan weer daarheen;
2. *(metaf.)* hierbij, daarbij; ▸ *huc accedit timor; huc adde of adice;*
3. tot dit of dat punt, tot hier, tot daar, tot zover; ▸ *res huc erat deducta;*
/ **hūc-i-ne** *vragend* tot hier?, (tot) zover?; ▸ *hucine evasere beneficia tua?* zo ver is het gekomen met?; / **hūc-ūsque** *(postklass.)* tot hier, (tot) zover.

hui o!, hé! *(uitroep v. verbazing of v. hoon).*

huius-modī *en* **huiusce-modī** *(hic[1] en modus)* zodanig, dergelijk, van dien aard.

hūmāna, ōrum *n (humanus)* menselijke dingen, aangelegenheden, het menselijke, aardse, het menselijk lot; ▸ *divina et -a* goddelijk en menselijk recht.

hūmānitās, ātis *f (humanus)*
1. het menszijn, menselijke natuur, menselijke waardigheid; ▸ *sensum omnem humanitatis ex animo amittere; omnem humanitatem exuere* afschudden;
2. menselijkheid, mildheid, menslievendheid, humaniteit, beleefdheid; ▸ *summā in alqm humanitate esse; ut summa severitas summā cum humanitate iungatur;*
3. hogere, fijnere beschaving, geestelijke en culturele vorming; ▸ *a cultu atque humanitate provinciae longissime absunt.*

hūmānitus *adv. (humanus)*
1. menselijk, op menselijke wijze;
2. *(Ter.)* vriendelijk, amicaal; ▸ *non ~ tractare alqm.*

humānor, humānārī *(eccl.)* mens worden; ▸ *Christus humanatus.*

hūmānum, ī *n (humanus)* menselijk gevoel, menselijk wezen *(ihb. in de gen. bij nihil e.a.).*

hūmānus *(bij homo, humus)*
I. *adj.* a, um *(adv. -ē en -iter)*
1. menselijk, van de mens(en), mensen- [**genus** menselijk geslacht; **hostia** mensenoffer; **scelus** tegen de mensen; **vita**]; ▸ *non -a audacia* bovenmenselijk; *res -ae* menselijke dingen *of* aangelegenheden, mensheid, het aardse, aardse goederen;

2. mild, menslievend, amicaal, beleefd [**homo**; **ingenium**];
3. gelijkmoedig, rustig; ▸ *alqd humaniter ferre*;
4. ontwikkeld, fijn, edel, gecultiveerd [**homines**; **voluptates**];
II. *subst.* ī *m* (*poët.*) mens, sterveling; ▸ *Romulus -o maior* (*Ov.*).

hūmātiō, ōnis *f* (*humo*) het begraven, begrafenis.

hūmectō, hūmeō, humerus, hūmēscō, hūmidus, hūmifer = *um-*.

humiliātiō, ōnis *f* (*humilio*) (*eccl.*) vernedering.

humiliō, humiliāre (*humilis*) (*Laatl.*) vernederen.

humilis, e (*superl.* humillimus) (*humus*)
1. laag, klein [**munitio**; **casae**; **arbores**; **statura**];
2. (*poët.*; *postklass.*) (*v. plaatsen*) laag *of* diep gelegen [**Myconos**];
3. (*poët.*; *postklass.*) ondiep [**fossa**];
4. (*metaf.*) (*v. stand, aanzien, macht*) laag, alledaags, onbeduidend, gering, zwak [**civitas**; **manūs** slavenhanden]; ▸ *humili fortunā* (*loco*) *ortus* van lage afkomst; *alqm humiliorem redigere* vernederen;
5. (*v. gemoedsgesteldheid*) (a) moedeloos, laf(hartig) [**mens**]; (b) nederig, onderdanig [**preces**]; ▸ *humiliter servire, sentire*;
6. (*v. karakter*) bekrompen, kleinzielig [**animus**; **apparitor**];
7. (*v. taal*) eenvoudig, niet verheven [**sermo**; **genus dicendi**]; ▸ *humilia atque vulgaria verba*;
8. (*v. zaken*) alledaags, gewoon, armoedig [**vestitus**].

humilitās, ātis *f* (*humilis*)
1. laagte, geringe hoogte, kleinheid [**arborum**; **animalium**; **siderum** lage stand; **lunae**];
2. (*metaf.*) lage stand, geringe afkomst [**generis ac nominis**];
3. krachteloosheid, zwakte, onbetekenendheid;
4. neerslachtigheid, moedeloosheid, gedeprimeerdheid; ▸ *habet humilitatem metus* vrees ontmoedigt;
5. onderdanigheid, deemoed;
6. (*v. taal*) soberheid, eenvoud.

humō, humāre (*humus*) begraven, ter aarde bestellen.

hūmor, ōris *m* = *umor*.

humus, ī *f*
1. aardbodem, bodem, aarde; ▸ *-um ore mordere*; *aridum atque harenosum humi* schrale en zandige grond; *locus humi depressus* ondergronds;
2. akkerland, grond;
3. (*poët.*) streek, land [**grata Minervae** = Attica; **Pontica**];
4. (*poët.*) (*metaf.*) het gewone, alledaagse; ▸ *-um vitare*;
/ *adv.* (a) **humī** (*loc.*) op de grond [**iacēre**; **requiescere**]; ook ter aarde, op de grond [**prosternere**; **se abicere**]; (b) **humō** van de grond, van of uit de aarde [**surgere**]; ▸ *Troia fumat humo* is tot op de bodem een rokende puinhoop; *poët. ook als abl. loc.*op de grond, op de aarde (= *humi*) [**sedere**].

Hyacinthia, ōrum *n* (*Hyacinthus*) de Hyacinthia, *een vegetatiefeest v. drie dagen in juli in het Dorische gebied, ihb. in Sparta ter ere v. Apollo en de door hem geliefde Hyacinthus.*

hyacinthinus, a, um (*Gr. leenw.*) (*poët.*) van de hyacint [**flos**].

hyacinthus, ī *m* (*Gr. leenw.*) (*poët.*; *postklass.*) hyacint (*violetblauwe iris of ridderspoor, niet onze hyacint*) (*vgl. Hyacinthus*).

Hyacinthus *en* **-os,** ī *m Spartaanse jongeling, lieveling v. Apollo, die hem door een ongelukkige discusworp doodde; uit het bloed v. Hyacinthus liet Apollo de hyacint groeien.*

Hyades, um *f* de Hyaden, *dochters v. Atlas, zusters v.d. Plejaden en v. Hyas; uit verdriet over diens dood pleegden zij zelfmoord; ze werden aan de sterrenhemel geplaatst bij de kop v.d. Stier; hun opkomst (in de ochtend) in mei brengt regen.*

hyaena, ae *f* (*Gr. leenw.*) (*poët.*; *postklass.*) hyena.

hyalus, ī *m* (*Gr. leenw.*) (*Verg.*) glas; ▸ *color -i* glasgroene kleur.

Hyantes, um *m oude volksstam in Boeotië*; — *adj.* **Hyantēus** *en* **-ius,** a, um (*Ov.*) Boeotisch: *Hyantiae sorores* = muzen.

Hyās, antis *m zoon v. Atlas, broer v.d. Hyaden.*

Hybla, ae *en* **Hyblē,** ēs *f*
1. *berg op Sicilië, spreekwoordelijk door zijn bijen die voortreffelijke honing leverden, nu de Ibla*; — *adj.* **Hyblaeus,** a, um [**apes**; **mella**];
2. *naam v. drie steden op Sicilië (Parva, Maior en Minor)*; — *inw.* **Hyblēnsēs,** ium *m.*

hybrida, ae *m en f* (*Gr. leenw.*) (*poët.*; *postklass.*) bastaard, kruising (*v. mensen en dieren*); — Hybrida *Rom. cognomen.*

Hydaspēs, is *m zijrivier v.d. Indus in de Punjab (Vijfstromenland), nu de Jhelum.*

hydra, ae *f* (*Gr. leenw.*)
1. waterslang, (*poët.*) alg. slang; ihb. *hydra Lernaea of alleen hydra: de door Hercules gedode veel-*

koppige slang v.h. meer bij Lerna;
2. **Hydra:** (a) monster met 50 koppen, moeder v. Cerberus; (b) het sterrenbeeld Waterslang.
Hydraotes, idis m rivier in de Punjab (Vijfstromenland), in het huidige Pakistan en India, nu de Ravi.
hydraula en **-ēs,** ae m (Gr. leenw.) (postklass.) bespeler v.e. waterorgel.
hydraulicus, a, um (Gr. leenw.) met water aangedreven, hydraulisch [**machinae** waterorgels].
hydraulus, ī m (Gr. leenw.) waterorgel.
hydreuma, atis n (Gr. leenw.) (postklass.) drinkplaats waar karavanen water innemen.
hydria, ae f (Gr. leenw.) (water)kruik.
hydrocēlē, ēs f (Gr. leenw.) zakbreuk.
hydrochous en **-os,** ī m (Gr. leenw.) (Catull.) het sterrenbeeld Waterman.
hydrōpicus, a, um (Gr. leenw.) waterzuchtig.
hydrōps, ōpis m (Gr. leenw.) waterzucht.
hydrus, ī m (Gr. leenw.) (poët.; postklass.) waterslang, alg. slang.
Hydrūs, ūntis f en **Hydrūntum,** ī n stad aan de O.-kust v. Calabrië (Z.-Italië), nu Ótranto.
Hygīa, ae f godin, personificatie v. 'Gezondheid'.
Hӯlaeus, ī m een centaur; — adj. **Hӯlaeus,** a, um van Hylaeus [**ramus** knots].
Hylās, ae m lieveling v. Hercules; hij begeleidde hem op de tocht v.d. Argonauten en werd tijdens het putten v. water in Mysië door nimfen uit liefde hun bron ingetrokken.
hӯlē, ēs f (Gr. leenw.) (postklass.) materiaal, stof.
Hyllus, ī m zoon v. Hercules en Deianira.
Hymēn, enis m (Gr. leenw.)
1. god v.h. huwelijk, huwelijksgod, personif. v.e. oude cultusroep (vgl. Hymenaeus);
2. (meton.) bruiloftslied, bruiloft.
hymenaeus en **-os,** ī m (Gr. leenw.) (poët.)
1. bruiloftslied, -zang;
2. (meton.) bruiloft(sfeest);
3. **Hymenaeus,** ī m huwelijksgod (= Hymen), ook: Hymen Hymenaeus.
Hymēttus, ī m berg ten Z.O. v. Athene, beroemd door zijn witte en blauwgrijze marmer, honing, hout en tijm, nu Imitos; — adj. **Hymēttius,** a, um.
hymnus, ī m (Gr. leenw.)
1. (postklass.) lofzang, hymne op een godheid;
2. (eccl.) gezang.
Hypaepa, ōrum n stadje aan de voet v.d. Z.-helling v.d. Tmolus in Lydië (Kl.-Azië); — inw. **Hypaepēnī,** ōrum m.
hypaethros, ī f (Gr. leenw.) tempel waarvan de cella in het midden geen dak heeft.
hypallagē, ēs f (Gr. leenw.) (retor.) verplaatsing.
Hypanis, is m rivier in Oekraïne, nu de Bug.
Hypasis, is m rivier in de Punjab (Vijfstromenland), in het huidige Pakistan en India, nu de Beas.
Hypata, ae f stad in Thessalië (N.-Griekenland); — inw. **Hypataeī,** ōrum m; — adj. **Hypataeus,** a, um en **Hypatēnsis,** e.
hyperbaton, ī n (Gr. leenw.) (postklass.) (retor. figuur) hyperbaton, uiteenplaatsing, scheiding v. twee grammaticaal bij elkaar horende woorden of zinsdelen dmv. andere woorden.
hyperbolē, ēs f (Gr. leenw.) (Sen.) (retor. t.t.) hyperbool, overdrijving (als stijlmiddel).
Hyperboreī, ōrum m ('de voorbij Boreas wonenden') myth. volksstam in het hoge Noorden; — adj. **Hyperborēus,** a, um hyperboreïsch, noordelijk [**glacies**].
hyperīcum, ī n (Gr. leenw.) een soort hertshooi.
Hyperīdēs, is m Att. redenaar ttv. Demosthenes, aanhanger v.d. partij die tegen de Macedoniërs was; hij werd in 322 v. Chr. terechtgesteld.
Hyperīōn, onis m
1. een v.d. titanen, vader v. Helios (Sol), Selene (Luna) en Eos (Aurora); — **Hyperīonis,** idis f Aurora;
2. de zonnegod zelf (= Helios of Sol).
Hypermēstra, ae en **-ē,** ēs f jongste dochter v. Danaüs, de enige v.d. 50 Danaïden die haar echtgenoot (Lynceus) niet vermoordde.
hypocaustum en **-on,** ī n (Gr. leenw.) verwarmingsinstallatie onder de vloer.
hypocistis, is f (Gr. leenw.) een parasitaire plant.
hypocrisis, is en eōs f (Gr. leenw.) (eccl.) huichelarij.
hypocritēs en **-ta,** ae m (Gr. leenw.)
1. (postklass.) acteur;
2. (eccl.) huichelaar, schijnheilige.
hypodidascalus, ī m (Gr. leenw.) hulponderwijzer.
hypogaeum, ī n (Gr. leenw.) ondergronds gewelf, ihb. grafgewelf.
hypomnēma, atis n (Gr. leenw.) schriftelijke opmerking, notitie.
hypothēca, ae f (Gr. leenw.) (onder)pand, hypotheek.
hypothēcārius, a, um (hypotheca) (jur.) betrekking hebbend op een onderpand.
Hypsipylē, ēs f koningin v.d. vrouwenstaat op Lemnos; — adj. **Hypsipylēus,** a, um [**tellus** Lemnos].
Hyrcānia, ae f landstreek aan de zuidoostoever v.d. Kaspische Zee; — inw. **Hyrcānī,** ōrum m, maar:

Macedones Hyrcani inwoners v.d. Macedon. kolonie Hyrcania in Lydië; — *adj.* **Hyrcān(i)us,** a, um.

Hyriē, ēs *f stad en meer in Boeotië (Midden-Griekenland).*

Hyrieus, eī *m zoon v.* Neptunus, *vader v.* Orion; — *adj.* **Hyriēus,** a, um [proles = Orion].

Hyrtacidēs, ae *m* Nisus *(zoon v. Hyrtacus).*

hys(s)ōpum, ī *n en* **hys(s)ōpus,** ī *f (Gr. leenw.)* hyssop.

Hystaspēs, is *en* ī *m vader v.d. Perz. koning* Darius I.

hystericus, a, um *(Gr. leenw.)* (Mart.) lijdend aan kramp in de baarmoeder, hysterisch.

hystrix, icis *m en f (Gr. leenw.)* (Plin. Mai.) stekelvarken.

I

I (*afk.*)
1. = *idem, infra, Iuno, Iuppiter;*
2. **i. e.** (*afk.*) = *id est* dat is, dat wil zeggen;
3. **I. H. F. C.** = *ipsius heres faciundum curavit.*

Iacchus, ī *m god v.d. Eleusinische mysteriën, gelijkgesteld met Bacchus;* (*meton.*) (*poët.*) wijn.

iaceō, iacēre, iacuī, iacitūrus (*iacio*)
1. liggen [**humi; in gramine; sub arbore; ad pedes alcis** *of* **alci**];
2. rusten, slapen, in bed liggen [**ad quartam** tot ca. 10 uur]; ▸ *quod nudo cum Ganymede iaces* (*Mart.*);
3. *aan tafel* aanliggen (*v. tafelgenoten*) [**in conviviis**];
4. ziek in bed liggen, ziek zijn; ▸ *iacebat morbo confectus rex* (*Phaedr.*);
5. dood liggen, in de strijd gesneuveld zijn [**pro patria**]; — **iacentēs,** ium *m* gevallenen: *iacentibus insistere* op de gesneuvelden gaan staan;
6. op de grond liggen, overwonnen zijn; ▸ *per me iacet inclitus* (beroemd) *Hector* (*Ov.*); (*metaf.*) *victa iacet pietas;*
7. (*metaf.*) verzonken zijn in, in een toestand zijn; ▸ *vita in tenebris et in maerore iacet; in amore ~;*
8. terneergeslagen, bedrukt zijn; ▸ *iacens animus;*
9. machteloos, krachteloos, van geen invloed *of* betekenis zijn; ▸ *pauper ubique iacet; ratio iacet;*
10. braak liggen, veronachtzaamd, verwaarloosd worden; ▸ *philosophia iacuit;*
11. stilliggen; ▸ *vestrum studium iacet;*
12. ongebruikt, onbenut zijn; ▸ *pecuniae otiosae iacent* brengen geen voordeel; *hereditas iacet;*
13. (*v. volksstammen*) wonen; ▸ *gens iacet supra Ciliciam;*
14. (*v. reizigers*) zich werkeloos ophouden, vertoeven [**in oppido**];
15. (*v. plaatsen*) (a) liggen, gelegen zijn, uitgestrekt zijn; ▸ *inter castra Punica ac Romana iacebat campus;* (b) vrij liggen; (c) diep liggen, diep gelegen zijn;
16. (*v. steden, bouwwerken*) in puin liggen; ▸ *iacet Ilion ingens;*
17. (*v. kledingstukken*) loshangen, slepen; ▸ *praeverrunt veste iacente vias* (*Ov.*);
18. (*poët.*) (*v. ogen en v.d. blik*) neergeslagen zijn, op de grond gericht zijn;
19. (*wat de waarde betreft*) laag staan; ▸ *pretia praediorum iacent.*

Iacetānī, ōrum *m volksstam in N.O.-Spanje, in het huidige Catalonië.*

iaciō, iacere, iēcī, iactum
1. werpen, slingeren [**lapides in murum; tela; se mediis fluctibus** midden in; **faces de muro; oscula** toewerpen];
2. naar beneden werpen *of* storten [**se in profundum** in de diepte; **se e culmine turris**];
3. uitwerpen [**ancoram**];
4. van zich af werpen, wegwerpen [**vestem; scuta; arma**];
5. (uit)strooien [**flores; semina** zaaien]; ▸ *arbor poma iacit* laat vallen;
6. opwerpen, oprichten, bouwen [**aggerem; vallum; muros; fundamenta domūs** de fundamenten leggen voor; *metaf.* **fundamenta pacis; salutem in arte**];
7. een woord laten vallen, naar voren brengen, uiten [**voces; sermones; querelas; suspicionem; pacis condiciones; contumeliam in alqm**]; (*ook: m. de of aci.*).

iactābundus, a, um (*iacto*) (*Gell.*)
1. heen en weer slingerend [**mare** woelig];
2. (*metaf.*) opschepperig.

iactāns, *gen.* antis (*iacto*) opschepperig, snoevend, verwaand [**homo; epistulae**].

iactantia, ae *f* (*iacto*) (*postklass.*)
1. het aanprijzen [**sui** zelfverheerlijking; **privata**];
2. het pralen, opschepperij, grootspraak.

iactātiō, ōnis *f* (*iacto*)
1. het heen en weer schudden, het schokken [**cervicum**];
2. gesticulerende beweging, gebaar [**corporis**];
3. golfbeweging, deining, het slingeren [**maritima; navis**];
4. (*postklass.*) (*metaf.*) het pralen, vertoon (*met, van: gen.*) [**virtutis; verborum** grootspraak];
5. bijval [**popularis** volksgunst]; ▸ *iactationem habere in populo;*
6. het wankelen [**animi** wankelmoedigheid];
7. hevige gemoedsbeweging [**animorum**];
8. (*Sen.*) ongedurigheid.

iactātor, ōris *m* (*iacto*) (*Suet.*) opschepper.

iactātus, ūs *m* (*iacto*) (*poët.; postklass.*) het uitslaan [**pennarum**].

iactitō, iactitāre (*intens. v. iacto*)
1. openlijk uiten;
2. (*metaf.*) opscheppen over (*m. acc.*).

iactō, iactāre (*intens. en frequ. v. iacio*)
1. werpen, slingeren [**fulmina; tela; lapides; se e muris; faces in consulis domum; ardentes taedas ad fastigia; basia** kushandjes toewerpen; **cinerem per agros** uitstrooien];
2. weg-, naar beneden, afwerpen [**onus; iugum; arma multa passim; frusta** toewerpen];
3. zwaaien (met), schudden [**bracchia; caput, cervicem** het hoofd schudden; **manūs; cornua; caestūs**]; ▸ *aestu febrique iactari* zich door koorts van de ene op de andere zijde draaien;
4. heen en weer drijven, heen en weer slingeren; ▸ *iactata flamine* (door de wind) *navis; et terris iactatus et alto* (*Verg.*); (*metaf.*) *curas pectore* ~ zich verdiepen in; *nummus iactabatur* de koers ging op en neer; *inter spem metumque iactari* zweven; *opiniones se iactantes* botsend;
5. (*v.e. redenaar*) de armen gesticulerend heen en weer bewegen, (*v.e. danser*) op de maat bewegen [**manūs; se**];
6. (*metaf.*) toekeren, richten naar [**oculos**];
7. (*poët.*) (*geur, licht*) verspreiden [**odorem; lucem**];
8. (*woorden*) uiten, spreken, naar voren brengen, rondstrooien [**voces; maledictionem; minas; preces; versūs; probra in alqm**];
9. met klem te berde brengen, uiten, zeggen, vermelden, algemeen bekendmaken, verbreiden, ventileren [**rem in senatu, ad populum; victorem beatum** de overwinnaar gelukkig prijzen; **querimonias ultro citroque**]; ▸ *fabulā iactaris in urbe* praatjes over jou doen de ronde in de stad;
10. pralen met, zich beroemen op, ten toon spreiden (*m. acc. of aci.*) [**urbanam gratiam dignitatemque; gloriam verbis; vires regni; nomen inutile**]; — *se iactare*: (a) zich beroemen, pochen, pralen (*m. dubb. acc.; in m. abl.; abl.; de*) [**se formosum** met zijn schoonheid; **se in pecuniis insperatis; in eoque se in contione**]; (b) zich opschepperig gedragen [**immoderate; intolerantius; magnificentissime**];
11. verontrusten, kwellen, plagen, pijnigen; ▸ *morbo, multis iniuriis, contumeliis iactari*;
12. *se iactare en pass. iactari* veel bezig zijn met, zich voortdurend bezighouden met (*m. abl.; in m. abl.*) [**in causis centumviralibus; in re publica; forensi labore**].

iactūra, ae *f* (*iacio*)
1. het overboord werpen; ▸ *in mari -am facere*;
2. (*metaf.*) het opofferen, verlies, verspilling, nadeel, schade [**suorum; rei familiaris; dignitatis; equitum**]; ▸ *-am facere en accipere* schade lijden, verliezen, opofferen, verliezen lijden;
3. (*meton.*) (*sg. en plur.*) geldelijk offer, (on)kosten.

iactus[1] ppp. *v.* iacio.

iactus[2], ūs *m* (*iacio*)
1. het werpen, slingeren, worp [**fulminum; teli**]; ▸ *iactu in aequor se dare* zich in zee storten;
2. worp (*bij het dobbelen*) [**tesserarum; talorum**];
3. (*poët.; postklass.*) (*milit.*) schootsafstand; ▸ *intra en extra teli iactum; ad teli iactum venire* op schootsafstand; *teli iactu abesse*;
4. (*Sen.*) het wegwerpen; (*meton.*) het weggeworpene; ▸ *inter purgamenta et iactūs cenantium*;
5. het verspreiden, uitstralen; ▸ *radiorum iactus* (*Lucr.*).

iaculābilis, e (*iaculor*) (*Ov.*) geschikt om te werpen, werp- [**telum**].

iaculātiō, ōnis *f* (*iaculor*) (*postklass.*) het werpen, slingeren.

iaculātor, ōris *m* (*iaculor*)
1. slingeraar;
2. speerwerper.

iaculātrīx, īcis *f* (*iaculator*) (*poët.*) speerwerpster (*v. Diana*).

iaculor, iaculārī (*iaculum*)
I. *intr.*
1. de werpspies slingeren, speerwerpen; ▸ *magnam laudem consequi iaculando*;
2. (*metaf.*) tegen iem. van leer trekken; ▸ *probris in alqm* ~;
II. *tr.* (*poët.; postklass.*)
1. werpen, slingeren [**ignem in hostes** *of* **puppibus**; *metaf.* **verba in alqm** uiten];
2. richten op, (neer)schieten, vellen, treffen [**cervos; arces** treffen met de bliksemschicht; **alqm ferro acuto; aëra disco** splijten, doorsnijden];
3. *se* ~ zich storten;
4. (*metaf.*) najagen, streven naar [**multa**].

iaculum, ī *n* (*iacio*)
1. werpspies, speer;
2. (*poët.*) werpnet.

iaculus *(iacio)*
I. *adj.* a, um *(Plaut.)* gebruikt om te werpen, werp- [**rete** werpnet];
II. *subst.* ī *m (Plin. Mai.) een soort slang die op haar prooi toeschiet vanuit een boom.*
iaientāculum = *ientaculum.*
iaiūnus = *ieiunus.*
Iālysus, ī
1. *f stad op het eiland Rhodos;* — *adj.* **Iālysius,** a, um *ook* Rhodisch;
2. *m stichter v. bovengenoemde stad.*
iam *adv.*
1. *(v. verleden, heden en toekomst)* (a) al, reeds; ▸ *iam tum* reeds toen, toen al; *iam diu, iam pridem* al lange tijd; *iam dudum* al lange tijd; (b) nu, van nu af aan;
2. *(v.h. heden)* reeds nu, juist nu;
3. *(v.h. verleden)* zo-even (pas), zojuist; ▸ *cum iam* toen juist;
4. *(v.d. toekomst)* spoedig; ▸ *iam te premet nox;*
5. *(v. verleden en toekomst)* direct, zo spoedig mogelijk, onmiddellijk; ▸ *iam carpe viam; id tu iam intelleges, cum domum veneris;* — **iamiam** *en* **iamiamque** meteen, ieder ogenblik;
6. *(poët.)* **iam . . . iam** nu eens . . . dan weer;
7. *(neg.)* **nōn** *(of nihil, nemo, nullus)* **iam** *en* **iam nōn** *(of nihil, nemo, nullus)*: (a) (al) niet meer, niet langer, niet verder; ▸ *iam non salutis spem, sed solacium exitii quaerunt; bellum iam nullum haberemus* geen meer; (b) nog niet; — **vix iam** nauwelijks nog, nauwelijks meer;
8. *(in overgangen)* (a) nu, verder, dan, bovendien; ▸ *videte iam cetera;* (b) *(in een climax)* ook nog, zelfs, werkelijk, *versterkt* **iam vērō;** — *iam ut en* gesteld dan al dat;
9. *(in de minor v.e. syllogisme)* nu evenwel.
ïambēus *en* **ïambicus,** a, um *(Gr. leenw.) (poët.)* jambisch.
ïambus, ī *m*
1. jambe (◡ —);
2. jambische trimeter;
3. *(sg. en plur.)* jambisch gedicht (= spotdicht).
iam-dictus, a, um *(Mel.)* bovengenoemd.
Iānālis, e *zie Ianus.*
Iāniculum, ī *n en* **mōns Iāniculus,** ī *m (eig. 'aan Janus gewijde berg') een v.d. zeven heuvels v. Rome, op de rechteroever v.d. Tiber.*
Iāni-gena, ae *m en f (Ianus en gigno) (Ov.)* kind v. Janus.
iānitor, ōris *m (ianus)*
1. poortwachter, portier [**caelestis aulae** = Janus; **Orci** = Cerberus; **carceris** cipier];
2. *(Mel.)* koster.
iānitrīx, īcis *f (ianitor) (pre- en postklass.)* portierster.
iantāculum = *ientaculum.*
ïanthina, ōrum *n (ianthinus) (Mart.)* violette *of* paarse kledingstukken.
ïanthinus, a, um *(Gr. leenw.) (postklass.)* vioolkleurig, violet.
iānua, ae *f (ianus)*
1. (huis)deur [**patens**]; ▸ *-am aperire, claudere; quaerere alqm ab ianua* aan de deur naar iem. vragen;
2. ingang, toegang *(tot, in: gen.) (ook metaf.)* [**animi; Asiae**].
Iānuārius, a, um *zie Ianus.*
iānus, ī *m* doorgang met gewelf, poortboog, *ihb.:*
1. boog v. Janus, *ten N. v.h. Forum (in oorlogstijd open, in vredestijd gesloten);*
2. *een v.d. drie overdekte poorthallen op het Forum* [**summus, medius** *(standplaats v.d. wisselaars),* **imus**].
Iānus, ī *m* Janus, *god v.d. in- en uitgang, v.h. begin v.h. jaar en v.h. begin v.d. dag; belangrijkste heiligdom: dubbele deur aan de N.-zijde v.h. Forum; voorgesteld met twee hoofden* [**biceps, bifrons**]; ▸ *-i mensis* januari; — *adj.* **Iānālis,** e van Janus [**virga** van Janus gekregen]; **Iānuārius,** a, um aan Janus toebehorend *of* gewijd [**mensis** januari]; horend bij januari, van januari [**Kalendae, Nonae, Idus**]; — **Iānuārius,** ī *m (vul aan: mensis)* januari.
Īapetus, ī *m een titaan, vader v. Atlas, Menoetius, Deucalion, Prometheus en Epimetheus;* — *patron.* **Īapetīonidēs,** ae *m zoon v. Iapetus* (= Atlas).
Īāpydes, um *m volksstam in N.W.-Illyrië;* — **Īāpydia,** ae *f gebied v.d. Japydiërs;* — *adj.* **Īāpys,** *gen.* ydis.
Īāpygia, ae *f* (Z.)-Apulië.
Iāpyx, ygis
I. *subst. m*
1. *zoon v. Daedalus, die zich in Italië vestigde en de landstreek Iapygia (in Z.-Italië) zijn naam gaf;*
2. *bewoner v.h. gebied Iapygia,* (Z.-)Apuliër, *ihb. Daunus, myth. koning v. Apulië;*
3. N.W.-wind, *die van Iapygia (Z.-Apulië) naar Epirus in Griekenland waait;*
4. *rivier in Apulië;*
II. *adj. ook* **Iāpygius,** a, um Japygisch, (Z.-)Apulisch.
Iarba *en* **Iarbās,** ae *m Afrikaanse koning, aanbidder v. Dido, rivaal v. Aeneas.*

Īardanis, idis *f* Omphale, *dochter v. Iardanus.*
Īasidēs, ae *m* Jaside, *nakomeling v. Iasius.*
Īasis, idos *f* Atalanta, *dochter v.d. Argivische koning Iasius.*
Īasius, ī *en* **Īasiōn,** ōnis *m*
1. *Argivische koning, vader v. Atalanta;*
2. *Kretenzische boer, geliefde v. Ceres.*
Iāsō(n), onis *m*
1. *neef v. Pelias, aanvoerder v.d. Argonauten;* — *adj.* **Iāsonius,** a, um van Jason [**carina** = het schip Argo];
2. *tiran in Pherae in Thessalië.*
ïaspis, idis *f* (*Gr. leenw.*) (*poët.; postklass.*) jaspis (*een halfedelsteen*).
Iassus, ī *f havenstad in Carië (Kl.-Azië);* — *inw.* **Iassēnsēs,** ium *m.*
iātralīptēs, ae *m* (*Gr. leenw.*) masseur.
iātralīpticē, ēs *f* (*Gr. leenw.*) massage (*voor medische doeleinden*).
iātronīcēs, ae *m* (*Gr. leenw.*) (*Plin. Mai.*) overwinnaar v. artsen.
Īāzyges, um *m Sarmatische volksstam aan de rivier de Donau;* — **Īāzyx,** ygis *m* Jazygiër; — *adj.* **Īāzyx,** *gen.* ygis Jazygisch.
ib. *en* **ibd.** (*afk.*) = *ibidem.*
Ibēr, Ibērus = *Hiber, Hiberus zie Hiberia.*
ibex, icis *m* (*postklass.*) steenbok.
ibi *en* **ibī** *adv.*
1. (*v. plaats*) daar(ginds);
2. (*v. tijd*) toen, dan; ▸ *ibi demum* toen pas; *ibi vero* dan pas echt;
3. daarin, daarbij, op dit punt.
ibī-dem *adv.*
1. (*v. plaats*) juist daar, op dezelfde plek;
2. (*v. tijd*) juist toen, juist dan;
3. bij dezelfde gelegenheid.
ībis, *gen.* ībis *en* ībidis *f* (*acc.* -im) (*Gr. leenw.*) ibis; *ook titel v.e. spotdicht v. Ovidius.*
ibrida = *hybrida.*
ībus *arch. dat. en abl. plur. v. is.*
Ībycus, ī *m Gr. lyricus uit Rhegium, 6e eeuw v. Chr., leefde op Samos; volgens de legende werd hij door rovers gedood, wat door kraanvogels aan het licht kwam.*
Īcarius, ī *m*
1. *vader v. Penelope;* — **Īcaris,** idos *en* **Īcariōtis,** idis *f dochter v. Icarius, Penelope;* — *adj.* **Īcariōtis,** *gen.* idis van Penelope;
2. = *Icarus 2.*
Īcarus, ī *m*
1. *zoon v. Daedalus, vloog met zijn vader, die voor zichzelf en voor hem vleugels gemaakt had, weg van Kreta en viel bij zijn vlucht in de zee die volgens de legende naar hem de Icarische Zee (mare Icarium — Z.O.-deel v.d. Egeïsche Zee rond het eiland Icaria) genoemd werd; om dezelfde reden zou het eiland* **Īcaria,** ae *f genoemd zijn naar Icarus;*
2. (*of* Īcarius) *Athener die van Bacchus de wijnrank kreeg en de eerste wijnboer in Attica werd; hij werd door herders die meenden dat hun dronken vrienden vergiftigd waren, vermoord, maar door zijn dochter met hulp v. zijn hond teruggevonden; als Arcturus of Boötes aan de hemel geplaatst en samen met hem zijn dochter als Maagd en zijn hond als Hondsster;* — *adj.* **Īcarius,** a, um [**canis**].
iccircō = *idcirco.*
Icelos, ī *m*
1. *Gr. god v.d. droom, broer v. Morpheus;*
2. *vrijgelatene v. Galba.*
Icēnī, ōrum *m volksstam in Britannia.*
ichneumōn, onis *m* (*Gr. leenw.*) ichneumon (*civetkat aan de noordkust v. Afrika, ihb. inheems in Egypte*).
ichthyocolla, ae *f* (*Gr. leenw.*) (*postklass.*) vislijm.
īcō *en* **īciō,** īcere, īcī, ictum (*in proza zijn alleen de vormen v.h. perfectum en het ppp. gebruikelijk*)
1. treffen, slaan, stoten; ▸ *lapide, fulmine ictus; telo venenato ictus; aether ululatibus ictus* onaangenaam getroffen door het gehuil;
2. *foedus* ~ een verbond *of* verdrag sluiten;
3. (*metaf.*) p. *adj.* **ictus,** a, um zwaar getroffen, verontrust, opgewonden; ▸ *ictus rebellione, metu; ictum caput* (*door de wijn*) beneveld, dronken.
īcōn, onis *f* (*Gr. leenw.*) (*postklass.*) (*retor. t.t.*) afbeelding; gelijkenis.
īconicus, a, um (*Gr. leenw.*) (*postklass.*) levensecht voorgesteld.
īconismus, ī *m* (*Gr. leenw.*) (*Sen.*) afbeelding, waarheidsgetrouwe voorstelling.
Īconium, ī *n stad in Lycaonië (Kl.-Azië), nu Konya.*
ictericus, a, um (*Gr. leenw.*) (*postklass.*) lijdend aan geelzucht.
ictus[1] *ppp. v. ico en icio.*
ictus[2]**,** ūs *m* (*ico*)
1. slag, stoot, klap, houw, steek [**lapidum; securis; telorum; gladii; pedis** *en* **calcis** trap (*v.e. paard*); **fulminis** *en* **fulmineus** blikseminslag; **solis** *of* **Phoebi** zonnestraal; **contrarius** stoot v.d. tegenstander; **irritus** misser; **falsus** slecht gemikt schot; **certus** doelgerichte worp]; ▸ *sine ictu* zonder te treffen *of* te verwonden; *ictibus* stootsgewijs;
2. beet, steek (*v.e. dier*) [**serpentis**];
3. verwonding, wond;

4. (*poët.*) val *v.e. boom*;
5. (*metaf.*) slag, tegenvaller [**calamitatis; fortunae**];
6. sterke aantrekkingskracht; ▸ *voluptas non habet ictum* (*Cic.*);
7. vijandelijke stormloop, aanval; ▸ *sub ictu esse* in gevaar verkeren; *sub ictum dari* blootgesteld worden aan een vijandelijke aanval;
8. (*poët.*; *postklass.*) aanslag, het slaan v.d. maat *bij het citerspel* [**pollicis**]; maat(slag) [**digitorum; pedum**].

Īda, ae *en* **-ē,** ēs *f*
1. *gebergte op Kreta*;
2. *gebergte in Mysië en Troas (Kl.-Azië), belangrijkste cultusplaats v. Cybele; hier zou bij Antandrus Paris zijn oordeel hebben uitgesproken, nu Kaz dağı*;
/ *adj.* **Īdaeus,** a, um [**mater** *of* **parens deum** (= *deorum*) = Cybele; **pastor** *of* **iudex** = Paris; **mons**].

Īdalium, ī *n voorgebergte en stad op Cyprus met een cultus v. Venus*; — *adj.* **Īdalius,** a, um; — **Īdaliē,** ēs *f* Venus; — **Īdalia,** ae *f* (*vul aan: terra*) *streek rond Idalium*.

id-circō *adv.* daarom, derhalve, om die reden.

idea, ae *f* (*Gr. leenw.*) oerbeeld, idee, ideaal.

īdem, eadem, idem
1. (juist) dezelfde (*subst. en adj.*); ▸ *idem velle atque idem nolle, ea demum est firma amicitia*; *amicus est tamquam alter idem* een alter ego; *idem ille* juist die; *unus atque idem* (*of idemque*) een en dezelfde; *idem atque of ac, et, qui* dezelfde als; *m. cum*: *in eadem mecum Africa geniti* als ik; *m. dat.*: *eadem nobis iuratus* hetzelfde als wij; *neutr. idem m. gen.* dezelfde soort, dezelfde mate: *idem iuris* hetzelfde, gelijk recht; *eodem loci* op dezelfde plaats;
2. *te vertalen door*: tevens, ook; ▸ *id vetat idem ille Plato*;
3. (*bij een tegenstelling*) *te vertalen door*: toch; ▸ *non concedo neque Bruto neque magistris, ut, cum ea quae supra enumeravi, in malis numerent, iidem dicant semper beatum esse sapientem*.

identidem *adv.*
1. telkens weer, herhaaldelijk, verscheidene keren;
2. (*Laatl.*) eveneens.

id-eō *adv.* daarom, derhalve.

id est (*afk.* i. e.) dat is, dat wil zeggen.

IDIB. (*afk.*) = *Idibus, zie Idus*.

idiōma, atis *n* (*Gr. leenw.*) (*Laatl.*)
1. karakteristieke, kenmerkende zegswijze;
2. streektaal, spraak.

idiōta *en* **-tēs,** ae *m* (*Gr. leenw.*) leek, amateur.

Idistavīsō, (campus) *vlakte aan de rivier de Weser*.

Idmōn, onis *m vader v. Arachne*; — *adj.* **Idmonius,** a, um.

īdōlium, ī *n* (*idolum*) (*Laatl.*) tempel voor afgoden; afgoderij.

īdō(lo)latria, ae *f* (*Gr. leenw.*) (*eccl.*) afgodenverering.

īdōlum, *en* **-lon,** ī *n* (*Gr. leenw.*)
1. (*Plin. Min.*) schim *v.e. overledene*, spook;
2. (*stoïsche t.t.*) voorstelling;
3. (*eccl.*) afgodsbeeld, afgod.

Īdomeneus, eī *m zoon v. Deucalion, kleinzoon v. Minos, koning v. Kreta, aanvoerder v.d. Kretenzers bij Troje*.

idōneus, a, um (*voor: ad; in m. acc.; dat.; m. rel. bz. in de conj.; zelden m. inf.*)
1. (*v. dingen*) passend, geschikt [**locus castris**];
2. (*v. personen*) geschikt, bekwaam [**dux; testis** betrouwbaar; **iudex** competent]; ▸ *milites idonei qui mittantur* geschikt om gestuurd te worden;
3. in aanmerking komend voor, iets waard; ▸ *tibi fortasse ~ fuit nemo quem imitarere* navolgenswaardig.

īdos *n* (*indecl.*) (*Gr. leenw.*) (*Sen.*) uiterlijk, vorm.

Idūmaeus, a, um behorend tot de landstreek Edom (Idumaea) *in Palestina*, Palestijns.

Īdūs, uum *f* de Iden, *15e dag v. maart, mei, juli en oktober, bij de overige maanden de 13e; betaaltermijn voor belastingen en opzegtermijn voor leningen*.

īdyllium, ī *n* (*Gr. leenw.*) (*Plin. Min.*) klein gedicht, *vaak met bucolisch karakter*.

iēcī *pf. v. iacio*.

iecur, iecoris *en* **iocur,** iocineris *n* lever; (*metaf.*) (*zetel v.*) emotie, *o.a.* woede, wellust *en* verdriet.

iecusculum, ī *n* (*demin. v. iecur*) kleine lever.

ieientāculum = *ientaculum*.

ieiūnidicus, a, um (*ieiunus en dico*) (*Gell.*) zonder kracht sprekend.

ieiūniōsus, a, um (*ieiunium*) (*Plaut.*) hongerig.

ieiūnitās, ātis *f* (*ieiunus*)
1. (*Plaut.*) nuchterheid; honger;
2. (*metaf., v. taal*) droogheid, gebrekkigheid;
3. gebrek aan kennis (*van: gen.*) [**bonarum artium**].

ieiūnium, ī *n* (*ieiunus*)
1. het vasten; periode v. vasten;
2. (*Ov.*) (*meton.*) honger.

ieiūnō, ieiūnāre (*ieiunus*) (*Laatl.*) vasten, zich

onthouden.

ieiūnus, a, um
1. nuchter, met lege maag;
2. *(meton.)* hongerig; *(poët.)* dorstig;
3. mager, dor, droog [**ager**];
4. *(metaf., ihb. v.e. redevoering en redenaar)* droog, flauw, vervelend [**oratio; eloquentia; concertatio verborum**]; ▸ *-e disputare;*
5. onbeduidend, armoedig [**sanies** weinig];
6. *(Lucr.)* leeg, zonder iets; ▸ *corpora suco -a* krachteloos;
7. hongerig *of* verlangend naar, onbekend met *(m. gen.)*; ▸ *-ae huius orationis aures;*
8. *(geestel. en mor.)* armzalig, erbarmelijk.

ientāculum, ī *n (iento) (postklass.)* ontbijt.

ientō, ientāre *(ieiunus) (pre- en postklass.)* ontbijten.

Iēsūs, Iēsū *(eccl.)* Jezus, *de stichter van het christendom.*

Īgilium, ī *n klein eiland voor de kust v. Etrurië (Toscane), nu* Giglio.

igitur *cj.*
1. *(concluderend)* dus, bijgevolg, derhalve, daarom; ▸ *e Lacedaemoniis unus, cum Perses hostis dixisset glorians: 'solem prae iaculorum multitudine non videbitis', 'in umbra igitur, inquit, pugnabimus' (Cic.);*
2. *(bij aansporingen)* dan, dus ... nu; ▸ *agite igitur;*
3. *(in vraagzinnen)* dus, dan; ▸ *quid igitur faciam?;*
4. *(bij het terugkeren tot een eerder genoemd punt)* dus, zoals gezegd;
5. *(samenvattend)* kortom, met één woord; ▸ *pro imperio, pro exercitu, pro provincia, pro his igitur omnibus rebus.*

i-gnārus, a, um *(in-²)*
1. onkundig, onwetend, onervaren *(m. gen.; de; aci.; afh. vr.)* [**litterarum; belli; de caede Galbae**]; *abs.* ook zonder iets te weten, argeloos: ▸ *me -o* buiten mijn weten; *omnibus -is* zonder dat iem. iets vermoedde; *imperium ad -os* (personen die er geen verstand, begrip van hadden) *pervenit;*
2. *(postklass.)* onbekend, vreemd; ▸ *regio hostibus -a.*

ignāvia, ae *f (ignavus)*
1. traagheid, gebrek aan energie; ▸ *aetatem agere per -am* in traagheid;
2. lafhartigheid, moedeloosheid; ▸ *per -am (Sall.)* met hulp v. lafaards.

i-gnāvus *(in-² en gnavus, zie navus)*
I. *adj.* a, um *(adv. -ē en -iter)*
1. traag, zonder energie, werkeloos, lui, onbekwaam *(in: ad; gen.)*; ▸ *ignavissimus ad opera ac muniendum hostis; legiones operum et laboris -ae;*
2. laf, zonder moed [**miles; hostis**];
3. *(poët.; postklass.) (v. niet-lev.)* krachteloos, slap [**gravitas** onbeweeglijk];
4. traag makend [**frigus; aestus; dolor**];
II. *subst.* ī *m* lafaard.

ignēscō, īgnēscere, — — *(incoh.; zie ignis)*
1. in brand raken, vlam vatten;
2. *(Verg.) (metaf. v. emoties)* ontbranden; ▸ *ignescentia odia;*
3. *(metaf.)* roodkleurig worden.

igneus, a, um *(ignis)*
1. bestaand uit, van vuur;
2. vurig, gloeiend, brandend, heet [**sol; aestas; sitis** brandend; **vis; Chimaera** vuurspuwend];
3. *(poët.) (metaf.)* verhit, gloeiend, vurig, levendig [**vigor**].

igniārium, ī *n (ignis) (Plin. Mai.)* brandstof.

igniculus, ī *m (demin. v. ignis)*
1. *(postklass.)* vlammetje, vonkje;
2. *(metaf.)* (a) gloed, hevigheid [**desiderii** brandend, gloeiend verlangen]; (b) *plur.* eerste aanvang, kiemen [**virtutum; viriles** vonken v.h. mannelijk karakter].

igni-fer, fera, ferum *(ignis en fero)* vuurdragend, vurig [**aether**].

igni-gena, ae *m (ignis en gigno) (poët.)* de uit vuur geborene [**Bacchus**].

ignīnus, a, um *(ignis) (Apul.)* dol op vuur.

igni-pēs, *gen.* pedis *(ignis)* vuurvoetig, bliksemsnel [**equi**].

igni-potēns, *gen.* entis *(ignis) (Verg.)* vuur beheersend [**Vulcanus**].

ignis, is *m (abl. sg.* igne *en* ignī*)*
1. vuur *(vaak plur.)* [**vivus** brandende kolen]; ▸ *ignem facere of accendere; ignem concipere en comprehendere* vlam vatten; *aquā et igni interdicere alci* iem. verbannen;
2. wachtvuur, legervuur; ▸ *ignes fieri prohibuit (Caes.);*
3. haardvuur;
4. offervuur;
5. vuur v.d. brandstapel, brandende brandstapel [**supremi; nigri**]; ▸ *alqm igni cremare, necare;*
6. vuurzee, brand *(vaak plur.)*; ▸ *deorum templis ignes inferre* in brand steken; *ferro ignique* te vuur en te zwaard;

7. brandend hout, (bruilofts)fakkel;
8. *plur.* vuur om te martelen; ▸ *ignes admovere alci*;
9. (*poët.*) bliksem(straal); ▸ *fulsere ignes et aether*;
10. ster, sterrenbeeld; ▸ *inter ignes luna minores*; *aeterni ignes* gesternten;
11. vurig schijnsel, gloed, het fonkelen, vurige kleur [**oculorum**]; schittering v.d. sterren [**siderum**]; schijnsel v. fakkels;
12. (*poët.*) gloed, hitte [**solis; aetheris**];
13. koorts;
14. (*metaf.*) vuur, enthousiasme [**ingenii et mentis**];
15. woede, toorn; ▸ *exarsere ignes animo* (*Verg.*);
16. liefdesgloed, brandende liefde; ▸ *ignes trahere* in liefde ontbranden; *Dido caeco carpitur igni* (*Verg.*); — *meton.*: (a) geliefde; (b) liefdesgedicht; ▸ *ignes recitare* liefdesgedichten voordragen;
17. ongeluk, verderf (*v.e. verderfelijk mens of noodlottige zaak*); ▸ *ne parvus hic* ~ (*v. Hannibal*) *incendium ingens exsuscitet* (*Liv.*); *illum ignem* (*oorlog*) *obrutum relinquere*;
18. (*poët.*) *sacer* heilig vuur, antoniusvuur (*huidziekte die branderige zweren veroorzaakt*);
19. (*eccl.*) hel(levuur).

ignītus, a, um (*ignis*) vurig, gloeiend.

i-gnōbilis, e (*in-*[2] *en nobilis*)
1. onbekend, niet beroemd, onbeduidend [**homo; urbs**];
2. van lage afkomst, eenvoudig, gewoon, laag [**vulgus; nobilis atque ignobilis**].

ignōbilitās, ātis *f* (*ignobilis*)
1. onbekendheid;
2. geringe afkomst [**generis**].

ignōminia, ae *f* (*in-*[2] *en nomen*)
1. afkeuring, degradatie;
2. beschimping, smaad, belediging, schande, ontering; ▸ *-am accipere, suscipere*; *-am alci inferre*; *-ā alqm afficere*.

ignōminiōsus, a, um (*ignominia*)
1. (*postklass.*) door openbare afkeuring, degradatie gebrandmerkt, onteerd;
2. beledigend, krenkend [**dominatio; fuga**].

ignōrābilis, e (*ignoro*) onbekend; onkenbaar.

ignōrantia, ae *f* (*ignoro*) onwetendheid, onkunde (*mbt.: gen.*) [**locorum; viae**].

ignōrātiō, ōnis *f* (*ignoro*) onbekendheid, onkunde (*mbt.: gen.*) [**locorum; iuris**].

ignōrō, īgnōrāre (*vgl. ignarus*) niet weten, niet kennen, niet herkennen, negeren (*m. acc.; de; aci.; afh. vr.*) [**ius; causam; faciem alcis** iem. niet persoonlijk kennen; **de filio**]; — *pass.* onbekend of onopgemerkt blijven; ▸ *fuga ab omnibus ignorabatur*; — *non ignorare* goed weten, goed kennen; — *p. adj.* **ignōrātus,** a, um (a) onbekend, niet erkend [**ars** onkunde mbt. de kunst]; ▸ *ignoratus evasit*; (b) ongemerkt; ▸ *ignoratus Romanos aggreditur*; (c) onbewust, onvrijwillig, onschuldig.

ignōscēns, *gen.* entis (*p. adj. v. ignosco*) (*Ter.*) vergevingsgezind [**animus**].

i-gnōscō, ignōscere, ignōvī, ignōtum (*in-*[1] *en nosco*) vergeven, niet kwalijk nemen, consideratie hebben met (*m. dat.; acc. alleen neutr. v.e. pron. of alg. adj.; m. quod*) [**matri; vitiis; haesitationi meae; haec sociis**]; — **īgnōscenīgnōscendus,** a, um (*poët.*) vergeeflijk [**dementia; culpa**].

i-gnōtus, a, um (*in-*[2] *en notus*)
1. (a) onbekend, vreemd [**terra; maria; ius; in vulgus** bij het volk]; ▸ ~ *plerisque et obscurus*; (b) ongewoon [**forma**]; (c) van onbekende, geringe afkomst;
2. onkundig, onwetend, onbekend met, onervaren in (*m. gen.*).

i-gnōvī *pf. v. ignosco.*

Iguvium, ī *n stad in Umbrië, nu* Gubbio; — *inw.* **Iguvīnī,** ōrum *en* **Iguvīnātēs,** ium *m.*

iī *pf. v. eo*[2] *en nom. plur. m v. is.*

īle, *gen.* īlis, **īleum** *en* **īlium,** ī *n* (*zelden, poët.*) (*sg. v. ilia*) schaamstreek.

īleos *zie ileus.*

Ilerda, ae *f stad in N.O.-Spanje, belangrijkste stad v.d. Ilergeten, nu* Lérida.

Ilergavonēnsēs, ium *m Spaanse volksstam aan de benedenloop v.d. Ebro*; — *adj.* **Ilergavonēnsis,** e.

Ilergētēs, um *m Spaanse volksstam tussen de rivier de Ebro en de Pyreneeën.*

īleus *en* **īleos,** ī *m* (*Gr. leenw.*) darmafsluiting.

īlex, īlicis *f* steeneik; (*meton.*) (*Mart.*) eikels.

īlia, īlium *n* (*niet-klass.*)
1. onderlijf, liezen;
2. ingewanden.

Īlia, Īliacus, Īliadēs, Īlias *zie Ilion.*

īlicet *adv.*
1. (*kom.*) laten we gaan!, het is uit, het is voorbij; weg ermee!;
2. (*poët.*) meteen, onmiddellijk (= *ilico*).

īlicētum, ī *n* (*ilex*) (*Mart.*) (steen)eikenbos.

ī-licō *adv.* (< *in loco*)
1. (*v. plaats*) (*kom.*) ter plekke, hier;
2. (*v. tijd*) meteen, onmiddellijk.

Īliēnsēs, ium *m*
1. *volksstam op Sardinië;*
2. *zie* Ilion.
īlign(e)us, a, um *(ilex)* van de steeneik, eiken-.
Īlion *en* **Īlium,** ī *n en* **Īlios,** ī *f poëtische naam v. Troje, belangrijkste stad v.d. landstreek Troas in het* N.W. *v.* Kl.-*Azië, volgens de legende door Tros en zijn zoon Ilus gesticht; — adj.* **Īliacus** *en* **Īlius,** a, um, **Īliēnsis,** e, *fem.* ook **Īlias,** adis van Ilium, Trojaans; — *inw.* **Īliēnsēs,** ium *en* **Īliī,** ōrum *m* Trojanen; *fem.* **Īlias,** adis Trojaanse vrouw *en* **Īlia,** ae Trojaanse vrouw, *ihb.* Rea Silvia; — **Īliadēs,** ae *m* (a) *zoon v. Ilia* = Romulus, Remus; (b) Ganymedes, *zoon v. Tros;* — **Īlias,** adis *f* de Ilias, *epos v. Homerus over de Trojaanse oorlog.*
Īliona, ae *en* **-ē,** ēs *f*
1. *dochter v. Priamus en Hecuba; titel v.e. tragedie v. Pacuvius;*
2. *(alleen Iliona)* = Hecuba.
Īlioneus, eī *m zoon v.* Niobe.
Īlios *zie* Ilion.
Īlīthyia, ae *f* Gr. *godin v.d. geboorte.*
Iliturgī, ōrum *m en* **Iliturgis,** is *f stad in Hispania Baetica; — inw.* **Iliturgitānī,** ōrum *m.*
Īlium *zie* Ilion.
illā *adv., zie ille* II. 5.
il-labefactus, a, um *(in-*[2] *en ppp. v. labefacio) (poët.)* vast, onwankelbaar, onwrikbaar [**concordia**].
il-lābor, lābī, lāpsus sum
1. glijden naar, naar binnen glippen, ergens in zinken, binnendringen [**in hominum animos; ad sensus; urbi**]; ▸ *animis illapsa voluptas;*
2. *(poët.)* in-, neerstorten; ▸ *si fractus illabatur orbis (Hor.).*
il-labōrātus, a, um *(postklass.)*
1. onbewerkt [**terra**];
2. zonder moeite voortgebracht [**fructūs**].
il-labōrō, labōrāre *(Tac.)* zich afmatten bij *(m. dat.)* [**domibus** bij het bouwen v. huizen].
illāc *adv. (illic*[1]*; vul aan: parte)*
1. daarlangs;
2. daar, ginds [**facere** aan die kant staan, tot die partij behoren].
il-lacessītus, a, um *(in-*[2] *en ppp. v. lacesso) (Tac.)* ongestoord, onbedreigd.
il-lacrimābilis, e *(Hor.)*
1. onbeweend;
2. niet door tranen te vermurwen, onverbiddelijk [**Pluto**].
il-lacrimō, lacrimāre *en* **il-lacrimor,** lacrimārī huilen bij *of* over, bewenen *(m. dat.; aci.; quod)* [**caedibus parentum; malis**].
il-laesus, a, um *(in-*[2] *en ppp. v. laedo) (poët.; postklass.)* ongedeerd, niet aangevallen.
il-laetābilis, e onaangenaam, treurig.
illāpsus *p.p. v. illabor.*
il-laqueō, laqueāre *(laqueus)* verstrikken, strikken; ▸ *illaqueatus omnium legum periculis.*
il-latebrō, latebrāre *(latebra) (Gell.)* verbergen, verstoppen.
illātiō, ōnis *f (infero) (postklass.)*
1. het binnenbrengen [**mortui**];
2. bijdrage, belasting;
3. het veroorzaken, aandoen [**stupri**].
illātus *ppp. v. infero.*
il-laudābilis, e *(poët.)* niet waard geprezen te worden.
il-laudātus, a, um *(poët.; postklass.)* ongeprezen, niet geroemd, roemloos.
il-lautus, a, um = *illutus.*
ille, illa, illud *(gen. sg.* illīus, *poët. meestal* illius; *dat. sg.* illī*) pron. dem.*
I. *adj.*
1. die *of* dat (daar) *(itt. tot hic*[1] *dient ille ter aand. v.h. verder verwijderde);*
2. *(v. tijd)* toenmalig, vroeger, voorbij; ▸ *ille dies; illi consules* de toenmalige; *ex illo (tempore)* sindsdien; *illorum temporum historia; non antiquo illo more, sed hoc nostro;*
3. die bekende, beroemde *of* beruchte; ▸ *magnus ille Alexander; illa Medea; Solonis illud* die beroemde uitspraak v. Solon;
4. *(terugwijzend in een redevoering)* (al) eerder vermeld, al genoemd;
5. *(bij verwijzing naar iets of iem. in de voorafgaande context)* deze, dit, die, dat, *soms op een andere manier te vertalen, bv. ille dolor* het verdriet daarover;
6. *(vooruitwijzend)* de, het volgende; ▸ *accedit illa quoque causa, quod (Cic.);*
II. *subst.*
1. die, dat (daar);
2. hij, zij, het *(om te verwijzen naar een derde persoon);*
3. *(vooruitwijzend)* de, het volgende; ▸ *illud te hortor;*
4. *neutr.* **illud** zoveel, slechts zoveel; ▸ *illud constat;*
5. *adv. vormen:* (a) **illā** *(vul aan: viā of parte)* daarlangs, aan die kant, daar; ook daarheen; (b) **illō** *(vul aan: locō)* daar(heen), daar naartoe, naar dat geval; (c) **illim** *(v. plaats)* daarvan-

daan; *(v. tijd)* sindsdien; (d) **illī** *(arch. loc.) (kom.)* daar; *metaf.* daarbij, in dat geval.
illecebra, ae *f (illicio)*
1. verlokking, verleiding, bekoring, betovering; ▸ *dedere se vitiorum -is (Cic.)*;
2. *(Plaut.) (v.e. persoon)* lokvogel, verleidster.
illecebrōsus, a, um *(illecebra) (pre- en postklass.)* verleidelijk.
illectus[1] ppp. *v. illicio.*
illectus[2], ūs *m (illicio) (Plaut.)* verleiding.
il-lēctus[3], a, um *(in-*[2] *en ppp. v. lego*[1]*)* ongelezen.
il-lepidus, a, um *(poët.; postklass.)* smakeloos, niet van goede smaak getuigend, zonder humor.
il-lēvī *pf. v. illino.*
illex, illicis *m en f (illicio) (Plaut.)* verleid(st)er, lokvogel.
il-lēxī *pf. v. illicio.*
illī *adv., zie ille II. 5.*
il-lībātus, a, um onverminderd, onverkleind, ongeschonden [**divitiae; vires**].
il-līberālis, e
1. een vrij man onwaardig, onedel, gewoon [**homo; quaestus; facinus; cibus**];
2. onhoffelijk, onaardig;
3. gierig, krenterig.
illīberālitās, ātis *f (illiberalis)*
1. onhoffelijkheid;
2. gierigheid, krenterigheid.
illic[1], **illaec, illuc** *(ille en -ce) (kom.) pron. dem.* die daar.
illīc[2] *adv. (loc. v. illic*[1]*)*
1. op die plaats, daar, ginds; ▸ *hic illic* hier en daar;
2. *(poët.)* in die (andere) wereld;
3. in dat geval, bij deze gelegenheid;
4. *(postklass.) (mbt. personen)* aan die kant, daar; ▸ *profana illic omnia, quae apud nos sacra (Tac.).*
il-liciō, licere, lēxī, lectum *(vgl. lacesso)*
1. aan-, verlokken [**singulos pretio**];
2. verlokken, verleiden [**populum ad bellum; coniugem in stuprum; alqm in fraudem**]; *(m. ut; conj.; inf.).*
il-licitātor, ōris *m (menging v. licitor en illicio)* schijnkoper *(die alleen voor de schijn biedt om de prijs op te drijven)*, stroman.
il-licitus, a, um *(postklass.)* niet toegestaan, ongeoorloofd.
illicō *adv. = ilico.*
il-līdō, līdere, līsī, līsum *(in-*[1] *en laedo)*
1. slaan, stoten tegen [**caput foribus**]; ▸ *aequora scopulis illisa;*
2. *(poët.)* naar binnen slaan, erin stoten;
3. vermorzelen, verpletteren.
il-ligō, ligāre
1. vastbinden, bevestigen, vastknopen [**aratra iuvencis** stieren voor de ploeg spannen; **manūs post tergum; tigna**];
2. aanbrengen, bevestigen [**emblemata in poculis;** *metaf.* **sententiam verbis**];
3. *(metaf.)* binden, verplichten, aan zich binden [**alqm pignoribus; alqm conscientiā; alqm stupro; sociali foedere se cum Romanis; regem condicionibus**];
4. strikken, verwikkelen, verstrikken, belemmeren; ▸ *illigatus praedā* beladen; *illigari bello; sunt angustis et concisis disputationibus illigati* zijn verstrikt, gevangen.
illim *adv., zie ille II. 5.*
il-līmis, e *(in-*[2] *en limus*[1]*) (poët.)* zonder modder, schoon [**fons**].
illinc *adv.*
1. van die kant, daarvandaan;
2. aan die kant, daar; ▸ *illinc . . . hinc* daar . . . hier: *illinc cupiditas pugnat, hinc veritas;*
3. *(v. tijd)* sinds die tijd; ▸ *illinc usque ad nostram memoriam.*
il-linō, linere, lēvī, litum
1. *(poët.; postklass.)* strijken, smeren *(op, in: dat.)* [**collyria oculis** oogzalf inbrengen; **alqd chartis** iets op papier smeren; **aurum vestibus** weven in; **aurum tecto; sociis ceram** was in de oren v.d. makkers smeren];
2. bestrijken, bedekken *(met: abl.)* [**pocula ceris; faces pice**].
il-liquefactus, a, um *(in-*[1] *en ppp. v. liquefacio)* vloeibaar gemaakt, gesmolten *(ook metaf.)* [**voluptates**].
il-līsī *pf. v. illido.*
illīsus[1] ppp. *v. illido.*
illīsus[2], ūs *m (illido) (postklass.)* het stoten, schok.
il-litterātus, a, um
1. ongeletterd, onontwikkeld;
2. *(v. zaken)* niet geleerd, niet wetenschappelijk.
illitus[1] ppp. *v. illino.*
illitus[2], ūs *m (illino) (postklass.)* het besmeren.
illō *zie ille II. 5.*
illōc *= illuc.*
il-locābilis, e *(in-*[2] *en loco) (Plaut.)* niet aan de man te brengen, onverkoopbaar.
il-lōtus *= illutus.*
il-lūbricō, lūbricāre *(Apul.)* soepel (laten) bewegen.
illūc *adv. (illic*[1]*)*

1. daar(heen), naar die plaats, in die richting; ▸ *huc (et) illuc* hierheen en daarheen, naar alle kanten;
2. naar het hiernamaals; ▸ *cum illuc ex his vinculis emissi feremur* (*Cic.*);
3. daarheen, daarop; ▸ *illuc intendere* zijn zinnen daarop zetten; *illuc redeo* naar dat onderwerp; *illuc cuncta vergere* op hem (*Tiberius*);
4. (*postklass.*) (*v. tijd*) tot dan toe, tot zolang.

il-lūceō, lūcēre, — — (*Plaut.*; *Laatl.*) schijnen op (*m. dat.*).

il-lūcēscō, lūcēscere, lūxī, —
I. *intr.*
1. beginnen te schijnen; ▸ *illucescit dies* breekt aan; (*onpers.*) *illucescit* het wordt licht, het wordt dag;
2. (*metaf.*) (stralend) te voorschijn komen; ▸ *cum populo Romano vox et auctoritas consulis repente in tantis tenebris illuxerit* (*Cic.*);
II. *tr.* (*Plaut.*) beschijnen.

il-lūdō, lūdere, lūsī, lūsum
1. (*poët.*) spelen met, spelen rond (*m. dat.*); ▸ *ima videbatur talis ~ palla*; (*metaf.*) *illusae auro vestes* speels met goud doorwéven; *~ chartis* met papier spelen (*Hor.*);
2. (*metaf.*) een spel spelen met, belachelijk maken, bespotten (*m. dat.*; *acc.*; *in m. acc.*) [**capto; dignitati alcis; miseros; praecepta rhetoricorum; voces Neronis**]; *abs.* spotten;
3. misleiden, bedriegen (*m. acc.*; *dat.*);
4. (*poët.*; *postklass.*) lelijk te pakken nemen, beschadigen, zich vergrijpen aan (*m. dat.*; *acc.*) [**pecuniae** moedwillig erdoor jagen; **matri; vitam filiae**].

illūminātē *adv.* (*illumino*) helder, duidelijk [**dicere**].

illūminātiō, ōnis *f* (*illumino*) (*Laatl.*)
1. verlichting;
2. verschijning.

il-lūminō, lūmināre (*lumen*)
1. verlichten; ▸ *ab eo (sole) luna illuminata* (*Cic.*);
2. (*metaf.*) (a) op-, versieren; verheerlijken [**orationem sententiis**]; (b) onthullen, verklaren.

il-lūnis, e *en* **il-lūnius,** a, um (*in-*[2] *en luna*) (*postklass.*) maanloos [**nox**].

Illurgavonēnsēs = *Ilergavonenses.*

il-lūsī *pf. v. illudo.*

illūsiō, ōnis *f* (*illudo*)
1. spot, ironie;
2. (*Laatl.*) misleiding.

illūsor, ōris *m* (*illudo*) (*eccl.*) bespotter.

illūstrātiō, ōnis *f* (*illustro*)
1. (*Laatl.*) verlichting;
2. (*Laatl.*) verschijning;
3. (*retor. t.t.*) aanschouwelijke weergave.

illūstrātor, ōris *m* (*illustro*) (*Laatl.*) iem. die verheldert, verheerlijkt.

illūstris, e (*illustro*)
1. helder, verlicht, stralend [**stella; solis candor; locus; dies; caelum**];
2. helder, duidelijk, levendig, aanschouwelijk [**exemplum; oratio**];
3. bekend, beroemd [**homines; nomen; factum**]; berucht [**furta**];
4. aanzienlijk, vooraanstaand [**familia; homo**]; ▸ *illustri loco natus*;
5. uitstekend, voortreffelijk, belangrijk [**legatio; ingenium**].

il-lūstrō, lūstrāre
1. verlichten; ▸ *sol illustrat oras*;
2. (*metaf.*) aan het licht brengen, onthullen, openbaren [**consilia alcis; maleficium**]; *pass.* aan het licht komen;
3. aanschouwelijk maken, ophelderen, verduidelijken, verklaren [**verum; ius obscurum; philosophiam veterem Latinis litteris**];
4. glans verlenen aan, verfraaien (*m. acc.*); ▸ *illustrant eam orationem quasi stellae quaedam translata verba atque immutata* (*Cic.*); *quid admirabilius quam res splendore illustrata verborum* (*Cic.*);
5. verheerlijken, prijzen [**consulem laudibus; populi Romani nomen; familiam; eloquentiam**].

illūsus *ppp. v. illudo.*

il-lūtilis, e (*illutus*) (*Plaut.*) niet afwasbaar [**odor**].

il-lūtus, a, um (*in-*[2] *en ppp. v. lavo*)
1. ongewassen, vuil, smerig;
2. (*Verg.*) niet afgewassen [**sudor**].

il-luviēs, ēī *f*
1. (*in-*[2] *en lavo*) vuilheid, smerigheid (*ook metaf.*) [**verborum**];
2. (*in-*[2] *en lavo*) vuil, modder; (*Plaut.*) (*als scheldw.*) vuilak, smeerlap;
3. (*in-*[1] *en lavo*) (*Laatl.*) overstroming.

il-lūxī *pf. v. illucesco.*

Illyriī, ōrum *m groep Indo-europese volksstammen in Dalmatië en Albanië*; — **Illyria,** ae *f*, **Illyricum,** ī *n en* **Illyris,** idis *f* Illyrië; — *adj.* **Illyrius** *en* **Illyricus,** a, um, *fem. ook* **Illyris,** idis Illyrisch.

Īlōtae, ārum *m* = *Hilotae.*

Īlus, ī *m*
1. *zoon v. Tros, vader v. Laomedon, koning v. Troje;*
2. = *Iulus (= Ascanius).*
Ilva, ae *f eiland in de Tyrrheense Zee, nu* Elba.
im- *zie in-.*
IM. *(afk.)* = *immunis.*
Imacharēnsis, e *uit de stad Imachara (nu* Maccara*) op Sicilië.*
imāginābundus, a, um *(imaginor) (Apul.)* zich verbeeldend.
imāginārius, a, um *(imago)* alleen in de verbeelding bestaand, schijn- [**paupertas; fasces**].
imāginātiō, ōnis *f (imaginor) (postklass.)* inbeelding, voorstelling, fantasie.
imāginor, imāginārī *(imago) (postklass.)* zich inbeelden, zich voorstellen.
imāginōsus, a, um *(imago) (Catull.)* vol van beeltenissen.
imāgō, inis *f (vgl. imitor)*
1. beeld, afbeelding *(als plastiek of schildering)* [**ficta** borstbeeld; **picta** schildering, portret; **cerea** wassen pop];
2. voorouderportret, wassen dodenmasker *v.e. voorvader;* ▸ *ius imaginum (hierin was vastgelegd dat alleen diegenen het recht hadden voorouderportretten in het atrium op te stellen, v. wie minstens een v.d. voorvaderen een curulisch ambt (aedilis of hoger) had bekleed; in plechtige lijkstoeten werden ze door mannen voor het gezicht gedragen); homo multarum imaginum* met veel voorvaderen;
3. kopie, evenbeeld [**antiquitatis; animi et corporis tui**];
4. schaduw(beeld) *v. gestorvenen,* schim [**mortuorum; coniugis**];
5. droombeeld [**nocturnae quietis**];
6. drogbeeld, schijn, schijnbeeld [**vana; rei publicae; industriae**];
7. *(postklass.)* het voorspiegelen; ▸ *imagine pacis decipere alqm;*
8. echo *(met en zonder vocis);* ▸ *recinit nomen imago;*
9. *(poët.; postklass.)* verschijning, gedaante [**mortis; venientis Turni; insepultorum**];
10. *(poët.; postklass.) (retor. t.t.)* beeldende weergave, vergelijking, metafoor;
11. *(poët.; postklass.)* voorstelling, gedachte, beeld [**caedis**].
imāguncula, ae *f (demin. v. imago)* beeldje.
imbēcillitās, ātis *f (imbecillus)*
1. zwakheid, zwakte [**corporis; valetudinis; materiae** van het timmerhout];
2. *(postklass.)* ziekelijkheid;
3. *(metaf.)* zwakheid, machteloosheid [**consilii; magistratuum**];
4. (morele *of* intellectuele) zwakte [**animi; sociorum; generis humani**].
im-bēcillus, a, um *en* **-is,** e
1. zwak, krachteloos, gebrekkig [**senex; oculi**];
2. slap, ziekelijk;
3. *(metaf.)* zwak, machteloos [**regnum; suspicio**]; ineffectief [**medicina**];
4. zwak, amoreel [**animus; aetas; accusator**].
im-bellis, e *(in-*[2] *en bellum)*
1. onkrijgshaftig, afkerig van oorlog, niet geschikt voor oorlog [**di** = Venus en Amor; **exercitus; telum** krachteloos];
2. laf; ▸ *imbelles timidique; res imbelles* laf gedrag;
3. zonder oorlog, vreedzaam, rustig, stil [**annus; columba; fretum; somnus**].
imber, bris *m*
1. regen(bui), stortregen, slagregen, onweersbui; *plur.* regendruppels, regenachtig weer;
2. *(poët.)* noodweer;
3. *(meton.)* regenwater;
4. *(poët.)* water, vocht [**fontis; gelidus; calidus; pluvius** regenwater];
5. tranenstroom; ▸ *imbre per genas cadente;*
6. *(metaf.)* ~ *telorum of ferreus* regen van projectielen.
im-berbis, e *en* **im-berbus,** a, um *(in-*[2] *en barba)* baardeloos.
im-bibō, bibere, bibī, —
1. aannemen, zich eigen maken [**animo malam opinionem de alqo**];
2. zich voornemen.
im-bītō, bītere, — — *(Plaut.)* naar binnen gaan.
im-bratteō, bratteāre *(brattea) (Laatl.)* van een laagje metaal voorzien.
imbrex, bricis *f en m (imber)*
1. *(pre- en postklass.)* holle dakpan *voor het afvoeren v. regenwater;* ▸ *tempestas confringit tegulas imbricesque;*
2. *(Verg.) (meton.)* dak van holle dakpannen;
3. *(Suet.) (metaf.)* applaus met holle handen;
4. *(Mart.)* ribstuk [**porci** varkensribbetje].
imbricātus, a, um *(imbrex) (postklass.)* hol gevormd.
imbricitor, ōris *m (imber en cieo)* brenger v. regen; ▸ *spiritus austri* ~.
imbricus, a, um *en* **imbrifer,** fera, ferum *(imber en fero) (poët.)* regen brengend [**auster**].
Imbros *en* **Imbrus,** ī *f eiland in het* N. *v.d.* Ege-

ische Zee, nu Gökçeada; — *adj.* **Imbrius,** a, um.

im-buō, buere, buī, būtum
1. bevochtigen, natmaken, doordrenken [**vestem sanguine; guttura lacte**];
2. *(metaf.)* vervullen *(van: abl.)* [**alqm admiratione; pectora religione**];
3. bevlekken, bezoedelen [**gladium scelere**];
4. gewennen aan, inwijden in, vertrouwd maken met, opleiden tot *(m. abl.; ad; inf.)* [**se studiis; militem licentiā saevitiāque; socios ad officia legum**];
5. *(poët.)* beginnen, inwijden [**opus; exemplum** het voorbeeld geven; **bellum sanguine**].

imitābilis, e *(imitor)* navolgbaar, imiteerbaar [**orationis subtilitas; non imitabile fulmen**].

imitāmen, inis *n (imitor) (Ov.)* imitatie, nabootsing.

imitāmentum, ī *n (imitor) (postklass.)* imitatie, nabootsing.

imitātiō, ōnis *f (imitor)*
1. het imiteren, navolgen, nabootsen;
2. *(meton.)* imitatie, namaak(sel).

imitātor, ōris *m (imitor)* navolger, imitator.

imitātrīx, īcis *f (imitator)* navolgster, nabootsster.

imitor, imitārī
1. navolgen, imiteren [**praeclarum factum; mores; instituta; vitia; oratorem**];
2. namaken, kopiëren [**capillos aere**];
3. *(v. niet-lev.)* lijken op, evenaren *(m. acc.)*; ▸ *umor potest imitari sudorem; cornua lunam imitata* maanvormig; *triumphos imitans* net als bij triomftochten;
4. *(Verg.)* vervangen [**ferrum sudibus** knuppels ipv. zwaarden gebruiken];
5. weergeven, vertalen; ▸ *exprimere quaedam verba imitando* door het Griekse origineel om te zetten in het Latijn;
6. *(poët.; postklass.)* aan de dag leggen, veinzen [**gaudia falsa; maestitiam**]; — *p.p.* **imitātus,** a, um *pass.* nagebootst.

īmitus *adv. (imus) (postklass.)* vanuit de diepte.

im-maculātus, a, um *(postklass.)* onbevlekt.

im-madēscō, madēscere, maduī, — *(poët.; postklass.)* nat, vochtig worden *(van: abl.)*.

im-mānis, e *(adv.* -e *en (Laatl.)* -iter)
1. *(v. omvang en hoeveelheid)* enorm (groot), reusachtig, onmetelijk, buitengewoon, geweldig [**belua; anguis; corpus; poculum; pecunia** heel veel; **praeda; aedificium**]; ▸ *-e quantum* heel erg, heel veel;
2. *(v. aard)* (a) *(v. personen)* onmenselijk, wreed [**hostis; gens**]; (b) *(v. dieren)* wild; (c) *(v. niet-lev.)* verschrikkelijk, vreselijk, afschuwelijk, ontzettend [**audacia; scelus; crudelitas; avaritia**].

immānitās, ātis *f (immanis)*
1. *(v. omvang en gesteldheid)* buitengewone omvang, afschrikwekkendheid; ▸ *serpens inusitatae immanitatis;*
2. *(v. aard)* vreselijkheid, gruwelijkheid, woestheid, ruwheid, onmenselijkheid [**facinoris; morum; animi; gentium**];
3. *(meton.)* onmens, wreedaard; ▸ *in tanta immanitate versari* te midden v. zulke onmensen leven.

im-mānsuētus, a, um ongetemd, wild [**gens; ingenium; ventus** stormachtig].

im-marcēscibilis, e *(in-*[2] *en marcesco) (Laatl.)* niet verwelkend, onvergankelijk.

immātūritās, ātis *f (immaturus)*
1. *(Suet.)* onrijpheid;
2. voorbarigheid, overhaast gedrag.

im-mātūrus, a, um
1. *(poët.; postklass.) (v. personen, vruchten, zweren)* onrijp;
2. voortijdig, te vroeg [**mors; consilium**]; ontijdig; ▸ *alci -o vita erepta est.*

im-mediātus, a, um *(in-*[2] *en medius) (Mel.)* onverwacht; — *adv.* **-ē** onmiddellijk.

im-medicābilis, e *(poët.)* ongeneeslijk [**vulnus; telum** een ongeneeslijke wond veroorzakend].

im-memor, *gen.* oris
1. niet (meer) denkend, vergetend, onbekommerd, achteloos, onbezorgd, zonder rekening te houden *(abs.; aan, om, met: gen.)*; *abs. ook* meedogenloos, zonder scrupules [**mens; beneficii; Romanarum rerum; libertatis** zich niet bekommerend om];
2. vergeetachtig [**ingenium** vergeetachtigheid];
3. zonder zich dankbaar te herinneren, ondankbaar *(abs.; m. gen.)* [**posteritas; beneficii; tanti meriti**].

im-memorābilis, e
1. *(Plaut.)* niet geschikt om te herhalen;
2. *(Lucr.)* onuitsprekelijk, onmetelijk [**spatium**];
3. *(Plaut.)* niet in staat om zich te herinneren.

im-memorātus, a, um *(poët.)* onvermeld, nog niet verteld.

immēnsitās, ātis *f (immensus)* onmetelijkheid,

onmetelijke grootte [**freti**].
immēnsum, ī *n (immensus)* het onmetelijke, onmetelijke ruimte, onafzienbare afstand; — *adv.* **in** *of* **ad -um** *of alleen* **immensum** buitengewoon [**mons in immensum editus** zeer hoog].
im-mēnsus, a, um onmetelijk (groot), reusachtig, oneindig [**spatium; mare; sitis** niet te lessen].
im-meō, meāre *(Plin. Mai.)* naar binnen gaan.
im-merēns, *gen.* entis *(in-² en mereo)* onschuldig.
im-mergō, mergere, mersī, mersum *(in: acc.; in m. acc.; dat.; abl.)*
1. in-, onderdompelen, doen zinken [**manūs in aquam**];
2. *(poët.; postklass.)* diep insteken [**manum in os leonis**];
3. *se* ~ *en pass.* binnensluipen, -dringen [**in contionem;** *metaf.* **in consuetudinem alcis** zich indringen; **studiis** zich verdiepen in].
im-meritus, a, um *(adv. -ō)*
1. *(poët.)* die het niet verdiend heeft *(m. inf.)* [**mori**]; onschuldig [**gens; agni**];
2. onverdiend [**triumphus; laudes; querelae; immerito meo** buiten mijn schuld]; — *adv.* **immeritō** onverdiend, ten onrechte; ▸ *non -o* met recht.
im-mersābilis, e *(in-² en merso) (Hor.)* niet onder te dompelen, niet onder te krijgen *(in, door: abl.)* [**undis**].
im-mersī *pf. v. immergo.*
immersus ppp. *v. immergo.*
im-mētātus, a, um *(in-² en meto²) (Hor.)* niet gemeten [**iugera**].
im-migrō, migrāre binnentrekken, zijn intrek nemen *(in: in m. acc.).*
im-mineō, minēre, — — *(mons)*
1. hangen over, boven, zich vooroverbuigen over *(m. dat.)*; ▸ *pinus villae imminens* steekt uit boven; *imminente luna* in de maneschijn;
2. uitsteken boven, *(een plaats)* beheersen, bedreigen, dicht grenzen aan *(m. dat.)*; ▸ *caelum imminet orbi; tumulus moenibus imminens;*
3. *(metaf.) (v. personen)* op de nek, op de hielen zitten, in het nauw brengen *(m. dat.)* [**fugientium tergis**]; ▸ *ei imminet fortuna* achtervolgt hem;
4. streven naar, proberen te bemachtigen, loeren op *(m. dat.; in m. acc.; ad)* [**fortunis civium; toti Asiae; in victoriam; ad caedem**];
5. *(v. ongeluk en gevaren)* boven het hoofd hangen, bedreigen, dreigen, (dreigend) te gebeuren staan; *(m. dat.)* ▸ *imbres imminentes; mors imminet; imminentium oblitus* de onmiddellijke dreiging vergetend; *imminens princeps.*
im-minuō, minuere, minuī, minūtum
1. verminderen, verkleinen [**numerum praetoriarum cohortium; pretium**];
2. *(metaf.)* afbreuk doen aan, aantasten [**libertatem; honorem; maiestatem; pacem**];
3. verzwakken, krachteloos maken [**animum libidinibus; vires**]; ▸ *mens paulum imminuta* nogal verminderde geestelijke vermogens;
4. *(Tac.)* van zijn aanzien beroven.
imminūtiō, ōnis *f (imminuo)*
1. vermindering; ▸ *pravitas imminutioque corporis* verminking;
2. *(metaf.)* aantasting [**dignitatis**];
3. *(retor. t.t.)* schijnbaar verzwakkende uitdrukking, litotes.
im-misceō, miscēre, miscuī, mixtum
1. mengen in, (ver)mengen met, verbinden met *(m. dat.; cum)* [**ima summis; manibus manūs** handgemeen worden; **se nocti** in de nacht verdwijnen; **se nubi atrae;** *metaf.* **vitia virtutibus**];
2. indelen bij *(m. dat.)* [**veteribus militibus tirones**];
3. *se* ~ *en pass. immisceri* zich inlaten met, zich bemoeien met, deelnemen aan *(m. dat.)* [**colloquiis; alcis periculis; negotiis alienis**].
im-miserābilis, e niet beklaagd.
im-misericors, *gen.* cordis onbarmhartig, zonder medelijden.
im-mīsī *pf. v. immitto.*
immissārium, ī *n (immitto)* waterreservoir.
immissiō, ōnis *f (immitto)*
1. *(postklass.)* het binnenlaten, het naar binnen zenden;
2. het vrij laten groeien [**sarmentorum**];
3. *(eccl.)* aanval, verleiding [**diaboli**].
immissus *zie immitto.*
im-mītis, e
1. *(poët.; postklass.)* wrang, onrijp [**uva**];
2. niet zacht, streng, hard, ruw, wreed, wild [**tyrannus; mandata; ventus; ara** *(vanwege mensenoffers)*; **locus**].
im-mittō, mittere, mīsī, missum
1. naar binnen zenden, sturen *(m. in m. acc.; ad; dat.)* [**alqm in urbem, in tecta; corpus in undas** zich storten in; **collum in laqueum** een strop om de hals leggen; **coronam caelo** plaatsen aan];
2. *se* ~ *en pass. immitti* zich storten, binnen-

dringen *(in: in m. acc.; dat.)* [**equo in hostes** op de vijanden afgalopperen; **undis; superis** zich begeven onder];
3. toegang verlenen, toelaten [**hostem in locum; lumen; senarium** in proza accepteren];
4. slingeren, werpen [**pila in hostes; fruges in ignes**];
5. *(water)* (naar binnen) leiden [**aquam canalibus; mare in lacum**];
6. aanbrengen, inzetten, invoegen in *(m. in m. acc.; dat.)* [**tigna in flumen** inheien; **plantas** enten; **aurum filis** inweven];
7. loslaten, ophitsen, aansporen, aanzetten [**equum in alqm; impetūs in domos** teweegbrengen; **naves in hostium classem** laten drijven]; ▸ *immissis canibus agitare* met een meute honden opjagen;
8. *(de teugels)* vieren, loslaten *(ook metaf.)* [**(equo) frena, habenas; rudentes**]; ▸ *immissa iuga* het wegschietende span; *immissis habenis* met losse teugels;
9. laten oprukken [**equitatum in hostes**];
10. *(metaf.)* veroorzaken, (op)wekken [**iniuriam; timorem; curas; amorem; vires**];
11. laten groeien, laten opschieten [**vitem**]; — *p. adj.* **immissus,** a, um *(v. haar)* lang, neergolvend.

immixtus *ppp. v. immisceo.*

immō *adv.*
1. *(bevestigend)* ja natuurlijk, zeker, inderdaad;
2. *(afwijzend)* nee integendeel, geenszins;
3. *(versterkend)* ja, wat meer is, ja zelfs; ▸ *vivit? immo in senatum venit;*
/ *vaak versterkt: immo vero, immo etiam e.a.*

im-mōbilis, e
1. onbeweeglijk;
2. *(metaf.)* onwankelbaar [**pietas; phalanx**];
3. ongevoelig, onbewogen; ▸ *princeps ~ precibus;*
4. inactief, rustig, stil [**Ausonia**].

immōbilitās, ātis *f (immobilis) (Laatl.)* onbeweeglijkheid [**aquae**]; onveranderlijkheid [**consilii**].

immoderātiō, ōnis *f (immoderatus)* gebrek aan beheersing [**verborum**].

im-moderātus, a, um
1. onbegrensd, onmetelijk [**aether**];
2. *(metaf.)* mateloos, buitensporig, onbeheerst, onbeteugeld [**mulier; fortitudo; libertas; oratio; incendium**].

immodestia, ae *f (immodestus)*
1. *(pre- en postklass.)* onbescheidenheid, losbandigheid, overmoed;
2. *(milit.)* insubordinatie, gebrek aan discipline [**militum**].

im-modestus, a, um onbeheerst, onbescheiden, overmoedig, onmatig [**mores**].

im-modicus, a, um
1. overmatig groot, overmatig lang [**rostrum; oratio; frigus; fluctus**];
2. *(metaf.)* onmatig, teugelloos, buitensporig [**voluptas;** *(met, in: abl.)* **saevitiā;** *(in, bij: gen.; in m. abl.)* **laetitiae; in augendo numero; in appetendis honoribus**].

im-modulātus, a, um *(Hor.)* metrisch incorrect [**poëmata**].

immoenis, e *(arch.)* = *immunis.*

immolātīcius, a, um *(August.)* voor *of* van offers, offer- [**caro**].

immolātiō, ōnis *f (immolo)* het offeren; *plur.* offerhandelingen.

immolātor, ōris *m (immolo)* iem. die offert.

im-mōlītus, a, um *(in-[1] en molior)* gebouwd, opgetrokken.

im-molō, molāre *(in-[1] en mola, eig. 'bij een offer met meel bestrooien')*
1. offeren *(m. acc.; abl.)* [**Musis bovem; Iovi tauro**];
2. *(poët.) (metaf.)* opofferen, ten offer brengen, doden.

im-morior, morī, mortuus sum *(poët.; postklass.) (m. dat.)*
1. sterven in, op, bij [**sorori** op het lijk v.d. zuster];
2. *(metaf.)* zich doodwerken bij, zwoegen op [**studiis**].

im-moror, morārī *(postklass.)* vertoeven bij, zich ophouden bij, blijven in [**in hac vita**] *(ook metaf.) (m. dat.).*

im-morsus, a, um *(in-[1] en mordeo) (poët.)*
1. gebeten [**collum**];
2. *(metaf.)* geprikkeld [**stomachus**].

im-mortālis
I. *adj.* e
1. onsterfelijk [**di; animi; natura**];
2. *(metaf.)* onvergankelijk, eeuwig, onuitwisbaar [**gloria; facinora; memoria**];
3. *(Prop.)* goddelijk;
II. *subst.* is *m* onsterfelijke, god.

immortālitās, ātis *f (immortalis)*
1. onsterfelijkheid [**animorum**];
2. *(metaf.)* onvergankelijkheid, eeuwigheid, onvergankelijke roem [**rei publicae**]; ▸ *immortalitati commendare of tradere* vereeuwigen;

3. goddelijkheid;
4. *(kom.)* hoogste geluk, zaligheid.

immortuus *v. immorior.*

im-mōtus, a, um
1. onbewogen, onbeweeglijk, rustig [**mare** ijszee; **aquae** bevroren; **dies** windstil];
2. *(metaf.)* ongestoord [**pax**];
3. onwrikbaar, onveranderlijk, vast, zeker [**mens; fata**]; ▸ *mihi animo -um sedet (Verg.)* het staat voor mij onwrikbaar vast;
4. onverstoorbaar, onaangedaan [**animus**].

im-moveō, movēre, mōvī, mōtum *(in-[1] en moveo) (Plaut.)* bewegen naar.

im-mūgiō, mūgīre *(poët.)*
1. loeien (bij); ▸ *nec taurus cessavit ad aras* ~;
2. *(metaf.)* (dreunend) weergalmen, dreunen *(van: abl.)*; ▸ *regia luctu immugit.*

im-mulgeō, mulgēre, — — *(uiers)* melken *of* melkend uitpersen in *(m. dat.)* [**ubera labris**].

immunditia, ae *f (immundus)*
1. *(pre- en postklass.)* vuil(ig)heid, smerigheid;
2. *(Laatl.) (metaf.)* slechtheid, onreinheid.

im-mundus, a, um
1. vuil, smerig;
2. *(Laatl.) (metaf.)* slecht, onrein.

im-mūniō, mūnīre *(Tac.)* aanleggen [**praesidium**].

im-mūnis, e *(in-[2] en munus, munia)*
1. vrij van betalingen, *ihb. aan de staat,* vrij van belastingen, niet belastingplichtig *(meestal abs.; zelden m. gen., abl. of ab)* [**cives; ager; portoriorum; ab omni opere**];
2. *(poët.; postklass.)* vrij van bijdragen, niets bijdragend; zonder geschenken te geven;
3. *(Verg.)* parasiterend [**fucus**];
4. vrij van militaire dienst [**centuria;** *(m. gen. of abl.)* **militarium operum; militiā**];
5. nalatig in zijn plichten [**virtus; Grai**];
6. *(metaf.)* vrij *of* bevrijd, verschoond, rein van, onberoerd door *(m. gen.; abl.; ab)* [**mali; vitiorum; calamitate; a periculo;** *abs.* **tellus** onbebouwd].

immūnitās, ātis *f (immunis)*
1. het vrij zijn *van betalingen,* belastingvrijstelling [**omnium rerum** van alle betalingen; **a tributis; muneris**];
2. voorrecht, privilege; ▸ *veteres immunitates adimere.*

im-mūnītus, a, um
1. niet versterkt [**oppidum; castellum**];
2. ongeplaveid [**via**].

im-murmurō, murmurāre *(poët.; postklass.)*
1. murmelen *of* ruisen in, toefluisteren *(abs. of m. dat.)*; ▸ *silvis immurmurat auster;*
2. morren; ▸ *immurmurat agmen.*

im-mūtābilis[1], e onveranderlijk, onwrikbaar [**causa; aeternitas**].

immūtābilis[2], e *(immuto) (Plaut.)* veranderlijk.

immūtābilitās, ātis *f (immutabilis[1])* onveranderlijkheid, onwrikbaarheid.

immūtātiō, ōnis *f (immuto)*
1. verandering, wisseling, onbestendigheid, vervanging [**verborum**];
2. *(retor. t.t.)* metonymie.

im-mūtātus[1], a, um *(in-[2] en ppp. v. muto[1])* onveranderd.

immūtātus[2], a, um *(immuto)* veranderd.

im-mūtēscō, mūtēscere, mūtuī, — *(postklass.)* verstommen, sprakeloos worden.

im-mūtō, mūtāre
I. *tr.*
1. (doen) veranderen, wijzigen [**formas; consuetudinem; ordinem verborum; voluntatem**];
2. *(retor. t.t.)* (a) metonymisch gebruiken [**verba**]; (b) allegorisch gebruiken; ▸ *immutata oratio* allegorie;
II. *intr.* veranderen, anders worden.

im-mūtuī *pf. v. immutesco.*

I M P. *(afk.)* = *imperator of imperium.*

im-pācātus, a, um *(poët.; postklass.)*
1. niet onderworpen;
2. niet vredig, onrustig [**vita**].

im-paenitendus, a, um *(in-[2] en paenitet) (Apul.)* waarover geen berouw nodig is.

impāgēs, is *f (impingo) (archit.)* dwarsbalk.

im-pallēsco, pallēscere *(poët.)* bleek worden.

im-pār, *gen.* paris *(abl. sg. -ī en -e)*
1. ongelijk, verschillend [**modi** hexameter en pentameter; **arma; benevolentia;** *(in: abl.)* **magnitudine**];
2. *(v. getallen)* oneven [**numerus; Musae** het negental (muzen)]; ▸ *ludere par impar* even en oneven spelen;
3. *(Hor.)* scheef (zittend) [**toga**];
4. *(in kracht of belang)* niet opgewassen tegen, zwakker *of* minder dan, onderdoend voor *(m. dat.)* [**Achilli; dolori; honoribus;** *(in: abl.)* **viribus**];
5. niet van gelijke afkomst *(in, mbt.: abl.)* [**materno genere**]; ▸ *Iulia spreverat Tiberium ut imparem;*
6. *(poët.) (v. situaties)* waarin men niet tegen een ander opgewassen is, ongelijk [**fata; pugna**].

im-parātus, a, um onvoorbereid, niet uitgerust, niet voorzien (*met, van, mbt.: abl.; ab*) [**res publica; a militibus; a pecunia**]; ▸ *omnibus rebus imparatissimis* zonder enige vorm v. voorbereiding; *alqm -um confodere* weerloos; ~ *aggredior ad dicendum* (*Cic.*).

impartiō, -ior = *impertio, -ior.*

im-pāscor, pāsci (*in-*[1] *en pasco*) (*postklass.*) grazen op *of* in (*m. abl.*).

im-passibilis, e (*eccl.*) ongevoelig, onaantastbaar.

impassibilitās, ātis *f* (*impassibilis*) (*eccl.*) ongevoeligheid, onaantastbaarheid.

im-pāstus, a, um (*Verg.*) niet gevoed, hongerig [**pisces**].

im-patibilis, e = *impetibilis.*

im-patiēns, *gen.* entis (*poët.; postklass.*)
1. niet in staat te verdragen, te verduren, uit te houden; niet opgewassen tegen (*m. gen.*) [**laborum; viae** niet in staat de inspanningen v.e. reis te verdragen; **viri** vervuld van afkeer van; **societatis** eenzelvig];
2. *abs.* (a) ongeduldig, onbeheerst [**animus**]; (b) (*stoïsche t.t.*) onverstoorbaar.

impatientia, ae *f* (*impatiens*) (*postklass.*)
1. onvermogen om te verdragen (*m. gen.*) [**silentii; frigorum**];
2. ongeduld (*mbt.: gen.*);
3. (*stoïsche t.t.*) onverstoorbaarheid.

im-pavidus, a, um onverschrokken, zonder vrees [**vir; pectora**].

impedīmentum, ī *n* (*impedio*)
1. hindernis; ▸ *-a naturae diligentiā industriāque superare; -um alci facere, inferre of afferre;*
2. *plur.* (a) (reis)bagage, *ihb. militaire* bagage; (b) legertros; (c) pakpaarden; ▸ *-a mulique.*

im-pediō, pedīre (*in-*[1] *en pes, vgl. expedio*)
1. (*poët.*) omwikkelen, verstrikken, boeien, vasthouden, (in de bewegingen) hinderen [**pedes; frenis equos** in bedwang houden];
2. (*poët.*) omwinden, omvlechten [**caput myrto; cornua sertis**];
3. (*plaatsen*) ontoegankelijk maken, versperren [**saltum munitionibus**];
4. (*metaf.*) in de war brengen, verwarren [**orbes orbibus** in elkaar grijpende cirkels beschrijven; **mentem dolore**];
5. tegenhouden, (ver)hinderen, belemmeren, afhouden [**a delectatione; a vero bonoque; a re publica bene gerenda; se a suo munere** zich in zijn werk laten storen; **in iure suo; ad fugam capiendam; comitia auspiciis; iussa** de uitvoering v.d. bevelen verhinderen]; (*m. quominus; ne; quin; zelden m. inf.*).

impedītiō, ōnis *f* (*impedio*) verhindering, beletsel, belemmering.

impeditō, impeditāre (*frequ. v. impedio*) (*poët.*) hinderen.

impedītus, a, um (*p. adj. v. impedio*)
1. gehinderd, belemmerd, tegengehouden [**animi** druk(bezet); **oratio** haperend, moeizaam];
2. (*v. plaatsen*) ontoegankelijk, versperd, onbegaanbaar [**silva; itinera**];
3. zwaarbepakt, *ihb. milit.* niet klaar voor het gevecht [**milites; agmen**];
4. (*metaf.*) moeilijk, lastig, gecompliceerd, hachelijk [**bellum; disceptatio; tempora rei publicae**].

im-pedō, pedāre (*postklass.*) (onder)steunen.

im-pēgī *pf. v. impingo.*

im-pellō, pellere, pulī, pulsum
1. (*poët.*) (aan)stoten, (aan)slaan [**pollice chordas** de snaren; **alqm gladio; portas manu**]; ▸ *maternas impulit aures luctus Aristaei* (*Verg.*) trof het oor v.d. moeder;
2. bewegen, aandrijven, (doen) schudden [**navem remis; puppim remis velisque; remos** roeien; **aequora remis** slaan; **equum calce; sagittam nervo** afschieten; **mugitibus auras** doen trillen; **animum labantem** aan het wankelen brengen; **legentem** storen];
3. (*metaf.*) aandrijven, aanzetten, bewegen, verleiden tot (*m. ut; inf.; in m. acc.; ad*) [**ad facinus; in fraudem; alqm in fugam; alqm ad societatem belli; ad deditionem**]; ▸ *irā impulsus* uit woede;
4. (*een vijand*) doen wijken [**hostes; aciem**];
5. neerwerpen, ten val brengen [**hominem clipeo; praecipitantem** *of* **ruentem** iem. die al valt = een ongelukkige nog ongelukkiger maken; **mores** in het verderf storten].

im-pendeō, pendēre, — —
1. hangen over, hangen *of* zweven boven (*abs. of m. dat.*); ▸ *gladius cervicibus impendet* boven de nek; *saxum Tantalo impendet; montes impendentes;*
2. (*metaf.*) te wachten staan, ophanden zijn, dreigen (*abs.; m. dat.; in m. acc.; acc.*); ▸ *impendens patriae periculum; in me terrores impendent; subito tanta te impendent mala* (*Ter.*); *impendente supplicio.*

im-pendī *pf. v. impendo.*

impendiō *adv.* (*impendium*) zeer [**magis** (zeer)

veel meer; **minus**]; ▸ ~ *maerens*.
impendiōsus, a, um *(impendium)* *(Plaut.)* verkwistend.
impendium, ī *n* *(impendo)*
1. kosten, uitgaven [**privatum; publicum**];
2. *(postklass.)* verlies, schade; ▸ *tantulo -o victoria stetit* kwam te staan op;
3. rente.
im-pendō, pendere, pendī, pēnsum
1. *(geld)* besteden, gebruiken, uitgeven [**sumptum; pecuniam;** *(aan, voor: in m. acc.)* **in res vanas; nummos in navem**];
2. *(metaf.)* *(moeite, tijd e.d.)* besteden, opofferen, gebruiken *(aan, voor: in m. acc.; ad; dat.; in m. abl.)* [**operam; sanguinem in socios; vitam vero**].
im-penetrābilis, e
1. ondoordringbaar *(voor: dat.; adversus)* [**ferro; adversus ictūs**];
2. *(metaf.)* ontoegankelijk, onbedwingbaar [**mens irae; pudicitia**].
impēnsa, ae *f* *(impensus¹)*
1. (on)kosten, uitgave [**publica** staatskosten]; ▸ *-ā alcis* op iems. kosten; *-am facere in alqd* kosten maken voor iets;
2. *(metaf.)* opoffering, besteding [**cruoris; operum; officiorum**]; ▸ *meis -is* ten koste v. mijn goede naam;
3. *(meton.)* (bouw)materiaal.
impēnsus¹, a, um *(p. adj. v. impendo)*
1. *(v.d. prijs)* duur, hoog; ▸ *-o pretio of alleen -o vendere, emere alqd;* — *adv.* **impēnsē** met grote kosten, duur: *bibliothecas impensissime reparare (Suet.)*;
2. *(metaf.)* groot, heftig, dringend [**voluntas** vastberaden; **cura**]; — *ihb. adv.* **impēnsē** buitengewoon, dringend [**cupere; petere; milites retinere** streng]; *niet-klass.* = zeer: *impense improbus*.
im-pēnsus², a, um *(Plaut.)* waardeloos.
imperātor, ōris *m* *(impero)*
1. gebieder, heer, heerser [**gentium; terrarum; vitae**];
2. veldheer, opperbevelhebber;
3. zegevierend veldheer *(eretitel die het leger en de senaat aan een veldheer na een grote overwinning toekenden, meestal achter de naam geplaatst)*;
4. *bijnaam v. Jupiter*;
5. *(postklass.) sinds Caesar de titel v.d. Rom. keizers, voor of achter de naam geplaatst;* — *abs.* = Rom. keizer.
imperātōrius, a, um *(imperator)*
1. van de veldheer, veldheers- [**virtutes; forma** gebiedend; **partes** rol; **haud -um** een veldheer onwaardig];
2. *(postklass.)* keizerlijk [**uxor; decus**].
imperātrīx, īcis *f* *(imperator)* heerseres, gebiedster; *(iron.)* opperbevelhebster; ▸ *fortuna ~ mundi*.
imperātum, ī *n* *(impero)* bevel, opdracht; ▸ *-um en -a facere* uitvoeren, gehoorzamen.
im-perceptus, a, um *(poët.; postklass.)* onbegrepen.
im-percō, percere, — — *(parco)* *(Plaut.)* sparen *(m. dat.)*; *abs.* zich sparen.
im-percussus, a, um *(Ov.)* niet gestoten, geruisloos; ▸ *-os nocte movere pedes*.
im-perditus, a, um niet gedood.
imperfectiō, ōnis *f* *(imperfectus)* *(eccl.)* onvolmaaktheid.
im-perfectus, a, um
1. onvoltooid, onvolledig, onvolmaakt [**pons; corpus; verba; commentarius; res** niet afgemaakt; **bellum; infans** onvoldragen];
2. *(Sen.)* zedelijk onvolmaakt;
3. *(Juv.)* onverteerd [**cibus**].
im-perfossus, a, um *(Ov.)* niet doorboord; ▸ *Caeneus manet ~ ab ictu*.
imperiālis, e *(imperium)* *(Laatl.)* keizerlijk, keizer-.
imperiōsus, a, um *(imperium)*
1. gebiedend, heersend, machtig, overheersend [**populus; virga** = fasces; **sibi** zichzelf beheersend];
2. heerszuchtig, gebiedend, tiranniek, hard [**dictatura; aequor** onstuimig; **cupiditas**].
imperītia, ae *f* *(imperitus)* onervarenheid, onhandigheid, onwetendheid [**hostium; iuvenum;** *(in, mbt.: gen.)* **rerum; verborum**].
imperitō, imperitāre *(intens. v. impero)*
1. *(m. dat.)* heersen over, het bevel voeren over [**legionibus; oppido; nemori; equis** mennen];
2. *(m. acc.)* bevelen, verlangen [**aequam rem**].
im-perītus
I. *adj.* a, um onervaren, onkundig, onhandig, onvoorbereid *(in, met: gen.)* [**iuris civilis; equitandi; omnium rerum** zonder enige levenservaring];
II. *subst.* ī *m* leek, ondeskundige.
imperium, ī *n* *(impero)*
1. bevel, voorschrift, opdracht, verordening, bepaling [**tyranni; imperatoris; patris; decumarum** belasting v. tienden]; ▸ *-um accipere*

krijgen; *-o en ad -um* op bevel; *-um observare* het bevel in acht nemen; *-um abnuere* gehoorzaamheid weigeren;
2. *(meton.)* macht, gezag *(over: gen.; in m. acc.)* [**custodiae** over de gevangenissen; **in suos; summum** ~ *of* **summa -i** hoogste macht]; ▸ *-i cupido; acerbitas -i; pro -o* uit hoofde v. zijn gezag;
3. (hoogste) macht *in een staat, stad e.d.*, heerschappij, regering *(over: gen.)* [**provinciae; orbis terrarum; unius** alleenheerschappij]; ▸ *-um petere* trachten te verkrijgen; *-um suscipere* aanvaarden; *in -o esse* heersen; *summo -o esse* de hoogste macht in handen hebben; *-o eius* onder zijn regering; *de -o decertare; sub populi Romani -um cadere; -um deponere; sub -um alcis redigere;* ~ *penes alqm est* ligt in iems. hand; *-um alci extorquere; -o natus* geboren om te heersen; *ook plur.: novis -is studere* naar verandering v.d. macht streven;
4. *(milit.)* opperbevel, commando [**belli; navium; maritimum** op zee; **summum** ~ *of* **summa -i** opperbevel]; ▸ *-a et honores* militaire en civiele functies; *-a magistratūsque* functies in oorlog en vrede; *cum -o esse* het opperbevel hebben; *alci -um dare; alqm -o praeficere;*
5. ambt(elijke bevoegdheid); ▸ *fasces ceteraque insignia huius -i;*
6. *(meton.)* beambten; overheid *(alleen plur.)*; ▸ *plena -orum provincia;*
7. ambtsjaar, ambtsduur, ambtsuitoefening; ▸ *carcer ille in istius -o domicilium civium fuit (Cic.);*
8. machtsgebied, staat, rijk; ▸ *fines -i propagare; urbes -o adiungere;*
9. *(Mel.)* (**a**) keizerschap; (**b**) keizer.

im-periūrātus, a, um *(Ov.)* waarbij men geen meineed durft te zweren [**aqua** water v.d. Styx].

im-permissus, a, um *(Hor.)* ongeoorloofd.

im-perō, perāre *(in-[1] en paro[1])*
1. bevelen, gebieden, gelasten, opdracht geven *(aan: dat.)* [**tribunis militum; multa**], *abs.* bevelen geven; ▸ *vis imperandi; alqo imperante* op iems. bevel; *ad imperandum vocari* om bevelen te ontvangen; *(m. ut; conj.; aci. [meestal alleen bij pass. of inf. v.e. dep.]; inf.; afh. vr.; pass. vaak ook m. een persoonl. constructie: nci.) impero ut laboret* ik beveel hem te werken; *stringerent ferrum imperavit; frumentum comportare imperavit; quantum quisque daret, pro facultatibus imperabat* bepaalde; *haec procurare imperor* men beveelt mij;
2. heersen over, het opperbevel hebben over *(m. dat.)* [**classi; omnibus gentibus; irae** beheersen], *abs.* keizer zijn, regeren; ▸ *Lucullo imperante* onder het bevel v. Lucullus; *Tiberio imperante* onder keizer Tiberius;
3. *(een bijdrage, levering)* opdragen, opleggen [**puero cenam** de verzorging v.d. maaltijd; **obsides civitatibus** van de staten vorderen; **alci frumentum**];
4. laten bijeenbrengen, mobiliseren [**exercitum**].

im-perpetuus, a, um *(Sen.)* vergankelijk.

im-persōnālis, e *(gramm. t.t.)* onpersoonlijk.

im-perspicuus, a, um *(Plin. Min.)* ondoorgrondelijk, verborgen.

im-perterritus, a, um onverschrokken.

im-pertiō, pertīre *en (niet-klass.)* **-ior,** īrī *(partio[1], partior)*
1. toedelen, doen toekomen, verlenen, schenken, wijden aan [**alci civitatem** het burgerrecht; **alci multam salutem** iem. de hartelijke groeten doen; **alci tempus; se talem alci** zich zo (be)tonen; **indigentibus** (de armen) **de re familiari**];
2. *(pre- en postklass.)* voorzien van, uitrusten met *(m. abl.)* [**aetatem puerilem doctrinis** in kennis stellen van].

impertīta, ōrum *n (impertio) (Liv.)* voorrechten, concessies.

im-perturbābilis, e *(in-[2] en perturbo) (Laatl.)* onverstoorbaar.

im-perturbātus, a, um *(poët.; postklass.)* ongestoord, rustig [**animus**]; ▸ *-a occupationibus quies (Sen.).*

im-pervius, a, um *(poët.; postklass.)* onbegaanbaar, niet te passeren, ontoegankelijk [**amnis; iter; lapis ignibus** vuurvast].

impete *zie impetus.*

im-petibilis, e *(in-[2] en patibilis)* on(ver)draaglijk [**dolor**].

impetīgō, inis *f (impeto)* chronische huiduitslag, schurft.

im-petō, petere, — — *(postklass.)* aanvallen.

impetrābilis, e *(impetro)*
1. gemakkelijk verkrijgbaar [**venia; triumphus**];
2. gemakkelijk afdwingend; overtuigend [**orator**]; aangenaam [**dies**].

impetrātiō, ōnis *f (impetro)* het verkrijgen; toestemming.

impetriō, impetrīre *(desider. v. impetro)* door gunstige voortekenen trachten te verkrijgen.

im-petrō, petrāre *(patro) (door vragen)* bereiken, gedaan krijgen, bewerkstelligen *(m. ut, ne; conj.; inf.; aci.)*; [**optatum; veniam a dictatore; civitatem** burgerrecht; **de indutiis**]; ▸ *non* ~ *ab animo potuit ut* hij kon het niet over zijn hart verkrijgen om; *tandem impetravi abiret (Plaut.).*

impetus, ūs *m (poët. abl. sg. impete, dat. sg. impetū) (impeto)*
1. aandrang, het aanstormen, het onstuimig oprukken [**militum; maris, fluminis** sterke stroming; **navis** vaart, snelheid; **hastae** zwaai; **ventorum** het aanstormen, beuken; *ook metaf.*: **rerum** druk v.d. omstandigheden]; ▸ *continenti impetu* ononderbroken doorlopend; *impetum capere* een aanloop nemen;
2. aanval, overval; ▸ *in hostem impetum facere of dare* aanvallen;
3. *(metaf.)* geestdrift, enthousiasme [**dicendi**];
4. hartstochtelijkheid, hartstochtelijke natuur [**animi; offensionis** verontwaardiging over een belediging];
5. drang, verlangen, neiging *(naar, tot: gen.)* [**imperii delendi**]; ▸ *est mihi* ~ *(m. inf.)* ik voel me gedreven om;
6. *(meton.)* snel besluit; ▸ *impetum capere regis occidendi;*
7. ruimte, uitgestrektheid [**maris; caeli**].

im-pexus, a, um *(poët.; postklass.)*
1. ongekamd, verward [**barba**];
2. *(metaf.)* onverzorgd, ruig [**antiquitas**].

im-picō, picāre *(postklass.)* met pek bestrijken.

impietās, ātis *f (impius)*
1. goddeloosheid, plichtsverzaking, gewetenloosheid;
2. gebrek aan eerbied *(jegens: in m. acc.)* [**in principem** majesteitsschennis].

im-piger, gra, grum *(in-[2] en piger)* rusteloos, onvermoeid, werkzaam, actief [**ingenium; lingua; equus; in laborando; militiae** in de oorlog]; ▸ *alqd impigre exsequi; vir ad labores belli* ~; *(m. inf.)* ~ *hostium vexare turmas.*

impigritās, ātis *f (impiger)* onvermoeidheid.

im-pingō, pingere, pēgī, pāctum *(pango)*
1. slaan, aanslaan, stoten *(in, tegen: dat.)* [**alci fustem** iem. met een stok slaan; **lapidem Aesopo; alci calcem** iem. schoppen; **alci compedes** voetboeien aandoen; *metaf.* **alci dicam** een proces aandoen]; ▸ *saxis (vadis) impactus* op de rotsen (in ondiep water) (vast)gelopen;
2. *(poët.; postklass.)* drijven, jagen *(naar: dat.; in m. acc.)* [**agmina muris; hostes in vallum**]; — *pass.* stoten op;
3. opdringen *(meestal scherts.)* [**alci calicem mulsi** voor de neus houden].

im-piō, piāre *(Plaut.)* bezoedelen [**se** zondigen].

im-pius, a, um zonder eerbied, gewetenloos, goddeloos [**civis; bellum; saecula; facta; dii** *die men bij toverij en vervloekingen aanroept*].

im-plācābilis, e onverzoenlijk, onverbiddelijk *(abs.; m. dat.; in m. acc.)* [**animus; veteri odio**].

im-plācātus, a, um onverzoenlijk [**gula** onverzadigbaar].

im-placidus, a, um *(poët.)* ruw, onvriendelijk, woest, hard [**genus**].

im-planō, planāre *(eccl.)* bedriegen, misleiden.

im-plectō, plectere, —, plexum *(poët.; postklass.)* ineenvlechten, vervlechten; ▸ *aurum crinibus implexum; manibus implexis* met verstrengelde handen; *metaf.*: *series implexa causarum* keten v. oorzaak en gevolg.

im-pleō, plēre, plēvī, plētum
1. volmaken, volgieten, vullen [**vas; fossas; amphoram ad summum**]; ▸ *luna impletur* het wordt volle maan;
2. (ver)vullen, voorzien *(met, van: abl.; gen.; de)* [**mero pateram; venas cibis; ollam denariorum** de pot vullen met denariën]; *(metaf.)* (ver)vullen van [**animum spe; pectora curis; urbem terrore; clamore aedes; animum religionis; omnia erroris mutui; hostes formidinis**]; ▸ *hostis oppidum sanguine militum implevit; Neptunus ventis implevit vela secundis (Verg.)* deed bollen; *celeriter adulescentem suae temeritatis implet (Liv.);*
3. *(metaf.)* vervullen, volmaken [**vestigia alcis** in iems. sporen treden]; ▸ *acta magni Herculis impleverant terras (Ov.); quaestionem argumentis* ~;
4. voltallig maken, aanvullen [**cohortes**]; ▸ *luna quater iunctis impleverat cornibus orbem (Ov.);*
5. *(een aantal, grootte, maat e.d.)* volledig maken, bereiken [**finem vitae, cursum vitae** sterven]; ▸ *puer qui nondum impleverat annum (Ov.);*
6. *(een functie)* vervullen, voor iem. optreden [**locum principem; censorem**];
7. volbrengen, uitvoeren, volvoeren [**consilium; fata** de profetie in vervulling laten gaan, werkelijkheid laten worden; **promissum** zijn belofte inlossen; **leges; munia**]; ▸ *ne id profiteri videar, quod non possim implere (Cic.);*
8. *(poët.; postklass.)* verzadigen, *pass.* zich verzadigen *(met: abl.; gen.), meestal metaf.* bevredigen,

stillen, tevredenstellen [**se sanguine regum; milites praedā; dolorem suum lacrimis; desideria naturae; odium**]; ▸ *praeparatā nos implevimus cenā (Petr.); implentur veteris Bacchi pinguisque ferinae (Verg.); non semper implet (Demosthenes) aures meas (Cic.)*;
9. *(poët.)* zwanger maken, bevruchten [**feminam; uterum generoso semine**].
implētiō, ōnis *f (impleo) (eccl.)* vervulling.
implexus, ūs *m (implecto) (Plin. Mai.)* vereniging, verstrengeling.
implicātiō, ōnis *f (implico)*
1. vervlechting [**nervorum**];
2. *(metaf.)* verwarring, verwikkeling [**rei familiaris**].
implicātus, a, um *(p. adj. v. implico)* ingewikkeld, verward [**partes orationis**].
implicīscō, implicīscere, —, — *(implico)* in verwarring brengen.
implicitē *(implicitus v. implico) adv.* verward, onduidelijk.
im-plicō, plicāre, plicāvī *en* plicuī, plicātum *en* plicitum
1. ineenvouwen, ineenvoegen [**orbes** in ineengrijpende cirkels bewegen]; ▸ *implicatae flexibus vallium viae (Liv.)*;
2. inwikkelen, vervlechten [**pedes; dextras; acies inter se** handgemeen worden; **se dextrae alcis** zich vastklemmen aan];
3. *(metaf.)* vastknopen, verbinden, ketenen aan *(m. cum; dat.)*; — *pass. implicari (m. abl.)*: *impudentia inscientiā implicata* verbonden met;
4. *in een toestand* verwikkelen, verstrikken *(in: abl.)* [**alqm bello, erroribus**]; — *pass. implicari* verstrikt raken in, terechtkomen in, zich inlaten met *(m. abl.; in m. acc.)* [**negotiis; tua defensione; consiliis alcis** zich inlaten met; **morbo** *of* **in morbum** ziek worden; **multarum aetatum oratoribus** in aanraking komen met];
5. in de war brengen, verwarren [**animos; alqm responsis**]; ▸ *tanti errores nos implicant*;
6. *(poët.)* omwikkelen, omwinden, omstrengelen, omvatten [**tempora ramo**];
7. *(poët.)* wikkelen om, strengelen om, winden om *(m. dat.)* [**bracchia collo** de armen om de hals slaan].
implōrābilis, e *(imploro) (poët.)* die *of* dat aangeroepen kan worden [**lumen**].
implōrātiō, ōnis *f (imploro)* het roepen om hulp, het aanroepen [**deorum; illius; acerba**].
im-plōrō, plōrāre
1. aanroepen, te hulp roepen [**deos; leges** zich beroepen op; **iura libertatis**];
2. onder tranen en klachten roepen [**nomen filii; nomine Turnum**];
3. afsmeken, verzoeken [**auxilium a Romanis**]; *(m. ut, ne)*.
im-pluī *pf. v. impluo.*
im-plumbō, plumbāre *(archit.)* met lood bevestigen.
im-plūmis, e *(pluma) (poët.; postklass.)* ongevederd, kaal [**pulli**].
im-pluō, pluere, pluī, — inregenen, regenen op *(m. dat.)* [**hortis**]; ▸ *(metaf., scherts.) alci malum impluit* het regent slagen op iem.
impluviātus, a, um *(impluvium) (Plaut.)* moiré, gevlamd(?).
impluvium, ī *n (impluo)* impluvium *(waterbekken in de vloer v.h. atrium in Oudrom. huizen om regenwater op te vangen).*
im-polītus, a, um
1. ongepolijst; *(metaf., retor.)* ongepolijst, niet verfraaid;
2. onafgewerkt [**res**];
3. onbeschaafd [**forma ingenii; genus hominum**].
im-pollūtus, a, um onbevlekt [**virginitas**]; ongeschonden [**fides**].
im-pōnō, pōnere, posuī, pos(i)tum *(arch.: inf. pf. imposīsse, pf. imposīvī) (m. in m. acc.; in m. abl.; dat.)*
1. zetten, leggen, plaatsen in *of* op, steken in [**dextram in caput alcis; medicamentum in ventrum; pedem in undam; mortuos in rogum; milites in equos; dona aris; clitellas bovi; artūs mensis; frontibus ancillarum vittas; equum equae** laten dekken];
2. opzetten [**victori coronam; Caesari diadema**];
3. opstellen, oprichten, aanleggen, bouwen; ▸ *coloniam in agro Samnitium* ~ ; *arces montibus impositae; impositum saxis Anxur; pontibus praesidiisque impositis*;
4. inschepen, aan boord brengen *(ook m. de toevoeging: in naves, in navem, in navibus)* [**milites; equites; exercitum**]; ▸ *aeris magno pondere in naves imposito (Caes.); quicquid domi fuit in navem imposivit (Plaut.)*;
5. *(als wachter, toezichthouder, gezagsdrager, regent e.a.)* aanstellen, aan het hoofd stellen [**custodem in hortis; centuriones ad portas; regem Macedoniae**]; ▸ *itaque imposuistis cervicibus nostris sempiternum dominum (Cic.)*;

6. *(de hand)* leggen aan, slaan aan [**manum calathis; manum pensis** wol spinnen; *metaf.* **rei extremam, summam, ultimam manum** de laatste hand leggen aan];
7. *finem, modum of fastigium* een doel stellen aan, een einde maken aan, beëindigen *(m. dat.)* [**volumini; spei; dolori; operi incohato**];
8. *(iets onaangenaams)* opleggen, op iem. schuiven [**alci gravem laborem; leges duras; consulem populo; consuli invidiam belli; culpam omnem in alqm** op iem. schuiven];
9. *(iets ernstigs)* aandoen, toevoegen [**alci vulnus, vim, iniuriam, contumelias**];
10. wijs maken, op de mouw spelden, bedriegen *(m. dat.)* [**populo**];
11. *(een naam, bijnaam, schijn e.d.)* toevoegen, geven [**filio Philippum nomen; victori cognomen; labori nomen inertiae; fraudi speciem iuris; cognata vocabula rebus**];
12. *(geld)* besteden [**impensam alci rei**].

im-porciō, porcīre *(porca) (agr.)* door te ploegen voren vormen.

im-portābilis, e *(Laatl.)* ondraaglijk [**onus;** *metaf.* **malum**].

im-portō, portāre
1. *uit het buitenland* invoeren [**vinum; frumentum;** *metaf.* **artes; linguam Graecam**];
2. *(metaf.)* teweegbrengen, veroorzaken, toebrengen *(bij, aan: dat.)* [**alci detrimentum, calamitatem; alci suspicionem** bij iem. opwekken];
3. *(jur.)* indienen [**actionem**].

importūnitās, ātis *f (importunus)*
1. *(Gell.)* ongunstige positie [**loci**];
2. onbeschaamdheid, grofheid [**matris; animi**].

im-portūnus, a, um *(vgl. op-portūnus)*
1. ongunstig gelegen, ontoegankelijk [**locus**];
2. *(v. tijd)* ongunstig;
3. *(poët.; postklass.) (metaf.)* ongunstig, ongelegen, lastig, onaangenaam [**pauperies; fata**];
4. onbeschaamd, grof, nors, brutaal [**hostis; libido; natura**].

im-portuōsus, a, um zonder haven [**mare; litus; insula**].

im-pos, *gen.* potis *(in-*[2] *en potis) een zaak* niet machtig *(m. gen.)* [**animi** niet in staat zich te beheersen; **sui** niet bij zijn volle verstand].

impositiō, ōnis *f (impono)*
1. *(Laatl.)* het opleggen [**manuum**];
2. *(gramm.)* (het toekennen v.e.) benaming.

impositus *ppp. v. impono.*

im-possibilis, e *(postklass.)* onmogelijk.

impossibilitās, ātis *f (impossibilis) (postklass.)* onmogelijkheid.

impostor, ōris *m (impono) (Laatl.)* bedrieger.

impostūra, ae *f (impono) (Laatl.)* bedrog, vervalsing.

impostus *zie impono.*

im-posuī *pf. v. impono.*

im-pōtābilis, e *(Laatl.)* niet drinkbaar.

im-potēns, *gen.* entis *(abl. sg. -ī en -e)*
1. machteloos, onmachtig, zwak;
2. *(m. gen.) een zaak* niet machtig [**irae; equi regendi**];
3. zonder zelfbeheersing, mateloos, teugelloos [**dominatio; rabies; invidia; iniuria; iussa; amor; freta**].

impotentia, ae *f (impotens)*
1. *(Ter.)* onvermogen, onmacht;
2. teugelloosheid, overmoed [**animi; libidinum; astri** onmatige gloed].

impraesentiārum *adv.* *(< in praesentia rerum)* bij de huidige stand v. zaken, voor het ogenblik, voorlopig.

im-prānsus, a, um *(poët.)* zonder ontbijt, nuchter.

imprecātiō, ōnis *f (imprecor) (postklass.)* verwensing, vervloeking.

im-precor, precārī
1. *(iets goeds of slechts)* wensen [**homini diras** vervloeken; **alci mortem**];
2. aanroepen [**deos**].

imprēnsibilis, e *(in-*[2] *en pre[he]ndo) (postklass.)* ongrijpbaar.

impressē *adv. (imprimo) (Laatl.)* met nadruk, nadrukkelijk.

im-pressī *pf. v. imprimo.*

impressiō, ōnis *f (imprimo)*
1. indruk;
2. het binnendringen, aanval; ▸ *impressionem dare* aanvallen;
3. *(retor. t.t.)* (a) articulatie [**vocum**]; (b) *plur.* verheffing en daling v.d. stem.

impressus *ppp. v. imprimo.*

im-prīmīs *en* **in-prīmīs** *(ook gesplitst) adv.*
1. vooral, hoofdzakelijk, in de eerste plaats;
2. ten eerste, om te beginnen.

im-primō, primere, pressī, pressum *(in-*[1] *en premo)*
1. *(met kracht)* drukken op [**vestigium; osculum labiis**]; duwen, steken in [**gladium; vulnus**];
2. indrukken, opdrukken *(vaak metaf.) (in, op: in*

m. abl.; in m. acc.; dat.) [**sigillum in cera; signum pecori; anulum litteris** verzegelen; *metaf.* **rem menti** inprenten];
3. voorzien van een ingedrukt merk, verzegelen, merken [**signo tabellas;** *metaf.* **rem publicam dedecore** met een brandmerk]; ▸ *crater impressus signis* kruik met voorstellingen in reliëf;
4. *(Mel.) litteras* ~ schrijven; *libros* ~ drukken.

im-probābilis, e *(postklass.)*
1. verwerpelijk [**motus animi**];
2. niet overtuigend [**argumentum**].

improbātiō, ōnis *f (improbo)* afkeuring, verwerping.

improbitās, ātis *f (improbus)* slechtheid, schaamteloosheid, brutaliteit.

im-probō, probāre afkeuren, verwerpen [**multorum opera; mores alcis; consilium; iudicium;** *(m. dubb. acc.)* **alqm testem** als getuige].

improbulus, a, um *(demin. v. improbus) (Juv.)* nogal vermetel.

im-probus
I. *adj.* a, um
1. slecht, gebrekkig [**merces; panis; coquus**];
2. zedelijk slecht, oneerlijk, boosaardig, verdorven [**homo; facinus; furtum; mores; largitio**];
3. onbeschaamd, brutaal, vermetel, driest [**puer** = Amor; **fortuna** grillig]; *v. dieren ook* vraatzuchtig, onverzadigbaar [**lupus; Iovis ales; aquila**];
4. *(poët.)* gemeen, schaamteloos [**carmina; dicta; verba**];
5. mateloos, overdreven [**labor** rusteloos; **rabies ventris** onstilbaar];
II. *subst.* ī *m* booswicht, schoft.

im-prōcērus, a, um *(postklass.)* klein, onaanzienlijk.

im-prōdictus, a, um niet verschoven [**dies**].

im-professus, a, um *(postklass.)* die zich niet heeft laten registreren.

im-prōmiscus, a, um *(postklass.)* onvermengd.

im-prōmptus, a, um niet bij de hand, niet vaardig, onhandig.

im-properātus, a, um *(Verg.)* niet haastig, langzaam.

im-properō, properāre *(probrum) (postklass.)* verwijten.

im-properus, a, um *(poët.)* = *improperatus.*

impropria, ōrum *n (improprius) (postklass.)* ongepaste uitdrukkingen.

im-proprius, a, um *(postklass.)* niet passend, oneigenlijk [**cognomen**].

im-prōpugnātus, a, um *(postklass.)* onverdedigd.

im-prosper(us), era, erum *(postklass.)* ongelukkig, ongunstig [**fama**].

im-prōtēctus, a, um onbeschermd.

im-prōvidus, a, um
1. nietsvermoedend, argeloos *(abs. of m. gen.)* [**certaminis; mali**]; ▸ *-a pectora; -os incautosque hostes opprimere; -as hominum mentes occupare;*
2. onvoorzichtig, zorgeloos, onbekommerd *(abs. of m. gen.)* [**futuri; consilii**]; ▸ *-i et neglegentes duces; festinatio -a et caeca.*

im-prōvīsa, ōrum *n (improvisus) (Tac.)* onvoorziene gevallen.

im-prōvīsus, a, um onvoorzien, onvermoed [**adventus**]; — *adv.* (de, ex) **imprōvīsō** onverwachts, plotseling.

im-prūdēns, *gen.* entis
1. nietsvermoedend, argeloos; ▸ *imprudente Sulla* buiten medeweten v. Sulla;
2. onopzettelijk; ▸ *imprudenter illud factum est;*
3. onkundig, onervaren *(abs.; in: gen.)* [**adulescens; legis; religionis; maris**];
4. *(poët.; postklass.)* onverstandig, onvoorzichtig, onnadenkend.

imprūdentia, ae *f (imprudens)*
1. argeloosheid;
2. onopzettelijkheid; ▸ *per -am* zonder opzet;
3. onwetendheid, onkunde [**eventūs**];
4. onverstandigheid, onvoorzichtigheid, onnadenkendheid [**praetorum**].

im-pūbēs, *gen.* pūberis *en (poët.; postklass.)* **impūbis,** e niet volwassen, onrijp, jong, onschuldig [**puer; corpus; genae** baardeloos; **anni** kinderjaren]; — *subst. plur.* kinderen.

im-pudēns, *gen.* entis onbeschaamd, schaamteloos [**homo; epistula; mendacium;** *metaf.* **pecunia** schaamteloos veel geld].

impudentia, ae *f (impudens)* onbeschaamdheid, schaamteloosheid.

impudīcitia, ae *f (impudicus)* onzedelijkheid, onkuisheid.

im-pudīcus, a, um
1. ontuchtig, onzedelijk;
2. *(Plaut.; Mart.)* schaamteloos, onbeschaamd [**facinus**].

impugnātiō, ōnis *f (impugno)*
1. bestorming;
2. *(Laatl.)* aanval; verleiding.

impugnātor, ōris *m (impugno) (Laatl.)* bestrijder, tegenstander.

im-pugnō, pugnāre
1. aanvallen, bestormen [**patriam; terga hostium**];
2. *(metaf.)* bestrijden, strijden tegen *(m. acc.)* [**regem; dignitatem consulis; sententiam; morbum**].

im-pulī *pf. v. impello.*

impulsiō, ōnis *f (impello)*
1. stoot, duw;
2. *(metaf.)* aandrift, impuls.

impulsor, ōris *m (impello)* aandrijver, aanspoorder *(tot: gen.)* [**profectionis**]; ▸ *me impulsore* op aandrang v. mij.

impulsus[1] *ppp. v. impello.*

impulsus[2], ūs *m (impello)*
1. stoot [**scutorum; ianuae** het kloppen op de deur; **turbae** het dringen v.d. menigte];
2. *(metaf.)* aandrang, aansporing [**deorum; libidinum**].

im-pūnctus, a, um *(Apul.)* zonder stippen.

im-pūne *adv. (in-*[2] *en poena)*
1. ongestraft, straffeloos; ▸ ~ *facere alqd;* ~ *esse (alci)* ongestraft blijven; ~ *ferre* er ongestraft afkomen;
2. *(metaf.)* zonder nadeel, zonder gevaar.

impūnitās, ātis *f (in-*[2] *en punio)*
1. straffeloosheid [**peccandi**]; ▸ *alci veniam et impunitatem dare;*
2. schaamteloosheid.

im-pūnītus, a, um
1. ongestraft, straffeloos [**scelera; ignominia**];
2. teugelloos, schaamteloos [**omnium rerum libertas**].

impūrātus *(impurus) (kom.)*
I. *adj.* a, um schandelijk;
II. *subst.* ī *m* schoft.

impūritās, ātis *en (Plaut.)* **impūritia,** ae *f (impurus)* schandelijkheid, schaamteloosheid.

im-pūrus, a, um
1. vuil, smerig;
2. *(metaf.)* schandelijk, liederlijk [**puer; animus**].

imputātor, ōris *m (imputo) (Sen.)* 'de toerekenaar', de zelfgenoegzame *(die zich erop laat voorstaan anderen wel te doen).*

im-putātus, a, um *(in-*[2] *en puto) (poët.; postklass.)* niet gesnoeid [**buxus; vinea**].

im-putō, putāre *(poët.; postklass.)*
1. aanrekenen, in rekening brengen;
2. *(Mart.)* schenken [**alci otia parva**];
3. *(metaf.) (als verdienste of schuld)* aanrekenen, toeschrijven of wijten aan, schuiven op [**alci culpam**].

im-putrēscō, putrēscere *(postklass.)* rotten.

im-putribilis, e *(in-*[2] *en putresco) (eccl.)* onvergankelijk.

īmulus, a, um *(demin. v. imus) (Catull.)* alleronderst.

īmum, ī *n (imus)*
1. het onderste (deel), grond, bodem, diepte *(ook plur.)*; ▸ *ima fontis; ima montis* voet v.d. berg; *ab of ex imo* van onder af; *ab imo suspirare* diep; *ab imo vertere* geheel en al; *petere ima* in de diepte zinken; *imō* beneden, in de diepte; *qui regit ima (Ov.)* (god) die de onderwereld regeert;
2. einde, slot; ▸ *ad imum* (tot) uiteindelijk.

īmus, a, um
1. *(v. plaats)* onderst, laagst, diepst, helemaal beneden [**sedes; dii** *of* **tyranni** van de onderwereld]; *partit.* = het onderste deel van [**cauda** punt v.d. staart; **tellus** het binnenste v.d. aarde; **gurges** diepte v.d. maalstroom; **quercus** wortel v.d. eik; **pectus, cor** diepste v.h. hart]; ▸ *per ima ossa* door merg en been; *in imis vallibus* op de bodem v.h. dal;
2. *(v. tijd) (poët.)* laatst [**mensis**];
3. *(in rang, graad, volgorde) (poët.; postklass.)* onderst, laagst; ▸ *superi imique deorum.*

in *prep.*
I. *(m. abl.)*
1. *(v. plaats, als antwoord op de vraag 'waar?')* (a) in, bij, op; ▸ *in Sicilia esse; in urbe ambulare; in senatu litteras recitare; coronam in capite habere; in Sequanis* in het gebied v.d. Sequani, bij de Sequani; *Caesaris in barbaris* (bij de barbaren) *nomen erat obscurius; navigare in Italia* langs de kusten v. Italië; *in armis esse* onder de wapenen zijn; *in vinculis esse; in custodiis teneri; alqd in manibus habere* in zijn macht, onder zijn gezag; *in oculis (situm) esse* voor ogen staan; *vasa in mensa ponere; statuam in foro ponere; mensam in horto constituere; in sepulcro inscribere* een inscriptie op het graf plaatsen; *legionem in urbe collocare; se in silva abdere; pontem facere in flumine* over een rivier; (b) binnen; ▸ *copias in castris continere;*
2. *(v. tijd)* in, binnen, tijdens; ▸ *hoc in tempore; in omni aetate* in elke periode; *in multis annis; semel in vita; ter in hora; in tempore venire* op tijd;
3. *(bij het vermelden v. toestanden en omstandigheden)* in, bij, onder; ▸ *in adulescentia; in consulatu; horum in imperio; in tali tempore; in pace; in*

timore, in periculo, in motu esse; in maximis luctibus esse; in magna paupertate decessit; isti in magno aere alieno (terwijl ze grote schulden hebben) *magnas etiam possessiones habent; in rebus secundis, adversis; in itinere; in ipso negotio; in oppido oppugnando; in deliberando; amicus certus in re incerta cernitur* (Enn.);
4. *(bij kleding = cum);* ▸ *esse in veste domestica, candida;*
5. *(ter aand. v.d. persoon of zaak bij wie, waarin zich iets bevindt)* in, op, bij; ▸ *est in alqo summa auctoritas, summa eloquentia; in navibus est firmitudo; fortitudo cernitur in periculis subeundis;*
6. *(om aan te geven dat iem. of iets hoort bij een klasse of aantal)* onder, tot; ▸ *Caesarem in deis numerare; alqd in bonis habere of numerare; alqd in beneficio numerare;*
7. met betrekking tot, bij; ▸ *accusare, vituperare, laudare alqm in alqa re; laetari, exsultare in alqa re;*
8. *feminam in matrimonio habere* tot vrouw hebben; *alqd in animo habere* van plan zijn; *(res) in eo (loco) est ut* het staat er zo voor dat;
II. *(m. acc.)*
1. *(v. plaats, als antwoord op de vraag 'waarheen?')* in, naar binnen, naar (. . . toe); ▸ *in urbem exercitum adducere; legatos in Asiam mittere; in castellum ascendere; in septentriones spectare* naar het noorden; *in longitudinem crescere* in de lengte; *copias in unum locum cogere* de troepen op één plaats samentrekken; *in urbem nuntiatum est* het bericht werd naar de stad gezonden; *me abdo in silvam; — ook bij subst.: adventus in oppidum; ascensus in Capitolium; iter in Graeciam; — in m. acc. komt ook voor in situaties waar niet v.e. beweging sprake is: adesse in senatum; in potestatem alcis esse (= venisse); mihi in mentem est* het schiet me te binnen; *alqm in carcerem asservare; in medium relinquere* in het midden, onbeslist laten;
2. *(v. tijd)* (a) tot, tot in; ▸ *in lucem dormire* een gat in de dag; *in multam noctem pugnare* tot diep in de nacht; *bellum in hiemem ducere;* (b) tot, voor; ▸ *alqd in alterum diem differre; in longiorem diem* tot een later tijdstip; *in perpetuum* voor altijd; *magistratum in annum creare; in tempus* voor korte tijd, voor het moment; *concilium in diem certam indicere; alqm in posterum mensem invitare;* (c) *in (singulos) dies* van dag tot dag, dagelijks [**milites amittere; rem familiarem amplificare; regiones propagare**]; *op dezelfde manier: in (singulos) annos of menses, in horas e.d.;*
(d) *in diem* bij de dag [**vivere**]; van dag tot dag [**poenas reservare**]; alle dagen [**rapto vivere**]; op de vastgestelde dag [**fundum emere**]; slechts voor een dag [**alqd rogare**];
3. *(bij indelingen)* in; ▸ *Gallia est omnis divisa in partes tres* (Caes.); *annum in duodecim menses discribere;*
4. *(distributief bij een indeling in afzonderlijke stukken)* onder, over, voor; ▸ *frumentum in cives distribuere; censores binos in singulas civitates discribere* twee censors voor iedere staat afzonderlijk;
5. *(bij een overgang v.e. toestand in een andere)* in, tot; ▸ *hominem in deforme animal mutare (of convertere); in avem verti;*
6. *(ter aand. v. doel, zin, bedoeling; ter aand. v.d. bedoelde of onbedoelde uitkomst v.e. handeling)* met het oog op, tot, voor, wegens; ▸ *pecunia in rem militarem data; alqd in dotem offerre; in hoc (of in haec)* daartoe, daarvoor, daarom; *sumptum facere in classem; classis in supplementum data; alqd in exemplum* (als voorbeeld) *assumere; turres in propugnaculum villae subiectae; legionem in praesidium mittere* als garnizoen; *eos in consilium dare* als raadgevers; *alqm in id certamen legere; decem milia Atheniensium in coloniam (= ad coloniam constituendam* als kolonisten*) misit; in incertum eventum patres auctores fiunt; in imperium magnum missus* om te verwerven;
7. met het oog op; ▸ *praecepta dare in alqd* met betrekking tot iets;
8. *(ter aand. v.d. houding of het gedrag jegens iem.)* tegen, jegens, voor *(vriendschappelijk en vijandel.);* ▸ *liberalis (crudelis) in plebem; aequus in socios; severus, indulgens in alqm; impietas in deos; clementia in captivos; bono animo esse in alqm; carmina scribere in alqm; lex est scripta in eos* tegen hen; *in alqm peccare; potestatem in alqm habere; imperium in Latinos affectare; in utramque partem disputare* voor en tegen;
9. *(om de overeenstemming met iets aan te geven, de geschiktheid, de manier)* in, overeenkomstig, naar, zoals, volgens; ▸ *in fidem alcis regnum tradere* op iems. woord; *hostilem, servilem, mirum in modum; praeclara classis in speciem; in eandem sententiam loqui; in* (volgens) *morem; in plumam* zoals een veer; *in numerum* overeenkomstig het ritme; *in universum* in het algemeen, over het geheel; *in vicem, in vices* om de beurt; *villas in urbium modum aedificare; in quantum* in hoeverre; *in tantum* in zoverre; *in barbarum* op de wijze v. barbaren, zoals barbaren; *vaticinantis in modum; foedus in haec verba fere conscriptum.*

in-[1] *prefix bij werkwoorden*
1. *(ter aand. v.d. plaats waar)* in, op, bij [**insum**];
2. *(ter aand. v.d. plaats waarheen)* naar binnen, in- [**infero; inveho**];
/ *vaak volledige of gedeeltelijke assimilatie: voor l* > *il-; voor r* > *ir-; voor b, p, m* > *im-; voor gn* > *ī; voor f en s* > *īn.*

in-[2] *prefix, negatie-element in samenstellingen, meestal m. adj. of adv.* = niet, zonder, on- *(vaak volledige of gedeeltelijke assimilatie: zie in-*[1]*)* [**ingratus; indocilis; illiberalis; illicitus; imperitus; improvidus; ignarus; ignavus; infirmus; insolens**].

in-abruptus, a, um *(poët.)* niet gebroken.

in-accēnsus, a, um *(in-*[2] *en accendo)* niet aangestoken.

in-accessibilis, e *(in-*[2] *en accedo) (Laatl.)* ontoegankelijk.

in-accessus, a, um *(poët.; postklass.)* ontoegankelijk, ongenaakbaar [**lucus; arx**]; — *subst. neutr. plur. inaccessa mapalium (Tac.)* ontoegankelijke woningen.

in-acēscō, acēscere, acuī, — *(poët.; postklass.)* zuur worden; *metaf.* onaangenaam worden *(voor: dat.).*

Īnachus, ī *m rivier in Argolis (Peloponnesus), volgens de mythe een riviergod en koning v. Argos, vader v. Io;* — *adj.* **Īnachius,** a, um van Inachus afstammend [**iuvenca** *en* **bos** = Io], *alg.* Grieks [**urbes**]; *fem. ook* **Īnachis,** idis; — *patron.* **Īnachidēs,** ae *m* (Epaphus *als zoon v.* Io, Perseus *als nakomeling v. Argivische koningen) en* **Īnachis,** idis *f* Io.

in-acidātus, a, um *(in-*[1] *en acidus) (Apul.)* in azijn gedrenkt.

ināctus *ppp. v. inigo.*

in-adībilis, e *(Laatl.)* ontoegankelijk.

in-ads-, in-adt- = *in-ass-, in-att-.*

in-adustus, a, um niet verbrand, niet verzengd [**corpus**].

in-aedificō, aedificāre
1. aanbouwen, in-, op-, bijbouwen [**parietes**];
2. bebouwen [**aream**];
3. versperren, barricaderen [**vicos**].

in-aequābilis, e
1. oneffen [**solum**];
2. *(metaf.)* ongelijkmatig [**motus**].

in-aequālis, e
1. ongelijk, oneffen, scheef [**mensa**]; ▸ *mare vexant inaequales procellae (Hor.);*
2. van ongelijke grootte, omvang *e.d.* [**colles; portūs; triangula; calices** nu eens volle, dan weer halfvolle bekers];
3. *(metaf.)* onregelmatig, wisselend, veranderlijk, onbestendig; ▸ *tonsor* ~ *(Hor.)* ongelijk scherend *of* knippend.

inaequālitās, ātis *f (inaequalis) (pre- en postklass.)*
1. ongelijkheid;
2. *(metaf.)* veranderlijkheid.

in-aequō, aequāre effenen, gelijkmaken.

in-aequus *(arch.)* = *iniquus.*

in-aestimābilis, e
1. onberekenbaar [**animus multitudinis**];
2. onschatbaar, onvergelijkelijk, buitengewoon [**gaudium**];
3. *(filos. t.t.)* te verwaarlozen.

in-aestuō, aestuāre bruisen in *(m. dat.).*

in-affectātus, a, um *(postklass.)* ongekunsteld, natuurlijk.

in-agitābilis, e *(Sen.)* onbeweeglijk.

in-agitātus, a, um *(Sen.)*
1. onberoerd; ▸ *-a remigio vastitas (maris);*
2. *(metaf.)* niet verontrust [**terroribus**].

in-albeō, albēre *(Apul.)* wit zijn *of* worden.

in-albēscō, albēscere, —, — *(postklass.)* wit worden.

in-albō, albāre *(Apul.)* wit maken.

in-algēscō, algēscere, — — afkoelen.

Inalpīnī, ōrum *m (inalpinus)* Alpenbewoners.

in-alpīnus, a, um *(Alpes)* wonend in de Alpen, Alpen- [**gentes**].

in-altō, altāre *(in-*[1] *en altus) (Vulg.)* verheffen.

in-amābilis, e *(poët.; postklass.)* niet beminnelijk, onaangenaam, gehaat [**regnum** onderwereld; **palus** = Styx].

in-amārēscō, amārēscere, — — *(Hor.)* bitter worden; *metaf.* gaan tegenstaan; ▸ *inamarescunt epulae sine fine petitae.*

in-ambitiōsus, a, um *(Ov.)* bescheiden [**rura**].

inambulātiō, ōnis *f (inambulo)*
1. het op en neer lopen; *(Catull.)* het heen en weer schommelen [**lecti**];
2. *(meton.)* plaats om te wandelen.

in-ambulō, ambulāre op en neer lopen *of* wandelen.

in-āmissibilis, e *(in-*[2] *en amitto) (Laatl.)* niet te verliezen.

in-amoenus, a, um *(poët.; postklass.)* onaangenaam, zonder charme [**genus operis**].

ināne, inānis *n (inanis)*
1. lege ruimte, luchtruim;
2. *(metaf.)* het ledige, onbelangrijke; *plur.* onbenulligheden.

inānēscō, inānēscere, —, — *(inanis) (postklass.)*

leeg worden.

ināniae, ārum *f* (*inanis*) (Plaut.) ledigheid.

ināni-logista, ae *m* (*inanis en Gr. leenw.*) (Plaut.) praatjesmaker.

in-animālis, e = *inanimus.*

inānīmentum, ī *n* (*inanio*) (Plaut.) leegte.

in-animus, a, um *en* **inanimis,** e (*in-*[2] *en anima*)
1. ademloos, levenloos;
2. onbezield, niet-levend.

ināniō, inānīre (*inanis*) (*poët.; postklass.*) leegmaken.

in-ānis, e
1. leeg, ijl, zonder inhoud; hol (*meestal abs.; m. abl.; ab; gen.*) [**navis** zonder lading *of* onbemand; **mensa; agri** ongecultiveerd; **currus** zonder menner; **corpus** dood; **laeva** zonder ring; **simulacrum** drogbeeld; **umbra; imago; lumina** blind; **vulnus** gapend; **regna** rijk der schimmen];
2. met lege handen; ▸ *legati inanes ad regem reverterunt;*
3. (*poët.*) met lege maag, nuchter, hongerig [**venter**];
4. arm, onbemiddeld [**civitas**]; uitgeplunderd [**Sicilia**];
5. (*metaf.*) onbeduidend [**verba**];
6. hol, zonder inhoud, nietszeggend, ongefundeerd [**nomen; spes**];
7. waardeloos, nietig, nutteloos [**opera; cogitationes**]; ▸ *inaniter artes exercere;*
8. leeghoofdig, dom, onnozel; — *subst. m plur.* ijdele dwazen.

inānitās, ātis *f* (*inanis*) lege ruimte, holte; (*metaf.*) leegte, schijn, nietigheid.

in-ante *adv.* (*postklass.*) (*v. plaats*) voor, naar voren.

in-aquōsus, a, um (*Laatl.*) zonder water, droog.

in-arātus, a, um (*poët.*) ongeploegd, braakliggend.

in-ārdēscō, ārdēscere, ārsī, — (*poët.; postklass.*)
1. beginnen te branden (*op: dat.*); ▸ *vestis umeris Herculis inarsit;*
2. gloeiend worden, ontbranden (*door, van: abl.*); ▸ *nubes inardescit solis radiis;*
3. (*metaf.*) hartstochtelijk ontbranden, in vuur geraken; ▸ *amor inarsit.*

in-ārēscō, ārēscere, āruī, — (*pre- en postklass.*) opdrogen, verdrogen (*ook metaf.*).

in-argentō, argentāre (*in-*[1] *en argentum*) (*postklass.*) verzilveren.

Īnarimē, ēs *f* = *Aenaria, nu* Ischia (*eiland voor de kust bij Napels*).

in-arō, arāre (*postklass.*) onderploegen.

in-ārsī *pf. v. inardesco.*

in-artificiālis, e (*postklass.*) (*retor. t.t.*) niet gebaseerd op de regels v.h. vak [**genus argumentorum**].

in-āruī *pf. v. inaresco.*

in-ascēnsus, a, um (Plin. Min.) niet bestegen, onbetreden.

in-aspectus, a, um (*in-*[2] *en aspicio*) (*poët.*) niet aanschouwd.

in-assō, assāre (Plin. Mai.) braden.

in-assuētus, a, um niet gewend [**equus**]; ongewoon.

in-attenuātus, a, um (Ov.) onverzwakt, onverminderd [**fames**].

in-audāx, *gen.* ācis (Hor.) zonder durf.

in-audiō, audīre horen, vernemen (*m. acc.; aci.; afh. vr.*).

in-audītus, a, um
1. ongehoord, nog niet gehoord; ▸ *tibi non -a vox;*
2. (*metaf.*) ongehoord, tot dan nog onbekend, ongewoon, fabelachtig [**clementia; volucres; verba**];
3. (*postklass.*) onverhoord, zonder verhoor; ▸ *alqm -um damnare.*

in-augurō, augurāre
I. *intr.* de voortekenen waarnemen; *abl. abs.*: *inaugurato* na waarneming v.d. voortekenen;
II. *tr.* onder waarneming v.d. voortekenen inwijden [**locum; urbem; templum**].

in-aurēs, ium *f* (*in-*[1] *en auris*) (*pre- en postklass.*) oorringen, oorbellen.

in-aurior, aurīrī *en* **in-aurio,** aurīre (*in-*[1] *en auris*) (*eccl.*) horen.

in-aurō, aurāre (*aurum*)
1. vergulden (*meestal ppp.*); ▸ *lectus inauratus; vestis inaurata* met goud gestikt;
2. (*metaf., scherts.*) met goud behangen.

in-auspicātus, a, um (*adv. -ō*)
1. zonder waarneming v. voortekenen (goedgekeurd *of* aangenomen) [**lex**];
2. (*postklass.*) (*metaf.*) omineus, onheilspellend [**locus; nomen**].

in-ausus, a, um (*poët.; postklass.*) niet gewaagd, onbeproefd.

inb- *zie ook imb-.*

inbeneficiō, inbeneficiāre (Mel.) in leen geven; belenen.

in-caeduus, a, um (*caedo*) (*poët.*) niet omgehakt, ongerept [**lucus**].

in-calēscō, calēscere, caluī, —

1. warm, heet worden, beginnen te gloeien; ▸ *sole incalescente; toga lacrimis incaluit* werd door hete tranen bevochtigd;
2. *(metaf.)* gloeien, ontbranden, enthousiast worden *(voor: ad; dat.)* [**vino; nocte ac laetitiā** door de nachtelijke vrolijkheid; **ad magnas cogitationes; deo**].

in-calfaciō, calfacere, — — *(Ov.)* verwarmen, verhitten.

in-callidus, a, um niet slim, onervaren, onhandig *(meestal m. voorafgaande negatie)*; ▸ *servus non ~; non -i homines.*

in-caluī *pf. v. incalesco.*

in-candēscō, candēscere, canduī, — *(poët.; postklass.)*
1. wit worden; ▸ *torta remigio spumis incanduit unda (Catull.)* werd wit van het schuim;
2. heet, gloeiend worden; ▸ *pars magna terrarum alto pulvere incanduit (Plin. Min.).*

in-cānēscō, cānēscere, cānuī, — grijs(grauw) worden.

incantātrīx, īcis *f (incanto) (Mel.)* tovenares, heks.

in-cantō, cantāre
1. *een toverspreuk of toverformule* uitspreken [**carmen malum**];
2. *(Hor.)* door toverspreuken wijden [**vincula** liefdesketenen];
3. betoveren;
4. *(Apul.)* zingen bij;
5. (betoverend) voordragen.

in-cānuī *pf. v. incanesco.*

incānus, a, um *(incanesco) (poët.; postklass.)* grijsachtig, grauw [**homo; caput**].

in-capāx, *gen.* pācis *(Laatl.)* niet in staat tot, niet ontvankelijk of niet vatbaar voor *(m. gen.)*.

in-capistrō, capistrāre *(Apul.)* halsteren.

incarnātiō, ōnis *f (incarno) (eccl.)* vleeswording, menswording *v. Christus,* incarnatie.

in-carnō, carnāre *(caro[1]) (eccl.)* vlees en bloed maken; *pass.* vlees en bloed worden = mens worden *(v. Christus)*; — *ihb. ppp.* **incarnātus,** a, um vleesgeworden.

in-cāseātus, a, um *(in-[1] en caseatus) (eccl.)* rijk aan kaas; *(metaf.)* weelderig.

in-cassum *zie cassus 3.*

in-castīgātus, a, um *(Hor.)* niet berispt.

in-cautus, a, um
1. (a) onvoorzichtig, niet bedachtzaam, achteloos, zorgeloos [**a fraude** niet op zijn hoede voor]; (b) onbekommerd *(om: gen.)* [**futuri**];
2. (a) onbeschermd, onbewaakt, niet veilig; ▸ *repente -os agros invasit (Sall.)*; (b) *(poët.)* onvoorzien, onvermoed [**scelus**].

in-cēdō, cēdere, cessī, cessum
I. *intr.*
1. voortstappen, -gaan [**propius** naderen; **equis** verder rijden]; ▸ *incedunt per ora vestra magnifici* marcheren trots voor jullie ogen;
2. *(milit.)* marcheren, optrekken, oprukken [**cum signis; in hostes; ad portas urbis; munito agmine**];
3. *(metaf.) (v. toestanden)* op-, intreden, binnendringen, zich verspreiden; ▸ *incessit pestilentia, commutatio;*
4. *(v. emoties)* overkomen, overvallen, overmeesteren *(m. dat.)*; ▸ *cura patribus incessit; animis formido incessit;* — *abs.* opkomen, intreden: *timor, lascivia, lubido incessit;*
5. *(postklass.) (v. berichten, geruchten)* zich verspreiden; ▸ *occultus rumor incedebat;*
II. *tr.*
1. *(postklass.)* betreden [**maestos locos; scaenam**];
2. *(metaf.) (v. toestanden en emoties)* overvallen, overmeesteren, overweldigen; ▸ *magnus plebem metus incessit (Liv.); inopia ambos incessit; legiones seditio incessit (Tac.)* een opstand brak uit bij.

in-celeber, bris, bre onbekend, niet beroemd.

in-celebrātus, a, um niet verbreid; niet vermeld.

in-cēnātus, a, um die *of* dat nog niet gegeten heeft, hongerig.

in-cendī *pf. v. incendo.*

incendiārius, ī *m (incendium)* brandstichter.

incendium, ī *n (incendo)*
1. brand *(vaak plur.)*; ▸ *-um facere, parare, excitare, conflare* stichten; *-um restinguere* blussen; *cunctos ~ hausit* verteerde;
2. brandstichting;
3. *(poët.)* brandende fakkel; ▸ *iactare -a dextrā;*
4. *(metaf., v. hartstochten)* vuur, gloed [**cupiditatum; invidiae; irae**]; *(poët.)* liefdesvuur;
5. dreigend gevaar, verderf, vernietiging [**urbis; civitatis; belli** oorlogsgruwelen].

in-cendō, cendere, cendī, cēnsum *(vgl. candeo)*
1. aansteken, in brand steken; *pass.* vlam vatten;
2. verhitten, schroeien [**corpus** koortsig maken];
3. verbranden, in de as leggen [**urbem; aedificia vicosque; classem**];
4. verlichten; ▸ *luna incensa radiis solis;*

5. *(metaf.)* aanvuren, doen ontbranden, ophitsen, prikkelen [**alcis iram; iuventutem ad facinora; alqm studio litterarum; equum calcaribus** aansporen; **plebem largiundo**]; *pass.* ontbranden; — *ihb. ppp.* **incēnsus,** a, um ontvlamd [**odio; amore**];
6. opruien, verbitteren [**animos iudicum in alqm**];
7. aanwakkeren, vergroten [**vires; luctum**].

in-cēnō, cēnāre *(Suet.)* ergens de maaltijd gebruiken.

incēnsiō, ōnis *f (incendo)* het in brand steken; brand; ▸ *incensione urbem liberavi.*

incēnsor, ōris *m (incendo) (postklass.)* iem. die in brand steekt; *metaf.* iem. die ophitst.

incēnsum, ī *n (incendo) (eccl.)* wierook; offer.

incēnsus[1], a, um *(p. adj. v. incendo)* ontbrand, heet, *(v.e. redenaar)* vurig.

in-cēnsus[2], a, um *(in-*[2] *en censeo)* niet geschat door de censor, niet op de censuslijsten; ▸ *populus per multos annos ~ ; hominem -um vendere.*

incentiō, ōnis *f (incino)* het (be)spelen [**tibiarum**]; gezang.

incentīvum, ī *n (incino) (postklass.)* prikkel, opwekking.

incentor, ōris *m (incino) (Laatl.)*
1. voorzanger;
2. *(metaf.)* veroorzaker, iem. die prikkelt.

in-cēpī *pf. v. incipio.*

inceptiō, ōnis *f (incipio)*
1. het beginnen [**tam praeclari operis**];
2. *(Ter.)* plan, onderneming.

inceptō, inceptāre *(intens. v. incipio) (kom.)*
1. beginnen;
2. het opnemen tegen *(m. cum).*

inceptor, ōris *m (incipio)* iem. die begint.

inceptum, ī *n en* **inceptus**[1], ūs *m (incipio)*
1. het beginnen, begin;
2. onderwerp *waarover de schrijver begonnen was;* ▸ *ad inceptum redeo (Sall.);*
3. plan, onderneming [**prosperum**]; ▸ *(ab) -o desistere; ab -o retinere.*

inceptus[2] *ppp. v. incipio.*

incerniculum, ī *n een soort zeef.*

in-cernō, cernere, crēvī, crētum eroverheen zeven of strooien [**piper**].

in-cērō, cērāre *(cera)* met was bestrijken, *(metaf., scherts.) genua deorum ~ de knieën v.d. goden door voortdurend aanraken en kussen vettig, vuil maken* = de goden vurig smeken.

incertō[1], incertāre *(incertus)* onzeker maken *(alqm of alcis animum).*

incertō[2] *adv. v. incertus.*

incertum, ī *n (incertus)* het onzekere, onzekerheid, onbetrouwbaarheid; ▸ *alqd in -o relinquere; ad -um revocare* in twijfel trekken; *in -o esse* onzeker zijn; *in -o habere* besluiteloos zijn; *-i auctorem esse* onzekere dingen melden; *in -um creari* voor onbepaalde tijd; — *plur. incerta* wisselvalligheden, veranderingen [**belli; fortunae**].

in-certus, a, um *(adv. -ē en -ō)*
1. *(v. zaken)* (a) ongewis, onzeker, onbepaald, onbeslist, onbetrouwbaar [**responsum; spes; vultus** verstoord; **crines** wanordelijk; **victoria**]; ▸ *amicus certus in re -a cernitur (Enn.)* in nood; *sedibus -is vagari* zonder vaste verblijfplaats; (b) *(poët.)* nog niet geheel zichtbaar, duister, donker [**sol** onbestendig; **luna**];
2. *(v. personen)* onzeker, besluiteloos, weifelend [**dictator;** *(m. gen.)* **consilii** in onzekerheid over]; *(m. afh. vr.).*

in-cessābilis, e *(in-*[2] *en cesso) (Laatl.)* onophoudelijk, voortdurend.

in-cessanter *adv. (in-*[2] *en cesso) (Laatl.)* onophoudelijk, voortdurend.

in-cessī *pf. v. incedo en incesso.*

incessō, incessere, incessīvī en incessī, — *(intens. v. incedo)*
1. losgaan op, aanvallen *(m. acc.)* [**hostes iaculis saxisque; feras telis; muros**];
2. *(poët.; postklass.) (metaf.) (met woorden)* aanvallen, smaden, beledigen [**alqm dictis protervis** met brutale uitlatingen];
3. *(Tac.)* beschuldigen, aanklagen [**alqm criminibus; alqm occultis suspicionibus**].

incessus[1], ūs *m (incedo)*
1. het gaan;
2. de manier v. lopen, gang [**citus; tener; erectus**]; ▸ *incessu furiali* voortgaand als Furiën;
3. het oprukken, het opmarcheren, opmars; ▸ *primo incessu* direct bij de opmars;
4. aankomst, verschijning;
5. *(Tac.)* ingang, toegang; ▸ *alios incessūs claudere.*

incessus[2] *ppp. v. incedo.*

incesti-ficus, a, um *(incestus*[1] *en facio) (Sen.)* incest bedrijvend.

incestō, incestāre *(incestus*[1]*) (poët.; postklass.)* bezoedelen, schenden, onteren [**classem funere; puellam; thalamos novercae**].

incestum, ī *n (incestus*[1]*)*
1. heiligschennis;
2. ontucht, incest *(met: gen.);* ▸ *-um facere; alqm*

-i *damnare*; *alqm -o liberare* vrijspreken van.

in-cestus[1], a, um (*in-*[2] *en castus*)
1. (*mor. en relig.*) bezoedeld, onrein [**manūs**]; ▸ *optimum virum -o ore lacerare* beledigen;
2. onzedelijk, onkuis; incestueus [**iudex** = Paris; **stuprum; sermo; nuptiae**]; ▸ *-e sacrificium facere*.

incestus[2], ūs *m* (*incestus*[1]) ontucht, incest; ▸ *de -u quaerere*.

inchoō = *incoho*.

in-cidō[1], cidere, cidī, — (*in-*[1] *en cado*)
1. vallen *of* storten in *of* op (*abs.*; *m. prep.*; *dat.*; *acc.*) [**in foveam; in segetem; in oculos; ad terram; capiti alcis; iacenti; arae**]; ▸ *eos inciderat ballista*; (*abs.*) *tela incidunt* slaan in, treffen;
2. (*op een tijdstip*) plaatsvinden; ▸ *in hunc diem inciderunt mysteria*;
3. binnenstormen (*in*: *dat.*) [**castris**];
4. uitmonden in (*m. dat.*) [**flumini**];
5. overvallen, aanvallen (*m. dat.*; *in m. acc.*) [**ultimis; in hostem**];
6. (*metaf.*) (*onvoorzien*) geraken, terechtkomen in, stoten op (*m. in m. acc.*) [**in insidias; in miserias; in suspicionem; in aes alienum; in furorem; in amicitiam alcis; in sermonem** in opspraak raken];
7. (*v. toestanden en emoties*) overvallen, overkomen, aangrijpen (*m. dat.*, *zelden in m. acc.*); ▸ *terror incidit exercitui*; *pestilentia in urbem incidit*;
8. voorvallen, gebeuren, zich voordoen; ▸ *bellum, calamitas incidit*; *mentio incidit de uxoribus* het gesprek kwam op de vrouwen.

in-cīdō[2], cīdere, cīdī, cīsum (*in-*[1] *en caedo*)
1. insnijden, -graveren, -griffen (*in*: *in m. abl.*; *in m. acc.*; *dat.*) [**leges in aes; nomina in tabula; carmen in sepulcro; litteras in fago; verba ceris** in wastafeltjes; **amores arboribus**];
2. insnijdingen maken in, van een insnijding *of* van insnijdingen voorzien (*m. acc.*) [**arborem**]; ▸ *marmora notis incisa* van inscripties voorzien;
3. dóórsnijden, dóórhakken, stuksnijden [**linum; funem** kappen; **alci venas** openen]; ▸ *favi incisi* honingraten; *nervi incisi*;
4. (*poët.*) door insnijdingen maken, uitsnijden [**dentes** tanden in de zaag uitsnijden];
5. snoeien [**arbores; vites; pinnas**];
6. (*metaf.*) onderbreken, afbreken, verstoren [**ludum; sermonem alci** iem. het woord ontnemen; **novas lites** voorkomen];
7. afsnijden, wegnemen [**spem**].

inciēns, *gen.* entis drachtig, zwanger.

incīle, is *n* (*incido*[2]) afwateringskanaal.

incīlō, incīlāre laken, berispen.

in-cingō, cingere, cīnxī, cīnctum
1. omwikkelen, omhullen, omgorden; ▸ *incingi zonā* zich omgorden; *incinctus tunicā mercator*;
2. (*Ov.*) om-, bekransen [**aras verbenis**]; *pass. incingi* zich bekransen; ▸ *incingere lauro* bekrans jezelf met laurier;
3. (*Ov.*) (*metaf.*) omgeven, omzomen [**urbes moenibus**].

in-cinō, cinere, —— (*cano*) (*poët.*; *postklass.*) doen klinken, aanheffen, spelen.

in-cipiō, incipere, incēpī, inceptum (*pf. act. meestal vervangen door coepi*) (*capio*)
I. *tr.* beginnen, aanvatten, ondernemen (*m. acc.*; *inf.*) [**proelium; oppugnationem; opus; iter; deditionem; bella gerere; loqui** het woord nemen]; ▸ *qua se subducere colles incipiunt* (*Verg.*);
II. *intr.*
1. beginnen, een aanvang nemen, als eerste doen; ▸ *ver incipit*; *frigoribus incipit annus*; *silva incipit a plano* (*Ov.*); *a Iove* (bij *of* vanaf Jupiter) *incipiendum putat* (*Cic.*);
2. beginnen te spreken (*tegen*: *dat.*); ▸ *sic rex incipit*.

incipissō, incipissere, —— (*intens. v. incipio*) (*Plaut.*) ondernemen, beginnen (met).

in-circumcīsus, a, um (*eccl.*) niet besneden; onrein.

incīsē *en* **incīsim** *adv.* (*incido*[2]) (*retor. t.t.*) in gedrongen stijl, in korte zinnen [**dicere**].

incīsiō, ōnis *f en* **incīsum,** ī *n* (*incido*[2])
1. (*Laatl.*) het insnijden; het afsnijden;
2. (*retor. t.t.*) deelzin, onderdeel v.e. volzin.

incīsūra, ae *f* (*incido*[2]) (*postklass.*) snede, insnijding, incisie.

incīsus *ppp. v. incido*[2].

incitāmentum, ī *n* (*incito*)
1. prikkel, aansporing, drijfveer, stimulans (*tot*: *gen.*; [*postklass.*] *ad*) [**laborum; victoriae; ad honeste moriendum**];
2. (*meton.*, *v. personen*) aansticht(st)er.

incitātiō, ōnis *f* (*incito*)
1. prikkeling, opwekking, aanvuring [**populi; animi iudicis**];
2. vaart (*ook metaf.*) [**orationis**];
3. innerlijke drang, aandrang, aandrift [**animi**].

incitātus, a, um (*p. adj. v. incito*)

1. snel, vlug, met spoed; ▸ *equo -o* in galop;
2. (*metaf.*) snel, levendig [**cursus in oratione**];
3. geprikkeld, opgewonden.

in-citō, citāre
1. in snelle beweging brengen, aandrijven, voortjagen [**equum calcaribus; naves remis; currentem**]; ▸ *amnis incitatus* snelstromend; — *pass. en se* ~ zich in snelle beweging zetten, harder gaan lopen, snellen, voortstormen: *milites se ex castris incitant; stellarum motūs tum incitantur, tum retardantur;*
2. (*metaf.*) aandrijven, aansporen, aanvuren, prikkelen, opwekken [**cives; mentem alcis ad spem praedae; alqm ad studium**];
3. opwinden; ▸ *incitatā mente;*
4. opruien, ophitsen, opzetten (*tegen: contra; ad; in m. acc.*); ▸ *incitari odio, contra rem publicam, ad direptionem, in consules;*
5. vergroten, doen toenemen [**metum; libidinem; perturbationes; poenas** verscherpen].

incitus[1], a, um (*in-*[1] *en cieo*)
1. snel, in snelle beweging gebracht [**delphini; hasta**];
2. opgewonden, geprikkeld.

in-citus[2], a, um (*in-*[2] *en cieo*) (*kom.*) onbeweeglijk; ▸ *alqm ad -as* (*vul aan: calces: stenen van een bordspel*) *redigere* iem. schaakmat zetten.

in-cīvīlis, e (*postklass.*) onbehoorlijk, tiranniek, onrechtvaardig, hard [**verba; ingenium; poenae**].

inclāmitō, inclāmitāre (*intens. v. inclamo*) (*Plaut.*) uitvaren tegen (*m. acc.*).

in-clāmō, clāmāre
1. luid roepen, schreeuwen;
2. uitvaren tegen (*m. dat.*) [**puellae**];
3. aanroepen, toeschreeuwen [**alqm nomine**]; te hulp roepen.

in-clārēscō, clārēscere, clāruī, — (*postklass.*) bekend, beroemd worden.

in-claudicō, claudicāre (*Suet.*) mank lopen.

in-clēmēns, *gen.* entis meedogenloos, hard, streng [**dictator; signifer; verbum**].

inclēmentia, ae *f* (*inclemens*) (*poët.; postklass.*) hardvochtigheid, hardheid, strengheid [**divum** (= *divorum*); **mortis; caeli** onaangenaam klimaat].

inclīnābilis, e (*inclino*) (*Sen.*) snel geneigd tot (*m. in m. acc.*) [**animus in pravum**].

inclīnātiō, ōnis *f* (*inclino*)
1. neiging, buiging, helling, inclinatie [**mundi**];
2. (*retor. t.t.*) ~ *vocis* verheffing en daling v.d. stem;
3. (*metaf.*) genegenheid [**in alqm**]; geneigdheid [**animi ad asperiora**];
4. wisseling, verandering [**temporum; ad meliorem spem**].

inclīnātus, a, um (*p. adj. v. inclino*)
1. hellend, dalend;
2. *-a vox* diep, dof klinkend; *ook:* zich verheffend en dalend, wisselend;
3. (*metaf.*) teruglopend, achteruitgaand [**fortuna**];
4. genegen, toegedaan, gunstig gestemd ten opzichte van (*m. ad*) [**ad pacem; ad Poenos**]; ▸ *-ae ad suspicionem mentes* (snel) geneigd argwaan op te vatten.

inclīnis, e (*inclino*) hellend; gebogen.

in-clīnō, clīnāre
1. laten wijken *of* (over)hellen, buigen [**genua; cursum** in een kring vliegen; **aquas ad litora** leiden; **equas** ter aarde werpen];
2. (*intr., se* ~ *en pass. inclinari*) (a) neigen [**in unum locum**]; ▸ *sol se inclinat* gaat onder; *dies inclinatur* loopt ten einde; (b) (*milit.*) beginnen te wankelen, zich terugtrekken, wijken; ▸ *acies inclinatur; timore inclinari;* (c) verminderen, afnemen; ▸ *morbus, febris inclinat;*
3. (*metaf.*) wenden naar, sturen naar [**omnem culpam in collegam** afschuiven op; **onera a pauperibus in divites** afwentelen op]; beïnvloeden, gunstig stemmen, winnen [**animos in hanc sententiam; iudicem**]; — *intr.; se* ~ *en pass.* neigen naar, overhellen naar, geneigd zijn tot (*m. ad; in m. acc.; dat.*); ▸ *sententia senatūs inclinat ad pacem;*
4. tot zinken, ten val brengen, te gronde richten; ▸ *omnia inclinat fortuna;* — *intr.; se* ~ *en pass.* zinken, ten kwade keren; ▸ *fortuna se inclinat* slaat om;
5. de doorslag geven, beslissen; ▸ *fraus rem inclinavit;*
6. (*gramm.*) verbuigen.

inclitus, a, um = *inclutus.*

in-clūdō, clūdere, clūsī, clūsum (*in-*[1] *en claudo*)
1. in-, opsluiten (*m. abl.; dat.; in m. acc.; in m. abl.*) [**consulem in carcerem, in carcere; se moenibus**]; ▸ *dux regiā inclusus; animus in corpus, in corpore inclusus; inclusae libidines* geheim;
2. (*metaf.*) beperken, begrenzen [**alqm angustiis temporis**];
3. omringen, omgeven [**Teucros densā coronā**];
4. omsluiten, omgeven [**ebur buxo** omgeven

met; **alqd aere** omlijsten met; **smaragdum auro** in goud vatten];
5. invoegen, inlassen, toevoegen [**emblemata in scaphiis aureis; sui similem speciem in clipeo Minervae**];
6. *(als episode)* invoegen, inlassen [**orationem in epistulam; alqd orationi; tempora fastis** optekenen in];
7. afsluiten, versperren [**viam**];
8. *(poët.; postklass.)* beëindigen [**epistulam**].

inclūsiō, ōnis *f (includo)* het insluiten, opsluiting.

inclūsīvē *adv. (Mel.)* inclusief.

in-clutus, a, um *(clueo)* bekend, beroemd [**Ulixes; poeta; templum**].

in-coāctus, a, um *(Sen.)* ongedwongen.

incoctus[1] *ppp. v. incoquo.*

in-coctus[2]**,** a, um *(in-*[2] *en coquo) (pre- en postklass.)* ongekookt.

in-cōgitābilis, e *(in-*[2] *en cogito)*
1. *(Plaut.)* onbezonnen;
2. *(postklass.)* ondenkbaar, onvoorstelbaar [**dementia**].

in-cōgitāns, *gen.* antis *(in-*[2] *en cogito)* onnadenkend, ondoordacht.

incōgitantia, ae *f (incogitans) (Plaut.)* onnadenkendheid.

in-cōgitātus, a, um
1. *(Plaut.)* onnadenkend, gedachteloos, achteloos [**animus**];
2. *(Sen.)* ondoordacht [**opus**];
3. *(Sen.)* onvoorstelbaar [**supplicia**].

in-cōgitō, cōgitāre *(Hor.)* bedenken *(tegen: dat.)* [**fraudem socio**].

in-cognitus, a, um
1. onbekend, onbeproefd, niet eerder gezien [**natura hominum; sagitta** onopgemerkt; *(aan, door: dat.)* **Gallis**]; ▸ *-ae ad id tempus insulae (Tac.); habere alqm -um* niet kennen;
2. ongehoord [**flagitium**];
3. *(jur. t.t.)* niet onderzocht; ▸ *alqm causā -ā condemnare* zonder gerechtelijk onderzoek; *-ā re iudicare;*
4. *(Liv.)* niet *(als eigendom)* herkend.

in-cognōscō, cognōscere *(postklass.)* leren kennen.

incohātiō, ōnis *f (incoho) (Laatl.)* begin.

in-cohibilis, e *(in-*[2] *en cohibeo) (postklass.)*
1. moeilijk hanteerbaar [**genus oneris**];
2. onstuitbaar, niet te stuiten.

in-cohō, cohāre
1. beginnen, een begin maken met [**annum; aras** oprichten; **statuam**]; ▸ *luna incohatur* het is nieuwe maan; — *p. adj.* **incohātus,** a, um (pas) begonnen, onvoltooid, niet afgemaakt, onvolledig [**opus; quaestio**];
2. *schriftel. of mondel.* beginnen te beschrijven, beginnen te praten, inleiden;
3. *(Tac.) (een zaak in de senaat)* ter sprake brengen, aan de orde stellen *(abs.; m. de).*

in-coinquinātus, a, um *(in-*[2] *en coinquino) (eccl.)* niet-bezoedeld.

incola, ae *m en f (incolo)*
1. inwo(o)n(st)er, bewo(o)n(st)er *(ook v. dieren)* [**insulae; maris; mundi**]; — *attrib.* inheems [**turba; aquilones**];
2. inwoner zonder burgerrechten; ▸ *cives atque -ae.*

incolātus, ūs *m (incola) (Laatl.)*
1. het wonen;
2. woonplaats.

in-colō, colere, coluī, cultum
I. *tr.* bewonen [**urbem; insulam; amnem** wonen bij];
II. *intr.* wonen, woonachtig zijn [**trans Rhenum; inter mare Alpesque**];
/ **incolentēs,** ium *m* inwoners.

in-columis, e heel, ongedeerd, niet gewond, behouden, zonder verlies; ▸ *incolumem se recipere.*

incolumitās, ātis *f (incolumis)* het ongedeerd gebleven zijn, behoud, het niet geschonden zijn, welzijn; ▸ *gaudere patriae incolumitate.*

in-comitātus, a, um zonder begeleiding, niet begeleid.

in-comitiō, comitiāre *(in-*[1] *en comitium) (Plaut.)* in het openbaar beledigen.

in-commendātus, a, um *(Ov.)* prijsgegeven [**tellus**].

in-commodesticus, a, um *(scherts. gevormd woord) (Plaut.)* lastig *(= incommodus 1.).*

incommoditās, ātis *f (incommodus)*
1. ongemak, last [**temporis**];
2. *(Plaut.)* onbeleefdheid.

in-commodō, commodāre *(incommodus)*
I. *intr.* ongemakkelijk, lastig zijn;
II. *tr.* bemoeilijken [**navigationem**].

incommodum, ī *n (incommodus)*
1. ongemak, last, moeite [**loci**]; ▸ *-o tuo* zodat het lastig voor jou is;
2. nadeel, schade, ongeluk, nederlaag; ▸ *-o affici* lijden; *alci -um (of)ferre* toebrengen; *-um capere, accipere; -a patriae lugere; sociorum pericula aut -a;*

3. gebrek, ziekte.

in-commodus, a, um
1. ongemakkelijk, lastig, onaangenaam, moeilijk [**iter; valetudo** onpasselijkheid, misselijkheid; **severitas morum**]; ▸ *non -um videtur* het schijnt passend; *-e venire* ongelegen;
2. onvriendelijk [**pater; vox**].

in-commūtābilis, e onveranderlijk [**rei publicae status**].

incommūtābilitās, ātis *f* (*incommutabilis*) (*eccl.*) onveranderlijkheid.

in-comparābilis, e (*postklass.*) onvergelijkbaar.

in-compertus, a, um niet onderzocht, nog onbekend, onzeker; ▸ *aedificia -a hostibus.*

in-compositus, a, um
1. ongeordend [**pes** strompelend; **agmen** niet gesloten; **hostes; gladiator** niet in de juiste positie];
2. lomp, onhandig, onbeholpen [**versus; oratio**].

in-comprehēnsibilis, e (*postklass.*)
1. onbegrijpelijk [**vita**];
2. oneindig, onbeperkt [**opus** opgave].

in-cōmptus, a, um
1. onverzorgd [**ungues** niet geknipt; **apparatus; signa** ongepoetst];
2. (*poët.; postklass.*) ongekamd, verward, ongeordend [**capilli**];
3. (*metaf.*) zonder versiering, ongekunsteld, eenvoudig [**versus; oratio; sensūs**].

in-concessus, a, um (*poët.; postklass.*) niet toegestaan, verboden [**voluptas; spes**].

in-conciliō, conciliāre (*Plaut.*)
1. misleiden, in het ongeluk storten;
2. zich door leugens meester maken van (*m. acc.*).

in-concinnus, a, um (*adv.* -ē *en* -iter) onhandig, ongemanierd, lomp.

in-concussus, a, um (*postklass.*)
1. ongeschokt; ▸ *terrae -ae manent* (*Sen.*);
2. (*metaf.*) onwrikbaar, vast, onverstoorbaar [**valetudo; gaudium; pax** ongestoord].

in-conditus, a, um
1. ongeordend, verward [**acies; senatorum turba;** *metaf.* **libertas; vita**];
2. eenvoudig, sober [**genus dicendi**]; ongekunsteld, lomp, onbeholpen [**carmina**];
3. (*postklass.*) onbegraven.

in-cōnfūsus, a, um niet verward.

in-congruēns, *gen.* entis (*postklass.*) ongerijmd, niet consequent [**sententia alcis**].

in-congruus, a, um (*Laatl.*) = *incongruens.*

in-cōnīvēns, *gen.* entis (*postklass.*) zonder de ogen te sluiten.

incōnīvus, a, um = *inconivens.*

in-cōnsequēns, *gen.* entis (*Laatl.*) inconsequent, onjuist.

incōnsīderantia, ae *f* (*in-*[2] *en considero*) onbezonnenheid, onoplettendheid.

in-cōnsīderātus, a, um
1. ondoordacht, overijld [**cupiditas; temeritas**];
2. onbezonnen.

in-cōnsōlābilis, e (*poët.; postklass.*) ontroostbaar, door geen troost te genezen [**vulnus**].

in-cōnstāns, *gen.* antis onbestendig, onstandvastig, wankelmoedig, wisselend, onzeker [**populus; ventus; litterae**].

incōnstantia, ae *f* (*inconstans*) onbestendigheid, onstandvastigheid, wankelmoedigheid, inconsequentie [**mentis**].

in-cōnsuētus, a, um (*postklass.*)
1. ongewoon;
2. niet gewend aan (*m. gen.*).

in-cōnsultus[1], a, um
1. niet geraadpleegd [**senatus**];
2. zonder advies, zonder raad van een orakel gekregen te hebben; ▸ *-i abeunt;*
3. ondoordacht, onbezonnen [**homo; audacia; ratio** gedrag].

in-cōnsultus[2], ūs *m* het niet-raadplegen; ▸ *inconsultu meo* zonder mij te raadplegen.

in-cōnsummātus, a, um (*Laatl.*) onvoltooid, onvolmaakt.

in-cōnsūmptus, a, um (*Ov.*)
1. niet verbruikt, ongebruikt [**pars turis**];
2. (*metaf.*) eeuwig [**iuventa**].

in-cōnsūtilis, e (*in-*[2] *en consuo*) (*Laatl.*) niet aan elkaar genaaid, zonder naad.

in-contāminābilis, e (*eccl.*) niet te bezoedelen; niet bezoedeld.

in-contāminātus, a, um onbevlekt, rein.

in-contentus, a, um (*in-*[2] *en contendo*) niet (goed) gespannen [**fides** snaar].

in-continēns, *gen.* entis niet sober, onverzadigbaar, onmatig [**manus** schaamteloos; **Tityos** geil]; ▸ *nihil incontinenter facere.*

incontinentia, ae *f* (*incontinens*)
1. (*Plin. Mai.*) incontinentie;
2. onmatigheid, egoïsme.

in-conveniēns, *gen.* entis (*postklass.*)
1. niet overeenstemmend, ongelijk;
2. niet passend.

in-convertibilis, e (*postklass.*) onveranderlijk,

onverbeterlijk.

in-convulsus, a, um *(Laatl.)* ongeschokt, onveranderd.

in-coquō, coquere, coxī, coctum *(poët.; postklass.)*
1. koken in *(m. abl.)* [**radices Baccho** wortels in wijn];
2. *door koken* toevoegen; ▸ *vellera incocta rubores (acc.)* met purper geverfd;
3. goed koken *of* braden;
4. roosteren, schroeien [**genas**].

in-cōram *(postklass.)*
I. *adv.* openlijk;
II. *prep. m. gen.* in aanwezigheid van.

in-corōnātus, a, um *(Apul.)* zonder krans.

in-corporālis, e *(postklass.)* niet lichamelijk.

in-corporeus, a, um *(postklass.)* niet lichamelijk, zonder lichaam.

in-corporō, corporāre *(Laatl.)*
1. van een lichaam voorzien;
2. inlijven in *(m. dat.)*.

in-corrēctus, a, um *(Ov.)* onverbeterd [**opus**].

in-corruptēla, ae *f = incorruptio.*

in-corruptibilis, e *(eccl.)* onvergankelijk.

in-corruptiō, ōnis *f (eccl.)* onvergankelijkheid.

in-corruptus, a, um
1. onbedorven, onbeschadigd [**praeda**]; ▸ *-ā sanitate esse* kerngezond zijn;
2. *(metaf.)* onvervalst, echt [**litterae; monumenta** historische monumenten];
3. onbevooroordeeld, eerlijk [**iudicium; animus**]; ▸ *-e iudicare;*
4. onomkoopbaar, onkreukbaar, onberispelijk [**testis; custos; virgo** kuis; **fides; vita**]; ▸ *~ adversus blandientes;*
5. onbederfelijk, onvergankelijk [**materia**].

in-coxī *pf. v. incoquo.*

in-crassō, crassāre *(postklass.)* vet, zwaar, ongevoelig maken.

in-crēb(r)ēscō, crēb(r)ēscere, crēb(r)uī, — talrijk worden, (hand over hand) toenemen, zich verbreiden; ▸ *increbrescit ventus* wakkert aan; *fama belli increbrescit; increbruit proverbio (m. aci.)* het is een spreekwoord geworden.

in-crēbrō, crēbrāre *(creber) (Plaut.)* vermeerderen.

in-crēdibilis, e
1. ongelofelijk [*(m. sup.)* **dictu, memoratu, auditu**]; ▸ *incredibile hoc mihi obtigit* onverwacht;
2. buitengewoon, verbazingwekkend [**altitudo ingenii; fides; furor**];
3. *(Plaut.) (v. personen)* ongeloofwaardig, onbetrouwbaar.

incrēdulitās, ātis *f (incredulus)*
1. *(postklass.)* ongeloof;
2. *(eccl.)* ongelovigheid, ongehoorzaamheid.

in-crēdulus, a, um *(poët.; postklass.)*
1. ongelovig [**patronus**];
2. ongelofelijk [**res**].

in-crēdundus, a, um *(Apul.)* ongelofelijk.

incrēmentum, ī *n (incresco)*
1. groei [**vitium** van druiven];
2. *(metaf.)* het groeien, toename [**urbis**]; ▸ *in -o esse* groeien;
3. toename, aanvulling; ▸ *exercitum -o renovare;*
4. bevordering, verbetering;
5. *(poët.; postklass.) (meton.)* stam, zaad, kiem [**populi futuri**];
6. *(poët.)* spruit, nakomeling [**Iovis**].

increpātiō, ōnis *f (increpo) (Laatl.)* het uitschelden; berisping.

increpitō, increpitāre *(intens. v. increpo)*
1. *(m. dat.) (poët.)* uitvaren tegen, schelden op;
2. *(m. acc.)* uitvaren tegen, uitschelden, afkeuren, honen [**Belgas; pertinaciam praetoris**];
3. verwijten *(iem.: dat.; iets: acc.)*.

in-crepō, crepāre, crepuī, crepitum, *(pre- en postklass. ook* crepāvī, crepātum)
I. *intr.*
1. ruisen, ratelen, klapperen, rammelen, lawaai maken, kraken [**mālis** met de tanden knarsen; **clipeo**];
2. *(metaf.)* ruchtbaar worden, ontstaan; ▸ *suspicio tumultūs increpuit;*
II. *tr.*
1. laten schallen, dreunen *of* weerklinken [**lyram; manūs** applaudisseren; **tubā ingentem sonitum; minas** laten horen];
2. afsnauwen, uitschelden, honen *(m. aci.; quod; ut; ne; afh. vr.)*; [**legatos; alqm voce gravissima; maledictis omnes bonos; equitem nomine;** *(postklass. m. dubb. acc.)* **alqm proditorem;** *(wegens: gen.)* **alqm avaritiae**];
3. afkeuren [**alcis perfidiam, ignaviam**]; verwijten *(iem.: dat.; iets: acc.)*;
4. *(poët.)* klagen over, zich beklagen over, protesteren tegen *(m. acc.)* [**aevum**];
5. verwijtend *of* met afkeuring zeggen *(m. acc.; aci.; afh. vr.)* [**haec in regem Romanum**].

in-crēscō, crēscere, crēvī, —
1. *(poët.; postklass.)* groeien in, aan *(m. dat.)*; ▸ *squamae cuti increscunt;*
2. *(poët.)* omhoog-, opgroeien; ▸ *(telorum seges) iaculis increvit acutis (Verg.)* schoot op tot puntige

lansen;
3. (*metaf.*) groeien, stijgen, toenemen; ▸ *flumina increscunt; audacia, dolor, certamen increvit.*

in-crētō, crētāre (*in-*[1] *en creta*) (*Petr.*) bekalken.

in-crētus[1]**,** a, um (*in-*[2] *en cerno*) ongezift.

incrētus[2] ppp. *v. incerno.*

in-crēvī *pf. v. incresco en incerno.*

in-cruentātus, a, um (*poët.; postklass.*) niet met bloed bevlekt.

in-cruentus, a, um (*meestal in comb. m. een ontkenning*)
1. onbloedig, zonder bloedvergieten; ▸ *haud -o proelio certare; non -a victoria fuit; -a pax* zonder bloedvergieten totstandgekomen;
2. (*v. soldaten*) niet gewond, zonder verlies; ▸ *exercitu -o* zonder verlies voor het leger.

in-crustō, crustāre (*crusta*) met een laag bedekken of bekleden, bepleisteren [**parietem; vas sincerum**].

incubitō, incubitāre (*intens. v. incubo*) liggen op; bebroeden.

incubitus, ūs *m* (*incubo*) (*postklass.*) het liggen op; het bebroeden.

in-cubō[1]**,** cubāre, cubuī, cubitum
1. liggen in, op (*m. dat.; super*) [**cortici; stramentis; ovis, nido** broeden];
2. zich storten op, in [**gladio**];
3. *op een heilige plek, ihb. in een tempel* zich te ruste leggen, slapen (*om door dromen goddelijke openbaringen te verkrijgen*) [**in Aesculapii fano**];
4. (*poët.*) zich ophouden [**rure; Erymantho**];
5. (*v. plaatsen*) hangen over; ▸ *iugum incubans mari;*
6. (*metaf., v. niet-lev.*) *zich over een plaats uitgestrekt hebben;* ▸ *ponto nox incubat atra;*
7. nauwlettend bewaken, toezicht houden op (*m. dat.*) [**auro; pecuniae; divitiis; publicis thesauris**];
8. zich wijden aan, koesteren (*m. dat.*); ▸ *dolori suo haerere et* ~ zich overgeven aan zijn verdriet en het koesteren.

incubō[2]**,** ōnis *m* (*incubo*[1]) (*poët.*) gnoom, kabouter (*die op begraven schatten ligt en ze bewaakt*).

in-cubuī *pf. v. incubo*[1] *en incumbo.*

incubus, ī *m* (*Laatl.*) = *incubo*[2].

in-cucurrī *pf. v. incurro.*

in-cūdō, cūdere, cūdī, cūsum (*poët.*) smeden, bewerken; ▸ *lapis incusus* geslepen; *incusa auro dona.*

inculcātiō, ōnis *f* (*inculco*) (*Laatl.*) het stampen.

in-culcō, culcāre (*in-*[1] *en calco*)
1. (*postklass.*) instampen;
2. (*metaf.*) (*in een redevoering*) invoegen, inlassen [**Graeca verba; inania verba**];
3. inprenten [**oculis imagines**];
4. opdringen [**se auribus alcis; libertatem**].

in-culpābilis, e (*in-*[2] *en culpa*) (*eccl.*) onschuldig, zonder blaam.

in-culpātus, a, um (*poët.; postklass.*) onberispelijk, vlekkeloos.

in-culpō, culpāre (*Laatl.*) beschuldigen.

inculta, ōrum *n* (*incultus*[1]) woestenij.

in-cultus[1]**,** a, um
1. onbebouwd, ongecultiveerd, onbewerkt, woest [**agri; via** ongebaand; **regio**];
2. (*metaf.*) ongeordend, zonder versiering, eenvoudig [**versus** ongepolijst]; ▸ *-e horrideque dicere;*
3. onverzorgd, verwilderd, verwaarloosd [**homines; comae**]; (*v. planten*) wild;
4. onbeschaafd, ruw, lomp [**Gaetuli; ingenium; mores**];
5. eenvoudig [**vita**]; ▸ *-e vivere.*

in-cultus[2]**,** ūs *m*
1. verwaarlozing; slordigheid;
2. gebrek aan beschaving.

incultus[3] ppp. *v. incolo.*

in-cumbō, cumbere, cubuī, cubitum (*vgl. cubo*)
1. zich neerleggen op, leunen op, steunen op (*m. in m. acc.; dat.*) [**remis** snel roeien];
2. (*poët.; postklass.*) zich storten in, losstormen op, afvliegen op (*m. in m. acc.; dat.*) [**in hostes; in Graeciam; ferro** in het zwaard];
3. (*poët.; postklass.*) naar binnen vallen op, storten op, indringen in (*m. in m. acc.; dat.*) [**in litus; pelago**]; ▸ *tempestas silvis incumbit;*
4. (*poët.; postklass.*) zich buigen naar, zich vooroverbuigen naar (*m. in m. acc.; dat.; ad*); ▸ *laurus incumbens arae* gebogen over; — staan dichtbij, grenzen aan; ▸ *silex* (rots) *ad amnem incumbit;*
5. (*metaf.*) zich toeleggen op, zich werpen op, zich wijden aan (*m. ad; in m. acc.; dat.; inf.; ut*) [**ad salutem rei publicae; in alcis cupiditatem** iems. eerzuchtige wensen ondersteunen; **aratris** op het ploegen; **novae cogitationi**];
6. geneigd zijn tot, neigen naar (*m. dat.; ad*) [**ad voluntatem perferendae legis**];
7. drukken op (*m. dat.*); ▸ *invidia mihi incumbit* (*Tac.*).

in-cūnābula, ōrum *n*
1. (*Plaut.*) windsels, luier;
2. (*metaf.*) eerste kinderjaren; ▸ *ab -is;*
3. geboorteplaats, eerste woonplaats [**Iovis**];

4. oorsprong, begin [**doctrinae**].

in-cūnctanter *adv.* (*in-*[2] *en cunctor*) (*Laatl.*)
1. zonder te aarzelen, onverwijld;
2. ongetwijfeld.

in-cūnctātus, a, um (*Apul.*) zonder te aarzelen.

in-cūrābilis, e (*Laatl.*) ongeneeslijk.

in-cūrātus, a, um (*Hor.*) onverzorgd [**ulcera**].

in-cūria, ae *f* (*in-*[2] *en cura*)
1. gebrek aan zorg(vuldigheid), nalatigheid;
2. gebrek aan verzorging, verwaarlozing.

incūriōsus, a, um (*incuria*)
1. (*postklass.*) zorgeloos, onbezorgd, onverschillig (*abs.*; *mbt.*: *in m. abl.*; *gen.*; *dat.*) [**famae** zich niet bekommerend om; **rerum antiquarum**; **serendis frugibus** bij het (uit)zaaien]; ▸ *castra -e posita*;
2. niet op zijn hoede, niet alert [**milites**; **agnus**];
3. verwaarloosd, zonder zorg behandeld [**finis**; **historia**].

in-currō, currere, currī *en* (*zelden*) cucurrī, cursum
1. rennen naar, inlopen op, rennen tegen ... aan (*m. in m. acc.*) [**in columnas** (*sprw.*) met de kop tegen de muur lopen];
2. afstormen op, aanvallen (*m. in m. acc.*; *dat.*; *acc.*) [**in hostes**; **levi armaturae hostium**; **hostium latus**];
3. een inval doen [**in agrum alcis**; **in Macedoniam**];
4. ontmoeten, tegen het lijf lopen (*m. in m. acc.*);
5. (*metaf.*) met woorden aanvallen, uitvaren tegen (*m. in m. acc.*) [**in tribunos militares**];
6. *in oculos* ~ in het oog vallen;
7. (*bij het lezen, schrijven, spreken*) stoten op, te spreken komen over (*m. in m. acc.*);
8. (*v. plaatsen*) grenzen aan, gelegen zijn bij (*m. in m. acc.*); ▸ *agri in publicum Cumanum incurrebant*;
9. *in een toestand* geraken, vervallen (*m. in m. acc.*) [**in morbos**; **in odia hominum**; **in fraudem**];
10. (*v. gebeurtenissen*) gebeuren, plaatsvinden;
11. vallen op *een bepaald tijdstip*, *in een bepaalde tijd* (*m. in m. acc.*; *dat.*) [**in alqm diem**];
12. treffen, overkomen, gebeuren (*m. in m. acc.*; *dat.*) [**in sapientem**];
13. (*v. rivieren*) voortstromen.

incursiō, ōnis *f* (*incurro*)
1. aandrang, botsing;
2. aanval, inval, strooptocht [**armatorum**; **latronum**]; ▸ *incursionem facere in fines Romanos.*

incursitō, incursitāre (*intens. v. incurso*) (*m. in m. acc.*)
1. (*opzettelijk*) afstormen op;
2. (*toevallig*) oplopen tegen.

incursō, incursāre (*intens. v. incurro*)
1. (*poët.*) stoten tegen (*m. dat.*) [**rupibus**; **ramis**; *metaf.* **oculis** ontmoeten, treffen];
2. afstormen op, aanvallen, een inval doen in (*m. acc.*; *in m. acc.*) [**aciem**; **in hostem**; **in agros**];
3. (*metaf.*) overkomen, bevangen, overmeesteren (*m. dat.*; *in m. acc.*); ▸ *incursabit in te dolor* (*Cic.*).

incursum *ppp. v. incurro.*

incursus, ūs *m* (*incurro*)
1. (*poët.*; *postklass.*) het aanstormen, botsing [**aquarum**];
2. aanval, inval [**equitum**; **luporum** rooftocht].

incurvātiō, ōnis *f* (*incurvo*) (*postklass.*) het naar beneden buigen; het omgebogen zijn [**materiae**; **caudae**].

incurvēscō, incurvēscere, —, — (*incurvus*) (*preklass.*) doorbuigen.

in-curvō, curvāre (*curvus*)
1. (a) krommen, (door)buigen [**arcum**]; ▸ *membra incurvata dolore*; — *pass.* (*Sen.*) gebukt gaan; (b) *se* ~ *en pass.* een boog vormen;
2. (*metaf.*) doen buigen; ▸ *magnum animum non incurvat iniuria.*

incurvus, a, um (*incurvo*) gebogen, krom [**falx**], (*v. personen*) gebukt, gebogen.

incūs, ūdis *f* (*incudo*) aambeeld; ▸ (*metaf.*) *versūs incudi reddere*, *dwz.* verzen geheel omwerken; *eandem incudem tundere* altijd op hetzelfde aambeeld slaan.

incūsātiō, ōnis *f* (*incuso*) beschuldiging, aanklacht.

in-cūsō, cūsāre (*in-*[1] *en causa*) beschuldigen, aanklagen, zijn beklag doen over, kritiseren (*m. acc.*; *van, over, wegens*: *gen.*; *ob*; *quod*; *aci.*) [**milites**; **iniurias Romanorum**; **alqm probri**].

in-cussī *pf. v. incutio.*

incussus[1], ūs *m* (*incutio*) (*postklass.*) het slaan, schok [**armorum**].

incussus[2] *ppp. v. incutio.*

in-custōdītus, a, um (*poët.*; *postklass.*)
1. onbewaakt (*ook metaf.*) [**boves**; **urbs** onverdedigd; **limina**; **amor** niet geheimgehouden];
2. (*Tac.*) (a) onopgemerkt; (b) niet precies genoteerd [**dierum observatio**];

3. onvoorzichtig.

incūsus *ppp. v. incudo.*

in-cutiō, cutere, cussī, cussum *(quatio)*
1. aanstoten, slaan tegen *(m. acc.)*;
2. slingeren, werpen *(naar: dat.)* [**saxa; nuntium alci** toeroepen];
3. *(metaf.) gemoedsaandoeningen e.d.* aanjagen, inboezemen, veroorzaken, (ver)wekken [**alci timorem; religionem animo; bellum** dreigen met; **vim ventis** verlenen].

indāgātiō, ōnis *f (indago[1])* het naspeuren [**veri; initiorum**].

indāgātor, ōris *m (indago[1]) (pre- en postklass.)* naspeurder.

indāgātrīx, īcis *f (indagator)* naspeurster; ▸ *philosophia, ~ virtutis (Cic.).*

indāgātus, ūs *m (indago[1]) (Apul.)* het opsporen.

indāgō[1], indāgāre *(indago[2])*
1. *(v. jachthonden)* opsporen;
2. *(metaf.)* naspeuren, onderzoeken [**indicia; intervalla siderum a terra**].

indāgō[2], inis *f (indu)*
1. omsingeling, insluiting *v. wild of v.e. bos,* klopjacht, drijfjacht *(ook metaf.)*; ▸ *saltūs indagine cingere; velut indagine* (zoals bij een drijfjacht) *dissipatos Samnites agere (Liv.)*;
2. *(postklass.)* het nagaan, onderzoek.

ind-audiō, audīre *(arch.) = inaudio.*

inde *adv.*
I. *v. plaats*
1. daarvandaan, van daar(uit); ▸ *inde discessum est; inde colles insurgunt; hinc militum, inde locorum asperitas* van, aan de ene kant . . . van, aan de andere kant;
2. daaruit; ▸ *fontem invenerunt aquamque inde hauserunt;*
II. *v. tijd*
1. van toen af aan, sindsdien;
2. *inde ab* van . . . af; ▸ *iam inde ab initio; iam inde ab incunabulis;*
3. daaropvolgend, hierop; ▸ *inde damnatus est;*
III. *v. bron en oorzaak*
1. daaruit, vandaar; ▸ *inde omnia scelera ac maleficia gignuntur (Cic.)*;
2. daarom, daardoor; ▸ *inde fit ut* daardoor komt het dat.

in-dēbitus, a, um *(poët.)* niet verschuldigd, onverdiend [**praemia**].

in-decēns, *gen.* entis
1. ongepast, onbehoorlijk;
2. onaantrekkelijk, lelijk [**risus**].

indecentia, ae *f (indecens) (postklass.)* ongepastheid.

in-deceō, decēre, —— *(indecens) (Plin. Min.)* misstaan.

in-dēclīnābilis, e *(postklass.)* onbuigzaam, standvastig [**animus; iustitia**].

in-dēclīnātus, a, um *(Ov.)* onveranderd, bestendig [**amicitia;** *(jegens: dat.)* **amico** trouw].

in-decor, *gen.* oris = *indecoris.*

in-decoris, e *(in-[2] en decus) (poët.)* roemloos, smadelijk; ▸ *non erimus regno indecores (Verg.)*; *indecoris genus (acc.)* van eenvoudige afkomst, niet van adel.

indecorō, indecorāre *(indecor)* ontsieren, schenden.

in-decōrus, a, um
1. niet mooi, lelijk [**forma**];
2. ongepast, onfatsoenlijk [**remedium; adulatio**]; ▸ *-um est (m. inf.)* het is onbehoorlijk;
3. oneervol, roemloos [**genus** niet van adel].

in-dēfatīgābilis, e *(in-[2] en defatigo) (Sen.)* onvermoeibaar.

in-dēfatīgātus, a, um *(Sen.)* onvermoeid.

in-dēfēnsus, a, um onverdedigd, onbeschermd; ▸ *Capuam -am Romanis tradere; -um se telis hostium praebere* zonder zich te verdedigen.

in-dēfessus, a, um *(poët.; postklass.)* onvermoeid, onvermoeibaar.

in-dēficiēns, *gen.* entis *(in-[2] en deficio) (eccl.)* onophoudelijk.

in-dēfīnītus, a, um *(Gell.)*
1. onbegrensd [**sermo**];
2. *(gramm. t.t.)* van de onbepaalde wijs, van de infinitivus [**modus**].

in-dēflētus, a, um *(Ov.)* onbeweend [**animae**].

in-dēflexus, a, um ongebogen, in de bloei v. zijn leven [**maturitas aetatis** de volle kracht v.h. leven].

in-dēiectus, a, um *(Ov.)* niet omvergeworpen, niet ingestort; ▸ *domus tanto -a malo.*

in-dēlēbilis, e onuitroeibaar, onvergankelijk [**decus; nomen**].

in-dēlectātus, a, um *(in-[2] en delecto) (Petr.)* misnoegd.

in-dēlībātus, a, um onverminderd, ongeschonden [**opes**].

in-demnātus, a, um *(in-[2] en damno)* zonder veroordeeld te zijn, zonder vonnis; ▸ *~ in exilium a consule eiectus est (Cic.).*

in-demnis, e *(in-[2] en damnum) (postklass.)* ongeschonden, zonder (materiële) schade.

indemnitās, ātis *f (indemnis) (jur.)* zekerheid te-

gen financiële verliezen, schadeloosstelling.
in-dēnūntiātus, a, um *(Sen.)* onaangekondigd [**sors**].
in-dēplōrātus, a, um *(Ov.)* onbeweend.
in-dēprāvātus, a, um *(Sen.)* onbedorven [**virtus**].
in-dēprecābilis, e *(in-*[2] *en deprecor) (Gell.)* niet door smeekbeden afwendbaar.
in-dēprēnsus, a, um *(in-*[2] *en deprendo)*
1. onbegrijpelijk, raadselachtig [**error**];
2. *(postklass.)* niet in te halen [**vestigia**].
indeptus *p.p. v. indipiscor.*
in-dēsertus, a, um *(Ov.)* niet verlaten, niet opgegeven [**regnum**].
in-dēsinenter *adv. (in-*[2] *en desino) (Laatl.)* onophoudelijk.
in-dēspectus, a, um (in de diepte) niet zichtbaar [**Tartara**].
in-dēstrictus, a, um *(in-*[2] *en destringo) (Ov.)* ongedeerd, zonder letsel.
in-dēterminātus, a, um *(Laatl.)* onbegrensd.
in-dētōnsus, a, um *(Ov.)* niet geschoren *of* geknipt.
in-dēvītātus, a, um *(Ov.)* niet te vermijden, niet te ontwijken [**telum**].
in-dēvius, a, um niet afdwalend van *(m. gen.)* [**pectus**].
in-dēvōtus, a, um *(Laatl.)* ongehoorzaam.
index, indicis *(indico*[1]*)*
I. *subst. m en f*
1. iem. die aangifte doet van, aanbreng(st)er *(m. gen.)* [**sceleris**];
2. verrader, spion; ▸ *nullo sub indice* door niemand aangegeven;
3. *(meton., v. zaken)* aanwijzing, aanduiding, (ken)teken; ▸ *vox, ~ stultitiae;*
4. wijsvinger;
5. titel [**libri**], opschrift *op bv. een schildering of een beeld;*
6. inhoud(sopgave) [**legis**];
7. *(pre- en postklass.)* lijst, register, catalogus [**philosophorum; rerum gestarum**];
8. *(Ov.)* toetssteen;
II. *adj.* aanwijzend [**digitus** wijsvinger].
India, ae *f* Indië; — *inw.* **Indus,** ī *m* Indiër, *ook* Ethiopiër, Arabier; — *adj.* **Indicus** *en* **Indus,** a, um Indisch [**elephanti; cornu; dentes** ivoor].
indicātiō, ōnis *f (indico*[1]*)*
1. prijs(aanduiding), tarief;
2. *(jur.)* verklaring, getuigenis.
indicātūra, ae *f (indico*[1]*) (Plin. Mai.)* prijsaanduiding, tarief; waarde.
in-dīcēns, *gen.* entis *(in-*[2] *en dico*[1]*)* niet zeggend, *(alleen abl. abs.) me indicente* zonder een woord v. mij.
indicium, ī *n (index)*
1. aangifte, informatie [**coniurationis**]; ▸ *-um facere, afferre, deferre (m. ad)* aangifte doen tegen *of* verraden; *rem per -um enuntiare;*
2. aanwijzing, kenteken, kenmerk, bewijs [**certum; virtutis; sceleris**]; ▸ *-o esse (m. gen.; dat.; de; aci.; afh. vr.)* als bewijs dienen voor, bewijzen; *-um edere, facere* een aanwijzing, waarschuwing geven;
3. verlof om aanwijzingen te geven; ▸ *-um postulare* informant willen worden; *-um profiteri, offerre* informatie aanbieden, verraad plegen;
4. beloning voor gegeven informatie; ▸ *partem -i accipere.*
indicīva, ae *f (indico*[1]*) (postklass.)* beloning voor gegeven informatie.
indicō[1]**,** indicāre *(index)*
1. aangeven, aanwijzen, getuigen van, melden, onthullen, verraden *(m. acc.; de; aci.; afh. vr.)* [**consilium patri; alci de epistulis; de coniuratione** aangifte doen van; **dolorem lacrimis; se** zich laten zien zoals men is]; ▸ *vultus indicat mores;*
2. de waarde *of* prijs bepalen van, taxeren *(m. acc.)* [**fundum alci**].
in-dīcō[2]**,** dīcere, dīxī, dictum
1. aankondigen, (openlijk) bekendmaken, verklaren [**supplicationem; spectaculum finitimis; diem comitiis; concilium** bijeenroepen; **exercitum Pisas** naar Pisa (bijeen) laten komen; **alci bellum** iem. de oorlog verklaren]; *(m. aci.; ut; ne);*
2. opleggen [**gentibus tributa; supplicium alci**].
indictiō, ōnis *f (indico*[2]*)*
1. verklaring [**belli**];
2. het opleggen *v. plichten, belastingen e.d.; (meton.)* opgelegde plicht *of* belasting;
3. *(Laatl.)* belastingjaar;
4. *(Laatl.)* indictie *(cyclus v. 15 jaar, waarbinnen de grondslag voor de grondbelasting in principe constant werd gehouden).*
indictīvus, a, um *(indico*[2]*) (postklass.) (v. begrafenissen)* openlijk aangekondigd.
indictus[1] *ppp. v. indico*[2]*.*
in-dictus[2]**,** a, um *(in-*[2] *en dico*[1]*)*
1. ongenoemd, ongezegd [**carminibus** niet bezongen];
2. *(jur. t.t.) indictā causā* zonder verhoor en zon-

der verdediging, zonder vorm v. proces.

indiculum, ī *n en* **indiculus,** ī *m (demin. v. index) (Laatl.)* korte brief, beschrijving; overzicht.

Indicum, ī *n (Indicus)* pigment uit Indië: blauw, indigo; zwart.

Indicus *zie India.*

indi-dem *adv. (< * inde-dem, vgl. idem)* eveneens daarvandaan [**Thebis; Ameriā**].

in-didī *pf. v. indo.*

in-differēns, *gen.* entis

1. *(v. zaken)* (a) *(stoïsche t.t.)* niet goed en niet kwaad, indifferent; (b) *(gramm., v.d. lengte v.e. lettergreep)* onbelangrijk, geen verschil makend;
2. *(v. mensen)* onverschillig.

indifferentia, ae *f (indifferens)*

1. gelijkheid; *(v. woorden)* het synoniem zijn;
2. *(v. lettergrepen)* het metrisch lang of kort zijn.

indi-gena, ae *m en f (< * indu-gena; geno)* autochtone bewoner; — *attrib.* inheems, binnenlands [**vinum; venti**].

indigentia, ae *f (indigeo)*

1. behoefte;
2. *(Laatl.)* gebrek [**frumentorum**].

ind-igeō, igēre, iguī, — *(indu en egeo)*

1. gebrek hebben aan, missen *(m. gen.; abl.)* [**libertatis**]; *abs.* behoeftig zijn; — *p. adj.* **indigēns,** *gen.* entis (a) behoeftig, arm; (b) *(v. zaken)* gebrekkig, ontoereikend; — *subst.* **indigentēs,** um *m* behoeftige mensen;
2. nodig hebben, behoeven, behoefte hebben aan *(m. gen.; abl.)* [**consilii alcis; pecuniā**];
3. verlangen naar, missen *(m. gen.; abl.; acc.)* [**auri**].

indiges[1], etis *m (vgl. indigena)* inheemse held, god; stamvader [**Aeneas**].

indiges[2], *gen.* is *(indigeo) (preklass.)* beroofd van *(m. gen.)*.

indīgestiō, ōnis *f (Laatl.) (med.)* indigestie.

in-dīgestus, a, um *(poët.; postklass.)* ongeordend [**turba**].

indignābundus, a, um *(indignor)* vol verontwaardiging.

indignāns, *gen.* antis *(p. adj. v. indignor)* ontstemd, verontwaardigd, boos [**verba; venti; aequor**].

indignātiō, ōnis *f (indignor)*

1. ontstemming, wrevel, verontwaardiging; ▸ *indignationem movere* opwekken;
2. plur. uitingen v. verontwaardiging;
3. *(retor. t.t.)* het opwekken v. verontwaardiging.

indignātiuncula, ae *f (demin. v. indignatio) (Plin. Min.)* lichte verontwaardiging.

indignitās, ātis *f (indignus)*

1. onwaardigheid, laagheid [**accusatoris**];
2. vernedering, kleinering;
3. *(metaf.)* het onwaardige, schandelijke, smaad [**iniuriae**];
4. *(meton.)* ontstemming, wrevel, verontwaardiging, verbittering.

indignor, indignārī *(indignus)* als onwaardig, schandelijk beschouwen, verontwaardigd zijn, zich boos maken, protesteren *(over: acc.; de; aci.; quod)* [**casum amici; de tabulis**]; ▸ *fluvius pontem indignatur* wil niet verdragen; — **indignandus,** a, um *(poët.)* waarover men verontwaardigd moet zijn, verontwaardiging verdienend, schandelijk.

in-dignus, a, um

1. onwaardig, niet waard, niet verdienend *(m. abl.; gen.; rel. bz.; ut; inf.)* [**cive Romano; praemio; qui laudetur** niet waard geprezen te worden];
2. onverdiend; ▸ *-um est (m. inf.; aci.)* het is onrechtvaardig; — *subst.* **indigna,** ōrum *n* onverdiend lot, onverdiende straf;
3. ongepast, misplaatst, onbetamelijk [**hiems** te streng]; ▸ *-um est (m. inf.; aci.)* het is ongepast;
4. smadelijk, schandelijk [**caedes; facinus; fortuna**]; ▸ *indignum!* wat een schande!; *-um est (m. inf.; aci.)* het is, zou schandelijk zijn dat, wanneer;
5. *-e ferre, pati* met misnoegen verdragen, verontwaardigd, boos zijn over (het feit dat) *(m. acc.; aci.; quod)*.

indigus, a, um *(indigeo) (poët.; postklass.)* behoeftig, nodig hebbend *(abs.; m. gen.)*.

in-dīligēns, *gen.* entis

1. achteloos, zorgeloos, onattent [**homo; pater familias**];
2. *(Plin. Mai.)* onverzorgd [**hortus**].

indīligentia, ae *f (indiligens)* achteloosheid, nalatigheid *(in: gen.)* [**veri** in het onderzoeken v.d. waarheid].

ind-ipīscor, ipīscī, eptus sum *(indu en apiscor)*

1. bereiken, inhalen [**navem**]; verkrijgen [**divitias**];
2. *(Gell.)* begrijpen [**animo**];
3. *(postklass.)* aangaan, beginnen [**familiam; pugnam**].

in-dīreptus, a, um *(Tac.)* niet geplunderd.

in-disciplīnātus, a, um *(in-*[2] *en disciplina) (eccl.)* losbandig, liederlijk.

in-discrētus, a, um
1. niet gescheiden, onscheidbaar;
2. niet te onderscheiden, zonder onderscheid, eenvormig [**similitudo; proles**].

in-discrīptus, a, um niet naar soort gescheiden [**vitis**].

in-discussus, a, um *(in-² en discutio) (eccl.)* niet onderzocht *of* bekeken.

in-disertus, a, um niet welsprekend [**homo; prudentia**].

in-dispensātus, a, um *(in-² en dispenso) (poët.)* onevenwichtig verdeeld [**nisus**].

in-dispositus, a, um *(Tac.)* ongeordend, wanordelijk.

in-dissimulābilis, e *(in-² en dissimulo) (Gell.)* niet te negeren, evident [**veritas**].

in-dissolūbilis, e niet te vernietigen; niet te ontwarren [**nodus**].

in-dissolūtus, a, um niet te vernietigen [**opus**].

in-distanter *adv. (in-² en disto) (Laatl.)* zonder onderscheid.

in-distīnctus, a, um *(postklass.)*
1. ongeordend [**flores; defensio** warrig];
2. ongescheiden, zonder onderscheid.

inditus *ppp. v. indo.*

indīviduum, ī *n (individuus)*
1. atoom;
2. *(Laatl.)* ding op zichzelf (beschouwd); individu.

in-dīviduus, a, um
1. ondeelbaar, niet te scheiden [**corpora** atomen];
2. *(postklass.)* onafscheidelijk [**familiares**];
3. ongedeeld, onvertakt; gelijk verdeeld [**arbores; pietas**].

in-dīvīsus, a, um *(pre- en postklass.)* ongedeeld; ondeelbaar [**ungula; pars**]; ▸ *pro -o* in gelijke delen, gelijkmatig; gemeenschappelijk.

in-dīxī *pf. v. indico².*

in-dō, dere, didī, ditum
1. doen, plaatsen, leggen, stoppen in, toevoegen aan *(m. dat.; in m. acc.)* [**venenum potioni; in aquam salem; alqm lecticae**];
2. *(pre- en postklass.)* (aan)leggen, plaatsen in *of* op, aandoen *(in, op: dat.; in m. acc.)* [**castella rupibus** bouwen op; **ignem in aram; vincula; pontes** slaan; **alci custodes** aan iem. meegeven];
3. *(metaf.) namen geven (van, naar: ex; ab)*;
4. *(Tac.)* invoeren [**novos ritus**];
5. *(Tac.) gemoedsaandoeningen e.d.* inboezemen, veroorzaken, teweegbrengen *(bij: dat.)* [**sociis iram; alci odium**].

in-docilis, e
1. hardleers, moeilijk lerend [**homo; grex**];
2. onontwikkeld, onwetend, onervaren *(in: gen.; inf.)* [**genus; animus**];
3. niet te onderwijzen, niet uit te leggen [**disciplina**].

in-doctus, a, um
1. niet geleerd, niet wetenschappelijk gevormd [**iuvenes**];
2. onontwikkeld, ruw [**multitudo**];
3. ongeoefend, onhandig *(in: acc.; in m. acc.; gen.)* [**pilae** in het balspel].

in-dolentia, ae *f (in-² en doleo)*
1. het geen pijn hebben;
2. *(Cic.)* ongevoeligheid voor pijn.

ind-olēs, is *f (indu en alo)*
1. *(v. mensen; soms v. dieren, planten)* aangeboren, natuurlijke aard;
2. natuurlijke aanleg, karakter, gave, talent [**virtutis; ad virtutem** aangeboren dapperheid].

in-dolēscō, dolēscere, doluī, — *(incoh. v. doleo)*
1. treuren *(over: abl.; acc.)* [**facto; nostris malis; id ipsum**];
2. *(postklass.)* pijn voelen, pijn doen; ▸ *oculi indolescunt.*

indolōria, ae *f = indolentia.*

in-domābilis, e ontembaar.

in-domitus, a, um
1. ongetemd, wild [**pastores; iuvencae; ager** niet in cultuur gebracht];
2. onoverwonnen [**nationes**];
3. *(metaf.)* teugelloos [**cupiditates; ingenia Gallorum**];
4. *(poët.; postklass.)* onoverwinnelijk, onbedwingbaar, ontembaar [**Achilles; mors; irae**].

in-dormiō, dormīre
1. *(poët.)* slapen op *(m. dat.)* [**congestis saccis**];
2. slapen bij, verslapen = iets achteloos doen *(m. dat.; in m. abl.)* [**tantae causae; tempori** het juiste tijdstip missen].

in-dōtātus, a, um
1. *(poët.; postklass.)* zonder uitzet, bruidsschat [**soror**];
2. *(Ov.) (metaf.) corpora -a* zonder geschenken *voor een dode.*

indu
I. *prep. m. abl., (nog ouder* endo*) (arch.)* in;
II. **indu-** *prefix in samenstellingen zoals bv. indigena, ind-oles.*

in-dubitābilis, e *(postklass.)* niet te betwijfelen, betrouwbaar [**signum; numen**].

in-dubitātus, a, um *(postklass.)* zonder twijfel, ongetwijfeld; *(v.e. handeling)* vastberaden.

in-dubitō, dubitāre twijfelen aan *(m. dat.)* [**suis viribus**].

in-dubius, a, um niet twijfelachtig, vaststaand [**innocentia**].

indūciae, ārum *f* = *indutiae*.

in-dūcō, dūcere, dūxī, ductum

1. trekken over *(m. super; dat.)* [**pontem flumini** slaan over; *metaf.* **umbram terris** verspreiden over; **humanam formam membris** gestalte v.e. mens aannemen]; ▸ *cortex inductus* erover groeiend;

2. smeren op, aanbrengen op [**medicamenta; scuta pellibus** overtrekken]; ▸ *super lateres coria inducuntur;*

3. *kleding, wapens* aantrekken, omdoen [**sibi calceum**];

4. *op een wastafeltje* uitwrijven, doorstrepen [**nomina**];

5. *(metaf.)* ongedaan maken, ontbinden, tenietdoen [**senatūs consultum**];

6. voeren, leiden naar, *(metaf.)* invoeren in *(m. dat.; in m. acc.)* [**messorem arvis; legatos in regiam;** *metaf.* **discordiam in civitatem**];

7. *(v.e. man)* huwen;

8. ten strijde voeren [**exercitum in Macedoniam**];

9. in het openbaar laten optreden, op het toneel *of* in de arena brengen [**gladiatores; iuvenes armatos**]; opvoeren [**comoediam**];

10. *personen in een geschrift of toneelstuk* sprekend *of* handelend opvoeren [**gravem personam; senem disputantem**];

11. in het kasboek opschrijven, verrekenen;

12. *(metaf.)* bewegen *of* brengen tot *(m. in m. acc.; ad)* [**animum in spem, ad misericordiam**];

13. verleiden, overhalen tot *(m. in m. acc.; ad)* [**alqm in errorem; alqm promissis; alcis animum ad bellum**];

14. *(in) animum* ~ besluiten tot, zich voornemen, tot een van zijn principes maken *(alleen m. acc. v.e. pron. neutr. id, quod, nihil e.d.; inf.; ut; ne; quin; quominus)*; *(m. aci.)* zich ervan overtuigen;

15. *(jur.)* toepassen, laten gelden [**exempla senatūs consultorum**].

inductiō, ōnis *f (induco)*

1. het binnenleiden [**iuvenum**];

2. het toevoeren [**aquarum** irrigatie];

3. *(metaf.)* verleiding *(tot: gen.)*;

4. ~ *animi* aandacht, concentratie;

5. het overtrekken [**velorum**];

6. *(filos. t.t.)* inductie, inductieve bewijsvoering, *gevolgtrekking van het bijzondere, dwz. van afzonderlijke gevallen (uit een serie v. voorbeelden of feiten) naar het algemene;*

7. *(postklass.) (jur.)* het schrappen, doorhaling.

inductor, ōris *m (induco) (August.)* ~ *litterarum* schoolmeester.

inductus[1], a, um *(p. adj. v. induco) (Plin. Min.)* vreemd, gezocht [**sermo**].

inductus[2], ūs *m (induco)*

1. *(Plin. Min.)* het opvoeren, laten optreden [**delatorum**];

2. *(metaf.)* aandrang; ▸ *huius persuasu et inductu.*

indūcula, ae *f (induo) (Plaut.)* onderkleed *v. vrouwen,* hemd.

indu-gredior, gredī, — *(Lucr.)* = *ingredior.*

induī *pf. v. induo.*

indulgēns, *gen.* entis *(p. adj. v. indulgeo)*

1. toegevend, welwillend, genadig;

2. *(Suet.)* verslaafd *of* verslingerd aan [**aleae**].

indulgentia, ae *f (indulgens)*

1. toegevendheid, mildheid, zachtheid, vriendelijkheid, gunst, genade [**dei**]; *(jegens: gen.; in m. acc.)*; ▸ *tanta Hannibalis in captivos* ~; *(metaf.)* ~ *caeli* mildheid v.h. klimaat;

2. tederheid [**matris**];

3. *(Laatl.)* kwijtschelding, vrijstelling;

4. *(Mel.)* (a) aflaat; (b) opheffing v.e. ban.

indulgentiārius, ī *m (indulgentia) (Mel.)* aflaatverkoper.

indulgeō, indulgēre, indulsī, indultum

1. toegeeflijk, welgezind, welwillend zijn jegens, toegeven aan, begunstigen *(m. dat.)* [**Aeduorum civitati; ardori legionum**];

2. zich wijden *of* zich overgeven aan, zwelgen in *(m. dat.)* [**somno; novis amicitiis; dolori; amori; vino; aleae** een gokker zijn];

3. zorg dragen voor, verzorgen *(m. dat.)* [**valetudini; labori**];

4. toestaan, vergunnen, inwilligen, schenken [**sanguinem suum** offeren].

indūmentum, ī *n (induo) (postklass.)*

1. kleding, tenue;

2. *(metaf.)* omkleding, omhulsel [**carnis**].

induō, induere, induī, indūtum

1. aantrekken, aandoen [**alci tunicam; loricam; sibi torquem; galeam** opzetten; **anulum** omdoen; **alci insignia Bacchi; scalas** over de schouder leggen *of* het hoofd door de sporten

steken; *metaf.* **beluae formam hominum**]; — *p. adj.* **indūtus,** a, um (*m. abl.*; *acc.*) gehuld in *of* bekleed met;
2. *se* ~ (a) zich kleden *of* zich hullen in (*m. in m. acc.*); ▸ *venti se in nubem induunt*; (b) (*metaf.*) terechtkomen, verstrikt raken in (*m. in m. acc.*) [**in laqueos**]; (c) zich storten *of* vallen in, blijven hangen aan (*m. abl.*) [**hastis; mucrone** zich op het zwaard storten];
3. (*metaf.*) omgeven *of* bedekken met, voorzien van (*m. abl.*) [**animum bonis artibus**]; ▸ *di induti specie humana*;
4. toedelen, toekennen [**alci speciem latronis** iem. als rover voorstellen];
5. (*sibi*) aannemen, zich aanmeten, zich eigen maken [**sibi cognomen; spem; personam iudicis** de rol v. rechter spelen].

indu-pediō, pedīre (*Lucr.*) = *impedio.*

induperātor, ōris *m* (*arch.*) = *imperator.*

in-dūrēscō, dūrēscere, dūruī, — (*poët.*; *postklass.*)
1. hard, vast worden, verstijven [**saxo** tot steen];
2. (*metaf.*) stevig, gehard worden; ▸ *corpus usu indurescit*;
3. onbuigzaam, koppig worden; verstarren.

in-dūrō, dūrāre
1. (*poët.*; *postklass.*) hardmaken, harden; ▸ *nivem indurat Boreas*;
2. (*metaf.*) harden, stalen [**animum; hostium timorem**].

Indus[1] zie *India.*

Indus[2]**,** ī *m*
1. de Indus, *de grootste rivier van India*;
2. *rivier in Carië (Kl.-Azië), nu de Çayı.*

indūsiārius, ī *m* (*Plaut.*) vervaardiger v. overtunica's.

indūsiātus, a, um
1. (*Plaut.*) ~ *tunica* overtunica;
2. (*Apul.*) in een overtunica gekleed.

industria, ae *f* (*industrius*)
1. werkzaamheid, ijver, toewijding; ▸ (*de, ex*) *industriā* opzettelijk, met opzet; *sine -a* onopzettelijk;
2. (vlijtige) inspanning.

industriōsus, a, um (*industria*) (*postklass.*) bedrijvig, druk.

industrius, a, um bedrijvig, ijverig, volhardend.

indūtiae, ārum *f*
1. wapenstilstand; ▸ *-as facere cum alqo* sluiten; *-as dare alci* toestaan; *-as agitare* in acht nemen; *per -as* gedurende de wapenstilstand; *-as per scelus violare*;
2. (*postklass.*) (*metaf.*) uitstel, respijt.

indūtus[1]**,** ūs *m* (*induo*) (*pre- en postklass.*) kleding.

indūtus[2] zie *induo.*

induviae, ārum *f* (*induo*) kleding.

in-dūxī *pf. v. induco.*

in-ēbriō, ēbriāre (*postklass.*)
1. dronken maken, bedwelmen; *pass.* dronken worden, zich bedrinken; ▸ *multo vino inebriari*;
2. (*metaf.*) verzadigen, doordrenken.

in-edia, ae *f* (*in-*[2] *en edo*[2])
1. het hongeren, vasten;
2. (*med.*) onvermogen om voedsel binnen te houden.

in-ēditus, a, um (*Ov.*) (*v. geschriften*) (nog) niet uitgegeven.

in-effābilis, e (*in-*[2] *en effor*) onuitspreekbaar.

in-efficāx, *gen.* ācis (*postklass.*) onwerkzaam, zwak [**ratio**].

in-ēlabōrātus, a, um (*postklass.*) niet zorgvuldig uitgewerkt [**oratio**].

in-ēlegāns, *gen.* antis niet verfijnd, smakeloos (*meestal m. voorafgaande ontkenning*); ▸ *sermo non* ~; *ratio non* ~.

in-ēluctābilis, e (*poët.*; *postklass.*)
1. waaruit niet te ontkomen valt; ▸ *ineluctabiles navigio paludes*;
2. (*metaf.*) onafwendbaar, onvermijdelijk [**fatum**].

in-ēmendābilis, e onverbeterlijk, ongeneeslijk [**affectus**].

in-ēmorior, ēmorī, — (*Hor.*) sterven bij, tijdens (*m. dat.*) [**spectaculo**].

in-ēmptus, a, um niet gekocht [**dapes; corpus** zonder losgeld; **consulatus**].

in-ēnarrābilis, e onbeschrijflijk [**labor**].

in-ēnarrātus, a, um (*Gell.*) onverklaard [**aenigma**].

in-ēnōdābilis, e (*in-*[2] *en enodo*)
1. onontwarbaar [**capillus**];
2. (*metaf.*) onduidelijk, onverklaarbaar [**res**].

in-ēnōrmis, e (*Apul.*) niet buitengewoon.

in-eō, īre, iī (*soms* īvī), itum
I. *intr.*
1. in-, binnengaan [**in urbem; in villam**];
2. aanvangen, beginnen; ▸ *vere ineunte* bij het begin v.d. lente; *ab ineunte adulescentia* van de vroege jeugd af aan;
II. *tr.*
1. betreden [**agrum Romanum; domum; convivia** bezoeken];

2. *(v. dieren)* bespringen [**vaccam**];
3. *(metaf.)* beginnen [**iter; somnum** inslapen];
▸ *initā tertiā vigiliā; initā aestate, hieme* na het begin;
4. *(een bezigheid, een ambt e.a.)* aanvaarden, op zich nemen, beginnen [**magistratum; consulatum; proelium; suffragia** ter stemming gaan, stemmen];
5. *(verbintenissen, verdragen e.d.)* aangaan, sluiten [**societatem; Veneris foedus** liefdesverbond; **nexum** zich verplichten *(als lijfeigene)*];
6. *consilium* ~ een besluit nemen, een plan opvatten *(tot: gen.; de; m. inf. of afh. vr.)*;
7. *gratiam ab alqo en apud of ad alqm* ~ iems. gunst winnen, zich bij iem. geliefd maken.

ineptiae, ārum *f (ineptus)* domheden, dwaasheden, onzin, beuzelarijen, gezwets; — *kom. ook sg.* **-a,** ae domheid *(in woord en gedrag)*.

ineptiō, ineptīre *(ineptus)* onzin praten, leuteren, dwaas handelen.

in-eptus, a, um *(in-*[2] *en aptus)*
1. *(Hor.)* onbruikbaar, ondeugdelijk [**chartae** kladpapier];
2. *(metaf.)* ongepast, onbehoorlijk, smakeloos [**sententiae; ioca**];
3. dwaas, idioot; ▸ *-e dicere.*

in-equitābilis, e *(postklass.)* ongeschikt voor ruiterij [**campus**].

in-equitō, equitāre *(postklass.)*
1. komen aanrijden over *(m. dat.)*;
2. rijden naar *(m. acc.)*.

in-ermis, e *en* **in-ermus,** a, um *(in-*[2] *en arma)*
1. ongewapend, weerloos, zonder wapenrusting;
2. zonder gewapende macht [**legati; ager; Achaia**];
3. *(metaf.)* (a) vreedzaam, niemand kwetsend [**carmen**]; (b) niet goed onderlegd [**in philosophia**].

in-errābilis, e *(Apul.) (v. sterren)* vast.

in-errāns, *gen.* antis *(in-*[2] *en erro)* niet (rond)dwalend, vaststaand [**stellae** met een vaste baan].

in-errō, errāre *(postklass.)* ronddwalen in, op *(m. dat.)* [**montibus; oculis** voor de ogen zweven]; ▸ *ignis aedibus inerrans.*

in-ers, *gen.* ertis *(in-*[2] *en ars)*
1. onhandig, onbekwaam, dom;
2. passief, traag, lui [**exercitus; vita** zonder daden; **aqua** stilstaand; **terra** onbeweeglijk];
3. krachteloos, zwak, weerloos [**senectus; corpora; taurus**]; impotent;
4. moedeloos, timide, schuchter [**homo; corda**];
5. laf [**furtum**];
6. nutteloos, zinloos [**querelae**];
7. *(poët.)* loom makend, verslappend [**frigus; somnus**].

inertia, ae *f (iners)*
1. onhandigheid, ongeschiktheid, onbekwaamheid;
2. laksheid, luiheid;
3. lafheid.

in-ērudītus, a, um onontwikkeld, onbeschaafd.

in-ēscō, ēscāre *(esca)*
1. (met aas) lokken, verlokken, *meestal metaf.*;
2. volproppen, verzadigen.

in-euschēmē *adv. (Plaut.)* in onbehoorlijke houding.

in-ēvectus, a, um *(in-*[1] *en evehor, zie eveho)* opgestegen.

in-ēvītābilis, e *(poët.; postklass.)* onvermijdelijk [**fulmen; malum**].

in-ēvolūtus, a, um *(in-*[2] *en evolvo) (Mart.)* niet uitgerold, ongeopend [**liber**].

in-excitābilis, e *(in-*[2] *en excito) (Sen.)* niet te wekken [**somnus** diep].

in-excītus, a, um *(poët.)*
1. niet opgewonden, rustig, vredig;
2. niet opgeroepen, op eigen initiatief.

in-excūsābilis, e niet te verontschuldigen.

in-exercitātus, a, um
1. ongeoefend [**copiae; ad dicendum**];
2. *(postklass.)* werkeloos, inactief.

in-exēsus, a, um *(Min. Fel.)* onverteerd.

in-exhaustus, a, um *(in-*[2] *en exhaurio) (postklass.)*
1. niet uitgeput;
2. onuitputtelijk [**metalla**].

in-exōrābilis, e onverbiddelijk, streng, onverzoenlijk [**iudex; disciplina; odium; fatum** onafwendbaar].

in-expedībilis, e *(in-*[2] *en expedio) (Laatl.)* onvermijdelijk.

in-experrēctus, a, um *(Ov.)* niet ontwaakt, niet wakker te krijgen.

in-expertus, a, um
1. onervaren *(in: dat.; gen.; ad)*;
2. *(v. zaken)* (a) onbeproefd, niet getest, niet bewezen [**puppis; fides; legiones**]; (b) onbekend [**genus quaestionis**].

in-expiābilis, e *(in-*[2] *en expio)*
1. niet te verzoenen, niet goed te maken [**religio; fraus; scelus**];
2. onverzoenlijk [**homo; odium; bellum**

hardnekkig].
in-explēbilis, e (*in-*[2] *en expleo*) onverzadigbaar, onverzadelijk (*meestal metaf.*) [**stomachus; populi fauces; cupiditas; animus;** (*wat betreft: gen.*) **laudis**].
in-explētus, a, um (*in-*[2] *en expleo*) (*poët.*)
1. onverzadigd;
2. onverzadigbaar, mateloos.
in-explicābilis, e
1. (*postklass.*) onontwarbaar, niet los te krijgen [**vinculum**];
2. (*metaf.*) onoplosbaar, niet door te komen, onoverkomelijk, onuitvoerbaar [**morbus** ongeneeslijk; **bellum** eindeloos]; ▸ *inexplicabiles continuis imbribus viae* onbegaanbaar;
3. onuitspreekbaar, onverklaarbaar [**ambiguitas**];
4. oneindig, eindeloos [**multitudo**].
in-explicitus, a, um
1. (*Mart.*) (*v. boeken*) ongeopend, ongelezen;
2. (*metaf.*) onverklaarbaar, ondoorgrondelijk, duister.
in-explōrātus, a, um niet verkend, niet onderzocht, onbekend [**vada; agmen**]; — *adv.* **-ō** zonder voorafgaande verkenning [**pabulatum cohortes mittere**].
in-expugnābilis, e
1. onbedwingbaar, onneembaar, onverslaanbaar [**urbs; murus; incolae;** *metaf.* **via** onbegaanbaar; **gramen** onuitroeibaar];
2. (*metaf., v. personen*) onwankelbaar, standvastig.
in-exspectātus, a, um onverwacht.
in-exstīnctus, a, um (*in-*[2] *en exstinguo*) (*Ov.*)
1. nooit dovend [**ignis**];
2. (*metaf.*) onuitwisbaar, onvergankelijk [**nomen**];
3. niet te stillen, onverzadigbaar [**fames; libido**].
in-exstinguibilis, e (*in-*[2] *en exstinguo*) niet te doven.
in-exsuperābilis, e
1. niet over te komen, niet over te steken, onbedwingbaar [**Alpes; munimentum**];
2. (*metaf.*) onverslaanbaar [**vis fati**];
3. onovertrefbaar [**bonum**].
in-extrīcābilis, e (*in-*[2] *en extrico*) onontwarbaar.
īn-fabrē *adv.* (*in-*[2] *en faber*[2]) onhandig, niet kunstig; ▸ *vasa non* ~ *facta.*
īn-fabricātus, a, um onbewerkt, ruw [**robora**].
īn-facētus, a, um onbeschaafd, lomp, zonder gevoel voor humor, zonder smaak.
īnfācundia, ae *f* (*infacundus*) (*Gell.*) ongeoefendheid in het spreken.
īn-fācundus, a, um niet welbespraakt, niet vlot sprekend.
īnfāmia, ae *f* (*infamis*)
1. slechte naam, smaad, schande; ▸ *in summa -a esse; alci ignominiam et -am ferre; alqd ad -am trahere* (*Tac.*); *libellos ad -am alcis edere* (*Suet.*);
2. (*Ov.*) (*meton.*) schandvlek.
īn-fāmis, e (*fama*)
1. eerloos, berucht [**carmen** toverformule];
2. een slechte naam brengend, onterend, schandelijk [**palmae; nuptiae**].
īnfāmō, infāmāre (*infamis*)
1. in opspraak brengen, een slechte naam bezorgen;
2. verdacht maken, belasteren.
īn-fandus, a, um
1. (*poët.*) onuitsprekelijk, onzegbaar [**dolor; amor**];
2. afschuwelijk, verschrikkelijk [**caedes**];
3. (*Verg.*) (*als uitroep*) *infandum! of infanda!* gruwelijk!;
4. *subst.* **-a,** ōrum *n* wandaden.
īn-fāns, *gen.* antis (*in-*[2] *en for*)
I. *adj.* (*abl. sg.* -ī)
1. die *of* dat niet kan spreken, stom [**statua**];
2. niet welbespraakt;
3. zeer jong, nog klein;
4. (*Ov.*) kinderlijk, van een kind [**os**];
II. *subst. m en f* (*abl. sg.* -e) klein kind, baby.
īnfantārius, a, um (*infans*) (*Mart.*) kinderen verzorgend.
īnfantia, ae *f* (*infans*)
1. (*Lucr.*) onvermogen om te spreken [**linguae**];
2. gebrek aan welbespraaktheid;
3. kindertijd; ▸ *primā ab -a*;
4. kinderlijkheid.
īnfantīlis, e (*infans*) (*Laatl.*) kinderlijk.
īnfantulus, ī *m* (*demin. v. infans*) (*Laatl.*) kindje.
īn-farciō = *infercio.*
īn-fatīgābilis, e (*in-*[2] *en fatigo*) (*postklass.*) onvermoeibaar [**animus; cursus**].
īn-fatuō, fatuāre (*fatuus*) voor de gek houden.
īn-faustus, a, um (*poët.; postklass.*)
1. niet gezegend, ongelukkig [**puppis; sanguis**];
2. onheil brengend, onheilspellend [**pugna; nomen; omen**].
īn-fēcī *pf. v. inficio.*
īnfector, ōris *m* (*inficio*) verver.
īn-fectus[1], a, um (*in-*[2] *en facio*)

1. ongedaan, niet gebeurd; ▸ *alqd pro -o habere* voor niet gebeurd houden; *reddere -um* ongedaan maken;
2. onvoltooid, onuitgevoerd; ▸ *-ā re* onverrichter zake; *-o negotio*; *-ā pace* zonder vrede tot stand gebracht te hebben; *-o bello* zonder de oorlog beëindigd te hebben; *-ā victoriā* zonder overwonnen te hebben;
3. onbewerkt, ruw [**argentum** in baren];
4. onuitvoerbaar, onmogelijk (*voor: dat.*).

īnfectus[2] ppp. *v. inficio.*

īnfectus[3], ūs *m* (*inficio*) (Plin. Mai.) het verven.

īnfēcunditās, ātis *f* (*infecundus*) onvruchtbaarheid.

īn-fēcundus, a, um onvruchtbaar, niets opleverend (*wat betreft: abl.*); ▸ *ager arbore* ~; (*metaf.*) *ingenii fons* ~.

īnfēlīcitās, ātis *f* (*infelix*)
1. ongeluk, ellende;
2. (*postklass.*) onvruchtbaarheid.

īnfēlīcō, īnfēlīcāre (*infelix*) (*kom.*) ongelukkig maken, straffen.

īn-fēlīx, *gen.* īcis
1. ongelukkig, ellendig;
2. ongeluk brengend, noodlottig [**Erinys; fama; consilium**];
3. (*poët.; postklass.*) onvruchtbaar, niets opleverend (*wat betreft: abl.*) [**tellus frugibus; arbor** galgenboom (*boom die geen eetbare vruchten draagt, aan de goden v.d. onderwereld gewijd en gebruikt om misdadigers aan op te hangen*)].

īnfēnsō, īnfēnsāre (*infensus*) (Tac.) vijandig behandelen [**Armeniam bello**]; *abs.* woedend zijn; ▸ *quasi infensantibus deis.*

īnfēnsus, a, um
1. vijandig, agressief, dreigend [**hostis; exercitus** voor de aanval gereed];
2. bitter gestemd, vijandig, kwaad [**animus; miles; vox**];
3. (*v. zaken*) nadelig, schadelijk, slecht [**imago; valetudo**].

īn-ferbuī *zie inferveo en infervesco.*

īn-ferciō, fercīre, fersī, fersum (*in-*[1] *en farcio*)
1. inproppen [*metaf.* **verba**];
2. volproppen.

īnferī *zie inferus.*

īnferiae, ārum *f* (*infero*) dodenoffers.

īnferiālis, e (*inferiae*) (*postklass.*) begrafenis-.

īnferior, īnferius *zie inferus en infra.*

īnferna, ōrum *n* (*infernus*)
1. (*poët.; postklass.*) onderwereld;
2. (*eccl., ook sg.*) hel.

īnfernālis, e (*infernus*) (Laatl.)
1. van de onderwereld [**dii**];
2. van de hel, hels.

īnfernī (*poët.*) = *inferi, zie inferus.*

īnfernus (*inferus*)
I. *adj.* a, um
1. zich beneden *of* lager bevindend, beneden-;
2. (*poët.; postklass.*) onderaards: (a) zich onder de aarde bevindend [**gurges**]; (b) tot de onderwereld behorend [**dei; rex** = Pluto; **palus** = Styx; **lacus** = lacus Avernus; **monstra; canes**];
II. *subst.* ī *m* (*eccl.*) hel.

īn-ferō, īnferre, intulī, illātum
1. naar binnen dragen, brengen *of* werpen, werpen, brengen, zetten in, bij, op (*m. in m. acc.; ad; dat.*) [**ligna in ignem; alqm in equum** op het paard zetten; **scalas ad moenia; spolia opima templo; semina arvis; fontes urbi** brengen in];
2. (*milit.*) (a) *bellum alci* ~ *en arma alci* ~ een oorlog beginnen met iem., iem. aanvallen [**Scythis; patriae**]; *abs.* (de) oorlog beginnen, ten aanval gaan; (b) *bellum* ~ de oorlog verplaatsen [**in Italiam; in patriam**]; (c) *signa* ~ oprukken tegen, aanvallen (*m. dat.; in m. acc.*) [**hostibus; patriae urbi; in urbem**]; (d) *pedem of gradum* ~ aanvallen;
3. *manūs alci of in alqm* ~ iem. geweld aandoen;
4. *se* ~ *of pass.* zich storten, zich werpen, zich begeven, zich haasten in *of* naar, binnenvallen (*m. in m. acc.; dat.*) [**in urbem; in contionem; in medios enses; in vitae discrimen** zijn leven op het spel zetten; **stantibus; praesidiis; se socium** zich aansluiten als metgezel]; ▸ *flumen mari infertur;*
5. (*metaf.*) (*iets ongunstigs*) aandoen, veroorzaken, berokkenen [**hostibus vulnera; alci vim** geweld aandoen; **civibus periculum** in gevaar brengen; **calamitatem; dolorem; iniuriam; turpitudines; poenam alci** opleggen; **alci crimina** beschuldigen];
6. (*emoties*) opwekken, inboezemen [**alci spem**];
7. veroorzaken, teweegbrengen [**tumultum; moram**];
8. (Verg.) offeren [**honores Anchisae** bewijzen; **spumantia cymbia lacte** bekers schuimend van melk];
9. ter aarde bestellen, begraven;
10. (*rekeningen*) opstellen; boeken [**rationes**]; in rekening brengen bij (*m. dat.*) [**sumptum civibus**];

11. *(bij het spreken)* naar voren brengen, uiten, aanvoeren [**mentionem rei** melding maken van; **sermonem de re** het gesprek op iets brengen; **causam alci** een zaak tegen iem.; **causam belli alci** een voorwendsel voor oorlog tegen iem. zoeken];
12. *(retor.)* een gevolgtrekking maken, een conclusie trekken.

īn-fersī *pf. v. infercio.*

īnfersus ppp. *v. infercio.*

īnferus, a, um, *comp.* **īnferior,** ius, *superl.* **īnfimus** *en* **īmus,** a, um
I. *pos.* **īnferus,** a, um
1. zich beneden bevindend, onder- [**loca; mare** de Tyrrheense Zee *(vgl. mare superum: de Adriatische Zee)*];
2. van de onderwereld, onderwereld- [**dii**]; — *subst.* **īnferī,** ōrum *en* um *m* onderwereld (-bewoners): *ad inferos descendere; ab inferis alqm evocare, excitare* uit de onderwereld;
II. *comp.* **īnferior,** ius
1. *(v. plaats)* lager gelegen, lager [**ripa; labrum** onderlip; **Germania**]; ▸ *in inferius ferri* naar beneden, de diepte in; — *subst.* (a) **īnferiōrēs,** um *m* bewoners v.h. lager gelegen deel v.d. stad; (b) **īnferiōra,** um *n* het onderste deel [**muri**];
2. *(v. tijd)* later, jonger;
3. *(in aantal, rang, kracht, waarde)* minder, zwakker, geringer [**ordo; ordines** lagere rangen; **causa;** *(in: abl.)* **virtute; dignitate; numero navium**]; ▸ *acie of proelio inferiorem discedere* een slag verliezen;
III. *superl.*
1. **īnfimus,** a, um (a) *(v. plaats)* onderst, laagst, diepst [**terra; auricula** oorlelletje]; *vaak te vertalen met* het onderste, laagste deel van [**mons** de voet v.e. berg; **aequora** de diepten v.d. zee; **forum** het laagstgelegen eind v.h. forum]; ▸ *in infimo mari* op de bodem v.d. zee; — *subst.* **īnfimum,** ī *n* het onderste deel; (b) *(metaf.)* minst, laagst, slechtst; ▸ *cives infimo loco nati* van zeer lage afkomst; — *subst.* ī *m* de minste, de geringste, *(ihb. plur.)*: *nemo infimus* niemand, zelfs niet de geringste;
2. **īmus,** a, um *zie daar.*

īn-fervēfaciō, fervēfacere, fervēfēcī, fervēfactum aan de kook brengen [**mustum**].

īn-ferveō, fervēre, fervuī *en* ferbuī, — aan de kook raken *of* zijn.

īn-fervēscō, fervēscere, fervuī *en* ferbuī, — zeer heet worden; aan de kook raken.

īnfēstātiō, ōnis *f (infesto) (postklass.)* bedreiging, kwelling.

īn-fēstō, fēstāre *(infestus)*
1. aanvallen, onveilig maken, teisteren [**latus dextrum** de rechtervleugel; **vias**];
2. schade toebrengen aan, schaden, beschadigen [**vitam**]; ▸ *vitis tempestatibus infestatur.*

īn-fēstus, a, um
1. (a) blootstaand aan aanvallen, onrustig, onveilig [**civitas**]; ▸ *agrum -um facere (efficere, reddere)* onveilig maken; (b) verontrust, bedreigd, in gevaar verkerend [**vita; salus**];
2. (a) verontrustend, vijandig, dreigend, gevaarlijk [**hostis; in suos; huic imperio**]; (b) *(milit.)* gereed voor de strijd, slagvaardig [**milites; pilum** omhoog geheven; **mucro** getrokken]; ▸ *-o agmine proficisci* in slagvaardige colonne; *-is signis inferri of impetum facere* stormenderhand; *hastā -ā* met gevelde lans.

īnficētiae, ārum *f (inficetus) (Catull.)* flauwiteiten.

īnficētus, a, um = *infacetus.*

īn-ficiēns, *gen.* entis *(in-[2] en facio)* inactief.

īn-ficiō, ficere, fēcī, fectum *(facio)*
1. *(poët.; postklass.)* aanmaken, (ver)mengen, bevochtigen *(met: abl.)*;
2. verven, kleuren [**se vitro; arma sanguine** rood kleuren; **locum sanguine**]; ▸ *pallor ora inficit* bedekt; *fumus diem inficit* verduistert;
3. *(poët.; postklass.)* vergiftigen [**pabula; herbas**]; ▸ *Allecto infecta venenis* met haar als giftige slangen;
4. *(metaf.)* (a) (door)drenken [**artibus; sapientiā**]; (b) vergiftigen, verpesten, besmetten, bezoedelen [**teneros animos; spolia** door aanraking ontwijden; **alcis animum languore**].

īnficīscō, īnficīscere *(Sen.)* = *inficio 4.*

īn-fidēlis, e
1. ontrouw, trouweloos, oneerlijk, onbetrouwbaar [**socii**];
2. *(eccl.)* ongelovig, heidens.

īnfidēlitās, ātis *f (infidelis)*
1. ontrouw, trouwelooshe id, oneerlijkheid, onbetrouwbaarheid;
2. *(eccl.)* ongeloof.

īn-fidī *pf. v. infindo.*

īn-fīdus, a, um trouweloos, onbetrouwbaar, onzeker [**amicus; gentes; fuga** onveilig; **mare** bedrieglijk].

īn-fīgō, fīgere, fīxī, fīxum
1. vasthechten, inslaan, -stoten, -boren [**gladium hosti in pectus; hominem scopulo**

spietsen op; **vulnus** toebrengen];
2. (stevig) vastzetten, planten; *ook metaf.* [**oscula** kussen]; ▸ *sidera certis infixa sedibus* bevestigd;
3. (*metaf.*) inprenten, *meestal ppp.*; ▸ *res memoriae infixa; infixum est mihi* ik ben vastbesloten;
4. sterk richten op (*m. in m. acc.*) [**mentem; oculos**].
īnfimātis, e (*infimus, zie inferus*) (*Plaut.*) behorend tot de laagste klasse.
īnfimitās, ātis *f* (*infimus*) (*Laatl.*) laagste positie.
īnfimō, īnfimāre (*infimus*) (*Apul.*) verlagen, vernederen.
īnfimus *zie inferus.*
īn-findō, findere, fidī, fissum (*Verg.*) klieven, insnijden [**sulcos telluri** voren trekken; *metaf.* **sulcos** (*maris*) de zee doorklieven].
īnfīnitās, ātis *f* (*in-*[2] *en finis*) onbegrensdheid, oneindigheid, onbegrensde ruimte [**locorum**]; *abs.* heelal.
īn-fīnītiō, ōnis *f* (*infinitus*) oneindigheid.
īn-fīnītus, a, um
1. onbegrensd: (a) (*v. plaats*) grenzeloos, oneindig [**loca; altitudo**]; (b) (*v. tijd*) eindeloos, onophoudelijk [**tempus** eeuwigheid; **bellum**]; (c) (*v. aantal*) talloos, oneindig veel [**multitudo; causarum varietas**]; (d) (*v. maat, gradatie*) onmetelijk, mateloos, extreem [**magnitudo; odium; cupiditas; labor; occupationes; imperium, potestas** onbeperkt]; ▸ *infinitum est* (*m. inf.*) er zou geen eind aan komen;
2. onbepaald, algemeen [**genus quaestionum**].
īnfirmātiō, ōnis *f* (*infirmo*)
1. het ontkrachten, weerlegging [**rationis**];
2. het ongeldig maken, opheffing [**rerum iudicatarum**].
īnfirmitās, ātis *f* (*infirmus*)
1. zwakte, krachteloosheid, gebrekkigheid, onmacht [**corporis; valetudinis; puerorum**];
2. (*postklass.*) ziekte, ongesteldheid;
3. (*metaf.*) zwakte v. karakter, onzelfstandigheid, wankelmoedigheid [**Gallorum; animi; consilii**];
4. (*postklass.*) (*meton.*) de zwakken.
īnfirmō, īnfirmāre (*infirmus*)
1. verzwakken [**munimenta; legiones**];
2. (*metaf.*) verzwakken, aan het wankelen brengen [**fidem testis; gratiam**];
3. weerleggen [**res leves**];
4. ongeldig verklaren, opheffen [**legem; acta**].
īn-firmus, a, um
1. (a) zwak, krachteloos, onmachtig [**senex; corpus; valetudo; vires; classis; ad resistendum**]; (b) zacht, mild [**cibus; lumen**]; ▸ *panis infirmior* minder voedzaam;
2. (*postklass.*) ziek, ongesteld, afgemat;
3. (*metaf.*) moedeloos, schuchter, slap [**animus; reus; exercitus**];
4. onbetrouwbaar [**fides**];
5. onbeduidend, gering, waardeloos [**senatūs consultum; causa**].
īnfissus *ppp. v. infindo.*
īn-fit (*bij fio*) hij begint (te spreken).
īnfitiae, ārum *f* (*vgl. fateor*) het ontkennen; *alleen: infitias ire* loochenen, ontkennen, bestrijden; *m. negatie* = erkennen, toegeven.
īnfitiālis, e (*infitiae*) ontkennend [**quaestio**].
īnfitiātiō, ōnis *f* (*infitior*) ontkenning, afwijzing.
īnfitiātor, ōris *m* (*infitior*) loochenaar [**lentus** taai].
īnfitior, īnfitiārī (*infitiae*)
1. ontkennen, loochenen [**crimen; rem manifestam**];
2. niet erkennen, afwijzen [**progeniem; notitiam alcis;** (*m. dubb. acc.*) **nos amicos** ons als vrienden verloochenen];
3. weigeren, onthouden; ▸ (*ook pass.*) *Capitolia nostrae infitiata lyrae.*
īn-fīxī *pf. v. infigo.*
īnfīxus *ppp. v. infigo.*
īnflammātiō, ōnis *f* (*inflammo*)
1. het aansteken, het in brand steken, brand;
2. (*metaf.*) vuur, opwinding [**animorum** laaiend enthousiasme];
3. (*med. t.t.*) ontsteking.
īn-flammō, flammāre
1. aansteken, in brand steken [**classem; Atheniensium fana; horrea; epistulam alcis**];
2. (*metaf.*) doen ontvlammen, aanwakkeren, prikkelen [**animos; civem; cupiditates; populum in improbos; alqm ad gloriam**]; ▸ *inflammatus insolitā victoriā.*
īnflātiō, ōnis *f* (*inflo*)
1. opzwelling;
2. (*med. t.t.*) (a) winderigheid; (b) (*Suet.*) *praecordiorum* borstvliesontsteking, pleuritis;
3. (*metaf.*) (*postklass.*) opgeblazenheid, hoogmoed.
īnflātus[1], a, um (*p. adj. v. inflo*)
1. opgeblazen, gezwollen [**collum; amnis; capilli** wapperend];
2. (*metaf.*) trots, hoogmoedig;
3. kwaad, woedend [**animus**];

4. *(postklass.)* *(retor.)* overdreven, bombastisch [**explicatio; rhetor**].

īnflātus[2], ūs *m* *(inflo)*
1. het blazen [**tibicinis**];
2. *(metaf.)* ingeving [**divinus**];
3. het opzwellen.

īn-flectō, flectere, flexī, flexum
1. (om)buigen, krommen [*metaf.* **oculos alcis** naar zich toe trekken]; — *se* ~ *en pass. inflecti* zich buigen, zich krommen, een boog vormen: *sinus ad urbem -itur* maakt een bocht;
2. *(de stem)* moduleren, buigen [**voces cantu; orationem** de redevoering milder van toon maken]; ▸ *sonus inflexus* de mildere toon v. spreken, de middeltoon;
3. veranderen, wijzigen, aanpassen [**suum nomen e Graeco**];
4. *(metaf.)* ombuigen [**ius civile; magnitudinem animi** verminderen];
5. *(het gemoed of iem.)* bewegen, bewerken, roeren [**alqm leviter; sensūs alcis** tot andere gedachten brengen]; — *pass.* zich laten bewegen [**precibus**].

īn-flētus, a, um *(in-*[2] *en fleo)* *(poët.)* niet beweend.

īn-flexī *pf. v. inflecto.*

īn-flexibilis, e *(postklass.)*
1. niet te buigen, stijf [**cortex**];
2. *(metaf.)* onbuigzaam [**iudicium; obstinatio**].

īnflexiō, ōnis *f* *(inflecto)*
1. het buigen, beweging [**laterum** lichaamshouding];
2. *(gramm. t.t.)* aanpassing, wijziging [**verborum**].

īnflexus[1], ūs *m* *(inflecto)* buiging, kromming.

īnflexus[2] *ppp. v. inflecto.*

īn-flīgō, flīgere, flīxī, flīctum
1. inslaan, instoten; aanslaan, stoten, werpen tegen *(m. dat.; in m. acc.)*; ▸ *puppis inflicta vadis* vastgelopen in ondiep water;
2. *door te slaan* berokkenen, toebrengen [**alci plagam, vulnus**];
3. *(metaf.)* bezorgen, aandoen [**alci sempiternam turpitudinem**].

īn-flō, flāre
1. *(op een instrument)* blazen [**tibias; tubam**]; ▸ *(abs.) tibicen inflat* blaast, begint te blazen;
2. *(noten, signalen e.d.)* blazen = aangeven [**sonum**];
3. opblazen, doen zwellen [**buccas; se validius** *(v.e. kikker)*]; ▸ *capilli inflati* opgebolde, omhooggewerkte haren;
4. opstuwen; — *ppp.* **īnflātus,** a, um (aan-, op)gezwollen; ▸ *amnis inflatus;*
5. *(metaf.)* opgeblazen, trots, hoogmoedig maken [**falsa spe ad insolentiam**];
6. aanvuren, aanmoedigen [**mendaciis regis spem**].

īn-fluō, fluere, flūxī, flūxum
1. vloeien, stromen in *of* naar *(m. in m. acc.; acc.; zelden m. ad of dat.)* [**in Sequanam; lacum**];
2. *(v. personen)* *(in groten getale)* binnendringen, binnenstromen; ▸ *copiae in Italiam influentes;*
3. *(metaf.)* ongemerkt binnendringen, binnensluipen [**in aures contionis; in universorum animos**]; ▸ *oratio in sensūs audientium influxit;*
4. *(postklass.)* *(v. abstr.)* toestromen; ▸ *negotia influentia; tantum bonum nobis influens.*

īn-fodiō, fodere, fōdī, fossum ingraven, inkuilen *(in: in m. acc.; dat.)* [**fruges; taleas** (palen) **in terram; corpora terrae** begraven].

īnfōrmātiō, ōnis *f* *(informo)*
1. *(filos. t.t.)* voorstelling, begrip; ▸ *in animo insita* ~ *quaedam dei* *(Cic.)*;
2. *(Cic.)* verklaring, duiding [**verbi**];
3. *(Laatl.)* onderricht, onderwijs.

īn-formīdātus, a, um *(in-*[2] *en formido*[1]*)* *(poët.)* niet gevreesd.

īn-fōrmis, e *(in-*[2] *en forma)*
1. ongevormd, vormloos [**alvei**];
2. *(poët.; postklass.)* misvormd, lelijk, naar *(ook metaf.)* [**monstrum; hiems; exitus** zelfmoord];
3. smadelijk [**letum; sors**].

īnfōrmitās, ātis *f* *(informis)* *(eccl.)* vormloosheid.

īn-fōrmō, fōrmāre
1. *(poët.; postklass.)* vormen, maken [**clipeum**]; ▸ *(metaf.) animus a natura bene informatus;*
2. een voorstelling maken van, schetsen [**oratorem** ideale beeld v.e. redenaar; **proscriptionem**];
3. zich voorstellen;
4. *(metaf.)* *door onderwijs* vormen, onderrichten [**aetatem puerilem ad humanitatem**].

īn-forō, forāre *(in-*[1] *en foro)* boren in; *(Plaut.)* *(scherts.)* neuken.

īn-fortūnātus, a, um ongelukkig.

īn-fortūnium, ī *n* *(fortuna)* ongeluk, leed *(ihb. door straf of tuchtiging).*

īnfrā *(inferus)*
I. *adv.*
1. (a) onder(aan), beneden [**descendere** diep afdalen]; (b) *(poët.)* in de onderwereld; *(Lucr.)* buiten het bereik *v.d. zintuigen*; (c) *(in geschriften*

en redevoeringen) in het navolgende, later; (d) *(postklass.)* later; (e) *(postklass.)* *(mbt. de rang)* lager; ▸ *alqm ut multum* ~ *despectare* als veel minder;
2. *comp.* *(poët.; postklass.)* **īnferius** verder naar beneden, dieper, te diep; ▸ *id persequar* (zal ik vertellen) *inferius*;
II. *prep. m. acc.*
1. onder; ▸ ~ *eum locum;* ~ *alqm cubare, accumbere* *(aan tafel)* aan de rechterkant van;
2. tot onder;
3. na, later dan; ▸ *Homerus non* ~ *Lycurgum fuit;*
4. *(mbt. grootte, rang, waarde)* beneden, lager staand, minder dan; ▸ *uri magnitudine sunt* ~ *elephantos.*

īnfrāctiō, ōnis *f* *(infringo)* gebrokenheid [**animi** neerslachtigheid].

īnfrāctus, a, um *(p. adj. v. infringo)*
1. gebroken;
2. *(Ov.)* geknikt, gebogen [**cornu**];
3. *(metaf.)* verzwakt, krachteloos [**vires; veritas** verdraaid; **oratio** timide; **fides**];
4. neerslachtig, terneergeslagen [**animus**];
5. *(retor.)* gebroken, geknot; ▸ *-a loqui* in afgebroken, korte zinnen spreken.

īn-fragilis, e *(poët.; postklass.)* onverwoestbaar, ongebroken, niet verzwakt, standvastig [**vox; animus**].

īn-frēgī *pf. v. infringo.*

īn-fremō, fremere, fremuī, — *(poët.)* brommen; grommen; snuiven.

īnfrēnātus[1] *ppp. v. infreno.*

īn-frēnātus[2], a, um *(in-*[2] *en freno)* ongetoomd, zonder toom [**equites** op ongetoomde paarden].

īn-frendō, frendere, — — *en* **īn-frendeō,** frendēre, — — *(Verg.)* knarsen [**dentibus**].

īn-frēnis, e *en* **īn-frēnus,** a, um *(in-*[2] *en frenum)*
1. zonder toom [**equus**];
2. *(pre- en postklass.)* *(metaf.)* zonder teugels, tomeloos [**lingua**].

īn-frēnō, frēnāre
1. (op)tomen [**equum; currūs** inspannen];
2. *(metaf.)* in toom houden, aan banden leggen.

īn-frēnus *zie infrenis.*

īn-frequēns, *gen.* entis
1. niet talrijk, in gering aantal (opkomend, aanwezig) [**cives; hostes; agmen; senatus** niet talrijk genoeg om een besluit te kunnen nemen];
2. *(v. plaatsen)* dunbevolkt, zwak bezet, weinig bezocht [**colonia; theatrum; causae** rechtszittingen met weinig toehoorders]; — *subst. infrequentissima urbis* eenzaamste buurten v.d. stad;
3. *(v. tijd)* niet vaak verschijnend, zelden aanwezig [**deorum cultor** nalatig];
4. *(Gell.)* *(metaf.)* onervaren *(in: gen.)* [**vocum Latinarum**];
5. *(Gell.)* niet gebruikelijk, zeldzaam [**vocabulum; usus**].

īnfrequentia, ae *f* *(infrequens)*
1. gering aantal, *(v. vergaderingen)* onvoldoende bezoek, geringe deelname, onvoldoende aantal [**senatūs**];
2. *(Tac.)* *(v. plaatsen)* eenzaamheid, verlatenheid [**locorum**].

īn-fricō, fricāre *(postklass.)* inwrijven [**paulum salis vulneribus** *(dat.)*]; wrijven.

īn-frīgēscō, frīgēscere *(postklass.)* koud worden.

īn-fringō, fringere, frēgī, frāctum *(frango)*
1. (af)breken, knakken [**hastam; remum; lilia; vestes** verscheuren];
2. *(metaf.)* buigen, verzwakken, fnuiken [**animum, spem alcis; exercitūs virtutem; furorem alcis; famam; tributa** verminderen];
3. *(een politieke of morele status quo)* aan het wankelen brengen, ondergraven [**alcis potentiam; Drusi tribunatum; conatūs adversariorum; alcis gloriam**];
4. *(retor.)* *(het ritme of een periode v.e. redevoering)* breken, onderbreken [**numeros; verborum ambitum**];
5. *(poët.)* (stuk)slaan *(tegen: dat.; in m. acc.)* [**aulam in caput**].

īn-frōns, *gen.* frondis *(Ov.)* zonder loof, zonder struiken *of* bomen [**ager**].

īn-frūctuōsus, a, um *(postklass.)*
1. zonder vruchten [**arbor**];
2. *(metaf.)* vruchteloos, zonder succes, nutteloos [**preces; epistula**].

īn-frūnītus, a, um *(in-*[2] *en fruniscor)* *(postklass.)* onnozel, onbenullig [**animus**].

īnfūcātus, a, um *(in-*[1] *en fuco)* geschminkt, gevernist *(metaf.)* [**vitia**].

īn-fūdī *pf. v. infundo.*

īnfula, ae *f* *(meestal plur.)* witte hoofdband *met rode strepen, met de vitta om het voorhoofd gewonden; gedragen door priesters, Vestaalse maagden en smekelingen; ook offerdieren werden ermee versierd; in de latere keizertijd werd de infula ook gedragen door de keizer en de magistraten; metaf.* ereteken [**imperii Romani**].

īnfulātus, a, um *(infula) (postklass.)* getooid met een infula.

īn-fulciō, fulcīre, fulsī, fultum *(postklass.)* stoppen *of* proppen in *(m. dat.)* [**alci cibum**].

īn-fūmō, fūmāre *(Plin. Mai.)* in de rook hangen, roken.

infundibulum *en* **infidibulum,** ī *n (infundo)* trechter.

īn-fundō, fundere, fūdī, fūsum
1. gieten in, uitstorten in [**aquam in vas; vinum** inschenken; **poculum** vullen];
2. *(metaf.)* laten instromen, laten binnendringen, influisteren [**vitia in civitatem; in aures orationem**]; — *pass.* binnenstromen, binnendringen; ▸ *infusus populus;*
3. *(poët.; postklass.)* gieten, storten op, over *(m. dat.)* [**margaritas litoribus** op de oever werpen]; — *ppp.* **īnfūsus,** a, um gegoten in, over; ▸ *infusus collo amantis* zijn minnaar omhelzend; *umeris infusa capillos (Ov.)* met over de schouders golvend haar.

īn-fuscō, fuscāre
1. donker, zwart, bruin maken [**aquam atramento**]; ▸ *barba infuscat pectus* beschaduwt;
2. *(metaf.)* bederven, vervalsen, verminken [**gloriam saevitiā**]; ▸ *vicinitas non infuscata malevolentiā;*
3. *met woorden* bezoedelen, bederven;
4. *(postklass.)* dof maken [**vocem**].

īnfūsiō, ōnis *f (infundo) (postklass.)* het ingieten.

īnfūsus *ppp. v. infundo.*

Ingaevonēs, um *m myth. Germ. volksstammen aan de Noordzee.*

Ingaunī, ōrum *m Ligurische volksstam ten Z.W. v. Genua.*

in-gemēscō, gemēscere, gemuī, — = *ingemisco.*

in-geminō, gemināre *(poët.)*
I. *tr.* verdubbelen, herhalen [**vulnera** herhaaldelijk verwonden; **ictūs; terrorem** vergroten]; ▸ *ingeminat me miserum! (Ov.)* hij herhaalt de woorden 'ik ongelukkige!';
II. *intr.* zich verdubbelen, zich herhalen, toenemen [**plausu** herhalen hun toejuiching]; ▸ *ingeminant curae.*

ingemīscō, ingemīscere, ingemuī, — *(incoh. v. ingemo)*
I. *intr.* beginnen te zuchten *of* te steunen *(bij, onder: in m. abl.; ad);* ▸ *nemo ingemuit; in hoc* ~ daarbij; *multitudo ad conspectum regis fletumque miserabilem ingemuerat;*
II. *tr.* zuchten over, klagen om, betreuren *(m. acc.; dat.; abl.; aci.)* [**interitum alcis; condicioni suae**]; ▸ *num fletu ingemuit nostro? (Verg.).*

in-gemō, gemere, — —
I. *intr. (poët.; postklass.)* (hevig) zuchten, steunen;
II. *tr. (m. dat.; acc.)* zuchten over, klagen om [**aratro; laboribus; agris** zwoegen op; **caesos patres**].

ingemuī *pf. v. ingemisco.*

in-generō, generāre inplanten, voortbrengen, scheppen; ▸ *societas quam ingeneravit natura;* — *ppp.* **ingenerātus,** a, um aangeboren; ▸ *ingenerata familiae frugalitas.*

ingeniārius *en* **ingeniērius,** ī *m (ingenium) (Mel.)* bouwmeester v. vestingwerken.

ingeniātus, a, um *(ingenium) (pre- en postklass.)* geaard [**lepide**].

ingeniērius *zie ingeniarius.*

ingeniolum, ī *n (demin. v. ingenium) (eccl.)* beperkte geest, geringe begaafdheid.

ingeniōsus, a, um *(ingenium)*
1. talentvol, schrander, scherpzinnig, vindingrijk [**homo; argumentum** vernuftig uitgedacht];
2. *(Ov.) van nature* geschikt voor *(m. ad; dat.)* [**ager ad segetes; vox sonis mutandis**].

ingenitus *ppp. v. ingigno.*

ingenium, ī *n (ingigno)*
1. karakter, aard, temperament; neiging, verlangen [**bonum; malum; placidum; acerrimum; lenissimum; nobile; humanum**]; ▸ *-o suo vivere* naar eigen aard; *pro -o cuiusque* ieder op zijn eigen manier;
2. aanleg, verstand; ▸ *-i acumen, sollertia* scherpzinnigheid; *expers -i; homo extremi -i* leeghoofd;
3. scheppende geest, genie, talent; ▸ *summo -o et prudentiā praeditus; natura et* ~ natuurtalent;
4. *(meton.)* (a) vindingrijk persoon, genie, talent, knappe kop; ▸ *scriptorum magna -a; praeclara -a;* (b) *(postklass.)* vernuftige inval, slimme vondst;
5. *(poët.; postklass.) (v. zaken)* natuurlijke gesteldheid, aard [**arvorum; campi; loci**].

in-gēns, *gen.* gentis reusachtig (groot), geweldig, buitengewoon *(ook metaf.)* [**campus; pecunia; numerus; aquae** overstroming; **clamor; bellum; metus; opus;** *(door, aan, in: abl.; gen.)* **armis; rerum** groot in daden, machtig].

in-genuī *pf. v. ingigno.*

ingenuitās, ātis *f (ingenuus)*

1. staat *of* stand v. vrijgeborene, edele afkomst; ▸ *ornamenta ingenuitatis*;
2. houding een vrijgeborene waardig [**probitas** et ~];
3. oprechtheid, vrijmoedigheid.

ingenuus, a, um *(ingigno)*
1. *(poët.)* inheems, niet vreemd;
2. *(poët.)* aangeboren, natuurlijk [**indoles; color**];
3. vrijgeboren; — *subst. m* vrij man;
4. *(metaf.)* eigen aan een vrij man, edel, waardig [**animus; vita; studia**];
5. oprecht, openhartig [**homo**]; ▸ *-e confiteri*;
6. zwak, teer, delicaat [**vires**].

in-gerō, gerere, gessī, gestum
1. naar binnen dragen *of* brengen, dragen, brengen, storten, gieten *(in, op: in m. acc.; dat.)* [**humum; lapides; ligna foco; vinum oribus** te drinken geven];
2. werpen, gooien [**saxa in subeuntes; iacula in hostem**];
3. *(metaf.)* *(woorden)* uiten, rondstrooien [**probra in alqm** scheldwoorden; **voces graves; contumelias**];
4. onder de aandacht brengen, voorhouden; blijven hameren op, blijven herhalen [**praeterita; magnitudinem imperatoris**];
5. opdringen [**nomen patris patriae Tiberio**];
6. *(postklass.)* opleggen [**supplicia; sibi mortem**].

in-gignō, gignere, genuī, genitum doen groeien in, inplanten *(m. dat.)*; ▸ *natura ingenuit homini cupiditatem veri videndi (Cic.)*; — *ppp.* **ingenitus,** a, um aangeboren, natuurlijk [**nobilitas; vitia**].

in-glōriōsus, a, um *(Laatl.)* = *inglorius.*

in-glōrius, a, um *(in-*[2] *en gloria)* roemloos, zonder roem [**vita; imperium; militiae** in de oorlog].

ingluviēs, ēī *f*
1. keel;
2. *(meton.)* vraatzucht.

in-grātiīs *en (zelden)* **in-grātīs** *adv.* met tegenzin, niet graag.

ingrātitūdō, inis *f (ingratus) (Laatl.)* ondankbaarheid.

in-grātus, a, um
1. onaangenaam, onvriendelijk, lastig, onbemind [**oratio; vita**];
2. ondankbaar [**cives; patria; in amicos; in principem; adversus beneficium**]; ▸ *alqd -e ferre* zich ondankbaar tonen voor iets; — *subst.* ī *m* ondankbare;
3. *(v. zaken)* niet in dank afgenomen, niet lonend, nutteloos [**labor; pericula; dona**].

in-gravēscō, gravēscere
1. zwaar(der) worden; ▸ *corpora exercitationum defatigatione ingravescunt*;
2. toenemen, groeien; ▸ *studium cottidie ingravescit*;
3. *(metaf.)* toenemen, drukkender, lastiger, erger worden; ▸ *annona, aetas, fenus ingravescens; ingravescit morbus; fames, tussis, bellum ingravescens.*

in-gravidō, gravidāre *(eccl.)*
1. zwanger maken;
2. *(metaf.)* bezwaren [**pectus curis**].

in-gravō, gravāre *(poët.; postklass.)*
1. zwaar maken, beladen;
2. *(metaf.)* bezwaren, belasten, lastig zijn voor; ▸ *ingravantibus annis* door de last der jaren; *saevitia hiemis ingravat*;
3. drukkender, erger maken.

in-gredior, gredī, gressus sum *(gradior)*
I. *intr.*
1. binnentreden, naar binnen gaan [**tarde**];
2. binnengaan, intrekken *(m. in m. acc.; intra; dat.)* [**in urbem; intra fines; castris**];
3. *(metaf.)* zich inlaten met, beginnen met, komen op [**in sermonem; in bellum; in spem libertatis**]; *abs.* beginnen te spreken;
II. *tr.*
1. betreden [**urbem; viam, iter** inslaan; **mare** zee kiezen; *(ook m. dat.)* **castris**; *metaf.* **pericula; vestigia patris** in de voetsporen v.d. vader treden];
2. aanvallen, oprukken tegen;
3. *(metaf.)* beginnen, aanvangen [**viam vivendi; consulatum**]; *(m. inf.)*.

ingressiō, ōnis *f en* **ingressus,** ūs *m (ingredior)*
1. het betreden, binnengaan;
2. ingang, toegang *(in, tot: gen.; in m. acc.)* [**fori; in castra**];
3. het voortschrijden, het gaan; gang [**gravis**]; *plur.* passen; ▸ *ingressu prohiberi* zich niet vrij kunnen bewegen; *praebere ingressum*;
4. *(postklass.)* inval [**hostilis**];
5. *(metaf.)* begin; ▸ *prima ingressio mea; ingressūs capere* beginnen.

in-gruō, gruere, gruī, —
1. aanstormen, aanvallen; ▸ *nostri contra ingruunt*;
2. *(metaf.)* aantasten, overvallen *(abs.; m. in m. acc.; dat.)*; ▸ *fatum, periculum, bellum ingruens*;

nox ingruebat; morbi ingruunt in remiges (Liv.) of gentibus (Plin. Mai.).

inguen, inguinis *n*
1. *(poët.) (meestal plur.* **inguina,** um) onderlijf, lies(streek);
2. *(poët.)* onderlijf, plur. schaamdelen;
3. gezwel *(in de liesstreek).*

in-gurgitō, gurgitāre *(in-[1] en gurges)*
1. *(pre- en postklass.)* in stromen *of* in overvloed gieten [**merum**];
2. *(metaf.) se ~ en pass. ingurgitari* (a) zich storten in [**in tot flagitia** in een poel v. ondeugden; **in copias alcis** in iems. rijkdom zwelgen]; (b) zich volvreten en -zuipen.

in-gustābilis, e *(in-[2] en gusto) (Plin. Mai.)* onsmakelijk [**baca**].

in-gustātus, a, um *(Hor.)* nog niet geproefd.

in-habilis, e
1. onhandelbaar, moeilijk te besturen *of* te hanteren [**navis**];
2. ongeschikt, onbekwaam *(voor: ad; dat.)*; ▸ *multitudo ~ ad consensum; ~ labori et audaciae valetudo.*

in-habitābilis, e onbewoonbaar [**insula**].

inhabitātiō, ōnis *f (inhabito) (eccl.)* het bewonen; woning.

inhabitātor, ōris *m (inhabito) (Laatl.)* bewoner.

in-habitō, habitāre *(poët.; postklass.)* bewonen [**regionem**]; — *subst.* **inhabitantēs,** ium *m* bewoners, inwoners.

in-haereō, haerēre, haesī, haesūrus
1. hangen, kleven, vastzitten *(aan: in m. abl.; ad; dat.)* [**ad saxa**]; ▸ *sidera sedibus suis inhaerent;*
2. zich vastklampen aan, vasthouden aan; gehecht zijn aan *(m. dat.)*; ▸ *canis leoni inhaerens;*
3. *(metaf.)* vastzitten [**tergo (fugientis)** iem. op de hielen zitten; **alci** iem. trouw aanhangen; **oculis** altijd voor ogen zweven; **in mentibus**]; ▸ *inhaeret in visceribus illud malum (Cic.);*
4. gegrondvest zijn in, wortelen in; ▸ *virtutes voluptatibus inhaerent (Cic.);*
5. zich concentreren op, totaal opgaan in *(m. dat.)* [**studiis communibus**].

inhaerēscō, inhaerēscere, inhaesī, inhaesūrus *(incoh. v. inhaereo)* blijven hangen aan, blijven steken in.

in-hālō, hālāre inblazen, blazen tegen.

in-hibeō, hibēre, hibuī, hibitum *(habeo)*
1. tegen-, terughouden [**manu suos; equos; frenos**];
2. (a) achteruit roeien; ▸ *navis (retro) inhibita;* (b) ophouden te roeien; ▸ *remiges inhibent;*
3. *(metaf.)* afremmen, verhinderen, tegenhouden [**impetum victoris; lacrimas; facinus; cursum** halt houden; **cruorem** stelpen; **spem** beperken; **tela** laten rusten];
4. aanwenden, gebruiken, uitoefenen [**imperium** (gezag) **in deditos; damnum** boete opleggen].

inhibitiō, ōnis *f (inhibeo)* het inhouden [**remigum** het achteruitroeien].

in-hiō, hiāre
1. *door verlangen naar iets* de mond opensperren, happen naar *(m. dat.)* [**uberibus; omnibus cadaveribus** *(v. raven)*]; ▸ *(abs.) inhiavit acrius lupus (Plaut.);*
2. *(metaf.)* verlangen naar, azen op, loeren op *(m. dat.; acc.)* [**lucro; dominationi; aurum; alcis hereditatem**];
3. *door nieuwsgierigheid, vol verwachting* met open mond staren *of* luisteren *(naar: dat.; acc.)*; ▸ *turba inhiat.*

inhonestō, inhonestāre *(inhonestus) (Ov.)* onteren, te schande maken.

in-honestus, a, um
1. oneervol, roemloos, schandelijk, smadelijk [**vita; mors; responsum; cupiditas; homo; sibi** zichzelf onterend]; ▸ *-a vela parare* smadelijk op de vlucht slaan; *honesta atque -a* eer en schande;
2. *(poët.)* lelijk, misvormd [**vulnus**].

in-honōrātus, a, um
1. niet geëerd, niet beloond, zonder eerbewijzen *of* onderscheidingen; ▸ *alqm -um dimittere;*
2. zonder ereambten [**homo; vita**].

in-honōrificus, a, um *(Sen.)* beledigend.

in-honōrus, a, um *(postklass.)*
1. niet geëerd, onaanzienlijk [**civitas**];
2. onteerd [**signa**].

in-horreō, horrēre, — — ruig, borstelig zijn.

inhorrēscō, inhorrēscere, inhorruī, — *(incoh. v. inhorreo)*
1. *(poët.; postklass.)* ruig, ruw worden; ▸ *aper inhorruit armos (acc.)* stak de borstelige schoften op;
2. *(v. weersomstandigheden)* ruw worden, strenger worden; ▸ *cum tristis hiems aquilonis inhorruit alis (Ov.);*
3. *(poët.; postklass.)* gaan rimpelen, een oneffen oppervlak beginnen te vertonen; ▸ *fluctibus inhorruit mare;*
4. *(poët.)* beginnen te beven *of* te trillen; ▸ *inhorruit aër;*

5. *(metaf.)* *(v. angst)* huiveren, gaan beven; ▸ *domus principis inhorruerat.*

in-hortor, hortārī *(Apul.)* aansporen *of* ophitsen tegen.

in-hospitālis, e ongastvrij, onherbergzaam [**litus**].

inhospitālitās, ātis *f (inhospitalis)* ongastvrijheid; xenofobie.

in-hospitus, a, um *(poët.)* onherbergzaam, ongastvrij [**tecta**].

inhūmānitās, ātis *f (inhumanus)*
1. onmenselijkheid, wreedheid;
2. gebrek aan beschaving;
3. onvriendelijkheid, onbeleefdheid;
4. *(Laatl.)* zuinigheid.

in-hūmānus, a, um
1. onmenselijk, wreed [**homo; scelus; barbaria**];
2. onvriendelijk, onbeleefd;
3. *(Apul.)* bovenmenselijk, goddelijk;
4. onbeschaafd, onwellevend [**locus; aures**].

in-humātus, a, um niet begraven.

in-ibī *adv.*
1. *(v. plaats)* daar;
2. *(v. tijd)* bij die gelegenheid, toen;
3. ~ *esse* dicht eraantoe zijn, op het punt staan;
4. *(mbt. het aantal)* daaronder, daarbij.

in-iciō, icere, iēcī, iectum *(in-[1] en iacio)*
1. naar binnen werpen, slingeren, gooien, plaatsen *of* leggen in *(m. in m. acc.; dat.)* [**lapides; tela; milites in naves** inschepen; **ignem tectis; opus flammis; vestem flammae**]; — *se* ~ zich storten in [**in medios hostes; morti**];
2. *(metaf.)* *(emoties)* (op)wekken, bezorgen, aanjagen [**alci timorem, spem, formidinem, terrorem mortis, religionem**];
3. veroorzaken, teweegbrengen [**certamen; tumultum civitati; arma regnis**];
4. *(in een gesprek of in een redevoering)* laten vallen, vermelden [**mentionem de re; periculum mortis** met de dood bedreigen];
5. werpen *of* leggen op, over *(m. dat.)* [**alcis collo bracchia** omhelzen; **alci terram** iem. begraven; **alci vim telorum** tegemoet werpen; (**flumini**) **pontem** slaan over];
6. *(ketenen)* omdoen [**alci catenas, vincula; cervicibus laqueum** strik om de hals; *(metaf.)* **frena licentiae** beteugelen];
7. *(kledingstukken)* omwerpen, aandoen [**sibi vestem; alci pallium**];
8. *manum of manūs* ~ *(m. dat.)* (a) op gewelddadige wijze de hand slaan aan [*metaf.* **quieti alcis** iem. wakker schudden]; ▸ *mihi veritas manum iniecit (Cic.)*; (b) dagvaarden *of* voor het gerecht slepen; (c) *zonder rechterlijke beslissing* in bezit nemen, beslag leggen op, tot zijn eigendom verklaren [**spoliis alcis**], overmeesteren [**virgini**].

iniectiō, ōnis *f (inicio)* het werpen op, in [**manūs** beslaglegging, inbezitneming].

iniectō, iniectāre *(frequ. v. inicio) (poët.) de handen* leggen op.

iniectus[1], ūs *m (inicio) (poët.; postklass.)*
1. het erop *of* erin werpen [**multae vestis**];
2. *(metaf.)* het richten op [**animi in corpus** concentratie op].

iniectus[2] *ppp. v. inicio.*

in-igō, igere, ēgī, āctum *(in-[1] en ago)* naar binnen drijven [**oves in stabula**].

inimīca, ae *f (inimicus)* vijandin.

inimīcitia, ae *f (inimicus) (meestal plur.)* vijandschap, vete, vijandig gedrag; ▸ *-as cum alqo exercere, gerere; -as suscipere.*

inimīcō, inimīcāre *(inimicus)* tot vijand maken, opstoken; ▸ *ira miseras inimicat urbes.*

in-imīcus *(in-[2] en amicus)*
I. *adj.* a, um
1. vijandig (gezind), afkerig [**consul; animus**; *(jegens: dat.)* **Clodio; huic imperio**];
2. ongunstig, nadelig, verderfelijk [**consilia; odor nervis**];
3. niet bevorderlijk voor, niet bijdragend tot *(m. dat.)* [**dignitati tuae**];
4. *(poët.)* vijandelijk, van de vijand(en) [**terra; tela**];
5. ongeliefd, gehaat *(bij: dat.)* [**nomen; dis**];
II. *subst.* ī *m* vijand; *inimicissimus* grootste vijand, aartsvijand.

in-imitābilis, e *(postklass.)* niet te imiteren, onnavolgbaar.

in-intellegēns, *gen.* entis zonder verstand.

inīquitās, ātis *f (iniquus)*
1. oneffenheid *v.d. grond*, ongelijkheid *v.h. terrein* [**locorum**];
2. *(metaf.)* ongelijkheid [**condicionis**];
3. moeilijkheid, ongunstigheid [**temporum**];
4. onrechtvaardigheid, onrecht, hardheid [**ducum; exitii**].

in-īquus *(in-[2] en aequus)*
I. *adj.* a, um
1. oneffen, ongelijk, (steil) op- *of* aflopend [**locus; collis; ascensus**];

2. ongunstig, nadelig, moeilijk [**locus; palus; tempus; sors** ongelijk verdeeld; **tributum;** *(voor: dat.)* **nostris**]; ▸ *-e comparare alqd* onterecht;
3. *(v.d. tijd)* ongelegen;
4. *(poët.; postklass.)* overmatig, te groot, te sterk [**pondus** te zwaar; **hiems** te streng; **sol** te heet];
5. oneerlijk, hard, onbillijk [**iudex; lex; causa**]; ▸ *-e pacisci; per aequa per -a* koste wat kost, tot elke prijs;
6. afkerig, vijandig, ongunstig, niet genegen [**caelestes; animus; fata; sermones**];
7. wrevelig, ongeduldig, ontevreden, misnoegd [**animus** onwilligheid, onwil, tegenzin]; ▸ *animo -o ferre* boos zijn; *animo iniquissimo* met de grootste tegenzin; *haud -o animo* bedaard; *-ae mentis asellus* koppig;
II. *subst.* ī *m* tegenstander, vijand.

initiālis, e *(initium) (postklass.)* aanvankelijk.

initiāmenta, ōrum *n en* **initiātiō,** ōnis *f (initio) (postklass.)* inwijding *in een geheime godsdienst.*

initiō, initiāre *(initium)*
1. *in een geheime godsdienst* inwijden *(in: abl.)* [**ritu Cereris; sacris; Bacchis**];
2. *(pre- en postklass.) (metaf.)* invoeren [**puerum** in de lijst v. burgers laten opnemen]; ▸ *aliis litteris initiari* andere interesses ontplooien.

initium, ī *n (ineo)*
1. begin, aanvang *(v. plaats en v. tijd)* [**silvae; belli; anni; orationis**]; ▸ *~ rei oritur, nascitur of proficiscitur a re* iets gaat uit van; — *adv.* (a) **initiō** aanvankelijk, in het begin; (b) **ab initiō** vanaf het begin;
2. *plur.* **initia,** ōrum *n* (a) grondstoffen, elementen; (b) oorsprong, afstamming, afkomst [**obscura; clara**]; (c) aanvang v.e. regering [**Tiberii**]; (d) beginselen *v.e. wetenschap,* eerste leerstellingen [**philosophiae**]; (e) *(filos. t.t.)* principe [**cognoscendi** uitgangspunt voor kennis]; (f) (inwijding in een) geheime godsdienst, mysteriën [**Cereris; Bacchi**]; *(meton.)* cultusvoorwerpen, *die bij dergelijke samenkomsten gebruikt werden.*

initus[1] *ppp. v. ineo.*

initus[2]**,** ūs *m (ineo)*
1. *(Lucr.)* aankomst; begin;
2. *(poët.; postklass.)* paring.

iniūcunditās, ātis *f (iniucundus)* onaangenaamheid; ▸ *ne quid habeat iniucunditatis oratio (Cic.).*

in-iūcundus, a, um
1. onaangenaam, lastig *(voor: dat.)*; ▸ *minime nobis ~ labor (Cic.)*;
2. *(Tac.)* onvriendelijk *(tegenover: adversus)*; ▸ *ut erat comis bonis, ita adversus malos ~.*

in-iūdicātus, a, um *(postklass.)*
1. *(v. personen)* niet berecht;
2. *(v. rechtszaken)* onbeslist.

in-iungō, iungere, iūnxī, iūnctum *(m. dat.)*
1. aansluiten, vastmaken, verbinden aan [**aggerem muro** bij de muur laten aansluiten]; ▸ *tecta muro iniuncta* die tot aan de muur reiken;
2. *(metaf.)* aandoen, toevoegen [**alci iniuriam, ignominiam**];
3. opleggen, op de hals schuiven [**civitatibus servitutem; alci laborem, leges**]; *(m. ut).*

in-iūrātus, a, um onbeëdigd.

iniūria, ae *f (iniurius)*
1. onrecht, onrechtvaardigheid *(jegens: gen.)*; ▸ *-am accipere, facere, ulcisci; -ā* ten onrechte; *haud -ā* niet zonder reden; *per -am* wederrechtelijk; *nostrae ~ caedis* het onrecht dat bestaat in *(Verg.)*;
2. misdaad [**Verris; sociorum** tegen de bondgenoten]; ▸ *alqm ab -a defendere of prohibere;*
3. belediging, ontering, kwetsing [**virtutum**]; ▸ *-arum damnatus* wegens belediging;
4. *(poët.; postklass.) (v. zaken)* schade, vernieling [**frigorum**]; ▸ *foribus facere -am (Plaut.)*;
5. *(Liv.) (meton.)* wederrechtelijk bezit; ▸ *-am obtinere.*

iniūriō, iniūriāre *(iniuria) (Laatl.)* onrecht aandoen, onrechtvaardig behandelen, schaden.

iniūriōsus, a, um *(iniuria)*
1. onrechtvaardig, wederrechtelijk (handelend) [**vita; in proximos; adversus patrem**];
2. beledigend;
3. beschadigend, pijnlijk.

in-iūrius *en (preklass.)* **in-iūrus,** a, um *(in-*[2] *en ius)* onrechtvaardig.

in-iussū *adv.* zonder bevel, zonder permissie [**imperatoris; pugnare**].

in-iussus, a, um *(in-*[2] *en iubeo) (poët.)* zonder bevel, ongevraagd, uit eigen beweging; ▸ *-ae veniunt ad mulctra capellae (Hor.)*; *-a virescunt gramina (Verg.).*

iniūstitia, ae *f (iniustus)* onrechtvaardigheid.

iniūstum, ī *n (iniustus)* onrechtvaardigheid, onrecht.

in-iūstus, a, um
1. onrechtvaardig, wederrechtelijk *(v. personen en zaken)* [**rex; iracundia; bellum; regna** onrechtmatig verkregen];

2. *(metaf., v. zaken)* hard, drukkend, zwaar, lastig [**fascis; onus; fenus**].

in-l- *zie ill-.*

in-m- *zie imm-.*

in-nābilis, e *(in-*[2] *en no) (Ov.)* niet geschikt om in te zwemmen [**unda**].

in-nāscor, nāscī, nātus sum

1. geboren worden, groeien, ontstaan *(abs.; in, op: in m. abl.; dat.)*; ▸ *filix innascitur agris neglectis; salicta innata ripis; murex innatus* vastgegroeid;

2. *(metaf.)* aangeboren zijn; ▸ *in hac elatione animi cupiditas innascitur (Cic.); cupiditas belli gerendi innata est (Caes.)*; — *p. adj.* **innātus,** a, um aangeboren, natuurlijk [**iracundia; alacritas; temeritas**].

in-natō, natāre

1. zwemmen (in);

2. *(poët.; postklass.)* vloeien, stromen in *of* over *(m. dat.)*; ▸ *Tiberis innatat campis; innatat unda dulcis freto*;

3. *(poët.; postklass.)* zwemmen *of* drijven in *of* op *(m. dat. of acc.)*; ▸ *homines flumini innatant; undam innatat alnus*; — *abs.* bovenop drijven: *innatant insulae*; — *innatans (metaf.)* oppervlakkig [**verborum facilitas**].

innātus *zie innascor.*

in-nāvigābilis, e onbevaarbaar.

in-nectō, nectere, nexuī, nexum

1. omslingeren, omvlechten, omwinden [**comas; tempora sertis; umeros amictu; fauces laqueo**];

2. iets *(acc.)* om iets *(dat.)* winden [**diadema capiti; vincula gutturi; bracchia collo;** *metaf.* **fraudem clienti** een beschermeling oplichten];

3. verbinden *(ook metaf.)*; ▸ *inter se innexi rami; causas morandi* ∼ een serie redenen aanvoeren om;

4. *(postklass.) (metaf.)* verwikkelen, verstrikken [**mentem**]; *(in: dat.)*; ▸ *innexus conscientiae* medewetend.

in-nītor, nītī, nīxus *en* nīsus sum *(m. abl.; in m. acc.; dat.)*

1. leunen, steunen op [**hastā; baculo; in fratrem**]; ▸ *templa innixa columnis* rustend op;

2. *(metaf.)* berusten op, afhangen van [**incolumitate Pisonis**]; ▸ *uni viro, Messio, fortuna hostium innititur (Liv.)*.

in-nō, nāre

1. *(poët.)* zwemmen in *(m. acc.)* [**fluvium** een rivier in];

2. *(poët.)* bevaren [**Stygios lacūs**];

3. drijven, varen op *(m. dat. of acc.)* [**aquae; mari; rapaces fluvios**];

4. *(poët.)* stromen over *(m. dat.)* [**litoribus**].

in-nocēns, *gen.* entis *(in-*[2] *en noceo)*

1. onschadelijk [**cibus; epistula**];

2. onschuldig [**servus**];

3. rechtschapen, eerlijk, onbaatzuchtig, belangeloos [**vir; nobilitas**]; ▸ *innocenter agere.*

innocentia, ae *f (innocens)*

1. onschadelijkheid;

2. onschuld; *meton.* onschuldigen; ▸ *-am poenā liberare*;

3. rechtschapenheid, onbaatzuchtigheid, onomkoopbaarheid.

in-nocuus, a, um

1. *(poët.; postklass.)* onschadelijk [**herba**]; ongevaarlijk, veilig [**litus**];

2. *(poët.)* onschuldig, rechtschapen [**homo**]; ▸ *agere causas -as* van de onschuldigen;

3. *(poët.; postklass.)* onbeschadigd, veilig [**carinae; iter**].

in-nōtēscō, nōtēscere, nōtuī, — bekend worden.

in-novō, novāre vernieuwen; ▸ *(metaf.) se ad suam intemperantiam* ∼ opnieuw vervallen in zijn vroegere bandeloosheid.

in-noxius, a, um

1. *(poët.; postklass.)* onschadelijk [**anguis; potio**]; veilig [**iter**];

2. onschuldig, vrij van schuld *(aan: gen.)* [**criminis**];

3. onbeschadigd, ongedeerd [**navigia**];

4. *(Tac.)* onverdiend [**paupertas**].

in-nūbilus, a, um *(Lucr.)* onbewolkt [**aether**].

in-nūbis, e *(in-*[2] *en nubes) (Sen.)* wolkeloos, helder [**dies**].

in-nūbō, nūbere, nūpsī, nuptum *(m. dat.) (in een familie)* introuwen *(als echtgenote).*

innubus, a, um *(in-*[2] *en nubo) (poët.)*

1. ongetrouwd, ongehuwd;

2. maagdelijk [**laurus** laurier *(omdat Daphne, die in een laurierboom veranderd werd, ongetrouwd was)*].

in-nuī *pf. v. innuo.*

in-numerābilis, e ontelbaar, talloos, massaal [**homines; exempla**].

innumerābilitās, ātis *f (innumerabilis)* ontelbare hoeveelheid [**atomorum**].

in-numerālis, e *(in-*[2] *en numerus) (Lucr.)* ontelbaar.

in-numerus, a, um *(poët.; postklass.)* ontelbaar,

talloos [**gentes**].

in-nuō, nuere, nuī, — *(m. dat.)* toeknikken; wenken.

in-nūpsī *pf. v. innubo.*

innuptum *ppp. v. innubo.*

in-nuptus, a, um *(in-*[2] *en nubo)* ongetrouwd, ongehuwd [**puella; nuptiae** een huwelijk dat geen huwelijk is].

in-nūtriō, nūtrīre *(postklass.) (m. abl.)* grootbrengen, opvoeden in *of* met; — *pass.* opgroeien bij, op, in [**mari** aan zee; **pessimis** voor galg en rad; **armis**].

Īnō, Īnūs *en* Īnōnis *f dochter v. Cadmus, echtgenote v. Athamas, de koning v. Thebe, moeder v. Learchus en Melicertes, stiefmoeder v. Phrixus en Helle; Ino probeerde haar stiefkinderen te doden; Athamas werd waanzinnig en doodde Learchus; Ino stortte zich, toen ze voor hem vluchtte, met Melicertes in zee en werd veranderd in de zeegodin Leucothea, de 'heldere godin'; zij had cultusplaatsen in Boeotië, op de Isthmus v. Corinthe en op Kreta;* — *adj.* **Īnōus,** a, um van Ino.

in-oblītus, a, um *(in-*[2] *en obliviscor) (Ov.)* niet vergetend, gedachtig.

in-oboediēns, *gen.* entis *(eccl.)* ongehoorzaam.

inoboedientia, ae *f (inoboediens) (eccl.)* ongehoorzaamheid.

in-obrutus, a, um *(in-*[2] *en obruo) (Ov.)* niet bedolven.

in-obsequēns, *gen.* entis *(Sen.)* ongehoorzaam *(aan: dat.)*; ▸ *materia saepe ~ arti est; inobsequentes frenis equi.*

in-observābilis, e *(poët.; postklass.)* moeilijk op te merken [**error**].

in-observantia, ae *f (postklass.)*
1. onachtzaamheid;
2. onregelmatigheid.

in-observātus, a, um *(poët.; postklass.)*
1. onopgemerkt, niet waargenomen [**sidera**];
2. *(postklass.)* willekeurig, toevallig.

in-occiduus, a, um *(poët.)* niet ondergaand.

in-occō, occāre *(agr.)* ineggen.

inoculātiō, ōnis *f (inoculo) een manier v.* enten.

in-oculō, oculāre enten.

in-odōrō, odōrāre *(postklass.)* doen geuren.

in-odōrus, a, um *(postklass.)* zonder geur.

in-offēnsus, a, um *(poët.; postklass.)*
1. zonder te stoten, niet gestoten; ▸ *pedem -um referre* zonder gestoten te hebben; *mare -um* zonder klippen;
2. *(metaf.)* ongehinderd, ongestoord [**vita; iter; oratio; cursus honorum** ononderbroken].

in-officiōsus, a, um
1. zijn verplichtingen *of* plicht niet nakomend;
2. *testamentum -um een testament waarin de verplichtingen jegens de nabestaanden niet worden nagekomen.*

in-olēns, *gen.* entis *(Lucr.)* reukloos.

in-olēscō, olēscere, olēvī, olitum *(in-*[1] *en alo; vgl. adolesco)*
I. *intr. (poët.; postklass.)* groeien in, vergroeien met *(abs.; m. dat.)*;
II. *tr. (Gell.)* inplanten; ▸ *natura induit nobis inolevitque amorem nostri et caritatem.*

in-ōminālis, e *(omen)* met slechte voortekens, onheilspellend [**dies** ongeluksdag].

in-ōminātus, a, um *(ominor) (Hor.)* vervloekt, noodlottig, ongeluks-.

in-opācō, opācāre *(postklass.)* beschaduwen.

inoperātiō, ōnis *f (inoperatus) (eccl.)* werking, activiteit.

inoperātus, a, um *(inoperor) (eccl.)* niet actief, niet bezig.

in-operor, operārī *(eccl.)* bewerkstelligen, voortbrengen.

inopia, ae *f (inops)*
1. gebrek, armoede, nood; ▸ *suis opibus aliorum -am levare;*
2. gebrek aan levensmiddelen;
3. klein aantal, geringe hoeveelheid [**frumentaria; auri; frugum; navium; amicorum**];
4. *(metaf.)* hulpeloosheid, radeloosheid;
5. gebrek aan gedachten *(v.e. redenaar)*;
6. poverheid [**sermonis** stilte in een gesprek].

inopīnābilis, e *(postklass.)* onverwacht.

in-opīnāns, *gen.* antis *(in-*[2] *en opinor)* nietsvermoedend, argeloos; ▸ *alqm inopinantem aggredi.*

inopīnātum, ī *n (inopinatus)* het onverwachtse; ▸ *ex -o* onverhoeds.

in-opīnātus, a, um *(adv. -ō en [August.] -ē) (in-*[2] *en opinor)*
1. onvermoed, onverwacht *(voor: dat.)* [**malum; bellum; finis vitae**];
2. *= inopinans.*

in-opīnus, a, um *(in-*[2] *en opinor) (postklass.)*
1. onvermoed, onverwacht;
2. nietsvermoedend.

inopiōsus, a, um *(inopia) (Plaut.)* behoeftig [**consilii**].

inop(p)ortūnus, a, um *(postklass.)* ongunstig, niet goed uitkomend.

in-ops, *gen.* opis
1. arm, behoeftig [**insula; aerarium; cupido**

niet te stillen hebzucht]; ▸ ~ *alienas opes exspecto (Sall.)*;
2. arm aan, ontberend, zonder *(m. gen.; zelden m. abl. of ab)* [**pecuniae; somni** slapeloos; **verborum** *en* **verbis** arm aan woorden, zwijgzaam; **amicorum** *en* **ab amicis**; *metaf.* **humanitatis; consilii** radeloos; **pacis; mentis** zonder verstand];
3. machteloos [**potentia**];
4. hulpeloos; ▸ *solus, ~, exspes (Ov.)*;
5. *(metaf., v. dingen)* arm aan woorden *of* gedachten [**oratio; causa**];
6. behoeftig, armoedig, zonder inhoud [**vita; animus; versūs**].

inoptābilis, e *(postklass.)* onwenselijk.

in-optātus, a, um *(Sen.)* ongewenst.

in-ōrātus, a, um niet voorgedragen; ▸ *re -ā* zonder de zaak uiteengezet te hebben.

inōrdinātum, ī n *(inordinatus)* wanorde; ▸ *ex -o in ordinem adducere.*

in-ōrdinātus, a, um ongeordend, in wanorde, *(v. soldaten)* niet in gelid staand *of* marcherend.

in-ōrnātus, a, um
1. onversierd, zonder sieraden [**comae**];
2. *(metaf.)* eenvoudig [**verba; orator**];
3. *(Hor.)* niet geroemd.

Īnōus, a, um zie *Ino.*

inovāns, *gen.* antis *(in-[1] en ovo) (?) (Apul.)* uitgelaten.

inp- zie *imp-.*

inquam *verb. defect.*
1. *(in dir. rede ingevoegd)* zeg ik, *vaak ook te vertalen met* antwoorden, reageren, tegenwerpen, doorgaan, uitroepen;
2. *(bij nadrukkelijke herhaling v.e. woord)* ik herhaal, ik beklemtoon; ▸ *virtus, virtus inquam conciliat amicitias*;
3. *(bij de occupatio, de invoering v.e. denkbeeldige tegenwerping)* inquit *of* inquies: zegt men, wordt beweerd, zal men zeggen; ▸ *non solemus, inquit, ostendere*;
/ *meest voorkomende vormen: indic. praes.:* inquam, inquis, inquit, inquiunt; *indic. pf.:* inquit; *fut.:* inquiēs, inquiet.

in-quiēs[1], *gen.* ētis onrustig [**vir; nox; dies**]; ▸ ~ *animi of animo* rusteloos v. karakter.

in-quiēs[2], ētis *f (postklass.)* onrust [**nocturna**]; ▸ *labor vigiliarum et ~* inspannende en rusteloze studies gedurende de nacht.

inquiētō, inquiētāre *(inquietus) (postklass.)*
1. verontrusten, lastigvallen [**alqm litibus; mentem**];
2. verstoren [**victoriam**].

inquiētūdō, inis *f (inquietus) (postklass.)* onrust, verontrusting, verstoring.

in-quiētus, a, um
1. onrustig, in beweging [**aquae; aër; ventus**];
2. *(metaf.)* rusteloos, zonder rust [**animus**].

in-quilīnus, ī m *(vgl. colo[1], incola)*
1. bewoner, huurder [**praediorum alcis**];
2. vreemde, geïmmigreerde burger; ▸ *Cicero, ~ civis Romae (omdat hij niet in Rome geboren was)*;
3. *(postklass.)* medebewoner *v.e.* huis, huisgenoot.

inquināmentum, ī n *(inquino)* vuil, vuiligheid.

inquinātus, a, um *(inquino)*
1. vuil, vies, smerig [**aqua cadaveribus**];
2. *(metaf.)* smerig, schandelijk, gemeen [**sermo; ratio**]; ▸ *homo vitā omni ~; omnibus flagitiis vita -a* bevlekt;
3. *(v. taal)* onzuiver = niet correct.

in-quinō, quināre
1. verontreinigen, vuilmaken, vies maken, besmeuren [**vestem; manūs**];
2. *(metaf.)* bevlekken, bezoedelen [**omnem splendorem honestatis; famam alcis; innoxios** zwartmaken; **agros ereptos rei publicae turpissimis possessoribus; victoriam crudelitate**];
3. *(Hor.)* vervalsen, doen ontaarden [**aere tempus aureum**];
4. *(postklass.)* oververven, besmeren *(ook metaf.)* [**parietem luto**].

in-quīrō, quīrere, quīsīvī, quīsītum *(quaero)*
1. opzoeken, zoeken naar *(m. acc.)* [**auctorem; corpus alcis**; *metaf.* **veram honestatem**];
2. onderzoeken, bestuderen, nagaan *(m. in m. acc.; acc.; de; m. afh. vr.)* [**in patrios annos; in se; vitia**];
3. *(jur. t.t.)* bewijzen voor een aanklacht verzamelen *(tegen: in m. acc.)* [**in competitores; in Siciliam**].

inquis zie *inquam.*

inquīsītē *adv. (inquiro) (postklass.)* nauwgezet.

inquīsītiō, ōnis *f (inquiro)*
1. *(pre- en postklass.)* het zoeken [**militum**];
2. *(filos. t.t.)* onderzoek, naspeuring [**veri; opinionum**];
3. *(jur. t.t.)* instelling v.e. gerechtelijk onderzoek, het verkrijgen v.d. noodzakelijke bewijsmiddelen *(tegen: gen.)* [**accusatoris; candidati**]; ▸ *inquisitionem annuam impetrare* een jaar

de tijd krijgen om bewijzen te verzamelen.

inquīsītor, ōris *m* *(inquiro)*
1. iem. die uitzoekt, onderzoeker [**rerum naturae**];
2. *(postklass.)* spion;
3. aanklager; advocaat; onderzoeksrechter.

in-quīsītus[1], a, um *(in-*[2] *en quaero)* *(Plaut.)* niet onderzocht.

inquīsītus[2] *ppp. v. inquiro.*

in-quīsīvī *pf. v. inquiro.*

inquit *zie inquam.*

inr- *zie irr-.*

īn-saepiō, saepīre, —, saeptum *(Sen.)* omheinen.

īn-salūber, bris, bre *en* **īn-salūbris,** e *(postklass.)* ongezond [**aestas**].

īn-salūtātus, a, um niet gegroet, zonder afscheidsgroet.

in-sānābilis, e
1. ongeneeslijk [**morbus; vulnus**];
2. *(metaf.)* onherstelbaar; onverbeterlijk [**ingenium**].

īnsānia, ae *f* *(insanus)*
1. waanzin, dolzinnigheid, razernij [**belli** oorlogswoede; **maris** geweld];
2. dwaas gedrag; — *plur.* dwaze streken [**populares**]; ▸ *-ae agitant senem (Plaut.)*;
3. onzinnige overdrijving, onzinnige, overdreven luxe [**villarum; vestium; libidinum** dolzinnige uitspattingen];
4. *(Hor.)* dichterlijke geestesvervoering, enthousiasme [**amabilis**].

īnsāniō, īnsānīre *(insanus)* gek, waanzinnig zijn, razen, buiten zichzelf zijn; ▸ *statuas emendo* ~ een manie hebben voor het kopen v. beelden; *insanit in libertinas (Hor.)* verspilt zijn vermogen idioot aan vrijgelaten vrouwen; *errorem similem* ~ op gelijke wijze dwaas zijn; *ex iniuria* ~ tgv. geleden onrecht; *(v. niet-lev.) insaniens Bosporus* razend.

īnsānitās, ātis *f* *(insanus)* slechte *(geestelijke)* gezondheid.

īn-sānus, a, um
1. waanzinnig *(als ziekelijke toestand)*; — *subst.* **īnsānī,** ōrum *m* waanzinnigen;
2. idioot, razend; ▸ *homo flagitiis* ~ ; *contio -a*; — *subst. m* nar;
3. *(poët.)* in extase, bezield [**vates**];
4. *(poët.; postklass.)* *(v. dingen)* razend [**fluctus; ventus; forum** hels lawaai makend];
5. onzinnig groot, reusachtig, overdreven (hevig), enorm [**moles; labor; montes** reusachtige bergen; **amores; trepidatio**];
6. *(poët.; postklass.)* waanzinnig makend [**aqua; herba**].

īn-satiābilis, e
1. onverzadigbaar [**lupus**; *metaf.* **cupiditas; avaritia**];
2. niet verzadigend, geen tegenzin wekkend, onuitputtelijk [**gaudium; varietas**].

īn-satiātus, a, um *(in-*[2] *en satio*[1]*)* *(poët.; postklass.)* onverzadigd.

īn-satietās, ātis *f* *(Plaut.)* onverzadigbaarheid.

īn-saturābilis, e *(in-*[2] *en saturo)* onverzadigbaar [**abdomen**].

īn-scendō, scendere, scendī, scēnsum *(in-*[1] *en scando)*
I. *intr.* klimmen op *of* in, bestijgen, betreden *(m. in m. acc.)* [**in currum; in arborem; in rogum ardentem**];
II. *tr.*
1. bestijgen [**equum; navem; quadrigas**];
2. *(Apul.)* bespringen, dekken.

īnscēnsiō, ōnis *f* *(inscendo)* *(Plaut.)* het aan boord gaan.

īnscēnsus, ūs *m* *(inscendo)* *(Apul.)* het bespringen, dekken.

īn-sciēns, *gen.* entis
1. niet wetend, zonder het te weten; ▸ *Caesare insciente* zonder dat Caesar het wist; *feci* ~ ;
2. onverstandig, dwaas, onnozel.

īnscientia, ae *f* *(insciens)*
1. onwetendheid, dwaasheid [**hostium; vulgi; ducum**];
2. onbekendheid *(met: gen.)* [**locorum**];
3. *(filos. t.t.)* het niet-weten, *dat tot onderzoek naar de waarheid leidt.*

īnscītia, ae *f* *(inscitus)*
1. onwetendheid, gebrek aan kennis;
2. onkunde, onervarenheid [**aedificandi**].

īn-scītus, a, um
1. onhandig, onverstandig;
2. *(Gell.)* onkundig, onwetend.

īn-scius, a, um onwetend, onkundig; ▸ *medici -i imperitique*; *culpae* ~ vrij van; *me -o* buiten mijn medeweten.

īn-scrībō, scrībere, scrīpsī, scrīptum
1. als opschrift *of* als inscriptie plaatsen *(op, in: in m. abl.; dat.)* [**epigramma; nomen in libellis; nomina monumentis**; *metaf.* **orationem in animo** inprenten, griffen];
2. toeschrijven, toekennen [**sibi nomen philosophi**];
3. *(poët.)* aanwijzen als veroorzaker [**deos sceleri** de goden verantwoordelijk maken voor een

misdaad];
4. van een inscriptie *of* opschrift voorzien, beschrijven [**statuam; columnam litteris; aedes venales**];
5. *(een brief)* adresseren [**epistulam patri**];
6. *(een boek)* een titel geven, betitelen [**librum; librum alci** aan iem. opdragen, wijden]; ▸ *liber inscribitur* heeft als titel;
7. *(postklass.)* brandmerken.

īnscrīptiō, ōnis *f (inscribo)*
1. het opschrijven [**nominis**];
2. opschrift, inscriptie, kop, titel;
3. *(postklass.)* brandmerk [**frontis**];
4. *(jur. t.t.)* aanklacht.

īn-scrīptus[1]**,** a, um *(in-*[2] *en scribo)* niet geschreven, niet in de wet opgenomen, niet speciaal vermeld [**maleficium**].

īnscrīptus[2] *ppp. v. inscribo.*

īn-sculpō, sculpere, sculpsī, sculptum
1. ingraveren, insnijden, inkerven, inbeitelen *(in: in m. abl.; dat.; zelden abl.)* [**elogium tumulo**];
2. *(metaf.)* inprenten, griffen *(in mentibus; in animo).*

īn-secābilis, e *(in-*[2] *en seco)* ondeelbaar.

īn-secō[1]**,** secāre, secuī, sectum in-, opensnijden.

īnsecō[2]**,** īnsecere, īnsexī, — *(arch.)* aankondigen *(imp. īnsece en īnseque; pf. īnsexit).*

īnsectātiō, ōnis *f (insector)*
1. achtervolging [**hostis**];
2. *(metaf.)* aantijging, bespotting [**temporum**].

īnsectātor, ōris *m (insector)* bespotter, vervolger, tegenstander [**plebis**].

īnsector, īnsectārī *(arch. -ō, āre) (intens. v. insequor)*
1. achtervolgen; ▸ *aquila insectans alias aves et agitans; impios insectantur Furiae; (metaf.) herbam rastris* ~ het onkruid met een hak te lijf gaan;
2. *(metaf.)* in het nauw brengen [**vehementius**];
3. hekelen, bespotten; ▸ *nullius insector calamitatem (Cic.).*

īnsectum, ī *n (inseco*[1]*) (Plin. Mai.)* insect.

īnsectus *ppp. v. inseco*[1]*.*

īn-secuī *pf. v. inseco*[1]*.*

īnsecūtiō, ōnis *f (insequor) (postklass.)* achtervolging, vervolging.

īnsecūtor, ōris *m (insequor) (postklass.)* achtervolger, vervolger.

īnsecūtus *p.p. v. insequor.*

īnsēdābiliter *adv. (in-*[2] *en sedo) (Lucr.)* onlesbaar.

īn-sēdī *pf. v. insideo en insido.*

īn-segestus, a, um *(in-*[2] *en seges) (Plaut.)* ongezaaid.

īn-semel *adv. (postklass.)* tegelijk, in één keer.

īn-sēminō, sēmināre *(Gell.)* bezaaien, inplanten [*metaf.* **morbum visceribus**].

īn-senēscō, senēscere, senuī, — *(poët.; postklass.)* oud worden in *of* bij *(m. dat.)* [**negotiis**].

īn-sēnsātus, a, um *(Laatl.)* redeloos; gevoelloos [**lapis**].

īn-sēnsibilis, e *(postklass.)*
1. onwaarneembaar, onbegrijpelijk;
2. niet voelend, niet begrijpend.

īn-sēnsilis, e gevoelloos, ongevoelig.

īn-sēparābilis, e *(postklass.)* onscheidbaar.

īn-sepultus, a, um *(in-*[2] *en sepelio)* onbegraven, zonder begrafenis.

īnsequō = *inseco*[2]*.*

īn-sequor, sequī, secūtus sum
1. onmiddellijk, op de voet volgen *(v. plaats of v. tijd)* [**agmen; alqd oculis** met de ogen volgen]; ▸ *anno insequente; insequentibus consulibus* in het volgende jaar; *somnus insequitur* treedt onmiddellijk in;
2. achtervolgen, nazetten [**hostem; alqm gladio**];
3. aanvallen [**alqm bello**];
4. bereiken, overvallen; ▸ *mors alqm insequitur;*
5. voortzetten, doorgaan, volhouden [**longius** doorgaan met *of* zijn weg vervolgen; **arva** voortdurend bewerken]; *(m. inf.)*;
6. *(metaf.)* berispen, bespotten [**homines benevolos contumeliā; vitae alcis turpitudinem**].

īn-serō[1]**,** serere, sēvī, situm
1. inzaaien, -planten *(m. in m. acc.; dat.)* [**frumentum; ramos terrae**]; als ent inzetten;
2. enten [**vitem; arbutum fetu nucis**]; ▸ *pirus insita* veredeld;
3. *(metaf.)* inplanten, inprenten [**novas opiniones**]; — *p. adj.* **īnsitus,** a, um aangeboren, ingeworteld, eigen [**virtus; amor; animi furor**].

īn-serō[2]**,** serere, seruī, sertum
1. invoegen, insteken, indoen *(m. in m. acc.; dat.)* [**telum** ergens in stoten; **fenestras** in de muur aanbrengen; **collum in laqueum; catenam collo** om de hals doen; *metaf.* **oculos in pectora alcis** een blik slaan op];
2. *(metaf.)* invlechten, inlassen, invoegen [**iocos historiae; nomen famae** beroemd maken]; — *se* ~ zich mengen in [**bellis**];
3. *(poët.; postklass.)* indelen bij, opnemen in *(m.*

dat.) [**alqm vatibus; Liviorum familiae; numero civium; stellis** onder de sterren opnemen].

īn-serpō, serpere — — (*postklass.*) binnenkruipen in (*m. dat.*).

īnsertō, īnsertāre (*intens. v. insero*[2]) (*poët.; postklass.*) insteken [**sinistram clipeo; manum leonibus** in de muil v.d. leeuwen].

īnsertus *ppp. v. insero*[2].

īn-seruī *pf. v. insero*[2].

īn-serviō, servīre

1. (*Tac.*) (*als onderdaan of vazal*) dienstbaar zijn; ▸ *reges inservientes;*

2. ten dienste staan, ter wille zijn, zich voegen naar, inschikkelijk zijn voor (*m. dat.; acc.*) [**legibus; temporibus** zich naar de omstandigheden voegen; **optimatibus; amantem**];

3. zorgen voor (*m. dat.*) [**artibus**].

īnsessus *ppp. v. insideo en insido.*

īn-sēvī *pf. v. insero*[1].

īn-sībilō, sībilāre (*poët.*) suizen in, fluiten in (*v.d. wind*).

īn-siccātus[1]**,** a, um (*in-*[2] *en sicco*) (*poët.; postklass.*) niet gedroogd.

īn-siccātus[2]**,** a, um (*in-*[1] *en sicco*) (*poët.; postklass.*) erop gedroogd.

īn-sideō, sidēre, sēdī, sessum (*in-*[1] *en sedeo*)

1. zitten in *of* op (*m. dat.; abl.*) [**beluae; equo; curru**];

2. (*milit.*) bezet houden [**locum; vias praesidiis**];

3. (hinderlijk) aanwezig zijn [**voluptas; febres**];

4. woonachtig zijn (in), bewonen [**litoribus; ea loca**];

5. (*metaf.*) vastzitten, vastkleven (*aan: dat.; in m. abl.*); ▸ *dolor pedibus insidebat; insidet quaedam in optimo quoque virtus* (*Cic.*); *his insidentibus malis.*

īnsidiae, ārum *f* (*insideo*)

1. hinderlaag: (a) *als plaats* (*schuilplaats om op de loer te liggen*); ▸ *ex -is consurgere; locus ad -as aptus; milites in -is collocare;* (b) (*meton.*) *de in een hinderlaag liggende personen;* ▸ ~ *cooriuntur* komen plotseling te voorschijn;

2. (*metaf.*) het belagen, listen en lagen, heimelijke aanslag, arglistigheid (*van, op, tegen: gen.*); ▸ *per -as of* (*ex*) *-is* op sluwe wijze; *-as alci facere, parare, tendere, ponere; in -as incidere;* ~ *caedis* heimelijke uitvoering; ~ *noctis* misleiding v.d. nacht.

īnsidiātor, ōris *m* (*insidior*)

1. soldaat in een hinderlaag;

2. belager, struikrover [**imperii; viae**]; (*Hor.*) (arglistige) erfenisjager.

īnsidior, īnsidiārī (*insidiae*) (*m. dat.*)

1. in een hinderlaag liggen; loeren op [**hostibus; tempori** op een gunstig ogenblik];

2. naar het leven staan;

3. jacht maken op, een aanslag plegen op, het voorzien hebben op [**Piraeo** een overval beramen op; **somno maritorum**].

īnsidiōsus, a, um (*insidiae*) arglistig, sluw, achterbaks, gevaarlijk [**bellum; itinera; clementia alcis; verba; princeps; amicus**].

īn-sīdō, sīdere, sēdī, sessum

1. zich zetten op, gaan zitten op (*m. in m. abl.; dat.; acc.*) [**in dorso equi; floribus; cineres patriae**];

2. (*Verg.*) zich vestigen in *of* op (*m. dat.*) [**iugis Etruscis**];

3. (*milit.*) bezetten, in bezit nemen [**tumulos; arcem**];

4. (*metaf.*) zich vastzetten, in het geheugen gegrift raken, wortel schieten; ▸ *oratio in animo, in memoria of memoriae insedit; macula penitus insedit* heeft zich ingevreten, zit diep.

īnsigne, is *n* (*abl. sg. -ī*) (*insignis*)

1. teken, onderscheidingsteken, herkenningsteken [**nocturnum**]; ▸ *navem ex insigni* (boegbeeld) *cognoscere;*

2. onderscheidingsteken *v.e. ambt, stand e.d.,* ereteken [**imperatoris, imperii; regni, regium** = diadeem, kroon; **sacerdotum; praeturae; triumphi**];

3. (*metaf.*) (ken)teken, kenmerk, blijk [**laudis; morbi; veri**];

4. onderscheiding (*voor: gen.*) [**virtutis; gloriae**];

5. sieraad, pronkstuk; ▸ *insignia verborum.*

īn-signiō, signīre (*signum*)

1. kenbaar maken, van een kenteken voorzien; brandmerken;

2. onderscheiden, versieren [**clipeum auro**];

3. inprenten;

/ *p. adj.* **īnsignītus,** a, um (a) (her)kenbaar, duidelijk [**imago**]; ▸ *in animis tamquam insignitae notae veritatis;* (b) opvallend, buitengewoon, ongehoord [**iniuriae; ignominia**].

īnsignis, e (*insignio*)

1. onderscheiden, kenbaar, opvallend, in het oog vallend; versierd; ▸ *Phoebus* ~ *crinibus; uxores auro et purpurā insignes; ad deformitatem* ~ opvallend lelijk;

2. *(metaf.)* opvallend, buitengewoon, uitstekend, opmerkelijk *(in positieve en negatieve zin)* [**virtus; titulus; periurium; impudentia; supplicium; improbitas; calamitas**];
3. gebrandmerkt; ▸ *homo omnibus notis turpitudinis ~*;
4. eervol [**corona** als eerbewijs].

īnsignītus, a, um *zie insignio.*

īn-siliō, silīre, siluī *(en* silīvī), — *(in-*[1] *en salio)*
1. springen in, op *(m. in m. acc.; dat.; acc.)* [**in equum; tergo; undas**];
2. *(August.) (metaf.)* tekeergaan tegen *(m. in m. acc.)* [**in nostram religionem protervissime**].

īn-simul *adv.* tegelijk.

īnsimulātiō, ōnis *f (insimulo)* beschuldiging, aanklacht.

īn-simulō, simulāre beschuldigen, betichten, aanklagen, *ihb. valselijk of bij vergissing (van, vanwege: gen.; abl.; aci.)* [**callidam malitiam inimici; alqm probri; alqm (falso) crimine**].

īn-sincērus, a, um
1. onrein, bedorven [**cruor**];
2. *(metaf.)* onoprecht [**philosophus**].

īnsinuātiō, ōnis *f (insinuo)* inleiding *waarmee de spreker de sympathie v.h. gehoor wil winnen,* captatio benevolentiae.

īn-sinuō, sinuāre *(sinus)*
1. laten indringen; ▸ *ordines quācumque intervalla data essent ~ (Liv.)* in de openingen v.d. vijandelijke gelederen; *tibi insinuentur opes* mogen ten deel vallen *(Prop.)*;
2. *intr., se ~ en pass.* (a) in-, binnendringen *(m. in m. acc.; dat.; inter)* [**in forum; penitus in causam; inter equitum turmas**]; (b) *(metaf.)* zich mengen in, binnensluipen *(bij iem.: dat.; in iets: in m. acc.)* [**plebi; in alcis familiaritatem** iems. vriendschap winnen]; ▸ *cunctis pavor insinuat* sluipt bij allen binnen.

īn-sipiēns, *gen.* entis *(in-*[2] *en sapiens)* onverstandig, dwaas, onnozel.

īnsipientia, ae *f (insipiens)* onverstand, onnozelheid.

īn-sistō, sistere, stitī, —
1. gaan staan in, op *(m. in m. abl.; dat.)* [**in iugo; alcis vestigiis** in iems. voetsporen treden]; *(zelden)* staan: ▸ *in luco Cereris simulacrum insistebat*; *(metaf.) in tanta gloria ~* steunen op;
2. stappen op *(m. dat.)* [**digitis** op de tenen gaan staan];
3. betreden [**limen**]; *een weg* inslaan *(ook metaf.)* [**viam; iter; rationem pugnae**];
4. *(metaf.)* zich met ijver toeleggen op, zich overgeven aan *(m. acc.; dat.)* [**negotium; spei**];
5. zich wijden aan, op zich nemen *(m. in m. acc.; ad; inf.)* [**in bellum; ad spolia legenda; oppidum oppugnare**];
6. achtervolgen, in het nauw brengen, nazitten, op de hielen zitten *(m. dat.)* [**hostibus; fugientibus**];
7. blijven staan, stilstaan, halt houden;
8. *(v.e. redenaar en v.e. redevoering)* (a) ophouden, niet verder kunnen, stokken; (b) stil blijven staan bij [**illustribus rebus**];
9. staan op, volharden in, aanhouden met *(m. dat.; in m. abl.)* [**caedibus**].

īnsitīcius, a, um *(insero*[1]*)*
1. geënt;
2. *(metaf.)* uit het buitenland overgewaaid, vreemd [**sermo**].

īnsitiō, ōnis *f (insero*[1]*)* enting; *(plur.)* verschillende wijzen v. enting.

īnsitīvus, a, um *(insero*[1]*)*
1. *(Hor.)* geënt, veredeld [**pira**];
2. *(metaf.)* overgewaaid, vreemd [**quaedam disciplinae**];
3. onecht, ondergeschoven [**liberi; heres** door adoptie aangenomen].

īnsitor, ōris *m (insero*[1]*) (poët.; postklass.) (eig. 'enter')* tuinman.

īnsitus[1] *zie insero*[1].

īnsitus[2], ūs *m (insero*[1]*) (Plin. Mai.)* enting.

īn-sociābilis, e onverenigbaar, onverdraaglijk, stug; ▸ *indomita et ~ gens*; *(m. dat.) homines generi humano insociabiles.*

īn-sōlābiliter *adv. (in-*[2] *en solor) (Hor.)* ontroostbaar.

īn-solēns, *gen.* entis *(abl. sg. -ī en -e) (in-*[2] *en soleo)*
1. niet gewend aan, niet vertrouwd met *(m. gen.; in m. abl.)* [**belli; audiendi; malarum artium; in dicendo** ongeoefend in het spreken]; *(abs.)* in strijd met de gewoonte;
2. ongewoon, nieuw, opvallend [**verbum**];
3. overdreven, onmatig [**laetitia**];
4. overmoedig, brutaal, onbeschaamd [**homines; exercitus** trots op de overwinning; **ostentatio; alacritas; victoria**].

īnsolentia, ae *f (insolens)*
1. het ongewone [**disputationis**];
2. ongebruikelijkheid, nieuwheid [**verborum; dominatūs**];
3. overdrijving; verkwisting;
4. overmoed, onbeschaamdheid; ▸ *~ capit alqm* overmant.

īnsolēscō, īnsolēscere, — — *(insolens)* overmoedig worden.

īn-solidus, a, um *(Ov.)* zonder stevigheid, slap [**herba**].

īn-solitus, a, um
1. niet gewend aan, niet vertrouwd met *(m. gen.; ad)*, *(abs.)* in strijd met de gewoonte; ▸ *~ rerum bellicarum; -i eius tumultūs equi; ~ ad laborem exercitus; -ae fugiunt in flumina phocae (Verg.)*;
2. *(v. niet-lev.)* (a) ongewoon, zeldzaam [**victoria; verbum**]; (b) onbekend, vreemd [**genus dicendi; libertas; metus; facies**].

īn-sōlō, sōlāre *(in-[1] en sol) (postklass.)* aan de zon blootstellen.

īn-solūbilis, e *(postklass.)*
1. onlosmakelijk [**creditum** onbetaalbaar];
2. onweerlegbaar, onbetwistbaar [**signum**];
3. *(eccl.)* onvergankelijk.

īn-solūtus, a, um *(in-[2] en solvo) (Laatl.)* onopgelost [**quaestio**].

īnsomnia, ae *f (insomnis)* slapeloosheid; *(meton.)* slapeloze nacht; ▸ *vigilari neque -is fatigari.*

īnsomnietās, ātis *f (Laatl.) = insomnia.*

īn-somnis, e *(in-[2] en somnus) (poët.; postklass.)* slapeloos [**draco; nox**].

īn-somnium[1], ī *n (poët.; postklass.)* droom(gezicht), visioen.

īnsomnium[2], ī *n (poët.; postklass.) = insomnia.*

īn-sonō, sonāre, sonuī, — *(poët.; postklass.)*
I. *intr.* weerklinken, ruisen, suizen, bruisen; ▸ *unda insonuit; insonuit vento nemus; flagello ~* knallen met de zweep; *calamis agrestibus ~* op de herdersfluit blazen;
II. *tr.* laten weerklinken [**verbera** laten knallen].

īn-sōns, *gen.* sontis *(abl. sg. -ī en -e)*
1. onschuldig, vrij van schuld *(aan, mbt.: gen.; abl.)* [**culpae; probri; crimine regni**];
2. *(poët.)* onschadelijk, zonder te schaden [**Cerberus**].

īn-sonuī *pf. v. insono.*

īn-sonus, a, um *(postklass.)* geluidloos.

īn-sōpītus, a, um *(in-[2] en sopio[1]) (Ov.)* slapeloos, die zich niet in slaap laat brengen, waakzaam [**draco**].

īn-sopor, *gen.* ōris *(Ov.)* waakzaam [**vigil**].

īn-speciōsus, a, um misvormd, lelijk.

īnspectābilis, e *(inspecto) (Gell.)* roemrijk.

īnspectātiō, ōnis *f (postklass.) = inspectio 1.*

īnspectiō, ōnis *f (inspicio) (postklass.)*
1. het inzien, het nazien;
2. overweging.

īnspectīvus, a, um *(inspicio) (Laatl.)* bekijkend, beschouwend.

īnspectō, īnspectāre *(intens. v. inspicio)*
I. *intr.* toekijken, toezien; ▸ *inspectante alqo* voor iems. ogen; *inspectante exercitu interfici*;
II. *tr.* aanschouwen, kijken naar *(m. acc.)*; ▸ *inspectata spolia* de aanblik v.d. buit.

īnspector, ōris *m (inspicio) (postklass.)*
1. toeschouwer;
2. beoordelaar, controleur.

īnspectus[1] *ppp. v. inspicio.*

īnspectus[2], ūs *m (inspicio) (postklass.)* beschouwing, beoordeling [**universi**].

īn-spērāns, *gen.* antis *(in-[2] en spero)* niet hopend of verwachtend.

īn-spērātus, a, um *(adv. -ō)* niet gehoopt, onverwacht, onvermoed [**malum; gaudium; pax; praesidium**]; ▸ *ex -o (adv.)* onverhoopt, onverwachts.

īn-spergō, spergere, spersī, spersum *(in-[1] en spargo)*
1. strooien of sprenkelen *(op: dat.)*;
2. besprenkelen, bestrooien [**pipere**].

īnspersus, ūs *m (inspergo) (Apul.)* het besprenkelen.

īn-spiciō, spicere, spexī, spectum *(in-[1] en specio)*
1. zien, kijken in, naar *(m. acc.; in m. acc.)*;
2. *op schrift* inzien, (na)lezen [**libros; leges**];
3. bekijken, bezichtigen [**signa; equos** *(als koper)*; **venalem domum; exta** ingewanden *(door de ingewandschouwer)*; **viscera**];
4. *(milit.)* monsteren, inspecteren [**viros; classem; arma militis**];
5. nagaan, onderzoeken, toetsen [**querelam**];
6. leren kennen, inzien, begrijpen [**alqm propius; sententiam alcis**].

īn-spīcō, spīcāre *(in-[1] en spica) (Verg.)* rondom insnijden of kerven.

īnspīrātiō, ōnis *f (inspiro) (Laatl.)* het inademen [**animae**]; ingeving [**divina**].

īn-spīrō, spīrāre *(poët.; postklass.)*
1. inademen, ademhalen;
2. blazen in, op, waaien tegen *(m. dat.)* [**conchae; ramis arborum**];
3. inblazen, ingieten, toedienen [**animam; venenum**]; blazen [**sonum**];
4. *emoties e.d.* ingeven, inboezemen [**alci fortitudinem; magnam mentem** moed];
5. *(eccl.)* bezielen; ▸ *inspirante deo.*

īn-spoliātus, a, um niet geroofd [**arma**]; ongeplunderd [**fanum**].

īn-spuō, spuere, spuī, spūtum *(postklass.)* spuwen in, op [alci **in frontem; in faciem alcis**].

īn-spurcō, spurcāre *(Sen.)* bezoedelen.

īn-spūtō, spūtāre *(Plaut.)* bespuwen.

īn-stabilis, e

1. onvast, niet stevig staand, wankelend [**pedes; naves**]; ▸ *(metaf.) hostis ~ ad conserendas manus* die bij een handgemeen niet standhoudt;

2. *(metaf.)* wankelend, onzeker, onbestendig [**animus; fortuna**];

3. *(postklass.)* waarop men niet kan staan, onbegaanbaar [**locus**].

īnstāns, *gen.* antis *(p. adj. v. insto)*

1. ophanden zijnd, dreigend [**bellum; periculum**];

2. tegenwoordig [**tempus**]; — *subst. n (sg. en plur.)* huidige toestand;

3. *(poët.; postklass.)* dringend, dreigend, hevig [**tyrannus; cura**]; ▸ *instanter dicere.*

īnstantia, ae *f (instans)*

1. aanwezigheid;

2. *(Plin. Min.)* heftigheid *v.e. redevoering*;

3. (aanhoudende, rusteloze) ijver, uithoudingsvermogen, volharding;

4. *(Laatl.)* dringend verzoek, het aandringen.

īnstar *n indecl.*

1. tegenwicht; hetzelfde belang; evenbeeld; ▸ *epistula ~ voluminis* zo groot als een boek; *~ montis equus; alcis, alcis rei ~ esse, habere, obtinere* het uiterlijk, de grootte, de betekenis v. iets hebben, zo groot, zoveel, zo goed zijn als iets, opwegen tegen iets: *navis urbis ~ habet; ille dies mihi immortalitatis ~ fuit (Cic.); quantum ~ in ipso!* tegen hoevelen weegt hij alleen op! *(Verg.)*;

2. *(postklass.) ad ~ (m. gen.)* net als, geheel als.

īnstaurātiō, ōnis *f (instauro)* herhaling, hernieuwing [**sacrorum; pugnae**].

īnstaurātīvus, a, um *(instauro)* hernieuwd, vernieuwd, herhaald.

īn-staurō, staurāre

1. *(poët.; postklass.)* aanrichten, instellen, organiseren [**epulas; sacrum diis**];

2. opnieuw instellen, hernieuwen [**sacrificium; ludos; choros; bellum** hervatten];

3. herhalen [**scelus**];

4. *(Suet.) een verbond* vernieuwen [**societatem**];

5. *(poët.; postklass.)* herstellen *(ook metaf.)* [**urbes; animos** moed doen vatten].

īn-sternō, sternere, strāvī, strātum

1. bedekken, overdekken; ▸ *equus instratus* bedekt met een paardendekkleed of sjabrak; *instrata cubilia fronde;* — *pass.* zich bedekken, zich omhullen [**pelle leonis**];

2. *(poët.)* uitspreiden *(over: dat.)*.

īnstīgātiō, ōnis *f (instigo) (postklass.)* aansporing, ophitsing.

īnstīgātor, ōris *m (instigo) (postklass.)* aanspoorder, opruier.

īnstīgātrīx, īcis *f (instigator) (postklass.)* opruister.

īn-stīgō, stīgāre

1. aanzetten, aansporen, ophitsen *(tegen: in m. acc.; contra)* [**canem in alqm; exercitum in hostem; milites contra rem publicam**]; ▸ *deā instigante* op instigatie v.d. godin;

2. aanwakkeren, prikkelen [**alqm in arma** ten strijde; **iracundiam; iram iudicis, libidines** opwekken].

īn-stīllō, stīllāre

1. indruppelen [**merum in ignes; oleum lumini**]; *(metaf.)* beetje bij beetje toedienen [**praeceptum auribus**];

2. druppelen op, besprenkelen *(m. acc.)* [**saxa**].

īnstimulātor, ōris *m (instimulo)* opruier, aanhitser *(tot: gen.)* [**seditionis**].

īn-stimulō, stimulāre opruien, aanzetten.

īnstīnctor, ōris *m (instinguo)* opruier [**sceleris**].

īnstīnctus[1] *ppp. v. instinguo.*

īnstīnctus[2]**,** ūs *m (instinguo)*

1. aansporing, ingeving; ▸ *instinctu divino; instinctu decurionum*;

2. geestdrift, inspiratie; ▸ *furore et instinctu flagrans.*

īn-stinguō, stinguere, stīnxī, stīnctum aansporen, aanvuren, opruien *(meestal ppp.)*; ▸ *furore et audaciā instinctus; tibiarum cantu instinctus.*

īn-stipulor, stipulārī *(Plaut.)* bedingen.

īnstita, ae *f*

1. *(poët.)* geplooide strook *aan de tunica v.* Rom. *vrouwen*;

2. *(meton.)* voorname Rom. dame;

3. *(postklass.)* band, lint.

īn-stitī *pf. v. insisto en insto.*

īnstitiō, ōnis *f (insto)* stilstand [**stellarum**].

īnstitor, ōris *m (insto)*

1. handelaar, venter;

2. *(jur.)* zetbaas, filiaalhouder.

īnstitōrium, ī *n (institorius) (Suet.)* het werk of bedrijf v.e. handelaar.

īnstitōrius, a, um *(institor) (jur.)* betrekking hebbend op een filiaalhouder [**actio**].

īn-stituō, stituere, stituī, stitūtum *(in-*[1] *en statuo)*

1. plaatsen, zetten [**arborem; vestigia pedis** stevig gaan staan op];
2. *(metaf.) alqm in animum* ~ iem. in het hart sluiten; *alqd in animum* ~ zich iets inbeelden;
3. oprichten, bouwen, aanleggen [**turres; pontem; templum Phoebo; amphoram**];
4. *(troepen)* opstellen, formeren [**aciem**];
5. *(metaf.)* maken, aanstellen, inzetten, aanwijzen *(tot, als: acc.)* [**alqm liberis tutorem; magistratum; alqos sibi amicos; alqm heredem; remiges ex provincia**];
6. voorbereiden, ondernemen, op touw zetten, beginnen [**delectum; quaestionem; amicitiam cum alqo** sluiten; **sermonem** aanknopen];
7. *(m. inf.)* zich voornemen, van plan zijn [**castra munire**];
8. *(iets nieuws)* instellen, invoeren, verordenen *(m. ut; inf.; aci.)*; [**legem; sacrificia; dies festos; ludos**];
9. *(iets dat al voorhanden is)* ordenen, organiseren [**civitatem; civitatis mores**];
10. onderwijzen, onderrichten, opleiden *(in: abl.; tot: ad)* [**pueros litteris Graecis; ad humanitatem; ad dicendum; alqm ita** iem. zo onderwijzen]; *(m. inf. of aci.)* leren, bijbrengen [**Latine loqui**];
11. *(postklass.) (dieren)* africhten, dresseren [**elephantos**].

īnstitūtiō, ōnis *f (instituo)*
1. inrichting, instelling, aanwijzing [**rerum; heredis**]; ▸ *institutionem suam conservare* zijn gewoonte trouw blijven;
2. onderricht, onderwijs, leer.

īnstitūtor, ōris *m (instituo) (postklass.)*
1. iem. die instelt, opricht, maakt [**urbium**];
2. onderwijzer, leermeester.

īnstitūtum, ī *n (instituo)*
1. instelling, zede, gewoonte, gebruik [**maiorum**]; ▸ *ex -o* volgens gebruik; *contra -um*;
2. voornemen, plan, doel;
3. onderricht, onderwijs; *(meestal plur.)* praktische leeroefeningen, principes, leerstellingen;
4. *(postklass.)* verordening.

īnstitūtus *ppp. v. instituo.*

īn-stō, stāre, stitī, stātūrus
1. staan of blijven staan in, op *(m. in m. abl.; abl.; acc.)*; ▸ *in inimicissima civitate instant* (Cic.); *iugis* ~; *rectam instas viam* je bent op de juiste weg (Plaut.);
2. op de hielen zitten, nazitten *(m. dat.)* [*(metaf.)* **vestigiis** op de voet volgen];
3. in het nauw brengen, aandringen bij, achtervolgen *(m. acc.; dat.)* [**hostes; fugientibus**; *metaf.* **vehementius**];
4. dreigen, ophanden zijn; ▸ *instat poena, hiems, bellum*;
5. niet nalaten, zich toeleggen op *(m. dat.; acc.; de)* [**operi; obsidioni; currum alci** zich toeleggen op het bouwen v.e. wagen voor iem.; **de indutiis**].

īnstrāgulum, ī *n (insterno) (preklass.)* sprei.

īnstrātus[1] *ppp. v. insterno.*

īn-strātus[2]**,** a, um *(in-*[2] *en sterno) (Verg.)* niet bedekt [**cubile**].

īnstrātus[3]**,** ūs *m (insterno) (Plin. Mai.)* sjabrak *(dekkleed voor een paard).*

īn-strāvī *pf. v. insterno.*

īn-strēnuus, a, um
1. *(kom.)* niet ondernemend, traag;
2. *(Suet.)* besluiteloos, laf; ▸ *non* ~ *dux* moedig.

īn-strepō, strepere, strepuī, strepitum
I. *intr.* kraken; ▸ *sub pondere axis instrepit*;
II. *tr. (postklass.)* met krakende stem uiten.

īn-strīdēns, *gen.* entis *(in-*[1] *en strideo) (poët.)* sissend in *(m. dat.)*; ▸ *fax* ~ *pelago.*

īn-stringō, stringere, strīnxī, strictum
1. *(postklass.)* binden;
2. *(Ov.)* bezetten met; ▸ *instricta fides* (luit) *gemmis*;
3. *(postklass.) (metaf.)* stimuleren.

īnstrūctiō, ōnis *f (instruo)*
1. het opstellen, het ordenen [**militum; signorum**];
2. *(postklass.)* oprichting, bouw;
3. *(postklass.) (metaf.)* uitrusting;
4. *(postklass.)* instructie, onderwijs.

īnstrūctor, ōris *m (instruo)* maker [**convivii**].

īnstrūctus[1]**,** a, um *(p. adj. v. instruo)*
1. opgesteld, ingericht, geordend [**exercitus; acies; naves**];
2. *(metaf.)* voorzien van, uitgerust met, toegerust met *(m. abl.)*; ▸ *domus rebus necessariis -a; Graecia -a copiis; vitiis instructior* rijker aan;
3. onderricht, onderwezen *(in: abl.; in m. abl.; ab; tot: ad)* [**artibus; in iure civili; a doctrina; ad mortem contemnendam; ad dicendum**].

īnstrūctus[2]**,** ūs *m (instruo)* uitrusting, tooi.

īnstrūmentum, ī *n (instruo)*
1. werktuig, instrument, gereedschap, *(zelden)* het afzonderlijke stuk gereedschap [**militare; rusticum; nauticum; venatorium;** *metaf.*

oratoris]; ▸ *-um causarum (Cic.)* voorraad;
2. huisraad, meubilair [**villae**];
3. *(poët.)* kleding, dracht, tooi; ▸ *ornent -a* (versieringen) *libellos*;
4. *(metaf.)* (hulp)middel [**regni; luxuriae; virtutis; dicendi**];
5. bewijs(middel) *(voor: gen.)* [**tribunatūs**], document.

īn-struō, struere, strūxī, strūctum
1. vastbouwen, invoegen *(aan, in: in m. acc.)* [**tigna; contabulationes in parietes**];
2. opbouwen, -trekken, -richten, aanleggen [**arces; aedes; muros**];
3. maken, inrichten, bereiden, regelen, verschaffen, ordenen, tot stand brengen [**epulas; convivium; accusationem** onderbouwen; **insidias; fraudem; dicta factaque ad fallendum**];
4. (in slagorde) opstellen [**copias; aciem; legiones; elephantos; insidias** leggen]; — ppp. **īnstrūctus,** a, um geordend;
5. *(metaf.)* voorbereiden op *(m. ad)* [**alqm ad caedem alcis**];
6. voorzien, uitrusten *(van, met: abl.)* [**domum** inrichten; **agrum** van het nodige gereedschap voorzien; **classem omnibus rebus; socios, milites armis; mensas epulis; vias copiis** bezetten; **fidem gemmis** tooien; **amicum consiliis idoneis**];
7. onderrichten, onderwijzen *(in: abl.; in m. abl.; tot: ad)* [**reginam dei ritibus; alqm in iure civili; alqm ad omne officii munus**].

īn-suāvis, e
1. onaangenaam, onprettig, niet leuk [**vita; homo** vervelend];
2. *(postklass.)* onaangenaam *v. smaak of geur.*

īnsuāvitās, ātis *f (insuavis) (postklass.)* onaangenaamheid.

īnsubidus, a, um *(Gell.)* sloom, onnozel.

Īnsubrēs, um *en* ium *m volksstam in Gallia Transpadana met als belangrijkste stad Mediolanum (Milaan)*; — *sg.* **Insuber,** bris.

īn-sūcō *en* **īnsuccō,** sūcāre *en* succāre, *(in-[1] en sucus) (postklass.)* weken, soppen.

īn-sūdō, sūdāre zweten *(op: dat.)* [**libellis**].

īnsuē-factus, a, um gewend, afgericht [**equi**].

īn-suēscō, suēscere, suēvī, suētum
I. *intr.* zich gewennen aan, gewend raken aan *(m. ad; dat.; inf.)* [**ad disciplinam; imperare**];
II. *tr.* gewennen aan *(m. ut; inf.)*; ▸ *insuevit pater hoc me ut (Hor.).*

īn-suētus[1], a, um
1. niet gewend aan, ongeoefend in *(m. gen.; ad; dat.; inf.)* [**navigandi; ad pugnam; moribus Romanis; vera audire**];
2. ongewoon [**species; solitudo; limen** vreemd].

īnsuētus[2] *ppp. v. insuesco.*

īn-suēvī *pf. v. insuesco.*

īn-sufflō, sufflāre *(postklass.)* inblazen, blazen in, naar, tegen *(m. dat.)*.

īn-suī *pf. v. insuo.*

īnsula, ae *f*
1. eiland; ▸ *-ae fortunatorum* eilanden der gelukzaligen;
2. *naam v.e. stadsdeel v. Syracuse, dat door een smalle zeearm van de rest v.d. stad gescheiden was;*
3. *~ Allobrogum: het gebied tussen de rivieren Rhône en Isère;*
4. (huizen)blok, flatgebouw.

īnsulānus, ī *m (insula)* eilandbewoner.

īnsulāris, e *(insula) (postklass.)* een eiland betreffend, eiland-.

īnsulārius, ī *m (insula) (postklass.)* conciërge.

īnsuliō, sulīre = *insilio.*

īnsulōsus, a, um *(insula) (Laatl.)* rijk aan eilanden.

īnsulsitās, ātis *f (insulsus) (metaf.)* zouteloosheid, smakeloosheid, flauwheid.

īn-sulsus, a, um *(in-[2] en salsus)*
1. ongezouten;
2. *(Cic.) gula -a* die een voorkeur heeft voor onsmakelijke dingen;
3. *(metaf.)* smakeloos, flauw.

īnsultātiō, ōnis *f (insulto) (postklass.)*
1. *(retor. t.t.)* aanloop;
2. *(metaf.)* spot(ternij).

īnsultātor, ōris *m (insulto) (eccl.)* bespotter.

īn-sultō, sultāre *(in-[1] en salto)*
1. *(postklass.)* springen *(in: dat.)* [**aquis** in het water];
2. *(poët.)* rondspringen, huppelen, dansen *(in, op: dat.)* [**floribus**]; ▸ *(metaf.) carinae insultavere fluctibus*; — *(m. acc.)* in extase dansen door [**nemora**];
3. *(metaf.)* beledigen, bespotten *(m. dat.; acc.; in m. acc.)* [**casibus alcis; alcis patientiam; in rem publicam**]; *(abs.)* honen, spotten.

īnsultūra, ae *f (insilio) (Plaut.)* het springen *op het paard.*

īn-sum, esse, (īn-)fuī
1. zijn, zich bevinden in, op, bij *(m. in m. abl.; dat.)*; ▸ *inerant cornua fronti (Ov.)*;
2. *(metaf.)* liggen in, schuilen in *(in m. abl.;*

zelden dat.), vaak te vertalen met bezitten, hebben; ▸ *in superstitione inest timor (Cic.); auctoritas sermoni inerat* de woorden legden gewicht in de schaal.

īn-sūmō, sūmere, sūmpsī, sūmptum
1. besteden *(aan: in m. acc.; in m. abl.; dat.)* [**sestertios tricenos in cenam; paucos dies reficiendae classi**];
2. *(postklass.)* innemen, aannemen [**cibum**].

īn-suō, suere, suī, sūtum
1. innaaien, *ihb. moordenaars in een zak om ze te verdrinken;*
2. opstikken [**aurum vestibus**].

īn-super
I. *adv.*
1. bovenop, eroverheen; ▸ *trabes ~ immittere; ~ inicere humum;*
2. van bovenaf; ▸ *iugum ~ imminens;*
3. bovendien, daarenboven;
II. *prep. m. acc.* bovenop, boven, over.

īn-superābilis, e
1. onoverkomelijk, niet passeerbaar, onbegaanbaar [**Alpium transitus**];
2. *(poët.; postklass.) (metaf.)* onoverwinnelijk, onoverkomelijk [**fatum** onontkoombaar; **valetudo** ongeneeslijk].

īn-surgō, surgere, surrēxī, surrēctum
1. *(poët.; postklass.)* zich oprichten, zich verheffen, opstaan [**remis** met inspanning roeien];
2. *(v. niet-lev.)* oprijzen, opstijgen; ▸ *inde colles insurgunt;* — *(v.d. wind)* opsteken: *aquilo insurgit;*
3. *(metaf.)* opstaan tegen *(m. dat.)* [**regnis alcis**];
4. *(Tac.)* streven naar macht en aanzien, machtiger worden;
5. *(postklass.) (v. personen en zaken) mbt. poët. of retor. elan* een hogere vlucht nemen.

īn-susurrō, susurrāre (in-, toe)fluisteren [**in, ad aurem alcis; alci nomen**].

īnsūtus[1] *ppp. v. insuo.*

īnsūtus[2]**,** ūs *m (insuo) (Apul.)* het innaaien.

in-tābēscō, tābēscere, tābuī, — *(poët.; postklass.)*
1. smelten; ▸ *cera igni intabescit;*
2. *(metaf.)* wegkwijnen, wegteren [**diuturno morbo**]; ▸ *Invidia intabescit videndo successūs hominum (Ov.).*

in-tāctilis, e *(Lucr.)* onvatbaar.

in-tāctus[1]**,** a, um *(in-*[2] *en tango)*
1. onaangeraakt, onaangeroerd [**cervix iuvencae** nog niet door het juk beroerd; **saltus** nog onbetreden, *(poët.)* nog onbezongen; **Britannus** niet bedwongen];
2. *(poët.)* maagdelijk, kuis, ongerept [**Pallas; virgo**];
3. ongedeerd, niet gewond, onbeschadigd [**vires; muri; urbs** niet geplunderd; **fines; regio** vrij van oorlog]; ▸ *integri intactique fugerunt;*
4. *(metaf.) (m. abl. of ab)* niet getroffen door, (nog) vrij van, onberoerd door; ▸ *homo cupiditate, infamiā ~ ; animus religione ~* ongevoelig voor wroeging; *regnum bello -um; ab alieno imperio ~ ;*
5. onbeproefd; ▸ *nihil -um pati; bellum -um trahere* de oorlog rekken zonder dat het tot een gevecht komt;
6. *(v. personen)* nog krachtig, fris [**iuventus**];
7. *(Hor.) (v. onderwerpen)* nog niet behandeld; ▸ *-um Graecis carmen* door de Grieken nog niet behandeld genre.

in-tāctus[2]**,** ūs *m (Lucr.)* onaantastbaarheid.

in-tāminātus, a, um *(vgl. con-tamino)* onbevlekt [**honores**].

in-tēctus[1]**,** a, um
1. onbedekt, ongedekt [**domus** zonder dak];
2. ongekleed, bloot [**pedes; corpus**]; ongewapend;
3. *(Tac.) (metaf.)* openhartig, oprecht *(jegens: dat.).*

intēctus[2] *ppp. v. intego.*

integellus, a, um *(demin. v. integer)* nagenoeg ongeschonden, nagenoeg onbedorven.

in-teger, gra, grum *(in-*[2] *en tango)* onberoerd, onaangetast:
1. ongedeerd; ▸ *gens a cladibus belli -a* vrij gebleven van;
2. onbeschadigd [**monumentum**];
3. niet gewond;
4. *(metaf.)* niet verzwakt, fris, gezond, bloeiend [**exercitus; corpus; valetudo; aetas; vires**]; ▸ *~ aevi* in de bloei v.d. jeugd; *amnis ~ perfluit* met ongebroken vaart; — *subst.* **integrī,** ōrum *m* gezonde mensen, *ihb.* frisse troepen;
5. onverminderd, onverzwakt, volledig [**praeda; opes; fortuna; regnum; ius; fides** onaangetast]; ▸ *~ famā et fortunis* in het volle bezit v. zijn reputatie en vermogen; *re -ā, rebus -is* toen alles er nog goed voor stond;
6. vers, nieuw [**labor; bellum**]; ▸ *de, ab, ex integrō* opnieuw;
7. *(in geestelijke zin)* nog een nieuweling [**discipulus**]; *(in: ab; gen.);*
8. *(v. etenswaren e.d.)* (a) *(poët.)* vers [**aper**]; (b) onvermengd, zuiver [**vinum; fontes**];
9. (nog) onbeslist [**consilium; causa; offensi-**

ones niet bijgelegd];
10. (poët.) maagdelijk, kuis [**Diana; virgo**];
11. rechtschapen, onbedorven, onomkoopbaar, onbaatzuchtig, eerlijk [**iudex; consulatus** onbaatzuchtig; **vita**]; ▸ *labor integre versatus;*
12. zonder vooroordelen, onpartijdig, onbevangen [**iudicium; quaestio**]; ▸ *-o animo.*

integimentum = *integumentum.*

in-tegō, tegere, tēxī, tēctum
1. van een dak voorzien; bedekken, overtrekken [**stramento omnia tecta**]; ▸ *densa nebula saltum omnem camposque circa intexit* (Liv.);
2. (Prop.) onderdak bieden; ▸ *quaenam porticus illam integit?*

integrāscō, integrāscere, — — (*integer*) (Ter.) opnieuw beginnen.

integrātiō, ōnis *f* (*integro*) (Ter.; Laatl.) hernieuwing, vernieuwing.

integritās, ātis *f* (*integer*)
1. ongeschondenheid [**valetudinis** gezondheid];
2. (*metaf.*) zuiverheid [**sermonis Latini**];
3. rechtschapenheid, onbaatzuchtigheid;
4. frisheid v. geest;
5. (*postklass.*) kuisheid, maagdelijkheid [**virginitatis**].

integrō, integrāre (*integer*) hernieuwen:
1. hervatten, opnieuw beginnen met, hernieuwen [**seditionem; carmen; pugnam; bellum; inimicitiam**];
2. (*metaf.*) verkwikken; ▸ *animus defessus audiendo admiratione integratur* (Cic.);
3. (Tac.) *ledematen* zetten [**artūs elapsos**].

integrum, ī *n* (*integer*)
1. ongeschonden rechtspositie; ▸ *alqm in -um restituere* iem. weer in zijn recht stellen;
2. volledig gezag; ▸ *-um sibi reservare* de zich de vrije hand geven mbt.; *-um dare alci* iem. de vrije hand laten; *res in -o est* is nog onbeslist.

integumentum, ī *n* (*intego*)
1. mantel, kleed;
2. (*metaf.*) omhulsel, masker [**flagitiorum**];
3. (Plaut.) beschutting, schild.

intellēctiō, ōnis *f* (*intellego*) begrip; (*retor.*) synecdoche.

intellēctuālis, e (*intellectus*[2]) (*postklass.*; Laatl.)
1. het begrip *of* verstand betreffend;
2. geestelijk.

intellēctus[1] ppp. *v. intellego.*

intellēctus[2]**,** ūs *m* (*intellego*) (*postklass.*)
1. het waarnemen, herkennen, gewaarworden;
2. het begrijpen, begrip, inzicht, verstand, voorstelling [**boni; mali; deorum**];
3. zin, betekenis *die in iets, ihb. in een woord schuilt,* begrip; ▸ *intellectum habere* begrepen worden; *intellectu carere* zonder betekenis zijn, onbegrijpelijk zijn.

intellegēns, *gen.* entis (*intellego*)
I. *adj.*
1. oordeelkundig, verstandig; (*m. gen.*) verstand hebbend van [**humani divinique iuris**];
2. met verstand begiftigd;
II. *subst. m* kenner, deskundige.

intellegentia, ae *f* (*intellegens*)
1. inzicht, bevattingsvermogen, verstand [**communis, popularis** gezond verstand]; ▸ *res -am alcis fugit* overtreft iems. voorstellingsvermogen;
2. kennis *of* verstand van (*m. gen.; in m. abl.*) [**iuris civilis; in rusticis rebus**]; verstand van kunst, (goede) smaak;
3. (*meton.*) voorstelling, begrip, idee.

intel-lēgī, *pf. v. intellego.*

intellegibilis, e (*intellego*)
1. (*postklass.*) begrijpelijk, bevattelijk, denkbaar;
2. (Laatl.) begrijpend, kunnende bevatten.

intel-legō, legere, lēxī (*poët.* lēgī), lēctum (*inter en lego*[1])
1. waarnemen, gewaarworden, (be)merken, herkennen (*m. acc.; aci.; afh. vr.; pass. m. nci.*) [**ignes**];
2. inzien, begrijpen; ▸ *facile intellectu est; ex se intellegi* voor zich spreken; (*m. aci.; afh. vr.*) *intellego, quid loquar* ik weet waar ik het over heb; *ex quo intellegitur* hieruit maakt men op;
3. verstand hebben van (*m. acc.; in m. abl.*) [**nihil; non multum in re**]; (*abs.*) kenner, deskundige zijn;
4. menen, aannemen, zich voorstellen, zich een voorstelling maken van (*m. acc.*); (*m. dubb. acc., pass. m. dubb. nom.*) verstaan onder; ▸ *quem intellegimus sapientem?;*
5. (*postklass.*) *alqm* ~ iem. begrijpen, iem. kunnen beoordelen;
6. (*pre- en postklass.*) *een taal* verstaan [**alcis linguam**].

intellig- = *intelleg-.*

Intemeliī *en* **-miliī,** ōrum *m Ligurische volksstam wonend op de oostelijke hellingen v.d. Alpen.*

in-temerātus, a, um (*poët.; postklass.*) onbezoedeld, smetteloos, rein, ongedeerd.

in-temperāns, *gen.* antis onbeheerst, onmatig, losbandig [**vir; animus; adulescentia**].

intemperantia, ae *f* *(intemperans)* gebrek aan zelfbeheersing, onmatigheid, overmoed [**civitatis** anarchie; *(in: gen.)* **vini** in het wijn drinken; **litterarum**].

in-temperātus, a, um onmatig, mateloos, overdreven; ▸ *-e vivere.*

intemperiae, ārum *f* *(postklass.)* = *intemperies.*

in-temperiēs, ēī *f*
1. overmaat [**solis** van zonnewarmte; **aquarum** overmatige regenval];
2. onstuimigheid, gebrek aan zelfbeheersing [**exercitūs**];
3. *(metaf.)* onbestendigheid v.h. weer [**verna** in het voorjaar]; *(Plaut.)* onweer = ongeluk.

in-tempestīvitās, ātis *f* *(intempestivus)* *(Gell.)* ontijdigheid.

in-tempestīvus, a, um ontijdig, ongelegen, niet bij de tijd passend [**epistula; honos**].

in-tempestus, a, um *(in-*[2] *en tempus)*
1. ontijdig [**nox** het holst v.d. nacht];
2. *(poët.)* *(metaf.)* stormachtig, ongezond; ▸ *-ae Graviscae (Verg.).*

in-temptātus, a, um onaangetast, ongedeerd, onberoerd, *(metaf.)* onbeproefd.

in-tendō, tendere, tendī, tentum
1. (aan)spannen, strak aantrekken [**arcum; chordas**];
2. bespannen, overtrekken [**tabernacula velis; locum sertis** omkransen];
3. *(poët.; postklass.)* aanleggen om, aandoen *(m. dat.)* [**vincula collo; telum nervo** een pijl op de pees leggen]; *(ook metaf.)*; ▸ *ventis vela intendunt* uitspreiden, doen opzwellen;
4. *(metaf.)* spannen, concentreren [**animum**];
5. vermeerderen, vergroten [**officia** de plichten met meer dan gebruikelijke ijver nakomen; **curam; leges** aanscherpen; **vocem** verheffen]; ▸ *tenebrae se intendunt* de duisternis neemt toe;
6. uitstrekken naar *(m. ad; dat.)* [**dextram ad statuam; bracchia remis** zich op de roeiriemen storten];
7. richten op, wenden, sturen naar *(m. ad; in m. acc.; zelden dat.)* [**oculos in vultum legentis; iter in Italiam; fugam ad Euphratem; aures ad verba**]; zich wenden, gaan, trekken naar [**quocumque**]; *een wapen* trekken, *projectielen* afvuren;
8. *(de geest, de aandacht e.d.)* met inspanning wenden naar, richten op *(m. in m. acc.; ad; zelden dat.)* [**curam in apparatum belli; oculos et mentes ad pugnam; animum rebus honestis**];
9. richten tegen *(m. in m. acc.; dat.)* [**periculum in omnes; probra in iuvenem; bellum in Hispaniam**]; aanspannen [**litem; actionem**];
10. zijn aandacht richten op, acht slaan op *(m. in m. acc.; ad)* [**in philosophiam; ad laborem**];
11. zijn streven richten op, streven naar, nastreven, op het oog hebben *(m. inf.; adv.)* [**fugā salutem petere**]; ▸ *eius dicta eo intendunt* doelen daarop;
12. beweren, verzekeren, proberen te bewijzen *(m. acc.; aci.).*

intēnsiō *zie intentio.*

intentātiō, ōnis *f* *(intento)* *(postklass.)* het zich uitstrekken *(naar: gen.).*

in-tentātus[1], a, um = *intemptatus.*

intentātus[2] *ppp. v. intento.*

intentiō *en* **intēnsiō,** ōnis *f* *(intendo)*
1. spanning [**corporis**];
2. *(metaf.)* inspanning [**animi; cogitationum** v.h. denken];
3. aandacht, oplettendheid *(voor: gen.)* [**lusūs**];
4. plan, bedoeling [**hostium**];
5. *(postklass.)* intensiteit, verheffing [**doloris; vocis**];
6. *(Plin. Mai.)* zorgvuldigheid, ijver *(in: gen.)* [**rei familiaris obtinendae**];
7. aanklacht, beschuldiging.

intentō, intentāre *(intens. v. intendo)*
1. (dreigend) uitstrekken naar, richten op *of* tegen, *een wapen* trekken tegen [**gladium in consulem; in alqm manūs**];
2. *(metaf.)* bedreigen *(m. dat.; met: acc.)* [**arma Latinis** dreigen met oorlog; **alci mortem**].

intentus[1], a, um *(p. adj. v. intendo)*
1. fel, hevig, sterk [**febris; labor; impetus**];
2. gespannen, oplettend, waakzaam [**custodia; oculi; aures; ad pugnam**];
3. ijverig bezig, aandachtig *(abs.; met, voor: dat.; ad; abl.)* [**operi; officiis; ad curas; castris muniendis**];
4. uitgerust *voor de strijd,* slagvaardig [**dimicationi; ad proelium**];
5. *(v. abstr.)* gespannen, nauwkeurig [**cura**];
6. *(Tac.)* streng, nauwgezet [**disciplina**].

intentus[2], ūs *m* *(intendo)* het uitstrekken [**palmarum**].

in-tepeō, tepēre, — — *(poët.)* lauw zijn.

in-tepēscō, tepēscere, tepuī, — *(incoh. v. intepeo)* *(poët.; postklass.)*

1. lauw, warm worden;
2. (*metaf.*) bekoelen; ▸ *paulatim intepescente saevitiā* (Petr.).

inter, inter-

I. **inter** *adv.* (*poët.*) ertussenin, in het midden; ▸ *stetit arduus* ~ *pontus*;

II. **inter** *prep. m. acc.*

1. (*v. plaats*) (a) (*ter aand. v.e. toestand v. rust op de vraag 'waar?'*) tussen, omgeven door, te midden van, onder; ▸ *mons Iura est inter Sequanos et Helvetios; erat inter planitiem mons saxeus* midden in de vlakte; *ager Tarquiniorum inter urbem ac Tiberim fuit; insula inter vada sita; inter equites proeliari; inter homines esse* op aarde zijn; *inter feras aetatem degere;* (*jur.*) *alqm inter sicarios accusare* wegens moord; (*ter aand. v.d. woonplaats*) *inter falcarios* in de Zeisenmakersstraat; (b) (*ter aand. v.e. toestand v. beweging op de vraag 'waarheen?'*) tussen ... in, door; ▸ *inter fagos venire; inter medios hostes se conicere; inter stationes hostium emissi;*

2. (*v. tijd*) (a) tussen; ▸ *inter binos ludos;* (b) tijdens, bij, onder, in het verloop van, midden in; ▸ *inter noctem; inter cenam; inter omne tempus; inter colloquia; inter vinum et epulas;*

3. onder, tussen (a) (*ter aand. v.e. groep of een klasse*); ▸ *inter philosophos haberi; feroces et inquieti inter socios, ignavi et imbelles inter hostes erant; adulescens inter suos et honestus et nobilis; inter exempla esse* als voorbeeld dienen; *optimus inter scriptores; ipse honestissimus inter suos numerabatur;* (b) (*distributief bij een verdeling in onderdelen*) onder, over, voor; ▸ *inter se bona publica dividere; inter cives officia partiri;* (c) (*ter aand. v.d. betrekking*); ▸ *inter Hectorem et Achillem ira fuit; inter eos magna fuit contentio; pacem inter duas civitates conciliare;* (d) (*ter aand. v.d. omstandigheden, toestand*) onder, bij, tijdens, in; ▸ *inter gaudia; inter haec parata* tijdens deze voorbereidingen; *inter haec, inter quae* ondertussen, tegelijkertijd (= *interea*); *inter has turbas; inter vilia* in erbarmelijke toestand; *inter strepitūs nocturnos;* (e) (*ter aand. v.d. keuzemogelijkheden bij onzekerheid*) tussen; ▸ *discrimen est inter gratiosos cives atque fortes; inter bellum et pacem dubitare; inter metum et iram cunctari; inter duas sententias diiudicare;* (f) (*ter aand. v. voorrang*) te midden van, onder; ▸ *inter omnes excellens; inter cetera, inter cuncta, omnia* vooral, in het bijzonder; *inter paucos* zoals slechts weinigen; (g) (*ter aand. v. wederkerigheid*) *inter nos, inter vos, inter se* (*inter ipsos*) met elkaar, onderling, van weerszijden; ▸ *inter se colloqui;*

III. **inter-** *prefix, o.a.*:

1. tussen (... in) [**intercurro; intericio; intermitto**];
2. te midden van [**intersum**];
3. onderling [**interiungo**];
4. te gronde, neer-, onder- [**interficio; intereo; interitus**].

interāmenta, ōrum *n* (*intra*) (*Liv.*) houtwerk in *het ruim v.e. schip.*

Inter-amna, ae *f* (*amnis*)

1. *stad in Umbrië, omspoeld door de Nar en een kanaal (ca. 80 km ten N. v. Rome), nu Terni;*
2. *stad in het gebied v.d. Volsci aan de rivier de Liris (ca. 100 km ten Z.O. v. Rome);*

/ *inw. en adj.* **Interamnās,** ātis (*m*).

interānea, ōrum *n* (*intra*) (*postklass.*) ingewanden.

inter-ārēscō, ārēscere, — — verdrogen, uitdrogen.

inter-bibō, bibere, — — (*preklass.*) (leeg)drinken.

inter-bītō, bītere, — — (*Plaut.*) verloren gaan.

intercalāris, e *en* **intercalārius,** a, um (*intercalo*) ingevoegd, schrikkel- [**mensis** schrikkelmaand; **Kalendae** de eerste dag v.d. schrikkelmaand].

intercalātiō, ōnis *f* (*intercalo*) (*postklass.*) het invoegen.

inter-calō, calāre

1. door *afkondiging* (*calando*) invoegen [**diem; mensem**]; (*abs.*) een schrikkeldag *of* schrikkeldagen invoegen; ▸ *intercalandi licentia;*
2. (*metaf.*) uitstellen [**poenam**].

intercapēdō, inis *f* (*intercipio*) onderbreking [**molestiae**]; ▸ *intercapedinem scribendi facere* een pauze in het schrijven inlassen.

inter-cēdō, cēdere, cessī, cessum

1. gaan, treden, komen tussen; ▸ *impedimenta inter singulas legiones intercedebant;*
2. ergens tussen zijn *of* liggen; ▸ *palus intercedebat;*
3. (*v. tijd*) ergens tussen verlopen; (*pf.*) ergens tussen liggen; ▸ *pauci dies intercesserunt;*
4. (*v. gebeurtenissen*) (a) ertussen komen, *in de tussentijd* voorvallen; ▸ *casus intercedunt* gebeurtenissen hebben plaats; (b) plaatsvinden, gebeuren, zich voordoen (*tussen: inter; dat.*); ▸ *bella intercedunt; inter alqos, alci cum alqo amicitia intercedit;*
5. (*v. personen*) (a) verhinderend tussenbeide komen, zich verzetten, protesteren; ▸ (*abs.*) tri-

bunus intercessit; (tegen: dat.) consulibus, praetori ~; legi ~; (m. quominus; ne); — (pass.) interceditur er staat iets in de weg; (b) *als bemiddelaar* optreden; (c) borg staan voor *(m. pro; ook m. acc. v.h. geldbedrag);* ▸ *magnam pecuniam ~.*

inter-cēpī *pf. v. intercipio.*

interceptiō, ōnis *f (intercipio)* het wegnemen.

interceptor, ōris *m (intercipio)* iem. die ontvreemdt, verduisteraar [**frumenti**].

interceptus *ppp. v. intercipio.*

inter-cessī *pf. v. intercedo.*

intercessiō, ōnis *f (intercedo)*
1. tussenkomst, interventie [**testium**];
2. verzet, veto [**tribunicia**];
3. bemiddeling, borgstelling.

intercessor, ōris *m (intercedo)*
1. iem. die door tegenwerking verhindert *(m. gen.)* [**legis**];
2. bemiddelaar, borg.

intercessum *ppp. v. intercedo.*

intercessus, ūs *m (intercedo) (postklass.)* interventie.

inter-cīdō[1], cīdere, cīdī, cīsum *(caedo)*
1. dóórsnijden, -steken, -graven, -breken [**pontem** afbreken];
2. *(pre- en postklass.) (metaf.)* af-, onderbreken [**plura rogantis verba** de vragende partij niet verder laten spreken, niet laten uitspreken];
3. *(postklass.)* verminken, vervalsen [**commentarios**].

inter-cidō[2], cidere, cidī, — *(cado)*
1. vallen tussen; ▸ *nullum telum vanum inter arma et corpora intercidit (Liv.);*
2. *(metaf.)* te gronde gaan, omkomen;
3. verloren gaan, in onbruik raken; ▸ *litterae intercidunt* verdwijnen bij de uitspraak;
4. *de herinnering* ontgaan, vergeten worden *(met en zonder memoriā).*

inter-cinō, cinere, — — *(cano) (Hor.)* zingen tussen *(m. acc.).*

inter-cipiō, cipere, cēpī, ceptum *(capio)*
1. *onderweg* opvangen, onderscheppen, wegnemen [**pila; epistulam; naves; hastam** door de *(voor een ander bestemde)* speer getroffen worden; **hostes in fuga**]; ▸ *a suis interceptus* afgesneden van;
2. *(metaf.)* afbreken, afsnijden [**medium iter; hostiles ingressus**];
3. wegkapen, ontrukken [**agrum ab alqo; alci urbem; pecunias e publico** verduisteren; **laudem** zich aanmatigen; **alqm neci** voor de dood];
4. *(milit.)* bezetten, innemen [**loca; urbem**];
5. *(postklass.)* voortijdig *of* onverwacht wegrukken, ombrengen [**regem veneno**].

intercīsē *adv. (intercido*[1]*)* afgebroken, niet samenhangend [**dicere**].

intercīsiō, ōnis *f (intercido*[1]*) (Laatl.)* het afsnijden, hakken [**securis** met de bijl].

intercīsus *ppp. v. intercido*[1]*.*

inter-clāmō, clāmāre *(Laatl.)* luid aanmoedigen.

inter-clūdō, clūdere, clūsī, clūsum *(claudo)*
1. versperren, afsnijden [**alci iter, fugam;** *(metaf.)* **animam, spiritum** smoren];
2. afzonderen, scheiden *(van: abl.; ab)* [**hostem commeatu, re frumentariā, itinere; legiones a castris; alqm ab exercitu, ab oppido, a suis**];
3. verhinderen, afhouden *(van: abl.)* [**fugā; exitu**]; ▸ *angustiis intercludi;*
4. *(metaf.)* hinderen; ▸ *intercludor dolore quominus ad te plura scribam (Cic.).*

interclūsiō, ōnis *f (intercludo)* het afsluiten, belemmering.

interclūsus *ppp. v. intercludo.*

inter-columnium, ī *n (columna)* de ruimte tussen twee zuilen.

inter-currō, currere, currī, cursum
1. heen en weer snellen, als bemiddelaar optreden;
2. ondertussen voorkomen *of* optreden;
3. *(metaf.)* zich bemoeien met, tussenbeide komen bij *(m. dat.);* ▸ *dolor his laboriosis exercitationibus intercurrit (Cic.);*
4. *(postklass.)* zich ertussen uitstrekken; ▸ *latitudine intercurrentis freti.*

inter-cursō, cursāre *(intens. v. intercurro) (ook gesplitst)*
1. ertussendoor rennen, zich ertussen werpen;
2. *(Plin. Mai.)* ertussenin bewegen, zich ertussen(in) bevinden.

intercursus, ūs *m (intercurro)* snelle tussenkomst; ▸ *intercursu consulum.*

inter-cus, *gen.* cutis *(cutis)* onderhuids [**aqua** waterzucht; *(ook metaf.)* **vitium**].

inter-dīcō, dīcere, dīxī, dictum
1. ontzeggen, verbieden [*(iem: dat.; iets: abl.; zelden acc.)* **Romanis omni Galliā** het verblijf in Gallia; **alci domo** iem. de toegang tot het huis ontzeggen; **meretriciis amoribus iuventuti; alci aquā et igni** iem. verbannen; **alci sacrificiis** iem. in de ban doen; **hoc liberis; histrionibus scaenam;** *(alci alqo* iem. *(dat.)* de

omgang met iem. *(abl.)* verbieden) **socero** *(dat.)* **genero** *(abl.)*]; — *p. adj.* **interdictus,** a, um verboden, ontzegd [**spes; voluptas**];
2. verbieden, een veto uitspreken *(m. ne; ut; alleen conj.; inf.; abs.)*;
3. voorschrijven, bevelen *(m. ut)*;
4. *(jur. t.t.)* (a) *(v.d. pretor)* een verbod uitvaardigen, een rechterlijk vonnis *of* verbod uitgeven; (b) *(v.d. aanklager)* een verbod eisen.

interdictiō, ōnis *f (interdico)* ontzegging, verbod [**finium nostrorum** om ons gebied te betreden; **aquae et ignis** verbanning].

interdictum, ī *n (interdico)*
1. verbod;
2. voorlopig vonnis v.d. pretor, interdict; ▸ *-o contendere cum alqo.*

interdictus *zie interdico.*

inter-diū *en (pre- en postklass.)* **-dius** *adv.* bij dag, overdag.

inter-dīxī *pf. v. interdico.*

inter-dō, dare, —, datum
1. *(Plaut.)* erom geven; ▸ *ciccum (floccum) non interduim (conj. praes.)* ik zou er geen klap om geven;
2. *(Lucr.)* (ertussen) zetten *of* plaatsen.

inter-ductus, ūs *m (duco)* scheidingsteken, interpunctie.

interduim *zie interdo.*

inter-dum *adv.*
1. soms;
2. *(postklass.)* ondertussen, voorlopig.

inter-duō = *interdo 1.*

inter-eā *adv. (eā is abl. sg. fem. v. is)*
1. *(v. tijd)* ondertussen, intussen;
2. *(adversatief)* intussen, toch; ▸ *cum* ~ terwijl toch.

inter-ēmī *pf. v. interimo.*

inter-emō *(poët.)* = *interimo.*

interēmptor, ōris *m (interimo) (postklass.)* moordenaar.

interemptus *ppp. v. interimo.*

inter-eō, īre, iī, itūrus
1. te gronde gaan, ondergaan, omkomen, verloren gaan; ▸ *naves naufragio intereunt; res publica interit; vita morbo interitura* vergankelijk;
2. verdwijnen, ophouden te bestaan; vergeten worden; ▸ *luna, aetas interit; ignis interit* gaat uit; *sacra intereunt* raken in onbruik.

inter-equitō, equitāre ertussenin rijden; *tr.* rijden door *(m. acc.)* [**ordines; agmina**].

interest *zie intersum.*

interfātiō, ōnis *f (interfor)* het in de rede vallen, interruptie, onderbreking *v.e. redevoering.*

inter-fēcī *pf. v. interficio.*

interfectiō, ōnis *f (interficio)* het vermoorden, moord.

interfector, ōris *m (interficio)* moordenaar.

interfectrīx, īcis *f (interfector) (postklass.)* moordenares.

inter-fectus, *ppp. v. interficio.*

interfeminium, ī *n (femur) (Apul.)* gedeelte v.h. lichaam tussen de dijen = vrouwelijk geslachtsdeel.

inter-ficiō, ficere, fēcī, fectum *(facio)*
1. afmaken, doden, ombrengen, vernietigen [**alqm suā manu, veneno, insidiis; messes**];
2. een einde maken aan *(m. acc.)* [**sermonem**];
3. *(pre- en postklass.)* beroven van *(m. abl.)* [**vitā**].

inter-fīō, fierī te gronde gaan, omkomen.

inter-fluō, fluere, flūxī, —
1. *(abs.)* ertussen stromen; ▸ *amne interfluente;*
2. *(m. acc., zelden dat.)* stromen tussen, door [**medium oppidum; pinguibus arvis**].

interfluus, a, um *(interfluo)* ertussen stromend.

inter-fodiō, fodere, —, fossum doorboren.

inter-for, fārī
1. ertussendoor praten, in de rede vallen;
2. onderbreken.

inter-fugiō, fugere, — — *(ook gesplitst)* ontsnappen tussendoor.

inter-fuī *pf. v. intersum.*

inter-fulgeō, fulgēre, fulsī, — glinsteren tussen *(m. dat.).*

inter-furō, furere *(poët.)* woeden te midden van *(m. acc.).*

inter-fūsus, a, um *(fundo) (poët.)* ergens tussen stromend, vloeiend *(abs. of m. acc.)*; ▸ *-um mare; maculis (sanguineis) -a genas (Verg.)* de wangen (met bloed) bespat.

inter-gerīvus, a, um *(gero) (Plin. Mai.)* tussengevoegd; — *subst.* **-ī,** ōrum *m (vul aan: parietes)* tussenwanden.

inter-gressus, ūs *m (gradior) (Min. Fel.)* onderbreking.

inter-iaceō, iacēre, — — ergens tussen liggen *(abs.; m. dat.; acc.; inter)*; ▸ *interiacebat campus; regio quae duas Syrtes interiacet.*

inter-iaciō *(Tac.)* = *intericio.*

inter-ibī *adv. (pre- en postklass.)* ondertussen.

inter-iciō, icere, iēcī, iectum *(iacio)*
1. *(v. plaats)* werpen, plaatsen, leggen, zetten *of* voegen tussen [**saxa; rubos** ertussen planten; **cohortes; sagittarios inter equites**]; *(pass.)* tussenbeide treden; *(pf. pass.)* liggen tussen

(m. dat.); ▸ *nasus oculis interiectus est*;
2. *(Tac.)* toevoegen [**preces et minas; pleraque sermone Latino**];
3. *(v. tijd)* inschuiven, invoegen [**moram; librum** in de tussentijd schrijven].
interiectus[1], a, um *(p. adj. v. intericio)*
1. *(v. plaats)* ergens tussen liggend, staand, zich bevindend *(abs.; m. dat.; inter)*; ▸ *aër inter mare et caelum* ~; *(abl. abs.) aequalibus intervallis -is* met gelijke tussenruimtes;
2. *(v. tijd)* ertussen liggend, verlopend; ▸ *-o anno* na verloop v.e. jaar; *-is aliquot diebus*; *-o brevi spatio* na korte tijd.
interiectus[2], ūs *m (intericio)*
1. *(v. plaats)* het tussenbeide komen [**terrae** *tussen zon en maan*];
2. *(v. tijd) (Tac.)* verloop [**noctis**], tussentijd, termijn [**paucorum dierum**].
inter-iī *pf. v. intereo.*
inter-im *adv.*
1. ondertussen, inmiddels;
2. voorlopig, eerst;
3. *(postklass.)* soms *(= interdum)*; ~ ... ~ nu eens ... dan weer;
4. tegelijkertijd, toch.
inter-imō, imere, ēmī, emptum *(emo)*
1. uit de weg ruimen, verwijderen, doden *(ook metaf.)* [**stirpem fratris virilem; alqm ferro, laqueo, veneno**];
2. vernietigen, een einde maken aan *(m. acc.)* [**sacra; vitam suam**].
interior, ius, *gen.* ōris *comp. (adv. -ius; zie ook superl. intimus) (inter)*
1. binnenst, meer naar binnen gelegen, dieper naar binnen [**vestis** onderkleed; **pars aedium; parietes** de binnenzijde v.d. muren; **portus** het binnenste deel v.d. haven];
2. dichter bij het middelpunt *of* het doel [**meta; gyrus** korter]; *(m. dat.)* dichter *of* te dicht bij, binnen bereik van, te dichtbij om getroffen te worden door, *dwz.* buiten bereik van; ▸ *ictibus tormentorum, periculo vulneris*; — *subst.* **interiōrēs,** ōrum *m* vijanden binnen de muren; — **interiōra,** ōrum *n* het binnenste (deel) [**aedium; urbis**];
3. dieper landinwaarts, in het binnenland gelegen [**nationes**]; — *subst.* **interiōrēs,** ōrum *m* bewoners v.h. binnenland;
4. *(metaf.)* inniger, vertrouwelijker, hechter [**vicini; amicitia; societas**];
5. geheimer [**consilia**];
6. diepgaander, grondiger [**vis vocabuli** diepere zin].
interitiō, ōnis *f (intereo)* dood, vernietiging, ondergang.
interitus, ūs *m (intereo)* dood, vernietiging, ondergang [**immaturus; voluntarius; consulum; legum; vitae; urbium**].
inter-iungō, iungere, iūnxī, iūnctum
1. met elkaar verbinden [**dextras** geven];
2. *(postklass.) lastdieren* uitspannen *voor een rustpauze*; een poos laten rusten; *(abs.)* rusten; *(ook metaf.)*.
interius *adv., zie interior en intra.*
inter-lābor, lābī, lāpsus sum *(ook gesplitst)* stromen tussen; ▸ *inter enim labentur aquae.*
inter-legō, legere, — — *(ook gesplitst)* hier en daar zoeken [**frondes**].
inter-ligō, ligāre *(ligo*[1]*) (poët.)* met elkaar verbinden.
inter-linō, linere, lēvī, litum
1. ertussenin bestrijken, besmeren;
2. *oorkonden door het doorhalen v. losse woorden* vervalsen [**codicem**].
interlocūtiō, ōnis *f (interloquor)*
1. interventie, tegenwerping *voor de rechtbank*;
2. *(jur. t.t.)* tussenvonnis.
inter-loquor, loquī, locūtus sum
1. in de rede vallen, *tijdens het spreken* onderbreken;
2. *(jur. t.t.)* tussenvonnis wijzen.
inter-lūceō, lūcēre, lūxī, —
1. ertussendoor schijnen, doorschemeren; *(onpers.) noctu interlucet* het wordt plotseling licht en meteen weer donker;
2. licht doorlaten, gaten vertonen; ▸ *interlucet corona militum; acies interlucet*;
3. *(metaf.) (v. verschillen)* duidelijk zijn; ▸ *aliquid interlucet inter* er is een duidelijk onderscheid zichtbaar tussen.
inter-lūcō, lūcāre *(lucus) (Plin. Mai.)* uitdunnen *v. bomen.*
inter-lūnium, ī *n (luna) (poët.; postklass.) (tijd v.d.)* nieuwe maan.
inter-luō, luere, — — *(pre- en postklass.)*
1. *de handen* wassen *tijdens een plechtigheid* [**manūs**];
2. stromen tussen *(m. acc.)*.
inter-lūxī *pf. v. interluceo.*
intermēnstruum, ī *n (intermenstruus)* nieuwe maan.
inter-mēnstruus, a, um tussen twee maanden liggend [**tempus** tijd v.d. nieuwe maan].
inter-meō, meāre *(Plin. Mai.)* door het midden

stromen van (*m. acc.*).

intermēstris, e = *intermenstruus.*

inter-micō, micāre (*postklass.*) schijnen, doorschemeren (*tussen: acc.*).

in-terminābilis, e (*in-*[2] *en termino*) (*Laatl.*) (*v. plaats en tijd*) onbegrensd, oneindig.

interminātiō, ōnis *f* (*interminor*) (*Laatl.*) bedreiging.

in-terminātus[1]**,** a, um onbegrensd, oneindig [**magnitudo regionum**].

interminātus[2]**,** a, um *zie interminor.*

inter-minor, minārī *en* **inter-minō,** mināre (*niet-klass.*)

1. dreigen (*m. dat.*; *aci.*);

2. onder bedreigingen verbieden (*m. ne*); — *ppp.* **interminātus,** a, um geweigerd, verboden [**cibus**].

in-terminus, a, um (*in-*[2] *en termino*) (*postklass.*) onbegrensd [**Oceanus**]; oneindig, eeuwig [**felicitas**].

inter-misceō, miscēre, miscuī, mixtum vermengen met (*m. dat.*) [**turbam indignorum dignis**].

inter-mīsī *pf. v. intermitto.*

intermissiō, ōnis *f* (*intermitto*) verdaging, schorsing, onderbreking [**epistularum** van de briefwisseling; **consuetudinis; officii** staking].

inter-mittō, mittere, mīsī, missum

1. ertussen leggen, ertussen laten; (*pass.*) ertussenin liggen; ▸ *valle intermissā* omdat er een dal tussen lag;

2. *ruimte* ertussen leeg- *of* openlaten; *meestal ppp.* leeg, open ertussen gelegen; ▸ *planities intermissa collibus* tussen heuvels; *mediocribus spatiis intermissis* met niet al te grote tussenafstanden; *hoc spatio intermisso* op deze afstand; *per intermissa moenia urbem intrare* door de gaten in de muren;

3. (*metaf.*) tijdelijk onderbreken, staken, uitstellen [**navigationem; iter; studia; proelium; admirationem rerum**]; ▸ *libertas intermissa* tijdelijk opgegeven; *verba intermissa* afgebroken; *in pace, etiam si non finiuntur odia, intermittantur* (*Liv.*); *non multum refert utrum omittas philosophiam an intermittas* (*Sen.*); — (*m. inf.*) nalaten, ophouden; ▸ *obsides dare intermiserant* (*Caes.*); — *pass. intermitti en intr.* tijdelijk afnemen, ophouden, rusten; ▸ *negotia forensia intermittunt*; *vento intermisso* nadat de wind was gaan liggen; *flumen intermittit* stroomt niet; *flamma intermittit* houdt op; *non intermittunt hostes* rukken onophoudelijk op;

4. (*een tijd*) voorbij laten gaan, onbenut laten verstrijken [**diem; noctem; tempus**]; ▸ *intermisso spatio* na een poos; *triduo intermisso*; (*bij voorafgaande negatie m. quin*) *nullum tempus intermiserunt quin legatos mitterent*;

5. *een ambt* tijdelijk vacant laten [**magistratum**].

intermixtus *ppp. v. intermisceo.*

inter-morior, morī, mortuus sum

1. sterven, te gronde gaan; ▸ *civitas intermoritur*;

2. in onmacht vallen; ▸ *in ipsa contione intermortuus haud multo post exspiravit* (*Liv.*);

3. (*metaf.*) afsterven, uitgaan, doven; ▸ *intermortuae contiones* levenloos; *memoria intermortua*; *candor, in hoc aevo res intermortua paene* (*Ov.*).

inter-mundia, ōrum *n* (*mundus*) tussenruimten tussen de werelden, tussenwerelden, *volgens Epicurus bewoond door de goden.*

inter-mūrālis, e (zich bevindend) tussen de muren; ▸ *divisa est arx intermurali amni* (*Liv.*).

interna, ōrum *n* (*internus*) (*postklass.*) het binnenste.

inter-nāscor, nāscī, nātus sum (*postklass.*) ertussen groeien.

interneciō *en* **-niciō,** ōnis *f* (*interneco*) totale vernietiging, ondergang, verpletterende nederlaag [**civium; exercitūs**]; ▸ *ad internecionem deleri* vernietigend verslagen worden; *ad internecionem gentem adducere* volledig vernietigen; *iter in Hispaniam Gallorum internecione patefactum est* (*Cic.*).

internecīvus, a, um (*interneco*) allesvernietigend, moorddadig, dodelijk [**bellum; genus morbi**].

inter-necō, necāre (*pre- en postklass.*) afslachten, verdelgen, vernietigen [**hostes**].

inter-nectō, nectere, —— aaneenknopen, doorwéven [**crinem auro**].

interniciō *zie internecio.*

internigrāns, antis (*poët.*) zwart afstekend [**macula**].

inter-niteō, nitēre, —— (*postklass.*) ertussendoor schitteren, doorschemeren.

inter-nōdium, ī *n* (*nodus*)

1. ruimte tussen twee gewrichten;

2. ruimte tussen twee knoesten.

inter-nōscō, nōscere, nōvī, — (van elkaar) onderscheiden [**geminos**]; ▸ *blandus amicus a vero internosci potest* (*Cic.*); *internosci a falsis non possunt.*

internūntia, ae *f* *(internuntius)* tussenpersoon, bemiddelaarster; ▸ *haec sunt aves -ae Iovis* (Cic.); *columbae -ae fuere* (Plin. Mai.); *Iudaea, summi fida ~ caeli* (Juv.).

inter-nūntiō, nuntiāre gezanten heen en weer zenden.

internūntius, ī *m* *(internuntio)* tussenpersoon, bemiddelaar; ▸ *per -um; -is ultro citroque missis* (Caes.); *ne a militibus ~ invisae pacis interficeretur* (Tac.).

internus, a, um *(inter)* *(poët.; postklass.)*
1. binnenst, zich in het binnenste bevindend [**ara** in het binnenste v.h. huis; **mare** binnenzee, *ihb.* de Middellandse Zee];
2. *(metaf.)* binnenlands, inheems [**discordiae; mala; bellum**].

in-terō, terere, trīvī, trītum *(pre- en postklass.)* wrijven in, brokkelen in *(m. dat.)* [**alqd potioni**]; ▸ *(metaf.)* *sprw.: tute hoc intristi, tibi omne est exedendum* (Ter.).

interōrdinium, ī *n* *(ordo)* *(postklass.)* ruimte tussen de rijen planten.

inter-ōscitō, ōscitāre *(Ter.)* tussendoor gapen; *(metaf.)* knikkebollen.

inter-pateō, patēre, — — *(Laatl.)* zich ertussen uitstrekken; ▸ *Syria interpatet.*

interpellātiō, ōnis *f* *(interpello)* onderbreking:
1. *(tijdens het spreken)* het in de rede vallen;
2. *(bij een bezigheid)* storing; ▸ *in litteris sine ulla interpellatione versari* (Cic.).

interpellātor, ōris *m* *(interpello)* iem. die een redevoering stoort *of* onderbreekt; *(jur.)* adressant, indiener v. verzoekschriften.

inter-pellō, pellāre *(vgl. ap-pello[1])*
1. onderbreken, in de rede vallen *(m. acc.)* [**dicentem**]; *(abs.)* een tegenwerping maken;
2. ertegenin brengen;
3. onderbreken, storen [**otium bello; orationem; silentium**];
4. versperren, verhinderen, een hindernis vormen voor [**victoriam**]; *(m. ne; quin; quominus; inf.)*;
5. *(postklass.)* met smeekbeden *of* vragen bestoken;
6. *(jur.)* een vervolging instellen jegens, een proces voeren tegen, in gebreke stellen *(m. acc.; wegens: gen.)*.

inter-plicō, plicāre *(poët.)* weven tussen *(m. acc.)*.

interpolātiō, ōnis *f* *(interpolo)* *(Plin. Mai.)* wijziging, verandering.

interpolātor, ōris *m* *(interpolo)* *(eccl.)* veranderaar, vervalser.

interpolis, e *(interpolo)* *(pre- en postklass.)* opgeknapt, opgefrist.

inter-polō, polāre
1. opknappen, opfrissen [**togam praetextam**];
2. veranderen, vervalsen;
3. *(Laatl.)* onderbreken.

inter-pōnō, pōnere, posuī, positum
1. ertussen plaatsen, zetten, leggen; ▸ *ne interpositi quidem elephanti militem Romanum deterrebant* (Liv.);
2. inlassen, invoegen [**menses intercalarios; nullum verbum** *(in een redevoering)*];
3. in context vermelden, aanvoeren; ▸ *interponatur nomen civitatis?* (Cic.);
4. onderschuiven [**falsas tabulas**]; vervalsen [**rationes populorum**];
5. *(een tijd)* (intussen) laten verlopen, laten verstrijken [**spatium ad recreandos animos**]; — *pass.* ertussen vallen *of* liggen; — *ihb. ppp.*; ▸ *paucis diebus interpositis* na verloop v.e. paar dagen; *hoc spatio interposito* ondertussen; *tridui morā interpositā* na drie dagen uitstel; *hac nocte interposita*;
6. *als hulp, bemiddelaar, deelnemer* laten optreden [**testes; iudices**]; — *se ~* zich mengen, zich opdringen *(abs.; m. dat.; in m. acc.; in m. abl.; m. quominus; ne)* [**bello; audaciae alcis** zich verzetten tegen; **in pacificationem**]; ▸ *semper se interposuit*;
7. *(metaf.)* laten ingaan, laten gelden, inzetten [**auctoritatem suam; decretum** een besluit nemen; **iudicium suum**]; ▸ *pro sociis operam, studium, laborem ~; nullā interpositā dubitatione* zonder enige twijfel; *nullā suspicione interpositā* omdat er geen verdenking bestond;
8. *(redenen)* aanvoeren, voorgeven, voorwenden [**causam; gladiatores** als voorwendsel gebruiken]; ▸ *causā interpositā* onder het voorwendsel;
9. *(zijn erewoord, een eed e.d.)* verpanden, als garantie geven [**ius iurandum; fidem suam in alqd, in re** zijn woord op iets geven].

interpositiō, ōnis *f* *(interpono)*
1. het invoegen, inlassen *ihb. in een redevoering* [**certarum personarum**];
2. *(meton.)* invoeging, inlassing.

interpositus[1] *ppp. v. interpono.*

interpositus[2], ūs *m* *(interpono)* het ertussen komen; ▸ *luna interpositu interiectuque terrae repente deficit* (Cic.).

interpres, pretis *m en f*
1. bemiddelaar(ster), onderhandelaar(ster)

[**pacis**; **divum** bode v.d. goden (= *Mercurius*)]; ▸ *alqo interprete* door iems. bemiddeling; *linguā interprete* dmv. de taal;
2. uitlegger, verklaarder [**iuris**; **legis**; **verborum**; **extorum** van de ingewanden (*bij offers*) *om de toekomst te voorspellen*; **divum** waarzegger, waarzegster; **comitiorum** of de comitia geldig zijn of niet (*v.d. haruspices*)];
3. tolk, vertaler.

inter-pressī *pf. v. interprimo.*

interpressus ppp. *v. interprimo.*

interpretāmentum, ī *n* (*interpretor*) (*postklass.*) uitleg [**somniorum**]; vertaling [**Latinum**].

interpretātiō, ōnis *f* (*interpretor*)
1. uitleg, verklaring [**verborum**; **iuris**; **somniorum**]; beoordeling;
2. (*meton.*) vertaling [**Graeca**; **Romana**]; het vertaalde;
3. betekenis [**verbi**; **legis**];
4. (*retor. t.t.*) woordverklaring, gebruik v. synoniemen.

inter-pretor, pretārī *en* (*Laatl.*) **inter-pretō,** pretāre (*interpres*)
1. uitleggen, verklaren [**monstra aut fulgura**; **religiones**; **somnia**]; (*m. de*) een verklaring geven voor [**de liberalitate alcis**]; (*m. ex*) opmaken uit; (*m. aci.*) verduidelijken; — p.p. **interpretātus,** a, um *ook pass.*;
2. (verklarend) vertalen (*m. acc.*; *ex*) [**epistulam**; **scriptores**; **ex Graeco carmine**]; — (*pass.*) *ut ex libris interpretatum nobis est*;
3. begrijpen, opvatten [**alcis sententiam**; **alqm** iems. karakter *of* handelwijze];
4. beoordelen, aanzien voor, een zekere uitleg geven aan (*m. acc.*) [**alcis verba mitiorem in partem** milder beoordelen; **omnia alio modo**; **alcis felicitatem grato animo** dankbaar erkennen; (*m. dubb. acc.*) **hominem simulatorem** beschouwen als huichelaar; **sapientiam eam** onder wijsheid iets dergelijks verstaan]; ▸ (*m. afh. vr.*) *neque, recte an perperam, interpretor* (*Liv.*);
5. (*Plaut.*) bemiddelaar zijn voor, te hulp schieten (*m. dat.*) [**memoriae alcis**].

inter-primō, primere, pressī, pressum (*premo*)
1. (*Plaut.*) indrukken, toeknijpen [**alci fauces** de keel];
2. (*Min. Fel.*) onderdrukken, proberen te verbergen.

interpūnctiō, ōnis *f* (*interpungo*) scheiding *v.d. woorden* door punten, interpunctie.

interpūnctum, ī *n* (*interpungo*) pauze tussen woorden *of* zinnen.

inter-pungō, pungere, pūnxī, pūnctum
1. door punten scheiden;
2. even pauzeren, een pauze inlassen;
/ p. adj. **interpūnctus,** a, um duidelijk ingedeeld, onderscheiden [**intervalla**; **clausulae**].

inter-putō, putāre (*agr.*) uitdunnen.

inter-quiēscō, quiēscere, quiēvī, — tussendoor (uit)rusten; ▸ *cum haec dixissem et paulum interquievissem* (*Cic.*); *dolor interquiescit*; *Padi fons mediis diebus aestivis velut interquiescens semper aret* (*Plin. Mai.*).

inter-rādō, rādere, rāsī, rāsum
1. de grond losharken bij (*m. acc.*) [**oleas**];
2. (*metaf.*) graveren [**vasa**].

interrāsilis, e (*interrado*) (*Plin. Mai.*) gegraveerd.

inter-rēgnum, ī *n* interregnum, tussenregering (*v.e. senator tot de benoeming v.d. nieuwe koning resp. consuls*); ▸ *res ad -um venit, adducitur* het komt tot een interregnum; *per -um renovare auspicia.*

inter-rēx, rēgis *m* tussenkoning (*vgl. interregnum*); ▸ *interregem creare.*

in-territus, a, um (*in-*[2] *en terreo*) (*poët.*; *postklass.*) zonder angst, onverschrokken [**omni periculo** in ieder gevaar]; ▸ (*m. gen.*) *mens -a leti* niet bevreesd voor.

interrogātiō, ōnis *f* (*interrogo*)
1. vraag;
2. (*jur. t.t.*) ondervraging, verhoor [**testium**];
3. (*in de dialectiek*) sluitrede, syllogisme [**fallax**].

interrogātiuncula, ae *f* (*demin. v. interrogatio*) korte *of* onbeduidende vraag; ▸ *-as nectere* syllogismetjes aaneenrijgen.

interrogātum, ī *n* (*interrogo*) vraag.

inter-rogō, rogāre
1. vragen (*over, naar: de*; *acc.*; *afh. vr.*); ▸ *interrogatus de itinere*; *interrogatus sententiam*; *quod cum interrogatus Socrates esset* (*Cic.*); *cum interrogaretur quid sentiret* (*Cic.*);
2. raadplegen; ▸ *avium voces volatūsque* ~ (*Tac.*);
3. (*jur. t.t.*) (a) verhoren, ondervragen [**testem**]; (b) aanklagen (*m. en zonder lege, legibus*; *wegens: gen.*) [**repetundarum** wegens uitbuiting]; ▸ *designati consules legibus ambitūs interrogati* (*Sall.*); (c) stipuleren, een beding maken;
4. (*filos. t.t.*) een syllogisme vormen, redeneren.

inter-rumpō, rumpere, rūpī, ruptum
1. uiteentrekken, -scheuren, afbreken [**pontem**; **aciem hostium**; **venas** openen];
2. (*metaf.*) onderbreken, afbreken [**itinera**];

▸ *opera interrupta* nog niet afgemaakt;
3. *redevoeringen e.d.* afbreken;
4. onderbreken, storen [**tumultum; consuetudinem**];
5. scheiden; ▸ *ignes interrupti* afzonderlijk.

interruptē *adv.* (*interrumpo*) met onderbrekingen.

interruptiō, ōnis *f* (*interrumpo*) (*postklass.*)
1. onderbreking;
2. (*retor. t.t.*) aposiopese.

interruptus *ppp. v. interrumpo.*

inter-saepiō, saepīre, saepsī, saeptum
1. afsluiten, versperren, verstoppen [**iter; foramina; conspectum abeuntis exercitūs**];
2. (*metaf.*) afsnijden [**urbem vallo ab arce**]; ▸ *legio densis arbustis intersaepta* (*Tac.*) van elkaar gescheiden.

inter-scindō, scindere, scidī, scissum
1. (in het midden) afbreken, wegnemen [**pontem; aggerem; venas** openen];
2. scheiden; ▸ *Chalcis freto interscinditur.*

inter-scrībō, scrībere, scrīpsī, scrīptum (*Plin. Min.*) tussenvoegen.

inter-secō, secāre, secuī, sectum (*postklass.*) (*v. plaatsen*) doorsnijden; ▸ *Tiberis intersecans urbem aeternam.*

inter-serō[1]**,** serere, — — invoegen, tussenvoegen (*tussen: dat.*) [**oscula verbis; causam** terloops noemen].

inter-serō[2]**,** serere, sēvī, situm (*Lucr.*) planten *of* zaaien tussen (*m. dat.*).

inter-sistō, sistere, stitī, — (*postklass.*) middenin blijven steken, haperen (*v.e. redenaar en redevoering*).

inter-situs, a, um (*postklass.*) ertussen gelegen.

inter-sonō, sonāre, sonuī, — (*poët.*) zingen tussen (*m. dat.*).

inter-spergō, spergere, spersī, spersum (*postklass.*) hier en daar bestrooien.

inter-spīrātiō, ōnis *f* (*spiro*) adempauze.

inter-spirō, spirāre (*preklass.*) ertussendoor ademen.

inter-sternō, sternere, strāvī, strātum (*Plin. Mai.*) strooien *of* leggen tussen (*m. dat.*).

inter-stīnctus[1]**,** a, um (*postklass.*) hier en daar bezet; ▸ *facies -a medicaminibus* met pleisters bezaaid.

inter-stīnctus[2] *ppp. v. interstinguo.*

inter-stinguō, stinguere, —, stīnctum uitblussen; (*pass.*) uitgaan.

interstitiō, ōnis *f* (*intersisto*) (*Gell.*) stilstand [**negotiorum; iuris**].

interstitium, ī *n* (*intersisto*) (*postklass.*) tussenruimte [**temporis**].

inter-stō, stāre, stitī, — (*Laatl.*) ertussen staan *of* komen.

inter-stringō, stringere, — — (*Plaut.*) dichtsnoeren [**alci gulam**].

inter-struō, struere, strūxī, strūctum (*poët.*) verband geven aan (*m. acc.*); ▸ *qua spina interstruit artūs.*

inter-sum, esse, fuī
1. (*v. plaats en v. tijd*) ertussen zijn *of* liggen; ▸ *mons inter eas gentes interest;*
2. verschillen (*meestal m. het neutr. v.e. pron. of adj. als subj.*); — **interest** (*hoc, multum e.d.*) er is dit, veel e.d. verschil tussen, in, bij (*m. inter; in m. abl.*); ▸ *inter meam sententiam et tuam multum* ~ groot verschil; *inter hominem et beluam hoc maxime* ~; *in his rebus nihil omnino* ~;
3. tegenwoordig zijn bij, deelnemen aan, bijwonen (*m. dat.; in m. abl.*) [**convivio; pugnae, in pugna; in testamento faciendo**];
4. (*onpers.*) **interest** het is belangrijk, het is van belang, het doet er toe; — *in antwoord op de vraag: in wiens belang?:* (a) (*m. gen.*) [**omnium nostrum; patris; rei publicae**]; (b) (*de volgende pronomina possessiva in de abl. sg. fem. staan in de plaats van pronomina personalia*); ▸ *meā, tuā, suā, nostrā, vestrā* ~ het is voor mij, jou enz. van belang; — *de zaak, die in iems. belang is, wordt uitgedrukt:* (a) (*m. het neutr. v.e. pron.*); ▸ *id rei publicae* ~; (b) (*m. inf. en bij wisseling v.h. subj. door de aci.*); ▸ *mea* ~ *Romae tutum esse* het is in mijn belang in Rome in veiligheid te zijn; *mea* ~ *te Romae tutum esse* het is voor mij van belang, dat jij veilig in Rome bent; (c) (*m. afh. vr.*); ▸ *hoc populorum* ~, *utrum comi domino an aspero serviant;* (d) (*zelden m. ut; ne*); — *in antwoord op de vraag: in welke mate is er belang bij?:* (a) (*m. adverbiaal gebruikte neutr., zoals bv. multum, plus, plurimum, tantum, nihil*); (b) (*m. adv.*); ▸ *minime, magnopere, maxime* ~; (c) (*m. gen.*); ▸ *magni, parvi, pluris, minoris* ~; — (*ten opzichte van, voor: ad; dat.*); ▸ *ad nostrum* (= *nostrorum*) *laudem.*

inter-texō, texere, texuī, textum (*poët.; postklass.*)
1. inweven, invlechten (*in: dat.*) [**flores hederis**];
2. doorweven [**chlamydem auro**].

intertignium, ī *n* (*tignum*) (*postklass.*) (*archit.*) ruimte tussen twee balken.

inter-trahō, trahere, trāxī, tractum (*Plaut.*) ontnemen [**animum**].

inter-trīgō, inis *f* (*tero*) zere plek, schaafwond.

inter-trīmentum, ī *n* (*tero*)
1. het afslijten, verlies *v. metaal door afwrijven of smelten* [**argenti**];
2. (*metaf.*) verlies, schade, nadeel; ▸ *sine ullo -o.*

inter-turbō, turbāre (*kom.*) verwarring stichten, storen.

interulus, a, um (*tunica*) *interula* onderhemd (*voor mannen en vrouwen*).

interūsūrium, ī *n* (*usura*) rente op rente.

inter-utrāsque *adv.* (*uterque*) (*Lucr.*) tussen beide in.

intervallātus, a, um (*intervallum*) (*postklass.*) door tussenruimte gescheiden; ▸ *~ febris* wisselkoorts.

inter-vallum, ī *n* (*vallus, eig. 'tussenruimte tussen twee schanspalen'*)
1. tussenruimte, afstand [**siderum a terra**]; ▸ *ex -o* van verre; *pari -o* op gelijke afstand;
2. tussentijd, pauze; ▸ *-a scelerum* (*Tac.*); (*ex*) *tanto -o* na zo'n lange tijd; *ex -o* na geruime tijd; *sine -o* zonder onderbreking; *per -a* tijdelijk;
3. vrije tijd; ▸ *-a dare;*
4. verschil, onderscheid;
5. (*geom. t.t.*) ruimte;
6. (*muz. t.t.*) interval [**sonorum**].

inter-vellō, vellere, vellī (*en vulsī*), vulsum (*pre- en postklass.*)
1. uitrukken;
2. hier en daar uitnemen, uitdunnen [**alas; barbam**].

inter-veniō, venīre, vēnī, ventum
1. ertussen komen bij, *halverwege* verschijnen bij, erbij komen tijdens (*m. dat.*) [**alcis orationi; incendio**]; ▸ (*abs.*) *quam orationem cum ingressus esset, Cassius intervenit* (*Cic.*);
2. zich mengen in (*m. dat.; ne*) [**rebus hominum** inwerken op]; (*jur. t.t.*) zich garant stellen;
3. tussenbeide komen bij, onderbreken, storen (*m. dat. of acc.*) [**cognitionem**]; ▸ *hiems aspera rebus gerendis intervenit; nox proelio intervenit; bellum coeptis intervenit;*
4. zich voordoen, opduiken; ▸ *irae interveniunt* (*Plaut.*).

intervēnium, ī *n* (*vena*) (*postklass.*) haarscheurtje.

interventiō, ōnis *f* (*intervenio*) (*jur. t.t.*) tussenkomst (*o.a. als borg*).

interventor, ōris *m* (*intervenio*)
1. onaangekondigde bezoeker;
2. borg, iem. die garant staat.

interventus, ūs *m* (*intervenio*)
1. (aan)komst, verschijning [**noster; collegae**];
2. tussenkomst [**hominis; noctis; malorum**];
3. (*postklass.*) het tussenbeide komen, bemiddeling, bijstand.

inter-versor, versārī (*Plin. Mai.*) zich ertussen bewegen.

inter-vertō, vertere, vertī, versum
1. verduisteren, vervreemden, verdonkeremanen [**argentum; regale donum; publica vectigalia**];
2. overslaan; schrappen, intrekken; ▸ *interversā aedilitate;*
3. (*Plaut.; Gell.*) beroven van (*m. abl.*) [**alqm argento; alqm possessione fundi**];
4. de looprichting veranderen van (*m. acc.*) [**aestūs; aquae ductum**].

interviās *adv.* (*via*) (*Plaut.*) onderweg.

inter-vireō, virēre (*poët.*) groen zijn tussen (*m. dat.*).

inter-vīsō, vīsere, vīsī, vīsum van tijd tot tijd gaan kijken naar *of* opzoeken [**domum** naar huis gaan om te controleren]; ▸ *ego intervisam, quid faciant coqui* (*Plaut.*).

intervōcāliter *adv.* (*vocalis*) (*Apul.*) met kreten tussendoor.

inter-volitō, volitāre
I. *intr.* (*postklass.*) ertussen vliegen;
II. *tr.* vliegen tussen (*m. acc.*).

inter-volō, volāre
I. (*intr.*) ertussendoor vliegen;
II. (*tr.*) vliegen door (*m. acc.*).

inter-vomō, vomere, —— (*Lucr.*) uitbraken tussen (*m. inter*).

inter-vortō (*arch.*) = *interverto.*

in-testābilis[1], e (*in-*[2] *en testor*)
1. (*niet-klass.*) (*jur.*) niet in staat getuige te zijn, getuigen op te roepen *of* een testament op te maken;
2. (*metaf.*) eerloos, schandelijk, (*v. zaken ook*) afschuwelijk [**homo; periurium**].

in-testābilis[2], e (*in-*[2] *en testis*[2]) (*Plaut.*) (*scherts.*) ontmand, gecastreerd; ▸ *curato ne sis ~* (*woordspel met intestabilis*[1]).

in-testātus, a, um (*adv. -ō*) (*in-*[2] *en testor*)
1. zonder testament; ▸ *-ō mori;*
2. (*Plaut.*) zonder getuigen; ▸ *~ vivito.*

intestīna, ae *f* = *intestinum.*

intestīnum, ī *n* (*intestinus*) darm [**medium**

middenrif; **duodenum** twaalfvingerige darm; **caecum** blindedarm; **rectum** endeldarm]; *(meestal plur.)* ingewanden *(in de buikholte).*

intestīnus, a, um *(intus)*
1. inwendig [**malum; tumor**];
2. in eigen land, huis, familie voorkomend [**tumultus; bellum** burgeroorlog; **odium**];
3. persoonlijk, privé;
4. *mare -um* Middellandse Zee;
5. *opus -um* meubilair, meubel.

in-tēxī *pf. v. intego.*

in-texō, texere, texuī, textum
1. inweven, invlechten, ineenvlechten *(in: in m. abl.; abl.)* [**aurum vestibus; vimina** dooreenvlechten];
2. *(metaf.)* invlechten, invoegen *(in: in m. abl.; abl.)* [**parva magnis; alqd in causa**]; ▸ *venae toto corpore intextae;*
3. verwerken in, opnemen in *(m. abl.)* [**facta chartis**];
4. *(poët.; postklass.)* omvlechten, omwinden, omwikkelen [**hastas foliis**]; *(metaf.)* omsluiten, omgeven.

intibum, ī *n en* **intibus,** ī *m (poët.; postklass.)* lof, andijvie.

intimō, intimāre *(postklass.)*
1. invoegen in, laten doordringen tot *(m. dat.)* [**cuncta eius auribus**]; inprenten;
2. meedelen, bekendmaken.

intimus, a, um *(adv. -e) (inter)*
1. binnenst [**Macedonia** het binnenland v. Macedonië; **spelunca** het binnenste v.d. grot];
2. vertrouwelijkst, innigst [**amicus; familiaritas**]; — *adv.* **intimē** hartelijkst [**uti alqo** met iem. vertrouwelijke omgang hebben]; — *subst.* **intimus,** ī *m* beste vriend;
3. het meest geheim [**cogitationes**];
4. het meest werkzaam [**vis**];
5. *(metaf.)* diepst, diepzinnigst, zeer grondig [**sensūs; disputatio**].

intīnctus, ūs *m (intinguo) (postklass.)* saus *waarin voedsel wordt gedoopt.*

in-ting(u)ō, ting(u)ere, tīnxī, tīnctum
1. bevochtigen, indopen [**faces sanguine; alqd in aqua**];
2. *(Plaut.)* kleuren;
3. verzadigen, doorweken [**venas**].

in-tolerābilis, e
1. ondraaglijk [**tyrannus; dolor; saevitia**];
2. onweerstaanbaar [**vis Romanorum**].

in-tolerandus, a, um ondraaglijk.

in-tolerāns, *gen.* antis
1. niet in staat te verdragen *(m. gen.)*; ▸ *corpora intolerantissima laboris; vir aequalium* ~ onverdraagzaam jegens;
2. ondraaglijk, onuitstaanbaar *(voor: dat.)* [**curae; servitus victis**].

intoleranter *adv. (intolerans)*
1. onverdraaglijk veel, mateloos [**gloriari; dolere**];
2. ongeduldig [**insequi**].

intolerantia, ae *f (intolerans)*
1. onverdraagzaamheid, ongeduld;
2. onverdraaglijkheid, onuitstaanbaarheid [**regum; morum**];
3. *(Laatl.)* ondraaglijkheid [**sitis**].

in-tollō, tollere *(Apul.) een kreet slaken.*

in-tonō, tonāre, tonuī, tonātum
I. *intr.*
1. donderen; ▸ *hic pater omnipotens ter caelo clarus ab alto intonuit (Verg.); Fortuna intonat* is kwaad; *(onpers.) intonat* het dondert;
2. luid klinken, schallen, dreunen, galmen, kletteren; ▸ *polus intonat; vox tribuni intonat; silvae intonuere; concussa arma intonuere;*
II. *tr.*
1. luid laten weerklinken, met donderende stem roepen [**tumultūs**];
2. *(poët.)* donderend loslaten op, in *(m. dat.)*; *(pass.)* donderend losbreken; ▸ *Eois intonata fluctibus hiems* over de wateren v.h. Oosten losgebarsten.

in-tōnsus, a, um
1. ongeschoren [**capilli; caput**]; *(v. personen)* met lang haar *of* lange baard [**Cato; avi; deus** *(v. Apollo)*]; ▸ *(v. onbeschaafde volkeren) homines -i et inculti; -i Getae;*
2. *(metaf.) (v. bomen)* rijk aan loof, *(v. bergen)* bosrijk, bosachtig.

in-tonuī *pf. v. intono.*

in-torqueō, torquēre, torsī, tortum
1. indraaien, invlechten [**angues capillis** in het haar];
2. boren in *(m. in m. acc.; dat.)* [**hastam tergo**];
3. vlechten, winden, wikkelen [**pallium circum bracchium**]; ▸ *capilli intorti* ineengedraaid;
4. slingeren, werpen [**iaculum alci** naar, tegen iem.; **telum in hostem**; *(metaf.)* **contumelias**];
5. om-, verdraaien [**talum** verrekken; **mentum in dicendo** scheeftrekken; **oculos** laten rollen; *(metaf.)* **mores** bederven];
6. krommen, in een cirkel buigen [**ramos; cau-**

das].

intortus, a, um *(intorqueo)*
1. gedraaid, krom [**cornu**]; krullend [**crines**];
2. *(v. klanken)* ingehouden;
3. *(metaf.)* ingewikkeld [**oratio**].

intrā
I. *adv. (postklass.)* binnen(in); ▸ ~ *forisque; pro rostris aurata aedes intraque lectus eburneus;* — *comp.* **interius** meer naar binnen, verder naar binnen;
II. *prep. m. acc.*
1. *(v. plaats)* (a) binnen; ▸ ~ *Oceanum* binnen het bereik v.d. oceaan; ~ *extraque munitiones;* ~ *iactum teli;* (b) *(bij werkwoorden v. beweging)* in . . . naar binnen, binnen; ▸ ~ *munitiones se recipere; alqm* ~ *moenia compellere;*
2. *(v. tijd)* binnen, nog in de loop van; ▸ ~ *viginti dies;* ~ *iuventam* midden in de jeugd;
3. (a) binnen, beperkt tot; ▸ ~ *modum;* ~ *verba peccare* alleen verbaal, slechts met woorden; ~ *fortunam manere* binnen zijn stand; ~ *gloriam fuit facinus;* ~ *silentium se tenere;* (b) onder, minder dan [**intra centum**].

intrābilis, e *(intro[2])* toegankelijk [**amnis os**].

in-tractābilis, e *(poët.; postklass.)*
1. onhandelbaar, onbedwingbaar; ▸ *genus bello intractabile;*
2. ruw [**bruma**].

in-tractātus, a, um
1. onbehandeld, onbewerkt [**decor; equus** ongedresseerd];
2. *(Verg.)* onbeproefd [**scelus**].

in-trahō, trahere, trāxī, tractum *(postklass.)* meeslepen [**gressūs**].

intrā-mūrānus, a, um *(murus) (Laatl.)* zich binnen de muren bevindend.

in-tremō, tremere, — — *en (incoh.)* **intremīscō,** intremīscere, intremuī, — *(poët.; postklass.)* (beginnen te) bibberen, beven; ▸ *genua timore intremuere; terra intremuit.*

in-trepidus, a, um
1. rustig, ongestoord; ▸ *-e se recipere* in rust en orde;
2. onverschrokken, onbevreesd [**dux; verba;** *(voor: dat.)* **minantibus**].

in-tribuō, tribuere, — — *(Plin. Min.) een belasting* betalen.

intribūtiō, ōnis *f (intribuo)* belasting(betaling).

in-trīcō, trīcāre *(tricae)*
1. inwikkelen, verwikkelen;
2. in verlegenheid brengen.

intrīmentum, ī *n* = *intrita.*

intrīn-secus *adv.*
1. inwendig, van binnen;
2. naar binnen.

intrīta, ae *f en* **intrītum,** ī *n (intero) een soort* pap, brij.

in-trītus[1], a, um *(in-[2] en tero)* nog niet verzwakt; ▸ *cohortes a labore -ae.*

intrītus[2] ppp. *v. intero.*

in-trīvī *pf. v. intero.*

intrō[1]
I. *adv. (intra)* (naar) binnen; ▸ ~ *ire; alqm* ~ *ducere; cibum* ~ *ferre;*
II. *prep. m. acc. (Laatl.)* = *intra.*

intrō[2], intrāre *(intra)*
I. *intr.*
1. binnengaan, -treden *(ook metaf.)* [**in hortum; in tabernaculum; in portum** binnenlopen]; ▸ *dolor, somnus intrat; mox segnitia cum otio intravit (Tac.)* sloop binnen; *(jur. t.t.)* verschijnen;
2. *(metaf.)* binnendringen in *(m. in m. acc.; poët. m. dat.)* [**in rerum naturam; in alcis familiaritatem** iems. vertrouwen winnen; **in suum animum** in zichzelf keren; **in sensum; in mentem; in pectus; magis** dieper];
II. *tr.*
1. betreden, *(milit.)* binnentrekken, binnendringen [**limen; silvam; portum** bereiken; **maria** bevaren; **aprum cuspide** doorsteken];
2. *(postklass.) (metaf., v. emoties) alqm of animum alcis* ~ iem. aangrijpen, overvallen; ▸ *metus pavidos intravit; animum gloriae cupido intrat;*
3. doordringen in, bestuderen [**mentes; litteras**].

intrō-cēdō, cēdere, cessī, — binnengaan.

intrō-currō, currere, currī, cursum binnenhollen.

intrō-dō, dare *se* ~ zich opdringen.

intrō-dūcō, dūcere, dūxī, ductum
1. binnenvoeren, binnenleiden [**ad regem; legatos in senatum**];
2. *troepen* laten binnenrukken [**copias in fines hostium; milites in urbem**];
3. naar binnen voeren [**equum Troianum**];
4. *(metaf.)* invoeren, introduceren [**philosophiam in domos; consuetudinem; ambitionem in senatum**];
5. aanvoeren, ter sprake brengen [**exemplum; comparationem**]; *(m. aci.)* stellen.

intrōductiō, ōnis *f (introduco)* invoering.

intrōductus ppp. *v. introduco.*

intrō-dūxī *pf. v. introduco.*

intro-eō, īre, iī, itum
1. binnengaan, ingaan [**in senatum; in urbem;** *(metaf.)* **in vitam**]; *tr.* betreden [**domum; curiam**];
2. *(milit.)* binnentrekken, bezetten, binnenvallen;
3. verschijnen *op het toneel of voor de rechtbank.*

intrō-ferō, ferre, tulī, — naar binnen brengen, binnendragen [**liberis cibum**]; ▸ *lecticā introferri.*

intrō-gredior, gredī, gressus sum *(gradior)* *(poët.; postklass.)* binnentreden, binnengaan.

intro-iī *pf. v. introeo.*

introitus[1] *ppp. v. introeo.*

introitus[2], ūs *m (introeo)*
1. intocht, binnenkomst, *(v. schepen)* het binnenlopen [**militum; navium; in urbem;** *(metaf.)* **in causam**];
2. *(metaf.)* begin, inleiding [**fabulae; operis**];
3. *(postklass.)* ambtsaanvaarding;
4. *(meton.)* ingang, toegang, monding [**aedis; amnis; Ponti**];
5. *(Mel.)* gebed *of* gezang bij het binnenkomen.

intrō-mittō, mittere, mīsī, missum
1. naar binnen zenden *of* sturen, laten binnenmarcheren [**quingentos coquos; exercitum portis accensis**];
2. binnen-, toelaten [**legatos**];
3. *(postklass.) (metaf.)* invoeren [**verba in usum linguae Latinae**].

intrō-rēpō, rēpere, rēpsī, — *(Apul.)* binnenkruipen.

intrōrsum *en* **intrōrsus** *adv.* (< *intrō vorsum en vorsus)*
1. naar binnen, binnenwaarts, landinwaarts;
2. inwendig, vanbinnen.

intrō-rumpō, rumpere, rūpī, ruptum binnendringen [**in aedes; in Syriam**].

intrō-spectō, spectāre *(Plaut.)* naar binnen kijken.

intrō-spiciō, spicere, spexī, spectum *(specio)*
1. naar binnen kijken bij, inkijken, bezichtigen *(m. acc.)* [**casas omnium** bij iedereen naar binnen kijken];
2. onderzoeken, nauwkeurig bekijken, monsteren *(m. acc.; in m. acc.)* [**aliorum felicitatem aegris oculis**]; ▸ *introspice in mentem tuam ipse (Cic.)* werp een blik in je eigen hart.

intrōsum = *introrsum.*

intrō-tulī *pf. v. introfero.*

intrō-vocō, vocāre naar binnen roepen.

intubum, ī *n* = *intibum.*

in-tueor, tuērī, tuitus sum
1. kijken op, naar, bekijken *(m. acc.; ad; in m. acc.)* [**deos patrios; terram** naar de grond kijken; **caelum; alqm contra** iem. recht in de ogen kijken; **huc atque illuc**];
2. waarnemen, zien; ▸ *~ potestis sollicitudinem et lacrimas (Liv.)*;
3. *(Plin. Min.) (metaf., v. plaatsen)* uitzien op *(m. acc.)*; ▸ *cubiculum montes intuetur*;
4. beschouwen, overwegen [**se ipsum; veritatem**];
5. acht slaan op, letten op *(m. acc.)* [**tempestatem impendentem**].

intuitus, ūs *m (intueor) (Laatl.)*
1. blik, waarneming;
2. overweging, aandacht, zorg; ▸ *intuitu (m. gen.)* met het oog op, met inachtneming van.

in-tulī *pf. v. infero.*

in-tumēscō, tumēscere, tumuī, — *(poët.; postklass.)*
1. opzwellen; ▸ *venter intumuit*;
2. *(metaf.)* aanzwellen, toenemen, heviger worden, groeien; ▸ *intumescente fluctu; intumescunt rivis flumina; intumuerat subitis tempestatibus mare; quo plenior et gravior vox repercussu intumescat (Tac.)*;
3. trots, opgeblazen worden [**superbiā**];
4. boos, verstoord worden *(op: dat.)* [**vati**];
5. gezwollen zijn, bol zijn; oprijzen [**locus**].

in-tumulātus, a, um *(in-*[2] *en tumulo) (Ov.)* onbegraven.

intumus *(arch.)* = *intimus.*

in-tuor, tuī, — = *intueor.*

in-turbātus, a, um *(Plin. Min.)* onverstoord.

in-turbidus, a, um *(Tac.)* onverstoord, rustig; ▸ *~ externis rebus annus; tutā et -ā iuventā frui.*

intus
I. *adv.*
1. (van)binnen, in het binnenste, erin, inwendig; thuis; in de stad, in het legerkamp *e.d.*; ▸ *frumentum ~ est*;
2. *(kom.)* vanbinnen(uit); ▸ *evocare alqm ~ ad se; ~ egredi*;
3. *(poët.; postklass.)* naar binnen, erin; ▸ *duci ~*;
II. *prep. m. gen.* binnenin; ▸ *~ aedium (Apul.).*

in-tūtus, a, um
1. onbeschut, niet verdedigd, niet beschermd [**castra; urbs**]; — *subst.* **intūta,** ōrum *n* zwakke plekken; ▸ *intuta moenium firmare (Tac.)*;
2. onzeker, niet te vertrouwen [**amicitia; latebrae**].

inula, ae *f* (*Gr. leenw.*) (*poët.; postklass.*) alant (*een geneeskrachtige plant*).

īnuleus, ī *m* = *hinnuleus.*

in-ultus, a, um

1. ongewroken; ▸ *cives -i perierunt;*

2. ongestraft, straffeloos; ▸ *alqm -um esse pati; hostes -os abire sinere.*

in-umbrō, umbrāre

I. *tr.*

1. beschaduwen, verduisteren [**ora coronis**]; ▸ *nemora quibus Anio inumbratur;*

2. (*metaf.*) in de schaduw stellen; ▸ *imperatoris adventu legatorum dignitas inumbratur* (Plin. Min.);

II. *intr.* schemeren; ▸ *inumbrante vesperā* toen de avond viel.

in-uncō, uncāre (*uncus*[1]) (*postklass.*) aan de haak slaan, grijpen.

inūnctiō, ōnis *f* (*inungo*) (*postklass.*) het inwrijven, het insmeren.

inūnctus ppp. *v. inungo.*

inundātiō, ōnis *f* (*inundo*) (*postklass.*) overstroming.

in-undō, undāre

I. *tr.* overstromen; ▸ *Tiberis campum inundavit;* (*metaf.*) *mens ingenti flumine litterarum inundata* (Petr.); — (*abs.*) overstromingen veroorzaken; ▸ *imbres inundantes;*

II. *intr.*

1. buiten de oevers treden, overlopen; ▸ *fluvius Arnus inundaverat;* (*metaf.*) *inundant sanguine fossae* (Verg.);

2. (*metaf.*) het land binnenstromen; ▸ *Troës inundant.*

in-ungō, ungere *en* **-unguō,** unguere, ūnxī, ūnctum zalven, insmeren, bestrijken.

in-urbānus, a, um

1. niet verfijnd, onbeschaafd, onhoffelijk, boers, lomp;

2. smakeloos, niet geestig, flauw [**dictum**].

in-urgeō, urgēre *en* **-urgueō,** urguēre, ursī, — drukken, duwen (*tegen: acc.*).

in-ūrō, ūrere, ussī, ustum

1. (*poët.; postklass.*) inbranden (*in, op: dat.*) [**picturas; notam vitulo**];

2. (*metaf.*) opdrukken, inprenten, aanwrijven (*m. dat.*) [**alci ignominiam; notam turpitudinis vitae alcis; alci superbiae crudelitatisque famam**];

3. brandmerken met, voorzien van (*m. abl.*); ▸ *inuri notā censoriae severitatis* met het brandmerk v. censorische strengheid;

4. (*iets kwalijks*) veroorzaken, aandoen [**alci dolorem; mala rei publicae; leges** opdringen];

5. verbranden, verzengen, verhitten; ▸ *loca inusta; sanguis vulnere inustus;*

6. krullen [**comas**]; ▸ *metaf.: calamistris* ~ (Cic.) (*een redevoering*) in de krul zetten, opsieren.

in-ūsitātus, a, um ongebruikelijk, ongewoon, zeldzaam, ongehoord [**verbum; consilium; supplicia; species navium**].

in-ussī *pf. v. inuro.*

inustus ppp. *v. inuro.*

in-ūtilis, e

1. onbruikbaar, nutteloos (*voor iem.: dat.; mbt., voor iets: ad; dat.*) [**corpus** ongeschikt voor de strijd; **ferrum**];

2. onbekwaam, ongeschikt [**milites**]; ▸ *valetudine aut aetate inutiles bello; equitatus ad rem gerendam* ~;

3. nadelig, schadelijk, verderfelijk [**civis; aurum; rogationes; civitati**].

inūtilitās, ātis *f* (*inutilis*)

1. onbruikbaarheid;

2. schadelijkheid, verderfelijkheid.

Inuus, ī *m bijnaam v. Pan;* — Castrum (Inuī) *kustplaats in Latium.*

in-vādō, vādere, vāsī, vāsum

1. *met geweld* binnengaan, binnendringen (*m. in m. acc.; acc.*) [**in urbem cum copiis; portūs**];

2. (*poët.*) *een plaats betreden, een plaats* bereiken [**urbem; aedes; viam**];

3. aanvallen, overvallen (*m. in m. acc.; acc.*) [**(in) hostes; in oppidum antiquum et vetus; castra; fines**];

4. met geweld in bezit nemen, zich toe-eigenen (*m. in m. acc.; acc.*) [**in alcis praedia; in alienam pecuniam; in nomen Marii** zich aanmatigen];

5. (*poët.; postklass.*) ondernemen, aangaan [**pugnam; Martem** de strijd beginnen; **aliquid magnum**];

6. (*v. emoties, moeilijkheden, ziektes*) overvallen, aantasten (*m. in m. acc.; acc.; zelden dat.*); ▸ *morbus in corpus alcis invadit; metus alqm invadit; pestilentia populum invasit;* — *abs.* uitbreken, zich verbreiden; ▸ *tantus repente terror invasit;*

7. (*poët.; postklass.*) *met woorden* aanvallen, uitvaren tegen (*m. acc.*) [**consules**];

8. hartstochtelijk omhelzen (*m. acc.; in m. acc.*).

invalentia, ae *f* (*valeo*) (*postklass.*) slechte gezondheid.

in-valēscō, valēscere, valuī, — (*postklass.*)

1. sterk worden, aansterken;
2. sterker worden, de overhand krijgen, toenemen; ▸ *libido et luxuria coërcente nullo invaluerat* (*Suet.*).

in-validus, a, um
1. krachteloos, zwak [**vires**]; ▸ *~ senectā, vulnere*;
2. te zwak om weerstand te bieden [**exercitus**]; ▸ *moenia -a adversus irrumpentes*.

in-valuī *pf. v. invalesco.*

in-vāsī *pf. v. invado.*

invāsiō, ōnis *f* (*invado*) (*Laatl.*)
1. stormloop, aanval;
2. aanranding *v.e. vrouw*;
3. gewelddadige beslaglegging.

invāsor, ōris *m* (*invado*) (*Laatl.*) aanvaller; veroveraar.

invāsus *ppp. v. invado.*

invectīcius, a, um (*inveho*) (*postklass.*)
1. ingevoerd, niet inheems [**columba**];
2. (*metaf.*) niet van binnenuit, niet echt, gemaakt [**gaudium**].

invectiō, ōnis *f* (*inveho*)
1. invoer;
2. het opvaren, binnenrijden;
3. (*postklass.*) aanval *met woorden*, het uitschelden.

in-vehō, vehere, vēxī, vectum
I. *act.*
1. invoeren, inbrengen, (in)dragen [**frumenta** (*in de schuren*) binnenhalen; **pecuniam in aerarium**; (*metaf.*) **bellum totam in Asiam** over geheel Azië brengen]; ▸ *Euphrates quasi novos agros invehit* doet aanslibben;
2. (*producten*) importeren [**vinum in Galliam; marmor Romam**];
3. (*iets kwalijks*) brengen over, aandoen, veroorzaken bij (*m. dat.*); ▸ *divitiae avaritiam invexere* (*Liv.*); *quae* (*mala*) *tibi casus invexerat* (*Cic.*);
4. (*archit.*) drijven in, bevestigen aan;
II. *se ~ en pass. invehi*
1. rijden, varen, zeilen, vliegen in, naar (*abs.; m. in m. acc.; ad; acc.; dat.*) [**carpento in forum; in portum** binnenlopen; **nave ad ostium portūs, urbem; moenia triumpho** de stad in triomf binnentrekken; **litori**];
2. losgaan op, binnendringen, aanvallen (*m. in m. acc.; dat.*) [**in phalangem; levi agmine; navibus**]; ▸ *equitum acies invecta in dissipatos*;
3. *met woorden* aanvallen, uitvaren tegen, schelden tegen (*m. in m. acc.*) [**in eam artem; multis verbis in perfidiam alcis; vehementius in causam principum; multa in Thebanos** veelvuldig; **nonnulla** op verscheidene punten];
4. voortgaan, rijden op, over (*m. abl.; dat.*) [**nantibus beluis** op dolfijnen]; ▸ *Venus invecta iunctis columbis* gezeten op een span v. duiven.

in-vendibilis, e (*Plaut.*) onverkoopbaar [**merx**].

in-veniō, venīre, vēnī, ventum
1. (*meestal*) *toevallig,* (*soms*) *door te zoeken* stoten op, vinden, aantreffen [**hostem populabundum; alqm mortuum in cubiculo; vestigium; argenti venas; vadum**]; ▸ *naves instructas invenit* (*Caes.*); *Aetolos in armis invenit* (*Liv.*); — *pass.* gevonden worden, opduiken, zich vertonen, verschijnen; ▸ *lacrimae inveniebantur; dolor se invenit* manifesteerde zich weer volop;
2. *bij het lezen* stoten op (*m. acc.*);
3. ontdekken, gewaarworden, vernemen [**coniurationem; causam morbi**]; (*m. aci.; afh. vr.*); ▸ *me esse mendacem inveneris* (*Plaut.*);
4. uitvinden, uitdenken [**verba nominaque; viam** middelen en wegen];
5. tot stand brengen, mogelijk maken, verwezenlijken [**artes; auspicia; viam ferro** zich banen];
6. (*toevallig of bij gelegenheid*) krijgen, verwerven, naar zich toe trekken [**opes; cognomen ex re; fraude culpam; merita** het verdiende loon krijgen; **mortem manu** door vijandelijke hand];
7. (be)vinden (*m. dubb. acc.; pass. m. dubb. nom.*); (*soms te vertalen als*) blijken [**alqm idoneum** geschikt]; ▸ *quem fidum invenies?*;
8. (*poët.; postklass.*) *se ~* (a) weten waar men is, een uitweg vinden; (b) (*metaf.*) tot zichzelf komen.

inventārium, ī *n* (*invenio*) (*jur.*) lijst, catalogus, boedelbeschrijving.

inventiō, ōnis *f* (*invenio*)
1. het vinden, vinding;
2. (*retor. t.t.*) inventio (*het bedenken v.d. argumenten voor een redevoering*);
3. (*meton.*) (a) vindingrijkheid; (b) (*postklass.*) uitvinding, het uitgevondene.

inventor, ōris *m* (*invenio*) (uit)vinder, ontdekker, ontwerper [**novorum verborum; legis**].

inventrīx, īcis *f* (*inventor*) (uit)vindster, ontdekster; ▸ *tu* (*philosophia*) *~ legum fuisti* (*Cic.*).

inventum, ī *n* (*invenio*)
1. uitvinding, ontdekking; *plur.* leerstellingen, opvattingen;
2. onderwerp *v.e. redevoering.*

inventus[1] *ppp. v. invenio.*

inventus[2], ūs *m* (*invenio*) het vinden; uitvinding.

in-venustus, a, um
1. niet charmant, onaantrekkelijk;
2. (*Ter.*) ongelukkig in de liefde.

inverēcundia, ae *f* (*inverecundus*) (*postklass.*) schaamteloosheid.

in-verēcundus, a, um schaamteloos, onbeschaamd, oneerbiedig [**animus; deus** = Bacchus, *die schaamteloos alles verklapt*].

in-vergō, vergere, —— (*poët.*) (*relig. t.t., bij (zoen)offers*) gieten in, op (*m. dat.*) [**vina fronti; pelago vina**].

inversiō, ōnis *f* (*inverto*)
1. (*postklass.*) omkering *van volgorde;*
2. (*retor.*) afwijkend gebruik v.d. betekenis; ironie, allegorie [**verborum**].

in-vertō, vertere, vertī, versum
1. omkeren, omdraaien [**anulum**]; ▸ *annus inversus* jaarwisseling;
2. (*poët.*) opwoelen [**mare** (*v.d. wind*); **solum vomere** de grond omploegen; **campum**];
3. leegmaken [**vinaria**];
4. (*metaf.*) omkeren, omstoten, bederven [**ordinem; mores**];
5. verkeerd uitleggen, anders opvatten, verdraaien [**virtutes; verba** ironisch gebruiken];
6. (*postklass.*) veranderen; met andere woorden weergeven.

in-vesperāscit, vesperāscere, —— het wordt avond.

in-vestīgābilis, e (*in-*[2] *en vestigo*) (*eccl.*) niet opspoorbaar, onnaspeurbaar, niet na te gaan.

investīgātiō, ōnis *f* (*investigo*)
1. opsporing;
2. onderzoek [**naturae; veri**].

investīgātor, ōris *m* (*investigo*) iem. die opspoort, onderzoeker (*m. gen.*) [**coniurationis; antiquitatis**].

in-vestīgō, vestīgāre
1. opsporen [**feras**];
2. (*metaf.*) uitzoeken, trachten te weten te komen [**coniurationem; insidias; verum**].

in-vestiō, vestīre (*pre- en postklass.*) bekleden.

in-vestis, e (*postklass.*) jeugdig, onvolwassen.

investītūra, ae *f* (*Mel.*) instelling, investituur.

inveterāscō, inveterāscere, inveterāvī, — (*invetero*)
1. oud worden, verouderen; ▸ *inveteraverant hi omnes compluribus bellis* (*Caes.*);
2. (*metaf.*) zich vastzetten, wortelen, wortel schieten, gewoon worden, (*v. ziektes*) chronisch worden; ▸ *aes alienum, consuetudo inveteravit; inveteravit iam opinio perniciosa rei publicae* (*Cic.*); *in Gallia* ~ zich nestelen; — *m. dat.* vergroeien met: *honor huic urbi inveteravit; si inveterarit, actum est* (*Cic.*) als de nieuwigheid eraf is, is het gedaan;
3. (*Laatl.*) zwak worden, verzwakken.

inveterātiō, ōnis *f* (*invetero*) inworteling; (*meton.*) chronische ziekte.

in-veterāvī *pf. v. inveterasco en invetero.*

in-veterō, veterāre (*vetus*) oud maken, oud laten worden, *metaf.* gewoon laten worden; — *pass.* oud worden, *metaf.* wortelen, wortel schieten, zich vastzetten; ▸ *opinio inveteratur;* — *p. adj.* **inveterātus,** a, um oud, ingeworteld, al lang bestaand [**error; consuetudo; amicitia; auctoritas; ira; invidia**].

in-vetitus, a, um (*in-*[2] *en veto*) (*poët.*) niet verboden.

in-vēxī *pf. v. inveho.*

in-vicem *adv.* (*vicis; ook gesplitst*)
1. afwisselend, om beurten; ▸ *multis ~ casibus victi victoresque;*
2. onderling, onder elkaar, wederkerig; ▸ *~ salutare; ~ inter se gratulantes;*
3. aan beide kanten, aan weerskanten; ▸ *multae ~ clades;*
4. omgekeerd, aan de andere kant, daarentegen; ▸ *requiescat tandem Italia, uratur ~ Africa* (*Liv.*);
5. (*m. gen., gebruikt als prep.*) in de plaats van.

in-victus, a, um
1. onoverwonnen [**Germani**]; ▸ *~ bello, armis; ~ ab hostibus;*
2. onoverwinnelijk, niet te overwinnen [**Caesar; acies**];
3. onverwoestbaar, bestand tegen;
4. (*metaf.*) onwrikbaar [**fides; defensio** onweerlegbaar; **Medea** onverbiddelijk]; ▸ *~ ab ea cupiditate animus; -a sibi quaedam facere* zichzelf zekere niet te overschrijden grenzen stellen; (*mbt.: ad*) *corpus -um ad laborem.*

invidentia, ae *f* (*invideo*) afgunst, jaloezie.

in-videō, vidēre, vīdī, vīsum
1. (*Catull.*) scheel, afgunstig aanzien, door het boze oog ongeluk veroorzaken voor (*m. acc.*);
2. (*metaf.*) benijden, misgunnen, jaloers zijn op (*m. dat.; iets, om iets: acc.; in m. abl.; inf.; aci.; quod; ut; ne*) [**amicis; divitiis tuis; honori fratris; alcis virtuti; alci honorem; alci usum lignorum; alci rem secundam obtin-**

gere]; — *pass.* (*klass.*) *onpers. mihi invidetur;* (*niet-klass. ook*) *persoonl.*, *ihb. gerundivum* **invidendus,** a, um benijdenswaardig; — *subst.* **invidēns,** *gen.* entis *m* afgunstige;
3. (*uit afgunst*) onthouden, weigeren (*abs.*; *m. inf.*; *iem.*: *dat.*; *iets*: *gen.*; *dat.*; *acc.*; *abl.*).

invidia, ae *f* (*invideo*)
1. het benijden, afgunst, jaloezie [**civium**]; ▸ *deorum -am movere; sine -a* graag; *-a erga eum* jaloezie tov. hem;
2. weerzin *die tegen iem. gevoeld wordt*, het benijd worden, het gehaat worden, haat, afgunst, wrevel *jegens iem.*, ontevredenheid *over iem.* [**dictatoria** jegens de dictatuur]; ▸ *in -a esse, -am habere* gehaat worden; *-ae esse alci* gehaat zijn bij iem.; *in -am vocare, adducere* impopulair maken; *in magnam -am venire, incidere* voorwerp worden v. grote haat;
3. het hatelijke *v.e. zaak* [**huius facti; nominis regii**]; verdachtmaking, verwijt [**crudelitatis**];
4. (*meton.*) (a) voorwerp v. afgunst; (b) (*poët.*) afgunstige (personen); — *personif.* **Invidia,** ae *f* demon v.d. afgunst.

invidiōsus, a, um (*invidia*)
1. jaloers, afgunstig [**vetustas**];
2. (a) (*poët.*; *postklass.*) benijd, benijdenswaardig [**opes**; (*m. dat.*) **suis**]; (b) gehaat, impopulair, veracht [**consulare imperium; possessiones; iudicium; atrocitas verborum**];
3. haat, afgunst opwekkend, in opspraak brengend, in een kwaad daglicht stellend [**crimen; nomina; ioci**].

invidus, a, um (*invideo*) jaloers op, afgunstig op (*m. dat.*); ▸ (*metaf.*) *nox coeptis -a nostris* (*Ov.*) vijandig; — *subst.* ī *m* afgunstige, iem. die jaloers is (*op*: *gen.*) [**laudis**].

in-vigilō, vigilāre
1. wakker zijn *of* blijven, waken (*bij*: *dat.*) [**malis** bij ziekte];
2. (*metaf.*) bedacht zijn op, grote zorg besteden aan (*m. dat.*) [**custodiendis domibus; rei publicae**].

in-vincibilis, e (*postklass.*) niet te overwinnen, onoverwinnelijk.

in-vīnius, a, um (*in-*[2] *en vinum*) (*Apul.*) zich onthoudend van wijn.

in-violābilis, e (*poët.*; *postklass.*) onkwetsbaar, onschendbaar.

in-violātus, a, um (*in-*[2] *en violo*)
1. ongedeerd, ongeschonden; ▸ *invulnerati inviolatique vixerunt; -ā vestrā amicitiā* zonder jullie vriendschap tekort te doen;
2. onschendbaar [**nomen legatorum; tribunus plebis**].

in-vīscerō, vīscerāre (*in-*[1] *en viscera*) (*August.*) doen binnendringen; inplanten.

in-vīsī *pf. v. inviso.*

in-vīsibilis, e (*postklass.*) onzichtbaar.

in-vīsitātus, a, um (*in-*[2] *en viso*) (nog) niet gezien, ongewoon, zeldzaam [**magnitudo; forma; species; spatia camporum**]; ▸ *nova acies, inaudita ante id tempus invisitataque* (*Liv.*); (*m. dat.*) *Galli alienigenis -i.*

in-vīsō, vīsere, vīsī, vīsum
1. gaan zien, bekijken, bezichtigen;
2. bezoeken, opzoeken [**suos; Delum; urbes**];
3. (*poët.*) gewaarworden, zien;
4. waken over (*m. acc.*) [**urbes**].

in-vīsus[1], a, um niet gezien [**sacra**].

invīsus[2], a, um (*p. adj. v. invideo*)
1. gehaat, verfoeilijk [**accusator; aurum; negotia**]; ▸ ~ *deo; iudicium -um etiam iudicibus; munera mihi -a; alqm -um habere* iem. haten;
2. (*poët.*) hatend, vijandig (gezind) [**fratres**].

invītāmentum, ī *n* (*invito*) verleiding, verlokking (*van, tot*: *gen.*; *ad*) [**temeritatis; pacis; ad res necessarias; ad luxuriam**].

invītātiō, ōnis *f* (*invito*) uitnodiging.

invītātiuncula, ae *f* (*demin. v. invitatio*) (*Gell.*) uitnodiging.

invītātor, ōris *m* (*invito*)
1. (*Mart.*) *bediende die de uitnodigingen voor diners bezorgde*;
2. (*eccl.*) iem. die uitnodigt.

invītātus, ūs *m* (*invito*) uitnodiging; ▸ *invitatu tuo* op uw uitnodiging.

invītō, invītāre
1. uitnodigen, onthalen [**comites; ad prandium; in hospitium**];
2. herbergen, te eten geven (*m. acc.*) [**alqm epulis, liberaliter, benigne; legatos hospitaliter**]; — *se* ~ zich te goed doen aan, zich goed laten smaken, zich laven aan (*m. abl.*) [**cibo vinoque**];
3. aansporen tot (*m. ad*; *in m. acc.*; *inf.*; *ut*) [**ad pacem; in legationem** een positie als legaat aan te nemen];
4. bekoren, verlokken, verleiden tot (*m. acc.*; *ad*; *inf.*; *ut*; *adv.*) [**militem praemiis ad proditionem; somnos** noden tot slaap]; ▸ *ingenia quae gloriā invitantur.*

in-vītus, a, um
1. niet willend, onvrijwillig; ▸ *me -o* tegen

mijn wil;
2. *(poët.)* gedwongen, onvrijwillig volbracht [**ops**].

in-vius, a, um *(in-² en via)* onbegaanbaar, ontoegankelijk, ondoordringbaar [**saltus**]; ▸ *Gallia paludibus -a; maria -a Teucris; -a virtuti nulla est via (Ov.)*; — *subst.* **invia,** ōrum *n* onherbergzame gebieden.

invocātiō, ōnis *f (invoco) (postklass.)* het aanroepen [**deorum**].

invocātus¹ *ppp. v. invoco.*

in-vocātus², a, um *(in-² en voco)* ongevraagd, onuitgenodigd.

in-vocō, vocāre
1. aanroepen, inroepen [**opem deorum; in pariendo Iunonem Lucinam;** *m. dubb. acc.*: **deos testes**];
2. *(pre- en postklass.)* aanspreken als *(m. dubb. acc.)* [**alqm regem**].

involātus, ūs *m (involo)* vlucht *(v. vogels die een door een augur afgebakend gebied binnenvliegen).*

in-volgō = *invulgo.*

involitō, involitāre *(intens. v. involo) (Hor.)* fladderen over; ▸ *umeris (dat.) involitant comae* wapperen over.

in-volō, volāre
1. afvliegen op, zich storten op, in *(m. acc.; in m. acc.)* [**alci in oculos** aanvliegen; **in possessionem vacuam**]; ▸ *cupido animos involat* maakt zich meester van;
2. aanvallen, bestormen [**castra**].

involūcre, is *n (involvo) (Plaut.)* kapmantel.

involūcrum, ī *n (involvo)*
1. omslag, omhulsel, foedraal [**clipei**];
2. *(metaf.)* verhulling, sluier [**simulationum**]; ▸ *per -a atque integumenta perspicere alqd.*

involūmentum, ī *n (involvo) (Laatl.)* omslag, doek.

involūtiō, ōnis *f (involvo)* spiraal.

involūtus, a, um *(involvo)* gehuld in duisternis, onbegrijpelijk [**res**].

in-volvō, volvere, volvī, volūtum
1. rollen *of* wentelen naar, op [**silvas secum** met zich meesleuren]; — *pass.* omver rollen op [**aris**]; *metaf.* binnendringen, insluipen: *iniquitas involvitur;*
2. wikkelen *of* hullen in, verbergen, bedekken *(ook metaf.)* [**caput; vera obscuris** de waarheid in duistere bewoordingen hullen; **se laqueis interrogationis** verstrikt raken in; **se foliis ac frondibus; se litteris** zich in de boeken begraven]; ▸ *ignis flammis involvit nemus (Verg.); nimbi involvēre diem (Verg.)*; — *pass. involvi* zich hullen in.

involvulus, ī *m (involvo) (Plaut.)* rups v.d. bladroller.

in-vulgō, vulgāre *(in-¹ en vulgus) (Gell.)* bekendmaken, onder de aandacht v.h. publiek brengen.

in-vulnerābilis, e *(in-² en vulnero) (Sen.)* onaantastbaar, onkwetsbaar [**hostis;** *metaf.* **animus**].

in-vulnerātus, a, um ongedeerd.

iō *interj. (Gr. leenw.)* uitroep *v. vreugde* hoera!, *v. verdriet* ach!, o! *en oproep* hee!

Īō, ūs *en* ōnis *f dochter v.d. Argivische koning Inachus, door Jupiter bemind, door Juno in een koe veranderd; de honderdogige Argus bewaakte haar, maar werd op bevel v. Jupiter door Mercurius gedood; later werd zij achtervolgd door een horzel en kwam zij al zwervend in Egypte terecht, waar zij haar oorspronkelijke gedaante weer aannam en als Isis vereerd werd;* — *adj.* **Īōnius,** a, um, *poët.* **Īonius,** a, um.

iocābundus, a, um *(iocor) (postklass.)* schertsend.

iocātiō, ōnis *f (iocor)* het grappen maken, grap.

iocātor, ōris *m (iocor) (Mel.)* grappenmaker, muzikant.

iocineris *gen. v. iocur, zie iecur.*

iocor, iocārī *(iocus)*
I. *intr.* grappen maken, schertsen [**cum alqo per litteras**]; *in alqd* ~ schertsend zinspelen op [**in oculorum valetudinem**];
II. *tr.* gekscherend zeggen, opmerken *(klass. alleen m. het neutr. v.e. pron.)* [**haec; permulta in alqd; multa de stultitia alcis**].

iocōsus, a, um *(iocus)*
1. dol op grappen [**Maecenas**];
2. grappig, komisch [**res; verba**].

ioculāria, ium *n (iocularis)* grappen, moppen.

ioculāris, e *en* **-ārius,** a, um *(ioculus)* grappig, komisch, vermakelijk.

ioculātor, ōris *m (ioculor)* grapjas, grappenmaker.

ioculor, ioculārī *(ioculus)* een grapje maken, schertsen.

ioculus, ī *m (demin. v. iocus) (Plaut.)* grapje; ▸ *-o* voor de grap; *alqm oblectare per -um et ludum.*

iōcund- *zie iucund-.*

iocur *zie iecur.*

iocus, ī *m (plur.* iocī *m en* ioca *n)*
1. grap, scherts; ▸ *alci -os dare en movere* vermaken, aan het lachen maken; *-o en per -um* voor de grap; *extra -um en remoto -o* zonder

gekheid; *hospes multi -i* zeer grappig, onderhoudend;
2. *(meton.)* (a) *(poët.)* risee, mikpunt v. spot; (b) *(preklass.; poët.) (personif.)* **Iocus** *god v.d. grap;*
3. *(poët.; postklass.) (metaf.)* tijdverdrijf, vermaak, spel;
4. *(poët.; postklass.)* spotdicht, ironisch lied [**castrensis**];
5. *(poët.; postklass.)* liefdesspel; ▸ *apta verba -o;*
6. kinderspel, kleinigheid; ▸ *sprw.: ludum et -um esse* kinderspel zijn.

Īolāus, ī *m vriend v. Hercules.*

Iōlcus, ī *f stad in Thessalië, nu Volos;* — *adj.* **Iōlciacus,** a, um.

Iōnes, Iōnum *m* de Ioniërs, *een v.d. Gr. volksstammen;* — *adj.* **Iōnius, Iōnicus, Iōniacus,** *poët. ook* **Īonius,** a, um [**mare Ionium,** *poët. ook alleen* **Ionium** de Ionische Zee *tussen Griekenland en Z.-Italië*]; — **Iōnia,** ae *f* Ionië, *landstreek aan de W.-kust v. Kl.-Azië.*

Īordānēs, is *m de rivier de Jordaan.*

ïōta *n (indecl.) de Gr. letter iota.*

Iovis, is *m (arch.) = Iuppiter.*

Īphianassa, ae *(arch. ai) f (Lucr.) = Iphigenia.*

Īphigenīa, ae *f dochter v. Agamemnon, die op het moment dat zij in Aulis geofferd zou worden, door Diana naar Tauris ontvoerd werd; daar werd zij priesteres v.d. godin totdat Orestes en Pylades haar bevrijdden.*

ipse, ipsa, ipsum *(gen. sg.* ipsīus, *dat. sg.* ipsī; *arch. nom. sg.* ipsus *en superl. [scherts.]* ipsissimus*)*
1. zelf, persoonlijk, in eigen persoon; ▸ *rex ipse aderit;*
2. *(bij het benadrukken v.d. persoonlijke betekenis)* = heer des huizes, baas, heer, meester, *fem.* vrouw des huizes, bazin;
3. *(ter omschrijving v.e. bezitsverhouding)* eigen (a) *gen.:* ▸ *mea ipsius domus* mijn eigen huis; *nostra ipsorum decreta* onze eigen beslissingen; *ipsius nutu* op zijn teken; (b) *nom., wanneer subject en pron. poss. op een en dezelfde persoon slaan:* ▸ *ille imprudens suus ipse accusator fuit;*
4. uit zichzelf, uit eigen beweging; ▸ *valvae ipsae se aperuerunt; cur incitas me ipsum currentem?; ipse per se* spontaan;
5. op zichzelf, als zodanig, alleen al, enkel; ▸ *facinus ipsum; nomen ipsum Romanum* de naam alleen al;
6. *(nadrukkelijk)* zélf; ▸ *ipsā naturā* van zichzélf; *saepe metus ipse affert calamitatem;*
7. *(in een climax)* zelfs, nog wel; ▸ *a multis ipsa virtus contemnitur;*
8. precies, juist, net, eigenlijk; ▸ *sub ipsa profectione* precies op het moment v. vertrekken; *post ipsum proelium ingens tempestas coorta est* onmiddellijk na; *nunc ipsum* juist nu; *tum ipsum* juist toen; *vita ipsa* het leven in strikte zin; *ad ipsum mane* tot klaarlichte dag; *ihb. in comb. m. is: in eo ipso bello; ex eo ipso intellegere; ea ipsa causa belli fuit;*
9. *ipse, ipse quoque, et (atque) ipse* ook, eveneens, evenzeer; ▸ *frater meus Romae est, ego ipse quoque propediem Romam proficiscar.*

ipse-met = *versterkt ipse, zie -met.*

ipsima *en* **ipsuma,** ae *f (ipse) (Petr.)* meesteres.

ipsimus, ī *m (ipse) (Petr.)* meester, heer.

ipsus *(arch.) = ipse.*

īra, ae *f*
1. woede, verbittering, boosheid, toorn; ▸ *alqd per iram facere* in woede; *acuere -am; -am concitare; -am exstinguere; irā commotus, impulsus, incensus, inflammatus* uit woede; *alci irae esse* gehaat zijn bij; — *jegens: gen., adversus, in m. acc.* [**in Romanos**], *attrib.* [**sua** jegens, op zichzelf; **paterna** jegens zijn vader]; *om of over: gen.* [**praedae amissae**]; *ook plur.* woede-uitbarstingen [**graves; caelestes** van de goden];
2. *(Ov.) (meton.)* oorzaak van, aanleiding tot boosheid; ▸ *dic aliquam iram;*
3. woestheid, geweld [**maris; fulminis; belli**].

īrācundia, ae *f (iracundus)*
1. opvliegendheid, drift; ▸ *-am sedare, excitare;*
2. woede(-uitbarsting), boosheid *(over: gen.).*

īrācundus, a, um *(ira)*
1. opvliegend, driftig, vurig, heftig [**senex; mens; leones; fulmina**];
2. *(poët.)* geërgerd, boos, vertoornd, woedend.

īrāscor, īrāscī, — *(ira)* boos, woedend worden, zijn [**tibi iure; terrae, montibus** tekeergaan tegen; **in cornua** zijn woede richten op zijn horens].

īrātus, a, um *(ira)* boos, woedend *(op: dat.; om: ob; propter; de)* [**deus; iudex; animus; mare** stormachtig; **preces** vloeken; **venter** knorrend].

īre *inf. praes. v. eo*[2].

īrēnāceus, ī *m (ericius) (Plin. Mai.)* egel.

īrinus, a, um *(iris*[2]*)* van de iris; — *subst.* ī *n* irisextract.

īris[1], is *m (Plaut.)* egel.

īris[2], is *en* idis *f (pre- en postklass.)* iris *(een plant waarvan de wortel als reukstof gebruikt werd).*

Īris, Īridis *f (acc.* Īrim *en* Īrin; *vocat.* Īri; *abl.* Īride

en Īrī) dochter v. Thaumas, boodschapster v.d. goden, godin v.d. regenboog.
īrōnīa, ae *f* (*Gr. leenw.*) ironie, *ook als retorische figuur;* ▸ *per -am* ironisch.
irquus = *hircus.*
ir-radiō, radiāre (*postklass.*) verlichten.
ir-rāsus, a, um (*Plaut.*) ongeschoren.
ir-ratiōnālis, e *en* **ir-ratiōnābilis,** e (*postklass.*) redeloos, irrationeel.
ir-raucēscō, raucēscere, rausī, — (*raucus*) hees worden.
irredux, ucis (*in-*[2] *en redux*) (*poët.*) waarvan men niet terugkeert [**via**].
ir-religātus, a, um (*Ov.*) niet vastgemaakt [**comas** met loshangend haar].
ir-religiōsus, a, um goddeloos, oneerbiedig.
ir-remeābilis, e (*remeo*) (*poët.; postklass.*) waarlangs *of* waarover geen terugkeer mogelijk is [**viae; unda** = Styx; **error** labyrint].
ir-remediābilis, e (*in-*[2] *en remedium*) (*postklass.*) ongeneeslijk; onverzoenlijk [**factio**].
ir-remissibilis, e (*in-*[2] *en remittere*) (*eccl.*) onvergeeflijk, niet te verontschuldigen.
ir-remūnerābilis, e (*in-*[2] *en remuneror*) (*postklass.*) niet te vergelden [**beneficium**].
ir-reparābilis, e (*poët.; postklass.*) onherroepelijk, onherstelbaar [**tempus; vita**].
ir-repertus, a, um (*poët.; postklass.*) niet gevonden, onontdekt [**aurum**].
ir-rēpō, rēpere, rēpsī, (rēptum)
1. kruipen, sluipen in, op;
2. (*metaf.*) binnendringen (*abs.; m. acc.; in m. acc.; dat.*) [**in mentes hominum**]; ▸ *veneno paulatim irrepente (Tac.); dolor irrepit paulatim requiescenti animo (Sen.);*
3. (*Tac.*) zich geliefd maken [**per luxum**].
ir-reprehēnsibilis, e (*in-*[2] *en reprehendo*) (*eccl.*) onberispelijk.
ir-reprehēnsus, a, um (*Ov.*) onberispelijk [**responsa**].
ir-rēpsī *pf. v. irrepo.*
ir-rēptō, rēptāre (*poët.*) kruipen in, over.
ir-requiētus, a, um (*poët.; postklass.*) onrustig, rusteloos [**dea; eques; sidera; bella** onafgebroken].
ir-resectus, a, um (*in-*[2] *en reseco*) (*Hor.*) niet afgesneden, niet geknipt (*v. nagels*).
ir-resolūtus, a, um (*in-*[2] *en resolvo*) (*poët.; Laatl.*) niet losgemaakt [**vincula**].
ir-rētiō, rētīre (*rete*)
1. in een net vangen;
2. (*metaf.*) vangen, strikken, verstrikken in [**se erratis; alqm illecebris corruptelarum; alqm cantiunculis**].
ir-retortus, a, um (*Hor.*) niet omgedraaid; ▸ *oculo -o* zonder om te kijken.
ir-retractābilis, e (*in*[2] *en retracto*) (*eccl.*) onherroepelijk.
ir-reverēns, *gen.* entis (*postklass.*) oneerbiedig, zonder respect, onverschillig (*tegenover: gen.*) [**operis**].
irreverentia, ae *f* (*irreverens*) (*postklass.*) oneerbiedigheid, onverschilligheid (*tegenover: gen.*) [**studiorum**].
ir-revocābilis, e
1. (*poët.*) onherroepelijk, niet terug te halen [**verbum; aetas**];
2. (*metaf.*) onveranderlijk [**casus; constantia**];
3. onverbiddelijk, onverzoenlijk [**natura alcis**];
4. (*Plin. Mai.*) onbeweeglijk, niet te verplaatsen [**pondus**].
ir-revocātus, a, um
1. (*Hor.*) niet teruggeroepen;
2. onherroepelijk, onweerstaanbaar [**mors**].
ir-rīdeō, rīdēre, rīsī, rīsum
I. *tr.* uitlachen, bespotten;
II. *intr.* lachen, de spot drijven [**in re tanta**].
ir-rīdiculē *adv.* zonder humor; ▸ *non ~ dixit.*
irrīdiculum, ī *n* (*irrideo*) (*Plaut.*) (mikpunt v.) spot.
irrīdiculus, a, um (*irrideo*) (*Plin. Mai.*) belachelijk, bespottelijk [**verba**].
irrigātiō, ōnis *f* (*irrigo*) bevloeiing, irrigatie [**agrorum**].
ir-rigō, rigāre
1. (*preklass.; poët.*) (*vloeistof*) *ergens naartoe* leiden [**imbres**];
2. bewateren, bevloeien [**hortulos fontibus**]; ▸ *Aegyptum Nilus irrigat;*
3. (*poët.*) (*metaf.*) uitstorten [**quietem alci per membra** over iems. ledematen];
4. (*Lucr.*) onderdompelen; ▸ *sol irrigat caelum candore* in stralend licht;
5. (*poët.; postklass.*) verkwikken, verfrissen [**fessos artus**];
6. (*Plaut.*) (*scherts.*) *alqm plagis ~* iem. een flink pak slaag geven, iem. afdrogen.
irriguus, a, um (*irrigo*) (*poët.; postklass.*)
1. water leverend [**fons; aqua;** *metaf.* **somnus** verkwikkend];
2. bewaterd, bevloeid [**hortus; prata; valles;** *metaf.* **corpus mero**].
ir-rīsī *pf. v. irrideo.*

irrīsiō, ōnis *f* (*irrideo*) bespotting, hoon.
irrīsor, ōris *m* (*irrideo*) spotter; ▸ *isti irrisores huius orationis et sententiae* (*Cic.*).
irrīsus[1] *ppp. v. irrideo.*
irrīsus[2], ūs *m* (*irrideo*) spot, bespotting, hoon; ▸ *irrisui esse* bespottelijk gemaakt worden; *ab irrisu linguam exserere* als bespotting de tong uitsteken.
irrītābilis, e (*irrito*[1]) lichtgeraakt, prikkelbaar.
irrītāmen, inis *en* **-mentum,** ī *n* (*irrito*[1]) prikkel, aanzet (*tot: gen.*) [**certaminum equestrium; malorum** tot kwaad; **pacis; invidiae**].
irrītātiō, ōnis *f* (*irrito*[1]) (*postklass.*)
1. prikkeling, stimulans [**naturalis**];
2. verbittering; irritatie.
irrītātor, ōris *m* (*irrito*[1]) (*postklass.*) aanzetter, aanstoker.
ir-rītō, rītāre
1. prikkelen, aanzetten, provoceren [**alqm ad certamen; virum telis**];
2. opwekken, uitlokken, veroorzaken [**seditionem; odium; rabiem; flammas** aanwakkeren];
3. kwaad maken, ophitsen [**hostem ad iram; animos barbarorum**];
4. (*med.*) irriteren.
irritum, ī *n* (*irritus*) gebrek aan succes, het mislukken, *ook plur.*; ▸ *alqd ad -um redigere* verijdelen; *ad* (*of in*) *-um cadere of redigi* niet slagen; *ludibrium -i* spot over het mislukken.
ir-ritus, a, um (*ratus*)
1. ongeldig [**testamentum**]; ▸ *-um facere alqd*;
2. vergeefs, zonder resultaat, ineffectief, nutteloos [**inceptum; remedium; praeda** die niets oplevert; **ictus** misslag]; ▸ *quis non -a tura dedit?* wie bracht niet tevergeefs wierookoffers?;
3. (*v. personen*) zonder succes, zonder iets te bereiken; ▸ *legati -i redierunt* onverrichter zake; — *alcis rei* ~ teleurgesteld in [**legationis; spei**].
irrogātiō, ōnis *f* (*irrogo*) (*v.e. straf*) het vragen om [**multae**]; het opleggen van; ▸ *solvendi dupli vel quadrupli irrogatione.*
ir-rogō, rogāre
1. (*een straf, boete*) (*officieel*) voorstellen (*tegen: dat.*) [**poenam; multam; privilegium**];
2. (*een straf*) met de goedkeuring v.h. volk opleggen *of* uitspreken [**alci supplicium, exilium**];
3. *alg.* opleggen, toekennen [**poenas peccatis; sibi mortem** de hand aan zichzelf slaan; **plus labori** besteden aan].
ir-rōrō, rōrāre (*poët.*)
I. *tr.*
1. met dauw bedekken, *alg.* natmaken, besprenkelen, bevochtigen [**terras; crinem aquis**];
2. druppelen (*op: dat.*); ▸ *liquores capiti* ~;
II. *intr.* regenen (*op: dat.*); ▸ *lacrimae foliis irrorant* (*Ov.*) druppelen op.
ir-rotō, rotāre (*Min. Fel.*) keilen [**testam super undas**].
ir-rubēscō, rubēscere (*poët.*) rood worden, rood licht uitstralen.
ir-rūctō, rūctāre (*Plaut.*) boeren.
ir-ruī *pf. v. irruo.*
irrumātiō, ōnis *f* (*irrumo*) het in de mond steken v.d. penis.
irrumātor, ōris *m* (*irrumo*) iem. die zijn penis in iems. mond steekt.
irrumō, irrumāre de penis in iems. mond steken.
ir-rumpō, rumpere, rūpī, ruptum
1. binnen-, indringen, binnenvallen, binnenstormen (*in: in m. acc.; dat.; acc.*) [**medios in hostes; in castra; thalamo** in de slaapkamer; **oppidum; Italiam; limina** binnenstormen];
2. (*metaf.*) doordringen [**in animos hominum**]; ▸ *luxuries in domum irrupit*;
3. met geweld onderbreken, verstoren [**in fletum alcis; quietem alcis**].
ir-ruō, ruere, ruī, —
1. zich storten op, binnenstormen, binnendringen (*ook metaf.*) [**in aciem hostium; in aedes; in odium populi Romani** zich blindelings storten op, *dwz.* zich op de hals halen]; ▸ *ne quo irruas* let op dat je nergens over struikelt;
2. (*metaf.*) binnendringen [**in alienas possessiones**].
ir-rūpī *pf. v. irrumpo.*
irruptiō, ōnis *f* (*irrumpo*) inval; aanval.
irruptus[1] *ppp. v. irrumpo.*
ir-ruptus[2], a, um ongebroken [**copula**].
Īrus, ī *m bedelaar in het huis v. Odysseus op Ithaca*; *meton.* (*poët.*) bedelaar.
is, ea, id
I. *pron. anaphoricum, subst. en adj.*
1. deze, dit; die, dat; de, het genoemde; hij, zij, het; ▸ *eā mente* met die bedoeling; *ob eam causam, eā de re* daarom; *mihi venit obviam puer tuus. is mihi litteras reddidit* (*Cic.*); *bij subst. soms te vertalen met een bijwoord*: ▸ *ea spes* de hoop hierop; *ea mentio* het noemen hiervan;

2. zodanig, van dien aard, zo gezind; zo iemand (*vooruitwijzend naar een consecutieve bijzin*); ▸ *non is sum ut mortis metu terrear; non is es qui glorieris* jij bent er de persoon niet naar om;
3. **isque, et is, atque is** en deze, dit, die nog wel, en ook ... nog (*neg.* nec is); ▸ *cum una legione, eaque vacillante; litterae nec eae vulgares;* — *idque teruggrijpend op het verbum of op de zin in zijn geheel: Apollonium doctum hominem cognovi et studiis optimis deditum, idque a puero* en wel vanaf mijn jeugd (Cic.);
4. *neutr.* **id** (a) **id quod** wat, hetgeen *in een parenthese die een verbum of gedachtegang nader toelicht;* ▸ *si nos, id quod debet, patria nostra delectat;* (b) **id est** dat wil zeggen, namelijk; ▸ *mollitia animi, id est laborum fuga;* (c) *m. gen.:* ▸ *id hostium* zo'n aantal vijanden; *id honoris* zoveel eer; *homo id aetatis* van deze leeftijd; *ad id loci of locorum* tot dusverre, tot nu toe; *post id locorum* daarop; (d) *ad id* tot op heden; *in id* hiervoor, met het oog hierop; *ex eo* hieruit, vandaar; *eo* hierdoor; *in eo est ut* de zaken staan zo, dat: *iam in eo erat ut milites in muros ascenderent;*
5. *gen.* **eius** van hem, haar, ervan; zijn, haar; ▸ *pater eius;*
II. *pron. det.* **is qui** hij, degene die; ▸ *is qui iudicat* = de pretor; *eum qui amico obtrectat absenti caveto.*

Isala, ae, *f de rivier* de IJssel.

Isara, ae *m zijrivier v.d. Rhône, nu de Isère.*

Isauria, ae *f bergachtige landstreek in het Z. v. Kl.-Azië;* — *inw.* **Isaurī,** ōrum *m;* — *adj.* **Isauricus** en **Isaurus,** a, um.

ischia, ōrum *n plur.* (*Gr. leenw.*) (*Gell.*) heupen.

ischiadicus, a, um (*ischia*) lijdend aan heupjicht.

ischias, ados *f* (*Gr. leenw.*) pijn in de heupen, heupjicht.

ischnos, e, on (*Gr. leenw.*) (*Lucr.*) slank.

īselasticum, ī *n* (*iselasticus*) (*Plin. Min.*) geschenk voor een overwinnaar (*in een certamen iselasticum*).

īselasticus, a, um (*Gr. leenw.*) waarbij een feestelijke intocht hoort [**certamen**].

Īsēum (*en* **Īsēon**), ī *n* (*Isis*) tempel v. Isis.

Īsis, idis *en* is *f* (*acc.* Īsim *en* Īsin; *vocat.* Īsi; *abl.* Īsī *en* Īside) *belangrijkste godin v. Egypte, schenkster v. vruchtbaarheid, echtgenote v. Osiris, aan Io gelijkgesteld; ook in het Rom. rijk vereerd in de keizertijd; vanwege de linnen gewaden v. haar priesters ook dea linigera genoemd;* ▸ *sidus -idis* = de planeet Venus; — *adj.* **Īsiacus,** a, um; *als subst.* vereerder v. Isis.

Ismarus, ī *m en* **-a,** ōrum *n stad en berg in Thracië aan de rivier de Hebrus;* — *adj.* **Ismarius,** a, um [**tyrannus** = Tereus; **gentes**].

Ismēnus, ī *m rivier in Boeotië bij Thebe (Midden-Griekenland), nu* Agios Ioannis; — *adj.* **Ismēnius,** a, um (*poët.*) Thebaans; — **Ismēnis,** idis *f* Thebaanse.

Īsocratēs, is *en* ī *m redenaar in Athene, 436—338 v. Chr.;* — *adj.* **Īsocratēus** *en* **-tīus,** a, um.

Issa, ae *f eiland voor de Dalmatische kust, nu Vis;* — *adj.* **Issaeus** *of* **Issaicus,** a, um *en* **Issēnsis,** e; — *inw.* **Issaeī,** ōrum *en* **Issēnsēs,** ium *m.*

Issus, ī *f stad in Cilicië (Kl.-Azië), bekend door de overwinning v. Alexander de Grote op Darius III in 333 v. Chr.*

istāc *adv.* (*istic*[1]) (*kom.*) daarlangs, op die manier; ▸ ~ *iudico* ik stem voor u.

istāc-tenus *adv.* (*Plaut.*) tot zover.

is-te, is-ta, is-tud *pron. dem.*
I. *adj.*
1. (*ter aand. v. iem. die of iets dat tot de omgeving of sfeer v.d. aangesprokene behoort*) die, dat (daar), jouw, uw; ▸ *iste furor tuus; ista vestra simulatio;* — *klass. en vooral postklass. ook* die van mij, van ons; ▸ *iste meus; iste noster;*
2. (*in brieven, redevoeringen of dialogen ter aand. v. plaatsen en toestanden waar of waarin de aangesprokene zich bevindt*) aldaar; ▸ *iste locus* die plaats waar jij bent, jullie zijn; *istae res* de situatie bij jullie; *perfer istam militiam* doorsta de krijgsdienst waarin je nu bent;
3. (*ter aand. v. iem. van wie of iets waarvan de aangesprokene weet heeft*) de jou, u bekende;
4. (*geringsch.*) dat (soort), dergelijk; *vaak ook* = de verdachte; ▸ *nostri isti nobiles;*
5. (*in lopende teksten om terug of vooruit te wijzen*) (*vooral postklass.*) die, deze; dit, dat;
6. (*Laatl.*) = *hic;* ▸ *quis est istius artifex mundi?;*
II. *subst.*
1. hij, zij, die, dat (*bij u of waarover u het hebt*); ▸ Platonem *dicis* (je bedoelt Plato)? *istum ipsum* (Cic.);
2. (*vaak geringsch.*); ▸ *Mars alter, ut isti volunt* dat soort mensen;
3. (*postklass.*) deze, dit;
/ *gen. sg.* istīus, *poët.* istius, *dat. sg.* istī.

Ister, trī *m* = *Hister.*

Isthmus *en* **-os,** ī *m* landengte, *ihb.* de landengte v. Corinthe; — *adj.* **Isthmius,** a, um; — *subst.* **Isthmia,** ōrum *n* Isthmische spelen, Isthmia, *na de Olympische spelen de belangrijkste pan-Helleense spelen, die iedere twee jaar op de landengte v. Corinthe ter ere v. Neptunus gehouden werden.*

istī *adv. (loc. v. iste)* daar.

istic[1], istaec, istoc en istuc *(door enclitisch -ce versterkt iste; ook istice, in vragen isticine)*

I. *adj.*

1. die, dat van jou; de, het door jou genoemde, bedoelde; ▸ *ex te exquiro atque ex istac tua sorore (Plaut.)*;

2. die, deze;

II. *subst.* die, dat daar; ▸ *quid istic narrat?*; — *abl.* **istōc** *(bij comp.)* des te; — *m. gen. v.e. subst.*; ▸ *homo istuc aetatis* man van die leeftijd.

istīc[2] *adv. (loc. v. istic[1])*

1. *(ter aand. v.d. plaats, waar de aangesprokene zich bevindt)* daar, daar bij jou, bij jullie *(ihb. in brieven)*;

2. *(metaf.)* erbij [~ **esse** er (met zijn aandacht) bij zijn, een en al oor zijn].

istim *adv. (iste)* = istinc.

istī-modī *(arch.)* = istiusmodi.

istinc *adv. (istim en -ce)*

1. daarvandaan, vandaar *(ihb. v.d. plaats waar de aangesprokene zich bevindt)*; ▸ *ilico* ~ ! verdwijn uit mijn ogen!; *non tu ~ abis? (Plaut.)*;

2. *(poët.)* daarvan; ▸ *memento ergo dimidium ~ mihi de praeda dare (Plaut.)*.

istīus-modī van dien aard, dergelijk.

istō *adv. (iste)*

1. daarheen, *ihb.* waar jij bent, jullie zijn, in jouw, jullie richting [~ **venire, proficisci**];

2. daarbij, daartoe [~ **adicere**].

istōc *adv. (istic[1]) (pre- en postklass.)* daarheen; ▸ *is quem ~ misi.*

istōrsum *adv. (isto en vorsum) (Ter.)* daarheen.

Istrī, Istria = Histri, Histria, *zie* Histria.

istuc[1] *neutr. v. istic[1].*

istūc[2] *adv. (iste; vgl. huc)*

1. daarheen *(ihb. waar jij bent, jullie zijn)* [~ **ire, pervenire** daar];

2. *(metaf.)* daartoe, tot dat punt; ▸ ~ *ibam* ik wilde het daar net over hebben.

ita *adv.*

I. *(ter aand. v.d. wijze waarop)*

1. zo, zodanig, op deze manier, van dien aard; ▸ *quae cum ita sint* nu deze dingen er zo voor staan; *res ita est of se habet* de zaak zit zo; *ita aiunt; ita vita hominum est*;

2. *(vergelijkend)* (a) **ita . . . ut** zo . . . als; ▸ *res ita evenit ut dixi*; **ut** *(sicut, quomodo, quemadmodum)* . . . **ita** zoals . . . zo (ook); ▸ *ut sementem feceris, ita metes*; *vaak ook* = weliswaar . . . maar toch, hoewel . . . toch; ▸ *Pausanias, ut virtutibus eluxit, ita vitiis est obrutus*; *ook* = zowel . . . als, niet alleen . . . maar ook; ▸ *Hercules ut Eurysthei filios, ita suos configebat sagittis*; (b) **ut quisque** *(m. superl.)* . . . **ita** *(m. superl.)* hoe *(m. comp.)* (iemand) . . . des te *(m. comp.)*; ▸ *ut quisque amplissimus est, ita plurimos amicos habet* hoe rijker . . . des te meer; *ut quidque est optimum, ita est rarissimum* hoe beter . . . des te zeldzamer;

3. *(bij wensen en verwensingen)* **ita** *(m. conj.)* . . . **ut** *(m. indic. of, wanneer er een nieuwe wens volgt, m. conj.)* zowaar . . . als; ▸ *ita te videam ut mihi gratissimum fecisti; ita vivam*;

4. *(in vraagzinnen)* **itane** (est)? heus?, werkelijk?; ▸ *itane vero?, itane tandem?* echt waar?; — **quid ita?** hoezo?, waarom?, waarom zou ik?, waarom doe je dat?;

5. *(als antwoord)* **ita, ita est** *en* **ita vērō est** zo is het = ja, jazeker, absoluut; ▸ *non (est) ita* nee;

6. *(een gedachte inleidend)* zo, als volgt, aldus, *ihb. m. aci.*; ▸ *ita scripsit ad me sibi meam condicionem maximo adiumento fuisse (Cic.)*;

7. *(de opeenvolging in tijd of het logisch gevolg benadrukkend)* zo, onder dergelijke omstandigheden, dientengevolge, dus, daardoor; ▸ *illum aliquot dies aegrotasse et ~ esse mortuum*;

8. *(beperkend)* **ita . . . ut** *of* **sī** *(neg.: ut non, ne tamen)* op de voorwaarde dat, in de veronderstelling dat, (alleen) in zoverre als, voorzover; ▸ *homines ita nati sunt ut virtutem studiose colerent; honesta oratio, sed ita, si bonos cives salvos velis; legati ita admissi sunt, ne tamen iis senatus daretur*;

II. *(ter aand. v.e. graad)* zo, zozeer, in zo'n hoge mate, dermate; ▸ *ita fatuus et amens es; ita conscientia mentem excitam vastabat*; — **ita nōn** zo weinig; ▸ *captivus minis ita non est motus ut subrideret*; — **nōn ita, haud ita** *(bij adj. en adv.)*, **nōn ita valdē** *(bij verba)* niet bijzonder, niet bepaald.

Italia, ae *f* Italië, *meton.* inwoners v. Italië; — **Italus,** ī *m* Italiër, *ook naam v.e. legendarische koning, naamgever v. Italië*; — *plur.* **Italī,** ōrum *en* um, *fem.* **Italis,** idis Italische (vrouw); — **Italicī,** ōrum *m* onderling verbonden Italische volksstammen, *ihb. ttv. de Bondgenotenoorlog*; — *adj.* **Italicus,** a, um [**stirps, socii, ius; bellum** Bondgenotenoorlog], **Italius,** a, um [**terra** Italië] *en* **Italus,** a, um [**gens; mare**]; — *ook cogn.* **Italicus,** a, um; ▸ *Silius* ~ ;

/ *de I is in poëzie soms lang.*

Italica, ae *f stad in Hispania Baetica (Z.-Spanje), geboorteplaats v.d. keizers Trajanus en Hadrianus, nu* Santiponce; — *inw. en adj.* **Italicēnsis,** is *m resp.* e *(de I is in poëzie soms lang).*

ita-que *(tot Livius bijna uitsluitend als eerste woord in de zin)*

1. *adv.* (= *et ita*) en zo; ▸ *eodem te rediturum dixeras itaque fecisti;*

2. *cj.* daarom, dus, derhalve, dientengevolge, om die reden; ▸ *nemo ausus est eum sepelire, itaque a servis sepultus est* (Nep.);

3. *(na een uitweiding)* welnu.

item *adv. (vgl. ita)*

1. *(vergelijkend)* net zo, op dezelfde manier *(als: ut; quemadmodum; quasi; quam si; zelden atque);* ▸ *fecisti item ut praedones solent;*

2. ook, eveneens, evenzo; ▸ *litterae mittuntur a patre, ab amicis item;*

3. *(gelijksoortige dingen naast elkaar stellend)* evenzeer, in dezelfde mate, tevens; ▸ *beneficiis affectus itemque ornamentis praeditus;*

4. *(preklass.) aut quid item* of iets dergelijks, van dien aard.

iter, itineris *n (ire)*

1. het gaan, reis, mars, tocht; ▸ *iter facere* een reis maken, reizen, marcheren; *iter tendere, tenere* een weg inslaan; *iter pergere, ingredi; iter habere* op reis zijn, op reis gaan, een tocht gaan maken; *in itinere, ex itinere* onderweg, tijdens de reis, tocht; *itinere pedestri* op een voettocht;

2. *(meton.)* (a) dagreis, dagmars *(als afstand of lengtemaat)* [**paucorum dierum** enkele dagmarsen; **magnum** geforceerde mars]; ▸ *magnis diurnis nocturnisque itineribus contendere; quam maximis itineribus in Galliam contendere* in zeer geforceerde marsen; (b) vrije doortocht, doorgangsrecht; ▸ *negat se posse iter ulli per provinciam dare* (Caes.);

3. *(concr.)* weg, straat, pad [**(di)rectum; longum; angustum; devium; pedestre** voetpad]; ▸ *iter facere* banen; *iter ferro aperire;*

4. *(metaf.)* weg; ▸ *omnibus patet* ~ *ad civitatem* naar het burgerrecht; ~ *salutis* tot behoud;

5. manier, wijze, middel, methode; ▸ *nova itinera eloquentiae;*

6. *(v. hemellichamen en tijd)* gang, loop, verloop; ▸ *stella Saturni* ~ *suum lentissime efficit;*

7. *(postklass.) (v. rivieren)* loop.

iterātiō, ōnis *f (itero)* herhaling [**verborum; ludorum**]; tweede behandeling.

iterātō *adv. (itero) (postklass.)* nogmaals.

iterō, iterāre *(iterum)*

1. herhalen, hernieuwen, voor de tweede keer doen [**pugnam; aequor** weer bevaren; **cursūs** terugkomen op; **ortūs** weer opkomen; **tumulum** opnieuw oprichten; **lanam muricibus** twee keer verven]; — *pass. iterari* zich herhalen, zich hernieuwen;

2. *agrum, solum* nog een keer ploegen;

3. nog eens zeggen, herhalen [**malefacta**];

4. verdubbelen, vermenigvuldigen.

iterum *adv.*

1. voor de tweede keer, nogmaals, weer, wederom, opnieuw; ▸ *primo (semel) ... iterum ... tertio; semel atque* ~, *semel iterumque* herhaaldelijk, een paar keer; *numquam* ~ nooit weer; *Caepione et Philippo* ~ *consulibus;*

2. *(in een tegenstelling)* aan de andere kant, anderzijds.

Ithaca, ae en **Ithacē,** ēs *f eiland in de Ionische Zee, nu Ithaki, vaderland v. Odysseus;* — *inw. en adj.* **Ithacus,** ī *m resp.* a, um *en* **Ithacēnsis,** is *m resp.* e.

iti-dem *adv. (< ita en dem; vgl. idem)*

1. op dezelfde manier, net zo;

2. eveneens, ook.

itiner, eris *n (arch.) = iter.*

itineris *gen. v. iter en v. itiner.*

itinerō, itinerāre *en* **itineror,** itinerārī *(iter) (Laatl.)* reizen.

itiō, ōnis *f (eo[2])* het gaan, gang, reis [**domum** ~ het naar huis gaan].

Itius portus *m haven v.d. Gall. volksstam Morini (in N.W.-Frankrijk).*

itō, itāre *(intens. v. eo[2])* plegen of gewoon zijn te gaan.

Itōnus, ī *m plaats in Boeotië (Midden-Griekenland) met een tempel v. Athene (Minerva);* — *adj.* **Itōnius,** a, um.

itum *ppp. v. eo[2].*

Itūraeī, ōrum *m volksstam in N.O.-Palestina;* — *adj.* **Itūraeus,** a, um.

itus, ūs *m (eo[2])* het gaan, gang; vertrek.

Itys, yos *en (Catull.)* **Itylus,** ī *m zoon v.d. Thrac. koning Tereus; werd door zijn moeder Procne gedood en aan zijn vader voorgeschoteld; (acc.* Itym *en* -yn; *dat. en abl.* -y*).*

iuba, ae *f*

1. manen (a) *v. dieren;* (b) *(Sen.) scherts. v. lang hoofdhaar;*

2. helmbos;

3. *(meton.) iets dat lijkt op manen, bv.:* (a) nekveren *(v. vogels);* (b) baard *(v.e. vis).*

Iuba, ae *m naam v. verschillende Numidische ko-*

ningen:
1. ~ I, *zoon v. Hiempsal II; aanhanger v. Pompeius, pleegde na Caesars overwinning bij Thapsus (46 v. Chr.) zelfmoord;*
2. ~ II, *zoon v. bovengenoemde, in Italië opgegroeid, door Augustus tot koning v. Mauretanië gemaakt (gest. in 23 of 24 n. Chr.).*
iubar, aris *n (poët.)*
1. daglicht, helder licht, stralende glans [**lunae; aurorae**];
2. *(meton.)* stralend hemellichaam, zon, ster.
iubātus, a, um *(iuba)* voorzien van manen *of* kam [**leo; anguis; stella**].
iūbēlēus, ī *m (Hebr. leenw.) (eccl.)* jubileum; ▸ *annus -i* jubeljaar.
iubeō, iubēre, iussī, iussum
1. bevelen, opdragen, voorschrijven, *ook* sommeren [**tributum** opleggen]; ▸ *meestal m. aci.: pontem iubet rescindi; m. inf. act., als het voor zichzelf spreekt voor wie de opdracht bedoeld is of als dat juist onbekend is: dux receptui canere iussit; lex recte facere iubet; (pass. m. nci.);*
2. goedkeuren, aannemen, invoeren, besluiten tot [**legem; rogationem; bellum alci** tegen iem.; **alci provinciam** toewijzen; **velitis iubeatis?** *(formule v.e. wetsvoorstel)*]; *(m. ut; aci.);*
3. verkiezen tot, benoemen tot *(m. acc.; dubb. acc.)* [**tribunos; alqm regem**];
4. vragen, verzoeken; ▸ *alqm salvere ~* groeten, verwelkomen; *valere ~* afscheid nemen.
iūbilaeus, ī *m = iubeleus.*
iūbilātiō, ōnis *f (iubilo) (postklass.)* het juichen, gejuich.
iūbilēus, ī *m = iubeleus.*
iūbilō, iūbilāre *(preklass.; Laatl.)*
I. *intr.* luide kreten slaken;
II. *tr.* bejubelen, juichend aanroepen.
iūbilum, ī *n (iubilo) (Laatl.)* gejubel, gejuich.
iūcunditās, ātis *f (iucundus)*
1. genoegen, aantrekkelijkheid, charme [**vitae; urbis; agri**]; ▸ *se iucunditati dare* zich aan het genot overgeven;
2. beminnelijkheid, vriendelijkheid, vrolijkheid [**naturae** van karakter]; ▸ *erat in homine ~ (Cic.); — plur.* tekenen v. goede gezindheid, v. welwillendheid;
3. *(Laatl.)* vreugde, blijdschap.
iūcundō, iūcundāre *(iucundus) (Laatl.)* blij maken; — *pass.* zich verheugen.
iūcundus, a, um
1. aangenaam, prettig, vermakelijk [**odor; ludi**]; *(voor: ad; dat.; sup.; voor iem.: dat.);* ▸ *verba ad audiendum -a; aqua potui -a;*
2. *(v. personen)* beminnelijk, innemend;
3. geliefd *(bij: dat.)* [**multitudini**].
Iūdaea, ae *f* Judea *(het zuiden v. Palestina), ook = heel Palestina; — inw.* **Iūdaeus,** ī *m* Jood; *— adj.* **Iūdaicus,** a, um Joods [**aurum** *het als schatting door de Joden uit de provincies betaalde goud;* **exercitus** in Judea gestationeerd; **panis** ongezuurd].
iūdaizō, iūdaizāre *(Gr. leenw.) (eccl.)* zich gedragen als een jood.
iūdex, dicis *m, zelden f (ius en dico)*
1. rechter, *plur. meestal* leden v.d. jury [**iustus; corruptus; verissimus; severus;** *(in, over: gen.; de)* **vitae necisque**]; ▸ *esse iudicem; alci iudicem dare* aanstellen; *alci iudicem ferre* iem. een rechter voorstellen, *dwz.* iem. voor het gerecht dagen; *iudicem reicere* afwijzen; *iudicem dicere* aanwijzen wie men als rechter wil hebben; *sedere iudicem in alqm; te iudice* voor uw rechterstoel; *apud iudicem causam agere* voor de rechter; *iudices nullos habere* zo goed als geen = slechte rechters hebben; *aequum se iudicem rei alci praebere;*
2. scheidsrechter;
3. *(metaf.)* beoordelaar, kenner, criticus [**studiorum**]; ▸ *me iudice* naar mijn mening;
4. *(Mel.)* bestuurder, beheerder.
iūdicātiō, ōnis *f (iudico)*
1. gerechtelijke beslissing, uitspraak, vonnis;
2. *(retor. t.t.)* kwintessens, belangrijkste punt;
3. *(metaf.)* oordeelsvorming, beoordeling.
iūdicātrīx, īcis *f (iudico) (attrib.)* beoordelend [**ars**].
iūdicātum, ī *n (iudico)*
1. uitspraak v.d. rechtbank, vonnis; ▸ *-um non facere* geen gevolg geven aan het vonnis; *-um negare;*
2. *(meton.)* door de rechtbank vastgestelde geldsom.
iūdicātus[1], ī *m (iudico)* iem. wiens schuld bij vonnis is vastgesteld.
iūdicātus[2], ūs *m (iudico)* functie v. rechter.
iūdiciālis, e *(iudicium)* gerechtelijk, rechts- [**causa; genus dicendi**].
iūdiciārius, a, um *(iudicium)* gerechtelijk, rechts- [**controversiae** onenigheden omtrent de gerechtelijke procedure].
iūdicium, ī *n (iudex, iudico)*
1. oordeel, uitspraak, vonnis, arrest, beslissing [**senatūs; populi;** *(over iem.: de; over iets: gen.; de)* **de capite fortunisque alcis**]; ▸ *-um facere,*

ferre, dicere vonnis wijzen, uitspreken;
2. gerechtelijk onderzoek, rechtszitting, rechtspraak, proces (*wegens, over: gen.; de*) [**capitis, de capite** over een halsmisdrijf; **repetundarum, de pecuniis repetundis** wegens afpersing; **publicum** strafrechtelijk; **privatum** civielrechtelijk; **inter sicarios** wegens sluipmoord]; ▸ *-o praeesse* een proces voorzitten; *-um dare, reddere* gerechtelijk onderzoek toestaan (*v.e. pretor*); *qui -um dat* = pretor; *-um committere* instellen; *-um accipere* een gerechtelijk onderzoek op zich nemen, aanvaarden; *alqm in -um deducere, adducere, vocare* aanklagen, voor het gerecht dagen; *-um effugere* aan een strafproces ontkomen; *-um exercere* een rechtszitting houden, organiseren; *-um nullum habuit* was nooit in een proces verwikkeld; *-um vincere, tenere* een proces winnen;
3. (*meton.*) (a) functie v. rechter; rechtspraak; ▸ *-a manere apud ordinem senatorium volunt*; (b) rechtbank, gerechtsplaats; ▸ *in -um venire; multum in -is versari*; (c) (college v.) rechters; ▸ *-um implorare*;
4. (*metaf.*) (a) mening, opvatting, oordeel [**vulgi; erroris** verkeerd oordeel; **animi** innerlijke overtuiging]; ▸ *omnium -o* in ieders ogen; (b) oordeelsvermogen, smaak [**subtile**]; ▸ *intellegentium -o* volgens kenners; *magni -i esse*; (c) inzicht, overleg; ▸ *-o alqd facere* met voorbedachten rade, opzettelijk;
5. (*eccl.*) het Laatste Oordeel.

iūdicō, iūdicāre (*iudex*)
1. rechtspreken, oordelen, een vonnis uitspreken (*m. aci.; afh. vr.; pass. m. nci.*); ▸ *iudicandi potestas; qui iudicat* rechter, ihb. = pretor; *alci tabellas dare ad iudicandum* om te stemmen; *verum, falsum* ~ een juist, verkeerd oordeel vellen; *rem, res* ~ de functie v. rechter uitoefenen; *res iudicata* arrest, precedent;
2. vonnissen, veroordelen (*tot: gen.*) [**capitis**]; ▸ *alci perduellionem, perduellionis* ~ iem. schuldig verklaren aan hoogverraad;
3. oordelen over, tot een gerechtelijke uitspraak komen over (*m. acc.*) [**lites; causas**];
4. (*metaf.*) oordelen, menen, vinden (*m. de; aci.; pass. m. nci.*);
5. beslissen, besluiten, bepalen (*m. de; aci.; afh. vr.*) [**ex alqo de ceteris** op grond v. één iem. over de anderen oordelen; **sibi ipsi** eigenmachtig, op eigen gezag]; ▸ *iudicatum est* het is beslist, het staat vast;
6. beoordelen, taxeren (*naar, op grond van: abl.; ex*) [**de viro suspicionibus** op grond v. verdachtmakingen; **hominem ex habitu**]; ▸ *ex quo iudicari potest* men kan daaruit opmaken;
7. (*m. dubb. acc.*) houden voor, verklaren tot [**alqd pulcherrimum; frugalitatem virtutem maximam; alqm hostem**];
8. (*eccl.*) (*pass.*) voor het gerecht strijden *of* twisten.

iugālēs, ium *m* (*iugalis*) span [**gemini** tweespan].

iugālis, e (*iugum*) (*poët.*)
1. trek- [**equus; iumenta**];
2. (*metaf.*) echtelijk, huwelijks-, bruids- [**taeda; sacra** huwelijksfeest; **dona** huwelijksgeschenken; **ignes** huwelijksfakkels (= *Paris, die met de ontvoering v. Helena de Trojaanse oorlog veroorzaakte*)];
3. *os iugale* jukbeen.

iugārius, a, um (*iugum*) het juk dragend; — *subst.* **iugārius,** ī *m* ossenverzorger, ossenknecht; — **Iugārius vīcus** *straat in Rome aan de voet v.h. Capitool, genoemd naar de huwelijksgodin Iuno Iuga, die daar een altaar had.*

iugātiō, ōnis *f* (*iugo*) het opbinden v. wijnranken aan dwarslatten.

iūgerātim *adv.* (*iugerum*) per iugerum, per ¼ hectare.

iūgerum, ī *n* (*iungo, iugum*) een morgen land (= ¼ *hectare*); (*gen. plur.* iugerum, *dat. en abl. plur.* iugeribus).

iuges, *gen.* iugetis (*iungere*) (*Cic.*) onder het juk.

iūgis, e (*iungo*)
1. (*pre- en postklass.*) duurzaam, bestendig [**thesaurus; concordia**];
2. (*v. bronwater*) nooit opdrogend, altijd stromend [**aqua; puteus**].

iūgitās, ātis *f* (*iugis*) (*postklass.; Laatl.*) bestendigheid.

iū-glāns, glandis *f* (= *Iovis glans*) walnoot.

iugō, iugāre (*iugum*)
1. samenvoegen, verbinden; ▸ *omnes virtutes inter se nexae et iugatae sunt* (*Cic.*) zijn onderling nauw verbonden;
2. (*poët.*) door een huwelijk verbinden;
3. opbinden [**vineas**].

iugōsus, a, um (*iugum*) (*Ov.*) bergachtig [**silvae**].

iugulae, ārum *f* (*iungo, vul aan: stellae*) *het (uit drie sterren bestaande) sterrenbeeld* Orion.

iugulātiō, ōnis *f* (*iugulo*) het kelen, moorden.

iugulō, iugulāre (*iugulum*)
1. de hals doorsnijden, (af)slachten, doden [**pecudes**];

2. vermoorden, *abs.* moorden;
3. *(metaf.)* vernietigen, afmaken [**alqm factis decretisque; Falernum**].

iugulum, ī *n en (niet-klass.)* **iugulus,** ī *m (iungo)*
1. keel, hals; ▸ *-um dare, porrigere, offerre* zich laten vermoorden; *-um alcis petere* iem. naar de keel vliegen; *-um premere* de keel dichtknijpen;
2. *(poët.) (meton.)* moord;
3. sleutelbeen.

iugum, ī *n (iungo)*
1. juk *(gebogen stuk hout aan de dissel v.e. wagen, dat over de nek v. trekdieren gelegd wordt), vaak plur.;* ▸ *bestiis -a imponere; bos -a detractans;*
2. *(meton.)* koppel; *metaf.* paar [**impiorum** een paar schurken; **aquilarum**];
3. *(metaf.)* (a) juk, plicht; (b) *(poët.)* juk v.h. huwelijk; (c) slavenjuk; ▸ *-um pati, accipere* ondergaan; *-um exuere* van zich afschudden; *-o premere* tot slaaf maken, onderdrukken;
4. dwarshout, -balk (a) *(milit.) juk dat uit drie lansen in de vorm v.e. poortje bestond, waar de overwonnen vijanden onderdoor moesten gaan;* ▸ *copias sub -o (e)mittere* onder het juk door laten gaan; (b) juk aan een weegschaal, *alg.* weegschaal *(ook als sterrenbeeld)*; (c) horizontale balk *(om wijnranken langs te leiden)*;
5. *(Ov.)* boom v.e. weefgetouw; ▸ *telam -o vincire;*
6. *(Verg.)* roeibank; ▸ *per -a longa sedere;*
7. bergketen, -kam, -rug, *alg.* hoogte, berg [**montis; Alpium; -a silvarum** beboste hoogten].

iugumentō, iugumentāre *(iungo) (postklass.) dmv. dwarsbalken met elkaar verbinden* [**parietes**].

Iugurtha, ae *m koning v. Numidië, kleinzoon v. Massinissa; voerde oorlog met de Romeinen van 112 tot 105 v. Chr.; hoewel hij in het begin een aantal successen boekte, werd hij ten slotte door Marius verslagen, aan Sulla uitgeleverd en naar Rome gebracht; in 104 v. Chr. werd hij ter dood gebracht;* — *adj.* **Iugurthīnus,** a, um.

Īūlēus, a, um *(poët.)*
1. van Iulus [**avi**];
2. van Julius Caesar [**Kalendae** 1 juli];
3. van Augustus [**carina** vloot v. Augustus];
4. keizerlijk [**oliva; habenae** het Romeinse gezag].

Iūlius, a, um *naam v.e. patric. gens in Rome, o.a.: C. ~ Caesar en zijn achterneef en adoptiefzoon C. ~ Caesar Octavianus, zie Caesar;* — **Iūlia,** ae *f* (a) *enige dochter v. Caesar en Cornelia, getrouwd met Pompeius, gest. in 54 v. Chr.;* (b) *enige dochter v. Augustus en zijn eerste echtgenote Scribonia (39 v. Chr.—14 n. Chr.), getrouwd met Marcellus, vervolgens met Agrippa, ten slotte met Tiberius; wegens overspel door Augustus verbannen;* — *adj.* **Iūlius,** a, um [**leges** van Caesar; **mensis** juli *(vroeger Quintilis genoemd; geboortemaand v. Caesar)*; **portus** *oorlogshaven tussen Puteoli en Baiae in Campanië; vd.* **unda** baai v. Baiae], **Iūliēnsis,** e *en* **Iūliānus,** a, um; — *subst.* **-ī,** ōrum *m* soldaten v. Caesar.

ïūlus *en* **ïūlos,** ī *m (Gr. leenw.) (Plin. Mai.)*
1. (wilgen)katje;
2. een zeedier, lipvis(?).

Īūlus, ī *m zoon v. Aeneas en Creüsa* = Ascanius, *stichter v. Alba Longa en stamvader v.d. gens Iulia.*

iūmentārius, a, um *(iumentum) (postklass.)* lastdieren betreffend, van lastdieren; — *subst.* ī *m* ezeldrijver.

iūmentum, ī *n (iungo)* trek-, lastdier [**onustum; oneraria**]; *plur., ook sg. coll.* trek-, lastvee [**iuncta** tweespan].

iunceus, a, um *(iuncus)*
1. van biezen, biezen- [**vincula**];
2. *(Plin. Mai.)* biesachtig;
3. *(Ter.) (metaf.)* broodmager.

iuncōsus, a, um *(iuncus) (poët.; postklass.)* vol biezen [**litora; ager**].

iūnctim *adv. (iungo)*
1. samen, verenigd;
2. *(postklass.)* achter elkaar.

iūnctiō, ōnis *f (iungo)* verbinding [**verborum**].

iūnctūra, ae *f (iungo)*
1. het verbinden; het onder het juk brengen;
2. verbinding, bint, band, voeg [**genuum** gewricht; **verticis** naad; **tignorum** dwarshout]; ▸ *laterum -ae* uiteinden v.e. riem;
3. *(Hor.)* verbinding *v. woorden;*
4. *(Ov.) (metaf.)* verwantschap [**generis**].

iūnctus, a, um *(p. adj. v. iungo) (adv.* iūnctim, *zie daar)*
1. samengevoegd, verenigd, verbonden *(met: cum; dat.; abl.);* ▸ *sapientia eloquentiae -a; ponto iunctior* dichterbij; *manniculi -i* als span gebruikt; *oratio -a* goed in elkaar gezet;
2. aangrenzend, naburig *(aan: dat.)*;
3. *(metaf.)* verwant; bevriend, vertrouwd, verbonden [**sanguine** bloedverwant; **amore**]; — *subst.* **iūnctissimī,** ōrum *m (Tac.)* naaste familieleden;
4. samengesteld, complex [**vocabulum; causa**].

iuncus, ī *m (poët.; postklass.)* bies.

iungō, iungere, iūnxī, iūnctum

1. verbinden, verenigen, samenvoegen, aaneenknopen [**dextram dextrae** elkaar de hand schudden, begroeten; **libellum epistulae** voegen bij; **naves** aan elkaar bevestigen; **oscula** elkaar kussen; **cursum equis** gelijke tred houden met de paarden; **opes** macht; **urbem** beide stadsdelen; **fenestras** sluiten; **fluvium ponte** een brug slaan over de rivier]; ▸ *crescendo iungi* samengroeien; *iuncta facere* verbinden;

2. *(dieren)* onder het juk brengen, inspannen, voorspannen [**equos ad currum, curru** *(dat.)* voor de wagen]; ▸ *iuncti boves* span ossen; *iumenta iuncta* tweespan;

3. *(een wagen)* bespannen; ▸ *currus albis equis iunctus;*

4. gemeenschappelijk uitvoeren *of* ervaren, delen [**consilia; fata; casūs; dolorem**];

5. *in gedachten* verbinden [**aëra igni; Romanis externa**]; — *pass.* in verband staan: *sensus iungitur omnis visceribus, nervis, venis (Lucr.);*

6. *(milit.) (troepen)* verenigen, samenvoegen [**copias, arma alci** zich met zijn troepenmacht aansluiten bij iem.; **agmina** aaneensluiten]; — *se* ~ *en pass.* de krachten bundelen;

7. in de echt verbinden, trouwen *(met: cum; zelden dat.)* [**feminam secum matrimonio**]; *se* ~ *en pass. iungi (m. cum; dat.)* trouwen; seksuele omgang hebben;

8. *(door verwantschap, vriendschap)* verbinden, verenigen; ▸ *amicitiā vetustā puer puero iunctus; alqm hospitio* ~ gastvriendschap met iem. sluiten;

9. *(metaf.) (relaties, vriendschappelijke banden e.d.)* aanknopen, sluiten [**affinitatem cum alqo; amicitiam cum alqo; venerem** seksuele omgang hebben];

10. *(een verbond, vrede e.d.)* sluiten, aangaan [**foedus; pacem**];

11. *se* ~ *en pass. (pol.)* zich verbinden *of* zich verenigen met, zich aansluiten bij *(m. dat.)*; ▸ *foedere iungi;*

12. *(v. tijd)* verbinden, aaneenrijgen, onmiddellijk laten volgen *(met, op: dat.; acc.)* [**somnum morti; laborem** niet onderbreken];

13. *(woorden)* samenstellen, door samenstelling vormen.

Iūniānus, a, um van *of* genoemd naar Junius.

iūnior *zie iuvenis.*

iūniperus, ī *f (poët.; postklass.)* jeneverstruik; jeneverbes.

Iūnius, a, um

1. *naam v.e. patric. gens, waartoe de legendarische stichter v.d. Rom. republiek behoorde; de vertegenwoordigers v.d. gens uit latere perioden zijn plebejers; zie Brutus en Iuvenalis;*

2. *(mensis)* ~ juni.

iūnīx, īcis *f* jonge koe *die nog niet gekalfd heeft.*

Iūnō, ōnis *f dochter v. Saturnus en Rhea, zuster en echtgenote v. Jupiter, huwelijks- en geboortegodin, koningin v.d. hemel (~ Regina), gelijkgesteld met de Gr. godin Hera; beschermgodin voor de vrouw;* ▸ ~ *inferna* = Proserpina; *urbs Iunonis* = Argos; — *adj.* **Iūnōnius,** a, um *en* **Iūnōnālis,** e van Juno *of* aan Juno gewijd [**ales** = pauw; **custos** Argus; **stella** *de planeet* Venus; **mensis, tempus** juni]; — *subst.* **Iūnōni-cola,** ae *m en f (colo*[1]*)* vereerder, vereerster v. Juno; **Iūnōni-gena,** ae *m (gigno)* zoon v. Juno (= Vulcanus).

iūnxī *pf. v. iungo.*

Iuppiter *en* **Iūpiter,** Iovis *m*

1. *zoon v. Saturnus en Rhea, broer v. Neptunus en Pluto, broer en echtgenoot v. Juno; god v.d. hemel, koning v.d. goden, vader v. goden en mensen, god v.h. hemellicht (sterren en bliksem), oudste en hoogste god v.d. Romeinen, gelijkgesteld met de Gr. god Zeus;* ▸ *Iuppiter optimus maximus (als hoogste god en beschermer v.d. Romeinen); Iovis stella de planeet* Jupiter; *(metaf.)* ~ *Stygius* = Pluto;

2. *(meton.) (poët.)* hemel, lucht, klimaat; ▸ *sub Iove* onder de blote hemel; ~ *metuendus uvis.*

Iūra, ae *m* ~ *(mons)* het Juragebergte.

iūrāmentum, ī *n (iuro) (Laatl.)* eed.

iūrātiō, ōnis *f (iuro) (Laatl.)* het zweren, eed.

iūrātor, ōris *m (iuro)*

1. beëdigd taxateur *(ihb. als helper v.d. censor bij het innen v.d. belastingen);*

2. *(Sen.)* getuige onder ede.

iūrātus, a, um *(iuror)* beëdigd, onder ede [**iudices; magistratūs**]; door een eed gebonden; — *subst.* ī *m* samenzweerder.

iūre *adv. (ius*[1]*)*

1. volgens de wet, legaal;

2. met recht, terecht; juist, correct.

iūre-cōnsultus, a, um rechtskundig.

iūre-perītus, a, um rechtskundig.

iūrgiōsus, a, um *(iurgium) (postklass.)* ruziezoekend [**uxor; facundia**].

iūrgium, ī *n (iurgo)*

1. ruzie, woordenstrijd, woordenwisseling; ▸ *in -o respondere; causam -i inferre; -o lacessere alqm; -a cum alqo exercere;*

2. scheldpartij, scheldwoorden;

3. (*jur.*) strijd voor de rechtbank, proces.
iūrgō, iūrgāre *en* (*arch.*) **iūrigō,** iūrigāre
I. *intr.* twisten, ruziemaken;
II. *tr.* (*poët.*) (uit)schelden.
iūridicālis, e = *iuridicialis.*
iūridiciālis, e (*iuridicus*) gerechtelijk, juridisch [**causa**].
iūri-dicus, a, um (*ius en dico*[1]) rechtsprekend; — *subst.* ī *m* rechter.
iūrigō *zie iurgo.*
iūris-cōnsultus, a, um rechtskundig.
iūris-dictiō, ōnis *f*
1. rechtspraak, civiele rechtspleging;
2. bevoegdheid om recht te spreken;
3. rechtsgebied, ressort;
4. competentie [**praetoria**].
iūris-perītus, a, um rechtskundig.
iūrista, ae *m* (*ius*[1]) (*Mel.*) jurist.
iūrō, iūrāre (*ius*[1])
I. *intr.*
1. zweren, een eed afleggen [**per deos** bij de goden; **in verba** volgens de eedformule; **in verba magistri** blindelings volgen]; ▸ *iurantia verba* woorden v.d. eed;
2. (*poët.*) (a) ~ *in alqd* samenzweren met het oog op iets [**in facinus** voor een misdaad]; (b) ~ *in alqm* samenzweren tegen iem.;
II. *tr.*
1. zweren (*m. inwendig obj.*) [**ius iurandum** eed; **falsum, falsa** meineed plegen];
2. onder ede bevestigen, verklaren (*m. acc.; aci.; inf.*) [**morbum** zweren dat men ziek (geweest) is]; ▸ *iurant ita Ciceronem locuturum fuisse;* — *subst.* **iūrāta,** ōrum *n* het onder ede verklaarde;
3. zweren, onder ede beloven (*m. acc.; inf.; ut*) [**fidem**];
4. (*poët.*) zweren bij, met een eed als getuige v.d. waarheid oproepen (*m. acc.*) [**deos; maria aspera; sidera**]; ▸ *arae iurandae* waarbij gezworen moet worden; *iurata numina* waarbij men gezworen heeft; *dis iuranda palus* waarbij de goden moeten zweren = Styx;
5. afzweren [**calumniam** zweren dat men niet uit boze opzet als aanklager optreedt].
iūrulentus, a, um (*ius*[2]) (*postklass.*) jus bevattend, gestoofd.
iūs[1], iūris *n*
1. recht (*als het geheel v. wetten en verordeningen*), statuten; ▸ *principia iuris; ius ac fas colere* menselijk en goddelijk recht; *contra ius fasque* tegen recht en plicht; *ius bonumque* recht en gerechtigheid; *iura dare, condere, statuere* wetten geven, een constitutie opstellen; *ius et leges; iuris scientia; iuris, iure consultus, peritus* rechtskundig;
2. rechtsopvattingen, rechtsnormen, recht [**gentium** volkenrecht; **civile** burgerrecht *of* privaatrecht; **publicum** staatsrecht; **hominum, humanum** natuurrecht]; ▸ *iura violare;*
3. recht (*als iets dat voor een rechterlijke uitspraak in aanmerking komt*), rechtspraak; ▸ *summum ius* (het strengste en hoogste recht) *summa iniuria; summo iure agere cum alqo* iem. volgens het strengste recht behandelen; *ius dicere, reddere* rechtspreken; *ius petere* een rechterlijke uitspraak vragen; *iura dare, de iure respondere, iura promere* een rechterlijke uitspraak doen; *ex iure* strikt volgens het recht, volgens de wet; *contra ius;*
4. (*meton.*) gerecht, rechtbank, gerechtshof; ▸ *in ius (ad)ire; in ius duci; in ius vocare, trahere alqm* iem. voor de rechtbank dagen, aanklagen; *in iure ac praetorum tribunalibus haerere;*
5. rechtsformules *v. juristen,* verzameling wetten [**Flavianum**];
6. juridische bevoegdheid, (persoonlijk) recht, aanspraak op; ▸ *ius suum tenere, obtinere, retinere, persequi, armis exsequi* doen gelden; *iura communia* gelijke rechten; *iure* met recht, rechtmatig; *meo, tuo, suo enz. iure* met het volste recht = *iure meritoque, optimo, iusto iure; de iure suo cedere, suo iure decedere; ius suum recuperare; eodem, meliore iure esse; ius stat ab alqo* iem. heeft het recht aan zijn kant; (*op: gen.*) *ius testandi; ius materiae caedendae; ius aquam ducendi* om een waterleiding aan te leggen; — *ius est* (*m. ut; inf.*) men heeft het recht, het is geoorloofd: *ius est belli* (het is inherent aan het oorlogsrecht) *ut victis victores imperitent;*
7. voorrecht, privilege [**populi; mulierum**];
8. gezag, macht; ▸ *sui iuris esse* zijn eigen baas zijn, zelfstandig, onafhankelijk zijn; *iuris alcis esse* onder het gezag staan, afhankelijk zijn van iem.; *alqm proprii iuris facere* iem. onafhankelijk maken; *alqm sui iuris facere* iem. tot zijn onderdaan maken, afhankelijk van zichzelf maken; (*over: gen.; in m. acc.; preklass. ook ad*); *ius libertorum, in aequora, ad mulieres; homines recipere in ius dicionemque; sub ius iudiciumque regis venire; in paucorum ius concedere* terechtkomen in;
9. rechtspositie [**praetoris; coloniae; Latinum**];
10. rechtmatige, juiste uitspraak [**peieratum** meineed].

iūs[2]**,** iūris *n* saus, soep, jus [**Verrinum** varkensjus *en* het recht à la Verres *(woordgrap)*].
iūscellum, ī *n (demin. v. ius*[2]*) (Laatl.)* saus, jus.
iūs iūrandum, iūris iūrandī *n (ook aan elkaar geschreven)* eed, belofte; ▸ *ius iurandum concipere* een eedformule opstellen; *ius iurandum dare alci* tegenover iem. een eed afleggen; *ius iurandum accipere* aanvaarden; *iure iurando interposito* door middel van.
iussī *pf. v. iubeo.*
iussiō, ōnis *f (iubeo) (postklass.)* bevel, verordening.
iussum, ī *n (iubeo)*
1. bevel, gebod; ▸ *-a abnuere, exuere* naast zich neerleggen, weigeren te gehoorzamen;
2. verordening, besluit v.h. volk;
3. *(Ov.)* voorschrift [**medicorum**].
iussus[1]**,** ūs *m (iubeo)* bevel, opdracht [**consulis; vester**].
iussus[2] *ppp. v. iubeo.*
iūsta, ōrum *n (iustus)*
1. het passende, formaliteiten [**militaria; ludorum**];
2. laatste eer *bij begrafenissen* [**funebria**]; ▸ *-a facere alci* iem. de laatste eer bewijzen;
3. dodenoffer, begrafenisplechtigheid.
iūstificātiō, ōnis *f (iustifico) (eccl.)* rechtvaardiging.
iūstificō, iūstificāre *(iustificus) (Laatl.)*
1. *(als jurist)* rechtvaardig behandelen [**viduam**];
2. *(eccl.)* verontschuldigen, billijken [**malos**], *gew. ppp.* **iūstificātus,** a, um.
iūsti-ficus, a, um *(iustus en facio) (Catull.)* rechtvaardig.
iūstitia, ae *f (iustus)*
1. gerechtigheid; ▸ *-am colere* betrachten, rechtvaardig zijn; *~ erga parentes;*
2. *personif.* **Iūstitia,** ae *f godin v.d. gerechtigheid.*
iūstitium, ī *n (ius en sto; gevormd als sol-stitium)*
1. het staken v. alle rechtshandelingen, rechtsstilstand; ▸ *-um edicere* uitvaardigen; *-um indicere* aankondigen; *-um remittere* opheffen;
2. *(metaf.)* stilstand [**omnium rerum** van alle activiteiten];
3. *(postklass.) (meton.)* nationale rouw.
iūstum, ī *n (iustus)* recht, gerechtigheid.
iūstus, a, um *(ius*[1]*)*
1. rechtvaardig, in overeenstemming met het recht [**iudex; in socios**]; ▸ *-e imperare; -o iure* met het volste recht;
2. rechtmatig, volgens de wet, wettig, officieel [**uxor; hostis** die het recht heeft om oorlog te voeren; **dies** wettelijk bepaald; **bellum; supplicium**]; ▸ *-a arma capere* met recht;
3. *(metaf.)* verdiend, gegrond, gerechtvaardigd [**poena; triumphus; odium; causa; ira**]; ▸ *-e timere* met recht;
4. juist, normaal, te verwachten, precies [**numerus; altitudo; exercitus** voltallig *of* volledig bewapend]; ▸ *plus -o* meer dan behoorlijk, overmatig;
5. eerlijk, onpartijdig, juist [**vir; animus**].
Iūturna, ae *f bronnimf, zuster v. Turnus;* ▸ *lacus -ae bassin v.e. bron op het Forum in Rome.*
iūtus *ppp. v. iuvo.*
iuvāmen, inis *n (iuvo) (Laatl.)* hulp.
iuvenālis, e *(iuvenis)* jeugdig, jeugd- [**animus; vitia; studia**]; ludi iuvenales *of subst.* **iuvenālia,** um *n door Nero ingevoerde spelen, oorspr. theaterfestival.*
Iuvenālis, is *m Rom. cogn.:* D. Iunius ~, *Rom. satirendichter (ca. 60—125 n. Chr.), tijdgenoot v. Domitianus, Trajanus en Hadrianus.*
iuvenca, ae *f (iuvencus) (poët.)*
1. jonge koe *die nog niet gekalfd heeft;*
2. jong meisje [**Graia** = Helena].
iuvencula, ae *f (iuvenculus) (Laatl.)* meisje, jonge vrouw.
iuvenculus, a, um *resp.* ī *m (demin. v. iuvencus) (Laatl.) = iuvencus.*
iuvencus *(iuvenis)*
I. *adj.* a, um jong;
II. *subst.* ī *m*
1. jonge stier [**aequoreus** dolfijn];
2. jonge man.
iuvenēscō, iuvenēscere, —— *(iuvenis) (poët.; postklass.)*
1. opgroeien, groeien;
2. *(postklass.)* weer jong worden; *(Plin. Mai.)* nieuwe loten krijgen; ▸ *rosa recisa iuvenescit.*
iuvenīlis, e *(iuvenis)* jeugdig, jeugd- [**anni** jeugdjaren; **femur; error; licentia**].
iuvenis, is
I. *adj. (comp.* iūnior *en [postklass.]* iuvenior*)* jong, jeugdig [**anni** jeugdjaren];
II. *subst.*
1. *m* jonge man; — *comp. plur.* **iūniōrēs,** um *m* jonge manschappen *(die dienstplichtig waren van 17 tot 46 jaar);*
2. *f (poët.)* meisje, jonge vrouw;
3. *(Suet.) iuvenes utriusque sexūs* jonge mensen v. beide geslachten.
iuvenīx, īcis *f = iunix.*

iuvenor, iuvenārī *(iuvenis)* *(Hor.)* de jonge vent uithangen.

iuventa, ae *en (poët.)* **iuventās,** ātis *f (iuvenis)*
1. jeugd, jeugdige leeftijd, jeugdjaren; ▸ *robur -ae; a, ab -a* van jongs af;
2. *(meton.)* (a) jeugdige kracht, frisheid, moed; (b) *(poët.)* jeugd, jonge mensen [**imbellis**]; (c) *(Verg.)* baarddons [**prima**];
3. *personif.* **Iuventa,** ae *en* **Iuventās,** ātis *f godin v.d. jeugd, gelijkgesteld met de Gr. godin Hebe.*

iuventūs, ūtis *f (iuvenis)*
1. jeugd, jeugdige leeftijd, jeugdjaren;
2. *(meton.)* (a) jeugd, jonge mensen; (b) jonge manschappen.

Iūverna, ae *f* Ierland.

iuvō, iuvāre, iūvī, iūtum *(ptc. fut.* iuvātūrus)
1. ondersteunen, helpen [**alqm frumento; armis ac manu victoriam** tot de overwinning bijdragen]; ▸ *herba iuvans* nuttig, effectief; *dis iuvantibus* met hulp v.d. goden; *audentes fortuna iuvat (Verg.)*; *mulier domum iuvat* zorgt voor het huis; — *onpers. iuvat (m. inf.)* het helpt, draagt bij *(tot: ad)*;
2. voordelig zijn voor *(m. acc.)*; ▸ *eos nox iuvit*;
3. verheugen, vermaken, genoegen doen; ▸ *multos castra iuvant; temperie caeli corpusque animusque iuvantur (Ov.)*; — *onpers. iuvat me, te enz. (m. inf.; aci.)* het doet me, jou enz. genoegen.

iuxtā
I. *adv.*
1. *(v. plaats)* ernaast, dicht daarbij, vlak daarbij; ▸ *legio ~ constiterat; sellam ~ ponere; forte fuit ~ tumulus; thermis ~ celeriter constructis*; — *(poët.; postklass.)* ook naderbij [**accedere**];
2. (a) op dezelfde manier, evenzo, net zo, zonder onderscheid *(als: vaak ac; atque; et; -que; soms ook cum; quam; dat.)*; ▸ *castella ~ ignobilia; ~ rei publicae ac sibi consulere; die ac nocte ~ intentus; litteris Graecis atque Latinis ~ eruditus; hiemem et aestatem ~ pati; solo caeloque ~ gravi; ~ mecum omnes intellegitis* net als ik; *~ tecum aeque scio (Plaut.)* ik weet het net zo goed als jij; *~ eam rem aegre passi patres quam (Liv.); parva res ~ magnis difficilis*; — *iuxta ac si (m. conj.)* net zoals wanneer, precies zoals wanneer: *~ ac si meus frater esset (Cic.)*; (b) even weinig, evenmin; ▸ *eorum vitam mortemque ~ aestimo; suae hostiumque vitae ~ parcere*;
II. *prep. m. acc. (soms ook als postpositie)*
1. *(v. plaats)* dicht naast, vlak bij, naast, langs; ▸ *castra ponere ~ murum; totos dies ~ focum atque ignem agunt (Tac.); aequora ~* dicht bij zee; *Tiberim ~*; — ook tot dicht in de buurt van: *provehi vicina Ceraunia ~*;
2. *(v. tijd)* (a) tegen; (b) onmiddellijk na; (c) *(Tac.)* onmiddellijk voor; ▸ *~ finem vitae*;
3. *(ter aand. v. volgorde of rangorde)* onmiddellijk na, volgend op; ▸ *Nigidius Figulus, homo ~ M. Varronem doctissimus; ~ divinas religiones fides humana colitur*;
4. *(ter aand. v. vergelijking en overeenkomst)* dicht bij, bijna tot; ▸ *~ seditionem ventum erat* het was bijna tot een opstand gekomen; *populi imperium ~ libertatem est* komt bijna tegelijk met, lijkt op;
5. *(postklass.)* volgens, overeenkomstig, naar; ▸ *~ leges, nocturnum visum.*

iuxtim *(iuxta)*
I. *adv.* ernaast;
II. *prep. m. acc.* dicht bij; *(postklass.)* naast.

Ixīōn, onis *m koning v.d. Lapithen in Thessalië, stamvader v.d. centauren; als straf voor een misdrijf tegen Juno werd hij in de onderwereld aan een ronddraaiend en brandend wiel gebonden*; — *adj.* **Ixīonius,** a, um [**orbis** rad v. Ixion]; — *patron.* **Ixīonidēs,** ae *m zoon v. Ixion* = Pirithoüs.

K

K. *(afk.)* = *Kaeso (Rom. voornaam).*
Kal. = *Kalendae, zie Calendae.*
kalendārium, ī *n* = *calendarium.*
Karthāgō, ginis *f* = *Carthago.*
kārus, a, um = *carus.*
katholicus, a, um = *catholicus.*

L

L. *(afk.)*
1. *(als voornaam)* = *Lucius;*
2. *ter aand. v.h. getal 50.*

labāscō, labāscere *(incoh. v. labo) (poët.)* dreigen te vallen, gaan wankelen; ▸ *labascit victus uno verbo* zwicht.

labea, ae *f (labium) (niet-klass.)* lip.

Labeātēs, ium *en (zelden)* um *en* **Labeātae,** ārum *m volksstam in Z.-Illyrië;* — *adj.* **Labeātis,** idis *(f)* [**terra; palus**].

lābēcula, ae *f (demin. v. labes)* smet.

labe-faciō, facere, fēcī, factum *(pass. -fīō, -fierī, -factus sum) (labo)*
1. schokken, doen wankelen [**arborem; partem muri; munimenta incussu arietum**]; ▸ *charta sit a vinculis non labefacta suis* niet opengemaakt;
2. *(metaf.) (fysiek)* verzwakken, aantasten [**corpora**];
3. schokken, aan het wankelen brengen, ten val brengen, te gronde richten [**iura plebis; res secundas**];
4. *(geestel.)* schokken, ontstellen [**animum**];
5. *(Tac.)* opstoken [**primores classiariorum**].

labefactātiō, ōnis *f (labefacto) (postklass.)* het aan het wankelen brengen.

labefactō, labefactāre *(intens. v. labefacio)*
1. aan het wankelen brengen, in beweging brengen [**signum vectibus; horrea bellicis machinis**]; ▸ *ad iudicem causa labefactatur;* — *pass.* wankelen, schudden;
2. *(metaf.)* te gronde richten, op zijn grondvesten doen schudden, ondermijnen [**aratores** de boerenstand te gronde richten; **patriam; alcis dignitatem; amicitiam; rem publicam**];
3. *(poët.)* aan het twijfelen brengen [**animum alcis**].

labefactus *ppp. v. labefacio.*

labe-fēcī *pf. v. labefacio.*

labe-fīō *zie labefacio.*

labellum[1], ī *n (demin. v. labrum*[1]*)* lipje, lip, *bij Plautus ook als koosnaam: meum* ~.

lābellum[2], ī *n (demin. v. labrum*[2]*)* offerschaaltje.

Labeō, ōnis *m (labea) Rom. cogn.:*
1. Q. Fabius ~, *consul in 183 v. Chr.;*
2. Q. Antistius ~, *jurist ttv. Augustus.*

labeōsus, a, um *(labea) (Lucr.)* met dikke lippen.

Laberius, a, um *naam v.e. pleb. gens in Rome, o.a.:* D. ~, *Rom. ridder en dichter v. mimen ttv. Caesar.*

lābēs, is *f (labor*[1]*)*
1. het instorten, instorting, val [**terrarum** aardverschuiving; **multis locis labes factae sunt;** *metaf.* **mali** ongeluk]; ▸ *labem dare* instorten;
2. *(metaf.)* val, ondergang, rampspoed *(ook plur.)* [**innocentiae; in tabella**]; *(meton.) (v.e. verderfelijke zaak of persoon):* ▸ ~ *civitatis, provinciae;*
3. *(poët.)* vlek, smet; ▸ *sine labe columbae* smetteloos (wit);
4. schandvlek, smaad [**rei publicae**]; ▸ *sine labe* zonder schuld, smetteloos; *labem inferre, imponere of aspergere alci en alci rei* te schande maken; *labem abolere* uitwissen; *vita sine labe peracta; donec longa dies concretam eximit labem (Verg.); (meton., v. personen)* ~ *illa atque caenum.*

Labīcī, ōrum *m plaats ten Z.O. v. Rome;* — *adj.* **Labīcānus,** a, um [**via** *weg van Rome via Labici naar Beneventum*]; — *inw.* **Labīcānī,** ōrum *m.*

lābidus, a, um *(labor*[1]*)* glad, glibberig [**itinera**].

Labiēnus, ī *m (labium) Rom. cogn.:* T. Attius ~, *volkstribuun in 63 v. Chr., onderbevelhebber v. Caesar in Gallië, liep in 49 v. Chr. over naar Pompeius, sneuvelde in 45 v. Chr. bij Munda.*

lābilis, e *(labor*[1]*) (Laatl.)* glad, glibberig [**limus**].

labium, ī *n (labrum*[1]*) (pre- en postklass.)* lip.

labō, labāre *(intens. v. labor*[1]*)*
1. wankelen, dreigen te vallen, dreigen in te storten; ▸ *labat ariete crebro ianua; genua labant; labant vincula* raken los; *turres sub gurgite labant; sermone* ~ lallen;
2. *(metaf.)* wankel worden, in verval beginnen te raken, dreigen in te storten; ▸ *rei publicae partes labantes; labans acies; labante disciplina; memoria labat* het geheugen takelt af; *si unam litteram moves, labant omnia;*
3. *(v. personen, gezindheid, plan, trouw)* wankelmoedig zijn, wankelen, twijfelachtig zijn; ▸ *spes labat; labamus mutamusque sententiam; labantem ordinem confirmare; animus of consilium alcis labat; fides sociorum* ~ *coepit.*

lābor[1], lābī, lāpsus sum
1. glijden, naar beneden glijden, zweven *of* zinken [**ex rupe; de caelo; per funem; per gradus** van de trap vallen]; ▸ *ex oculis* ~ *(v. tranen)* stromen; *super terram* ~ afdalen; *anguis circum tempora labitur* kronkelt zich om de sla-

pen;
2. wegglijden, -stromen, -zweven, -vliegen; ▸ *per auras* ~; *sub terras* ~; *labuntur assidue flumina*; (*metaf.*) *oratio labitur*; *anima labens* wegzwevend; *sub sidera* ~ verdwijnen;
3. dreigen in te storten, *metaf.* ten onder dreigen te gaan; ▸ *alqm labentem excipere et sustinere*; *ferre praesidium labenti rei publicae*;
4. (*poët.*; *postklass.*) instorten, inzakken, vervallen; ▸ *domus, aedes labitur*; *labuntur leto lumina* de ogen breken;
5. (*poët.*; *postklass.*) wegglippen, verdwijnen (*uit*: *abl.*; *ex*); ▸ *custodiā* ~;
6. zich verbreiden; ▸ *dolor lapsus ad artus*; *somnus labitur in artus*;
7. (*poët.*) (*v.d. tijd en v.h. leven*) voort-, voorbijglijden, verstrijken; ▸ *tempora labuntur*; *tardo pede lapsa vetustas labitur*;
8. (*poët.*; *postklass.*) uitglijden, struikelen [**pede**]; ▸ (*metaf.*) *mente* ~ waanzinnig worden; *labi memoriā* zich niet meer herinneren;
9. een misstap begaan, onrecht doen, zich vergissen [**in officio**; **opinione**]; ▸ *in alqa re consilio of casu lapsum esse* (*Cic.*); *spe lapsus* bedrogen uitgekomen; *erravit, lapsus est, non putavit* (*Cic.*);
10. (*in een toestand*) geraken, terechtkomen [**in luxuriam**; **in errorem**; **in externum morem**];
11. (*poët.*; *postklass.*) in verval raken, afnemen; ▸ *labitur disciplina*; *fides lapsa*; *lapsum genus* degeneratie v.h. volk; *lapsis rebus* in het ongeluk;
12. (*poët.*) sterven.

labor² *en* (*arch.*) **labōs,** ōris *m* (*labo*)
1. werk, inspanning, moeite [**itineris**; **militiae**; **operis** van de belegering; **corporis** lichamelijke inspanning; **animi** geestelijke inspanning]; ▸ *fugiens laboris* werkschuw; *laborem suscipere of subire*; *tot adire labores*; *capere tantum laborem* zoveel werk op zijn schouders nemen; *exercere se tantis laboribus*; *ex labore se reficere*; *nullo of sine* (*ullo*) *labore* moeiteloos; (*summo*) *cum labore*; *per laborem* met grote moeite; *multo labore fatigatus*;
2. (*meton.*) (*verrichte*) arbeid, werk [**anni** jaaropbrengst; **boum** *en* **hominum** bewerkt land; **domūs**; **operum**];
3. werklust, uithoudingsvermogen; ▸ *iumenta summi laboris*; *homo magni laboris*;
4. ongemak, last [**viae**; **militiae**];
5. onderneming, daad [**belli**];
6. nood, ongeluk, leed [**Troiae** *en* **Iliaci** de rampspoed v. Troje; **solis, lunae** zons-, maansverduistering]; ▸ *in tantum luctum et laborem detrusus*; *eius erga me benevolentiam in labore meo perspexi*; — ook pijn [**Lucinae** weeën (*Lucina*: *godin v.d. geboorte*)], ziekte, verdriet;
7. (*personif.*) (*Verg.*) **Labōs,** ōris *m* Ellende (*een god die tot de onderwereld behoort*).

labōri-fer, fera, ferum (*labor² en fero*) (*poët.*) zware inspanningen verdurend, zwoegend [**Hercules**; **iuvencus**].

labōriōsus, a, um (*labor²*)
1. moeizaam, zwaar [**opus**; **fabula**]; ▸ *vitae genus -um sequi*;
2. geplaagd, veel te verduren hebbend [**remiges Ulixei**; **aegritudo** kwellend leed]; ▸ *quid nobis duobus laboriosius?*;
3. arbeidzaam, actief.

labōrō, labōrāre (*labor²*)
I. *intr.*
1. werken, zich inspannen, zich uitsloven, streven naar (*m. pro*; *de*) [**pro salute alcis**]; *in re* met iets bezig zijn; *id* daarnaar streven; *m. ut, ne*; — *non laboro* (*m. afh. vr.*) het kan mij niet schelen, het maakt mij niet uit; ▸ *laborantem imitari* druk doen; *sibi et populo Romano, non Verri* ~;
2. lijden, in nood verkeren, in het nauw zitten, geplaagd worden, zich zorgen maken; ▸ *Luna laborat* er is een maansverduistering; *laboranti subvenire*; *undique suis laborantibus succurrere*; *laboratur vehementer* men maakt zich grote zorgen; *non laboremus* wij zouden het niet zo moeilijk hebben; *acies laborat*; — *het kwaad en de ziekte staan in de abl.*: *morbo, frigore, malis, pestilentiā* ~; *multis vitiis* ~; *odio apud hostes* ~ gehaat zijn; — *het zieke lichaamsdeel en de oorzaak v.h. leed worden met ex, soms met ab aangegeven*: *ex capite, ex pedibus, ex desiderio, ex invidia* ~; *ex aere alieno* ~ in de schulden zitten; *ex inscientia* ~; *a re frumentaria* ~ niets te eten hebben; — *in m. abl. mbt. een zaak of persoon* lijden: *in re familiari* ~; *laborant duae in uno* (*Hor.*) twee vrouwen zijn verliefd op één man;
II. *tr.* (*poët.*; *postklass.*) maken, verbouwen, bewerken [**fructūs** fruit telen; **vestes auro** met goud doorweven]; ▸ *laborata Ceres* = brood; *noctibus hibernis castrensia pensa laboro*.

labōs zie *labor²*.

labrum¹, ī *n*
1. lip [**superius** bovenlip; **inferius** onderlip]; ▸ *-a comprimere*; *-a quatiuntur* trillen; *non a summis -is ista venerunt* (*Sen.*) zijn niet terloops uitgesproken; *sprw.*: *primis* (*of primoribus*) *-is*

attingere (*of gustare*) *alqd* zich alleen oppervlakkig met iets bezighouden, ergens alleen even aan ruiken;
2. rand (*v.e. vat of greppel*) [**fossae**].
lābrum[2], ī *n* (*verkorte vorm v. lavabrum; lavo*) waterbekken, teil, ton, badkuip, wastobbe; *meton.* (*Ov.*) bad [**Dianae**].
labrusca *en* **labrusca ūva,** ae *of* **vītis,** is *f* (*poët.; postklass.*) wilde druif, wilde wijnrank.
labyrinthēus, a, um (*labyrinthus*) (*Catull.*) tot het labyrint behorend.
labyrinthus, ī *m* (*Gr. leenw.*) labyrint (*ihb. het doolhof dat Daedalus volgens de legende voor koning Minos in Knossos (Gnosus) op Kreta gebouwd had om de Minotaurus op te sluiten*).
lac (*arch.* **lacte**), lactis *n*
1. melk [**concretum** gestremd; **pressum** kaas]; ▸ *lacte vesci* zich met melk voeden; *lac dare* zogen; *cum lacte nutricis errorem suxisse;*
2. (*poët.; postklass.*) melkachtig sap (*v. planten, bloemen e.d.*) [**herbarum; veneni** giftig sap];
3. (*poët.*) (*meton.*) melkwitte kleur.
Lacaena, ae *f* Laconische, Spartaanse vrouw; *attrib.* Laconisch, Spartaans [**virgines**].
laccus, ī *m* (*lacus*) cisterne, onderaardse regenput.
Lacedaemō(n), onis *f* Sparta; — *inw.* **Lacedaemonius,** ī *m* Lacedaemoniër, Spartaan; — *adj.* **Lacedaemonius,** a, um Lacedaemonisch, Spartaans [**Tarentum** *door Spartanen gesticht*].
lacer, era, erum
1. verscheurd, uiteengereten, verminkt [**artus; puppes; currus** vernield]; ▸ *ook metaf.: sparsae atque lacerae gentilitates;*
2. (*Ov.*) verscheurend, uit elkaar rukkend [**morsus**].
lacerātiō, ōnis *f* (*lacero*) het verscheuren, uiteenrijten, verminken [**membrorum**]; ▸ *muliebres lacerationes genarum.*
lacerna, ae *f een soort* cape *met* capuchon.
lacernātus, a, um (*lacerna*) (*postklass.*) in een cape gehuld.
lacerō, lacerāre (*lacer*)
1. verscheuren, uiteenrijten, verminken, verbrijzelen [**vestem; nasum auresque; ora; alqm dentibus; alqm omni cruciatu; alqm verberibus**]; ▸ *lacerari morsibus canum; toto corpore laceratus;*
2. vernietigen [**rates; pontem; classem**];
3. uitrukken [**capillos**];
4. (*metaf.*) te gronde richten, ontwrichten, ernstig benadelen, kwellen, pijnigen [**imperium; rem publicam largitionibus** door omkoperij; **famam alcis; alqm fame**];
5. (*vermogen*) verkwisten, erdoor jagen [**pecuniam; bona patria**];
6. (*met woorden*) onderuithalen, beledigen, krenken, hekelen [**alqm litteris; alqm probris; carmina alcis**]; ▸ *obtrectatio ~ solet;*
7. (*postklass.*) verknoeien [**canticum**].
lacerta, ae *f*
1. hagedis;
2. makreel.
lacertōsus, a, um (*lacertus*[1]) gespierd [**vir; centurio**].
lacertus[1], ī *m*
1. bovenarm, *alg.* arm; ▸ *-os excutere* krachtig met de armen zwaaien; *-is colla complecti; Milo Crotoniates nobilitatus ex lateribus et -is suis* (*Cic.*);
2. (*meton.*) *plur.* kracht, macht [**oratoris** overtuigingskracht]; ▸ *aptare -os* zich op een gevecht voorbereiden.
lacertus[2], ī *m* (*poët.; postklass.*) = *lacerta.*
lacessō, lacessere, lacessīvī *en* lacessiī, lacessītum
1. prikkelen, uitdagen [**pelagus carinā** de zee trotseren, zich op zee wagen; (*tot: abl.; ad*) **pugnā** *en* **ad pugnam; scripto** *en* **ad scribendum** tot schrijven]; ▸ *manibus lacessunt pectora plausa cavis* (*Verg.*) zij kloppen de paarden bemoedigend met holle hand op de borst;
2. uitlokken [**pugnam; sermones**];
3. aanvallen, aanklagen [**ferro regna** strijden tegen; **Teucros; alqm capitaliter apud centumviros** in een halszaak aanklagen; **pacem** verstoren].
Lacetānī, ōrum *m volksstam in N.O.-Spanje tussen de Pyreneeën en de rivier de Ebro; — hun gebied:* **Lacetānia,** ae *f.*
lachanizō, lachanizāre (*Gr. leenw.*) (*Suet., vulgair*) = *langueo.*
Lachesis, is *f* (*Gr. leenw.*) *een v.d. drie parcen of schikgodinnen.*
Laciadēs, ae *m iem. uit de deme Lacus in Attica.*
lacinia, ae *f* (*verw. m. lacer*)
1. rand, zoom, slip [**togae**]; ▸ *sprw.: -ā obtinere alqd* ternauwernood;
2. (*Plin. Mai.*) strook, reep;
3. (*postklass.*) kleine groep.
Lacīnium, ī *n voorgebergte aan de Golf v. Tarente (Z.-Italië) ten Z.O. v. Croton, waar een tempel v. Iuno Lacinia stond (in 1520 verwoest), nu* Capo delle Colonne; — *adj.* **Lacīnius,** a, um.
Lacō *en* **Lacōn,** ōnis *m* Laconiër, Lacedaemoniër,

Spartaan; — **Lacōnis,** idis *f* Laconische, Spartaanse vrouw; — *adj.* **Lacōnicus,** a, um, *fem. ook* **Lacōnis,** idis Laconisch, Spartaans; — **Lacōnica,** ae *en* **-ē,** ēs *f* Laconië, *landstreek op de Peloponnesus;* — *subst.* **Lacōnicum,** ī *n* (a) (*vul aan: balneum*) zweetbad *in een badhuis;* (b) (*Plaut.*) (*vul aan: vestimentum*) Laconisch kledingstuk.

lacrima (*arch.* **lacruma**), ae *f*
1. traan; ▸ *-as dare* huilen, wenen; *alci -am of -as dare* plengen; *-as fundere, profundere, effundere* vergieten; *-as demittere* laten stromen; *cum -is* in tranen; *hinc illae -ae* vandaar die tranen, *bijna sprw.* daar komen die moeilijkheden vandaan; *-ae per ora volvuntur; in morte misera alcis -as non tenere; alci -as movere* iem. aan het huilen maken; *prae laetitia -ae prosiliunt mihi* (*Plaut.*); *prae -is loqui non posse;* — *om: gen.: Creusae;*
2. (*poët.; postklass.*) sap, vocht dat ergens uitdruppelt, hars [**Heliadum** barnsteen; **turis** wierookkorrels; **narcissi**].

lacrimābilis, e (*lacrimo*) (*poët.; postklass.*)
1. betreurenswaardig, ongelukkig [**tempus**];
2. jammerend, klaaglijk [**gemitus**].

lacrimābundus, a, um (*lacrimo*) in tranen uitbarstend, huilend.

lacrimātiō, ōnis *f* (*lacrimo*)
1. (*Plin. Mai.*) het tranen (*als oogaandoening*);
2. (*Laatl.*) het huilen, wenen.

lacrimō, lacrimāre (*lacrima*)
1. huilen, wenen; ▸ *oculis lacrimantibus; multum, multa* ~ hard, bitter; ~ *gaudio; num id* (daarom) *lacrimat virgo?;*
2. (*poët.; postklass.*) tranen; (*v. planten*) druipen; ▸ *calamus lacrimans; lacrimatae cortice myrrhae* neergedruppeld, naar beneden gerold.

lacrimōsus, a, um (*lacrima*) (*poët.; postklass.*)
1. tranenrijk, klaaglijk, huilerig [**voces; carmen** treurzang];
2. tot tranen toe roerend [**poëmata; funera; bellum; iussa** jammerlijk];
3. tranen verwekkend (*als fysiek effect*) [**fumus**];
4. (*tgv. een aandoening*) tranend [**oculi**];
5. (*postklass.*) sap *of* vocht producerend.

lacrimula, ae *f* (*demin. v. lacrima*) traantje [**falsa** krokodillentraan].

lacrum- (*arch.*) = *lacrim-*.

lactāns, *gen.* antis (*lacto*[1])
1. melk drinkend [**puer; catulus**];
2. vol melk [**meta**]; vol sap.

Lactantius, ī *m* L. Cae(ci)lius Firmianus ~, *kerkvader, tijdgenoot v. Constantijn de Grote.*

lacte *zie lac.*

lactēns, *gen.* entis (*lac*)
1. zuigend [**Romulus; porcus**]; ▸ *viscera lactentia* (*Ov.*) zuigelingen; — *subst.* **lactentēs,** ium *f* (*vul aan: hostiae*) dieren die nog gezoogd worden: *lactentibus rem divinam facere;*
2. melk bevattend, vol melk [**uber**];
3. (*poët.; postklass.*) (*v. planten*) met melkachtig vocht, sappig [**herba; frumenta; sata**];
4. (*poët.*) *passend bij een zuigeling:* melkwit, jong.

lacteolus, a, um (*demin. v. lacteus*) (*Catull.*) melkwit.

lactēs, ium *f* (*lac*)
1. (*poët.*) ingewanden, dunne darm *v. dieren* (*scherts. v. menselijke ingewanden*);
2. (*Suet.*) hom.

lactēscō, lactēscere (*lac*)
1. in melk veranderen, tot melk worden; ▸ *omnis fere cibus matrum* ~ *incipit* (*Cic.*);
2. (*postklass.*) melk (*om te zogen*) krijgen.

lacteus, a, um (*lac*)
1. (*poët.*) melkachtig [**umor** melk];
2. (*Verg.*) vol melk (*ook metaf.*) [**ubera; ubertas Livii**];
3. (*Mart.*) melk drinkend [**porcus**];
4. melkwit [**cervix; via, orbis** *of* **circulus** de Melkweg].

lactō[1], lactāre (*lac*) (*Laatl.*)
1. melk geven, zogen;
2. (melk) zuigen; ▸ *infans lactans.*

lactō[2], lactāre (*vgl. lacesso*) (*preklass.; Laatl.*) lokken, om de tuin leiden, voor de gek houden; ▸ *sollicitando et pollicitando eorum animos* ~ (*Ter.*).

lactūca, ae *f* (*lac*) (*postklass.*) kropsla.

lactūcula, ae *f* (*demin. v. lactuca*) (*postklass.*) jonge kropsla.

lacūna, ae *f* (*lacus*)
1. kuil, gat, opening, holte;
2. (*Ov.*) kuiltje (*in de wang*);
3. afgrond, diepte [**cavae; salsae**];
4. meer, plas, poel, moeras; ▸ *totae solidam in glaciem verterunt -ae* (*Verg.*);
5. (*metaf.*) nadeel, verlies; ▸ *ne qua* ~ *in auro sit* opdat er bij de handel in goud geen verlies geleden wordt.

lacūnar, āris *n* (*abl. sg. -ī; nom. plur. -ia; gen. plur. -ium*) (*lacuna*) in vakken ingedeeld plafond, cassetteplafond; ▸ *lacunaria ebore fulgentia; lacunaria auro gravia; sprw.* (*Juv.*): *lacunar spectare* naar het plafond staren = doen alsof je niets merkt.

lacūnō, lacūnāre *(lacuna)*
1. *(Ov.)* vakken in reliëf aanbrengen;
2. *(Plin. Mai.)* uithollen.
lacūnōsus, a, um *(lacuna)* vol gaten; vol poelen.
lacus, ūs *m*
1. meer *met toe- en afvoer* [**Avernus; Lemannus** Meer v. Genève]; plas, poel;
2. *(poët.) (meton.)* water(loop);
3. rivierbedding; ▸ *lacu fluvius se condidit;*
4. waterbekken, put;
5. bak, trog, kuip, tobbe; ▸ *(metaf.) nova ista quasi de musto ac lacu fervida oratio (Cic.);*
6. *(Verg.)* blus-, koelbak *v.e. smid.*
lacusculus, ī *m (demin. v. lacus) (postklass.)* kleine put *of* kuip.
Lācȳdēs, is *m filosoof uit Cyrene, stichter v.d. nieuwe Academie.*
lādanum, ī *n (Gr. leenw.) een soort gom.*
Lādōn, ōnis *m rivier in Arcadië (Peloponnesus), zijrivier v.d. Alpheus.*
laecasīn *(Gr. leenw.) (Petr.)* ~ *dico* ik heb maling aan *(m. dat.)* [**frigori**].
laedō, laedere, laesī, laesum
1. beschadigen, schade toebrengen aan, verwonden, pijn doen [**cursu aristas; collum zonā** zich ophangen; **laesus ignis** verstoorde liefde]; ▸ *te pulvis laedet* zal jou tegenstaan; *via laedit* is saai *of* vervelend;
2. *(metaf.)* schenden [**fidem** zijn woord breken; **laesa maiestas** hoogverraad; **alqm periurio; dignitatem alcis**];
3. beledigen, kwetsen [**numen**].
Laelius, a, um *naam v.e. pleb. gens te Rome, o.a.:*
1. C. ~ Sapiens, *vriend v. Scipio Africanus Minor;*
2. D. ~, *bevelhebber v.d. Aziatische vloot v. Pompeius;* — *adj.* **Laeliānus,** a, um [**naves**].
laena, ae *f (Gr. leenw.)* wollen mantel.
Lāërtēs, ae *(zelden -is) m vader v. Odysseus (Ulixes);* — *adj.* **Lāërtius,** a, um [**regna** = Ithaca]; — *patron.* **Lāërtiadēs,** ae *m zoon v. Laërtes* = Odysseus (Ulixes).
laesī *pf. v. laedo.*
laesiō, ōnis *f (laedo)*
1. *(postklass.)* beschadiging;
2. *(metaf.)* belediging, krenking.
Laestrȳgones, um *m mensenetende reuzen, die bij Homerus in het verre westen, maar na Homerus in de buurt v. Formiae in Midden-Italië gelokaliseerd werden;* — *sg.* **Laestrȳgōn,** onis *m;* — *adj.* **Laestrȳgonius,** a, um [**amphora** kruik met wijn uit Formiae].
laesus *ppp. v. laedo.*

laetābilis, e *(laetor)* verheugend.
laetābundus, a, um *(laetor) (postklass.)* verheugd, blij.
laetāmen, inis *n (laetor) (Plin. Mai.)* mest.
laetātiō, ōnis *f (laetor)* vreugde, blijdschap [**diutina**].
laetificō, laetificāre *(laetificus)*
1. verheugen, verblijden [**corda**];
2. vruchtbaar maken, doen gedijen; ▸ *Indus agros aquā laetificat;* ~ *agrum suis manibus.*
laeti-ficus, a, um *(laetus en facio) (poët.; postklass.)* verheugend; *(v. planten)* welig.
laetitia, ae *f (laetus)*
1. *uitbundige, voor de buitenwereld zichtbare* vreugde, blijdschap [**victoriae**]; ▸ *gaudium atque -am agitare* in een uitgelaten stemming verkeren; *ingenia in -am evocare* de gemoederen vrolijk stemmen; *-am capere ex alqa re; alqd alci -ae est* iets doet iem. plezier;
2. *(postklass.)* schoonheid, bekoorlijkheid [**membrorum; orationis**];
3. *(postklass.)* vruchtbaarheid, weligheid *v. planten en v.d. aarde.*
laetor, laetārī *(laetus)*
1. zich verheugen, vrolijk, blij zijn, zijn vreugde tonen *(over, om: abl.; de; acc. neutr. v.e. pron. of adj.; quod; aci.; in, bij: in m. abl.)* [**bonis rebus; malo alieno; de communi salute; illud; utrumque** over beide dingen; **in omnium gemitu** ondanks het verdriet alom]; ▸ *laetor tandem longi erroris finem factum esse (Liv.)* tot mijn grote vreugde is eindelijk;
2. *(Lucr.) (metaf.) laetantia loca aquarum* vreugdevolle watervlakte.
laetus, a, um
1. vrolijk, blij, opgewekt, verheugd [**animus; oratio; dies; clamor; oculi; sedes** woonplaatsen v.d. gelukzaligen]; *(over: abl.; de; gen.; ob; quod; aci.);* ▸ *dono* ~; *-a deum (= deorum) partu* trots op; *animal pabulo -um; laborum* ~ vol werklust; *servatam ob navem* ~;
2. verheugend, heuglijk, aangenaam, gunstig, veelbelovend, zegenrijk [**facta; pax; augurium; omen; prodigium**]; ▸ *quid potest esse fructu* (om te genieten) *laetius? (Cic.);*
3. vet, vruchtbaar, rijkelijk, welig [**tellus; arbores; flores**]; rijk aan *(m. gen.; abl.);* ▸ *pabuli* ~ *ager; lucus laetissimus umbrae;*
4. *(v. dieren)* weldoorvoed, blakend van gezondheid [**armenta**];
5. *(metaf.) (v. dichters, redenaars, redevoeringen)* (bloem)rijk, overdadig, levendig [**ingenium;**

genus verborum]; ▸ *loci laetiores* te fleurige passages.

laeva *zie laevus.*

laevorsum *adv.* (*laevus*) (*postklass.*) naar links.

laevum *zie laevus.*

laevus, a, um

1. linker, links, aan de linkerkant liggend [**manus; auris; ripa**];

2. (*poët.*) (*metaf.*) onhandig, onbeholpen, dwaas [**mens; tempus** verkeerd moment]; ▸ *o ego laevus* dwaas dat ik ben!;

3. (*poët.*) onheilspellend [**picus** ongeluk voorspellend]; ▸ *Sirius -o contristat lumine caelum* (*Verg.*);

4. (*poët.*) (*als t.t. in de taal v.d. augures*) (a) gunstig (*aangezien een Rom. augur naar het zuiden keek en aan zijn linkerhand het gelukbrengende oosten lag*) [**numina; tonitrus**]; ▸ *-a prospera existimantur, quoniam laevā parte mundi ortus est* (*Plin. Mai.*); (b) ongunstig (*aangezien een Gr. ziener juist naar het noorden keek*) [**volatus**];

/ *subst.* (a) **laeva,** ae *f* (*vul aan: manus, pars*) linkerhand, linkerkant; ▸ *ad of in -am* aan, naar de linkerkant, (naar) links; (*a*) *-a* aan, van de linkerkant; *in -a* aan de linkerkant, links; *dextrā laevāque* rechts en links; *-am petere* naar links gaan; (b) **laevum,** ī *n* (*poët.; postklass.*) linkerkant; ▸ *in -um flectere cursūs*; — *plur.* **laeva,** ōrum *n* het gebied dat aan de linkerkant ligt [**Mauretaniae; maris**]; ▸ *-a Propontidos intrare*; *-a tenere* zich aan de linkerzijde bevinden.

laganum, ī *n* (*Gr. leenw.*) (*Hor.*) dunne, in olie gebakken koek, pannenkoek.

lagēos, ī *f* (*Gr. leenw.*) (*poët.; postklass.*) hazenwijn (*wijn v.e. Gr. druivensoort, genoemd naar de kleur v.d. druiven*).

lagoena, ae *f* (*Gr. leenw.*) fles, kruik.

lagōis, idis *f* (*Gr. leenw.*) (*Hor.*) sneeuwhoen(?).

lagōna *en* **lagūna** = *lagoena.*

lagōpūs, odis *f* (*Gr. leenw.*) (*Plin. Mai.*) (a) sneeuwhoen; (b) *een soort* klaver.

laguncula, ae *f* (*demin. v. lagoena*) (*postklass.*) flesje.

lāïcālis, e (*laicus*) (*eccl.*) wereldlijk.

lāïcus (*Gr. leenw.*) (*eccl.*)

I. *adj.* a, um wereldlijk;

II. *subst.* ī *m* leek; lekenbroeder.

Lāius, ī *m koning v. Thebe, vader v. Oedipus*; — *patron.* **Lāiadēs,** ae *m* = Oedipus.

lalīsiō, ōnis *m* (*postklass.*) veulen v.e. wilde ezel.

lallō, lallāre (*poët.*) een wiegeliedje zingen.

lāma, ae *f* (*poët.*) moeras, poel.

lamberō, lamberāre (*lambo*) (*Plaut.*) aflikken(?); ▸ *sprw.*: *meo me ludo lamberas* je betaalt me met gelijke munt terug.

lambō, lambere, lamb(u)ī, lambitum

1. likken; ▸ *lupa linguā pueros lambit; sibila linguis vibrantibus ora lambit* (*v. slangen*);

2. oplikken, zuigen; (*postklass.*) opzuigen, absorberen;

3. (*poët.; postklass.*) (*metaf., v. niet-lev.*) licht aanraken, zich slingeren om, (*v.e. rivier*) bespoelen; ▸ *ignis lambens* likkende vlammen; *flamma properabat ~ tectum; Aetna sidera lambit* (*Verg.*) reikt tot aan; *hederae lambunt imagines; Oceanus terras lambit.*

lāmella, ae *f* (*demin. v. lamina*) (*postklass.*) metalen plaatje.

lāmellula, ae *f* (*demin. v. lamella*) (*Petr.*) klein bedrag, centje.

lāmenta, ōrum *n* (*lamentor*) gejammer.

lāmentābilis, e (*lamentor*)

1. (*poët.*) beklagens-, betreurenswaardig [**tributum**];

2. jammerend, klagend, huilerig [**vox; gemitus; mulierum comploratio**].

lāmentārius, a, um (*lamenta*) (*Plaut.*) jammerklachten opwekkend [**aedes**].

lāmentātiō, ōnis *f* (*lamentor*) gejammer; ▸ *lamentationem sedare* doen ophouden; *plangore et lamentatione forum complere* (*Cic.*).

lāmentor, lāmentārī

I. *intr.* weeklagen, jammeren; ▸ *clamor lamentantium mulierum*;

II. *tr.* beklagen, bejammeren [**fratrem; se ipsum; calamitatem; vitam**]; klagen (*m. aci.*).

lamia, ae *f* (*Gr. leenw.*) (*Hor.*) *vrl. vampier, die het bloed uit kinderen zuigt en ze verslindt* (*meestal plur.*).

Lamia[1], ae *m cogn. v.d. gens Aelia*; — *adj.* **Lamiānus,** a, um [**horti** *gelegen voor de stad Rome op de Esquilijn*].

Lamia[2], ae *f stad in de landstreek Malis in Griekenland.*

lām(i)na *en* **lammina,** ae *f*

1. plaat, schijf *van metaal, marmer, hoorn e.d.*, blad, plaatje, strip [**fulva** bladgoud; **aenea; serrae** zaagblad]; ▸ *ex argento -as ducere; aes in -as tenuare; -ae ardentes, candentes* roodgloeiende ijzeren platen *om te martelen en te brandmerken*; *tigna laminis religare* ijzeren klampen;

2. (*postklass.*) goud *of* zilver; poen; ▸ *inimicus -ae*;

3. (*Ov.*) kling *v.e. zwaard.*

lampada, ae *f (preklass.; Laatl.)* = *lampas.*
lampadium, ī *n (Gr. leenw.) (Lucr.)* vlam *(als koosnaam voor een vrouw).*
lampas, adis *f (acc. sg.* ook *-ada; acc. plur.* ook *-adas) (Gr. leenw.)*
1. *(poët.)* fakkel, toorts, lamp; ▸ *quasi cursores vitae lampada tradunt (Lucr.)* als (estafette)lopers geven zij de fakkel v.h. leven door;
2. *(poët.) (metaf.)* glans, schijnsel, licht [**Phoebea** zonlicht, zon; **nona** dag];
3. *(poët.) (meton.)* lichtkroon; ▸ *lampades praecinctae auro;*
4. *(Sen.)* meteoor.
Lampsacum, ī *n en* **-us,** ī *f stad in Mysië (Kl.-Azië) aan de Hellespont; centrum v.d. cultus v. Priapus, die aan de Hellespont, ihb. in Troje, zijn oorsprong vond, nu* Lapseki; — *adj.* **Lampsacius,** a, um; — *inw.* **Lampsacēnī,** ōrum *m.*
Lamptēr, ēris *m havenstad v. Phocaea in Ionië (Kl.-Azië).*
lampyris, idis *f (Gr. leenw.) (Plin. Mai.)* gloeiworm, vuurvlieg.
Lamus, ī *m myth. koning v.d. Laestrygonen, stichter v. Formiae (aan de kust v. Midden-Italië);* ▸ *urbs -i* = Formiae.
lāna, ae *f*
1. wol [**mollis; rudis; aurea** het Gulden Vlies; *(metaf.)* **vellera lanae** *(Verg.)* schapenwolkjes]; ▸ *-am sufficere medicamentis quibusdam; sprw.: de -a caprina rixari* ruziemaken om niets;
2. *(meton.) iets dat van wol gemaakt is:* (a) wollen lap; ▸ *bracchia -is obvolvere;* (b) wollen draad; ▸ *-am ducere, facere* spinnen; (c) *plur.* wollen stof;
3. het werken met wol; ▸ *-ae dedita Lucretia; -ā ac telā victum quaeritare; cogitare de -a sua* alleen aan zijn werk denken;
4. *(poët.) (metaf.)* dons, pluizig materiaal *op vruchten en planten, ihb.* katoen.
lānārius, a, um *m (lana)* wollen, wol-; ▸ *radix, herba -a* zeepkruid; — *subst.* ī *m* wolkammer *of* wolhandelaar.
lānātus, a, um *(lana)*
1. woldragend, wollig [**animalia**]; — *subst.* **lānātae,** ārum *f* schapen;
2. *(poët.; postklass.)* met wol gevoerd, in wol gewikkeld; ▸ *sprw.: dii pedes -os habent* hebben met wol omwikkelde voeten, *dwz.* komen maar langzaam te hulp;
3. harig, pluizig [**vitis**].
lancea *en* **lancia,** ae *f (Kelt. leenw.)* lans, speer *(met in het midden een riem);* ▸ *sparos aut -as portabant.*
lanceārius *en* **lanciārius,** ī *m (lancea) (Laatl.)* lansdrager.
lanceola, ae *f (demin. v. lancea) (postklass.)* kleine lans.
lancinātiō, ōnis *f (lancino) (postklass.)* het uiteenrijten.
lancinō, lancināre *(vgl. lacer)*
1. *(postklass.)* verscheuren, uiteenrijten [**gentes totas; alqm morsu**];
2. *(Catull.) (metaf.)* verkwisten, erdoor jagen [**paterna bona**].
lanciola, ae *f* = *lanceola.*
lancula, ae *f (demin. v. lanx) (niet-klass.)* schaaltje.
landīca, ae *f* clitoris.
lāneus, a, um *(lana)*
1. wollen [**pallium; infula; effigies**];
2. *(Catull.)* zacht als wol.
Langobardī, ōrum *m Longobarden, Germ. volksstam bij de benedenloop v.d. Elbe, vanaf 568 n. Chr. in N.-Italië gevestigd.*
langue-faciō, facere, —— *(langueo en facio)* doen verslappen.
languēns, *gen.* entis *(p. adj. v. langueo)* slap, mat, slaperig [**senatus; vox**]; zwaarmoedig [**cor**]; verwelkt [**hyacinthus**].
langueō, languēre, languī, —
1. mat, slap, moe, krachteloos zijn; ▸ *bracchia, corpora morbo languent; languet flos* is verwelkt; *quin ipse per se etiam languentibus nobis concidat (Cic.)* zelfs wanneer wij de handen in de schoot leggen;
2. *(metaf.)* zwak, uitgeput, inactief zijn; ▸ *(in) otio* ~; *languent vires; amor languet* is bekoeld.
languēscō, languēscere, languī, — *(incoh. v. langueo)*
1. verslappen, traag, zwak worden; ▸ *lecto* ~ wegkwijnen; *senectute* ~; *color in luteum languescens* vervagend; *flos languescit* verwelkt; *vinum, Bacchus in amphora languescit* wordt zachter; *fluctus languescit; luna languescit* verliest aan helderheid;
2. *(metaf.)* verslappen, afnemen; ▸ *languescunt animi* men laat de moed zakken; *voluptates languescunt.*
languī *pf. v. langueo en languesco.*
languidulus, a, um *(demin. v. languidus)*
1. verlept [**corona**];
2. *(Catull.)* loom [**somnus**].
languidus, a, um *(langueo)*
1. mat, loom, traag, zwak [**pecus; membra; ventus** zacht; **vinum** zacht; **lumina** doffe

ogen; **ignis**; **otia** lome vrije tijd; **quies** slaap brengend];
2. *(metaf.)* inactief, onverschillig [**senectus**; **pax**; **animus**; **studium**].
languificus, a, um *(langueo en facio)* vermoeiend, afmattend.
languor, ōris *m (langueo)*
1. matheid, vermoeidheid, traagheid, slapheid, krachteloosheid [**corporis**; **aquosus** afmattende waterzucht; **faucium** heesheid]; ▸ *deambulatio me ad languorem dedit (Ter.)* heeft me afgemat;
2. *(metaf.)* passiviteit, slaperigheid, luiheid [**bonorum**]; ▸ *gaudium in languorem vertere* onverschilligheid; *languorem afferre alci*;
3. *(Sen.)* rust, kalmte *v.d. zee.*
laniārium, ī *n (lanius)* slagerij.
laniātus, ūs *m (lanio)* het verscheuren, uiteenrijten.
lānicium, ī *n* = *lanitium.*
laniēna, ae *f (lanius)*
1. slagerij;
2. *(Apul.)* verminking.
lānifica, ae *f (lanificus)* wolbewerkster, spinster.
lānificium, ī *n (lanificus) (pre- en postklass.)* het werken met wol.
lāni-ficus, a, um *(lana en facio)* met wol werkend, spinnend, wevend [**manus**; **ars** kunst v.h. weven; **sorores** = parcen, *ook wel* **tres puellae**].
lāni-ger *(lana en gero) (poët.; postklass.)*
I. *adj.* gera, gerum wol dragend, wollig, met wol omwikkeld [**apices**; **arbor** katoenplant];
II. *subst.* gerī *m* schaap, ram.
laniō[1]**,** laniāre
1. verscheuren, aan stukken scheuren, uitrukken [**hominem**; **artūs dentibus**; **unguibus ora** *(als teken v. rouw)*; **corpus**; **comas**; **crura** verbrijzelen; *(metaf.)* **carmina** afkraken];
2. ernstig beschadigen, toetakelen [**classem**; **vestem**].
laniō[2]**,** ōnis *m (lanio*[1]*) (postklass.)* slager.
laniōnius, a, um *(lanio*[2]*) (Suet.)* van een slager, beuls-.
lanista, ae *m*
1. gladiatorenbaas *(eigenaar en trainer v.e. groep gladiatoren, die hij verhuurde voor gladiatorengevechten)*;
2. *(metaf.)* oproerkraaier; ▸ *-ā Cicerone* door Cicero opgestookt; *-is Aetolis* op instigatie v.d. Aetoliërs.
lanistīcius, a, um *(lanista) (Petr.)* van een gladiatorenbaas [**familia** groep gladiatoren].
lānitium, ī *n (lana) (poët.; postklass.)* wol [**silvarum** katoen].
lanius, ī *m (lanio*[1]*)* slager, slachter; ▸ *pendere ad -um (v. geslacht vee)*; *cultrum ab -o arripere.*
lānōsus, a, um *(lana) (postklass.)* wollig, donzig.
lanterna, ae *f (Gr. leenw.)* lantaarn, lamp.
lanternārius, ī *m (lanterna)* lantaarndrager; *(metaf.)* handlanger [**Catilinae**].
lantgrāvius, ī *m (Germ. woord) (Mel.)* landgraaf.
lānūginōsus, a, um *(lanugo) (Plin. Mai.)* donzig.
lānūgō, inis *f (lana) (poët.; postklass.)*
1. dons, pluizig materiaal, haartjes *v. bomen, vruchten, dieren e.d.*;
2. donshaar *v. baardgroei*; *(metaf.)* jeugd.
Lānuvium, ī *n stad in Latium, ten Z. v.h. Albaanse Meer, met een tempel v. Iuno Sospita, nu* Lanuvio; — *inw. en adj.* **Lānuvīnus,** ī *m resp.* a, um; — **Lānuvīnum,** ī *n (vul aan: praedium) landgoed bij Lanuvium.*
lanx, lancis *f*
1. schotel, schaal;
2. weegschaal; ▸ *vitam aequā lance pensitare* onpartijdig, onbevooroordeeld *(Plin. Mai.).*
Lāocoōn, ontis *m broer v. Anchises, priester v. Poseidon in Troje; waarschuwde de Trojanen voor het houten paard en werd samen met zijn twee zonen door twee slangen gedood.*
Lāodamīa, ae *f echtgenote v. Protesilaüs; volgde haar man uit liefde in de dood.*
Lāodicēa *en* **-cīa,** ae *f*
1. *stad in Frygië (Kl.-Azië)*;
2. *stad aan zee in Syrië, nu* Latakia;
/ inw. **Lāodicēnī,** ōrum *m*; / *adj.* **Lāodicēnsis,** e.
Lāomedōn, ontis *m koning v. Troje, zoon v. Ilus, vader v. Priamus;* — *adj.* **Lāomedontēus** *en* **-tius,** a, um van Laomedon, *poët. ook* Trojaans [**heros** = Aeneas]; — *patron.* **Lāomedontiadēs,** ae *m* = Priamus; *plur.* = de Trojanen.
lapathium, lapathum, ī *n en* **-us,** ī *f (Gr. leenw.)* zuring.
lapi-cīda, ae *m (lapis en caedo)* steenhouwer.
lapicīdīnae, ārum *f (lapicida)* steengroeve.
lapidārius, a, um *(lapis) (pre- en postklass.)* betrekking hebbend op het steenhouwen [**navis** dat steen vervoert, steen-; **litterae** hoofdletters]; — *subst.* ī *m* steenhouwer.
lapidātiō, ōnis *f (lapido)*
1. het stenen gooien *(ook plur.)* [**magna** stenenregen]; ▸ *~ facta est* er werd met stenen gegooid;

2. (*Laatl.*) steniging (*bij wijze v. terechtstelling*).

lapidātor, ōris *m* (*lapido*) iem. die stenen gooit.

lapidēscō, lapidēscere, —— (*incoh.; zie lapis*) (*Plin. Mai.*) tot steen worden, verstenen.

lapideus, a, um (*lapis*)
1. van steen, stenen [**arca; imber** stenenregen]; ▸ (*metaf.*) *-o corde esse* een hart van steen hebben, keihard zijn;
2. (*preklass.*) (*metaf.*) versteend *van schrik;* ▸ *~ sum, commovere me miser non audeo* (*Plaut.*);
3. (*Plin. Mai.*) (= *lapidosus*) vol stenen, keien [**campi**].

lapidicīnae, ārum *f* = *lapicidinae.*

lapidō, lapidāre (*lapis*)
1. (*onpers.*) *lapidat* (*pf. lapidavit en lapidatum est*) het regent stenen;
2. stenen gooien naar, stenigen (*m. acc.*) [**templa**];
3. (*Petr.*) (*metaf.*) begraven; ▸ *humanitate nos lapidabit.*

lapidōsus, a, um (*lapis*) (*niet-klass.*) vol stenen, kiezels *of* pitten [**terra; undae**].

lapillus, ī *m* (*demin. v. lapis*) (*poët.; postklass.*)
1. (kiezel)steentje; ▸ *-i crepitantes;*
2. steentje *voor verschillende doelen* [**nivei atrique** *om te stemmen*]; slingersteentje; fiche *in spelletjes e.d.;*
3. *iets hards in een lichaam of plant,* pit, galsteen;
4. edelsteen, *ook* parel [**nivei viridesque** parels en smaragden]; ▸ *caris aures onerare -is* (*Ov.*).

lapis, idis *m*
1. (kiezel)steen [**ardens** meteoriet; **fundae** slingersteen; **bibulus** puimsteen; **varii** bontgekleurde mozaïeksteentjes]; ▸ *lapide* (door een steenworp) *ictum ex muro perire; lapidibus alqm obruere; ad lapides et arma discurrere;*
2. verharding *in het lichaam,* galsteen;
3. (*meton.*) *voorwerp van steen, o.a.:* (a) grenssteen [**sacer**]; (b) (*in comb. m. getallen*) mijlpaal, *die steeds na één Rom. mijl langs de hoofdwegen stond;* ▸ *ad quintum lapidem* vijf mijl van Rome; *intra vicesimum lapidem;* (c) (*poët.*) grafsteen, *ook ~ ultimus;* (d) stenen platform, *waarop de slaven stonden wanneer ze verkocht werden; metaf.: tribunos de lapide emere* openlijk omkopen;
4. (*poët.*) marmer [**Parius** wit marmer; **Phrygius** gekleurd marmer; **albus** witte plaat marmer *als tafel*];
5. (*poët.; postklass.*) edelsteen, parel; ▸ *lapidum fulgor;*
6. *Iuppiter ~* steen v. Jupiter, belemniet, *die men bij het afleggen v.e. eed als symbool in de hand hield;* ▸ *Iovem lapidem iurare* bij de steen v. Jupiter zweren;
7. (*metaf., als scheldw.*) sukkel, domkop.

Lapitha *en* **-ēs,** ae, *plur.* **-ae,** ārum *en* um *m bergvolk uit Thessalië, beroemd door het gevecht met de centauren op de bruiloft v. Perithoüs en Hippodamia;* — *adj.* **Lapithaeus** *en* **-thēius,** a, um.

lappa, ae *f* (*poët.; postklass.*) klit *v.e. plant;* plant met klitten, kleefkruid.

lapsana, ae *f een eetbare plant,* mosterdplant(?).

lāpsiō, ōnis *f* (*labor*[1]) (*Cic.*) misstap.

lāpsō, lāpsāre (*intens. v. labor*[1]) (*poët.; postklass.*) vallen, uitglijden; ▸ *equi sanguine suo et lubrico paludum lapsantes* (*Tac.*).

lāpsus[1] *p.p. v. labor*[1].

lāpsus[2], ūs *m* (*labor*[1])
1. het glijden, vallen, omlaag bewegen [**volucrum** (vogel)vlucht; **fluminum** loop; **siderum** beweging; **rotarum** het draaien v. wielen];
2. het neerstorten, instorten [**urbis; montium; terrae** aardverschuiving; **puerilium dentium** het uitvallen]; (*metaf.*) het in ongenade vallen; ▸ *populares lapsūs* bij het volk;
3. (*metaf.*) misstap, fout, vergissing; ▸ *ab omni lapsu continere temeritatem* zich niet door zijn lichtgelovigheid om de tuin laten leiden.

laquear, āris *n* (*poët.; postklass.*) (cassette)plafond (*meestal plur.*).

laqueātus, a, um (*laquear*) met cassetten [**tectum**]; van een cassetteplafond voorzien; ▸ *antra tofis -a et pumice vivo* (*Ov.*).

laqueō, laqueāre (*postklass.; Laatl.*) met een strik vangen, vastbinden, verstrikken.

laqueus, ī *m*
1. strik, strop; ▸ *-o gulam frangere* wurgen; *-um inicere cervicibus; -o captare feras;*
2. (*metaf.*) val(strik) (*meestal plur.*) [**iudicii; interrogationum**]; ▸ *in -os cadere; alci -os ponere, disponere; in -os se induere;*
3. (*postklass.*) keten, boei.

Lār, Laris *m*
1. *meestal plur.* **Larēs,** um *en* ium *m* de Laren, huisgoden, goden v.h. land en v.d. wegen, *vergoddelijkte zielen v. overledenen, beschermgoden, ihb. v.h. huis en v.d. bewoners daarvan, maar ook v. velden, kruispunten, reisroutes en bosschages; de Lares familiares werden vereerd in de buurt v.d. haard als middelpunt v.h. huis, waar hun beeltenis in een kapelachtige schrijn opgesteld stond; er waren ook Lares publici of urbani, die de gehele staat of een*

stad onder hun hoede hadden; tot deze laatsten behoorden ihb. Romulus, Remus en Acca Larentia; ▸ *Lares compitales* op kruispunten; *Lares viales; Lares (per)marini* beschermgoden op zee;
2. *(meton.) meestal sg.* (a) huis, woning, haard [**certus** vaste woonplaats]; ▸ *larem relinquere; lare recipere; pelli lare* uit zijn huis verdreven worden; (b) *(poët.)* vogelnest, bijenkorf.

Lara, ae *f praatzieke nimf, gold als moeder v.d. Laren.*

lārdātus, a, um *(laridum) (Mel.)* met spek bereid.

lārdum, ī *n* = *laridum.*

Lārentālia, ium *n feest ter ere v. Acca Larentia, echtgenote v.d. herder Faustulus, die Romulus en Remus grootbracht.*

Lārentia *zie Acca Larentia.*

Larēs *zie Lar.*

largi-ficus, a, um *(largus en facio)* rijk(elijk) [**stips**].

largi-fluus, a, um *(largus en fluo) (Lucr.)* rijkelijk stromend [**fons**].

largi-loquus, a, um *(largus en loquor) (Plaut.)* praatziek.

largior, largīrī *(largus)*
1. (rijkelijk) geven, schenken, uitdelen [**bona; pecuniam in servos; agros emeritis**]; *abs.* aanzienlijke geschenken uitdelen [**ex alieno**]; ▸ *largiundo alqd parare* door omkoping;
2. *(metaf.)* verlenen, geven, schenken, toestaan [**patriae suum sanguinem; alci occasionem**]; *(m. ut);* ▸ *mens divina hominibus rationem largita est (Cic.);*
3. vergeven, niet aanrekenen, laten passeren [**iniurias**].

largitās, ātis *f (largus)*
1. vrijgevigheid; ▸ *terra cum maxima largitate fruges fundit (Cic.);*
2. overvloed, rijkdom.

largiter *adv. v. largus.*

largītiō, ōnis *f (largior)*
1. het royaal geven, schenken, vrijgevigheid [**beneficiorum; in cives**]; ▸ *largitione benevolentiam alcis consectari; minime beneficiorum honesta* ~ *est (Sen.)* het in overvloed bewijzen v. weldaden is geenszins eervol; *sprw.:* ~ *fundum non habet* vrijgevigheid heeft geen bodem;
2. omkoperij, omkoping [**pessimi exempli** van de slechtste soort; **magistratuum**]; ▸ *largitione plurimum posse; largitioni resistere;*
3. *(metaf.)* het verlenen, geven [**aequitatis; civitatis** van burgerrecht];
4. *(meton.)* (a) geschenk, aalmoes; smeergeld; (b) *(postklass.)* kas voor geschenken v.d. keizer.

largītor, ōris *m (largior)*
1. royale gever; ▸ *praedae erat* ~ de buit verdeelde hij gul; — *attrib.* vrijgevig;
2. iem. die omkoopt; ▸ *exsistunt in re publica plerumque largitores et factiosi (Cic.).*

largus, a, um *(adv.* largē *en* largiter*)*
1. vrijgevig, graag gevend *of* schenkend; ▸ *vir* ~ *animo* met een gul karakter; *large donare;*
2. rijkelijk [**pabulum; imber**]; ▸ *sol terras -ā luce complet; vino largiore uti;*
3. rijk aan *(m. gen.; abl.)* [**lacrimarum**]; ▸ *homo* ~ *linguā* praatziek.

lāridum, ī *n* spek.

lari-fuga, ae *m (Lar en fugio) (Petr.)* zwerver [**nocturnus**].

Lārīnum, ī *n stad in Samnium (Midden-Italië, ten Z. v. Rome), nu Larino;* — *inw. en adj.* **Lārīnās,** ātis *(m).*

Lārīs(s)a, ae *f naam v.e. aantal Gr. steden, o.a. een Thessalische stad op de zuidoever v.d. Peneus (N.-Griekenland);* — *adj.* **Lārīsaeus,** a, um; — *inw.* **Lārīsaeī,** ōrum *en* **Lārīsēnsēs,** ium *m.*

Lārius, ī *m meer in N.-Italië, nu het Comomeer, genoemd naar de op de zuidoever gelegen stad Comum, geboorteplaats v. Plinius Maior en Plinius Minor;* — *adj.* **Lārius,** a, um [**litus; lacus**].

larix, icis *f* lariks.

Lars, Lartis *m* heer, vorst *(Etr. titel of bijnaam), bv.* ~ Tolumnius, *koning v.d. inwoners v. Veii.*

lārua, lāruālis, lāruātus *(arch.)* = *larva, larvalis, larvatus.*

lārva, ae *f*
1. kwade geest, spook; *(als scheldw.)* oud lijk; ▸ *loquere, larva! (Plaut.);*
2. *(meton.)* masker *v.e. acteur;*
3. *(Petr.)* skelet, geraamte.

lārvālis, e *(larva) (postklass.)* spookachtig [**habitus**].

lārvātus, a, um *(larva) (poët.)* bezeten, behekst.

Lās, *acc.* Lān *f stad in Laconië.*

lasanum, ī *n (Gr. leenw.) (postklass.)* po, pispot.

lāsar- = *laser-.*

lascīvia, ae *f (lascivus)*
1. uitgelatenheid, vrolijkheid, baldadigheid; ▸ *lusus atque* ~; *paribus -is* even grillig;
2. teugelloosheid, uitspattingen, losbandige levenswijze; ▸ *eos soluto imperio licentia atque* ~ *corruperat (Sall.);*
3. *(postklass.)* gekunsteldheid *v.* uitdrukking.

lascīvībundus, a, um *(lascivio) (Plaut.)* uitgelaten.

lascīviō, lascīvīre *(lascivus)*

1. dartelen; ▸ *agnus lascivit fugā* huppelt weg; 2. uitgelaten, vrolijk, blij, overmoedig zijn; zich laten gaan; ▸ *principio lascivit miles; luxu, pecuniā* ~ ;
3. (*metaf.*) overdadig zijn.

lascīvus, a, um
1. uitgelaten, vrolijk, dartel, baldadig [**iuvenes; haedus; capella; verba; hedera** welig; **carmina, poëta** speels; **aetas**];
2. teugelloos, losbandig, brutaal, wellustig [**oscula; corporis motus; puella**];
3. (*postklass.*) (*v.e. redevoering*) aanstellerig, gekunsteld [**oratio**].

lāser, eris *n* (*postklass.*)
1. gomhars *uit de wortel v. silfium*, duivelsdrek(?);
2. silfium (*een plant*).

lāserpīci-fer, fera, ferum (*laserpicium en fero*) (*Catull.*) duivelsdrek voortbrengend [**Cyrenae**].

lāserpīcium, ī *n* = *laser.*

Lasēs (*arch.*) = *Lares, zie Lar.*

lasser- = *laser-.*

lassēscō, lassēscere (*lassus*) (*postklass.*) moe worden.

lassitūdō, inis *f* (*lassus*) vermoeidheid, afmatting, vermoeienis [**viatoris; amorum; itinerum**]; ▸ *ingenii lassitudinem sentire.*

lassō, lassāre (*lassus*) (*poët.; postklass.*) moe maken, afmatten, uitputten; ▸ *longior infirmum ne lasset epistola corpus* (*Ov.*); *iam vitia primo fervore adulescentiae indomita lassavit* (*Sen.*); — *pass.* moe worden, uitgeput raken.

lassulus, a, um (*demin. v. lassus*) (*Catull.*) tamelijk uitgeput.

lassus, a, um vermoeid, mat, slap [**viator; animus; humus fructibus assiduis** uitgeput; **res** zwak; (*door: abl.; de; ab; gen.*) **proelio; de via; ab equo; ab hoste; maris et viarum**]; ▸ *res -ae* ongeluk, problemen.

lastaurus, ī *m* (*Gr. leenw.*) (*Suet.*) losbandig, ontuchtig persoon.

latebra, ae *f* (*meestal plur.*) (*lateo*)
1. schuilhoek, schuilplaats, hol (*ook metaf.*) [**animae** geheime zetel v.h. leven]; ▸ *-is aut saltibus se eripere;*
2. toevlucht, toevluchtsoord;
3. (*metaf.*) uitvlucht, dekmantel [**mendacii**]; ▸ *-am quaerere periurio; -am dare vitiis;*
4. het verborgen zijn, verborgenheid; ▸ ~ *imminens exitium differebat; lunae* ~ maansverduistering.

latebri-cola, ae *m* (*latebra en colo*[1]) (*Plaut.*) bezoeker v. duistere kroegen.

latebrōsus, a, um (*latebra*)
1. vol schuilplaatsen, verborgen [**via; loca** bordelen];
2. (*Laatl.*) (*metaf.*) misleidend, duister [**quaestio**].

latēns, *gen.* entis (*p. adj. v. lateo*) verborgen, heimelijk [**saxa; causa**].

lateō, latēre, latuī, —
1. verborgen liggen *of* zijn, zich schuilhouden [**in silvis**]; ▸ *latet anguis in herba* (*sprw. v.e. verborgen gevaar*); *latet sub classibus aequor* (*Verg.*) is met schepen bedekt;
2. (*Ov.*) verborgen, teruggetrokken leven;
3. (*metaf.*) geborgen, veilig zijn; ▸ *portu latent puppes; in tutela ac praesidio bellicae virtutis* ~ ;
4. onbekend zijn, verborgen blijven, een geheim zijn *of* blijven; ▸ *causa latet; onpers.: latet* (*m. afh. vr.; aci.; voor: dat.; acc.*) het is onbekend, verborgen.

later, lateris *m*
1. baksteen (*ihb. in de zon gedroogde baksteen itt. gebakken baksteen* [*testa*]); ▸ *parietes lateribus exstruere;* ~ *aut caementum; sprw.: laterem lavare* (*Ter.*) tevergeefs moeite doen;
2. staaf, baar [**aurei**].

laterālis, e (*latus*[3]) de zij(kant) betreffend.

laterāmen, inis *n* (*later*) (*Lucr.*) aardewerk.

Laterānus, a, um *cogn. in een aantal gentes* (*Claudia, Sextia en Plautia*), *o.a.:* Plautii Laterani, *die op de mons Caelius een kostbaar huis bezaten* (*egregiae Lateranorum aedes of Lateranae aedes, later basilica Laterana*); *Constantijn de Grote schonk het aan de bisschop v. Rome en lange tijd was het de zetel v.d. paus, nu het* Lateraan.

laterculus, ī *m en* **-um,** ī *n* (*demin. v. later*)
1. baksteen;
2. *iets in de vorm v.e. baksteen, o.a.:* (**a**) (*Plaut.*) gevulde pannenkoek, eierkoek; (**b**) (*vierkant*) stuk land; (**c**) blok (*zout*);
3. (*Laatl.*) register, lijst, catalogus [**officiorum; dierum**].

laterīcium, ī *n* (*latericius*) (*vul aan: opus*) metselwerk.

laterīcius, a, um (*later*) van baksteen, bakstenen [**murus**].

latericulus, ī *m* = *laterculus.*

lateris *gen. v. later en v. latus*[3].

Laterium, ī *n* (*vul aan: praedium*) *landgoed v. Q. Cicero* (*de broer v.d. redenaar*) *bij Arpinum.*

latēscō[1], latēscere, — — (*incoh. v. lateo*) zich verbergen.

lātēscō², lātēscere, — — (*latus²*) (*postklass.*) zich verwijden, wijder worden.
latex, icis *m* (*Gr. leenw.*) (*vaak plur.*)
1. vloeistof, vocht; ▸ ~ *Lyaeus,* ~ *Lenaeus,* ~ *meri* wijn; (*poët.*) ~ Palladii olijfolie;
2. water; ▸ *latices gelidi* koele bron; *cupido laticum frugumque* honger en dorst; *copia laticum* van de rivieren.
Latiālis, Latiar, Latiāris *zie Latium.*
latiāliter *adv.* (*Mel.*) heimelijk.
latibulum, ī *n* (*lateo*) schuilhoek, schuilplaats, hol [**ferarum**]; ▸ *paludis secreta -a.*
lāti-clāvius, a, um (*latus² en clavus*) (*postklass.*)
1. met een brede purperen rand [**tunica** (*zoals de senatoren, militaire tribunen en zonen v. patricische families droegen*); **tribunus**];
2. (*Petr.*) van een senator [**patrimonium**].
lāti-fundium, ī *n* (*latus² en fundus*) (*postklass.*) groot landgoed.
Latīnitās, ātis *f*
1. zuivere Latijnse taal, correct Latijn;
2. Latijns burgerrecht (*juridische positie tussen het recht v.d. civis Romanus en peregrinus; verleende aan de Latijnse, later ook aan niet-Italische steden en volken, autonomie in de handel en in het erfrecht maar niet het recht om met een civis te trouwen*).
Latīnus *zie Latium.*
lātiō, ōnis *f* (*latus¹*) het (in)brengen [**auxilii** hulp(verlening); **legis** wetsvoorstel; **suffragii** stemrecht; **expensi** boeking v.e. betaling].
latitātiō, ōnis *f* (*latito*) (*postklass.*) het zich verborgen houden.
latitō, latitāre (*intens. v. lateo*) zich schuilhouden, verborgen zijn, (*ihb. vaak ptc. pr.*: verborgen, verstopt), *ook*: *om niet voor de rechtbank te verschijnen*; ▸ *extrahitur domo latitans Oppianicus a Manlio* (*Cic.*); *latitantes amici; latitans aper; latitantia sidera.*
lātitūdō, inis *f* (*latus²*)
1. breedte [**fluminis; silvae**];
2. uitgestrektheid, grootte, omvang [**regionum; Hercyniae silvae**];
3. (*metaf.*) (overdreven) gerekte uitspraak [**verborum**];
4. (*Plin. Min.*) volheid, rijkdom v. uitdrukking.
Latium, ī *n* Latium, *oorspr. het gebied tussen Rome en Fidenae, tussen de Tiber en de Pontijnse moerassen* (*ager Latinus*); *vaderland v.d. Latijnen, later werd* ~ *vetus uitgebreid met de gebieden v.d. Aequi, Hernici, Volsci en Aurunci* (*van de Tiber in het noorden tot Suessa en Sinuessa in het zuiden*); *meton.* = de Latijnen;
I. *subst.*
1. **Latīnus,** ī *m* (a) Latijn, bewoner v. Latium, *plur.* Latijnen, *aanvankelijk de bewoners v. Latium, later ook v. gebieden buiten Italië, nl. allen die het ius Latii* (= *Latinitas 2.*) *bezaten*; — **Latīna,** ae *f* Latijnse, Latijnse vrouw *of* meisje; (b) *myth. koning v. Laurentum in Latium, schoonvader v. Aeneas*; (c) *myth. koning v. Alba Longa*;
2. **Latīniēnsis,** is *m* = *Latinus* (a);
3. **Latīnum,** ī *n* Latijn; ▸ *convertere in Latinum* in het Latijn vertalen;
II. *adj.*
1. **Latīnus,** a, um (a) tot Latium behorend [**feriae** feest v.d. Latijnse Bond *op de Albaanse berg*]; (b) Latijns, Romeins [**lingua; litterae** Rom. literatuur; **poëtae**]; ▸ *diligenter Latine loqui* verzorgd Latijn spreken; *Latine scire* Latijn kennen; (c) correct Latijn [**locutio**]; ▸ *Latine loqui*; (d) (*metaf.*) duidelijk;
2. (*poët.; postklass.*) **Latius,** a, um = *Latinus*;
3. **Latiāris** *en* **Latiālis,** e bij Latium horend, Latijns, *ihb. Iuppiter Latiaris als beschermgod v.d. Latijnse Bond*; — *vd.* **Latiar,** āris *n* feest ter ere v. Jupiter Latiaris;
4. **Latīniēnsis,** e = *Latinus* (a).
Latmus, ī *m berg in Carië* (*in Kl.-Azië*), *nu de* Beşparmak Dağı; — *adj.* **Latmius** *en* **Latmiadēus,** a, um.
Lātō, ūs *en* (*meestal*) **Lātōna,** ae *f dochter v.d. titaan Coeus en Phoebe, moeder v. Apollo en Diana*; — *adj.* **Lātōus, Lātōius, Lētōius** *en* **Lātōnius,** a, um, *fem. ook* **Lātōis,** idis; — **Lātōus** *en* **Lātōius,** ī *m* = Apollo; — **Lātōia,** ae, **Lātōis** *en* **Lētōis,** idis *en* idos *f* = Diana.
lātomiae, ārum *f* = *lautumiae.*
Lātōna *zie Lato.*
Lātōni-gena, ae *m en f* kind v. Latona (= *Apollo of Diana*).
lātor, ōris *m* (*latus¹*)
1. indiener (*m. gen.*) [**legis; rogationis; suffragi** stemmer];
2. (*Laatl.*) (over)brenger.
Latovīcī, ōrum *m Germ. volksstam in het huidige* Z.-Baden (Z.W.-Duitsland).
lātrātor, ōris *m* (*latro¹*)
1. 'blaffer' = hond [**Anubis** (*omdat hij met een hondenkop afgebeeld werd*)];
2. (*metaf.*) schreeuwer, schreeuwlelijk.
lātrātus, ūs *m* (*latro¹*) het blaffen, geblaf, *ook plur.* [**apros latratu turbare**]; *metaf.* gekijf.
latrīa, ae *f* (*Gr. leenw.*) (*Laatl.*) dienst, verering.
lātrīna, ae *f* (< *lavātrīna, v. lavo*) (*pre- en post-*

klass.) wc, toilet; latrine.

lātrō[1], lātrāre (*poët. ook* latrō)

I. *intr.*

1. blaffen; — *subst.* **lātrāns,** antis *m* (*poët.*) = hond;

2. (*metaf., v. mensen*) schreeuwen, kijven; ▸ *rumperis et latras* (Hor.) jij schreeuwt je keel kapot;

3. (*poët.*) (*v. niet-lev.*) lawaai maken, ruisen, razen; ▸ *undae latrantes; stomachus latrans* knorrend;

II. *tr.*

1. blaffen tegen (*m. acc.*) [**senem adulterum**];

2. (*poët.*) (*metaf.*) beschimpen;

3. (*Lucr.*) luid eisen [**sibi naturam**].

latrō[2], ōnis *m*

1. (*preklass.*) huurling;

2. (struik)rover, schurk; ▸ *expeditus* ~; *latronibus circumventum defendere;*

3. (*poët.; postklass.*) moordenaar [**servatorum**];

4. (*in de oorlog*) vrijbuiter; ▸ *latrones magis quam iusti hostes;* ~ *gentiumque vastator* (*v. Alexander de Grote*);

5. (*Verg.*) (*in een hinderlaag loerende*) jager;

6. (*poët.*) stuk, steen *v.e. bordspel.*

latrōcinālis, e (*latro*[2]) (*postklass.*) horend bij rovers.

latrōcinātiō, ōnis *f* (*latrocinor*) (*Plin. Mai.*) (straat)roverij.

latrōcinium, ī *n* (*latro*[2])

1. (zee)roverij, (straat)roof [**hostium; privatum** eigenhandig ondernomen; **domesticum**]; rooftocht;

2. intriges; ▸ *-o tribunorum;*

3. (*meton.*) roversbende; ▸ *unus ex tanto -o;*

4. (*Ov.*) bordspel.

latrōcinor, latrōcinārī (*latro*[2])

1. (straat)roof of zeeroof plegen; ▸ *piratae simul terras ac maria latrocinantes* (*Sen.*) door rooftochten land en zee onveilig makend;

2. (*Plaut.*) als huursoldaat, als huurling dienen.

latrunculārius, a, um (*latrunculus*) (*Sen.*) bij het bordspel horend [**tabula** speelbord].

latrunculus, ī *m* (*demin. v. latro*[2])

1. (straat)rover;

2. (*pre- en postklass.*) stuk, steen *v.e. bordspel.*

lātūra, ae *f* (*latus*[1]) (*postklass.*) het dragen *v. lasten.*

lātūrārius, ī *m* (*latura*) (*Laatl.*) lastdrager.

lātus[1] *ppp. v. fero.*

lātus[2], a, um

1. breed [**fossa; frons; umeri; aurum** brede strook goud]; ▸ (*m. acc. ter aand. v.d. afstand*) *murus ducentos pedes* ~; — *subst.* **lātum,** ī *n* breedte; ▸ *in latum crescere;*

2. ver uitgestrekt, zich wijd en zijd uitstrekkend [**moenia; fundus; locus; regnum**];

3. (*metaf.*) (a) (*v. uitspraak*) lang, gerekt [**verba** lang uitgesproken]; (b) breedvoerig, uitvoerig, veelomvattend [**oratio; quaestio; interpretatio; genus orandi; materia**]; (c) (*poët.; postklass.*) (*v. personen*) opschepperig;

/ *adv.* **lātē** (a) breed, wijd, ver weg; ▸ ~ *vagari;* ~ *ire* niet in het gelid; *longe lateque, late longeque* wijd en zijd; *murus latius quam caederetur ruebat* de muur stortte over een bredere afstand in dan waar men hakte; *quam latissime* zo ver mogelijk; *Sullanus ager latissime continuatus;* (*poët.; postklass.*) ook in comb. m. subst.: *late rex* wijd en zijd; *metaf.: fidei bonae nomen latissime manat;* (b) (*metaf., v. taal*) breedvoerig, uitvoerig; ▸ *latius loqui;* (c) (*poët.; postklass.*) rijkelijk; ▸ *sibi indulgere latius.*

latus[3], lateris *n*

1. zij(de) *v.h. lichaam,* flank; ▸ *lateris dolor* steek in de zij; *ensem lateri accommodare; occidisse ex equo dicitur et latus offendisse vehementer* (*Cic.*); *undis dat latus* (*Verg.*) geeft zijn zijde aan de golven prijs (*v.e. schip*); *latus tegere alci* (*Hor.*) naast iem. lopen; *latus mutare* op de andere zij gaan liggen; (*metaf.*) *lateri alcis haerere, iunctum esse* niet van iems. zijde wijken; *latus dare alci* zich blootstellen aan; *malo latus obdere apertum;*

2. borst, long; heupen; ▸ *laterum magna contentio;*

3. (*poët.*) (*meton.*) lichaam, lijf; (fysieke) kracht; ▸ ~ *fessum militiā; latus submittere in herba* gaan liggen; *brevi latere* stevig gebouwd;

4. (*metaf.*) naaste omgeving = vertrouwelingen;

5. (*poët.; postklass.*) verwantschap;

6. zijde, zijkant, flank [**viae; castrorum; ab lateribus terrae** aan de zijkanten]; ▸ *insula cuius unum* ~ *est contra Galliam; ex utraque parte lateris* (*v.e. heuvel*);

7. (*milit.*) vleugel, flank *v.h. leger;* ▸ *ad latus apertum hostium constitui; naves ad latera disponit; nostros latere aperto aggressi; a, ex latere* vanaf de flank, op de flank;

8. (*math. t.t.*) zijde.

latusculum, ī *n* (*demin. v. latus*[3]) (*poët.*) (kleine) zijde.

laudābilis, e (*laudo*) loffelijk, roemrijk [**orator; ratio; carmen**]; gelukkig te prijzen, prijzenswaardig [**vita**].

laudāmentum, ī n *(Mel.)* gelofte.

laudātiō, ōnis *f (laudo)*
1. het loven, lofrede *(door: gen.; van, op: gen.)* [**hominis turpissimi** door een zeer verdorven mens; **eorum** lofrede op hen]; ▸ *laudationes modulatae* lofzangen;
2. *(voor de rechtbank)* getuigenis à decharge, verdedigingsrede [**iudicialis; gravissima atque ornatissima**]; ▸ *laudationem falsam esse dicebat;*
3. lijkrede *(mbt.: gen.)* [**exsequiae; sollemnis; matronarum**];
4. schriftelijke dankbetuiging *(v.d. inwoners v.e. Rom. provincie, gericht aan de senaat wegens de verrichtingen v.e. stadhouder)*;
5. *(Mel.)* instemming, bijval.

laudātīva, ae *f (laudativus) (postklass.)* lofrede.

laudātīvus, a, um *(laudo) (postklass.)* lovend, lof-.

laudātor, ōris *m (laudo)*
1. lofredenaar, *(pejor.)* vleier [**rerum; integritatis et elegantiae; voluptatis; formae**];
2. *(voor de rechtbank)* getuige à decharge; ▸ *excitabo laudatores quos ad hoc iudicium deprecatores huius periculi missos videtis (Cic.)*;
3. iem. die een lijkrede uitspreekt.

laudātrīx, īcis *f (laudator)* vrouwelijke lofredenaar; ▸ *illa plerumque peccatorum vitiorumque ~ fama popularis (Cic.)*.

laudicēnī, ōrum *m (laudo en cena) (Plin. Min.)* claqueurs, *mensen die een maaltijd prijzen om ervoor uitgenodigd te worden (als woordspeling op Laodiceni, inwoners v. Laodicea)*.

laudila, ae *f (Mel.)* leeuwerik.

laudō, laudāre *(laus)*
1. loven, prijzen, roemen *(vanwege: propter; ob; abl.)*; ▸ *sententiam Cottae ~; id maxime in Agrippina ~ quod; (abi,) laudo (kom.)* goed zo!, mooi!; *quod viris fortibus honor habitus est, laudo (Cic.)*;
2. lovend instemmen met, goedkeuren *(m. acc.)* [**consilium alcis**]; *pass. (Plin. Mai.)* (als medicijn) aanbevolen worden;
3. *(Hor.)* gelukkig prijzen, benijdenswaardig vinden, benijden [**agricolam**; *(vanwege: gen.)* **leti**];
4. een lijkrede houden *(mbt.: acc.)*; ▸ *alqm e more pro rostris ~; alqm scripto meo ~* volgens mijn concept;
5. *(voor de rechtbank)* getuigenis à decharge afleggen;
6. eervol vermelden, *alg.* citeren, aanvoeren, noemen [**alqm auctorem; alqm testem** als getuige];
/ *p. adj.* **laudātus,** a, um loffelijk, voortreffelijk, prijzenswaardig [**virgo; facies; vir**]; geprezen, geroemd; ▸ *dux cunctis ~* een door allen geprezen leider.

laurea, ae *f (laureus)*
1. laurier(boom) *(gewijd aan Apollo)*;
2. lauwerkrans *(als tooi v. Apollo en zijn priesters, v. dichters, v. triomfators en v. beelden v. voorouders)*; ▸ *-ā coronatus; -am in manu tenentes; linguae -am meritus;*
3. *(meton.)* triomf, overwinning; ▸ *-ae cupidus; -am deportare; -am conferre.*

laureātus, a, um *(laurea)* gelauwerd, met een lauwerkrans getooid *(ihb. als teken v.d. overwinning)* [**lictores; imago; litterae -ae** *en alleen* **laureatae** bericht v.d. overwinning].

Laurēns, *gen.* entis, **Laurentīnus** *en* **Laurentius,** a, um, *fem.* ook **Laurentis,** idis van Laurentum *(stad in Latium ten Z.O. v.d. monding v.d. Tiber bij Ostia)*, ook Latijns; — **Laurentēs,** ium *en* um *m* inwoners *v.* Laurentum; — **Laurentīnum,** ī n *(vul aan: praedium) landgoed v. Plinius Minor bij Laurentum.*

laureola, ae *f (demin. v. laurea)*
1. lauwerkransje, -tak *(als overwinningsteken)*;
2. *(meton.)* triomf.

laurētum *en* **lōrētum,** ī n *(laurus) (pre- en postklass.)* laurierbos, *ihb.* Laurētum en Lōrētum *als naam v.e. laurierbos op de Aventijn.*

laureus, a, um *(laurus)* laurier- [**nemus**].

lauri-comus, a, um *(laurus en coma) (Lucr.)* met laurieren begroeid [**mons**].

lauri-fer, fera, ferum *(laurus en fero)*
1. *(poët.)* een laurierkrans dragend;
2. *(Plin. Mai.)* laurier voortbrengend.

lauri-ger, gera, gerum *(laurus en gero) (poët.)* met lauweren omkranst of versierd [**Phoebus**].

laurus, ī *en* ūs *f = laurea.*

laus, laudis *f*
1. lof, roem, verheerlijking [**maxima; falsa; Pompeiana** verheerlijking v. Pompeius; **imperatoria**]; ▸ *laudis cupidus; laus dicendi; laus patriae in libertatem vindicandae; cum ego ab ista laude non absim (Cic.)* aangezien die eretitel voor mij ook niet onterecht is; *affingere alci falsam laudem; laude dignus; laudem adipisci* behalen; *afferre alci laudem; laude affici* lof oogsten; *capere ex alqa re laudem* lof oogsten; *communicare bellicas laudes cum multis* aan velen een aandeel in de oorlogsroem toestaan; *conferre laudem in medium* allen in de lof laten meedelen; *vera laus*

detrahitur (wordt afbreuk gedaan) *alci oratione alcis; laudi est* het strekt tot eer, is eervol;
2. *plur.* lofprijzingen, lofrede [**meritae; funebres**]; ▸ *alqm, alqd laudibus (ef)ferre, extollere* prijzen; *habere laudes de alqo* een lofrede op iem. houden;
3. reputatie, goede naam, aanzien [**liberalitatis** wegens]; ▸ *laudem habere; in laude esse; ~ est (m. inf.; ut; quod; si)* het valt te prijzen;
4. roemrijke daad, verdienste [**liberatarum Thebarum** Thebe te hebben bevrijd; **bellica**].

Laus, Laudis *f stad in de huidige Povlakte, nu Lodi.*

lautia, ōrum *n* gastvrij onthaal, verzorging op staatskosten *(in Rome aangeboden aan buitenlandse gezanten en andere voorname gasten).*

lautitia, ae *f (lautus)* pracht, weelde, luxeleven.

lautiusculus, a, um *(demin. v. lautus) (Apul.)* tamelijk elegant.

Lautulae, ārum *f plaats in het gebied v.d. Volsci in Latium bij Fundi.*

lautumiae, ārum *f (Gr. leenw.)* steengroeve *(ihb. waar slaven als straf moesten werken);* ▸ *in -is agere aetatem;* — *(in Rome)* gevangenis: *carcer -arum.*

lautus, a, um *(p. adj. v. lavo)*
1. schoon(gewassen) [**manūs**];
2. *(metaf.)* prachtig, schitterend, weelderig [**mensa; patrimonium; negotium; opera**]; ▸ *-e vivere;*
3. *(v. personen)* voornaam, verfijnd, aanzienlijk [**homines; liberti; civitas**]; — *subst.* **lautī,** ōrum *m* aanzienlijken.

lavābrum, ī *n (lavo) (Lucr.)* bad, badkuip.

lavācrum, ī *n (lavo)*
1. *(postklass.)* bad, badkamer;
2. *(postklass.)* het baden;
3. *(Laatl.)* doop;
4. *(eccl.)* reiniging.

lavātiō, ōnis *f (lavo)*
1. het wassen, baden;
2. bad(water); ▸ *ut ~ parata sit;*
3. *(Phaedr.)* badkamergerei [**argentea**];
4. *(eccl.)* doop.

Laverna, ae *f beschermgodin v.d. dieven.*

lāvī *pf. v. lavo.*

Lāvīnia, ae *f dochter v.d. Laurentische koning Latinus en Amata; tweede echtgenote v. Aeneas;* — **Lāvīnium,** ī *n stad in Latium ten Z. v. Rome, gebouwd door Aeneas en genoemd naar Lavinia, nu Pratica di Mare;* — *adj.* **Lāvīnius** *en* **Lāvīnus,** a, um.

lavō, lavāre, lāvī, lautum *(en* lōtum *of* lavātum) *(poët. praes. ook* **lavō,** lavere)
1. (a) *tr.* wassen [**lanas; Xantho amne crines; corpus; vestimenta**]; ▸ *sprw.: manus manum lavat* de ene hand wast de andere; (b) *intr. en pass.* zich wassen, baden; ▸ *saepius in die lavare; lavatum ire* een bad gaan nemen; *cum soceris generi non lavantur;*
2. *(poët.; postklass.)* bevochtigen, besprenkelen, natmaken [**vultum lacrimis; ora**]; *(v. rivieren e.d.)* omspoelen, stromen langs;
3. *(poët.)* afwassen, wegspoelen [**sudorem;** *metaf.* **mala vino** verdrijven; **peccatum precibus** verontschuldigen].

laxāmentum, ī *n (laxo)*
1. ruimte, tussenruimte; ▸ *cum laxamento athletas spectare;*
2. *(metaf.)* (speel)ruimte, respijt; ▸ *legionibus -um dare ad confirmandos animos;*
3. bewegingsvrijheid, speling, adempauze; ▸ *legi -um dare; lex nihil -i habet.*

laxātiō, ōnis *f (laxo) (postklass.)* verruiming, ruimte.

laxitās, ātis *f (laxus)*
1. ruimheid, ruime opzet, weidsheid [**loci; urbium; maris**];
2. (lege) ruimte; ▸ *~ Propontis appellatur, angustiae Thracius Bosporus (Plin. Mai.);*
3. *(metaf.)* bewegingsvrijheid, ontspanning; ▸ *naturalis animi remissio et ~ (Sen.).*

laxō, laxāre *(laxus)*
1. laten verslappen, losmaken, openen [**arcum; navigii compages undique; intestina concreta** doen ontspannen *of* laxeren; **habenas** vieren, loslaten]; *pass.* slap worden; ▸ *corpora laxantur rugis* worden rimpelig;
2. verwijden, ruimer maken [**foramina**]; ▸ *laxatae custodiae* hier en daar opgestelde wachtposten;
3. *(Sen.) (v. tijd)* verlengen;
4. *(metaf.)* matigen, verlichten [**annonam** de graanprijs verlagen; **iram**]; *intr.* afnemen; ▸ *annona laxat;*
5. temperen [**pugnam; custodias**];
6. verlichten, ontspannen, op adem laten komen [**animum curamque; membra quiete**];
7. losmaken uit, bevrijden van *(m. abl.; ab)* [**se molestiis**].

laxus, a, um *(verw. m. langueo)*
1. los, slap, niet strak [**catena; toga** te wijd; **calceus; ianua** open]; ▸ *manūs -e vincire; (metaf.) laxissimas habenas amicitiae habere;*
2. *(metaf.)* slap, zonder dwang; ▸ *annona laxior* lagere graanprijs, geringere prijsstijging; *mili-*

tes laxiore imperio habere;
3. wijd, ruim [**anulus; rus; casses; agmen** langgerekt];
4. *(v. tijd)* lang, ruim; ▸ *diem statuo satis -um* ik stel een tamelijk ruime termijn;
5. los, ontspannen [**labra**]; ▸ *animi magnitudo remissa et laxa (Sen.)*;
6. (Gell.) *(v. woorden)* breedvoerig [**verba**].

lea, ae *f (leo) (poët.)* leeuwin.

leaena, ae *f (Gr. leenw.)* leeuwin.

Lēander, drī *m geliefde v. Hero; zwom iedere nacht de Hellespont over naar zijn geliefde en vond ten slotte de dood in de golven.*

Learchus, ī *m zoon v. Athamas en Ino, door zijn waanzinnige vader gedood;* — *adj.* **Learchēus,** a, um.

Lebadīa, ae *f stad in Boeotië.*

Lebedus, ī *f stad in Ionië.*

lebēs, ētis *m (acc. plur. -ētes en -ētas) (Gr. leenw.) (poët.)* metalen wasbekken.

Lebinthos, ī *f een v.d. Sporadeneilanden, ten N. v. Kos (in de Egeïsche Zee), nu Lebitha.*

leccātor, ōris *m* (Mel.) parasiet; praatjesmaker.

leccātrīx, īcis *f* (Mel.) vrl. parasiet; praatjesmaakster.

Lechaeum, ī *n haven v. Corinthe.*

lectārium, ī *n* (Mel.) ledikant; deken.

lectīca, ae *f (lectus[1])* draagbaar, draagstoel; ▸ *-ā per agros ferri; in forum -ā deferri; -am deponere.*

lectīcāriola, ae *f (demin. v. lecticarius, scherts. woordvorming)* (Mart.) liefje v.e. draagstoeldrager.

lectīcārius, ī *m (lectica)* draagstoeldrager.

lectīcula, ae *f (demin. v. lectica)*
1. kleine draagstoel; ▸ *-ā in curiam deferri*;
2. (armoedige) lijkbaar;
3. *(Suet.)* rustbed *(om te schrijven en te studeren).*

lecticulus, ī *m (demin. v. lectus[1]) (postklass.)* bedje.

lēctiō, ōnis *f (lego[1])*
1. het uitkiezen, vergaren, keuze, selectie [**iudicum**]; ▸ *senatūs* ~ wijziging v.d. samenstelling v.d. senaat *door de censor*;
2. het (door)lezen *v.e. geschrift* [**epistulae**]; het lezen, lectuur [**multa** belezenheid; **librorum**]; ▸ ~ *sine ulla delectatione*;
3. het voorlezen *v.e.* boek *e.d.*;
4. (Gell.) plur. *(als boektitel)* vruchten v.d. lectuur, commentaren [**antiquae lectiones** bloemlezing *of* verklaring v. oude zegswijzen].

lectisterniātor, ōris *m (lectisternium) (Plaut.)* iem. *die de aanligbedden van kussentjes voorziet,* tafeldienaar.

lecti-sternium, ī *n (lectus[1] en sterno)* godenmaaltijd *(waarbij bekranste godenbeelden op kussens werden gelegd en etenswaren kregen voorgezet).*

lēctitō, lēctitāre *(intens. v. lego[1])*
1. vergaren, verzamelen;
2. vaak *of* nauwkeurig lezen [**Pyrrhi libros**];
3. (Plin. Min.) voorlezen [**orationes**].

lēctiuncula, ae *f (demin. v. lectio)* het vluchtig lezen, lichte lectuur; ▸ *per eos dies matutina tempora -is consumpseris (Cic.).*

Lecton *en* **Lectum,** ī *n voorgebergte in Mysië (Kl.-Azië).*

lēctor, ōris *m (lego[1])* lezer, *(professioneel)* voorlezer.

lectulus, ī *m (demin. v. lectus[1])*
1. bed, bank;
2. (Mart.) bruids-, huwelijksbed;
3. sofa, rustbed *(om te schrijven en te studeren)*;
4. aanligbed; ▸ *-os sternere*;
5. (Tac.) lijkbaar.

lectus[1], ī *m*
1. bed [**cubicularis** om op te slapen; **caelebs** van een vrijgezel]; ▸ *-o teneri, in -o esse* het bed houden;
2. bruids-, huwelijksbed [**iugalis; genialis**];
3. rustbed, sofa *(om te schrijven en te studeren)*;
4. aanligbed [**convivalis; triclinaris**]; ▸ *-os sternere*;
5. *(poët.; postklass.)* lijkbaar; ▸ *in -o componi.*

lēctus[2], a, um *(p. adj. v. lego[1])* (uit)gekozen, uitgezocht [**verba**]; *metaf.* uitgelezen, voortreffelijk [**adulescens; vinum; argentum** van goede kwaliteit, deugdelijk].

lēcythus, ī *m (Gr. leenw.) (Laatl.)* oliefles.

Lēda, ae *en* **-ē,** ēs *f echtgenote v.d. Spart. koning Tyndareus, moeder v. Helena, Clytaemnestra en de Dioscuren (Castor en Pollux);* — *adj.* **Lēdaeus,** a, um van Leda afstammend [**Hermione** *kleindochter v. Leda;* **dii** = de Dioscuren]; *poët. ook* Spartaans.

lēgālis, e *(lex) (postklass.)* betrekking hebbend op de wet, wettelijk, wettig.

lēgātārius, ī *m (legatum) (postklass.)* ontvanger v.e. legaat, legataris.

lēgātiō, ōnis *f (lego[2])*
1. functie v. gezant; ▸ *legationem suscipere, obire; cum legatione in provinciam proficisci; legationis officium conficere; munus legationis recusare*;
2. taak, opdracht *(v.e. gezant)*; ▸ *legationem renuntiare, referre* rapport uitbrengen *(over een als gezant uitgevoerde taak)*;
3. gezantschap, de gezanten *(= legati)*; ▸ *legati-*

onem mittere; ~ Romam venit; a Treveris Germani crebris legationibus sollicitantur;
4. privileges v.e. gezant [**libera**]; ▸ *legationes liberas sumere;*
5. ambt v. legaat *of* onderbevelhebber *(bij een veldheer of bij de stadhouder v.e. provincie).*
lēgātor, ōris *m (lego*[2]*) (Suet.)* erflater.
lēgātōrius, a, um *(legatus)* van een legaat [**provincia**].
lēgātum, ī *n (lego*[2]*)* vermaking, legaat; ▸ *-um ex testamento alcis irritum facere (Suet.).*
lēgātus, ī *m (lego*[2]*)*
1. gezant; ▸ *-os mittere;*
2. legaat: (a) *(milit.)* onderbevelhebber; *gewoonlijk twee, die leiding gaven aan de beide vleugels v.h. leger;* ▸ *~ pro praetore* legaat in de rang van pretor, legaat met zelfstandig gezag; (b) *rechterhand en plaatsvervanger v.e. gouverneur;* ▸ *-um sibi legare;*
3. *(Tac.) in de keizertijd:* gouverneur *v.e. keizerlijke provincie;*
4. *(Mel.)* pauselijke gezant.
legenda, ae *f (lego*[1]*) (Mel.)* heiligenleven, legende.
lēge-rup- *zie legirup-.*
lēgī *pf. v. lego*[1]*.*
lēgi-fer, fera, ferum *(lex en fero) (poët.)* wetgevend.
legiō, ōnis *f (lego*[1]*)*
1. legioen, *Rom. legerafdeling v. 4200 tot 6000 man; sinds Marius bestond het legioen uit 10 cohorten (= 30 manipels = 60 centuriën) plus 300 ruiters; het legioen stond aanvankelijk onder bevel v.e. militaire tribuun, later v.e. legaat; geïdentificeerd dmv. een nummer (nona, decima enz.), de naam v.d. oprichter (Galbiana), de naam v.e. godheid (Minervia, Martia) of genoemd naar slagvelden (Cannensis); zijn veldteken was de adelaar (aquila);* ▸ *~ veterana; legiones conscribere;*
2. *(niet-Rom.)* leger, troepen;
3. (dienst in het) leger; ▸ *ad legionem abire.*
legiōnārius, a, um *(legio)* behorend tot het legioen, legioen- [**miles** legioensoldaat; **militia** dienst in het legioen]; — *subst.* **-i,** ōrum *m plur.* legioensoldaten.
lēgi-rupa, ae *m (lex en rumpo) (Plaut.)* wetbreker.
lēgi-rupiō, ōnis *f (lex en rumpo) (Plaut.)* schending v.d. wet.
lēgis-lāt- *zie latio en lator.*
lēgis-perītus *zie peritus.*
lēgista, ae *m (Mel.)* jurist.
lēgitimus *en (arch.)* **lēgitumus,** a, um *(lex)*
1. wettig, wettelijk, wetmatig, door de wet bepaald [**liberi** uit een wettig huwelijk; **coniunx; dies; potestas; controversia; hora**]; — *subst.* **lēgitima,** ōrum *n* wettelijke formaliteiten, bepalingen;
2. regulier, passend, juist [**poëma; vox; verba**]; *onpers. (Plin. Min.) legitimum est* het is terecht, het hoort zo;
3. *(postklass.)* met recht zo genoemd, echt [**gladiatores**];
4. betrekking hebbend op de wet [**verba**].
legiuncula, ae *f (demin. v. legio)* legioentje.
legō[1]**,** legere, lēgī, lēctum
1. verzamelen, bijeenzoeken [**uvas; vinum; spolia caesorum; flores in calathos** plukken; **mala ex arbore; fructum sub arbore**];
2. *(Phaedr.) ~ capillos* uitrukken;
3. *(poët.)* opwinden, oprollen [**funem; vela** inhalen, reven]; ▸ *Parcae extrema fila legunt* rollen de laatste draden op, spinnen de laatste levensdraden; *stamen ~* op een kluwen wikkelen;
4. (uit)kiezen, uitzoeken [**iudices; alqm in senatum, in, inter patres; senatum** de samenstelling v.d. senaat wijzigen; **alqm ducem** als aanvoerder; **milites** lichten; **sibi domum; de classe biremes; supplementum in alias legiones; soceros; viros ad bella; condiciones**];
5. (door)lezen [**librum; epistulam**];
6. voorlezen, oplezen, aflezen [**alci orationes; volumen suum;**]; ▸ *ei* (aan hem) *libri noctes et dies leguntur; carmina* voordragen;
7. varen of zeilen door, langs *(m. acc.)* [**oram Asiae; terram; aequor;** *metaf.* **oram litoris primi** vlak langs de kust varen];
8. doorlopen, doorkruisen [**saltūs; caelum; vestigia alcis** in iems. voetsporen treden; **orbes tortos** kronkelpaden];
9. stelen [**sacra divum** *(= divorum)*];
10. *(Plaut.)* opvangen [**sermonem alcis**];
11. *(Verg.)* monsteren, opnemen [**omnes adversos**].
lēgō[2]**,** lēgāre *(lex)*
1. als gezant sturen [**alqm in Asiam; alqm Romam ad senatum; alqm ad Apronium**];
2. iem. *(acc.)* de privileges v.e. gezant verlenen; — *pass.* de privileges v.e. gezant krijgen;
3. tot legaat *(dwz. tot rechterhand v.d. veldheer of gouverneur)* maken, benoemen [**sibi homines nobiles**];
4. bij testament vermaken [**alci pecuniam; signa; tabulas; regnum**]; ▸ *usumfructum om-*

nium bonorum Caesenniae legat (Cic.);
5. (Plaut.) opdragen [**alci negotium**];
6. (Gell.) *verba ad alqm* ~ door gezanten laten berichten.

lēguleius, ī *m* (*lex*) letterknecht.

legulus, ī *m* (*lego*[1]) plukker.

legūmen, inis *n* (*lego*[1]) peulvrucht.

Leleges, um *m voorgr. nomadische volksstam in Kl.-Azië en Griekenland;* — *adj.* **Lelegēius,** a, um *en* (*fem.*) **Lelegēis,** idis.

Lemannus, ī (*m*) (*lacus*) ~ Meer v. Genève.

lembus, ī *m* (*Gr. leenw.*) boot, *klein soort* (zeil)-boot, jacht; ▸ *classis -orum; -o advehi.*

lēmma, atis *n* (*Gr. leenw.*) (*postklass.*)
1. onderwerp *v.e. geschrift;* ▸ *lemma sibi sumpsit quod ego interdum versibus ludo* (Plin. Min.);
2. opschrift;
3. epigram, puntdicht.

Lēmni-cola, ae *m* (*Lemnos en colo*[1]) (Ov.) bewoner v.h. eiland Lemnos *in de Egeïsche Zee* = Vulcanus.

lēmniscātus, a, um (*lemniscus*) versierd met erelinten [**corona**].

lēmniscus, ī *m* (*Gr. leenw.*) band, lint (*ihb. als versiering voor gasten of een zegevierende veldheer*).

Lēmnos *en* **Lēmnus,** ī *f vulkanisch eiland in de Egeïsche Zee, gewijd aan Vulcanus, nu* Limnos; — *inw.* **Lēmnius,** ī *m en* **Lēmnias,** adis *f;* — *adj.* **Lēmniacus, Lēmnius,** a, um *en* **Lēmniēnsis,** e [**pater** = Vulcanus; **furtum** *van Prometheus, die het vuur v. Vulcanus van Lemnos stal*].

Lemōnia, ae *f* ~ *tribus een v.d. Rom. triben (aan de via Latina).*

Lemovīcēs, um *m volksstam in de buurt v.h. huidige Limoges.*

lemurēs, um *m* lemuren, zielen v.d. gestorvenen; *de goede geesten v.d. gestorvenen werden als lares vereerd, terwijl de kwade (larvae) als spoken gevreesd werden; om hen te verzoenen en uit de huizen te bannen vierde men in mei het feest v.d. lemuren, de* **Lemuria** *of* (*poët.*) **Lemūria,** ōrum *n.*

lēna, ae *f* (*poët.*) hoerenmadam, bordeelhoudster [**callida**]; — *attrib.* (*metaf.*) verlokkend, verleidend; ▸ *vox sua -a fuit.*

Lēnaeus, a, um (*'behorend tot de druivenpers'*) (*poët.*) Bacchisch [**pater** = Bacchus; **latices** wijn]; — *subst.* ī *m* = Bacchus.

lēnīmen, inis *n* (*poët.*) *en* (*postklass.*) **lēnīmentum,** ī *n* (*lenio*) middel voor verzachting, troost.

lēniō, lēnīre, lēnīvī (*en* lēniī), lēnītum (*lenis*)
I. *tr.*
1. milder *of* zachter maken, lenigen, verzachten [**morbum; vulnera; somno curas; facinus** minder erg voorstellen];
2. (*metaf.*) verzachten, stillen, kalmeren [**animum; iram iudicis; seditionem** doen bedaren];
II. *intr.* (Plaut.) afkoelen, bedaren; ▸ *dum irae leniunt;*
/ (*poët.*) *impf.* lēnībam *enz., fut.* lēnībō *enz.*

lēnis, e
1. (*v. zaken*) mild, zacht [**vox; color** rustig; **vocis genus; vinum**]; ▸ *lene (adv. gebruikt neutr.) sonans aqua;*
2. langzaam, kalm [**gradus**]; ▸ *leniter iter facere;* — zachtjes, rustig stromend [**stagnum**]; zacht werkend [**venenum**];
3. (*metaf.*) (*v. personen en zaken*) mild, zacht, rustig [**virtutes; ingenium; oratio;** (*tegen: in m. acc.*) **in hostes**]; ▸ *lenius agere* te langzaam; *leniter ire per excubias* traag; *collis leniter editus, acclivis* licht oplopend; *leniter alloqui* vriendelijk toespreken; *leniorem sententiam dicere.*

lēnitās, ātis *f* (*lenis*)
1. zachtheid [**vocis; vini**];
2. (*v.e. rivier*) traagheid, rustige stroming; ▸ *Arar in Rhodanum influit incredibili lenitate;*
3. (*metaf.*) mildheid, zachtzinnigheid, toegevendheid [**patris; verborum; in decernendo**]; ▸ *dare se ad lenitatem* mildheid laten overheersen.

lēnitūdō, inis *f* (*lenis*) mildheid.

lēnō, ōnis *m* (*lena*) bordeelhouder, pooier; *metaf.* verleider.

lēnōcinium, ī *n* (*leno*)
1. bordeelhouderschap, pooierschap [**domesticum** in zijn huis]; ▸ *-um facere* uitoefenen; — *meton.* loon voor een pooier: *-um petere ab alqo;*
2. (*metaf.*) verlokking, verleiding, lokmiddel [**corporum; cupiditatum**]; ▸ *omnis -i neglegens* iedere fattigheid versmadend;
3. verleidelijke verfraaiing;
4. (*postklass.*) vleierij; ▸ *orationi -um addere.*

lēnōcinor, lēnōcinārī (*lenocinium*) (*m. dat.*)
1. begunstigen, vleien;
2. (*postklass.*) bevorderen [**gloriae meae**].

lēnōnius, a, um (*leno*) (Plaut.) van een bordeelhouder, pooier-.

lēns[1], lendis *f* neet.

lēns[2], lentis *f* (*niet-klass.*) linze (*plant en vrucht v. die plant*).

lentēscō, lentēscere, — — (*lentus*)
1. (*poët.; postklass.*) taai, kneedbaar worden;

▸ *sucinum in picem resinamve lentescit* (*Tac.*);
2. (*Ov.*) (*metaf.*) verminderen; ▸ *lentescunt tempore* (mettertijd) *curae.*

lenticula, ae *f* (*demin. v. lens*[2]) (*postklass.*)
1. kleine linze;
2. sproet.

lentīgō, inis *f* (*lens*[2]) (*Plin. Mai.*) vlek in de vorm v.e. linze; *ihb. als coll.* sproeten.

lentisci-fer, fera, ferum (*lentiscus en fero*) (*Ov.*) mastiekbomen voortbrengend.

lentiscus, ī *f en* **-um,** ī *n*
1. mastiekboom;
2. sap v.d. mastiekboom.

lentitia, ae *f* (*lentus*) (*postklass.*)
1. taaiheid;
2. buigzaamheid.

lentitūdō, inis *f* (*lentus*)
1. buigzaamheid, kneedbaarheid;
2. (*postklass.*) traagheid [**coniuratorum**]; het slepende, taaiheid, stijfheid *in stijl of voordracht*;
3. onverschilligheid; ▸ *non irasci lentitudinis est.*

lentō, lentāre (*lentus*) (*poët.*) buigen; rekken.

lentor, ōris *m* (*lentus*) (*postklass.*) taaiheid, kleverigheid.

Lentulitās *zie Lentulus.*

lentulus, a, um (*demin. v. lentus*) wat traag.

Lentulus, ī *m cogn. in de gens Cornelia;* — *scherts.* (*zoals Appietas bij Appius*) **Lentulitās,** ātis *f* oude adel v.d. Lentuli.

lentus, a, um
1. (*Verg.*) kleverig, taai [**gluten**];
2. buigzaam, soepel [**vimen; argentum; bracchia; umor** soepel makend];
3. (*metaf.*) langzaam, traag [**venenum** langzaam werkend; **amor** zwak gloeiend; **color** mat; **amnis; pugna; marmor** (*v.d. zee*) rustig, kalm]; ▸ *lente procedere; lentiorem spem facere* de vervulling v.d. hoop vertragen;
4. (*poët.; postklass.*) langdurig, (lang) aanhoudend [**militiae**]; ▸ *tranquillitatis lentissimae taedium;*
5. (*v. stijl en voordracht*) traag, slepend, stijf [**in dicendo**];
6. rustig, gelaten, geduldig; ▸ ~ *in suo dolore* kalm blijvend bij een persoonlijke belediging;
7. onverschillig, ongevoelig, flegmatiek, nonchalant [**iudex; pectora** koud; **pro salute alcis** onbekommerd; **fastus** eigenzinnig].

lēnullus, ī *m* (*demin. v. leno*) (*Plaut.*) pooiertje.

lēnunculus[1], ī *m* (*demin. v. leno*) (*Plaut.*) pooiertje.

lēnunculus[2], ī *m* (*demin. v. lembus*) bootje, schuitje.

leō, ōnis *m* (*Gr. leenw.*)
1. leeuw (*ook als sterrenbeeld Leeuw*);
2. (*postklass.*) *naam v. diverse planten en dieren.*

Leōcorion, ī *n tempel in de pottenbakkerswijk in Athene, opgericht ter ere v.d. drie dochters v. Leos, die zich tijdens een hongersnood vrijwillig opgeofferd hadden om het land te redden.*

Leōnidās *en* **-a,** ae *m koning v. Sparta, sneuvelde bij de verdediging v.d. pas bij Thermopylae tegen Xerxes in 480 v. Chr.*

leōnīnus, a, um (*leo*) leeuwen- [**cavum** hol v.e. leeuw; **pellis**].

Leonnātus, ī *m lijfwacht v. Alexander de Grote.*

Leontīnī, ōrum *m stad op Sicilië ten N.W. v. Syracuse, gesticht vanuit Naxos, nu Lentini;* — *inw. en adj.* **Leontīnus,** ī *m resp.* a, um.

leopardus, ī *m* (*Gr. leenw.*) (*Laatl.*) luipaard.

lepidium, ī *n* (*Gr. leenw.*) (*postklass.*) peperkers.

lepidus, a, um (*lepos*)
1. lief, sierlijk, prachtig, charmant [**puella; dies; locus**]; (*in neg. zin*) verwijfd [**pueri**];
2. (*poët.*) (*metaf.*) grappig, leuk [**dictum; versus**].

Lepidus, ī *m cogn. in de gens Aemilia* (*in de keizertijd ook in andere gentes*): M. Aemilius ~, *aanhanger v. Caesar, sloot in 43 v. Chr. met Antonius en Octavianus het tweede triumviraat, maar werd al snel door beide partners naar de achtergrond gedrukt en in 36 v. Chr. als triumvir afgezet; stierf in 13 v. Chr.*

Lepontiī, ōrum *m volksstam in de Alpen bij de huidige St. Gotthard.*

leporārium, ī *n* (*lepus*) (hazen)hok, ren.

leporīnus, a, um (*lepus*) hazen-.

lepōs, ōris *m*
1. lieflijkheid, charme;
2. geestigheid, humor.

lepra, ae *f* (*Gr. leenw.*) (*postklass.*) melaatsheid, lepra.

leprōsus, a, um (*lepra*) (*Laatl.*) melaats.

Leptis, is *f naam v. twee steden aan de noordkust v. Africa:*
1. ~ Magna *ten O. v.* Tripolis (*in het tegenwoordige Libië, nu Labdah*);
2. ~ Minor *Fen. kolonie tussen Hadrumetum en Thapsus, nu Lemta;*
/ inw. **Leptitānī,** ōrum *m;* / *adj.* **Leptīnus,** a, um.

lepus, oris *m* haas (*ook als sterrenbeeld*).

lepusculus, ī *m* (*demin. v. lepus*) haasje.

Lerna, ae *en* **-ē,** ēs *f meer, rivier en stad bij Argos*

(Peloponnesus), *waar Hercules de Hydra doodde;* — *adj.* **Lernaeus,** a, um.

Lesbos *en* **-us,** ī *f eiland in de Egeïsche Zee voor de kust v. Kl.-Azië, vaderland v. Arion, Alcaeus, Sappho en Theophrastus;* — *adj.* **Lesbius,** a, um [**vinum; vates** = Sappho; **civis** = Alcaeus; **pes** Sapphische versmaat; **plectrum** Alcaeïsche versmaat, lyrisch gedicht], **Lesbiacus, Lesbōus,** a, um *en* (*fem.*) **Lesbis,** idis [**lyra** = van Arion]; — **Lesbias,** adis *en* **Lesbis,** idis *f* vrouw van Lesbos.

lessus, ī *m* (*arch.*) lijkklacht.

lētālis, e (*letum*) dodelijk, bij de dood horend [**vulnus; venenum; sonus** lugubere zang *v.d. uil*]; — *subst.* **lētālia,** um *n* dodelijke middelen.

lēthargicus, ī *m* (*Gr. leenw.*) (*poët.; postklass.*) iem. die aan slaapziekte lijdt.

lēthargus, ī *m* (*Gr. leenw.*) (*Hor.*) slaapziekte.

Lēthē, ēs *f rivier v.d. vergetelheid in de onderwereld, waaruit de zielen v.d. overledenen drinken om het verleden te vergeten;* — *adj.* **Lēthaeus,** a, um (a) van de rivier de Lethe *of* van de onderwereld [**amnis; ratis** boot v. Charon]; (b) vergetelheid brengend [**somnus; sucus**].

lēti-fer, fera, ferum (*letum en fero*) (*poët.*) dodelijk, fataal [**certamen; arcus**].

lētō, lētāre (*letum*) (*poët.*) doden.

Lētō, ūs *f* = *Lato.*

Lētōis, Lētōius *zie Lato.*

lētum, ī *n*

1. dood; ▸ *turpi leto perire; pro patria -um oppetere; -o absumi; -um ferre* de dood (met zich mee)brengen, veroorzaken;
2. (*Verg.*) (*metaf.*) ondergang, vernietiging; ▸ *Teucrum res eripe -o.*

Leucadia, ae *f eiland met gelijknamige stad in de Ionische Zee (voor de Griekse W.-kust), nu Lefkada;* — *inw. en adj.* **Leucadius,** ī *m resp.* a, um [**deus** = Apollo].

Leucas, adis *f*

1. = *Leucadia;*
2. = *Leucatas.*

leucaspis, *gen.* idis (*Gr. leenw.*) met witte schilden [**phalanx**].

Leucātās *en* **-tēs,** ae *m voorgebergte v.h. eiland Leucas (Leucadia), in de Oudheid gevreesd door zeelieden.*

Leucī, ōrum *m volksstam in het huidige België;* — *adj.* **Leuconicus,** a, um (*Mart.*) [**lanae**]; — **Leuconicum,** ī *n* (*Mart.*) Leuconische wol.

Leucippus, ī *m*

1. *koning v. Messene;* — **Leucippis,** idis *f dochter v. Leucippus;*
2. *Gr. filosoof (ca. 450 v. Chr.).*

leuconotus, ī *m* (*Gr. leenw.*) (*Sen.*) droge zuidenwind, zuidzuidwester.

Leucopetra, ae *f voorgebergte in Bruttium, nu Punta di Pellaro.*

leucophaeātus, a, um (*Gr. leenw.*) (*Mart.*) in het grijs gekleed.

leucophaeus, a, um (*Gr. leenw.*) (*Plin. Mai.*) asgrauw, vaal.

Leucophrȳna, ae *f* (*Tac.*) *bijnaam v. Diana bij de in Kl.-Azië wonende Magnesiërs.*

Leucōsia, ae *f eiland ten Z. v. Paestum.*

Leucosyrī, ōrum *m Cappadociërs bij het Taurusgebergte en de Zwarte Zee.*

Leucothea, ae *en* **-ē,** ēs *f zeegodin, door Homerus gelijkgesteld met Ino, door de Romeinen met de Mater Matuta.*

Leuctra, ōrum *n vlakte en stad in Boeotië (bekend door de overwinning v. Thebe op Sparta in 371 v. Chr.);* — *adj.* **Leuctricus,** a, um.

leunculus, ī *m* (*demin. v. leo*) (*Vulg.*) leeuwtje.

Levācī, ōrum *m volksstam in het huidige België.*

levāmen, inis *n* (*levo*[1]) (middel ter) verlichting, verzachting [**mali**]; (*Verg., v. personen*) iem. die verlichting brengt; ▸ *omnis curae casūsque ~* (*v. Anchises*) verzachter v. elke zorg en nood.

levāmentum, ī *n* (*levo*[1]) (middel ter) verlichting, verzachting [**miseriarum; tributi in posterum**]; ▸ *alci -o esse.*

levātiō, ōnis *f* (*levo*[1])

1. verlichting [**aegritudinum**]; ▸ *alci esse levationi* iem. verlichting verschaffen; *habere* (verschaffen) *levationem; invenire levationem molestiis;*
2. vermindering [**vitiorum**].

levātor, ōris *m* (*levo*[1])

1. iem. die verlichting brengt;
2. (*Petr.*) dief.

lēvī *pf. v. lino.*

leviculus, a, um (*demin. v. levis*[1])

1. tamelijk ijdel [**Demosthenes**];
2. (*Gell.*) onbeduidend [**res**].

levidēnsis, e (*levis*[1]) dun (geweven) [**munusculum**].

levi-fidus, a, um (*levis*[1] *en fides*[1]) (*Plaut.*) onbetrouwbaar, niet te vertrouwen.

levigō[1]**,** levigāre (*levis*[1] *en ago*) (*postklass.*) verlichten.

lēvigō[2]**,** lēvigāre (*levis*[2] *en ago*) (*pre- en postklass.*) gladmaken.

leviō, leviāre *(Laatl.)* verlichten, bevrijden.

levi-pēs, *gen.* pedis *(levis[1])* lichtvoetig [**lepus**].

levis[1], e

1. licht *(van gewicht)*; lichtbewapend [**armatura** lichte wapenuitrusting, *meton.* lichtbewapende soldaten]; ▸ *leves armis* lichtgewapenden;
2. *(v. fysieke gesteldheid)* licht [**terra** schraal; **stipulae; populi** schimmen];
3. licht, vlug, behendig [**ventus; cervi; hora** vluchtig];
4. mild, zacht, licht [**exilium** draaglijk; **somnus; morbus; vinum; malvae** licht verteerbaar]; ▸ *ut levissime dicam* op zijn zachtst gezegd; *exulcerata et aegra corpora, quae ad tactus levissimos gemunt (Sen.)*;
5. *(metaf.)* onbeduidend, gering, zonder gezag [**causa; labor; dolor; ictus; praesidium; periculum; auctor**]; ▸ *pecunia alci levissima est* speelt totaal geen rol voor iem.; *alqd in levi habere* iets als een kleinigheid beschouwen; *levia conquirere; levis pauper* zonder krediet; *leviorem futurum apud patres reum (Liv.)* zou minder tellen;
6. niet ernstig, lichtzinnig, wisselvallig, onstandvastig [**iudices; sententia; amicitia**]; ▸ *leviter velle* niet serieus.

lēvis[2], e

1. glad [**pocula** blank; **mundus**]; ▸ *coma pectine levis; nascuntur leves per digitos umerosque plumae (Hor.)*;
2. onbehaard, zonder baard [**colla; iuventas; senex** kaal];
3. *(Verg.)* jeugdig, jong [**umeri; pectus**];
4. *(poët.)* gesoigneerd, verwijfd;
5. glad, glinsterend, glibberig [**sanguis**];
6. *(metaf., retor.)* vloeiend [**oratio**]; — *subst.* **-ia,** um *n (Hor.)* gladheid.

levi-somnus, a, um *(levis[1]) (Lucr.)* licht slapend.

lēvīta *en* **lēvītēs,** ae *m (eccl.)*

1. leviet *(tempeldienaar)*;
2. diaken;

/ *adj.* **lēvīticus,** a, um *(levita) (eccl.)* van een leviet *of* diaken.

levitās[1], ātis *f (levis[1])*

1. lichtheid *(van gewicht), ook metaf.* [**armorum** lichte bewapening];
2. *(poët.)* lichtheid *(van beweging)*, snelheid; ▸ *summā levitate ferri*;
3. *(metaf.)* onbeduidendheid, onbelangrijkheid [**opinionis** onhoudbaarheid];
4. lichtzinnigheid, lichtvaardigheid, onstandvastigheid, veranderlijkheid, onbestendigheid, *ook plur.* [**animi; vulgi; comicae** lichtvaardige streken in de komedie]; ▸ *~ nobis insita; ~ temere assentientium; levitatem alcis experiri.*

lēvitās[2], ātis *f (levis[2])*

1. gladheid [**speculorum; intestinorum** diarree]; ▸ *mundi corpus levitate continua lubricum*;
2. *(metaf., retor.)* gladheid, gepolijstheid, gemak in het uitdrukken.

levō[1], levāre *(levis[1])*

1. lichter maken, verlichten [**onus** iems. last afnemen];
2. opheffen [**membra humo**]; — *se ~ en pass. levari* zich verheffen: *se de caespite ~ ; se attollere ac ~ ; se (alis) ~* omhoogvliegen;
3. *(metaf.)* verlichten, verhelpen, verzachten, verminderen [**sollicitudinem; dolorem; morbum mulieri; luctum; curam; calamitatem innocentium; omen** minder verschrikkelijk maken; **annonam, frugum pretia** goedkoper maken];
4. ontlasten, bevrijden *(van: abl.)* [**alqm molestiā, supplicio, magnā curā; civitatem hibernis; se vitā aereo ense; nemus fronde** ontbladeren];
5. *(poët.)* weg-, afnemen [**alci vincula; ictum dextrā** afwenden];
6. *(metaf.)* verminderen, verzwakken, verkleinen, reduceren [**alcis fidem; regis facinus** de schuld aan de misdaad verkleinen];
7. oprichten, sterken, verkwikken, opbeuren [**viros auxilio**]; ▸ *animus levatur exercendo; cantūs corpora fessa levant*;
8. *(Mel.) ~ de fonte* ten doop houden.

lēvō[2], lēvāre *(levis[2])*

1. gladmaken, polijsten [**tigna**; *(Hor.) (metaf., in tekst)* **aspera cultu**];
2. ontharen [**corpus**].

lēvor, ōris *m (levis[2]) (poët.; postklass.)* gladheid [**chartae**].

lēx, lēgis *f (lego[1])*

1. wet, wettelijke bepaling, verordening; ▸ *leges regiae* uit de tijd v.d. koningen; *lege carens civitas* zonder wetten; *genus hominum agreste, sine legibus, sine imperio (Sall.)*; *legem abrogare* afschaffen; *leges dare* uitvaardigen; *legem figere* afkondigen; *legibus alqm solvere* dispensatie verlenen; *(ex) lege, (ex) legibus* volgens de wet, wetmatig; *lege agere* wetmatig, krachtens de wet handelen *(v.d. lictor, wanneer hij het vonnis v.d. rechter voltrok)* en wettelijk, gerechtelijk aanklagen *(v.d. aanklager)*; *per leges ire* zich aan de

wetten onderwerpen; *lege uti* volgens de wet handelen;
2. wetsvoorstel; ▸ *legem ferre, rogare* een wetsvoorstel indienen, een wet voorstellen; *legem perferre* een wetsvoorstel erdoor krijgen; *legem promulgare* publiekelijk afkondigen; *legem accipere; legem scribere* opstellen; *legem repudiare, antiquare* verwerpen;
3. *plur.* staatsinrichting; ▸ *leges libertasque* republikeinse grondwet; *suis legibus uti* een eigen grondwet hebben;
4. het geschreven recht (*itt. mos*);
5. wet, voorschrift *dat iem. zichzelf geeft;* ▸ *legem sibi statuere;* — gewoonte, manier *waarop iem. leeft: meā lege utar;*
6. regel, gebod, bepaling [**veri; philosophiae; grammatica**]; ▸ *hanc ad legem formanda est oratio (Cic.); legem dicere alci* iem. een voorschrift geven;
7. (*Ov.*) manier, gesteldheid, aard; ▸ *ex lege loci; sub lege loci;*
8. (*poët.; postklass.*) regelmatigheid, orde; ▸ *sine lege* onregelmatig, wanordelijk; *equi sine lege ruunt (Ov.); capilli iacent sparsi sine lege (Ov.); legem dare capillis (Sen.)* ordenen;
9. juridische bepaling (*voor koopcontracten*);
10. voorwaarde, conditie *v.e. verdrag* [**foederis; pacis**]; ▸ *pax data in has leges* onder de volgende voorwaarden; *accipiunt legem; lege certā; leges et foedera iungere; se sub leges pacis iniquae tradere (Verg.); metaf.: lex vitae;*
11. verdrag, contract [**mancipii** koopcontract];
12. (*Mel.*) (**a**) ~ *vetus* Oude Testament; ~ *nova* Nieuwe Testament; (**b**) ~ *generalis* algemeen geldende wet.

lexis, lexeos *f* (*Gr. leenw.*) (*pre- en postklass.*) woord; taal.

Lexoviī, ōrum *m volksstam in Gallië bij de monding v.d. huidige Seine.*

lībāmen, inis *n* (*libo*) (*poët.*)
1. (pleng)offer;
2. eersteling, eerste product; ▸ (*metaf.*) *tu nova servatae carpes libamina famae (Ov.)* jij zult de eerste vruchten v. mijn zorgvuldig gekoesterde reinheid plukken.

lībāmentum, ī *n* (*libo*)
1. offer(gave); ▸ *-a servare;*
2. (*postklass.*) (*metaf.*) voorproefje, hapje.

libanōtis, idis *f* (*Gr. leenw.*) (*postklass.*) rozemarijn.

libanus, ī *m en f* (*postklass.*) wierook.

Libanus, ī *m gebergte in het Z. v.h. antieke Syrië,* de Libanon.

lībārius, ī *m* (*libum*) (*postklass.*) koekenbakker, -verkoper.

lībātiō, ōnis *f* (*libo*) het offeren, plengoffer.

lībella, ae *f* (*demin. v. libra*)
1. *Rom.-Campanische zilveren munt met de waarde v.* 1/10 *denarius;* ▸ *heres ex -a* erfgenaam v. 1/10 deel v.d. erfenis;
2. kleine munt, cent, duit; ▸ *ad -am* tot op de cent, heel precies; *tibi -am argenti numquam credam;*
3. waterpas; schietlood.

libelliō, ōnis *m* (*libellus*) boekverkoper.

libellus, ī *m* (*demin. v. liber*[1])
1. boekje, geschreven werkje; ▸ *comes -i* leuke boekjes; — *meton.* (*poët.*) *plur.* boekwinkel;
2. notitieboekje, schrift, lijst; ▸ *ex -o respondere;*
3. brief, schrijven; ▸ *ex -is animadverti;*
4. verzoekschrift, smeekschrift; ▸ *-os signare;*
5. (*postklass.*) aanklacht, klaagschrift [**accusatorum**];
6. programma *voor een toneelstuk e.d.* [**gladiatorum** voor de gladiatorengevechten]; ▸ *-os dispergere;*
7. openlijke bekendmaking, afkondiging; ▸ *edere per -os;*
8. (*postklass.*) smaad-, spotschrift; ▸ *-os aut carmina ad infamiam alcis sub alieno nomine edere.*

libēns *en* (*arch.*) **lubēns,** *gen.* entis (*abl.* -ente *en* -entī) (*libet*)
1. graag, gewillig, met plezier, uit eigen beweging; ▸ *libenti animo* graag; *libentissimis Graecis; me libente* wat mij betreft;
2. (*kom.*) opgewekt, vrolijk; ▸ *faciam illos lubentiores.*

libentia *en* (*arch.*) **lubentia,** ae *f* (*libens*) (*Plaut.; Gell.*) vrolijkheid, plezier.

Libentīna *en* (*arch.*) **Lubentīna,** ae *f bijnaam v. Venus als godin v.h. genot.*

liber[1]**,** brī *m*
1. bast [**tenuis; mollis**];
2. (*meton.*) (**a**) geschrift; ▸ *Demetrii ~ de concordia; is ~ quem de rebus rusticis scripsi (Cic.);* — hoofdstuk, boekdeel, boek: *tres libri perfecti sunt de natura deorum (Cic.);* (**b**) *plur.* religieuze boeken [**Etruscorum; Sibyllini**], augurale boeken, rechtsboeken; (**c**) brief [**grandior**]; (**d**) lijst, register, catalogus; (**e**) (*Plin. Min.*) besluit [**principis**].

līber[2]**,** era, erum

1. vrij, ongehinderd, onbeperkt, zonder dwang, zelfstandig [**aqua liberior** het vrijer stromende water = zee; **tempus; otia liberrima** geheel vrij van bezigheden; **caelum** vrije hemel; **mandata** onbeperkte volmacht; **sententiae** vrije meningsuiting; **liberā fide** niet door belofte gebonden; **fenus** niet door de wet aan banden gelegde woeker; **res familiaris** vrij van schuld; **ab omni sumptu** belastingvrij; **aedes** onbewoond; **custodia** huisarrest]; ▸ *liberum habere alqd* vrije beschikking over iets hebben; *neque liberum id vobis permittet* zal jullie daarin niet de vrije keus laten; *liberum est mihi (m. inf.; afh. vr.)* het staat mij vrij = het ligt in mijn macht; *ad scribendi licentiam liber;*

2. vrijmoedig, open, onbevangen [**animus; litterae; iudicium senatūs**]; ▸ *liberrime confiteri; vocem liberam mittere; liberā linguā uti; comitia libera;*

3. onbeteugeld, losbandig, uitgelaten [**mores; convivium**]; ▸ *liberius vivere;*

4. vrijwillig; ▸ *libere omnia ferre;*

5. vrij van, zonder *(m. ab; abl.; gen.)* [**patria a tyrannis; curā; fati** ontheven van de lotsbestemming; **laborum**]; ▸ *loca ab arbitris libera; vina libera* vrij makend = van zorgen bevrijdend; *ab observando homine perverso liber sum (Cic.)* ik ben bevrijd van de noodzaak om respect te hebben voor verkeerde mensen;

6. vrijgeboren, onafhankelijk, autonoom [**possessio; civitas; Achaiae populi** met republikeinse staatsinrichting]; ▸ *libera vestis* kleed v.e. vrij man; *libera toga* toga die men draagt als men de leeftijd v.e. man bereikt heeft; — *subst.* erī *m* vrije, vrijgeborene; ▸ *alqm non liberum putare* denken dat iem. niet een vrij man is;

7. zonder verplichtingen *of* (juridische) beperkingen [**ager**].

Līber, erī *m god v.d. vruchtbaarheid en v.d. groei, al snel met Dionysus (Bacchus) gelijkgesteld als god v.d. wijn; — meton. (poët.)* wijn.

Lībera, ae *f (Liber)*

1. *= Proserpina, als zuster v. Liber (Bacchus);*

2. *= Ariadne, als echtgenote v. Liber (Bacchus).*

Līberālia, um *n (Liber) feest v. Liber en Libera op 17 maart, waarop vrouwen offerkoeken te koop aanboden en jonge mannen de toga virilis ontvingen.*

līberālis, e *(liber²)*

1. de vrijheid betreffend, vrijheids- [**causa** proces wegens vrijheidsrechten; **nuptiae** tussen vrijgeborenen];

2. een vrijgeboren man waardig: (a) beschaafd, voornaam [**eruditio; studia; artes; viaticum** behoorlijk; **fortuna** behoorlijk rijk leven; **mens; sumptus** overeenkomstig zijn stand]; ▸ *pulcher est et ~ (Plaut.)* met een voornaam uiterlijk; (b) vriendelijk [**responsum**]; (c) vrijgevig *(met: gen.)* [**pecuniae**];

3. overvloedig, copieus [**epulae**].

līberālitās, ātis *f (liberalis)*

1. voornaam karakter, vriendelijkheid, welwillendheid; ▸ *homo non liberalitate popularis (Cic.);*

2. vrijgevigheid; ▸ *quid dicam de liberalitate in sorores? (Cic.);*

3. *(postklass.) (meton.)* gift; ▸ *decima pars liberalitatis apud quemque eorum relinquitur (Tac.).*

līberātiō, ōnis *f (libero)*

1. bevrijding *(van: gen.)* [**culpae**];

2. vrijspraak *voor de rechtbank.*

līberātor, ōris *m (libero)* bevrijder [**urbis**].

līberī, ōrum *en* um *m (liber²)* (vrijgeboren) kinderen.

līberō, līberāre *(liber²)*

1. bevrijden *v. slaven of gevangenen uit boeien e.d.,* vrijmaken, vrijlaten [**servos; pullos caveā**];

2. vrijmaken, losmaken *(v. voorwerpen)* [**ensem** ontbloten];

3. bevrijden, redden, vrijmaken *(uit, van: ex; ab; abl.)* [**ex incommodis; patriam a tyranno; mundum ab omni erratione; rem publicam dominatu regio; alqm suspicione, aere alieno**]; ▸ *Buthrotios decreto suo ~ (Cic.)* van verbanning en verdeling van hun akkers;

4. vrijstellen van belasting [**Byzantios**];

5. *(jur. t.t.)* vrijspreken, van rechtsvervolging ontslaan *(van: abl.; gen.)* [**alqm supplicio; liberatum discedere** vrijuit gaan; **alqm voti** iem. ontslaan van zijn verplichting om zijn gelofte te vervullen]; — *pass. m. nci.:* Milo *liberatur profectus esse* wordt vrijgesproken van de beschuldiging;

6. vrij uitzicht verschaffen [**templa liberata**];

7. *(metaf.)* opheffen, beëindigen [**obsidionem urbis**];

8. afhandelen, vervullen, afdoen [**fidem** woord houden; **promissa** ongedaan maken; **nomina** schulden regelen];

9. oversteken, passeren [**limen**].

līberta, ae *f (libertus)* vrijgelaten vrouw [**Veneris** voormalige tempelslavin v. Venus].

lībertās, ātis *f (liber²)* vrijheid

1. (burgerlijke) vrijheid *v. Rom. burgers, waartoe*

het stemrecht in de comitia en deelname aan lekenrechtbanken behoorden; ▸ *servos ad libertatem vocare* slaven de vrijheid beloven; *libertatem alci donare, eripere; alqm e servitute in libertatem vindicare* bevrijden; *ad usurpandam libertatem vocare* oproepen om het stemrecht uit te oefenen; *omnes homines naturā libertati studere et condicionem servitutis odisse (Caes.)*;
2. vrijheid *v.e. staat,* zelfstandigheid, autonomie, onafhankelijkheid, *ihb.* republikeinse staatsvorm; ▸ *libertati favere; libertatem perdere, repetere, restituere*;
3. vrijheidszin [**innata; timefacta**];
4. losbandigheid, teugelloosheid *(in: gen.)* [**nimia; omnium rerum**];
5. gelegenheid, toestemming [**loquendi**];
6. vrijmoedigheid, onverschrokkenheid [**ingenii**]; ▸ *quasi per libertatem; libertatem requirere*;
7. *personif.* **Lībertās** *godin v.d. vrijheid.*

lībertīna, ae *f (libertinus)* vrijgelaten vrouw.

lībertīnitās, ātis *f (libertinus) (postklass.)* status v. vrijgelatene.

lībertīnus *(libertus)*
I. *adj.* a, um vrijgelaten, van een vrijgelatene;
II. *subst.* ī *m* vrijgelatene.

lībertō, lībertāre *(Mel.)* de vrijheid schenken aan *(m. acc.)*.

lībertus, ī *m (liber²)* vrijgelatene *(in relatie tot zijn vroegere meester)* [**Fausti; tuus**].

libet *(arch.* **lubet***),* libuit *en* libitum est *(onpers.)* het belieft, het behaagt; ▸ *(m. inf. en evt. dat. v.d. persoon aan wie iets behaagt) scribere plura libet (Ov.); si mihi liberet accusare (Cic.); (m. neutr. v.e. pron. of alg. adj. als subj.) hoc (quod, quantum) facite quod vobis libet.*

Lībēthrides, um *f bijnaam v.d. muzen naar het Libethriongebergte (het westelijk deel v.d. Helicon in Boeotië), waar zich een aan hen gewijde bron bevond.*

libīdinor, libīdinārī *(libido) (postklass.)* geil zijn; zijn geilheid botvieren.

libīdinōsus, a, um *(libido)*
1. wellustig, wulps, geil [**adulescentia; voluptates; amor; domina**];
2. vol willekeur, eigenzinnig, losbandig [**tyrannus**].

libīdō *en (arch.)* **lubīdō,** inis *f (libet)*
1. begeerte, lust, verlangen, aandrang *(naar, tot: gen.)* [**voluptatum; ulciscendi; sanguinis** bloeddorst]; ▸ *libidinem in armis habere* plezier beleven aan wapengeweld; *tanta ~ cum Mario eundi plerosque invaserat (Sall.)*;
2. seksuele begeerte, wellust, hartstocht, losbandigheid, liederlijkheid; ▸ *libidine incensus; providendum ne quod in vita vestigium libidinis appareat (Cic.)*;
3. willekeur, goeddunken, gril, bandeloosheid [**suffragandi; iudicum**]; ▸ *libidines frangere, refrenare; ad libidinem en (ex) libidine* naar believen, willekeurig.

libita, ōrum *n (libet) (Tac.)* verlangens, lusten; ▸ *vim suaque -a exercere in alqm.*

Libitīna, ae *f*
1. *doodsgodin; in haar tempel werden alle benodigdheden voor begrafenissen bewaard en de sterfregisters bijgehouden;*
2. *(meton.)* (a) *benodigdheden voor een begrafenis, o.a.:* draagbaar, doodsbed; (b) *(poët.)* dood.

libitīnārius, ī *m (Libitina) (postklass.)* begrafenisondernemer.

libitus, ūs *m (libet) (Laatl.)* verlangen, lust.

lībō, lībāre
1. *(een beetje)* wegnemen, *metaf.* ontlenen; ▸ *a natura deorum libatos animos habemus* onze zielen zijn aan het wezen v.d. goden ontleend;
2. *(poët.)* licht aanraken [**oscula** kussen; **pede summam arenam**];
3. proeven, genieten [**cibos; dapes; amnem;** *metaf.* **artes**];
4. *(poët.)* als drankoffer uitgieten *of* plengen [**pateras Iovi**];
5. *(Verg.) (door uitgieten bij het offeren)* besprenkelen [**altaria pateris**];
6. offeren, wijden [**frugem Cereri; tura dis; certas fruges certasque bacas publice;** *metaf.* **carmina aris**];
7. verminderen [**nil de corpore; vires**].

lībra, ae *f*
1. weegschaal; ▸ *per aes et -am of -ā et aere mercari alqd* door formele koop, contant; *sine -a et tabulis testamentum facere* zonder de wettelijke formaliteiten; *tuus librā et aere minus (Ov.)* ook zonder formele koop;
2. paslood, waterpas; ▸ *ad -am facere turres* op gelijke hoogte;
3. *(poët.; postklass.)* Weegschaal *als sterrenbeeld;*
4. *(Plin. Mai.) (meton.)* evenwicht;
5. Rom. pond *(ruim 327 gram);* ▸ *coronam auream -am pondo ex publica pecunia in Capitolio Iovi donum posuit (Liv.)*;
6. *(Mel.)* Karolingisch zilveren pond.

lībrālis, e *(libra) (postklass.)* een *(Rom.)* pond zwaar.

lībrāmentum, ī *n (libro)*
1. gewicht, tegenwicht [**plumbi**];

2. evenwicht, balans; ▸ *-o stare; -um tenere;*
3. *(Tac.)* spanriem [**tormentorum**];
4. *(Plin. Mai.)* verval *v. water;*
5. *(math. t.t.)* horizontaal vlak, rechte lijn; ▸ *sub eodem -o stare (Sen.).*

librāria[1], ae *f (librarius*[1]*) (Gell.) (vul aan: taberna)* boekwinkel.

lībrāria[2], ae *f (libra) (Juv.)* opzichteres, *die de door de slavinnen te spinnen wol afweegt.*

librāriolus, ī *m (demin. v. librarius*[1]*)* schrijver, kopiist.

librārium, ī *n (liber*[1]*)* boekenkast, -plank.

librārius[1] *(liber*[1]*)*
I. *adj.* a, um boeken-, boek- [**taberna** boekwinkel; **doctor** *of* **magister** leraar; **scriptor** overschrijver v. boeken; **scriba** boekhouder; **atramentum** schrijfinkt];
II. *subst.* ī *m*
1. schrijver, kopiist;
2. boekhandelaar, boekverkoper.

lībrārius[2], a, um *(libra) (postklass.)* een (Rom.) pond zwaar.

lībrātiō, ōnis *f (libro)* het in evenwicht brengen; evenwicht, horizontale positie.

lībrātor, ōris *m (libro) (postklass.)* landmeter.

lībrīlis, e *(libra)* een (Rom.) pond zwaar [**funda** *katapult waarmee men stenen van een pond zwaar slingerde*].

lībri-pēns, pendis *m (libra en pendo) (postklass.) iem. die bij een koop de weegschaal vasthoudt.*

lībrītor, ōris *m (libro) (Tac.)* steenslingeraar.

lībrō, lībrāre *(libra)*
1. in evenwicht houden *of* brengen; ▸ *tellus ponderibus librata suis (Ov.); corpus in alas* ~ zijn lichaamsgewicht over de vleugels verdelen; *(metaf.) si immensum imperii corpus stare ac librari sine rectore posset (Tac.);*
2. horizontaal, vlak maken;
3. *(metaf.)* taxeren, wegen, schatten [**crimina; gaudia**];
4. zwaaien, slingeren [**telum; caestūs; se per nubila** vliegen]; — *p. adj.* **lībrātus,** a, um (met kracht) geslingerd.

libuit *pf. v. libet.*

lībum, ī *n*
1. koek, *ihb.* offerkoek;
2. *(Laatl.)* (pleng)offer.

Liburnia, ae *f kuststreek in Illyrië tussen Istrië en Dalmatië;* — *inw.* **Liburnī,** ōrum *m;* — *adj.* **Liburn(ic)us,** a, um; — **Liburna** *en* **Liburnica,** ae *f* Liburnisch schip *(snel Rom. oorlogsschip met twee roeidekken, naar het voorbeeld v.d. piratenschepen v.d. Liburni).*

Libya, ae *en* **-ē,** ēs *f* Libië; *ook* N.-Afrika; — *inw.* **Libys,** yos *m* Libiër; — *adj.* **Liby(c)us,** a, um, **Libys,** yos, *fem. ook* **Libyssa,** ae *en* **Libystis,** idis Libisch, Afrikaans, *poët.* Carthaags.

Libyphoenīces, um *m in Libië wonende Feniciërs.*

licēns, *gen.* entis *(p. adj. v. licet)*
1. vrij, ongebonden, onbeperkt;
2. teugelloos, brutaal, uitgelaten [**turba**].

licentia, ae *f (licet)*
1. vrijheid, ongebondenheid [**pecuniarum eripiendarum; ludendi**]; ▸ *magnis et divinis bonis hanc -am* (voorrecht) *assequebantur (Cic.); tantum -ae dabat gloria;*
2. vrijheid, privilege, vergunning;
3. macht [**tanta** onbeperkt; **necis et vitae civium** over leven en dood];
4. willekeur [**oratorum** buitensporigheden; **poëtarum; fortunae** grilligheid];
5. teugelloosheid, brutaliteit, uitgelatenheid [**Alexandrina; ponti; indomita; nocturni temporis** die de nacht met zich meebrengt]; ▸ *coërcere militarem -am; augere alci -am; comprimere hominum -am;*
6. *personif.* **Licentia** *godin v.d. teugelloosheid.*

licentiō, licentiāre *(Mel.)* toestemming geven; vrijlaten, verjagen.

licentiōsus, a, um *(licentia) (postklass.)* uitgelaten, losbandig, eigenzinnig.

liceō, licēre, licuī, —
1. te koop aangeboden worden [**quanti; parvo pretio**];
2. *(Hor.)* waard zijn [**pluris**];
3. *(postklass.) (koopwaar)* aanbieden; ▸ *percontans, quanti liceret opera effecta.*

liceor, licērī, licitus sum *(liceo) bij een veiling* bieden *(op: acc.)* [**hortos; contra** tegen ... op]; ▸ *in auctione nemo voluit* ~ *(Sen.); liciti sunt usque eo* ze gingen met hun bod zover.

licet, licēre, licuit *en* licitum est *(onpers.)*
1. het is geoorloofd, het staat vrij, men mag, het is mogelijk; ▸ *per me licet* wat mij betreft mag het; *(m. inf. en evt. dat. v.d. pers. aan wie iets wordt toegestaan; m. aci.) id Roscio facere non licet* Roscius mag dit niet doen; *ei consulem fieri licebat; nos frui liceret; (m. neutr. v.e. pron. of alg. adj. als subj., bv. quid, id, quod, nihil) quod per leges licet; cui tantum de te licuit? (Verg.)* wie kon jou zoiets aandoen?; *(m. inf. en dubb. dat.) licet illis incolumibus discedere; Themistocli licuit esse otioso; (soms m. conj.) sequatur licebit* hij mag volgen; *fremant omnes licet; amet licet;*

2. (*als antwoord op een bevel of verzoek*) goed, o.k.; 3. *als concessieve cj.* (*m. conj. praes. of pf.*; *postklass. ook m. ind.*) ook al, ofschoon; ▸ *omnia licet concurrant*; — *versterkt*: quamvis licet (*m. conj.*): hoe zeer ook; (*poët.*) *zonder verbum finitum*: ofschoon: *isque, licet caeli regione remotos, mente deos adiit.*

Lichās, ae *m dienaar v. Hercules.*

līchēn, ēnis *m* (*Gr. leenw.*) (*postklass.*)
1. (*Plin. Mai.*) korstmos;
2. (*med.*) *een soort* huidziekte, huiduitslag.

Licinius, a, um *naam v.e. pleb. gens in Rome, ook voorkomend in Etrurië*:
1. C. ~ *Stolo, voorvechter v.d. plebejers tegen de patriciërs, medegrondlegger v.d. leges Liciniae Sextiae, volkstribuun van 367 tot 366 v. Chr., consul in 361 v. Chr.*;
2. L. ~ Crassus (*140—91 v. Chr.*), *belangrijk redenaar, consul in 95, censor in 92 v. Chr.*;
3. M. ~ Crassus Dives (*115—53 v. Chr.*), *sloot in 60 v. Chr. met Pompeius en Caesar het eerste triumviraat, werd in 53 v. Chr. ten Z. v. Carrhae door de Parthen verslagen en gedood*;
4. L. ~ Lucullus Ponticus (*117—56 v. Chr.*), *veldheer in de Bondgenotenoorlog en tegen Mithridates en Tigranes, bekend om zijn spreekwoordelijke rijkdom en weelde*;
5. L. ~ Murena, *legaat v. Lucullus, in 63 v. Chr. als aankomend consul aangeklaagd wegens verkiezingsfraude, door Cicero succesvol verdedigd, consul in 62 v. Chr.*

licitātiō, ōnis *f* (*licitor*) het bieden (*bij veilingen*), bod.

licitātor, ōris *m* (*licitor*) bieder (*bij veilingen*).

licitor, licitārī (*intens. v. liceor*)
1. (*Plaut.*) bieden (*bij veilingen*);
2. (*postklass.*) bieden op (*m. acc.*).

licitus[1], a, um (*licet*) (*poët.*; *postklass.*) toegestaan; — *subst.* **-um,** ī *n* geoorloofde handeling: *ipse per licita atque illicita foedatus* (*Tac.*).

licitus[2] p.p. *v. liceor.*

līcium, ī *n*
1. dwarsdraden in een weefsel, inslag; ▸ *-a telae addere* een nieuw weefsel opzetten;
2. *alg.* draad, lint, band; ▸ *-a dependent longas velantia sepes* (*Ov.*); *tum cantata ligat cum fusco -a plumbo* (*Ov.*).

līctor, ōris *m*
1. lictor, *dienaar v. hogere magistraten en v. enkele priesters; lictoren waren meestal vrije burgers v. lage stand of vrijgelatenen; ze liepen met de fasces* (*symbool v.d. bevoegdheid tot berechting en bestraffing*) *achter elkaar voor de magistraat uit om plaats te maken en eventuele straffen te voltrekken; het aantal lictoren hing af v.d. rang v.d. magistraat: een dictator had 24 lictoren, een consul 12, een pretor 6, een keizerlijke legaat 5, de flamen Dialis en Vestaalse maagden hadden ieder 1 lictor zonder fasces* [**primus** *of* **proximus** eerste, direct vooraan *voor de* magistraat lopende lictor];
2. (*metaf.*) dienaar.

licuī *pf. v. liceo, liqueo en liquesco.*

licuit *pf. v. licet.*

līdō, līdere (*Lucr.*) slaan *of* beuken tegen.

liēn, ēnis *m* (*pre- en postklass.*) milt.

liēnōsus, a, um (*lien*) (*pre- en postklass.*) last van zijn milt hebbend.

ligāmen, inis *en* **ligāmentum,** ī *n* (*ligo*[1]) (*poët.*; *postklass.*) band, verband.

Ligārius, a, um *naam v.e. Rom. gens*: Q. ~, *aanhanger v. Pompeius, later aangeklaagd wegens hoogverraad, door Cicero in 46 v. Chr. succesvol verdedigd, een v.d. samenzweerders tegen Caesar*; — *adj. ook* **Ligāriānus,** a, um.

ligātiō, ōnis *f* (*ligo*) (*Laatl.*) het verbinden; verband.

ligātūra, ae *f* (*ligo*) (*Laatl.*) het verbinden; het verbonden zijn; verband.

Liger, eris *m rivier in Gallië, nu de* Loire.

lignārius, ī *m* (*lignum*) houthandelaar; ▸ *inter -os* op de houtmarkt (*in Rome*).

lignātiō, ōnis *f* (*lignor*) het sprokkelen van hout; ▸ *lignationis causa in silvas discedere* (*Caes.*).

lignātor, ōris *m* (*lignor*) houtsprokkelaar.

ligneolus, a, um (*demin. v. ligneus*) gemaakt van hout, houten.

ligneus, a, um (*lignum*)
1. houten, van hout, hout- [**columna; lectus**];
2. (*Plaut.*) in *of* op hout geschreven;
3. (*poët.*) (*metaf.*) mager, sprietig [**coniunx**].

lignor, līgnārī (*lignum*) hout sprokkelen.

lignōsus, a, um (*lignum*) (*Plin. Mai.*) houtachtig.

lignum, ī *n* (*lego*[1])
1. hout (*als materiaal*); stuk hout, blok; ▸ *calcei ex -o facti*; *fascis -orum*; *ignem ex -is viridibus fieri iubere*; *exstruere focum -is*; — *sprw.*: *-a in silvam ferre* water naar de zee dragen;
2. (*poët.*; *postklass.*) (*meton.*) *houten voorwerp, o.a.*: (**a**) schacht *v.e. speer of pijl*; (**b**) = paard v. Troje; ▸ *inclusi -o Achivi*; (**c**) schrijftafel; (**d**) (*Ov.*) houten beeld (*v.e. koe*); (**e**) houten pop;
3. (*poët.*; *Laatl.*) boom;
4. (*Ov.*) entloot;
5. (*Plin. Mai.*) pit *v.e. vrucht.*

ligō[1], ligāre *(poët.; postklass.)*
1. (samen)binden [**manūs post terga**]; ▸ *catenis ligatus; sudarium circum collum* ~ ;
2. aan-, vastbinden [**mulam** inspannen; **alqm vinculo**]; ▸ *pisces in glacie ligati* vastgevroren;
3. verbinden, dichtbinden, omwinden [**vulnera veste; guttura laqueo** dichtsnoeren]; ▸ *digitos ligat iunctura; caementa in tectis ligantur* worden verbonden;
4. *(Ov.) (metaf.)* verbinden, verenigen [**dissociata**]; ▸ *vinculo tecum propiore ligari;*
5. *(metaf.)* aangaan, sluiten [**pacta; coniugia**].

ligō[2], ōnis *m* houweel, hak.

ligula[1], ae *f (pre- en postklass.)* lepel.

ligula[2], ae *f* = *lingula.*

Ligurēs, um *m, sg.* **Ligus** *(later* **Ligur***)*, uris *m en f volksstam in N.W.-Italië, rondom Genua; — hun gebied:* **Liguria,** ae *f; — adj.* **Ligus,** *gen.* uris, **Ligusticus** *en* **Ligustīnus,** a, um.

ligurriō, ligurrīre *en* **ligūriō,** ligūrīre *(lingo) (m. acc.)*
1. *(niet-klass.)* likken (aan), snoepen van;
2. *(metaf.)* belust zijn op, azen op [**curationem agrariam**].

ligurrītiō, ōnis *f (ligurrio)* snoepzucht.

Ligus *zie Ligures.*

ligustrum, ī *n (poët.; postklass.)* liguster.

līlium, ī *n*
1. lelie;
2. *(metaf., milit.)* wolvenkuil, *een soort trechtervormige valkuil waarin puntige palen werden aangebracht, toegedekt met rijshout.*

Lilybaeum *en* **-on,** ī *n voorgebergte en door Carthagers gestichte stad op W.-Sicilië, nu* Marsala; *— adj.* **Lilybēius** *en* **Lilybītānus,** a, um.

līma, ae *f (poët.; postklass.)*
1. vijl; ▸ *-ā polire alqd;*
2. *(metaf.)* zorgvuldige afwerking, het polijsten *v.e. geschrift;* ▸ *labor -ae.*

līmātulus, a, um *(demin. v. limatus)* gepolijst, fijnzinnig [**iudicium**].

līmātus, a, um *(p. adj. v. limo*[1]*)* gepolijst, zorgvuldig afgewerkt, verzorgd; ▸ *limatius dicendi genus; limatius ingenium; homo oratione* ~.

limbulārius, ī *m (limbus) (Plaut.)* boordenmaker.

limbus, ī *m (poët.)* boord, rand, zoom; ▸ *Sidoniam picto chlamydem circumdata -o (Verg.).*

līmen, inis *n*
1. drempel *(ook plur.)* [**cubiculi; curiae**]; ▸ *intra limen* binnenshuis; *sprw.: prospicere tantum et a limine salutare (Sen.) (een wetenschap e.d.)* slechts van een afstand beschouwen;
2. *(meton.)* woning, huis [**sceleratum** woning v.d. goddelozen *(als aanduiding v.d. Tartarus)*]; ▸ *limine pelli; limen intrare; limine contineri; tua limina adirem;*
3. *(Verg.)* startperk *op de renbaan;* ▸ *equi limen relinquunt;*
4. *(poët.; postklass.) (metaf.)* drempel, begin [**belli**]; ▸ *in primo limine;*
5. *(poët.; postklass.)* grens; ▸ *extra limen Apuliae.*

līmes, itis *m*
1. grenspad, grenslijn *(tussen twee akkers of wijngaarden)*, grensweg; ▸ *partiri limite campum;*
2. *(postklass.)* versterkte grenslinie, grens, grenswal [**limitem scindere**];
3. (veld)weg, straat [**Appiae; acclivis; transversus** zijweg]; baan, route [**fluminis** rivierbedding; **sectus** (hemel)baan]; ▸ *limite recto fugere; eo limite signa extulerunt; (metaf.)* ~ *ad caeli aditum patet; eundem limitem agere* dezelfde middelen hanteren; *lato te limite ducam;*
4. spoor, streep, lijn; ▸ *longo limite sulcus dat lucem (Verg.);*
5. *(Ov.) (metaf.)* verschil; ▸ *iudicium brevi limite falle tuum.*

līmi-genus, a, um *(limus*[1] *en gigno) (Laatl.)* uit slijk ontsproten.

līmitāneus, a, um *(limes) (Laatl.)* bij de grens horend, grens- [**miles**].

līmitō, līmitāre *(limes) (postklass.)* afgrenzen, beperken, begrenzen.

Limnaeum, ī *n havenplaats in Acarnanië (O.-kust v. Midden-Griekenland).*

Limnātis, idis *f bijnaam v. Diana als beschermgodin v.d. vissers.*

līmō[1], līmāre *(lima)*
1. *(pre- en postklass.)* vijlen, gladmaken, polijsten, afslijpen [**gemmas**]; schuren, scherpen [**cornu ad saxa**]; ▸ *plumbum limatum* loodvijlsel; *caput* ~ *cum* zijn hoofd wrijven tegen = omhelzen *(vgl. ook limo*[2]*)*;
2. *(metaf.)* vijlen, polijsten; ▸ *vir urbanitate limatus;*
3. zorgvuldig onderzoeken, proberen te doorgronden [**veritatem**];
4. verminderen, afbreuk doen aan [**commoda alcis**]; *(m. de)* wegnemen van [**tantum de altero**]; ▸ *de tua prolixa beneficaque natura limavit aliquid posterior annus (Cic.); — se ad alqd* ~ zich tot iets beperken.

līmō[2], līmāre *(limus*[1]*) (Plaut.)* met modder inwrijven [**caput alci** *woordspeling met limus*[1] *(vgl. ook limo*[1]*)*].

līmōsus, a, um *(limus*[1]*)*
1. modderig [**planities; lacus**];
2. in de modder, modder-;
3. *(Plin. Mai.)* vol slijm, slijmerig [**ossa**].

limpidus, a, um helder [**lacus; aër;** *ook metaf.* **vox**].

līmulus, a, um *(demin. v. limus*[2]*)* *(Plaut.)* een beetje scheel; ▸ *-is (vul aan: oculis) intueri* tersluiks aankijken.

līmus[1]**,** ī *m*
1. modder [*metaf.* **malorum**];
2. droesem;
3. slijm.

līmus[2]**,** a, um scheef, scheel [**oculi**].

līmus[3]**,** ī *m (limus*[2]*) (poët.; postklass.)* schort *v. (offer)dienaren.*

Limyrē, ēs *f stad in Lycië.*

līnāmentum, ī *n (linum)* linnen doek.

līnctus *ppp. v. lingo.*

Lindos *en* **Lindus,** ī *f stad op Rhodos.*

līnea *en (soms)* **līnia,** ae *f*
1. (richt)snoer, paslood; ▸ *-ā uti; ad -am en rectis -is* loodrecht;
2. *(poët.)* vislijn; ▸ *sprw.: mittam -am (Plaut.)* ik zal een lijntje uitgooien, proberen hem te vangen;
3. *(postklass.) plur.* net;
4. lijn, streep;
5. *plur.* schets, ontwerp; ▸ *primas -as ducere;*
6. lijn, grens; ▸ *-as transire* de grenzen overschrijden;
7. *(Ov.)* scheidslijn, pad *tussen de rijen zitplaatsen in het theater;* ▸ *cogit nos ~ iungi;*
8. *(metaf.)* doel, einde; ▸ *mors ultima ~ rerum; admoveri -as sentio* ik voel dat het einde nabij is, ik zal weldra sterven;
9. *(Mel.) (meton.)* albe *(wit mishemd v.e. priester).*

līneāmentum, ī *n (linea)*
1. lijn, streep;
2. *plur.* (a) omtrekken, contouren, schets, ontwerp *v.e. tekening, beeld e.d.* [**deorum; operum**]; ▸ *numerus quasi extrema -a orationi attulit* het ritme vervolmaakte als het ware de redevoering; (b) gestalte, (gelaats)trekken [**corporis; animi**]; ▸ *ut homunculis similem fingeret deum, -is tantum extremis, non habitu solido (Cic.).*

līneāris, e *(linea) (postklass.)* bestaand uit lijnen, lijnen betreffend.

līneātiō, ōnis *f (lineo)* lijn, richting.

līneō, līneāre *(linea)*
1. uitlijnen, afmeten;
2. *(Mel.) (letters)* uittekenen.

līneus, a, um *(linum)* van linnen, linnen [**vestis; vincula**].

lingō, lingere, līnxī, līnctum *(poët.; postklass.)* (af)likken [**mel; digitos**].

Lingones, um *m volksstam in het gebied tussen de Senones en Sequani, in de buurt v.h. huidige Langres; — sg.***Lingonus,** ī *m; — adj.* **Lingonicus,** a, um.

lingua, ae *f*
1. tong; ▸ *-ā lambere alqd;*
2. het spreken, spraak; ▸ *-am tenere, continere* zwijgen; *favete -is* zwijg!; *~ astricta mercede; -am acuere et procudere (Cic.)* de spraak oefenen en vormen;
3. *verschillende vormen v.h. gebruik v.d. tong:* (a) gave v.h. woord, welbespraaktheid; (b) boze tong [**magica** toverspreuken; **mala** betovering];
4. taal [**Latina; Graeca**]; ▸ *-ae pastorum peritus; -ae Latinae gnarus, sciens;*
5. tongval, dialect;
6. *(Verg.)* klank, toon, gezang [**volucrum**];
7. *iets met de vorm v.e. tong, bv.:* (a) landtong; (b) *een soort plant.*

linguārium, ī *n (lingua) (Sen.) (scherts.)* 'tonggeld' = *straf voor onbehoorlijk taalgebruik.*

lingula, ae *f (demin. v. lingua)*
1. landtong; ▸ *in extremis -is promunturiisque (Caes.);*
2. *(poët.; postklass.)* riem *v.e. schoen (met een uiteinde in de vorm v.e. tong);*
3. *(Plaut.) (als scheldw.)* slappeling(?).

lingulāca, ae *m en f (lingula)*
1. *een soort vis,* tong(?);
2. *(Plaut.) (woordspeling op lingua)* iem. met een gladde tong.

linguōsus, a, um *(lingua) (postklass.)* praatziek.

līnia, ae *f = linea.*

līniāmentum, ī *n = lineamentum.*

līni-fer, fera, ferum *(linum en fero) (Plin. Mai.)* linnen voortbrengend.

līni-ger, gera, gerum *(linum en gero) (poët.)* linnen dragend, in linnen kleding gekleed [**Isis; turba** priesters v. Isis; **iuvenca**].

linō, linere, lēvī *(en* līvī*),* litum
1. insmeren, bestrijken [**ferrum pice; vinum** *een vat wijn met pek dichten;* **faciem; spicula vipereo felle**];
2. *(poët.)* besmeuren, bezoedelen [**ora luto;** *(metaf.)* **splendida facta foedo carmine**];
3. *(poët.)* bedekken, overtrekken [**tecta auro** vergulden]; ▸ *lita corpora guttis* gespikkeld;

4. (*postklass.*) (op)smeren [**medicamina**];
5. (*Ov.*) (*in was geschreven tekst*) uitvegen.

linozōstis, is *en* idis *f* (*Gr. leenw.*) *een soort plant,* bingelkruid(?).

linquō, linquere, līquī, —
1. verlaten [**urbem; patriae fines; lumen** sterven];
2. (achter)laten; (*m. dubb. acc.*) *in een bepaalde toestand* laten [**alqm vivum; alqd intentatum**]; nalaten [**prolem**];
3. in de steek laten; ▸ (*animo*) *linqui* flauwvallen; (*ook actief*) *animus linquit alqm* iem. raakt buiten bewustzijn; *linquentem animum revocare* weer bijkomen, moed vatten;
4. laten varen, terzijde laten [**severa; naturam**];
5. (*poët.*) overlaten, overleveren [**socios ignotae terrae; promissa procellis** niet nakomen];
6. (*Lucr.*) *onpers. linquitur* (*m. ut*) er rest nog; ▸ *linquitur ut totis animalibus assimulentur.*

linteāmen, inis *n* (*linteum*) (*postklass.*) linnen kledingstuk *of* doek.

linteārius, a, um (*linteum*) (*postklass.*) betrekking hebbend op linnen; — *subst.* ī *m* wever *of* verkoper v. linnen.

linteātus, a, um (*linteum*) in linnen gekleed [**legio; senex**].

linteō, ōnis *m* (*linteum*) (*Plaut.*) wever v. linnen.

linteolum, ī *n* (*demin. v. linteum*) (*pre- en postklass.*) linnen doekje.

linter, tris *f en m*
1. boot, schuitje; ▸ *ingens vis navium lintriumque*; (*metaf.*) *in, e lintre loqui* bij het spreken heen en weer wiebelen; *sprw.*: *navigat hinc aliā iam mihi ~ aquā* (*Ov.*) = ik begin vanaf hier iets nieuws; *in liquida nat tibi ~ aqua* (*Tib.*) nu heb je de kans;
2. trog, bak.

Linternum, ī *n* = *Liternum.*

linteum, ī *n* (*linteus*)
1. linnen;
2. linnen doek *of* laken; ▸ *locus -is contectus est*;
3. (*meton.*) *iets dat van linnen is gemaakt, o.a.*: (a) (*poët.*) zeil (*meestal plur.*); ▸ *-a ventis dare* zeil bijzetten; *conversa domum dare -a* terug naar huis zeilen; (b) (*Mart.*) linnen gordijn.

linteus, a, um (*linum*) van linnen, linnen [**vestis; libri** op linnen geschreven kroniek].

lintriculus, ī *m* (*demin. v. linter*) bootje.

līnum, ī *n*
1. vlas, linnen; ▸ *~ umidulum* sappige vlasstengel;
2. (*meton.*) *iets dat van vlas is gemaakt, o.a.*: (a) draad, snoer, koord, touw; (*Ov.*) vislijn; (b) (*poët.*) linnen, linnen doek; ▸ *vina -o vitiata* door linnen heen gefilterd en daardoor bedorven; *flumineam -o celantes ulvam*; (c) (*Sen.*) zeil; (d) (*poët.*) *plur.* net.

Linus *en* **-os,** ī *m*
1. *zoon v. Apollo, zanger, onderrichtte Hercules in de muziek*;
2. *een bepaald soort klaagzang uit Kl.-Azië.*

līnxī *pf. v. lingo.*

liō, liāre (*Gr. leenw.*) (*postklass.*) gladmaken.

lipara, ae *f* (*Gr. leenw.*) (*med.*) *een verzachtende pleister, gemaakt op basis v. olie.*

Lipara, ae *en* **-ē,** ēs *f grootste v.d. Liparische of Aeolische eilanden ten N.O. v. Sicilië, na 252 v. Chr. in Rom. handen, nu Lipari*; *plur.* de Liparische eilanden; — *bew. en adj.* **Liparēnsis,** is *m resp.* e *en* **Liparaeus,** ī *m resp.* a, um.

lippiō, lippīre (*lippus*) tranende, ontstoken ogen hebben; ▸ *cum leviter lippirem, has litteras dedi*; (*metaf., Plaut.*) (*scherts.*) *lippiunt fauces fame* barst van de honger.

lippitūdō, inis *f* (*lippus*) oogontsteking.

lippus, a, um
1. tranend [**oculus**];
2. met tranende *of* ontstoken ogen [**senex**];
3. (*Hor.*) (*metaf.*) met vertroebelde blik, geestelijk blind;
4. (*Mart.*) druipend, sappig [**ficus**].

liquāmen, inis *n* (*liquo*) (*postklass.*) vloeistof, saus, sap.

lique-faciō, facere, fēcī, factum, (*pass.* -fīō, fierī, factus sum) (*liqueo*)
1. vloeibaar maken, (doen) smelten [**ceram**]; — *p. adj.* **liquefactus,** a, um vloeibaar, gesmolten [**glacies**]; tot ontbinding overgegaan [**viscera**]; ▸ *caeca tabe liquefactae medullae*;
2. (*metaf.*) krachteloos maken, verzwakken; ▸ *pectora liquefiunt curis*;
3. (*Ov.*) helder maken.

liqueō, liquēre, liquī (*en* licuī), —
1. vloeibaar, helder zijn, *bijna alleen ptc. pr.* **liquēns,** *gen.* entis stromend, helder [**vina; campi** water, zee];
2. (*metaf.*) helder, duidelijk zijn; — *ihb. onpers.* **liquet** het is duidelijk (*m. aci.; afh. vr.; voor: dat.*); ▸ *negat habere, quod liqueat; neutrum liquet nec esse deos nec non esse* (*Cic.*).

liquēscō, liquēscere, licuī, — (*incoh. v. liqueo*)
1. vloeibaar worden, smelten; ▸ *nix, cera liquescit; volnificusque chalybs vasta fornace liquescit*

(Verg.);
2. (Ov.) wegrotten; ▸ corpora dilapsa liquescunt;
3. (poët.; postklass.) (metaf.) afnemen, vergaan; ▸ mens, fortuna liquescit; incommodum summum est minui et deperire et ~ (Sen.);
4. verwekelijken [**voluptate**];
5. helder worden.

līquī[1] pf. v. linquo.

liquī[2] pf. v. liqueo.

liquidiusculus, a, um (demin. v. liquidior, comp. v. liquidus) (Plaut.) wat milder, wat zachter.

liquidum, ī n (liquidus)
1. (poët.) vloeistof; water;
2. (metaf.) duidelijkheid, zekerheid; ▸ ad -um explorata tot op de bodem.

liquidus, a, um (adv. -ē en -ō) (liqueo)
1. vloeibaar, vloeiend [(metaf.) **nymphae** waternimfen; **genus sermonis**];
2. helder, doorschijnend, zuiver (ihb. v. vloeistoffen en v.d. lucht) [**fons; caelum; iter** door de lucht (Verg.), door het water (Prop.); **vinum** puur, onversneden; **ignis; tempestas;** metaf. **vox** helder, melodieus stemgeluid];
3. (metaf.) helder, puur [**oratio; fides** zuiver, oprecht; **voluptas**];
4. (poët.) opgeruimd, kalm [**animus; homo**]; / adv. (a) **liquidē** helder, zuiver; duidelijk; (b) **liquidō** met stelligheid, zonder bedenkingen, beslist; ▸ ~ negare.

liquō, liquāre (liqueo)
1. vloeibaar maken, (doen) smelten [**aes; vitrum**];
2. (poët.; postklass.) klaren, zeven, filteren [**vinum**].

liquor[1], ōris m (liqueo)
1. vloeibaarheid [**aquae**];
2. vloeistof [**mellis; virgineus** water uit de waterleiding Aqua Virgo; **in liquorem solvere** condenseren]; (poët.) sap [**fluidus**]; wijn; zee;
3. (metaf.) helderheid.

līquor[2], līquī, — (liqueo)
1. (poët.; postklass.) vloeibaar worden, smelten; ▸ liquentia mella; glacies liquitur; — (metaf.) wegkwijnen; ▸ liquitur aetas;
2. stromen, vloeien.

Līris, is m rivier in Latium, nu de Liri (bovenloop), de Garigliano (benedenloop).

līs, lītis f (gen. plur. lītium)
1. ruzie, onenigheid; ▸ lis est cum forma magna pudicitiae; lites sedare, componere bijleggen; litem discernere beslechten; aetatem in litibus conterere al ruziënd doorbrengen;
2. gerechtelijk geschil, proces [**capitis** over een halszaak; **privata**]; ▸ litem habere cum alqo; litem contestari een proces aanspannen dmv. het erbij halen v. getuigen; litem intendere alci, inferre in alqm iem. een proces aandoen; litem orare bepleiten; (v.e. corrupte of onzorgvuldige rechter) litem suam facere zijn eigen zaak dienen, dwz. aansprakelijk worden voor de uitkomst v.e. proces; litem dare secundum alqd vonnissen; litem amittere, perdere; litem obtinere winnen; contrahere lites naar zich toetrekken; contractas lites iudicare; adhuc sub iudice lis est;
3. (meton.) zaak waarover het proces gaat; ▸ litem in suam rem vertere het object v.h. geschil (als rechter) zelf houden; litem lite resolvere een geschil met een nieuw geschil oplossen; litem aestimare de kosten die met een proces gemoeid zijn, vaststellen; interceptor alienae litis.

Lissus, ī f stad in het huidige Albanië, nu Lezhë.

litābilis, e (lito) (Min. Fel.) geschikt voor het offeren [**hostia**].

litāmen, inis n (lito) (poët.) offer.

Litāna, ae f ~ silva bos in Gallia Cisalpina.

litanīa, ae f (Gr. leenw.) (eccl.) smeekgebed; gebedsbijeenkomst.

litātiō, ōnis f (lito) het verkrijgen v. gunstige voortekens bij het offeren; ▸ hostiae maiores sine litatione caesae; senatus maioribus hostiis usque ad litationem sacrificari iussit (Liv.).

lītera, ae f (arch.) = littera.

Līternum, ī n stad aan de kust v. Campanië in de buurt v.d. monding v.d. rivier **Līternus,** ī m; — adj. **Līter(nī)nus,** a, um; — **Līternīnum,** ī n (vul aan: praedium) landgoed bij Liternum.

lithostrōtum, ī n (Gr. leenw.) (Plin. Mai.) mozaïek.

liti-cen, cinis m (lituus en cano) klaroenblazer.

lītigātor, ōris m (litigo) iem. die in een proces verwikkeld is, partij in een proces.

lītigiōsus, a, um (litigo) vol onenigheid:
1. (v. zaken) (a) waarbij veel ruzie gemaakt wordt, vol twist [**disputatio**]; (b) (Ov.) vol processen [**forum**]; (c) omstreden [**praediolum; ager**];
2. (v. personen) ruziezoekend, twistziek; gek op procederen.

lītigium, ī n (litigo) (Plaut.) ruzie, onenigheid.

lītigō, lītigāre (lis en ago)
1. ruzie maken, ruziën [**acerrime cum alqo; inter se de alqa re**]; ▸ sprw.: ~ cum ventis (Petr.) zich druk maken om niets;
2. in een proces verwikkeld zijn, procederen [**de**

agro cum vicino].

litō, litāre

I. *intr.*

1. gunstige voortekens verkrijgen bij het offeren (*van: abl.*) [**humanis hostiis**];

2. (*v.h. offer*) een goed voorteken geven; ▸ *sacrificio non litante; victima Diti patri caesa litavit;*

II. *tr.* (*poët.; postklass.*)

1. met gunstig resultaat offeren [**exta bovis**];

2. wijden, opdragen [**honorem deo**];

3. *met een offer* gunstig stemmen [**sacris deos**];

4. wreken [**interitionem centurionum**].

lītorālis, e (*poët.; postklass.*) *en* **lītoreus,** a, um (*poët.*) (*litus*[1]) kust-, strand- [**arena; aves**].

littea, ae *f* (Mel.) band.

littera, ae *f*

1. letter [**maxima** *het lettertype* unciaal; **salutaris** (*de A als afkorting voor absolvo*); **tristis** (*de C als afkorting voor condemno*)]; ▸ *nullam -am ad alqm mittere* geen letter aan iem. schrijven; *facere -am, -as* schrijven; *nescire -as* niet kunnen schrijven; *verba ac -as legis; sine -is* zonder op schrift gesteld te zijn; *ea* ~ (woord) *solet dari iudici; primam -am dicere non potest; scherts.: homo trium -arum, nl. fur* = dief; *-am longam ex me faciam* = ik zal me ophangen;

2. handschrift, schrijfstijl; ▸ *Alexidis manus prope accedebat ad similitudinem tuae -ae* (*Cic.*) leek sprekend op jouw handschrift;

3. *plur.* (*poët. ook sg.*) dat wat opgeschreven is, tekst, geschrift; ▸ *rarae per ea tempora -ae erant; alqd -is mandare, tradere, consignare* schriftelijk vastleggen; *-is confidere; artem -is percipere; quod -is exstet* voor zover dat op schrift is gesteld;

4. *plur.* (a) alfabet; ▸ *quattuor et viginti -ae Graecae* het Griekse alfabet; (b) schrift; ▸ *epistula Graecis -is scripta;* (c) brief, ook brieven; ▸ *unae -ae* één brief; *binae -ae* twee brieven; *-is, per -as* per brief; *-ae domesticae* brieven aan de familie; *reddere alci -as; -as dare, scribere, mittere ad alqm; -ae consulum ingenti laetitia auditae; -as remittere alci* iem. terugschrijven; (d) ambtelijk schrijven, akte(s), document(en) [**imperatorum**], oorkonde(s) [**publicae**], protocol, bericht [**ex litteris** tgv. het bericht], aanmaning, schriftelijke bewijzen, kasboeken, registers *e.d.*; (e) (*Ov.*) (koop)contract; (f) (*Ov.*) grafschrift; ▸ *in sepulcro nos littera iunget;* (g) geschriften, literatuur, letteren; ▸ *abest historia nostris -is; Latinis -is illustrare philosophiam; Graecae de philosophia -ae* de Gr. filosofische literatuur; (h) wetenschap(pen), wetenschappelijke studies, wetenschappelijke bezigheid, schrijverschap, geleerdheid, belezenheid; ▸ *sit mihi orator -is tinctus; erant in eo plurimae -ae; cognitio, studia, scientia -arum; nescire -as* niet wetenschappelijk gevormd zijn; *illae -ae conticuerunt, forenses et senatoriae; nonnihil temporis tribuit -is; ea est ratio decumanorum ut sine plurimis -is confici non possit.*

litterālis, e (*littera*) (*Laatl.*) van letters, van het schrijven.

litterārius, a, um (*littera*) behorend tot het lezen en schrijven [**ludus** eerste onderwijs].

litterātor, ōris *m* (*littera*)

1. grammaticus;

2. schoolmeester.

litterātūra, ae *f* (*littera*)

1. dat wat geschreven is, tekst, geschrift; ▸ ~ *constat ex notis litterarum et ex eo in quo imprimuntur illae notae* (*Cic.*);

2. alfabet [**Graeca**];

3. taalonderwijs;

4. (*Laatl.*) (a) taalwetenschap, grammatica; (b) geletterdheid.

litterātus, a, um (*littera*)

1. van letters voorzien; (*v. slaven*) gebrandmerkt; — *adv.* **-ē** (a) in duidelijke letters, duidelijk; (b) letterlijk, woordelijk;

2. geletterd, geleerd, erudiet [**servus**]; ▸ *litteratius Latine loqui correcter; lanius nec infacetus et satis* ~ ; *quibus ineptiis nec litteratior fit quisquam nec melior* (*Sen.*);

3. (*v. niet-lev.*) aan de wetenschap gewijd [**otium**].

litterula, ae *f* (*demin. v. littera*)

1. letter(tje) [**minutae; clarissimae**];

2. *plur.* (a) briefje; (b) wetenschappelijk getinte studies, enige geleerdheid [**meae** mijn schrijverijtjes].

litūra, ae *f* (*lino*)

1. het uitvegen (*v.e. in was geschreven tekst*), corrigeren, verbeteren; *metaf.* (*Sen.*) verandering [**unius nominis**];

2. (*meton.*) plek waar een woord is uitgeveegd, doorgehaald woord; ▸ *videtis extremam partem nominis demersam esse in -a* (*Cic.*);

3. (*poët.*) vlek die ontstaan is door tranen *e.d.*; ▸ *littera suffusas quod habet maculosa -as;*

4. (*Mart.*) smet, rimpel.

lītus[1]**,** oris *n*

1. kust, strand; ▸ *naves in litus agere; se per litus in oppidum recepit; sprw.: litus arare* zinloos bezig zijn; *in litus arenas fundere* water naar de zee dragen;

2. *(poët.; postklass.)* kust(streek); ▸ *ei litus arandum dedimus; de electione litorum loqui;*
3. oever *v.e. meer of rivier.*

lītus[2] *ppp. v. lino.*

lituus, ī *m*
1. kromstaf *v.e. augur;*
2. *(Mel.)* kromstaf *v.e. bisschop;*
3. *(milit.)* krijgstrompet, klaroen *v.d. ruiterij;*
4. *(meton.)* teken, signaal [**profectionis meae**].

līveō, līvēre, — — *(poët.; postklass.)*
1. loodkleurig, blauwgrijs, grauw zijn; — *meestal ptc. pr.* **līvēns,** *gen.* entis loodkleurig, blauwgrijs, grauw [**plumbum; pruna; margarita**];
2. *(metaf.)* jaloers zijn, *(m. dat.)* benijden [**studiis**]; — *ptc. pr.* **līvēns,** *gen.* entis jaloers.

līvēscō, līvēscere *(incoh. v. liveo) (Lucr.)* loodkleurig, blauwgrijs, grauw worden.

līvī *pf. v. lino.*

Līvia, Līvilla, Līviānus *zie Livius.*

līvidulus, a, um *(demin. v. lividus) (Juv.)* jaloers aangelegd.

līvidus, a, um *(liveo) (poët.; postklass.)*
1. loodkleurig, blauw(grijs), grauw [**aquae; vada** *(v.d. Styx)*; **manus** *v.e. zieke*]; bont en blauw geslagen [**bracchia; ora**];
2. *(metaf.)* afgunstig [**lingua; sententia**].

Līvius, a, um *naam v.e. Rom. gens:*
1. M. ~ Salinator, *consul en dictator in 207 v. Chr., behaalde een overwinning op Hasdrubal bij de rivier de Metaurus; hij droeg de bijnaam Salinator omdat hij als censor in 204 v. Chr. de belasting op zout invoerde;*
2. M. ~ Drusus *zie Drusus;*
3. Livia Drusilla *(58 v. Chr.—29 n. Chr.) eerst met Tib. Claudius Nero getrouwd, moeder v. Tiberius en Drusus, vervolgens echtgenote v. keizer Augustus;*
4. Livia *of* Livilla, *dochter v. Drusus, zuster v. Germanicus (gest. in 31 n. Chr.);*
5. ~ Andronīcus, *gevangengenomen Griek uit Tarente, slaaf v. Livius Salinator, die hem vrijliet; eerste Rom. dichter, vertaalde de Odyssee in saturnische verzen; eerste Rom. toneelschrijver (ca. 240 v. Chr. eerste toneelvoorstelling);*
6. T. ~ Patavinus, *Rom. geschiedschrijver uit Patavium, het huidige Padova (59 v. Chr.—17 n. Chr.); van zijn 142 boeken over de Rom. geschiedenis vanaf de stichting v. Rome tot de dood v. Drusus (9 v. Chr.) zijn er 35 (1—10: tot 293 v. Chr.; 21—45: 218—167 v. Chr.) bewaard gebleven; er is een inhoudsopgave v.h. gehele werk over, de periochae;*
/ *adj. ook* **Līviānus,** a, um.

līvor, ōris *m (liveo)*
1. blauwe plek, beurse plek *door slaan, stoten e.d.;* ▸ *si tumore et livore decoloratum est corpus mortui;*
2. *(metaf.)* jaloezie.

lixa, ae *m*
1. marketenter;
2. venter; *(postklass.) plur.* legertros.

lixīv(i)us, a, um
1. *(mustum) -um* most, druivensap;
2. *(cinis) -us en (cinis) -a* met as bereid vocht, loog.

locālis, e *(locus) (Laatl.)* plaatselijk.

locārius, ī *m (locus) (Mart.)* verhuurder *v. zitplaatsen in het amfitheater.*

locātiō, ōnis *f (loco)*
1. verhuur, verpachting;
2. *(meton.)* pachtovereenkomst; ▸ *locationem inducere* nietig verklaren;
3. plaatsing.

locātor, ōris *m (loco)* verhuurder, verpachter [**fundi**].

locātum, ī *n (loco)* object dat verhuurd, verpacht wordt.

locellus, ī *m (demin. v. loculus)* kistje.

locitō, locitāre *(intens. v. loco) (Ter.)* verpachten.

locō, locāre *(locus)*
1. leggen, zetten, plaatsen, (op)stellen *(op, in: in m. abl.)* [**castra** opslaan; **se; milites in munimentis; milites super vallum; membra suo quaeque loco; hominem in insidiis**]; bouwen [**fundamenta urbis**]; aanleggen [**moenia; vicos**];
2. *(metaf.)* stellen, plaatsen *(op, in: in m. abl.)* [**homines in amplissimo gradu dignitatis** in de hoogste rang; **omnem curam in magistratu** besteden aan; **alqm in regno** aan de macht brengen; **alqm in parte regni (caeli)** iem. laten deelnemen aan, opnemen in]; — *locatum esse in (m. abl.)* berusten op, afhangen van; ▸ *prudentia locata est in delectu bonorum et malorum (Cic.); res certis in personis ac temporibus locata (Cic.); civitas in Catonis et Bruti fide locata (Cic.);*
3. *(een meisje)* uithuwelijken;
4. inkwartieren, stationeren [**cohortes novis hibernaculis**];
5. verhuren, verpachten [**agrum Campanum fruendum; vectigalia; fundum; tabernas civitatibus ad stationem;** *(m. abl. om de prijs aan te geven)* **agrum frumento** tegen een deel v.d. opbrengst; **praedia non nummo**];

6. bevolken [**partem Romae**];
7. *opdrachten* uitdelen, *werk* verdelen, aanbesteden [**secanda marmora; murum**];
8. *voor werk* verhuren [**se ad gladium**];
9. (*geld*) tegen rente beleggen; uitlenen [**argenti nummum**].

Locrī, ōrum *m stad in het tegenwoordige Calabrië (Z.-Italië), kolonie v.d. Gr. Locriërs;* — *inw.* **Locrī,** ōrum *en* **Locrēnsēs,** ium *m.*

Locris, idis *en* idos *f*
1. *naam v. twee landstreken in Midden-Griekenland;* — *inw.* **Locrī,** ōrum *en* **Locrēnsēs,** ium *m;*
2. vrouw uit Locris.

loculāmentum, ī *n (loculus) (postklass.) voorwerp om iets in op te bergen of iets op te zetten, bv.* kist, boekenplank, duiventil.

loculus, ī *m (demin. v. locus)*
1. *(pre- en postklass.)* kleine ruimte *of* plek; vak;
2. *plur.* kistje *(om geld, sieraden e.d. in te bewaren)*, geldkistje; ▸ *-i, in quibus erant claves; -is integris ac illaesis conflatur argentum (Sen.);*
3. *(Plin. Mai.)* doodkist.

locuplēs, *gen.* ētis *(locus en plenus)*
1. rijk, vermogend, bemiddeld [**urbs; regio; provincia; munera** rijkelijk]; *ook subst. m;*
2. *(metaf.)* rijk (voorzien), *(m. abl.; in m. abl.)* rijk aan [**oratio; annus frugibus; in dicendo; Lysias oratione** rijk in uitdrukking]; ▸ *locupletior hominum natura ad bene vivendum (Cic.)* beter toegerust voor het goede leven;
3. *(v. personen)* geloofwaardig, betrouwbaar [**reus; tabellarius; auctor** zegsman].

locuplētō, locuplētāre *(locuples)* verrijken, rijkelijk voorzien [**milites praedā; templum picturis;** *metaf.* **eloquentiam**].

locus, ī *m (plur.* loca *n, soms* locī*)*

I. *v. plaats*
1. plaats, oord, plek; ▸ ~ *editus* heuvel; *-a superiora* hoogten; *-um urbi eligere; in unum -um convenire; loca communia* openbare plaatsen *of* ruimtes; ~ *Loryma (Plin. Mai.)* de plaats Loryma *(itt. oppidum: stad);*
2. positie *(in verhouding tot die v. anderen)* stelling, *ihb. in militaire context en in gevechtsuitdrukkingen;* ▸ *-um tenere, relinquere; se -o tenere; suo -o pugnare* in gunstige positie; ~ *superior* redenaarsgestoelte *of* tribunaal; *ex -o superiore dicere (v.e. redenaar of rechter); -um facere in turba* plaatsmaken; *-o cedere* wijken, zijn plaats verlaten; *-o movere* van een plaats verdrijven; *(metaf.) virtutis -um deserere;*
3. woning, woonruimte; ▸ *primus* ~ *aedium* aan de voorkant v.e. gebouw gelegen ruimte; *loca lautiaque* kost en inwoning op staatskosten; *loca tacentia* = onderwereld; *-i laeti* = woonplaatsen v.d. gelukzaligen;
4. akker, stuk grond;
5. streek, gebied; ▸ *opportunitas -i; -i fertilitas;* — *plur.* **loca,** ōrum *n* omgeving: *loca patentia* vlakten; *loca temperatiora; loca incolere;*
6. terrein [**aequus; iniquus**]; ▸ *natura -i* gesteldheid v.h. terrein;
7. plek op het lichaam, lichaamsdeel [**dolens**]; ▸ *loca feminarum* geslachtsdelen;

II. *v. tijd*
1. tijd(speriode); ▸ *ad id -orum* tot op dit moment; *inde -i* hierop; *ad -um* onmiddellijk;
2. gunstig tijdstip; ▸ *(in) loco* op het juiste moment;

III. *metaf.*
1. plaats *in een reeks;* ▸ *primo -o* in de eerste plaats, ten eerste; *secundo -o* in de tweede plaats; *priore, posteriore -o dicere* eerst, later; *nunc tuus* ~ est nu ben jij aan de beurt; *suo -o sententiam dicere; praetorio -o sententiam dicere* als pretor; *antiquior sententiae dicendae* ~ voorrang;
2. plaats, passage, gedachte *(in een boek e.d.)*, punt *(plur.* loci, *zelden* loca *(n)*; ▸ *varietas -orum; omnes philosophiae loci* het hele gebied v.d. filosofie;
3. *plur.* **locī,** ōrum *n* bewijsmiddelen; ▸ *-i communes* algemene bewijsmiddelen, gemeenplaatsen; *-os novisse;*
4. rang, aanzien, positie; ▸ *maiorum -um restituere alci; -o movere* afzetten, van zijn positie *(in de staat)* verdrijven; *eodem -o habere* op dezelfde manier behandelen; *habuit eum scribae -o* als secretaris; *-o movit signiferos* ontnam de vaandeldragers hun positie; — **(in) locō** *(m. gen.; pron.)* als, zoals, in plaats van: *filii -o esse; alci parentis -o esse; habere eo -o* beschouwen als; *nullo -o numerare* niet tellen; *sunt qui criminis -o putent esse quod vivam (Cic.)* die er mij een verwijt van zouden willen maken dat ik leef;
5. stand, geboorte, afkomst [**equester; senatorius**]; ▸ *honesto -o natus;*
6. ruimte, gelegenheid, aanleiding [**gaudendi; ad fugam**]; ▸ *multis -is* bij veel gelegenheden; *-um mendacio facere; -um dare* gelegenheid geven; *-um dare nocendi; -um aperire suspicioni* zich aan verdenking blootstellen; *-um aperire hosti ad occasionem* gelegenheid geven om een onver-

wachte aanval uit te voeren; *nullum misericordiae -um habere* niet toegeven aan medelijden; *locus est nemini* er is voor niemand plaats, ruimte; *male dicto nihil -i est* er is geen enkele aanleiding voor kwaadsprekerij;
7. passende plaats, juiste plek; ▸ *non hic ~ est ut = non est huius -i (m. inf.)*; *(in) loco* op de juiste plek; *suo loco de amplificatione dicere*;
8. toestand, situatie, omstandigheden, standpunt; ▸ *graviter tuli in eum me -um adduci* in die situatie te komen; *meliore -o erant res nostrae*.

lōcusta, ae *f*
1. sprinkhaan;
2. *een soort* kreeft.

Lōcusta, ae *f gifmengster ttv. Nero.*

locūtiō, ōnis *f (loquor)*
1. (a) het spreken, spraak; (b) stijl [**cotidiana**];
2. uitspraak [**emendata et Latina**];
3. *plur. (Gell.)* uitdrukkingen, zegswijzen.

Locūtius *zie Aius.*

locūtor, ōris *m (loquor) (postklass.)* spreker.

locūtus *p.p. v. loquor.*

lōdīcula, ae *f (demin. v. lodix) (postklass.)* dekentje.

lōdīx, īcis *f (postklass.)* deken, kleed.

loedus, ī *m (arch.) = ludus.*

logica, ōrum *n (logicus)* logica.

logicus, a, um *(Gr. leenw.)* behorend tot de logica, gebaseerd op de rede *of* op het verstandelijk redeneren.

logus *en* **logos,** ī *m (Gr. leenw.)*
1. *(kom.)* woord; ▸ *non longos logos* niet veel woorden; — *plur.* dom geklets;
2. schertspraat, woordspeling;
3. *plur. (Sen.)* fabels [**Aesopei**].

lolium, ī *n* raaigras, dolik.

lollīgō, inis *f* inktvis.

lollīguncula, ae *f (demin. v. lolligo) (Plaut.)* kleine inktvis.

Lollius, a, um *naam v.e. pleb. Rom. gens: M. ~, consul in 21 v. Chr., als legaat in 16 v. Chr. door de Germanen bij de rivier de Rijn verslagen; vriend v. Horatius en gunsteling v. Augustus; — adj. ook* **Lolliānus,** a, um [**clades**].

lōmentum, ī *n (lavo)* schoonmaakmiddel *voor de huid, een soort zeep.*

Londinium, ī *n* Londen.

longaevitās, ātis *f (longaevus) (postklass.)* hoge leeftijd, ouderdom, lange duur.

long-aevus, a, um *(longus en aevum) (poët.)* hoogbejaard, zeer oud, langdurend.

long-animis, e *= longanimus.*

longanimitās, ātis *f (longanimis) (eccl.)* lankmoedigheid; volharding.

long-animus, a, um *(longus) (eccl.)* lankmoedig; volhardend.

longāvō, ōnis *m (longus)*
1. worstje;
2. *(med.)* endeldarm.

longē *adv. v. longus*
1. *(v. plaats)* (a) ver (weg) *(op de vraag 'waar?' en 'waarheen?'; ook metaf.)*; ▸ *~ abesse, esse*; *~ gradi* grote stappen nemen; *~ a Tiberi*; *oppidum est non ~ a Syracusis*; *~ lateque* wijd en zijd; *abes ~ gentium* je bent ver hiervandaan; *(metaf.) ne longius abeam* om dicht bij huis te blijven; *res nos longius trahit ab incepto*; (b) *(poët.)* van verre; ▸ *~ agnoscere regem*; *metaf.*: *principia alcis rei ~ repetere* van ver halen, vergezochte dingen erbij halen;
2. *(v. tijd)* ver, lang; ▸ *~ ante, post* lang daarvoor, erna;
3. *(versterkend)* veruit, verreweg, heel (veel), zeer [**nobilissimus; primus civitatis; superior; antecellere; alius**];
4. *(metaf.)* uitvoerig, uitgebreid; ▸ *longius dicere*; *longius fari.*

longinqua, ōrum *n (longinquus) (poët.; postklass.)* verafgelegen streken.

longinquitās, ātis *f (longinquus)*
1. *(postklass.)* lengte, afstand [**itineris; navigandi**];
2. het afgelegen liggen, het verwijderd zijn [**regionum**]; ▸ *quo propter longinquitatem tardissime omnia perferuntur (Cic.)*;
3. lengte, lange duur, langdurigheid [**temporis; belli; doloris**].

longinquus, a, um *(longus)*
1. *(v. plaats)* (a) *(postklass.)* lang, ver [**amnes** met lange loop; **linea**]; (b) ver weg, afgelegen [**regio; hostis; cura** om een situatie die zich op grote afstand voordoet]; ▸ *ex -o* uit de verte, van verre;
2. ver weg wonend, buitenlands, vreemd [**homo; hostis; piscis**];
3. vreemd *(in het contact met iem.)*;
4. *(v. tijd)* (a) lang, langdurig [**oppugnatio; morbus** chronisch]; (b) ver, op de verre toekomst gericht [**spes**]; ▸ *in -um tempus differre.*

Longīnus, ī *m Rom. cogn. in de gens Cassia, in de keizertijd in vele gentes voorkomend, zie Cassius.*

longi-pēs, pedis *(longus) (Plin. Mai.)* langvoetig.

longiter *adv. (Lucr.) = longe.*

longitūdō, inis *f (longus) (v. plaats en tijd)* lengte [**itineris; noctis; orationis**]; ▸ *per longitudi-*

nem in de lengte, overlangs (= *longitudine*); *in longitudinem diffindere*; — ook lengte *v.e.* lettergreep.

longiusculus, a, um (*demin. v.d. comp. v. longus*) tamelijk lang.

Longobardī, ōrum *m* = *Langobardi.*

Longula, ae *f stad in het gebied v.d. Volsci bij Corioli* (*ten Z.O. v. Rome*).

longulus, a, um (*demin. v. longus*) een beetje lang of ver [**iter**].

longum, ī *n* (*longus*) (*poët.*; *postklass.*) lange tijd; ▸ *ex -o* sinds lang; *in -um* voor lange tijd.

longurius, ī *m* (*longus*) lange staak, lat.

longus, a, um

1. (*v. plaats*) (a) lang [**spatium; via; vestis; navis** oorlogsschip]; (b) (*poët.*) zich wijd en zijd uitstrekkend, breed [**freta; pontus; fluctus**]; — *adv.*: *-um clamare* luid;
2. wijdlopig [**oratio**]; ▸ *-um est enumerare* het zou te lang duren; *-um est persequi ceteros*; *ne -um faciam* om kort te gaan; *-um me in enumerando putatis*;
3. (*v. tijd*) lang, langdurig [**vita; hora; mora; morbus** chronisch; **error**]; ▸ *in longiorem diem conferre* tot een later tijdstip uitstellen;
4. (*bij het vaststellen v.d. lengte v.e. lettergreep*) lang [**syllaba**].

lopas, adis *f* (*acc. plur.* -adas) (*Gr. leenw.*) (*Plaut.*) napjesslak.

loquācitās, ātis *f* (*loquax*) praatzucht.

loquāculus, a, um (*demin. v. loquax*) (*Lucr.*) een beetje praatziek.

loquāx, *gen.* ācis (*loquor*) praatziek, spraakzaam [**senectus; ranae** kwakend; *metaf. v. niet-lev.* **vultus** sprekend, expressief; **nidus** vol met piepende jongen; **oculi** sprekend, expressief; **lymphae** murmelend; **stagna** weerklinkend van het geluid van tsjilpende vogels]; ▸ *~ magis quam facundus*; *homo omnium loquacissimus*.

loquēla *en* **loquella,** ae *f* (*loquor*) (*niet-klass.*) het praten, spreken; woord; taal [**Graia**].

loquentia, ae *f* (*loquor*) (*postklass.*) welbespraaktheid.

loquitor, loquitārī (*intens. v. loquor*) voortdurend praten.

loquor, loquī, locūtus sum

I. *intr.* spreken, praten, converseren (*ihb. in dagelijks taalgebruik itt. redevoeringen*) (*met: cum*) [**linguā Graecā; Latine; male** kwaadspreken; **magnifice; vere ac libere**]; ▸ *pinūs loquentes* ruisend; *ut fama loquitur* zoals het verhaal gaat; *ut consuetudo loquitur* zoals men gewoonlijk zegt;

II. *tr.*

1. zeggen [**pauca apud alqm; vera**]; ▸ *hospitibus te dare iura loquuntur* (*Verg.*) men vertelt; *rem loquere* (*Plaut.*) je hebt helemaal gelijk;
2. praten over, vermelden [**Catilinam**];
3. bezingen [**proelia**];
4. hardop zeggen, noemen [**nomen; pugnantia**];
5. de mond vol hebben van, altijd praten over (*m. acc.*) [**classes; proelia**].

lōra, ae *f* nawijn, drafwijn.

lōrāmentum, ī *n* (*lorum*) (*Laatl.*) riem.

lōrārius, ī *m* (*lorum*) (*pre- en postklass.*) iem. die disciplinaire straffen geeft *aan slaven.*

lōrētum *zie lauretum.*

lōreus, a, um (*lorum*) van riemen gemaakt; ▸ *vostra faciam latera -a* ik zal jullie rug aan flarden ranselen.

lōrīca, ae *f* (*lorum*)

1. harnas, maliënkolder (*oorspr. van leer, later ook voorzien van ijzeren of bronzen plaatjes*); ▸ (*metaf.*) *libros mutare -is* (*Hor.*) de studie verwisselen voor de wapens;
2. (*metaf.*) borstwering *v. vestingen, verschansingen e.d.*; ▸ *pinnae loricaeque ex cratibus attexuntur* (*Caes.*); *-am vallumque struxerunt.*

lōrīcātus, a, um (*lorica*) gepantserd, pantser-.

lōrīcula, ae *f* (*demin. v. lorica*) (*postklass.*) kleine borstwering.

lōrī-pēs, *gen.* pedis (*lorum*) hinkend.

lōrum, ī *n*

1. leren riem; ▸ *-a restrictis lacertis sentit* (*Hor.*);
2. teugel, leidsel; ▸ *equum -o ducere*; *-a dare* vieren;
3. zweep; ▸ *-is non ureris* de zweep verbrandt je niet, *dwz.* rijt je niet open;
4. (*Mart.*) gordel *v. Venus.*

lōtium, ī *n* urine.

lōtos *en* **lōtus,** ī *f* (*Gr. leenw.*)

1. *mythologische* (*vergetelheid brengende*) lotus (-vrucht), wegedoorn;
2. (a) netelboom; (b) (*poët.*) (*meton.*) fluit *van hout v.d. netelboom*;
3. (*Verg.*) (honing)klaver;
4. *Italische* dadelpruim;
5. (*Plin. Mai.*) *een soort* waterlelie.

lōtrīx, īcis *f* (*Mel.*) wasvrouw.

lōtus[1] *zie lotos.*

lōtus[2] = *lautus, zie lavo.*

Lua, ae *f* ~ *mater Oudrom. godin v.d. verzoening*;

buitgemaakte wapens werden verbrand om haar te eren.
lubēns, lubentia, Lubentīna, lubet, lubīdō *zie lib-.*
lūbricō, lūbricāre *(lubricus) (postklass.)*
1. glibberig maken, gladmaken;
2. glibberig zijn, glad zijn.
lūbricum, ī *n (lubricus)*
1. *(postklass.)* het glibberige, gladheid, glad oppervlak; ▸ *-o viae, -o itinerum* op gladde wegen; *-o paludum* op glibberig, moerassig terrein; *in -o locare;*
2. *(metaf.)* onzekerheid, gevaar, risico [**aetatis**]; ▸ *in -o versari.*
lūbricus, a, um
1. glibberig, glad [**glacies; lapis; piscis; fastigium**];
2. *(metaf.)* (a) snel bewegend, vluchtig, gemakkelijk ontglippend [**oculi; Simois** snelstromend]; ▸ *alia propter subtilitatem -a sunt (Sen.)* ontschieten snel; (b) onzeker, bedenkelijk, gevaarlijk, wankel [**locus; via adulescentiae; vultus** verleidelijk]; (c) *(poët.) (v. personen)* bedrieglijk.
Lūca, ae *f stad in Etrurië, nu Lucca; — inw. en adj.* **Lūcēnsis,** is *m resp.* e.
lūca bōs, lūcae bovis *f* olifant.
Lūcānia, ae *f landstreek in Z.-Italië; — inw.* **Lūcānī,** ōrum *m; — adj.* **Lūcān(ic)us,** a, um.
lūcānica, ae *f (Lucania, eig. 'Lucaanse worst')* rookworst.
Lūcānus, ī *m* M. Annaeus ~ *(39—65 n. Chr.), epische dichter ttv. Nero, schrijver v.d. Pharsalia (over de burgeroorlog).*
lūcar, āris *n (lucus) (Tac.)* gage v.e. toneelspeler *(oorspr. betaald uit de bosbelasting).*
lucellum, ī *n (demin. v. lucrum)* kleine winst.
Lūcēnsis *zie Luca.*
lūceō, lūcēre, lūxī, — *(lux)*
I. *intr.*
1. oplichten, licht zijn, schitteren; ▸ *stella lucet; luceat igne rogus; lucet in ore rubor; — onpers.: lucet* het is dag;
2. *(metaf.)* zichtbaar, duidelijk zijn, schitteren; ▸ *res lucet argumentis; nunc imperii nostri splendor illis gentibus lucet (Cic.);*
II. *tr. (preklass.)* doen schijnen [**candida lumina; novae nuptae facem**].
Lūcerēs, um *m mensen die deel uitmaakten van een v.d. drie oudste patric. triben in Rome (naast de Ramnes en Titienses).*
Lūceria, ae *f stad in Apulië, nu Lucera; — inw. en adj.* **Lūcerīnus,** ī *m resp.* a, um.
lucerna, ae *f (luceo)*
1. (olie)lamp, fakkel;
2. *plur. (meton.)* (a) *(Hor.)* nachtelijk drinkgelag; ▸ *vino et -is;* (b) *(Juv.)* nachtelijk werk.
lucernālis, e *en* **lucernārius,** a, um *(lucerna) (Laatl.)* horend bij een fakkel, horend bij het tijdstip waarop fakkels worden ontstoken.
lūcēscō, lūcēscere *(en* **lūcīscō,** lūcīscere*),* lūxī, — *(incoh. v. luceo)*
1. *(poët.)* beginnen te schijnen, *(v.d. dag)* aanbreken; ▸ *novus sol lucescit;*
2. *(onpers.) lucescit* het wordt licht, het wordt dag.
lūcī *(loc. v. lux)* op klaarlichte dag.
lūcidō, lūcidāre *(lucidus) (Laatl.)* duidelijk maken, ophelderen.
lūcidus, a, um *(lux)*
1. licht, schitterend [**domus; aether; gemma; amnis** helder]; — *adv.: lucidum fulgentes oculi (Hor.);*
2. *(metaf.)* duidelijk, helder [**ordo**].
lūci-fer, fera, ferum *(lux en fero)*
1. *(poët.)* licht brengend [**equi** *(paarden v. Luna)*];
2. ter wereld brengend [**manūs** *v.d. godin v.d. geboorte Lucina;* **Diana Lucifera** *als godin v.d. geboorte aangeroepen*].
Lūcifer, ferī *m (lucifer)*
1. de morgenster *(= de planeet Venus), volgens de mythe de zoon v. Aurora;*
2. *(poët.) (meton.)* morgen, dag.
lūci-fuga, ae *m (lux en fugio) (postklass.)* nachtbraker.
lūci-fugus, a, um *(lux en fugio)*
1. *(Verg.)* lichtschuw;
2. *(metaf.)* mensenschuw [**natio**]; — *subst.* ī *m.*
Lūcīlius, a, um *naam v.e. pleb. Rom. gens:*
1. C. ~, *uit Suessa Aurunca (180—102 v. Chr.), schepper v.d. Rom. hexametrische satire; — adj.* **Lūcīliānus,** a, um;
2. Q. ~ *Balbus, volgeling v.d. stoïsche filosofie.*
Lūcīna, ae *f (lux)*
1. *geboortegodin in de gedaante v. Juno of Diana; meton. (poët.)* het baren; ▸ *-am pati (Verg.)* kalven;
2. *= Hecate (als veroorzaakster v. nare dromen).*
lūcīscō *zie lucesco.*
Lūcius, ī *m Rom. voornaam, afk. L.*
Lucmō(n), ōnis *m (sync.) = Lucumo.*
lucrātīvus, a, um *(lucrum)*
1. winstgevend;

2. (*jur.*) gespaard, gratis.

Lucrētia, ae *f dochter v. Sp. Lucretius Tricipitinus, echtgenote v. Tarquinius Collatinus; werd door Sextus Tarquinius, zoon v. koning Tarquinius Superbus, verkracht; nadat ze dit aan haar man en haar vader had verteld, pleegde ze zelfmoord; daarop riepen deze mannen het volk op tot wraak en werd het geslacht v.d. Tarquinii verdreven (volgens de overlevering in 510 v. Chr.).*

Lucrētius, a, um *naam v.e. Rom. gens, oorspr. patric., later pleb.:*
1. Sp. ~ Tricipitinus, *senator onder Tarquinius Superbus, interrex in 509 v. Chr., vader v. Lucretia;*
2. T. ~ Carus (*ca. 96—55 v. Chr.*), *Rom. dichter, schrijver v.h. filosofische leerdicht 'De rerum natura'.*

lucri-fer, fera, ferum (*lucrum en fero*) (*Plaut.*) winstgevend.

lucri-ficābilis, e (*lucrum en facio*) (*Plaut.*) winstgevend.

lucri-fuga, ae m (*lucrum en fugio*) (*Plaut.*) iem. die bang is om winst te maken.

Lucrīnus, ī m ~ (*lacus*) *meer in de buurt v. Baiae (ten W. v. Napels)*; — *adj.* **Lucrīnus,** a, um *en* **Lucrīnēnsis,** e.

lucriōsus, a, um (*lucrum*) (*Mel.*) op winst uit.

lucri-peta, ae m (*lucrum en peto*) (*Plaut.*) iem. die uit is op winst.

lucror, lucrārī (*lucrum*)
1. winnen, profiteren [(*van: acc.*) **stipendium;** (*abs.*) **ex annonae caritate**];
2. (*poët.*) (*metaf.*) verwerven;
3. gespaard worden voor (*m. acc.*);
4. (*eccl.*) redden [**fratrem tuum**].

lucrōsus, a, um (*lucrum*) (*poët.; postklass.*) winstgevend, voordelig.

lucrum, ī n
1. winst, voordeel; ▸ *-i causā; -i cupidus; alci (in) -o esse* voordelig voor iem. zijn; *in -o, in -is ponere* als winst beschouwen; *ad -um revocare* benutten; *-a facere ex vectigalibus* voordeel trekken van; *frumentaria -a exigere; lucri (in comb. met dare, facere, addere, conferre, numerare, auferre)* als winst; *-i facere alqd* iets winnen; *de -o vivimus* het is een bof dat we leven;
2. (*poët.*) (*meton.*) (**a**) rijkdom; ▸ *omne -um tenebris alta premebat humus (Ov.)*; (**b**) winstbejag, hebzucht; ▸ *domus ob -um concidit (Hor.).*

lucta, ae *f* (*luctor*) (*Laatl.*) het worstelen, worsteling.

luctāmen, inis n (*luctor*) (*poët.*) het worstelen, worsteling; *metaf.* inspanning.

luctātiō, ōnis *f* (*luctor*)
1. het worstelen, worsteling; ▸ *sine adversario nulla ~ est (Cic.); quid prodest multos vincere luctatione vel caestu (Sen.)*;
2. (*metaf.*) het vechten tegen moeilijkheden, gevecht; ▸ *taetra ibi ~ erat (Liv.)*;
3. woordenstrijd.

luctātor, ōris m (*luctor*) (*poët.; postklass.*) worstelaar.

luctātus, ūs m (*luctor*) (*Plin. Mai.*) inspanning, moeite.

lūcti-fer, fera, ferum (*luctus en fero*) (*postklass.*) rouw brengend, onheil verkondigend [**bubo**].

lūcti-ficus, a, um (*luctus en facio*) rouw of onheil brengend, verderfelijk [**clades; Alecto**].

lūcti-sonus, a, um (*luctus en sono*) (*Ov.*) treurig klinkend, klagelijk [**mugitus**].

luctor, luctārī (*arch.* **luctō,** luctāre)
1. worstelen [**fulvā arenā; Olympiis**]; ▸ *luctando exerceri* zich met worstelen trainen; *inter se adversis cornibus luctantur haedi (Verg.)*;
2. (*poët.*) zich verzetten, weerstand bieden;
3. zich zeer inspannen, ploeteren (*m. inf.; ut*) [**telum eripere**];
4. (*metaf.*) (*tegen moeilijkheden of tegenstand*) vechten, optornen, worstelen (*tegen: cum; dat.*) [**cum morbo; cum vitiis; plaustris**].

lūctuōsus, a, um (*luctus*)
1. treurig, droevig, triest [**bellum; dies**];
2. (*Hor.*) diepbedroefd, zeer treurig [**Hesperia**].

lūctus, ūs m (*lugeo*)
1. rouw, droefheid; ▸ *luctu perditus* in rouw gedompeld; *luctum minuere of levare; (om: gen.) ~ Memnonis amissi*;
2. (*meton.*) (**a**) rouwkleding; ▸ *in luctu esse*; (**b**) *plur.* uitingen v. rouw; ▸ *in maximos luctus incidere*; (**c**) oorzaak v. rouw; (**d**) droevige gebeurtenis; (**e**) *personif.* **Lūctus** (*Verg.*) *god v.d. rouw*;
3. (*eccl.*) berouw.

lūcubrātiō, ōnis *f* (*lucubro*) het werken bij lamplicht, nachtwerk.

lūcubrātiuncula, ae *f* (*demin. v. lucubratio*) (*Laatl.*) (korte) nachtelijke studie.

lūcubrātōrius, a, um (*lucubro*) (*Suet.*) geschikt voor nachtelijke studie [**lecticula**].

lūcubrō, lūcubrāre (*luceo*)
I. *intr.* bij lamplicht, 's nachts werken; ▸ *inter lucubrantes ancillas sedere; per totam noctem ~*;
II. *tr.* bij lamplicht, 's nachts maken of produceren.

lūculentus, a, um (*adv. -ē en -enter*) (*lux*)
1. licht, helder [**caminus; vestibulum**];
2. (*metaf.*) schitterend, indrukwekkend, prach-

tig, flink, aanzienlijk, belangrijk [**patrimonium; factum; oratio; legio tironum; auctor** zeer betrouwbaar]; ▸ *hoc quidem satis -e* (*Cic.*) dat is prima, dat klinkt niet slecht; *-e dicere* treffend.

Lūcullus, ī *m cogn. in de gens Licinia, zie Licinius;* — *adj.* **Lūcullēus** *en* **Lūculliānus,** a, um.

lūculus, ī *m* (*demin. v. lucus*) (*Suet.*) klein bos.

Lucumō, ōnis *m Etr. koningstitel, later titel v.d. Etr. edelen, die tevens als priesters fungeerden.*

lucuntulus, ī *m* (*pre- en postklass.*) koekje, een soort gebakje.

lūcus, ī *m* (*luceo, eig.* 'lichte plek')
1. heilig, aan een god gewijd bos; ▸ *vos iam, Albani tumuli atque luci, imploro; ~ frequenti silvā saeptus;*
2. (*postklass.*) bos.

lūcusta, ae *f* = *locusta.*

lūdia, ae *f* (*ludius*) (*Mart.; Juv.*) slavin behorend bij een gladiatorenschool.

lūdibriōsus, a, um (*ludibrium*) (*postklass.*)
1. spottend [**probra**];
2. belachelijk.

lūdibrium, ī *n* (*ludus*)
1. speelbal, onbetekenend iets; ▸ *-a fortunae; inter magna rerum verborumque -a* (*Suet.*);
2. spot, hoon; ▸ *-o esse alci* als mikpunt v. spot dienen voor iem.; *per -um auditi* met spot beluisterd, spottend aangehoord; *hoc quoque -um casus ediderit fortuna* (*Liv.*) het lot heeft mogelijk ook deze speling v.h. toeval teweeggebracht; *videntur eis mihi -o fuisse divitiae* (*Sall.*); *in ora hominum pro -o abire* (*Liv.*);
3. bespotting, bedrog [**oculorum** optisch bedrog];
4. (*postklass.*) het onteren [**meorum**]; schending, verkrachting [**corporum**].

lūdibundus, a, um (*ludo*)
1. spelend, de tijd doorbrengend, plezier makend; ▸ *virgo Nausicaä -a inter puellas;*
2. (*metaf.*) spelenderwijs, zonder gevaar, zonder zorgen; ▸ *postero die in Italiam -i venimus* (*Cic.*); *~ efficio alqd.*

lūdicer *of* **lūdicrus,** cra, crum (*ludus*)
1. amusant, vermakelijk [**sermo; certamen; consuetudo; simulacrum pugnae**];
2. van het toneel, toneel- [**ars** toneelkunst; **res** toneelstuk; **spectaculum** toneelstuk]; ▸ *-as partes sustinere* in een toneelstuk optreden; *-um in modum* op de manier v.e. toneelspeler.

lūdicrum, ī *n* (*ludicer*)
1. spelletje, vermaak, tijdverdrijf;
2. voorstelling (*in circus, amfitheater e.a.*) [**Isthmiorum** de Isthmische Spelen]; ▸ *-um circense edere* organiseren; *coronae -o quaesitae* in publieke spelen behaald.

lūdicrus *zie ludicer.*

lūdificābilis, e (*ludificor*) (*Plaut.*) foppend, voor de gek houdend [**ludi**].

lūdificātiō, ōnis *f* (*ludificor*) fopperij, het voor de gek houden [**hostis; veri**].

lūdificātor, ōris *m* (*ludificor*) (*Plaut.*) iem. die voor de gek houdt.

lūdificātus, ūs *m* (*ludificor*) (*Plaut.*) het spotten, plagen; ▸ *alqm sibi habere ludificatui* iem. bespotten.

lūdificor, lūdificārī *en* **lūdificō,** lūdificāre (*ludus en facio*)
1. voor de gek houden, foppen, om de tuin leiden [**hostem omnibus artibus belli; aperte; Romanum fessum impune**]; ▸ *ludificati incerto proelio;*
2. verijdelen, dwarsbomen [**locationem; ea quae hostes agerent**].

lūdiō, ōnis *m* (*ludus*) pantomimespeler, danser.

lūdius, ī *m* (*ludus*) danser, pantomime-, toneelspeler; ▸ *si ~ constitit.*

lūdō, lūdere, lūsī, lūsum
I. *intr.*
1. spelen (*met: abl.*) [**pilā; aleā; nucibus**]; ▸ *eburnis quadrigis cottidie in abaco ~* (*Suet.*);
2. *in een voorstelling* optreden; ▸ *ludis circensibus ursi et elephanti luserunt;*
3. (*metaf.*) gekheid maken, schertsen; ▸ *arma ad ludendum sumere* voor de lol;
4. (*poët.*) dansen, dartelen, schommelen [**in numerum** in de maat]; ▸ *iubae ludunt* de manen wapperen; *cumba ludit in lacu;*
5. zich spelenderwijs oefenen in, zich als tijdverdrijf bezighouden met (*m. abl.*) [**armis; palaestrā; versibus**];
6. (*Sen.*) spelen met, verspillen (*m. abl.*) [**viribus imperii**];
II. *tr.*
1. (*poët.; postklass.*) spelen [**Troiam** een toernooi houden; **ducatus et imperia** voor generaal en keizer spelen; **ludum insolentem** hoog spel spelen];
2. spelenderwijs doen, maken *of* uitvoeren, als tijdverdrijf oefenen [**causam disputationemque; carmina; opus** hutjes bouwen; **pericula**]; ▸ *luserunt ista poëtae* dat hebben de dichters verzonnen; *illa ipsa ludens conieci in communes locos* (*Cic.*);

3. (Mart.) spelend doorbrengen [**otium**];
4. (metaf.) belachelijk maken, bespotten [**orationem; verbum; illam aetatem**]; ▸ *vide ne me ludas* (Plaut.); *Domitius in senatu lusit Appium collegam* (Cic.);
5. (poët.) bedriegen, om de tuin leiden [**alqm dolis**];
6. (Plaut.) tevergeefs aanwenden [**operam**].

lūdus, ī m (ludo)
1. spel [**militaris** van de soldaten]; ▸ *novum -um sibi excogitant;*
2. meestal plur. publieke spelen, voorstellingen, wedstrijden [**gladiatorii; circenses; Olympii**]; ▸ *-is* tijdens de spelen; *-os facere, dare of edere* organiseren; *-os committere* beginnen; *-os spectatum ire* (Nep.) naar het theater gaan; — meton. drama, satire [**Naevii**];
3. (metaf.) spel, plezier, gestoei; ▸ *per -um* voor de grap; *amoto -o* alle gekheid op een stokje; *ut -os facit* wat hangt hij de clown uit; *-os praebere* stof tot lachen geven; *-os alci facere of reddere* een grap met iem. uithalen; *-os facere alqm* iem. voor de gek houden;
4. kinderspel, kleinigheid; ▸ *illa perdiscere ~ est; per -um* spelenderwijs, moeiteloos;
5. (meton.) school: (a) gladiatorenschool [**gladiatorius**]; (b) eerste onderwijs; ▸ *-um habere, exercere* schoolhouden; *magister -i* schoolmeester; *Isocrates cuius e -o meri principes exierunt* (Cic.); *ibi namque in tabernis litterarum -i erant* (Liv.).

luēla of **luella,** ae f (luo[1]) (Lucr.) boete, straf.

luēs, is f
1. besmettelijke ziekte, pest; ▸ *dira ~ quondam Latias vitiaverat auras* (Ov.); *~ et pestifer annus* (Verg.);
2. (metaf.) pestkop, schurk;
3. (postklass.) ongeluk, ramp [**belli; asperrima** (v.e. aardbeving)];
4. moreel verval, verloedering [**impura**];
5. (Petr.) gesmolten sneeuw.

Lugdūnum, ī n Romeinse plaatsnaam; — adj. **Lugdūnēnsis,** e
1. stad in Gallië, nu Lyon;
2. ~ **Batāvōrum** castellum aan de Rijnmond (Katwijk).

lūgeō, lūgēre, lūxī, lūctum
I. intr. treuren, in rouw gedompeld zijn (dwz. rouw die zich uit in luide klachten en conventioneel uiterlijk vertoon, itt. maereo dat stille rouw uitdrukt); ▸ *senatus luget* heeft zich in rouwkleding gehuld; *lugendi modum facere; ad rogum filii lugetur; rami positis ~ videntur frondibus* (Ov.);
II. tr. treuren om, rouwkleding dragen voor (m. acc.; aci.) [**mortem alcis; vitam hominum; interitum rei publicae**].

lūgubria, ium n (lugubris) rouwkleding.

lūgubris, e (lugeo) (poët.)
1. horend bij rouw, rouw- [**lamentatio; cantus; vestis; nuntii**];
2. treurend, treurig [**domus; genitor**];
3. onheil brengend [**bellum**], onheilspellend [**ales**];
4. (poët.) klaaglijk, jammerend [**vox; verba**].

luī pf. v. luo[1].

luitiō, ōnis f (luo[1]) (postklass.) het betalen, voldoen; loskopen.

lumbi-fragium, ī n (lumbus en frango) (Plaut.) lendenbreuk.

lumbrīcus, ī m
1. regenworm; metaf. v. mensen die, hoewel uit een lagere stand, toch een eervolle positie bereikten;
2. een soort lintworm.

lumbus, ī m (meestal plur.) lende.

lūmen, inis n (luceo)
1. licht [**solis; lunae; lucernae**]; ▸ *tamquam tabulas bene pictas collocare in bono lumine* in een gunstig licht opstellen; *~ diurnum* de zon; *accretio et deminutio luminis* (v.h. maanlicht); *clarum lumen transmittere* volkomen doorzichtig zijn; *caeli ~; clarissima mundi lumina* (= zon en maan); *mobile vulgus sequitur fortunae lumina; nocturna in lumina* om het nachtelijk duister te verlichten;
2. lamp, kaars, fakkel; ▸ *lumini oleum instillare; lumen accendere; ad lumina* bij (lamp)licht; *sub lumina prima* zodra de lichten worden aangestoken; *ad lumina prima* tot het vallen v.d. avond;
3. daglicht [**obscurum** en **incertum** schemering]; — meton. (poët.) dag: *lumine quarto* op de vierde dag; *~ supremum;*
4. (poët.) leven(slicht), ook plur.; ▸ *lumen alci adimere; lumen relinquere; lumina vitae attingere;*
5. licht v.d. ogen; meton. oog, gezichtsvermogen, blik; ▸ *lumina effodere alci* iem. de ogen uitsteken; *caecitas luminis; lumina aegra; luminibus, lumine captus* blind;
6. licht in of voor gebouwen; ▸ *obstruere luminibus alcis* iems. uitzicht belemmeren; metaf.: *mentis luminibus officere; Catonis luminibus obstruxit oratio* verduisterde de roem v. Cato;
7. lichtschacht, venster [**latum**];

8. schittering [**ferri**];
9. *(metaf.)* duidelijkheid, helder inzicht; ▸ *lumen adhibere alci rei;*
10. luister, sieraad, schitterend voorbeeld [**dicendi**]; ▸ *quasi ~ aliquod probitatis et virtutis* (Cic.); *lumina civitatis (v. voorname burgers); Caesar clarissimum ~ omnium gentium; ~ animi, ingenii consiliique tui; lumina verborum et sententiarum* tropen en figuren *(die een redevoering luister verlenen); maiorum gloria posteris ~ est; Corinthus totius Graeciae ~ ;*
11. *(retor.)* luister, helderheid, duidelijkheid; ▸ *~ litterarum Latinarum; ordo lumen memoriae affert;*
12. redding, hulp, steun [**gentium**]; ▸ *hunc ~ rebus nostris dubiis futurum;*
13. *(Mel.) lumina ecclesiae* kerkvaders.

lūmināre, is *n (lumen)*
1. licht, lamp;
2. *(eccl.) plur.* sterren, sterrenbeelden.

lūminātus, a, um *(lumen) (Apul.)* in het bezit v. gezichtsvermogen.

lūminō, lūmināre *(lumen) (postklass.)* verlichten.

lūminōsus, a, um *(lumen)* prachtig, uitblinkend [**partes orationis**].

lūna, ae *f (luceo)*
1. maan [**nova** nieuwe maan; **tertia** derde dag na nieuwe maan; **plena** volle maan; **minor** afnemend; **crescens** wassend]; ▸ *per (ad) -am* in de maneschijn; *~ deficit of laborat* wordt verduisterd; *ortus aut obitus -ae;* — *meton. (Verg.)* nacht [**roscida**];
2. *(poët.; postklass.)* maand [**centesima**];
3. *plur. (poët.)* schijngestalten v.d. maan; ▸ *sequentes ordine -ae;*
4. *(Juv.)* embleem in de vorm v.e. halve maan *van ivoor op de schoenen v. patric. senatoren;*
5. *personif.* **Lūna** *maangodin.*

Lūna[1] *zie luna 5.*

Lūna[2]**,** ae *f stad in N.W.-Etrurië, nu Luni;* — *adj.* **Lūn(i)ēnsis,** e.

lūnāris, e *(luna)*
1. van de maan, maan- [**cursus** *of* **orbita** baan; **equi**];
2. *(Ov.)* in de vorm v.e. halve maan [**cornua**].

lūnāticus, a, um *(luna) (postklass.)* epileptisch; bezeten, doldriftig.

lūnō, lūnāre *(luna) (poët.)* maan-, sikkelvormig maken [**arcum; acies**]; — *p. adj.* **lūnātus,** a, um (a) maan-, sikkelvormig [**pelta; ferrum** sikkelvormig zwaard; **cornua**]; (b) met een *(ivoren)* halve maan versierd *(vgl. luna 4.)* [**pellis** schoen].

lunter, tris *m en f = linter.*

lūnula, ae *f (demin. v. luna) (Plaut.)* maantje *(halvemaanvormige amulet).*

luō[1]**,** luere, luī, luitūrus
1. boeten voor *(m. acc.)* [**stuprum morte; noxam pecuniā; delicta maiorum**];
2. afwenden [**pericula publica**];
3. *(postklass.)* betalen voor, voldoen [**aes alienum**]; ▸ *in singulas arbores aeris XXV (als straf);*
4. loskopen, vrijkopen [**se; praedium**];
5. *poenam en poenas ~* straf ondergaan, boeten *(voor: gen.; pro)* [**peccati; pro caede**].

-luō[2]**,** -luere, -luī, -lūtum = *lavo (alleen in composita v. lavo gebruikelijk, bv. ab-luo).*

lupa, ae *f (lupus)*
1. wolvin;
2. hoer.

lupānar, āris *n (lupa)* bordeel.

lupānāris, e *(lupanar)* van een bordeel, bordeel-.

lupāta, ōrum *n en* **lupātī,** ōrum *m (lupatus) (poët.)* wolfsbit *(bit met scherpe tanden).*

lupātria, ae *f (Petr.)* loeder.

lupātus, a, um *(lupus) (poët.)* van wolfstanden *(dwz. van ijzeren stekels)* voorzien [**frena** wolfsbit].

Lupercus, ī *m Oudrom. god v. kuddes en vruchtbaarheid, gelijkgesteld met Faunus; — priesters in zijn dienst:* **Lupercī,** ōrum *m;* — *adj.* **Lupercālis,** e; — **Lupercal,** ālis *n oorspr. een aan Pan gewijde grot op de noordwesthelling v.d. Palatijn; volgens de legende heeft de wolvin hier Romulus en Remus gezoogd;* — **Lupercālia,** ium *en* ōrum *n (= Lupercal ludicrum of sacrum Lupercale)* feest v. Lupercus *(= Faunus)* op 15 *februari.*

Lupia, ae *f de Lippe, rivier in het Duitse Westfalen.*

lupīllus, ī *m (demin. v. lupinus) (Plaut.)* wolfsboontje, kleine lupine.

lupīnus *(lupus)*
I. *adj.* a, um van een wolf *of* wolvin, wolfs- [**pellis**];
II. *subst.* ī *m* wolfsboon, lupine; speelpenning *(omdat de lupine in spelletjes als geld werd gebruikt).*

lupula, ae *f (demin. v. lupa) (Apul.)* hoertje.

lupus, ī *m*
1. wolf *(gewijd aan Mars)* [**Martialis** *of* **Martius**]; ▸ *sprw.: ~ in fabula = eccum tibi -um in sermone* als je het over de duivel hebt, trap je op zijn staart; *credere ovile -o* de kat op het spek binden; *~ non curat numerum* interesseert het niet of de schapen geteld zijn; *-um auribus tenere*

in grote verlegenheid zijn;
2. zeebaars;
3. *(poët.)* wolfsbit *v.e. hoofdstel;* ▸ *equus -os accipit;*
4. haak [**ferreus**].

lurc(h)ō, ōnis *m (pre- en postklass.)* veelvraat [**edax**].

lūridus, a, um
1. geel, vaal, lijkbleek;
2. *(metaf.)* lijkbleek makend [**horror**].

lūror, ōris *m (vgl. luridus) (Lucr.)* vaalheid, lijkkleur.

luscinia, ae *f en* **luscinius,** ī *m (poët.; postklass.)* nachtegaal.

lusciniola, ae *f (demin. v. luscinia) (Plaut.)* kleine nachtegaal.

luscitiōsus, a, um *(luscus) (Plaut.; Gell.)* nachtblind; bijziend.

luscus, a, um eenogig.

lūsī *pf. v. ludo.*

lūsiō, ōnis *f (ludo)* het spelen, spel [**pilae** balspel].

Lūsitānia, ae *f het zuidwestelijk deel v.h. Iberisch schiereiland (o.a. het huidige Portugal); — inw. en adj.* **Lūsitānus,** ī *m resp.* a, um.

lūsitō, lūsitāre *(intens. v. ludo) (pre- en postklass.)* spelen, zich vermaken.

lūsor, ōris *m (ludo)*
1. *(poët.; postklass.)* speler;
2. *(Ov.) tenerorum ~ amorum* dichter v. liefdesliedjes;
3. *(Plaut.)* spotter; ▸ *te ut deludam contra, lusorem meum.*

lūsōriae, ārum *f (lusorius; vul aan: naves) (Sen.)* plezierjachten.

lūsōrius, a, um *(lusor) (postklass.)*
1. van *of* voor het spel, speel- [**pila**];
2. tot tijdverdrijf dienend [**spectaculum**]; *— subst. plur.* **lūsōria,** ōrum *n* kinderachtig gedoe;
3. *(metaf.)* nietig, ongeldig [**nomen**].

lūstrālis, e *(lustrum²)*
1. horend bij een zoenoffer, reinigings- [**sacrificium** zoen-, reinigingsoffer; **aqua** wijwater; **exta**];
2. *(Tac.)* om de vijf jaar plaatsvindend [**certamen**].

lūstrāmen, inis *n (lustro) (poët.; postklass.)* zoenoffer.

lūstrātiō, ōnis *f (lustro)*
1. zoenoffer, verzoening, reiniging door een offer; ▸ *lustrationis sacro peracto;*
2. het doorkruisen, reizen door [**municipiorum; solis** zonnebaan].

lūstricus, a, um *(lustrum²)* reinigings-.

lūstrō, lūstrāre *(lustrum²)*
1. reinigen, door een reinigingsoffer verzoenen *of* wijden [**urbem; populum; Capitolium**]; ▸ *terque senem flammā, ter aquā, ter sulphure lustrat (Ov.);*
2. bekijken, monsteren, inspecteren [**alqd oculis; exercitum**]; ▸ *respicio et quae sit me circum copia lustro (Verg.);*
3. verlichten [**lumine; luce**];
4. overwegen, bedenken [**omnia ratione animoque**];
5. *(poët.; postklass.)* gaan *of* dansen rondom *(m. acc.)* [**regem choreis; agros** langs de akkers trekken];
6. bereizen, doorkruisen [**terras; aequor navibus** bevaren]; ▸ *quando luna lustrato suo cursu solem consecuta est (Cic.); latitudinem lustrans signiferi orbis (Cic.); pede barbaro lustrata Rhodope (Hor.);*
7. *(metaf.)* doorstaan [**pericula**].

lustror, lustrārī *(lustrum¹) (Plaut.)* zich in een bordeel bevinden, naar de hoeren gaan.

lustrum¹, ī *n (lutum¹)*
1. *(preklass.)* moeras;
2. *(poët.)* hol, leger [**ferarum; horrentia**];
3. *(meestal plur.)* bordeel; ▸ *ubi in lustra iacuisti (Plaut.).*

lūstrum², ī *n*
1. reinigingsoffer, zoenoffer *(dat door de censoren iedere vijf jaar gebracht werd ter afsluiting v. hun ambtstermijn);* ▸ *-um condere* de ambtstermijn v.d. censoren sluiten;
2. *(meton.)* periode v. vijf jaar, lustrum, *ihb.:* (a) belastingperiode; ▸ *hoc ipso -o;* (b) *(Plin. Min.)* pachttijd; (c) *alg.* lange periode, jaren; ▸ *veniet lustris labentibus aetas (Verg.).*

lūsus¹, ūs *m (ludo) (poët.; postklass.)*
1. het spelen, spel [**aleae; calculorum** bordspel; **Troiae** toernooi];
2. gestoei, scherts, grappenmakerij; ▸ *apti lusibus anni* voor geflirt; *inepti lusūs* speelse gedichtjes;
3. *(poët.)* liefdesspel.

lūsus² *ppp. v. ludo.*

Lutātius, a, um *naam v.e. pleb. gens in Rome:*
1. C. ~ Catulus, *versloeg als consul de Carthagers in 241 v. Chr. bij de Aegatische eilanden;*
2. Q. ~ Catulus, *consul in 102 v. Chr., versloeg samen met Marius in 101 v. Chr. de Kimbren bij*

Vercellae.
lūteolus, a, um *(demin. v. luteus²)* gelig.
lūtēr, ēris *m (Gr. leenw.) (eccl.)* kuip, wasbekken.
Lūtētia, ae *f belangrijkste stad in het gebied v.d. Parisii, oorspronkelijk gesticht op een eiland in de Seine, nu* Parijs.
lūteum, ī *n (luteus²)*
1. = *lutum²*;
2. (Plin. Mai.) eigeel [**ovorum**].
luteus¹, a, um *(lutum¹)*
1. modderig, lemig, vol drek [**Rheni caput**];
2. van klei *of* leem [**glebae** leemkluiten; **toreuma**];
3. *(metaf.)* waardeloos, nietswaardig [**negotium** futiliteit; **meretrix**].
lūteus², a, um *(lutum²)* (goud)geel [**Aurora; pallor** vaal; **panis**]; oranje, purperkleurig [**papaver; soccus**].
lutitō, lutitāre *(intens. v. luto) (Plaut.)* door het slijk halen.
lutō, lutāre *(lutum¹)*
1. met klei bedekken, (be)pleisteren;
2. *(met zalf)* volsmeren, besmeren [**capillos**].
lutōsus, a, um *(lutum¹) (Juv.)* vol drek, modderig, smerig.
lutra, ae *f* (Plin. Mai.) otter.
lutulentus, a, um *(lutum¹)*
1. modderig, vuil [**sus; amnis; humus; tellus diluvio recenti**];
2. (Mart.) *(met zalf)* besmeerd;
3. *(metaf.)* smerig, lelijk [**homo; vitia**].
lutum¹, ī *n*
1. modder, leem, drek; ▸ *in -o volutari (v. Verres); sprw.: in -o esse, haerere of haesitare* in de stront zitten; *pro -o esse* zo goedkoop als modder; *pro -o habere* als vuil, als waardeloos beschouwen; — *metaf. als scheldw.:* vuilak, smeerlap;
2. klei-, leemaarde, turf.
lūtum², ī *n* wouw *(plant waaruit een gele verfstof wordt vervaardigd); meton.* gele kleur.
lūx, lūcis *f*
1. licht [**solis; lunae; aestiva** zomer; **brumalis** winter]; ▸ *luce clarius* zonneklaar; *sub luce maligna (v.h. licht v. maan en sterren); (metaf.) haec urbs ~ orbis terrarum;*
2. glans [**lychnorum; aena**];
3. daglicht [**meridiana** middaglicht]; dag [**natalis; iugalis**]; ▸ *ad lucem* tegen de ochtend; *prima luce, luce novā of sub luce* bij het aanbreken v.d. dag; *a prima luce* vanaf het aanbreken v.d. dag; *multa luce* midden op de dag; *luce (abl.) en luci (loc.)* overdag;
4. levenslicht, leven [**ultima** dood]; ▸ *lucem propriam accipere; alqm luce privare; lucem intueri of videre* leven; *in lucem edi of suscipi; cum luce dolorem finit; corpora luce carentia;* — *ook als koosnaam: mea ~;*
5. licht in de ogen, gezichtsvermogen;
6. *(metaf.)* helderheid, inzicht, toelichting; ▸ *historia ~ veritatis; qui lucem eripere conetur* probeert licht in duisternis te veranderen;
7. openbaarheid [**forensis**]; ▸ *lucem non aspicere; res occultas in lucem proferre; e tenebris in lucem vocare* in de openbaarheid brengen; — *(v. plaatsen) in luce Italiae cognosceris* (Cic.) in het aangezicht v. Italië; *in luce Asiae* (Cic.);
8. roem, glorie; ▸ *genus sine luce;*
9. redding, heil, hulp [**Dardaniae** van Troje = Hector]; ▸ *lucem afferre rei publicae; lucem dispicere; lucem ingenii porrigere civibus.*
lūxī *pf. v. luceo, lucesco en lugeo.*
luxō, luxāre *(luxus²) (pre- en postklass.)*
1. verzwikken, verrekken;
2. (Plin. Mai.) met geweld verplaatsen.
luxor, luxārī *(luxus¹)* (Plaut.) weelderig, in luxe leven.
luxuria, ae *en* **luxuriēs,** ēī *f (luxus¹)*
1. weelderige groei [**segetum; umoris** overvloed];
2. *(metaf.)* overdaad, overvloed, weelderigheid; pronkzucht, genotzucht, luxueus leven [**conviviorum**]; — *meton.: ~ agrestis* spilzieke boeren;
3. teugelloosheid, overmoed.
luxuriō, luxuriāre *en* **luxurior,** luxuriārī *(luxus¹)*
1. *(postklass.)* weelderig groeien, weelderig zijn *(v. gewassen en v.d. aarde);* ▸ *luxuriat humus, seges; ~ in comas;* — *metaf. v. taal: luxuriantia compescere* overbodige franje verwijderen;
2. *(poët.)* vol zijn, zwellen; ▸ *pectus luxuriat toris* van spieren; *facies deliciis luxuriat;*
3. *(v. dieren)* uitgelaten, dartel zijn; ▸ *in pratis luxuriat pecus;*
4. *(metaf.)* zwelgen, geen maat weten te houden, de perken te buiten gaan, overmoedig zijn *(in, als gevolg van: abl.)* [**nimiā gloriā**]; ▸ *Capua luxurians felicitate; luxuriant animi rebus secundis; laetitia luxuriat* stijgt naar het hoofd; *laeta principia nimis luxuriavere.*
luxuriōsus, a, um *(luxuria)*
1. weelderig (groeiend) *(v. gewassen en v.d. aarde)* [**frumenta; seges**];

2. (*metaf.*) weelderig, buitensporig, verkwistend [**civitas; cena**]; ▸ *otio -o esse; exercitum -e habere;*
3. uitgelaten, overmoedig [**laetitia**]; ▸ *-os reprehendere.*

luxus[1], ūs *m*
1. pracht, weelde, overdaad [**regalis**];
2. weelderigheid, bandeloosheid, slemperij, zedeloosheid; ▸ *~ atque libido; in vino ac luxu; luxui et saginae mancipatus; per luxum aetatem agere; luxu atque desidiā corrupta civitas.*

luxus[2], a, um (*luctor*) verzwikt, verrekt [**pes**].

Lyaeus, ī *m bijnaam v. Bacchus; meton.* (*poët.*) wijn; — *adj.* **Lyaeus,** a, um [**latex** = wijn].

Lycaeus, ī *m berg in Arcadië* (*Peloponnesus*), *aan Zeus en Pan gewijd;* — *adj.* **Lycaeus,** a, um [**collis; nemus**].

Lycambēs, ae *m Thebaan, die Archilochus de hand v. zijn dochter Neobule weigerde en als gevolg daarvan door diens spotverzen de dood in werd gedreven;* — *adj.* **Lycambēus,** a, um.

Lycāōn, onis *m koning v. Arcadië, vader v. Callisto;* — **Lycāonis,** idis *f* Callisto, *dochter v. Lycaon;* — *adj.* **Lycāonius,** a, um [**axis** noordelijke hemelstreek].

Lycāonia, ae *f landstreek in het midden en zuiden v. Kl.-Azië;* — *adj.* **Lycāonius,** a, um.

Lycēum *en* **Lycīum,** ī *n*
1. *gymnasium bij Athene waar Protagoras en Aristoteles lesgaven;*
2. *een naar 1. genoemd gymnasium op het landgoed v. Cicero in Tusculum.*

lychnobius, ī *m* (*Gr. leenw.*) (*Sen.*) nachtbraker.

lychnūchus, ī *m* (*Gr. leenw.*) luchter, kandelaber.

lychnus, ī *m* (*Gr. leenw.*) luchter, lamp.

Lycia, ae *f Lycië, landstreek in het Z.W. v. Kl.-Azië;* — *inw.* **Lyciī,** ōrum *m;* — *adj.* **Lycius,** a, um [**deus** = Apollo; **sortes** van het orakel v. Apollo *in Patara;* **hasta, catervae** van de *Lycische koning* Sarpedon].

Lycīum *zie Lyceum.*

Lycomēdēs, is *m koning v.h. eiland Scyros.*

Lycophrōn, onis *en* onos *m Alexandrijnse dichter, bekend om zijn duistere stijl* (*ca. 300 v. Chr.*).

Lycormās, ae *m rivier in Aetolië* (*Midden-Griekenland*).

Lyctius, a, um (*poët.*) Kretenzisch (*genoemd naar de stad Lyctos op Kreta*).

Lycūrgus, ī *m*
1. *legendarische wetgever v.d. Spartanen* (*ca. 800 v. Chr.*);
2. *koning v.d. Edonen in Thracië;*
3. *Atheens redenaar* (*ca. 390—324 v. Chr.*), *leerling v. Plato en Isocrates.*

Lycus, ī *m naam v. verschillende rivieren in Azië.*

Lȳdia, ae *f Lydië, landstreek in het westen v. Kl.-Azië met als belangrijkste stad Sardes; volgens de traditie het moederland v.d. Etrusken;* — *inw.* **Lȳdus,** ī *m* Lydiër, *poët.* ook Etrusk; — *adj.* **Lȳd(i)us,** a, um Lydisch, *poët.* ook Etruskisch.

lygdos, ī *f* (*Gr. leenw.*) (*Mart.*) wit Parisch marmer.

lympha, ae *f* (*Gr. leenw.*) (*poët.*)
1. helder water, rivier-, bronwater; ▸ *vulnera -is abluere;*
2. *personif. plur.* **Lymphae** bronnimfen.

lymphāticus *en* **lymphātus,** a, um waanzinnig, buiten zichzelf, bezeten, radeloos [**metus; somnia; pavor** panische angst].

lymphātiō, ōnis *f* (*lympho*) (*Plin. Mai.*) aanval v. razernij of v. paniek.

lymphātus *zie lymphaticus.*

lymphō, lymphāre (*lympha*) (*postklass.*) gek maken, tot waanzin drijven; — *pass.* in razernij verkeren.

Lyncēstae, ārum *m volksstam in Macedonië;* — *adj.* **Lyncēstius,** a, um [**amnis** *bron in het gebied v.d. Lyncestae; het drinken v.h. water daaruit veroorzaakte dronkenschap*].

Lynceus, eī *m* (*verw. m. lynx*) *scherpziende Messeense held, een v.d. deelnemers aan de Calydonische jacht en de Argonautentocht;* — *adj.* **Lyncēus,** a, um scherpziend, met lynxogen: *Lynceum esse* ogen hebben als een lynx; — *patron.* **Lyncīdēs,** ae *m* = Perseus.

Lyncus, ī
1. *m Scythische koning;*
2. *f belangrijkste stad in het gebied v.d. Lyncestae.*

lynx, lyncis *m en f* (*Gr. leenw.*) (*poët.; postklass.*) lynx; ▸ *lynces Bacchi: als koppel voor de triomfwagen v. Bacchus.*

lyra, ae *f* (*Gr. leenw.*)
1. lier, luit (*volgens de mythe door Mercurius uitgevonden en aan Apollo geschonken*);
2. (*poët.*) (*meton.*) lyrische poëzie, lied; ▸ *iocosae -ae* schertsliederen; *Aeoliae -ae amica;*
3. (*metaf.*) *Lier als sterrenbeeld.*

Lyrcēus, a, um (*Ov.*) Lyrceïsch, van het Lyrceium (*gebergte op de grens v. Arcadië en Argolis*) [**arva**].

lyrica, ōrum *n* (*lyricus*) (*poët.; postklass.*) lyrische gedichten, oden.

lyricus (*Gr. leenw.*)
I. *adj.* a, um bij de lier horend, lyrisch [**soni; vates** *en* **poēta** lyrische dichter; **senex** = Ana-

creon];

II. *subst.* ī *m* lyrische dichter.

lyristēs, ae *m (Gr. leenw.) (postklass.)* luitspeler.

Lyrnēsos *en* **Lyrnēssus,** ī *f stad in Troas (bij Troje), geboorteplaats v. Briseïs;* — **Lyrnēsis,** idis *f* Briseïs; — *adj.* **Lyrnēsius,** a, um [moenia].

Lȳsander, drī *m*

1. *Spart. veldheer, besliste de Peloponnesische oorlog en veroverde in 404 v. Chr. Athene;*

2. *efoor in Sparta, wegens rechtsverdraaiing verbannen (ca. 240 v. Chr.).*

Lȳsiās, ae *m Atheens redenaar ttv. Socrates.*

Lȳsimachīa, ae *f stad in Thracië, door Lysimachus gesticht;* — *inw.* **Lȳsimachīēnsēs,** ium *m.*

Lȳsimachus, ī *m veldheer v. Alexander de Grote, na diens dood heerser in Thracië en Pontus.*

Lȳsippus, ī *m beeldhouwer en bronsgieter uit Sycion (4e eeuw v. Chr.); hij zou als enige beeltenissen hebben gemaakt v. Alexander de Grote.*

M

M. (*afk.*)
1. (*als voornaam*) (a) **M.** = *Marcus*; (b) **M'.** = *Manius*;
2. *ter aand. v.h. getal* 1000 (*mille*);
3. **m.p.** (*Mel.*) = *manu propria* eigenhandig.

Macareus, eī *m zoon v. Aeolus.*

maccis, idis *f* (*Plaut.*) *naam v.e. verzonnen kruid.*

Macedonia, ae *f* Macedonië, *landstreek tussen Thessalië en Thracië in* N.-*Griekenland*; — *bew.* **Macedō,** onis *m* Macedoniër, *ihb.* Philippus, *vader v. Alexander de Grote, of* Alexander de Grote; — *adj.* **Macedonicus,** a, um [**montes; praeda; legiones**], (*poët.*) **Macedonius,** a, um [**miles**]en (*Plaut.*) **Macedoniēnsis,** e.

macellārius, ī *m* (*macellum*) handelaar in levensmiddelen.

macellum, ī *n* (*Gr. leenw.*)
1. markt; markthandel; (*meton.*) markthandelaren;
2. marktwaar.

maceō, macēre, — — (*macer*) (*Plaut.*) mager zijn.

macer, cra, crum (*Gr. leenw.*)
1. mager, schraal [**taurus; solum**];
2. (*Mart.*) (*v. niet-lev.*) dun [**libellus**].

Macer, crī *m Rom. cogn.*:
1. C. Licinius ~, *geschiedschrijver en redenaar, volkstribuun in 73 v. Chr.*;
2. Aemilius ~ *uit Verona* (*gestorven in 16 v. Chr.*), *dichter, vriend v. Vergilius, Ovidius en Tibullus.*

māceratiō, ōnis *f* (*macero*) het weekmaken.

māceria, ae *f*
1. muur, omheining [**horti**];
2. (*eccl.*) scheidingswand.

mācerō, mācerāre
1. week maken, (in)weken;
2. (*metaf.*) uitputten, verzwakken [**alqm fame**]; ▸ *multos iste morbus macerat* (*Plaut.*);
3. (*geestel.*) kwellen; — *se* ~ *en pass.* tobben, zich aftobben [**desiderio**].

macēscō, macēscere, — — (*incoh. v. maceo*) (*pre- en postklass.*) mager worden, vermageren; verschrompelen.

machaera, ae *f* (*Gr. leenw.*) zwaard.

machaerophorus, ī *m* (*Gr. leenw.*) iem. die een zwaard draagt.

Machāōn, onis *m arts v.d. Grieken voor Troje, zoon v. Aesculapius*; *alg.* arts; — *adj.* **Machāonius,** a, um.

māchina, ae *f* (*Gr. leenw.*)
1. machine, werktuig (*om iets in beweging te zetten, op te hijsen, af te breken e.d.*) [**navalis** scheepsmachine *om schepen de zee in te trekken*]; ▸ *-as promovere*; *metaf.*: *omnes -as adhibere ad alqd* alles in het werk stellen ten behoeve van;
2. *ieder mechanisch werktuig, bv.*: (a) rol; (b) hefboom; (c) windas; (d) wals;
3. machine *in de oorlog* = groot geschut, belegeringswerktuig (*ook metaf.*);
4. podium *om slaven die te koop zijn te etaleren*;
5. (bouw)steiger;
6. (*postklass.*) kooi;
7. bouwsel, structuur [**mundi**];
8. (*metaf.*) kunstgreep, list.

māchināmentum, ī *n* (*machinor*)
1. machine *in de oorlog*, belegeringswerktuig;
2. apparaat, werktuig; (*Sen.*) martelwerktuig;
3. (*metaf.*) (*eccl.*) list (*van heidenen*), verzoeking.

māchinārius, a, um (*machina*) (*postklass.*) met behulp van *of* betrekking hebbend op werktuigen; — *subst.* ī *m* iem. die een werktuig bedient.

māchinātiō, ōnis *f* (*machinor*)
1. het vervaardigen v. werktuigen *of* apparaten;
2. mechanisme, het mechanisch aandrijven; ▸ *machinatione movere alqd*;
3. (*meton.*) machine [**navalis** scheepsmachine *om schepen de zee in te trekken*];
4. (*metaf.*) kunstgreep, list.

māchinātor, ōris *m* (*machinor*)
1. machinebouwer, bouwmeester [**bellicorum tormentorum**]; ▸ *machinatore alqo* onder de bouwkundige leiding v. iem.; *machinatores qui pegmata per se surgentia excogitant*;
2. (*metaf.*) aanstichter, veroorzaker [**scelerum; belli**]; ▸ *omnium architectus et* ~ bedenker en bewerker v. alles.

māchinātrīx, īcis *f* (*machinator*) (*Sen.*) aanstichtster [**malorum facinorum**].

māchinor, māchinārī (*p.p. ook pass.*) (*machina*)
1. uitdenken, ontwerpen, bewerkstelligen [**opera; versum ad voluptatem**];
2. in zijn schild voeren, beramen (*jegens, tegen*: *dat.*; *in m. acc.*) [**pestem in alqm; alci necem; alci perniciem; universis civibus atrocissimam calamitatem**].

māchinōsus, a, um (*machina*) (*Suet.*) kunstig vervaardigd [**navigium**].

maciēs, ēī *f (macer)* magerheid, schraalheid; ▸ *equi macie corrupti; corpus macie extabuit; seges macie deficit;* — *(postklass.) metaf. v. taalgebruik.*
macilentia, ae *f (macilentus) (Mel.)* magerte.
macilentus, a, um *(maceo) (pre- en postklass.)* vermagerd, mager.
Macra[1]**,** ae *m rivier in Italië tussen Ligurië en Etrurië, nu de* Magra.
Macra[2] **cōmē** *stad in Locris (Midden-Griekenland).*
macrēscō, macrēscere, macruī, — *(macer) (Hor.)* mager worden, vermageren; schraal worden.
Macrī Campī, ōrum *m vlakte in Gallia Cisalpina (ten Z. v.d. Po).*
macritūdō, inis *f (macer) (Plaut.)* magerte.
Macrobius, ī *m* Ambrosius Theodosius ~, *Latijnse auteur uit 1e helft v.d. 5e eeuw n. Chr.; schreef de ten dele bewaard gebleven Saturnalia en een commentaar op het Somnium Scipionis v. Cicero.*
Macrochīr, īris *m (Gr. leenw.* 'Langhand') *bijnaam v.d. Perz. koning Artaxerxes I.*
macrocollum, ī *n (Gr. leenw.)* groot vel papyrus.
macruī *pf. v. macresco.*
mactābilis, e *(macto) (Lucr.)* dodelijk.
mactātor, ōris *m (macto) (Sen.)* (af)slachter, moordenaar [**senum**].
mactātus, ūs *m (macto) (Lucr.)* het offeren, slachten.
macte *zie mactus*[1].
mactō, mactāre *(mactus)*
1. verheerlijken, eren, begiftigen [**hospites honoribus; alqm magno triumpho**]; *ihb. een godheid met een offer* eren [**extis deos**];
2. *(poët.) (een dier)* offeren, als offer wijden, slachten [**hostiam; bidentes; taurum Neptuno**];
3. als offer wijden [**alqm Orco; hostium legiones dis**];
4. *(metaf.)* (af)slachten, vermoorden;
5. te gronde richten, teisteren, treffen, (be)straffen [**alqm aeternis suppliciis; alqm morte; ius civitatis** opheffen].
mactus[1]**,** a, um verheerlijkt, geëerd, gevierd *(bijna alleen vocat. macte, zowel voor sg. als plur.);* ▸ *macte virtute (esto, estote)* geluk met je dapperheid!, veel geluk!, bravo!
mactus[2]**,** a, um *(Lucr.)* (als een offerdier) getroffen.
macula, ae *f*
1. vlek; ▸ *equus -is albis; -as auferre de vestibus; in ipsis quasi -is ubi habitatur* in kleine bewoonde vlekken *(Cic.);*
2. misvormende vlek, (lit)teken;
3. *(metaf.)* schandvlek, smet, onvolkomenheid [**familiae; avaritiae**];
4. maas *v.e. net.*
maculō, maculāre *(macula)*
1. vol vlekken maken, bevlekken [**terram tabe; ferrum sanguine**];
2. *(metaf.)* bevlekken, bezoedelen, onteren [**partus suos parricidio; sacra loca stupro; belli gloriam morte turpi**].
maculōsus, a, um *(macula)*
1. gevlekt, vol vlekken, bont (gevlekt) [**vellus; marmor**];
2. bevlekt, besmeurd [**vestis; -ae sanguine arenae**];
3. *(metaf.)* bevlekt, bezoedeld, onteerd, berucht [**senatores**]; ▸ *avaritiā et libidine* ~.
made-faciō, facere, fēcī, factum *(pass.* -fīō, fierī, factus sum) *(madeo)*
1. natmaken, bevochtigen, weken, doordrenken [**spongiam; panem**]; ▸ *sanguis madefecerat herbas;*
2. dronken voeren [**se vino**].
madefactō, madefactāre *(intens. v. madefacio) (Plaut.)* dronken voeren.
madeō, madēre, maduī, —
1. nat zijn, drijven *(van: abl.)* [**metu** van het angstzweet]; ▸ *parietes vino madebant; terra madet sanguine;* — *p. adj.* **madēns,** *gen.* entis vochtig, nat [**campi** moerassig; **auster** regen brengend];
2. *(poët.) (v. voedsel)* zacht, gaar zijn;
3. dronken zijn;
4. *(Ov.) (v. sneeuw)* smelten; ▸ *nix sole madens;*
5. *(poët.; postklass.)* (over)vol zijn, overvloed hebben *(van, aan: abl.) (ook metaf.);* ▸ *pocula Baccho madent; arte madent simulacra.*
madēscō, madēscere, maduī, — *(incoh. v. madeo) (postklass.)*
1. *(poët.)* nat, vochtig worden; ▸ *comae maduerunt nardo; musta madescunt robora;*
2. week, zacht worden.
madidō, madidāre *(madidus) (Laatl.)* vochtig maken, bevochtigen.
madidus, a, um *(madeo)*
1. nat, vochtig *(van: abl.)* [**comae** druipend; **genae** betraand; **fossa** waterrijk]; ▸ *fasciculus epistularum aquā* ~ ; *-i lacrimis ocelli; radix suco -a* vol;
2. week, zacht(gekookt), bros;
3. *(vino)* ~ dronken;
4. *(Mart.) (metaf.)* vol van, vervuld met, van *(m. abl.)* [**Minervae artibus; iocis**].

mador, ōris *m* (*madeo*) vochtigheid, nat(tig)heid.
maduī *pf. v. madeo en madesco.*
madulsa, ae *f* (*madeo*) (*Plaut.*) roes.
Maeander *en* **Maeandros,** drī *m*
1. *rivier in Carië en Lydië (Kl.-Azië), bekend vanwege zijn bochtige loop; mondt bij Milete uit in de Egeïsche Zee, nu de* Büyük Menderes; — *adj.* **Maeandrius,** a, um [**unda**];
2. *alg.* (a) kromming, kronkeling; (b) meandervormig borduursel *waarmee een kledingstuk is afgezet.*
Maecēnās, ātis *m*
1. C. Cilnius ~, *Rom. ridder; vriend v. Augustus, schrijver, begunstiger v. dichters (van o.a. Vergilius, Horatius, Propertius) en geleerden (ca. 70—8 v. Chr.)*; — *adj.* **Maecēnātiānus,** a, um;
2. (*postklass.*) *alg.* beschermer en begunstiger v. kunst en wetenschap.
Maecius, a, um Sp. ~ Tarpa, *kunstkenner en criticus, tijdgenoot v. Cicero.*
Maedī, ōrum *m Thrac. volksstam aan de rivier de Strymon*; — *hun gebied:* **Maedica,** ae *f.*
Maelius, a, um *naam v.e. Rom. gens:* Sp. ~, *werd in 439 v. Chr. gedood omdat hij ervan beschuldigd was naar koninklijke macht te streven*; — *adj.* **Maeliānus,** a, um; — **Maeliānī,** ōrum *m* aanhangers van Maelius.
maena, ae *f* (*Gr. leenw.*) ansjovis (*bij Plautus als scheldw.*).
Maenalus, ī *m en* **Maenala,** ōrum *n gebergte en stad in Arcadië (Peloponnesus) tussen Tegea en Megalopolis; gold als favoriete verblijfplaats v. Pan en was aan hem gewijd*; — *adj.* **Maenalius,** a, um [**deus** = Pan; **versus** Arcadische herderszangen; **ramus** = knots *v. Hercules, die hij uit Maenalus gehaald had*], *fem. ook* **Maenalis,** idis [**ursa** = Callisto; **diva** = Carmenta; **ora** = Arcadië].
Maenas, adis *f* (*Gr. leenw. 'razende'*) (*poët.*) *myth. metgezellin v. Dionysus (Bacchus),* maenade, bacchante; zieneres, priesteres *v. Cybele of Priapus.*
maeniānum, ī *n* (*Maenius*) balkon, erker.
Maenius, a, um *naam v.e. Rom. gens:* C. ~, *consul in 338 v. Chr., maakte een einde aan de Latijnse oorlog door een overwinning op de stad Antium; kreeg daarvoor als ereteken een zuil op het Forum, de columna Maenia.*
Maeonia, ae *f oude naam v. Lydië in Kl.-Azië,* (*poët.*) *ook* = *Etrurië (omdat, naar men dacht, de Etrusken van de Lydiërs afstamden)*; — *inw.* **Maeonidēs,** ae *m* (a) Lydiër, *ihb.* = Homerus; (b) Etrusk; **Maeonis,** idis *f* Lydische (= Arachne *of* Omphale); — *adj.* **Maeonius,** a, um (a) Lydisch [**vates** = Homerus]; Homerisch, *alg.* episch, heroïsch [**carmen**]; (b) Etruskisch.
Maeōtis, idis *f de huidige Zee v. Azov (ten N. v.d. Zwarte Zee)*; — **Maeōtae,** ārum *m Scyth. volksstam aan de huidige Zee v. Azov*; — **Maeōtidae,** ārum *m volksstam in de buurt v.d. huidige Zee van Azov*; — *adj.* **Maeōtius,** a, um [**unda**; **tellus**], **Maeōticus,** a, um, *fem. ook* **Maeōtis,** idis.
maereō, maerēre, maeruī, — (*vgl. maestus, miser*)
I. *intr.* treuren, bedroefd zijn (*v. stil verdriet, terwijl lugeo het verdriet uitdrukt dat zich in luid geklaag en conventioneel vertoon uit*) (*over: abl.; aci.; quod*) [**suo incommodo**; **alienis bonis**; **sibi** voor *of* in zichzelf];
II. *tr.*
1. betreuren [**casum**; **filii mortem**];
2. (*poët.*) weemoedig uitroepen [**talia**].
maeror, ōris *m* (*maereo*) (stil) verdriet, treurigheid, weemoed (*over, bij: gen.*) [**funeris**; **orationis**]; ▸ *maerore confici* door verdriet verteerd worden; *maerorem deponere; in maerore esse, iacēre, versari; a maerore recreari.*
maestitia, ae *f* (*maestus*)
1. treurigheid, weemoed, neerslachtigheid; ▸ *in -a esse; -am alci inicere; alqm a -a avocare*;
2. somberheid, droefgeestigheid; ▸ *orationis quasi -am sequi* (*Cic.*) proberen de redevoering somber te kleuren.
maestitūdō, inis *f* (*maestus*) (*Plaut.; Laatl.*) treurigheid.
maestus, a, um (*adv.* -ē *en* -iter) (*vgl. maereo*)
1. treurig, bedroefd, weemoedig, neerslachtig [**senex**; **domus**; **vultus**; **silentium**; (*vanwege: abl.*) **amissis liberis**; **morte Tigelli**; **clade Variana**];
2. (*poët.*) verdriet veroorzakend, bedroevend, onheil brengend [**tectum**; **funus**];
3. somber, droefgeestig [**orator**];
4. (*poët.*) verdriet aan-, verkondigend, rouw- [**avis**; **arae**; **vestis** rouwkleed; **tuba**].
Maesūliī, ōrum *m* = *Massyli.*
mafor(t)ium, ī *en* **maforte,** is *n* (*Laatl.*) *een soort* mantel, cape.
maga, ae *f* (*magus*) (*August.*) tovenares.
māgālia, ium *n* (*Pun. leenw.*) = *mapalia.*
Māgālia *en* **Māgāria,** ium *n voorstad v. Carthago.*
mage *adv.* (*preklass.; poët.*) = *magis.*
magīa, ae *f* (*Gr. leenw.*) magie, tovenaarskunst.
magicē, ēs *f* (*magicus*) (*Plin. Mai.*) tovenarij, toverkunst.
magicus, a, um (*Gr. leenw.*) (*poët.; postklass.*) magisch, tover-, tovenaars- [**artes**; **terrores**;

lingua toverkracht bezittend; **dii** goden *die in magische formules aangeroepen worden (bv. Pluto, Proserpina)*].

magis *adv. (magnus)*

I. meer, in hogere mate:

1. *(in comb. m. adj. en adv.)* (a) *(ter omschrijving v.d. comp.)*; ▸ *magis necessarius; magis pie*; (b) *(Plaut.) (ter versterking v.d. comp.)* = veel; ▸ *magis dulcius*;

2. *(in comb. m. werkwoorden vaak ook)* sterker, heftiger, beter *e.d.*; ▸ *magis intellegere, gaudere*;

3. *(in combinaties)* (a) **nōn magis . . . quam** niet alleen . . . maar ook *(als beide zinsdelen een bevestigende betekenis hebben)*: *hoc non magis pro Lysone quam pro omnibus scripsi*; — evenmin . . . als *(als beide zinsdelen een ontkennende betekenis hebben)*: *animus, qui in morbo aliquo est, non magis sanus est quam corpus*; — niet zozeer . . . als wel *(als het eerste zinsdeel wordt voorgesteld als minder belangrijk)*: *ius apud veteres Romanos non legibus magis quam naturā valebat*; (b) **eō, hōc, tantō magis** des te meer *(m. quod; quo; quoniam; si; ut; ne)*; — **quō magis . . . eō (magis)** hoe meer . . . des te (meer); — **quō minus . . . eō magis** hoe minder . . . des te meer; — **multō magis** veel meer; — **nihilō magis** evenmin; — **solitō magis** meer dan gewoonlijk; (c) **magis magisque,** *(zelden)* **magis et, ac, atque magis, magis magis** steeds (maar) meer; — **in diēs, cottīdiē magis** van dag tot dag meer; — **magis etiam** meer nog; — **magis minusve** min of meer;

II. eerder, liever, veeleer (= *potius*); ▸ *non invideo, miror magis (Verg.)*.

magister, trī *m*

1. leider, superieur, aanvoerder, opzichter, meester [**populi** dictator; **equitum** onderbevelhebber v.d. dictator *en tegelijk* ritmeester; **sacrorum** opperpriester; **militiae** legeraanvoerder; **navis** kapitein; **morum** zedenmeester *(v.d. censor)*; **cenandi** ceremoniemeester bij een maaltijd; **auctionis; societatis, in societate** leider v.e. vereniging v. personen die land v.d. staat pachten];

2. herder, drijver; *soms* leider v.d. herders [**pecoris**];

3. leraar, leermeester [**religionis; virtutis; officii; artium**]; ▸ *stilus optimus dicendi* ~;

4. (a) *civium* ~ burgemeester; (b) *operis* ~ bouwmeester; (c) *mensae regiae* ~ baljuw; (d) *primus* ~ leraar *(bij het begin v.h. onderwijs)*;

5. *(metaf.)* raadgever, gids, voorbeeld; ▸ *habeo auctores et magistros maiores nostros (Cic.)*.

magisterium, ī *n (magister)*

1. ambt v.e. toezichthouder *of* opzichter, leiderschap, toezicht [**sacerdotii** ambt v. opperpriester; **morum** toezicht op zeden, censuur; **municipale** ambt v. wegopzichter; **pedestre** ambt v. bevelhebber over de infanterie];

2. taak v. onderwijzer *of* leraar;

3. (het geven van) onderwijs, onderricht, raad.

magistra, ae *f (magister)*

1. *(preklass.)* leidster, aanvoerster, meesteres;

2. *(metaf.)* lerares, docente; ▸ *arte -a* met hulp v.d. kunst; *vita rustica parsimoniae, diligentiae, iustitiae* ~ *est (Cic.)*.

magistrātus, ūs *m (magister)*

1. *officiële functie, ambt bij de overheid*; ▸ *magistratum adipisci, inire, petere; magistratum deponere, magistratu abire, abdicare se magistratu; magistratūs et imperia* civiele en militaire ambten *of* functies; *summo magistratui praeesse* de hoogste positie bekleden;

2. *(meton.)* ambtenaar, magistraat; ▸ *alqo magistratu* onder iems. magistratuur; *magistratūs creare; oppida per magistratus administrare*;

3. *(coll.)* de magistraten, overheid.

magma, atis *n (Gr. leenw.) (postklass.)* bezinksel.

magmentārium, ī *n (magmentum)* bewaarplaats voor *magmentum*.

magmentum, ī *n (pre- en postklass.)* ingewanden *v.e. offerdier*.

magnālia, ium *n (magnus) (eccl.)* grootse dingen, grootse werken, wonderbaarlijke daden.

magn-animis, e *(vgl. magnanimus) (Laatl.)* grootmoedig, edelmoedig.

magnanimitās, ātis *f (magnanimus)* grootmoedigheid, edelmoedigheid.

magn-animus, a, um *(magnus)* grootmoedig, edelmoedig, nobel, edel, moedig.

magnārius, a, um *(magnus) (Apul.)* groothandel bedrijvend.

Magnēsia, ae *f*

1. *Thessalisch schiereiland* (N.-Griekenland), *waar magneetijzererts* (magnetiet) *voorkomt*; — **Magnētarchēs,** ae *m hoogste ambtsbekleder v. Magnesia*;

2. *stad in Carië aan de rivier de Meander* (Kl.-Azië);

3. *stad in Lydië* (Kl.-Azië), *nu* Manisa;

/ *inw.* **Magnēs,** ētis *m*, **Magnēssa,** ae *en* **Magnētis,** idis *f* Magnesische; / *adj.* **Magnēs,** *gen.* ētis Magnesisch, van Magnesia [**lapis** magneet(steen)], **Magnēsius,** a, um [**saxum** magneet], *fem. ook* **Magnētis,** idis [**Argo**]; / *subst.* **Magnēs,** ētis *m* magneetsteen.

magni-dicus, a, um *(magnus en dico*[1]*)* (Plaut.) opschepperig, snoevend.

magnificentia, ae *f (magnificus)*
1. weelde(righeid), pracht en praal, luister [**ludorum; operum; epularum**];
2. *(meton.)* liefde voor pracht en praal;
3. verhevenheid, grootheid, adel;
4. opschepperij, snoeverij;
5. *(retor.)* pathos, verhevenheid [**verborum**];
6. (Mel.) *(als aanspreektitel)* hoogheid.

magnificō, magnificāre *(magnificus)*
1. *(preklass.; Laatl.)* hoogachten;
2. *(postklass.; Laatl.)* roemen, prijzen, verheerlijken;
3. *(pass.)* (Laatl.) zich verheffen.

magni-ficus, a, um (*comp.* magnificentior, *superl.* magnificentissimus; *adv.* -ē *en* -enter) *(magnus en facio)*
1. groots, prachtig, schitterend [**res gestae; apparatus; aedes; funus; imperium; aedilitas** schitterend door daden; **vir factis**];
2. prachtlievend [**in suppliciis deorum**];
3. grootmoedig, verheven [**animus**];
4. opschepperig, arrogant [**miles; adhortator; verba**]; ▸ *-e loqui;*
5. *(v.e. redevoering)* pathetisch, verheven [**genus dicendi**].

magniloquentia, ae *f (magniloquus)*
1. verheven, pathetische taal [**Homeri**];
2. opschepperij, snoeverij.

magni-loquus, a, um *(magnus en loquor)* *(poët.; postklass.)*
1. met verheven taal;
2. opschepperig, snoevend.

magnitūdō, inis *f (magnus)*
1. *(v. ruimte)* grootte, grote omvang, uitgestrektheid [**mundi; regionum; corporis; fluminis** hoge waterstand]; ▸ *silva magnitudinis infinitae;*
2. *(v. aantal)* grootte, grote hoeveelheid [**copiarum; causarum; pecuniae; aeris alieni; quaestus; fructuum**];
3. *(ter aand. v.d. intensiteit)* sterkte [**venti; frigoris; supplicii** strengheid; **vulneris** gevaarlijkheid; **ingenii; consilii** groot inzicht; **amoris; odii**];
4. belang, gewicht [**rerum gestarum**];
5. waardigheid, aanzien, macht [**imperatoria; rei publicae**].

magnopere *of* **magnō opere** *adv. (magnus en opus) (superl.* maximopere *of* maximō opere [*vooral in comb. m. werkwoorden*])
1. zeer, uitermate, dringend, nadrukkelijk [**expetere; desiderare; alqm hortari; alci suadere**];
2. *(vooral in een ontkennende zin)* zeer, in het bijzonder; ▸ *nemo ~ eminebat; ut mihi dicendum nihil ~ videatur* niets speciaals, belangrijks; *nulla ~ exspectatio* bepaald geen hoge verwachting.

magnus, a, um (*comp.* māior, *superl.* maximus)
1. *(v. ruimte)* groot, wijd, hoog, lang [**aedificium; oppidum; navis; agri; barba; aquae** hoogwater; **iter** geforceerde mars]; ▸ *-o corpore esse* rijzig;
2. *(v. leeftijd)* oud; ▸ *-o natu* oud, bejaard; *filius maximo natu* oudste; *filius maior (natu)* oudere; *maximus (natu)* oudste; *liberi maiores quam quindecim annos nati* ouder dan 15 jaar; *maxima virgo* oudste v.d. Vestaalse maagden; — *subst.* **maiōrēs,** um *m* de ouderen: (a) voorvaderen, -ouders [**mos maiorum**]; (b) senaat;
3. *(v. aantal, gewicht, hoeveelheid)* aanzienlijk, beduidend, talrijk, veel, duur [**gentes; populus** in groten getale verzameld; **copiae; comitatus; pecunia** veel; **pretium** hoge prijs; **pondus auri**]; ▸ *maior pars* meerderheid; *-a parte, -am partem, maxima parte, maximam partem* grotendeels; *-i aestimare, ducere, putare* hoogachten; *-i esse* hoog aangeslagen worden, veel betekenen; *-o emere, vendere* duur kopen, verkopen;
4. *(v. tijd)* lang [**menses; annus** *ook* (Cic.) het grote jaar];
5. *(ter aand. v.d. intensiteit)* sterk, heftig, geweldig [**imber; ventus; incendium; vinculum** nauwe band; **argumentum, testimonium** overtuigend bewijs; **auctoritas; virtus; casus** puur toeval; **opinio** hoge achting; **preces** dringende verzoeken; **suspicio** grote argwaan]; ▸ *-ā voce* luid; *-o fletu* luid huilend; *in maius credi* als erger beschouwd worden;
6. belangrijk, aanzienlijk, beduidend [**rei publicae tempus** kritieke toestand; **locus** gewichtig filosofisch punt; **vetustas** zeer oude relatie; **labor; iactura** zwaar verlies; **ratio** goede reden; **scientia** omvangrijke kennis]; ▸ *-um est (m. inf.)* het is een grote opgave; *maximum est (m. inf.)* het is de hoofdzaak; *quod maius est (als parenthese)* wat nog meer wil zeggen; — *subst.* **magna,** ōrum *n (= res -ae)* grote dingen *of* daden; **maiora,** um *n (= res maiores)* belangrijkere dingen; **maxima,** ōrum *n* het grootste, hoogste;

7. hoogstaand, groot, verheven, machtig [**cognatio**; **spectaculum**]; ▸ *invidiā maior* boven jaloezie verheven; — *subst.* **maiōrēs,** um *m* aanzienlijken, machtigen; — *ihb. als bijnaam: Alexander Magnus;*
8. (a) (*lovend*) grootmoedig, edel [**vir**; **animus**]; (b) (*afkeurend*) arrogant, opschepperig, vermetel [**verba**; **lingua**]; ▸ *-a loqui;*
9. sterk, overdreven [**consulum imperia**; **minae**];
10. (*Mel.*) (a) *maior domus* hofmeier; (b) *maior villae* rentmeester; (c) *ecclesia maior* dom.

Māgō, ōnis *m naam v. veel Carthagers, o.a.:*
1. ~ de Grote, *Carthaags veldheer ca.* 550 *v. Chr., grondlegger v.d. Carthaagse heerschappij;*
2. *jongste broer v. Hannibal.*

magūdaris, is *f* = *magydaris.*

magus (*Gr. leenw., oorspr. Perz.*)
I. *subst.* ī *m*
1. magiër, *religieuze functionaris in Perzië;*
2. (*postklass.*) wijze man;
3. (*poët.*) tovenaar;
4. (*Mel.*) *plur.* de 'Drie Koningen';
II. *adj.* a, um (*poët.; postklass.*) magisch, tover- [**artes**; **carmen**].

magȳdaris, is *f* (*Gr. leenw.*) (*Plaut.; Plin. Mai.*) stengel v.d. silfiumplant.

Maharbal, alis *m officier v. Hannibal, bevelhebber v.d. Pun. ruiterij in de slag bij Cannae* (216 *v. Chr.*).

Maia, ae *f dochter v. Atlas, moeder v. Mercurius; een v.d. Plejaden, gelijkgesteld met de met Vulcanus verbonden Oudrom. godin v.d. natuur en groei; zij kreeg offers op de eerste dag v.d. naar haar genoemde maand mei.*

maiālis, is *m* (*preklass.*) barg, gecastreerd everzwijn; (*ook als scheldw.*).

maiestās, ātis *f* (*maius, zie magnus*)
1. verhevenheid, hoogheid, majesteit, waardigheid, aanzien [**deorum**; **divina**; **iudicum**; **matronarum**; **patria** vaderlijk gezag; **senatūs**];
2. soevereiniteit v.d. staat (*v.h. volk in een republiek, v.e. monarch in een monarchie*) [**populi Romani**; **regia**; **regum**; **consulis**]; ▸ *alcis maiestatem (im)minuere* inperken, beknotten; *maiestatem populi Romani laedere;*
3. majesteitsschennis, schending van soevereiniteit, hoogverraad; ▸ *crimen, iudicium, poenae maiestatis; laesae maiestatis damnari* wegens majesteitsschennis veroordeeld worden;
4. (*poët.; postklass.*) (*meton.*) hoogheid, majesteit (*als titel v.d. keizer*) [**tua** (*v. Augustus*); **ducis** (*v. Tiberius*)];
5. (*metaf.*) grandeur, grootheid, pracht [**rerum**; **loci**; **orationis**].

maiestus, a, um (*maius, zie magnus*) (*Petr.*) deftig, majestueus [**homo**].

maior, māius *comp. v. magnus.*

maiōrēs *zie magnus.*

Maius, a, um (*vgl. Maia*) tot mei behorend, van mei [**Calendae**; **Nonae**]; — **(mēnsis) Maius,** ī *m* mei.

maiusculus, a, um (*demin. v. maius, zie magnus*)
1. iets groter;
2. iets ouder.

māla, ae *f*
1. kaak; ▸ *leonis horribilis* ~ muil;
2. (*niet-klass.*) wangen (*meestal plur.*) [**tenerae**].

Malaca, ae *f stad in Spanje, nu Málaga.*

malacia, ae *f* (*Gr. leenw.*)
1. windstilte;
2. (*Plin. Mai.*) misselijkheid.

malacissō, malacissāre (*Gr. leenw.*) (*Plaut.*) zacht, soepel maken.

malacus, a, um (*Gr. leenw.*) (*preklass.*)
1. zacht, week [**corpusculum**];
2. soepel, buigzaam [**ad saltandum**];
3. (*metaf.*) luxueus [**aetas**].

malagma, atis *n* (*Gr. leenw.*) (*postklass.*) (*med.*) verzachtend middel, papje.

malaxō, malaxāre (*Gr. leenw.*) (*pre- en postklass.*) zacht, soepel maken.

male *adv. v. malus*[1] (*comp.* pēius, *superl.* pessimē [*arch.* pessumē])
1. slecht, kwaad; onzedelijk, oneervol; ▸ ~ *vivere* armoedig of onzedelijk; ~ *dicere, loqui* kwaadspreken; ~ *facere alci* iem. onrecht doen; ~ *esse* zich slecht voelen; ~ *mihi est* het gaat slecht met mij; ~ *sit ei* de duivel moge hem halen!; *o factum* ~ *de Alexione* jammer voor Alexio!; *adversarios* ~ *habere* lastigvallen; *suppliciis* ~ *haberi* in het nauw gebracht worden; *animo* ~ *est* (*Ter.*) het ergert me; ~ *consulere in alqm;* ~ *mori* op pijnlijke wijze; ~ *vagari* met gevaar; *alqm* ~ *accipere* iem. slecht behandelen; ~ *audire* beledigd worden of een slechte naam hebben; ~ *existimare de* ongunstig denken over;
2. (*met betrekking tot het resultaat*) zonder succes, ongunstig [**pugnare**; **rem gerere**; **cadere** ongunstig uitvallen; **emere** tegen een (te) hoge prijs; **vendere** tegen een (te) lage prijs]; (*poët.*) tevergeefs; ▸ ~ *accidit alci* het loopt slecht met iem. af; ~ *sublato ense;*

3. (a) *(poët.)* op het verkeerde moment, op de verkeerde plaats [**feriati; dicax**]; (b) *(jur. t.t.)* onjuist, ten onrechte;
4. *(v. maat en graad)* niet passend: (a) te veel, (al) te, (te) zeer, uitermate, hevig, buitengewoon [**parvus** veel te klein; **raucus** zeer hees; **metuere; odisse**]; (b) te weinig, nauwelijks, niet erg; *(in comb. m. een adj.)* on-, niet [**fidus** niet erg betrouwbaar; **sanus** niet goed wijs; **percepti fructus** in geringe mate; **parens** ongehoorzaam; **gratus** ondankbaar; **legio ~ plena** niet voltallig]; (c) *(poët.)* *(bij uitdr. v. verwoesting, ondergang)* totaal; ▸ *~ perdidit me; ~ peream.*

Malea, Malēa, ae *en* **Maleae,** ārum *f kaap in Laconië (op de Peloponnesus);* — *adj.* **Malēus,** a, um.

maledicāx, *gen.* ācis *(poët.) en* **male-dīcēns,** *gen.* dīcentis *(maledico) (comp.* maledīcentior, *superl.* maledīcentissimus) smadelijk, belasterend, beledigend [**carmina**].

maledīcentia, ae *f (maledico) (Gell.)* laster.

male-dīcō, dīcere, dīxī, dictum *(abs.)* kwaadspreken; *(m. dat.)* kwaadspreken over, belasteren, beledigen.

maledictiō, ōnis *f (maledico)* beschimping, belediging.

maledictum, ī *n (maledico)* scheldwoord, beschimping, hoon, lasterpraat; ▸ *-a in alqm dicere, conferre; alqm -is lacerare; vexare alqm probris et -is.*

maledictus *ppp. v. maledico.*

maledicus, a, um *(maledico)* lasterend, beledigend, beschimpend [**sermo; homo**].

male-dīxī *pf. v. maledico.*

male-faciō, facere, fēcī, factum *(pre- en postklass.)* kwaad doen *(abs.; m. dat.).*

malefactor, ōris *m (malefacio) (pre- en postklass.)* boosdoener.

malefactum, ī *n (malefacio)* wandaad.

maleficium, ī *n (maleficus)*
1. wandaad, misdaad; ▸ *-um committere* begaan; *supplicia pro -is metuere;*
2. schade; ▸ *sine ullo -o* zonder schade aan te richten; *pro -o beneficium reddere; -i causā* met slechte bedoelingen;
3. *(postklass.) plur. ~ (magica)* tovermiddelen, tovenarij.

maleficus, a, um *(malefacio) (comp.* maleficentior, *superl.* maleficentissimus)
1. kwaadaardig, crimineel [**homo** misdadiger; **mores; natura** vijandig]; — *subst.* **-us,** ī *m en* **-a,** ae *f* misdadig(st)er;
2. schadelijk [**sucus; superstitio**];
3. *(postklass.)* tover-; — *subst.* **-a,** ōrum *n* tovermiddelen.

male-suādus, a, um *(suadeo) (poët.)* slechte raad gevend, misleidend.

Maleventum, ī *n oude naam voor Beneventum.*

male-volēns, *gen.* entis *(volo²) (superl.* malevolentissimus) kwaadwillig, jaloers.

malevolentia, ae *f (malevolens)* kwaadwilligheid, jaloezie, haat, leedvermaak.

male-volus, a, um *(volo²)* kwaadwillig, afgunstig, jaloers, hatelijk *(tegen, op: dat.; in m. acc.).*

malficium, ī *n = maleficium.*

Māliacus, a, um *sinus ~ baai in Z.-Thessalië, tegenover Euboea (Midden-Griekenland);* — *adj. ook* **Māliēnsis,** e *en* **Mālius,** a, um.

māli-fer, fera, ferum *(malum² en fero) (Verg.)* rijk aan appelbomen [**Abella**].

malific- *= malefic-.*

malignitās, ātis *f (malignus)*
1. boosaardigheid, kwaadaardigheid;
2. gierigheid [**patrum; praedae partitae** bij de verdeling v.d. buit].

malignō, malignāre *en* **malignor,** malignārī *(malignus) (Laatl.)* boosaardig zijn; met boze bedoelingen doen.

malignus, a, um *(malus¹ en gigno) (poët.; postklass.)*
1. boosaardig, afgunstig, jaloers [**vulgus; sermo**];
2. schadelijk, verderfelijk [**leges**];
3. *(metaf.)* onvruchtbaar, schraal [**terra; collis**];
4. gierig, niet gul, niet toeschietelijk [**dux**]; ▸ *ager -e plebi divisus;*
5. gering, spaarzaam [**lux; aditus** smal];
6. *(eccl.)* goddeloos; ▸ *~ spiritus* duivel.

mālinus, a, um *(malum²)* van de appel(boom); appelkleurig.

malitia, ae *f (malus¹)*
1. boosaardigheid, slechtheid, sluwheid, doortraptheid;
2. ondeugd, fout;
3. *(eccl.)* zonde, kwaad.

malitiōsus, a, um *(malitia)* kwaadaardig, sluw, doortrapt.

Mālius *zie Maliacus.*

malivolentia, ae *f = malevolentia.*

malivolus, a, um *= malevolus.*

mālle *inf. praes. v. malo.*

malleātor, ōris *m (malleus) (Mart.)* iem. die met

een hamer *of* stamper werkt.

malleātus, a, um *(malleus)* met een hamer *of* stamper bewerkt.

malleolāris, e *(malleolus) (agr.)* als stek gebruikt, van een stek.

malleolus, ī m *(demin. v. malleus)*
1. *hamervormige* stek *of* loot;
2. brandpijl.

malleus, ī m
1. hamer, slachtbijl;
2. stek.

Mallœa, ae *f stad in Thessalië (N.-Griekenland).*

Mallus *en* **Mallos,** ī *f stad in Cilicië (Kl.-Azië);* — *inw.* **Mallōtēs,** ae m.

mālō, mālle, māluī (< *magis volo)*
1. liever willen, verkiezen, prefereren *(m. acc.; inf.; aci.; ut; ne; conj.);* ▸ *pecuniam quam sapientiam mavult; praemia an cruciatum mavis?; me nullam aliam meae Fotidi* ~ *(Apul.);*
2. *(m. dat.)* meer toegenegen zijn [**Asiae**]; liever gunnen [**illi omnia**];
/ *voor de vervoeging zie Appendix.*

mālobathron *en* **-um,** ī n *(Gr. leenw.) (poët.; postklass.)* lekker ruikende olie *of* zalf *v.e. laurierachtige plant.*

māluī *pf. v. malo.*

malum[1], ī n *(malus*[1]*)*
1. fout, gebrek [**corporis**]; ▸ *bona aut -a* deugden of gebreken; ~ *publicum* algemene tekortkoming;
2. kwaad, leed, onheil [**externum** oorlog]; ▸ *alqs -um habet; alci -um est* het vergaat iem. slecht; *bona malaque* geluk en ongeluk;
3. schade, nadeel; ▸ *-um dare* schade toebrengen; *nihil -i accidisse Scipioni; -a civilia; alci -o esse* iem. benadelen; *-o rei publicae* tot schade *of* ten nadele v.d. staat; *-a publica* staatsschulden;
4. wandaad, misdaad; ▸ *irritamenta -orum* prikkels tot wandaden; *famam exstingui veterum -orum;*
5. straf, bestraffing; ▸ *-um militibus minitari* dreigen met tuchtiging;
6. belediging, scheldwoord; ▸ *-a alci dicere;*
7. *(als een krachtterm bij vragen)* wel verdraaid!, verdorie!; ▸ *quae,* ~ *, est ista voluntaria servitus?*

mālum[2], ī n *(Gr. leenw.)*
1. appel; ▸ *-o me Galatea petit (Verg.) als teken v. genegenheid (appels waren aan Venus gewijd); sprw.: ab ovo ad* ~ van het begin tot het eind;
2. *(poët.; postklass.) iedere appelachtige vrucht* [**aureum** kweepeer; **Persicum** perzik];
3. fruitboom.

malus[1], a, um *(comp.* peior, *superl.* pessimus) *(adv.* male) slecht:
1. *moreel* slecht, gemeen, laag [**servus; mores; fraus; ingenium**];
2. oneerlijk, onbetrouwbaar, vals [**auctor; ambitio** onoprechte eerzucht; **fides** kwade trouw];
3. *(pol.)* kwaadgezind, vijandig gezind [**cives**];
4. *(poët.)* ondeugend, schalks [**puella**];
5. onbekwaam, ondeugdelijk [**philosophi; poëta**];
6. gebrekkig, onbruikbaar [**versus**];
7. ongeschikt, zwak *in een gevecht;* ▸ *boni malique;*
8. onbetekenend, waardeloos, minderwaardig [**vinum**]; ▸ *-o genere natus;*
9. lelijk *van uiterlijk;* ▸ *ancilla formā -ā;*
10. slecht, ongunstig, nadelig, ongelukkig [**valetudo; nuntius** slecht nieuws; **pugna; exitus; fatum; facinus** schandelijk]; ▸ *in peiorem partem mutari* een ongunstige wending nemen; *in peius ruere* verergeren;
11. schadelijk, verderfelijk [**exemplum; gramina** giftig; **carmen** smaaddicht; **avis** onheilspellend; **lingua** betoverend; **res** straf];
12. *(poët.)* lastig, drukkend [**tempestas; tussis; aetas** ouderdom *(itt. bona aetas* jeugd)].

mālus[2], ī *f (vgl. malum*[2]*)* appelboom; vruchtboom [**Assyria** citroenboom].

mālus[3], ī m
1. paal, balk *in een toren of wijnpers;*
2. mast *v.e. schip.*

malva, ae *f* malve *(in de oudheid als laxeermiddel gebruikt).*

Mām. *afk. v.d. naam Mamercus.*

Māmercus, ī m
1. *tiran v. Catane (nu Catania) op Sicilië, ca. 350 v. Chr.;*
2. *voornaam en cogn. in de gens Aemilia.*

Māmers *(Oscisch leenw.) zie Mars.*

Māmertīnī, ōrum m *(Mamers) soldaten uit Campanië die na de dood v. hun aanvoerder Agathocles (289 v. Chr.) de stad Messana op Sicilië bezetten en zichzelf vanwege hun oorlogsdaden 'zonen v. Mars' noemden;* — *adj.* **Māmertīnus,** a, um Mamertijns [**civitas** = Messana].

mamilla, ae *f (demin. v. mamma) (pre- en postklass.)* borst, tepel *(bij Plautus ook als koosnaam).*

mamillāre, is n *(mamilla) (Mart.)* bustehouder, beha.

mamma, ae *f*
1. borst;

2. uier;
3. uitstulping, knop *v.e. plant*;
4. (*Mart.*) (*in de kindertaal*) mamma, moeder.
mammātus, a, um (*mamma*) (*postklass.*) van uitstulpingen *of* tuitjes voorzien.
mammeātus, a, um (*mamma*) (*Plaut.*) met grote borsten.
mammia, ae *f* (*Gr. leenw.*) borst (*ook als koosnaam*).
mammicula, ae *f* (*demin. v. mamma*) (*Plaut.*) borstje.
mammilla, ae *f* = *mamilla.*
mammōna *en* **-ās,** ae *m* (*eccl.*) rijkdom, vermogen.
mammōsus, a, um (*mamma*)
1. (*preklass.*; *poët.*) met grote borsten *of* uiers;
2. (*Plin. Mai.*) borstvormig, uitstekend, uitpuilend.
mammula, ae *f* (*mamma*) tepeltje, uiertje.
mamōna *en* **-ās,** ae *m* = *mammo-.*
Māmurius Veturius, ī *m kunstenaar die met brons werkte; zou in opdracht v. Numa kopieën v.h. ancile* (*zie daar*) *hebben gemaakt.*
Māmurra, ae *m rijke Rom. ridder uit Formiae, door Catullus aangevallen*; — (*poët.*) *alg.* smulpaap.
mānābilis, e (*mano*) (*Lucr.*) binnenstromend [**frigus**].
mānāmen, inis *n* (*mano*) (*Laatl.*) stroming.
mānātiō, ōnis *f* (*mano*) lek.
manceps, cipis (*arch.* -*cupis*) *m* (*manus en capio*)
1. handelaar, opkoper, *ihb. v. verbeurdverklaarde grond* [**agri**];
2. (*postklass.*) huurder; pachter *v. belastingen*;
3. aannemer *v. openbare bouwwerken*;
4. (*Laatl.*) opzichter.
mancipātiō, ōnis *f* (*mancipo*) *formele* overdracht v. eigendom.
mancipium *en* (*arch.*) **-cupium,** ī *n* (*gen. sg. vaak mancipī, ihb. in jur. uitdr.*) (*manceps*)
1. het verwerven v. eigendom, formele aankoop (*waarbij de koper in bijzijn v. vijf getuigen en de libripens* [*die de weegschaal vasthoudt*] *het te verwerven object met de hand beetpakt*); ▸ *-o dare resp. accipere* formeel verkopen *resp.* kopen; *lex* -koopcontract;
2. (*meton.*) (a) eigendom(srecht), bezit, macht; ▸ *ius -i*; *sui -i esse* eigen baas zijn; *res mancipī* (*gen.*) zaak waarvan men volledig eigendomsrecht heeft; (b) slaaf, slavin (*ook metaf.*) [**populi; pecuniae; collegae**].
mancipō, mancipāre *en* (*arch.*) **mancupō,** mancupāre (*manceps*)
1. *aan een ander overdoen,* verkopen [**servos actori publico**]; ▸ *quaedam mancipat usus* (*Hor.*) bepaalde dingen worden door het gebruiksrecht eigendom; *agrum actori publico* ~;
2. (*metaf.*) overdragen, overgeven; ▸ *saginae mancipatus* slaaf v. zijn eigen vraatzucht.
mancup- *zie mancip-.*
mancus, a, um
1. mank, gebrekkig, gehandicapt [**senex**]; — *subst.* ī *m* kreupele man;
2. (*metaf.*) zwak, onvolmaakt [**cognitio; virtus**].
mandātor, ōris *m* (*mando*[1]) (*postklass.*)
1. opdrachtgever;
2. borg, iem. die zich garant stelt *voor een schuld.*
mandātum, ī *n* (*mando*[1])
1. opdracht, bevel, instructie (*m. inf.*; *ut*) [**consulis; publicum**]; ▸ *-a dare alci*; *-um accipere, habere ab alqo*; *-a exsequi, exhaurire, efficere, perficere*; *-a neglegere, fallere* veronachtzamen, niet uitvoeren; *-o meo*;
2. (*jur. t.t.*) contract waarmee iem. de kosteloze behartiging v.e. zaak op zich neemt; ▸ *iudicium -i* wegens het niet nakomen v.e. contract voor behartiging.
mandātus, ūs *m* (*mando*[1]) opdracht; ▸ *mandatu meo* in opdracht v. mij; *mandatu praetoris* in opdracht v.d. pretor.
Mandēla, ae *f stad in het gebied v.d. Sabijnen, nu* Mandella.
mandī *pf. v. mando*[2].
mandibula, ae *f* (*mando*[2]) (*Laatl.*) kaak.
mandō[1], mandāre (*manus en do*)
1. toevertrouwen, overdragen, overlaten [**alci magistratum; honores; filiam viro** tot vrouw geven; **alqm aeternis tenebris; scriptis; alqd litteris** iets opschrijven; **fruges vetustati** oud laten worden; **corpus humo** begraven; **se fugae** vluchten; **vitam fugae** zijn heil in de vlucht zoeken; **alqd animis, mentibus** iets inprenten; **alqd memoriae** iets in zijn geheugen prenten *of* aan het nageslacht overleveren];
2. opdragen; bevelen, gelasten (*m. dat.*; *de*; *ut*; *ne*; *conj.*; *inf.*; *aci.*; *afh. bijzin*) [**excusationem proximis**]; ▸ *res mandata* opdracht;
3. laten berichten.
mandō[2], mandere, mandī, mānsum
1. kauwen, bijten op (*m. acc.*) [**omnia minima** helemaal fijnkauwen; **frena; humum** in het stof bijten];
2. (*v. vuur*) verteren [**corpora**].

mandra, ae *f* (*Gr. leenw.*) (*poët.*) kudde, schare.

Mandūbiī, ōrum *m volksstam ten W. v.h. huidige Dijon met als belangrijkste stad Alesia, nu* Alise-Sainte-Reine.

mandūcō[1], mandūcāre (*mando*[2]) (*pre- en postklass.*) kauwen; eten.

mandūcō[2], ōnis *m* (*manduco*[1]) veelvraat.

mandūcus, ī *m* (*mando*[2]) (*Plaut.*) veelvraat (*gemaskerd personage in komedies en optochten*).

māne

I. *subst. n* (*indecl., alleen in nom., acc. en abl. sg.*) morgen, ochtend; ▸ ~ *est* het is nog vroeg; *ad ipsum* ~ ; *a mane, a mānī* vanaf de vroege ochtend;

II. *adv.* (a) 's morgens, 's ochtends; ▸ *multo* ~ zeer vroeg; (b) op de volgende ochtend, de volgende morgen vroeg.

maneō, manēre, mānsī, mānsum

1. (ver)blijven [**in patria; domi; ad urbem; ad exercitum**];

2. overnachten [**sub Iove frigido**];

3. *in een bepaalde toestand* blijven; ▸ *manet imperterritus ille; munitiones integrae manebant;*

4. voortbestaan, blijven bestaan, voortduren, standhouden, behouden blijven; ▸ *nihil suo statu manet; parietes quorum ornatus tot saecula manserat; bellum manet; urbs mansura;*

5. (*metaf., v. personen*) vasthouden aan, volharden in (*m. abl.; in m. abl.*) [**promissis; in condicione ac pacto; in amicitia**];

6. te wachten staan, wachten (*m. dat.; acc.*); ▸ *cuius fatum tibi manet; munera vobis certa manent; mors sua quemque manet* de dood wacht iedereen; *te triste manebit supplicium;*

7. (*kom.*) wachten [**mane**];

8. afwachten [**adventum hostium**].

mānēs, ium *m*

1. schimmen, *als goden vereerde zielen* v.d. gestorvenen, *ihb. de gunstig gezinde* [**dii manes**];

2. (*poët.*) onderwereld [**profundi**];

3. (*poët.*) dood, doem, noodlot;

4. lijk; ▸ *omnium nudati manes; inhumatos condere manes.*

mangō, ōnis *m* (*postklass.*)

1. slavenhandelaar;

2. *onbetrouwbare* handelaar.

mangōnicō, mangōnicāre (*mango*) (*Plin. Mai.*) (*de handelswaar*) oppoetsen, mooier maken.

mangōnicus, a, um (*mango*) (*postklass.*) van een slavenhandelaar.

mānī *zie mane.*

manibiae, ārum *f* = *manubiae.*

manica, ae *f* (*manus*) (*meestal plur.*)

1. lange mouw *aan de tunica* (*die tot over de pols hangt en tegelijkertijd als handschoen dienst kan doen*);

2. (*Plin. Min.*) handschoen *zonder vingers;*

3. (*poët.*) (*meton.*) (a) handboei; (b) klein anker.

manicātus, a, um (*manica*) met lange mouwen [**tunica**].

manicula, ae *f* (*demin. v. manus*) handje.

maniculus, ī *m* (*manus*) (*postklass.*) handvol.

manifestārius, a, um (*manifestus*) overduidelijk; (*Plaut.*) (*v. personen*) op heterdaad betrapt [**fur**].

manifestātiō, ōnis *f* (*manifesto*) (*eccl.*)

1. bekendmaking, openbaring;

2. verschijning *v. Christus;*

3. duidelijkheid.

manifestō, manifestāre (*manifestus*)

1. (*poët.*) openbaren, zichtbaar maken;

2. duidelijk maken, onthullen.

manifestus, a, um (*adv. -ē en -ō*) (*manus*)

1. (*v. personen*) (a) betrapt, duidelijk schuldig [**nocens** misdadiger; (*op, aan: gen.*) **sceleris; ambitionis; coniurationis; rerum capitalium**]; (b) zichtbaar zichzelf verradend [(*als betrokken bij, deel hebbend aan: gen.*) **offensionis; doloris; vitae** met onmiskenbare tekenen v. leven; (*m. inf.*) **dissentire** duidelijk een andere mening toegedaan];

2. (*v. dingen*) duidelijk zichtbaar, openlijk, overduidelijk [**audacia; maleficium; fraus; crimina**].

Mānīlius, a, um *naam v.e. Rom. gens:*

1. M'. ~, *consul in 149 v. Chr., begon met zijn collega de 3e Pun. oorlog; jurist, wordt beschouwd als een v.d. grondleggers v.d. Rom. rechtsgeleerdheid;* — *adj.* **Mānīliānus,** a, um [**leges** gerechtelijke formules (*als handleiding voor koopcontracten*)];

2. C. ~, *volkstribuun in 66 v. Chr.; voerde, gesteund door Cicero, de lex Manilia in, waardoor Pompeius onbeperkt opperbevel tegen Mithridates en Tigranes kreeg.*

maniplāris, e (*poët.*) = *manipularis.*

maniplus, ī *m* (*poët.*) = *manipulus.*

manipretium, ī *n* = *manupretium.*

manipulāris, e *en* **manipulārius,** a, um (*manipulus*) tot een manipel behorend, manipel- [**miles** gewoon soldaat; **iudex** uit een manipel, uit gewone soldaten gekozen]; — *subst. is resp.* ī *m* gewoon soldaat; wapenbroeder, manipelgenoot.

manipulātim *adv.* (*manipulus*)
1. (*Plin. Mai.*) in bosjes;
2. (*milit.*) in manipels; ▸ *~ structa acies; ~ alloqui;*
3. in hopen, groepsgewijs.

manipulus, ī *m* (*manus*)
1. handvol, bundel [**feni; filicum**];
2. (*milit.*) manipel, *eenderde v.e. cohort, ca. 200 soldaten (volgens de legende genoemd naar de bundel hooi die ttv. Romulus ipv. een vlag vooruitgedragen werd)*;
3. (*Ter.*) bende [**furum**].

Mānius, ī *m Rom. voornaam, afk.* M'.

Manlius, a, um *naam v.e. patric. Rom. gens:*
1. M. ~ Capitolinus, *consul in 392 v. Chr.; redde het Capitool in 390 v. Chr. in de strijd tegen de Kelten onder leiding van Brennus; volgens de overlevering een plebejisch gezinde en sociaal vernieuwende politicus; werd in 385 v. Chr. aangeklaagd wegens het streven naar alleenheerschappij, in het jaar daarop veroordeeld en van de Tarpeïsche rots gegooid;*
2. L. ~ Capitolinus, *dictator in 363 v. Chr.;*
3. T. ~ Capitolinus, *zoon v. 2.; volgens de overlevering driemaal dictator (in 353, 349 en 320 v. Chr.); kreeg vanwege zijn strengheid de bijnaam* Imperiosus; *liet in 340 v. Chr. zijn zoon* T. ~ *terechtstellen, omdat deze tegen zijn bevelen gehandeld had; droeg de bijnaam* Torquatus, *omdat hij volgens de overlevering een Gallische aanvoerder in een tweegevecht een gouden halsketting (torquis) had afgenomen;*
/ adj. **Manliānus,** a, um [**imperia** = strenge bevelen]; / **Manliānum,** ī *n* (*vul aan:* praedium) *landgoed v. Cicero.*

manna[1], ae *f* (*postklass.*) vlok.

manna[2], ae *f* (*Hebr. leenw.*) (*eccl.*) manna, hemelbrood.

mannulus, ī *m* (*demin. v. mannus*) (*postklass.*) kleine pony.

mannus, ī *m* (*poët.; postklass.*) pony.

Mannus, ī *m* (*Tac.*) *volgens de legende stichter v.d. volksstam v.d. Germanen.*

mānō, mānāre
I. *intr.*
1. vloeien, stromen; ▸ *fons nigra sub ilice manat; amnis manat; lacrimae alci gaudio manant; varii sonitūs manant per aures;*
2. (weg)lekken, doorsijpelen;
3. druipen, nat zijn (*van: abl.*) [**cruore**];
4. (*metaf.*) ontspringen, ontstaan, afstammen; ▸ *peccata ex vitiis manant; a Socrate haec omnis philosophia manavit; unde omnia manaverint, videre;*
5. zich verbreiden, om zich heen grijpen; ▸ *rumor totā urbe manat; fidei nomen manat latissime;*
6. (*Hor.*) verdwijnen; ▸ *omne supervacuum pleno de pectore manat;*
II. *tr.* (*poët.; postklass.*) laten uitstromen, vergieten [**lacrimas**].

mānsī *pf. v. maneo.*

mānsiō, ōnis *f* (*maneo*)
1. het blijven, oponthoud;
2. (*poët.; postklass.*) verblijfplaats, overnachtingsplaats;
3. (*postklass.*) dagreis;
4. (*Laatl.*) woning.

mānsitō, mānsitāre (*intens. v. maneo*) (*postklass.*) verblijven, logeren [**sub eodem tecto**].

mānsiuncula, ae *f* (*demin. v. mansio*) (*Laatl.*) kleine woning, kamertje.

mānstrūca, ae *f* = *mastruca.*

mānsuē-faciō, facere, fēcī, factum (*pass.* -fīō, fierī, factus sum) (*mansues en facio*)
1. *dieren* temmen; — *pass.* tam worden;
2. *mensen* (a) kalmeren, tot bedaren brengen [**plebem**]; (b) civiliseren.

mān-suēs, *gen.* is *en* ētis (*manus en suesco*) (*pre- en postklass.*)
1. tam;
2. mild, zacht.

mān-suēscō, suēscere, suēvī, suētum (*manus*)
I. *tr.*
1. temmen;
2. vruchtbaarder maken, veredelen [**terram**];
II. *intr.*
1. tam worden; ▸ *ferae mansueverunt;*
2. zachter, milder worden; ▸ *mansuescunt corda* laten zich vermurwen;
3. vruchtbaarder worden; ▸ *mansuescit tellus.*

mānsuētūdō, inis *f* (*mansuetus*)
1. (*Plin. Min.*) tamheid [**delphini**];
2. zachtmoedigheid, vriendelijkheid, mildheid [**animorum; morum; in hostes**];
3. beschaving [**populi Romani**].

mānsuētus, a, um (*p. adj. v. mansuesco*)
1. getemd, tam [**sus**];
2. zacht, mild, vreedzaam [**litora** rustig]; ▸ *numinis ira mansuetior fit* vermindert; *~ in senatu fuit; malum -um* minder gevaarlijk;
3. beschaafd [**gens; humanitas**].

mān-suēvī *pf. v. mansuesco.*

mānsus *ppp. v. maneo en mando*[2].

mantēle, is *en* **mantēlium,** ī *n (manus)*
1. handdoek;
2. *(Mart.)* tafelkleed.
mantellum, ī *n (Plaut.)* (dek)mantel.
mantēlum, ī *n (manus)* handdoek.
mantica, ae *f (poët.)* ransel, rugzak.
manticulārius, ī *m (postkl.)* zakkenroller.
Mantinēa, ae *f stad in Arcadië (Peloponnesus), bekend door de slag in 362 v. Chr., waarin Epaminondas v. Thebe de Spartanen overwon en sneuvelde.*
mantīsa *en* **mantissa,** ae *f (Petr.)* conflict(?).
mantiscinor, mantiscinārī *(Plaut.)* waarzeggen(?).
mantissa *zie mantisa.*
mantō, mantāre *(frequ. v. maneo) (kom.)*
I. *intr.* wachten, blijven;
II. *tr.* wachten op *(m. acc.).*
Mantō, ūs *f*
1. *waarzegster, dochter v.d. Thebaanse ziener Tiresias;*
2. *voorspellende nimf; haar zoon Ocnus bouwde de stad Mantua en noemde die naar zijn moeder.*
Mantua, ae *f stad aan de rivier de Mincio in N.-Italië, naar men zegt van Etr. oorsprong; geboorteplaats v. Vergilius.*
manuāle, is *n (manualis)*
1. *(Mart.)* boekfoedraal;
2. *plur. (jur.)* handboek.
manuālis, e *(manus) (postklass.)* met de hand gegrepen, de hand vullend, met de hand geworpen [**lapides**].
manuārius, a, um *(manus) (postklass.)* met de hand bediend *of* gegrepen.
manubiae, ārum *f (manus en habeo)*
1. *(pre- en postklass.)* oorlogsbuit;
2. opbrengst v.d. *verkochte* buit; ▸ *porticum de -is Cimbricis fecit (Cic.); his ex -is arx Athenarum est ornata;*
3. *(metaf.)* buit, onrechtmatig verworven bezit, *ihb. door een magistraat;* ▸ *-as concedere alci; qui -as sibi tantas ex L. Metelli -is fecerit;*
4. *sg.* **manubia,** ae *f (postklass.)* bliksem.
manubiālis, e *(manubiae) (Suet.)* van de buit [**pecunia**].
manubiārius, a, um *(manubiae) (Plaut.)* winst *of* buit opleverend [**amicus** van wie ik voordeel heb].
manubrium, ī *n (manus)* handvat, oor, handgreep [**aureum vasis**].
manuciolus, ī *m (manus) (Petr.)* bundeltje.
manuf- = *manif-.*
manuleārius, ī *m (manuleus) (Plaut.)* maker van kleren met lange mouwen.
manuleātus, a, um *(manuleus) (pre- en postklass.)* met lange mouwen [**tunica**].
manuleus, ī *m (manus) (pre- en postklass.) (de pols bedekkende)* mouw *v.e. tunica.*
manū-mīsī *pf. v. manumitto.*
manūmissiō, ōnis *f (manumitto)* vrijlating, *ihb. v.e. slaaf.*
manū-mittō, mittere, mīsī, missum *(manus) een slaaf* vrijlaten; *een kind of vrouw* uit de macht v.d. vader *of* v.d. man ontslaan.
manupl- = *manipul-.*
manu-pretium *en* **manūs pretium,** ī *n (manus)*
1. arbeidsloon;
2. beloning, vergoeding *(voor: gen.)* [**castrensium laborum**].
manus, ūs *f*
1. hand, *(v. dieren)* voorpoot, klauw: (**a**) *(concr.);* ▸ *alqm manu tenere* iem. aan de hand vasthouden; *alqm manu ducere; alqd manibus accipere; manum dare alci; (de) manibus elabi; alci sicam de manibus extorquere; manūs ad caelum tollere; manūs alci, ad alqm tendere; manūs iactare* gesticuleren; *manūs post tergum vincire; manum inicere (m. acc.; dat.)* arresteren; *meā, tuā, suā enz. manu, de manu alqd facere* eigenhandig; *per manūs* (met de handen) *alqm trahere; per manūs* (van hand tot hand) *alqd tradere; per manūs* (van geslacht op geslacht) *religiones tradere; manūs dare, dedere* zich laten boeien, *metaf.* zich overgeven; *causā (m. gen.) ne manum quidem vertere* de hand niet omdraaien voor; *compressis manibus* met de handen over elkaar, werkeloos (toeziend); (**b**) *(metaf.);* ▸ *alqm in manibus habere* iem. op handen dragen, hoogachten; *oratio in manibus est* is beschikbaar; *in manibus vestris victoria est* de overwinning ligt in jullie handen; *liber mihi in manibus est* ik werk aan een boek; *ad manum esse* bij de hand, dichtbij zijn; *ad manum habere scribae loco* als secretaris bij de hand hebben; *ad manum venire* in handen komen; *ad manum accedere* naderen, *(v. dieren)* uit de hand eten; *inter manūs est* het ligt voor de hand; *manu tenere alqd* zeker zijn van iets; *plenā manu laudes alcis in astra tollere* iem. de hemel in prijzen; *manibus pedibusque, manibus pedibus* met handen en voeten, uit alle macht, met uiterste krachtsinspanning;
2. gewapende hand, vuist; ▸ *manum, manūs conferre, conserere* het gevecht beginnen, slaags raken; *manu fortis, manu promptus* dapper; *manu sternere alqm;*

3. *(metaf.)* dapperheid, moed, durf; ▸ *manu superare alqm; manu urbem capere;*
4. gevecht, handgemeen; ▸ *res ad manūs venit* het loopt uit op een gevecht; *proelium in manibus facere* man tegen man vechten; *manibus aequis pugnare* onbeslist; *manum committere (m. dat.)* handgemeen worden met;
5. gewelddadigheid; ▸ *manūs ab alqo continere* afhouden van; *manibus temperare* het niet tot gewelddadigheden laten komen; *vim et manūs afferre* tot geweld en gewelddadigheden overgaan; *manu vindicare iniurias;*
6. gezag, macht *(ook plur.)*; ▸ *in alcis manu esse; in imperatoris manūs, manum arx venit;*
7. (a) gezag *v.e. man over zijn echtgenote,* zonen en dochters; (b) gezag *v.d. heer des huizes over* het personeel; ▸ *in manu patris esse; manu (e)mittere zie manumitto;*
8. werk, bezigheid, daad; ▸ *manum ultimam, summam, extremam operi imponere* de laatste hand aan het werk leggen; *manu* metterdaad;
9. handwerk; ▸ *manu* door mensenhand, kunstmatig; *portus manu factus* aangelegd;
10. *(poët.)* kunstwerk; ▸ *artificum manūs mirari;*
11. handschrift; ▸ *amici manum imitari;* — *attrib.* **ā manū** [**servus a manu** secretaris, schrijver];
12. worp *(bij het dobbelen)*;
13. handvol, schare, groep; bende [**sceleratorum**]; manschappen;
14. handlanger, instrument; ▸ *comites manūs erant tuae (Cic.)*;
15. *iets dat lijkt op een hand:* (a) slurf *v.e. olifant;* (b) enterhaak [**ferrea**].

manūs pretium *zie manupretium.*

mapālia, ium *n (Pun. leenw.)*
1. hut, nomadententent;
2. *(metaf.)* chaos, troep.

mappa, ae *f (Pun. leenw.) (niet-klass.)* servet; *(op de renbaan)* seinvlag *voor de start bij de wagenrennen.*

Marathōn, ōnis *m (en f) stad aan de oostkust v. Attica, bekend door de slag in 490 v. Chr.;* — *adj.* **Marathōnius,** a, um.

Marathos, ī *f stad in Fenicië;* — *adj.* **Marathēnus,** a, um.

Mārcellus, ī *m Rom. cogn. in de gens Claudia:*
1. M. Claudius ∼, *vijfmaal consul tussen 222 en 208 v. Chr., overwon Hannibal bij Nola; had van 213 tot 211 v. Chr. het opperbevel op Sicilië en veroverde Syracuse in 212 v. Chr. (dood v. Archimedes); sneuvelde in 208 v. Chr. in de strijd tegen Hannibal bij Petelia;* — **Mārcellīa,** ōrum *n feest ter ere v.d. familie van M. Claudius Marcellus op Sicilië;*
2. M. Claudius ∼, *vriend v. Cato de Jongere, tegenstander v. Caesar; als consul in 51 v. Chr. diende hij het senatus consultum de revocando Caesare in; later werd hem door Caesar gratie verleend; Cicero hield daarom de dankrede pro Marcello; M. Claudius* ∼ *werd in 45 v. Chr. in Piraeus vermoord;*
3. M. Claudius ∼, *neef en adoptiefzoon v. Augustus, echtgenoot v. Julia (gest. in 23 v. Chr.)*;
/ *adj.* **Mārcelliānus,** a, um.

marceō, marcēre, — —
1. zwak, slap, krachteloos, apathisch zijn *(ook metaf.)*; ▸ *annis iam corpus marcet; marcens pax;*
2. *(poët.)* verwelkt zijn.

marcēscō, marcēscere, — — *(incoh. v. marceo)*
1. zwak, krachteloos worden, verslappen;
2. *(postklass.)* verwelken.

marcidus, a, um *(marceo)*
1. zwak, slap, krachteloos, apathisch [**vino; vigiliis**];
2. verwelkt [**lilia**]; bouwvallig [**domus**].

Mārcius, a, um *(Marcus) naam v.e. Rom. gens (deels patric., deels pleb.):*
1. Ancus ∼, *vierde koning van Rome;*
2. Cn. ∼ Coriolanus, *legendarische held uit de vroegrom. geschiedenis; veroverde volgens de overlevering in 493 v. Chr. de stad Corioli in het gebied v.d. Volsci en verwierf daardoor zijn bijnaam;*
3. L. ∼, *Rom. ridder, nam na de dood v.d. Scipionen in 211 v. Chr. het opperbevel in Spanje over;*
/ *adj.* **Mārciānus,** a, um.

Marcomannī, ōrum *m Suevische volksstam in Germanië, later in Bohemen en Pannonië.*

marcor, ōris *m (marceo) (postklass.)*
1. apathie, loomheid;
2. verwelking, verval.

marculus, ī *m (pre- en postklass.)* hamertje.

Mārcus, ī *m Rom. voornaam, afk. M.*

Mardī, ōrum *m volksstam ten Z. v.d. Kaspische Zee.*

Mardonius, ī *m Perz. veldheer, neef en schoonzoon v. Darius I; sneuvelde in 479 v. Chr. bij Plataeae.*

mare, is *n (abl. -ī en -e)*
1. zee [**placidum; latum; nostrum** Middellandse Zee; **superum** Adriatische Zee; **inferum** Tyrrheense Zee; **externum** Atlantische Oceaan; **angustum** zee-engte]; ▸ ∼ *clausum* niet bevaarbaar; *mari* op zee; *terrā marique* te land en ter zee; *sprw.: aquas in mare fundere* = water naar de zee dragen;
2. *(poët.; postklass.) (meton.)* (zee)water.

Marea, ae *f meer en stad bij Alexandrië (N.-Egypte), wijnbouwgebied, nu Kom el-Idris;* — *adj.* **Mare-**

ōticus, a, um, *fem.* ook **Mareōtis,** idis Mareotisch [**vites**]; — *subst.* **Mareōticum,** ī *n* (*vul aan: vinum*) Mareotische wijn.

marescalcus *en* **marscalcus,** ī *m* (*Germ. woord*) (*Mel.*) paardenknecht; maarschalk.

margarīta, ae *f en* (*postklass.*) **margarītum,** ī *n* (*Gr. leenw.*) parel.

marginō, margināre (*margo*) met een rand omgeven.

margō, inis *m en f*
1. rand, zoom [**scuti**]; dolboord *v.e. schip*; ▸ *in margine puppis*;
2. (*poët.; postklass.*) (a) grens, markering [**imperii**]; (b) drempel *v.e. huis* [**templi**]; (c) marge [**libri**].

Marīca, ae *f Oudital. godin of nimf, aan wie een eikenbos* (*lucus Maricae*) *gewijd was bij Minturnae aan de rivier de Liris* (*ca. 120 km ten Z.O. v. Rome*).

marīnus, a, um (*mare*)
1. behorend tot, betrekking hebbend op de zee [**Venus** uit zee geboren; **canis** hondshaai];
2. van de scheepvaart;
3. *ros* ~ rozemarijn.

marisca, ae *f* (*pre- en postklass.*)
1. *ficus* ~ *een soort* (*inferieure*) ficus;
2. plur. (*Juv.*) aambeien.

marīta, ae *f* (*maritus*) (*poët.; postklass.*) echtgenote, vrouw.

marītālis, e (*maritus*) (*Ov.*) echtelijk, huwelijks-.

maritima, ōrum *n* (*maritimus*) kuststreken.

maritimus *en* (*arch.*) **maritumus,** a, um (*mare*) behorend tot de zee, zich in zee bevindend, aan zee gelegen, zee-, kust- [**pars** zeekust; **officium** zeedienst; **imperium** opperbevel op zee; **res** zeewezen; **praedones** zeerovers; **cursus** scheepvaart; **oppugnatio** van de zeekant; **homines** kustbewoners]; ▸ ~ *ille et navalis hostis* die van over zee en op een schip komt.

marītō, marītāre (*maritus*)
1. (*postklass.*) uithuwelijken [**filiam**];
2. (*postklass.*) *planten of dieren* laten bevruchten [**palmas; canes**];
3. (*Hor.*) (*metaf.*) *een boom met een wijnstok* verbinden [**populos vitium propagine** populieren met een loot v.d. wijnrank].

maritumus *zie maritimus.*

marītus
I. *adj.* a, um
(a) 1. echtelijk, huwelijks- [**lex** huwelijkswet; **torus** huwelijksbed; **faces; foedus; fides; caedes** moord op echtgenoot *of* echtgenote]; (b) gehuwd;
2. (*Catull.*) (*v. bomen, waaraan wijnstokken gebonden werden*) ergens mee verbonden [**ulmus**];
II. *subst.* ī *m*
1. echtgenoot, man; *plur.* echtpaar;
2. (*poët.*) bruidegom; minnaar;
3. (*v. dieren*) mannetje, dekhengst.

Marius, a, um *naam v.e. pleb. gens*: C. ~ (*ca. 157—86 v. Chr.*), *overwon Jugurtha in 106, de Teutonen in 102* (*bij Aquae Sextiae*) *en de Kimbren in 101 v. Chr.* (*bij Vercellae*); *tegenstander v. Sulla, zeven keer consul tussen 107 en 86 v. Chr.*; — *adj.* ook **Mariānus,** a, um.

Marmaridēs, *gen.* ae (*m*) uit Marmarica (*in N.-Afrika*) afkomstig.

marmor, oris *n* (*Gr. leenw.*)
1. marmer; — *plur.* platen *of* blokken marmer; (*poët.; postklass.*) marmergroeven;
2. (*poët.; postklass.*) (*meton.*) *iets dat van marmer gemaakt is*: (a) kunstwerk van marmer, marmeren monument *of* beeld; (b) gebouw van marmer; (c) marmeren vloer; (d) marmeren mijlsteen;
3. marmersoort;
4. (*poët.*) *alg.* steen;
5. (*poët.*) (*metaf.*) strak zeeoppervlak, zee.

marmorārius, ī *m* (*marmor*) (*postklass.*) iem. die marmer bewerkt.

marmoreus, a, um (*marmor*)
1. marmeren, van marmer [**signum; domus; columnae**];
2. (*poët.*) (*metaf.*) wit als marmer, glanzend [**aequor; pes**].

marmorō, marmorāre (*marmor*) (*postklass.*) van marmer voorzien, met marmer bekleden.

Marō, ōnis *m Rom. cogn., o.a. van Vergilius*; — *plur.* (*Mart.*) *alg.* grote dichters.

Maroboduus, ī *m koning v.d. Marcomanni, door Arminius verslagen; gehaat bij zijn onderdanen, zocht zijn toevlucht bij de Romeinen; keizer Tiberius verbande hem in 19 n. Chr. naar Ravenna, waar hij in 37 n. Chr. stierf.*

Marōnēa *en* **Marōnīa,** ae *f stad in Thracië* (*N.O.-Griekenland*), *bekend door de wijnbouw*; — *inw.* **Marōnītēs,** ae *m*; — *adj.* **Marōnēus,** a, um.

Marpēs(s)ius, a, um Marpessisch:
1. van de Marpessus (*berg op Paros in de Egeïsche Zee*) [**cautes**];
2. uit Marpessus (*stad in Frygië in Kl.-Azië*).

marra, ae *f* (*postklass.*) houweel, hak.

marrubium, ī *n* malrove.

Marrūcīnī, ōrum *m Samnitische volksstam aan de Adriatische Zee*; — *adj.* **Marrūcīnus,** a, um

[ager].

marruvium, ī *n* = *marrubium*.

Marruvius, a, um *(Verg.)* van de stad Marruvium *(nu San Benedetto dei Marsi)* [**gens** *de Marsiërs bij het voormalige lacus Fucinus (ten O. v. Rome)*].

Mārs, Mārtis *m*
1. *Rom. god v.d. landbouw, eveneens beschermer in oorlogen, oorlogsgod, aan wie de maand maart gewijd was; gelijkgesteld met de Gr. Ares; zoon v. Jupiter en Juno; als vader v. Romulus is Mars stamvader v.h. Rom. volk;*
2. *(meton.)* (a) oorlog, strijd [**Hectoreus** met Hector; **apertus** veldslag, gevecht; *metaf.* **forensis** rechtsgeding]; ▸ *collato Marte* in een handgemeen; *Martem accendere* tot een gevecht aanvuren; *Martem invadere* beginnen; *Martem spirare* strijdlustig zijn; (b) manier v. vechten; krijgsgeluk; ▸ *aequo Marte* onder gelijke omstandigheden; *meo (tuo, suo enz.) Marte pugnare* zelfstandig; *ancipiti Marte bellum gerere, aequo, pari Marte pugnare* onbeslist; (c) *(poët.)* moed *of* dapperheid in de strijd; ▸ *Marte secundum esse (m. dat.)* in dapperheid onderdoen voor; (d) *(poët.)* strijdkrachten, oorlogsvloot;
3. *de planeet Mars (= stella Martis).*

marscalcus *zie marescalcus.*

Mārsī[1]**,** ōrum *m* de Marsiërs, *volksstam in Latium bij het voormalige lacus Fucinus (ten O. v. Rome), bekend als slangenbezweerders en tovenaars; — adj.* (a) **Mārsus,** a, um [**nenia** toverformule; **duellum** Bondgenotenoorlog]; (b) **Mārsicus,** a, um.

Marsī[2]**,** ōrum *m volksstam in N.W.-Germanië, ihb. bij de rivieren Rijn, Ruhr en Lippe.*

marsūpium *en* **marsuppium,** ī *n (Gr. leenw.) (pre- en postklass.)* geldbuidel, beurs.

Mārsus, ī *m Rom. cogn.*: Domitius ~, *dichter ttv. Augustus.*

Marsya *en* **Marsyās,** ae *m*
1. *Frygische sater, fluitspeler, die Apollo tot een wedstrijd uitdaagde; hij verloor en Apollo vilde hem levend;*
2. *zijrivier v.d. Meander in Frygië (Kl.-Azië), nu de Çine Çayı.*

Mārtiālis[1]**,** e *(Martius)*
1. toebehorend aan Mars, van Mars [**flamen; lupi** aan Mars gewijd]; — *subst. plur. m* priesters v. Mars;
2. horend bij de legio Martia [**milites**].

Mārtiālis[2]**,** is *m Rom. cogn., o.a.*: M. Valerius ~, *Rom. epigrammendichter uit Bilbilis in het huidige Spanje (ca. 40—98 n. Chr.).*

Mārti-cola, ae *m (Mars en colo*[1]*) (Ov.)* vereerder v. Mars.

Mārti-gena, ae *m (Mars en gigno) (Ov.)* zoon v. Mars *(Romulus of Remus).*

Mārtius, a, um *(Mars)*
1. toebehorend aan Mars, aan Mars gewijd, van Mars [**campus** Marsveld; **legio** de legio Martia; **proles** = Romulus en Remus; **miles** = Romeins *(genoemd naar Mars als stamvader v.d. Romeinen)*; **mensis** maart; **Idus** 15 maart];
2. *(meton.)* oorlogszuchtig, oorlogs-;
3. horend bij de planeet Mars.

martulus, ī *m* = *marculus.*

martyr, yris *m en f (Gr. leenw.) (eccl.)* (geloofs)-getuige, martelaar, martelares.

martyrium, ī *n (Gr. leenw.) (eccl.)* getuigenis; martelaarsdood, martelaarschap.

mās, maris
I. *subst. m* man, *(v. dieren)* mannetje;
II. *adj.*
1. van het mannelijk geslacht, mannelijk;
2. *(poët.) (metaf.)* krachtig, moedig [**animus**].

Masaesylī, ōrum *m volksstam in W.-Numidië (N.-Afrika).*

masculīnus, a, um *(masculus)*
1. *(poët.; postklass.)* van het mannelijk geslacht, mannelijk;
2. *(gramm. t.t.)* mannelijk.

masculus *(demin. v. mas)*
I. *adj.* a, um
1. van het mannelijk geslacht, mannelijk [**nomen; genus**];
2. *(metaf.)* moedig, krachtig [**proles**];
II. *subst.* ī *m* man, *(v. dieren)* mannetje.

Masinissa, ae *m koning v. Numidië (ca. 240—148 v. Chr.), grootvader v. Jugurtha, bondgenoot v. Scipio in de strijd tegen Carthago; nam deel aan de beslissende slag bij Zama in 202 v. Chr.*

massa, ae *f (Gr. leenw.)*
1. klont, klomp, massa, homp [**picis; salis; lactis coacti** kaas; **auri**];
2. *(postkl.)* halter, gewicht;
3. *(Laatl.)* stapel, hoop; *(v. mensen)* menigte;
4. *(Laatl.)* stuk land.

Massagetae, ārum *m Sakische volksstam ten O. v.h. Aralmeer.*

Massicus, ī *m berg tussen Latium en Campanië, beroemd om zijn wijn, nu Monte Massico; — adj.* **Massicus,** a, um; — **Massicum,** ī *n (vul aan: vinum)* Massische wijn; — **Massica,** ōrum *n omgeving v.d. Massicus.*

Massilia, ae *f stad in Gallia Narbonensis, nu* Marseille; — *inw. en adj.* **Massiliēnsis,** is *m resp. e.*
Massinissa, ae *m* = *Masinissa.*
Mas(s)urius, ī *m Rom. naam, o.a.:* ~ Sabinus, *jurist ttv. keizer Tiberius.*
Massȳlī, ōrum *en (poët.)* um *m volksstam in O.-Numidië (N.-Afrika); — adj.* **Massȳlus,** a, um *poët. ook* Numidisch.
mastichē, ēs *f (Gr. leenw.) (Plin. Mai.) een soort* hars *of* gom.
masticō, masticāre *(Laatl.)* kauwen.
mastīgia, ae *m (Gr. leenw.) (kom.)* ellendeling, schurk.
mastrūca, ae *f* schapenvacht; *bij Plautus als scheldwoord.*
mastrūcātus, a, um *(mastruca)* gekleed in een schapenvacht.
masturbor, masturbārī *(Mart.)* masturberen.
matara, ae *en* **mataris,** is *f (Kelt. leenw.)* Gallische werpspies.
matella, ae *f (demin. v. matula) (niet-klass.)* pot, *ihb.* kamerpot, po.
matelliō, ōnis *m (matula)* kleine pot.
māter, tris *f (gen. plur. -trum)*
1. moeder [**familiae** *en* **familias** vrouw des huizes];
2. echtgenote, vrouw;
3. *(poët.; postklass.) (meton.)* moederliefde;
4. *(als aanspreektitel voor vrouwen; als bijnaam v. godinnen)* [**Matuta; Vesta**]; ▸ *Mater (magna) (vul aan: deorum)* Cybele;
5. moederdier;
6. *(poët.) (v. planten)* moederstam;
7. moederstad; moederland; ▸ *Brixia, Veronae ~; terra quam matrem appellamus;*
8. *(metaf.)* stichtster, oorsprong, bron [**iusti; avaritiae**]; ▸ *natura, ~ omnium rerum; sapientia, ~ bonarum artium.*
mātercula, ae *f (demin. v. mater)* moedertje.
māterfamiliās, mātrisfamiliās *f (ook gesplitst mater familias) zie mater en familia.*
māteria, ae *en* **māteriēs,** ēī *f (mater)*
1. stof, materie, materiaal;
2. *(poët.)* brandstof; ▸ *-am praebet seges arida (Ov.);*
3. bouwmateriaal: (a) hout [**navalis** hout voor scheepsbouw; **bipedalis** balk van twee voet lengte; **vitis** stamhout = stam]; ▸ *ligna et ~* brand- en timmerhout; (b) *(postklass.)* mortel, metselkalk;
4. *(Ov.)* voorraad, proviand; ▸ *-am consumere; metaf.: ~ ficti* overvloed aan uitvluchten;
5. *(metaf.)* voedsel; ▸ *temeritati -am dare;*
6. stof, onderwerp, thema [**sermonum; ad iocandum**]; *wetenschappelijke* onderwerpen; ▸ *crescit mihi ~* de stof groeit mij onder de handen aan;
7. oorzaak, aanleiding, bron [**seditionis; omnium malorum**]; ▸ *-am dare, praebere invidiae* aanleiding geven tot; *-am gloriae eripere alci; pro -a* overeenkomstig de zaak; *aurum, summi materies mali;*
8. aanleg, talent *(voor: gen.; ad)* [**ingentis decoris; ad audaciam**].
māteriālis, e *(materia) (Laatl.)*
1. materieel, stoffelijk, lichamelijk;
2. *(eccl.)* werelds.
māteriārius *(materia)*
I. *adj.* a, um *(postklass.)* houten;
II. *subst.* ī *(pre- en postklass.)* houthandelaar.
māteriēs *zie materia.*
māteriō, māteriāre *(materia)* van hout bouwen; ▸ *aedes male materiatae* van slecht hout, bouwvallig.
māterior, māteriārī *(materia)* hout halen.
māternus, a, um *(mater)* van de moeder, van moederskant, moederlijk, moeders- [**tempora** tijd v.d. zwangerschap; **avus** van moederskant; **myrtus** aan Venus gewijd].
mātertera, ae *f (gevormd als comparativus bij mater)* zuster v.d. moeder, tante.
mathēmatica, ae *en* **mathēmaticē,** ēs *f (mathematicus; vul aan: ars) (postklass.)*
1. wiskunde;
2. astrologie.
mathēmaticus *(Gr. leenw.)*
I. *adj.* a, um wiskundig, sterrenkundig;
II. *subst.* ī *m*
1. wiskundige;
2. *(postklass.)* astroloog.
mathēsis, is *en* eos *f (Gr. leenw.) (Laatl.)*
1. kennis, leer;
2. astrologie.
Matīnus, a, um van de Matinus *(berg in het Z.-Italische Apulië, rijk aan honing)* [**apis; cacumina; litus** *oostkust v. Apulië*].
Matius, a, um *naam v.e. Rom. gens.*
Mātrālia, ium *n (mater) feest v.d. Rom. vrouwen ter ere v. Mater Matuta, in Rome gevierd op 11 juni.*
mātri-cīda, ae *m (mater en caedo)* moedermoordenaar.
mātricīdium, ī *n (matricida)* moedermoord.
mātrīcula, ae *f (matrix) (Laatl.)*
1. lijst, catalogus;

2. armenhuis.

mātrimōniālis, e *(matrimonium) (August.)* huwelijks-.

mātrimōnium, ī *n (mater)*
1. huwelijk; ▸ *in -um ducere een vrouw* trouwen; *in -o habere* als echtgenote hebben; *in -um dare, in -um, in -o collocare* uithuwelijken; *dimittere e -o* zich van zijn vrouw laten scheiden;
2. *(meton.) (meestal plur.)* getrouwde vrouwen.

mātrīmus, a, um *(mater)* van wie moeder nog leeft [**puer**].

mātrīx, īcis *f (mater) (pre- en postklass.)*
1. moederdier, zoogdier, moer;
2. stam waaruit twijgen komen;
3. *(postklass.)* baarmoeder;
4. *(eccl.) (metaf.)* stam, oorsprong.

mātrōna, ae *f (mater)*
1. eerbare, getrouwde vrouw, voorname, statige dame, matrone; — *bijnaam v. Juno als beschermster v.d. vrouwen;*
2. echtgenote, vrouw [**tyranni**].

Mātrona, ae *f zijrivier v.d. Seine (in Gallië), nu de* Marne.

mātrōnālis, e *(matrona)* van een getrouwde vrouw, van een matrone [**decus**].

matta, ae *f (Laatl.) strooien* mat.

mattea, ae *f (Gr. leenw.) (postklass.)* lekkernij.

Mattium, ī *n belangrijkste stad in het gebied v.d.* **Mattiacī,** ōrum *m, een v.d. stammen v.d. Chatten tussen de rivieren Rijn, Main en Lahn; — adj.* **Mattiacus,** a, um [**fontes** *en* **aquae** *het tegenwoordige* Wiesbaden].

matula, ae *f* pot, *ihb.* kamerpot, po; *ook als scheldwoord.*

mātūrātē *adv. (maturo) (Plaut.)* tijdig.

mātūrēscō, mātūrēscere, mātūruī, — *(incoh.; zie maturus)*
1. *(v. vruchten)* rijp worden, rijpen;
2. rijpen, zich ontwikkelen [**nubilibus annis** huwbaar worden];
3. *(metaf.)* geestelijke rijpheid bereiken.

mātūritās, ātis *f (maturus)*
1. rijpheid [**frugum**];
2. *(metaf.)* volle kracht, culminatie [**audaciae; temporum** nood];
3. rijpe ervaring, bezonken oordeel [**senectutis**];
4. juiste tijdstip [**gignendi; partūs; temporum** regelmatig verloop, omloop];
5. *(Suet.)* spoedige uitvoering; ▸ *maturitatem poenae precari.*

mātūrō, mātūrāre *(maturus)*
I. *tr.*
1. *(vruchten)* rijp maken, doen rijpen [**pomum**]; — *pass.* rijp worden, rijpen;
2. *(Verg.) (metaf.)* op tijd verrichten [**laborem**];
3. spoedig ten uitvoer brengen, bespoedigen, haast maken met *(m. acc.)* [**coepta; fugam; iter; mortem, necem** snelle dood brengen; **insidias consuli**];
II. *intr.* zich haasten [**ab urbe proficisci**]; ▸ *non potest ita* ~ vroeg komen.

mātūruī *pf. v. maturesco.*

mātūrus, a, um *(superl.* mātūrissimus *en* mātūrrimus) rijp:
1. *(v. vruchten)* rijp [**uvae**];
2. volwassen, rijp, ontwikkeld *(in: gen.; abl.; voor: dat.)* [**virgo; patres, senex** bejaard]; ▸ *animo et aevo, aevi* ~ in verstand en jaren; *progenies militiae, bello -a; filia viro -a;*
3. rijp, voltooid, geschikt *(voor: dat.; in m. acc.)* [**partus** voldragen; **seditio** rijp om uit te breken; **missio** ophanden zijnd; **gloria** op het hoogtepunt];
4. op tijd, tijdig;
5. vroeg(tijdig) [**hiems; honores**];
6. voortijdig; ▸ *-e decedere* te vroeg sterven.

matus, a, um *(Petr.)* dronken.

Mātūta, ae *f Mater Matuta, godin v.d. dageraad, v.h. morgenlicht en v.d. rijpheid, vd. ook geboortegodin; later gelijkgesteld met de Gr. Ino Leucothea; de festiviteiten ter ere van haar cultus heetten Matralia.*

mātūtīnum, ī *n (matutinus; vul aan: tempus) (postklass.)* (vroege) morgen.

mātūtīnus, a, um *(adv. -ō) (Matuta)* van de ochtend, morgen-, ochtend- [**nebula; frigus; radii; equi** *v. Aurora;* **ales** = haan].

Mauretānia *en* **Mauritānia,** ae *f koninkrijk in N.W.-Afrika, ongeveer het huidige Marokko en W.-Algerije; in de keizertijd twee Rom. provincies; — inw.* **Maurī** *en* **Maurūsiī,** ōrum *m* Mauren; — *adj.* **Maurus** *en* **Maurūsius,** a, um Mauretaans, *ook* Afrikaans *of* Punisch.

Mausōlus, ī *m Perz. satraap in Carië (377—353 v. Chr.) en heerser v. Halicarnassus; zijn vrouw en zuster Artemisia liet voor hem een graftombe oprichten, het* **Mausōlēum,** ī *n, ook alg.* = prachtige graftombe.

māvelim *arch. conj. praes. v. malo.*

māvolō *(arch.)* = *malo.*

Māvors, tis *m (arch.; poët.)* = Mars; — *adj.* **Māvortius,** a, um = *Martius* [**proles** *de Thebanen, die waren ontstaan uit de tanden v.d. door Mars*

voortgebrachte draak; **moenia** = Rome; **tellus** = Thracië]; — *subst.* **Māvortius,** ī *m* zoon v. Mars = Meleager, *die voor een zoon v. Mars doorging.*
maxilla, ae *f (demin. v. mala)* kaak, kinnebak; *(Pers.)* kin.
maximē *en (arch.)* **maxumē** *adv.*
1. het meest, zeer *(ihb. in comb. met adj. en adv. om vormen v.d. superlativus te omschrijven, in comb. met werkwoorden om een climax aan te duiden);* ▸ ~ *necessarius; (in comb. met superl.)* ~ *liberalissima doctoque homine dignissima* veruit, verreweg; ~ *colere alqm;* ~ *cupere, velle;* ~ *praestare alci;* ~ *confidere alci; (zelden in comb. met subst.)* ~ *ludius* aartskomediant; — *combinaties: multo* ~ verreweg het meest; *quam* ~ zo veel mogelijk; *vel* ~ het allermeest; *ut* ~ . . . *ita* ~ hoe meer . . . des te meer;
2. *(om een begrip te benadrukken)* in het bijzonder, voornamelijk; ▸ *cum . . . tum vel* ~ zowel . . . als ook in het bijzonder;
3. het liefst, zo mogelijk; ▸ *Iugurtham* ~ *vivum capere;*
4. juist; ▸ *cum* ~ juist nu, juist toen;
5. in hoofdzaak, ongeveer; ▸ *hoc* ~ *modo; in, ad hunc* ~ *modum;*
6. *(in antwoorden in de omgangstaal)* heel graag, zeer zeker.
maximitās, ātis *f (maximus) (Lucr.)* grootheid.
maximopere *zie magnopere.*
maximus *en (arch.)* **maxumus,** a, um *superl. v. magnus.*
Maximus, ī *m cogn. v.d. gens Fabia, zie Fabius;* — *plur. alg.* mannen als Q. Fabius ~.
maxumē, maxumus *zie maxime, maximus.*
māzonomum, ī *n (Gr. leenw.) (preklass.; poët.)* grote schotel, schaal.
mē *zie ego.*
meābilis, e *(meo) (Plin. Mai.)*
1. begaanbaar [**transitus**];
2. doordringend [**aër**].
meātus, ūs *m (meo) (poët.; postklass.)*
1. het gaan, beweging, gang, loop, stroming, vlucht [**solis lunaeque; siderum; animae** het ademhalen]; ▸ *lenis* ~ *aquilae;*
2. *(meton.)* (a) weg, baan; ▸ *meatūs caeli* banen v.d. sterren; (b) monding, arm *v. rivieren;* ▸ *Danuvius in mare sex meatibus erumpit;*
3. opening, gat.
mē-castor *interj. (vooral door vrouwen gebruikte uitroep) (kom.)* bij Castor!
mēchanica *(mechanicus) (Laatl.)*
1. ae *f* werktuigkunde, mechanica;
2. ōrum *n* kunstwerken, ingenieurswerken.
mēchanicus *(Gr. leenw.) (postklass.)*
I. *adj.* a, um werktuigkundig, mechanisch;
II. *subst.* ī *m* werktuigkundige.
mēd *(arch.)* = *me, zie ego.*
meddix, icis *m* = *medix.*
Mēdēa, ae *f tovenares, dochter v. koning Aietes v. Colchis; met haar hulp roofde Jason, de aanvoerder v.d. Argonauten, het Gulden Vlies; daarop vluchtte zij met hem; later, door Jason aan de kant gezet, omdat hij aan de koningsdochter v. Corinthe Creüsa de voorkeur gaf, doodde zij haar rivale en de kinderen die zij van Jason had;* — *metaf.:* ~ *Palatina* = Clodia.
Mēdēis, *gen.* idis *(f) (Medea) (Ov.)* tover- [**herbae** toverkruiden].
medēla, ae *f (medeor) (Laatl.)*
1. genezing, geneesmiddel;
2. *(metaf.)* hulp.
medeor, medērī, — — *(m. dat.)*
1. genezen, genezing brengen [**morbo**]; — *subst.* **medentēs,** ium *m* artsen;
2. *(metaf.)* helpen, te hulp komen, hulp bieden [**afflictae rei publicae; inopiae; incommodis; labori** verlichten].
Mēdī, ōrum *m* de Meden, *poët. ook* = Perzen, Parthen, Assyriërs; — *hun land* **Mēdia,** ae *f* Medië, *landstreek ten Z. v.d. Kaspische Zee;* — *adj.* **Mēdicus** *en* **Mēdus,** a, um Medisch, ook Perzisch, Assyrisch [**flumen** = Euphraat]; — **Mēdica,** ae *f (vul aan: herba)* Medische klaver, luzerne.
mediānus, a, um *(medius)* zich in het midden bevindend, middelste.
mediast(r)īnus, ī *m (medius)* loopjongen.
mediātor, ōris *m (medius) (postklass.)* tussenpersoon, bemiddelaar.
medica, ae *f (medicus)* vrouwelijke arts.
Mēdica *zie Medi.*
medicābilis, e *(medicor)*
1. geneeslijk, te genezen;
2. gezond, heilzaam.
medicāmen, inis *en* **medicāmentum,** ī *n (medicor)*
1. geneesmiddel, medicament, pleister, zalf [**salutare**]; ▸ *-um componere; facies medicaminibus interstincta* bedekt met pleisters;
2. gif(drank); ▸ *-o sagittas tingere* drenken in;
3. *(poët.; postklass.)* tovermiddel, toverdrank;
4. verf(stof); make-up, blanketsel;
5. *(metaf.)* hulpmiddel *(tegen: gen.)* [**laborum;**

doloris].

medicātiō, ōnis *f (medico)* het kruiden.

medicātus[1], ūs *m (medico) (Ov.)* betovering.

medicātus[2], a, um *(p. adj. v. medico) (postklass.)*
1. geneeskrachtig, heilzaam [**aquae; fontes**];
2. door toverij veroorzaakt, tover- [**virga** toverstaf; **fruges** toverkruiden; **somnus**].

medicīna, ae *f (medicinus)*
1. *(vul aan: ars)* geneeskunst, -kunde; ▸ *-am exercere, facere* bedrijven; *-am facere (m. dat.)* genezen; *-ae studere*;
2. *(vul aan: res)* geneesmiddel, medicijn;
3. *(metaf.)* hulpmiddel, middel *(tegen: gen.)* [**furoris; doloris; periculorum**]; ▸ *-am petere a litteris*;
4. *(Prop.)* schoonheidsmiddel [**figurae**];
5. *(Plaut.) (vul aan: officina)* spreekkamer v.e. arts; kliniek.

medicīnālis, e *(medicina) (postklass.)*
1. betrekking hebbend op de geneeskunst, genees-;
2. heilzaam.

medicīnus, a, um *(medicus) (pre- en postklass.)* behorende bij de genezing.

medicō, medicāre *(medicus) (poët.)*
1. genezen [**metum**];
2. *met kruidenbrouwsels e.d.* behandelen, besprenkelen, geneeskrachtig, heilzaam maken [**semina**];
3. voorzien van magische krachten [**amnem**];
4. kleuren [**lanam fuco; capillos**].

medicor, medicārī *(medicus) (poët.; postklass.) (m. dat.; acc.)*
1. genezen [**ictum**];
2. *(metaf.)* helpen [**in hac re sibi**].

medicus
I. *subst.* ī *m* arts;
II. *adj.* a, um
1. *(poët.; postklass.)* heilzaam, genezend [**ars** geneeskunst; **vis** geneeskracht];
2. *(Plin. Mai.)* ~ *digitus* vierde vinger, ringvinger.

Mēdicus zie Medi.

medietās, ātis *f (medius)*
1. midden;
2. het middelste (deel);
3. *(Laatl.)* helft.

medimnum, ī *n en* **-us,** ī *m (gen. plur. meestal -um) (Gr. leenw.)* Attische schepel *(maat voor droge waren en graan = 6 modii = 52,5 l).*

mediō, mediāre *(medius) (Laatl.)*
I. *tr.* halveren;
II. *intr.*
1. halverwege zijn;
2. tussenbeide komen.

mediocris, e *(medius)*
1. middelgroot [**spatium; latitudo; castellum; copiae**];
2. *(pejor.)* middelmatig, onbelangrijk, gering [**orator; ingenium; eloquentia; artes; studia vel officia; animus** bekrompen; **familia** onaanzienlijk]; ▸ *mediocria gerere* onbelangrijke dingen doen; — *subst.* **mediocres,** um *m* mensen van lage stand;
3. *(positief)* gematigd, genoegzaam, gelaten; ▸ *animus non* ~ ambitieus;
4. tusseninliggend.

mediocritās, ātis *f (mediocris)*
1. middelmatigheid, onbelangrijkheid, nietigheid [**ingenii; rei familiaris**];
2. het maathouden, middenweg *(in: gen.; in m. abl.)* [**dicendi, in dicendo**].

Mediōlān(i)um, ī *n stad in* N.-*Italië, nu* Milano *(Milaan);* — *inw. en adj.* **Mediōlānēnsis,** is *m resp. e.*

Mediomatricī, ōrum *m volksstam in de buurt v.h. huidige Metz (N.O.-Frankrijk).*

medioximus *en* **-xumus,** a, um *(superl. v. mediocris) (Plaut.)* de middelste.

medipontus, ī *m (preklass.) een soort* touw.

meditāmentum, ī *n (meditor) (postklass.)* voorbereiding, training [**belli**].

meditātiō, ōnis *f (meditor)*
1. het overwegen, het nadenken *(van, over: gen.)* [**futuri mali**];
2. voorbereiding *(op: gen.)* [**mortis; belli**];
3. oefening, training; retorische studie, declamatio.

meditātus *zie meditor.*

medi-terrāneus, a, um *(medius en terra)* in het binnenland gelegen, binnenlands [**loca; urbs**];— *subst.* **mediterrānea,** ōrum *n* binnenland, het binnenste [**Galliae; Hispaniae**].

meditor, meditārī
1. nadenken over, overwegen, overdenken *(m. acc.; de; afh. vr.)*;
2. zinnen op, zich voorbereiden op *(m. acc.; ad; inf.)* [**fugam; bellum; ad praedam; proficisci**];
3. oefenen, instuderen [**accusationem; versūs**];
/ *p. adj.* **meditātus,** a, um ingestudeerd, doordacht, uitgezocht, voorbereid [**doli; verbum; scelus; commentationes** zorgvuldig uitge-

werkt].

meditullium, ī *n (medius en tellus)* het midden, centrum.

medium, ī *n (medius)*

1. het midden, middelpunt; ▸ *-o caeli terraeque* midden tussen; *-o montium* midden in; *diei* ~ middag; *-o temporis* ondertussen; *in -o (in -um) relinquere* onbeslist laten; *sarcinas in -um conicere;*

2. openbaarheid, publiek; ▸ *in -um proferre* bekendmaken; *in -um vocare* voor de rechtbank slepen; *in -um venire, procedere* in het openbaar verschijnen *of* optreden; *de -o recedere* uit de weg gaan; *de -o tollere* uit de weg ruimen; *de -o removere* plaats laten maken; *dicendi ratio in -o posita; pellere e -o;*

3. gemeengoed, algemeen welzijn; ▸ *in -um consulere* voor het algemeen welzijn zorgen; *in -um cedere* gemeengoed worden; *in -um dare; quaerere* voor gemeenschappelijk gebruik; *res in -o (po)sita* gemeengoed; *in -um afferre communes utilitates;*

4. *(pre- en postklass.)* helft.

medius, a, um

I. *v. plaats*

1. middelst, in het midden staand, in het midden gelegen [**digitus** middelvinger; **mundi, terrae locus** middelpunt];

2. *(te vertalen als adverbium of prepositie)* midden in, in het midden van [**acies** het centrum van]; ▸ *in colle -o* midden op de heuvel; *per -os fines proficisci* dwars door het gebied; *-o oppido fluere* door het midden v.d. stad; *in -o foro* midden op het forum; *per -a hostium tela; in -os hostes* midden tussen de vijanden; *e -is Caesaris partibus* uit het hart van;

II. *v. tijd*

1. in het midden liggend, tussenliggend [**tempus** tussentijd; **-is diebus** in de tussenliggende dagen; **aetas** middelbare leeftijd, kracht v.h. leven];

2. *(te vertalen als prepositie)* midden in, midden op, tijdens [**dies** middag]; ▸ *-ā nocte* rond middernacht; *-ā aestate* hartje zomer; *-a in pace* in een tijd v. algehele vrede; *-o in dolore* in het diepste verdriet;

III. *metaf.*

1. in het midden staand, in het midden zwevend; ▸ *inter pacem et bellum -um nihil interest; si quid -um mortis fugaeque;*

2. onpartijdig, neutraal; ▸ *-um agere, se gerere* neutraal blijven;

3. dubbelzinnig, ambigu [**responsum**];

4. middelmatig, onbetekenend, gewoon [**plebs; sermones; ingenium**]; ▸ *gratia non -a* meer dan gewoon; *medie moderatus* redelijk, matig;

5. *(poët.)* bemiddelend; ▸ ~ *fratris et sororis* bemiddelaar tussen; *-um paci se offerre* als bemiddelaar; *-is dis;*

6. *(poët.)* ertussen komend, storend; ▸ *quos inter* ~ *venit furor (Verg.)* dreef ze uit elkaar;

7. *(postklass.)* algemeen (toegankelijk), voor iedereen beschikbaar; ▸ *hortus omnibus ventis* ~;

8. *(poët.; postklass.)* half, voor de helft [**pars** de helft; **orbis** *v.d. maan*].

mēdius Fidius = *me Dius Fidius, zie Fidius.*

medix (tuticus), icis *m* hoogste magistraat *v.d. Osci.*

medulla, ae *f*

1. *(poët.; postklass.)* merg *v. botten en planten;*

2. *(metaf.)* het binnenste, hart *(meestal plur.);* ▸ *alci haerere in -is* iem. na aan het hart liggen; *in -as demittere* goed tot zich laten doordringen, ter harte nemen;

3. *(pre- en postklass.)* het beste; essentie, kern.

medullitus *adv. (medulla) (pre- en postklass.)* innig, van harte, geheel en al [**amare**].

medullula, ae *f (demin. v. medulla) (Catull.)* zacht merg [**anseris**].

Mēdus, ī *m*

1. *zie Medi;*

2. *zoon v. Medea; ook titel v.e. tragedie v. Pacuvius.*

Medūsa, ae *f zie Gorgo;* — *adj.* **Medūsaeus,** a, um [**equus, praepes** = *Pegasus, die uit haar bloed ontstond;* **fons** = *de bron Hippocrene, die door de hoefslag v. Pegasus ontstond*].

mefītis, is *f* = *mephitis.*

Megaera, ae *f een v.d. Furiën.*

Megalē(n)sia, ium *n feest ter ere v. Cybele (Magna Mater) op 4 april.*

Megalē polis, *acc.* Megalēn polin = *Megalopolis.*

Megalopolis, is *f stad in Arcadië (Peloponnesus), geboorteplaats v. Polybius;* — *adj.* **Megalopolitānus,** a, um; — *inw.* **Megalopolitānī,** ōrum *en* **Megalopolītae,** ārum *m.*

Megara

1. ōrum *n en* ae *f belangrijkste stad v.d. landstreek Megaris, ten W. v. Athene; enige stad op de landengte tussen Attica en de Peloponnesus, geboorteplaats v.d. filosoof Euclides (leerling v. Socrates);* — *inw.* **Megarēnsis,** is *en* **Megareūs,** eī *of* eos *m;* — *adj.* **Megaricus,** a, um; — **Megaricī,** ōrum *m* volgelingen v. Euclides;

2. ōrum *n en* ae *f stad aan de O.-kust v. Sicilië, ook Hybla genoemd;* — *adj.* **Megarus** *en* **Megarēus,** a, um; — **Megarēa,** ōrum *n* omgeving v. Megara;
3. ae *f vrouw v. Hercules, die haar in een vlaag van waanzin vermoordde.*

Megaris, idis *f*
1. *landstreek in Midden-Griekenland;*
2. = *Megara* 2.

megistānes, um *m (Gr. leenw.) (postklass.)* Oosterse hoogwaardigheidsbekleders, magnaten.

mehercle, mehercule(s) *zie Hercules.*

meiō, meiere, — — *(mingo)* pissen, plassen *(metaf., v.e. lekke kamerpot).*

mel, mellis *n*
1. honing *of (postklass.) een vergelijkbare zoete stof;*
2. *(metaf.)* lieflijkheid, bevalligheid *(ook als koosnaam);* ▸ *mella poëtica* gedichten, zoet als honing; *hoc melli est (Hor.)* is aangenaam;
/ *abl. sg.* melle; *nom. en acc. plur.* mella; *gen. en dat. plur. ongebruikelijk.*

Melampūs, podis *m myth. waarzegger en arts.*

melancholia, ae *f (Gr. leenw.)* zwaarmoedigheid, melancholie.

melancholicus, a, um *(melancholia)* zwaarmoedig, melancholisch.

melandrya, ōrum *n (Gr. leenw.) (pre- en postklass.)* stukken gezouten tonijn.

melanthium, ī *n (Gr. leenw.) een soort komijn.*

Melanthius, ī *m geitenhoeder v. Odysseus.*

melanūrus, ī *m (Gr. leenw.) (niet-klass.)* zeebrasem.

Melās, anis *m (acc. -ana en -an) naam v. verscheidene rivieren, o.a. op Sicilië (nu de Mela) en in het huidige Turkije.*

melculum, ī *n (demin. v. mel) (Plaut.)* snoepje *(als koosnaam).*

Meldī, ōrum *m volksstam aan de benedenloop v.d. Marne in N.-Frankrijk.*

Meleager *en* **-gros,** grī *m zoon v. Oeneus, de koning v. Calydon, en Althaea; deelnemer aan de Argonautentocht; doodde het Calydonische everzwijn.*

mēlēs, is *f* das.

Melēs[1]**,** ētis *m rivier in Ionië (Kl.-Azië) bij Smyrna (waar Homerus geboren zou zijn);* — *adj.* (a) **Melētēus,** a, um Homerisch; (b) **Melētīnus,** a, um [deae aan de Meles wonend].

Melēs[2]**,** ium *f stad in Samnium.*

Meliboea, ae *f stad in de Thessalische landstreek Magnesia (N.-Griekenland) aan de voet v.d. Ossa; geboorteplaats v. Philoctetes, de metgezel v. Hercules en deelnemer aan de Trojaanse oorlog;* — *adj.* **Meliboeus,** a, um [**dux** = Philoctetes].

melica, ae *f (melicus) (Petr.)* lied.

Melicerta *en* **-ēs,** ae *m zoon v. Athamas en Ino, als zeegod onder de naam Palaemon of Portunus vereerd.*

melichrūs *(Gr. leenw.) (Lucr.)* honingkleurig.

melicus *(Gr. leenw.)*
I. *adj.* a, um lyrisch [**poëma**]; muzikaal;
II. *subst.* ī *m* lyrisch dichter.

melilōtus, ī *m (Gr. leenw.) (poët.; postklass.) een soort klaver.*

melimēlum, ī *n (Gr. leenw.) een soort zoete appel.*

mēlīnum, ī *n (Melos) (pre- en postklass.)* Melisch wit *(als pigment en schmink).*

mēlinus, a, um *(Gr. leenw.) (postklass.)* appel-, appelachtig.

melior, ius *zie bonus.*

meliōrō, meliōrāre *(melior) (Laatl.)* verbeteren.

melisphyllum, ī *n (niet-klass.) en* **melissophyllon,** ī *n (Gr. leenw.)* melisse.

Melissus, ī *m*
1. *filosoof uit Samos (ca. 450 v. Chr.);*
2. C. Maecenas ~, *vrijgelatene v. Maecenas, grammaticus en dichter, bibliothecaris v. Augustus.*

Melita, ae *en* **Melitē,** ēs *f*
1. Malta; — *adj.* **Melitēnsis,** e Maltees; — *subst.* **Melitēnsia,** ium *n* kleden, tapijten v. Malta;
2. *eiland in de Adriatische Zee, nu Mljet;*
3. *(Verg.) een zeenimf.*

melius *zie bonus en bene.*

Mēlius *zie Melos.*

meliusculus, a, um *(demin. v. melius)* iets beter; ▸ *(adv.) -e est (m. dat.)* het gaat een beetje beter met.

mella, ae *f (mel)* honingdrank.

Mella, ae *m rivier in N.-Italië.*

mellātiō, ōnis *f (mel)* het honing vergaren.

melleus, a, um *(mel) (postklass.)* honingachtig, -zoet.

melli-fer, fera, ferum *(mel en fero) (Ov.)* honing (voort)brengend [**apes**].

melli-ficō, ficāre *(mel en facio) (poët.; postklass.) (v. bijen)* honing maken.

melli-fluus, a, um *(mel en fluo) (Laatl.)*
1. honing producerend, zoet; ▸ *-i oris Homerus;*
2. *(eccl.) (metaf.)* heilzaam.

mellīgō, inis *f (mel) (Plin. Mai.)*
1. maagdenwas;
2. *(metaf.)* sap v. nog niet rijpe druiven.

mellilla, ae *f (mellina) (Plaut.) (als koosnaam)*

schat.

mellīna[1]**,** ae *f* (*meles*) (*Plaut.*) buidel van dassenvel.

mellīna[2]**,** ae *f* (*mel*) (*Plaut.*) honingwijn.

mellītus, a, um (*mel*) honingzoet; honing bevattend, honing- [**placenta** honingkoek; **sucus**]; *metaf.* zoet, lieflijk [**oculi**].

mellum, ī *m* (*Var.*) *een soort halsband voor honden.*

melōdia, ae *f* (*Gr. leenw.*) (*Laatl.*) melodie, wijs, lied.

Melodūnum, ī *n stad in het gebied v.d. Senonen, nu Melun aan de rivier de Seine.*

melōdus, a, um (*melodia*) (*Laatl.*) melodisch, welluidend [**carmen**].

melos, eos *n* (*dat. en abl. sg.* melō; *acc.* melos *en* melum; *nom. plur.* melē) (*Gr. leenw.*) gezang, lied.

Mēlos, ī *f een v.d. Cycladeneilanden in de Egeïsche Zee, nu Milos;* — *adj.* **Mēlius,** a, um.

mēlōta, ae *f* (*Gr. leenw.*) (*Laatl.*) schapenvacht.

Melpomenē, ēs *f muze v.d. tragische en lyrische dichtkunst.*

mēlum, ī *n* (*Laatl.*) appel(boom).

membrāna, ae *f* (*membrum*)
1. huidje, huid, vel, (vrucht)vlies;
2. (*poët.; postklass.*) perkament;
3. dunne (boven)laag, laagje.

membrāneus, a, um (*membrana*) (*Mart.*) van perkament gemaakt.

membrānula, ae *f* (*demin. v. membrana*)
1. (*postklass.*) dunne huid;
2. dun perkament.

membrātim *adv.* (*membrum*)
1. (*poët.; postklass.*) per ledemaat;
2. (*metaf.*) stuk voor stuk, een voor een; (*retor.*) in korte zinnen [**dicere**].

membrum, ī *n*
1. plur. ledematen, leden, lichaam; ▸ *-a exercere;*
2. lichaamsdeel, *ihb.* geslachtsdeel;
3. (*metaf.*) lid, deel [**carinae**];
4. vertrek, kamer;
5. (*retor. t.t.*) deel v.e. redevoering, deel v.e. zin;
6. (*poët.; postklass.*) lid *v.e. gezelschap,* deelnemer.

mementō *imp. sg. v. memini.*

mē-met *versterkt me.*

meminī, meminisse *verb. defect.*
1. zich herinneren, denken aan (*m. gen.; soms de; acc.; aci.; afh. vr.*) [**vivorum; mei** aan mij; **Cinnam; constantiae; suam rem; officium suum; dicta**]; ▸ *ut memini* zoals ik me herinner; *meministi, quanta esset;*
2. eraan denken *om iets te doen* (*m. inf.; ut*);
3. melding maken van (*m. gen.; de*) [**de exulibus; huius iudicii**].

Memmius, a, um *naam v.e. Rom. pleb. gens:* C. ~, *pretor in 58 v. Chr., neoterisch dichter, vriend v. Cicero en Lucretius, die zijn leerdicht 'De rerum natura' aan hem opdroeg;* — *adj. ook* **Memmiānus,** a, um; — *subst.* **Memmiadēs,** ae *m* iem. uit het geslacht v. Memmius.

Memnōn, onis *m zoon v. Tithonus en Aurora, myth. koning v.d. Ethiopiërs; neef v. Priamus, voor de muren v. Troje door Achilles gedood;* — *adj.* **Memnonius,** a, um, *fem. ook* **Memnonis,** idis van Memnon; Oosters [**domūs** = Ethiopië]; — **Memnonides,** um *f* (*vul aan: aves*) *uit de as v. Memnon ontstane vogels.*

memor, *gen.* oris (*adv.* memoriter) (*vgl. memini*)
1. zich herinnerend, denkend aan, zich bewust van (*m. gen.; afh. vr.*) [**gloriae; officii**];
2. (*v. zaken*) blijk gevend van, getuigend van (*m. gen.*); ▸ *exemplum parum ~ legum humanarum* wreed; *~ libertatis vox* woord dat van vrijheidsliefde getuigt; *responsum senatūs amicitiae Samnitium ~ ; oratio maiestatis patrum ~ ;*
3. dankbaar [**mens**];
4. haatdragend, onverzoenlijk, wrekend [**ira; poena**];
5. (*poët.*) bedacht op, voorzorgsmaatregelen nemend voor, belust op (*m. gen.*); ▸ *~ praedae; ~ gloriae;*
6. met goed geheugen [**oratores**];
7. (*poët.*) herinnerend (*aan: gen.*) [**tabellae** gedenkplaten; **versus; nota** blijvend]; ▸ *indicii ~ poena;*
/ *abl. sg.* memorī; *gen. plur.* memorum.

memorābilis, e (*memoro*)
1. gedenkwaardig, vermeldenswaard; vermaard [**vir; facinus**];
2. (*poët.*) geprezen [**numen**].

memorandus, a, um (*memoro*) vermeldenswaard, gedenkwaardig.

memorātor, ōris *m* (*memoro*) (*Prop.*) verteller.

memorātrīx, īcis (*memoro*) (*poët*) verhalend.

memorātus[1]**,** a, um (*p. adj. v. memoro*) bekend, beroemd.

memorātus[2]**,** ūs *m* (*memoro*) vermelding, verhaal.

memoria, ae *f* (*memor*)
1. geheugen, herinneringsvermogen; ▸ *-ae studere* het geheugen oefenen; *-am perdere; alqd -ā tenere* in herinnering, gedachten houden; *alqd -ā repetere* zich weer voor de geest halen; *alqd*

-ae mandare onthouden; *alqd ex -a deponere* vergeten; *ex -a narrare* uit het hoofd vertellen;
2. herinnering, (na)gedachtenis (*aan: gen.*) [**Cn. Pompei; dedecoris**]; ▸ *post hominum -am* sinds mensenheugenis; *res -ā dignae* gedenkwaardig; *primam -am deponere* de eerste herinnering vergeten; *-am prodere* de herinnering doorgeven; *-ae prodere, tradere* aan het nageslacht overleveren, doorgeven;
3. gedachte *aan iets toekomstigs* (*m. gen.*) [**periculi**];
4. (*Tac.*) besef [**sceleris; bonae societatis**];
5. tijd, periode; ▸ *patrum -ā* ten tijde v.d. voorvaderen; *supra hanc -am* voor onze tijd; *meā, nostrā -ā* in mijn, onze tijd; *philosophi huius -ae; in omni memoriā; pueritiae -am repetere;*
6. bericht, mededeling; ▸ *-ā prodere* mondeling overbrengen; *-ā ac litteris* mondeling en schriftelijk;
7. geschiedenis (*als overlevering*), historisch verhaal; ▸ *omnis rerum* ~ wereldgeschiedenis; *-am rerum Romanarum tenere* de Rom. geschiedenis kennen; ~ *rerum gestarum* geschiedschrijving; *veteris -ae recordatio* oude gebeurtenis;
8. (*August.*) gedenkteken, grafmonument.

memoriālis, e (*memoria*) (*postklass.*) dienend ter herinnering [**libellus** aantekenboek]; — *subst.* is *m* (*Laatl.*) historiograaf.

memoriola, ae *f* (*demin. v. memoria*) geheugen.

memoriter *adv.* (*memor*)
1. met goed geheugen, nauwkeurig;
2. (*Laatl.*) uit het hoofd.

memorō, memorāre (*memor*)
1. (*Tac.*) herinneren aan, in herinnering brengen (*m. acc.*) [**amicitiam**];
2. vermelden, berichten, uiteenzetten, noemen (*m. acc.; de; aci.; afh. vr.*) [**laudes alcis; de magna virtute**];
3. (*poët.*) bezingen, prijzen;
4. spreken, zeggen [**vera**].

Memphis, idis *f stad in Midden-Egypte;* — *adj.* **Memphīticus,** a, um, *masc.* ook **Memphītēs,** ae [**bos** = Apis], *fem.* ook **Memphītis,** idis *en* idos *ook alg.* Egyptisch [**vacca** = Io].

Menander *en* **-drus,** drī *m belangrijkste dichter v.d. nieuwe Attische komedie (ca. 342—292 v. Chr.), tijdgenoot v. Epicurus, voorbeeld voor de Rom. komedies v. Plautus en Terentius;* — *adj.* **Menandrēus,** a, um.

Menapiī, ōrum *m volksstam in Gallia Belgica, aan de kust v.d. Noordzee ter hoogte van het huidige West-Vlaanderen en Zeeland.*

menda, ae *f* = *mendum.*

mendāci-loquus *en* **-locus,** a, um (*mendacium en loquor*) (*Plaut.*) leugenachtig.

mendācium, ī *n* (*mendax*)
1. leugen;
2. bedrog [**famae**]; zinsbegoocheling, illusie, gezichtsbedrog [**oculorum; sensuum**].

mendāciunculum, ī *n* (*demin. v. mendacium*) leugentje.

mendāx, *gen.* ācis (*mentior*)
1. leugenachtig, vals; — *subst. m* leugenaar;
2. (*metaf.*) bedrieglijk, misleidend [**forma** illusie, drogbeeld; **somnus; fundus** minder opleverend dan men verwacht had];
3. (*poët.*) gelogen, verzonnen [**infamia** onverdiend; **damnum**];
4. (*poët.*) nagemaakt [**pennae**].

mendīcābulum, ī *n* (*mendico*) bedelarij, bedelaarsgedoe.

mendīcātiō, ōnis *f* (*mendico*) (*Sen.*) het bédelen (*om: gen.*) [**vitae**].

mendīcitās, ātis *f* (*mendicus*) grote armoede.

mendīcō, mendīcāre *en* **mendīcor,** mendīcārī (*mendicus*) (*niet-klass.*)
I. *intr.* bédelen; — *subst.* **mendīcantēs,** ium *m* bedelaars, (*Mel.* = *fratres mendicantes*) bedelmonniken;
II. *tr.* smeken *of* bedelen om (*m. acc.*).

mendīculus, a, um (*demin. v. mendicus*) (*Plaut.*) bédelend, bedel-.

mendīcus, a, um (*mendum*)
1. straatarm; — *subst.* ī *m* bedelaar, (*Ter. als scheldw.*) schooier; *plur.* (*Hor.*) bedelende priesters *v. Cybele;*
2. (*metaf., v. zaken*) (a) armzalig, armoedig; (b) (*Mart.*) door bedelen verkregen [**prandia**].

mendōsus, a, um (*mendum*)
1. foutief, vol fouten, gebrekkig [**exemplar testamenti; historia**];
2. fouten makend;
3. (*postklass.*) leugenachtig, bedrieglijk.

mendum, ī *n*
1. (schrijf-, reken)fout, vergissing;
2. (*poët.*) lichamelijk gebrek.

Meneclēs, is *m Aziatische redenaar uit Alabanda in Kl.-Azië (ca. 100 v. Chr.);* — *adj.* **Meneclīus,** a, um.

Menedēmus, ī *m*
1. *filosoof uit Eretria, leerling v. Plato;*
2. *Atheens redenaar (ca. 100 v. Chr.).*

Menelāus, ī *m koning v. Sparta, zoon v. Atreus;*

broer v. Agamemnon, echtgenoot v. Helena; — adj. **Menelāēus,** a, um.

Menēnius, a, um *naam v.e. patric. gens in Rome, zie Agrippa; — adj.* **Menēniānus,** a, um.

Mēnīnx, ingis *en* **Mēnix,** igis *f eiland in de Golf v. Gabès, nu* Djerba.

Menippus, ī *m*

1. *filosoof v.d. cynische school (3e eeuw v. Chr.), beroemd om zijn ironie en spot, schrijver van satiren in een mengvorm van proza en verzen (Menippeïsche satire);*

2. *redenaar ttv. Cicero.*

Menoeceūs, eī *en* eos *m zoon v.d. Thebaanse koning Creon.*

Menoetiadēs, ae *m zoon v. Menoetius* = Patroclus.

mēns, mentis *f*

1. denkvermogen, verstand, geest; ▸ ~ *et ratio* verstand en rede; *mente comprehendere* begrijpen; *suae, sanae mentis esse* goed bij zijn verstand zijn; *suae mentis compos* goed bij zijn verstand; *mente captus, mentis inops* waanzinnig, gestoord;

2. bezinning, verstand; ▸ *alci effluit* ~ iem. verliest zijn zelfbeheersing; *furori tuo non mentem aliquam obstitisse* geen enkele vorm v. bezinning;

3. denkwijze, aard, karakter, gemoed, inborst [**benigna; mala; inimica; Allobrogum**]; ▸ ~ *cuiusque is est quisque* eenieder is wat zijn geest is; *(vaak om een persoon te omschrijven) civium mentes* = *cives; multas mente expromam querelas* uit mijn binnenste;

4. geweten; ▸ *mentem suam testem adhibere;*

5. moed; ▸ *mentem deponere, demittere* de moed laten zakken; *addere mentem (m. dat.)* bemoedigen;

6. toorn, hartstocht; ▸ *mentem compescere* beteugelen; *dolor quod suaserit et mens* hartstocht;

7. *(metaf.)* ziel, geest [**civitatis; publica** publieke mentaliteit];

8. *(meton.)* (a) gedachte, voorstelling, herinnering *(ook plur.)*; ▸ *mentem dare, inicere; in mentem venire* in de geest komen, invallen; *venit mihi in mentem alqd (of m. gen.; de)* ik herinner me *(ook m. inf.; aci.; ut; afh. vr.)*; (b) mening, opvatting; ▸ *mentes militum sanare* ompraten; *eādem mente esse; mihi longe alia* ~ *est;* (c) plan, voornemen, bedoeling [**deorum** wil]; ▸ *eā of hac mente* met deze bedoeling, met het oog daarop; *muta (verander) istam mentem; consuetudo mensque sermonis* gebruikelijke manier v. spreken en betekenis v.h. woord.

mēnsa, ae *f*

1. tafel: (a) eettafel; ▸ *cibos in -am apponere; -as cibis onerare; -am tollere, auferre, (re)movere* de maaltijd beëindigen; (b) offertafel, altaar [**deorum**]; (c) toonbank *v.e. visverkoper (Hor.) of v.e. slager (Suet.)*; (d) wisselbank [**publica** staatsbank];

2. *(meton.)* (a) maaltijd; (b) gerecht, gang, eten *(ook plur.)* [**divites; secunda** nagerecht; **Italicae** bras-, vreetpartijen]; ▸ *apud, super -am* aan tafel, tijdens het eten; *parciore -ā uti* soberder eten; (c) *(poët.)* disgenoten.

mēnsārius, ī *m (mensa)* geldwisselaar, bankier; ▸ *tresviri, quinqueviri -i bankiers die de staatsfinanciën moesten beheren.*

mēnsiō, ōnis *f (metior)* het meten, maat [**vocum** versmaat, metrum].

mēnsis, is *m (gen. plur.* mēnsium *en* mēnsum, *ook* mēnsuum*)*

1. maand;

2. *(meestal plur.)* menstruatie.

mēnsor, ōris *m (metior)*

1. *(poët.; postklass.)* iem. die meet *(m. gen.)* [**maris et terrae; itinerum**]; landmeter;

2. *(Plin. Min.)* bouwmeester.

mēnstruālis, e *(menstruus)*

1. *(Plaut.)* een maand durend;

2. *(postklass.)* maandelijks; betrekking hebbend op de menstruatie, menstruerend.

mēnstruātus, a, um *(menstruus) (Laatl.)* menstruerend.

mēnstruus, a, um *(mensis)*

1. maandelijks;

2. een maand durend, van *of* voor een maand [**spatium; cibaria**];

3. *(niet-klass.)* de menstruatie betreffend; — *subst.* **mēnstrua,** ōrum *n* menstruatie.

mēnsula, ae *f (demin. v. mensa) (pre- en postklass.)* tafeltje.

mēnsulārius, ī *m (mensula) (postklass.)* bankier, geldwisselaar.

mēnsūra, ae *f (metior)*

1. meting [**ex aqua** volgens de waterklok]; ▸ *-am facere* de maat nemen;

2. maat, meetinstrument;

3. maat (lengte, breedte, grootte, omvang *e.a.*) [**verborum** kwantiteit; **roboris** omvang; **itinerum**]; *ook* uiterste maat, limiet; ▸ *sine modo mensuraque;*

4. *(poët.; postklass.) (metaf.)* grootte, waardigheid [**nominis; legati**].

mēnsūrō, mēnsūrāre *(mensura) (Laatl.)* meten;

bepalen.

mēnsus *p.p. v. metior.*

menta, ae *f* kruizemunt.

mentastrum, ī *n (menta) (postklass.) een soort* mint.

mentha, ae *f = menta.*

mentiō, ōnis *f (mens, memini)* vermelding, melding; ▸ *mentionem facere, inferre (m. gen.; de)* vermelden, te spreken komen over, melding maken van; *mentionem habere accusatorum.*

mentior, mentīrī, mentītus sum *(mens)*

I. *intr.*

1. liegen *(metaf., ook v. niet-lev.)*; ▸ *vultus, oratio mentitur;*

2. valse beloften doen, zijn woord niet houden;

3. *(poët.) (v.e. dichter)* fantaseren; ▸ *ita mentitur Homerus;*

II. *tr.*

1. verzinnen, valselijk voorgeven [**gloriam**]; — *p.p.* **mentītus,** a, um *ook pass.* gelogen, verzonnen, nagemaakt [**figurae; tela**];

2. valselijk tonen, voorwenden, voorspiegelen [**puerum** de gestalte v.e. jongen aannemen; **se filium alcis** zich valselijk uitgeven voor];

3. bedriegen [**spem**].

Mentōr, oris *m Gr. zilversmid uit de 4e eeuw v. Chr.*; — *adj.* **Mentoreus,** a, um.

mentula, ae *f (poët.)* lul.

mentum, ī *n (vgl. e-mineo)* kin; *meton. (poët.)* baard.

meō, meāre *(poët.; postklass.) (v. levende wezens en niet-lev., bv. wagens, schepen, rivieren, planeten)* gaan, wandelen, trekken, zich voortbewegen, vloeien, stromen.

mephītis, is *f* schadelijke zwaveldamp uit de aarde; — *personif.* **Mephītis** *godin die tegen zwaveldamp beschermt.*

merāc(u)lus, a, um *(demin. v. meracus) (pre- en postklass.)* vrijwel onvermengd.

merācus, a, um *(merus)*

1. zuiver, onvermengd, puur [**vinum; uva**];

2. *(metaf.)* onvervalst [**libertas**].

mercābilis, e *(mercor) (Ov.)* te koop.

mercātor, ōris *m (mercor)* koopman, handelaar; opkoper.

mercātōrius, a, um *(mercator) (Plaut.)* van een koopman [**navis**].

mercātūra, ae *f (mercor)*

1. handel *(ook plur.)*; ▸ *-as facere* handel drijven; *ad -as* in handelszaken;

2. handelswaar, goederen.

mercātus, ūs *m (mercor)*

1. handel;

2. (jaar)markt; ▸ *mercatum habere* houden.

mercēdārius, ī *m (merces) (Sen.)* iem. die loon betaalt.

mercēdula, ae *f (demin. v. merces)* armzalig loon, armzalige betaling.

mercennārius *en* **mercēnārius** *(merces)*

I. *adj.* a, um gehuurd, betaald [**comes; milites** huurlingen; **testes** omgekocht; **arma** die men tegen betaling opneemt; **praetor; liberalitas** gekocht];

II. *subst.* ī *m* dagloner.

mercēs, ēdis *f (merx)*

1. loon, soldij, prijs [**diurna** dagloon; *(voor: gen.)* **operae**; *metaf. (pejor.)* **proditionis**]; ▸ *sine mercede* gratis; *milites mercede arcessere, conducere* als huurling werven; *metaf.: non aliā mercede bibam* op geen andere voorwaarde; *magnā mercede pacisci cum alqo;*

2. leergeld, salaris, honorarium; ▸ *mercede docere; rhetori magnam mercedem dare; mercedibus scenicorum recisis;*

3. straf *(voor: gen.)* [**temeritatis**];

4. schade, nadeel; ▸ *non sine magna mercede; mercede suorum* tot schade v. hun eigen mensen;

5. rente, huur, pacht, inkomsten [**praediorum; ex fundo; habitationum** huurprijs]; *plur. (ook) rente over een kapitaal;*

6. *(postklass.)* koopwaar.

mercimōnium, ī *n (merx)*

1. *(pre- en postklass.)* koopwaar;

2. *(Plaut.)* handel.

mercor, mercārī *(merx)*

I. *intr. (pre- en postklass.)* handelen, handel drijven;

II. *tr.* kopen, verwerven [**magnā pecuniā, magno** duur; **alqd praesenti pecuniā** contant; *metaf.* **honores**]; ▸ *hoc magno mercentur Atridae* zouden daar veel voor geven; — *p.p.* **mercātus,** a, um *(ook pass.)* gekocht.

Mercurius, ī *m god v.d. kooplieden, handel en winst; later als bode v.d. goden gelijkgesteld met de Gr. Hermes; zoon v. Jupiter en Maia* [**aqua -i** *bron aan de Via Appia;* **stella -i** *de planeet Mercurius;* **tumulus -i** *heuvel bij Carthago Nova in Spanje;* **promunturium -i** *voorgebergte in het oostelijk deel v.d. Golf v. Carthago, nu Kaap Bon*]; — *adj.* **Mercuriālis,** e van Mercurius [**viri** *de dichters als gunstelingen v. Mercurius, die gold als uitvinder v.d. lier*]; — *subst.* **Mercuriālēs,** ium *m* kiopliedengilde *in Rome.*

merda, ae *f (poët.)* stront.

merenda, ae *f* (*preklass.*) maaltijd in de namiddag.

mereō, merēre, meruī, meritum *en* **mereor,** merērī, meritus sum
1. verdienen, verwerven, winnen, in de wacht slepen [**gratiam alcis; nardo vina** inruilen voor]; opleveren; ▸ *quid meret machaera;* ~ *alqm dote* (*v.d. vrouw*) door het vooruitzicht op haar bruidsschat;
2. (*milit.*) (*stipendia*) ~ soldij verdienen, als soldaat dienen, krijgsdienst vervullen [**equo, equis** bij de cavalerie; **pedibus** bij de infanterie]; ▸ *vicena stipendia meriti* die 20 jaar gediend hadden;
3. verdienen, aanspraak kunnen maken op, waard zijn (*m. acc.; ut; inf.; aci.*) [**laudem; praemia; immortalitatem; multos triumphos**];
4. schuldig zijn aan, zich op de hals halen (*m. acc.*) [**odium; poenam scelere; iram; scelus** plegen; **supplicium;** (*m. inf.*) **mori**];
5. (*meestal dep.*) zich verdienstelijk maken *of* zich slecht gedragen tegenover (*m. de*); ▸ *bene, melius, optime, male, peius, pessime e.d.* ~ *de;*
/ p. adj. (a) **merēns,** entis waard *of* schuldig; ▸ *laurea decreta merenti;* schuldig: *increpare merentes; poenas merentis sumpsisse;* (b) **meritus,** a, um waardig; verdiend, terecht, rechtmatig, billijk [**praemium; poena; mors; fama**].

meretrīcium, ī n (*meretricius*) (*Suet.*) prostitutie.

meretrīcius, a, um (*meretrix*) van een prostituee, prostitutie-.

meretrīcula, ae *f* (*demin. v. meretrix*) hoertje.

meretrīx, īcis *f* (*mereo*) prostituee; *attrib.* hoeren-, ontuchtig.

mergae, ārum *f* (*Plaut.*) hooivork met twee tanden.

merges, itis *f* (*mergae*) (*poët.; postklass.*) schoof, garf.

mergō, mergere, mersī, mersum
1. onderdompelen, laten zinken [**pullos in aquam** verdrinken; **se in mari, aequore, sub aequora**]; — *pass. mergi* onderduiken, zinken: *naves merguntur;*
2. steken in, verbergen [**rostra in corpore** diep slaan in; **caput in terram; vultūs in cortice**]; — *pass.* (*v. hemellichamen*) ondergaan: *sidera merguntur;*
3. (*metaf.*) dompelen, storten; ▸ *se* ~, *mergi in voluptates; alqm malis* ~ in het ongeluk storten; *mersus vino somnoque* bedwelmd door wijn en slaap; *viros* ~ in het verderf storten; *mersa et obruta fenore pars civitatis* door woeker diep in de schulden geraakt; *mersae res* (*Ov.*) de verzonken wereld; *mersus rebus secundis* bedolven onder geluk;
4. (*postklass.*) overstrómen [**terrae mersae**].

mergus, ī m (*mergo*)
1. duiker (*een watervogel*);
2. (*agr.*) aflegger.

merīdiānum, ī n (*meridianus*)
1. middag;
2. zuiden.

merīdiānus, a, um (*meridies*)
1. van de middag, middag- [**tempus; sol; somnus**];
2. zuidelijk [**regio**].

merīdiātiō, ōnis *f* (*meridio*) (*Cic.*) middagdutje.

merīdiēs, ēī m (*medius en dies*)
1. middag; ▸ *ante, post meridiem; meridie* 's middags;
2. (*meton.*) zuiden; ▸ *a meridie* aan de zuidkant; *inflectens sol cursum ad meridiem.*

merīdiō, merīdiāre *en* **merīdior,** merīdiārī (*meridies*) (*poët.; postklass.*) siësta houden.

Mēriones, ae m *Kretenzer, wagenmenner v. Idomeneus in de strijd om Troje.*

meritō[1] *adv.* (*abl. v. meritum*) (*superl.* meritissimō) verdiend, met recht, terecht [**iratus; laudari**].

meritō[2], meritāre (*intens. v. mereo*) verdienen; opbrengen.

meritōria, ōrum n (*meritorius*) ruimtes die voor korte tijd verhuurd worden.

meritōrius, a, um (*mereo*) betaald, huur- [**raeda** huurwagen; **vehicula; pueri** schandknapen; **scorta**].

meritum, ī n (*mereo*)
1. verdienste, loon, (*pejor.*) verdiende loon;
2. verdienstelijke daad, verdienste; ▸ *pro* (*ex*) *-o* naar verdienste;
3. weldaad, dienst (*jegens: erga; in m. acc.*);
4. schuld, vergrijp; ▸ *non meo -o, nullo meo -o* buiten mijn schuld;
5. (*poët.*) (*v. zaken*) waarde, gewicht.

meritus *zie mereo.*

Merō, ōnis m (*merum*) *spotnaam v. keizer Tiberius vanwege zijn drankzucht* (= *merobibus*), *woordspeling met het cognomen Nero.*

mero-bibus, a, um (*merum en bibo*) (*Plaut.*) onvermengde wijn drinkend.

Meroē, ēs *f stad aan de bovenloop v.d. Nijl in de huidige Soedan.*

Meropē, ēs *f dochter v. Atlas en Pleione, echtgenote*

v. Sisyphus; een v.d. Plejaden.
merops, opis *m* (*Gr. leenw.*) (*poët.; postklass.*) bijeneter.
Merops, opis *m Ethiopische koning, echtgenoot v. Clymene.*
mers, mercis *f* (*arch.*) = *merx.*
mersī *pf. v. mergo.*
mersō, mersāre (*intens. v. mergo*) (*poët.; postklass.*) onderdompelen, doen zinken [**gallinam** verdrinken; **gregem fluvio** baden]; ▸ (*metaf.*) *pass.*: *civilibus undis mersari* zich in de golven v.d. politiek storten.
mersus *ppp. v. mergo.*
merula, ae *f*
1. merel;
2. (*postklass.*) lipvis (*een zeevis*).
meruleus, a, um (*merula*) (*Plaut.*) zwart als een merel.
merum, ī *n* (*merus; vul aan: vinum*) (*poët.; postklass.*) niet met water gemengde wijn, *alg.* wijn.
merus, a, um
1. (*poët.*) onvermengd, zuiver [**vinum; lac**];
2. (*metaf.*) onbeperkt [**libertas**];
3. onvervalst, echt [**virtus**];
4. niets anders dan, slechts, puur [**sermo** louter spreektaal; **spes; scelera**]; ▸ *-um bellum loqui* over niets dan oorlog spreken; *-a mendacia narrare;*
5. (*Juv.*) bloot, onbedekt [**pes**].
merx, mercis *f*
1. handelswaar, koopwaar; ▸ *navem mercibus implere; merces mutare* ruilhandel drijven; *merces femineae* toiletartikelen;
2. (*postklass.*) handel;
3. (*postklass.*) prijs.
Mesēmbriacus, a, um (*Ov.*) van Mesembria (*stad aan de Zwarte Zee in het huidige Bulgarije, nu* Nesebur).
mesochorus, ī *m* (*Gr. leenw.*) (*postklass.*)
1. aanvoerder v.h. koor;
2. claqueur.
Mesopotamia, ae *f* Mesopotamië, *gebied tussen de rivieren Eufraat en Tigris* (*ongeveer het noordelijke deel van het huidige Irak*).
mespila, ae *f en* **mespilum,** ī *n* (*Gr. leenw.*) (*postklass.*) mispel(struik).
Messalla *en* **Messāla,** ae *m cogn. in de gens Valeria, zie Valerius;* — **Messālīna,** ae *f derde echtgenote v. keizer Claudius; haar naam werd als gevolg v. haar zedeloosheid berucht en spreekwoordelijk.*
Messāna, ae *f stad op Sicilië, nu* Messina; — *adj.* **Messēnius,** a, um [**moenia**].
Messēna, ae *en* **-ē,** ēs *f belangrijkste stad v. Messenië in het zuidwesten v.d. Peloponnesus;* — *inw. en adj.* **Messēnius,** ī *m resp.* a, um.
messis, is *f* (*meto*[1])
1. het oogsten, oogst;
2. (*meton.*) (a) opbrengst van de oogst (*ook metaf.*); ▸ *mali messem metere* ondank oogsten; (b) (*poët.; postklass.*) oogsttijd; ▸ *messibus* in de oogsttijd; (c) (*poët.*) jaar.
messor, ōris *m* (*meto*[1]) maaier, iem. die oogst, vergaart.
messōrius, a, um (*messor*) maaiers- [**corbis**].
messus *ppp. v. meto*[1].
-met *suffix* (*om extra nadruk te leggen op een pron., ihb. een pron. pers. of poss.*) zelf, eigen [**egomet; meamet culpa**].
mēta, ae *f*
1. kegel; ▸ ~ *lactis, lactans* kaas; *umbra terrae est* ~ *noctis;*
2. kegelvormige zuil, eindpaal (*aan de beide uiteinden van de Rom. circus*); ▸ *-am rotis evitare; metaf.*: *interiorem -am curru tenere* niet afdwalen *in een redevoering;*
3. (*Verg.*) vooruitstekend punt waar men omheen stuurt, kaap; ▸ *-as lustrare Pachyni* Kaap Pachynus omvaren;
4. keerpunt [**solis**];
5. (*preklass.; poët.*) doel, grens, einde [**viarum; aevi; ultima**]; ▸ *ad -am properare; sol ex aequo metā distabat utrāque* (*nox mediam caeli -am contigerat*) was halverwege zijn (*resp.* haar) baan, *dwz.* het was middag (*resp.* middernacht);
6. (*Sen.*) ~ *sudans een op de meta in de circus lijkende fontein voor het Colosseum.*
Metabus, ī *m koning v.d. Volsci, vader v. Camilla.*
metallicus, a, um (*metallum*) (*postklass.*)
1. uit erts *of* metaal bestaand [**materia**];
2. erts *of* metaal betreffend; — *subst.* ī *m* mijnwerker.
metallum, ī *n* (*Gr. leenw.*)
1. erts, metaal [**aeris**]; ▸ *libertas potior -is* waardevoller dan goud en zilver;
2. (*meton.*) mijn; steengroeve; ▸ *damnare in -um, condemnare ad -a* tot arbeid in de mijnen *of* steengroeven veroordelen.
metamorphōsis, is *f* (*Gr. leenw.*) (*poët.; postklass.*) gedaanteverwisseling; — *plur.* **Metamorphōsēs,** eōn *f titel v.e. dichtwerk v. Ovidius en v.e. roman v. Apuleius.*
Metapontum, ī *n stad aan de Golf v. Tarente* (*Z.-Italië*); — *inw. en adj.* **Metapontīnus,** ī *m resp.* a, um.

mētātor, ōris *m* (*metor*) iem. die afbakent [**urbis**].

Metaurus, ī *m rivier in Umbrië (bekend door de nederlaag v. Hasdrubal in 207 v. Chr.),* nu de Metauro; *ook als adj.*

Metellus, ī *m cognomen in de gens Caecilia.*

methodus, ī *f* (*Gr. leenw.*) op bepaalde regels *of* grondslagen gebaseerde handelwijze, (leer)methode.

Mēthymna, ae *f stad op Lesbos, geboorteplaats v.d. dichter Arion;* — *adj.* **Mēthymnaeus,** a, um, *fem. ook* **Mēthymnias,** adis.

metīculōsus, a, um (*metus*) (*pre- en postklass.*)
1. bang, vreesachtig;
2. vreselijk, vreesaanjagend.

mētior, mētīrī, mēnsus sum
1. meten, afmeten [**agrum**];
2. toemeten, uitdelen [**frumentum exercitui**];
3. (*poët.; postklass.*) (*metaf.*) gaan, rijden, varen door *of* over, (*een afstand*) afleggen (*m. acc.*) [**sacram viam; aquas carinā** per schip];
4. (*Ov.*) *een tijd* doorlópen, volbrengen;
5. inschatten, afmeten, beoordelen (*naar: abl.; ex*) [**homines virtute; omnia quaestu, suis commodis**]; ▸ *fidelitatem ex mea conscientia metior* meet ik af naar mijn eigen geweten.

metō[1], metere, (messuī), messum
1. (af)maaien [**pabula falce; arva**];
2. oogsten; ▸ *sprw.: ut sementem feceris, ita metes* zoals je zaait, zul je oogsten;
3. (*poët.*) afsnijden, afhakken, afplukken [**lilia virgā; capillos**];
4. (*poët.*) (*metaf.*) wegmaaien, neerhouwen [**proxima quaeque gladio**].

mētō[2], mētāre = *metor.*

Metō(n), ōnis *m Atheens astronoom (ca. 430 v. Chr.), bedenker v.d. Metoncyclus van 19 jaren om het zonne- en het maanjaar gelijk te laten lopen.*

metōposcopus, ī *m* (*Gr. leenw.*) (*postklass.*) 'voorhoofdschouwer', *iem. die lot en karakter v.e. mens bepaalt op grond v. diens voorhoofd.*

mētor, mētārī (*meta*)
1. (*een plek, een ruimte*) afbakenen, afmeten [**regiones; agros; castra** een kamp afbakenen = opslaan]; — *p.p.* **mētātus,** a, um *ook pass.* afgemeten [**porticus**];
2. (*poët.; postklass.*) meten, afmeten [**caelum; Indiam**];
3. (*postklass.*) (*metaf.*) gaan door (*m. acc.*) [**nemoris alti densa loca**].

metrēta, ae *f* (*Gr. leenw.*) (*poët.*)
1. *een inhoudsmaat (ca. 40 l);*
2. wijn- *of* oliekruik.

metricus, a, um (*Gr. leenw.*) (*postklass.*) metrisch.

Mētrodōrus, ī *m*
1. *vriend en volgeling v. Epicurus (330—277 v. Chr.);*
2. *uit Stratonicia in Carië (ca. 110 v. Chr.), leerling v.d. filosoof Carneades;*
3. *redenaar en staatsman uit Scepsis in Mysië (ca. 100 v. Chr.), aanhanger v.d. Academie, geschiedschrijver aan het hof v. Mithridates Eupator.*

mētropolis, *acc.* im *f* (*Gr. leenw.*) (*Laatl.*)
1. moederstad;
2. belangrijkste stad v.e. provincie;
3. (*eccl.*) zetel v.e. aartsbisschop.

Mētropolis, is *f stad in Thessalië* (N.-*Griekenland);* — *inw.* **Mētropolītae,** ārum *m;* — *adj.* **Mētropolītānus,** a, um.

metrum, ī *n* (*Gr. leenw.*) (*niet-klass.*) versmaat, maat, metrum.

Mettius, a, um *naam v.e. legendarisch Sab. geslacht:*
1. ~ Curtius, *aanvoerder v.d. Sabijnen in de strijd na de roof v.d. Sabijnse vrouwen onder Romulus;*
2. ~ Fufetius, *laatste dictator v. Alba Longa, als verrader v.d. Romeinen voor straf gevierendeeld.*

Mettus, a, um = Mettius 2.

metūculōsus, a, um = *meticulosus.*

metuendus *zie metuo.*

metuēns *zie metuo.*

metuī *pf. v. metuo.*

mētula, ae *f* (*demin. v. meta*) (*Plin. Min.*) kleine obelisk.

metuō, metuere, metuī, — (*metus*)
1. vrezen, bang zijn voor (*m. acc.; dat: ne; dat niet: ne non of ut*) [**bellum; periculum; insidias ab (ex) hostibus** van de kant v.d. vijanden; **supplicia a vobis; umbram suam** voor zijn eigen schaduw; **pupillo** (*dat.*) **calamitatem**];
2. bezorgd zijn voor (*m. dat.; de; pro*) [**moenibus patriae; senectae; de vita; de coniuge**];
3. (*m. afh. vr.*) met vrees afwachten;
4. (*niet-klass.*) schromen, niet willen (*m. inf.*); ▸ *metuunt credere omnes; metuit tangi* laat zich niet aanraken;
5. ontzag, eerbied hebben voor (*m. acc.*) [**patrem**];
6. zich hoeden voor (*m. acc.*) [**malam rem**];
/ *ptc. pr.* **metuēns,** *gen.* entis bang voor, bezorgd om (*m. gen.; inf.*) [**deorum** godvrezend; **legum; virgae**];

/ *gerundivum* **metuendus,** a, um vreselijk, geducht.

metus, ūs *m*

1. vrees, angst, bezorgdheid (*m. ne; aci.; voor, om iets: gen.; ab; de; pro; voor iem.: gen.; ab; ex; de; propter*) [**calamitatis; a vi atque ira deorum; hostium; a Romanis; ex imperatore; de fratre; pro re publica; caecus; hostilis** voor de vijand; **regius** voor de koning; **alienus** voor anderen; **Parthicus** voor een oorlog met de Parthen; **is** de angst daarvoor]; ▸ *metum alci afferre, inferre, inicere, facere; alqm in metum adducere; cadit in alqm* ~ angst overvalt iem.; *demere fratris metum; in metu esse* angstig zijn, *soms* gevreesd worden; *metum habere* angst hebben *of* angst oproepen; — *plur.* zorgen, schrikbeelden;

2. (*poët.*) ontzag; ▸ *mens trepidat metu; laurus multos metu servata per annos* (*Verg.*);

3. (*meton.*) voorwerp v. angst; zorgwekkende toestand, kritisch ogenblik, dreigend gevaar; ▸ ~ *maximi belli; anceps* ~ *et a cive et ab hoste; in metu* in deze gevaarlijke situatie;

/ *arch. gen. sg.* metuis; *dat. sg.* metū.

meus, a, um (*pron. poss.*)

1. mijn, van mij, mijn eigen [**liber; ager; amicus** mijn vriend *of* een vriend v. mij; **amor** liefde voor mij (= *amor mei*); **desiderium** naar mij; **amicitia** met mij]; ▸ *non est meum* het ligt niet in mijn aard; *meum est* (*m. inf.*) het ligt in mijn aard, het is mijn zaak *of* het is mijn plicht; *meum est* (*m. ut; quod*) het is mijn verdienste; *meā solius causā* alleen ter wille v. mij; *quid meā refert?* wat gaat mij dat aan?;

2. mijn beste (*ihb. in de vocativus*); ▸ *mi Attice, mi frater;*

3. tegen mij; ▸ *iniuria mea* onrecht tegen mij; *crimina mea;*

4. (*Plaut.*) mij dierbaar; ▸ *quis homo sit magis meus quam tu es?;*

5. mij betreffend, mij toekomend; ▸ *meo iure* met het volste recht; *pugnabo meo loco* op voor mij gunstig terrein;

/ *subst.* (a) *plur.* **meī,** ōrum *m* de mijnen, mijn slaven, mijn bloedverwanten, mijn vrienden e.d.; (b) **mea** (*als aanspreekvorm*) mijn liefste; (c) **meum,** ī *en plur.* **mea,** ōrum *n* het mijne, mijn have en goed; / *vocat. sg. m* mī *en* meus.

Mēvānia, ae *f stad in Umbrië, nu Bevagna.*

Mezentius, ī *m tiran v. Caere in Etrurië; omdat hij wegens zijn wreedheid uit zijn rijk was verdreven, vluchtte hij naar Turnus; sneuvelde in de strijd tegen Aeneas.*

mī

1. = *mihi* (*zie ego*);

2. *vocat. sg. m v. meus.*

mia (*Gr. leenw.*) (*Lucr.*) *Chariton* ~ een v.d. gratiën.

mīca, ae *f*

1. korreltje, kruimeltje, beetje [**panis; auri; salis** een paar korrels zout, *metaf.* een beetje verstand];

2. (*metaf.*) (*Mart.*) kleine eetkamer.

mīcārius, a, um (*mica*) (*Petr.*) kruimel- [**homo** kruimelraper (*v.e. zuinig persoon*)].

Micipsa, ae *m oudste zoon en opvolger v. Masinissa, koning v. Numidië (gest. in 118 v. Chr.), oom v. Jugurtha.*

micō, micāre, micuī, —

1. trillen, sidderen, kloppen; ▸ *venae micant; linguis micat anguis* laat de tong naar binnen en naar buiten schieten; *corda timore micant; metu micuere sinūs; equus auribus micat* spitst de oren;

2. (*digitis*) ~ snel een aantal vingers opsteken om een ander het getal te laten raden (*het spelletje Morra*); (*sprw. v.e. goudeerlijk persoon*) *dignus est, quicum in tenebris mices* = met hem kun je in het donker dobbelen;

3. flikkeren, fonkelen, schitteren; ▸ *oculis micat ignis* straalt uit de ogen; *stellae micant; aether ignibus micat; fulmina, flammae micabant; micant gladii; vultum hostis ardore animi micantem ferre non potuit* de door inwendig vuur fonkelende blik.

mictum *ppp. v. mingo.*

micturiō, micturīre (*desid. v. mingo*) (*Juv.*) (moeten) plassen.

micuī *pf. v. mico.*

mīcula, ae *f* (*demin. v. mica*) (*postklass.*) korreltje.

Midās, ae *m myth. koning v. Frygië; omdat hij de gevangen Silenus goed had behandeld, vervulde Bacchus zijn wens, dat alles, wat hij aanraakte, in goud zou veranderen; toen echter ook voedsel en drank in goud veranderden, smeekte hij de godheid hem die gave weer te ontnemen; Bacchus redde Midas door hem in de rivier Pactolus te laten baden, waardoor de rivier rijk aan goud werd.*

migrātiō, ōnis *f* (*migro*)

1. verhuizing;

2. overgang naar het hiernamaals [**vitae**];

3. (*retor.*) (*metaf.*) overdrachtelijk gebruik v.e. woord.

migrō, migrāre

I. *intr.*
1. verhuizen, wegtrekken [**ex urbe rus; ad generum**];
2. *ex, de vita* ~ sterven;
3. (*postklass.*) (*metaf.*) óvergaan naar (*m. ad*); ▸ ~ *ad aliud matrimonium*;
4. (*poët.*; *postklass.*) (*v. zaken*) veranderen, overgaan in (*m. in m. acc.*) [**in colorem marmoreum**]; ▸ *cornua in mucronem migrantia* uitlopend;
II. *tr.*
1. wegbrengen, overbrengen, transporteren; ▸ *migratu difficilia* moeilijk te transporteren;
2. (*metaf.*) overtreden, schenden [**ius civile**].

mihi *zie ego.*

mihi-met *versterkt mihi.*

Mīlaniōn, ōnis *m Arcadiër, echtgenoot v. Atalanta, die hij door een list (met de appels v. Aphrodite of v.d. Hesperiden) in het hardlopen verslagen had.*

mīlax, acis *f* = *smilax.*

mīle = *mille.*

mīles, itis
I. *m*
1. soldaat, matroos [**novus** pas gerekruteerd]; ▸ *tribuni militum*;
2. eenvoudig soldaat (*itt. commandant*);
3. voetknecht, infanterist (*itt. ruiterij*); ▸ *milites equitesque*;
4. (*coll.*) leger, ihb. infanterie;
5. (*poët.*) (*metaf.*) *pion in een soort schaakspel*;
II. *f* (*poët.*) (**a**) begeleidster; (**b**) ~ *nova* nieuwelinge.

Mīlētus, ī *f* Milete, *handelsstad in Carië (Kl.-Azië), geboorteplaats v. Thales, nu Balat*; — *inw. en adj.* **Mīlēsius,** ī *m resp.* a, um, *fem. ook* **Mīlētis,** idis [**urbs** = Tomi (*Milesische kolonie*)].

mīlia *zie mille.*

mīliārius, a, um = *milliarius.*

mīliē(n)s = *millie(n)s.*

mīlipeda, ae *f* (*mille en pes*) (*postklass.*) duizendpoot.

mīlitāris, e (*miles*)
1. militair, oorlogs-, soldaten-, krijgs- [**res** krijgswezen; **tribunus; mos; leges; genus** soldaten; **signa** veldtekenen; **aetas** dienstplichtige leeftijd (*van 17 tot en met 46 jaar*); **via** heerbaan, hoofdstraat; **disciplina** krijgstucht]; — *adv.* **mīlitāriter** op de manier v. soldaten [**loqui**];
2. ervaren *of* geoefend in de oorlog [**vir; iuvenis**];
/ *subst.* **mīlitārēs,** ium *m* soldaten.

mīlitārius, a, um (*miles*) (*Plaut.*) soldaten-.

mīlitia, ae *f* (*miles*)
1. (krijgs)dienst; ▸ *-am facere* dienst vervullen; — *plur.* verschillende soorten krijgsdienst;
2. (*metaf.*) *andere soorten* dienst [**urbana**];
3. oorlog, oorlogvoering; ▸ *-ae* (*loc.*) in de oorlog, op het slagveld; *domi militiaeque* in oorlog en vrede;
4. veldtocht; ▸ *-ae magister* leider v.e. veldtocht;
5. soldaten, militie; ▸ *pars -ae*;
6. (*Mel.*) (**a**) ridderschap, -dienst, waardigheid v.e. ridder; ridderslag; (**b**) ~ *caelestis* de hemelse heerscharen.

mīlitō, mīlitāre (*miles*)
1. als soldaat dienen, dienst vervullen [**in exercitu alcis; sub alqo** onder iems. commando; **apud Persas**]; (*tr.*) *bellum* ~ de oorlog ondernemen; — *subst.* **mīlitantēs,** ium *m* soldaten;
2. (*poët.*; *postklass.*) (*metaf.*) dienen, dienstdoen;
3. (*Mel.*) leenmansdiensten verlenen.

milium, ī *n* (*niet-klass.*) gierst.

mīlle *hoofdtelwoord* (*sg. indecl.*), *plur.* **mīlia,** ium *n*
I. *adj.* (*alleen mille*) (**a**) duizend [**equites**]; (**b**) zeer vele, ontelbare [**colores**];
II. *subst.* (*m. gen.*) (**a**) duizend(tal), duizenden; ▸ *mille hominum*; *mille passuum* = 1 (Rom.) mijl (*ca.* 1,5 km); *viginti milia peditum*; (**b**) zeer velen, ontelbaren.

mīllēnārius, a, um (*mille*) (*postklass.*; *Laatl.*) duizend bevattend.

mīllēnī, ae, a (*mille*) (*postklass.*) ieder duizend, telkens duizend, duizendvoudig [**gaudia**].

mīllēsimus, a, um *rangtelwoord* (*mille*) duizendst [**annus; pars**]; — *adv.* **-um** voor de duizendste keer.

mīlliārium, ī *n* (*milliarius*)
1. mijlpaal [**aureum** de vergulde *centrale* mijlpaal *op het Forum Romanum, opgericht door Augustus*];
2. (*postklass.*) (*meton.*) (**a**) (Rom.) mijl (*ca.* 1,5 km); (**b**) *steunpaal in een oliepers*; (**c**) *cilindervormig warmwatervat.*

mīlliārius, a, um (*mille*) bestaand uit duizend, van duizend [**ala** van duizend ruiters].

mīlliē(n)s *adv.* (*mille*) duizendmaal; ontelbare malen.

millus, ī *m* (*Plin. Mai.*) = *mellum*(?).

Milō, ōnis *m*
1. *en* **Milōn,** ōnis *m beroemdste atleet uit de Oudheid, uit Croton in Z.-Italië (ca. 540 v. Chr.)*;
2. Rom. *cogn.*: T. Annius ~, *tegenstander v.*

P. Clodius, die hij in 52 v. Chr. doodde; door Cicero verdedigd, maar toch naar Massilia verbannen; — adj. **Milōniānus,** a, um; — **Milōniāna,** ae *f* (vul aan: oratio) de redevoering 'Pro Milone' v. Cicero.

Miltiadēs, is en ī *m* veldheer v.d. Atheners tegen de Perzen, overwinnaar bij Marathon in 490 v. Chr.

mīlua zie miluus.

mīluīna, ae *f* (miluinus; vul aan: fames) (Plaut.) razende honger.

mīluīnus en (later) **mīlvīnus,** a, um (miluus)
1. van een wouw of havik;
2. (metaf.) roofzuchtig, hebzuchtig.

mīluus, (later) **mīlvus,** ī *m* en **mīlua,** ae *f*
1. wouw, havik;
2. (poët.; postklass.) zeewouw (een soort roofvis);
3. (poët.; postklass.) een sterrenbeeld in de buurt v.d. Grote Beer.

mīlvīnus zie miluinus.

mīlvus zie miluus.

Milyas, adis *f* landstreek in Lycië (Kl.-Azië).

mīma, ae *f* (mimus) mimespeelster.

Mimallonis, idis *f* (Ov.) bacchante.

Mimās, antis *m*
1. voorgebergte in Ionië (Kl.-Azië);
2. een gigant.

mīmiambī, ōrum *m* (Gr. leenw.) (poët.; postklass.) mimiamben, meestal dialogische gedichten in jambische of choliambische versmaat.

mīmicus, a, um (Gr. leenw.)
1. mimisch, toneel- [**iocus** overdreven];
2. (postklass.) (metaf.) komedie-, schijn-.

Mimnermus, ī *m* elegisch dichter uit Colophon in Kl.-Azië (2e helft v.d. 7e eeuw), in de Hellenistische tijd beschouwd als de bedenker v.d. verhalende elegie.

mīmographus, ī *m* (Gr. leenw.) (postklass.) schrijver v. mimische gedichten.

mīmula, ae *f* (demin. v. mima) mimespeelstertje.

mīmus, ī *m* (Gr. leenw.)
1. mimespeler;
2. (meton.) mime, klucht (toneelstuk v.e. grof soort humor);
3. (metaf.) komedie, klucht [**vitae humanae**];
4. (Mel.) muzikant.

mina, ae *f* (Gr. leenw.) mina (Gr. rekenmunt = 100 Att. drachmen; ook [zelden] als Att. maateenheid).

mināciae, ārum *f* (minax) (Plaut.) bedreigingen.

minae, ārum *f* (vgl. e-mineo, pro-mineo, mons)
1. bedreigingen; ▸ *verba plena -arum; tantae fortunae -ae; -ae vinculorum et mortis* bedreigingen met;
2. (poët.) (meton.) dreigende voortekens;
3. (poët.; Laatl.) kantelen [**murorum**].

minanter *adv.* (minor[1]) (Ov.) dreigend.

minātiō, ōnis *f* (minor[1]) bedreiging.

mināx, *gen.* ācis (minor[1])
1. dreigend [**reges; verba; oculi; fluvius**];
2. (Verg.; Laatl.) uitstekend [**scopulus**].

Mincius, ī *m* zijrivier v.d. Po bij Mantua, nu de Sarca (voor de rivier door het Gardameer stroomt), resp. de Mincio.

mīnctum ppp. v. mingo.

mineō, minēre, — — (Lucr.) uitsteken.

Minerva, ae *f*
1. dochter v. Jupiter, als Etr. stadsgodin vereerd samen met de Latijnse Juno en Jupiter op het Capitool; godin v.d. wijsheid, kunsten en wetenschappen, nijverheid en vrouwelijke handenarbeid, ihb. het weven en spinnen, ook v.d. oorlog; later gelijkgesteld met de Gr. Athene; ▸ sprw.: *crassā of pingui Minervā* = met gezond verstand, zonder fijnere beschaving; *invitā Minervā* tegen zijn aanleg;
2. (poët.) (meton.) wolbewerking, ihb. het spinnen en weven;
3. (**a**) *-ae arx* = Minervium; (**b**) *-ae promunturium* voorgebergte in Campanië, verblijfplaats v.d. sirenen.

Minervium, ī *n* stad en vesting in Calabrië (Z.-Italië) met een oude tempel v. Athene, waar Aeneas voor het eerst voet op Italische bodem zou hebben gezet.

mineus, a, um (minium) (Apul.) meniekleurig.

mingō, mingere, mīnxī en mīxī, mīnctum en mictum pissen, plassen.

miniāceus, a, um (minium) (postklass.) van menie, menie-.

miniārius, a, um (minium) (postklass.) van menie, menie-.

miniātulus, a, um nogal (menie)rood (geverfd) [**cerula** rood krijt].

minimē zie parum.

minimus zie parvus.

miniō, miniāre (minium) (postklass.) (menie)rood verven [**faciem**].

Miniō, ōnis *m* rivier in Z.-Etrurië, nu de Mugnone.

minister, trī *m* (minor[2]) dienaar, helper, bediende, ondergeschikte [**sermonum** onderhandelaar; **legum** handhaver; **sceleris; vini** schenker; (bij religieuze riten) **Martis**]; ▸ *ministros se praebere in iudiciis oratoribus* de redenaars de wet uitleggen; *ales fulminis* ~ (van de adelaar v. Jupiter als drager v.d. bliksem); *Calchante -o* met hulp v. Calchas; *-o baculo* met behulp v.e. stok.

ministerium, ī *n (minister)*
1. dienst, steun, hulp, werk, ambt [**nauticum** matrozendienst; **imperii; facinorum; belli**];
▸ *-o fungi* uitoefenen;
2. *(meton.)* helpers, personeel;
3. *(Mel.)* hulpmiddel; ambtsbereik; dienst, mis.

ministra, ae *f (minister)* dienares, helpster;
▸ *pacis bellique -ae*; — *attrib.* dienend, helpend [**manus; pars**].

ministrātiō, ōnis *f (ministro) (postklass.)* bediening, ondersteuning.

ministrātor, ōris *m (ministro)*
1. bediende, *ihb. aan tafel* [**poculorum** schenker];
2. *(eccl.)* verschaffer, leverancier.

ministrātrīx, īcis *f (ministrator)* helpster.

ministrō, ministrāre *(minister)*
1. dienen, bijstaan, helpen *(m. dat.)*;
2. *(aan tafel)* bedienen, serveren, inschenken, *gerechten* opdienen [**cibos; convivis pocula; Iovi nectar**];
3. *(metaf.)* aanreiken, geven, verschaffen [**viros armaque imperio; populo Romano belli adiumenta**]; ▸ *vinum quod verba ministret (Hor.)* de woorden een handje helpt;
4. zorgen voor, leveren *(m. acc.)* [**naves velis** uitrusten met, voorzien van; **iussa medicorum** uitvoeren];
5. *(Mel.)* dienen bij de mis, misdienaar zijn.

minitābundus, a, um *(minitor)* dreigend, onder bedreigingen.

minitor, minitārī *en (preklass.)* **minitō,** minitāre *(intens. v. minor*[1]*)* (be)dreigen *(m. dat.; met: acc.; abl.)* [**magistro; omnibus bonis cruces et tormenta; urbi ferro ignique**].

minium, ī *n (poët.; postklass.)* zwavelkwik; menie.

minō, mināre *(postklass.)* (voort)drijven [**asinum; equum**].

minor[1], minārī *(minae)*
I. *tr.*
1. dreigen, bedreigen *(m. dat.; met: acc.; abl.)* [**arma** dreigen met oorlog; **alci crucem; alci malum** met slaag; **baculo**];
2. *(poët.)* pochend beloven *of* aankondigen [**multa et praeclara**];
II. *intr. (Verg.)* (dreigend) uitsteken; ▸ *scopulus in caelum minatur.*

minor[2], minus *comp. v. parvus.*

minōrātiō, ōnis *f (minoro) (Laatl.)*
1. vernedering;
2. gebrek.

minōrō, minōrāre *(minor*[2]*) (Laatl.)*
1. verkleinen, verminderen;
2. vernederen.

Mīnōs, ōis *m*
1. *zoon v. Zeus en Europa, koning en wetgever op Kreta; na zijn dood rechter in de onderwereld;*
2. *kleinzoon v. 1., koning op Kreta, echtgenoot v. Pasiphaë; liet door Daedalus het labyrint bouwen; 1. en 2. worden ook als één myth. figuur beschouwd, die zeer uiteenlopende karaktertrekken had en pas later in twee personen werd gesplitst;* — *patron.* **Mīnōis,** idis *f* dochter v. Minos = Ariadne *en* Phaedra; — *adj.* **Mīnō(i)us,** a, um *ook alg.* Kretenzisch.

Mīnōtaurus, ī *m zoon v. Pasiphaë en een door Poseidon gezonden stier; half mens, half stier, door Minos in het labyrint v. Knossos (Lat. Gnosus) op Kreta opgesloten, door Theseus met hulp v. Ariadne gedood.*

Minturnae, ārum *f stad in Z.-Latium, in de buurt v.d. monding v.d. Liris, nu* Minturno; — *adj.* **Minturnēnsis,** e.

Minucius, a, um *naam v.e. Rom. gens:*
1. Minucia, *een Vestaalse maagd, in 337 v. Chr. wegens overtreding v.d. kuisheidsgelofte uit het ambt verstoten, veroordeeld en levend begraven;*
2. M. ~ Rufus, *in 217 v. Chr. bevelhebber v.d. cavalerie (magister equitum) onder de dictator Q. Fabius Maximus Cunctator in de 2e Pun. oorlog;*
3. M. ~ Felix, *Rom. christelijke schrijver in de 3e eeuw n. Chr., schrijver v.d. dialoog 'Octavius' tussen een heiden en een christen;*
/ *ook adj.: via -a weg van Rome naar Brundisium.*

minum- = minim-.

minuō, minuere, minuī, minūtum *(minus*[1]*)*
1. *(poët.)* in kleine stukken hakken, kloven, splijten [**ligna; ramalia**];
2. verkleinen, verminderen [**sumptūs; pretium frumenti** verlagen; **gradum**]; — *pass., se ~ en ook alleen minuere* minder worden, afnemen: *minuente aestu* wanneer eb intreedt; *luna minuens*;
3. *(metaf.)* verzwakken, verminderen, beperken, verkleinen, ondermijnen [**laudem alcis; maiestatem populi; spem; religionem** schenden; **controversiam** verzachten; **potentiam senatūs** ondermijnen; **iram** matigen; **luctum** verzachten];
4. verzwakken, ontmoedigen; ▸ *consul vulnere minutus*;
5. afzwakken [**famam belli**];

6. afnemen, wegnemen; ▸ *nihil de libertate* ~ ;
7. *(jur.) capite* ~ het burgerrecht ontnemen.

minus[1] *comp. n v. parvus en comp. v. parum.*

minus[2], a, um *(preklass.)* kaalbuikig [**ovis**].

minusculus, a, um *(demin. v. minor*[2]*)*
1. nogal klein [**villa; ostium**], nogal kort [**epistula**];
2. *(postklass.)* nogal onbetekenend.

minūtal, ālis *n (minutus) (postklass.)* stoofschotel; *plur. (metaf.)* kleinigheden.

minūtātim *adv. (minutus)*
1. *(pre- en postklass.)* stuksgewijs, in kleine stukjes;
2. *(metaf.)* stukje bij beetje [**alqd addere; discere**].

minūtia, ae *f en* **minūtiēs,** ēī *f (minutus)*
1. *(postklass.)* geringe omvang *of* kwaliteit;
2. *(Laatl.)* een beetje.

minūtim *adv. (minutus) (pre- en postklass.)* in kleine stukjes [**frangere**].

minūtiō, ōnis *f (minuo) (postklass.)*
1. vermindering, afname;
2. *(jur.)* het afnemen [**capitis** verlies v. vrijheid].

minūtulus, a, um *(demin. v. minutus) (Plaut.)* erg klein.

minūtus, a, um *(p. adj. v. minuo)*
1. erg klein, nietig [**litterae**];
2. *(metaf.)* onbeduidend, nietig [**res** kleinigheid; **causae** bagatellen; **plebes** mindere volk; **imperatores; philosophi; animus** kleinzieligheid; **versus**];
3. fijn *(opgedeeld)* [**folium; genus sermonis** met korte zinnen];
4. gedetailleerd, minutieus [**subtilitas**];
5. *(v. taalgebr.)* benepen; ▸ *-e grandia dicere; minutius rem tractare.*

mīnxī *pf. v. mingo.*

Minyās, ae *m koning v. Orchomenus in Boeotië, myth. stamvader v.d. Minyers, tot welke ook de Argonauten gerekend werden;* — **Minyae,** ārum *m* de Minyers, *poët.* = Argonauten; — *patron.* **Minyēias,** adis *en* **Minyēis,** idis *f* dochter v. Minyas; — *adj.* **Minyēius,** a, um van Minyas [**proles**].

mīrābilis, e *(miror)*
1. verwonderlijk, verbazingwekkend, buitengewoon, bijzonder [**pugnandi cupiditas; opus**]; ▸ *(m. sup.) mirabile dictu, auditu, visu* wonderlijk om te zeggen, te horen, te zien;
2. *(v. personen)* bewonderenswaardig, eerbiedwaardig.

mīrābundus, a, um *(miror)* verwonderd, vol verwondering.

mīrāculum, ī *n (miror)*
1. wonder, mirakel; ▸ *-o esse (m. dat.)* verbazing wekken bij; *adiciunt -a huic pugnae (Liv.);* ~ *magnitudinis* een wonder v. grootte;
2. *(poët.)* sprookjesgestalte; ▸ *verti (se transformare) in -a;*
3. wonderlijke mening; ▸ *-a philosophorum;*
4. verbazing *(over: gen.)* [**victoriae**]; ▸ *cum stupore et miraculo.*

mīrandus, a, um *(miror)* bewonderenswaardig, wonderbaarlijk, buitengewoon [**altitudo**].

mīrātiō, ōnis *f (miror)* verwondering.

mīrātor, ōris *m (miror) (poët.; postklass.)* bewonderaar [**virtutis etiam in hoste**].

mīrātrīx, īcis *f (mirator) (poët.; postklass.)* bewonderaarster; — *attrib.* zich verwonderend.

mīrificō, mīrificāre *(mirificus) (Laatl.)* bewonderenswaardig, wonderbaarlijk maken.

mīri-ficus, a, um *(mirus en facio)* bewonderenswaardig, wonderbaarlijk, buitengewoon, verbazingwekkend.

mīri-modīs *adv. (mirus en modus) (kom.)* op wonderlijke wijze.

mirmillō, ōnis *m = murmillo.*

mīror, mīrārī *(mirus)*
1. zich verwonderen, zich verbazen *(abs.; over: acc.; dat: aci.; afh. vr.; quod; si)* [**stultitiam; neglegentiam alcis**]; — *p.p.* **mīrātūs,** a, um verwonderd;
2. verwonderd vragen, zich afvragen, graag willen weten; opvallend vinden; ▸ *miror unde sit (Ter.);*
3. bewonderen, verbaasd aanstaren [**tabulas pictas; Graecarum artium opera**];
4. vereren [**virtutem**].

mīrus, a, um wonderbaarlijk, verbazingwekkend, opvallend, wonderlijk, vreemd [**alacritas; magnitudo**]; ▸ *-um in modum, miris modis* op wonderbaarlijke wijze; *-um non est* het is geen wonder; *-um est ut* het is verbazingwekkend dat; *mihi -um videtur* het komt me vreemd voor; *vixerunt -ā concordiā (Tac.); -e gratum* buitengewoon aangenaam; — *combinaties:* (a) *mirum quantum, mirum quam, mire quam (adv.)* verbazingwekkend, buitengewoon; ▸ *mirum quam inimicus erat* buitengewoon vijandig; *mirum quantum profuit;* (b) *quid mirum?* geen wonder!, natuurlijk!; *non, nec mirum* geen wonder!, natuurlijk!; (c) *mirum nisi, ni* het zou mij verwonderen, als . . . niet = hoogstwaarschijnlijk, ontegenzeggelijk; (d) *(Plaut., iron.) mirum quin m. conj.* het ontbrak er nog maar aan dat, natuurlijk niet.

mīs *(arch.) = meis (dat. of abl. plur. v. meus).*

miscellāneus, a, um *(miscellus) (postklass.)* gemengd; — *subst.* **-a,** ōrum *n (Juv.)* hutspot *(de eenvoudigste maaltijd v. gladiatoren).*

miscellus, a, um *(misceo) (pre- en postklass.)* gemengd [**ludi** *uit verschillende soorten spelen samengesteld*].

misceō, miscēre, miscuī, mixtum *(en* mistum*)*
1. (ver)mengen [**dulce et amarum; picem sulpure; humanis divina; sacra profanis; falsa veris; iram cum luctu**]; ▸ *gravitate mixtus lepos; mixta metu spes; mixta modestiā gravitas; mixtus gaudio et metu animus;*
2. verenigen, samenvoegen [**mala cum bonis; tres legiones in unam; alqm dis superis** een plaats geven onder; **curas cum alqo** delen; **sanguinem et genus cum alqo** trouwen; **manūs** slaags raken; **vulnera inter se** elkaar wonden toebrengen]; ▸ *se miscere viris* zich begeven onder; *circa regem misceri* zich scharen om; *mixta corpora* verstrengeld;
3. door mengen bereiden [**pocula; aconita** gifdranken *uit monnikskap*];
4. *(metaf.)* teweegbrengen, doen ontstaan, veroorzaken [**motūs animorum; mala; incendia; proelia, certamina** aangaan];
5. verwarren, in verwarring brengen [**caelum ac terras** hemel en aarde bewegen; **omnia** alles in de war sturen; **animos** verontrusten; **omnia maria caelo** tot de hemel doen oprijzen, zware storm doen ontstaan; **plura** meer chaos veroorzaken, meer onrust stoken; **plurima** alles op stelten zetten; **malis contionibus rem publicam**];
6. vervullen, vullen *(van, met: abl.)* [**domum gemitu; omnia flammā ferroque**].

misellus, a, um *(demin. v. miser)*
1. ongelukkig, ellendig [**mater**];
2. armzalig [**pallium**].

Mīsēnum, ī *n (vul aan: promunturium),* **Mīsēnus,** ī *m (vul aan: mons) en* **Mīsēna,** ōrum *n stad en kaap in Campanië aan de baai v. Baiae (ten W. v. Napels); vanaf de tijd v. Augustus belangrijke oorlogshaven, nu* Capo Miseno; — *adj.* **Mīsēnēnsis,** e.

miser, era, erum *(adv. -ē en -iter)*
1. ongelukkig, ellendig [**cultūs** *(gen.)* in de manier v. leven]; ▸ *habere alqm miserum, miserrimum* plagen, kwellen;
2. *(v. niet-lev.)* beklagenswaardig, armoedig, armzalig, erbarmelijk [**praeda; carmen; fortuna; mors** bitter; **consolatio**]; ▸ *-e vivere; miserum est (m. inf.)* het is ellendig; *usque adeone mori miserum est?* is de dood dan zo rampzalig?; *ita vivere miserrimum est* is een ware hel; *(als uitroep) miserum!* wat een ellende!, verschrikkelijk!;
3. *(poët.)* ziek, ziekelijk [**latus**];
4. *(metaf.)* minderwaardig, verwerpelijk; ▸ *hominem perditum miserumque!* een verachtelijk heerschap!

miserābilis, e *(miseror)*
1. beklagenswaardig, deerniswekkend, jammerlijk [**aspectus**]; ▸ *(m. sup.) miserabile visu* om te zien; *litterae miserabiliter scriptae;*
2. klagelijk [**vox; elegi**]; ▸ *miserabiliter deflere orbitatem suam.*

miserandus, a, um *(miseror)* beklagenswaardig, jammerlijk, armzalig [**fortuna**]; ▸ *-um in modum* op jammerlijke wijze; *(m. sup.) -um auditu* om te horen.

miserātiō, ōnis *f (miseror)*
1. medeleven, medelijden;
2. *(meton.)* jammerklacht, geweeklaag.

misereor, miserērī, miseritus sum *en* **misereō,** miserēre, miseruī, miseritum *(miser)* medelijden hebben met *(m. gen.)* [**laborum tantorum; sociorum**]; — *onpers. me miseret, (minder vaak) me miserētur (m. gen.)* ik heb medelijden met, ik beklaag [**tui; illius**].

miserēscō, miserēscere, — — *(incoh. v. misereo) (poët.)* medelijden hebben met *(m. gen.)* [**regis; generis tui**]; — *ook onpers. miserēscit me* [**mei**].

miseret, miserētur *zie misereor.*

miseria, ae *f (miser)*
1. ellende, ongeluk, leed, verdriet; ▸ *in -a esse; in -is versari; alqm ex -is eripere; spes sola hominem in -is consolari solet (Cic.);*
2. ongemak, last, moeite, probleem;
3. *personif.* **Miseria,** ae *f dochter v. Erebus en Nox.*

misericordia, ae *f (misericors)*
1. medelijden, barmhartigheid *(met, jegens: gen.)* [**viri**]; ▸ *-ā commoveri; ad alcis -am confugere;*
2. het oproepen v. medeleven *of* medelijden; ▸ *-am habere* verdienen; *alqd magna cum -a pronuntiare* met groot medeleven; *-ā valere.*

miseri-cors, *gen.* cordis *(miser en cor)* vol medeleven, barmhartig [**animus; mendacium; mors; leges;** *(jegens: in m. acc., soms in m. abl.)* **in suos; in furibus**]; ▸ *testis in re miseri-*

cordem se praebuit (Cic.).

miseriter *adv. v. miser.*

miseror, miserārī *(miser)* medelijden hebben met, beklagen, betreuren, jammeren om *(m. acc.)* [**fortunam alcis; casum; se**].

mīsī *pf. v. mitto.*

missa, ae *f*

1. *(Laatl.)* het weg-, heenzenden;
2. *(eccl.)* mis.

missāle, is *n (missa) (Mel.)* misboek.

missīcius, a, um *(mitto) (postklass.)* uit krijgsdienst ontslagen, afgedankt.

missiculō, missiculāre *(mitto) (Plaut.)* vaak sturen.

missile, is *n (missilis)*

1. projectiel;
2. *(meestal plur.)* toegeworpen geschenken.

missilis, e *(mitto)* om te gooien, werp- [**lapis, saxum** slingersteen; **ignis** brandpijl; **telum, ferrum** projectiel].

missiō, ōnis *f (mitto)*

1. het sturen, zenden [**legatorum**];
2. vrijlating *v.e. gevangene;*
3. ontslag uit krijgsdienst [**iniusta; gratiosa; honesta**];
4. vrijstelling *voor gladiatoren van verdere gevechten gedurende een dag;* gratie, genade; *(Petr.)* kwijtschelding v. straf; ▸ *gladiatori laeso missionem petere; sine missione* zonder genade, tot aan de dood; *missionem rogare; missionem dedit puero;*
5. *(Cic.)* beëindiging, einde [**ludorum**];
6. *(postklass.)* ~ *sanguinis* aderlating.

missitō, missitāre *(frequ. v. mitto)* herhaaldelijk sturen [**auxilia**].

missor, ōris *m (mitto)* schutter.

missus[1] *ppp. v. mitto.*

missus[2], ūs *m (mitto)*

1. opdracht, missie, *(alleen abl.) missu (m. gen.)* in opdracht van [**regis**];
2. worp, schot [**pili; sagittae**];
3. *(postklass.)* ronde, serie *(bij wagenrennen, onderbroken door andere activiteiten).*

mistus *zie misceo.*

misy, yos *n (Gr. leenw.) (postklass.)* kopererts.

mīte *adv. v. mitis.*

mitella, ae *f (demin. v. mitra) (postklass.)* zijden hoofdband *die Gr. vrouwen en later Rom. prostituees droegen.*

mitellītus, a, um *(mitella) (Suet.) -a cena* feestmaal *waarbij de gasten zijden hoofdbanden te dragen kregen.*

mītēscō, mītēscere *(mitis)*

1. zacht, rijp, minder taai worden; ▸ *uvae, mala, piri, poma mitescunt;*
2. *(metaf.)* zachter worden, afnemen, bedaren; ▸ *mitescit seditio, ira, discordia, hiems;*
3. tam, rustig worden; ▸ *ferae quaedam numquam mitescunt (Liv.); nemo adeo ferus est ut non ~ possit (Hor.).*

Mithradātēs, is *m = Mithridates.*

Mithrās *en* **-ēs,** ae *m Iraanse god v.h. licht, later als Zonnegod (= Sol invictus) in Rome vereerd; zijn verering werd in het gehele rijk verbreid.*

Mithridātēs, is *m naam v. verschillende koningen v. Pontus:* ~ VI Eupator *(ca. 132—63 v. Chr.), gedurende vele jaren vijand v. Rome, die in vele oorlogen succes oogstte; toen hij door Pompeius overwonnen werd, liet hij zich door zijn soldaten doden;* — *adj.* **Mithridāticus** *en* **Mithridātēus,** a, um.

mītificō, mītificāre *(mitificus)*

1. zacht maken; verteren [**cibum**];
2. *(metaf.)* zachter maken [**noctes**];
3. *(postklass.)* temmen [**elephantum**]; *(Gell.)* sussen; *(metaf.)* evenwichtiger laten worden [**ingenium**].

mīti-ficus, a, um *(mitis en facio) (postklass.)* verzachtend.

mītigātiō, ōnis *f (mitigo)* verzachting, kalmering.

mītigō, mītigāre *(mitis en ago)*

1. zacht, rijp, week maken [**fruges; cibum** gaarkoken; **agros** loswerken];
2. *(metaf.)* verzachten, verlichten, draaglijk maken [**dolorem; legis acerbitatem; tristitiam et severitatem; militum iras; molestiam; labores**];
3. kalmeren, mild stemmen, temmen [**alqm pecuniā; alcis animum**].

mītis, e

1. zacht, rijp, week [**poma; sucus; solum** los; **caelum** mild klimaat];
2. tam, mak [**lupa; taurus**];
3. zacht, vriendelijk, mild [**verba; responsa; oratio; ingenium; dolor; fluvius** zacht stromend]; ▸ *Thucydides fuerat maturior et mitior* volwassener en milder, beter te genieten.

mitra, ae *f (Gr. leenw.)*

1. hoofdband, tulband *v. oosterse oorsprong;*
2. *(Laatl.)* mijter.

mitrātus, a, um *(mitra) (poët.; postklass.)* met een *mitra.*

mittō, mittere, mīsī, missum

1. sturen, zenden [**legatos ad Caesarem; alci**

subsidium, auxilia; damnatum in exilium; exercitum sub iugum onder het juk door; **alqm ad bellum; alqm in negotium** iem. uitsturen om te onderhandelen; **alqm auxilio, subsidio** iem. sturen om te helpen; **orbem sub leges** onderwerpen; **iudices in consilium** laten overléggen; **centurias in suffragium** laten stemmen; *(om: de)* **legatos de deditione;** *(het doel wordt o.a. uitgedrukt door: dat. finalis; sup.; ut; qui m. conj.; inf.; gerundium)* **equitatum praesidio** ter bescherming; **eum in Asiam bellatum**]; ▸ *misit legatos ut nuntiarent; misit nuntios qui postularent; legati auxilii rogandi causa, ad auxilium rogandum missi sunt;*
2. werpen, slingeren, stoten, gooien [**pila; discum in auras; lapides; tela; alqm praecipitem ex arce; corpus e turribus in castra; corpus saltu ad terram** op de grond springen; **panem cani** toewerpen; **arma** weggooien]; — *se* ~ *en pass.* zich voorover storten [**in flumen; ab aethere; in eos** aanvallen];
3. *(metaf.) in een bepaalde toestand* brengen, drijven tot, storten in *(m. in m. acc.; sub; ad)* [**alqm in pericula; alqm in fabulas** in opspraak brengen; **alqm in iambos** drijven tot het schrijven v. spotliederen; **Hesperiam sub iuga** onder het juk brengen]; — *se* ~ *en pass.* zich storten [**in foedera** zich inlaten met];
4. begeleiden; ▸ *Mercurius animas in, sub Tartara mittit; fines Italos mittēre (= mitteris)* onder bescherming v.d. goden zul jij de Italische kusten bereiken *(Verg.)*;
5. laten komen over *(m. dat.)* [**funera Teucris**];
6. geven, inblazen [**mentem alci**];
7. geven, toezenden, opdragen [**munera; librum ad alqm**];
8. *(poët.)* leveren, produceren, voortbrengen [**ebur; electra**];
9. laten zeggen, berichten [**alci salutem** iem. laten groeten];
10. sturen, schrijven [**epistulam**]; *abs.* schrijven, berichten; ▸ *mittit ad Caesarem paratum se esse;*
11. uitzenden, uiten, uit zich laten stromen [**timoris signa; vocem pro alqo, apud alqm** verheffen]; ▸ *luna mittit lucem in terras; mittit animus mortalia signa* verraadt tekenen v. sterfelijkheid;
12. *(dieren)* laten gaan, laten lopen, loslaten [**quadrigas; leonem e cavea**];
13. *(samenscholingen)* opheffen, laten uiteengaan [**senatum**];
14. *uit een dienstverband* ontslaan [**tribunos; exercitum**], *(meestal) alqm missum facere;* ▸ *tribunos missos facere;*
15. vrijlaten, in vrijheid stellen [**servum manu**];
16. opgeven, laten varen, eraan geven [**certamen;** *(m. inf.)* **precari**]; ▸ *missis ambagibus* zonder omwegen, ronduit;
17. *(in een redevoering) stilzwijgend* voorbijgaan aan *(m. acc.; de; quod)* [**proelia**];
18. *(med. t.t.) sanguinem* ~ een aderlating doen.

mītulus, ī *m (Gr. leenw.)* mossel.

mixcix *adv. (Petr.) non est* ~ hij neemt geen halve maatregelen(?).

mīxī *perf. v. mingo.*

mixtim *adv. (misceo) (Lucr.)* gemengd.

mixtiō, ōnis *f (misceo) (postklass.)*
1. het (ver)mengen;
2. mengsel.

mixtūra, ae *f (misceo)*
1. het vermengen, vermenging [**verborum**];
2. mengsel, samenvoegsel [**vitiorum atque virtutum**].

mixtus *ppp. v. misceo.*

Mnēmōn, onis *bijnaam v. Artaxerxes II.*

mnēmonicum, ī *n (Gr. leenw.) (retor. t.t.)* regel voor het onthouden.

Mnēmonides, um *f (acc. plur. -as) dochters v. Mnemosyne, muzen.*

Mnēmosynē, ēs *f godin v.d. herinnering en v.h. geheugen, moeder v.d. muzen.*

mnēmosynum, ī *n (Gr. leenw.) (Catull.)* aandenken.

mōbilis, e *(moveo)*
1. beweeglijk, gemakkelijk te bewegen, soepel [**puella; digiti; turris** verplaatsbare aanvalstoren; **flamma; gradus**]; ▸ *res mobiles (jur.)* roerende goederen;
2. *(metaf.)* beweeglijk, veranderlijk, onzeker [**populus; animus; voluntas; in consiliis capiendis**];
3. beweeglijk, wendbaar, flexibel [**ingenium; aetas** plooibaar].

mōbilitās, ātis *f (mobilis)*
1. beweeglijkheid, snelheid, wendbaarheid *(ook metaf.)* [**linguae; corporum; fulminis; venti; animi**];
2. *(metaf.)* veranderlijkheid, onbestendigheid, onzekerheid [**fortunae; vulgi**].

mōbilitō, mōbilitāre *(mobilis) (Lucr.)* in snelle beweging brengen.

moderābilis, e *(moderor) (Ov.)* beheersbaar.

moderāmen, inis *n* (*moderor*) (*poët.*)
1. besturing, leiding [**equorum**];
2. stuur, roer [**navis**];
3. leiding, bestuur [**rerum**];
4. (*postklass.*) beheersing, inhouding;
5. (*postklass.*) juiste maat *of* wijze.

moderāmentum, ī *n* (*moderor*) (*postklass.*) modulatie.

moderanter *adv.* (*moderans, ptc. pr. v. moderor*)
1. (*Lucr.*) op sturende wijze;
2. (*Laatl.*) beheerst, gematigd.

moderātim *adv.* (*moderatus*) (*Lucr.*) geleidelijk, stukje bij beetje.

moderātiō, ōnis *f* (*moderor*)
1. gematigdheid, het maathouden, zelfbeheersing [**animi**];
2. juiste maat *of* verhouding, harmonie [**dicendi; vocis** articulatie];
3. mildheid, toegeeflijkheid [**imperii; animi**];
4. het in toom houden [**effrenati populi; rei familiaris** het in goede banen leiden];
5. het besturen, bestuur, leiding, heerschappij, regering [**mundi; divina in homines** goddelijke heerschappij over de mensen].

moderātor, ōris *m* (*moderor*)
1. leider, bestuurder [**rei publicae; equorum; exercitūs** aanvoerder; **harundinis** visser; **iuventae** leraar; **gentium**];
2. (*postklass.*) iem. die beteugelt *of* matigt.

moderātrīx, īcis *f* (*moderator*) bestuurster, leidster; — *attrib.* die beteugelt; ▸ *temperantia est ~ omnium commotionum* (*Cic.*).

moderātus, a, um (*moderor*)
1. (*v. niet-lev.*) gematigd, matig, maathoudend [**oratio; convivium; venti; imperium; doctrina**];
2. (*v. personen*) beheerst, bedaard, rustig, gematigd, tactvol; ▸ *-e ius dicere.*

modernus, a, um (*modo*) (*Laatl.*) nieuw, modern, hedendaags.

moderor, moderārī (*modus*)
1. matigen, beteugelen, in bedwang *of* in toom houden (*m. dat.; acc.*) [**leonibus; orationi; irae; cursui navium; gentibus; incitatos equos; animos in rebus secundis; linguam**];
2. leiden; besturen, hanteren (*abs.; m. acc.; dat.*) [**frena imperii; fidem** de snaar aanslaan; **religionem** bepalingen mbt. godsdienst maken];
3. reguleren, regelen (*op grond van: abl.; ex*) [**suo arbitrio cantūs; non voluptate, sed officio consilia**]; ▸ *in utroque magis studia partium quam bona aut mala sua moderata (sunt)* hadden bij de beoordeling de overhand.

modestia, ae *f* (*modestus*)
1. gematigdheid, zelfbeheersing, ingetogenheid, bedaardheid, mildheid;
2. bescheidenheid, eenvoud [**in omni vita; in dicendo**]; ▸ (*metaf.*) *~ vitae* eenvoudig leven;
3. volgzaamheid, (*milit.*) discipline, gehoorzaamheid; ▸ *in milite -am et continentiam desiderare; militum in agmine laudare -am;*
4. goed gedrag, fatsoen, eerbaarheid, kuisheid; ▸ *neque sumptui neque -ae suae parcere* geld noch eer sparen;
5. (*stoïsche t.t.*) gevoel voor de juiste tijd en plaats;
6. (*postklass.*) zachtheid [**hiemis**].

modestus, a, um (*modus*)
1. maathoudend, gematigd, bezonnen, ingetogen [**imperium; ius**]; ▸ *rebus secundis -e uti;*
2. bescheiden, pretentieloos [**mores; servitia**];
3. loyaal, trouw aan de wet [**civis; plebs**];
4. (*ihb. milit.*) gehoorzaam, gedisciplineerd;
5. beheerst, gepast, betamelijk, eerbaar [**vultus; oculi; verba; pudor** kiesheid].

modiālis, e (*modius*) (*Plaut.*) een schepel bevattend.

modicus, a, um (*modus*)
1. gematigd, matig, binnen redelijke grenzen [**equites, senatores** met een middelgroot vermogen]; ▸ *-e locuples* tamelijk welgesteld; *-o gradu ire;*
2. klein, gering, onbeduidend, weinig [**murus** laag; **amnis** ondiep; **acervus;** (*mbt.: gen.*) **virium; originis** van geringe afkomst]; ▸ *Graecis hoc (genus virorum) -um est* (*Cic.*) dit soort mensen is bij de Grieken beperkt;
3. bescheiden, pretentieloos; ▸ *animus belli ingens, domi ~ ; contentus nomine -o tutoris;*
4. (*pol.*) loyaal, trouw aan de wet;
5. beheerst, bezonnen, ingetogen [**oculi; verba; mulier;** (*mbt.: gen.; abl.*) **voluptatum; zephyri**]; ▸ *ferre -e.*

modificātiō, ōnis *f* (*modifico*) (*postklass.*) het aanbrengen v.e. goede ordening; ▸ *versuum lex et ~.*

modi-ficō, ficāre (*modus en facio*)
1. juist afmeten, ordenen [**vocabula**];
2. (*postklass.*) beheersen, in toom houden.

modiolus, ī *m* (*modius*) (*postklass.*)
1. emmer; *een soort beker;*
2. (a) cilinder; (b) naaf;

3. *(med.)* trepaan.

modius, ī m *(gen. plur. meestal* modium) *(modus)* schepel *(Rom. maat voor graan met een inhoud v. 8,75 liter = 16 sextarii)*; ▸ *(metaf.) pleno -o* royaal.

modo *(poët. ook modō) (abl. sg. v. modus, eig. met mate)*

I. *adv.*

1. *(v. tijd)* (a) *(v.h. verleden)* zojuist, zonet, onlangs, pas geleden; ▸ ~ *egens, repente dives; ex tanto* ~ *regno* onmiddellijk na het bezit v. zo'n groot rijk; (b) *(zelden v.d. toekomst)* zo dadelijk, zo meteen, binnenkort; ▸ *vagabitur* ~ *tuum nomen longe;* ~ *perturbatus;* (c) *(zelden v.h. heden)* nu, op dit moment; (d) *(corresponderend) modo ... modo* nu eens ... dan weer; (e) *modo modo* zojuist pas, net pas;

2. *(modaal)* (a) alleen, slechts; ▸ *nam circi* ~ *spectaculum fuerat; res delectationem* ~ *habet, non salutem;* — *(bij negaties)* ook maar; ▸ *impetum* ~ *ferre non potuerunt; nemo eorum progredi* ~ *extra agmen audeat;* (b) *(bij comp.)* alleen maar; ▸ ~ *magis* alleen maar meer; (c) *(in aansporingen en wensen bij imp. en conj.)* maar, toch; ▸ *vide* ~ kijk dan toch!; *veniat* ~; (d) *(in relatieve bijzinnen) qui* ~ gesteld dat hij, mits hij; (e) *combinaties: si modo (m. indic.)* als tenminste; *modo ut (m. conj.)* gesteld dat, mits, *(m. negatie) modo ne; modo non* bijna, ongeveer; *non modo ... sed, verum etiam* niet alleen ... maar ook; *non modo ... sed (positief)* niet alleen ... nee zelfs *of* niet zozeer ... maar veeleer; *(negatief)* ik wil niet zeggen ... maar zelfs; *non modo non ... sed (etiam, potius)* niet alleen niet ... maar (zelfs, veeleer): ▸ *dies non* ~ *non levat hunc luctum, sed etiam auget; non modo (non) ... sed ne ... quidem* niet alleen niet ... maar zelfs niet: ▸ *non* ~ *tibi non irascor, sed ne reprehendo quidem tuum factum;*

II. *cj. m. conj.* alleen als, in zoverre als, mits *(m. negatie) modo ne;* ▸ ~ *Iuppiter adsit.*

modulāmen, inis *en* **modulāmentum,** ī n *(modulor) (postklass.)* melodie; welluidendheid; klankaanpassing.

modulātiō, ōnis *f (modulor)* ritme; melodie; *metaf.* harmonieuze ordening.

modulātor, ōris m *(modulor)* iem. die het juiste ritme aangeeft; componist, muzikant.

modulātus[1], a, um *(p. adj. v. modulor)* ritmisch; muzikaal, melodieus [**carmen; vox**]; ▸ *tibiae -e canentes.*

modulātus[2], ūs m *(modulor)* het musiceren, muziek.

modulor, modulārī *(modulus)*

1. de maat aangeven; ▸ *sonum vocis pulsu pedum* ~ bij het zingen de maat aangeven met de voet; *hominum aures vocem modulantur* geven er een ritmische structuur aan;

2. *(poët.; postklass.)* in de maat en melodieus zingen [**carmina**], ritmisch bespelen [**lyram**], in de maat begeleiden [**arundine carmen**];

3. op muziek zetten [**verba**]; in een metrum vatten, dichten [**fata**];

4. *(postklass.) (metaf.)* ordenen, inrichten, afstemmen; ▸ *ita modulante naturā.*

modulus, ī m *(demin. v. modus)*

1. maat *als eenheid v. afstand of tijd; (metaf.)* maatstaf; ▸ *pro -o* naar vermogen;

2. interval; *plur.* toonladder;

3. ritme, melodie, intonatie.

modus, ī m

1. maat, grootte, hoeveelheid, lengte, omvang [**agri; hastae; trunci; humanarum virium**]; — *pro -o* in verhouding *(tot: gen.)*;

2. maat, ritme, melodie, wijs, muziek, *meestal plur.* [**lyrici; citharae**]; ▸ *vertere -um* van toon veranderen; *ad tibicinis -os saltare; flebilibus -is concinere; metaf.: -os numerosque vitae ediscere;*

3. *(metaf.)* maat *(waar iets binnen moet blijven)*, grens, beperking [**in dicendo; ludendi; vitae** levensdoel]; ▸ *extra (of praeter, supra) -um* overmatig, buiten de perken; *sine -o* mateloos; *prope -um* bijna; *maiorem in -um* in hogere mate, meer; — *modum facere (m. dat.)* paal en perk, een grens stellen aan [**sumptibus; irae**], *zo ook: -um imponere (m. dat.; gen.)* [**magistratui; rebus secundis; inimicitiarum**];

4. het maathouden, matiging; ▸ *-um habere of adhibere* maathouden, zich beperken; ~ *et constantia;*

5. voorschrift, regel; ▸ *-um belli et pacis facere alci;*

6. manier, wijze [**vitae** wijze v. leven]; ▸ *mirum in -um* op wonderbaarlijke wijze; *nullo -o* geenszins, in geen geval; *aliquo -o* enigszins, in zeker opzicht; *quodam -o* in zekere zin; *multis -is* zeer; *quem ad -um* zoals; — *modo, ad modum, in modum (m. gen.)* op de manier van, zoals, hoe: *servorum -o; torrentis -o; in vaticinantis -um;* — *hoc modo, ad of in hunc modum* op deze manier, als volgt: *ad hunc -um loqui; omni modo* in elk geval, beslist; *eius modi* van dien aard, dergelijk;

7. soort, vorm, type [**orationum**];

8. *(gramm. t.t.)* (aantonende, aanvoegende, ge-

biedende) wijs *v.e. werkwoord.*

moecha, ae *f (moechus) (poët.)* echtbreekster; — *attrib.* overspelig.

moechīa, ae *f (Gr. leenw.) (Laatl.)* echtbreuk.

moechissō, moechissāre *(Gr. leenw.) (Plaut.)* overspel plegen met *(m. acc.).*

moechor, moechārī *(moechus) (poët.)* overspel plegen.

moechus, ī *m (Gr. leenw.) (poët.)* echtbreker.

moenia[1], ium *n (vgl. munio)*

1. (stads)muren, vestingwerken [**altissima**]; ▸ *moenibus urbem cingere; scalas moenibus admovere;*

2. *(meton.)* (a) (versterkte) stad, bolwerk [**circumdata muro**]; ▸ *moenia condere; metaf.: Alpes ~ Italiae;* (b) burcht, paleis, huis [**Ditis; Circaea; urbis**];

3. *(poët.)* wanden, muren [**navis** scheepswanden; **theatri; mundi; caeli**].

moenia[2], ium *n (arch.) = munia.*

moeniō, moenīre *(arch.) = munio.*

moenus, eris *n (arch.) = munus.*

Moenus, ī *m de rivier de* Main.

moerus, ī *m (arch.) = murus.*

Moesia, ae *f Rom. provincie aan de benedenloop v.d. Donau (het huidige Servië, Bulgarije en Roemenië);* — *inw.* **Moesī,** ōrum *m;* — *adj.* **Moesi(a)cus,** a, um.

Mogontiācum, ī *n de huidige stad Mainz in Duitsland.*

mola[1], ae *f (molo)*

1. molensteen, *plur.* molen;

2. *(meton.)* (offer)meel *(grof gemalen spelt vermengd met zout, waarmee het offerdier bestrooid werd)* [**salsa**].

mola[2], ae *f (Gr. leenw.) (med.)* mola *(een soort tumor in de baarmoeder).*

molāris *(mola*[1]*) (poët.; postklass.)*

I. *adj.* e

1. van een molen [**circuitus**];

2. molensteen-, zo groot als een molensteen [**saxum**]; maal- [**dens**];

II. *subst.* is *m (abl. sg. -e en -ī)*

1. *(vul aan: lapis)* molensteen; rotsblok;

2. *(vul aan: dens)* kies, molaar.

mōlēs, is *f*

1. massa, last, gewicht [**rudis; clipei**]; ▸ *tantae corporum moles* kolossen;

2. dam, pier; ▸ *molem in mare iacere of agere; ~ naturalis obiecta* zandbank; *mole lapidum a mari disiunctus;*

3. *(poët.)* klip, rif;

4. kolossaal bouwsel, gevaarte [**equi** van het paard v. Troje]; ▸ *sepulcrum ingenti mole; insanae substructionum moles* reusachtig grote bouwwerken; *exstructae moles;*

5. kolossaal gebouw [**marmoreae; regiae; propinqua nubibus**];

6. *(poët.)* watermassa; ▸ *venti moles tollunt;*

7. werktuig voor in de oorlog; ▸ *urbem molibus oppugnare;*

8. mensenmassa; ▸ *densā mole ad muros ferri; totā mole belli secuturus;*

9. *(metaf.)* zwaarte, kracht, grootte [**mali; curarum; belli; imperii** geweldige macht; **pugnae** gevaarlijke situatie]; ▸ *belli molem ciere* de hele legermacht op de been brengen;

10. inspanning, moeite; ▸ *maiore mole pugnare; minor ~ fuit; tantae molis erat (m. inf.)* zo veel moeite kostte het, zo moeilijk was het;

11. *(Mel.) ~ Hadriani* graftombe v. Hadrianus, *de huidige* Engelenburcht.

molestia, ae *f (molestus)*

1. moeilijkheid, last [**navigandi** zeeziekte];

2. verdriet, ergernis, onaangenaamheid, misnoegen [**animi**]; ▸ *sine -a tua* zonder u te hinderen; *afferre alci -am; augere vitae -as; -am capere ex alqa re; consequi nihil -ae* geen bezwaren met zich meebrengen; *habeo illam -am, quod* (dat); *vindicare alqm a -a* zorgen dat iem. ongestoord blijft;

3. *(retor.)* gedwongenheid, gemaaktheid, gezochtheid; ▸ *Latine loquendi accurata et sine -a diligens elegantia.*

molestō, molestāre *(molestus) (Petr.)* lastigvallen, storen.

molestus, a, um *(moles)*

1. lastig, onaangenaam, vervelend [**onus; labor**];

2. ergerlijk [**lites**]; *adv.* niet graag; ▸ *-e ferre (m. aci.; quod; si)* kwalijk nemen;

3. gezocht, gemaakt, gekunsteld [**verba; veritas**]; ▸ *-e scribere;*

4. *(Mart.; Juv.) -a tunica met pek ingesmeerd kledingstuk waarin misdadigers werden verbrand.*

mōlīmen, inis *n (molior)*

1. grote inspanning, kracht; ▸ *molimen sceleris* het ondernemen v.e. misdaad; *res suo ipsa molimine gravis* door haar gewicht; *pinum revellere magno molimine; rerum molimina* omwentelingen;

2. belang, gewicht; *plur.* belangrijke zaken;

3. *(Ov.)* bouwwerk [**vastum**].

mōlīmentum, ī *n (molior)* inspanning, moeite;

▸ *adminicula parvi molimenti* machines met weinig vermogen; *non sine magno molimento* zeer omslachtig.

mōlior, mōlīrī *(moles)*
I. *tr.*
1. *(een last)* in beweging brengen, moeizaam voortbewegen *of* verplaatsen [**currum; terram aratro** omploegen; **ancoras** ophalen, lichten; **habenas** hanteren, voeren; **gentes (classem)** mobiliseren; **montes sede suā** verzetten; **corpora ex somno** uit de slaap rukken];
2. slingeren, zwaaien [**bipennem in vites** slaan in; **ferrum; ignem; fulmina; sagittas in pectus**];
3. openbreken, verwoesten [**portas; fundamenta murorum ab imo**];
4. *(metaf.)* ondermijnen [**fidem** het krediet];
5. (moeizaam) totstandbrengen, oprichten, bouwen, maken, grondvesten [**arcem; muros; classem; iter** de weg voortzetten; **viam** *of* **aditum** zich banen]; ▸ *flumen insulas molitur* vormt; *aggere tecta ~* stad en wal bouwen;
6. *(toestanden)* verwekken, veroorzaken [**moram; morbos**]; ▸ *haec sunt in animis iudicum oratione molienda;*
7. ondernemen, beginnen, van plan zijn, beramen, nastreven [**insidias avibus** beramen; **bellum; sibi imperium** trachten te verwerven; **proficisci in Persas**]; ▸ *nihil est quod moliare* je moeite is vergeefs; *~ crimina et accusatorem* het initiatief nemen tot, organiseren; *~ alci alqd calamitatis;*
II. *intr.*
1. zich in beweging zetten, opbreken [**hinc**];
2. zwoegen, ploeteren, zich inspannen, zich aftobben *(met: de; in m. abl.)* [**adversus fortunam** strijden]; ▸ *naves suo in loco moliebantur* konden nog niet loskomen.

mōlītiō, ōnis *f (molior)*
1. het bewerken [**agrorum; valli** het slechten];
2. inspanning, moeite [**magna**];
3. het bedenken, beramen, voorbereiden [**propositi**].

mōlītor, ōris *m (molior)* bouwer, ondernemer, dader, organisator [**mundi; ratis; caedis; scelerum**].

mōlītrīx, īcis *f (molitor) (Suet.)* veroorzaakster.

molitus *ppp. v. molo.*

mollēscō, mollēscere, — — *(mollis) (poët.; postklass.)*
1. zacht *of* week worden; ▸ *mollescit ebur;*
2. *(metaf.)* zacht worden, beschaafd worden; ▸ *pectora artibus mollescunt;*
3. verwijfd worden, verslappen.

mollicellus, a, um *(demin. v. mollis) (Catull.)* fluweelzacht [**manus**].

molliculus, a, um *(demin. v. mollis) (poët.)*
1. zacht;
2. *(Catull.)* een beetje verwijfd.

mollīmentum, ī *n (mollio) (Sen.)* verzachtend middel.

molliō, mollīre *(mollis)*
1. week, zacht, soepel maken [**ceram pollice; artūs oleo; ferrum** smelten; **agros** omwoelen; **cibum vapore**];
2. *(metaf.)* verzachten, matigen [**clivum** de helling, glooiing verminderen; **opus** verlichten; **imperium; poenam**]; ▸ *frumenti et tributorum exactionem ~;*
3. *(poët.)* veredelen [**fructūs feros colendo**];
4. verwijfd maken [**legionem**];
5. kalmeren, tot bedaren brengen [**iras; animos; impetum**]; ▸ *Hannibalem exsultantem patientiā suā molliebat;*
/ *impf. act.* mollībam = molliēbam.

molli-pēs, *gen.* pedis *(mollis)* met slepende gang [**boves**].

mollis, e
1. week, zacht, mals [**cera; gramen; litus** met los zand; **genae; cervix; humus; pratum** met veel gras];
2. buigzaam, elastisch, soepel, lenig [**bracchia; artūs digitorum; colla equorum; arcus** slap, gemakkelijk te spannen; **internodia; iuncus**]; ▸ *molliter membra movere;*
3. mild, zacht [**zephyri, aurae** zacht waaiend; **vinum; aestas; Euphrates**];
4. zacht oplopend *of* glooiend [**litus; iugum**];
5. *(metaf.)* behaaglijk, aangenaam [**somni; otia; quies; inertia**];
6. *(retor.)* vloeiend [**oratio; versūs; genus sermonis; carmen**];
7. zacht, vriendelijk, rustig [**verba; animus; preces; vultus; sententiae**]; ▸ *molliter loqui; iussa (of imperia) haud mollia* hard; *rem in mollius referre* gunstiger voorstellen; *mollissimā viā* op de vriendelijkste manier;
8. lieflijk, ontroerend [**versūs** liefdesliederen; **verba**];
9. vatbaar voor indrukken *(voor: ad; in m. acc.)*, toegevend, gevoelig [**homo; cor, pectus; auriculae** vatbaar voor vleierij]; ▸ *animus ~ ad accipiendam offensionem; ~ in obsequium* licht

geneigd tot; *hora mollior votis* gunstiger; *homo mollissimo animo* fijngevoelig, zeer beïnvloedbaar; *nimis molliter aegritudinem pati* zich te zeer overgeven aan wrevel;
10. wekelijk, zwak, verwijfd, slap [**corpora Gallorum; disciplina; inertia**]; ▸ *infirmus mollisque naturā; solutus et ~ in gestu; in dolore mollior;* — *subst. m* slappeling, mietje;
11. tam, mak [**columba; pecus**];
12. wellustig, wulps [**gestus; motus; versus**].

mollitia, ae *en* **mollitiēs,** ēī *f (mollis)*
1. beweeglijkheid, buigzaamheid, lenigheid;
2. *(metaf.)* zachtheid, gevoeligheid [**caeli; animi**];
3. zwakheid, slapheid, gebrek aan energie [**animi; decretorum** zwakke besluiten; **frontis** schuwheid];
4. weelde, luxe, overdrijving; ▸ *civitatum mores lapsi ad -am;*
5. verwijfdheid [**corporis**].

mollitūdō, inis *f (mollis)*
1. zachtheid [**manuum**];
2. souplesse, buigzaamheid [**vocis**];
3. *(metaf.)* mildheid [**humanitatis**];
4. gebrek aan moed, slapheid.

molō, molere, moluī, molitum
1. malen [**far**];
2. masseren; seksueel bewerken.

Molō, ōnis *m bijnaam v.d. Gr. retor Apollonius v. Rhodos.*

molocinārius, ī *m (Gr. leenw.) (Plaut.)* maker v. malvenkleren *(die uit de vezels v.d. malve vervaardigd waren).*

Molorchus, ī *m arme wijnboer bij Nemea in Griekenland (mythe v. Hercules);* — *adj.* **Molorchēus,** a, um [**tecta**].

Molossis, idis *f streek in O.-Epirus (N.-Griekenland);* — *inw.* **Molossī,** ōrum *m;* — *adj.* **Molossus** *en* **Molossicus,** a, um; *subst.* **Molossus,** ī *m* Molossische hond.

moluī *pf. v. molo.*

mōly, yos *n (Gr. leenw.) (poët.; postklass.) wonderkruid, dat Hermes als bescherming tegen de toverij v. Circe gebruikte.*

mōmen, inis *n (moveo) (Lucr.)*
1. beweging;
2. stoot.

mōmentāneus, a, um *(momentum) (Laatl.)* kortstondig, tijdelijk [**supplicium**]; kort, snel [**mortis ictus**].

mōmentārius, a, um *(momentum)* kortstondig, tijdelijk [**vita; salus; venenum** snelwerkend].

mōmentum, ī *n (moveo)*
1. druk, duw, stoot; ▸ *arbores levi -o impulsae occiderunt; ut -a parva sequantur;*
2. verloop, het verstrijken; ▸ *horae -o* na verloop v.e. uur;
3. tijdperk, periode; ▸ *natura parvis -is multa mutat;*
4. ogenblik, moment; ▸ *in occasionis -o* op het geschikte ogenblik; *-o (temporis)* in een oogwenk, in minder dan geen tijd;
5. gewicht *(aan een weegschaal);*
6. *(metaf.)* beweegreden, drijfveer; ▸ *parva -a in spem animum impellunt;*
7. gewicht, betekenis, belang, waarde, invloed; ▸ *magno -o esse ad alqd; levioris -i consultatio* minder belangrijk; *ne quid -i gratia faceret; parvo -o antecedere* een beetje; *haud parvum -um adicere tuendae Africae* steun v. beslissende invloed; *-um habere of afferre ad alqd* doorslaggevend zijn voor iets; *nullius -i esse* geen invloed hebben; *levi -o aestimare* geringschatten; — *meton.* doorslaggevende zaak *of* persoon van beslissende invloed;
8. krachtsinspanning, moeite; ▸ *Galli haud magno -o fusi sunt;*
9. verandering, wisseling [**fortunae; annonae** in de graanprijs].

momordī *pf. v. mordeo.*

Mona, ae *f naam v.e. eiland tussen Engeland en Ierland, nu Anglesey.*

monacha, ae *f (Gr. leenw.) (eccl.)* non.

monachālis, e *(monachus) (Laatl.)* monniks-.

monachātus, ūs *m (monachus) (Laatl.)* monnikendom.

monachicus, a, um *(Gr. leenw.) (Laatl.)* monniks-.

monachus, ī *m (Gr. leenw.) (eccl.)* monnik.

Monaesēs, is *m veldheer v.d. Parthen, versloeg in 36 v. Chr. een Rom. leger.*

monarchia, ae *f (Gr. leenw.) (Laatl.)* alleenheerschappij, monarchie.

monas, adis *f (Gr. leenw.) (Laatl.) (het getal)* een.

monastēriālis, e *(monasterium) (eccl.)* kloosterlijk.

monastērium, ī *n (Gr. leenw.) (eccl.)* klooster; munster, dom.

monasticus, a, um *(Gr. leenw.) (eccl.)* kloosterlijk, monniks-.

monaulos *en* **monaulus,** ī *m (Gr. leenw.) (postklass.)* fluit *(uit een enkele rietstengel bestaand).*

monēdula, ae *f* kauw.

moneō, monēre, monuī, monitum *(vgl. memini,*

mens)
1. herinneren aan, manen tot, opmerkzaam maken op *(m. de; gen.; acc. v.h. neutr. v.e. pron. of alg. adj.; m. aci. of afh. vr.)* [**de retinenda Sestii gratia; alqm temporis ac necessitatis; hoc; multa**];
2. vermanen, opwekken, aansporen, aanraden; *(neg.)* waarschuwen, afraden *(om: ut, ne; conj.; inf.; m. acc. v.h. neutr. v.e. pron. of alg. adj.)*; ▸ *bene monenti oboedire* luisteren naar goede raad; *monuit Pyrrhum, caveret insidias (Sen.)*; *puerili verbere moneri* terechtwijzen;
3. *(v. goddelijke ingevingen)* (a) aankondigen, voorspellen *(m. de; acc.; inf.)*; (b) ~ *vatem* inspireren.

monēris, is *f (Gr. leenw.)* eendekker *(schip met één roeier per riem)*.

monērula, ae *f = monedula.*

monēta, ae *f (Moneta)*
1. munt *(plaats waar het geld geslagen wordt)*;
2. *(poët.; postklass.)* munt(geld);
3. *(postklass.) (metaf.)* stempel.

Monēta, ae *f*
1. *= Mnemosyne;*
2. *bijnaam v. Juno; in haar tempel op het Capitool bevond zich de munt (zie moneta 1.).*

monētālis *(moneta)*
I. *adj.* e van de munt, gemunt [**aurum**];
II. *subst.* is *m (Cic.) (scherts.)* muntmeester.

monīle, is *n* halsketting *(als sieraad)*; halsband *(als versiering v. paarden en andere dieren)*.

monimentum, ī *n = monumentum.*

monita, ōrum *n (moneo)* advies, vermaningen; profetieën.

monitiō, ōnis *f (moneo)* het adviseren, vermanen; waarschuwing.

monitor, ōris *m (moneo)*
1. iem. die herinnert aan *(m. gen.)* [**officii**];
2. adviseur, raadgever, leraar;
3. rechtsconsulent;
4. *= nomenclator.*

monitōrius, a, um *(moneo) (Sen.)* manend, waarschuwend [**fulmen**].

monitus, ūs *m (moneo)* vermaning, waarschuwing, *ihb. door orakels of voortekens;* ▸ *monitu Fortunae; monitu deorum; vatum monitūs.*

monobiblos, ī *m (Gr. leenw.) (Mart.)* boek in één deel.

monocerōs, ōtis *m (Gr. leenw.) (Plin. Mai.)* eenhoorn *(een fabeldier)*.

monochrōmatus, a, um *(Gr. leenw.) (Plin. Mai.)* in één kleur [**pictura**]; — *subst.* **monochrōmata,** ōrum *n* schilderijen in één kleur.

Monoecus, ī *m (Gr. leenw. 'de heremiet') bijnaam v. Hercules; — arx, portus Monoeci: voorgebergte en haven aan de Ligurische kust, nu* Monaco.

monogamia, ae *f (Gr. leenw.) (eccl.)* monogamie.

monogamus, ī *m (Gr. leenw.) (eccl.)* iem. met één vrouw.

monogrammus, a, um *(Gr. leenw.)* alleen in omtrek bestaand [**dii** zonder lichaam, schaduwgoden].

monopodium, ī *n (Gr. leenw.)* tafeltje met één poot.

monopōlium, ī *n (Gr. leenw.) (postklass.)* recht v. alleenverkoop, monopolie.

monosyllabum, ī *n (Gr. leenw.) (postklass.)* monosyllabe, eenlettergrepig woord.

monotropus, ī *m (Gr. leenw.) (Plaut.)* kluizenaar.

monoxylus, a, um *(Gr. leenw.) (Plin. Mai.)* gemaakt uit één stam [**lintres**].

mōns, montis *m (vgl. e-mineo, pro-mineo, minae, mentum)*
1. berg, gebergte [**altissimus; impendens; silvestris; summus** bergtop];
2. *(poët.) (meton.)* rots(blok);
3. *(poët.) (metaf.)* berg, stortvloed [**aquarum; argenti; frumenti;** *metaf.* **mali**]; ▸ *sprw.: maria montesque (of montes auri) polliceri* gouden bergen beloven.

mōnstrābilis, e *(monstro) (Plin. Min.)* opmerkelijk.

mōnstrātiō, ōnis *f (monstro) (Ter.)* het tonen *of* aanwijzen.

mōnstrātor, ōris *m (monstro) (poët.; postklass.)*
1. gids, aanwijzer;
2. leermeester [**aratri**].

mōnstrātus, ūs *m (monstro) (Apul.)* het aanwijzen.

mōnstri-fer, fera, ferum *(monstrum en fero) (postklass.)* monsters voortbrengend.

mōnstri-ficus, a, um *(monstrum en facio) (Plin. Mai.)* abnormaal, wonderlijk.

mōnstrō, mōnstrāre
1. (aan)wijzen, tonen [**viam erranti, alteri**];
2. aangeven, aanduiden, wijzen op [**fesso militi Cremonam** paaien met Cremona; **indiciis abdita rerum**];
3. *(metaf.)* onderwijzen, leren [**mores**];
4. *(poët.)* verordenen, bepalen, voorschrijven [**piacula; aras; ignes; alci herbam**];
5. *(poët.)* aanraden, aanzetten *(m. inf.; ut)*; ▸ *conferre manum pudor iraque monstrat (Verg.)*;
6. *(Tac.) (gerechtelijk wegens een vergrijp)* aange-

ven, aanklagen [**Neroni fratres ad exitium**]; ▸ *ab amicis monstrari.*

mōnstrum, ī n *(moneo)*
1. wonderteken, (voor)teken; ▸ *-o exterritus;*
2. monster, gedrocht [**horrendum; ingens; deum = deorum** Egyptische goden met dierenkoppen];
3. iets verschrikkelijks, ongelooflijks; ▸ *-a dicere;*
4. gruweldaad, wreedheid, verschrikking; ▸ *monstra non hominis.*

mōnstruōsus, a, um *(monstrum)*
1. monsterachtig, onnatuurlijk, afschuwelijk [**libidines; miracula; corpus** verminkt, mismaakt];
2. *(postklass.)* bijzonder, uitzonderlijk; ▸ *~ vitā scriptisque.*

montāna, ōrum n *(montanus)* bergstreken.

montānus *(mons)*
I. *adj.* a, um
1. zich op bergen bevindend (woonachtig, ontspringend), berg- [**flumen; cacumina; homines; gentes**];
2. *(poët.)* bergachtig [**Dalmatia**];
II. *subst.* ī m bergbewoner.

Montānus, ī m *(montanus)* Rom. *cognomen.*

monti-cola, ae m *(mons en colo*[1]*) (Ov.)* bergbewoner.

monticulus, ī m *(demin. v. mons)* bergje.

monti-fer, fera, ferum *(mons en fero) (Sen.)* bergdragend.

monti-vagus, a, um *(mons)* over bergen dwalend [**fera**].

mont(u)ōsus, a, um *(mons)*
1. bergachtig [**regio**];
2. *(Plin. Mai.) (v. planten)* in de bergen groeiend.

monumentum, ī n *(moneo)*
1. aandenken, herinneringsteken, souvenir [**laudis**]; ▸ *-i causā* als aandenken, ter herinnering;
2. overwinningsteken, gedenkteken *(bv. tempel, standbeeld, wijgeschenk)* [**maiorum** trofeeën; **senatūs** = het huis v. Cicero, *dat de senaat voor hem liet bouwen*]; ▸ *-a Cn. Pompei* = het theater v. Pompeius;
3. graf(tombe);
4. *(metaf.) meestal plur.* oorkonden, acta, geschriften [**rerum gestarum** geschiedwerken; **annalium** jaarboeken v.d. geschiedenis]; ▸ *-um belli componere* een geschiedenis v.d. oorlog schrijven.

Mopsopius, a, um *(Gr. leenw.)* Attisch, Atheens [**iuvenis** = Triptolemus].

mora[1], ae *f*
1. oponthoud, vertraging, uitstel [**certaminis; dicendi** breedsprakigheid]; ▸ *sine (ulla) -a of nullā -ā interpositā* zonder uitstel, onmiddellijk; *nulla of non ~ est (m. quin m. conj.; quominus m. conj.)* het kan direct gebeuren; *(longa) ~ est* het zou (te lang) ophouden; *-am inferre ad alqd* iets uitstellen; *-as agitare of -am trahere* aarzelen; *nihil in -a habere quominus* niet aarzelen om te; *hoc mihi -ae est* houdt mij op; *nulla in me est ~* ik houd het niet tegen; *in iudice nulla ~ est* de rechter laat niet op zich wachten, is beschikbaar;
2. *(meton.)* (a) rust(dag); (b) *(in een redevoering)* pauze;
3. *(poët.; postklass.)* tijd(sduur) [**medii temporis** tussentijd]; ▸ *morā* mettertijd: *dolor finitus est mora;*
4. hindernis, belemmering *(ook v. personen);* ▸ *restituendae Romanis Capuae ~ atque impedimentum es (Liv.); ~ pugnae* obstakel; *in -a tribuni erant* stonden in de weg, vormden een obstakel; *praecipitare of rumpere -as* uit de weg ruimen.

mora[2], ae *f (Gr. leenw.) afdeling v.h. Spart. leger.*

mōra[3] zie *morus*[2].

mōrālis, e *(mos)* zedenkundig, ethisch.

morātor, ōris m *(moror*[1]*)*
1. tegenwerker [**publici commodi**];
2. *(postklass.) (milit.)* achterblijver, traineur;
3. *(voor de rechtbank)* tegenwerkende advocaat.

morātus[1] *p.p. v. moror*[1].

mōrātus[2], a, um *(mos)*
1. *op een of andere manier* geaard, van aard, van inborst; ▸ *homo bene ~; venter male ~* onverzadelijk; *ita ~ ut* zodanig van karakter dat;
2. karaktervol [**poëma**]; ▸ *fabula recte -a (Hor.)* met voortreffelijke karaktertekening.

morbidus, a, um *(morbus)*
1. *(pre- en postklass.)* ziek [**corpus**]; ▸ *animo magis quam corpore -i;*
2. *(Lucr.)* ziekmakend, ongezond [**vis**].

morbōsus, a, um *(morbus) (niet-klass.)*
1. ziek;
2. ontzettend geil; *(m. in m. acc.)* verzot, gek op.

Morbōvia, ae *f (morbus) (Suet.)* 'Land der ziekte', Pestland *(bij vervloekingen);* ▸ *abire -am* naar de hel lopen.

morbus, ī m
1. ziekte, kwaal [**longus; insanabilis; gravis; mortifer**]; ▸ *in -um cadere, incidere, delabi; in*

-*um de integro incidere* terugvallen; -*o laborare* aan een ziekte lijden; *ex -o evadere of convalescere; -um simulare;*
2. (ziekelijke) hartstocht, wellust; bezorgdheid, verdriet; ▸ ~ *et cupiditas;*
3. (*Verg.*) ~ *caeli* ongezond klimaat;
4. *personif.* **Morbus,** ī *m demon v.d. ziekte.*

mordācitās, ātis *f* (*mordax*) (*Plin. Mai.*) scherpte, branderigheid.

mordāx, *gen.* ācis (*mordeo*)
1. bijtgraag [**canis**];
2. (*poët.*) (*metaf.*) bijtend, scherp *met woorden* (*v. personen en zaken*) [**Cynicus; carmen; lividus et** ~];
3. (*poët.*) scherp, snijdend [**ferrum**];
4. (*poët.; postklass.*) uitbijtend [**pulvis; pumex**];
5. (*poët.; postklass.*) stekend, brandend [**urtica** brandnetel];
6. (*poët.; postklass.*) knagend [**sollicitudines**];
7. (*poët.; postklass.*) (*v. smaak*) scherp, bitter [**acetum; fel**].

mordeō, mordēre, momordī, morsum
1. bijten [**humum ore**]; kauwen op, knagen aan [**vitem**];
2. (*poët.; postklass.*) (*metaf., v. gespen, spelden e.a.*) vasthaken, grijpen, samenhouden; ▸ *fibula vestem mordet;*
3. (*v. dingen*) (in)snijden [**vinculum**]; ▸ *vomer mordet terram;*
4. (*v. bijtende middelen*) wegvreten, eroderen;
5. (*poët.*) (*v. hitte, koude, tocht e.a.*) verbranden, verzengen, snijden; ▸ *parum cautos frigora mordent* (*Hor.*); *quia oleam momorderit aestus;*
6. (*Hor.*) (*v. rivieren*) invreten, uithollen [**rura**];
7. krenken, grieven [**alqm opprobriis falsis**]; ▸ *conscientiā morderi* gepijnigd worden; *paupertas mordet.*

mordex, icis *m* (*mordeo*) (*Plaut.*) (snij)tand.

mordicus *adv.* (*mordeo*)
1. bijtend, met de tanden;
2. (*metaf.*) verbeten; ▸ *tenere alqd* ~ iets met hand en tand verdedigen.

morētum, ī *n* (*poët.*) kruidmoes.

moribundus, a, um (*morior*)
1. op sterven liggend, stervend;
2. (*Verg.*) sterfelijk [**membra**];
3. (*Catull.*) doods- [**sedes**].

mōri-geror, gerārī *en* (*Plaut.*) **mōri-gerō,** gerāre (*mos en gero*) ter wille zijn, toegeven aan, zich schikken naar (*m. dat.*) [**adulescenti; voluptati aurium; servituti** zich schikken in].

mōri-gerus, a, um (*mos en gero*) gehoorzaam, inschikkelijk.

Morinī, ōrum *m volksstam in Gallia Belgica aan de kust bij de rivier de IJzer.*

mōriō, ōnis *m* (*morus*[2]) (*postklass.*) nar, hansworst.

morior, morī, mortuus sum, *ptc. fut. act.* moritūrus
1. sterven (*tgv.: abl.; ex*) [**morbo; desiderio; frigore; ex vulnere; pro amico; in armis; bene** met ere]; — **mortuus** (a) *adj.* a, um dood; (b) *subst.* ī *m* dode, lijk; — **moritūrus,** a, um ten dode gedoemd, bereid *of* op het punt te sterven;
2. (*v. planten en ledematen*) afsterven; ▸ *segetes moriuntur in herbis; morientes artūs;*
3. (*metaf.*) wegsterven, vergaan, verdwijnen; ▸ *memoria moritur; leges mortuae* vergeten; *morientia lumina* brekende ogen;
4. (*poët.*) dodelijk verliefd zijn.

mormyr, yris *f* (*acc. plur.* -*ȳras*) (*Gr. leenw.*) (*poët.; postklass.*) *een soort* zeebrasem.

mōrologus, a, um (*Gr. leenw.*) (*Plaut.*) dwaas (sprekend); ▸ *sermonibus -is uti.*

moror[1]**,** morārī (*mora*[1])
I. *intr.*
1. zich ophouden, zich bevinden [**paucos dies in oppido**];
2. dralen (*m. inf.; quominus; quin*) [**alci bellum inferre**]; ▸ *nihil moror quominus abeam* ik wil dadelijk gaan; *haud multa moratus* zonder lang te dralen;
3. uitblijven; ▸ *auxilia morantur;* — *subst.* **morātī,** ōrum *m* achterblijvers;
4. halt houden, stoppen, pauzeren;
II. *tr.*
1. ophouden, verhinderen, vertragen (*m. acc.; quominus; quin*) [**victoriam; alqm a fuga** op de vlucht; **alqm ab itinere; tempora** tijd roven]; ▸ *ne multis morer* om het kort te houden; *ne multis te morer* om je niet op te houden;
2. *nihil moror:* (a) (*formule bij de sluiting v.e. zitting v.d. consul in de senaat resp. v.d. vrijsprekende rechter*) ik wil u niet langer ophouden, u kunt gaan; ▸ *C. Sempronium nihil moror* verder heb ik niets tegen; (b) ik ben direct bereid; (c) wat mij betreft kan *of* kunnen (*m. aci.*) [**eos salvos esse**]; (d) daar wil ik niets mee te maken hebben *of* van weten, het maakt me niets uit (*m. acc.; quominus; aci.; afh. vr.*) [**vina; dona; istius modi clientes**];
3. boeien, bezighouden [**oculos auresque**].

mōror[2], mōrārī *(morus*[2]*) (Suet.) (scherts.)* gek zijn.
mōrōsitās, ātis *f (morosus)* eigenzinnigheid, lichtgeraaktheid; kieskeurigheid, preciesheid [**disputationis**].
mōrōsus[1], a, um *(mos)*
1. lastig, knorrig, lichtgeraakt, kieskeurig [**senes**];
2. *(poët.; postklass.) (metaf., v. niet-lev.)* moeizaam, lastig [**morbus**].
morōsus[2], a, um *(mora) (Laatl.)*
1. lang(durig);
2. traag, laat.
Morphēus, eī *en* eos *m god v.d. dromen.*
mors, mortis *f (morior)*
1. dood [**honesta; repentina**]; ▸ *mortem alci afferre, inferre, offerre, alci morti esse* iem. doden; *alqm morte afficere; morte multare, punire alqm; mortis poena; mortem expetere* de dood zoeken; *mortem obire, morte sua mori en sua morte defungi* een natuurlijke dood sterven; *mortem occumbere* een gewelddadige dood vinden; *mortis periculum; mortem servituti anteponere; mortem deprecari* smeken om zijn leven; *in mortem destringere ferrum* voor de genadeslag; *in morte* (nog) in de dood, (nog) na de dood; *in extrema morte of supremā morte* in het stervensuur, op het laatste ogenblik; *mediā in morte* bij het sterven; — plur. sterfgevallen, vormen v. sterven;
2. *(poët.; postklass.)* vernietiging, verdwijning [**memoriae**];
3. *(meton.)* (a) lijk; (b) *(Verg.)* bloed (v.e. moord); ▸ *ensem multa morte recepit* druipend van het bloed;
4. *personif.* **Mors,** Mortis *f doodsgodin, dochter v. Erebus en Nox.*
morsa, ōrum *n (mordeo) (Catull.)* beetjes, stukjes.
morsicō, morsicāre *(mordeo) (Apul.)*
1. knabbelen aan *(m. acc.)*;
2. knipperen *(met de ogen).*
morsiuncula, ae *f (demin. v. morsus*[1]*) (Plaut.)* zachte beet in de lippen *(bij een kus).*
morsus[1], ūs *m (mordeo)*
1. beet [**serpentis**]; ▸ *morsu appetere alqd* naar iets bijten; *morsu necare, violare; morsu premere alqd* zich vastbijten in;
2. *(poët.)* het eten [**mensarum**];
3. het wegvreten; ▸ *aspero -u pumicis (Mart.)*;
4. *(Verg.) (metaf.)* greep, klem *v.e. gesp, v.e. anker*;
5. *(Verg.) (meton.) iets vasthoudends: uncus* ~ gebogen tand *v.e. anker;* ~ *roboris* spleet in het hout, *waar de speer in vastgeklemd zit;*
6. *(postklass.)* het bijten, branden, scherpte *(als scherpe gewaarwording)*;
7. leed, bitterheid *(over: gen.)* [**intermissae libertatis**];
8. *(Hor.)* gemene aanval, belediging.
morsus[2] *ppp. v. mordeo.*
mortālis, e *(mors)*
1. sterfelijk [**corpus**]; — *subst.* is *m* sterveling, mens;
2. vergankelijk, voorbijgaand [**inimicitiae; simulacra** bouwvallig];
3. aards, menselijk [**facta; malum; mucro; vulnus** toegebracht door mensenhand]; — *subst.* **mortālia,** ium *n (zelden sg.* **mortāle,** is) *(poët.; postklass.)* het menselijke *of* aardse; het lot v.d. mensen.
mortālitās, ātis *f (mortalis)*
1. sterfelijkheid, vergankelijkheid;
2. *(poët.; postklass.)* tijdelijkheid, eindigheid; ▸ *mortalitatem explere* het tijdelijke ruilen voor het eeuwige;
3. *(postklass.)* menselijke zwakte, gebrekkigheid;
4. *(meton.) (postklass.)* (a) mensheid, de mensen; (b) dood; ▸ *intercepto rege mortalitate.*
mortārium, ī *n (pre- en postklass.)* vijzel.
morticīnus, a, um *(mors) (pre- en postklass.)* gestorven, dood [**volucres; caro**]; — *subst.* **-us,** ī *m (Plaut., als scheldw.)* kreng; **-um,** ī *n (eccl.)* lijk.
morti-fer(us), fera, ferum *(mors en fero)* dodelijk [**vulnus; morbus; poculum; bellum**]; — *subst.* **-a,** ōrum *n (postklass.)* dodelijke stoffen.
mortificātiō, ōnis *f (mortifico) (eccl.)* het doden; *(metaf.)* het vernietigen.
mortificō, mortificāre *(mors en facio) (eccl.)* doden.
mortuālia, ium *n (mortuus) (preklass.)*
1. lijkzangen, lijkklachten;
2. rouwkleren.
mortuus *zie morior.*
morula, ae *f (demin. v. mora) (August.)* geringe vertraging.
mōrum, ī *n (Gr. leenw.) (poët.; postklass.)*
1. moerbei;
2. braambes.
mōrus[1], ī *f (morum) (poët.; postklass.)* moerbeiboom.
mōrus[2], a, um *(Gr. leenw.) (Plaut.)* dwaas; — *subst.* (a) **-us,** ī *m* nar; (b) **-a,** ae *f* gekke vrouw; — *adv.* **mōrē.**
mōs, mōris *m*
1. zede, gewoonte, gebruik, stijl [**antiquus; militaris; maiorum**]; ▸ *in morem venire of ver-*

tere gewoonte worden; *quod in patriis est moribus* op de manier v.d. voorvaderen; *contra morem maiorum; sine more, supra, praeter morem* ongewoon; *more, moribus, ex, de more* volgens de zede *of* gewoonte;
2. (goede) wil, zin; ▸ *alci morem gerere* iem. ter wille zijn, zijn zin geven;
3. (*poët.; postklass.*) voorschrift, wet, regel; ▸ *sine more* wederrechtelijk *of* teugelloos; *in morem* overeenkomstig de regel;
4. manier, aard [**caeli**]; — *(in) more, ad, in morem (m. gen.)* op de manier van, zoals [**latronum; torrentis**];
5. *plur.* gedrag, levenswandel; manier v. denken, karakter; ▸ *abire in avi mores* in de voetsporen v.d. grootvader treden.

Mosa, ae *f de rivier* de Maas.

Moschī, ōrum *m volksstam aan de zuidoostkant v.d. Zwarte Zee.*

Mosella, ae *m en f de rivier* de Moezel.

Mosēs, is *zie Moyses.*

Mōstellāria, ae *f* (< * *mōstellum, demin. v. monstrum*) 'Het spookhuis', *komedie v. Plautus.*

Mostēnī, ōrum *m inwoners v. Mostena (Mostene) in Lydië (Kl.-Azië).*

mōtiō, ōnis *f (moveo)* beweging; *metaf.* gemoedsbeweging, opwinding, indruk.

mōtiuncula, ae *f (demin. v. motio) (postklass.)* lichte koortsaanval.

mōtō, mōtāre *(intens. v. moveo) (poët.; postklass.)* heen en weer bewegen.

mōtor, ōris *m (moveo) (Mart.)* iem. die iets beweegt; ▸ ~ *fueras cunarum mearum.*

mōtus[1], ūs *m (moveo)*
1. beweging [**remorum; siderum; caudae**];
2. trilling [**terrae** aardbeving];
3. lichaamsbeweging, gebaar, dans [**decens** bevallige tred; **palaestrici**]; ▸ *motūs Cereri dare* dansen opvoeren;
4. (*milit.*) zwenking, manoeuvre [**militum**];
5. (*poët.*) het opbreken, afreis, vertrek;
6. (*metaf.*) geestelijke inspanning [**animorum, mentis**]; ▸ *celer ~ cogitationis* snelle gedachtegang; *et animi et ingenii celeres quidam motūs esse debent* hart en verstand moeten hun krachten gemakkelijk gebruiken kunnen;
7. gemoedsbeweging, -aandoening, stemming, hartstocht [**animi**]; ▸ ~ *mentis meae* onrustige stemming;
8. aandrang, impuls [**divinus; naturae**]; (*Plin. Min.*) beweegreden [**consilii**];
9. (*v. taal*) levendigheid;
10. wending, verandering; ▸ *ad motus fortunae se movere* zich richten naar de wendingen van het lot = de huik naar de wind hangen;
11. oproer, onrust, opstand [**populi; urbanus; Galliae; servilis** slavenopstand; **civicus** burgeroorlog]; ▸ *hic tantus ~ rerum* bewogen tijden;
12. politieke omwenteling *of* beweging [**concussi orbis** wereldschokkende revolutie]; ▸ *rei publicae motum afferre;*
13. (*jur.*) aanwijzing, beslissing *v.e. rechter.*

mōtus[2], a, um *ppp. v. moveo.*

moveō, movēre, mōvī, mōtum bewegen, in beweging zetten:
I. verplaatsen:
1. (voort)bewegen, verwijderen [**signa** voorwaarts, ten strijde trekken; **castra** het kamp opbreken, verder trekken, oprukken; **armenta stabulis** naar buiten drijven uit]; ▸ *fluctibus moveri* voortgedreven worden; *res quae moveri possunt = res moventes* roerend goed; — *intr., se ~ en pass. moveri* zich verwijderen, opbreken, verdergaan: *se ex, ab urbe ~; se de Cumano ~; in arma moveri* uitrukken ten strijde;
2. verjagen, verdringen, uitstoten [**alqm (de) senatu, loco senatorio** uitsluiten; **signiferum loco** afzetten; **loco motus** verbannen; **alqm tribu** uitstoten; **veros heredes** verdringen; **hostem gradu (statu)** uit zijn positie verdrijven; **corpus statu** uit de houding halen]; ▸ *possessionibus, sedibus moveri;*
3. (*metaf.*) bewegen, overhalen, beïnvloeden (tot) [**alqm ad bellum**]; — *pass.* beïnvloed, genoodzaakt worden: *aeris alieni magnitudine moveri; consilio eius motus est; irā (amore) motus* uit woede (liefde); — *subst.* **moventia,** ium *n* drijfveren, beweegredenen;
4. afbrengen van [**alqm de sententia, a vero**];
5. verschaffen, te voorschijn brengen [**vina;** *metaf.* **fatorum arcana** voor de dag brengen = onthullen];
II. (*op dezelfde plaats*)
1. (heen en weer) bewegen, roeren, schudden, aan het wankelen brengen, slaan [**membra; corpus ad numeros; facem; humum saltu** omwoelen; **caput; ora vana** kauwen met lege mond; **terram** schokken; **crinem per aëra** laten wapperen; **agros, tellurem** bewerken; **mare** roeiend bevaren; **arma** naar de wapens grijpen; **tympana** kloppen op]; ▸ *urbs tremoribus mota* geschokt; (*metaf.*) *leo arma movet* stelt zich teweer; *neutra arma ~* neutraal blijven;

— *intr., se* ~ *en pass. moveri* (a) zich bewegen: *fluctus motos* (opgewoeld) *componere; glaebae coepere moveri; mons movetur* trilt; *terra movet* beeft; *venae moventur* kloppen; (*metaf.*) *se in nullam, neutram partem movere* zich bij geen partij aansluiten; (b) hupp(el)en, dansen: *ranae moventur* springen; *moveri propter aquam* (*v. kikkers*) springen; *festis diebus moveri* dansen; *histrio paulum se movit extra numerum* beweegt zich niet helemaal in de maat;
2. veranderen [**formam; vultum**];
3. (*metaf.*) (*poët.; postklass.*) overdenken, overwegen [**multa animo; eadem** dezelfde plannen koesteren];
4. indruk maken op, invloed hebben op, inwerken op (*m. acc.*); — *pass.* zich laten beïnvloeden: *iisdem rebus moveri* ontvankelijk voor dezelfde indrukken; *multum moveri* sterk beïnvloed worden; *populus gratiā movetur;*
5. ontroeren, tot medelijden bewegen [**Manes fletu**]; ▸ *misericordiā moveri;*
6. inspireren [**alqm thyrso**];
7. doen schrikken, angst inboezemen [**alqm minis**]; — *pass.* angstig, verontrust worden [**hostium clamore**];
8. (*pol.*) in opstand, in rep en roer brengen, in beweging brengen [**omnia; quieta**]; — *pass.* in opstand komen, in rep en roer raken, onrustig worden: *civitas moveri coepit;*
9. aan het wankelen brengen, doen schudden [**fidem; fatum; alcis sententiam**];
10. veroorzaken, verwekken, teweegbrengen, in het leven roepen, aan de gang brengen [**seditionem; fletum populo; exspectationem; misericordiam; risum** zich belachelijk maken; **odium ad alqm** bij iem.];
11. beginnen, ondernemen [**bellum; cantūs** aanheffen; **ab Iove carmina** beginnen met *of* bij; **opus**]; op gang brengen, aanroeren, ter sprake brengen [**historias** voordragen; **quaestionem; iocum** schertsen].

mox
I. *adv.*
1. (*om de toekomst aan te geven*) spoedig, weldra;
2. (*v.h. verleden en in opsommingen*) spoedig daarop, vervolgens;
3. (*Laatl.*) kort tevoren;
II. *cj.* (*Laatl.*) zodra (als); *ook: mox quam e.a.*

Mōȳsēs, is *m* (*acc.* -ēn) Mozes.

mū (*onomatop.*) *woordje om een mummelend geluid aan te geven.*

mucc- *zie* mūc-.

mūcēscō, mūcēscere (*Plin. Mai.*) schimmelig worden, gaan schimmelen.

mūcidus, a, um (*mucus*) (*pre- en postklass.*)
1. snotterig;
2. schimmelig.

Mūcius, a, um *naam v.e. Rom. gens:*
1. C. ~ Scaevola, *held uit de vroegste Rom. geschiedenis, die een moordaanslag pleegde op de Etruskische koning Porsenna; toen hij echter gevangengenomen werd, liet hij als teken v. zijn moed zijn rechterhand in het offervuur verbranden; vd. de bijnaam Scaevola (linkerhand), die alle Mucii behielden;*
2. Q. ~ Scaevola (*ca. 140—82 v. Chr.*), *jurist en staatsman, pontifex maximus; als stadhouder bestuurde hij de provincie Asia in 94 v. Chr. zo rechtvaardig, dat de provinciebewoners ter herinnering aan zijn bestuur het feest vierden, genaamd* **Mūcia,** ōrum *n;*
/ *adj.* **Mūciānus,** a, um.

mūcor, ōris *m* (*postklass.*) schimmel.

mūcōsus, a, um (*mucus*) (*postklass.*) slijmerig.

mucrō, ōnis *m*
1. punt, scherpe kant *v.e. zwaard, degen, dolk e.d.* [**gladii; stili**];
2. (*meton.*) zwaard, degen, dolk; ▸ *strictis mucronibus; mucrone pugnare;*
3. spits, uiteinde [**unguium**];
4. (*metaf.*) scherpte [**defensionis tuae; tribunicius** gevaarlijke macht v.d. tribunen; **ingenii**].

mūcus, ī *m* (*vgl. emungo*) snot, slijm.

mufrius, ī *m* (*Petr.*) stomkop, idioot(?).

mūgil *en* (*zelden*) **mūgilis,** ilis *m* (*poët.; postklass.*) harder (*een zeevis*).

mūgīnor, mūgīnārī broeden op, wikken en wegen.

mūgiō, mūgīre
1. loeien (*v. runderen*), brullen (*v. leeuwen*) *enz.;* — *subst.* **mūgientēs,** ium *m* runderen;
2. (*poët.*) (*v. niet-lev.*) dreunen, bulderen, (*v. trompetten*) schetteren;
3. (*metaf., v. plaatsen*) dreunen; ▸ *terra mugit.*

mūgītus, ūs *m* (*mugio*)
1. (*poët.; postklass.*) het loeien *v. runderen,* brullen *v. leeuwen enz., ook plur.;*
2. (*metaf.*) het dreunen, weergalmen [**terrae**].

mūla, ae *f* (*mulus*) vrl. muildier.

mulceō, mulcēre, mulsī, mulsum (*verw. m. mulgeo*)
1. aaien, strelen [**barbam**]; zachtjes aflikken [**pueros linguā**];

2. licht aanraken [**capillos virgā**]; *(v. wind)* licht beroeren [**flores**];
3. *(metaf.)* kalmeren, bedaren, rustig stemmen [**animos dictis; iras; vulnera** de pijn van wonden verzachten *of* stillen; **pectora equorum**];
4. bekoren, betoveren [**puellas carmine; alqm fistulā**].

Mulciber, beris *en* berī *m (mulceo) bijnaam v. Vulcanus; meton.* vuur.

mulcō, mulcāre
1. afranselen, mishandelen [**alqm usque ad mortem; prostratos verberibus**];
2. beschadigen, havenen, toetakelen [**naves; scriptores**];
3. *(Plaut.) (iets vervelends)* verstouwen [**miserias**];
/ *arch. mulcassitis = mulcaveritis.*

mulcta *zie multa.*

mulcto *zie multo.*

mulctra, ae *f* **mulctrum,** ī *en* **mulctrāre,** is *n (mulgeo)* melkemmer.

mulgeō, mulgēre, mulsī, mulctum *(niet-klass.)* melken; — *sprw.: hircos* ~ *(v. iets onmogelijks).*

muliebris, e *(mulier)*
1. vrouwelijk, van een vrouw, vrouwen- [**vox; venustas; comitatus; bellum** uit naam v.e. vrouw *of* met een vrouw als inzet *(de Trojaanse oorlog)*; **iniuria** waaraan een vrouw is blootgesteld; **pars** *of* **partes** vrouwelijk schaamdeel *of* schaamdelen]; ▸ *muliebria pati* zich als vrouw laten gebruiken; — *subst.* **muliebria,** ium *n* schaamdelen v.e. vrouw;
2. verwijfd, onmannelijk [**sententia**].

mulier, eris *f*
1. *(volwassen)* vrouw *(itt. virgo)*;
2. echtgenote; getrouwde vrouw;
3. *(Plaut.) (als scheldw. voor een man)* verwijfd type, mietje.

mulierārius, a, um *(mulier) (Cic.)* dol op vrouwen [**manus**].

muliercula, ae *f (demin. v. mulier)*
1. kleine, zwakke vrouw; wijfje;
2. *(v.e. man)* verwijfd type.

mulierōsitās, ātis *f (mulierosus)* verzotheid op vrouwen.

mulierōsus, a, um *(mulier)* gek op vrouwen.

mūlīnus, a, um *(mulus)* muildier- [**nares**]; *metaf.* idioot.

mūliō, ōnis *m (mulus)* muildierdrijver.

mūliōnius, a, um *(mulio)* van een muildierdrijver [**paenula**].

mulleus, a, um *(calcei)* -i rode schoenen met dikke zolen *(die door de patriciërs gedragen werden).*

mullus, ī *m (Gr. leenw.)* barbeel.

mulsī *pf. v. mulceo en mulgeo.*

mulsum, ī *n (mulsus[1]; vul aan: vinum)* honingwijn.

mulsus[1], a, um *(mel)*
1. gemengd met honing, (honing)zoet;
2. *(metaf.)* lieflijk; — *subst. (Plaut., als koosnaam)* **mulsa,** ae *f* liefste.

mulsus[2] *ppp. v. mulceo.*

multa, ae *f en* **mulcta,** ae *f*
1. (materiële) straf, geldboete; ▸ *-am alci dicere* vaststellen; *-am petere* eisen; *-am committere* oplopen; *-ae certatio*;
2. *alg.* straf.

mult-angulus, a, um *(multus) (Lucr.)* veelhoekig.

multātīcius, a, um *(multa)* van de boete, van de straf [**pecunia**].

multātiō, ōnis *f (multo)* beboeting, bestraffing.

multēsimus, a, um *(multus) (Lucr.)* slechts een van velen, miniem [**pars** oneindig klein].

multi-bibus, a, um *(multus en bibo) (Plaut.)* veel drinkend.

multi-cavus, a, um *(multus) (Ov.)* met veel gaten, poreus [**pumex**].

multīcius, a, um *(postklass.)* fijn geweven; — *subst.* **multīcia,** ōrum *n* fijn geweven kledingstukken.

multi-color, *gen.* ōris *en* **multi-colōrus,** a, um *(multus en color)* veelkleurig, bont.

multifāriam *adv. (multus)*
1. op veel plaatsen;
2. *(postklass.)* op veel manieren.

multifārius, a, um *(multifariam) (Laatl.)* op veel manieren, veelzijdig, uiteenlopend.

multi-fer, fera, ferum *(multus en fero) (Plin. Mai.)* veel producerend, vruchtbaar.

multi-fidus, a, um *(multus en findo) (poët.; postklass.)*
1. vaak gekloofd;
2. *(metaf.)* veelvoudig, uiteenlopend [**suavitates**].

multi-fōrmis, e *(multus en forma)*
1. veelvormig;
2. *(postklass.)* veelzijdig, veelsoortig [**artes**].

multi-forus, a, um *(multus en foro) (poët.; postklass.)* met veel gaten.

multi-gener, *gen.* eris *(Plaut.) en* **multi-genus,** a, um *(Lucr.) (multus en genus)* velerlei.

multi-iugus, a, um *en* **multi-iugis,** e (*multus en iugum*)
1. van een veelspan [**equi; quadrigae**];
2. (*metaf.*) veelvuldig, in veelvoud [**litterae**].

multi-loquium, ī *n* (*multus en loquor*)
1. (*Plaut.*) spraakzaamheid, praatziekte;
2. (*Laatl.*) breedsprakigheid.

multi-loquus, a, um (*multus en loquor*) (*Plaut.*) praatziek [**anus**].

multi-modīs *adv.* (< *multis modis*) op veel manieren, in menig opzicht.

multi-modus, a, um (*multus*) (*postklass.*) veelzijdig, veelsoortig [**vita**].

multi-nōdus, a, um (*multus*) (*Apul.*) met veel knopen; *metaf.* ingewikkeld.

multi-nōminis, e (*nomen*) (*Apul.*) met veel namen [**dea**].

multi-peda, ae *f* (*pes*) (*Plin. Mai.*) duizendpoot.

multi-plex, *gen.* plicis (*vgl. duplex*) (*multus en plico*)
1. veelvoudig, complex [**domus** (*v.h. labyrint*); **lorica** maliënkolder];
2. veelvuldig, talrijk [**fetus; familia**];
3. veelsoortig, velerlei [**fortuna**];
4. vele malen groter, veel groter [**clades**]; *m. quam: damnum ~ quam pro numero est*; — *subst. n* het veelvoudige;
5. (*metaf.*) veelzijdig, veelvormig, gecompliceerd [**orationis genus; res; ingenium; natura; cura**]; ▸ *Plato, qui varius et ~ fuit.*

multiplicābilis, e (*multiplico*) veelvuldig.

multiplicātiō, ōnis *f* (*multiplico*) (*Sen.*) vermenigvuldiging, vermeerdering.

multiplicitās, ātis *f* (*multiplex*) (*Laatl.*) veelheid, veelvuldigheid.

multiplicō, multiplicāre (*multiplex*) vermenigvuldigen, vermeerderen, vergroten [**aes alienum; gloriam; exercitūs** versterken; **domum** uitbreiden].

multi-potēns, *gen.* entis (*multus*) (*Plaut.*) zeer machtig.

multi-scius, a, um (*scio*) (*Apul.*) veelwetend [**poëta**].

multi-sonus, a, um (*multus*) (*Mart.*) veel *of* herhaaldelijk klinkend.

multitūdō, inis *f* (*multus*)
1. menigte, groot aantal, massa [**beneficiorum; hominum**];
2. de massa, gepeupel; — *plur.* volksmassa's.

multi-vagus, a, um (*multus*) (*postklass.*) veel rondzwervend, veel rondtrekkend [**avis; Scythiae domus**].

multi-vira, ae *f* (*multus en vir*) (*Min. Fel.*) een vrouw die veel mannen heeft gehad.

multi-vius, a, um (*via*) (*Apul.*) veel reizen makend.

multi-volus, a, um (*multus en volo*[2]) die veel begeert [**mulier** nymfomaan].

multō *en* **mulctō,** mul(c)tāre (*multa*) (be)straffen, beboeten (*met: abl.*) [**alqm morte, exilio; vitia hominum damnis, vinculis, verberibus; alqm pecuniā, parte agri** met het verlies v.e. deel v.h. land].

multum[1], ī *n* (*multus*) (*comp.* plūs, *superl.* plūrimum)
I. *pos.*
1. een groot deel, een groot stuk, veel (*nom. of acc. m. gen.*) [**militum; temporis**]; ▸ *multum posse, valere* veel waard zijn; *multum est* het is belangrijk; *in (ad) multum diei* tot laat op de dag; *in multum vini processerat* was behoorlijk aangeschoten geraakt; *post ~ vulnerum* na vele wonden;
2. *abl.* multō (**a**) *m. comp.* veel, heel, totaal; ▸ *multo maior, minor, plures; ook in comb. m. woorden m. comparatieve waarde: multo aliter* heel anders; *multo ante, post* lang tevoren, nadien; *multo praestare, malle e.d.*; (**b**) *m. superl.* verreweg; ▸ *multo optimus*;
II. *comp.* **plūs,** plūris *n*
1. een groter deel, een groter stuk, meer (*m. gen.*) [**hominum; pecuniae; hostium; detrimenti**]; ▸ *plus posse, valere* meer waard zijn; *plus est* het betekent meer; *plus minus(ve)* meer of minder, ongeveer; *paulo, multo plus*;
2. *pluris* (*gen.*) voor meer geld, duurder, meer, hoger [**emere; vendere; aestimare; esse; putare; ducere; conducere**];
III. *superl.* **plūrimum,** ī *n*
1. het grootste deel, het meeste, zeer veel (*m. gen.*) [**exercitūs; studii; auctoritatis**]; ▸ *plurimum posse, valere; quam plurimum* zo veel mogelijk;
2. *plurimi* (*gen.*) tegen de hoogste prijs, het duurst, zeer duur, zeer veel, zeer hoog [**emere; vendere; aestimare; esse; putare; ducere; conducere**].

multum[2] *adv.* (*multus*)
I. *pos.*
1. (*v. graad*) (*poët. ook* multa) zeer, veel, erg [**adiuvare, desiderare alqm; superare**]; ▸ *non ~* (niet opvallend, weinig) *confidere*; — *zelden m. comp. of m. adj. in de pos.*: *~ maius*; *~ dissimilis*;

2. *(v. tijd)* (a) dikwijls, veel, vaak [**loqui de alqa re; scriptitare; mecum sunt**]; (b) lang, lange tijd [**morari**];
II. *comp.* **plūs** meer, in hogere mate [**cupere**]; *(bij getallen, m. en zonder quam)* meer, vaker, langer; ▸ *plus quam semel; non plus quam in tres partes distribui; plus mille capti; plus (quam) decem dies abesse; (m. abl. comparationis) plus parte tertia* meer dan eenderde deel;
III. *superl.* **plūrimum**
1. het meest, zeer veel;
2. *(v. tijd)* meestal, grotendeels; ▸ *domum ire pergam, ibi plurimum est (Ter.); plurimum Cypri vixit.*

multus, a, um *(comp.* plūrēs, *superl.* plūrimus; *adv.* multum, *zie daar)*
I. *pos.*
1. *(v. aantal en hoeveelheid)* veel, talrijk, *meestal plur.*; ▸ *multae pecuniae alienae; multa verba facere* breedvoerig spreken; *multis verbis* breedsprakig; *bene multi* tamelijk veel; *minime multi* buitengewoon weinig; *vaak in comb. m. een ander adj.*: *multi fortes viri* veel helden; *multa secunda proelia* veel overwinningen; *vaak m. een ander adj. verbonden door et of -que*: *multa et mira aedificia* veel wonderbaarlijke gebouwen; — *sg. alleen bij stofnamen en abstr., poët. ook bij andere substantiva* [**labor; caro; sudor; aurum;** *poët.* **miles** = *multi milites*; **avis**]; — *subst.* (a) **multī,** ōrum *m* het volk, de grote massa: *unus e multis; numerari in multis*; (b) **multa,** ōrum *n* veel, vele dingen: *multa scribere; ne multa of ne multis (vul aan: dicam)* om kort te gaan, kortom; *quid multa (vul aan: dicam)* waarom nog meer woorden vuilgemaakt?;
2. *(metaf.)* veel, groot, sterk, belangrijk [**sermo** veel gepraat; **cura; libertas; risus**]; ▸ *multā pace* in volle vredestijd; *multum est (m. inf.)* het is van belang, belangrijk;
3. *(v. plaats)* groot, weids; ▸ *multa pars Europae*;
4. *(v. tijd)* gevorderd, laat; ▸ *multo die* laat op de dag; *multā nocte* diep in de nacht; *multa lux* klaarlichte dag; *ad multum diem* tot laat op de dag;
5. *(retor.)* breedvoerig, uitvoerig [**oratio**]; ▸ *ne in re nota multus sim*;
6. ijverig, geconcentreerd, druk bezig; ▸ *ad vigilias multus aderat; eum cum Timaeo Locro multum fuisse* zou veel zijn omgegaan met; — *pejor.* te veel, opdringerig, vervelend *(v. personen)*;
II. *comp.* **plūrēs** *(n* plūra, *gen.* plūrium)
1. meer, de meerderheid; ▸ *pluribus verbis* uitgebreider, uitvoeriger; *quid plura (vul aan: dicam)* kortom; *plures armati* groter in getal; *displicuit pluribus* de meerderheid;
2. *(niet-klass.) zonder comparatieve waarde* verscheidene *(= complures)*; ▸ *plura castella*;
III. *superl.* **plūrimus,** a, um de meeste, zeer veel [**coma** zeer weelderig; **silva** zeer dicht]; ▸ *quā fons plurimus exit* het rijkelijkst; — *meestal plur.*
plūrimī, ae, a de meeste, zeer veel [**hostes** *en* **hostium; saecula**]; ▸ *plurimis verbis* zeer breedvoerig; — *poët. ook sg. ipv. plur.* [**rosa**].

Muluccha, ae *m rivier in Mauretanië (N.-Afrika), nu de* Moulouya.

mūlus, ī *m*
1. muildier;
2. *(poët.) (als scheldw.)* stommeling.

Mulvius pōns *brug over de Tiber in het noordelijk deel v. Rome, sinds de 14e eeuw* Ponte Milvio *genoemd.*

Mummius, a, um *naam v.e. Rom. pleb. gens*:
1. Lucius ~ Achaicus, *veroverde en verwoestte Corinthe (146 v. Chr.)*;
2. Mummia, *achterkleindochter v. 1., echtgenote v. keizer* Galba.

Mūnātius, a, um *naam v.e. Rom. pleb. gens*: Lucius ~ Plancus *(ca. 90—15 v. Chr.), legaat v. Caesar, vriend v. Caesar en Cicero, later aanhanger v. Antonius, liep voor de slag bij Actium over naar Octavianus.*

Munda, ae *f stad in Hispania Baetica bij Córdoba, nu* Montilla, *waar Scipio de Carthagers versloeg in 214 v. Chr.; de overwinning v. Caesar op de Pompejanen bij deze stad in 45 v. Chr. maakte een einde aan de burgeroorlog*; — *adj.* **Mundēnsis,** e [**proelium**].

mundānus *(mundus[3])*
I. *subst.* ī *m* kosmopoliet;
II. *adj.* a, um *(eccl.)* wereldlijk, profaan.

mundātiō, ōnis *f (mundo) (eccl.)* het reinigen, reiniging *(ook metaf.)* [**animarum**].

mundiālis, e *(mundus[3]) (eccl.)* wereldlijk, profaan.

mundi-cors, *gen.* cordis *(mundus[1] en cor) (August.)* rein van hart.

munditer *adv. zie mundus[1].*

munditia, ae *en* **munditiēs,** ēī *f (mundus[1])*
1. *(pre- en postklass.)* reinheid, netheid;
2. elegantie, verzorgd uiterlijk;
3. wellevendheid, goede manieren;
4. *(retor.)* verzorgdheid *of* verfijndheid v. taal.

mundō, mundāre *(mundus[1]) (postklass.)* schoonmaken, reinigen *(ook metaf.)*.

mundulus, a, um (*demin. v. mundus*[1]) (*Plaut.*) nogal chic.
mundus[1], a, um (*adv. -ē en -iter*)
1. schoon(gemaakt), zuiver;
2. verfijnd, netjes, elegant [**homo; cultus**];
3. (*v. taal*) verfijnd [**verba**];
4. aardig, flink [**frigus**];
5. *in mundo* in voorraad, aanwezig, in petto; ▸ *mihi in mundo sunt virgae.*
mundus[2], ī *m* toiletartikelen, make-up *v. vrouwen* [**muliebris**].
mundus[3], ī *m*
1. wereld, heelal, uitspansel [**immensus**]; ▸ *ornatus -i* volmaakte harmonie;
2. hemellichamen, hemel [**lucens; ardens**];
3. (*poët.*) aarde; ▸ *pars -i* zone; *quicumque -o terminus obstitit;*
4. (*poët.*) (*meton.*) mensheid;
5. (*eccl.*) het aardse, profane.
mūnerārius, ī *m* (*munus*) (*postklass.*) organisator *of* gever v. (gladiatoren)spelen.
mūneri-gerulus, ī *m* (*munus en gero*) (*Plaut.*) bezorger v. geschenken.
mūnerō, mūnerāre *en* **mūneror,** mūnerārī (*munus*)
1. schenken, geven [**beneficium merenti**];
2. begiftigen, overladen [**uvā Priapum**].
mūnia, ium *n* (*munus*) plichten, taken, bezigheden; ▸ *munia belli pacisque facere; munia vitae servare; munia consulatūs obire.*
mūni-ceps, cipis *m en f* (*munia en capio*)
1. burger v.e. *municipium*, inwoner v.e. kleine stad;
2. stadgenoot, inwoner v. dezelfde *municipium.*
mūnicipālis, e (*municipium*)
1. horend bij een *municipium*, kleinsteeds; — *subst.* is *m* inwoner v.e. kleine stad;
2. (*Juv.*) (*geringsch.*) provinciaal.
mūnicipātim *adv.* (*municipium*) (*postklass.*) over de *municipia* verdeeld, per *municipium.*
mūnicipium, ī *n* (*municeps*) municipium, kleine stad *met Rom. burgerrecht, maar met eigen wetten en plaatselijk zelfbestuur.*
mūni-fex, *gen.* ficis (*munus en facere*) (*postklass.*)
1. zijn *of* haar taak verrichtend;
2. ~ *miles* gewoon soldaat.
mūnificentia, ae *f* (*munificus*)
1. vrijgevigheid, gulheid;
2. (*postklass.*) (*meton.*) gift, gave.
mūnificō, mūnificāre (*munificus*) (*Lucr.*) begiftigen.
mūni-ficus, a, um (*comp.* -ficentior, *superl.* -ficentissimus) (*munus en facio*)
1. zijn plichten nakomend, betrouwbaar;
2. gul; vrijgevig, weldadig [**in dando**].
mūnīmentum, ī *en* (*poët.*) **mūnīmen,** inis *n* (*munio*)
1. verdedigingswerk, bolwerk, beschutting; ▸ *domūs -is saeptae; fossa, haud parvum* ~ ;
2. (*metaf.*) beschutting, bescherming; ▸ *legiones imperii -a; alci -o esse* ter dekking dienen.
mūniō, mūnīre, mūnīvī *en* mūniī, mūnītum (*moenia*)
I. *intr.* muren *of* verdedigingswerken bouwen, schansen opwerpen; ▸ *utrimque summā vi muniunt et pugnant; muniendo fessus;* — *subst.* **mūnientēs,** ium *m* (*postklass.*) bouwers v. verdedigingswerken;
II. *tr.*
1. (*muren, steden*) bouwen [**Albam** stichten], (*wegen*) aanleggen, bestraten [**viam,** *metaf.* **alci viam ad consulatum; aditum sceleribus**], (*plaatsen*) begaanbaar maken [**rupem**];
2. (door muren) versterken, verschansen [**arcem; locum castellis; castra vallo fossaque** omgeven]; ▸ *turris tecta et munita ab* (tegen) *omni hostium ictu;*
3. (*metaf.*) beschermen, beveiligen, dekken [**sese ab insidiis hostium; se contra perfidiam**]; ▸ *naturā loci muniebatur oppidum.*
mūnis, e (*munus*) (*Plaut.*) hulpvaardig, tot wederdienst bereid.
mūnītiō, ōnis *f* (*munio*)
1. het versterken, verschansen [**oppidi**]; ▸ *milites munitione prohibere; qui lignationis munitionisque causā in silvas discessissent* om materiaal te halen dat nodig was voor de voltooiing v.d. versterking;
2. het begaanbaar maken [**viarum** wegenaanleg];
3. (*meton.*) vestingwerk, schans; ▸ *castella et munitiones; urbem munitionibus saepire; munitiones incendere.*
mūnītō, mūnītāre (*intens. v. munio*) (*Cic.*) banen [**sibi viam**].
mūnītor, ōris *m* (*munio*)
1. schanswerker; versterker [**Troiae** = Apollo];
2. (*Laatl.*) aanvaller.
mūnītus, a, um (*p. adj. v. munio*)
1. versterkt, beveiligd [**castra; castella**]; — *subst.* **mūnīta,** ōrum *n* gebaande wegen;
2. (*metaf.*) beschermd, beveiligd [**legatio**]; ▸ *et loci naturā et manu munitissima castra.*
mūnus, mūneris *n* (*vgl. munia*)

1. functie, taak, ambt, positie [**civium; principum; consulare; legationis** plaats in het gezantschap; **militiae** *of* **militare** militaire dienst; **vitae**]; ▸ *munus explere of exsequi, munere fungi* zich kwijten van; *munere vacare* vrij van dienst zijn (*v. soldaten*); *functus est aedilicio maximo munere* vervulde zijn taak als aedilis met veel pracht en praal; *rem publicam sui muneris facere* de leiding v.d. staat overnemen; *munera rei publicae* politieke werkkring; ~ *alcis est* (*m. inf. of ut*) het is iems. taak *of* bestemming;
2. verplichting, last, taak; ▸ *munus alci imponere* opleggen; *liber ab omni munere; omni munere solvi*;
3. dienstbewijs, gunst, genade; *munere* (*m. gen.*) met hulp van, dankzij [**sortis**];
4. (*poët.; postklass.*) laatste eer, begrafenis, ook *plur.* [**supremum; sollemne**];
5. geschenk, gift [**nuptiale; Bacchi** = wijn; **Cereris** = brood; **Veneris** = schoonheid]; ▸ *alci munus mittere; alci alqd muneri dare* ten geschenke; (*in, pro*) *munere* als geschenk;
6. (*poët.; postklass.*) offer(gave); ▸ *munera templis ferre; cineri haec mittite nostro munera* offers aan de dode;
7. (gladiatoren)spelen, volksfeest, *meestal plur.* (*als gift v.e. magistraat aan het volk*) [**Scipionis; gladiatorium; populare**]; ▸ *magna munera dare* (*v.d. gever*); *munera praebere* ten beste geven (*v.d. gladiatoren*);
8. (*poët.; postklass.*) (*metaf.*) (openbaar) bouwwerk; ▸ *moderator tanti muneris* (*bedoeld wordt het heelal*) (*Cic.*).

mūnusculum, ī *n* (*demin. v. munus*) klein cadeau; kleine gunst.

Mūnychia, ae *f de acropolis van Piraeus*; — *adj.* **Mūnychius,** a, um.

mūraena, ae *f* = *murena.*

mūrālis, e (*murus*) van, voor, aan de muur, muur- [**corona** muurkrans *als ereteken voor degene die bij de bestorming v.e. stad als eerste de muur beklom*; **falx** enterhaak; **tormentum** geschut *om muren te beschieten*].

Murcia, ae *f* Oudrom. *godin, later bijnaam v. Venus*; ▸ *ad -ae* (*vul aan: aedem*).

murcus, a, um (*Laatl.*) verminkt.

mūrēna, ae *f* (*Gr. leenw.*)
1. *een soort paling*, murene;
2. (*Plin. Mai.*) donkere ader in hout.

Mūrēna, ae *m cogn. in de gens Licinia en Terentia, zie Licinius.*

mūrex, icis *m* (*poët.; postklass.*)
1. mossel [**marinus**];
2. purperslak *met een gedraaide stekelige schelp*; schelp v.d. purperslak *als hoorn v. Triton*;
3. (*meton.*) purper(kleur) [**rubens**];
4. (*metaf.*) scherpe rots, rif [**acutus**];
5. (*van punten voorziene*) voetangel [**ferreus**].

Murgantia, ae *f*
1. *stad in Samnium* (*ten Z.O. v. Rome*), *nu* Morganza;
2. (*ook* **Murgentia** *en* **Morgantina** ?), *stad op Sicilië, nu* Serra Orlando.

muria, ae *f* pekel.

muriāticus, a, um (*muria*) (*Plaut.*) gepekeld.

mūricīdus, a, um (*Plaut.*) sloom, lui.

mūrīnus, a, um (*mus*) (*Plin. Mai.*) muizen-, muiskleurig [**pellis**].

murmillō, ōnis *m een soort* gladiator.

murmur, uris *n een onbestemd geluid, o.a.*:
1. het mompelen, gemompel, gefluister, gemor [**populi**]; ▸ *murmura comprimere; murmura parva dare*;
2. het zoemen [**apium**];
3. het ruisen [**maris**], gebulder, het schallen [**cornuum**]; ▸ *Aetnaea murmura flammarum*;
4. (*Mart.*) gebrul *v.e. leeuw.*

murmurābundus, a, um (*murmuro*) (*Apul.*) morrend over (*m. acc.*).

murmurātiō, ōnis *f* (*murmuro*) (*postklass.*) het morren [**servi**].

murmurillō, murmurillāre (*murmuro*) (*Plaut.*) mompelen.

murmurillum, ī *n* (*demin. v. murmur*) (*Plaut.*) gemompel.

murmurō, murmurāre *en* **murmuror,** murmurārī (*murmur*)
1. mompelen, brommen, mopperen; ▸ *servi murmurant*;
2. bruisen, ruisen; ▸ *murmurans mare*;
3. (*Plin. Mai.*) knapperen; ▸ *murmurantes ignes.*

mūrō, mūrāre (*murus*) met een muur omgeven, ommuren.

murra[1]**,** ae *f* (*Gr. leenw.*) (*postklass.*)
1. calciumfluoride, agaat (*waaruit vaatwerk gemaakt werd*);
2. (*meton.*) *vaas van agaat.*

murra[2]**,** ae *f* (*Gr. leenw.*) (*poët.; postklass.*)
1. mirreboom;
2. (*meton.*) *hars v.d. mirreboom,* mirre.

murreus[1]**,** a, um (*murra*[1]) (*postklass.*) van agaat [**pocula**].

murreus[2]**,** a, um (*murra*[2]) (*poët.*) met de kleur van mirre, donkergeel [**crinis; onyx**].

murrh- = *murr-.*

murrinus[1], a, um *(murra*[1]*) (postklass.)* van agaat [calix]; — *subst.* **murrina,** ōrum *n (vul aan: vasa)* vaatwerk van agaat.

murrinus[2], a, um *(murra*[2]*) (pre- en postklass.)* van mirre; met mirre geparfumeerd; — *subst.* **murrina,** ae *f (vul aan: potio)* zoete, met mirre gearomatiseerde wijn.

murtētum, ī *n (murtus)* mirtenbos, mirtenstruiken; — *plur.* **Murtēta,** ōrum *n stad met zwavelbronnen bij Baiae (ten W. v. Napels).*

murteus, a, um *(murtus) (poët.; postklass.)*
1. van mirte, mirten- [**silva**];
2. met de kleur v. mirte, kastanjebruin [**coma**].

murtītēs, is *m (Gr. leenw.) (postklass.)* met mirtenbessen bereide wijn.

murtum, ī *n (Gr. leenw.) (Verg.)* mirtenbes.

murtus, ī *en* ūs *f (Gr. leenw.) (poët.; postklass.)*
1. mirte, mirtenboom;
2. *(meton.)* (a) mirtenbosje; (b) mirtenkrans; (c) staf *of* speer *van mirtenhout.*

mūrus, ī *m (verw. m. moenia*[1]*)*
1. muur *om een stad of burcht;* ▸ *-i urbis; -um ducere;* — *meton. (poët.)* stad; ▸ *patrii -i;*
2. aarden wal, dam; ▸ *-um perducere;*
3. *(metaf.)* bolwerk; ▸ *audacia pro -o habetur; Graium* ~ *(v. Achilles).*

mūs, mūris *m* muis [**rusticus** veldmuis; **urbanus** huismuis], *ook andere knaagdieren, zoals rat,* marter, sabeldier *e.d. (bij Martialis als koosnaam, bij Petronius als scheldwoord);* — **Mūs** *cognomen v.d. Decii, zie Decius.*

Mūsa, ae *f (Gr. leenw.)*
1. muze, *meestal plur. godin(nen) v. kunsten (muziek, dans en dichtkunst iha., zang ihb.) en wetenschappen (de toeschrijving v.d. afzonderlijke uitingen v. kunst en wetenschap aan de in aantal variërende muzen — drie tot negen — wisselt), dochters v. Zeus en Mnemosyne;*
2. *(meton.)* (a) lied, gezang, muziek, gedicht, dichtkunst; (b) geleerdheid, grote kennis, studie.

mūsaeus, a, um *(Musa) (pre- en postklass.)* dichterlijk, muzikaal.

Mūsaeus, ī *m myth. zanger in Attica, leerling v. Orpheus.*

musca, ae *f*
1. *stekende vlieg;*
2. *(metaf.) iem. die wordt vergeleken met een vlieg.*

muscārium, ī *n (musca) (postklass.)* vliegenmepper.

mūs-cipula, ae *f en* **-um,** ī *n (capio)*
1. *(pre- en postklass.)* muizenval;
2. *(eccl.) (metaf.)* val, valstrik.

muscōsus, a, um *(muscus)* mossig, bemost [lapis].

mūsculōsus, a, um *(musculus) (postklass.)* gespierd.

mūsculus, ī *m (demin. v. mus)*
1. muisje *of ander knaagdier;*
2. *(pre- en postklass.) een soort mossel of vis;*
3. *(postklass.)* spier;
4. *(milit.)* beschermend dak *(gebruikt bij het ondermijnen v. stadsmuren).*

muscus, ī *m* mos [**mollis**].

mūsēum, ī *n (Gr. leenw.) (pre- en postklass.)* plaats gewijd aan de muzen *of* aan de studie, *ihb.* bibliotheek.

mūsēus, a, um = *musaeus.*

mūsica, ae *f,* **-a,** ōrum *n en* **-ē,** ēs *f (Gr. leenw.)* muziek, toonkunst, dichtkunst.

mūsicus *(Gr. leenw.)*
I. *adj.* a, um
1. de muzen *of* de dichtkunst betreffend, poëtisch [**studium** dichtkunst; **ludus**];
2. de muziek betreffend, muzikaal [**leges**; **sonus**];
II. *subst.* ī *m (postklass.)* musicus, componist.

musimō, ōnis *m een soort wild schaap.*

mūsīum, ī *n* = *museum.*

mūsīvum, ī *n (Laatl.)* mozaïek.

musmō, ōnis *m* = *musimo.*

Mūsōnius, a, um Gaius ~ Rufus, *stoïsch filosoof (ca. 30—100 n. Chr.), leraar v. Epictetus.*

mussitātiō, ōnis *f (mussito) (postklass.)* gemompel.

mussitō, mussitāre *(intens. v. musso)*
1. mompelen, zacht praten;
2. *(kom.)* zwijgend ondergaan [**iniuriam**].

mussō, mussāre
1. binnensmonds mompelen, zacht praten; *(Verg.) (v. bijen)* zoemen;
2. *(Plaut.)* verzwijgen [**alqd per metum**];
3. aarzelen, weifelen *(abs.; m. inf.; afh. vr.).*

mustāceum, ī *n en* **-us,** ī *m (op laurierbladeren gebakken)* taart; — *sprw.: laureolam in -o quaerere* langs de makkelijkste weg een lauwerkrans proberen te bemachtigen, *dwz.* een goedkope overwinning willen behalen.

mūstēla *en* **mūstella,** ae *f*
1. wezel;
2. *(pre- en postklass.) een soort vis.*

mūstēlīnus *en* **mūstellīnus,** a, um *(mustela) (pre- en postklass.)* wezel-.

musteus, a, um *(mustum) (pre- en postklass.)*
1. jong, vers [**caseus; piper**];
2. sappig.

mustulentus, a, um *(mustum)* vol most.

mustum, ī *n (mustus)* most, jonge, *mousserende* wijn; *(meton.) (poët.)* druivenpluk, wijnoogst; ▸ *ter centum -a videre.*

mustus, a, um jong, vers.

Musulāmiī, ōrum *m (postklass.) volksstam in Numidië.*

mūtābilis, e *(muto)* veranderlijk, wisselvallig, wispelturig [**forma rei publicae; vulgi animus; pectus**].

mūtābilitās, ātis *f (mutabilis)* veranderlijkheid [**mentis**].

mūtātiō, ōnis *f (muto)*
1. verandering [**coloris; rerum in deterius** keer ten kwade; **consilii; rerum** omwenteling]; ▸ *facere mutationem alcis rei* iets veranderen;
2. uitwisseling, vervanging [**officiorum** wederzijdse dienstverlening; **vestis**].

mūtātor, ōris *m (muto[1]) (postklass.)* iem. die (af)wisselt, verandert.

mutilō, mutilāre *(mutilus)*
1. afsnijden, afbreken, amputeren, inkorten [**nasum; caudam; ramos**];
2. *(metaf.)* kleiner maken [**exercitum**].

mutilus, a, um
1. verminkt, ingekort [**pecus** met ingekorte horens];
2. *(metaf., v.e. redevoering)* hortend.

Mutina, ae *f stad in N.-Italië, nu* Modena; — *adj.* **Mutinēnsis,** e.

mūtiō, mūtīre = *muttio.*

mūtitō, mūtitāre *(frequ. v. muto[1]) (Gell.)* over en weer uitnodigen.

mūtō[1], mūtāre
1. doen veranderen van plaats [**alqm in locum vacuum** naar een onbewoonde plek; **arbores** verplanten]; — *pass. en se* ~ weggaan, zich verwijderen; ▸ *hinc dum muter* als ik hier maar weg kom;
2. wisselen, omwisselen, verwisselen, verruilen, inwisselen *(met, voor: abl.; pro)* [**patriam; terram** naar een ander land vertrekken; **locum, solum** in ballingschap gaan; **vestem, vestimenta** zich verkleden *of* rouwkleding aandoen; **res inter se** ruilhandel drijven; **merces; orationem, genus sermonis** van stijl wisselen; **personam** zijn masker afwerpen = zijn ware aard tonen; **exilio urbem; vitam mercede** opgeven voor; **pro Macedonibus Romanos dominos**]; ▸ *magno mutari* veel waard zijn, duur zijn;
3. veranderen [**sententiam; consilium; colorem** gelaatskleur; **vellera luto** verven; **cultum** van leefgewoonte veranderen; **iter** een andere weg inslaan; **fidem** zijn woord breken]; ▸ *nec nunc muto* ik blijf erbij, ik heb er geen spijt van; *cibus mutatur et concoquitur* verandert *(in de maag)* van vorm en wordt verteerd; *mutata suos flumina cursus* rivieren die hun loop verlegd hebben; — *intr. en pass.* veranderen, omslaan; *(m. in m. acc.)* overgaan in; ▸ *voluntas, fortuna mutata est; annona nihil mutavit* de prijs bleef gelijk; *mores mutant; aestus mutabat;*
4. van gedaante doen veranderen [**socios Ulixis**]; ▸ *mutari in alitem; mutatus ab illo* verschillend van;
5. anders stemmen [**animos ad misericordiam**];
6. ten goede veranderen [**valetudinem**]; verbeteren;
7. ten slechte veranderen, bederven; ▸ *vinum mutatum (Hor.)* zuur geworden, beschimmelde wijn.

mūtō[2], ōnis *m (Hor.)* lul.

muttiō, muttīre mompelen; ▸ *nihil* ~ *audeo (Ter.).*

muttītiō, ōnis *f (muttio) (Plaut.)* gemompel.

muttō, ōnis *m* = *muto[2].*

mūtuātiō, ōnis *f (mutuor)* lening, het lenen.

mūtuitor, mūtuitārī *(mutuor) (Plaut.)* een lening willen.

mutulus, ī *m (archit.)* uitstekende balk, kraagsteen, mutulus.

mūtūniātus, a, um *(muto[2]) (postklass.)* met een grote lul [**puer**].

mūtuō[1] *zie mutuus.*

mūtuō[2], mūtuāre = *mutuor.*

mūtuor, mūtuārī *(mutuus)*
1. lenen [**pecuniam ab alqo; domum** huren; **auxilia ad bellum**];
2. *(metaf.)* ontlenen *(aan: ab)* [**consilium ab amore; subtilitatem ab Academicis**]; ▸ *virtus nomen a viris mutuata.*

mūtus, a, um
1. *(v. levende wezens)* stom, sprakeloos, zwijgend [**pecudes; bestia**]; ▸ *quasi -i silent (Plaut.);*
2. *(metaf., v. niet-lev.)* stil, zwijgend [**silentia noctis; artes** beeldende kunst *en* kunsten die weinig roem brengen; **sepulcra**]; ▸ *-a dolore lyra est (Ov.).*

mūtuum, ī *n (mutuus)*
1. *(pre- en postklass.)* lening; ▸ *-um sumere, accipere;*
2. wederkerigheid [**in amicitia**]; ▸ *pedibus per -a nexis* verstrengeld.

mūtuus, a, um *(adv. -ō, zelden -ē) (muto[1])*
1. geleend [**pecunia**], te leen; ▸ *pecuniam -am dare* uitlenen; *-am pecuniam exigere* geleend geld terugvorderen; *-am pecuniam praecipere;* — *adv.* **mūtuō** te leen;
2. wederkerig, aan beide kanten [**benevolentia; beneficia; amor; accusatio**]; — *adv.* **mūtuō** *en (zelden)* **-ē** afwisselend, beurtelings, eveneens; ▸ *aestūs maritimi mutuo accedentes et recedentes; officia cum multis mutuo exercere.*

Mutycēnsis, e bij Mutyce *(stad op Sicilië, nu Modica)* horend.

Mycalē, ēs *f voorgebergte in Ionië tegenover Samos (Kl.-Azië), waar de Grieken in 479 v. Chr. een overwinning behaalden op de Perzen.*

Mycēnae, ārum *en (zelden)* **-a,** ae *f stad in Argolis, waar het paleis v. Agamemnon gevestigd was en waarnaar de Myceense cultuur genoemd is;* — *inw.* **Mycēnēnsēs,** ium *m;* — *adj.* **Mycēnaeus,** a, um [**dux** *en* **ductor** Agamemnon]; — **Mycēnis,** idis *f* = Iphigenia.

Myconos *en* **-us,** ī *f een v.d. Cycladen, een eilandengroep in de buurt v. Delos;* — *adj.* **Myconius,** a, um.

Mygdonidēs, ae *m zoon v.d. Frygische koning Mygdon;* — *adj.* **Mygdonius,** a, um *en* **Mygdonis,** idis *(f)* Frygisch.

Mȳlae, ārum *f schiereiland en stad aan de N.-kust v. Sicilië, nu Milazzo.*

Mylasa, ōrum *n stad in Carië (Kl.-Azië), nu Milas;* — *inw.* **Mylasēnī,** ōrum *en* **Mylasēnsēs,** ium *m;* — *adj.* **Mylasius,** a, um.

Myndus, ī *f havenstad in Carië (Kl.-Azië), nu Gümüşlük;* — *inw.* **Myndiī,** ōrum *m.*

Myonnēsus, ī *f stad en voorgebergte in Ionië (westelijk Kl.-Azië), nu Çiftkale Adası.*

myoparō, ōnis *m (Gr. leenw.) een snel, geroeid oorlogsschip, galei.*

myrīca, ae *en* **-ē,** ēs *f (Gr. leenw.) (poët.; postklass.)* tamarinde.

Myrīna, ae *f havenstad in Mysië (Kl.-Azië).*

Myrmēcidēs, ae *m beroemd ivoorsnijder.*

Myrmidones, um *m volksstam uit Phthia in Thessalië, van wie Achilles volgens Homerus de koning was.*

myrmillō, ōnis *m* = *murmillo.*

Myrō, ōnis *m* Myron, *Gr. bronsgieter uit Eleutherae, ca. 450 v. Chr., ihb. bekend door zijn beeld v.e. discuswerper.*

myrobalanum, ī *n (Gr. leenw.) (postklass.)*
1. *vrucht v.d. Arabische behennoot;*
2. *parfum uit de behennoot.*

myrobrechīs *adj. (acc. plur.) (Gr. leenw.) (Suet.)* in aromatische olie gedrenkt, geparfumeerd.

myropōla, ae *m (Gr. leenw.) (kom.)* handelaar in aromatische oliën of parfum.

myropōlium, ī *n (Gr. leenw.) (Plaut.)* parfumerie.

myrothēcium, ī *n (Gr. leenw.)* parfumkistje.

myrrha, ae *f* = *murra*[2].

Myrrha, ae *f de in een mirtenboom veranderde dochter v. Cinyras.*

myrrheus, a, um = *murreus*[2].

myrrhinus, a, um = *murrinus*[2].

myrt- = *murt-.*

Myrtilus, ī *m zoon v. Mercurius, wagenmenner v. Oenomaüs, gedood door Pelops.*

Myrtōus, a, um *mare -um het zuidwestelijk deel v.d. Egeïsche Zee tussen Euboea en Kreta.*

Mȳs, Myos *m beroemd graveur uit Athene, tijdgenoot v. Phidias.*

Myscelus, ī *m stichter v. Croton in Z.-Italië.*

Mȳsia, ae *f landstreek in het noordwesten v. Kl.-Azië;* — *inw.* **Mȳsī,** ōrum *m;* — *adj.* **Mȳsius** *en* **Mȳsus,** a, um.

mystagōgus, ī *m (Gr. leenw.)* priester die leken in mysteriën inwijdt; *metaf.* gids voor toeristen.

mystērium, ī *n (Gr. leenw.)*
1. geheimenis, verborgenheid;
2. *plur.* geheime cultus, geheime godenverering, mysteriën *(ihb. die v. Ceres in Eleusis); metaf.* geheimen v.e. vak, geheime leer [**rhetorum; dicendi**].

mystēs, ae *m (Gr. leenw.) (poët.)* ingewijde bij mysteriën.

mysticus, a, um *(Gr. leenw.) (poët.)* behorend bij de mysteriën, mystiek, mysterieus.

Mytilēnae, ārum *en* **-ē,** ēs *f belangrijkste stad v.h. eiland Lesbos in de Egeïsche Zee, vaderstad v.d. dichter Alcaeus;* — *inw. en adj.* **Mytilēnaeus,** ī *m resp.* a, um *en* **Mytilēnēnsis,** is *m resp.* e.

Myūs, ūntis *f (acc. -ūnta) stad in Carië (Kl.-Azië), nu Avşar Kalesi.*

N

N. *(afk.)*
1. = *de voornaam* Numerius;
2. = *nepos;*
3. = *Nonae.*

Nabataeī, ōrum *m* de Nabataeërs *(een Arabische volksstam in het oosten v.d. Sinaïwoestijn); — adj.* **Nabataeus,** a, um Nabataeïsch, poët. Arabisch, oosters.

Nābis, idis *m koning v. Sparta (ca. 200 v. Chr.).*

nablia, ium *n* (Gr. leenw.) *Fen. snaarinstrument (een soort harp).*

nacca, ae *m* (Apul.) voller.

nactus *zie nanciscor.*

nae = *ne*[1].

naenia, ae *f* = *nenia.*

Naevius, a, um *naam v.e. Rom. gens:* Cn. ~, *Rom. toneelschrijver en episch dichter, geb. in ca. 265 v. Chr., volgens de overlevering wegens onenigheid met de Metelli naar Utica verbannen, waar hij in ca. 200 v. Chr. stierf; — adj.* **Naevius,** a, um [**porta** *Rom. stadspoort bij de Aventijn*] *en* **Naeviānus,** a, um.

naevulus, ī *m* (demin. v. *naevus*) (Gell.) kleine moedervlek.

naevus, ī *m* moedervlek.

Nah(an)arvalī, ōrum *m Germ. volksstam aan de bovenloop v.d. Weichsel in Silezië.*

Nāias, adis *en* **Nāis,** idis *f* (poët.)
1. water-, riviernimf, najade; — *adj.* **Nāicus,** a, um van de najaden;
2. *alg.* nimf.

nam *cj.*
1. *(motiverend en verklarend)* want, namelijk *(in proza altijd aan het begin v.d. zin); versterkt:* namque;
2. *(in comb. m. een vraagwoord, meestal erachter)* dan (toch), dan (wel) [**quisnam** wie dan wel?; **ubinam** waar dan?; **quandonam** wanneer dan?; **nam quamobrem** *e.a.*];
3. *(bij antwoorden)* inderdaad, echt, werkelijk; ▸ *nam mehercule sic agamus.*

Namnetēs, um *m volksstam aan de monding v.d. Loire.*

nam-que *(versterkt nam) cj.*
1. *(motiverend en verklarend)* want, namelijk;
2. *(verzekerend)* inderdaad, werkelijk, heus.

nancīscor, nancīscī, nactus sum *of* nānctus sum
1. *(zonder moeite en opzet)* (ver)krijgen, verwerven [**nomen poëtae; sorte provinciam Hispaniam; auctoritatem; imperium; potestatem; libertatem**];
2. *(toevallig)* krijgen [**morbum; febrim; praedam; copiam frumenti; fundi possessionem; hospitium**];
3. verwerven, in bezit krijgen [**virum; obsides**];
4. vinden, (aan)treffen [**naviculam; turbidam tempestatem; ventum idoneum; castra Gallorum intuta** onbewaakt; **Siciliam vacuam; naturam maleficam** de boosaardigheid v.d. natuur ondervinden; **alqm otiosum**];
5. bereiken, aankomen bij *of* in [**portum**];
/ *p.p.* **na(n)ctus,** a, um *ook pass.*

Nantuātēs, ium *m volksstam ten Z. v.h. Meer v. Genève.*

nānus, ī *m* (Gr. leenw.) (poët.; postklass.) dwerg.

Napaeae, ārum *f* (poët.) dalnimfen.

nāpus, ī *m* (Gr. leenw.) (Plin. Mai.) raap.

Nār, Nāris *m zwavelhoudende zijrivier v.d. Tiber op de grens tussen Umbrië en het gebied v.d. Sabijnen, nu de Nera.*

Narbō, ōnis *m Rom. kolonie in het daarnaar genoemde Gallia Narbonensis, nu Narbonne; — adj.* **Narbōnēnsis,** e.

narcissinus, a, um *(narcissus)* (Plin. Mai.) van de narcis.

narcissus, ī *m* (Gr. leenw.) (poët.; postklass.) narcis.

Narcissus, ī *m*
1. *beeldschone zoon v.d. riviergod Cephissus en de najade Liriope; hij wees de liefde v.d. bergnimf Echo af en werd daarvoor met een onverzadigbare liefde voor zichzelf gestraft; hij werd verliefd op zijn eigen spiegelbeeld toen hij het in een beek zag en werd verteerd door een steeds heviger verlangen totdat hij in de naar hem vernoemde narcis veranderd werd (Ov.);*
2. *invloedrijke vrijgelatene v. keizer Claudius.*

nardinum, ī *n* (*nardinus; vul aan: vinum*) (Plaut.) narduswijn.

nardinus, a, um (Gr. leenw.) (Plin. Mai.) van nardus gemaakt [**unguentum**].

nardus, ī *f en* **-um,** ī *n* (Gr. leenw.)
1. nardus, *naam v. verschillende lekker ruikende planten, o.a. lavendel;*
2. nardusolie, -balsem, -water.

nāris, is *f*

1. (a) *sg.* (*poët.*; *postklass.*) neusgat; neusvleugel; ▸ *de nare loqui* door de neus spreken; (b) *plur.* neus, neusvleugels; ▸ *fasciculum florum ad nares admovere; nares corrugare* optrekken;
2. (*poët.*; *postklass.*) (*metaf.*) fijne neus, scherpzinnigheid, fijn oordeel; ▸ *homo emunctae naris* een man met een scherp onderscheidingsvermogen; *naribus uti* spotten;
3. ventilatiegat.

Nārnia, ae *f stad in Umbrië, nu* Narni; — *adj.* **Nārniēnsis,** e.

narrābilis, e (*narro*) (*Ov.*) te vertellen.

narrātiō, ōnis *f* (*narro*)
1. het vertellen, vertelling, verhaal;
2. (*retor. t.t.*) *deel v.d. redevoering waarin de toedracht beschreven wordt.*

narrātiuncula, ae *f* (*demin. v. narratio*) (*postklass.*) verhaaltje, anekdote.

narrātor, ōris *m* (*narro*) verteller.

narrātus, ūs *m* (*narro*) (*Ov.*) verhaal.

narrō, narrāre
1. vertellen, berichten, beschrijven (*m. acc.*; *de*; *aci.*, *pass. m. nci.*; *afh. vr.*); ▸ *alci somnium, fabellam, virtutes* ~; *asello surdo fabellam* ~ tegen dovemansoren praten, tegen een muur praten; *de tua sollicitudine narravit; probe, bene* (*male*) ~ goed (slecht) nieuws brengen; *male narras de Nepotis filio; narrant* (*m. aci.*) men vertelt; *narror, narraris* men vertelt van mij, jou; *narratur* (*m. nci.*; *aci.*) men vertelt; *narratur venisse venefica; eo terrore aves siluisse narratur;*
2. zeggen, noemen, vermelden, spreken van; ▸ *illa tempora* ~; *filium narras mihi?* heb je het over mijn zoon?; *narra mihi* zeg me eens; *narro tibi* dat kan ik je verzekeren, geloof me; *quid narrat?* (*Ter.*) wat zegt hij?; *narra, quid est, quid ait?* (*Plaut.*);
3. (*retor.*) de toedracht vertellen.

narthēcium, ī *n* (*Gr. leenw.*) zalfdoos, medicijnkistje.

nārus, a, um = *gnarus.*

Nārycum, ī *n en* **Nāryx,** ycis *f stad in het gebied v.d. Ozolische Locriërs* (*ten N. v.d. Golf v. Corinthe*), *geboorteplaats v. Ajax;* — *adj.* **Nārycius,** a, um [heros Ajax, *zoon v. Oïleus*]; *subst.* **Nārycia,** ae *f* (*vul aan: urbs*) *de stad Locri in Z.-Italië.*

Nasamōnes, um *m volksstam in Libië;* — *adj.* **Nasamōniacus,** a, um Nasamonisch, *poët.* = Afrikaans.

nāscentia, ae *f* (*nascor*) geboorte.

nāscor, nāscī, nātus sum
1. geboren worden; afstammen, stammen; ▸ *in libero populo inter iura legesque* ~; *sub alio caelo* ~; *impares nascimur, pares morimur; civis in civitate* ~ (*Cic.*) als burger; (*van, uit: ex; de; abl.*; *zelden ab*) *ex serva* ~; *ex eisdem parentibus* ~; *ex improbo patre* ~; *ex fratre et sorore nati* neven en nichten; *de paelice* ~; *libertino patre* ~; *amplissimā familiā* ~ van zeer voorname familie; *a principibus* ~; (*m. aand. v.h. doel: dat.*; *ad*; *in m. acc.*) *non nobis solum nati sumus* niet voor ons zelf alleen; ~ *aerumnis; ad laborem* ~; *in miseriam nascimur sempiternam* (*Cic.*);
2. (*metaf.*) ontstaan, ontspringen, beginnen, afkomstig zijn, voortkomen; ▸ *ex palude nascitur amnis; ab eo flumine collis nascitur* verheft zich; *haec postulata ex iniuriis tuis nata sunt* (*Cic.*); *ex hoc nascitur ut* daaruit volgt dat;
3. (*poët.*) (*v. hemellichamen*) opkomen, verschijnen; ▸ *lunā nascente* bij de opkomst v.d. maan;
4. (*poët.*) (*v. wind*) opsteken; ▸ *auster nascitur;*
5. voorkomen, groeien, leven; ▸ *plumbum ibi nascitur; in ea silva multa genera ferarum* ~ *constat* (*Caes.*);
6. (*v. personen*) beginnen, worden; ▸ *nascens poëta;*
/ p.p. **nātus,** a, um (a) geboren, ontsproten; ▸ *Macedo natus* een Macedoniër van geboorte; *mortalis natus* als sterveling geboren; *post homines natos, post hominum genus natum* sinds mensenheugenis; *Hercules Iove natus; summo loco natus* van voorname afkomst; *antiquo genere natus; pulchrā origine natus;* (b) geschapen voor, van nature voorbestemd tot (*m. dat.*; *ad*; *in m. acc.*; *inf.*) [**imperio** voor, tot heerser *of* veldheer; **ad regendum**]; ▸ *natio nata servituti; bos ad arandum natus; homo ad agendum natus est; Scipio natus ad interitum Carthaginis* (*Cic.*); *viri in arma nati; boves nati tolerare labores;* (c) geschikt voor; ▸ *loca insidiis nata;* (d) (van nature) geaard, van die aard; ▸ *alius ager bene natus, alius male; locus ita natus; versūs male nati; pro re nata en e re nata* onder de gegeven omstandigheden, naar de stand van zaken; (e) (*m. tijdsaanduiding in de acc.*) ... oud, op de leeftijd van; ▸ *decem annos natus;* / *subst.* **nātus,** ī *m* zoon; **nāta,** ae *f* dochter; **nātī,** ōrum *m* kinderen, (*v. dieren, poët.*) jongen; **nāta,** ōrum *n* producten: *terrā nata* opbrengst v.h. land.

Nāsīca, ae *m cogn. in de familie v.d. Scipiones; zie Scipio.*

Nāsidius, a, um *naam v.e. Rom. gens;* — *adj. ook* **Nāsidiānus,** a, um.

Nāsō, ōnis *m* (*nasus; eig.* met een grote neus)

Rom. cogn.; zie Ovidius.

Nāsos en **Nāsus,** ī *f* deel v.d. stad Syracuse (het eiland Ortygia) op Sicilië.

nassa, ae *f* fuik (ook metaf.).

nassiterna, ae *f* (preklass.) gieter.

nāsturcium, ī *n* een soort sterrenkers.

nāsus, ī *m* en (arch.) **-um,** ī *n* (vgl. naris)
1. neus; ▸ *-o clamare* snurken;
2. (Hor.) neus als reukzin; ▸ *~ illis nullus erat*;
3. (metaf.) fijne neus, scherpzinnig oordeel; ▸ *alqm -o suspendere* voor iem. de neus ophalen.

nāsūtus, a, um (nasus) (poët.; postklass.)
1. met grote neus;
2. (metaf.) geestig, scherp.

nāta zie *nascor*.

nātāle, is *n* (natalis) (Plin. Mai.) geboorteplaats.

nātālicia, ae *f* (natalicius; vul aan: cena) verjaardagsmaal, -feest.

nātālicium, ī *n* (natalicius)
1. verjaardagscadeau;
2. verjaardagsfeest;
3. (eccl.) naamdag.

nātālicius, a, um (natalis) bij het tijdstip v.d. geboorte horend, geboorte-, verjaardags- [**sidera; dies; munus**].

nātālis (natus[2])
I. adj. e bij de geboorte horend, geboorte- [**dies** verjaardag; **hora; domus; humus** en **solum** geboortegrond; **Iuno** godin v.d. geboorte; **morbus** aangeboren];
II. subst. is *m*
1. verjaardag; ▸ *natalem agere, celebrare* vieren;
2. stichtingsdag, herdenkingsdag;
3. geboorte, afkomst; ▸ *homo claris natalibus; mulier natalibus clara*;
4. (poët.) god of genius v.d. geboorte;
5. (poët.) geboorteplaats.

natātilis, e (nato) (Laatl.) in staat om te zwemmen.

natātiō, ōnis *f* (nato)
1. het zwemmen, zwemoefening;
2. (postklass.) plaats om te zwemmen.

natātor, ōris *m* (nato) zwemmer.

natātōria, ae *f* (nato) (Laatl.) plaats om te zwemmen.

natātus, ūs *m* (nato) (postklass.) het zwemmen.

nātiō, ōnis *f* (nascor)
1. geboorte, afkomst; ▸ *natione Numida*; — personif. **Nātiō,** ōnis *f* godin v.d. geboorte;
2. volk(sstam); ▸ *exterae nationes; nationes natae servituti; immanes ac barbarae nationes; per omnes gentes nationesque; eiusdem nationis esse* een landgenoot zijn;
3. (metaf.) soort, slag, klasse, familie, groep (vaak geringsch.) [**candidatorum; optimatium; Epicureorum**]; (v. dieren) soort, ras;
4. (plaats v.) afkomst, oorsprong [**Pontica**];
5. (eccl.) plur. heidenen.

natis, is *f* (preklass.; poët.) bil; plur. achterste.

nātīvitās, ātis *f* (nativus) (Laatl.)
1. geboorte, afkomst;
2. (eccl.) generatie.

nātīvus, a, um (natus[2])
1. geboren, door geboorte ontstaan [**dii**];
2. aangeboren, oorspronkelijk, inheems [**lepor; sermo** moedertaal];
3. natuurlijk, niet kunstmatig [**urbis praesidia; carcer; verba** woorden gebruikt in hun eigenlijke betekenis].

natō, natāre (frequ. v. no)
I. intr.
1. zwemmen; — subst. **natantēs,** ium en um *f* (vul aan: bestiae) (poët.) waterdieren, vissen;
2. drijven; ▸ *folia natant*;
3. óverstromen, óverlopen, overstroomd zijn, druipen, vol zijn; ▸ *natabant pavimenta vino* van wijn; *rura natant*;
4. (poët.) golven, deinen, heen en weer bewegen, schommelen; ▸ *Tiberis natat; segetes, campi natantes*;
5. (metaf.) weifelen, onzeker zijn; ▸ *tu mihi ~ visus es* (Cic.); *mutatio voluntatis indicat animum ~* (Sen.);
6. (poët.) (v. ogen) waterig, flets, glazig zijn; ▸ *vinis oculi natabant*;
II. tr. (poët.) zwemmen door, over, in (m. acc.) [**fretum; aquas**].

natrix, icis *f*
1. waterslang;
2. (Suet.) (metaf., v. mensen) slang.

nātūra, ae *f* (nascor)
1. natuur, (natuurlijke) aard, wezen, het eigene, toestand, gesteldheid [**humana; animi; corporis; aëris; mortis; rerum** de aard der dingen; **loci; oppidi; fluminis**]; ▸ *-ā* van nature; *locus -ā munitus; omnes homines -ā libertati student; -am studio vincere; ~* (natuurlijke kwaliteit) *deest margaritis* (Tac.); — soms is de combinatie v. natura met een substantief in de genitivus bijna te vertalen met dat substantief zelf: *~ alvi = alvus* (Cic.);
2. natuur, karakter, inborst, aard, eigenschap, aanleg; ▸ *homo difficillimā -ā; ~ serpentium; -ā optimus; crudelitas -ae; alcis ~ moresque; vehe-*

mens feroxque -ā; in -am vertere tot een tweede natuur worden; *sprw.*: *consuetudo est secunda* ~ ;
3. wetmatigheid v.d. natuur, natuurlijke loop der dingen [**mundi** *of* **rerum** van de wereld]; ▸ *secundum -am; contra, praeter -am; -ae ratio; mundus -ā administratur; ius in -a positum est; -ae satisfacere, concedere* sterven; *in rerum -ā est, in rerum -am cadit* het behoort tot de mogelijkheden;
4. natuur, wereld, heelal, schepping; ▸ *mens totius -ae;*
5. element, substantie; ▸ *Aristoteles quintam quandam -am censet esse (Cic.);*
6. geboorte; ▸ *-ā frater;*
7. geslacht(sdeel), *meestal plur.* genitaliën.

nātūrālis *(natura)*
I. *adj.* e
1. van geboorte, (bloed)eigen, natuurlijk [**filius; pater**];
2. natuurlijk, door de natuur gegeven, aangeboren [**motus; pavor; sensus; societas; bonitas; mors**]; ▸ *alci naturale est;*
3. natuurlijk, vanzelf ontstaan, niet kunstmatig [**portus; moles**];
4. de natuur betreffend, natuur- [**quaestiones; philosophia; lex**];
5. *(jur.) ius* ~ natuurrecht *(itt. ius gentium en ius civile);*
II. *subst.* is *en* **nātūrālia,** ium *n (postklass.) (eufemistisch, v. lichaamsdelen)* o.a. geslachtsdeel *of* anus.

nātus[1] *zie nascor.*

nātus[2], ūs *m (nascor)* geboorte, leeftijd; ▸ *grandis natu* oud, bejaard; *homo magno natu* oude man; *maior natu* ouder; *minor natu* jonger; *maximus natu* de oudste; *minimus natu* de jongste; *maiores natu* oudere mensen.

nauarchus, ī *m (Gr. leenw.)* schipper, kapitein.

nauclēricus, a, um *(Gr. leenw.) (Plaut.)* van de kapitein [**ornatus** kapiteinsuniform].

nauclērus, ī *m (Gr. leenw.) (Plaut.)* kapitein.

Naucratēs, is *m Gr. redenaar, leerling v. Isocrates.*

naucula, ae *f (postklass.)* = *navicula.*

nauculor, nauculārī *(naucula) (Mart.)* in een bootje varen.

naucum, ī *n* iets waardeloos, kleinigheid *(gewoonlijk in gen., in ontkenningen)*; ▸ *non -i esse* niets waard zijn; *homo non -i* nietsnut; *non -i habere, facere, putare alqm* geringschatten, geen hoge dunk hebben van.

nau-fragium, ī *n (navis en frango)*
1. schipbreuk; ▸ *-um facere* lijden; *naves ad unam omnes -o interierunt (Caes.);*
2. *(metaf.)* (a) nederlaag; ▸ *-um facere* lijden; (b) ineenstorting, verval, ondergang, ongeluk, ellende [**fortunarum; gloriae; rei familiaris; nobilitatis**];
3. *(meton.) plur.* puinhopen, resten; ▸ *-a rei publicae colligere.*

naufragō, naufragāre *(naufragus) (postklass.)* schipbreuk lijden.

naufragus *(naufragium)*
I. *adj.* a, um
1. (a) schipbreuk geleden hebbend; (b) *(metaf.)* verarmd, geruïneerd;
2. *(poët.)* schepen verbrijzelend, schipbreuk veroorzakend [**mare; tempestas**];
II. *subst.* ī *m* schipbreukeling.

naulum, ī *n (Gr. leenw.) (Juv.)* veergeld.

naumachia, ae *f (Gr. leenw.) (postklass.)*
1. zeeslag *(als schouwspel);*
2. plaats v.e. zeeslag.

naumachiārius *(naumachia) (postklass.)*
I. *adj.* a, um bij een zeeslag horend [**pons**];
II. *subst.* ī *m* deelnemer aan een zeeslag.

Naupactus *en* **-os,** ī *f havenstad in W.-Locris aan de Golf v. Corinthe, nu* Nafpaktos; — *adj.* **Naupactōus,** a, um.

nauplius, ī *m (Gr. leenw.) (Plin. Mai.) een soort* mossel.

Nauplius, ī *m koning v. Euboea (Midden-Griekenland), zoon v. Neptunus;* — *patron.* **Naupliadēs,** ae *m* = *Palamedes, zoon v. Nauplius.*

nausea, ae *f (Gr. leenw.)*
1. zeeziekte;
2. *(poët.)* misselijkheid, braakneigingen; het braken;
3. *(Mart.) (metaf.)* walging, (weerzinwekkende) verveling.

nauseābundus, a, um *(nausea) (Sen.)*
1. zeeziek;
2. lijdend aan maagklachten.

nauseātor, ōris *m (nauseo) (Sen.)* iem. die last heeft van zeeziekte.

nauseō, nauseāre *(nausea)*
1. zeeziek zijn; braken;
2. *(metaf.)* (a) walgen; (b) *(Phaedr.)* walging veroorzaken.

nauseola, ae *f (demin. v. nausea)* licht gevoel v. onpasselijkheid.

nausi- = *nause-.*

Nausicaā, ae *f dochter v. Alcinoüs, de koning v.d. Phaeacen; Odysseus ontmoette haar op zijn om-*

zwervingen.

nauta, ae *m* (*Gr. leenw.*)
1. zeeman, matroos, schipper;
2. (*poët.*) scheepseigenaar, reder.

nautea, ae *f* (*Gr. leenw.*) (*Plaut.*) lenswater (*water dat door lekkage in het ruim v.e. schip staat*).

Nautēs, ae *m stamvader v.d.* Nautii.

nauticus, a, um (*Gr. leenw.*) bij het schip, bij de zeeman, zeevaart horend, scheeps- [**clamor** van de zeelieden; **pinus** schip; **castra** scheepskamp; **res** zeewezen, zeevaart]; — *subst.* **nauticī,** ōrum *m* zeelieden, matrozen.

Nautiī, ōrum *m* Rom. *familie, afstammend van de Trojaan* Nautes.

Nāva, ae *f* de Nahe, *zijrivier v.d.* Rijn.

nāvāle, is *n* (*navalis*) (*poët.*)
1. ligplaats v. schepen, haven;
2. werf, dok.

nāvālia, ium *n* (*navalis*)
1. werf, dok, *ihb. de* Rom. *werf aan de* O.-*kant v.d.* Tiber *bij de* Campus Martius;
2. scheepsuitrusting, takelwerk.

nāvālis, e (*navis*) bij het schip horend, scheeps-, marine- [**proelium; castra** scheepskamp; **praetor** admiraal; **socii** zeelieden, matrozen, *ook* mariniers].

nāvē *adv., zie navus.*

nāvicula, ae *f* (*demin. v. navis*) scheepje, bootje.

nāviculāria, ae *f* (*navicularius; vul aan: res*) scheepvaart, rederij; ▸ *-am facere* reder zijn.

nāviculārius (*nacivula*)
I. *adj.* a, um bij het zeewezen horend, scheeps-, schippers-;
II. *subst.* ī *m* scheepseigenaar, vrachtschipper, reder.

nāvi-fragus, a, um (*navis en frango*) (*poët.*) schepen verbrijzelend.

nāvigābilis, e (*navigo*) bevaarbaar, met schepen te bereiken [**amnis; mare; litora**].

nāvigātiō, ōnis *f* (*navigo*) scheepvaart, zeereis.

nāvigātor, ōris *m* (*navigo*) (*postklass.*) schipper, zeeman.

nāvi-ger, gera, gerum (*navis en gero*) (*Lucr.*) schepen dragend, bevaarbaar, bevaren [**mare**].

nāvigiolum, ī *n* (*demin. v. navigium*) scheepje, bootje.

nāvigium, ī *n* (*navigo*) *ieder vaartuig,* schip, boot.

nāvigō, nāvigāre (*navis en ago*)
I. *intr.*
1. (*v. personen en schepen*) zeilen, varen [**e portu; navi; in Asiam; in alto; plenissimis velis; incerto cursu**]; ▸ *classis in Italiam navigat; sprw.: in portu* ~ in veiligheid zijn;
2. in zee steken, uitvaren [**inde**];
3. (*Ov.*) zwemmen;
4. (*metaf.*) zich uitbreiden, overslaan; ▸ *belli impetus navigavit* verplaatste zich over zee; *in Africam navigabat bellum;*
II. *tr.* bevaren, doorklieven, doorkruisen [**aequor; terram**].

nāvis, is *f* (*acc.* nāvem, *soms* nāvim; *abl.* nāvī, *soms* nāve)
1. schip, boot [**longa** oorlogsschip; **oneraria** vrachtschip; **actuaria** snel varend zeilschip; **praetoria, ducis** vlaggenschip; **piratica** piratenschip; **constrata (tecta)** van een dek voorzien]; ▸ *navem appellere* (*m. ad; dat.*) *of ad terram applicare* landen; *e navi egredi* van boord gaan; *navem, in navem conscendere* aan boord gaan; *navem deducere* te water laten; *navem subducere* aan land trekken; *navem solvere, ex portu educere* uitzeilen; *navibus rem gerere* een zeeoorlog voeren; *sprw.: navibus et quadrigis* uit alle macht, met grote inspanning; — *metaf. v.d. staat, v.h. gemeenschappelijk lot:* ~ *rei publicae* schip v. staat; *una est* ~ *bonorum omnium; in eadem nave esse* in hetzelfde schuitje zitten;
2. *het sterrenbeeld* Argo.

nāvita, ae *m* = *nauta.*

nāvitās, ātis *f* (*navus*) ijver, toewijding.

nāviter *adv., zie navus.*

nāvō, nāvāre (*navus*) ijverig, met toewijding doen *of* verrichten [**opus; rem publicam** zich inzetten voor de staat; **operam** zich inspannen, moeite doen; **operam, studium alci** iem. helpen, bijstaan; **fortiter in acie operam** dapper meevechten; **benevolentiam in alqm** tonen, aan de dag leggen jegens].

nāvus *en* (*arch.*) **gnāvus,** a, um (*adv.* nāviter *en* nāvē) ijverig, vlijtig, toegewijd, actief; ▸ ~ *in malitia* in het kwaad.

Naxos, ī *f grootste eiland v.d.* Cycladen *in de* Egeïsche Zee; *beroemd vanwege zijn marmer en wijn; belangrijkste god v.h. eiland was* Dionysus (Bacchus), *die hier net als zijn echtgenote* Ariadne *vereerd werd;* — *adj.* **Naxius,** a, um.

nē[1] *partikel met bevestigende betekenis* werkelijk, echt, ja, zeker (*altijd als eerste woord v.d. zin en bijna altijd in comb. m. een pron.*); ▸ *ne illi vehementer errant; ne ego fortunatus homo sum.*

nē[2] *ontkenningspartikel*
I. *in zelfstandige zinnen* niet:
1. *als prefix in samenstellingen:* **nē-quam, nē-quāquam** *e.a.;*

2. *in mededelende zinnen:* **nē . . . quidem** *(het benadrukte woord staat ertussen)* niet eens, zelfs niet, ook niet; ▸ *ne in templis quidem;* — *in tegenstellingen* geenszins, volstrekt niet: *is utitur ne suorum quidem consilio, sed suo* geenszins . . . maar . . .;

3. *in zinnen die een verbod uitdrukken* (a) *m. conj. praes. of pf.: ne me moneatis; hoc ne feceris;* (b) *(poët.; arch.) m. imp.: fratrem ne desere; ne crucia te;*

4. *in wensen: (utinam) ne venisset; ook in verzekeringen: ne vivam, si scio* ik mag doodvallen, als; *ne sim salvus, si aliter scribo ac sentio;*

5. *in concessieve zinnen* toegegeven dat niet; ook al . . . niet *(m. conj.);* ▸ *ne sit sane summum malum dolor, malum certe est (Cic.);*

6. *ook in comb. m. afzonderlijke woorden* niet; ▸ *commodulum opsona, ne magno sumptu (Plaut.);*

II. *in afhankelijke zinnen (m. conj.)*

1. *na uitdr. v. vragen, smeken e.d.* dat niet of niet te *m. inf.;* ▸ *oro te ne venias* ik smeek je niet te komen;

2. *na uitdr. v. vrees en bezorgdheid* dat; ▸ *vereor ne fratris animum offendam;* — *ne non* dat niet: *vereor ne sufficere non possim;*

3. *na uitdr. v. verhinderen, verbieden, weigeren, oppassen* dat of (om) te *m. inf.;* ▸ *Regulus sententiam ne diceret recusavit* weigerde te zeggen; *plura ne scribam dolore impedior;*

4. *in bijzinnen die een doel uitdrukken* opdat niet, om te voorkomen dat, uit vrees dat, om niet; ▸ *gallinae pennis fovent pullos ne frigore laedantur; vide ne nulla sit divinatio (Cic.);*

5. *om een uitspraak te rechtvaardigen of toe te lichten (vaak in parentheses): illaec tibi nutrix est, ne matrem censeas (Plaut.); ne multa; crudelis Castor, ne dicam sceleratum (Cic.).*

-ne³, *enclitisch vraagpartikel (vaak afgekort tot -n, waarbij ook een daarvoor staande s wegvalt:* viden = videsne, ain = aisne, vin = visne, satin = satisne)

I. *in eenledige vragen*

1. *(in zelfstandige vraagzinnen) meestal onvertaalbaar; meestal is van de vraagsteller uit gezien zowel een bevestigend als een ontkennend antwoord mogelijk;* (a) *bevestigend en ontkennend antwoord is mogelijk: -ne blijft onvertaald:* ▸ *nihilne id valebit?* zal dat dan niets helpen?; *totane urbs arsit?;* (b) *bevestigend antwoord verwachtend (= nonne)* (soms) niet, (toch zeker) wel; ▸ *videtisne ut apud Homerum saepissime Nestor de virtutibus suis praedicet? (Cic.);* (c) *ontkennend antwoord verwachtend (= num)* toch niet; ▸ *censen (= censesne) posse me affirmare?* je denkt toch niet?; (d) *verbonden m. afzonderlijke woorden: egone?* ik?, ik toch niet?; *itane?* zo?, zo toch niet?; (e) *vaak verbonden m. vraagpartikels of pron.* numne, utrumne, quīne, quantusne, uterne;

2. *(in afhankelijke vraagzinnen)* of (soms); ▸ *Epaminondas quaesivit salvusne esset clipeus;*

II. *in tweeledige vragen* **-ne . . . an** *en* **-ne . . . -ne** *(= utrum . . . an)*

1. *(in zelfstandige vraagzinnen) eerste lid onvertaald, tweede en evt. volgende* of; ▸ *quidquid terra profert, ferarumne an hominum causa gignit?; deorumne immortalium populine Romani vestramne fidem implorem?;*

2. *(in afhankelijke vraagzinnen)* of . . . of; ▸ *quaeritur virtus suamne propter dignitatem an propter aliquos fructus expetatur; dubitavi verumne an falsum esset; soms is één alternatief impliciet: albus aterne ille fuerit ignoras;* — **(-ne . . .) necne** (of . . .) of niet: *dubito Parthi transierint necne.*

ne⁴, *(Laatl.)* = -ne³.

ne⁵-, *prefix, onbeklemtoonde ontkenning v.e. woord, in samenstellingen als* neque, nefas, nescio.

Neāpolis, is *f (Gr. leenw.) (eig.* 'nieuwe stad') *(acc.* -im; *abl.* -ī)

1. *stadsdeel v. Syracuse;*

2. *stad aan de kust in Campanië, kolonie v.d. Gr. stad Cumae,* nu Napels; — *inw. en adj.* **Neāpolitānus,** ī *m resp.* a, um; — **Neāpolitānum,** ī *n (vul aan: praedium)* landgoed bij Neapolis.

nebris, idis *f (Gr. leenw.) (poët.)* vacht v.e. ree.

nebula, ae *f*

1. damp, nevel, mist [**densa**];

2. *(poët.)* rook(wolk);

3. *(poët.)* wolk [**pulveris** stofwolk].

nebulō, ōnis *m (nebula)* windbuil, nietsnut; schurk.

nebulōsus, a, um *(nebula)*

1. nevelig, mistig [**caelum**];

2. *(Gell.) (metaf.)* duister, moeilijk te begrijpen [**nomen**].

nec *zie neque.*

necātor, ōris *m (neco) (Laatl.)* moordenaar.

nec-dum *zie nequedum.*

necessārius

I. *adj.* a, um *(adv.* -ō, *zelden* -ē)

1. noodzakelijk, nodig *(voor: ad; dat.)* (a) onmisbaar, vereist, onontbeerlijk [**praecepta eloquendi**]; ▸ *-um est Pompeium certiorem fieri (Caes.);* — *subst.* **necessāria,** ōrum *n* levensbehoeften, levensmiddelen; (b) onvermijdelijk, onontkoombaar, noodgedwongen [**lex**]; ▸

-*am mortem exspectare* (*Cic.*);
2. dringend, dwingend [**causa; tempus** dringende omstandigheden, nood; **alci** iem. na aan het hart liggend];
3. (*v. personen*) nauw verbonden, verwant, goed bevriend (*met: dat.*); ▸ *pepercit homini amico et -o* (*Cic.*);
4. (*v. niet-lev.*) nauw verbonden met (*m. dat.*); ▸ *locus huic disputationi* ~ ;
/ *comp.* **magis necessārius,** a, um, *superl.* **maximē necessārius,** a, um; / *adv.* **necessāriō,** *soms* **necessāriē** noodzakelijkerwijs, noodgedwongen;
II. *subst.* ī *m* verwant, (goede) vriend, relatie.

necesse *adv.* (*ne-*[4] *en cedo*) noodzakelijk (*alleen in comb. m. esse en habere*):
1. **necesse esse** nodig, noodzakelijk zijn, moeten (*als subj. alleen neutr. v.e. pron.; m. inf.; aci.; dat. m. inf.; ook m. conj.; soms m. ut*); ▸ *quod mihi non est* ~ ; *non* ~ *est omnes commemorare; eum condemnari* ~ *erat;* ~ *est te regem venerari;* ~ *est Miloni proficisci; homini* ~ *est mori; pugna Leuctrica immortalis sit* ~ *est; condemnetur necesse est;*
2. **necesse habēre** (a) nodig vinden, als noodzakelijk beschouwen (*m. inf.*); ▸ *non* ~ *habeo dicere;* (b) (*Laatl.*) nodig hebben, behoeven.

necessitās, ātis *f* (*necesse*)
1. noodzaak, onvermijdelijkheid, dwang; ▸ *necessitati parere, servire* zich in het onvermijdelijke schikken; *necessitatis crimen, non voluntatis* (*Cic.*); *mors est naturae* ~ (*Cic.*) onontkoombaarheid v.d. natuur; *necessitate coactus* noodgedwongen;
2. noodlot, lot [**divina; extrema, ultima** dood]; — *personif.* **Necessitās** *godin v.h. lot;*
3. nood(situatie), benarde toestand [**temporis**]; ▸ *in magna necessitate esse;*
4. behoefte; ▸ *ipsi naturae ac necessitati negare;*
5. gebrek, armoede; ▸ *fames et ceterae necessitates* (*Tac.*);
6. *plur.* noodzakelijke uitgaven, lasten; ▸ *necessitates et largitiones;*
7. (*metaf.*) bindende kracht; ▸ *magnam necessitatem possidet paternus sanguis* (*Cic.*);
8. nauwe band, goede verhouding.

necessitūdō, inis *f* (*necesse*)
1. noodzakelijkheid, onvermijdelijkheid; ▸ *non eadem nobis et illis* ~ *impendet; alci acerbam necessitudinem demere; ad necessitudinem rei satis dictum est;*
2. nood(situatie), benarde toestand, gebrek, behoefte [**rei publicae; sociorum**]; ▸ *omnibus necessitudinibus circumventus;*
3. nauwe band, nauwe relatie [**rerum** samenhang; **amicitiae**];
4. vriendschap, verwantschap, collegialiteit; *plur.* vriendschappelijke *of* zakelijke betrekkingen;
5. *plur.* (*postklass.*) (*meton.*) verwanten, vrienden.

necessum *en* **necessus est** het is noodzakelijk, het is nodig, het is onvermijdelijk, het is onontkoombaar (*m. inf.; aci.; dat. m. inf.; conj.; ut*).

nec-legō = *neglego.*

nec-ne of niet
1. *in tweeledige afh. vr.:* ▸ *ex te quaero utrum imperio ducis parere velis necne;*
2. (*soms*) *in tweeledige dir. vr.:* ▸ *sunt haec tua verba necne?*

necō, necāre (*nex*)
1. doden, ombrengen, ter dood brengen [**plebem fame; alqm igni, veneno; alqm verberibus** doodgeselen];
2. (*pre- en postklass.*) (*metaf.*) vernietigen; ▸ *imbres necant frumenta;*
/ *pf.* necāvī *en* (*arch. en poët.*) necuī.

nec-opīnāns, *gen.* antis (*opinor*) (*ook gesplitst*) nietsvermoedend, onwetend.

nec-opīnātus, a, um (*adv.* -ō) (*opinor*) onvermoed, onverwacht [**gaudium; bona**]; ▸ (*ex*) *necopinato hostem invadere;* — *subst.* **necopīnāta,** ōrum *n* onverwachte zaken *of* gebeurtenissen.

nec-opīnus, a, um (*opinor*) (*poët.*)
1. onvermoed [**mors**];
2. nietsvermoedend.

nectar, aris *n* (*Gr. leenw.*)
1. nectar, godendrank, ook (*Ov.*) godenbalsem;
2. (*poët.*) (*metaf.*) zoetigheid, iets zoets *of* aangenaams, bv. honing, melk, wijn, heerlijke geur.

nectareus, a, um (*nectar*) (*postklass.*) van nectar; zoet als nectar.

nectō, nectere, nexī *en* nexuī, nexum
1. (vast-, samen-, ineen)knopen, -vlechten, -binden [**flores; bracchia** bij het dansen ineenstrengelen; **vincula gutturi** om de hals; **alcis colla lacertis** iem. omhelzen; **alci catenas**];
2. (*poët.*) omwinden, omstrengelen [**bracchia nodis vipereis; comam myrto**];
3. boeien, arresteren (*vanwege schulden*); ▸ *nexum se alci dare ob aes alienum* zich als onderpand *of* lijfeigene beschikbaar stellen; — **nexus,** ī *m* iem. die vanwege schulden in gijzeling wordt

gehouden, lijfeigene; **nexum,** ī *n* lijfeigenschap [**civium**]; *meton.* aanspraak op eigendom;
4. *(metaf.)* (a) aanknopen, toevoegen [**ex alio alia** het een aan het andere]; (b) verbinden; ▸ *omnes virtutes inter se nexae sunt;* (c) *(poët.; postklass.)* uitdenken, beramen [**dolum; causas inanes** schijnredenen aanvoeren; **iurgia cum alqo** beginnen; **fabulam** verhalen].

nē-cubī *en* **nēcubi** *adv. (ne*[2] *en ubi)*
1. opdat niet ergens; opdat niet ooit;
2. *(Laatl.)* of niet nergens.

nē-cunde *adv. (ne*[2] *en unde)* opdat niet ergens vandaan.

nec-uter, utra, utrum = *neuter.*

nē-dum *(ne*[2]*) cj.*
1. *m. conj. (postklass. ook* nēdum ut*)* laat staan dat; ▸ *mortalia facta peribunt, nedum sermonum stet honos (Hor.);*
2. om maar niet te spreken van, laat staan: (a) *(na een ontkenning of negatief begrip)* nog veel minder, des te minder; (b) *(na een bevestiging)* nog veel meer, hoeveel te meer, des te meer; ▸ *adulationes victis graves* (moeilijk te verdragen) *sunt, nedum victoribus; pro patria, nedum adversus patriam;*
3. *(aan het begin v.d. zin)* = *non solum* niet alleen; ▸ *nedum hominum humilium, sed etiam amplissimorum virorum consilia ex eventu, non ex voluntate, probari solent (Cic.).*

nefandum, ī *n (nefandus)* misdaad.

ne-fandus, a, um *(ne-*[4]*)* gewetenloos, goddeloos, misdadig [**scelus; odium**].

nefārium, ī *n (nefarius)* misdaad, vergrijp, lage daad.

nefārius, a, um *(nefas)* gewetenloos, goddeloos, misdadig, verwerpelijk [**homo; bellum**].

ne-fās *indecl. n (alleen nom. en acc. sg.) (ne-*[2]*)*
1. misdaad, zonde, onrecht, goddeloosheid, gewetenloosheid, verwerpelijke daad [**maculosum** = echtbreuk]; ▸ *~ est patriae bellum inferre; fas et ~* goed en kwaad; *sprw.: per omne fas ac nefas alqm sequi* in goed en kwaad; *als tussengevoegde uitroep (poët.): nefas!* o gruwel!, verschrikkelijk!, ongehoord!; *dictu ~ prodigium (Verg.)* een gruwel om te vertellen; *~ est (m. inf.)* ▸ *~ est patriae bellum inferre;*
2. *(poët.) (meton., v. personen)* monster.

nefāstum, ī *n (nefastus) (postklass.)* goddeloosheid, misdaad.

ne-fāstus, a, um *(ne-*[4]*)*
1. ongeoorloofd, verboden [**dies** verboden dag, *waarop om religieuze redenen geen rechtszittingen of volksvergaderingen gehouden mochten worden*];
2. rampzalig, ongeluks- [**terra**];
3. zondig, verwerpelijk [**crimen**];

negantia, ae *f (nego)* ontkenning.

neganti-nummius, a, um *(nego en nummus) (Apul.)* weigerachtig om te betalen.

negātiō, ōnis *f (nego)* ontkenning, het loochenen; weigering.

negātīvus, a, um *(nego) (jur.)* ontkennend.

negātōrius, a, um *(jur.)* = *negativus.*

negitō, negitāre *(intens. v. nego)* hardnekkig ontkennen, loochenen; weigeren *(abs.; m. aci.).*

neglēctiō, ōnis *f (neglego)* verwaarlozing, onverschilligheid *(van, tov.: gen.)* [**amicorum**].

neglēctus[1]**,** a, um *(p. adj. v. neglego)* verwaarloosd, veronachtzaamd [**coma, capilli** onverzorgd; **ager**].

neglēctus[2]**,** ūs *m (neglego) (pre- en postklass.)* verwaarlozing.

neglegēns, *gen.* entis *(p. adj. v. neglego)*
1. nalatig, zorgeloos, lichtzinnig; onverschillig *(in, tav. iets: gen.; in m. abl.; jegens iem.: gen.; in m. acc.)* [**officii** de plicht verzakend; **in amicis eligendis; in oratione; sociorum atque amicorum; in patrem**]; ▸ *neglegenter facere alqd;*
2. slordig [**barba; amictus**].

neglegentia, ae *f (neglegens)*
1. nalatigheid, zorgeloosheid [**in accusando**];
2. verwaarlozing, geringschatting, onverschilligheid *(van, tov.: gen.)* [**deum; sui** nonchalance].

neg-legō, legere, lēxī *(zelden* lēgī*),* lēctum *(nec en lego*[1]*)*
1. verwaarlozen, zich niet bekommeren om *(m. acc.; soms de)* [**suos; rem familiarem; mandatum**];
2. *(m. inf.)* verzuimen, nalaten [**promissa persequi**];
3. *(m. aci.)* onverschillig toezien;
4. geringschatten, minachten, verachten [**deos; leges; auctoritatem senatūs; periculum**];
5. ongestraft laten, door de vingers zien *(m. acc.; aci.)* [**iniurias alcis; ereptam vitam** dood, moord; **pecuniam captam** roof v.h. geld]; ▸ *Galliam a Germanis vastari neglexit; — pass.* ongestraft blijven.

negō, negāre
I. *intr.* nee zeggen, een afwijzend antwoord geven *(tegen, aan: dat.);*
II. *tr.*

1. ontkennen, zeggen dat niet, loochenen, bestrijden (*m. acc.; aci.; bij ontkenning ook m. quin; pass. m. nci.; onpers. pass. m. aci.*); ▸ *peccatum tuum* ~ *non potes* (*Cic.*); *non* ~ graag toegeven, erkennen; ~ *non posse quin*;
2. afslaan, weigeren, ontzeggen (*abs.; m. acc.; inf.; bij ontkenning m. quin*) [**nihil miseris; auxilium Veientibus; alci civitatem** het burgerrecht; **vela ventis** de zeilen reven; **se vinculis** zich onttrekken aan; **se alci** iem. afwijzen; **ferre opem**]; ▸ *ei* ~ *non potuit quin; officium alci* ~ *non posse;* (*metaf. v. niet-lev.*) (*poët.*) *regio poma negat; seges negat victum* brengt niet voort.

negōtiālis, e (*negotium*) zakelijk.

negōtiātiō, ōnis *f* (*negotior*)
1. handel, commerciële activiteit;
2. bedrijf, beroep.

negōtiātor, ōris *m* (*negotior*) (groot)handelaar, koopman.

negōtiolum, ī *n* (*demin. v. negotium*) zaakje.

negōtior, negōtiārī (*negotium*)
1. (in het groot) handeldrijven *of* bankierszaken doen;
2. *alg.* handeldrijven, handelen;
/ *subst.* **negōtiāns,** antis *m* = *negotiator*.

negōtiōsitās, ātis *f* (*negotiosus*) (*Gell.*) het drukbezet zijn.

negōtiōsus, a, um (*negotium*) bedrijvig, drukbezet, veel bezigheden hebbend; *v. niet-lev. ook* moeilijk [**homo; provincia; dies** werkdag]; — *subst.* **-ī,** ōrum *m* (*Tac.*) zakenlieden.

neg-ōtium, ī *n* (*nec*)
1. bezigheid, werk; ▸ *in -o esse* bezig zijn; *quid -i tibi est?* wat heb je hier te maken?; *satis -i habere in re* genoeg te stellen hebben met; *nihil -i habere* rust hebben; *mihi negotium est cum* ik heb te maken met;
2. opdracht, taak; ▸ *-um suscipere; -o praeesse; -o desistere; -um dare* opdracht geven; *negotia quae ingenio exercentur; infecto -o* onverrichter zake;
3. onderneming, zaak, *sg. vaak coll.* (= *plur.*) zaken; ▸ *-um agere, gerere* zijn, haar zaken doen *of* afhandelen; *-a bene gerere* een goede slag slaan;
4. moeilijke zaak, moeite, last; ▸ *magnum* ~ *est* (*m. inf.*) het is erg moeilijk om; *nihil -i est* (*m. inf.*) het is geen probleem, het is gemakkelijk om; *-um alci facessere, exhibere* het iem. moeilijk maken; *nullo* (*sine*) *negotio* zonder veel moeite, gemakkelijk; *magno -o* met veel moeite;
5. toestand, omstandigheden, situatie; ▸ *ita* ~ *est* dat eist de situatie; *in atroci -o; facies -i* aanblik v.d. strijd (*Sall.*);
6. (*meestal plur.*) staatszaken, staatsdienst [**publicum, publica**]; ▸ *in -o* in staatsdienst;
7. (*sg. en plur.*) handelszaak, geldzaak [**maritima** overzeese handelszaken]; ▸ *-i gerentes* zakenlieden; *-i bene gerentes* goede zakenlieden;
8. particuliere aangelegenheid; (*sg. en plur.*) huishouding; ▸ *-um bene* (*male*) *gerere* goed (slecht) een huishouden voeren;
9. rechtszaak; ▸ ~ *innocenti facere*;
10. (*v. mensen*) wezen; ▸ *homo sine sensu, inhumanum* ~ (*Cic.*).

Nēleus, eī *m koning v. Pylos op de Peloponnesus, zoon v. Poseidon en Tyro, vader v. Nestor;* — *adj.* **Nēlē(i)us,** a, um; — *patron.* **Nēlīdēs,** ae *en* **Nēlēius,** ī *m* = Nestor.

Nemausus, ī *f en* **-um,** ī *n stad in Gallia Narbonensis, nu* Nîmes; — *inw.* **Nemausēnsēs,** ium *m.*

Nemea, ae *f bosrijke vallei in Argolis op de Peloponnesus met een oud heiligdom v. Zeus, waar om het jaar de Nemeïsche Spelen gehouden werden;* — *adj.* **Nemeaeus,** a, um; — **Nemea,** ōrum *n* de Nemeïsche Spelen.

Nemesis, is *en* eos *f Gr. godin v.d. vergelding.*

Nemetēs, um *m Germ. volksstam aan de rivier de Rijn, ter hoogte v.h. huidige Karlsruhe.*

nēmō, inis *m* (*ook f*) (*dat.* nēminī; *acc.* nēminem; *gen.* [*klass.*] nūllīus; *abl.* [*klass.*] nūllō, nūllā) (< *ne en arch. hemo* [= *homo*], *eig. geen mens*) niemand; ▸ ~ *omnium* niet een; ~ *nostrum* niemand v. ons; ~ *alius* geen ander; *non* ~ menigeen; ~ *non* ieder(een); ~ *est qui* (*m. conj.*): ~ *est qui nesciat;* ~ *est quin* (*m. conj.*) er is niemand die niet: ~ *est quin intellegat ruere rem publicam;* — *attrib.* geen: ~ *civis;* ~ *Romanus;* ~ *hostis.*

nemorālis, e (*nemus*) (*poët.*) tot het bos behorend, levend *of* zich bevindend in het bos, bos- [**antrum; umbrae; templum Dianae**].

Nemorēnsis, e (*nemus*) tot het bos, *ihb.* het woud v. Diana (*bij Aricia*) behorend [**lacus** *nu* Lago di Nemi]; — *subst.* **-e,** is *n* het gebied v.h. heilig woud v. Diana bij Aricia.

nemori-vagus, a, um (*nemus*) (*Catull.*) in het bos rondzwervend [**aper**].

nemorōsus, a, um (*nemus*)
1. bosrijk [**vallis**];
2. (*Ov.*) boomrijk [**silvae**];
3. (*Plin. Mai.*) met veel bladeren.

nempe *adv.*

1. dan toch, stellig, beslist, zeker, natuurlijk;
2. *(in vragen)* dan, dus, zeker; ▸ *nempe tu novisti militem?*

nemus, nemoris *n*
1. bos, woud *met weiden voor het vee* [**gelidum**]; ▸ *nemora silvaeque; agri et nemora; (v.e. zich als een bos vertakkende boom) ingens quercus, una* ~ *(Ov.)* op zichzelf een woud vormend;
2. *aan een godheid* gewijd woud [**Dianae** van Diana *bij Aricia*];
3. boomaanplant; bosschage;
4. *(Sen.) (meton.)* hout.

nēnia, ae *f (Gr. leenw.)*
1. lijkzang, lijkklacht;
2. *(poët.) alg.* treurlied, klaaglied;
3. *(poët.)* toverformule;
4. *(poët.)* lied;
5. *plur.* larie, onzin.

neō, nēre, nēvī, nētum spinnen [**stamina; fila**]; weven [**tunicam auro**].

Neoclēs, is *en* ī *m vader v. Themistocles; — patron.* **Neoclīdēs,** ae *m* = Themistocles.

neophytus, ī *m (Gr. leenw.) (eccl.)* onlangs bekeerde.

Neoptolemus, ī *m*
1. *zoon v. Achilles en Deïdamia, ook Pyrrhus genoemd;*
2. *koning v.d. Molossen in N.-Griekenland (ca. 370 v. Chr.), grootvader v. Alexander de Grote.*

Neōtericī, ōrum *m (Gr. leenw.* 'de nieuweren, modernen'*) (Laatl.)* Neoterici, *groep van dichters uit de 1e eeuw v. Chr. in Rome, die zich qua stijl bij de Alexandrijnse dichtkunst aansloot (de belangrijkste vertegenwoordiger was Catullus).*

nepa, ae *m(?)*
1. schorpioen *(ook als sterrenbeeld)*;
2. kreeft *(ook als sterrenbeeld)*.

nepeta, ae *f (postklass.) een kruid,* tijm(?).

Nepete, is *n plaats in Z.-Etrurië, nu* Nepi; *— inw. en adj.* **Nepesīnus,** ī *m resp.* a, um.

Nephelēis, idos *f* = Helle, *dochter v. Nephele.*

nepōs, ōtis *m en f*
1. kleinzoon, -dochter [**Atlantis** = Mercurius; **ex filio** *of* **ex filia**];
2. *(poët.)* nakomeling *(meestal plur.)*;
3. rank, spruit, kiem;
4. verkwister.

Nepōs, ōtis *m Rom. cogn.:* Cornēlius ~ *(ca. 100—27 v. Chr.), Rom. biograaf en geschiedschrijver, vriend v. Cicero, Catullus, Varro en Atticus.*

nepōtālis, e *(nepos)* verkwistend.

nepōtātus, ūs *m (nepotor) (postklass.)* verkwisting, verspilling.

nepōtor, nepōtārī *(nepos) (postklass.)* verkwisten, verspillen.

nepōtulus, ī *m (demin. v. nepos) (Plaut.)* kleinzoontje.

neptis, is *f (nepos)* kleindochter [**Veneris** = Ino]; ▸ *doctae neptes* = de muzen.

Neptūnus, ī *m oorspronkelijk god v. rivieren, bronnen en meren, door gelijkstelling met de god v.d. zee, Poseidon, ook god v.d. zee geworden; meton. (poët.)* zee; — *adj.* **Neptūnius,** a, um van Neptunus [**arva** = zee; **moenia** *van Troje, dat door Poseidon (en Apollo) versterkt was;* **aquae** *bron bij Tarracina;* **proles; heros** = Theseus *als nakomeling v.* Neptunus; **dux** = Sextus Pompeius, *die beweerde de zoon v. Neptunus te zijn*].

nē-quam *indecl., comp.* nēquior, *superl.* nēquissimus *(adv.* nēquiter*) (ne²)*
1. waardeloos, slordig, wanordelijk, lichtvaardig, liederlijk [**servus; iuvenes; liberti**]; ▸ *nequiter bellum suscipere;*
2. *(poët.)* niets waard [**libellus**];
/ *subst. indecl. n* kwaad, streek; ▸ ~ *dare;* ~ *facere.*

nē-quāquam *adv. (ne² en quisquam)* op geen enkele manier, geenszins, volstrekt niet.

ne-que *en* **nec** *(ne-⁴ en -que)*
1. en niet, ook niet; ▸ *neque quisquam* en niemand; *neque ullus* en geen; *neque umquam* en nooit; *neque usquam* en nergens; *ervum laetatur loco macro nec umido;*
2. *(na voorafgaande bevestigende zin)* maar niet, echter niet; ▸ *nostri hostem in fugam dederunt neque persequi potuerunt;*
3. *verbindingen: neque vero* maar niet; *neque enim* want niet; *neque tamen* en toch niet; *neque etiam* en zelfs niet;
4. **neque . . . neque** *en* **nec . . . nec** noch . . . noch;
5. **neque . . . et** weliswaar niet . . . maar, niet . . . maar veeleer; **et . . . neque** weliswaar . . . maar niet, deels . . . deels niet;
6. **neque . . . aut** *en* **neque . . . vel** en noch . . . noch;
7. **nec** *of* **neque** *(m. tweede ontkenning)* (a) *(ontkenning wordt versterkt)* volstrekt niet; ▸ *neque ille haud obiciet mihi (Plaut.);* (b) *(ontkenning wordt opgeheven)* en (stellig) ook, en inderdaad; ▸ *neque haec tu non intellegis; nec non et* en ook, maar ook;
8. *(in bijzinnen)* **ut . . . neque** = *ut . . . et ne;* **ne . . . neque** = *ne . . . neve;*

9. (poët.; arch.) = non niet (voornamelijk in samenstellingen: nec-opinatus, neg-otium); ▸ nec procul; quod nec vertat bene (Verg.).

neque-dum en **nec-dum** cj. en nog niet, maar nog niet, nog niet; ▸ designatus quaestor necdum senator; necdum dei filius eras.

nequeō, nequīre, nequīvī en nequiī, nequitum (vgl. queo) niet kunnen, niet in staat zijn (in zoverre de omstandigheden het niet toestaan; itt. non posse, non valere: niet in staat zijn, niet bij machte zijn, indien de kracht en middelen ontbreken); ▸ nequeo dormire; id nequitum (est) exaugurari; nequeo quin fleam (Plaut.) ik moet wel huilen; — nequeo wordt vervoegd als eo, ire gaan (zie appendix).

nēquior comp. v. nequam.

nē-quīquam adv.
1. tevergeefs, voor niets, zonder succes [**auxilium alcis implorare**];
2. onnodig, zonder reden [**civitatem exterrere**].

nēquissimus superl. v. nequam.

nēquiter adv. v. nequam.

nēquitia, ae en (poët.) **nēquitiēs,** ēī f (nequam)
1. verdorvenheid, ondeugd, liederlijkheid; ▸ officina nequitiae ac deversorium flagitiorum omnium (Cic.); me ipsum inertiae nequitiaeque condemno;
2. ondeugendheid; ▸ Lesbia, nequitiis passeris orba sui.

nequitum ppp. v. nequeo.

nequīvī zie nequeo.

Nerētum, ī n stad bij Tarente (Z.-Italië), nu Nardo.

Nēreus, eos en eī m (acc. -ea; vocat. -eu) oude zeegod met voorspellende gaven, zoon v. Oceanus of Pontus, echtgenoot v. Doris (dochter v. Oceanus), vader v.d. Nereïden; meton. zee; — patron. **Nērēis,** idis en **Nēr(ē)īnē,** ēs f Nereïde; — adj. **Nērēius,** a, um van Nereus [**genetrix** = Thetis; **nepos** = Achilles].

Neriō, iēnis f metgezellin v.d. god Mars, samen met hem vereerd.

Nēritos, ī f eiland bij of berg op Ithaca; — adj. **Nēritius,** a, um van Ithaca, uit Ithaca [**dux** = Odysseus]; van Odysseus [**domus; ratis**]; subst. ī m Odysseus.

Nerō, ōnis m cogn. in de gens Claudia:
1. C. Claudius ~, overwon als consul Hasdrubal in 207 v. Chr. bij de rivier de Metaurus;
2. Tib. Claudius ~, Caesars opperbevelhebber v.d. vloot, eerste echtgenoot v. Livia Drusilla; uit dit huwelijk kwamen Tib. ~ (de latere keizer Tiberius) en Drusus ~ (vader v. keizer Claudius) voort, daardoor medestichter v.h. Julisch-Claudische huis (gest. in 33 v. Chr.);
3. Tib. Claudius ~, Rom. keizer (reg. 54—68); — **Nerōnia,** ōrum n festival v. Nero, door de keizer zelf ter ere v. zichzelf ingevoerd en elke vijf jaar gehouden;
/ adj. **Nerōnēus, Nerōnius** en **Nerōniānus,** a, um.

Nersae, ārum f stad in Latium, nu Nersa.

Nerthus, ī f Germ. vruchtbaarheidsgodin, door de Romeinen gelijkgesteld aan Moeder Aarde (Terra Mater).

Nerulum, ī n stad in Lucanië (Z.-Italië), nu Nerulo; — adj. **Nerulonēnsis,** e.

Nerva, ae m Rom. cogn.; zie Cocceius.

Nerviī, ōrum m volksstam tussen de rivieren Schelde en Samber in Gallia Belgica; — adj. **Nervicus,** a, um.

nervōsus, a, um (nervus)
1. pezig, gespierd; (v. planten) vol vezels;
2. (metaf., v.e. redenaar) krachtig, gloedvol, pittig.

nervulus, ī m (demin. v. nervus) kracht.

nervus, ī m
1. pees, spier; (v. planten) vezel; ▸ -i a quibus artus (ledematen) continentur;
2. penis;
3. snaar; ▸ cantus -orum; -os pellere tokkelen;
4. (Hor.) draad v. marionetten; ▸ -is alienis mobile lignum;
5. (poët.) boogpees; ▸ -o aptare sagittas pijlen op de pees leggen;
6. (Tac.) leer (als bedekking v.e. schild); ▸ scuta -o firmata;
7. riem om te boeien; meton. (sg. en plur.) boeien, gevangenis; ▸ -o vinctus; in -is teneri; de -o cives eximere;
8. (metaf.) plur. (a) kracht, sterkte, energie, bezieling; ▸ opes ac -i middelen en macht; -i virtutis; (b) gespierdheid v. taal, kracht [**oratorii**]; (c) drijfveer, spankracht, levenskracht [**coniurationis**]; ▸ vectigalia rei publicae -i.

ne-sapius, ī m (ne-[4] en sapio) (Petr.) onwetende, onbenul.

ne-sciō, scīre (ne-[4])
1. niet weten, geen weet hebben van (m. acc.; de; m. aci.; afh. vr.) [**nomen alcis**]; ▸ quid nobis agendum sit, nescio (Cic.); nescis quantā cum exspectatione sim te auditurus (Cic.) je weet niet half; — non ~ heel goed weten; — bijzondere

uitdrukkingen: (a) (*nescio fungeert als onvervoegbaar element v.e. woordgroep*) **nescio** *en* **nesciō quis** de een of ander: *misit nescio quem ad Caesarem;* **nescio** *en* **nesciō quī** de een of andere; **nescio** *en* **nesciō quid** het een of ander; **nescio** *en* **nesciō quandō** ooit, eens; **nescio** *en* **nesciō quōmodo** *of* **quō pactō** op de een of andere manier; (b) **nescio** *en* **nesciō an** (*m. conj.*) misschien, mogelijkerwijs; *en* ▸ *nescio an non* vermoedelijk niet;

2. niet kennen, niet geleerd hebben [**deos; linguam; versūs** geen verzen kunnen schrijven];

3. niet kennen, niet (kunnen) spreken [**Latine, Graece**];

4. (*m. inf.*) niet kunnen, niet in staat zijn [**quiescere**]; ▸ *vincere scis, Hannibal, victoria uti nescis* (*Liv.*).

ne-scius, a, um (*ne-*[4] *en scio; vgl. inscius*)

1. (a) onwetend, zonder te weten, onkundig (*abs.; mbt.: gen.; de; aci.; afh. vr.*) [**fati; impendentis mali**]; ▸ *non ~ sum* ik weet heel goed; (b) (*poët.; postklass.*) niet in staat, niet bij machte (*m. inf.; gen. v.h. gerundium*) [**vinci** onoverwinnelijk; **cedere** onverzettelijk; **fallere; tolerandi; orandi**]; (c) (*poët.*) ongevoelig (*m. inf.; aci.*); ▸ *-a humanis precibus mansuescere corda;*

2. onbekend [**loca; causa**]; ▸ *non -um habere* (*m. aci.*) heel goed weten.

Nēsis, idis *f klein eiland ten W. v. Napels, nu* Nisida.

Nessus, ī *m*

1. *een centaur, door Hercules gedood; — adj.* **Nessēus,** a, um van Nessus;

2. *rivier in Thracië.*

Nestor, oris *m koning v. Pylos op de Peloponnesus, Griekse held in de Trojaanse oorlog; — adj.* **Nestoreus,** a, um.

Nētum, ī *n stad ten Z.W. v. Syracuse op Sicilië, nu* Noto; — *inw.* **Nētīnī,** ōrum *m.*

nētus *ppp. v. neo.*

neu *zie neve.*

Neurī, ōrum *m Scythische volksstam ten* N. *v. Kiev;* — *adj.* **Neuricus,** a, um [**hostis**].

ne-uter, utra, utrum (*gen.* neutrīus, *dat.* neutrī) (*ne-*[4])

1. geen (van beide[n]); ▸ *homo neutrius partis* neutraal; *neutra acies laeta ex eo certamine abiit* (*Liv.*); *neuter consulum;* — *plur.* **neutrī,** ōrum *n* geen van beide partijen: *neutris auxilia mittere* = neutraal blijven;

2. (*filos. t.t.*) indifferent [**res** noch goed, noch slecht];

3. (*gramm. t.t.*) van het onzijdig geslacht, onzijdig, neutrum; — *subst.* **neutra,** ōrum *n* woorden v.h. onzijdig geslacht.

ne-utiquam *adv.* (*ook gesplitst*) geenszins, in geen geval.

neutrō *adv.* (*neuter*) naar geen van beide kanten; ▸ *~ inclinaverat fortuna; ~ inclinata spes.*

neutr-ubī *adv.* (*neuter*)

1. (*Plaut.*) op geen van beide plaatsen;

2. (*Laatl.*) naar geen van beide kanten.

nē-ve *en* **neu** *cj.* en niet, of niet, noch (*leidt het tweede lid v.e. bevelende of afhankelijke finale zin in*); ▸ *ne lacrima, soror, neu id fac* (*Plaut.*); *peto a te ne abeas neve nos deseras;* — **nēve . . . nēve** noch . . . noch; **(ut) nēve . . . nēve** opdat noch . . . noch: *ut id neve in hoc neve in alio requiras* (*Cic.*); *milites obsecrat neu se neu imperatorem tradant.*

ne-vīs, ne-volt (*arch.*) = *non vis, non vult.*

nex, necis *f*

1. (gewelddadige) dood, moord [**iniusta**]; ▸ *alci necem inferre, parare; alci diem necis* (terechtstelling) *destinare; multorum civium neces;*

2. (*Ov.*) (*meton.*) bloed v.e. gedode persoon; ▸ *manūs imbutae nece Phrygiā;*

3. (*postklass.*) (natuurlijke) dood;

4. (*jur.*) (*metaf.*) nadeel, schade.

nexī *pf. v. necto.*

nexilis, e (*necto*) (*poët.*) samengeknoopt, samengebonden, verstrengeld [**vestis; crines; hederae**].

nexuī *zie necto.*

nexum, ī *n* (*necto*) leencontract, lening; schuld; (financiële) claim.

nexus[1] *ppp. v. necto.*

nexus[2]**,** ī *m* (*necto*) (*jur.*) iem. die gevangen zit wegens schulden, lijfeigene, onvrije.

nexus[3]**,** ūs *m* (*necto*)

1. het samenknopen, verstrengeling, kronkeling [**bracchiorum**]; ▸ *serpens baculum nexibus ambit* (*Ov.*);

2. (*metaf.*) (a) (*postklass.*) verbinding, band, verwikkeling, samenhang [**legis; naturalium causarum**]; (b) (*jur. t.t.*) schuldverbintenis; ▸ *nexu se obligare;* — *meton.* lijfeigenschap: *nexum inire.*

nī

1. (*arch. nv. voor ne*[2]) *partikel m. ontkennende waarde* (a) niet, ihb. in quidni (waarom niet?, natuurlijk wel!), nimirum; (b) (*finaal*) opdat niet, om niet;

2. *cj.* = *si non* (*of nisi*) als niet; ▸ *plures cecidissent, ni nox proelio intervenisset;* ihb. *bij bedreigingen,*

weddenschappen, bezweringen, vervloekingen: pereamt, ni ita est.

Nīcaea, ae *f*

1. *stad in Bithynië (Kl.-Azië), door Antigonus Monophthalmus (een v.d. opvolgers van Alexander de Grote) Antigoneia genoemd, al snel na zijn dood (301 v. Chr.) door Lysimachus hernoemd naar zijn vrouw Nicaea, nu İznik;* — *inw. en adj.* **Nīcaeēnsis,** is *m resp.* e;

2. *stad in Locris (Midden-Griekenland);*

3. *stad in Ligurië, nu Nice.*

Nīcaeus, ī *m (Gr. leenw.* 'schenker v.d. overwinning') *bijnaam v. Jupiter.*

Nīcander, drī *m dichter, grammaticus en arts uit Colophon (ca. 150 v. Chr.).*

nīcātor, oris *m (acc. plur.* -oras) *(Gr. leenw.)* overwinnaar *(als bijnaam):* (a) *v. koning Seleucus;* (b) *(plur.) v.d. lijfwachten v. koning Perseus v. Macedonië.*

Nīcēphorium, ī *n*

1. *bos bij Pergamum (Kl.-Azië);*

2. *stad aan de Eufraat, nu Ar-Raqqah.*

nīcētērium, ī *n (Gr. leenw.) (Juv.)* zegeprijs.

Nīciās, ae *m Atheens staatsman en veldheer, sloot in 421 v. Chr. de naar hem genoemde vrede met Sparta.*

Nīcomēdēs, is *m naam v. verscheidene koningen v. Bithynië (Kl.-Azië).*

Nīcomēdīa, ae *f belangrijkste stad v. Bithynië (Kl.-Azië), nu İzmit;* — *inw. en adj.* **Nīcomēdēnsis,** is *m resp.* e.

Nīcopolis, is *f door Augustus na zijn overwinning bij Actium gestichte stad in Epirus.*

nictō, nictāre *en* **nictor,** nictārī *(niet-klass.)*

1. met de ogen knipperen, knipogen;

2. *(metaf., v. vuur)* flakkeren; ▸ *nictantia fulgura flammae.*

nīdāmentum, ī *n (nidus) (Plaut.)* bouwmateriaal voor een nest.

nīdificium, ī *n (nidifico) (postklass.)* nest.

nīdificō, nīdificāre *(nidificus) (postklass.)* een nest bouwen.

nīdi-ficus, a, um *(nidus en facio) (Sen.)* een nest bouwend.

nīdor, ōris *m* damp, walm, braadlucht [**culinae**].

nīdulor, nīdulārī *(nidulus) (postklass.)*

I. *intr.* een nest bouwen;

II. *tr.* van een nest voorzien.

nīdulus, ī *m (demin. v. nidus)* nestje.

nīdus, ī *m*

1. nest [**aquilae; columbarum**]; ▸ *-um facere, construere;* — *metaf. (Hor.)* stand, komaf: *maiores pennas -o extendere* zich boven zijn stand verheffen;

2. *(poët.; postklass.) (meton.) plur.* jonge vogels in het nest [**loquaces; queruli**];

3. *(Hor.)* woonplaats, huis; ▸ *-um servare* op het huis passen, thuisblijven;

4. *(poët.)* hooggelegen stad [**Acherontiae**];

5. *(Mart.)* vak *v.e. kast.*

nigellus, a, um *(demin. v. niger) (August.)* zwartachtig.

niger, gra, grum

1. zwart, donker, duister [**crinis; oculi; canis; ovis; nubes; nox; umbra; silvae**];

2. *(poët.) (meton.)* verduisterend [**imber; ventus**];

3. *(metaf.)* (a) *(poët.)* onheilspellend, vreselijk, donker, treurig [**Tartara; avis; ignes** brandstapel; **hora** stervensuur; **dies** dag v.d. dood, ongeluksdag]; (b) boos-, kwaadaardig; (c) *(Hor.)* scherp, bijtend [**sal** geestigheid].

Nigidius, a, um *naam v.e. pleb. Rom. gens:* P. ~ Figulus, *grammaticus en onderzoeker van de natuur, vriend v. Cicero (ca. 100—45 v. Chr.).*

nigrāns, *gen.* antis *(nigro) (preklass.; poët.)* zwart, donker; ▸ *nigrantes iuvenci; nigrantes alae corvi.*

nigrēdō, inis *f (niger) (Apul.)* zwartheid, donkere kleur; duisternis.

nigrēscō, nigrēscere, nigruī, — *(niger) (poët.; postklass.)* zwart *of* donker worden; ▸ *nigrescunt sanguine venae.*

nigricō, nigricāre *(niger) (Plin. Mai.)* zwart *of* donker zijn; — *p. adj.* **nigricāns,** *gen.* antis zwartachtig, donker.

nigritia, ae *f (niger) (Plin. Mai.)* zwartheid, zwarte kleur [**capilli**].

nigrō, nigrāre *(niger) (poët.)*

I. *intr.* zwart zijn;

II. *tr.* zwart maken [**lacertos**].

nigror, ōris *m (niger) (pre- en postklass.)* zwartheid.

nigruī *pf. v. nigresco.*

nigrum, ī *n (niger) (Ov.)* zwarte vlek.

nihil *en (gecontraheerd)* **nīl** *indecl. n (alleen nom. en acc.) (gen., dat. en abl. aangevuld door: nullius rei, nulli rei, nulla re)*

1. niets; ▸ ~ *honestum, mortale; (m. gen.)* ~ *vini* geen wijn; ~ *mali, doli, temporis; nihil agere* niets doen, niets bereiken; *nihil loqui;* — *verbindingen:* (a) *non nihil* iets, een beetje, enig [**temporis** enige tijd]; *nihil non* alles; (b) *nihil nisi* niets dan, alleen; *nihil aliud nisi (of quam, praeterquam)* niets anders dan, alleen,

slechts; (c) *hoc nihil ad me (attinet, pertinet)* dat gaat mij niet aan; *hoc nihil ad rem (pertinet)* dat doet niets ter zake; (d) *nihil est, quod (of cur, quamobrem) m. conj.* er is geen reden om; (e) *nihil minus, nihil sane* helemaal niet, absoluut niet;

2. niks, nul, iets onbetekenends; ▸ *nihil esse* een nul zijn, niets betekenen; *alqm nihil putare* als nietswaardig beschouwen, geringschatten;

3. *adv.* (a) op geen enkele manier, geenszins; ▸ *Catilinam ~ metuo*; (b) om geen enkele reden; ▸ *~ nisi en ~ aliud nisi (of quam)* om geen andere reden dan dat; (c) tevergeefs, voor niets.

nihil-dum *adv.* nog niets.

nihilō-minus *zie nihilum.*

nihilum *en (gecontraheerd)* **nīlum,** ī *n (nom. en dat. ongebruikelijk)* niets, het niets:

1. **nihilī** *(gen.) (bij uitdr. die een waarde aangeven)* voor niets [**facere, putare, aestimare** geringschatten, niets waard achten; **esse** niets waard zijn]; ▸ *homo -i* nietswaardig mens;

2. **nihilum** *(acc., meestal m. ad of in)*: ▸ *ad -um redigere* tenietdoen, vernietigen; *ad -um recidere of venire en in -um interire of occidere* te gronde gaan; — *adv.*: in geen enkel opzicht, geenszins;

3. **nihilō** *(abl.)* (a) *(bij uitdr. die een waarde aangeven)* voor niets; ▸ *-o emere, aestimare*; (b) *(bij comparatieve uitdr.)* niets; ▸ *-o maior, minor*; *-o magis* even weinig: *-o magis minis quam precibus moveri (Cic.)*;

4. **prō nihilō** gelijk aan niets [**putare, ducere, habere** geringschatten, minachten; **esse** niets waard zijn];

5. **dē nihilō** uit niets; zonder reden, ongegrond; **ex nihilō** uit het niets;

6. **nihilōminus** *en* **nihilō sētius** *adv.* desalniettemin, toch.

nīl *zie nihil.*

nīlum *zie nihilum.*

Nīlus, ī *m*

1. de Nijl, *rivier in Egypte* [**septemfluus, septemplex** *vanwege de zeven mondingen*]; *personif. als riviergod*; — *adj.* **Nīliacus, Nīlōticus,** a, um, *fem. ook* **Nīlōtis,** idis *ook* Egyptisch;

2. *(metaf.)* sloot, goot.

nimbātus, a, um *(nimbus) (Plaut.)* mistig, in nevel gehuld.

nimbi-fer, fera, ferum *(nimbus en fero) (poët.)* donderwolken brengend [**ignis** bliksemschicht].

nimbōsus, a, um *(nimbus) (poët.; postklass.)*

1. bewolkt [**cacumina montis** in de wolken];

2. wolken brengend, regen brengend [**ventus**].

nimbus, ī *m (vgl. nebula, imber)*

1. wolk, wolkendek; ▸ *cinxerunt aethera nimbi (Verg.)*; — *(poët.)* nevel *(als omhulsel)*: *Venus obscuro faciem circumdata -o (Verg.)*;

2. *(poët.)* regenwolk, donderwolk; stofwolk, rookwolk;

3. storm, sterke wind, onweer;

4. stortbui, slagregen, regenbui [*metaf.* **ferreus** van ijzeren projectielen]; ▸ *densi funduntur ab aethere -i (Ov.)* regenen;

5. *(Verg.) (metaf.)* menigte, schare [**equitum peditumque**];

6. *(metaf.)* plotseling opduikend ongeluk; ▸ *hunc quidem -um cito transisse laetor (Cic.)*.

nimietās, ātis *f (nimius) (postklass.)* overvloed, overdaad.

nimiō *zie nimius.*

nimiopere *adv. (ook gesplitst nimiō opere)* te zeer.

nī-mīrum *adv.*

1. zonder twijfel, ontegenzeggelijk;

2. *(iron.)* vanzelfsprekend, natuurlijk.

nimis[1] *indecl. n* uitzonderlijke hoeveelheid, uitzonderlijk aantal *(van: gen.)*; ▸ *~ lucis.*

nimis[2] *adv.*

1. (al) te zeer, te, te veel; ▸ *(in comb. m. adj., adv. en werkwoorden) ~ multa*; *~ dixi*; *~ atrociter sociis imperare*; *(m. gen.) ~ insidiarum*; — *non nimis* niet bijzonder;

2. (ook nimis quam) zeer, heel, erg.

nimius, a, um

1. te groot, te veel, overdadig [**calor; imber; vitis** te welig]; overdreven, overmoedig *(in: in m. abl.; gen.; abl.)* [**in honoribus decernendis; imperii; pugnae; rebus secundis; verbis**]; te machtig, te sterk [**legio**]; — *adv.* **nimium** *en* **nimiō** (al) te zeer, te, te veel: *nimium diu* al te lang; *nimium breves flores* te snel verwelkend; — *subst.* **nimium,** ī *n* overvloed;

2. zeer groot, zeer veel, buitengewoon; — *adv.* (a) **nimium** *en* **nimiō** zeer, erg: *fortunati nimium agricolae*; (b) **nimium quantum** buitengewoon, zeer.

ningit, ningere *(en* **ninguit,** ninguere*)*, nīnxit *(nix) (postklass.) onpers.* het sneeuwt; — *metaf., persoonl.*: *iter ningunt rosarum floribus (Lucr.)* bestrooien zij met rozen in overvloed.

ninguis, is *f (ningit) (poët.; postklass.)* sneeuw; *plur.* sneeuwbuien.

ninguit *zie ningit.*

Ninnius, a, um *naam v.e. Rom. gens*: L. ~ Quadratus, *volkstribuun in 58 v. Chr., tegenstander v.*

Clodius.

Ninos *en* **Ninus,** ī

1. *f* Ninive, *oude hoofdstad v. Assyrië aan de rivier de Tigris;*

2. *m volgens de Gr. overlevering koning v. Assyrië, echtgenoot v. Semiramis.*

nīnxit *pf. v. ningit en ninguit.*

Ninyās, ae *m (acc. -ān) zoon v. Ninus en Semiramis.*

Nioba, ae *en* **Niobē,** ēs *f dochter v. Tantalus, echtgenote v. Amphion; vanwege haar arrogante houding tegenover Latona werd zij door Latona's kinderen Apollo en Artemis met de dood v. haar talrijke (twaalf of veertien) kinderen bestraft; uit verdriet veranderde ze in een steen;* — *adj.* **Niobēus,** a, um.

Niphātēs, ae *m gebergte in Armenië, poët. ook een rivier.*

Niptra, ōrum *n (Gr. leenw.)* 'Het waswater' *(tragedie v. Pacuvius).*

Nīrēus, eī *m op Achilles na de knapste Griek in de strijd om Troje.*

ni-sī *(< nē en sī) cj.*

1. *(in een bijzin)* indien niet, als niet, tenzij; ▸ *nisi molestum est, repete; scriberem nisi arbitrarer;*

2. *(na een ontkenning of in een retorische vraag)* behalve, dan; ▸ *Catilina nihil cogitavit nisi caedem, rapinas, incendia; in Caesaris victoria nemo cecidit nisi armatus; quis istud credat nisi stultus?* wie gelooft dat nu, behalve misschien een domkop?; *nihil aliud nisi* niets anders dan; — **nōn . . . nisī** *of* **nisī . . . nōn** alleen *(zo ook: nemo . . . nisi, nihil . . . nisi e.d.)*;

3. **nisī sī** behalve als; **nisī quod** behalve dat, alleen dat; **nisī forte** *en* **nisī vērō** of het zou moeten zijn dat; voorzover niet.

nīsus[1] *p.p. v. nitor*[2].

nīsus[2] *en (zelden)* **nīxus,** ūs *m (nitor*[2]*)*

1. het zich schrap zetten, krachtsinspanning; ▸ *pedetentim et sedato nisu;*

2. het omhoogklimmen [**per saxa**];

3. *(poët.)* het vliegen, vlucht; ▸ *insolitos nisus docere aquilam (Hor.);*

4. omwenteling, draaiing *v.e. sterrenbeeld;* ▸ *astra nisu conglobata;*

5. *(poët.; postklass.) (sg. en plur.)* weeën, het baren; ▸ *hunc stirps Oceani maturis nisibus Aethra edidit (Ov.);*

6. *(Plin. Min.)* nadruk.

Nīsus, ī *m*

1. *koning v. Megara (Midden-Griekenland), vader v. Scylla; Scylla knipte uit liefde voor Minos de purperen lok v. Nisus (waar zijn leven en heerschappij van afhingen) af; Scylla en Nisus werden beiden in roofvogels veranderd;* — *adj.* **Nīsēius,** a, um [**virgo** = Scylla], **Nīsaeus,** a, um, *fem. ook* **Nīsias,** adis van Nisus; Megarisch; — *patron.* **Nīsēis,** idis *f dochter v. Nisus* = Scylla;

2. *Trojaan, zoon v. Hyrtacus, begeleider v. Aeneas, vriend v. Euryalus.*

nītēdula, nītēla *en* **nītella,** ae *f* hazelmuis.

nitēns, *gen.* entis *(p. adj. v. niteo)*

1. schitterend [**arma**];

2. *(metaf.)* (a) *(poët.)* prachtig, mooi [**femina; oculi; flos; campi** bloeiend, vruchtbaar]; (b) schitterend [**oratio**].

niteō, nitēre, nituī, —

1. glanzen, blinken, schitteren *(van, door: abl.)*; ▸ *nitent templa marmore; aera nitent usu; luna nitet;*

2. *(metaf.)* stralen, glanzen, uitmunten, opvallen; ▸ *Lucretius recenti gloriā nitens; ubi plura nitent in carmine;*

3. glanzend, welgedaan zijn, gedijen; ▸ *nitent oves; tellus nitet;*

4. *(poët.; postklass.)* er prachtig uitzien, mooi zijn.

nitēscō, nitēscere, — — *(incoh. v. niteo)*

1. beginnen te schitteren of te stralen; ▸ *iuventus oleo nitescit; caelum nitescit;*

2. *(Plin. Min.; Plin. Mai.) (metaf.)* dik worden, gedijen; ▸ *armenta nitescunt.*

nītibundus, a, um *(nitor*[2]*) (postklass.)* steunend *(op: abl.)*.

nitidiusculus, a, um *(demin. v. nitidior, comp. v. nitidus) (Plaut.) (door olie)* nogal glimmend [**caput**].

nitidō, nitidāre *(nitidus) (postklass.)* glanzend maken, gladmaken.

nitidus, a, um *(niteo)*

1. glimmend, schitterend [**ebur; dies** helder, zonnig; **caesaries;** *(van, door: abl.)* **auro; coma nardo**];

2. mooi, knap;

3. elegant, fijn, smaakvol, verzorgd *ook metaf. (ihb. v.e. redevoering)* [**oratio; verba**]; — *subst.* ī *m* verzorgde stedeling;

4. welig, bloeiend [**campi; fruges**];

5. dik, doorvoed [**equi; vacca; rusticus**];

6. glad; ▸ *serpens* ~ *iuventā (Hor.)* glad en verjongd *(vanwege het vervellen).*

Nitiobrogēs, um *m volksstam in Aquitanië bij de rivier de Garonne (Z.W.-Gallië).*

nitor[1], ōris *m (niteo)*

1. glans, het schitteren [**diurnus** van de dag; **aurorae; argenti**];
2. *(metaf.)* aanzien, luister [**generis**];
3. schoonheid, elegantie *(ook v.e. beschrijving)* [**orationis; descriptionum**];
4. *(Ter.)* welgedaan uiterlijk.

nītor[2]**,** nītī, nīxus *en* nīsus sum
1. steunen, leunen *(op: abl.; in m. acc.; in m. abl.)* [**genibus** knielen; **hastā, in hastam**];
2. zich oprichten; ▸ *~ modo et statim concidere;*
3. *(v. strijdenden)* zich schrap zetten; ▸ *virtute et patientiā nitebantur atque omnia vulnera sustinebant (Caes.);*
4. gaan staan [**humi**]; ▸ *serpentes nituntur* beginnen te kruipen;
5. *(Verg.)* zweven; ▸ *paribus nitens Cyllenius alis constitit;*
6. opstijgen [**pennis in aëra; ad sidera**];
7. voorwaarts streven, opdringen [**porro; in adversum**];
8. *(poët.)* (barens)weeën hebben;
9. *(metaf.)* streven naar, zich inspannen voor *(m. ad; in m. acc.)* [**ad gloriam; ad sollicitandas civitates**];
10. zijn best doen voor, streven naar, zich inspannen voor *(m. pro; de; contra; adversus; ut, ne; inf.)* [**pro libertate** strijden; **de causa regia; contra verum** bestrijden; **adversus foedera naturae; patriam recuperare**];
11. afhangen van, steunen op *(m. abl.; in m. abl.)* [**regno**]; ▸ *salus civitatis nititur in vita alcis;*
12. zich verlaten op *(m. abl.; in m. abl.)* [**animo** op zijn moed].

nitrātus, a, um *(nitrum) (postklass.)* met nitrum gemengd.

nitrōsus, a, um *(nitrum) (Plin. Mai.)* een overvloed aan nitrum hebbend.

nitrum, ī *n (Gr. leenw.)* natron, salpetersoda.

nivālis, e *(nix)*
1. van de sneeuw, sneeuw- [**ventus** sneeuwjacht; **dies; aurae** sneeuw brengende luchten];
2. *(poët.; postklass.)* met sneeuw bedekt [**Othrys; iuga**];
3. *(metaf.)* sneeuwwit; ▸ *equi candore nivali;*
4. *(Mart.)* ijskoud [**osculum**].

nivārius, a, um *(nix) (postklass.)* sneeuw- [**colum** wijnkoeler; **saccus** sneeuwdoorslag *(een zeef met sneeuw om wijn te filteren)*].

nivātus, a, um *(nix) (postklass.)* gekoeld met sneeuw [**potio; aqua**].

nī-ve[1] *cj.* of zo niet.

nīve[2] *cj. (Lucr.) = neve.*

niveus, a, um *(nix) (poët.; postklass.)*
1. van sneeuw, sneeuw- [**agger** sneeuwhoop];
2. besneeuwd [**mons**];
3. *(metaf.)* sneeuwwit [**vestis**];
4. helder [**flumen; unda**].

nivis *gen. v. nix.*

nivōsus, a, um *(nix)* vol sneeuw [**hiems; Scythia**].

nix, nivis *f (gen. plur. nivium)*
1. sneeuw [**nova** verse; **vetus; alta**]; *plur.* sneeuwhopen, sneeuwbuien;
2. *(Hor.) plur. capitis* (sneeuw)wit haar.

Nīxī, ōrum *m ~ (dii) en* **Nīxae,** ārum *f ~ (deae) (nitor*[2]*) drie goden v.d. geboorte, van wie de beelden, in knielende houding, zich in Rome op het Capitool voor het heiligdom v. Minerva bevonden.*

nīxor, nīxārī *(intens. v. nitor*[2]*) (poët.) = nitor*[2]*.*

nīxus[1] *zie nisus*[2]*.*

nīxus[2] *p.p. v. nitor*[2]*.*

nō, nāre
1. zwemmen, drijven; ▸ *nandi peritus; ~ discere; ~ per undas; bestiae nantes;*
2. *(poët.) (metaf.)* varen, zeilen [**cymbā**];
3. *(Verg.) (v. bijen)* zwermen;
4. *(Catull.)* deinen; ▸ *undae nantes;*
5. *(Lucr.)* waterig zijn, zwemmen; ▸ *nant oculi.*

nōbilis, e *(vgl. nosco)*
1. *(pre- en postklass.)* kenbaar, duidelijk, zichtbaar [**gaudium**];
2. bekend [**gladiator**];
3. beroemd, geprezen, vermaard [**rex; rhetor; oppidum**];
4. berucht [**taurus**]; ▸ *~ clade Romanā Caudina pax; se scelere nolunt fieri nobiles (Plaut.);*
5. voornaam, aristocratisch, van goede familie [**gens; familia; iuvenis**]; ▸ *homo nobilissimus; nobili genere nati;*
6. voortreffelijk, uitstekend [**equae; phalerae; fundi**].

nōbilitās, ātis *f (nobilis)*
1. beroemdheid, roem; ▸ *alqm nobilitate praecurrere;*
2. hoge geboorte, voorname stand *of* positie; ▸ *adulescens summā nobilitate;*
3. *(meton.)* aristocratie, de adellijken; *plur. (Tac.) nobilitates externae* hooggeplaatste buitenlandse personen, buitenlandse vorsten;
4. *(postklass.)* adellijke gezindheid *of* houding; ▸ *nobilitate ingenitā;*
5. voortreffelijkheid [**discipulorum**]; ▸ *signa summā nobilitate.*

nōbilitō, nōbilitāre *(nobilis)*
1. bekendmaken [**famam**];
2. beroemd maken [**virtutem alcis**]; — *pass.* beroemd worden: *poëtae nobilitari volunt;*
3. in opspraak brengen, berucht maken [**crudelitatem alcis; alqm flagitiis**].

nocēns, *gen.* entis *(p. adj. v. noceo)*
1. schadelijk, verderfelijk [**aurum**];
2. schuldig, misdadig, strafbaar [**reus**]; gewetenloos [**victoria**]; — *subst. m* schuldige, misdadiger.

noceō, nocēre, nocuī, nocitum
1. schade toebrengen aan, schaden *(m. dat.)* [**rei publicae; nemini; nihil iis; noxam** schade berokkenen]; ▸ *quid temptare nocebit?* (Ov.) een poging kan toch geen kwaad?;
2. hinderlijk zijn; ▸ *nocet esse sororem* het hindert me dat ik zuster ben; *nocet esse deum* (Ov.) het is vreselijk om een god te zijn;
3. afbreuk doen *(aan: dat.)*; ▸ *iudicio formae noxque merumque nocent.*

nocīvus, a, um *(noceo) (poët.; postklass.)* schadelijk.

Nocti-fer, ferī *m (nox en fero)* (Catull.) de Nachtbrengende = de avondster.

nocti-lūca, ae *f (nox en luceo) (preklass.; poët.)*
1. fakkel, lantaarn;
2. de maan.

nocti-vagus, a, um *(nox) (poët.)* 's nachts rondzwervend [**faces caeli**]; ▸ *curru -o Phoebe medium pulsabat Olympum (Verg.).*

noctū *adv. (nox)* 's nachts, bij nacht; ▸ ~ *diuque.*

noctua, ae *f (nox)* steenuil; ▸ *sprw.*: *Athenas noctuam mittere* = water naar de zee dragen.

noctuābundus, a, um *(nox)* 's nachts reizend [**tabellarius**].

noctuīnus, a, um *(noctua)* (Plaut.) van de nachtuil [**oculi**].

nocturnum, ī *n (nocturnus)* (Mel.) nocturne *(liturgisch avondgebed).*

nocturnus, a, um *(noctu)* nachtelijk, bij nacht, nacht- [**fur; vigiles; Bacchus** 's nachts vereerd; **convivium; contio; seditio**] *(poët. vaak adj. ipv. adv., bv.: lupus gregibus -us obambulat)*; — *subst.* **Nocturnus,** ī *m* (Plaut.) *god v.d. nacht.*

noctū-vigilus, a, um *(vigilo)* (Plaut.) 's nachts wakend.

nocuus, a, um *(noceo)* (Ov.) schadelijk, nadelig.

nōdō, nōdāre *(nodus)*
1. tot een knoop maken, knopen [**crines in aurum** samenknopen in een gouden haarklem];
2. (Ov.) samensnoeren [**collum laqueo**];
3. (Plin. Mai.) van knopen voorzien.

nōdōsitās, ātis *f (nodosus)* (Laatl.) ingewikkeldheid.

nōdōsus, a, um *(nodus)*
1. *(poët.; postklass.)* vol knopen, knoestig [**stipes; ramus**];
2. *(postklass.) (metaf.)* ingewikkeld, vol moeilijkheden [**verba**];
3. (Hor.) *(v. personen) geslepen in allerlei juridische finesses.*

nōdulus, ī *m (demin. v. nodus) (postklass.)* kleine knoop *of* knoest.

nōdus, ī *m*
1. knoop; ▸ *-um solvere; -os rumpere; alqm in -um complecti* iem. stevig vastpakken;
2. *(poët.)* gordel;
3. *(poët.)* (haar)knot; ▸ *crinem -o substringere;*
4. *(postklass.)* gewricht;
5. knoest; ▸ *baculum sine -o;*
6. knoop, vruchtoog *aan planten;*
7. *(metaf.)* verbinding, band [**amicitiae**];
8. (Ov.) verplichting; ▸ *-os imponere;*
9. verwikkeling, moeilijkheid, complicatie, *ook (poët.)* verwikkeling in een drama; ▸ *-um alcis rei exsolvere, expedire* oplossen, wegnemen; *maximus in re publica* ~ *est inopia rei frumentariae;* — *meton. (poët.) (v. personen, ihb. v. iem. die iets bemoeilijkt of hindert): Abas pugnae* ~.

noenu en **noenum** *adv. (arch.)* = *non* niet.

nola, ae *f* (Laatl.) belletje, klokje.

Nōla, ae *f stad in Campanië waar Augustus is gestorven; het huis waar hij stierf werd een tempel; later werd Nola bisschopszetel v.d. kerkvader Paulinus van* ~ *(gest. in 431 n. Chr.)*; — *inw. en adj.* **Nōlānus,** ī *m resp.* a, um; — **Nōlānum,** ī *n* gebied van Nola.

nōllem *conj. impf. v. nolo.*

nōlō, nōlle, nōluī, —
1. niet willen *(abs.; m. acc.; inf.; aci.; conj.)*; — nōlī, nōlīte *(m. inf. om een verbod uit te drukken)*: *noli putare* geloof niet; *noli turbare circulos meos! (uitspraak toegeschreven aan Archimedes)* wis mijn cirkels niet uit!;
2. niet gunstig gezind zijn, een vooroordeel koesteren tegen *(m. dat.)*;
/ *voor de vormen zie Appendix.*

Nomades, um *m* nomaden, zwervend herdersvolk, *ihb.* Numidiërs; — *sg.* **Nomas,** adis *f* Numidische.

nomē, ēs *f (Gr. leenw.) een soort woekerende zweer.*

nōmen, inis *n*
1. naam, benaming; ▸ *nomen dare, imponere, indere; ex, a re nomen accipere, capere, trahere;* ~ *mihi est Marcus, Marci, Marco* (*dat.*) ik heet Marcus; *nomen alci dare Lucio* (*dat.*), *Lucium; ei morbo* ~ *est avaritia;* ~ *calamitatis* het woord calamitas; *nomen* (*nomina*) *dare, edere, profiteri* zich melden, *ihb. voor de krijgsdienst; ad nomina non respondere* geen gehoor geven aan de oproep; *nomen accipere* invoeren op de lijst v. kandidaten; *juridisch: nomen deferre* (*m. gen.*) aanklagen; *nomen accipere, recipere* de aanklacht ontvankelijk verklaren;
2. geslachtsnaam (*nomen gentile*) *v.e. vrijgeboren* Romein, *ook* voornaam (*praenomen*), bijnaam (*cognomen*); ▸ *alqm in nomen asciscere; alqm in familiam nomenque adoptare;*
3. titel [**imperatoris**];
4. (*meton.*) (a) geslacht [**Fabium** het geslacht v.d. Fabii]; (b) volk, natie [**Romanum** de Romeinen]; (c) persoon; ▸ ~ *vestrum = vos; nomina fortissima* de dapperste helden;
5. beroemde naam, roem, goede reputatie [**sociorum; familiae; patrum**]; ▸ *multi nominis* veelgeroemd; *tanti nominis rex; sine nomine* onbekend;
6. rang, waardigheid [**regale**];
7. naam, schijn; ▸ *reges nomine magis quam imperio;*
8. aanleiding, reden, grond [**fictae religionis; honestum**];
9. naam v.e. schuldenaar *in de debiteurenadministratie;*
10. (*meton.*) (a) promesse, schuldpost, schuld; ▸ *nomen facere, in tabulas nomen referre* boeken; *nomen solvere, dissolvere, exsolvere, expedire* zijn schulden afbetalen; *nomina exigere* bedragen invorderen; *nomen locare* geld uitlenen; (b) schuldenaar [**certum; lentum** wanbetaler];
11. *abl.* **nōmine** (a) van naam; (b) (alleen) wat de naam betreft; ▸ *alci nomine notum esse;* (c) in naam *of* opdracht van [**imperatoris**]; ▸ *nomine atque arbitrio alcis bellum gerere;* (d) onder de naam van, als (*m. gen.*) [**obsidum** als gijzelaars; **praedae** als buit]; (e) in het geval van (*m. gen.*); (f) onder het voorwendsel van (*m. gen.*); ▸ *nomine sceleris damnati sunt;* (g) op grond van, wegens, met betrekking tot (*m. gen.*) [**rei publicae**]; ▸ *eo* (*hoc*) *nomine* om deze reden, daarom; *suspectus nomine neglegentiae* wegens nalatigheid; (h) *meo* (*tuo, suo enz.*) *nomine* ik (jij, hij *enz.*) van mijn (jouw, zijn *enz.*) kant, persoonlijk.

nōmen-clātiō, ōnis *f* (*calo*[1]) het noemen bij *of* van de naam.

nōmen-clātor *en* **-culātor,** ōris *m* (*calo*[1])
1. 'namennoemer' (*een slaaf die zijn meester de namen moest noemen van degenen die deze ontmoette*);
2. iem. die een ander met diens naam aanspreekt.

nōmenclātūra, ae *f* (*vgl. nomenclatio*) (*Plin. Mai.*) het benoemen; namenregister.

nōmen-culātor, ōris *m zie nomenclator.*

Nōmentum, ī *n stad ten* N.O. *v. Rome, beroemd om de wijnproductie, nu* Mentana; — *inw. en adj.* **Nōmentānus,** ī *m resp.* a, um; — **Nōmentānum,** ī *n* (*vul aan: praedium*) landgoed bij Nomentum.

nōminātim *adv.* (*nomino*) met name, bij naam; uitdrukkelijk; ▸ *centuriones* ~ *appellare.*

nōminātiō, ōnis *f* (*nomino*)
1. (*postklass.*) het benoemen;
2. (*postklass.*) aanduiding;
3. voordracht *v.e. kandidaat voor een ambt.*

nōminātor, ōris *m* (*nomino*) (*Laatl.*) iem. die voordraagt *of* een naam geeft.

nōminitō, nōminitāre (*intens. v. nomino*) (*Lucr.*) (be)noemen.

nōminō, nōmināre (*nomen*)
1. (be)noemen, een naam geven (*naar: ex; ab*) [**rem proprio vocabulo; filium ex patre**]; *pass.* heten, genoemd worden; ▸ *amor ex quo amicitia est nominata;*
2. met name noemen, vermelden; ▸ *quis me nominat?* (*Plaut.*); *ad flumen quod supra nominavimus;*
3. roemen; ▸ *nominari volunt omnes;*
4. (*voor een ambt*) voordragen [**Hannibali parem consulem** een consul die tegen Hannibal is opgewassen; **candidatos praeturae duodecim;** (*m. dubb. acc.*) **alqm augurem**];
5. (*m. dubb. acc.*) benoemen [**alqm dictatorem** tot dictator; **alqm interregem**];
6. aangeven, aanklagen [**alqm apud dictatorem; alqm inter coniuratos; alqm inter socios Catilinae**]; ▸ *nominatus profugit.*

nomisma, atis *n* (*Gr. leenw.*) (*poët.*) munt, geldstuk, penning.

nomos, *acc.* on *m* (*Gr. leenw.*) (*Suet.*) wijs, lied.

nomus, ī *m* (*Gr. leenw.*) district, regio.

nōn *adv.*
1. niet; ▸ *non invitus* heel graag; *non male* erg goed; *non sine = cum; non parum = satis; non nolle*

graag willen; *non ignorare* heel goed weten; — *bijzondere verbindingen*: (a) *met het volgende woord tot één begrip versmeltend*: *non dominus* niet-eigenaar; *non sutor* niet-schoenmaker; *non honesta* iets oneervols, slechts; (b) *bij superl.* = niet erg: *homo non beatissimus* niet echt erg rijk; *non aptissimum* niet helemaal passend; (c) *non nemo* sommigen; *nemo . . . non* iedereen; *non nihil* iets; *nihil . . . non* alles; *non nullus* tamelijk veel, *plur.* sommige; *non numquam* soms; *numquam . . . non* altijd; *non nusquam* op sommige plaatsen; *nusquam . . . non* overal; (d) *non . . . nisi en nisi . . . non* slechts, alleen; (e) *non possum non* (*m. inf.*) ik kan er niet onderuit, ik moet wel [**vos vituperare**]; (f) *ut non* (zo)dat niet (*in consecutieve bijzinnen*); (g) *ne non* (= *ut*) dat niet (*bij verba v. vrezen*); (h) *non modo of non solum . . . sed* (*etiam*) niet alleen . . . maar ook;
2. (*in verwonderde of verontwaardigde vragen*) *een bevestigend antwoord verwachtend* (*soms of dan*) niet?; ▸ *non taces?* hou je mond!;
3. (*poët.*) (*in verboden, met nadruk; vgl. ne²*) (*vooral of zeker*) niet; ▸ *non petito; non scribas; a legibus non recedamus;*
4. (*als antwoord*) nee; ▸ *aut etiam aut non respondere* ja of nee antwoorden; *non ita* nee.

Nōn. *afk. v.* Nonae.

Nōna, ae *f* (*nonus*) *een v.d. drie parcen* (*Nona, Decima* [*resp.* Decuma], *Morta*), *godin v.d. negende maand v.d. zwangerschap.*

Nōnacrius *en* **-crīnus,** a, um van Nonacris (*stad in Arcadië op de Peloponnesus*); Arcadisch [**heros** = Euander]; — *subst.* **Nōnacria,** ae *f* = Atalanta.

Nōnae, ārum *f* (*nonus*) de Nonae, *de 9e dag* (*inclusief geteld*) *voor de Iden, dwz. de 7e dag v.d. maand in maart, mei, juli en oktober, de 5e dag in de overige maanden.*

nōnāgēnārius, a, um (*nonageni*) (*postklass.*)
1. uit negentig bestaand;
2. negentig jaar oud.

nōnāgēnī, ae, a (*nonaginta*) (*Plin. Mai.*) elk negentig.

nōnāgēsimus, a, um (*nonaginta*) negentigst.

nōnāgiē(n)s *adv.* (*nonaginta*) negentig keer.

nōnāgintā *indecl.* negentig.

nōnānus (*nonus*) (*Tac.*)
I. *adj.* a, um behorend tot het 9e legioen [**miles**];
II. *subst.* ī *m* soldaat v.h. 9e legioen.

nōnāria, ae *f* (*nona*) (*Pers.*) (*vanaf het negende uur actieve*) prostituee.

nōn-dum *adv.* nog niet.

nōngentī, ae, a negenhonderd.

nōn-ne *vraagpartikel*:
1. (*in dir. vr.*) (*soms of dan*) niet? (*een bevestigend antwoord verwachtend*); ▸ *nonne animadvertis?* zie je niet?; *ex aede Iovis religiosissimum simulacrum nonne abstulisti?* (*Cic.*); — *alleenstaand* nietwaar?;
2. (*in afh. vr.*) of niet.

nōn-nēmō, inis *m* (*ook gesplitst*) sommigen, enigen.

nōn-nihil (*ook gesplitst*)
1. iets, wat;
2. *adv.* enigermate.

nōn-nūllus, a, um (*ook gesplitst*) sommige; aanzienlijk, tamelijk groot *of* veel [**pars militum**]; *meestal plur.* enkele, sommige; ▸ *nonnullae cohortes.*

nōn-numquam *adv.* (*ook gesplitst*) soms.

nōn-nusquam *adv.* (*ook gesplitst*) (*postklass.*) op sommige plaatsen.

nōnus, a, um (*novem*) negende; — *subst.* **nōna,** ae *f* (*vul aan*: *hora*) het 9e uur (*in de zomer tegen 15.00 uur, wanneer men de hoofdmaaltijd gebruikte*).

Nōra, ōrum *n*
1. *fortificatie in Cappadocië* (*Kl.-Azië*);
2. *stad op Sardinië, nu Capo di Pula*; — *inw.* **Nōrēnsēs,** ium *m.*

Nōrba, ae *f stad in Latium, nu Norma*; — *inw. en adj.* **Nōrbānus,** ī *m resp.* a, um.

Nōreia, ae *f stad in het oostelijk Alpengebied, belangrijkste stad v. Noricum, waar de Romeinen een nederlaag leden tegen de Cimbren in 113 v. Chr.*

Nōricum, ī *n Rom. provincie in het oostelijk Alpengebied ten O. v.d. rivier de Inn en ten Z. v.d. rivier de Donau*; — *adj.* **Nōricus,** a, um; — **Nōrica,** ae *f* vrouw uit Noricum.

norma, ae *f*
1. winkelhaak, rechte hoek;
2. (*metaf.*) richtsnoer, maatstaf, regel, voorschrift [**iuris**]; ▸ *Demosthenes ~ oratoris.*

normālis, e (*norma*) (*postklass.*) rechthoekig [**angulus** rechte hoek].

normula, ae *f* (*demin. v. norma*) (*Mel.*) regel, richtsnoer.

Nortia, ae *f Etr. godin.*

nōs *pron. pers.* (*gen.* nostrī, *partit.* nostrum, *arch. ook* nostrōrum; *dat. en abl.* nōbīs; *acc.* nōs)
1. wij; ▸ *memoria nostri tua* jouw herinnering aan ons; *quis nostrum?*;
2. ik (*als plur. maiestatis*).

nōscitābundus, a, um (*noscito*) (*Gell.*) herkennend.

nōscitō, nōscitāre *(intens. v. nosco)*
1. herkennen *(aan: abl.)* [**alqm facie, voce**];
2. *(Plaut.)* beschouwen, onderzoeken [**aedes; vestigia**].

nōscō, nōscere, nōvī, nōtum *(kom.* gnōscō*)*
1. leren kennen, te weten komen, gewaarworden [**se; malefacta sua; philosophiae partes**]; — *pf.* kennen, weten [**Romae neminem; alcis facta; nomen alcis; viam; leges**];
2. herkennen [**res suas**];
3. erkennen, laten gelden, als geldig beschouwen [**partem excusationis**];
4. *(Plaut.)* inspecteren, beoordelen, onderzoeken [**signum; imaginem**];
5. *(Tac.)* *(als rechter)* onderzoeken, een oordeel vellen over *(m. acc.)* [**causam**];
/ *perfectumvormen meestal samengetrokken: nōsse = nōvisse, nōssem = nōvissem, nōsti = nōvisti, nōram = nōveram enz.*

nōs-met *versterkt nos.*

noster, tra, trum *pron. poss. (nos)*
1. onze, ons, van ons [**ager; consilia; provincia; homines** onze landgenoten], *ook voor,* tegen ons *(= nostri)*; ▸ *amor noster* liefde voor ons; *iniuria nostra* onrecht tegen ons; *nostrum est (m. inf.)* het is aan ons om; *Varro noster* onze vriend Varro; *mare nostrum* de Middellandse Zee; — *subst.* (a) **noster,** trī *m* de onze, onze verwant (bloedverwant, vriend, landgenoot *e.d.*), *meestal plur.* de onzen, onze mensen, onze landgenoten *e.d.*; ▸ *quisquis es, noster eris; castris nostri potiti sunt;* (b) **nostra,** ōrum *n* het onze, ons eigendom; mijn geschriften; ▸ *nos nostraque omnia; nostra legens* bij het lezen v. mijn geschriften;
2. *(v. tijd)* tegenwoordig, huidig [**tempora; aetas**];
3. gunstig voor ons, ons welgezind [**loca; Mars** geluk in de strijd; **numen**];
4. *(als plur. maiestatis) = meus;*
5. *(Ter.)* *(bij het aanspreken v. iem.) o noster!* mijn beste!

nostrās, *gen.* ātis *(noster)* uit ons land, binnenlands, inheems [**philosophi; nummus**].

nota, ae *f*
1. kenmerk, merkteken [**locorum;** *metaf.* **generis dicendi**]; ▸ *-ae oris* gelaatstrekken; *metaf.: -ae facinorum, argumentorum;*
2. teken, vlek *(op het lichaam)* [**genitiva** moedervlek]; ▸ *verberum -ae* littekens door zweepslagen;
3. *(postklass.)* stempel, merkteken *dat de herkomst v.e. product aangeeft;* ▸ *nummi omnis -ae;* — *metaf.* geaardheid, karaktertrek; ▸ *patefacere interiorem animi -am* het binnenste v. zijn hart tonen, laten zien;
4. ingeprikt *of* ingebrand teken, brandmerk; ▸ *vitulis -as inurere; barbarus -is compunctus* getatoeëerd; *(metaf.)* schandvlek; ▸ *homo omnibus -is turpitudinis insignis;*
5. *(in boeken)* kanttekening *om goed- of afkeuring te kennen te geven;* ▸ *-am apponere ad malum versum;*
6. letterteken, letter;
7. interpunctie(teken) [**librariorum**];
8. *plur. (meton.)* (a) *(poët.)* brief, tekst; ▸ *-ae acceptae ab hoste;* (b) *(poët.)* inscriptie(s); ▸ *marmora -is publicis incisa;* (c) *(postklass.)* geheimschrift; (d) *(postklass.)* stenografie;
9. *(poët.)* etiket, opschrift *op vaatwerk, ihb. op wijnkruiken; meton.* (wijn)soort, kwaliteit, merk;
10. *(poët.; postklass.) (metaf.)* aard, kwaliteit; ▸ *ex hac -a corporum est aër (Sen.);*
11. terechtwijzing, aanmerking *(v.d. censor)* [**censoria**]; ▸ *-am ascribere alci;*
12. smaad, belediging [**tristis**]; ▸ *adiectae mortuo -ae sunt;*
13. *(Ov.)* eervolle bijnaam; ▸ *ille Numantinā traxit ab urbe -am;*
14. teken, signaal, indicatie, wenk [**amoris**]; ▸ *-as reddere* beantwoorden *(Ov.)*.

notābilis, e *(noto)*
1. opvallend, opmerkelijk, in het oog springend;
2. *(Sen.) (metaf.)* waarneembaar; ▸ *civitatum fundamenta vix notabilia.*

notāculum, ī *n (noto) (Min. Fel.)* kenteken, kenmerk.

notārius, ī *m (nota)*
1. *(postklass.)* stenograaf, (snel)schrijver, secretaris;
2. *(Mel.)* schrijver in dienst v.d. overheid.

notātiō, ōnis *f (noto)*
1. het plaatsen v.e. teken, het aangeven;
2. ~ *censoria* aanmerking *of* aantekening v.d. censor;
3. *(metaf.)* waarneming, observatie [**naturae; temporum**]; ▸ *notatione digna* dingen die het beschouwen waard zijn;
4. onderzoek, toetsing; ▸ *dilectus et ~ iudicum;*
5. *(retor.)* etymologie.

notātus, a, um *(p. adj. v. noto)* van een kenmerk voorzien, (her)kenbaar; bekend.

nōtēscō, nōtēscere, nōtuī, — *(notus) (poët.; postklass.)* bekend, beroemd worden.

nothus *(Gr. leenw.)*
I. *adj.* a, um
1. onecht, onwettig;
2. *(metaf.)* onecht, vreemd, vals;
II. *subst.* ī *m* bastaard *(ook v. dieren).*

nōtiō, ōnis *f (nosco)*
1. *(Plaut.)* het leren kennen;
2. kennisneming, onderzoek [**populi; censoria; censorum**];
3. kennis, begrip, voorstelling [**deorum**].

nōtitia, ae *en (poët.)* **nōtitiēs,** ēī *f (notus)*
1. het bekend zijn, bekendheid; ▸ *propter -am intromissi sunt* omdat zij bekend waren;
2. roem, reputatie [**posteritatis** bij het nageslacht]; ▸ *-ā non carere;*
3. bekendheid, kennis, het weten *(met, van: gen.)* [**locorum** kennis v.h. terrein; **clarorum virorum** van de geschiedenis; **antiquitatis**]; ▸ *in -am populi pervenire* bij het volk bekend worden;
4. begrip, voorstelling; ▸ *-am aperire* het begrip verklaren; *dei -am habere.*

notius, a, um *(Gr. leenw.)* zuidelijk [**mare**].

notō, notāre
1. kenbaar maken, aanduiden, markeren [**loca diligenter; chartam** beschrijven; **genas ungue** openkrabben];
2. (eervol) onderscheiden [**alqm decore**];
3. opschrijven, noteren [**nomina; verba; legem**];
4. *met woorden* aanduiden, aangeven, beschrijven [**res singulas; res nominibus; alqd verbis Latinis** uitdrukken; **voces sensusque verbis**];
5. zinspelen op *(m. acc.)* [**senatum gestu**];
6. waarnemen, bemerken, opmerken [**sidera; cantūs avium; alqd ex vultu; lacrimas alcis**] *(m. aci.; afh. vr.)*; ▸ *hostes ducem circumire notant;*
7. *(Ov.)* onthouden, zich inprenten [**dicta mente; alqd oculis**];
8. *(v.d. censor)* een aanmerking maken op, berispen;
9. terechtwijzen, berispen, beledigen [**alqm verbis; ignominiā** brandmerken];
10. *(woorden)* etymologisch verklaren.

nōtor, ōris *m (nosco) (postklass.)* getuige v. identiteit, borg.

nōtōria, ae *f (nosco)* aangifte.

nōtōrium, ī *n (nosco) (Laatl.)* aanklacht.

nōtuī *pf. v. notesco.*

nōtus[1], a, um *(p. adj. v. nosco)*
1. bekend *(vanwege: gen.)*; ▸ *alqd -um habere* kennen, weten; *alqd -um facere alci; -um est; miles (coll.) ~ inter se; urbibus ~ et populis in* de hele stad en wereld; — *subst.* (a) **nōtus,** ī *m* bekende; (b) **nōta,** ōrum *n* bekende dingen;
2. betrouwbaar, solide gebleken, bewezen [**virtus**];
3. *(poët.)* gewoon, vertrouwd [**voces; sedes; munera**];
4. *(poët.; postklass.)* beroemd [**gladiator; scriptor; Lesbos**];
5. berucht [**furta**].

notus[2], ī *m (Gr. leenw.) (postklass.)*
1. *(poët.)* zuidenwind *(stormachtig en regen brengend)*;
2. *(poët.) alg.* (storm)wind; ▸ *tendunt vela -i;*
3. *(meton.)* het zuiden.

novācula, ae *f* scherp mes, *ihb.* scheermes.

Novaesium, ī *n als vast kamp ingericht Rom. legerkamp in de buurt v.h. huidige Düsseldorf, nu* Neuß.

novālis, is *f (vul aan: terra) en* **novāle,** is *n (vul aan: solum) (novus) (niet-klass.)* braakliggende akker; nieuwe akker; *alg.* akker.

novātiō, ōnis *f (novo) (jur.)* schuldvernieuwing.

novātor, ōris *m (novo) (postklass.)* vernieuwer.

novātrīx, īcis *f (novo) (Ov.)* vrl. vernieuwer [**rerum**].

novellō, novellāre *(novellus) (Suet.)* nieuwe wijnstokken planten.

novellus, a, um *(demin. v. novus)*
1. *(v. dieren en planten)* jong, teer [**agna; vitis; arbor**];
2. nieuw, nieuw verkregen, pas veroverd [**oppida**].

novem negen; ▸ *decem novem (Caes.), decem et novem (Liv.)* negentien.

November *(novem)*
I. *subst.* bris *m (vul aan: mensis)* november *(9e maand v.h. Oudrom. jaar)*;
II. *adj.* bris, bre van november, november- [**Kalendae**].

novēnārius, a, um *(noveni)* uit negen (eenheden) bestaand, (elk) negen bevattend.

noven-diālis *en* **novem-diālis,** e *(novem en dies)*
1. negendaags [**feriae; sacrificium**];
2. *(poët.; postklass.)* op de negende dag na de dood (plaatsvindend), *dwz. op de dag v. bijzetting* [**cena** begrafenismaal; **pulveres** pas bijgezet].

novēnī, ae, a *(novem)*
1. elk of telkens negen;

2. negen tegelijk; negenvoudig.

Novēnsilēs *en (preklass.)* **Novēnsidēs dīvī** *m* nieuwe *(niet-inheemse, later door de Romeinen opgenomen)* godheden.

noverca, ae *f (novus)* stiefmoeder.

novercālis, e *(noverca) (postklass.)*
1. stiefmoederlijk;
2. *(metaf.)* vijandelijk, liefdeloos [**oculi; odia**].

nōvī *pf. v. nosco.*

novīcius *(novus)*
I. *adj.* a, um nieuw; *ihb.* pas, onlangs slaaf geworden [**puellae; gladiatores**];
II. *subst.* ī *m*
1. nieuweling;
2. *(Mel.)* novice *(monnik tijdens de proeftijd).*

noviē(n)s *adv. (novem)* negen keer.

Noviodūnum, ī *n naam v. verschillende Gall. steden:*
1. *in het gebied v.d. Suessiones, later Augusta Suessionum, nu (waarschijnlijk)* Pommiers, *ten W. v. Soissons;*
2. *in het gebied v.d. Bituriges, nu (waarschijnlijk)* Nouan-le-Fuselier *bij Orléans;*
3. *in het gebied v.d. Haeduers, nu* Nevers.

Noviomagus, ī *f naam van diverse Romeinse steden, o.a.* Nijmegen.

novitās, ātis *f (novus)*
1. nieuwheid, het nieuwe [**anni** begin v.h. jaar; voorjaar];
2. nieuwigheid, het ongewone, verrassende [**ornatūs** ongewone kleding; **pugnae**]; ▸ *novitate rei permotus;*
3. status v. homo novus, *sg. als coll.* homines novi; ▸ *novitatem meam contemnunt;*
4. *plur. (postklass.)* nieuwe gebeurtenissen; *(meton.)* nieuwe kennissen.

novō, novāre *(novus)*
1. nieuw maken, vernieuwen [**ardorem; transtra; vulnus** openrijten; **agrum** opnieuw ploegen]; — *pass.* zich vernieuwen;
2. *(metaf.)* verfrissen, opfleuren, verkwikken [**membra; animum risu**];
3. creëren, uitvinden [**verba** nieuwe woorden vormen; **tecta; tela** nieuwe wapens smeden; **honores** nieuwe vormen v. verering invoeren];
4. veranderen, aanpassen [**pugnam equestrem; fidem** breken; **res** de bestaande toestand omgooien, onrust veroorzaken; **alqd in legibus** in de wetgeving];
5. *(poët.)* omvormen [**corpus; formam**].

Novocōmēnsēs, ium *m inwoners v.* Novum *Comum (nu* Como*).*

Novum Cōmum *zie Comum.*

novus, a, um
1. nieuw, jong, vers [**miles** rekruut; **legiones** nieuw gelicht; **nupta** pas getrouwd; **consules; luna** nieuwe maan; **aestas** begin v.d. zomer; **aetas** jeugd; **aedes; navis; monumenta; frumentum** pas geoogst; **frons** groen loof; **lac** verse melk]; ▸ *-a res* nieuwigheid; *-ae res* nieuwigheden; vernieuwingen, *ihb.* revolutie, omwenteling; *-is rebus studere; -ae leges* verandering in wetgeving; *-ae tabulae* nieuwe rekeningen, schulddelging; *homo* ~ nieuwkomer *(eerste in een familie die een curulisch ambt bekleedt); Novae (tabernae)* stalletjes v. wisselaars *aan de N.-kant v.h. Forum Romanum (in 211 v. Chr. na een brand opnieuw opgebouwd); Nova via straat van de Palatijn naar de wijk Velabrum;* — *subst.* (a) **novus,** ī *m* rekruut; ▸ *novi veteresque* rekruten en ervaren soldaten; (b) **novum,** ī *n* nieuwigheid; nieuwe gebeurtenis; *plur.* vernieuwingen;
2. ongehoord, ongewoon, onverwacht, bijzonder, ongekend [**crimen; genus dicendi; consilium; flagitium; ars; furor**]; ▸ *-um et inauditum; novum est ut* het is ongewoon dat;
3. onervaren, onbekend *(abs.; in, met: abl.; ad)* [**equus** groen, niet gedresseerd];
4. nieuw, ander, tweede *(= alter, alius)* [**Hannibal**];
5. *superl.* **novissimus,** a, um (a) *(v. plaats)* uiterst, achterst, laatst [**agmen** achterhoede; **acies** achterste slaglinie; **cauda** punt v.d. staart]; — *subst.* **novissimī,** ōrum *m* achterhoede; (b) *(v. tijd)* laatst, jongst [**proelium; tempus; verba**]; (c) *(Tac.)* uiterst, grootst, ergst [**casus; exempla**]; ▸ *novissima exspectare;*
6. *adv.* **novē** nieuw, *vrijwel alleen superl.* **novissimē** (a) onlangs; (b) het laatst, voor het laatst; (c) uiteindelijk; (d) *(in een opsomming)* ten slotte; ▸ *primum . . . deinde . . . novissime . . .*

nox[1]**,** noctis *f*
1. nacht; ▸ *(de) nocte, noctu* 's nachts, bij nacht; *diem noctemque en dies noctesque* dag en nacht; *sub noctem* tegen de nacht, 's avonds laat; *primā nocte* bij het aanbreken v.d. nacht; *(de) multa nocte* diep in de nacht; *ad multam noctem* tot diep in de nacht; *(de) nocte mediā* rond middernacht; ~ *alqm opprimit* verrast iem.; *noctem pervigilare; noctem vario sermone trahere;* — *personif.* **Nox,** Noctis *f godin v.d. nacht;*
2. *(poët.) (meton.)* (a) nachtrust, slaap; ▸ ~ *Aenean somnusque reliquit (Verg.);* (b) *(Prop.)*

nachtelijk rondzwerven, nachtelijk rumoer;
3. liefdesnacht *(doorgebracht met: gen.)* [**certarum mulierum**];
4. *(poët.; postklass.) (metaf.)* duisternis, donker [**fumifera**]; ▸ *imber noctem ferens;*
5. *(poët.)* nacht v.d. dood, dood [**aeterna**]; ▸ *nos omnes una manet nox* (Hor.);
6. *(Verg.)* onderwereld; ▸ *ire per umbram noctemque profundam;*
7. *(poët.; postklass.)* blindheid;
8. *(Ov.)* duisternis, onbegrijpelijkheid; ▸ *mei versūs aliquantum noctis habebunt;*
9. *(poët.)* verblinding, gebrek aan inzicht, ondoordachtheid, dwaasheid [**animi; caeca**];
10. treurige omstandigheden, verwarring [**rei publicae**].

nox[2] *adv. (nox*[1]*) (arch.)* 's nachts.

noxa, ae *f (noceo)*
1. schade; ▸ *-ae esse* schaden;
2. schuld, misdrijf, aansprakelijkheid; ▸ *in -a esse* schuldig zijn;
3. schadevergoeding, straf; ▸ *-ā liberari, exsolvi; -am merere; -am pecuniā luere; -ae dedere* een schuldige (slaaf *of* kind) als schadevergoeding overleveren.

noxālis, e *(noxa) (jur.)* noxaal, *betrekking hebbend op de schade waarvoor iem. aansprakelijk is.*

noxia, ae *f (noxius)*
1. schuld, vergrijp; ▸ *alci -ae esse* iem. ten laste gelegd worden; *in -a esse; -ā carere;*
2. *(postklass.)* schade.

noxiālis, e *(noxia) (Laatl.)* schadelijk.

noxiōsus, a, um *(noxia) (postklass.)*
1. schuldig, zondig [**corpus**];
2. schadelijk [**animal**].

noxius, a, um *(noxa)*
1. schadelijk [**tela; animal**]; ▸ *crimina -a cordi* schade aanrichtende, verderfelijke kwaadsprekerij;
2. schuldig, strafbaar [**nobilitas; homines** misdadigers; **corda;** *(aan, voor: gen.)* **coniurationis**]; ▸ *alqm -um iudicare; — subst.* **-ī,** ōrum *m* schuldigen, misdadigers.

nūbēcula, ae *f (demin. v. nubes)*
1. *(postklass.)* wolkje;
2. *(metaf.)* dreigende uitdrukking [**frontis tuae**];
3. vlek, *ihb. waas voor het oog.*

nūbēs, is *f*
1. wolk, regenwolk [**atra**]; ▸ *graves imbre nubes;*
2. (stof)wolk, rookwolk [**pulveris; Aetnae**];
3. *(Hor.) (metaf.)* sluier, omhulsel; ▸ *fraudibus obice nubem;*
4. dichte menigte, schare, zwerm [**volucrum; columbarum; peditum equitumque; belli** stortbui v. wapens]; ▸ *nube facta* dicht opeengepakt;
5. *(Hor.)* treurige uitdrukking, ernstig gezicht; ▸ *deme supercilio nubem* kijk eens wat vrolijker;
6. treurige toestand, ongeluk [**rei publicae**].

nūbi-fer, fera, ferum *(nubes en fero) (poët.)*
1. wolken dragend, in wolken gehuld [**Appenninus**];
2. wolken brengend [**notus**].

nūbi-fugus, a, um *(nubes en fugo) (poët.)* wolken verjagend.

nūbi-gena, ae *m (nubes en gigno) (poët.) (attrib.)* uit (een) wolk(en) geboren *of* voortkomend [**centauri**].

nūbilārium, ī *en* **nūbilar** *of* **nūbilāre,** āris *n (nubilus)* beschutting tegen regen.

nūbilis, e *(nubo)* huwbaar [**virgo**].

nūbilō, nūbilāre *(nubes)*
1. *(preklass.) onpers.* bewolkt worden;
2. *(postklass.) (metaf.)* duister worden.

nūbilōsus, a, um *(nubilus) (postklass.)* bewolkt, betrokken, duister [**caelum**].

nūbilum, ī *n (nubilus) (poët.; postklass.)* bewolking, donker weer *(vaak plur.)*; ▸ *involuti -o dies; omnis dies caelum -o gravat; -o (abl.)* bij een bewolkte hemel.

nūbilus, a, um *(nubes) (poët.; postklass.)*
1. bewolkt [**caelum**];
2. wolken brengend [**auster; aquilo**];
3. *(metaf.)* donker, somber [**Styx; dies; color**]; ▸ *via -a taxo* beschaduwd;
4. somber, treurig [**mens; tempora**]; ▸ *toto -a vultu;*
5. ongunstig; ▸ *Parca mihi -a.*

nūbi-vagus, a, um *(nubes) (poët.)* door wolken zwervend.

nūbō, nūbere, nūpsī, nuptum
1. *(v.d. vrouw)* trouwen, huwen *(met: cum; dat.)*; ▸ *nuptam esse cum alqo of alci* getrouwd zijn met iem.; *filiam alci nuptum collocare (dare)* aan iem. uithuwelijken, ten huwelijk geven; *in familiam clarissimam* ~ introuwen; — *subst.* **nupta,** ae *f* echtgenote, vrouw ook bruid;
2. *(metaf.) (v. wijnranken)* vastbinden *(aan: dat.; ad)* [**vites**].

Nūceria, ae *f stad in Campanië, nu* Nocera; — *inw. en adj.* **Nūcerīnus,** ī *m resp.* a, um.

nucētum, ī *n (nux) (poët.)* bos van notenbomen.

nuceus, a, um *(nux)* van de notenboom, noten-.
nuci-frangibulum, ī *n (nux en frango) (Plaut.)* notenkraker *(scherts. v.e. tand).*
nuc(u)leus, ī *m (nux) (pre- en postklass.)*
1. kern, *ihb.* pit *v.e. noot;*
2. *(metaf.)* het binnenste, harde kern.
nūdātiō, ōnis *f (nudo) (postklass.)* ontbloting.
nūdi-pedālia, ium *n (nudus en pes) (Laatl.)* tocht op blote voeten.
nūditās, ātis *f (nudus) (Laatl.)* naaktheid, het bloot zijn, blootheid.
nu-diūs *adv. (altijd met een rangtelwoord verbonden)* het is nu de . . . dag; ▸ ~ *tertius* eergisteren; ~ *quartus* drie dagen geleden.
nūdō, nūdāre *(nudus)*
1. ontbloten, ontkleden [**corpus; caput; hominem**]; ▸ *superiore parte corporis nudata* zonder pantser en helm;
2. blootleggen, onthullen [**viscera; gladium** trekken; **messes** dorsen; **litora** droogleggen; **agros** verwoesten]; ▸ *arbores nudatae* zonder loof; *ventus nudaverat vada* had droog geblazen *(Liv.)*;
3. *(milit.)* onverdedigd laten, *(m. abl.)* ontdoen *van verdedigers* [**murum defensoribus; castra; litora; collem**];
4. *(metaf.)* beroven, plunderen [**provinciam; fana donis; hostem praesidiis** van zijn steunpunten; **parietes ornamentis; tribuniciam potestatem omnibus rebus** van alle macht];
5. onthullen, aan het licht brengen [**voluntates hominum; consilia; cladem**].
nūdus, a, um
1. ongekleed, naakt, (ont)bloot [**pars corporis**]; ▸ *-is pedibus;* ~ *bracchia (acc.)* met de armen ontbloot;
2. licht gekleed, alleen in tunica;
3. onbedekt, kaal, onbezet [**arbor, stipes** zonder loof; **ensis** blank; **domus** leeg; **subsellia**]; ▸ *sedit humo -ā* op de kale grond;
4. *(Verg.)* onbegraven; ▸ ~ *iacebis in arena;*
5. ongewapend, ongedekt, onbeschermd [**dextra; corpus; colles; vallis**]; ▸ *-o corpore pugnare* zonder schild;
6. *(metaf.)* beroofd van, leeg, zonder *(abs.; m. abl.; gen.; ab)*; ▸ *urbs praesidio -a; regio agris -a; Othrys* ~ *arboris* zonder boomgroei; *res publica a magistratibus -a; domus a propinquis -a; in -o arvo* zonder bomen;
7. puur, kaal; *(soms te vertalen met een bijwoord)* louter en alleen, uitsluitend [**ira** slechts woede]; ▸ *hoc -um relinquitur* alleen deze vraag resteert;
8. onbemiddeld, arm, behoeftig; hulpeloos [**senecta**];
9. zonder versiering, eenvoudig, onverhuld [**capilli; commentarii Caesaris; veritas**].
nūgācissumē *zie nugax.*
nūgae, ārum *f*
1. onzin, dwaasheden; ▸ *-as agere; -as (agis)!* onzin!; *-as postulare* het onmogelijke verlangen;
2. rommel, prullen;
3. *(poët.)* poëtische beuzelarijen, bagatellen, niemendalletjes;
4. *(meton.)* nietsnut.
nūgālis, e *(nugae) (Gell.)* onbetekenend, futiel.
nūgāmentum, ī *n (nugae) (Apul.)* rommel, onzin.
nūgātor, ōris *m (nugor)* charlatan, fantast.
nūgātōrius, a, um *(nugator)* onzinnig, nietig, nutteloos, waardeloos [**artes; accusatio**].
nūgāx, *gen.* ācis *(nugor)* onzin verkopend; — *adv. superl. (Plaut.)* **nūgācissumē** hoogst onzinnig.
nūgi-gerulus, ī *m (nugae) (Plaut.)* onzinverkoper.
nūgō, ōnis *m (nugor) (Laatl.)* nietsnut, beuzelaar.
nūgor, nūgārī *(nugae)*
1. onzin verkondigen, zwetsen;
2. *(Plaut.)* opscheppen, liegen.
nūllā-tenus *adv. (nullus) (Laatl.)* geenszins.
nūllus, a, um *(< ne-ullus) (gen. sg.* nūllīus *en* nūllī, *dat.* nūllī *en* nūllō, nūllae*)*
1. geen [**urbs; consilium; civis**]; — *in het Nederlands kan de constructie van nullus met een subst. soms worden weergegeven door een negatief abstr. subst., bv.: -a religio* gewetenloosheid; ~ *metus* onverschrokkenheid;
2. *subst.* (a) **nūllus,** ius *m* niemand *(= nemo)*; ▸ *nullius consilio uti; nulli fides defuit; -o resistente; nullus imperatorum;* (b) **nūllum,** ius *n* niets *(= nihil)*; ▸ *Grai nullius avari* niets begerend;
3. *in comb. m. een subst. in de abl.* = zonder; ▸ *-o comite* zonder begeleider; *-o custode; -o periculo;*
4. ~ *non* ieder; *non* ~ menig, *plur.* sommigen; ~ *unus* geen een;
5. *pred. vaak te vertalen als adv.* geenszins, in geen geval, absoluut niet; ▸ *nullus dubito* ik twijfel absoluut niet; *Philotimus nullus venit (Cic.)*;
6. onbeduidend, gering, nietszeggend, waardeloos, nietig; ▸ *-o numero esse* niets waard zijn; *patre -o natus* van een onbekende vader;
7. vergaan, dood, verloren, gestorven, te gronde gegaan; ▸ *de mortuis loquor qui -i sunt (Cic.).*

nūllus-dum, nūlladum, nūllumdum (tot nu toe) nog geen.

num *vraagpartikel*
1. (*in zelfstandige vraagzinnen; een ontkennend antwoord verwachtend*) dan?, toch niet?; ▸ *num barbarorum Romulus rex fuit?*; — *versterkt* numne, numquid: *deum ipsum numne vidisti?*; *numquid duas habetis patrias?*;
2. (*in afh. vr.*) of (niet), of soms (niet), of toch (niet); ▸ *Caesar e perfugis quaesivit, num hostes postridie aggressuri essent.*

Numa, ae *m* ~ Pompilius, *tweede koning v. Rome, aan wie een lange tijd van vredige heerschappij en de oudste sacrale wetten worden toegeschreven; was volgens de Rom. overlevering een Sabijn uit Cures; werd door het Rom. volk tot heerser gekozen*; — *adj.* **Pompilius,** a, um [**sanguis** nakomeling v. Numa Pompilius].

Numantia, ae *f stad in N.O.-Spanje, in 133 v. Chr. door Scipio Africanus Minor (Numantinus) verwoest*; — *inw. en adj.* **Numantīnus,** ī *m resp.* a, um.

numella, ae *f* (*Plaut.*) halsboei (*voor slaven*).

nūmen, inis *n* (*nuo*)
1. wil, gebod [**Caesareum; senatūs; dominae**];
2. goddelijke wil; ▸ *deus cuius numini parent omnia*;
3. goddelijke heerschappij, goddelijke macht; ▸ *dii suo numine atque auxilio urbis tecta defendunt; in hostiles domos numen vertite*;
4. (*poët.*) (*meton.*) godheid, goddelijk wezen; ▸ *simulacra numinum; numina montis*;
5. (*poët.; postklass.*) (*v. Rom. keizers en verwanten v.d. keizerlijke familie*) hoogheid, majesteit, beschermgeest [**Augusti; Othonis; Drusillae**];
6. (*Lucr.*) knik met het hoofd.

numerābilis, e (*numero*[1]) (*poët.*) (gemakkelijk) te tellen, klein [**populus**].

numerārius, ī *m* (*nummus*) (*Laatl.*) rekenmeester, boekhouder.

numerātiō, ōnis *f* (*numero*[1]) (*postklass.*)
1. berekening;
2. betaling, uitbetaling.

numerātor, ōris *m* (*numero*[1]) (*August.*) iemand die telt *of* berekent.

numerātum *zie numero.*

Numerius, ī *m Oscisch-Rom. voornaam, ihb. in de gens Fabia*; — *adj.* **Numeriānus,** a, um.

numerō[1]**,** numerāre (*numerus*)
1. tellen, (be)rekenen [**pecus; per digitos** op de vingers; **senatum** tellen *om vast te stellen of deze beslissingsbevoegdheid heeft*];
2. (*poët.; postklass.*) bezitten, tellen [**multos amicos**];
3. neertellen, (uit)betalen [**alci pecuniam; militibus stipendium**]; — *p. adj.* **numerātus,** a, um contant [**pecunia; argentum**]; — *subst.* **numerātum,** ī *n* contant geld: *numerato solvere* contant betalen;
4. (*metaf.*) opnoemen, opsommen [**auctores suos; amores**];
5. tellen onder, rekenen tot (*m. inter; in m. abl.*) [**alqm inter honestos homines, inter suos, inter amicos; voluptatem in bonis**];
6. beschouwen als, houden voor (*m. dubb. acc.; pass. m. dubb. nom.*) [**Sulpicium accusatorem; caelum deum; singulas stellas deos**]; ▸ *ipsi principes numerabantur; alqd nullo loco* ~ niets waard achten; *mortem in beneficii loco* ~.

numerō[2] *adv.* (*abl. v. numerus*) (*kom.*)
1. meteen, tijdig;
2. te vroeg.

numerōsitās, ātis *f* (*numerosus*) (*Laatl.*) groot aantal, menigte.

numerōsus, a, um (*numerus*)
1. (*postklass.*) talrijk, veel [**amici**];
2. (*postklass.*) groot, dichtbevolkt [**civitas**];
3. (*postklass.*) omvangrijk, veelzijdig;
4. (*postklass.*) vruchtbaar [**animal**];
5. in de maat, ritmisch [**oratio**]; ▸ *-e sonare; bracchia -e ducere*; — (*Ov.*) rijk aan versmaten [**Horatius**].

numerus, ī *m*
1. getal, aantal [**magnus**]; ▸ *-um inire* een telling houden; *-um deferre, exsequi* opgeven; *ad -um* voltallig; *ad eorum -um* in even groot aantal als zij; *naves habent suum -um* de juiste hoeveelheid (*mensen*); — *numero* (*abl.*) in getal, in totaal: *quingenti -o; pauci -o*;
2. (*meton.*) *plur.* (a) rekenkunde; (b) (*Ov.*) van getallen voorziene dobbelstenen;
3. menigte, hoop [**hominum**];
4. (*postklass.*) afdeling soldaten; ▸ *-i legionum; in -os distribuere; sparsi per provinciam -i*;
5. voorraad, hoeveelheid [**frumenti; vini**];
6. klasse, categorie; ▸ *in amicorum -o esse* tot de vrienden behoren; *alqm (in) hostium -o ducere, habere* tot de vijanden rekenen; *-o equitum esse; singula sidera in -o deorum reponere; -o sapientium haberi* tot de wijzen gerekend worden; *ex suo -o legatos mittere*;
7. rang, stand, waarde, positie; ▸ *in aliquo -o et honore esse* enig aanzien en invloed hebben;

homo nullo -o; alqm -um obtinere; Veneri -os suos eripere (Ov.) Venus de haar toekomende positie ontnemen; — **(in) numerō** *(m. gen.)* = als, zoals, in de hoedanigheid van, in plaats van [**militis** als soldaat; **obsidum** als gijzelaars; **parentis** in plaats v.e. vader];

8. *plur.* lijst, register; ▸ *nomen in -os referre (Plin. Min.)*;

9. (alleen maar een) nummer, nul(len); ▸ *nos ~ sumus*;

10. deel *v.e. geheel*, lid, bestanddeel; ▸ *poëma omni -o elegans* in elk opzicht; *omnes -os habere* volledig zijn; *-is suis carere* gebrekkig zijn; *per omnes -os eloquentiae ire*;

11. maat, ritme; ▸ *ad (in) -um* in de maat; *in -um exsultare*;

12. *(poët.)* melodie; ▸ *-os memini*;

13. *(in een redevoering)* welluidendheid, harmonie [**oratorius**]; ▸ *etiam in verbis solutis* (in proza) *inest ~*;

14. versvoet, vers; *plur.* versmaat; ▸ *-i graves* hexameters; *-i impares* elegische verzen, disticha; *-i lege soluti* in een vrij ritme.

Numīcus *en* **-īcius,** ī *m rivier in Latium, nu de* Numico.

Numidia, ae *f* Numidië, *landstreek ten W. en Z. v. Carthago, ongeveer het huidige O.-Algerije; — inw.* **Numida,** ae *m* Numidiër; *ook attrib.* [**dens** ivoor]; — *adj.* **Numidicus,** a, um *(ook als bijnaam)*.

Numitor, ōris *m koning v. Alba Longa, vader v. Rea Silvia (Ilia), grootvader v. Romulus en Remus.*

nummārius, a, um *(nummus)*

1. geld-, munt- [**res** geld-, muntwezen; **theca**; **difficultas** geldgebrek];

2. *(metaf.)* corrupt, omkoopbaar [**iudex**; **tribunal**].

nummātus, a, um *(nummus)* met veel geld, rijk.

nummulārius *en (demin.)* **-lāriolus,** ī *m (nummulus) (postklass.)* geldwisselaar, bankier.

nummulus, ī *m (demin. v. nummus)* muntje, geldstukje; *meestal plur.* een beetje geld.

nummus, ī *m*

1. munt, geldstuk [**aureus**]; *plur.* geld, vermogen in geld; ▸ *habere in -is* contant; *in suis -is esse en versari* contant geld hebben; *-o* voor, om geld;

2. geldkoers; ▸ *illis temporibus ~ iactabatur* in die tijd ging de waarde v.h. geld op en neer;

3. sestertie;

4. *(kom.) als Gr. munt:* (a) drachme; (b) didrachme;

5. *(metaf., v.e. kleinigheid)* cent, stuiver; ▸ *ad -um convenit* het klopte tot op de cent;

/ *gen. plur. meestal* nummum, *zelden* nummōrum.

num-nam *vraagpartikel (preklass.)* echt wel?

num-ne *zie num.*

numquam *adv.* (< *ne-umquam*)

1. nooit, nimmer; ▸ *~ non* altijd; *non ~* soms;

2. *(als sterke ontkenning)* nooit ofte nimmer, absoluut niet; ▸ *~ te patiar perire (Plaut.)*; *~ factum est.*

num-quī *adv. (Plaut.)* soms op de een of andere manier?

num-quid *vraagpartikel, zie num.*

num-quid-nam *en* **num-quis-nam** *zie num en quisnam.*

nunc *adv. (num en -ce)*

1. *(v. tijd)* (a) nu, nou; ▸ *etiam ~ of ~ etiam* ook nu nog, altijd nog; *~ demum, tandem, denique* nu eindelijk; *~ primum* nu pas; *~ cum maxime* nu meer dan ooit, vooral nu; — *soms v. verleden of toekomst*; (b) tegenwoordig, in onze tijd; ▸ *patres conscripti qui ~ sunt* onze tegenwoordige; (c) *nunc ... nunc* nu eens ... dan weer; ▸ *nunc huc, nunc illuc curro; nunc fraudem, nunc neglegentiam accusabant*;

2. *(in de opbouw v.e. tekst)* (a) *(advers.)* nu echter, maar nu, *versterkt* nunc autem, nunc vero; (b) *(poët.) (bij de overgang naar iets nieuws)* nu dus *ihb.* bij *imp.*

nunc-iam *adv. (kom.)* nu meteen; nu eindelijk.

nunci-ne *adv.* nu? (= *nuncne*).

nun-cubī *adv.* (= *num alicubi*) *(preklass.)* toch niet ergens?; of ergens?

nuncupātiō, ōnis *f (nuncupo)*

1. het (plechtig) uitspreken, afleggen *v. geloftes* [**votorum**];

2. *(postklass.)* naam;

3. *(postklass.)* benoeming *tot erfgenaam e.d.*

nuncupō, nuncupāre *(nomen en capio)*

1. plechtig uitspreken, bekendmaken, aankondigen, openlijk verklaren [**vota** afleggen; **adoptionem pro rostris**];

2. *(pre- en postklass.)* (aan)roepen [**me nomine**; **nomen**];

3. (be)noemen [**mensem e suo nomine**];

4. *(postklass.) (m. dubb. acc.; pass. m. dubb. nom.)* benoemen tot [**alqm heredem**].

nūndinae *zie nundinus.*

nūndinālis, e *(nundinae) (Plaut.)* horend bij de marktdag [**coquus**].

nūndinārius, a, um *(nundinae) (postklass.)* waar markt wordt gehouden [**oppidum**].

nūndinātiō, ōnis *f (nundinor)* het sjacheren, pingelen *(met, om: gen.).*

nūndinor, nūndinārī *(nundinae)*

I. *tr.* door handelen *of* sjacheren verkrijgen [**imperium; ius ab alqo**];

II. *intr.*

1. op de markt handelen; handeldrijven, sjacheren, pingelen;

2. *(metaf.) (scherts.)* samenkomen; ▸ *angues ad focum ~ solent.*

nūndinum *zie nundinus.*

nūn-dinus, a, um *(novem en dies)* van de negende dag, om de acht dagen: *alleen subst.:*

1. **nūndinae,** ārum *f (vul aan: feriae)* (a) weekmarkt, marktdag; (b) *(meton.) alg.* markt; ▸ *-as obire* bezoeken; (c) handel, gesjacher, het pingelen [**vectigalium**];

2. **nūndinum,** ī *n (vul aan: tempus)* achtdaagse periode, 'week'; *meestal* **trīnum nūndinum,** ī *n* periode v. drie achtdaagse weken = wettelijke termijn om processen *e.d.* aan te kondigen, periode v. drie marktdagen; ▸ *in trinum nundinum comitia indicere* op de derde marktdag.

nunquam = *numquam.*

nūntia, ae *f (nuntius)* vrl. bode, verkondigster.

nūntiātiō, ōnis *f (nuntio)*

1. *(relig. t.t.)* verkondiging, melding, bekendmaking *v. voortekens door de augur;*

2. *(jur.)* melding, aangifte, aanzegging [**operis novi**].

nūntiātor, ōris *m (nuntio) (Laatl.)* iem. die bekendmaakt.

nūntiō, nuntiāre *(nuntius)*

1. verkondigen, melden, aankondigen, berichten *(m. acc.; de; aci.; pass. meestal onpers. m. aci., soms persoonl. m. nci.; afh. vr.)* [**prodigia; alci salutem** iem. groeten; **proelium; periculum; initia vigiliarum; de alcis adventu; de morte alcis; de futura victoria; in Asiam; Romam**]; ▸ *nuntiato of qua re nuntiata* na dit bericht; *nuntiato (m. aci.)* nadat het bericht gekomen was;

2. het bevel overbrengen *(m. conj.; ut; ne);* ▸ *consuli nuntiavit ut sine lictoribus ad dictatorem veniret; nuntiavit militibus ne hostes lacesserent.*

nūntium, ī *n (nuntius)* bericht, aankondiging.

nūntius

I. *adj.* a, um verkondigend, mededelend, meldend [**littera; rumor**]; ▸ *(m. gen.) prodigia malorum -a; verba -a animi;*

II. *subst.* ī *m*

1. bode, koerier [**volucer** ijlbode]; ▸ *-os mittere ad alqm; alqm per -um certiorem facere;*

2. *(meton.)* (a) boodschap, bericht, melding [**falsus; recens; expugnati oppidi** van de verovering v.d. stad]; ▸ *-um (af)ferre, apportare, perferre* (over)brengen; *-um accipere; malum -um audire;* (b) bevel, opdracht; (c) opzegging v.e. huwelijksovereenkomst; ▸ *-um uxori remittere* zich laten scheiden; (d) *(metaf.) virtuti -um remittere* zich van de deugd afkeren.

nū-per *adv. (vgl. nunc) (superl.* nūperrimē) onlangs, kort geleden.

nūperus, a, um *(nuper) (Plaut.)* nieuw, pas gekocht.

nūpsī *pf. v. nubo.*

nupta *zie nubo.*

nuptiae, ārum *f (nubo)* bruiloft, huwelijk *(van, met: gen.);* ▸ *dies -arum; -arum expers* ongetrouwd; *femina multarum -arum* vaak getrouwd.

nuptiālis, e *(nuptiae)* bruilofts-, huwelijks- [**fax; dies; donum; pactio, tabulae** huwelijksovereenkomst];

nupturiō, nupturīre *(desid. v. nubo) (Apul.)* graag willen trouwen.

Nursia, ae *f stad in het gebied v.d. Sabijnen (ca. 120 km ten N.O. v. Rome), nu* Norcia; — *inw.* **Nursīnī,** ōrum *m.*

nurus, ūs *f*

1. schoondochter;

2. *(poët.)* jonge vrouw.

nusquam *adv. (< ne-usquam)*

1. (a) nergens; ▸ *~ esse* er niet (meer) zijn; dood zijn, geen geldigheid hebben; (b) nergens vandaan; ▸ *~ nisi a Lacedaemoniis auxilium petere;* (c) nergens naartoe; ▸ *~ abire, discedere;*

2. *(metaf.)* (a) bij geen gelegenheid; ▸ *~ minus quam in bello;* (b) tot niets; ▸ *plebs ~ alio nata quam ad serviendum (Liv.)* tot niets anders dan.

nūtābilis, e *(nuto) (Laatl.)* wankel.

nūtābundus, a, um *(nuto) (Laatl.)* wankelend.

nūtāmen, inis *n (poët.)* het wiebelen, het schokken.

nūtātiō, ōnis *f (nuto) (postklass.)*

1. het knikken [**capitis**];

2. het schokken [**terrae;** *metaf.* **rei publicae** verval].

nūtō, nūtāre *(frequ. v. nuo)*

1. (toe)knikken, wenken; ▸ *capite nutat;*

2. heen en weer bewegen, wiebelen, wankelen; ▸ *rami pondere nutant; metaf.: acies nutans; urbs*

tanto discrimine nutabat verkeerde in een zo groot gevaar;
3. (*metaf.*) weifelen in zijn oordeel; ▸ *animus nutat*;
4. (*postklass.*) wankelen in zijn trouw, onbetrouwbaar zijn; ▸ *civitates nutantes et dubiae.*

nūtrīcātiō, ōnis *f* (*Gell.*) = *nutricatus.*

nūtrīcātus, ūs *m* (*nutricor*) (*preklass.*) het zogen, grootbrengen.

nūtrīcium, ī *n* (*nutricius*) (*Sen.*) voeding, verzorging.

nūtrīcius, ī *m* (*nutrix*) opvoeder.

nūtrīcor, nūtrīcārī *en* (*pre- en postklass.*) **nūtrīcō,** nūtrīcāre (*nutrix*) zogen, voeden, opvoeden [**pueros**].

nūtrīcula, ae *f* (*demin. v. nutrix*)
1. (*poët.; postklass.*) voedster;
2. (*metaf.*) voedster, bakermat; ▸ ~ *causidicorum Africa.*

nūtrīmen, inis *n* (*Ov.*) = *nutrimentum.*

nūtrīmentum, ī *n* (*nutrio*)
1. (*postklass.*) (*sg. en plur.*) voeding(smiddel), voedsel;
2. (*postklass.*) (*metaf.*) voedsel, voedingsbodem [**sollicitudinis**]; ▸ *educata huius -is eloquentia*;
3. (*postklass.*) *plur.* het opvoeden, opvoeding; ▸ *locus -orum.*

nūtriō, nūtrīre *en* (*Verg.*) **nūtrior,** nūtrīrī
1. voeden, te eten geven, voeren [**alqm lacte**]; ▸ *aper nutritus glande; metaf.: terra herbas nutrit; ignes cortice* ~;
2. zogen; ▸ *lupa pueros nutrivit*;
3. opvoeden, grootbrengen; ▸ *nutritus in armis*;
4. verzorgen, laten gedijen [**corpora; capillos; flores; damnum naturae** door verzorging verhelpen]; ▸ *Ceres arva nutrit*;
5. (*metaf.*) bevorderen, koesteren [**carmen; pacem**];
/ *impf.* ook nūtrībam *enz.*

nūtrītor, ōris *m* (*nutrio*) (*postklass.*) opvoeder, verzorger.

nūtrītōrius, a, um (*nutritor*) (*August.*) voedend, tot de opvoeding behorend [**cunae**].

nūtrīx, īcis *f* (*nutrio*)
1. voedster, min; ▸ *capra* ~ *Iovis; metaf.: Sicilia* ~ *populi Romani* voorraadschuur; *Africa leonum* ~; — *plur.* (*Catull.*) borsten;
2. (*metaf.*) voedster, kweekster, broedplaats [**oratoris**]; ▸ *nox* ~ *curarum; discordia* ~ *belli.*

nūtus, ūs *m* (*nuo*)
1. het knikken, wenken, buigen *v.h. hoofd*; ▸ *nutu vocibusque vocare; alqm nutu aspernari*;
2. (*metaf.*) wenk, instemming, wil, bevel, opdracht; ▸ *alcis nutu omnia geruntur* in overeenstemming met iems. wil; *ad nutum alcis* op iems. wenk; *auctoritate nutuque legum*;
3. zwaartekracht; ▸ *terra vi sua nutuque tenetur; terrena suopte nutu et suo pondere in terram feruntur.*

nux, nucis *f*
1. noot (*walnoot, hazelnoot en amandel*) [*metaf.* cassa lege noot = kleinigheid];
2. *vrucht met harde schil:* kastanje, eikel; ▸ ~ *pinea* dennenappel;
3. (*meton.*) (a) notenboom; (b) (*Verg.*) amandelboom.

nyctalōps, ōpis *m* (*Gr. leenw.*) (*postklass.*) iem. die last heeft van nachtblindheid.

Nycteïs, idis *f dochter v. Nycteus* = Antiope.

Nyctelius, a, um (*Gr. leenw.* 'de Nachtelijke') *bijnaam v. Bacchus.*

Nyctēus, eī *m koning v. Boeotië, vader v. Antiope.*

nycticorax, acis *m* (*Gr. leenw.*) (*eccl.*) nachtraaf (*iem. die veel 's nachts studeert of feestviert*).

nympha, ae *f* (*Gr. leenw.*) (*poët.; postklass.*)
1. bruid;
2. *en* **nymphē,** ēs *f* nimf, *vrl. halfgod v. bronnen, rivieren, bossen, bergen enz.*;
3. (*poët.*) (*meton.*) water, stroom;
4. (*postklass.*) pop *v.e. insect.*

nymphaeum, ī *n* (*Gr. leenw.*) (*postklass.*) *aan nimfen gewijd* bronhuis.

Nymphaeum, ī *n voorgebergte en haven in Illyrië,* nu Shëngjin.

Nȳs(s)a, ae *f naam v. verscheidene steden en bergen, o.a. in India, waar volgens de legende Bacchus door nimfen is grootgebracht;* — *adj.* **Nȳsaeus,** a, um *ook* = Bacchisch, *fem. ook* **Nȳsēis,** idis *en* **Nȳsias,** adis; — *subst.* **Nȳsēus,** eī *resp.* eos *en* **Nȳsius,** ī *m bijnaam v. Bacchus.*

O

O. M. = *optimus maximus (epith. v. Jupiter).*
ō *(voor vocalen ook* **o***) en* **ōh** *interj.* o!, ach! *(als uitdr. v. vreugde, bedroefdheid, verbazing e.d.);* ▸ *m. nom.: o vir fortis atque amicus!; o magna vis veritatis!; o spes fallaces!; o frustra mihi suscepti labores!; m. vocat.: o fortunate adulescens!; m. acc.: o me miserum!; o ingentem confidentiam!; o mihi nuntii beati!; o miserae sortis!; voor vragen: o quid agis?; voor wenszinnen* o, dat toch; o, als toch: *o parcas supplicibus!; o si m. conj.* o, als toch: *o mihi praeteritos referat si Iuppiter annos (Verg.).*
Ōariōn, ōnis *m (Catull.)* = *Orion.*
Oaxēs, is *m (Verg.) naam v.e. niet lokaliseerbare rivier.*
ob
I. *prep. m. acc.*
1. *(v. plaats)* (a) *(als antwoord op de vraag 'waarheen'?)* tegemoet, naar ... toe, op ... af; ▸ *ob Romam legiones ducere;* (b) *(als antwoord op de vraag 'waar'?)* tegenover, voor; ▸ *ob oculos versari* voor ogen zweven;
2. (a) ter vergoeding van, voor; ▸ *ob asinos ferre argentum (Plaut.);* (b) *(causaal)* wegens, om; ▸ *ob rem publicam labores suscipere; di poenas ob delictum expetunt; ob metum* uit angst; *ob rem iudicandam pecuniam accipere; ob eam rem (causam), quam ob rem, ob ea, ob hoc, ob id* daarom; *non ob aliud* om geen andere reden;
II. *prefix in samenstellingen* tegemoet, naar ... toe [**obeo, obduco, obnitor, obicio**]; tegenover [**obiaceo**] *(oorspr. op-: operio; voor c en f geassimileerd tot occ- en off-: occurro, offero; verkort tot o-: omitto).*
ob-aerātus, a, um overladen met schulden; — *subst.* **-ī,** ōrum *m* schuldenaars.
ob-ambulō, ambulāre
1. *(Verg.)* besluipen *(m. dat.);* ▸ *lupus gregibus obambulat;*
2. ronddwalen [**ante vallum**];
3. op en neer lopen, wandelen voor *(m. dat.; acc.)* [**muris; Aetnam**].
ob-armō, armāre (be)wapenen [**dextras securi**].
ob-arō, arāre omploegen.
ob-audiō, audīre *(postklass.)* = *oboedire.*
obba, ae *f een soort* beker.
Obba, ae *f stad in de provincie Africa, nu* Ebba *(in het huidige Tunesië).*
ob-brūtēscō, brūtēscere, brūtuī, — *(brutus) (Lucr.)* het verstand verliezen, gevoelloos worden.
ob-c- = *occ-.*
ob-dō, dere, didī, ditum
1. leggen *of* schuiven voor *(m. dat.)* [**pessulum foribus;** *metaf.* **forem vocibus; latus** afschermen];
2. sluiten [**fores**];
3. (vast)binden [**capillos**].
ob-dormiō, dormīre, — — inslapen [**sub taxo**].
ob-dormīscō, dormīscere, dormīvī, — *(incoh. v. obdormio)*
1. in slaap vallen [**post cibum**];
2. *(metaf.)* ontslapen.
ob-dūcō, dūcere, dūxī, ductum
1. voeren *of* leiden tegen, naar [**exercitum**];
2. trekken *of* aanleggen voor *(m. dat.)* [**fossam castris; vallum viis; seram** de grendel ervoor schuiven, de deur sluiten]; — *p. adj.* **obductus,** a, um gesloten [**fores**];
3. trekken *of* uitspreiden over *(m. dat.)* [**vestem corpori;** *metaf.* **callum dolori; tenebras clarissimis rebus** in duisternis hullen];
4. overtrékken, bedekken, omhullen [**nubibus caelum**]; ▸ *(abs.) nocte obductā* onder de sluier v.d. nacht; — *p. adj.* **obductus,** a, um bewolkt, betrokken [*metaf.* **frons** gefronst, treurig]; geheeld, gesloten [**cicatrix;** *metaf.* **luctus annis**]; verhuld [**dolor**]; verborgen [**obstructio**];
5. naar de mond brengen, drinken [**venenum**].
obductiō, ōnis *f (obduco)* het omhullen, *ihb. van het hoofd bij een executie* [**capitis**].
obductō, obductāre *(intens. v. obduco) (Plaut.)* binnenhalen, -voeren.
obductus *zie obduco.*
ob-dulcēscō, dulcēscere, dulcuī, — *(August.)* zoet worden.
ob-dulcō, dulcāre *(dulcis) (Laatl.)* zoet maken.
ob-dūrēscō, dūrēscere, dūruī, — *(incoh. v. obduro)*
1. *(poët.)* hard, stijf worden;
2. *(metaf.)* verharden, ongevoelig worden.
ob-dūrō, dūrāre
1. hard, ongevoelig maken;
2. hard worden, volharden, uithouden; ▸ *per-*

fer, obdura (Catull.).

ob-dūruī *pf. v. obduresco.*

ob-dūxī *pf. v. obduco.*

obeliscus, ī *m (Gr. leenw.) (postklass.)* spitse zuil, obelisk.

ob-eō, īre, iī *(en* īvī*)*, itum

I. *intr.*

1. gaan naar, in [**in infera loca**];

2. tegemoet gaan *of* treden [**ad hostium conatūs; ad omnia simul** aan alle kanten tegelijk bezig zijn];

3. *(v. hemellichamen)* óndergaan; ▸ *obeuntis solis partes;*

4. *(metaf.)* sterven; ▸ *tecum obeam libens (Hor.);*

II. *tr.*

1. gaan naar *(m. acc.);*

2. controleren [**ordines; tentoria** inspecteren; **vigilias** de ronde doen langs, inspecteren];

3. bezoeken, bereizen [**provinciam; terras; urbes**];

4. *als deelnemer* bezoeken, aanwezig zijn bij, deelnemen aan [**comitia; nundinas; cenam**];

5. bereiken; ▸ *quantum flamma ~ non potuit;*

6. monsteren, bekijken [**omnia visu, oculis**];

7. *(in een redevoering)* bespreken [**omnes civitates oratione**];

8. *(poët.) (v. zaken)* omgeven; ▸ *maria obeuntia terras;*

9. *(metaf.)* op zich nemen, ondernemen, aanvaarden [**negotium; legationem; pericula; hereditatem; diem** zich houden aan; **facinoris locum tempusque** op de geplande plaats en tijd v.d. daad aanwezig zijn; **mortem** *of* **diem (supremum)** een natuurlijke dood sterven]; ▸ *morte obitā* na de dood.

ob-equitō, equitāre rijden tot aan *(m. usque ad; dat.)* [**usque ad portam; castris; portis; Romanis**].

ob-errō, errāre *(poët.; postklass.)*

1. ronddwalen, ronddolen *(rondom: dat.)* [**tentoriis**];

2. *(poët.)* dwalend op iems. pad komen;

3. *(metaf.)* heen en weer gaan [**oculis** zweven voor];

4. misgrijpen, zich vergissen [**chordā eādem** misgrijpen op].

obēsitās, ātis *f (obesus) (postklass.)* vetheid, gezetheid.

ob-ēsus, a, um *(edo[2]) (poët.; postklass.)*

1. vet, gezet [**venter**];

2. gezwollen [**fauces**];

3. niet verfijnd; ▸ *iuvenis non naris -ae.*

obex *en* **obiex,** obicis *m en f (obicio)*

1. *(poët.; postklass.)* dwarsbalk, grendel [**portarum**]; ▸ *ferrati portarum obices (Tac);*

2. *(poët.)* dam, wal; ▸ *obicibus ruptis; se tegere obice saxi* rotswand;

3. barricade; ▸ *per obices viarum (Liv); via clausa suā obice (Liv); obices portarum subversi (Tac.);*

4. *(Plin. Min.) (metaf.)* hindernis.

ob-f- *zie off-.*

ob-fuī *pf. v. obsum.*

ob-ganniō, gannīre *(kom.)* toegrommen.

ob-gerō, gerere, gessī, gestum *(pre- en postklass.)* in overstelpende hoeveelheid aanbieden *of* voorzetten.

ob-haereō, haerēre, — — *(Suet.)* blijven steken.

obhaerēscō, obhaerēscere, obhaesī, obhaesum *(incoh. v. obhaereo) (poët.; postklass.)* blijven steken, blijven hangen [**in medio flumine**].

ob-iaceō, iacēre, iacuī, —

1. liggen tegenover *of* voor *(abs.; m. dat.);* ▸ *insula obiacens; saxa obiacentia pedibus;*

2. in de weg liggen, hinderen *(m. dat.);* ▸ *sarcinas obiacentes pedibus (Liv.);*

3. *(metaf.) (poët.)* blootgesteld zijn aan.

ob-iciō, icere, iēcī, iectum *(iacio)*

1. stellen *of* plaatsen tegenover *(m. dat.)* [**equitatum hosti; se Hannibali; se copiis; se ad currum** zich storten op]; ▸ *visu repentino obiecto* bij de onverwachte aanblik; — *pass. obici (m. dat.)* afkomen op; verschijnen voor: *difficultas miseris obicitur; obicitur monstrum oculis;*

2. voorwerpen, voorhouden, uitleveren [**corpus feris; praedam hosti**]; — *ppp.* **obiectus,** a, um (in de weg) liggend [**insula portui; silva**];

3. prijsgeven, blootstellen [**exercitum flumini; legatum barbaris; consulem morti; alqm insidiis coniuratorum; se periculis**];

4. *(ter bescherming, ter verdediging)* voorhouden, opwerpen, opstellen [**scutum; fossam; carros pro vallo; novum pro diruto muro;** *metaf.* **noctem peccatis** uitbreiden over];

5. *(metaf.)* inboezemen, ingeven, veroorzaken, opwekken [**alci laetitiam; hostibus terrorem; furorem Roscio; canibus rabiem**];

6. aanbieden [**agri divisionem**];

7. opwerpen, te berde brengen [**religionem** een religieus bezwaar; **exceptionem**];

8. verwijten, ten laste leggen, voor de voeten werpen, *afkeurend* voorhouden *(iem.: dat.; zelden in m. acc.; iets: acc.; de; m. quod of aci.)* [**alci luxuriam, avaritiam, furtum; alci de morte**

Caesaris];
9. *(Hor.) als voorbeeld* voor ogen stellen [**unum ex iudicibus selectis**].
obiectātiō, ōnis *f (obiecto)* verwijt.
obiectiō, ōnis *f (obicio) (Laatl.)*
1. het verwijten, verwijt;
2. tegenwerping.
obiectō, obiectāre *(intens. v. obicio)*
1. toewerpen, werpen *of* houden voor [**caput fretis** dompelen in];
2. prijsgeven, blootstellen [**se hostium telis; caput (alqm) periculis; alqm dolo; corpora bello; animam pro cunctis** opofferen];
3. *(metaf.)* verwijten, voor de voeten werpen [**alci probrum; ignominiam; vecordiam; natum** de dood v.d. zoon].
obiectum, ī *n (obicio)* verwijt.
obiectus[1] *ppp. v. obicio.*
obiectus[2], ūs *m (obicio)*
1. het in de weg leggen, voorhouden, voorwerpen, voorschuiven [**plutei** voorgeschoven scherm];
2. het zich in de weg bevinden, voorliggen [**montis** voorliggend gebergte, bergwand; **molium** vooruitspringend gedeelte].
obiex *zie obex.*
ob-iī *pf. v. obeo.*
ob-īrāscor, īrāscī, īrātus sum woedend, kwaad worden *(over: dat.)* [**fortunae**].
obīrātus, a, um *(p. adj. v. obirascor)* woedend, verbitterd *(op, jegens: dat.)* [**potentibus**].
obiter *adv. (ob) (postklass.)*
1. bovendien;
2. en passant, bij gelegenheid [**dicere**].
obitus[1] *ppp. v. obeo.*
obitus[2], ūs *m (obeo)*
1. bezoek, ontmoeting; het bereizen [**multarum civitatium**];
2. ondergang *v. hemellichamen* [**lunae; stellarum**];
3. *(metaf.)* het sterven, dood [**Tulliae filiae; immaturus**]; ▸ *ante obitum nemo dici debet beatus (Ov.)*;
4. vernietiging [**Cimbrorum**].
obiūrgātiō, ōnis *f (obiurgo)* verwijt, berisping.
obiūrgātor, ōris *m (obiurgo)* berisper.
obiūrgātōrius, a, um *(obiurgator)* berispend, afkeurend, scheld- [**epistula; verba**].
ob-iūrgō, iūrgāre *(arch.* **ob-iūrigō,** iūrigāre*)*
1. berispen, terechtwijzen *(over, mbt.: de; in m. abl.; quod; ut)* [**amicos; fatum; naturam; verecundiam alcis**];
2. *(m. ut)* berispend vermanen, verwijtend eisen;
3. *(postklass.)* tuchtigen, slaan [**alqm verberibus**].
ob-languēscō, languēscere, languī, — verslappen, wegkwijnen.
oblaqueātiō, ōnis *f = ablaqueatio.*
ob-laqueō, laqueāre *= ablaqueo.*
oblātiō, ōnis *f (offero) (postklass.)* het aanbieden, schenken, offeren; gift.
oblātor, ōris *m (offero) (eccl.)* gever, schenker.
oblātrātrīx, īcis *f (oblatro) (Plaut.) (v.e. vrouw)* keffende teef.
ob-lātrō, lātrāre *(postklass.)* blaffen naar; *metaf.* uitschelden, tegenspreken *(m. dat. of [poët.] acc.)*.
ob-lātus *ppp. v. offero.*
oblectāmen, inis *n (oblecto)* iets dat genoegen schenkt, vermaak, tijdverdrijf.
oblectāmentum, ī *n = oblectatio.*
oblectātiō, ōnis *f (oblecto)* vermaak, genot, genoegen; ▸ *requies plena oblectationis fuit.*
oblectātōrius, a, um *(oblectatio) (Gell.)* vermakelijk, genoeglijk.
ob-lectō, lectāre *(vgl. de-lecto)*
1. vermaken, genot verschaffen [**se scriptis; se cum alqo; senectutem; populum; legentium animos**]; — *pass.* zich vermaken [**ludis**];
2. *(poët.; postklass.)* tijd aangenaam doorbrengen [**tempus studio; otium**].
ob-lēniō, lēnīre, — — *(Sen.)* kalmeren.
ob-lēvī *pf. v. oblino.*
oblīcus, a, um *= obliquus.*
ob-līdō, līdere, līsī, līsum *(laedo)*
1. dichtknijpen [**fauces**];
2. *(postklass.)* wurgen; dooddrukken.
obligātiō, ōnis *f (obligo)*
1. het garanderen [**pecuniae**];
2. het verplicht zijn *of* het gebonden zijn [**feminarum**];
3. verbintenis, verplichting, borgstelling.
ob-ligō, ligāre
1. van banden voorzien, verbinden [**oculos** blinddoeken; **vulnus; crus**]; vastbinden;
2. *(metaf.)* binden, verplichten, aansprakelijk maken [**alqm militiae sacramento** *een soldaat* beëdigen; **hostes beneficio; alqm foedere; alqm sibi liberalitate**];
3. *aan een overtreding* schuldig maken [**ludos scelere**]; — *pass. en se* ~ zich schuldig maken aan *(m. abl.)* [**fraude impiā**];
4. verpanden, als onderpand geven, garanderen

[**aedes; praedia fratri; se alci; caput perfidum** votis verwensen; **fortunas suas; fidem** zijn erewoord];
5. *(Hor.)* plechtig beloven [**dapem**].
ob-līmō¹, līmāre *(limus¹)* met slijk bedekken [**agros; fossas**].
ob-līmō², līmāre *(Hor.)* erdoor jagen, verbrassen.
ob-linō, linere, lēvī, litum
1. besmeren, bestrijken [**unguentis; luto; faciem cruore**];
2. dichtmaken, afsluiten [**vas**];
3. *(metaf.)* overladen, vervullen; ▸ *actor divitiis oblitus;*
4. bezoedelen, bevlekken [**se externis moribus; alqm versibus atris** smaden]; ▸ *parricidio oblitus; vita libidine oblita;*
5. *opgeschreven dingen uitvegen.*
oblīquitās, ātis *f (obliquus)* schuine positie; bocht.
oblīquō, oblīquāre *(obliquus) (poët.; postklass.)* zijwaarts, schuin richten, buigen [**oculos** scheel kijken; **ensem in latus** met een zwaard van opzij raken; **crines** schuin opsteken; **sinūs in ventum** de zeilen schuin op de wind zetten].
oblīquus, a, um
1. schuin, scheef, zijwaarts, dwars [**motus corporis; sublicae; iter** zijweg; **lux** schuin invallend]; ▸ *in, per -um* zijwaarts, scheef; *ex, ab -o* van terzijde; *-o claudicare pede (Ov.); -o dente timendus aper (Ov.);*
2. krom, kronkelend [**ripa**]; ▸ *amnis cursibus -is fluens;*
3. *(poët.)* scheel [**oculi**]; *metaf.* scheel, jaloers;
4. *(v.e. redevoering)* (a) *(postklass.)* verbloemd, verborgen, ambigu [**verba**]; (b) *(pre- en postklass.) (gramm. t.t.)* indirect, afhankelijk [**oratio; casūs** *de naamvallen met uitzondering v.d. nominativus*].
ob-līsī *pf. v. oblido.*
oblīsus *ppp. v. oblido.*
ob-litēscō, litēscere, lituī, — *(latesco)* zich verbergen, zich verstoppen, verdwijnen [**a nostro aspectu** *(v. planeten)*].
oblitterātiō, ōnis *f (oblittero) (Plin. Mai.)* het in vergetelheid raken.
ob-litterō, litterāre *(littera)* uit het geheugen wissen, in vergetelheid doen raken; *pass.* in vergetelheid raken.
ob-lituī *pf. v. oblitesco.*
oblitus¹ *ppp. v. oblino.*
oblītus² *zie obliviscor.*
ob-līvī = *oblevi.*
oblīviō, ōnis *f (obliviscor)*
1. vergetelheid, het vergeten; ▸ *in oblivionem rei venire* iets vergeten; *in oblivionem ire* in vergetelheid raken; *alqm in oblivionem rei adducere* iem. iets doen vergeten; ~ *alcis rei me capit* ik vergeet iets; *alqd ab oblivione vindicare* aan de vergetelheid ontrukken;
2. amnestie, genade; ▸ *lex oblivionis;*
3. *(postklass.)* vergeetachtigheid, zwak geheugen.
oblīviōsus, a, um *(oblivio)*
1. vergeetachtig;
2. *(Hor.)* die *of* dat de zorgen doet vergeten [**vinum**].
oblīvīscor, oblīvīscī, oblītus sum
1. vergeten *(m. gen.; acc.; inf.; aci.; afh. vr.)* [**controversiarum; veteris contumeliae; iniurias; inimicorum sermones**]; — *p.p.* **oblītus,** a, um *ook pass. (postklass.): oblita carmina* vergeten liederen;
2. *(metaf.)* veronachtzamen, over het hoofd zien, laten varen *(m. gen.)* [**consuetudinis suae; foederis; feritatis ingenitae; armorum hostiumque; sui** zichzelf vergeten].
oblīvium, ī *n (poët.; postklass.) (meestal plur.)* = *oblivio.*
oblocūtor, ōris *m (obloquor) (Plaut.)* tegenspreker.
oblongulus, a, um *(demin. v. oblongus) (Gell.)* vrij langwerpig.
ob-longus, a, um langwerpig [**hastile**]; ▸ *urbs -ā formā.*
obloquium, ī *n (obloquor) (Laatl.)* tegenspraak.
ob-loquor, loquī, locūtus sum
1. onderbreken, tegenspreken;
2. *(postklass.)* berispen;
3. *(Catull.)* schimpen;
4. *(poët.)* zingen *of* spelen bij [**numeris septem discrimina vocum** de zevensnarige lier laten klinken ter begeleiding v.d. melodie].
ob-luctor, luctārī *(poët.; postklass.)*
1. worstelen met, tegen *(abs.; m. dat.)* [**genibus** (met de knieën) **adversae arenae**];
2. *(metaf.)* zich verzetten tegen, weerstand bieden aan.
ob-lūdiō, lūdiāre *(ludus) (Plaut.)* grappen maken.
ob-misceō, miscēre *(Apul.)* vermengen, verenigen *(met: dat.)*.
ob-mōlior, mōlīrī

1. *(ter verdediging)* in de weg leggen;
2. barricaderen.

ob-murmurō, murmurāre *(poët.; postklass.)*
1. mompelend tegenspreken, morren over *(m. dat.)*; ▸ *ventus obmurmurat precibus meis;*
2. erbij mompelen.

ob-mūtēscō, mūtēscere, mūtuī, — *(mutus)* verstommen, zwijgen; *metaf.* ophouden; ▸ *obmutuit dolor.*

ob-nātus, a, um groeiend *(aan: dat.)*; ▸ *salicta ripis -a.*

ob-nītor, nītī, nīxus sum *(m. dat.)*
1. zich schrap zetten (tegen) [**trunco arboris**]; ▸ *obnixo genu scuto* de knie tegen het schild gesteund;
2. *(poët.; postklass.) (metaf.)* tegenstand bieden aan, zich verzetten tegen [**hostibus**].

obnīxus, a, um *(p. adj. v. obnitor)* standvastig, halsstarrig; ▸ *~ corde curam premebat (Verg.)*; — *m. inf.*: vastbesloten [**non cedere**].

obnoxiōsus, a, um *(obnoxius) (preklass.)* onderdanig, gehoorzaam.

ob-noxius, a, um
1. strafbaar, schuldig, met schuld belast, onder een verplichting staand *(wegens: gen.)* [**pecuniae debitae**];
2. ten prooi, overgeleverd, verslaafd aan [**libidini**];
3. afhankelijk van *(m. dat.)* [**uxoris amori**];
4. *(aan enig onheil)* blootgesteld, prijsgegeven [**periculis; bello; insidiis; irae**]; ▸ *corpora morbis -a; -um est (m. inf.)* het is gevaarlijk;
5. onderdanig, gehoorzaam [**animus**];
6. deemoedig, slaafs; ▸ *-e sententias dicere.*

ob-nūbilō, nūbilāre *(nubilus) (postklass.)* bewolken, verduisteren [**serenitatem vultūs**].

ob-nūbō, nūbere, nūbī, nuptum *(nubes)* omhullen, bedekken [**comas amictu; caput** *(bij terechtstellingen)*].

obnūntiātiō, ōnis *f (obnuntio)* het melden v. ongunstige voortekenen, waarschuwing.

ob-nūntiō, nuntiāre
1. *(Ter.)* iets ongelukkigs melden;
2. *(t.t. in de taal v.d. augures)* ongunstige voortekenen melden.

obnuptus *ppp. v. obnubo.*

oboediēns, *gen.* entis *(p. adj. v. oboedio)* gehoorzaam, gewillig *(aan: dat.; ad)*; ▸ *dicto oboediens* gehoorzaam aan de opdracht; *imperiis oboedientissimus miles; nulli est naturae ~ aut subiectus deus (Cic.); gens ad nova consilia ~*; — *subst. m* onderdaan.

oboedientia, ae *f (oboediens)* gehoorzaamheid *(aan: gen.)* [**imperiorum**].

ob-oediō, oedīre *(audio) (m. dat.)*
1. luisteren (naar);
2. gehoorzamen, opvolgen [**magistratibus; praecepto; legi; ventri** verslaafd zijn aan].

ob-oleō, olēre, oluī, — geuren, ruiken *(naar: acc.)* [**alium** naar knoflook]; ▸ *(metaf.) marsuppium huic obolet* ze ruikt geld.

obolus, ī *m (Gr. leenw.)* obool *(Gr. munt van geringe waarde = 1/6 drachme).*

ob-orior, orīrī, ortus sum ontstaan, te voorschijn komen, verschijnen, opgaan; ▸ *tenebrae oboriuntur; lacrimis obortis* met de tranen in de ogen; *(metaf.) lux liberalitatis mihi oboritur.*

ob-rēpō, rēpere, rēpsī, rēptum sluipend naderen, binnensluipen, verrassen *(m. dat.; ad; acc.)*; ▸ *(metaf.) adulescentiae senectus obrepit* volgt ongemerkt; *ad honores ~* listig ereambten verkrijgen; *vitia nobis sub virtutum nomine obrepunt (Sen.).*

obrēptiō, ōnis *f (obrepo)* het heimelijk binnendringen; *(jur.)* slinkse verwerving.

obrēptō, obrēptāre *(intens. v. obrepo) (pre- en postklass.)* besluipen.

ob-rētiō, rētīre *(rete) (Lucr.)* verstrikken.

ob-rigēscō, rigēscere, riguī, — verstijven, stijf worden.

ob-rōdō, rōdere, — — *(Plaut.)* knagen aan.

obrogātiō, ōnis *f (obrogo)* voorstel tot verandering *(v.e. wet)*, tegenvoorstel.

ob-rogō, rogāre *een (deel v.e.) wet* opheffen, een tegenvoorstel doen voor *(m. dat.)* [**antiquae legi**].

ob-ruō, ruere, ruī, rutum, ruiturus
1. bedelven, bedekken [**alqm lapidibus, telis; se arenā; aegros veste**]; ▸ *iuga montium nive obruta;*
2. begraven, ingraven, overspoelen [**alqm vivum; thesaurum**]; ▸ *classis obruta aquis;*
3. overladen, overstelpen [**se vino**]; ▸ *vino epulisque obrui* zich overladen met;
4. *(metaf.)* verbergen, verdonkeremanen, verduisteren, doen vergeten [**nomen alcis; malum sapientiā**];
5. neerdrukken, overmannen, overweldigen, vernietigen, te gronde richten [**alqm verbis**]; ▸ *testem risus obruit* bracht in verwarring; *obrui aere alieno* onder de schulden bezwijken; *magnitudine negotii obrui; copiā sententiarum obrutum esse;*
6. *(Tac.)* in de schaduw stellen, overtreffen [**fa-**

mam alcis].

obrussa, ae *f* (*Gr. leenw.*) vuurproef *om goud op zijn echtheid te toetsen; metaf.* toetssteen, test.

obrutus *ppp. v. obruo.*

obryza, ae *f* = *obrussa.*

obryzātus, a, um (*obrussa*) (*Laatl.*) beproefd, zuiver *als goud.*

ob-saepiō, saepīre, saepsī, saeptum versperren, blokkeren, ontoegankelijk maken; ▸ *hostium agmina obsaepiunt iter; plebi ad curules magistratūs iter obsaepsit* (*Liv.*); (*metaf.*) *coniuratio obsaepiatur insidiis* (*Cic.*).

ob-saturō, saturāre (*Ter.*) verzadigen.

obscaen- = *obscen-.*

ob-scaevō, scaevāre (*scaevus*) (*Plaut.*) slechte voortekens geven.

obscēnitās, ātis *f* (*obscenus*) obsceniteit, aanstootgevend gedrag, aanstootgevendheid [**rerum; verborum**].

obs-cēnus, a, um

1. onfatsoenlijk, onbehoorlijk, onzedelijk, schaamteloos, aanstootgevend [**versūs; voluptates; sermones; adulterium; greges** (*v.d. priesters v. Cybele*); **puella** straathoer]; — *subst.* **obscēna,** ōrum *n o.a.* obscene taal;
2. schaamte oproepend [**inguen**]; — *subst.* **obscēna,** ōrum *n* (*postklass.*) geslachtsdelen; achterste;
3. noodlottig, ongunstig, onheilspellend, angstaanjagend [**omen; volucris** = nachtuil].

obscūrātiō, ōnis *f* (*obscuro*)

1. verduistering, eclips [**solis; lunae**];
2. (*metaf.*) het in het niet vallen.

obscūritās, ātis *f* (*obscurus*)

1. duisternis [**latebrarum**], verduistering [**lucis**];
2. (*metaf.*) onduidelijkheid, onbegrijpelijkheid [**verborum; naturae**];
3. onbekendheid, roemloosheid; ▸ *humilitas et* ~.

obscūrō, obscūrāre (*obscurus*)

1. verduisteren, donker maken [**regiones; lumen lucernae; aethera pennis;** *metaf.* **pectus** in verwarring brengen];
2. verbergen, verhullen [**caput; magnitudinem periculi; coniurationem**];
3. (*metaf.*) onduidelijk, onbegrijpelijk maken [**alqd dicendo**];
4. onduidelijk uitspreken [**litteram**];
5. in de schaduw stellen, verdringen, aan de vergetelheid prijsgeven [**alcis gloriam, laudes**]; ▸ *obscurata vocabula* verouderd.

obscūrum, ī *n* (*obscurus*) duisternis, donker, donkerte [**noctis**]; ▸ *-o coeptae lucis* bij het ochtendgloren; (*metaf.*) *in -o* (teruggetrokken) *vitam agere.*

obscūrus, a, um

1. donker, duister [**nox; lucus; caelum; nubes; luna** bleek]; ▸ *-ā luce, -o lumine* in de schemering;
2. verstopt, verborgen, heimelijk [**antrum; taberna** onooglijk winkeltje]; ▸ *alqd non -e ferre* = iets laten merken;
3. (*poët.*) onzichtbaar; onherkenbaar [**Pallas**]; ▸ *ibant -i;*
4. (*metaf.*) onduidelijk, onbegrijpelijk, ondoorzichtig [**oracula; res**]; ▸ *non -um est* het is overduidelijk;
5. gesloten, terughoudend;
6. onbekend, onaanzienlijk [**maiores; gens; nomen**]; ▸ *-is parentibus, -o loco natus;*
7. onzeker, twijfelachtig [**spes**].

obsecrātiō, ōnis *f* (*obsecro*)

1. dringend verzoek, smeekbede, bezwering [**humilis ac supplex**]; ▸ *alcis obsecrationem repudiare;*
2. officiële biddag *of* boetedoening.

ob-secrō, secrāre (*sacro*) *bij alles wat heilig is* bezweren, dringend verzoeken, smeken (*m. ut; ne; conj.*) [**alqm multis cum lacrimis; pro fratris salute; per amicitiam** bij de vriendschap; **per fratris cinerem**]; ▸ (*m. dubb. acc.*) *illud unum vos obsecro* dat alleen vraag ik u; — *obsecro* (a) (*vaak parenthetisch*) ik smeek (jou, u, jullie), luister; ▸ *Attica, obsecro te, quid agit?; ubi est? obsecro vos;* (b) (*Ter.*) (*als uitdr. v. verbazing*) in 's hemelsnaam!; ▸ *obsecro, quem video?*

ob-secundō, secundāre (*m. dat.; ad*)

1. gehoorzamen, dienen;
2. bevorderen, steunen, volgen.

obsecūtus *p.p. v. obsequor.*

ob-sēdī *pf. v. obsideo en obsido.*

obsequēl(l)a, ae *f* (*obsequor*) gehoorzaamheid, toegeeflijkheid.

obsequēns, *gen.* entis (*p. adj. v. obsequor*)

1. gehoorzaam aan, toegeeflijk *of* gewillig jegens (*m. dat.*) [**patri; amicae; imperatori**];
2. (*v.e. god*) welwillend.

obsequentia, ae *f* (*obsequens*) toegeeflijkheid, meegaandheid.

obsequiōsus, a, um (*obsequium*) (*Plaut.*) inschikkelijk, volgzaam.

obsequium, ī *n* (*obsequor*)

1. toegeeflijkheid, meegaandheid, inschikke-

lijkheid, onderdanigheid, gehoorzaamheid (*jegens: gen.; in m. acc.; erga*) [**ventris** slemperij; **in principem; erga Romanos**]; ▸ *in alcis -um iurare* gehoorzaamheid zweren aan iem.; *-um rumpere; alci -um tribuere;*
2. (*Tac.*) discipline; ▸ *mos -i;*
3. het zich overgeven, prijsgeven, overgave; ▸ *flagitiosa -a.*
ob-sequor, sequī, secūtus sum (*m. dat.*)
1. toegeven aan, volgzaam zijn jegens, gehoorzamen [**patri; senibus; centurioni; senatui; legibus; fortunae; naturae**]; (*m. ut*);
2. zich overgeven aan, zich laten leiden door [**studiis suis; irae; gloriae; alcis voluntati**].
ob-serō[1]**,** serāre (*sera*) vergrendelen, afsluiten [**fores;** *metaf.* **aures; palatum** zwijgen].
ob-serō[2]**,** serere, sēvī, situm
1. bezaaien, beplanten [**terram frugibus**]; — *p. adj.* **obsitus,** a, um (a) bezaaid, beplant [**rura pomis; loca virgultis**]; (b) overdekt, bedekt, *ook metaf.* [**montes nivibus; squalore vestis; homo aevo** bejaard];
2. (*Plaut.*) zaaien [**frumentum;** *metaf.* **mores malos; pugnos** klappen uitdelen].
observābilis, e (*observo*) (*postklass.*)
1. zichtbaar;
2. te respecteren;
3. aandachtig [**patientia**].
observāns, *gen.* antis (*p. adj. v. observo*) (*m. gen.*)
1. hoogachtend, attent jegens [**tui**];
2. (*Plin. Min.*) in acht nemend [**omnium officiorum**].
observantia, ae *f* (*observans*)
1. eerbied, hoogachting [**in regem**];
2. (*postklass.*) oplettendheid, inachtneming (*jegens, van: gen.*) [**moris; iuris**].
observātiō, ōnis *f* (*observo*)
1. het observeren, in de gaten houden [**siderum**];
2. (*metaf.*) het in acht nemen, consideratie; nauwgezetheid, zorgvuldigheid [**in bello movendo**];
3. (*postklass.*) hoogachting, dienstbetoon;
4. (*postklass.*) (*meton.*) regel [**sermonis antiqui; dierum** regels voor de berekening v.d. dagen].
observātor, ōris *m* (*observo*) (*postklass.*)
1. waarnemer;
2. iem. die in acht neemt (*m. gen.*).
observitō, observitāre (*intens. v. observo*) zorgvuldig bestuderen [**motūs stellarum**]; in acht nemen.
ob-servō, servāre
1. observeren, letten op (*m. acc.*) [**auspicia; vestigia; volatum aquilae; neque signa neque ordines; alcis occupationem** loeren op]; (*m. ut; ne; afh. vr.*);
2. hoeden, bewaken [**armenta; greges; draconem**];
3. (*metaf.*) in acht nemen, zich houden aan, naleven [**praecepta; leges; edicta imperatorum; diem, dies natales**]; ▸ *observatum est ut* men heeft als regel aangenomen dat;
4. hoogachten, respecteren, (ver)eren [**regem**].
ob-ses, sidis *m en f* (*sedeo*)
1. gijzelaar; ▸ *obsides dare, accipere, poscere; obsides alci imperare* iem. gijzelaars laten leveren; *alqm retinere obsidem;*
2. borg (*voor: gen.*) [**futurae pacis**]; ▸ *obsidem esse* (*m. gen.*) instaan voor;
3. garantie, onderpand (*voor: gen.*); ▸ *habemus a Caesare sententiam tamquam obsidem voluntatis* (*Cic.*).
obsessiō, ōnis *f* (*obsideo*) belegering, blokkade [**castrorum; arcis; hominum; viae**].
obsessor, ōris *m* (*obsideo*)
1. belegeraar [**curiae**];
2. (*poët.*) bewoner; ▸ *hydrus ~ vivarum aquarum; scherts.: solus ~ fori fui* (*Plaut.*) ik bleef in m'n eentje op de markt over.
obsessus *ppp. v. obsideo en obsido.*
ob-sēvī *pf. v. obsero*[2]*.*
obsiānus, a, um (*Plin. Mai.*) van obsidiaan [**lapis**].
ob-sībilō, sībilāre (*Apul.*) zuchtend laten horen [**dulces strepitūs**].
obsidātus, ūs *m* (*obses*) (*Laatl.*) gijzeling.
ob-sideo, sidere, sedī, sessum (*sedeo*)
I. *tr.*
1. zitten *of* zich ophouden voor, bij, op (*m. acc.*) [**aram**]; ▸ *ranae stagna obsident;*
2. belegeren, omsingelen [**urbem; domum regis**];
3. bezet houden, bezetten [**vias; omnes aditūs; insulam armis; totam Italiam praesidiis**]; ▸ *palus obsessa salictis* bedekt met;
4. (*metaf.*) in zijn macht hebben, beheersen; ▸ *amicum ~ ; ab oratore obsessi;*
5. loeren op, de juiste gelegenheid afwachten voor (*m. acc.*) [**stuprum**];
6. inperken, beperken; ▸ *alcis tribunatum ~* aan banden leggen; *omnibus rebus obsessus* in alle opzichten in het nauw gebracht;
II. *intr.* zitten, zich ophouden [**domi**].
obsidiālis, e (*obsidium*[2]) belegerings-; ▸ *grami-*

nea corona ~ krans van gras *voor een veldheer die een leger uit een vijandelijke omsingeling heeft bevrijd.*

obsidiō, ōnis *f (obsideo)*

1. (staat van) beleg, insluiting, blokkade; ▸ *castellum in obsidione tenere; urbem ingenti obsidione premere; urbi obsidionem inferre; patriam obsidione liberare, solvere; obsidionem ferre, pati, sustinere;*

2. *(metaf.)* nood, benarde situatie; ▸ *rem publicam obsidione liberare.*

obsidiōnālis, e *(obsidio)* belegerings-.

obsidium[1]**,** ī *n (obses) (Tac.)* gijzeling; ▸ *alqm -o dare* iem. als gijzelaar geven.

obsidium[2]**,** ī *n (obsideo)* insluiting, belegering; ▸ *-o decedere* het beleg opbreken.

ob-sīdō, sīdere, sēdī, sessum

1. bezetten *(ihb. milit.)* [**pontem; litus; loca opportuna armatis hominibus**];

2. in bezit nemen; ▸ *praedator cupit immensos ~ campos.*

obsignātor, ōris *m (obsigno)* iem. die *een document* van een zegel voorziet *(m. gen.)* [**testamenti** getuige].

ob-signō, signāre

1. verzegelen, van een zegel voorzien [**armarium; epistulam; pecuniam**];

2. *een document* van een zegel voorzien [**testamentum; litteras publico signo**]; ▸ *tabellis obsignatis agere cum alqo* met verzegelde documenten, *dwz.* formeel met iem. onderhandelen;

3. *(Lucr.)* stempelen, drukken *(ook metaf.)* [**formam verbis** gestalte geven].

ob-sipō, sipāre *(vgl. dis-sipo) (Plaut.)* sproeien; ▸ *obsipat aquolam* dat geeft weer moed(?).

ob-sistō, sistere, stitī, —

1. gaan staan tegenover, in de weg gaan staan *(m. dat.)* [**abeunti; hosti;** *metaf.* **alcis famae** in de schaduw stellen]; *pf.* in de weg staan;

2. zich verzetten tegen, weerstand bieden aan, bestrijden *(m. dat.)* [**barbaris; opinioni, consiliis alcis; sceleri alcis; libidini; dolori**]; *(m. ne; quominus; inf.).*

obsitus *zie obsero*[2]*.*

obsole-fīō, fierī, factus sum = *obsolesco.*

obsolēscō, obsolēscere, obsolēvī, —

1. verslijten, verouderen;

2. *(metaf.)* aanzien, waarde verliezen, onbekend worden; ▸ *obsolevit iam oratio.*

obsolētus, a, um *(obsolesco)*

1. versleten, afgedragen, sjofel [**vestitus**];

2. *(poët.)* vervallen, bouwvallig [**tectum**];

3. *(poët.; postklass.)* goor, bezoedeld; ▸ *dextra -a sanguine;*

4. *(metaf.)* verouderd [**verba**];

5. alledaags, gewoon [**oratio; honores; gaudia**].

obsolēvī *pf. v. obsolesco.*

obsōnātor, ōris *m (obsono*[1]*) (pre- en postklass.)* inkoper voor de keuken.

obsōnātus, ūs *m (obsono*[1]*) (kom.)* de inkopen voor de keuken.

obsōnium, ī *n (Gr. leenw.)*

1. aanschaf *v. voedsel;*

2. etenswaren, *ihb.* vis, groente *en* fruit;

3. *(plur.) (postklass.)* etenswaren *als beloning,* kosten v. onderhoud.

obsōnō[1]**,** obsōnāre *en* **obsōnor,** obsōnārī *(Gr. leenw.)*

1. *etenswaren* inkopen; ▸ *obsonatum ire; (metaf.) ambulando famem ~;*

2. smullen.

ob-sonō[2]**,** sonāre *(Plaut.)* in de rede vallen *(m. dat.).*

ob-sorbeō, sorbēre, sorbuī, — *(pre- en postklass.)* opslorpen, verslinden.

obstāculum, ī *n (obsto) (postklass.)* hindernis.

obstantia, ae *f (obsto) (postklass.)* het in de weg staan, hindernis.

obstetrīcō, obstetrīcāre *(obstetrix) (eccl.)* helpen bevallen [**mulierem**]; ter wereld brengen [**partum**].

obstetrīx, īcis *f (obsto)* vroedvrouw.

obstinātiō, ōnis *f (obstino)* vasthoudendheid, koppigheid, hardnekkigheid [**animi; fidei** onwankelbare trouw; **taciturna** halsstarrig zwijgen].

obstinātus, a, um *(p. adj. v. obstino)*

1. vastberaden, vasthoudend [**mori, ad mortem** om te sterven; **ad decertandum; ad resistendum**]; ▸ *-um est tibi* jij bent vastbesloten;

2. standvastig, onwankelbaar [**fides; pudicitia**]; ▸ *-e credere;*

3. hardnekkig, verstokt, onwrikbaar [**aures; animus**]; ▸ *-e negare; -e alqd recusare.*

ob-stinō, stināre staan op, vastbesloten zijn *(m. ad; m. inf.)* [**ad obtinendas iniquitates; aut vincere aut mori**].

ob-stipēscō = *obstupesco.*

ob-stīpus, a, um *(stipo)*

1. schuin;

2. gebogen, scheef [**caput; cervix**].

ob-stitī *pf. v. obsisto en obsto.*

obstitus, a, um door de bliksem getroffen.

ob-stō, stāre, stitī, stātūrus in de weg staan, hinderen, tot last zijn, weerstand bieden (*m. dat.*) [**consiliis alcis; bono publico; sceleri; furori** indammen]; (*m. ne; quominus; neg.* ook *m. quin*); ▸ *obstantes iuvenum catervae; obstante naturā; diis obstitit Ilium* was gehaat bij; *obstantes nebulae; mea praesentia non obstat quin;* — *subst.* (*postklass.*) **obstantia,** ium *n* hindernissen, obstakels [**silvarum; maris**].

obstrāgulum, ī *n* (*Plin. Mai.*) schoenriem.

ob-strepō, strepere, strepuī, strepitum (*m. dat.*)
1. ruisen, lawaai, geluid maken (tegen, bij); ▸ *milites portis obstrepunt* maken kabaal voor de poorten; *ventis obstrepentibus; mare Baiis obstrepens;* — *pass.* (*poët.; postklass.*): ▸ *locus aquis obstrepitur* de plaats wordt omspoeld door bruisend water;
2. overschreeuwen, overstemmen, *door lawaai of geschreeuw* onderbreken, protesteren tegen [**decemviro**]; ▸ *Bacchei ululatūs sono citharae obstrepunt;* — *pass.* overstemd worden: *clamore militum obstrepi;*
3. (*Plin. Mai.*) tegenwerken, storen [**alci litteris** iem. met brieven lastigvallen]; ▸ *obstrepente conscientiā.*

obstri(n)gillō, obstri(n)gillāre (*pre- en postklass.*) hinderlijk zijn, in de weg staan (*voor: dat.*).

ob-stringō, stringere, strīnxī, strictum
1. (*Plaut.*) binden voor (*m. acc.*) [**follem ob gulam**];
2. (*Plaut.*) dichtbinden, dichtsnoeren [**collum laqueo**];
3. (*Hor.*) vastgebonden houden [**ventos**];
4. (*metaf.*) binden, verplichten [**cives donis, legibus; milites iure iurando; socios foedere; populum religione; fidem suam alci** iem. zijn woord geven]; ▸ *fide obstrictum teneri* onder ede staan; *alqm beneficio obstrictum habere;*
5. verwikkelen in, verstrikken in [**se periurio; amicos aere alieno** in de schulden betrekken; **alqm nefario scelere** bij een misdrijf betrekken]; ▸ *aere alieno obstrictus* tot aan de nek in de schulden.

obstrūctiō, ōnis *f* (*obstruo*) barrière, obstakel.

obstrūctus *ppp. v. obstruo.*

obs-trūdō zie *obtrudo.*

ob-struō, struere, strūxī, strūctum
1. bouwen voor [**novum murum pro diruto; fenestras alcis** iems. ramen dichttimmeren, *ook metaf.* iems. roem verminderen]; ▸ *obstructa saxa* dam;
2. blokkeren, barricaderen, versperren, afsluiten, ontoegankelijk maken [**valvas aedis; portas castrorum; curiam; portum; flumina magnis operibus; iter Poenis corporibus suis;** *metaf.* **luminibus alcis** iems. roem aantasten; **aures alcis** iem. doof maken voor smeekbeden]; ▸ *metaf.*: *obstructae mentes* verstokt.

ob-stupe-faciō, facere, fēcī, factum (*pass.* -fīō, fierī, factus sum) verbazen, verbijsteren, bevreemden; ▸ *Britannos visa classis obstupefaciebat; obstupefecit ea alacritas ducem Romanum; metaf.*: *metus maerorem obstupefacit* stompt af, verdooft.

ob-stupēscō, stupēscere, stupuī, — *en* **-stipēscō,** stipēscere, stipuī, —
1. verstijven, verdoofd worden; ▸ *obstipui steteruntque comae; animus timore obstipuit;*
2. verstomd staan, zich verbazen; ▸ *obstipuit visu Aeneas.*

ob-stupidus, a, um (*pre- en postklass.*) verstijfd, verdoofd, verbluft.

ob-stupuī *pf. v. obstupesco.*

ob-suī *pf. v. obsuo.*

ob-sum, esse, fuī hinderlijk zijn voor, nadelig zijn voor, schaden (*m. dat.*).

ob-suō, suere, suī, sūtum (*poët.; postklass.*) dichtnaaien.

ob-surdēscō, surdēscere, surduī, — (*surdus*) doof worden; *metaf.* geen gehoor schenken, doof worden (*aan, voor: ad; adversus*) [**ad querelas**].

obsūtus *ppp. v. obsuo.*

ob-taedēscit, taedēscere, — — (*incoh. v. taedet*) (*Plaut.*) *onpers.* het begint te vervelen.

ob-tegō, tegere, tēxī, tēctum
1. verbergen, bedekken; *metaf.* verhullen; ▸ *domus arboribus obtecta;* (*metaf.*) *scelera verbis ~;*
2. (*metaf.*) dekking geven, beschermen; ▸ *militum armis obtectus.*

obtemperātiō, ōnis *f* (*obtempero*) gehoorzaamheid (*aan: dat.*) [**legibus**].

ob-temperō, temperāre gehoorzamen (*m. dat.*) [**magistratibus; imperio alcis; legibus**].

ob-tendō, tendere, tendī, tentum
1. (*poët.; postklass.*) spannen, uitspreiden, houden voor [**sudarium ante faciem**]; ▸ *metaf.*: *obtentā nocte* onder de sluier v.d. nacht; — *pass.* (*postklass.*) liggen tegenover (*m. dat.*): *Britannia Germaniae obtenditur;*

2. bedekken, omhullen [**diem nube**];
3. *(postklass.) (metaf.)* voorwenden, als voorwendsel gebruiken [**valetudinem corporis; preces matris; rationem turpitudini**];
4. verkiezen *(boven: dat.)* [**curis luxum**].

obtentus[1] *ppp. v. obtendo en obtineo.*

obtentus[2], ūs *m (obtendo)*
1. *(poët.; postklass.)* het spannen, het uitspreiden [**vestis; frondis** beschermend dak v. loof];
2. *(metaf.)* voorwendsel, dekmantel, excuus; ▸ *sub obtentu liberationis; sub eius obtentu cognominis;*
3. verhulling, versluiering.

ob-terō, terere, trīvī, trītum
1. vertrappen, verpletteren, verbrijzelen; ▸ *obtritae catenis manūs;*
2. vernietigen, in de pan hakken [**hostem bello; legionarios**];
3. *(metaf.)* kleineren, vernederen, te schande maken [**invidiā laudem virtutis; iura populi; maiestatem populi Romani; alqm verbis; voluptates** verachten].

obtestātiō, ōnis *f (obtestor)*
1. bezwering *door het aanroepen v.e. god* [**tibicinis** feestelijk aanroepen v.d. goden begeleid door fluitspel]; *meton.* bezweringsformule; ▸ *obtestationem componere;*
2. het dringend verzoeken, smeekbede.

ob-testor, testārī
1. bezweren, dringend verzoeken, smeken *(om, wegens: de; m. ut; ne; conj.)* [**suos; regem**]; ▸ *per ego haec genua te obtestor (Plaut.); nunc te obtestor ut mihi ignoscas (Plaut.);*
2. als getuige aanroepen [**deum** *(= deorum)* **hominumque fidem**];
3. *(postklass.)* plechtig verzekeren.

ob-tēxī *pf. v. obtego.*

ob-texō, texere, texuī, textum *(poët.; postklass.)* met een weefsel bedekken; *metaf.* versluieren, bedekken, verhullen; ▸ *caelum obtexitur umbrā.*

ob-ticeō, ticēre, — — *(taceo) (Ter.)* zwijgen, het zwijgen bewaren.

obticēscō, obticēscere, obticuī, — *(incoh. v. obticeo)* stilvallen, verstommen.

ob-tigī *pf. v. obtingo.*

ob-tineō, tinēre, tinuī, tentum *(teneo)*
I. *tr.*
1. vasthouden;
2. hebben, bezitten, *een positie* innemen [**imperium; proverbii locum** als spreekwoord fungeren; **numerum deorum** een plaats onder de goden innemen]; ▸ *ea fama plerosque obtinet* heeft de meeste aanhangers;
3. *(milit.)* bezet houden [**castra; collem; partem Germaniae; vada custodiis**];
4. (ver)krijgen, verwerven, in bezit komen van [**principatum provinciae; regnum**];
5. *een functie e.d.* bekleden, besturen [**magistratum; provinciam**];
6. handhaven, behouden, bewaren [**nomen; libertatem; equestrem ordinem; principatum; auctoritatem in perpetuum; pontem; hereditatem; fasces et imperium; silentium** laten voortduren];
7. *(recht, een [rechts]zaak)* handhaven, doorzetten [**ius suum contra alqm; causam, litem** het proces winnen];
8. *(een stelling)* staande houden, bewijzen [**duas contrarias sententias**];
II. *intr.* standhouden, zich handhaven, gelden; ▸ *pro vero obtinebat* het gold als juist; *fama obtinuit.*

ob-tingō, tingere, tigī, — *(tango)*
1. ten deel vallen *(m. dat.)*; ▸ *hereditas alci obtingit; alci sorte obtingit provincia; alci obtingit consulatus; alqs alci obtingit quaestor* als quaestor;
2. gebeuren, overkomen; ▸ *quod cuique obtigit, id quisque teneat (Cic.); (onpers.) Metello obtigit ut* het overkwam Metellus dat.

ob-torpēscō, torpēscere, torpuī, — *(lich. en geestel.)* verstijven; verzwakken, verlamd worden; ▸ *manus prae metu obtorpuerunt; animi obtorpuerant.*

ob-torqueō, torquēre, torsī, tortum
1. omsnoeren [**collum, gulam alcis**]; ▸ *obtorto collo ad praetorem trahi* met een strop om de hals;
2. omdraaien, keren [**proram**].

obtrectātiō, ōnis *f (obtrecto)* jaloezie, afgunst; ▸ *~ laudis alienae* over de waardering voor iem. anders; *~ atque invidia adversus crescentem in dies gloriam alcis.*

obtrectātor, ōris *m (obtrecto)* iem. die jaloers *of* afgunstig is op, iem. die uit kwaadwilligheid (be)kritiseert *(m. gen.)* [**beneficii; laudum mearum**].

ob-trectō, trectāre *(tracto)*
1. uit kwaadwilligheid (be)kritiseren, ingaan tegen *(m. dat.)* [**legi; inter se**];
2. afbreuk doen aan, tegenwerken *(m. dat.; acc.)* [**gloriae alcis; laudes**].

obtrītus *ppp. v. obtero.*

ob-trīvī *pf. v. obtero.*

ob-trūdō *en* **obs-trūdō,** trūdere, trūsī, trūsum
1. *(Plaut.)* naar binnen werken [**glandium**];
2. *(kom.)* *(metaf.)* opdringen;
3. *(Ov.)* *kleren* omzomen; ▸ *obstrusa carbasa pullo* met zwart afgezette kleren;
4. *(Laatl.)* afsluiten.
ob-truncō, truncāre
1. afslachten, vermoorden [**regem; dominum**];
2. *(postklass.)* afhakken [**vitem**].
ob-trūsī *pf. v. obtrudo.*
obtrūsus *ppp. v. obtrudo.*
ob-tudī *pf. v. obtundo.*
ob-tueor, tuērī, — *(Plaut.)* kijken naar, aankijken *(m. acc.; ad).*
ob-tulī *pf. v. offero.*
ob-tundō, tundere, tudī, tū(n)sum
1. *(Plaut.)* slaan tegen, op *(m. acc.)* [**os alci**];
2. *door te slaan* stomp maken [**telum**];
3. *(metaf.)* afstompen, verdoven [**mentem; vocem** zich hees schreeuwen; **aures alcis** doof maken];
4. doen verminderen, afzwakken [**aegritudinem**];
5. lastigvallen, hinderen [**alqm longis epistulis; alqm rogando**].
obtūnsiō, ōnis *f (obtundo) (Laatl.)* het neerslaan, afstompen.
obtūnsus, a, um = *obtusus.*
ob-tuor, tuī, — *(arch.)* = *obtueor.*
ob-turbō, turbāre
1. in verwarring brengen, ontregelen, (ver)storen [**hostes; solitudinem; oratorem**];
2. overschreeuwen; ▸ *obturbabatur militum vocibus;* — *abs.* ertegenin schreeuwen *of* lawaai maken: *patres obturbabant;*
3. *(Plin. Mai.) een vloeistof* troebel maken.
ob-turgēscō, turgēscere, tursī, — *(Lucr.)* (op)zwellen.
obtūrō, obtūrāre dichtstoppen, afsluiten [**foramina; venas fontis;** *metaf.* **aures alci** niet willen luisteren naar iem.; **amorem edendi** stillen].
ob-tursī *pf. v. obturgesco.*
obtūsus, a, um *(p. adj. v. obtundo)*
1. stomp, bot [**pugio**];
2. dof, mat [**lunae cornua** zwak schijnend; **acies stellarum**];
3. *(metaf.)* afgestompt [**animi acies**]; gevoelloos [**pectora**]; dom; *(Tac.)* oppervlakkig [**iurisdictio**].
obtūtus, ūs *m (obtueor)*
1. het kijken, het staren, blik;
2. *(postklass.)* het beschouwen, overwegen.
obumbrātiō, ōnis *f (obumbro) (Laatl.)* verduistering.
ob-umbrō, umbrāre *(poët.; postklass.)*
1. beschaduwen; ▸ *lucus templum obumbrans; arbor amnem obumbrat; coma umeros obumbrat;*
2. verduisteren [**aethera telis;** *metaf.* **nomen**]; ▸ *nubes solem obumbrant; luna obumbratur;*
3. *(metaf.)* bedekken, verhullen, verbergen, verbloemen [**erroris sub imagine crimen**];
4. beschermen; ▸ *reginae nomen obumbrat (Verg.).*
ob-ūnctus, a, um *(Apul.)* geparfumeerd.
ob-uncus, a, um *(poët.)* gekromd, gebogen [**pedes aquilae**].
ob-ustus, a, um *(poët.)* geschroeid [**sudes** in vuur uitgehard]; ▸ *glaeba -a gelu* stijf, bevroren.
ob-vāgiō, vāgīre *(Plaut.)* kermen, jammeren.
ob-vallō, vallāre verschansen *(ook metaf.).*
ob-vēlō, vēlāre *(eccl.)* bedekken, verhullen.
ob-veniō, venīre, vēnī, ventum
1. verschijnen, komen opdagen *(bij: dat.)* [**pugnae**];
2. *(metaf.)* zich voordoen, gebeuren, plaatsvinden, voorvallen; ▸ *consuli vitium obvenit (bij de auspiciën);*
3. ten deel vallen *(m. dat.);* ▸ *provincia alci sorte obvenit; hereditas alci obvenit.*
ob-verberō, verberāre *(Apul.)* geselen, afranselen.
ob-versor, versārī
1. rondlopen om, zich ophouden bij, zich tonen aan *(m. dat.; in m. abl.)* [**castris; Carthagini; in urbe**];
2. *(metaf.) voor de geest, voor ogen* zweven *of* staan *(m. dat.; prep.)* [**animis; ante oculos**].
ob-vertō, vertere, vertī, versum
1. wenden *of* richten naar *(m. dat.; ad; adversus; in m. acc.)* [**arcum in alqm; pelago proras**];
2. *se* ~ *en pass. obverti* (a) zich wenden naar *(m. ad; in m. acc.)* [**ad matrem; in aciem**]; (b) *(milit. t.t.)* front maken tegen *(m. dat.; in m. acc.)* [**in hostem**]; (c) *(Tac.)* zich wijden aan, de aandacht richten op *(m. dat.; ad);* ▸ *Antonio obversa militum studia; milite ad sanguinem et caedes obverso.*
ob-viam *adv. (via) (ook gesplitst)* tegemoet *(meestal bij verba v. beweging);* ▸ *alci obviam proficisci, currere, venire; alci obviam dari* iem. tegen het lijf lopen; — *obviam ire (m. dat.)* (a) ontmoeten,

tegemoet treden [**candidatis**]; (b) *(metaf.)* optreden tegen, ingaan tegen [**temeritati; periculis; irae**]; (c) *(postklass.) (een kwaad)* tegengaan, bestrijden [**infecunditati terrae**]; — *obviam esse* (toevallig) aanwezig zijn, bij de hand zijn.

ob-vigilō, vigilāre *(Plaut.)* waakzaam zijn.

ob-viō, viāre *(m. dat.)*
1. *(Laatl.)* tegemoet gaan, ontmoeten, tegenkomen;
2. *(postklass.) (metaf.)* optreden tegen, zich verzetten tegen.

obvius, a, um *(obviam)*
1. tegemoetkomend, tegemoet tredend [**flamina, aquilones** tegemoet waaiend; **litterae** elkaar kruisend]; ▸ *alci obvius sum, obvius eo, obvium me fero* ik ga tegemoet, ontmoet; *obvium patrem habui* ik ben de vader tegengekomen; *consuli litteras -as mittere* de consul een brief tegemoet sturen; *in -o esse classi hostium* de vloot v.d. vijanden ontmoeten;
2. *(v. zaken)* in de weg liggend *of* staand [**arbos; montes**];
3. *(postklass.)* voorhanden, in de buurt [**opes; testes**]; ▸ *arripiunt quidquid -um est;*
4. *(poët.)* overgeleverd, blootgesteld aan *(m. dat.)* [**ventorum furiis**];
5. *(postklass.) (metaf.)* vriendelijk, voorkomend;
6. *(postklass.)* duidelijk, evident; ▸ *-ā rerum similitudine.*

ob-volvō, volvere, volvī, volūtum
1. inwikkelen, bedekken [**caput togā**];
2. *(poët.) (metaf.)* versluieren, verdoezelen, verbloemen [**vitium verbis decoris**].

ob-vortō *(arch.)* = *obverto.*

oc-caecō, caecāre
1. verblinden; ▸ *hostis pulvere occaecatus;*
2. *(metaf.)* verblinden; ▸ *occaecat animos fortuna; occaecati cupiditate;*
3. verduisteren, donker maken; ▸ *densa caligo diem occaecaverat;*
4. onbegrijpelijk maken [**orationem**];
5. onzichtbaar maken, bedekken; ▸ *terra semen occaecatum cohibet.*

oc-callātus, a, um *(ob en callum) (Sen.)* eeltig.

oc-callēscō, callēscere, calluī, — *(ob en calleo*[1]*)*
1. *(poët.)* een dikke huid krijgen, verharden [**rostro** zich verharden tot een snuit];
2. *(metaf.) (v. personen)* ongevoelig, gevoelloos worden.

oc-canō *zie occino.*

occāsiō, ōnis *f (occido*[1]*)* gunstig moment, gunstige gelegenheid, kans *(voor: gen.; ad)* [**dimicandi; victoriae; liberandae Graeciae; ad Asiam occupandam**]; ▸ *occasionem habere, nancisci, amittere, praetermittere, alci dare, praebere; per occasionem* bij gelegenheid; *occasione datā, oblatā* wanneer de gelegenheid zich voordoet; *ad occasionem aurae evehi* bij gunstige wind; *res occasionis est, non proelii* het is een zaak van onverwacht aanvallen, niet van een echte slag *(Caes.).*

occāsiuncula, ae *f (demin. v. occasio) (Plaut.)* leuke gelegenheid.

occāsum *ppp. v. occido*[1].

occāsus, ūs *m (occido*[1]*)*
1. *(Enn.)* gunstige gelegenheid, kans;
2. ondergang *v. hemellichamen;* ▸ *solis occasu* bij zonsondergang; *ortus occasusque siderum;*
3. *(meton.)* avond *als hemelstreek,* het westen; ▸ *ab occasu;*
4. *(metaf.)* ondergang [**rei publicae; Troiae**]; einde, dood; ▸ *senectus ~ vitae.*

occātiō, ōnis *f (occo)* het eggen.

occātor, ōris *m (occo) (Plaut.)* iem. die met een eg werkt.

oc-cecinī *pf. v. occino.*

oc-cēdō, cēdere, cessī, — *(preklass.)* tegemoet gaan, tegemoet treden *(m. dat.).*

oc-centō, centāre *(ob en canto)*
1. een serenade *of* (spot)lied zingen *(bij, tegen: acc.);*
2. *(postklass.)* beheksen, betoveren.

occentus, ūs *m (occino) (postklass.) verontrustend of alarmerend* gekrijs.

oc-cēpī *pf. v. occipio.*

occeptō, occeptāre *(intens. v. occipio) (Plaut.)* beginnen.

occeptus *ppp. v. occipio.*

oc-cessī *pf. v. occedo.*

occidēns, entis *m (eig. ptc. praes. v. occido*[1]*; vul aan: sol)*
1. het westen;
2. *(meton.)* avondland.

occidentālis, e *(occidens) (postklass.)* westelijk [**ventus** westenwind; **episcopi**].

oc-cidī[1] *pf. v. occido*[1].

oc-cīdī[2] *pf. v. occido*[2].

occīdiō, ōnis *f (occido*[2]*)* vernietiging, slachtpartij; ▸ *occidione occidere copias* volledig vernietigen.

oc-cidō[1], cidere, cidī, cāsum *(ob en cado)*
1. (neer)vallen [**in glacie**]; ▸ *alii super alios occiderunt;*

2. *(v. hemellichamen)* ondergaan; ▸ *sole occidente* bij zonsondergang; *ab orto usque ad occidentem solem; ante solem occasum;*
3. dood neervallen, sneuvelen [**in bello pro patria**];
4. ten onder gaan, te gronde gaan; ▸ *(kom.) occidi* ik ben verloren;
5. verloren gaan, verdwijnen, vergaan; ▸ *occidit spes* is vervlogen; *beneficia occidunt; ornatus mundi occidat; ne sacrorum memoria occideret (Cic.); oculorum lumen occidit; vita occidens* levensavond.

oc-cīdō[2], cīdere, cīdī, cīsum *(ob en caedo)*
1. *(preklass.)* neerslaan [**alqm pugnis**];
2. doodslaan, doden, ombrengen, vernietigen [**hospitem; ad unum omnes; alqm inermem; copias hostium; fratrem in conspectu patris; alqm suis manibus; alqm veneno**];
3. *(poët.) (metaf.)* pijnigen, kwellen, martelen [**alqm rogando, legendo; alqm fallaciis suis**];
4. te gronde richten, in het verderf storten; ▸ *occidit se et eum quem defendit.*

occiduus, a, um *(occido*[1]*) (poët.; postklass.)*
1. ondergaand, avondlijk [**sol; dies**];
2. *(meton.)* westelijk [**sol** het westen];
3. *(metaf.)* ten einde komend, gedoemd te sterven [**senecta**].

occillō, occillāre *(occo) (Plaut.)* stukslaan [**alci os**].

oc-cinō, cinere, cecinī *(en cinuī) — en* **-canō,** canere, canuī, — *(ob en cano)*
1. *(v. voorspellende vogels)* gekras, gezang laten horen; ▸ *ante consulem haec dicentem corvus voce clara occinuit;*
2. erbij, ertussendoor laten schallen; ▸ *iussu Metelli cornicines occanuere (Sall.).*

oc-cipiō, cipere, cēpī *(en* coepī), ceptum *(ob en capio)*
I. *tr.* beginnen met, op zich nemen [**quaestum; magistratum** aanvaarden]; ▸ *regnare occepit;*
II. *intr.* beginnen, aanvangen; ▸ *hiems occipiebat; dolores occipiunt; a meridie nebula occepit.*

occipitium, ī *n (occiput) (pre- en postklass.)* achterhoofd.

oc-ciput, cipitis *n (abl. -cipitī) (ob en caput) (Pers.)* achterhoofd.

occīsiō, ōnis *f (occido*[2]*)* moord, doodslag [**parentis**].

occīsor, ōris *m (occido*[2]*) (Plaut.)* moordenaar [**regum**].

occīsus *ppp. v. occido*[2].

oc-clāmitō, clāmitāre *(Plaut.)* door geroep verstoren.

oc-clūdō, clūdere, clūsī, clūsum *(ob en claudo)*
1. (af)sluiten, dichtdoen [**aedes; tabernas; armarium**];
2. insluiten, opsluiten [**alqm domi**];
3. *(kom.) (metaf.)* tegenhouden, inhouden [**linguam**].

occō, occāre *(niet-klass.)* eggen, *alg.* land bewerken [**segetem**].

oc-cubō, cubāre, cubuī, cubitum
1. *(Plaut.)* liggen voor, de wacht houden voor *(m. dat.)*;
2. dood neerliggen.

oc-cubuī *pf. v. occubo en occumbo.*

oc-cucurrī *zie occurro.*

oc-culcō, culcāre *(ob en calco)* vertrappen [**signa ordinesque** *(v. olifanten)*].

oc-culō, culere, culuī, cultum *(ob en celo)*
1. bedekken, verbergen, verstoppen [**vulnera; classem; se silvā**];
2. *(metaf.)* verbergen, geheimhouden.

occultātiō, ōnis *f (occulto)*
1. het verbergen;
2. *(metaf.)* geheimhouding.

occultātor, ōris *m (occulto)* verberger [**latronum** schuilplaats voor boeven].

occultō, occultāre *(intens. v. occulo)*
1. verbergen, verborgen houden, verstoppen [**milites silvis; se ramis; se in hortis suis**]; — *pass. occultari* zich verborgen houden: *stellae occultantur;*
2. *(metaf.)* verbergen, geheimhouden [**consilium; fugam; iter; neminem** = *nullius nomen*].

occultum, ī *n (occultus) (meestal plur.)*
1. verborgen plaats; ▸ *-a templi* verborgen ruimten; *-a saltuum* ontoegankelijke ravijnen; *ex -o invadere alqm;*
2. geheim [**coniurationis**]; ▸ *in, ex -o, per -um* heimelijk, in het geheim.

occultus, a, um *(p. adj. v. occulo)*
1. verborgen, onzichtbaar, ontoegankelijk [**iter; aditus**]; ▸ *-e proficisci* heimelijk; *metaf. -e loqui* zich onduidelijk uitdrukken;
2. *(metaf.)* geheim, heimelijk [**caerimoniae; odia; cupiditas**];
3. *(v. personen en karakter)* gesloten [**homines**]; *(m. gen.)* verzwijgend, achterhoudend [**odii; consilii**].

oc-culuī *pf. v. occulo.*

oc-cumbō, cumbere, cubuī, cubitum

1. (neer)vallen, sneuvelen, sterven [**alcis ferro; honeste; pro libertate**]; ▸ *mortem, morte, morti* ~ de dood tegemoet gaan, sterven [**pro patria**]; *metaf.* bezwijken;
2. *(Laatl.)* *(v. hemellichamen)* óndergaan.

occupātiō, ōnis *f (occupo)*
1. bezetting, inname [**fori**];
2. *(metaf.)* het in beslag genomen worden, het bezig zijn *(door, met: gen.)* [**rei publicae** drukke bemoeienis met staatszaken; **tantularum rerum** met dingen van zo gering belang]; ▸ *maximis occupationibus impediri.*

occupātus, a, um *(p. adj. v. occupo)* in beslag genomen, bezig [**homo**; *(door, met: in m. abl.)* **in munitione castrorum**].

oc-cupō, cupāre *(arch. conj. pf.* occupāssis) *(ob en capio)*
1. innemen, bezetten, *ihb. milit.* [**Italiam praesidiis; collem; urbem cohortibus**];
2. *(Ov.)* bestijgen [**currum**];
3. bezetten, vullen [**oppidum aedificiis; caementis mare; aream fundamentis**];
4. in beslag nemen, in bezit nemen, bemachtigen [**possessiones; naves; regnum; regiam; urbem viribus** met geweld; *metaf.* **honores**]; — *pf.* ook in bezit hebben, bezitten;
5. grijpen, vastpakken [**alqm per suos** iem. door zijn manschappen laten grijpen; **alqm amplexu** iem. omarmen; **feram** vangen];
6. overvallen, overweldigen [**alqm gladio**]; ▸ *sopor occupat artūs;*
7. *(Hor.)* (aangenaam) verrassen;
8. aanspraak maken op *(m. acc.)* [**nomen beati**];
9. *(v. toestanden, emoties e.d.)* zich meester maken van, bevangen; ▸ *timor exercitum occupavit; rabies animum occupat; omnium oculos animosque certamen occupavit; mors hominem occupat* overvalt;
10. *(metaf.)* in beslag nemen, boeien; ▸ *animos eorum qui audiunt magnitudine rei* ~ *; res occupat hominum cogitationes;*
11. *(poët.)* bereiken, verkrijgen [**aditum; portum; cibum** opscharrelen];
12. *(geld)* beleggen, uitzetten, uitlenen [**magnas res in vectigalibus; pecuniam apud alqm**];
13. *(Sen.)* bespoedigen, snel ten einde brengen [**preces**];
14. vóór zijn [**rates; diem fati** zich het leven benemen; **hostium manūs voluntariā morte**]; ook *m. inf.* eerder zijn met [**bellum facere** als eerste beginnen; **Padum traicere**]; — *pass. occupor ab alqo* iem. is me voor;
15. *(poët.)* als eerste aanspreken.

oc-currō, currere, currī *(en* cucurrī), cursum *(m. dat.)*
1. tegemoet lopen, tegemoet snellen, ontmoeten [**Caesari; alci subsidio; signis**]; ▸ *equites hostibus occurrebant* stootten op;
2. afstormen op, oprukken tegen, aanvallen [**legionibus; armatis**];
3. aankomen bij, verschijnen bij, komen bij, bijwonen *(ook m. ad)* [**proelio; comitiis; negotiis; concilio, ad concilium; ad cenam**]; terechtkomen in [**graviori bello**];
4. zich tonen, zich voordoen, ook *metaf.* *(ook m. in m. acc.)* [**oculis; animo; in mentem**]; ▸ *nulla arbor occurrit;* — *onpers. occurrit en alci (ad animum) occurrit* de gedachte dringt zich (bij iem.) op, komt op (bij iem.);
5. *(metaf.)* ingaan tegen, tegenwerken [**alcis consiliis; vitio**];
6. voorkómen, verhoeden, een halt toeroepen [**periculo; supplicibus; utrique rei** beide misstanden; **avaritiae alcis; incendio**];
7. te hulp komen [**alcis exspectationi**];
8. tegenwerpingen maken tegen, antwoorden [**orationi alcis**].

occursātiō, ōnis *f (occurso)*
1. het (vriendelijk) tegemoet treden;
2. *(Laatl.)* verzet.

occursiō, ōnis *f (occurro) (Laatl.)* het tegemoet treden, ontmoeting, verschijning [**fortunae**].

occursō, occursāre *(intens. v. occurro) (m. dat.)*
1. *(poët.; postklass.)* treffen, ontmoeten [**fugientibus**];
2. komen aanrennen, komen aansnellen, snel naderen [**huc; portis**];
3. aanvallen, zich verzetten tegen;
4. *(metaf.)* verzet of weerstand bieden aan, tegenwerken;
5. *(postklass.)* zich aandienen, zich voordoen.

occursum *ppp. v. occurro.*

occursus, ūs *m (occurro)*
1. ontmoeting [**hominum**; *poët.* **stipitis** het botsen tegen];
2. het aanstormen [**militum**].

Ōceanus, ī *m*
1. de Oceaan, *volgens de voorstelling in de Oudheid de rond de platte aarde stromende wereldzee, voorgesteld als rivier;* ▸ *-i ostium* de Straat v. Gibraltar;
2. *personificatie v.d. wereldzee, echtgenoot v. Tethys,*

vader v.d. rivieren en Oceaniden (zeenimfen); — *patron.* **Ōceanītis,** idis *f* zeenimf.

ocellāti, ōrum *m (ocellus; vul aan: lapilli) (pre- en postklass.)* dobbelstenen *voorzien van ogen;* ▸ *ludere -is.*

ocellus, ī *m (demin. v. oculus)*
1. *(poët.)* oogje;
2. *(metaf.)* **(a)** *iets moois,* oogappel, parel [**insularum**]; **(b)** *(Plaut.) (als koosnaam)* oogappel; ▸ *-e mi.*

Ocelum, ī *n stad in Gallia Cisalpina, nu Ulzio (ten W. v. Turijn).*

ōchra, ae *f (Gr. leenw.) (postklass.)* oker.

ōcimum, ī *n en* **-us,** ī *m (Gr. leenw.) (postklass.)* basilicum.

ōcinum, ī *n (Gr. leenw.) een soort* veevoer.

ōcior, ius *(comp.; superl.:* ōcissimus) sneller, vlugger; — *adv.: pos. (zelden) ociter* snel; *comp. ocius* sneller [**properare**]; onmiddellijk, op stel en sprong [**imperio parēre; respondere**]; vroeger [**serius ocius** vroeg of laat]; eerder, makkelijker; *superl. ocissimē* zeer snel.

ocli-ferius, a, um *(oculus en ferio) (Sen.)* in het oog springend.

Ocnus, ī *m myth. stichter v.d. stad Mantua, zoon v. Tiberis en Manto 2.*

ōcra, ae *f = ochra.*

ocrea, ae *f* scheenplaat *(o.a. als deel v.d. wapenrusting).*

ocreātus, a, um *(ocrea) (poët.; postklass.)* scheenplaten dragend.

Ocrēsia, ae *f moeder v. Servius Tullius.*

Ocriculum, ī *n stad in Umbrië aan de Tiber, nu ruïnes bij Otricoli;* — *inw. en adj.* **Ocriculānus,** ī *m resp.* a, um.

octagōnus, a, um *en* **octagōnos,** on *(Gr. leenw.) (postklass.)* achthoekig.

octaphoron, ī *n (octaphoros) door acht slaven gedragen* draagstoel; ▸ *alqm -o portare.*

octaphoros, on *(Gr. leenw.)* door acht mannen gedragen [**lectica**].

octastȳlos, on *(Gr. leenw.)* met acht zuilen.

Octāvius, a, um *naam v.e. Rom. gens:*
1. *C. ~, noemde zich C. Iulius Caesar, nadat hij door Caesar geadopteerd was; de latere keizer Augustus (erenaam sinds 27 v. Chr.), grondlegger v.h. principaat, geb. in 63 v. Chr., Rom. keizer v. 31 v. Chr. tot 14 n. Chr.;*
2. *Octāvia, oudere zuster v. 1., met M. Antonius getrouwd;*
3. *Octāvia, dochter v. keizer Claudius, vrouw v. keizer Nero;* / *adj.* **Octāvius** *en* **Octāviānus,** a, um.

octāvus *(octo)*
I. *adj.* a, um achtste [**hora** *dwz. ca. 14.00 uur (zie Appendix);* **legio**]; — *adv.* **octāvum** voor de achtste keer;
II. *subst.*
1. ī *m (vul aan: lapis) (postklass.)* de achtste mijlsteen *(meestal gerekend vanaf Rome);*
2. **-um,** ī *n (vul aan: granum)* achtvoudige opbrengst; ▸ *ager efficit cum -o;*
3. **-a,** ae *f* **(a)** *(vul aan: hora) (postklass.)* het achtste uur; **(b)** *(vul aan: pars)* één achtste deel.

octiē(n)s *adv. (octo)* achtmaal.

octingentēsimus, a, um *(octingenti)* achthonderdste.

octingentī, ae, a *(octo en centum)* achthonderd.

octi-pēs, *gen.* pedis *(octo) (poët.)* achtvoetig [**cancer**].

octi-plicātus, a, um *(octo en plico) (Liv.)* verachtvoudigd.

octō *indecl.* acht.

Octōber, bris, bre *(octo)* bij oktober horend, van oktober *(oorspr. de achtste maand)* [**mensis** oktober; **Kalendae; Idus; Nonae**].

octō-decim *(decem)* achttien.

Octodūrus, ī *m stad in het gebied v.d. Veragri in Gallië aan de rivier de Rhône, nu Martigny.*

octōgēnārius, a, um *(octogeni)* tachtig *(eenheden)* bevattend; tachtigjarig.

octōgēnī, ae, a *(octoginta)* ieder *of* telkens tachtig.

octōgē(n)simus, a, um *(octoginta)* tachtigste.

octōgiē(n)s *adv. (octoginta)* tachtigmaal.

octōgintā *(octo)* tachtig.

octō-iugis, e *(iugum)* van een achtspan; *metaf. (plur.)* acht man sterk; — *subst.* is *m* achtspan.

octōnārius, a, um *(octoni) (pre- en postklass.)* uit acht (eenheden) bestaand.

octōnī, ae, a *(octo)*
1. ieder *of* telkens acht; ▸ *huius generis -i ordines;*
2. acht tegelijk.

octōphoros, on = *octaphoros.*

octuplum, ī *n (octuplus)* het achtvoudige, achtvoudige boete; ▸ *-i iudicium dare; damnari -i* veroordeeld worden tot.

octuplus, a, um *(Gr. leenw.)* achtvoudig [**pars**].

octussis, is *m (octo en as) (Hor.)* de som van acht as.

oculāris, e *en* **-ārius,** a, um *(oculus) (Laatl.)* van de ogen, ogen-, oog- [**medicus**].

oculātus, a, um *(oculus) (pre- en postklass.)*

1. ziend, met ogen [**testis** ooggetuige];
2. gezien, zichtbaar, zeker [**die oculatā** *(scherts.)* voor baar geld, contant].

oculeus, a, um *(oculus) (pre- en postklass.)* vol met ogen, met veel ogen [**Argus**].

oculissimus, a, um *(oculus) (Plaut.)* allerliefst.

oculus, ī *m*

1. oog [**acres; vigiles; loquaces; fulgentes**]; ▸ *-orum acies; -orum morbus; -orum orbes* oogranden; *-is aeger; -i intenti in alqm; -os demittere* neerslaan; *-os deicere de alqo en a re* afwenden; *-os circumferre* rondkijken; *-os re pascere* zijn ogen te goed doen aan; *sub -os cadere; in -is esse, ante -os esse, (po)situm esse* in het zicht liggen, zichtbaar zijn; *ante -os alcis en sub (in) -is alcis* voor iems. ogen, in iems. aanwezigheid; *(metaf.) in -is alcis en alci esse* bij iem. zeer geliefd zijn, door iem. zeer gewaardeerd worden; *omnium -os in se convertere* aller ogen op zich vestigen, de algemene aandacht trekken; *alqd alci of sibi ante -os ponere* iem. iets voor ogen stellen *of* zich voor de geest halen; *ante -os en in -is positum est* het is duidelijk;
2. blik, gezicht; ▸ *ex -is tollere, auferre* aan het zicht onttrekken; *tanta erat gravitas in -o; veloci -o alqd percurrere* met snelle blik;
3. *(meton.)* licht in de ogen, gezichtsvermogen, *meestal plur.*; ▸ *-is captus* blind; *-os amittere en perdere; (metaf.) -i mentis of alleen -i* geestesoog;
4. *(Verg.)* oog, knop *(v. planten)*;
5. *(metaf.)* (a) *(poët.; postklass.)* licht [**mundi** *van de zon en de zonnegod*]; (b) *(v. iets voortreffelijks)* parel; ▸ *-i orae maritimae (v. Carthago en Corinthe)*; (c) *(als koosnaam)* oogappel.

ōdārium, ī *n (Gr. leenw.) (Petr.)* gezang, lied.

ōdē, ēs *f (acc. -ēn) (Gr. leenw.) (poët.; postklass.)* lied.

ōdēum *en* **ōdīum,** ī *n (Gr. leenw.) gebouw voor muziekwedstrijden,* odeon.

ōdī, ōdisse, ōsūrus *(pf. soms ōdīvī; arch. ptc. pf.* ōsus hatend*) verb. defect.*

1. haten, een afkeer hebben van [**Persicos apparatūs; rem publicam; vetera; arrogantiam alcis**];
2. *(m. inf.)* een afkeer hebben van, niet willen.

ōdibilis, e *(odi) (Laatl.)* gehaat.

odiōsicus, a, um *(Plaut.) scherts. woordvorming = odiosus.*

odiōsus, a, um *(odium[1])*

1. gehaat, weerzinwekkend, lastig, vervelend [**genus hominum; senectus; verbum**]; — *subst.* **-a,** ōrum *n* vervelende zaken;
2. langdradig [**orator**].

odium[1], ī *n (odi)*

1. haat *(jegens: gen.; prep.; pron. poss.; adj.; wegens: gen.)* [**tyranni** jegens de tiran; **in, erga** *of* **adversus Romanos; vestrum** jegens jullie; **decemvirale** jegens de decemviri; **implacabile; diuturnum**]; ▸ *in -um alcis (per)venire, -um alcis subire* zich bij iem. gehaat maken; *in -um Graeciae pervenit; (in) -o esse alci en apud alqm* gehaat zijn bij iem.; *-um habere* gehaat zijn; *-um alcis rei of in alqm habere en -o habere alqm* haat koesteren jegens; *-o incensus; -o flagrare; -um lenire, sedare; ~ mihi est cum alqo;*
2. afkeer, weerzin, ontevredenheid [**suarum rerum; maris atque viarum** afkeer van reizen over zee en land];
3. *(meton.)* (a) weerzinwekkend optreden, hatelijk gedrag, onuitstaanbaarheid [**dictatoris**]; (b) voorwerp van haat, gehaat persoon; ▸ *deorum ~ atque hominum.*

ōdīum[2] *zie odeum.*

odor *en (arch.)* **odōs,** odōris *m (vgl. oleo)*

1. geur [**suavis; taeter** stank]; ▸ *odorem trahere naribus;*
2. *(meton.) plur.* lekker ruikende stoffen, zalven, kruiden, reukwerk; ▸ *odores incendere; altaria odoribus cumulare;*
3. damp, rook, walm [**ater; culinarum**];
4. *(metaf.)* vermoeden, voorgevoel [**legum** lichte hoop op; **urbanitatis** een spoor van, een vleugje]; ▸ *est ~ dictaturae* dictatuur hangt in de lucht;
5. *(postklass.)* reuk(vermogen); ▸ *gustus aut ~.*

odōrāmentum, ī *n (odoro) (postklass.)* reukwerk.

odōrātus[1], ūs *m en* **odōrātiō,** ōnis *f (odoror)*

1. het ruiken, geur;
2. reukzin.

odōrātus[2], a, um *(odor)* lekker ruikend, geurend [**cedrus; capilli** geparfumeerd; **imbres**].

odōri-fer, fera, ferum *(odor en fero) (poët.; postklass.)*

1. lekker ruikend, geurend;
2. lekker ruikende zaken (reukwerk, wierook *e.a.*) producerend [**gens** *v.d. Perzen*; **insulae**].

odōrō, odōrāre *(odor) (poët.; postklass.)* aangenaam laten ruiken, parfumeren [**aëra fumis**].

odōror, odōrārī *(odor)*

1. ruiken, de lucht krijgen van *(m. acc.)* [**cibum**];
2. ruiken aan *(m. acc.)* [**pallam**];
3. *(Tac.) (metaf.)* ruiken aan, slechts oppervlakkig leren kennen [**philosophiam**];

4. naspeuren, nagaan, *meestal geringsch.* [**pecuniam; quid futurum sit; quid sentiant**]; 5. uit zijn op (*geringsch.*) (*m. acc.*) [**decemviratum**].

odōrus, a, um (*odor*) (*poët.; postklass.*) 1. lekker ruikend, geurend [**flos; arbor**]; 2. (*Verg.*) met een goede reuk [**canum vis**].

odōs *zie odor.*

Odrusae *en* **Odrysae,** ārum *m Thrac. volksstam bij de rivier de Hebrus*; — *adj.* **-sius,** a, um (*poët.*) Thracisch [**rex**]; — *subst.* **-siī,** ōrum *m* (*Ov.*) Thraciërs.

Odyssēa *en* **-īa,** ae *f* 1. de Odyssee (*epos v. Homerus over de omzwervingen v. Odysseus; in het Lat. vertaald door Livius Andronicus*); 2. *voorgebergte op de zuidpunt v. Sicilië.*

Oeagrus, ī *m koning v. Thracië, vader v. Orpheus*; — *adj.* **Oeagrius,** a, um ook Thracisch [**Hebrus**].

Oebalus, ī *m koning v. Sparta, vader v. Tyndareus*; — *nakom.* **Oebalidēs,** ae *m* (*v.d. Dioscuren en Hyacinthus*); — *adj.* **Oebalius,** a, um (a) Spartaans [**vulnus** *van Hyacinthus*; **arx** = Tarente, *volgens de overlevering door Spartanen gesticht*]; (b) Sabijns (*omdat de Sabijnen van de Spartanen zouden afstammen*); *fem. ook* **Oebalis,** idis (a) Spartaans [**nympha** = Helena]; (b) Sabijns [**matres**].

Oechalia, ae *f stad op Euboea* (*Midden-Griekenland*); — **Oechalis,** idis *f inwoonster v. Oechalia.*

Oeclīdēs, ae *m zoon v. Oecleus, Amphiaraüs.*

oeconomia, ae *f* (*Gr. leenw.*) (*postklass.*) ordening, indeling, *o.a. van een redevoering of toneelstuk.*

Oeconomicus, ī *m* (*Gr. leenw.*) 'De huishouder' (*titel v.e. geschrift v. Xenophon over het huishouden v.e. landeigenaar*).

oeconomus, ī *m* (*Gr. leenw.*) (*Laatl.*) beheerder, rentmeester.

Oedipūs, podis *en* **-pus,** ī *m koning v. Thebe, zoon v. Laius en Iocaste; zonder te weten wie zij waren, doodde hij zijn vader en trouwde zijn moeder; Eteocles en Polynices zijn zijn zonen, Antigone en Ismene zijn dochters*; — *adj.* **Oedipodīonius,** a, um van Oedipus.

Oeēnsēs, ium *m inwoners v.d. stad Oea* (*nu Tripoli*) *in N.-Afrika.*

oenanthē, ēs *f* (*Gr. leenw.*) (*postklass.*) *o.a.* tros v.e. wilde druif.

Oeneus, eī *en* eos *m koning v. Calydon in Aetolië, vader v. Meleager, Tydeus en Deïanira*; — *nakom.* **Oenīdēs,** ae *m* (*v. Meleager en Diomedes*); — *adj.* **Oenē(i)us,** a, um.

Oenomaus, ī *m koning v. Pisa in Elis* (*bij Olympia*), *zoon v. Ares* (*Mars*), *vader v. Hippodamia; titel v. verloren tragedies v. Sophocles, Euripides en Accius.*

oenophorum, ī *n* (*Gr. leenw.*) (*postklass.*) wijnkruik.

Oenopia, ae *f oude naam v.h. eiland Aegina*; — *adj.* **Oenopius,** a, um.

Oenopiōn, ōnis *m koning op Chios.*

oenopōlium, ī *n* (*Gr. leenw.*) (*Plaut.*) wijnhandel.

Oenōtrus, ī *m zoon v. Lycaon uit Arcadië, koning v.d. Sabijnen*; — **Oenōtria,** ae *f oude naam v. Z.O.-Italië* (*Bruttium en Lucanië*); — *adj.* **Oenōtr(i)us,** a, um Italisch, Romeins.

oenus, a, um (*arch.*) = *unus.*

Oenūs, *acc.* ūnta *m rivier in Laconië.*

oestrus, ī *m* (*Gr. leenw.*) (*poët.; postklass.*) 1. paardenvlieg, horzel; 2. (*metaf.*) razernij, geestdrift.

oesus, ūs *m* (*arch.*) = *usus.*

oesypum, ī *n* (*Gr. leenw.*) (*poët.; postklass.*) (*uit het vet v. schapenwol samengesteld*) geneesmiddel *en* schoonheidsmiddel.

Oeta, ae *en* **Oetē,** ēs *f berg in Z.-Thessalië*; — *adj.* **Oetaeus,** a, um [**mons; rex** = Ceyx]; *subst.* **Oetaeus,** ī *m* = Hercules, *die zichzelf levend verbrandde op de top v.d. Oeta.*

ofella, ae *f* (*demin. v. offa*) hapje, stukje.

offa, ae *f* 1. meelbal; hap; 2. (*postklass.*) klomp, vormloze massa; 3. (*Plin. Mai.*) bolletje; 4. (*Juv.*) zwelling.

offātim *adv.* (*offa*) (*Plaut.*) bij beetjes.

of-fēcī *pf. v. officio.*

offectum *ppp. v. officio.*

of-fendī *pf. v. offendo.*

offendiculum, ī *n* (*offendo*) (*postklass.*) obstakel, hindernis.

of-fendō, fendere, fendī, fēnsum (*vgl. de-fendo*)
I. *intr.*
1. aanstoten, (aan)slaan (*tegen: dat.; in m. acc.*); ▸ *carinae offendunt litoribus*;
2. (*metaf.*) een ongeluk krijgen, verongelukken; een nederlaag lijden; ▸ *naves in redeundo offenderunt; in exercitu offensum est* het leger leed verliezen; *apud iudices* ~ veroordeeld worden;
3. aanstoot nemen aan, aanmerkingen hebben op, ontevreden zijn met (*m. in m. abl.*); ▸ *in me offenditis*;
4. aanstoot geven, een fout begaan, misnoegen

opwekken; ▸ *nihil* ~ geenszins; *in alqa re of alqd* ~ met iets; *si quid offensum sit; apud plebem de aerario* ~;
5. *(v. zaken)* aanstootgevend zijn, niet bevallen; ▸ *consulare nomen offendit;*
II. *tr.*
1. stoten, aanstoten *(aan, tegen: acc.; ad)* [**caput; pedem ad lapidem; alqm pede**]; ▸ *scuta strepunt offensa* weerklinken bij het botsen; *vocis offensa imago* echo, weerklank; *dentem* ~ *solido* op iets hards bijten *(Hor.)*;
2. *(metaf.)* stoten op, aantreffen, vinden [**omnes imparatos; rem publicam perturbatam; templum nondum perfectum; omnia aliter**];
3. verwonden, beschadigen, bezeren [**latus vehementer**];
4. *(metaf.)* krenken, beledigen, kwetsen [**animum alcis; tribunos**]; ▸ *eae statuae populi oculos animosque offendunt;* — *pass.* zich gekrenkt voelen door, aanstoot nemen aan, ontstemd zijn over *(m. abl.; in m. abl.)*;
/ *p. adj.* **offēnsus,** a, um (a) beledigd, gekrenkt, ontstemd, woedend; (b) aanstootgevend, tegen de borst stuitend, gehaat [**argumentum; leges;** *(m. dat.)* **populo; sociis**].

offēnsa, ae *f (offendo)*
1. botsing, stoot;
2. *(postklass.) (metaf.)* ongemak, onaangenaam toeval;
3. *(Sen.)* aanval *v.e. ziekte,* onpasselijkheid, het onwel zijn; ▸ *leves -ae;*
4. krenking, belediging, ergernis [**mea** mij aangedane belediging]; ▸ *-as ense vindicare; -am suscipere, subire;*
5. overtreding [**edicti**];
6. ongenade, gespannen verhouding; ▸ *in magna -a esse.*

offēnsāculum, ī *n (offendo) (Laatl.)* obstakel.

offēnsātiō, ōnis *f (offenso) (postklass.)* het aanstoten (tegen); struikeling *(ook metaf.)*.

offēnsātor, ōris *m (offenso) (postklass.)* stuntel.

offēnsiō, ōnis *f (offendo)*
1. het aanstoten;
2. *(metaf.)* onpasselijkheid, het onwel, ziek zijn [**corporis; gravis**];
3. aanstoot, ergernis, ontstemming, misnoegen, weerzin; ▸ *magnā cum offensione civium;*
4. ongenade [**populi**]; ▸ *in alcis offensionem irruere; in alcis offensionem cadere; alcis offensionem effugere;*
5. verminderd aanzien [**ordinis senatorii**];
6. ongeluk, tegenspoed, ongelukkige uitkomst; nederlaag, echec [**belli** nederlaag in de oorlog; **iudicii** voor de rechtbank]; ▸ *offensione permotus.*

offēnsiuncula, ae *f (demin. v. offensio)*
1. lichte ergernis, licht misnoegen;
2. kleine tegenslag, lichte nederlaag.

offēnsō, offēnsāre *(intens. v. offendo)*
1. stoten [**capita**];
2. *(postklass.)* struikelen; *(in het spreken)* hakkelen.

offēnsor, ōris *m (eccl.)* belediger; vijand; duivel.

offēnsus[1] zie *offendo.*

offēnsus[2], ūs *m (offendo) (Lucr.)*
1. het aanstoten;
2. *(metaf.)* aanstoot.

of-ferō, offerre, obtulī, oblātum *(ob en fero)*
1. brengen (voor), voorhouden, (ver)tonen, laten zien [**aciem strictam venientibus; poenam oculis deorum** voor de ogen v.d. goden voltrekken]; ▸ *cohortes fors offert* het toeval brengt de cohorten op zijn weg; *res oblata* verschijning;
2. *se* ~ *en pass. offerri* (a) zich tonen, verschijnen; ▸ *Allecto se offert iuveni;* (b) tegemoet trekken, ontmoeten; *(vijandel.)* tegemoet gaan, zich verzetten [**se hostibus**];
3. *(metaf.)* aanbieden, aanreiken, ter beschikking stellen [**alci pecuniam; populo pacem; alci operam suam; se** zijn diensten aanbieden; **se medium paci** als bemiddelaar bij vredesonderhandelingen]; ▸ *occasio offertur; oblatā facultate;*
4. blootstellen, prijsgeven, overleveren [**caput suum periculis; se proelio; se telis; se morti** *en* **ad mortem; se invidiae pro salute alcis; maiestatem suam contumeliae; se manibus hostium**];
5. bezorgen, verlenen, aandoen, veroorzaken [**auxilium; optata; terrorem** aanjagen; **incendium; alci laetitiam, beneficium; alci iniuriam, luctum**];
6. naar voren brengen; ▸ *oblato falso crimine.*

offerūmentae, ārum *f (offero) (Plaut.)* striemen.

officiālis *(officium) (Laatl.)*
I. *adj.* e plicht(s)-, ambts-;
II. *subst.* is *m* (lagere) ambtenaar, dienaar.

officīna, ae *f (vgl. opifex)*
1. werkplaats [**armorum**];
2. *(metaf.)* school [**eloquentiae; rhetorum**]; *pejor.* broedplaats, haard [**nequitiae**].

of-ficiō, ficere, fēcī, fectum *(ob en facio) (m. dat.)*

1. in de weg gaan staan, de weg versperren [**hostium itineri; sibi ipsi in angustiis** elkaar; **luminibus alcis** iem. het uitzicht benemen; *metaf.* **mentis luminibus** verblinden];
2. (*metaf.*) belemmeren, in de weg staan, hinderen [**alcis commodis; libertati**]; ▸ *eius gloria iam imperatoris famae officiebat* overschaduwde.

officiōsus, a, um (*officium*)
1. gedienstig, bereidwillig, vriendelijk, beleefd [**homo; natio; epistula**];
2. bereidwillig op zich genomen, vrijwillig [**labores; dolor**].

officium, ī n (*ops en facio*)
1. taak, bezigheid, werk [**scribae; agricolarum; itineris** bezigheden op mars];
2. gedienstigheid, vriendelijkheid, (vrienden)-dienst; ▸ *alci -um negare non posse; litterae -i plenae; homo summo -o praeditus; supremum of triste* ~ laatste eer *aan een dode*;
3. dienstvaardigheid, *ihb. plur.* (*in: gen.*) [**belli** in de oorlog]; ▸ *-is suis prosequi alqm*;
4. eerbetoon, eerbewijs [**praetoris** eregeleide bij ambtsaanvaarding]; ▸ *-i causā* als bewijs v. eer;
5. ambt, beroep, dienst, taak [**legationis; privatum** privé-aangelegenheid; **publicum; maritimum** dienst bij de marine]; ▸ *-o praeesse* belast zijn met een taak;
6. (*meton.*) (a) ambtsgebouw, kantoor; (b) de ambtenaren;
7. plicht, verplichting(en) [**iudicis; militis; patroni**]; ▸ *-um suum facere, servare, exsequi, -o fungi, satisfacere* zijn plicht vervullen; *ab -o discedere, -um deserere, -o deesse* verzuimen; *in -o esse* zijn taak, plicht doen; — *adv.* **-o** plichtmatig;
8. plichtsgevoel, plichtsbetrachting [**ducis**]; ▸ *vita rustica cum -o coniuncta est*;
9. onderdanigheid, gehoorzaamheid *v. overwonnenen*; ▸ *alqm in -o tenere en continere; -o assuefactus.*

of-fīgō, fīgere, fīxī, fīxum inslaan, bevestigen.

of-firmō, firmāre
I. *tr.*
1. vastmaken;
2. sterk maken, sterken [*metaf.* **animum** moed vatten]; — *p. adj.* **offirmātus,** a, um (a) vast, standvastig; (b) hardnekkig, eigenzinnig, stijfkoppig, verbeten;
II. *intr. en se* ~ vastbesloten zijn, volharden.

of-flectō, flectere, — — (*Plaut.*) omkeren, doen keren [**navem**].

of-fōcō, fōcāre (*ob en fauces*) (*postklass.*) doen stikken, wurgen.

of-frēnātus, a, um (*ob en freno*) (*Plaut.*) beteugeld; *metaf.* bij de neus genomen, bedrogen.

of-fringō, fringere, frēgī, frāctum (*ob en frango*) kluiten fijnmaken.

of-fūcia, ae *f* (*ob en fucus*) (*pre- en postklass.*)
1. schmink;
2. (*metaf.*) *plur.* verblinding, bedrog.

of-fūdī *pf. v. offundo.*

of-fuī = *obfui.*

offula, ae *f* (*demin. v. offa*) (*pre- en postklass.*) stukje, hapje.

of-fulciō, fulcīre, fulsī, fultum (*Laatl.*) dichtstoppen.

of-fulgeō, fulgēre, fulsī, — (*Verg.*) tegemoet stralen of schijnen.

of-fundō, fundere, fūdī, fūsum
1. (*Plaut.*) uitgieten, uitgooien [**aquam; cibum avibus**];
2. (*metaf.*) verspreiden (*over: dat.*) [**noctem rebus**]; ▸ *altitudo caliginem oculis offundit* maakt duizelig; *tenebras* ~ *iudicibus* om de tuin leiden; — *pass.* zich verspreiden, zich uitbreiden, zich uitstorten: *aër nobis offunditur* omgeeft ons; *terror oculis auribusque offusus est; tamquam si offusa rei publicae sempiterna nox esset*;
3. overdekken, vullen; ▸ *pavore offusus.*

of-fuscō, fuscāre (*Laatl.*)
1. verduisteren;
2. (*metaf.*) vernederen.

og-ganniō, gannīre = *obgannio.*

og-gerō = *obgero.*

Ōgygius, a, um Thebaans (*naar Ōgygos, myth. koning v. Thebe*).

ōh *zie o.*

ōhē *interj.* (*poët.*) ho!, halt!

oho *interj.* (*kom.*) wat nu!, hè!

oiei *interj.* (*kom.*) o wee!

Oīleus, eos *en* eī *m koning v.d. Locri, vader v. Aiax 2.*; — *nakom.* **Oīlīdēs** *en* **Oīliadēs,** ae *m* = Ajax.

Olbia, ae *f stad op Sardinië*; — *adj.* **Olbiēnsis,** e [**epistula** uit Olbia; **ager** grondgebied v. Olbia].

olea, ae *f* = *oliva.*

oleāginus, a, um (*olea*) van de olijfboom [**virgula** olijftak].

oleārius (*oleum*)
I. *adj.* a, um van de (olijf)olie [**cella**];
II. *subst.* ī *m* (*Plaut.*) handelaar in olie.

Ōlearos, ī *f een v.d. Cycladeneilanden, ten W. v. Paros, nu* Antiparos.

oleaster, trī *m (olea)* wilde olijfboom.

olēns, *gen.* entis *(p. adj. v. oleo) (poët.)*
1. lekker ruikend, geurig;
2. niet lekker ruikend, stinkend.

Ōlenus, ī *f stad in Aetolië, een v.d. oudste twaalf steden v. Achaea;* — *adj.* **Ōlenius,** a, um = Aetolisch.

oleō, olēre, oluī, — *(vgl. odor)*
1. een bepaalde geur verspreiden, ruiken *(naar: acc.; abl.)* [**bene; male; suave; ceram;** vina; **hircum; nihil** nergens naar; **sulpure**];
2. *(metaf.)* rieken naar, duiden op, aan de dag leggen [**malitiam; nihil peregrinum**];
3. zich verraden; ▸ *aurum huic olet (Plaut.)* hij ruikt geld.

olētum, ī *n (oleo) (Pers.)* uitwerpselen.

oleum, ī *n*
1. (olijf)olie; ▸ *sprw.: -um et operam perdere* vergeefse moeite doen; *-um addere camino* olie op het vuur gieten;
2. *(meton.)* worstelschool; ▸ *genus verborum palaestrae et -i est* past bij een harde confrontatie.

ol-faciō, facere, fēcī, factum *(oleo)*
1. ruiken;
2. *(metaf.)* lucht krijgen van, bespeuren, merken [**nummum**].

olfactō, olfactāre *(intens. v. olfacio) (pre- en postklass.)* ruiken *(aan: acc.).*

olfactus[1] ppp. *v. olfacio.*

olfactus[2], ūs *m (olfacio) (Plin. Mai.)*
1. reuk;
2. reukvermogen.

ol-fēcī *pf. v. olfacio.*

Ōliaros, ī *f* = *Olearos.*

olidus, a, um *(oleo) (poët.; postklass.)*
1. geurend;
2. niet lekker ruikend, stinkend [**caprae**].

ōlim *adv.*
1. eens, lang geleden, vroeger;
2. *(niet-klass.)* al lang, sinds enige tijd;
3. in de toekomst, ooit, eenmaal, eens; ▸ *~ meminisse iuvabit; utinam coram tecum ~ potius quam per epistulas colloquar;*
4. *(poët.)* af en toe, soms.

olitor, ōris *m (olus)* groenteteler.

olitōrius, a, um *(olitor)* groente- [**forum** groentemarkt].

olīva, ae *f*
1. *(poët.; postklass.)* olijf;
2. olijfboom;
3. *(poët.)* olijftak;
4. *(Verg.)* herdersstaf *van olijfhout.*

olīvētum, ī *n (oliva)* olijfboomgaard, olijfbos.

olīvi-fer, fera, ferum *(oliva en fero) (poët.)* olijven dragend, rijk aan olijven [**arva; corona**].

olīvitās, ātis *f (oliva)* olijvenoogst.

olīvō, olīvāre *(oliva) (Plin. Mai.)* olijven oogsten.

olīvum, ī *n (oliva) (poët.)* (olijf)olie, *ihb. olie waarmee worstelaars zich insmeerden; meton.* het worstelen.

ōlla, ae *f* pot *om in te koken (= aula*[2]*).*

ōllāris, e *(olla) (Mart.)* pot- [**uvae** *in potten bewaard*].

olle *en* **ollus,** a, um *(arch.) (dat. sg.* ollī; *nom. plur.* ollī; *dat. plur.* ollīs; *acc. plur.* ollōs, olla) = *ille.*

olō, olere, oluī, — = *oleo.*

olor, olōris *m (poët.; postklass.)* zwaan; *het sterrenbeeld* Zwaan.

olōrīnus, a, um *(olor) (poët.)* van de zwaan, zwanen- [**pennae; alae**].

olus *en* **holus,** eris *n (poët.; postklass.)* groente, rauwkost.

olusculum, ī *n (demin. v. olus)* groente, rauwkost.

Olympia, ae *f aan Zeus gewijde plaats in Elis aan de rivier de Alpheus, waar om de vier jaar de Olympische Spelen gehouden werden (vanaf 776 v. Chr.); de spelen werden door keizer Theodosius in 334 n. Chr. verboden;* — *adj.* **Olympius, Olympicus** *en* **Olympiacus,** a, um Olympisch; — **Olympia,** ōrum *n* de Olympische Spelen; — **Olympias,** adis *f* Olympiade, *periode v. vier jaar tussen de Olympische Spelen in;* — **Olympionīcēs,** ae *m* winnaar bij de Olympische Spelen.

Olympus *en* **Olympos,** ī
1. *m berg aan de Macedonisch-Thessalische grens, in de mythologie verblijfplaats v.d. goden, nu* Olymbos; — *meton.* hemel;
2. *f stad in Lycië in Kl.-Azië;* — *inw.* **Olympēnī,** ōrum *m.*

Olynthus, ī *f stad op* Chalkidiki, *nu* Olynthos; — *inw.* **Olynthiī,** ōrum *m.*

omāsum *en* **omassum,** ī *n (poët.; postklass.)* runderpens.

ōmen, ōminis *n*
1. voorteken [**laetum; triste; pugnae; victoriae**]; ▸ *in omen vertere alqd* uitleggen als; *omen capere* proberen te krijgen, wachten op; *omen accipere* als zodanig aanvoeren;
2. wens *als gunstig voorteken,* gelukwens.

ōmentum, ī *n (poët. postklass.)* huid *die de ingewanden omhult;* vetlaag *om de ingewanden.*

ōminātor, ōris *m (ominor) (Plaut.)* waarzegger.

ōminor, ōminārī *(omen)*

1. voorspellen, profeteren [**felix faustumque imperium; alci in proximum annum consulatum**];
2. toewensen [**melius**]; ▸ *verba male ominata* onheilspellend; ~ *horreo* ik deins ervoor terug het omineuze woord uit te spreken.

ōminōsus, a, um *(omen) (postklass.)* onheilspellend, omineus.

omissus, a, um *(p. adj. v. omitto) (Ter.)* nalatig.

o-mittō, mittere, mīsī, missum
1. laten gaan, laten vallen, loslaten [**pila; arma; maritum** verlaten; **animam** sterven];
▸ *omitte me* laat me met rust;
2. *(metaf.)* laten varen, ophouden met, opgeven [**belli consilia; spem; pietatem; obsessionem** beëindigen; **scelus impunitum** ongestraft laten; **occasionem** onbenut laten]; — *m. inf.* ophouden, *vaak te vertalen met* niet meer, niet verder: *omitte mirari* verbaas je niet meer;
3. verzuimen, achterwege laten *(m. inf.; quominus)*;
4. niet noemen, overslaan *(m. acc.; de; aci.; afh. vr.)* [**gratulationes; epulas; de reditu alcis**];
▸ *omitto, quid ille tribunus fecerit; ut omittam* afgezien van;
5. uit het oog verliezen, geen acht slaan op [**hostem**].

omni-genus[1], a, um *(gen. plur. -um) (omnis) (poët.)* van allerlei soort, allerlei; ▸ *omnigenum deum monstra; omnigenum genitor deum.*

omni-genus[2] *adv. (niet-klass.) (omnis)* allerlei.

omni-modīs *adv. (omnis en modus) (poët.)* op alle mogelijke manieren, in ieder opzicht.

omni-modō *adv. (postklass.) (omnis en modus)* in alle omstandigheden.

omni-modus, a, um *(omnis) (pre- en postklass.)* van allerlei soort, allerlei.

omnīnō *adv. (omnis)*
1. helemaal, geheel en al, volledig, door en door, in ieder opzicht; überhaupt; ▸ ~ *aut magnā ex parte; egregius vir* ~ ; *non* ~ niet helemaal, ook helemaal niet; ~ *non* helemaal niet, volstrekt niet; ~ *nemo* helemaal niemand; ~ *nihil* helemaal niets; ~ *provinciam neglexit; me* ~ *lapidem, non hominem putas (Ter.); quis* ~ *Catonem novit (Cic.)*;
2. in het geheel, over het algemeen, alles bij elkaar; ook in totaal slechts; ▸ *duo* ~ *itinera erant*;
3. zeker, inderdaad;
4. *(Plaut.) (samenvattend)* om kort te gaan, in één woord.

omni-parēns, *gen.* entis *(omnis en parens*[2]*) (poët.)* alles voortbrengend, moeder v. alles [**terra**].

omni-potēns, *gen.* entis *(omnis)* almachtig [**Iuppiter; fortuna**].

omnipotentia, ae *f (omnipotens) (Laatl.)* almacht.

omnis, e
1. ieder, elk, *meestal* plur. alle; ▸ *omni tempore* te allen tijde; *omnibus mensibus* iedere maand; *sine omni periculo* zonder enig risico; *ceterae omnes copiae*; — *subst.* **omnēs,** omnium *m* iedereen bij elkaar, het geheel: *ad unum omnes* allemaal zonder uitzondering, allemaal tot de laatste man; *constat inter omnes* het is algemeen bekend; *omnium sententia* algemeen heersende opvatting; *omnium maximus* allergrootste; **omnia** *(gen.* omnium rerum, *zelden* omnium; *dat. en abl.* omnibus rebus, *zelden* omnibus*) n* alles: *in eo sunt omnia* daarop is alles gebaseerd; *alqs alci omnia est* iem. betekent alles voor de ander; *alia omnia* (lijnrecht) het tegenovergestelde; *ante omnia* bovenal; *omnia, ad omnia en per omnia* in ieder opzicht; *omnia facere of experiri* al het mogelijke doen; **omne quod** alles wat;
2. *(bij plur. en sg. als coll.)* allerlei [**opiniones**];
▸ *omnibus precibus petere; omnibus tormentis necare; omnis exempli documenta*;
3. *(bij sg.)* helemaal, in zijn geheel, volledig, totaal [**Gallia; provincia; commeatus; pecunia**]; ▸ *terras omni dicione tenere* met onbeperkt gezag; *in omni vita; timor omnem exercitum occupavit*;
4. louter, alleen; ▸ *laeta omnia* niets dan vreugde; *per omnia deserta proficisci.*

omni-tenēns, *gen.* entis *(omnis en teneo) (August.)* almachtig.

omni-tuēns, *gen.* entis *(omnis en tueor) (Lucr.)* alziend.

omni-vagus, a, um *(omnis)* die overal rondzwerft [**Diana**].

omni-volus, a, um *(omnis en volo*[2]*) (Catull.)* die alles verlangt te hebben [**Iuppiter**].

omphacium, ī *n (Gr. leenw.) (postklass.)* olie *of* sap v. onrijpe olijven *of* druiven.

Omphalē, ēs *f koningin v. Lydië; Hercules moest haar als genoegdoening voor de moord op Iphitus in vrouwenkleren dienen.*

onager, grī *m (Gr. leenw.)* wilde ezel.

onāgos, ī *m (Gr. leenw.) (Plaut.)* ezeldrijver.

onagrus, ī *m = onager.*

Onchēsmītēs, ae *m gunstige wind die van Onches-*

mus in Epirus naar Italië waait.

Onchēstius, a, um uit de stad Onchestus in Boeotië (*Midden-Griekenland*).

onerāria, ae *f* (*onerarius; vul aan: navis*) vrachtschip.

onerārius, a, um (*onus*) last-, vracht- [**iumenta; navis**].

onerō, onerāre (*onus*)
1. (be)laden, bepakken, bevrachten [**servos; iumenta; currum; naves commeatu; plaustra; mensas auro; ventrem** overláden; **manum iaculis** bewapenen]; ▸ *onerari epulis, vino* zich overladen met;
2. (*metaf.*) overláden, overstelpen [**alqm laudibus, promissis, contumeliis, iniuriā, maledictis, spe praemiorum**];
3. verergeren, vergroten, ondraaglijk maken [**alcis curas, inopiam; saevitiam; iniuriam; bellum Latinorum defectione**];
4. lastigvallen [**iudices argumentis; aures; aethera votis** vermoeien];
5. belasteren, aanklagen [**Seianum**];
6. bedekken [**membra sepulcro; ossa aggere; umerum pallio; hostes saxis** bedelven];
7. laden, gieten in (*m. abl.*) [**vina cadis; Cereris dona canistris** opstapelen in].

onerōsus, a, um (*onus*) (*poët.; postklass.*)
1. zwaar, drukkend; ▸ *sit humus cineri non -a tuo* (*Ov.*);
2. (*metaf.*) lastig, bezwaarlijk [**sors**].

onocrotalus, ī *m* (*Gr. leenw.*) (*postklass.*) pelikaan.

onus, oneris *n*
1. last, lading, vracht; ▸ *onera transportare; iumentis onera imponere; onus dorso subire; onera vehiculorum; ~ urget* drukt; *tanta onera navium* zo zwaar beladen schepen; — (*poët.*) *uteri ~* ongeboren kind;
2. gewicht, massa [**armorum**]; ▸ *turris tanti oneris* zo'n massieve toren;
3. (*metaf.*) moeilijkheid, zware opgave, last, probleem; ▸ *onus alci iniungere* iem. opzadelen met; *onere officii opprimi; oneri esse alci* iem. tot last zijn;
4. *plur.* heffing, belasting; schulden; ▸ *oneribus premi;*
5. (*Suet.*) *plur.* uitgaven, onkosten; ▸ *onera bellorum civilium.*

onustus, a, um (*onus*)
1. bepakt, beladen, vol geladen (*met: abl.; gen.*); ▸ *naves -ae frumento; currus quinque liberis ~; magna vis camelorum -a frumenti;*
2. vol met (*m. abl.; gen.*) [**pharetra telis; tergum vulneribus; ager praedā** rijk aan buit; **aula auro** *en* **auri**];
3. (*niet-klass.*) (*metaf.*) terneergeslagen, gebukt [**sacrilegio**].

onyx, ychis (*acc. sg.* -cha; *acc. plur.* -chas) (*Gr. leenw.*) (*poët.; postklass.*)
1. *m* onyx;
2. *m en* (*Mart.*) *f* (*meton.*) potje *of* vaasje van onyx *voor geparfumeerde olie.*

opācitās, ātis *f* (*opacus*) (*postklass.*) schaduw, duisternis [**arborum; ramorum**].

opācō, opācāre (*opacus*) beschaduwen [**locum**].

opācus, a, um
1. schaduwrijk: (a) schaduw brengend [**nemus; arbor**]; (b) beschaduwd [**ripa**];
2. (*poët.; postklass.*) (*metaf.*) duister, donker [**Tartara; nox**];
3. (*Catull.*) dicht, vol [**barba**].

opella, ae *f* (*demin. v. opera*) (*poët.*) geringe inspanning, kleine moeite.

opera, ae *f* (*vgl. opus*)
1. werk, inspanning, moeite; ▸ *res erat multae -ae* was zeer inspannend; *-am suscipere; -am ponere of (col)locare in re* zich toeleggen op; *linguā factiosi, inertes -ā* (*Plaut.*); — *operam dare, navare of tribuere* moeite doen voor, zich inspannen voor, aandacht besteden aan [**legibus condendis; honoribus; valetudini; auctioni, funeri** bijwonen; **sermoni**]; *m. ut, ne of conj.* ervoor zorgen dat; *datā* (*deditā*) *operā* met opzet; — *operae pretium facere* iets doen dat de moeite waard is; *-ae pretium est* (*m. inf.*) het is de moeite waard; — *non operae est* (*m. inf.*) het loont niet; — *operā alcis* door iems. toedoen, bemoeienis *of* schuld, door iem.; *sine -a alcis* zonder dat iem. er iets voor heeft gedaan; *eādem -ā* tegelijkertijd, eveneens;
2. dienst(verlening), hulp, *zelden plur.* [**imperatoris; forensis** voor de rechtbank = verdediging]; ▸ *-am dare alci* iem. een dienst bewijzen, (*v.e. rechter*) iems. zaak onderzoeken, behandelen; *-am praestare in re militari* in krijgsdienst zijn; *-ā alcis uti; -as reddere alci* iem. een wederdienst bewijzen; *-am fortium virorum edere* zich dappere mannen betonen;
3. (*meton.*) (a) (*beschikbare*) tijd, gelegenheid, zin voor, in; ▸ *est mihi -ae* (*m. inf.*) ik heb tijd voor *of* zin in, het komt mij uit; *deest mihi ~* ik heb geen tijd *of* geen zin; (b) arbeider, knecht, *meestal plur.* [**mercennariae** arbeiders in loondienst]; *pejor.* handlanger [**theatrales** claqueurs (*mensen die gehuurd zijn om hun bijval te*

betuigen)].

operārius *(opera)*
I. *adj.* a, um
1. arbeids-, arbeiders-;
2. gebruikt bij de landbouw;
II. *subst.* ī *m* arbeider, dagloner; handlanger.

operātiō, ōnis *f (operor)* activiteit, inspanning; werk, werking.

operātor, ōris *m (operor) (Laatl.)*
1. werkman;
2. iem. die uitvoert *(m. gen.)*;
3. *(eccl.)* maker, schepper.

operculum, ī *n (operio)* deksel.

operīmentum, ī *n (operio)* bedekking; deksel.

operiō, operīre, operuī, opertum *(vgl. aperio)*
1. bedekken *of* overdekken met, hullen in, bedelven onder *(m. abl.)* [**corpus chlamyde; amphoras auro; casam fronde; classem lapidum nimbo**]; ▸ *capite operto; opertus tunicā; mons opertus nubibus; nox operit terras umbrā*;
2. (af)sluiten [**lecticam**]; ▸ *opertis valvis*;
3. *(Tac.)* begraven [**reliquias malae pugnae**];
4. *(metaf.)* bedelven, overstelpen; ▸ *infamiā, contumeliis opertus*;
5. verbergen, verborgen houden, geheimhouden [**luctum; dolorem**]; — *p. adj.* **opertus,** a, um verborgen, geheim [**bella** sluimerende oorlogen].

operor, operārī *(opera, opus)*
1. bezig zijn (met), werken (aan), uitvoeren *(abs.; m. dat.; in m. abl.)* [**studiis; capillis ornandis; rei publicae** voor de staat werken; **malis** verwikkeld zijn in; **in cute curanda**]; — *subst.* **operantēs,** ium *m (Tac.)* schansgravers;
2. *(relig. t.t.)* (a) dienen, offeren [**deo; in arvis**]; (b) *een godsdienstige handeling* verrichten *(m. dat.)* [**sacris; superstitionibus** bijgelovige praktijken].

operōsitās, ātis *f (operosus) (postklass.)* het maken v. uitgewerkte constructies.

operōsus, a, um *(opera)*
1. druk, bedrijvig, zorgzaam [**senectus**];
2. moeizaam, bewerkelijk, lastig [**labor; negotia; ars**];
3. kunstig [**templa; aes** kunstig bewerkt];
4. *(poët.) (metaf.)* met krachtige werking [**herba**].

opertōrium, ī *n (operio) (Sen.)* laken, deken.

opertum, ī *n (operio)*
1. geheime plaats; ▸ *telluris -a subire* naar de krochten der aarde, naar de onderwereld afdalen;
2. geheim [**Apollinis** orakelspreuk, raadselachtige uitspraak].

opertus *zie operio.*

operuī *pf. v. operio.*

opēs *zie ops.*

ophītēs, ae *m (Gr. leenw.) (postklass.) een soort* marmer *(met slangvormige tekening).*

Ophiūsius, a, um *(Ophiūsa: oude naam voor het eiland Cyprus) (Ov.)* Cypriotisch [**arva**].

ophthalmiās, ae *m (Gr. leenw.) (Plaut.)* negenoog *(een vissoort).*

ophthalmicus, ī *m (Gr. leenw.) (Mart.)* oogarts.

opicus, a, um *(vgl. Osci, ouder Opici) (postklass.)* ruw, onbehouwen.

opi-fer, fera, ferum *(ops en fero) (poët.; postklass.)* behulpzaam, hulp biedend [**deus** *(v. Aesculapius)*].

opi-fex, ficis *m (opus en facio)*
1. bouwer, vervaardiger [**mundi** *of* **rerum** schepper v.d. wereld; *metaf.* **verborum** taalvernieuwer]; — *attrib.* producerend; ▸ *Nilus ~ silvarum*;
2. ambachtsman; beeldend kunstenaar.

opificīna, ae *f = officina.*

opificium, ī *n (opifex) (preklass.; Laatl.)* werk.

ōpiliō, ōnis *m (ovis en pello) (poët.)* schaapherder, geitenhoeder.

opīmitās, ātis *f (opimus) (Plaut.)* rijkdom, overvloed.

opīmus, a, um *(ops)*
1. vet, weldoorvoed [**boves**];
2. *(v. velden)* vruchtbaar [**ager; campus**], *(v. landen)* rijk [**Asia; provincia**];
3. *(metaf.) (v. taalgebruik)* bloemrijk;
4. rijk, heerlijk, kostelijk, imposant, statig [**res** vermogen; **praeda; divitiae; regnum; dapes; triumphus; spolia** krijgsbuit *die een veldheer van een andere veldheer afnam nadat hij hem in een duel had gedood*];
5. rijk aan *(m. abl.)* [**copiis; praedā**]; ▸ *opus casibus -um* vol spelingen v.h. lot.

opīnābilis, e *(opinor)* op een mening gebaseerd; ingebeeld [**artes**].

opīnātiō, ōnis *f (opinor)* (het vormen v.e.) mening, veronderstelling, inbeelding.

opīnātor, ōris *m (opinor)* fantast.

opīnātus[1], a, um *(p. adj. v. opinor)* ingebeeld, vermeend, schijn- [**bona; mala**].

opīnātus[2], ūs *m (opinor) (Lucr.)* veronderstelling.

opīniō, ōnis *f (opinor)*
1. mening, veronderstelling, aanname, opvat-

ting [**vulgi; falsa;** *(over: gen.; de)* **honestatis; deorum** *en* **de deis** voorstelling]; ▸ *opinionem habere, in opinione esse of opinione duci* van mening zijn; *in opinionem incidere en adduci* zich een mening vormen; *opinionem timoris praebere* de indruk wekken bang te zijn;
2. verwachting, vermoeden [**impendentis mali**]; ▸ *contra of praeter omnium opinionem* tegen ieders verwachting; *opinione celerius* sneller dan verwacht;
3. verbeelding, waan; ▸ *in opinione versari* op een waanidee berusten;
4. mening *die anderen over iem. hebben,* goede naam, bekendheid, roem, reputatie [**populi Romani; equitum**]; ▸ *opinionem alcis fallere, superare, vincere; summam iustitiae opinionem habere* de naam hebben zeer rechtvaardig te zijn; *opinionem capere* bekendheid verwerven; *in Gallia maximam virtutis opinionem habere;*
5. gerucht *(over: gen.)* [**calamitatis**]; ▸ *~ erat edita in vulgus* had zich onder het volk verbreid.

opīnor, opīnārī *en (arch.)* **opīnō,** opīnāre menen, denken, geloven *(m. acc.; de; aci.; abs., ihb. parenthetisch)* [**multa falso; de alqo male**]; ▸ *sapiens nihil opinatur (Cic.); ut opinor (als parenthese)* naar ik meen.

opi-parus, a, um *(ops en paro*[1]*)* overdadig, prachtig, rijk [**Athenae; cena**].

opisthographus, a, um *(Gr. leenw.) (Plin. Mai.)* op de achterkant beschreven [**libri**].

Opitergium, ī *n stad in de buurt v.h. huidige Venetië, nu* Oderzo.

opitulor, opitulārī *(ops en tuli [v. fero]) (m. dat.)* helpen, bijstaan [**amico**]; *een zaak* verhelpen [**inopiae plebis**].

opium, ī *n (Gr. leenw.) (Plin. Mai.)* opium.

opobalsamum, ī *n (Gr. leenw.) (postklass.)* sap v.d. balsemboom, balsem.

opopanax, acis *m (Gr. leenw.) (med.)* sap, gom *v.d. plant panax.*

oporteō, opertēre, oportuī, — *(niet-klass.)* moeten, behoren (gedaan te worden); ▸ *haec facta ab illo oportebant (Ter.); olea cogi oportet (Cato);* — *onpers.* **oportet** *(m. inf.; aci.; conj.)* (a) het is nodig, men moet, hoort; (b) het is onvermijdelijk; (c) het valt te verwachten.

oportūn- = *opportūn-.*

op-pectō, pectere, — — *(Plaut.)* kammen; *metaf.* afkluiven.

op-pēdō, pēdere, — — *(Hor.)* een wind laten in het gezicht van *(m. dat.).*

op-pēgī *pf. v. oppingo.*

op-perior, perīrī, pertus sum *en (arch.)* perītus sum *(vgl. experior)*
I. *intr.* wachten [**paululum**];
II. *tr.* opwachten, afwachten, wachten op [**agmen peditum; alcis adventum; eventum alienarum fortunarum; tempora sua**].

op-pessulātus, a, um *(ob en pessulus) (Petr.)* vergrendeld.

op-petō, petere, petīvī *en* petiī, petītum tegemoet gaan, ondergaan [**pestem; poenas superbiae** boeten voor zijn overmoed; **mortem** *en abs.* sterven].

oppexus, ūs *m (oppecto) (Apul.)* het kammen.

oppidānus *(oppidum)*
I. *adj.* a, um stedelijk; van een kleine stad;
II. *subst.* ī *m* stedeling.

oppidātim *adv. (oppidum) (Suet.)* per stad, in elke stad.

oppidō *adv.* volledig, helemaal, uiterst, zeer; *versterkt* **oppidō quam** uitermate, buitengewoon.

oppidulum, ī *n (demin. v. oppidum)* stadje.

oppidum, ī *n*
1. versterkt heuvelfort;
2. *(meestal kleine)* stad.

op-pignerō, pignerāre *(pignus)*
1. als onderpand geven, verpanden [**libellos pro vino**];
2. *(Laatl.)* (aan zich) verplichten, binden.

oppīlō, oppīlāre versperren, barricaderen, afsluiten.

op-pingō, pingere, pēgī, — *(pango) (Plaut.)* erbovenop drukken [**savium**].

op-pleō, plēre, plēvī, plētum *(vgl. compleo)*
1. (aan)vullen [**aedes spoliis**]; ▸ *nives omnia oppleverant;*
2. *(metaf.)* (ver)vullen *(van: abl.);* ▸ *totam urbem luctus opplevit; mentes oppletae tenebris.*

op-plōrō, plōrāre met tranen lastigvallen *(m. dat.)* [**auribus meis** mij de oren v.h. hoofd huilen].

op-pōnō, pōnere, posuī, positum
1. zetten, plaatsen *of* stellen tegenover, in de weg plaatsen, leggen *of* houden, *pass.* staan *of* liggen tegenover [**manūs oculis** *of* **ante oculos; manum fronti; auriculam** voorhouden; **equites adversariis; armatos ad omnes introitus; castra ante moenia**]; ▸ *fores oppositae* gesloten; *oppidum oppositum Thessaliae* (gelegen) tegenover; *venientibus in itinere se opponere* zich opstellen tegenover; *turrim ad portum ~; moles fluctibus oppositae; urbs barbaris ut pro-*

pugnaculum opposita;
2. (*metaf.*) (*aan gevaar e.d.*) blootstellen, prijsgeven [**alqm morti; se invidiae, ad periculum, ad tumultus**];
3. (*met woorden*) (**a**) aanvoeren *of* naar voren brengen tegen, tegenwerpen (*m. dat.*); ▸ *quid habes, quod mihi opponas?* wat kun je tegen mijn woorden inbrengen?; (**b**) *als schrikbeeld* voor ogen houden [**alci formidines**];
4. (*vergelijkend en als tegenstelling*) stellen tegenover (*m. dat.*) [**multis secundis proeliis unum adversum**]; ▸ *vitium omni virtuti opponitur*;
5. verpanden, als onderpand geven.

opportūnitās, ātis *f* (*opportunus*)
1. gunstige ligging [**loci; montis; regionis**]; *meton.* (*postklass.*) gunstig gelegen plaats;
2. gunstige gelegenheid, gunstig tijdstip; ▸ *magnas opportunitates corrumpere; opportunitates habere ad alqd* gelegenheid hebben tot;
3. voordeel, gemak, gunstige omstandigheid [**belli** militair voordeel]; ▸ *opportunitates maritimae* de voordelen v.d. zee;
4. (*v. lich. en geestel. gesteldheid*) gunstige aanleg, geschiktheid [**membrorum**]; ▸ *quanta ~ in animis hominum ad res maximas* (*Cic.*).

op-portūnus, a, um
1. (*v. plaats*) gunstig, makkelijk, geschikt (gelegen) (*voor iem.: dat.; voor iets: dat.; ad*) [**locus; urbs; vadum; hostibus; ad aciem instruendam**]; ▸ *collis opportunior fugae*;
2. (*v. tijd*) gunstig, gelegen, op tijd [**tempus; victoria**]; ▸ *-e venire; nox -a est eruptioni*;
3. passend, geschikt, bruikbaar [**res; opera** (bewezen) dienst];
4. (*v. personen*) geschikt, behendig; ▸ *ad haec magis ~ nemo est* (*Ter.*);
5. (*aan vijandelijke aanvallen*) blootgesteld, prijsgegeven [**hostibus; iniuriae; praefectis insidiantibus**]; — *subst.* **-a,** ōrum *n* (*milit.*) bedreigde punten [**moenium; locorum**].

oppositiō, ōnis *f* (*oppono*) (*Laatl.*)
1. het hinderen, blokkeren;
2. het in de weg plaatsen;
3. (*metaf.*) tegenstelling.

oppositus[1] *ppp. v. oppono.*

oppositus[2], ūs *m* (*oppono*)
1. het tegenoverstellen [**corporum**];
2. het ervoor, in de weg gaan staan [**lunae**].

op-posuī *pf. v. oppono.*

op-pressī *pf. v. opprimo.*

oppressiō, ōnis *f* (*opprimo*)
1. onderdrukking [**legum et libertatis**];
2. overrompeling *v.e. plaats* [**curiae**];
3. (*Ter.*) gewelddaad, overval *op een persoon.*

oppressiuncula, ae *f* (*demin. v. oppressio*) (*Plaut.*) het zachtjes drukken [**papillarum**].

oppressor, ōris *m* (*opprimo*) onderdrukker; ▸ *vindices et oppressores dominationis.*

oppressus, ūs *m* (*opprimo*) (*Lucr.*) het drukken, druk.

op-primō, primere, pressī, pressum (*ob en premo*)
1. neerdrukken, naar beneden drukken [**classem** tot zinken brengen; **ora loquentis** dichthouden; **oculos** de ogen *v.e. gestorvene* sluiten]; ▸ *onere armorum oppressus*;
2. dooddrukken, doen stikken [**senem iniectu vestis**];
3. (*vuur*) doven [**flammam aquā**];
4. (*letters*) inslikken, niet uitspreken;
5. (*metaf.*) onderdrukken, onderdrukt houden, niet laten opkomen [**invidiam; dolorem; libertatem; rei memoriam, mentionem; iram; desiderium**];
6. (*een kwaad*) verijdelen, de kop indrukken [**tumultum; orientem ignem; perniciosam potentiam; fraudem**];
7. verhelen, verdoezelen [**indicia**];
8. (*erg*) in het nauw brengen, overweldigen, bijna doen bezwijken; ▸ *opprimi aere alieno, invidiā, onere officii, difficultate hiemis; calamitas eum oppressit; timore, doloribus oppressus*;
9. onderdrukken, knechten [**patriam; rem publicam**];
10. (*vijanden*) overwinnen, overweldigen, vernietigen, in de pan hakken [**legionem; nationem Allobrogum; Graeciam bello**];
11. (*pol. en voor de rechtbank*) ten val brengen, doen verliezen [**alqm iniquo iudicio; insontem oblato falso crimine**]; — *pass.* verliezen;
12. overvallen [**hostem inopinantem; barbaros incautos**]; *metaf.* verrassen, onverhoeds treffen; ▸ *clade opprimi; alqm mors oppressit*;
13. van zijn stuk brengen [**alqm consilio**].

opprobrāmentum, ī *n* (*opprobro*) (*Plaut.*) schande, smaad.

opprobrātiō, ōnis *f* (*opprobro*) (*Gell.*) verwijt.

op-probrium, ī *n* (*ob en probrum*)
1. belediging, verwijt; ▸ *-a dicere*;
2. *abstr.* schande, smaad; ▸ *alci -o esse* iem. schande aandoen;
3. (*meton., v. personen*) schandvlek [**maiorum** voor de voorouders].

op-probrō, probrāre (*probrum*) (*pre- en postklass.*)

(smadelijk) verwijten, verwijten maken *(m. dat.)*; ▸ *rus tu mihi opprobras? (Plaut.).*

oppugnātiō, ōnis *f (oppugno)*
1. bestorming, stormaanval, belegering [**castelli; oppidi; maritima** vanuit zee]; ▸ *oppugnationem inferre; oppugnationem relinquere* opgeven; *oppugnationem propulsare; oppidum oppugnationibus premere;*
2. *(meton.)* methode *of* kunst v.h. belegeren;
3. *(metaf.) (pol. en voor de rechtbank)* aanklacht, protest.

oppugnātor, ōris *m (oppugno) (milit. en [metaf.] pol.)* aanvaller.

op-pugnō, pugnāre
1. bestormen, aanvallen, strijden tegen [**castra; oppidum; exercitum; rates; Aegyptum**];
2. *(metaf.)* aanvallen, aanvechten, tegenwerken [**populi salutem; iura; consilia alcis; aequitatem verbis; alqm pecuniā** proberen om te kopen].

ops, opis *f*
I. *sg. en plur.*
1. macht, kracht, sterkte, vermogen; ▸ *non est opis meae (m. inf.)* het ligt niet in mijn macht om; *omni, summā, maximā ope en omnibus, summis opibus* uit alle macht, met al iems. krachten;
2. *meestal sg.* hulp, bijstand [**deorum**]; ▸ *ope alcis* met iems. hulp; *opem alci ferre; opem dare; opem ab alqo petere; opis indigere* nodig hebben; *alienarum opum indigens; sine ope divina;*
II. *plur.* **opēs,** opum
1. middelen, vermogen, rijkdom, bezittingen [**ruris**]; ▸ *homo magnis (parvis) opibus; opibus valere; opum egentes; urbium opes exhaurire* de rijke steden leegplunderen;
2. politieke macht, invloedrijke positie, invloed [**Catilinae; rei publicae**]; ▸ *patriae opes augere; alcis opes evertere; opes Gallorum frangere; opes et dignitatem tenere;*
3. troepenmacht, strijdkrachten; ▸ *regiis opibus praeesse.*

Ops, Opis *f (ops) godin v.d. oogst en vruchtbaarheid, beschermgodin v. Rome; volgens de overlevering is haar cultus door Titus Tatius ingevoerd.*

opsc- = *obsc-.*

opsōn- = *obson-.*

opst- = *obst-.*

optābilis, e *(opto)* wenselijk, gewenst.

optātiō, ōnis *f (opto)* het wensen, wens.

optātum, ī *n (opto)* wens; ▸ *-o (abl.)* naar wens; *mihi in -is est (m. inf.)* ik wens te.

optātus *zie opto.*

opthalm- = *ophthalm-.*

opticē, ēs *f (Gr. leenw.)* optica, leer v.h. licht.

optigō = *obtego.*

optimās, *gen.* ātis *(optimus)*
I. *adj.* bij de besten horend, voornaam, aristocratisch [**genus; matronae; status rei publicae** aristocratie];
II. *subst. m* aristocraat, optimaat, lid v.d. senaatspartij; patriot; *meestal plur.* **optimātēs,** um *en* ium de optimaten, de senaatspartij *itt. de volkspartij (populares).*

optimē *superl. v. bene.*

optimus *superl. v. bonus.*

optiō, ōnis *(opto)*
I. *f* (vrije) keus, vrije wil, wens;
II. *m* helper, *die men voor zich uitkiest:*
1. *(Plaut.)* assistent;
2. *(milit.)* plaatsvervanger *en* adjudant *v.e. centurio.*

optīvus, a, um *(opto) (Hor.)* gekozen, gewenst.

optō, optāre
1. kiezen, uitzoeken [**locum tecto** voor het huis];
2. wensen [**divitias; ampliorem felicitatem a dis; mortem** zich dood wensen]; *(m. ut; ne; alleen conj.; inf.; aci.); alci alqd ~ (meestal pejor.)* iem. iets toewensen [**alci mortem; furorem et insaniam**]; *bene ~* het beste wensen; — **optandus,** a, um wenselijk; — *p. adj.* **optātus,** a, um *(adv. -ō)* gewenst, verlangd, welkom, aangenaam.

optu- *vaak* = *obtu-.*

optumās, optumē, optumus *(arch.)* = *optimas, optime, optimus.*

opulēns, *gen.* entis = *opulentus.*

opulentia, ae *f (opulens)*
1. rijkdom, pracht;
2. (politiek) aanzien, (politieke) macht.

opulentitās, ātis *f (Plaut.)* = *opulentia.*

opulentō, opulentāre *(opulens) (Hor.)* rijk maken, verrijken.

opulentus, a, um *(ops)*
1. rijk, welgesteld, vermogend [**oppidum; templum; aerarium** gevuld; **Etruriae arva;** *(aan: abl.; gen.)* **adulescens auro; exercitus praedā; copia honorum; provincia pecuniae**];
2. rijkelijk (voorhanden), aanzienlijk, schitterend, prachtig [**dona; stipendia; victoria**];
3. sterk [**agmen**];
4. machtig, vooraanstaand [**reges; factio**].

opulus, ī *f* *(botan.)* *een soort* ahornboom.
Opūntius *zie* Opus.
opus, operis *n* werk
I. *abstr.*
1. arbeid, bezigheid, werk, klus [**censorium** werkzaamheden v.d. censor; **diurnum** dagtaak; **militare; manuum; rusticum** het werken op het land]; ▸ *opus facere* werken; *operi favere* vlijtig werken; *operis expers; famuli operum soluti* van werk vrijgesteld;
2. land-, veldarbeid; ▸ *patrio rure opus facere; opere se exercere;*
3. bouwactiviteit, het bouwen; ▸ *opus facere* bouwen; ~ *fit* er wordt gebouwd;
4. het bouwen v.e. schans *of* v.e. versterking; ▸ *miles in opere occupatus* bezig met het bouwen v.e. schans;
5. *(poët.)* krijgskunst, strijd; ▸ *grave* Martis ~ ;
6. daad, onderneming [**egregium**]; ▸ *opera immortalia edere; operibus alqm anteire;*
7. uitvoering, kunst, stijl; ▸ *materiam superabat* ~ de uitvoering overtrof het materiaal; *simulacrum singulari opere;*
8. mensenwerk, mensenhand *(itt. de natuur);* ▸ *locus naturā et opere munitus;*
9. inspanning, moeite *(alleen abl. sg.);* ▸ *magno, maximo opere* zeer, buitengewoon *(vgl. magnopere en maximopere); tanto opere* zo zeer *(vgl. tantopere); quanto opere* hoezeer *(vgl. quantopere); nimio opere* te zeer;
10. (uit)werking, effect [**hastae**];
11. *(Hor.)* jacht;
II. *concr.*
1. voltooid werk, beëindigd werk [**magnificum**]; ▸ *opus in manibus habeo (Cic.)* een boek, geschrift;
2. bouwwerk, gebouw [**publicum; urbanum**];
3. verschansing, verdedigingslinie [**castrorum; hibernorum**]; ▸ *tumulum magnis operibus munire;*
4. *plur.* belegeringswerken; ▸ *urbem operibus claudere;*
5. belegeringswerktuig; ▸ *oppidum operibus oppugnare;*
6. dam; ▸ *flumen operibus obstruere;*
7. kunstwerk [**marmoreum** (stand)beeld]; ▸ *opera efficere* scheppen;
8. literair werk;
III. **opus est** het is nodig, men heeft nodig *(meestal onpers. m. abl. of gen., zelden persoonl. m. nom.; m. inf.; aci.; ut);* ▸ *mihi libris opus est; auctoritate tuā nobis opus est; facto, non consulto in tali periculo opus est; argenti opus fuit; dux nobis et auctor opus est; nobis exempla opus sunt.*
Opūs, ūntis *f stad in* N.O.-*Locris (Midden-Griekenland), nu* Atalandi; — *inw. en adj.* **Opūntius,** ī *m resp.* a, um.
opusculum, ī *n (demin. v. opus)* klein werk, klein geschrift.
ōra[1]**,** ae *f*
1. kust, kuststreek, -gebied [**Italiae**]; — *meton.* kustbewoners;
2. verre (land)streek, hemelstreek, zone [**orientis; supera** bovenwereld; **Acheruntis** onderwereld]; *(poët.) alg.* (land)streek [**gelida; umbrosa; belli** oorlogstoneel];
3. zoom, rand, grens, einde [**vestis; poculi; clipei; silvae**].
ōra[2]**,** ae *f (naut. t.t.)* touw, tros; ▸ *oras resolvere.*
ōrāculum *en (sync.)* **ōrāclum,** ī *n (oro)*
1. orakel(plaats) [**Delphicum**]; ▸ *-um adire;*
2. orakel(spreuk), godsspraak; ▸ *Apollo -um edidit;*
3. profetie, voorspelling; ▸ *somnii et furoris -a;*
4. uitspraak, maxime [**physicorum**].
ōrārium, ī *n (ōs*[1]*) (August.)* zweetdoek, zakdoek.
ōrārius, a, um *(ora*[1]*) (Plin. Min.)* kust- [**navis** kustvaarder].
ōrātiō, ōnis *f (oro)*
1. het spreken, het praten, taal, spreekvermogen; ▸ *ferae rationis et orationis expertes sunt;*
2. manier v. spreken, formulering, stijl [**concinna; contorta**]; ▸ *utriusque orationis facultas* vaardigheid in beide stijlen *(dwz. de filosofische en de retorische);*
3. uitspraak, uitlating, woorden, bewering; ▸ *hac oratione habita* na deze woorden; *captivorum* ~ *cum perfugis convenit (Caes.); pars orationis* woordsoort;
4. *(naar de regels v.d. kunst uitgewerkte)* rede(voering), voordracht [**acris et vehemens; accurata; perpetua** samenhangend; **contumeliosa; magnifica; Verrinae; Philippicae; contionum; senatūs**]; ▸ *orationem habere, dicere* de re houden; *orationem comparare; orationem facere, conficere* opstellen; *orationem recitare; oratione mores alcis exprimere; in extrema oratione nostra* in het laatste deel v. onze rede;
5. onderwerp v.e. rede, thema;
6. welsprekendheid, spreekvaardigheid; ▸ *alqm oratione vincere; satis in eo fuit orationis;*
7. proza *(itt. poëzie);*
8. *(postklass.)* door de keizer eigenhandig ge-

schreven brief, keizerlijk besluit;
9. *(eccl.)* gebed, bede.

ōrātiuncula, ae *f (demin. v. oratio)* kleine, aardige rede(voering).

ōrātor, ōris *m (oro)*
1. redenaar [**illustris**];
2. woordvoerder *v.e. gezantschap,* afgezant, onderhandelaar; ▸ *Veientes oratores Romam mittunt;*
3. leraar in de welsprekendheid.

ōrātōria, ae *f (oratorius; vul aan: ars) (postklass.)* welsprekendheid, retorica.

ōrātōrium, ī *n (oratorius) (eccl.)* bedehuis, kapel, kerk; bidvertrek.

ōrātōrius, a, um *(orator)*
1. retorisch, redenaars- [**ornamenta; ars; oratio** volgens de regels v.d. retorica]; ▸ *-e dicere;*
2. *(eccl.)* bij het bidden horend.

ōrātrīx, īcis *f (orator)*
1. onderhandelaarster, verdedigster [**pacis et foederis**];
2. *(Plaut.)* smekelinge.

ōrātum, ī *n (oro) (Ter.)* verzoek.

ōrātus, ūs *m (oro)* het verzoeken; ▸ *oratu alcis* op iems. verzoek.

orba, ae *f (orbus)*
1. wees(kind);
2. weduwe.

orbātiō, ōnis *f (orbo) (Sen.)* het ontnemen, het afpakken.

orbātor, ōris *m (orbo) (Ov.) iem. die een ander van zijn kinderen resp. ouders berooft.*

orbiculātus, a, um *(orbiculus)* rond.

orbiculus, ī *m (demin. v. orbis) klein rond voorwerp,* o.a.: kleine schijf.

Orbilius, ī *m:* L. ~ Pupillus, *grammaticus, vanaf 63 v. Chr. leraar in Rome, o.a. v. Horatius.*

orbis, is *m (abl. sg.* orbe, *soms* orbī*)*
1. cirkel, kring, ronding: (a) cirkelomtrek [**rotae** velg; **muri** ringmuur; **saltatorius** hoepel die bij het dansen gebruikt wordt; *aan de hemel:* **lacteus** de Melkweg; **signifer** dierenriem; **orbes finientes** horizon]; ▸ *alqd in orbem torquere; in orbem equitare* in een rondje, op een volte; *digitum iusto orbe terit anulus* past precies om de vinger; (b) *(poët.; postklass.)* cirkelvormige beweging, kromming; ▸ *anguis rapit orbīs* kronkelt; (c) *(milit.)* cirkelvormige opstelling; ▸ *orbem facere, in orbem consistere, in orbem coire;* (d) *(metaf.)* kringloop, cirkelbaan, cyclus [**annuus**]; ▸ *sidera orbes suos conficiunt;* (e) *orbis terrarum* de hele wereld, bewoonde wereld *(ihb. v.h. Rom. rijk);* (f) *(in taal)* periode, volzin [**verborum; orationis**];
2. *(meton.)* schijf: (a) cirkelvormig vlak [**solis; lunae; clipei; genuum** knieschijf; **mensae** rond tafelblad]; (b) *orbis (terrae)* aardbol, aarde, *meton.* = mensengeslacht; ▸ *toti salutifer orbi cresce puer (Ov.);* — *poët.* gebied, streek, land [**Eous** morgenland; **Hesperius; peregrinus**]; (c) iets schijfvormigs: — *poët.* zon, maan; discus; wiel, rad, *ihb. van Fortuna* = rad v. fortuin: *Fortuna stans in orbe;* — *poët.* hemel(gewelf) [**medius; aestivus**]; — *poët.* schild; — *(Mart.; Juv.)* ronde tafel; — *(Mart.)* spiegel; — pottenbakkerswiel.

orbita, ae *f (orbis)*
1. wagenspoor;
2. *(poët.)* weg, pad;
3. *(Juv.) (metaf.)* voetspoor;
4. *(Sen.)* kringloop, baan [**lunaris** baan v.d. maan].

orbitās, ātis *f (orbus)*
1. verlies *of* gemis *v. verwanten en andere dierbare personen:* (a) verlies *v.e. kind* [**liberum**]; (b) ouderloosheid, het wees zijn; (c) kinderloosheid;
2. *(metaf.)* verlies [**luminis**];
3. *(Apul.)* blindheid.

orbitōsus, a, um *(orbita) (Verg.)* vol met wagensporen.

orbō, orbāre *(orbus)*
1. tot wees maken; *(van ouders of kinderen)* beroven *(van: abl.);*
2. *(metaf.)* beroven *(van: abl.)* [**Italiam iuventute; rem publicam multis fortibus civibus; amicum omni spe salutis**].

Orbōna, ae *f (orbus) godin die door ouders werd aangeroepen, als ze een kind verloren hadden en weer kinderen wilden krijgen of als ze bang waren een kind te verliezen.*

orbus
I. *adj.* a, um
1. ouderloos, vaderloos *(m. abl.; ab; gen.)* [**pueri parentibus**];
2. kinderloos [**senex**]; beroofd v.e. verwant [**fratris**];
3. weduwe *of* weduwnaar geworden;
4. *(metaf.)* beroofd van, zonder *(m. abl.; ab; gen.)* [**terra mortalibus; forum litibus; lintea ventis; contio ab optimatibus; luminis**];
5. *(Apul.)* blind;
II. *subst.* ī *m* wees.

orca, ae *f* kruik.

Orcades, um *f de huidige* Orkney-eilanden *bij Schotland, volgens Tacitus door Agrippa ontdekt.*

orchas, adis *f (Gr. leenw.) (Verg.)* ovaalvormige olijf.

orchēstra, ae *f (Gr. leenw.)* zitplaatsen v.d. senatoren in het Rom. amfitheater; *meton.* senaat.

orchītēs, ae *m en* **orchītis,** is *f = orchas.*

Orchomenos *en* **-us,** ī m

1. *stad in Boeotië (Midden-Griekenland); — inw.* **Orchomeniī,** ōrum *m;*
2. *stad in Arcadië (Peloponnesus).*

Orcīniānus, a, um *(Orcus) (Mart.)* van het dodenrijk, doden- [**sponda** lijkbaar].

orcīnus *en* **orcīvus,** a, um *(Orcus) (postklass.)* bij testament geworden [**liberti** bij testament tot vrijgelatenen geworden; **senatores** *door Caesars testament in de senaat gekomen*].

orcītēs, ae *m en* **orcītis,** is *f = orchites resp. orchitis.*

orcīvus *zie orcinus.*

Orcus, ī *m*

1. *(poët.; postklass.)* onderwereld, doden-, schimmenrijk;
2. *god v.d. onderwereld* = Pluto *(Gr. Hades),* Dis Pater [**pallidus**]; ▸ *Orcum morari (Hor.)* de dood op zich laten wachten = verder leven.

ōrdinārius, a, um *(ordo)* gebruikelijk, regelmatig, normaal, gewoon [**consilium**].

ōrdinātim *adv. (ordinatus, zie ordino)*

1. in rijen, regelmatig; ▸ *trabes ~ structae;*
2. *(milit. t.t.)* in gesloten gelederen; per gelid;
3. in de juiste volgorde [**honores petere**].

ōrdinātiō, ōnis *f (ordino)*

1. orde; ordening, regeling;
2. ambtsbenoeming, aanstelling;
3. *(eccl.)* priesterwijding; bisschopswijding.

ōrdinātor, ōris *m (ordino)*

1. *(Sen.) (jur. t.t.)* iem. die *een proces* aanspant *(m. gen.)* [**litis**];
2. regelaar; ▸ *summus ille creator ordinatorque.*

ōrdinātus *zie ordino.*

ōrdinō, ōrdināre *(ordo)*

1. in het gelid opstellen, rangschikken, indelen [**milites; copias; agmina**];
2. *(Hor.)* in rijen aanplanten [**arbusta sulcis**];
3. *(metaf.)* ordenen, in een bepaalde volgorde opstellen [**publicas res** in volgorde weergeven; **annos** zijn jaren tellen; **partes orationis; magistratūs** de rangorde v. magistraten vaststellen; **diem** goed, passend indelen];
4. regelen, organiseren [**artem praeceptis; provincias; pacem inter eos** sluiten]; — *p. adj.* **ōrdinātus,** a, um geordend, ordentelijk, regelmatig;
5. *(postklass.) (magistraten)* benoemen [**consules in futurum annum; candidatum; magistratūs in plures annos**];
6. *(postklass.) (jur. t.t.)* opstellen, opmaken [**testamentum**];
7. *(Laatl.) clericum ~* tot priester wijden;
8. *(Mel.) militem ~* tot ridder slaan.

ōrdior, ōrdīrī, ōrsus sum *(vgl. ordo)*

1. beginnen [**orationem; fabulam; defensionem; bellum; reliquas res; reliquos** met de levensbeschrijvingen v.d. overigen; **loqui; de alqa re disputare; omnia a Iove** vanaf, met Jupiter];
2. beginnen te spreken; ▸ *unde ordiar?;* — *(poët.)* alg. spreken, zeggen: *sic Iuppiter orsus; (tot: dat.) miranti sic orsa dea.*

ōrdō, ōrdinis *m (vgl. ordior)*

1. rij [**arborum; vehiculorum; caespitum**]; ▸ *vites ordine ponere;*
2. (a) rij zitplaatsen *of* banken *in het amfitheater;* ▸ *quattuordecim ordines (de eerste veertien rijen)* zitplaatsen v.d. ridders in het theater, *vd.: in quattuordecim ordinibus sedere* = ridder zijn; (b) rij roeibanken;
3. *(milit.)* (a) gelid, linie; ▸ *ordines (ob)servare, habere* in het gelid blijven; *ordine egredi* uit het gelid treden; *nullo ordine* niet in het gelid, ongeordend; *ordinem commutare* van positie veranderen; *ordines (per)turbare, perrumpere; ordines pugnantium dissipare;* (b) centuria, compagnie, afdeling; ▸ *eiusdem ordinis esse; ordinem ducere* het bevel voeren over een centuria, centurio zijn; *alqm in ordinem cogere* degraderen, *metaf.* beledigen; (c) rang v. centurio; centurio; ▸ *spes ordinum* op de rang van centurio; *inferiores ordines* lagere rangen; *primi ordines* centurio's v.d. eerste centuriae *(= centuriones primorum ordinum); octavi ordines* centurio's v.h. achtste cohort;
4. *(metaf.)* stand, klasse, rang, positie [**equester; pedester; senatorius** *en* **amplissimus** senaat; **publicanorum** klasse v. belastingbetalers; **scribarum**]; ▸ *omnium ordinum homines; ordine homines tractare* naar hun positie; *homo mei ordinis; mearum rerum ~ (Plaut.)* de met mijn vermogen overeenkomende positie;
5. orde, volgorde, rangschikking, ordening [**fatorum** loop v.h. lot; **saeculorum** loop der tijden]; ▸ *res in ordinem adducere of referre* in orde brengen; *in ordinem se referre* weer in orde komen; *ordinem servare, tenere, sequi; sine ordine,*

nullo ordine ongeordend, door elkaar, op goed geluk; *ordine, in ordinem en in ordine* in volgorde, zoals voorgeschreven, naar behoren, zoals het hoort; *ex ordine* op volgorde, *poët. ook* onmiddellijk, meteen; *extra ordinem* niet op volgorde, buitengewoon;
6. verloop, ontwikkeling [**belli; negotii**]; opzet, programma [**sceleris**];
7. *(Plaut.)* gesteldheid, toestand;
8. *(Mel.)* (a) kerkelijke stand, kloosterorde; (b) goddelijke wereldorde.

Ordovicēs, um *m volksstam in N.-Wales.*

orēas, adis *f (acc. sg.* -ada; *acc. plur.* -adas) *(Gr. leenw.) (poët.)* bergnimf, oreade.

Orestae, ārum *m volksstam in W.-Macedonië (N.-Griekenland).*

Orestēs, ae *en* is *m zoon v. Agamemnon en Clytaemnestra; nam op bevel v.h. orakel samen met zijn vriend Pylades wraak op zijn moeder en haar minnaar Aegisthus voor de moord op zijn vader; hij werd wegens moedermoord door de Erinyen achtervolgd en ten slotte met hulp v. Athena resp. Apollo van schuld vrijgesproken; — adj.* **Orestēus,** a, um.

orexis, is *f (acc.* -im *en* -in) *(Gr. leenw.) (Juv.)* verlangen, trek.

organicus *(Gr. leenw.) (Lucr.)*
I. *adj.* a, um
1. mechanisch;
2. muzikaal;
II. *subst.* ī *m* muzikant.

organum, ī *n (Gr. leenw.) (postklass.)*
1. werktuig *van allerlei aard;*
2. muziekinstrument; orgel(pijp) [**hydraulicum** waterorgel].

Orgetorīx, igis *m voorname, invloedrijke Helvetiër, die in 61 v. Chr. zijn volk ertoe bracht hun land te verlaten en nieuwe woonplaatsen in Gallië te zoeken.*

orgia, ōrum *n (Gr. leenw.) (poët.)*
1. nachtelijke Bacchusfeesten;
2. *(metaf.)* geheimen; heilige voorwerpen.

orichalcum, ī *n (Gr. leenw.)* messing.

ōricilla, ōricula = *auri-.*

Ōricum, ī *n en* **Ōricos,** ī *f havenstad in Epirus, nu* Orikum *(in het huidige* Albanië*); — inw.* **Ōricīnī,** ōrum *m; — adj.* **Ōricius,** a, um.

oriēns, *gen.* entis *(eig. ptc. pr. v. orior, vul aan: sol)*
I. *subst. m*
1. opkomende zon, dageraad;
2. het oosten; ▸ *in orientem versum esse;*
3. *(meton.)* (a) morgenland, oriënt; ▸ *orientis incolae;* (b) *(poët.)* **Oriēns** *zonnegod;*
II. *adj.*
1. *(v. hemellichamen)* opkomend;
2. oostelijk;
3. *(metaf.)* beginnend.

orientālis, e *(oriens) (Gell.)* van het morgenland, van de oriënt; oostelijk.

ōrificium, ī *n (os*[1] *en facio) (postklass.)* opening.

orīganum, ī *n (Gr. leenw.)* wilde marjolein.

orīginālis, e *(origo)*
1. *(Laatl.)* oorspronkelijk;
2. *(eccl.)* geërfd [**peccatum** erfzonde].

orīginātiō, ōnis *f (origo)* woordafleiding, etymologie.

orīgō, inis *f (orior)*
1. oorsprong [**virtutum; doloris; eloquentiae**]; — Origines 'Voorgeschiedenis' *(titel v.e. geschiedkundig werk v. Cato);*
2. ontstaan, begin(punt), geboorte [**urbis**]; ▸ *redeamus ad originem; nascentes morimur, finisque ab origine pendet;*
3. afstamming, herkomst; ▸ *clarus origine;*
4. *(meton.)* (a) stam, geslacht, familie; ▸ *ab ultima origine stirpis Romanae generatus* uit een oeroude familie; (b) *(poët.; postklass.)* stamvader, voorvader; ▸ *Aeneas Romanae stirpis* ~ *(Verg.);* (c) moederstad, vaderland; (d) *(Ov.)* veroorzaker [**melioris mundi** schepper]; ▸ *Pegasus huius* ~ *fontis.*

Ōrīōn, ōnis *m (elke klinker in het metrum indien nodig ook kort) jager uit Boeotië, zoon v. Neptunus en Euryale, door Diana gedood, als sterrenbeeld met zijn hond (de Hondsster Sirius) aan de hemel gezet.*

orior, orīrī, ortus sum, oritūrus *(indic. praes. volgens de derde conjugatie: orior, oreris, oritur, orimur, orimini, oriuntur; conj. impf. volgens de derde of vierde conjugatie: orerer en orīrer)*
1. *(v. personen)* zich verheffen, opstaan; ▸ *consul oriens de nocte;*
2. *(v. hemellichamen)* opkomen; ▸ *orta luce* 's morgens; *sol oriens* het oosten, ook oriënt, morgenland; *oriente sole* bij zonsopgang;
3. ontstaan, uitbreken; ▸ *oritur tempestas, clamor, rumor, incendium; initium inferendi belli a Massiliensibus ortum est* ging uit van;
4. *(poët.)* zichtbaar worden, zich vertonen, verschijnen; ▸ *monstrum oritur;*
5. *(v. rivieren)* ontspringen; ▸ *Rhenus oritur ex Lepontiis; fons in monte oritur;*
6. geboren worden, afstammen *(uit, van: abl.; ab; ex);* ▸ *nobili genere ortus; summo, equestri loco ortus; ex concubina ortus;*
7. *(v. bomen en vruchten)* groeien; ▸ *oriens uva, pinus;*

8. beginnen bij, ontstaan bij; ▸ *Belgae a Galliae finibus oriuntur; initium turbandi a femina ortum.*

ōris *gen. v. os*[1].

Ōrīthyia, ae *f dochter v.d. Atheense koning Erechtheus.*

oriundus, a, um *(orior)* afstammend van, ontstaan uit, ontsproten uit *(m. ex; ab; abl.)* [**ex Etruscis; a Troia; Albā**].

ōrnāmentum, ī *n (orno)*
1. uitrusting, (toneel)kostuum, *plur.* benodigdheden [**pacis**];
2. sieraad, kostbaarheden; ▸ *pecuniam omnem omniaque -a ex fano in oppidum conferre;* — sieraden, juwelen v.e. vrouw;
3. *(metaf.)* sieraad, juweel, parel [**rei publicae; urbis; amicitiae; senectutis**]; ▸ *-o esse alci* iem. sieren;
4. *plur.* (a) versieringen *in een redevoering* [**orationis**]; (b) onderscheidingstekens, insignes [**triumphalia; consularia; praetoria**];
5. eer(bewijs), onderscheiding [**populi Romani; consulare**]; ▸ *maximis -is afficere alqm.*

ōrnātrīx, īcis *f (orno) (poët.; postklass.)* kapster.

ōrnātus[1], a, um *(p. adj. v. orno)*
1. toegerust, uitgerust [**exercitus; elephantus, equus** opgetuigd; **naves armis**];
2. *(metaf.)* fraai, sierlijk, mooi, smaakvol [**oratio; versus**]; ▸ *-e dicere;*
3. eervol, roemrijk, waardig [**locus ad dicendum**];
4. geëerd, geacht [**civis;** *(wegens: abl.)* **virtute, loco, nomine**]; ▸ *ornatissimus adulescens* zeer aanzienlijk.

ōrnātus[2], ūs *m (orno)*
1. uitrusting, toerusting;
2. versiering, versiersel [**publicorum locorum; urbis**];
3. *(metaf.)* sieraad, verfraaiing [**aedilitatis; caeli; verborum**]; ▸ *ornatum orationi afferre;*
4. kleding, dracht [**muliebris; militaris** wapenrusting]; uitrusting, *ihb. v. gladiatoren;*
5. eer(bewijs), onderscheiding [**ludorum**].

ornīthōn, ōnis *of* ōnos *m (Gr. leenw.)* (vogel)kooi.

ōrnō, ōrnāre
1. voorbereiden, organiseren [**nuptias; convivium; fugam**];
2. toerusten, uitrusten [**exercitum; navem armatis** bemannen met; **classes; militem armis; Athenienses divitiis** verrijken; **res Italas moribus** verbeteren];
3. versieren, tooien [**templum; aedem frondibus; sepulcrum floribus; hortos** verfraaien; **capillos** kappen];
4. *(metaf.)* versieren, verfraaien [**orationem**]; ▸ *alienis laudibus se ornare* met andermans veren pronken;
5. tot aanzien brengen [**civitatem omnibus rebus**];
6. onderscheiden, eren, prijzen [**alqm laudibus; alqm gloriae insignibus; res gestas alcis**].

ornus, ī *f (poët.; postklass.)* berges.

ōrō, ōrāre
1. spreken, zeggen; pleiten; ▸ *orandi nescius* slecht redenaar; *orandi validus* goed redenaar; *talibus dictis orabat;* — *subst.* **ōrāntēs,** ium *m (Tac.)* redenaars;
2. bidden; ▸ *fanum adire orandi causā;*
3. smeken, vragen *(m. acc. v.d. pers. en v.d. zaak; m. ut, ne; conj.; [poët.; postklass.] m. inf. of aci.)* [**hunc; auxilium; finem malorum; multa deos; auxilia regem; alqm libertatem; tempus sermoni; veniam dapibus**]; ▸ *oranti aures praebere* gehoor schenken;
4. behandelen, uiteenzetten [**litem, causam** een zaak bepleiten].

Oroanda, ōrum *n stad in Pisidië;* — *inw.* **Oroandēnsēs,** ium *m;* — *adj.* **Oroandicus,** a, um.

Orōdēs, is *en* ī *m naam v. verscheidene koningen v.d. Parthen.*

Orontēs, is *en* ī *m rivier in Syrië, nu de* Nahr el Assi; — *adj.* **Orontēus,** a, um *ook* Syrisch [**murra**].

orphanus, ī *m (Gr. leenw.) (Laatl.)* wees.

Orpheus, eī *en* eos *m myth. Thrac. zanger en dichter, als zoon v. Apollo en Calliope als uitvinder v.d. muziek en als tovenaar beschouwd, echtgenoot v. Eurydice;* — *adj.* **Orphēus** *en* **Orphicus,** a, um.

orphus, ī *m (Gr. leenw.) (poët.; postklass.)* zeebaars (?).

ōrsa, ōrum *n (ordior)*
1. begin, onderneming;
2. *(poët.)* woorden, uiting.

ōrsus[1] *p.p. v. ordior.*

ōrsus[2], ūs *m (ordior)*
1. *(poët.)* schering *(lengtedraden v.e. weefsel);*
2. *alg.* begin, het beginnen.

orthodoxus, a, um *(Gr. leenw.) (Laatl.)* rechtzinnig.

orthographia, ae *f (Gr. leenw.) (postklass.)* (juiste) spelling.

orthostata, ae *m (Gr. leenw.)*
1. verticale balk, staander;
2. wandbekleding.

ortīvus, a, um (*ortus*[2]) (*v.d. zon*) opkomend; oostelijk.

ortus[1] *p.p. v. orior.*

ortus[2], ūs *m* (*orior*)

1. het opkomen *v.e. hemellichaam* [**solis; lunae; stellarum**];
2. (*meton.*) (a) het oosten; ▸ *ab ortu ad occasum*; (b) ~ *solis* oriënt, morgenland;
3. (*metaf.*) ontstaan, groei, oorsprong, begin [**mundi; fluminis; tribuniciae potestatis; amicitiae**];
4. geboorte, herkomst [**animantium**]; ▸ *primo ortu* direct na de geboorte; *ortum ducere ab alqo* van iem. afstammen.

ortus[3], ī *m* = *hortus.*

Ortygia, ae *en* **Ortygiē,** ēs *f plaatsnaam, verbonden met de cultus v. Diana:*

1. *oudste stadsdeel v. Syracuse, gelegen op een eiland voor die stad;*
2. *oude naam v.h. eiland Delos;* — *adj.* **Ortygius,** a, um [**dea** = Diana];
3. *heilig woud bij Ephesus.*

oryx, ygis *m* (*Gr. leenw.*) wilde geit, gazelle.

orȳza, ae *f* (*Gr. leenw.*) (*poët.; postklass.*) rijst.

ōs[1], ōris *n*

1. mond, bek, snavel [**hominis; canum; cornicis**]; *metaf.* muil; ▸ *ex ore ac faucibus belli*;
2. mond (*als spraakorgaan*), stem, tong; ▸ *ore placido; libero ore loqui* vrijmoedig; *uno ore* eenstemmig; *in ore alcis esse* op iems. lippen zijn; *in ora hominum venire* in opspraak komen; *pendere ab ore narrantis; ore favere* geen woorden met slechte betekenis spreken = zwijgen;
3. (*meton.*) (a) uitspraak; ▸ *vitia oris*; (b) streektaal, dialect [**Latinum**]; (c) woorden, taal [**fulgentissimum**];
4. (*metaf.*) opening, toegang, uitgang; monding [**ulceris; venae; domūs; Ponti; amnis**];
5. gezicht, gelaat(strekken); ▸ *in os adversum* recht in het gezicht; *os homini sublime dedit deus*;
6. gezicht *als uitdrukking v. stemming of karakter,* uitdrukking, blik [**durum; ferreum; timidum**];
7. ogen, tegenwoordigheid; ▸ *in ore of ante ora alcis* voor iems. ogen; *in ore omnium versari* (*agere*) zich openlijk vertonen, openlijk optreden;
8. voorkant, front [**iugi; navium**];
9. hoofd, kop, schedel [**virginis; Gorgonis**]; ▸ *truncis arborum antefixa ora.*

os[2], ossis *n*

1. bot, been; *plur. ook* gebeente; ▸ *ossa legere* verzamelen; *calor ossa reliquit; ossa atque pellis sum* (ik ben vel over been) *miser aegritudine* (*Plaut.*); (*metaf.*) *cineres atque ossa Troiae*;
2. *plur.* (*metaf.*) het binnenste: (a) *v.h. lichaam:* merg (en been); ▸ *per ima cucurrit ossa tremor; exarsit dolor ossibus* in het hart; (b) *v.e. boom:* kern, hardste deel; (c) *v. vruchten:* pit, kern;
3. *plur.* geraamte (*ook metaf.*) [**beluae**]; ▸ (*metaf., v.e. redenaar*) *imitari non ossa solum sed etiam sanguinem.*

Osca, ae *f stad ten Z. v.d. Pyreneeën, nu* Huesca; — *adj.* **Oscēnsis,** e [**argentum**]; — *inw.* **Oscēnsēs,** ium *m.*

os-cen, cinis *m* (< *obs-* [*ob*] *en cano*) voorspellende vogel (*bv. raaf, kraai, uil*); *de auguren deden voorspellingen op grond v.d. geluiden die deze vogels produceerden.*

Oscēnsēs *en* **Oscēnsis** *zie* Osca.

Oscī, ōrum *m* Osciërs, *oudste bewoners v. Z.-Italië;* — *adj.* **Oscus,** a, um Oscisch [**ludi** Atellaanse kluchten].

ōscillātiō, ōnis *f* (*Petr.*) het schommelen.

ōscillum, ī *n* (*demin. v. osculum*) (*Verg.*) klein masker, *ihb. wassen beeldje v. Bacchus, dat aan een boom werd opgehangen om boze geesten te weren.*

ōscitanter *adv.* (*oscito*) slaperig, suf.

ōscitātiō, ōnis *f* (*oscito*) (*postklass.*) het geeuwen, het gapen; geeuw.

ōscitō, ōscitāre *en* **ōscitor,** ōscitārī de mond openen, gapen, geeuwen; (*v. planten*) opengaan; — *p. adj.* **ōscitāns,** *gen.* antis slaperig, suf.

ōsculābundus, a, um (*osculor*) (*Suet.*) kussend.

ōsculātiō, ōnis *f* (*osculor*) het kussen.

ōsculor, ōsculārī (*osculum*) kussen; liefkozen, *ook metaf.* [**scientiam iuris tamquam filiolam**].

ōsculum, ī *n* (*demin. v. os*[1])

1. (*poët.; postklass.*) mondje;
2. (*meton.*) kus [**supremum** afscheidskus].

Oscus *zie* Osci.

Osdroēna, ae *f landstreek in het noorden van Mesopotamië.*

Osīris, is *en* idis *m belangrijkste god v. Egypte, echtgenoot en broer v. Isis, heerser en rechter over de doden.*

Osismī, ōrum *m volksstam in Bretagne.*

ōsor, ōsōris *m* (*odi*) iem. die haat, hater.

Ossa, ae *f* (*en* [*Ov.*] *m*) *gebergte in Thessalië, vlakbij de Olympus;* — *adj.* **Ossaeus,** a, um.

osseus, a, um (*os*[2]) (*poët.; postklass.*)

1. van been, benig;
2. knokig; broodmager.

ossiculum, ī *n* (*demin. v. os*[2]) (*postklass.*) botje.

ossi-fraga, ae *f en* **ossi-fragus,** ī *m* (*os*[2] *en frango*) (*poët.; postklass.*) zeearend.

os-tendō, tendere, tendī, tentum *en* (*later*) tēnsum (*< obs* [*ob*] *-tendo*)
1. (*poët.*) uitstrekken, voorhouden [**manūs; dextram; glaebas Aquiloni** blootstellen aan]; *metaf.* voorhouden;
2. tonen, laten zien, presenteren [**epistulam; tabellas; telum inimico; iuvenes foro** introduceren op; **captos hostes civibus** *in een triomftocht* tonen; **iambos Latio** in Latium invoeren; **se in armis; aciem ad terrorem hostium; vocem** laten horen]; — *se ~ en pass. ostendi* verschijnen, voor de dag komen, zichtbaar worden: *mihi praeclara eius defensio ostenditur;*
3. (*metaf.*) voor ogen houden, in het vooruitzicht stellen, beloven, aankondigen [**alci spem praemiorum; munus; spem falsam** voorspiegelen; **viam salutis**]; ▸ *victoria ostenditur* staat te wachten;
4. openbaren, laten kennen, aan de dag leggen [**sententiam suam; se alci inimicum**]; ▸ *odium patris ostenditur ex hoc* blijkt hieruit;
5. verklaren, uiteenzetten, uitleggen, aanschouwelijk maken (*abs.; m. acc.; aci.; afh. vr.*) [**siderum motūs; potestatem suam in alqm**].

ostēnsiō, ōnis *f* (*ostendo*)
1. (*postklass.*) het laten zien, het tonen;
2. (*postklass.*) verschijning, visioen;
3. (*eccl.*) openbaring;
4. (*Laatl.*) bewijs.

ostentāneus, a, um (*ostento*) (*Sen.*) dreigend [**fulgura**].

ostentātiō, ōnis *f* (*ostento*)
1. het laten zien, het tonen [**virium** machtsvertoon; **saevitiae** het tentoonspreiden van meedogenloosheid]; ▸ *ostentationis causā* om indruk te maken;
2. opschepperij, grootspraak (*over: gen.*) [**ingenii; scientiae**];
3. schijn, uiterlijk vertoon, veinzerij [**inanis; doloris** geveinsde pijn].

ostentātor, ōris *m* (*ostento*)
1. (*Tac.*) iem. die onder de aandacht brengt, wijst op (*m. gen.*) [**periculorum**];
2. opschepper, pocher (*over: gen.*) [**factorum**].

ostentō, ostentāre (*intens. v. ostendo*)
1. (herhaaldelijk, nadrukkelijk) aanbieden, voorhouden; ▸ *iugula sua pro meo capite P. Clodio ostentaverunt* (*Cic.*);
2. laten zien, tonen [**Germanici liberos**];
3. te koop lopen met, pronken met (*m. acc.*) [**cicatrices; arma capta;** *metaf.* **prudentiam**];
4. tonen, aan de dag leggen, laten blijken [**gaudium; aequitatem integram; se comem et magnificum**];
5. (*metaf.*) voor ogen houden, wijzen op [**militibus Italiam; discrimen ac dedecus**];
6. in het vooruitzicht stellen: (a) beloven [**agrum; praemia; mercedem**]; (b) dreigen met (*m. acc.*) [**caedem; bellum**];
7. opscheppen over (*m. acc.*) [**Ambiorigem; aetatis honorem**];
8. (*Ov.*) *een persoon* als voorbeeld voorhouden; ▸ *desine Thydiden nobis ~ meum;*
9. aantonen, onthullen, verklaren (*m. aci.; afh. vr.*).

ostentum, ī *n* (*ostendo*)
1. voorteken, wonder; ▸ *deorum -a;*
2. (*Tac.*) monster, gedrocht.

ostentus[1] *ppp. v. ostendo.*

ostentus[2]**,** ūs *m* (*ostendo*) het tonen, het tentoonspreiden; — *meestal dat. ostentuī*: (a) tot voorbeeld; ▸ *corpora ostentui abiecta; ostentui clementiae suae* om zijn barmhartigheid te tonen; (b) tot bewijs [**esse** dienen]; (c) voor de schijn; ▸ *deditionis signa ostentui credere* als schijnmanoeuvre beschouwen.

Ōstia, ae *f en* ōrum *n* (*ostium*) *havenstad bij Rome aan de monding v.d. Tiber, volgens de overlevering door Ancus Marcius gesticht;* — *adj.* **Ōstiēnsis,** e [**provincia** beheer v. Ostia].

ōstiārium, ī *n* (*ostium*) belasting op deuren.

ōstiārius, ī *m* (*ostium*) (*niet-klass.*) portier.

ōstiātim *adv.* (*ostium*) van deur tot deur, huis voor huis [**compilare totum oppidum**].

ōstiolum, ī *n* (*demin. v. ostium*) (*postklass.*) deurtje.

ōstium, ī *n* (*os*[1])
1. deur [**carceris**]; ▸ *~ crepuit;*
2. (*metaf.*) ingang, toegang [**portūs; Oceani** = Straat v. Gibraltar];
3. monding *v.e. rivier* [**Tiberinum**].

ostrea, ae *f* (*Gr. leenw.*) oester.

ostreārius, a, um (*ostrea*) (*Plin. Mai.*) betrekking hebbend op oesters, oester- [**panis** *brood dat bij oesters gegeten werd*].

ostreātus, a, um (*ostrea*) (*Plaut.*) gestreept (als een oesterschaal); ▸ *quasi -um tergum ulceribus* *(door slagen).*

ostreōsus *en* **ostriōsus,** a, um *(ostrea) (poët.)* rijk aan oesters [**ora Hellespontia**].

ostreum, ī *n (pre- en postklass.) = ostrea.*

ostri-fer, fera, ferum *(ostreum en fero) (poët.)* rijk aan oesters.

ostrīnus, a, um *(ostrum) (poët.)* purperen [**tunica**].

ostriōsus *zie ostreosus.*

ostrum, ī *n (Gr. leenw.) (poët.)*

1. purper *(verfstof uit het vocht v.d. purperslak)*;

2. *(meton.)* purperen kledingstuk of sprei.

ōsūrus *part. fut. v. odi.*

ōsus, a, um *(odi) (niet-klass.)* hatend.

Othō, ōnis *m Rom. cogn.:*

1. L. Roscius ~, *volkstribuun in 67 v. Chr.; legde door een wet de census voor de ridders vast op 400.000 sestertiën en wees de ridders de eerste 14 rijen zitplaatsen in het amfitheater toe;*

2. M. Salvius ~, *Rom. keizer in het driekeizerjaar (69 n. Chr.); — adj.* **Othōniānus,** a, um.

Othrys, yos *m gebergte in Z.-Thessalië (N.-Griekenland).*

ōtior, ōtiārī *(otium)* vrij zijn, het ervan nemen, uitrusten.

ōtiōsitās, ātis *f (otiosus) (Laatl.)* vrije tijd, ledigheid.

ōtiōsus, a, um *(otium)*

1. vrij *van werk,* niet actief [**homines; miles; urbani** nietsnutten uit de stad]; *(v. niet-lev.)* vrij, zonder bezigheden doorgebracht [**tempus; dies; senectus; pecunia** ongebruikt]; ▸ *alci -um est (m. inf.)* het dient iem. tot tijdverdrijf; *in foro -e ambulare;*

2. vrij van ambtsverplichtingen, zonder publieke functie;

3. zich wijdend aan studie;

4. rustig, vreedzaam; ▸ *annus ab hoste* ~ niet verstoord; *alqm -um reddere* iem. tot rust brengen; *— subst.* **ōtiōsī,** ōrum *m* vredelievende burgers;

5. zorgeloos, onbezorgd, kalm; ▸ *animo -o esse;*

6. *(pol.)* neutraal; *— subst.* **ōtiōsī,** ōrum *m* zij die zich neutraal opstellen;

7. *(postklass.) (v. redenaars en v. stijl)* wijdlopig;

8. *(postklass.)* overtollig, nutteloos [**quaestio**].

ōtium, ī *n*

1. vrije tijd, rust, het vrij zijn *van werk (itt. negotium)* [**urbanum** ongebonden stadsleven]; ▸ *se in -um conferre* zich uit het openbare leven terugtrekken; *-o frui; -um habere ad alqd; -um in historia scribenda consumere;*

2. het nietsdoen, luie leven; ▸ *in -o languescere; -um sequi* een lui leventje nastreven;

3. literaire activiteit, wetenschapsbeoefening, studie; ▸ *abundare -o studioque;*

4. *(Ov.) (meton.) plur. otia nostra* vruchten v. mijn vrije tijd;

5. politieke rust, vrede; ▸ *in -o esse, vivere; per -um* ongestoord, in vredestijd; *ab hoste ~ est* van de kant v.d. vijand is er rust; *~ ab urbanis seditionibus; rem ad -um deducere* in der minne schikken; *diuturnitas pacis -um confirmavit;*

6. *(Hor.)* windstilte.

ovātiō, ōnis *f (ovo) (postklass.)* kleine zegetocht.

ovicula, ae *f (demin. v. ovis)* schaapje; *(eccl.)* gelovige.

Ovidius, a, um *naam v.e. Rom. gens:* P. ~ Naso, *dichter v.d. Metamorphoses, Amores, Fasti, Tristia, Heroides e.a.; geb. in 43 v. Chr. in Sulmo, gest. in ballingschap in Tomi aan de Zwarte Zee in 17 n. Chr.*

ovīle, is *n (ovis)*

1. schaapskooi, *ook* geitenstal;

2. *afgebakende plaats op het Marsveld gebruikt voor volksstemmingen;*

3. *(eccl.)* de gelovigen; kerk.

ovillus, a, um *(ovis)* schaaps- [**grex**].

ovis, is *f*

1. schaap; ooi;

2. *(poët.) (meton.) o.a.* wol;

3. *(metaf.) (v. mensen)* (a) *(Plaut.)* domkop; (b) *(eccl.)* gelovige.

ovō, ovāre

1. jubelen, juichen *(over: abl.)* [**victoriā; spoliis exercituum**];

2. een (kleine) zegetocht houden.

ōvum, ī *n*

1. ei; ▸ *ab ovo usque ad mala* van het voorgerecht (ei) tot aan het dessert (appels) = gedurende de gehele maaltijd;

2. ~ *geminum* tweelingei *v. Leda (waaruit volgens de overlevering de tweelingbroers Castor en Pollux geboren zijn);* ▸ *(v. Pollux) ovo prognatus eodem;*

3. *septem ova: zeven eivormige figuren in de circus, met behulp waarvan de omlopen v.d. wagens geteld werden door telkens één ei van de houder af te nemen.*

Oxus, ī *m rivier in Azië, nu de* Amu-Darja, *uitstromend in het huidige Aralmeer.*

oxygarum, ī *n (Gr. leenw.) (postklass.)* zure vissaus.

oxymeli, itis *n (Gr. leenw.) (med.)* zure honingdrank.

oxyporum, ī *n* *(Gr. leenw.)* *(med.)* *middel dat de spijsvertering bevordert.*

ozaena, ae *f* *(Gr. leenw.)*

1. *(med.)* poliep, uitwas *(in de neus)*;

2. (Plin. Mai.) zeepoliep.

P

P. *(afk.)*
1. = *Publius (voornaam);*
2. **P. C.** = *patres conscripti;*
3. **P. M.** = *pontifex maximus;*
4. **P. R.** = *populus Romanus.*

pābulāris, e *(pabulum)* als voer gebruikt, voeder-.

pābulātiō, ōnis *f (pabulor) (milit. t.t.)* het halen van voer *of* voedsel, foerageren.

pābulātor, ōris *m (pabulor) (milit. t.t.)* iem. die voer, voedsel haalt, foerageur.

pābulor, pābulārī *(pabulum)*
1. voedsel zoeken, grazen;
2. *(milit. t.t.)* voer, voedsel halen, foerageren;
3. voedsel geven, mesten *(m. acc.).*

pābulum, ī *n (pasco)*
1. voer, voedsel, *poët. meestal plur., ihb.* gras, kruiden [**caelestia** ambrozijn; **mala** toverkruiden]; ▸ *-um supportare, comparare, consumere; -a carpit ovis;*
2. *(milit. t.t.)* foerage; ▸ *-um convehere;*
3. *(metaf.)* voedsel [**doctrinae; morbo**].

pācālis, e *(pax[1]) (Ov.)* vrede(s)- [**olea; laurus; flammae** *op het altaar v.d. godin v.d. vrede*].

pācātor, ōris *m (paco) (Sen.)* vredestichter, brenger van vrede; ▸ *ille victor pacatorque gentium populus.*

pācātum, ī *n (pacatus)* bevriend *of* onderworpen land.

pācātus, a, um *(p. adj. v. paco)* tot vrede gebracht, vreedzaam, rustig, kalm *(jegens: dat.)* [**civitas; provincia; coloni; mare; vultus**].

Pachȳnus, ī *f en* **-um,** ī *n voorgebergte op de Z.-punt v. Sicilië, nu* Capo Passero.

pāci-fer, fera, ferum *(pax[1] en fero) (poët.; postklass.)* vrede brengend [**oliva; laurus; sermo**].

pācificātiō, ōnis *f (pacifico)* het stichten van vrede, verzoening.

pācificātor, ōris *m (pacifico)* vredestichter.

pācificātōrius, a, um *(pacificator)* vrede tot stand brengend, vrede(s)- [**legatio**].

pāci-ficor, ficārī *en* **-ficō,** ficāre *(pax[1] en facio)*
I. *intr.* vrede sluiten; vrede tot stand brengen; ▸ *Iugurthā pacificante; legati venerunt pacificatum;*
II. *tr.* kalmeren, verzoenen [**caelestes**].

pāci-ficus, a, um *(pax[1] en facio)*
1. vrede stichtend;
2. vreedzaam, vredelievend.

pacīscor, pacīscī, pactus sum *(paco)*
I. *intr.* een verdrag sluiten, het eens worden, overeenstemming bereiken, een afspraak maken *(m. de; ut, ne; ook m. inf.)* [**de mercedibus**];
II. *tr.*
1. vaststellen, afspreken [**pecuniam cum alqo; rem; argentum; pacem cum deditis**]; voor zich bedingen *(ook m. sibi; m. ut, ne)* [**vitam a Iugurtha**];
2. *(m. inf.)* zich verplichten [**stipendium dare**];
3. *(v.e. man)* zich verloven met *(m. acc.)* [**puellam**];
4. *(poët.)* ruilen, overhebben voor [**vitam pro laude**], inruilen [**letum pro laude**];
/ *p.p. vaak pass.* (a) **pactus,** a, um overeengekomen, bedongen, door een regeling beloofd [**pretium; praemium; dies; indutiae; foedus**]; *abl. abs.* **pactō** *(m. ut)* volgens de getroffen regeling; (b) **pacta,** ae *(f)* verloofd *(met: dat.);* ▸ *pactae coniugis (Verg.); subst.* **pacta,** ae *f (poët.)* verloofde, bruid.

pācō, pācāre *(pax[1])*
1. vreedzaam maken, tot bedaren brengen [**mare;** *metaf.* **dolorem**];
2. onderwerpen [**Galliam**];
3. *(poët.) (metaf.)* ontginnen [**silvas incultas vomere**].

Pacorus, ī *m naam v. drie Parthische koningen; het bekendst is de zoon v. Orodes, die in 40 v. Chr. Syrië veroverde en in 38 v. Chr. door Ventidius overwonnen werd.*

pacta *zie* paciscor.

pactiō, ōnis *f (paciscor)*
1. overeenkomst, verdrag, regeling, afspraak [**verborum; praemiorum; provinciae**]; ▸ *pactionem facere cum alqo (over: de; m. ut); sine ulla -e* zonder enig beding;
2. vredesvoorwaarde; ▸ *arma per pactionem tradere* capituleren, zich overgeven;
3. contract: (a) *tussen pachters v.h. land v.d. staat en bewoners v.d. provincies:* ▸ *pactiones conficere;* (b) huwelijkscontract; (c) schikking *in een proces;*
4. geheime overeenkomst; ▸ *pactionis suspicio; spe pactionis.*

Pactōlus *en* **-os,** ī *m (acc. -on) rivier in Lydië die* *gouddeeltjes bevat en langs Sardes stroomt, nu de* Sart Çayı; — *adj.* **Pactōlis,** idis *(f)* [**nymphae**].

pactor, ōris *m (paciscor)* onderhandelaar, bemiddelaar [**societatis**].

pactum, ī *n (paciscor)*
1. overeenkomst, verdrag, regeling; ▸ *ex -o* zoals overeengekomen; *-o stare* aan het verdrag vasthouden; *manere in -o;*
2. *(alleen abl. sg.)* wijze, manier; ▸ *nullo -o* helemaal niet; *eodem, alio, isto -o.*

pactus[1] *p.p. v. paciscor.*

pāctus[2] *ppp. v. pango.*

Pactyē, ēs *f stad aan de Propontis in Thracië waar Alcibiades zich in 407 v. Chr. terugtrok.*

Pācuvius, ī *m* M. ~, *Rom. tragediedichter uit Brundisium (ca. 220—130 v. Chr.), neef v. Ennius;* — *adj.* **Pācuviānus,** a, um.

Padus, ī *m belangrijkste rivier in N.-Italië en grootste rivier v. Italië, nu* de Po; — *adj.* **Padānus,** a, um.

Padūsa, ae *f meest zuidelijke monding v.d. Po.*

paeān, ānis *m (Paean)* paean:
1. hymne *ter ere v.e. godheid, ihb.* lofzang *of* smeekbede aan Apollo, *alg.* jubelzang, overwinningslied, lofzang;
2. *versvoet van drie korte en één lange lettergreep.*

Paeān, ānis *m* Oudgriekse god v.d. geneeskunst, *later bijnaam v. Apollo (ook v. Aesculapius) als redder bij ziekten en rampen en als arts.*

paeda, ae *f (Mart.)* (korte) mantel.

paedagōgium, ī *n (Gr. leenw.) (postklass.)*
1. trainingsinstituut, *vooral voor slavenjongens;*
2. *(meton.)* slavenjongens *(in opleiding)*, pages.

paedagōgus, ī *m (Gr. leenw.)*
1. begeleider, mentor, *slaaf die de zonen v. zijn meester naar school bracht, van school afhaalde en thuis toezicht op hen hield;*
2. *(postklass.) (metaf.)* opvoeder.

paedīcātor, ōris *m (paedico*[1]*)* homo(seksueel), flikker, pederast.

paedīcō[1], paedīcāre *(Gr. leenw.) (poët.) (abs.)* ontucht plegen met jongens, *(m. acc.)* een jongen neuken.

paedīcō[2], ōnis *m = paedicator.*

paedor, ōris *m*
1. vuil(igheid);
2. *(August.)* stank.

paegniārius, a, um *(Gr. leenw.) (Suet.)* voor de schijn vechtend.

paelex, icis *(Gr. leenw.)*
1. *f* maîtresse, minnares, concubine [**Oebalia** = Helena; **Tyria** = Europa; **barbara** = Medea]; rivale [**sororis; matris**];
2. *m* schandknaap.

paelicātus, ūs *m (paelex)* positie *of* rol van maîtresse *of* minnares.

Paelignī, orum *m volksstam in Midden-Italië;* — *adj.* **Paelīgnus,** a, um.

Paemānī, ōrum *m Belgische volksstam in de buurt v.h. huidige Luik.*

paene *adv.* bijna, haast, zo goed als, om zo te zeggen; ▸ *paene dicam* ik zou bijna zeggen; *ihb. m. indic. pf.: paene periit* bijna was hij omgekomen; *periculis paene oppressa est res publica; m. adj. en adv.: paene orbus; paene simul cum patre triumphavit;* — *superl.* **paenissimē** op een haar na.

paen-īnsula, ae *f (ook gesplitst* paene insula*)* schiereiland.

paenissimē *zie paene.*

paenitentia, ae *f (paeniteo)* berouw, spijt *(over, van: gen.).*

paeniteō, paenitēre, paenituī, —
I. *(persoonl.)* ontevreden stemmen, maken, berouwen, spijten; ▸ *haec condicio me non paenitet (Plaut.); nihil paenitet (Cic.); paenitendus* verwerpelijk; *haud paenitendus* prijzenswaardig; *id paenitendum est; (m. gen.) paenitens consilii;*
II. *(onpers.) paenitet (m. acc.)* het spijt, ergert iem., iem. heeft berouw over, is ontevreden met, ergert zich aan *(m. gen.; m. inf.; m. quod; afh. vr.);* ▸ *populum iudicii paenitebat; me paenitet consilii; me meorum factorum numquam paenitebit; zonder acc. v. persoon: aetatis maxime paenitebat* zijn jeugd beviel het minst; — *alqm non paenitet (vaak)* = iem. is niet afwijzend, het bevalt iem., iem. is tevreden.

paenitūdō, inis *f (paeniteo) (Laatl.)* berouw, spijt.

paenula, ae *f (Gr. leenw.)*
1. regenmantel met kap, reismantel; ▸ *sprw.: scindere alci -am* iems. paenula stukscheuren = een gast dringend verzoeken te blijven;
2. deksel *(als onderdeel v.e. waterpomp).*

paenulātus, a, um *(paenula)* in een reismantel (gekleed), in een paenula.

paen-ultimus, a, um *(paene)* voorlaatste [**syllaba**].

paenūria, ae *f = penuria.*

paeōn, ōnis *m = paean.*

Paeōn, ōnis *m = Paean;* — *adj.* **Paeōnius,** a, um *(poët.)* (a) van Apollo; (b) van artsen [**mos**]; geneeskrachtig [**herbae**].

Paeones, um *m* de Paeones, *volksstam in N.-Ma-*

cedonië; — **Paeonis,** idis *f* Paeonische; — *adj.* **Paeonius,** a, um; — *landstreek*: **Paeonia,** ae *f.*

paeōnia, ae *f* (*Gr. leenw.*) (*Plin. Mai.*) pioenroos.

paeōnicus, a, um (*paean*) van *of* typisch voor de (versvoet) paean.

Paestum, ī *n stad in Lucania aan de Golf van Salerno, nu Pesto*; — *inw. en adj.* **Paestānus,** ī *m resp.* a, um.

paetulus, a, um (*demin. van paetus*) een beetje loens, een beetje scheel.

paetus, a, um loens, loensend; tersluiks kijkend (*epith. v. Venus*).

pāgānica, ae *f* (*paganicus*; *vul aan*: *pila*[2]) (*Mart.*) *met veren gevulde bal.*

pāgānicus, a, um (*paganus*)

1. (*preklass.*) bij een dorp horend, landelijk;

2. (*eccl.*) heidens.

pāgānitās, ātis *f* (*paganus*) (*eccl.*) heidendom.

pāgānus (*pagus*)

I. *adj.* a, um

1. (*poët.*; *postklass.*) dorps, landelijk, land- [**focus; lex**];

2. (*Plin. Min.*) burgerlijk;

3. (*eccl.*) heidens;

II. *subst.* ī *m*

1. dorpsbewoner, boer;

2. (*postklass.*) burger(mannetje);

3. (*eccl.*) heiden.

Pagasae, ārum *en* **Pagasē,** ēs *f stad aan de kust in Thessalië; in de mythologie bouwplaats v.d. Argo*; — *adj.* **Pagasaeus, Pagasēius** *en* **Pagasicus,** a, um [**puppis, carina** = de Argo; **coniunx** = Alcestis]; *subst.* **Pagasaeus** *of* **Pagasēus,** ī *m* = Jason.

pāgātim *adv.* (*pagus*) per dorp, per district.

pāgella, ae *f* (*demin. v. pagina*) blaadje, bladzijde.

pāgina, ae *f*

1. blad (papier), bladzijde, kolom;

2. *iets in de vorm v.e. pagina, o.a.*: deurvleugel, vlak v.e. wijngaard;

3. (*Juv.*) ~ *honorum* (bronzen) plaat op het *voetstuk v. standbeelden; hierop werden de titels, beklede ereambten en verdiensten vermeld*;

4. (*meton.*) (a) (*Mart.*) het geschrevene, geschrift; (b) (*Mel.*) oorkonde; (c) (*Mel.*) ~ *sancta* de Heilige Schrift.

pāginula, ae *f* (*demin.*) = *pagina.*

pagō = *pango.*

pāgus, ī *m*

1. district, gouw, kanton; ▸ *unum pagum adoriri; omnis civitas Helvetia in quattuor -os divisa est* (*Caes.*); — *meton.* de bewoners v.e. district;

2. dorp; ▸ *pagi foraque*; — *meton.* de dorpsbewoners, landvolk: ~ *agat festum.*

pāla, ae *f*

1. spade, schop;

2. *kas van een edelsteen in een ring.*

Palaemōn, onis *m*

1. *de in een zeegod veranderde Melicertes, zoon v. Leucothea* (*Ino*), *later gelijkgesteld met de Rom. Portunus*;

2. Remmius ~, *vrijgelatene uit Vicetia in N.-Italië; grammaticus ttv. Tiberius en Claudius, leraar v. Persius en Quintilianus.*

Palae-pharsālus, ī *f* Oud-Pharsalus, *stad in Thessalië in de buurt v. Pharsalus.*

Palae-polis, is *f eig.* 'oude stad', *het oude(re) deel v. Neapolis* ('*nieuwe stad*'); — *inw.* **Palaepolītānī,** ōrum *m.*

Palaestē, ēs *f havenstad in Epirus in N.-Griekenland, nu* Palassë (*in Albanië*); — *adj.* **Palaestīnus,** a, um [**deae** = de Furiën].

Palaestīna, ae *en* **-ē,** ēs *f* Palestina, *vanaf 136 n. Chr. naam voor de provincie Judaea*; — *adj.* **Palaestīnus,** a, um [**aqua** *van de Eufraat*]; — *inw.* **Palaestīnī,** ōrum *m ook alg.* Syriërs.

palaestra, ae *f* (*Gr. leenw.*)

1. worstelschool, worstelplaats; ▸ *in -a atque in foro; in -am venire*;

2. (*meton.*) worstelkunst; ▸ *-am discere*;

3. (*metaf.*) school, *ihb.* in de retorica;

4. oefening, vorming, kunst, *ihb.* oefening in het spreken, spreekvaardigheid;

5. kunststuk;

6. (*kom.*) (*scherts.*) bordeel.

palaestrica, ae *f* (*palaestricus*) kunst van het worstelen.

palaestricus, a, um (*Gr. leenw.*)

1. bij de worstelschool horend, in de worstelschool gebruikelijk [**exercitus; magister** leraar in de worstelkunst; **motūs** aangeleerde bewegingen];

2. de worstelschool toegedaan [**praetor** *ironisch over Verres, die ten gunste v.e. worstelschool handelde*]; — *subst.* ī *m* trainer in het worstelen.

palaestrīta, ae *m* (*Gr. leenw.*) betrokkene bij een worstelschool; worstelaar.

palam

I. *adv.*

1. openbaar, voor ieders ogen; ▸ ~ *ante oculos omnium*;

2. (*metaf.*) (a) open, ronduit, onverholen; ▸ ~ *dicere; mortem* ~ *praedicare*; (b) publiek, bekend; ▸ *testamentum* ~ *facere* bekendmaken;

~ *fieri* (*m. aci.*) bekend worden;
II. prep. *m. abl.* voor, in tegenwoordigheid van [**populo; senatu; omnibus**].

Palamēdēs, is *m zoon v. Nauplius, de koning v. Euboea.*

pālāris, e (*palus*[1]) bestaand uit stokken, palen; met houten zwaarden.

pālātiō, ōnis *f* het plaatsen van stokken, palen.

Palātium, ī *n*
1. de Palatijn, *heuvel in Rome, waarop de oudste nederzetting en later de keizerlijke paleizen lagen;* — *adj.* **Palātīnus,** a, um Palatijns [**collis; gens** = de Romeinen];
2. (*poët.*) (*meton.*) paleis; ▸ *-a fulgent;* — *adj.* **Palātīnus,** a, um (a) keizerlijk [**laurus; domus**]; (b) (*Mel.*) bij het keizerlijk paleis horend, vorstelijk, koninklijk, hof- [**comes** paltsgraaf].

palātum, ī *n en* **palātus,** ī *m*
1. gehemelte [**subtile**];
2. (*metaf.*) welving [**caeli**].

palē, ēs *f* (*Gr. leenw.*) worsteling.

palea, ae *f*
1. kaf (*ook plur.*); ▸ *-arum navis* een scheepslading kaf;
2. schil, omhulsel;
3. (*plur.*) lellen *van een haan.*

palear, āris *n* (*poët.; postklass.*) (*meestal plur.*) wam, halskwabbe (*huidplooien die vanaf de hals v.e. rund naar beneden hangen*).

paleātus, a, um (*palea*) (*postklass.*) gemengd met kaf.

Palēs, is *f* Oudital. *godin v.d. weiden en beschermster v.d. kuddes;* — *adj.* **Palīlis,** e aan Pales gewijd.

Palīcī, ōrum *m* (*zelden sg.*) *tweelingbroers, zonen v. Jupiter, aan een meer (nu Lago dei Palici) bij de stad Palica op Sicilië vereerd.*

Palīlia *en* **Parīlia,** ium *n* (*Pales*) de Paliliën, *feest v. Rom. herders op 21 april, de stichtingsdag v. Rome.*

Palīlis zie Pales.

palimpsēstus, ī *m* (*Gr. leenw., eig.* 'opnieuw afgekrabd') palimpsest, *perkament dat na het afkrabben v.d. oude tekst opnieuw is beschreven.*

palinōdia, ae *f* (*Gr. leenw.*) (*Laatl.*) herhaling, refrein.

Palinūrus, ī *m stuurman v. Aeneas, die aan het roer in slaap viel, bij de kust v. Lucanië in zee viel en verdronk; naar hem werd het voorgebergte aan de W.-kust v. Lucanië genoemd.*

pālitor, pālitārī (*frequ. v. palor*) (*Plaut.*) ronddwalen.

paliūrus, ī *m en f* (*Gr. leenw.*) (*poët.; postklass.*) (*botan.*) christusdoorn.

palla, ae *f*
1. lang overkleed *dat aan de voorkant open is,* mantel *van Rom. vrouwen en acteurs v.e. tragedie;*
2. (*Sen.*) gordijn.

pallaca, ae *f* (*Gr. leenw.*) (*postklass.*) minnares, concubine.

Pallas[1]**,** adis *en* ados *f* (*poët.*)
1. *bijnaam v.* Athene (Minerva); ▸ *Palladis arbor* = olijfboom; *Palladis ars* = het spinnen en weven; *Palladis ales* = uil; *Palladis ignes* = vuren in de Vestatempel (*omdat het Palladium in de Vestatempel stond*);
2. (*meton.*) (a) olijfboom [**bacifera**]; (b) (olij-f)olie; (c) kunstvaardigheid; (d) beeld v. Pallas, Palladium; (e) tempel v. Pallas;
/ *adj.* **Palladius,** a, um van Pallas, aan Pallas gewijd [**ramus** olijftak; **corona** van olijftwijgen; **silva** olijvenbos; **latices** (olijf)olie; **arces** *de stad Athene;* **ratis** *het schip de Argo*]; / *subst.* **Palladium,** ī *n het uit de hemel gevallen beeld v. Pallas Athene in Troje, dat de veiligheid v.d. stad zou garanderen; na de roof hiervan door Odysseus en Diomedes zou het later door Aeneas naar Rome gebracht en in de Vestatempel opgesteld zijn.*

Pallās[2]**,** antis *m*
1. *voorvader v. Euander;* — *adj.* **Pallantius** *en* **Pallantēus,** a, um [**heros** = Euander]; — *subst.* **Pallantēum,** ī *n* (a) *stad in Arcadië, genoemd naar Pallas, de voorvader v. Euander;* (b) *stad op de plaats v.h. latere Rome, door Euander gesticht;* — *inw.* **Pallantēs,** ium *m;*
2. *zoon v. Euander.*

Pallēnē, ēs *f westelijkste v.d. drie schiereilanden v. Chalcidice, nu Kassandra;* — *adj.* **Pallēnaeus,** a, um *en* **Pallēnēnsis,** e.

pallēns, *gen.* entis (*p. adj. v. palleo*) (*poët.; postklass.*)
1. bleek, vaal, kleurloos (*ihb. v. wat zich in de onderwereld bevindt*) [**animae; undae**]; ▸ ~ *terrore;*
2. geelachtig, geelgroen, groenachtig [**herbae; olivae; violae** violieren];
3. bleek makend [**morbus; fama** verontrustend; **curae**].

palleō, pallēre, palluī, —
1. bleek, vaal, kleurloos zijn; ▸ *metu* ~;
2. (*poët.*) geelachtig, groenachtig zijn; ▸ *saxum palluit auro;*
3. (*poët.*) zijn natuurlijke kleur verliezen, verbleken; ▸ *ne vitio caeli palleat aegra seges* (*Ov.*);
4. (*poët.; postklass.*) ziek zijn [**argenti amore**]; ▸ *corpora ignaviā pallentia* van het nietsdoen;

5. (*poët.*) (*metaf.*) bang, bezorgd, ongerust zijn (*voor, om, over iets: acc.; voor, om, over iem.: dat.*) [**pontum; pueris; ad omnia fulgura**].

pallēscō, pallēscere, palluī, — (*incoh. v. palleo*) (*poët.; postklass.*)
1. verbleken, bleek worden [**curis**]; ▸ *in femina ~* door de liefde voor een vrouw verbleken = hevig verliefd zijn;
2. geelachtig worden; ▸ *pallescunt frondes;*
3. (*metaf.*) bang worden; bang, bezorgd zijn; ▸ *omnes futurā morte pallescunt* (*August.*).

palliastrum, ī *n* (*pallium*) (*Apul.*) armzalige mantel.

palliātus, a, um (*pallium*) in een (Griekse) mantel (gekleed).

pallidulus, a, um (*demin. v. pallidus*) tamelijk bleek.

pallidus, a, um (*palleo*) (*poët.; postklass.*)
1. bleek, vaal (*ihb. v. wat zich in de onderwereld bevindt*) [**Ditis regna; turba; stellae**]; ▸ *~ in alqa* bleek van liefde voor = dodelijk verliefd op;
2. bleek makend [**mors; cura**];
3. geel, groenachtig; ▸ *hospes inauratā pallidior statuā* (*Catull.*);
4. verkleurd [**vinum; mitra; os**].

palliō, palliāre (*pallium*) (*Laatl.*) bedekken, verbergen; *metaf.* vergoelijken.

palliolātim *adv.* (*palliolum*) (*kom.*) met een manteltje; ▸ *~ saltare.*

palliolātus, a, um (*palliolum*) (*postklass.*) gekleed in een pallium.

palliolum, ī *n* (*demin. v. pallium*)
1. (*Plaut.*) Grieks manteltje;
2. (*poët.; postklass.*) kap, capuchon.

pallium, ī *n*
1. (Griekse) mantel, ruim overkleed; ▸ *sprw.: tunica propior -o* (*Plaut.*) het hemd is nader dan de rok; *a toga ad -um* (*in de betekenis: verlies van rang*); *-um in collum conicere;*
2. (*poët.; postklass.*) omhulsel, bedekking; sprei;
3. (*Mel.*) (**a**) *mantel die tijdens de kroning gedragen wordt;* (**b**) *schouderband v.h. ornaat v.d. paus en aartsbisschop.*

pallor, ōris *m* (*palleo*)
1. bleekheid [**gelidus**]; ▸ *~ ora occupat;*
2. (*poët.*) geelachtige kleur; ▸ *pallorem ducunt rami* (*Ov.*) worden geel;
3. (*meton.*) angst, vrees; — *personif.* **Pallor** *god v.d. angst.*

palluī *pf. v. palleo en pallesco.*

pallula, ae *f* (*demin. v. palla*) (*Plaut.*) manteltje.

palma[1]**,** ae *f*
1. (vlakke) hand; ▸ *passis -is; primae -ae* vingertoppen; *alqm -ā concutere;*
2. (*poët.*) roeiriem;
3. palm(boom) [**viridis**]; ▸ *stirpes -arum;*
4. (*poët.; postklass.*) vrucht v.d. palm, dadel [**rugosae**];
5. (**a**) palmtak [**lutulenta** bezem]; *ihb.* zegepalm, prijs voor de overwinning [**Olympiaca**]; ▸ *-am dare, accipere;*
6. (*meton.*) (**a**) voorkeur; zege; roem; ▸ *praemia -ae* voor de overwinning; (**b**) (*Verg.*) kandidaat voor de overwinning, overwinnaar; ▸ *subit tertia ~ Diores* (*Verg.*) als derde volgt Diores;
7. loot, buitenste tak;
8. vruchtdragende wijnrank.

palma[2]**,** ae *f* = *parma.*

palmāris, e (*palma*[1])
1. met de breedte v.e. handpalm [**spatium**];
2. de eerste prijs, prijs v.d. overwinning waardig, voortreffelijk [**statua; dea** godin v.d. overwinning *die een palmtak draagt*].

palmārium, ī *n* (*palma*[1]) (*Ter.*)
1. meesterstuk; hoofdwerk;
2. (*jur.*) *aanduiding v.e. advocatenhonorarium.*

palmātus, a, um (*palma*[1]) met palmtakmotief geborduurd [**toga; vestis**].

palmes, itis *m* (*palma*[1]) (*poët.*) tak [**arboris**]; loot v.e. wijnstok; wijnstok.

palmētum, ī *n* (*palma*[1]) (*poët.; postklass.*) palmbos.

palmeus, a, um (*palma*[1]) van de palmboom gemaakt [**vinum** palmwijn].

palmi-fer, fera, ferum (*palma*[1] *en fero*) (*poët.*) *en* **palmi-ger,** gera, gerum (*palma*[1] *en gero*) (*Plin. Mai.*) palmbomen dragend, rijk aan palmen [**Thebae**].

palmipedālis *en* **palmopedālis,** e (*palmipes*[1]) met de maat van een voet plus de breedte van een handpalm.

palmi-pēs[1] *en* **palmo-pēs,** pedis (*palma*[1]) (lengte) van een voet plus breedte van een handpalm.

palmi-pēs[2]**,** pedis (*palma*[1]) (*Plin. Mai.*) met zwempoten.

palmō, palmāre (*palma*[1]) met de palm van de hand besmeuren.

palmopedālis *zie palmipedalis.*

palmo-pēs *zie palmipes*[1]*.*

palmōsus, a, um (*palma*[1]) (*Verg.*) rijk aan palmen.

palmula, ae *f* (*demin. v. palma*[1])
1. vlakke hand, handpalm;

2. (*poët.*) roeiriem, riemblad;
3. palm; palmtak, palmblad;
4. (*meton.*) dadel.

Palmȳra, ae *f stad in Syrië, nu* Tudmur.

pālō[1]**,** pālāre (*palus*[1]) met palen stutten.

pālō[2]**,** pālāre (*pala*) (*Plin. Mai.*) omspitten.

pālor, pālārī
1. zich verspreiden, rondzwerven; ▸ *agmen palatur per agros; palantia sidera;*
2. (*metaf.*) zich vergissen, aarzelen; ▸ *animi palantes.*

palpābilis, e (*palpo*) (*eccl.*) aanraakbaar, tastbaar.

palpātiō, ōnis *f* (*palpo*)
1. het strelen, liefkozing;
2. (*Plaut.*) het vleien.

palpātor, ōris *m* (*palpo*) (*Plaut.*) vleier.

palpebra, ae *f* (*palpito*) ooglid; *plur.* wimpers.

palpitātiō, ōnis *f* (*palpito*) (*postklass.*) het trillen, knipperen [**oculorum; cordis** het kloppen].

palpitō, palpitāre (*intens. v. palpo*) snel bewegen, trillen, beven; ▸ *lingua palpitat; cor palpitat* klopt; *metaf.: animus palpitans.*

palpō, palpāre *en* **palpor,** palpārī
1. aaien, strelen;
2. vleien, liefkozen;
3. (*postklass.*) betasten, tasten naar (*m. acc.*).

palpum, ī *n en* **-us,** ī *m* (*palpo*) handpalm; *metaf.* het vleien, vleierij.

palūdāmentum, ī *n* (militaire) mantel, mantel v.e. soldaat *of* veldheer.

palūdātus, a, um in een (militaire) mantel gekleed [**lictores; duces**].

palūdōsus, a, um (*palus*[2]) (*Ov.*) moerassig [**Nilus**].

palumbēs *en* **palumbis,** is *m en f* houtduif; *metaf.* onnozele hals; ▸ *sprw.: palumbem alci ad aream adducere* iem. een mooie kans geven.

palumbīnus, a, um (*palumbes*) (*Plin. Mai.*) van houtduiven [**caro**].

palumbulus, ī *m* (*demin. v. palumbus*) (*Apul.*) duifje.

palumbus, ī *m* (*postklass.*) = *palumbes.*

pālus[1]**,** ī *m*
1. paal; ▸ *alqm ad -um alligare, deligare; -is vitem adiungere;*
2. (*metaf.*) pik, lul.

palūs[2]**,** ūdis *f*
1. moeras, poel, plas; meer; rivier [**nigra; alta**]; ▸ *~ erat non magna inter nostrum atque hostium exercitum (Caes.);*
2. (*Mart.*) meton. *riet in een moeras.*

palūster, tris, tre (*palus*[2])
1. moerassig, moeras- [**ager; loca; herbae; ulva**]; — *subst.* **palūstria,** ium *n* (*Plin. Mai.*) moerassige plaatsen, streek;
2. (*Hor.*) in het moeras levend, moeras- [**ranae**].

Pamphȳlia, ae *f landstreek in zuidelijk Kl.-Azië;* — *adj.* **Pamphȳlius,** a, um.

pampināceus, a, um (*pampinus*)
1. (*poët.; postklass.*) van wijngaardloof, rijk aan wijngaardloof [**corona; frondes** wijngaardloof; **autumnus; umbrae**];
2. (*poët.*) van de druif, van de wijn [**sucus**].

pampinārium, ī *n* (*pampinus*) wilde loot *van een wijnrank.*

pampinārius, a, um (*pampinus*) met (alleen maar) wilde loten.

pampinātiō, ōnis *f* (*pampino*) snoei van wijnranken.

pampinātor, ōris *m* (*pampino*) snoeier.

pampineus, a, um = *pampinaceus.*

pampinō, pampināre (*pampinus*) snoeien.

pampinōsus, a, um (*pampinus*) vol uitlopers.

pampinus, ī *m*
1. jonge loot *van de wijnstok;* ▸ *-os detergere;*
2. wijnrank, wijngaardloof.

Pān, Pānos *en* Pānis *m* (*acc.* Pāna) *Arcadische bos- en herdersgod, zoon v. Hermes (Mercurius), uitvinder v.d. panfluit; voorgesteld met bokkenpoten en hoorns;* — *plur.* **Pānes,** um *m op Pan lijkende bos- en veldgoden die samen met saters optreden.*

panaca, ae *f* (*Mart.*) drinkbeker.

panacēa, ae *f en* **panaces,** is *n* (*Gr. leenw.*) (*poët.; postklass.*) 'alles genezend kruid' (*verzonnen plant*); — *personif.* **Panacēa** *f dochter v. Aesculapius.*

Panaetius, ī *m stoïsch filosoof v. Rhodus (ca. 185—112 v. Chr.), leraar en vriend v. Scipio Minor.*

Panaetōli(c)us, a, um bij Aetolië horend, geheel Aetolië betreffend [**concilium**].

pānāriolum, ī *n* (*demin. v. panarium*) (*Mart.*) broodmandje.

pānārium, ī *n* (*panis*) (*pre- en postklass.*) broodmand.

Panathēnāicus, ī *m feestrede van de redenaar Isocrates op de Panathenaeën.*

panax, acis *m en f* = *panacea.*

Panchāia, ae *f myth. eiland in de Rode Zee of de Indische Oceaan;* — *adj.* **Panchaeus** *en* **Panchāius,** a, um; — *inw.* **Panchāius,** ī *m.*

panchrēstus, a, um *en* **-os,** on (*Gr. leenw.*) goed voor alles, nuttig voor alles.

pancratiastēs, ae *m* (*Gr. leenw.*) (*postklass.*) pancratiast, *dwz.* worstelaar en bokser.

pancraticē *adv. (pancration) (Plaut.)* op de manier van pancratiasten [**valere** kerngezond zijn].

pancration *en* **-ium,** ī *n (Gr. leenw.) (poët.; postklass.) wedstrijd in* pancratium *(dwz. worstelen en boksen).*

Pandātēria, ae *f klein eiland voor de kust v. Campanië (ten W. v. Cumae), nu* Ventotene.

pandectēs, ae *m (Gr. leenw.)* encyclopedie.

pandī *pf. v. pando*[1].

pandiculor, pandiculārī *(Plaut.)* zich *(bij het gapen)* uitrekken.

Pandīōn, onis *m derde myth. koning v. Athene, vader v. Procne en Philomela; — adj.* **Pandīonius,** a, um.

pandō[1], pandere, pandī, passum *(en* pānsum*)*

1. uitbreiden, uitstrekken, uitspreiden, (uit)spannen [**manūs; alas; pennas ad solem; aciem** vormen]; ▸ ~ *palmas ante delubrum dei; manibus passis* met uitgestrekte armen; *velis passis; crines passi, capillus passus* loshangend, wapperend; *— se ~ en pass. pandi* zich uitstrekken, zich uitbreiden: *planities panditur; metaf.: longe lateque se ~* grote(re) invloed krijgen;

2. openen, opendoen [**ianuam; limen; moenia urbis; guttura** opensperren; **aures** luisteren]; *— pass.* opengaan: *portae panduntur; via panditur* is vrij, open;

3. begaanbaar maken [**rupem ferro**], *(een weg)* banen, openen [**viam fugae, salutis, ad dominationem**];

4. *(metaf.)* openbaren, mededelen, bekendmaken [**requirenti nomen; oraculum; fata; primordia rerum**];

5. *(poët.)* drogen; ▸ *ficos ~; uva passa* gedroogde wijndruif, rozijn; *lac passum* kaas.

pandō[2], pandāre *(postklass.)* krommen, buigen; *— pass.* zich krommen.

Pandōra, ae *f de eerste vrouw, die Hephaestus op bevel van Zeus schiep; tegen het advies van Prometheus in nam zijn broer Epimetheus haar tot vrouw; zij bracht een gesloten doos mee waarin de goden alle rampen gestopt hadden; uit nieuwsgierigheid opende zij deze doos tegen het verbod in; rampen en plagen vlogen eruit en verspreidden zich over de hele wereld; alleen de hoop bleef achter in de doos.*

pandus, a, um *(pando*[2]*) (poët.)* gekromd, gebogen, gewelfd [**cornua; lances; carina; rami; asellus; homo** gebocheld].

pāne, is *n (arch.) = panis.*

Panēgyricus, ī *m (Gr. leenw.)* feestrede *van de redenaar Isocrates ter verheerlijking v. Athene, (later) alg.* feestrede, lofdicht *ter verheerlijking van keizers en andere personen.*

Pangaea, ōrum *n gebergte in Macedonië met belangrijke zilvermijnen; — adj.* **Pangaeus,** a, um.

pangō, pangere, pepigī *(zelden* pānxī *en* pēgī*),* pāctum

1. vastslaan, inslaan, bevestigen [**clavum; ancoram litoribus**]; (be)planten [**ramulum; colles** *met wijnstokken*];

2. vaststellen, bepalen, regelen [**fines provinciae**];

3. *(metaf.)* afspreken, bedingen, zich voorbehouden [**indutias; pacem, foedus cum alqo** sluiten]; *(m. ut; ne; conj.); — m. inf.* (plechtig) beloven [**fraudem ulcisci**]; ▸ *resumere libertatem occultis insidiis pepigerant (Tac.);*

4. *een huwelijkscontract* sluiten, verloven *(met: dat.)* [**se alci**]; ▸ *haec mihi se pepigit;*

5. maken, dichten [**poëmata**]; ▸ *facultas pangendi;*

6. *(Enn.)* bezingen [**facta patrum**].

Panhormus, ī *f = Panormus.*

Pānicī, ōrum *m (Plaut.)* Bakkers *(woordspeling met Punici).*

pānicium, ī *n = panicum.*

pānicula, ae *f (panus)* (riet- *of* gras)pluim.

pāniculus, ī *m (Plaut.)* bundel riet [**tectorius** op het dak].

pānicum, ī *n* gierst.

pāni-ficium, ī *n (panis en facio)*

1. *(preklass.)* het bakken van brood;

2. *(postklass.)* koek, gebak, *ihb. koek die aan de goden geofferd wordt.*

pānis, is *m*

1. brood [**militaris; rusticus**], een brood; ▸ *panem fingere, coquere;*

2. voedsel;

3. *iets in de vorm v. brood;*

4. *(eccl.) ~ angelicus* manna, Avondmaalsbrood.

Pāniscus, ī *m* kleine Pan.

panniculus, ī *m (demin. v. pannus) (postklass.)* stukje stof, lap, vod.

Pannonia, ae *f landstreek tussen Dacië, Noricum en Illyrië, vanaf het midden van de 1e eeuw n. Chr. tot het einde v.d. 4e eeuw een afzonderlijke Rom. provincie; — inw.* **Pannoniī,** ōrum *m; — adj.* **Pannoni(c)us,** a, um, *fem. ook* **Pannonis,** idis.

pannōsus, a, um *(pannus)*

1. in vodden gekleed, armoedig [**homines**];

2. *(postklass.)* slap, voddig, verwelkt [**mammae**].

pannūceus *en* **-cius,** a, um *(pannus) (postklass.)*

1. voddig [**vestis**];
2. rimpelig, gerimpeld [**mentula**].
pannulus, ī *m* (*demin. v. pannus*) (*postklass.*) (*meestal plur.*) lompen, vodden.
pannus, ī *m*
1. stuk stof, lap [**lineus**];
2. (*plur.*) armoedige kleding, vodden.
Panomphaeus, ī *m* (*Gr. leenw.*) *bijnaam v. Jupiter als god v.d. profetie.*
Panopē[1]**,** ēs *f stad in Phocis (Griekenland).*
Panopē[2]**,** ēs *en* **-pēa,** ae *f een zeenimf.*
Panormus, ī *f*
1. *stad op N.-Sicilië, nu* Palermo; — *adj. en inw.* **Panormitānus,** a, um *resp.* ī *m*;
2. *havenstad bij Ephesus.*
pānsa, ae *m* (*pando*[1]) iem. die platvoeten heeft; — *ook als Rom. cognomen.*
pānsum *zie pando*[1].
Pantagiēs *en* **Pantagiās,** ae *m kleine rivier aan de oostkust v. Sicilië, nu* de Porcaria.
pantex, icis *m* (*poët.*) pens; plur. darmen.
panthēra, ae *f* (*Gr. leenw.*) panter.
panthērīnus, a, um (*panthera*) (*pre- en postklass.*) van een panter; gevlekt (*als van een panter*) [**pellis**].
Panthēum, ī *n* het Pantheon, 'tempel voor alle goden', *meest volledig bewaard gebleven antieke bouwwerk v. Rome; in 25 v. Chr. door Agrippa gebouwd, onder Domitianus in 89 n. Chr. en nogmaals onder Hadrianus in 115—125 n. Chr. weer opgebouwd en in 608 onder paus Bonifatius IV als kerk ingericht.*
Pantolabus, ī *m* (*Gr. leenw. 'die alles neemt'*) (*Hor.*) *naam v.d. parasiet in persoon.*
pantomīma, ae *f* (*postklass.*) balletdanseres.
pantomīmicus, a, um (*pantomimus*) (*Sen.*) pantomimisch.
pantomīmus, ī *m* (*Gr. leenw.*) (*postklass.*)
1. pantomimespeler; balletdanser;
2. pantomime, pantomimisch stuk.
pantopōlium, ī *n* (*Gr. leenw.*) (*Plaut.*) warenhuis.
panus, ī *m* (*Gr. leenw.*)
1. *spoel met draad omwonden*;
2. *een soort gezwel*;
3. (bloem)steel.
pāpa, ae *en* ātis *m* (*eccl.*) bisschop (van Rome), paus; ▸ optime papa.
papae *interj.* (*poët.*) (*uitroep v. verbazing, verdriet of vreugde*) asjemenou!; verdorie!; hoera!
pāpās, ātis *m* (*Gr. leenw.*) (*Juv.*) opvoeder.
papāver, eris *n* (*en m*) (*niet-klass.*) papaver [**luteum**]; plur. papaverzaad, papaverbloemen, soorten papaver.
papāvereus, a, um (*papaver*) (*Ov.*) papaver-.
Paphlagonia, ae *f landstreek aan de noordkust v. Kl.-Azië*; — *inw.* **Paphlagō(n),** onis *m*; — *adj.* **Paphlagōnius,** a, um.
Paphus *en* **-os,** ī
1. *f stad op Cyprus met het beroemde heiligdom v. Aphrodite*; — *inw. en adj.* **Paphius,** ī *m resp.* a, um, ook *alg.* Cyprisch [**Venus; myrtus** aan Venus gewijd; **heros** = Pygmalion];
2. *m zoon v. Pygmalion, myth. stichter v. Paphus.*
pāpiliō, ōnis *m*
1. (*poët.; postklass.*) vlinder;
2. (*Laatl.*) tent.
papilla, ae *f* (*poët.; postklass.*)
1. tepel; borst;
2. *tepelvormige* uitwas.
Papīrius, a, um *naam v.e. Rom. gens*:
1. L. ~ Cursor, *veldheer in de oorlog tegen de Samnieten, was vijfmaal consul en tweemaal dictator*;
2. C. ~ Carbo, *volkstribuun in 131 v. Chr., consul in 120 v. Chr., aanhanger v. Ti. Gracchus*; — *adj.* **Papīri(ān)us,** a, um (*tribus*) *-a naam v.e. Rom. tribus.*
pāpista, ae *m* (*papa*) (*Mel.*) aanhanger v.d. paus.
Pāpius, a, um *naam v.e. Rom. gens*:
1. C. ~, *in 65 v. Chr. volkstribuun; nam het initiatief voor de lex Papia de peregrinis exterminandis*;
2. M. ~ Mutilus, *consul in 9 n. Chr.; nam met zijn ambtgenoot Poppaeus het initiatief voor de lex Papia Poppaea de maritandis ordinibus.*
pappō, pappāre (*pre- en postklass.*) schransen, eten.
pappus, ī *m* (*Gr. leenw.*)
1. zaadpluisje;
2. oude man.
papula, ae *f* (*poët.; postklass.*) puist(je), bult(je); ▸ *rubentes -as sanare.*
papȳri-fer, fera, ferum (*papyrus en fero*) papyrus(planten) voortbrengend [**Nilus**].
papȳrus, ī *m en f en* **-um,** ī *n* (*Gr. leenw.*) (*poët.; postklass.*) papyrusplant; *meton.* papyrus, papier.
pār, *gen.* paris
I. *adj.* (*adv.* pariter)
1. gelijk, (*m. ac; atque; et; pron. rel.*) gelijk, dezelfde . . . als: (a) (*in omvang, aantal enz. meetbaar*) gelijk, even groot [**spatium; intervallum; hora; turris**]; (b) (*in vorm*) gelijkvormig, uniform; gelijksoortig, lijkend, dergelijk [**mundus; res; arma**]; ▸ *pari modo,*

ratione op dezelfde wijze, evenzo; *par et aequalis, par et aequus* volkomen gelijk; (c) (*in hoogte*) even hoog, tegenoverliggend [**alae** op één lijn; **frons**]; (d) (*in kracht of belang*) even sterk, gelijkwaardig, opgewassen (*als, aan, tegen: dat.*) [**animus; consul; oratio; poena;** (*in: abl.*) **armis; eloquentiā**]; ▸ *alci parem esse* standhouden tegen iem., zich meten met iem.; *pari proelio discedere* na een onbeslist gevecht uiteengaan; (e) (*v. personen*) (*in kwaliteit of leeftijd*) vergelijkbaar, overeenkomstig (*met, in: abl.*) [**auctor; scelere; animo, fortunā, corpore**]; (f) (*v. abstracta*) gelijkwaardig, vergelijkbaar, met hetzelfde effect [**fortuna; officium; casus; clades**];

2. (*v. getallen*) even [**numerus**];

3. passend, billijk, redelijk; ▸ *par est* (*m. aci.*) het is gepast, redelijk dat;

II. *subst.*

1. *m en f* (a) de gelijke; ▸ *sprw.: pares cum paribus facillime congregantur* soort zoekt soort; (b) kameraad, makker, *ihb.* leeftijdgenoot [**opulentus** disgenoot]; (*Ov.*) echtgenoot, echtgenote; (c) tegenstander; ▸ *parem aspernari qui se offeret*;

2. *n sg. en plur.* (a) het gelijke; ▸ *par pari, pro pari referre, paria paribus respondere* met gelijke munt betalen; *par pari respondet* het één is evenveel waard als het ander; *paria facere* de rekening vereffenen; *paria pessimis audere* de slechtsten proberen te evenaren; *par impar ludere* even of oneven spelen; *sprw.: nisi paria non pugnant* voor een ruzie zijn er twee nodig; *m. gen.: paria horum* dezelfde gebeurtenissen als deze; (b) het paar [**consulum; nobile fratrum; gladiatorum; oculorum**]; paar, koppel (*ihb. v. vogels*) [**columbarum; aquilarum**].

parābilis, e (*paro*[1]) gemakkelijk te (ver)krijgen [**res; divitiae naturae**].

parabola, ae *en* **-ē,** ēs *f* (*Gr. leenw.*)

1. (*postklass.*) vergelijking;

2. (*eccl.*) gelijkenis, symbool;

3. (*eccl.*) spreekwoord;

4. (*eccl.*) betoog, woorden; ▸ *-am suam assumere.*

paracentēsis, is *f* (*Gr. leenw.*) (*med.*) het prikken, *o.a. als operatie om iem. grauwe staar te lichten.*

paraclētus, ī *m* (*Gr. leenw.*)

1. (*Laatl.*) iem. die bijstaat, raadsman, trooster (*m. gen.*);

2. (*eccl.*) Heilige Geest.

paradīgma, atis *n* (*Gr. leenw.*) (*Laatl.*) voorbeeld, model.

paradīsus, ī *m* (*Gr. leenw.*)

1. park;

2. (*eccl.*) paradijs;

3. (*eccl.*) woonplaats v.d. gelukzaligen, hemel.

paradoxa, ōrum *n* (*Gr. leenw.*) schijnbaar ongerijmde stellingen, paradoxen [**Stoicorum**]; ▸ ~ *quae sunt mirabilia contraque opinionem omnium* (*Cic.*).

Paraetacēnē, ēs *f bergstreek in Medië ten N. v. Persepolis, nu Luristan;* — *inw.* **Paraetacae,** ārum *m.*

Paraetonium, ī *n*

1. *N.-Afrikaanse havenstad ten W. v. Alexandrië, nu* Matrûh;

2. (*meton.*) *kalk uit Paraetonium.*

paralipomena, ōn *n plur.* (*Gr. leenw.*) (*eccl.*) deel v.h. Oude Testament; ▸ *liber -on.*

paralysis, is *en* eos *f* (*Gr. leenw.*) (*postklass.*)

1. verlamming;

2. beroerte.

paralyticus (*Gr. leenw.*) (*postklass.*)

I. *adj.* a, um verlamd;

II. *subst.* ī *m* verlamde.

paranymphus, ī *m* (*Gr. leenw.*) (*Laatl.*) bruidsjonker.

Parapamisus, ī *m = Paropamisus.*

paraphrasis, is *f* (*acc.* -im *en* -in; *abl.* -ī) (*Gr. leenw.*) (*postklass.*) omschrijving; ▸ *paraphrasi vertere.*

parārius, ī *m* (*paro*[1]) (*Sen.*) bemiddelaar, makelaar.

parascēuē, ēs *f* (*Gr. leenw.*) (*eccl.*) voorbereiding (voor de sabbat); (*Mel.*) *dies parasceues* Goede Vrijdag.

parasīta, ae *f* (*parasitus*) (*poët.; postklass.*) vrl. klaploper.

parasītaster, trī *m* (*parasitus*) (*Ter.*) ellendige klaploper.

parasītātiō, ōnis *f* (*parasitor*) (*Plaut.*) klaploperij.

parasīticus, a, um (*Gr. leenw.*) (*poët.; postklass.*) van het klaplopen [**ars**].

parasītor, parasītārī (*parasitus*) (*Plaut.*) klaplopen.

parasītus, ī *m* (*Gr. leenw.*)

1. klaploper;

2. (*postklass.*) tafelgenoot, gast; ▸ *-i Iovis.*

parastatica, ae *m of f* (*Gr. leenw.*) pilaster.

parastichis, idis *f* (*Gr. leenw.*) (*Suet.*) naamdicht, acrostichon.

parātiō, ōnis *f* (*paro*[1]) verwerving [**regni**].

paratragoedō, paratragoedāre (*Gr. leenw.*) (*Plaut.*) in tragedietaal, hoogdravend spreken.

parātūra, ae *f* (*paro*[1]) (*Laatl.*) voorbereiding, verwerving.

parātus[1], a, um *(p. adj. v. paro*[1]*)*
1. (voor)bereid, gereed, klaar, toegerust [**mors; domus; auxilium**] *(op, voor: ad; in m. acc.; dat.; inf.)*; ▸ *~ imperio; vel bello vel paci ~; in verba ~* om te spreken; *~ audire*;
2. goed voorbereid, goed toegerust, geoefend, geschoold, ervaren [**ad navigandum; ad dicendum; ad usum forensem; in omnes causas; in iure**]; ▸ *-e respondere; ad omnem eventum paratus sum (Cic.)*;
3. vastbesloten tot, voorbereid op, bereidwillig, geneigd tot *(m. ad; in m. acc.; zelden dat.; inf.; ut)* [**ad facinus; ad bellum gerendum; ad pericula subeunda; in novas res; in utrumque**]; ▸ *milites ad dimicandum -i; acies -a neci*;
4. strijd-, slagvaardig [**adversarii; legiones**];
5. (ge)makkelijk [**victoria; praeda**].

parātus[2], ūs *m (paro*[1]*)*
1. voorbereiding, organisatie, toebereidselen [**militum et armorum; triumphi; funebris** begrafenis];
2. onderneming;
3. het verworvene, uitrusting, *o.a.*: sieraden, tooi.

parazōnium, ī *n (Gr. leenw.) (Mart.)* kort zwaard, dolk.

Parca, ae *f* parce, schikgodin *(in de Romeinse mythologie beslisten de drie parcen (Decima of Decuma, Morta en Nona) bij de geboorte over het lot v.e. kind)*.

parce-prōmus, a, um *(parcus en promo) (Plaut.)* krenterig, gierig.

parci-loquium, ī *n (parcus en loquor) (Laatl.)* zwijgzaamheid.

parcimōnia, ae *f = parsimonia.*

parcitās, ātis *f (parcus) (postklass.)* zuinigheid, matigheid [**ciborum; animadversionum**].

parcō, parcere, pepercī *(zelden parsī)*, parsūrus *(de perfectumvormen v.h. passief worden door vormen v. temperare vervangen)*
1. (op)sparen, zuinig omgaan met *(m. dat.; acc.)* [**operae; viribus** zuinig zijn met, op; **sumptu(i); futuro** voor de toekomst; **pecuniam; talenta gnatis** voor de kinderen]; ▸ *sprw.: qui parcit virgae odit filium*;
2. nalaten, zich inhouden bij, zich hoeden voor *(m. dat.; zelden ab; inf.)* [**bello; auxilio** geen gebruik maken van; **metu(i)** niet bang zijn; **ab incendiis; procedere; defundere vinum**];
3. sparen, ontzien *(m. dat.)* [**sibi; subiectis; civibus victis**];
4. rekening houden met, in aanmerking nemen *(m. dat.)* [**alcis auribus**].

parcus, a, um *(parco)*
1. zuinig; karig, gierig [**pater;** *(met: gen.)* **donandi; pecuniae**]; ▸ *-e vivere; -ā manu offerre alqd*;
2. *(poët.; postklass.) (meton.)* sober, karig, krap, weinig [**tellus; victus; lucerna**]; ▸ *lintea -a vento dare* maar zelden; *-o sale contingere; -e laedere* maar licht; *-e gaudere*;
3. sober, matig, zich inhoudend, zich beperkend [**deorum cultor; aestimator beneficiorum;** *(in, mbt.: gen.; in m. abl.)* **cibi; honorum; sanguinis civium; in laudando; in largiendo**]; ▸ *-e dicere* zich terughoudend uiten;
4. sober, schaars *(met woorden)*; zwijgzaam; ▸ *Crassus erat elegantium parcissimus.*

pardalis, is *f (Gr. leenw.) (postklass.)* vrouwtjespanter.

pardus, ī *m (Gr. leenw.) (postklass.)* panter.

parēgorizō, parēgorizāre *(Gr. leenw.) (eccl.)* verzachten.

pārēns[1], *gen.* entis *(p. adj. v. pareo)* gehoorzaam; — *subst.* **pārentēs,** ium *m* onderdanen: *parentes vi regere.*

parēns[2], entis *m en f (pario*[2]*)*
1. vader, moeder, ouder, *plur.* **parentēs,** um *en (zelden)* ium *m* ouders; ▸ *parentes cum liberis; pietas in parentes*;
2. grootvader, stamvader, *plur.* voorvaderen; ▸ *more parentum*;
3. *(metaf.)* schepper, maker, grondlegger, stichter; *(v. niet-lev.)* bron, grondslag [**operum; litterarum; lyrae** *van Mercurius*]; ▸ *Socrates ~ philosophiae; earum rerum ~ est sapientia*;
4. moederland, -stad *van een kolonie.*

parentālia, ium *n (parentalis) officieel Rom. feest* voor de doden *(13—21 februari)*.

parentālis, e *(parens*[2]*) (poët.)*
1. ouderlijk, van de ouders [**umbrae**];
2. bij de dodenoffers voor de ouders *of* verwanten horend [**dies; mos**].

parentātiō, ōnis *f (parento) (Laatl.)* ceremonie v.d. dodenoffers.

parentēla, ae *f (parens*[2]*) (Laatl.)* verwantschap.

parenti-cīda, ae *m (parens*[2] *en caedo) (Plaut.)* moordenaar van zijn eigen vader, ouders *of* verwanten.

parentō, parentāre *(parens*[2]*)*
1. *(bij het graf v. ouders of verwanten)* een dodenoffer brengen; ▸ *hostiā maximā ~*;

2. *(metaf.)* genoegdoening geven, wreken *(m. dat.)* [**civibus; iniuriae suae; irae** bevredigen].

pāreō, pārēre, pāruī, (pāritūrus)

1. *(poët.; postklass.)* verschijnen, zich vertonen; ▸ *parebit signum filii hominis in caelo (Vulg.)*; — *onpers.* pāret het blijkt, het is duidelijk, het staat vast;

2. *(metaf.)* gehoorzamen, aandacht schenken aan *(m. dat.)* [**imperatori; legibus; religionibus; dicto**];

3. onderworpen zijn aan, dienen *(m. dat.)* [**Caesari; perpetuo imperio**]; ▸ *oppidum quod regi paret*;

4. toegeven aan, zich laten leiden door *(m. dat.)* [**irae; dolori; naturae; cupiditatibus; necessitati; promissis** zich houden aan, nakomen].

parergon, ī *n (Gr. leenw.) (postklass.)* bijzaak.

Pariānus *zie Parium.*

pāri-cīd- *oudere vorm voor parricid-.*

paries *en* **pariēs,** etis *m*

1. buiten- *of* binnenmuur, wand [**cubiculi; templi**]; ▸ *parietem ducere* optrekken; *parietem perfodere; intra parietes* binnen de vier muren; *trans parietem* naast de deur;

2. *(Cic.) (meton.)* huis;

3. *(pre- en postklass.) (metaf.)* scheidsmuur.

parietārius, a, um *(paries) (Laatl.)* muur-, wand-.

parietinae, ārum *f (paries)* bouwvallen, ruïnes [**villarum; Corinthi**]; ▸ *(metaf.) quid me ista res consolatur in tantis tenebris et quasi -is rei publicae? (Cic.).*

Parīlia *zie Palilia.*

parilis, e *(par)* gelijk(vormig), overeenkomstig; ▸ *parili nitore; parili aetate.*

parilitās, ātis *f (parilis) (postklass.)* gelijkheid [**virtutum; amoris**].

pariō[1], pariāre *(par) (Laatl.)* afrekenen, vereffenen, bijleggen.

pariō[2], parere, peperī, partum, (paritūrus)

1. baren [**sine doloribus**];

2. *(metaf.)* voortbrengen [**spiritum**]; ▸ *terra fruges parit; veritas odium parit;*

3. uitvinden, uitdenken [**verba nova**]; ▸ *quae ab oratore pariuntur;*

4. verwerven, behalen [**amicos; divitias; sibi decus; honores; libertatem; pacem; praedam; spolia; consulatum; alci somnum mero**]; ▸ *parta bona; male partae opes;*

5. (zich) op de hals halen; veroorzaken, verwekken [**odium; discidium; taedium; dolorem; suspicionem** wekken; **laetitiam; alci fiduciam** iem. inboezemen]; ▸ *letum sibi manu* ~ zelfmoord plegen.

Paris, idis *m (acc. -idem, -im en -in; abl. -ide en -ī; vocat. -i) zoon v.d. Trojaanse koning Priamus en Hecuba, schaakte Helena, werd in de Trojaanse oorlog door een giftige pijl van Philoctetes gedood.*

Parīsiī, ōrum *m volksstam aan de rivier de Seine rond Lutetia (het huidige Parijs).*

pariter *adv. (par)*

1. op gelijke wijze, op dezelfde wijze; ▸ ~ *volens; caritate non* ~ *omnes egemus;* — *m. ac, atque, que of et:* als; *cum alqo, alci:* als iem.; ~ *ac si, ut si* precies zoals wanneer;

2. tegelijkertijd, tegelijk, samen; ▸ ~ *nobiscum progredi;* ~ *cum occasu solis;* ~ *cum vita sensus amittitur; studia doctrinae* ~ *cum aetate crescunt;*

3. evenzeer, in dezelfde mate.

paritō, paritāre *(intens. v. paro*[1]*) (Plaut.)* voorbereiden; *(m. inf.; ut)* zich voornemen, van plan zijn; ▸ *quo nunc ire paritas?*

Parium, ī *n havenstad in Mysië aan de Hellespont,* nu Kemer; — *adj.***Pariānus,** a, um.

Parius *zie Paros.*

parma, ae *f*

1. (klein) rond schild *van de lichte infanterie en ruiterij; (poët.) alg.* schild; ▸ *-am ferre;*

2. *(Mart.) (meton.)* gladiator.

Parma, ae *f stad in N.-Italië;* — *inw. en adj.* **Parmēnsis,** is *m resp.* e.

parmātus *(parma)*

I. *adj.* a, um bewapend met een rond schild [**cohors**];

II. *subst.* ī m schilddrager.

Parmenidēs, is *m Gr. filosoof uit Elea, samen met Zeno de belangrijkste vertegenwoordiger v.d. eleatische filosofie (ca. 500 v. Chr.).*

Parmeniō(n), ōnis *m veldheer onder Philippus II v. Macedonië en vertrouweling v. Alexander de Grote.*

parmula, ae *f (demin. v. parma) (Hor.)* klein rond schild, schildje.

parmulārius, ī *m (parmula) (postklass.)* aanhanger v.d. gladiatoren die met de parma strijden.

Parnās(s)us, ī *m berg met verscheidene toppen in Phocis bij Delphi, gewijd aan Apollo, Dionysus en de muzen* [**biceps** *wegens de hoogste twee toppen*]; — *adj.* **Parnās(s)ius,** a, um *en fem.* **Parnāsis,** idis *ook* van Apollo, van Delphi.

parō[1], parāre

1. voorbereiden, gereedmaken, uitrusten [**ludos; naves; copias; fugam; incendia; alci**

necem iem. naar het leven staan; **orationem; convivium; bellum; dolum** aanzetten tot; *(tegen iem.: dat.)* **insidias alci**]; — *alqd contra alqm* iets tegen iem. ondernemen; *(zelden) se (m. ad; dat.)* [**se ad discendum**]; ▸ *foro se parant; omne paratum est, ut iussisti;*
2. voortbrengen, veroorzaken, tot stand brengen [**homines; letum; leges**];
3. *(m. inf.; ut)* zich gereedmaken, van plan zijn [**litteras Romam mittere; in nemus ire**];
4. (zich) verschaffen, verwerven [**argentum; divitias; commeatum; exercitum, copias, auxilia** op de been brengen; **locum; sibi regnum; testes; amicos**];
5. aanschaffen, kopen [**praedia; iumenta; frumentum; servos aere**].

parō², ōnis *m (Gr. leenw.)* kleine boot, bark.

parochia, ae *f (Gr. leenw.) (eccl.)*
1. parochie, gemeente;
2. *(meton.)* pastorie, parochiekerk.

parochus, ī *m (Gr. leenw.)*
1. officiële gastheer, *die hooggeplaatste persoonlijkheden op doorreis, zoals magistraten en gezanten, onderdak e.d. moest bieden;*
2. *alg.* waard, gastheer.

paroecia, ae *f = parochia.*

paronomasia, ae *f (Gr. leenw.)* paronomasia, woordspel, woordecho.

parōnychium, ī *n (Gr. leenw.)* nagelontsteking, fijt.

Paropamisus, ī *m gebergte in Afghanistan, nu* Hindoe Koesj; — *inw.* **Paropamisadae,** ārum *m.*

paropsis, idis *f (Gr. leenw.) (postklass.)* (kleine) schotel.

Paros *en* **-us,** ī *f eiland v.d. Cycladen in de Egeïsche Zee met gelijknamige stad, beroemd om het witte marmer; geboorteplaats v.d. lyrische dichter Archilochus;* — *adj.* **Parius,** a, um [**lapis** Parisch marmer; **iambi** = van Archilochus]; — *bew.* **Pariī,** ōrum *m.*

parōtis, idis *en* idos *f (Gr. leenw.)* oorontsteking.

parra, ae *f (poët.; postklass.)* ransuil.

Parrhasius¹, a, um *en fem.* **Parrhasis,** idis
1. Parrhasisch *(naar de stad en landstreek Parrhasia in Z.-Arcadië); (poët.)* = Arcadisch [**Euander; dea** = Carmenta; **Arctos** *en* **ursa** = Callisto, *dochter v.d. Arcadische koning Lycaon;* **stellae** = de Grote Beer];
2. *(Mart.)* van de Palatijn, keizerlijk *(omdat de Arcadische koning Euander op de Palatijn een stad gesticht zou hebben)* [**domus; aula**].

Parrhasius², ī *m Griekse schilder uit Ephesus (ca. 440—390 v. Chr.).*

parri-cīda, ae *m en f (Gr. leenw. en caedo)*
1. moordenaar, moordenares van naaste verwanten, *bv.* vader-, ouder-, kindermoordenaar [**fratris**];
2. *(metaf.)* vijand, verrader [**patriae; civium**].

parricīdālis, e *(parricida) (postklass.)* moorddadig, goddeloos [**gladius**].

parricīdium, ī *n (parricida)*
1. moord op verwanten, *ihb.* op een lid van de naaste familie [**fratris, fraternum** broedermoord; **patris; matris**], *alg.* moord;
2. *(metaf.)* verraad [**patriae**].

pars, partis *f (acc. sg.* partem, *soms* partim; *abl. sg.* parte, *zelden* partī; *acc. plur.* partēs, *ook* partīs)
1. deel, onderdeel, stuk [**frumenti; urbis; fluminis; diei; populi; imperii; de nobis**]; ▸ *bona ~; multa ~ mei; copias in quattuor partes distribuere; magnas partes publicorum habere; partes facere* verdelen *of* indelen; *in interiore parte aedium* binnen; *omnibus partibus maior* oneindig veel groter; — *speciale combinaties: magna, maior ~* meerderheid, de meesten; *minor ~* minderheid; *dimidia ~* helft; *tertia ~* eenderde; *tres partes* driekwart; *novem partes* negen tiende; — *adverbiaal: magnam partem, magnā (ex) parte* grotendeels; *maiore ex parte, maximam partem, maximā (ex) parte* voor het grootste gedeelte; *per partes of (ex, in) parte* ten dele; *ex aliqua, quadam parte* enigszins; *nulla parte* helemaal niet; *ad nullam partem* in het geheel niet; *nonnullā parte* ten dele; *omni ex parte* volledig;
2. *(poët.)* lichaamsdeel, *plur.* geslachtsdelen [**naturae, obscenae**];
3. *(v. personen)* een deel, sommigen; ▸ *~ fugā evasit;* — *het werkwoord staat vaak in het meervoud (log. subj.): magna ~ caesi sunt;*
4. aandeel *(in: gen.)* [**iuris; muneris**]; ▸ *in parte alcis rei esse* aan iets deelnemen; *in partem alcis rei venire* aandeel in iets krijgen; *pro mea parte* voor mijn part; *pro virili parte* naar vermogen; *aequā parte* met hetzelfde risico;
5. *aandeel in een financiële onderneming of erfenis;* ▸ *partes dare;*
6. streek, gebied, deel v.e. land; ▸ *nullā parte* nergens; *orientis partes; in extremis ignoti partibus orbis;*
7. richting, zijde, kant; ▸ *a sinistra, dextra parte* links, rechts; *ab, ex utraque parte* links en rechts; *una ex parte* van één kant; *omnibus (in) partibus* overal; *ea parte* daar; *qua ex parte* waar;

quam in partem waarheen; *ex omnibus partibus advolare; in aliam partem* in de tegenovergestelde richting;
8. (*metaf.*) opzicht, geval; ▸ *nullā parte, nullam in partem, in neutram partem* in geen geval; *ea ex parte* daarom; *in partibus* hier en daar; *in omnes partes, omnibus partibus, omni ex parte* in ieder opzicht, absoluut; *in utramque partem* voor en tegen; *in optimam partem; neque ego ullam in partem disputo; in eam partem accipere* in die zin; *qua ex parte homines bellandi cupidi magno dolore afficiebantur* (*Caes.*);
9. onderverdeling, soort *binnen een genre;* ▸ *partes eiusdem generis;*
10. (*meton.*) (*meestal plur.*) partij [**Carthaginiensium; populi; optimae** partij v.d. optimates]; ▸ ~ *adversa* tegenpartij; *in duas partes discedere; transire in partes* naar de andere partij; *a parte alcis esse* aan iems. kant staan; *nullīus, neutrīus partis esse* neutraal blijven;
11. (*plur.*) ambt, positie, plicht, taak [**imperatoris, imperatoriae**]; ▸ *suas partes implere* zijn plicht vervullen; *defensionis partes suscipere; partes accusatoris obtinere;* ~ *consilii pacisque; priores partes* prioriteiten;
12. (*plur.*) rol *v.e. toneelspeler* [**primae** hoofdrol]; ▸ *partes recipere* overnemen.

parsī *zie* parco.

parsimōnia, ae *f* (*parco*)
1. spaarzaamheid, zuinigheid;
2. zuinig gebruik [**victūs, temporis**]; (*retor.*) economisch taalgebruik, sobere stijl van schrijven;
3. (*Plaut.*) plur. spaargeld.

Parthāōn, onis *m koning v. Calydon in Aetolië, vader v. Oeneus;* — *adj.* **Parthāonius,** a, um [**domus** *van Oeneus*].

parthenicē, ēs *f* (*Gr. leenw.*) (*Catull.*) *een plant, kamille(?).*

Parthenius, ī *m*
1. *gebergte tussen Argolis en Arcadië, waar Hercules de hinde v. Artemis ving;* — *adj.* **Parthenius,** a, um [**nemus; valles; antra**];
2. *rivier in Paphlagonië (Kl.-Azië), nu de Bartin Su;*
3. *Griekse dichter en grammaticus uit Nicaea, die in 73 v. Chr. als krijgsgevangene naar Rome kwam; leermeester v. Vergilius.*

Parthenōn, ōnis *m tempel v. Athene Parthenos (ongetrouwde Athene) op de Acropolis van Athene.*

Parthenopaeus, ī *m zoon v. Meleager en Atalanta, een v.d. Zeven tegen Thebe.*

Parthenopē, ēs *f oude naam v. Neapolis (Napels) (naar de gelijknamige sirene);* — *adj.* **Parthenopēius,** a, um.

Parthia, ae *f landstreek ten Z. v.d. Kaspische Zee;* — *inw.* **Parthī** *en* **-thyaeī,** ōrum *m Scythische volksstam, bekend om de uitmuntende ruiters en boogschutters;* — *adj.* **Parth(ic)us,** a, um.

Parthīnī, ōrum *m Illyrische volksstam.*

Parthus, Parthyaeī *zie* Parthia.

partiārius, a, um (*pars*) gezamenlijk, gedeeld met anderen [**colonus; concubinus**]; — *adv.* **partiāriō** op basis van gemeenschappelijk gebruik.

parti-ceps, *gen.* cipis (*abl. sg.* -cipe; *gen. plur.* -cipum) (*pars en capio*)
I. *adj.* deelnemend aan, deelachtig (*m. gen.*) [**praedae ac praemiorum; artis; fortunarum omnium**];
II. *subst. m* deelgenoot, deelnemer, kameraad [**meus**]; ▸ *praedam participes petunt.*

participātiō, ōnis *f* (*participo*) het deelhebben, deelachtigheid (*aan: gen.*) [**vitiorum**].

participium, ī *n* (*particeps*) (*gramm.*) deelwoord, participium.

participō, participāre (*particeps*)
1. laten deelnemen (*aan: gen.; abl.*) [**alqm consilii; alqm sermone**];
2. (ver)delen [**laudes cum alqo; regnum cum alqo**]; ▸ *participato imperio;*
3. (*poët.; postklass.*) deelhebben aan, delen (*m. acc.*) [**lucrum; damnum**];
4. (*metaf.*) (*Plaut.*) meedelen.

particula, ae *f* (*demin. v. pars*)
1. deeltje, stukje, beetje [**arenae; caeli**]; ▸ *metaf.: ex aliqua -a* tot op zekere hoogte;
2. stukje materie, atoom;
3. onderverdeling; detail;
4. (*gramm.*) (a) deel v.e. zin, colon; (b) deel v.e. woord, bv. prefix, suffix; (c) klein, onverbuigbaar woordje, partikel.

particulātim *adv.* (*particula*) (*niet-klass.*) stuk voor stuk; ▸ ~ *narrare.*

partim[1] *adv.* (*pars*)
1. deels, voor een deel;
2. sommigen, anderen; ▸ *eorum partim* een deel; *e quibus partim . . . partim* van wie sommigen . . ., anderen; *partim . . . alii, nonnulli.*

partim[2] *acc. sg. v. pars.*

partiō[1], partīre = partior.

partiō[2], ōnis *f* (*pario*[2]) (*pre- en postklass.*) het baren.

partior, partīrī, partītus sum (*pars*)

1. verdelen, splitsen, scheiden [**regnum**]; ▸ *partita classe*;
2. indelen; ▸ *genus in species* ~ *ac dividere* (*Cic.*);
3. uitdelen [**praedam sociis, in socios**]; ▸ *id opus inter se partiuntur*;
4. delen [**bona cum alqo; regnum inter se; officia inter se**]; ▸ *suum honorem cum Scipione partitur* (*Caes.*);
5. zijn deel krijgen (*van: acc.*) [**merces**].

partītē *adv.* (*partior*) (*retor.*) juist *of* goed gestructureerd [**dicere**].

partītiō, ōnis *f* (*partior*)
1. verdeling [**defensionis**];
2. (*filos. en retor. t.t.*) indeling; verdeling v.d. stof; ▸ *partitionem artium facere; De partitione oratoria* (*geschrift v. Cicero*);
3. verdeling, uitdeling [**praedae; aerarii**].

partitūdō, inis *f* (*pario*[2]) het baren.

parturiō, parturīre (*desid. v. pario*[2])
1. (*poët.*) in barensnood zijn; ▸ *parturiens canis*; *sprw.*: *parturiunt montes, nascetur ridiculus mus* (*Hor.*);
2. (*poët.*; *postklass.*) zwanger zijn (*van: acc.*); *metaf.* voortbrengen [**fetūs**]; ▸ *Notus parturit imbres*; (*abs.*) *arbor parturit* loopt uit; *ager parturit* begint groen te worden;
3. (*metaf.*) van plan zijn; ▸ *quod diu parturit animus vester, aliquando pariat.*

parturītiō, ōnis *f* (*parturio*) (*eccl.*)
1. het baren, bevalling;
2. (*metaf.*) het voortbrengen, het produceren.

partus[1] *ppp. v. pario*[2].

partus[2]**,** ūs *m* (*dat. sg.* -uī *en* -ū; *dat. en abl. plur.* partubus) (*pario*[2])
1. het baren, bevalling, geboorte [**abiectus** miskraam]; ▸ *alqm partu edere, reddere, eniti* baren; *ex partu decedere* de wiegendood sterven; — *plur.* barensweeën;
2. (*meton.*) tijd v.d. bevalling; ▸ ~ *adest*;
3. afkomst; ▸ *non humani partūs sunt talia dona*;
4. (*concreet*) vrucht: (a) kind, jong *of* de jongen, kroost [**deum; animalium**]; ▸ *partum ferre, gerere* zwanger, drachtig zijn; *partum edere* baren; *partum abigere* afdrijven; *ferae partus suos diligunt; partus terrae* de giganten; (b) (*van het land, planten*); ▸ *terra falso partu deludet arantes.*

parum (*parvus*)
I. *pos.* te weinig, niet genoeg:
1. *subst. indecl. n*: ▸ ~ *roboris, animi, sapientiae, splendoris*; (*m. inf.*; *aci.*) *parum est aegrum non esse* het is te weinig, niet voldoende; *parum habere* (*m. inf.*) niet tevreden zijn; *parum facere* beschouwen als te onbelangrijk;
2. *adv.*: ▸ ~ *diligenter*; ~ *callide* niet slim genoeg; ~ *attendere*; ~ *firmus, validus* te zwak; ~ *iusta causa*; ~ *diu* te kort; *non, haud* ~ genoeg, behoorlijk; *non* ~ *saepe* tamelijk vaak; *scripsit non* ~ *multa* nogal veel; — (*postklass.*) niet bijzonder, niet erg, niet echt: ~ *credere alci*; *homo non parum sciens* goed geschoold;
II. *comp.* **minus**
1. *subst. indecl. n* kleiner, minder; ▸ *minus dubitationis; minus posse, valere; minus ceciderunt* (*quam*) *duo milia*;
2. *adv.* (a) minder; ▸ *minus credibile; minus admirabilis; minus placet; minus bonum vinum; minus diu vivunt*; — *speciale combinaties*: *minus saepe; plus minus* min of meer, ongeveer; *minus minusque* steeds minder; *nihilo minus* nietttemin, toch; *multo minus* veel minder; *paulo minus* iets minder; *eo minus* des te minder; *quo minus* naarmate minder; *minus multi* niet zo velen; — *bij getallen e.d., met of zonder quam* minder dan, niet helemaal: *minus* (*quam*) *ducenti milites; minus quindecim dies sunt quod* nog geen vijftien dagen; *dimidio minus*; (b) (*ipv. negatie*) niet genoeg, niet echt, niet bijzonder; ▸ *res minus prospere gerere; si minus* als niet, zo niet, anders: *monebo, si quem meministi minus; sin minus* als echter niet; (c) *haud minus, non minus quam* evenzeer als; ▸ *laudibus haud minus quam praemio militum animi gaudent*; (d) te weinig; ▸ *minus facere*;
III. *superl.* **minimē** *adv.*
1. het minst, zeer weinig; ▸ *quam minime multa* zo min mogelijk; *minime saepe* hoogst zelden; *ad te minime omnium pertinebat* het allerminst; *minime mirandum est*;
2. volstrekt niet, in geen geval, helemaal niet; ▸ *minime omnes; minime malus; homo minime ambitiosus; non minime* in het bijzonder; *haec non credis? minime vero* nee, absoluut niet.

parum-loquium, ī *n* (*loquor*) (*Plaut.*) nietszeggendheid.

parum-per *adv.* een poosje, even; ▸ *tace* ~; ~ *animum a molestiis abducere.*

Parus *zie Paros.*

parvitās, ātis *f* (*parvus*)
1. kleinheid;
2. (*Gell.*) onbelangrijkheid [**quaestionis**];
3. (*Laatl.*) *nostra, mea* ~ mijn gering persoontje = ik.

parvolus *zie parvulus.*

parvulum[1] *zie parvulus.*
parvulum[2], ī *n (parvulus)* kleinigheid.
parvulus *en (arch.)* **parvolus,** a, um *(demin. v. parvus)*
1. zeer klein, zeer weinig, onbeduidend [**res; navicula; castellum; pecunia; causa** bagatel]; ▸ *erat ~ staturā; — adv.* **parvulum** slechts een beetje;
2. (zeer) jong [**soror**]; — *subst.* ī *m* (klein) kind: *a -o, a -is* van kindsbeen af; *a -ā aetate;*
3. *(Plaut.)* (nog) te jong *(voor: dat.).*
parvus
I. *adj.* a, um *(comp.* **minor,** minus, *superl.* **minimus,** a, um*)*
1. klein [**oppidum; insula; navicula; aves; manūs; tela; libellus**]; ▸ *in parvum et angustum locum concludi; Zachaeus staturā ~ erat;*
2. *(v. tijd)* kort [**pars noctis; vita; consuetudo**]; ▸ *in -o tempore;*
3. jong [**virgo; filius; liberi**]; ▸ *ihb.: minor (natu, aetate)* jonger; *minimus (natu)* de jongste; *uno mense minor* een maand jonger; *minor triginta annis* jonger dan dertig jaar;
4. *(in aantal)* gering, onbeduidend, niet talrijk [**numerus navium; merces; cibus** weinig; **copiae**];
5. *(mbt. waarde, mate, ernst e.d.)* onbeduidend, gering, nietig [**pretium; dona; pericula; momenta; voluptas; vitia**]; ▸ *res -a dictu; -o pretio vendere; minimo sumptu;*
6. *(mbt. stand, rang)* laag, nederig *(meestal comp.)* [**domus; senator; numen**]; ▸ *di minores; minores duces;*
7. *(poët.)* deemoedig, bescheiden [**verba**];
8. kleinzielig [**animus**];
9. *(poët.) minor* ondergeschikt, onderdoend, niet opgewassen [**in certamine**]; ▸ *te minor;*
10. *(poët.) (v. klanken)* zacht, zwak [**vox; murmur**];
11. *(poët.) (v.d. stijl v. dichten)* eenvoudig, simpel [**carmen; modi**];
II. *subst.*
1. **parvus,** ī *m* (a) (klein) kind, jongen; ▸ *a -o, a -is* van kindsbeen af; — **parva,** ae *f* meisje; (b) *(poët.)* de gewone, kleine man; ▸ *parvum parva decent; neque est aut magno aut parvo leti fuga;*
2. *(poët.; postklass.)* **minōrēs,** um *m* (a) jongeren, jonge mensen; (b) nakomelingen; (c) lagere standen; ▸ *misericordia apud minores magis valebat;* (d) ondergeschikten;
3. **parvum,** ī *n* iets kleins, kleinigheid, gering vermogen; ▸ *-o uti* met weinig rondkomen; *-o beati; vivitur -o bene* met weinig bezit; *-o contentus esse possum; — parvi (gen. pretii)* en *parvo (abl. pretii): alqd -i aestimare, ducere, facere* iets gering achten, weinig gewicht toekennen; *-o curare; -i esse* weinig waard zijn; *-o constare* weinig kosten; *haud -o stare* duur te staan komen; *-o, minoris, minimo emere, vendere, vēnire* goedkoop, goedkoper, goedkoopst; *-i refert* het komt er nauwelijks op aan; *quanti emptus? parvo;*
III. *adv.* **minimum** *en* **minimē** het minst, zeer weinig [**valere**].
Pasargadae, ārum *f door Cyrus gebouwde, oude hoofdstad v. Perzië.*
pasceolus, ī *m (Gr. leenw.) (Plaut.)* geldbuideltje.
pascha, ae *f en* atis *n (Hebr. leenw.) (eccl.)*
1. *(joods en christelijk)* Pasen, paasfeest;
2. paaslam.
paschālis, e *(pascha) (Laatl.)* van Pasen, paas-.
pāscō, pāscere, pāvī, pāstum
1. *het vee* weiden, hoeden [**gregem; porcos; oves; armentum**]; ▸ *in privato ~* op eigen grond;
2. veeteelt bedrijven [**bene**];
3. *(poët.)* afgrazen, eten;
4. *(poët.)* laten afgrazen [**agros**];
5. voeden, te eten geven, opvoeden [**iumenta; equos; servos**]; ▸ *fundus pascit erum; me olivae pascunt (Hor.);*
6. rijk maken [**alqm rapinis**];
7. *(metaf.)* voeden, laten groeien [**ignes** verzorgen; **barbam, crinem** lang laten groeien; **spes inanes** koesteren; **ieiunia** stillen]; ▸ *flamma pascitur* laait op;
8. tegoed doen, verlustigen *(aan: abl.)* [**animum picturā**].
pāscor, pāscī, pāstus sum
I. *intr.*
1. *(v. vee) abs.* weiden, grazen, vreten; ▸ *pecora pastum propellere; capellae pascentes;*
2. zich voeden; ▸ *boves frondibus pascuntur;*
3. *(metaf.)* zich verlustigen in, zich verkneukelen over *(m. abl.)* [**alcis dolore; maleficio et scelere; seditione**]; ▸ *ego his rebus pascor;*
II. *tr. (poët.; postklass.)* (af)grazen, eten [**silvas; mala gramina**].
pāscuum, ī *n (pascuus) gew. plur.* wei(land).
pāscuus, a, um *(pasco)* weide- [**ager**].
Pāsiphaē, ēs *en* **Pāsiphaa,** ae *f* Pasiphaë, *dochter v. Helius (Sol), echtgenote v. Minos en moeder v.d. Minotaurus; — adj.* **Pāsiphaēius,** a, um; *— subst.* **Pāsiphaēia,** ae *f* = Phaedra, *dochter v.*

Pasiphaë.

Pāsithea, ae *f een v.d. drie gratiën.*

passer, eris *m*
1. mus; blauwe lijster; (Plaut.) *metaf. als koosnaam;*
2. (Plaut.) ~ *marinus* struisvogel;
3. (*poët.; postklass.*) bot (*een soort platvis*).

passerculus, ī *m* (*demin. v. passer*) musje; (Plaut.) *metaf. als koosnaam.*

passibilis, e (*patior*) (*eccl.*) in staat tot lijden.

passim *adv.* (*pando*[1])
1. wijd en zijd, overal; verspreid, hier en daar; naar alle kanten; ▸ *ignis totis se ~ dissipavit castris* (Liv.); *in vicos ~ suos diffugiunt* (Liv.);
2. (*poët.; postklass.*) door elkaar, zonder onderscheid; ▸ *minora navigia ~ amiserunt* (Tac.).

passiō, ōnis *f* (*patior*) (Laatl.)
1. het lijden, martelaarschap, *ihb.* lijden(sgeschiedenis) v. Christus, passie; ▸ *post passionem suam;*
2. *alg.* pijn, ziekte;
3. (*meestal plur.*) gevoelens, emotie.

passiōnālis, e (*passio*) (Laatl.) onderworpen aan *of* in staat tot lijden.

passīvus, a, um (*passus*[1]) (*postklass.*) verspreid, zonder onderscheid.

passum, ī *n* (*pando*[1]) (*niet-klass.*) wijn van gedroogde druiven, sekt.

passus[1] *ppp. v. pando*[1].

passus[2] *p.p. v. patior.*

passus[3], ūs *m* (*pando*[1])
1. pas, stap, schrede; ▸ *passu anili procedere; rapidis passibus ferri;* (*metaf.*) *passibus ambiguis fortuna erat; strepitum passu non faciente venit senectus;*
2. (Ov.) *meton.* voetspoor, stap [**tenax**];
3. dubbele pas (*ca.* 1,5 *m*); ▸ *mille passūs* één Rom. mijl = *ca.* 1,5 km.

pāstillus, ī *m* (*poët.; postklass.*) pil, pastille.

pastināca, ae *f* (*pastino*)
1. *een soort* peen, wortel;
2. (*postklass.*) pijlstaartrog.

pastinātiō, ōnis *f* (*pastino*)
1. het omspitten;
2. (*meton.*) omgespitte grond.

pastinō, pastināre (Plin. Mai.) omspitten [**vineas**].

pāstiō, ōnis *f* (*pasco*)
1. het weiden;
2. (*meton.*) weide.

pastophorus, ī *m* (*Gr. leenw.*) (Laatl.) priester die *een altaartje draagt;* altaardrager.

pāstor, ōris *m* (*pasco*)
1. herder [**populi; Aetnaeus** (*v. Polyphemus*)]; ▸ *pastorum domina* (*v.d. godin Pales*);
2. (Mel.) priester, bisschop.

pāstōrālis, e, **pāstōricius** *en* (Ov.) **pāstōrius,** a, um (*pastor*)
1. passend bij, eigen aan herders, herders- [**habitus; vita; fistula; carmen**];
2. (Mel.) zielverzorgend, geestelijk.

pāstus[1] *ppp. v. pasco.*

pāstus[2] *p.p. v. pascor.*

pāstus[3], ūs *m* (*pasco*)
1. het voeren; ▸ *ad pastum accedere;*
2. (*meton.*) (**a**) voer [**animorum**]; (Lucr.) voedsel *van mensen* (*ook metaf.*); (**b**) weide.

patagiārius, ī *m* (*patagium*) (Plaut.) iem. die boordsels maakt.

patagiātus, a, um (*patagium*) (Plaut.) van een boordsel voorzien [**tunica**].

patagium, ī *n* (*Gr. leenw.*) (*preklass.*) boordsel.

Patara, ōrum *n havenstad in Lycië met een orakel v. Apollo, nu* Kelemiş; — **Patareus,** eī *en* eos *m* = Apollo; — *inw.* **Patarānī,** ōrum *m;* — *adj.* **Patarēus,** a, um.

Patavium, ī *n stad in* N.-*Italië, geboorteplaats v. Livius, nu* Padua; — *inw. en adj.* **Patavīnus,** ī *m resp.* a, um.

pate-faciō, facere, fēcī, factum, (*pass.* pate-fīō, fierī, factus sum) (*pateo*)
1. openen, openmaken [**portas hostibus; oculos; sulcum aratro** maken; **aciem** ontplooien]; ▸ (*metaf.*) *illa ianuam famae patefecit* (Plin. Min.);
2. begaanbaar, toegankelijk maken, banen [**vias; loca; terga occasioni** blootstellen]; ▸ *iter per Alpes patefieri volebat; tibi defensionem patefeci* ik heb je de kans op een verdediging geboden (Cic.);
3. zichtbaar, waarneembaar maken; ▸ *lux patefecerat orbem; ex cubiculo Stabianum sinum ~* een uitzicht creëren op;
4. (*metaf.*) onthullen, blootleggen, openbaren, verraden [**verum; odium suum in alqm; coniurationem**]; (*m. aci.; afh. vr.*).

patefactiō, ōnis *f* (*patefacio*) onthulling, openbaarmaking.

patella, ae *f* (*demin. v. patera*) schaal, *ihb.* offerschaal.

patellārius, a, um (*patella*) (Plaut.) van een offerschaal; ▸ *dii -i* laren en penaten, *aan wie bij familiefeesten offers gebracht werden.*

patena, ae *f* = *patina.*

patēns, *gen.* entis *(p. adj. v. pateo)*
1. open, vrij, toegankelijk, zonder versperring [**via; urbs** niet versterkt; **vallis; caelum** open lucht; **campi; pelagus; conspectus**]; — *subst. n* wijde ruimte;
2. *(metaf.)* open voor; ▸ *domus cupiditati et voluptatibus* ~;
3. *(Ov.)* duidelijk [**causa**].

pateō, patēre, patuī, —
1. openstaan; ▸ *patent portae, aedes; patent vulnera* gapen; *omnibus haec ad visendum patebant cotidie (Cic.)*;
2. toegankelijk, begaanbaar, open zijn; ▸ *patet via nuntiis; aditus patuit*;
3. zich uitstrekken, zich uitbreiden; ▸ *planities late patet; fines patent*; — *metaf.*: *late* ~ een breed veld beslaan, een brede toepassing hebben: *ista ars late patet et ad multos pertinet; hoc praeceptum latius patet*;
4. *(metaf.)* vrij-, openstaan; ▸ *patet reditus in amicitiam; iis fuga patet; nobis is cursus patet; honores alci patent; praemia quae pateant stipendiariis (Cic.)*;
5. blootstaan, blootgesteld zijn *(aan: dat.; in m. acc.)* [**insidiis alcis; periculis; in arma** aan de wapens];
6. blootliggen, zichtbaar zijn; ▸ *res patet*;
7. duidelijk zijn, zich tonen, blijken; ▸ *causa patet; nulla tum patebat coniuratio; vera patuit dea* toonde zich als; — *onpers. patet (m. aci.)* het is duidelijk, het blijkt.

pater, tris *m (gen. plur.* -trum)
1. vader [**durus; familiae** *en* **familiās**]; ▸ *a patre deduci; pauci milites patresque familiae recepti*; — *plur.* ook ouders;
2. *(Tac.)* schoonvader;
3. *(plur.)* voorouders, voorvaderen; ▸ *vetuere patres; aetas patrum nostrorum; fortia facta patrum*;
4. *(plur.)* senatoren, senaat, *(ihb. als aanspreektitel: patres conscripti)*;
5. patriciër *(itt. plebeius)*;
6. *(metaf.)* vader, schepper, stichter, grondlegger [**rerum; cenae** gastheer]; ▸ *Zeno* ~ *Stoicorum; Herodotus* ~ *historiae*;
7. *als eretitel*: ~ *Iuppiter*; ~ *optime Olympi; divum* ~ *atque hominum rex; Bacche* ~; ~ *Tiberine*; ~ *patriae* vader, redder v.h. vaderland: *Marius, quem vere patrem patriae possumus dicere*; ~ *senatūs*;
8. *(Mel.) o.a.*: (a) *(aanspreektitel voor)* bisschop, priester, abt; (b) *patres veteres* kerkvaders; (c) peetvader.

patera, ae *f (pateo)* platte schaal, *ihb.* offerschaal.

paternus, a, um *(pater)*
1. vaderlijk, van de vader (overgenomen, geërfd) [**nomen; possessiones; horti; ager; servi; odium**];
2. *(poët.)* vaderlands, van de geboortestreek [**terra**]; ▸ *-i fluminis ripae*;
3. *(Laatl.)* van de voorouders, voorvaderlijk [**mos**]; ▸ *sepulcra -a*.

patēscō, patēscere, patuī, — *(incoh. v. pateo)*
1. *(poët.; postklass.)* opengaan, zich openen; ▸ *atria patescunt; portus patescit*;
2. *(poët.; postklass.) (metaf.)* zich tonen, duidelijk, zichtbaar worden; ▸ *insidiae patescunt; eorum vitia patescunt*;
3. zich uitbreiden, zich uitstrekken; ▸ *campus patescit; civitates in quas Germania patescit; acies patescit; latius patescente imperio*.

pathicus, a, um *(Gr. leenw.) (poët.)* die zich laat neuken; ▸ *libelli pathicissimi* vol obsceniteiten.

patibilis, e *(patior)*
1. draaglijk [**dolor**];
2. gevoelig [**natura**].

patibulātus, a, um *(patibulum) (Plaut.)* aan het dwarshout vastgebonden.

patibulum, ī *n en* **-us,** ī *m (pateo)*
1. gaffel;
2. dwarshout, dwarsbalk v.e. kruis *(gaffelvormig stuk hout dat misdadigers en slaven om de hals werd gelegd en waaraan hun handen werden vastgebonden; de veroordeelde werd vervolgens met dit hout aan een verticale paal gehesen en gekruisigd)*; ▸ *suspende eos contra solem in -is (Vulg.)*;
3. *(Mel.)* galg.

patiēns, *gen.* entis *(p. adj. v. patior)*
1. duldend, verdragend, bestand (tegen) *(m. gen.)* [**laborum; doloris; servitutis; vetustatis**]; ▸ *equus* ~ *sessoris; amnis navium* ~ bevaarbaar; *campus vomeris* ~ gemakkelijk te ploegen;
2. volhardend, geduldig, verdraagzaam [**animus; rex; aures**]; ▸ *patienter ferre alqd*;
3. aan ontberingen gewend, gehard, sober [**exercitus; Lacedaemon**].

patientia, ae *f (patiens)*
1. het lijden, verdragen, dulden [**paupertatis; frigoris; famis; contumeliarum**];
2. uithoudingsvermogen, gehardheid [**animi; corporis**]; ▸ *alci rei -am adhibere* uithoudingsvermogen in iets tonen;
3. *(Hor.)* soberheid, ontzegging;
4. geduld, inschikkelijkheid, toegevendheid;

▸ *patientiā alcis abuti*;
5. (*postklass.*) onverschilligheid, sloomheid;
6. *seksuele* onderdanigheid;
7. (*postklass.*) onderworpenheid [**hostium**];
▸ *Britanniam uno proelio veteri patientiae restituit* (*Tac.*).

patina, ae *f* (*Gr. leenw.*) pan, schotel.

patinārius (*patina*)
I. *adj.* a, um (*Plaut.*) van een pan *of* schotel;
II. *subst.* ī *m* (*Suet.*) veelvraat.

patiō, patere, — — (*arch.*) = *patior.*

patior, patī, passus sum
1. lijden, dulden, (ver)dragen, uithouden, aanvaarden [**supplicium; morbum; vulnera; exilium; Lucinam** kinderen krijgen; **ultima, extrema** sterven]; ▸ *alqd moleste, facile, aequo (iniquo) animo* ~; *aliae nationes servitutem* ~ *possunt, populi Romani propria est libertas* (*Cic.*); *marem* ~ zich laten dekken;
2. (*poët.*) (*een tijd*) overleven, uithouden, doorstaan [**saecula; in silvis** zijn leven slijten]; ▸ *sine armis* ~ *posse*;
3. (*metaf.*) ervaren, getroffen worden door, het slachtoffer worden van (*m. acc.*) [**naufragium; iniurias belli; illorum delicta; cladem; famem**];
4. zich laten welgevallen, laten gebeuren, toestaan, toelaten (*meestal m. aci.*; *soms m. ut*; *neg. m. quin*); ▸ *liberos suos ad se adire non patiuntur* (*Caes.*);
5. *in een toestand* laten [**nihil intactum** niets onbeproefd laten]; ▸ *non* ~ *tacitum quod* niet onbesproken laten dat;
6. (*Mel.*) als martelaar sterven.

pator, ōris *m* (*pateo*) (*postklass.*) opening, holte.

Patrae, arum *f stad aan de kust in Achaea (Griekenland), nu* Patras; — *inw. en adj.* **Patrēnsis,** is *m resp.* e.

patrātor, ōris *m* (*patro*) (*Tac.*) voltrekker [**necis**].

patrātus *zie* *patro.*

Patrēnsis *zie* *Patrae.*

patria, ae *f* (*patrius*; *vul aan*: *terra of urbs*) vaderland, -stad, (plaats van) herkomst, geboorteplaats; ▸ ~ *est, ubicumque est bene* (*Cic.*); *dulce et decorum est pro -a mori* (*Hor.*).

patriarcha *en* **-ēs,** ae *m* (*Gr. leenw.*) (*eccl.*) aartsvader, patriarch (*kerkelijke rang*).

patricē *adv.* (*pater*) (*Plaut.*) op patricische wijze.

patricia, ae *f* (*patricius*) patricische vrouw.

patriciātus, ūs *m* (*patricius*) (*Suet.*) stand v.d. patriciërs, patriciaat.

patri-cīda, ae *m* (*pater en caedo*) vadermoordenaar.

patricius (*pater*)
I. *adj.* a, um patricisch, adellijk [**gens; puer; sanguis; magistratus** consulaat];
II. *subst.* ī *m*
1. patriciër; *plur.* adelstand, patriciaat; ▸ *exire e -is* (door adoptie) uit de patriciërstand treden; *patricii maiorum (minorum) gentium* patriciërs uit de voorname (minder voorname) geslachten;
2. (*Laatl.*) *hoge eretitel.*

Patricolēs, is *m arch. voor* Patroclus.

patrimōniālis, e (*patrimonium*) (*Laatl.*) tot het keizerlijk vermogen behorend.

patrimōnium, ī *n* (*pater*)
1. van de vader geërfd vermogen, vaderlijk erfgoed; ▸ *-um augere*; *-um amplificare*; *-um conficere* verteren; *-um eripere*;
2. vermogen, eigendom; ▸ *in populi Romani -o*;
3. (*Mel.*) ~ *Petri* grondbezit v.d. rooms-katholieke kerk; kerkstaat.

patrimus *en* **patrīmus,** a, um (*pater*) van wie de vader nog in leven is.

patrissō, patrissāre (*Gr. leenw.*) (*kom.*) op zijn vader lijken.

patrītus, a, um (*pater*) vaderlijk, van de vader geërfd; ▸ *-a illa atque avita philosophia.*

patrius, a, um (*pater*)
1. vaderlijk, van de vader [**auctoritas; maiestas; animus; benevolentia**];
2. van de voorvaderen stammend, geërfd [**res** vermogen; **mos; leges**];
3. van het vaderland, vaderlands [**dii; sermo** moedertaal; **ritus**].

patrō, patrāre volbrengen, tot stand brengen, uitvoeren, voltooien [**opera; incepta; iussa; promissa; pacem** sluiten; **victoriam** behalen; **bellum** beëindigen; **ius iurandum** een verbond onder ede sluiten]; — *pater patratus* leider v.d. fetiales, *priester die een verbond door eedaflegging bekrachtigde.*

patrōcinium, ī *n* (*patrocinor*)
1. patronaat, bescherming door een patronus; ▸ *cuius -o civitas plurimum utebatur* (*Sall.*);
2. verdediging voor de rechtbank; ▸ *feneratorum -um suscipere*; — *meton.* (*plur.*) beschermelingen, cliënten;
3. (*metaf.*) bescherming, beschutting, verdediging [**pacis; mollitiae; pudoris**]; ▸ *-um voluptatis repudiare*; *susceptum -um libertatis Graecorum non deserere.*

patrōcinor, patrōcinārī (*patronus*) (*pre- en postklass.*) beschermen, verdedigen, als excuus dienen voor *(m. dat.)*.

Patroclus *en* **-os,** ī *m zoon v. Menoetius, boezemvriend v. Achilles, door Hector voor Troje gedood.*

patrōna, ae *f (patronus)*
1. beschermvrouw, begunstigster [**sociorum**];
2. *(postklass.)* meesteres *van een vrijgelatene.*

patrōnus, ī *m (pater)*
1. beschermheer, beschermer, patroon: (a) *in de vroegrom. tijd iem. v. hogere stand, die zijn clientes voor de rechtbank vertegenwoordigde; deze verbintenis ging later verloren en voerde in de keizertijd tot een uitsluitend sociale en economische binding v.e. arm persoon aan een door hemzelf gekozen, voorname burger;* (b) *vrij gekozen beschermer, vertegenwoordiger v. steden en provincies* [**agri Piceni**];
2. verdediger, advocaat *voor de rechtbank;* ▸ *alqm -um causae dare; ~ partis adversae;*
3. *(metaf.)* verdediger, beschermer [**iustitiae; plebis; foederatorum**].

patruēlis *(patruus)*
I. *adj.* e
1. van vaders broer *of (zelden)* zuster (af)stammend [**frater** neef]; ▸ *frater tuus erat frater ~ meus;*
2. *(Ov.)* van een neef *of* oom [**dona** *(zo noemt Ajax de wapens v. zijn neef Achilles)*];
II. *subst.* is *m (postklass.)* neef *van vaderskant.*

patruus *(pater)*
I. *subst.* ī *m*
1. oom *van vaderskant (avunculus: van moederskant)* [**magnus** oudoom]; ▸ *tutor et ~;*
2. *(metaf.)* (strenge) zedenmeester, moralist; ▸ *ne sis ~ mihi (Hor.);*
II. *adj.* a, um van de oom [**ensis; lingua**].

patuī *pf. v. pateo en patesco.*

Patulcius, ī *m (pateo)* 'Openmaker', *bijnaam v. Janus, wiens deuren in oorlogstijd geopend waren; ook: zeldzame Rom. persoonsnaam.*

patulus, a, um *(pateo)*
1. open(staand) [**locus; fenestra; ōs; nares; latitudo**];
2. *(Hor.)* voor iedereen toegankelijk, alledaags [**orbis**];
3. wijd, breed, omvangrijk [**loca urbis; quercus; rami; plaustra; mundus; lacus; boves** breedgehoornd].

pauca, paucī *zie paucus.*

pauci-loquium, ī *n (paucus en loquor) (Plaut.)* zwijgzaamheid.

paucitās, ātis *f (paucus)* gering aantal, geringheid [**hostium; amicorum; portuum**].

pauculus, a, um *(demin. v. paucus)* zeer weinig; *meestal plur.* zeer weinig, een paar [**verba; dies; anni**]; — *subst.* **-a,** ōrum *n (kom.)* een paar dingen.

paucus, a, um *(meestal plur.)*
1. *sg. (niet-klass.)* weinig, gering, klein;
2. *plur.* (a) weinig [**milites; castella; bona**]; ▸ *urbs inter -as munita* als weinig anderen; *zo ook: pugna memorabilis inter -as; pauciores* kleiner aantal, minderheid: *pauciora navigia; (m. gen. partit.; ex; de) -ae bestiarum; pauci ex, de his oratoribus;* (b) enige, een paar; ▸ *-is diebus; in diebus -is Chrysis moritur; -i de nostris cadunt; causae modicae et -ae* enkele;
3. *subst.* (a) **paucī,** ōrum *m* (slechts) weinigen [**ordinis senatorii; de nostris**]; ▸ *pauci sciebant; -orum potentia;* — een kleine groep *(itt. de grote meerderheid)*, de tot oordelen bevoegden: *paucorum iudicium;* — *ook* optimaten(partij), nobiles: *factio -orum;* — *comp.* **pauciōrēs,** um *m* de voorname mensen; (b) **pauca,** ōrum *n* een beetje, weinig; ▸ *-a possidere;* — *ihb.* weinig woorden: *-a loqui; -a respondere; audite, pueri, -a; licetne -a?* mag ik een paar woorden zeggen?

paul(l)ātim *adv. (paulus)*
1. geleidelijk, langzamerhand; ▸ *colles ~ rarescunt; ~ licentia crevit; ~ haec consuetudo prodire coepit; ~ se coniungere; ~ longius itur* komt men verder;
2. een voor een, de een na de ander, beetje bij beetje; ▸ *~ ex castris discedere coeperunt, non omnes simul, sed subinde pauci (Caes.).*

paul(l)īs-per *adv. (paulus)* een poosje, even [**manere; proelium intermittere; lecticam deponere**]; ▸ *(in comb. m. dum, quoad, donec) ~ mane, dum edormiscat; sedit tacitus ~, donec nuntiatum est.*

paullulātum *adv. (paullulus) (Apul.)* geleidelijk, beetje bij beetje.

paul(l)ulum *(paululus)*
I. *subst.* ī *n* een beetje, een weinig [**pecuniae; operae; morae**]; ▸ *da mihi -um bibere;*
II. *adv.* een beetje, een ogenblik, een poosje [**respirare; progredi**]; ▸ *abscede ~ istuc.*

paul(l)ulus, a, um *(demin. v. paulus)* gering, klein, weinig [**equi; spatium; pecunia**].

paul(l)um *(paulus)*
I. *subst.* ī *n* een beetje, weinig [**morae**]; ▸ *de -o paululum hoc tibi dabo; nihil aut -um auferre;* — *ihb. (abl.) paulo (om de maat v.h. verschil aan te geven)* een beetje: *-o maior; -o melior; -o minus; -o ante* kort tevoren; *-o post* kort daarna;
II. *adv.* een beetje, iets, slechts weinig [**progre-**

di; decedere; requiescere]; ▸ *post* ~ kort daarna; ~ *tardius.*

paul(l)us, a, um *(preklass.)* gering, klein, weinig [**sumptus**]; ▸ *-o momento huc vel illuc impelli.*

Paul(l)us, ī *m cogn., ihb. gebruikelijk in de gens Aemilia, zie Aemilius.*

pauper, *gen.* eris *(abl. sg.* paupere; *gen. plur.* pauperum; *superl.* pauperrimus)
1. arm, behoeftig [**homo;** *(aan, naar: gen.)* **argenti**]; ▸ *servus domini pauperis;* — *subst. m* arme *(meestal plur.): pauperum tabernae;*
2. *(niet-klass.) (metaf., v. zaken)* armoedig, armzalig, schamel, pover [**mensa; ager; eloquentia; voluntas**].

pauperculus, a, um *(demin. v. pauper) (poët.)* arm, armoedig, schamel [**senex; anus**].

pauperiēs, ēī *f (poët., postklass.)*
1. armoede; armoedigheid;
2. *(jur. t.t.) schade door dieren.*

pauperō, pauperāre *(pauper) (poët.)* arm maken; *(m. de)* beroven van.

paupertās, ātis *f (pauper)* 1. armoede; ▸ *in paupertate vivere;*
2. *(metaf.)* gebrek, nood [**infelix**]; ▸ *paupertate sermonis laboramus.*

paupertīnus, a, um *(pauper)* armoedig [**homo**].

pausa, ae *f (Gr. leenw.) (niet-klass.)* pauze, stilstand, einde [**vitae; pugnandi**]; ▸ *-am dare of facere* een halt toeroepen aan, afzien van.

Pausaniās, ae *m*
1. *Spartaanse legeraanvoerder, overwinnaar in de slag bij Plataeae in 479 v. Chr.;*
2. *moordenaar v. Philippus II v. Macedonië (336 v. Chr.).*

pausārius, ī *m (pausa) (Sen.)* bootsman.

pausātiō, ōnis *f (pauso) (postklass.)* het pauzeren, tijdelijk ophouden.

pausea *en (Verg.)* **pausia,** ae *f (onrijpe)* olijf.

Pausiacus, a, um van Pausias *(Griekse schilder, ca. 350 v. Chr.).*

pausill- = pauxill-.

pausō, pausāre *(pausa) (Laatl.)* pauzeren, rusten.

paussa, ae *f* = *pausa.*

pauxillātim *adv. (pauxillus) (Plaut.)* geleidelijk (= *paulatim).*

pauxillīsper *adv. (pauxillus) (Plaut.)* een poosje (= *paulisper).*

pauxillulum, ī *n (pauxillulus) (kom.)* een beetje [**nummorum**].

pauxillulus, a, um *(demin. v. pauxillus) (Plaut.)* heel weinig, heel klein, onbeduidend [**poculum; lembus**].

pauxillus, a, um *(demin. v. paulus) (poët.)* heel weinig, heel klein, onbeduidend; — *subst.* **pauxillum,** ī *n* een beetje; — *adv.* **pauxillum** een beetje.

pave-factus, a, um *(paveo en facio) (poët.; postklass.)* verschrikt, angstig.

paveō, pavēre, pāvī, — beven, sidderen, bang zijn [*(voor, wegens: acc.)* **omnia; lupos; vana miracula;** *(ten gevolge van: abl. causae)* **novitate;** *(bij, voor: ad)* **ad singulos nuntios; ad omnia; ad necopinatum tumultum**]; ▸ *paveo mihi* voor mezelf; *(metaf.) venae pavent* beven, sluiten zich; — *m. ne* bang zijn dat; — *m. inf.* ervoor terugschrikken om.

pavēscō, pavēscere, — — *(incoh. v. paveo)* schrikken, angstig worden, zich bang maken, sidderen [*(m. abl. causae)* **omni strepitu;** *(m. acc.: voor, wegens)* **bellum; iudicium magistratuum;** *(m. ad: bij, voor)* **ad caeli fragorem; ad nocturnas imagines**].

pāvī *pf. v. pasco en paveo.*

pavīcula, ae *f (pavio)* heiblok, straatstamper.

pavidus, a, um *(paveo)*
1. *(uit angst)* sidderend, bevend, bang, schuchter [**lepus; aves; miles; matres;** *(m. gen.: wegens, voor)* **maris; nandi;** *(m. ad)* **ad omnes suspiciones**]; ▸ ~ *ex somno* opgeschrikt uit; — *m. ne* bang dat;
2. *(poët.)* beangstigend, angstaanjagend [**religio**]; ▸ *-os excute corde metūs (Ov.).*

pavīmentō, pavīmentāre *(pavimentum)* van een stenen vloer voorzien [**porticum**].

pavīmentum, ī *n (pavio)* stenen vloer.

paviō, pavīre slaan, (vast)stampen [**terram; arenam**].

pavitō, pavitāre *(intens. v. paveo) (poët.; postklass.)*
I. *intr.* rillen, hevig sidderen, zeer bang zijn; koortsrillingen hebben, huiveren;
II. *tr.* zeer bang zijn voor *(m. acc.)* [**ictūs**].

pāvō, ōnis *m* pauw [**Iunonia avis** *omdat de pauw aan Juno gewijd was*].

pāvōnīnus, a, um *(pavo) (pre- en postklass.)*
1. van de pauw [**ova**];
2. *(metaf.)* bontgekleurd [**lectus**].

pavor, ōris *m (paveo)*
1. angst, vrees, ontzetting [**caecus; simulatus;** *(voor: gen.)* **aquae**]; ▸ *alci pavorem inicere; tantus terror pavorque omnes occupavit ut; pavorem sedare;* ~ *est of* ~ *alqm capit (m. ne);*
2. *(Verg.)* angstige verwachting, spanning; / *personif.* **Pavor** *god v.d. angst.*

pavōs, ōris *m (arch.)* = *pavor.*

pāvus, ī *m (niet-klass.) = pavo.*

pāx[1], pācis *f (verw. m. paciscor)*

1. vrede, vredestoestand [**perpetua; Romana; inhonesta; civilis** na een burgeroorlog]; ▸ *pacis commoda of bona* zegeningen; *pacis condiciones; reconciliator pacis* vredestichter; *pacem cum alqo facere of componere* sluiten; *pacem conficere, confirmare cum alqo, iungere, servare; pacem petere ab alqo* om vrede smeken; *pace uti* vrede bewaren; *pace tua (vestra)* met jouw (uw) toestemming; *pacis temporibus* in tijden v. vrede; *(in) media pace* midden in vredestijd; *multa pace* in bestendige vrede; *pace belloque en bello ac pace* (in oorlog en vrede) *rem publicam regere; cum bona pace populo imperitare* ongestoord, in rust;

2. *(plur.)* vredesverdragen; ▸ *paces perficere;*

3. *(metaf.)* rust, kalmte *van niet-lev.* [**ventorum; pelagi**]; ▸ *pacem vultus habet; flumen cum pace delabens in mare;*

4. gemoedsrust [**mentis**]; ▸ *pacem animis afferre; semper in animo sapientis est placidissima pax; pace loquar Veneris* Venus vergeve mij deze woorden;

5. bijstand, genade *van de goden;* ▸ *votis pacem deae exposcere; a dis immortalibus pacem petere;*

6. *personif.* **Pāx** *godin v.d. vrede.*

pax[2] *interj. (pax*[1]*) (pre- en postklass.)* stil!, genoeg!, basta!

paxillus, ī *m (demin. v. palus*[1]*)* kleine paal, paaltje.

peccāmen, inis *n (pecco) (eccl.)* zonde.

peccātiō, ōnis *f (pecco) (Gell.)* het zondigen, zonde; *attrib.* zondig [**homo**].

peccātor, ōris *m (pecco) (eccl.)* zondaar; — *attrib.* zondig [**homo**].

peccātrīx, īcis *f (peccator) (eccl.)* zondares.

peccātum, ī *n (pecco)*

1. overtreding, zonde; ▸ ~ *est patriam prodere;*

2. vergissing, fout; ▸ *-um suum confiteri.*

peccātus, ūs *m (pecco)* vergrijp.

peccō, peccāre

1. *(poët.)* struikelen, strompelen, vallen; ▸ *ne equus peccet;*

2. *(metaf.)* verkeerd handelen, fouten maken, zich vergissen, zondigen [*(m. acc. v.h. neutr. v.e. pron. of adj.)* **eadem** dezelfde fouten maken; **plura; nihil; libidine; verbo; in syllaba; in re publica** in staatszaken; **in servo necando; in rem publicam**]; — *subst.* **peccantēs,** ium *m* zondaars;

3. zich vergrijpen aan *(m. in m. abl.)* [**in togata (muliere); in matrona; in Valerio**].

peciolus, ī *m*

1. voetje [**haedorum**];

2. stengel, steel.

pecorōsus, a, um *(pecus*[1]*) (Prop.)* rijk aan vee.

pecten, inis *m (pecto) (niet-klass.)*

1. kam; ▸ *deducere pectine crines; flectere comas pectine* krullen;

2. *(metaf.) iets dat lijkt op een kam:* (a) weverskam; *meton.* het weven; (b) hark; (c) *(in de muziek)* plectrum; *meton.* lied; ▸ *alterno pectine* in disticha; (d) schaamhaar; (e) kammossel; ▸ *digiti inter se pectine iuncti* als een kam.

pectinātim *adv. (pecten) (Plin. Mai.)* kamvormig.

pectinō, pectināre *(pecten) (postklass.)* kammen; ook *metaf.*

pectō, pectere, pexī, pexum

1. *(poët.)* kammen [**longas comas; barbam; caesariem;** *metaf.* **terram**]; ▸ *tunica pexa* wollig, nog nieuw;

2. *(Plin. Mai.) wol* kaarden;

3. *(Plaut.) alqm fusti of pugnis* ~ iem. afranselen, afrossen.

pectorālis, e *(pectus) (postklass.)* borst- [**os**].

pectorōsus, a, um *(pectus) (postklass.)* met een forse borst.

pectunculus, ī *m (pecten)* kleine kammossel.

pectus, oris *n*

1. borst [**latum**]; ▸ *reserato pectore* diep in de borst; *meum cor coepit in pectus emicare;*

2. *(meton.)* (a) hart, ziel, gevoel [**forte** moed]; ▸ *pectore toto Pompeianus erat* van ganser harte; *pectore anxius; metus insidens pectoribus;* (b) verstand, inzicht, geest [**doctum**]; ▸ *toto pectore cogitare; pectore arripere artes;* (c) karakter, geaardheid [**purum**];

3. *(poët., ter omschrijving v. personen) mortalia pectora = mortales;*

4. *(metaf., v. gebergten)* kam [**montis; Alpium**].

pecū, ūs *n, plur.* **pecua,** uum = *pecus*[1].

pecuāria[1], ae *f (pecuarius)* veeteelt; veestapel.

pecuāria[2], ōrum *n (pecuarius) (poët.; postklass.)* veestapel.

pecuārius *(pecu)*

I. *adj.* a, um vee- [**res** veeteelt; **canis** herdershond];

II. *subst.* ī *m* veefokker; weidepachter.

pecuīnus, a, um *(pecu) (Apul.)* van vee, vee-.

pecūlātor, ōris *m* verduisteraar v. staatsgelden.

pecūlātus, ūs *m*

1. verduistering van staatsgelden; ▸ *peculatum facere; accusari peculatūs;*

2. *(Plaut.) (metaf.)* bedrog; ▸ *amor in me pecula-*

tum *facit*.

pecūliāris, e *en* **pecūliārius,** a, um *(peculium)*
1. *(Plaut.; Suet.)* eigen, persoonlijk [**oves; servus; vinum**];
2. eigenaardig, ongewoon, vreemd [**testis; cognomen**];
3. buitengewoon [**edictum**];
4. *(jur.)* van *of* betreffende het privé-vermogen [**debita; nummi**].

pecūliātus, a, um *(p. adj. v. peculio)* rijk.

pecūliō, pecūliāre *(peculium)* *(Plaut.)* van eigendom voorzien, een geschenk geven.

pecūliōsus, a, um *(peculium)* *(Plaut.)* rijk.

pecūlium, ī *n* *(pecu, pecunia)*
1. *(oorspr. vooral uit vee bestaand)* (privé-)vermogen, eigendom; ▸ *cupiditas -i;*
2. eigen vermogen *van echtgenote of kinderen (die dat juridisch niet zelf konden beheren);*
3. spaargeld, spaarpot *van een huisslaaf;* ▸ *adimere servis -um.*

pecūnia, ae *f* *(pecu; eig.* 'vermogen in vee')
1. vermogen, eigendom [**magna; ampla atque praeclara**]; ▸ *-am facere* verwerven; *-ae magnitudo; alienam -am invadere;*
2. geld(som) [**ingens; parvula; praesens** *of* **numerata** contant geld; **certa** bepaald bedrag; **cruenta** bloedgeld; **captiva** buitgemaakt; **publica** staatsinkomsten, -kas, oorlogskas; **credita** lening]; ▸ *dies -ae* betaaldag; *-am (dis)solvere* betalen; *cupidus -ae; -am cogere a civitatibus;* — plur. geld, geldsommen: *-as accipere en capere* zich laten omkopen.

pecūniārius, a, um *en* **pecūniāris,** e *(pecunia)* geld- [**dona; quaestiones; poena**]; ▸ *res -a* geldzaak, geld; *inopia rei -ae* geldgebrek.

pecūniōsus, a, um *(pecunia)*
1. rijk, bemiddeld, welgesteld [**feminae; senectus**]; ▸ *homines copiis rei familiaris locupletes et -i;*
2. *(Mart.) (metaf.)* winstgevend [**ars**].

pecus[1], oris *n*
1. *(coll.)* vee, *(ihb. als voedsel dienend)* kleinvee [**lanigerum** schapen; **saetigerum** varkens]; ▸ *ager bonus pecori;* — ook veestapel; plur. kuddes vee; — *ook v. zeedieren, hommels e.a.: Proteus pecus* (zeedieren) *agit;*
2. *alg.* dier; ▸ *~ magnae parentis (v.e. jonge leeuw);*
3. *(poët.) (metaf., v. mensen) (geringsch. en als scheldw.)* kudde, gespuis; ▸ *imitatorum servum ~* *(Hor.)* kudde na-apers.

pecus[2], udis *f*
1. stuk vee, dier; ▸ *Neptuni pecudes* vissen; *pecudes et bestiae* tamme en wilde dieren; — *poët. ook v. bijen: pecudum sollertia;*
2. *(poët.)* stuk kleinvee, *ihb.* schaap; ▸ *armenta et pecudes; ~ et caprae;*
3. *(Verg.) (plur.)* landdieren; ▸ *genus aequoreum, pecudes pictaeque volucres;*
4. *(metaf.) (als scheldw. voor eenvoudige of domme mensen)* schaap; ▸ *stupor hominis vel dicam pecudis.*

pedālis, e *(pes)* een voet lang (breed, dik) [**trabes**].

pedāmen, inis *en* **pedāmentum,** ī *n* stut, staak.

pedāneus, a, um *(pes)* *(jur.)* *iudex ~* lekenrechter *(in een cognitio extraordinaria).*

pedārius, a, um *(pes)* van de voet, voeten-; — *subst.* **pedārius,** ī *m* *(senator)* ~ lagere senator, tweederangs senator, *die nog geen curulisch ambt bekleed had en vd. geen eigen stem mocht uitbrengen, maar zich bij een ander aansloot.*

pedātus[1], ūs *m en* **pedātum,** ī *n* *(pes)* *(preklass.)* aanval.

pedātus[2], a, um *(pes)* *(Suet.)* van voeten voorzien [**male** slecht ter been].

pedes, itis *m* *(pes)*
1. voetganger, iem. te voet;
2. *(milit.)* infanterist; ▸ *equitum et peditum copiae;* — *(coll.)* voetvolk, infanterie;
3. plebejer *(omdat de plebejers te voet in het leger dienden en de patriciërs te paard);* ▸ *equites peditesque* patriciërs en plebejers, adel en volk.

pedester, tris, tre *(pedes)*
1. te voet, voet- [**copiae** *en* **exercitus** voetvolk; **ordo** infanterie; **pugna** het vechten v.h. voetvolk]; ▸ *stipendia pedestria facere* als infanterist dienen;
2. van het voetvolk [**arma; acies**];
3. te land, land- [**copiae** *en* **exercitus** landleger, -macht; **pugna; transitus; iter**];
4. *(Hor.) (metaf.)* eenvoudig, gewoon [**opus; fabulae**]; in proza [**historiae**].

pede-temptim *en* **pede-tentim** *adv.* (< *pede temptare* 'met de voet tasten')
1. stap voor stap;
2. *(metaf.)* geleidelijk, voorzichtig, behoedzaam; ▸ *timide et ~ istuc descendunt.*

pedica, ae *f* *(pes)*
1. voetboei, voetangel;
2. valstrik; *ook metaf.* [**fraudium**].

pēdīcātor, pēdīcō = *paedic-.*

pediculus[1], ī *m* *(pes)*
1. voetje;

2. *(botan.)* steeltje.

pēdiculus[2] *en* **pēduc(u)lus,** ī *m (pedis)* kleine luis.

pedis, is *m en f (preklass.)* luis.

pedisequa, ae *f (pedisequus)* dienares, kamermeisje, *ook metaf.* [**virtutis**].

pedi-sequus, ī *m (pes en sequor, eig.* 'op de voet volgend') dienaar, lakei, *ook metaf.*; ▸ *clamor pedisequorum nostrorum.*

peditastellus, ī *m (pedes) (Plaut.)* gewone infanterist; *plur.* ordinair voetvolk.

peditātus, ūs *m (pedes)* voetvolk, infanterie; ▸ *alqm peditatu, equitatu, copiis instruere.*

pēditum, ī *n (subst. ppp. v. pedo*[1]*) (Catull.)* scheet.

Pedius, a, um *naam v.e. Rom. gens; lex -a wet die in een proces voorzag tegen de moordenaars v. Caesar.*

pēdō[1]**,** pēdere, pepēdī, pēditum *(poët.)* een scheet of wind laten.

pedō[2]**,** pedāre *(pes) wijnranken* stutten, steunen.

Pedō, ōnis *m zie Albinovanus.*

pedum, ī *n (Verg.)* herdersstaf.

Pedum, ī *n stad in Latium tussen Tibur en Praeneste;* — *inw. en adj.* **Pedānus,** ī *m resp.* a, um; — **Pedānum,** ī *n (vul aan: praedium)* landgoed bij Pedum.

Pēgasus *en* **-os,** ī *m gevleugeld paard v. Bellerophon, dat uit het bloed v. Medusa ontstond, toen Perseus haar het hoofd afsloeg; uit zijn hoefslag ontsprong de bron Hippocrene;* — *alg.* gevleugelde = snelle bode; — *adj.* **Pēgasēus,** a, um van Pegasus, *fem. ook* **Pēgasis,** idis [**undae** = muzenbronnen]; *subst.* **Pēgasis,** idis *f* muze, bronnimf.

pēgī *zie pango.*

pēgma, atis *n (Gr. leenw.)*

1. boekenkast;

2. *(poët.; postklass.)* verplaatsbaar podium *(in het theater), dat men snel kon laten zakken.*

peierātiuncula, ae *f (peiero) (Plaut.)* kleine meineed.

pe-ierō, ierāre *(iuro)*

I. *intr.*

1. meineed plegen, vals zweren;

2. *(Plaut.) alg.* liegen;

II. *tr. (poët.)* door meineed kwetsen, beledigen [**deos**]; ▸ *ius peieratum* meineed.

peior, ius *comp. v. malus*[1].

peiūrium, ī *n = periurium.*

pe-iūrō, iūrāre *= peiero.*

pe-iūrus, a, um *= periurus.*

peius *comp. n v. malus*[1].

pelagium, ī *n (Plin. Mai.)* purperen kleur.

pelagius, a, um *(Gr. leenw.) (niet-klass.)* op zee, zee- [**cursus**].

Pelagones, um *m volksstam in N.-Macedonië;* — **Pelagonia,** ae *f land en belangrijkste stad v.d. Pelagones.*

pelagus, ī *n (nom. en acc. plur. pelagē) (Gr. leenw.) (niet-klass.)*

1. (open) zee; ▸ *pelago terrāque pericula passus;* — *ook metaf.* [**sermonis; materiae**];

2. *(poët.)* zeewater.

pēlamys, ydis *f (Gr. leenw.) (pre- en postklass.)* jonge tonijn.

Pelasgī, ōrum *en (poët.)* um *m in de oudheid alg. benaming voor de voorgr. bevolking uit verschillende delen v. Griekenland; (poët.) alg.* Grieken; — *adj.* **Pelasg(ic)us,** a, um, *fem. ook* **Pelasgis,** idis *en* **Pelasgias,** adis Pelasgisch, *alg.* Grieks.

Pelethronius, a, um *uit de Thessalische landstreek Pelethronium, die door de Centauren en Lapithen bewoond werd.*

Pēleus, eī *en* eos *m zoon v. Aeacus, koning v. Thessalië, vader v. Achilles;* — *adj.* **Pēlēus,** a, um; — *patron.* **Pēlīdēs,** ae *m* Pelide: *Achilles als zoon v. Peleus;* Neoptolemus *als kleinzoon v. Peleus.*

pēlex, icis *f = paelex.*

Peliās[1]**,** ae *m koning v. Iolcus in Thessalië, die Jason, de zoon v. zijn halfbroer Aeson, opdracht gaf het Gulden Vlies te halen;* — *patron.* **Peliades,** um *f* dochters v. Pelias, *die hun vader op aanraden v. Medea in stukken sneden om hem een verjongingskuur te geven.*

Pēlias[2] *zie Pelion.*

pelicānus, ī *m (Gr. leenw.) (eccl.)* pelikaan.

pēlicātus, ūs *m = paelicatus.*

Pēlīdēs *zie Peleus.*

Pēlion, ī *n en* **-ius** *of* **-ios,** ī *m gebergte op het Thessalische schiereiland Magnesia, woonplaats v.d. centaur Chiron;* — *adj.* **Pēliacus** [**trabs** *het schip* de Argo; **cuspis** *van Achilles;* **axis** *wagen van Achilles*] *en* **Pēlius,** a, um [**nemus**], *fem. ook* **Pēlias,** adis [**arbor**], *ook alg.* Thessalisch.

Pella, ae *en* **-ē,** ēs *f stad in Emathia (Macedonië), geboorteplaats en residentie v. Alexander de Grote;* — *adj.* **Pellaeus,** a, um *poët. ook* Macedonisch, Alexandrijns, Egyptisch *(omdat Alexander Egypte veroverd had en daar de stad Alexandrië gesticht had).*

pellācia, ae *f (pellax) (Lucr.)* verleiding.

pellāx, *gen.* ācis *(pellicio) (Verg.)* verleidend, sluw [**Ulixes**].

pellecebra, ae *f (pellicio) (Plaut.)* verlokking, verleiding.

pellēctiō, ōnis *f* = *perlectio.*
pellectus *ppp. v. pellicio.*
pel-legō, legere, lēgī, lēctum = *perlego.*
Pellēnē, ēs *f oostelijkste stad in Achaea;* — *adj.* **Pellēnēnsis,** e.
pel-liciō, licere, lēxī, lectum (< *per-licio; vgl. lacesso*)
1. (*v.e. magneet*) aantrekken, naar zich toetrekken [**vim ferri**]; *ook metaf. v. magie;*
2. (*metaf.*) aanlokken, verleiden, voor zich innemen [**senem per epistulas; animum adulescentis; mulierem ad se; populum in servitutem; militem donis; alqm ad belli societatem; maiorem partem sententiarum** aan zijn kant krijgen].
pellicius *en* **-ceus,** a, um (*pellis*) (*Laatl.*) uit huiden gemaakt.
pellicula, ae *f* (*demin. v. pellis*) velletje *van vruchten,* huidje [**caprina, bacae**]; ▸ *-am curare* zijn huid verzorgen, *dwz.* zijn hart ophalen.
pelliculō, pelliculāre (*pellicula*) met een huid bedekken.
pelliō, ōnis *m* (*pellis*) (*Plaut.*) looier; bontwerker.
pellis, is *f* (*abl. sg.* pelle *en* pellī)
1. pels, vel, huid [**leonina; caprina; aurea** Gulden Vlies]; ▸ *pellem detrahere; sprw.: in propria pelle quiescere* met zijn eigen stand *of* met zichzelf tevreden zijn; — *plur.* bontwerk;
2. vel, huid, leer (*na de bewerking*), perkament; ▸ *sub pellibus durare, hiemare* in wintertenten; *pelles pro velis;*
3. (*alg.*) *iets uit leer, uit huid vervaardigd:* (**a**) leren schild; (**b**) (*poët.*) schoen; ▸ *pes natat in pelle* zwemt; (**c**) (*poët.*) schoenriem [**nigrae**]; (**d**) (*Ov.*) bontmuts; ▸ *pellibus tecta tempora;*
4. (*Hor.*) (*metaf.*) omhulsel; ▸ *pellem detrahere alci* iems. fouten onthullen.
pellītus, a, um (*pellis*) met een vel bedekt, met een pels bekleed [**oves** *ter bescherming v.d. wol;* **Sardi**].
pellō, pellere, pepulī, pulsum
1. stotend *of* slaand in beweging brengen [**nervos in fidibus, lyram** tokkelen op; **classicum** laten klinken];
2. (*poët.*) (*pijlen*) afschieten, afvuren [**sagittam**];
3. stoten, slaan, kloppen (*tegen, op: acc.*) [**vada remis; fores** op de deur; **humum pedibus** stampen]; ▸ *arbor ventis pulsa; vulnere* (*ramo*) *pulsus* getroffen door; *pueri pulsi;* (*metaf.*) *iniuria alqm pellit* treft iem.;
4. (*geestel.*) treffen, beroeren, indruk maken op; ▸ *iuvenem forma captivae pepulerat; non mediocri curā Scipionis animum pepulit;*
5. verdrijven, verjagen, verstoten [**a sacris; ex Galliae finibus; (de) agro; (ab) urbe; loco; regno; possessionibus; civitate**]; ▸ *Athenienses Diagoram philosophum pepulerunt;* (*patriā*) ~ verbannen;
6. doen wijken, terugdringen, verslaan, overwinnen [**hostes; adversariorum copias; aquam de agro**]; ▸ *pulsi fugatique* totaal verslagen; ~ *et superare;*
7. (*metaf.*) verjagen, verdrijven [**frigora** weghouden; **corde dolorem; tenebras; turpia crimina a vobis; somnum**]; ▸ *pelle moram!* aarzel niet langer!; *pulso pudore* schaamteloos;
8. (*poët.*) dorst lessen, honger stillen [**sitim; famem glande**];
9. in beweging zetten, (*m. ad*) brengen tot; ▸ *sermonis initium* ~ het gesprek op gang brengen.
pel-lūceō, lūcēre, lūxī, — = *perluceo.*
Pelopēa, ae *f dochter v. Thyestes, moeder v. Aegisthus.*
Peloponnēsus, ī *f* (*Gr. leenw.* 'eiland v. Pelops') *schiereiland in het zuiden v. Griekenland;* — *inw.* **Peloponnēsiī,** ōrum *en* **Peloponnēnsēs,** ium *m;* — *adj.* **Peloponnēsi(ac)us,** a, um [**bellum; civitates**].
Pelops, opis *m zoon v.d. Frygische koning Tantalus, echtgenoot v. Hippodamea, vader v. Atreus en Thyestes; hij werd door zijn vader geslacht, gekookt en aan de goden als maaltijd voorgezet, om hun alwetendheid op de proef te stellen; zij ontdekten het misdrijf en brachten Pelops weer tot leven; de ontbrekende schouder, die Ceres achteloos opgegeten had, vervingen ze door ivoor, vd.: umero* ~ *insignis eburno* (*Verg.*); — *patron.* **Pelopidae,** ārum *m* nakomelingen v. Pelops; — *adj.* **Pelopē(i)us,** a, um, *fem. ook* **Pelopēis,** idis *en* **Pelopēias,** adis ook Peloponnesisch *of* Frygisch [**virgo** = Iphigenia; **moenia** = Argos].
pelōris, idis *f* (*niet-klass.*) *een soort* mossel.
Pelōros, ī *m,* **Pelōris,** idis *f en* **Pelōrias,** adis *f* N.O.-punt *v. Sicilië, nu* Capo Faro.
pelta, ae *f* (*Gr. leenw.*) licht, sikkelvormig schild.
peltastae, ārum *m* (*Gr. leenw.*) *met een pelta gewapende soldaten,* peltasten; *alg.* lichtgewapenden.
peltātus, a, um (*pelta*) (*poët.*) met een pelta gewapend.
Pēlūsium, ī *n stad in het* N.O. *v.d.* Nijldelta; — *adj.* **Pēlūsi(ac)us,** a, um.

pēlvis, is *f (pre- en postklass.)* bekken, schaal.

penārius, a, um *(penus)* voorraad— [**cella** voorraadkamer, *metaf.* graanschuur].

penātēs, ium *m (penes)*
1. *(dii)* ~ penaten, huisgoden, *beschermgoden v.d. familie, die in huis vereerd werden* [**familiares, minores** *of* **privati**], *en v.d. staat* [**publici** *of* **maiores**]; ▸ ~ *iniqui; in mensa penatium deorum;*
2. *(meton.)* (a) huis, woning, huis en haard; ▸ *penates relinquere; alqm in paternos penates deducere; a suis penatibus eiectus;* (b) familie, geslacht.

penāti-ger, gera, gerum *(penates en gero) (Ov.)* de penaten dragend [**Aeneas**].

pendeō, pendēre, pependī, — *(vgl. pendo)*
1. (neer)hangen *(van... af, aan: ex; ab; de; abl.; in m. abl.)* [**ab alto; a naso; tigno**]; ▸ *nubila pendentia* laaghangende; *(metaf.) narrantis ab ore* ~ aan de lippen hangen van, aandachtig luisteren naar de verteller;
2. *(poët.)* hangen, opgehangen zijn *(aan: abl.; de; in m. abl.)* [**pinu; de collo; in cruce**]; ▸ *capite deorsum* ~ met het hoofd naar beneden; *alqm pendentem ferire (v. slaven, die aan de deurpost gehangen werden om afgeranseld te worden); tu iam pendebis (Ter.)* je zult aan de deurpost hangen, je zult afgeranseld worden; *alqs e trabe pependit (v.e. zelfmoordenaar); quaerit altos, unde pendeat, ramos (Mart.);*
3. *(postklass.)* (te koop) ophangen;
4. *(poët.; postklass.)* slap afhangen, naar beneden golven; ▸ *genae pendent; capilli pendent; chlamys pendet;*
5. *(poët.; postklass.)* zweven; ▸ *avis in aëre pendet; nubila pendent; naves pendentes* deinend;
6. *(poët.)* instabiel zijn, dreigen in te storten; ▸ *pendet litus algā opertus;*
7. *(pre- en postklass.)* een bepaald gewicht hebben, zwaar zijn, wegen [**idem drachmas centum**], *metaf.* zwaar wegen;
8. *(poët.; postklass.)* zich ophouden, rondhangen; ▸ *circa montem* ~;
9. *(metaf.)* afhankelijk zijn van, berusten op *(m. abl.; ex; in)* [**momento**]; ▸ *ex quo verbo tota causa pendebat; spes ex patre pendet; pendemus ex fortuna;*
10. hangen aan, toegedaan, trouw zijn *(m. ex; de)* [**de te; tota mente** met hart en ziel];
11. vol aandacht luisteren; ▸ *attentus et pendens;*
12. in onzekerheid verkeren, weifelen, besluiteloos zijn; ▸ *plebs spe et exspectatione pendet; exspectando pendemus animis; ne diutius pendeas;*
13. *(poët.; postklass.)* onbeslist, nog onzeker, twijfelachtig zijn; ▸ *belli fortuna pendet; iudicium, causa pendet; diu* ~;
14. *(poët.; postklass.)* blijven liggen, op de lange baan geschoven worden; ▸ *opera interrupta pendent.*

pendō, pendere, pependī, pēnsum
I. *tr.*
1. *(preklass.; poët.)* (af)wegen [**aurum**]; *(metaf.)* afwegen, beoordelen, achten [**alqm non ex fortuna, sed ex virtute; consilium ex opibus; alqd magni, quanti, parvi, nihili**]; ▸ *nihil pensi habere* geen enkel belang eraan hechten; *neque fas neque fidem pensi habere (Tac.);*
2. geld (uit)betalen [**stipendium; tributum; pretium; mercedem alci**];
3. *(metaf.) straf* ondergáán, boeten [**poenas pro scelere; crimen; culpam; poenam temeritatis** *wegens, voor;* **poenam nece**]; ▸ *parum ignominiae pensum est;*
II. *intr.* zwaar zijn, wegen; ▸ *tantundem* ~ *par est.*

pendulus, a, um *(pendeo) (poët.; postklass.)*
1. (slap) neerhangend [**genae; ramus; tela** weefgetouw];
2. hangend, zwevend [**libra; nubes**];
3. *(metaf.)* onzeker, weifelend [**spe; turba**].

Pēnēis, Pēnēius *zie* Peneus.

Pēnelopa, ae *en* **-ē,** ēs *f echtgenote v. Ulixes (Odysseus), moeder v. Telemachus;* — *adj.* **Pēnelopēus,** a, um.

penes *prep. m. acc. (vaak als postpositie)*
1. in handen van, in het bezit van, bij; ▸ ~ *eos laus fuit;* ~ *alqm est potestas;* ~ *alqm sunt divitiae;* ~ *se esse* bij zinnen, niet gek zijn;
2. aan de kant van, bij; ▸ *nullam* ~ *se culpam esse.*

Penestae, ārum *m Illyrische volksstam;* — **Penestia,** ae *f land v.d. Penestae.*

penetrābilis, e *(penetro) (poët.; postklass.)*
1. doordringbaar [**corpus; pectus ferro**];
2. in staat om te doorbóren; doordringend, snijdend [**fulmen; telum; frigus**].

penetrāle *en* **penetral,** ālis *n (abl. sg. -ālī), gew. plur.* **penetrālia,** ium
1. het binnenste, *ihb. van gebouwen,* de binnenkamers; ▸ *penetralia regum;*
2. huiskapel; heiligdom, *ihb. dat v.d. penaten; vd. ook de penaten;* ▸ *penetralia sunt penatium*

deorum sacraria;
3. *(meton.)* huis; ▸ *in nostrum penetrale receptus*;
4. *(metaf.)* verborgen innerlijk, kern, geheim(en) [**cordis et animae; mentis; sapientiae**].

penetrālis, e *(penetro)*
1. binnenst, binnen gelegen [**dii** Penaten; **focus**];
2. *(Lucr.)* doordringend, snijdend [**frigus**].

penetrō, penetrāre *(penitus)*
I. *intr.* binnendringen, doordringen, zich begeven [**in castra Romanorum; in templum; in palaestram; in Syriam; sub terras; in urbem; ad urbes; per angustias**]; ▸ *(metaf.) res nulla magis in animos penetrat*;
II. *tr. (poët.; postklass.)*
1. doordringen in, trekken door, betreden *(m. acc.; prep.)* [**pedem intra aedes** zetten; **Illyricos sinus; nave Aegyptum**]; *se* ~ zich begeven naar *(m. acc.)* [**se foras**];
2. doordringen tot, bereiken; ▸ *ad ipsam veritatem; quo avaritia penetravit? (Cic.)*;
3. *(metaf.)* aangrijpen, indruk maken op; ▸ *id Tiberii animum altius penetravit (Tac.)*.

Pēnēus *en* **Pēnos,** ī *m belangrijkste rivier v. Thessalië, stroomt door het Temperavijn naar de Golf v. Saloniki; als riviergod vader v. Daphne; — adj.* **Pēnēius,** a, um [**arva**] *en fem.* **Pēnēis,** idis [**nympha** = Daphne]; — **Pēnēia,** ae *f* dochter v. Peneus.

pēnicillus, ī *m en* **pēnicillum,** ī *n (demin. v. peniculus)*
1. penseel; ▸ *(metaf.) modo mihi date Britanniam, quam pingam coloribus tuis, penicillo meo (Cic.)*;
2. *(meton.)* schilderkunst;
3. *(med.)* doek; ▸ *-o detergere linguam*.

pēniculus, ī *m (demin. v. penis) (kom.)* borstel; spons.

pēnis, is *m*
1. *(preklass.)* staart;
2. penis; *meton.* seks.

penitus *(penes)*
I. *adv.*
1. diep (binnenin), van diep binnenuit; ▸ ~ *in Thraciam se abdidit*; ~ *suspiria trahere* diep inademen; ~ *penetrare*; *causae* ~ *latentes* diep verborgen; *periculum* ~ *in venis et visceribus rei publicae (Cic.)*; ~ *sonantes scopuli*;
2. ver (weg); ▸ ~ *repostae gentes*;
3. *(metaf.)* diep, vast; ▸ *opinio* ~ *insita* vastgeworteld;
4. precies, door en door, grondig [**intellegere alqd; notus**]; ▸ *res* ~ *perspectae*;
5. *(Hor.)* innig, hartelijk [**rogare**]; ▸ ~ *dilectus Iovi*;
6. helemaal, volledig [**diffidere; se perdere; amittere disciplinam**];
7. *(bij adj. en adv.)* geheel, volkomen; ▸ ~ *illicitus*; ~ *crudelior* zeer *(Prop.)*; *tota* ~ *acies*; ~ *frequenter*;
II. *adj.* a, um *(Plaut.)* binnenst, inwendig; ▸ *ex -is faucibus*.

Penius, ī *m rivier in Colchis, die in de Zwarte Zee uitmondt.*

penna, ae *f*
1. veer, slagpen; *plur.* veren, verenkleed; ▸ *aves pullos -is fovent; sine -is volare haud facile est*;
2. *(poët.)* veer aan een pijl; pijl; ▸ *cervos -ā petere; traiectus -ā tempora (acc.) cantat olor (Ov.)*;
3. vleugel; ▸ *geminis secat aëra -is; -ā fugiunt trepidante columbae; -is se levare* opvliegen; *maiores -as extendere nido* zijn vleugels verder uitslaan, *dwz.* zich boven zijn stand verheffen;
4. *(poët.) meton.* het vliegen, vlucht; ▸ *celeritate -ae vitant necem*;
5. vin; ▸ *-is perlabitur aequora delphinus*;
6. *iets in de vorm v.e. vleugel, bv.*: afdekking *van een verdedigingswerk* [**muri** *(Liv.)*].

pennātus, a, um *(penna) (poët.; postklass.)* gevederd, gevleugeld [**Zephyrus; Fama; equus; ferrum** pijl].

penni-ger, gera, gerum *(penna en gero)*
1. gevederd, gevleugeld [**Amor**];
2. vindragend [**piscis**].

Pennīnus *en* **Poenīnus,** a, um bij de Penninische Alpen *(van Wallis tot N.-Italië)* horend [**Alpes** *van de Grote St.-Bernhard tot de St.-Gotthard*; **iter** *over de Grote St.-Bernhard*; **mons** de Grote St.-Bernhard].

penni-pēs, *gen.* pedis *(penna)* met gevleugelde voeten [**Perseus**].

penni-potēns, *gen.* entis *(penna) (Lucr.)* gevleugeld; — *subst.* **pennipotentēs,** ium *f* vogels.

penni-rapus, a, um *(penna en rapio) (Juv.)* de veer v.d. helmbos rovend.

pennula, ae *f (demin. v. penna)*
1. veertje, vleugeltje;
2. vinnetje.

pēnsābilis, e *(penso) (Laatl.)* vervangbaar.

pēnsātiō, ōnis *f (penso)*
1. afweging, compensatie;
2. *(metaf.)* afweging, overweging.

pēnsilis, e *(pendeo) (poët.; postklass.)*
1. opgehangen, hangend [**lychnuchi; uva** te

drogen gehangen, gedroogd];
2. (*archit. t.t.*) hangend, zwevend, op luchtbogen rustend [**horti**].

pēnsiō, ōnis *f* (*pendo*)
1. (af)weging;
2. (uit)betaling [**praesens** contante betaling];
3. betalingstermijn [**prima**]; ▸ *pecuniam tribus pensionibus solvere; nihil debetur ei, nisi ex tertia pensione* (*Cic.*);
4. (*postklass.*) huur;
5. (*Petr.*) vergoeding, schadeloosstelling [**iacturae**].

pēnsitātiō, ōnis *f* (*pensito*) (*jur.*) (periodieke) betaling, voldoening.

pēnsitō, pēnsitāre (*intens. v. penso*)
1. (*postklass.*) (nauwkeurig) afwegen [*metaf.* **vitam aequa lance** rechtvaardig beoordelen];
2. (*metaf.*) zorgvuldig overdenken, overwegen [**imperatoria consilia; omnia; rem; virtutes**]; (*m. afh. vr.*);
3. betalen [**vectigalia**]; — *abs.* onder de belasting vallen: *praedia quae pensitant.*

pēnsō, pēnsāre (*intens. v. pendo*)
1. afwegen [**aurum**];
2. (*metaf.*) tegen elkaar afwegen, vergelijken, laten opwegen (*met, tegen: abl.*) [**virtutibus vitia; honesta**]; ▸ *res pensatae* met elkaar in evenwicht;
3. (*poët.; postklass.*) betalen, vergoeden, schadeloosstellen, compenseren [**beneficia beneficiis; munus munere; moram velocitate**];
4. (*Ov.*) (*metaf.*) boeten voor, bekopen (*m. acc.*);
5. overdenken, overwegen [**consilium**];
6. beoordelen (*op grond van: ex*) [**amicos ex factis, non ex dictis**];
7. (*Mel.*) menen, denken (*m. de*).

pēnsor, ōris *m* (*pendo*) (*August.*) iem. die weegt [**elementorum**].

pēnsum, ī *n* (*subst. ppp. v. pendo*)
1. (*poët.; postklass.*) (portie) wol (*die op een dag door slavinnen gesponnen of geweven moest worden*);
2. (*poët.*) (dag)taak, portie werk, klus, pensum; ▸ *-a partiri inter virgines;*
3. (*metaf.*) opgave, opdracht; ▸ *-um absolvere; ~ nominis familiaeque.*

pēnsus, a, um (*p. adj. v. pendo*) gewichtig, belangrijk, noemenswaard; ▸ *pensior condicio.*

pentameter, trī *m* (*Gr. leenw.*) (*postklass.*) pentameter (*vijfvoetig vers*).

pentāthlus, ī *m* (*Gr. leenw.*) (*Plin. Mai.*) atleet in de vijfkamp.

pentēcostē, ēs *f* (*Gr. leenw.*) (*eccl.*) de vijftigste dag na het paschafeest (Pasen), Pinksteren.

Pentelicus, a, um van de Att. *berg* Pentelikon, *waar tot op heden marmer wordt gewonnen* [**Hermae** van Pentelisch marmer].

pentēris, idis *f* (*Gr. leenw.*) (*postklass.*) 'vijf' (*zie voor uitleg quinqueremis*).

Penthesilēa, ae *f koningin v.d. Amazonen, door Achilles bij Troje in een tweegevecht gedood.*

Penthe͡us, eī *en* eos *m koning v. Thebe, wegens zijn verachting voor de Dionysuscultus door de bacchanten (waaronder zijn moeder) verscheurd;* — *adj.* **Penthēus,** a, um.

Pentrī, ōrum *m Samnitische volksstam bij Bovianum.*

penuārius, a, um = *penarius.*

pēnul- = *paenul-.*

pēnūria, ae *f* gebrek, tekort (*aan: gen.*); gebrekkigheid [**cibi; omnium rerum; sapientium civium bonorumque**].

penus, ūs *en* ī *m en f,* **penus,** oris *n en* **penum,** ī *n* voorraad levensmiddelen [**annuus**]; ▸ *alqm penore privare.*

Peparēthus, ī *f eiland voor de Thessalische kust, nu* Skopelos.

pepēdī *pf. v. pedo*[1].

pependī *pf. v. pendeo en pendo.*

pepercī *pf. v. parco.*

peperī *pf. v. pario*[2].

pepigī *pf. v. pango.*

peplum, ī *n* (*Gr. leenw.*)
1. (*poët.*) *peplos, ruim vallend bovenkleed v. Griekse vrouwen, ihb. v.h. standbeeld v. Athene, dat bij de Panatheneïsche Spelen getoond werd;*
2. *mnl.* pronkgewaad [**imperatorium**], ruim vallend bovenkleed.

pepulī *pf. v. pello.*

per
I. *prep. m. acc.*
1. (*v. plaats*) (**a**) door (. . . heen); ▸ *iter per provinciam facilius est; per ignes fugere; flumen per urbem fluit; per membranas oculorum cernere;* (**b**) over (. . . heen); ▸ *pontem per Nilum facere; per corpora transire; per mare fugere; per gradus labi;* (**c**) door, over, (overal) in, op, bij; ▸ *per agros vagari; coronam auream per forum ferre; per omnes vias currere; pacem per aras exquirere* rondgaand langs, bij alle; *per orbem* over de hele wereld; *per manus tradere* van hand tot hand laten gaan; *per manus traditae religiones* van de een op de ander; *cives per domos invitati* van huis tot huis; *ire per feras* te midden van; *equites per oram maritimam*

dispositi erant; per silvas vivit; (**d**) voor . . . langs, langs; ▸ *per ora civitatum ferri, traduci; fugere per amnem* langs de rivier;
2. *(v. tijd)* (**a**) gedurende; ▸ *per multas horas; per hiemem; ludi decem per dies facti sunt; incendium per duas noctes tenuit; a te per hos dies nulla epistula venerat;* (**b**) tijdens, in de loop van, in; ▸ *per noctem; per multa bella; per idem tempus; per tempus = in tempore* op het goede moment; *per ludos; per somnum* in zijn slaap; *mortuos per indutias sepelire;*
3. (**a**) *(ter aand. v.d. persoon door wie of het middel waardoor iets gebeurt)* met behulp van, door middel van, door, met; ▸ *per internuntios colloqui cum alqo; per tres populos Galliā potiri; per manus demitti; dis supplicare per hostias;* (**b**) *per se (me, te)* op zichzelf, zelfstandig, zonder andermans hulp; ▸ *homo per se cognitus; nihil per se posse; per se solus; per me tibi obstiti = solus; amicitia per se et propter se expetita (Cic.);* (**c**) *(causaal)* wegens, ten gevolge van, uit; ▸ *per misericordiam alqm recipere; per mollitiem animi; per haec* hierom; *per errorem* door een vergissing, bij vergissing; (**d**) onder het voorwendsel van, onder het mom van, onder de schijn van; ▸ *per causam (m. gen.)* onder het voorwendsel (van); *per fidem fallere alqm* door misplaatst vertrouwen; *Sulla per Caecilium accusatur* indirect via; (**e**) *(ter aand. v.d. toestand waarin)* tijdens, in, met, onder; ▸ *per otium; per furorem; per tacitum; per vinum* in dronkenschap; (**f**) *(bij eden, smeekbeden e.d.)* bij, uit naam van; ▸ *per deos perque foedera obtestari; per deos iurare; per pietatem!; per deos immortales!; per deos atque homines!; te per amicitiam et per amorem obsecro; per ego has lacrimas oro; per si qua est fides (= per fidem, si qua est);* (**g**) *(ter aand. v.d. wijze waarop)* via, door (middel van), met; ▸ *per vim* met geweld; *per litteras* per brief, schriftelijk; *per legem; per senatūs consultum; per iniuriam; per ludum; per fraudem; per scelus; per virtutem* moedig; *per artem* kunstig; *per commodum* gemakkelijk; *per occasionem* bij gelegenheid; (**h**) met het oog op, vanwege, wat . . . betreft; ▸ *hoc per interdicta (per amicos) non licet; alqd per valetudinem facere non posse; per senatum efficere non posse; per nos egebit;*
II. **per-** *prefix (ook gesplitst)*
1. door- [**peragro, perfodio, perfringo**];
2. in de rondte [**peragito, perequito**];
3. af-, tot het einde, volledig [**perficio, peroro, permunio, perpopulor**];
4. grondig, nauwkeurig, precies [**perpendo**];
5. zeer [**permagnus, perosus, peropportunus**]; ▸ *per hercle rem mirandam; per mihi mirum visum est (Cic.);*
6. ver- [**pellicio**];
7. op volgorde [**perrogo**].

pēra, ae *f (Gr. leenw.) (poët.; Laatl.)* ransel, knapzak.

per-absurdus, a, um volkomen belachelijk.

per-accēdō, accēdere, accessī, — *(Laatl.)* geheel bereiken.

per-accommodātus, a, um *(ook gesplitst)* zeer aangenaam, uitermate gemakkelijk.

per-ācer, cris, cre zeer scherp; ▸ *(metaf.) orator ingenio peracri.*

per-acerbus, a, um
1. zeer zuur [**uva**];
2. *(metaf.) (Plin. Min.)* pijnlijk, bitter; ▸ *mihi -um fuit quod.*

per-acēscō, acēscere, acuī, — *(Plaut.)* zeer geërgerd of korzelig worden.

perāctiō, ōnis *f (perago)* voltooiing; slotakte [**fabulae**].

perāctus *ppp. v. perago.*

per-acūtus, a, um
1. zeer scherp(zinnig) [**oratio**];
2. *(v. klanken)* doordringend, zeer schel [**vox**].

per-adulēscēns, entis *en* **per-adulēscentulus,** ī *m* zeer jonge man.

Peraea, ae *f naam v. verscheidene streken, o.a.: kuststreek in Carië tegenover Rhodos.*

per-aequē *adv.* evenzeer, gelijkelijk.

per-aequō, aequāre *(postklass.)* geheel gelijkmaken.

per-agitō, agitāre
1. flink in beweging brengen; opjagen; ▸ *vehementius peragitati ab equitatu (Caes.);*
2. flink roeren;
3. *(Sen.) (metaf.)* opstoken, ophitsen [**audaces**].

per-agō, agere, ēgī, āctum
1. *levende wezens* in de rondte drijven, opjagen [**pecora**];
2. voortdurend bewerken; *ook metaf.* [**humum; freta remo** onafgebroken in beroering brengen; **Sempronium** stevig onder handen nemen; *metaf.* **omnia animo** overleggen];
3. *(poët.)* doorboren; ▸ *Theseus latus ense peregit;*
4. *(metaf.)* volbrengen, voltooien, tot een einde brengen, afmaken [**cursum; opus; facinus; bellum; iter; conata; mandata; fortunam** zijn lotsbestemming volbrengen; **comitia, conventum** houden; **causam** een proces (tot het einde toe) voeren; **reum** tot het einde toe

vervolgen]; ▸ *peracto consulatu na afloop van;*
5. *(poët.) tijd* doorbrengen [**vitam; aetatem; aevum; otia** in vrede leven];
6. *(poët.) (v. hemellichamen)* doorlópen [**duodena signa**];
7. *een toneelstuk, een rol* spelen [**fabulam; partes suas; fabulam aetatis**];
8. *(in taal)* behandelen, beschrijven [**populi res**];
9. in woorden vatten, onder woorden brengen, formuleren [**sententiam; indicium; postulata; ius iurandum; verbis auspicia**];
10. (Mart.) om het leven brengen.

peragrātiō, ōnis *f (peragro)* het doorkruísen *van land.*

per-agrō, agrāre *(ager)*
1. reizen door, trekken door, doorkruísen [**provincias; litora; urbes; orbem terrarum**];
2. *(metaf.)* doorlópen, onderzoeken, doorgronden [**rerum naturam**]; ▸ *omne immensum peragravit mente animoque (Lucr.);*
3. zich verbreiden; ▸ *fama peragravit; cuius res gestae omnes gentes terrā marique peragrassent (Cic.).*

per-albus, a, um *(postklass.)* sneeuwwit.

per-amāns, *gen.* antis zeer liefhebbend *(m. gen.).*

per-ambulō, ambulāre *(niet-klass.)*
1. wandelen door, reizen door *(m. acc.)* [**multas terras; rura**]; ▸ *(metaf.) frigus artūs perambulat* doorstroomt;
2. rondgaan langs *(m. acc.)* [**limina**];
3. (Laatl.) gaan naar, bereiken.

per-amīcē *adv.* zeer vriendschappelijk.

per-amoenus, a, um (Tac.) zeer aangenaam [**aestas**].

per-amplus, a, um zeer ruim, zeer groot.

per-angustus, a, um zeer smal, zeer nauw [**fretum; via**].

per-annō, annāre = *perenno.*

per-antīquus, a, um stokoud.

per-appositus, a, um zeer passend.

per-arduus, a, um zeer moeilijk.

per-ārēscō, ārēscere, āruī, — *(botan.)* zeer droog worden.

per-argūtus, a, um zeer scherpzinnig, zeer helder [**homo**].

per-āridus, a, um *(botan.)* zeer droog.

per-armō, armāre *(postklass.)* zwaar bewapenen.

per-arō, arāre
1. doorploegen; *ook metaf.* [**ora rugis anilibus**]; doorklieven [**pontum**];
2. *(Ov.) (met een griffel)* schrijven, beschrijven [**litteram; tabellas**].

per-attentus, a, um zeer oplettend.

pērātus, a, um *(pera)* (Plaut.) in een ransel gestopt.

per-audiō, audīre *en (auris)* **per-auriō,** aurīre (Plaut.) tot het einde toe beluisteren.

per-bacchor, bacchārī feestend doorbrengen.

per-bāsiō, bāsiāre (Petr.) hevig zoenen, kussen.

per-beātus, a, um zeer gelukkig.

per-bellē *adv.* zeer aardig, zeer fijn.

per-bene *adv.* zeer goed [**prandere; Latine loqui**].

per-benevolus, a, um zeer welwillend.

per-benignē *adv. (ook gesplitst)* zeer vriendelijk.

per-bibō, bibere, bibī, — *(poët.; postklass.)*
1. uitzuigen [**medullam alci**];
2. helemaal opzuigen; ▸ *terra concepit lacrimas ac perbibit (Ov.);*
3. *(metaf.)* helemaal in zich opnemen [**studia; sermonem**].

per-bītō, bītere, — — *(preklass.)* te gronde gaan, omkomen [**fame**].

per-blandus, a, um zeer innemend [**successor; oratio**].

per-bonus, a, um zeer goed [**agri; prandium**].

per-brevis, e zeer kort; — *adv.* **per-brevī** zeer binnenkort, heel spoedig: *perbrevi postea.*

perca, ae *f (Gr. leenw.) (poët.; postklass.)* baars.

per-calefīō, fierī, factus sum (Lucr.) door en door heet worden, met een gloed vervuld worden.

per-calēscō, calēscere, caluī, — *(poët.)* door en door heet worden.

per-callēscō, callēscere, calluī, — *(calleo)*
1. helemaal gevoelloos worden;
2. *(metaf.)* wijs, ervaren worden [**usu rerum**].

per-caluī *pf. v. percalesco.*

per-cārus, a, um
1. (Ter.) zeer duur;
2. *(metaf.)* zeer dierbaar, onbetaalbaar; ▸ *~ et iucundus.*

per-cautus, a, um zeer voorzichtig.

per-celebrō, celebrāre overal bekendmaken; ▸ *percelebrata sermonibus res est.*

per-celer, celeris, celere zeer snel.

per-cellō, cellere, culī, culsum
1. slaan, treffen [**alqm cuspide; alci femur genu**];
2. neerwerpen, -smijten, op de grond gooien [**hostes** *in de strijd* verslaan, verpletteren]; ▸ *fulmina meam domum perculerunt; cives Martis vis perculit; sprw.: plaustrum ~* (Plaut.) omverwerpen = alles verprutsen;

3. *(metaf.)* te gronde richten, ondermijnen, ten val brengen, breken [**imperium; rem publicam; adulescentiam**]; ▸ *perculsa est Lacedaemoniorum potentia;*
4. verschrikken, schokken, moedeloos maken [**alqm nuntio**]; ▸ *perculsi hostes; timore perculsa civitas;*
5. *(Laatl.)* treffen, straffen [**poenā**].

per-cēnseō, cēnsēre, cēnsuī, —
1. inspecteren, monsteren [**captivos; manipulos**];
2. opsommen, natellen, in volgorde opnoemen; berekenen, schatten, ramen [**gentes; res Caesaris; numerum legionum**];
3. beoordelen, zich een oordeel vormen over [**orationem**];
4. inspecteren, trekken door [**Thessaliam; orbem**]; ▸ *signa sol anno percenset.*

per-cēpī *pf. v. percipio.*

percepta, ōrum *n (subst. ppp. v. percipio)* principes, grondbeginselen.

perceptiō, ōnis *f (percipio)*
1. het verzamelen, oogsten [**frugum**];
2. *(jur. t.t.)* de actie van bezitneming;
3. *(metaf.)* het begrijpen, beseffen, begrip, inzicht; ▸ *animi perceptiones* ideeën.

perceptus *ppp. v. percipio.*

per-cīdō, cīdere, cīdī, cīsum *(caedo)*
1. *(Plaut.; Sen.)* hard slaan op *(m. acc.)* [**ōs alci**];
2. neuken;
3. in de pan hakken [**exercitum**].

per-cieō, ciēre, — — *en* **per-ciō,** cīre, —, citum hevig in beweging brengen, prikkelen [**se; res**]; — *p. adj.* **percitus,** a, um (a) geprikkeld [**animus**]; ▸ *amoris causā percitus;* (b) prikkelbaar, opvliegend, heethoofdig [**ingenium**].

per-cipiō, cipere, cēpī, ceptum *(capio)*
1. *(niet-klass.)* grijpen, (vast)pakken, innemen [**tactu rigorem; auras** opvangen]; ▸ *insania eum percepit;*
2. *(poët.)* in zich opnemen, absorberen [**flammam pectore; calorem**];
3. in ontvangst nemen, in bezit nemen, krijgen [**praemia; hereditatem**]; *metaf.* oogsten [**fructum victoriae**];
4. (op)merken, waarnemen, horen [**oculis, sensibus; sonum**]; ▸ *percipe auribus; (m. afh. vr.) percipite, iudices, quid velim; percipe, quae dicam;*
5. voelen, genieten [**dolores; gaudia; voluptatem**];
6. leren, begrijpen, vatten [**praecepta artis; philosophiam; virtutem; humanitatem; usum rei militaris** zich eigen maken]; *pf.* kennen, weten; ▸ *res percepta et cognita.*

percitus *zie percieo.*

per-cīvīlis, e *(Suet.)* zeer bescheiden.

percoctus *ppp. v. percoquo.*

per-cognōscō, cognōscere, cognōvī, cognitum nauwkeurig leren kennen.

per-colō[1]**,** colere, coluī, cultum *(pre- en postklass.)*
1. zeer eren, vereren [**patrem; coniugem; deos**];
2. tooien, versieren [**alqd eloquentiā**];
3. zich wijden aan *(m. acc.)* [**sapientiam**].

per-cōlō[2]**,** cōlāre *(pre- en postklass.)*
1. zeven, filtreren [**vinum**];
2. *(v. poreuze stoffen)* laten doorsijpelen, uitlekken; *pass.* doorsijpelen; ▸ *umor per terras percolatur.*

percolopō, percolopāre *(Petr.)* slaan, aftuigen.

per-cōmis, e zeer vriendelijk, zeer aardig.

per-commodus, a, um zeer gemakkelijk, zeer geschikt [**castris** *(dat.)* voor het leger].

percontātiō, ōnis *f (percontor)* ondervraging, vraag [**nostrorum**]; ▸ *percontationem facere* een verhoor houden *of* afnemen.

percontātor, ōris *m (percontor) (poët.)* ondervrager.

per-contor, contārī *(contus)*
1. inlichtingen inwinnen, informeren, nagaan *(mbt.: de; acc.)*; ▸ *pauca de statu civitatis ~; patriam percontatus est* informeerde naar het vaderland;
2. ondervragen, vragen; ▸ *nutricem ~, quid hoc rei sit; percontando atque interrogando elicere alcis opinionem (Cic.).*

per-contumāx, *gen.* ācis *(Ter.)* zeer koppig.

per-cōpiōsus, a, um *(Plin. Min.)* zeer uitvoerig.

per-coquō, coquere, coxī, coctum
1. *(postklass.)* gaar (laten) koken *of* bakken [**carnem; panem**]; ▸ *lens non bene percocta;*
2. *(metaf.)* heet maken [**terram**];
3. *(poët.; postklass.)* laten rijpen, rijp maken [**uvas**]; ▸ *sol fructūs percoquit;*
4. *(Lucr.)* verbranden, zwart maken.

per-crēb(r)ēscō, crēb(r)ēscere, crēb(r)uī, —
1. zich verspreiden, hand over hand toenemen; ▸ *percrebruerat eā tempestate pravissimus mos;*
2. *(door geruchten)* (algemeen) bekend worden; ▸ *res percrebruit; — onpers. percrebrescit (m. aci.)* het wordt bekend.

per-crepō, crepāre, crepuī, — luid (weer)klinken.

per-crucior, cruciārī (*Plaut.*) zich dodelijk ongerust maken over (*m. acc.*).

per-crūdus, a, um helemaal rauw, helemaal onrijp [**pirum**].

per-cucurrī *zie percurro.*

per-culī *pf. v. percello.*

perculsus *ppp. v. percello.*

percultus *ppp. v. percolo*[1].

percūnct- = *percont-.*

per-cupidus, a, um zeer begerig (*naar: gen.*) [**tui; imperii prolatandi**].

per-cupiō, cupere, — — (*kom.; postklass.*) vurig wensen.

per-cūriōsus, a, um zeer nieuwsgierig.

per-cūrō, cūrāre helemaal genezen *of* helen [**vulnus; mentem aegram**].

per-currō, currere, (cu)currī, cursum

I. *tr.*

1. snellen door, snel reizen door, lopen door (*m. acc.*) [**agrum Picenum; regiones; aristas** lopen over . . . heen; **pectine telas; animo polum** in gedachten]; ▸ *luna percurrens fenestras; murmura caelum percurrunt; hortus fontano umore percurritur;*

2. (*postklass.*) (*metaf.*) ambten na elkaar uitoefenen *of* bekleden [**honores** ereambten; **quaesturam, tribunatum, praeturam, consulatum**];

3. in volgorde vertellen *of* opnoemen [**multas res oratione; omnia poenarum nomina**];

4. terloops vermelden;

5. (*met de blik, in gedachten*) snel doornemen, dóórvliegen [**multa legendo; paginas; aevum animo**];

6. (*Sen.*) (*v. emoties*) als trilling gaan door, doen huiveren; ▸ *timor qui lectoris percurrit animum;*

II. *intr.* (verder) lopen, (voort)snellen [**ad forum; per mare et terras**].

percursātiō, ōnis *f* (*percurso*) snelle reis door (*m. gen.*) [**Italiae**]; *abs.* (trek)tocht *door een land;* ▸ *o praeclaram illam percursationem tuam (Cic.).*

percursiō, ōnis *f* (*percurro*)

1. het snel overdenken;

2. het terloops vermelden.

percursō, percursāre (*frequ. v. percurro*)

I. *tr.* (*postklass.*) zwerven door, langs (*m. acc.*) [**ripas**];

II. *intr.* rondzwerven, dolen [**latronum modo totis finibus nostris**].

percursus *ppp. v. percurro.*

per-cussī *pf. v. percutio.*

percussiō, ōnis *f* (*percutio*)

1. het slaan [**capitis** op het hoofd; **digitorum** het knippen met de vingers];

2. het slaan v.d. maat, maat [**intervallorum; numerorum**]; ▸ *percussionum modi.*

percussor, ōris *m* (*percutio*) moordenaar.

percussūra, ae *f* (*percutio*) (*Laatl.*) = *percussus*[2].

percussus[1] *ppp. v. percutio.*

percussus[2], ūs *m* (*percutio*) (*poët.; postklass.*) het slaan, stoot, slag [**venarum** het kloppen]; *metaf.* belediging; ▸ *percussum non sentire.*

per-cutiō, cutere, cussī, cussum (*percusti = percussisti*) (*quatio*)

1. doorboren, stoten door [**navem rostro; pectus; coxam Aeneae; fossam** doorsteken; **venam** aderlaten]; ▸ *gladio percussus;*

2. (*poët.; postklass.*) hevig doen schudden [**muros**]; ▸ *puppis Noto percussa; litora fluctu percussa* gegeseld;

3. slaan, stoten, werpen, treffen [**alqm lapide; ianuam manu; terram pede** stampen op]; ▸ *turres, arbores de caelo percussae* door de bliksem getroffen; (*metaf.*) *locum non* ~ de spijker niet op de kop slaan; *auriculae voce percussae;*

4. doodslaan, -steken, doden [**hostem; alqm veneno; se** zich met een dolk doodsteken; **feras** neerleggen];

5. executeren [**alqm securi**];

6. (*metaf.*) schokken, doen trillen, roeren, indruk maken op; ▸ *dolor alqm, animum alcis percutit; me Lacedaemon percussit* heeft me getroffen; *fragor aurem percutit;* — meestal *pass.*: *percussus atrocissimis litteris* getroffen; *formidine percussus; amore ingenti percussus; percussā mente* diep geroerd;

7. (*niet-klass.*) sluiten [**foedus**];

8. (*Ov.*) *een instrument* aanraken, spelen op [**lyram**]; *ook* spelen [**carmen**];

9. (*poët.*) zwaaien, slaan met (*m. acc.*) [**pennas; faces**];

10. (*postklass.*) *munten* slaan [**nummum**];

11. bedriegen, misleiden, afzetten; ▸ *alqm probe* ~.

per-decōrus, a, um (*Plin. Min.*) zeer elegant.

per-dēlīrus, a, um (*Lucr.*) zeer dom, zeer onzinnig.

per-depsō, depsere, depsuī, — (*Catull.*) stevig masseren, een goede beurt geven [**patrui uxorem**].

per-didī *pf. v. perdo.*

per-didicī *pf. v. perdisco.*

per-difficilis, e zeer zwaar, zeer moeilijk [**na-**

vigatio; quaestio; aditus].
per-dignus, a, um zeer waardig; ▸ *homo tuā amicitiā* ~.
per-dīligēns, *gen.* entis zeer nauwkeurig, heel stipt.
per-discō, discere, didicī, — grondig leren *of* aanleren; van buiten leren; *pf.* goed kunnen, beheersen; ▸ *hominis speciem pingere* ~.
per-disertē *adv.* zeer welsprekend.
perditiō, ōnis *f* (*perdo*) (*Laatl.*)
1. het te gronde richten, vernietiging, ondergang; ▸ *perditionis iter;*
2. verlies.
perditor, ōris *m* (*perdo*) bederver, vernietiger [**ordinis; hominum; dignitatis; nominis sui**].
perditus[1], a, um (*p. adj. v. perdo*)
1. verloren, vernietigd; ▸ *homo aere alieno* ~ bankroet;
2. wanhopig, ongelukkig, slecht [**valetudo; res** situatie]; ▸ *sum* ~; *lacrimis ac maerore* ~; *rebus omnibus perditis;*
3. (*v. hartstochten en toestanden*) mateloos, onmatig [**amor; luxuria**]; ▸ *-i animi esse* opgehitst, kwaad zijn;
4. verdorven, verlopen, gewetenloos [**homines** gespuis; **adulescens; consilia**]; ▸ *omnium mortalium perditissimus* (*Cic.*); *nihil fieri potest miserius, nihil perditius, nihil foedius* (*Cic.*).
perditus[2], ūs *m* (*perdo*) (*Plaut.*) ondergang.
per-diū *adv.* zeer lange tijd.
per-dius, a, um (*dies*) de hele dag door *of* overdag; ▸ ~ *et pernox.*
per-diuturnus, a, um zeer langdurig.
per-dīves, *gen.* dīvitis zeer rijk.
perdīx, īcis *m en f* (*Gr. leenw.*) (*niet-klass.*) patrijs.
per-dō, dere, didī, ditum (*arch. conj. praes. perduim = perdam, -duīs = -dās, -duit = -dat, -duint = -dant*)
1. te gronde richten, verderven, ongelukkig maken, vernietigen, verwoesten, ondermijnen [**civitatem; alqm capitis** iem. om het leven brengen; **serpentem** doden; **imperii mores**]; ▸ *puerum perditum* ~ volledig te gronde richten; *perde et peri; sprw.: stultum facit Fortuna quem vult* ~;
2. verdoen, verspillen, verkwisten [**diem; fortunas suas; operam; verba**];
3. verliezen, beroofd worden van, kwijtraken [**partem exercitūs; liberos; dextram manum; arma; spem; libertatem; memoriam; nomen** vergeten; **causam** *of* **litem** een proces verliezen; **veteres mores**];
4. (*abs.*) verliezen, verliezer zijn [**in alea**].
per-doceō, docēre, docuī, doctum grondig onderwijzen, leren; goed laten zien (*abs.; m. acc.; dubb. acc.; acc. m. inf.*) [**homines; artes; alqm coquinare**]; ▸ *stultitiam suam* ~ verraden.
per-doctus, a, um (*p. adj. v. perdoceo*) zeer geleerd, zeer bedreven.
per-dolēscō, dolēscere, doluī, — (*perdoleo*)
1. erg pijn *of* verdriet doen;
2. erg bedroefd worden *of* zijn.
per-dolō, dolāre (*postklass.*) nauwkeurig hakken.
per-doluī *pf. v. perdolesco.*
per-domō, domāre, domuī, domitum
1. (*poët.*) volledig temmen, bedwingen, beteugelen [**serpentem; tauros feroces; canes**]; ▸ (*metaf.*) *affectūs disciplinā perdomantur;*
2. *volken, landen* volledig onder het juk brengen, onderwerpen, bedwingen [**Hispaniam; Faliscos**]; ▸ *omni Galliā cis Rhenum perdomitā;*
3. goed maken *of* kneden; omwerken [**farinam; solum**].
per-dormīscō, dormīscere, —— (*dormio*) (*Plaut.*) doorslapen [**usque ad lucem**].
per-dūcō, dūcere, dūxī, ductum
1. leiden, brengen [**legiones in Galliam; nautas ad aequora; in theatrum; filium illuc; rem ad extremum casum** tot het uiterste brengen];
2. *een meisje* brengen naar, koppelen aan (*m. ad; in m. acc.*);
3. leiden [**aquam in coloniam**];
4. (*metaf.*) (*naar een doel*) brengen, leiden [**hominem ex humili loco ad summam dignitatem** verheffen; **artem ad magnam gloriam; alqm ad perniciem; alqd ad finem**]; ▸ *rem eo* ~ *ut* het zover brengen dat; *se medicinā usque ad longam senectam* ~;
5. verleiden, verlokken, bewegen, overhalen [**alqm ad, in suam sententiam** voor zijn plan winnen; **ad se** voor zich winnen; **ad societatem periculi**]; ▸ *eo est perductus ut;*
6. (*muren, grachten e.d.*) bouwen, aanleggen [**murum fossamque ad montem; viam**];
7. voortzetten, vervolgen, rekken [**altercationem in serum; orationes in noctem**]; ▸ *res disputatione ad mediam noctem perducitur* (*Caes.*);
8. bestrijken, insmeren [**corpus ambrosiae odore**];
9. opdrinken, legen [**poculum**];
10. doorstrepen [**nomen**].

perductō, perductāre *(intens. v. perduco) (Plaut.)* (rond)leiden.

perductor, ōris *m (perduco)*
1. rondleider;
2. koppelaar.

perductus *ppp. v. perduco.*

per-dūdum *adv. (Plaut.)* zeer lang geleden.

perduelliō, ōnis *f (perduellis)* hoogverraad.

per-duellis, is *m (duellum)*
1. oorlogvoerende vijand, staatsvijand;
2. *(Plaut.)* persoonlijke vijand, tegenstander, rebel.

perduim, perduint *e.a. zie perdo.*

per-dulcis, e *(Lucr.)* heel zoet.

per-dūrō, dūrāre *(niet-klass.)*
1. het uithouden; ▸ *perduravit miser; ~ non posse;*
2. voortduren; ▸ *probitas perdurat longum in aevum.*

per-dūxī *pf. v. perduco.*

Peredia, ae *f (peredo) (Plaut.) (scherts.)* luilekkerland.

per-edō, edere, ēdī, ēsum *(poët.)*
1. (op)eten, *ook metaf.* [**cibum**]; ▸ *quos durus amor crudeli tabe peredit (Verg.); languoribus peresus;*
2. aanvreten, verteren; ▸ *lacrimae peredēre umore exsangues genas.*

per-ēgī *pf. v. perago.*

per-egrē *en* **-egrī** *adv. (ager)*
1. in het buitenland, in den vreemde; ▸ *~ domique;*
2. uit het buitenland [**redire; nuntiare**];
3. *(poët.; postklass.)* naar het buitenland [**proficisci**].

peregrīna, ae *f (peregrinus)* buitenlandse, vrouw zonder burgerrecht.

peregrīnābundus, a, um *(peregrinor)* in het buitenland rondreizend.

peregrīnātiō, ōnis *f (peregrinor)*
1. het reizen *of* verblijf in het buitenland [**longinqua**];
2. *(eccl.)* verblijf (op aarde);
3. *(Mel.)* pelgrimstocht, bedevaart.

peregrīnātor, ōris *m (peregrinor)* reiziger *(in het buitenland).*

peregrīnitās, ātis *f (peregrinus)*
1. vreemde, buitenlandse gewoonte;
2. *(Suet.)* status v. mensen zonder burgerrecht; ▸ *peregrinitatis reus; alqm redigere in peregrinitatem* iem. het burgerrecht ontnemen.

peregrīnor, peregrīnārī *(peregrinus)*
1. in het buitenland rondreizen, ronddwalen, in het buitenland zijn [**totā Asiā; in terra**];
2. *(metaf.)* rondzwerven, dolen; ▸ *animus late longeque peregrinatur;*
3. vreemd, onbekend zijn;
4. *(Mel.)* een pelgrimstocht maken.

peregrīnus *(peregre)*
I. *adj.* a, um
1. vreemd, buitenlands [**homo; navis; amor** voor een buitenlandse; **timor, terror** voor de buitenlandse vijand; **volucris** trekvogel; **mulier** = Helena; **mores; ritus; fasti** van het buitenland; **praetor** belast met de zaken v. vreemdelingen];
2. *(metaf.)* onwetend *(in, mbt.: in m. abl.)* [**in agendo**];
II. *subst.* ī *m*
1. vreemdeling;
2. iem. zonder burgerrecht;
3. *(Mel.)* pelgrim, kruisvaarder.

per-ēlegāns, *gen.* antis zeer smaakvol, zeer verzorgd, zeer elegant [**ingenium; oratio; genus dicendi**].

per-ēloquēns, *gen.* entis zeer welsprekend.

per-ēmī *pf. v. perimo.*

per-emnis, e *(amnis)* bij het oversteken v.e. rivier [**auspicia**].

per-emō, emere = *perimo.*

per-ēmptālis, e *(perimo) (Sen.)* (een voorspelling) opheffend [**fulmina**].

perēmptiō, ōnis *f (perimo) (August.)* vernietiging.

perēmptor, ōris *m (perimo) (Sen.)* moordenaar [**regis**].

perēmptōrius, a, um *(peremptor) (Laatl.)*
1. dodelijk;
2. *(jur.)* vernietigend, definitief.

perēmptus *ppp. v. perimo.*

perendiē *adv.* overmorgen.

perendinus, a, um *(perendie)* van overmorgen; ▸ *-o die* overmorgen; *in -um* voor, tot overmorgen.

Perenna, ae *f zie Anna.*

per-ennis, e *(abl. sg. -ī en -e)*
1. een heel jaar durend, eenjarig [**militia; aves** het hele jaar overblijvend];
2. *(metaf.)* voortdurend, bestendig, eeuwigdurend [**cursus stellarum; fons** nooit opdrogend; **lucrum; virtus; loquacitas**].

perenni-servus, ī *m (perennis) (Plaut.)* eeuwige slaaf.

perennitās, ātis *f (perennis)* eindeloze duur, bestendigheid [**fontium** het nooit opdrogen].

per-ennō, ennāre (*annus*) een jaar of meer duren, *alg.* lang duren.

per-eō, īre, iī, itūrus
1. verloren gaan, ten onder gaan, verdwijnen [**e patria**]; ▸ *urbes pereunt; pereunt imbres; pereunt nives* smelt; *peritura regna; fides, virtus periit;*
2. omkomen, te gronde gaan [**in fuga; morbo; fame; (ex) vulnere**]; ▸ *turpiter, fortiter* ~ ; *perii* ik ben verloren, het is uit met mij; *perii animo; peream, si (nisi)* moge ik sterven als (als niet);
3. (*metaf.*) *door liefde* verteerd worden [**amore**]; dodelijk verliefd zijn (*op: acc.; abl.*) [**feminam; feminā**];
4. verspild worden, verloren gaan; ▸ *aurum, labor perit; tempora pereunt; lympha perit* loopt (maar) door; *ne oleum et opera philosophiae nostrae perierit (Cic.);*
5. (*jur. t.t.*) vervallen, verjaren; ▸ *alci actiones et res peribant* het recht om een claim in te dienen.

per-equitō, equitāre
I. *intr.* (te paard) rondrijden [**per agmen; inter duas acies; eā viā longe**];
II. *tr.* rijden door (*m. acc.*) [**aciem; delphino maria**].

per-errō, errāre
1. dwalen, zwerven, trekken door (*m. acc.*) [**locum; terras; alqm luminibus** iem. met zijn ogen opnemen, monsteren]; ▸ *venenum alqm pererrat* doordringt iem.; *pererrato ponto; hedera ramos pererrat* slingert om ... heen;
2. (*Plin. Mai.*) verdwalen, geen succes hebben.

per-ērudītus, a, um zeer ontwikkeld.

perēsus ppp. *v.* peredo.

per-excelsus, a, um hoog uitstekend.

per-exeō, exīre, exiī, exitum (*Laatl.*) (door iets heen) bereiken, doorgaan.

per-exiguus, a, um zeer klein, heel weinig, onbeduidend, uiterst gering [**spatium; argentum; frumentum; semen; ignis** zwak]; (*v. tijd*) zeer kort [**tempus**].

per-expedītus, a, um zeer gemakkelijk (te bewerkstelligen) [**defensio**].

per-fabricō, fabricāre (*Plaut.*) aftimmeren; *metaf.* te slim af zijn.

per-facētus, a, um zeer geestig [**orator**]; ▸ *exit aliquando alqd si non -um, at tamen fortasse non rusticum (Cic.).*

per-facilis, e (*adv.* -e)
1. zeer gemakkelijk (*m. inf. of sup.*) [**cognitu**]; ▸ *perfacile factu est conata perficere (Caes.);*
2. zeer vriendelijk, zeer beleefd [**in audiendo**]; / *adv.* **-e** zeer gemakkelijk; ▸ ~ *apparere;* ~ *sese tueri;* — (*kom.*) erg graag: ~ *patior.*

per-fācundus, a, um (*Laatl.*) zeer welsprekend.

per-familiāris
I. *adj.* e (*ook gesplitst*) zeer vertrouwd, goed bevriend (*met: dat.*);
II. *subst.* is m vertrouweling [**M. Antonii**].

per-fēcī *pf. v. perficio.*

perfectiō, ōnis *f* (*perficio*)
1. vervolmaking, voltooiing [**operum**];
2. volmaaktheid; ▸ *hanc ego perfectionem absolutionemque* (absolute perfectie) *in oratore desiderans (Cic.); ad cumulum perfectionis accedere.*

perfector, ōris m (*perficio*) iem. die voltooit, vervolmaakt (*m. gen.*).

perfectus, a, um (*p. adj. v. perficio*)
1. volmaakt, perfect, knap [**homo; orator; ratio; argumentatio;** (*in: in m. abl.; abl.*) **in dicendo; in arte; in geometria; litteris**]; ▸ *-e eruditus; -e veritatem imitari;*
2. volkomen, volledig;
3. volgroeid, volwassen [**aetas**];
4. (*gramm.*) voltooid [**tempus**].

perferēns, *gen.* entis (*p. adj. v. perfero*) geduldig *in het verdragen* (*van: gen.*) [**iniuriarum**].

per-ferō, ferre, tulī, lātum
1. brengen, dragen naar, *tot het doel, einde* brengen (*naar, tot: acc.; ad*) [**sacra ad urbes**]; ▸ *hasta haud pertulit vires* drong niet door; *lapis ictum non pertulit* bereikte zijn doel niet; *hasta perlata* geslingerd; *se* ~ zich begeven (naar); *partūs* ~ tot het einde dragen; — *pass.* doordringen tot, bereiken (*m. acc.; ad*): *fama Romam perlata est; ad urbem terror perfertur; perfertur circa collem clamor* verbreidt zich;
2. overbrengen, overhandigen [**epistulam; nuntium ad regem; mandata**];
3. berichten, melden [**consilium ad alqm**]; ▸ *equites pertulere consulem obsideri; nuntius perfert incensas naves;*
4. verdragen, dulden, uithouden [**poenam; servitutem; cruciatūs; contumelias; miserias; onus**]; (*m. aci.; inf.*); ▸ *urbes suas cremari pertulerunt;*
5. uitvoeren, voltooien, volbrengen [**mandata; iussa omnia; legationem**]; ▸ *id quod suscepi, quoad potero, perferam (Cic.);*
6. doorzetten [**legem; rogationem; actionem**]; ▸ *lex perfertur* wordt aangenomen.

per-ficiō, ficere, fēcī, fectum (*facio*)
1. vervaardigen, (af)bouwen [**murum; aedem**];

2. klaarmaken, afmaken, bereiden [**ignem**];
3. uitvoeren, voltooien, tot stand brengen [**multa; cogitata; conata; facinus; mandata; promissa**];
4. ten einde brengen, beëindigen, besluiten [**bellum; comitia; censum**]; ▸ *nihil est simul et inventum et perfectum* (*Cic.*);
5. samenstellen, maken [**commentarios; poëma**];
6. doorzetten, bewerkstelligen, bereiken (*m. acc.; ut, ne*); ▸ *perfice ut putem* overtuig mij;
7. maken tot (*m. dubb. acc.*) [**auditorem benevolum**];
8. (*poët.*) een tijd leven, vol maken, voltooien [**centum annos**];
9. perfectioneren [**artem**].

perficus, a, um (*perficio*) (*Lucr.*) voltooiend, volbrengend [**natura**].

per-fidēlis, e zeer betrouwbaar.

perfidia, ae *f* (*perfidus*) trouweloosheid, verraad, onoprechtheid; ▸ *perfidiā deceptus.*

perfidiōsus, a, um (*perfidus*) ontrouw, trouweloos, onoprecht [**amor**]; ▸ *-um est fidem frangere* (*Cic.*).

per-fidus, a, um (*fides*)
1. ontrouw, trouweloos, onoprecht, verraderlijk [**amicus; verba; oculi; ensis**]; (*poët.*) listig; ▸ *-um* (*adv.*) *ridens* schalks, plagend, grappig; *perfide* jij verrader;
2. (*poët.*) (*v. niet-lev.*) onbetrouwbaar, onveilig, gevaarlijk [**via**].

per-fīgō, fīgere, —, fīxum (*Lucr.*) doorbóren; *metaf. ppp.* **perfīxus,** a, um getroffen [**desiderio**].

perflābilis, e (*perflo*) doordringbaar, luchtig.

per-flāgitiōsus, a, um zeer verdorven.

perflātus, ūs *m* (*perflo*) (*postklass.*) tocht, trek.

per-flō, flāre
I. *tr.* waaien over, door (*m. acc.*) [**terras; colles; granaria**];
II. *intr.* (*postklass.*) (aanhoudend) waaien; ▸ *perflantibus undique procellis.*

per-flūctuō, flūctuāre (*Lucr.*) stromen over, krioelen over (*m. acc.*).

per-fluō, fluere, flūxī, flūxum (*poët.; postklass.*)
1. stromen door (*m. acc.*);
2. (*Ter.*) (*v. vaten*) leeglopen;
3. stromen, uitmonden [**in vas**]; ▸ *amnis in mare perfluens;*
4. (*metaf.*) overlopen van, rijk zijn aan (*m. abl.*) [**sudore frigido**].

per-fodiō, fodere, fōdī, fossum
1. doorsteken, een gat graven, maken door (*m. acc.*) [**parietem; montem; Isthmum**]; (*poët.; postklass.*) *met een zwaard e.d.* doorbóren [**thoraca; pectus; latus mucrone**]; ▸ *perfossi cadunt;*
2. graven [**fretum manu**].

per-forō, forāre
1. doorboren, gaten maken in [**navem rostro; latus ense; alqm hastā; duo pectora uno ictu**];
2. uitbreken, boren; ▸ *viae* (kanalen) *quasi quaedam sunt ad oculos, ad aures, ad nares a sede animi perforatae* (*Cic.*).

per-fortiter *adv.* (*Ter.*) zeer dapper.

perfossor, ōris *m* (*perfodio*) doorbreker *van de muren* [**parietum** inbreker].

perfossus *ppp. v. perfodio.*

perfrāctus *ppp. v. perfringo.*

per-frēgī *pf. v. perfringo.*

per-fremō, fremere, — — luid snuiven.

per-frequēns, *gen.* entis zeer druk bezocht.

per-fricō, fricāre, fricuī, frictum *en* fricātum (in)wrijven [**totum corpus; caput unguento; ōs** (het schaamrood uit) zijn gezicht wrijven = alle schaamte afleggen].

perfrictiō, ōnis *f* (*vgl. perfrigesco*) (*Plin. Mai.*) hevige koude; verkoudheid.

per-frīgē-faciō, facere, — — (*frigeo*) (*Plaut.*) ijskoud maken [**cor alci** iem. grote schrik aanjagen].

per-frīgēscō, frīgēscere, frīxī, frīctum (*pre- en postklass.*) koud worden; kou vatten.

per-frīgidus, a, um zeer koud [**tempestas**].

per-fringō, fringere, frēgī, frāctum (*frango*)
1. (stuk)breken, verbrijzelen, stukslaan [**proras; tabulationem; cervicem suam** zijn nek breken]; ▸ *saxo perfracto capite;*
2. zich met geweld een weg banen door, doorbréken [**phalangem hostium; aciem tenuem; muros; glaciem; domos** inbreken in]; ▸ (*metaf.*) *animos suavitate* ~ overweldigen; *eloquentia modo perfringit, modo irrepit in sensus* (*Cic.*);
3. (*metaf.*) verijdelen, omverwerpen [**senatūs decreta; leges**];
4. schenden, zich niets aantrekken van (*m. acc.*) [**omnia repagula pudoris**].

per-frīxī *pf. v. perfrigesco.*

per-fruor, fruī, frūctus sum volop genieten van, zich verkwikken, zich laven aan (*m. abl.*) [**amplexu alcis; laetitiā; gaudiis; auctoritate; otio; pacis bonis** zegeningen v.d. vrede];

▸ *ad perfruendas voluptates.*

per-fūdī *pf. v. perfundo.*

perfuga, ae *m (perfugio)* overloper.

per-fugiō, fugere, fūgī, —
1. vluchten, zijn toevlucht zoeken [**ad Helvetios; Corinthum; in Capitolium**]; ▸ *(metaf.) a negotiis publicis se removere ad otiumque ~ (Cic.); in fidem Aetolorum ~;*
2. *naar de vijand* overlopen [**a Pompeio ad Caesarem**].

perfugium, ī *n (perfugio)*
1. toevlucht(soord), asiel *(voor: gen.)* [**salutis; hiemis** voor de winter; **commune**]; ▸ *portum ac -um esse; haec studia -um et solacium praebent (Cic.); pateat hoc ~ doloris (Cic.);*
2. *(metaf.)* uitvlucht, excuus.

perfūnctiō, ōnis *f (perfungor)*
1. uitoefening, bekleding [**honorum**];
2. het doorstaan [**laborum**].

perfūnctōrius, a, um *(perfungor) (postklass.)* oppervlakkig, nonchalant.

perfūnctus *p.p. v. perfungor.*

per-fundō, fundere, fūdī, fūsum
1. overgieten, begieten, besproeien [**fluviis pecus; pisces olivo; alqm lacrimis** nat huilen; **vestes ostro** verven; **sanguine** bespatten]; ▸ *artūs perfudit sudor; manus cruore filii perfusa;* — *pass. perfundi* zich natmaken, baden [**flumine; fletu; nardo, oleo** zich insmeren]; — *(poët.) m. acc.: lacrimis perfusa genas* met de wangen nat v. tranen;
2. stromen door *of* over; ▸ *Trallis adluitur Eudone amne, perfunditur Thebaide (Plin. Mai.);*
3. *(poët.; postklass.)* bestrooien, bedekken, bedelven [**pedes amictu**]; ▸ *perfusus pulvere ac sudore;*
4. *(metaf.)* overstelpen, vervullen, bedelven *(met, van, onder: abl.)* [**alqm** *of* **animum alcis voluptate, gaudio, timore; mentem amore**]; ▸ *sensus iucunditate perfunditur; laetitiā perfundi; alqm iudicio ~.*

per-fungor, fungī, fūnctus sum *(m. abl.)*
1. helemaal uitvoeren, verrichten, doorlópen *of* vervullen [**gravi opere; honoribus; militiā**];
2. doorstaan [**periculis; molestiā; vitā** *of* **fato** sterven]; — *p.p. ook pass.: perfunctum periculum* is doorstaan;
3. genieten [**bonis**]; ▸ *dum aetatis tempus tulit, perfuncta satis sum (Ter.).*

per-furō, furere, — — *(poët.)* (voort)razen, stormen.

perfūsiō, ōnis *f (perfundo) (postklass.)* het gieten over; het bevochtigen.

perfūsōrius, a, um *(perfundo) (postklass.)*
1. oppervlakkig [**voluptas**];
2. vaag, ongegrond [**assertio**].

perfūsus *ppp. v. perfundo.*

Pergamum, ī *n en* **-os,** ī *f*
1. *meestal plur.* **Pergama,** ōrum *n* burcht v. Troje, *alg.* Troje; — *adj.* **Pergameus,** a, um Trojaans;
2. *stad in Mysië, belangrijkste stad v.h. Pergameense rijk, nu* Bergama, *beroemd door een grote bibliotheek v. 200.000 boekrollen en het daar uitgevonden perkament (charta pergamena);* — *inw. en adj.* **Pergamēnus,** ī *m resp.* a, um.

per-gaudeō, gaudēre, — — erg blij zijn.

per-gnōscō *(arch.) = pernosco.*

pergō, pergere, perrēxī, perrēctum *(per en rego)*
1. zich op weg begeven, opbreken; verder gaan, oprukken [**in Macedoniam; ad castra; ad litora; ad regem; in exilium; domum; ad delendam urbem**];
2. *iter ~* zijn weg vervolgen *of* de mars voortzetten;
3. doorgaan *(meestal m. inf.; ook abs.)* [**ire** verder gaan; **hosti obviam ire; eloqui**]; ▸ *id agere perrexi; pergite, ut coepistis; pergin? = pergisne?;*
4. *met een betoog* doorgaan, voortzetten; ▸ *pergam atque insequar longius; ad reliqua pergamus* laten we overgaan tot de rest.

per-graecor, graecārī *(kom.)* als een Griek leven = een vrolijk leventje leiden.

per-grandis, e zeer groot [**gemma; lucrum; vectigal**]; ▸ *~ natu* hoogbejaard.

per-graphicus, a, um *(Plaut.)* levensecht, op-en-top.

per-grātus, a, um *(ook gesplitst)* zeer aangenaam, zeer welkom; ▸ *litterae tuae -ae fuerunt; adventus eorum nobis ~ fuit; -um facere alci* iem. een groot plezier doen.

per-gravis, e zeer zwaar; *metaf.* zeer belangrijk [**testis**]; — *adv.* **pergraviter** zeer hevig, zeer ernstig, zeer zwaar.

pergula, ae *f (poët.; postklass.)*
1. uit-, aanbouw, *voor verschillende doeleinden gebruikt, o.a. voor een* (a) bordeel; (b) school; ▸ *in -a docere; in -a natus (Petr.)* in een schuur geboren;
2. raamwerk, pergola *(ter ondersteuning v. wijnranken e.d.).*

per-hauriō, haurīre, — haustum helemaal opslokken.

per-hibeō, hibēre, hibuī, hibitum *(habeo)*

1. aanbieden, geven [**alqm** als advocaat laten optreden; **testimonium** afleggen; **honorem alci** bewijzen];
2. *(Plin. Mai.)* toeschrijven [**divinitatem**];
3. zeggen, vertellen *(abs.; m. acc.; aci.; pass. m. nci.)*; ▸ *ut perhibent* zoals men vertelt; *montes qui esse aurei perhibentur* waarvan men zegt; *Romulus perhibetur* (zou) *et corporis viribus et animi ferocitate ceteris praestitisse*;
4. noemen, aanduiden; ▸ *id quod nostri caelum memorant, Graeci perhibent aethera.*

per-hīlum *adv. (Lucr.)* zeer weinig.

per-honōrificus, a, um
1. zeer eervol [**consalutatio; discessus**];
2. zeer eerbiedig *(jegens: in m. acc.)*; ▸ *collega in me* ~ *(Cic.).*

per-horreō, horrēre, —— *(Laatl.)* sidderen voor, zeer bang zijn voor *(m. acc.).*

per-horrēscō, horrēscere, horruī, — *(incoh. v. perhorreo)*
I. *intr.*
1. (beginnen te) huiveren, sidderen *of* beven [**toto corpore**]; ▸ *(metaf.) clamore perhorruit Aetna*;
2. *(Ov.) (v. water)* hoog opschuimen, hevig golven; ▸ *latum perhorruit aequor*;
II. *tr.* ontdaan zijn over, huiveren voor, terugschrikken voor *(m. acc.)* [**casūs nostros; Bosporum; fugam; tantam religionem**]; — *m. inf. of ne* bang zijn om, terugdeinzen voor.

per-horruī *pf. v. perhorresco.*

per-hūmānus, a, um *(adv. -iter)* zeer vriendelijk, zeer beleefd [**sermo; epistula**].

periboētos, on *(Gr. leenw.) (Plin. Mai.)* beroemd.

peribolus, ī *m en* **-um,** ī *n (Gr. leenw.) (Laatl.)* omheining.

Periclēs, is *en* ī *m zoon v. Xanthippus, beroemd Atheens staatsman (ca. 490—429 v. Chr.); als staatsman was hij zo invloedrijk dat de bloeitijd v. Athene het 'tijdperk v. Pericles' wordt genoemd.*

perīclitābundus, a, um *(periclitor) (Apul.)* beproevend, (uit)proberend.

perīclitātiō, ōnis *f (periclitor)* proef(neming).

perīclitor, perīclitārī *(peric(u)lum)*
I. *tr.*
1. (uit)proberen, beproeven [**omnia; fortunam belli; fidem alcis; vires ingenii**]; *(m. afh. vr.)*; — *p.p.* **perīclitātus,** a, um *ook pass.*: *periclitati mores*;
2. in gevaar brengen [**salutem rei publicae**];
II. *intr.*
1. gevaar lopen, in gevaar, bedreigd zijn, op het spel staan [**capite; veneno**]; ▸ *vita Gallorum periclitatur; populus Romanus periclitabatur*;
2. *(ondanks gevaar)* een poging doen, wagen, riskeren; ▸ *periclitando* door het nemen van risico's.

perīclum, ī *n* = *periculum.*

periclymenon, ī *n (Gr. leenw.)* kamperfoelie.

perīculōsus, a, um *(periculum)* gevaarlijk, riskant [**morbus; iter; consuetudo; vulnus; ira; locus**]; ▸ *(m. dat.) -ae libertati* (voor de vrijheid) *opes; -um populo Romano.*

perīculum, ī *n*
1. gevaar, risico [**belli; capitis** levensgevaar]; nadeel, aansprakelijkheid; ▸ *magno (cum) -o* met groot gevaar; *res in -o vertitur* wordt gevaarlijk; *-um comparare alci;* ~ *alci est ab alqo* dreigt; *in -um venire, -um ingredi; -um adire, suscipere of subire; in -o esse* verkeren; ~ *est ne* het gevaar bestaat dat; *cum -o sui* met gevaar voor zichzelf; *salutem sociorum summum in -um vocare* brengen; *rem in -um adducere; se in -um committere; caput -o ponere* blootstellen aan; *removere -um ab alqo; eripere ex -o; rem publicam a -o prohibere; meo periculo* op mijn risico, op mijn verantwoording;
2. proef(neming), test; ▸ *-um facere (m. gen.)* (uit)proberen, beproeven, leren kennen: *-um facere virium, fidei alcis, hostis; -um sumere, audere (Tac.)*;
3. proces, aanklacht [**amicorum**]; ▸ *in -is defendere; -um alci facessere* iem. aanklagen; *versari in -is privatorum.*

per-idōneus, a, um zeer passend, zeer geschikt *(bij, voor: dat.; ad)*; ▸ *is locus* ~ *castris habebatur (Caes.); gens ad furta belli -a (Sall.).*

perierātiuncula, ae *f (Plaut.)* = *peieratiuncula.*

perierō, perierāre = *peiero.*

per-iī *pf. v. pereo.*

Perillus, ī *m bronsgieter uit Akragas (Lat. Agrigentum) die voor de tiran Phalaris een bronzen stier maakte in wiens holle lijf misdadigers gebraden moesten worden; de kunstenaar werd door de tiran uitgenodigd om de stier uit te proberen door er zelf in te kruipen en kwam zo om het leven;* — *adj.* **Perillēus,** a, um [**aes** = de bronzen stier v. Perillus].

per-illūstris, e
1. zeer opvallend;
2. zeer in aanzien, zeer geëerd.

per-imbēcillus, a, um zeer zwak.

Perimēdē, ēs *f een tovenares;* — *adj.* **Perimēdēus,** a, um.

per-imō, imere, ēmī, ēmptum *(emo)*

1. vernietigen, verwoesten, vernielen, te gronde richten [**simulacra divorum; sensum**]; ▸ *luna perempta est* werd verduisterd, verdween; *Troia perempta; perimit urbem incendio;* 2. (*metaf.*) verijdelen, verhinderen [**reditum; causam publicam** de genadeslag geven]; ▸ *ludi perempti atque sublati sunt;* 3. doden [**sorte; alqm inopiā ac tabe longā**]; ▸ *crudeli morte peremptus* weggerukt.

per-inānis, e (*Mart.*) volstrekt nietszeggend, geheel waardeloos.

per-incertus, a, um (*Sall.*) zeer onzeker.

per-incommodus, a, um zeer ongelegen, zeer lastig.

per-inde *adv.*
1. evenzo, op gelijke wijze, in gelijke mate; ▸ ~ . . . *ac* of *ut* net zo . . . als, in dezelfde mate (. . .) als; ~ *ac si, quasi, tamquam (si)* of *quam si* (*m. conj.*) (net) alsof; *nec* ~ niet in gelijke mate; *haud* ~ . . . *quam* niet zozeer . . . als wel;
2. (*Laatl.*) daardoor, zodoende.

per-indignē *adv.* (*indignus*) (*Suet.*) met grote verontwaardiging [**ferre alqd**].

per-indulgēns, *gen.* entis zeer toegevend [**in patrem**].

per-īnfāmis, e (*postklass.*) zeer berucht.

per-īnfirmus, a, um zeer zwak.

per-ingeniōsus, a, um zeer scherpzinnig, zeer talentvol [**homo**].

per-ingrātus, a, um (*Sen.*) zeer ondankbaar.

per-inīquus, a, um
1. zeer onredelijk;
2. zeer ontstemd, zeer ontevreden; ▸ *etsi -o patiebar animo te a me digredi* (*Cic.*).

per-iniūrius, a, um zeer onrechtvaardig, zeer verkeerd.

per-īnsignis, e zeer opvallend.

Perinthus, ī *f* *stad in Thracië, nu Ereğli;* — *adj.* **Perinthius,** a, um; — **Perinthia,** ae *f* vrouw uit Perinthus.

per-invalidus, a, um (*postklass.*) zeer zwak.

per-invīsus, a, um zeer gehaat; ▸ *homo dis ac nobilitati* ~.

per-invītus, a, um met grote tegenzin.

periodicus, a, um (*Gr. leenw.*) (*postklass.*) terugkerend [**febris**].

periodus, ī *f* (*Gr. leenw.*) (*postklass.*)
1. volzin, periode;
2. (*Laatl.*) periode, tijdsduur.

Peripatēticus (*Gr. leenw.*)
I. *adj.* a, um peripatetisch, tot de school v. Aristoteles horend, uit de school v. Aristoteles (*omdat deze al wandelend in de wandelgang v.h. Lyceum in Athene zijn ideeën uiteenzette*) [**philosophi**];
II. *subst.* ī *m* peripateticus, volgeling v. Aristoteles.

peripetasma, atis *n* (*Gr. leenw.*) kleed, sprei (*om een aanligbed te bedekken*).

periphrasis, is *f* (*Gr. leenw.*) (*postklass.*) omschrijving.

peripleumonia, ae *en* **peripneumonia,** ae *f* (*Gr. leenw.*) (*Laatl.*) longontsteking.

peripleumonicus *en* **peripneumonicus,** ī *m* (*Gr. leenw.*) (*Plin. Mai.*) iem. die longontsteking heeft.

peripteros, on (*Gr. leenw.*) (*Laatl.*) met een zuilenrij omgeven [**aedes**].

per-īrātus, a, um zeer boos.

periscelis, idis *f* (*Gr. leenw.*) (*poët.*) knieband (*door vrouwen als sieraad net boven de knie gedragen*).

peristasis, *acc.* im *f* (*Gr. leenw.*) (*Petr.*) onderwerp, thema.

peristereos, ī *f* (*Gr. leenw.*) *een soort plant.*

peristerōn, ōnos *f* (*Gr. leenw.*) duiventil.

peristrōma, atis *n* (*Gr. leenw.*) sprei, kleed.

peristȳlum, ī *n* (*Gr. leenw.*) peristyle (*door zuilen omgeven binnenhof v.h. Rom. huis*).

Pērithous, ī *m* = *Pirithous.*

perītia, ae *f* (*peritus*) ervaring, (praktische) kennis [**locorum ac militiae; legum**]; ▸ *-ā et arte praestans.*

perītus, a, um (*vgl. experior*) ervaren, bedreven, kundig, knap (*in: gen.; zelden abl.; in m. abl.; ad; m. inf.*) [**belli navalis; multarum rerum; earum regionum; litterarum; nandi; tuendae civitatis; iuris** *en* **iure; arte; ad disciplinam; cantare**]; ▸ (*abs.*) *-e dicere; peritissimi duces.*

per-iūcundus, a, um zeer aangenaam, zeer verheugend [**litterae; disputatio; adventus alcis**]; — *adv.* met veel genoegen.

periūrium, ī *n* (*periurus*) meineed.

per-iūrō, iūrāre = *peiero.*

per-iūrus, a, um (*periuro*)
1. meinedig, schuldig aan eedbreuk [**Troia**];
2. (*Plaut.*) leugenachtig; ▸ *periurissime hominum.*

perizōma, atis *n* (*Gr. leenw.*) (*Laatl.*) gordel, lendendoek.

per-lābor, lābī, lāpsus sum
I. *tr.* (*poët.*) glijden door, over (*m. acc.*) [**undas**];
II. *intr.* naar binnen glippen, erdoorheen glippen, (ongemerkt) doordringen [**in insulam nando; per acies**]; ▸ *angues in aedem Iovis per-*

lapsi sunt; inde Hercules perlapsus ad nos et usque ad Oceanum.

per-laetus, a, um zeer vrolijk.

perlāpsus *p.p. v. perlabor.*

per-lātē *adv.* zeer wijd [**patet**].

per-lateō, latēre, latuī, — *(Ov.)* altijd verborgen blijven.

perlātor, ōris *m (perfero) (Laatl.)* iem. die overbrengt, boodschapper.

perlātus *ppp. v. perfero.*

per-lecebrae *zie pellecebrae.*

perlēctiō, ōnis *f (perlego)* het doorlezen [**epistulae**].

per-legō, legere, lēgī, lēctum

1. *(poët.)* nauwkeurig beschouwen, monsteren [**omnia oculis; alqd vultu**];
2. doorlezen [**litteras; tabellas**];
3. voorlezen [**senatum** lijst v. senatoren; **leges; historiam**].

per-lepidē *adv. (Plaut.)* zeer aardig [**narrare**].

per-levis, e zeer licht, zeer gering, zeer onbeduidend.

per-libēns, *gen.* entis heel graag, met veel genoegen.

per-līberālis, e

1. zeer vriendelijk, zeer vrijgevig;
2. *(Ter.)* zeer goed opgevoed.

per-libet, libēre, libuit *(Plaut.) onpers. (m. dat.)* het behaagt (mij, *enz.*) zeer, ik heb veel zin.

per-lībrō, lībrāre

1. gelijkmaken, nivelleren;
2. zwaaien, mikken [**hastam**].

per-liciō, licere, lēxī, lectum = *pellicio.*

per-linō, linere, (lēvī), litum helemaal insmeren, besmeren [**ulcera**].

per-litō, litāre onder gunstige voortekens offeren [**dis; saluti;** *(iets: abl.)* **tribus bubus**]; *primisque hostiis perlitatum est (Liv.).*

per-longinquus, a, um *(Plaut.)* zeer langdurig.

per-longus, a, um

1. zeer lang [**via**];
2. *(Plaut.)* zeer langdurig;
3. *(Ter.) adv.* **-ē** zeer ver.

per-lub- = *perlib-.*

per-lūceō, lūcēre, lūxī, —

1. erdoorheen schijnen, erdoorheen schemeren; ▸ *lux perlucens; saxum a vado perlucens;*
2. *(metaf.)* zichtbaar zijn, te voorschijn komen, blijken; ▸ *mores ex voce perlucent; illud ipsum quod honestum dicimus, quasi perlucet ex eis virtutibus;*
3. het licht doorlaten, doorzichtig zijn; — *p. adj.* **perlūcēns,** *gen.* entis doorzichtig [**aether;** *metaf.* **oratio**].

perlūcidulus, a, um *(demin. v. perlucidus) (Catull.)* tamelijk doorzichtig [**lapis** parel].

per-lūcidus, a, um *(perluceo)*

1. doorzichtig [**membranae**]; ▸ *(metaf.) fides perlucidior vitro;*
2. zeer helder [**sidera**].

per-lūctuōsus, a, um zeer treurig [**funus**].

per-luō, luere, luī, lūtum *(lavo)*

1. (af)wassen, afspoelen, natmaken [**alqd aquā marinā; vasa aquā**]; ▸ *sudor perluit ora;*
2. *pass. perlui* een bad nemen, baden *(in: abl.; in m. abl.)* [**aquā gelidā; in fluminibus**].

per-lūstrō, lūstrāre

1. monsteren, nauwkeurig bekijken, bezichtigen [**omnia oculis**]; *metaf.* overwegen [**alqd animo**];
2. zwerven door, trekken door, doorkruisen *(m. acc.)* [**Germaniam**]; ▸ *exercitus hostium agros perlustravit;*
3. *(postklass.)* helemaal reinigen [**paleas**].

perlūtus *ppp. v. perluo.*

per-lūxī *pf. v. perluceo.*

per-macer, cra, crum zeer mager [**caro**]; *(v. grond)* erg arm, erg schraal.

per-madefaciō, madefacere, madefēcī, — *(Plaut.)* doorweken.

per-madēscō, madēscere, maduī, — *(postklass.)*

1. zeer nat worden, druipen;
2. *(metaf.)* verslappen [**deliciis**]; ▸ *animi permadescunt.*

per-magnificus, a, um *(Laatl.)* bijzonder mooi [**convivium**].

per-magnus, a, um zeer groot, zeer omvangrijk, heel belangrijk [**numerus; vis naturae; hereditas**]; ▸ *-i interest* het is van zeer groot belang; — *subst.* **permagnum,** ī *n* iets heel groots.

permānanter *adv. (permano) (Lucr.)* doordringend.

permānāscō, permānāscere, — — *(permano) (Plaut.)* ergens heenstromen; *metaf.* ter ore komen *(m. ad).*

per-maneō, manēre, mānsī, mānsum

1. blijven [**meo loco; in armis** onder de wapens blijven];
2. *(metaf.)* voortduren, voortbestaan, in stand blijven; ▸ *amicitia Masinissae bona atque honesta nobis permansit (Sall.); ira inter eos intercessit quae permansit diu (Ter.); nomen invictum permansit;*
3. volharden in, vasthouden aan, blijven bij *(m.*

in m. abl.) [**in consilio; in sua pristina sententia; in libertate; in officio; in fide**].

per-mānō, mānāre
1. doorstromen, doorsijpelen; ▸ *in speluncis umor aquarum permanat;*
2. (*metaf.*) doordringen; ▸ *anima permanat per membra; permanat frigus ad ossa; permanat calor argentum;*
3. stromen, uitstromen; ▸ *venenum in omnes partes corporis permanat;*
4. (*metaf.*) doordringen, zich verbreiden [**ad aures alcis**]; ▸ *doctrina in civitatem permanavit; permanat amor in pectus.*

per-mānsī *pf. v. permaneo.*

permānsiō, ōnis *f* (*permaneo*) het verblijven, het zich ophouden; *metaf.* het volharden; ▸ *in una sententia perpetua* ~.

per-marceō, marcēre, — — zeer zwak zijn.

per-marīnus, a, um over de zee geleidend [**Lares** *beschermgoden v. hen die op zee reizen*].

per-mātūrēscō, mātūrēscere, mātūruī, — helemaal rijp worden.

per-mātūrus, a, um helemaal rijp [**olea; baca**].

permeātus, ūs *m* (*Plin. Mai.*) doorgang, passage.

per-mediocris, e zeer (middel)matig.

per-meditātus, a, um (*Plaut.*) goed voorbereid.

permēnsus *p.p. v. permetior.*

per-meō, meāre (*poët.; postklass.*)
1. doorkruisen, trekken door; passeren [**maria ac terras**]; ▸ *Euphrates mediam Babylonem permeans; permeato amne;*
2. bereiken, doordringen tot (*m. in m. acc.*); ▸ *saxa et sagittae in hostes permeabant.*

per-mereō, merēre (zijn diensttijd) uitdienen.

Permēssus, ī *m rivier in Boeotië, waaruit de aan de muzen gewijde bron op de Helicon ontspringt.*

per-mētior, mētīrī, mēnsus sum
1. (uit)meten [**solis magnitudinem**];
2. (*niet-klass.*) doorkruisen, trekken door, doorreizen [**campos celeri passu; iter; classibus aequor**]; ▸ *Italiae et Siciliae oras errabundus permetiens;*
3. (*poët.*) (*metaf.*) doorleven [**saecula**];
/ *p.p.* **permēnsus,** a, um ook *pass.*

per-mīlitō, mīlitāre (*postklass.*) de diensttijd afmaken.

per-mingō, mingere, mīnxī, — (*preklass.; poët.*) pissen op, bezeiken.

per-mīrandus, a, um (*Gell.* [*gesplitst*]) heel prachtig; ▸ *per hercle rem mirandam.*

per-mīrus, a, um (*ook gesplitst*) erg verwonderlijk [**naturae opera**]; zeer vreemd; ▸ *per mihi mirum visum est* (*Cic.*).

per-misceō, miscēre, miscuī, mixtum
1. (ver)mengen, door elkaar mengen (*met: cum; abl.; dat.*) [**naturam cum materia; equites turbae hostium; victos victoribus**]; ▸ *permixti fugientibus;* — *pass. permisceri* (*inter se*) zich mengen;
2. (*metaf.*) verenigen, verbinden; ▸ *permixtae gentes; consiliis permixtus* verwikkeld in;
3. in verwarring brengen, overhoophalen [**iura divina et humana; mores; Graeciam**].

permissiō, ōnis *f* (*permitto*)
1. toestemming, permissie; ▸ *mea* ~ *mansionis tuae;*
2. (*Liv.*) capitulatie, overgave.

permissus, ūs *m* (*permitto*) toestemming, -ū met toestemming van [**tuo; legis; Romanorum**].

permitiālis, e (*permities*) (*Lucr.*) verderfelijk, dodelijk.

permitiēs, ēī *f* verderf, ondergang; oorzaak v. verderf; ▸ *egredere, erilis permities!* (*Plaut.*).

per-mittō, mittere, mīsī, missum
1. (*poët.; postklass.*) tot aan het doel slingeren, werpen, laten vliegen [**saxum in hostem; scopulum in undas**];
2. *naar een doel laten gaan* [**equos in hostem**]; ▸ *permissus equitatus;*
3. laten schieten, vieren [**habenas equo;** *metaf.* **tribunatum** zonder beperking gebruiken];
4. (*metaf.*) overgeven, overlaten, toevertrouwen aan (*m. dat.; in m. acc.*) [**alci potestatem; consulibus rem publicam** vrije hand in het staatsbestuur geven; **rem arbitrio** in handen geven van; **rogum flammae; se in deditionem consulis; se in fidem** *of* **fidei populi Romani** zich onvoorwaardelijk overgeven]; (*m. inf.; ut; conj.*);
5. prijsgeven, opofferen, laten varen [**inimicitias temporibus rei publicae** terwille v.d. politieke situatie; **alqd iracundiae alcis** door de vingers zien];
6. veroorloven, toestaan, toelaten, laten gebeuren [**morem; multum sibi**]; (*m. inf.; aci.; ut*); ▸ *lex iubet, aut permittit, aut vetat; ille meas errare boves permisit* (*Verg.*); *permisso ut* na toestemming om; — *permittitur* (*m. inf.; ut*) het is geoorloofd, men mag: *non permittitur reprimere impetum.*

permixtē *en* **-tim** *adv.* (*permixtus, ppp. v. permisceo*) vermengd, door elkaar, verward [**dicere** met omzetting v.d. woorden onderling; **exponere**].

permixtiō, ōnis *f (permisceo)*
1. vermenging, verwarring, oproer [**rei publicae**]; ▸ *dissensio civilis, quasi ~ terrae;*
2. *(concreet)* mengsel;
3. *(Laatl.)* seksuele omgang.

per-modestus, a, um
1. zeer bescheiden;
2. *(Tac.) (v. niet-lev.)* zeer gematigd; ▸ *verba sensu -o.*

per-modicus, a, um *(postklass.)* zeer gering, zeer klein [**res familiaris**].

per-molestus, a, um zeer lastig, erg moeilijk; — *adv.* **-ē** met grote ergernis: *-e ferre* het zeer kwalijk nemen, moeilijk kunnen verdragen.

per-molō, molere, moluī, — *(Hor.)* fijnmalen *(ook obsceen)* [**uxores alienas**].

permōtiō, ōnis *f (permoveo)* beweging [**animi**], emotie; ▸ *mentis ~ divina* bezieling.

per-moveō, movēre, mōvī, mōtum
1. *(Lucr.)* hevig bewegen; ▸ *mare permotum ventis* stormachtig;
2. *(metaf.)* bewegen, ertoe brengen, aanzetten [**alqm pollicitationibus**]; — *ihb. ppp.: permotus auctoritate, iniuriis, studio dominandi;*
3. bewegen, beroeren, verontrusten, opwinden, schokken [**mentem iudicum**]; ▸ *animo permoveri* de moed laten zakken; *labore itineris permoveri* mismoedig worden door; *hoc tumultu permoti* door dit oproer verontrust; *permotus ad miserationem;* — *ppp.* **permōtus,** a, um *(m. abl.) vaak te vertalen met* uit, door: ▸ *permotus irā* uit woede; *permotus dolore, metu, odio;*
4. *een emotie* opwekken [**invidiam; misericordiam; metūs et iras**].

per-mulceō, mulcēre, mulsī, mulsum
1. strelen, strijken [**comas** gladstrijken; **alqm manu; caput; alci malas**];
2. zacht aanraken, betasten [**lumina virgā**];
3. liefkozen, vermaken [**sensum voluptate; aures cantibus**]; ▸ *alqm ~ atque allicere;*
4. *(metaf.)* kalmeren, sussen, verlichten, verzachten [**pectora dictis; senectutem; iram alcis; alqm liberalibus verbis**].

per-multus, a, um zeer veel *(meestal plur.)* [**urbes; partes**]; ▸ *diffugerant -i;* — *subst.* **-um,** ī *n* zeer veel, flink wat: *-um interest, refert; -a praetereo;* **-ō** *(bij comp.)* zeer veel, veruit, verreweg: *-o clariora;* — *adv.* **permultum** zeer veel [**valere; ante** heel lang daarvoor].

per-mundō, mundāre *(Vulg.)* geheel reinigen.

per-mūniō, mūnīre
1. afbouwen, de versterking voltooien van *(m. acc.)* [**munimenta; Athenas**];
2. zeer versterken [**urbem; castra**].

per-mūtābilis, e *(permuto) (Laatl.)* veranderbaar, veranderlijk.

permūtātiō, ōnis *f (permuto)*
1. verandering, wisseling [**coloris; temporum; defensionis**]; ▸ *magna rerum ~ impendet (Cic.);*
2. (om)ruil [**mercium; rerum**]; ruilhandel;
3. het overdragen v. geld door middel v. e. wissel [**publica**];
4. uitwisseling [**captivorum**].

per-mūtō, mūtāre
1. volledig veranderen, wisselen [**ordinem; statum rei publicae; sententiam; vultum**];
2. verruilen, omruilen, verwisselen [**domum; galeam; nomina inter se**];
3. *geld* in wissels opnemen, met geldwissels betalen [**pecuniam Athenas** in wissels naar Athene sturen]; ▸ *illud quod tecum permutavi;*
4. uitwisselen, (los)kopen [**captivos; equos auro**].

perna, ae *f* dij; bout, ham.

per-nāvigō, nāvigāre *(Plin. Mai.)* helemaal afvaren, bevaren.

per-necessārius, a, um
1. zeer noodzakelijk [**traditio sacrorum; clausula**];
2. zeer kritiek, zeer dringend [**tempus**];
3. nauw verbonden, goed bevriend, nauw verwant *(met: dat.)*; ▸ *amicus mihi ~; Laelius paternus amicus ac ~;* — *subst.* ī *m* vertrouweling.

per-necesse *indecl. adj. (n)* absoluut noodzakelijk.

per-necō, necāre *(Laatl.)* morsdood maken.

per-negō, negāre
1. hardnekkig ontkennen *(m. aci.)*;
2. *(pre- en postklass.)* onomwonden weigeren.

per-neō, nēre, nēvī, nētum *(Mart.) (v.d. schikgodinnen)* afspinnen [**alci supremos annos**].

perniciābilis, e *(pernicies)* verderfelijk, schadelijk [**morbi**].

perniciālis, e *(pernicies) (poët.; postklass.)* verderfelijk, dodelijk.

per-niciēs, ēī *f (nex) (arch. gen.* perniciī, *dat.* perniciē*)*
1. verderf, ongeluk, vernietiging, ondergang [**rei publicae**]; ▸ *alci perniciem facere, ferre* verderf brengen; *in apertam perniciem incurrere; perniciem a patria depellere; ~ in accusatorem vertit (Tac.);*
2. *(meton.)* oorzaak v. verderf, pest; ▸ *Verres ~*

provinciae Siciliae.

perniciōsus, a, um *(pernicies)* verderfelijk, schadelijk, gevaarlijk [**exemplum; consulatus; lex; seditio; certamen**].

pernīcitās, ātis *f (pernix)* vlugheid, behendigheid.

per-niger, gra, grum *(Plaut.)* helemaal zwart [**oculi**].

per-nimium *adv. (Ter.) (ook gesplitst: per parce nimium)* al te veel.

perniō, ōnis *m (perna)* winterhand, -voet.

pernīx, *gen.* īcis snel, vlug, behendig, rap [**puella; saltus; genus**]; ▸ ~ *sum manibus.*

per-nōbilis, e zeer bekend, zeer beroemd.

pernoctātiō, ōnis *f (pernocto) (Laatl.)* het doorbrengen van de nacht, wake.

per-noctō, noctāre *(nox)* overnachten, de nacht doorbrengen [**foris; in foro**].

pernōnidēs, ae *m (perna) (Plaut.) (scherts. patronymisch gevormd)* 'Hamstra' [**laridus**].

per-nōscō, nōscere, nōvī, — goed leren kennen, nauwkeurig nagaan; *pf.* goed kennen; ▸ *hominum mores ex corpore, oculis, vultu* ~ *(Cic.); facta pernovit probe.*

per-nōtēscō, nōtēscere, nōtuī, — *(Tac.)* overal bekend worden.

per-nōtus, a, um *(postklass.)* zeer bekend.

per-nōvī *pf. v. pernosco.*

per-nox, *gen.* noctis de hele nacht door, de hele nacht durend; ▸ *luna* ~ *erat* scheen gedurende de hele nacht; *lunā pernocte* bij volle maan; ~ *et per diem.*

per-numerō, numerāre
1. *(Mart.)* optellen, erbij tellen [**argentum**];
2. uitbetalen [**imperatam pecuniam**].

pērō, ōnis *m (Verg.)* leren laars, *ihb. van soldaten en boeren.*

per-obscūrus, a, um zeer donker, zeer duister; vaag [**quaestio; fama**].

per-odiōsus, a, um zeer gehaat, zeer onaangenaam.

per-officiōsē *adv.* zeer hoffelijk.

per-oleō, olēre, oluī, — *(Lucr.)* een penetrante geur verspreiden.

pērōnātus, a, um *(pero) (Pers.)* gelaarsd.

per-opportūnus, a, um zeer gelegen, zeer welkom.

per-optātus, a, um *(opto)* zeer gewenst.

per-opus *adv. (Ter.)* zeer nodig.

perōrātiō, ōnis *f (peroro)* slot v.e. redevoering *of* aantal redevoeringen.

per-ōrnātus, a, um buitengewoon mooi *of* verfijnd.

per-ōrnō, ōrnāre *(Tac.)* in hoge mate eren [**senatum** een sieraad zijn v.d. senaat].

per-ōrō, ōrāre
1. (uitvoerig) behandelen, uiteenzetten, *ihb. voor de rechtbank;* zich uitspreken, een redevoering houden *(over: acc.; de; aci.)* [**causam contra alqm; de ceteris**]; ▸ *ius perorandi; breviter peroratum esse potuit* men had het kort kunnen houden;
2. de redevoering, het betoog beëindigen, afsluiten; ▸ *quoniam satis multa dixi, est mihi perorandum;*
3. als laatste spreken; ▸ *perorandi locum alci relinquere.*

per-ōsculor, ōsculārī *(Mart.)* hartstochtelijk zoenen, kussen.

per-ōsus, a, um *(odi)*
1. zeer hatend, vol haat tegen *(m. acc.)* [**genus omne femineum; lucem** levensmoe]; — ~ *esse* zeer haten: *plebs consulum nomen -a erat (Liv.);*
2. *(Laatl.)* gehaat *(bij: dat.).*

per-pācō, pācāre helemaal tot rust brengen.

per-parcē *adv. (Ter.)* zeer zuinig, zeer schaars.

per-parvulus, a, um uiterst klein.

per-parvus, a, um zeer klein [**civitas; insula; cubiculum**]; volkomen onbelangrijk; — *subst.* **perparvum,** ī *n* zeer weinig.

per-pāstus, a, um *(pasco) (Phaedr.)* goed doorvoed [**canis**].

per-pateō, patēre, patuī, — *(Laatl.)* zeer openlijk, duidelijk zijn.

per-paucī, ae, a heel weinig [**homines; naves**]; ▸ *-a loqui* zeer weinig.

per-pauculī, ae, a heel weinig, slechts een paar [**passūs**].

per-paulum
I. *subst.* ī *n* (slechts) heel weinig [**loci**];
II. *adv.* een klein beetje.

per-pauper, *gen.* eris zeer arm.

per-pauxillum, ī *n (Plaut.)* zeer weinig.

per-pave-faciō, facere, fēcī, factum *(paveo) (Plaut.)* hevig doen schrikken.

per-pellō, pellere, pulī, pulsum aandrijven, bewegen, ertoe brengen, bewerken [**urbem ad deditionem; alqm ad societatem**]; *(m. ut; ne; inf.).*

per-pendī *pf. v. perpendo.*

perpendiculum, ī *n (perpendo)* peillood, schietlood, richtsnoer; ▸ *ad -um* loodrecht.

per-pendō, pendere, pendī, pēnsum nauwkeurig afwegen, grondig onderzoeken [**vitia virtutesque** nauwkeurig tegen elkaar afwegen]; ▸ *alqd acri iudicio ~; iudicare et ~ quantum quisque possit.*

per-pēnsō, pēnsāre *(pendo) (Laatl.)* afwegen, overwegen.

perperam *adv.*

1. onjuist, verkeerd [**iudicare; dicere**];

2. *(Suet.)* bij vergissing, per ongeluk [**alqm non consulem, sed imperatorem pronuntiare**].

perpes, *gen.* etis *(peto) (pre- en postklass.)* ononderbroken, voortdurend, bestendig [**silentium**]; ▸ *noctem perpetem* de hele nacht door; *per annum perpetem; tibi perpetes debebo gratias (Mart.).*

perpessīcius, a, um *(perpetior) (Sen.)* die veel doorstaan heeft [**senex**].

perpessiō, ōnis *f (perpetior)* het doorstaan, verdragen [**dolorum; tormentorum**].

per-petior, petī, pessus sum *(patior)*

1. verdragen, doorstaan [**laborem; paupertatem; ventos et imbres**];

2. dulden, gedogen *(m. ut; inf.; aci.).*

per-petītus, a, um *(peto) (Sen.)* overgebracht; ▸ *in secundam numinum formam animae -ae.*

perpetrātiō, ōnis *f (perpetro) (Laatl.)* voltooiing, uitvoering.

per-petrō, petrāre *(patro)* helemaal tot stand brengen, voltooien, ten einde brengen [**promissa**]; ▸ *opus meum, ut volui, perpetravi; pace nondum perpetrata;* — *m. ut, ne:* bewerken, het zover brengen dat (niet).

perpetuālis, e *(perpetuus)* oneindig durend, eeuwig.

perpetuārius, a, um *(perpetuus) (postklass.)* permanent, continu.

perpetuitās, ātis *f (perpetuus)* ononderbroken duur, continuïteit [**orationis** continue stroom]; ▸ *ad perpetuitatem* voor altijd.

perpetuō, perpetuāre *(perpetuus)* ononderbroken laten duren, voortzetten [**iudicum potestatem**].

perpetuus, a, um

1. *(v. plaats)* onafgebroken, ononderbroken [**paludes; silvae; vigiliae; iuga; tractus; aedes** in de omvang; **mensae** in lange rijen; **agmen**; *metaf.* **disputatio; historia; carmen** een gehele legendencyclus behandelend; **defensio contra alqm**];

2. *(v. tijd)* (a) voortdurend, bestendig, ononderbroken, blijvend, eeuwig [**amicitia; lex; quaestio** 'vaste' rechtbank; **cursus stellarum; ignis Vestae; fenus** regelmatig]; — *adv.* **perpetuō, perpetuē** *of* **perpetuum** bestendig, voortdurend; **in -um** *en (Plaut.)* **in -um modum** voor altijd, voor eeuwig; (b) levenslang, voor het leven [**dominatio**]; (c) *(Ter.)* heel [**biennium**]; ▸ *diem -um in laetitia degere;*

3. algemeen geldend [**edictum; ius**].

per-placeō, placēre, — — zeer (goed) bevallen.

perplexābilis, e *(perplexor) (Plaut.)* verwarrend, dubbelzinnig [**verbum**].

perplexim *(adv.) (perplexus) (Plaut.)* onduidelijk, vaag.

perplexitās, ātis *f (perplexus) (Laatl.)*

1. vervlochtenheid, verwevenheid [**nervorum**];

2. ingewikkeldheid, complexiteit, onduidelijkheid [**disputationis**].

perplexor, perplexārī *(perplexus) (Plaut.)* verwarring stichten.

perplexus, a, um *(adv. -ē en -im)*

1. kronkelend [**figurae; iter silvae**];

2. *(metaf.)* verward, ingewikkeld, duister, raadselachtig, onbegrijpelijk [**carmen; sermones; responsum**].

per-plicātus, a, um *(Lucr. gesplitst)* verward, ingewikkeld.

per-pluō, pluere, — — *(Plaut.)*

1. inregenen; *metaf.* binnendringen; ▸ *amor in pectus perpluit meum;*

2. regen doorlaten, lekken [**cenaculum**];

3. besprenkelen [**capellas**].

per-poliō, polīre

1. grondig polijsten;

2. *(metaf.)* vijlen, verfijnen, vervolmaken [**opus**]; — *p. adj.* **perpolītus,** a, um verfijnd, beschaafd [**homo; in disputationibus; philosophiā et litteris**]; ▸ *sapientibus sententiis gravibusque verbis ornata oratio et perpolita (Cic.).*

per-populor, populārī volledig verwoesten, helemaal leegplunderen [**Thraciam; homines**]; — *p.p. ook pass.: perpopulato agro.*

perpōtātiō, ōnis *f (perpoto)* drinkgelag.

per-pōtō, pōtāre

1. pimpelend doorbrengen, zuipen [**totos dies; ad vesperum**];

2. *(Lucr.)* uitdrinken [**laticem**].

per-primō, primere *en* **-premō,** premere, pressī, pressum *(poët.; postklass.)* voortdurend (neer)drukken, *ook obsc. (Ov.)* [**ministram**].

per-propinquus

I. *adj.* a, um zeer dichtbij;

II. *subst.* ī *m* naaste verwant.

per-prūrīscō, prūrīscere, —— *(Plaut.)* ontzettend geil worden.

per-pugnāx, *gen.* ācis zeer strijdlustig [**in disputando**].

per-pulcher, chra, chrum *(Ter.)* erg mooi.

per-pulī *pf. v. perpello.*

perpulsus *ppp. v. perpello.*

per-pūrgō, pūrgāre *en arch.* **-pūrigō,** pūrigāre
1. geheel reinigen [**aegrum**];
2. *(metaf.)* op orde brengen, ophelderen [**locum orationis**];
3. zuiveren [**crimina** weerleggen], regelen.

per-pusillus, a, um zeer klein; — *adv.* **-um** erg weinig.

per-putō, putāre *(Plaut.)* uiteenzetten [**alci argumentum**].

per-quam *adv.* zeer, uitermate.

per-quīrō, quīrere, quīsīvī, quīsītum *(quaero)*
1. overal zoeken [**vasa**];
2. nauwkeurig informeren naar, precies uitzoeken *(m. acc.; afh. vr.)* [**aditūs viasque; illa ab accusatore**]; ▸ *perquirunt, quid causae siet (Plaut.).*

perquīsītē *adv. (perquisitus)* grondig; ▸ *perquisitius et diligentius conscribere.*

perquīsītor, ōris *m (perquiro) (Plaut.)* frequent bezoeker [**auctionum**].

perquīsītus *ppp. v. perquiro.*

per-quīsīvī *pf. v. perquiro.*

per-rārus, a, um *(adv. -ō)* zeer zeldzaam.

per-reconditus, a, um zeer verborgen.

perrēctum *ppp. v. pergo.*

per-rēpō, rēpere, rēpsī, — *(postklass.)* kruipen door *of* over *(m. acc.)* [**tellurem**].

perrēptō, perrēptāre *(intens. v. perrepo) (kom.)* (overal) doorkruipen [**omnibus latebris**]; aflopen [**omne oppidum; omnes plateas**].

perrēxī *pf. v. pergo.*

Perrhaebia, ae *f landstreek in N.-Thessalië ten W. v.d. Olympus;* — *inw. en adj.* **Perrhaebus,** ī *m resp.* a, um.

per-rīdiculus, a, um zeer belachelijk.

per-rōdō, rōdere, rōsī, — *(postklass.)* doorheenvreten, aantasten; ▸ *materia quae non perroderetur a veneno.*

per-rogō, rogāre
1. op de rij af vragen, overal in het rond vragen *(naar: acc.)* [**sententias**];
2. met succes voorstellen, doen aannemen [**legem**].

per-rumpō, rumpere, rūpī, ruptum
I. *intr.* doorbreken, zich met geweld een weg banen [**per hostes; per aciem; in oppidum**];
II. *tr.*
1. doorbreken, in stukken snijden, openbreken, openscheuren [**terram aratro; aciem; costam; rates; limina bipenni**]; ▸ *perrumpitur concretus aër (Cic.);*
2. binnendringen in, doordringen tot *(m. acc.)* [**paludem; artūs** doorboren; **castra**]; ▸ *te invitum perrumpunt* dringen tot u door *(Tac.);*
3. *(metaf.)* overwinnen, tenietdoen, vernietigen, overweldigen [**difficultates; periculum** het gevaar de baas worden; **alcis consilia** doorkruisen; **leges** met voeten treden; **poenam**]; ▸ *affectu perrumpi.*

Persae, ārum *m (sg.* **Persēs** *en [pre- en postklass.]* **Persa,** ae *m)* de Perzen:
1. *bewoners v.d. landstreek Persis (of Persia);* — **Persis,** idis *f (Plaut.:* **Persia,** ae *(f) landstreek aan de huidige Perzische Golf rond Pasargadae en (de hoofdstad) Persepolis; het centrum v.h. Perzische rijk onder de Achaemeniden;*
2. *bewoners v.h. Perzische rijk;*
3. *(poët.)* de Parthen;
4. *(meton.)* Perzië; ▸ *in -as proficisci;*
/ *adj.* **Persicus,** a, um Perzisch [**apparatus** weelderig], *fem. ook* **Persis,** idis.

per-saepe *adv.* zeer vaak; ▸ *frons, oculi, vultus ~ mentiuntur; (Plaut. ook gesplitst) per pol saepe peccas.*

per-salsus, a, um erg grappig.

persalūtātiō, ōnis *f (persaluto)* het op de rij af begroeten.

per-salūtō, salūtāre op de rij af begroeten.

per-sānctē *adv. (pre- en postklass.)* met een plechtige eed [**iurare**].

per-sānō, sānāre *(postklass.)* geheel genezen [**ulcera**].

per-sapiēns, *gen.* entis zeer wijs.

per-scidī *pf. v. perscindo.*

per-scienter *adv.* zeer wijs.

per-scindō, scindere, scidī, scissum geheel verscheuren; ▸ *omnia perscindente vento et rapiente (Liv.).*

per-scītus, a, um *(ook gesplitst)* heel knap, heel slim.

per-scrībō, scrībere, scrīpsī, scrīptum
1. precies *of* geheel opschrijven, uitvoerig noteren, zorgvuldig optekenen [**res populi Romani a primordio urbis; orationem; versum puris verbis**]; ▸ *epistula in qua omnia perscripta erant;*
2. protocolleren, een protocol opmaken van,

registreren [**senatūs consultum; iudicum dicta; responsa**]; ▸ *perscriptum iudicium in afschrift;*
3. *(in het rekeningenboek)* als een post inschrijven, boeken [**alqd in tabulas publicas; falsum nomen**];
4. *geld* overschrijven, door een overschrijving betalen [**pecuniam**]; ▸ *argentum perscripsi illis quibus debui (Ter.);*
5. uitvoerig berichten, melden [**omnia; de suis rebus ad Lollium**]; ▸ *perscribit in litteris hostes a se discessisse;*
6. *(postklass.)* geheel *(dwz. niet in afkortingen of getallen)* uitschrijven; ▸ *verbo non perscripto.*

perscrīptiō, ōnis *f (perscribo)*
1. ambtelijke registratie, protocol, notulen [**senatūs consulti**];
2. boeking, het inschrijven;
3. schriftelijke betalingsoverschrijving, betalingsopdracht.

perscrīptor, ōris *m (perscribo)* boekhouder.

perscrīptus *ppp. v. perscribo.*

perscrūtātiō, ōnis *f (perscrutor) (postklass.)* het doorzoeken.

perscrūtātor, ōris *m (perscrutor) (Laatl.)* iem. die doorzoekt; onderzoeker.

per-scrūtor, scrūtārī *en (preklass.)* **-scrūtō,** scrūtāre
1. doorzoeken, doorsnuffelen [**loca castrorum**];
2. *(metaf.)* onderzoeken, uitvorsen, doorgronden [**naturam rationemque criminum; sententiam scriptoris**].

per-secō, secāre, secuī, sectum geheel dóórsnijden *of* kloven [*metaf.* **rerum naturas** doordringen tot].

per-sector, sectārī *(intens. v. persequor)*
1. *(Lucr.)* precies *of* helemaal volgen [**accipitres**];
2. *(Lucr.; Plaut.) (metaf.)* precies uitzoeken *(m. acc.; afh. vr.)* [**primordia**].

persecūtiō, ōnis *f (persequor)*
1. achtervolging [**bestiae**];
2. voltooiing [**negotii**];
3. *(metaf.) (gerechtelijke)* vervolging [**pignoris** van het pandobject];
4. *(eccl.)* christenvervolging; ▸ *De fuga in persecutione (titel v.e. werk v. Tertullianus).*

persecūtor, ōris *m (persequor) (Laatl.)* vervolger; *ihb.* vervolger v. christenen.

persecūtus *p.p. v. persequor.*

per-sedeō, sedēre, sēdī, sessum zonder onderbreking *of* voortdurend (blijven) zitten [**in auctione per diem totum; etiam meridie; totā nocte**].

per-sēdī *pf. v. persedeo en persido.*

per-sēgnis, e zeer slap, heel mat, zeer traag [**proelium pedestre**].

Persēius *zie Perseus.*

per-senex, *gen.* senis *(Suet.)* zeer oud.

per-sentiō, sentīre, sēnsī, sēnsum *(poët.; Laatl.)*
1. diep voelen, intens ervaren [**magno pectore curas**];
2. zich bewust zijn *of* worden [**vim; utilitatem**].

persentīscō, persentīscere, — — *(incoh. v. persentio)*
1. *(Lucr.)* diep ervaren; ▸ *viscera persentiscunt;*
2. *(preklass.; Laatl.)* duidelijk merken, duidelijk waarnemen.

Persephonē, ēs *f Griekse naam v. Proserpina; meton.* dood.

Persepolis, is *f (acc. -im, abl. -ī) hoofdstad v. Persis, zomerresidentie v.d. Perzische koningen; door Alexander de Grote in brand gestoken.*

per-sequor, sequī, secūtus sum
1. volhardend *of* voortdurend (achter)volgen *of* achternagaan; (de hele tocht) vergezellen [**Pompeium Paphum** Pompeius naar Paphus begeleiden; **me in Asiam**];
2. (vijandelijk) achtervolgen [**hostes equitatu; exercitum Caesaris; pulsos hostes in castra; alqm bello** beoorlogen; **alqm armis** bevechten; **feras** jagen op]; ▸ *te frangere persequor;*
3. inhalen, bereiken, vinden; ▸ *mors et fugacem persequitur virum (Hor.);*
4. (op)zoeken; uitzoeken, naspeuren [**aliam civitatem; origines**];
5. *(metaf.)* streven naar, najagen [**voluptates**]; gelijke tred houden met, bijhouden *(m. acc.);*
6. navolgen [**exempla maiorum; ironiam**];
7. een aanhanger zijn van, aanhangen *(m. acc.)* [**Academiam; instituta eorum**];
8. vervolgen [**Verrem**]; proberen te laten gelden, proberen te krijgen [**ius suum; rem suam; hereditatem; poenas patris; pecuniam ab alqo** opeisen];
9. wreken, bestraffen [**inimicorum crudelitatem; scelus; alcis iniurias; maleficia**];
10. met overgave bedrijven, zich bezighouden met [**artes; laborem; bella**];
11. voortzetten [**bellum; incepta; quaerendo** verder vragen; **societatem** onderhouden];
12. uitvoeren, vervullen [**mandata; imperi-**

um patris]; ▸ *haec difficiliora ad persequendum* ~;
13. (uitvoerig) beschrijven *of* vertellen, (uitvoerig) behandelen [**omnium virtutum originem**]; ▸ *ea versibus persecutus est Ennius; has res in eo libro* ~.
Persēs, ae *m*
1. Pers (*vgl.* Persae);
2. = Perseus 2.
Perseus, eī *en* eos *m*
1. *zoon v. Zeus en Danaë, doodde Medusa en redde op de terugreis Andromeda, die door een zeemonster werd belaagd; Perseus kreeg haar vervolgens als echtgenote;* — *adj.* **Persē(i)us,** a, um;
2. *laatste koning v. Macedonië; door de Rom. legeraanvoerder Aemilius Paullus bij Pydna (168 v. Chr.) overwonnen en in de triomftocht meegevoerd;* — *adj.* **Persicus,** a, um [**bellum** oorlog met Perseus].
persevērāns, *gen.* antis (*p. adj. v.* persevero) volhardend, standvastig [**valetudo**]; (*in:* in *m. abl.*); ▸ *perseverans in amore civium.*
persevērantia, ae *f* (*perseverans*)
1. volharding, standvastigheid [**nautarum; sententiae**];
2. het voortduren, voortbestaan.
per-sevērō, sevērāre (*severus*)
I. *intr.*
1. volhouden, blijven bij, standvastig blijven in (*m.* in *m. abl.*) [**in sententia; in errore; in vitiis; in eodem cognomine**];
2. de vaart, reis (ononderbroken) voortzetten; ▸ *una navis perseveravit;*
3. (*m.* ut) erop staan dat;
4. (*Plin. Min.*) voortduren, blijven bestaan; ▸ *tremor terrae perseverabat;*
II. *tr.* voortzetten, volharden in [**id constantius**]; (*m. inf.*) doorgaan [**iniuriam facere**]; (*m. aci.*) volhouden [**Orestem se esse**].
per-sevērus, a, um (*postklass.*) zeer streng [**imperium**].
Persia *zie* Persae.
Persicum, ī *n* (*Persicus; vul aan:* malum) (*postklass.*) perzik.
Persicus *zie* Persae *en* Perseus.
per-sīdō, sīdere, sēdī, sessum (*poët.; postklass.*) zich ergens vastzetten, door-, binnendringen.
per-signō, signāre nauwkeurig noteren [**dona**].
per-similis, e zeer gelijkend (*op: gen.; dat.*).
per-simplex, *gen.* plicis (*Tac.*) zeer gemakkelijk [**victus**].
Persis *zie* Persae.
per-sistō, sistere, stitī, — (*Laatl.*) volharden [**in luxuria**].
Persius, a, um *naam v.e. Rom. gens:*
1. C. ~, *redenaar ttv. de Gracchen, tijdgenoot v. Lucilius;*
2. A. ~ Flaccus, *satiricus in Rome ttv. Nero, afkomstig uit Volterra (34—62 n. Chr.).*
persōlla, ae *f* (*demin. v.* persona; *eig.* 'klein masker') (*Plaut.*) (*als scheldw.*) lelijk smoelwerk.
persōllāta, ae *f een plant met grote bladeren* (klis?).
per-solvō, solvere, solvī, solūtum
1. betalen, uit-, afbetalen, afdragen [**veteranis promissa praemia; aes alienum alienis nominibus suis copiis** schulden v. anderen uit eigen zak betalen];
2. (*metaf.*) bewijzen, betuigen [**gratiam** *en* **grates alci** dank betuigen; **vota** vervullen; **honorem** bewijzen; **iusta** de laatste eer; **animam** offeren]; ▸ *quod huic promisi, id ei persolvam* (*Cic.*);
3. *poenas alci* ~ boeten, gestraft worden, lijden [**poenas cruce** aan het kruis];
4. helemaal vervullen, afhandelen; *metaf.* duidelijk verklaren [**officium**].
persōna, ae *f*
1. masker, *ihb. v. e. toneelspeler* [**tragica**]; ▸ *-am capiti detrahere;*
2. (*meton.*) rol, karakter, persoon (*in een toneelstuk*) [**militis; de mimo**]; ▸ *in -a lenonis alqm imitari; tragici nihil ex -a poetae dixerunt;*
3. (*metaf.*) *rol, die iem. tijdens zijn leven speelt,* karakter, positie, waardigheid [**principis**]; ▸ *abicere quaestoriam -am; -am philosophi induere; -am ferre, gerere, tenere* een rol spelen; *-am sibi accommodare, suscipere; -am imponere alci; petitoris -am capere, accusatoris deponere; -am civitatis gerere* de staat vertegenwoordigen;
4. persoon(lijkheid), personage; karaktertrek; ▸ *per -am Antonii;*
5. persoon, individu; ▸ (*in*) *sua -a* in eigen persoon, persoonlijk; *ex, ab -a* uit naam van; *ook in rechtszaken: in -a* in de zaak van;
6. (*gramm. t.t.*) persoon; ▸ *ne generibus, numeris, temporibus, -is, casibus perturbetur oratio* (*Cic.*).
persōnālis, e (*persona*) (*Laatl.*) persoonlijk.
persōnātus, a, um (*persona*)
1. gemaskerd, vermomd, verkleed;
2. (*metaf.*) schijnbaar [**felicitas**].
per-sonō, sonāre, sonuī, —
I. *intr.*
1. luid weerklinken, weergalmen; ▸ *personat*

vicinitas cantu; domus canibus personat van hondengeblaf; *crepitus ululatusque nocturni qui personant totā urbe (Liv.)*;
2. *(Tac.)* zijn stem laten schallen;
3. *(Tac.) plausu, plausibus* ~ applaudisseren;
4. *(poët.)* luid spelen op *(m. abl.)* [**citharā; cymbalis**]; *(v. instrumenten)* luid klinken;
II. *tr.*
1. *(poët.; postklass.)* doen weerklinken, doen weergalmen, *met geluid* vervullen, laten galmen [**regna latratu; aequora conchā; regiam gemitu; aurem alci** iem. iets in het oor roepen];
2. luid verkondigen, luid roepen *(m. acc.; aci.; afh. vr.)* [**totam per urbem**].

personus, a, um *(persono) (postklass.)* luid klinkend; *(v. plaatsen)* weergalmend.

per-spargō, sparsī, sparsum = *perspergo.*

perspectē *adv. (perspectus) (Plaut.)* met inzicht, heldere blik.

perspectō, perspectāre *(intens. v. perspicio)*
1. *(Plaut.)* nauwkeurig bekijken;
2. *(postklass.)* tot het einde aanzien [**certamen**].

perspectus, a, um *(p. adj. v. perspicio)* welbekend, beproefd; ▸ *mihi perspectissima benevolentia.*

per-speculor, speculārī *(Suet.)* nauwkeurig onderzoeken [**locorum sitūs**].

per-spergō, spergere, spersī, spersum *(spargo)* besprenkelen, bevochtigen [**simulacrum deae;** *metaf.* **orationem facetiarum lepore**].

per-spexī *pf. v. perspicio.*

perspicābilis, e *(perspicio) (Laatl.)* opvallend.

perspicāx, *gen.* ācis *(perspicio)* scherpziend, alert; *metaf.* scherpzinnig.

perspicientia, ae *f (perspicio)* helder inzicht, heldere kijk [**veri**].

per-spiciō, spicere, spexī, spectum *(specio)*
1. nauwkeurig bekijken, in ogenschouw nemen, onderzoeken, inspecteren [**villam; naturam loci; naturam animalium; viam**]; *(m. afh. vr.)*; ▸ *operis perspiciendi causa venire (Caes.)*;
2. duidelijk zien, waarnemen, gewaar worden, ontwaren; ▸ *prae densitate arborum perspici caelum vix potuit;*
3. kijken door, kijken over [**campos**];
4. doorkijken, doorlezen [**epistulas**];
5. *(metaf.)* doorzien, duidelijk waarnemen, inzien, grondig leren kennen [**rem; innocentiam, fidem alcis; animum regis; voluntatem**]; *(m. aci.; afh. vr.)*; ▸ *ista veritas quae sit, non satis perspicio; alqd perspectum habere* van iets overtuigd zijn.

perspicuitās, ātis *f (perspicuus)*
1. *(Plin. Mai.)* doorzichtigheid [**vitrea**];
2. *(metaf.)* duidelijkheid.

perspicuus, a, um *(perspicio)*
1. *(poët.; postklass.)* doorzichtig [**liquor aquae; gemma**];
2. duidelijk zichtbaar, opvallend [**mors; pulchritudo**];
3. *(metaf.)* duidelijk, helder, vanzelfsprekend [**consilia; narratio**]; ▸ *perspicue falsa.*

per-spissō *adv. (spissus) (Plaut.)* zeer langzaam.

per-sternō, sternere, strāvī, strātum geheel plaveien [**viam silice**].

per-stimulō, stimulāre *(Tac.)* voortdurend prikkelen [**pravis sermonibus tumidos spiritūs**].

per-stitī *pf. v. persto en persisto.*

per-stō, stāre, stitī, (stātūrus)
1. vaststaan, blijven staan [**ad vallum; in limine**]; ▸ *armati diem totum perstant;*
2. *(poët.) (metaf.)* (voort)duren, blijven; ▸ *laurea perstat toto anno* blijft groen;
3. volharden in, blijven bij *(m. in m. abl.)* [**in decreto; in incepto; in eadem impudentia; in bello**]; *(m. inf.)* doorgaan.

perstrātus *ppp. v. persterno.*

per-strāvī *pf. v. persterno.*

per-strepō, strepere, strepuī, —
I. *intr.*
1. *(pre- en postklass.)* zeer veel lawaai maken;
2. *(poët.)* luid weerklinken;
II. *tr. (postklass.)* van geluid vervullen, doen dreunen.

per-stringō, stringere, strīnxī, strictum
1. vastsnoeren, vastzetten *(ook metaf.)*; ▸ *extremitates corporis;*
2. licht aanraken, even beroeren [**solum aratro** losjes omploegen; **portam vomere**];
3. *(Verg.)* licht verwonden, schampen [**alcis femur**];
4. *(poët.; postklass.)* afstompen [**aciem gladii**];
5. *(metaf.)* onaangenaam beroeren, doen beven; ▸ *horror ingens spectantes perstringit; consulatus meus eum perstrinxerat;*
6. berispen, terechtwijzen, beledigen [**cultum habitumque alcis levibus verbis; alqm suspicione; alcis voluntatem facetiis**]; ▸ *alqm oblique* ~; *modice perstringi* er met een klein standje vanaf komen;
7. even aanroeren, aanstippen, kort vertellen [**vitae cursum; atrocitatem criminis**]; ▸ *breviter transire ac tantummodo* ~ *unam quamque rem; summatim* ~ *(Vulg.).*

per-struō, struere, strūxī, strūctum *(postklass.)* de bouw afmaken van, optrekken.

per-studiōsus, a, um zeer ijverig, zeer belangstellend *(in, voor: gen.)* [**litterarum Graecarum; musicorum**]; *alcis* ~ iem. zeer genegen, zeer toegedaan [**tui**].

per-suādeō, suādēre, suāsī, suāsum
1. overreden, overhalen *(iem.: dat.; soms acc.; tot: acc., alleen neutr. v.e. pron. of alg. adj.; conj.; ut, ne; soms inf.)*; ▸ *mihi persuadetur* ik word overreed *of* laat me overreden; *mihi persuasum est, (persoonl.) persuasus sum (m. ut, ne)* ik heb me laten overreden, ik ben vastbesloten; *huic magnis praemiis pollicitationibusque persuadent uti (Caes.); ei persuadet tyrannidis finem facere;*
2. overtuigen *(iem.: dat.; van: de; acc., alleen neutr. v.e. pron. of alg. adj.; aci.)* [**populo; sibi de paupertate alcis; id ei** daarvan; **multa**]; ▸ *mihi persuadetur* ik word overtuigd *of* laat me overtuigen; *mihi persuasum est, (persoonl.) persuasus sum, persuasum (mihi) habeo* ik ben overtuigd, het staat voor mij vast; *mihi persuasissimum est* ik ben er vast van overtuigd; *persuadentia verba addat; imprimis hoc volunt persuadere, non interire animas (Caes.).*

persuāsibilis, e *(persuadeo) (postklass.)* overtuigend.

persuāsiō, ōnis *f (persuadeo)*
1. het overreden, het overtuigen [**difficilis**]; overtuigingskracht;
2. *(postklass.)* geloof, (onjuiste) mening, waan, inbeelding [**popularis**]; ▸ ~ *adicit (m. aci.).*

persuāsor, ōris *m (persuadeo) (Laatl.)* iemand die overtuigt *of* overreedt [**perversitatis** iem. die aanzet tot].

persuāstrīx, īcis *f (persuadeo) (Plaut.)* verleidster.

persuāsus[1] *ppp. v. persuadeo.*

persuāsus[2], ūs *m (persuadeo)* het overreden.

per-subtīlis, e
1. *(Lucr.)* zeer fijn [**animus**];
2. goed doordacht [**oratio**].

per-sultō, sultāre *(salto)*
I. *intr.* in het rond springen [**in agro**];
II. *tr. (poët.; postklass.)* zwerven door *(m. acc.)* [**campos; Italiam**].

per-taedēscit, taedēscere, taeduī, — *(incoh. v. taedet) (Cato)* beginnen te walgen.

per-taedet, taedēre, taesum est *(onpers.)* hevig walgen, genoeg hebben *of* krijgen *(van: gen.; de betrokken persoon of personen: acc.)*; ▸ *numquam negotii eum pertaesum est; vos iniuriae pertaesum est.*

pertaesus, a, um *(pertaedet) (postklass.)* beu, moe *of* zat van *(m. gen.; acc.)* [**lentitudinis; ignaviam suam**].

per-tegō, tegere, tēxī, tēctum *(Plaut.)* helemaal bedekken.

per-temptō, temptāre
1. *(postklass.)* goed uitproberen, testen [**pugionem**];
2. *(metaf.)* op de proef stellen, beproeven, willen doorgronden [**animum cohortis**];
3. overwegen, overdenken [**causam**];
4. *(postklass.) (v. kwalen, ervaringen)* hevig aangrijpen, trillen door, stromen door [**sensūs**]; ▸ *gaudia pectus pertemptant; tremor corpora pertemptat; vinolentia ac fatigatione pertemptatus.*

per-tendō, tendere, tendī, tentum *(en tēnsum)*
1. doorzetten; *(m. aci.)* blijven zeggen, volhouden;
2. *ergens heen* snellen, trekken; bereiken [**Romam; in Asiam; ad forum**].

per-tentō, tentāre = *pertempto.*

per-tenuis, e zeer dun, zeer fijn; zeer zwak, zeer gering [**spes; ars**].

per-terebrō, terebrāre doorboren [**columnam**].

per-tergeō, tergēre, tersī, tersum
1. *(Hor.)* afvegen, afdrogen [**gausape mensam**];
2. *(Lucr.)* zacht aanraken, strijken langs.

per-terō, terere, trīvī, trītum *(postklass.)* fijnmalen.

perterre-faciō, facere, —, factum *(perterreo) (Ter.; Laatl.)* erg bang maken.

per-terreō, terrēre, terruī, territum hevig doen schrikken, hevige schrik aanjagen [**alqm magnitudine poenae**]; ▸ *maleficii conscientiā perterritus.*

perterri-crepus, a, um *(perterreo en crepo) (Lucr.)* verschrikkelijk ruisend, vreselijk ratelend [**sonitus**].

per-tersī *pf. v. pertergeo.*

pertersus *ppp. v. pertergeo.*

per-tēxī *pf. v. pertego.*

per-texō, texere, texuī, textum
1. *(postklass.)* afweven;
2. *(metaf.)* afmaken, voltooien.

pertica, ae *f (niet-klass.)*
1. loot, scheut *v.e. boom*;
2. lange stok, paal, stut;
3. meetlat; *(met de pertica afgemeten)* stuk grond;
4. afstand van 10 voet.

perticālis, e *(pertica) (postklass.)* geschikt om stokken *of* palen van te maken.

perticātus, a, um *(pertica) (Mart.)* van een stok voorzien, aan een stok bevestigd [**pondera**].

per-timefactus, a, um erg bang.

per-timēscō, timēscere, timuī, — erg bang worden, zeer beginnen te vrezen *(voor: acc.; om, wegens, voor: de; m. ne)* [**bellum; nullius potentiam; de salute**].

pertinācia, ae *f (pertinax)* volharding; hardnekkigheid, koppigheid; ▸ *patientia et ~ hostis; ~ hiemis; -ā desistere; -am frangere.*

per-tinax, *gen.* ācis *(tenax)*
1. vasthoudend; *metaf.* vásthoudend, gierig [**pater**]; ▸ *digitus male ~ (Hor.);*
2. *(postklass.)* langdurend, lang aanhoudend [**spiritus**];
3. volhardend, vastberaden; hardnekkig [**virtus; miles; hostes; concertatio**]; ▸ *~ ad obtinendam iniuriam; adversus temerarios impetūs ~.*

per-tineō, tinēre, tinuī, — *(teneo)*
1. zich uitstrekken, zich uitbreiden, reiken; ▸ *silvae pertinent ad flumen; ~ in omnes partes; montes ad castra pertinent* grenzen aan; *rivi ad mare pertinent* stromen uit in; *implicatio nervorum pertinet toto corpore* over het hele lichaam;
2. *(metaf.)* zich verbreiden; ▸ *caritas patriae per omnes ordines pertinebat; bonitas ad multitudinem pertinet; ad posteritatis memoriam ~; ratio quaedam per omnium naturam rerum pertinens;*
3. betrekking hebben op, betreffen, aangaan *(m. ad);* ▸ *suspicio ad nos pertinet* valt op ons; *quod ad indutias pertinet* wat de wapenstilstand betreft; *quod ad virtutem pertinet; id ad populum pertinet; quod pertinet ad elephantos; illa res ad officium meum pertinet; ad legem pertinet* het valt onder de wet;
4. toebehoren, toekomen aan *(m. ad);* ▸ *bona ad me pertinent, solus enim sum filius defuncti; expugnatae urbis praeda ad milites pertinet;*
5. dienen tot, voeren tot, doelen op *(m. ad);* ▸ *quae ad victum pertinent* levensmiddelen; *alqd ad felicitatem alcis pertinet* beoogt iems. geluk; *illud, quo pertineat, videte; quo of quorsum pertinet (m. inf.)* wat heeft het voor zin?; *quorsum haec quaestio pertinet?; ad rem non pertinet (m. inf.)* het heeft geen zin.

per-tingō, tingere, — — *(tango)*
1. bereiken; zich uitstrekken tot, zich uitbreiden naar *(m. in m. acc.);* ▸ *collis in immensum pertingens;*
2. *(Laatl.)* bereiken; raken, treffen, betreffen; ▸ *iniuria nostrum pudorem pertingit.*

per-tolerō, tolerāre *(Lucr.)* geduldig verdragen [**omnia tormenta aetatis**].

per-tonō, tonāre, tonuī — *(Laatl.)* luid (laten) weerklinken.

pertractātē *adv. (pertracto) (Plaut.)* op een afgezaagde manier.

pertractātiō, ōnis *f (pertracto)* nauwgezette behandeling, studie [**poëtarum**].

per-tractō, tractāre
1. overal betasten, bevoelen;
2. *(metaf.)* inwerken *(op: acc.)* [**sensūs mentesque hominum**];
3. uitvoerig onderzoeken, behandelen [**philosophiam**].

per-trahō, trahere, trāxī, tractum
1. *ergens naartoe* slepen, met geweld sleuren [**alqm in castra; ratem ad ripam**];
2. *ergens naartoe* lokken [**hostem in insidias**].

per-trā-lūcidus, a, um *(Plin. Mai.)* helemaal doorzichtig.

per-trāns-eō, īre, iī, itum *(postklass.)* doorsteken, doorboren, erdoorheen komen.

per-trāxī *pf. v. pertraho.*

per-trectō, trectāre = *pertracto.*

per-tremēsco, tremēscere *en* **per-tremīscō,** tremīscere, — — *(Laatl.)* hevig gaan beven *(voor: acc.).*

per-tribuō, tribuere, tribuī, — *(Plin. Min.)* van alle kanten aanbieden [**alci certatim testimonia**].

per-trīcōsus, a, um *(tricae) (Mart.)* erg ingewikkeld.

per-trīstis, e
1. zeer droevig [**carmen**];
2. zeer knorrig [**censor**].

per-trītus, a, um *(Sen.)* zeer alledaags, zeer gewoon [**quaestio**].

per-tudī *pf. v. pertundo.*

per-tulī *pf. v. perfero.*

per-tumultuōsē *adv.* in grote opwinding [**nuntiare**].

per-tundō, tundere, tudī, tū(n)sum doorboren, prikken door [**saxa; tunicam**].

perturbātiō, ōnis *f (perturbo)*
1. verwarring, wanorde, (ver)storing [**rationis atque ordinis; vitae; valetudinis; animorum; hostium; fortunae et sermonis** omslag in hun maatschappelijke positie en hun gesprekken; **caeli**];
2. *(pol.)* onrust, revolutie [**temporum; comi-**

tiorum verstoring]; ▸ *magnā rerum perturbatione impendente;*
3. opwinding, emotie, hartstocht; ▸ *commoveri magnā animi perturbatione; perturbationem afferre; perturbationes sunt genere quattuor, partibus plures, aegritudo, formido, libido, laetitia (Cic.).*

perturbātrīx, īcis *f (perturbo)* onruststookster [Academia].

perturbātus, a, um *(p. adj. v. perturbo)*
1. warrig, verward [**tempora; oratio; vox**];
2. verward, in de war, ontsteld [**vultus** verstoord]; ▸ *homo metu ~;*
3. onrustig, stormachtig [**genus tempestatis**].

per-turbō, turbāre
1. in verwarring brengen, ontregelen [**impetu ordines; aciem**]; ▸ *reliquos milites incertis ordinibus perturbaverunt (Caes.); — pass.* in verwarring raken;
2. in de war brengen, verstoren [**pactiones bellicas periurio** breken]; ▸ *oratio tonat, fulgurat, omnia denique perturbat ac miscet (Plin. Min.);*
3. *(pol.)* onrust veroorzaken bij, verontrusten [**otium** de heersende orde; **provinciam**]; ▸ *civitas seditionibus perturbata;*
4. opwinden, van zijn stuk brengen [**sensūs**]; *(wegens: de); — pass.* in de war raken: *incommodo perturbari; de salute rei publicae perturbari; magno animi motu perturbatus; m. afh. vr.:* zich in verwarring afvragen;
/ *vgl. ook perturbatus.*

per-turpis, e zeer schandelijk.

pertūsus *ppp. v. pertundo.*

pērula, ae *f (demin. v. pera) (postklass.)* kleine ransel.

perūnctiō, ōnis *f (perungo) (Plin. Mai.)* het insmeren, bestrijken.

per-ung(u)ō, unguere, ūnxī, ūnctum helemaal insmeren, bestrijken *of* zalven [**corpora oleo**].

per-urbānus, a, um zeer *of* te verfijnd, overbeleefd.

per-urg(u)eō, urguēre, ursī, — *(postklass.)* met klem aandringen *(bij: acc.; op: ad)* [**alqm summa vi ad capessendam rem publicam**].

per-ūrō, ūrere, ussī, ustum
1. helemaal verbranden [**agrum** het land verschroeien; **ossa**]; ▸ *perussit ignis multa;*
2. *(Ov.)* doen bevriezen [**alqd frigore**]; ▸ *terra gelu perusta;*
3. *(poët.) (v.e. wond)* schuren, ontsteken; ▸ *colla perusta* gewond, ontstoken;
4. *(metaf.)* kwellen; ▸ *pectus perustum curis; gloriā perustus* brandend van verlangen naar roem; *aestu amoris peruri; paupertatis maledictum quosdam perurit.*

Perusia, ae *f stad in Etrurië aan de bovenloop v.d. Tiber, nu* Perugia; *— inw. en adj.* **Perusīnus,** ī *m resp.* a, um.

per-ussī *pf. v. peruro.*

perustus *ppp. v. peruro.*

per-ūtilis, e zeer nuttig.

per-vādō, vādere, vāsī, vāsum
1. gaan door, doordringen, zich verbreiden over *(ook metaf.) (m. acc.; per);* ▸ *incendium per agros pervasit; venenum artūs pervasit; murmur totam contionem pervasit; (metaf.) fama urbem pervasit; opinio animos gentium barbararum pervaserat;*
2. bereiken, doordringen tot *(ook metaf.)* [**ad vallum; in Asiam**]; ▸ *(metaf.) terror in aciem pervasit; in eas oras morbus illius furoris pervaserat.*

pervagātus, a, um *(p. adj. v. pervagor)* wijdverbreid, zeer bekend [**opera; sermo; declamatio; fama**]; ▸ *res in vulgus -a; pars est pervagatior* heeft een grotere reikwijdte, is van meer algemene aard.

per-vagor, vagārī
I. *intr.*
1. rondzwerven [**omnibus in locis**];
2. *(metaf.)* zich wijd verbreiden, overal bekend worden; ▸ *id in exteris nationibus usque ad ultimas terras pervagatum est;*
II. *tr.*
1. doorkruisen, trekken door [**silvas; bello prope orbem terrarum; animo** in gedachten doorlopen];
2. *(metaf.)* doordringen, vervullen; ▸ *fama proximas provincias pervagata est; dolor omnia membra pervagabatur (Plin. Min.); cupiditates, timores omnium mentes pervagantur (Cic.);*
/ *vgl. ook pervagatus.*

per-vagus, a, um *(poët.)* overal rondzwervend.

per-valeō, valēre, — — *(Lucr.)* zeer krachtig blijven.

per-validus, a, um *(Laatl.)* zeer krachtig.

per-variē *adv.* met veel afwisseling.

per-vāsī *pf. v. pervado.*

pervāsiō, ōnis *f (Laatl.)* het doordringen, verovering.

pervāsor, ōris *m (Laatl.)* veroveraar.

per-vāstō, vāstāre volledig verwoesten, vernietigen [**agros; fines; omnia ferro flammāque**].

pervāsus *ppp. v. pervado.*

per-vehō, vehere, vēxī, vectum

1. (a) doorvoeren, transporteren [**commeatūs**]; (b) *pass. pervehi* varen door, bevaren [**Oceanum; volucri litora classe**];
2. (a) overbrengen, overdragen, vervoeren [**Drusi corpus Romam; sacra Caere;** *metaf.* **alqm in caelum** verheffen, plaatsen in]; (b) *pass. ergens naartoe* gaan, *ergens* komen [**in Italiam; usque ad oppidum;** *metaf.* **ad exitus optatos**].

per-velle *inf. praes. v. pervolo*[2].

per-vellō, vellere, vellī, —
1. *(pre- en postklass.)* flink trekken aan *(m. acc.)* [**nates; aurem**]; ▸ *sprw.: aurem sibi* ~ zich herinneren;
2. *(metaf.)* hevig prikkelen, opschudden [**stomachum**];
3. pijn doen, krenken, verdriet doen; ▸ *dolor (fortuna) alqm pervellit;*
4. scherp (be)kritiseren, hekelen [**ius civile**].

per-veniō, venīre, vēnī, ventum
1. komen, aankomen in *of* bij, bereiken *(m. in m. acc.; ad)* [**in hiberna; in fines Eburonum; in summum montis; in portum; in tutum; ad portam; ad tumulum; ad regem**]; *ook v. niet-lev.;* ▸ *epistula ad consulem pervenit; consilia ad regis aures pervenerunt; fama ad aures eorum pervenit;*
2. *(metaf.)* bereiken, komen tot *(m. in m. acc.; ad)* [**in senatum** opgenomen worden; **ad nummos** rijk worden; **ad hunc locum** tot dit punt *(in een redevoering)*]; ▸ *ad tertium annum regni pervenit; ad id, quod cupiebat, pervenit;*
3. *in een toestand* komen, raken [**in amicitiam alcis** vriendschap sluiten met; **in affinitatem** door huwelijk verwant worden; **in maximam invidiam; in timorem; in potestatem alcis; in suam tutelam** meerderjarig worden];
4. *(v. niet-lev.)* toevallen, ten deel vallen *(aan: ad);* ▸ *hereditas ad filiam pervenit; pecunia ad Verrem pervenit; pars laudis ad alqm pervenit.*

per-vēnor, vēnārī (Plaut.) jagen door, grondig onderzoeken [**totam urbem**].

perventiō, ōnis *f (pervenio) (August.)* het aankomen, het bereiken.

perventor, ōris *m (pervenio) (August.)* iem. die aankomt, bereikt.

perversāriō *adv. (perversus) (Plaut.)* misleidend.

perversiō, ōnis *f (perverto)* omdraaiing, verdraaiing.

perversitās, ātis *f (perversus)*
1. verkeerdheid, onjuistheid [**hominum; opinionum**];
2. verdorvenheid [**morum**].

perversus, a, um *(p. adj. v. perverto)*
1. verdraaid, omgedraaid [**oculi** scheel]; ▸ *perversa vestis* rouwkleed, donkere toga;
2. *(metaf.)* verkeerd, onjuist, onzinnig, dwaas [**mos; grammaticorum subtilitas**]; ▸ *-e interpretari; quid magis -um dici potest;*
3. slecht, kwaadaardig, verdorven [**mens; generatio**].

per-vertō, vertere, vertī, versum
1. omkeren, omverwerpen, ten val brengen, neerwerpen [**aulas; turrim**]; ▸ *rupes perversae* neergestorte rotsblokken;
2. omdraaien, omkeren, verdraaien, vervormen [**ova, voltum**]; *ook metaf.* [**historiam**];
3. *(metaf.)* vernietigen, te gronde richten [**iura divina; iustitiam; amicitiam; omne officium; civitatem**]; ▸ *perverso more* tegen de gewoonte; *perverso numine* tegen de wil v.d. godheid in;
/ *vgl. ook perversus.*

per-vesperī *adv.* zeer laat in de avond.

pervestīgātiō, ōnis *f (pervestigo)* nauwgezet onderzoek [**scientiae**].

per-vestīgō, vestīgāre
1. *(v. jachthonden)* opsporen;
2. *(metaf.)* nauwkeurig onderzoeken [**sacrilegium**].

per-vetus, *gen.* veteris *en* **per-vetustus,** a, um zeer oud.

per-vēxī *pf. v. perveho.*

pervicācia, ae *f (pervicax)* volharding; hardnekkigheid, koppigheid; ▸ ~ *tua et superbia;* ~ *in hostem.*

pervicāx, *gen.* ācis volhardend, onvermoeibaar [**virtus; pugna;** *(in: gen.)* **recti** in het goede]; hardnekkig, koppig [*(in: gen.)* **irae** in zijn woede].

per-vīcī *pf. v. pervinco.*

pervictus *ppp. v. pervinco.*

per-videō, vidēre, vīdī, vīsum
1. overzien; goed zien [**sidera**]; *metaf.* beschouwen; ▸ *sol pervidet omnia;*
2. *(metaf.)* erkennen, inzien [**animi mei firmitatem**]; ▸ *videt sine dubio, quid eveniat, sed cur id accidat, non pervidet.*

per-vigeō, vigēre, viguī, — *(Tac.)* zeer sterk zijn, blijven bloeien [**opibus atque honoribus**].

pervigil, *gen.* ilis *(pervigilo) (poët.; postklass.)* altijd waakzaam, altijd actief.

pervigilātiō, ōnis *f (pervigilo)* het wakker blijven, wake.

pervigilium, ī *n* (*pervigil*)
1. (*postklass.*) het wakker blijven gedurende de nacht, nachtwake; ▸ *inter cottidiana -a fessus;*
2. *religieus* nachtelijk feest; ▸ *-um celebrare.*

per-vigilō, vigilāre wakker blijven, *de nacht* doorwaken [**in armis; ad ignes; noctem**].

per-vīlis, e zeer goedkoop; ▸ *annona eo anno ~ fuit.*

per-vincō, vincere, vīcī, victum
1. volledig overwinnen, overweldigen [**pavorem**]; (*intr.*) een volledige overwinning behalen; ▸ *pervicit Bardanes;*
2. (*metaf.*) (*Hor.*) overtreffen; ▸ *voces pervincunt sonum;*
3. *met moeite* brengen tot (*m. ut; ontkennend ook m. quin*) [**alqm multis orationibus**];
4. doorzetten, afdwingen, bereiken (*m. acc.; ut, ne; ontkennend ook m. quin*); ▸ *hoc est tibi pervincendum; ~ non potuit ut referrent consules* (*Liv.*);
5. (*Lucr.*) bewijzen, aantonen.

per-viridis, e helgroen, donkergroen.

pervīsus *ppp. v. pervideo.*

pervium, ī *n* (*pervius*) doorgang.

per-vius, a, um (*via*)
1. begaanbaar, toegankelijk; open [**amnis; saltus; transitiones** vrije doorgangen; **aedes** openstaand];
2. (*pre- en postklass.*) (*metaf.*) open, toegankelijk [**ambitioni**];
3. van twee kanten open, doorboord [**tempora**];
4. zich een weg banend [**ensis**].

per-vīvō, vīvere, vīxī, — (*Plaut.*) verder leven.

per-volg- = *pervulg-.*

per-volitō, volitāre (*intens. v. pervolo*[1]) (*poët.*) vliegen door, snel gaan door, rondvliegen door (*m. acc.*); ▸ *lumen omnia loca pervolitat.*

per-volō[1]**,** volāre
1. (*poët.*) vliegen door (*m. acc.*) [**aedes**];
2. snel gaan door (*m. acc.*) [**urbem; sex milia passuum** afleggen];
3. *ergens* heenvliegen, snel *ergens* heengaan; ▸ *animus pervolat in hanc sedem.*

per-volō[2]**,** velle, voluī (*ook gesplitst*) graag willen, zeer verlangen (*m. inf., ook m. conj.*); ▸ *pervelim scire.*

per-volūtō, volūtāre helemaal afrollen, nauwkeurig lezen, ijverig bestuderen [**alcis libros; omnium bonarum artium scriptores**]; *pass.* zich wentelen (*Apul.*).

per-volvō, volvere, volvī, volūtum
1. (*pre- en postklass.*) omwentelen [**alqm in luto**]; *pass.* zich heen en weer bewegen;
2. (*Catull.*) helemaal afrollen, doorlezen.

pervors-, pervort- (*arch.*) = *pervers-, pervert-.*

pervulgātus, a, um (*p. adj. v. pervulgo*)
1. algemeen bekend, welbekend [**nomina; humanitas**]; ▸ *ista maledicta -a in omnes;*
2. zeer gewoon [**consolatio; consuetudo**].

per-vulgō, vulgāre
1. beschikbaar stellen, openbaar maken, algemeen bekendmaken [**edictum totā provinciā; tabulas; Hirtium** uitgeven];
2. *se ~* zich prostitueren;
3. (*Lucr.*) *een plaats* vaak betreden, bezoeken, doorlopen;
/ *vgl. ook pervulgatus.*

pēs, pedis *m*
1. voet *van een mens of dier* [**hominis; equi**]; ▸ *pede captus* verlamd; *pedem ferre* gaan, komen; *pedibus venire; pedem ponere* binnenkomen; *pedem efferre* naar buiten gaan; *pedem conferre* (*milit.*) slaags raken, aanvallen; *pede collato* (*presso*) man tegen man; *pedibus merere* bij de infanterie dienen; *pedem referre, revocare, retrahere* zich terugtrekken, terugwijken; *pedem opponere* weerstand bieden; *ante pedes alcis* in iems. tegenwoordigheid; *sub pedibus alcis esse* in iems. macht zijn; *ad pedes accidere* zich aan iems. voeten werpen; *pedibus ire in sententiam alcis* het met iem. eens zijn; *sub pedibus esse* niet geacht worden; *manibus pedibusque* met alle geweld; *ad pedes desilire* (*van een paard*) afspringen; *ad pedes descendere, degredi* afstijgen; *pedibus trahi* aan de voeten meegesleept worden; *omni pede stare* op elke voet staan = van alle markten thuis zijn; *a pedibus usque ad caput* van top tot teen; *pede secundo* behulpzaam, genadig; *pedibus . . . navibus* te voet, over land . . . ter zee; *Caesar pedibus Narbonem pervenit; flumen uno omnino loco pedibus transire potest* te voet;
2. (*poët.*) (a) hoef; ▸ *equus pede terram ferit;* (b) klauw, *plur.* klauwen *van een roofvogel* [**unci**];
3. (*metaf.*) (a) (*niet-klass.*) poot *van een tafel, stoel, bed e.a.* [**tricliniorum; subsellii**]; draagboom *aan een draagstoel;* (b) touw *om een zeil te spannen,* schoot [**veli**]; ▸ *pedibus aequis of pede aequo navigare* met gelijke schoten = voor de wind zeilen; *pedem facere* met halve wind zeilen; *pedes colligere* aanhalen; (c) steel (*v.e. druif of olijf*);
4. (*meton.*) (a) stap, het lopen; *plur.* wedren; ▸ *pedibus vincere;* (b) voet *als lengtemaat* (= *ca. eenderde meter*) [**iustus**]; ▸ *non pedem ab alqo*

discedere geen duimbreed van iems. zijde wijken; (*metaf.*) *pede suo se metiri* met zijn eigen maatstaf; (c) versvoet; ▸ *verba in suos pedes cogere*; — (*poët.*) versmaat [**Lesbius** sapfische strofe; **ter percussus** trimeter]; (*Plin. Mai.*) ritme.

pessimus, a, um *superl. v. malus*[1].

Pessinūs, ūntis *f stad in Galatië, belangrijkste cultusplaats v. Cybele, nu* Ballıhisar; — *adj.* **Pessinūntius,** a, um.

pessulus, ī *m* (*Gr. leenw.*) (*kom.*) grendel; ▸ *-um foribus obdere* de grendel voor de deur schuiven, de deur vergrendelen.

pessum[1] *adv.*

1. naar de grond, naar beneden [**premere**];
2. (*metaf.*) (a) *pessum ire* te gronde gaan, omkomen; (b) *pessum dare* (*ook als één woord*) te gronde richten, verderven [**civitatem; alqm verbis**]; ▸ *multos etiam bonos* ~ *dedit* (*Tac.*); — *pass.*: *ad inertiam pessum datus est* (*Sall.*) heeft zich verlaagd tot luiheid.

pessum[2], ī *n* = *pessus.*

pessus, ī *m en* **pessum,** ī *n* (*Gr. leenw.*) (*vaginale*) zetpil.

pesti-fer, fera, ferum (*pestis en fero*) verderfelijk, schadelijk, rampzalig [**civis; fulmina; calor**].

pestilēns, *gen.* entis (*pestis*)

1. ongezond, besmet [**locus; aedes**];
2. (*metaf.*) verderfelijk, schadelijk, rampzalig [**munus**].

pestilentia, ae *f* (*pestilens*)

1. pest, epidemie; ▸ *causa -ae; -ā laborare;* ~ *gravis incidit in urbem;* ~ *populum invasit; -ae contagia prohibere;*
2. (*meton.*) ongezonde lucht, ongezond klimaat; ongezonde omgeving; ▸ *in -ae finibus;*
3. (*postklass.*) (*metaf.*) verderf; ▸ *oratio plena veneni et -ae.*

pestilentiōsus, a, um (*pestilentia*) (*Laatl.*)

1. met pest besmet;
2. verderfelijk.

pestilitās, ātis *f* (*Lucr.*) = *pestilentia.*

pestis, is *f*

1. pest, epidemie [**pecudum**]; ▸ *hos* ~ *necuit; pestem ab Aegypto (a populo) avertere;*
2. (*meton.*) ongezonde geur [**nasorum stank**];
3. (*metaf.*) verderf, onheil, ondergang [**patriae; civitatis; omnium bonorum**]; ▸ *pestem a re publica depellere; pestem miserrimam importare alci;*
4. (*meton.*) (*v. levende wezens en niet-lev.*) onheilsstichter, monster, gesel, ramp, plaag, vloek; ▸ *corporeae pestes; avaritia et luxuria, quae pestes omnia magna imperia everterunt* (*Liv.*).

petalium, ī *n* (*Gr. leenw.*) (*postklass.*) plaatje (*metaal*), bladgoud(?).

petasātus, a, um (*petasus*) met reishoed, reisvaardig.

petasō, ōnis *m* bout *of* ham (*blijkbaar deel van perna*).

petasunculus, ī *m* (*demin. v. petaso*) (*Juv.*) stukje ham.

petasus, ī *m* (*Gr. leenw.*) (*Plaut.*) breedgerande hoed (*voor op reis*).

petauristārius, ī, **petauristēs** *en* **petaurista,** ae *m* (*Gr. leenw.*) (*Petr.*) acrobaat.

petaurum, ī *n* (*Gr. leenw.*) (*postklass.*) *een soort trapeze.*

Petēlia, ae *f Achaeïsche kolonie in Bruttium.*

Petēlīnus, a, um *lucus* ~ *heilig woud bij Rome bij de porta Flumentana aan de voet v.h. Capitool.*

petessō, petessere, — — (*intens. v. peto*) naarstig streven naar, op zoek zijn naar (*m. acc.*) [**laudem; pugnam**].

petilus, a, um (*Plaut.*) dun, smal [**labra**].

petītiō, ōnis *f* (*peto*)

1. aanval, slag, stoot;
2. (*in redevoeringen*) aanval, agressief taalgebruik;
3. het verzoeken, verzoek; verzoekschrift (*om: gen.*) [**indutiarum**]; ▸ *petitiones a potestatibus* bij machthebbers;
4. sollicitatie, kandidaatstelling (*naar, voor: gen.*) [**tribunatūs; honorum; regni**];
5. (*jur. t.t.*) vordering, aanklacht *in civiele procedures* (*itt. accusatio: klacht in strafrechtelijke procedures*) [**pecuniae; hereditatis**]; ▸ *integram petitionem relinquere* (*Cic.*); — ook recht om te vorderen;
6. (*postklass.*) het dingen naar de hand *van een vrouw.*

petītor, ōris *m* (*peto*)

1. iem. die probeert te krijgen (*m. gen.*) [**famae**];
2. sollicitant, kandidaat;
3. (*jur. t.t.*) aanklager *in civiele procedures* (*itt. accusator: aanklager in strafrechtelijke procedures*).

petītōrius, a, um (*peto*) (*jur.*) betreffende eigendomsaanspraak [**formula**].

petīturiō, petīturīre, — — (*desid. v. peto*) verlangen naar een kandidatuur *of* ambt.

petītus, ūs *m* (*peto*)

1. (*Lucr.*) het zich bewegen naar (*m. gen.*) [**terrae** richting aarde];

2. *(postklass.)* verzoek; ▸ *consensu petituque omnium.*

petō, petere, petīvī *(en* petiī*)*, petītum *(m. acc.)* *(ook sync. perfectumvormen:* petīsse(m) = petīvisse(m), petīstī = petīvistī *e.d.)* trachten te bereiken, streven naar:

1. zich begeven, gaan, trekken naar, *een plaats* opzoeken, bezoeken [**continentem** koers zetten naar; **cursu muros** rennen naar; **Ascanium** naderen]; ▸ *non castra, sed naves* ~ zijn toevlucht zoeken bij; *amnis campum petit* stroomt naar;

2. *een richting, een weg* inslaan, kiezen, nemen [**iter terrā** de weg over land nemen; **diversas vias; alium cursum; aliam in partem fugam**]; ▸ *harena ad Aethiopas usque petitur;*

3. *(vijandel.)* afstormen op, aanvallen; *metaf.* bedreigen [**Indos; armis patriam; vehementer; urbem bello; alcis collum; vultus alcis unguibus; alqm fraude, falsis criminibus; alqm epistulā**]; ▸ *morsu petunt (canes)* bijten; *somnus petit nautam* overvalt;

4. mikken op, gooien naar [**aëra disco; arcu alta** in de hoogte richten; **hostes telis** beschieten; **alqm saxis** bekogelen]; ▸ *non latus aut ventrem, sed caput et collum* ~;

5. *(metaf.)* nastreven, trachten te bereiken *of* verkrijgen [**aliud domicilium; praedam; imperium; salutem fugā** zijn heil zoeken in de vlucht; **gloriam; alcis societatem; partem** de zijde kiezen; **delectationem; sapientiam; mortem**]; *(ook m. inf.)*; ▸ *bene vivere* ~; — ppp. **petītus,** a, um verwacht, gewenst; *subst.* **petīta,** ōrum *n* het object van verlangen;

6. wensen, verlangen, eisen [**salutem sibi soli; partem praedae; poenas ab alqo** iem. straffen, wraak nemen op iem.; **alqm in vincula;** *(voor, wegens: gen.)* **contumeliarum**]; ▸ *ex iis tantum, quantum res petet, hauriemus (Cic.);*

7. vragen, verzoeken [**pacem a Romanis** de Romeinen om vrede verzoeken; **sui laboris praemia; vitam nocenti; auxilium a Lacedaemoniis; consilium ab amico** raad vragen aan]; *(m. ut; ne; zelden alleen conj.; inf.; aci.);*

8. *(pre- en postklass.)* zich (smekend) wenden tot; ▸ *vos peto atque obsecro;* ~ *precibus per litteras ab alqo ut;*

9. dingen naar *een ambt*, zich kandidaat stellen voor [**praeturam**]; ▸ *in unum locum* ~ naar, voor één plaats;

10. dingen naar de hand van, het hof maken [**virginem**]; ▸ *formosam quisque petit;* — *subst.* **petentēs,** ium *m* huwelijkskandidaten, vrijers; — *petor ab alqo of alci* iem. maakt mij het hof;

11. *(jur. t.t.) (in processen)* aanspraak maken op, eisen, opvorderen [**pecuniam numeratam; ex testamento**]; ▸ *(abs.) is qui petit* eiser; *is a quo of unde petitur* aangeklaagde; *dolo facit, qui petit, quod redditurus est;*

12. (gaan) halen, putten [**commeatūs; aquam; e flamma;** *metaf.* **gemitūs** *of* **spiritum de corde** een diepe zucht slaken]; ▸ ~ *alqd ad alqm* bij iem.;

13. ontlenen *(aan: ab)* [**exemplum alcis rei ab alqo** iem. voor iets tot voorbeeld nemen].

petor(r)itum, ī *n (Kelt. leenw.) open wagen met vier wielen.*

petra, ae *f (Gr. leenw.) (pre- en postklass.)* rots, rotsblok, steen.

Petreius, ī *m naam v.e. Romeinse gens:* M. ~, *legaat v. Pompeius in Spanje;* — *adj.* **Petreiānus,** a, um.

Petrīnī, ōrum *m inwoners v.d. stad Petra op Sicilië.*

Petrīnum, ī *n stad en landgoed bij Sinuessa in Campanië.*

petrinus, a, um *(petra) (eccl.)* stenen, steen-, rots- [**culter**].

petrō, ōnis *m (Plaut.)* jonge ram.

Petrocoriī, ōrum *m volksstam op de rechteroever v.d. Garonne in de huidige Périgord.*

Petrōnius, ī *m naam v.e. Romeinse gens: ihb.* P. ~ *Niger; stond aanvankelijk in de gunst bij keizer Nero; later gedwongen tot zelfmoord; vermoedelijk ten onrechte geïdentificeerd met* Petronius Arbiter, *auteur van een gedeeltelijk bewaard gebleven roman 'Satyricon'.*

petroselīnum, ī *n (Gr. leenw.) (postklass.)* peterselie.

petrōsus, a, um *(petra) (Plin. Mai.)* rotsachtig [**loca**]; — *subst.* **petrōsa,** ōrum *n (vul aan: loca)* rotsachtige grond.

petrōtus, a, um *(Gr. leenw.) (Plin. Mai.)* steenachtig.

petulāns, *gen.* antis *(peto)* uitgelaten, baldadig, brutaal; frivool [**homo; genus dicendi**]; ▸ *petulanter vivere.*

petulantia, ae *f (petulans)* uitgelatenheid, brutaliteit; frivoliteit.

petulcus, a, um *(peto) (poët.)* stotig, geneigd tot stoten [**haedi; agni**].

Peucē, ēs *f*

1. *eiland in de monding v.d. Donau;* — *bew.* **Peucīnī,** ōrum *m;*

2. *personif.* **Peucē** *een nimf.*

Peucedanum, ī *n (Gr. leenw.) een schermbloemige plant.*

Peucetia, ae *f zuidelijk deel v. Apulië aan de O.-kust v. Italië;* — *adj.* **Peucetius,** a, um [**sinus** = Golf v. Tarente].

pexātus, a, um *(pexus) (Mart.)* in een nieuw wollen gewaad.

pexī *pf. v. pecto.*

pexus *ppp. v. pecto.*

Phaeāx, ācis *m, meestal plur.* **Phaeāces,** um *volgens de overlevering bewoners v.h. eiland Scheria (het huidige Korfoe?), bekend vanwege hun gastvrijheid en levensvreugde; alg.* = levensgenieter, smulpaap; — *adj.* **Phaeāc(i)us,** a, um; — *subst.* **Phaeācia,** ae *f land v.d. Phaeacen;* — **Phaeācis,** idis *f gedicht over Odysseus' verblijf bij de Phaeacen.*

phaecasium, ī *n (Sen.) en* **-a,** ae *f (Petr.) (Gr. leenw.)* witte schoen *van priesters in Athene;* — *adj.* **phaecasiātus,** a, um met witte schoenen.

Phaedōn, ōnis *m leerling v. Socrates, vriend v. Plato;* — *titel v.e. dialoog v. Plato over de onsterfelijkheid v.d. ziel.*

Phaedra, ae *f dochter v. Minos v. Kreta en Pasiphaë, zuster v. Ariadne, echtgenote v. Theseus; zie ook Hippolytus.*

Phaedrus, ī *m*

1. *leerling v. Socrates, naar wie een dialoog v. Plato genoemd werd; hij treedt ook in andere dialogen v. Plato op;*

2. *epicurisch filosoof uit Athene, vriend en leermeester v. Cicero;*

3. *Rom. schrijver v. fabels, afkomstig uit Macedonië, als slaaf naar Rome gekomen, door Augustus vrijgelaten.*

Phaestum, ī *n stad aan de zuidkust v. Kreta, door Minos gesticht;* — *adj.* **Phaestius,** a, um; — **Phaestias,** adis *f* inwoonster v. Phaestum.

Phaëthōn, ontis *m*

1. *epith. v.d. zonnegod;*

2. *zoon v.d. zonnegod; Phaëthon mocht één keer de zonnewagen besturen; daarbij raakten de onstuimige paarden uit de baan en kwamen te dicht in de buurt v.d. aarde, zodat er een geweldige brand ontstond; Zeus moest Phaëthon met zijn bliksem doden om een grotere ramp te voorkómen;* — *adj.* **Phaëthontēus,** a, um, *fem. ook* **Phaëthontis,** idis [**volucris** = zwaan; **gutta** = barnsteen] *of* **Phaëthonius,** a, um [**amnis** = *de rivier de Po*]; — **Phaëthontiades,** um *f zusters v. Phaëthon.*

phagedaena, ae *f (Gr. leenw.)* vlees wegvretende zweer.

phager, grī *m een vis.*

phalanga, ae *f (Gr. leenw.)* houten rol *of* paal *voor het transport v. schepen, oorlogstuig e.d. over land.*

phalangītēs, ae *m (phalanx)* soldaat in een falanx.

phalangium, ī *n (Gr. leenw.) een beest met een giftige beet, ihb. een spin.*

Phalant(h)us, ī *m Spartaan, myth. stichter v. Tarente;* — *adj.* **Phalant(h)īnus** *of* **Phalant(h)ēus,** a, um.

phalanx, angis *f (Gr. leenw.) (milit.)*

1. falanx, *een slagorde v. infanterie, ihb. de door Philippus v. Macedonië bedachte formatie (van 16 man diep);*

2. *alg. (poët.)* dichte formatie v. strijders; *ook metaf.*

Phalara, ae *f havenstad in Thessalië.*

phalārica, ae *f* = *falarica.*

Phalaris, idis *m wrede tiran v. Agrigentum op Sicilië (570—554 v. Chr.).*

phalerae, ārum *f (Gr. leenw.)*

1. borstversiering *van strijders als militaire onderscheiding;*

2. versiering voor paarden;

3. *(Pers.) (metaf.)* uiterlijk vertoon.

phalerātus, a, um *(phalerae)*

1. met borstversiering getooid;

2. *(Ter.) metaf.* fraai [**dicta**].

Phalērum, ī *n een v.d. havens v. Athene;* — *adj.* **Phalēricus,** a, um; — *inw.* **Phalēreus,** eī *en* eos *en* **-rēus,** ī *m.*

Phanae, ārum *f Z.-punt v. Chios;* — *adj.* **Phanaeus,** a, um [**rex** = wijn v. Chios *als 'koning' onder de wijnsoorten*].

phantasia, ae *f (Gr. leenw.) (postklass.)*

1. gedachte, idee; inbeelding, visioen;

2. inbeeldingsvermogen, fantasie.

phantasma, atis *n (Gr. leenw.)*

1. *(postklass.)* geestverschijning;

2. *(Laatl.)* voorstelling; drogbeeld, hersenspinsel.

phantasticus, a, um *(Gr. leenw.) (Laatl.)* ingebeeld, denkbeeldig.

Phantasus, ī *m (Ov.) god v.d. droom, broer v. Icelus.*

Phaōn, ōnis *m veerman v. Lesbos, die Sappho's liefde versmaadde;* — *alg.* koele minnaar.

pharetra, ae *f (Gr. leenw.) (poët.)* pijlkoker.

pharetrātus, a, um *(pharetra) (poët.)* met een pijlkoker uitgerust [**puer** = Cupido; **virgo** = Diana].

pharetri-ger, gera, gerum *(pharetra) (poët.)* een pijlkoker dragend [**rex**].

Pharītae, Pharius *zie Pharos.*

pharmacopōla, ae *m* (*Gr. leenw.*) handelaar in kruiden en medicijnen, kwakzalver.

pharmacus, ī *m* (*Gr. leenw.*) (*Petr.*) galgenaas.

Pharmacūsa, ae *f eiland voor de kust v. Carië.*

Pharnabazus, ī *m Perz. satraap* (*ca. 400 v. Chr.*).

Pharnacēs, is *m naam v. twee koningen v. Pontus, de grootvader resp. de zoon v. Mithridates.*

Pharos *en* **-us,** ī *f klein eiland voor de kust bij Alexandrië in Egypte met gelijknamige vuurtoren, die tot de zeven wereldwonderen gerekend werd; deze werd ca. 280 v. Chr. door de architect Sostratus uit Cnidus gebouwd; metaf.* vuurtoren; — *bew.* **Pharītae,** ārum *m*; — *adj.* **Phari(ac)us,** a, um ook Egyptisch [**iuvenca** = Io; **turba** (*van de priesters v. Isis*)].

Pharsālus *en* **-os,** ī *f stad in Thessalië waar Caesar Pompeius definitief versloeg* (*48 v. Chr.*), *nu* Farsala; — *adj.* **Pharsāli(c)us,** a, um; *subst.* **Pharsālia** *n plur. titel v.h. epos v. Lucanus;* — **Pharsālia,** ae *f gebied dat Pharsalus toebehoorde.*

Phasēlis, idis *f havenstad aan de O.-kust v. Lycië, nu* Tekirova; — *inw.* **Phasēlītae,** ārum *m.*

phasēlus *en* **-os,** ī *m en f* (*Gr. leenw.*)
1. *een soort boon;*
2. (*metaf.*) boot, passagiersschip.

phāsiāna, ae *f* (*Phasis*) fazant.

Phāsis, idis *en* idos *m* (*acc.* Phāsim, Phāsin *en* Phāsidem; *abl.* Phāsī *en* Phāside) *rivier in Colchis uitmondend in de Zwarte Zee, nu de Rioni* (*in Georgië*); *ook* (*poët.*) = Colchis; — *adj.* **Phāsiacus,** a, um Colchisch, *fem. ook* **Phāsis,** idis *en* **Phāsias,** adis Colchisch, *als subst.* = Colchische vrouw, *ihb.* Medea.

phasma, atis *n* (*Gr. leenw.*) geest(verschijning), spook; — Phasma *titel v.e. komedie v. Menander en v.e. gedicht v. Catullus.*

Phēgeus, eī *en* eos *m zoon v. Alpheus, Arcadische koning v. Psophis;* — *adj.* **Phēgēius,** a, um van Phegeus [**ensis**]; — **Phēgis,** idis *f* (*acc.* -ida) *dochter v. Phegeus* = Alphesiboea.

phellos, ī *m* (*Gr. leenw.*) (*postklass.*) kurken vlotter.

Pheneus, ī *f stad en rivier in Arcadië;* — *inw.* **Pheneātae,** ārum *m.*

phengītēs, ae *m* (*Gr. leenw.*) (*postklass.*) *een soort onyx.*

Pherae, ārum *f*
1. *stad in Messenië;*
2. *stad in Thessalië, waar koning Admetus zetelde;* — *inw.* **Pheraeī,** ōrum *m*; — *adj.* **Pheraeus,** a, um [**vaccae** = van Admetus]; ook Thessalisch.

Pherecleus, a, um van Phereclus; ▸ *-a puppis* (*Ov.*) door Phereclus gebouwd schip, *waarop Paris Helena ontvoerde.*

Pherecȳdēs, is *m filosoof v.h. eiland Syros, leermeester van Pythagoras;* — *adj.* **Pherecȳdēus,** a, um.

Pherētiadēs, ae *m* (*Ov.*) *zoon v. Pheres* = Admetus.

phiala, ae *f* (*Gr. leenw.*) (*postklass.*) platte en wijde schaal.

Phīdiās, ae *m Atheens beeldhouwer uit de tijd v. Pericles;* — *adj.* **Phīdiacus,** a, um.

Philadelphēnī, ōrum *m* (*postklass.*) *inwoners v.d. stad Philadelphia in Lydië,* (*nu* Alaşehir).

Philadelphus, ī *m naam v. Gr. oorsprong, ihb. als bijnaam v. Ptolemaeus II v. Egypte* (*308—246 v. Chr.*).

Philae, ārum *f eiland in de benedenloop v.d. Nijl.*

Philaenī, ōrum *en* ōn *m twee broers uit Carthago, die zich uit vaderlandsliefde levend lieten begraven.*

philēma, atis *n* (*Gr. leenw.*) (*Lucr.*) kus.

Philēmō(n), onis *m*
1. *uit Soli, dichter v.d. nieuwe Att. komedie, tijdgenoot v. Menander, inspiratiebron voor Plautus, die stukken v. hem bewerkte;*
2. (*Ov.*) *oude boer in Frygië, echtgenoot v. Baucis.*

Philētās, ae *m Gr. elegisch dichter v. Cos, voorbeeld voor Propertius;* — *adj.* **Philētēus,** a, um.

Philippī, ōrum *m stad in Macedonië waar de moordenaars v. Caesar, Brutus en Cassius, in twee veldslagen werden overwonnen* (*42 v. Chr.*); — *inw.* **Philippēnsis,** is *m*; — *adj.* **Philippēnsis,** e [**bellum** bij Philippi] *en* **Philippīus,** a, um [**campus**].

Philippopolis, eos *f stad in Thracië, nu* Plovdiv (*in Bulgarije*).

Philippus, ī *m naam v. Macedon. koningen, ihb.:*
1. Philippus II, *zoon v. Amyntas, vader v. Alexander de Grote, regeerde van 359 tot 336 v. Chr.; meton.* (*poët.*) *door hem geslagen* gouden munt *met een waarde v. 20 drachmen;* — *adj.* **Philippēus,** a, um [**nummus**] *en* **Philippicus,** a, um [**orationes** de redevoeringen tegen Philippus *van de Athener Demosthenes en de* redevoeringen tegen Antonius *van Cicero*];
2. Philippus V, *koning in 221—179 v. Chr., vader v.d. laatste Macedonische koning Perseus.*

Philistus, ī *m Gr. geschiedschrijver uit Syracuse* (*gest. in 357 v. Chr.*).

philitia, ōrum *n* (*Gr. leenw.*) gemeenschappelijke *maaltijden van de Spartanen.*

Philō, ōnis *m*
1. *academisch filosoof in Athene* (*ca. 90 v. Chr.*), *leermeester v. Cicero;*

2. *beroemde architect in Athene (4e eeuw v. Chr.).*

Philoctētēs *en* **-ta,** ae *m zoon v. Poeas, metgezel v. Hercules, wiens pijlen en boog hij erfde; op weg naar Troje door een slang gebeten werd hij vanwege de stank v.d. etterende wond op Lemnos achtergelaten; in het tiende jaar v.d. belegering v. Troje werd hij opgehaald omdat Troje zonder Hercules' boog niet ingenomen kon worden; — titel v.e. tragedie v. Sophocles; — adj.* **Philoctētēus,** a, um.

Philodēmus, ī *m epicurist, dichter en kunsttheoreticus uit Palestina, tijdgenoot v. Cicero.*

Philolāus, ī *m pythagoreeër uit Croton, tijdgenoot v. Socrates.*

philologia, ae *f (Gr. leenw.)*

1. liefde voor de (taal)wetenschap;

2. geleerdheid, eruditie.

philologus, ī *m (Gr. leenw.)* (taal)geleerde, geletterde.

Philomēla, ae *f dochter v.d. Atheense koning Pandion, zuster v. Procne, door haar zwager Tereus verkracht en, om deze daad niet uit te laten komen, van haar tong beroofd; desondanks kwam de daad aan het licht, waarop Procne hun beider zoon Itys als maaltijd aan Tereus voorzette; toen Tereus dit merkte en de vluchtende vrouwen achtervolgde, werd Philomela door de goden veranderd in een nachtegaal, Procne in een zwaluw en Tereus in een hop (Ov.); — (Verg.) (meton.)* nachtegaal.

Philomēlium, ī *n stad in Z.O.-Frygië, nu Akşehir; — inw.* **Philomēliēnsēs,** ium *m.*

Philopoemēn, enis *m veldheer v.d. Achaeïsche Bond (253—182 v. Chr.).*

Philorōmaeus, ī *m 'vriend v.d. Romeinen', bijnaam v.d. Cappadocische koning Ariobarzanes.*

philosopha, ae *f (philosophus)* filosofe.

philosophia, ae *f (Gr. leenw.)*

1. filosofie, wijsbegeerte; ▸ *ars est enim ~ vitae (Cic.); videte ne quis vos decipiat per -am (Vulg.);*

2. *(meton.)* (a) filosofische kwestie, filosofisch probleem; ▸ *circulus in quo de -a sermo habetur;* (b) filosofische richting, school *(vaak plur.).*

philosophicus, a, um *(philosophus) (Laatl.)* filosofisch.

philosophor, philosophārī *(philosophus)* filosoferen.

philosophūmenos, ē, on *(Gr. leenw.) (Sen.)* een onderwerp v. filosofische studie vormend.

philosophus *(Gr. leenw.)*

I. *adj.* a, um filosofisch [**scriptiones; sententia; tractatus**];

II. *subst.* ī *m* filosoof; ▸ *alio tempore rhetorum praecepta tradere, alio philosophorum (Cic.).*

philotechinus, a, um *(Gr. leenw.) (Laatl.)* kunstzinnig, technisch.

philtrum, ī *n (Gr. leenw.) (poët.)* liefdesdrank.

Philus, ī *m Rom. bijnaam in de gens Furia:* L. Furius *~, vriend v. Scipio Minor en Laelius.*

philyra, ae *f (Gr. leenw.) (poët.; postklass.)*

1. linde; bast v.d. linde;

2. *(Plin. Mai.) uit papyrus gesneden repen.*

Philyra, ae *f (philyra) nimf, moeder v. Chiron, in een linde veranderd; — adj.* **Philyrēius,** a, um [**heros** = Chiron]; *— patron.* **Philyridēs,** ae *m zoon v.* Philyra = Chiron.

phīmus, ī *m (Gr. leenw.) (Hor.)* dobbelbeker.

Phīneus, eī *en* eos *m*

1. *koning v. Salmydessus in Thracië, die door de goden met blindheid werd gestraft en door de Harpijen werd opgejaagd, omdat hij zijn beide zonen vanwege belastering v. hun stiefmoeder Idaea de ogen had laten uitsteken; — adj.* **Phinē(i)us,** a, um; **Phīnīdēs,** ae *m afstammeling v. Phineus;*

2. *broer v. Cepheus, door Perseus in steen veranderd.*

Phintiās, ae *m pythagoreeër in Syracuse, vriend v. Damon.*

phlebotomia, ae *f (phlebotomo) (Gr. leenw.) (Laatl.)* aderlating.

phlebotomō, phlebotomāre *(Gr. leenw.) (postklass.)* aderlating.

Phlegethōn, ontis *m (Gr. leenw.) 'vuurstroom', rivier in de onderwereld, mondt uit in de Acheron; — adj. fem.* **Phlegethontis,** idis.

phlegma, atis *n (Gr. leenw.) (Laatl.)* klam lichaamsvocht, slijm.

phlegmōn, onis *m (Gr. leenw.) (postklass.)* ontsteking.

Phlegra, ae *f oudere naam v. Pallene, een schiereiland v. Chalcidice; — adj.* **Phlegraeus,** a, um [**campi** *strijdtoneel v.d. giganten, dat ook wel in het vulkanische gebied tussen Cumae en Napels gesitueerd werd;* **tumultus** *strijd tussen de giganten en Zeus*].

Phlegyās, ae *m zoon v. Ares, vader v. Ixion, koning v.d. Lapithen, stamvader v.d.* **Phlegyae,** ārum *m een roversvolk in Thessalië.*

Phlīūs, ūntis *f stad op de Peloponnesus; — inw. en adj.* **Phlīāsius,** ī *m resp.* a, um, *ook* **Phliūntius,** ī *m.*

phlomus, ī *f en m (Gr. leenw.) (postklass.)* koningskaars.

phōca, ae *en* **-ē,** ēs *f (Gr. leenw.) (poët.; postklass.)* zeehond.

Phōcaea, ae *f kuststad in Ionië, moederstad v. Massilia (het huidige Marseille), nu Foça; — adj.* **Phō-**

caicus, a, um *en* **Phōcais,** idis *f. ook* van Marseille; — *inw.* **Phōcaeēnsēs,** ium *en* **Phōcaeī,** ōrum *m.*

Phōciōn, ōnis *m Atheens staatsman, tijdgenoot v. Demosthenes.*

Phōcis, idis *en* idos *f landstreek in Midden-Griekenland met het orakel v. Delphi;* — *adj.* **Phōcēus** *en* **Phōcaïcus,** a, um; — *inw.* **Phōcēnsēs,** ium *en* **Phōciī,** ōrum *m, sg. ook* **Phōceus,** eī *en* eos *m.*

Phoebas, adis *f (Ov.) priesteres v. Apollo (= Cassandra).*

Phoebē, ēs *f (Gr. leenw.* 'de stralende')
1. *bijnaam v. Diana als maangodin; meton.* nacht vol maanlicht;
2. *dochter v. Leda en zuster v. Helena;*
3. *dochter v. Leucippus;*
4. *vrijgelatene v. Julia.*

Phoebi-gena, ae *m (Phoebus en gigno) (Verg.)* zoon v. Phoebus = Aesculapius.

Phoebus, ī *m (Gr. leenw.* 'de stralende, de reinigende') *(poët.)*
1. *bijnaam v. Apollo, die aan de zonnegod Helius gelijkgesteld werd;* — *adj.* **Phoebē(i)us,** a, um van Phoebus, horend bij Phoebus [**iuvenis** = *zijn zoon* Aesculapius; **virgo** = Daphne; **ales** = raaf; **ars** = geneeskunst; **anguis** = slang v. Aesculapius; **lampas** = zon; **ignes** = zonnestralen];
2. *(meton.)* (a) zon; ▸ *fugat astra Phoebus;* (b) hemelstreek; ▸ *sub utroque -o* in het oosten en westen.

Phoenīcē, ēs *en* **-a,** ae *f* Fenicië, *kuststreek v. Syrië, ongeveer het huidige Libanon;* — *inw.* **Phoenīx,** īcis *m* Feniciër, *de Feniciërs waren beroemd om hun prestaties op het gebied v.d. scheepvaart en kunstnijverheid, de uitvinding v.h. alfabet en het stichten v. veel kolonies (bv. Carthago); fem.* **Phoenissa,** ae Fenicische, Punische *(ihb. Dido, de legendarische stichtster v. Carthago);* — *adj.* **Phoenīcius,** a, um, *fem. ook* **Phoenissa.**

phoenīcopterus, ī *m (gen. plur.* -ōrum *en* -um) *(Gr. leenw.) (postklass.)* flamingo.

Phoenissa *zie* Phoenice.

phoenīx, īcis *m (Gr. leenw.) (poët.; postklass.)* feniks, *volgens de legende een vogel met een buitengewoon lange levensduur; volgens de latere legende verbrandt de feniks zichzelf iedere 500 jaar en herrijst dan weer uit zijn as.*

Phoenīx[1] *zie* Phoenice.

Phoenīx[2]**,** īcis *m zoon v. Amyntor, vriend v. Achilles.*

Pholoē, ēs *f gebergte in W.-Arcadië.*

phōnascus, ī *m (Gr. leenw.) (postklass.)* leraar in zang en declamatie.

Phorcus, ī *m als grijsaard voorgestelde zeegod, zoon v. Neptunus, vader v.d. Graeën en Gorgonen;* — **Phorcis,** idis *en* idos *f dochter v. Phorcus, ihb.* Medusa [**sorores** *de twee Graeën, die de toegang tot hun zusters, de Gorgonen, bewaakten*]; **Phorcȳnis,** idis *en* idos *f dochter v. Phorcus, ihb.* Medusa *of* medusahoofd.

Phormiō, ōnis *m*
1. *peripatetisch filosoof uit Efeze, die voor Hannibal een voordracht over de krijgskunst wilde houden;* — *alg.* mensen (zoals Phormio) die uitweiden over zaken waarvan ze geen verstand hebben;
2. klaploper *in de 'Phormio' v. Terentius.*

Phorōnis, idis *f (Ov.)* Io, *dochter v.d. Argolische riviergod Inachus en zuster v. koning Phoroneus v. Argos;* — *adj.* **Phorōnis,** idis *(f).*

Phra(h)ātēs, is *m naam v. verscheidene Parthische koningen uit het geslacht v.d. Arsaciden.*

phrasis, is *f (acc. sg.* -im *en* -in, *abl.* -ī) *(Gr. leenw.) (postklass.)* retorische uitdrukkingsvorm, stijl.

phrenēsis, is *f (Gr. leenw.) (postklass.)* krankzinnigheid, waanzin.

phrenēticus, a, um *(Gr. leenw.)* krankzinnig, waanzinnig.

Phrixus *en* **-os,** ī *m zoon v. Athamas en Nephele; broer v. Helle, zie Helle;* — *adj.* **Phrixēus,** a, um.

Phrygia, ae *f (vul aan: terra)* Frygië, *landstreek in Kl.-Azië;* — *inw.* **Phryges,** um *m, sg.* **Phryx,** ygis Frygiër, *beroemd door goudborduursels; poët.* Trojaan *(ihb. Aeneas); ook* ontmande priester *van Cybele;* **Phrygiae,** ārum *f* Frygische vrouwen; — *adj.* **Phrygius,** a, um Frygisch, *poët.* Trojaans, Aziatisch [**mater** = Cybele; **modi** = hartstochtelijke muziek; **pastor** = Paris; **vestis** = kunstig geborduurd; **lapis** = marmer].

phrygiō, ōnis *m (Phrygia, Phryx) (Plaut.)* iem. die met gouddraad borduurt.

Phryx *zie* Phrygia.

Phthīa, ae *f stad in Z.-Thessalië, volgens Homerus geboorteplaats v. Peleus, Achilles en de Myrmidonen;* — *adj.* **Phthī(ōtic)us,** a, um [**vir** Achilles; **rex** Peleus]; — *inw.* **Phthīōtēs,** ae *m en* **Phthīas,** adis *f;* — **Phthīōtis,** idis *f landstreek in Z.-Thessalië.*

phthīriāsis, is *f (Gr. leenw.) (med.)* pediculose, (schaam)luis.

phthisicus, ī *m (Gr. leenw.) (Sen.)* iem. die aan de tering lijdt.

phthisis, is *f (acc.* -in, *abl.* -ī) *(Gr. leenw.) (Sen.)* tering, tbc.

phȳ *interj. (Ter.)* ba(h)!

phylaca, ae *f* (*Gr. leenw.*) (*Plaut.*) gevangenis.

Phylacē, ēs *f*
1. *stad in Epirus;*
2. *stad in Thessalië, geboorteplaats v. Protesilaüs;* — *adj.* **Phylacēius,** a, um, *fem. ook* **Phylacēis,** idis.

Phylacidēs, ae *m* (*Ov.*) *kleinzoon v. Phylacus, Protesilaüs.*

phylactērium, ī *n* (*Gr. leenw.*) (*Laatl.*) beschermmiddel, amulet, talisman.

phȳlarchus, ī *m* (*Gr. leenw.*) leider v.e. stam.

Phȳlē, ēs *f vesting in Attica bij de grens met Boeotië.*

Phyllēius, a, um uit *de stad Phyllus in Thessalië; poët.* Thessalisch.

phȳsētēr, ēris *m* (*Gr. leenw.*) *een soort walvis.*

physica, ae *f en* ōrum *n* (*physicus*) fysica, natuurwetenschap.

physicus (*Gr. leenw.*)
I. *adj.* a, um de natuur betreffend, natuurkundig, fysisch;
II. *subst.* ī *m* natuurkundige, natuuronderzoeker, natuurfilosoof; ▸ *ut ait ~ Anaxagoras.*

physiognōmōn, onis *m* (*Gr. leenw.*) iem. die het karakter v.e. mens uit zijn gelaatstrekken opmaakt, gelaatkundige.

physiologia, ae *f* (*Gr. leenw.*) natuurwetenschap, natuurfilosofie.

physiologicus, a, um (*Gr. leenw.*) (*Laatl.*) natuurkundig.

piābilis, e (*pio*) (*Ov.*) verzoenbaar.

piāculāria, ium *n* (*piacularis*) zoenoffer.

piāculāris, e (*piaculum*)
1. verzoenend, verzoening beogend [**sacrificia** zoenoffers];
2. (*postklass.*) waarvoor een zoenoffer nodig is [**flagitium**].

piāculum, ī *n* (*pio*)
1. middel tot verzoening, zoenoffer (*voor: gen.*) [**irae deorum; rupti foederis**]; ▸ *-a manibus infert* (*Ov.*);
2. boete(doening), straf; ▸ *-a exigere ab alqo; exacta -a caedis;*
3. zonde, schuld, misdaad [**rerum praetermissarum**]; ▸ *-um committere, mereri* begaan; *solutus -o; ~ est* (*m. aci.*) (*Plaut.*) het is een misdaad; *ne terra impleatur -o* (*Vulg.*).

piāmen, inis *n* (*Ov.*) *en* **piāmentum,** ī *n* (*postklass.*) middel tot verzoening, zoenoffer, boete(-doening).

pīca, ae *f* (*picus*) (*poët.; postklass.*) ekster.

picāria, ae *f* (*pix*) plaats waar pek gemaakt wordt, pekbranderij.

picea, ae *f* (*piceus*) (*poët.; postklass.*) pijnboom, (grove) den.

Pīcēnum, ī *n Ital. landstreek aan de Adriatische Zee, ten Z. v.h. huidige Ancona, in 268 v. Chr. door Rome onderworpen;* — *adj.* **Pīcēnus,** a, um *en* **Pīcēns,** *gen.* entis [**ager**]; — *inw.* **Pīcentēs,** ium *m.*

piceus, a, um (*pix*) (*poët.; postklass.*)
1. harsig;
2. van pek, pekachtig [**gutta**];
3. (*metaf.*) pikzwart [**caligo; imber**].

picō, picāre (*pix*) (*postklass.*) met pek dichten, breeuwen.

pictilis, e (*picto*) (*Apul.*) geborduurd.

Pictonēs, um *m volksstam ten Z. v.d. benedenloop v.d. Loire in het huidige Poitou.*

pictor, ōris *m* (*pingo*) schilder; — Pictor *cogn. in de gens Fabia, zie Fabius.*

pictūra, ae *f* (*pingo*)
1. (a) het schilderen, schilderkunst; ▸ *una est ars ratioque -ae* (*Cic.*); (b) het borduren;
2. (*meton.*) schildering, schilderij [**textilis** borduurwerk]; ▸ *accedant statuae et -ae;*
3. (*metaf.*) visueel beeld, schildering [**virtutum**];
4. (*v. dieren*) tekening.

pictūrātus, a, um (*pictura*) (bont)gekleurd; (*Verg.*) geborduurd [**vestes**].

pictus, a, um (*p. adj. v. pingo*)
1. geschilderd, getekend;
2. (*poët.*) (bont)gekleurd [**Agathyrsi** getatoeëerd]; ▸ *-i scuta* (*acc.*) met beschilderde schilden;
3. geborduurd [**toga**];
4. (*poët.*) bont [**vestis; plumae; pavo**]; gevlekt [**panthera**];
5. (*metaf., v.e. redevoering en redenaar*) fraai, elegant [**genus orationis**];
6. (*poët.*) onecht; ▸ *picti metūs.*

pīcus, ī *m*
1. (*poët.; postklass.*) specht;
2. (*Plaut.*) griffioen.

Pīcus, ī *m Latijnse god v.d. profetie; hij gold als de eerste koning v. Latium (v.d. oorspronkelijke bewoners) en als de beschermheer v.d. landbouw; hij werd door Circe in een specht veranderd omdat hij haar liefde versmaadde.*

Pīeria, ae *f Macedon. landstreek ten N.O. v.d. Olympus (ook landstreek in Thracië), lievelingsplaats v.d. muzen (zie Pieros);* — *adj.* **Pīerius,** a, um Pierisch; dichterlijk [**via** dichtkunst; **modi** gedichten]; Thessalisch; — **Pīeriae,** ārum *f* de muzen.

Pīeros en **Pīerus,** ī *m zoon v. Macedo(n), legendarische Macedonische koning die zijn negen dochters de namen v.d. muzen gaf; zij werden in eksters veranderd toen ze door de muzen in het zingen overwonnen waren; volgens de latere legende de vader v.d. negen muzen; — patron.* **Pīerides,** um *f, sg.* **Pīeris,** idis dochters v. Pierus *of* = de muzen.

pietās, ātis *f (pius)*
1. plichtsgevoel, plichtsgetrouw gedrag *tegenover goden en mensen (m. erga; in)*: **(a)** *(jegens de goden)* vroomheid, eerbied, ontzag [**in deos**]; **(b)** *(jegens ouders en familie)* liefde voor ouders, broers, zussen *of* kinderen, genegenheid [**in matrem**]; ▸ *iustitia erga deos religio, erga parentes ~ nominatur (Cic.)*; **(c)** *(jegens vrienden en echtgenoten)* liefde, trouw [**in amicum**]; **(d)** *jegens het vaderland* [**in patriam**];
2. *(poët.; postklass.)* zachtmoedigheid, mildheid, medelijden, genade [**senatūs**];
3. *(Verg.)* gerechtigheid *van de goden*; ▸ *si qua caelo est ~ ; summa deum (= deorum) ~ ;*
4. *(personif.)* **Pietās** *als godin;*
5. *(eccl.)* het (ware) geloof.

pietāti-cultrīx, īcis *f (pietas) (Petr.)* = *pietatem colens.*

piger, pigra, pigrum
1. traag, lui, lusteloos *(in: in m. abl.; gen.; bij: ad; inf.)* [**in labore militari; ad conatūs magnos** laf; **ad litteras scribendas; ferre laborem scribendi**]; ▸ *gens pigerrima ad militaria opera; ~ ad poenas princeps, ad praemia velox (Ov.)* slechts met tegenzin bestraffend, erg graag belonend;
2. *(v. zaken)* langzaam, traag, langdurig [**bellum; annus; aquae;** *metaf.* **frigus** traag makend; **vultus** onbewogen];
3. taai [**radix;** *metaf.* **campus** onvruchtbaar].

piget, pigēre, piguit, — *onpers. (piger)*
1. het doet verdriet, het wekt weerzin *of* tegenzin (op) *(de betrokkene staat in de acc.; het voorwerp van spijt: gen.; [kom.] nom. v.e. pron. neutr.; inf.; aci.)*; ▸ *me stultitiae meae piget; me civitatis morum piget; me fratris piget; id nos piget; hortari piget; me piguit quaerere;*
2. *(poët.)* het spijt iem., iem. *(acc.)* heeft berouw van *(= paenitet) (m. gen.; nom. v.e. pron. neutr.; inf.; aci.)*; ▸ *pigere eum facti coepit; illa me composuisse piget (Ov.);*
3. het is beschamend [**fateri**].

pigmentārius, ī *m (pigmentum)* handelaar in verf *of* zalf.

pigmentātus, a, um *(pigmentum) (Laatl.)* geverfd, opgemaakt.

pigmentum, ī *n (pingo)*
1. verf, kleur; ▸ *scherts.: alqm pingere -is ulmeis (Plaut.)* iem. bont en blauw slaan;
2. *(pre- en postklass.)* make-up; ▸ *non istanc aetatem oportet ~ ullum attingere (Plaut.);*
3. *(metaf.)* verfraaiing, versiering *van taal;* ▸ *sententiae, tam verae, tam sine pigmentis.*

pignerātīcius, a, um *(pignero)* betrekking hebbend op verpanding, verhypothekering.

pignerātor, ōris *m (pigneror)* iem. die geld uitleent tegen een onderpand, pandbelener.

pignerō, pignerāre *(pignus)*
1. als onderpand geven, verpanden [**bona;** *metaf.* **animos**];
2. verplichten, waarborgen.

pigneror, pignerārī *(pignus)*
1. *(Ov.)* als onderpand aannemen, *ook metaf.* [**omen**];
2. aanspraak maken op, zich toe-eigenen; ▸ *Mars fortissimum quemque ~ solet; fidem militum praemio ~.*

pignus, oris *en* eris *n*
1. (onder)pand, pandobject, zekerheid *(voor: gen.)*; ▸ *habere alqd pignori; liberare pignus a creditore; pignora auferre, capere* borgsommen eisen *om de senatoren te dwingen in de senaat te verschijnen;*
2. *(poët.; postklass.)* hypotheek; ▸ *rem alcis pignori accipere* iets v. iem. als hypotheek aannemen: *agris pignori acceptis;*
3. gijzelaar; ▸ *equites pignora pacis; pignora marium* mannelijke gijzelaars;
4. *(poët.; postklass.)* inzet bij een weddenschap; ▸ *pignus ponere cum alqo de alqa re; pignore certare, contendere* een weddenschap aangaan;
5. *(metaf.)* (waar)borg, bewijs [**iniuriae; societatis; sceleris; imperii**]; ▸ *pignus magnum dare; in vultu pignora mentis habet (Ov.);*
6. *(meestal plur.) (als het ware het onderpand v.d. [echtelijke] liefde =)* dierbare verwanten, kinderen; ▸ *proxima pignora; frangi aspectu pignorum suorum.*

pigrēscō, pigrēscere, —— *(piger) (postklass.)* traag, langzaam worden; ▸ *Nilus pigrescit.*

pigritia, ae *en* **pigritiēs,** ēī *f (piger)* traagheid, lusteloosheid *(mbt.: gen.)* [**militandi**].

pigror, pigrārī *en (Lucr.)* **pigrō,** pigrāre *(piger)* traag zijn, dralen.

piguit *pf. v. piget.*

pīla[1], ae *f*

1. pilaar, pijler [**lapidea**]; ▸ *locavit pilas pontis in Tiberim*; — zuil *voor een boekenwinkel met buiten uitgestalde boeken of een lijst v. boeken*; ▸ *nulla meos habeat* ~ *libellos* (Hor.) zouden niet openbaar verkocht moeten worden;
2. (*poët.*; *postklass.*) stenen dam, pier [**saxea**].

pila², ae *f*
1. (speel)bal; ▸ *-ā ludere*; *-am reddere*; *mea* ~ *est* (Plaut.) de bal is van mij = ik heb gewonnen; *di nos quasi -as homines habent* (Plaut.); — *meton.* balspel;
2. (*poët.*) balletje *van de rechters voor het stemmen*;
3. (*pre- en postklass.*) bol [**terrae** aardbol];
4. (Mart.) stropop *om een stier te prikkelen.*

pīla³, ae *f* (*pinso*) vijzel.

pīlānus, ī *m* (*pilum²*) (Ov.) drager v.e. werpspies.

pilārius, ī *m* (*pila²*) (*postklass.*) jongleur.

pīlātus, a, um (*pilum²*) (*poët.*) met werpspiesen bewapend.

Pīlātus *zie* Pontius.

pīleātus = *pill-*.

pīlentum, ī *n* praalwagen, koets, *ihb. voor vrouwen.*

pīleolus, pīleus *en* **-um** = *pill-*.

pili-crepus, ī *m* (*pila² en crepo*) (Sen.) iem. die met een bal speelt.

pilleātus, a, um (*pilleus*) een vilten muts dragend, met een vilten muts (*ihb. bij feestmalen, op de Saturnalia en ook door vrijgelatenen gedragen als teken v. hun vrijheid*) [**turba; coloni; plebs** *bij de dood v. Nero als teken v.d. bevrijding v.d. slavernij*; **fratres** = Castor en Pollux].

pilleolus, ī *m* (*demin. v. pilleus*) (Hor.) mutsje.

pilleus, ī *m en* **pilleum,** ī *n* vilten muts *van de vrije Romeinen*; ▸ *servos ad -um vocare* tot de strijd voor de vrijheid; *-um redimere* de vrijheid.

pilō, pilāre (*pilus¹*)
1. ontharen, plukken;
2. (*Laatl.*) (*metaf.*) beroven, plunderen.

pilōsus, a, um (*pilus¹*) behaard [**genae**].

pilula, ae *f* (*demin. v. pila²*)
1. (August.) balletje;
2. (Plin. Mai.) bolletje;
3. (*postklass.*) (*med. t.t.*) pil.

pīlum¹, ī *n* (*pinso, pila³*) vijzelstamper.

pīlum², ī *n* (*milit.*)
1. werpspies, speer (*van het Rom. voetvolk*); ▸ *-a muralia zware speren, die bij belegeringen naar de belegeraars geslingerd werden*; (*metaf.*) *-um inicere alci* (Plaut.) de strijd aanbinden met iem.;
2. Pila Horatia *plaats op het Forum in Rome.*

Pīlumnus, ī *m Oudital. god v.h. huwelijk, beschermheer v.d. pasgeborenen; bij Vergilius stamvader v. Turnus.*

pilus¹, ī *m*
1. een haar;
2. (*metaf.*) iets heel onbetekenends, kleinigheid; ▸ *ne -o quidem minus* geen haar minder; *non -i facit unius* trekt zich er niets van aan.

pīlus², ī *m* (*milit.*) manipel v.d. triarii; ▸ *primi -i* (*centurio*) centurio v.d. eerste manipel v.d. triarii = de hoogste centurio = *primipilus*; *duo primi -i* (*vul aan: centuriones*); *primum -um ducere* centurio v.d. eerste manipel v.d. triarii zijn.

Pimplēis, idis *f* (*uit Pimpla: een bron gewijd aan de muzen*) muze.

Pimplēus, a, um (*Pimpleis*) van Pimpla, aan de muzen gewijd, muzen- [**mons; antrum**]; — *subst.* **Pimplēa,** ae *f* (Hor.) muze.

pīna, ae *f* (*Gr. leenw.*) steekmossel.

pīnacothēca, ae *f* (*Gr. leenw.*) (*postklass.*) galerie voor schilderingen.

Pīnārius, a, um
1. *naam v.e. Romeinse gens*;
2. *de Pinarii en Potitii waren tot 312 v. Chr. priesters v.d. Herculescultus.*

pincerna, ae *f* (*Laatl.*) schenker.

Pindarus, ī *m uit Cynoscephalae bij Thebe, Gr. lyrische dichter (522 of 518 tot na 446 v. Chr.)*; — *adj.* **Pindaricus,** a, um.

Pindenissus, ī *f stad in Cilicië*; — *inw.* **Pindenissītae,** ārum *m.*

Pindus, ī *m bergketen tussen Thessalië en Epirus.*

pīnētum, ī *n* (*pinus*) (*poët.*; *postklass.*) pijnboombos.

pīneus, a, um (*pinus*) (*poët.*; *postklass.*) van pijnbomen, pijnboom-, vurenhouten [**moles** = schip; **ardor** vuur v. pijnbomenhout; **silva**].

pingō, pingere, pīnxī, pictum
1. schilderen, natekenen [**simulacrum Helenae; tabulam** een schildering maken]; ▸ *tabula picta* schildering, schilderij; *Nero princeps iusserat colosseum se pingi* (Plin. Mai.);
2. beschilderen, (bontgekleurd) verven [**puppes; multas facies; oculos**]; ▸ *palloribus omnia pingunt*;
3. bestrijken, besmeren;
4. *pass.* (Plaut.) zich opmaken;
5. (*acu*) ~ borduren [**togam; limbum**];
6. (*metaf.*) verfraaien, versieren [**bibliothecam; herbas floribus**]; ▸ *stellis pingitur aether*;
7. (*retor.*) levendig schilderen, versieren, beschrijven [**locum; virum**];

/ *zie ook pictus.*

pinguēdō, inis *f (pinguis) (postklass.)* vetheid, vet.

pinguēscō, pinguēscere, —— *(pinguis) (poët.; postklass.)* vet worden; ▸ *sanguine pinguescit campus (Verg.).*

pinguiārius, ī *m (pinguis) (Mart.) (scherts.)* liefhebber v. vet.

pinguis, e

1. vet, dik [**agnus; haedus**]; ▸ *gallinam pinguem facere;*

2. *(poët.; postklass.) (v. zaken)* vet(tig), olieachtig, harsachtig [**caseus; merum; ara** druipend v.h. vet v. offerdieren]; — *subst.* **pingue,** is *n* vet: *pinguia taurorum;*

3. *(poët.)* sappig, vlezig [**ficus**];

4. *(poët.; postklass.)* vruchtbaar, rijk (aan voedsel), weelderig [**arva; ager; flumen** vruchtbaar makend; **mensa; hortus** groentetuin];

5. *(metaf., v. zaken)* dicht, dik [**coma; caelum** zware lucht];

6. sloom, plomp, bot, stompzinnig [**ingenium**]; ▸ *pingue videbatur;*

7. *(v. taal)* gezwollen [**facundia**]; ▸ *pingue quiddam sonare;*

8. *(poët.; postklass.) (v. toestanden)* behaaglijk, rustig, ongestoord [**amor; vita; somnus**].

pinguitiēs, ēī *f = pinguedo.*

pinguitūdō, inis *f (pinguis)*

1. vetheid, dikheid, vet;

2. vettigheid; ▸ *soli* ~ vruchtbaarheid.

pīni-fer, fera, ferum *(pinus en fero) (poët.)* pijnbomen dragend [**collis**].

pīni-ger, gera, gerum *(pinus en gero) (Ov.)* pijnbomen of pijnboomtakken dragend [**Fauni caput**].

pinna[1], ae *f = penna.*

pinna[2], ae *f* kanteel.

pinnātus, a, um *= pennatus.*

pinni-ger, gera, gerum *= penniger.*

pinni-pēs, *gen.* pedis *= pennipes.*

pinni-rapus, a, um *= pennirapus.*

pinnula, ae *f (demin. v. pinna*[1]*) = pennula.*

pīnotērēs, ae *m (Gr. leenw.) een klein soort kreeft.*

pīnsitō, pīnsitāre *(frequ. v. pinso) (Plaut.)* voortdurend stampen.

pīnsō, pīnsere, pīnsuī, pīns(it)um *en* pistum *(pre- en postklass.)* fijnstampen, vertrappen [**alqm flagro** geselen].

pīnus, ūs *en* ī *f*

1. *(poët.; postklass.)* spar, pijnboom, (grove) den;

2. *(meton.)* (a) *(poët.)* schip; (b) *(Ov.)* krans v. pijnboomtakken; ▸ *caput (acc.) pinu praecinctus;* (c) *(Verg.)* fakkel; (d) *(Juv.)* pijnboombos;

3. vurenhout.

pīnxī *pf. v. pingo.*

piō, piāre *(pius)*

1. *(poët.) door een offer* kalmeren, genoegdoening geven, verzoenen [**Silvanum lacte; ossa**];

2. *(poët.)* (ver)eren; uitoefenen [**pietatem**]; verrichten [**sacra**];

3. reinigen, van schuld, zonde bevrijden;

4. *(poët.; postklass.)* (weer) goedmaken, boeten (voor), wreken [**nefas triste; culpam morte; prodigia**].

piper, eris *n (Gr. leenw.) (poët.; postklass.)* peper.

piperātus, a, um *(piper)*

1. *(Petr.)* gepeperd;

2. *(Mart.) (metaf.)* sluw [**manus**].

pīpilō, pīpilāre *(pipio) (Catull.)* tjilpen, piepen.

pīpiō, pīpiāre *(Catull.)* tjilpen, piepen.

Pipl- *= Pimpl-.*

pīpulum, ī *n en* **-us,** ī *m (Plaut.)* gekrijs, het schelden.

Pīraeus, ī *en* **Pīraeeus,** eī *m en (poët.)* **Pīraea,** ōrum *n haven v. Athene met drie inhammen;* — *adj.* **Pīraeus,** a, um [**litora**].

pīrāta, ae *m (Gr. leenw.)* zeerover, piraat.

pīrātica, ae *f (piraticus)* piraterij; ▸ *-am facere* bedrijven.

pīrāticus, a, um *(Gr. leenw.)* van zeerovers, piraten- [**bellum; navis**].

Pīrēnē, ēs *f aan de muzen gewijde bron in Corinthe;* — *adj.* **Pīrēnis,** idis *f* van de bron Pirene [**undae**], Corinthisch.

Pīrithous, ī *m zoon v. Ixion, koning v.d. Lapithen, echtgenoot v. Hippodamia, vriend v. Theseus.*

pirum, ī *n (niet-klass.)* peer.

pirus, ī *f (pirum) (Verg.; Plin. Mai.)* perenboom.

Pīrūstae, ārum *m Illyrische volksstam in Dalmatië.*

Pīsa, ae *en* **Pīsae**[1], ārum *f stad in Elis; in de buurt hiervan vonden de Olympische spelen plaats, die oorspr. door Pisa georganiseerd werden;* — *adj.* **Pīsaeus,** a, um; — **Pīsaea,** ae *f* = Hippodamia.

Pīsae[2], ārum *f stad in Etrurië, nu Pisa;* — *inw. en adj.* **Pīsānus,** ī *m resp.* a, um.

pīsātiō, ōnis *f (piso) (Sen.)* het stampen.

Pisaurum, ī *n stad in Umbrië, gesticht als kolonie v. Rom. burgers, nu Pesaro;* — *adj.* **Pisaurēnsis,** e.

piscārius, a, um *(piscis) (Plaut.)* van vissen, vis- [**forum**].

piscātiō, ōnis *f (piscor)* het vissen.

piscātor, ōris *m (piscor)*

1. visser;

2. *(kom.)* vishandelaar.

piscātōrius, a, um *(piscator)* van de visser, vissers- [**navis**].

piscātus, ūs *m (piscor)*
1. het (recht om te) vissen;
2. *(Plaut.) (metaf.)* vangst.

pisciculus, ī *m (demin. v. piscis)* visje.

piscīna, ae *f (piscis)*
1. visvijver, vijver [**publica** algemeen toegankelijk meer *om te baden, gelegen voor de porta Capena in Rome*];
2. *(postklass.)* waterreservoir, bassin om te baden.

piscīnārius, ī *m (piscina)* eigenaar v.e. visvijver.

piscis, is *m*
1. vis *(ook coll.)*; *metaf.* visembleem *op een gladiatorenhelm*;
2. *(poët.) (metaf.)* meestal *plur.* Vissen *(als sterrenbeeld)*.

piscor, piscārī *(piscis)* vissen [**ante suos hortulos**]; ▸ *sprw. (Plaut.)*: ~ *in aëre* het onmogelijke doen.

piscōsus, a, um *(piscis) (poët.; postklass.)* visrijk [**flumen**].

pisculentus, a, um *(piscis) (Plaut.)* visrijk [**loca**].

Pisidia, ae *f landstreek in het zuiden v. Kl.-Azië*; — *inw.* **Pisida,** ae *m.*

Pīsistratus, ī *m zoon v. Hippocrates, tiran v. Athene (561/60—528/27 v. Chr.)*;
— **Pīsistratidae,** ārum *m* zonen v. Pisistratus *(Hippias en Hipparchus)*.

pīsō = *pinso.*

Pīsō, ōnis *m cogn. in de gens Calpurnia en de gens Pupia, zie Calpurnius*; — *adj.* **Pīsōniānus,** a, um.

pissinus, a, um *(Gr. leenw.) (Plin. Mai.)* van pek.

pistillus, ī *m (demin. v. pilum*[1]*) (pre- en postklass.)* (kleine) vijzelstamper.

pistor, ōris *m (pinso)*
1. *(pre- en postklass.)* molenaar;
2. bakker;
3. Pistor *als bijnaam v. Jupiter.*

pistōr(i)ēnsis, e *(pistor) (Plaut.)* van de bakker [**milites** *(woordspeling met Pistoriensis v. Pistorium)* 'Koekenbakkumers'].

Pistōrium, ī *n Ligurische stad ten W. v. Florence, nu* Pistoia; — *adj.* **Pistōriēnsis,** e [**ager**].

pistōrius, a, um *(pistor) (postklass.)* van de bakker, bakkers- [**opus** gebak; **ars**].

pistrīlla, ae *f (pistrinum) (Ter.)* kleine tredmolen.

pistrīna, ae *f (pistor) (preklass.; Plin. Mai.)* bakkerij.

pistrīnēnsis, e *(pistrinum) (Suet.)* van de molen.

pistrīnum, ī *n (pistor)*
1. tredmolen; *ook als strafverblijfplaats voor slaven, vd. metaf.* geestdodende werkplaats;
2. bakkerij.

pistrīx, īcis *f* = *pristis.*

pistus *zie pinso.*

pisum, ī *n (Gr. leenw.) (Plin. Mai.)* erwt(enplant).

pithēcium, ī *n (Gr. leenw.) (Plaut.)* aapje.

Pithēcūsa, ae *f (Gr. leenw.)* 'Apeneiland', *eiland in de Tyrrheense Zee bij Cumae, nu* Ischia.

pithiās, ae *en* **pithus,** ī *m (Gr. leenw.)* 'vat-ster', *komeet in de vorm v.e. vat.*

pittacium, ī *n (Gr. leenw.) (postklass.)* (a) stukje leer; (b) pleister; (c) etiket v.e. wijnfles; (d) affiche; (e) loterijlot.

Pittacus, ī *m staatsman v. Mytilene op Lesbos (ca. 600 v. Chr.), een v.d. Zeven Wijzen.*

Pittheūs, eos *en* eī *m koning v. Troezen in Argolis, vader v. Aethra, opvoeder v. zijn kleinzoon Theseus*; — *adj.* **Pitthē(i)us,** a, um; — *patron.* **Pitthēis,** idis *f* dochter v. Pittheus = Aethra.

pītuīta *en* **pītvīta,** ae *f*
1. slijm, slijmerige afscheiding *(bij mensen, dieren en planten)*;
2. *(meton.)* verkoudheid;
3. etter.

pītuītōsus, a, um *(pituita)* vol slijm, slijmerig.

pītvīta *zie pituita.*

pius, a, um
1. met ontzag (voor de goden), eerbiedig, vroom [**Aeneas**; **mens**; **ōs**]; ▸ *deos -e colere*; — *subst.* **piī,** ōrum *m* de gelukzaligen *in het Elysium* [**piorum sedes, arva**];
2. (plichtsge)trouw, rechtschapen [**vates**];
3. mild, liefdevol, teder, toegewijd [**in parentes**; **adversus sororem**; **metus** tedere bezorgdheid];
4. welgezind, genadig [**numina**];
5. *(v. handelingen, situaties, dingen)* aan de goden welgevallig, heilig, rechtmatig [**pax**; **dolor**; **far** offermeel; **manus** rein]; ▸ *iustum piumque est (m. inf.)* het is rechtmatig en goed;
6. *(eccl.)* vroom, heilig;
7. Pius *cognomen v.d. latere Rom. keizers, bv.* Antoninus ~.

pix[1], picis *f* pek; *(uit hars of teer bereid) plur. (poët.; Laatl.)* hoeveelheden pek; ▸ *alqd pice linere* met pek dichten, teren.

pix[2], picis *f (Gr. leenw.) (Plaut.)* sfinx.

plācābilis, e *(placo)*
1. gemakkelijk te verzoenen, mild [**animus**; *metaf.* **ara Dianae**]; ▸ *Hortensii tam placabile*

ad (toegankelijk voor) *iustas preces ingenium* (Liv.);
2. (Ter.) kalmerend, verzoenend; ▸ *placabilius est* het leidt eerder tot verzoening.

plācābilitās, ātis *f* (*placabilis*) vergevingsgezindheid.

plācāmen, inis *en* **plācāmentum,** ī *n* (*placo*) kalmeringsmiddel, middel tot verzoening; ▸ *placamina irae; deum (= deorum) placamenta.*

plācātiō, ōnis *f* (*placo*) het kalmeren, het tot rust brengen, verzoening [**deorum; perturbati animi**].

plācātus *zie placo.*

placenta, ae *f* (*Gr. leenw.*) (*niet-klass.*) (platte) koek.

Placentia, ae *f stad aan de rivier de Trebia in N.-Italië, nu Piacenza;* — *inw. en adj.* **Placentīnus,** ī *m resp.* a, um [**milites** (*woordspel v. Placentia en placenta*) 'Koekenbakkumers' (Plaut.)].

placeō, placēre, placuī *en* (*poët.*) placitus sum, placitum
1. bevallen, behagen [**sibi** met zichzelf tevreden zijn]; ▸ *velle ~ alci* iemand een plezier willen doen; *non placet Antonio consulatus meus; pass.: placenda dos est* (Plaut.) moet genoeg zijn; — *p. adj.* **placēns,** *gen.* entis vriendelijk, aangenaam, beminnelijk [**uxor**];
2. (*in het theater*) in de smaak vallen [**in tragoediis**]; ▸ *primo actu placeo;*
3. (*onpers.*) *placet* (*pf. placuit, soms placitum est*) (*met en zonder dat. v.d. pers.*) (a) het bevalt, het behaagt; ▸ *si placet* als je wilt; *placetne?* zijn jullie het ermee eens?; *si dis placet* zo de goden het willen (*vaak iron. als uitdrukking v. verrassing of misnoegen*); (b) het is iems. mening, het lijkt aannemelijk (*m. aci.*); ▸ *placet Stoicis homines hominum causā esse generatos;* (c) (*v. autoriteiten, ihb. v.d. senaat*) men besluit (*m. inf.; aci.; ut*); ▸ *senatui placet* de senaat besluit; *absistere oppugnatione placuit; edixit mulieres ante horam quintam venire in theatrum non placere* (Suet.); *placitum est ut reverteretur Pompeius.*

placidus, a, um (*placeo*)
1. (*v. niet-lev.*) kalm, rustig, vreedzaam [**aequor; sopor; urbs; pectus**]; ▸ *reddere alqm -um* iem. kalmeren, tot bedaren brengen;
2. (a) (*v. mensen*) aardig, charmant, innemend [**uxor**]; (b) (*poët.*) (*v. goden*) genadig; (c) (*v. dieren*) tam, mak [**ovis; agnus**]; (d) (Plin. Mai.) (*v. planten*) in cultuur te brengen [**glans**].

placitō, placitāre (*intens. v. placeo*) (Plaut.) zeer bevallen.

placitum, ī *n* (*placeo*)
1. (Verg.) dat wat iem. bevalt; ▸ *ultra -um* overdreven;
2. (*plur.*) (*postklass.*) meningen, grondregels, leerstellingen [**philosophorum; rhetorum**];
3. (*jur.*) convenant, overeenkomst, afspraak.

placitus, a, um (*p. adj. v. placeo*)
1. aangenaam, geliefd;
2. vastgesteld, overeengekomen [**foedus**].

plācō, plācāre
1. tot rust brengen, kalmeren [**invidiam; iram deorum donis; inimicum beneficiis; canem**]; ▸ *~ et mitigare animum;*
2. gunstig stemmen, verzoenen [**numen;** (*met: dat.; in m. acc.*) **civem rei publicae; ducem in consulem**]; ▸ *rogavit ut te sibi placarem; homo sibi ipse placatus* met zichzelf eens; — *pass.* zich verzoenen;
3. (*poët.*) effenen, gladmaken [**aequora**];
/ *p. adj.* **plācātus,** a, um (a) gekalmeerd, verzoend (*met: dat.; in m. acc.*) [**animus; dux**]; (b) rustig, vredig, kalm [**vita; quies; mare**].

plāga[1]**,** ae *f* (*plango*)
1. slag, houw, stoot, klap; ▸ *-is confectus concidit;*
2. (*meton.*) wond; ▸ *-am accipere; -as perferre; -am alci imponere; -am mortiferam infligere;*
3. (*metaf.*) ongeluk, schade, verlies, nederlaag; ▸ *res publica -am accepit.*

plaga[2]**,** ae *f* (jacht)net, val, (val)strik, *ook metaf.*; ▸ *-as tendere; in -as incidere, cadere.*

plaga[3]**,** ae *f*
1. vlakte, omgeving, land-, hemelstreek [**aetheria** luchtruim, lucht; **orientis**]; ▸ *rectā -ā* in rechte koers;
2. (*poët.; postklass.*) zone [**ardens; solis iniqui** hete luchtstreek]; ▸ *quattuor -ae;*
3. streek, kanton, district.

plagiārius, ī *m* (*plagium*) kidnapper, slavenhandelaar; *ook metaf.* (Mart.) plagiator.

plāgi-ger, gera, gerum *en* **plāgi-gerulus,** a, um (*plaga*[1] *en gero*) (Plaut.) de sporen v.e. pak slaag dragend, bont en blauw.

plāgi-patides, ae *m* (*plaga*[1] *en patior*) (Plaut.) (*scherts. patron.*) 'zoon v.e. klappenkrijger', slavenzoon.

plagium, ī *n* (*plaga*[2])
1. (*poët.*) het vangen (*met een net*);
2. (*jur.*) mensenroof, kidnapping.

plāgō, plāgāre (*plaga*[1]) (Laatl.) slaan.

plāgōsus, a, um (*plaga*[1])
1. (Hor.) graag klappen uitdelend;

2. (*Apul.*) bont en blauw [**dorsum**].

plagula, ae *f* (*demin. v. plaga*[3])
1. lap stof, sprei; omslag;
2. (*Plin. Mai.*) blad papier, vel.

plagūsia, ae *f* (*Plaut.*) *een soort schaaldier.*

plānārius, a, um (*planus*[1]) (*Laatl.*) op gelijke hoogte.

Plānāsia, ae *f eiland ten Z.W. v. Elba, nu* Pianosa.

plānctus[1] *ppp. v. plango.*

plānctus[2], ūs *m* (*plango*) (*postklass.*) = *plangor.*

Plancus, ī *m Rom. cogn. in de gens Munatia, zie Munatius.*

planēs, ētis *en* **planēta,** ae *m* (*Gr. leenw.*) (*postklass.*) planeet.

plangō, plangere, plānxī, plānctum
I. *tr.*
1. (*poët.*) (luid) slaan [**tympana palmis**]; ▸ *litora planguntur fluctu; pass.: volucris plangitur* slaat met zijn vleugels, fladdert;
2. (*als teken v. rouw*) *zich op de borst, armen enz.* slaan [**pectora; femur**];
3. (*poët.*) (*metaf.*) *ook pass. plangi* luidkeels betreuren [**malum**];
II. *intr.* (*poët.; postklass.*) *ook pass. plangi* luid treuren, weeklagen; ▸ *lamentari et* ~ ; *planxere Dryades; plangentia agmina; planguntur matres; nunc nemora ingenti vento, nunc litora plangunt* (*Verg.*).

plangor, ōris *m* (*plango*)
1. (*Catull.*) het (hard) slaan [**cachinni undarum** geklots];
2. het zich *op de borst enz.* slaan;
3. het weeklagen, luid treuren [**populi**]; ▸ *forum plangore implere; dare plangorem* aanheffen; *plur.: plangores magni, feminei.*

plangus, ī *m* (*Plin. Mai.*) *een soort adelaar.*

plāni-loquus, a, um (*planus*[1] *en loquor*) (*Plaut.*) ronduit sprekend.

plāni-pēs, pedis *m* (*planus*[1]) (*postklass.*) danser die zonder schoenen optreedt.

plānitās, ātis *f* (*planus*[1]) (*Tac.*) duidelijkheid [**sententiarum**].

plānitia, ae *en* **plānitiēs,** ēī *f* (*planus*[1])
1. effenheid, vlakheid [**aquarum**];
2. vlak terrein, (hoog)vlakte;
3. (*geom.*) vlak; ▸ *lineae in eadem planitate positae.*

plānō, plānāre (*planus*[1]) (*Laatl.*) effenen.

planta[1], ae *f* stek, loot, spruit.

planta[2], ae *f* (*poët.; postklass.*) voet(zool); tred.

plantāgō, inis *f* (*postklass.*) *een soort* weegbree.

plantāria, ium *n* (*planta*[1]) (*poët.; postklass.*) loten, jonge bomen.

plantāris, e (*planta*[2]) (*poët.*) van de voetzolen, voet-; — *subst.* **plantāria,** ium *n* sandalen.

plantārium, ī *n* (*planta*[1]) (*Plin. Mai.*) boomkwekerij.

planti-ger, gera, gerum (*planta*[1] *en gero*) (*Plin. Mai.*) jonge loten hebbend.

plantō, plantāre (*planta*[1]) (*Plin. Mai.*) door middel van enten telen, stekken.

plānum, ī *n* (*planus*[1])
1. vlakte, *ook metaf.*; (*geom.*) vlak; ▸ *in -um dare, effundere* met de grond gelijkmaken;
2. (*postklass.*) *de, e -o* gelijkvloers, *dwz. niet vanaf de redenaarstribune; metaf.* buitengerechtelijk, onofficieel; *in -o* in een nederige positie;
3. (*metaf.*) (*retor.*) eenvoudige betekenis *van een woord of mededeling.*

plānus[1], a, um
1. vlak, effen, glad [**litus; mare; manus; gladius**];
2. horizontaal (gelegen) [**campus**];
3. dun, plat [**piscis** platvis];
4. (*geom.*) plat, tweedimensionaal [**angulus**];
5. (*metaf.*) duidelijk, helder, eenvoudig [**narratio**]; ▸ *-um facere* duidelijk maken; — *adv.* **plānē** (a) duidelijk, helder, uitdrukkelijk, ronduit [**dicere; scribere; explicare**]; (b) helemaal, totaal, absoluut; ▸ *plane bene facere* zeer voortreffelijk handelen; (c) (*kom.*) (*in antwoorden*) stellig, zeker; ▸ *plane istuc est.*

planus[2], ī *m* (*Gr. leenw.*) bedrieger, charlatan.

plānxī *pf. v. plango.*

plasma, atis *n* (*Gr. leenw.*)
1. (*postklass.*) (*afkeurend*) verwijfde stembuiging;
2. (*eccl.*) maaksel, schepsel, creatuur.

plastēs, ae *m* (*Gr. leenw.*) boetseerder, beeldhouwer.

plasticē, ēs *f* (*Gr. leenw.*) (*Plin. Mai.*) boetseerkunst.

Plataeae, ārum *f stad in* Boeotië *bij de Cithaeron, waar de Grieken in 479 v. Chr. een belangrijke overwinning behaalden op de Perzen;* — *inw. en adj.* **Plataeēnsis,** is *m resp.* e.

platalea, ae *f* pelikaan.

platanōn, ōnis *m* (*Gr. leenw.*) (*postklass.*) (heilig) woud met platanen.

platanus, ī *f* (*Gr. leenw.*) plataan [**steriles; caelebs** *omdat er geen wijnranken tegenop groeien*].

platēa *en* (*poët.*) **platea,** ae *f* (*Gr. leenw.*) plein; (brede) weg *of* straat.

Platō, ōnis *m Grieks filosoof, leerling v. Socrates,*

stichter v.d. Academie, schreef talrijke filosofische dialogen, de Apologie v. Socrates en brieven (427—347 v. Chr.); — adj. **Platōnicus,** a, um platonisch [**homo** denker als Plato; **subtilitas**]; — **Platōnicī,** ōrum m platonici, volgelingen v. Plato; — **Platōnica,** ōrum n (August.) leer(stellingen) v. Plato.

plaudō, plaudere, plausī, plausum
I. *intr.*
1. (*poët.*) *met iets slaan,* klappen [**pennis** klapwieken; **rostro** klepperen];
2. *als teken v. bijval* in zijn handen klappen, applaudisseren; *metaf.* bijval schenken [**versibus alcis**]; ▸ *manūs suas in plaudendo consumere; Curioni stantes plauserant; plaudente alqo* met iems. instemming;
3. (*Min. Fel.*) (*als teken v. misnoegen*) *met de voeten* rumoer maken; ▸ *~ in alqm;*
II. *tr.* (luid, hoorbaar) slaan op (*m. acc.*) [**pectora manu; colla equorum; aquas; choreas pedibus** stampen]; tegen elkaar slaan [**alas**].

plausibilis, e (*plaudo*) bijval verdienend.

plausor, ōris *m* (*plaudo*) (*poët.; postklass.*) toejuicher.

plaustrārius, a, um (*plaustrum*) (gebruikt) voor een wagen [**asinus**].

plaustrum, ī *n*
1. vrachtwagen; ▸ *sprw.* (*Plaut.*): *-um percellere* omgooien = de zaak bederven;
2. (*Ov.*) (*metaf., als sterrenbeeld*) Wagen, Grote Beer.

plausus[1] *ppp. v. plaudo.*

plausus[2], ūs *m* (*plaudo*)
1. (*poët.; postklass.*) het klappen; ▸ *pennis plausum dare;*
2. (*als teken van bijval*) geklap, applaus; *metaf.* bijval; ▸ *plausum accipere; plausūs petere; a plebe plausu maximo est mihi gratulatio significata* (*Cic.*).

Plautius, a, um *naam v.e. Rom. gens;* — *adj.* **Plautiānus,** a, um.

Plautus, ī *m* T. Maccius ~, *Rom. komediedichter uit Sarsina in Umbrië (ca. 250—184 v. Chr.); er zijn 20 komedies en enige fragmenten van hem overgeleverd;* — *adj.* **Plautīnus,** a, um.

plēbēcula, ae *f* (*demin. v. plebes*) gepeupel, tuig, schorriemorrie.

plēbeia, ae *f* (*plebeius*) plebejische vrouw.

plēbeius (*plebs*)
I. *adj.* a, um
1. plebejisch, niet-patricisch, niet van adel [**familia; fatum**];
2. (*metaf.*) gewoon, alledaags, ordinair [**sermo; philosophi; gemma**];
II. *subst.* ī *m* plebejer.

plēbēs, (ē)ī *f* = *plebs.*

plēbi-cola, ae *m* (*plebs en colo*[1]) volksvriend.

plēbs, plēbis *f*
1. burgerij, de derde stand, plebejers (*itt. de patriciërs*); ▸ *dictator de plebe dictus; populo plebique Romanae;*
2. volksmenigte, gepeupel, de massa; ▸ *plebem et infimam multitudinem delenire* (*Cic.*);
3. (*v. soldaten, goden, bijen en vogels*) de gewone man, het gewone slag;
4. groep, menigte [**Dryadum**];
5. (*eccl.*) gelovigen; ▸ *clerus et plebs;*
/ *gen. sg.* plebi *in vaste verbindingen:* plebi scitum, tribunus plebi *e.a.*

plectibilis, e (*plecto*[2]) straf verdienend [**culpa**].

plectilis, e (*plecto*[1]) (*Plaut.*) gevlochten.

plectō[1], plectere, plex(u)ī, plexum (*poët.; postklass.*) vlechten, *meestal ppp.;* ▸ *corona e lauro plexa.*

plectō[2], plectere, — —
1. slaan, een pak slaag geven;
2. (*metaf.*) (a) straffen; laten boeten, lijden (*wegens, voor: abl.*) [**neglegentiā**]; (b) berispt worden (*wegens: in m. abl.*).

plēctrum, ī *n* (*Gr. leenw.*)
1. plectrum, stokje, staafje (*waarmee men de snaren tokkelt*);
2. (*poët.*) (*meton.*) (a) luit, citer; (b) manier v. zingen [**maius** luider]; (c) lyrisch gedicht.

Plēias, adis *f* Plejade, *meestal plur.* **Plēiades,** um *f de zeven dochters v. Atlas en Pleione, als Zevengesternte aan de hemel geplaatst (bij het sterrenbeeld Stier).*

Plēionē, ēs *f dochter v. Oceanus en Tethys, echtgenote v. Atlas, moeder v.d. plejaden; meton.* Zevengesternte.

Plēmyrium, ī *n kaap bij Syracuse, nu Plemurio.*

plēnārius, a, um (*plenus*) (*eccl.*) volledig, geheel [**pax**].

plēni-lūnium, ī *n* (*plenus en luna*) tijd v.d. volle maan.

plēnitās, ātis *f* (*plenus*) verzadiging [**cibi; umoris**].

plēnitūdō, inis *f* (*plenus*)
1. volledigheid;
2. dikte.

plēnus, a, um
1. vol, gevuld (*van, met: gen.; abl.*); ▸ *-um auditorium; plenissimis velis navigare; ~ somni; poculum vini -um; -um gymnasium pueris; urbs omni*

bellico apparatu -a; (*metaf.*) *animus timoris* ~ ; *manus -a perfidiae; exspectatione* ~ ;
2. dik, corpulent [**femina; corpus**];
3. zwanger, drachtig;
4. verzadigd, voldaan [**minimo**]; *metaf.* verzadigd [**amator**];
5. rijkelijk voorzien van, rijk aan (*m. gen.; abl.*); ▸ *litterae humanitatis -ae;* ~ *ingenii;* ~ *irae;* ~ *laboris; vita -a voluptatibus; exercitus armis* ~ ; *oratio ingentibus sententiis -a;*
6. rijk, rijk voorzien [**provincia; mensa**]; ▸ *plenissima villa; verba plenissima* overvloed aan woorden;
7. rijk van inhoud, uitvoerig [**epistula; oratio**]; ▸ *pleniora scribere* uitvoeriger, overdrijvend;
8. (*poët.; postklass.*) vaak bezocht, talrijk [**domus; viae; convivium; agmen**];
9. vol(ledig), volkomen, compleet [**cohortes** op volle sterkte; **luna** volle maan; **somnus** diep; **gloria; gradus** versnelde pas; **annus; concordia; verbum** niet afgekort]; ▸ *pleno aratro sulcare* diep ploegen; *pleno gradu* in volle vaart; *ad plenum* geheel, totaal; *in plenum* totaal, onvoorwaardelijk; in het algemeen;
10. (*v. stemmen, tonen e.d.*) sterk, krachtig, sonoor [**carmen**]; ▸ *plenā voce* luid.

plērumque *adv.* meestal, gewoonlijk.

plērus-que, plēra-que, plērum-que
1. *sg.* (*zelden en bijna alleen bij coll.*) het meeste, het grootste deel [**exercitus; iuventus; Graecia**]; ▸ *plerāque oratione* in het grootste deel v.d. redevoering; — *subst.* **plērumque** *n* het grootste deel [**noctis**]: *per Europae plerumque; in plerisque* in de meeste gevallen;
2. *plur.* **plērīque,** plēraeque, plēraque (*gen. plur. klass.* plurimōrum, plurimārum, *zonder -que*) de meesten, meerderheid, ook zeer veel (*meestal als adj. gebruikt, maar ook als subst. m. gen. partit. of ex*); ▸ *pleraeque boves; plerique militum; urbium pleraeque; plerique Graecorum; plerique e Graecis; pauci in ipso certamine, plerique fugientes perierunt; dixi pleraque omnia* bijna alles.

Pleumoxiī, ōrum *m volksstam in Gallia Belgica bij de rivier de Maas.*

pleurīticus, a, um (*Gr. leenw.*) met pleuritisverschijnselen; — *subst.* ī *m* pleuritispatiënt.

Pleurōn, ōnis *f stad in W.-Aetolië;* — *adj.* **Pleurōnius,** a, um uit Pleuron.

plex(u)ī *pf. v. plecto*[1].

plexus *ppp. v. plecto*[1].

Plīas, adis *f = Pleias.*

plicātilis, e (*plico*) (*Plin. Mai.*) (op)vouwbaar [**naves**].

plicātrīx, īcis *f* (*plico*) (*Plaut.*) dame die kleren opvouwt.

plicō, plicāre, plicuī, plicātum (*poët.; postklass.*)
I. *tr.* oprollen, (op)vouwen [**chartam; manūs**];
II. *intr.* kronkelen; ▸ *plicans serpens.*

Plīnius, a, um *naam v.e. Rom. gens:*
1. C. ~ Secundus (*= Plinius Maior 'de oudere'*), *schreef een omvangrijk werk over de natuur* (*Naturalis Historia*) *in 37 boeken; geb. in 23 of 24, bij de uitbarsting v.d. Vesuvius in 79 n. Chr. om het leven gekomen;*
2. C. ~ Caecilius Secundus (*= Plinius Minor 'de jongere'*) (*61—114 n. Chr.*), *door zijn oom* (*1.*) *geadopteerd na de vroege dood v. zijn vader; schreef literaire brieven, bv. aan keizer Trajanus, en een panegyriek* (*lofrede*) *op Trajanus; hij was onder Trajanus stadhouder v. Bithynië.*

plōdō (*arch.*) = plaudo.

ploerēs, ploera (*arch.*) *= plures, plura, zie multus.*

plōrābilis, e (*ploro*) (*Pers.*) beklagenswaardig, jammerlijk.

plōrābundus, a, um (*ploro*) (*Plaut.*) jammerend.

plōrātillus, ī *m* (*ploro*) (*Plaut.*) huilerig.

plōrātiō, ōnis *f* (*Laatl.*) *= ploratus.*

plōrātor, ōris *m* (*ploro*) (*Mart.*) huilebalk.

plōrātus, ūs *m* (*ploro*) gehuil, jammerklacht (*ook plur.*).

plōrō, plōrāre
I. *intr.* luid huilen, jammeren, weeklagen; ▸ *te iubeo* ~ loop naar de bliksem!;
II. *tr.* (*poët.*) luid huilen, jammeren om, beklagen [**raptum iuvenem**].

plōsor, ōris *m* (*arch.*) *= plausor.*

plōstellum, ī *n* (*demin. v. plostrum*) (*niet-klass.*) wagentje.

plōstrum, ī *n* (*Vulg.*) *= plaustrum.*

plovō, plovere (*Petr.*) regenen.

ploxenum *en* **ploxinum,** ī *n* (*Kelt. leenw.*) wagenbak.

plūma, ae *f*
1. donsveer, veer; ▸ *plumā haud interest* het is geen cent waard; *plur. en coll. sg.* dons, zacht verenkleed;
2. (*poët.*) *meton.* een hoop veren; verenkussen;
3. (*poët.*) (*metaf.*) vlasbaard.

plūmātilis, e (*pluma*) (*Plaut.*) gevederd, met een patroon v. veren.

plūmātus, a, um (*pluma*)
1. voorzien van veren [**corpus**];
2. (*Laatl.*) geschubd [**lorica**].

plumbāgō, inis *f* (*plumbum*) (*Plin. Mai.*) looderts.
plumbārius, a, um (*plumbum*) van het lood, lood- [**metallum**].
plumbeus, a, um (*plumbum*)
1. van lood, loden [**nummus** loden, waardeloze munt; **glans** loden kogel]; — *subst.* **-eum,** ī *n* loden vat;
2. (*metaf.*) stomp [**gladius**]; ▸ *pugio* ~ een zwak bewijs (*Cic.*);
3. dom [**in physicis**]; gevoelloos [**cor**]; ▸ *caudex, stipes, asinus* ~;
4. (*poët.*) loodzwaar, drukkend, lastig [**auster; ira**];
5. (*Mart.*) slecht [**vina**].
plumbō, plumbāre (*plumbum*)
1. (*Plin. Mai.*) (met lood) solderen;
2. met lood verzwaren [**sagittam**].
plumbōsus, a, um (*plumbum*) (*Plin. Mai.*) vol lood.
plumbum, ī *n*
1. lood [**album** tin];
2. (*poët.*) (*meton.*) *voorwerp v. lood, o.a.*: (a) loden kogel; (b) loden buis; (c) potlood.
plūmēscō, plūmēscere (*pluma*) (*postklass.*) veren krijgen.
plūmeus, a, um (*pluma*)
1. van donsveren [**torus**];
2. (veder)licht, zacht [**pondus**].
plūmi-ger, gera, gerum (*pluma en gero*) (*Plin. Mai.*) gevederd [**anser**].
plūmi-pēs, *gen.* pedis (*pluma*) (*Catull.*) aan de voeten gevederd.
plūmō, plūmāre (*pluma*)
I. *tr.* met veren bedekken, overdekken; een verenpatroon geven;
II. *intr.* met veren bedekt zijn *of* worden.
plūmōsus, a, um (*pluma*)
1. (*Prop.*) voorzien van veren;
2. (*Plin. Mai.*) pluizig [**harundo**].
plūmula, ae *f* (*demin. v. pluma*) veertje.
pluō, pluere, plūvī en pluī, — neervallen, regenen [**lapides; tantum glandis**]; druipen; ▸ *porta pluit*; — *onpers. pluit* het regent [**multum**]; *ook m. abl.* [**lapidibus**]; ▸ *sanguine pluisse senatui nuntiatum est* (*Cic.*).
plūrālis, e (*plus*) (*postklass.*) meervoudig [**numerus** meervoud].
plūrāliter *adv.* in het meervoud.
plūrēs *zie multus.*
plūri-fāriam *adv.* (*plus; vgl. bi-fariam*)
1. (*postklass.*) op veel plaatsen;
2. (*Apul.*) op veel manieren.

plūrimum *zie multum*[1] *en multum*[2].
plūrimus *zie multus.*
plūs *zie multum*[1].
plūsculum (*plusculus*)
I. *subst.* ī *n* iets meer, nogal wat meer; ▸ (*m. gen.*) ~ *negotii* iets meer werk; — *m. quam* iets meer dan;
II. *adv.* (*Plaut.*) in (nog) grotere mate; iets langer (*dan: acc.*).
plūsculus, a, um (*demin. v. plus*) (*pre- en postklass.*) iets meer [**supellex**]; *plur.* verscheidene, nogal wat [**equites; libri**].
plūs-scius, a, um (*scio*) (*Petr.*) meer wetend, wijs.
pluteus, ī *m en* **pluteum,** ī *n*
1. (*milit.*) *verplaatsbaar* scherm, *van wilgentenen gevlochten en met huiden bedekt; diende als bescherming tegen vijandelijke projectielen*; ▸ *sprw.*: *ad alqm vineam pluteosque agere* (*Plaut.*) iem. met alle middelen bestrijden;
2. (*milit.*) borstwering, parapet (*op wallen, torens, schepen*);
3. (*poët.; postklass.*) leuning v.e. (aanlig)bed; (aanlig)bed;
4. (*postklass.*) *een soort* tussenmuur *waar iets op geplaatst kan worden.*
Plūtō(n), ōnis *m* (*Gr. leenw.*) *god v.d. onderwereld, echtgenoot v. Proserpina*; — *adj.* **Plūtōnius,** a, um; — **Plūtōnia,** ōrum *n* (*vul aan: loca*) *streek in Azië waar een v.d. weinige tempels voor Pluto gestaan zou hebben.*
Plūtus, ī *m* (*Gr. leenw.*) *god v. rijkdom en overvloed.*
pluvī *pf. v. pluo.*
pluvia, ae *f* (*pluvius*) regen, stortregen; ▸ *auster graves -as concitat.*
pluviālis, e (*pluvia*) (*poët.*) regen brengend [**auster; sidus**]; regenachtig, regen- [**aquae**].
pluviātilis, e (*pluvia*) bestaand uit regen, regen- [**aqua**].
pluvius, a, um (*pluo*) regenachtig, regen- [**aurum** gouden regen; **arcus** regenboog; **aqua**]; (*poët.*) regen brengend [**ventus**].
pneumaticus, a, um (*Gr. leenw.*) de luchtdruk betreffend; door luchtdruk bediend [**organum**].
pōcillātor, ōris *m* (*pocillum*) (*Laatl.*) schenker.
pōcillum, ī *n* (*demin. v. poculum*) bekertje [**argenteum**].
pōculentus, a, um = *potulentus.*
pōculum *en* (*arch.*) **pōclum,** ī *n* (*poto*)
1. beker, drinkkom [**argenteum**]; ▸ *-a ducere* leegdrinken; *exhaurire -um*; *eodem -o bibere* (*Plaut.*) hetzelfde op zich nemen, ondergaan;

2. *(meton.)* drank, *meestal plur.* [**amoris** -a liefdesdrank; **Acheloia** -a water];
3. *(plur.)* drinkgelag, het drinken; ▸ *in -is; ad -a venire;*
4. *(poët.)* gifbeker, gifdrank; toverdrank [**Circae**]; ▸ *-um alci dare.*

podager, grī *m (Gr. leenw.) (niet-klass.)* iem. die aan jicht lijdt.

podagra, ae *f (Gr. leenw.)* podagra, *soort jicht in de voet;* ▸ *-ae doloribus cruciari.*

podagricus *(Gr. leenw.) (postklass.)*
I. *adj.* a, um aan jicht lijdend;
II. *subst.* ī *m* iem. die lijdt aan jicht.

podagrōsus, a, um *(podagra) (Plaut.)* aan jicht lijdend.

pōdex, icis *m (pedo) (poët.)* aars, anus.

podium, ī *n (Gr. leenw.) (postklass.)*
1. verhoging *als basis voor zuilen,* stylobaat, basis;
2. balkon, loge *(voor eregasten in het amfitheater en de circus);*
3. lambrizering, betimmering.

Poeā(n)s, antis *m vader v. Philoctetes; — patron.* **Poeantiadēs,** ae *m* Philoctetes; — *adj.* **Poeantius,** a, um [**proles** zoon v. Poeas = Philoctetes].

poecilē, ēs *f (Gr. leenw.)* 'beschilderde *(dwz. met schilderingen versierde)* zuilengang' *op de agora v. Athene.*

poēma, atis *n (Gr. leenw.) (gen. plur. -atum en -atōrum; dat. en abl. plur. -atibus en -atīs)* gedicht; ▸ *poëma componere, condere, facere* maken.

poēmatium, ī *n (Gr. leenw.) (Plin. Min.)* gedichtje.

poena, ae *f*
1. straf, bestraffing, wraak *(voor: gen.)* [**regis** van de koning *of* op de koning; **militum; tua; legum, iudiciorum** bepaald door; **rei publicae** door de staat opgelegd; **capitis, vitae** *of* **mortis** doodstraf; **sceleris** voor de misdaad; **falsarum litterarum**]; ▸ *-am constituere* vaststellen, bepalen; *-as dare, reddere* gestraft worden *(voor: gen.)*; *-as dare alci* door iem. gestraft worden; *-ā afficere of multare alqm en -am capere in alqm of de alqo* iem. straffen, zich wreken op iem.; *-as verborum capere* zich wreken om wat iem. gezegd heeft; *extra -am esse* straffeloos blijven; *-as sufferre; -as pati; -as iustas et debitas solvere; ob mortem alcis -as luere; graviore culpa gravior* ~ hoe groter de schuld, des te zwaarder de straf; *poena est (m. inf.)* het is strafbaar; — *personif.* **Poena** *wraakgodin: o Poena, o Furia sociorum! (Cic.);*
2. boete, schadevergoeding *(voor: gen.)* [**proditionis; doloris**]; ▸ *-as dare, solvere, (ex)pendere, luere* boeten;
3. *(jur.)* onderpand [**pecuniae**];
4. *(metaf.) (postklass.)* kwelling, pijn, foltering [**captivitatis**]; ▸ *res multum -ae habet; in tantis vitae -is; longa -arum patientia.*

poenālis, e *(poena)*
1. *(postklass.)* bij de straf horend, straf-, strafbaar;
2. een boete betreffend, boete-;
3. *(August.) (metaf.)* pijnlijk.

poenicāns, *gen.* antis *(Apul.)* (vuur)rood (aanlopend).

poeniceus, a, um *(Gr. leenw.)* helder rood, scharlaken, vuurrood.

Poenīnus *zie* Penninus.

poeniō, poenior *(arch.) = punio, punior.*

poenitentia, poeniteō = *paenit-.*

poenītiō, ōnis *f (arch.) = punitio.*

Poenulus, ī *m (Poenus)* jonge Puniër (Carthager); *titel v.e. komedie v. Plautus.*

Poenus, ī *m, meestal plur.* **Poenī,** ōrum Puniër, Carthager, *sg. ook coll.; Poenus uterque* de Puniërs in Afrika en Spanje; — *ook = Hannibal; — adj.* (a) *(poët.)* **Poenus,** a, um Punisch, Carthaags, Fenicisch [**leones**]; (b) **Pūnic(e)us** *en (ouder)* **Poenic(e)us,** a, um Punisch, Carthaags, Fenicisch [**fides** trouweloosheid; **religio** gewetenloosheid; **dux**]; *ook* purperrood [**mālum** *en* **pomum Punicum** *en alleen* **Punicum** granaatappel; **tunica; taenia**]; (c) **Pūnicānus,** a, um op Punische wijze (gemaakt) [**lectuli**].

poēsis, is *f (Gr. leenw.)* dichtkunst, poëzie.

poēta, ae *m (Gr. leenw.)*
1. dichter [**comicus; tragicus**];
2. *(Plaut.)* artiest.

poētica, ae *en (pre- en postklass.)* **poēticē,** ēs *f (poeticus)* dichtkunst.

poēticus, a, um *(Gr. leenw.)* poëtisch, dichterlijk, dichter- [**verbum; fabulae; facultas**].

poētria, ae *f (Gr. leenw.)* dichteres.

pōgōniās, ae *m (Gr. leenw. 'met baard') (postklass.)* staartster, komeet.

pol *interj. (afk. v. Pollux)* bij Pollux!, waarachtig!

Polemō(n), ōnis *m Gr. filosoof, leerling v. Xenocrates en leraar v. Zeno, ca. 300 v. Chr.; — adj.* **Polemōnēus,** a, um.

polenta, ae *f (pollen) (niet-klass.)* gepelde gerst, gort.

polentācius *en* **polentārius,** a, um *(polenta)* van gort, gorte- [**crepitus** wind die het gevolg is v.h. eten v. gort].

poliō, polīre
1. gladmaken, polijsten [**gemmas; ligna; marmora**]; schrobben [**vestes**];
2. pleisteren, witten, kalken [**columnas albo**];
3. wieden [**agrum**];
4. *(metaf.)* verfijnen, vijlen [**carmina; verba; mores**]; ▸ *ignarus poliendae orationis;*
/ *p. adj.* **polītus,** a, um (a) glad [**lapis**]; (b) gewit; (c) *(niet-klass.)* smaakvol ingericht [**domus**]; (d) *(metaf.)* *(v. personen en zaken)* ontwikkeld, fijn, elegant [**scriptor; ars; oratio; epistula; humanitas**]; ▸ *homo* ~ *e schola.*

Pōliō = *Pollio, zie Asinius.*

Poliorcētēs, ae *m* 'stedenbelegeraar', *bijnaam v.d. Macedon. koning Demetrius (337—283 v. Chr.).*

Polītēs, ae *m zoon v. koning Priamus.*

polītīa, ae *f* *(Gr. leenw.)* staat(sinrichting); — *Polītīa titel v.e. werk v. Plato.*

polīticus, a, um *(Gr. leenw.)* staatkundig, politiek [**libri**].

polītor, ōris *m* *(polio)* wieder.

polītūra, ae *f* *(polio)* *(postklass.)* het gladmaken, verfijnen [**marmoris; corporum;** *metaf.* **orationis**].

polītus *ppp. v. polio.*

polium, ī *n* *(Gr. leenw.)* *een soort wilde salie.*

pollen, pollinis *n* *(Ter.)* zeer fijn meel, stuifmeel.

pollēns, *gen.* entis *(p. adj. v. polleo)* *(v. personen en zaken)* sterk, machtig [**classis; genus; herbae** werkzaam].

pollentia, ae *f* *(pollens)* macht, kracht; — *personif.* **Pollentia** *godin v.d. macht.*

Pollentia[1] *zie pollentia.*

Pollentia[2]**,** ae *f stad in Ligurië, nu* Pollenza; — *adj.* **Pollentīnus,** a, um.

pollēo, pollēre, — —
1. (veel) kunnen, in iets sterk zijn, invloed *of* gelding hebben *(abs. of plurimum, plus, magis, tantum);* ▸ *in re publica plurimum* ~ *; ubi plurimum pollet oratio; Etruria tantum pollens terrā marique; pecuniā, scientiā, nobilitate, gratiā, armis* ~ *;*
2. *(Plin. Mai.)* *(v. geneesmiddelen)* werkzaam zijn, werken [**adversus scorpiones**]; ▸ *herba contra anginas pollet.*

pollex, icis *m*
1. duim; ▸ *pollicem premere* voor iem. duimen *of* met de duim aangeven dat de verslagen gladiator gespaard moet worden *(itt. pollicem vertere* met de duim aangeven dat de verslagen gladiator gedood moet worden); — *als maat: pollicis crassitudine* duimbreed;
2. *(postklass.)* grote teen;
3. *(Plin. Mai.)* knoest *aan een boom.*

pol-liceor, licērī, licitus sum *(por-)*
1. *(Plaut.)* *(v.e. koper)* bieden; ▸ *prior* ~ *;*
2. aanbieden, toezeggen, beloven *(m. acc.; de; dubb. acc.; aci.; inf. fut. of inf. praes.; ut; alleen conj.)* [**pretium; alci divitias; hospitium et cenam; sociis auxilium; senatui frumentum; tibi de amico placando; se itineris periculique ducem**]; ▸ *pollicetur Piso sese ad Caesarem iturum; pollicentur obsides dare; m. adv.: bene, benigne* ~ mooie beloften doen; *sprw.: montes auri* gouden bergen, *maria montesque* ~ *;* — *p.p.* **pollicitus,** a, um *ook pass.* [**fides**];
3. *(v. dingen)* de verwachting wekken, beloven *(m. acc.; aci.; ut);*
4. verzekeren, met stelligheid beweren, garanderen *(m. acc.; aci.; afh. vr.).*

pollicitātiō, ōnis *f* *(pollicitor)* belofte.

pollicitor, pollicitārī *(frequ. v. polliceor)* vaak beloven [**alci operam suam**].

pollicitum, ī *n* *(polliceor)* *(poët.; postklass.)* belofte.

pollicitus, *p.p. v. polliceor.*

pollinārius, a, um *(pollen)* *(pre- en postklass.)* van stuifmeel [**cibrum** zeef voor meel].

pollīnctor, ōris *m* *(pollingo)* *(pre- en postklass.)* iem. die een lijk aflegt.

pollingō, pollingere, pollīnxī, pollīnctum *(pre- en postklass.)* *(een lijk)* wassen en zalven, afleggen.

Pōlliō *zie Asinius.*

pol-lūceō, lūcēre, lūxī, lūctum *(por-)* *(pre- en postklass.)*
1. als offer aanbieden, offeren;
2. als gerecht voorzetten [**pisces**]; *metaf.* onthalen; ▸ *virgis polluctus* op een pak slaag onthaald.

Pollūcēs, is *m* *(arch.)* = *Pollux.*

pollūcibiliter *adv.* *(polluceo)* *(Plaut.)* heerlijk, kostelijk.

pollūctum, ī *n* *(polluceo)* *(pre- en postklass.)* offermaal.

pollūctūra, ae *f* *(polluceo)* *(Plaut.)* maal(tijd).

pol-luō, luere, luī, lūtum *(por- en luo*[2]*)*
1. *(poët.)* vuilmaken, bezoedelen [**ora cruore; ore dapes**];
2. *(metaf.)* bevlekken, onteren, ontwijden, schenden [**sacra; caerimonias stupro; nobilitatem familiae; iura scelere**]; — *p. adj.* **pollūtus,** a, um verdorven [**femina; princeps**].

Pollūx, ūcis *m een v.d. Dioscuren, zoon v. Jupiter en Leda, broer v. Castor; Pollux uterque* = Castor en Pollux.

polus, ī *m (Gr. leenw.)*
1. pool [**gelidus** *en* **glacialis** noordpool; **australis** zuidpool];
2. *(poët.)* hemel(gewelf) [**terra polusque**].

Polybius, ī *m Gr. politicus en geschiedschrijver uit Megalopolis in Arcadië (ca. 200—122 v. Chr.); als gijzelaar in Rome raakte hij bevriend met de jongere Scipio Aemilianus.*

Polyclētus *en* **-clītus,** ī *m Gr. beeldhouwer uit Sicyon (werkzaam ca. 450—410 v. Chr.), tijdgenoot v. Pericles.*

Polycratēs, is *m tiran v. Samos (ca. 538—522 v. Chr.).*

Polydamās, antis *m (acc. -anta) Trojaan, vriend v. Hector.*

Polydōrus, ī *m zoon v. Priamus; — adj.* **Polydōrēus,** a, um.

Polygnōtus, ī *m Gr. schilder en beeldhouwer afkomstig v. Thasos, tijdgenoot v. Socrates (ca. 475—440 v. Chr. werkzaam).*

Polyhymnia, ae *f dochter v. Zeus en Mnemosyne, muze v.d. zang.*

Polymachaeroplāgidēs, ae *m (Plaut.) (uit Gr. woorden samengestelde fantasienaam)* 'houwdegen'.

polymitārius *en* **polymitus,** a, um *(Gr. leenw.) (postklass.)* met veel draden geweven, bont.

polymyxos, on *(Gr. leenw.) (Mart.)* met veel pitten [**lucerna**].

Polynīcēs, is *m zoon v. Oedipus en Iocaste, broer v. Eteocles; sneuvelde tegen zijn broer bij het beleg van Thebe.*

Polyperchōn, ontis *m officier v. Alexander de Grote.*

polyphagus, ī *m (Gr. leenw.) (Suet.)* veelvraat.

Polyphēmus *en* **-os,** ī *m cycloop, zoon v. Neptunus, door Odysseus blind gemaakt.*

Polyplūsius, a, um *(Gr. leenw.* 'zeer rijk'*) (Plaut.) verzonnen familienaam* [**genus** de familie 'Schatrijk'].

pōlypōsus, a, um *(polypus) (Mart.)* last hebbend van neuspoliepen.

pōlypus, ī *m (Gr. leenw.)*
1. zeepoliep;
2. neuspoliep.

Polyxena, ae *f dochter v. Priamus, geliefde v. Achilles; zij werd volgens een posthomerisch verhaal na de val v. Troje door Neoptolemus op het graf v. Achilles geofferd; — adj.* **Polyxenius,** a, um.

pōmārium, ī *n (pomarius)* boomgaard; opslagplaats voor fruit.

pōmārius *(pomum)*
I. *adj.* a, um *(preklass.)* fruit-;
II. *subst.* ī *m (Hor.)* fruitverkoper.

pōmerīdiānus, a, um = *postmeridianus.*

pōmērium, ī *n* pomerium, stadsgrens *(aan beide zijden v.d. stadsmuren vrijgelaten ruimte).*

Pōmētia, ae *f en* **-tiī,** ōrum *m stad in het gebied v.d. Volsci in Latium; — adj.* **Pōmētīnus,** a, um.

pōmi-fer, fera, ferum *(pomum en fero) (poët.; postklass.)*
1. fruit dragend, rijk aan vruchten, vruchtbaar [**arva; rami; annus**];
2. *(Prop.)* vruchtbaarheid brengend [**flumen Anio**].

Pōmōna, ae *f (pomum) godin v.h. fruit.*

pōmōsus, a, um *(pomum) (poët.)* rijk aan vruchten [**hortus**].

pompa, ae *f (Gr. leenw.)*
1. optocht, processie [**funebris** *en* **funeris** begrafenisstoet, rouwstoet], feestelijke optocht *(op feestdagen, bij spelen en triomfen);* ▸ **pompam** *funeris ire* bijwonen;
2. *(metaf.)* stoet, rij [**lictorum; sarcinarum**];
3. serie gerechten bij een feestmaal;
4. pracht, praal, pronk [**rhetorum**].

pompāticus, a, um *(pompa) (Laatl.)* prachtig [**ludi**].

Pompe(i)ī, ōrum *m* Pompeji, *stad in Campanië ten Z.O. v. Napels; werd samen met Herculaneum en Stabiae in 79 n. Chr. bij een uitbarsting v.d. Vesuvius bedolven; — inw. en adj.* **Pompeiānus,** ī *m resp.* a, um; — **Pompeiānum,** ī *n (vul aan: praedium)* landgoed *van Cicero* bij Pompeji.

Pompeius, a, um *naam v.e. pleb. gens in Rome:* Cn. ~ Magnus *(106—48 v. Chr.), overwinnaar v.d. zeerovers op de Middellandse Zee en Mithridates VI v. Pontus, sloot in 60 v. Chr. het zgn. eerste driemanschap met Caesar en Crassus; hij werd later Caesars vijand, werd in 48 door Caesar bij Pharsalus overwonnen en op zijn vlucht naar Egypte op bevel v.d. raadgever v. Ptolemaeus XIII (de broer v. Cleopatra) gedood; — adj.* **Pompei(ān)us,** a, um; *subst.* **Pompeiānus,** ī *m* Pompejaan, aanhanger v. Pompeius.

Pompilius *zie Numa.*

pompilus, ī *m (Gr. leenw.)* loodsmannetje *(zeevis die schepen begeleidt).*

Pompōnius, a, um *naam v.e. Rom. gens, zie Atticus II. 3.*

Pomptīnus, a, um Pomptijns [**ager** *moerasge-*

bied in Latium, wordt door de via Appia doorkruist; hierin lag de stad Pometia; **paludes** de Pomptijnse moerassen *aan de kust v. Latium*]; — *subst.* **-um,** ī *n* = *ager Pomptinus.*

pōmum, ī *n en* **pōmus,** ī *f*
1. vrucht, *plur.* fruit; *als scheldw.* 'druif' *(Petr.)*;
2. *(poët.; postklass.)* fruitboom.

ponderō, ponderāre *(pondus)*
1. *(poët.; postklass.)* (af)wegen [**granum**];
2. *(metaf.)* overwegen, beoordelen [**causas;** *(naar, op: abl. of ex)* **omnia voluptatibus; consilia ex eventis**].

ponderōsus, a, um *(pondus)*
1. *(pre- en postklass.)* zwaar;
2. *(metaf.)* gewichtig, belangrijk [**epistula**].

pondō *indecl. (vgl. pondus)*
1. *(pre- en postklass.)* in gewicht, aan gewicht; ▸ *corona aurea libram pondo; piscium uncia pondo;*
2. *(vul aan: libra, zie libra 5.)* bij telwoorden *(Rom.)* pond *(ruim 327 gram)*; ▸ *auri quinque pondo.*

pondus, eris *n (pendo)*
1. gewicht, gewichtstuk *om mee te wegen*; ▸ *paria pondera* evenwicht;
2. *(postklass.) (Rom.)* pond *(ruim 327 gram)*; ▸ *argenti pondera quinque;*
3. *(meton.)* gewicht, zwaarte; ▸ *saxa magni ponderis; emere alqd pondere* per gewicht;
4. evenwicht; ▸ *in pondere librare;*
5. zwaar voorwerp, last; ▸ *omnia pondera in terram feruntur; gemuit sub pondere cumba (Verg.); trans pondera dextram porrigere* oversteekstenen *(Hor.)*;
6. hoeveelheid, groot aantal, massa [**auri; autumni** overvloed];
7. gewicht, belang, nadruk, waarde, aanzien [**sententiarum; nominis**]; ▸ *pondus habere; litterae maximi apud me sunt ponderis (Cic.); habet vim in ingenio et pondus in vita (Cic.)*;
8. *(poët.)* (drukkende) last [**rerum**]; ▸ *pondera amara senectae;*
9. *(metaf.)* bestendigheid, vastheid v. karakter; ▸ *gaudii* ~ *et constantia; nulla femina pondus habet (Prop.).*

ponduscułum, ī *n (demin. v. pondus) (postklass.)* klein gewicht, kleine last.

pōne *(< * post-ne)*
I. *adv.* achter(aan), van achteren, naar achteren; ▸ ~ *venire;* ~ *sequens;*
II. *prep. m. acc.* achter, naar achter; ▸ ~ *me;* ~ *castra ibant.*

pōnō, pōnere, posuī *(en* posīvī*)*, positum *(en* postum*) (m. in m. abl. [niet-klass. abl.; in m. acc.])*
I. *letterlijk voor allerlei vormen v. verplaatsing*
1. (neer)zetten, -leggen [**vasa; librum in mensa; oleas in solem; coronam in caput; hastam pro aede** in de grond steken]; ▸ *in curulibus sellis sese posuerunt;*
2. *(poët.)* neerleggen, uitstrekken op [**artūs in litore; se toro**]; ▸ *positus somno (dat.)* in slaap verzonken;
3. *een meubelstuk* neerzetten, opstellen, plaatsen [**mensam; sellam**];
4. opstellen, oprichten, bouwen, aanleggen [**aras; opus; castellum in colle; domum; urbem in montibus; castra iniquo loco** een legerkamp opslaan; **alci statuam in publico; tabernaculum; tabulas obsignatas in publico**]; ▸ *imago in gymnasio ponatur;*
5. *(eten, drinken)* voorzetten, opdienen, serveren [**porcum; vinum; alci venenum cum cibo; merum in gemma**];
6. *(poët.)* planten, stekken [**piros; vitem; semina** zaaien];
7. zetten tegen [**scalas**];
8. *lichaamsdelen* laten zakken, hangen [**genu** knielen; **caput** buigen]; *(voor: dat.)*;
9. (neer)zetten [**pedem** een stap; **gradūs** passen];
10. *(Vulg.) faciem* ~ zijn gezicht (om)draaien;
11. opstellen [**vigilias** wachtposten];
12. *(preklass.; poët.) (als pand, inzet bij een weddenschap)* inzetten [**pallium; anulum**];
13. *(poët.; postklass.) prijzen, beloningen* uitloven [**praemium**];
14. *(als wijgeschenk)* neerleggen, wijden [**donum ex auro in aede Iovis; vota; fratri capillos** als dodenoffer wijden; **coronam auream in Capitolio; serta**]; — **posita,** ōrum *n* wijgeschenken;
15. (ver)plaatsen, legeren [**legionem in urbe; praesidium ibi** daarheen; **custodias circa portas**];
16. *(poët.)* (ver)plaatsen, een plaats geven [**alqm sub curru solis, in aethere; in astris**];
17. *(poët.) (als beeldend kunstenaar)* maken [**Venerem marmoream; coloribus hominem**];
18. *(postklass.) calculum* ~ de rekensteentjes op het bord leggen = berekenen; ▸ *cum alqa re parem calculum* ~; *bene calculum* ~ goed in aanmerking nemen;
19. *ter bewaring* deponeren, in bewaring geven [**tabulas testamenti in aerario; pecuniam apud tutorem**];
20. kapitaal beleggen *(ook metaf.)* [**pecuniam in**

praedio; **beneficium apud alqm**]; ▸ *munus bene apud alqm ~ ;*
21. *(Ov.) (haren)* in orde brengen, kammen [**capillos**];
22. *(poët.; postklass.)* begraven, bijzetten [**alqm patriā terrā; ossa**]; ▸ *ubi corpus meum positum fuerit; inscr.:* HIC POSITUS EST;
23. afleggen, neerleggen, wegleggen, wegwerpen [**velamina de corpore; arcum umeris; vestem; sarcinam; e corpore pennas; arma** de wapens neerleggen, capituleren]; ▸ *cum posui librum, et mecum ipse coepi cogitare;*
24. *(poët.)* (a) baren [**uteri onus**]; (b) *(v. dieren)* jongen werpen; (c) *ova ~* eieren leggen;
25. *ancoram ~* het anker uitwerpen; ▸ *ancoris positis terrae applicare naves;*
II. *metaf.*
1. plaatsen, leggen [**scelus ante oculos omnium; alqd in conspectu animi; alqd sub uno aspectu; rem in medio** naar voren brengen]; ▸ *in eius potestate fortuna posita est* ligt in zijn macht; *alcis vita in manu alcis posita est;*
2. *in een toestand* brengen [**alqm in magna gloria** heel beroemd maken; **alqm in gratia apud alqm** geliefd maken]; ▸ *alqm in metu non ~ ; alqm in crimen populo atque infamiam ~* bij het volk; *(pass.) in laude positum esse* beroemd zijn; *in illo fortunae gradu positus* gelukkig;
3. aanstellen, inzetten [**custodem in hortis; alqm super armamentarium** tot opzichter maken; *(m. dubb. acc.)* **alqm principem in bello; alci accusatorem; alci custodem** meegeven];
4. *(poët.; postklass.)* tot rust brengen, kalmeren [**freta**]; *intr. (v.d. wind)* gaan liggen; ▸ *venti posuere; positi flatūs;*
5. zetten op, vestigen op [**spem salutis in virtute; in misericordia alcis; praesidium in fuga; auxilium in celeritate**]; ▸ *in Mario spes imperii ponebatur; — pass. positum esse in (m. abl.)* berusten op, steunen op: *sententia in legibus posita est; certamen in virtute positum est;*
6. besteden [**sumptum; omnem curam in salute patriae; totum diem in consideranda causa; tempus in cogitatione**];
7. *(Plaut.) aan gevaren* blootstellen [**caput periculo**];
8. opgeven, afleggen, laten varen [**bellum** beëindigen; **tirocinium** zijn eerste proeven afleggen; **triumviri nomen; vitia; discordias; metum; iram; aegritudinem; animos feroces**]; ▸ *positis ambagibus* zonder omwegen; *pone moras* hou op met dralen!;
9. aanvoeren, uitspreken, zeggen [**alqd pro certo** als vaststaand beweren, poneren; **alqd in oratione**]; ▸ *eorum, quae constant, exempla ~ ; ut paulo ante posui; ponam in extremo quid sentiam;*
10. *een thema* (ter bespreking) opwerpen, stellen [**quaestionem**];
11. als zeker aannemen, beweren [**hoc unum**]; ▸ *verum pono esse victum eum; nunc rem ipsam ponamus quam illi non negant;*
12. rekenen tot, tellen tot, beschouwen als, houden voor [**alqd in laude; mortem in malis; alqd in lucro; alqd in dubio** in twijfel trekken; **alqm alci in aequo** aan iem. gelijkstellen; **alqm inter veteres**]; ▸ *m. dubb. acc.: alqm primum, principem ~* als de belangrijkste persoon beschouwen; *pass. m. dubb. nom.: haec infamia ponuntur* geldt als;
13. bepalen, vaststellen [**iura; leges** geven; **sibi finem vitae; rebus novis nova nomina** geven; **ritūs** instellen; **pretium** een prijs vaststellen, bepalen; **rationem** een rekening opstellen];
/ *ppp.* **positus,** a, um (a) *in alle betekenissen v.h. werkwoord;* (b) *(bij plaatsbepalingen)* gelegen (= *situs*); ▸ *vicus in valle positus; Gallia sub septentrionibus posita; Roma in montibus posita.*

pōns, pontis *m*
1. brug [**fluminis** over een rivier]; ▸ *pontem facere in flumine en per flumen of flumen, amnem ponte iungere* een brug over de rivier slaan; *pons uno die factus; pontem navibus efficere* een schipbrug maken; *ponte flumen transgredi, transmittere; pontem rescindere, interscindere, (inter)rumpere, (dis)solvere, vellere* afbreken; *alqs de ponte (v.e. bedelaar); — plur. ook:* jukbrug;
2. *(postklass.)* knuppeldam *(over een moeras);*
3. loopplank; ▸ *ponte parato;*
4. dek *van een schip;* ▸ *naves pontibus stratae;*
5. *(poët.; postklass.)* valbrug;
6. *(poët.)* verdieping, vloer [**turris**];
7. *(plur.)* loopbruggen *voor het stemmen in comitia (centuriata).*

Pōns, Pontis *m (pons)*
1. *~ Campanus brug over de Savo;*
2. *~ Argenteus stad en brug in het zuiden v. Gallië, nu Argens.*

Pontia, ae *f eiland voor de kust v. Latium, nu Ponza; — inw.* **Pontiānī,** ōrum *m.*

ponticulus, ī *m (demin. v. pons)* bruggetje.

Ponticus[1], ī *m Rom. dichter ttv. Augustus, vriend v.*

Propertius en Ovidius.

Ponticus[2] *zie Pontus.*

ponti-fex, ficis *m* (*pons en facio*)
1. pontifex, priester, hogepriester; ▸ *collegium pontificum* college v. priesters; ~ *maximus* hogepriester, *hoofd v.h. collegium en toezichthouder op de Vestacultus; pontifices minores assistenten en* schrijvers v.h. college v. pontifices;
2. (*eccl.*) bisschop, paus [**maximus, summus** aartsbisschop].

pontificālis, e (*pontifex*)
1. hogepriesterlijk [**insignia; auctoritas**];
2. (*Mel.*) bisschoppelijk, pauselijk.

pontificātus, ūs *m* (*pontifex*)
1. ambt v. hogepriester;
2. (*Mel.*) ambt v. aartsbisschop *of* paus.

pontificius, a, um = *pontificalis.*

Pontius, a, um *oorspr. naam v.e. Samnitische, later v.e. Rom. gens:*
1. C. ~, *aanvoerder v.d. Samnieten in de slag bij* Caudium;
2. ~ Aquila, *een v.d. moordenaars v. Caesar;*
3. ~ Pīlātus, *prefect v. Judea, voor wie Jezus Christus terecht moest staan.*

pontō, ōnis *m* Gallisch vrachtschip, ponton.

pontus, ī *m* (*Gr. leenw.*) (*poët.*)
1. zee, volle zee;
2. (*meton.*) stortzee [**ingens**].

Pontus, ī *m*
1. de Zwarte Zee = *Pontus Euxīnus;*
2. (*meton.*) *landstreek aan de Zwarte Zee, ihb. de landstreek Pontus tussen Bithynië en Armenië, resp. Cappadocië en de Zwarte Zee, rijk v. Mithridates, later een Rom. provincie;*
/ *adj.* **Ponticus,** a, um.

popa, ae *m* offerdienaar; ▸ *popa venter* dikke buik (*Pers.*).

popanum, ī *n* (*Gr. leenw.*) (*Juv.*) offerkoek.

popellus, ī *m* (*demin. v. populus*[1]) (*poët.*) gepeupel.

popīna, ae *f*
1. kroeg, eettent;
2. (*meton.*) voedsel uit de gaarkeuken.

popīnālis, e (*popina*) (*Laatl.*) van de kroeg.

popīnō, ōnis *m* (*popina*) (*niet-klass.*) kroegloper.

poples, itis *m*
1. knieholte;
2. knie.

Poplicola, ae *m* (*arch.*) = *Publicola.*

poplus, ī *m* (*arch.*) = *populus*[1].

poposcī *pf. v. posco.*

Poppaeus, a, um *naam v.e. Rom. gens:*
1. Q. ~ Sabinus, *consul in 9 n. Chr., gest. in 35 als stadhouder in Moesië (lex Papia Poppaea, zie Papius);*
2. Poppaea Sabina, *tweede echtgenote v. Nero, in 65 n. Chr. door hem vermoord.*

poppysma, atis *n en* **poppysmus,** ī *m* (*Gr. leenw.*) (*postklass.*) het smakken.

populābilis, e (*populor*) (*Ov.*) plunderend, verwoestend.

populābundus, a, um (*populor*) op plundering uit, op verwoesting bedacht.

populāris, e (*populus*[1])
1. het volk betreffend, van het volk, voor het volk, volks- [**lex** door het volk ingesteld; **cena; aura** *en* **ventus** volksgunst; **civitas** *en* **res publica** democratie; **accessus; supplicatio; laus, gloria, admiratio** bij het volk; **honor; oratio** voor het volk]; ▸ *populari nomine alqd appellare;* — *subst.* **populāria,** ium *n* (*Suet.*) zitplaatsen v.h. volk *in het theater;*
2. algemeen verbreid [**opinio**];
3. van de massa, van het volk, volks [**verba; dictio; sensus**]; ▸ *populariter loqui;*
4. geliefd bij het volk, populair [**sacerdos; consul**]; ▸ *cui ingenium magis populare erat;*
5. het volk welgezind, democratisch [**vir** vriend v.h. volk; **imperium; ratio** koers]; ▸ *populariter agere;* — *subst.* **populārēs,** ium *m* democraten, volkspartij;
6. de gunst v.h. volk zoekend, demagogisch; revolutionair; — *subst.* **populārēs,** ium *m* demagogen;
7. bij hetzelfde volk horend, inheems [**flumina; oliva**]; — *subst. is m* landgenoot, medeburger; kameraad; deelgenoot, partner; — *subst. is f* landgenote.

populāritās, ātis *f* (*popularis*)
1. vriendelijkheid jegens het volk;
2. het streven naar de volksgunst;
3. (*kom.*) medeburgerschap.

populātiō, ōnis *f* (*populor*) verwoesting, plundering [**agrorum**]; ▸ *hostem rapinis populationibusque prohibere.*

populātor, ōris *m* (*populor*) plunderaar, verwoester.

populātrīx, īcis *f* (*populator*) (*postklass.*) vrl. vernietiger, plunderaarster.

pōpulētum, ī *n* (*populus*[2]) (*Plin. Mai.*) populierenbos.

pōpuleus, a, um (*populus*[2]) (*poët.*) van de populier, populieren- [**frondes; umbra**].

pōpuli-fer, fera, ferum (*populus*[2] *en fero*) (*Ov.*) populieren dragend, rijk aan populieren.

populī-scītum, ī *n* (*ook gesplitst; populus*[1] *en scisco*) volksbesluit.

pōpuln(e)us, a, um (*populus*[2]) van populierenhout, van een populier.

Populōnia, ae *f en* **-iī,** ōrum *m stad in Etrurië tegenover Elba*; — *inw.* **Populōniēnsēs,** ium *m.*

populor, populārī *en* (*arch., klass. alleen in pass. vormen*) **populō,** populāre (*populus*[1])
1. verwoesten, vernietigen, (leeg)plunderen, beroven [agros; patriam; Achivos]; ▸ *urbem Romanam deorum irā morbo* ~ ; *omnia igni ferroque populatus*;
2. (*poët.; postklass.*) (*metaf.*) vernietigen, verwoesten; ▸ *omni decore populato; formam populabitur aetas.*

populus[1], ī *m*
1. volk, *dat een staat vormt* [Romanus; Carthaginiensis];
2. burgerij;
3. (*in Rome*) (a) (*in de vroegrom. tijd*) patriciërs (*itt. plebejers*); ▸ *ut ea res populo plebique Romanae bene eveniret* (*Cic.*); (b) (*later*) (het hele) volk (*patriciërs en plebejers*); ▸ *senatus populusque Romanus; populi consilia*; (c) gemeenschap, staat; ▸ *quod privatus a populo petit*;
4. volksmenigte, bevolking, de massa [urbanus]; ▸ *in populos mittere* aan allen bekendmaken;
5. (*metaf.*) menigte, groot aantal [amicorum; fratrum; imaginum];
6. (*meton.*) (a) gebied, district; (b) (*Ov.*) openbare weg, steegje; (c) (*postklass.*) staatskas;
7. (*eccl.*) (a) (*christelijke*) gemeente, de gelovigen; (b) ~ dei christenheid.

pōpulus[2], ī *f* (*poët.; postklass.*) populier [alba zilverpopulier].

por- *prefix* (*voor l tot pol- geassimileerd*) vooruit-, voor- [por-tendo, pol-liceor, pol-luceo].

porca[1], ae *f* (*porcus*) zeug.

porca[2], ae *f* (*agr.*) rug (*tussen twee voren*).

porcella, ae *f* (*demin. v. porcula*) (*Plaut.*) varkentje, biggetje.

porcellus, ī *m* (*demin. v. porculus*) (*preklass.; poët.*) varkentje, biggetje.

porcīna, ae *f* (*porcinus*) (*vul aan: caro*) (*Plaut.*) varkensvlees.

porcīnārius, ī *m* (*porcina*) (*Plaut.*) (varkens)slager.

porcīnus, a, um (*porcus*) (*arch.; postklass.*) van het varken, varkens-.

Porcius, a, um *naam v.e. Rom. gens; zie Cato.*

porculātor, ōris *m* (*porculus*) (*postklass.*) varkensfokker.

porculus, ī *m en* **-a,** ae *f* (*demin. v. porcus en porca*) (*pre- en postklass.*) big.

porcus, ī *m* varken [femina zeug; *ook als scheldwoord* Epicuri de grege]; (*Laatl.*) *caput porci* wigvormige slaglinie.

porēctus *ppp. v. poricio.*

porgō, porgere, — — (*preklass.; poët.*) (*sync.*) = *porrigo*[1].

poriciō, poricere, —, porēctum (*por- en iacio*) = *porricio.*

porphyrēticus, a, um (*Gr. leenw.*) (*postklass.*) purperrood.

porrāceus, a, um (*porrum*) (*postklass.*) preiachtig.

porrēctiō, ōnis *f* (*porrigo*[1]) het uitstrekken.

porrēctus[1], a, um (*p. adj. v. porrigo*[1])
1. uitgestrekt, uitgebreid, gerekt; ▸ *porrecta ac aperta loca* (*Caes.*);
2. recht, vlak;
3. (*Ov.*) (*v. tijd*) lang [mora];
4. (*Plaut.*) (*metaf.*) ongerimpeld, vrolijk [frons].

porrēctus[2] *ppp. v. porricio.*

por-rēxī *pf. v. porrigo*[1].

porriciō, porricere, —, porrēctum (*por- en iacio*) als offer toewerpen, aanbieden, offeren [exta in fluctūs]; ▸ *sprw.*: *inter caesa et porrecta* nog op het laatste moment, *eig.* tussen het slachten en aanbieden *van de offerdieren.*

por-rigō[1], rigere, rēxī, rēctum (*rego*)
1. uitstrekken, -spreiden, -breiden [bracchia caelo ten hemel; *milit.* agmen]; ▸ *animal membra porrigit, contrahit; porrecto iugulo* met uitgestrekte hals; (*metaf.*) *fortuna ad te quoque porrigens manūs* (*Sen.*);
2. *pass. en se* ~ (a) (*v. plaatsen*) zich uitstrekken, reiken, liggen; ▸ *locus in planitiem porrigitur; cubiculum in solem porrigitur*; (b) (*v. levende wezens*) zich uitstrekken, languit gaan liggen; ▸ *porrectus somno; serpens centum porrectus in ulnas*; (c) (*poët.; postklass.*) zich uitbreiden, zich uitstrekken; ▸ *se ad orientalia regna* ~ ; *quo se tua porrigat ira* (*Ov.*);
3. neerleggen, vellen [hostem];
4. (*poët.*) keren, wenden; ▸ *scopulus frontem porrigit in aequor*;
5. (*poët.; postklass.*) *tijd* verlengen, rekken [brumales horas];
6. (*poët.; postklass.*) *een lettergreep* verlengen [syllabam];
7. (*Hor.*) vergroten, verhogen [vectigalia];
8. (aan)reiken, aanbieden [poma puero; alci dextram; bona alci; munera; gladium ad

occidendum hominem];
9. verschaffen, verlenen [**praesidium clientibus; opem amicis**];
/ *zie ook porrectus*[1].

porrīgō[2], inis *f* (*poët.; postklass.*) uitslag op het hoofd, schurft.

Porrima, ae *f godin v.d. geboorte, die voor de goede ligging v.h. kind (hoofdgeboorte) bij de geboorte zorgt.*

porrō *adv.*
1. (*v. plaats*) (a) (*poët.; postklass.*) verder, voorwaarts, vooruit; ▸ *armentum ~ agere;* (b) (*preklass.; poët.*) ver weg, in de verte; ▸ *ubi habitas? ~ illic longe in campis ultimis* (*Plaut.*); *inscius Aeneas, quae sint ea flumina ~* (*Verg.*);
2. (*v. tijd*) (a) voortaan, in het vervolg, verder; ▸ *ut quiescant ~ moneo* (*Ter.*); (b) (*zelden*) vroeger; ▸ *quod ~ fuerat;*
3. (a) (*bij een nieuwe stap in een gedachtegang of opsomming*) verder, vervolgens (*vaak porro autem*); *vaak in formules, bv.: videte iam ~ cetera* bekijk ook de rest; *age ~* ga verder; ▸ *sequitur ~, nihil deos ignorare* (*Cic.*); (b) (*in een climax*) zelfs; ▸ *ea non mala dicimus, sed exigua et ~ minima;* (c) (*adversatief*) aan de andere kant, weer; ▸ *~ erant qui censerent* (*Caes.*).

porrum, ī *n en* **-us,** ī *m* (*niet-klass.*) bieslook.

Porsenna *en* **Porsēna, Porsinna** *en* **Porsīna,** ae *m koning v. Clusium in Etrurië, die volgens de overlevering in 507 v. Chr. Rome belegerde om het aan de verdreven Tarquiniërs terug te geven; de voorbeelden v. heldenmoed v. Horatius Cocles, Mucius Scaevola en Cloelia maakten zo'n indruk op hem, dat hij op gematigde voorwaarden vrede sloot; volgens een andere overlevering veroverde hij Rome.*

porta, ae *f*
1. poort, *ihb. van een stad, legerkamp of tempel,* deur, toegang [**urbis; villarum; castrorum; praetoria** hoofdpoort; **decumana** achterpoort]; ▸ *extra -am; ad -as venire; -ā Capenā egredi; pedem -ā efferre; alqm ad -am exspectare;*
2. (*plur.*) bergpas; ▸ *-ae Ciliciae;*
3. (*metaf.*) ingang, toegang, uitgang [**caeli; Taenaria; somni**];
4. (*Lucr.*) (*plur.*) middelen, manieren.

portārius, ī *m* (*porta*) (*Laatl.*) portier.

portātiō, ōnis *f* (*porto*) transport [**armorum**], het dragen.

por-tendō, tendere, tendī, tentum aankondigen, voorspellen [**alci regnum; exitium urbi**]; (*m. aci.*); — *pass.* ophanden zijn: *pericula portenduntur.*

portenti-ficus, a, um (*portentum en facio*) (*poët.*) wonderen veroorzakend [**venena**].

portentōsus, a, um (*portentum*) onnatuurlijk; huiveringwekkend, misvormd; ▸ *serpens -ae magnitudinis; oratio -a; puer -o parvoque capite.*

portentum, ī *n* (*portendo*)
1. wonder(teken), *ihb. angstaanjagend,* huiveringwekkend voorteken; ▸ *prodigiis atque -is di futura praedicunt;*
2. (*meton.*) monster, gedrocht, misgeboorte; ▸ *praeter naturam hominum pecudumque -a;*
3. (*metaf.*) sprookje, fantasieverhaal, fictie [**poëtarum**];
4. (*v. personen*) uitschot, schuim [**rei publicae**]; ▸ *multi Catilinam atque illa -a loquebantur* spraken over.

portentuōsus, a, um = *portentosus.*

portentus *ppp. v. portendo.*

porthmeus, eī *en* eos *m* (*acc.* -ea) (*Gr. leenw.*) (*postklass.*) (*v. Charon*) veerman.

porticula, ae *f* (*demin. v. porticus*) kleine hal *of* galerij.

porticus, ūs *f* (*porta*)
1. zuilengang, galerij; ▸ *ambulare in porticu; sedere in porticu* (*v.d. pretor*);
2. (*metaf.*) (*milit.*) loopgang *voor het materiaaltransport voor de bouw v.e. dam;*
3. (*meton.*) stoïsche school *of* filosofie (*eig. de Stoa, de zuilengang in Athene waar Zeno lesgaf*).

portiō, ōnis *f*
1. (*postklass.*) deel, bestanddeel, aandeel (*in: gen.*) [**praedae; hereditatis**]; ▸ *magna mortalium ~; nil natura portionibus parit* (*Plin. Mai.*);
2. verhouding, proportie; ▸ *pro portione* in verhouding.

portisculus, ī *m* (*preklass.*) hamer *om de maat aan te geven bij het roeien.*

portitor, ōris *m* (*portus*)
1. tollenaar; *metaf.* inspecteur;
2. (*poët.; postklass.*) veerman [**Orci** = Charon];
3. drager, transporteur.

portō, portāre
1. dragen, brengen, aanvoeren, transporteren, vervoeren [**onus umeris; alqd in suo sinu; arma; commeatum ab urbe in castra; donum Iunoni; frumentum ad exercitum in Macedoniam**]; ▸ *vehiculo portari* rijden;
2. *met zich* meevoeren, meenemen [**secum patrios penates; legiones secum in Hispaniam**];
3. (*metaf.*) (over)brengen [**nuntium ad liberos; spem; salutem**]; ▸ *hic vobis bellum et pacem*

portamus (Cic.).

portōrium, ī *n* (*portitor*) in- en uitgangstol, doorgangstol, *ihb.* havengeld, bruggeld, wegenbelasting, *alg.* tol, belasting (*voor: gen.*) [**vini; peregrinarum mercium; circumvectionis** doorvoerrechten]; ▸ *-um exigere ab alqo; -um dare pro; -a instituere; singulis rebus certum -um imponere.*

portula, ae *f* (*demin. v. porta*) poortje.

portulāca, ae *f* (*botan.*) postelein.

Portūnus, ī *m* (*portus*) *god v.d. havens;* — **Portūnālia,** ium *n feest ter ere v. Portunus* (*17 augustus*).

portuōsus, a, um (*portus*) rijk aan havens [**mare**].

portus, ūs *m* (*dat. sg. -uī en -ū; dat. en abl. plur. -ibus en -ubus*)
1. haven; ▸ *in portum (per)venire; portum capere* binnenlopen; *ex portu exire; magister portūs* tolbeambte; *in portu ambulo* in de (haven)stad;
2. (*poët.*) riviermonding;
3. (*metaf.*) toevlucht(soord) [**sociorum**]; ▸ *se in philosophiae portum conferre; senatus erat* ~ *et refugium nationum.*

pōrus[1], ī *m* (*Gr. leenw.*) (*Plin. Mai.*) *een soort steen.*

porus[2], ī *m* (*Gr. leenw.*) (*Laatl.*) opening, porie.

pos- (*arch.*) = *post-*.

pōsca, ae *f* (*poto*) (*Plaut.*) mengsel van water en azijn:
1. *een soort drank;*
2. *vloeistof voor het inmaken van voedsel;*
3. *een soort medicijn.*

poscō, poscere, poposcī, —
1. (op)eisen, verlangen [**argentum; pugnam; libertatem; veniam**]; ▸ *poscimur* men verlangt naar ons; (*voor, ten behoeve van: dat.*) *audaciae partes sibi* ~; *alqm imperatorem* ~ iem. als; (*van: ab; soms acc.*) *litteras a legatis* ~; *tutorem ab alqo* ~; *bibere a me poscis; signum ducem* ~; *magistratum nummos* ~; *pass. poscor* (*m. acc.*) men eist iets van mij; *Palilia poscor* ik word opgeroepen de Palilia te bezingen; *segetes alimentaque debita poscebatur humus; Apollo poscitur verba;* — *m. ut, m. inf. of m. aci.* ook = bevelen: *poscimus, ut cenes civiliter;*
2. (*metaf., v. zaken*) vereisen; ▸ *res hoc poscit; utilitas civitatis poscit;*
3. (*poët.*) zoeken *of* vragen naar, willen weten [**causas; pretium**]; ▸ (*m. afh. vr.*) *quae sit sententia, posco;*
4. *tot een gevecht* uitdagen [**alqm in proelia; maioribus poculis** om grotere bekers te drinken];
5. voor het gerecht dagen [**dictatorem reum**];
6. (*Plaut.*) *om de hand v.e. meisje vragen* (*m. acc.*); ▸ *tuam sororem uxorem posco filio* als vrouw;
7. bieden voor, willen kopen [**tanti; cenā**];
8. (*poët.*) aanroepen, smeken; ▸ *supplex tua numina posco; deum pacem* ~ smeken om.

pōsculentus, a, um = *potulentus.*

pōsea *en* **pōsia,** ae *f* = *pausia.*

Posīdōnius, ī *m stoïsch filosoof* (*ca. 135—50 v. Chr.*), *leerling v. Panaetius, ook geograaf en historicus, leraar v. Cicero.*

positiō, ōnis *f* (*pono*) (*postklass.*)
1. het plaatsen, het zetten; het planten [**vinearum**];
2. plaatsing, ligging, plaats, stand [**corporis; loci; caeli** klimaat];
3. (*metaf.*) toestand, gesteldheid [**mentis; controversiae**]; *plur.* omstandigheden.

positor, ōris *m* (*pono*) (*Ov.*) oprichter [**moenium; templorum**].

positūra, ae *f* (*pono*)
1. (*poët.; postklass.*) plaatsing, ligging, stand [**stellarum; dei** door de god vastgestelde ordening];
2. (*Gell.*) (*gramm. t.t.*) plaatsing [**verborum**].

positus[1] *zie pono.*

positus[2], ūs *m* (*pono*)
1. (*poët.; postklass.*) plaatsing, ligging, plaats, stand [**urbis; regionis; siderum**];
2. schikking, ordening; ▸ *positu variare capillos* (*Ov.*);
3. (*Gell.*) (*gramm. t.t.*) plaatsing, positie.

posīvī *zie pono.*

pos-merīdiānus, a, um = *postmeridianus.*

posse *inf. praes. v. possum.*

pos-sēdī *pf. v. possideo en possido.*

possessiō, ōnis *f*
1. (*possideo*) (a) het bezitten, bezit; ▸ *in possessionem venire, proficisci; possessionem Siciliae tenere* Sicilië in bezit hebben; *alci liberam possessionem Galliae tradere; navali proelio possessionem maris alci adimere; deicere alqm de possessione fundi; retinere possessionem arcis;* ~ *rei publicae* leiding; (b) (*meton.*) bezit, eigendom, *ihb.* grond(bezit) (*meestal plur.*); ▸ *possessiones urbanae; paternae possessiones; in Italia magnas possessiones habere;*
2. (*possido*) inbezitneming [**regni; insulae**].

possessiuncula, ae *f* (*demin. v. possessio*) klein bezit.

possessor, ōris *m* (*possideo*)
1. bezitter [**bonorum; regni; agrorum**

grondbezitter]; grondbezitter;
2. (postklass.) (jur. t.t.) bezitter v.e. betwist voorwerp, aangeklaagde.

possessus ppp. v. possideo en possido.

possibilis, e (possum) (postklass.) mogelijk.

possibilitās, ātis f (possibilis) (Laatl.) mogelijkheid, macht.

pos-sideō, sidēre, sēdī, sessum (potis en sedeo)
1. bezitten, in bezit hebben, beschikken over [**partem agri;** metaf. **nomen; huius saeculi mores**];
2. een plaats bezet houden [**sedes sacras**];
3. in zijn macht hebben, in beslag nemen, vullen; ▸ libido possidet ingenium (Sall.).

pos-sīdō, sīdere, sēdī, sessum (potis; vgl. possideo) bezetten, in bezit nemen, bemachtigen, zich meester maken van (m. acc.) [**agros armis; bona alcis sine testamento**]; — pf. ook: in bezit hebben.

possum, posse, potuī (< potis sum)
1. kunnen, in staat zijn; ▸ hostium copias sustinere possunt; lucem aspicere vix possum;
2. kunnen, mogelijk zijn, in de gelegenheid zijn; ▸ sini summo scelere Quinctium iugulare non potes (Cic.); (fieri) potest ut het is mogelijk dat, het kan zijn dat: potest fieri ut fallar; potest ut alii ita arbitrentur; fieri non potest ut het is onmogelijk dat; fieri non potest ut non (of quin) het is noodzakelijk dat, het kan niet anders of; non possum non (m. inf.) ik moet: non possum te non accusare; potest (abs.) het is mogelijk: nos dignitatem, ut potest, retinebimus; quī potest hoe is het mogelijk?; si potest als het mogelijk is;
3. kunnen, mogen; ▸ nemo de civitate tolli potest sine iudicio;
4. vermogen, gelding, invloed hebben, gedaan krijgen (multum, plus, plurimum, nihil, minimum, tantum, quantum, satis, omnia e.d., ook m. adv., bv. largiter) [**tantum auctoritate; multum in senatu, in re militari; apud me amicitiā et beneficiis; gratiā et largitione apud Sequanos plurimum; apud finitimas civitates largiter** veel invloed hebben]; ▸ aliquid ~ iets vermogen, enige invloed hebben; plus potest apud te pecuniae cupiditas; ad beate vivendum satis posse virtutem;
/ arch. vormen: conj. praes. possiem, -es, -et enz.; conj. impf. potisset; inf. praes. potesse.

post
I. adv.
1. (v. plaats) achter(aan), op de laatste plaats; ▸ ante aut post; post minor est van achteren;
2. (v. tijd) daarna, later (= postea); ▸ nunc et post semper; duxi probum, erravi, post cognovi; — in opsommingen: initio . . . post, primo . . . post, primo . . . deinde . . . post e.d.; — m. abl. mensurae (meestal als postpositie): die ~ op de dag daarna; multo ~ en ~ multo veel later; aliquanto ~ geruime tijd daarna; paulo ~ kort daarop; multis annis ~ of multis ~ annis vele jaren later; anno ~ een jaar daarna; paucis diebus ~ of ~ paucis diebus; duobus mensibus ~; longo ~ tempore e.d.; — m. adv.: deinde ~;
3. (v. rangorde of volgorde) achter(aan) [**esse** op de achtergrond staan];
II. prep. m. acc.
1. (v. plaats) achter; ▸ ~ tergum; ~ nostra castra; ~ montem se occultare; ~ se alligare; exercitum ~ montes circumducere;
2. (v. tijd) na, sinds; ▸ ~ longum tempus; aliquot ~ menses; ~ Brutum consulem; ~ urbem conditam; ~ hominum memoriam sinds mensenheugenis; ~ homines natos; ~ devictum Hannibalem; sexennio ~ Veios captos; ~ ea, ~ haec, ~ hoc hierop, daarna; eum numquam ~ illa vidi;
3. (v. rangorde of volgorde) (onmiddellijk) na; ▸ ~ hunc Apollinem colunt; — ook in rang komend na: Lydia erat ~ Chloën; hic secundus post Tarquinium fuit; habere alqd ~ alqd iets bij iets achterstellen;
III. **post-** als prefix na-, achter-.

post-autumnālis, e (Plin. Mai.) van de late herfst [**pira**].

poste (arch.) = post I.

post-eā adv. (ook gesplitst) daarna, later; ▸ ~ loci daarna; non diu ~; Romae, ~ Athenis fuerat; m. abl. mensurae: ~ aliquanto; brevi ~ mortuus est; paucis ~ mensibus; — in overgangen: verder, dan: quid postea? wat verder?, wat dan?, wat toen?; at enim nemo post reges consul fuit: quid postea?

posteā-quam (ook gesplitst) = postquam.

posterī, posterior zie posterus.

posteritās, ātis f (posterus)
1. toekomst; ▸ posteritatis rationem habere aan de toekomst denken;
2. (meton.) nageslacht; ▸ in ore frequens posteritatis eris (Ov.);
3. (toekomstige) eeuwige roem.

posterus, a, um (post)
I. pos. volgend, komend [**annus; aetas** nageslacht; **laus** roem bij het nageslacht]; ▸ -o tempore in de tijd daarna; -o (vul aan: die) op

de volgende dag; in *-um* voor de toekomst *of* voor de volgende dag; *longe in -um prospicere; multum in -um providerunt; in -um oppugnationem differt;* — *m. quam* (nadat): *rex -o die, quam profectus erat, domum rediit;* — *subst.* **posterī,** ōrum *en* um *m* nageslacht, nakomelingen: *posterum gloria;*
II. *comp.* **posterior,** ius
1. (*v. plaats*) meer naar achteren staand, geplaatst *e.d.*; achterste *van twee* [**pars; pedes**];
2. (*v. tijd*) volgend, later; (*v. twee*) laatste [**tempora** *en* **aetas** (daarop) volgende tijd; **cogitationes; clades; oratores** de laatst genoemde]; ▸ *aetate posterior* jonger; *tempore posterior* later; — *adv.* **posterius** later, daarna: *iubet ~ ad se reverti;*
3. (*v. rangorde of volgorde*) minder (belangrijk), slechter; later; ▸ *suam salutem posteriorem salute communi ducere* (*Cic.*);
III. *superl.*
1. **postrēmus,** a, um (a) (*v. plaats*) achterst [**pedes; acies** gevecht in de achterhoede]; (b) (*v. tijd*) laatst; ▸ *postremum impetum facere; postremā in comoediā* aan het eind v.d. komedie; *mense postremo; qui postremi advenerant* als laatsten; (c) (*v. rangorde of volgorde*) geringst, slechtst, uiterst [**genus**]; ▸ *servitus postremum malorum omnium; postremam fortunam pati;* — *subst.* **postrēmī,** ōrum *m* achterhoede; — *adv.* **postrēmum** voor de laatste keer: *si id facis, hodie postremum me vides;* **postrēmō** ten slotte, eindelijk, *ihb. in opsommingen: primum ... deinde ... postremo; samenvattend:* kortom; **ad postrēmum** ten slotte, eindelijk: *~ apparere;*
2. **postumus,** a, um (a) laatstgeboren, laatst ontstaan, *klass. alleen als jur. t.t.* nageboren (*na de dood v.d. vader*); — *subst.* ī *m* nakomeling; (b) laatst; ▸ *tua postuma proles* (*Verg.*).

post-factum, ī *n* (*jur.*) volgende handeling, vervolg; ▸ *ex -o.*

post-ferō, ferre, — — achterstellen, minder belangrijk vinden (*bij, dan: dat.*) [**libertati plebis suas opes**].

post-genitī, ōrum *m* (*Hor.*) nakomelingen.

post-habeō, habēre, habuī, habitum
1. achterstellen, minder belangrijk vinden (*bij, dan: dat.*) [**seria ludis**];
2. uitstellen.

post-hāc *adv.* (*post en abl. sg. f v. hic*[1])
1. van nu af aan, hierna; ▸ *numquam ~;*
2. (*pre- en postklass.*) (*v.h. verleden*) sedertdien, daarna.

post-ibī *adv.* (*Plaut.*) hierop, daarna.

postīca, ae *f* (*postklass.*) achterdeur.

postīcula, ae *f* (*Apul.*) achterdeurtje.

postīculum, ī *n* (*demin. v. posticum*) (*Plaut.*) achterhuisje.

postīcum, ī *n* (*posticus*)
1. achterdeur;
2. uitbouw (*achter een gebouw*);
3. achtergevel.

postīcus, a, um (*post*) aan de achterkant gelegen, achter- [**partes aedium** achterste deel v.h. huis].

post-id *en* **post-id-eā** *adv.* (*kom.*) daarna.

postilēna, ae *f* (*post*) (*Plaut.*) staartriem.

postiliō, ōnis *f* (*postulo*) (*relig. t.t.*) eis, verlangen *van een godheid om een vergeten offer alsnog te brengen.*

post-illā(c) *adv.* (*vgl. post-ea, post-hac*) (*preklass.; Catull.*) daarna.

postis, is *m* (*abl. sg. -e en -ī*) (deur)post, pijler; *plur.* (*poët.; postklass.*) deur, poort; ▸ (*metaf.*) *belli ferrati postes.*

post-līminium, ī *n* (*limen*) recht om naar het vaderland terug te keren; *abl.* **-ō** volgens het recht op terugkeer [**redire**]; ▸ *-o mortis* terug van de dood.

post-merīdiānus, a, um namiddag- [**tempus; horae**].

post-modo *en* **post-modum** *adv.* (*ook gesplitst*) daarna; weldra; later.

post-moerium, ī *n* = *pomerium.*

post-partor, ōris *m* (*pario*) (*Plaut.*) latere bezitter.

post-pōnō, pōnere, posuī, positum
1. achterstellen (*bij: dat.*); ▸ *gesplitst: argento post omnia ponas* (*Hor.*);
2. uitstellen.

post-prīncipium, ī *n* verloop [**vitae**].

post-putō, putāre (*Ter.*) achterstellen (*bij: prae*), minachten.

post-quam *cj.*
1. nadat, toen (*meestal m. indic. pf.*); ▸ *~ Caesar pervenit, obsides, arma poposcit* (*Caes.*); *Hamilcar ~ mare transiit in Hispaniamque venit, magnas res secundā gessit fortunā* (*Nep.*);
2. sinds, sedert (*m. indic. praes. of impf.*);
3. (*kom.*) nu, aangezien; ▸ *illam me convenire velim ~ inanis sum* (*Plaut.*).

postrēmō, postrēmum, postrēmus *zie posterus.*

postrī-diē *adv.* (*posterus en dies*) op de volgende

dag, daags daarna; — *m. acc. en gen.*: op de dag na [**ludos; Nonas; eius diei** op de dag daarna]; — *m. quam en indic. pf. of plqpf.* = daags nadat: ~ *quam Athenas venit;* ~ *intellexi quam discessi;* ~ *quam illa erant acta.*

postrī-duō *adv.* (*Plaut.*) = *postridie.*

post-scaenium, ī *n* (*post en scaena*) (*Lucr.*) ruimte achter het toneel; ▸ *metaf.*: *-a vitae* het onzichtbare leven v. mensen.

post-scrībō, scrībere, scrīpsī, — (*postklass.*) achter iets schrijven, erbij schrijven.

postulātīcius, a, um (*postulo*) (*Sen.*) verlangd, gevraagd.

postulātiō, ōnis *f* (*postulo*)
1. eis, verzoek [**aequa et honesta; ignoscendi** verzoek om vergeving]; ▸ *postulationi alcis concedere; postulationi resistere;*
2. (*kom.*) klacht;
3. (*jur. t.t.*) (a) verzoek *aan de pretor om een juridische actie te ondernemen;* (b) gerechtelijke aanklacht.

postulātor, ōris *m* (*postulo*) (*Suet.*) eiser, klager.

postulātum, ī *n* (*postulo*) eis, verzoek.

postulātus, ūs *m* (*postulo*) eis, vordering *voor de rechtbank;* ▸ *postulatu audito matris.*

postulō, postulāre (*posco*)
1. eisen, verlangen, aanspraak maken op [**suum ius; auxilium ab amico; praemium; recuperatores; sibi belli imperium; Tiberio tribuniciam potestatem; de colloquio** een onderhoud eisen; **a senatu de foedere** bij de senaat navraag doen naar; (*zelden m. dubb. acc.*) **haec praetorem** van de pretor]; (*m. ut, ne; conj.; zelden m. aci., pass. m. nci.*); ▸ *ad senatum venire auxilium postulatum; Ariovistus postulavit ne quem peditem ad colloquium Caesar adduceret* (*Caes.*); *piscatorem te esse postulas?* claim je? (*Plaut.*); *non postulatus* ongevraagd;
2. verlangen, begeren, zin hebben, willen, verwachten (*m. inf. en aci.*); ▸ *dicendo vincere non postulo;*
3. (*metaf., v. niet-lev.*) (ver)eisen, verlangen; ▸ *haec aetas alios mores postulat; quae supplicium postulat; m. inf.*: *ratio postulat agere alqd;* (*ook m. ut, ne*);
4. (*jur. t.t.*) (a) gerechtelijk vervolgen, aanklagen (*voor, wegens: de; ook gen.; abl.; ob*) [**alqm apud praetorem; alqm de ambitu, proditionis, iniuriarum, maiestate, ob contumelias**]; (b) *voor de rechtbank verzoeken om* (*m. acc.*) [**delationem nominis; quaestionem; servos in quaestionem; iudicium; iudicem**].

Postumius, a, um *naam v.e. aanzienlijke patric. Rom. gens, vaak met het cognomen Albinus;* — *adj.* **Postumi(ān)us,** a, um.

postumus *zie posterus.*

Postumus, ī *m Rom. cognomen.*

posuī *pf. v. pono.*

pōtābilis, e (*poto*) (*Laatl.*) drinkbaar.

pōtātiō, ōnis *f* (*poto*)
1. het drinken, drinkgelag;
2. (*meton.*) drank.

pōtātor, ōris *m* (*poto*) (*Plaut.*) drinker, zuiplap.

pōtātus, ūs *m* (*poto*) = *potatio.*

pote *zie potis.*

potēns, *gen.* entis (*possum*)
1. machtig, krachtig, invloedrijk [**civis; civitas; natura; manus; in senatu; apud socios; armis; nobilitate**]; ▸ *familiae clarae et potentes; rerum omnium* ~ *Iuppiter;* — *subst. m* machtige, machthebber;
2. kundig, bekwaam, in staat (*mbt., tot: gen.; ad*) [**regni** om te regeren; **iubendi**]; ▸ *hostes neque pugnae, neque fugae satis potentes caeduntur* (*Liv.*); — *adv.* **potenter** naar vermogen;
3. *een zaak* meester, beheersend (*m. gen.*) [**mentis** bij zinnen; **irae**]; ▸ *di tempestatum potentes; dum liber, dum mei* ~ *sum* mijn eigen baas; *facere alqm potentem imperii;*
4. flink, machtig, sterk; ▸ *adulescens ingenio* ~;
5. (*poët.*) in het bezit van, verkregen hebbend (*m. gen.*) [**voti** die zijn wens vervuld ziet; **pacis**];
6. (*v. dingen*) sterk, krachtig, werkzaam [**arma; herba; votum** succesvol; **verba; argumentum** steekhoudend; **ad efficiendum**]; ▸ *herba* ~ *adversus ranas.*

potentātus, ūs *m* (*potens*) macht, zeggenschap, heerschappij.

potentia, ae *f* (*potens*)
1. (*poët.*) vermogen, kracht [**solis; armorum; morbi; loquendi**];
2. politieke macht, heerschappij (*in de staat*); (politieke) invloed [**civium; nobilitatis; populi**]; ▸ *potentiam alcis criminari;*
3. (*poët.; postklass.*) werking, doeltreffendheid [**herbarum**].

Potentia, ae *f stad aan de kust in Picenum, nu* Potenza.

potērium, ī *n* (*Gr. leenw.*) (*Plaut.*) beker.

potesse (*arch.*) = *posse, zie possum.*

potestās, ātis *f* (*potis*)
1. macht, gezag, kracht (*over: gen.*) [**vitae ne-**

cisque macht over leven en dood; **imperandi; tantae astutiae; contionis habendae** bevoegdheid]; ▸ ~ *deest; pari potestate* met even groot gezag; *alqm in sua potestate habere; in sua potestate esse* zijn eigen baas zijn; *in potestate mentis esse* bij zijn verstand zijn; *dum ex tanto gaudio in potestatem nostram redeamus* zelfbeheersing terugvinden; *mihi* ~ *est alcis* iem. staat tot mijn beschikking; *mihi est* ~ *of est in mea potestate* het ligt in mijn macht; *habere familiam in potestate* slaven niet vrijlaten;
2. *politieke* macht, gezag, heerschappij; ▸ *in, sub suam potestatem redigere* onderwerpen; *in alcis potestate esse* aan iem. onderworpen zijn; *venire in arbitrium ac potestatem alcis;*
3. ambt(sbevoegdheid), positie [**praetoria; tribunicia; legati; magistratuum**]; ▸ *potestati praeesse en potestatem gerere of agere* een ambt bekleden; *cum potestate aut legatione in provinciam proficisci;*
4. *(meton.)* (a) beambte, ambtenaar; ▸ *iura potestatum;* (b) autoriteit; ▸ *imperia et potestates* militaire en burgerlijke overheid; *a magistratu aut ab alqa potestate legitima evocatus;* (c) *(poët.; postklass.)* machthebber, heerser [**hominum rerumque**];
5. *(v. niet-lev.)* werking, doeltreffendheid [**herbarum; verborum; pecuniarum** waarde]; ▸ *potestates calorum; actionum vis et* ~ ;
6. betekenis *van een woord;*
7. *(metaf.)* mogelijkheid, gelegenheid, toestemming, volmacht *(tot, voor: gen.)* [**omnium rerum** onbeperkte volmacht]; ▸ *alci potestatem interpellandi (manendi, sui conveniendi) dare of facere* iem. de mogelijkheid *of* toestemming geven; *potestatem sui facere alci* zich ter beschikking v. iem. stellen *(bv.* met iem. een gevecht aangaan *of* iem. audiëntie verlenen); *populi potestatem facere* aan het volk overlaten; ~ *fit* de gelegenheid doet zich voor; *data est* ~ *augendae dignitatis; liberius vivendi fuit ei* ~ hij kon, mocht vrijer leven; ~ *est (m. inf.)* het is mogelijk, men kan, mag.

pōtīcius, a, um *(Plaut.)* kinderachtig(?).

potin *(kom.) = potisne? zie potis I.*

pōtiō¹, ōnis *f (poto)*
1. het drinken; ▸ *in media potione;*
2. drank, *ihb. gebruikt als giftige drank of medicijn;* ▸ *cum cibo et potione fames sitisque depulsa est.*

potiō², potīre *(potis, vgl. potior) (Plaut.)* in de macht brengen *(van: gen.)* [**alqm servitutis** tot slaaf maken]; *pass.* in de macht komen van [**hostium**].

pōtiōnātus, a, um *(potio¹) (Suet.)* door een liefdesdrank beneveld.

potior¹, potīrī, potītus sum *(potis)*
1. bemachtigen, verkrijgen *(meestal m. abl., soms m. gen. of acc.)* [**impedimentis; praedā; imperio; victoriā; auso** een waagstuk volbrengen; **regni; urbis; oppidum; laborem; regiam**]; *tr. in gerundivumconstructies: spes urbis potiundae; potiendi spe inflammati; in potiundis voluptatibus;*
2. *(poët.)* een plaats bereiken *(m. abl.)* [**monte; campo**];
3. bezitten, hebben, meester zijn over *(m. abl., gen. of acc.)* [**summā imperii; oppido; mari** heerschappij op zee; **rerum** in het bezit v.d. macht zijn; **gaudia** hebben, genieten; **commoda**];
/ *poët. en postklass. vormen ook volgens de 3e conjugatie, bv. poterētur; gerundivum meestal potiundus, zelden potiendus.*

potior², ius *comp. v. potis.*

potis, e
I. *pos.* vermogend, machtig, *meestal pred. in verbinding m. esse:* **potis sum** ik ben in staat, ik kan = *possum;* **potis est** hij (zij) is in staat, kan = *potest;* ▸ *non* ~ *est cerni;* — *soms zonder esse:* **pote (est)** het is mogelijk: *quid pote simplicius?* wat kan gemakkelijker zijn?; *quantum pote* zo snel mogelijk; *qui pote est?* hoe is het mogelijk?; — *potin? (kom.) = potisne?: potin ut taceas?; potin a me abeas?;*
II. *comp.* **potior,** ius voortreffelijker, belangrijker, beter, flinker, waardiger [**libertas; sententia**]; ▸ *cives potiores quam peregrini; nihil mihi potius fuit quam ut* niets was mij liever; *mortem servitute potiorem ducere* de voorkeur geven; — *adv.* **potius** liever, eerder: *ter correctie: vel (aut, ac, sive)* ~ of liever;
III. *superl.* **potissimus,** a, um voortreffelijkst, belangrijkst, voornaamst [**cura; nobilitas; causa**]; — *adv.* **potissimum** vooral, voornamelijk, juist.

Potītius, a, um *naam v.e. patric. Rom. gens; zie ook Pinarius 2.*

pōtitō, pōtitāre *(intens. v. poto) (Plaut.)* zuipen.

pōtiuncula, ae *f (demin. v. potio¹) (postklass.)* drankje.

potius *zie potis.*

pōtō, pōtāre, pōtāvī, pō(tā)tum
1. drinken [**vinum; ex fonte; cornibus** uit hoorns; **aquam; crapulam** zich een roes drin-

ken]; ▸ *(metaf.) ista Stoicorum magis gustata quam potata delectant;*
2. hijsen, zuipen [**totos dies**]; ▸ *frui voluptate potandi;*
3. *(poët.; postklass.) (metaf.)* in- *of* opzuigen; ▸ *vestis sudorem potat; vellera fucum potantia;*
4. *(Laatl.)* te drinken geven, dronken voeren; / *p. adj.* **pōtus,** a, um (a) *(pass.)* (uit)gedronken; (b) *(act.)* die (flink) gedronken heeft; dronken, bezopen; ▸ *domum bene ~ redire.*

pōtor, ōris *m (poto) (poët.; postklass.)*
1. drinker [**Rhodani** die aan de Rhône wonen];
2. zuiplap, drankorgel.

pōtōrium, ī *n (poto) (Plin. Mai.)* beker.

pōtrīx, īcis *f (potor) (Phaedr.)* vrl. dronkelap, zuiplap.

potuī *pf. v. possum.*

pōtulentum, ī *n (potulentus)* drank.

pōtulentus, a, um *(potus) (postklass.)*
1. drinkbaar;
2. dronken.

pōtus[1] *zie poto.*

pōtus[2]**,** ūs *m (poto)*
1. het drinken, dronk [**immoderatus**];
2. *(postklass.)* drank(je).

prae
I. *adv.*
1. *(kom.)* vooraan, vooruit; ▸ *prae ire; i prae, sequar;*
2. *prae quam of praequam en prae ut of praeut* in vergelijking met de manier waarop;
II. *prep. m. abl.*
1. *(v. plaats)* voor, voor ... uit, *in de volg. verbindingen: prae se agere* voor zich uitdrijven [**armentum**]; *prae se mittere; prae se ferre en gerere* voor zich uitdragen [**dona**]; *metaf.* ten toon spreiden, aan de dag leggen, stellig beweren [**facinus; animum erectum**]; *prae se iactare* opscheppen; *prae manu* ter hand, bij de hand; ▸ *pecuniam prae manu non habere;*
2. (a) in vergelijking met, vergeleken bij; ▸ *Romam prae Capua contemnit; prae omnibus unus* meer dan alle anderen; (b) *(causaal, klass. alleen v. verhinderende oorzaak in neg. zinnen)* wegens, van, door; ▸ *reliqua prae lacrimis scribere non possum (Cic.); prae maerore loqui non potuit (Cic.); prae ira; prae laetitia;*
III. **prae-** *prefix*
1. voor, aan de voorkant [**praeacutus, praeferratus, praeficio, praeligo, praesum**];
2. vooruit-, voorwaarts- [**praefero, praegredior, praemitto**];
3. voorbij- [**praefluo**];
4. voortijdig, tevoren [**praematurus**];
5. *(in een climax)* boven anderen, vooral, zeer [**praealtus, praedives**].

prae-acūtus, a, um van boven, van voren gepunt [**cuspis**]; zeer scherp.

prae-altus, a, um
1. zeer hoog [**mons; iugum**];
2. zeer diep [**mare; paludes**].

praebeō, praebēre, praebuī, praebitum *(prae en habeo)*
1. aanreiken, aanbieden [**praecordia ferro; cibum de manu; immotam cervicem;** *metaf.* **alci aures** iem. gehoor verlenen; **terga** op de vlucht slaan, vluchten];
2. geven, verlenen, leveren [**aquam; sumptum; alci panem; vestem; navigia; equos; equites regi** leveren; *metaf.* **speciem** de aanblik verschaffen, schijnen; **exempla** bieden];
3. prijsgeven, overlaten [**se telis hostium** zich blootstellen; **alqm hosti ad caedem**];
4. *(metaf.)* tonen, bewijzen, betuigen [**operam; honorem; fidem alci in periculis**]; — *se ~ (m. pred. acc.)* zich (be)tonen, blijken te zijn [**se talem ducem; se attentum auditorem; se liberalem in amicos; in malis se hominem; se moderatum; se dignum suis maioribus**]; — *se ~ (m. abl.): pari se diligentiā ~* zich net zo nauwgezet betonen;
5. veroorzaken, teweegbrengen, maken, verwekken [**gaudium; ludos; tumultum; sonitum; terrorem; suspicionem insidiarum** inboezemen; **admirationem sui**].

prae-bibō, bibere, bibī, — toedrinken [**venenum alci** met gif].

praebitiō, ōnis *f (praebeo)* het leveren, levering.

praebitor, ōris *m (praebeo)* leverancier.

prae-calidus, a, um *(Tac.)* zeer warm.

prae-calvus, a, um *(Suet.)* zeer kaal.

prae-cantō, cantāre toverspreuken uitspreken over *(m. acc.)*.

praecantor, ōris *m (praecano) (Laatl.)* tovenaar.

praecantrīx, īcis *f (praecantor) (Plaut.)* tovenares.

prae-cānus, a, um *(Hor.)* vroeg grijs.

prae-caveō, cavēre, cāvī, cautum
1. op zijn hoede zijn *(voor: ab)* [**ab insidiis**]; ▸ *providens et praecavens;*
2. *(m. dat.)* behoeden, beschermen *(voor, tegen: ab)* [**decemviris ab ira et impetu multitudinis**];
3. *(m. acc.)* verhoeden, (trachten te) voorkomen [**iniurias**]; ▸ *illud praecavendum est mihi;*

4. (*m. ne; afh. vr.*) voorzorgsmaatregelen treffen; ▸ *id ne accideret sibi praecavendum Caesar existimabat* (*Caes.*); *satis undique provisum atque praecautum ne* (*Liv.*).

prae-cēdō, cēdere, cessī, cessum
I. *intr.* voorgaan, voorop-, voorafgaan, tevoren komen [**recto itinere**]; ▸ *insignis inter eos praecedens consulis filius; cum terrae motus futurus est, praecedit aëris tranquillitas* (*Sen.*); (*ook v. abstr.*) *fama avaritiae praecedit;* — (*v. dingen*) voorop gedragen worden: *praecedentibus facibus;*
II. *tr.*
1. (*poët.; postklass.*) voorgaan, vóór zijn [**custodes; agmen** voor de stoet uit; **alqm in tribunatu**]; ▸ *publica fata* ~;
2. (*metaf.*) overtreffen [**omnes sapientiā**]; ▸ *Helvetii reliquos Gallos virtute praecedunt* (*Caes.*);
3. (*jur.*) *bij erfenis* voorrang hebben (*boven: acc.*); ▸ *pater praecedit filium.*

prae-celer, celeris, celere (*postklass.*) zeer snel; ▸ *praeceleri fugā.*

praecellēns, *gen.* entis (*p. adj. v. praecello*) uitstekend, uitzonderlijk, voortreffelijk [**magnitudine**]; ▸ *vir et animo et virtute* ~; *formā praecellente.*

prae-cellō, cellere, — —
I. *intr.* (*pre- en postklass.*)
1. uitblinken, uitmunten, zich onderscheiden (*in: abl.*) [**arte; odore; per nobilitatem**];
2. heersen over (*m. dat.*) [**genti**];
II. *tr.* (*postklass.*) overtreffen, uitsteken boven (*m. acc.; zelden dat.; in: abl.*) [**Liviam fecunditate**].

prae-celsus, a, um (*postklass.*) zeer hoog, zeer groot, zeer lang [**rupes; Agylleus**].

praecentiō, ōnis *f* (*praecino*) muziek *als inleiding op een activiteit.*

prae-centō, centāre = *praecanto.*

praecentor, ōris *m* (*praecino*) (*postklass.*) voorzanger.

prae-cēpī *pf. v. praecipio.*

prae-ceps, *gen.* cipitis (*adv.* praeceps) (*caput*)
1. met het hoofd naar voren, halsoverkop; ▸ *alqm praecipitem deicere* iem. voorover naar beneden gooien; *alqm de muro praecipitem mittere* iem. voorover van een muur afduwen; ~ *ad terram datus* op de grond gegooid; *se praecipitem e vertice scopulorum iacere;* ~ *curru ab alto desilit; ab equo* ~ *decidit in arva; alqm praecipitem in undas proicere;*
2. (*v. plaatsen*) steil, sterk hellend [**mons; fossa; locus**]; ▸ *metaf.: via vitae* ~ *ac lubrica; iter ad malum* ~; — *subst. n* steile afgrond, diepte; steile hoogte: *in praeceps (de)ferri* voorover naar beneden storten; *in praeceps pervenitur; per praecipitia fugere; turris in praecipiti stans;* — *adv.* **praeceps** de afgrond in [**trahere**];
3. zich naar beneden bewegend, vooroverhellend, voorovergeheld; ▸ *sol* ~ *in occasum;*
4. (*v. tijd*) ten einde lopend [**autumnus; senectus**]; ▸ *tempus in noctem* ~;
5. (*metaf.*) riskant, gevaarlijk, verderfelijk, funest [**libertas; alea; victoria; remedium** snel werkend = gevaarlijk]; ▸ *in tam praecipiti tempore;* — *subst. n* afgrond, groot gevaar, verderf: *rem publicam in praeceps dare; aeger est in praecipiti;* — *adv.* **praeceps** in gevaar: *famam alcis praeceps dare* in gevaar brengen;
6. (*v. emoties en personen*) geneigd tot, aangetrokken tot (*m. ad; in m. acc.*); ▸ ~ *in avaritiam et crudelitatem animus; homo* ~ *in iram;* ~ *ad explendam cupidinem;*
7. snel, halsoverkop, ijlings (*ook v. niet-lev.*) [**amnis** snel stromend; **procella; ventus** stormachtig; **nuntii; profectio; fuga; letum**]; ▸ *praecipites fugae se mandabant; alqm praecipitem agere* opjagen, voortdrijven; ~ *amensque cucurri;* ~ *curru desilit; apes praecipites cadunt;* — *adv.* **praeceps** halsoverkop: ~ *in exilium acti;*
8. overhaast, onbezonnen, halsoverkop (*ook v. niet-lev.*) [**cogitatio; oratio; legatio; audacia**]; ▸ *in gloriam* ~ *agebatur; ab inimicis* ~ *agor* ik word door vijanden in het verderf gestort; *homo ad poenam exitiumque* ~ blindelings afsnellend op; ~ *et effrenata mens;* ~ *et immaturum consilium.*

praeceptiō, ōnis *f* (*praecipio*)
1. (*postklass.*) (*bij erfenissen e.d.*) het van tevoren nemen, uitgekeerd krijgen *van een legaat,* voorschot, voornemingslegaat; ▸ *praeceptionem quadringentorum milium dedit* (*Plin. Min.*);
2. (*Cic.*) (*filos. t.t.*) voorstelling;
3. onderricht, leer [**Stoicorum;** (*in, over: gen.*) **recti**];
4. (*Laatl.*) keizerlijke verordening, voorschrift, bevel.

praeceptīvus, a, um (*praecipio*) (*Sen.*) prescriptief.

praeceptor, ōris *m* (*praecipio*)
1. leraar (*in: gen.*) [**philosophiae; recti bonique**];
2. (*postklass.*) opdrachtgever.

praeceptrīx, īcis *f* (*praeceptor*) lerares.

praeceptum, ī *n* (*praecipio*)
1. voorschrift, bevel, opdracht, verordening [**imperatoris**]; ▸ *prudenter facit, qui -o legis obtemperat;*
2. advies [**amicorum**];
3. leer, regel [**philosophorum, philosophiae; rhetorum**]; ▸ *-a tradere; dare -a dicendi; abundare -is philosophiae.*

praeceptus ppp. *v. praecipio.*

prae-cerpō, cerpere, cerpsī, cerptum (*carpo*)
1. afplukken;
2. (*Gell.*) excerperen;
3. (*Ov.*) vroegtijdig oogsten [**messes**];
4. (*metaf.*) vooruitlopen op; wegnemen [**gratiam novitatis**]; ▸ *non praecerpo fructum officii tui* (*Cic.*).

prae-cessī *pf. v. praecedo.*

praecessiō, ōnis *f* (*praecedo*) (*Laatl.*) het voorgaan; voorrang.

praecessor, ōris *m* (*praecedo*)
1. (*Laatl.*) iem. die voorgaat;
2. (*eccl.*) voorganger.

praecessūrus *part. fut. v. praecedo.*

praecia, ae *f* = *precia.*

praecīdāneus, a, um (*praecido*) (*Laatl.*) van tevoren als offer geslacht.

prae-cīdō, cīdere, cīdī, cīsum (*caedo*)
1. (van voren) afknippen, afsnijden, afhakken, afhouwen [**capillos; barbam; manum alci gladio; ancoras** de ankertouwen kappen; *metaf.* **linguam alci** iem. in de rede vallen, iem. de mond snoeren; **traducem; iter**]; ▸ *medici membra praecidunt;*
2. (*metaf.*) benemen, ontnemen [**spem alci; dubitationem; sibi reditum; sibi libertatem vivendi**];
3. (*metaf.*) afslaan, botweg weigeren; ▸ *plane sine ulla exceptione praecidit* (*Cic.*);
4. het kort maken (*ook m. brevi*); ▸ *brevi praecidam; praecide* maak het kort;
5. (*metaf.*) afbreken [**amicitias**];
6. doorsnijden, stuksnijden [**canem; cutem**].

praecīnctiō, ōnis *f* (*praecingo*) (*postklass.*) (*archit.*) rondlopend gangpad *tussen de hoge en lage zitplaatsen in het theater.*

praecīnctūra, ae *f* (*praecingo*) (*postklass.*) gordel, touw.

prae-cingō, cingere, cīnxī, cīnctum
1. omgorden; — *pass. praecingi* zich omgorden [**ense**];
2. (*poët.; postklass.*) (de tunica) onder de gordel doorhalen, opnemen; ▸ *pueri recte praecincti* met opgestoken tunica, *dwz.* snel;
3. (*poët.; postklass.*) omgeven, omkransen, omzomen [**capillos flore; fontem vallo; litora muro**]; ▸ *tellus praecincta circumfluo mari* (*Plin. Mai.*).

prae-cinō, cinere, cinuī en cecinī, — (*cano*)
I. *intr.*
1. voorspelen, musiceren (*voor, bij: dat.*); ▸ *et deorum pulvinaribus et epulis magistratuum fides praecinunt;*
2. (*Tib.*) een toverformule uitspreken;
II. *tr.* voorspellen [**cursum sideris; responsa; futura; fugam**].

prae-cīnxī *pf. v. praecingo.*

prae-cipes, *gen.* cipitis (*arch.*) = *praeceps.*

prae-cipiō, cipere, cēpī, ceptum (*capio*)
1. vooraf, eerder nemen [**iter, spatium** een voorsprong nemen; **aliquantum viae; pecuniam mutuam** als voorschot in ontvangst nemen]; ▸ *tempore praecepto* vanwege de voorsprong in tijd; *mons a Lusitanis praeceptus* van tevoren ingenomen; *seges praecipitur* wordt te snel rijp;
2. (*postklass.*) (*jur. t.t.*) vooraf in ontvangst nemen, *vóór de verdeling v.d. erfenis* [**dotem**];
3. (*metaf.*) van tevoren ervaren, voelen [**laudem; gaudia suppliciorum vestrorum** zich bij voorbaat verheugen over; **spem** alvast hopen];
4. van tevoren vernemen, te weten komen [**rem famā**];
5. versneld uitvoeren, totstandbrengen, laten gebeuren [**victoriam; bellum**];
6. vooruitlopen op, voorvoelen (*m. acc.*) [**cogitatione, opinione, animo futura** zich in gedachten een voorstelling maken v.d. toekomst; **omnia; orationem**]; ▸ *iam animo victoriam praecipiebant* (*Caes.*) waanden zich al overwinnaars; (*abs.*) *non praecipiam* ik zal niet op de zaak vooruitlopen;
7. aanbevelen, opdragen, bevelen, verordenen, bepalen (*m. acc.; de; m. ut, ne; conj.; m. inf.; m. afh. vr.*); ▸ *D. Claudius edicto praecepit;*
8. leren, onderwijzen (*m. acc.; aci.; de*) [**artem nandi; humanitatem; de agricultura**]; — *subst.* **praecipientēs,** ium *m* leraren.

praecipitanter *adv.* (*praecipito*) (*Lucr.*) halsoverkop.

praecipitantia, ae *f* = *praecipitatio.*

praecipitātiō, ōnis *f* (*praecipito*) (*Sen.*) val, het naar beneden storten.

praecipitium, ī *n* (*praeceps*)
1. (*postklass.*) val *of* sprong in de afgrond;
2. (*Suet.*) afgrond;
3. (*eccl.*) (*metaf.*) ondergang.

praecipitō, praecipitāre (*praeceps*)
I. *tr.*
1. voorover naar beneden gooien, storten [**saxa** (**ex, de**) **muro; pilas in mare; currum scopulis; flumina** watervallen vormen; **equites ex equis; se de turri; se in fossas**]; — *pass.* *praecipitari* zich voorover naar beneden storten, (*v. hemellichamen*) óndergaan: *lux praecipitatur aquis* (*dat.*) de zon gaat in het water onder; — ppp. **praecipitātus,** a, um ten einde lopend, aflopend [**nox**]; ▸ *nunc aetate praecipitatā* nu, nu mijn leven ten einde loopt, op de drempel v.d. dood;
2. (*agr.*) naar beneden laten hangen [**vitem**];
3. (*metaf.*) in het verderf storten, te gronde richten [**alqm ex altissimo dignitatis gradu; rem publicam; spem** vernietigen]; ▸ *in tanta mala praecipitatus;*
4. bespoedigen, overhaasten [**consilia**]; ▸ *furor iraque mentem praecipitant* zetten de geest aan tot overhaaste actie;
5. (*Verg.*) (*m. inf.*) opjagen; ▸ *sociis dare tempus humandis praecipitant curae;*
II. *intr.*
1. voorover naar beneden storten, loodrecht naar beneden vallen [**in fossam**]; ▸ *Nilus praecipitat ex montibus; in amni praecipitante; metaf.:* ~ *istuc quidem est, non descendere* (*Cic.*);
2. (*metaf.*) afsnellen op, terechtkomen in (*m. in m. acc.*) [**in insidias**];
3. ten einde lopen, aflopen; ▸ *hiems iam praecipitaverat; sol praecipitans* óndergaand; *tribunatus alcis praecipitat;*
4. te gronde gaan, ten val komen; ▸ *patria praecipitans.*

praecipuē *adv.* (*praecipuus*) voornamelijk, in het bijzonder, bij uitstek.

praecipuum, ī *n* (*praecipuus*)
1. voortreffelijke eigenschap; voordeel, voorrecht; ▸ *homini nihil praecipui a natura datum est* (*Cic.*);
2. (*jur. t.t.*) voorschot, voornemingslegaat *van de erfenis;*
3. *plur.* (**a**) *-a rerum* (*Tac.*) het belangrijkste; (**b**) (*stoïsche t.t.*) voortreffelijke, uitstekende dingen, zaken (*die weliswaar niet goed zijn op zichzelf, maar toch het goede benaderen*).

praecipuus, a, um (*praecipio*)
1. speciaal, bijzonder, eigen [**fortuna; pietas**]; ▸ *-am sortem periculi petere;*
2. voortreffelijk, buitengewoon, uitstekend [**gloria; praemia**]; ▸ *-o iure esse* een bevoorrechte positie hebben; *artis -ae opus; Platonem* ~ *philosophorum; vir* ~ *corpore viribusque; Cicero in eloquentia* ~;
3. (*postklass.*) bijzonder geschikt voor (*m. dat.; ad*) [**ad pericula** om gevaren te trotseren; **herba dentibus**].

praecīsiō, ōnis *f* (*praecido*)
1. het afsnijden, het afhakken;
2. afgesneden *of* afgehakt deel;
3. (*eccl.*) het afgesneden zijn, afsplitsing.

praecīsus, a, um (*p. adj. v. praecido*)
1. steil, (sterk) hellend [**saxum; iter**];
2. (*retor. t.t.*) afgebroken, ingekort, verkort; / *adv.* **praecīsē** (a) kort, bondig [**alqd dicere**]; (b) botweg [**negare**].

praecius, a, um (*poëet; postklass.*) *aanduiding v.e. soort vroeg rijpende druiven.*

prae-clārus, a, um
1. (*poët.*) zeer helder, schitterend [**lux; sol**];
2. (*metaf.*) zeer duidelijk; ▸ *-e scribere; -e alqd explicare; -e memini;*
3. schitterend, voortreffelijk, uitmuntend [**vultus; poëta; urbs; facinus; gens bello;** (*in: in m. abl.; gen.*) **homo in philosophia, eloquentiae, fidei**]; *praeclarum est* (*m. aci.; inf.*) het is zeer eervol;
4. zeer bekend, beroemd [**orator**];
5. berucht; ▸ *sceleribus suis ferox atque* ~.

prae-clūdō, clūdere, clūsī, clūsum (*claudo*) afsluiten, versperren (*ook metaf.*) [**portas; portūs classi; horrea; introitūs; vocem alci** iem. de mond snoeren; **alci orbem terrarum**].

praecō, ōnis *m* (*praedico*[1])
1. heraut, aankondiger, omroeper (*bij rechtszittingen, volksvergaderingen, publ. spelen, processies e.d.*); veilingmeester; ▸ *per praeconem vendere alqd* iets publiekelijk te koop laten aanbieden; *bona praeconi, sub praeconem, voci praeconis, subicere* onder de hamer brengen;
2. (*metaf.*) verkondiger, lofredenaar [**virtutis**].

prae-cōgitō, cōgitāre tevoren beramen [**facinus**].

prae-cognōscō, cognōscere, —, cognitum van tevoren vernemen, voorkennis hebben van (*m. acc.*).

prae-colō, colere, coluī, cultum
1. van tevoren ontwikkelen, vormen;
2. (*Tac.*) zich overhaast overgeven aan, weglo-

pen met *(m. acc.)* [**nova**].

prae-compositus, a, um *(Ov.)* van tevoren in de plooi gebracht [**ōs**].

praecōnium, ī *n (praeconius)*
1. ambt v. heraut, omroeper *of* veilingmeester; ▸ *-um facere* heraut, omroeper, veilingmeester zijn;
2. *(meton.)* bekendmaking, verkondiging [**famae**];
3. *(metaf.)* verheerlijking, lofrede [**laborum**];
4. *(eccl.)* verkondiging.

praecōnius, a, um *(praeco)* van een heraut, omroeper *of* veilingmeester.

praecōnō, praecōnāre *en* **praecōnor,** praecōnārī *(praeco) (Laatl.)* verkondigen, prijzen.

prae-cōnsūmō, cōnsūmere, cōnsūmpsī, cōnsūmptum *(Ov.)* bij voorbaat verbruiken, spenderen [**suas vires bello**]; *metaf.* van tevoren uitputten.

prae-contrectō, contrectāre *(Ov.)* in zijn fantasie al strelen.

prae-coquō, coquere, coxī, coctum *(postklass.)* van tevoren, te vroeg koken, verhitten.

prae-coquus *zie praecox.*

prae-cordia, ōrum *n (cor)*
1. middenrif; ▸ *Plato cupiditatem subter praecordia locavit;*
2. ingewanden, *ihb.* maag;
3. borst, borstkas; ▸ *-a ferro rumpere;*
4. *(poët.) (metaf.)* borst, hart *(als zetel v. gevoelens)* [**ferrea**]; ▸ *redit in -a virtus; cogere dolorem intra -a;*
5. gevoel, gezindheid, stemming; ▸ *verax aperit praecordia Liber.*

prae-corrumpō, corrumpere, corrūpī, corruptum *(Ov.)* van tevoren omkopen [**alqm donis**]; voor zich innemen.

prae-cox, *gen.* cocis *en* **-coquus,** a, um *(coquo)*
1. *(postklass.)* vroegrijp [**fructus; arbores** voortijdig vruchtdragend];
2. *(pre- en postklass.) (metaf.)* voortijdig, voorbarig, overhaast [**risus; pugna; fuga**].

prae-cucurrī *zie praecurro.*

praecultus *ppp. v. praecolo.*

prae-cupidus, a, um *(Suet.)* hevig verlangend naar *(m. gen.).*

prae-currō, currere, (cu)currī, cursum
1. vooruitlopen, vooruitsnellen *(ook v. niet-lev.) (abs.; m. acc.; prep.);* ▸ *propere praecurrit; illos Numidarum equitatus praecurrit* rijdt voor hen uit; *eo iam fama praecurrerat de proelio; sprw.: alqm equis albis* ~ *(Hor.)* iem. ver achter zich laten;
2. *(v. tijd)* voorafgaan *(aan: dat.; acc.);*
3. een voorsprong krijgen; *(m. acc.)* inhalen, voor zijn [**alqm celeritate; alcis adventum**];
4. *(metaf.)* overtreffen, te boven gaan *(m. acc.; dat.)* [**alqm nobilitate; alci studio**].

praecursiō, ōnis *f (praecurro)*
1. het voorafgaan;
2. *(retor. t.t.)* iets dat voorafgaat.

praecursor, ōris *m (praecurro)*
1. voorloper: (a) *(Plin. Min.)* dienaar; (b) verkenner;
2. *plur.* voorhoede;
3. *(eccl.)* verkondiger.

praecursōrius, a, um *(praecursor) (Plin. Min.)* vooruitsnellend; als voorbode [**epistula**].

praecursus *ppp. v. praecurro.*

prae-cutiō, cutere, cussī, cussum *(quatio) (Ov.)* vóór iem. zwaaien [**taedas**].

praeda, ae *f*
1. *(ook plur.)* (krijgs)buit [*(van, voor: gen.)* **hostium** door de vijand gemaakt; **hominum pecorumque** bestaand uit mensen en vee]; ▸ *-am militibus donare; praeda ante parta; -am facere, capere* buit behalen, veroveren; *-ā potiri;*
2. *(poët.; postklass.)* jachtbuit;
3. *(meton.)* prooi, buit; ▸ *ex fortunis alcis -am capere; -am de manibus amittere; tantā -ā augeri;*
4. *(metaf.)* winst, voordeel; ▸ *maximas -as facere; -am ferre;*
5. plundering; ▸ *agros -ā vastare.*

praedābundus, a, um *(praedor)* op buit uitgaand.

prae-damnō, damnāre
1. bij voorbaat veroordelen [**collegam**];
2. *(metaf.)* bij voorbaat opgeven [**spem**].

praedātiō, ōnis *f (praedor) (Tac.)* het buitmaken, plunderen, roven.

praedātor, ōris *m (praedor)*
1. plunderaar, rover;
2. jager [**aprorum**].

praedātōrius, a, um *(praedator)* op buit uitgaand, plunderend, roofzuchtig [**navis** piratenschip; **classis; manus** stropersbende].

praedātus, ūs *m (praedor) (Plaut.)* het plunderen, roven.

prae-dēlassō, dēlassāre *(Ov.)* van tevoren vermoeien.

praedēnsus, a, um *(Plin. Mai.)* zeer dicht.

praedēstinātiō, ōnis *f (praedestino) (eccl.)*
1. het van tevoren bestemmen;
2. voorbestemdheid.

prae-dēstinō, dēstināre van tevoren bepalen, bestemmen, zich van tevoren tot doel stellen.

praediātor, ōris *m (praedium)* opkoper v.e. stuk staatsgrond.

praediātōrius, a, um *(praediator)* de verkoop aan de staat v. verpand land betreffend [**lex; ius** recht v. verpanding].

praedicābilis, e *(praedico*[1]*)* prijzenswaardig.

praedicāmentum, ī *n (praedico*[1]*) (Laatl.)*
1. verkondiging;
2. *(filos.) (plur.)* categorieën.

praedicātiō, ōnis *f (praedico*[1]*)*
1. bekendmaking, openbaarmaking [**societatis**];
2. het prijzen, loftuiting, lof;
3. vermelding;
4. *(eccl.)* verkondiging v.h. evangelie, preek.

praedicātor, ōris *m (praedico*[1]*)*
1. lofredenaar;
2. *(postklass.)* omroeper [**beneficii**];
3. *(eccl.)* (a) verkondiger v.h. evangelie, prediker; (b) *(Mel.) fratres praedicatores* dominicanen.

prae-dicō[1]**,** dicāre
1. verkondigen, bekendmaken [**auctionem**];
2. publiekelijk verklaren, beweren, vermelden, benadrukken [**vera**]; ▸ *ut praedicas* zoals jij beweert; *qui ingenti magnitudine corporum Germanos esse praedicabant (Caes.)*;
3. aankondigen [**mortem Miloni**];
4. prijzen, roemen, loven [**virtutem; multa de Caesaris meritis; falsa de se;** *(m. dubb. acc.)* **alqm expulsorem tyranni**];
5. *(eccl.)* het evangelie verkondigen, prediken.

prae-dīcō[2]**,** dīcere, dīxī, dictum
1. *(in woord en geschrift)* van tevoren, eerder zeggen, vooropstellen *(m. acc.; aci.; afh. vr.)*; ▸ *praedicam, quid sentiam*; — ppp. **praedictus,** a, um eerder, hierboven genoemd, aangekondigd [**nomen; hostium latebrae; amnis**];
2. voorspellen *(m. acc.; aci.)* [**futura; defectiones lunae; malum**]; ▸ *nihil adversi accidit non praedicente me*;
3. *(postklass.)* van tevoren vaststellen, bepalen [**horam**]; ▸ *praedictā die*;
4. voorschrijven, inprenten, bevelen, waarschuwen *(m. acc.; ut, ne)*; ▸ *Pompeius suis praedixerat ut.*

praedictiō, ōnis *f (praedico*[2]*)*
1. *(postklass.)* het van tevoren noemen;
2. voorspelling, profetie.

praedictum, ī *n (praedico*[2]*)*
1. voorspelling [**vatum; astrologorum; deorum**];
2. verordening [**dictatoris**];
3. afspraak; ▸ *ex -o.*

praedictus *zie praedico*[2].

praediolum, ī *n (demin. v. praedium)* klein landgoed.

prae-discō, discere, didicī, — zich van tevoren op de hoogte stellen van *(m. acc.)* [**tempestates**].

prae-ditus, a, um *(do)* voorzien van, uitgerust met, begiftigd met, *(pejor.)* behept met [**virtute; sensu divino; magno imperio; spe; metu; amentiā; immani crudelitate**]; ▸ *legiones pulchris armis praeditae (Plaut.).*

praedium, ī *n* landgoed, stuk grond [**urbanum** in het stadsgebied gelegen]; ▸ *tot -a, tam pulchra, tam fructuosa (Cic.).*

prae-dīves, *gen.* dīvitis zeer rijk.

prae-dīvīnō, dīvīnāre *(pre- en postklass.)* voorvoelen.

prae-dīxī *pf. v. praedico*[2].

praedō, ōnis *m (praeda)*
1. plunderaar, rover; zeerover; ▸ *praedonum dux; bellum praedonum; ~ urbis; ~ maritus (Ov.) (v. Pluto, als ontvoerder v. Proserpina)*;
2. *(jur. t.t.)* iem. die willens en wetens wederrechtelijk bezit neemt van *(itt. bona fide).*

prae-doceō, docēre, docuī, doctum van tevoren op de hoogte brengen; ▸ *praedocti a duce.*

prae-domō, domāre, domuī, — *(postklass.)* op voorhand intomen.

praedor, praedārī *(praeda)*
I. *intr.*
1. buit maken, plunderen, roven; ▸ *milites praedantes; classis multis locis praedata; licentia praedandi*;
2. *(metaf.)* profijt trekken, zich verrijken [**ex alterius inscitia; ex hereditate; in bonis alienis; de aratorum bonis**]; ▸ *omnibus in rebus ~*;
II. *tr. (poët.; postklass.)*
1. plunderen, beroven [**socios**];
2. buitmaken, roven, (weg)nemen, vangen *(ook metaf.)* [**bona vivorum et mortuorum; ovem; amores alcis** iems. geliefde].

prae-dūcō, dūcere, dūxī, ductum
1. aanleggen voor *(m. dat.)* [**fossas viis**];
2. *een lijn* dóórtrekken.

prae-dulcis, e
1. zeer zoet [**mel; sapor**];
2. zeer aangenaam [**vox;** *ook metaf. v.d. spreekstijl* **genus dicendi**].

prae-dūrō, dūrāre (*Plin. Mai.*) van tevoren hard maken, harden.

prae-dūrus, a, um
1. zeer hard [**materies ferri; faba**];
2. (*metaf.*) zeer gehard, sterk [**corpora**];
3. hard, moeizaam [**labor**].

prae-dūxī *pf. v. praeduco.*

prae-ēmineō, ēminēre, — — (*August.*) = *praemineo.*

prae-eō, īre, iī *en* īvī, itum
1. vooraf-, vooruitgaan (*m. dat. of acc.*) [**consulibus; exercitui;** *metaf.* **famam alcis** vóór zijn]; ▸ *praeeunte carinā;*
2. (*bij zang e.d.*) voorgaan, de leiding nemen; (*bij instrumenten*) voorspel geven;
3. *een eeds- of gebedsformule* voorzeggen (*m. acc.; afh. vr.*) [**ius iurandum; sacramentum; verba alci; carmen**]; ▸ *de scripto* ~; *praeeunte alqā iucundā voce;*
4. voorschrijven, verordenen (*ook m. afh. vr.*); ▸ *ut decemviri praeierunt.*

prae-ex(s)istō, ex(s)istere, exstitī, — (*Laatl.*) van tevoren bestaan.

praefātiō, ōnis *f* (*praefor*)
1. aanhef, beginformule [**sacrorum; triumphi**];
2. (*postklass.*) voorwoord, inleiding.

praefātiuncula, ae *f* (*demin. v. praefatio*) (*Laatl.*) kort voorwoord.

prae-fēcī *pf. v. praeficio.*

praefectiānus, a, um (*praefectus*[1]) (*Laatl.*) behorend bij, eigen aan de pretoriaanse prefect; — *subst.* **praefectiānus,** ī *m* vertegenwoordiger v.d. prefect.

praefectōrius, a, um (*praefectus*[1]) behorend bij, met de waardigheid v.d. pretoriaanse prefect.

praefectūra, ae *f* (*praefectus*)
1. (*postklass.*) positie v. leider, opzichter [**villae; urbis; vigilum; praetorii; annonae**];
2. (*milit.*) commando, opperbevel [**equitum Gallorum; alarum**]; ▸ *-am petere, sumere, accipere;*
3. (*kom.*) rechtersambt;
4. (*postklass.*) bevel over een provincie, stadhouderschap, prefectuur; ▸ *alqm ad -am Aegypti provehere;*
5. (*meton.*) prefectuur: (a) *Italische, door Rom. beambten bestuurde stad;* (b) (*postklass.*) district v.e. stadhouder; ▸ *proximas sibi -as petere.*

praefectus[1], ī *m* (*praeficio*)
1. opzichter, commandant, bevelhebber (*van, over: gen.; dat.*) [**villae; morum** *en* **moribus** iem. die toezicht houdt op de zeden; **aerarii** *en* **aerario** schatmeester; **annonae** *of* **rei frumentariae** iem. die toezicht houdt op het graan, proviandmeester *van Rome;* **classis** *en* **classi** admiraal; **navis** kapitein; **custodum; urbis** *en* **urbi** gouverneur v.d. stad Rome; **vigilum** commandant v.d. vigiles (*brandweer en veiligheidspolitie in Rome*); **nocturnae custodiae** commandant v.d. nachtwacht; **castrorum** *en* **castris** kampcommandant; **praetorii** *of* **praetorio** *of* **praetoriarum cohortium** commandant v.d. pretoriaanse garde *of* v.d. keizerlijke lijfwacht *in Rome;* **legionis** legaat]; ▸ *metaf.: his utitur quasi praefectis libidinum suarum* (*Cic.*);
2. (*postklass.*) aanvoerder *van de troepen v.d. bondgenoten* [**cohortis; equitum Gallorum; alae**];
3. *in de Rom. provincies:* (a) stadhouder [**Aegypti; Alpium**], (*bij de Perzen*) satraap [**Phrygiae**]; (b) generaal, veldheer [**regis**];
4. (*Laatl.*) (a) burggraaf; (b) *aulae* beheerder *van een huis, gebouw.*

praefectus[2] *ppp. v. praeficio.*

prae-ferō, ferre, tulī, lātum
1. voorop-, voor zich *of* anderen (*dat.*) uitdragen [**insignia; dextrā lauream; fasces praetoribus; statuam Circensi pompā;** *metaf.* **adulescentulo facem ad libidinem** verleiden tot];
2. (*metaf.*) aan de dag leggen, tonen, openbaren [**amorem; sensūs aperte; iudicium** uiten; **alqd habitu corporis; vultu metum** verraden; **modestiam** huichelen; (*m. dubb. acc.*) **aviam Octaviam** zich laten voorstaan op Octavia als grootmoeder];
3. verkiezen, de voorrang geven (*m. acc.; inf.; boven: dat.*) [**puellam puellis; mortem servituti; pecuniam amicitiae; Gallorum quam Romanorum imperia** liever willen]; ▸ *virtute omnibus nationibus praeferri* de baas zijn in;
4. (*postklass.*) voorwenden, als voorwendsel, dekmantel gebruiken [**speciem pietatis odio** zijn haat onder het mom van toegenegenheid verbergen; **titulum officii sollemnis occulto sceleri**];
5. (*v. tijd*) vooruitlopen op (*m. acc.*) [**diem triumphi**];
6. *se* ~ zich onderscheiden van (*m. dat.*) [**legionariis**];
7. *pass. praeferri* voorbijsnellen, -rijden, langsrennen, *meestal ppp. praelatus* (*m. acc. of praeter*); ▸ (*praeter*) *castra praelati hostes.*

prae-ferōx, *gen.* ōcis zeer wild, heel heftig, onstuimig.

prae-ferrātus, a, um
1. van voren met ijzer beslagen;
2. (*Plaut.*) in de boeien geslagen [**tribunus**].

prae-ferre *inf. praes. v. praefero.*

prae-fervidus, a, um
1. (*Tac.*) zeer heet [**regio**];
2. (*metaf.*) gloeiend [**ira** woede].

prae-festīnō, festīnāre
1. grote haast maken met (*m. acc.; inf.*) [**opus**];
2. (*Tac.*) voorbijsnellen aan (*m. acc.*).

prae-fica, ae *f* (*facio*) (*pre- en postklass.*) voorgangster bij *begrafenissen.*

prae-ficiō, ficere, fēcī, fectum (*facio*)
1. aan het hoofd stellen van, belasten met, de leiding geven over (*m. dat.*) [**alqm provinciae, bello gerendo, legioni, munitioni, tantis rebus**];
2. aanstellen, benoemen [**alqm in exercitu** het commando, een officiersrang geven].

prae-fīdēns, *gen.* entis te vol vertrouwen [**sibi** in zichzelf].

prae-fīgō, fīgere, fīxī, fīxum
1. aan de voorkant bevestigen, vastmaken (*aan: dat.; in m. abl.; ad*) [**arma puppibus; capita in hastis** steken op]; ▸ *ripa erat praefixis sudibus munita* door in de oever ingeslagen palen;
2. aan de voorkant beslaan met, voorzien van (*m. abl.*); ▸ *ferro praefixae hastae; latus praefixa verū* de zijde doorboord door een werpspies (*Tib.*);
3. barricaderen, versperren [**aditūs; ora**].

prae-figūrō, figūrāre (*postklass.*) van tevoren vormen, vormgeven.

prae-fīniō, fīnīre
1. van tevoren bepalen, vastleggen [**diem; sumptum funerum; alqd restricte**]; ▸ *ad praefinitum tempus; ~ non est meum;* — *adv.* (*abl. v.h. ppp.*) **praefīnītō** volgens voorschrift [**loqui**];
2. als grens, beperking vaststellen.

praefīnītiō, ōnis *f* (*praefinio*) (*jur.*) beperking, limiet [**temporis**].

prae-fiscinē en **-nī** *adv.* (*fascinum*) (*pre- en postklass.*) zonder grootspraak; afkloppen! (*als uitroep om boze geesten te weren*).

prae-fīxī *pf. v. praefigo.*

praefīxus *ppp. v. praefigo.*

prae-flōrō, flōrāre (*flos*) voortijdig van bloesem beroven [*metaf.* **gloriam victoriae**].

prae-fluō, fluere, — — voorbijstromen (*aan: acc.*) [**regna Dauni; Noricam provinciam**]; ▸ *infimā valle praefluit Tiberis.*

prae-fōcō, fōcāre (*fauces*) wurgen, verstikken; *ook* (*Laatl.*) *metaf.*

prae-fodiō, fodere, fōdī, fossum (*poët.*)
1. een gracht graven voor (*m. acc.*) [**portas**];
2. van tevoren begraven [**aurum**].

prae-for, fārī, fātus sum
1. (*mondel. of schriftel.*) voor iets anders (*dat.*) zeggen, doen voorafgaan (aan) (*abs.; m. acc.; aci.*); — *p.p.* (*pass.*) (*postklass.*) voornoemd: *secundum praefatum modum;*
2. van tevoren aanroepen (*m. dat.; acc.*) [**divos**];
3. (*postklass.*) voorspellen;
4. *honorem of veniam ~* zich bij voorbaat verontschuldigen, bij voorbaat verontschuldiging vragen voor; — **praefandus,** a, um waarvoor verontschuldiging gevraagd moet worden.

prae-formīdō, formīdāre (*postklass.*) van tevoren vrezen.

prae-fōrmō, fōrmāre
1. (*postklass.*) van tevoren vormen, trainen *of* instrueren;
2. (*eccl.*) van tevoren een beeld geven, vooraankondigen.

praefrāctus, a, um (*p. adj. v. praefringo*) (*metaf.*) afgemeten, abrupt (*ihb. in de manier v. schrijven*) [**Thucydides**]; (*v. karakter*) meedogenloos.

prae-frēgī *pf. v. praefringo.*

prae-frīgidus, a, um zeer koud [**auster**].

prae-fringō, fringere, frēgī, frāctum (*frango*) van voren of boven afbreken [**hastas; arbores**]; ▸ *praefracto rostro;* (*vgl. praefractus*).

prae-fuī *pf. v. praesum.*

prae-fulciō, fulcīre, fulsī, fultum (*metaf.*)
1. (*Plaut.*) als steun gebruiken; ▸ *omnibus parvis magnisque ministeriis praefulciri* gebruikt worden voor;
2. voorzorgsmaatregelen nemen, ondersteunen.

prae-fulgeō, fulgēre, fulsī, —
1. (*poët.*) fel schitteren, blinken, glanzen; ▸ *pellis praefulgens unguibus aureis;*
2. (*postklass.*) (*metaf.*) zich onderscheiden, uitblinken (*in: abl.*) [**consulari decore**].

prae-fulgurō, fulgurāre (*postklass.*) intr. duidelijk schitteren; *tr.* met flitsen verlichten.

praefurnium, ī *n* toegang tot een oven, opening waardoor de oven gevoed wordt.

prae-gelidus, a, um zeer koud [**Alpes; loca**].

prae-gestiō, gestīre zeer graag willen (*m. inf.*) [**ludere**].

prae-gnāns, *gen.* antis *en (preklass.)* **prae-gnās,** *gen.* ātis *([g]nascor)*
1. zwanger [**soror**]; drachtig [**equa;** *metaf.* **plagae** een flink pak slaag]; ▸ *facere alqam praegnantem;*
2. *(metaf.)* overstrómend, vol *(van: abl.)*; ▸ *~ veneno vipera; fusus* (klos) *stamine ~.*

praegnātiō, ōnis *f (praegnans)* zwangerschap.

prae-gracilis, e *(Tac.)* zeer slank.

prae-grandis, e *(postklass.)*
1. buitengewoon groot, reusachtig [**membra**];
2. *(metaf.)* geweldig [**senex** *(v. Aristophanes)*].

prae-gravis, e
1. *(poët.; postklass.)* zeer zwaar [**onus**];
2. *(metaf.)* zeer onhandig, erg onbeholpen; ▸ *~ corpore;*
3. *(Tac.)* traag, loom [**cibo vinoque**];
4. *(postklass.)* zeer drukkend, heel lastig [**servitium**].

prae-gravō, gravāre
I. *tr.*
1. zeer belasten, bezwaren [**scuta telis**];
2. *(metaf.)* neerdrukken, hinderen, overheersen [**animum; artes**];
II. *intr. (postklass.) (metaf.)* zwaar wegen, het overwicht hebben; ▸ *praegravant cetera facta dictaque eius (Suet.).*

prae-gredior, gredī, gressus sum *(gradior) (m. acc.)*
1. voorafgaan [**agmen; alqm pedibus**];
2. vóór zijn [**nuntios**];
3. voorbijgaan aan, gaan langs, voorbijmarcheren [**fines**].

praegressiō, ōnis *f (praegredior)* het voor(op)gaan [**stellarum;** *metaf.* **causae** precedent].

praegressus[1] *p.p. v. praegredior.*

praegressus[2]**,** ūs *m (praegredior)* het voortschrijden *(ook metaf.)*; het voor zijn.

praegustātor, ōris *m (praegusto)* voorproever *van gerechten en dranken* [*metaf.* **libidinum tuarum**].

prae-gustō, gustāre *(poët.; postklass.)*
1. voorproeven [**cibos; potum regis; voluptates** van tevoren genieten];
2. van tevoren, het eerst eten, drinken [**medicamina**].

prae-hibeō, hibēre *(habeo) (Plaut.) = praebeo.*

prae-iaceō, iacēre, — — *(postklass.)* liggen voor *(m. acc. of dat.)*; ▸ *campus, qui castra praeiacet; vastum mare praeiacens Asiae.*

prae-iaciō, iacere, iēcī, iactum gooien *(voor: acc.; in m. acc.).*

prae-iī *pf. v. praeeo.*

prae-iūdicium, ī *n*
1. *(jur. t.t.)* voorlopige beslissing, voorlopig vonnis; ▸ *-is omnibus reum liberare;*
2. vooroordeel; ▸ *-um tantae rei facere;*
3. *(toonaangevend)* voorbeeld; ▸ *Pompeius vestri facti -o demotus Italiā excessit (Caes.);*
4. voorteken [**belli** voor de oorlog].

prae-iūdicō, iūdicāre van tevoren beslissen, beoordelen [**de maiore maleficio**]; ▸ *re saepe praeiudicata; (jur.) causa criminalis non praeiudicat civili* loopt niet vooruit op; — *ihb. ppp.* **praeiūdicātus,** a, um van tevoren beslist *of* beoordeeld [**res; nihil; opinio** vooroordeel].

prae-lābor, lābī, lāpsus sum voorbijglijden *(aan: acc.)* [**flumina rotis** voorbijrijden]; ▸ *praelabitur piscis.*

prae-lambō, lambere, — — *(Hor.)* van tevoren belikken; ▸ *mus praelambens omne quod affert.*

prae-largus, a, um *(Pers.)* zeer rijkelijk.

praelātiō, ōnis *f (praefero) (postklass.)* het verkiezen, voorkeur.

praelātus[1] *ppp. v. praefero.*

praelātus[2]**,** ī *m (Mel.)* geestelijk waardigheidsbekleder, prelaat.

prae-lautus, a, um *(Suet.)* prachtlievend.

praelēctiō, ōnis *f (praelego*[2]*) (postklass.)* het voorlezen.

prae-lēgō[1]**,** lēgāre *(jur.)* bij prelegaat *(ter bevoordeling boven anderen)* vermaken *of* nalaten [**coronam**].

prae-legō[2]**,** legere, lēgī, lēctum *(postklass.)*
1. speciaal uitzoeken [**hircum**];
2. voorbijzeilen *(aan: acc.)* [**Campaniam; oram Lyciae**];
3. voorlezen [**Vergilium**].

prae-lībō, lībāre
1. van tevoren offeren [**sanguen**];
2. als eerste proeven [**nectar**];
3. *(Laatl.)* van tevoren bespreken, behandelen.

prae-ligō, ligāre
1. aan de voorkant vastbinden aan *(m. dat.)* [**fasces virgarum cornibus boum**];
2. dicht-, toebinden [**ōs folliculo; vulnera**]; ▸ *(metaf.) praeligatum pectus (Plaut.)* verstokt hart;
3. *(postklass.)* omwinden [**coronam auream candidā fasciā; capita vestibus**].

prae-linō, linere, lēvī, litum *(Gell.)* beschilderen.

praelocūtiō, ōnis *f (Sen.)* inleidende woorden, inleiding.

praelocūtus *p.p. v. praeloquor.*
prae-longō, longāre *(praelongus) (Plin. Mai.)* verlengen.
prae-longus, a, um zeer lang [**gladius; cauda**].
prae-loquor, loquī, locūtus sum
I. *intr.*
1. als eerste spreken, voor een ander spreken;
2. *(postklass.)* een voorwoord vooraf doen gaan;
II. *tr.*
1. *(postklass.)* ter inleiding zeggen;
2. *(Laatl.)* voorspellen.
prae-lūceō, lūcēre, lūxī, —
1. *(poët.; postklass.)* bijlichten *(abs.; m. dat.)*; ▸ *faces praeluxerunt; servus praelucens; ignis praelucet facinori (Phaedr.)*;
2. *(metaf.)* laten uitschitteren; ▸ *amicitia bonam spem praelucet in posterum* stelt vreugdevolle hoop in het vooruitzicht;
3. *(Hor.)* overstralen, overtreffen *(m. dat.)*; ▸ *nullus sinus praelucet Baiis.*
prae-lūdō, lūdere, lūsī, — *(postklass.)*
1. een voorspel ontwerpen;
1. een proef nemen met, uitproberen.
praelūsiō, ōnis *f (praeludo) (Plin. Min.)* voorspel.
prae-lūstris, e *(vgl. illustris) (Ov.)* zeer schitterend; ▸ *praelustria vitare.*
prae-lūxī *pf. v. praeluceo.*
prae-mandō[1]**,** mandāre
1. van tevoren aanbevelen;
2. van tevoren ontbieden [**puerum**];
3. van tevoren *of* op voorhand opdracht geven.
prae-mandō[2]**,** mandere, — — *(Gell.)* voorkauwen, precies uitleggen.
prae-mātūrus, a, um zeer vroegtijdig, zeer voortijdig [**exitus; hiems**].
prae-medicātus, a, um *(Ov.)* van tevoren van tovermiddelen voorzien.
praemeditātiō, ōnis *f (praemeditor)* het van tevoren bedenken [**futurorum malorum**].
prae-meditor, meditārī
1. van tevoren bedenken, overwegen, zich voorbereiden (op) *(abs.; m. acc.; aci.; afh. vr.)*; — *p.p.* **praemeditātus,** a, um *ook pass.* [**mala**]; ▸ *nihil cogitati praemeditatique;*
2. *(Tac.)* inleidende noten spelen, preluderen.
prae-mercor, mercārī *(pre- en postklass.)* van tevoren kopen.
prae-metuō, metuere, — — van tevoren vrezen, van tevoren bezorgd zijn *(voor: dat.; acc.)* [**iras alcis**]; ▸ *Caesar praemetuens suis;* — *p. adj.* **praemetuēns,** *gen.* entis van tevoren vrezend, bang voor *(m. gen.)* [**doli**].
prae-micō, micāre *(Apul.)* oplichten, helder schijnen; ▸ *lucerna claro lumine praemicans.*
prae-mineō, minēre, — —
1. (erboven) uitsteken;
2. *(postklass.) (metaf.)* overtreffen *(in: abl.)*.
prae-ministrō, ministrāre *(postklass.)*
1. bedienen *(m. dat.)* [**magistratibus** *(v.d. lictoren)*];
2. aanbieden, aandienen.
prae-minor, minārī *(postklass.)* van tevoren (be)dreigen *(m. ut)*.
praemior, praemiārī *(praemium) (Suet.)* van tevoren een beloning bedingen.
prae-mittō, mittere, mīsī, missum
1. vooruitsturen, van tevoren sturen [**nuntium; alqm cum nave; alqm a portu domum; ad eos equites; legatum cum cohortibus ad flumen; impedimenta ad castra; alci litteras odiosas**];
2. *(postklass.) (metaf., mondel. of schriftel.)* van tevoren bekendmaken;
3. *(Tac.)* van tevoren zeggen, ter inleiding zeggen.
praemium, ī *n (prae en emo)*
1. beloning, lokmiddel; ▸ *persuadere alci magnis -is;*
2. onderscheiding, prijs [**fortunae; vitae**]; ▸ *-um (ex)ponere* uitloven; *-um proponere* geven; *-o alqm afficere, donare* iem. belonen; *alci -um tribuere, dare, persolvere, reddere; legibus -a proposita sunt virtutibus;*
3. *(poët.; postklass.)* winst, buit [**venationis; pugnae**];
4. *(Ov.) (iron.)* = straf; ▸ *cape -a facti;*
5. *(Verg.) (meton.)* daad die een beloning waard is, heldendaad [**magnum**].
prae-molestia, ae *f* van tevoren ervaren ergernis.
prae-mōlior, mōlīrī voorbereiden.
prae-mollis, e *(postklass.)* zeer week.
prae-moneō, monēre, monuī, monitum
1. van tevoren herinneren, vermanen, waarschuwen *(aan, voor: acc.; ut, ne; conj.; quod)* [**filium; conatūs hostis** voor vijandelijke overvallen];
2. voorspellen, aankondigen *(m. acc.; aci.)* [**futura; nefas**].
prae-monitus, ūs *m (praemoneo) (Ov.)* voorspelling, waarschuwing [**deum** *(= deorum)*].
praemōnstrātor, ōris *m (praemonstro) (Ter.)* leidsman.
prae-mōnstrō, mōnstrāre

1. (preklass.) van tevoren tonen, aangeven [**currenti spatium**];
2. voorspellen [**ventos futuros**].

prae-mordeō, mordēre, mordī, morsum (niet-klass.)
1. bijten voor in (m. acc.) [**linguam**];
2. aan de voorkant afbijten, *metaf.* afknibbelen.

prae-morior, morī, mortuus sum voortijdig, vroegtijdig sterven; *metaf.* (v. niet-lev.) afsterven; ▸ *pudor praemortuus* verdwenen; *nostra tamen iacuere velut praemortua membra* (Ov.).

prae-mūniō, mūnīre
1. aan de voorkant versterken, beschermen [**fossam; loca; aditūs magnis operibus** verschansen; *metaf.* **genus dicendi** van tevoren veiligstellen];
2. *als bolwerk* bouwen voor;
3. (*metaf.*) doen voorafgaan [**alqd sermoni**]; voorwenden; ▸ *quae ex accusatorum oratione praemuniuntur* (Cic.).

praemūnītiō, ōnis *f* (praemunio) protest *als retorische figuur.*

prae-narrō, narrāre (Ter.) van tevoren vertellen.

prae-natō, natāre (poët.; postklass.)
1. vooraan zwemmen;
2. voorbijzwemmen;
3. voorbijstromen (aan: acc.); ▸ *amnis domos praenatat.*

prae-nāvigō, nāvigāre (postklass.) voorbijzeilen aan (m. acc.) [**litus;** *metaf.* **vitam**].

Praeneste, is *n* (*en f*) *stad in Latium ten Z.O. v. Rome met de door Sulla gebouwde tempel v. Fortuna Primigenia en Juno, nu* Palestrina [**altum** *vanwege de hoge ligging;* **frigidum**]; — *inw. en adj.* **Praenestīnus,** ī *m resp.* a, um.

prae-niteō, nitēre, nituī, — (poët.; postklass.)
1. helder schijnen; ▸ *luna subito praenitens;*
2. (*metaf.*) overstralen, uitblinken boven (m. dat.); ▸ *unius facies praenitet omnibus* (Sen.).

praenōbilis, e (Apul.) zeer vermaard, zeer bekend.

prae-nōmen, inis *n*
1. voornaam; ▸ *sine praenomine ad me epistulam misisti* (Cic.);
2. (Suet.) titel; ▸ ~ Imperatoris.

prae-nōscō, nōscere, nōvī, nōtum van tevoren leren kennen, vernemen [**futura; alqm famā**].

prae-nōtiō, ōnis *f* van tevoren aanwezige voorstelling, idee [**deorum**].

prae-notō, notāre
1. aan de voorkant aangeven, markeren;
2. uitschrijven [**verba; fabellam**].

praenōtus *ppp. v. praenosco.*

prae-nōvī *pf. v. praenosco.*

prae-nūbilus, a, um (Ov.) zeer duister [**lucus**].

praenūntia *zie praenuntius.*

praenūntiātor, ōris, *m* (praenuntio) (eccl.) voorbode, voorspeller.

prae-nūntiō, nuntiāre van tevoren aankondigen, verkondigen (m. acc.; de; aci.) [**futura; de adventu hostium**].

praenūntius (praenuntio)
I. *subst.* ī *m en* **-a,** ae *f* voorbode, voorteken (*meestal metaf.*); ▸ *ales* ~ *lucis* haan; *stellae -ae calamitatum; belli -a;*
II. *adj.* a, um (poët.; postklass.) van tevoren aankondigend (m. gen.).

praeoccupātiō, ōnis *f* (praeoccupo) het van tevoren bezetten *van een plaats* [**locorum**].

prae-occupō, occupāre
1. van tevoren bezetten, innemen, zich meester maken van [**Asiam; colles; loca opportuna; vias**];
2. (*metaf.*) van tevoren verplichten, binden, innemen, voor zich winnen [**regem beneficio; gratiam apud plebem** voor zich opeisen]; ▸ *omnes praeoccupati sumus; animos timor praeoccupaverat* (Caes.) had van tevoren verlamd; *praeoccupatus legatione;*
3. verrassen, vóór zijn [**alterum**]; ▸ *adventu alcis praeoccupari;* — (m. inf.) *vaak te vertalen als* eerder [**legem ferre** eerder aan het volk voorstellen].

prae-oleō, olēre *en* **-olō,** olere, — — van tevoren geuren (naar: acc.); ▸ (*metaf.*) *mihi praeolit* ik heb een voorgevoel, ik vermoed (Plaut.).

prae-optō, optāre
1. liever willen (m. acc.; inf.; aci.); ▸ *legiones perire praeoptant ne loco pellantur* (Tac.); *praeoptant scutum manu emittere* (Caes.);
2. verkiezen (boven: dat.) [**suas leges** (autonomie) **Romanae civitati; otium urbanum militiae laboribus**].

prae-ōrdinō, ōrdināre (Laatl.) van tevoren ordenen, bepalen, vaststellen.

prae-ostendō, ostendere, ostendī, ostentum (Laatl.) van tevoren tonen.

prae-pandō, pandere, — — van voren openen; openbaren.

praeparātiō, ōnis *f* (praeparo) voorbereiding; ▸ *in omnibus negotiis* ~ *adhibenda est* (Cic.).

praeparātum, ī *n* (praeparo) voorbereiding; ▸ (ex) *-o* volgens de voorafgaande voorbereiding; *ex ante -o* volgens eerdere afspraak.

praeparātus[1], a, um *ppp. v. praeparo.*
praeparātus[2], ūs *m = praeparatio.*
prae-parcus, a, um (*Plin. Mai.*)
1. heel zuinig [**apes**];
2. (*metaf.*) heel minnetjes [**animus**].
prae-parō, parāre
1. voorbereiden, gereedmaken, in orde maken (*voor: ad; dat.*) [**naves; cibos hiemi; aures auditorum; insidias; commeatum; exercitum operi; profectionem; se ad proelium; animos ad sapientiam; excusationem**]; ▸ *oratio praeparata* goed ingestudeerd; *bene praeparatum pectus* op alles voorbereid; — (*m. inf.*) zich voornemen;
2. (*Laatl.*) (gereed)maken.
praepedīmentum, ī *n* (*praepedio*) (*Plaut.*) hindernis.
prae-pediō, pedīre (*vgl. ex-pedio, im-pedio*)
1. (van voren) vastmaken, vastbinden [**equos** kluisteren, vastzetten];
2. (*metaf.*) tegenhouden, verhinderen, belemmeren [**fugam hostium; mentes** bevangen maken]; ▸ *lassitudo praepedit fugam; verba sua praepediens* stotterend; *dicere incipientem lacrimae praepediebant; praepeditus morbo.*
prae-pendeō, pendēre, pendī, — van voren, ervoor hangen.
prae-pes, *gen.* petis (*abl. sg. -petī en -pete; gen. plur. -petum*) (*peto*)
I. *adj.*
1. (*in de taal v.d. auguren*) (*v. vogels*) vooruitvliegend, *vd.* = gunstig, geluk voorspellend [**avis**]; ▸ *praepetis omina pinnae;*
2. (*Enn.*) (*meton., v. plaatsen*) gunstig (gelegen) [**loca; portus**];
3. (*poët.*) snel vliegend, snel bewegend; snel [**deus** gevleugeld = Amor; **currus**];
II. *subst. m en f* (*poët.*) vogel [**Iovis** = adelaar].
prae-petō, petere, — — (*Lucr.*) hevig verlangen.
prae-pilātus, a, um (*pila*[2]) van voren van een knop voorzien [**missilia; hasta**].
prae-pilō, pilāre (*pilum*) (*Laatl.*) van tevoren werpen.
prae-pinguis, e (*poët.; postklass.*) zeer vet [**solum**].
prae-polleō, pollēre, polluī, — veel vermogen, het overwicht hebben, de overmacht bezitten; ▸ *gens divitiis praepollens; vir virtute praepollens; Phoenices mari* (op zee) *praepollebant.*
prae-ponderō, ponderāre
I. *tr.* meer gewicht geven, bevoordelen; *pass.* meer gewicht krijgen;
II. *intr.* (*postklass.*) het overwicht hebben, groter gewicht hebben, (over)hellen [**in humaniorem partem**]; ▸ *ne portionum aequitate turbatā mundus praeponderet* (*Sen.*).
prae-pōnō, pōnere, posuī, positum
1. vooraan zetten, plaatsen, leggen [**versūs in fronte libelli**]; ▸ *de quā priusquam respondeo, pauca praeponam* (*Cic.*) vooraf laten gaan;
2. aan het hoofd stellen van, de leiding geven over (*m. dat.*) [**vectigalibus; negotio; alqm provinciae, castris, bello**]; ▸ *cubiculo praepositus* kamerdienaar; — (*milit.*) tot bevelhebber maken, het bevel overdragen aan [**alqm in laevo cornu; alqm mediā acie** tot bevelhebber in het centrum v.d. slaglinie maken]; *pass. praepositum esse* het bevel voeren over, commanderen (*m. dat.*) [**militibus; toti officio maritimo** het opperbevel op zee hebben];
3. (*metaf.*) verkiezen boven (*m. dat.*) [**salutem rei publicae vitae suae**].
prae-portō, portāre
1. van voren dragen [**tela**];
2. (*Catull.*) (*metaf.*) te koop lopen met (*m. acc.*) [**pectoris iras**].
praepositiō, ōnis *f* (*praepono*)
1. het vooraan plaatsen [**negationis**];
2. (*metaf.*) voorkeur;
3. (*gramm. t.t.*) voorzetsel.
praepositum, ī *n* (*praepono*) (*stoïsche t.t.*) het verkieslijke, *meestal plur.* (= *proegmena*) dingen die te verkiezen zijn, *maar die geen zedelijke waarde hebben* (*bv. gezondheid, rijkdom*).
praepositūra, ae *f* (*praepono*) (*Laatl.*) leiding, toezicht.
praepositus[1] *ppp. v. praepono.*
praepositus[2], ī *m* (*praepono*) (*postklass.*) superieur, opzichter, leider (*van: dat. of gen.*) [**cubiculo; Thraciae** stadhouder v. Thracië].
praeposīvī *arch. pf. v. praepono* (= *praeposui*).
praeposterō, praeposterāre (*praeposterus*) (*Laatl.*) omdraaien, omkeren.
prae-posterus, a, um (*adv. -ē en* [*Sen.*] *-ō*)
1. omgedraaid, verkeerd, onjuist [**consilia; frigus; ambitio; gratulatio; verba**]; (*m. dat.*) tegenovergesteld aan [**naturae legibus** in strijd met de natuurwetten];
2. verkeerd handelend [**homines; imperator**].
prae-posuī *pf. v. praepono.*
prae-potēns, *gen.* entis zeer machtig, zeer invloedrijk [**populus; imperia;** *metaf.* **philosophia**]; ▸ ~ *inter Africae reges;* (*m. abl. of gen.*) ~ *armis Romanus; praepotentes opibus; Iup-*

piter omnium rerum ~ almachtig; — *subst.* **praepotentēs,** ium *m* machtigen: *iniquitas praepotentium.*

prae-properanter *adv.* (*propero*) (*Lucr.*) zeer snel.

prae-properus, a, um
1. zeer vlug, zeer haastig [**festinatio**];
2. overhaast, voorbarig [**ingenium; amor**].

prae-pūtium, ī *n* (*postklass.*) voorhuid.

prae-quam *adv.* (*ook gesplitst*)
1. in vergelijking met; in vergelijking met de manier waarop;
2. verder dan.

prae-queror, querī, questus sum (*Ov.*) van tevoren klagen.

prae-radiō, radiāre (*Ov.*) in glans overtreffen.

prae-rapidus, a, um
1. zeer snel stromend [**fluminum celeritas; gurges**];
2. (*postklass.*) (*metaf.*) zeer heet(gebakerd), overhaast [**iuvenis; fuga**].

praereptus *ppp. v. praeripio.*

prae-rigēscō, rigēscere, riguī, — (*Tac.*) van voren stijf worden, bevriezen.

prae-ripiō, ripere, ripuī, reptum (*rapio*)
1. (*niet-klass.*) wegrukken, ontrukken (*van, aan: dat.*) [**arma Minervae; alci cibos; alci sponsam**];
2. (*metaf.*) ontnemen, wegpikken [**alci laudem destinatam**];
3. voortijdig naar zich toe trekken [**deorum beneficium**]; ▸ *immatura morte praereptus* weggerukt;
4. verijdelen, vóór zijn [**hostium consilia**]; ▸ (*abs.*) *nec praeripiam tamen* (*Cic.*) ik zal niet op de zaak vooruitlopen;
5. (*pre- en postklass.*) heimelijk wegnemen, stelen [**oscula**].

prae-rōdō, rōdere, rōsī, rōsum (*poët.; postklass.*) (*van voren*) afknagen *of* afbijten [**digitos**].

prae-rogātiō, ōnis *f*
1. (*Sen.*) eerdere toewijzing;
2. (*Laatl.*) uitdeling.

praerogātīva, ae *f* (*praerogativus*)
1. centuria die als eerste zijn stem uitbrengt; ▸ *auctoritatem -ae omnes centuriae secutae sunt* (*Liv.*);
2. voorverkiezing [**militaris**];
3. (*metaf.*) gunstig voorteken; voorproefje [**triumphi; voluntatis suae**];
4. (*postklass.*) voorrecht, privilege, voordeel [**iurisiurandi**].

prae-rogātīvus, a, um (*rogo*) het eerst zijn stem uitbrengend [**centuria** *de centuria die door het lot aangewezen als eerste zijn stem uitbracht in de comitia*].

prae-rogō, rogāre (*Laatl.*) van tevoren *of* uit eigen beweging geven.

prae-rōsī *pf. v. praerodo.*

praerōsus *ppp. v. praerodo.*

prae-rumpō, rumpere, rūpī, ruptum van voren afbreken, afkappen, afrukken [**retinacula classis**].

praeruptum, ī *n* (*praeruptus*) steile helling, afgrond; *metaf.* gevaarlijke onderneming.

praeruptus, a, um (*p. adj. v. praerumpo*)
1. steil, (sterk) (af)hellend [**loca; ripa; mons; fossae**]; ▸ ~ *et difficilis descensus;*
2. (*metaf.*) hard, ruw, plotseling [**audacia** roekeloosheid; **dominatio; periculum** extreem gevaar; **sermo** hortend]; ▸ ~ *animo* van een bars karakter.

praes, praedis *m*
1. iem. die borg staat, borg; ▸ *praedes dare* als borgen stellen; *praedem esse pro alqo;*
2. (*meton.*) vermogen v.d. borg, borgtocht; ▸ *praedes vendere.*

prae-saepe, is *n*, **-saepis,** is *f en* (*pre- en postklass.*) **-saepium,** ī *n* (*saepes*)
1. (*niet-klass.*) krib, ruif; *metaf.* tafel;
2. (*poët.*) *plur.* stal; ▸ *intra praesaepes meas* huis;
3. kroeg;
4. (*Verg.*) bijenkorf.

prae-saepiō, saepīre, saepsī, saeptum van voren versperren, afsluiten [**itinera trabibus; aditum; angustias sublicis**].

prae-sāgiō, sāgīre
1. een vermoeden, voorgevoel hebben (*abs.; m. acc.; de*); ▸ ~, *id est futura ante sentire* (*Cic.*); *equi praesagiunt pugnam; animus praesagit mihi alqd mali* (*Ter.*) ik voorzie een ramp; *Scipionis velut praesagiens animus de fine belli* (*Liv.*);
2. van tevoren aanduiden, aankondigen, voorspellen; ▸ *luna tempestatem praesagit.*

praesāgior, praesāgīrī (*Plaut.*) = *praesagio.*

praesāgītiō, ōnis *f* (*praesagio*) voorgevoel; (*meton.*) intuïtie; voorspellingsgave.

praesāgium, ī *n* (*praesagio*) (*poët.; postklass.*)
1. voorgevoel [**futuri**];
2. voorspelling, profetie [**vatum**]; voorteken, voorbode; ▸ *equorum -a ac monitus.*

praesāgō, praesāgāre (*praesagus*) = *praesagio.*

praesāgus, a, um (*praesagio*) (*poët.; postklass.*)
1. voorvoelend (*m. gen.*); ▸ *mens -a mali;*
2. voorspellend [**verba; fulmen**].

praescientia, ae *f* (*praescio*) (*postklass.*) het van tevoren weten, voorkennis.

prae-sciō, scīre (*pre- en postklass.*) van tevoren weten.

prae-scīscō, scīscere, scīvī, — van tevoren nagaan, te weten komen [**vulgi animos**].

praescītiō, ōnis *f* (*praescisco*) (*Laatl.*) het van tevoren te weten komen, voorkennis.

praescītum, ī *n* (*praescio*) (*Plin. Mai.*) iets dat van tevoren bekend is, voorteken.

praescius, a, um (*praescio*) (*poët.*; *postklass.*) van tevoren wetend (*abs.*; *m. gen.*) [**futuri; periculorum**].

prae-scīvī *pf. v. praescisco.*

prae-scrībō, scrībere, scrīpsī, scrīptum
1. vooraan, voorop schrijven [**diplomatibus principem** de naam v.d. keizer; **epistulae titulum**];
2. voortekenen; *metaf.* een beeld ontwerpen van (*m. acc.*) [**formam futuri principatūs**];
3. (*metaf.*) voorschrijven, (van tevoren) vaststellen, verordenen (*abs.*; *m. acc.*; *de*; *ut, ne*; *afh. vr.*; *inf.*) [**civibus iura; senatui; de officio imperatoris**]; ▸ *ut maiorum iura moresque praescribunt* (*Cic.*); ∼ *et constituere alqd*;
4. (*Tac.*) voorwenden, als voorwendsel nemen [**Arminium**].

praescrīptiō, ōnis *f* (*praescribo*)
1. titel, opschrift, begin *van een publieke akte* [**legis; senatūs consulti; tribuniciae potestatis**];
2. (*metaf.*) voorschrift, verordening [**rationis; naturae**];
3. voorgeschreven beperking [**semihorae** beperking tot een half uur]; ▸ *sine praescriptione generis aut numeri* (*Tac.*);
4. voorwendsel [**honesta**];
5. (*jur. t.t.*) tegenwerping, bedenking, exceptie, clausule; ▸ *exceptiones et praescriptiones philosophorum* spitsvondigheden.

praescrīptum, ī *n* (*praescribo*)
1. (*Hor.*) voorgeschreven grens; ▸ *intra -um equitare*;
2. (*metaf.*) voorschrift, verordening, regel [**legis; consulis**]; ▸ *-a dare; -a servare; ad -um agere; ultra -um* in strijd met; *ex communi -o civitatis.*

praescrīptus *ppp. v. praescribo.*

prae-secō, secāre, secuī, sectum van voren afknippen, afsnijden, helemaal afsnijden [**crines; aures**]; ▸ (*metaf.*) *deciens praesectum carmen* (*Hor.*) ingekort, geconcentreerd.

prae-sēdī *pf. v. praesideo.*

praesegmen, inis *n* (*praeseco*) (*preklass.*) het afgesnedene.

praesēns, *gen.* entis (*praesum*)
I. *adj.*
1. (persoonlijk) aanwezig, zelf, in eigen persoon; ▸ *praesentem adesse; alqo* (*amicis, testibus, suis, vulgo*) *praesente* in iems. aanwezigheid; *pluribus praesentibus* in tegenwoordigheid v. meer personen; *vivi atque praesentes*;
2. tegenwoordig, huidig, momenteel [**tempus; periculum**]; ▸ *praesenti tempore en in praesens* (*tempus*) voor nu, voor het ogenblik; *in rem praesentem venire* zich naar de overeengekomen plaats begeven; *in re praesenti* ter plaatse; *tempus tribus partibus constat, praeterito, praesente, futuro* (*Sen.*);
3. ogenblikkelijk, onmiddellijk [**deditio; mors; supplicium; diligentia consulis** krachtdadig optreden v.d. consul; **decretum**]; ▸ *mercari praesenti pecuniā* met contant geld, contant;
4. dringend [**preces**]; ▸ *iam praesentior res erat* (*Liv.*);
5. snelwerkend, doeltreffend, krachtdadig [**remedium; venenum; auxilium**]; — *m. inf.*: in staat om;
6. genadig, hulpvaardig [**deus; numina**];
7. vastberaden, onverschrokken [**animus**]; ▸ *animo praesentissimo pugnare*;
8. duidelijk, zichtbaar, blijkbaar [**insidiae; ora**];
II. *subst. n meestal plur.* **praesentia,** ium (*poët.*; *postklass.*) het heden, de huidige situatie; huidige gebeurtenissen; ▸ *in* (*ad*) *praesens* voor het moment, voor nu; *praesentia sequi.*

prae-sēnsī *pf. v. praesentio.*

praesēnsiō, ōnis *f* (*praesentio*) voorgevoel, vermoeden [**rerum futurarum**].

praesēnsus *ppp. v. praesentio.*

praesentāneus, a, um (*praesens*)
1. (*postklass.*) snelwerkend [**remedium; venenum**];
2. (*Laatl.*) aanwezig, tegenwoordig, beschikbaar.

praesentārius, a, um (*praesens*)
1. (*Plaut.*) ter plekke, plaatse betaald, contant [**argentum**];
2. snelwerkend [**venenum**].

praesentia, ae *f* (*praesens*)
1. aanwezigheid, tegenwoordigheid [**animi** tegenwoordigheid v. geest, vastbeslotenheid];

▸ *in -a* ogenblikkelijk, nu; *deorum ~; alcis aspectum praesentiamque vitare;*
2. (*Ov.*) onmiddellijke indruk, werking, kracht; ▸ *tanta est ~ veri.*

prae-sentiō, sentīre, sēnsī, sēnsum voorvoelen, een voorgevoel hebben van (*m. acc.*) [**eventum belli; futura**].

praesentō, praesentāre (*praesens*) (*postklass.*) tonen; overhandigen.

prae-sēpe, is *n*, **-sēpis,** is *f en* **-sēpium,** ī *n* = *praesaep-.*

praesertim *adv.* vooral, met name, in het bijzonder (*ihb. voor causale en conditionele bijzinnen*); ▸ *~ cum; cum ~; ~ quod; ~ si est (esset); ~ ut nunc sunt mores; in scripto ~.*

prae-serviō, servīre (*pre- en postklass.*) (bij voorkeur) dienen (*m. dat.*).

prae-ses, *gen.* sidis (*praesideo*)
I. *adj.* (*pre- en postklass.*) beschermend [**dextra; locus**];
II. *subst. m en f*
1. bescherm(st)er (*ihb. v. beschermgoden*) [**rei publicae; libertatis; iuventutis; templorum**];
2. (*poët.; postklass.*) leid(st)er, hoofd [**provinciae** stadhouder; **rerum** heerser v.d. wereld; **belli** (*v. Minerva als godin v.d. oorlog*)];
3. (*postklass.*) stadhouder [**Syriae**].

praesidālis, e (*praeses*) (*Laatl.*) stadhouderlijk [**provincia**].

praesidātus, ūs *m* (*praeses*) (*Laatl.*) stadhouderschap (*v.e. provincie*), leiderschap.

praesidēns, entis *m* (*praesideo*) (*Tac.*) voorzitter, leider.

prae-sideō, sidēre, sēdī, (sessum) (*sedeo*)
1. zitten voor, zitten op (*m. adv.; abl.*) [**hīc; curuli sellā**];
2. (*metaf.*) beschermen, verdedigen (*m. dat.; acc.*) [**urbi; templo; rei publicae; huic iudicio; litora Oceani; agros suos; socios**];
3. leiden, besturen, toezicht houden; (*milit.*) het bevel voeren (over), commanderen (*abs.; m. dat. of acc.*) [**orbi terrarum; ludis; spectaculis; exercitum; Pannoniam**]; ▸ *Metellus in agro Piceno praesidebat;*
4. (*postklass.*) de leiding hebben.

praesidiārius, a, um (*praesidium*) tot bescherming dienend, bescherm- [**milites** bezettingstroepen, garnizoen].

praesidium, ī *n* (*praesideo*)
1. bescherming, hulp (*van, voor: gen.*) [**militum; urbis; provinciae**]; ▸ *-um alci ferre; -o esse civibus* zich hulpvaardig betonen; *-o litterarum* met behulp van;
2. (*meton.*) (a) afweermiddel, hulpmiddel; ▸ *-a periculis* (*dat.*: tegen gevaren) *quaerere; magnum sibi -um ad beatam vitam comparare; contra serpentem -o esse;* (b) (*poët.*) (*v. personen*) beschermer, steun;
3. (*milit.*) dekking, geleide, escorte [**militum**]; ▸ *pabulatoribus -o esse; cum (sine ullo) -o; duas legiones -o relinquere; legiones quae -o impedimentis erant (Caes.);*
4. (*milit.*) bezettingstroepen, garnizoen, (wacht)post (*sg. en plur.*) [**trium legionum** bestaand uit]; ▸ *in -o esse* op zijn post staan; *locum -o tenere; -is firmare; -um validum imponere; -um ad fores ponere; -um collocare; -a ad ripas disponere; -a deducere; -um ex oppido educere;*
5. (*milit.*) (wacht)post, (militaire) basis, bolwerk, schans; ▸ *-um occupare et munire; milites in -is disponere; in -o of intra -a esse; -um communire* verschansen, versterken; *-o decedere en -um relinquere* zijn post verlaten = deserteren;
6. (*metaf.*) bolwerk [**pudoris**].

prae-significō, significāre van tevoren tonen, kenbaar maken.

prae-signis, e (*vgl. insignis*) (*poët.*) uitmuntend (boven anderen).

prae-signō, signāre (*postklass.*) van tevoren aangeven, tonen.

prae-sonō, sonāre, sonuī, — (*Ov.*) van tevoren klinken.

prae-spargō, spargere, — — (*Lucr.*) voor iem. uit bestrooien.

praestābilis, e (*praesto*[1]) = *praestans.*

praestāns, *gen.* antis (*p. adj. v. praesto*[1]) voortreffelijk, uitstekend, uitmuntend (*in: abl.; in m. abl.; gen.*); ▸ *homo gravitate et prudentiā ~; Plato in illis artibus ~; praestantissimus sapientiae; ~ ac singularis fides.*

praestantia, ae *f* (*praestans*) voortreffelijkheid; voorkeur, voorrang (*boven: gen.*) [**animantium reliquorum** boven de andere levende wezens; **mentis; virtutis; ingenii**].

praestātiō, ōnis *f* (*praesto*[2])
1. (*Sen.*) waarborg, garantie, borgtocht; ▸ *ad praestationem scribere* instaan voor de waarheid v. zijn verklaring;
2. (*jur.*) betaling in geld of diensten (*als verplichting*).

prae-sternō, sternere, — —
1. (*Plaut.*) strooien voor;
2. (*metaf.*) van tevoren strooien, beschikbaar

stellen.

praestes, itis *m* (*praesto*[2]) (*poët.*) beschermer, *ook attrib.* beschermend [**lares**].

praestīgiae, ārum *f* (*praestringo*) verblinding, begoocheling, voorspiegelingen.

praestīgiātor, ōris *m* (*praestigiae*) (*pre- en postklass.*) bedrieger, oplichter.

praestīgiātrīx, īcis *f* (*praestigiator*) (*Plaut.*) bedriegster, oplichtster.

praestīgiōsus, a, um (*praestigiae*) (*postklass.*) bedrieglijk.

prae-stinō, praestināre (*Plaut.*) kopen.

prae-stitī *pf. v. praesto*[1] *en praesto*[2].

prae-stituō, stituere, stituī, stitūtum (*statuo*) van tevoren vaststellen, bepalen, voorschrijven [**alci tempus; diem operi**]; ▸ *ad diem praestitutum venire; nullā praestitutā die* zonder een vastgestelde termijn.

prae-stō[1]**,** stāre, stitī, stitum, stātūrus

1. zich onderscheiden van, overtreffen, superieur zijn aan (*m. dat.; inter; acc.*) [**omnibus virtute; inter suos; omnes eloquentiā**]; ▸ *homines bestiis praestant;*

2. *onpers.* **praestat** het is beter (*voor iem.: dat.; m. inf.; aci.*); ▸ *accipere quam facere praestat iniuriam; mori praestat, quam haec pati; praestare dicunt Gallorum quam Romanorum imperia perferre.*

prae-stō[2]**,** stāre, stitī (*zelden* stāvī), stitum (*zelden* stātum)

1. ter beschikking stellen, verschaffen, geven, verlenen, leveren [**stipendium exercitui; fortunatam vitam; sententiam** zijn stem uitbrengen; **milites** beschikbaar stellen; **cervicem; terga hosti** vluchten voor; **alci certam summam pecuniae**];

2. verrichten, tot stand brengen, realiseren, vervullen; bewijzen, laten gebeuren [**suum munus; tributa; annua; beneficium; patri debitum honorem; hospitium; iter tutum; operam in re militari** militaire dienst vervullen; **fidem** *en* **promissum** zijn woord, belofte houden; **vicem alcis** iems. plaats innemen];

3. aan de dag leggen, (be)tonen [**virtutem; voluntatem; benevolentiam**]; ▸ *consilium suum fidemque* ~ ; — *se* ~ zich tonen als, zich betonen, zich bewijzen [**se talem; se invictum; se constantem; se dignum maioribus suis; se gravem in amicitia**]; ▸ *victoria se praestat; praesta te eum qui;*

4. *in een toestand* (be)houden [**socios salvos; alqm incolumem; rem publicam; mare tutum a piratis**];

5. borg zijn, borg staan, instaan, zich garant stellen voor (*meestal m. acc.*) [**Messallam; alios; invidiam; periculum; dictum; vitium; se** voor zichzelf; **a vi** voor geweld]; ▸ *impetūs populi* ~ *nemo potest; nihil* ~ voor niets verantwoordelijk zijn; — *alci alqd* tegenover iem. voor iets [**emptori damnum** schadeloos stellen]; ▸ *magistro meliorem discipulum praesto.*

praestō[3] *adv.*

1. aanwezig, tegenwoordig, bij de hand, beschikbaar; ▸ *quod adest* ~, *in primis placet* (*Lucr.*); — *meestal m. esse: ad portam* ~ *esse;*

2. *praesto esse* (*m. dat.*) (a) helpen, van dienst zijn [**ero**]; (b) (*vijandel.*) tegemoet treden, in de weg gaan staan [**alci cum armatis hominibus**]; (c) (*metaf.*) nuttig, gunstig zijn [**alcis saluti; omnibus**].

praestōlor, praestōlārī (*praesto*[3]) klaarstaan voor, wachten op, verwachten (*m. dat.; ook acc.*) [**huic spei; adventum alcis**]; ▸ *ego illum ante aedis praestolabor* (*Plaut.*).

praestrictus *ppp. v. praestringo.*

praestrīg- (*arch.*) = *praestig-*.

prae-stringō, stringere, strīnxī, strictum

1. (*poët.; postklass.*) van voren dichtsnoeren, vastbinden [**faucem laqueo; pollices nodo**]; ▸ ~ *et strangulare; praestricta manus;*

2. (aan de voorkant) aanraken, beroeren [**portam vomere; lecticam;** *metaf.* **nomen** vermelden];

3. (*metaf.*) verblinden, verdonkeren, afstompen, verzwakken [**oculos; ingenii aciem**].

prae-struō, struere, strūxī, strūctum

1. (*Ov.*) (van voren) verbouwen, ontoegankelijk maken [**aditum obice montis**];

2. (*metaf.*) van tevoren ter bescherming opbouwen *of* aanleggen; ▸ *fraus fidem in parvis sibi praestruit* (*Liv.*) een bedrieger verschaft zich van tevoren geloofwaardigheid in kleine dingen;

3. (*postklass.*) voorbereiden.

prae-suī *pf. v. praesuo.*

prae-sul, sulis *m* (*salio*) *en* **prae-sultātor,** ōris *m* (*praesulto*) voordanser (*bij spelen of optochten*).

prae-sultō, sultāre (*salto*) uitspringen voor (*m. dat.*) [**hostium signis**].

prae-sum, esse, fuī, (futūrus) (*m. dat.*)

1. aan het hoofd staan van, leiden, commanderen, het bevel voeren over, *als stadhouder* besturen [**exercitui; equitum alae; castris; rei frumentariae; potestati** een ambt bekleden; **oppido; provinciae; publicis sacerdotiis;**

navi faciendae; alci negotio bedrijven; **maioribus rebus** grotere taken op zich nemen]; ▸ *qui praesunt* officieren; *iudices huic quaestioni praefuerunt;*
2. (*metaf.*) hoofdpersoon zijn van, een groot aandeel hebben in [**illi crudelitati; temeritati**];
3. (*Ov.*) beschermen; ▸ *lares praesunt moenibus.*

prae-sūmō, sūmere, sūmpsī, sūmptum (*poët.; postklass.*)
1. van tevoren tot zich nemen, genieten [**remedia; dapes; allium**];
2. van tevoren doen [**officia**];
3. (*metaf.*) van tevoren ervaren *of* genieten [**fortunam principatūs; laetitiam**]; ▸ *praesumptā suspicione* (*Tac.*) met een al langer gekoesterd wantrouwen;
4. veronderstellen, aannemen, vermoeden, verwachten [**spe bellum** zich hoopvol voorstellen].

praesūmptiō, ōnis *f* (*praesumo*) (*postklass.*)
1. voorproefje [**bonae famae**];
2. vermoeden, hoop, verwachting; ▸ *contra praesumptionem suam in obsidione teneri;*
3. (*Apul.*) koppigheid.

praesūmptor, ōris *m* (*praesumo*) (*postklass.*)
1. iem. die van tevoren in bezit neemt;
2. iem. die overmoedig *of* aanmatigend is.

praesūmptus *ppp. v. praesumo.*

prae-suō, suere, suī, sūtum (*poët.; postklass.*) van voren bedekken, verhullen [**hastam foliis**].

prae-tegō, tegere, tēxī, tēctum (*Plin. Min.*) van voren bedekken, beschermen.

prae-temptō, temptāre (*poët.; postklass.*)
1. van tevoren onderzoeken, doorzoeken [**silvas; iter baculo**];
2. (*metaf.*) van tevoren beproeven [**vires; crimina; iudicis misericordiam; sententiam**].

prae-tendō, tendere, tendī, tentum
1. (*poët.; postklass.*) voor zich uithouden, naar voren steken [**ramum olivae manu; tela; cuspidem**]; *metaf.* ten toon spreiden [**coniugis taedas** beweren de echtgenoot te zijn, een wettig huwelijk claimen]; — *pass.* (*v. plaatsen*) zich uitstrekken voor, gelegen zijn voor (*m. dat.*): *praetenta Syrtibus arva; castra Armeniis praetenduntur;*
2. (*ter bescherming*) spannen, zetten, trekken, houden (*voor: dat.*) [**vestem ocellis; cilicia; saepem segeti;** *metaf.* **muros morti** tegen de dood oprichten];
3. (*metaf.*) voorwenden, voorgeven, als excuus aanvoeren [**nomen hominis doctissimi suis barbaris moribus; alqd seditioni; legatorum decretum calumniae** mbv. het decreet goedpraten; **fessam aetatem**]; ▸ *ignorantia praetendi non potest.*

prae-tener, tenera, tenerum (*Plin. Mai.*) zeer tenger.

prae-tentō[1], tentāre (*frequ. v. tendo*) (*postklass.*)
1. uitspannen, voor zich houden [**pallia**];
2. (*metaf.*) voorwenden, veinzen.

prae-tentō[2], tentāre = *praetempto.*

praetentūra, ae *f* (*praetendo*) (*postklass.*)
1. verdedigingslinie (*langs de grens om vijanden buiten te houden*);
2. fort, kampement (*in een verdedigingszone*);
3. voorkant van een fort.

prae-tenuis, e (*Plin. Mai.*) zeer dun, heel smal [**folium; pons**].

prae-tepēscō, tepēscere, tepuī, — (*Ov.*) zeer warm worden, ontgloeien; *ook metaf.;* ▸ *si tuus in quavis praetepuisset amor.*

praeter (*prae*)
I. .*adv.*
1. (*poët.; postklass.*) (*ihb. na ontkenningen*) uitgezonderd, behalve; ▸ *nemo ~ armatus violabitur; ~ hodie;*
2. (*kom.*) ~ *quam* meer dan; ▸ *~ sapit quam placet parentibus;*
3. bovendien;
4. (*poët.*) voorbij; ▸ *Pallas fugientem Rhoetea ~ traicit* (*Verg.*);
II. *prep. m. acc.*
1. (*v. plaats*) aan ... voorbij, langs ... (heen); ▸ *copias ~ castra traducere; ~ oculos ferebant; ~ ora suorum; ~ pedes;*
2. (a) behalve, uitgezonderd, met uitzondering van; ▸ *omnia ~ vitam concedere; omnes ~ unum; hoc nemini ~ me videtur; ~ haec* bovendien (= *praeterea*); — *na ontkenningen ook dan* (= *nisi*): *nihil ~ id quod honestum sit;* (*m. inf.*) *nihil ~ plorare;* (b) afgezien van, naast; ▸ *~ haec* toch al; (c) over ... heen, tegen, in strijd met; ▸ *~ modum* bovenmatig; *~ consuetudinem, exspectationem, iustum, opinionem, fatum, naturam; alqd ~ aetatem suam facere; multa ~ spem evenisse;* (d) meer dan, in hogere mate dan; ▸ *opibus ~ ceteros florere;*
III. **praeter-** *prefix* voorbij-, langs- [**praetereo, praeter-fluo**];
IV. *cj. praeter quod* behalve dat.

praeter-agō, agere, ēgī, āctum (*poët.*) voorbijvoeren (*aan: acc.*).

praeter-bītō, bītere, —— *(Plaut.)* voorbijgaan *(m. acc.)*.

praeter-dūcō, dūcere, dūxī, ductum *(Plaut.)* voorbijleiden *(aan: acc.)*.

praeter-eā *adv. (eā = abl. sg. f v. is)*
1. bovendien; ▸ *ipse dux delectus, duo* ~ *collegae dati*;
2. verder;
3. *(Verg.) (v. tijd)* ook in de toekomst, voortaan;
4. *(Laatl.)* bovenal, vooral; ▸ ~ *cum*; ~ *is.*

praeter-ēgī *pf. v. praeterago.*

praeter-eō, īre, iī en īvī, itum
1. *(v. plaats)* voorbij-, langsgaan, *(een plaats)* passeren, voorbijtrekken, -stromen *(aan: acc.)* [**tumulum; adversarios**]; ▸ *nullas apertas fores* ~; *praeteriens modo mihi inquit* in het voorbijgaan; *ripas flumina praetereunt; metaf.: mons Ciliciam praeterit* strekt zich langs Cilicië uit;
2. *(poët.)* inhalen, passeren [**alqm cursu; equum; euros**]; ▸ *alqm aut* ~ *aut aequare posse*;
3. *(v. tijd)* verstrijken, aflopen, voorbijgaan; ▸ *praeteriit tempus (hiems, biennium); hora praeteriit; tertius iam praeterit annus; praeteritā die* na het verstrijken v.d. termijn; — *meestal p. adj.* **praeteritus,** a, um voorbijgegaan [**vita; tempus** *(gramm.)* verleden tijd; **nox; labor; culpa; viri** toenmalig, gestorven; **stipendium** achterstallig]; ▸ *diebus decem praeteritis* na tien dagen; — *subst.* **praeterita,** ōrum *n* voorbije dingen, het verleden: *praeterita mutare non possumus*;
4. *(metaf.)* overslaan: (a) achterwege laten [**nullum genus crudelitatis** ongebruikt laten]; (b) onvermeld laten, verzwijgen [**libidines alcis; alqd silentio**]; *(ook m. de; m. aci., m. afh. vr.; ook m. quod* de omstandigheid dat); (c) buiten beschouwing laten, vergeten; ▸ ~ *dicere*; (d) *(bij erfenissen, geschenken, ambten e.d.)* overslaan, buiten beschouwing laten, achterstellen [**dignos; strenuos; filium fratris**]; ▸ *Philippus et Marcellus praetereuntur* gaan met lege handen weg; (e) *(postklass.) (bij het lezen)* overslaan, *(bij het schrijven)* weglaten; ▸ *non modo litteras, sed syllabas praeterit*;
5. overschrijden [**iustum modum**]; overtreffen; ▸ *virtus tua alios praeterit*;
6. iem. *(acc.)* ontgaan, onbekend zijn; ▸ *neminem praeterit* het is algemeen bekend; *hoc te praeterit; (m. aci.) non me praeterit* me *longius prolapsum esse.*

praeter-equitō, equitāre voorbijrijden.

praeter-feror, ferrī, lātus sum voorbijsnellen, -trekken *(aan: acc.)* [**latebras**].

praeter-fluō, fluere, ——
1. voorbijstromen *(aan: acc.)*; ▸ *amnis praeterfluens moenia*;
2. *(metaf.)* uit het geheugen verdwijnen.

praeter-gredior, gredī, gressus sum *(gradior)* voorbijtrekken *(aan, langs: acc.)* [**castra**]; ook *(Laatl.) metaf.*

praeter-hāc *adv. (hāc = abl. sg. f v. hic*[1]*) (kom.)* verder, in het vervolg.

praeter-iī *zie praetereo.*

praeteritus *zie praetereo.*

praeter-īvī *zie praetereo.*

praeter-lābor, lābī, lāpsus sum
1. *(Verg.)* voorbijglijden, -rijden, -zeilen, -stromen *(aan: acc.)* [**tumulum; tellurem**];
2. *(metaf.)* ontsnappen, vervliegen; ▸ *definitio ante praeterlabitur quam percepta est (Cic.).*

praeter-lambō, lambere, —— *(Laatl.)* voorbijstromen.

praeterlātus *p.p. v. praeterferor.*

praeter-luō, luere, —— *(Apul.)* voorbijstromen.

praeter-meō, meāre *(poët.; postklass.)* voorbijgaan, -trekken *(aan: acc.)*.

praeter-mīsī *pf. v. praetermitto.*

praetermissiō, ōnis *f (praetermitto)* weglating [**formae**]; het nalaten [**aedilitatis** om zich kandidaat te stellen voor het ambt v. aedilis].

praeter-mittō, mittere, mīsī, missum
1. voorbij laten (gaan) [**neminem**];
2. *(tijd)* voorbij laten gaan, laten verstrijken [**diem**], *(een gelegenheid)* onbenut laten [**occasionem profectionis**];
3. nalaten *(m. acc.; m. inf.; neg. ook m. quin)* [**defensionem; officium; gratulationem**]; ▸ *reliqua quaerere praetermittit*;
4. (stilzwijgend) voorbijgaan aan, weglaten [**alqd silentio; alqd dignum memoriā; tantam rem neglegenter**]; *(ook m. de)*;
5. ongestraft laten, door de vingers zien [**ius gentium violatum; vitium**].

praeter-nāvigō, nāvigāre *(postklass.)* voorbijzeilen *(aan: acc.)*.

prae-terō, terere, —— *(pre- en postklass.)* van voren afwrijven.

praeter-propter *adv. (ook gesplitst) (pre- en postklass.)* ongeveer; nu eens zus, dan weer zo.

praeter-quam *adv.* behalve, uitgezonderd; ▸ *omne frumentum* ~ *quod secum portaturi erant comburunt; nullum praemium postulo* ~ *huius* *diei memoriam sempiternam*; — ~ *si* behalve wanneer; ~ *quod* afgezien daarvan dat.

praetervectiō, ōnis *f* (*praetervehor*) het voorbijvaren.

praeter-vehor, vehī, vectus sum
1. voorbijvaren, -rijden, -zeilen, -gaan, -trekken (*aan, langs*: *acc.*) [**forum; Locros classe; navibus Galliae oram**]; ▸ *classis praetervehens*; *praetervehens equo*;
2. (*metaf.*) (stilzwijgend) voorbijgaan [**locum silentio**]; ▸ *oratio quae praetervecta sit aures vestras*.

praeter-volitō, volitāre (*Phaedr.*) voorbijvliegen.

praeter-volō, volāre
1. voorbijvliegen (*aan*: *acc.*); ▸ *aquila praetervolans*; *metaf.*: *sententiae hominum sensūs praetervolant*;
2. (*metaf.*) snel verdwijnen; ▸ *occasionis opportunitas praetervolat*;
3. vluchtig behandelen *of* afdoen [**haec proposita**].

prae-tēxī *pf. v. praetego.*

prae-texō, texere, texuī, textum
1. afzetten, omzomen [**togam purpurā**]; *meestal p. adj.* **praetextus,** a, um met purperen zoom; ▸ (*toga*) *praetexta* toga met purperen zoom *van hogere magistraten, sommige priesters en vrijgeboren jongens tot 17 jaar, die vervolgens de toga virilis droegen*; — (*fabula*) *praetexta* Rom. tragedie, *die Rom. nationale thema's behandelde*;
2. voorop plaatsen [**auctorum nomina**];
3. (*metaf.*) omzomen, bezetten, bedekken; ▸ *puppes praetexunt litora* liggen aan de kust; *nationes Rheno praetexuntur* strekken zich langs de Rijn uit; *montes eas gentes praetexunt* liggen voor;
4. (*poët.*) versieren [**templum Augusto nomine**];
5. (*poët.*) verhullen, verdoezelen, goedpraten [**culpam nomine coniugii; fraudem risu**];
6. veinzen, voorwenden (*m. acc. of aci.*) [**causam; libertatem**].

praetexta, ae *f* (*praetexo*)
1. (= *toga praetexta*) toga met purperen zoom *van hogere magistraten, priesters en vrijgeboren jongens tot 17 jaar*;
2. (= *fabula praetexta*) Rom. tragedie, *die Rom. historische onderwerpen behandelde*; ▸ *-am legere*.

praetextātus, a, um (*praetexta*)
1. gekleed in toga met purperen zoom [**magistratus**];
2. van de leeftijd waarop men de toga praetexta draagt, van de jongensleeftijd [**puer; amicitia** sinds zijn jeugd];
3. (*metaf.*) (*postklass.*) kwajongensachtig; ontuchtig [**verba; mores**].

praetextum, ī *n* (*praetexo*) (*postklass.*)
1. versiering, sieraad [**rei publicae**];
2. (*metaf.*) voorwendsel.

praetextus[1] *zie praetexo.*

praetextus[2], ūs *m* (*praetexo*)
1. (*Tac.*) sier, glans, aanzien;
2. voorwendsel; ▸ *sub praetextu*.

prae-texuī *pf. v. praetexo.*

prae-timeō, timēre, timuī, — (*pre- en postklass.*) van tevoren vrezen.

prae-tīnctus, a, um (*tingo*) (*Ov.*) van tevoren natgemaakt.

prae-tondeō, tondēre, totondī, — (*postklass.*) van voren afscheren.

praetor, ōris *m* (*prae en *itor* [*v. eo*])
1. (a) leider, aanvoerder, *oorspr. aand. v. Rom. consuls en dictators* [**maximus** dictator]; (b) burgemeester *van buitenlandse steden en* (*in Carthago*) suffeet; (c) in *Rome*: *legatus pro praetore* plaatsvervangend legaat, onderaanvoerder;
2. pretor, *sinds 367 v. Chr. werden de consuls door de praetor urbanus terzijde gestaan; deze vervulde de taak v.d. rechtspraak; hij mocht de stad slechts maximaal 10 dagen verlaten; afkomst, benaming, werkterrein en het aantal pretoren veranderden in de loop der tijd; het aantal v.d. pretoren werd uiteindelijk in de keizertijd uitgebreid tot 18; de pretoren hadden net als de consuls imperium; ze hadden ook taken op militair gebied, vooral als aanvoerder v.e. reserveleger voor Italië; op het ambtsjaar v. pretor volgde dat van propretor of stadhouder in een provincie; praetor kan daarom ook voor propraetor en zelfs voor proconsul gebruikt worden*;
3. (*bij niet-Rom. volken*) (a) legeraanvoerder, veldheer; (b) stadhouder, satraap.

praetōriānus (*praetorium*)
I. *adj.* a, um (*postklass.*) tot de keizerlijke lijfwacht behorend [**miles** pretoriaanse soldaat; **cohors** *en* **exercitus** pretoriaanse garde];
II. *subst.* ī *m* (*postklass.*) pretoriaan.

praetōricius, a, um (*praetor*) (*Mart.*) van de pretor, door de pretor verleend [**corona**].

praetōrium, ī *n* (*praetorius*)
1. hoofdkwartier in een Rom. legerkamp; ▸ *fit concursus in -um*; — *metaf.* (*Verg.*) cel v.d. bijenkoningin;

2. aanvoerderstent [**dictatoris**]; ▸ *in -um se conferre;*
3. (*meton.*) krijgsraad; ▸ *-o dimisso;*
4. ambtswoning v.d. stadhouder;
5. (*postklass.*) keizerlijke lijfwacht, pretoriaanse garde; ▸ *in -um accepti; praefectus -o* pretoriaans prefect;
6. (*Laatl.*) paleis, herenhuis [**regis**]; (*Mel.*) raadhuis.

praetōrius (*praetor*)
I. *adj.* a, um
1. pretoriaans, pretor- [**comitia** verkiezing v. pretoren; **potestas** ambt v. pretor; **provincia**; **ius**]; *ook* propretoriaans, van de propretor, van de stadhouder [**domus** ambstwoning; **exercitus**; **cohors** gevolg];
2. van een veldheer, aanvoerders- [**imperium** opperbevel; **porta** hoofdpoort v.h. legerkamp *in de buurt v.d. veldheerstent;* **cohors** lijfwacht van de legeraanvoerder, *later* van de keizer];
II. *subst.* ī *m*
1. oud-pretor;
2. (*postklass.*) man met de rang v. pretor.

prae-torqueō, torquēre, torsī, tortum (*Plaut.*) omdraaien.

prae-totondī *pf. v. praetondeo.*

prae-tractō, tractāre (*Tac.*) van tevoren behandelen.

prae-trepidō, trepidāre (*Catull.*) van tevoren zenuwachtig zijn.

prae-trepidus, a, um (*postklass.*) hevig bevend [**cor** kloppend]; *metaf.* zeer angstig.

prae-truncō, truncāre (*Plaut.*) van voren afhakken.

prae-tulī *pf. v. praefero.*

praetūra, ae *f* (*praetor*) pretuur:
1. ambt, positie v. pretor *in Rome;* ▸ *-ae iurisdictio;*
2. stadhouderschap *in de provincie;*
3. (*bij niet-Rom. volken*) rang v. legeraanvoerder.

prae-umbrō, umbrāre (*Tac.*) overschaduwen; *metaf.* verduisteren.

prae-ustus, a, um (*uro*)
1. aan de voorkant in het vuur gehard [**hasta**];
2. stijf bevroren [**artus; membra**].

prae-ut *adv.* (*kom.*) in vergelijking met de manier waarop; in vergelijking met; ▸ *~ si.*

prae-valeō, valēre, valuī, —
1. zeer krachtig, sterk zijn, *meestal ptc. pr.;* ▸ *praevalens iuvenis Romanus;*
2. (*metaf.*) zeer veel gedaan weten te krijgen, veel betekenen; overwicht, voorrang hebben, (*bij stemmingen*) de meerderheid krijgen [**auctoritate; pugnā equestri; atrocitate criminis**]; ▸ *in Aegypto hic mos praevalet; — m. abl.: sapientia semper praevalet virtute* vermag meer dan.

prae-valēscō, valēscere, valuī, — (*postklass.*) voorrang krijgen.

prae-validus, a, um zeer sterk, heel krachtig, zeer machtig [**ramus; iuvenis; nomina** belangrijk; **vitia; terra** zeer vruchtbaar].

prae-vallō, vallāre (*postklass.*) verschansen, versterken [**pontem adversus hostem**].

prae-valuī *pf. v. praevaleo en praevalesco.*

praevāricātiō, ōnis *f* (*praevaricor*) (*jur.*) samenspanning met de tegenpartij, schijnaanklacht, verraad v.d. eigen zaak.

praevāricātor, ōris *m* (*praevaricor*) advocaat die met de tegenpartij heult, schijnadvocaat, *alg.* ontrouwe zaakwaarnemer, verrader [**Catilinae** schijnaanklager; **causae publicae** schijnverdediger]; ▸ *praevaricatorem sibi apponere.*

praevāricātrīx, īcis *f* (*praevaricator*) (*eccl.*) zondares.

prae-vāricor, vāricārī (*varico*)
1. (*Plin. Mai.*) niet recht gaan; ▸ *arator praevaricatur* houdt bij het ploegen geen recht spoor;
2. (*metaf.*) (*jur.*) samenspannen met de tegenpartij, een schijnaanklacht indienen; ▸ *interdum non defendere, sed ~ accusatione videbatur* (*Cic.*);
3. iem. afvallen, bedriegen;
4. (*eccl.*) veronachtzamen, verzaken [**verbum domini**].

prae-vehor, vehī, vectus sum
1. vooruitrijden, -stromen, -vliegen; ▸ *equites praevecti* vooruitgereden; *praevectus equo; praevectus ad Germanicum exercitum;*
2. voorbijrijden, -stromen (*aan: acc.; ook praeter*); ▸ *Rhenus Germaniam praevehitur; missilia praevehuntur* vliegen voorbij; (*metaf.*) *verba praevehuntur* snellen voorbij.

prae-vēlōx, *gen.* ōcis (*postklass.*) zeer snel [**camelus**].

prae-veniō, venīre, vēnī, ventum (*ook gesplitst*)
I. *intr.* van tevoren, eerder komen; ▸ *Lucifero praeveniente* (*Ov.*);
II. *tr.*
1. vóór zijn, inhalen (*m. acc.*) [**hostem; desiderium plebis; famam**]; ▸ *pass.: alqs praevenitur* men haalt iem. in;
2. van tevoren, eerder doen, *o.a.:* (a) verijdelen, verhinderen [**perfidiam**]; (b) voortijdig be-

ëindigen; ▸ *morte praeventus;*
3. *(postklass.)* overtreffen; ▸ *ingenio praeveniebat multos graves et doctos viros.*

prae-verrō, verrere, —— *(Ov.)* van tevoren vegen [**veste vias**].

prae-vertō, vertere, vertī, versum *en* **-vertor,** vertī, versus sum
1. *(Plaut.)* eerst nemen, pakken [**poculum**];
2. *(poët.)* sneller zijn dan, inhalen *(m. acc.)* [**ventos cursu**]; ▸ *fugā praevertitur Hebrum; praevertunt me fata;*
3. *(metaf.)* zich het eerst *of* bij voorkeur wenden tot, vooral bedacht zijn op *(m. acc.; dat.)*; ▸ *huic rei praevertendum existimavit (Caes.);*
4. de voorkeur geven, prefereren *(boven: dat.; prae)*; ▸ *nihil huic sermoni praevertendum est; ne me uxorem praevertisse dicant prae re publica (Plaut.);*
5. voorkómen, verhinderen, verhoeden [**alqd celeritate**];
6. *(Verg.)* overvallen, overrompelen [**animos amore**];
7. overtreffen, de voorkeur verdienen boven, belangrijker zijn, meer waarde hebben dan *(m. dat.)*; ▸ *pietatem amori tuo ~ video (Plaut.); metus praevertit* voert de boventoon;
8. *(alleen dep.)* zich eerst wenden naar *(m. in m. acc.)* [**in Thessaliam**].

prae-videō, vidēre, vīdī, vīsum
1. *(poët.; postklass.)* van tevoren zien [**ictum venientem**];
2. *(metaf.)* voorzien, voorvoelen [**impetum hostium**]; ▸ *praevisum periculum subterfugere.*

prae-vinciō, vincīre, vīnxī, vīnctum *(Gell.)* van tevoren binden.

prae-vitiō, vitiāre *(Ov.)* van tevoren bederven, verontreinigen.

prae-vius, a, um *(via; vgl. ob-vius) (poët.)* voor(-op)gaand; voorafgaand.

prae-volō, volāre voorop vliegen.

prae-vort- *(arch.)* = *praevert-.*

prāgmaticus *(Gr. leenw.)*
I. *adj.* a, um
1. ervaren, ter zake kundig, *ihb. in staatszaken;*
2. *(Laatl.)* civiele zaken betreffend [**sanctio**];
II. *subst.* ī *m* rechtskundige, jurist.

prandeō, prandēre, prandī, prānsum *(prandium)*
I. *intr.* ontbijten, lunchen [**ad satietatem**]; ▸ *perbene ~;* — *ptc. pf.* **prānsus,** a, um die ontbeten heeft: *milites curati et pransi* = die goed verzorgd zijn en gegeten hebben; *pransus potus* volgestouwd met voedsel en drank;
II. *tr. (poët.)* als ontbijt nuttigen [**luscinias; olus**].

prandium, ī *n*
1. lunch *(bestaand uit brood, vis, koud vlees e.d.)*; ▸ *alqm ad -um invitare;*
2. *(Plaut.)* voer, voeder *(voor dieren)*.

prānsitō, prānsitāre *(intens. v. prandeo)* ontbijten, lunchen.

prānsor, ōris *m (prandeo) (Plaut.)* iem. die deelneemt aan een ontbijt *of* lunch.

prānsus *ptc. pf. (meestal act.) v. prandeo.*

prasinātus, a, um *(prasinus) (Petr.)* lichtgroen gekleed.

prasiniānus, ī *m (prasinus) (Petr.)* aanhanger v.d. groene partij *(bij de wagenrennen)*.

prasinus *(Gr. leenw.) (postklass.)*
I. *adj.* a, um
1. lichtgroen;
2. behorend bij de groene wagenmenners *bij de circusspelen* [**factio** de groene partij v.d. wagenmenners];
II. *subst.* ī *m* wagenmenner v.d. groene partij.

prātēnsis, e *(pratum) (poët.; postklass.)* op weiden groeiend, weide- [**fungus**].

prātulum, ī *n (demin. v. pratum)* kleine wei, weitje.

prātum, ī *n*
1. wei, weide; ▸ *-orum viriditas; (poët.) metaf. Neptunia -a* = de zee;
2. *(poët.) (meton.)* weidegras, *ook plur.*

prāvitās, ātis *f (pravus)*
1. kromheid, misvormdheid, vergroeiing [**corporis; membrorum**];
2. het scheeftrekken, verwringen [**oris**];
3. *(metaf.)* verdorvenheid, slechtheid [**mentis; animi; consilii; orationis; consulum**]; *plur.* slechte eigenschappen;
4. verkeerde beoordeling, eigenwijsheid, fout.

prāvum, ī *n (pravus)*
1. kromheid; ▸ *artūs in -um elapsi* ontwricht;
2. *(metaf.)* verdorvenheid.

prāvus, a, um
1. krom, scheef, misvormd, vergroeid [**membra; nasus**];
2. *(metaf.)* verkeerd, pervers [**sententia; voluptas**];
3. slecht, verdorven, onrechtvaardig, boosaardig [**mens; affectio; consilium; certamen; mos**].

prāxis, *acc.* im *f (Gr. leenw.) (Petr.)* bewijs; ▸ *praxim habere* leveren.

Prāxitelēs, is *en* ī *m Griekse beeldhouwer en brons-*

gieter uit de 4e eeuw v. Chr.; — *adj.* **Prāxitelius,** a, um.

precārius, a, um *(preces)* *(adv. -ō)*
1. afgesmeekt, afgebedeld, als gunst verleend [**auxilium; libertas; victus** genadebrood];
2. *(Tac.)* voorwaardelijk, onzeker, onbestendig, van tijdelijke aard [**imperium; vita; forma; fulgor**];
/ *adv.* **precāriō** (a) smekend, bedelend; uit medelijden [**petere; tradere**]; (b) *(postklass.)* tot wederopzegging [**praeesse**].

precātiō, ōnis *f* *(precor)*
1. smeekbede, gebed;
2. *(postklass.)* gebedsformule.

precātor, ōris *m* *(precor)* *(kom.)* (iem. die) voorspraak (verleent), bemiddelaar.

precātus, ūs *m* *(precor)* *(Laatl.)* smeekbede, gebed.

precēs, um *f*; *sg.* *(alleen dat., acc. en abl.)* **prex,** *acc.* precem
1. smeekbede, verzoek; ▸ *omnibus precibus petere ut* op alle mogelijke manieren; *cum magna prece ad alqm scribere; fatigare alqm precibus; alcis preces repudiare;*
2. gebed; ▸ *in cassum mittere preces* tevergeefs bidden;
3. *(Catull.)* voorspraak;
4. verwensing, vloek; ▸ *omnibus precibus alqm detestari; preces diras fundere;*
5. *(Ov.)* wens.

precius, = *praecius.*

precor, precārī *(preces)*
1. verzoeken, smeken, bidden om *(iem.: acc.; ab; iets: acc.; m. ut, ne; conj.; aci.; dubb. acc. bij neutr. v.e. pron. of alg. adj.)* [**deos; penates; patrem; absolutionem; auxilium; veniam; vitam fratri** om het leven v. zijn broer; **eadem a dis; haec cives**]; ▸ *verba precantia* smekende woorden; *Faune, precor, miserere;*
2. *iem. iets goeds of slechts* (toe)wensen [**alci bene** geluk toewensen; **alci male** ongeluk toewensen; **alci omnia bona, omnia mala; felicitatem rei publicae; alci reditum**].

prehendō, prehendere, prehendī, prehēnsum *en (minder vaak)* **prēndō,** prēndere, prēndī, prēnsum
1. nemen, pakken, grijpen [**signa manibus; alcis dextram; boves; alqm manu; alqm pallio** bij zijn jas; *metaf.* **occasionem; principium**];
2. (met geweld) oppakken, arresteren [**servum fugitivum; furem**];
3. innemen, bezetten, veroveren [**arcem**]; ▸ *Caesar Pharum prehendit;*
4. *(pre- en postklass.)* betrappen *(op, bij: in m. abl.)* [**servos; in furto**];
5. *(metaf.)* *(poët.)* bereiken; inhalen [**altum; oras Italiae; currum; alqm cursu**];
6. waarnemen; ▸ ~ *alqd oculorum lumine;*
7. begrijpen, snappen; ▸ *ex his quae sensum effugiunt, ratione prehenduntur (Sen.).*

prehēnsō, prehēnsāre *en* **prēnsō,** prēnsāre *(intens. v. prehendo)*
1. beetgrijpen, vastpakken [**manūs alcis; alcis genua; arma; tribunos; veteranos**];
2. solliciteren bij *(m. acc.)* [**patres**], *abs.* zich kandidaat stellen; ▸ *Galba prensat;* ~ *homines et concursare toto foro candidati coepere (Liv.).*

prehēnsus ppp. *v. prehendo.*

prēlum, ī *n* *(premo)* *(niet-klass.)* pers *(om vruchten uit te persen of om dingen glad te maken).*

premō, premere, pressī, pressum
1. drukken, persen [**natos ad pectora; frena dente** bijten op; **ora ore** zoenen, kussen; **alqd morsu; frena manu** stevig vasthouden]; ▸ *presso molari; pede pedem alci* ~;
2. *(poët.)* uitdrukken, uitpersen, door persen maken [**bacas; mella** uit de raat persen; **oleum; balanum; vina** persen; **caseum, lac** kaas maken; **ubera** melken]; *metaf.* afdwingen [**confessionem**];
3. *(poët.)* met het lichaam drukken op = zitten, liggen, staan, trappen, vallen op; gaan zitten, gaan liggen op *(m. acc.)* [**torum; cubilia; humum; solum; anguem; ebur** op de curulische zetel zitten; **vestigia alcis** in iems. voetsporen treden; **axes, currum** rijden op, in]; ▸ *angustos saltus montium praesidiis* ~ dicht bezetten, versperren;
4. *een vrouw* verkrachten; *(Mart.) een vrl. dier* bespringen;
5. bevrachten, beladen [**tergum equi; ratem merce; equos curru** voor de wagen spannen]; ▸ *trabes premunt columnas* liggen op; *carinae pressae; magno et gravi onere armorum pressi; equi colla iugo pressi;*
6. achtervolgen, vervolgen [**cervum ad retia** de netten in jagen; *meton.* **crimen**]; ▸ *(metaf.) poena culpam premit;*
7. *(poët.)* bedekken, omgeven, omsluiten [**crinem fronde; mitrā capillos; canitiem galeā; arva pelago** overspoelen; **alqd terrā** begraven]; ▸ *sacrā lauro (= laureā) premi; luna sole premitur* wordt verduisterd; *(metaf.) quies alqm premit;*

8. *(poët.)* strijken langs, aanraken [**litus; aëra** vliegen];
9. drukken *(in: in m. abl.)* [**dentes in vite; vestigium leviter; ensem in corpore; ferrum in guttura; pollicem** tegen de wijsvinger]; ▸ *pressus vomer;*
10. *(poët.)* planten, inzaaien [**virgulta per agros; papaver**];
11. *(poët.)* *(bomen, wijnstokken)* kort houden, snoeien [**salictum; luxuriem falce**];
12. *(poët.)* doorbóren [**alqm hastā**];
13. *(poët.; postklass.)* naar beneden drukken, laten zakken [**currum** de diepte in sturen]; *pass.* zich naar beneden laten zakken, naar beneden vallen; ▸ *dextra pressa; mundus premitur in austros; aulaeum premitur* het doek gaat open *(aan het begin v.d. voorstelling)*;
14. *(poët.; postklass.)* op de grond werpen, neerslaan [**armigerum; paucos**]; ▸ *pressus et exanimatus est;*
15. *(poët.; postklass.)* (uit)graven, uitdiepen [**alveum; fossam**]; ▸ *cavernae in altitudinem pressae;*
16. onderdrukken, niet laten ontstaan [**pavorem vultu; filii vocem; vulgi sermones**]; ▸ *cohibere et ~ sensūs suos;*
17. terugdringen, doen ophouden, tegenhouden [**sanguinem; ignem** blussen; **vestigia** zijn pas inhouden, blijven staan; **aequora; lucem** niet doorlaten; **vocem** fluisteren *of* zwijgen];
18. *(poët.; postklass.)* sluiten, samendrukken, samentrekken, dichtdrukken [**ōs** de mond; **oculos mortui; manūs; habenas** straktrekken]; ▸ *iungere oscula pressa* zoenen, kussen; *faucibus premor; Nilus obiectu montium pressus* vernauwd;
19. *(metaf.)* drukken, bezwaren, hinderen; ▸ *premi periculo, valetudine; re frumentaria premi* een tekort aan graan hebben; *invidiā et odio populi premi; cum aut aere alieno, aut magnitudine tributorum, aut iniuriā potentium premuntur (Caes.)*;
20. in het nauw brengen, lastigvallen [**oppidum, hostem obsidione; castra; alqm verbo** op zijn woorden pakken; **alqm criminibus** met beschuldigingen bestoken]; ▸ *alqo premente* op iems. aandringen; *premi bello ab alqo; cum a plerisque ad exeundum premeretur, exire noluit;*
21. *(poët.; postklass.)* verbergen, onderdrukken [**dolorem; pavorem; iram; alqd ore** verzwijgen; **odium; interius omne secretum**]; ▸ *exitum temporis futuri caliginosa nocte ~ ;*
22. benadrukken, vasthouden aan, blijven bij *(m. acc.)* [**argumentum; propositum**];
23. *(Ov.)* markeren [**rem notā**];
24. *(metaf.)* minachten [**superiores; arma** wapenfeiten], verachten, geringschatten [**omnia humana**]; ▸ *~ ac despicere;*
25. *(poët.; postklass.)* beheersen, onderdrukken; ten val brengen [**populos dicione; Mycenas servitio; rem publicam; inimicum**];
26. *(poët.)* overtreffen; ▸ *facta premant annos; vetustas laude saecula nostra premat;*
27. samenvatten, kort weergeven; ▸ *haec enim, quae a nobis dilatantur, Zeno sic premebat (Cic.).*

prēndī *pf. v. prendo, zie prehendo.*

prēndō *zie prehendo.*

prēnsātiō, ōnis *f (prenso)* het dingen naar een ambt.

prēnsō *zie prehenso.*

prēnsus *ppp. v. prendo, zie prehendo.*

presbyter, erī *m (Gr. leenw.) (eccl.)* ouderling; priester.

pressī *pf. v. premo.*

pressim *adv. (Apul.)* stevig.

pressiō, ōnis *f (premo)*
1. het drukken, druk;
2. steunpunt v.e. hefboom, stut; hefboom, lier.

pressō, pressāre *(intens. v. premo) (poët.)* drukken, duwen, persen [**ubera palmis, manibus** melken].

pressulus, a, um *(pressus[1]) (Apul.)* een beetje ingedrukt.

pressūra, ae *f (premo) (postklass.)*
1. druk;
2. het drukken, persen.

pressus[1], a, um *(p. adj. v. premo)*
1. opeengedrukt, samengeperst, dicht op elkaar; ▸ *milites ducit ad castra -o gradu* in gesloten gelederen; *amplexu -o* stevig;
2. *(v.d. stem)* gedempt, fluisterend [**vox; sonus**];
3. *(retor.)* bondig, kort, beknopt; duidelijk [**oratio; orator**]; ▸ *-e dicere; quis te est in explicandis pressior?; Thucydides verbis ~ ;*
4. *(postklass.)* ingehouden, terughoudend [**cunctatio**].

pressus[2], ūs *m (premo)* het drukken, druk [**ponderum; duplex palmarum; oris** goede articulatie].

prēstēr, ēris *m (acc. plur. -ēras) (Gr. leenw.)* verzengende wervelwind *in de vorm v.e. vuurzuil.*

pretiōsitās, ātis *f* (*pretiosus*) (*postklass.*) kostbaarheid.

pretiōsus, a, um (*pretium*)
1. kostbaar, waardevol, schitterend [**equus; vehiculum; vasa; praeda; possessiones; opus humani animi**]; ▸ *quid libertate pretiosius* (*Plin. Min.*);
2. duur, extravagant; ▸ *-o pretio emere alqd*;
3. (*Hor.*) verkwistend [**emptor**].

pretium, ī *n*
1. prijs, (gelds)waarde [**agri; praedii**]; ▸ *merces magni* (*parvi*) *-i*; *-um facere* (*v. verkopers*) een prijs vragen, (*v. kopers*) een bod doen; *indica, fac -um!*; *in -o esse en -um habere* iets waard zijn; *ad nullum -um sui redigi* zijn waarde verliezen; *-um constituere, statuere* bepalen; *servos immensis -is vendere*;
2. (*meton.*) (a) geld; ▸ *-o alqd emere* met, voor geld; *magno -o* duur, *parvo -o* goedkoop; *-um alci reddere, restituere*; *converso in -um deo* (*Hor.*) in goud(en regen); (b) losgeld; ▸ *pactum pro capite* ~ ; *captivos sine -o reddere*; (c) loon, soldij, beloning, prijs (*voor: gen.*) [**virtutum; certaminis** prijs voor de overwinning; **palmae victoribus; manūs** arbeidsloon]; ▸ ~ *morae* voor het oponthoud; (*operae*) *-um est audire* het is de moeite waard; *reddere opis -um pro factis*; *operae -um facere* iets lonends doen; *-um polliceri*; *-o afficere alqm* belonen; *magna operae -a mereri*; (d) (*poët.*) straf; ▸ *ego -um ob stultitiam fero* (*Ter.*); *et peccare nefas, aut -um est mori* (*Hor.*); (e) omkoopsom.

prex *zie preces.*

Priamus, ī *m*
1. *koning v. Troje, zoon v. Laomedon, echtgenoot v. Hecuba, vader v. o.a. Hector, Paris en Cassandra, door Neoptolemus* (*Pyrrhus*) *gedood*; — *adj.* **Priamēius,** a, um; — *patron.* (a) **Prīamidēs,** ae *m* zoon v. Priamus; (b) **Priamēis,** idis *f* dochter v. Priamus = Cassandra;
2. *kleinzoon van 1., zoon v. Polites.*

Priāpus, ī *m*
1. *vruchtbaarheidsgod, oorspr. in Kl.-Azië, later in Griekenland en Rome vereerd, als zinnebeeld v. potentie met een reusachtige penis afgebeeld*;
2. (*poët.*) (*metaf.*) (a) geil persoon; (b) mannelijk geslachtsdeel, penis [**vitreus** drinkbeker in de vorm v.e. penis; **siligineus** gebak in de vorm v.e. penis].

prīdem *adv.*
1. lang geleden; ▸ *non* ~ ; *haud* ~ ; *non ita* ~ onlangs; *iam* ~ *ad te scripseram* al een tijd geleden; *quam* ~ hoe lang geleden; hoe lang al;
2. een tijdje geleden, vroeger, al eens.

prīdiānus, a, um (*pridie*) (*postklass.*) van gisteren, van de vorige dag.

prī-diē *adv.* gisteren, de dag (er)voor (*abs.*; *m. acc. of gen. v.d. dag of gebeurtenis, vanaf waar gerekend wordt*; *m. volg. quam*); ▸ *ipse* ~ *profectus est*; ~ *eum diem of eius diei*; ~ *nuptiarum diem*; ~ *Idūs*; ~ *circenses*; ~ *insidiarum* de dag voor de aanslag; ~ *quam Athenas veni* voor mijn aankomst te Athene; ~ *quam ex urbe proficisceretur, contio fuit* (*Cic.*).

Priēnē, ēs *havenstad in Z.-Ionië.*

prīm-aevus, a, um (*primus en aevum*) (*poët.*) jeugdig, jong [**corpus**].

prīmānī, ōrum *m* (*primus*) (*Tac.*) soldaten v.h. eerste legioen.

prīmārius, a, um (*primus*) voornaam, uitmuntend, voortreffelijk [**femina; vir; locus**].

prīmās, ātis *m* (*primus*) (*Laatl.*) de eerste, voornaamste.

prīmātus, ūs *m* (*primus*) (*pre- en postklass.*) eerste plaats, voorrang.

prīmē *adv., zie primus.*

prīmi-cērius, ī *m* (*primus en cera, eig. diegene, wiens naam bovenaan op het met was bestreken schrijftafeltje staat*) (*Laatl.*) aanvoerder, leider.

Prīmi-genia, ae *f* (*primus en geno = gigno*) *bijnaam v. Fortuna, die de door het lot begunstigden vanaf hun geboorte op hun levenspad begeleidt.*

prīmi-genius, a, um (*primus en geno = gigno*) eerstgeboren, oorspronkelijk.

prīmi-genus, a, um (*primus en geno = gigno*) (*Lucr.*) oorspronkelijk, allereerst.

prīmīpīlāris (*primipilus*) (*postklass.*)
I. *adj.* e behorend tot de eerste manipel v.d. eerste cohort v.e. legioen;
II. *subst.* is *m* centurio v.d. eerste manipel v.d. eerste cohort v.e. legioen.

prīmī-pīlus, ī *m* (*primus en pilus*[2]) centurio v.d. eerste manipel v.d. eerste cohort v.e. legioen, centurio met de hoogste rang.

prīmī-scrīnius, ī *m* (*primus en scrinium*) (*Laatl.*) hoofdarchivaris.

prīmitiae, ārum *f* (*primus*)
1. (*v. vruchten*) eerstelingen;
2. (*poët.*; *postklass.*) eerste opbrengst, eerste productie [**metallorum**];
3. (*Verg.*) (*metaf.*) eerste poging; eerste wapenfeit [**iuvenis**]; ▸ *a -is* van het begin af aan, totaal.

prīmitīvus, a, um *(primus) (Laatl.)* het *of* het eerste in zijn soort [**flores** die als eerste bloeien; **anni** de eerste jaren].

prīmitus *adv. (primus) (niet-klass.)* voor de eerste keer; in het begin.

prīmō *adv., zie primus.*

prīmōgenita, ōrum *n (primogenitus) (August.)* eerstgeboorterecht.

prīmō-genitus, a, um *(Laatl.)* eerstgeboren.

prīmor, *gen.* ōris *(meestal plur.)*
1. eerst, voorst, het voorste deel; vooraan, voorin [**pars; digiti** vingertoppen; **dentes** voortanden]; ▸ *primori in acie versari; (metaf.) primoribus labris attingere of gustare alqd* met het puntje v.d. tong dwz. zich oppervlakkig, vluchtig met iets bezighouden; *primori Marte* in het begin v.d. oorlog; — *subst.* **prīmōrēs,** um *m (milit.)* de voorste gelederen: *dimicare inter primores; ad primores provolare;*
2. voornaam, aanzienlijk [**feminae**]; — *subst.* **prīmōrēs,** um *m* de voornaamsten, invloedrijksten [**populi; equestris gradūs**].

prīmōrdiālis, e *(primordium) (postklass.)* oorspronkelijk.

prīm-ōrdium, ī *n (primus en ordior)*
1. allereerste begin, oorsprong, *meestal plur.* [**urbis; mundi; gentis; eloquentiae**];
2. *(Tac.)* ambtsaanvaarding [**principis**].

prīmulus, a, um *(demin. v. primus) (kom.)* eerst, vroegst; — *adv.* **prīmulum** voor de eerste keer.

prīmum zie *primus.*

prīmum-dum *adv. (Plaut.)* in de eerste plaats.

prīmus
I. *adj.* a, um
1. *(v. plaats)* eerst, voorst [**dentes** voortanden; **digitus** vingertop; **pars aedium; provincia; urbs** voorste deel v.d. stad; **agmen** voorhoede; **liber Odysseae**]; ▸ *-o limine* voorop de drempel; *in -a epistula* aan het begin v.d. brief; — *(poët.; postklass.) pred.* bij *verba* als eerste (= *primum*): *rex primus terram saltu contigit;* — *primus quisque:* (a) de een na de ander, op de rij af; (b) de eerste de beste: *-o quoque tempore* bij de eerste gelegenheid, zo spoedig mogelijk; *primo quoque die;*
2. *(v. tijd)* eerst, beginnend [**initium; sol** de opgaande zon; **tellus** nog jong; **tumultus** opstijgend lawaai]; ▸ *-a luce* bij het aanbreken v.d. dag; *-a nocte* bij het vallen v.d. nacht; *-o anno* aan het begin v.h. jaar; *-o adventu* meteen bij aankomst;
3. *(metaf., v. rang of stand)* voornaamst, belangrijkst, voortreffelijkst, met het meeste aanzien [**omnium; humani generis; urbs Italiae; praedium**]; ▸ *primas partes agere* de hoofdrol spelen; *sum apud te primus* ik kom bij jou op de eerste plaats;
II. *subst.*
1. **prīmī,** ōrum *m* voorsten; ▸ *in -is stare* op de eerste rij; ~ *hostium* de voorhoede;
2. **prīmae,** ārum *f (vul aan: partes)* (a) hoofdrol, *ook metaf.* eerste plaats; ▸ *-as dare* de eerste plaats (= het meeste belang) toekennen; *-as agere* spelen; *-as deferre* opdragen; *-as concedere* inruimen; (b) hoofdprijs; ▸ *-as ferre* de hoofdprijs behalen;
3. **prīmum,** ī *n* (a) voorhoede, *ook plur.*; ▸ *in -um provolare;* (b) begin, *ook plur.*; ▸ *-a belli; a primo* vanaf het begin; *in -o* in het begin; *hoc a -o cogitavit* van het begin af aan; (c) *plur.* eerste plaats, begin; ▸ *-a tenere* innemen; *ad -a* voortreffelijk, bijzonder; (d) *plur.* oerstoffen, elementen; ▸ *-a naturae* de aangeboren neigingen;
III. *adv.*
1. **prīmum** (a) voor het eerst; ▸ *primum omnium* allereerst; *ac primum quidem* en om te beginnen; (b) voor de eerste keer; ▸ *hodie* ~; *tum* ~; *eo die* ~; (c) *(in opsommingen)* eerst, ten eerste; ▸ *primum ... deinde ... tum ... denique (of postremo); primum ... subinde; primum ... mox; primum ... secundo loco;* (d) *quam primum* zo snel mogelijk; *ubi (of cum, ut, simul, simulac) primum* zodra; ▸ *ubi primum potuit, istum reliquit;*
2. **prīmō** (a) voor de eerste keer; (b) in het begin, aanvankelijk; ▸ *primo quinque naves habuit, postea decem (Liv.); cum primo (niet-klass.)* zodra;
3. **prīmē** *(Plaut.)* bijzonder, voortreffelijk;
4. **cum prīmīs** zie *cumprimis;*
5. **in prīmīs** zie *imprimis.*

prīn-ceps, *gen.* cipis *(abl. sg.* -cipe; *gen. plur.* -cipum) *(primus en capio)*
I. *adj.*
1. eerste, voorste, *vaak predicatief* het eerst, als eerste, vooraan; ▸ ~ *in agendo; Hannibal* ~ *in proelium ibat* het eerst; ~ *Sicilia se ad amicitiam populi Romani applicuit;*
2. *(in rang)* de eerste, voornaamste, aanzienlijkste, hoofd- [**orator; philosophi; in civitate** *of* **civitatis**]; ▸ *principem locum tenere; principe loco genitus;*
3. het meest van allen begaafd met, talentvol in

(*m. gen.*) [**doctrinae**];
4. bijzonder geschikt (*voor: ad*); ▸ *amor* ~ *ad benevolentiam coniungendam*;
II. *subst. m en f*
1. leider, de voornaamste, aanzienlijkste [**provinciae; equestris ordinis; eius rei; Argonautarum; legatorum** *of* **legationis** woordvoerder; **coniurationis**]; ▸ (*metaf.*) *Roma* ~ *urbium* koningin; — *plur.* **prīncipēs,** um *m* (*pol.*) aanzienlijkste politici, voornaamsten; machthebbers, heersers [**rerum publicarum** politici; **rei publicae; plebis**];
2. instigator, stichter, schepper, hoofd [**consilii; rogationis** initiatiefnemer; **nobilitatis** stamvader; **inveniendi** uitvinder]; ▸ *Zeno* ~ *Stoicorum*;
3. raadgever, adviseur [**ad suscipiendam rationem horum studiorum**];
4. ~ *senatūs* de eerste, meest invloedrijke senator, *wiens naam als eerste op de senatorenlijst stond*;
5. ~ *iuventutis* (*in de republikeinse tijd*) leider v.d. riddercenturiën; (*in de keizertijd*) volwassen zoon v.d. keizer *tot aan zijn toelating in de senaat*;
6. (*postklass.*) heerser, vorst, princeps [**gentis**]; *titel v.d. Rom. keizer*; ▸ *Augustus cuncta nomine principis sub imperium accepit* (*Tac.*); *feminae principes* vrouwen uit de keizerlijke familie;
7. (*milit. t.t.*) (a) (*plur.*) **prīncipēs,** um *m oorspr.* soldaten die in de eerste, *later* die in de tweede linie stonden; (b) (*coll.*) manipel (= twee centuriën) v.d. principes; ▸ *octavum principem duxit*; (c) centurio v.d. principes [**tertiae legionis**].

prīncipāle, is *n* (*principalis*)
1. hoofdzaak, belangrijkste punt;
2. (*filos.*) leidinggevend gedeelte *van de geest.*

prīncipālis[1], e (*princeps*)
1. eerst, oorspronkelijk [**causae; verba**];
2. (*postklass.*) belangrijkst, hoofd- [**quaestio**]; ▸ *principalia urbis loca*;
3. (*postklass.*) vorstelijk, keizerlijk [**maiestas**];
4. naar het hoofdkwartier in het legerkamp voerend [**via** brede dwarsstraat v.h. legerkamp; **porta (dextra, sinistra** rechter-, linker)zijpoort v.h. legerkamp]; ▸ *manipulos legionum principali via inducit.*

prīncipālis[2], is
1. *m* vooraanstaand burger;
2. *f* (*vul aan: porta*) zijpoort v.h. legerkamp; ▸ *egressus dextrā -i* (*Liv.*).

prīncipātus, ūs *m* (*princeps*)
1. eerste plaats, voorrang, voorkeur; ▸ *sol astrorum obtinet principatum* (*Cic.*); *eloquentiae dignitatis principatum dare* (*Cic.*); *principatum sententiae tenere* als eerste zijn stem uit mogen brengen;
2. hoogste positie, hegemonie, machtspositie, heerschappij, commando [**imperii maritimi** bevel ter zee; **belli administrandi**]; ▸ *principatum in civitate obtinere; principatum alci dare, tradere; principatum agere* de baas spelen; *de principatu cum Atheniensibus certamen est* (*Nep.*) om de heerschappij; *Cassio* ~ *datur*;
3. (*postklass.*) keizerschap, principaat; ▸ *Neronis principatu; Nerva miscuit principatum et libertatem* (*Tac.*);
4. (*meton.*) Rom. keizer, princeps;
5. (*filos. t.t.*) leidend principe *van het handelen,* leidende kracht [**animi**];
6. begin, oorsprong [**opusculi**]; ▸ *mundus a temporis principatu ortus.*

prīncipiālis, e (*principium*) (*Lucr.*) aanvankelijk, oorspronkelijk.

prīncipium, ī *n* (*princeps*)
1. begin, oorsprong [**imperii; generis; libri; pontis**]; ▸ *nec -um nec finem habere; -um capere, sumere, exordiri* beginnen; (*abl.*) *-o* in het begin: *-o veris, orationis, anni, belli; -o . . . postea; a -o* vanaf het begin *of* in het begin: *a -o ordiamur*; *in principiis dicendi*;
2. (*poët.*) (*meton.*) grondlegger, stichter; ▸ *Graecia* ~ *moris fuit* (*Ov.*);
3. grondbeginsel [**iuris; naturae** *of* **naturalia** aangeboren neigingen; **-a philosophiae**]; ▸ *recte sapere est -um et fons* (*Hor.*);
4. grondstof, element, *meestal plur.* [**rerum**]; ▸ *quattuor genera principiorum; -a rerum ex quibus omnia constant*;
5. tribus *of* curia die als eerste stemt bij de comitia; ▸ *Faucia curia fuit* ~ stemde als eerste;
6. ereplaats, eerste plaats;
7. (*milit.*) (*plur.*) (a) voorste gelederen, front; ▸ *equites post -a collocare*; (b) hoofdkwartier *van het Rom. legerkamp* [**castrorum**]; ▸ *paucos militum in -a vocat* (*Tac.*);
8. (*Mel.*) principe.

prīncipor, prīncipārī (*princeps*) (*Laatl.*) heersen, heerser zijn; ▸ *in vestitu vario Flora principatur.*

prior, *neutr.* prius, *gen.* priōris
1. (*v. plaats*) voorst [**pedes; pars**]; ▸ *inter columnas priores*; — *ook als subst. m*;
2. (*v. tijd*) (a) de vroegere, eerste *van twee* [**populus** uit vroeger tijden; **Scipio** de Oudere];

▸ *priore loco dicere* het eerst; *pred.*: eerder, vroeger, het eerst: *qui prior has angustias occupavit; prior praevenit;* — *subst.* **priōrēs,** um m (*poët.; postklass.*) voorouders [**nostri**]: *more priorum; priores tradiderunt;* (b) vorig, voorafgaand; ▸ *consul anni prioris; priore nocte; prius vinum* van het laatste jaar; *priore aestate* in de vorige zomer;
3. (*v. rang en waarde*) voortreffelijker, hoger, beter, belangrijker; ▸ *priores sedes; aetate et sapientiā priores;*
/ *adv.* **prius** (a) eerder, vroeger, tevoren (*meestal m. quam*); ▸ *prius . . . nunc; regem prius Europā, post et Asiā, expellere; quod ego, prius quam loqui coepisti, sensi* (*Cic.*); (b) (*metaf.*) eerder, liever.

prīscus, a, um (*vgl. prior, pristinus*)
1. oud, ouderwets, eerbiedwaardig [**lex; virtus; mores; ritus; Latini**]; ▸ *credendum est veteribus et priscis viris* (*Cic.*);
2. (*poët.*) voormalig, vroeger [**nomen**];
3. van de oude stempel, streng [**Cato; severitas; parens**].

Prīscus, ī m *Rom. cognomen, o.a.*:
1. L. Tarquinius ~, *vijfde koning v. Rome;*
2. Helvidius ~, *vooraanstaand stoïsch filosoof onder Nero.*

prista, ae m (*Gr. leenw.*) (*Plin. Mai.*) houtzager.

prīstinus, a, um (*vgl. prior, priscus*)
1. vorig, voormalig, vroeger, oud [**ius; mos; bonitas; gloria**]; ▸ *reminiscens -i temporis; in -um restituere* in de oude toestand;
2. jongstleden, als laatste gepasseerd [**nox** gisternacht];
3. al enige tijd bestaand, oud [**ōs; consuetudo dicendi**].

pristis, is *f* (*Gr. leenw.*)
1. (*poët.; postklass.*) zeemonster, o.a. walvis, haai e.a.;
2. (*metaf.*) klein, snel varend oorlogsschip;
3. (*Verg.*) Pristis *naam v.e. met een walvisbeeld versierd schip.*

prius *adv., zie prior.*

prius-quam *cj.* (*ook gesplitst*)
1. eerder dan, voordat; ▸ *prius respondes quam rogo* (*Plaut.*); *neque finem prius sequendi fecerunt quam muro oppidi portisque appropinquarunt* (*Caes.*); *quam bene Saturno vivebant rege, priusquam tellus in longas est patefacta vias* (*Tib.*);
2. liever dan (dat); ▸ *animam amittunt ~ loco demigrent.*

prīvātim *adv.* (*privatus*)
1. als particulier, voor zichzelf, persoonlijk, individueel; ▸ ~ *alqd gerere;* ~ *mandare alci alqd; publice privatimque gratiam petere; eloquentiā ~ et publice abuti;*
2. thuis; ▸ ~ *se tenere* thuis blijven;
3. apart, afzonderlijk; ▸ *opus ~ dicatum;*
4. in het bijzonder; in bijzondere gevallen.

prīvātiō, ōnis *f* (*privo*) bevrijding, het bevrijd zijn (*van: gen.*) [**doloris**].

prīvātum, ī *n* (*privatus*) het eigene:
1. privé-vermogen; ▸ *tributum ex -o conferre* uit eigen middelen; *publica -is secernere;*
2. privé-bezit; ▸ *in -o* op eigen grond *of* thuis, niet in het openbaar; *ex -o* uit het huis;
3. privé-gebruik; ▸ *in -um vendere* voor particulier gebruik.

prīvātus (*privo*)
I. *adj.* a, um (*adv. privatim, zie daar*)
1. van één persoon, privé-, persoonlijk, eigen, particulier [**ager; aedificia; horti; inimicitia** persoonlijk; **res** privé-aangelegenheden, -eigendom; **ius** privaatrecht; **vita** privé-leven]; ▸ *-o consilio* eigenmachtig;
2. geen publ. ambt bekledend, als privé-persoon, ambteloos burger levend [**vir**]; ▸ *Pompeium -um dictatorem appellavit;*
3. (*poët.; postklass.*) niet-keizerlijk, niet-vorstelijk, gewoon [**homo; spectacula; carmina**]; ▸ *si illa maiestas -a umquam fuit;*
4. (*Mel.*) *privati homines* gewone soldaten, manschappen;
II. *subst.* ī m
1. gewoon *of* ambteloos burger;
2. (*postklass.*) (*in de keizertijd*) onderdaan;
3. individu; ▸ *quod ~ a populo petit;*
4. (*jur.*) beklaagde.

Prīvernum, ī *n stad in Latium, waar Cicero een landgoed had, nu Piperno;* — *inw.* **Prīvernās,** ātis m; — *adj.* **Prīvernās,** *gen.* ātis (*m*).

prīvigna, ae *f* (*privignus*) stiefdochter.

prīvignus, ī m stiefzoon; *plur.* stiefkinderen.

prīvi-lēgium, ī *n* (*privus en lex*)
1. uitzonderingswet, speciale wet;
2. (*postklass.*) voorrecht, privilege [**sacerdotum**]; ▸ *quaedam -a parentibus data sunt.*

prīvō, prīvāre
1. beroven (*van: abl.*) [**alqm vitā, donis, cibo**]; ▸ *alqm patriā ~* de toegang tot, het verblijf in het vaderland ontnemen;
2. *van een kwaad* bevrijden [**alqm iniuriā, molestiā**].

prīvus, a, um
1. afzonderlijk, telkens een; ▸ *in dies privos;*

2. eigenaardig, bijzonder;
3. vrij van, zonder (*m. gen.*); ▸ ~ *ipse militiae.*

prō[1] (*arch.* prōd)
I. *prep. m. abl.*
1. (*v. plaats*) (a) voor (*meestal 'met de rug naar iets toegekeerd'; ante daarentegen betekent 'met het gezicht naar iets toegekeerd'*); ▸ *pro muro; pro vallo; pro curia; sedens pro aede; pro castris dimicare; copias pro oppido collocare; pro portis in statione esse;* — *soms bij verba v. beweging als antwoord op de vraag 'waarheen?'* voor . . . langs, voor: *copias pro castris producere* (*Caes.*); (b) (voor)op, (voor)aan, (voor)in; ▸ *pro rostris; pro tribunali; laudatus pro contione; pro comitio; pro collegio pronuntiare;*
2. voor, ter bescherming, tot voordeel *of* ten gunste van; ▸ *pro alqo dicere, petere, pugnare; pro legibus dimicare; pro libertate loqui; pro patria mori;*
3. voor, in plaats van; ▸ *pro patre esse alci* de plaats v.d. vader innemen; *pro vallo carros obicere; pro consilio imperatum est* in naam van; *pro consule, pro praetore, pro quaestore, pro magistro* als pro-consul *enz.*;
4. zo goed als, (zo)als; ▸ *pro victis abire* als overwonnenen; *pro damnato esse* zo goed als veroordeeld zijn; *se pro cive gerere* als burger; *pro hoste esse* als vijand gelden; *alqd pro amico facere* als vriend, vriendschappelijk; *pro certo scire, ponere, affirmare, polliceri* met zekerheid; *pro occiso sublatus, relictus* voor dood; *pro testimonio dicere* bij het getuigenverhoor verklaren; *pro perfuga* als overloper; *pro infecto habere* doen alsof het niet gebeurd is; *pro noxiis conciduntur* als schuldigen; *hunc amavi pro meo* als van mijn eigen zoon;
5. voor, als beloning, betaling *of* vergelding voor; ▸ *alci pro meritis gratiam referre; alqm pro scelere ulcisci* bestraffen; *petere honorem pro flagitio; pro frumento pecuniam solvere;*
6. in verhouding tot, in overeenstemming met, passend bij, volgens; ▸ *pro dignitate laudare; pro opinione* volgens verwachting; *pro viribus (agere, fabulari)* naar beste kunnen; *pro facultatibus; pro mea, tua, sua enz. parte* naar vermogen; *pro se quisque* ieder naar vermogen; *pro rata parte* in een bepaalde verhouding; *pro eo quod* in verhouding daarmee dat, dienovereenkomstig; *pro eo ac of ut* naargelang;
7. door, krachtens, op grond van; ▸ *pro tua prudentia; pro tuo amore; pro imperio* krachtens zijn ambtsbevoegdheid; *pro fide mori* uit trouw;

II. **prō-** *en* **pro-** *prefix*
1. (*v. plaats*) voor, voorwaarts, verder [**pro-cedo, prod-eo, pro-ficiscor, pro-pugno**];
2. (*v. tijd*) voor- [**pro-avus**];
3. voor, ten behoeve van [**prod-esse, pro-tego**];
4. plaatsvervangend [**pro-consul**];
5. naar verhouding [**pro-ut**].

prō[2] *interj.* o!, ach!, helaas! (*meestal in bezweringsformules m. vocat.*); ▸ *pro sancte Iuppiter!; pro dii immortales!;* (*m. acc.*) *pro deorum hominumque fidem!; pro deum atque hominum fidem, victoria in manu nobis est!; pro vestram fidem!* help!, red ons!; — *als uitdrukking v. verdriet, afkeuring: pro pudor imperii!; pro facinus indignum!*

proāgorus, ī *m* (*Gr. leenw.*) hoogste magistraat *in enkele steden op Sicilië.*

pro-auctor, ōris *m* (*Suet.*) stamvader [**generis**].

pro-avia, ae *f* (*postklass.*) overgrootmoeder.

proavītus, a, um (*proavus*) (*Ov.*) voorvaderlijk [**regna**].

pro-avus, ī *m* overgrootvader; *alg.* voorvader.

probābilis, e (*probo*)
1. te waarderen, prijzenswaardig, goed [**genus dicendi; ingenium; discipulus**];
2. geloofwaardig, waarschijnlijk [**causa**].

probābilitās, ātis *f* (*probabilis*) geloofwaardigheid, waarschijnlijkheid [**magna**].

probāmentum, ī *n* (*probo*) (*Laatl.*) bewijs.

probātiō, ōnis *f* (*probo*)
1. onderzoek, bezichtiging, keuring [**athletarum**];
2. goedkeuring, toestemming;
3. (*postklass.*) bewijs(voering) [**certa;** (*m. gen.*) **sceleris**].

probātor, ōris *m* (*probo*)
1. iem. die goedkeurt, aanbeveelt (*m. gen.*) [**facti; ingenii**];
2. onderzoeker, iem. die keurt, test (*m. gen.*) [**ignobilitatis**].

probātus, a, um (*p. adj. v. probo*)
1. beproefd, deugdelijk, voortreffelijk [**argentum**]; ▸ *probata experimento cultura;*
2. aangenaam, geliefd (*m. dat.*); ▸ *gratulatio tua est mihi probatissima.*

prōbeō = *prohibeo.*

prober, bra, brum (*Gell.*) smadelijk, schandelijk.

probitās, ātis *f* (*probus*) deugdelijkheid, deugdzaamheid, rechtschapenheid ▸ *exempla probitatis.*

problēma, atis *n* (*Gr. leenw.*) (*postklass.*) opgave, probleem; ▸ *proponam vobis problema* (*Vulg.*).

probō, probāre *(probus)*
1. keuren, beproeven, onderzoeken, testen [**munera**]; ▸ *aurum per igne probatur; ipsi vos probate;* — *gebouwen* bezichtigen [**villam**];
2. beoordelen *(op grond van: abl.; ex; ab)* [**amicitias utilitate; mores alienos suo ex ingenio**];
3. goedkeuren, billijken, goedvinden, aanvaarden [**oratores; consulatum; consilium; causam; rationem;** *(m. dubb. acc.)* **alqm imperatorem** iem. erkennen als aanvoerder; **Thucydidem auctorem** laten gelden]; ▸ *Iove non probante* tegen de wil v. Jupiter; *Cato ea sentit quae non probantur in vulgus* (Cic.); — *ook m. aci. of inf.: Caesar maxime probat coactis navibus mare transire et Pompeium sequi* (Caes.) acht het het verstandigst;
4. aannemelijk maken, *iems. (dat.)* goedkeuring krijgen voor, *iem. (dat.)* tevredenstellen met *(m. acc.; de)* [**suam operam; causam alcis; factum suum alci**]; *probārī en sē probāre alci* iems. goedkeuring wegdragen, iem. bevallen; ▸ *se multis probare; se in legatione sociis probare; non probari alci; mihi egregie probata est oratio tua;*
5. geloofwaardig, waarschijnlijk maken, uiteenzetten, bewijzen [**causam paucis verbis; vocem auguris** bevestigen; **se memorem alci** zich dankbaar betonen]; ▸ *perfacile factu esse illis probat conata perficere* (Caes.); — *m. aci.* ook aantonen: *iudicibus* ~ *Verrem contra leges pecunias cepisse;* ▸ *socii ministrique probari nisi illo nocente non poterant* (Plin. Min.);
6. iem. laten doorgaan voor *(m. pro)*; ▸ *volnus pro ictu gladiatoris.*

proboscis, idis *f (Gr. leenw.) (pre- en postklass.)* snuit, slurf.

probrōsus, a, um *(probrum)*
1. beschimpend, beledigend, onterend [**sermones; carmina** schimpdichten];
2. schandelijk, smadelijk [**crimen; ruinae**];
3. *(postklass.)* verdorven, pervers [**femina**].

probrum, ī *n*
1. beschimping, belediging, verwijt; ▸ *-a ingerere; -a dicere alci; -a iactare en iacere in alqm; -is alqm vexare, onerare, lacerare;*
2. hoon, schande, smaad; ▸ *-i causā; -um alci inferre; -o esse* tot schande zijn; *epistulae plenae -orum;*
3. *meton.* (**a**) schanddaad, smadelijke handelwijze [**ignaviae luxuriaeque**]; ▸ *-a animi obiectare alci;* (**b**) ontucht, echtbreuk; ▸ *-i uxorem insimulare* betichten van.

probus, a, um
1. rechtschapen, fatsoenlijk, braaf; ingetogen [**adulescens; rex; puella**];
2. bekwaam [**artifex; ad alqam rem**];
3. goed, passend, juist, solide [**occasio; merx; color; navigium**];
/ *adv.* **-ē** *(in antwoorden)* zeker!, goed zo!

PRŌC. *afk. = pro consule en pro consulibus.*

Proca *en* **Procās,** ae *m koning v. Alba, vader v. Numitor en Amulius.*

procācitās, ātis *f (procax)* opdringerigheid, brutaliteit, schaamteloosheid.

Procās *zie Proca.*

procāx, *gen.* ācis opdringerig, brutaal, schaamteloos [**sermo; scripta; ingenium; adulescens;** *(m. gen.)* **otii** onbeheerst in]; ▸ *(m. abl.)* ~ *ore, moribus;* ~ *in lacessendo.*

prō-cēdō, cēdere, cessī, cessum
1. voorwaarts gaan, voortschrijden, naar voren komen *of* gaan [**e, de castris pedibus aequis; alci obviam** *of* **obvius; foribus foras; ad litus; in, ad forum; ex portu** uitlopen]; ▸ *(m. sup.)* ~ *visum* naar buiten gaan om te kijken;
2. *(milit.)* uitrukken, oprukken, marcheren [**ad dimicandum; in aciem**]; ▸ *agmen procedit;*
3. in het openbaar verschijnen *of* optreden, zich vertonen [**ornato capillo; in medium** zich onder de menigte begeven; **in contionem** in de volksvergadering optreden];
4. te voorschijn komen, ontspruiten, ontspringen; ▸ *arbores procedunt; lacrimae* ~ *noluerunt;*
5. zich uitbreiden, zich uitstrekken, uitsteken; ▸ *procedunt vineae; promunturium procedit;*
6. *(Tac.) (v. uitingen) aan iem.* ontglippen; ▸ *voces inconsultae procedebant;*
7. *(metaf., v. niet-lev.)* opschieten, vorderen, vooruitgaan; ▸ *magna pars libri processerat; procedente opere;*
8. verdergaan, *een punt* bereiken, zo ver gaan [**liberius altiusque** buiten zijn onderwerp gaan; **eo magnitudinis** tot die graad van]; ▸ *eo ira processit ut;*
9. *(v. personen)* vorderingen maken, vooruitkomen, het brengen tot, stijgen *(in: abl.; in m. abl.)* [**in philosophia; honoribus longius**]; ▸ *ad summos honores* ~;
10. *(v. tijd)* voortschrijden, verstrijken; ▸ *multum diei processerat; procedente tempore, procedentibus annis* in de loop van;
11. toegerekend worden, gelden, tellen; ▸ *dies emptori procedunt; stipendia alci procedunt;*
12. succes hebben, (goede) uitwerking hebben,

slagen; ▸ *parum procedit consuli res; venenum non processerat; medicina processit; consilia procedunt;* — lukken, succesvol verlopen: *nihil alci procedit;* — ten goede komen, nuttig zijn [**rei publicae**].

procella, ae *f (procello)*
1. storm(wind); ▸ *~ nivem effuderat;*
2. *(metaf.)* het aanstormen, aanval [**equestris; periculi**]; ▸ *-ae seditionum;*
3. oproer, onrust [**civiles; tribuniciae**].

pro-cellō, cellere, — — *(Plaut.)* naar voren storten; — *se ~* zich storten.

procellōsus, a, um *(procella)* stormachtig [**mare; ver; montes**]; storm veroorzakend [**notus**].

procerēs, um *m* voornaamsten, aristocraten [**Latinorum; iuventutis**]; — *sg.* **procer,** eris *(Juv.)* een v.d. voornaamsten.

prōcēritās, ātis *f (procerus)* hoogte, lengte, rijzige gestalte [**corporis; arboris**]; *ook* lengte *v. versvoeten* [**pedum**].

prōcērus, a, um
1. hoog, lang, rijzig [**membra; corpus; palmae** hoog opgeheven; **arbor**]; ▸ *habitu ~; homo -ae staturae;*
2. *(in de metriek)* lang [**syllabae**].

prō-cessī *pf. v. procedo.*

prōcessiō, ōnis *f (procedo) (Laatl.)*
1. het oprukken;
2. plechtige optocht, processie.

prōcessum *ppp. v. procedo.*

prōcessus, ūs *m (procedo)*
1. *(Laatl.)* het voortschrijden; het oprukken;
2. *(metaf.)* voortgang, vooruitgang [**iuris; dicendi**];
3. ontwikkeling, loop [**artium**];
4. *(med.)* uitwas, gezwel.

Prochyta, ae *en* **-ē,** ēs *f eiland voor de kust v. Campanië bij Misenum, ten O. v. Ischia, nu Procida.*

prōcī, ōrum *(ook* um*)* vooraanstaande burgers *(in de tijd van Servius Tullius).*

prōcidentia, ae *f (procido) (postklass.)* verzakking.

prō-cidō, cidere, cidī, — *(cado)*
1. voorover-, neervallen, instorten [**ad pedes**]; ▸ *pars muri prociderat;*
2. *(med.)* gaan uitsteken, verzakken.

prōciduus, a, um *(procido) (postklass.)*
1. voorover gevallen;
2. verzakt.

prō-cīnctus[1], ūs *m (cinctus*[1]*)*
1. het zich omgorden voor de strijd, slagvaardigheid; ▸ *in procinctu* uitgerust voor de strijd, slagvaardig; *(postklass.) (metaf.)* gereed: *clementiam in procinctu habere;*
2. *(postklass.)* uitrusting.

prō-cīnctus[2], a, um *(cinctus*[2]*) (arch.; postklass.)* slagvaardig, uitgerust.

prōclāmātiō, ōnis *f (proclamo) (postklass.)*
1. het roepen, schreeuw;
2. *(jur.)* beroep, aanspraak *(voor de rechter) (op: gen.)* [**libertatis**].

prō-clāmō, clāmāre
1. luid roepen, schreeuwen;
2. aanspraak maken op *(m. ad)* [**ad libertatem**].

prōclīnātiō, ōnis *f (proclino) (postklass.)* het vooroverhellen; helling.

prō-clīnō, clīnāre voorover laten buigen; *pass.* vooroverhellen; ▸ *(metaf.) proclinatā iam re* nu de situatie een beslissende wending heeft genomen.

prō-clīvis, e *(adv.* -ī*) (clivus)*
1. hellend, dalend, *ook metaf.* [**via; saxum**]; ▸ *per of in proclive* (berg)afwaarts; *proclivi cursu delabi; (metaf.) proclivius in perniciem labi;*
2. *(metaf.)* geneigd, bereid(willig) tot *(meestal in negatieve zin) (m. ad)* [**ad morbum; ad comitatem; ad libidinem**];
3. *(metaf.)* gemakkelijk (uitvoerbaar) [**impetus**]; ▸ *proclive est dictu (m. aci.)* het is makkelijk om te zeggen; *subst.: in proclivi esse (kom.)* gemakkelijk zijn;
4. *(Plaut.) (metaf.)* moeilijk, duister *(itt. planus).*

prōclīvitās, ātis *f (proclivis)*
1. helling;
2. *(metaf.)* neiging, geneigdheid.

prō-clīvus, a, um *(niet-klass.) = proclivis.*

Procnē *en* **Prognē,** ēs *f dochter v. Pandion, zuster v. Philomela, veranderd in een zwaluw, zie Philomela;* — *(poët.) (meton.)* zwaluw.

procō *= procor.*

procoetōn, ōnis *m (Gr. leenw.)* voorkamer.

prō-cōnsul, is *m* proconsul, ex-consul, stadhouder *van een provincie.*

prōcōnsulāris, e *(proconsul)* proconsulair [**imperium; ius; vir** proconsul; **imago** *(gezegd v.h. militaire tribunaat)* schaduwbeeld v.d. consulaire macht, *waarvoor het in de plaats gekomen was*].

prōcōnsulātus, ūs *m (proconsul) (postklass.)* proconsulaat, ambt *of* waardigheid v.e. proconsul, stadhouderschap.

procor, procārī *(procus)* verlangen, eisen.

prōcrāstinātiō, ōnis *f (procrastino)* verdaging,

uitstel.

prō-crāstinō, crāstināre *(crastinus)* verdagen, uitstellen.

prōcreātiō, ōnis *f (procreo)* het verwekken, voortplanting; *meton.* schepsel, vrucht.

prōcreātor, ōris *m (procreo)* verwekker, *plur.* ouders; *metaf.* schepper [**mundi**].

prōcreātrīx, īcis *f (procreator)* moeder, voortbrengster [**artium**].

prō-creō, creāre
1. (a) voortbrengen, verwekken; ▸ *de matre familias duo filios* ~ ; (b) baren;
2. *(metaf.)* voortbrengen, doen ontstaan; ▸ *locus qui hanc virtutem procreavit* (Cic.); *hominum societas iustitiam procreavit.*

prō-crēsco, crēscere, crēvī, - opgroeien, groeien.

Procris, idis *en* is *f dochter v.d. Att. koning Erechtheus, echtgenote v. Cephalus; omdat hij haar tijdens een jachtpartij per ongeluk doodde, werd hij door de Areopagus verbannen.*

Procrūstēs, ae *m rover in Attica, die reizigers gevangennam en op een bed pijnigde (vd. sprw. 'Procrustesbed'), door Theseus gedood.*

prō-cubō, cubāre, cubuī, — *(Verg.)* uitgestrekt liggen.

prō-cubuī *pf. v. procubo en procumbo.*

prō-cucurrī *zie procurro.*

prō-cūdō, cūdere, cūdī, cūsum
1. *(poët.)* smeden [**enses**]; scherpen [**dentem vomeris**];
2. *(metaf.)* vormen, vervolmaken [**linguam; ingenium**];
3. *(Lucr.)* voortbrengen; ▸ *ignem ignes procudunt;*
4. *(Plaut.)* smeden, verzinnen [**dolos**].

procul *adv. en prep.*
I. *adv.*
1. in de verte, op een afstand, ver (weg) [**abscedere; abesse**]; ▸ ~ *inde;* — *m. ab of abl.* ver van: ~ *a portā;* ~ *ab hoste;* ~ *a conspectu;* ~ *(a) patriā;* ~ *oppido; haud* ~ *castris;* ~ *regno;* ~ *mari; (metaf.)* ~ *ab ira;* ~ *dubio* ongetwijfeld; *causas* ~ *habeo* ik heb geen enkele reden; *homines* ~ *errant* vergissen zich zeer;
2. van verre, van grote afstand, uit de verte [**tela conicere**];
3. ver verwijderd *in de tijd;* ▸ *viri qui sunt* ~ *ab aetatis huius memoriā* (Cic.);
II. *prep. m. abl. (v. tijd)* lang voor; ▸ *haud* ~ *occasu solis.*

prōculcātiō, ōnis *f (proculco) (postklass.)* het vertrappen; *(metaf.)* omverwerping [**regni**].

prō-culcō, culcāre *(calco) (poët.; postklass.)*
1. plattrappen, vertrappen [**segetes; solum; ranas; virum pedibus**]; verpletteren, onder de voet lopen;
2. *(metaf.)* met voeten treden, vernederen [**fata; rem publicam**].

prō-cumbō, cumbere, cubuī, cubitum
1. *(poët.) (v. personen)* zich vooroverbuigen [**certamine summo** *(v. roeiers)*]; ▸ ~ *in armos* zich storten op;
2. *(v. niet-lev.)* (a) vooroverhellen, buigen; (b) *(postklass.) (v. hooggelegen terreinen)* zich naar beneden uitstrekken [**vasto iugo in pontum**];
3. op de grond vallen, zich op de grond werpen, gaan liggen [**humi; terrae;** *(v. smekelingen)* **alci ad pedes, ad genua, genibus; templis**];
4. *(v. niet-lev.)* instorten, neerstorten; ▸ *agger in fossam procubuit; ulmus in aram procubuit;*
5. *(v. graan e.d.)* neergeslagen worden; ▸ *frumenta imbribus procubuerant;*
6. *(Lucr.) (v.d. wind)* gaan liggen;
7. *(poët.; postklass.) (metaf.)* zinken, vallen, in verval raken; ▸ *res procubuere meae* (Ov.);
8. *(postklass.)* vervallen tot, zich vernederen tot *(m. in m. acc.)* [**in voluptates**].

prōcūrātiō, ōnis *f (procuro)*
1. verzorging, beheer, leiding, toezicht *(van, over: gen.)* [**ministerii; templi; rei publicae; rerum humanarum**];
2. *(postklass.)* ambt v.e. keizerlijke procurator, beheer v.d. keizerlijke financiën [**provinciae**];
3. *(relig. t.t.)* verzoening, het afweren *van een ongunstig voorteken (door offers)* [**prodigii; portenti**]; ▸ *procurationes incesti* (Tac.) reinigingsceremoniën bij incest.

prōcūrātiuncula, ae *f (demin. v. procuratio) (Sen.)* baantje als procurator.

prōcūrātor, ōris *m (procuro)*
1. bestuurder, beheerder [**regni** regent; **urbis** stadsprefect; **peni** opzichter over de levensmiddelen; **ludi** opzichter v.d. keizerlijke gladiatorenschool]; plaatsvervanger, gevolmachtigde, zaakgelastigde;
2. *(postklass.)* procurator *(verantwoordelijk voor de keizerlijke inkomsten).*

prōcūrātōrius, a, um *(procurator) (postklass.)* betrekking hebbend op het beheer v.e. procurator.

prōcūrātrīx, īcis *f (procurator)* verzorgster, bestuurster.

prō-cūrō, cūrāre
1. verzorgen, beheren *(als magistraat of als iems.*

plaatsvervanger resp. gevolmachtigde) [**sacra; alcis negotia**];
2. *(postklass.) abs.* de functie vervullen v. keizerlijke procurator [**in Hispaniā**];
3. *(poët.)* verzorgen [**corpus; se**];
4. *ongunstige voortekens (door offers)* verzoenen [**prodigia; ostentum**].

prō-currō, currere, (cu)currī, cursum
1. vooruitsnellen, naar voren stormen [**in publicum; in hostem; infestis pilis; in vias; ex agris tectisque**]; ▸ *matrona in cubiculum procurrit;*
2. *(milit.)* voorwaarts stormen, uitrukken [**ad repellendum hostem; ex acie**]; ▸ *modo* ~, *modo recedere;*
3. *(v. niet-lev.)* (a) *(Verg.) (v.d. zee)* aanstormen; (b) *(poët.; postklass.) (v. plaatsen)* uitlopen, zich uitstrekken, uitsteken; ▸ *rupes procurrit in aequor.*

prōcursātiō, ōnis *f (procurso) (milit. t.t.)* schermutseling.

prōcursātōrēs, um *m (procurso) (milit.)* schermutselaars, aanvallers.

prō-cursō, cursāre *(frequ. v. procurro) (milit.)* schermutselen, uitvallen doen.

prōcursum *ppp. v. procurro.*

prōcursus, ūs *m (procurro)*
1. het vooruitsnellen, -stormen [**militum**]; ▸ *rapido procursu;*
2. *(August.)* voortgang, verloop.

prō-curvus, a, um *(Verg.)* naar voren gebogen, gekromd [**falx; litora**].

procus, ī *m* vrijer, aanbidder.

prōcūsus *ppp. v. procudo.*

Procyōn, ōnis *m (Gr. leenw. 'vóór de hond') het sterrenbeeld* Kleine Hond.

prōdāctus *ppp. v. prodigo.*

prō-de-ambulō, ambulāre *(Ter.)* uit wandelen gaan.

prōdēcessor, ōris *m (decessor) (Laatl.)* voorganger *(in een bepaalde functie).*

prōd-ēgī *pf. v. prodigo.*

prōd-eō, īre, iī, itum
1. naar voren komen *of* gaan, te voorschijn komen [**in publicum** uitgaan, in het openbaar verschijnen; **foras; in conspectum; obviam alci** iem. tegemoet gaan, ontmoeten]; in het openbaar optreden [**in scaenam; in contionem**]; *abs.* zich in het openbaar vertonen; *(v. schepen)* uitlopen [**ex portu**];
2. *(metaf.)* te voorschijn komen, verschijnen, zich vertonen, ontstaan; ▸ *novae comoediae prodeunt; prodierunt colores* in de mode komen; *consuetudo* ~ *coepit; eloquentia in lucem prodiit; prodit bellum;*
3. voortgaan, -rukken, oprukken [**in proelium; longius**; *metaf.* **extra modum** te ver gaan *(in: abl.)*];
4. *(poët.; postklass.) (v. plaatsen)* uitsteken, uitlopen; ▸ *rupes in aequor prodit.*

prōdesse *inf. praes. v. prosum*[1].

prō-dīcō, dīcere, dīxī, dictum
1. bekendmaken, openbaar maken;
2. *een dag* bekendmaken, vaststellen [**diem**];
3. de dag voor *(de hervatting van)* een proces vaststellen [**diem, kalendas**].

Prodicus, ī *m Gr. sofist van Ceos, trad als tijdgenoot v. Socrates ca. 430 of 420 v. Chr. in Athene op als redenaar; schrijver v.h. verhaal v. Hercules op de tweesprong, dat door Xenophon werd geïmiteerd;* — *adj.* **Prodicius,** a, um.

prō-didī *pf. v. prodo.*

prōdigentia, ae *f (prodigo) (Tac.)* verkwisting [**opum**].

prōdigiālis, e *(prodigium)*
1. *(Plaut.)* ongunstige voortekens afwendend [**Iuppiter**];
2. *(poët.; postklass.)* wonderbaarlijk, onnatuurlijk.

prōdigiōsus, a, um *(prodigium) (poët.; postklass.)*
1. betrekking hebbend op wondertekens, voorspellend;
2. wonderbaarlijk, onnatuurlijk, raar [**mendacia vatum**].

prōdigium, ī *n*
1. wonder(teken), *meestal onheilspellend;* ▸ *-um mittere; -is atque portentis di immortales nobis futura praedicunt (Cic.); -a piare;*
2. *(meton.)* (a) monsterachtige daad, monsterachtigheid; (b) gedrocht, monster; ▸ *non ego sum* ~ *(Ov.).*

prōd-igō, igere, ēgī, āctum *(ago)*
1. *(preklass.)* (naar buiten) drijven [**pullos cum matribus in pabulum**];
2. *(metaf.)* verkwisten, verspillen [**suum; aliena; opes**].

prōdigus, a, um *(prodigo) (m. gen.)*
1. verkwistend, kwistig (met) [**aeris; arcani**]; ▸ *-e vivere;*
2. *(poët.) (v. niet-lev.)* rijk, overvloed hebbend (aan) [**tellus**]; ▸ *locus herbae* ~;
3. *(metaf.)* gul, royaal [**animae** die zijn leven graag offert, niet om zijn leven geeft];
4. *(postklass.)* onmatig, ongeremd [**libidines**].

prōd-iī *pf. v. prodeo.*

prōditiō, ōnis *f* (*prodo*) verraad, het in de steek laten [**unius ex collegio; patriae; amicitiae**].

prōditor, *gen.* ōris *m*
1. verrader [**patriae; consulis**];
2. *attrib.* (*Hor.*) verradend, die *of* dat verraadt *of* laat blijken [**risus**].

prōditus *ppp. v. prodo.*

prō-dīxī *pf. v. prodico.*

prō-dō, dere, didī, ditum
1. te voorschijn brengen, halen [**bona exempla; suspiria alto pectore**];
2. (*poët.*) doorgeven, voortbrengen [**genus** voortplanten];
3. (*metaf.*) overleveren, doorgeven, nalaten [**sermonem alcis; nostrae amicitiae memoriam; regnum; auspicia posteris**];
4. overleveren, meedelen, melden [**belli gesta memoriae** aan het nageslacht; **memoriā** door mondelinge overlevering; **memoriā ac litteris** mondeling en schriftelijk]; ▸ *quae scriptores prodiderunt; proditur* men vertelt; *falso proditum esse;* (*m. de; aci.*);
5. openbaar maken, bekendmaken [**decretum**];
6. *een voorbeeld* stellen, geven; ▸ *prodendi exempli causa;*
7. (*m. dubb. acc.*) *magistraten e.d.* aanstellen als, benoemen tot, uitroepen tot [**interregem; dictatorem**];
8. onthullen, meedelen, verraden [**secretum; alcis voluntatem; crimen vultu; fidem** breken];
9. prijsgeven, in handen spelen, uitleveren [**urbem; patriam; hosti rem publicam; ducem hostibus; supplicem; caput et salutem; commilitones ad caedem**]; ▸ *~ et proicere;*
10. (*preklass.*) uitstellen, opschorten [**dies nuptiis**], verlengen, rekken [**vitam**].

prō-doceō, docēre, — — (*Hor.*) openlijk onderwijzen *of* verkondigen.

prō-dormiō, dormīre (*postklass.*) doorslapen, blijven slapen.

prodromus, ī *m* (*Gr. leenw.*)
1. iem. die vooruitsnelt, voorloper;
2. (*plur.*) noord-noord-oostenwinden, *die acht dagen voor de opkomst v.h. sterrenbeeld Sirius opsteken.*

prō-dūcō, dūcere, dūxī, ductum
1. te voorschijn brengen, naar buiten brengen, voorleiden [**captivos e carcere ad supplicium; impedimenta ex castris; alqm e latebris; iumenta; equos**];
2. *troepen* laten uitrukken [**castris omnem exercitum; copias pro castris**];
3. naar voren brengen *of* leiden [**mediam aciem; navem longius**];
4. (*pre- en postklass.*) te koop aanbieden, op de markt brengen [**ancillam; servos**];
5. (*voor een vergadering e.d.*) brengen, laten optreden [**consules in contionem; alqm in conspectum populi; in iudicium;** (*m. dubb. acc.*) **alqm testem**]; (*Sen.*) (*op het toneel, in de circus*) brengen, laten optreden [**obscoenitates in scaenam; in circo aurigas**];
6. (*poët.*) begeleiden [**alqm rus**]; *overledenen* uitgeleide doen [**alqm funere; longum funus ad tumulos**];
7. verlokken, verleiden [**alqm dolo in proelium**]; ▸ *productus ad alqd faciendum;*
8. uitrekken, verlengen [**aciem longius;** *metaf.* **ignes in flammas** aanwakkeren]; rekken, lang uitspreken [**syllabam**]; uitbreiden [**regulam**];
9. (a) laten voortduren, verlengen [**sermonem in multam noctem; convivium; somnum ultra primam lucem; vitam** rekken]; ▸ *res producitur* sleept zich voort; (b) verschuiven, uitstellen [**rem in hiemem**]; (c) laten verstrijken, doorbrengen [**noctem vino; cenam iucunde**];
10. vooruitbrengen, verbeteren, promoveren, bevorderen [**alqm ad dignitatem; remiges ex navibus onerariis** tot roeiers bevorderen; **alqm omni genere honoris** onderscheiden met];
11. (*niet-klass.*) voortbrengen, verwekken [**liberos; nova vocabula** bedenken]; ▸ *ego is sum qui te produxi pater;*
12. (*niet-klass.*) opvoeden, grootbrengen [**subolem; semen in aristas**];
13. (*Juv.*) onthullen, verraden [**occulta ad patres crimina**];
/ *zie ook productus.*

prōducta, ōrum *n* (*productus*) = *proegmena.*

prōductiō, ōnis *f* (*produco*)
1. verlenging [**temporis**];
2. verlenging *van een woord* (*door een lettergreep toe te voegen*);
3. het lang uitspreken [**syllabae**];
4. (*Laatl.*) het te voorschijn brengen; het voortbrengen.

prōductus, a, um (*p. adj. v. produco*)
1. (*poët.; postklass.*) verlengd, uitgerekt, lang

[**cornu sinistrum**];
2. *(in de uitspraak)* gerekt, lang [**syllaba**]; ▸ *-e dicere;*
3. slepend [**oratio; dolores longinquitate**].
prō-dūxī *pf. v. produco.*
proēgmena, ōrum *n (Gr. leenw.) (stoïsche t.t.)* meer verkieslijke dingen, *die weliswaar geen morele waarde hebben, maar door mensen toch boven andere dingen geprefereerd worden (bv. gezondheid, schoonheid);* — *Lat. vertaling:* producta.
proeliāris, e *(proelium)* tot een gevecht behorend, gevechts-.
proeliātor, ōris *m (proelior)* strijder, krijger.
proelior, proeliārī *en* **proelio,** proeliāre *(proelium)*
1. vechten, strijden [**ad Syracusas; cum equitibus; pedibus** te voet; **curru** op een wagen];
2. *(metaf.)* strijden, vechten; ▸ *proeliatus est cum rerum natura.*
proelium, ī *n*
1. strijd, slag, gevecht [**equestre; pedestre; navale; terrestre**]; ▸ *-um inire; -um renovare, redintegrare, restituere; -um sedare; -um accendere; -um committere* leveren; *-o dimicare cum hoste; -o decertare; -o supersedare* zich onthouden van een beslissende slag; *-o excedere; milites in -um ducere; exitus -orum; locus -i;*
2. strijd *van dieren, winden e.a.;* ▸ *cervi -a miscent; aethere venti -a tollunt;*
3. *(metaf., voor allerlei vormen van strijd) o.a.:* (a) (woorden)strijd; ▸ *-a meā causā sustinere (Cic.)* aangaan; (b) diner; (c) liefde.
Proetus, ī *m koning v. Tiryns;* — *patron.* **Proetides,** um *f* dochters v. Proetus.
profānātiō, ōnis *f (profano) (eccl.)* ontheiliging; ketterij.
profānō, profānāre *(profanus)*
1. offeren [**dapem**];
2. ontheiligen, religieuze status ontnemen aan, afschaffen [**dies festos; sacra; sacerdotes**];
3. *(postklass.)* schenden [**pudorem**].
profānum, ī *n (profanus)*
1. *(poët.; postklass.)* iets niet-ingewijds *of* profaans; ▸ *in -o* op niet-gewijde grond;
2. goddeloos, schandelijk iets.
pro-fānus, a, um *(pro en fanum, eig. 'liggend voor* het heilige terrein')
1. ongewijd, niet-heilig, profaan [**locus; usus; animalia** onrein]; ▸ *honores bello facere -os* ontheiligen;
2. *(poët.)* niet ingewijd [**vulgus** niet ingewijd in de dienst v.d. muzen];
3. *(poët.; postklass.)* goddeloos, misdadig, schandelijk [**mens; verba; princeps**];
4. *(poët.; postklass.)* onheilspellend [**avis; bubo**];
5. *(eccl.)* heidens; afvallig, ketters.
profātus, ūs *m (profor) (postklass.)* het uitspreken, uitspraak.
prō-fēcī *pf. v. proficio.*
profectiō, ōnis *f (proficiscor)*
1. vertrek, aftocht, afvaart, *ook plur.* [**in Hispaniam**]; ▸ *omnibus rebus ad profectionem comparatis;*
2. *(metaf.)* herkomst, oorsprong, bron [**pecuniae**].
pro-fectō *adv.* (< **pro facto*) zeker, werkelijk, inderdaad; in elk geval, absoluut; ▸ *~ negare non potes; meministi enim ~; ~, ut loquor, res ita est.*
prōfectum ppp. *v. proficio.*
prōfectus[1], ppp. *v. proficio.*
prōfectus[2], ūs *m (proficio) (pre- en postklass.)* voortgang, resultaat, succes; ▸ *sine profectu* vergeefs.
profectus[3], p.p. *v. proficiscor.*
prō-ferō, ferre, tulī, lātum
1. te voorschijn halen *of* brengen [**commeatūs ex agris deviis in viam; arma tormentaque ex oppido** uitleveren; **pecuniam alci** ter beschikking stellen];
2. vooruitsteken, vooruitzetten [**linguam; manum; pedem longe; caput**];
3. tonen, laten zien [**libros**];
4. *(postklass.) (metaf.)* tonen, etaleren [**ingenium; studia sua; se**];
5. bekendmaken, openbaar maken, naar buiten brengen, onthullen [**orationem; secreta animi; alcis turpissimum facinus; artem** (voor publiek) tonen]; ▸ *palam ~ alqd;*
6. naar voren brengen, noemen, aanvoeren [**exempla omnium nota; alias causas; testes; auctores**];
7. vooruitbrengen, verder brengen [**vineas** voortschuiven; **pedem** *of* **gradum** voorwaarts stappen, verder gaan *(ook metaf.)*; **signa** zich op mars begeven, verder oprukken; **castra** opbreken; **arma**];
8. uitbreiden, vergroten, verbreden [**munitiones; castra; imperium ad mare;** *metaf.* **fines officiorum**];
9. verlengen, laten voortduren [**memoriam alcis; beatam vitam usque ad rogum**];
10. verschuiven, verdagen, uitstellen [**rem in**

posterum diem; nuptias aliquot dies]; ▸ *res* ∼ openbare zaken opschorten, stilleggen.

professiō, ōnis *f* (*profiteor*)
1. publieke verklaring, uiting *of* bekentenis [**aperta; pietatis**]; ▸ *summa* ∼ *stultitiae; opinionis suae* ∼;
2. publieke aanmelding, publieke aangifte (*ihb. van naam, persoon, vermogen, nering*) [**aeris** van schulden; **flagitii** als hoer]; ▸ *ea res in professionem non venit* was niet opgenomen;
3. (*meton.*) publiekelijk aangemeld bedrijf, vak, beroep, kunst [**bene dicendi; artis magicae; sapientiae**];
4. (*eccl.*) gelofte, *ihb.* gelofte v.e. monnik.

professor, ōris *m* (*profiteor*) (*postklass.*)
1. leraar, professor [**eloquentiae; iuris civilis**]; ▸ *expulsis sapientiae professoribus* (*Tac.*);
2. iem. die iets voorstaat *of* uitdraagt [**fidei**].

professōrius, a, um (*professor*) (*Tac.*) van een leraar, schoolmeester- [**lingua**].

professus, a, um (*p. adj. v. profiteor*) (*poët.; postklass.*) bekend, openbaar, toegegeven [**culpa; mors; inimicitiae; vota**]; ▸ *ex -o* openlijk, opzettelijk.

pro-fēstus, a, um
1. niet feestelijk, gewoon [**dies** *of* **lux** werkdag];
2. (*Gell.*) (*v. personen*) gewoon, onontwikkeld; ▸ *-um et profanum vulgus.*

prō-ficiō, ficere, fēcī, fectum (*facio*)
1. verder komen; ▸ *nuntiatur Ariovistum tridui viam a suis finibus profecisse* (*Caes.*) heeft afgelegd;
2. (*metaf.*) vorderingen maken met, tot stand brengen, teweegbrengen, bewerkstelligen [**multum verbis apud alqm; alqd in philosophia; nihil in oppugnatione oppidi; ad pacis stabilitatem**]; ▸ *proficiens aegrotus;*
3. (*v. niet-lev.*) tot nut zijn, helpen; ▸ *ad dicendum proficit scriptio; verba alqd profectura; non proficientia frena* nutteloos; *ita quiddam spero nobis profici* (*Cic.*); — (*poët.*) (*v. geneesmiddelen*) baten, werken, aanslaan, succes hebben: *radix, herba proficiebat.*

pro-ficīscor, ficīscī, fectus sum (*incoh. v. proficio*)
1. vertrekken, zich op weg begeven, (af)reizen, wegvaren [**ab urbe; domo; (ex) portu; ex Sicilia; Corinthum; ad somnum** *of* **ad dormiendum** gaan slapen; **ad caelum** *v. stervenden;* **obviam alci; subsidio alci;** (*m. sup.*) **venatum** gaan jagen];
2. (*milit.*) opbreken, optrekken [**adversus hostem; in proelium; ex castris; eodem cum exercitu**];
3. (*in een redevoering*) doorgaan, verder gaan [**ordine ad reliqua** overgaan tot];
4. (*metaf.*) uitgaan van, beginnen met (*m. ab*) [**a philosophia; a lege**]; ▸ *inde proficiscitur oratio mea* (*Cic.*);
5. afstammen, afkomstig zijn, zijn oorsprong hebben, ontspringen [**ex ea civitate; Tyriā de gente**]; ▸ *falsis initiis profecta; profecti a Socrate* leerlingen v. Socrates.

prōficuus, a, um (*proficio*) (*Laatl.*) nuttig, voordelig, gunstig.

pro-fiteor, fitērī, fessus sum (*fateor*)
1. openlijk bekennen, toegeven (*m. acc.; ook m. de; m. aci.*) [**verum; de parricidio**]; ▸ ∼ *et in medium proferre alqd* (*Cic.*);
2. zijn beroep maken van, als beroep uitvoeren (*m. acc.*) [**ius** rechtskundige zijn; **medicinam; lenocinium**];
3. doceren [**artem dicendi**]; (*abs.*) leraar zijn;
4. officieel aangeven, melden (*bv. naam, vermogen, beroep*) [**frumentum** aangifte doen van bezit aan graan; **rem alienam**]; ▸ ∼ *apud decemviros, quantum habeat praedae;* — *nomen profiteri of alleen profiteri* zich opgeven als soldaat *of* voor een ambt;
5. *se* ∼ *alqm* zich openlijk uitgeven voor (*m. acc.*) [**se patrem infantis; se legatum; se candidatum consulatūs; se amicum** zich een vriend noemen; **se omnium provinciarum defensorem**];
6. beloven, toezeggen, aanbieden [**operam suam ad alqd; omne studium; arma; magna**]; ▸ *Varro profitetur se alterā die ad colloquium venturum* (*Caes.*);
7. (*Mel.*) een kloostergelofte afleggen.

prōflātus, ūs *m* (*proflo*) (*poët.*) het uitblazen, gesnurk.

prōflīgātor, ōris *m* (*profligo*) (*Tac.*) verkwister.

prōflīgātus, a, um (*p. adj. v. profligo*) gewetenloos, verdorven; ▸ *tu, omnium mortalium profligatissime ac perditissime* (*Cic.*).

prō-flīgō, flīgāre
1. verslaan, verpletteren, overweldigen, te gronde richten [**hostes; aciem virorum; classem hostium; dextrum cornu**];
2. ten val brengen, vernietigen [**socios; rem publicam; tantas opes**];
3. vernederen, diep doen zinken [**omnia ad perniciem; senatoria iudicia**];
4. neerslachtig *of* verdrietig maken [**alqm**

maerore];
5. bijna voltooien, beëindigen *of* beslissen [**bellum; victoriam; quaestionem**]; ▸ *profligatis in Africa rebus.*
prō-flō, flāre
1. (*poët.*) uitblazen [**flammas**];
2. (*Plin. Mai.*) *metaal* smelten [**massam**].
prōfluēns, *gen.* entis (*profluo*)
I. *adj.* stromend [**aqua; amnis;** *metaf.* (*v.e. woordenstroom*) **eloquentia** vloeiend, vlot]; ▸ *~ sermo non defuit;* — *adv.* in rijke mate;
II. *subst. f* stromend water.
prōfluentia, ae *f* (*profluens*) (woorden)stroom [**loquendi**].
prō-fluō, fluere, flūxī, —
1. te voorschijn stromen [**ex monte; in, ad mare; per fossas**];
2. (voort)stromen, *metaf.* (*v. taal*) vloeien;
3. (*metaf.*) te voorschijn komen, afgeleid worden (*uit, van: ex; ab*);
4. (*Tac.*) meegesleept worden, drijven (*naar, in: ad*) [**ad incognitas libidines** *of* **artes**];
5. (leeg)stromen, (leeg)lopen [**oculus; venter**].
prōfluvium, ī *n* (*profluo*) (*postklass.*)
1. het te voorschijn stromen [**sanguinis**];
2. diarree [**alvi, ventris**];
3. menstruatie [**mulieris**].
prō-flūxī *pf. v. profluo.*
pro-for, fārī
1. (uit)spreken [**vera**];
2. voorspellen;
/ *slechts enkele vormen gebruikelijk, ihb. profari, profatur, profatus est.*
prō-fringō, fringere, frēgi, frāctum (*poët.*) *met een ploeg* openleggen.
pro-fūdī *pf. v. profundo.*
pro-fugiō, fugere, fūgī, —
I. *intr.* (ont)vluchten, zich uit de voeten maken [**domo; hinc; ex oppido; a domino** ontlopen; **in Britanniam**]; *ad alqm ~ ook* zijn toevlucht zoeken bij [**ad Brutum; ad hostes**];
II. *tr.* vluchten voor, ontvluchten, mijden [**agros; conspectum civium; natos**].
profugus (*profugio*)
I. *adj.* a, um
1. vluchtend, op de vlucht [(**e, a**) **proelio; ex urbe; ad rebelles; populus; boves**];
2. verbannen [**domo; patriā; fato**];
3. (*metaf.*) (*Hor.*) rusteloos, rondzwervend [**Scythes**];
II. *subst.* ī *m*
1. vluchteling; banneling;
2. (*metaf.*) (*eccl.*) afvallige [**suae religionis**].
prō-fuī *pf. v. prosum*[1].
profunditās, ātis *f* (*profundus*) (*Laatl.*)
1. diepte;
2. (*metaf.*) onmetelijkheid, ondoorgrondelijkheid [**prudentiae**].
pro-fundō, fundere, fūdī, fūsum
1. vergieten, uitgieten, laten uitstromen [**lacrimas oculis; sanguinem; aquam;** *metaf.* **omne odium in alqm**]; — *pass. en se ~* uitstromen, zich uitstorten, *ook metaf.* [**clamor**]; ▸ *lacrimae se profuderunt; profusus e cervice cruor; multitudo sagittariorum se profudit; voluptates profunduntur* barsten los; *totum se in alqm ~* zich helemaal aan iem. overgeven;
2. (*Lucr.*) naar beneden laten hangen, *pass.* neerhangen; ▸ *infula profusa est;*
3. (*Lucr.*) neerleggen, vellen; ▸ *cum somnus membra profudit;*
4. (*metaf.*) uitblazen, uitstoten, uiten [**sonitūs; vocem; ignes; omnia ex ore; clamorem** schreeuwen]; ▸ *animam, vitam, spiritum ~* sterven;
5. te voorschijn brengen, verwekken [**infantem**];
6. (op)offeren, prijsgeven [**sanguinem pro patria**]; ▸ *profudi vires animi;*
7. verspillen, verkwisten [**pecuniam**]; ▸ *profundat, perdat, pereat* (*Ter.*).
profundum, ī *n* (*profundus*)
1. diepte, afgrond [**maris**]; ▸ *esse in -o aquae; silvarum -a* het diepste, ondoordringbaarste gedeelte v.h. woud; (*metaf.*) *in -o veritatem penitus esse demersam* (*Cic.*);
2. (diepte v.d.) zee [**immensum**]; ▸ *se in -um iacere;*
3. eindeloze ruimte [**caeli; aëris**];
4. (*metaf.*) dieptepunt, uiterste vorm [**calamitatis**].
profundus, a, um
1. diep, peilloos [**mare; altitudo**];
2. (*poët.*) diep; van de onderwereld, in de onderwereld wonend [**chaos; Manes**];
3. (*poët.*) uitgestrekt, grenzeloos [**caelum; aether**];
4. (*poët.; postklass.*) ondoordringbaar, diep, dicht, duister [**silvae; nox**];
5. (*metaf.*) bodemloos, onmetelijk, onverzadigbaar [**avaritia; scientia; ōs Pindari** van onmetelijke rijkdom]; ▸ *in -am ruinam cupidinis se praecipitare;*
6. duister, geheim, ondoorzichtig [**natura re-**

rum; consilium; vitium];
7. diep, intens [amor; somnus].
profūsiō, ōnis *f (profundo) (postklass.)*
1. het laten stromen; *(med.)* diarree, buikloop;
2. *(metaf.)* verkwisting.
profūsus, a, um *(p. adj. v. profundo)*
1. onmatig, uitgelaten [genus iocandi; hilaritas; libido]; ▸ *profusis sumptibus vivere; -e in castra tendere* in wilde vlucht;
2. *(metaf.)* (a) verkwistend [luxuria]; ▸ *alieni appetens, sui ~*; (b) *(Mart.)* vrijgevig;
3. extravagant, overdadig [epulae; convivia].
prō-gener, generī *m (postklass.)* echtgenoot v.e. kleindochter.
prō-generō, generāre *(poët.; postklass.)* voortbrengen.
prōgeniēs, ēī *f (progigno)*
1. afstamming; *meton.* nageslacht [divina]; ▸ *progeniem ducere ab alqo; ~ Caesarum in Nerone defecit;*
2. *(meton.)* (a) nakomelingschap, afstammelingen [deorum; Herculis]; (b) afstammeling, telg, kind [Veneris]; ▸ *Bacchum progeniem negat esse Iovis;* (c) *(poët.) (v. dieren)* broedsel; (d) *(Ov.) (metaf.)* scheppingen *van een dichter;* ▸ *carmina, ~ mea.*
prōgenitor, ōris *m (progigno)* stamvader, voorvader.
prō-germinō, germināre ontbotten, uitlopen.
prō-gerō, gerere, gessī, gestum
1. naar buiten brengen *of* dragen [dapides; apes];
2. (voor zich uit) dragen [speculum].
prō-gestō, gestāre *(Apul.)* voor zich uit dragen.
prō-gignō, gignere, genuī, genitum
1. verwekken, voortbrengen [Dardanum];
2. *(metaf.)* veroorzaken, voortbrengen [novos motus rerum]; — *pass.* ontstaan.
prō-gnāriter *adv. (gnarus) (preklass.)* met verstand van zaken.
prōgnātus, a, um *(prō en *[g]nāscor)*
1. geboren, ontsproten *(uit: abl.)* [deo]; ▸ *~ genere summo;*
2. afstammend *(van: ab; ex)* [ex Cimbris]; ▸ *Gallos se omnes a Dite patre -os praedicant (Caes.).*
Prognē *zie Procne.*
prognōstica, ōrum *n (Gr. leenw.)* voortekens v.h. weer *(geschrift v. Aratus, door Cicero vertaald).*
programma, atis *n (Gr. leenw.) (Laatl.)* bekendmaking, verordening.
prō-gredior, gredī, gressus sum *(gradior)*
1. voortschrijden, voortgaan, naar buiten gaan, verschijnen [foras; in contionem in de volksvergadering optreden]; in het openbaar verschijnen *(= in publicum progredi)* [ad colloquium];
2. voorwaarts gaan, verder gaan; op-, uitrukken, verder marcheren [longius a castris; ad urbem; ante signa; praeter paludes; tridui viam; alci obviam; *(m. sup.)* pabulatum]; *(v. schepen)* verder zeilen [audacius; quattuor milia passuum silentio];
3. *(metaf.)* overgaan tot *(m. ad)* [ad ultimum supplicium];
4. *(v. tijd, leeftijd)* vorderen, verder gaan; ▸ *adulescens paulum aetate progressus; progredientibus aetatibus; progressā aetate;*
5. *(in een redevoering)* verder gaan, doorgaan; ▸ *nunc ad reliqua progrediar; longius ~ non posse* geen woord meer kunnen uitbrengen;
6. vorderen, vorderingen maken [in virtute]; ▸ *philosophia rationibus ~ debet;*
7. stijgen, toenemen, groter worden [numerus]; ▸ *longius eius amentiam ~ videbat (Caes.); estne aliquid ultra quo crudelitas ~ possit? (Cic.);*
8. te ver gaan [odio alcis uit haat tegen iem.; in adulationem].
prōgressiō, ōnis *f (progredior)*
1. het uitrukken, optrekken *(v. e. leger);*
2. *(metaf.)* voortgang, vordering; ▸ *progressionem facere ad virtutem;*
3. *(als stijlfiguur)* climax.
prōgressus[1], ūs *m (progredior)*
1. het voorwaarts gaan, ook *plur.;*
2. het oprukken, ook *plur.;* ▸ *rivus difficilibus ripis progressūs nostrorum impediebat (Caes.); alqm progressu arcere;*
3. *(metaf.)* voortgang, het vorderen [aetatis]; ▸ *progressūs vitae;*
4. ontwikkeling, vordering, vooruitgang [rerum]; ▸ *tantum progressum facere in studiis; progressūs habere in Stoicis.*
prōgressus[2] *p.p. v. progredior.*
progymnastēs, ae *m (Gr. leenw.) (Sen.)* gymnastiekleraar.
pro-hibeō, hibēre, hibuī, hibitum *(habeo)*
1. afweren, verwijderd houden, weghouden, afhouden *(van: abl.; ab)* [Suebos a Cheruscis scheiden; hostem a pugna; vim hostium ab oppidis; se ab iniuria zich onthouden van; itinere exercitum; hostes finibus; alqm senatu van de senaat uitsluiten; iniuriam; iram]; *(milit.)* afsnijden van *(m. abl.)* [hostem

commeatu];
2. (ver)hinderen [**seditionem; aedificantes** bij de bouw];
3. tegenhouden, verbieden, ontzeggen, beletten (*meestal m. inf. of aci., soms m. ne of quominus, neg. m. quin*); ▸ *alqm exire domo* ~ ; *prohibite ius de pecuniis dici* (Liv.); *hiemem credo adhuc prohibuisse, quo minus* (Cic.); *nemo hic prohibet nec vetat* (Plaut.);
4. bewaren, beschermen (*voor, tegen: abl.; ab*) [**virginem ab impetu armatorum; cives calamitate; Campaniam populationibus**].

prohibitiō, ōnis *f* (*prohibeo*) verhindering; verbod.

prohibitōrius, a, um (*prohibeo*) (*postklass.*) verhinderend, verbiedend.

pro-hinc *adv.* (Apul.) daarom, vandaar.

prō-iciō, icere, iēcī, iectum (*iacio*)
1. toewerpen, voor de voeten werpen [**cibum cani**];
2. neerwerpen, op de grond gooien, weggooien [**alqd in ignem; in humum; tribunos insepultos; arma** neerleggen; **lacrimas** vergieten; **galeam ante pedes**]; — *se* ~ zich neerwerpen, zich laten vallen [**se in flumen; se super exanimem amicum; se ad pedes alcis; se in forum**; *metaf.* zich storten op *of* in **se in iudicium** zich (als getuige) met een proces bemoeien];
3. naar voren steken, uitstrekken, voorhouden [**pectus; linguam; pedem** voorzetten; **clipeum prae se; scutum; hastam**];
4. naar buiten jagen, wegjagen [**alqm foras; alqm in exilium**];
5. (*metaf.*) (*poët.; postklass.*) verbannen [**alqm in insulam**];
6. *se in alqd* ~ zich vernederen tot iets [**in muliebres et inutiles fletus**];
7. versmaden, opgeven, laten varen [**libertatem; vitam; spem salutis; partam**];
8. prijsgeven, lichtzinnig in het gevaar storten [**legiones ad improvidam pugnam; cives in pericula**]; ▸ *proici in miserias*;
9. (Tac.) afschepen [**alqm ultra quinquennium**].

prōiectīcius, a, um (*proicio*) in de steek gelaten, te vondeling gelegd [**puella**].

prōiectiō, ōnis *f* (*proicio*) het uitstrekken [**bracchii**].

prōiectūra, ae *f* (*proicio*) uitsteeksel, uitstekend deel [**columnarum**].

prōiectus[1], a, um (*p. adj. v. proicio*)
1. vooruitstekend, naar voren springend, uitlopend [**saxa; orae**]; ▸ *urbs -a in altum*;
2. (*metaf.*) voortreffelijk, opvallend [**audacia; cupiditas**];
3. (*metaf.*) overijld, onbezonnen in, geneigd tot (*m. ad; in m. acc.*) [**ad, in libidinem; ad audendum** waaghals; **homines in verba**];
4. uitgestrekt, (op de grond) liggend [**ad terram; in antro**];
5. (*poët.; postklass.*) veracht(elijk), geminacht, laag, inferieur [**patientia servientium; senatūs auctoritas**]; ▸ *humilis et* ~ *animus*;
6. (Tac.) neergeslagen [**vultus**].

prōiectus[2], ūs *m* (*proicio*) (*poët.; postklass.*) het uitstrekken, uitgestrekte positie [**corporis**].

pro-inde *en* (*verkort*) **proin** *adv.*
1. dus, derhalve, daarom (*klass. alleen bij bevelen m. imp. of conj.*); ▸ ~ *istud facias ipse quod faciamus nobis suades*;
2. net zo, op dezelfde manier (*m. ac, atque of ut: als*); ▸ ~ *aestimans ac si usus esset*; ~ *quasi of ac si m. conj.* net als wanneer.

prō-lābor, lābī, lāpsus sum
1. naar voren *of* vooruitglijden, vooruitglippen, vooruitroetsjen; ▸ *canis ad caudam serpens prolabitur; alii (elephanti) pedibus insistentes, alii clunibus subsidentes prolabebantur* (Liv.);
2. naar beneden vallen *of* glijden [**ex arbore alta; ex equo; in foramen**];
3. (*v. gebouwen*) instorten, neerstorten; ▸ *aedes Iovis prolabitur; Pergama prolapsa*;
4. (*metaf.*) vervallen, in verval raken [**studio magnificentiae**]; ▸ *prolapsa disciplina; ad id prolapsae; prolapsum clade Romanum imperium; prolapsa est iuventus; eo prolapsi sunt mores ut* (Sen.);
5. struikelen, een fout maken [**cupiditate regni; timore; dulcedine urbanitatis**];
6. terechtkomen, zich laten meeslepen, raken in (*m. in m. acc.; ad*) [**ad superbiam; in rabiem; ad seditiones**]; ▸ *in misericordiam prolapsus est animus* (Liv.); *huc libido prolapsa est.*

prōlāpsiō, ōnis *f* (*prolabor*)
1. het uitglijden;
2. (*metaf.*) (Laatl.) uitglijder, misstap, blunder.

prōlātiō, ōnis *f* (*profero*)
1. het naar voren brengen, het aanvoeren, vermelding [**exemplorum**];
2. uitbreiding [**finium; aedificiorum**];
3. (*metaf.*) het verschuiven, uitstel, verdaging [**diei** van de betalingstermijn; **rerum** opschorting v. gerechtelijke zaken; **iudicii**]; ▸ *omnem*

prolationem suspectabant (Tac.).

prōlātō, prōlātāre *(intens. v. profero)*
1. *(poët.; postklass.)* uitbreiden, vergroten [**agros; villam**];
2. *(metaf.)* opschuiven, uitstellen, vertragen [**dies; diem ex die; bellum; comitia; consultationes**];
3. *(Tac.) (metaf.)* rekken [**vitam; spem** steeds blijven hopen].

prōlātus *ppp. v. profero.*

prōlectō, prōlectāre *(intens. v. prolicio)* (ver)lokken, bekoren [**alqm spe legationis; alqm probris; puellares animos**].

prōlēs, is *f (alo)*
1. telg, kind, nakomeling [**gemella** tweelingen; **Apollinea** = Aesculapius];
2. nakomelingschap, nageslacht [**Arcadiae**]; ▸ *equitum peditumque (Cic.);*
3. *(meton.)* generatie [**argentea**];
4. *(poët.) (v. dieren en planten)* broedsel, ras, vrucht [**boum; olivae**].

prōlētārius *(proles)*
I. *subst.* ī *m* burger v.d. laagste klasse, *die voor de staat alleen van belang is vanwege zijn nageslacht,* proletariër;
II. *adj.* a, um
1. behorend tot de laagste klasse;
2. *(Plaut.)* laag, ordinair, alledaags [**sermo**].

prō-lībō, lībāre *(Plin. Mai.)* als plengoffer brengen.

prō-liciō, licere, — — *(vgl. lacesso)* aanlokken, verleiden; uitlokken [**alqm huc; alqm ad spem; caedem**].

prōlixitās, ātis *f (prolixus) (postklass.)*
1. lengte [**terrae**];
2. duur, lengte [**temporis**].

prō-lixus, a, um
1. *(poët.; postklass.)* lang (naar beneden hangend), wijduitstaand [**tunica; comae; ramus**]; — *adv.* **-ē** rijkelijk: *-e facere* in rijke mate;
2. lang(durig), omvangrijk [**sermo**];
3. rijk, uitbundig [**lingua**];
4. *(metaf.)* vrijgevig, hartelijk [**animus; in Pompeium** jegens Pompeius]; ▸ *-e promittere; -e fovere alqm;*
5. gunstig, voorspoedig.

prōlocūtus *p.p. v. proloquor.*

prologus, ī *m (Gr. leenw.)*
1. inleiding, proloog;
2. *(kom.)* iem. die de proloog uitspreekt.

prō-longō, longāre *(longus) (eccl.)*
1. verlengen, rekken [**vitam**];
2. uitstellen, afhouden.

prōloquium, ī *n (proloquor)*
1. axioma;
2. opmerking vooraf.

prō-loquor, loquī, locūtus sum
1. spreken, uiten [**cogitata; falsum; mendacium parenti**]; ▸ *(abs.) omitto* ~ daarover zwijg ik;
2. onthullen, bekendmaken *(m. acc.; aci.; afh. vr.)* [**miserias caelo**].

prō-lubium, ī *n (lubet) (pre- en postklass.)* lust, neiging.

prō-lūdō, lūdere, lūsī, lūsum
1. *(van tevoren)* oefenen *(m. ad; acc.)* [**ad pugnam**]; ▸ *iurgia proludunt;*
2. voorbereidingen treffen voor *(dat.)*; *(v. nietlev.)* een voorspel vormen voor *(m. acc.)*.

prō-luō, luere, luī, lūtum *(lavo)*
1. wegspoelen; *ook metaf.* [**nives ex montibus; pecuniam**]; ▸ *silvas Eridanus proluit;*
2. *(Verg.)* doen aanspoelen [**genus omne natantum**];
3. *(poët.)* schoonwassen, bevochtigen, afspoelen [**manūs in rore; se auro** de gouden beker leegdrinken; **fonte labra**].

prō-lūsī *pf. v. proludo.*

prōlūsiō, ōnis *f (proludo)* oefening, voorspel.

prōlūtus *ppp. v. proluo.*

prōluviēs, ēī *f (proluo)*
1. overstroming;
2. ontlasting [**ventris**].

prōmagister, trī *m (vgl. ook prō magistrō)* plaatsvervangend leider of hoofd [**portuum; collegii fratrum arvalium**].

prō-mātertera, ae *f* zuster v.e. overgrootmoeder.

prō-mercālis, e *(mercor) (postklass.) op de markt te* koop [**aurum; vestes**].

prō-mereō, merēre, meruī, meritum *en* **prōmereor,** merērī, meritus sum
1. verdienen, aanspraak kunnen maken op *(m. acc.; m. ut)*;
2. *(poët.; postklass.)* zich op de hals halen [**poenam**];
3. *(postklass.)* krijgen, verwerven [**amorem; voluntatem omnium**];
4. *(klass. gew. prōmereor)* zich verdienstelijk maken *(jegens: de; in m. acc.; [postklass.] acc.)* [**de me; bene de multis; in nostrum ordinem; principem; deum**].

prōmerīdiānus, a, um = pōmerīdiānus.

prōmeritum, ī *n* (*promereo*) verdienste (*jegens: in m. acc.*); ▸ *bene -a* goede daden; *male -a* slechte daden.

Promētheūs, *eī en eos m zoon v.d. titan Iapetus en Clymene, vader v. Deucalion; hij had volgens de mythe het vuur uit de hemel geroofd; als straf werd hij op bevel v. Zeus aan een rots in de Kaukasus geketend, waar een gier zijn lever kwam uitpikken, tot hij door Hercules bevrijd werd; — adj.* **Promēthēus,** a, um [**iuga** = Caucasus; **scopuli**]; — *patron.* **Promēthīdēs,** ae *m* = Deucalion.

prō-micō, micāre (*Apul.*) te voorschijn springen.

prōminēns, *gen.* entis (*promineo*) (*postklass.*)
I. *adj.* uitstekend, naar voren springend [**barba; cauda; oculi**];
II. *subst. n* vooruitstekend gedeelte, uitloper [**litoris; montium**].

prō-mineō, minēre, — — (*vgl. im-mineo*)
1. uitsteken, naar voren springen; ▸ *collis prominens; coma in vultum prominet* hangt in het gezicht; *prominentes orae; ~ ante frontem; dentes elephantorum prominent;*
2. zich naar voren buigen; (*m. in m. acc.*) reiken naar;
3. (*metaf.*) zich uitstrekken; ▸ *iustitia foras promineat; gloria in posteritatem prominet.*

prō-minō, mināre (*Apul.*) *met dreigementen* voortdrijven.

prōminulus, a, um (*demin. v. prominens*) (*postklass.*) een beetje uitstekend *of* naar voren stekend [**porticus**].

prōmiscam *adv., zie promiscu(u)s.*

prō-miscu(u)s, a, um (*misceo*)
1. gemengd, niet gescheiden, gemeenschappelijk [**opera; sepultura; conubia** gemengde huwelijken (*tussen patriciërs en plebejers*); **ius**]; ▸ *comitia plebi et patribus -a; divina atque humana -a habere* zonder onderscheid behandelen; *uti -ā caede* zonder onderscheid afslachten; *alqd -um of in -o habere* gemeenschappelijk bezitten; *in -o esse* zonder onderscheid zijn; — *adv.* **prōmisc(u)ē** *en* (*Plaut.*) **prōmiscam** zonder onderscheid;
2. (*postklass.*) (*metaf.*) gewoon, alledaags; ▸ *-a et vilia mercari; capere cibum -um* heel gewoon.

prō-mīsī *pf. v. promitto.*

prōmissiō, ōnis *f* (*promitto*) het beloven, belofte, schriftelijke toezegging [**auxilii; provinciae; scelerum**].

prōmissor, ōris *m* (*promitto*) (*postklass.*) iem. die belooft.

prōmissum, ī *n* (*promitto*) belofte; ▸ *-um dare, facere, servare, implere* = *-o stare, manere of satisfacere* houden, vervullen; *-a firmare; -um non dare* weigeren te doen.

prōmissus, a, um (*p. adj. v. promitto*) (*v. haar en baard*) lang naar beneden hangend [**capillus; barba**].

prō-mittō, mittere, mīsī, missum
1. *haar en baard* (lang) laten groeien [**crinem; barbam**];
2. (*postklass.*) laten stromen [**lacrimas**];
3. (*metaf.*) beloven, toezeggen, verzekeren, garanderen (*m. acc.; ook de; m. adv.; m. aci. fut.;* [*Plaut.*] *m. inf.*) [**auxilium; opem; dona; salutem; carmen; se ultorem** met wraak dreigen, wraak zweren; **se socios fugae; de alcis voluntate; sibi reditum** bij zichzelf hoop op terugkeer wekken]; ▸ *donum Iovi dicatum atque promissum* (*Cic.*) plechtig beloofd;
4. *ad alqm of ad cenam ~* een uitnodiging aannemen, toezeggen te zullen komen;
5. (als zeker) voorspellen; garanderen, instaan voor; ▸ *id futurum, quod evenit, ~ posse.*

prōmō, prōmere, prōmpsī, prōmptum (<**proemo*)
1. te voorschijn halen *of* brengen, voor de dag halen (*uit: abl.; ex; de*) [**pecuniam ex aerario; vina dolio; libros inde; tela e pharetra; pugionem vaginā** trekken; **se cavo robore** naar buiten komen]; ▸ *metaf.: loci ex quibus argumenta promuntur* ontnomen, ontleend worden;
2. (*metaf.*) naar voren brengen, aan het licht brengen, onthullen, tonen [**alqd in publicum** bekendmaken; **consilia; saevitiam factis; miracula; animi voluntatem; odium; vires** gebruiken; **in scaenam** op het toneel brengen]; ▸ *sol diem promit* laat verschijnen;
3. (*postklass.*) naar voren brengen, aandragen, verklaren, vertellen (*m. acc.; aci.; afh. vr.*) [**sententiam ad voluntatem alcis; plura adversus alqm**]; ▸ *~ alqd loquendo.*

prō-moneō, monēre, monuī, — openlijk waarschuwen [**de impendentibus periculis**].

prōmontōrium, ī *n* = *promunturium.*

prōmōta, ōrum *n* (*promoveo*) = *proegmena.*

prōmōtiō, ōnis *f* (*promoveo*) (*Laatl.*) bevordering (*tot een ereambt*).

prō-moveō, movēre, mōvī, mōtum
I. *tr.*
1. naar voren bewegen, vooruitschuiven, -zetten, *ihb. milit.* [**scalas et machinamenta; turrim; aggerem ad urbem; gradum (pedem)**]; *metaf.* uitstellen [**nuptias**];

2. *(milit.)* doen oprukken [**exercitum; cornua utrimque in acie**];
3. vergroten, uitbreiden [**imperium; moenia; Italiam ad Alpes**];
4. *(Hor.)* te voorschijn brengen, onthullen [**arcana; vim insitam**];
5. *(postklass.)* bevorderen, promotie laten maken [**alqm ad praefecturam aerarii; alqm in amplissimum locum; militem ad eum gradum**];
II. *intr.*
1. vorderen, vooruitgaan [**parum**];
2. *(v. niet-lev.)* baten, helpen *(m. ad)* [**ad vitam ordinandam**].

prōmpsī *pf. v. promo.*

prōmptārium, ī *n = promptuarium.*

prōmptō, prōmptāre *(intens. v. promo) (Plaut.)* uitgeven [**thesauros Iovis** Jupiters schatmeester zijn].

prōmptuārium, ī *n (postklass.)* opslagruimte.

prōmptuārius, a, um *(promo)* bedoeld om op te slaan, opslag- [**cella** *scherts. v.d. gevangenis*].

prōmptus[1], a, um *(p. adj. v. promo)*
1. zichtbaar, openbaar; ▸ *-a et aperta; aliud clausum in pectore, aliud -um in lingua habere;*
2. bij de hand, beschikbaar, gereed, klaar [**sagittae**]; ▸ *-a et profluens eloquentia; -a et parata in agendo et in respondendo celeritas; -am iram coercuit;*
3. *(metaf.)* bereid(willig), snel geneigd, genegen *(tot, in: ad; in m. acc.; ook m. dat. of gen.; jegens: dat.)* [**ad pugnam; ad pericula; ad defendendam rem publicam; servitio; libertati**]; ▸ *-a ad omnem audaciam mens; animus ~ ad iocandum; promptissimum genus ad lacessendum certamen; Agrippina promptior Neroni;*
4. slagvaardig, snel, gevat [*(met, in: abl.; gen.)* **sermone; animo** *of* **animi; manu** dapper; **in agendo; belli** in de oorlog]; ▸ *promptior linguā quam manu;*
5. gemakkelijk [**defensio; aditus; regnum; occupatio; possessio;** *(m. sup.)* **effectu; rescriptu**]; ▸ *moenia oppugnanti -a* gemakkelijk te veroveren; — *promptum est (m. inf.)* het is gemakkelijk [**scire**].

prōmptus[2], ūs *m (promo), alleen:* **in prōmptū** *m. verba*
1. zichtbaar, open(lijk), openbaar [**esse** zichtbaar zijn; **ponere** *en* **habere** laten zien, tonen]; ▸ *causa in promptu est; iram in promptu gerere* laten zien, laten merken;
2. in gereedheid, bij de hand [**esse; habere**];
3. *(metaf.)* gemakkelijk *(m. inf.)* [**esse**].

prōmulgātiō, ōnis *f (promulgo)* bekendmaking, afkondiging, *ihb. van een wetsvoorstel.*

prōmulgō, prōmulgāre mededelen, door openbare bekendmaking aankondigen, bekendmaken *(m. acc. of de)* [**leges; rogationem; proelia; de reditu alcis**].

prōmulsidāre, is *n (promulsis) (Petr.)* schaal *(voor hors d'oeuvres).*

prō-mulsis, idis *f (mulsum)* hapje vooraf, amuse.

prōmunturium, ī *n (promineo)* voorgebergte; uitloper v.e. gebergte.

prōmus, ī *m (promo)*
1. keukenmeester; ▸ *foris est ~ ;*
2. *(Plaut.) (metaf.)* hoeder, bewaker; ▸ *ego meo sum ~ pectori* ik ben de hoeder van mijn hart.

prō-mūtuus, a, um bij wijze v. voorschot geleend, voorgeschoten.

pronāus *en* **-os,** ī *m (Gr. leenw.) (Laatl.)* voorhal v.e. tempel.

pro-nepōs, ōtis *m* achterkleinzoon.

pro-neptis, is *f (postklass.)* achterkleindochter.

pronoea, ae *f (Gr. leenw.)* voorzienigheid.

prō-nōmen, inis *n (pre- en postklass.) (gramm. t.t.)* voornaamwoord, pronomen.

prō-nuba, ae *f (nubo) (poët.)* (getrouwde) vrouw die een bruid begeleidt [**Iuno** *als huwelijksbemiddelaarster*]; *(pejor.)* iem. die een ongelukkig huwelijk bewerkstelligt [**Bellona; Furia**].

prōnum, ī *n (pronus) (postklass.)* helling [**montis**].

prōnūntiātiō, ōnis *f (pronuntio)*
1. openbare bekendmaking;
2. rechterlijke uitspraak, vonnis;
3. *(log. t.t.)* stelling; ▸ *quid est, cur non omnis ~ aut vera aut falsa sit?;*
4. *(postklass.)* voordracht, presentatie;
5. uitspraak *(v.e. woord of klank).*

prōnūntiātor, ōris *m (pronuntio)* verteller.

prōnūntiātum, ī *n (pronuntio)*
1. stelling;
2. *(postklass.)* vonnis.

prōnūntiātus, ūs *m (pronuntio) (Gell.)* uitspraak *van een woord.*

prō-nūntiō, nuntiāre
1. verkondigen, luid aankondigen, vertellen, berichten *of* melden [**causam legatis; futura**]; ▸ *dolore prohibeor ~ quae gesta sunt (Caes.); alius capta iam castra pronuntiat (Caes.)* schreeuwt;
2. openbaar uitroepen *of* bekendmaken [**senatūs consultum per praeconem; leges; alqm**

praetorem iem. tot pretor];
3. (*milit.*) (a) een bevel laten uitgaan (*m. ut, ne; aci.*); ▸ *Ambiorix pronuntiari iubet ut procul tela coniciant* (*Caes.*); *duces totā acie* ~ *iusserunt ne quis a loco discederet* (*Caes.*); *pronuntiatur primā luce ituros* (*Caes.*); (b) aankondigen, bekendmaken [**proelium in posterum diem**];
4. in het openbaar beloven *of* toezeggen [**populo munus; nummos in tribus** *of* **tribubus vocatis**]; ▸ ~ *militi praemia qui primus castra intrabit*;
5. (*v.e. consul*) *de door de senatoren geuite meningen afkondigen, om vervolgens daarover te laten stemmen*; ▸ *sententiam* ~;
6. (*v.e. rechter*) (a) een oordeel vellen, beslissen (*over: de; m. aci.*) [**modesto iudicio de viribus**]; ▸ *re auditā* ~; (b) uitspreken [**graviorem sententiam**];
7. (*retor. t.t.*) voordragen, reciteren [**poëmata Graece et Latine; summā voce versūs multos uno spiritu**];
8. (*bij verkoop*) *de fouten enz. v.e. artikel* aangeven, tonen; ▸ *in vendendo eam rem scire et non* ~;
9. (*gramm.*) (juist) uitspreken [**litteram; syllabam**].

prō-nūper *adv.* (*Plaut.*) pas kortgeleden.

prō-nurus, ūs *f* (*Ov.*) echtgenote v.e. (achter)-kleinzoon.

prōnus, a, um (*pro*[1])
1. naar voren neigend, voorover (hangend) [**corpus; tigna**]; ▸ ~ *pendens in verbera* zich vooroverbuigend om een pak slaag te krijgen; *ilex paulum modo -a, deinde flexa*;
2. (*poët.*) vooruitstormend, naar voren snellend [**lepus**];
3. steil, sterk afhellend, naar beneden stortend [**rivus; via; currus**]; ▸ *per pronum ire* naar beneden; *urbs in paludes -a*;
4. voorovervallend;
5. (*poët.*) (*v. hemellichamen*) óndergaand [**sidera; Orion**];
6. plat *of* voorover (liggend), niet rechtop; ▸ *procumbit uterque* ~ *humi* (*Ov.*); *pecora natura -a finxit*;
7. (*poët.*) (*v.d. tijd*) verstrijkend [**menses**];
8. (*metaf.*) geneigd *of* bereid tot (*m. in m. acc.; ad; dat.*) [**in libidines; in arma; in hoc consilium; ad novas res; ad poëticam; ad decertandum; malo**]; ▸ *natura -a ad misericordiam*;
9. (*postklass.*) gunstig voor, toegedaan, gunstig gezind (*m. dat.; in m. acc.*) [**fortuna; animus**]; ▸ *-is auribus accipi* willig gehoor vinden; *dubium est cui* ~ *Apollo*;
10. (*postklass.*) moeiteloos, gemakkelijk, licht [**palma** overwinning; **iter ad honores; via ad regnum**]; ▸ *omnia -a victoribus; id pronius ad fidem est* dit is gemakkelijker te geloven; *pronum est* (*m. inf.*) het is gemakkelijk [**agere**].

prooemior, prooemiārī (*prooemium*) (*Plin. Min.*) een redevoering inleiden.

prooemium, ī *n* (*Gr. leenw.*) voorrede, inleiding; voorspel [**citharoedi;** (*Juv.; metaf.*) **rixae**].

prōpāgātiō, ōnis *f* (*propago*[1])
1. (*v. planten en metaf.*) voortplanting [**vitium; nominis**];
2. (*metaf.*) uitbreiding [**finium; imperii**];
3. verlenging [**vitae**].

prōpāgātor, ōris *m* (*propago*[1])
1. verlenger [**provinciae** van het opperbevel in de provincie];
2. uitbreider [**imperii**].

prō-pāgō[1]**,** pāgāre (*pango*)
1. voortplanten, vermeerderen [**stirpem; prolem**]; doen groeien [**radices**];
2. (*metaf.*) vergroten, uitbreiden [**fines imperii; gloriam**]; ▸ *eo bello terminos populi Romani* ~;
3. verlengen, voortzetten [**diem; bellum; consuli imperium in annum; memoriam aeternam alci**];
4. bewerkstelligen, voortbrengen [**bona**].

prōpāgō[2]**,** inis *f* (*propago*[1])
1. spruit, loot [**vitium**];
2. (a) (*poët.*) telg, kind; (b) (*poët.*) (*coll.*) nakomelingschap, geslacht [**Romana**]; (c) (*plur.*) stamboom;
3. generatie [**virum** (= *virorum*)].

prō-palam *adv.*
1. openlijk, voor ieders ogen [**dicere; minari; collocare** tentoonstellen];
2. (*Plaut.*) algemeen bekend, openbaar.

prōpalō, prōpalāre (*propalam*) (*eccl.*) openbaar maken, bekendmaken [**secreta Romuli**]; openlijk tonen.

prō-pandō, pandere, pandī, pānsum *en* passum (*Apul.*) wijd uitspreiden [**pinnas**].

prō-patruus, ī *m* overoudoom.

prōpatulum, ī *n* (*propatulus*), *alleen:* **in prōpatulō**
1. in de openlucht;
2. in de voorhof [**aedium**];
3. (*metaf.*) openbaar; ▸ *pudicitiam in -o habere* openlijk te koop aanbieden; *servitium in -o spectare* duidelijk voor zich zien.

prō-patulus, a, um open, vrij [**locus**].

prope

I. *adv., comp.* propius, *superl.* proximē (*arch.* proxumē)

1. (*v. plaats*) dichtbij, in de buurt, in de nabijheid (*van: ab*); ▸ *prope esse; quis hic loquitur prope?; prope ad alqm adire; prope a meis aedibus; prope a domo detineri; propius abesse ab alqo* dichterbij iem. zijn; (*metaf.*) *rem propius aspicere* (*Verg.*) welwillender;

2. (*v. tijd*) dichtbij; ▸ *partus instabat prope; prope (ad)est ut* de tijd is dichtbij dat; *longius aut propius* vroeg of laat; *quem proxime nominavi* zojuist, daarnet;

3. (a) bijna, haast; ▸ *prope aequalis; annos prope nonaginta natus; prope desertum oppidum; prope perditae res; prope dicam* bijna zou ik zeggen; *nox prope diremit colloquium* (*Liv.*); *proxime atque ille* bijna net zoals hij; (b) er dichtbij; ▸ *prope est ut* het scheelt weinig of; (c) (*in waarde of rang*) volgend, direct daarna; (d) (*poët.*) in zekere zin, zogezegd;

II. *prep. m. acc., zelden m. dat.*

1. (*v. plaats*) dichtbij, in buurt van, in de nabijheid van; ▸ *prope oppidum; copiae prope castra visae; propius mari esse; propius Tiberi; propius periculo; proxime Carthaginem* zeer dichtbij; *proxime hostem;*

2. (*v. tijd*) dichtbij, tegen, rond; ▸ *prope maturitatem esse; prope lucem;*

3. niet ver van, dichtbij; ▸ *prope seditionem ventum est; res prope secessionem plebis venit; prope metum res fuerat* de zaak heeft aanleiding gegeven tot vrees; — *propius* dichterbij: *propius fidem est* het is geloofwaardiger; *oratio est propius blanditias quam preces;* — *proxime* zeer dichtbij, zeer gelijkend: *proxime speciem navium* erg lijkend op schepen; *proxime morem Romanum* bijna geheel volgens Rom. gewoonte;

III. *adj. in de comp.* **propior,** ius (*adv.* propius) (*meestal m. dat., zelden m. acc., ab, ad*)

1. (*v. plaats*) dichterbij (liggend) [**domus; portus**]; ▸ *propior patriae; propior mari; spatium propius terrae; propior hostem;* — *subst.* **propiōra,** um *n* de dichterbij gelegen plaatsen;

2. (*v. tijd*) (a) dichterbij (liggend) [**leto; mors**]; ▸ *maturo propior funeri* dichter bij een minder voortijdige dood; (b) later, jonger, nieuwer [**tempora; acta**];

3. (a) gelijkender, dichterbij komend; ▸ *vero propius* waarschijnlijker; *color nigro propior; scribere sermoni propiora* wat meer op proza lijkt; *lingua Britannicae propior;* (b) meer verwant [**gradu sanguinis**]; ▸ ~ *gradu contingere alqm;* — meer bevriend, vertrouwder [**amicus; usus**]; (c) (*poët.*) genegener; ▸ *Iuno propior Turno;* (d) (*postklass.*) geneigder tot [**laetitiae; irae quam timori**]; (e) meer ter harte gaand, aangrijpender [**dolor**]; (f) (*postklass.*) passender, betamelijker, geschikter [**fides ad fallendum**];

IV. *adj. in de superl.* **proximus,** a, um (*arch.* **proxumus,** a, um)

1. (*v. plaats*) het meest dichtbij, zeer dichtbij, naast [**iter; vicinus; agri termini;** (*m. dat.; ook m. acc. of ab*) **finibus; mare; ab alqo**]; ▸ *huic ~ locus; villae urbi proximae; in proximo litore* vlakbij het strand; — *subst.* **proximī,** ōrum *m* naasten, buren;

2. (*v. tijd*) (a) laatst, vorig [**censor; bellum**]; ▸ *in diebus proximis decem;* (b) volgend [**dies; aestas**]; ▸ *proximo die;*

3. (a) zeer nauw verwant; het dichtstbij staand (*in: abl.*) [**cognatione**]; ▸ *hic illi genere est proximus;* — *subst.* **proximī,** ōrum *m* naaste verwanten, vertrouwden, naaste omgeving; (b) (*in volgorde, rang, ordening, leeftijd, waarde*) eerstvolgend, eerstkomend [**ordo**]; ▸ *proximus illi Procas* na hem komt Procas; (c) het dichtstbij liggend, dichtbij komend, zeer gelijkend (*bij, op: dat.*); ▸ *vero proximum* het waarschijnlijkste; *ficta proxima veris; proxima Phoebi versibus ille facit;* — *m. ac, atque* = bijna net zoals.

prope-diem *adv.* in de eerstvolgende dagen, heel spoedig.

prō-pellō, pellere, pulī, pulsum

1. vooruitduwen, voortdrijven [**navem in altum; in aequora**]; ▸ *anima propellit membra* (*Lucr.*);

2. dieren voor zich uitdrijven [**oves in pabulum; pecora pastum** naar de weide];

3. (*poët.; postklass.*) naar beneden stoten, omlaagslingeren, omstoten [**corpus alcis e scopulo in profundum; muros** omverwerpen, vernietigen; **mensam**];

4. verdrijven, verjagen, wegjagen [**hostes** op de vlucht doen slaan; **multitudinem equitum; alitem nido**]; ▸ *populus duces adversariae factionis patriā propulit* (*Nep.*);

5. (*metaf.*) afweren (*van: ab*) [**periculum vitae ab alqo; famem; frigus**];

6. (*metaf.*) bewegen, aanzetten, aansporen, verleiden, dwingen tot (*m. acc.; ut*) [**animos ad corrumpendum militiae morem**]; ▸ *terrore*

carceris alqm ad voluntariam mortem ~ ; *pietas et amor alqm ad alqd propellit.*

prope-modum *en* (*Plaut.*) **-modo** *adv.* bijna.

propempticum, ī *n* (*Gr. leenw.*) (*postklass.*) afscheid(slied).

prō-pendeō, pendēre, pendī, pēnsum
1. (*postklass.*) naar beneden hangen;
2. (*metaf.*) overhellen, neigen [**in nos**];
3. het zwaarst wegen; ▸ *propendet lanx boni;* / *vgl. ook propensus.*

prōpendulus, a, um (*propendeo*) (*Apul.*) naar voren hangend.

prōpēnsiō, ōnis *f* (*propendeo*) neiging [**ad bonum**].

prōpēnsus, a, um (*p. adj. v. propendeo*)
1. (*Pers.*) naar voren hangend;
2. (*metaf.*) geneigd, bereidwillig (*tot: ad; in m. acc.*) [**ad lenitatem; ad voluptates; ad misericordiam; in alteram partem; in alcis amicitiam**]; ▸ *propensius facere* bereidwilliger;
3. (*metaf.*) gewichtig, belangrijk;
4. nabijkomend (*m. ad*) [**ad veritatis similitudinem**].

properanter *adv.* (*properans, ptc. pr. v. propero*) snel, haastig.

properantia, ae *en* **properātiō,** ōnis *f* (*propero*) snelheid, haast.

properātō *adv.* (*propero*) (*Tac.*) snel.

properi-pēs, *gen.* pedis (*properus*) (*Catull.*) snelvoetig [**dux**].

properiter *adv.* (*properus*) haastig, snel.

properō, properāre
I. *intr.*
1. snellen, zich haasten (*abs.; m. inf.; ook m. ut, aci. of sup.*) [**in patriam redire; pervenire; adiutum**]; ▸ *se quisque hostem ferire properabat;*
2. zich snel begeven [**in Italiam; in castra; Romam; domum; ad gloriam**];
II. *tr.*
1. snel, haastig doen, verrichten [**coeptum iter; opus; studium; gloriam** snel verwerven];
2. versnellen, snel laten komen [**noctem; mortem**].

Propertius, ī *m* Sextus ~, *Rom. elegisch dichter (ca. 47—15 v. Chr.), geboren in Assisi (Umbrië).*

properus, a, um (*poët.; postklass.*) haastig, snel, vlug (*mbt.: gen.; inf.*) [**occasionis** snel grijpend; **potentiae apiscendae; quoquo facinore clarescere**].

prō-pexus, a, um (*pecto*) (*poët.; postklass.*) naar voren gekamd, hangend [**crinis; barba**].

prophēta *en* **prophētēs,** ae *m* (*Gr. leenw.*) (*postklass.*) waarzegger, profeet.

prophētālis, e (*propheta*) van een *of* passend bij een profeet *of* waarzegger.

prophētātiō, ōnis *f* (*propheto*) (*eccl.*) voorspelling, profetie.

prophētēs *zie propheta.*

prophētīa, ae *f* (*Gr. leenw.*) (*eccl.*) voorspelling, profetie.

prophētiālis, e voorspellend.

prophēticus, a, um (*Gr. leenw.*) (*eccl.*) profetisch.

prophētis, is *f* profetes.

prophētizō, prophētizāre (*Gr. leenw.*) voorspellen.

prophētō, prophētāre (*propheta*) (*eccl.*) voorspellen, profeteren.

propīn *indecl. n* (*Gr. leenw.*) (*Mart.*) aperitief.

propīnātiō, ōnis *f* (*propino*) (*postklass.*) toast, heildronk.

propincus, a, um *resp.* ī *m* = *propinquus.*

pro-pīnō, pīnāre (*Gr. leenw.*)
1. iem. toedrinken; ▸ *propino tibi salutem plenis faucibus* (*Plaut.*);
2. (*postklass.*) te drinken geven; *geneesmiddelen* toedienen;
3. (*preklass.*) (*metaf.*) aanbieden [**alqm deridendum** iem. tot voorwerp v. spot maken; **versūs flammeos mortalibus**].

propinqua, ae *f* (*propinquus*) verwante.

propinquitās, ātis *f* (*propinquus*)
1. nabijheid, *ook plur.* [**hostium; fluminis; silvae**];
2. verwantschap, *ook plur.*; ▸ *ius propinquitatis; vinculis propinquitatis coniunctus;*
3. (*postklass.*) gelijkenis, overeenkomst.

propinquō, propinquāre (*propinquus*)
I. *intr.* (*poët.; postklass.*)
1. (*v. plaats*) nabij zijn, dichtbij zijn; ▸ (*ook m. dat.*) *locus propinquat caelo* (*Tac.*);
2. (*v. tijd*) ophanden zijn; ▸ *dies propinquat;*
3. in aantocht zijn; (*m. dat. of acc.*) naderen [**portis; scopulo; Alpibus; campos; amnem**]; ▸ *acies legionum propinquabat; ignis domui alcis propinquat;*
II. *tr.* (*Verg.*) bespoedigen, snel dichterbij brengen [**mortem**].

propinquus (*prope*)
I. *adj.* a, um
1. (*v. plaats*) dichtbij (gelegen), naburig, aangrenzend (*bij, aan: dat.*) [**loca; rus; praedium; Etruriae arva; tumultus** in de buurt]; ▸ *flumini -a loca; -um castris hostium promunturium;*

insulae -ae inter se; — *subst.* **propinquum,** ī *n*: *in -o esse* in de buurt zijn; *ex -o cernere, cognoscere* van dichtbij; *plur.*: *-a oppido* de directe omgeving v.d. stad;
2. *(v. tijd)* ophanden (zijnd) [**reditus; mors; spes**];
3. *(metaf.)* (a) nabijkomend, gelijkend op *(m. dat.)*; ▸ *motūs perturbationibus animi -i*; (**b**) verwant, nauwe banden hebbend met [**bella** met verwanten; **cognatio** nauw]; *(m. dat.) tibi genere -i*;
II. *subst.* ī *m* verwant, familielid; zeer goede vriend.

propior *zie prope.*

propitiātiō, ōnis *f (propitio) (eccl.)*
1. het verzoenen, het gunstig stemmen;
2. verzoening;
3. middel om te verzoenen, zoenoffer, gift.

propitiātōrium, ī *n (propitio) (eccl.)* plaats om zoenoffers aan te bieden.

propitiō, propitiāre *(propitius) (pre- en postklass.)* verzoenen, gunstig stemmen [**manes; Iunonem**].

propitius, a, um *(peto) (meestal v. goden)* welgezind, genegen, genadig, goedgunstig [**di; parentes**].

propius *zie prope.*

proplasma, atis *n (Gr. leenw.)* kleimodel *(om een beeld mee te maken).*

propnigēum, ī *n (Gr. leenw.) (postklass.)* zweetkamer.

prōpōla, ae *m (Gr. leenw.)* marskramer.

propolis, is *f (Gr. leenw.) (postklass.)* maagdenwas.

prō-polluō, polluere, — — *(Tac.)* nog meer bevlekken.

prō-pōnō, pōnere, posuī, positum
1. openlijk tentoonstellen *of* ophangen [**vexillum** oprichten; **libellum; epistulam in publico**];
2. voor de verkoop uitstallen, te koop aanbieden; ▸ *mulier omnibus proposita* voor ieder te krijgen; ~ *in nundinis (Vulg.)*;
3. openlijk bekendmaken [**legem in publicum; edictum; vectigalia; auctionem** aankondigen];
4. plaatsen voor, blootstellen aan [**Andromedam ceto;** *ook metaf.* **vitam telis fortunae; vitam iudiciis**];
5. *(in een redevoering)* uiteenzetten, betogen, aanvoeren, vertellen *(m. acc.; de; ook m. aci. of afh. vr.)* [**sua merita; res gestas; crimina; viros** opsommen; **consilia; alqd pro certo** als feit beweren; **de Galliae moribus**];
6. *(sibi, animo)* ~ voor ogen houden, zich voorstellen [**sibi spem** hopen; **exempla; alcis vitam; alqm sibi ad imitandum; vim fortunae animo** overwegen; **immanes beluas**];
7. in het vooruitzicht stellen, beloven, toezeggen [**militi praemium; largitiones; munus; pugnae honorem**];
8. dreigen *(met: acc.)* [**exilium alci; mortem**];
9. adviseren, aanraden [**remedia celeria morbo**];
10. *(ter overweging, beraadslaging)* voorleggen [**quaestionem**];
11. *(m. of zonder sibi)* zich voornemen, besluiten *(m. acc.; m. ut; m. inf.)* [**alqd animo**]; ▸ *Aegyptum petere proposuit; res proposita* voornemen, plan; — *propositum est alci en alci rei (m. inf. of ut)* iem. heeft de taak, iets heeft tot doel, het is iems. plan;
12. als doel stellen, bepalen; ▸ *quod propositum est arti*;
13. *(log. t.t.) (abs.)* het eerste lid v.e. syllogisme vormen, vooronderstellen.

Propontis, idis *en* idos *f nu* de Zee v. Marmara; — *adj.* **Propontiacus,** a, um.

prō-porrō *adv. (Lucr.)* verder, weer.

prō-portiō, ōnis *f*
1. verhouding, proportie;
2. *(gramm.)* analogie.

prōpositiō, ōnis *f (propono)*
1. voorstelling [**huius vitae**];
2. het uiteenzetten, uiteenzetting [**facti**];
3. thema; stelling;
4. *(log. t.t.)* eerste lid *van een syllogisme.*

prōpositum, ī *n (propono)*
1. voornemen, bedoeling, plan, doel; ▸ *-um peragere* uitvoeren; *-um assequi* bereiken; *in -o manere; -um tenere* bij zijn voornemen blijven; *a -o deterreri; omne -um operis destinare;*
2. *(poët.)* levenswijze; ▸ *-um mutare;*
3. *(retor. t.t.)* thema, hoofdgedachte *van een geschrift*; ▸ *ad -um venire; a -o aberrare; redire ad -um;*
4. *(log. t.t.)* eerste lid *van een syllogisme.*

prōpositus, a, um *(p. adj. v. propono)*
1. blootgesteld [**telis fortunae; bello**];
2. ophanden zijnd, dreigend [**periculum**].

prō-posuī *pf. v. propono.*

prō-praetor, ōris *m en* **prō praetōre** *m* propretor, voormalig pretor, stadhouder *van een provincie.*

proprietārius, ī *m (proprietas) (jur.)* eigenaar,

bezitter.

proprietās, ātis *f (proprius)*
1. het eigene, het karakteristieke [**terrae caelique**];
2. bijzonder soort [**frugum**];
3. juistheid, passendheid;
4. *(postklass.)* eigendom(srecht) [**iumenti**].

proprium, ī *n (proprius) (pre- en postklass.)* eigendom, eigen bezit.

proprius, a, um
1. aan één iem. uitsluitend toebehorend, eigen [**praedia; ager; libri; impensa; navigium; horreum**]; ▸ *-is viribus consiliisque bella gerere; -o sumptu ludos edere; -ā pecuniā militem iuvare; -um facere alqd* zich iets toe-eigenen;
2. *(metaf.)* eigenaardig, karakteristiek, typisch, wezenlijk [**vitium; consuetudo**]; ▸ *libertas -a Romani et generis et nominis; suā quādam -ā facultate; -um id Tiberio fuit;* — *proprium est alcis en alcis rei (m. inf.; ut)* het is typisch, karakteristiek: *harum virtutum -um est nihil extimescere;*
3. exclusief, persoonlijk, individueel [**ignominia; lex; consilium; ira** persoonlijke wrok]; ▸ *ista calamitas culpa mea -a est;*
4. *(v. woorden en uitdrukkingen)* eigenlijk, specifiek [**verbum**];
5. bestendig, onvergankelijk, blijvend [**victoria; gaudium; voluptates**];
6. juist, passend *(bij: dat.)* [**argumenta**]; ▸ *-um manere; alci -um atque perpetuum;*
/ *adv.* **propriē** (a) als bijzonder eigendom; (b) bijzonder, eigenaardig, karakteristiek, persoonlijk; ▸ *id est -e tuum;* (c) bij voorkeur, in het bijzonder, speciaal; ▸ *-e rei militaris peritus;* (d) *(in de formulering)* eigenlijk, in eigenlijke zin; ▸ *magis -e nihil possum dicere (Cic.);* (e) passend; ▸ *-e bonum virum laudare.*

propter *(prope) adv. en prep.*
I. *adv.* nabij, in de buurt, ernaast [**adesse; dormire**]; ▸ *locus ubi aqua ~ est;*
II. *prep. m. acc. (ook als postpositie)*
1. *(v. plaats)* dichtbij, naast; ▸ *~ alqm stare; ~ urbem; hostem ~ ;*
2. *(causaal)* wegens, uit, door; ▸ *~ metum poenae* uit angst voor straf; *~ iniuriam; ~ humanitatem; ~ me* wat mij betreft;
3. dankzij *of* door de schuld van; ▸ *~ eos vivit; ~ matrem non posse habere uxorem domi.*

propter-eā *adv.* vandaar, daarom; ▸ *~ quod, quia* daarom dat; *~ ut* daarom om te; *propterea te volo scribere ut pater cognoscet litteras (Plaut.).*

prōpudiōsus, a, um *(propudium) (pre- en postklass.)* beschamend, minderwaardig.

prō-pudium, ī *n (pudeo)*
1. *(pre- en postklass.)* schanddaad, schaamteloosheid; ▸ *-i alqm insimulare;*
2. *(meton.) (als scheldwoord)* schoft; ▸ *quid ais, propudium?*

prōpugnāculum, ī *n (propugno)*
1. versterking, bolwerk [**moenium**];
2. *(metaf.)* (a) bescherming *(tegen: gen.)* [**tyrannidis**]; (b) verdedigingsgrond.

prōpugnātiō, ōnis *f (propugno)* verdediging, bescherming [**dignitatis tuae**].

prōpugnātor, ōris *m (propugno)*
1. verdediger; ▸ *a propugnatoribus relictus locus;*
2. marinier; ▸ *ex remigum propugnatorumque numero;*
3. *(metaf.)* voorvechter, verdediger, beschermer [**imperii; libertatis; senatūs; amicorum**].

prō-pugnō, pugnāre
I. *intr.* vechten, strijden [**pro suo partu; pro fama alcis; fratri**]; tegenstand bieden, zich verdedigen [**e muris; ex turri; pro vallo; ex silvis**];
II. *tr. (postklass.)* verdedigen [**munimenta; absentiam alcis** iem. in zijn afwezigheid].

prō-pulī *pf. v.* propello.

prōpulsātiō, ōnis *f (propulso)* het afweren, afwering [**periculi**].

prōpulsō, prōpulsāre *(intens. v. propello)*
1. terugslaan, terugdrijven [**hostem; populum ab ingressione fori**]; ▸ *ibi resistere ac ~ ;*
2. bonken op *(m. acc.)* [**ianuam**];
3. *(metaf.)* afweren, afwenden, tegenhouden [**iniuriam; periculum; metum; bellum a moenibus; frigus; famem; suspicionem a se**].

prōpulsus[1] *ppp. v.* propello.

prōpulsus[2]**,** ūs *m (propello) (Sen.)* voorwaartse druk, luchtdruk.

propylaea, ōrum *n (Gr. leenw.)* Propylaeën, poortcomplex, *ihb. de zuilengang v.d. Acropolis in Athene.*

prō-quaestōre *indecl. m, plur.* **prōquaestōribus** proquaestor, ex-quaestor *in een provincie.*

prō-quam *cj. (ook gesplitst) (Lucr.)* naarmate.

prōra, ae *f (Gr. leenw.)* voorsteven, boeg; *(poët.)* schip; ▸ *sprw.: ~ et puppis* eerste en laatste, *dwz.* enige beweegreden.

prō-rēpō, rēpere, rēpsī, rēptum *(postklass.)*
1. *(poët.)* te voorschijn kruipen; voortkruipen;
2. *(metaf.)* zich verbreiden, ontstaan.

prōrēta, ae *m (Gr. leenw.) (Plaut.)* bootsman.

prō-ripiō, ripere, ripuī, reptum *(rapio)*
I. *tr.* te voorschijn *of* naar buiten slepen [**in caedem** lokken];
II. *intr.* *(poët.)* zich haasten, snellen; ▸ *quo proripis?*; — *se* ~ naar buiten stormen, zich naar buiten storten [**se ex totā urbe; se a vestibulo templi; se portā foras; se domo; se custodibus** *(dat.)* ontkomen aan; **se in proximam silvam; pedes** te voorschijn springen]; *(v. emoties)* tot uitbarsting komen.
prōrītō, prōrītāre *(postklass.)* aanzetten, opwekken.
prōrogātiō, ōnis *f* *(prorogo)*
1. verlenging [**imperii**];
2. uitstel [**diei** van de termijn, verdaging].
prōrogātīvus, a, um *(prorogo)* *(Sen.)* vertraagbaar.
prō-rogō, rogāre
1. verlengen [**alci imperium; provinciam** het bestuur v.d. provincie; **vitam alci; memoriam alcis; moras in hiemem**];
2. uitstellen [**paucos dies ad solvendum; spem alci in alium diem**];
3. *(postklass.)* vooruitbetalen, voorschieten [**pensionem**].
prōrsum *zie prorsus*[2].
prōrsus[1], a, um *(pro en verto)* *(postklass.)* *(v. taal)* eenvoudig, niet metrisch, proza- [**oratio**].
prōrsus[2] *en* *(preklass.; poët.)* **prōrsum** *adv.* *(prorsus*[1]*)*
1. voorwaarts *(ihb. metaf.)*; ▸ ~ *ibat res* er zat schot in de zaak;
2. rechtstreeks, op de man af;
3. volledig, geheel en al, volstrekt; ▸ ~ *ita se gessit;* ~ *opportuna; ita* ~ *existimo;* ~ *assentior; non* ~ *en nullo modo* ~ helemaal niet, absoluut niet;
4. in één woord, kortom.
prō-ruī *pf. v. proruo.*
prō-rumpō, rumpere, rūpī, ruptum
I. *intr.*
1. te voorschijn springen, zich een weg banen [**in hostes; per medios hostes**]; ▸ *prorumpit Tiberinus in mare;*
2. *(metaf.)* (a) uitbreken; ▸ *pestis, incendium prorumpit; vis morbi in unum intestinum prorupit* *(Nep.)* drong binnen; (b) *(v. personen)* zich storten, zich verlagen [**in scelera; in necem militum**]; ▸ *eo* ~ *hominum cupiditatem ut zozeer;*
II. *tr.* *(poët.; postklass.)* te voorschijn laten komen, uitstoten; ▸ *Aetna nubem atram prorumpit ad aethera;* — *se* ~ *en pass. prorumpi* te voorschijn springen, uitbreken; — *ppp.* **prōruptus,** a, um te voorschijn komend: *sudor corpore proruptus; mare proruptum.*
prō-ruō, ruere, ruī, rutum
I. *intr.*
1. vooruitstormen, losstormen; ▸ ~ *in hostem; ex parte quā dextrum cornu proruebat;*
2. *(Tac.)* instorten; ▸ *motu terrae oppidum proruit;*
II. *tr.*
1. *(pre- en postklass.)* storten [**se foras** zich naar buiten storten];
2. omverhalen, vellen, slechten, afbreken [**munitiones; hostem; arbores; aedificium**].
prō-rūpī *pf. v. prorumpo.*
prōruptus *ppp. v. prorumpo.*
prōrutus *ppp. v. proruo.*
prōsa, ae *f* *(prosus)* *(postklass.)* proza.
prōsāpia, ae *f* geslacht, familie.
proscaenium, ī *n* *(Gr. leenw.)* (voor)toneel, voorgrond v.h. toneel.
prō-scindō, scindere, scidī, scissum *(poët.; postklass.)*
1. omwoelen, ploegen [**campum ferro; terram iuvencis; fulgure terram**];
2. *(meton.)* doorklieven [**aequor**];
3. *(metaf.)* afmaken, beschimpen [**equestrem ordinem**]; ▸ *carminibus proscissus.*
proscissiō, ōnis *f* *(proscindo)* *(postklass.)* het omploegen.
prō-scrībō, scrībere, scrīpsī, scrīptum
1. publiekelijk bekendmaken [**auctionem; legem; venationem**];
2. *voor verkoop, verpachting of verhuur* aanbieden [**fundum; bona; insulam**];
3. *(iems. bezittingen)* verbeurdverklaren, confisqueren [**alcis possessiones; bona; Pompeium** de goederen v. Pompeius];
4. vogelvrij verklaren [**victoriā Sullae parentes**]; — *subst.* **prōscrīptus,** ī *m* vogelvrijverklaarde.
prōscrīptiō, ōnis *f* *(proscribo)*
1. het openlijk te koop aanbieden [**bonorum; praediorum**];
2. verbeurdverklaring, vogelvrijverklaring, proscriptie; ▸ *proscriptione pecunias ex aerario accipere.*
prōscrīpturiō, prōscrīpturīre *(desid. v. proscribo)* graag vogelvrij willen verklaren.
prōscrīptus *ppp. v. proscribo.*
prō-secō, secāre, secuī, sectum
1. afsnijden *(ihb. delen om te offeren)* [**hostiae**

extā];
2. *(postklass.) (de grond)* openbreken, omploegen [**solum**].
prōsectum, ī *n (proseco) (meestal plur.) (poët.)* delen om te offeren; ingewanden.
prōsectus, ūs *m (proseco) (postklass.)* het afsnijden.
prōsecūtiō, ōnis *f (prosequor) (Laatl.)* begeleiding, escorte; voortzetting.
prōsecūtor, ōris *m (prosequor) (Laatl.)* begeleider.
prōsecūtus *p.p. v. prosequor.*
prō-seda, ae *f (sedeo) (Plaut.)* hoer.
prosēlytus, ī *m (Gr. leenw.) (eccl.)* vreemdeling; bekeerling.
prō-sēminō, sēmināre
1. uitzaaien;
2. *(metaf.)* voortplanten.
prō-sentiō, sentīre, sēnsī, — *(Plaut.)* tevoren merken.
prō-sequor, sequī, secūtus sum
1. begeleiden, uitgeleide doen [**discedentem; reginam in freta; defunctum questu**]; ▸ *omnes illum unum prosequebantur; novum maritum rus* ~ ; *(metaf., v. niet-lev.) ventus prosequitur euntes; naves mittebant quae se prosequerentur; Chattos saltus Hercynius prosequitur* strekt zich uit langs het gebied v.d. Chatti;
2. begiftigen, gedenken *of* eren met [**alqm veniā** iem. vergeving schenken; **alqm liberalitate; alqm honore** iem. eren; **alqm benevolentiā; alqm liberaliter oratione** iem. vriendelijk tegemoet treden; **clamore et plausu alcis memoriam**]; ▸ *domus tua me semper omnibus summis officiis prosecuta est (Cic.); tuam profectionem amore prosequor, reditum spe exspecto;*
3. *(poët.; postklass.) (mondel. of schriftel.)* behandelen, schetsen, beschrijven [**pascua versu**]; *abs. (poët.)* doorgaan met praten;
4. *(vijandel.)* achtervolgen [**hostem; fugientes; alqm lapidibus; alqm verbis** aanvallen].
prō-serō[1], serere, seruī, sertum *(pre- en postklass.)* uitsteken [**linguam**].
prō-serō[2], serere, sēvī, satum
1. voortbrengen [**segetem**];
2. *(metaf.)* ontwikkelen, doen groeien [**artes**].
Prōserpina, ae *f dochter v. Ceres, echtgenote v. Pluto, koningin in de onderwereld, vanaf 249 v. Chr. met Dis Pater in Rome vereerd; gelijkgesteld met de Gr. godin Persephone.*
prōserpināca, ae *f (Plin. Mai.) een soort varkensgras(?).*
prō-serpō, serpere, — — *(Plaut.)* voortkruipen.
proseucha, ae *f (Gr. leenw.) (Juv.)* synagoge.
prō-sicō, sicāre *(arch.) = proseco.*
prō-siliō, silīre, siluī *(ook silīvī en siliī)*, — *(salio)*
1. te voorschijn springen, opspringen, *(m. acc.)* afsnellen op [**e lecto; e convivio; a sede; de nave; amicum castigatum** om af te straffen]; ▸ *repente* ~ ;
2. *(metaf., v. niet-lev.)* te voorschijn springen *of* komen, opschieten; ▸ *flumen, sanguis, scintilla prosilit; prosiliunt lacrimae; natura prosilit* gaat de perken te buiten; *fructices prosiliunt;*
3. *ergens heen* springen, snellen [**in contionem; in publicum; ad flumen; in proelium**].
prō-socer, erī *m (poët.; postklass.)* grootvader v.d. echtgenote *of* echtgenoot.
prō-spectō, spectāre
1. uit de verte kijken, uitkijken *(naar, op: acc.)* [**e puppi pontum; ex fenestra**]; ▸ *quā longissime prospectari poterat (Tac.)* waarvandaan het uitzicht het verst was; *euntem* ~ van verre opmerken;
2. *(van verre)* bekijken, observeren [**proelium; incendium e turri**]; ▸ *ex proximis hortis campum* ~ ; *astris prospectantibus* bij het gloren v.d. sterren;
3. *(poët.; postklass.) (v. plaatsen)* uitzicht bieden, geven *(op: acc.)*; ▸ *villa quae monte summo posita prospectat Siculum; locus late prospectans* met weids uitzicht;
4. speuren naar *(m. acc.)* [**hostem**];
5. verwachten *(m. acc. of afh. vr.)* [**exilium; auxilium**]; ▸ *prospectat quid agatur;*
6. *(Verg.) (v.h. noodlot)* te wachten staan *(m. acc.)*; ▸ *fata te prospectant.*
prōspectus[1] *ppp. v. prospicio.*
prōspectus[2], ūs *m (prospicio)*
1. uitzicht [**maris** op de zee; **ex arce**]; ▸ *prospectum praebere ad urbem;*
2. gezichtsveld, blikveld; ▸ *in prospectu esse* zich in het blikveld bevinden;
3. aanblik, uiterlijk; ▸ *porticus pulcherrimo prospectu;*
4. *(Ov.)* het uitzien, blik; ▸ *aequora prospectu metior alta meo;*
5. *(Laatl.)* voorzienigheid, voorzorg.
prō-speculor, speculārī
I. *intr.* een verkenningstocht uitvoeren [**ad locum castris capiendum**];
II. *tr.* vol verwachting uitzien naar *(m. acc.)* [**adventum imperatoris e muris**].
prosper zie *prosperus.*

prospera, ōrum *n* (*prosperus*) (*poët.*; *postklass.*) gelukkige omstandigheden, geluk, voorspoed.

prosperitās, ātis *f* (*prosperus*) voorspoed, geluk, *plur.* gunstige omstandigheden [**valetudinis** uitstekende gezondheid].

prosperō, prosperāre (*prosperus*) bevorderen, laten lukken, ten goede keren [**coepta; victoriam populo Romano; decreta patrum; consilia rei publicae**].

prosperus *en* **prosper,** era, erum (*adv.* -ē *en* -iter)
1. gunstig, voorspoedig, gewenst [**fortuna; successus; augurium; verba**]; ▸ *-e pugnare; -as res habere* geluk hebben;
2. (*poët.*) gelukkig makend, begunstigend, zegenend [**Bellona**; (*mbt., met: gen.*) **frugum**].

prō-spexī *pf. v. prospicio.*

prōspicientia, ae *f* (*prospicio*) voorzorg.

prō-spiciō, spicere, spexī, spectum (*specio*)
I. *intr.*
1. van verre, in de verte kijken, een blik werpen [**ex superioribus locis in urbem; per fenestras; longe** *en* **multum** een ver uitzicht hebben, ver zien]; ▸ *parum prospiciunt oculi* (*Ter.*) zien niet goed in de verte;
2. op de loer liggen; op de uitkijk staan [**toto die**]; ▸ *puer ab ianua prospiciens;*
3. (*metaf.*) voorzorgsmaatregelen treffen (*abs.*; *m. dat.*; *ut, ne*) [**sociis; malo** voorkómen]; ▸ *consulere ac ~ debemus; homo longe in posterum prospiciens;*
II. *tr.*
1. van verre, in de verte zien, voor zich zien (*m. acc. of aci.*) [**alqm ex moenibus; classem ex aethere; Italiam ab unda; hostem tectis; campos longe**]; ▸ *alqm procul ~;*
2. uitkijken naar (*m. acc.*) [**ex speculis adventantem hostium classem**];
3. (*postklass.*) van verre bekijken, observeren [**incendium; e triclinio ardentem rogum**];
4. (*poët.*; *postklass.*) (*v. plaatsen*) uitzicht bieden op (*m. acc.*); ▸ *villa lacum prospicit;*
5. voorzien (*m. acc. of afh. vr.*); ▸ *longe ~ futuros casus rei publicae* (*Cic.*);
6. zorgen voor, voorzien in (*m. acc.*) [**commeatūs; habitationem alci; maritum filiae; pecori pabulum**].

prōspicuus, a, um (*prospicio*) (*postklass.*) vooruitziend.

prō-sternō, sternere, strāvī, strātum
1. op de grond werpen, neerwerpen [**corpora humi; se; se ad pedes alcis; telo virum**]; ▸ *humi prostratus* op de grond liggend; *hostem prostravit, fudit, occidit;*
2. (*metaf.*) te gronde richten, vernietigen [**omnia furore; Galliam; morem civitatis; virtutem**]; in de pan hakken [**hostem; aciem**];
3. (*Suet.*) aanbieden, prijsgeven [**sorores alci; pudicitiam alci**];
/ *prostrasse = prostravisse.*

prōstibilis, e (*prosto*) (*Plaut.*) zich aanbiedend als hoer.

prōstibulum, ī *n* (*prosto*) (*Plaut.*) hoer, tippelaarster; (*Laatl.*) bordeel.

prō-stitī *pf. v. prosto.*

prō-stituō, stituere, stituī, stitūtum (*statuo*) (*postklass.*)
1. blootgeven, prijsgeven [**corpora libidinibus; famam**];
2. prostitueren, aan prostitutie overgeven [**sese; pudicitiam suam; faciem suam lucro**]; ▸ *cras populo prostituam vos.*

prōstitūta, ae *f* (*prostitutus*) (*postklass.*) hoer, prostituee.

prōstitūtus, ī *m* schandknaap, prostitué.

prō-stō, stāre, stitī, —
1. (*Lucr.*) uitsteken; ▸ *angellis paulum prostantibus;*
2. (*Plaut.*) (*v.e. verkoper*) *waren* te koop aanbieden;
3. (*Hor.*) (*v. waren*) te koop staan; ▸ *liber prostat;*
4. (*postklass.*) (*v. hoeren*) zich openlijk aanbieden.

prōstrātiō, ōnis *f* (*prosterno*) (*Laatl.*) ineenstorting, instorting.

prōstrātus *ppp. v. prosterno.*

prō-strāvī *pf. v. prosterno.*

prostȳlos, on (*Gr. leenw.*) (*postklass.*) met zuilen aan de voorkant [**aedes**].

prō-subigō, subigere, — —
1. (*Verg.*) voor zich omwoelen [**pede terram**];
2. (*poët.*) smeden; ▸ *fulmina Cyclops prosubigit.*

prō-sum[1], prōdesse, prōfuī, prōfutūrus
1. nuttig zijn, baten [**Miloni; multis; ad concordiam civitatis; in commune**]; ▸ *nec sibi nec alteri ~; nihil tibi litterae meae proderunt; constantia multum prodest in amore* (*Prop.*);
2. (*postklass.*) (*med. t.t.*) helpen, werkzaam zijn voor (*m. dat.*); ▸ *quicquid animum erexit, etiam corpori prodest* (*Sen.*);
3. (*jur.*) in het voordeel gelden van (*m. dat.*) [**liberto**].

prōsum[2] = *prorsus*[2].

prōsus, a, um = *prorsus*[1].

Prōtagorās, ae *m Gr. sofist uit Abdera* (*ca.* 485—415

v. Chr.), tijdgenoot v. Socrates; beroemd is zijn 'homo mensura'-stelling: 'de mens is de maat v. alle dingen'.

prōtēctiō, ōnis *f (protego) (Laatl.)* bescherming, verdediging.

prōtēctum, ī *n (protego) (archit.)* (uitstekend) dak of gewelf; fronton.

prō-tegō, tegere, tēxī, tēctum
1. van voren bedekken, afschermen [**alqm scuto; tabernaculum hederā; caput contra solem**];
2. beschermen [**regem; iacentem; alqm precibus; alqm ab armis Romanis; alqm ab impetu bestiarum**]; ▸ *causam* ~ een zaak verdedigen;
3. een afdakje aanbrengen *(op, boven: acc.)* [**aedes**];
4. *(metaf.)* verhullen, bedekken [**nequitiam**].

prō-tēlō, tēlāre *(protelum) (kom.)* opjagen, terugdrijven [**alqm saevidicis dictis**].

prōtēlum, ī *n (protendo)*
1. *(postklass.) (meton.)* een span ossen;
2. *(poët.) (metaf.)* opeenvolging; ▸ *quasi -o* in één ruk, achter elkaar door.

prō-tendō, tendere, tendī, tentum *en* tēnsum *(poët.; postklass.)*
1. voor zich uitstrekken, voor zich uitsteken, voor zich houden [**manūs; dextram precantem; cervicem; hastas**]; — *pass.* zich uitstrekken, uitsteken: *protenditur ad Bactros usque gens Mardorum;*
2. verlengen [**aetatem**]; rekken *(bij het uitspreken)* [**praepositiones**].

prōtenus *zie protinus.*

prō-terminō, termināre *(postklass.)* uitbreiden.

prō-terō, terere, trīvī, trītum
1. plattrappen, vertrappen [**arva florentia; agmina curru**];
2. vernietigen, in de pan hakken [**aciem hostium; omnia ferro**]; ▸ *(metaf.) ver proterit aestas (Hor.)* verdringt;
3. *(metaf.)* met voeten treden, verachten, mishandelen;
4. *(Gell.) (retor.)* plattreden, vaak gebruiken; ▸ *verba a vulgo protrita.*

prō-terreō, terrēre, terruī, territum wegjagen, op de vlucht jagen [**alqm verbis gravissimis; alqm armis; alqm ab aedibus; alqm patriā**].

protervia, ae *f (Laatl.) = protervitas.*

protervitās, ātis *f (protervus)*
1. brutaliteit, onbeschaamdheid, schaamteloosheid;
2. *(Hor.)* vrijmoedigheid, uitgelatenheid, baldadigheid.

protervus, a, um
1. brutaal, onbeschaamd, schaamteloos [**dicta; facta; lingua; animus; meretrix**];
2. *(poët.)* vrijmoedig, uitgelaten, baldadig [**rixae; iuvenes**];
3. *(poët.)* stormachtig, hevig [**venti**].

Prōtesilāus, ī *m echtgenoot v. Laodamia, als eerste in de strijd voor Troje gedood.*

prō-testor, testārī getuigenis afleggen, publiekelijk verklaren of getuigen.

Prōteus, eī *en* eos *m*
1. *zeegod, die de kunst v.h. voorspellen machtig was, kon zich in veel gedaanten veranderen, verbleef meestal op het Egyptische eiland Pharos;* ▸ *Protei columnae (Verg.)* de grenzen v. Egypte;
2. *(Hor.) (metaf.)* (a) slimmerik; ▸ *effugiet vincula* ~; (b) veranderlijk mens.

prō-tēxī *pf. v. protego.*

prothȳmē *adv. (Gr. leenw.) (Plaut.)* graag, met genoegen [**diem sumere** doorbrengen].

prothȳmia, ae *f (Gr. leenw.) (Plaut.)* welwillendheid, vriendelijkheid.

prōtinam *adv. (protinus) (kom.)* in rechte lijn, voorwaarts; rechtstreeks.

prō-tinus *en* **prō-tenus** *adv. (tenus[1])*
1. *(v. plaats)* (a) voorwaarts, naar voren, verder [**ire; capellas agere**]; (b) *(poët.; postklass.)* direct aansluitend, onlosmakelijk verbonden;
2. *(v. tijd)* (a) meteen, onmiddellijk, terstond [**ad urbem refugere**]; ▸ *nemus* ~ *contremuit (Verg.); non* ~ niet meteen, niet onmiddellijk; *protinus ut* zodra als; (b) *(poët.)* voortdurend, ononderbroken, zonder onderbreking [**morem colere**]; (c) *(poët.)* zonder oponthoud, onafgebroken [**vivere; ad oppidum legiones adducere**]; (d) meteen vanaf het begin.

Prōtogenēs, is *m Griekse schilder en beeldhouwer, vooral op Rhodos werkzaam, ca. 300 v. Chr.*

prō-tollō, tollere, — — *(pre- en postklass.)*
1. (naar voren) uitstrekken, (naar voren) uitsteken [**manum**];
2. *(metaf.)* uitstellen [**mortem**];
3. verlengen [**vitam in crastinum**].

prōtoprāxia, ae *f (Gr. leenw.) (Plin. Min.)* positie v. preferente schuldeiser.

prōtotomus, a, um *(Gr. leenw.) (postklass.)* eerst afgesneden, zacht; — *subst.* **-ī,** ōrum *m* jonge spruitjes.

prōtractiō, ōnis *f (protraho) (Laatl.)* verlenging, uitstel.

prō-trahō, trahere, trāxī, tractum
1. naar voren trekken *of* slepen, voorttrekken, voortslepen, te voorschijn trekken [**alqm ex tentorio; alqm in convivium; alqm capillo in viam**];
2. *(metaf.)* dwingen, noodzaken, drijven [**alqm ad indicium; alqm ad operas**]; ▸ *ad paupertatem protractus* tot de bedelstaf gebracht *(Plaut.)*;
3. *(metaf.)* aan het licht brengen, openbaren, blootleggen [**facinus per indicium; vitium**]; ▸ *alqd in lucem* ~ ; *alqd in medium* ~ ;
4. *(postklass.)* tijd rekken, verlengen, laten voortduren [**epulas a medio die ad mediam noctem; convivia in primam lucem; sermones**];
5. vergroten, uitbreiden [**insolentiam; alqd ad Graecum sermonem**].

prōtrīmentum, ī *n (protero) (Apul.)* kruiderij(?).

prōtrītus *ppp. v. protero.*

prō-trīvī *pf. v. protero.*

prō-trūdō, trūdere, trūsī, trūsum
1. naar voren duwen [**alqm foras** eruit gooien];
2. *(metaf.)* uitstellen, *naar een later tijdstip* verzetten [**comitia in Ianuarium mensem**].

prō-tulī *pf. v. profero.*

prō-turbō, turbāre
1. (in wanorde) voortdrijven, verjagen [**nostros de vallo; hostes telis**];
2. *(poët.)* omverwerpen [**silvas**].

prō-tūtēla, ae *f (jur.)* (de actie om de) functie v. tutor (te verwerven).

prō-tūtor, ōris *m* plaatsvervangende tutor.

pro-ut *cj.*
1. al naargelang, naarmate; ▸ ~ *res postulat;*
2. in zoverre als, in de mate dat.

prōvectus, ūs *m (proveho) (Laatl.)*
1. bevordering [**iustitiae**];
2. voortgang, vooruitgang; bloei [**aetatis; animorum**].

prō-vehō, vehere, vēxī, vectum
1. vooruitbrengen [**saxa navi**]; — *pass.* vooruitgaan, voortgaan, vooruitrijden, uitvaren [**in altum; portu** de haven uit]; ▸ *cum classe freto provehi (Caes.)*; — *(postklass.) (v. tijd)* vorderen, opschieten; — *ihb. ppp.* **prōvectus,** a, um gevorderd: *provecto die; provectae aetatis mulieres; provectā aetate mortua est; provectum bellum est* sleepte zich voort;
2. *(metaf.)* (te ver) voeren, meevoeren, meeslepen *(naar tot: ad; m. ut)*; ▸ *vestra benignitas provexit orationem meam; haec spes provexit ut ad conspecta procul pecora decurrerent;* — *pass.* verder, te ver gaan, meegesleept worden, zich in vervoering laten brengen [**in maledicta**]; ▸ *studio rerum rusticarum provectus sum; vino provehor; sentio me longius provectum quam* dat ik verder ben gegaan dan;
3. *(metaf.)* bevorderen, promoveren [**alqm ad summos honores; alqm in consulatūs**]; ▸ *studiosos amat, fovet, provehit;* — *pass.* bevorderd worden, verder komen, promotie maken: *Agrippinae gratiā provectus.*

prō-veniō, venīre, vēnī, ventum
1. *(preklass.)* naar voren komen, optreden; ▸ *qui in scaenam novo modo provenit (Plaut.)*;
2. *(Plaut.) (metaf.)* uitkomen; ▸ *malum propalam provenit;*
3. *(v. planten)* opkomen, groeien; ▸ *poma proveniunt; tantum eā curā frumenti provenit ut;*
4. te voorschijn komen, geproduceerd worden, voortkomen [**humanis opibus**]; ▸ *proveniebant oratores novi; varia ingenia proveniunt; plumbum provenit;*
5. *(pre- en postklass.)* plaatsvinden; ▸ *initia belli ita provenerunt;*
6. *(poët.; postklass.)* goed verlopen, slagen, lukken; ▸ *sine malo* ~ ; *carmina proveniunt animo deducta sereno (Ov.)*; *ut ex studiis gaudium, sic studia hilaritate proveniunt (Plin. Min.).*

prōventus, ūs *m (provenio)*
1. *(postklass.)* het opkomen, groeien [**rosarum; vinearum**];
2. *(poët.; postklass.) (meton.)* oogst, voorraad, opbrengst [**frumentorum**];
3. verloop, ontwikkeling [**pugnae**];
4. goede voortgang, goede afloop, succes [**temporis superioris; secundarum rerum; orationis**].

prō-verbium, ī *n (verbum)* spreekwoord; ▸ *ut in -o est* zoals het spreekwoord luidt; *in -um of in consuetudinem -i venire* spreekwoordelijk worden.

prō-vēxī *pf. v. proveho.*

prōvidēns, *gen.* entis *(p. adj. v. provideo)* voorzichtig, behoedzaam; ▸ *rationem providentissime constituere.*

prōvidentia, ae *f (providens)*
1. vooruitziende blik; ▸ *vir excellenti -ā;*
2. voorzorg(smaatregel) *(tav.: gen.)* [**rei frumentariae**];
3. voorzichtigheid;
4. voorzienigheid [**deorum**].

prō-videō, vidēre, vīdī, vīsum
1. voor zich, in de verte zien [**navem**];
2. eerder, van tevoren zien;
3. *toekomstige gebeurtenissen* voorzien, zien aankomen (*m. acc.*; *aci.*; *afh. vr.*) [**plus animo; tempestatem; alqd ratione** van tevoren berekenen]; ▸ ~, *quid futurum sit;*
4. van tevoren bedenken; ▸ *res quam mens providit;*
5. zorgen, zorg dragen, voorzorgsmaatregelen treffen (*m. de; dat.*; *ut, ne*) [**de re frumentaria; saluti hominum**]; ▸ *ut res postulat, provideas;* (*abl. abs.*) *proviso* (*Tac.*) met opzet, met voorbedachten rade; *omnibus rebus cura et provide ne quid ei desit* (*Cic.*);
6. voorzichtig zijn *of* handelen; ▸ *actum de te est, nisi provides* (*Cic.*);
7. van tevoren regelen *of* verschaffen [**frumentum in hiemem; commeatum exercitui; arma**]; ▸ *omnia* ~ aan alles denken; *multum in posterum providerunt quod* (*Cic.*).

prōvidus, a, um (*provideo*)
1. vooruitziend [**mens;** (*m. gen.*) **rerum futurarum**];
2. zorgend, zorgdragend (*voor: gen.*); ▸ *natura -a utilitatum opportunitatumque omnium* (*Cic.*); — *subst.* **-um,** ī n (*Tac.*) teken v. goddelijke voorzienigheid;
3. voorzichtig; ▸ *parum cauti providique.*

prōvincia, ae *f*
1. ambt, ambtsgebied [**urbana et peregrina** ambtsgebied v.d. praetor urbanus en peregrinus; **iuris dicendi**];
2. opperbevel, commando [**classis, maritima** over de vloot, ter zee]; ▸ *-am obtinere;*
3. (a) (*meton.*) bestuur over een provincie, stadhouderschap; ▸ *-am deponere; -am accipere; -am alci dare, tradere; de -a decedere;* (b) de inwoners v.e. provincie; ▸ *-arum sanguine provincias vinci* (*Tac.*);
4. provincie, *door Rome veroverd en bestuurd gebied buiten Italië* [**Sicilia; consularis** door een oud-consul bestuurd; **praetoria**]; ▸ *cum imperio in -am proficisci; civitatem in -am of in -ae formam redigere* tot provincie maken; *praeponere, praeficere alqm -ae; -ae praeesse; -am aequitate et continentiā administrare; in Italia aut in -is;*
5. (a) *de provincie Asia Minor, Klein-Azië;* ▸ ~ *venit in timorem Parthici belli;* (b) *de provincie Africa, het gebied dat Carthago toebehoord had;* (c) *het oostelijke deel v. Gallia Narbonensis, nu de* Provence;
6. taak, opdracht, bezigheid; ▸ *mihi* ~ *est* (*m. inf.*) aan mij is de taak;
7. (*Mel.*) gebied; graafschap.

prōvinciālis (*provincia*)
I. *adj.* e van, in de provincie, provinciaal [**administratio; edictum; bellum; crimina; negotia; ornamenta** van een beambte in de provincie; **abstinentia** onbaatzuchtigheid in het besturen v.d. provincie];
II. *subst.* is *m* (*meestal plur.*) inwoner v.e. provincie.

prōvinciātim *adv.* (*provincia*) (*postklass.*) provincie voor provincie.

prōvīsiō, ōnis *f* (*provideo*)
1. het van tevoren (kunnen) zien;
2. zorg, voorzorg, voorzorgsmaatregel (*tav.: gen.*) [**temporis posteri; vitiorum atque incommodorum**];
3. voorzichtigheid.

prō-vīsō, vīsere, — — (*intens. v. provideo*) (*kom.*) gaan kijken, op de uitkijk staan; ▸ *proviso, quid agat* (*Ter.*).

prōvīsor, ōris *m* (*provideo*) (*m. gen.*)
1. (*Tac.*) iem. die voorziet [**ingruentium dominationum**];
2. (*Hor.*) iem. die iets van tevoren bedenkt, voorzorgsmaatregelen treft;
3. (*August.*) iem. die van tevoren zorgt voor, verschaft [**deliciarum**].

prōvīsus[1] ppp. v. provideo.

prōvīsus[2], ūs *m* (*provideo*) (*Tac.*)
1. het in de verte zien; gezichtsvermogen;
2. het voorzien [**periculi**];
3. voorzorg(smaatregel) (*van, voor: gen.*) [**deum** (= *deorum*) voorzienigheid; **rei frumentariae; rerum civilium**].

prō-vīvō, vīvere, vīxī, — (*Tac.*) verder leven, doorleven.

prōvocātiō, ōnis *f* (*provoco*)
1. provocatie, uitdaging *tot een gevecht;* ▸ *per provocationem pugnare;*
2. beroep, appèl [**adversus iniuriam magistratuum; ad populum**]; ▸ *provocationes omnium rerum;*
3. (*jur. t.t.*) recht op beroep; ▸ *magistratus sine provocatione* tegen wie men niet in beroep kan gaan.

prōvocātor, ōris *m* (*provoco*)
1. uitdager *tot een gevecht;*
2. *speciaal soort gladiator, die zijn tegenstander uit onverwachte hoek plotseling aanviel;*
3. (*jur. t.t.*) iem. die gebruik maakt v.h. recht op

beroep, appellant.

prō-vocō, vocāre
1. *(preklass.)* naar voren, naar buiten roepen, oproepen; ▸ *provocatus non venit; mandant ut ad se provocet Simonidem;*
2. *(poët.)* te voorschijn laten komen, doen verschijnen, opwekken [**diem**];
3. aansporen, prikkelen, uitlokken [**alqm sermonibus; plebem munificentiā; alqm ad iocos; in aleam; viros mero; officia** tot dienstverlening]; ▸ *tacentes ad communionem sermonis ~;*
4. *tot een gevecht* uitdagen [**alqm ad proelium;** *metaf.* **auras cursibus** de winden tot een wedloop uitdagen]; ▸ *ea pictura naturam ipsam provocavit;*
5. *(jur. t.t.)* in beroep gaan, appelleren [**ad populum**]; ▸ *qui provocat, nondum damnatus videtur* staat nog niet geboekt als veroordeelde;
6. zich beroepen op *(m. ad)* [**ad Catonem**].

prō-volō, volāre
1. *(v. dieren)* vooruit-, uitvliegen; ▸ *apes provolant* zwermen uit;
2. *(v. mensen)* vooruitvliegen, voortsnellen [**subito**]; ▸ *ipse ad primores Romulus provolat;*
3. *(Lucr.) (v. niet-lev.)* vooruitschieten, zich snel verbreiden; ▸ *sonitus provolat ardenti cum ictu.*

prō-volvō, volvere, volvī, volūtum
1. naar voren rollen, voortrollen; ▸ *alqm in viam mediam ~; membra provolvunt rotae (Sen.);*
2. *(metaf.) pass.* verdreven worden [**fortunis** uit zijn bezit];
3. *se ~ en pass.* zich op de grond laten vallen, neervallen [**alci ad pedes; ad genua** *of* **genibus alcis**];
4. *(Tac.) (metaf.) pass.* zich verlagen, zich vernederen [**ad libita alcis**].

prō-vomō, vomere, — — *(Lucr.)* uitbraken.

prōvorsus *adv. (arch.)* = *prorsus*[2].

prō-vulgō, vulgāre *(Suet.)* openlijk bekendmaken [**coniurationes**].

prox *interj. (Plaut.)* oei!

proxenēta, ae *m (Gr. leenw.) (postklass.)* makelaar.

proximē *zie prope.*

proximitās, ātis *f (proximus) (postklass.)*
1. nabijheid, buurt;
2. *(metaf.)* nauwe verwantschap;
3. gelijkheid.

proximō[1] *adv. (proximus, zie prope)* onlangs, zojuist.

proximō[2]**,** proximāre *(proximus, zie prope) (Apul.)*
1. naderbij komen, naderen *(abs.; m. dat.; acc.)* [**foribus; ripam**];
2. *(v. tijd)* naderen, aanstaande zijn.

proximum, ī *n (proximus, zie prope)*
1. *sg. en plur.* (a) nabijheid, het dichtstbijzijnde punt; ▸ *in -o urbis;* (b) het eerstvolgende; ▸ *~ est ut* nu volgt dat *of* het is mijn volgende taak om;
2. *(metaf.)* nauwe verwantschap.

proximus *zie prope.*

proxum- *(arch.)* = *proxim-, zie prope.*

prūdēns, *gen.* entis *(< providens)*
I. *adj.*
1. bewust, opzettelijk; ▸ *~ et sciens ad pestem sum profectus (Cic.);*
2. bekend met, ervaren in *(m. gen.; inf. of aci.)* [**multarum veterum legum; rei militaris; locorum; belli; moderandi**];
3. verstandig, intelligent, oordeelkundig [**vir naturā; consilium; animi sententia;** *(m. in m. abl.)* **in iure civili; in disserendo;** *(m. ad)* **ad consilia;** *(m. gen.)* **ceterarum rerum** in alle overige zaken];
II. *subst. m* specialist, *ihb.* jurist.

prūdentia, ae *f (prudens)*
1. het van tevoren weten, het voorvoelen [**futurorum**];
2. kennis, ervaring *(van, met: gen.)* [**rei militaris; iuris civilis**];
3. verstand, inzicht, wijsheid.

pruīna, ae *f*
1. rijp, *ook plur.* [**matutinae**];
2. *(poët.) (metaf.)* sneeuw, *ook plur.* [**gelidae**];
3. *(poët.) (meton.) plur.* winter; ▸ *ad medias -as.*

pruīnōsus, a, um *(pruina) (poët.)* berijpt, vol rijp [**herbae**].

prūna, ae *f (poët.; postklass.)* gloeiende kool, gloed.

prūniceus, a, um *(prunus) (Ov.)* van pruimenhout.

prūnum, ī *n (Gr. leenw.) (poët.; postklass.)* pruim.

prūnus, ī *f (Gr. leenw.) (postklass.)* pruimenboom.

prūrīgō, inis *f (prurio) (postklass.)*
1. jeuk, kriebel [**longa** langdurig]; *meton.* jeukende schurft;
2. *(metaf.)* geilheid [**obscena**].

prūriō, prūrīre *(poët.)*
1. jeuken, kriebelen; ▸ *dorsus totus prurit;*
2. *(metaf.)* geil, wellustig zijn;
3. tuk zijn op, zitten te springen om *iets te ondernemen* [**in pugnam**].

prūrītus, ūs *m (prurio) (Plin. Mai.)* jeuk, kriebel.

Prūsa, ae *f stad in W.-Bithynië, nu* Bursa; — *inw.*

Prūsēnsēs, ium *m.*

Prūsiās *en* **Prūsia,** ae *m naam v. verschillende koningen v. Bithynië, o.a.:* ~ Cholus *(gest. 182 v. Chr.), bij wie Hannibal zijn toevlucht zocht.*

prytanēum *en* **prytanīum,** ī *n (Gr. leenw.)* stadhuis *in Griekse steden.*

prytanis, is *m (Gr. leenw.)* magistraat *in Griekse steden.*

psallō, psallere, psallī, — *(Gr. leenw.)*
1. citer spelen; (bij het citerspel) zingen; ▸ *cantare et* ~ *iucunde;*
2. *(eccl.)* psalmen zingen.

psalmōdia, ae *f (Gr. leenw.) (eccl.)* het zingen van psalmen.

psalmus, ī *m (Gr. leenw.) (eccl.)* psalm.

psaltērium, ī *n (Gr. leenw.)*
1. *citerachtig* snaarinstrument, harp;
2. *(eccl.)* psalmenboek.

psaltēs, ae *m (Gr. leenw.) (pre- en postklass.)* citerspeler.

psaltria, ae *f (Gr. leenw.)* citerspeelster.

Psammētic(h)us, ī *m farao v. Egypte (ca. 650 v. Chr.).*

psecas, adis *f (Gr. leenw.)* slavin, die de haren v. haar meesteres opmaakte; *ook als Griekse eigennaam.*

pseliūmenē, *acc.* ēn *f (Gr. leenw. 'zij die een* armband omdoet'*) beeld v. Praxiteles.*

psēphisma, atis *n (Gr. leenw.)* volksbesluit *van een Griekse volksvergadering.*

pseudo- ('de leugen') *voor subst. of adj.* = pseudo-, nep-.

Pseudo-catō, ōnis *m* een onechte Cato.

pseudo-dipteros, on *(Gr. leenw.) (Laatl.)* ogenschijnlijk van twee zuilenrijen voorzien [**aedes**].

Pseudolus, ī *m 'Leugenaar', komedie v. Plautus.*

pseudomenos, ī *m (Gr. leenw.)* drogreden, onjuist syllogisme.

pseudothyrum, ī *n (Gr. leenw.) (metaf.)* geheime deur; ▸ per *-um* op verborgen wijze.

psīlocitharista, ae *m (Gr. leenw.) (Suet.)* citerspeler *die niet zingt bij zijn spel.*

psīlōt(h)rum, ī *n (Gr. leenw.) (postklass.)* ontharingsmiddel.

psīmīthium, ī *n (Gr. leenw.) (Plin. Mai.)* loodwit.

psithius, a, um *(Gr. leenw.) (poët.; postklass.) een soort druif, die ihb. voor het produceren van rozijnen gebruikt werd* [**vitis**].

psittacus, ī *m (Gr. leenw.) (poët.; postklass.)* papegaai.

Psōphis, idis *f stad in N.W.-Arcadië.*

psōra, ae *f (Gr. leenw.) (Plin. Mai.) (jeukende) huidziekte.*

psōricum, ī *n (Gr. leenw.)* middel om jeuk te bestrijden.

psȳchomantīum, ī *n (Gr. leenw.)* plaats waar de doden werden opgeroepen.

psȳchrolūtēs, ae *m (Gr. leenw.) (Sen.)* iem. die een koud bad neemt.

Psyllī, ōrum *m Libische volksstam aan de kust bij de Grote Syrte.*

-pte *suffix (in comb. m. pron. pers. en poss., klass. alleen met de abl. v. pron. poss.) (nadruk gevend partikel),* eigen, zelf; ▸ *meopte ingenio; suāpte manu; nostrāpte culpā.*

Pteleum, ī *n havenstad in Thessalië, tegenover Euboea, nu Ftelia.*

pterōma, atos *n (Gr. leenw.) (archit.)* zuilengang, colonnade.

pterygium, ī *n (Gr. leenw.) (med.)* (a) oogaandoening; (b) *huidvergroeiing over de nagel heen,* dwangnagel.

pth- = *phth-.*

Pthīa, ae *f* = *Phthia.*

ptisana, ae *f (Gr. leenw.) (postklass.)*
1. gerstegrutten;
2. = *ptisanarium.*

ptisanārium, ī *n (ptisana) (Hor.)* aftreksel v. gerstegrutten, gruwel.

Ptolomaeus *en* **Ptolemaeus,** ī *m generaal v. Alexander de Grote, die de dynastie v.d. Ptolemeeën in Egypte stichtte; naam v. Gr. diadochen in Egypte tot in de Augusteïsche tijd; — adj.* **-maeus** *en* **-mēicus,** a, um ptolemeïsch; *alg.* Egyptisch; *— subst.* **Ptolomāis,** idis *f* (a) *vrouwelijk lid v.d. ptolemeïsche dynastie, ihb.* = Cleopatra; (b) *naam v. enkele steden in Egypte en Fenicië.*

pūbēns, *gen.* entis *(vgl. pubes[1]) (Verg.) (v. planten)* sappig, welig [**herba**].

pūbertās, ātis *f (pubes[1])*
1. *(postklass.)* volwassenheid, geslachtsrijpheid *(ook v. planten e.d.);* ▸ *primis pubertatis annis;*
2. *(Tac.) (meton.)* mannelijkheid, mannelijke vruchtbaarheid [**inexhausta**];
3. eerste baardgroei.

pūbēs[1], *gen.* eris
1. volwassen, geslachtsrijp; ▸ *ad puberem aetatem; — subst.* **pūberēs,** um *m* weerbare mannen: *omnes puberes armati convenire consuluerunt (Caes.);*
2. *(poët.; postklass.) (v. planten)* sappig, welig, krachtig [**folia; herba**].

pūbēs[2], is *f*

1. jonge manschappen, weerbare jeugd [**Romana; Italiae;** *metaf.* **indomita taurorum** kudde jonge stieren];
2. *(poët.)* mannen, mensen, volk [**agrestis; Dardana** = de Trojanen]; ▸ *pube praesenti;*
3. het jong zijn, jeugd; ▸ *incipiente pube; pube sub ipsa; (poët.; postklass.) coll.* baardharen;
4. *(postklass.) (meton.)* schaamhaar; schaamstreek; onderlijf, schoot.

pūbēscō, pūbēscere, pūbuī, — *(pubes[1])*
1. geslachtsrijp, volwassen worden; ▸ *pubescentibus annis;*
2. *(metaf.)* opgroeien, rijp worden; ▸ *pubescit vinea;*
3. behaard worden, haar krijgen; *metaf.* zich bedekken; ▸ *prata flore pubescunt.*

pūblica, ae *f (publicus) (Sen.)* hoer, prostituee.

pūblicānus *(publicus)*
I. *subst.* ī *m* pachter, aannemer, *ihb.* belastingpachter *van de staatsinkomsten in de provincies;*
II. *adj.* a, um van de pachter, pachters- [**muliercula** *(woordspeling v. publica en publicanus)*].

pūblicātiō, ōnis *f (publico)* beslaglegging, confiscatie [**bonorum**].

pūblicē *adv. (publicus)*
1. in naam v.d. staat, van staatswege [**frumentum polliceri; egestatem habere** in de staatskas; **versuram facere** een staatslening aangaan]; ▸ *legationis princeps -e dixit; amicitiam -e privatimque petere;*
2. in het belang v.d. staat, voor de staat, officieel [**litteras mittere**];
3. op staatskosten [**efferri** begraven worden; **statuam alci constituere**]; ▸ *frumentum -e datum vendere; Capitolium -e restituere;*
4. algemeen, als gemeenschap, gezamenlijk [**exulatum ire**]; ▸ *~ et privatim;*
5. in het openbaar, openlijk.

pūblicitus *adv. (publicus) (pre- en postklass.)*
1. van staatswege, in naam v.d. staat;
2. op kosten v.d. staat;
3. in het openbaar, voor ieders ogen.

Pūblicius, a, um *naam v.e. Rom. gens v. onzekere afkomst;* clivus *~ belangrijkste weg naar de Aventijn;* — *adj.* **Pūbliciānus,** a, um.

pūblicō, pūblicāre *(publicus)*
1. voor de staat in beslag nemen, verbeurdverklaren, confisqueren [**pecuniam regiam; privata; regnum** annexeren; **Ptolomaeum** het vermogen v. Ptolemaeus; **aurarias**]; ▸ *his in exilium actis bona publicata sunt;*
2. *(pre- en postklass.)* openstellen *voor algemeen gebruik* [**ambulationes; bibliothecas Graecas; circumiectas silvas in usum populi**];
3. *(pre- en postklass.)* prijsgeven [**corpus suum; pudicitiam**];
4. *(postklass.)* in het openbaar tonen *of* laten horen [**studia sua; virtutem; se** in het openbaar optreden]; ▸ *dies fasti publicati;*
5. *(postklass.)* algemeen bekendmaken, uitgeven, publiceren [**epistulas; libellos**].

Pūbli-cola, ae *m (arch. Popli-cola, als 'volksvriend' uitgelegd) cogn. in de gens Gellia en Valeria, zie Valerius.*

pūblicum, ī *n (publicus)*
1. staatsgebied, gemeenschappelijk land [**Campanum**];
2. staatskas, schatkist; ▸ *pecunias in -o deponere; in -um redigere of referre* confisqueren; *pecuniam ex -o tradere; de -o convivari* op staatskosten; *aurum et aes et argentum in -um conferre; -o teneri* schatplichtig aan de staatskas zijn;
3. staatsinkomsten, belasting, pacht (te betalen aan de staat), *meestal plur.;* ▸ *-a male conducere; -um habere* pachter v.d. staat zijn; *-o frui;*
4. magazijn v.d. staat; ▸ *frumentum in -um conferre;*
5. staat, gemenebest; ▸ *in -um consulere* voor het algemeen belang zorgen;
6. openbaarheid, openbare plaats, openbare straat; ▸ *in -um prodire* de straat opgaan; *in -o ponere* in het openbaar uitstallen; *legem in -o of in -um proponere* algemeen bekendmaken; *in -o esse* buitenshuis, niet thuis zijn; *in -o esse non audet, includit se domi (Cic.).*

pūblicus *(arch. poplicus vgl. populus)*
I. *adj.* a, um *(adv. -ē, zie daar)*
1. openbaar, bij het volk horend, volks-, van de staat, staats- [**litora; loca; pecunia** staatsgelden; **largitiones; sacerdos; dii** nationale godheden; **causa** staatsaangelegenheid *of* strafrechtelijk proces; **vincula** staatsgevangenis; **mensa** staatsbank; **periculum** het risico dat de staat loopt; **litterae** officiële brief; **tabulae** officiële stukken *of* mededelingen; **poena** door de staat opgelegd; **iniuria** tegen de staat]; ▸ *bono -o* in het voordeel v.d. staat; *malo -o* ten nadele v.d. staat; *sumptu -o* op kosten v.d. staat; — **rēs pūblica** (a) staat, staatswezen, gemenebest [**Romana**]; ▸ *rem -am (bene, feliciter, male) administrare, gerere, defendere, conservare, augere; in rebus publicis; hac praesertim re publicā* vooral in deze toestand v.d. staat; (b) staatszaken, bestuur, leiding v.d. staat, staats-

gezag, politiek; ▸ *rem -am suscipere, capessere; in re -a versari* politiek actief zijn; *rem -am alci tradere; ad rem -am accedere* zich wijden aan de politiek; *sentire eadem de re -a* politiek gelijkgezind zijn; (c) vermogen v.d. staat, schatkist; ▸ *reliquias rei -ae dissipare; per stultitiam res -as suas amittere;* (d) welzijn v.d. staat, staatsbelang; ▸ *e re -a est* het is in het belang v.d. staat; *e re -a facere, ducere alqd* in het belang v.d. staat achten;
2. in naam *of* op kosten v.d. staat plaatsvindend, door de staat georganiseerd [**ludi; funus; sacrificium; equus** door de staat beschikbaar gesteld]; ▸ *sine ulla impensa -a* zonder enige kosten voor de staat;
3. algemeen (gebruikelijk), gewoon [**verba; officia; sapor**];
II. *subst.* ī *m (Plaut.)* slaaf in dienst v.d. staat, dienaar v.e. magistraat, politieman, *plur.* de politie.

Pūblilius, a, um *naam v.e. pleb. Rom. gens: ~ Syrus, Rom. vrijgelatene v. Syrische afkomst (1e eeuw v. Chr.); dichter v. mimespelen en acteur, zijn spreuken zijn overgeleverd; — adj.* **Pūbliliānus,** a, um.

Pūblius, ī *m Rom. voornaam, afk.* P.

pūbuī *pf. v. pubesco.*

pude-faciō, facere, fēcī, factum *(pudeo) (Gell.)* beschamen.

pudeō, pudēre, puduī, —
1. zich schamen; ▸ *ita nunc pudeo atque ita nunc paveo (Plaut.);*
2. met schaamte vervullen, beschamen; ▸ *non te haec pudent? (Ter.);*
3. *onpers.* **mē pudet,** puduit *en* puditum est ik schaam me *(voor: gen.; ook m. inf.; aci.; quod; si of sup.)* [**stultitiae; infamiae; sceleris; tui** voor jou; **deorum hominumque**]; ▸ *me non pudet fateri; puderet me dicere non intellegere si; pudet dictu; — p. adj.* **pudēns,** *gen.* entis beschaamd, zedig, bedeesd, schuchter; bescheiden [**femina; filius; animus**]; ▸ *nihil pudens* zonder enig eergevoel; *subst.* **pudentēs,** ium *m* eerzame mensen; — **pudendus,** a, um schandelijk, smadelijk, onterend [**vita; luxus; pars** schaamdeel]; ▸ *pudenda dictu spectantur.*

pudibundus, a, um *(pudeo) (poët.)*
1. beschaamd, bedeesd [**matrona**];
2. *(postklass.)* schandelijk, smadelijk, onterend [**exitium**].

pudīcitia, ae *f (pudicus)* zedigheid, kuisheid; — *personif.* **Pudīcitia** *godin v.d. kuisheid.*

pudīcus, a, um *(pudeo)* beschaamd, zedig, kuis, eerbaar [**uxor; domus; taeda** fakkel op een bruiloft; **fama** onbesproken reputatie].

puditum est *zie pudeo 3.*

pudor, ōris *m (pudeo)*
1. schaamte(gevoel), schroom *(over, voor, wegens iets, voor iem.: gen.)* [**paupertatis** over de armoede; **famae** over kwaadsprekerij; **civium**]; ▸ *~ est (mihi) en pudori est (m. inf.)* ik schaam me *of* men schaamt zich: *pudor est promissa referre; se ipse interfecit, pudore magis quam necessitate;*
2. eergevoel, rechtschapenheid; ▸ *homo summo pudore; omnia regebat ~ (Liv.);*
3. zedigheid, kuisheid; ▸ *pudorem pudicitiamque defendere; oblita pudoris; — personif.* **Pudor** *(Verg.) als godheid;*
4. bedeesdheid, verlegenheid [**adulescentis**];
5. eerbied, respect, achting *(voor, jegens: gen.)* [**patris**];
6. *(Plin. Min.)* goede naam, eer [**defunctae**];
7. smaad, schande, beschimping; ▸ *pudori esse* schande veroorzaken; *removere pudorem; pro pudor!* schande!; *famosus pudor* schaamrood *(Ov.).*

puduī *pf. v. pudeo.*

puella, ae *f (puellus)*
1. meisje;
2. dochter [**Danai**];
3. *(poët.)* geliefde;
4. *(poët.; postklass.)* jonge vrouw *(ook v. nimfen, godinnen e.d.).*

puellāris, e *(puella) (poët.; postklass.)* meisjesachtig, meisjes-, jeugdig [**pedes**].

puellula, ae *f (demin. v. puella) (poët.)* meisje.

puellus, ī *m (demin. v. puer) (niet-klass.)* jongetje.

puer, erī *m*
1. kind, *meestal plur.;* ▸ *a puero resp. a pueris* van jongs af aan; *ex pueris excedere* volwassen worden;
2. jongen, knaap; ▸ *puero Cicerone* toen Cicero nog een jongen was;
3. *(preklass.; poët.)* zoon; ▸ *Ledae pueri* = de Dioscuren; *Latonae ~* = Apollo;
4. jongeman [**egregius**];
5. *(Ov.)* vrijgezel;
6. dienaar, knecht, slaaf [**regius** page]; ▸ *cena ministratur pueris tribus.*

puera, ae *f (puer) (poët.; postklass.)* meisje.

puerāscō, puerāscere, —— *(Suet.)* in de jongensjaren komen.

puerculus, ī *m (demin. v. puer)* jongetje.

puerīlis, e *(puer)*
1. kinderlijk, kinder-; jongensachtig, jongens-,

jeugdig [**vox; anni; facies; delectatio**]; ▸ *pueriliter blandiri;*
2. (*metaf.*) kinderachtig, flauw [**sententia; sermo**].
puerīlitās, ātis *f* (*puerilis*)
1. (*preklass.*) jongensjaren;
2. (*postklass.*) kinderachtigheid, kinderachtig gedrag.
pueritia, ae *f* (*puer*)
1. kinderjaren, jongensjaren, jeugd (*gew. tot 17 jaar*); ▸ *in -a; extremā -ā; a -a;*
2. kinderlijke aard, naïviteit.
puer-pera, ae *f* (*pario*) (*poët.; postklass.*) kraamvrouw *of* vrouw in barensnood.
puerperium, ī *n* (*puerpera*) (*pre- en postklass.*)
1. kraambed, bevalling, geboorte; *plur.* kinderzegen; ▸ *-o cubare;*
2. (*postklass.*) (*meton.*) kind.
puerperus, a, um (*puerpera*) (*Ov.*) de bevalling bevorderend [**verba**].
puertia, ae *f* (*Hor.*) *sync.* = pueritia.
puerulus, ī *m* (*demin. v. puer*) jongetje; slaafje.
pūga, ae *f* (*Gr. leenw.*) (*Hor.*) bil, achterste.
pugil, ilis *m* (*abl. sg.* -ilī, *gen. plur.* -ilum) (*vgl. pug-nus*) vuistvechter, bokser.
pugilātōrius, a, um (*pugil, pugilatus*) (*Plaut.*) bij het boksen gebruikt.
pugilātus, ūs *m* (*pugil*) vuistgevecht.
pugilicē *adv.* (*pugil*) (*Plaut.*) op de wijze v. boksers.
pugillārēs, ium *m en* **pugillāria,** ium *n* (*pugillaris*) (*poët.; postklass.*) schrijftafeltjes.
pugillāris, e (*pugillus*) (*postklass.*) vuistgroot.
pugillāt- = pugilat-.
pugillō, pugillāre *en* **pugillor,** pugillārī (*Apul.*) met de vuisten vechten, boksen.
pugillus, ī *m* (*demin. v. pugnus*) een handvol.
pūgiō, ōnis *m* (*pungo*) dolk; ▸ *pugione accinctus; cruentum pugionem tenens;* (*metaf.*) *plumbeus* ~ zwak bewijs (*Cic.*).
pūgiunculus, ī *m* (*demin. v. pugio*) kleine dolk, stilet.
pugna, ae *f* (*pugno*)
1. handgemeen, gevecht, vechtpartij; ▸ *res ad -am vocabatur;*
2. (*poët.*) wedstrijd, competitie;
3. gevecht, slag, strijd [**equestris; navalis; gladiatorum; mala** ongelukkig gevecht; **Cannensis, Cannarum, ad** *of* **apud Cannas** bij Cannae]; ▸ *-ā decertare* de beslissende slag leveren; *-am facere en committere cum alqo; -am inire; -am restituere; diuturnitate -ae hostes defessi proelio excedebant* (*Caes.*);
4. (*meton.*) slagorde, slaglinie; ▸ *mediam -am tueri, instruere* het centrum v.d. slaglinie in de gaten houden, opstellen;
5. (*metaf.*) (woorden)strijd, controverse [**doctissimorum hominum; forensium certaminum**];
6. (*kom.*) (listige) streek; ▸ *priusquam istam -am pugnabo, dabo aliam -am claram et commemorabilem* (*Plaut.*);
7. (*Mart.*) worsteling *in erotische zin,* vrijpartij.
pugnācitās, ātis *f* (*pugnax*) (*postklass.*) strijdlust [**accusatoria**].
pugnāculum, ī *n* (*pugno*) (*Plaut.*) bolwerk, schans.
pugnātor, ōris *m* (*pugno*) strijder, vechter.
pugnātōrius, a, um (*pugnator*) (*postklass.*) van een strijder [**arma** wapens v.e. strijder, scherpe wapens].
pugnāx, *gen.* ācis (*pugno*)
1. strijdlustig, weerbaar, oorlogszuchtig [**Minerva; centurio; gens; ensis**];
2. (*metaf.*) strijdlustig, strijdbaar [**oratio; exordium dicendi; vox**];
3. hardnekkig [**contra imperatorem**]; ▸ *pugnaciter sententiam defendere.*
pugneus, a, um (*pugnus*) (*Plaut.*) vuist-.
pugnō, pugnāre (*pugnus*)
1. strijden, vechten, slag leveren [**constanter; eminus; male** ongelukkig; **ex equo** te paard; **de genu** op de knieën; **sagittis; cum hoste in acie; contra adversarios; inter se; pro patria; pro (de) libertate; proelia; vario eventu adversus alqm; in hostem extra ordinem; Teucris; ad Trebiam**]; ▸ *pugnatur uno tempore omnibus locis* (*Caes.*); *haec pugna est pugnata* (*Plaut.*); — **pugnantēs,** ium *m* strijdenden, strijders;
2. (*metaf.*) ruzie hebben, het oneens zijn, twisten [**cum natura; cum cupiditate;** (*m. dat.*) **amori** zich verzetten tegen de liefde; **habenis** aan de teugels rukken]; ▸ *pugnant materque sororque* maken ruzie met elkaar; *Epicurus de dis immortalibus non magnopere* ~ *videtur;* (*metaf., v. zaken*) *frigida pugnabant calidis, umentia siccis, mollia cum duris* (*Ov.*); — *m. aci.*: (*bij een meningsverschil*) staande houden;
3. (zichzelf) tegenspreken [**in oratione**]; ▸ *pugnantia loqui* tegenstrijdige dingen; *haec Cicero* ~ *invicem ostendit;*
4. streven naar, vechten voor, zijn best doen voor (*m. ut, ne; quominus; id, hoc, illud m. volg.*

ut, ne; in m. acc.; inf.; aci.); ▸ *pugno in mea vulnera* om mijzelf te verwonden; *pugnas ne reddar, Achille (Ov.).*

pugnus, ī *m*
1. vuist;
2. *(meton.)* (a) vuistslag; ▸ *alqm -is concīdere;* (b) *(Hor.) (sg. en plur.)* vuistgevecht; ▸ *-o of -is victus* in het vuistgevecht; *-is superare;* (c) *(Sen.)* een handvol.

pulcer, cra, crum *(arch.)* = *pulcher.*

pulchellus, a, um *(demin. v. pulcher)* knap, mooi [**Bacchae** *(als standbeelden); meestal iron.* **puer** *(v. P. Clodius Pulcher)*].

pulcher, chra, chrum
1. mooi [**puella; forma; hortus; urbs; signum**]; ▸ *pulcher corpore;*
2. voortreffelijk, prachtig, prijzenswaardig [**exemplum; consilia; poëmata; animus; origo; exitus**]; ▸ *nihil virtute pulchrius; pulchrum est bene facere rei publicae;*
3. *(poët.)* dapper [**Hercules**]; ▸ *proles pulcherrima bello;*
4. gelukkig, aangenaam [**dies**];
/ *adv.* **pulchrē** (a) mooi, prachtig, voortreffelijk [**dicere; loqui**]; ▸ *simulacrum pulchre factum;* (b) *(poët.) als uitroep ten teken v. bijval* = mooi!, prachtig!, bravo!; (c) goed [**intellegere; alqm nosse**]; ▸ *mihi pulchre est* met mij gaat het goed; *pulchre sum;* (d) *(Plaut.)* gunstig [**vendere** duur; **conciliare** goedkoop]; (e) *(Plaut.) iron.* mooi, prachtig, helemaal [**peristi; occidi; pendebit hodie**]; (f) volledig, door en door, perfect [**sobrius**].

Pulcher, chrī *m (pulcher) Rom. cogn. in de gens Claudia, in de keizertijd ook v. andere gentes.*

pulchritūdō, inis *f (pulcher)*
1. schoonheid [**corporis; simulacri; operis; urbis**];
2. *(metaf.)* voortreffelijkheid, pracht [**verborum; orationis; virtutis**].

pūleium, ī *n*
1. vlooienkruid, polei;
2. *(metaf.)* zachte toon [**sermonis**].

pūlex, icis *m (pre- en postklass.)* vlo; *ook als aand. v. andere insecten.*

pūlicōsus, a, um *(pulex)* vol vlooien [**canis**].

pullārius, ī *m (pullus[1])*
1. iem. die op de kippen past *(die de kippen die men gebruikte bij het voorspellen, moest voeren);*
2. pederast.

pullātiō, ōnis *f (pullo)* het broeden.

pullātus, a, um *(pullus[2]) (postklass.)* in het zwart gekleed; — *subst.* **-ī,** ōrum *m* mensen in werkkleren, het gewone volk.

pullitiēs, ēī *f (pullus[1])* stel jonge dieren, broedsel.

pullulō, pullulāre *(pullus[1])*
1. *(Verg.)* (ont)kiemen, uitlopen; ▸ *pullulat silva;*
2. *(metaf.)* woekeren, om zich heen grijpen; ▸ *luxuria incipiebat ~;*
3. *(Verg.)* wemelen van *(m. abl.)* [**colubris**].

pullulus, ī *m (pullus[1])*
1. jonge vogel, kuiken;
2. jonge spruit, uitloper.

pullum, ī *n (pullus[2]) (poët.)* donkere kleur; *plur. (Ov.)* donkere kleding.

pullus[1]
I. *subst.* ī *m*
1. jong dier, jong [**gallinaceus** kuiken; **columbinus; pecoris;** *metaf.* **miluinus** (gieren)-gebroed *(v.e. hebzuchtig persoon)*];
2. jonge kip, kuiken, *ihb. plur.* voorspellende kippen;
3. *(poët.; postklass.) (metaf.) (als koosnaam)* ventje;
4. *(Lucr.)* jonge loot, twijg;
II. *adj.* a, um *(Plaut.)* jong.

pullus[2], a, um
1. donker(kleurig), zwartachtig [**vestis** *en* **toga** rouwkleed; **tunica** werkhemd; **capilli; ficus; myrtus** donkergroen]; ▸ *nigra terra, quam -am vocant;*
2. *(poët.) (metaf.)* zeer droevig, de dood brengend [**stamina** draden v.d. parcen].

pulmentārium, ī *n (pulmentum) (poët.; postklass.)* specerij, kruid.

pulmentum, ī *n (poët.)* plakje vlees; vleesschotel *(als voorgerecht).*

pulmō, ōnis *m*
1. long; *plur.* longkwabben;
2. *(Plin. Mai.) een soort kwal.*

pulmōnārius, a, um *(pulmo)* aan een longziekte lijdend [**ovis**].

pulmōneus, a, um *(pulmo) (Plaut.)* van de long, long—.

pulpa, ae *f (postklass.)* vlees; *ook itt. de geest; metaf.* vruchtvlees.

pulpāmentum, ī *en* **pulpāmen,** inis *n (pulpa)* stukje vlees *als voorgerecht,* bijgerecht; ▸ *sprw. (Ter.): lepus tute es, pulpamentum quaeris* jij bent zelf een haas en zoekt naar wild.

pulpitum, ī *n (poët.; postklass.)*
1. stellage v. planken, podium;
2. leerstoel, katheder, lessenaar.

pulpōsus, a, um *(pulpa) (Apul.)* vlezig.

puls, pultis *f* dikke brij *(kost v. eenvoudige mensen; ook het voer voor de kippen die men gebruikte bij het voorspellen).*

pulsātiō, ōnis *f (pulso)*
1. het slaan, kloppen, stoten [**ostii; scutorum** op de schilden];
2. *(meton.)* pak slaag, mishandeling.

pulsātor, ōris *m (pulso)*
1. *(August.)* iem. die (aan)klopt;
2. *(postklass.)* iem. die *(op een instrument)* tokkelt *(m. gen.)* [**citharae**].

pulsō, pulsāre *(intens. v. pello)*
1. hevig *of* herhaaldelijk slaan, kloppen, beuken op *(m. acc.)* [**fores; ariete muros; curru Olympum** rijden over; **sidera** stoten tegen; **pectora** *als rouwmisbaar;* **humum** *of* **tellurem pede** stampen op; **surdas aures** tegen dovemansoren praten]; ▸ *campus equis pulsatus* vertrapt; *pulsate et aperietur vobis (Vulg.)*;
2. afranselen, mishandelen [**legatos; patrem**]; ▸ *pulsatus parens;*
3. aanvallen, bestoken [**muros; terram; tellurem grandine**];
4. *(poët.)* tokkelen op *een snaarinstrument* [**cymbala; lyram**];
5. *(metaf.)* verontrusten, beangstigen, schokken [**urbes rumoribus; naturam**]; ▸ *pavor pulsans mentem;*
6. indruk maken op, bewegen, prikkelen [**animum alcis imaginibus; dormientium animos**]; ▸ *invidia pulsat pectus;*
7. voortdrijven, aanzetten [**sagittam** afschieten]; *metaf.* drijven tot; ▸ *quae te vecordia pulsat (Ov.).*

pulsus[1] ppp. *v. pello.*

pulsus[2], ūs *m (pello)*
1. slag, stoot [**equorum** het stampen; **remorum** riemslag; **armorum; terrae; maris** het slaan v.d. golven; **lyrae** spel op de luit]; ▸ *sentire pulsūs venarum* de polsslag;
2. *(metaf.)* indruk, impuls; ▸ *externus ~ animos commovet; pulsu imaginum.*

pultārius, ī *m (puls) een soort* pan *(om* brij *te* maken*).*

pultātiō, ōnis *f (pulto) (Plaut.)* het (aan)kloppen *(op de deur).*

pulticula, ae *f (puls) (postklass.) een soort pap.*

pulti-phagōnidēs, ae *m (pultiphagus) (Plaut.) (komisch gevormd woord)* 'pappotkindje'.

pulti-phagus, a, um *(puls en Gr. leenw.) (Plaut.)* pap etend *(het typische voedsel v.d. Romeinen)* [**opifex**].

pultō, pultāre *(intens. v. pello) (kom.)* kloppen, stoten, slaan tegen *(m. acc.)* [**ianuam; aedes; pectus digitis**].

pulverātiō, ōnis *f (pulvero)* het loswerken *van de grond.*

pulvereus, a, um *(pulvis) (poët.; postklass.)*
1. uit stof bestaand, stof- [**nubes; palla** stuivende mantel *van Boreas*];
2. stoffig [**solum**];
3. fijn *als stof* [**farina**].

pulverō, pulverāre
I. *tr.*
1. *de grond* loswerken, verpulveren;
2. met stof bedekken;
II. *intr.* stoffig zijn.

pulverulentus, a, um *(pulvis)*
1. stoffig, vol stof, in stof gehuld [**via; agmen**]; ▸ *-ā fugā dant terga per agros (Verg.)* vluchten wervelend in het stof;
2. *(metaf.) (Ov.)* met moeite verkregen [**praemia militiae**].

pulvīllus, ī *m (demin. v. pulvinus)*
1. klein kussen;
2. klein verhoogd tuinbed.

pulvīnar, āris *n (pulvinus)*
1. kussen voor de goden *(bij het lectisternium)*;
2. *(meton.)* (**a**) *(meestal plur.)* godenmaal *(= lectisternium)*; ▸ *pulvinar suscipere* aanrichten; (**b**) tempel [**deorum**]; ▸ *ad omnia pulvinaria supplicatio decreta est (Cic.)*;
3. rustbed, *ihb. van de Rom. keizers;*
4. *(Plaut.)* ankerplaats.

pulvīnāris, e *(pulvinar) (Petr.)* van een kussen.

pulvīnātus, a, um *(pulvinus)* in de vorm v.e. kussen; met een kussenvormig kapiteel [**columna**].

pulvīnus, ī *m*
1. kussen;
2. kussenvormig voorwerp, *o.a.:* (**a**) tuinbed, perk; (**b**) verbindingsstuk tussen de voluten *in het Ionisch kapiteel.*

pulvis, eris *m (en f)*
1. stof, *ook* zand, as [**multus in calceis; amomi** poeder; **hibernus** 'winterstof' = droge winter; **horrida** as v.e. gestorvene]; ▸ *~ collectus turbine; ~ es et in pulverem reverteris;*
2. glaspoeder, *waarin mathematici met een stokje (radius) geometrische figuren tekenden;* ▸ *numquam eruditum illum pulverem attigistis (Cic.)* jullie hebben nooit iets aan wiskunde gedaan; *homunculus a pulvere et radio* mathematicus, wiskundige;

3. *(poët.)* (pottenbakkers)klei;
4. stof van de renbaan *of* het worstelperk [**Olympicus**];
5. *(meton.)* *(poët.)* renbaan, strijdperk, worstelperk; ▸ *domitare in pulvere currūs;*
6. *(metaf.)* plaats *van openbare activiteiten,* veld, baan [**forensis**]; ▸ *procedere in pulverem et solem* in het openbaar optreden; *doctrinam in solem atque pulverem producere;*
7. *(poët.)* strijd, moeite, inspanning; ▸ *palma sine pulvere* moeiteloos verkregen; *negotium sine pulvere consummare.*

pulvisculus, ī m *(demin. v. pulvis)* *(Plaut.)* stofje; ▸ *(metaf.) rem averrere cum -o* helemaal wegvegen.

pūmex, icis m *(en f)* *(poët.; postklass.)*
1. puimsteen *(ihb. gebruikt om boekrollen en de huid glad te maken);* ▸ *levitas pumicis; poliuntur pumice frontes; pumice crura terere (als ontharingsmiddel); (metaf.) exactus pumice versus* zorgvuldig gepolijst; — *sprw. (Plaut.): aquam a pumice postulare* iets onmogelijks van iem. verlangen;
2. rotsachtig, poreus gesteente, *ihb.* lava, *ook plur.*

pūmiceus, a, um *(pumex)*
1. *(Ov.)* van puimsteen *of* lava [**molae**];
2. *(meton.)* *(Mart.)* uit puimsteen te voorschijn stromend [**fontes**];
3. *(metaf.)* *(Plaut.)* droog [**oculi** waaruit men geen tranen te voorschijn kan lokken].

pūmicō, pūmicāre *(pumex)* *(poët.; postklass.)* met puimsteen gladmaken [**frontem**]; ▸ *homo comptus et pumicatus (Plin. Min.)* tot in de puntjes verzorgd.

pūmicōsus, a, um *(pumex)* *(postklass.)* puimsteenachtig, poreus [**lapis; terra**].

pūmiliō, ōnis m *en* f *(pumilus)* *(poët.; postklass.)* dwerg.

pūmil(i)us, a, um *(postklass.)* dwergachtig, klein.

pūnctim *adv. (pungo)* met de punt *van een wapen* [**hostem petere**].

pūnctiō, ōnis f *(pungo)* *(Plin. Mai.)* het steken, steek; ▸ *punctionem afferre; laterum punctiones* in de zij.

pūnctiuncula, ae f *(demin. v. punctio)* *(Sen.)* lichte steek; ▸ *(metaf.) si ad voluptatum dolorumque -as concutitur* als hij ieder prikje v. vreugde en verdriet ter harte neemt.

pūnctulum, ī n *(demin. v. punctum)* *(Laatl.)* lichte steek.

pūnctum, ī n *(pungo)*
1. *(poët.; postklass.)* steek, *ihb. van een dier* [**volucris parvulae** muggenbeet];
2. *(poët.; postklass.)* punt *als leesteken; oog op een dobbelsteen;*
3. *(bij het stemmen)* (**a**) punt *onder de naam v.e. kandidaat;* (**b**) *(bij het tellen)* door een punt aangegeven stem; ▸ *quot -a tulisti?* hoeveel stemmen heb je gekregen?; *omne tulit -um (Hor.)* vond algemene bijval;
4. *(math.)* punt *als kleinste, ondeelbare grootheid;* puntje;
5. klein gebied, klein stukje [**terrae** op de aarde];
6. *(metaf.)* de kleinste tijdmaat, ogenblik; ▸ *nullo -o temporis intermisso.*

pūnctus[1] *ppp. v. pungo.*

pūnctus[2], a, um *(Lucr.)* kort; ▸ *puncto tempore* in een ogenblik.

pūnctus[3], ūs m *(pungo)* het steken; steek.

pungō, pungere, pupugī, pūnctum
1. steken, prikken [**acu malas; stilo alci in manum**];
2. door een steek veroorzaken; ▸ *vulnus acu punctum;*
3. *(metaf.)* (**a**) krenken, beledigen; ▸ *pungit me quod scribis;* (**b**) verontrusten, kwellen.

Pūnic- *zie Poenus.*

pūnicāns, *gen.* antis = *poenicans.*

pūniceus, a, um = *poeniceus.*

pūniō, pūnīre *en* **pūnior,** pūnīrī *(arch. poen-)* *(poena)*
1. (be)straffen [**sontes; alqm supplicio; maleficia; peccatum**];
2. wreken [**dolorem; necem alcis**];
3. zich wreken op *(m. acc.)* [**inimicos**].

pūnītiō, ōnis f *(punio)* bestraffing.

pūnītor, ōris m *(punio)*
1. *(Suet.)* iem. die (be)straft [**desertorum**];
2. wreker [**doloris sui**].

pūpa, ae f *(pupus)* *(poët.)*
1. meisje;
2. pop.

pūpilla, ae f *(demin. v. pupa)*
1. weesmeisje, pupil;
2. *(poët.; postklass.)* pupil *van het oog.*

pūpillāris, e *(pupillus)*
1. van een wees [**pecuniae**];
2. *(metaf.)* *(postklass.)* onmondig [**aetas**].

pūpillus, ī m *(demin. v. pupus)* weesjongen, pupil.

Pūpīnia, ae f *onvruchtbare streek in Latium;* — *adj.* **Pūpīniēnsis,** e [**ager**].

Pūpius, a, um *naam v.e. Rom. gens.*
puppis, is *f (acc. sg.* -im, *zelden* -em; *abl.* -ī, *zelden* -e)
1. achterdek *van een schip,* achtersteven, *poët. ook plur.;* ▸ *navem convertere ad puppim;*
2. *(poët.)* schip; *metaf. (Cic.)* 'schip v. staat'.
pupugī *pf. v. pungo.*
pūpula, ae *f (demin. v. pupa)*
1. *(Apul.)* klein meisje;
2. pupil *van het oog.*
pūpulus, ī *m (demin. v. pupus) (poët.; postklass.)* klein jongetje.
pūpus, ī *m (pre- en postklass.)* jongetje.
pūrgābilis, e *(purgo) (Plin. Mai.)* makkelijk te pellen [**castanea**].
pūrgāmen, inis *n (Ov.) (purgo)*
1. vuil(nis), afval [**Vestae** uit de Vestatempel];
2. middel ter reiniging *of* verzoening [**caedis; mali**].
pūrgāmentum, ī *n (purgo)*
1. vuil, afval, *ook plur.* [**urbis; hortorum; cenae**];
2. *(postklass.) (metaf., v. personen)* uitschot, uitvaagsel, gespuis, *ook plur.;*
3. *(Petr.)* reinigingsmiddel, zoenoffer.
pūrgātiō, ōnis *f (purgo)*
1. reiniging [**cloacarum**]; ~ *(alvi)* het laxeren [**mulierum** menstruatie];
2. *(metaf.)* rechtvaardiging, verontschuldiging.
pūrgātōrium, ī *n (purgatorius) (eccl.)* vagevuur.
pūrgātōrius, a, um *(purgo)* reinigend [**sacrum** zoenoffer; **poenae**].
pūrgō, pūrgāre *(purus)*
1. reinigen, schoonmaken, zuiveren *(ook metaf.)* [**ungues; pisces; ova** pellen; **aurum; domum muribus; fossas; segetes; suppurationes; urbem** van verraders]; ▸ *levi sarculo* ~; *aures purgatae* open; *se helleboro* ~; — *pass. (poët.)* zich reinigen *(van: acc. of gen.)*: *purgatus morbi* genezen van; *purgor in amni;*
2. wegdoen, opruimen [**lapides;** *metaf.* **metum doloris**];
3. *(med. t.t.)* purgeren, laxeren; ▸ *purgor bilem* ik neem een laxeermiddel tegen de gal;
4. *(poët.) (metaf.) van zonde* zuiveren [**crimen gladio; populos**]; ▸ *domūs purgantur lustranturque;*
5. rechtvaardigen, verontschuldigen [**facinus** weer goedmaken; **probra** weerleggen; **innocentiam suam** verdedigen]; — *se alci* ~ zich bij iem. verontschuldigen *(wegens: de; gen.)*: *ego me tibi purgo; se adversus alcis criminationes* ~; *ea pars epistulae tuae per quam te ac mores tuos mihi purgatos esse voluisti;* — *m. aci.*: als verontschuldiging naar voren brengen, als rechtvaardiging aanvoeren;
6. vrijspreken *(van: de; abl. of gen.)* [**civitatem facti hostilis** de burgerij vrijspreken van een vijandelijke daad; **de luxuria**]; ▸ *adulescentem crimine civilis belli* ~;
7. *(Suet.)* in het reine brengen, vereffenen [**rationem**].
pūrificātiō, ōnis *f (purifico) (postklass.)* reiniging [**religiosa**].
pūri-ficō, ficāre *(purus en facio) (postklass.)*
1. reinigen, zuiveren;
2. *(metaf.)* ceremonieel reinigen [**domum; se a concubitu mariti**].
pūrigō, pūrigāre *(arch.)* = *purgo.*
pūriter *adv. v. purus (preklass.; poët.).*
purpura, ae *f (Gr. leenw.)*
1. *(postklass.)* purperslak;
2. purper, purperen kleur [**violae**];
3. *(meton.)* (a) purperen kleed, gewaad [**regalis; regum; plebeia**]; *met een purperen rand afgezet* ambtskleed; (b) purperen deken; ▸ *lectum -ā sternere;*
4. *(poët.; postklass.) (meton.)* hoog ambt.
purpurārius, a, um *(purpura)* purper vervend [**officina**]; in purperen kleren handelend [**taberna**].
purpurāscō, purpurāscere *(purpura)* purperrood worden.
purpurātus *(purpura)*
I. *adj.* a, um in purper gekleed [**femina**];
II. *subst.* ī *m* hoveling.
purpureus, a, um *(Gr. leenw.)*
1. purperen, purperrood, donkerrood [**vestis; pallium; pannus; papaver; anima** bloed; **rubor** schaamrood]; donker [**mare**];
2. *(poët.) (meton.)* (a) in purper gekleed [**rex; tyrannus; filius**]; (b) met een purperen deken versierd [**torus**];
3. *(poët.) (metaf.)* glanzend, stralend, prachtig [**lumen; lux; ver; olores; vultus Bacchi**].
purpurissātus, a, um *(purpurissum) (preklass.)* purperrood geschminkt.
purpurissum, ī *n (Gr. leenw.) (pre- en postklass.)* purperen verf *om te verven en te schminken.*
purpurō, purpurāre *(purpura) (postklass.)*
I. *tr.* purper verven;
II. *intr.* purperrood zijn *of* glimmen [**labiae rore**].
pūrulentus, a, um *(pus) (postklass.)* etterend;

— *subst.* **-a,** ōrum *n (Sen.)* etterige, nog rauwe stukken vlees.

pūrus, a, um *(adv. -ē en [arch.; poët.] -iter)*
1. schoon, zuiver [**manus; aqua; mel; aedes; fons; hasta** niet bevlekt door bloed];
2. helder, licht [**sol; caelum; vesper; luna; gemma; ignis**]; ▸ *per -um* door de heldere hemel;
3. eenvoudig, zonder toevoeging, onversierd, glad [**hasta** schacht v.e. lans *zonder ijzeren punt;* **vestis, toga** zonder purperen zoom; **vasa; argentum**];
4. *(v. plaatsen)* vrij, onbebouwd, niet beplant, open [**ager; solum; campus**];
5. *(poët.)* reinigend [**sulpur**];
6. *(relig. t.t.)* (a) *door het volbrengen v.d. begrafenis* van rouw gereinigd, vrij van rouw [**familia**]; (b) *(v. plaatsen)* onbetreden [**locus**];
7. eerlijk, rechtschapen, zuiver, kuis; onschuldig, vrij *(aan, van: ab; abl. of gen.)* [**animus; duellum** rechtvaardig]; ▸ *~ et integer; domus a suspicione -a; ~ sum a peccato; forum caede -um; integer vitae scelerisque ~* (Hor.); *-e vitam agere; -e sacrificare;*
8. *(retor. t.t.)* eenvoudig, natuurlijk, niet te mooi gemaakt [**genus dicendi; sermo; historia**]; ▸ *-e loqui;*
9. *(jur. t.t.)* zonder voorbehoud, onvoorwaardelijk [**iudicium; causa**]; ▸ *-a et directa libertas;*
10. *(Hor.) (metaf.)* helemaal; ▸ *-e tranquillare.*

pūs, pūris *n (poët.; postklass.)* etter; ▸ *(metaf.) ~ atque venenum* gif en gal.

pusill-animis, e *en* **-animus,** a, um *(pusillus en animus) (eccl.)* kleinmoedig.

pusillanimitās, ātis *f (pusillanimis) (eccl.)* kleinmoedigheid.

pusillus, a, um
1. klein, nietig [**pueri; mus; folia**]; ▸ *domus -a res publica est (Sen.)* een staat in het klein; — *subst.* **-um,** ī *n* een beetje; — *adv.* **-um** *(Sen.)* een beetje;
2. *(metaf.)* bekrompen [**homo; animus**];
3. *(poët.; postklass.)* onbeduidend [**causa; sententiae**];
4. *(poët.)* zeer laag, zeer kleingeestig [**ingenium**];
5. *(postklass.) (v.d. stem)* zwak, zacht [**vox**].

pūsiō, ōnis *m* jongen.

pussula, pustula *en* **pūsula,** ae *f (poët.; postklass.)*
1. blaasje op de huid, puist;
2. blaasje op *gesmolten, zuiver zilver; meton.* zuiver zilver.

pustulātus, a, um *(pustula) (postklass.)* van blaasjes voorzien [**argentum** gesmolten, zuiver zilver].

pustulōsus *en* **pūsulōsus,** a, um vol puisten, vol blaasjes [**locus**].

puta *adv. (eig. imp. v. puto) (poët.; postklass.)* bijvoorbeeld, namelijk; ▸ *ut ~* zoals bijvoorbeeld.

putāmen, inis *n* schil, peul, schaal [**māli; fabae; ovorum**].

putātiō, ōnis *f (puto)* het snoeien [**arborum ac vitium**].

putātor, ōris *m (puto) (niet-klass.)* iem. die snoeit.

puteal, ālis *n (putealis)*
1. muurtje rondom een put;
2. het Puteale *(plaats die door de bliksem getroffen is en daarna tot heilige grond verklaard en ommuurd); ihb.:* ~ Libonis *op het Forum Romanum, waar o.a. de geldschieters zaten.*

puteālis, e *(puteus) (poët.; postklass.)* van een put [**aqua; undae**].

puteānus, a, um = *putealis.*

puteārius, ī *m (puteus)* putgraver.

pūtē-faciō, facere, fēci, factum *(puteo) (Plaut.)* doen wegrotten; ▸ *imber tigna putefacit.*

pūteō, pūtēre, pūtuī, — *(vgl. pus)*
1. rotten; ▸ *tigna umiditate putent;*
2. bedorven, muf ruiken, stinken *(naar: abl.).*

Puteolī, ōrum *m stad aan de kust in Campanië tussen Napels en Cumae, diende als haven voor Cumae, nu Pozzuoli;* — *inw. en adj.* **Puteolānus,** ī *m resp.* a, um; — **Puteolānum,** ī *n (vul aan: praedium) landgoed van Cicero bij Puteoli.*

puter, tris, tre *en* **putris,** e *(pus, puteo)*
1. *(poët.)* rot(tend), ranzig [**poma**];
2. halfvergaan, verbrokkeld [**fanum; navigium; saxa**];
3. *(poët.; postklass.)* los, mul [**glaeba; campus**];
4. *(metaf.) (Hor.)* verwelkt, slap, mat [**mammae; oculi** smachtend; **anima**].

pūtēscō, pūtēscere, pūtuī, — *(incoh. v. puteo)* (ver)rotten, vergaan; gaan stinken.

puteus, ī *m*
1. (water)put, bron [**perennis** bron]; ▸ *-um fodere;*
2. *(Verg.)* kuil; ▸ *-um demittere* graven;
3. *(Plaut.)* onderaardse gevangenis, kerker.

pūtidiusculus, a, um *(demin. v. putidior, comp. v. putidus)* wat opdringeriger.

pūtidulus, a, um *(demin. v. putidus) (Mart.)* nogal walgelijk.

pūtidus, a, um *(puteo)*
1. muf, stinkend, bedorven [**vinum** verschaald; **caro; fungus**];
2. *(preklass.; poët.) (metaf.)* verwelkt, afgeleefd; ▸ *femina longo saeculo -a;*
3. walgelijk, opdringerig;
4. *(retor.)* onnatuurlijk, gezocht, geaffecteerd, pedant; ▸ *-e dicere.*

putillus, a, um *(demin. v. putus[1]) (Plaut.)* heel jong.

pūtīscō = *putesco.*

putō, putāre *(putus[2])*
1. menen, geloven, vermoeden; zich voorstellen *(meestal m. aci., pass. m. nci.; ook acc.; in m. abl.; gen. poss.; abs.)*; ▸ *satis dictum puto; quaecumque sunt in omni mundo, deorum atque hominum putanda sunt (Cic.); putes* men zou denken; *putares* men had kunnen geloven; *recte putas; rem ipsam putasti* jij hebt het getroffen; *puto (vaak parenthetisch)* geloof ik, zou ik denken: *atque intra, puto, septimas calendas; puta* bijvoorbeeld: *quaedam composita, ut puta funis frumentum navis;*
2. overwegen *(m. acc. of aci.)* [**haec**];
3. houden voor, aanzien voor; achten, schatten, waarderen *(m. gen.; pro; in m. abl.; dubb. acc.)* [**magni** hoogachten, **pluris** hoger, **plurimi** het hoogst, **parvi** gering, **minoris** geringer, **minimi** zeer gering, **tanti** zo hoog, **nihili** niets waard achten; **pro nihilo, pro decreto; alqm in amicorum numero** iem. tot zijn vrienden rekenen; **nihil rectum; alqm insidiatorem**]; ▸ *honores magni ~ ; pluris ~ quod utile est quam quod honestum; commoda parvi ~ ; divitias minimi ~ ; populi iudicium nihili ~ ; id nil puto; quid illum putas? (Plaut.)* wat denk je van hem?; *turpem putat lituram;* — *pass.* gelden als *(m. dubb. nom.)*: *ea regio locupletissima putatur;*
4. *(naar zijn waarde)* taxeren, schatten, berekenen *(m. abl.)*; ▸ *si numerus militum potius quam legionum putatur;*
5. in het reine, in orde brengen [**rationem; rationes cum publicanis** afrekenen];
6. *(preklass.; poët.)* schoonmaken; snoeien [**arborem latius** *of* **strictius; vineas**].

pūtor, ōris *m (puteo) (preklass.; Laatl.)* verrotting, rotheid, muffe geur, stank.

putrēdō, inis *f (putris) (Laatl.)* rotting, bederf [**vulnerum; morbi**].

putre-faciō, facere, fēcī, factum *(puter)*
1. in verrotting over laten gaan; — *pass. putrēfīō* (ver)rotten, vergaan: *corpora putrefacta;*
2. *(metaf.)* los, broos maken [**saxa infuso aceto** doen barsten, springen].

putrēscō, putrēscere, — — *(incoh.; zie puter) (niet-klass.)* verrotten, vermolmen; gaan etteren; vergaan; ▸ *putrescit vestis (Hor.); putrescunt dentes (Plin. Mai.).*

putribilis, e *(putris) (Laatl.)* aan rotting onderhevig, vergankelijk [**ligna**].

putridus, a, um *(puter)* (ver)rot, halfvergaan, slap [**dentes; membra; pectora**].

putris *zie puter.*

pūtuī *pf. v. puteo en putesco.*

putus[1], ī *m (Verg.)* jongen.

putus[2], a, um
1. *(preklass.)* zuiver, rein;
2. *(metaf.)* schitterend(?) [**oratio**].

pycta *en* **pyctēs,** ae *m (Gr. leenw.) (poët.; postklass.)* bokser.

Pydna, ae *f stad in Z.-Macedonië, waar Aemilius Paulus koning Perseus versloeg in 168 v. Chr.; einde v.d. Macedon. onafhankelijkheid; nu Kitros;* — *inw.* **Pydnaeī,** ōrum *m.*

pyelus, ī *f (Gr. leenw.) (Plaut.)* badkuip.

pȳga, ae *f* = *puga.*

pȳgargus, ī *m (Gr. leenw.) (postklass.)*
1. grote antilope;
2. *een soort arend of havik.*

Pygmaeī, ōrum *m* de Pygmeeën, *myth. dwergvolk, in Ethiopië gelokaliseerd;* — *adj.* **Pygmaeus,** a, um van een Pygmee; dwergachtig.

Pygmaliōn, ōnis *m*
1. *kleinzoon v. Agenor, koning v. Cyprus; was beeldhouwer en werd verliefd op een door hemzelf gemaakt ivoren vrouwenbeeld; Venus wekte het op zijn verzoek tot leven en het werd zijn vrouw (Ov.);*
2. *koning v. Tyrus, broer v. Dido; hij doodde haar echtgenoot Sychaeus uit hebzucht.*

Pyladēs, ae *en* is *m*
1. *zoon v. koning Strophius v. Phocis, trouwe vriend v. Orestes;* — *adj.* **Pyladēus,** a, um [**amicitia** trouw];
2. *pantomimespeler uit Cilicië, leefde ttv. Augustus in Rome.*

pylae, ārum *f (Gr. leenw.)* (nauwe) pas, *ihb.* **Pylae** *(= Thermopylae)* Thermopylae; — *adj.* **Pylāicus,** a, um bij Thermopylae [**concilium; conventus**].

Pylos *en* **-us,** ī *f*
1. *stad in Z.W.-Messenië, woonplaats v. Neleus, vader v. Nestor;*
2. *stad in Z.-Elis, woonplaats v. Nestor;* — *adj.* **Pylius,** a, um; *subst.* ī *m* = Nestor.

pyra, ae *f* (*Gr. leenw.*) (*poët.*) brandstapel.

pȳramis, idis *f* (*Gr. leenw.*) piramide.

Pȳramus[1]**,** ī *m geliefde v. Thisbe.*

Pȳramus[2]**,** ī *m rivier in Cilicië, nu de* Ceyhan Nehri.

Pȳrēnē, ēs *f* (*poët.*) de Pyreneeën; — *adj.* **Pȳrēnaeus,** a, um [**saltus; montes**]; *subst.* ī *m* de Pyreneeën.

pyrethrum, ī *n* (*Gr. leenw.*) (*poët.; postklass.*) wilde bertram *of een soort* kamille (*geneeskrachtige plant*).

Pyrgī, ōrum *m stad in Etrurië, haven v. Caere, nu* Santa Severa; — *adj.* **Pyrgēnsis,** e.

Pyriphlegethōn, ontis *m* (*Gr. leenw.*) *rivier in de onderwereld* (= Phlegethon).

Pyroīs, entis *of* entos *m* (*Gr. leenw.* 'vurig')
1. *de vurige planeet* Mars;
2. *een v.d. paarden van de zonnewagen.*

pyrōpus, ī *m* (*Gr. leenw.*) (*poët.; postklass.*)
1. goudbrons;
2. pyroop (*een goudgele edelsteen*).

Pyrr(h)a, ae *f*
1. *dochter v. Epimetheus en Pandora, echtgenote v. Deucalion;*
2. *stad op Lesbos.*

Pyrrhēum, ī *n* (*Liv.*) *paleis v. Pyrrhus in Ambracia.*

Pyrrhias, adis *f meisje uit* Pyrrha (*stad op Lesbos*).

Pyrrhō, ōnis *m filosoof uit Elis* (*ca. 360—271 v. Chr.*), *tijdgenoot v. Alexander de Grote, stichter v.d. sceptische school;* — **Pyrrhōnēī,** ōrum *m* aanhangers v. Pyrrho, sceptici.

Pyrrhus, ī *m*
1. = Neoptolemus 1.;
2. *koning v. Epirus* (*319/18—272 v. Chr.*); *beroemd door zijn strijd tegen de Romeinen en de Macedonische koning Antigonus Gonatas.*

pyrricha, ae *f* (*Gr. leenw.*) (*postklass.*) *een Dorische wapendans.*

pyrrichius, ī *m* (*Gr. leenw.*) *metrische eenheid v. twee korte lettergrepen* (◡ ◡).

Pȳthagorās, ae *m filosoof v. Samos* (*ca. 550 v. Chr.*), *stichter v.d. naar hem genoemde filosofenschool in Croton in Z.-Italië; hij onderwees het geloof in de zielsverhuizing en de harmonie als beginsel v.d. kosmos;* — *adj.* (a) **Pȳthagorēus,** a, um; *subst.* **-us,** ī *m* leerling, aanhanger v. Pythagoras, pythagoreeër; **-a,** ōrum *n* leer v. Pythagoras; (b) **Pȳthagoricus,** a, um; *subst.* ī *m* leerling, aanhanger v. Pythagoras.

pȳthaulēs, ae *m* (*Gr. leenw.*) (*pre- en postklass.*) fluitspeler *die de solozangers in de tragedie begeleidt.*

Pȳtheās, ae *m Gr. zeevaarder en geograaf uit Massilia die de Atlantische Oceaan tot aan de Noordzee verkende* (*ca. 325 v. Chr.*), *tijdgenoot v. Aristoteles.*

Pȳthia zie Pytho.

Pȳthias, adis *f naam v.e. slavin in de Rom. komedie.*

Pȳthō, ūs *f oudste naam v. Delphi en omgeving;* — *adj.* **Pȳthi(c)us,** a, um Pythisch, Delphisch [**incola** = Apollo; **oraculum**]; *subst.* (a) **Pȳthia,** ae *f priesteres v.h. orakel v. Apollo in Delphi;* (b) **Pȳthia,** ōrum *n* de Pythische spelen *bij Delphi; ze werden aanvankelijk om de acht, later om de vier jaar ter ere v. Apollo gehouden;* (c) **Pȳthius,** ī *m* = Apollo.

Pȳthōn, ōnis *m grote slang of draak bij Delphi; werd gedood door Apollo, die sindsdien daar vereerd werd.*

pȳtisma, atis *n* (*Gr. leenw.*) (*Juv.*) *bij het wijnproeven* uitgespuugde wijn.

pȳtissō, pȳtissāre (*Gr. leenw.*) (*Ter.*) *wijn bij het* proeven uitspugen.

pyxidātus, a, um (*pyxis*) (*Plin. Mai.*) gemaakt in de vorm v.e. doosje.

pyxis, idis *f* (*Gr. leenw.*) doosje (*ihb. voor zalven en geneesmiddelen*) [**aurea**].

Q

Q. *(afk.)*
1. *(als voornaam)* = Quintus;
2. = *quaestor;*
3. = Quirites;
4. = *-que,* bv.: *S. P. Q. R.* = *senatus populusque Romanus.*

Q. (B.) F. F. S. *(afk. in inscripties)* = *quod (bonum) felix faustumque sit* wat (goed,) voorspoedig en gunstig zij.

quā[1] *adv. (abl. sg. f v. qui*[1], *vul aan: viā of parte)*
1. *(interr.)* langs welke weg?, waarlangs?, waarheen?, waar?; *metaf.* op welke manier?, hoe?; ▸ *illuc qua veniam?; ignarus, qua res inclinatura sit; qua facere id possis, nostram nunc accipe mentem (Verg.);*
2. *(relat.)* (a) (daar) waar; waarlangs; (b) waarheen; ▸ *in Atrebatium fines qua sibi iter faciendum sit;* (c) hoe; ▸ *qua libet;* (d) *(poët.)* voorzover, in zoverre; ▸ *effuge qua potes;* (e) *quā . . . quā* deels . . . deels, zowel . . . als ook *(zelden, en alleen om losse woorden te verbinden);* ▸ *qua dominus qua advocati; qua nobilitate gentis qua corporis magnitudine;*
3. *(indef.)* op de een of andere manier, ergens; ▸ *ne qua; si qua.*

qua[2] *zie quis, qui*[1].

qua-ad *en* **quad** = *quoad.*

quā-cumque *en* **-cunque** *adv. (vul aan: viā)*
1. waarlangs, waar ook maar, overal waar;
2. hoe ook maar.

quād *zie quaad.*

quādam-tenus *adv. (quidam) (poët.; postklass.) (ook gesplitst)* tot op zekere hoogte, in zekere zin, enigszins.

Quadī, ōrum *m Germ. volksstam, die in ca. 8 v. Chr. van de omgeving v.d. rivier de Main naar het huidige Moravië trok.*

quadra, ae *f (quadrus) (poët.; postklass.)*
1. stuk, plak, schijf *van een brood e.d.* [**panis; casei**]; ▸ *(metaf.) alienā vivere -ā* van andermans brood (= als profiteur) leven *(Juv.);*
2. *(archit.)* (a) kopse kant, zijkant [**tignorum**]; (b) rand.

quadrāgēnārius, a, um *(quadrageni)*
1. veertig eenheden bevattend;
2. veertigjarig.

quadrāgēnī, ae, a *(gen. -um) (quadraginta)* ieder, telkens veertig.

quadrāgē(n)sima, ae *f (quadrage[n]simus)*
1. *(postklass.) (vul aan: pars)* veertigste penning *als heffing (= 2,5%);*
2. *(eccl.)* veertigdaagse vasten *voor Pasen.*

quadrāgē(n)simus, a, um *(quadraginta)* veertigst.

quadrāgiē(n)s *adv. (quadraginta)* veertigmaal; *ihb. (vul aan: sestertium)* vier miljoen sestertiën.

quadrāgintā *indecl. (quattuor)* veertig.

quadr-angulus, a, um *(Laatl.)* = *quadriangulus.*

quadrāns, antis *m (abl. sg. -ante; gen. plur. -antum) (quadro)*
1. *(postklass.)* kwart; ▸ *heres ex quadrante* erfgenaam voor een kwart;
2. *(als munt)* kwart as *(de normale prijs voor een bezoek aan een publiek bad); alg.* penning, cent;
3. *(postklass.) (als maateenheid) o.a.:* (a) *(v. gewicht)* kwart pond; (b) *(v. inhoud)* kwart v.e. sextarius; (c) *(v. oppervlak) bv.:* kwart v.e. iugerum.

quadrantal, ālis *n (quadrantalis)*
1. *(pre- en postklass.) inhoudsmaat v. ca. 26 l (= 1 amphora);*
2. *(Gell.)* dobbelsteen.

quadrantālis, e *(quadrans) (Plin. Mai.)* van een kwart voet [**crassitudo**].

quadrantārius, a, um *(quadrans)*
1. een kwart betreffend; ▸ *tabulae -ae: de door de lex Valeria de aere alieno in 86 v. Chr. ingevoerde nieuwe schuldboeken, die schulden tot een kwart terugbrachten;*
2. een kwart as kostend [**res** *(v.e. bezoek aan een publiek bad)*].

quadrātum, ī *n (quadratus)*
1. vierkant stuk *steen of land;*
2. *(geom.)* vierkant; kwadraat;
3. *(astron. t.t.)* kwadratuur.

quadrātūra, ae *f (quadro) (postklass.)* verdeling *van land in vierhoeken.*

quadrātus, a, um *(quadro)*
1. vierhoekig [**saxum, lapis** quadersteen; **turris; agmen** marcherend in slagorde; **littera** kapitaal, hoofdletter];
2. *(postklass.)* gedrongen *van lichaamsbouw,* breedgebouwd [**statura**];
3. *(postklass.) (metaf.)* goed aaneengevoegd [**compositio** *(vul aan: verborum)*]; ▸ *facile est, ubi omnia -a currunt (Petr.)* als alles op rolletjes

loopt;
4. *(postklass.)* vierdelig.

quadri- *(quattuor) in samenstellingen:* vier; *zie ook quadru-.*

quadri-angulus, a, um *(Plin. Mai.)* vierhoekig.

quadrīduānus, a, um *(quadriduum) (Laatl.)* van, sinds vier dagen.

quadrī-duum, ī *n (dies; vgl. biduum)* (periode van) vier dagen.

quadri-ennium, ī *n (annus; vgl. biennium)* (periode van) vier jaar.

quadri-fāriam *adv. (vgl. bifariam)* vierledig, in vier delen [**se dividere**]; viervoudig, per vier.

quadri-fidus, a, um *(findo) (Verg.)* in vier delen gespleten [**sudes; quercus; trabs**].

quadri-fluus, a, um *(Laatl.)* naar vier kanten stromend.

quadrīga, ae *f* vierspan [**alborum equorum**]; *meton.* wagen met een vierspan [**aureae; falcatae** zeis-, strijdwagens]; ▸ *-as agitare; (metaf.) navibus atque -is alqd petere (Hor.)* met alle middelen; *~ meae decurrerunt (Petr.)* mijn plezier is vergald.

quadrīgārius *(quadriga)*
I. *adj.* a, um *(Suet.)* van *of* voor een vierspan [**habitus**];
II. *subst.* ī *m* wagenmenner *van een vierspan in de circus.*

quadrīgātus, a, um *(quadriga)* met een vierspan *als stempel* [**nummus**] zilveren denarius.

quadrīgulae, ārum *f (demin. v. quadriga)* klein vierspan.

quadri-iugis, e *(Verg.) en* **-iugus,** a, um *(iugum) (poët.; postklass.)* vierspannig [**currus; equi**]; — *subst.* **quadriiugī,** ōrum *m (vul aan: equi)* vierspan.

quadri-lībris, e *(libra) (Plaut.)* van vier pond.

quadri-mēstris, e *(mensis) (pre- en postklass.)* vier maanden durend [**consulatus; indutiae**].

quadrīmulus, a, um *(demin. v. quadrimus) (Plaut.)* nauwelijks, net vier jaar oud [**puella**].

quadrīmus, a, um *(quadri- en hiems; vgl. bimus)* vierjarig [**infans; merum; vitis; equa**].

quadringēnārius, a, um *(quadringeni)* ieder bestaand uit vierhonderd man [**cohortes**].

quadringēnī, ae, a *(quadringenti)* ieder, steeds vierhonderd.

quadringentēsimus, a, um *(quadringenti)* vierhonderdst.

quadringentī, ae, a *(quadri- en centum)* vierhonderd; — *subst.* **quadringenta,** ōrum *n* vierhonderdduizend sestertiën.

quadringentiē(n)s *adv. (quadringenti)* vierhonderdmaal; *ihb. (vul aan: sestertium)* 40 miljoen sestertiën.

quadri-partītus *en* **quadri-pertītus,** a, um *(adv. -ō) (partio*[1]*)* in vieren, vierledig [**exercitus**].

quadri-pedāns, quadri-pēs, quadri-plex *zie quadru-.*

quadri-rēmis *(remus)*
I. *adj.* e met vier roeiers per positie [**navis**];
II. *subst.* is *f (abl. sg. -ī) (vul aan: navis)* 'vier' *(schip geroeid door vier roeiers per positie, op één, twee of drie niveaus).*

quadri-vium, ī *n (via) (poët.)* viersprong, kruispunt.

quadrō, quadrāre *(quadrus)*
I. *tr.*
1. vierkant maken;
2. verviervoudigen;
3. *(metaf.)* goed proportioneren, afronden; ▸ *quadrandae orationis industria* het streven de redevoering ritmisch af te sluiten;
II. *intr.*
1. vierkant zijn;
2. *(metaf.)* passen, zich voegen; ▸ *omnia in istam (mulierem) ~ apte videntur; visum est hoc mihi ad multa ~;*
3. *(getalsmatig)* uitkomen, kloppen.

quadru- *zie ook quadri-.*

quadrum, ī *n (quadrus)*
1. *(postklass.)* vierkant;
2. *(retor. t.t.)* juiste vorm; ▸ *in -um redigere;*
3. *(Mel.)* vierkante steen.

quadru-pedāns, *gen.* antis *(quadrupes)*
I. *adj.* viervoetig, galopperend; ▸ *quadrupedante sonitu* in roffelende galop;
II. *subst. m en f (Verg.)* viervoeter, paard.

quadrupedus, a, um *(quadrupes) = quadrupedans I.*

quadru-pēs, *gen.* pedis
I. *adj. (abl. sg. -ī en -e; gen. plur. meestal -um; nom. en acc. plur. neutr. -ia) (pre- en postklass.)* viervoetig, op vier voeten gaand *of* staand [**eques** galopperend]; ▸ *alqm quadrupedem constringere* iem. aan handen en voeten vastbinden;
II. *subst. m en f (abl. sg. -e; gen. plur. -um)* viervoetig dier, viervoeter, *ihb.* paard; ▸ *quadrupedum cursu.*

quadruplātor, ōris *m (quadruplor)*
1. aanklager, eiser, *ihb. (beroepsmatig)* sycofant *(die een kwart v.d. boete of v.h. vermogen v.d. be-*

schuldigde opstrijkt);
2. iem. die met vier vermenigvuldigt, ook *metaf.*
quadru-plex, *gen.* plicis *(vgl. duplex)*
I. *adj.*
1. viervoudig, *(plur.)* vier [**pecunia; stellae**];
2. vierledig [**acies**];
II. *subst. n* het viervoudige.
quadruplicō, quadruplicāre *(quadruplex)* *(Plaut.; Laatl.)* verviervoudigen; vergroten.
quadruplō, quadruplāre *en* **quadruplor,** quadruplārī *(quadruplus)*
1. *(Plaut.)* als quadruplator *(zie quadruplator 1.)* optreden;
2. verviervoudigen.
quadruplum, ī *n (quadruplus)* het viervoudige, viervoudig bedrag; ▸ *-o condemnari.*
quadru-plus, a, um *(postklass.)* viervoudig.
quadrupul- = *quadrupl-.*
quadrus, a, um *(quattuor) (Laatl.)* vierhoekig, vierkant.
quaeritō, quaeritāre *(intens. v. quaero) (nietklass.)*
1. ijverig zoeken, op zoek gaan naar *(m. acc.)* [**alqm terrā marique; hospitium**];
2. vragen, uitzoeken, willen weten;
3. trachten te verkrijgen; verdienen [**victum**].
quaerō, quaerere, quaesīvī *en* quaes(i)ī, quaesītum
1. (op)zoeken [**suos; regem; iuvencum per nemora; sibi hospitium; portum**]; ▸ *quaerens per arva piorum invenit Eurydicen (Ov.)*;
2. trachten te verwerven, trachten te krijgen; verwerven, verdienen, winnen [**armis gloriam atque divitias; sibi** *of* **alci honores; nobilitatem laboribus atque periculis; bello concordiam; immortalitatem sibi morte; occasionem fraudis, locum insidiis** op een gelegenheid loeren; **pecuniam; sibi remedium ad alqd; alci venenum** iem. proberen te vergiftigen; **tempus eius interficiendi; sanguine reditūs** kopen];
3. vragen, informatie inwinnen *(naar, over: acc.)* [**alqm a ianua** *of* **ab ostio** aan de deur naar iem. vragen; **imperatoris fidem; causas**]; ▸ *quid quaeris? en noli* ~ wat valt er verder te vragen?, in één woord; *si quaeris* als je meer wilt weten; — trachten te weten te komen *(van: ex; ab; de; m. afh. vr.)* [**de te ipso**];
4. wetenschappelijke vragen opwerpen; ▸ *quaesitum est, naturā carmen fieret an arte (Hor.); multa ex eo saepe quaesivi*;
5. een (gerechtelijk) onderzoek instellen naar, verhoren *(m. acc.; de)* [**coniurationem; de morte alcis**]; ▸ *de servo in dominum* ~ de slaaf op de pijnbank ondervragen over zijn meester;
6. onderzoeken, zich beraden op *(m. acc.; de)* [**tempus profectionis; sententiam; de tanta re**]; ▸ *Socratem de vita et de moribus solitum esse* ~;
7. *(sibi)* ~ zinnen op, trachten te bereiken *(m. acc.; afh. vr.)* [**novum consilium**]; ▸ *artes quaesitae* bedacht;
8. verlangen, begeren, verwachten [**sibi novum imperatorem; heredem in regnum; pocula aurea**]; *(ook m. ut)*;
9. missen, verlangen naar *(m. acc.)* [**Phoebi comam; Siciliam**]; ▸ *quaerit patria Caesarem*; — *pass.* ontbreken;
10. *(m. inf.)* zich inspannen om [**sedes mutare**];
11. aandoen, berokkenen [**alci ignominiam**];
12. *(v. zaken)* vereisen; ▸ *bellum dictatoriam maiestatem quaerit (Liv.); collis munimenta quaerebat (Sall.).*
quaes(i)ī *pf. v. quaero.*
quaesītiō, ōnis *f (quaero) (pre- en postklass.)*
1. het zoeken;
2. (gerechtelijk) onderzoek.
quaesītor, ōris *m (quaero)* onderzoeksrechter *(ihb. v.d. pretor, die het onderzoek naar misdrijven moet leiden).*
quaesītum, ī *n (quaero)*
1. het verworvene, inkomsten;
2. het gevraagde.
quaesītus, a, um *(p. adj. v. quaero)*
1. *(Tac.)* gezocht, gemaakt, geaffecteerd [**comitas**];
2. uitgelezen, bijzonder [**epulae; honores**].
quaesīvī *pf. v. quaero.*
quaes(s)ō, quaes(s)ere, —— *(vgl. quaero) (verb. defect.)*
1. *(meestal quaeso, quaesumus [arch. vorm v.d. 1e pers. plur. indic. praes.] als parenthese, ihb. in comb. m. imp.)* verzoeken, vragen om *(m. acc.; ab; ut, ne of alleen conj.)* [**deos; a vobis**]; ▸ *decretum quaeso cognoscite; quaeso, parcas mihi; ubinam est, quaeso?* in 's hemelsnaam;
2. vragen [**talia**];
3. zoeken, proberen te verkrijgen.
quaesticulus, ī *m (demin. v. quaestus)* voordeeltje.
quaestiō, ōnis *f (quaero)*
1. *(Plaut.)* het zoeken; ▸ *in quaestione esse* gezocht worden;

2. vraag, ondervraging; ▸ *rem quaestione captivorum explorare;*
3. (wetenschappelijk) onderzoek; ▸ *res in disceptationem quaestionemque vocatur;*
4. onderwerp v. debat, thema, stof [**de natura deorum**]; ▸ *quaestionem sustinere posse* berekend zijn voor de stof;
5. (*retor.*) (a) omstreden kwestie, twistpunt; (b) hoofdpunt v.e. geschil;
6. gerechtelijk onderzoek, verhoor (*wegens: gen.; de*) [**pecuniae publicae; rerum capitalium** wegens halsmisdrijven; **de morte alcis; inter sicarios** wegens sluipmoord]; ▸ *quaestionem habere de of ex alqo* iem. aan een gerechtelijk onderzoek onderwerpen; *quaestione novā alligari* bij een nieuw onderzoek betrokken raken; *quaestionem dimittere* schorsen, opschorten, staken;
7. (verhoor gepaard gaand met) foltering; ▸ *servos in quaestionem dare, ferre; quaestiones deferre* bekentenissen als resultaat v. foltering (*Cic.*);
8. gerechtshof; ▸ *quaestioni praeesse of praepositum esse* voorzitten; *quaestiones perpetuae* vaste rechtbanken (*voor bepaalde vergrijpen*), *sinds de lex Calpurnia repetundarum (149 v. Chr.) onder voorzitterschap v.e. pretor of een iudex quaestionis; ttv. Cicero waren er acht: ambitūs, falsi, maiestatis, peculatūs, repetundarum, inter sicarios, veneficii, de vi; iudex quaestionis* voornaamste rechter die een gerechtelijk onderzoek *onder toezicht v.d. pretor* leidt;
9. akte van onderzoek, protocol; ▸ *quaestionem conscribere.*

quaestiuncula, ae *f* (*demin. v. quaestio*) klein probleem, onbeduidende kwestie.

quaestor, ōris *m* (*quaero*) quaestor:
1. (*in de koningstijd*) onderzoeksrechter in moordzaken;
2. (*tijdens de republiek*) beheerder v.d. financiën *van de staatskas,* schatmeester (*oorspr. 2, vanaf 421 v. Chr. 4, zodat 2 de staatskas beheerden, terwijl de 2 anderen als beheerders v.d. krijgskas ten oorlog trokken; vanaf 267 v. Chr. waren er 8, ten slotte, vanaf Sulla, 20*): *quaestores urbani of aerarii belastingbeambten, die in Rome bleven als beheerders v.d. staatskas; quaestores provinciales: gingen als rechterhand v.d. stadhouders naar de provincies, waar ze de belastingen inden, soldij uitbetaalden e.d.;*
3. (*in de keizertijd*) *quaestores Caesaris of principis: lazen de redevoeringen en decreten v.d. keizer voor in de senaat;*
4. (*Mel.*) handelaar in aflaten.

quaestōrium, ī *n* (*quaestorius*)
1. tent v.d. quaestor *in een legerkamp;*
2. ambtswoning v.d. quaestor *in de provincie.*

quaestōrius (*quaestor*)
I. *adj.* a, um
1. van de quaestor, behorend tot de quaestor *of* de quaestuur [**comitia** verkiezingen voor de quaestoren; **officium** taak, functie v.d. quaestor; **aetas** minimumleeftijd voor een quaestor; **scelus** begaan door een quaestor; **porta** achterpoort *in het kamp, in de buurt v.d. tent v.d. quaestor, meestal porta decumana genoemd*];
2. met de rang v. quaestor [**legatus**];
II. *subst.* ī *m* ex-quaestor.

quaestuāria, ae *f* (*quaestus*) (*Sen.*) hoer, prostituee.

quaestuōsus, a, um (*quaestus*)
1. winstgevend, voordelig [**mercatura**]; ▸ *res quaestuosissima Verri;*
2. op voordeel bedacht, naar winst jagend [**homo; gens**];
3. (*postklass.*) zich verrijkend [**veterani**].

quaestūra, ae *f* (*quaestor*) ambt v. quaestor, quaestuur (*de quaestuur was de eerste trede naar de hogere ereambten; de minimumleeftijd voor de bekleding v.d. quaestuur was 27 jaar*); ▸ *-am petere; -am gerere* bekleden.

quaestus, ūs *m* (*quaero*)
1. voordeel, winst [**frumentarius**]; ▸ *emendi aut vendendi quaestu et lucro duci* aangetrokken worden door de kans op voordeel en winst uit de koop of verkoop; *alci alqd quaestui est* iem. profiteert van iets; *furtis quaestum facere* op frauduleuze wijze winst najagen; *rem publicam quaestui habere* exploiteren; *quaestui habere alqm* zich verrijken op kosten v. iem.; *pecuniam relinquere in quaestu* tegen rente uitzetten;
2. (*meton.*) broodwinning;
3. baan, ambacht, nering [**carcerarius** baan als cipier; **mercennariorum; meretricius**];
4. hoererij; ▸ *quaestum corpore facere* zich prostitueren.

quālibet *en* **quālubet** *adv.* (*eig. abl. f v. quilibet*) (*niet-klass.*)
1. waar ook maar, overal;
2. op iedere mogelijke wijze.

quālis, e
1. (*interr. en in uitroepen*) hoedanig?, wat voor een?, wat een!; ▸ *qualis est istorum oratio?; rei natura qualis sit, quaerimus* (*Cic.*); *quali fide exis-*

timatis eos esse?; ei mihi qualis erat wat zag hij eruit (*Verg.*);
2. (*relat.*) (zodanig) als (*m. en zonder corresponderend talis*); (*poët.*) *pred. om een vergelijking in te leiden* zoals; ▸ *procumbit* ~ *quercus*;
3. (*indef.*) van een zekere hoedanigheid; ▸ *prius aliquid esse debet, deinde quale esse* (*Sen.*).
quālis-cumque, quāle-cumque
1. (*relat.*) (*ook gesplitst*) hoedanig ook;
2. (*indef.*) welke . . . dan ook.
quālis-libet, quāle-libet van iedere mogelijke hoedanigheid; ▸ *formae litterarum qualeslibet.*
quālis-nam, quāle-nam wat voor een . . . dan?; ▸ *si est divinatio, qualibusnam a perceptis artis proficiscitur?* (*Cic.*).
quālis-quālis, quāle-quāle (*postklass.*) welke dan ook; elke vorm van.
quālitās, ātis *f* (*qualis*) hoedanigheid, aard, eigenschap.
quāliter *adv.* (*v. qualis*) (*poët.; postklass.*)
1. (*interr.*) hoe?, op welke manier?;
2. (*relat.*) (precies) zoals.
quāliter-cumque *adv.* (*v. qualiscumque*) (*postklass.*) hoe ook maar.
quāliter-quāliter *adv.* (*postklass.*) op elke manier.
quālubet *zie qualibet.*
quālus, ī *m en* **-um,** ī *n van tenen gevlochten* mand, *ihb.* wolmand.
quam *adv.* (*acc. sg. f v. qui*[1])
I. (*interr. en in uitroepen*) hoezeer, in hoeverre, hoe, ook hoe weinig (*bij adj. en adv., minder vaak bij verba en subst.*); ▸ *nescis, quam magnum flagitium admiseris* (*Petr.*); *quam cito illa omnia ex laetitia et voluptate ad luctum et lacrimas reciderunt!* (*Cic.*); *nescis quam doleam; quam gaudeo!*; — quam si (= *tamquam si*) (net) zoals wanneer; quam non, quam nihil hoe weinig: *quam istud te non decet*;
II. (*relat.*) (zo)als, dan:
1. (a) *m. corresponderend tam*: ▸ *tam esse clemens tyrannus quam rex importunus potest* (*Cic.*); — *vaak is* tam . . . quam *te vertalen met* zowel . . . als ook: *tam foederatis quam infestis gentibus*; — non tam . . . quam niet zozeer . . . als wel: *non tam vires quam mores laudo*; (b) *zonder corresponderend tam*: ▸ *homo non, quam isti sunt, gloriosus; quam voles saepe* zo vaak je wilt;
2. (a) *na comp.*: dan; ▸ *maior, minor, plus, magis, amplius, potius quam; proelium atrocius quam pro numero pugnantium* dan men zou verwachten op grond van; *plus tibi virtus tua dedit quam fortuna abstulit*; — quam ut *en* quam qui (*m. conj.*) dan dat: *maior sum quam cui possit fortuna nocere* te groot dan dat; — non minus . . . quam niet minder dan, evenzeer . . . als: *Caesar non minus virtute quam felicitate Gallos devicit*; — non magis . . . quam niet meer dan, net zo weinig . . . als: *non magis Pompeio deerant inimici quam Caesari*; (b) *na comp. uitdrukkingen als malo, praestat, alius, aliter, supra, contra; ook na comp. uitdrukkingen v. tijd als prius, ante, antea* = voordat; *na post, postea, pridie, postridie, postero die* = toen, nadat; ▸ *pridie quam* daags voordat; *postero die quam* daags nadat; (*ipv. postquam*) *septimo die quam* op de zevende dag nadat; *ook na getalsaanduidingen*: *vix dimidium quam quod acceperat; haud centesimam partem laudat quam* nog voor geen honderdste prijst hij mij als;
3. *bij superl.* (*m. en zonder possum*) = zo . . . mogelijk; ▸ *quam maximus numerus* een zo groot mogelijk aantal; *supplicium quam acerbissimum* zo hard mogelijk; *quam saepissime; quam primum* zo snel mogelijk; *quam maxima possum voce dico* met een zo luid mogelijke stem; *Caesar quam celerrime potuit in Galliam profectus est* zo snel hij kon, zo snel mogelijk; *quam plurimo vendere* zo duur mogelijk.
quam-de *adv.* (*arch.*) = *quam II. 2.*
quam-diū
I. *adv.* (a) (*in dir. en afh. vr.*) (*ook gesplitst*) hoelang; (b) (*in uitroepen*) hoelang al;
II. *cj.* (a) (*m. indic.*) zolang (als); ▸ *tacuit,* ~ *potuit*; (b) (*m. conj.*) tot het moment dat, *vaak m. corresponderend tamdiu.*
quam-dūdum *adv. zie dudum.*
quam-libet (*en* **-lubet**) *adv.*
1. (*poët.*) naar believen, naar (eigen) goeddunken;
2. (*poët.; postklass.*) hoe zeer ook.
quam-ob-rem *adv.*
1. (*interr.*) waarom?, om welke reden?;
2. (*relat.*) waarom, om welke reden;
3. (*als relat. aansluiting*) daarom, om die reden.
quam-prīmum *adv.* zo snel mogelijk.
quam-quam *cj.*
1. hoewel, ook al, ofschoon, *klass. meestal m. indic., poët. en postklass. m. conj.; soms zonder verbum finitum bij ptc. of adj.*; ▸ *arma,* ~ *vobis invisa, tamen sumenda sunt; si omnia illa, quae sunt extra,* ~ *expetenda, summo bono continerentur*;
2. (*aan het begin v.e. hoofdzin*) trouwens, evenwel, maar; ▸ ~ *quid loquor?*

quam-vīs (*eig.* 'hoe je wilt')
I. *adv.* (a) willekeurig, naar believen; ▸ ~ *multi* zoveel als men wil; ~ *diu dicere* zo lang als men wil; ~ *longum tempus*; ~ *magno exercitu* met een nog zo groot leger; (b) (*aan begin v.e. hoofdzin*) en toch, evenwel; ▸ ~ *ne haec quidem sic praeteriri debent*;
II. *cj.* hoe(zeer), ook al, hoewel, ofschoon, *klass. meestal m. conj., niet-klass. m. indic.*; ▸ ~ *prudens sis, tamen*; — *soms zonder verbum finitum bij ptc. of adj.*: *res*, ~ *rei publicae calamitosas, gesserat*.

quā-nam *adv.*
1. waar dan?;
2. (*postklass.*) hoe dan?

quandō
I. *adv.*
1. (*interr.*) wanneer (*in dir. en afh. vr.*); ▸ *o rus, quando ego te aspiciam?* (*Hor.*);
2. (*indef.*) *na si, nisi, ne, num* eens, ooit;
II. *cj. m. indic.*
1. (*temporeel*) (*zelden*) wanneer, toen; ▸ *tum quando* op dat moment toen;
2. (*causaal*) aangezien, omdat.

quandō-cumque *adv.*
1. (*relat.*) wanneer ook maar; ▸ ~ *igitur vitam mea fata reposcent* (*Prop.*);
2. (*indef.*) (*poët.*) eens, ooit, *ook gesplitst*; ▸ ~ *mihi poenas dabis!* (*Ov.*); *garrulus hunc* (*vul aan: puerum*) *quando consumet cumque* (*Hor.*).

quandō-que
I. *adv.* eenmaal, ooit; ▸ *ne* ~ *incendium suscitet*; *tu* ~ *degustabis imperium* (*Tac.*);
II. *cj.*
1. (*temporeel*) wanneer ook maar, zo vaak als;
2. (*causaal*) aangezien, omdat; ▸ ~ *te in iure conspicio*.

quandō-quidem *en* **quando-quidem,** *cj.* (*ook gesplitst*) aangezien, omdat, nu toch.

quanquam = *quamquam*.

quantillus, a, um (*demin. v. quantulus*) (*Plaut.*) (*interr. en relat.*) hoe klein, hoe gering; — *subst.* **-um,** ī *n* hoe weinig [**argenti**].

quantitās, ātis *f* (*quantus*)
1. grootte, omvang, maat;
2. aantal, hoeveelheid; som *geld*.

quantō *zie quantus*.

quant-ōcius *adv.* (*Laatl.*) zo snel mogelijk.

quant-opere *en* **quantō opere** *adv.* (*quantus en opus*)
1. (*interr.*) hoezeer?; in welke mate? (*meestal in afh. vr.*); ▸ *dici non potest*, ~ *gaudeant*;
2. (*relat.*) zozeer als (*vaak m. corresponderend tantopere*).

quantulus, a, um (*demin. v. quantus*)
1. (*interr. en in uitroepen*) hoe klein, hoe gering, hoe weinig; ▸ *mors sola fatetur, -a sint hominum corpuscula* (*Juv.*); ~ *sol nobis videtur!* (*Cic.*);
2. (*relat.*) hoe weinig, zo weinig als.

quantulus-cumque (*en* **-cunque**), quantulacumque, quantulum-cumque (*ook gesplitst*) hoe klein, gering ook maar; ▸ *haec mea, quantulacumque est, facultas* (*Cic.*).

quantum *zie quantus*.

quantum-vīs (*quantusvis*) *adv.*
1. (*postklass.*) zoveel als men wil, nogal, zeer; ▸ *homo* ~ *vafer*; ~ *facundus*; ~ *mirabili casu*;
2. (*poët.*) hoezeer ook, ofschoon; ▸ ~ *rusticus*.

quantus (*vgl. quam*)
I. *adj.* a, um
1. (*interr. en in uitroepen*) hoe groot, hoeveel, hoe belangrijk, ook hoe klein, hoe gering, wat een; ▸ *-a notitia antiquitatis!*;
2. (*relat.*) zo groot als, zoveel als, *vaak m. corresponderend tantus*; ▸ *cum tantis copiis, -as nemo habuit*; *nullam umquam vidi tantam* (*contionem*), *-a nunc vestrum est*; *nox acta, -a fuit* zolang de nacht duurde; — *in comb. m. posse* (*onvertaald*) *en superl.* = zo . . . mogelijk: *-a maxima poterat vi* met de grootst mogelijke kracht;
II. *subst.* **quantum,** ī *n* (*interr., in uitroepen en relat.*) hoeveel, hoezeer, zoveel als (*m. en zonder gen.*); ook hoe weinig *enz.*; ▸ *quantum in me est* voor zover het aan mij ligt, voor zover het mij betreft; *quantum ad alqm of ad alqd* (*vul aan: attinet*) wat . . . betreft, met betrekking tot; *in quantum* in hoeverre, voor zover; *quantum est, quod desit* hoe weinig ontbreekt; *illis, quantum importunitatis habent, parum est impune male fecisse* bij hun zo grote brutaliteit;
III. *adv.*
1. (*acc. n*) **quantum** (a) zoveel, voor zover, in hoeverre; ▸ *quantum possum*; *quantum fieri potest*; *utrique rei occurram, quantum potero*; (b) hoezeer, hoe hevig; ▸ *quantum mutatus ab illo Hectore!* (*Verg.*); *quantum in sinu filiae flevit!* (*Sen.*);
2. (*gen.*) **quantī** hoe hoog, hoe duur; ▸ *quanti civitas aestimanda est, ex qua sapientes pelluntur?*;
3. (*abl.*) **quantō** hoeveel, *bij comp. en comp. woorden*; ▸ *quanto levior est acclamatio*; *quanto praestat* hoeveel beter is hij!; *quanto magis* hoeveel meer; *ihb.* **quantō . . . tantō** (a) (*postklass.*) *m. pos.* in de mate dat..., in die mate; ▸ *quanto quis audacia promptus, tanto magis fidus* (*Tac.*); (b) *m.*

comp. (*ook* **quantō ... eō**) hoe ... des te; ▸ *quanto minus spei est, tanto magis amo* (*Ter.*).

quantus-cumque, quanta-cumque, quantum-cumque hoe groot, hoeveel ... ook maar; *ook* hoe klein, hoe weinig, hoe onbeduidend ... ook maar; ▸ *quantumcumque praesidium est; quantuscumque sum ad iudicandum* hoe weinig ik mijn oordeel ook maar als maatgevend beschouw.

quantus-libet, quanta-libet, quantum-libet zo groot, zoveel ... als men maar wil; ▸ *quantolibet ordine dignus;* — *neutr.* **quantumlibet** hoeveel ook maar: *quantumlibet intersit inter Romanos et Achaeos.*

quantus-quantus, quanta-quanta, quantum-quantum = *quantuscumque.*

quantus-vīs, quanta-vīs, quantum-vīs (*volo*[2]) zo groot men maar wil, nog zo groot, zoveel men maar wil [**copiae** elke strijdmacht, hoe groot ook]; ▸ *portus satis amplus quantaevis classi* voor elke vloot, hoe groot die ook maar is;
/ *zie ook quantumvis.*

quā-propter *adv.*
1. (*interr.*) waarom?;
2. (*relat.*) waarom; (*in relat. aansluiting*) daarom, om die reden.

quā-quā *adv.* (*eig. abl. sg. f v. quisquis*) (*pre- en postklass.*) waar(heen) ook maar; ▸ ~ *versus* aan alle kanten.

quāque (*eig. abl. sg. f v. quisque*) *zie usquequaque.*

quā-rē *adv.* (*eig. abl. sg. v. quae res*) (*ook gesplitst*)
1. (*interr.*) waardoor?; waarom?, met wat voor reden?; op welke manier?, hoe?;
2. (*relat.*) waardoor; waarom;
3. (*in relat. aansluiting*) daarom, om die reden.

quārta, ae *f* (*quartus*)
1. (*Hor.*) (*vul aan: hora*) het vierde uur; ▸ *ad -am iacēre* tot 9 uur 's ochtends;
2. (*postklass.*) (*vul aan: pars*) het vierde deel, een vierde, kwart; ▸ *praemia ad -as redigere.*

quārtadecumānī, ōrum *m* (*quartus en decimus*) (*Tac.*) soldaten v.h. veertiende legioen.

quārtāna, ae *f* (*quartanus; vul aan: febris*) vierdendaagse koorts, malaria.

quārtānus, a, um (*quartus*) vierdendaags (*om de drie dagen terugkerend*) [**febris**]; — *subst.* **quārtānī,** ōrum *m* (*Tac.*) soldaten v.h. vierde legioen.

quārtārius, ī *m* (*quartus*) kwart *van een inhoudsmaat voor vloeistoffen of koren, ihb. v.e. sextarius.*

quārtus (*quattuor*)
I. *adj.* a, um vierde [**legio; pater** betovergrootvader]; ▸ ~ *pars* kwart; — *adv.* **-um** *en* **-ō** voor de vierde keer;
II. *subst.* ī *m*
1. (*vul aan: liber*) het vierde boek; ▸ *in -o accusationis;*
2. (*Tac.*) (*vul aan: lapis*) de vierde mijlsteen; ▸ *ad -um a Bedriaco.*

quārtus-decimus, a, um veertiende.

qua-si (<*quam si*)
I. *cj.*
1. (*m. indic.*) (net zo)als, *vaak m. corresponderend ita, sic;* ▸ *quasi poma ex arboribus, cruda si sunt, vix evelluntur, sic vitam adulescentibus vis aufert* (*Cic.*);
2. (*m. conj.*) (**a**) (*in hypothetische vergelijkende zinnen*) (net) alsof; ▸ *medico tria milia iugerum dedisti, quasi te sanasset* (*Cic.*); *sed quid ego his testibus utor, quasi res dubia aut obscura sit* (*Cic.*); — *meestal in verbinding m. ita, sic, perinde, proinde e.d. en verder na andere woorden die een vergelijking inhouden: assimulabo, quasi nunc exeam* (*Ter.*) ik zal doen alsof; — *ook m. ptc. coniunctum of abl. abs.: Graecas litteras sic avide arripui* ~ *diuturnam sitim explere cupiens* (*Cic.*); *hostes maximo clamore insecuti sunt* ~ *partā iam victoriā; in ipsa turba atque in peccato maximo, quod vix sedatum satis est, potasti scelus,* ~ *re bene gesta;* — *ihb.* **quasi vērō** net alsof: *quasi vero mihi difficile sit;* (**b**) (*postklass.*) (*causaal*) omdat zogenaamd; ▸ *id foedus arcanum habetur, quasi mutuo cruore sacratum* (*Tac.*); (**c**) (*Plaut.*) (*na comp.*) dan wanneer (= *quam si*);
II. *adv.*
1. (net zo)als, als het ware, in zekere zin, om zo te zeggen; ▸ *Herodotus* ~ *sedatus amnis fluit; philosophia laudatarum artium* ~ *parens;* ~ *pollui credebant consulatum;* ~ *per amicitiam monere;* — *versterkt door quidam: qui virtutem duram et* ~ *ferream esse quandam volunt* als het ware ijzeren;
2. ongeveer, bijna (*meestal bij telwoorden*); ▸ *praesidium* ~ *duum milium; unus* ~ *animus; hora* ~ *septima;* ~ *in extrema pagina* zo ongeveer op de laatste bladzijde.

quasillāria, ae *f* (*quasillum*) (*Petr.*) spinster.

quasillum, ī *n en* **-us,** ī *m* (*demin. v. qualum, qualus*) mandje v.e. spinster; ▸ *inter -a* in de spinkamer.

quassātiō, ōnis *f* (*quasso*) het schudden [**capitum; membrorum**].

quassō, quassāre (*intens. v. quatio*)
I. *tr.*
1. hevig schudden, doen trillen [**iubam; has-**

tam; caput];
2. stukslaan, vernietigen, beschadigen; ▸ *domus quassata; quassatis vasis diffluere umorem cernis; classis ventis quassata; res publica quassata* ontwricht; — *subst.*: *quassata muri* bressen in de muur;
II. intr.
1. *(Verg.)* rammelen *(bij het schudden)*; ▸ *siliquā quassante;*
2. *(niet-klass.)* wiebelen, schudden; ▸ *caput quassat.*

quassus[1], ūs *m (quatio)* het schudden, schok.

quassus[2] *ppp. v. quatio.*

quate-faciō, facere, fēcī, — *(quatio)* doen schudden; ▸ *metaf.*: *Antonium* ~ Antonius' positie *(Cic.)*.

quā-tenus
I. *adv.*
1. *(interr., alleen afh.)* (a) *(v. plaats en metaf.)* tot hoever?, hoever?; ▸ *videamus,* ~ *amor in amicitia progredi debeat (Cic.); in omni re videre* ~ op de juiste verhouding letten; (b) hoelang?, voor hoelang?;
2. *(relat.)* (a) in zoverre; (b) in hoeverre, voor zover;
II. *cj. (poët.; postklass.) (causaal)* aangezien (toch), omdat (immers).

quater *adv. (quattuor)* viermaal; ▸ *sonitum* ~ *arma dedēre;* ~ *decies* veertienmaal; ~ *deni* veertig; *ter et* ~, *ter aut* ~, *terque quaterque* drie- of viermaal, veelvuldig; *terque quaterque beati* overgelukkigen *(Verg.)*.

quaternārius, a, um *(quaterni) (postklass.)* (bestaande uit telkens) vier [**numerus**].

quaternī, ae, a *(quattuor)* elk vier, telkens vier.

quā-tinus = *quatenus.*

quatiō, quatere, —, quassum
1. schudden, zwaaien [**hastam; faces; caput; alas; catenas; aquas** in beroering brengen];
2. schokken [**terras; Olympum gravi curru**]; ▸ *risu populum* ~ het volk erg laten lachen;
3. slaan op, stoten op, beuken op *(m. acc.)* [**cymbala; fenestras** op de ramen bonken; **pede ter humum**];
4. stukslaan, verbrijzelen [**muros arietibus**]; *ihb. ppp.* **quassus,** a, um [**muri** gebarsten; **domus; naves** lekgeslagen; **cinnama** stukjes kaneel; **nux** stuk notendop; **faces** gespleten; **vas** gebroken; **vox** gebroken, zwak];
5. stampen op *(m. acc.)*; ▸ *quatit ungula campum;*
6. *(poët.) (metaf.)* opjagen, voortdrijven [**sontes; alqm foras; cursu equos; prae se** voor zich uit drijven];
7. schokken, doen beven [**mentem alcis; ingenium** opwekken, wakker schudden];
8. *(poët.)* ontwrichten, te gronde richten, kwellen [**oppida bello** met oorlog teisteren]; ▸ *anima quassa malis.*

quattuor *(indecl.)* vier.

quattuor-decim *(indecl.) (decem)* veertien; ▸ *sedere in* ~ *(ordinibus) in het theater* op een v.d. voorste veertien, *voor equites bestemde,* rijen zitten = tot de stand v.d. equites behoren.

quattuorvirātus, ūs *m (quattuorviri)* viermanschap.

quattuor-virī, ōrum *m* viermannen *(college v. vier mannen voor ambtelijke taken), vaak geschreven als IIIIviri.*

quāvīs *adv. (abl. sg. f v. quivis) (Hor.)* op welke manier men maar wil, hoe dan ook.

-que *enclitische cj. (meestal verbonden met het tweede lid v.e. coördinatie, soms met een ander woord)*
1. en, *verbindt een woord met het voorafgaande woord;* ▸ *senatus populusque Romanus; terra marique; ferro flammaque; ius vitae necisque; ius fasque; armis animisque; longe lateque; oro obsecroque;*
2. (a) *verbindt met het voorafgaande iets gelijksoortigs* (en) ook, (en) verder, en evenzo; ▸ *Numa duos flamines adiecit virginesque Vestae legit;* (b) *verbindt alternatieven* of; ▸ *quisquis ades, linguā, vir mulierque, fave (Tib.);*
3. *corresponderend* **-que . . . -que** (a) zowel . . . als ook, deels . . . deels *(vaak poët.)*; ▸ *seque remque publicam; meque regnumque meum;* — *soms* **-que . . . et (ac), et . . . -que;** (b) of . . . of; ▸ *quid haec optas, quae non ulla tibi fertque feretque dies (Ov.);*
4. *-que kan in het Nederlands soms onvertaald blijven:* (a) *na: multi, tot, pauci e.d.:* ▸ *multa graviaque vulnera* veel ernstige verwondingen; *tot tantaeque iniuriae;* (b) *in hendiadys:* ▸ *natura pudorque* natuurlijke verlegenheid; *ardor impetusque* hitte v.d. aanval; *amo diligoque* ik hou zeer veel van; *aperte ingenueque* heel openhartig; *triumphus meritus debitusque* welverdiende triomftocht;
5. *afhankelijk v.d. betekenis v.d. verbonden woorden zijn soms meer expliciete vertalingen mogelijk:* (a) en dus, en bijgevolg; (b) *(bij overgang v.h. bijzondere naar het algemene)* en in het algemeen; ▸ *Iuppiter diique immortales; Achaiam omnemque*

Graeciam; (c) (*verklarend*) en wel; ▸ *pervenerunt ad Rhenum finesque Germanorum*; (d) (*contrasterend*) en toch, en daarentegen; ▸ *dives miserque*; (e) (*adversatief, na ontkenningen*) maar, veeleer; ▸ *non prodidit monuitque; non tua ulla culpa est contraque summa laus; non temere movendam rem tantam exspectandosque ex Hispania legatos censebant* (*Liv.*); (f) (*bij getallen*) of, à; ▸ *ter quaterque*; (g) (*benadrukt de herhaling v.e. woord*) ja; ▸ *iamiamque* nu elk moment; *vix est Euandri vixque retenta manu* (*Ov.*).

quem-ad-modum *adv.* (*ook als drie woorden geschreven*)
1. (*interr. en in uitroepen*) op welke manier?, hoe?;
2. (*relat.*) (net) als, zoals, *m. corresponderend ita, sic, item e.d.*; ▸ *sic ulciscar facinora singula,* ~ *a quibusque sum provocatus* (*Cic.*); *quem sic tu amas,* ~ *ego te volo* (*Petr.*).

queō, quīre, quīvī (*en* quiī), quitum kunnen, in staat zijn, *meestal m. ontkenning*; ▸ *non quit sentire dolorem; non queo reliqua scribere; non credere quivi; forma nosci non quita est;/ queo wordt vervoegd als eo, ire* (*zie Appendix*).

quercerus, a, um = *querquerus.*

quercētum, ī *n* = *querquetum.*

querceus, a, um (*quercus*) (*postklass.*) van een eik, eiken- [**corona**].

quercus, ūs *f* (*gen. plur.* quercōrum)
1. eik, *aan Jupiter gewijd*; ▸ *Iovis magna* ~;
2. (*poët.*) (*meton.*) (a) eikenhout; ▸ *-u in cratera cavata*; (b) eikenloof; eikenkrans, *ihb. als beloning voor het redden v. burgers in de oorlog* [**civilis**]; (c) eikels.

querēla *en* **querella,** ae *f* (*queror*)
1. jammerklacht, het (wee)klagen, jammeren (*v. iem.: gen.; over: gen.; de*) [**temporum; aequalium meorum**]; ▸ *maestis implere iuga -is* (*Ov.*); *epistula plena -arum*;
2. klacht, bezwaar (*over, tegen: de; cum*); verschil van mening [**de tot tantisque iniuriis; cum Deiotaro**]; ▸ *-as apud alqm habere de alqo* zich beklagen; *iustam -am habere quod* gerede bezwaren hebben dat;
3. (*poët.; postklass.*) klagend geluid *van dieren*, klagende toon *van een fluit*;
4. (*postklass.*) lichamelijke klachten, het onwel zijn, onpasselijkheid [**corpusculi; stomachi**];
5. gerechtelijke aanklacht.

queribundus, a, um (*queror*) klagend [**animae; vox**].

querimōnia, ae *f* (*queror*) klacht, bezwaar (*over, tegen: gen.; de*); verschil van mening (*over: gen.; de*) [**huius criminis; acceptae cladis; de tuis iniuriis**]; ▸ *sociorum -as deferre ad alqm.*

queritor, queritārī (*intens. v. queror*) (*Tac.*) hevig klagen.

quern(e)us, a, um (*quercus*) eiken- [**corona; frondes**].

queror, querī, questus sum
1. (be)klagen, jammeren (*abs.; m. acc.; de*) [**mortem; ignominiam rei publicae; de iniuriis**];
2. zich beklagen, zijn beklag doen (*over: acc. of de; bij: cum; dat.; apud; m. aci. of quod*) [**iniurias; de Milone per vim expulso** over de gewelddadige verdrijving v. Milo; **de alcis superbia; Oceano furta mariti; apud senatum de alqo**]; *queri cum* (*m. abl.*) *ook:* twisten met, aanklagen, zijn beklag doen over [**cum deis; cum patribus conscriptis; cum fatis; cum fortuna**];
3. (*poët.*) een klagend geluid uitstoten, klagend uitbarsten; ▸ *flebile nescio quid queritur lyra* laat merkwaardige klagende tonen weerklinken; *motura verba silices* ~ zulke klagende woorden spreken, dat ze zelfs bij stenen medelijden zouden opwekken;
4. (*poët.*) (*v. dieren*) klagend krijsen, huilen, janken *e.d.*; ▸ *nullae dulce queruntur aves*;
5. (*Plin. Min.*) gerechtelijk aanklagen [**de proconsulatu alcis**].

querquerus, a, um (*Gr. leenw.*) (*niet-klass.*) rillingen veroorzakend [**febris**].

querquētulānus, a, um (*querquetum*) (*pre- en postklass.*) met een eikenbos, eiken-; ▸ *mons Querquetulanus: de latere mons Caelius.*

querquētum, ī *n* (*quercus*) (*preklass.; poët.*) eikenbos, eikenwoud.

querulus, a, um (*queror*)
1. klagend, klaaglijk [**tibia; ululatus; vox**];
2. zich beklagend, graag klagend, jammerend [**senex**];
3. piepend [**fores**].

questiō, ōnis *f* (*queror*) geklaag.

questus[1]**,** ūs *m* (*queror*)
1. klacht, weeklacht; ▸ *tales effundit pectore questūs* (*Verg.*);
2. (*Verg.*) klagende roep *van de nachtegaal*; ▸ *loca questibus implet.*

questus[2] *p.p. v. queror.*

quī[1]**,** quae, quod *pron. interr.*
1. (*in dir. en afh. vr.*) (a) (*adj.*) welk(e)?, wat voor een?, van welke aard?; ▸ *qui cantus dulcior in-*

veniri potest? quod carmen aptius? qui actor in imitanda veritate iucundior? (Cic.); virgo, quae patria est tua? (Plaut.); scribis te velle scire, qui sit rei publicae status (Cic.); (b) *(subst., zelden en bijna alleen in afh. vr.)* wie?, wat voor een?, wat?;
2. *(in uitroepen die verwondering uitdrukken)* welke, wat een.

quī², quae, quod *pron. rel.*
1. die, dat; welk(e); ▸ *luna eam lucem, quam a sole accipit, mittit in terras (Cic.); het subst. waarop het pron. rel. betrekking heeft wordt vaak herhaald, ihb. in de rechtspraak: itinera duo, quibus itineribus; — bijzonderheden:* (a) *wanneer het pronomen verwijst naar een hele zin of passage, wordt het neutr. quod of (vaker) id quod gebruikt;* (b) *de relatieve bijzin kan fungeren als zinsdeel in de hoofdzin, met name bij verba als habere, esse, invenire e.d.:* ▸ *sunt qui; non facile est invenire qui, quod sciat ipse, non tradat alteri (Cic.);* (c) *quā prudentiā es nihil te fugiet (Cic.)* met jouw slimheid zal jou niets ontgaan; (d) *neutr.* **quod** *(m. gen.)* zoveel, hoeveel; ▸ *adiutabo, quod potero; quod operae, agri;* (e) *abl.* **quō** *(m. comp.)* zoveel te, des te; ▸ *quo etiam magis laudandus est;* — **quō . . . eō** hoe . . . des te;
2. *(in relat. aansluiting)* deze, die; ▸ *obsistere ei conati sunt; quos omnes gravi proelio vicit (Nep.); virtus est una altissimis defixa radicibus; quae numquam ulla vi labefactari potest; quo fiebat* daardoor gebeurde het; *quo facto* nadat dit echter gebeurd was; *ex quo* sindsdien; *quae cum ita sint* onder deze omstandigheden;
/ *het gebruik v.d. modus in de relatieve bijzin: terwijl gew. in de attrib. relat. bz. de indic. staat, wordt in de volgende gevallen de conj. gebruikt:* (a) *in de oratio obliqua;* ▸ *Aristoteles ait bestiolas quasdam nasci, quae unum diem vivant (Cic.);* (b) *(consecutief)* (zo)dat hij; *ihb. dignus, indignus, aptus, idoneus qui; sunt, inveniuntur, nemo est, quis est qui; nihil est quod e.a.;* ▸ *nemo tam humilis erat cui non aditus ad eum pateret* dat voor hem niet; *quis est qui dicere audeat; nihil est quod tam miseros faciat quam impietas et scelus; Campani maiora in defectione deliquerant quam quibus (= quam ut iis) ignosci posset;* (c) *(finaal)* opdat, om te; ▸ *missi sunt qui consulerent;* (d) *(causaal)* omdat, die immers; ▸ *recte Socrates exsecrari eum solebat qui primus utilitatem a iure seiunxisset; — versterkt quippe qui, ut(pote) qui* omdat hij immers, *praesertim qui of qui praesertim* vooral omdat hij; (e) *(concessief)* hoewel, die toch; ▸ *qui egentissimus fuisset, erat insolens;* (f) *(beperkend)* voor zover; ▸ *quod sciam* voor zover ik weet; *quod meminerim* voor zover ik me herinner; *meestal m. toegevoegd quidem: quem quidem nos audierimus* voor zover wij tenminste.

quī³, qua *(minder vaak* quae), quod *(neutr. plur.* qua, *soms* quae) *pron. indef. (meestal in bijzinnen, enclitisch verbonden m. een ander woord, vooral m. si, nisi, ne, num, quo, quanto, ubi, cum):* (a) *(adj.)* een of ander; ▸ *nisi qui deus subvenerit; quaeritur, num quod officium aliud alio maius sit (Cic.);* (b) *(subst.)* een of ander, iemand, iets *(meestal in plaats daarvan quis, quid);* ▸ *si qui rem neglegentius gessisset;/ arch. vormen: sg. gen.* quōius, *dat.* quoi, *abl.* quī, *plur. dat. en abl.* quīs *en* queīs.

quī⁴ *adv.*
1. *(interr.)* (a) hoe?, hoe dan?, waarom?; ▸ *qui fit ut* hoe komt het dat?; *qui potest esse in eiusmodi trunco sapientia? (Cic.);* (b) *(Plaut.)* voor hoeveel?, hoe duur?;
2. *(relat.)* waardoor, waarmee, waarvan; ▸ *habeo, qui utar* ik heb om van te gebruiken; *mihi dantur vehicla qui vehar; Aristides, qui efferretur, vix reliquit (Nep.)* liet nauwelijks genoeg geld voor zijn begrafenis na;
3. *(indef.)* op een of andere manier;
4. *(in verwensingen)* ach, . . . toch maar!; ▸ *qui istum di perdant.*

quia *(eig. acc. plur. n v. quis 'met betrekking waartoe?')*
1. omdat, aangezien; ▸ *quia enim* omdat toch;
2. het feit dat; ▸ *vitio vertunt* ~ *multa egeo* zij beschouwen het als een fout dat ik veel mis *(Cato);*
3. *(na verba v. waarnemen en [pre- en postklass.] andere)* dat; ▸ *nos pudet* ~ *cum catenis sumus (Plaut.); dixi* ~ *mustella comedit (Petr.);*
4. *(preklass.; poët.)* **quiane** soms omdat?

quia-nam *pron. interr. (preklass.; Verg.)* waarom?, om welke reden?

quia-ne *zie quia.*

quic-quam *zie quisquam.*

quic-que *zie quisque.*

quic-quid *zie quisquis.*

quī-cum *(qui¹) (arch.) = quocum, quacum, quibuscum.*

quī-cumque, quae-cumque, quod-cumque *pron. rel.*
1. *(subst. en adj.) (ook gesplitst)* wie ook maar, ieder die, welk(e) ook maar, *neutr.* wat ook maar, alles wat; ▸ *quācumque ratione en quocumque modo* op alle mogelijke manieren, in ieder geval; *quicumque seditiosi fuerunt; omnia quaecum-*

que loquimur al wat; *cuicumque nobili debiti honores* aan iedere prominente persoon; *quae me cumque vocant terrae* (*Verg.*); *hoc quodcumque vides* al wat je ziet; *quodcumque* ook *m. gen.*: *quodcumque est lucri* wat de winst dan ook moge zijn; *quodcumque militum contrahere poteritis*;
2. hoe dan ook, wat voor dan ook (= *qualiscumque*); ▸ *quicumque belli eventus fuisset.*

quī-cunque, quae-cunque, quod-cunque = *quicumque.*

quī-dam, quae-dam, quid-dam (*subst.*) *en* **quod-dam** (*adj.*)
1. een zekere, *subst. m en f* iemand, *n* iets, *plur.* enige(n), enkele(n); ▸ *quodam modo* in zekere zin; *quodam tempore* op een zeker moment; *quidam de collegis nostris; quidam ex advocatis; quiddam divinum* iets goddelijks; *ook m. gen.*: *quiddam mali*;
2. (*ter verzachting*) om zo te zeggen, een soort (van), ik zou haast zeggen, *vaak in comb. m. quasi, tamquam, velut(i)*; ▸ *incredibilis quaedam magnitudo ingenii; munere quodam necessitatis perfungimur*;
3. (*ter versterking*) helemaal, gewoonweg, werkelijk; ▸ *novum quoddam genus dicendi*;
4. (*Mel.*) een (*min of meer onbep. lidwoord*).

quidem *adv.*
1. (*benadrukkend, verzekerend*) zeker, ongetwijfeld, stellig, inderdaad; ▸ *unum ~ hercle certo promitto tibi; satura ~ tota nostra est*; — *vaak, ihb. bij pron., slechts weergeven door het betreffende pron. te benadrukken*: *his ~ verbis* met déze woorden; *id ~ etiam, quod saepius acciderat, terrebat*;
2. (*beperkend*) tenminste, althans, in ieder geval; ▸ *hoc ~ tempore*;
3. (*adversatief*) maar, echter, toch; ▸ *Pharnabazus habitus est imperator, re ~ vera praefuit Conon* (*Nep.*);
4. (*concessief*) ihb. **quidem . . . sed** weliswaar . . . maar; ▸ *plurima ~ proferre possum, sed modus adhibendus est* (*Nep.*);
5. (*verklarend*) namelijk, (en) wel; ▸ *si ~* als namelijk; *tres epistulae et ~ uno die*;
6. **nē . . . quidem** ook niet, zelfs niet, niet eens; ▸ *mendaci homini ne vera ~ dicenti credere solemus; ne in convivio quidem.*

quid-nī *adv.* (*ook gesplitst*) waarom niet? (*m. conj.*); ▸ *potes eum negare beate vivere? ~ possim?* (*Cic.*).

qui-dum *adv.* (*ook gesplitst*) (*Plaut.*) hoe komt het nou dat?, waarom nou?; *elliptisch*: hoe kom je daar nu bij?, hoezo?

quiēs, ētis *f*
1. rust, onderbreking, ontspanning; ▸ *quietem capere* rust nemen; *quieti se dare* zich rust gunnen; *quietem dare of praestare alci* iem. rust gunnen; *somnus et ceterae quietes* manieren om te ontspannen; *locus quietis et tranquillitatis plenus; tres horas exercitui ad quietem dare; ~ paucorum dierum*; (*m. gen.*) *~ senectutis* die de oude dag geeft; *~ laborum ac miseriarum* het uitrusten van, na; (*m. ab*) *a proeliis quietem habere; nulla ~ ab armis dabatur a bellicoso rege* (*Liv.*);
2. (*meton.*) rustplaats, slaapplaats; ▸ *intectae fronde quietes*;
3. slaap [**alta** diep]; ▸ *secundum of per quietem en in quiete* in de slaap; *quietem capere* slapen;
4. (*Tac.*) droom; ▸ *nox laetam Germanico quietem tulit*;
5. (*poët.*) tijd waarop men slaapt, nacht;
6. (*poët.*) eeuwige rust, doodsslaap;
7. (*poët.; postklass.*) het zwijgen;
8. vrede [**diuturna**]; ▸ *quietem Italiae referre*;
9. (*pol.*) (a) rustig, teruggetrokken leven *ver van de politiek*; ▸ *Attici ~ Caesari grata erat*; (b) neutraliteit;
10. (*poët.; postklass.*) gemoedsrust;
11. (*poët.; postklass.*) rust, stilte *in de natuur* [**ventorum**].

quiēscō, quiēscere, quiēvī, quiētum (*quies*)
1. rusten, uitrusten; ▸ *ipse dux revolat, ut ipse quoque quiescat* (*Cic.*); (*ook v. niet-lev.*) *ager multos annos quievit* heeft braak gelegen;
2. rustig liggen; ▸ *ramis dependet galea et prato gravia arma quiescunt* (*Verg.*); *molliter ossa quiescant*;
3. slapen;
4. zich rustig gedragen, rustig blijven *of* toekijken; ▸ *cum quiescunt probant*;
5. (*poët.*) verstommen, zwijgen, stil zijn; ▸ *iam quiescebant voces hominumque canumque* (*Ov.*);
6. (*retor.*) pauzeren, een rustpunt invoegen;
7. (*pol.*) (a) de vrede bewaren; neutraal blijven; ▸ *urbs illa non potest ~; quieverunt per paucos dies*; (b) zich uit de politiek terugtrekken [**in re publica**]; ▸ *in secessu quiescens* geen partij kiezend, neutraal;
8. tot rust komen, rust kennen; ▸ *numquamne quiescet civitas nostra a suppliciis?* (*Liv.*); *ut saltem in morte quiescam*; (*v. niet-lev.*) *postquam flamma quievit* toen het vuur uitgewoed was;
9. (*kom.*) onbezorgd, zorgeloos zijn;
10. (*pre- en postklass.*) laten rusten, ophouden

over, met *(m. acc.)* [**cetera; istam rem**];
11. *(v.d. natuur)* kalm zijn, zwijgen; ▸ *alta quierunt aequora; venti quiescunt;*
12. (Mel.) sterven;
/ *perfectumvormen soms sync.*: quiērunt, quiērant, quiēsse(m) *e.a.*
quiētus, a, um *(quiesco)*
1. rustig, kalm [**aequor; amnis** kalm stromend; **aër; aetas; portus**];
2. rustend, slapend; ▸ *eos -os nox habuerat* die nacht waren ze in diepe slaap gedompeld;
3. zich rustig houdend, werkeloos [**exercitus**];
4. vrij van oorlog *of* oproer, in vrede [**res publica; pars Galliae**]; ▸ *res a seditione et a bello -ae; a bello ut -a esset provincia (Liv.)*; — **quiēta,** ōrum *n* openbare rust, orde: *quieta movere* de openbare orde verstoren;
5. ongestoord, in alle rust; ▸ *-e vitam agere;*
6. *(pol.)* (**a**) neutraal; (**b**) teruggetrokken uit de *politiek*, stil [**vita**];
7. rustig, gelaten, kalm, vredig [**homo; vir; sermo; animus**]; ▸ *-e ferre alqd;*
8. behoedzaam; ▸ *quietus, ut res postulabat, aciem exornat;*
9. zonder energie, futloos, slap.
quiēvī *pf. v. quiesco.*
quiī *zie queo.*
quī-libet (-lubet), quae-libet, quid-libet *(subst.) en* **quod-libet** *(adj.) (ook gesplitst)* willekeurig ieder(e), ieder(e) mogelijk(e), de eerste de beste; ▸ *quilibet unus en unus quilibet* wie dan ook; *quibuslibet temporibus* te allen tijde; *certo genere, non quolibet; apud maiores nostros adhibebatur peritus, nunc quilibet (Cic.)*; — *subst.* **quidlibet** *n (Hor.)* van alles en nog wat.
quīn (< * qui-ne 'waarom niet?')
I. *adv. in hoofdzinnen*
1. waarom niet? *(ter aand. v.e. bevel of aansporing)*; ▸ *(m. indic.) quin proficiscimur?* waarom vertrekken we niet? = laten we toch vertrekken!; *(m. imp.) quin age of quin agite* vooruit!; *quin sic attendite* let toch op!;
2. ja echt, werkelijk, zelfs, *meestal quin etiam, quin immo, ook quin contra, quin potius, quin et*; ▸ *multum scribo* die, *quin etiam noctibus; his miraculis numquam elusa fides est, quin potius aucta arte quadam;*
II. *cj. m. conj.*
1. dat, of, (om) te *na ontkennende hoofdzinnen m. verba die twijfel, verhindering, weigering, verzuim e.d. uitdrukken*; ▸ *non dubitari debet quin fuerint ante Homerum poëtae* er bestaat geen twijfel dat; *non multum afuit quin urbs caperetur* het scheelde weinig of; *facere non possum (of fieri non potest) quin cottidie ad te mittam litteras (Cic.)* het is noodzakelijk dat ik, ik moet beslist; *milites aegre sunt retenti quin oppidum irrumperent (Caes.)*; *retineri non possum quin of mihi non tempero quin* ik laat me er niet van weerhouden, ik kan het niet laten om te; *nihil praetermitto, intermitto quin* ik laat niets onbenut, ik doe er alles aan om;
2. *consecutief (ipv. ut non)* (zo)dat niet, zonder dat, zonder te, *na ontkennende hoofdzin*; ▸ *numquam tam male est Siculis quin aliquid facete et commode dicant; nihil tam difficile est quin quaerendo investigari possit (Ter.); nullus dies fuit quin solem viderint;*
3. *ipv. de nom. qui non, quae non, quod non* die, dat niet, *ihb. na nemo est, nihil est, quis est, quid est*; ▸ *nemo est quin sciat* er is niemand die niet weet = iedereen weet; *nihil est quin male narrando possit depravari; quis est quin cernat, quanta vis sit in sensibus (Cic.)*;
4. **nōn quīn** niet alsof niet, niet omdat niet, *vaak gevolgd door sed, sed quia e.d.*; ▸ *non eo haec dico, quin quae tu vis ego velim (Plaut.)* niet daarom zeg ik dit, omdat ik niet zou willen wat jij wil.
quī-nam, quae-nam, quod-nam *pron. interr.* wie, wat dan wel?, wat voor iem., iets dan wel? *(in dir. en afh. vr.)*; ▸ *quonam igitur haec modo gesta sunt? (Cic.).*
quīnārius *(quini)*
I. *adj.* a, um (elk) vijf bevattend;
II. *subst.* ī *m (vul aan: nummus)* een halve denarius.
quīna-vīcēnārius, a, um *(quini en vicenarius) (ook gesplitst) (Plaut.) -a (lex) wet die het sluiten v. contracten verbood voor mensen onder de 25 jaar.*
Quīnctiliānus, Quīnctīlis *zie Quint-.*
Quīnctius, a, um *naam v.e. patric. Rom. gens:*
1. *zie Cincinnatus;*
2. T. ~ Flāminīnus, *consul in 198 v. Chr., die Philippus V v. Macedonië in 197 v. Chr. versloeg in de slag v. Cynoscephalae in Thessalië;*
/ *adj.* **Quīnctiānus,** a, um.
quīncūnciālis, e *(quincunx) (Plin. Mai.)*
1. 5/12 van een voet lang *of* hoog [**herba**];
2. kruiselings [**ratio ordinum** kruiselingse opstelling].
quīnc-ūnx, ūncis *m (quinque en uncia) vijf twaalfden v.e. geheel dat bestaat uit twaalf delen, o.a.:*
1. *(als munt)* vijf unciae (5/12 van een as);

2. (*Mart.*) (*als inhoudsmaat voor vloeistof*) 5/12 van een sextarius = 0,225 l;
3. (*Plin. Min.*) 5/12 van een erfenis;
4. (a) *de vijf ogen op een dobbelsteen*; (b) (*metaf.*) kruiselingse opstelling (∵) *van gewassen, palen, troepen*; ▸ *in quincuncem* in kruiselingse rijen, in de vorm v.e. schaakbord.

quīndeciē(n)s *adv.* (*quindecim*) vijftienmaal.

quīn-decim *indecl.* (*quinque*[1] *en decem*) *indecl.* vijftien.

quīndecimvirālis, e (*quindecimviri*) (*Tac.*) de vijftienmannen betreffend, v.d. vijftienmannen [**sacerdotium**].

quīndecim-virī, ōrum *en* um *m, zelden sg.* **quīndecim-vir,** virī (*ook gesplitst*) (*postklass.*) de vijftienmannen, *college v. 15 priesters, die toezicht houden op de sibillijnse boeken.*

quīngēnārius, a, um (*quingeni*) (*postklass.*) van elk vijfhonderd: (a) van 500 man [**cohortes**]; (b) van 500 pond [**thorax**]; (c) van 500 asses [**poena**].

quīngēnī, ae, a (*quingenti*) telkens, elk vijfhonderd.

quīngentēsimus, a, um (*quingenti*) vijfhonderdst; ▸ *-o anno rei publicae.*

quīn-gentī, ae, a (*afk.* D) (*quinque*[1] *en centum*) vijfhonderd; (*poët.*) *voor een onbepaald groot aantal, zoals* honderden.

quīngentiē(n)s *adv.* (*quingenti*) (*postklass.*) vijfhonderdmaal; *ihb.* (*vul aan: sestertium*) 50 miljoen sestertiën.

quīnī, ae, a (*gen. plur. gew.* quīnum) (*quinque*[1])
1. telkens, elk vijf; ▸ *quini deni* telkens 15; *quini viceni* telkens 25; *quini quinquageni* telkens 55;
2. (*Verg.*) vijf; ▸ *-a redibant armenta.*

quīnquāgēnārius, a, um (*quinquageni*) uit vijftig bestaand, vijftig bevattend.

quīnquāgēnī, ae, a (*gen. gew.* quinquagenum) (*quinquaginta*)
1. telkens, elk vijftig;
2. vijftig.

quīnquāgēsiē(n)s *adv.* (*quinquaginta*) (*Plaut.*) vijftigmaal.

quīnquāgēsimus, a, um (*quinquaginta*) vijftigst; ▸ *-o anno imperium cepit* (*Suet.*); — *subst.* **-a,** ae *f* (*vul aan: pars*) een vijftigste, (*als belasting*) het vijftigste deel.

quīnquāgiē(n)s *adv.* (*quinquaginta*) (*postklass.*) vijftigmaal.

quīnquāgintā *indecl.* (*afk.* L) vijftig.

quīnquātrūs, uum *f en* (*postklass.*) **quīnquātria,** ium *n* (*quinque*[1]) *feest ter ere v. Minerva:*
1. maiores, *het grote feest, van de artifices* (*dwz. handwerkslieden, artsen en leraren*), *van 19 tot 23 maart;*
2. minores, *het kleine feest, van de tibicines, op 13 juni.*

quīnque[1] *indecl.* vijf; (*poët.*) een paar.

quīnque[2] (*Plaut.*) = *et quin.*

quīnque-folius, a, um (*folium*) met vijf blaadjes.

quīnque-mēstris, e (*mensis*) (*pre- en postklass.*) vijf maanden oud [**agni**].

quīnqu-ennālis[1], e (*quinquennis*) vijfjarig:
1. elk vijfde jaar plaatsvindend, gevierd [**celebritas ludorum; certamen**];
2. vijf jaar durend, zich uitstrekkend over een periode v. vijf jaar [**censura**].

quīnqu-ennālis[2], is *m* elk vijfde jaar benoemde *magistraat in plaatsen buiten Rome.*

quīnqu-ennis, e (*quinque*[1] *en annus*) (*poët.; postklass.*) vijfjarig:
1. vijf jaar oud [**vinum; filia**];
2. elk vijfde jaar plaatsvindend, gevierd [**Olympias** om de vier jaar plaatsvindend].

quīnquennium, ī *n* (*quinquennis*) periode v. vijf jaar, vijf jaar; ▸ *-i imperium* voor vijf jaar verkregen opperbevel.

quīnque-pedal, ālis *n* (*pes*) (*Mart.*) meetlat v. vijf voet.

quīnque-pertītus, a, um (*partior*) in vijven verdeeld [**argumentatio**]; — *adv.* **-ō.**

quīnque-rēmis (*remus*)
I. *adj.* e met vijf roeiers per positie (*op een, twee of drie niveaus*) [**navis**];
II. *subst.* is *f* (*abl. sg.* -ī) (*vul aan: navis*) 'vijf' (*een schip geroeid met vijf roeiers per positie*).

quīnquevirātus, ūs *m* (*quinqueviri*) ambt v. vijfman.

quīnque-virī, ōrum *m* vijfmannen (*een college v. vijf mannen, dat door de staat met een speciale opdracht was belast, vaak geschreven als Vviri*) [**Pomptino agro dividendo; mensarii** voor het reguleren v. schulden]; — *zelden sg.* **quīnque-vir,** virī lid v.h. college v. vijfmannen.

quīnquiē(n)s *adv.* (*quinque*[1]) vijfmaal.

quīnqui-plex, *gen.* plicis (*quinque*[1]; *vgl. duplex*) (*Mart.*) vijfvoudig [**cera** wastafeltje dat uit vijf delen bestaat].

quīnqui-plicō, plicāre (*quinque*[1]) (*Tac.*) vervijfvoudigen.

quīntadecimānī *en* **-decumānī,** ōrum *m* (*quintusdecimus; vul aan: legio*) (*Tac.*) soldaten v.h. 15e legioen.

quīntāna, ae *f (quintus)* dwarsweg in een Rom. *legerkamp tussen de 5e en 6e manipel, waar de markt gehouden wordt; (Suet.) (metaf.)* marktplaats.

quīntānus, a, um *(quintus)* tot de *of* het vijfde behorend; — *subst.* ī *m* soldaat v.h. vijfde legioen.

Quīntiliānus, a, um *Rom. cogn.:* M. Fabius ~ *(ca. 35—100 n. Chr.), redenaar te Rome, schrijver v. 'De institutione oratoria' in 12 boeken.*

Quīntīlis *(quintus)*
I. *adj.* e tot de vijfde maand (juli) horend;
II. *subst.* is *m (abl. sg. -i) (vul aan: mensis)* juli, *volgens de oude kalender de vijfde maand (vanaf maart gerekend); vanaf 45 v. Chr. (een jaar na Caesars kalenderherziening) ter ere v. Caesar Iulius genoemd.*

Quīntius, a, um = *Quinctius.*

quīntus, a, um *(quinque[1])* de vijfde [**pars** een vijfde (deel)]; ▸ *-o quōque anno* ieder vijfde jaar, om de vier jaar; — *adv.* **quīntum** *en* **quīntō** voor de vijfde keer; — *als voornaam* **Quīntus,** ī *m (afk. Q.) en* **Quīnta,** ae *f.*

quīntus-decimus, a, um vijftiende.

quippe *adv.*
1. immers, natuurlijk, zeker, stellig *(vaak ironisch);*
2. *quippe qui* die immers, omdat hij toch *(meestal m. conj.); evenzo: quippe ubi* omdat daar, *quippe cum e.a.;*
3. *(als uitleg v.e. woord of zin)* want, namelijk; ▸ *edictum lene fuit: ~ relegatus, non exul dicor (Ov.).*

quippinī *adv. (quippe en ni = ne[2])* waarom niet?, natuurlijk.

Quirīnālis, e *(Quirinus)* van Quirinus *of* Romulus *of* aan Quirinus gewijd [**collis** Quirinaal *(heuvel ten N.O. v.h. Capitool);* **lituus; trabea**]; — *subst.* **Quirīnālia,** ium *n feest ter ere v. Romulus (17 februari).*

Quirīnus
I. *subst.* ī *m*
1. *Oudrom. oorlogsgod, oorspr. samen met Jupiter en Mars het hoogste Rom. godendrietal vormend; later de vergoddelijkte Romulus, de myth. stichter v. Rome die op de Quirinaal vereerd werd;*
2. *als bijnaam:* (a) *van Romulus na zijn vergoddelijking;* (b) *van Janus;*
II. *adj.* a, um *(poët.)* van Quirinus *of* Romulus [**collis; tribus**]; — **Quirīna,** ae *f = tribus Quirina.*

Quirīs, ītis *m, meestal plur.* **Quirītēs** *zie daar.*

quirītātiō, ōnis *f en (postklass.)* **quirītātus,** ūs *m (quirito)* roep om hulp.

Quirītēs, ium *en* um *m, zelden sg.* **Quirīs,** ītis
1. Quiriten: (a) Romeinse burgers, Romeinen (= *cives Romani), ihb. populus Romanus Quiritesque of populus Romanus Quiritium als officiële aand. v. Rom. burgers in vredestijd; burgers onder de wapenen heetten Romani; voor soldaten had de benaming Quirites een neerbuigende connotatie, in de zin van* burgerman; ▸ *ius Quiritium* volledig Romeins burgerrecht; (b) *(Verg.) bewoners v.d. Sab. stad Cures;*
2. *(Verg.) (metaf.)* bijen.

quiritō, quirītāre
I. *intr.* in het openbaar protesteren, om hulp roepen; ▸ *nequiquam quiritantibus sociis;*
II. *tr.* protesteren over *(m. acc.).*

quis[1], quid *pron. interr.*
1. *alg.* wie?, wat? *(subst.);* welk(e)?, wat voor een? *(adj., zelden, alleen in sg. m en n) (in dir. en afh. vr.);* ▸ — *(dir. vr.) quis tu?* wie is daar?; *quid tu (vul aan: dicis)?* wat bedoel je?; *quid tibi vis?* wat wil je?; *quid est tibi nomen?* hoe heet je?; *quis videor?* wat voor indruk maak ik op je?; *(m. gen.) quis hominum* wie v.d. mensen?; *quid hoc rei est?* wat heeft dat te betekenen?; *quid negotii est?* wat is er aan de hand?; *quid tibi animi est?* hoe is het met je gesteld?; *quid est civitas?; quid est Sicilia si?;* — *(afh. vr.) quis sim, ex eo, quem ad te misi, cognosces (Sall.); rogitat, quis vir esset; nec noram quid amans esset (Ov.);*
2. bijzonderheden mbt.: (a) *quid (m. gen.)* wat aan?, hoeveel?; ▸ *quid hominum?; quid rerum?;* (b) *quid est quod? (m. conj.)* wat is de reden dat?; (c) *elliptisch, als uiting v. verwondering of verontwaardiging, of als overgang* wat?, wat verder?, en dan?; ▸ *quid deinde?; quid tum?; quid postea?; quid vero?; quid si* wat moet men zeggen als; *quid enim?* wat is namelijk het geval? *(in een bewijsvoering); quid ergo, igitur?* hoe dus?, wat nu?; (d) *adv. gebruikt* waarom?, waartoe?; ▸ *quid taces?; quid plura dicam?; quid multa, plura* om kort te gaan; *quid ni?* waarom niet?; *quid ita?* waarom zo?

quis[2], quid *pron. indef. (neutr. plur. qua, zelden quae)* iemand, een of ander(e), iets, *meestal subst., na si, nisi, ne, num ook adj. (= quī, qua [minder vaak quae], quod);* ▸ *(subst.) si quid accidat* als er iets gebeurt; *timui ne quis de mea fide dubitaret; (m. gen.) si quid in me est ingenii; (adj.) si quis est sensus in morte, sive natura sive quis deus; si qua tibi venerit hereditas.*

quīs[3] = quibus.

quis-nam, quid-nam *(ook gesplitst)*
1. *(interr.)* wie dan?, wat dan? *(in dir. en afh. vr.)*; ▸ *quisnam igitur tuebitur P. Scipionis memoriam mortui? (Cic.); quaerere incipimus quisnam esset Verrucius (Cic.)*;
2. **quidnam** (a) *adv.* gebruikt waarom toch; ▸ *quidnam ora maestra avertis?*; (b) *(plur.)* als uitroep wat . . . toch!; ▸ *heu quaenam aspicio!*

quis-piam, quae-piam, quid-piam (quippiam) *(subst.)* en **quod-piam** *(adj.) pron. indef.* iemand, een of ander(e), iets; *(postklass.)* een zeker(e); ▸ *quispiam deus; quaepiam cohors*; — *adv.* **quidpiam** *en* **quippiam** een beetje, enigszins.

quis-quam, (quae-quam), quid-quam *of* **quic-quam** *(ullus neemt de plaats in v.d. plur. en meestal ook v.d. fem. vormen) pron. indef., meestal subst., in ontkennende zinnen of in zinnen m. ontkennende strekking* (willekeurig, zomaar) iemand, (willekeurig, zomaar) iets; een of ander(e); ▸ *iustitia numquam nocet cuiquam qui eam habet; estne quisquam qui?; vix quisquam hoc credat; homo quisquam (Cic.); nec quisquam* en niemand; *nec quisquam unus* en helemaal niemand; *quisquam unus* de eerste de beste; *nihil quicquam* helemaal niets; *vaak in retor. vragen, ihb. wedervragen m. an: an quisquam ignorat?; m. gen.: vestrum quisquam.*

quis-que, quae-que, quid-que *(zelden* **quicque**) *(subst.)* en **quod-que** *(adj.)*
1. *pron. indef.* ieder, elk; ▸ *latrones cuiusque generis*; — *meestal encl. in postpositie bij een benadrukt woord (rangtelwoord, superl., pron. refl., pron. rel. of afh. vraagwoord), bv.*: (a) *bij rangtelwoorden*: ▸ *primo quoque tempore* zo spoedig mogelijk; *prima quaque occasione* bij de eerste de beste gelegenheid, hoe eerder hoe beter; *primus quisque* de allereerste, ook de een na de ander; *tertio quoque verbo* om het andere woord; *tertio quoque die* om de dag; *quinto quoque anno* om de vier jaar; (b) *bij superl. sg., bij neutr. meestal plur.*: ▸ *optimus quisque* de allerbesten; *ex variis ingeniis excellentissima quaeque libavimus*; (c) *bij pron. refl.*: ▸ *pro se quisque* ieder voor zich *of* naar vermogen; *suae quisque fortunae faber est; suum cuique*; (d) *bij pron. rel., afh. vraagwoorden, e.d.*: ▸ *videndum est, quid quisque sentiat; ut quisque fortunā utitur ita praecellet* naarmate . . . des te (meer);
2. *(kom.) pron. rel.* = *quisquis of quicumque*: ▸ *quisque obviam occesserit, vapulabit (Plaut.)*.

quisquiliae, ārum *f en* **quisquilia,** ōrum *n*
1. *(pre- en postklass.)* afval, vuilnis;
2. *(metaf.)* uitschot, tuig, gepeupel [**seditionis Clodianae**].

quis-quis, quid-quid *of* **quic-quid** *(subst., soms ook adj.)* en **quod-quod** *(adj.)*
I. *subst.* (a) wie ook, iedereen die, wat ook, al wat *(bijna altijd m. indic.)*; ▸ *quidquid ortum est, aliquando intereat necesse est; quisquis ille est* wie hij dan ook is; *(m. gen.) deorum quidquid regit terras (Hor.)* alle goden die; *quidquid maleficii erit*; — *adv.* **quidquid** hoe verder, hoe meer: *quidquid progredior*; (b) eenieder *(= quisque)*;
II. *adj.* welke ook, wat ook, de eerste de beste; ▸ *quoquo modo* in ieder geval, hoe dan ook.

quitum *ppp. v. queo.*

quīvī *p.p. v. queo.*

quī-vīs, quae-vīs, quid-vīs *(subst.)* en **quod-vīs** *(adj.) pron. indef.* wie of welke je maar wilt, wie of wat dan ook, iedereen; ▸ *quivis unus* de eerste de beste.

quīvīs-cumque, quaevīs-cumque, quodvīs-cumque *(poët.)* wie of wat dan ook, iedereen.

quō[1] *(qui*[1]*) adv. v. richting*
1. *(interr.)* (a) *(dir.)* waar naartoe?, waarheen?; ▸ *quo proficiscar?; (m. gen.) quo terrarum?; quo gentium?*; — *afh.*: *ad partem provinciae venturum, quo te velle arbitrarer*; (b) tot welk punt?, tot welke graad?, *ihb. elliptisch (m. gen.)*; ▸ *nescitis, quo amentiae progressi sitis*; (c) waartoe? *(ihb. m. acc. of inf.)*; ▸ *quo tantam pecuniam?; quo mihi fortunam, si non conceditur uti? (Hor.)*;
2. *(relat.)* (a) waarheen, waar naartoe; ▸ *omnes quo (= ad quos) se contulit*; (b) *(in relat. aansluiting)* daarheen, daar; ▸ *quo cum venisset*;
3. *(indef.)* (a) ergens heen, ergens naartoe; ▸ *Romam aliove quo ire; si quo erat prodeundum*; (b) op een of andere manier; ▸ *si quo usui esse posset.*

quō[2] *(abl. sg. v. quod, zie qui*[1]*)*
1. (a) waardoor, op grond waarvan; ▸ *id quo vulgus in consules incitatur*; (b) *(in relat. aansluiting)* daardoor, daarom; ▸ *quo factum est ut* daardoor gebeurde het dat, zo kwam het dat;
2. *(m. conj.)* opdat daardoor *(= ut eo)*; ▸ *rationem consilii mei accipite quo firmo animo ad proelium prodeatis*;
3. *(m. comp.)* (a) (voor) hoeveel; ▸ *quo minus*; — *ihb.* **quō . . . eō** *(of* **hōc**) hoe . . . des te: *quo maior, eo melior*; (b) *(in relat. aansluiting)* (en) des te; ▸ *invitus peccavi; quo leviorem poenam merui*;
4. *(m. conj.)* opdat des te *(= ut eo)*; ▸ *quo facilius intellegi possit*;

5. **nōn quō** niet alsof, niet omdat; ▸ *non quo te esse impudicam crederem (Plaut.).*

quo-ad

I. *adv.*

1. *(v. plaats)* (tot) hoever; ▸ *videte nunc ~ fecerit iter (Cic.);*

2. *(metaf.)* in zoverre, voorzover; ▸ *~ vires valent; ~ cognosci possunt;*

3. *(v. tijd) (kom.)* (a) wanneer?; ▸ *senem quoad exspectatis vostrum? (Ter.);* (b) *(relat.)* tot wanneer; ▸ *dies ~ referret* de termijn waarbinnen hij het zou terugbrengen;

II. *cj.*

1. zo lang (als) *(m. indic.)*; ▸ *~ vixit, laude crevit (Nep.);*

2. totdat *(m. indic. of conj.)*; ▸ *~ senatus dimissus est; ~ te videam.*

quo-ad-ūsque *cj. (eccl.)* totdat.

quō-circā *adv. (ook gesplitst)* daarom, dientengevolge.

quō-cumque *adv. (ook gesplitst)* waarheen ook, waarheen maar, ook *(zonder verbum)* naar alle kanten; ▸ *~ aspicio, nihil est, nisi pontus et aër (Ov.); ~ ieram, eodem revertebar (Petr.); nunc eam rationem, quo ea me cumque ducet, sequar (Cic.); quo nos cumque feret fortuna, ibimus (Hor.).*

quod[1] *(oorspr. nom. resp. acc. sg. n v. qui*[1]*)*

I. *adv.*

1. in zoverre, voorzover; ▸ *quod potero, adiutabo senem;*

2. op grond waarvan, waarom; ▸ *hoc est quod ad vos venio (Plaut.); ihb. est, habeo (nihil est, non est, nihil habeo) quod (m. conj.)* er is (geen) reden (om) te: *nihil habeo quod accusem senectutem;*

3. *(in relat. aansluiting)* daarom, op grond daarvan; ▸ *quod te per superos oro;*

4. *(in comb. m. een cj.)* dus, nu, *ihb.: quod sī* als dus, als nu, maar als; *quod nisī* en *quod nī, quod cum, quod ubi, quod utinam e.a.;*

II. *cj.*

1. *(causaal)* omdat, *m. indic. bij feitelijke oorzaak, m. conj. bij veronderstelde oorzaak en bij nōn quod* niet dat, niet omdat; ▸ *T. Manlius Torquatus bello Gallico filium suum, quod is contra imperium in hostem pugnaverat, necari iussit (Sall.); consilium tuum non reprehendo, non quod id probem, sed quod minor natu sum;*

2. *(uitleggend en toelichtend)* (a) dat, het feit dat, de omstandigheid dat; ▸ *me ipse consolor illo solacio, quod culpā careo; bene facis, quod me adiuvas; ihb.: accedit quod* daar komt nog bij dat; *nisi quod* behalve dat; *praeterquam quod* afgezien van het feit dat; (b) wat betreft het feit dat; ▸ *quod me Agamemnonem aemulari putas, falleris (Nep.);* (c) *(bij verba die emoties aanduiden en verba v. prijzen en verwijten)* over het feit dat, omdat; ▸ *gaudeo, quod ades;*

3. *(arch.; postklass.) (na verba v. zeggen en waarnemen)* dat; ▸ *scio iam filius quod amet meretricem (Plaut.);*

4. *(v. tijd)* sinds, dat; ▸ *tertius dies est, quod; diu est, quod;*

5. *quod sciam* voor zover ik weet.

quod[2] *zie qui*[2].

quōdam-modo *adv.* tot op zekere hoogte, enigszins.

quod-nisi *en* **quod-nī** maar als niet, als nu niet.

quod-sī als nu, maar indien.

quoi͡ *arch. voor cui (v. qui*[1]*).*

quoiās *(arch.) = cuias.*

quoius, a, um *(arch.) = cuius.*

quoi͡vīs *(arch.) = cuivis (dat. v. quivis, zie daar).*

quō-libet *adv. (poët.; postklass.)* waarheen ook maar, overal heen; ▸ *ex his me iubeat ~ ire locis (Ov.).*

quom = *cum*[2].

quō-minus *cj. m. conj. (ook gesplitst)*

1. (zo)dat niet, (op)dat niet; ▸ *naves vento tenebantur ~ in portum venire possent; per Afranium stare ~ dimicaretur;*

2. *(na verba v. voorkomen, verhinderen, weerhouden, afschrikken, weigeren e.d.)* dat, (om) te; ▸ *non deterret sapientem mors ~ in omne tempus rei publicae suisque consulat.*

quō-modo *adv.*

1. *(interr.)* op welke manier?, hoe? *(dir. en afh.)*;

2. *(in uitroepen)* hoe!, wat!; ▸ *~ mortem filii tulit (Cic.);*

3. *(relat.)* (a) zoals, op de manier waarop; (b) *(in relat. aansluiting)* zo, op die manier;

4. *(indef.)* op de een of andere manier.

quōmodo-cumque *adv.*

1. *(relat.)* hoe . . . dan ook;

2. *(indef.) (postklass.)* op een of andere manier.

quōmodo-nam *adv. (interr.)* hoe dan?

quō-nam *adv. (interr.)* waarheen dan?, waar naartoe dan?; waartoe toch?

quon-dam *adv. (< quom)*

1. in het verleden, eens, ooit; ▸ *honores ~ rari, nunc effusi (Nep.); oppidum Himeram Carthaginienses ~ ceperant (Cic.);*

2. *(poët.)* soms, bij tijd en wijle; *ihb. in vergelijkingen.: ut ~, ceu ~ ;*

3. *(poët.)* in de toekomst, ooit, een keer.

quon-iam *cj.* (< *quom*)
1. (*v. tijd*) zodra, toen, nu;
2. (*causaal*) aangezien, gezien het feit dat, omdat;
3. (*Laatl.*) (*na verba v. zeggen en denken*) dat; ▸ *negat quoniam Iesus non est Christus* hij ontkent dat Jezus Christus is (*Vulg.*).

quō-piam *adv.* (*quispiam*) (*kom.*) ergens heen.

quō-quam *adv.* (*quisquam*) ergens heen.

quoque *adv.* (*achter, niet-klass. ook voor het benadrukte woord*) (**a**) net zo, eveneens, ook; (**b**) tevens, verder, ook; ▸ *ne . . . quoque* zelfs niet (= *ne . . . quidem*); *nunc* ~ zelfs nu; *tum* ~ zelfs toen; *primus* ~ de allereerste; *sic* ~ zo ook, evenzo; *nimium* ~ maar al te zeer; *non solum (modo) . . . sed (verum) quoque; quoque etiam; etiam quoque.*

quōque-versus = *quoquoversus.*

quō-quō *adv.* (*quisquis*) waarheen ook.

quōquō-versus *en* **-versum** (*arch.* **-vorsus, -vorsum**) *adv.* naar alle kanten, overal heen.

quōr (*arch.*) = *cur.*

quōrsum *en* **quōrsus** *adv.*
1. waarheen?; ▸ ~ *abeunt?*; ~ *haec pertinent?* waar doelt dit op?; ~ *haec spectat oratio?*; ~ *recidat responsum tuum, non laboro* (*Cic.*) hoe uw antwoord ook uitvalt;
2. waartoe?, met wat voor zin?, met het oog waarop?; ▸ ~ *igitur haec disputo?*; ~ *haec?*; ~ *est opus?*;
3. (*relat.*) in de richting waarin (*Plaut.*).

quot *indecl.* (*adj., zelden subst.*)
1. (*interr.*) hoeveel?; ▸ *quot calamitates?*;
2. (*relat.*) zoveel als; *meestal corresponderend m. tot of totidem*; ▸ ~ *homines, tot sententiae*; ~ *dies erimus in Tusculano, agamus haec* (*Cic.*);
3. (*elliptisch*) elk, *in comb. m. mensibus, calendis, diebus en dies* elke (eerste v.d.) maand, dag.

quot-annīs *adv.* (*annus*) (*ook gesplitst*) jaarlijks, ieder jaar.

quot-calendīs *zie quot 3.*

quot-cumque *indecl.* (*relat.*) hoeveel ook.

quotēnī, ae, a (*quot*) hoeveel elk?

quotīd- = *cottid-.*

quotiē(n)s *adv.* (*quot*)
1. (*interr.*) hoe vaak?, hoeveel keer? (*ook in verwonderde uitroepen*);
2. (*relat.*) zo vaak als; *ihb. corresponderend m. totie(n)s*; ▸ ~ *dicimus, totiens de nobis iudicatur* (*Cic.*).

quotiē(n)s-cumque *adv.* zo vaak als, telkens wanneer.

quot-kalendīs = *quot-calendis.*

quot-quot *indecl.* hoeveel ook maar.

quotumus, a, um (*quotus*) (*Plaut.*) hoeveelste?

quotus, a, um (*quot*) hoeveelste?; ▸ *hora -a est* hoe laat is het?; *-ā* (*vul aan: horā*) hoe laat?; ~ *esse velis, rescribe* met hoeveel mensen je wilt komen; — **quotus quisque** hoe weinig (*in uitroepen; klass. alleen in nom. sg.*); ▸ *quota quaeque domus usque ad exitum omnibus partibus suis constitit?* (*Sen.*); *quotus quisque reliquus* (hoe weinig waren er nog over) *qui rem publicam vidisset?* (*Tac.*); *quotus quisque est of invenitur qui* (*m. conj.*) hoe weinig zijn er die?

quotus-cumque, quota-cumque, quotum-cumque (*Tib.; postklass.*) de of het hoeveelste ook, hoe groot of hoe klein ook [**pars**].

quo-ūsque *adv.* (*ook gesplitst*)
1. (*postklass.*) (*v. plaats*) hoe ver?, tot waar?;
2. (*v. tijd*) hoe lang (nog)?, tot wanneer?; ▸ ~ *tandem abutere, Catilina, patientiā nostrā?* (*Cic.*); *quae* ~ *tandem patiemini?* (*Sall.*).

quō-vīs *adv.* (*quivis*) (*kom.*) waarheen ook maar, overal heen.

qūr (*arch.*) = *cur.*

quum = *cum*^{2}.

R

R. *(afk.)*
1. = *Romanus;* **S. P. Q. R.** = *senatus populusque Romanus;*
2. = *Rufus (cogn.);*
3. **R. P.** = *res publica.*

rabidus, a, um *(rabies)*
1. dol, wild [**canes; ferae**]; ▸ *-e omnia appetere;*
2. *(metaf., v. niet-lev.)* (a) *(poët.; postklass.)* razend, onstuimig, woedend [**fames; sitis; lingua; mores**]; (b) *(poët.)* razernij uitstralend [**ōs**].

rabiēs, *acc.* em, *abl.* ē *f*
1. *(poët.; postklass.)* dolheid *van dieren* [**canum**]; *ihb.* hondsdolheid, rabies;
2. waanzin;
3. woede, razernij, dolle drift, onstuimigheid, bandeloosheid, bezetenheid [**Latinorum; hostilis; civica** van de burgeroorlog; **gentis; animi**]; ▸ *arma rapere furore et rabie; Archilochum proprio ~ armavit iambo* woede, lust tot spotten *(Hor.);*
4. *(metaf., v. niet-lev.)* het razen, heftigheid, razernij, onstuimigheid [**caeli marisque; ventorum; ventris** razende honger; **pelagi**];
5. *(poët.)* vervoering; ▸ *rabie corda tument (v.d. sibille).*

rabiō, rabere, — — *(rabies) (pre- en postklass.)* razen, woeden, (honds)dol zijn.

rabiōsulus, a, um *(demin. v. rabiosus)* een beetje dwaas [**fatuae litterae**].

rabiōsus, a, um *(rabies)* dol, woedend, razend, bezeten [**canis; vox**].

Rabīrius, a, um *naam v.e. Rom. gens:*
1. C. ~, *Rom. ridder die in 63 v. Chr. door Cicero met succes verdedigd is tegen de aanklacht v. deelname aan de moord op Saturninus; — adj.* **Rabīriānus,** a, um [**domus**];
2. C. ~ Postumus, *neef en adoptiefzoon van 1., in 54 v. Chr. door Cicero verdedigd;*
3. C. ~, *episch dichter, tijdgenoot v. Vergilius.*

rabō, ōnis *m (Plaut.) (scherts.)* = *arrabo.*

rabula, ae *m* praatjesmaker, braller.

racēmi-fer, fera, ferum *(racemus en fero) (Ov.)*
1. bessen dragend [**uvae**];
2. met druiven bekranst [**Bacchus; capilli**].

racēmōsus, a, um *(racemus) (Plin. Mai.)* vol bessen *of* druiven.

racēmus, ī *m (poët.; postklass.)*
1. vertakte steel v.e. druiventros;
2. bes, *ihb.* (wijn)druif;
3. *(meton.) (Ov.)* wijn.

Racilius, a, um *naam v.e. Rom. gens:*
1. L. ~, *volkstribuun ttv. Cicero;*
2. **Racilia,** ae *f echtgenote v.d. dictator* L. Q. *Cincinnatus.*

radiātus, a, um *(radius)*
1. van stralen voorzien, stralend [**sol; orbis flammeus solis; lumina; corona** stralenkrans; **caput** met een stralenkrans];
2. voorzien v. spaken [**rota**].

rādīcēscō, rādīcēscere, — — *(radix) (Sen.)* wortel schieten.

rādīcitus *adv. (radix)*
1. *(niet-klass.)* met wortel en al;
2. *(metaf.)* door en door, helemaal, volledig; ▸ *religionem ex animis hominum ~ extrahere.*

rādīcor, rādīcārī *en (Laatl.)* **rādīcō,** rādīcāre *(radix)* wortel schieten.

rādīcula, ae *f (demin. v. radix)* worteltje.

radiō, radiāre *en* **radior,** radiārī *(radius) (poët.; postklass.)* stralen, glanzen; ▸ *miles radiabat in armis (Prop.); templa auro radiantur (Tac.); luna radians; — subst.* **radiāns,** antis *m* zon.

radiolus, ī *m (demin. v. radius) (postklass.)* straaltje; staafje; *ook* = *radius.*

radiōsus, a, um *(radius) (Plaut.)* stralend [**sol**].

radius, ī *m*
1. staf, stok;
2. *(poët.; postklass.)* spaak;
3. tekenstift *van de mathematici;* ▸ *descripsit -o gentibus orbem;*
4. *(poët.)* weversspoel;
5. *(Verg.)* langwerpige olijf;
6. *(metaf.)* halve diameter v.e. cirkel, straal;
7. (licht)straal [**solis; lunae**]; ▸ *aurati -i* stralenkrans; *-i matutini* zonnestralen in de morgen.

rādīx, īcis *f*
1. wortel [**arboris**]; ▸ *herbas radice revellere; ab radicibus eruere segetem* met wortel en al; *radices agere* wortel schieten *(ook metaf.); vera gloria radices agit; Pompeius, vir eo robore, iis radicibus;*
2. *(poët.)* radijs;
3. onderste deel *van een voorwerp,* bodem, voet, *meestal plur.* [**montis; collis**]; ▸ *(metaf.) a radicibus evertere domum (Phaedr.)* tot aan de grond toe, helemaal;

4. (*metaf.*) oorsprong, bron [**patientiae**].

rādō, rādere, rāsī, rāsum
1. (*preklass.; poët.*) krabben, schrapen [**terram pedibus**];
2. (*poët.*) stukkrabben, openkrabben [**genas**];
3. (*Tac.*) (*iets dat geschreven is*) wegkrabben, doorstrepen [**nomen; litteram**];
4. (af)scheren [**caput et supercilia; caput** (*als teken v. slavernij*)];
5. (*poët.; postklass.*) gladmaken [**tigna** schaven; **parietes; lapides palmā** (af)vegen; **aream**]; ▸ *rasa virga* (af)geschild;
6. (*poët.*) (*metaf.*) polijsten; ▸ *ut meus limā rasus liber esset* (*Ov.*);
7. (*poët.*) strijken langs, schampen [**litora** voorbijvaren aan; **ripas, campos** bespoelen; **freta sicco passu; iter laevum** ergens links langs heenstrijken; **iter liquidum** door de lucht vliegen]; ▸ *Aquilo radit terras* raast over; *raditur ultima meta* ik heb bijna mijn doel bereikt.

raeda, ae *f* (*Kelt. leenw.*) vierwielige reiswagen; ▸ ~ *equis iuncta; desilire de -a.*

raedārius, ī *m* (*raeda*) koetsier.

Raetī, ōrum *m volksstam in het gebied v.d. oostelijke Alpen ten N. v.h. Lago di Como; volgens de overlevering verwant met de Etrusken; — hun land:* **Raetia,** ae *f in 15 v. Chr. door Drusus onderworpen en tot Rom. provincie gemaakt (samen met Vindelicië); — adj.* **Raet(ic)us,** a, um.

rāllus, a, um (*rado*) (*Plaut.*) gladgeschoren, dun [**tunica**].

rāmālia, ium *n* (*ramus*) (*poët.; postklass.*) takken, twijgen, rijshout [**arida**].

rāmentum, ī *n* (*poët.; postklass.*) *en* **rāmenta,** ae *f* (*Plaut.*) (*rado*) stukje, splinter, spaander [**ligni; ferri; auri**].

rāmes *zie ramex.*

rāmeus, a, um (*ramus*) (*Verg.*) van twijgen, van takken [**fragmenta** rijshout].

rāmex, icis *en* **rāmes,** itis *m*
1. (*preklass.*) (*plur.*) longen, longvaten;
2. (*med.*) varicocele, spataderbreuk.

Ramnēs *en* **Ramnēnsēs,** ium *m* (*Etr.*)
1. *naam van een v.d. oudste drie patric. tribus in Rome (naast de Luceres en Titienses)*;
2. *naam v.e. gelijknamige centurie v. ridders*;
3. (*Hor.*) (*metaf.*) *celsi Ramnes* voorname jongemannen, ridders, ook dandy's.

rāmōsus, a, um (*ramus*) vol takken, rijk aan takken, wijdvertakt [**arbor; domus Silvani;** *metaf.* **nubila**].

rāmulus, ī *m* (*demin. v. ramus*) kleine tak, twijg; *ook* wortelscheut.

rāmus, ī *m*
1. tak, twijg [**frondens; viridis; nodosus**]; ▸ (*metaf.*) *-i miseriarum*;
2. *iets in de vorm v.e. tak*: (a) knots v. Hercules; (b) gewei; (c) *de Griekse letter* Y; (d) (*Sen.*) rivierarm;
3. (*Pers.*) (*metaf.*) tak, lijn *van verwantschap.*

rāna, ae *f*
1. kikker [**turpis** pad]; ▸ *veterem in limo -ae cecinere querelam* (*Verg.*); *sprw.*: *inflat se tamquam* ~ (*Petr.*) (*v.e. opgeblazen persoon*); *qui fuit* ~, *nunc est rex* (*Petr.*) (*v.e. persoon die vanuit een lage stand hoog aanzien verwerft*);
2. ~ *marina* zeeduivel (*een vis*).

ranceō, rancēre (*Lucr.*) ranzig zijn, stinken.

rancidulus, a, um (*demin. v. rancidus*)
1. (*Juv.*) een beetje ranzig, een beetje stinkend [**obsonia**];
2. (*Pers.; Mart.*) (*metaf.*) walgelijk *om te horen.*

rancidus, a, um (*poët.; postklass.*) ranzig, stinkend [**aper**]; *metaf.* walgelijk, weerzinwekkend [**aspectus**].

rancor, ōris *m* (*Mel.*) ranzige smaak *of* geur; *metaf.* haat, wrok.

rānula, ae *f* (*demin. v. rana*) (*Apul.*) kikkertje.

rānunculus, ī *m* (*demin. v. rana*) kikkertje; (*metaf.*) *scherts. v.d. inwoners v.d. in de buurt v.d. Pomptijnse moerassen gelegen plaats Ulubrae* (*Cic.*).

rāpa, ae *f* (*vgl. rapum*) raap, knol.

rapācida, ae *m* (*scherts. gevormd patron. bij rapax*) (*Plaut.*) rover(szoon).

rapācitās, ātis *f* (*rapax*) roofzucht; ▸ *quis in rapacitate avarior?*

rapāx, *gen.* ācis (*rapio*)
I. *adj.*
1. (*poët.*) grijpend, (weg)rukkend [**ventus; amnes; ignis** wild om zich heen grijpend]; *ook als bijnaam v.h. 21e legioen* = razendsnel, alles met zich meesleurend; — *subst.* **Rapācēs,** ium *m* de soldaten v.h. 21e legioen;
2. (*v. levende wezens en niet-lev.*) roofzuchtig [**lupus; Orcus; mors**];
3. hebzuchtig, gierig [**domina**];
4. (*metaf.*) in staat om zich eigen te maken (*m. gen.*); ▸ *rapacia virtutis ingenia*;
II. *subst. m* rover.

raphanus, ī *m en f* (*Gr. leenw.*) (*niet-klass.*) radijs.

rāpīcius, a, um (*rapum*) van een raap, knollen- [**semen**].

rapiditās, ātis *f* (*rapidus*) grote snelheid [**fluminis**].

rapidus, a, um *(rapio)*
1. meesleurend, net met zich mee voerend, snel [**fluvius; ventus; mare; equus; currus;** *metaf.* **venenum** snelwerkend; **pestis; in consiliis** overijld];
2. *(poët.)* roofzuchtig, wild [**ferae; volucris**];
3. *(poët.; postklass.) (metaf.)* verzengend, verterend [**flamma; aestus; sol; ignis**].
rapīna[1], ae *f (rapio)*
1. het roven, roof, roverij, *gew. plur.*;
2. *(poët.) (meton.)* het geroofde, buit.
rāpīna[2], ae *f (rapum)* knollenveld.
rapiō, rapere, rapuī, raptum
1. *(poët.; postklass.)* snel naar zich toe halen, snel grijpen, snel pakken [**arma manu; bipennem dextrā; flammam in fomite** snel in het tondel opvangen; **ex taberna cultrum**];
2. bespoedigen, snel uitvoeren, snel afleggen [**fugam; viam; cursum; silvas** snellen door; **nuptias** verhaasten];
3. *(metaf.)* snel op-, aannemen, snel op-, inzuigen [**flammam** vlam vatten; **colorem; vim monstri**];
4. snel veroveren [**castra urbesque**];
5. *(poët.; postklass.)* snel, vluchtig genieten *of* gebruik maken van [**illicitas voluptates; oscula; occasionem de die** die de dag biedt];
6. snel weg (laten) halen [**frumentum ex agris**];
7. zich snel toe-eigenen, snel naar zich toetrekken [**inter se partes regni** naar zich toetrekken en onder elkaar verdelen; **gloriam victoriae in se**];
8. snel (laten) brengen, snel aanvoeren [**commeatum in naves; manipulos in aciem; Turno mille populos** snel aanvoeren]; ▸ *variis obsita frondibus sub divum* ~ aan het licht brengen;
9. *se* ~ *en pass. rapi* weg-, voortsnellen; ▸ *se ad urbem* ~; *quo te rapis?* waar ga jij zo snel heen?;
10. met geweld afpakken, -nemen, wegrukken, voortslepen [**manipulos in aciem; pecudes; hostes vivos ex acie; alqm domum**]; ▸ *rapi undā; raptus Hector equis* voortgesleept;
11. *(poët.)* (a) weg-, uit-, afrukken [**aures; stipitem; frondes arbore; pilam; lanceam ex manibus alcis**]; (b) verscheuren [**volucres anguesque**];
12. ontrukken, redden *(aan, van: ex; abl.)* [**ex hoste penates**];
13. voor de rechtbank, naar de gevangenis *e.d.* brengen, slepen [**alqm in ius ad regem; alqm ad consulem; alqm e carcere ad necem; de complexu parentum ad mortem; alqm in carcerem, ad poenam, ad supplicium**];
14. als buit wegrukken, voortslepen, roven [**armenta stabulis;** *metaf.* **alci pudorem; vocem animamque**]; — *subst.* **raptum,** ī *n* het geroofde, roof: *(ex) rapto vivere; rapto gaudere; pastoribus rapta dividere* de buit onder de herders verdelen;
15. *(poët.; postklass.)* plunderen [**villas; campos; Armeniam**];
16. ontvoeren, roven *(en verkrachten)* [**virgines ad stuprum; coniugem**]; — *subst.* **rapta,** ae *f* ontvoerde vrouw;
17. *(v. niet-lev.)* meesleuren, voortslepen; ▸ *quo me cumque rapit tempestas (Hor.); (te) rapit unda;*
18. *(metaf.)* met zich meeslepen, meetrekken, drijven, meesleuren; verleiden; ▸ *cupiditate in Macedoniam rapi; ad divinarum rerum cognitionem studio rapi; alqm in adversum* ~ in het verderf storten; *auditorem in medias res* ~ snel verplaatsen naar; *tantus amor scribendi me rapit; animus cupidine caecus ad inceptum scelus rapiebat;*
19. *(poët.) (v. dood en ziekte)* uit het leven rukken [**gentes**].
rapsō, rapsāre = *rapto.*
rapta zie *rapio 16.*
raptim *adv. (rapio)* haastig, snel [**desilire ex equo; accurrere; agmen ducere**].
raptiō, ōnis *f (rapio) (Ter.)* ontvoering.
raptō, raptāre *(intens. v. rapio)*
1. met geweld meerukken, voortslepen, -sleuren [**Hectora circum Iliacos muros** slepen; **nubila caeli;** *metaf.* **alqm in crimina** aanklagen]; ▸ *me Parnasi deserta per ardua raptat amor (Verg.); undā signa raptabantur (Tac.);*
2. *(Tac.)* ijlings meevoeren, meeslepen [**vexilla huc atque illuc**];
3. *(Tac.)* beroven, plunderen [**Africam**].
raptor, ōris *m (rapio)* rover, ontvoerder, verleider [**panis; pueri; filiae; Graiae maritae;** *metaf.* **alieni honoris**]; — *ook adj.*: roofzuchtig [**lupus**].
raptum, ī *n* zie *rapio.*
raptus[1] *ppp. v. rapio.*
raptus[2], ūs *m (rapio)*
1. *(poët.)* het afrukken, verscheuren, ruk; ▸ *manus raptu lacerata;*
2. roof, ontvoering [**virginis; Ganymedis**];
3. *(Tac.)* roof, plundering, *meestal plur.* [**penatium** het plunderen v. huis en hof].

rapuī *pf. v. rapio.*

rāpulum, ī *n* (*demin. v. rapum*) (*Hor.*) kleine raap, radijsje.

rāpum, ī *n*
1. raap;
2. (*Sen.*) wortelknol.

rārē-faciō, facere, fēcī, factum (*pass.* -fīō, fierī, factus sum) (*rarus*) (*Lucr.*) losmaken, losser maken, loswerken, verdunnen [**terram**]; *pass.* los(ser) worden, zich verdunnen.

rārē-fīō *pass. v. rarefacio.*

rārenter *adv.* (*rarus*) zelden.

rārēscō, rārēscere, — — (*rarus*)
1. (*poët.*) los(ser), dun(ner) worden, uit elkaar gaan [**in aquas** zich verdunnen tot]; ▸ *rarescunt nubila; rarescit terra calore; sonitus rarescit* wordt zachter; *rarescunt claustra Pelori* gaan open;
2. (*postklass.*) zeldzaam, zeldzamer worden; ▸ *paulatim rarescunt colles.*

rāritās, ātis *f* (*rarus*)
1. losheid, poreusheid [**terrae**];
2. zeldzaamheid, kleine hoeveelheid, gering aantal [**dictorum; capillorum**];
3. (*concreet*) holte, spleet, opening.

rāritūdō, inis *f* (*rarus*) = *raritas* 1.

rārus, a, um (*adv.* -ō, [*zelden*] -ē *en* -enter)
1. (*poët.; postklass.*) los, dun, niet dicht opeen (staand) [**terra; acies; ordines; tunica** van dunne stof; **retia** wijdmazig; **silvae** dunne bossen; **umbra** geschakeerd; **pecten** grove kam; **aër**];
2. verstrooid, ver uit elkaar (staand) [**aedificia; loca; ignes; racemi; tela**]; ▸ *-i proeliantur* verspreid; *apparent -i nantes* duiken hier en daar op;
3. zeldzaam, (slechts) sporadisch, weinig vóórkomend [**iuventus** schaars; **honores**]; ▸ *manat -a meas lacrima per genas* (*Hor.*); *raris ac prope nullis portibus; optimum quidque rarissimum; pred. adj. ipv. adv.: Caesar rarus egressu* zelden uitgaand;
4. (*poët.; postklass.*) zeldzaam in zijn soort, ongewoon, voortreffelijk, buitengewoon [**quercus** van een zeldzame schoonheid; **vestis; avis**]; ▸ *-a quidem facie, sed rarior arte canendi* (*Ov.*); *opus artis -ae.*

rāsī *pf. v. rado.*

rāsilis, e (*rado*) (*poët.; postklass.*) glad(gemaakt), gepolijst.

rāsitō, rāsitāre (*intens. v. rado*) scheren [**barbam; faciem**].

rāsor, ōris *m* (*Mel.*) barbier.

rāsōrium, ī *n* (*Mel.*) scheermes.

rāstellus, ī *m* (*demin. v. raster*) (*pre- en postklass.*) kleine houweel.

rāster, trī *m en* **rāstrum,** ī *n* (*rado*) houweel, hak met twee of meer tanden; ▸ *sprw.* (*Ter.*): *mihi res ad rastros redit* ik zal (weer) naar de hak moeten grijpen = ik word een arme man.

rāsūra, ae *f* (*rado*) het schrapen, het scheren.

rāsus *ppp. v. rado.*

ratiāria, ae *f* (*ratis*) vlot, platbodem.

rati-habitiō, ōnis *f* (*ratus en habeo*) (*ook gesplitst*) (*jur.*) goedkeuring, ratificatie.

ratiō, ōnis *f* (*reor*)
1. (be)rekening; ▸ *rationem alcis rei habere en inire* opmaken; *inibitur ~ quaestūs de pecunia tua* men zal de mogelijke winst v. jouw geld berekenen; *rationem conficere, (com)putare of (sub)ducere* uitrekenen; *in rationem inducere alqd* iets in rekening brengen, verrekenen; *rationem ab alqo accipere* afrekenen met iem.; *~ constat* de rekening klopt; *par est ~ acceptorum et datorum;*
2. (*metaf.*) rekenschap; ▸ *rationem repetere of reposcere ab alqo* rekenschap v. iem. eisen; *rationem reddere, referre of persolvere alci* rekenschap afleggen aan iem.;
3. lijst, register [**carceris** lijst v. gevangenen; **imperii**];
4. som, bedrag, getal;
5. (*meton.*) geldzaak, (zakelijke) aangelegenheid; ▸ *rationes publicae privataeque* officiële en particuliere aangelegenheden; *re ac ratione* (zakelijk verkeer) *coniunctum esse cum alqo; rationes explicare* afwikkelen;
6. aangelegenheid *of* aangelegenheden, zaak [**bellica; civitatis; domestica** binnenlandse aangelegenheden; **fori iudiciique** politieke en juridische aangelegenheden];
7. voordeel, interesse, *meestal plur.*; ▸ *non est alienum meis rationibus* het is zeker in mijn belang; *suam rationem ducere* aan zijn eigen voordeel denken; *est in alqo ~ rei publicae* de belangen v.d. staat zijn iem. heilig; *rationes meas vestrae saluti antepono;*
8. verhouding *met iem.*, betrekking, relatie, contact; ▸ *rationem contrahere cum alqo* met iem. in contact treden; *rationem habere cum alqo* met iem. contact hebben;
9. verhouding (*tot: gen.*); ▸ *pro ratione alcis rei* in verhouding tot iets; *ex ratione annonae solvere* naar de hoogte v.d. graanprijs betalen;

10. inachtneming, het rekening houden, overweging, zorg; ▸ *rationem habere of ducere (m. gen.)* rekening houden met, in aanmerking nemen; *vel dignitatis vel commodi rationem habere; alqd cadit in rationem utilitatis* iets valt onder het in acht nemen v.h. belang *of* nut; *salutis meae rationem ducere; ad nostrorum annalium rationem* met het oog op;
11. het goed nadenken, overweging, overleg; ▸ *(cum) ratione alqd facere; sine of nullā ratione alqd facere; in ratione versari* onderwerp v. overleg zijn; *~ docet esse deos;*
12. (a) verstand, inzicht; ▸ *homines rationis participes; ratio ac disputatio* verstand en overweging; *a deo rationem habemus; te ~ ducat, non fortuna; ~ est (m. inf.)* het is verstandig; (b) *(v. zaken)* weloverwogen (beweeg)reden, argument; ▸ *est aliqua huiusce ratio* er is daarvoor een weloverwogen reden; *nulla est ~ (m. inf.)* er is geen goed argument om; *id eā ratione fecit;*
13. bewijs(voering), grond; ▸ *alqd rationibus confirmare;*
14. denkwijze, mening, opvatting; ▸ *ab hac ratione dissentio; homo alterius rationis;*
15. *(politieke)* stroming, richting [**bona** conservatieve partij];
16. filosofisch systeem, school, leer [**Stoicorum; Cynicorum**];
17. theoretische kennis, theorie, leer, wetenschap; ▸ *erat enim tunc haec nova et ignota ~ solem lunae oppositum solere deficere; exercitatio dicendi aut huius rei ~* taalvaardigheid of theoretische kennis; *civilis ~* staatkunde; *~ atque usus belli* theorie en praktijk v.d. oorlog;
18. methode, plan [**studiorum**]; ▸ *rationes vitae* levensplan; *in een hendiadys: ~ et consilium* systematische overweging; *~ et doctrina* methodisch onderwijs; *ratione et viā* methodisch; *modo et ratione omnia facere;*
19. handelwijze, manier, plan; ▸ *aliam excogitare vincendi rationem; rationes belli gerendi; quā ratione* hoe?; *omni ratione* op iedere manier; *omnibus rationibus* op iedere mogelijke manier;
20. gesteldheid, aard, wezen, inrichting [**pontis; agminis; vitae naturaeque nostrae; pecuniarum** financiële positie];
21. soort, type [**equorum**].

ratiōcinālis, e *(ratiocinor)* gebaseerd op een redenering *of* syllogisme.

ratiōcinātiō, ōnis *f (ratiocinor)*
1. berekening, redenering, overleg;
2. conclusie, syllogisme.

ratiōcinātīvus, a, um *(ratiocinor) (retor.)* redenerend, syllogistisch [**genus quaestionis**].

ratiōcinātor, ōris *m (ratiocinor)* boekhouder; *(metaf.)* iem. die berekent *(m. gen.)* [**officiorum**].

ratiōcinium, ī *n (ratio) (postklass.)* berekening, boekhouding.

ratiōcinor, ratiōcinārī *(ratio)*
1. rekenen, rekeningen maken;
2. concluderen, redeneren;
3. *(niet-klass.)* overwegen, berekenen [**utilitates aedificiorum; mores et parsimoniam**].

ratiōnābilis, e *(ratio) (postklass.)* rationeel, redelijk [**natura**].

ratiōnālis, e *(ratio) (postklass.)* redelijk, met rede begiftigd [**natura; animal**]; theoretisch, logisch; de rede betreffend [**philosophiae pars** logica].

ratiōnārium, ī *n (ratio) (Suet.)* financieel overzicht [**imperii**].

ratis, is *f*
1. vlot; ▸ *transeunt Rhenum navibus ratibusque;*
2. *(plur.)* schipbrug; ▸ *ratibus iungere flumen* een schipbrug over de rivier leggen;
3. *(poët.)* schip, boot; *ook metaf.*; ▸ *tu remanes ancora sola rati (Ov.).*

ratiuncula, ae *f (demin. v. ratio)*
1. *(kom.)* kleine rekening;
2. zwakke reden, slap argument; *ook iron.*

ratus, a, um *(p. adj. v. reor)*
1. berekend, uitgerekend; ▸ *pro -a (parte)* naar verhouding;
2. vaststaand, bepaald, zeker [**astrorum ordines; motūs stellarum**]; ▸ *si haec Turno -a vita maneret (Verg.);*
3. bevestigd, geldend, wettig, rechtsgeldig [**iussum; tribunatus; foedus; censoriae subscriptiones**]; ▸ *alqd -um habere, ducere of facere* iets bekrachtigen, goedkeuren; *alqd mihi -um est* ik keur iets goed.

rauca, ae *f (postklass.) een soort worm.*

rauci-sonus, a, um *(raucus) (poët.)* dofklinkend; ▸ *-o minantur cornua cantu (Lucr.).*

raucitās, ātis *f (raucus) (postklass.)* heesheid; dofheid.

raucus, a, um
1. hees [**fauces**]; ▸ *longā ~ querelā;*
2. *(v. vogels en insecten)* krassend, krijsend [**cornix; palumbes**];
3. dof (klinkend), rauw, knarsend [**cornu; vox ranarum; circus** weerklinkend van het hese geschreeuw; **unda** ruisend; **postes**]; ▸ *-a so-*

nare dreunen.

Raudius, a, um -*i campi vlakte bij Vercellae in de westelijke Povlakte, waar Marius de Cimbren versloeg* (101 *v. Chr.*).

raudus, eris *n* ertsklomp (*als voorloper v.d. bronzen munt*).

rauduscului, ī *n* (*demin. v. raudus*) stukje brons; *metaf.* klein bedrag, kleine schuld.

Rauracī *en* **Rauricī,** ōrum *m volksstam aan de rivier de Rijn rond Bazel in de noordelijke Jura en zuidelijke Elzas; in hun gebied werd in* 44 *v. Chr. Augusta* (*Raurica*), *nu* (*Basel-*)*Augst gesticht.*

rāvastellus, ī *m* (*ravus*) (*Plaut.*) grijsaard.

Ravenna, ae *f stad in Gallia Cispadana ten Z. v.d. monding v.d. Po*; — *adj.* **Ravennās,** *gen.* ātis.

raviō, ravīre, — — (*ravis*) (*Plaut.*) hees zijn.

ravis, is *f* (*verw. m. raucus*) (*Plaut.*) heesheid.

rāvus, a, um vaal(geel).

re- *en* (*voor vocalen*) **red-** *prefix in samenstellingen*
1. terug-, achterwaarts [**recedo; remitto**];
2. opnieuw, weer [**rebello; recognosco; reconcilio**];
3. in de oude, juiste toestand, positie, *vgl. Nederlands her-* [**restituo; redigo**];
4. tegen-, ertegenin, *vgl. Nederlands weer-* [**recino; resisto**];
5. weg van [**removeo**].

rea *zie reus.*

Rēa (*en* **Rhēa**) **Silvia,** ae *f* (*ook* **Īlia**) *dochter v.d. koning v. Alba Longa, Numitor, die door zijn broer Amulius werd verdreven; gedwongen tot een bestaan als Vestaalse maagd werd zij door toedoen van Mars moeder v. Romulus en Remus, die door Amulius te vondeling werden gelegd.*

re-aedificō, aedificāre (*Laatl.*) herbouwen.

reāpse *adv.* (< * *rē eāpse* = *rē ipsā*) inderdaad, werkelijk.

Reāte *n belangrijkste stad in het gebied v.d. Sabijnen, waar keizer Vespasianus stierf, nu* Rieti; — *inw. en adj.* **Reātīnus,** ī *m resp.* a, um.

reātus, ūs *m* (*reus*) (*postklass.*)
1. staat v. beschuldiging;
2. (*meton.*) (*eccl.*) schuld, zonde;
3. (*Apul.*) aanblik v.e. aangeklaagde.

rebellātiō, ōnis *f* (*rebello*) opstand.

rebellātrīx, *gen.* īcis (*f*) (*rebello*) weerspannig, opstandig [**provincia; Germania**].

rebelliō[1]**,** ōnis *f* (*rebello*) hervatting v.d. oorlog, opstand, rebellie [**Ligurum; Germaniae**]; ▸ *rebellionem facere; rebellionem parare; magnam partem Etruscorum ad rebellionem compellere.*

rebelliō[2]**,** ōnis *m* (*rebello*) (*Laatl.*) opstandeling.

rebellis, e (*rebello*) (*poët.; postklass.*) de strijd hervattend, opstandig, rebels [**colonia;** *metaf.* **Amor**]; — *subst.* **rebellēs,** ium *m* (*Tac.*) opstandelingen, rebellen.

re-bellō, bellāre
1. de oorlog (strijd) hervatten, in opstand komen;
2. (*v. dingen*) weerstand bieden; ▸ *pudor rebellat.*

re-bītō, bītere, — — (*Plaut.*) terugkeren.

re-boō, boāre (*poët.*) weerklinken; ▸ *reboant silvae.*

re-bulliō, bullīre
I. *intr.* (op)borrelen;
II. *tr.* doen opborrelen.

re-calcitrō, calcitrāre (*Hor.*) naar achteren slaan; *ook metaf.*

re-calcō, calcāre (*postklass.*) terugstappen *of* opnieuw treden in (*m. acc.*).

re-calefaciō = *recalfacio.*

re-caleō, calēre, — — (*Verg.*) weer warm zijn.

re-calēscō, calēscere, caluī, — (*incoh. v. recaleo*) weer warm worden, zijn warmte terugkrijgen; ▸ *corpora motu atque exercitatione recalescunt;* (*metaf.*) *mens admonitu recalescit.*

re-calfaciō, calfacere, calfēcī, calfactum (*poët.; postklass.*) weer warm maken.

re-caluī *pf. v. recalesco.*

recalvātiō, ōnis *f* (*recalvus*) (*eccl.*) kaalheid.

re-calvus, a, um (*pre- en postklass.*) kaal van voren [**senex**].

re-candēscō, candēscere, canduī, — (*Ov.*)
1. wit opschuimen; ▸ *recanduit unda;*
2. (opnieuw) gloeiend worden; ▸ *rubuere genae totoque recanduit ore;* (*metaf.*) *recanduit ira.*

re-canō = *recino.*

re-cantō, cantāre (*poët.*)
I. *intr.* galmen, echoën;
II. *tr.*
1. herroepen [**opprobria**];
2. (*metaf.*) wegtoveren [**curas**].

re-capitulō, capitulāre (*caput*) (*eccl.*) (van het begin af aan) herhalen.

reccidī *pf. v. reccido.*

reccidō = *recido*[1].

re-cēdō, cēdere, cessī, cessum
1. terugwijken, -treden, -gaan, zich terugtrekken [**de medio; ex eo loco; a Mutina; a conspectu suorum; thalamo; in otia tuta; in tergum** achterwaarts]; ▸ *nebulas ~ iussit* (*Ov.*); (*metaf.*) *anni recedentes* jaren v. achteruitgang (*Hor.*);
2. (*v. plaatsen*) (*poët.; postklass.*) (**a**) ver weg zijn,

verwijderd zijn; ▸ *Anchisae domus recessit; longius a mari recedentia* meer in het binnenland gelegen gebieden; (b) uit het gezicht verdwijnen; ▸ *provehimur portu, terraeque urbesque recedunt (Verg.)*;
3. zich verwijderen, weggaan; ▸ *apes a stabulis recedunt; postquam recessit vita patrio corpore (Plaut.)*;
4. *(poët.)* gaan slapen;
5. *(poët.)* oplossen; ▸ *in ventos anima exhalata recessit (Verg.)*;
6. *(Ov.)* vergaan, verdwijnen; ▸ *maris ira recessit*;
7. *(metaf.)* afwijken van, afstand doen van, opgeven *(m. ab; zelden de)* [**a caritate patriae; ab oppugnatione; ab officio; ab armis** de wapens neerleggen; **a vita** zich overgeven aan de dood];
8. verloren gaan; ▸ *res* (vermogen) *recedit ab eo.*

re-cellō, cellere, — —
I. *intr.* terugspringen;
II. *tr. (Apul.)* terugbuigen [**pondus**].

recēns, *gen.* entis *(abl. sg. -ī en -e; gen. plur. -ium en -um; neutr. plur. nom. en acc. -ia)*
I. *adj.*
1. zojuist teruggekomen, teruggekeerd [**Athenis; e provincia**];
2. onmiddellijk na, direct na, vers van *(m. ab of abl.)* [**a vulnere Dido** met een verse wond; **a dolore** nog bewogen door pijn; **in dolore** nog onder de indruk v.d. pijn; **dolore et irā** nog vervuld van pijn en woede; **praeturā** dadelijk na; **viri a dis** direct afstammend v.d. goden]; ▸ *tepidā ~ caede locus* nog lauw v. pas vergoten bloed; *Homerus ~ ab illorum aetate fuit* leefde onmiddellijk na;
3. vers, onvermoeid, fris [**equi; animus; integri et recentes; milites**]; — *subst. (milit.)* **recentēs,** ium *m* verse troepen;
4. *(v. niet-lev.)* nog nieuw; vers in het geheugen liggend; uit de laatste tijd [**caespes; arma** juist gescherpt; **lac; iniuria** onlangs aangedaan; **tellus; odium; victoria; proelium; testa** nog ongebruikt; **poëmata; terror; metus**]; ▸ *recenti re of negotio* dadelijk; — *subst.* **recentia,** ium *n* recente geschiedenis;
5. *(v. personen)* van nu, modern; ▸ *Graeci recentiores; his recentibus viris* die kort geleden leefden en nog leven; — *subst.* **recentiōrēs,** um *m* modernen;
II. *adv.* **recēns** onlangs, pas, zojuist; ▸ *~ accepta clades; sole ~ orto; ~ acceptum vulnus.*

re-cēnseō, cēnsēre, cēnsuī, cēnsum *(en* cēnsītum)
1. inspecteren, monsteren, tellen [**exercitum; legiones; captivos praedamque**];
2. *(v.d. censor)* opnemen in de lijst [**equites**];
3. *(poët.; postklass.)* opsommen, *in volgorde* vertellen [**fortia facta**];
4. *(poët.; postklass.) (in gedachten)* nalopen, overwegen [**omnem suorum numerum carosque nepotes; fata**];
5. *(Ov.) (v.d. zon)* doorlópen [**signa**];
6. *(Gell.)* kritisch beoordelen, toetsen, herzien [**poëmata**].

recēnsiō, ōnis *f (recenseo)* schatting v.d. burgers *door de censor,* volkstelling.

re-cēnsuī *pf. v. recenseo.*

recēnsus[1] *ppp. v. recenseo.*

recēnsus[2], ūs *m (recenseo)* schatting, telling *(ihb. door de censor)*; ▸ *equitum recensum habere.*

re-cēpī *pf. v. recipio.*

receptāculum, ī *n (recepto)*
1. bewaarplaats, depot [**cibi et potionis** *(v.d. maag)*; **animi** *(v.h. lichaam)*; **frugibus; animalium**];
2. magazijn, stapelplaats *voor waren*;
3. vergaarbak, afwateringskanaal [**Nili**];
4. toevluchtsoord, schuilplaats, verzamelpunt [**militum; fugientibus; hostibus; classibus**]; ▸ *(metaf.) mors aeternum nihil sentiendi ~* toevlucht.

receptiō, ōnis *f (recipio)*
1. het opnemen;
2. *(Plaut.)* het terugkrijgen.

receptō, receptāre *(intens. v. recipio)*
1. *(poët.)* terugtrekken [**hastam; se** zich terugtrekken, terugwijken];
2. *(poët.)* weer opnemen;
3. regelmatig ontvangen [**mercatores**].

receptor, ōris *m (recipio)* heler [**praedarum**]; ▸ *(metaf.) ille latronum occultator et ~ locus (Cic.).*

receptrīx, īcis *f (receptor)* heelster, opneemster; ▸ *(metaf.) Messana ~ praedarum ac furtorum.*

receptum, ī *n (recipio)* aangegane verplichting, garantie.

receptus[1] *ppp. v. recipio.*

receptus[2], ūs *m (recipio)*
1. het terugnemen [**sententiae**];
2. (mogelijkheid tot) terugtocht, aftocht [**in Italiam**]; ▸ *receptui canere* de aftocht (laten) blazen, *metaf.* zich terugtrekken; *onpers.: si receptui cecinisset* als men de aftocht had laten blazen;

3. terugkeer, het afzien *(van: abl.)* [**a malis consiliis**];
4. toevlucht [**ad Caesaris gratiam atque amicitiam; ad expertam clementiam**].

re-cessī *pf. v. recedo.*

recessim *adv. (recedo) (Plaut.)* achteruit [**cedere**].

recessum *ppp. v. recedo.*

recessus, ūs *m (recedo)*
1. het terugwijken, terugkeer; ▸ *maris of aestuum marinorum accessus et* ~ eb en vloed; *lunae accessus et* ~ nadering *tot de zon* en verwijdering *van de zon vandaan; (metaf.)* ~ *a rebus pestiferis* afkeer van;
2. terugtocht; ▸ *recessum primis ultimi non dabant* de achterhoede maakte het de voorhoede onmogelijk te wijken;
3. holte, inham [**speluncae; maris**];
4. afgelegen plek, uithoek, geheime plek [**Phrygiae; marmoreus** geheim vertrek, toevluchtsoord];
5. *(metaf.)* verborgenheid; ▸ *in animis hominum tanti sunt recessus (Cic.).*

re-charmidō, charmidāre *(Charmides) (Plaut.) (scherts.)* zich van de naam Charmides ontdoen.

re-cidī[1] *pf. v. recido*[1].

re-cīdī[2] *pf. v. recido*[2].

recidīvus, a, um *(recido*[1]*)*
1. *(postklass.)* terugvallend;
2. *(Verg.)* weer verrijzend [**Pergama; bella**].

re-cidō[1]**,** cidere, cidī, cāsūrus *(cado)*
1. weer terugvallen; ▸ *in terram recidunt omnia; ramulus in oculum recidit;*
2. terugvallen, weer geraken *in een toestand* [**in antiquam servitutem; in gravem morbum; in eandem fortunam; in invidiam**];
3. *(metaf.) bij iem.* terugkeren; ▸ *post interitum Tatii ad Romulum potentatus omnis recciderat;*
4. treffen *(m. ad; in m. acc.)*; ▸ *hic casus ad ipsos* ~ *potest; ut huius amentiae poena in ipsum eiusque familiam recidat (Cic.); consilia in ipsorum caput recidentia;*
5. *in een slechtere toestand* vervallen, zinken [**ad nihilum** *of* **ad nihil** tenietgaan; **ex laetitia ad luctum; in unius imperium** vervallen tot dictatuur]; ▸ *spes ad querelam recidit (Phaedr.)* slaat om in klachten;
6. raken in *(m. in m. acc.; ad)* [**in periculum; ad ludibrium** voorwerp v. spot worden];
7. *in een tijd* vallen [**in aliorum vigiliam**];
8. *(postklass.)* (neer)vallen [**humi**];
9. ten deel vallen, toevallen *(aan: in m. acc.).*

re-cīdō[2]**,** cīdere, cīdī, cīsum *(caedo)*
1. afsnijden, uitsnijden, afhakken [**sceptrum de stirpe; columnas** uithakken; **caput**];
2. *(poët.; postklass.)* knippen, kortwieken, snoeien [**barbam; comas; ungues; silvam**];
3. *(poët.; postklass.) (metaf.)* beperken, verminderen, verkorten [**ambitiosa ornamenta; alqd priscum ad morem** tot de oude gewoonte];
4. vernietigen, uitroeien [**nationes; culpam supplicio**].

re-cieō, ciēre *(postklass.)* terugroepen.

re-cingō, cingere, cīnxī, cīnctum *(poët.)*
1. ontgorden [**tunicam; zonam** losmaken]; ▸ *vestis recincta* neerhangend; — *pass. recingi* zich uitkleden *(m. acc.)*: *recingitur anguem* ze maakt de slang los *(die zij als gordel droeg)*;
2. *(Laatl.) pass. recingi* zich opnieuw aangorden.

re-cinō, cinere, — — *(cano)*
1. doen weerklinken [**haec dictata** nazeggen]; ▸ *parra recinens;*
2. in beurtzang prijzen [**lyrā Latonam**].

re-cīnxī *pf. v. recingo.*

reciper- = *recuper-.*

re-cipiō, cipere, cēpī, ceptum *(capio)*
1. *(poët.)* terugnemen, -trekken, -halen, -brengen [**ensem** weer uit de wond trekken; **sagittam; ad limina gressum** op zijn schreden terugkeren; **alqm medio ex hoste**];
2. *(troepen)* terugtrekken, laten terugkeren [**milites defessos; exercitum; equitatum navibus; suos incolumes**]; — *se recipere* (a) zich terugtrekken, terugwijken, teruggaan [**intra munitiones; sub murum; ad signa; trans flumen; domum**]; (b) *(metaf.)* terugkeren [**ad ingenium vetus suum; ex voluptatibus ad bonam frugem** weer verstandig worden; **ad reliquam cogitationem belli**];
3. *(bij verkoop)* zich voorbehouden, een voorbehoud maken ten opzichte van *(m. acc.)* [**lumina**];
4. redden, bevrijden [**cives ex servitute; socios ex hostibus**];
5. terugkrijgen, heroveren [**Tarentum; praedam; obsides; suas res amissas; arma**];
6. herwinnen, herkrijgen [**antiquam frequentiam** *(v.e. stad)*; **vitam herbis fortibus;** *metaf.* **animum** weer moed vatten, op adem komen]; — *se recipere* bekomen, zich herstellen *(van, na: ex)* [**ex timore; ex fuga**]; ▸ *nondum totā me mente recepi (Ov.);*
7. weer opnemen [**arma**];
8. aannemen, opnemen, *ook metaf.* [**telum corpore; a latere tela** blootgesteld zijn aan werp-

tuigen; **detrimenta** lijden; *(v. dieren)* **frenum** accepteren, zich schikken in; **fluvium** *(v.d. zee)*];
9. in bezit nemen, veroveren [**rem publicam armis; Aetoliam; oppidum**];
10. *(geld)* innen, als inkomsten ontvangen [**dena milia sestertia; pecuniam ex vectigalibus**];
11. bij zich opnemen [**alqm urbe** *en* **in urbem, castris** *en* **in castra; alqm intra Syracusanam insulam; alqm tecto; alqm ad epulas; alqm in civitatem; alqm libentissimo animo**];
12. opnieuw opnemen *in de staat* [**reges**];
13. *in een bepaalde stand of positie* opnemen [**alqm in ordinem senatorium; alqm in amicitiam; alqm in servitutem** als slaaf; **aliquam in matrimonium**];
14. *(v.d. pretor) een klacht* ontvankelijk verklaren [**nomen alcis** een klacht tegen iem.];
15. toestaan, toelaten, goedkeuren [**nullam excusationem**];
16. aanvaarden, op zich nemen [**mandatum; officium**];
17. beloven, garanderen, toezeggen *(m. acc.; abl.; aci.)* [**alci fidem; de aestate**].

reciprocātiō, ōnis *f (reciproco) (postklass.)*
1. het teruggaan *langs dezelfde weg* [**siderum**];
2. uitwisseling [**talionum**].

reciprocō, reciprocāre *(reciprocus)*
I. *tr.* heen en weer bewegen, terugbrengen [**animam** ademhalen]; — *pass. reciprocari*: (a) teruggaan; ▸ *reciprocari mare coepit*; (b) *(metaf.)* in wisselwerking staan;
II. *intr.* heen- en terugstromen, terugtreden; ▸ *reciprocans oceanus.*

reciprocus, a, um *(pre- en postklass.)*
1. langs dezelfde weg terugkerend *of* terugstromend [**mare** eb; **amnes**];
2. *(metaf.)* wisselend [**vicissitudines**];
3. wederkerig [**amicitia**].

recīsiō, ōnis *f (recido²) (postklass.)* het (be)snoeien.

recīsus, a, um *(p. adj. v. recido²) (postklass.)* bekort, kort samengevat.

recitātiō, ōnis *f (recito)*
1. het voorlezen *van documenten bij rechtszittingen;*
2. *(postklass.)* voorlezing *uit eigen werk.*

recitātor, ōris *m (recito)*
1. voorlezer *van documenten bij rechtszittingen;*
2. *(poët.; postklass.)* iem. die voorleest *uit eigen werk.*

re-citō, citāre
1. *documenten* voorlezen, oplezen [**leges; edictum; orationem; de tabulis publicis; litteras in contione; senatum** namen v.d. senatoren; **sacramentum** de eedformule voorzeggen; *(m. dubb. acc.)* **alqm heredem**];
2. *(poët.; postklass.) uit eigen werk voorlezen;*
3. voordragen, declameren, reciteren [**carmen**].

reclāmātiō, ōnis *f (reclamo)*
1. luid protest;
2. *(Mel.)* tegenspraak, bezwaar(schrift).

reclāmitō, reclāmitāre *(intens. v. reclamo)* luid tegenspreken; *ook metaf.*

re-clāmō, clāmāre
1. luid toeroepen; tegenin schreeuwen;
2. luid tegenspreken, protesteren met luide stem [**consuli; promissis alcis**]; ▸ *una voce omnes iudices, ne is iuraret, reclamasse;*
3. *(poët.)* weergalmen; ▸ *scopulis aequora reclamant; arva plangoribus reclamant.*

reclīnis, e *(reclino) (poët.; postklass.)* achteroevergeleund.

re-clīnō, clīnāre
1. achteroverbuigen, -leunen [**se; caput**]; ▸ *in gramine reclinatus* uitgestrekt;
2. *(Sen.) (metaf.)* ~ *in alqm* op iems. schouders leggen [**onus imperii**];
3. *(Hor.)* rust schenken; ▸ *nullum a labore* (na gedane arbeid) *me reclinat otium.*

re-clūdō, clūdere, clūsī, clūsum *(claudo)*
1. ontsluiten, openen [**hosti portas; ostium; viam arcis; fontes; tellurem dente adunco** losmaken; **ensem** ontbloten; *metaf.* **iram** ontketenen; **operta** geheimen onthullen];
2. *(poët.)* openrijten [**pectus mucrone; iugulum ense**];
3. *(postklass.)* wegbergen, opsluiten.

reclūsa, ae *f (Mel.)* kluizenares.

recoctus *ppp. v. recoquo.*

recōgitātiō, ōnis *f (recogito) (Laatl.)* overweging.

re-cōgitō, cōgitāre
1. *(kom.; postklass.) (secum)* overdenken, overwegen;
2. opnieuw denken aan *(m. de).*

recognitiō, ōnis *f (recognosco)*
1. bezichtiging, inspectie [**agri Campani; equitum; sui** zelfonderzoek];
2. *(Gell.)* herkenning.

re-cognōscō, cognōscere, cognōvī, cognitum
1. herkennen [**res** als zijn bezit; **pristinam virtutem**];
2. zich (weer) herinneren *(m. acc.; afh. vr.)* [**fu-**

gam **alcis**]; ▸ *cum te penitus recognovi* als ik me jouw karakter duidelijk voor de geest haal;
3. (weer) bezichtigen, inspecteren, onderzoeken, testen [**agros; equites Romanos; consilia; libellos** nakijken, herzien; **decretum populi**];
4. erkenning geven, erkennen [**fortes viros**].

re-colligō, colligere, collēgī, collēctum
1. weer verzamelen, *meestal metaf.* [**vires; se** weer moed vatten; **animum alcis** iem. weer verzoenen; **primos annos** weer jong worden];
2. weer oppakken [**stolam**].

re-colō, colere, coluī, cultum
1. opnieuw bebouwen, bewerken [**humum; agros; metalla intermissa** weer openen];
2. (*poët.*) *een plaats* opnieuw bezoeken;
3. (*metaf.*) opnieuw beoefenen, opnemen [**studia**];
4. herstellen, opnieuw instellen, hernieuwen [**antiquum decus; dignitatem**];
5. opnieuw overdenken, zich herinneren [**sua facta pectore**]; ▸ *quae si tecum ipse recolis;*
6. (*Tac.*) opnieuw eren, weer bekleden [**adulescentes avitis sacerdotiis**].

re-commentor, commentārī (*Plaut.*) zich herinneren, in het geheugen terugroepen.

re-comminīscor, comminīscī, — — zich herinneren.

re-compōnō, compōnere, composuī, compositum
1. (*Ov.*) weer in orde brengen [**comas**];
2. (*Plin. Min.*) (*metaf.*) weer tot rust brengen.

reconciliātiō, ōnis *f* (*reconcilio*)
1. herstel [**concordiae; gratiae**];
2. verzoening.

reconciliātor, ōris *m* (*reconcilio*) verzoener [**pacis** vredestichter].

re-conciliō, conciliāre
1. herstellen [**existimationem iudiciorum; studia patrum; detrimentum** weer goedmaken; **pacem** stichten];
2. herenigen, verzoenen [**alqm alci; milites; inimicos in gratiam**]; ▸ *me cum Caesare reconciliat;*
3. herwinnen, weer verschaffen [**Parum insulam oratione** door onderhandelingen];
4. (*Plaut.*) terugbrengen [**in libertatem; alqm domum**].

re-concinnō, concinnāre herstellen, repareren [**reliqua; detrimentum**].

re-condidī *pf. v. recondo.*

reconditus, a, um (*p. adj. v. recondo*)
1. verborgen, verscholen, diepliggend [**venae auri argentique**];
2. ver weg gelegen [**locus; saltus**];
3. (*metaf.*) verborgen, geheim, diepzinnig [**sensus sermonis; sententiae; ratio**]; — *subst.* **recondita,** ōrum *n* ~ *templi* het binnenste v.d. tempel;
4. (*v. karakter*) gesloten [**natura**];
5. (*Suet.*) niet langer gangbaar, verouderd [**verba**].

re-condō, condere, condidī, conditum
1. bewaren, opbergen, opzij leggen [**medicamenta;** *metaf.* **odia** in het hart bewaren; **verba alcis** in het geheugen bewaren];
2. *op zijn plaats* terugleggen *of* terugzetten [**gladium in vaginam** weer steken in];
3. verbergen, verstoppen [**alqm silvā** *of* **nube; Ascanium curvā valle; opes; se** zich (*in de eenzaamheid*) terugtrekken];
4. (*poët.; postklass.*) (*metaf.*) verbergen, verzwijgen, geheimhouden [**voluptates**];
5. (*poët.*) *een wapen* diep steken in [**ensem in pulmone; gladium lateri**];
6. (*poët.*) verslinden, verzwelgen [**volucres avido ore**]; ▸ *cum subito Triton ore recondit aquam;*
7. (*Ov.*) weer sluiten [**oculos**].

re-condūcō, condūcere, condūxī, conductum (*postklass.*) opnieuw huren, opnieuw aannemen.

re-cōnflō, cōnflāre (*Lucr.*) weer aanblazen [*metaf.* **sensūs**].

re-coquō, coquere, coxī, coctum
1. opnieuw koken [**lanam; Peliam** door koken jong maken]; ▸ (*metaf.*) *senex recoctus* uitgekookt;
2. (*poët.*) opnieuw verhitten, omsmelten, omsmeden [**enses; electrum aurumque; ferrum**]; ▸ (*metaf.*) *scriba recoctus* (*scherts.*) nieuwbakken secretaris.

recordātiō, ōnis *f* (*recordor*) herinnering (*aan: gen.*) [**superbiae Tarquinii multarumque iniuriarum**].

re-cordor, cordārī (*cor*)
1. zich herinneren, zich weer voor de geest halen (*m. acc.; de; gen.; aci.; afh. vr.*) [**maiorum diligentiam; communes belli casūs; huius meriti in me; de liberis**];
2. (*poët.; postklass.*) denken aan *iets toekomstigs* [**quae sum passura**].

re-corrigō, corrigere, corrēxī, — (*postklass.*)
1. weer rechtmaken;
2. (*metaf.*) verbeteren.

re-coxī *pf. v. recoquo.*
re-crāstinō, crastināre *(crastinus) (postklass.)* uitstellen, verdagen.
re-crēmentum, ī *n (vgl. excrementum)* afval, plur. restanten v.h. verteringsproces.
re-creō, creāre
1. *(niet-klass.)* opnieuw scheppen, weer doen ontstaan [**lumen**]; herscheppen, omvormen [**homines; vitam**];
2. *(metaf.)* herstellen, doen herleven, krachtig maken, verkwikken [**vires; voculas; provinciam perditam**]; — *se* ~ *en pass. recreari* zich herstellen *(van: ex)* [**ex timore; ex vulneribus**].
re-crepō, crepāre, — — *(poët.)* weerklinken.
re-crēscō, crēscere, crēvī, crētum weer groeien.
re-crūdēscō, crūdēscere, crūduī, —
1. *(v. wonden)* weer opengaan, erger worden;
2. *(metaf.)* weer uitbreken, opnieuw ontstaan; ▸ *recrudescente seditione; pugna recruduit; nihil facilius quam amor recrudescit* ontbrandt.
rēctā *adv. (rectus; vul aan: viā)* rechtstreeks, direct [**ad regem ire**].
rēctē *zie rectus.*
rēctiō, ōnis *f (rego)* bestuur, leiding, regering [**rerum publicarum**].
rēctitūdō, inis *f (rectus) (eccl.)* rechtlijnigheid; oprechtheid.
rēctor, ōris *m (rego)*
1. leider, bestuurder [**navis** stuurman; **equi** berijder; **peditum** aanvoerder; **iuventae** opvoeder; **civitatis; provinciae** stadhouder; **Thebarum** koning];
2. *(v. godheden)* heerser [**Olympi** *of* **deum** *(= deorum) (v. Jupiter)*; **maris** *(v. Neptunus)*].
rēctrīx, īcis *f (rector) (postklass.)* leidster, bestuurster.
rēctum, ī *n (rectus)*
1. het juiste, het goede;
2. het (moreel) goede, het deugdzame; ▸ *-um colere; -um alter ab altero postulabit.*
rēctūra, ae *f (rego) (Laatl.)* rechte lijn.
rēctus, a, um *(p.adj. v. rego)*
1. recht, rechtdoor lopend, rechtstreeks [**coma** steil; **oculi** *en* **acies** onafgewend, strak; **lumen; vultus; iter; cursus; acies** frontaal aanvallend]; ▸ *in -um* rechtdoor; *-o flumine* rechtdoor langs de rivier; *-o itinere in Galliam contendere; -ā viā ire; (metaf.) -ā viā en de -o rem narrare* zonder omwegen;
2. (lood)recht, verticaal, rechtop, steil [**rupes; truncus; puella** *en* **homo** rijzig];
3. *(metaf.)* juist, recht; regelmatig, behoorlijk [**cultus; proelium; nomina** betrouwbare, veilige schuldposten *of* schuldenaars]; ▸ *rectum est (m. inf. of aci.)* het is juist, het past;
4. *(poët.)* rustig, vastberaden [**animus**];
5. eenvoudig, sober, natuurlijk [**orator; genus dicendi; sermo; commentarii Caesaris**];
6. onkreukbaar, onpartijdig [**praetor; iudex**];
7. rechtschapen, moreel goed [**consilium; ratio; iudicium**];
8. *(gramm. t.t.) casus* ~ nominativus;
/ *adv.* **-ē** (a) rechtop; rechtuit, in rechte lijn; ▸ ~ *ferri (v. atomen)*; (b) *(metaf.)* juist, betamelijk, passend, fatsoenlijk; ▸ ~ *atque ordine* keurig zoals het hoort; ~ *vivere;* ~ *facere;* ~ *iudicare;* ~ *respondere; tabernaculum* ~ *capere en ludi* ~ *facti* overeenkomstig de voorschriften; (c) gunstig, goed, gelukkig, zonder gevaar, zeker; ▸ ~ *est* het gaat goed; *ei* ~ *est* hij maakt het goed; ~ *bellum gerere;* (d) terecht; (e) *(in antwoorden)* juist!, precies!; *beleefd ontwijkend of weigerend:* al goed!; (f) *(Plaut.) (bij verkoop)* goed, duur.
recubitus, ūs *m (recubo)*
1. *(postklass.)* het aanliggen;
2. *(eccl.) (meton.)* plaats aan tafel.
re-cubō, cubāre, cubuī, — op de rug liggen, rusten [**sub arbore**].
re-cubuī *pf. v. recubo en recumbo.*
rēcula, ae *f (demin. v. res)* klein vermogen *of* bezit.
recultus *ppp. v. recolo.*
re-cumbō, cumbere, cubuī, —
1. (achterover) gaan liggen, achteroverleunen [**in cubiculo; in herba; spondā**]; aan tafel gaan aanliggen [**in triclinio; lectis**];
2. *(poët.) (v. niet-lev.)* zinken, achterover-, onderuitzakken; ▸ *pons in palude recumbit; vitis recumbit in terra; nebulae campo recumbunt* neerzinken; *unda ponto recumbit; cervix in umeros (of umero) recumbit* loopt uit in;
3. *(Mart.) (v. plaatsen)* aanleunen tegen, gelegen zijn aan *(m. dat.)*.
recuperātiō, ōnis *f (recupero)* het herwinnen, het herkrijgen [**libertatis**].
recuperātor, ōris *m (recupero)*
1. *(Tac.)* heroveraar [**urbis**];
2. rechter in zaken mbt. schadeloosstelling; *(plur.) college bestaand uit 3 of 5 rechters, dat beslissingen nam in processen mbt. schadeloosstelling.*
recuperātōrius, a, um *(recuperator)* van een rechter *of* van de rechters inzake schadeloosstellingsprocessen [**iudicium**].

recuperō, recuperāre *(recipio)*
1. heroveren, terugkrijgen, herwinnen [**amissa; rem publicam** de macht in de staat, de (republikeinse) staatsvorm herstellen; **urbem; villam suam ab alqo; usum togae** de toga weer dragen; **ius suum; pacem; gloriam; obsides**];
2. *(metaf.)* voor zich winnen.

re-cūrō, cūrāre weer genezen, herstellen.

re-currō, currere, currī, cursum
1. teruglopen, terugrennen, terugkeren [**in arcem; in initia; rure**]; ▸ *sol recurrens; bruma recurrit iners; recurrit versa hiems; ad fontem of in suos fontes ~ ; recurrentes per annos;*
2. *(metaf.)* terugvallen op *(m. ad)* [**ad easdem deditionis condiciones**];
3. *(postklass.)* zijn toevlucht nemen tot *(m. ad)* [**ad auctores**];
4. *(Plin. Min.) (v. niet-lev.)* met terugwerkende kracht van toepassing zijn.

recursō, recursāre *(intens. v. recurro) (niet-klass.)* steeds teruglopen, -snellen, -keren *(ook metaf.)*; ▸ *cura recursat; virtus animo recursat* komt iem. telkens weer voor de geest.

recursum *ppp. v. recurro.*

recursus, ūs *m (recurro)* terugkeer, terugloop [**pelagi** *of* **maris** eb].

re-curvō, curvāre *(poët.; postklass.)* terugbuigen [**colla equi; palmam**]; ▸ *undae recurvatae* rollend.

recurvus, a, um *(recurvo) (poët.; postklass.)* achterovergebogen [**cornu; tectum** = het Labyrint; **concha**].

recūsātiō, ōnis *f (recuso)*
1. weigering, afwijzing;
2. *(jur. t.t.)* protest, verweer, tegenwerping.

re-cūsō, cūsāre *(causa)*
1. afwijzen, weigeren, van de hand wijzen, zich verzetten tegen *(m. acc.; de; inf. of aci.; ne of quominus; na ontkenning quin)* [**deditionem; condiciones pacis; de stipendio; de iudiciis transferendis**];
2. *(jur. t.t.)* protest aantekenen, protesteren.

recussus[1] *ppp. v. recutio.*

recussus[2]**,** ūs *m (recutio) (postklass.)* terugstoot, terugsprong.

re-cutiō, cutere, cussī, cussum *(quatio) (Verg.; postklass.)* doen schudden.

re-cutītus, a, um *(cutis) (postklass.)*
1. besneden [**Iudaei;** *meton.* **sabbata** = van de joden];
2. *(metaf.)* ontveld, kaal [**colla mulae**].

red- *zie re-.*

rēda, ae *f = raeda.*

redāctus *ppp. v. redigo.*

red-ambulō, ambulāre *(Plaut.)* terugwandelen.

red-amō, amāre de liefde beantwoorden van, eveneens liefhebben.

red-ārdēscō, ārdēscere, —— *(Ov.)* weer opvlammen; ▸ *flamma redardescet.*

red-arguō, arguere, arguī, argūtum
1. weerleggen, logenstraffen; ▸ *nosmet ipsos redargui patiamur; oratio quae neque redargui neque convinci potest; ~ mendacium alcis; improborum prosperitates redarguunt vim deorum (Cic.);*
3. afkeuren; ▸ *inconstantiam redarguo tuam (Cic.);*
3. *(Laatl.)* beschuldigen *(van: gen.).*

redargūtiō, ōnis *f (redarguo) (eccl.)* weerlegging.

rēdārius, ī *m = raedarius.*

red-auspicō, auspicāre *(eig. 'weer auspiciën waarnemen') (Plaut.) (scherts.)* terugkeren [**in catenas**].

red-didī *pf. v. reddo.*

redditiō, ōnis *f (reddo)*
1. *(postklass.)* teruggave [**pignoris**];
2. *(eccl.)* vergelding.

redditor, ōris *m (reddo) (Laatl.)* iem. die teruggeeft, betaalt, vergeldt.

red-dō, dere, didī, ditum
1. teruggeven *(ook metaf.)* [**omne argentum; alci pecuniam; alci salutem; equos; obsides; captivos; otium totā Siciliā** weer herstellen; **libertatem; alci patriam; alci ereptum honorem**];
2. *se ~ en pass. reddi* terugkeren, teruggaan; ▸ *se ~ convivio* naar het gastmaal; *se ~ iterum in arma Teucrum (= Teucrorum)* opnieuw tegenstand bieden; *lux terris se reddit* keert terug; *reddar tenebris; Daedalus redditus his primum terris;*
3. als tegenprestatie geven, teruggeven, vergelden, vergoeden [**gratiam** (door een dienst) dank betuigen; **oscula; beneficium; pro vita vitam; hosti cladem; alci honorem pro meritis** bewijzen]; ▸ *paria verba paribus redduntur* even lange woorden worden geplaatst op overeenkomstige plaatsen;
4. betalen, afgeven [**praemia debita; vitam pro re publica** geven; **naturae debitum** *en* **vitam naturae** sterven; **vota** *en* **vota Iovi** vervullen; **poenas alcis rei** boeten voor];
5. offeren [**tura lari; liba deae; exta Marti**];
6. aanreiken, afgeven, bezorgen [**epistulam**

regi; alci hereditatem];
7. *(wat men verschuldigd is)* geven, doen toekomen [**suum cuique; alci rationem** rekenschap afleggen aan; **facto sua nomina** de dingen bij hun naam noemen];
8. verlenen, schenken, geven [**veniam peccatis; responsa**];
9. *(m. dubb. acc.)* maken tot *(meestal m. pred. adj., zelden m. pred. subst.)* [**mare tutum; alqm caecum; alqm iratum; itinera infesta; alqm hostem Romanis; homines ex feris mites**]; ▸ *domum exornatam fere ~ nudam; — pass. (zelden) m. dubb. nom.: obscura reddita est forma* werd verduisterd;
10. weer te voorschijn brengen; ▸ *mare terras reddit; — pass.* weer te voorschijn komen: *flumen redditur;*
11. opzeggen, voordragen, uiten, berichten [**dictata magistro; carmen; exemplum; verba male** uitspreken];
12. laten horen, uitstoten, uitwerpen, voortbrengen [**murmura; sonum; vocem; animam** uitademen; **stridorem; flammam; catulum partu** *en* **vivum onus** baren];
13. *(poët.)* antwoorden, als reactie geven [**talia; nullam vocem ad minas; mutua dicta** woorden wisselen]; ▸ *veras audire et ~ voces;*
14. *(poët.; postklass.)* nadoen, weergeven, namaken; ▸ *qui te nomine reddet* die jouw naam zal dragen;
15. vertalen [**alqd Latine; verbum (pro) verbo**];
16. laten, bestendigen [**civitati iura legesque; populo sacra sua**];
17. *(jur. t.t.)* (a) *iudicium in alqm ~* een gerechtelijk onderzoek (laten) instellen tegen iem. *(wegens: gen.)* [**maiestatis** wegens hoogverraad]; (b) *ius of iura ~* rechtspreken.

reddūcō, reddux = *reduco, redux.*

red-ēgī *pf. v. redigo.*

red-ēmī *pf. v. redimo.*

redēmptiō, ōnis *f (redimo)*
1. het los-, terug-, vrijkopen [**captivorum**]; ▸ *redemptionis pretium* losgeld;
2. omkoping [**iudicii**];
3. het pachten;
4. *(eccl.)* (a) verlossing; (b) *veniarum ~* het kopen v. aflaten.

redēmptō, redemptāre *(frequ. v. redimo) (Tac.)* vrijkopen [**captivos**].

redēmptor, ōris *m (redimo)*
1. opkoper, leverancier [**frumenti**];
2. pachter;
3. *(postklass.)* iem. die een ander uit gevangenschap vrijkoopt;
4. *(eccl.)* de Verlosser.

redēmptūra, ae *f (redimo)* het pachten.

redēmptus *ppp. v. redimo.*

red-eō, īre, iī, itum
1. teruggaan, terugkeren [**a Caesare; a foro; ex provincia in Italiam; huc; domum; in proelium** naar de strijd *of* om te gaan vechten; **in castra; in patriam; in senatum; ad vestitum suum** rouw afleggen; **in viam** op het rechte pad; *(m. sup.)* **spectatum** voor het schouwspel]; ▸ *forma prior rediit; redit sol in sua signa; astra redeunt* komen weer op; *ossibus redit calor; redeunt gramina campis; redeunt frondes arboribus;*
2. *(metaf.)* terugkomen, -keren; ▸ *Caesar ad duas legiones redit* er resteren Caesar nog maar twee legioenen; *in pristinum statum ~* teruggebracht worden; *novae rediere in pristina vires* de hernieuwde krachten keerden terug in de voormalige toestand; *tempora in priscum aurum redeunt* het Gouden Tijdperk keert terug; *ad se ~* weer tot bezinning komen, tot bedaren komen, zich herstellen; *mens (of animus) redit* de bezinning keert terug; *Proteus in sese (in sua membra) redit* verandert zich in zijn oude gedaante; *cum matre in gratiam ~* zich verzoenen;
3. *(in een redevoering of gesprek)* terugkomen op *(m. ad)* [**ad inceptum; ad instituta; ad principia defensionis**]; ▸ *mitte ista atque ad rem redi (Ter.);*
4. *(v. plaatsen)* afhellen; ▸ *collis ad planitiem redit;*
5. *(als inkomsten of opbrengst)* binnenkomen; ▸ *pecunia ex metallis redibat; ex qua regione quinquaginta talenta redibant; bona in tabulas publicas redierunt* werden in de boeken v.d. staatskas geboekt;
6. ontstaan, voortkomen; ▸ *ex otio bellum redibit;*
7. overgaan op, toevallen aan *(m. ad)*; ▸ *summa imperii ad Camillum rediit; res* (de regering) *ad patres rediit; ager ad Ardeates redit; eius morte ea bona ad me redierunt (Ter.); ad hos redibat lege hereditas (Ter.);*
8. *(v. niet-lev.)* komen tot, uitlopen op *(m. in m. acc.; ad)*; ▸ *res ad interregnum rediit* het liep uit op een interregnum; *res in eum locum rediit ut* het is hierop uitgedraaid dat; *omnia haec verba huc redeunt* lopen hierop uit; *ad manus reditur* het komt tot een handgemeen;

/ *samengetrokken perfectumvormen:* redīsse(m), redīstī *e.a.*

red-hālō, hālāre *(Lucr.)* uitwasemen.

red-hibeō, hibēre, hibuī, hibitum *(habeo)*
1. *(Plaut.; Laatl.)* teruggeven, vergoeden [**alci viaticum**];
2. *(een product waar iets aan mankeert)* (a) *(v.d. koper)* teruggeven; (b) *(Plaut.) (v.d. verkoper)* terugnemen.

redhibitiō, ōnis *f (redhibeo) (postklass.)* het terugnemen *resp.* teruggave *van een product waar iets aan mankeert.*

redhibitōrius, a, um *(redhibeo) (jur.)* betrekking hebbend op de teruggave van ondeugdelijke goederen.

redhibitus *ppp. v. redhibeo.*

red-hibuī *pf. v. redhibeo.*

red-igō, igere, ēgī, āctum *(ago)*
1. terugdrijven, terugjagen, terugbrengen [**capellas; alqm in exilium; hostem in castra;** *metaf.* **in memoriam alcis** in iems. geheugen terugroepen; **rem ad pristinam belli rationem** de oude oorlogstoestand herstellen];
2. *(geld)* binnenhalen, innen, beuren [**pecuniam ex vectigalibus; magnam pecuniam in aerarium; praedam in fiscum** confisqueren; **alqd in publicum** aan de staatskas afdragen]; ▸ *omnis frumenti copia penes istum est redacta* aan zijn beheer overgegeven;
3. *(metaf.) (in een toestand)* brengen, terecht doen komen [**insulas sub** *(of* **in)** **potestatem** onderwerpen; **in servitutem; prope ad internecionem gentem ac nomen Nerviorum; alqm in ordinem** tot de orde roepen; **mentem lymphatam in veros timores** angst aanjagen; **gentes in dicionem imperii; in provinciam** *of* **in formam provinciae; homines in gratiam** weer verzoenen; **patrem ad inopiam** tot de bedelstaf; **alqd ad certum** tot zekerheid brengen; **praedam ad nihilum** tot niets reduceren; **victoriam ad vanum et irritum** verspelen en tenietdoen]; *(m. dubb. acc.)* maken tot [**virum infirmiorem** verzwakken]; ▸ *loci angustiis redactus est ad paucitatem quam in hoste contempserat* tot hetzelfde kleine aantal beperkt.

red-iī *pf. v. redeo.*

redimīculum, ī *n (redimio)* (hoofd)band, halsketting.

redimiō, redimīre
1. ombinden, omwinden, bekransen [**capillos mitrā; tempora vittā; frontem coronā**];
2. *(metaf.)* omgeven; ▸ *silvis redimita loca.*

red-imō, imere, ēmī, ēmptum *(emo)*
1. terugkopen [**domum; fundum**];
2. loskopen, vrijkopen [**captos e servitute; auro se a Gallis; pecuniā se a iudicibus; amicum a piratis; urbem quinque hominum perditorum poenā**]; *(metaf.)* redden, verlossen [**alqm ab Acherunte sanguine suo**];
3. (af)kopen [**auro ius sepulcri; necessaria ad cultum; vitam alcis pretio**]; *(metaf.)* weer goedmaken [**culpam; vitia virtutibus**];
4. een schikking treffen voor, schikken [**litem**];
5. verkrijgen, verwerven, opkopen [**pacem obsidibus; pacem parte fructuum; fundum**];
6. pachten, huren [**vectigalia; picarias**];
7. tegen betaling op zich nemen *of* uitvoeren [**opus**].

redintegrātiō, ōnis *f (redintegro)*
1. herstel, vernieuwing;
2. herhaling.

red-integrō, integrāre
1. weer aanvullen [**deminutas copias**];
2. herstellen, hernieuwen [**proelium; invidiam in alqm; iras**];
3. opwekken, doen herleven [**vires; spem victoriae; memoriam auditoris; animum legentium** de belangstelling v.d. lezers];
4. herhalen [**orationem**].

red-ipīscor, ipīscī, — *(apiscor) (Plaut.)* weer verkrijgen.

reditiō, ōnis *f (redeo)* terugkeer.

reditum *ppp. v. redeo.*

reditus, ūs *m (redeo)*
1. terugkeer [**Romam; domum** thuiskomst; **in Italiam; in castra; e foro; e provincia**];
2. kringloop *van hemellichamen* [**solis**];
3. *(metaf.)* terugkeer [**ad propositum; in amicitiam; in gratiam cum alqo** verzoening];
4. inkomen, inkomsten, *ook plur.* [**pecuniae** in geld; **metallorum**]; ▸ *in reditu esse* opbrengen, produceren.

redi-vīvus, a, um
1. weer tot leven gekomen, *ook metaf.* [**senex**];
2. al eerder *of* opnieuw gebruikt [**lapis**]; — *subst.* **redivīvum,** ī *n* gebruikt materiaal;
3. *(Laatl.)* hernieuwd [**bella**].

red-oleō, olēre, oluī, — een geur afgeven, ruiken *(van, naar: acc. of abl.)* [**vinum; thymo;** *metaf.* **antiquitatem**]; ▸ *redolent murrae; (metaf.) eius sermonis indicia redolent* aanwijzingen v. dat gesprek zijn te bespeuren.

Rēdonēs, um *m volksstam in Bretagne bij het hui-*

dige Rennes.

re-dōnō, dōnāre *(Hor.)* teruggeven.

re-dormiō, dormīre *(postklass.)* opnieuw gaan slapen.

re-dūcō, dūcere, dūxī, ductum

1. terugtrekken, naar achteren schuiven [**turres; munitiones; remos ad pectora; caput comā** bij de haren; **hastam; bracchia in iaculando** uithalen met; **gradum** terugtrekken; **auras** opsnuiven; *metaf.* **se a contemplatu mali** afzien van; **socios a morte** redden];

2. terugbrengen, terugleiden [**milites; alqm domum** *en* **ad suam villam** naar huis brengen; **alqm in urbem; alqm ad parentes; captivos ad Caesarem**]; *pass.* terugkeren; ▸ *aestas reducitur;*

3. *troepen* terugtrekken, terug laten marcheren [**legiones ex Britannia; copias a munitionibus in castra; suos ab oppugnatione; victorem exercitum Romam; suos incolumes**];

4. *een verstoten vrouw* weer bij zich nemen [**uxorem; alqam in matrimonium**];

5. *een balling* weer terugbrengen [**alqm de exilio; in regnum**]; ▸ *cum in Italiam, ex qua profectus sum, reductus existimabor;*

6. *(metaf.)* terugbrengen, terugvoeren [**spem mentibus anxiis; alqm ex errore ad rectam viam** op het rechte pad; **legiones veterem ad morem; alqm in gratiam cum alqo** verzoenen; **alqm ad officium; alqd in memoriam** in het geheugen oproepen]; ▸ *alqm in memoriam gravissimi luctus* ~ opnieuw in herinnering brengen bij iem.;

7. *(postklass.) (iets dat in onbruik is geraakt)* opnieuw invoeren, hernieuwen [**morem; legem maiestatis; habitum vestitumque pristinum**];

8. *(poët.) alqd in formam* ~ een vorm geven;

9. *(Sen.)* verminderen, reduceren [**velocitatem**].

reductiō, ōnis *f (reduco)* het terugbrengen [**regis** *uit ballingschap*].

reductor, ōris *m (reduco)*

1. iem. die terugbrengt [**plebis in urbem**];

2. *(postklass.)* hersteller [**litterarum iam senescentium**].

reductus, a, um *(p. adj. v. reduco)* teruggetrokken, terugwijkend, afgelegen, eenzaam [**vallis; oculi** diepliggend]; — *subst.* **reducta,** ōrum *n* = *apoproegmena.*

red-ulcerō, ulcerāre *(postklass.)* weer openrijten *(ook metaf.).*

red-uncus, a, um *(poët.; postklass.)* naar binnen gebogen *of* gekromd [**rostrum**].

redundanter *adv. (v. redundans, p. adj. v. redundo) (Plin. Min.)* te rijk aan woorden, breedvoerig, omstandig.

redundantia, ae *f (redundo)*

1. terugstroom, terugkeer;

2. overvloed *van woorden.*

redundātiō, ōnis *f (redundo)*

1. terugwaartse (golf)beweging;

2. het opgeven, het braken;

3. *(metaf.)* overvloed [**cicatricum**].

red-undō, undāre

1. overstromen, overlopen, buiten zijn oevers treden; ▸ *lacus redundat; Nilus campis redundat;* — *ppp.* **redundātus,** a, um (over)stromend [**aquae**];

2. druipen van *(m. abl.)* [**sanguine**];

3. *(retor.)* overladen zijn; — *p. adj.* **redundāns,** antis woordenrijk, breedvoerig, breedsprakig [**orator; verba**];

4. *(metaf.)* binnenstromen, zich rijkelijk uitstorten; ▸ *in me periculum redundat* treft in hoge mate; *nationes in provincias redundant* volkeren overspoelen de provincies; *ad amicos infamia redundat* treft; *invidia mihi redundat; ex meo tenui vectigali, detractis sumptibus cupiditatis, aliquid etiam redundabit* zal overblijven;

5. overvloed hebben aan *(m. abl.)* [**luctu; armis**];

6. in overvloed voorhanden zijn *of* te voorschijn komen; ▸ *ornatus orationis in alqo redundat; iudicum hodie copia redundat; pecuniae hinc redundant.*

red-uvia, ae *f (< * red-uo; vgl. ex-uviae < ex-uo)*

1. dwangnagel;

2. *(metaf.)* kleinigheid.

redux, *gen.* ucis *(abl. sg. -e en -ī) (reduco)*

1. terugbrengend, die *of* dat zorgt voor de terugkomst [**Fortuna; Iuppiter**];

2. terugkomend [**socii; navis**]; ▸ *alqm reducem facere (Ter.)* weer terugbrengen; *me reducem esse voluistis.*

re-dūxī *pf. v. reduco.*

re-fēcī *pf. v. reficio.*

refectiō, ōnis *f (reficio)*

1. herstel, reparatie [**Capitolii**];

2. *(postklass.)* verkwikking, herademing;

3. *(Mel.)* maaltijd.

refector, ōris *m (reficio) (Suet.; Laatl.)* hersteller.

refectōrium, ī *n (reficio) (Mel.)* refter, eetzaal in *een klooster.*

refectus[1] *ppp. v.* *reficio.*

refectus[2], ūs *m* (*reficio*) (*Apul.*) verfrissing.

re-fellō, fellere, fellī, — (*fallo*) weerleggen, als onjuist van de hand wijzen [**testem** weerspreken; **dicta; mendacium alcis; crimen ferro** afwenden].

re-ferciō, fercīre, fersī, fertum (*farcio*)
1. volstoppen, (aan)vullen [**horrea;** *metaf.* **aures sermonibus; libros puerilibus fabulis**]; — *p. adj.* **refertus,** a, um volgestopt, overvol, rijk (*met, aan: abl. of gen.*) [**aerarium; Asia; agri; insula divitiis; vita bonis; mare praedonum**];
2. op(een)hopen [**alqd in oratione**].

re-feriō, ferīre, — — (*poët.; postklass.*) terugslaan, -werpen; ▸ *oppositā speculi referitur imagine Phoebus* geeft een weerspiegeling; *referitur vocibus Echo.*

re-ferō, referre, rettulī, relātum (*en* [*Ter.*] rellātum)
1. *naar zijn plaats* terugdragen *of* terugbrengen [**pecunias in templum; candelabrum; corpus in monumentum** naar het graf; **anulum ad alqm; collapsa membra thalamo** naar de slaapkamer; **alqm in castra; vina** opgeven, uitbraken]; ▸ *auster alqm in Italiam refert* slaat uit de koers (terug naar); *ut naves eodem, unde erant profectae, referrentur;*
2. *een vondst, buit* naar huis brengen [**opima spolia; signa militaria ex proelio**];
3. naar achteren bewegen, wenden, terugtrekken [**caput; manum ad capulum** aan het zwaard slaan; **pedem, gradum** *of* **vestigia** zich terugtrekken, -wijken, -keren; **castra** naar achteren verplaatsen; **ora in alqm**]; — *se* ~ *of* (*zelden*) *pass.* *referri* zich terugtrekken, teruggaan, -keren: *se* ~ *e pastu* naar huis terugkeren (*v. dieren*); *se Romam* ~; *se domum* ~; *se ad urbem* ~; *a prima acie ad triarios sensim referri; equi datis habenis referuntur;* (*metaf.*) *eo se refert oratio;*
4. (*metaf.*) *de geest, blik* terugwenden, opnieuw wenden naar, richten op (*m. ad; in m. acc.*) [**oculos animumque ad alqm; animum ad studia; animum ad firmitudinem** weer zelfverzekerd maken; **multa in melius** weer ten goede keren; **se ad philosophiam; se a scientiae delectatione ad efficiendi utilitatem**];
5. terugvoeren op, afmeten, beoordelen *of* bepalen naar (*m. ad*) [**omnia ad voluptatem; in claritatem Herculis; omnia ad suum arbitrium** afhankelijk maken van; **prospera ad fortunam** toeschrijven aan; **alienos mores ad suos** naar zijn eigen gewoonten beoordelen; **alqd ad se ipsum** naar zijn eigen maatstaven bepalen; **omnia consilia atque facta ad dignitatem et ad virtutem**]; — *pass.* *referri* zich richten naar; ▸ *cuncta ad rem publicam referuntur;*
6. *van iem.* afleiden [**maiores ab alqo**];
7. (*poët.; postklass.*) *een tijd* laten terugkeren, terugbrengen; ▸ *o mihi praeteritos referat si Iuppiter annos!* (*Verg.*);
8. (be)antwoorden [**pauca; talia**];
9. zeggen, vertellen [**vera; talia verba; versum** citeren];
10. naar voren brengen, voorleggen, verslag uitbrengen over (*m. acc.; aci.; afh. vr.*) [**omnia ad oracula** ter beslissing voorleggen; **rem ad senatum; ad Apollinem semper publice de maioribus rebus**]; ▸ *postulant ut referatur* dat er verslag uitgebracht wordt;
11. herhalen [**responsum; voces; alqm** herhaaldelijk noemen];
12. *geluiden* doen weerklinken, doen echoën [**gemitum**]; — *pass.* *referri* weerklinken, echoën: *soni referuntur; theatri natura ita resonans, ut usque Romam significationes vocesque referantur;*
13. (*poët.; postklass.*) weergeven, weerspiegelen, nabootsen [**miram formam; patrem sermone (ore); animo manibusque parentes; nomine avum** dezelfde naam hebben];
14. *iets dat verdwenen is* herstellen, hernieuwen, terugbrengen, weer invoeren [**eas artes; caerimonias; maiorum consuetudinem; morem; arma** de oorlog; **rem iudicatam** opnieuw voor de rechtbank brengen]; ▸ *cum astra eandem totius caeli descriptionem rettulerint* dezelfde positie tot stand hebben gebracht (*Cic.*);
15. (*poët.; postklass.*) iem. herinneren aan (*m. acc.*) [**foedus et iura parentum**];
16. (*poët.*) zich te binnen brengen, zich herinneren [**convivia; visa**];
17. overbrengen, melden [**senatūs consulta; responsum; publicas rationes ad alqm**];
18. (*schriftel. of mondel.*) overleveren, berichten, meedelen [**acta sociis; haec mandata Caesari; Solis amores; relata** wat verteld is; (*m. dubb. acc.*) **alqm parentem** als vader noemen *of* roemen; **patriam Epirum**]; (*ook m. aci.; afh. vr.*);
19. rekenen tot, tellen onder (*m. in m. acc.; inter*) [**alqm in oratorum numerum; terram et**

caelum in deos; alqm inter deos];
20. teruggeven, vergoeden, vergelden [pateram; argentum; *metaf.* gratiam *of* gratias dank betuigen; par pari met gelijke munt betalen; alci salutem teruggroeten];
21. *iets verschuldigds* betalen, voldoen [aera Idibus het schoolgeld betalen; *metaf.* tumulo sollemnia wijden];
22. inschrijven, noteren, boeken, optekenen, opnemen [iudicium in tabulas publicas; in album; in libellum; alqd in commentarium; pecuniam acceptam onder inkomsten boeken, crediteren; alci salutem imperii acceptam toeschrijven; alqm in, inter proscriptos *of* in proscriptorum numerum vogelvrij verklaren; in reos];
23. afleveren, brengen [frumentum ad Caesarem; rationes ad aerarium; pecuniam in aerarium aan de staatskas];
24. overdragen *(aan: ad)* [consulatum ad patrem].

re-fersī *pf. v. refercio.*

rē-fert, rēferre, rētulit *(res en fero, rē- door de Romeinen zelf als abl. opgevat)*
1. *(onpers.)* het is van belang, het komt eropaan; *— de persoon voor wie iets van belang is, wordt uitgedrukt door meā, tuā, suā, nostrā, vestrā (voor mij, jou enz.), gen. of dat.; — datgene wat v. belang is, wordt aangeduid door een pron. neutr. (bv. id, illud, quid), een inf., aci. of afh. vr.; — de mate waarin wordt aangeduid door een gen. (bv. parvi, magni, pluris), een neutr. v. adj. en pron. (bv. multum, plus, plurimum, nihil, quid) of een adv. (bv. magnopere, magis, minime);*
2. *(v. niet-lev.)* van belang zijn; ▸ *magni refert studium et voluptas (Lucr.).*

refertus zie *refercio.*

re-ferveō, fervēre, — — *(Cic.)* opbruisen; ▸ *(metaf.) refervens falsum crimen.*

refervēscō, refervēscere, — — *(incoh. v. referveo)* beginnen te koken; ▸ *sanguis refervescit.*

re-ficiō, ficere, fēcī, fectum *(facio)*
1. opnieuw maken *of* vervaardigen [amissa; tela; faciem een nieuw aanzien geven];
2. herkiezen [alqm consulem; tribunos; regem opnieuw op de troon zetten];
3. herstellen: (a) opnieuw opbouwen [muros dirutos; opus; pontem; fana]; (b) herstellen, repareren [naves; classem; aedes];
4. *(metaf.)* herstellen [ordines; salutem];
5. aanvullen, voltallig maken, op de vereiste sterkte brengen [exercitum; pecus];
6. sterken, laten uitrusten, verfrissen, verkwikken [fessum militem; exercitum ex labore; animos militum a terrore; mentem doen herleven; vires cibo; saucios genezen]; *— se ~ of pass. refici* op krachten komen: *ex vulnere refectus; ab iactatione maritima refici; res refectae sunt* de betrekkingen zijn verbeterd;
7. *(poët.)* weer aansteken, weer aanwakkeren [flammam];
8. *een opbrengst* ontvangen, innen, behalen [tantum ex possessionibus];
9. *(Mel.)* te eten geven; *— se ~ en pass. refici* eten.

re-fīgō, fīgere, fīxī, fīxum
1. losmaken, afnemen, afrukken [tabulas; signa templis *(abl.)* van de tempels];
2. *(metaf.)* afschaffen, opheffen, ongeldig maken [leges].

re-fingō, fingere, — — *(Verg.)* opnieuw vormen *of* scheppen [cerea regna].

re-fīxī *pf. v. refigo.*

refīxus *ppp. v. refigo.*

re-flāgitō, flāgitāre *(Catull.)* terugeisen.

reflātus, ūs *m (reflo)*
1. tegenwind;
2. het uitblazen v. lucht.

re-flectō, flectere, flexī, flexum
1. *(poët.; postklass.)* naar achteren buigen *of* wenden, omdraaien [caput; cervicem; colla; oculos; pedem *of* gressum teruggaan; caudam]; *— pass.* achteroverleunen;
2. *(metaf.)* (om)wenden, tot andere gedachten brengen [animum *of* mentem kalmeren; mentem a latrociniis afwenden van]; ▸ *refl.: morbi reflexit causa (Lucr.)* is tot rust gekomen.

reflexus, a, um *(reflecto)* naar achteren gebogen [cornu], naar achteren liggend [plaga].

re-flō, flāre
1. tegemoet waaien *(ook metaf. v. geluk)*; terugblazen;
2. *(Lucr.)* uitademen, uitblazen.

re-flōrēscō, flōrēscere, flōruī, — *(postklass.)* opnieuw beginnen te bloeien.

re-fluō, fluere, flūxī, flūxum *(poët.; postklass.)* terugstromen; ▸ *Nilus refluit campis* (weg) van de velden.

refluus, a, um *(refluo) (poët.; postklass.)* terugstromend [mare].

re-fōcil(l)ō, fōcil(l)āre *(Vulg.)* opnieuw verwarmen, doen herleven, verkwikken.

refōrmātiō, ōnis *f (reformo) (postklass.)* verbetering [morum].

refōrmātor, ōris *m (reformo) (postklass.)* hervormer [**litterarum iam senescentium**].
reformīdātiō, ōnis *f (reformido)* angst.
re-formīdō, formīdāre terugschrikken, terugdeinzen *of* bang zijn voor *(m. acc.; inf.; afh. vr.; ne)*; ▸ *bellum* ~; *dicere reformidat animus.*
re-fōrmō, fōrmāre
1. *(Ov.)* omvormen, veranderen;
2. *(Plin. Min.)* verbeteren [**mores depravatos**];
3. (in de oude toestand) herstellen [**ora; mores**].
re-foveō, fovēre, fōvī, fōtum *(poët.; postklass.)*
1. opnieuw verwarmen [**corpus; artūs**];
2. *(metaf.)* weer doen herleven, verkwikken, verfrissen, sterken [**provincias certaminibus fessas; animum; vires; studia prope exstincta**].
refrāctāriolus, a, um *(demin. v. refractarius)* enigszins halsstarrig *of* eigenzinnig [**genus dicendi**].
refrāctārius, a, um *(refragor) (Sen.)* halsstarrig, eigenzinnig.
refrāctus *ppp. v. refringo.*
re-frāgor, frāgārī *(vgl. suffragor)*
1. stemmen tegen, tegenwerken *(m. dat.)* [**petenti; sibi; honori alcis**];
2. *(postklass.) (v. niet-lev.)* hinderlijk zijn, in de weg staan.
re-frēgī *pf. v. refringo.*
refrēnātiō, ōnis *f (refreno) (Sen.)* het beteugelen [**doloris**].
re-frēnō, frēnāre beteugelen, tegenhouden, weerhouden [**adulescentes a gloria; aquas; iuventutem omnium opibus**].
re-fricō, fricāre, fricuī, fricātūrus
1. weer openrijten [**vulnera**]; weer hinderen; ▸ *crebro refricat lippitudo (Cic.)*;
2. *(metaf.)* hernieuwen, opnieuw veroorzaken [**desiderium ac dolorem; memoriam pulcherrimi facti**].
refrīgerātiō, ōnis *f (refrigero)* afkoeling.
refrīgerium, ī *n (refrigero) (Vulg.; August.)* afkoeling.
re-frīgerō, frīgerāre *(frigus)*
1. doen afkoelen [**membra undā**]; — *pass. refrigerari* afkoelen [**umbris aquisve**];
2. *(metaf.)* doen afkoelen, tot rust brengen; ▸ *sermone refrigerato; accusatio refrigeratur.*
re-frīgēscō, frīgēscere, frīxī, —
1. *(niet-klass.)* weer koud, weer koel worden, afkoelen; ▸ *cor corpore cum toto refrixit (Ov.)*;
2. *(metaf.)* afkoelen, afnemen, vastlopen, aan betekenis verliezen; ▸ *illud crimen in causa refrixit; belli apparatūs refrigescent; sortes refrixerunt* zijn buiten gebruik geraakt; *a iudiciis forum refrixit* het gaat er bij de rechtbank niet meer zo heet aan toe.
re-fringō, fringere, frēgī, frāctum *(frango)*
1. openbreken, doorbreken, (stuk)breken [**ianuam; carcerem; Palatii fores; vestes** openscheuren; **ramum** afbreken];
2. *(metaf.)* breken [**dominationem Atheniensium; Achivos** de macht v.d. Achaeërs; **vim fluminis**].
re-frīxī *pf. v. refrigesco.*
re-fūdī *pf. v. refundo.*
refuga, ae *m (refugio)* vluchteling, deserteur.
re-fugiō, fugere, fūgī, fugitūrus
I. *intr.*
1. terugvluchten, ontvluchten, ontkomen, *ook metaf.* [**ad suos; Romam; ex castris in montem; oppido capto; ad urbem; a consiliis** afzien van];
2. zijn toevlucht nemen tot *(m. ad)* [**ad legatos; in portum; ad carminis tranquillitatem tamquam ad portum**];
3. *(poët.; postklass.) (v. plaatsen)* terugwijken, enigszins verwijderd liggen; ▸ *a litore templum refugit;*
II. *tr.*
1. vluchten voor *(m. acc.)* [**anguem**];
2. ontvluchten, mijden [**iudicem**];
3. mijden, vrezen, bang zijn voor [**periculum; ministeria**]; — *m. inf.* zich ertegen verzetten om.
refugium, ī *n (refugio)* toevlucht(soord); ▸ ~ *populorum erat senatus; silvae dedēre -um.*
refugus, a, um *(refugio) (poët.; postklass.)*
1. (terug)vluchtend [**equites**];
2. *(metaf.)* terugwijkend [**unda; fluctus**].
re-fulgeō, fulgēre, fulsī, —
1. tegemoet stralen, weerkaatsen; ▸ *arma refulgentia;*
2. *(poët.; postklass.)* (gaan) stralen, schitteren, glanzen; ▸ *(metaf.) splendida a docto fama refulget avo (Prop.).*
re-fundō, fundere, fūdī, fūsum
1. teruggieten, terugstorten, terugstuwen [**undas**]; ▸ *refunditur alga;*
2. *pass. refundi (poët.)* terugstromen, te voorschijn stromen, uitstromen *(ihb. ptc. refusus)*; ▸ *stagna refusa vadis* van de zeebodem weer naar boven gestroomd; *palus Acheronte refuso* door het stromen v.d. Acheron gevormd; *refusus Oceanus* in zichzelf terugstromend = de aarde

omstromend; *fletu super ora refuso*;
3. (*postklass.*) teruggeven [**spolia**].

refūtātiō, ōnis *f en* (*Lucr.*) **refūtātus,** ūs *m* (*refuto*) weerlegging.

re-fūtō, fūtāre (*vgl. con-futo*)
1. terugdrijven, terugdringen [**nationes bello**];
2. (*metaf.*) afwijzen, afslaan, versmaden [**cupiditatem alcis; clamorem; virtutem; vitam**]; ▸ *Fors dicta refutet!* God beware me!;
3. weerleggen [**infamiam; tribunos**].

rēgāle, is *n* (*regalis*) (*Mel.*) bezit *of* recht v.d. koning; *plur.* inkomsten v.d. koning; kleinoden v.h. rijk.

rēgāliolus, ī *m* (*regalis*) (*Suet.*) winterkoninkje(?).

rēgālis, e (*rex*)
1. koninklijk, van een koning *of* koningin, eigen aan een koning *of* koningin [**potestas; res publica; nomen; imperium; sceptrum; genus civitatis** monarchie; **carmen** *en* **scriptum** de daden v.d. koning verheerlijkend; **purpura**];
2. (*metaf.*) vorstelijk, een koning *of* koningin waardig [**ornatus; sententia; animus**];
/ *adv.* **rēgāliter** (a) koninklijk, op koninklijke wijze; (b) heerszuchtig, eigenmachtig, tiranniek.

re-gelō, gelāre (*postklass.*) ontdooien.

re-gemō, gemere (*poët.*) teruggrommen, grommend reageren *of* antwoorden.

regenerātiō, ōnis *f* (*regenero*) (*eccl.*) wedergeboorte.

re-generō, generāre (*postklass.*) opnieuw verwekken *of* voortbrengen; — *p. adj.* **regenerātus,** a, um herboren; gedoopt.

re-germīnō, germīnāre opnieuw uitlopen, ontbotten.

re-gerō, gerere, gessī, gestum
1. terugdragen, terugbrengen, teruggooien [**terram e fossa; tellurem** in de kuil teruggooien; **faces** terugwerpen, terugslingeren; **radios** weerkaatsen];
2. (*metaf.*) (*een beschuldiging*) terugwerpen [**convicia**];
3. *de schuld* schuiven op (*m. in*) [**culpam in alqm**].

rēgia, ae *f* (*regius; vul aan: domus*)
1. paleis, koninklijke burcht, residentie [**caeli** de hemelen]; ▸ *qui -am tuebantur* (*Nep.*);
2. (*in Rome*) paleis v. Numa, *na het verdrijven v.d. koning de zetel v.d. pontifex maximus*;
3. tent v.d. koning *in het legerkamp*;
4. (*postklass.*) zuilenhal, basilica;
5. (*meton.*) (a) koninklijke familie; (b) (*postklass.*) hof(houding); (c) (*postklass.*) koningschap.

Rēgiēnsēs *zie* Regium.

rēgi-ficus, a, um (*rex en facio*) (*poët.*) koninklijk, prachtig [**luxus**].

re-gignō, gignere (*Lucr.*) opnieuw voortbrengen.

Rēgillī *zie* Regillum.

Rēgillum, ī *n Sab. stad; ook* **Rēgillī,** ōrum *m*; — *adj.* **Rēgillēnsis,** e *en* **Rēgillānus,** a, um.

rēgillus, a, um (*rego*)
1. (*Plaut.*) (*scherts. als demin. v. regius*) koninklijk, prachtig;
2. *cogn. in de gens Aemilia.*

Rēgillus, i *m* (*vul aan: lacus*) *niet lokaliseerbaar meer in Latium waarbij de Romeinen onder leiding v. Postumius in 496 v. Chr. de Latijnen in een beslissende slag overwonnen*; — *adj.* **Rēgillēnsis,** e; *subst. als cogn. in de gens Postumia.*

regimen, inis *n* (*rego*)
1. het besturen [**navis**];
2. (*poët.*) (*meton.*) stuur, roer [**carinae**];
3. bestuur, leiding, regering, commando [**magistratūs; rei publicae; cohortium**];
4. (*meton.*) leider, bestuurder [**rerum** van de staat].

rēgīna, ae *f* (*rex*)
1. koningin, *als heerseres en als echtgenote v.d. koning* [**Dido**]; *ook v. godinnen* [**Iuno; Venus**]; ▸ *siderum ~ bicornis* = Luna;
2. (*poët.; postklass.*) koningsdochter, prinses [**Colchorum** = Medea; **sacerdos** priesteres v. koninklijke afkomst];
3. (*kom.*) (*v. voorname vrouwen*) heerseres, meesteres;
4. (*metaf.*) koningin, heerseres; ▸ *~ pecunia; haec una virtus (iustitia) omnium est domina et ~ virtutum* (*Cic.*).

Rēgīnus *zie* Regium.

regiō, ōnis *f* (*rego*)
1. richting, rij, linie; ▸ *~ viarum; eandem regionem petere* inslaan; *rectā regione* in de goede richting; *rectā Danuvii regione* evenwijdig aan de Donau; *regione occidentis* westwaarts; *regionem castrorum superare* het legerkamp voorbijgaan; (*metaf.*) *de recta regione deflectere* van het rechte pad afwijken; *haec eadem est nostrae rationis ~ et via* (*Cic.*) ik sla bij ons optreden dezelfde richting en dezelfde weg in; — **ē regiō-**

ne *adv.*: (a) in de juiste richting, recht vooruit [**moveri; petere**]; (b) recht tegenover (*abs., m. gen. of dat.*) [**oppidi; solis; castris**];
2. grens(lijn), *meestal plur., ook metaf.* [**terrae; caeli**]; ▸ *res eae orbis terrae regionibus definiuntur;* (*metaf.*) *sese regionibus officii continere;*
3. (*t.t. in de taal v.d. auguren*) gezichtslijn, *die men denkbeeldig aan de hemel trok;* ▸ *per lituum regionum facta descriptio;*
4. plaats aan de hemel, hemelstreek [**vespertina; aquilonia**];
5. gebied, (land)streek [**inhabitabilis; pestilens; fertilis; infinita; media; maritima**];
6. geografische ligging *of* positie [**loci**]; ▸ *naturā et regione vallatum;*
7. (*metaf.*) gebied, domein, bereik; ▸ *bene dicere non habet definitam aliquam regionem* (*Cic.*);
8. (*postklass.*) (*in Rome*) stadswijk, -deel; ▸ *in quattuordecim regiones Roma dividitur.*

Rēgion *zie* Rēgium.

regiōnātim *adv.* (*regio*) per district, per wijk.

registrum, ī *n* (*Mel.*) lijst, register.

Rēgium *en* **Rēgion,** ī *n*
1. ~ Lepidum *of* Lepidi (*naar haar stichter Aemilius Lepidus*), *stad tussen Modena en Parma aan de via Aemilia, nu* Reggio Emilia; — *inw.* **Rēgiēnsēs,** ium *m*;
2. *stad tegenover Messina, geboortestad v.d. dichter Ibycus, nu* Reggio Calabria; — *inw. en adj.* **Rēgīnus,** ī *m resp.* a, um.

rēgius, a, um (*rex*)
1. koninklijk, v.e. koning [**insignia; potestas; civitas** monarchie; **genus; nomen; causa** het op de troon zetten v.d. koning; **ornatus; bellum** met een koning; **exercitus** van de (Perzische) koning; **legatio; virgo** prinses; **ales** = adelaar (*als vogel v. Jupiter*)]; — *subst.* **rēgiī,** ōrum *m* (a) koninklijke troepen; (b) hovelingen;
2. een koning waardig, passend bij koningen; ▸ *more -o vivere* teugelloos;
3. prachtig [**apparatus; comitatus; moles** gebouwen];
4. tiranniek, despotisch, heerszuchtig [**spiritus** despotische hoogmoed; **ira**];
5. (*med.*) *morbus* ~ geelzucht.

re-glūtinō, glūtināre (*poët.; Laatl.*) weer losmaken.

rēgnātor, ōris *m* (*regno*) (*poët.; postklass.*) heerser, gebieder [**Olympi** (*v. Jupiter*); **Asiae**].

rēgnātrīx, īcis *f* (*regnator*) (*postklass.*) heerseres, *attrib.* heersend, van een heerser [**domus**].

rēgnō, rēgnāre (*regnum*)
I. *intr.*
1. koning zijn, heersen, regeren (*over: in m. acc.; gen.*) [**in nos; populorum; Romae; Graias per urbes**]; ▸ *regnandi dira cupido; Numā regnante* onder de regering v. Numa; *onpers.*: *regnatum est Romae ab condita urbe annos CCXLIV* in Rome hebben koningen geregeerd;
2. (*metaf.*) heersen, gebieden; ▸ *Graeciā iam regnante; vivo et regno* ik leef als een vorst;
3. de baas spelen, de lakens uitdelen; ▸ *alqs audaciā regnat in omnibus oppidis; regnavit Gracchus quidem paucos menses;*
4. (*v. niet-lev.*) heersen, de overhand hebben; ▸ *ignis per alta cacumina regnat* woedt; *ardor edendi per viscera regnat; regnat ebrietas;*
II. *tr.* (*poët.; postklass.*) beheersen, *alleen pass.*; ▸ *regnandam accipere Albam;* (*m. dat. v.d. pers.*: door) *terra regnata Philippo;* — *abs.* als monarchie geregeerd worden, een koning hebben: *gentes quae regnantur.*

rēgnum, ī *n* (*rex*)
1. koningschap, koningstroon, koninklijke macht; ▸ *-um agere, tenere, labefactare; alqm arcessere in -um a lusibus; -um suum firmare; alci -um dare* iem. tot koning kronen; *alci -um adimere* iem. onttronen; *superbi -i initium; neque potest eiusmodi res publica non regnum et esse et vocari;*
2. heerschappij, gezag, macht [**iudiciale** macht bij de rechtbank; **vini** leiderschap bij een drinkgelag]; ▸ *-i cupiditas* heerszucht; *sub -o alcis esse; alci -um deferre;* (*metaf.*) *si aliquid -i est in carmine* enige macht; *abuti ad omnia atomorum -o et licentiā;*
3. alleenheerschappij, tirannie, onderdrukking [**Dionysii**]; ▸ *-um occupare, appetere; in plebe Romana -um exercere* het Rom. volk tiranniseren; ~ *est dicere in quem velis* het is het gedrag v.e. tiran om te spreken tegen wie je maar wilt (*Cic.*);
4. koninkrijk, rijk; ▸ *fines -i; patrio -o pellere alqm;* (*metaf.*) *cerea -a* = cellen (in een bijenkorf); *in eorum -o ac dicione esse;*
5. (*poët.*) rijk v.d. schimmen = onderwereld, *ook plur.* [**Proserpinae**]; ▸ *Cerberus -a personat;*
6. koningshuis, hof; ▸ *necessitudines -i* betrekkingen met het koningshuis;
7. (*metaf.*) gebied, bezit; ▸ *deserta -a pastorum.*

regō, regere, rēxī, rēctum
1. richten, sturen, mennen [**habenas; equum; navem velis; clavum** roer; **tela per**

auras; motum mundi; caeca vestigia filo; *metaf.* studia consiliis];
2. afgrenzen, afbakenen [fines grenzen trekken];
3. regeren, heersen over, besturen [Massilienses summā iustitiā; rem publicam; domum; clientelas; cohortes het bevel voeren over; imperium uitoefenen]; *ook (Tac.) abs.: eo regente* onder zijn regering; *ambitioso imperio regebat; — subst. (postklass.)* **regēns,** entis *m* heerser: *clementia regentis;*
4. *(metaf.) (moreel)* leiden, sturen [ingenium; iuvenem];
5. corrigeren, de juiste weg wijzen, terechtwijzen [errantem; alcis dubitationem].

re-gradō, gradāre *(gradus) (Laatl.)* degraderen.

re-grātior, grātiārī *(Mel.)* bedanken.

re-gredior, gredī, gressus sum *(gradior)*
1. teruggaan, -keren, -komen [a Germania in urbem; longinquo ab exilio Tarentum; ex itinere clam in castra]; ▸ *(metaf.) in memoriam regredior me audisse (Plaut.)* ik herinner me;
2. *(milit.)* zich terugtrekken, terugmarcheren;
3. *(metaf.) van een eis, norm e.d.* afzien;
4. *(jur. t.t.)* toegang hebben tot; weer in de macht, het bezit komen van *(m. ad; in m. acc.).*

regressiō, ōnis *f (regredior)*
1. het terugkeren; *(milit.)* terugtocht;
2. *(retor.)* stijlfiguur v.d. herhaling.

regressus[1] *p.p. v. regredior.*

regressus[2]**,** ūs *m (regredior)*
1. terugkeer; ▸ *alci regressum dare* de terugkeer toestaan; *fortuna regressum non habet* komt niet terug;
2. *(milit.)* terugtocht [per saltūs];
3. *(metaf.)* terugkeer, het afzien van, inkeer *(van: abl.)* [ab ira];
4. *(postklass.)* toevlucht, beroep, aanspraak [ad principem].

re-grō, grāre *(Mel.)* wenden.

rēgula, ae *f (rego)*
1. lat, staaf, balk;
2. liniaal;
3. *(metaf.)* richtlijn, norm, regel; ▸ *lex est iuris atque iniuriae ~; ~ ad quam omnia iudicia rerum dirigentur.*

rēgulāriter *adv. (postklass.)* als algemene regel.

rēgulus, ī *m (demin. v. rex)*
1. koning *of* vorst *van een klein land,* stamhoofd;
2. prins.

Rēgulus, ī *m cogn. in de gens Atilia:* M. Atilius ~, *consul in 267 en 256 v. Chr.; hij werd als Rom. veldheer in de 1e Pun. oorlog in 255 v. Chr. door de Carthagers verslagen en gevangengenomen; volgens de overlevering in Carthago terechtgesteld omdat hij, met een vredesaanbod naar Rome teruggezonden, de vrede ontraadde en naar Carthago terugkeerde.*

re-gustō, gustāre
1. *(postklass.)* opnieuw proeven;
2. *(metaf.)* nog eens lezen en beoordelen [litteras alcis; laudationem].

re-iciō, icere, iēcī, iectum *(iacio)*
1. naar achteren werpen [manūs ad tergum; scutum *en* parmas naar achteren op de rug *als dekking*]; — *se ~ en (zelden) pass. reici* zich (achterover) laten zakken [in cubile; in alqm in iems. armen];
2. *kleding* terugslaan [togam ab umero; sagulum];
3. terugwerpen, opnieuw werpen [telum in hostem];
4. achteraan opstellen [in postremam aciem];
5. terugjagen, -drijven, -dringen [capellas a flumine; oculos Rutulorum arvis afwenden van; Hannibalis minas];
6. wegwerpen, -stoten, afwenden [colubras ab ore]; *kledingstukken* afwerpen [vestem de corpore; amictum ex umeris];
7. *(med.)* overgeven, opgeven, (uit)braken [sanguinem; vinum]; ▸ *nauseant et -iunt;*
8. *(milit.)* terugwerpen, -slaan [hostem in urbem; equitatum; hostes ab Antiochea];
9. *(schepen en hun opvarenden)* terugdrijven, uit de koers slaan, *gew. pass.;* ▸ *naves tempestate reiectae; legati austro vehementi reiecti;*
10. *(metaf.)* terug-, afwijzen [a se socordiam; petentem vrijer]; verwerpen, versmaden [dona alcis; condiciones; disputationem]; *(uitgelote rechters)* weigeren, wraken [iudices; recuperatores];
11. wijzen op, verwijzen naar [alqm ad ipsam epistulam; rem ad senatum *(v.d. tribunen)*; causam ad senatum; in hunc gregem Sullam; rem ad Pompeium; invidiam alcis rei ad senatum op de senaat schuiven];
12. voor zich uit schuiven, uitstellen [reliqua in mensem Ianuarium].

reiculus, a, um *(reicio) (pre- en postklass.)* uitgestoten, onbruikbaar [oves; mancipia; dies *(Sen.)*].

re-iēcī *pf. v. reicio.*

reiecta, ōrum *en* **reiectānea,** ōrum *n (reicio)* =

apoproegmena.

reiectiō, ōnis *f (reicio)*
1. het opgeven, (uit)braken [**sanguinis**];
2. *(metaf.)* het verwerpen, versmaden [**civitatis** van het burgerrecht];
3. het afwijzen, wraken [**iudicum**].

reiectō, reiectāre *(intens. v. reicio)*
1. *(Lucr.)* terugwerpen, terugkaatsen; ▸ *montes -ant voces;*
2. uitspugen [**praedam**].

reiectus *ppp. v. reicio.*

re-lābor, lābī, lāpsus sum *(poët.; postklass.)*
1. terugglijden, -zakken, -vallen;
2. terugstromen; ▸ *unda relabens;*
3. *(metaf.)* terugkeren; ▸ *mens relabitur;*
4. weer vervallen [**in Aristippi praecepta**].

re-languēscō, languēscere, languī, —
1. verslappen, zwakker worden; ▸ *moribunda relanguescit; venti relanguescunt;*
2. *(metaf.)* afnemen, verslappen; ▸ *taedio impetus relanguescit regis (Liv.); animo relanguit ardor (Ov.); relanguisse se dicit* hij zegt dat zijn wrok aanzienlijk verminderd is.

relāpsus *p.p. v. relabor.*

relāta, ōrum *n (refero)* verhaal, bericht.

relātiō, ōnis *f (refero)*
1. *(retor. t.t.)* benadrukte herhaling v.e. woord *(als stijlfiguur);*
2. verhaal, bericht; ▸ *rerum gestarum;*
3. het aan de orde stellen, voordracht, voorstel *(ihb. in de senaat);* ▸ *relationem egredi* buiten de orde gaan;
4. *(jur. t.t.)* het afschuiven *van de beschuldiging op de aanklager,* terugverwijzing [**criminis**];
5. *(gramm. en filos. t.t.)* relatie, verhouding; ▸ *(ex) relatione* verhoudingsgewijs; ~ *contrariorum* parallelle plaatsing v. tegenovergestelde begrippen, antithese;
6. *(Sen.)* het beantwoorden, vergelding [**gratiae**].

relātor, ōris *m (refero)* iem. die aan de orde stelt, rapporteur.

relātus[1] *ppp. v. refero.*

relātus[2]**,** ūs *m (refero) (postklass.)*
1. verhaal, opsomming, voordracht [**virtutum; carminum**];
2. voordracht, berichtgeving, ihb. *in de senaat.*

relaxātiō, ōnis *f (relaxo)*
1. ontspanning, rust [**animi**];
2. het vieren *(v.d. teugels).*

re-laxō, laxāre
1. losmaken, losser maken, openen [**arcum** losser spannen; **tunicarum vincula; claustra; nodos; densa** verdunnen; **vias** openen, toegankelijk maken];
2. wijder maken [**ora fontibus**]; — *pass. relaxari* wijder worden: *alvus relaxatur;*
3. *(metaf.)* ontspannen [**vultum in hilaritatem** een vrolijker gezicht trekken; **tristitiam ac severitatem** matigen; **continuationem verborum** de periode *of* volzin soepeler maken]; ▸ *pater nimis indulgens quicquid astrinxi relaxat* laat de teugel verslappen die ik strak aangetrokken heb; — *abs. en pass.* verminderen, afnemen *(v. zaken en personen): dolor relaxat; insani relaxantur* komen weer tot zichzelf; — *se* ~ *en pass.* zich losmaken *(van: ab; abl.)* [**a nimia necessitate numerorum; corporis vinculis**];
4. verlichten, kalmeren, verkwikken, rust geven [**animum somno; curas requiete**]; — *se* ~ *en pass.* uitrusten *(van: ex; abl.)* [**ex sermone; istā occupatione**];
5. *(eccl.)* vergeven, kwijtschelden [**peccata**].

re-lēctus *ppp. v. relego*[2]*.*

relēgātiō, ōnis *f (relego*[1]*)* uitwijzing, verbanning *(de mildste vorm waarbij de balling het* Rom. *burgerrecht behield).*

re-lēgī *pf. v. relego*[2]*.*

re-lēgō[1]**,** lēgāre
1. wegsturen, verwijderen [**filium in praedia;** *(m. dat.)* **alqm nymphae et nemori**];
2. verbannen, uitwijzen *(als mildste vorm v. verbanning, zie relegatio)* [**in insulam; in exilium** sturen];
3. *(metaf.)* verwijderen; ▸ *terris gens relegata ultimis* zeer ver weg wonend;
4. afwijzen [**verba alcis; dona**]; ▸ *ambitione relegatā* zonder zelfingenomenheid;
5. *(Tib.) schuld, verantwoordelijkheid* toeschuiven, toeschrijven *(aan: in m. acc.; ad; dat.);* ▸ *invidia in illum relegata; fidem ad auctores relegabo; causas tibi diva relegat;*
6. nalaten [**dotem**].

re-legō[2]**,** legere, lēgī, lēctum
1. *(poët.)* opnieuw opnemen [**filum** weer oprollen]; *metaf.* terugnemen [**quae dederam supra** wat ik hierboven geschreven had *(Pers.)*];
2. *(poët.; postklass.)* opnieuw zwerven, reizen door, langs *(m. acc.)* [**aquas Hellespontiacas; Asiam; litora**];
3. opnieuw doornemen, overdenken [**suos sermone labores** opnieuw bespreken; **quae ad cultum deorum pertinent**];
4. *(poët.; postklass.)* opnieuw lezen [**scripta**].

re-lentēscō, lentēscere, — — (*Ov.*) verslappen, afnemen; ▸ *amor relentescit.*

re-levō, levāre

1. (*poët.*) optillen [**corpus e terra**];
2. licht maken, verlichten [**onus**];
3. (*metaf.*) verlichten, verzachten [**luctum; morbum; famem; casum misericordiā**];
4. verlichting, rust geven, troosten, verkwikken [**membra sedili** laten uitrusten; **pectora mero**]; ▸ *cuius mors te ex aliqua parte relevavit;* — *pass. relevari* uitrusten;
5. bevrijden (*van: abl.*) [**alqm curā et metu**].

relicinus, a, um (*postklass.*) met het haar naar achteren gekamd.

relictiō, ōnis *f* (*relinquo*) het met kwaad opzet in de steek laten [**rei publicae; consulis sui**].

relictum, ī *n* (*relinquo*) rest.

relictus ppp. *v. relinquo.*

relicu(u)s, a, um = *reliquus.*

re-līdō, līdere (*laedo*) (*Sall.*) de kracht v.e. golf breken *in de richting waar die vandaan kwam.*

religātiō, ōnis *f* (*religo*) het opbinden [**vitium**].

religiō, ōnis *f* (*poët. ook* relligiō)

1. bezorgdheid, bedenking; ▸ *~ incessit alci* er kwamen bedenkingen bij iem. op; *religionem afferre, inicere of offerre alci; alqd in religionem trahere; res in religionem versa est* gaf aanleiding tot zorgen;
2. religieus bezwaar, gewetensbezwaar, ook *plur.* (*wegens: gen.*) [**mendacii**]; ▸ *res alci in religionem venit* veroorzaakt gewetensbezwaar; *alci religioni est* (*m. aci.*) iem. heeft er wroeging over; *religionibus impediri; religionem eximere;*
3. nauwkeurigheid, precisie, zorgvuldigheid [**iudicis; testimoniorum**]; ▸ *~ non nullius officii* van een belangrijke plicht; *fides et ~ vitae* gewetensvolle levenswandel; *homo sine ulla religione* gewetenloos;
4. religieus gevoel, religieuze denkwijze, godsdienstigheid, vroomheid [**Numae**]; ▸ *animus religione intactus* niet ontvankelijk voor religieuze gevoelens; *iustitia erga deos ~ dicitur; haud liber erat religione animus;*
5. godsdienst, religie, geloof [**externa**]; ▸ *~ est cultus deorum; sua cuique civitati ~ est;*
6. bijgeloof, bijgelovige angst, bijgelovige bezorgdheid, *plur.* bijgelovige gedachten; ▸ *animos multiplex ~ incessit; perturbari religione et metu; sibi novas religiones fingere; pleni religionum animi;*
7. godsdienstige verering, cultus [**deorum immortalium; Cereris**]; ▸ *Iuppiter sollicitus prava religione* door een verkeerde verering geïrriteerd; *simulacrum summa atque antiquissima praeditum religione* van oudsher haar voorwerp v. hoogste verering; — *plur.* religieuze handelingen, gebruiken, ceremoniën: *religiones nocturnae* (*van Priapus*); *religionum cultor; religiones instituere* invoeren; *religiones interpretari* uitkomst geven over; *religiones neglegere aut prave colere; omnes partes religionis; de religionibus senatum consulere; religiones conficere* de religieuze handelingen voltrekken;
8. (*meton.*) voorwerp v. vrome verering, heiligdom, *ihb.* godenbeeld [**domestica** heiligdom v.h. huis]; ▸ *quae ~ aut quae machina belli?* (*v.h. paard v. Troje*); *ad deorum religionem demigrare; civitati religionem restituere;*
9. het heilige, heiligheid [**templorum; loci**];
10. heilige verplichting [**iuris iurandi** trouw aan een onder ede gedane belofte];
11. heilige belofte, eed; ▸ *religionem conservare; timori magis quam religioni* (de heilige plicht) *consulere;*
12. heiligschennis, zonde, vloek, misdaad [**mendacii; Clodiana** door Clodius begaan; **inexpiabilis**]; ▸ *de religione queri; expiare religionem aedium suarum;*
13. goddelijk voorteken; ▸ *alqd habere religioni* beschouwen als een teken v.d. goden;
14. (*Mel.*) monniken- *of* nonnenorde; ▸ *religionis habitus* monnikspij.

religiōsitās, ātis *f* (*religiosus*) (*eccl.*) godsdienstigheid, vroomheid.

religiōsus, a, um (*religio*)

1. vol bezwaren, *ihb.* met religieuze bedenkingen, vol religieuze bezorgdheid [**civitas**]; met een slecht voorteken [**dies** (*zoals de dies Alliensis, zie Allia*)];
2. gewetensvol, met respect, nauwgezet [**iudex; testis; in testimoniis**]; ▸ *-e promittere; Atticorum aures -ae;*
3. godsdienstig, vroom, gelovig [**maiores nostri**]; ▸ *-e deos colere;*
4. heilig, eerwaardig [**iura; templum; signum; limina deorum; delubra; Ceres**];
5. heilig, met een bijzondere religieuze betekenis [**dies**]; ▸ *quem fructum religiosum erat consumere* (*Liv.*) het was om religieuze redenen niet geoorloofd deze vrucht te eten;
6. (*pre- en postklass.*) bijgelovig, schijnheilig.

re-ligō, ligāre

1. naar achteren, omhoog binden, opbinden [**manūs post tergum; comam in nodum in**

een knot];
2. vastbinden, vastmaken, bevestigen [**equos** inspannen; **canem; tigna clavis; bracchia ad cautes; trabes axibus** verbinden; **naves ferreis manibus** vasthouden; **robora catenis; alqm ad currum; naves ad terram; pinum in litore**];
3. *(poët.)* ombinden, omwinden [**crines hederā**];
4. *(Catull.)* losmaken [**iuga manu**].

re-linō, linere, lēvī, litum *(preklass.; poët.) iets dat verzegeld is* openen [**dolia; mella** eruit nemen].

re-linquō, linquere, līquī, lictum
1. achterlaten [**fratrem in Gallia; legionem in praesidio** als bezetting; **copias praesidio castris; arma** neerleggen; *metaf.* **desiderium sui; excusationem**]; *pass. ook* achterblijven [**in Italia;** *metaf.* **in cogitatione audientium**]; ▸ *Britannia sub sinistra relicta* aan de linkerkant gepasseerd, niet aangedaan;
2. *(in een toestand)* (achter)laten, laten liggen [**alqm insepultum; copias sine imperio; locum tutum; alqd incohatum; naves inanes; rem integram;** *metaf.* **alqd in medio** in het midden, onbeslist laten; **nihil inexpertum; alqm tacitum** onvermeld laten]; ▸ *naves ab aestu relictae* door de eb verrast;
3. *bij de dood* achterlaten, nalaten [**uxorem gravidam; liberos; alqm heredem; sibi laudem; memoriam;** *(v.e. schrijver)* **ficta; scriptum**];
4. *als rest* overlaten [**paucos** in leven laten; **alqd in aliorum spe; locum casui** ruimte geven; **sibi partem equitatūs** behouden; **pauca aratro iugera**]; *pass.* overblijven; ▸ *relinquebatur una via; nullā provocatione ad populum relictā; nullum sibi ad cognoscendum spatium relinquitur; relinquitur ut* er blijft nog over dat; *locus virtuti relinquitur* gelegenheid tot; *spes relinquitur; nihil relinquitur nisi fuga* er blijft niets anders over dan;
5. *(metaf.)* (over)laten, gunnen [**tempus munitioni castrorum; facultatem sui colligendi; hominem ad alcis quaestum; alqd aliis memorandum; deliberandi sibi spatium** tijd nemen; **urbem direptioni et incendiis**];
6. verlaten, opgeven [**domum propinquosque; Galliam; vitam, animam** *of* **lucem** sterven]; ▸ *vita of anima alqm relinquit* iem. verliest zijn leven, sterft; *animus eum reliquit* hij viel flauw, raakte buiten westen;
7. in de steek laten [**consulem; signa** deserteren; **parmulam** wegwerpen];
8. verwaarlozen, achterstellen [**possessiones; rem et causam et utilitatem communem; cultum agrorum; obsidionem; bellum**]; ▸ *relictis omnibus rebus* met achterstelling van;
9. onvermeld laten, overslaan [**caedes**];
10. ongestraft, ongewroken laten [**iniurias; vim alci factam; legatum interfectum**];
11. met rust laten [**canem**];
12. *(Mel.) mundum* ~ intreden in het klooster.

reliquātiō, ōnis *f (reliquor) (postklass.)* het achterstallig zijn met betalingen.

re-līquī, *pf. v. relinquo.*

reliquiae, ārum *f (poët. ook* relliquiae*) (reliquus)*
1. het overgeblevene, overschot, rest, sporen [**copiarum; pugnae** overlevenden v.d. strijd; **navigii** wrakstukken; **cibi** restanten; *metaf.* **pristinae dignitatis**]; ▸ *Troes, Danaum (= Danaorum)* ~ de door de Grieken overgelaten Trojanen; *(metaf.) -as rei publicae dissipare* de laatste krachten;
2. *(postklass.)* gebeente, geraamte [**humanorum corporum**];
3. as *van een lijk* [**parentis**];
4. *(metaf.)* nalatenschap, erfenis [**avi**];
5. *(Laatl.; eccl.)* relikwie(ën).

reliquor, reliquārī *en* **reliquō,** reliquāre *(reliquus) (jur.)* achterstallig zijn, nog schulden hebben staan.

reliquum, ī *n (reliquus)*
1. rest [**aestatis; noctis; vitae; belli**]; ▸ *nihil -i alci facere* niets overlaten voor iem.; *nihil sibi -i facere* niets nalaten, zijn uiterste best doen; *nihil est -i* er blijft niets over;
2. het achterstallige, rest *van een schuld;*
3. wat nog te wachten, te doen staat; ▸ *in reliquum* voor de toekomst; — *plur.* **reliqua,** ōrum *n* toekomst.

reliquus, a, um *(relinquo)*
1. overgelaten, over(gebleven) [**spes**]; ▸ *-um habere* over hebben; *-um facere alci* overlaten aan iem.; *nullum munus cuiquam -um fecisti* je hebt geen taak voor iemand overgelaten, hebt ze allemaal vervuld; *-um est ut* er blijft nog over dat;
2. in leven blijvend, overlevend; ▸ *-um facere* laten leven; laten voortbestaan;
3. *(v.e. schuld)* achterstallig, nog niet betaald [**pecunia**];
4. toekomstig; ▸ *-o tempore; in -um tempus* voor de toekomst;
5. overig, ander, *meestal plur.* **reliquī,** ae, a ove-

rige, andere [**oppidum** het andere deel v.d. stad; **spatium; pars exercitūs; reges; omnes** alle anderen]; ▸ *de -o en quod -um est overigens; -a* (het overige) *differamus in posterum.*

rellātus *zie refero.*

relligiō *zie religio.*

relliquiae *zie reliquiae.*

re-lūceō, lūcēre, lūxī, — weerkaatsen, oplichten, stralen; ▸ *stella relucens; freta igni relucent.*

relūcēscō, relūcēscere, relūxī, — *(incoh. v. reluceo) (poët.; postklass.)* weer helder, licht worden; ▸ *imago solis reluxit.*

reluctātiō, ōnis *f (reluctor) (Laatl.)* weerstand, verzet.

re-luctor, luctārī *(poët.; postklass.)* zich verzetten, worstelen *(tegen, met: dat.)*; ▸ *draco reluctans.*

re-lūdō, lūdere, lūsī, — *(postklass.)* terugschertsen, -spotten [**adversus temerarios mariti iocos**].

re-lūxī *pf. v. reluceo en relucesco.*

re-macrēscō, macrēscere, macruī, — *(Suet.)* mager worden.

re-maledīcō, maledīcere, — — *(Suet.; eccl.)* terugschelden.

re-mancipō, mancipāre *(jur.)* het eigendomsrecht weer overdragen.

re-mandō, mandere, — — *(postklass.)* herkauwen.

re-maneō, manēre, mānsī, mānsum

1. achterblijven [**domi; in exercitu; ad urbem cum imperio; Athenis; Corinthi; in Gallia**]; ▸ *(v. niet-lev.) ferrum in corpore remansit;*
2. voortduren, overblijven, blijven bestaan, verblijven; ▸ *animi remanent post mortem; disciplina et gloria remansit* is gebleven; *longius anno uno in loco* ∼; *in alqo vestigia antiqui officii remanent* zijn bewaard gebleven; *in asperis remanens amicus* volhardend; *pars integra remanebat* bleef in zijn geheel.

re-mānō, mānāre *(Lucr.)* terugstromen.

remānsiō, ōnis *f (remaneo)* het achterblijven.

remānsum *ppp. v. remaneo.*

remeābilis, e *(remeo) (postklass.)*

1. steeds terugkerend [**arcus**];
2. waaruit terugkeer mogelijk is [**bellum**].

remeāculum, ī *n (remeo) (Apul.)* terugkeer.

remediābilis, e *(remedium) (Sen.)* te genezen.

remediō, remediāre *en (Laatl.) (m. dat.)* **remedior,** remediārī *(remedium)*

1. *met een geneesmiddel* behandelen [**viros**];
2. *(v.e. geneesmiddel)* helpen, genezen.

re-medium, ī *n (medeor)*

1. geneesmiddel, medicijn *(tegen: gen.; dat.; ad; adversus)* [**caecitatis; morbis animorum**]; ▸ *-o esse* dienen als; *-o uti;*
2. *(metaf.)* genees-, redmiddel *(tegen: gen.; dat.; ad)* [**iniuriae; timoris; malorum; incommodis; ad magnitudinem frigorum**].

remelīgō, inis *f (Plaut.)* oorzaak van vertraging.

remēnsus *p.p. v. remetior (poët. ook pass.).*

re-meō, meāre

1. teruggaan, -keren, -komen [**ad stabula; in patriam; in regnum**]; ▸ *remeat victor; navis remeans; remeat dies; patrias remeabo inglorius urbes* naar de voorouderlijke steden *(Verg.)*;
2. *(metaf.) (Hor.)* opnieuw doorléven [**aevum peractum**].

re-mētior, mētīrī, mēnsus sum *(poët.; postklass.)*

1. opnieuw meten [**astra** weer observeren];
2. opnieuw afleggen *of* bevaren [**iter; mare**]; ▸ *(pass.) pelago of mari remenso (Verg.)*;
3. *(metaf.)* weer overdenken [**dicta ac facta sua**];
4. terugbetalen, vereffenen [**vinum vomitu** weer uitbraken].

rēmex, igis *m (remus en ago)* roeier, roeislaaf, ook *coll.* groep roeiers.

Rēmī, ōrum *m Belgische volksstam bij de rivier de Marne en in de Ardennen; hun belangrijkste stad was Durocortorum, later Remis, nu Reims.*

rēmigātiō, ōnis *f (remigo)* het roeien.

rēmigium, ī *n (remex)*

1. *(poët.; postklass.)* roeituig, de riemen [**alarum** vleugels]; ▸ *nudum -o latus; (metaf.) meo -o rem gero (Plaut.)* ik doe zoals ik wil;
2. *(meton.)* (a) het roeien; (b) roeier, roeislaaf, ook *coll.* groep roeiers.

rēmigō, rēmigāre *(remex)* roeien [**contra aquam**].

re-migrō, migrāre teruggaan, -keren [**Romam; trans Rhenum in vicos suos;** *metaf.* **ad iustitiam; ad argumentum**].

re-minīscor, minīscī, — *(vgl. com-miniscor, memini)* zich herinneren, zich te binnen brengen, weer komen op *(m. gen. of acc.; aci.; afh. vr.)* [**veteris incommodi; acta; amicos animo**]; ▸ *quantum reminiscor* voorzover ik me herinner; / *de ontbrekende vormen worden door recordari aangevuld.*

rēmi-pēs, *gen.* pedis *(remus) (Laatl.)* riemvoetig, met riemen als voeten.

re-misceō, miscēre, miscuī, mixtum *(poët.; postklass.)* (ver)mengen *(met: dat.)* [**vera falsis**];

▸ *remixto carmine tibiis.*

re-mīsī *pf. v. remitto.*

remissiō, ōnis *f (remitto)*
1. het terugzenden, -sturen [**obsidum captivorumque**];
2. het laten dalen, doen zakken [**superciliorum**]; ▸ *vocis contentiones et remissiones* het verheffen en doen dalen;
3. *(metaf.)* het afnemen, verzwakken [**morbi; luctūs; animi** verslapping];
4. *(postklass.)* het kwijtschelden, kwijtschelding [**poenae; tributi**];
5. *(eccl.)* vergeving [**peccatorum**];
6. ontspanning; rust, kalmte [**animi**]; toegevendheid.

remissus, a, um *(p. adj. v. remitto)*
1. ontspannen, slap, los [**arcus; corpora; membra; ager** los; *metaf.* **amicitia** ongedwongen];
2. traag, nalatig, onachtzaam [**animus; mons** minder nauwgezet bewaakt; **in petendo; in labore**]; ▸ *nihil -i pati* geen nalatigheid;
3. mild, zoel, zacht [**ventus; frigora**];
4. rustig, kalm, mild, zacht [**iudex; genus dicendi**]; ▸ *remissiore irā* omdat de woede afgenomen was;
5. schertsend, vrolijk, uitgelaten [**sermones; iocus**];
6. *(med.)* koortsvrij.

re-mittō, mittere, mīsī, missum
1. terugsturen, -zenden [**obsides regi; mulieres Romam; exercitum, contionem** ontbinden; **librum; alqm cum legione in hiberna; Caesari litteras** terugschrijven];
2. teruggooien [**hastam; calces** naar achteren slaan];
3. teruggeven [**Gallis imperium**]; *weldaden* beantwoorden [**beneficium**];
4. naar buiten laten komen [**sanguinem e pulmone** opgeven]; ▸ *vocem nemora remittunt* weerkaatsen;
5. loslaten, ontspannen, vieren [**habenas** *en* **lora** vieren; **vincula** losmaken; *metaf.* **appetitūs** de vrije loop laten]; ▸ *calor mella liquefacta remittit* lost op, doet smelten; *vere remissus ager* ontdooid;
6. laten dalen *of* zakken [**arma; bracchia; tunicam**]; ▸ *digiti sopore remissi;*
7. *(metaf.)* verminderen, afzwakken, verzwakken [**industriam; studia litterarum; curam; bellum; alqd de severitate cogendi**];
8. *intr., pass. of se* ~ afnemen, verminderen, verzwakken, ophouden [**de celeritate** snelheid minderen]; ▸ *ventus remisit; dolores remittunt; (m. inf.) remittas quaerere; remittitur virtus; vita remissa* beëindigd;
9. ontspannen, opfrissen, verkwikken [**animos a certamine**]; ▸ *cantūs remittunt animos* geven ontspanning, vrolijken op; — *se* ~ *en pass.* zich ontspannen, zich rust gunnen;
10. kwijtschelden, schenken [**multam; stipendium; pecunias; iniuriam** vergeven];
11. afzien van, opgeven [**inimicitias suas rei publicae** in het belang v.d. staat; **privata odia publicis utilitatibus; memoriam simultatium patriae** uit liefde voor het vaderland];
12. laten vallen, opgeven [**provincias** afstand doen van; **iram; opinionem animo**];
13. zijn verzet opgeven *(mbt.: de)*; ▸ *de summa iuris* ~ ; *remittentibus tribunis comitia sunt habita* omdat de tribunen hun verzet opgaven;
14. *(postklass.)* verwijzen naar, wijzen op *(m. ad)* [**causam ad senatum; alqm ad ipsum volumen**];
15. voortbrengen, produceren [**sonum**].

remixtus *ppp. v. remisceo.*

re-mōlior, mōlīrī
1. terugduwen; van zich afwentelen [**pondera terrae; ferrea claustra**];
2. weer in beweging brengen [**arma**].

re-mollēscō, mollēscere, — —
1. *(Ov.)* (weer) zacht worden; ▸ *sole remollescit, quae frigore constitit, unda;*
2. *(Ov.) (metaf.)* zich laten vermurwen [**precibus**];
3. *(metaf.)* verwekelijken [**ad laborem ferendum**].

re-molliō, mollīre
1. week maken [**artūs**];
2. *(metaf.) (Suet.)* vermurwen, ompraten.

re-moneō, monēre opnieuw waarschuwen.

re-mora, ae *f (preklass.; Laatl.)* (oorzaak van) vertraging.

re-mordeō, mordēre, mordī, morsum
1. *(poët.)* terugbijten;
2. *(metaf.)* verontrusten, kwellen; ▸ *te cura remordet (Verg.); libertatis desiderium remordet animos (Liv.).*

re-moror, morārī
I. *intr.* zich ophouden, verblijven [**in Italia; in concilio** verenigd blijven];
II. *tr.* ophouden, belemmeren, vertragen [**hostes; iter alcis; ituros; alqm a negotiis** afhouden van].

remorsus *ppp. v. remordeo.*

remōtiō, ōnis *f (removeo)*
1. het afwijzen [**criminis** van de beschuldiging];
2. het terugtrekken; verwijdering, eliminatie *(ook metaf.)* [**bracchii; tutoris; argumentorum**].

remōtus, a, um *(p. adj. v. removeo)*
1. ver, afgelegen [**locus; antrum**]; ▸ *Apulia ab impetu belli remotissima*; — *subst.* **-um,** ī *n* verte;
2. *(metaf.)* ver, vrij van *(m. ab)* [**a memoria; a suspicione; a culpa; a vulgari scientia**];
3. afkerig van *(m. ab)* [**ab inani laude**];
4. verwerpelijk; — *subst.* **-a,** ōrum *n (stoïsche t.t.)* = *apoproegmena*;
5. *(v. argumenten)* vergezocht.

re-moveō, movēre, mōvī, mōtum
1. wegnemen, verwijderen, aan de kant schuiven, afwenden *(ook metaf.)* [**alqd ex oratione; alqd ab oculis; comas a fronte; hostes a muro** terugdrijven; **adversarium** uit de weg ruimen; **suos** terugtrekken; **equos e conspectu** laten verwijderen; **victum** onttrekken; **mensas** van tafel opstaan; **dapes; invidiam a se; alqm a re publica** uitsluiten van deelname aan staatszaken; **alqm quaesturā; praesidia ex iis locis**]; ▸ *arbitris remotis* zonder getuigen; *remoto ioco* zonder gekheid;
2. *se* ~ zich terugtrekken [**a negotiis publicis; ab amicitia alcis**];
3. *(jur.) van rechten enz.* uitsluiten [**ab officiis**]; *een recht* vervallen verklaren, schrappen [**donationem**].

re-mūgiō, mūgīre *(poët.; postklass.)*
1. door brullen antwoorden; terugbrullen [**ad verba alcis**]; ▸ *Sibylla remugit antro* uit de grot;
2. weergalmen, weerklinken; ▸ *nemus ventis remugit.*

re-mulceō, mulcēre, mulsī, mulsum *(Verg.)*
1. naar achteren strijken [**aures; caudam** laten hangen];
2. *(metaf.)* strelen, sussen, kalmeren [**animos; minas**].

remulcum, ī *n* sleeptouw; ▸ *navem -o trahere en abstrahere* op sleeptouw nemen; *navem -o adducere.*

remūnerātiō, ōnis *f (remuneror)*
1. vergelding, dankbaarheid *(voor: gen.)* [**benevolentiae; officiorum**];
2. *(Mel.)* loon, beloning.

remūnerātor, ōris *m (remuneror) (Laatl.)* iemand die vergeldt.

re-mūneror, mūnerārī *en (Petr.; Min. Fel.)* **-mūnerō,** mūnerāre vergelden, belonen, zich erkentelijk betonen voor *(m. acc.)* [**alqm simillimo munere; alqm magno praemio**; *(zelden in neg. zin)* **alqm suppliciis; beneficia alcis**].

Remūria, ōrum *n* = *Lemuria, zie lemures.*

re-murmurō, murmurāre
I. *intr.* met murmelend geluid antwoorden;
II. *tr.* terugmompelen [**carmina**].

rēmus, ī *m* roeiriem; ▸ *-os ducere, impellere* roeien; *navigium -is incitare; demittere -os in aquam ab utroque latere; -is velisque, velis remisque, -is ventisque of ventis -is* met volle zeilen, uit alle macht, met vereende krachten; *ventis -is in patriam omni festinatione properare; metaf.: alarum -i (v.d. vleugels v. vogels); corporis -i (v.d. handen en voeten bij het zwemmen).*

Remus, ī *m tweelingbroer v.* Romulus, *die volgens de legende door zijn broer werd gedood, toen ze ruzie kregen bij de stichting v.* Rome.

re-narrō, narrāre *(poët.)* opnieuw vertellen.

re-nāscor, nāscī, nātus sum opnieuw geboren worden, weer groeien, weer ontstaan *(ook metaf.)*; ▸ *pinnae renascuntur; Phoenix renascitur ex se; principium exstinctum non ab alio renascitur; bellum renatum; Troiae renascens fortuna.*

re-nāvigō, nāvigāre terugzeilen *(over: acc.).*

rēnēs, rēnum (en rēnium) *m* nieren; ▸ *laborare ex renibus* het aan de nieren hebben, aan een nierziekte lijden.

re-nīdeō, nīdēre, — —
1. terugstralen, glanzen, glinsteren; ▸ *pura nocturno renidet luna mari (Hor.); nec domus argento fulgenti auroque renidet;*
2. *(metaf.)* van vreugde stralen, glimlachen [**falsum** schijnheilig grijnzen]; ▸ *ore renidenti* met een van vreugde stralend gezicht;
3. *(m. inf.)* zich verheugen.

renīdēscō, renīdēscere, — — *(incoh. v. renideo) (Lucr.)* beginnen te glanzen.

renīsus, ūs *m (renitor) (postklass.; Laatl.)* weerstand.

re-niteō, nitēre *(Apul.)* schitteren.

re-nītor, nītī, nīsus sum zich verzetten, weerstand bieden.

re-nō[1]**,** nāre terugzwemmen; *metaf.* weer opduiken; ▸ *saxa renant.*

rēnō[2] *en* **rhēnō,** ōnis *m (Germ. leenw.)* pels, bontmantel *van de Germanen.*

re-nōdō, nōdāre *(poët.)*
1. losmaken, losknopen;
2. opbinden.

renovāmen, inis *n* *(renovo)* *(Ov.)* nieuwe gedaante.

renovātiō, ōnis *f* *(renovo)*
1. vernieuwing [**mundi; doctrinae** het weer opnemen van; **auspiciorum; timoris**];
2. *(Cic.)* renteverhoging [**singulorum annorum** samengestelde interest].

re-novō, novāre
1. vernieuwen, herstellen *(ook metaf.)* [**templum; agrum** *door het braak te laten liggen* doen herstellen; **agrum aratro** door ploegen vernieuwen; **scelus pristinum** herhalen; **bellum, proelium** hervatten; **hospitium; dextras** handdruk = de overeenkomst; **vulnera** weer openrijten; **senectutem** verjongen; **memoriam patris** opfrissen];
2. in de herinnering terugroepen, herhalen; ▸ *renovabitur prima illa militia; renovabo illud quod initio dixi;*
3. erbij rekenen [**fenus in singulos annos** rente op rente rekenen];
4. verfrissen, verkwikken, laten bijkomen [**rem publicam; corpora animosque militum**]; — *se* ~ *en pass. renovari* zich ontspannen: *se novis opibus copiisque* ~ weer op krachten komen.

re-nūdō, nūdāre ontbloten; *(m. abl.)* ontdoen van.

re-nuī *pf. v. renuo.*

re-numerō, numerāre
1. terugbetalen [**omnem pecuniam patri**];
2. *(Caes.)* *als telling* melden.

renūntiātiō, ōnis *f* *(renuntio)*
1. officieel verslag;
2. officiële bekendmaking *of* uitslag [**suffragiorum**];
3. *(jur.)* officiële verklaring van afstand.

re-nūntiō, nūntiāre
1. melden, verslag doen van, berichten *(m. acc.; de; aci.; afh. vr.)*;
2. ambtshalve berichten, melding maken van *(m. acc.)* [**postulata Caesaris; legationem; alqd ad senatum; alqd in concilium; numerum militum**];
3. *de verkiezing v. iem. tot magistraat* afkondigen, uitroepen *(m. dubb. acc.; pass. m. dubb. nom.)* [**Murenam consulem**]; ▸ *ter praetor centuriis cunctis renuntiatus est; praetor primus* (het eerst) *renuntiatus est;*
4. *(metaf.)* opzeggen, beëindigen [**alci hospitium; alci amicitiam**];
5. *(kom.; postklass.)* *repudium alci* ~ een verloving verbreken, een huwelijk beëindigen;
6. *(postklass.)* opgeven, afzien van *(m. dat.)* [**vitae; officiis civilibus**];
7. *(postklass.)* *sibi* ~ zich eraan herinneren *(m. aci.)*; ▸ *renuntient sibi, quanta sit humani ingeni vis;*
8. *ad alqm* ~ *(Plaut.)* = *alci ad cenam* ~ *(Sen.)* bedanken voor een uitnodiging voor een maaltijd.

renūntius, ī *m* *(renuntio)* *(Plaut.; Laatl.)* loopjongen.

re-nuō, nuere, nuī, —
1. *(poët.; postklass.)* *(abs.)* nee schudden;
2. *(metaf.)* weigeren, afkeuren [**convivium** afslaan]; ▸ *renuente deo* zonder toestemming;
3. afwijzen *(m. dat.)* [**crimini**].

renūtō, renūtāre *(intens. v. renuo)* *(Lucr.; Laatl.)* weigeren, zich verzetten.

renūtus, ūs *m* *(renuo)* *(Plin. Min.)* weigering.

reor, rērī, ratus sum *(vgl. ratio)* menen, geloven, achten, beschouwen als *(m. aci.; dubb. acc.)*; ▸ *hoc servi esse officium reor (Plaut.); alii rem incredibilem rati (Sall.).*

repāgula, ōrum *n en* *(Laatl.)* **repāgulum,** ī *n*
1. (deur)grendel, dwarsbalk; ▸ *valvas -is claudere; convulsis -is effractisque valvis fani;*
2. *(poët.)* slagboom;
3. *(metaf.)* perken, grenzen; ▸ *omnia -a pudoris officiique perfringere.*

re-pandō, pandere *(Apul.)* wijd openen [**fores**].

re-pandus, a, um naar achteren gebogen, omhooggekromd [**calceoli** snavelschoenen; **cervix**]; ▸ ~ *in undas desiluit (v.e. dolfijn).*

reparābilis, e *(reparo)* *(poët.; postklass.)* herstelbaar, vervangbaar [**damnum; res**].

reparātiō, ōnis *f* *(reparo)* *(Laatl.)* herstel, vernieuwing [**murorum**].

reparātor, ōris *m* *(reparo)* hersteller, vernieuwer.

re-parcō, parcere, percī, — *(preklass.; Laatl.)* van zijn kant zuinig zijn met *(m. dat.)* [**saviis**].

re-parō, parāre
1. weer verwerven, weer herstellen, weer aanschaffen [**res amissas; exercitum** aanvullen; **tribuniciam potestatem**];
2. hervatten [**proelium**];
3. repareren, herstellen, vergoeden [**damna; cornua** *(v.d. maan)*];
4. *(poët.; postklass.)* verfrissen, verkwikken, verjongen [**membra; corpora fessa; vires**];
5. inruilen *(tegen: abl.)* [**vina merce Syrā**].

repastinātiō, ōnis *f* *(repastino)* het omspitten [**agri**].

re-pastinō, pastināre omspitten [**terram; agrum**].
re-patēscō, patēscere, patuī, — *(Plin. Mai.)* zich weer verbreiden.
re-patriō, patriāre *(patria) (Laatl.)* (in het vaderland) terugkeren.
re-patuī *pf. v. repatesco.*
re-pectō, pectere, —, pexum *(poët.)* naar achteren kammen [**iubas; comam**].
re-pedō, pedāre *(pes) (postklass.; Laatl.)* teruggaan, terugkeren.
re-pellō, repellere, reppulī, repulsum
1. terugstoten [**repagula; pede Oceani amnes** uit de oceaan verrijzen *(v. hemellichamen)*; **impressā hastā tellurem** steunend op een lans van de grond omhoogkomen; **alqm a genibus suis**];
2. doen terugkaatsen [**ictūs**];
3. wegduwen, omstoten [**mensas; aras**];
4. terug-, verdrijven [**barbaros telis; hostes ex urbe, a porta, in oppidum; homines a templi aditu**];
5. *(metaf.)* op een afstand houden, verhinderen, afweren, uitsluiten [**dolorem a se; pericula; alqm a gubernaculis civitatis; alqm a spe** iemand de hoop ontnemen; **contumeliam, iracundiam** zich onthouden van; **iniuriam ab alqo; furores Clodii a cervicibus civium**]; ▸ *a consulatu repelli; repulsus ab amicitia; foribus repulsus;*
6. van de hand wijzen, afwijzen, versmaden [**procos; preces**]; ▸ *haud repulsus abibis* je zult niet afgewezen worden;
7. weerleggen [**allatas criminationes**]; ▸ *repulsus veritatis viribus.*
re-pendō, pendere, pendī, pēnsum
1. *(poët.) in gelijk gewicht* teruggeven [**aequa pensa erae**];
2. afwegen, betalen *(tegen, voor: pro)* [**alci aurum pro capite alcis**];
3. *(poët.)* vrijkopen [**militem auro**];
4. *(poët.; postklass.)* beantwoorden, vergelden, belonen [**gratiam; vices** met gelijke munt betalen; **vitam** redding v.h. leven; **poenas** straf ondergaan];
5. *(poët.; postklass.)* vergoeden, goedmaken [**culpam culpā** boeten; **ingenio damna formae**].
repēns, *gen.* entis
1. plotseling, onverwacht [**adventus; bellum**]; — *adv.* **repente** *en* **repēns**;
2. *(Tac.)* nieuw, net ontstaan [**perfidia**].
repēnsō, repēnsāre *(intens. v. rependo)* vergelden, beantwoorden [**merita meritis**].
repēnsus *ppp. v. rependo.*
repente *zie repens.*
repentīnus, a, um *(adv. -ō) (repens)*
1. plotseling, onverwacht, onvermoed [**adventus; heres; amor**];
2. *(metaf.)* in allerijl bijeengebracht [**exercitus; cohors**];
3. *(Tac.)* snelwerkend [**venenum**].
re-percō = *reparco.*
re-percussī *pf. v. repercutio.*
repercussiō, ōnis *f (repercutio) (Sen.)* weerkaatsing, reflectie [**vicinorum siderum**].
repercussus[1], ūs *m (repercutio) (postklass.)* (het geven van) tegendruk; echo; weerkaatsing, reflectie [**solis**].
repercussus[2] *zie repercutio.*
re-percutiō, percutere, percussī, percussum terugduwen, terugstoten, terugdrijven; — *pass.* weerklinken, weerkaatsen; — *ppp.* **repercussus,** a, um (a) teruggestoten, teruggekaatst; (b) weerklinkend, echoënd [**valles**]; (c) weerkaatsend [**Phoebus**].
re-periō, reperīre, repperī, repertum *(pario)*
1. terugvinden [**parentes suos**];
2. vinden, ontdekken; ▸ *reperiuntur qui (m. conj.)* er zijn mensen te vinden die; — *pass. m. dubb. nom.* blijken (te zijn), zich ontpoppen als: *Stoici inopes reperiuntur; mea ratio in tota amicitia nostra constans et gravis reperietur (Cic.);*
3. ontdekken, te weten komen, achterhalen [**verum; nihil percontationibus**]; ▸ *neque ~ poterat, quanta esset;*
4. vinden, bedenken, verzinnen [**causam; rationes bellandi; litteras; disciplinam; dolos**];
5. *in historische bronnen* vermeld vinden *(m. aci.; afh. vr.)*; ▸ *quem Tarentum venisse L. Camillo Appio Claudio consulibus reperio;*
6. verkrijgen, verwerven [**sibi salutem; gloriam; nomen;** *(v. niet-lev.)* **nomen ex inventore**].
repertīcius, a, um *(reperio)* van de straat gehaald [**civis**].
repertor, ōris *m (reperio)* uitvinder, bedenker, schepper [**medicinae** = Aesculapius; **hominum rerumque** *(v. Jupiter)*; **novi iuris**].
repertum, ī *n (repertus) (Lucr.)* uitvinding.
repertus[1] *ppp. v. reperio.*
repertus[2], ūs *m (reperio) (Apul.)* het vinden; uitvinding.

repetentia, ae *f (repeto) (Lucr.)* herinnering.
re-petiī *zie repeto.*
repetītiō, ōnis *f (repeto)*
1. het terugeisen; *(jur.)* recht om terug te eisen *of* reclamatie;
2. herhaling [**eiusdem verbi**]; *(retor.)* anafora *(een stijlfiguur)*;
3. herhaling v.h. gezegde, recapitulatie.
repetītor, ōris *m (repeto) (Ov.)* iem. die terugeist [**nuptae ademptae**].
re-petō, petere, petīvī *(en* petiī*)*, petītum
1. opnieuw aanvallen, herhaaldelijk uithalen naar *(m. acc.)* [**regem cuspide; ilia; mulam calcibus et canem morsu**]; *metaf.* opnieuw aanklagen; ▸ *morbi repetunt;*
2. opnieuw opzoeken [**urbem; castra; patriam; Macedoniam**]; teruggaan, terugkeren [**retro in Asiam**];
3. terugeisen, terugvorderen [**obsides; promissa; libertatem; Homerum** als landgenoot opeisen; **pecunias ereptas; urbes in antiquum ius** herstel v.d. vroegere rechtspositie v. steden eisen; **civitatem in libertatem** vrijheid voor de staat eisen; **Gallum ab eodem**];
4. *res* ~ schadeloosstelling *of* genoegdoening voor geleden schade eisen *(van iems. vijanden mbv. de Fetialen, een priestercollege)*; ▸ *ius quo res repetuntur;*
5. schadevergoeding eisen, claimen; ▸ *(pecuniae) repetundae* terug te betalen sommen gelds, schadeloosstelling in geval v. afpersing: *lex de pecuniis repetundis of pecuniarum repetundarum; de pecuniis repetundis (of pecuniarum repetundarum) alqm postulare* wegens afpersing vervolgen; *pecuniarum repetundarum reus* voor afpersing aangeklaagd; *metu repetundarum* uit angst voor schadeclaims;
6. (op)eisen, verlangen [**ius suum; omnes honores; rationem ab alqo** rekenschap; **poenas vi ab alqo** met geweld opeisen, *dwz.* voltrekken];
7. terughalen, ophalen, terugkomen op [**partem copiarum; matrem; praetermissa**];
8. *(poët.)* slaken [**suspiria**];
9. opnieuw beginnen, hernieuwen, herhalen [**studia; pugnam; somnum** opnieuw inslapen; **opus; viam** dezelfde weg terug nemen; **consuetudinem** opnieuw invoeren; **omina** opnieuw thuis gaan waarnemen];
10. *(mondel. of schriftel.)* herhalen; ▸ *quid repetam exustas classes (Verg.)* waarom zou ik opnieuw spreken over?;
11. zich herinneren, zich weer voor de geest halen *(m. acc. of aci.)* [**praecepta alcis; animo exempla**]; *meestal: alqd memoriā of memoriam alcis rei* zich iets te binnen brengen;
12. terugwinnen, herwinnen [**libertatem; occasionem; se** zichzelf herwinnen; **oppidum bello**];
13. terugtellen [**dies**];
14. *(metaf.)* herleiden, terugvoeren [**originem domus; alqd ab initio; nostrum populum a stirpe; populi origines ab Erechtheo; initia amicitiae a parentibus**];
15. *(abs.)* beginnen met, bij *(m. ab)* [**ab ultimo initio**];
/ *sync. perfectumvormen:* repetīstī, repetīsse(m) *enz.*
repetundae, ārum *f zie repeto* 5.
re-pigrō, pigrāre *(Apul.) een proces* vertragen.
re-plaudō, plaudere *(Apul.)* slaan tegen *(m. acc.)* [**frontem; solum**].
re-pleō, plēre, plēvī, plētum
1. weer (op)vullen, volstorten [**fossam humo**]; *metaf.* aanvullen, voltallig maken [**exercitum; legiones**]; *pass.* zich weer vullen;
2. vervullen van, vullen met *(m. abl.)* [**litora voce; tectum gemitu;** *metaf.* **alqm scientiā iuris**];
3. rijkelijk voorzien *(van: abl.)* [**exercitum frumento**];
4. *(met een ziekte)* aansteken, besmetten [**vi morbi**];
5. verzadigen *(ook metaf.)* [**corpora carne; voluptatibus**].
replicātiō, ōnis *f (replico)*
1. kringloop, cirkelvormige beweging;
2. *(jur.)* bezwaar v.d. aanklager tegen de exceptio v.e. beklaagde; ▸ ~ *est contraria exceptio, quasi exceptionis exceptio.*
re-plicō, plicāre
1. terugbuigen [**radios** weerkaatsen];
2. *een boek* uitrollen, *ook metaf.* [**memoriam annalium** *of* **temporum**];
3. herhalen, overdenken;
4. *(jur.)* een replicatio indienen, bezwaar maken tegen de exceptio v.e. beklaagde.
re-plumbō, plumbāre *(plumbum) (postklass.)* van lood ontdoen [**argentum**].
rēpō, rēpere, rēpsī, rēptum *(v. mensen en dieren, metaf. ook v. niet-lev.)* (voort)kruipen; ▸ *genibus per viam repens; inter saxa repentes cochleae.*
re-pōnō, pōnere, posuī, positum *(ook sync.* pos-

tum)
1. achter zich leggen, naar achteren plaatsen *of* zetten [**cervicem** naar achteren buigen];
2. wegleggen, bewaren, opslaan, *ook metaf.* [**pecunias in thesauris; fructūs; Caecubum ad festas dapes; alqd hiemi** voor de winter; **arma; alqd sensibus imis** goed inprenten; **odium** verbergen];
3. *(poët.)* opzij leggen, afleggen, wegdoen, *ook metaf.* [**tela; onus; faciemque deae vestemque; caestūs artemque** neerleggen, opgeven];
4. *(poët.)* begraven, bijzetten [**corpus tumulo; siccis mea fata ocellis**];
5. *(niet-klass.)* teruggeven, terugbetalen [**nummos; donata**];
6. als vergoeding geven [**haec pro virginitate**]; *metaf.* vergelden [**iniuriam**];
7. *(op zijn vroegere plaats)* terugzetten, terugleggen, terugbrengen [**membra stratis; pecuniam duplam in thesauros** teruggeven; **columnas; insigne regium** weer opzetten]; *(poët.)* weer neerzetten [**vina mensis; dapes et sublata pocula; plena pocula**];
8. *(poët.; postklass.)* herstellen, in de oude staat terugbrengen [**pontes ruptos vetustate; alqm in sceptra** iem. in zijn koninklijke waardigheid herstellen];
9. *(poët.; postklass.)* opnieuw opvoeren [**fabulam**];
10. neerzetten, neerleggen, plaatsen *(in, op: abl.; in m. abl.)* [**litteras in gremio; animas sedibus; mollia crura** op de wereld zetten; **ligna super foco**]; ▸ *signa sacra quaedam more Atheniensium virginum reposita in capitibus sustinebant; metaf.: alqm in numerum deorum of in deos* ~ onder de goden opnemen; *alqm in eius locum* ~; *deus ille quem in animi notione tamquam in vestigio volumus* ~;
11. *(metaf.)* rekenen onder, tellen bij *(m. in m. abl.)* [**rem in artis loco** als kunst beschouwen];
12. gebruiken, besteden *(voor, aan: in m. abl.)* [**vigilias** *of* **somnum in alqa re**];
13. *(metaf.)* stellen op, laten rusten op *(m. in m. abl.)* [**spem in virtute; causam totam in iudicum humanitate**]; ▸ *salus in illorum armis reposita est* berust op; *plus* ~ (meer gewicht toekennen) *in duce quam in exercitu;*
14. *(Mel.) in beneficio* ~ te leen geven.

re-portō, portāre
1. terugdragen, terugvoeren, terugbrengen, terugleiden [**legiones; milites navibus in Siciliam; pedem ex hoste** zich terugtrekken];
2. *(al of niet uit de strijd)* mee terugbrengen, meenemen [**nihil ex praeda domum; victoriam, non pacem domum; triumphum; insignia victoriae ab alqo; spem bonam certamque domum; benevolentiam; victoriam ab alqo** behalen; **laudem ex hostibus** oogsten; **gloriam ex proconsulatu Asiae**];
3. *(metaf.)* overbrengen, berichten, melden [**adytis** (van het orakel) **haec tristia dicta; certa** *of* **fidem** een betrouwbaar bericht].

re-poscō[1]**,** poscere, — —
1. terugeisen, terugvorderen [**Helenam; amissam virtutem;** *(van: acc.; ab)* **Verrem simulacrum Dianae; Parthos signa**];
2. *als zijn recht* (op)eisen [**rationem ab alqo** rekenschap; **pecuniam; gratiam; regem ad supplicium; foedus flammis** de naleving v.h. verdrag; **responsa**].

reposcō[2]**,** ōnis *m (Laatl.)* iem die opeist.

repositōrium, ī *n (repono)*
1. *(postklass.) uit verschillende delen bestaand* draagbaar plateau, *waarop gerechten boven elkaar gezet konden worden,* pièce de milieu;
2. (Mel.) (boeken)plank.

repositōrius, a, um (Mel.) van een bibliotheek.

repositus *ppp. v. repono.*

repostor, ōris *m (repono) (Ov.)* hersteller [**templorum**].

repostus, a, um *(repono)* afgelegen, ver verwijderd [**terrae; gentes**]; — *zie ook repono.*

re-posuī *pf. v. repono.*

re-pōtia, ōrum *n (poto) (poët.; postklass.)* drinkgelag *(ihb. na afloop v.e. bruiloft).*

repperī *pf. v. reperio.*

reppulī *pf. v. repello.*

repraesentātiō, ōnis *f (repraesento)*
1. *(postklass.)* afbeelding;
2. contante betaling.

re-praesentō, praesentāre *(praesens)*
1. voor ogen stellen *of* voorstellen [**fidem**];
2. *(poët.; postklass.)* weergeven, nabootsen, uitbeelden, doen herleven [**virtutem moresque Catonis**];
3. onmiddellijk uitvoeren, verwezenlijken [**improbitatem; diem promissorum; libertatem civitatis** meteen bewerkstelligen; **poenas** onmiddellijk laten voltrekken; **iram** meteen tonen];
4. contant betalen *of* voldoen [**summam; pecuniam ab alqo** via een gemachtigde].

re-prehendō, prehendere, prehendī, prehēn-

sum
1. tegenhouden, vasthouden [**servum fugitivum; alqm pallio; alqm manu; cursum alcis** stoppen]; ▸ *quod erat imprudentiā praetermissum, id quaestu ac tempore admonitus reprehendisti* alsnog opgepakt *of* opgevat;
2. *(metaf.)* afkeuren, bekritiseren [**consilium; nihil in magno Homero**];
3. *(retor. t.t.)* weerleggen.

reprehēnsibilis, e *(reprehendo) (postklass.)* afkeurenswaardig.

reprehēnsiō, ōnis *f (reprehendo)*
1. *(retor. t.t.)* (a) het inhouden *van een redenaar,* pauze; ▸ *sine reprehensione;* (b) weerlegging;
2. verwijt, afkeuring, kritiek [**culpae; temeritatis**].

reprehēnsō, reprehēnsāre *(frequ. v. reprehendo) (Liv.)* steeds tegenhouden [**singulos**].

reprehēnsor, ōris *m (reprehendo)* iem. die afkeurt [**delicti**]; iem. die verbetert [**comitiorum**].

reprehēnsus *ppp. v. reprehendo.*

re-prēndō, prēndere, prēndī, prēnsum = *reprehendo.*

reprēnsiō, ōnis *f = reprehensio.*

reprēnsus *ppp. v. reprendo.*

re-pressī *pf. v. reprimo.*

repressor, ōris *m (reprimo)* onderdrukker, iem. die beteugelt *(m. gen.)* [**caedis**].

re-primō, primere, pressī, pressum
1. terugdringen, terugdrijven, tegenhouden, inhouden, stoppen [**regem; vehiculum; odium suum a corpore alcis; lacum Albanum; retro pedem** de pas inhouden; **alcis cursum; fugam; impetūs**]; ▸ *Mithridatem repressum reliquit; represso iam Lucterio ac remoto;* — *se* ~ en *(Plaut.) pass. reprimi* zich inhouden, *(m. ab)* zich onthouden van [**a supplicio**]; ▸ *vix reprimor quin;*
2. *(metaf.)* tot bedaren brengen, in de kiem smoren, beteugelen, bedwingen, onderdrukken [**preces; Catilinae conatūs; fletum; regios spiritūs; iracundiam**];
3. *(med.)* onderdrukken [**inflammationem**].

re-probō, probāre *(postklass.)* afkeuren, verwerpen.

re-probus, a, um *(postklass.)* afgekeurd, slecht.

reprōmissiō, ōnis *f (repromitto)*
1. het doen v.e. tegenbelofte;
2. *(eccl.)* beloven, toezeggen; ▸ *terra repromissionis* het Beloofde Land.

re-prōmittō, prōmittere, prōmīsī, prōmissum
I. *intr.* een tegenbelofte, toezegging doen;
II. *tr.* toezeggen, beloven *(m. aci.).*

rēpsī *pf. v. repo.*

rēptābundus, a, um *(repto) (Sen.)* kruipend.

rēptātiō, ōnis *f en* **rēptātus,** ūs *m* het kruipen.

rēptile, is *n (reptilis) (Laatl.)* reptiel, kruipend dier.

rēptilis, e *(repo) (Laatl.)* kruipend.

rēptō, rēptāre *(intens. v. repo) (niet-klass.)* kruipen; sluipen.

repudiātiō, ōnis *f (repudio)* weigering, afwijzing [**supplicum**].

repudiō, repudiāre *(repudium)*
1. *(pre- en postklass.) (v. verloofden en echtgenoten) de ander* verstoten, scheiden van [**uxorem; sponsum; sponsam**];
2. *(metaf.)* weigeren, afwijzen, versmaden, verwerpen, afkeuren [**preces alcis; gratiam alcis; condicionem aequam; consilium senatūs a re publica** de staat ontzeggen; **officium** veronachtzamen; **pacem; pecuniam a rege missam; legationem; servum adiutorem contra dominum**];
3. niet langer willen gebruiken, afschaffen, opzeggen [**praenomen; legem; pacem**].

repudiōsus, a, um *(repudium) (Plaut.)* verwerpelijk, afkeurenswaardig [**nuptiae**].

repudium, ī *n (v. verloofden en echtgenoten)* verstoting *(ihb. v.d. kant v.d. man)*; verbreking v.d. verloving, (echt)scheiding; ▸ *alci -um remittere, renuntiare* een verloving *of* huwelijk voor beëindigd verklaren; *-um dicere* een scheiding uitspreken.

re-puerāscō, puerāscere, — — weer een kind, kinds worden [**ex hac aetate**].

repugnanter *adv. (v. repugnans, zie repugno)* met tegenzin.

repugnantia[1]**,** ium *n (v. repugnans, zie repugno)* inconsistente zaken.

repugnantia[2]**,** ae *f (repugno)*
1. weerstand;
2. tegenstellingen, conflict [**naturae**];
3. tegenstrijdigheid, tegenspraak [**rerum**].

repugnātiō, ōnis *f (repugno) (Apul.)* verzet.

re-pugnātōrius, a, um *(postklass.)* verdedigings-.

re-pugnō, pugnāre
1. *(in een gevecht)* weerstand bieden;
2. *(metaf.)* zich verzetten, in opstand komen, protesteren *(tegen: dat. of contra; m inf.; ne)* [**fortunae; amori; alcis opinioni; contra veritatem**]; ▸ *non repugno* ik heb geen bezwaar; *his omnibus rebus unum repugnat quod*

(dat);
3. in tegenspraak, onverenigbaar zijn (*met: dat.*); ▸ *simulatio amicitiae repugnat.*
re-pullulō, pullulāre (*postklass.*) weer ontspruiten, weer uitlopen.
repulsa, ae *f* (*repello*)
1. (*pol.*) afwijzing *bij een kandidaatstelling*, echec, afgang (*voor, bij: gen.*) [**consulatūs; aedilicia** bij de kandidaatstelling voor het ambt v. ediel]; ▸ *-am accipere of ferre (a populo)* het niet redden; *sine -a factum esse consulem; omnes magistratūs sine -a assequi;*
2. (*poët.; postklass.*) afwijzend antwoord, afwijzing.
repulsō, repulsāre (*intens. v. repello*) (*Lucr.*)
1. laten weerklinken, laten echoën; ▸ *colles verba repulsantes;*
2. afwijzen; ▸ *vera repulsans pectus dicta.*
repulsus[1] *ppp. v. repello.*
repulsus[2]**,** ūs *m* (*repello*) het terugduwen, tegendruk; het botsen tegen, het stoten tegen [**durioris materiae**]; echo [**scopulorum** van de rotsen].
re-pungō, pungere, — — (*Cic.*) terugsteken, *metaf.* terugplagen [**animos**].
re-pūrgō, pūrgāre
1. schoonmaken, zuiveren [**alveum Tiberis; iter; vulnera**];
2. (*poët.; postklass.*) door te reinigen verwijderen [**quicquid in Aenea fuerat mortale**].
reputātiō, ōnis *f* (*reputo*) (*postklass.*) overweging, beschouwing [**veterum novorumque morum**].
re-putō, putāre
1. berekenen [**solis defectiones; tempora**]; meerekenen, meetellen [**sumptūs**];
2. (*metaf.*) overwegen, overdenken [**alqd cum animo, animo suo** *of* **secum**]; (*m. aci. of afh. vr.*); ▸ *cum tibi nihil merito accidisse reputabis; ut reputes quid facere expetas.*
re-quiēs, ētis *f* (*acc. meestal* requiem; *abl. ook* requiē) rust, het uitrusten, ontspanning [**animi et corporis;** (*van, na: gen.*) **curarum; pugnae; laborum**].
re-quiēscō, quiēscere, quiēvī, quiētum
I. *intr.*
1. (uit)rusten, zich ontspannen, *metaf. ook v. niet-lev.* [**a muneribus rei publicae; a domesticis malis**]; ▸ *legiones ~ iussit; flumina requiescunt* staan stil; *requiescat humus; requiescit vitis in ulmo* steunt op;
2. rusten, liggen, slapen [**lecto**]; zijn laatste rustplaats vinden [**in sepulcro; in urna**];
3. (*metaf.*) tot rust komen, rust vinden [**ex miseriis atque periculis; a luctu; eorum exitio; in spe alcis**];
II. *tr.* (*poët.*) laten rusten; ▸ *flumina requiescunt rapidos cursus;*
/ *sync. perfectumvormen:* requiērunt, requiērant, requiēsse(t).
requiētiō, ōnis *f* (*requiesco*) (*eccl.*) het uitrusten.
requiētus, a, um (*p. adj. v. requiesco*) uitgerust [**miles; animi; ager** die braak gelegen heeft].
re-quiēvī *pf. v. requiesco.*
requīritō, requīritāre (*intens. v. requiro*) (*Plaut.*) (herhaaldelijk) vragen naar (*m. acc.*) [**res novas**].
re-quīrō, quīrere, quīsīvī *en* quīsiī, quīsītum (*quaero*)
1. (op)zoeken [**libros**];
2. (*metaf.*) missen, terugwensen [**maiorum prudentiam; consuetudinem fori; subsidia belli**];
3. verlangen, eisen; ▸ *virtus nullam voluptatem requirit* (*Cic.*); *res diligentiam requirit; in candidato probitas requiritur; in hoc bello virtutes multae requiruntur* zijn vereist;
4. vragen, navraag doen, inlichtingen inwinnen (*naar, over: acc.; de; bij iem.: ab, ex of de; m. afh. vr.*) [**causas; vera; facta alcis; de statu civitatis**]; ▸ *tu ex me requiris quid sibi voluerint;*
5. onderzoeken, controleren [**impendia rei publicae; rationes**].
requīsīta, ōrum *n* (*requiro*) behoeften, vereisten [**naturae**].
requīsītiō, ōnis *f* (*requiro*) (*Gell.*) onderzoek [**historiae**].
rēs, reī *f*
1. zaak, ding, voorwerp, iets; ▸ *ea res* dit; *nulla res* niets; *utraque res* beide zaken; *multae res* veel; *bonae res* lekkernijen; *res una solaque* het enige middel; *abdita, ficta rerum* geheime, verzonnen zaken; *vilia rerum* iets onbeduidends; *vana rerum* schijn, ijdelheid; *quid hoc rei est?* wat heeft dit te betekenen?; *quo res haec pertinet?* waarop slaat dit?; — *vaak om een voorafgaand begrip weer op te nemen: quae res* (precies) dit; *quibus of his rebus* hierdoor, hierom; *qua in re* hierbij; — *ter omschrijving v. verbogen gesubstantiveerde neutra v. pron. en adj.:* alicuius rei *als gen. v.* aliquid; *in omnibus rebus* in alles; *divinarum humanarumque rerum scientia; dives multarum rerum* aan grote voorraden; *peritus rerum* vakkundig; — rerum *vaak ter versterking v.d. superl.: dulcissime rerum*

allerliefste; *rerum pulcherrima, Roma* de allermooiste;
2. bezit, eigendom, vermogen [**familiaris** privé-bezit; **paterna; materna**]; ▸ *rem facere* verwerven; *rem quaerere* trachten te verwerven; *rem augere; rem gerere* zijn vermogen beheren; *rem conficere* verkwisten; *res et fides* vermogen en krediet; *res eos iam pridem, fides nuper deficere coepit;*
3. (*plur.*) wereld, wereldse zaken, natuur; ▸ *caput rerum* de hoofdstad v.d. wereld; *rerum potentia; hominum rerumque repertor* (*v. Jupiter*);
4. stand v. zaken, omstandigheden, toestand, verhoudingen [**secundae** *of* **prosperae** voorspoed; **adversae** tegenspoed]; ▸ *rem explorare; fiduciā rerum* op goed geluk; *res variae bello* wisselend succes; *sunt lacrimae rerum* om het ongeluk; *imperitus rerum* niet op de hoogte v.d. stand v. zaken; *res erat in ea opinione ut putarent* men was van mening dat; *in summo discrimine rerum* in een zeer hachelijke toestand; *si res cogat of postulabit; pro re (nata), e re nata* naar omstandigheden; *pro tempore et re; ipsā re ac ratione* alleen door de situatie; *res ita se habent; novis rebus studere* naar vernieuwingen streven, een revolutie voorbereiden; *tanta rerum commutatio* verandering in de stand v. zaken; *rebus ita se habentibus* onder deze omstandigheden; — *in het Nederlands vaak te vertalen met het*: *res bene (male) se habet* het gaat goed (slecht);
5. opzicht; ▸ *totā re errare* in ieder opzicht; *eā re plurimum potest* in dit opzicht;
6. (*meestal plur.*) heerschappij, staatsmacht, regering; ▸ *rerum potiri; custos rerum; res Romana, Latina;*
7. (*vooral bij geschiedschrijvers*) staat, staatsgemeenschap = *res publica* (*zie* publicus) [**Romana**]; ▸ *unus homo nobis cunctando restituit rem* (*Enn.*);
8. oorzaak, reden; ▸ *eā, eādem, hac, quā re, quam ob rem* daarom;
9. zaak, onderneming, aangelegenheid [**militaris** *of* **bellica** krijgswezen; **maritima, navalis** *of* **nautica** zeewezen; **frumentaria** graanbouw, graanvoorraad; **rustica** landbouw; **pecuaria** veeteelt]; ▸ *tantis rebus praeesse* aan het hoofd staan v. zulke grote ondernemingen; *rem gerere* zaken beheren; *rem bene (male) gerere; rem cum alqo transigere* zaken doen; *rem contrahere cum alqo; alci res cum alqo est* iem. heeft te maken met iem.; *tecum mihi res est; quoniam cum senatore res est; famigeratori res sit cum damno et malo* dat de roddelaar het te stellen krijgt met verlies en schade; *inter se multa communicare de tota illa ratione atque re Gallicana;*
10. voordeel, belang, nut; ▸ *in rem est* (*m. inf., aci. of ut*) het levert voordeel op; *alqd in rem suam convertere* zich tot nut laten zijn; *ex re mea, tua* in mijn, jouw belang; *suis rebus consulere; a re consulere* ten nadele; *non a re visum est* het lijkt niet ongeschikt;
11. daad, handeling; krijgsdaad [**gestae** (krijgs)daden]; ▸ *militares et civiles res* krijgsdaden en politieke handelingen; *res gerere* handelen, *ihb.* op het gebied v. staatsaangelegenheden; *rebus spectata iuventus* door daden beproefd; *gloria rerum; auctor rerum* uitvoerder; *quibus rebus cum unus maxime in civitate floreret;*
12. oorlog, strijd; ▸ *rem gerere* oorlog voeren; *rem ducere* de oorlog slepende houden, rekken; *re bene (male) gestā* na een strijd met goede (slechte) afloop; *arma ante rem nitentia* voor de slag; *res est mihi cum Danais; haud dubia res est* de afloop v.d. strijd; *donec in populationibus res fuit;*
13. gebeurtenis, voorval, gebeuren [**magna** belangrijk; **praeclara**]; ▸ *in medias res auditorem rapere;* — *ihb.* historisch feit, *plur.* geschiedenis [**Italicae** van Italië]; ▸ *rerum scriptor* geschiedschijver; *res populi Romani perscribere* Romeinse geschiedenis;
14. gegeven, feit; ▸ *non modo res omnes, sed etiam rumores cognoscere; rerum exempla;*
15. werkelijkheid, waarheid; ▸ *rem spectare, non verba; ut erat res* hoe het daadwerkelijk of feitelijk gesteld was; *quod res est* wat het feitelijk is; *nihil est aliud in re* in werkelijkheid zit het zo; *re (vera), re quidem vera, re ipsa* in werkelijkheid, inderdaad;
16. wezen of aard der dingen; ▸ *ad rem pertinere; quid ad rem?* wat doet het ertoe?;
17. inhoud, onderwerp; ▸ *versus inopes rerum;*
18. rechtszaak, rechtsgeding, proces (*algemener dan causa*); ▸ *rem iudicare* een rechtsgeldig oordeel over een zaak vellen.

re-sacrō, sacrāre = *resecro.*

re-saeviō, saevīre (*Ov.*) opnieuw woeden; ▸ *ne mota resaeviat ira.*

resalūtātiō, ōnis *f* (*resaluto*) (*Suet.; August.*) het teruggroeten.

re-salūtō, salūtāre teruggroeten.

re-sānēscō, sānēscere, sānuī, — (*sanus*) (*Ov.*) weer genezen; ▸ (*metaf.*) *animi resanuit error.*

re-sarciō, sarcīre, sarsī, sartum
1. repareren [**tecta; vestem**];

2. *(metaf.)* vergoeden [**detrimentum; damnum**].

re-scidī *pf. v. rescindo.*

re-sciī *zie rescisco.*

re-scindō, scindere, scidī, scissum
1. (weer) openrijten, *ook metaf.* [**vulnus; dolorem, luctūs** vernieuwen];
2. openen, ontsluiten [**vias; locum firmatum**];
3. verscheuren, afbreken, slopen, neerhalen, vernietigen [**pontem** afbreken; **vallum; vestem a membris** afrukken];
4. *(metaf.)* ongeldig maken, vernietigen, opheffen [**iudicium populi; pactiones; testamentum; alcis decreta**].

re-sciō, scīre *(postklass.)* = *rescisco.*

re-scīscō, scīscere, scīvī *en* sciī, scītum te weten komen, bericht krijgen van, over *(m. acc. of de)* [**futurum; de adventu alcis**].

rescissiō, ōnis *f (rescindo) (postklass.)* vernietiging; annulering.

rescissus *ppp. v. rescindo.*

rescītus *ppp. v. rescisco.*

re-scīvī *pf. v. rescisco.*

re-scrībō, scrībere, scrīpsī, scrīptum
1. weer schrijven, terugschrijven *(aan: dat.; m. aci.; afh. vr.)* [**epistulam; litteris, ad epistulam** (op) een brief];
2. herschrijven, bewerken [**rationes; commentarios**];
3. *(milit.)* opnieuw samenstellen [**legiones**];
4. *(officieel, bv. namens de keizer)* schriftelijk antwoorden *of* reageren *(zie ook rescriptio en rescriptum)*;
5. *(in de boekhouding) een post* overschrijven: (a) ten laste boeken, debiteren; (b) *(poët.)* erbij boeken, crediteren;
6. *(naar een andere militaire positie, rang)* overschrijven [**alqm ad equum** *(m. scherts. dubbelzinnigheid)* tot de cavalerie bevorderen *of* in de ridderstand opnemen].

rescrīptiō, ōnis *f = rescriptum.*

rescrīptum, ī *n (rescribo) (postklass.)* schriftelijk antwoord, *ihb. van de keizer;* keizerlijk besluit, rescript.

rescrīptus *ppp. v. rescribo.*

rēscula, ae *f (demin. v. res) (Apul.)* prul.

re-secō, secāre, secuī, sectum
1. afsnijden [**linguam; truncos; radices; ad vivum** tot in het vlees snijden, *metaf.* al te precies nemen];
2. *(metaf.)* afsnijden, beperken, tegenhouden; verwijderen [**spem longam; crimina; libidinem**];
3. opensnijden [**uterum**].

re-secrō, secrāre *(sacro)*
1. opnieuw smeken; ▸ *nunc te obsecro resecroque* (Plaut.);
2. van een vloek bevrijden.

resectiō, ōnis *f (reseco)* het afsnijden, snoeien; snee.

re-secuī *pf. v. reseco.*

resecūtus *p.p. v. resequor.*

re-sēdī *pf. v. resideo en resido.*

resegmina, um *n (reseco)* (Plin. Mai.) afgesneden stukken.

re-sēminō, sēmināre (Ov.) weer voortbrengen [**se** *(v.d. feniks)*].

re-sequor, sequī, secutus sum (Ov.) antwoorden [**alqm dictis; rogantem**].

re-serō[1], serāre *(sera)*
1. *(poët.)* ontgrendelen, openen; openleggen, blootleggen [**portas hosti; carcerem; urbem; pectus; infernas sedes**];
2. *(metaf.)* ontsluiten, openen, toegankelijk maken [**rem familiarem; aures; pectus; Italiam exteris gentibus**];
3. *(poët.; postklass.)* openbaren, onthullen [**futura; secreta**];
4. *(poët.; postklass.)* openen, beginnen [**annum**].

re-serō[2], serere, sēvī, — opnieuw (be)zaaien *of* (be)planten [**vineam; agrum**].

re-servō, servāre
1. bewaren, sparen [**praedam alci; in diem; facta capiti alcis** op iem. wreken; **ad extremum** in het uiterste geval; **legiones ad pericula; cetera praesenti sermoni** voor mondelinge bespreking; **crimen iudicio**];
2. behouden, redden [**se sibi suisque; consulem ex media morte**];
3. (be)houden [**nihil ad similitudinem hominis** niets menselijks].

reses, *gen.* idis *(resideo)*
1. achtergebleven [**in urbe plebs**];
2. traag, zonder bezigheid [**populi** *die lang niet gevochten hebben;* **curae**].

re-sēvī *pf. v. resero*[2].

re-sībilō, sībilāre (Laatl.) terugsissen, hatelijk antwoorden.

re-sideō, sidēre, sēdī, sessum *(sedeo)*
I. *intr.*
1. (blijven) zitten [**in antro; in equo**]; ▸ *(metaf.) spes in virtute tua residet* (Cic.) steunt op;

2. (achter)blijven, overblijven; ▸ *residebit in re publica coniuratorum manus; si quid in te residet amoris erga me* (Cic.); *residet suspicio; in eorum consilio pristinae virtutis memoria residet* (Caes.);
3. (*postklass.*) hurken, gaan zitten;
II. *tr.* vieren, in acht nemen [**ferias**].

re-sīdō, sīdere, sēdī, sessum
1. gaan zitten, zich vestigen, positie kiezen, verblijven (*in, op: abl. of in m. abl.*) [**in rupe; in taberna; in oppido; mediis aedibus**];
2. (*metaf.*) neerzinken, (in)zakken; ▸ *si montes resedissent; maria in se ipsa residunt; residentibus flammis;*
3. (*poët.; postklass.*) zakken, zich terugtrekken; ▸ *Nilus incipit, crescit et residit* (Plin. Mai.);
4. afnemen, bedaren, gaan liggen; ▸ *bellum resedit; ardor resederat; ira resedit; tumor animi resedit; terror resedit.*

residuum, ī *n* (*residuus*) rest [**nobilium**].

residuus, a, um (*resideo*) achterblijvend, achtergebleven, overgebleven [**odium; ira bellorum**]; achterstallig [**pecuniae**].

resignātiō, ōnis *f* (Mel.) het afstand doen, berusting.

re-signō, signāre
1. het zegel verbreken van, openen [**litteras; testamenta**]; ▸ *metaf.: lumina morte resignat* (Verg.);
2. (*poët.*) (*metaf.*) onthullen, meedelen [**venientia fata; mandata alcis**];
3. ongeldig maken, vernietigen [**fidem tabularum**];
4. (Hor.) (over)boeken; teruggeven [**cuncta**].

re-siliō, silīre, siluī, — (*salio*)
1. terugspringen [**ad manipulos**]; ▸ *ranae resiliunt in lacus;*
2. terugstuiten, -kaatsen; ▸ (*metaf.*) *crimen ab alqo resilit* kleeft niet aan iem., treft iem. niet;
3. (*poët.; postklass.*) zich samentrekken, ineenkrimpen, kleiner worden [**in spatium breve**]; ▸ *cornua cochlearum protenduntur ac resiliunt.*

re-sīmus, a, um omhoog gebogen [**nares**].

rēsīna, ae *f* (*Gr. leenw.*) hars.

rēsīnātus, a, um (*resina*) (*postklass.*)
1. met hars bestreken [**iuventus** *om haren te verwijderen en de huid glad te maken*];
2. met hars bereid [**vinum**].

rēsīnōsus, a, um (*resina*) vol van *of* rijk aan hars [**pix**].

re-sipiī *zie resipisco.*

re-sipiō, sipere, — — (*sapio*) (*m. acc.*)
1. (*pre- en postklass.*) smaken naar;
2. (*metaf.*) doen denken aan; ▸ *Epicurus homo non aptissimus ad iocandum, minimeque resipiens patriam* (Cic.); *istae comoediae resipiunt stilum Plautinum* (Gell.).

re-sipīscō, sipīscere, sipīvī, sipiī *en* sipuī, — (*resipio*)
1. bij zinnen komen; bijkomen (*na flauwvallen e.d.*);
2. zijn verstand terugkrijgen, weer verstandig worden;
3. (Ter.) weer moed vatten.

re-sistō, sistere, stitī, —
1. blijven staan, stoppen, stilstaan [**in itinere; ad revocantis verba**]; ▸ (*v. niet-lev.*) *beata vita resistet extra fores limenque carceris; resistentibus flammis* omdat de vlammen niet verder oprukten;
2. (achter)blijven (*in: abl.; in m. abl.*) [**Athenis; in regno**];
3. even ophouden, stokken [**media in voce**]; ▸ *verba resistunt;*
4. weer vaste voet krijgen, weer op de been komen; ▸ *ubi lapsi resistamus;*
5. verzet bieden aan, zich verzetten, zich te weer stellen tegen (*m. dat.; m. ne, na ontkenning m. quin*) [**hostibus; venientibus; ventis; huic rogationi; dolori; lacrimis et precibus; vi contra vim**]; ▸ *mens resistens ad calamitates perferendas* die weerstand kan bieden tegen; *nullo resistente* zonder enige weerstand; *omnibus his resistitur.*

resolūtiō, ōnis *f* (*resolvo*)
1. (*postklass.*) het losmaken [**lori**]; oplossing;
2. ontspanning [**nervorum** verlamming; **ventris** diarree];
3. het schrappen, annuleren [**venditionis**];
4. (Mel.) besluit.

re-solvō, solvere, solvī, solūtum
1. losmaken [**vestes; crines; nodum; equos** uitspannen; **virginem catenis**];
2. (*poët.; postklass.*) *in deeltjes* oplossen [**nebulas, tenebras** verdrijven; **nivem** doen smelten; **glaebam in pulverem**]; *pass. ook* zich oplossen, vervliegen: *nubes resolvuntur in aquas; resoluta caligo;*
3. opendoen, openen [**litteras; iugulum mucrone** doorsteken; **ora fatis** voor een voorspelling; **fauces in verba** zijn mond openen om te spreken];
4. (*poët.; postklass.*) (*metaf.*) ontspannen, verslappen, ontkrachten, slap maken [**membra; terga** uitstrekken]; ▸ *resolutus in somnos;*

5. (*poët.*; *postklass.*) ongeldig maken, annuleren, opheffen, tenietdoen, beëindigen [**iura pudoris** schenden; **curas** verdrijven; **disciplinam militarem**; **vectigal**; **litem lite**];
6. (*Hor.*) bevrijden; ▸ *te piacula nulla resolvent*;
7. (terug)betalen [**argentum**].

resonābilis, e (*resono*) (*poët.*) weergalmend [**echo**].

re-sonō, sonāre
I. *intr.*
1. (weer)klank geven, klinken [**unda**; **plausus militum**]; ▸ *aera resonant*; *examina e quercu resonant*; *nervos in fidibus aliis pulsis* ~ *alios* (*Cic.*);
2. weerklinken, weergalmen (*van*: *abl.*); ▸ *aedes plangoribus resonant*; *resonat latratibus aether*; *resonans theatrum*; *resonant avibus virgulta*; *locus voci resonat* de plaats fungeert als klankbodem voor de stem; (*metaf.*) *gloria virtuti resonat tamquam imago* is een weerklank van dapperheid;
II. *tr.* (*poët.*) doen weerklinken, laten galmen [**Amaryllida** de naam Amaryllis; **alcyonem** de roep v.d. ijsvogel; **triste et acutum** een weemoedige en schrille toon uitstoten; **lucos assiduo cantu**]; ▸ *onpers. pass.*: *in fidibus testudine resonatur* ontstaat een echo.

resonus, a, um (*resono*) (*poët.*) weerklinkend, -galmend [**voces**; **valles**].

re-sorbeō, sorbēre, —— (*poët.*; *postklass.*) weer opslurpen, weer inslikken [**fluctūs**].

re-spargō = *respergo*.

respectō, respectāre (*intens. v. respicio*)
I. *intr.* terugblikken, omzien, omkijken [**ad tribunal**]; ▸ *respectantium turba*;
II. *tr.*
1. omzien, omkijken naar (*m. acc.*) [**arcem Romanam**];
2. (*poët.*) (*metaf.*) acht slaan op (*m. acc.*); ▸ *si qua pios respectant numina* (*Verg.*);
3. tegemoet zien, verwachten [**par munus ab alqo**].

respectus[1] *ppp. v. respicio*.

respectus[2], ūs *m* (*respicio*)
1. het terugblikken, het omkijken (*naar*: *gen.*) [**incendiorum** naar de brand]; ▸ *rex sine respectu fugit* (*Liv.*) zonder om te kijken; *sine respiratione ac respectu pugnare*;
2. (*metaf.*) inachtneming, het rekening houden met; ▸ *respectu alcis rei* met het oog op iets; *sine respectu maiestatis*;
3. (*meton.*) toevlucht(soord), steun; ▸ *respectum ad senatum habere*.

re-spergō, spergere, spersī, spersum (*spargo*) besprenkelen, besproeien, bestrooien; ▸ *manūs sanguine paterno respersae*; *alqm cruore* ~; *cum primum aurora respergit lumine terras* (*Lucr.*) vervult; (*metaf.*) *servili probro respersus* (*Tac.*) met de schande v.e. slavenstreek.

respersiō, ōnis *f* (*respergo*) het besproeien, besprenkeling.

re-spiciō, spicere, spexī, spectum (*specio*)
I. *intr.*
1. terugblikken, omkijken, omzien [**ad oppidum**];
2. (*metaf.*) aangaan, betreffen (*m. ad*); ▸ *ad hunc summa imperii respiciebat* (*Caes.*);
3. (*poët.*; *postklass.*) rekening houden met (*m. ad*);
II. *tr.*
1. achter zich zien *of* bemerken [**Eurydicen suam**; **amicum**; **angues**; **signa**; **moenia**]; (*ook m. aci.*);
2. (*metaf.*) terugdenken aan, overwegen [**spatium praeteriti temporis**]; ▸ *quod tam longe retro* ~ *non possunt*;
3. rekening houden met, in acht nemen; ▸ *haec respiciens* met het oog daarop; *respice aetatem tuam* (*Ter.*); (*ook m. aci.*);
4. zorgen voor, denken aan (*m. acc.*) [**rem publicam**; **commoda populi**]; ▸ *di nos respiciunt* (*Ter.*);
5. wachten op, hopen op (*m. acc.*) [**subsidia**].

respīrāmen, inis *n* (*respiro*) (*Ov.*) luchtpijp.

respīrāmentum, ī *n* (*respiro*) (*eccl.*) het tot rust komen, verademing.

respīrātiō, ōnis *f* (*respiro*)
1. het ademhalen; het weer op adem komen; ▸ *sine respiratione pugnare* ononderbroken;
2. pauze *tijdens het spreken*;
3. uitwaseming [**aquarum**].

respīrātus, ūs *m* (*respiro*) het ademhalen.

re-spīrō, spīrāre
1. uitademen [**animam**];
2. diep ademen, ademhalen [**libere**];
3. weer op adem komen, *ook metaf.* [**a cladibus**; **paulum a metu**; **a minis**]; ▸ *si civitas respiraverit*; *spatium respirandi*;
4. (*metaf.*) (*v. toestanden*) tot rust komen; ▸ *cupiditas atque avaritia paulum respiravit* (*Cic.*); *ne punctum quidem temporis oppugnatio respiravit*;
5. (*Lucr.*) (*v.d. wind*) gaan liggen, ophouden met blazen.

re-splendeō, splendēre, splenduī, — (*poët.*; *postklass.*) weerschijnen, stralen, *ook metaf.*;

▸ *marmoris aliquid resplendet.*

re-spondeō, spondēre, spondī, spōnsum

1. als tegenprestatie leveren, beloven, verzekeren, toezeggen [**par pari**];

2. (**a**) (*m. acc.; de; aci.; afh. vr.*) antwoorden, beantwoorden [**multa; consuli nullum verbum; de bello gerendo**]; *pass.: respondetur alci* iem. krijgt antwoord; (**b**) (*m. dat.; ad alleen m. gesubstantiveerde neutrumvormen; zelden adversus*) antwoorden op, beantwoorden [**litteris alcis; ad haec; ad interrogata; alci ad rogatum; patri ad omnia** vader op alles; **adversus haec in hanc sententiam**]; ▸ *saxa voci respondent* geven een echo; (**c**) (*m. ut*) in reactie het verzoek doen; (**d**) (*m. dat.*) zich verantwoorden voor, zich verdedigen tegen [**criminibus**];

3. (*v. orakels en rechters*) antwoord geven, raad geven, adviseren [**ius** *of* **de iure** juridische adviezen geven]; ▸ *ad ius respondendum* om recht te spreken; *Pythia respondit ut moenibus ligneis se munirent* (Nep.);

4. (*bij het roepen v.d. naam*) zich melden, verschijnen, *ihb. voor de rechtbank* [**ad nomina** *als soldaat*]; ▸ *Verres non responsurus; nec ~ ausus;*

5. (*metaf.*) overeenkomen met, gelijk zijn aan (*m. dat.; zelden ad*); ▸ *fructus non respondet labori; eventus ad spem respondit; verba verbis respondeant; tua virtus opinioni hominum respondet* (Cic.);

6. zich kunnen meten, opgewassen zijn, het evenwicht houden (*met, tegen: dat.*) [**orationi illorum**]; ▸ *urbes tumulis respondebunt; arma lacertis Caesaris non responsura* (Hor.);

7. (*Verg.*) (*v. plaats*) tegenoverliggen; ▸ *contra respondet tellus;*

8. vergelden, beantwoorden (*m. dat.*) [**amori amore; liberalitati**];

9. betalen [**ad tempus**];

10. (*Mel.*) openbaren, voorspellen.

respōnsiō, ōnis *f* (*respondeo*)

1. antwoord; (*retor.*) *sibi ipsi ~* zelfweerlegging;

2. verdediging, weerlegging.

respōnsitō, respōnsitāre (*frequ. v. responso*) juridische adviezen geven.

respōnsō, respōnsāre (*intens. v. respondeo*) (*preklass.; poët.*)

1. antwoorden; ▸ *ripae responsant* weerklinken;

2. tegenspreken (*m. dat.*);

3. (*metaf.*) weerstaan, afwijzen (*m. dat.*) [**cupidinibus; cenis opimis**];

4. (*Plaut.*) tevredenstellen, recht doen aan (*m. dat.*).

respōnsor, ōris *m* (*respondeo*) (*Plaut.*) iem. die antwoord kan geven.

respōnsōrium, ī *n* (*respondeo*) (*eccl.*) liturgische beurtzang.

respōnsum, ī *n* (*respondeo*)

1. antwoord; ▸ *-um alci dare of reddere* geven; *-um ab alqo ferre, auferre, referre of accipere* krijgen; *-um renuntiare* brengen; *sine -o legatos dimittere;*

2. juridisch advies [**iurisconsultorum**];

3. orakelspreuk, uitspraak [**Apollinis; sortium; Sibyllae; oraculi; haruspicum**]; ▸ *-um petere* een orakel vragen.

respōnsus[1] *ppp. v. respondeo.*

respōnsus[2], ūs *m* (*respondeo*) (*postklass.*)

1. antwoord;

2. (*metaf.*) overeenstemming, symmetrie.

rēs pūblica *zie publicus.*

re-spuō, spuere, spuī, —

1. uitspuwen, verwijderen [**reliquias cibi**];

2. (*metaf.*) afwijzen, niet aannemen, versmaden, verwerpen [**condicionem; interdicta Caesaris; defensionem**].

restāgnātiō, ōnis *f* (*restagno*) (*Plin. Mai.*) het overstromen; overloop [**Oceani; Euphratis**].

re-stāgnō, stāgnāre

1. overstromen, buiten de oevers treden, overlopen; ▸ *mare restagnans;*

2. (*meton., v. plaatsen*) overstroomd zijn, onder water staan; ▸ *late is locus restagnat.*

restaurātiō, ōnis *f* (*restauro*) (*Laatl.*) herstel, hernieuwing.

restaurātor, ōris *m* (*restauro*) (*Laatl.*) hersteller *van bouwwerken*, restaurator [**thermarum; urbis**].

restaurātrīx, īcis *f* (*restaurator*) (*Laatl.*) vrl. hersteller [**virtutum**].

re-staurō, staurāre (*vgl. instauro*) (*Tac.; Laatl.*)

1. herstellen [**aedem Veneris**];

2. (*metaf.*) vernieuwen, hervatten [**bellum**].

restibilis, e (*resto*)

1. elk jaar geplant *of* gezaaid; beplant, bezaaid [**vinea; locus**];

2. elk jaar op dezelfde plek geoogst [**seges**];

3. een tweede groei hebbend [**platanus**].

resticula, ae *f* (*demin. v. restis*) dun touw, koord.

restīnctiō, ōnis *f* (*restinguo*) het lessen, het stillen [**sitis**].

re-stinguō, stinguere, stīnxī, stīnctum

1. (uit)blussen [**ignem; aggerem** de bran-

dende wal; *metaf.* **incendium belli civilis**];
2. (*metaf.*) lessen, stillen [**sitim**];
3. dempen, matigen, onderdrukken [**odium; ardorem cupiditatum; mentes auditorum inflammatas**];
4. vernietigen, verdelgen [**morbum**].

restiō, ōnis *m* (*restis*) (*postklass.*) touwslager; (*Plaut.*) *scherts., v.e. slaaf die met de zweep is afgeranseld.*

restipulātiō, ōnis *f* (*restipulor*) (het eisen van een) tegenprestatie.

re-stipulor, stipulārī een tegenprestatie eisen, zich laten beloven.

restis, is *f* (*acc. sg.* -im *en* -em)
1. touw, koord; ▸ *ad -im res redit* het is om je op te hangen!;
2. (*plur.*) (*postklass.*) *het vezelrijke loof van knoflook of ui (dat in elkaar gedraaid als touw diende).*

re-stitī *pf. v. resisto en resto.*

restitō, restitāre (*intens. v. resto*)
1. achterblijven; *metaf.* aarzelen, treuzelen;
2. (*Liv.*) weerstand blijven bieden.

re-stituō, stituere, stituī, stitūtum (*statuo*)
1. neerzetten, weer oprichten [**statuam**];
2. terugbrengen, terugroepen, terugvoeren (*ihb. uit ballingschap*) [**alqm in patriam; sospites Romam ad propinquos**];
3. weer bezorgen, teruggeven [**alci agrum; civibus sua; se alci** zich verzoenen, weer bevriend worden met iem.; **Syracusanis libertatem**];
4. (*in de oude toestand*) terugplaatsen, terugbrengen [**Siciliam in pristinum statum; alqm in integrum** in de vorige toestand terugbrengen, rehabiliteren; **praedia in integrum; consilia in integrum** ongedaan maken; **alqd in pristinam dignitatem; alqm in antiquum locum gratiae** iem. weer de invloed van vroeger teruggeven; **damnatos** hun straf kwijtschelden; **Britanniam patientiae veteri** terugbrengen tot de vroegere staat van onderwerping];
5. *in zijn rechten* herstellen [**alqm in regnum**];
6. herstellen [**aciem; pugnam** hernieuwen; **cunctando rem** de staat redden; **turbatas comas** weer ordenen; **aedes, muros** herbouwen; **oppida vicosque; vina**];
7. (*metaf.*) opheffen, vernietigen, annuleren [**iudicia** gerechtelijke uitspraken];
8. weer goedmaken, vergoeden [**vim factam** de door geweld aangerichte schade; **amissa; damna bello accepta**].

restitūtiō, ōnis *f* (*restituo*)
1. herstel [**fortunae; illius potestatis**];
2. het weer terugbrengen (*in de vorige toestand*): (a) het terugroepen uit de verbanning; (b) gratie [**damnatorum**]; (c) (*Suet.*) het weer opnemen in de senaat; (d) ~ *in integrum* ongedaanmaking, annulering (*door de pretor*).

restitūtor, ōris *m* (*restituo*) hersteller [**templorum** herbouwer; **salutis meae** mijn redder].

restitūtōrius, a, um (*restituo*) (*jur.*) (a) betrekking hebbend op het ongedaan maken *of* annuleren; (b) betrekking hebbend op het rehabiliteren v.e. persoon *in zijn vroegere positie.*

restitūtus *ppp. v. restituo.*

re-stō, stāre, stitī, —
1. (achter)blijven [**Romae; ad urbis incendium**];
2. overblijven, over zijn; ▸ (*hoc, id, illud*) *restat* (*m. ut; inf.*) (er, het) blijft (nog) over (dat, te); *nihil aliud restat, nisi of quam* (*m. inf.*); *summa studia amicorum ei sola in malis restiterunt; una spes restat in Etruscis; dona pelago et flammis restantia* (*Verg.*) die aan de zee en de vlammen ontkomen zijn, uit de zee en de vlammen gered zijn;
3. in leven blijven, nog in leven zijn; ▸ *pauci restant; ex multis unus alci restat;*
4. nog te wachten staan; ▸ *hoc Latio restat; quod restat* toekomstig, voor de toekomst;
5. zich verzetten, weerstaan *of* tegenstand bieden, standhouden, *ook metaf.* [**confidenter; fortiter**]; ▸ *laminae restantes adversum pila et gladios;*
6. (*poët.*) blijven (bestaan), voortduren; ▸ *amor restat.*

restrictus, a, um (*p. adj. v. restringo*)
1. (*postklass.*) samengetrokken [**digiti**];
2. (*metaf.*) strikt, precies [**imperium**]; ▸ *-e observare;*
3. spaarzaam, karig;
4. bescheiden.

re-stringō, stringere, strīnxī, strictum
1. samentrekken, terugtrekken;
2. ontbloten, laten zien [**dentes**];
3. naar achteren binden, vastbinden [**manūs ad terga**];
4. (*metaf.*) inperken, beperken [**sumptūs; delicias; animum maestitiā** benauwen].

re-sūdō, sūdāre (*postklass.*) (*v.d. grond*) vocht uitzweten.

re-sultō, sultāre (*salto*) (*poët.; postklass.*)
1. terugspringen, afstuiten; ▸ *tela galeā resul-*

tant;

2. weerklinken, echoën; ▸ *vocis imago resultat; sonus resultans; colles clamore resultant; tecta resultantia vocibus;*

3. *(Plin. Min.) (metaf.)* tegenwerken; ▸ *barbara nomina Graecis versibus non resultant* laten zich in het metrum zetten.

re-sūmō, sūmere, sūmpsī, sūmptum *(poët.; postklass.)*

1. weer (op zich) nemen, weer aannemen, weer oppakken [**tabellas; pennas; arma**];

2. *(metaf.)* weer opnemen, hervatten [**militiam; proelium; hostilia**];

3. terugkrijgen [**dominationem; vires**].

re-suō, suere, —, sūtum *(Suet.)* lostornen [**tunicam**].

re-supīnō, supīnāre

1. achterover buigen, laten leunen, op de rug werpen [**caput; assurgentem umbone** op de rug op de grond]; — *pass. resupinari* zich achterover buigen, op zijn rug gaan liggen;

2. *(Prop.)* omvertrekken, omverhalen [**valvas**].

resupīnus, a, um *(resupino) (poët.; postklass.)*

1. achterover gebogen *of* geleund [**collum; ōs**];

2. op de rug liggend, ruggelings; ▸ *alqm -um fundere* ruggelings op de grond werpen; *eum -o pectore vertit* gooide hem op zijn rug op de grond; *-i natant* op de rug;

3. *(metaf.)* het hoofd in de nek werpend, trots [**Niobe**].

re-surgō, surgere, surrēxī, surrēctum

1. *(poët.; postklass.)* weer opstaan, zich weer verheffen *(ook v. niet-lev.)*; ▸ *cumba de aquis resurgit* duikt weer op; *luna resurgit* komt weer op; *resurgebant cornua Phoebes* vernieuwden zich; *herba resurgens;*

2. *(Tac.) (metaf.)* zich weer verheffen [**in ultionem**];

3. *(v. gevoelens e.d.)* weer opleven, herleven; ▸ *resurgit amor;*

4. weer opkomen, herrijzen; ▸ *regna Troiae resurgent; quoniam res Romana contra spem votaque eius velut ~ ab stirpibus videatur (Liv.);*

5. *(eccl.)* opstaan uit de dood.

resurrēctiō, ōnis *f (resurgo) (eccl.)* opstanding uit de dood, verrijzenis.

re-suscitō, suscitāre

1. *(Ov.)* weer veroorzaken [**iram**];

2. *een proces* laten herleven, opnieuw beginnen;

3. *(eccl.)* weer opwekken uit de dood.

re-tāliō, tāliāre *(talio) (Gell.)* vergelden, met gelijke munt terugbetalen.

retardātiō, ōnis *f (retardo)* vertraging.

re-tardō, tardāre

1. vertragen, ophouden, tegenhouden [**alqm in via**]; — *intr. en pass. retardari* langzamer worden, zich langzaam bewegen: *stellarum motūs tum incitantur, tum retardantur;*

2. *(metaf.)* ophouden, belemmeren, verhinderen [**impetūs hostium; alqm a scribendo; loquacitatem; cupiditatem**].

re-taxō, taxāre *(Suet.)* berispen.

rēte, is *n (abl. sg. -ī en -e; plur. nom. -ia, gen. -ium)* net *(voor de jacht of visvangst), ook metaf.*; ▸ *retia ponere cervis; retia tendere; retibus amoris exire.*

re-tegō, tegere, tēxī, tēctum

1. de bedekking wegnemen van, ontbloten [**ensem**]; ▸ *homo retectus* niet gedekt *door het schild; retectis pedibus;*

2. openen [**thecam nummariam**];

3. *(poët.)* zichtbaar maken, onthullen [**orbem radiis; diem**]; *pass.* zichtbaar zijn; ▸ *iam rebus luce retectis;*

4. *(poët.; postklass.) (metaf.)* onthullen, openbaren [**coniurationem; scelus; arcanum consilium; fata**].

re-temptō, temptāre *(poët.; postklass.)* opnieuw aanraken [**fila lyrae** nog eenmaal op de snaren tokkelen]; *metaf.* opnieuw proberen [**studium; verba**].

re-tendō, tendere, tendī, tentum *en* tēnsum *(poët.)* ontspannen [**arcum**].

retentiō, ōnis *f (retineo)*

1. het tegenhouden, stoppen [**aurigae**];

2. *(metaf.)* het inhouden v.e. betaling, aftrek [**pecuniae**];

3. het achterhouden, vasthouden.

retentō[1], retentāre *(intens. v. retineo)*

1. tegenhouden, vasthouden [**agmen; fugientes**];

2. *(metaf.)* behouden, instandhouden [**sensūs hominum vitasque**].

retentō[2], retentāre = *retempto.*

retentus *ppp. v. retendo en retineo.*

re-tergeō, tergēre, tersī, — *(Laatl.)* weer afwissen, weer reinigen.

re-terō, terere, trīvī, trītum *(pre- en postklass.)* af-, wegwrijven.

re-tersī *pf. v. retergeo.*

re-tēxī *pf. v. retego.*

re-texō, texere, texuī, textum

1. weer uithalen, lostornen; ▸ *Penelope telam retexens; (metaf.) luna orbem retexuit* nam af;

2. *(metaf.)* ongeldig, ongedaan maken, herroepen [**orationem; opus; praeturam; superiora**];
3. omwerken, veranderen [**scripta; se** zich tot een ander mens maken];
4. *(poët.)* opnieuw weven, hernieuwen, herhalen [**Eurydices properata fata** Eurydice in het leven terugroepen].

rētia, ae *f* = *rete.*

rētiāculum, ī *n (demin. v. retia) (Vulg.)* klein net, rooster.

rētiārius, ī *m (rete) (postklass.)* gladiator *vechtend met drietand en net.*

reticentia, ae *f (reticeo)*
1. het (stil)zwijgen;
2. het verzwijgen;
3. *(retor. t.t.)* het niet afmaken v.e. zin, aposiopese.

re-ticeō, ticēre, ticuī, — *(taceo)*
I. *intr.*
1. zwijgen [**de iniuriis; de adversis**];
2. niet antwoorden;
II. *tr.* verzwijgen [**cogitationes suas**].

rēticulātus, a, um *(reticulum)*
1. (afgedekt) met een net *of* haarnetje;
2. met *of* in de vorm v.e. net [**opus** Rom. *bouwwijze, waarbij vierkante stenen in een netpatroon in cement werden gevat*].

rēticulum, ī *n en* **rēticulus,** ī *m (demin. v. rete)* klein net (visnet, haarnetje).

retināculum, ī *n (retineo) (bijna altijd plur.)* band, lijn, touw, teugel, *ook metaf.* [**classis** scheepstouw; *metaf.* **vitae**]; ▸ *frustra -a tendens auriga.*

retinēns, *gen.* entis *(p. adj. v. retineo)* vasthoudend aan *(m. gen.)* [**iuris et libertatis; avitae nobilitatis**].

retinentia, ae *f (retineo) (Lucr.)* het vasthouden in de gedachten, herinnering.

re-tineō, tinēre, tinuī, tentum *(teneo)*
1. tegenhouden, ophouden, vasthouden [**cohortes apud se; milites in castris; legatos; alqm obsidem** als gijzelaar; **navicularios** gevangennemen; **legiones ad urbem; arcum manu**]; ▸ *tempestate retineri;*
2. bij zich houden [**mercedem; alienum; partem armorum in oppido**];
3. behouden, bewaren, niet opgeven [**statum suum; iustitiam; pristinam virtutem; virtutis memoriam; amicos; alqm in officio; animos sociorum in fide**];
4. *(iets dat veroverd is)* behouden, handhaven [**oppidum; arces; regnum armis; Graecos sub sua potestate**];
5. *(metaf.)* tegenhouden, binnen de perken houden, beteugelen [**rabiem; gaudia; lacrimas**].

re-tinniō, tinnīre *(Cic.)* (weer)klinken.

re-tinuī *pf. v. retineo.*

rētiolum, ī *n (demin. v. rete) (Laatl.)* klein (jacht)net.

re-tonō, tonāre *(Catull.)* donderend weergalmen.

re-torqueō, torquēre, torsī, tortum
1. terugdraaien, terugwenden, in een andere richting draaien [**caput in sua terga; ora ad ōs Phoebi** draaien naar; **pantherae terga** terugslaan; **oculos ad urbem; currum; manūs** *of* **bracchia tergo** op de rug vastbinden; **amictum** opschorten; **crinem** in de krul zetten]; ▸ *agmen ad dextram retorquetur* zwenkt naar rechts; *retortae litore undae* teruggedrongen;
2. *(Verg.) (metaf.)* veranderen [**mentem** gezindheid].

re-torrēscō, torrēscere, — — *(v. planten)* uitdrogen, wegschrompelen.

re-torridus, a, um *(pre- en postklass.)*
1. dor, verdord, uitgedroogd [**arbor; ramus**];
2. *(metaf.)* verweerd, gerimpeld [**mus**].

re-torsī *pf. v. retorqueo.*

retortus *ppp. v. retorqueo.*

retractātiō, ōnis *f (retracto)*
1. weigering, afwijzing; ▸ *sine (ulla) retractatione;*
2. *(metaf.) (Sen.)* het in gedachten de revue laten passeren [**eorum (amicorum) qui fuerunt**];
3. *(August.)* herziening, verbetering *(van een geschrift).*

retractātus, a, um *(p. adj. v. retracto)* herzien, verbeterd.

re-tractō, tractāre *(intens. v. retraho)*
1. *(poët.; postklass.)* terugtrekken, terugnemen, herroepen [**dicta**];
2. *(abs.)* zich verzetten, tegenspartelen, weigeren; ▸ *nullo retractante;*
3. weer ter hand nemen, weer pakken, weer grijpen [**arma; ferrum; vulnera** weer openrijten];
4. *(metaf.)* opnieuw bewerken, verbeteren [**librum; orationem; leges**];
5. *(poët.; postklass.)* weer onder handen nemen *of* behandelen [**finitam causam** nogmaals ter sprake brengen; **verba desueta** weer gebruiken; **gaudium** hernieuwen];
6. opnieuw overwegen, overdenken [**fata**];
7. *(Gell.)* kleineren [**opus**].

retractus, a, um *(p. adj. v. retraho)* ver verwijderd, afgelegen.

re-trahō, trahere, traxī, tractum

1. terugtrekken, terughalen, terugbrengen [**manum; Hannibalem in Africam**]; ▸ *retrahit pedem unda* stroomt terug;
2. *(een vluchteling)* terugbrengen, terughalen, terugslepen [**alqm ex fuga, ex itinere;** *(scherts.)* **ad se argentum fugitivum**];
3. afhouden [**minitantem a se; consules a foedere; consules a re publica** vervreemden];
4. redden uit, bewaren voor *(m. ab of ex)* [**Thebas ab interitu; alqm ex magnis detrimentis**];
5. achterhouden, voor zich houden, *ook metaf.* [**vires ingenii; verba**];
6. *se ~* zich terugtrekken van, zich verre houden van, mijden *(m. ab)* [**se a convivio; se ab ictu**]; *(ook m. ne)*;
7. *(Tac.)* opnieuw trekken *of* slepen [**Treveros in arma; ad eosdem cruciatus**];
8. *(metaf.) (Tac.)* weer voor de dag halen, weer aan het licht brengen [**nomina**];
9. *in omvang, aantal* verminderen, reduceren.

retrectō, retrectāre = *retracto.*

re-tribuō, tribuere, tribuī, tribūtum

1. teruggeven, terugbetalen [**pro frumento acceptam pecuniam populo**];
2. *(Lucr.)* opnieuw geven [**corpora rebus**];
3. (over)laten, toewijzen [**alci exactae aetatis fructum**].

retribūtiō, ōnis *f (retribuo) (eccl.)* vergelding, wraak.

retrītus *ppp. v. retero.*

retrō

I. *adv.*

1. *(v. plaats)* terug, achterwaarts, naar achteren [**dare lintea** terugzeilen; **fugere**]; achter;
2. *(v. tijd)* terug, ervoor; ▸ *quodcumque ~ est;*
3. *(metaf.)* terug [**ponere alqd** iets achterstellen, benadelen; **verti** zich veranderen; **abhorrere** terugdeinzen];

II. *prep. m. acc. (Laatl.)* achter.

retro-agō, agere, ēgī, āctum *(postklass.)*

1. terugdrijven [**iram** tot bedaren brengen, kalmeren];
2. *(metaf.)* omkeren, veranderen [**litteras** in omgekeerde volgorde laten opzeggen];
3. terugnemen, schrappen [**honores**].

retrō-cēdō, cēdere, cessī, cessum terugwijken.

retrō-dō, dare, dedī, datum *(ook gesplitst)*

1. achteruit doen gaan, tot de terugtocht dwingen [**capillos; sanguinem** stelpen];
2. *in zijn oorspronkelijke toestand* terugbrengen, terugnemen [**oblatam hastam**].

retrō-dūcō, dūcere, — — *(ook gesplitst)* naar achteren trekken [**funem**].

retro-ēgī *pf. v. retroago.*

retro-eō, īre, iī, — *(ook gesplitst)* teruggaan *(ook metaf.).*

retrō-gradior, gradī, gressus sum *(postklass.)* teruggaan.

retrōgradis, e *(retrogradior) (Apul.)* terugwijkend [**fuga**].

retrōgradus, a, um *(retrogradior) (postklass.)* teruggaand.

retrōgressus *p.p. v. retrogradior.*

retro-iī *pf. v. retroeo.*

retrō-pendulus, a, um *(postklass.)* naar achteren hangend.

retrōrsum *en* **-us** *adv.* *(< *retrō-vors-; retro en verto)*

1. achterwaarts, terug [**vela dare**];
2. omgekeerd;
3. in de tijd terug, tot een bepaalde datum terug.

retrōrsus, a, um *(< *retrō-vorsus; retro en verto)* naar achteren gewend *of* gekeerd; omgekeerd.

retrō-versus *en* **-um** *adv. (pre- en postklass.)* achterwaarts.

re-trūdō, trūdere, trūsī, trūsum

1. *(preklass.)* terugstoten;
2. onzichtbaar maken [**simulacra**].

rettulī *pf. v. refero.*

re-tundō, tundere, ret(t)udī, retū(n)sum

1. terugstoten, terugdrijven;
2. stomp, afgestompt maken *(ook metaf.)* [**tela; cor** gevoelloos maken];
3. *(metaf.)* tegenhouden, temperen, in toom houden, kalmeren [**alcis impetum; linguas Aetolorum** tot zwijgen brengen; **superbiam; improbitatem alcis**].

retū(n)sus, a, um *(p. adj. v. retundo)*

1. stomp [**ferrum**];
2. *(metaf.)* afgestompt [**ingenium**].

reus

I. *subst.* ī *m, fem.* **rea,** ae aangeklaagde; ▸ *reus ad populum (voor de comitia tributa); alqm reum facere of agere* iem. aanklagen; *reum fieri* aangeklaagd worden; *reus in secreto agebatur* werd heimelijk belasterd; *reum peragere* de aanklacht doorzetten; *alqm in reos referre* op de lijst v. aangeklaagden zetten; *alqm ex reis eximere* uit de lijst v. aangeklaagden schrappen *(door de pretor);*

— *plur.* **reī,** ōrum *m ook* de partijen (aanklagers en aangeklaagden);
II. *adj.* a, um
1. aangeklaagd (*wegens: gen. of de*) [**parricidii; facinoris; belli; de vi**];
2. schuldig aan, verplicht tot, verantwoordelijk voor (*m. gen.*) [**fortunae** schuldig aan het ongeluk; **suae partis tutandae; voti** tot het inlossen v.d. belofte verplicht].

re-valēscō, valēscere, valuī, — (*poët.; postklass.*) weer genezen, aansterken, op krachten komen; weer aanzien verwerven.

re-vehō, vehere, vēxī, vectum terugbrengen, terugvoeren [**praedam;** *metaf.* **famam ex Bithynia** mee naar huis brengen]; — *pass. revehi* (*m. en zonder curru, equo, nave e.d.*) terugrijden, terugvaren, terugkeren [**ad milites; ad proelium**]; *metaf.* (*v. taal*) terugkomen op (*m. ad*): *ad superiorem aetatem revecti sumus.*

revēlātiō, ōnis *f* (*revelo*) (*eccl.*) onthulling, openbaring.

re-vellō, vellere, vellī *en* vulsī, vulsum
1. wegrukken, afrukken, uitrukken, losrukken [**telum de corpore; tabulam; puerum**]; ▸ *morte revelli* door de dood weggerukt worden (*van: ab*);
2. (open)scheuren, openbreken, openen [**claustra portarum; humum dente curvo** ploegen];
3. (*metaf.*) verbannen, uitroeien, vernietigen [**consulatum ex omni memoria; omnes iniurias**].

re-vēlō, vēlāre
1. (*poët.; postklass.*) ontbloten, onthullen [**caput; ōs; frontem**];
2. (*postklass.*) (*metaf.*) onthullen, openbaren [**sacra**].

re-veniō, venīre, vēnī, ventum terugkomen, terugkeren [**domum; in urbem**]; ▸ (*metaf.*) *res in eum revenit locum* (*Plaut.*) het is zo ver gekomen.

rē-vērā *adv.* (*ook gesplitst*) (*res en verus*) in werkelijkheid; inderdaad.

re-verberō, verberāre (*postklass.*) terugslaan, terugwerpen; — *pass. reverberari* terugstuiten, afketsen (*van, op: abl.*).

reverendus, a, um (*revereor*) (*poët.; postklass.*) eerbiedwaardig [**nox; facies**].

reverēns, *gen.* entis (*p. adj. v. revereor*) (*postklass.*) eerbiedig, respectvol, vol achting [**sermo erga patrem**]; zedig [**ora**].

reverentia, ae *f* (*reverens*)
1. eerbied, respect, achting (*jegens, voor iem.: gen.; adversus; in m. acc.; voor iets: gen.*) [**adversus maiores; legum**]; — *personif.* **Reverentia,** ae *f godin v.d. eerbied;*
2. (*poët.; postklass.*) schroom, schaamte [**poscendi**];
3. (*Laatl.*) *vestra* ~ (*als aanspreektitel*) Uwe Weleerwaarde.

re-vereor, verērī, veritus sum (*m. acc.*)
1. schromen voor, terugdeinzen voor, vrezen [**multa adversa; Romanos**];
2. eerbied hebben voor, vereren, hoogachten [**virtutem; parentes; fortunam alcis**].

re-verrō, verrere, — — (*Plaut.*) weer uit elkaar vegen.

reversiō, ōnis *f* (*revertor*) het omkeren; terugkeer, *ook van niet-lev.* [**solis**].

reversus *p.p. v. revertor.*

reverticulum, ī *n* (*revertor*) (*Apul.*) (vaste) terugkeer *van hemellichamen, gebeurtenissen.*

re-vertor, vertī, *pf.* revertī (*niet-klass.* reversus sum; *ptc. pf.* [*ook klass.*] reversus)
1. terugkeren, -komen, omkeren [**a foro; ab exilio; ad vitam; ex itinere; in patriam; in gratiam cum alqo** zich met iem. verzoenen; **ad sanitatem** weer verstandig worden; **ad obsidendos oppidanos; ex Asia**]; ▸ (*v. niet-lev.*) *ne ira victoris in tribunos reverteretur; revertitur ad commodum* betreft het nut; *dignitas in patriam revertit;*
2. (*in een redevoering*) op iets terugkomen [**eodem; illuc; ad propositum; ad id unde digressi sumus**]; ▸ *ut ad me revertar* om weer op mij terug te komen;
3. (*poët.*) (*v. niet-lev.*) terugvallen op, zich wenden tot; zich keren tegen, treffen (*m. in m. acc.; ad*); ▸ *poena in caput alcis revertitur; malum in civitatem reverterat.*

re-vestiō, vestīre (*postklass.*) weer kleden.

re-vēxī *pf. v. reveho.*

re-vīcī *pf. v. revinco.*

revictus *ppp. v. revinco.*

re-videō, vidēre, — — (*Plaut.*) weer bezoeken.

re-vīlēscō, vīlēscere, — — (*vilis*) (*Sen.*) aan waarde verliezen.

re-vinciō, vincīre, vīnxī, vīnctum
1. (*Verg.*) *naar achteren binden;* ▸ *iuvenis manūs* (*acc.*) *post terga revinctus;*
2. vastbinden, bevestigen [**trabes; navigium; ancoram; latus ense** omgorden; **zonam de poste** aan de deurpost];
3. omwinden, omgeven [**templum fronde**];

▸ *Megaeram revinxit serpentum spiris;*
4. *(poët.) (metaf.)* boeien [**mentem amore**].

re-vincō, vincere, vīcī, victum
1. *(poët.; postklass.)* op zijn beurt overwinnen *of* verslaan; ▸ *catervae consiliis iuvenis revictae; vires alqa ratione revictae;*
2. *(metaf.)* het overtuigende bewijs leveren voor; weerleggen [**crimina rebus**]; ▸ *revicta est coniuratio* is aan het licht gebracht *(Tac.).*

revīnctus ppp. *v. revincio.*

re-vīnxī *pf. v. revincio.*

re-virēscō, virēscere, viruī, —
1. *(poët.; postklass.)* weer uitlopen, weer groen worden; ▸ *silvae revirescunt;*
2. *(Ov.) (metaf.)* verjongen, weer jong worden [**arte**];
3. weer opbloeien, weer sterk worden; ▸ *aliquando rei publicae rationes revirescent; res ad renovandum bellum revirescunt; senatus ad spem pristinae auctoritatis revirescit; domus Germanici reviruit.*

re-vīsī *pf. v. reviso.*

re-vīsitō, vīsitāre herhaaldelijk bezoeken [**urbem**].

re-vīsō, vīsere, vīsī, vīsum
1. terugkeren voor een bezoek [**ad me**]; teruggaan en zien *(m. afh. bijzin);* ▸ *reviso quid agant;*
2. weer bezoeken, opzoeken; ▸ *fortuna digna te revisit* je hebt je verdiende loon gekregen;
3. opnieuw bekijken [**domos; instaurata proelia**].

re-vīvēscō *(Min. Fel.) = revivisco.*

re-vīvīscō, vīvīscere, vīxī, —
1. weer levend worden, opleven; ▸ *memoria ac desiderium tui reviviscit; homines reviviscunt iustitiā;*
2. *(metaf.)* zich herstellen; ▸ *maiestas populi Romani revixit.*

revocābilis, e *(revoco) (poët.; postklass.)* herroepbaar [**poenae**], *meestal m. negatie: non* ~ onherroepelijk [**telum; carmen fatorum**].

revocāmen, inis *n (revoco) (Ov.)* het terugroepen, waarschuwing.

revocātiō, ōnis *f (revoco)*
1. het terug-, wegroepen [**a bello;** *metaf.* **ad contemplandas voluptates**];
2. *(retor. t.t.)* het herhaaldelijk uitspreken, herhaling [**verbi**].

re-vocō, vocāre
1. terugroepen *(ihb. uit ballingschap en de strijd)* [**copias; equites; legiones ab opere; a bello; ab, de exilio; alqm de legatione** van de post v. legaat; **ex itinere; suos proelio;** *(m. sup.)* **patriam defensum**]; ▸ *(ook v. niet-lev.) spes Samnites ad Caudium revocavit (Liv.);*
2. weer, opnieuw (op)roepen [**tribūs in suffragium**];
3. *een acteur, dichter e.d.* terugroepen voor een toegift [**Archiam; praeconem; primos tres versus** om de herhaling v.d. eerste drie verzen roepen]; ▸ *cum saepius revocatus vocem obtudisset; (onpers.) milliens revocatum est* men vraagt ontelbare malen om een toegift;
4. *soldaten op verlof* weer oproepen [**milites; veteranos**];
5. *(jur. t.t.)* aandringen op een vernieuwde aanklacht tegen, opnieuw dagvaarden; ▸ *hominem populus revocat;*
6. terugvragen, op zijn beurt uitnodigen;
7. *(poët.; postklass.)* terugtrekken, -halen, omkeren, doen terugkeren [**pedem; manūs; oculos** *of* **lumina** afwenden; **artūs gelidos in calorem** weer verwarmen; **capillum a vertice** naar voren strijken];
8. terugbrengen, -voeren, -halen [**periuria** herhalen; **praetermissa** weer inhalen, goedmaken; **animos ad memoriam belli** weer herinneren aan; **hominum mentes a permotionibus ad lenitatem; exordia pugnae** in het geheugen roepen; **alqm ad servitutem**]; ▸ *revocari in memoriam alcis rei* zich iets weer herinneren; *se ad ea revocat* herinnert zich dingen; *se ad industriam* ~ weer aan de slag gaan;
9. *(metaf.)* weer-, afhouden, afbrengen *(van: ab)* [**filium a crimine; animum ab ira; alqm a turpissimo consilio**];
10. weer herstellen, hernieuwen, weer te voorschijn halen [**vires; studia longo tempore intermissa** weer opnemen; **animos** doen opleven; **priscos mores; antiquam militiam**];
11. *(poët.; postklass.)* terug-, intrekken, herroepen [**promissum suum; facta; libertatem** ontnemen];
12. *(postklass.)* terugeisen [**praemia; pecunias**];
13. *in een nauwe ruimte* terugtrekken, beperken [**comitia in unam domum; vitem** snoeien];
14. *(metaf.)* brengen tot, laten komen tot *(m. ad; in m. acc.)* [**rem ad manus** tot een handgemeen; **alqd in dubium** in twijfel trekken; **omnia ad suam potentiam** gebruiken voor; **rem ad sortem** het op het lot laten aankomen];
15. wijzen naar, richten op *(m. ad)* [**alqm ad**

exempla; **rem ad populum** de beslissing aan het volk overlaten; **rationem ad veritatem** op de werkelijkheid richten; **reliquas res ad lucrum** verder overal naar winst streven; **rem ad arbitrium suum** zich de beslissing voorbehouden];
16. betrekken op, inrichten naar, beoordelen naar *(m. ad; zelden in m. acc.)* [**ad suas res** naar zijn eigen omstandigheden; **omnia ad artem; omnia ad gloriam; alqd in crimen** als schuld opvatten; **consilia ad naturam**].
re-volō, volāre terugvliegen; ▸ *dux gruum revolat; revolat telum.*
revolūbilis, e *(revolvo) (poët.)*
1. terug te rollen [**pondus**]; terugrollend; *metaf. non* ~ onomkeerbaar [**carmen fatorum**];
2. ronddraaiend [**corpus serpentis; mundus**].
revolūtiō, ōnis *f (revolvo) (Laatl.)*
1. het terugwentelen [**lapidis**];
2. omwenteling *van hemellichamen;*
3. terugkeer [**animarum**].
re-volvō, volvere, volvī, volūtum
1. terugrollen, -wentelen, -wikkelen [**fila** weer oprollen]; ▸ *revoluta aestu saxa; molis obiectu revolutus amnis;*
2. *(boekrollen e.d.)* weer openrollen, weer opslaan [**librum; loca iam recitata**];
3. *(metaf.)* herhalen [**iras** opnieuw aanwakkeren; **iter** nogmaals afleggen; **casūs iterum** opnieuw doorstaan; **fata** opnieuw vertellen];
4. *(poët.; postklass.)* herhalen, weer overdenken [**visa; dicta factaque alcis; curas**];
5. *pass. en se* ~ (a) terugrollen, zich terugwentelen, terugstromen; ▸ *revoluta aequora* terugrollende zee; *amnis se revolvens; draco se revolvens;* (b) *(poët.)* terugvallen, -zinken [**toro** op bed]; ▸ *revolutus equo* van het paard afgerold; (c) *(poët.)* afrollen, voorbijgaan; ▸ *revoluta saecula;* (d) *(poët.; postklass.) (v. hemellichamen)* in een kringloop terugwentelen, terugkeren; ▸ *revoluta dies; luna se revolvens;* (e) terugvallen in, opnieuw terechtkomen in *(m. ad; in m. acc.)* [**ad vitia** opnieuw vervallen; **in eandem vitam; in veterem figuram** terugveranderd worden]; (f) terugkomen op *(m. ad; in m. acc.)* [**ad illa elementa; ad memoriam coniugii** weer aan zijn huwelijk denken; **in ista; eodem**]; ▸ *res eo revolvitur ut* het komt zover dat.
re-vomō, vomere, vomuī, — *(poët.; postklass.)* terugspuwen, weer uitbraken [**fluctūs**]; ▸ *Charybdis vorat revomitque carinas.*
re-vorrō *(Plaut.)* = *reverro.*
revors-, revort- *(Plaut.)* = *revers-, revert-.*
re-vulsī *pf. v. revello.*
revulsiō, ōnis *f (revello) (Plin. Mai.)* het afscheuren [**schidae**].
revulsus *ppp. v. revello.*
rēx, rēgis *m (rego)*
1. koning, vorst, heerser [**Parthorum; Deiotarus; Alexander; regum** *(v. Agamemnon)*]; ▸ *regem deligere, creare, constituere; alqm regem appellare; sub rege esse* staan; *— attrib. (poët.)* heersend, regerend: *populus late* ~ wijd en zijd heersend;
2. *ihb.* 'de grote koning', koning v.d. Perzen; ▸ *Alcibiades a rege corruptus;*
3. *(postklass.)* suffeet *(titel v. regeringsfunctionarissen in Pun. steden en koloniën);*
4. *(plur.)* koninklijke kinderen, prinsen; ▸ *reges Syriae; controversiae regum;*
5. *(plur.)* (a) koningspaar; (b) koninklijke familie, koningshuis; ▸ *post reges exactos; direptis bonis regum;*
6. *(poët.; postklass.) (metaf.)* leider, bestuurder, aanvoerder, heer(ser), koning [**Olympi, divum atque hominum** *of* **deorum** = Jupiter; **aquarum** = Neptunus; **Stygius** = Pluto; **ferarum** = leeuw; **pueritiae** baas over de jeugd];
7. *(relig.)* offerkoning, -priester [**sacrorum, sacrificiorum, sacrific(ul)us; Nemorensis** offerpriester v. Diana v. Aricia];
8. *(sinds het instellen v.d. republiek)* almachtige heerser, tiran, despoot [**populi Romani** *(v. Caesar)*]; ▸ *impune quae lubet facere, id est regem esse (Sall.);*
9. *(alg.)* machtig persoon; patroon, beschermer;
10. *(eccl.)* (a) ~ *regum* = God; (b) ~ *perennis* = Christus;
11. *(v. dieren) o.a.:* bijenkoningin; ▸ *rex ipse sine aculeo est.*
Rēx, Rēgis *m (rex) Rom. cogn., ihb. v.d. gens Marcia.*
rēxī *pf. v. rego.*
Rhadamanthus *en* **-os,** ī *m zoon v. Zeus en Europa, broer v. Minos, rechtvaardige koning en wijze wetgever v. Kreta; dankzij zijn rechtvaardigheid rechter in de onderwereld.*
rhadinos, ē, on *(Gr. leenw.) (Lucr.)* slank.
Rhaet- = Raet-.
rhagades, um *f en* **rhagadia,** ōrum *n (Gr. leenw.) (Plin. Mai.)* spleten, kloven in de huid.
Rhamnūs, ūntis *f (acc. -ūnta) plaats in Attica;*

— *adj.* **Rhamnūsius,** a, um uit Rhamnus; — **Rhamnūsia,** ae *en* **Rhamnūsis,** idis *f godin v.* Rhamnus = Nemesis.

rhapsōdia, ae *f* (*Gr. leenw.*) rapsodie, boek *van Homerus;* ▸ *versum illum Homeri rettulit ex secunda -a.*

Rhēa[1] *zie* Rea.

Rhea[2], ae *f vrouw v. Kronos, moeder v. Zeus, gelijkgesteld met Cybele; zie Cybele 1.*

rhēda, rhēdārius = *raed-.*

Rhēgium, ī *n* = *Regium.*

rhēnō *zie reno*[2].

Rhēnus, ī *m naam v.e. aantal rivieren, o.a.*
1. de Rijn; *poët. ook adj.* [**flumen -um** (*Hor.*)]; (*poët.*) *meton.* bewoners v.h. gebied v.d. Rijn, Germanen; — *adj.* **Rhēnānus,** a, um;
2. *zijrivier v.d. Po, nu de Reno.*

Rhēsus, ī *m koning v. Thracië; kwam Troje te hulp; zijn paarden waren beroemd om hun snelheid.*

rhētor, oris *m* (*Gr. leenw.*)
1. leraar in welsprekendheid, retor;
2. redenaar.

rhētorica *en* **-ē** *zie rhetoricus.*

rhētoricōteros, ī *m* (*Gr. leenw.*) (nog) welbespraakter.

rhētoricus, a, um (*Gr. leenw.*) van een retor, tot de retoriek behorend, retorisch, redenaars- [**ars** kunst van de welsprekendheid; **mos; libri** leerboeken in de retoriek]; — *adv.* **-ē** op de manier v.e. retor, rijk aan woorden; — *subst.* **-a,** ae *en* **-ē,** ēs *f of* **-a,** ōrum *n* retorica, leer v.d. welsprekendheid.

rhētoriscus, ī *m* (*Gr. leenw.*) (*Gell.*) redenaartje.

rheuma, atis *n* (*Gr. leenw.*) (*Laatl.*)
1. stroming, tij;
2. (*med.*) vochtafscheiding.

rheumatismus, ī *m* (*Gr. leenw.*) (*med.*) vochtafscheiding.

rhīnocerōs, ōtis *m* (*Gr. leenw.*) (*postklass.*) neushoorn; *meton.* (*Mart.*) olieflesje, *gemaakt uit de hoorn v.e. neushoorn.*

Rhīnocolūra, ae *f stad aan de Middellandse Zee in de buurt v.d. huidige Egyptisch-Israëlische grens.*

Rhīp(h)aeus, a, um = *Rip(h)aeus.*

Rhīzōn, onis *m stad in Illyrië, nu Risan (in Kroatië);* — *inw.* **Rhīzonītae,** ārum *m.*

rhō *n* (*indecl.*) *de Gr. letter rho.*

Rhoda, ae *f stad aan de Middellandse Zee in het noordoosten v. Spanje, nu Rosas.*

Rhodanus, ī *m rivier in Gallië, nu de Rhône.*

Rhodiēnsis, Rhodius *zie Rhodos.*

rhodinus, a, um (*Gr. leenw.*) (*Plin. Mai.*) van *of* uit rozen gemaakt.

rhododaphnē, ēs *f* (*Gr. leenw.*) oleander.

rhododendron, ī *n* = *rhododaphne.*

Rhodopē, ēs *f gebergte in Thracië (in het grensgebied van Bulgarije en Griekenland);* — *adj.* **Rhodopēius,** a, um *ook* (*poët.*) Thracisch [**vates** *of* **heros** = Orpheus; **regna** = Thracië].

Rhodos *en* **Rhodus,** ī *f zuidelijkst gelegen eiland voor de zuidwestpunt v. Kl.-Azië met gelijknamige hoofdstad (in 408 v. Chr. gesticht), aan Apollo gewijd* [**Phoebea**]; — *inw.* **Rhodius,** ī *m;* — *adj.* **Rhodius,** a, um [**opus** = Colossus v. Rhodos; **secessus** naar Rhodos; **oratores** *die het midden hielden tussen de opgesmukte stijl v.d. Asianistische en de sobere stijl v.d. Attische school*] *en* **Rhodiēnsis,** e.

Rhoetēum, ī *n*
1. *kaap en stad in de buurt v. Troje aan de Hellespont;* — *adj.* **Rhoetēus,** a, um van Rhoeteum [**litora**]; Trojaans [**ductor** (*v. Aeneas*)];
2. *de zee bij kaap Rhoeteum.*

rhombus, ī *m* (*Gr. leenw.*)
1. (*poët.*) tol *van een tovenaar,* toverrad;
2. (*poët.; postklass.*) tarbot.

rhomphaea, ae *f* = *rumpia.*

rhonc(h)us, ī *m* = *ronchus.*

Rhōsicus, a, um van Rhosus (*in Cilicië*) [**vasa**].

rhūs, rhūs *m en f* (*Gr. leenw.*) (*postklass.*) *een soort plant, sumak, o.a. gebruikt als medicijn en in de keuken.*

rhythmicī, ōrum *m* (*Gr. leenw.*) leraren in de ritmiek.

rhythmus, ī *m* (*Gr. leenw.*) (*pre- en postklass.*) ritme *in muziek en redevoering.*

rhytium, ī *n* (*Gr. leenw.*) (*Mart.*) hoornvormige beker, drinkhoorn.

rīca, ae *f* (*pre- en postklass.*) hoofddoek.

rīcīnium, ī *n* (*rica*) *een soort stola*(?).

ricinus, ī *m* (*pre- en postklass.*) teek.

rictus, ūs *m en* **rictum,** ī *n* (*ringor*)
1. opengesperde, open mond; ▸ *risu diducere rictum; sint modici rictūs* men moet de mond niet te wijd openen;
2. gapende muil, bek (*van dieren*) [**serpentis**].

rīdeō, rīdēre, rīsī, rīsum
I. *intr.*
1. lachen (*om: abl.; bij: in m. abl.*) [**dolis; usque ad lacrimas**];
2. (*poët.*) glimlachen (naar), toelachen (*m. dat.; ad*); ▸ (*abs.*) *vultu ridet Fortuna sereno* (*Ov.*);
3. (*Hor.*) triomferend lachen, triomferen (*om, over: abl.*) [**muneribus aemuli**];

4. *(poët.) (v. dingen)* (a) er vrolijk uitzien, glanzen, stralen; ▸ *domus ridet argento; ager ridet coloribus; ridens acanthus;* (b) bevallen; ▸ *mihi ille terrarum angulus ridet;*
5. *(metaf.)* opensplijten, zich ontwikkelen [**mariscae**];
II. *tr.*
1. uitlachen, belachelijk maken [**alcis versūs**]; ▸ *contio risit hominem; haec ego non rideo* dat zeg ik niet voor de grap; *Pyrrhi ridetur largitas a consule;*
2. lachen om, uiting geven aan zijn plezier om *(m. acc.)* [**ioca tua**].

rīdibundus, a, um *(rideo) (preklass.)* lachend, onder gelach.

ridica, ae *f* wijnrankstok *om wijnranken te steunen.*

rīdiculārius, a, um *(ridiculus)* horend bij, typerend voor grappen; — *subst.* ī *m (Gell.)* grappenmaker; **-ia,** ōrum *n (preklass.)* grappen.

rīdiculē *adv. (ridiculus)*
1. leuk, humoristisch; ▸ *~ magis hoc dictum quam vere;*
2. belachelijk, absurd; ▸ *homo ~ insanus.*

rīdiculum, ī *n (ridiculus)* lol, grap, scherts; ▸ *per -um dicere; -a dicere; ad -um convertere alqd* iets in het belachelijke trekken; *-i causa.*

rīdiculus *(rideo)*
I. *adj.* a, um
1. belachelijk, absurd, om te lachen [**insania; poëma; mus**];
2. grappig, lollig, komisch [**dictum**]; ▸ *sed quia stomachabantur, -i videbantur esse* hun slechte humeur werkte op de lachspieren;
II. *subst.* ī *m (kom.)* grapjas.

rigeō, rigēre, riguī, —
1. stijf, verstijfd zijn *(ihb. door kou);* ▸ *animalia inanimaque omnia rigentia gelu (Liv.); partes terrae aut frigore rigent aut uruntur calore (Cic.); comae terrore rigent* rijzen te berge; *Cerealia dona rigebant* waren in hard goud veranderd;
2. *(poët.) (metaf.)* stijf staan, overvol zijn [**(ex) auro; ex aere**].

rigēscō, rigēscere, riguī, — *(incoh. v. rigeo)* verstarren, stijf worden; *metaf.* overeind gaan staan, te berge rijzen; ▸ *vestes rigescunt; capilli metu rigescunt.*

rigidō, rigidāre *(rigidus) (Sen.)* stijf, hard maken.

rigidus, a, um *(rigeo)*
1. *(poët.)* star, stijf, onbuigzaam, hard [**ensis; silex; aqua** bevroren]; stijf makend [**frigus**];
2. *(poët.)* omhoogstaand, te berge rijzend [**capilli** rechtopstaand; **columna; quercus**];
3. uitgestrekt [**crura; cervix**];
4. *(metaf.)* vast, onwrikbaar [**innocentia; sententia**];
5. stijf, ruw [**mores; signa** niet kunstig bewerkt];
6. *(poët.)* gehard, ruw [**Getae**];
7. *(poët.; postklass.)* wreed, wild [**Mars; ferae**];
8. hard, streng, onbuigzaam, onverbiddelijk [**censor; parens; mens; sententia**].

rigō, rigāre
1. *(water ergens heen)* leiden, voeren [**aquam per agros**];
2. bevloeien, irrigeren; ▸ *lucum fons perenni rigabat aquā (Liv.); fluvius rigat campos; Getas ~* voorbijstromen; *ook metaf., v. licht en waarnemingen (Lucr.);*
3. *(poët.) (metaf.)* natmaken [**ora fletibus; natos vitali rore** te drinken geven].

rigor, ōris *m (rigeo)*
1. *(poët.)* starheid, stijfheid, onbuigzaamheid [**nervorum; ferri**]; verstijving door kou;
2. koude, vorst [**Alpinus; aquae**]; ▸ *membra rigore torpent;*
3. rechtheid, rechte lijn;
4. *(poët.; postklass.) (metaf.)* hardheid, strengheid, onbuigzaamheid [**animi; disciplinae militaris**]; stugheid, ruwheid [**rusticus**].

riguī *pf. v. rigeo en rigesco.*

riguus, a, um *(rigo) (poët.; postklass.)*
1. bevloeiend, water gevend [**amnis**];
2. besproeid, bevloeid [**regio**].

rīma, ae *f*
1. scheur, spleet, kier [**ignea** bliksemstraal]; ▸ *-as agere en ducere* scheuren krijgen; *naves -is dehiscunt* vertonen gapende scheuren; *(scherts., metaf.) plenus -arum sum (Ter.)* ik kan niks voor me houden;
2. *(Plaut.) (metaf.)* uitweg; ▸ *alqam -am reperire.*

rīmor, rīmārī *en* **rīmō,** rīmāre *(rima)*
1. *(Verg.)* openhalen, omwoelen [**terram rastris**];
2. *(poët.; postklass.) (metaf.)* doorwoelen, -snuffelen, -zoeken;
3. uitvorsen, uitzoeken [**secreta alcis; offensas** de gespannen verhoudingen].

rīmōsus, a, um *(rima)* vol spleten, vol scheuren, lek [**fores; cumba**].

ringor, ringī, — *(poët.; postklass.)* de tanden laten zien; *metaf.* zich ergeren.

rīpa, ae *f*
1. oever; rand; ▸ *Tiberis super ripas effusus;*

2. (*poët.; postklass.*) kust;
3. dijk, verhoging; ▸ *area inclusa fossā ripisque.*

Rīpaeus *en* **Rīphaeus,** a, um van het Riphaeusgebergte (*legendarische bergrug in het hoge noorden*) [**montes; arces**].

rīpārēnsis, e, **rīpārius,** a, um *en* **rīpēnsis,** e (*ripa*) (*postklass.*) zich aan de oever bevindend, bij de oever gelegen.

Rīphaeus *zie* Ripaeus.

rīpula, ae *f* (*demin. v. ripa*) (*Cic.*) kleine oever.

riscus, ī *m* (*Gr. leenw.*) (*Ter.*) (*uit wilgentwijgen gevlochten en met huid overtrokken*) koffer.

rīsī *pf. v. rideo.*

rīsiō, ōnis *f* (*rideo*) (*Plaut.*) het lachen, gelach.

rīsor, ōris *m* (*rideo*) (*poët.*) iemand die lacht, spot.

rīsus[1] *ppp. v. rideo.*

rīsus[2]**,** ūs *m* (*rideo*)
1. het lachen, gelach; spot, hoon; ▸ *ista iam ad risum sunt* dat is om te lachen (*Cic.*); *risum tenere of continere* zijn lachen inhouden; *risūs captare* proberen op te wekken; *risum (com)movere, concitare, dare alci* gelach veroorzaken voor iem., iem. aanleiding tot lachen geven; *risui esse alci* een bron van spot zijn voor iem.;
2. (*poët.*) (*meton.*) onderwerp van spot; ▸ *alqd in risum vertere* iets belachelijk maken.

rīte *adv.* (*vgl. ritus*)
1. volgens juist (religieus) gebruik, feestelijk, volgens voorgeschreven ceremonies [**deos colere; mactare bidentes**];
2. (*poët.*) op gebruikelijke, vereiste wijze; ▸ *religati ~ equi; retinentes pocula ~;*
3. naar behoren, terecht, passend; ▸ *rebus ~ paratis; deum ~ beatum dicere;*
4. (*poët.*) naar verwachting; goedgunstig.

rītuālis, e (*ritus*) het religieuze gebruik betreffend, ritueel [**libri** boeken met rituele voorschriften].

rītus, ūs *m*
1. heilig gebruik, godsdienstige plechtigheid, ceremonie, ritus [**magicus; sacrorum**];
2. *alg.* gebruik, gewoonte, manier; ▸ *ritūs Cyclopum; in alienos ritūs mores legesque vertere;* — *meestal abl.* rītū (*m. gen.*) op de manier van, zoals [**mulierum; deorum; ferarum; latronum**].

rīvālis, is *m* (*abl. sg. -ī en -e*)
1. bij eenzelfde beek, stroom horend;
2. rivaal *in de liefde;* ▸ (*sprw.*) *sine rivali se ipse amare* zonder dat men een rivaal heeft, zonder benijd te worden.

rīvālitās, ātis *f* (*rivalis*) jaloezie.

rīvulus, ī *m* (*demin. v. rivus*) beekje, stroompje, ook *metaf.;* ▸ *non tenuis quidam e Graecia ~ influxit in hanc urbem* (*Cic.*).

rīvus, ī *m*
1. beek, stroom; *metaf.* (*Hor.*) loop [**Fortunae**]; ▸ (*sprw.*) *e -o flumina facere* (*Ov.*) = van een mug een olifant maken;
2. (*poët.; postklass.*) stroom, *metaf.* hoeveelheid [**sanguinis; lacrimarum; argenti**]; ▸ *-is currentia vina; sudor fluit undique -is;*
3. (*poët.; postklass.*) kanaal, waterleiding; tunnel *voor het afvoeren v. mijnwater;* ▸ *-os effodere, ducere.*

rixa, ae *f* ruzie, twist; vechtpartij.

rixiōsus *en* **rixōsus,** a, um (*rixa*) vechtlustig.

rixor, rixārī (*rixa*)
1. ruziën, vechten [**cum alqo de amicula, de lana caprina**];
2. (*metaf., v. niet-lev.*) strijdig zijn, botsen; ▸ *cupiditas et timor inter se non rixantur* (*Sen.*).

rixōsus *zie* rixiosus.

rōbeus, a, um = *rubeus*[2].

Rōbīgālia *zie* robigo.

rōbīginōsus, a, um (*robigo*)
1. (*Plaut.; postklass.*) verroest, roestig;
2. (*Mart.*) (*metaf.*) kwaadaardig [**dens**].

rōbīgō *en* **rūbīgō,** inis *f* (*ruber*)
1. roest (*op metalen*); ▸ *ferrum robigine roditur;*
2. tandbederf, cariës;
3. roest (*op planten*), ihb. korenbrand; ▸ *ne robigo occupat segetes;* — *personif.* **Rōbīgō,** inis *f en* **Rōbīgus,** ī *m godheid die men aanriep om korenbrand af te wenden;* — **Rōbīgālia,** ium *n feest ter ere v.d. godheid Robigus op 25 april;*
4. (*metaf.*) *iedere vorm v. ledigheid, o.a.:* het nietsdoen; slechtheid; ▸ *~ animorum; ingenium longa robigine laesum* (*Ov.*).

rōbius, a, um = *rubeus*[2].

rōboreus *en* **rōbureus,** a, um (*robur*) (*poët.; postklass.*) van eikenhout [**pons; axes**].

rōborō, rōborāre (*robur*) sterk, krachtig maken [**artūs; corpus;** *metaf.* **gravitatem animi** versterken].

rōbur, oris *n*
1. eik, eikenboom;
2. hardhout, kernhout, ihb. eikenhout; ▸ *naves ex robore factae; quercus annoso robore;*
3. (*meton.*) (a) *uit eikenhout gemaakt voorwerp:* ▸ *in robore accumbere* eikenhouten bank(en); *~ ferro praefixum* lans van eikenhout; *~ aratri* eikenhouten ploeg; *~ cavum of sacrum* houten paard *van Troje;* *~ nodis gravatum* knoestige,

eikenhouten knots; *ferri robora* met ijzer beslagen deuren; (b) onderaardse kerker (Tullianum) *in de Rom. staatsgevangenis (van eikenhouten planken voorzien)*; ▸ *in robore et tenebris exspirare*;
4. *(metaf.)* hardheid, stevigheid [**ferri; saxi**];
5. *(v. lichaamskracht e.d.)* kracht, sterkte [**corporis; animi; imperatoris; iuventae; virtutis**];
6. *(meton.)* (a) sterkste deel, kern [**libertatis; accusationis**]; (b) *(sg. en plur.)* kern [**optimorum civium; populi Romani**]; kerntroepen [**peditum; militum**]; (c) *(Tac.)* *(v. plaatsen)* middelpunt, steunpunt;
7. bron van sterkte, steunpilaar, bolwerk *(ook metaf.)*; ▸ *matrimonium decus et robur fuit; summum robur in praefecto videbatur.*

rōbus[1], a, um *(arch.)* = *ruber.*

rōbus[2], oris n *(arch.)* = *robur.*

rōbusteus, a, um *(robur)* van eikenhout [**scandula; materia**].

rōbustus, a, um *(robur)*
1. van eikenhout, eikenhouten [**stipites; fores**];
2. *(metaf.)* stevig, krachtig, sterk [**corpus; animus; frequentia**];
3. machtig [**exercitus**];
4. stevig, solide, gehard;
5. duurzaam, onveranderlijk [**improbitas; fortitudo**].

rōdō, rōdere, rōsī, rōsum
1. bijten op, knagen aan *(m. acc.)* [**vitem; pollicem**];
2. *(metaf.)* (a) verkleinen, kleineren [**absentem amicum**]; ▸ *in conviviis rodunt*; (b) *(August.)* knagen aan *(m. acc.)*; ▸ *acrior cura rodebat intima mea*;
3. *(poët.; postklass.)* aanvreten, geleidelijk aantasten; ▸ *ferrum rubigine roditur.*

rōdus, eris n = *raudus.*

rogālis, e *(rogus)* *(poët.)* van de brandstapel [**flammae**].

rogātiō, ōnis *f (rogo)*
1. vraag, verzoek;
2. *(pol.)* verzoek *aan het volk*, wetsvoorstel, wetsontwerp; ▸ *rogationem ad populum ferre* indienen bij; *rogationem perferre, promulgare* laten aannemen, aangenomen krijgen; *rogationem accipere; carmen rogationis* formulering;
3. het vragen, verzoeken.

rogātiuncula, ae *f (demin. v. rogatio)*
1. vraagje;
2. (klein) wetsvoorstel, verordeningetje.

rogātor, ōris m *(rogo)*
1. voorsteller, indiener *(m. gen.)* [**legum**];
2. iem. die stemmen telt *of* inzamelt *(bij stemmingen over wetsvoorstellen en bij verkiezingen)*;
3. *(Mart.)* bedelaar.

rogātum, ī n *(rogo)* het gevraagde, vraag; ▸ *ad -um respondere.*

rogātus, ūs m *(rogo)* het vragen, verzoeken; ▸ *rogatu alcis.*

rogitātiō, ōnis *f (rogito)* *(Plaut.)* wetsvoorstel.

rogitō, rogitāre *(intens. v. rogo)*
1. herhaaldelijk *of* dringend vragen aan *(m. acc.; om: acc.; over: super; m. afh. vr.)* [**pisces** naar de prijs v. vis]; ▸ *non te istuc -o; multa super Priamo -ans; quis ego sim me -as*;
2. *(Mel.)* smekend vragen.

rogō, rogāre
1. vragen *(naar: acc. of de; m. afh. vr.)* [**viam; de istac virgine**]; ▸ *unum te ~ volo* *(Plaut.)*; *rogabis me ubi sit*;
2. *(officieel)* vragen *(aan: acc.; naar: acc.)*: (a) *(in de senaat)* [**alqm sententiam**]; (b) *(in de volksvergadering)* [**populum, plebem** een wetsvoorstel bij het volk indienen; **legem** een wet voorstellen; **provinciam alci** iemand voordragen voor de functie v. stadhouder; **populum, plebem magistratum** een magistraat aan het volk voordragen voor benoeming]; ▸ *comitia consulibus rogandis habuit* voor het kiezen v.d. consuls; (c) *(milit. t.t.)* *alqm sacramento ~* iemand beëdigen, de eed afnemen [**milites**];
3. smeken *(om: acc.; de; m. conj.; ut, ne; inf.)* [**vitam; auxilium; otium divos; eum multa**]; ▸ *rogo te nil male feceris; rogat te ut redeas; quae ne spes eum fallat, rogo te; puella euntem rogat morari*;
4. uitnodigen [**ad convivium; ad signandum testamentum**].

rogus, ī m
1. brandstapel; ▸ *-um exstruere; -um accendere*;
2. *(Prop.)* *(meton.)* *as van een dode na de crematie*;
3. *(metaf.)* vernietiging; ▸ *effugiunt carmina -os* ontsnappen aan vernietiging.

Rōma, ae *f hoofdstad v. Latium, later v.h. Rom. rijk; volgens de overlevering in 753 v. Chr. gesticht; in ieder geval in de tweede helft v.d. 7e eeuw door de Etrusken als stad gesticht (maar al een nederzetting sinds de 10e eeuw v. Chr.); bevrijding v.d. Etruskische heerschappij in ca. 500 v. Chr.; nu Rome; — personif. als godheid; — adj.* **Rōmānus,** a, um (a) Romeins [**populus; civis; nomen** het Romeinse volk]; echt Romeins; ▸ *Romano more* loqui open, oprecht; Romani ingenii homo; Romanum est het is typisch Romeins; (b) (poët.; postklass.) Latijns [**lingua**]; — subst. **Rōmānus,** ī m Romein; plur. **Rōmānī,** ōrum m de Romeinen als volk; **Rōmāna,** ae f Romeinse vrouw.

romphaea, ae f = rumpia.

Rōmulus, ī m volgens de legende zoon v. Mars en Rea Silvia, tweelingbroer v. Remus, op bevel v. zijn oom Amulius samen met Remus te vondeling gelegd, door een wolvin gevoed en door een herder opgevoed; stichter en eerste koning v. Rome; werd na zijn dood als de god Quirinus vereerd; — adj. **Rōmul(e)us,** a, um van Romulus, alg. Romeins; — patron. **Rōmulidae,** ārum m = de Romeinen.

ronchus, ī m (Gr. leenw.) het snurken, gesnurk; gesnuif; gekwaak.

rōrāriī, ōrum m lichtgewapenden (slingeraars, tirailleurs, voorposten).

rōrātiō, ōnis f (roro) (postklass.) het dauwen; dauw.

rōridus, a, um (ros) (postklass.) bedauwd [**terga iugi**].

rōri-fer, fera, ferum (ros en fero) (poët.; postklass.) dauw brengend.

rōrō, rōrāre (ros[1])

I. intr.

1. (laten) dauwen; ▸ Aurora toto in orbe rorat; ante rorat quam pluit;

2. druipen, vochtig zijn; ▸ pennae rorant; rorabant sanguine vepres; metaf.: pocula rorantia: bekers waar de wijn niet uit stroomt maar druppelt;

II. tr.

1. (poët.) bedauwen; ▸ tellus rorata; roratae rosae;

2. (poët.) bevochtigen, natmaken [**ora lacrimis**];

3. druppelen; ▸ aquae roratae.

rōrulentus, a, um (ros) nat van de dauw [**materies; uva**].

rōs[1], rōris m

1. dauw [**nocturnus**], plur. dauwdruppels, dauw [**gelidi**];

2. vocht, vloeistof, water [**sanguineus; liquidus** bronwater; **vivus** stromend water; **amarus** zilt water; **Ionius** de Ionische Zee; **Arabus** = balsem; **lacrimarum**].

rōs[2], rōris m ~ (marīnus of maris) (poët.) rozemarijn.

rosa, ae f

1. (poët.) rozenstruik, -boom [**bis florens**];

2. roos; (Plaut.) als koosnaam;

3. (coll.) rozen;

4. (meton.) (a) rozenolie; (b) krans van rozen; ▸ in -a of redimitus -ā met rozen omkranst; in aeterna -a vivere (Mart.) voorgoed 'op rozen zitten'.

rosāceus, a, um (rosa) (Plin. Mai.) van rozen, rozen- [**corona; oleum**].

rosārium, ī n (rosarius) rozentuin, rozenperk.

rosārius, a, um (rosa) (postklass.) van, uit rozen [**auxilium; venenum**].

rōscidus, a, um (ros[1]) (niet-klass.)

1. nat van de dauw [**pruina** rijp gevormd uit dauw]; dauw druppelend [**dea** = Aurora; **Iris**];

2. bedauwd, met dauw bedekt [**māla**]; (alg.) vochtig [**saxa rivis**];

3. als dauwdruppels [**mella**].

Rōscius, a, um naam v.e. Rom. gens:

1. Sextus ~ uit Ameria in Umbrië, door Cicero in 80 v. Chr. met succes tegen een aanklacht wegens vadermoord verdedigd;

2. Quintus ~ Gallus, toneelspeler ttv. Cicero; — adj. **Rōsciānus,** a, um;

3. Lucius ~ Otho, volkstribuun in 67 v. Chr., stelde de lex Roscia in, die de census voor de ridderstand op 400.000 sestertiën vaststelde en de ridderstand de eerste 14 rijen banken achter die v.d. senaat in het theater toewees.

Rōsea, ae f gebied bij Reate; — adj. **Rōseus,** a, um.

rosētum, ī n (rosa) (Verg.) rozentuin, rozenperk.

roseus, a, um (rosa) (poët.; postklass.)

1. uit, van rozen [**strophium; vinculum**];

2. (meton.) met de kleur v. rozen, rozerood, roze [**dea** = Aurora; **Phoebus**];

3. (metaf.) blozend [**ōs; cervix**].

rōsī pf. v. rodo.

Rōsia, ae f = Rosea.

rōsidus, a, um (Catull.) = roscidus.

rōsiō, ōnis f (rodo)

1. het wegvreten;

2. (metaf.) knagende pijn [**stomachi**].

rōsmarīnum, ī n rozemarijn.

rōstellum, ī n (rostrum) snaveltje; snuitje [**muris**].

rōstra zie rostrum.

rōstrātus, a, um (rostrum) gesnebd, voorzien v.e. haak, kromme punt of ram [**navis** schip met een ram]; met scheepssnebben versierd [**corona** met kleine gouden scheepssnebben versierde lauwerkrans gedragen door de man die als eerste een vijandelijk schip geënterd had; **columna** zuil v. C. Duilius op het Forum Romanum, die versierd was *met de voorstevens v.d. in 260 v. Chr. bij Mylae veroverde Carthaagse schepen*].

rōstrum, ī *n* (*rodo*)

1. snavel, bek, snuit;

2. (*metaf.*) sneb (*vooruitspringend gedeelte van de voorsteven, soms als ram gebruikt*);

3. (*meton.*) (a) (*Verg.*) voorsteven v.e. schip; (b) (*plur.*) **rōstra,** ōrum *podium op het Forum, versierd met de voorstevens v.d. in 338 v. Chr. op Antium buitgemaakte schepen.*

rōsus *ppp. v. rodo.*

rota, ae *f*

1. (wagen)wiel;

2. (*poët.*) wagen [**Luciferi** zonnewagen]; ▸ *pedibus rotāve;*

3. (*als folterwerktuig door de Grieken gebruikt*) rad [**Ixionis**]; ▸ *radiis -arum districti;*

4. (*als mechanisch hulpmiddel*) (a) pottenbakkersschijf [**figularis**]; (b) rol, cilindervormige balk *om een last voort te rollen;* ▸ *-as subdere of subicere; alqd subiectis -is propellere* op rollen; (c) scheprad [**aquaria**];

5. (*poët.; postklass.*) cirkel, kring; omloop *van hemellichamen;*

6. (*metaf.*) wisseling, veranderlijkheid [**fortunae** rad v. fortuin]; ▸ *versatur celeri Fors levis orbe rotae;*

7. (*Ov.*) (*plur.*) *-ae dispares* de ongelijke versmaten *van het elegische distichon (hexameter en pentameter);* ▸ *elegi disparibus -is.*

rotābilis, e (*rota*) (*Laatl.*) draaibaar, draaiend.

rotātiō, ōnis *f* (*roto*) draaiing rond zijn as, rotatie.

rotātus, ūs *m* (*roto*) het draaien *of* draaiend wegslingeren *van een wapen.*

rotō, rotāre (*rota*)

I. *tr.* in een cirkel ronddraaien, -slingeren, -zwaaien [**fumum** omhoog doen kringelen; **ensem**]; ▸ *circum caput igne rotato; aper rotat ore canes;*

II. *intr.* (*Verg.*) ronddraaien, rollen; ▸ *saxa rotantia.*

rotula, ae *f* (*demin. v. rota*) (*pre- en postklass.*) wieltje.

rotundātiō, ōnis *f* (*rotundo*) het rondgemaakt zijn, ronde vorm.

rotunditās, ātis *f* (*rotundus*) ronding, ronde vorm [**pomi; caeli**].

rotundō, rotundāre (*rotundus*)

1. rondmaken, een ronde vorm geven;

2. (*poët.*) (*metaf.*) *bedragen* afronden.

rotundus, a, um (*rota*)

1. wielvormig, rond, bolvormig [**scutum; caelum; stellae; mundus**];

2. (*retor. t.t.*) afgerond [**verborum constructio;** ōs gepolijst taalgebruik].

Rōxanē, ēs *f echtgenote v. Alexander de Grote (vanaf 327 v. Chr.), moeder v.d. na diens dood geboren Alexander IV, die in 310 v. Chr. samen met haar vermoord werd.*

rube-faciō, facere, fēcī, factum (*rubeo*) (*poët.*) rood kleuren [**saetas sanguine**].

rubellus, a, um (*demin. v. ruber*) (*postklass.*) roodachtig, rossig; — *subst.* **-um,** ī *n* (*postklass.*) rode wijn.

rubēns, *gen.* entis (*p. adj. v. rubeo*) (*poët.; postklass.*)

1. rood, roodachtig [**uva**]; blozend van schaamte, verlegenheid *of* koorts;

2. vol rode tinten, bont [**ver**].

rubeō, rubēre, rubuī, — (*ruber*)

1. rood zijn; ▸ *rubent ocelli flendo; sanguine terra rubet;*

2. blozen, rood van schaamte, verlegenheid zijn.

ruber, bra, brum rood [**flamma; crinis; equi** (**Aurorae**); **mare** de Rode Zee (= Perzische Golf en de Arabische Zee; *alg.* de Indische Oceaan); **litus** kust v.d. Rode Zee].

rubēscō, rubēscere, rubuī, — (*incoh. v. rubeo*) (*poët.; postklass.*)

1. rood worden; ▸ *mare radiis rubescebat; arva caede rubescunt;*

2. rood van schaamte, verlegenheid worden, blozen.

rubēta, ae *f een soort pad.*

rubētum, ī *n* (*rubus*) (*poët.*) braamstruik, braambos.

rubeus[1], a, um (*rubus*) (*Verg.*) van een braamstruik [**virga**].

rubeus[2], a, um rood.

Rubī, ōrum *m stad in Apulië, nu* Ruvo.

Rubicō(n), ōnis *m grensrivier tussen Italië (Umbrië) en Gallia Cisalpina, ten N.W. v. Rimini; sprw. door de overtocht v. Caesar in 49 v. Chr., die het begin v.d. burgeroorlog inluidde, nu de Rubicone.*

rubicundulus, a, um (*demin. v. rubicundus*) (*Juv.*) een beetje rood.

rubicundus, a, um (*ruber*) (vuur)rood [**Priapus** roodgeverfd; **Ceres** = goudgeel graan; **luna; homo** met een rood gezicht; **matrona** door de zon gekleurd, gebruind].

rubidus, a, um (*ruber*) (*pre- en postklass.*) donkerrood, bruin [**facies ex vinolentia; panis** don-

kerbruin].
rūbīginōsus, a, um = *robiginosus.*
rūbīgō *zie robigo.*
rubor, ōris *m (ruber)*
1. roodheid, rode kleur [**muricis Tyrii; Tyrii** purper]; ▸ *(metaf.) in ruborem dare* bont en blauw slaan;
2. rode gelaatskleur, blos *(van gezondheid, ziekte of schaamte);* ▸ *pudorem rubor consequitur;*
3. *(meton.)* (a) beschaamdheid, schroom; (b) schande, schaamte; ▸ *alqd alci rubori est of ruborem affert* het is voor iem. beschamend.
rubrīca, ae *f (ruber)*
1. rode oker, rode verfstof;
2. rode, okerkleurige aarde;
3. *(postklass.)* (titel van een) hoofdstuk in een wetboek, wet *(omdat de titel v.e. wet in rood werd geschreven).*
rubrīcātus, a, um *(ruber) (Petr.)* roodgeverfd, gekleurd.
rubrīcōsus, a, um *(rubrica)* rijk aan roodokerige aarde [**locum; solum**].
rubuī *pf. v. rubeo en rubesco.*
rubus, ī *m*
1. braamstruik;
2. *(Prop.)* braam.
rūctābundus, a, um *(ructo) (Sen.)* boeren latend.
rūctātrīx, īcis *f (ructo) (Mart.)* iets dat boeren laten stimuleert [**mentha**].
rūctō, rūctāre *en* **rūctor,** rūctārī
I. *intr.* boeren, een boer laten [**alci in ōs**];
II. *tr. (poët.)* uitspugen, -braken [*metaf. (v. natuurgeweld)* **Vesuvina incendia; versūs**].
rūctus, ūs *m (ructo)* het boeren; boer.
rūdectus, a, um *(rudus[2]) (preklass.)* vol kleine stenen [**terra; locum**].
rudēns, entis *m en f (abl. sg. -e en -ī; gen. plur. -um en -ium) sterk* touw, ihb. *(naut. t.t.)* gording, lijn; ▸ *(sprw.) rudentibus apta fortuna* van de lijnen v.e. schip afhangend = onzeker geluk; — *ook: titel v.e. komedie v. Plautus.*
Rudiae, ārum *f stad in Calabrië, geboorteplaats v. Ennius, nu* Rugge; — *adj.* **Rudīnus,** a, um [**homo** = Ennius]; — *inw.* **Rudīnī,** ōrum *m.*
rudiārius, ī *m (rudis[2]) (Suet.)* ontslagen gladiator *(die bij zijn ontslag als eerbewijs een rudis ontving).*
rudicula, ae *f (rudis[2])* kleine roerspaan; ▸ *rudiculā miscere.*
rudīmentum, ī *n (rudis[1])*
1. begin, debuut, eerste poging, *meestal plur.* [**militare; belli; regni**]; ▸ *-um of -a alcis rei ponere* zijn eerste ervaringen opdoen in iets;
2. *(meton.)* (vrucht van de) eerste les, eerste product.
Rudīnus *zie* Rudiae.
rudis[1], e
1. ruw, onbewerkt [**signum; lana** nog niet gekaard; **vestis, textum** grof; **capilli** ongekamd; **terra** nog niet bewerkt];
2. *(metaf.)* ruw, niet verfijnd, ongeschoold, onbeschaafd [**vox; lingua; ingenium; saeculum; discipulus**]; ▸ *in militari homine lingua ~* onbehouwen;
3. onervaren, onkundig, nog niet vertrouwd [**miles; filia; anni; animi;** *(in, met: gen.; abl.; in m. abl.; ad)* **rerum omnium; bonarum artium; dicendi; in communi vita; in re publica; in iure civili; in disserendo; in re navali; in amore; arte; ad pedestria bella**];
4. *(poët.)* jong [**agna; uva** onrijp].
rudis[2], is *f*
1. roerspaan; ▸ *haec rude misceto;*
2. *bot houten (oefen)zwaard, dat de gladiatoren bij hun ontslag als eerbewijs gegeven werd;*
3. *(metaf.)* ontslag; ▸ *rudem accipere; donatus iam rude* al uitgediend.
rudītus, ūs *m (rudo) (Apul.)* het balken.
rudō, rudere, rudīvī, — *(poët.) (v. dieren en mensen)* brullen, bulderen; balken; *(v. dingen)* knarsen, kraken; ▸ *prora rudens.*
rudor, ōris *m (rudo) (Apul.)* brul, schreeuw.
rūdus[1], eris *n = raudus.*
rūdus[2], eris *n*
1. los of verbrokkeld gesteente, puin; *plur.* puinhopen;
2. steengruis, mortel.
ruentia *zie ruo.*
rūfēscō, rūfēscere *(rufus) (Plin. Mai.)* rood worden.
rūfō, rūfāre *(rufus) (Plin. Mai.)* haar rood verven.
Rufrae, ārum *f stad in Campanië, nu* Rufra.
Rufrium, ī *n stad in Samnium, nu* Ruvo.
rūfulus, a, um *(demin. v. rufus) (pre- en postklass.)* rossig; roodharig.
Rūfulus, ī *m bepaald type krijgstribuun.*
rūfus, a, um *(ruber)* rossig; roodharig.
rūga, ae *f*
1. *rimpel, plooi in de huid of in kleding;*
2. *(meton.)* (a) *(plur.)* ouderdom; (b) ernst, somberheid.
Rugiī, ōrum *m Germ. volksstam aan de huidige Oostzee.*
rūgiō, rūgīre *(postklass.)* brullen, balken.
rūgō, rūgāre *(ruga) (Plaut.)* kreukelen; ▸ *pallio-*

lum rugat.

rūgōsus, a, um *(ruga) (poët.; postklass.)* vol rimpels *of* plooien, gerimpeld, rimpelig [**frons; genae; cortex; senecta**].

ruī *pf. v. ruo.*

ruīna, ae *f (ruo)*

1. het neerstorten, het neervallen, *ook plur.* [**grandinis; caeli** stortbui, onweer]; ▸ *-as facere* naar beneden storten;

2. het instorten *van een bouwwerk* [**turris; amphitheatri; pontis**]; ▸ *-am dare, trahere* doen instorten; *-as dare arboribus* bomen vellen;

3. *(meton.) (meestal plur.)* puinhopen, ruïnes [**templorum; muri; Iliacae; Thebarum; Sagunti**];

4. *(metaf.)* (a) val, *ihb. pol.*; (b) ondergang, verderf [**fortunarum tuarum**]; ▸ *ille dies utramque ducet -am* zal de dood brengen; *incendium meum -ā rei publicae restinguam;* (c) nederlaag [**Hannibalis**]; (d) verwoesting, verwarring; ▸ *-as edere* stichten; (e) misstap, vergissing;

5. *(meton.) (v. personen)* iem. die de ondergang brengt, verwoester [**rei publicae**].

ruīnōsus, a, um *(ruina)*

1. bouwvallig [**aedes; parietes**];

2. *(Ov.)* ingestort [**domus**].

rumex, icis *m en f* zuring.

rūmi-ferō, ferāre *(rumor en fero) (Plaut.)* eren als, bestempelen als *(m. dubb. acc.).*

rūmigō, rūmigāre *(Apul.)* herkauwen.

Rūmīna, ae *f Rom. godin v. zogende vrouwen, aan wie melk ipv. wijn geofferd werd; — adj.* **Rūmīnālis,** e *en* **Rūminus,** a, um van Rumina, aan Rumina gewijd [**ficus** *en* **arbor** de vijgenboom *bij het Lupercal op de Palatijn, waaronder Romulus en Remus door de wolvin gezoogd zouden zijn*].

rūminātiō, ōnis *f (rumino)* het herkauwen [*metaf.* **cotidiana** dagelijks gepieker].

rūminō, rūmināre *(niet-klass.)* herkauwen [**herbas**].

rūmor, ōris *m*

1. *(poët.; postklass.)* het toejuichen, bijval; ▸ *secundo rumore* onder gejuich;

2. gerucht *(over: gen. of de)* [**periculi; de auxiliis legionum; inanis; incertus; falsus; temere ortus**]; ▸ *rumores spargere, differre, dissipare, serere; ~ multa fingit; ~ est (m. aci.)* het gerucht gaat;

3. stem v.h. volk, publieke opinie; ▸ *rumore adverso esse* in een kwade reuk staan;

4. goede reputatie, bijval; ▸ *rumori servire; rumorem quaerere;*

5. slechte reputatie, laster.

rumpia, ae *f* lange Thracische speer.

rumpō, rumpere, rūpī, ruptum

1. (ver)breken, openbreken, uiteenscheuren, -rijten, laten springen [**catenas; vincula; vestes; nubila** uit elkaar scheuren, splijten; **arcum; praecordia ferro** doorbóren; **guttura cultro** dóórsnijden; **gladio lora** doorhakken; **funem a litore** afrukken; **horrea** tot barstens toe vullen; **pontem** afbreken]; ▸ *cantu rumpent arbusta cicadae (Verg.)* zullen met hun gesjirp de bomen doen splijten; — *pass. rumpi (v. levende wezens en dingen)* barsten, breken, splijten, springen: *rana inflata rumpitur; pectora rumpuntur* van woede;

2. door ... heen breken, doorbréken [**rapido cursu media agmina; ordines; aciem**];

3. *(een weg)* forceren, banen [**iter ferro per hostes; aditūs; Alpes** een weg door de Alpen];

4. *(poët.)* te voorschijn brengen [**fontem;** *metaf.* **questūs, vocem pectore** uiten]; — *se ~ en pass.* losbreken, te voorschijn komen: *tantus se nubibus* (uit de wolken) *imber ruperat; radii se rumpunt inter nubila; amnes rumpuntur fontibus;*

5. *(metaf.)* breken, schenden, tenietdoen, opheffen, verijdelen [**fidem; leges; foedera; ius gentium; nuptias; reditum alci** afsnijden; **imperium** gehoorzaamheid weigeren, een bevel negeren; **societatem fidei atque amicitiae per scelus; fata aspera; decreta sororum; testamentum; fati necessitatem humanis consiliis**];

6. *(poët.; postklass.)* ver-, onderbreken, verstoren, afbreken [**silentium; somnum; moras** niet langer aarzelen; **sacra; novissima verba**];

7. afbeulen [**alqm ambulando; bovem**].

rūmusculus, ī *m (demin. v. rumor)* roddel, kletspraat.

runcātiō, ōnis *f (runco) (postklass.)* het wieden.

runcinō, runcināre *(preklass.; Laatl.)* schaven.

runcō, runcāre wieden.

ruō, ruere, ruī, rūtum (ruitūrus)

I. *intr.*

1. zich haasten, rennen, stormen, (zich) storten, stromen [**ad urbem; ad portas; in hostes; in arma; in convivium; portis** uit de poorten; **per vias; per proelia;** *metaf.* **in perniciem; ad interitum voluntarium; in servitium; in sua fata; ad libertatem**]; ▸ *in castra fugientes ruebant; ruunt acies* komen aanstormen; *legio sustinuit ruentes* de aanstormende menigte; *huc omnis turba ruebat; ruunt de*

montibus amnes; ruit imber aethere; venti ruunt; nox Oceano ruit komt aangestormd vanaf; *nox, ver, sol ruit* spoedt zich weg;
2. neerstorten, instorten; *metaf.* te gronde gaan; ▸ *ruunt parietes, aedes, templa, saxa; ruit a culmine Troia* gaat ten onder; *ruens imperium; nemo est quin intellegat ~ illam rem publicam;* — *subst.* **ruentia,** ium *n* ongeluk;
3. (*metaf.*) zich blindelings voorover storten, zich overhaasten, onbezonnen handelen [**in dicendo; in agendo**];
II. *tr.* (*preklass.; poët.*)
1. omverhalen, -gooien [**naves; molem; cumulos arenae** met de grond gelijkmaken, effenen];
2. opwoelen, meesleuren [**mare; nubem** doen opstijgen; **cinerem** opgraven; *metaf.* **divitias** snel bijeenrapen]; ▸ *venti ruunt totum mare a sedibus imis; mare permotum ventis ruit arenam;*
3. **rūta,** ōrum *n in de jur. formule* **rūta (et) caesa** gedolven grondstoffen en gevelde bomen *die in onbewerkte staat op een stuk land liggen dat verkocht wordt.*

rūpēs, is *f* (*rumpo*)
1. rots, klip;
2. kloof, afgrond.

rūpī *pf. v. rumpo.*

rūpi-capra, ae *f* (*rupes*) (*Plin. Mai.*) berggeit, gems.

ruptor, ōris *m* (*rumpo*) iem. die breekt *of* schendt [**indutiarum; pacis; foederum**].

ruptus *ppp. v. rumpo.*

rūrestris, e (*rus*) (*Apul.*) landelijk, plattelands- [**tibia**].

rūri-cola, ae *m* (*rus en colo*[1]) (*poët.*) (*vaak attrib. gebruikt*)
1. bewerker v.h. land, boer [**bos; aratrum**];
2. bewoner v.h. platteland [**Ceres** op het platteland verblijvend; **Fauni; deus** = Priapus].

rūri-genae, ārum *m* (*rus en gigno*) (*Ov.*) plattelandsbewoners.

rūrō, rūrāre (*rus*) (*Plaut.*) op het platteland leven, landbouw bedrijven.

rūrsus *en* **rūrsum** *adv.* (< **re-vorsus; verto*)
1. terug(-), achteruit [**meare; cadere** naar achteren vallen];
2. weer, opnieuw, overnieuw [**alqd facere, dicere; resistere**];
3. verder, bovendien;
4. daarentegen, aan de andere kant, omgekeerd; ▸ *neque in bonis numerari neque ~ in malis.*

rūs, rūris *n*
1. platteland (*itt. stad*), veld; — *adv. uitdrukkingen:* (a) *rus* naar het platteland [**ire**]; (b) *rure* van het platteland [**redire**]; (c) *ruri en rure* op het platteland [**vivere**];
2. landgoed, grondbezit [**suburbanum; amoenum**];
3. (*poët.*) (*meton.*) boersheid, lompheid; ▸ *homo plenus ruris; manent vestigia ruris.*

Ruscinō, ōnis *f stad in Gallia Narbonensis, nu* Perpignan.

rūscum, ī *n en* **rūscus,** ī *f* (*poët.; postklass.*) muizedoorn (*een soort brem*).

Rusellānus, a, um ~ *ager gebied v. Rusellae (in Etrurië), nu* Roselle; — *inw.* **Rusellānī,** ōrum *m.*

rūspor, rūspārī (*pre- en postklass.*) door-, onderzoeken.

russātus, a, um (*russus*) (*postklass.*) roodgekleurd; in het rood gekleed.

russeus, a, um (*russus*) roodgeverfd, roodgekleurd [**tunica**].

rūssum *adv.* (*arch.*) = *rursum.*

russus, a, um (*preklass.; poët.*) rood [**fauces**].

rūstica, ae *f* (*rusticus*) (*poët.*) boerin.

rūsticālis, e (*rusticus*) (*Mel.*) boers, lomp, onbehouwen.

rūsticānus, a, um (*rusticus*) landelijk, plattelands- [**vita** tijdelijk verblijf op het platteland; **vir** op het platteland opgegroeid; **homines; municipia** landbouw bedrijvend].

rūsticātiō, ōnis *f* (*rusticor*) het landleven; landbouw.

rūsticitās, ātis *f* (*rusticus*) (*poët.; postklass.*) kenmerken *of* eigenschappen v.h. platteland (*itt. de stad*):
1. landelijke eenvoud, simpelheid [**verborum**];
2. boers-, lomp-, onhandigheid.

rūsticor, rūsticārī (*rusticus*) op het land vertoeven *of* werken.

rūsticula, ae *f* (*rusticulus*) (*postklass.*) hazelhoen.

rūsticulus (*demin. v. rusticus*)
I. *subst.* ī *m* eenvoudige plattelandsbewoner, boertje v. buiten;
II. *adj.* a, um (*Mart.*) tamelijk onbeschaafd, plomp (*wat stijl betreft*) [**libellus**].

rūsticus (*rus*)
I. *adj.* a, um
1. landelijk, van het platteland, plattelands- [**homo** boer, plattelandsbewoner; **mus** veldmuis; **vita** landleven; **opus; carmina; numina; res** -ae landbouw; **praedium**];

2. *(metaf.)* eenvoudig, simpel [**mores; veritas**]; 3. plomp, onbehouwen, onbeholpen, ongepolijst, ruw [**vox; homines; querela**]; ▸ *-e loqui;*
II. *subst.* ī *m*
1. boer, plattelandsbewoner;
2. boerenkinkel, lomperik.

rūsum, rūsus *(arch.) = rursum, rursus.*

rūta[1], ae *f*
1. wijnruit *(een bitter kruid);*
2. *(metaf.)* bitterheid.

rūta[2] **(et) caesa** *zie ruo.*

rutābulum, ī *n (ruo) (pre- en postklass.)* pook, haardijzer.

rūtātus, a, um *(ruta*[1]*) (postklass.)* van wijnruit voorzien.

Rutīlius, a, um *naam v.e. Rom. gens:* P. ~ Rufus, *redenaar en geschiedschrijver, consul ttv. Marius.*

rutilō, rutilāre *(rutilus)*
I. *tr.* rood verven [**capillos**];
II. *intr. (niet-klass.)* rood oplichten, een gouden glans over zich hebben.

rutilus, a, um *(ruber)* roodachtig, rossig, goudgeel [**ignis; barba; comae**].

rutrum, ī *n (ruo)* schep.

rūtula, ae *f (demin. v. ruta*[1]*)* kleine wijnruit.

Rutulī, ōrum *m volksstam in Latium rond de stad Ardea; — adj.* **Rutulus,** a, um [**rex** = Turnus].

rutus *ppp. v. ruo.*

S

S. (*afk.*)
1. (*als voornaam*) o.a.: (**a**) = *Sergius*; (**b**) = *Sextus* (*ook afgekort als Sex.*); (**c**) = *Spurius* (*meestal afgekort als Sp.*);
2. (*in brieven*) = *salutem*; **S. D.** = *salutem dicit*; **S. P. D.** = *salutem plurimam dicit*; **s. v. b. e. e. (q.) v.** = *si vales, bene est; ego exercitusque valemus*;
3. **S. C.** = *senatūs consultum*;
4. **S. P. Q. R.** = *senatus populusque Romanus*.

Sabaeus, a, um van Saba (*landstreek in Arabia felix* = het huidige Jemen), *alg.* Arabisch [**tus**]; — **Sabaea,** ae *f* = Arabia felix, 'het gelukkige Arabië', *ongeveer overeenkomend met het huidige Jemen*; — *inw.* **Sabaeī,** ōrum *m.*

sabaia, ae *f* (*Laatl.*) gerstedrank, bier.

Sābātīnus, a, um van Sabate (*stad in Etrurië*) [**tribus**].

Sabazius, ī *m bijnaam v. Bacchus, ontstaan uit de gelijkstelling met de Frygisch-Thrac. vegetatiegod; zijn in het oosten wijdverbreide cultus drong in de 2e eeuw v. Chr. tot Rome door*; — **Sabazia,** ōrum *n feest ter ere v. Bacchus.*

sabbatāria, ae *f* (*sabbatum*) (*Mart.*) jodin.

sabbatismus, ī *m* (*sabbatum*) (*eccl.*) het in acht nemen v.h. sabbatfeest.

sabbatum, ī *n* (*Hebr. woord*) (*meestal plur.*)
1. sabbat, *rustdag v.d. joden* (*van vrijdag- tot zaterdagavond*);
2. joodse feestdag;
3. (*eccl.*) week;
4. (*eccl.*) *sanctum* ~ paaszaterdag.

Sabellī, ōrum *m* (*Sab-ini*)
1. *aand. voor de kleinere Midden-Italische volksstammen v. Sab. origine waartoe o.a. de Aequi, Hernici, Frentani, Marsi, Marrucini, Paeligni, Picentes, Vestini en Volsci behoorden*;
2. (*poët.*) = *Sabini*;
/ *adj.* **Sabell(ic)us,** a, um Sabellisch, Sabijns [**cohortes; carmina** toverformules; **anus** = tovenares].

Sabīnī, ōrum *m* de Sabijnen, *bewoners v.h. berglandschap ten N. v. Latium rond Reate; meton.* het gebied v.d. Sabijnen; *ook* landgoed *v. Horatius in* het land v.d. Sabijnen; — **Sabīnus,** ī *m stamvader v.d. Sabijnen*; — **Sabīna,** ae *f* Sabijnse; — *adj.* **Sabīnus,** a, um [**ager**]; — **Sabīnum,** ī *n* (*vul aan: vinum*) Sabijnse wijn.

Sabis, is *m* (*acc.* -im, *abl.* -ī) zijrivier *v.d. Maas, waar Caesar in 57 v. Chr. tegen de Nervii vocht, nu* de Samber.

Sābratēnsis, e uit Sabratha (*stad in de provincie Africa, in het huidige Libië, nu* Sabrata).

Sabrīna, ae *f rivier in Z.W.-Engeland, nu* de Severn.

sabūcus, ī *f* = *sambucus.*

sabulōsus, a, um (*sabulum*) zanderig.

sabulum, ī *n* (*postklass.*) grofkorrelig zand, kiezel(zand).

saburra, ae *f* (*sabulum*) zand *als ballast, ihb. van schepen*, ballast.

saburrō, saburrāre (*saburra*) (*pre- en postklass.*)
1. met ballast beladen, belasten;
2. (*metaf.*) zijn maag overladen;
3. (*Laatl.*) uitwasemen.

Sacae, ārum *m Scythische volksstam in de buurt v.h. huidige Afghanistan.*

sacal *n indecl.* (*Plin. Mai.*) *een soort Egypt.* barnsteen.

saccāria, ae *f* (*saccus*) beroep v. drager.

saccārius, ī *m* (*saccus*) drager *van zakken.*

sacc(h)aron, ī *n* (*Gr. leenw.*) (*postklass.*) rietsuiker; suikersap.

saccīnus, a, um (*saccus*) (*Vulg.*) gemaakt van de stof v. zakken.

saccipērium, ī *n* (*saccus en pera*) (*Plaut.*) geldzak, beurs.

saccō[1], saccāre (*saccus*) (*poët.; postklass.*) zeven, filteren [**aquam; vinum**]; ▸ *metaf.*: (*Lucr.*) *saccatus umor corporis* urine.

saccō[2], ōnis *m* (*saccus*) (*Cic.*) 'iem. die zijn geldzak beschermt', vrek, woekeraar.

sacculārius, ī *m* (*saccus*) zakkenroller.

sacculus, ī *m* (*demin. v. saccus*)
1. zakje; geldbeurs;
2. filter voor wijn.

saccus, ī *m* (*Gr. leenw.*) zak:
1. korenzak;
2. (*poët.*) geldzak; ▸ *ad -um ire* (*Plaut.*) gaan bedelen;
3. (*postklass.*) filter [**vinarius**];
4. (*eccl.*) grof geweven kledingstuk.

sacellum, ī *n* (*demin. v. sacrum*) klein heiligdom, kapel.

sacellus, ī *m* (*demin. v. sacculus*) (*postklass.*) geldbeurs; ▸ *-i sonantes aere.*

sacer, cra, crum (*sancio*)

1. *aan een godheid* gewijd, heilig *(aan: gen. of dat.)* [**fontes; lucus; aedes; locus; signa; dies** feestdagen; **iura; vates**]; ▸ *anseres -i Iunonis; insula deorum -a; pecus -um deae; mensis* ~ *manibus; culta Iudaeo septima sacra dies* sabbat; *sacra profanaque omnia;*
2. aan een godheid v.d. onderwereld gewijd, verwenst, vervloekt; *metaf.* verdoemd, afschuwelijk [**auri fames; venenum**];
3. *(metaf.)* gewijd aan, bestemd voor; ▸ *pugio magno operi* ~ ;
4. *(postklass.)* eerbiedwaardig [**eloquentia; occupationes**];
5. *(v. plaatsen)* heilig [**via** *weg die over de Velia loopt v.h. Forum tot het Capitool;* **mons** *heuvel, 4 km ten N.O. v. Rome, op de rechteroever v.d. Anio gelegen*];
6. heilig, onschendbaar [**focus; corpus**];
7. *(als attrib. v.e. aantal ziekten) morbus* ~ epilepsie.

sacerdōs, ōtis *m en f (sacrum en do)* priester, priesteres [**Vestae** Vestaalse maagd; **Cereris; populi Romani; arvorum** priester v.d. akkers].

sacerdōtālis, e *(sacerdos) (postklass.)* priesterlijk.

sacerdōtium, ī *n (sacerdos)* priesterschap, priesterambt, waardigheid v.e. priester; ▸ *-um inire* aanvaarden; *-o praeficere alqm* iem. benoemen in.

sācōma, atis *n (Gr. leenw.)* tegenwicht.

sacrāmentum, ī *n (sacro)*
1. *(jur. t.t.)* (a) waarborgsom, garantiebedrag *(in een civiel proces door beide partijen als cautie gesteld);* (b) aanspraak, claim *(in een proces);* ▸ *-um alcis iustum iudicare* iems. claim geldig verklaren; *iusto -o contendere cum alqo* met een geldige claim; *iniustis vindiciis ac -is alienos fundos petere;*
2. eed v. trouw, ambtseed, eed op het vaandel [**militiae**]; ▸ *-um en -o dicere* de eed v. trouw zweren; *-o teneri* door een eed aan de militaire dienst gebonden zijn; *milites -o obligare, rogare, adigere* beëdigen;
3. *(postklass.) (meton.)* militaire dienst;
4. *(poët.; postklass.) (metaf.)* eed, plechtige verplichting [**amicitiae**];
5. *(eccl.)* religieus geheim; sacrament.

Sacrānus, a, um *(Verg.)* van de Sacrani *(volksstam in Latium)* [**acies**].

sacrārium, ī *n (sacrum)* heiligdom, kapel, tempel [**Cereris**; *metaf.* **Ditis** = onderwereld]; huiskapel; ▸ *Caere* ~ *populi Romani* bewaarplaats *(omdat de heilige voorwerpen v. Rome bij de Gallische inval v. 387 v. Chr. naar Caere gebracht waren).*

sacrātus, a, um *(p. adj. v. sacro) (poët.; postklass.)*
1. heilig, gewijd [**iura parentum; templum**];
2. tot godheid verheven, vergoddelijkt [**dux** = Augustus].

sacrēs *(arch.)* = *sacri (nom. plur. m v. sacer).*

sacri-cola, ae *m (sacrum en colo*[1]*) (postklass.)* offerdienaar, -priester.

sacri-fer, fera, ferum *(Ov.)* heilige voorwerpen dragend [**rates**].

sacrificālis, e *(sacrificus) (postklass.)* bij het offeren horend, offer- [**apparatus; ministeria**].

sacrificātiō, ōnis *f en* **sacrificātus,** ūs *m (sacrifico)* het offeren.

sacrificium, ī *n (sacrifico)*
1. offer [**sollemne**]; ▸ *-um facere* brengen; *-um parare; -o perfecto;*
2. *(eccl.)* misoffer.

sacrificō, sacrificāre *en* **sacrificor,** sacrificārī *(sacrificus)*
1. een offer brengen, offeren *(wat geofferd wordt: acc.; abl.)* [**Apollini; deo hostiis; animalia; apud aram; pro salute et victoria populi**];
2. *(eccl.)* de mis celebreren.

sacrificulus, ī *m (demin. v. sacrificus)* offerpriester; — *attrib.: rex* ~ 'offerkoning', offerpriester, *ttv. de republiek belast met de offers die de koning vroeger bracht.*

sacri-ficus, a, um *(sacrum en facio)*
1. offerend [**rex**];
2. *(poët.; postklass.)* bij het offeren horend, offer- [**ritus; dies; securis; preces**].

sacrilegium, ī *n (sacrilegus)*
1. tempelroof; *meton.* (uit een tempel) geroofde heilige voorwerpen; ▸ *fur onustus -o* beladen met de geroofde heilige voorwerpen;
2. *alg.* heiligschennis; ▸ *alqm -i damnare.*

sacri-legus *(sacrum en lego)*
I. *adj.* a, um
1. tempels berovend [**Verres**];
2. *(poët.; postklass.)* schuldig aan heiligschennis, goddeloos [**manus; sanguis; bellum**];
II. *subst.* ī *m*
1. tempelrover;
2. iem. die ontwijdt, zich schuldig maakt aan heiligschennis.

Sacri-portus, ūs *m (sacer)*
1. *stad bij Praeneste;*
2. *stad aan de Golf v. Tarente.*

sacrō, sacrāre *(sacer)*
1. *aan een godheid* wijden, opdragen [**laurum Phoebo; aras; aurum; ludos** heilige spelen

invoeren; **viros** tot priester wijden];
2. *(metaf.) (poët.)* wijden, geven, bestemmen [**opus; honorem alci**];
3. *(poët.; postklass.)* prijsgeven, ter vernietiging overgeven [**caput proditoris Iovi**];
4. heilig, onschendbaar maken [**foedus; leges**];
5. vereeuwigen, onsterfelijk maken [**eloquentiam Catonis**]; ▸ *avum sacrarunt carmina tuum.*

sacrō-sānctus, a, um *(sacrum)*
1. gewijd, onschendbaar [**potestas; possessiones**];
2. *(postklass.) (metaf.)* zeer heilig, eerwaardig [**memoria alcis**].

sacruficō, sacruficāre *(arch.)* = *sacrifico.*

sacrum, ī n *(sacer)*
1. heiligdom, heilig(e) voorwerp *of* plaats, *plur. ook* heilig gereedschap; ▸ *-um rapere; metuens velut contingere -um;*
2. *(poët.)* heilig lied, offerhymne [**caelestia**]; ▸ *-a canere;*
3. godsdienstige handeling, offerhandeling, ceremonie, heilig gebruik; ▸ *-um facere* een offer brengen, offeren; *-um conficere;*
4. *(plur.)* eredienst, godsdienstig feest, offerfeest [**arcana** geheime cultus; **publica** staatscultus; **Cereris**]; *alg.* feest [**iugalia** *en* **nuptialia** bruiloftsfeest];
5. *(poët.; postklass.) (metaf.) (plur.)* (a) geheimen, mysteriën [**litterarum; studiorum**]; (b) heiligheid, onschendbaarheid [**legationis; regni**].

sadum *zie sedum.*

saeclāris *zie saecularis.*

saeclum *zie saeculum.*

saeculāris *en* **saeclāris,** e *(saeculum)*
1. *(poët.; postklass.)* honderdjarig [**carmen** lied ter ere v.h. eeuwfeest; **ludi** die elke honderd jaar gehouden worden];
2. *(eccl.)* werelds, heidens.

saeculum *en* **saeclum,** ī n
1. mensenleven, generatie, tijd(perk) [**nostrum; aureum**]; ▸ *saeclorum nascitur ordo;*
2. *(poët.; postklass.)* regeringsperiode [**beatissimum**];
3. eeuw, *alg.* lange periode; ▸ *multis post -is;*
4. *(meton.)* generatie, de mensen van een *bepaalde periode;* ▸ *-orum reliquorum iudicium;*
5. zeden en gewoonten van een *bepaalde* tijd; ▸ *huius -i licentia;*
6. *(eccl.)* (a) vergankelijkheid; werelds bestaan; (b) *in saecula saeculorum* in alle eeuwigheid, voor altijd.

saepe *(comp.* saepius, *superl.* saepissimē*) adv.* vaak, dikwijls; ▸ *quam saepissime* zo vaak mogelijk; *multi* ~ *of* ~ *multi* vele(n) op verschillende tijden; *cum* ~ wanneer zoals vaak.

saepe-numerō *(ook gesplitst) adv.* vaak.

saepēs, is *f (saepio)* (om)heining; omheind gebied; *(poët.)* tuin; versperring.

saepicula, ae *f (demin. v. saepes) (Apul.)* hegje, haagje.

saepiculē *adv. (demin. v. saepe) (pre- en postklass.)* tamelijk vaak.

saepīmentum, ī n *(saepio)* omheining.

Saepīnum, ī n *stad in Samnium, ten* N. *v.h. huidige Benevento.*

saepiō, saepīre, saepsī, saeptum
1. omheinen [**vallum arboribus**];
2. *(metaf.)* omgeven, insluiten [**urbes moenibus; domum custodibus; se muris turribusque** zich verschansen achter]; ▸ *campus montibus circa saeptus erat (Liv.);*
3. beschermen, dekken [**urbem praesidio; vias**]; ▸ *legibus saeptus;*
4. veilig opbergen; ▸ *natura oculos membranis vestivit et saepsit (Cic.).*

saeptum, ī n *(saepio)*
1. (om)heining, hek, scheidingswand; omheind gebied, omheinde weide, *klass. alleen plur.;* ▸ *beluas -is continere; -is exire; -a domorum* de wanden v.h. huis;
2. *(plur.)* staketsel *waarbinnen het volk bij de comitiën stemde (oorspr. op het Forum van planken gemaakt en na de bijeenkomst afgebroken; sinds Caesar zijn er de saepta marmorea op de campus Martius);* ▸ *populum -is includere.*

saeptus *ppp. v. saepio.*

saeta, ae *f*
1. stugge, borstelige haar [**equina** paardenhaar; *-ae* **equi, leonis** manen]; borstel *van een varken; (poët.) plur.* borstelig haar; vacht; ▸ *fulvis velantur corpora saetis;*
2. *iets lijkend op, gemaakt v. haar, o.a.: (poët.)* hengelsnoer.

saeti-ger *en* **sēti-ger** *(saeta en gero) (poët.)*
I. *adj.* gera, gerum borstels dragend [**sus; pecus**];
II. *subst.* gerī *m* everzwijn.

saetōsus, a, um *(saeta) (poët.; postklass.)* borstelig, harig [**aper**].

saevi-dicus, a, um *(saevus en dico[1]) (Ter.)* in drift gesproken.

saeviō, saevīre *(saevus) (v. dieren en personen, metaf.*

ook *v. niet-lev.)* woeden, razen; zijn woede koelen, hevig tekeergaan, wreed optreden *(op, tegen: in m. acc.; adversus; dat.; m. inf.)* [**in obsides; in suum sanguinem**]; ▸ *lupus saevit rabieque fameque (Ov.); saevit canum latratus (Verg.)* de honden blaffen woedend; *Mars saevit in armis; manus impia saevit Romanum exstinguere nomen; saevit ventus, pontus; saevit ira in alqm; fortuna coepit ~.*

saeviter *adv., zie saevus.*

saevitia, ae *f (saevus)*
1. *(postklass.)* woede, wildheid *(van dieren)*;
2. heftigheid, strengheid, hardheid, wreedheid *(van personen)* [**iudicis; hostium**];
3. *(metaf.)* hardheid, strengheid *(van niet-lev.)* [**hiemis; annonae** hoge prijs; **dictorum factorumque; ingenii**].

saevitūdō, inis *f (Plaut.; Laatl.) = saevitia.*

saevus, a, um *(adv. -ē, arch. -iter) (v. dieren en personen, metaf. v. niet-lev.)* woedend, razend, grimmig, heftig, hard, wreed [**lupus; leo; tyrannus; vir; custos; noverca; magister; puella** bazig; **Iuno** onverzoenlijk; **procellae; ventus; hiems; fluctus** onstuimig; **sitis; amor; iocus** bijtend, krenkend].

sāga, ae *f (sagio)* waarzegster, tovenares; heks.

sagācitās, ātis *f (sagax)*
1. reukzin [**canum**]; *alg.* fijngevoeligheid *van de zintuigen* [**sensuum**];
2. *(metaf.)* scherpzinnigheid, slimheid.

Sagana, ae *f (Hor.) naam v.e. verzonnen heks.*

Sagaris, is *m (acc. -im; abl. -ī) en* **Sangarius,** ī *m rivier in Bithynië en Frygië (Kl.-Azië), nu de Sakarya;— adj.* **Sagarītis,** idis *(f).*

sagātus, a, um *(sagum)* gekleed in een (soldaten)-mantel.

sagāx, *gen.* ācis *(sagio)*
1. scherp ruikend [**canis; nasus; anser** scherp horend];
2. *(metaf.)* scherpzinnig, slim, knap *(in: in m. abl.; abl.; gen.; ad; m. inf.)* [**homo; mens; utilium rerum; ad suspicandum; ventura videre**].

sagēna, ae *f (Gr. leenw.) (Laatl.)* vis-, sleepnet.

sagīna, ae *f*
1. het (vet)mesten [**anserum**]; het voeden, onderhoud;
2. vetheid, corpulentie;
3. *(meton.)* (a) *(Plaut.)* vetgemest dier; (b) *(poët.; postklass.)* voedsel, kost, voeding [**ferarum; gladiatoria**].

sagīnātiō, ōnis *f (sagina) (postklass.)* het vetmesten.

sagīnō, sagīnāre *(sagina)*
1. (vet)mesten [**boves ad sacrificia publica; porcum**];
2. voe(de)ren, voeden; te eten geven [**convivas**];
3. *pass. (metaf.)* (a) zich vetmesten [**sanguine rei publicae**]; (b) *(Tac.)* zich verrijken.

sāgiō, sāgīre, —— ruiken, bespeuren; scherp waarnemen.

sagitta, ae *f*
1. pijl [**Veneris** liefdespijl]; ▸ *nervo aptare -as;*
2. *(metaf.)* Pijl *(als sterrenbeeld)*;
3. uitloper *van een wijnrank.*

sagittārius *(sagitta)*
I. *subst.* ī *m*
1. boogschutter;
2. *(metaf.)* Boogschutter *(als sterrenbeeld)*;
II. *adj.* a, um *(postklass.)* met pijl (en boog) gewapend [**pedes**].

sagittātus, a, um *(sagitta) (Plaut.)* scherp als een pijl.

sagitti-fer, fera, ferum *(sagitta en fero) (poët.; postklass.)* pijlen dragend [**pharetra**]; met pijlen gewapend [**Parthi; Geloni**].

sagitti-potēns, *gen.* potentis
I. *adj.* macht hebbend over pijlen;
II. *subst. m* Boogschutter *(als sterrenbeeld).*

sagittō, sagittāre *(sagitta) (Laatl.)* met pijlen beschieten *of* treffen.

sagma, atis *n (Gr. leenw.) (Laatl.)* (pak)zadel.

sagmen, inis *n (meestal plur.)* (bundel) heilig *gras, dat op het Capitool geplukt wordt en de fetiales tegen de vijand moet beschermen wanneer zij als gezanten uitgezonden worden.*

Sagra, ae *m en f rivier in het gebied v.d. Bruttii.*

sagulātus, a, um *(sagulum) (Suet.)* een sagulum dragend.

sagulum, ī *n (demin. v. sagum)* korte mantel, *ihb.* reis-, soldatenmantel.

sagum, ī *n (Kelt. leenw.)*
1. korte, grove, wollen mantel, *ihb. als kledingstuk v.d. Kelten en Germanen;*
2. soldatenmantel, militaire mantel, *ook meton.* wapens, oorlog; ▸ *ad -a ire en -a (-um) sumere* naar de wapens grijpen; *-a ponere* de wapens neerleggen; *in -is esse* onder de wapens zijn.

Saguntum, ī *n en* **Saguntus,** ī *f stad in Spanje ten N. v. Valencia, nu Sagunto; — inw. en adj.* **Saguntīnus,** ī *m resp.* a, um.

sāgus, a, um *(postklass.)*
1. profetisch, voorspellend;

2. hekserij bedrijvend.
Saītae, ārum *m inwoners v.d. stad Saïs (residentie in Beneden-Egypte)*; — *adj.* **Saīticus,** a, um van de stad Saïs.
sāl, salis *m (en n)*
1. zout;
2. *(meton.)* (a) *(poët.)* zee(water); ▸ *artūs sale tabentes*; (b) *(poët.; postklass.) (plur.)* zoutsmaak;
3. *(metaf.)* (a) smaak, sierlijkheid; ▸ *tectum plus salis quam sumptūs habebat*; (b) scherp verstand, slimheid; *(meestal plur.)* geestigheid, humor [**niger** bittere spot]; ▸ *sale et facetiis omnes vincere.*
salācitās, ātis *f (salax) (postklass.)* geilheid.
salacō, ōnis *m (Gr. leenw.)* opschepper.
salamandra, ae *f (Gr. leenw.) (postklass.)* salamander.
Salamīs, īnis *en* **Salamīna,** ae *f*
1. *eiland in de Saronische Golf voor de kust v. Z.W.-Attica; hier versloegen de Grieken onder leiding van Themistocles de Perzen in een zeeslag (480 v. Chr.)*;
2. *stad aan de oostkust v. Cyprus, volgens de legende door de Trojaanse koning Teucer gebouwd*;
/ *inw. en adj.* **Salamīnius,** ī *m resp.* a, um.
Salapia, ae *f stad in Apulië*; — *inw.* **Salapīnī** *en* **Salapitānī,** ōrum *m.*
salapūt(t)ium, ī *n (poët.; postklass.)* dreumes, dwerg.
salārium, ī *n (salarius) (postklass.)*
1. rantsoen zout *van soldaten en magistraten (later door geld vervangen)*;
2. (ere)soldij, reis- en verblijfkostenvergoeding.
salārius *(sal)*
I. *adj.* a, um zout- [**annona** jaarlijkse opbrengst v.d. zoutmijnen]; — **(via) Salāria,** ae *f* 'Zoutweg' *(van Rome naar Reate in het gebied v.d. Sabijnen)*;
II. *subst.* ī *m (postklass.)* handelaar in zoute vis.
salāx, *gen.* ācis *(salio[1]) (niet-klass.)*
1. geil [**galli; aries; homo**];
2. geil makend, opwindend [**taberna; eruca**].
salebra, ae *f*
1. *(poët.; postklass.)* hobbelige, slechte plaats in de weg, hobbel; *plur.* scheuren, barsten in het plaveisel; ▸ *rotae -as inciderunt; demonstrant astra -as*;
2. *(metaf.)* (a) ergernis, moeilijkheid; ▸ *in -as incidere*; (b) *(retor.)* stilistische oneffenheid; ▸ *Herodotus sine ullis -is quasi sedatus amnis fluit (Cic.).*
salebrōsus, a, um *(salebra) (poët.; postklass.)* hobbelig, oneffen, ruw [**saxa**; *metaf.* **oratio; compositio**].
Saleius, ī *m* ~ *Bassus epische dichter ttv. Vespasianus.*
Salernum, ī *n stad aan de kust v. Campanië, nu* Salerno; — *adj.* **Salernitānus,** a, um.
salgama, ōrum *n (postklass.)* ingelegde groenten.
Saliāris *zie Salii.*
saliātus, ūs *m (Salii)* ambt *of* waardigheid v.e. Saliër.
salictum, ī *n (salix)* wilgenbos.
salientēs *zie salio[1].*
sali-fodīna, ae *f (sal) (Laatl.)* zoutmijn.
salign(e)us, a, um *(salix)* van wilgenhout, wilgenhouten- [**lectus; crates**].
saliī *pf. v. salio[1].*
Saliī, ōrum *en* um *m (salio[1], eig.* 'dansers, springers') de Saliërs, priesters, *twee Oudrom. priestercolleges die elk uit 12 leden bestonden, de Salii Palatini (ter verering v. Mars) en de Salii Collini of Agonales (ter verering v. Quirinus); zij hielden in maart en oktober (dus aan het begin en einde v.d. periode v. veldtochten) in Oudrom. oorlogsuitrusting een processie waarbij zij een wapendans uitvoerden en oude overgeleverde liederen zongen; er waren ook Salii in andere Latijnse steden*; — *adj.* **Saliāris,** e (a) Salisch [**carmen** cultuslied v.d. Saliërs, *in arch. taal en in de tijd v.d. republiek al niet meer begrepen*]; (b) *(metaf., v. gastmalen)* overvloedig [**dapes**].
salīllum, ī *n (demin. v. salinum) (Catull.)* zoutvaatje.
salīnae, ārum *f (sal)*
1. zoutmijn, zoutziederij, saline;
2. **Salīnae** *(als eigennaam)*: (a) *zoutmijnen bij Ostia*; (b) *wijk in Rome bij de Porta Trigemina.*
salīnum, ī *n (sal)* zoutvat.
saliō[1], salīre, saluī *en* saliī, —
I. *intr.*
1. springen, huppelen [**in aquas; per flammas; super vallum**]; ▸ *salientes pisces* spartelende vissen; *metaf. ook v. zaken: mica salis (of sal) saliens* offerzout, dat opspringt in het vuur;
2. *(metaf.) (door emotie)* plotseling bewegen, beven, samentrekken [**vena**]; ▸ *cor salit* klopt, bonkt; *supercilium salit* wordt gefronst;
3. *(v. water)* bruisen, kabbelen; ▸ *rivus (unda) saliens*; — *subst.* **salientēs,** ium *m (vul aan: fontes)* springbronnen;
II. *tr.* bespringen; ▸ *laeta salitur ovis.*
saliō[2], salīre = sallio.
Sali-subsalus, ī *m (= Salius subsiliens; Salii en subsilio) (Catull.) cultusnaam, waarschijnlijk v.

Mars.

saliunca, ae *f (poët.; postklass.)* wilde nardus.

Salius, ī *m (salio*[1]*) lid v.e. priestercollege, dat bij bepaalde gelegenheden rituele dansen uitvoerde;* — *adj.* **Salius,** a, um.

salīva, ae *f (poët.; postklass.)*
1. speeksel;
2. *(meton.)* (a) *(plur.)* toverij mbv. speeksel [**arcanae**]; (b) nasmaak, *ihb. van wijn;* (c) zin, trek, begeerte [**meri; mercurialis** naar winst]; ▸ *Aetna -am tibi movet (Sen.)* je krijgt zin om de Etna te beschrijven;
3. speekselachtig vocht, slijm *(bv. van slakken).*

salīvō, salīvāre speeksel produceren, opwekken.

salix, icis *f (niet-klass.)* wilg.

Sallentīnī, ōrum *m volksstam in Calabrië;* — *adj.* **Sal(l)entīnus,** a, um.

salliō, sallīre *en* **sallō,** sallere, —, salsum *(sal)* (in)zouten.

Sallustius, a, um *naam v.e. Rom. gens:*
1. C. ~ Crispus, *politicus en geschiedschrijver (86—35 v. Chr.);* — *adj. ook* **Sallustiānus,** a, um;
2. ~ Crispus, *achterneef en adoptiefzoon v. 1., raadgever v. Augustus.*

Sallūviī, ōrum *en* um *m Ligurische volksstam in de huidige Provence.*

salmacidus, a, um *(Plin. Mai.) (v. water)* brak.

Salmacis, idis *f bronnimf en haar bron in Carië bij Halicarnassus, waarvan het water de kracht had om mannen te verwekelijken;* — **Salmacidēs,** ae *m* slappeling.

salmō, ōnis *m (postklass.)* zalm.

Salmōneus, eī *en* eos *m (acc. -ea) koning v. Elis, broer v. Sisyphus;* — *patron.* **Salmōnis,** idis *f (acc. -*ida*)* dochter v. Salmoneus = Tyro.

Salōnae, ārum *f havenstad in Dalmatië, nu Solin.*

salpa, ae *f (postklass.) een soort (stok)vis.*

salpūga, ae *f een giftige mier.*

salsāmentārius, a, um *(salsamentum) (postklass.)* handelend in gezouten vis [**filius**]; gebruikt voor gezouten vis [**vasa**]; — *subst.* ī *m* handelaar in gezouten vis.

salsāmentum, ī *n (salsus)* gezouten voedsel, *ihb.* gezouten vis.

salsilāgō, inis *f (Plin. Mai.) = salsugo.*

salsi-potēns, *gen.* potentis *(salsus) (Plaut.)* 'heerser v.h. zilte nat, v.d. zee' = Neptunus.

salsitūdō, inis *f (salsus)* zoutheid.

salsiusculus, a, um *(demin. v.d. comp. v. salsus) (August.)* licht gezouten.

salsūgō, inis *f (salsus)*
1. zoutgehalte;
2. *(postklass.) (meton.)* zout *of* brak water.

salsūra, ae *f (salsus) (pre- en postklass.)*
1. het inzouten; *meton.* pekel;
2. *(metaf.)* ontstemdheid.

salsus, a, um *(p. adj. v. sallo)*
1. gezouten, zout; zoutachtig [**fluctus**];
2. *(metaf.)* (a) bijtend, scherp [**lacrimae; sudor; robigo**]; (b) *(v. personen en zaken)* grappig, geestig; ▸ *-e dicere; male ~* vervelende grappenmaker; — *subst.* **salsa,** ōrum *n* gezouten dingen *of* voedsel; *metaf.* grappen [**Graecorum**].

saltātiō, ōnis *f (salto)* het dansen, dans.

saltātor, ōris *m (salto)* danser, pantomimespeler.

saltātōrius, a, um *(saltator)* dans-, van het dansen [**orbis** danshoepel; **ludus** dansschool].

saltātrīx, īcis *f (saltator)* danseres.

saltātus, ūs *m (salto)* het dansen, dans.

saltem *en (zelden)* **saltim** *adv.*
1. tenminste, althans; ▸ *si illud non licet, ~ hoc licebit (Ter.);*
2. *(m. een ontkenning) non, neque . . . ~* zelfs niet *(= ne . . . quidem).*

saltitō, saltitāre *(intens. v. salto) (Laatl.)* dansen.

saltō, saltāre *(intens. v. salio*[1]*)*
I. *intr.*
1. dansen;
2. *(metaf., v.e. redenaar)* huppelen in de manier van spreken; in korte zinnen spreken;
II. *tr. (poët.; postklass.)* voorstellen dmv. dansen, in pantomime opvoeren [**Cyclopa; carmina; poëmata; tragoediam; commentarios**].

saltuārius, ī *m (saltus*[2]*) (postklass.)* boswachter, -opzichter.

saltuātim *adv. (saltus*[1]*) (Gell.)* sprongsgewijs.

saltuōsus, a, um *(saltus*[2]*)* bosrijk; vol ravijnen, bergachtig [**regio**].

saltus[1]**,** ūs *m (salio*[1]*)* sprong; ▸ *saltum dare* een sprong maken; *saltu se in fluvium dare* naar beneden springen in; *saltu corpora ad terram mittere* naar beneden op de grond springen; *crura longis saltibus apta.*

saltus[2]**,** ūs *m*
1. bosrijk dal, kloof, ravijn, pas [**Thermopylarum**; *metaf.* **damni** hachelijke situatie *(Plaut.)*];
2. bergwoud [**Pyrenaeus**]; ▸ *(sprw.) uno in saltu apros capere duos (Plaut.)* = twee vliegen in één klap slaan;
3. *(preklass.; poët.)* weide(plaats); ▸ *in saltibus pascere; floriferis in saltibus;*

4. landgoed met bergweiden; ▸ *de saltu agroque detrudi;*
5. *(Plaut.; Laatl.) (metaf.)* vrl. schaamdelen.

salūbris, e *en* **salūber,** bris, bre *(salus)*
1. goed voor de gezondheid, heilzaam, gezond [**natura loci; regio; somnus** verkwikkend; **caelum**];
2. *(metaf.)* heilzaam, nuttig, voordelig [**consilium; iustitia**]; ▸ *sententia rei publicae saluberrima;*
3. krachtig, sterk [**corpora; exercitus**]; ▸ *quicquid est salsum aut salubre in oratione, id proprium Atticorum est (Cic.).*

salūbritās, ātis *f (salubris)*
1. geneeskrachtigheid, heilzame werking [**regionis; urbis; caeli; nemorum; aquarum**];
2. *(postklass.)* gezondheid, welzijn [**corporum;** *metaf.* **Atticae dictionis** kracht].

saluī *pf. v. salio*[1].

salum, ī *n*
1. deining; ▸ *-o nauseaque confecti;*
2. open, volle zee;
3. *(poët.)* zee [**immensum; rapidum; altum;** *metaf.* **aerumnosum** zee v. ellende].

salūs, ūtis *f*
1. gezondheid, welzijn, welvaren;
2. welvaart, heil, geluk [**communis; domestica; civitatum**]; ▸ *civitati saluti esse* voor de staat een zegen zijn; *spes salutis* op betere toestanden;
3. *(eccl.)* (zielen)heil;
4. redding; ▸ *fugā salutem petere; saluti esse* tot redding dienen; *salutem (af)ferre alci of alci rei* iemand of iets redden;
5. *(meton.)* (a) redder; ▸ *Lentulus, ~ nostra;* (b) redmiddel; (c) *(Plaut.) als koosnaam: quid agis, mea salus?;*
6. leven, bestaan, veiligheid; ▸ *salutem alci dare, reddere* het leven schenken;
7. groet; ▸ *salutem (multam, plurimam) alci dicere, dare* iemand (zeer, hartelijk) groeten *(ook als begin v.e. brief); salutem mittere alci* iemand laten groeten; *salute data redditaque* na wederzijdse begroeting;
8. *personif.* **Salūs** *godin v. gezondheid, persoonlijk welzijn en welzijn v.d. staat (werd in een tempel op de Quirinaal vereerd).*

salūtāris, e *(salus)*
1. heilzaam, bevorderlijk, gunstig *(voor: dat. of ad)* [**herba; ars** geneeskunst; **calor; lex; digitus** wijsvinger; **littera** = *de letter A (als afk. v. absolvo) op de stembordjes v. rechters*]; ▸ *generi hominum cultura agrorum est ~ (Cic.); consilium salutare utrique;* — *subst.* **salūtāria,** ium *n* geneesmiddelen;
2. Salūtāris *als bijnaam v. Jupiter:* redder;
3. *(eccl.)* zegenrijk; — *subst.* (a) **-is,** is *m* Heiland; (b) **salūtāre,** is *n* redding, heil.

salūtātiō, ōnis *f (saluto)*
1. begroeting, groet; ▸ *salutationem reddere* de groet beantwoorden; *mutua salutatione facta;*
2. (ochtend)bezoek, opwachting *van een cliënt bij zijn patronus e.d.;* ▸ *salutationem facere; dare se salutationi amicorum.*

salūtātor, ōris *m (saluto)*
1. begroeter;
2. bezoeker *(cliënt die elke morgen zijn opwachting maakt bij zijn patronus).*

salūtātrīx, *gen.* īcis *(f) (salutator)*
1. *(Mart.)* (be)groetend, groet- [**charta; pica**];
2. *(Juv.)* zijn opwachting makend [**turba**].

salūti-fer, fera, ferum *(salus en fero)* heilzaam, redding brengend [**puer** = Aesculapius; **aqua; crux**].

salūti-gerulus, a, um *(salus) (Plaut.)* een groet overbrengend [**pueri** loopjongens].

salūtō, salūtāre *(salus)*
1. (be)groeten, *ook* welkom heten, vaarwel zeggen [**deos** de goden eer bewijzen; **plebem** zich geliefd maken bij het volk];
2. begroeten als, betitelen als *(m. dubb. acc.)* [**alqm imperatorem**];
3. *(als cliënt)* zijn opwachting maken bij, bezoeken *(m. acc.); pass. (als patronus)* bezoek ontvangen [**mane domi**];
4. (a) *(eccl.)* redden; (b) *(Mel.) virginem ~* het 'weesgegroet' bidden.

salvātiō, ōnis *f (salvo) (eccl.)* redding.

salvātor, ōris *m (salvo) (Laatl.; eccl.)* de Verlosser, de Heiland.

salveō, salvēre, — — *(salvus)* gezond zijn *of* blijven; — *als begroeting* **salvē (salvētō, salvēbis), salvēte** gegroet!; *ook als afscheid* vaarwel!: *alqm ~ iubere (deum)* iem. (laten) groeten, begroeten (als god); *salvete cineres, umbraeque paternae.*

salvi-ficō, ficāre *(salvus en facio) (eccl.)* redden.

salvō, salvāre *(salvus) (eccl.)* redden, verlossen.

salvus, a, um
1. *(v. levende wezens en niet-lev.)* behouden, ongeschonden, ongedeerd, gered [**civis; exercitus; navis; argentum**]; ▸ *satisne (of satin) -e? (vul aan: agis)* is alles goed met jou?; *vivus salvusque* gezond en wel; *(in abl. abs.) -is legibus* zonder wetsovertreding; *-is auspiciis* zonder de

auspiciën te schenden; *-o officio* zonder zijn plicht te verzuimen; *-is populi sociis; pietate -a; -o pudore;*
2. (nog) in leven; ▸ *ne ~ sim of ~ esse nolo si* ik wil niet langer leven, als; *me -o (abl. abs.)* zolang ik nog in leven ben;
3. *(kom.) ~ sies, sis* gegroet! *(= salve).*

Samarītae, ārum *m* de Samaritanen, *lett. bewoners v. Samaria (landstreek met gelijknamige hoofdstad in Palestina), maar ook de aanhangers van een specifieke opvatting van het Joodse geloof.*

Samarobrīva, ae *f belangrijkste stad in het gebied v.d. Ambiani, nu Amiens.*

sambūca, ae *f (Gr. leenw.) driehoekig harpachtig snaarinstrument.*

sambūcistria, ae *f (sambuca)* harpspeelster.

sambūcus, ī *f (postklass.)* vlierboom.

Samē, ēs *f oude naam v. een v.d. Ionische eilanden, nu* Kefallinia; *— inw.* **Samaeī,** ōrum *m.*

Samius *zie Samos.*

Samnium, ī *n (vgl. Sabini, Sabelli) bergachtige streek in Midden-Italië ten O. v. Latium en ten N.O. v. Campanië, zich uitstrekkend over de Apennijnen tot aan de Adriatische Zee; — adj.* **Samnīs,** *gen.* ītis [*metaf.* **gladiatores** in Samnitische wapenrusting] *en* **Samnīticus,** a, um; *— inw.* **Samnīs,** ītis *m, meestal plur.* **Samnītēs,** ium *en (zelden)* um.

Samos *en* **-us,** ī *f eiland voor de Ionische kust met gelijknamige hoofdstad, bekend door wijnbouw en pottenbakkerij; belangrijkste plaats v.d. verering v. Hera met een beroemde tempel; — inw. en adj.* **Samius,** ī *m resp.* a, um.

Samothrāca, ae, **-cē,** ēs *en* **-cia,** ae *f eiland in de Egeïsche Zee voor de kust v. Thracië met gelijknamige hoofdstad; — inw.* **Samothrāces,** um *m.*

Sampsiceramus, ī *m Syr. koning, door Pompeius in zijn positie gehandhaafd; bij Cicero schertsend gebruikt als bijnaam v. Pompeius.*

Samus *zie Samos.*

sānābilis, e *(sano)* te genezen [**vulnus**].

sānātiō, ōnis *f (sano)* genezing.

sānātor, ōris *m (sano) (eccl.)* geneesheer, heelmeester.

sanciō, sancīre, sānxī, sānctum *(sacer)*
1. heiligen, wijden, onschendbaar maken, bekrachtigen [**foedus sanguine alcis; foedera fulmine; ius**];
2. vaststellen, verordenen, bepalen [**legem; capite** met als sanctie de doodstraf; **legibus** wettelijk; **edicto**; *(m. de)* **de iure praediorum**]; *(m. ut, ne)*;
3. bekrachtigen, bevestigen, goedkeuren, erkennen [**acta Caesaris; dextrā datā fidem futurae amicitiae**; *(m. dubb. acc.)* **Pompeium augurem**];
4. *op straffe* verbieden, straffen [**honoris cupiditatem ignominiā; incestum supplicio**];
5. *(poët.; postklass.)* wijden, opdragen [**carmina**].

sānctificātiō, ōnis *f (sanctifico) (eccl.)* heiliging; heiligverklaring.

sānctificātor, ōris *m (sanctifico) (eccl.)* iem. die heilig maakt.

sāncti-ficō, ficāre *(sanctus en facio) (eccl.)* heiligen; heilig verklaren.

sānctimōnia, ae *f (sanctus)*
1. heiligheid, eerbiedwaardigheid [**deorum**];
2. onschuld, onberispelijke levenswandel.

sānctimōniālis, e *(sanctimonia) (eccl.)* heilig, vroom [**vita** kloosterleven; **mulier** non].

sānctiō, ōnis *f (sancio)*
1. strafbepaling, artikel *(in wetten)* [**legis**];
2. clausule, voorbehoud *(in verdragen)* [**foederis**].

sānctitās, ātis *f (sanctus)*
1. heiligheid, onschendbaarheid, onaantastbaarheid, eerbiedwaardigheid [**templi** asielrecht; **tribunatūs; regum; fori**];
2. zedigheid, onschuld, deugd [**matronarum; dominae**];
3. vroomheid;
4. *(eccl.; Mel.) als eretitel v. bisschoppen en v.d. paus:* Heiligheid [**tua, vestra**].

sānctitūdō, inis *f (sanctus)* onschendbaarheid, heiligheid [**sepulturae**].

sānctor, ōris *m (sancio) (Tac.)* insteller [**legum**].

sānctuārium, ī *n (sanctus)*
1. *(postklass.)* heiligdom;
2. *(postklass.)* geheim archief;
3. *(Mel.)* plaats waar men iets heiligs bewaart; *plur.* relikwieën.

sānctus, a, um *(p. adj. v. sancio)*
1. geheiligd, gewijd [**arae; fontes; lucus**];
2. heilig, onschendbaar, onverbrekelijk, onaantastbaar [**fanum; oracula; officium; ius iurandum; fides**]; *— subst.* **-um,** ī *n* iets heiligs;
3. eerbiedwaardig, verheven [**nomen poëtae; vates; patrum consilium; dies** feestdag; **eloquentia**];
4. onschuldig, onberispelijk, gewetensvol [**mores**]; kuis, rein [**coniunx; virgo** Vestaalse maagd];
5. vroom.

Sancus, ī en ūs m, ook **Sēmō Sancus** (*sancio*) *Umbrisch-Sabijnse godheid bij wie men zweert; bijnaam v. Jupiter als god bij wie men zweert en als beschermer v. eden, ook met Hercules gelijkgesteld.*

sandaliārius (*sandalium*) (*postklass.*)
I. *adj.* a, um sandalen- [**Apollo** *beeld v. Apollo, dat in de vicus* ~ *in Rome was opgesteld*];
II. *subst.* ī m Sandalensteeg, Schoenmakerssteeg.

sandali-gerula, ae *f* (*sandalium en gero*) (*Plaut.*) sandalendraagster (*slavin die haar meesteres de sandalen nadroeg*).

sandalium, ī n (*Gr. leenw.*) (*kom.; postklass.*) sandaal.

sandapila, ae *f* (*postklass.*) lijkbaar *voor arme mensen.*

sandarica, ae *f* (*Gr. leenw.*) (*postklass.*) realgar, sandrak (*gebruikt om een rode kleurstof te maken*).

sandȳx, ȳcis *f* (*Gr. leenw.*) (*poët.; postklass.*) rode mineraalverf, scharlaken.

sānē *adv.* (*v. sanus*)
1. (*poët.*) slim, verstandig; ▸ ~ *sapio et sentio* (*Plaut.*) ik ben volledig bij mijn verstand;
2. zeker, inderdaad; ▸ ~ *vellem; et* ~;
3. (*in bevestigende antwoorden*) jazeker, jawel, natuurlijk;
4. (*concessief bij conj. en bij imp.*) tenminste, voor mijn part; ▸ *sint* ~ *liberales;*
5. (*bij imp.*) toch, dan; ▸ *age* ~;
6. (*versterkend*) bepaald, helemaal, uitermate, buitengewoon (*bij adj. en adv.*); ▸ *non, haud* ~ niet erg; *nihil* ~ absoluut niets; *res* ~ *difficilis;* ~ *bene, bene* ~; — *sane quam* buitengewoon, uitermate (*bij verba, adj. en adv.*).

sānēscō, sānēscere, — — (*incoh.; zie sanus*) (*postklass.*) gezond worden, genezen.

Sangarius, ī m = *Sagaris.*

Sanguālis, e = *Sanqualis.*

sanguen, inis n (*arch.*) = *sanguis.*

sanguinālis, e (*sanguis*) (*postklass.*) van (het) bloed.

sanguinārius, a, um (*sanguis*)
1. van bloed;
2. (*metaf.*) bloeddorstig [**iuventus; imperator**].

sanguineus, a, um (*sanguis*)
1. bloedig, van bloed, bloed- [**guttae; imber**];
2. (*poët.; Laatl.*) met bloed besprenkeld *of* bevlekt, druipend van het bloed [**caput; manus**];
3. (*metaf.*) bloedrood [**bacae; iubae; sucus herbae**];
4. (*poët.*) bloeddorstig [**caedes; rixa**].

sanguinō, sanguināre (*sanguis*)
1. bloeden, bloedig zijn; ▸ *metaf.: sanguinans oratio* (*Tac.*);
2. (*Vulg.*) bloedig maken.

sanguinolentus *en* **-nulentus,** a, um (*sanguis*) (*poët.; postklass.*)
1. bloedig, met bloed besprenkeld *of* bevlekt, druipend van bloed [**Dido; pectora**]; ▸ *-i ex acie redeuntes; nece natorum -a parens;*
2. (*metaf.*) bloedrood; ▸ *Allia vulneribus Latiis -a;*
3. bloeddorstig, wreed [**Erinys; centesimae** bloed uitzuigend].

sanguis *en* (*arch. en poët.*) **-īs,** inis m
1. *in het lichaam circulerend* bloed (*itt. cruor = dik, geronnen bloed*); ▸ *sanguinem (ef)fundere* vergieten, zijn leven laten; *sanguinem (alcis) haurire* (iems.) bloed vergieten; *sanguinem dare* het leven laten; *sanguinis missio* aderlating; *metaf.: provinciae sanguinem mittere* een provincie uitzuigen;
2. (*meton.*) bloedvergieten, bloedbad, moord [**civilis**]; ▸ *sanguinem facere* aanrichten; *usque ad sanguinem incitari solet odium* (*Cic.*);
3. (*metaf.*) (levens)kracht, sterkte; kern, merg; ▸ *sucum et sanguinem amittere;*
4. bloedverwantschap, afstamming, geslacht [**paternus; maternus; Troianus; Sisyphius**]; ▸ *sanguine (con)iunctus* bloedverwant; *sanguine attingere alqm* bloedverwant van iem. zijn; *sanguinis ordo* stamboom;
5. nakomelingschap, telg(en), nakomeling(en), (klein)kind(eren) [**Alexandri; regius**].

sangui-sūga, ae *f* (*sanguis en sugo*) bloedzuiger.

Sangus, ī m = *Sancus.*

saniēs, ēī *f*
1. bloederige etter, pus;
2. (*poët.*) (*metaf.*) gif, vergif;
3. (*postklass.*) sap [**olivae**].

sānitās, ātis *f* (*sanus*)
1. welzijn, gezondheid [**corporis; pecoris**];
2. (*metaf.*) verstand, bezonnenheid [**animi**]; ▸ *ad sanitatem redire, reverti of se convertere; alqm ad sanitatem reducere; perducere ad sanitatem;*
3. (*retor.*) verstandige, nuchtere taal [**oratoris; orationis**].

sanna, ae *f* (*poët.*) grijns, grimas.

sanniō, ōnis m (*sanna*) bekkentrekker, hansworst.

sānō, sānāre (*sanus*)
1. gezond maken, genezen [**pecora; corpora; vulnus**];

2. *(metaf.)* genezen, weer goedmaken [**curas; scelus** boeten voor; **incommodum; discordiam; vulnera avaritiae; avaritiam**];
3. (weer) tot rede brengen [**mentem alcis**].

Sanquālis, e *(Sancus)* aan Sancus gewijd [**avis** = lammergier].

Santonēs, um *en* **Santonī,** ōrum *m volksstam in W.-Gallië ten noorden v.d. rivier de Garonne, in de omgeving v.h. huidige Saintes; — adj.* **Santonicus,** a, um.

sānus, a, um
1. gezond [**pars corporis; sensus**]; ▸ *vulnera ad -um coiere (Prop.)* zijn genezen;
2. *(metaf.)* gezond, in goede toestand, ongeschonden, onbedorven [**civitas**]; ▸ *~ a vitiis* vrij van;
3. verstandig, bedachtzaam [**homo; mens**]; ▸ *pro -o facere* verstandig handelen; *male ~* niet helemaal bij zijn verstand, verblind; *bene ~; praecipue ~;*
4. *(retor.)* nuchter, bezonnen, beheerst [**orator; genus dicendi**].

sānxī *pf. v. sancio.*

sapa, ae *f* ingekookte most.

Sapaeī, ōrum *m Thrac. volksstam.*

sapidus, a, um *(sapio) (Laatl.)* lekker (smakend).

sapiēns, *gen.* entis *(sapio)*
I. *adj. (abl. sg. -ī en -e, gen. plur. -ium)* verstandig, slim, wijs, met veel inzicht [**rex; sententia; consilium; vita; animi magnitudo; aetas**]; ▸ *sapienter suadere;*
II. *subst. m (abl. sg.* -e, *gen. plur.* -ium *en* -um*)*
1. wijze, filosoof;
2. *(Hor.)* fijnproever.

sapientia, ae *f (sapiens)* verstand, inzicht, slimheid; (levens)wijsheid, filosofie.

sapienti-potēns, *gen.* potentis *(sapientia)* machtig door wijsheid.

sapiō, sapere, sapīvī *(en* sapiī*)*, —
1. (a) smaken *(naar: acc.)* [**bene; male; picem; aprum**]; (b) ruiken naar *(m. acc.)* [**crocum; unguenta**];
2. smaak hebben, gevoel hebben *(voor: acc.)*;
3. *(metaf.)* verstandig, intelligent, wijs, slim zijn *(abs.)*; begrijpen, kennen, weten *(m. acc. neutr. v.e. pron. of adj.)* [**plus; nihil; plane nihil; nil parvum** geen gevoel hebben voor het kleine]; ▸ *si sapis; haud stulte sapis (Ter.)* je bent niet op je achterhoofd gevallen; *~ aude (Hor.)* durf verstandig te zijn!

saplūtus, a, um *(Gr. leenw.) (Petr.)* schatrijk.

sāpō, ōnis *m (Germ. leenw.) (postklass.)* zeep; pommade, haarverf.

sapor, ōris *m (sapio)*
1. smaak [**amarus; dulcis; tardus** nasmaak; **vini**]; geur;
2. smaak(zin) [**oris**];
3. *(meton.)* (a) *(poët.; postklass.)* lekkernij, delicatesse; ▸ *saporibus palatum suum delectare;* (b) *(Verg.) plur.* geurende kruiden;
4. *(metaf.)* smaak, verfijning *(in de manier v. doen en spreken)* [**vernaculus**].

sapōrō, sapōrāre *(sapor) (postklass.)* op smaak brengen.

sapōrus, a, um *(sapor) (Laatl.)* smakelijk.

Sapphō, ūs *f lyrische dichteres van Lesbos, die ca. 600 v. Chr. leefde en veel invloed heeft gehad op latere dichters (bv. Anacreon, Catullus, Horatius); — adj.* **Sapphicus,** a, um.

sappīnus, ī *f (postklass.)* spar.

sappīrus, ī *f (Gr. leenw.) (Plin. Mai.)* blauwe edelsteen, lapis lazuli.

saprophagō, saprophagere, — — *(Gr. leenw.) (Mart.)* bedorven voedsel eten.

sapsa *(arch.) = ipsa (nom. sg. f v. ipse, zie daar).*

sarcīmen, inis *n (sarcio) (Apul.)* naad.

sarcina, ae *f (sarcio)*
1. last, gewicht *(ook metaf.)*; ▸ *~ publica rerum* van de regering; *sprw. (Plaut.): alci -am imponere* iem. te grazen nemen; — *plur.* bagage, ihb. ransel *van soldaten*: *-as conferre en colligere* bij elkaar brengen *(om op te breken)*; *-as abicere* de ransel afdoen; *-as in medium conicere* op een hoop; *-as contrahere* dichtsnoeren;
2. *(poët.)* dracht, *meton.* kind; ▸ *qui matri ~ prima fuerat* die voor de moeder de eerste was geweest.

sarcinārius, a, um *(sarcina)* last- [**iumenta**].

sarcinātor, ōris *m (sarcio) (Plaut.)* kleermaker.

sarcinātus, a, um *(sarcina) (Plaut.)* bepakt.

sarcinōsus, a, um *(sarcina) (postklass.)* zwaarbeladen.

sarcinula, ae *f (demin. v. sarcina) (poët.; postklass.)* kleine last; *meestal plur.* weinig bagage; schamele bezittingen; ▸ *-as expedire* in orde brengen *(om op te breken)*; *-as colligere (als een soort echtscheidingsformule)* zijn bezittingen bij elkaar rapen.

sarciō, sarcīre, sarsī, sartum
1. *(pre- en postklass.)* oplappen, repareren [**tunicam; aedes suas**];
2. *(metaf.)* herstellen, goedmaken [**detrimentum; damna praedā; iniuriam**];
/ *p. adj.* **sartus,** a, um *in de comb. sartus (et) tectus*

(a) 'opgeknapt en voorzien v.e. stevig dak', in goede staat [**monumentum**]; ▸ *sarta tecta exigere* bouwtechnische aspecten onder de loep nemen; *aedem Castoris sartam tectam tradere*; (b) (*metaf.*) in een goede positie; ▸ *sarta tecta praecepta habere* in ere houden.

sarcophagus (*Gr. leenw.*)
I. *adj.* a, um (*Plin. Mai.*) vleesetend, -verterend [**lapis** *in Assos (Troas) gedolven kalksteen die gebruikt werd om grafkisten te maken en die het lijk snel tot ontbinding deed overgaan*];
II. *subst.* ī *m* (*postklass.; Laatl.*) sarcofaag, grafkist.

sarculum, ī *n* (*sario*) kleine houweel, hak.

sarda, ae *f* (*postklass.*) sardine, haring.

Sardanapallus *en* **-pālus,** ī *m door de Grieken met legendes omgeven Assyrische koningsfiguur, in wie karaktertrekken v. verschillende personen verweven waren, o.a. v. Assurbanipal, de laatste grote koning v. Assyrië (668—629 v. Chr.)*.

Sardēs *zie Sardis.*

sardīna, ae *f* = *sarda.*

Sardinia, ae *f het eiland* Sardinië, *werd kort na de 1e Pun. oorlog een Rom. provincie (in 238 v. Chr.) en viel sinds 227 onder het gezag v.e. pretor*; — *inw.* **Sardī,** ōrum *m*; — *adj.* **Sardus, Sardōus, Sardonius,** a, um *en* **Sardiniēnsis,** e.

Sardīs *en* **Sardēs,** ium *f hoofdstad v. Lydië, ttv. het Perzische rijk zetel v.e. satraap, nu* Sart; — *inw.* **Sardiānī,** ōrum *m.*

Sardonius *zie Sardinia.*

sardonychātus, a, um (*sardonyx*) (*Mart.*) met een sardonyx versierd.

sardonyx, ychis *m en f* (*Gr. leenw.*) (*postklass.*) sardonyx, *veelkleurige (rood, bruin, wit, zwart) onyx.*

Sardōus, Sardus *zie Sardinia.*

sargus, ī *m* (*Gr. leenw.*) zeebrasem (*een bij de Romeinen geliefd soort zeevis*).

sariō, sarīre (*niet-klass.*) wieden, schoffelen.

sarīsa, ae *f* (*Gr. leenw.*) lange (Macedon.) lans.

sarīsophorus, ī *m* (*Gr. leenw.; vgl. sarisa*) (Macedon.) lansdrager.

sarīssa, ae *f* = *sarisa.*

Sarmatae, ārum *m Iraanse nomadenstammen die rondtrokken in het gebied tussen de huidige Oostzee en de Zwarte Zee, tot aan de Wolga en de Kaspische Zee*; — *adj.* **Sarmaticus,** a, um [**mare** = de Zwarte Zee], *fem. ook* **Sarmatis,** *gen.* idis.

sarmentum, ī *n* loot, tak, twijg; *plur.* rijshout; ▸ *fasces sarmentorum* bundel v. rijshout, roedebundel.

Sarnus, ī *m rivier in Campanië, nu de* Sarno.

Sarpēdōn, onis *m zoon v. Jupiter, koning v. Lycië, viel in de strijd om Troje*; — *adj.* **Sarpēdonius,** a, um.

Sarra, ae *f oude naam v.d. stad Tyrus in Fenicië*; — *adj.* **Sarrānus,** a, um uit Tyrus, Fenicisch, Carthaags.

sarrapis, idis *f* (*Gr. leenw.*) (*Plaut.*) Perz. tunica(?).

Sarrastēs, um *m volksstam in Campanië.*

sarriō, sarrīre = *sario.*

sarsī *pf. v. sarcio.*

sartāgō, inis *f* (*sarcio*)
1. (*Plin. Mai.; Juv.*) braad-, koekenpan;
2. (*Pers.*) mengelmoes, warboel [**loquendi**];
3. (*August.*) (*in een woordenspel met Carthago*) 'heksenketel'.

sartiō, ōnis *f* (*sario*) het wieden.

sartor[1], ōris *m* (*sario*) (*Plaut.*) wieder, *ook metaf.* [**scelerum**].

sartor[2], ōris *m* (*sarcio*) (*August.*) kleermaker.

sartūra[1], ae *f* (*sario*) het wieden [**frumentorum** van de korenvelden].

sartūra[2], ae *f* (*sarcio*) (*postklass.*) verstelnaad.

sartus *zie sarcio.*

sat *adv.* = *satis.*

sata, ōrum *n zie sero*[2].

satagius, a, um (*satago*) (*Sen.*) overbezorgd, zenuwachtig.

sat-agō, agere, ēgī, āctum (*ook gesplitst*)
1. (*Plaut.*) genoegdoening geven, betalen;
2. (*pre- en postklass.*) veel om handen hebben, het druk hebben;
3. het zwaar hebben, in nood verkeren;
4. (*eccl.*) (*m. ut; inf.*) zich inspannen.

satan *indecl. en* **satanās,** ae *m* (*Hebr. leenw.*) (*eccl.*) tegenstander, vijand; duivel.

satelles, itis *m en f*
1. lijfwacht; *plur. en coll. sg.* lijfwachten, gevolg;
2. (*metaf.*) begeleider [**Aurorae** = Lucifer; **Iovis** = adelaar; **Orci** = Charon];
3. handlanger, medeplichtige [**audaciae; scelerum; voluptatum; virtutis** aanhanger, voorstander].

satellitium, ī *n* (*satelles*) (*eccl.*)
1. dienstbaarheid, onderhorigheid;
2. (*metaf.*) bescherming, hoede.

satianter *adv.* (*satio*) (*Apul.*) ruimschoots.

satiās, ātis *f* = *satietas.*

Satīcula, ae *f stad in Samnium, nu* Saticola; — *adj.* **Satīcul(ān)us,** a, um.

satietās, ātis *f* (*satis*)
1. toereikende hoeveelheid, overvloed;

2. verzadiging [**cibi**]; *metaf.* oververzadiging, hekel, afkeer (*aan, van: gen.*) [**lectorum; provinciae; amicitiarum; amoris**]; ▸ *satietatem alcis rei capere* (Plaut.) genoeg hebben van iets.

satillum *adv.* (*demin. v. satis*) (Plaut.) een beetje.

satin, satine (Plaut.) = *satis-ne* (*satis en -ne*[3]).

satiō[1], satiāre (*satis*)

1. (*poët.; postklass.*) verzadigen, de honger bevredigen van (*m. acc.*) [**agnos**]; ▸ *satiati canes sanguine erili; satiatus vultur humano corpore;*
2. (geheel) vullen [**ignes odoribus**];
3. (*metaf.*) bevredigen, stillen [**desideria naturae; famem; sitim; animum; se auro; aviditatem legendi**]; — *pass.* (a) met volle teugen genieten van (*m. abl.; gen.*) [**somno**]; (b) zich tegoed doen aan (*m. in m. abl.*);
4. (*metaf.*) oververzadigen; vervelen; — *pass.* oververzadigd zijn van, genoeg hebben van (*m. abl.; gen.*) [**ludo; caedis**].

satiō[2], ōnis *f* (*sero*[2])

1. het zaaien; *meton.* zaaigoed, -veld;
2. het (aan)planten.

satira *zie satura.*

satis *indecl.* (*comp.* satius)

I. *pos.*

1. (*als adv., subst. en adj.*) genoeg, voldoende, toereikend: (a) *als adv.*: ▸ ~ *laudare; supplicium* ~ *acre;* ~ *honeste;* ~ *saepe* vaak genoeg; ~ *adhuc* lang genoeg; (b) *als subst.* (*m. gen.*): ▸ *ad dicendum* ~ *temporis habere;* ~ *verborum dictum est;* ~ *mihi est tuae orationis* (Plaut.); ~ *habeo divitiarum; ea amicitia non* ~ (niet genoeg, te weinig) *habet firmitatis;* (c) zelden *als adj.*: ▸ ~ *otium; leti* ~ *causa* (Lucr.); — *verbindingen*: **satis superque** meer dan genoeg, meer dan voldoende, al te veel, al te zeer [**habere; constans**]; ▸ (*m. gen.*) *alci satis superque suarum rerum est* heeft genoeg met zichzelf te stellen; *satis superque dicere contra alqm;* **satis esse** voldoende zijn, volstaan (*voor iem.: dat.; voor iets: ad; in m. acc.; m. inf. en aci.; m. quod of si*); ▸ *tantum* ~ *est* het is al genoeg; **satis habēre, putāre, crēdere** als toereikend beschouwen, tevreden zijn; **satis agere** genoeg omhanden hebben; **satis facere** genoegdoening geven (*zie satisfacio*); **satin(e)** (*in nadrukkelijke vragen*) werkelijk?; ▸ *satine sanus es?* (Ter.);
2. (*als adv.*) tamelijk, behoorlijk, zeer; ▸ *tumulus* ~ *grandis;* ~ *scire* heel goed weten; *non* ~ niet echt;
3. (*als subst.*) (*jur. t.t.*) voldoende zekerheid, borg [**exigere** *en* **petere** eisen; **dare; offerre; accipere** zich laten stellen];

II. *comp.* **satius** beter, voordeliger, liever; ▸ *scire satius; satius putare en existimare* als geschikter beschouwen; *satius est* (*m. inf. of aci.*).

satisdatiō, ōnis *f* (*satisdo*) (*ook gesplitst*) borg (-tocht).

satis-dō, dare, dedī, datum (*ook gesplitst*) zekerheid, waarborg geven, borg stellen (*voor: gen.*) [**iudicatae pecuniae; damni infecti** voor eventuele schade, voor geval er schade toegebracht wordt].

satis-faciō, facere, fēcī, factum; *pass.* -fīō, fierī (*ook gesplitst*) (*m. dat.*)

1. voldoen aan, gehoor geven aan [**amico petenti; Siculis; populo; precibus alcis** verhoren; **officio**]; ▸ *vitae satisfeci* ik heb lang genoeg geleefd;
2. *een schuldeiser* (af)betalen;
3. genoegdoening geven, zijn verontschuldigingen aanbieden, zichzelf rechtvaardigen (*voor: de*) [**Caesari; de iniuriis**];
4. in voldoende mate uiteenzetten (*m. aci.; de*).

satisfactiō, ōnis *f* (*satisfacio*)

1. verontschuldiging, excuus, rechtvaardiging;
2. (*postklass.*) straf, boete.

satisfactum *ppp. v. satisfacio.*

satis-fēcī *pf. v. satisfacio.*

satius *adv., zie satis.*

satīvus, a, um (*sero*[2]) gekweekt, verbouwd.

sator, ōris *m* (*sero*[2]) zaaier; *metaf.* stichter, schepper, opvoeder, vader [**hominum deorumque** (*v. Jupiter*); **scelerum** aanstichter; **litis**].

satrapa, ae *m* = *satrapes.*

satrapēa *en* **satrapīa,** ae *f* (*Gr. leenw.*) (*postklass.*) onderkoningschap *van een Perz. provincie*; satrapie.

satrapēs, is *en* ae *m* (*Gr. leenw.*) Perz. onderkoning, satraap.

Satricum, ī *n stad in Latium, nu* Borgo Montello; — *inw.* **Satricānī,** ōrum *m.*

satur, ura, urum (*verw. m. satis*)

1. vol, verzadigd (*met, van: abl. of gen.*) [**ambrosiae suco; altilium**];
2. (*metaf.*) bevredigd [**fabulis; admiratione**];
3. (*poët.*) gevuld, rijk, vruchtbaar [**praesaepia; Tarentum; colonus** welgesteld];
4. (*poët.; postklass.*) (*v. kleur*) verzadigd, sterk [**purpura**];
5. (*Mart.*) vet, weldoorvoed [**aves**];
6. (*retor.*) rijk aan inhoud.

satura, ae *f* (*satur*)

1. (*niet-klass.*) (*vul aan: lanx*) met allerlei vruch-

ten gevulde schotel, *die men jaarlijks als geschenk aan de goden gaf;*
2. allegaartje, mengelmoes; ▸ *per -am* kriskras door elkaar;
3. *(meton.) en* **satira,** ae *f* satire: (a) verzameling gelegenheidsgedichten *in een mengvorm v. proza en verschillende versvormen over allerlei thema's (geschreven door Varro)*; (b) spotdicht *(geschreven door Ennius, Lucilius, Horatius, Persius en Juvenalis).*
satureia[1]**,** ae *f (poët.)* bonenkruid.
satureia[2]**,** ōrum *n (van bonenkruid gemaakte)* liefdesdrank.
saturitās, ātis *f (satur)*
1. verzadiging;
2. *(metaf.)* overvloed [**omnium rerum**].
Sāturnīnus, ī *m* Rom. *cognomen:* L. Appuleius ~, *volkstribuun in 103 en 100 v. Chr.*
Sāturnus, ī *m (sero*[2]*)* Oudital. *god v.d. gewassen, heerser over het Capitool, later gelijkgesteld met de Gr. Kronos en net zoals hij vader v.d. goden, met sikkel en bedekt hoofd afgebeeld; hij regeerde tijdens het Gouden Tijdperk; meton. de planeet* Saturnus; ▸ *-i dies* zaterdag; — *adj.* **Sāturnius,** a, um [**stella** = de planeet Saturnus; **regna** = het Gouden Tijdperk; **gens** = de Italiërs *of* Latijnen; **arva** *en* **tellus** = Italië *of* Latium; **numerus** saturnische versmaat, saturnijn]; *subst.* **Sāturnius,** ī *m* zoon v. Saturnus = Jupiter, Pluto *of* Neptunus; **Sāturnia,** ae *f* (a) dochter v. Saturnus = Juno; (b) *(vul aan: terra)* = Italië; (c) *(vul aan: arx) door Saturnus gebouwde stad op het Capitool;* — **Sāturnālia,** ōrum *en* ium *n (abl. -ibus)* Oudital. *meerdaags carnavalachtig vredesfeest, beginnend op 17 december* [**prima** de eerste dag v.d. Saturnalia; **secunda** *enz.*]; *op deze dag gaf men elkaar geschenken, gaf men slaven vrijheid v. spreken en bediende men ze aan tafel; adj.* **Sāturnālicius,** a, um.
saturō, saturāre *(satur)*
1. voeden [**armenta; apes cytiso**]; *metaf.* verzadigen, rijkelijk voorzien *(met, van: abl.)* [**se sanguine civium; solum fimo** overvloedig bemesten; **pallam Tyrio murice** verven];
2. *(metaf.)* bevredigen, tevredenstellen [**crudelitatem; perfidiam alcis**]; ▸ *homines honoribus saturati;*
3. *(Plaut.)* genoeg doen krijgen van *(m. gen.)*; ▸ *hae res vitae me saturant* doen mij een afkeer krijgen v.h. leven.
satus[1]**,** ūs *m (sero*[2]*)*
1. het zaaien, planten [**vitium**];
2. *(meton.)* zaad; ▸ *(metaf.) philosophia animos ad satus accipiendos praeparat (Cic.);*
3. *(metaf.)* het verwekken, oorsprong, geslacht [**Iovis; hominum**]; ▸ *a primo satu.*
satus[2] *ppp. v. sero*[2]*.*
satyriscus, ī *m (Gr. leenw.)* kleine satyr.
Satyrus, ī *m (Gr. leenw.)*
1. sater, *begeleider v. Bacchus, met stompe neus en met de oren en staart v.e. bok; later ook met horens en bokkenpoten = Pan; in de Rom. literatuur vaak gelijkgesteld met een faun* [**Phryx** = Marsyas];
2. *(Hor.) (meton.) plur.* saterspel van de Grieken *(komische afsluiting v.e. trilogie v. tragedies, met een koor v. saters).*
saucaptis, idis *f (Plaut.) naam v.e. verzonnen kruid.*
sauciātiō, ōnis *f (saucio)* verwonding.
sauciō, sauciāre *(saucius)*
1. verwonden, een ernstige wond toebrengen, *(Plaut.) ook metaf.* [**hostem telis; alqm virgis; genas ungue** tot bloedens toe krabben; *metaf.* **alci cor**];
2. *(Ov.) (metaf.) de grond* openbreken [**duram humum vomere**].
saucius, a, um
1. gewond, verwond [**gladiator; vulneribus; umero** *en* **umerum** *(acc.)* aan de schouder; **graviter**]; ▸ *(metaf. v. niet-lev.) tellus vomeribus -a* opengescheurd; *glacies sole -a* gesmolten; *trabs securi -a* getroffen; *ianua nocturnis potorum -a rixis;* — *subst.* **sauciī,** ōrum *m* gewonden;
2. *(metaf.)* geraakt, gekwetst [**animus; Iuno dictis**];
3. *(poët.)* ziek van liefde [**mens amore; a nostro igne**];
4. *(postklass.)* aangeschoten, dronken;
5. *(v. aangeklaagden)* reeds half veroordeeld.
saurex = *sorex.*
Sauroctonos, ī *m (Gr. leenw.)* 'hagedissendoder', *bijnaam v. Apollo.*
Sauromatēs, ae *m, plur.* **Sauromatae,** ārum = *Sarmatae.*
sāviātiō, ōnis *f (savior) (Gell.)* het zoenen, kussen.
sāviolum, ī *n (demin. v. savium) (Catull.)* kusje.
sāvior, sāviārī *(savium)* zoenen, kussen [**ōs oculosque**].
sāvium, ī *n*
1. zoen, kus;
2. *(meton.)* zoenlippen;
3. *(Ter.) (als koosnaam)* knuffelbeest.
saxātilis, e *(saxum)* zich tussen rotsen bevindend; — *subst.* **saxātilēs,** ium *m* tussen de rotsen levende vissen.

saxētum, ī *n (saxum)* steengroeve.

saxeus, a, um *(saxum)*
1. *(poët.; postklass.)* rotsachtig, van stenen, rots-, steen- [**tecta; grando** regen v. stenen; **umbra** van een rots];
2. *(postklass.) (metaf.)* van steen, gevoelloos, keihard.

saxi-ficus, a, um *(saxum en facio) (poët.)* verstenend [**Medusa**].

saxi-fragus, a, um *(saxum en frango)* stenen brekend [**undae**].

saxōsus, a, um *(saxum) (Verg.)* rotsachtig, vol stenen [**montes**]; ▸ *~ sonans Hypanis* over de rotsen dreunend.

saxulum, ī *n (demin. v. saxum)* kleine rots.

saxum, ī *n*
1. rots(blok), grote steen; ▸ *-a iacere, mittere; -a volvere in alqm; ~ vivum* natuurlijke rots; *-a latentia* klippen; *in -o sedere;*
2. gesteente, steen *als (bouw)materiaal,* marmer; ▸ *e -o sculpere alqd; templa -o structa;*
3. *(meton.)* (a) *(poët.)* rotswand; (b) *(Hor.)* stenen gebouw;
4. *eigennamen:* (a) *Saxum de Tarpeïsche Rots op het Capitool;* ▸ *de Saxo deicere;* (b) *Saxum (Sacrum) de Heilige Rots op de Aventijn, waar Remus de auspiciën hield;* (c) *Saxa Rubra: plaats met steengroeven in Z.-Etrurië aan de Via Flaminia.*

scabellum, ī *n (demin. v. scamnum)*
1. *(preklass.)* voetenbank, krukje;
2. aan de schoen bevestigde klepper v.d. *fluitspeler (die de dans bij het mimespel op het podium begeleidt) om de maat mee aan te geven.*

scaber, bra, brum *(scabo) (poët.; postklass.)*
1. ruw [**tofus; folia; unguis; robigo** ruw makend];
2. sjofel, smerig [**manus; dentes**];
3. schurftig [**oves**].

scābī *pf. v. scabo.*

scabiēs, ēī *f (scabo)*
1. *(poët.; postklass.)* ruwheid, roestigheid [**ferri**];
2. *(poët.; postklass.)* schurft, schilferigheid [**ovium**];
3. *(metaf.)* jeuk.

scabillum, ī *n = scabellum.*

scabiōsus, a, um *(scabies) (postklass.)*
1. ruw [**curalium**];
2. *(v. zaken)* bedorven [**far**];
3. schurftig, melaats.

scabitūdō, inis *f (scabo) (Petr.)* schurftigheid.

scabō, scabere, scābī, — *(poët.; postklass.)* krabben [**caput; aures pedibus posterioribus**]; *metaf.* kietelen [**aures**].

scabritia, ae *f (scaber) (postklass.)* ruwheid [**corticis**]; huiduitslag, schurft.

scabrōsus, a, um *(scaber) (Laatl.)* ruw [**lapides**].

Scadināvia *en* **Scatināvia,** ae *f (Plin. Mai.) verondersteld groot eiland ten N. v. Jutland.*

scaena, ae *f (Gr. leenw.)*
1. podium *v.h. theater, alg.* theater, *poët. ook plur.;* ▸ *in -am prodire* optreden; *artifices -ae* toneelspelers, acteurs; *in -a esse* toneelspeler, acteur zijn; *-am relinquere* het podium verlaten; *de -a decedere* het theater voorgoed vaarwel zeggen, verlaten; *fabulam in -am deferre* op de planken zetten; *-ae ostentatio* theatervoorstelling; *-is agitatus Orestes* over alle podia gejaagd = vaak opgevoerd; *-ae magnificentia;*
2. *(Verg.)* plek; ▸ *silvis ~ coruscis* door wuivend bos omzoomd;
3. *(metaf.)* (a) toneel *voor ieder soort openbaar optreden;* ▸ *maxima ~ oratori est contio;* (b) wereldtoneel, openbaarheid, publieke belangstelling; ▸ *minus in -a esse* de publieke belangstelling minder naar zich toe trekken; (c) uiterlijk vertoon; ▸ *verba ad -am pompamque sumere;* (d) spel, scène, komedie, maskerade [**criminis**]; (e) *(Ov.)* werkveld.

scaenicus *(scaena)*
I. *adj.* a, um van het theater, theater-, toneel-;
II. *subst.* ī *m* toneelspeler, acteur; *(geringsch.)* komediant.

Scaeus, a, um *-a porta of (plur.) portae -ae de westpoort v. Troje.*

scaeva, ae *f (scaevus) (preklass.) (aan de linkerhand waargenomen, dus ongunstig)* voorteken.

scaevitās, ātis *f (scaevus) (postklass.)* verdorvenheid.

Scaevola, ae *m (scaevus) cogn. in de gens Mucia; zie Mucius.*

scaevus, a, um
1. links, linker- [**manus**];
2. *(metaf.)* onhandig, ongeschikt;
3. *(postklass.)* ongunstig.

scālae, ārum *f (scando)*
1. trap, ladder; ▸ *positis -is muros ascendere;*
2. *(Mart.) (meton.)* traptreden.

Scaldis, is *m (acc. -im en -em, abl. -ī en -e) rivier in België, nu de Schelde.*

scalmus, ī *m (Gr. leenw.)* dol *voor een roeiriem; meton.* boot; ▸ *navicula duorum -orum* tweeriemig; *nullum -um videre* geen spoor v.e. boot.

scalpellum, ī *n (demin. v. scalprum)*

1. chirurgisch mes, scalpel;
2. (*Vulg.*) pennenmes.

scalpō, scalpere, scalpsī, scalptum
1. (*poët.; postklass.*) krabben, omwoelen [**caput uno digito; terram unguibus**];
2. (*in hout of steen*) snijden, graveren, beitelen, hakken [**scyphos; gemmam; querelam sepulcro**];
3. (*metaf.*) (*Pers.; August.*) prikkelen, opwinden [**tremulo intima versu**].

scalprum, ī *n* (*scalpo*)
1. houtsnijmes, graveerstift, beitel [**fabrile** van een handwerksman];
2. (*postklass.*) pennenmes;
3. (*Hor.*) schoenmakersels, schoenmakerspriem.

scalpsī *pf. v. scalpo.*

scalptor, ōris *m* (*scalpo*) (*postklass.*) steensnijder, graveur.

scalptōrium, ī *n* (*scalpo*) (*Mart.*) (rug)krabber.

scalptūra, ae *f* (*scalpo*)
1. het graveren, het (in)snijden, het kerven;
2. (*meton.*) gegraveerde afbeelding, snijwerk.

scalptus *ppp. v. scalpo.*

scalpurriō, scalpurrīre (*desider. v. scalpo*) (*Plaut.*) krabben.

Scamander, drī *m rivier bij Troje* (= *Xanthus*), *nu de Menderes Çay.*

scambus, a, um (*Gr. leenw.*) (*Suet.*) krombenig.

scamma, atis *n* (*Gr. leenw.*) (*door een greppel omgeven*) strijdperk.

scam(m)ōnia, ae *f en* **scam(m)ōnium,** ī *n* (*Gr. leenw.*) purgeerkruid.

scamnum, ī *n* bank, krukje, stoel [**regni** koninklijke zetel, troon, koninkrijk].

scandalizō, scandalizāre (*Gr. leenw.; scandalum*) (*eccl.*) aanstoot geven, ergernis veroorzaken bij, *tot het kwaad* verleiden.

scandalum, ī *n* (*Gr. leenw.*) (*eccl.*) aanstoot, ergernis.

scandō, scandere, scandī, scānsum
I. *intr.* (*poët.; postklass.*)
1. omhoogklimmen [**in aggerem**]; ▸ *scandens arx* zich verheffend, hoog;
2. (*metaf.*) zich verheffen [**supra principem**];
II. *tr.*
1. bestijgen, beklimmen [**muros; Capitolium; vallum; naves; equum; cubile**];
2. (*metaf.*) oprijzen, uitrijzen boven (*m. acc.*);
3. (*gramm.*) scanderen [**versum**].

scandula, ae *f* dakspaan.

scānsilis, e (*scando*) (*Plin. Mai.*)
1. te beklimmen [**ficus**];
2. (*metaf.*) opklimmend, toenemend.

scānsiō, ōnis *f* (*scando*)
1. het beklimmen;
2. (*metaf.*) het klimmen *of* stijgen.

scānsus *ppp. v. scando.*

scapha, ae *f* (*Gr. leenw.*) kleine schuit, boot.

scaphium, ī *n* (*Gr. leenw.*)
1. drinkschaal;
2. bekken;
3. (*postklass.*) po.

Scaptius, a, um uit Scaptia (*oude stad in Latium*) [**tribus**]; — **Scaptiēnsēs,** ium *m* mensen uit de tribus Scaptia.

scapulae, ārum *f* (*pre- en postklass.*) schouderbladen; schouders; rug.

scāpus, ī *m*
1. steel, stengel; stam; schacht;
2. (*Lucr.*) *plur.* staven (*aan een weefgetouw*).

scarabaeus, ī *m* (*Gr. leenw.*) (*postklass.*) tor, kever.

scarīfō, scarīfāre *en* **scarīphō,** scarīphāre (*Gr. leenw.*) (*Plin. Mai.*) sneetjes, krasjes maken in (*m. acc.*).

scarus, ī *m* (*Gr. leenw.*) papegaaivis (*een zeevis*).

scatebra, ae *f* (*scateo*) opborrelend water, opborreling [**fontium**]; *meton.* bruisende bron.

scateō, scatēre, scatuī, — *en* (*arch.*) **scatō,** scatere, — —
1. (*preklass.*) opborrelen;
2. (*metaf.*) vol zijn, wemelen van (*m. abl. of gen.*); ▸ *arx scatens fontibus; pontus scatens beluis.*

Scatināvia *zie Scadinavia.*

scatuī *pf. v. scateo.*

scatūrēx, igis *m,* **scatūrīgō** *en* **-urrīgō,** inis *f* (*scaturio*) opborrelend bronwater.

scatūriō, scatūrīre *en* **scaturriō,** scaturrīre = *scateo.*

scaurus, a, um (*Gr. leenw.*) (*Hor.*) met vergroeide enkels; *subst.* ī *m* klompvoet, horrelvoet.

Scaurus, ī *m Rom. cogn., ihb. in de gens Aemilia;* — *adj.* **Scauriānus,** a, um.

scazōn, ontis *m* (*Gr. leenw.* 'hinkend') hinkjambe, choliambe (*jambische trimeter waarbij de laatste jambe door een spondee of trochee vervangen wordt*).

scelerātus (*scelero*)
I. *adj.* a, um
1. misdadig, crimineel [**vir; genus; puella; preces; poenae** voor de misdaad *of* de misdadiger; **coniuratio**]; ▸ *-e facere, dicere; contra patriam -a arma capere;*
2. door een misdaad ontwijd [**terra; vicus** 'Straat v.d. misdaad' *in Rome, waar Tullia, de*

dochter v. koning *Servius Tullius, over het lijk v. haar vermoorde vader is gereden;* **campus** *bij de porta Collina in Rome, waar Vestaalse maagden die de gelofte v. kuisheid gebroken hadden, levend ingemetseld werden;* **sedes** plaats der verdoemenis, *verblijfplaats v. goddeloze personen in de onderwereld*];

3. *(poët.; postklass.)* verderfelijk, rampzalig, verschrikkelijk [**frigus**];

II. *subst.* ī *m* misdadiger.

scelerō, scelerāre *(scelus) (poët.)* (door misdaad) bevlekken [**manūs; sanguine fauces; parentes**].

scelerōsus, a, um *(scelus) (pre- en postklass.)* misdadig, goddeloos.

scelerus, a, um *(scelus) (Plaut.)* afschuwelijk [**sinapis**].

scelestus *(scelus)*

I. *adj.* a, um

1. misdadig, crimineel, gewetenloos [**homo; res; facinus; nuptiae; sermo**];

2. *(Plaut.)* rampzalig, noodlottig, (hoogst) ongelukkig [**annus; vita**];

II. *subst.* ī *m* misdadiger, schurk, booswicht.

scelus, eris *n*

1. misdaad, vergrijp *(jegens: gen.)* [**divinum et humanum** tegenover goden en mensen]; fout, schandvlek; ▸ *scelus facere, edere, committere, suscipere* begaan; *tantum sceleris admittere; scelere se alligare* zich aan een misdaad schuldig maken;

2. ramp [**naturae**];

3. *(meton.)* (a) goddeloosheid, slechtheid, gemeenheid; ▸ *hinc pietas pugnat, illinc* ~; (b) misdadiger, schurk [**artificis** gemene intrigant; **viri** stuk ongeluk].

scēn- = *scaen-.*

Scēpsius, a, um uit de stad Scepsis *(in Mysië)* afkomstig [**Metrodorus**].

scēptri-fer, fera, ferum *(sceptrum en fero) (poët.; postklass.)* scepterdragend, machtig; *ook metaf.* [**Thybris**].

scēptrum, ī *n (Gr. leenw.)*

1. scepter, koningsstaf;

2. *(Mart.) (scherts.)* rietje [**paedagogorum**];

3. *(poët.) (meton.)* rijk, heerschappij, koningschap, *ook plur.* [**Asiae**]; ▸ *-a petere.*

scēptūchus, ī *m (Gr. leenw.) (Tac.)* scepterdrager, vazal, satraap.

schedia, ae *f (Gr. leenw.)* geïmproviseerd vaartuig, vlot.

schedium, ī *n (Gr. leenw.) (postklass.)* geïmproviseerd gedicht.

schedula, ae *f (demin. v. scheda = scida) (Laatl.)* stukje papier.

schēma, atis *n en* ae *f (Gr. leenw.) (pre- en postklass.)*

1. figuur, houding, positie, stand, *ihb. van dansers;*

2. kleding, kledij;

3. retorische figuur; indirecte manier v. uitdrukken.

schida, ae *f = scida.*

schidia, ae *f (Gr. leenw.)* houtspaander.

schisma, atis *n (Gr. leenw.) (eccl.)* splijting; schisma, scheuring *(in de kerk).*

Schoenēis, idis *en* **Schoenēia,** ae *f* = Atalanta, *dochter v.d. Boeotische koning Schoeneus.*

schoeniculus, a, um *(schoenus) (Plaut.)* bieszalf *als goedkope parfum* gebruikend [**amica**].

schoenobatēs, ae *m (Gr. leenw.) (Juv.)* koorddanser.

schoenus, ī *m (Gr. leenw.) (pre- en postklass.)*

1. bies;

2. *(meton.)* bieszalf *(als goedkope parfum, vaak door hoertjes gebruikt);*

3. *(Plin. Mai.) Perz. en Egypt. afstandsmaat (tussen de 6 en 8 km).*

schola, ae *f (Gr. leenw.)*

1. college, voordracht; ▸ *-as habere of explicare* houden;

2. *(meton.)* (a) onderwijsinrichting, school; ▸ *-am aperire* met colleges beginnen; *-am dimittere* zijn leraarschap beëindigen; (b) school, sekte [**philosophorum**]; *(Laatl.)* gilde, garde; (c) *een soort ronde galerij met banken.*

scholāris *(schola) (Laatl.)*

I. *adj.* e

1. van een school, school-;

2. van de keizerlijke garde;

II. *subst.* is *m* lid v.d. keizerlijke garde.

scholasticus *(Gr. leenw.; schola) (pre- en postklass.)*

I. *adj.* a, um

1. van een school, school- [**lex**];

2. retorisch;

3. *(Laatl.)* geleerd;

II. *subst.* ī *m*

1. leraar retorica, retor;

2. geleerde, grammaticus;

3. scholier, student *ihb. in de retorica.*

Sciathus *en* **-thos,** ī *f eiland ten N. v. Euboea.*

scida, ae *f (Gr. leenw.)* blad papier, papiertje.

scidī *pf. v. scindo.*

sciēns, *gen.* entis *(p. adj. v. scio)*

1. *(kom.; Laatl.)* wetend, op de hoogte; ▸ *alqm scientem facere* iem. laten weten;

2. willens en wetens; ▸ *te sciente* met jouw medeweten;
3. deskundig, vaardig, bedreven *(in: gen.; m. inf.)* [**rei publicae gerendae; belli; locorum; citharae**]; ▸ *non alius flectere equum ~ aeque conspicitur.*

scientia, ae *f (sciens)*
1. kennis [**regionum; futurorum malorum**]; *(ook m. afh. vr.)*; ▸ *-am quid agatur omnium puto esse oportere (Cic.)*;
2. inzicht, vaardigheid, wetenschap *(in, van: gen.; in m. abl.)* [**iuris; rei militaris; oppugnationis; in legibus interpretandis**]; grondige, *ihb. filosofische* kennis.

scientiola, ae *f (demin. v. scientia) (Laatl.)* geringe kennis.

sciī *zie scio.*

scī-licet *adv. (< scire licet)*
1. natuurlijk, vanzelfsprekend, uiteraard *(ook m. aci.)*; ▸ *~ facturum me esse*;
2. *(kom.) (in een antwoord)* zeker, stellig;
3. *(verklarend)* namelijk, dat wil zeggen;
4. *(iron.)* vanzelfsprekend, natuurlijk;
5. *(bij vermelding v. iets minder positiefs)* kennelijk, blijkbaar, weliswaar; ▸ *species inanis ~, sed commovit tamen (Cic.)*;
6. *(poët.)* denk je eens in!, let wel! *(om de aandacht op iets zeldzaams of verrassends te vestigen).*

scilla, ae *f (Gr. leenw.)* zee-ui.

scillītēs, is *(Gr. leenw.)* gekruid met zee-ui [**acetum; vinum**]; — *subst. m* (wijn)azijn.

scīn = *scisne (2e pers. sg. v. scio en -ne[3]).*

scindō, scindere, scidī, scissum
1. (ver)scheuren, splijten, scheiden, (ver)delen *(ook metaf.)* [**vallum ferro** een bres slaan; **epistulam; vestes de corpore; silvam** doorkruísen; **crines** uitrukken; **aquas** doorklíeven; **agmen** doorbreken; **viam per stagna** banen]; — *pass.* zich splijten, zich scheiden, zich delen: *flamma scinditur in partes; in duas factiones scindi; in contraria studia vulgus scinditur;*
2. *(poët.; postklass.)* met geweld onderbreken, storen [**verba fletu; actionem**];
3. *(Sen.) (v.e. voorsnijder aan tafel)* trancheren, in stukken snijden [**aves in frusta**];
4. *(Mart.) de gasten voorzetten* [**nihil**];
5. *(preklass.)* vernietigen [**Pergamum**];
6. *(metaf.)* weer openrijten, hernieuwen [**dolorem**];
/ *vgl. ook scissus.*

scintilla, ae *f*
1. vonk;
2. *(metaf.)* vonkje, sprankje, restje [**spei; virtutis; ingenii**].

scintillō, scintillāre *(scintilla) (poët.; postklass.)* vonken sproeien, fonkelen; ▸ *scintillant oculi.*

sciō, scīre, scīvī *en* sciī, scītum
1. weten, op de hoogte zijn (van) *(m. acc.; de; m. aci.; afh. vr.; bron v. informatie: de; ex)* [**nihil certum; de omnibus rebus; certo**]; ▸ *quod sciam* voorzover ik weet; *haud scio an* misschien; *fac ut sciam* laat me weten; *sicut omnes sciunt;*
2. begrijpen, kunnen, kennen *(m. acc.; de; inf.)* [**Latine** Latijn kennen; **litteras; potestates herbarum; de bello**]; ▸ *vincere scis, Hannibal;*
/ *sync. perfectumvormen:* scīsse(m) = scīvisse(m), scīstī = scīvistī *e.a.*; *imp.* scītō, scītōte weet; *arch. impf.* scībam *enz.*; *fut.* scībō *enz.*; *kom.* scīn = scisne.

scīpiō, ōnis *m* staf [**eburneus** *werd ttv. de republiek gedragen door de viri triumphales en in de keizertijd door de consuls*].

Scīpiō, ōnis *m cogn. in de gens Cornelia:*
1. P. Cornelius ~, *consul in 218 v. Chr., werd door Hannibal bij de rivier de Ticinus overwonnen, maar overwon in 216 Hasdrubal bij de rivier de Ebro; in 212 (of 211) sneuvelde hij in de strijd tegen Hasdrubal in Spanje;*
2. P. Cornelius ~ Africanus maior *(ca. 235—183 v. Chr.), zoon v. 1., overwinnaar in de slag bij Zama (in 202 v. Chr.);*
3. P. Cornelius ~ Aemilianus Africanus minor Numantinus *(ca. 185—129 v. Chr.), zoon v. Aemilius Paullus, geadopteerd door de zoon v. 2., veroveraar v. Carthago in 146 en v. Numantia in 133 v. Chr.;*
4. P. Cornelius ~ Nasica Corculum, *belangrijk redenaar en jurist, consul in 162 en 155 v. Chr., uitgesproken voorstander v.h. behoud v. Carthago;*
/ *patron.* **Scīpiadēs** *en* **-dās,** ae *m* lid v.d. familie v.d. Scipionen.

Scīrōn, ōnis *m rover woonachtig in Megaris, door Theseus gedood;* — *adj.* **Scīrōnius,** a, um [**saxa**].

scirpea, ae *f (scirpeus) (Ov.)* korf van biezen.

scirpeus, a, um *(scirpus) (poët.)* van biezen (gemaakt) [**ratis; imago**].

scirpiculus, ī *m (demin. v. scirpus) (preklass.; poët.)* biezen mand [**piscarius** visfuik].

scirpus, ī *m*
1. *(pre- en postklass.)* bies; ▸ *(sprw.) in -o nodum quaerere* moeilijkheden zoeken die er niet zijn = spijkers op laag water zoeken;
2. *(Gell.) (metaf.)* raadsel.

scīscitātiō, ōnis *f (sciscitor) (Petr.)* onderzoek [**di-**

ligentissima].

scīscitātor, ōris *m (sciscitor) (Mart.)* onderzoeker, navrager.

scīscitor, scīscitārī *en (preklass.; Laatl.)* **-ō,** āre *(intens. v. scisco)*
1. ijverig zoeken naar, informeren naar, proberen te weten te komen *(m. acc.; de; afh. vr.; bron v. informatie: ex; de; ab)* [**consulis voluntatem; alcis consilium; de victoria**];
2. ondervragen [**deos**].

scīscō, scīscere, scīvī, scītum *(incoh. v. scio)*
1. *(preklass.)* proberen te weten te komen, onderzoeken, informeren naar;
2. *(Plaut.)* te weten komen, achterhalen;
3. *(v.d. volksvergadering)* besluiten, verordenen *(m. ut, ne)*;
4. *(v. individuele personen in de volksvergadering)* stemmen voor *(m. acc.)* [**legem**].

scissilis, e *(scindo)*
1. *(v. mineralen)* gemakkelijk te splijten;
2. *(Apul.) (v. kleren)* gescheurd.

scissiō, ōnis *f (scindo) (Vulg.; Laatl.)* het splijten, scheuren, verdeling; *meton.* scheur, spleet.

scissor, ōris *m (scindo) (Petr.)* voorsnijder *van vlees.*

scissūra, ae *f (scindo) (postklass.)* scheuring, *ook metaf.; meton.* scheur, spleet.

scissus, a, um *(p. adj. v. scindo)*
1. *(postklass.)* gespleten, gescheurd;
2. *(poët.)* rimpelig, met veel plooien [**genae**];
3. *(metaf.)* schor [**vocis genus**].

scītāmenta, ōrum *n (scitus²)*
1. *(pre- en postklass.)* lekkernijen;
2. *(Gell.) (metaf., v. zeldzame uitdrukkingen)* fijnzinnigheden, finesses.

scītor, scītārī *(scisco)*
1. proberen te weten te komen, informeren naar, onderzoeken *(bron v. informatie: ex; ab)*;
2. ondervragen [**oracula**].

scītulus, a, um *(demin. v. scitus²) (Plaut.; postklass.)* aantrekkelijk, leuk [**facies**].

scītum, ī *n (scisco)*
1. besluit, verordening [**plebis; pontificis**]; ▸ *-um facere, sancire;*
2. *(Sen.)* stelling, grondbeginsel.

scītus¹, ūs *m (scisco)* besluit, verordening.

scītus², a, um *(p. adj. v. scio resp. scisco)*
1. ervaren, slim, kundig [**homo; sermo**];
2. *(poët.)* vaardig *(in: gen.)* [**lyrae; vadorum** bekend met];
3. fijn, mooi, smaakvol [**vox**]; ▸ *statua -e facta;*
4. *(pre- en postklass.)* passend, geschikt [**nox**].

sciūrus, ī *m (Gr. leenw.) (postklass.)* eekhoorn.

scius, a, um *(scio)* wetend; kundig *(in: abl.)*.

scīvī *pf. v. scio en scisco.*

scloppus, ī *m (onomatop.) (Pers.) geluid dat men hoort als men op opgeblazen wangen slaat.*

scobis, is *f (scabo) uit kleine deeltjes bestaand materiaal, o.a.:* zaagsel.

Scodra, ae *f stad in Macedon. Illyrië, nu Shkodër;* — *inw.* **Scodrēnsēs,** ium *m.*

scolopendra, ae *f (Gr. leenw.) (Plin. Mai.) een giftig soort* duizendpoot.

scomber, brī *m (Gr. leenw.) (niet-klass.)* makreel.

scōpae, ārum *f* bezem; ▸ *sprw. (metaf.): -as dissolvere* een warboel maken; ~ *solutae* een warhoofd.

Scopās, ae *m beeldhouwer en architect van Paros, ca. 370 v. Chr., tijdgenoot v. Praxiteles.*

scōpiō, ōnis *m (scopus)* steel, stengel.

scōpō¹, scōpāre *(scopae) (Laatl.)* (schoon)vegen.

scopō², scopere, — — *(Gr. leenw.) (Vulg.)* onderzoeken, nagaan [**spiritum suum**].

scōpula, ae *f (demin. v. scopae)* vegertje, bezempje.

scopulōsus, a, um *(scopulus¹)* vol klippen [**mare;** *metaf.* **locus**].

scopulus¹, ī *m (Gr. leenw.)*
1. *(poët.)* rots, bergtop [**Mavortis** = de Areopagus *in Athene*];
2. klip, rif; ▸ *ad -os allidi, affligi; -i errantes;*
3. *(metaf., in een vergelijking)* (**a**) *(poët.) ter aand. v. hardvochtigheid:* ▸ *-os et ferrum in corde gestare; e -is natus* gevoelloos, hardvochtig; (**b**) *(poët.) ter aand. v. trots:* ▸ *-is ferocior;* (**c**) *als symbool v. iets gevaarlijks, rampzaligs of moeilijks;*
4. *(meton., v. personen)* vernietiger [**rei publicae; piratarum** *(v. Pompeius)*].

scopulus², ī *m (Suet.)* klein doel.

scordalia, ae *f (scordalus) (Petr.)* ruzie.

scordalus, ī *m (postklass.)* ruziemaker.

scōria, ae *f (Gr. leenw.) (Plin. Mai.)* slak *(restproduct bij het smelten v. metaal).*

scorpiō, ōnis *en* **scorpius** *of* **-os,** ī *m (Gr. leenw.)*
1. schorpioen, *ook als sterrenbeeld;*
2. *(poët.; postklass.) een stekelige zeevis;*
3. *(milit.)* katapult, schorpioen; *meton.* pijl v.e. schorpioen.

scortātor, ōris *m (scortor)* hoerenloper.

scortātus, ūs *m (scortor) (Apul.)* hoererij.

scortea *(scorteus)*
1. ae *f (postklass.)* kledingstuk van huid *of* leer, pels;
2. ōrum *n (Ov.)* leren kleding.

scorteus, a, um *(scortum)* *(pre- en postklass.)* van leer, leren.

scortillum, ī *n* *(demin. v. scortum)* *(Catull.)* hoertje.

scortor, scortārī *(scortum)* *(preklass.; Laatl.)* naar de hoeren gaan.

scortum, ī *n*
1. *(preklass.)* huid, vel;
2. hoer, *ook gebruikt voor prostitués.*

screātor, ōris *m* *(screo)* *(Plaut.)* iem. die zijn keel schraapt.

screātus, ūs *m* *(screo)* *(Ter.)* het schrapen v.d. keel.

screō, screāre *(Plaut.)* (de keel) schrapen.

scrība, ae *m* *(scribo)* schrijver, secretaris *in privédienst of publieke dienst, met de administratie (boekhouding) belast.*

scrib(i)līta, ae *f* *(pre- en postklass.)* *een soort kaastaart.*

scrībō, scrībere, scrīpsī, scrīptum
1. schrijven [**litteras**]; ▸ *(metaf.)* *illa dicta mihi in animo scripta sunt* gegrift;
2. optekenen, opschrijven [**senatūs consultum; foedus amicitiae; alci dicam** een klacht indienen tegen iem.]; ▸ *scribendo adesse en ad scribendum esse* een senaatsbesluit mede opstellen en ondertekenen; *orationem scriptam edere;*
3. maken, schriftelijk opstellen [**libros; historiam; leges; defensionem**]; *abs.* schrijver zijn, dichten; ▸ *se ad scribendi studium conferre;*
4. *schriftel.* voorstellen, beschrijven, schilderen, bezingen [**bellum; res gestas alcis**]; *(m. aci.)* berichten, vertellen;
5. *schriftel.* opdragen, verzoeken, vragen, bevelen *(m. conj. of m. ut, ne);*
6. *(postklass.)* van een opschrift voorzien, beschrijven [**columnam litteris; postes**];
7. *een akte* opstellen [**testamentum**];
8. *iem. schriftel.* benoemen *of* aanstellen tot *(m. dubb. acc.)* [**alqm heredem; alqm tutorem liberis suis**];
9. *soldaten, kolonisten* lichten, op een lijst zetten [**milites; legiones; quattuor milia peditum; supplementum legionibus; colonos**]; ▸ *(metaf.)* ~ *alqm gregis sui* iem. onder zijn vrienden opnemen;
10. *(preklass.; poët.)* *(in de handel)* *scribere alqd ab alqo (geld)* door schriftelijke aanwijzing *of* geldwissel betalen, een cheque ter uitbetaling aan iem. geven [**decem a Nerio** 10.000 sestertiën via *(de bankier)* Nerius overschrijven];
11. tekenen [**lineam** trekken];
12. *(Catull.)* beschilderen [**frontem tabernae scorpionibus**].

Scrībōnius, a, um *naam v.e. pleb. gens:*
1. C. ~ *Curio, pretor in 121 v. Chr., belangrijk redenaar in processen;*
2. C. ~ *Curio, zoon v. 1., volkstribuun in 90, consul in 76 v. Chr., aanhanger v. Sulla;*
3. L. ~ *Libo, aanhanger v. Pompeius, verwant v. Octavianus; bemiddelaar tussen Octavianus en Pompeius.*

scrīnium, ī *n* *cilindervormige* koker, houder *(om boeken, papieren e.d. in te bewaren).*

scrīpsī *pf. v. scribo.*

scrīptiō, ōnis *f* *(scribo)*
1. het schrijven;
2. *(meton.)* (a) geschrift, verhandeling, *ook plur.* [**philosophiae**]; (b) het geschrevene, tekst; ▸ *ex scriptione interpretari* *(Cic.)* letterlijk interpreteren.

scrīptitō, scrīptitāre *(frequ. v. scribo)*
I. *intr.* vaak schrijven;
II. *tr.* vaak opstellen, op schrift stellen [**laudationes; orationes; talia**].

scrīptor, ōris *m* *(scribo)*
1. schrijver, secretaris [**librarius** kopiist];
2. berichtgever, verteller;
3. maker, schrijver [**rerum** geschiedschrijver];
4. *(poët.; postklass.)* dichter, zanger [**belli Troiani**];
5. opsteller [**legum** wetgever; **testamenti**].

scrīptōrium, ī *n* *(scribo)* *(Laatl.)* schrijfvertrek *(in een klooster).*

scrīptōrius, a, um *(scribo)* van het schrijven, schrijf- [**calamus**].

scrīptulum, ī *n* *(demin. v. scriptum)* *(Ov.)* lijntje *(op een speelbord).*

scrīptum, ī *n* *(scribo)*
1. lijn, streep *(op een speelbord);* ▸ *duodecim -is ludere* twaalflijnenspel *(spel op een bord waarop twaalf elkaar kruisende lijnen staan);*
2. geschreven woorden, geschrift, verhandeling, brief, boek; ontwerp, concept; ▸ *-is mandare* opschrijven, optekenen; *sine -o loqui* zonder concept; *oratio de -o dicta* volgens een concept; *adire alqm -o;*
3. geschreven contract, wet; ▸ *tabellae -um habentes* waar de wet op staat;
4. het geschreven woord, letterlijke betekenis, de letter *(itt. de bedoeling v.d. schrijver)* [**legis**].

scrīptūra, ae *f* *(scribo)*
1. het schrijven, manier van schrijven; ▸ *mendum -ae* schrijffout;
2. schriftelijke weergave *of* behandeling [**assi-**

dua ac diligens];
3. *(meton.)* (a) geschrift, tekst [**divina, sancta** de Heilige Schrift]; ▸ *ne cum poëta* ~ (dichtwerk) *evanesceret (Ter.)*; (b) testament(aire beschikking); (c) *(Suet.)* de letter v.d. wet; (d) petitie;
4. belasting, *ihb.* weidegeld, belasting op het weiden v. vee op staatsgronden; ▸ *vectigal* (inkomsten) *ex -a*; *magister -ae* hoofd, directeur;
5. *(Petr.)* lijn.

scrīptus[1] *ppp. v. scribo.*

scrīptus[2], ūs *m (scribo)* functie v. schrijver; ▸ *scriptum facere* secretaris zijn.

scrīpulum, ī *n* een scrupel *(een maat)*:
1. *als gewicht* = $^1/_{24}$ uncia = 1,137 g;
2. *(pre- en postklass.) als oppervlaktemaat* = 8,75 m^2;
3. *(Cic.)* greintje, klein beetje.

scrobiculus, ī *m (scrobis)* kuiltje.

scrobis, is *m en f* kuil; *ook* graf.

scrōfa, ae *f* (fok)zeug.

scrōfi-pāscus, ī *m (scrofa en pasco) (Plaut.)* zeugen voerend [**pistores**].

scrōtum, ī *n (med.)* scrotum, balzak.

scrūpeus, a, um *(scrupus)* rotsachtig [**spelunca**].

scrūpōsus, a, um *(scrupus) (pre- en postklass.)* rotsachtig, ruw [**saxa; via**].

scrūpulōsus, a, um *(scrupulus)*
1. vol scherpe steentjes, rotsachtig, ruw;
2. *(postklass.) (metaf.)* overdreven precies, gewetensvol, scrupuleus.

scrūpulum, ī *n = scripulum.*

scrūpulus, ī *m (demin. v. scrupus)*
1. *(niet-klass.)* scherp steentje;
2. *(metaf.)* bezorgdheid, zorg, twijfel; overdreven nauwkeurigheid, scrupule; ▸ *-um ex animo evellere; -um alci inicere.*

scrūpus, ī *m*
1. *(postklass.)* scherpe, puntige steen;
2. *(metaf.)* zorg, twijfel; scrupule.

scrūta, ōrum *n (niet-klass.)* vodden, prullen, rommel.

scrūtātiō, ōnis *f (scrutor) (postklass.)* het doorzoeken, het fouilleren.

scrūtātor, ōris *m (scrutor) (postklass.)* iem. die doorzoekt *of* onderzoekt *(m. gen.)*.

scrūtor, scrūtārī *en (Laatl.)* **scrūtō,** scrūtāre
1. doorzoeken [**domos; mare; abdita loca; matronam** fouilleren];
2. *(metaf.)* uitzoeken, onderzoeken [**arcanum; mentes deorum; alcis animum; vultūs; fata alcis; voluntatem**].

sculpō, sculpere, sculpsī, sculptum *(vgl. scalpo)*
1. *materiaal* bewerken *tot een bepaalde vorm*, vormen, maken [**ebur** een beeld uit ivoor; **alqd e saxo**];
2. snijden, beitelen, graveren [**sepulcra**].

sculpōneae, ārum *f (sculpo) (preklass.)* (hoge) houten schoenen.

sculpsī *pf. v. sculpo.*

sculptilis, e *(sculpo) (poët.; Laatl.)* gesneden, gegraveerd.

sculptor, ōris *m (sculpo) (Laatl.)* beeldhouwer, graveur.

sculptūra, ae *f (sculpo)* het bewerken *van hout, marmer, ivoor e.d.*; *meton.* beeldhouwwerk, sculptuur.

sculptus *ppp. v. sculpo.*

scultētia, ae *f (Germ. leenw.) (Mel.)* ambt v. schout.

scultētus, ī *m (Germ. leenw.) (Mel.)* schout, burgemeester.

scurra, ae *m*
1. grappenmaker, nar, komiek;
2. levensgenieter.

scurrīlis, e *(scurra)* grappig, lachwekkend.

scurrīlitās, ātis *f (scurrilis) (postklass.)* joligheid.

scurror, scurrārī *(scurra) (Hor.)* de grapjas uithangen; *(m. dat.)* vleien.

scurrula, ae *m (scurra)* grapjas.

scūtāle, is *n (scutum) schildvormige* riem *om te slingeren.*

scūtārius, ī *m (scutum)*
1. *(Plaut.)* iem. die schilden maakt;
2. *(Laatl.)* schildknaap.

scūtātus, a, um *(scutum)* met een *langwerpig* schild uitgerust [**equites**]; — *subst.* **-ī,** ōrum *m* soldaten met *langwerpige* schilden.

scutella, ae *f (demin. v. scutra)* ondiepe schaal.

scutica, ae *f (Gr. leenw.) (poët.; postklass.)* bullepees, knoet.

scūti-gerulus, ī *m (scutum) (Plaut.)* schildknaap, wapendrager.

scutra, ae *f (preklass.; Laatl.)* ondiepe schaal, schotel.

scutula[1], ae *f (Gr. leenw.) houten* rol.

scutula[2], ae *f (demin. v. scutra)*
1. *(Mart.)* kleine, ondiepe schaal;
2. ruit, rombus;
3. *(meton.)* ruitvormig voorwerp.

scutulātus, a, um *(scutula*[2]*) (postklass.)* met een ruitvormig patroon; — *subst.* **-a,** ōrum *n (Juv.)* geruite kleren.

scūtulum, ī *n (demin. v. scutum)* klein *langwerpig* schild; ▸ *metaf.*: *-a operta* schouderbladen.

scūtum, ī *n*
1. *langwerpig* schild *van Rom. soldaten (rechthoekig, gebogen, van hout, met leer bespannen en met ijzer beslagen); alg.* schild [**pedestre** van voetsoldaten; **equestre** van ruiters]; ▸ *-um reicere* achter zich houden, *om de rug te dekken;*
2. *(metaf.)* schild, bescherming, verdediging; ▸ *-um dare in iudicio; -o vobis magis quam gladio opus est (Liv.).*
Scylacēum, ī *n kaap en stad aan de oostkust v. Bruttium, nu Squillace; — adj.* **Scylacēus,** a, um [**sinus; litora**].
Scylla, ae *f*
1. *rotspartij in de huidige Straat v. Messina, tegenover de draaikolk Charybdis; in de mythologie de dochter v. Phorcus, door Circe uit jaloezie in een zeskoppig monster met twaalf voeten veranderd, schrik v.d. zeelieden, die door haar, wanneer ze voorbij kwamen varen, verslonden werden; — adj.* **Scyllaeus,** a, um;
2. *dochter v. Nisus, de koning v. Megara, die haar vader vermoordde uit liefde voor Minos, die de stad belegerde.*
scymnus, ī *m (Gr. leenw.) (Lucr.)* jong dier, jong, welp.
scyphus, ī *m (Gr. leenw.)* beker, bokaal; ▸ *inter -os* tijdens het wijndrinken.
Scȳros *en* **Scȳrus,** ī *f eiland ten N.O. v. Euboea; — adj.* **Scȳrius,** a, um [**membra** van Pyrrhus, *de zoon v. Achilles en Deidamia*], *fem. ook* **Scȳrias,** adis [**puella** = Deidamia].
scytala, ae *en* **scytalē,** ēs *f (Gr. leenw.) een soort* slang.
Scythēs *en* **Scytha,** ae *m, meestal plur.* **Scythae,** ārum de Scythen, *Iraanse nomadenstammen ten N. v.d. Zwarte Zee en ten W. v.d. Kaukasus (ongeveer in huidig Oekraïne); — adj.* **Scythicus,** a, um [**pontus, fretum** = Pontus Euxinus, de Zwarte Zee; **amnis** = de Tanais, de Don]; — **Scythis,** idis *en* **Scythissa,** ae *f* Scythische vrouw; — **Scythia,** ae *f gebied v.d. Scythen.*
Scytho-latrōnia, ae *f (Scythes en latro) (Plaut.)* 'het land v.d. Scythische boeven'.
sē[1] *en (met nadruk)* **sēsē** *(acc. en abl. sg. en plur. v.h. pron. refl. v.d. 3e pers.)* zich; ▸ *inter se* elkaar; *ad se, apud se* thuis; *per se* op zichzelf, op eigen houtje, op eigen initiatief *e.d.; esse apud se (Ter.)* bij zinnen zijn.
sē[2], **se** *en* **sēd** *prep. m. abl. (preklass.)* zonder; ▸ *se fraude esto.*
sē-[3], **se-** *en (ouder)* **sēd-** *prefix* apart, terzijde, weg- [**se-pono, se-duco, sed-itio**].
sē-[4] *prefix (verkort uit semi)* half- [**se-libra**].
sē-[5] *prefix (verkort uit sex)* zes- [**se-mestris; sedecim**].
sēbācium, ī *n (Laatl.)* vetkaars.
Sēbēthos, ī *m rivier in Campanië (bij Napels), nu de* Sebeto; — *adj.* **Sēbēthis,** idis *(f).*
sēbum, ī *n* talk, vet.
sē-cēdō, cēdere, cessī, cessum
1. weggaan, zich verwijderen;
2. zich terugtrekken [**in abditam partem aedium; ad consultandum**];
3. *(pol.)* zich afscheiden; ▸ *plebs a patribus secessit; in sacrum montem* ~ wegtrekken; *in Ianiculum* ~;
4. *(poët.; postklass.) (metaf., v. niet-lev.)* zich verwijderen, *pf.* verwijderd zijn; ▸ *tantum secessit ab imis terra (Ov.).*
sē-cernō, cernere, crēvī, crētum
1. scheiden, apart zetten *(van: ab; ex; abl.)* [**inermes ab armatis; se a bonis; nihil praedae in publicum** voor de staatskas; *metaf.* **animum a corpore** bevrijden; **sua a publicis consilia; publica privatis**];
2. verwijderen, laten aftreden [**minus idoneos senatores**];
3. *(metaf.)* onderscheiden *(van: ab; abl.)* [**pestifera a salutaribus; iusto iniquum; honestum turpi**];
4. in *onderdelen* splitsen, opdelen [**animum; stamen**].
secespita, ae *f (seco) (postklass.)* offermes.
sē-cessī *pf. v. secedo.*
sēcessiō, ōnis *f (secedo)*
1. het zich afzonderen, zich terugtrekken; ▸ *secessionem facere* samenscholen;
2. *(pol.)* afscheiding, afzondering [**plebis in montem sacrum** uittocht].
sēcessum *ppp. v. secedo.*
sēcessus, ūs *m (secedo) (poët.; postklass.)*
1. het weggaan [**avium** wegvliegen; **animi a corpore**];
2. afzondering, eenzaamheid, teruggetrokkenheid [**aestivus**];
3. *(pol.)* afscheiding, schisma;
4. *(meton.)* (a) afgelegen plek; zomerverblijf, verblijf op het platteland [**Tusculanus**]; ▸ *est in secessu longo* (diepe inham) *locus (Verg.)*; (b) *(Vulg.)* toilet, wc.
secius *adv., zie secus*[2].
sē-clūdō, clūdere, clūsī, clūsum *(claudo)*
1. af-, opsluiten; — *pass. (poët.)* zich verbergen;
2. afzonderen, afscheiden [*metaf.* **curas ban-**

nen]; ▸ *nemus seclusum* afgelegen;
3. (*milit.*) afsnijden [**cohortem a reliquis**].

sēclum, ī *n* = *saeculum.*

secō, secāre, secuī, sectum, (secātūrus)
1. (af)snijden; in stukken snijden, splijten [**capillos** afknippen; **herbas; pabulum; digitum; collum ferro; robur** hakken; **marmora** tot blokken verzagen; **corticem** inkerven; **lepores** trancheren]; ▸ *dona secto elephanto* van gesneden ivoor;
2. (*med. t.t.*) amputeren, opereren;
3. (*poët.*) castreren;
4. (*poët.; postklass.*) openrijten, openkrabben, verwonden, kapotmaken, verminken [**verbere terga; genas ungue; alqm flagellis; lacertos suos**];
5. (*metaf.*) scheiden, indelen, (onder)verdelen [**populos Latinos; causas in plura genera**]; ▸ *orbis sectus* een deel v.d. aarde;
6. (*Hor.*) beslissen over, beslechten [**lites; res magnas**];
7. (*poët.; postklass.*) snellen, lopen, varen *of* vliegen door (*m. acc.*) [**aequor puppe** doorklieven; **pontum pectore** zwemmen door; **aethera pinnis; auras; viam** zich een weg banen, snel een afstand afleggen; **sub nubibus arcum** een boog beschrijven; *metaf.* **spem** een verlangen najagen].

sēcrētārium, ī *n* (*secretus*) (*Laatl.*) geheime plaats; sacristie.

sēcrētim *adv.* (*secretus*) (*Laatl.*) heimelijk.

sēcrētiō, ōnis *f* (*secerno*) scheiding, afzondering.

sēcrētum, ī *n* (*secretus*)
1. afzondering, eenzaamheid; afgelegen plaats, verlaten oord; ▸ *alqm in -um abducere* apart nemen; *-um petere* een afgelegen plaats opzoeken *of* iem. onder vier ogen willen spreken, in het geheim willen ontmoeten; *-um agere* zich in eenzaamheid opsluiten;
2. (*metaf.*) geheim, geheime gedachte *of* handeling, mysterie;
3. (*Suet.*) *plur.* geheime geschriften.

sēcrētus, a, um (*p. adj. v. secerno*) (*adv.* -ō)
1. afgezonderd, gescheiden [**arva; imperium**];
2. (*poët.; postklass.*) (*v. plaatsen*) afgelegen, eenzaam [**domus; colles**]; ▸ *secretiora Germaniae* de afgelegen gedeelten;
3. (*metaf.*) geheim, heimelijk, verborgen [**artes** toverkunsten; **consilium**];
/ *adv.* **sēcrētō** (a) afzonderlijk, apart; ▸ *consilia secreto ab aliis coquebant* (*Liv.*); (b) in het geheim, onder vier ogen; ▸ *secreto hoc audi, tecum habeto* (*Cic.*).

sē-crēvī *pf. v. secerno.*

secta, ae *f* (*sequor*)
1. richting, pad, weg, lijn; ook *metaf.*;
2. (*pol.*) partij; ▸ *alcis -am sequi*;
3. filosofische school *of* leer [**Stoicorum**];
4. (*postklass.*) (rovers)bende;
5. (*Laatl.*) religieuze sekte.

sectārius, a, um (*secta*) (*Plaut.*) ~ *vervex* leidende ram *in de kudde,* belhamel.

sectātor, ōris *m* (*sector*[2]) volgeling, aanhanger, *plur.* gevolg [**domi** huisvriend; **Aristotelis**].

sectilis, e (*seco*)
1. gesneden, gespleten [**ebur; pavimenta** marmeren vloer];
2. snijd-, splijtbaar [**porrum** bieslook; **lapides**].

sectiō, ōnis *f* (*seco*)
1. het in stukken snijden, *bv. bij operaties;* castratie;
2. het opkopen v. goederen *die op openbare veilingen aangeboden werden, ihb. goederen v. vogelvrijverklaarden of veroordeelden;* ▸ *sectiones facere, exercere*;
3. (*meton.*) goederen voor de veiling *of* voor de openbare verkoop [**oppidi; praedae**].

sectīvus, a, um (*seco*) (*postklass.*) makkelijk snijdbaar [**porrum** bieslook].

sector[1]**,** ōris *m* (*seco*)
1. snijder, iem. die snijdt [**collorum** moordenaar];
2. opkoper *van goederen* [**bonorum; Pompei** van de bezittingen v. Pompeius]; ▸ *ubique hasta et* ~.

sector[2]**,** sectārī (*intens. v. sequor*)
1. overal volgen, steeds begeleiden *of* achternalopen [**alqm totos dies; praetorem; matrones; oves** hoeden];
2. in dienst zijn bij, dienaar zijn van (*m. acc.*) [**Chrysogonum**];
3. (*vijandel.*) achtervolgen, achternazitten [**hominem flagello**];
4. (*poët.*) jagen *op wild* [**apros**];
5. (*metaf.*) najagen, zich inspannen voor [**virtutes; commoda; praedam; lēvia** streven naar vlotheid];
6. (*postklass.*) *een plaats* graag opzoeken [**porticūs**];
7. (*m. afh. vr.*) (*Hor.*) nagaan.

sectūra, ae *f* (*seco*) het snijden, splijten; *meton.* steengroeve.

sectus *ppp. v. seco.*

sēcubitus, ūs *m (secubo) (poët.)* het alleen liggen, alleen slapen.

sē-cubō, cubāre, cubuī, —
1. alleen slapen;
2. *(poët.; postklass.) (metaf.)* teruggetrokken, in eenzaamheid leven.

secuī *pf. v. seco.*

sēcul- = *saecul-.*

sē-cum met zichzelf, bij zichzelf (= *cum se*).

secundānī, ōrum *m (secundus)* soldaten v.h. tweede legioen.

secundārium, ī *n (secundarius)* bijzaak.

secundārius, a, um *(secundus)* in een tweede fase geproduceerd [**passum**]; tweedekeus- [**panis**].

secundō[1], secundāre *(secundus) (poët.; postklass.)* begunstigen, steunen; ▸ *vento secundante* bij gunstige wind; *dii incepta secundent (Verg.).*

secundō[2] *adv. (secundus)* ten tweede.

secundum[1] *(secundus)*
I. *adv.*
1. ten tweede; voor de tweede keer;
2. *(Plaut.)* achteraan;
II. *prep. m. acc.*
1. *(v. plaats)* (a) langs; ▸ ~ *litus;* ~ *mare;* ~ *flumen copias ducere;* (b) *(Plaut.)* vlak achter; ▸ *ite* ~ *me;* ~ *aram;*
2. *(v. tijd)* meteen na; ▸ ~ *hunc diem;* ~ *ea* daarna; ~ *comitia;* ~ *quietem* meteen na het inslapen;
3. (a) *(v. volgorde en rang)* meteen na; ▸ *heres* ~ *filiam* de eerstvolgende erfgenaam na de dochter; (b) in overeenstemming met, overeenkomstig, volgens; ▸ ~ *alqm sentire;* ~ *naturam vivere; duumviros* ~ *legem facere;* (c) ten gunste van, in het voordeel van; ▸ ~ *alqm rem decernere;* ~ *eam partem litem dare* beslissen.

secundum[2], ī *n (secundus)* gunstige afloop, succes, *plur.* gunstige omstandigheden.

secundus, a, um *(adv.* -ō *en* -um, *zie daar) (oud gerundivum v. sequor met de betekenis v.e. participium)*
1. (eerst)volgend, tweede [**mensa** nagerecht; **heres; bellum Punicum**]; ▸ *-is Saturnalibus* op de tweede dag v.d. Saturnaliën; *-o lumine* de volgende morgen; *id secundum erat de tribus; (in rangorde) prima officia dis immortalibus, secunda patriae, tertia parentibus debentur; alqm secundum heredem instituere; -ae (partes)* tweede rol in een toneelstuk, *metaf.* tweede rang, plaats;
2. *(poët.; postklass.)* van mindere kwaliteit, slechter, tweederangs;
3. *(v. water en wind) in de gewenste richting* meegaand, volgend; gunstig; ▸ *-o flumine, -o amne of -ā aquā* stroomafwaarts; *-o vento* bij gunstige wind;
4. *(poët.)* bolstaand door de wind [**vela; sinūs**]; snel (voortgaand) [**currus**];
5. *(metaf.)* gunstig (gezind), welwillend, toegenegen [**fortuna; omen; tonitrus** gelukbrengend; **haruspex** geluk voorspellend; **avis; oratio** strelend; **aures**]; ▸ *-is dis* met hulp v.d. goden; *clamore (rumore) -o* onder bijval; *-o populo* onder bijval v.d. volksvergadering;
6. *(v. zaken)* voorspoedig, naar wens verlopend [**exitus belli**]; ▸ *res -ae* voorspoed.

Secundus, ī *m Rom. cogn., zie Plinius.*

secūricula, ae *f (demin. v. securis) (pre- en postklass.)* kleine bijl.

secūri-fer, fera, ferum *(securis en fero) (Ov.)* een bijl dragend.

secūri-ger, gera, gerum *(securis en gero) (poët.; postklass.)* een bijl dragend [**puellae** Amazonen].

secūris, is *f (acc. sg.* -im *en* -em) *(seco)*
1. bijl *voor de strijd, van de beul, van de lictor* [**anceps** dubbele bijl]; ▸ *securi armatus; securi alqm ferire of percutere* onthoofden; *securibus cervices subicere;*
2. *(metaf.)* slag, houw, wond; schade, verlies; ▸ *securim rei publicae infligere* een slag toebrengen aan; *gravem securim inicere petitioni* een zware slag toebrengen aan;
3. hoogste macht, hoogste gezag, Rom. oppermacht, *meestal plur.;* ▸ *Gallia securibus subiecta; Medus Albanas timet secures; secures sumere* de leiding nemen; *secures ponere* het bevel neerleggen.

sēcūritās, ātis *f (securus)*
1. kalmte, gemoedsrust; ▸ *timorem eius sua securitate lenivit (Plin. Min.);*
2. *(postklass.)* achteloosheid, onbekommerdheid;
3. *(postklass.)* zekerheid, veiligheid [**itinerum; annonae**]; garantie;
4. *(postklass.)* het vrijgesteld zijn, niet-aansprakelijkheid;
5. *(postklass.) (meton.)* kwitantie.

sē-cūrus, a, um (< *se cura* 'zonder zorgen')
1. geen zorgen hebbend, onbezorgd, niet bevreesd *(over, voor, jegens: gen.; de; ook pro; adversus; m. afh. vr.)* [**animus; hostes; poenae; opinionum; futuri; famae; de bello; pro salute**]; *non securus* bezorgd *(dat: ne);*
2. *(poët.; postklass.) (v. niet-lev.)* opgewekt, vrolijk

[vita; otium; convivia]; zorgen verdrijvend [Lethe; latices; merum];
3. *(postklass.)* achteloos, nalatig [iurisdictio];
4. zeker, veilig, beschermd [locus; tempus; domus].

secus[1] *n indecl. (vgl. sexus)* geslacht, *alleen in de verbindingen: virile* ~ *en muliebre* ~; ▸ *virile secus numquam ullum habui* een zoon *(Plaut.)*.

secus[2]
I. *adv.*
1. *pos.* (a) anders, op een andere manier *(dan: ac of quam)*; ▸ *longe* ~ volkomen anders; ~ *esse* anders in elkaar zitten; *non, haud* ~ ... *ac, quam* niet anders ... dan, precies zoals; (b) slecht, niet goed, onjuist; ▸ *bene aut* ~ goed of slecht; *recte an* ~ juist of onjuist; ~ *existimare de alqo;* ~ *cedere of cadere* slecht aflopen; ~ *procedere* niet lukken; (c) *(postklass.) (m. gen.) te vertalen als adj.*: minder; ▸ *non* ~ *virium;*
2. *comp.* **sequius** *en (preklass.)* **secius** (a) anders dan verwacht, verkeerd, ongunstig [loqui]; (b) anders *(dan: ac)*; ▸ *longe secius* heel anders;
II. *prep. m. acc. (= secundum)*
1. *(pre- en postklass.) (v. plaats)* naast, langs [mare];
2. *(Laatl.)* volgens, overeenkomstig [merita alcis];
III. **-secus** *als suffix, aand. v. plaats, vgl. altrinsecus, utrimque-secus, circum-secus.*

secūtor, ōris *m (sequor) (postklass.)*
1. volgeling;
2. 'achtervolger', *met helm, schild en zwaard uitgeruste gladiator (tegenstander v.d. retiarius).*

secūtuleius, a, um *(sequor) (Petr.)* volhardend, consequent volgend [mulier nymfomane].

secūtus *p.p. v. sequor.*

sed[1] *en (zelden)* **set** *cj.*
1. *(corrigerend, beperkend)* maar, in ieder geval, toch; ▸ *multis modis scriptum est, sed nos Thucydidem probamus (Nep.);*
2. *(bij een overgang naar iets anders, bij het weer opnemen v.e. gedachtegang na een uitweiding, onderbreking e.d., of bij het af- of onderbreken v.h. spreken)* wel, nu, maar; ▸ *sed perge, ut coeperas; sed redeamus ad Hortensium; sed satis verborum est;*
3. *(na ontkenningen)* maar; ▸ *non castra, sed naves Persae petierunt (Nep.);* — *vaak voorkomende verbindingen: non modo (of non solum, non tantum) ... sed etiam* niet alleen ..., maar ook; *non ... modo ... sed ne ... quidem* niet alleen ..., maar zelfs niet.

sēd(-)[2] *zie se*[2] *en se-*[3].

sēdāmen, inis *n (sedo) (Sen.)* remedie; ▸ *o mors amoris una* ~ *mali.*

sēdātiō, ōnis *f (sedo)* het tot bedaren brengen, kalmering [animi].

sēdātus, a, um *(p. adj. v. sedo)* rustig, stil, gelaten; ▸ *dolorem -e ferre; -e servire.*

sē-decim *(decem)* zestien.

sēdēcula, ae *f (demin. v. sedes)* stoeltje.

sedentārius, a, um *(sedeo) (Plaut.)* zittend (tijdens het werk) [sutor].

sedeō, sedēre, sēdī, sessum *(de plaats waar: abl.; prep.)*
1. zitten [in equo; in vestibulo; sellā curuli; ante fores; sub arbore; inter ancillas];
2. zitting houden, als raadgever *of* rechter zitten [in rostris; in, pro tribunali];
3. verblijven, vertoeven, zich bevinden [domi];
4. werkeloos neerzitten, rustig zitten; ▸ *sprw.: compressis manibus* ~ de handen in de schoot leggen;
5. rustig, teruggetrokken leven;
6. *(milit.)* werkeloos afwachten, in het kamp blijven [diu uno loco; apud hostes]; ▸ *sedendo et cunctando bellum gerere;*
7. *(v. niet-lev.)* zich neerleggen, neerzinken; ▸ *nebula campo sedet;*
8. *(v. niet-lev.)* (vast)zitten, blijven hangen; ▸ *carina vado sedet; tela sedent; sedet plaga* de klap is raak, die zit!;
9. *(poët.; postklass.) (metaf.)* diep ingeprent zijn; ▸ *amor in pectore sedet; sedet Cressa relicta in ingenio tuo (Ov.)* het beeld v.d. verlaten Kretenzische *(= Ariadne);*
10. *(poët.)* besloten zijn, vaststaan; ▸ *patribus sententia pugnae sedet; id Aeneae sedet.*

sēdēs, is *f (gen. plur.* sedum *en* sedium*) (sedeo)*
1. zitplaats, zetel, stoel, bank [regia troon; honoris erezetel];
2. *(metaf.)* grondslag, bodem, basis, fundament [mundi; horum criminum];
3. *(Plin. Mai.)* zitvlak, anus;
4. woonplaats, woning, vaderland, *vaak plur.* [deorum; senatūs = *curia;* sceleratorum *en* piorum *in de onderwereld;* meae senectae]; ▸ *reverti in suas sedes regionesque; qui profugi sedibus incertis vagabantur;*
5. *(poët.; postklass.)* rustplaats *v.d. doden,* graf;
6. plaats, plek, *ook plur.* [veteris Ilii; belli strijdtoneel]; ▸ *mare totum a sedibus imis ruunt venti* vanaf de diepste bodem;

7. zetel, residentie [**regni**];
8. (*poët.*) rang, positie, *ook plur.*; ▸ *priores sedes tenet Homerus*;
9. (Mel.) (a) ~ *apostolica* pauselijke zetel; (b) ~ *regalis* koningstroon.

sēdī *pf. v. sedeo en sido.*

sedīle, is *n* (*abl. sg.* -ī) (*sedeo*) zitplaats, zetel, stoel, bank; roeibank.

sedimentum, ī *n* (*sedeo*) (Plin. Mai.) bezinksel.

sēd-itiō, ōnis *f* (*se-*[3])
1. onenigheid, conflict, twist, tweedracht [**domestica; pantomimorum**];
2. (*pol. en milit.*) partijstrijd, opstand, muiterij, oproer, rebellie [**civium; militaris**]; ▸ *tribuni plebis per seditionem creati*;
3. (*meton.*) opstandelingen;
4. (*metaf.*) beroering, het opwoelen [**maris**].

sēditiōsus, a, um (*seditio*)
1. oproer veroorzakend, opruiend, onrustig [**civis; tribuni plebis; oratio; voces**];
2. aan politieke onlusten blootgesteld, turbulent [**vita**].

sēdō, sēdāre (*vgl. sedeo*)
1. kalmeren, doen bedaren [**ventos; pugnam; flammam** doven];
2. (*metaf.*) sussen, stillen, afremmen [**sitim; impetum populi; animos; iram; discordiam; lites; fletūs; molestias; iuventutem**];
3. (Prop.) reven, neerhalen [**vela**];
4. (Phaedr.) doen neerdalen [**pulverem**];
/ *vgl. ook sedatus.*

sē-dūcō, dūcere, dūxī, ductum
1. apart nemen, terzijde nemen [**alqm in secretum; testem; alqm a turba; alqm blandā manu; vinum** opzijschuiven; **oculos** afwenden];
2. (*poët.*) (*metaf.*) scheiden, afzonderen [**terras undā; artūs animā**]; ▸ *plura locuturi subito seducimur imbre*;
3. (*eccl.*) verleiden, verlokken;
/ *p. adj.* **sēductus,** a, um (a) (Ov.) (ver) verwijderd, afgelegen [**terrae**]; (b) (*metaf.*) onttrokken [**consilia a plurium conscientia**]; (c) (*postklass.*) teruggetrokken, eenzaam [**vitae genus**]; ▸ (*subst.*) *in seducto* in teruggetrokkenheid, in eenzaamheid.

sēductibilis, *en* **sēductilis,** e (*seduco*) (August.) gemakkelijk te verleiden.

sēductiō, ōnis *f* (*seduco*)
1. het apart nemen, terzijde nemen [**testium**];
2. (*eccl.*) (*metaf.*) verleiding.

sēductor, ōris *m* (*seduco*) (*eccl.*) verleider.

sēductōrius, a, um (*seductor*) (*eccl.*) verleidelijk.

sēductus *zie seduco.*

sēdulitās, ātis *f* (*sedulus*) ijver, vlijt, bedrijvigheid; (Hor.) al te grote bedrijvigheid.

sēdulō *adv.* (< *se dolo* 'zonder bedrog')
1. oprecht, eerlijk, zonder kwade bedoelingen; ▸ *ego* ~ *hunc dixisse credo* (Ter.);
2. vlijtig, ijverig, druk; aandachtig [**audire**]; ▸ *faciam omnia* ~ *quae te sciam velle* (Cic.).

sēdulus, a, um (*sedulo*)
1. ijverig, vlijtig, druk bezig [**Baucis; apis; bracchia**];
2. (*poët.*) al te druk bezig.

sedum *en* **sadum,** ī *n verzamelnaam voor verschillende kruipende planten, bv. huislook, muurpeper e.d.*

Sedūnī, ōrum *m Helvetische volksstam in het tegenwoordige kanton Wallis (Zwitserland).*

Sedusiī, ōrum *m Germ. volksstam tussen de rivieren de Main en de Neckar.*

sē-dūxī *pf. v. seduco.*

seges, etis *f*
1. gewas [**laeta** overvloedig; **cana**]; (*v. wijnstokken*) aanplant, aanwas [**prima** jonge aanwas];
2. (*metaf.*) oogst, opbrengst [**clipeata virorum** menigte; **telorum** massa]; ▸ *scherts.* (Plaut.): *stimulorum* ~ (*v.e. afgeranselde slaaf*);
3. (*meton.*) zaailand, akker, veld; ▸ *Cereri opportuna* ~ ; *fert casiam non culta* ~ ;
4. (*metaf.*) veld, bodem [**gloriae**].

Segesta, ae *f stad aan de noordwestkust v. Sicilië*; — *adj.* **Segestānus,** a, um; — *inw.* **Segestānī,** ōrum *en* **Segestēnsēs,** ium *m.*

segestre, is *n* (*Gr. leenw.*) (*pre- en postklass.*) omhulsel, pels, deken.

segmen, inis *n = segmentum.*

segmentātus, a, um (*segmentum*) met purperen of gouden zoom.

segmentum, ī *n* (*seco*) (*poët.; postklass.*) afgesneden stuk; *meton.* (*plur.*) (purperen, gouden) zoom.

Segnī, ōrum *m volksstam in België, ten O. v.d. rivier de Maas.*

sēgni-pēs, *gen.* pedis (*segnis*) (Juv.) traagvoetig.

sēgnis, e traag, langzaam, nonchalant, slap (*in, bij: gen. of in m. abl.; tov., met: ad; in m. acc.; m. inf.*) [**campus** onvruchtbaar; **obsidio** slepend; **laborum; in exsequendis conatibus; ad respondendum; solvere nodum**]; ▸ (*v. Apollo*) *nec ad citharam* ~ *nec ad arcum* (Ov.); *occasionum haud* ~ bij zich voordoende gelegenheden.

sēgnitās, ātis, **sēgnitia,** ae *en* **sēgnitiēs,** ēī *f* (*segnis*) traagheid, slapheid [*metaf.* **maris** kalme zee, windstilte].

Segontiācī, ōrum *m volksstam in het Z. v. Engeland.*

sē-gregō, gregāre (*grex*)
1. (*Phaedr.*) van de kudde afzonderen [**oves**];
2. (*metaf.*) afzonderen, afscheiden, verwijderen, uitsluiten [**alqm e senatu; virtutem a summo bono; sermonem** afbreken];
3. (*Liv.*) in groepen verdelen.

sēgrex, *gen.* egis (*segrego*) (*postklass.*) afgezonderd, afgescheiden.

Segūsiāvī, ōrum *m volksstam aan de rivier de Rhône, in de buurt v.h. huidige Lyon.*

sei (*arch.*) zie si.

Seiānus, ī *m Rom. cognom.*: L. Aelius ~, *gunsteling v. keizer Tiberius, wegens een samenzwering in 31 n. Chr. terechtgesteld;* — *adj.* **Seiāniānus,** a, um.

seic (*arch.*) = *sic.*

sē-iugēs, iugium *m* (*iugum*) zesspan.

sē-iugō, iugāre scheiden.

sēiūnctim *adv.* (*seiungo*) afgezonderd.

sēiūnctiō, ōnis *f* (*seiungo*) het afzonderen, scheiding.

sē-iungō, iungere, iūnxī, iūnctum
1. scheiden, afzonderen, ook *metaf.*; ▸ *alqm ex fortissimorum civium numero* ~; *se a libertate verborum* ~;
2. (*metaf.*) onderscheiden; ▸ *liberalitatem et benignitatem ab ambitu atque largitione* ~.

Seius, a, um *naam v.e. Rom. gens*: M. ~, *Rom. ridder, zakenman, vriend v. Cicero en Atticus.*

selas *n, plur.* **selā** (*Gr. leenw.*) (*postklass.*) meteoor, komeet.

sēlēctiō, ōnis *f* (*seligo*) het kiezen, keuze.

sēlēctus *ppp. v. seligo.*

sē-lēgī *pf. v. seligo.*

Seleucēa *en* **-cīa,** ae *f naam v. verschillende antieke steden, ten dele door Seleucus I gesticht, o.a.*:
1. ~ *Babylonia op de rechteroever v.d. Tigris, 60 km ten N.O. v. Babylon, hoofdstad v.h. Seleucidenrijk;* — *inw. en adj.* **Seleucēnsis,** is *m resp.* e;
2. ~ *Pieria in Syrië, aan de monding v.d. Orontes, zeehaven v. Antiochië, belangrijke vlootbasis;*
3. *in Cilicië op de oever v.d. Calycadnus (nu Silifke).*

Seleucus, ī *m naam v. zes Syr. diadochenkoningen v.d. 'Seleuciden', o.a.*: ~ I Nicator, *metgezel v. Alexander de Grote, daarna stadhouder v. Babylon en Medië, ten slotte koning v. Syrië (305/304;—281 v. Chr.).*

sē-lībra, ae *f* een half pond [**farris**].

sē-ligō, ligere, lēgī, lēctum (*lego*[1])
1. wieden; weghalen; ook *metaf.*;
2. (*metaf.*) uitkiezen, uitzoeken [**exempla; sententias**].

Selīnūs, ūntis *f* (*en m*)
1. *door Megara gestichte Gr. stad aan de zuidwestkust v. Sicilië, nu Selinunte;*
2. *stad aan de Cilicische kust, nu Gazipaşa;* / *adj.* **Selīnūsius,** a, um.

sella, ae *f* (*sedeo*)
1. stoel, zetel: (a) ambtszetel *v. hogere magistraten (= sella curulis, zie curulis)* [**praetoris**]; (b) werkstoel *van ambachtslieden;* (c) (*meton.*) leerstoel; (d) troon [**aurea**];
2. (*postklass.*) draagstoel;
3. (*Phaedr.*) bok, koetsiersplaats;
4. wc-pot, wc;
5. (*Laatl.*) rijzadel.

sellāriolus, a, um (*sella*) (*Mart.*) van stoelen voorzien [**popinae** eethuizen *waar men niet aan tafel aanlag, maar op stoelen zat*].

sellārium, ī *n* (*sella*) (*postklass.*) salon.

sellārius, ī *m* (*sella*) (*Tac.*) schandknaap.

selli-sternium, ī *n* (*sella en sterno*) (*Tac.*) godenmaal, *waarbij de godenbeelden op stoelen geplaatst werden (vgl. lectisternium).*

sellula, ae *f* (*demin. v. sella*) (*postklass.*) kleine draagstoel.

sellulārius, a, um (*sellula*) zittend (*zijn beroep uitoefenend*).

semel *adv.*
1. eenmaal; ▸ *ne* ~ *quidem* zelfs niet eenmaal; *non* ~ herhaaldelijk; ~ *atque iterum* telkens weer, herhaaldelijk;
2. (*bij opsommingen*) ten eerste, eerst (*m. volg. iterum of deinde*); ▸ *bis rem publicam servavi,* ~ *gloriā, iterum aerumnā meā;*
3. eens en voor al, in één woord; ▸ *ut* ~ *dicam;*
4. eenmaal, eens, ooit eens; ▸ *quod* ~ *dixi, haud mutabo* (*Plaut.*); *quoniam en quando (quidem)* ~ aangezien nu eenmaal; *cum (of ut, ubi)* ~ zodra eenmaal; *qui* ~ wie eenmaal;
5. op hetzelfde moment, gelijktijdig, in één klap.

Semela, ae *en* **Semelē,** ēs *f dochter v. Cadmus, bij wie Jupiter Bacchus verwekte; werd in de Bacchuscultus samen met haar zusters Ino, Agauë en Autonoë vereerd;* — *adj.* **Semelē(i)us,** a, um.

sēmen, inis *n* (*sero*[2])
1. zaad; zaadje, sperma; ▸ *semina manu spargere; terra semen excepit; semine Saturni creatus* door Saturnus verwekt;
2. (*poët.*) stek; ▸ *semina ponere;*

3. *(meton.)* stam, geslacht [**divinum; Romanum; regium**]; ▸ *(ook plur.) saeva leonum semina* gebroed;
4. *(poët.)* spruit, nakomeling, kind [**caeleste**];
5. *(poët.) (metaf.)* grondstof, element [**rerum; flammae**];
6. kiem, oorzaak, oorsprong; veroorzaker, bron [**veteris eloquentiae; bellorum civilium; discordiae**];
7. spoortje, zweem [**urbanitatis; virtutis**].

sē-mēnstris[1], e = *semestris.*

sē-mēnstris[2], e *(mensis) (Apul.)* een halve maand oud [**luna volle**].

sēmentis, is *f (semen)*
1. het zaaien; ▸ *sementem facere* zaaien; *(sprw.) ut sementem feceris, ita metes* wat men zaait, zal men ook maaien; *(metaf.) malorum of proscriptionis sementem facere;*
2. *(poët.; postklass.) (meton.)* opgekomen zaad, jong graan; ▸ *sementes tenerae;*
3. zaaitijd *(in de late herfst).*

sēmentīvus, a, um *(sementis) (niet-klass.)* van het zaaien, van de zaaitijd [**dies** zaaifeest].

sēm-ermis, e *en* **-mus,** a, um = *semiermis en -mus.*

sē-mēstris, e *(sex en mensis)*
1. zes maanden oud, een halfjaar oud [**infans**];
2. zes maanden durend, tot zes maanden beperkt [**regnum; imperium; consulatus**].

sēm-ēsus, a, um *(semi en edo[2]) (poët.; postklass.)* half opgegeten, halfverteerd [**praeda**].

sē-met = *versterkt se[1].*

sēmi-, *voor klinkers ook* **sēm-,** *verkort* **sē-** *prefix* half-.

sēmi-adapertus, a, um *(Ov.)* = *semiapertus.*

sēmi-ambustus, a, um *(postklass.)* half verbrand.

sēmi-amictus, a, um *(Apul.)* half gekleed.

sēmi-animis, e *en* **-animus,** a, um *(anima)* halfdood.

sēmi-apertus, a, um halfgeopend, half open [**fores**].

sēmi-barbarus, a, um *(postklass.)* halfbarbaars [**Galli**].

sēmi-bōs, bovis *m (poët.)* halfstier *(= de Minotaurus).*

sēmi-cānus, a, um *(Laatl.)* halfgrijs [**comae**].

sēmi-caper, prī *m (Ov.)* halfbok *(= Pan, Faunus).*

sēmi-cīnctium, ī *n (cingo) (postklass.)* smalle gordel.

sēmi-circulus, ī *m* halve cirkel.

sēmi-clausus, a, um *(Laatl.)* halfgesloten.

sēmi-cremātus *en* **-cremus,** a, um *(cremo) (poët.)* half verbrand [**membra; tura**].

sēmi-crūdus, a, um halfrauw [**exta**].

sēmi-cubitālis, e een halve el lang.

sēmi-deus *(poët.; Laatl.)*
I. *adj.* a, um half goddelijk;
II. *subst.* ī *m* halfgod.

sēmi-doctus, a, um
1. halfgeleerd;
2. *(Mart.)* onervaren [**manus**].

sēmi-ermis, e *en* **-ermus,** a, um *(arma) (slechts)* half bewapend.

sēmi-ēsus, a, um = *semesus.*

sēmi-factus, a, um half voltooid [**opera**].

sēmi-fer *(ferus)*
I. *adj.* fera, ferum half dierlijk; halfwild, nauwelijks beschaafd;
II. *subst.* ferī *m* halfdier; halve wilde.

sēmi-fultus, a, um *(fulcio) (Mart.)* half steunend, met één bil op *(m. abl.)* [**subsellio**].

sēmi-germānus, a, um half-Germaans [**gens**].

sēmi-graecus, a, um half-Grieks [**poëtae**].

sēmi-gravis, e halfdronken.

sē-migrō, migrāre verhuizen, wegtrekken [**a patre**].

sēmi-hiāns, *gen.* hiantis *(hio)* halfopen, half geopend [**labellum**].

sēmi-homō, hominis *m (poët.)* halfmens, halfdier [**Centauri**]; — *attrib.* halfwild.

sēmi-hōra, ae *f* halfuur.

sēmi-lacer, lacera, lacerum *(Ov.)* half in stukken gescheurd, halfverscheurd.

sēmi-lautus, a, um *(Catull.)* half gewassen.

sēmi-līber, lībera, līberum half vrij.

sēmi-lixa, ae *m (Liv.)* 'halve marketenter' *(scheldw. voor een commandant).*

sēmi-marīnus, a, um *(Lucr.)* half tot de zee behorend.

sēmi-mās, *gen.* maris
I. *subst. m* halfman, halfvrouw, tweeslachtig wezen, hermafrodiet;
II. *adj. (preklass.; poët.)* gecastreerd [**Galli** priesters v. Cybele].

sēmi-mortuus, a, um *(poët.; postklass.)* halfdood [**membra; facies**].

sēminālis, e *(semen) (postklass.)* van het zaad; voor het zaaien [**herba**].

sēminārium, ī *n (semen)*
1. (boom)kwekerij;
2. *(metaf.)* broedplaats [**triumphorum; omnium malorum**].

sēminātor, ōris *m (semino)*
1. zaaier;

2. *(metaf.)* veroorzaker, bron [**omnium malorum**].

sēmi-nex, *gen.* necis halfdood [**vita; artūs** half verstijfd].

sēminium, ī *n (semen) (preklass.)*

1. zaad;

2. *(meton.)* diersoort, ras.

sēminō, sēmināre *(semen)*

1. *(postklass.)* zaaien;

2. *(metaf.)* verwekken, voortbrengen.

sēmi-nūdus, a, um halfnaakt; bijna weerloos.

sēmi-orbis, is *m (Sen.)* halve cirkel.

sēmi-patēns, *gen.* patentis *(pateo) (Laatl.)* halfopen.

sēmi-pedālis, e een halve voet lang *of* hoog.

sēmi-perfectus, a, um

1. half voltooid [**opus**];

2. *(metaf.)* niet volmaakt [**virtus**].

sēmi-pēs, pedis *m*

1. halve voet *(als lengtemaat)*;

2. *(metr.)* halve voet.

sēmi-plēnus, a, um halfvol [**naves** met halve bemanning]; half [**stationes** halfbezet; **legiones**].

sēmi-putātus, a, um half gesnoeid [**vitis**].

Semīramis, idis *en* idos *f legendarische Assyrische koningin, stichtster v. Babylon;* — *adj.* **Semīramius,** a, um.

sēmi-rāsus, a, um *(rado) (poët.; postklass.)* half geschoren.

sēmi-reductus, a, um *(Ov.)* half teruggebogen [**Venus**].

sēmi-refectus, a, um *(reficio) (Ov.)* half hersteld [**classis**].

sēmi-rotundus, a, um *(Laatl.)* halfrond.

sēmi-rutus, a, um *(ruo)* half verwoest, half ingestort [**urbs; moenia; arces**]; — *subst.* **sēmiruta,** ōrum *n* half verwoeste plaatsen.

sēmis, issis *m (semi en as)* helft (van een twaalfdelig geheel):

1. halve as; ▸ *metaf.: homo non semissis* geen cent waard;

2. halve morgen *land* [**agri**];

3. *(postklass.)* helft v.e. erfenis;

4. *(plur.)* zes procent *rente per jaar* (½% *per maand*).

sēmi-saucius, a, um *(August.)* half gewond.

sēmi-senex, senis *m (Plaut.)* halve grijsaard.

sēmi-sepultus, a, um *(Ov.)* half begraven [**ossa**].

sēmi-somnus, a, um *en* **-somnis,** e slaapdronken.

sēmi-supīnus, a, um *(poët.)* half achterovergeleund.

sēmita, ae *f*

1. (voet)pad, stoep, trottoir [**angusta et ardua**];

2. *(metaf.)* baan, weg; ▸ *(sprw.) qui sibi -am non sapiunt, alteri monstrant viam (Enn.)* zij die bij zichzelf het paadje niet kennen, wijzen een ander de (grote) weg.

sēmitālis, e *(semita) (Verg.)* bij kleine wegen vereerd [**dii**].

sēmitārius, a, um *(semita) (Catull.)* zich op kleine wegen bevindend.

sēmi-tēctus, a, um *(postklass.)* half bedekt, halfnaakt.

sēmitō, sēmitāre *(semita) (postklass.)* (met een zijweg) doorsnijden [**vineas**].

sēmi-ustulandus, a, um *(ustulo) (Suet.)* half te verbranden [**corpus**].

sēmi-ustulātus, a, um half verbrand [**cadaver**].

sēmi-ustus, a, um half verbrand [**corpus; cineres**].

sēmi-vir, *gen.* virī

I. *subst. m*

1. *(Ov.)* halfman, halfstier [**Nessus; Chiron; bos** = Minotaurus];

2. *(poët.; postklass.)* tweeslachtig wezen, hermafrodiet;

II. *adj.*

1. *(pre- en postklass.)* gecastreerd;

2. *(poët.; postklass.)* verwijfd, onmannelijk [**comitatus**].

sēmi-vīvus, a, um halfdood; *metaf.* half weggestorven, mat [**voces**].

Semnōnēs, um *m Germ. volksstam tussen de rivieren de Elbe en de Oder.*

Sēmō, ōnis *m zie Sancus.*

sē-modius, ī *m* een halve schepel *(een korenmaat);* — *adj.* **sēmodiālis,** e van een halve schepel.

sēmōtus, a, um *(p. adj. v. semoveo)*

1. (ver)verwijderd, afgelegen *(van: ab of dat.)* [**locus a militibus; terris**];

2. *(metaf.)* vrij van, zonder *(m. ab; abl.)* [**a curis; metu**]; afwijkend van *(m. ab)*;

3. *(Tac.)* vertrouwelijk [**dictio**].

sē-moveō, movēre, mōvī, mōtum verwijderen [**alqm a liberis**]; *metaf.* afzonderen, uitsluiten, wegnemen [**ceterorum sententias; voluptatem**].

semper *adv.*

1. altijd, steeds, telkens; ▸ *Hasdrubal pacis* ~ *auctor* (*Liv.*) voortdurend; *eri* ~ *lenitas*;
2. altijd al, van oudsher.

sempiternus, a, um (*semper*) voortdurend, eeuwig(durend), permanent [**cursus stellarum; ignis Vestae; odia**]; — *adv.* **-um** (*Plaut.*) voor altijd.

Semprōnius, a, um *naam v.e. Rom. gens, zie Gracchus*; — *adj. ook* **Semprōniānus,** a, um.

semul (*Plaut.*) = *simul*.

sēm-ūncia, ae *f* een halve uncia, *dwz.* een vierentwintigste deel: (a) *van een Rom. pond* (*13,6 gram*); *metaf.* een schijntje; (b) *van een Rom. as*; (c) *van een erfenis*; ▸ *alqm heredem ex -a facere*; (d) *van de rente*.

sēmūnciārius, a, um (*semuncia*) van een vierentwintigste deel [**fenus** rente *van 4⅙% per jaar*].

sēm-ustulātus, a, um = *semiustulatus*.

sēm-ustus, a, um = *semiustus*.

Sēna, ae *f stad aan de kust in Umbrië, nu* Senigallia; — *adj.* **Sēnēnsis,** e.

senāculum, ī *n* (*senatus*) vergaderzaal v.d. senaat.

senāpis, is *f* = *sinapis*.

sēnāriolus, ī *m* (*demin. v. senarius*) kleine senarius.

sēnārius (*seni*)
I. *adj.* a, um zes bevattend, zesvoetig [**numerus** het getal zes; **versus**];
II. *subst.* ī *m* senarius (*zesvoetig, meestal jambisch vers*).

senātor, ōris *m* (*vgl. senatus*) senator, raadslid, lid v.d. senaat (*ihb. in Rome, maar ook bij niet-Rom. volkeren*).

senātōrius, a, um (*senator*) senatoren-, van de senaat [**ordo** senatorenstand; **consilium** uit senatoren bestaand rechtscollege].

senātus, ūs *m* (*gen. sg. arch.* -ī; *dat. sg.* -uī *en* [*postklass.*] -ū) (*senex*)
1. senaat, raad van oudsten *in Rome, die al door Romulus gesticht zou zijn; in de koningstijd was het een soort adviescollege; tijdens de Republiek was de senaat het hoogste overheidsorgaan; in die tijd traden naast de patricische ook plebejische senatoren toe; voorwaarde om in de senaat opgenomen te worden was het bekleden v.h. ambt v. quaestor; de censoren beslisten over de toelating tot de senaat; de senaat werd bijeengeroepen door de consuls, voor wie de senaatsbesluiten niet bindend waren; de consuls dienden voorstellen in, waarover de senaat zich beraadde en stemde; in de regel was het zo dat de consuls in alle belangrijke gevallen de senaat raadpleegden en zijn raad opvolgden; in de keizertijd verloor de senaat steeds meer rechten, die op de keizer overgingen*; ▸ *senatus populusque Romanus* (*S. P. Q. R.*) de senaat en het volk van Rome, *dwz.* de staat, republiek; *senatūs consultum* (*of auctoritas*) senaatsbesluit; *in senatum legere* kiezen; *in senatum venire* in de senaat opgenomen worden, senator worden; *alqm* (*de*) *senatu movere, ex, de senatu eicere, senatu emovere* uitstoten; *senatum legere of recitare* de senatorenlijst voorlezen; *senatum* (*con*)*vocare* ter vergadering bijeenroepen; *censuit* ~ de senaat heeft besloten; *Romuli* ~, *qui constabat ex optimatibus* (*Cic.*); *maiores nostri senatum rei publicae custodem collocaverunt* (*Cic.*); *senatus rem publicam tenuit ut pleraque senatūs auctoritate gererentur* (*Cic.*); *potentia senatūs atque auctoritas paulatim minuebatur*;
2. (*meton.*) senaatsbijeenkomst, senaatszitting; ▸ *senatum habere* houden; *alci senatum dare* toegang tot de senaat verlenen; *senatu dimisso*; *multa Catonis et in senatu et in foro vel provisa prudenter vel acta constanter ferebantur* (*Cic.*);
3. (*postklass.*) zitplaatsen v.d. senatoren *in het theater*;
4. senaat, raad v. oudsten [**Aeduorum**].

Seneca, ae *m cogn. in de gens Annaea*: L. Annaeus ~, *stoïsch filosoof en schrijver, opvoeder v. Nero, stierf in 65 n. Chr. door zelfmoord op bevel v. Nero, omdat hij mee zou hebben gewerkt aan de samenzwering v. Piso*.

senecta, ae *f* (*senectus*[1])
1. (*vul aan: aetas*) (hoge) ouderdom, hoge leeftijd;
2. (*Plin. Mai.*) afgeworpen huid [**serpentium**].

senectus[1], a, um (*senex*) oud, bejaard [**aetas** hoge leeftijd; **membra**].

senectūs[2], ūtis *f* (*senex*)
1. hoge leeftijd, ouderdom [**extrema**], *metaf. ook v. zaken*; ▸ *plena senectutis* (rijpheid) *oratio*;
2. (*meton.*) (a) grijsaards; ▸ ~ *semper agens aliquid*; (b) (*Verg.*) grijze haren; (c) (*Hor.*) knorrigheid;
3. (*poët.*) (*metaf.*) lange duur;
4. (*Plin. Mai.*) afgeworpen slangenhuid.

seneō, senēre, — — (*senex*) (*preklass.*; *Catull.*) oud zijn.

senēscō, senēscere, senuī, — (*incoh. v. seneo*)
1. oud worden, verouderen;
2. (*metaf.*) zwakker worden, afnemen, wegkwijnen; verkommeren, in verval raken, afsterven; ▸ *consilia senescunt* bloeden dood, lopen op niets uit; *bellum senescit* sleept zich voort; *senescunt*

vires; luna, hiems, morbus senescens; continuā messe senescit ager raakt uitgeput (*Ov.*);
3. (*pol.*) invloed verliezen, in betekenis afnemen; ▸ *senescente Graeciā; senescit civitas otio; senescit Hannibalis vis.*

senex, *gen.* senis
I. *adj.* (*comp.* senior, ius) oud, bejaard; (*poët.*) *metaf.* rijp [**oratio**]; ▸ *senem fieri* oud worden; (*metaf.*) *poëtae seniores* van vroegere tijden; *senes autumni* (*Mart.*) oude wijn;
II. *subst. m en f* grijsaard, oudje, oude man, oude vrouw (*meestal v. mensen boven de 60 jaar, terwijl senior gezegd werd v. mensen tussen de 46 en 60 jaar oud*); — **seniōrēs,** um *m* ouderen, *meestal milit.* lichting oudere Rom. burgers (*vanaf het 46e tot het 60e levensjaar*).

sēnī, ae, a (*gen.* sēnum) (*sex*) telkens zes, elk zes; (*poët.*) zes tegelijk.

seniculus, ī *m* (*demin. v. senex*) (*Apul.*) kleine oude man.

senīlis, e (*senex*)
1. van een grijsaard, van een oudje [**prudentia; anni; partes** rol; **adoptio** door een grijsaard];
2. oud, bejaard [**memoria; statua**].

sēniō, ōnis *m* (*seni*) (*postklass.*) de zes bij het dobbelen.

senior *zie senex I.*

senis *gen. v. senex.*

senium, ī *n* (*senex*)
1. ouderdom, aftakeling; ▸ *morbo seniove carere; curvata -o membra;*
2. (*poët.*) oudheid, duur [**mundi**];
3. (*metaf.*) het wegkwijnen, afnemen, verval [**lunae**];
4. (*meton.*) (a) ergernis, ontstemming, leed(wezen); ▸ *civitas -o confecta;* (b) knorrigheid, zwaarmoedigheid, droefgeestigheid; (c) (*Sen.*) traagheid.

senius, ī *m* (*senex*) grijsaard.

Sēnōnes *en* **Senones,** um *m volksstam:*
1. *aan de bovenloop v.d. Seine bij Sens;*
2. *in Gallia cispadana, het huidige* N.-Italië; — *adj.* **Sēnōnicus** *en* **Senonicus,** a, um.

sēnsa, ōrum *n* (*sentio*) opvattingen, ideeën; ▸ *-a mentis verbis explicare.*

sēnsātus, a, um (*sensus*) (*Laatl.*) verstandig.

sēnsī *pf. v. sentio.*

sēnsibilis, e (*sentio*)
1. waarneembaar; voelbaar;
2. in staat om waar te nemen of te voelen.

sēnsi-fer, fera, ferum (*sensus en fero*) (*Lucr.*) gevoel veroorzakend [**motus**].

sēnsi-ficō, ficāre (*sensus en facio*) (*Laatl.*) gevoelig maken [**carnem meam**].

sēnsilis, e (*sentio*) (*Lucr.*) in staat om waar te nemen of te voelen.

sēnsim *adv.* (*sentio*) nauwelijks merkbaar, geleidelijk, langzamerhand.

sēnsuālis, e (*sensus*) (*Laatl.*) sensueel, wellustig.

sēnsus[1] *ppp. v. sentio.*

sēnsus[2], ūs *m* (*sentio*)
1. (a) (zintuiglijke) waarneming, indruk, gevoel; ▸ *voluptatis sensum capere; moriendi sensum celeritas abstulit* (*Cic.*); *sine sensu aetas senescit* zonder dat men het waarneemt; *mors eripit sensum doloris;* (b) (*meton.*) waarnemingsvermogen, zintuig [**videndi; audiendi; hebes**]; ▸ *res sensibus subiectae* zintuiglijk waarneembaar; *sensūs in capite collocati; non ratione, sed sensu iudicare;* (c) zinnen, bewustzijn, *ook plur.*; ▸ *alci omnem sensum eripere; sensūs mero vincuntur;*
2. (*rationeel*) (a) verstand, denkvermogen [**communis** gezond verstand, rede]; (b) begrip, oordeel, beoordelingsvermogen, deskundigheid, smaak [**rudis**]; ▸ *meliore esse sensu;* (c) mening, opvatting, gedachte [**popularis; imperitorum; communis** de algemeen heersende opvatting]; ▸ *a sensibus alcis abhorrere; sensūs suos aperire; pro suo quisque sensu locutus est; erat eodem quo Alcibiades sensu* (*Nep.*) hij was een geestverwant van Alcibiades;
3. (*gevoelsmatig*) (a) gevoel, gevoelen, psychische ervaring, emotie, belangstelling [**humanitatis; diligendi**]; ▸ *vultūs qui sensūs animi plerumque indicant* (*Cic.*); (b) gevoelen, gezindheid, denkwijze, aard, stemming [**populi; civium**]; (c) (*retor.*) pathos, hartstochtelijke, gevoelvolle nadruk, *ook plur.*; ▸ *oratio sensūs habeat; sensibus permoveri;*
4. betekenis, zin, inhoud [**verbi; testamenti**];
5. (*postklass.*) gedachte, idee [**optimi sensūs**];
6. (*postklass.*) (*retor.*) in woorden uitgedrukte gedachte, zin, periode.

sententia, ae *f* (*sentio*)
1. mening, opvatting, zienswijze; ▸ *in -a (per)manere of perseverare; -am mutare; de -a desistere of decedere; alqm de -a deducere, deicere, depellere; alqm ad suam -am perducere, traducere; -ae alcis assentiri; -am probare, sequi, defendere, repudiare; -am dicere, explicare, celare; meā -ā* naar mijn mening; *ex animi mei (tui, sui) -a* naar eer en geweten; *de -a alcis* naar iems. mening; *sine mea -a* zonder naar mijn mening te vragen; ∼ *alcis*

superat, vincit; de diis immortalibus habere non errantem et vagam, sed stabilem certamque -am (Cic.);
2. wil, vast voornemen, plan, beslissing [**deorum**]; ▸ *~ est of stat* het is besloten; *~ stat Hannibali; sic stat ~; si honestatem tueri ac retinere ~ est* (Cic.);
3. (*in publ. aangelegenheden*) officieel uitgesproken mening, voorstel, uitspraak, stem (*ihb. van senatoren*); ▸ *-am dicere, ferre of dare* zijn stem uitbrengen; *in -am addere; -am referre* een voorstel indienen; *-am rogare* tot stemming oproepen; *liberis -is* bij vrije stemming; *in -am alcis discedere of (pedibus) ire* zich bij iems. voorstel aansluiten; *principes -arum consulares* de oudconsuls die als eersten hun oordeel gaven; *ex senatūs -a;*
4. vonnis, uitspraak, stem (*van een rechter*); ▸ *-am ferre* vellen; *-am dicere, pronuntiare; condemnatur perpaucis -is; -is paribus reus absolvitur* bij het staken van de stemmen;
5. betekenis, zin, inhoud [**orationis; legis**]; ▸ *id habet hanc -am; in hanc -am respondere, loqui* in deze zin; *in hanc -am epistula scripta est;*
6. gedachte, idee; ▸ *abundans -is* rijk aan ideeën;
7. in woorden uitgedrukte gedachte, zin;
8. *kernachtige* spreuk, aforisme; ▸ *concinnae acutaeque -ae; selectae Epicuri brevesque -ae; quid est tam iucundum cognitu atque auditu, quam sapientibus -is gravibusque verbis ornata oratio et perpolita* (Cic.);
9. (*eccl.*) *~ tremenda* het Laatste Oordeel.

sententiola, ae *f* (*demin. v. sententia*) treffende opmerking, bon-mot.

sententiōsus, a, um (*sententia*) rijk aan gedachten, ideeën [**genus dictionis**]; ▸ *-e dicere.*

senticētum, ī *n* (*sentis*) (*pre- en postklass.*) plek vol doornstruiken, braambos.

sentīna, ae *f*
1. in het schip binnengedrongen water, kielwater; ▸ *-am exhaurire;*
2. (*meton.*) onderste scheepsruimte; ▸ *Romam sicuti in -am confluere;*
3. (*metaf.*) uitschot, schuim [**urbis; rei publicae**].

Sentīnās, *gen.* ātis *ager ~* gebied v.d. stad Sentinum (*in Umbrië*), *nu* Sentino.

sentiō, sentīre, sēnsī, sēnsum
1. waarnemen, voelen, ervaren [**odores; colorem; sonitum** horen; **suavitatem cibi** proeven; **voluptatem**]; ▸ (*m. aci.*) *aperiri fores ~; ~ (omnia) sonare;*
2. (*iets vervelends, tot zijn nadeel*) ervaren, lijden, doormaken, merken [**dolorem; famem; detrimentum; invidiam; alqm vindicem**]; ▸ (*v. niet-lev.*) *ora senserat vastationem* (*Liv.*);
3. (be)merken, gewaarworden, zich bewust worden, inzien (*m. acc.; de; aci. of afh. vr.*) [**plus** meer inzicht hebben]; ▸ *ex nocturno fremitu de profectione eorum senserunt* (*Caes.*) kregen ze hun aftocht in de gaten; (*m. nom. v.h. ptc.*) *sensit medios delapsus in hostes* (*Verg.*);
4. een mening, overtuiging hebben, menen, denken, oordelen [**male; bene; idem** (*of* **eadem**) **de re publica** dezelfde politieke gezindheid hebben; **cum Catilina** dezelfde gezindheid hebben als Catilina; **humiliter** een nederig karakter hebben; **de alqo mirabiliter** een voortreffelijke indruk v. iem. hebben];
5. beschouwen als, houden voor (*m. dubb. acc.*) [**alqm bonum civem**];
6. zijn mening zeggen, zijn gedachten uitspreken, zijn oordeel geven, stemmen [**gravius de alqo; lenissime; in senatu libere**];
7. (*v.e. schrijver*) bedoelen, willen zeggen;
8. (*abs.*) bij zijn volle verstand, alert zijn.

sentis, is *m* (*en f*) doornstruik, -bos, *meestal plur.*; (*Plaut.*) *metaf.* (*scherts., v. dievenhanden*).

sentīscō, sentīscere, — — (*incoh. v. sentio*) (*Lucr.*) beginnen waar te nemen, in de gaten krijgen.

sentus, a, um (*sentis*) (*poët.*) doornig, ruw [**loca**]; (*metaf., v. personen*) ruig, wild.

senuī *pf. v. senesco.*

se-orsum *en* **-orsus** *adv.* (*verto*)
1. afgezonderd, terzijde; (*m. abl.* [*bij zaken*] *of m. ab*) ver van, zonder; anders dan; ▸ *~ a rege exercitum ductare; ~ corpore* zonder lichaam; *abs te ~ cogito* (*Plaut.*) ik denk anders dan jij; *~ a collega* zonder (steun van);
2. (*kom.*) vooral; ▸ *omnibus gratiam habeo et ~ tibi* (*Ter.*).

sē-par, *gen.* aris (*alleen abl. sg.* sēpare [*en* sēparī]) (*postklass.*) apart, afzonderlijk [**urnā; coetū**].

sēparābilis, e (*separo*) scheidbaar [**a corpore**].

sēparātim *adv., zie separatus.*

sēparātiō, ōnis *f* (*separo*) scheiding.

sēparātus, a, um (*p. adj. v. separo*) (*adv.* sēparātim)
1. afgezonderd, gescheiden, apart, afzonderlijk [**exordium** niet met de zaak samenhangend]; ▸ *-is temporibus* op verschillende tijden; *castra separatim habere; separatim dicere de alqa re* zonder speciale samenhang; *privati ac -i agri apud*

eos nihil est;
2. (Hor.) ver, afgelegen [**iuga**].
sē-parō, parāre
1. afzonderen, scheiden, verdelen; *metaf.* uitsluiten [**suum consilium a reliquis** een afzonderlijk besluit nemen; **alqm ab amicis**]; ▸ *Europam Asiamque separans fretum; equitum magno numero ex omni populi summā separato;*
2. uitzonderen, apart behandelen, onderscheiden; ▸ *separatā etiam utilitate.*
sepelībilis, e (*sepelio*) (*Plaut.*) wat zich laat begraven, *metaf.* wat zich laat verbergen [**stultitia**].
sepeliō, sepelīre, sepelīvī (*en* sepeliī), sepultum
1. begraven [**mortuum; ossa alcis**];
2. verbranden;
3. (*metaf.*) volledig onderdrukken, vernietigen [**dolorem; famam; patriam; bellum** beëindigen; **somnum** verdrijven; **tribuniciam potestatem**]; ▸ *nullus sum, sepultus sum* (*Ter.*) het is met me gedaan, ik ben verloren;
4. (*poët.; Laatl.*) (in diepe slaap) doen zinken, *alleen pass.;* ▸ *vino somnoque sepulti; custode sepulto; assiduo lingua sepulta mero.*
sēpēs[1], is *f = saepes.*
sē-pēs[2], *gen.* pedis (*sex*) (*Laatl.*) zesvoetig.
sēpia, ae *f* (*Gr. leenw.*)
1. inktvis;
2. (*Pers.*) (*meton.*) inkt.
sēpiō = *saepio.*
sēpiola, ae *f* (*demin. v. sepia*) (*Plaut.*) inktvisje.
Sēplasia, ae *f straat in Capua, waar zalf verkocht werd.*
sēplasium, ī *n* (*Seplasia*) (*Petr.*) zalf.
sē-pōnō, pōnere, posuī, positum
1. opzij leggen, wegleggen, opsparen [**pecuniam in aedificationem templi; pecuniam ad fanum** voor de versiering van de tempel];
2. (*metaf.*) voorbehouden, bestemmen [**sibi ad eam rem tempus; Aegyptum** de heerschappij over Egypte]; ▸ *locus poenis sepositus;*
3. afzonderen, scheiden [**a ceteris dictionibus eam partem dicendi; de mille sagittis unam** uitkiezen]; ▸ *metaf.: inurbanum lepido* ~ *dicto* onderscheiden van (*Hor.*);
4. verwijderen, op een afstand houden; ▸ *interesse pugnae an seponi* zich op een afstand houden; (*metaf.*) *consulatum extra certamen* ~ buiten de strijd houden;
5. (*postklass.*) verbannen [**fratrem; alqm a domo sua; alqm in insulam**];
6. (*poët.; postklass.*) (*metaf.*) verdrijven, verbannen [**graves curas nectare; questūs**];
/ *p. adj.* **sēpositus,** a, um (*poët.*) (a) uitgelezen, voortreffelijk [**vestis** feestkleding; **grex**]; (b) afgelegen, ververwijderd [**gens; mare**].
sēps, sēpos *m* (*Gr. leenw.*) (*postklass.*)
1. *een soort* slang [**tabificus**];
2. *een giftige* hagedis.
sēpse = *se ipse.*
septem (*indecl.*)
1. zeven; ▸ ~ *colles* = Rome; *Septem Aquae* omgeving v.d. zeven beken *bij* Reate; *Septem stellae* het Zevengesternte *van de Grote Beer;*
2. *subst.* de Zeven Wijzen (*van Griekenland*).
September (*septem*)
I. *adj.* bris, bre (*abl. sg.* -ī)
1. zevende [**mensis** (de maand) september (*de zevende, later de negende maand*)];
2. van september, september- [**Calendae; horae** herfsttijd];
II. *subst.* bris *m* (*abl.* -ī) september.
septem-decim = *septendecim.*
septem-fluus, a, um (*fluo*) (*Ov.*) in zeven takken stromend, zevenarmig [**Nilus**].
septem-geminus, a, um (*poët.*) zevenvoudig [**Nilus; Roma** met zeven heuvels].
septem-pedālis, e (*Plaut.*) zeven voet hoog [**statua**].
septem-plex, *gen.* plicis (*vgl. duplex*) (*poët.*) zevenvoudig [**clipeus** uit zeven op elkaar gelegde runderhuiden bestaand, zevenhuidig; **Nilus, Hister** met zeven mondingen].
septem-triō, ōnis *m* (*ook gesplitst*) = *septentrio.*
septemvirālis, e (*septemviri*) van het zevenmannencollege, van de zevenmannen [**auctoritas**]; — *subst.* is *m* = *septemvir, zie septemviri.*
septemvirātus, ūs *m* (*septemviri*) ambt v. zevenman, septemviraat.
septem-virī, ōrum *en* um *m* de zevenmannen (*college v. zeven mannen*); *sg.* **septem-vir,** virī lid v.h. zevenmannencollege.
septēnārius (*septeni*)
I. *adj.* a, um (*postklass.*) uit zeven bestaand [**numerus**];
II. *subst.* ī *m* zevenvoetig vers, septenarius.
septen-decim *indecl.* (*septem en decem*) zeventien.
septēnī, ae, a (*gen.* -um), *ook sg.* **-us,** -a, -um (*septem*)
1. telkens zeven, elk zeven;
2. (*poët.*) zeven tegelijk, zeven bij elkaar;
3. (*sg.*) zevenvoudig [**gurges; circumitus**].
septen-triō, ōnis *m* (*septem; ontstaan uit plur.*

septem triones, eig. 'de zeven dorsossen')
1. *(meestal plur.)* Zevengesternte, de Grote Beer, Wagen [**minor** de Kleine Beer];
2. *(meton.)* (**a**) *(meestal plur.)* noorden; ▸ *ventus a septentrionibus oriens; rigor septentrionis;* (**b**) *(sg.)* noordenwind; ▸ *acer ~ ortus est.*

septentriōnālis, e *(septentrio)* noordelijk; — *subst.* **-ia,** ium *n* noordelijke streken.

sēpticus, a, um *(Gr. leenw.) (Plin. Mai.) (v. medicijnen)* rotting veroorzakend [**vis**].

septiē(n)s *adv. (septem)* zevenmaal.

septi-fōrmis, e *(septem en forma) (eccl.)* zevenvoudig.

septimāna, ae *f (septimus) (Laatl.)* week.

septimānī, ōrum *m (septimus) (postklass.)* soldaten v.h. zevende legioen.

Septimius, a, um *naam v.e. Rom. gens:* L. ~ Severus, zie *Severus*[1].

septimontiālis, e *(Septimontium) (postklass.)* van het zevenheuvelenfeest.

Septi-montium, ī *n (septem en mons) (pre- en postklass.)* zevenheuvelenfeest *in Rome op 11 december ter herinnering aan de opname v.d. zeven heuvels binnen de muren v.d. stad.*

septimus, a, um *(septem)* zevende; — *adv.* **-um** voor de zevende keer.

septingentēsimus, a, um *(septingenti)* zevenhonderdste.

septin-gentī, ae, a *(septem en centum)* zevenhonderd.

septi-zōnium, ī *n (septem en zona) (Suet.) gebouw met fraaie zuilen op de Palatijn.*

septuāgēnārius, a, um *(septuageni) (Laatl.)* uit zeventig bestaand [**homo** zeventig jaar oud; **aetas** leeftijd van zeventig jaar].

septuāgēnī, ae, a *(septuaginta) (postklass.)* telkens zeventig, elk zeventig.

septuāgēsimus, a, um *(septuaginta)* zeventigste.

septuāgiē(n)s *adv.* zeventigmaal; ▸ ~ *sestertium* zeven miljoen sestertiën.

septuāgintā *indecl.* zeventig.

septu-ennis, e *(septem en annus) (Plaut.; Laatl.)* zevenjarig [**puer**].

septumus, a, um *(arch.) = septimus.*

sept-ūnx, ūncis *m (septem en uncia)* 7/12 v.e. (twaalfdelig) geheel, *o.a.* zeven ons.

sepulchr- = *sepulcr-.*

sepulcrālis, e *(sepulcrum) (Ov.)* bij een graf horend, graf-, lijk- [**ara; fax**].

sepulcrētum, ī *n (sepulcrum) (Catull.)* begraafplaats.

sepulcrum, ī *n (sepelio)*
1. graf, grafheuvel, groeve; ▸ *ara -i* brandstapel; *monumentum -i* grafmonument; *alqm -o condere* begraven, bijzetten; *onerare membra -o;*
2. *(meton.)* (**a**) grafmonument [**inane** gedenkteken, cenotaaf]; ▸ *-um exstruere;* (**b**) opschrift op een grafmonument, grafopschrift;
3. *(poët.)* begrafenis;
4. *(poët.)* dode, *plur.* geesten v.d. gestorvenen; ▸ *-a placare.*

sepultūra, ae *f (sepelio)*
1. begrafenis, bijzetting; ▸ *-ā alqm afficere* begraven;
2. *(postklass.)* verbranding *van een dode.*

sepultus *ppp. v. sepelio.*

Sēquana, ae *m rivier in Gallië, nu de* Seine.

Sēquanī, ōrum *m volksstam tussen de rivieren Saône en Rhône en het Juragebergte; Caesar streed met de Haeduers om dit gebied;* — *adj.* **Sēquanus,** a, um [**gens**].

sequāx, *gen.* ācis *(sequor)*
1. *(poët.)* snel volgend [**equus** makkelijk te leiden; **flammae** lekkend; **fumus** gemakkelijk overal binnendringend; **undae** stuwend; **hederae** woekerend; **Latium** (= Latini) achtervolgend; *metaf.* **mores; curae** die de mensen overal begeleiden];
2. *(metaf.)* soepel, meegevend [**materia**].

sequella *en* **sequēla,** ae *f (sequor) (postklass.)*
1. gevolg, volger;
2. *(metaf.)* gevolg, consequentie.

sequentia, ae *f (sequor)*
1. *(Laatl.)* reeks, opeenvolging;
2. *(Mel.)* sequens *(een liturgisch gezang).*

sequester *(sequor)*
I. *adj.* tra, trum *(Verg.)* bemiddelend; ▸ *pace sequestrā* onder de bescherming v.d. vrede;
II. *subst.* tris *en* trī *m* tussenpersoon, bemiddelaar.

sequestrātiō, ōnis *f (sequestro) (Laatl.)*
1. *(jur.)* het deponeren van in beslag genomen *of* omstreden voorwerpen;
2. *(metaf.)* afzondering.

sequestrō, sequestrāre *(sequester) (eccl.)*
1. in bewaring geven;
2. *(metaf.)* afzonderen, verwijderen.

sequestrum, ī *n (preklass.)* het deponeren *van een omstreden zaak* bij een onpartijdig persoon.

sequius *comp. v. secus*[2].

sequor, sequī, secūtus sum *(m. acc.)*
1. volgen, begeleiden [**magistratum in provinciam** de magistraat volgen naar zijn provincie; **amicum in Graeciam** meegaan met

een vriend naar Griekenland; **Caesarem ex urbe; vestigia vatum; dicta sic voce** als volgt beantwoorden]; ▸ *(v. niet-lev.) gloria virtutem tamquam umbra sequitur (Cic.); magna multitudo carrorum ~ Gallos consuevit (Caes.);*
2. achtervolgen, achternazitten [**fures lapidibus; hostem telo, hastā; feras**]; ▸ *damnatum poena sequitur;*
3. *(metaf.)* (na)volgen, aanhangen, zich aansluiten bij, naleven, zich houden aan, zich richten naar [**exemplum, mores alcis; consilium amici; sententiam alcis; leges; edictum; officium; arma victricia** zich bij de overwinnaar aansluiten; **naturam ducem** de natuur als leidster volgen];
4. *een plaats, landstreek* opzoeken [**Formias; Italiam; loca palustria; Auroram** naar het oosten trekken; **regiones Latinas; pennis astra** vliegen naar];
5. *(v. tijd of volgorde)* volgen (op); ▸ *lacrimae sunt verba secutae; et quae sequuntur* en zo verder; *cetera sequentur; sequenti anno, die; hunc annum nobilis clade Caudinā pax sequitur; sequitur ut (dicam, doceam) (bij de overgang naar een nieuw deel v.e. redevoering)* hierop volgt dat; — *subst.* **sequentia,** ium *n (Tac.)* het volgende;
6. streven naar, op het oog hebben, in het oog houden, beogen, zich laten leiden door [**amicitiam fidemque populi Romani** de vriendschap en de bescherming v.h. Rom. volk zoeken; **commoda; otium et tranquillitatem vitae; gloriam; auctoritatem; ferro extrema** zelfmoord willen plegen; **gratiam alcis; Hermionem** dingen naar];
7. *(als resultaat v.e. oorzaak)* (onmiddellijk) volgen, het gevolg zijn van, voortkomen uit, resulteren in *(m. acc.; ex)*; ▸ *ex hac re sequitur discrimen; poena, quae illud scelus sequitur; dispares mores sequuntur disparia studia; sequitur (m. ut, soms m. aci.)* daaruit volgt dat;
8. *(als bezit, erfenis)* te beurt, ten deel vallen; ▸ *heredes monumentum non sequitur (Hor.); urbes captae Aetolos sequebantur (Liv.); me sequetur tertia (pars);*
9. *(abs.)* meegeven; ▸ *telum non sequitur* laat zich niet uittrekken;
10. vanzelf komen, zich voordoen; ▸ *quo minus gloriam petebat, eo magis sequebatur (Sall.); laus est pulcherrima, cum sequitur.*

Sēr, Sēris *m sg. v. Seres.*

Ser. *(afk.)* = *Servius.*

sera[1]**,** ae *f (poët.; postklass.)* dwarsbalk, grendel.

sēra[2] *zie serus.*

seraphīn *indecl. plur. (eccl.)* de serafijnen.

Serāpis, is *en* idis *m Egypt. god, de vergoddelijkte Apisstier, die door zijn dood Osiris geworden was; hij werd door de Ptolemaeërs tot staatsgod v. Grieken en Egyptenaren verheven en door de Grieken met Zeus en Hades verbonden; zijn cultus was wijdverbreid in het latere Rom. wereldrijk.*

serēnitās, ātis *f (serenus)*
1. helderheid [**caeli**], helder weer;
2. *(metaf.)* gunst [**fortunae**];
3. *(Laatl.) als titel v.d. keizer:* Doorluchtigheid, Hoogheid.

serēnō, serēnāre *(serenus)*
I. *tr.* doen opklaren, helder maken [**caelum; Olympum;** *metaf.* **spem fronte** door een onbezorgde gezichtsuitdrukking hoop tonen];
II. *intr.* helder zijn; ▸ *lux serenans* helder licht; *cum serenat* wanneer het helder is.

serēnum, ī *n (serenus)* heldere lucht, helder weer, *ook plur.*; ▸ *-o* bij helder weer.

serēnus, a, um
1. helder, onbewolkt [**caelum; nox; aër**];
2. *(Plaut.)* helder weer brengend [**favonius**];
3. *(metaf.)* rustig, kalm, opgewekt [**animus; vita; vox**];
4. *(Laatl.)* Serenus *en superl.* Serenissimus *als titel v.d. keizer:* Doorluchtigheid, Hoogheid.

Sēres, um *m de Seres ('volk v.d. zijde'), volksstam in O.-Azië (de huidige Chinezen), beroemd door het vervaardigen v. zijde;* — *adj.* **Sēricus,** a, um Serisch [**sagitta**]; zijden [**vestis**]; *subst.* **sērica,** ōrum *n* zijden kleren *of* stoffen.

serēscō, serēscere, — — *(verw. m. serenus) (Lucr.)* droog worden.

Sergius, a, um *naam v.e. Rom. gens:* L. ~ Catilina, *zie Catilina.*

sēria[1]**,** ae *f* ton, vat.

sēria[2] *zie serius*[1].

sērica *zie Seres.*

sēricātus, a, um *(serica) (Suet.)* in zijde gekleed.

Sēricus *zie Seres.*

seriēs, ēī *f (sero*[1]*)*
1. rij, reeks, aaneenschakeling [**iuvenum** rei v. (dansende) jongemannen; *metaf.* **annorum; temporis; causarum; rerum sententiarumque; malorum; fabularum; fati** loop];
2. *(poët.; postklass.)* reeks v. voorvaderen.

sēriō *zie serius*[1].

sēriola, ae *f (demin. v. seria*[1]*) (postklass.; Laatl.)* klein vat, kruik.

sēriōsus, a, um *(serius*[1]*) (Mel.)* ernstig.

Serīphos *en* **-us,** ī *f eiland v.d. westelijke Cycladen;* — *inw. en adj.* **Serīphius,** ī *m resp.* a, um.

sērius[1]**,** a, um
1. gewichtig, belangrijk, ernstig [**verba; tempus**]; — *subst.* **sērium,** ī *n* ernst; *klass. alleen plur.* **-a,** ōrum *n* ernstige zaken, ernst; ▸ *seria cum alqo agere;*
2. serieus, ernstig; — *abl. sg. als adv.* **sēriō** in ernst, ernstig.

sērius[2] *adv., comp. v. sero*[3]*, zie serus.*

sermō, ōnis *m* (*sero*[1])
1. gesprek, onderhoud, conversatie; ▸ *sermonem habere of conferre cum alqo* een gesprek met iem. voeren; *sermonem instituere cum alqo* een gesprek aanknopen; *sermonem interrumpere; esse in ore, in sermone omnium;* ~ *litterarum* correspondentie; *non sermone dignum est* is de moeite niet waard om erover te spreken; *alqd omnibus sermonibus ferre* vermelden;
2. geleerd, wetenschappelijk gesprek, discussie, dispuut; ▸ *sermonem cum alqo habere de amicitia; in sermonem ingredi;*
3. geklets, geroddel, gerucht [**vulgi; hominum**]; ▸ *sermones lacessere* aanleiding geven tot; *materiam sermonibus praebere* stof tot praatjes geven; *diem sermone terere;*
4. (*meton.*) onderwerp v. gesprek, gespreksthema; ▸ *filius meus* ~ *est per urbem* (*Plaut.*) is in de hele stad het onderwerp v. gesprek;
5. het natuurlijk, ongekunsteld spreken, spreektaal; taal, dialect [**Latinus; Persarum**]; ▸ ~*, qui nobis (in)natus est* = ~ *patrius* moedertaal; *oratio philosophorum* ~ *potius quam oratio dicitur;*
6. taal v.d. komedie (*bij Hor. v. zijn satiren en brieven* [*wegens hun prozaïsche taal*]); ▸ *nostrorum sermonum candide iudex;*
7. (*Laatl.*) woord, uiting; ▸ *exprimere sermonibus;*
8. manier v. spreken, wijze v. uitdrukken [**festivus; delicatus; lenis minimeque pertinax; urbanus; rusticus; plebeius**]; ▸ *sermonis elegantia; sermonis error* verkeerde manier v. uitdrukken;
9. (*eccl.*) preek, sermoen.

sermōcinātiō, ōnis *f* (*sermocinor*) (*postklass.*) gesprek; dialoog.

sermōcinor, sermōcinārī (*sermo*)
1. een gesprek voeren;
2. (*postklass.*) een geleerd gesprek voeren, disputeren.

sermōnor, sermōnārī (*Gell.*) = *sermocinor* 1.

sermunculus, ī *m* (*demin. v. sermo*) geroddel, kwaadsprekerij, *ook plur.*

serō[1]**,** serere, (seruī), sertum
1. aaneenrijgen, aan elkaar knopen; *alleen ppp.* **sertus,** a, um; ▸ *loricae sertae* maliënkolders; *corona serta* gevlochten; — *subst.* **serta,** ōrum *n en* (*poët.*) **sertae,** ārum *f* guirlande, bloemfestoen, krans: *spicea serta* kransen v. aren;
2. (*metaf.*) vast-, aaneenknopen, (aaneen)rijgen [**sermones inter se; haec sermone** in een dialoog behandelen; **bellum ex bello** oorlog aan oorlog rijgen; **crebra proelia; fabulam argumento** tot een samenhangend geheel maken]; *pass.* zich aaneenrijgen, op elkaar volgen; ▸ *immobilis ordo rerum humanarum seritur fati lege.*

serō[2]**,** serere, sēvī, satum
1. zaaien, planten [**frumenta; arbores; semina; oleam et vitem**]; ▸ (*sprw.*) *mihi istic nec seritur nec metitur* ik heb er voordeel noch nadeel van; — *subst.* **sata,** ōrum *n* het gezaaide, zaaiveld, aanplant;
2. bezaaien, beplanten [**agrum** bebouwen; **solum**];
3. (*metaf.*) verwekken, voortbrengen [**genus humanum**]; *ihb. ppp.* **satus,** a, um (*m. abl.*) afstammend van, zoon *of* dochter van; ▸ *stirpe divinā satus; sata Tiresiā* dochter v. Tiresias; *sati Curibus* uit Cures afkomstig;
4. rondstrooien, verspreiden, doen ontstaan, veroorzaken [**rumores; crimina in senatum; discordias**].

sērō[3] *zie serus.*

sērō-tinus, a, um (*sero*[3]) (*postklass.*) laat komend, zich laat ontwikkelend [**hiems; pira**]; laat handelend [**raptor** het juiste moment afwachtend].

serpēns, entis *m en f* (*serpo*)
1. slang; worm;
2. Draak (*als sterrenbeeld*);
3. (*eccl.*) duivel.

serpenti-gena, ae *m* (*serpens en gigno*) (*Ov.*) iem. die geboren is uit een slang.

serpentīnus, a, um (*serpens*) (*Laatl.; eccl.*) van slangen [**proles**].

serpenti-pēs, *gen.* pedis (*serpens*) (*Ov.*) met voeten in de vorm v. slangen [**gigantes**].

serperastra, ōrum *n orthopedische* spalken voor knieën.

serpō, serpere, serpsī, serptum
1. kruipen, sluipen [**per humum**]; ▸ (*metaf.*) *somnus serpit* komt aansluipen, nadert;

2. kronkelen; ▸ *vitis, hedera serpens* slingerend; 3. *(metaf.)* zich verspreiden, geleidelijk om zich heen grijpen, voortwoekeren; ▸ *malum obscure serpens; flamma per continua serpens; per membra senectus serpit; serpit fama per coloniam; per agmina murmur serpit.*

serpullum, ī *n (niet-klass.)* wilde tijm.

serra, ae *f*
1. zaag;
2. zaagvis;
3. *(milit.)* zaagformatie.

serrācum, ī *n*
1. tweewielige wagen;
2. *(Juv.) (metaf.)* Wagen *(als sterrenbeeld).*

serrātōrius, a, um *(serra) (Laatl.)* van *of* voor het zagen.

serrātus, a, um *(serra) (postklass.)* getand, gekarteld [**dentes; folia**]; — *subst.* **-ī,** ōrum *m zilveren denarii met een gekartelde rand.*

serrō, serrāre *(Laatl.)* zagen.

serrula, ae *f (demin. v. serra)* kleine zaag.

serta *en* **sertae** *zie sero*[1].

Sertōrius, a, um *naam v.e. Rom. gens: Q.* ~, *Rom. ridder uit Nursia (123—72 v. Chr.), aanhanger v. Marius, na de overwinning v. Sulla aanvoerder v.d. Rom. emigranten en de vrijheidsbeweging in Spanje tegen Rome; — adj. ook* **Sertōriānus,** a, um.

seruī *zie sero*[1].

serum[1], ī *n*
1. *(poët.; postklass.)* hui, wei;
2. *(Catull.)* zaad, sperma.

sērum[2], ī *n (serus)* laat tijdstip [**diei; noctis**]; ▸ *-o diei* laat op de dag; *in -um noctis* tot diep in de nacht; *rem in -um trahere* tot laat rekken.

sērus, a, um *(adv. -ō)*
1. laat [**hora; aetas; spes** laat in vervulling gaand; **ulmus** langzaam groeiend; **bellum** zonder einde]; ▸ *vaak pred.: serus in caelum redeas (Hor.);*
2. te laat, verlaat [**auxilium; gratulatio; paenitentia**];
/ *adv.* **sērō, sērum** *en* **sēra** (a) laat, 's avonds; (b) te laat; — *comp.* **sērius** (a) later; ▸ *serius ocius = serius aut citius* vroeg of laat; *paulo serius; spe omnium serius;* (b) te laat [**proficisci**].

serva, ae *f (servus)* slavin.

servābilis, e *(servo)*
1. *(Ov.)* te redden;
2. houdbaar.

servantissimus, a, um *(eig. superl. v. ptc. pr. v. servo) (poët.)* uiterst nauwkeurig in acht nemend.

servātiō, ōnis *f (servo) (postklass.)* handelwijze; gebruik.

servātor, ōris *m (servo)* behouder, redder [**mundi; urbis; salutis** verlosser].

servātrīx, īcis *f (servator)* behoudster, redster.

servīliculus, a, um *(demin. v. servilis) (Plaut.)* kruiperig.

servīlis, e *(servus)* slaafs, onderworpen, slaven- [**litterae** wetenschappelijke kennis v.e. slaaf; **iugum** slavenjuk; **bellum** slavenoorlog; **terror** voor slaven; **tumultus**]; ▸ *serviliter (of servilem in modum) facere* op de manier v. slaven, zoals slaven; *serviliter ficti dominum consalutamus.*

Servīlius, a, um *naam v.e. Rom. gens:*
1. C. ~ Ahala, *zie Ahala;*
2. P. ~ Rullus, *indiener v.d. lex Servilia over de verkoop v. akkers waartegen Cicero zich verzette;*
/ *adj. ook* **Servīliānus,** a, um.

serviō, servīre *(arch. impf.* servībam, *fut.* servībō) *(servus)*
1. slaaf zijn, dienen *(bij: apud; dat.);* ▸ ~ *regi humiliter, aliis superbe imperare (Liv.); servitutem* ~ in slavernij leven; — *subst.* **servientēs,** ium *m* knechten, personeel;
2. *(pol.)* onderworpen, onderdanig zijn [**populo Romano; regi; optimatibus**];
3. *(metaf.)* gedienstig zijn, ter wille zijn *(m. dat.)* [**amicis; auribus alcis** iem. naar de mond praten];
4. gehoorzamen, zich richten naar, zich laten beheersen door *(m. dat.)* [**incertis rumoribus; iracundiae; personae** zijn rol, karakter trouw blijven; **tempori** zich aan de omstandigheden aanpassen];
5. zich wijden, zich overgeven *of* verslaafd zijn aan *(m. dat.)* [**valetudini; posteritati; voluptatibus; cupiditati; bello** doen wat de oorlog eist];
6. toewerken naar, in het oog houden *(m. dat.)* [**gloriae; paci; pecuniae**];
7. *(v. stukken grond, gebouwen)* belast zijn met servituut, erfdienstbaarheid; ▸ *eae aedes serviebant; omnia praedia serviebant;*
8. *(Plin. Mai.)* dienen, geschikt zijn *(voor: dat.);* ▸ *candelae luminibus et funeribus serviunt.*

servitium, ī *n (servus)*
1. slavernij, slavendienst; ▸ *alqm in -um ducere; civitatem a -o abstrahere; -o exire; alci -um minari; iustum -um pati; cives -o premere* onderdrukken;
2. *(metaf.)* slavernij, dienstbaarheid [**amoris; corporis**];

3. *(meton.) (sg. coll. of plur.)* slaven, personeel; ▸ *-a concitare;*

4. *(eccl.)* (a) ~ *divinum* eredienst; (b) heffing, belasting.

servitrīx, īcis *f (servus) (Plaut.)* slavinnetje.

servitūs, ūtis *f (servus)*

1. slavernij, slavendienst; ▸ *in servitute esse; alqm in servitutem redigere, abducere of abstrahere; ex servitute eripi; anteponere mortem servituti;*

2. *(pol.)* slavernij, dienstbaarheid; ▸ *afficere liberum populum servitute; civitatem servitute opprimere; patriam e servitute in libertatem vindicare; servitutem tolerare;*

3. *(metaf.)* ondergeschiktheid, gehoorzaamheid [**muliebris** van de vrouw tegenover de man];

4. *(bij stukken grond)* erfdienstbaarheid, servituut; ▸ *servitutem fundo imponere;*

5. *(Hor.) (meton.) (v. minnaars)* slaven; ▸ ~ *crescit nova.*

Servius, ī *m Rom. voornaam, ihb. in de gens Sulpicia, afk. Ser.:* ~ Tullius, *zie Tullius.*

servō, servāre *(arch. fut. exactum servāssō, conj. pf. servāssim enz.)*

1. ongedeerd behouden, redden [**populum; puerum ex igne; rem publicam; naves e tempestate;** *m. dubb. acc.* **cives incolumes**];

2. bewaken, (be)hoeden, beschermen [**argentum; volumen epistularum diligentissime**];

3. *(metaf.)* behouden, handhaven, in stand houden, bewaren, in ere houden, in acht nemen [**fidem; amicitiam; ius iurandum; militare institutum; legem; morem ab antiquis traditum; signa** bij de vaandels blijven; **praesidia** de posten bezet houden; **ordinem** *of* **ordines** in het gelid blijven; **vigilias, custodias** houden; **diem** zich aan de (afgesproken) dag houden; *m. dubb. acc.* **pudicitiam liberorum tutam**]; *(m. ut);*

4. erkennen [**quattuor genera**];

5. *(voor de toekomst)* bewaren, opzij leggen, opsparen [**fructūs** winst, rente; **se ad maiora; vinum in vetustatem**];

6. observeren [**solem;** *intr.* **de caelo** de tekenen aan de hemel]; ▸ *(abs.) lumina servantia* waakzaam;

7. opletten, oppassen *(op, voor: acc.)*; ▸ *serva* pas op!, neem jezelf in acht!; — *m. ne:* oppassen dat niet;

8. *(poët.)* op een plaats vertoeven, (ver)blijven *(m. acc.)* [**nidum; ripas; limen; domum** thuisblijven; **silvas** bewonen];

9. *een tegoed* terugkrijgen [**pecuniam**].

servol- *(arch.) = servul-.*

servula, ae *f (demin. v. serva)* jonge slavin.

servulus, ī *m (demin. v. servus)* jonge slaaf.

servus

I. *adj.* a, um

1. dienend, slaafs, onderdanig, onderworpen [**civitas; manus; aqua** door slaven gedronken];

2. *(v. stukken grond)* belast met erfdienstbaarheid, servituut [**praedium**];

II. *subst.* ī *m*

1. slaaf [**publicus** slaaf in dienst v.d. staat; *metaf.* **cupiditatum; legum**];

2. *(Mel.)* lijfeigene, onvrije.

sēsama, ae *f en* **-um,** ī *n (Gr. leenw.) (pre- en postklass.)* sesam.

sēsc-ēnāris, e *(sesqui en annus)* van anderhalf jaar(?) [**bos**].

sescēnārius, a, um *(sesceni)* zeshonderd man sterk [**cohortes**].

sescēnī, ae, a *(sescenti)* ieder, telkens zeshonderd.

sescentēnī *= sesceni.*

sescentēsimus, a, um *(sescenti)* zeshonderdste.

ses-centī, ae, a *(sex en centum)* zeshonderd; *metaf.* ontelbaar, duizenden [**causae**].

sescentiē(n)s *adv. (sescenti)* zeshonderdmaal; *metaf.* duizendmaal.

sescento-plāgus, ī *m (sescenti en plaga[1]) (Plaut.)* iem. die ontelbaar veel klappen krijgt.

sēsc-ūncia, ae *f (sesqui)* anderhalf twaalfde, *dwz.* een achtste.

sēscuplus, a, um *(sesqui) (postklass.)* anderhalf maal zo veel.

sēsē *zie se[1].*

seselis, is *f (Gr. leenw.)* paardenvenkel.

Sesōs(tr)is, idis *m naam v.e. legendarische Egypt. koning.*

sēsque- *= sesqui-.*

sēs-qui *(semis en -que)*

I. *adv.* anderhalf maal [**maior** anderhalf maal groter];

II. **sēsqui-** *prefix:* (a) anderhalf [**sesqui-opus; sesqui-pes**]; (b) *(m. rangtelwoorden) een breukdeel meer bevattend dan de eenheid* [**sesqui-tertius** $1^1/_3$, vier derden bevattend].

sēsqui-alter, era, erum anderhalf.

sēsqui-digitus, ī *m* anderhalve duim.

sēsqui-hōra, ae *f (Plin. Min.)* anderhalf uur.

sēsqui-lībra, ae *f* anderhalf Rom. pond.

sēsqui-mēnsis, is *m (preklass.)* anderhalve maand.

sēsqui-modius, ī *m* anderhalve schepel.

sēsqui-octāvus, a, um $1^1/_8$, negen achtsten bevattend.

sēsqui-opus, operis *n* (*Plaut.*) werk van anderhalve dag.

sēsquipedālis, e (*sesquipes*) anderhalve voet lang *of* dik [**tigna**]; (*poët.*) *metaf.* ellenlang [**dentes; verba** hoogdravend].

sēsqui-pēs, pedis *m* (*pre- en postklass.*) anderhalve voet.

sēsqui-plāga, ae *f* (*Tac.*) anderhalve slag.

sēsqui-plex, *gen.* plicis (*vgl. duplex*) anderhalfvoudig.

sēsqui-plus, a, um anderhalf maal zo groot, zo veel [**spatium; tempus**].

sēsqui-tertius, a, um $1^1/_3$, vier derden bevattend.

sessibulum, ī *n* (*sedeo*) (*pre- en postklass.*) stoel, zetel.

sessilis, e (*sedeo*) (*poët.; postklass.*)
1. goed om op te zitten [**tergum equi**];
2. stevig staand [**obba**];
3. laag blijvend [**lactuca**].

sessiō, ōnis *f* (*sedeo*)
1. het zitten [**pomeridiana**]; *meton.* manier van zitten, zithouding;
2. (*metaf.*) het zomaar zitten, nietsdoen;
3. (*jur.*) zitting;
4. (*meton.*) zitplaats.

sessitō, sessitāre (*frequ. v. sedeo*) altijd zitten.

sessiuncula, ae *f* (*demin. v. sessio*) kleine bijeenkomst; kransje.

sessor, ōris *m* (*sedeo*)
1. (*poët.*) toeschouwer;
2. (*preklass.*) inwoner;
3. (*postklass.*) ruiter.

sessōrium, ī *n* (*sedeo*) (*Petr.*) salon [**huius viperae**].

sessum *ppp. v. sedeo en sido.*

sēstertia *zie sestertius*[2].

sēstertiārius, a, um (*sestertius*[2]) van een sestertie; (*Petr.*) slechts één sestertie waard [**homo**].

sēstertiolum, ī *n* (*demin. v. sestertium, zie sestertius*[2]) (*Mart.*).

sēstertius[1], a, um (< **semis-tertius*) $2^1/_2$ bevattend; ▸ ~ *nummus = sestertius*[2]; *nummo -o vendere* alqd voor een habbekrats.

sēstertius[2], ī *m* (*gen. plur. -ium, zelden -ōrum*) *Rom. zilveren munt, later van messing, die tot het jaar 217 v. Chr. $2^1/_2$ as of $^1/_4$ denarius, later 4 as waard was; afk.* II S (*duo en semis*), *later* HS, HSN *of* N; ▸ *centum -i* 100 sestertiën; *ducenti -i* 200 sestertiën; *duo milia sestertium* 2.000 sestertiën; — **sēstertia,** ōrum *n* 1.000 sestertiën; ▸ *decem sestertia* 10.000 sestertiën; — **sēstertium,** ī *n* (*m. weglating v. centena milia*) 100 000 sestertiën; ▸ *vicies sestertium* 2 miljoen sestertiën; *summa milies sestertii* bedrag v. 100 miljoen sestertiën.

Sestius, a, um *naam v.e. Rom. gens (vaak verward met Sextius), o.a.:* P. ~, *quaestor in 63, volkstribuun in 56 v. Chr., vriend v. Cicero, werd met succes door Cicero verdedigd;* — *adj. ook* **-tiānus,** a, um.

Sēstos *en* **-us,** ī *f stad aan de Thrac. kust v.d. Hellespont, tegenover de stad Abydus in Kl.-Azië (legende v. Hero en Leander);* — *adj.* **Sēst(iac)us,** a, um uit Sestos [**puella** = Hero].

sēsuma, ae *f* (*Plaut.*) = *sesama.*

set = *sed*[1].

sēta, ae *f* = *saeta.*

sētanius *en* **sētanios,** a, um (*Gr. leenw.*) (*Plin. Mai.*) van dit jaar.

Sētia, ae *f bergstad in Latium, beroemd door de wijnbouw, nu Sezze;* — *inw. en adj.* **Sētīnus,** ī *m resp.* a, um.

sētiger *zie saetiger.*

sētius *adv.*
1. later; ▸ *paulo* ~;
2. minder, in mindere mate; ▸ *quo* ~ (= *quominus*) om te verhinderen dat, dat niet; *nihilo* ~ niettemin;
3. (*Plaut.*) anders.

sētōsus, a, um = *saetosus.*

seu *zie sive.*

sevēritās, ātis *f* (*severus*) (ge)strengheid, ernst [**iudicis; iudiciorum; censoria; orationis**]; ▸ *severitatem in filio adhibere; summam severitatem iungere cum summa humanitate; severitatem adhibere* ernst betrachten.

sevēritūdō, inis *f* (*preklass.*) = *severitas.*

sevērus, a, um (*adv. -e en -iter*)
1. ernstig, streng [**consul; iudex; senex; imperium; frons; vultus**];
2. hard, wreed [**iudicia; poena; silentia noctis; Falernum** zwaar; **in iudicando; in filium**];
3. belangrijk, serieus;
4. (*v. stijl*) streng, zonder verfraaiing.

Sevērus[1], ī *m Rom. cogn.*:
1. Cornelius ~, *episch dichter (Bellum Siculum), vriend v. Ovidius;*
2. T. Cassius ~, *Rom. jurist ttv. Augustus en Tiberius;*
3. L. Septimius ~ (*193—235 n. Chr.*), *Rom. keizer*

(193—211 n. Chr.), *stichter v.d. dynastie v.d. Severi.*

Sevērus[2], a, um ~ *mons berg in het gebied v.d. Sabijnen, nu* Monte Severo.

sēvī *pf. v. sero*[2].

sē-vir, virī *m (sex)* zesman, *lid v.e. college v. zes mannen.*

sēvirātus, ūs *m (sevir)* ambt v.e. sevir.

sē-vocō, vocāre
1. terzijde roepen, apart nemen [**singulos; erum; populum** buiten de stad oproepen tot de volksvergadering; **plebem in Aventinum** oproepen om weg te gaan naar];
2. *(metaf.)* afzonderen, scheiden, verwijderen [**animum a voluptate; animum a negotio; mentem a sensibus; de communi alqd ad se** zich toe-eigenen].

se-vorsum = *seorsum.*

sēvum, ī *n* = *sebum.*

sex *indecl.* zes; ▸ *sex septem* zes of zeven.

Sex. *(afk.)* = *Sextus (Rom. voornaam).*

sexāgēnārius, a, um *(sexageni) (pre- en postklass.)* zestig jaar oud.

sexāgēnī, ae, a *(sexaginta)* ieder zestig, telkens zestig; *ook* zestig.

sexāgēnsimus, a, um *(sexaginta)* zestigste.

sexāgēsimus, a, um = *sexagensimus.*

sexāgiē(n)s *adv. (sexaginta)* zestigmaal; ▸ *bona Roscii sunt* ~ *(vul aan: sestertium)* zes miljoen sestertiën waard.

sexāgintā *indecl. (sex)*
1. zestig; ▸ *maior* ~ *annis* meer dan zestig jaar oud;
2. *(Mart.; Petr.) (metaf.)* een heleboel [**triumphi**].

sex-angulus, a, um *(poët.; postklass.)* zeshoekig [**cella**].

sexc- = *sesc-.*

sex-decim = *sedecim.*

sex-ennis, e *(annus)* zesjarig.

sexennium, ī *n (sexennis)* (termijn van) zes jaar.

sexiē(n)s *adv. (sex)* zesmaal.

sex-prīmī, ōrum *m* de zes voornaamste schrijvers *van de quaestor.*

sextādecumānī, ōrum *m (Tac.)* soldaten v.h. zestiende legioen.

sextānī, ōrum *m (sexta)* soldaten v.h. zesde legioen.

sextāns, antis *m (sextus)* zesde deel, *o.a.:*
1. *(als munt)* 1/6 as; *alg.* muntstuk;
2. *(poët.; postklass.) (als vloeistofmaat)* 1/6 sextarius = 0,09 l;
3. zesde deel v.e. erfenis; ▸ *in sextante heres.*

sextantārius, a, um *(sextans) (postklass.)* een zesde deel bedragend.

sextāriolus, ī *m (demin. v. sextarius) (Suet.)* kleine drinkbeker.

sextārius, ī *m (sextus)* 1/6 congius = *ca.* 0,5 l; een halfje [**vini**].

Sextiānus *zie Sextius.*

Sextīlis *(sextus)*
I. *adj.* e
1. zesde [**mensis** *later naar Augustus hernoemd als* augustus, *oorspr. de zesde, later de achtste maand*];
2. van augustus [**Kalendae; Nonae**];
II. *subst.* is *m* augustus.

Sextius, a, um *naam v.e. Rom. gens (vaak verward met Sestius),* — *adj.* ook **-tiānus,** a, um.

sextula, ae *f (demin. v. sexta; vul aan: pars)* 1/6 uncia, *dwz.* 1/72 van het geheel, *ihb. van een erfenis.*

sextus, a, um *(sex)* zesde [**pars; annus**]; — *adv.* **sextum** voor de zesde keer [**consul**].

Sextus, ī *m (sextus) Rom. voornaam (afk. S. of Sex.).*

sexus, ūs *m (secus*[1]*)*
1. geslacht [**virilis; muliebris; ambiguus**];
2. *(meton.)* mensen van mannelijk *of* vrouwelijk geslacht, mannen, vrouwen.

sī *en (arch.)* **seī** *cj.*
1. *(in conditionele bijzinnen)* (a) als, indien, wanneer, voor het geval dat; — *in een feitelijke constatering (realis) staan hoofd- en bijzin in de indic.: fides nobis habebitur, si existimabimur adepti coniunctam cum iustitia prudentiam;* — *in een zuivere veronderstelling (potentialis) staan hoofd- en bijzin in de conj. praes. of pf.: si deus te interroget, quid respondeas?; si quid scriptum sit obscure, de re dubites;* — *in een veronderstelling die in strijd is met de werkelijkheid of de mogelijkheden (irrealis) staan hoofd- en bijzin in de conj. impf. of plqpf.: Sicilia, si una voce loqueretur, hoc diceret (Cic.);* (b) indien althans, in zoverre als; ▸ *delectus habetur, si hic delectus appellandus est;*
2. *(in concessieve bijzinnen, meestal m. conj., vaak gevolgd door tamen in de hoofdzin)* ook al, zelfs indien *(= etiamsi);*
3. *(in wenszinnen, m. conj., meestal o si) (poët.)* als eens *(= utinam);* ▸ *o mihi praeteritos referat si Iuppiter annos! (Verg.);*
4. *(in afh. vr., m. conj.; ihb. bij verba v. afwachten en proberen, maar ook wanneer de notie 'proberen' uit de context gehaald moet worden)* of *(soms),* of misschien; ▸ *Helvetii, si perrumpere possent, conati telis repulsi hoc conatu destiterunt (Caes.); quaesiverunt, si incolumis evasisset (Liv.); Minucium praemittit, si (om te zien of) quid celeritate itineris

proficere possit (Caes.);
5. *(in smeekbeden, verzekeringen, verwachtingen)* zo waar als; ▸ *si vos semper colui, di immortales, opem mihi feretis*;
6. *(bij mirari en mirum esse)* dat; ▸ *minime miror, si eis fidem non habetis*;
7. *(bijna causaal)* nu het zo is dat, daar (= *siquidem*); ▸ *quid est, Catilina, quod iam amplius exspectes si erumpunt omnia*;
8. *combinaties*: *si forte* of soms, of misschien; *si iam* indien werkelijk; *si maxime* als inderdaad; *si modo* als tenminste; *si vero* als dan echt; *si minus* als niet, zo niet; *si nihil aliud* tenminste; *nisi si* behalve wanneer; *si quis, si qui* = *(ii) qui* wie eventueel: *captivorum si qui ad eos pervenissent*; *quod si* (= *quodsi*) maar indien, als dus; *(perinde) ac si (m. conj.)* precies zoals (wanneer);
9. *(pre- en postklass.)* **sī . . . sī** = *sive . . . sive*.

sibi *en* **sibī** *(dat. sg. en plur. v.h. pron. refl. v.d. 3e pers.)* zich; ▸ *quid sibi clamor ille vult?* wat heeft dat geschreeuw te betekenen?

sībila *zie sibilus*[1].

sībilātiō, ōnis *f (sibilo) (Laatl.)* het sissen, het fluiten.

sībilō, sībilāre *(sibilus*[1]*)*
I. *intr. (poët.; postklass.)* sissen, fluiten; fluisteren; ▸ *anguis sibilat*;
II. *tr.* uitfluiten.

sībilus[1]**,** ī *m, plur. ook* **sībila,** ōrum *n (sibilus*[2]*)*
1. gesis, gefluit, gesuis [**austri; calamorum**]; ▸ *-o signum dare*;
2. het uitfluiten.

sībilus[2]**,** a, um *(poët.)* sissend, fluitend.

sibi-met *zie sibi en -met.*

Sibulla *en* **Sibylla,** ae *f* waarzegster, zieneres, *ihb.* de sibille v. Cumae; — *adj.* **Sibyllīnus,** a, um: *libri Sibyllini* Sibillijnse boeken, *die oude voorspellingen bevatten; volgens de legende kocht Tarquinius de profetieën van een sibille; ze werden op het Capitool in de tempel v. Jupiter bewaard, waar ze in 83 v. Chr. verbrandden en aansluitend werden gereconstrueerd uit citaten op verscheidene plaatsen in het rijk; ze werden in tijden van nood ingezien en geraadpleegd voor noodzakelijke maatregelen door een vijftienhoofdig priestercollege.*

sīc *adv.*
1. zo, op deze manier, wijze; ▸ *sic Alcibiades diem obiit supremum (Nep.)*; *(in antwoorden) sic est* zo is het = ja; *(m. ut: zo . . . dat) Atticus sic Graece loquebatur ut Athenis natus videretur*; — *vergelijkend* **ut** *(of* **sīcut, velutī, quemadmodum, quōmodo***) . . .* **sīc** zoals . . . zo; *ook* weliswaar . . . maar: *sicut magistratibus leges, sic populo magistratus praesunt; ut naturam fautricem habuerat in tribuendis animi virtutibus, sic maleficam nactus est in corpore fingendo (Nep.)*;
2. *(pred., m. esse e.d.)* zo(danig); ▸ *sic est ingenium; me sic vides*;
3. als volgt; ▸ *sic rex coepit loqui; sic habeto (m. aci.)* weet dan, neem dan aan;
4. onder zulke omstandigheden, daardoor; ▸ *sic fit ut; sic Eumenes talem exitum habuit (Nep.)*;
5. *(poët.) (bij wensen, bevestigingen en eden)* **sīc** *(m. conj.)* **. . . ut** *(m. indic.)* zo zeker . . . als; zo waar ik wens dat . . ., zo zeker *(ook zonder ut)*;
6. *(beperkend of conditioneel)* **sīc . . . ut** slechts in zoverre . . . dat; **sīc . . . sī** onder de voorwaarde dat; alleen dan . . . als;
7. zo (zonder meer), zomaar; ▸ *sic nudos* (zo zonder meer naakt) *in flumen deicere; sic tempore laevo* zo ontijdig; *sic temere iacēre* zo volstrekt zorgeloos;
8. *(v. graad)* (a) *(ter aand. v.e. hoge graad)* zo zeer, in die mate *(meestal m. ut)*; ▸ *sic scelestus es; Caecinam a puero sic semper dilexi, ut cum nullo coniunctius viverem (Cic.)*; (b) *(Ter.) (ter aand. v. middelmatigheid)* zozo; ▸ *(in antwoorden) sic satis* zozo, gaat wel.

sīca, ae *f (seco)* dolk; *meton.* sluipmoord *(ook plur.)*.

Sicambrī, ōrum *m* = *Sigambri.*

Sicānī, ōrum *m oorspr. bewoners v. Sicilië*; — *adj.* **Sicān(i)us,** a, um, *fem. ook* **Sicānis,** idis Sicanisch, *alg.* Sicilisch; *subst.* **Sicānia,** ae *f* = Sicilië.

sīcārius, ī *m (sica)* sluipmoordenaar, bandiet; ▸ *inter -os alqm accusare, defendere* wegens sluipmoord; *quaestio inter -os* onderzoek wegens sluipmoord; *lege de -is condemnari; in exercenda de -is quaestione.*

Sicca, ae *f stad in Numidië, Rom. kolonie met een tempel v. Venus (vd.: ~ Veneria), nu El Kef (in Tunesië)*; — *inw.* **Siccēnsēs,** ium *m.*

siccāneus, a, um *(siccus) (postklass.)* van of met droge grond.

siccēsco, siccēscere *(siccus)* droog worden, opdrogen.

sīccin(e) *adv. (sic en -ne*[3]*)* zo?, dus?; ▸ *~ agis?; ~ me deserto liquisti in litore? (Catull.).*

siccitās, ātis *f (siccus)*
1. droogte, dorheid, *plur.* aanhoudende droogte;
2. *(metaf.)* krachtige gezondheid, taaiheid [**corporis**];
3. *(retor.)* soberheid, eenvoud [**orationis; Attici**

generis].

siccō, siccāre *(siccus)*

1. *(poët.; postklass.)* droogmaken, drogen [**herbas; capillos; lina madentia; lacrimas; vulnera lymphis** bloedende wonden met water stelpen]; *pass.* verdrogen, *(metaf., v. personen)* versmachten;

2. droogleggen [**maria; paludes; agros**];

3. *(poët.; postklass.) (metaf.)* uitdrinken, leegdrinken [**calices; cados; ubera** uitzuigen];

4. *(poët.)* melken [**pecudes; ovem**].

sicc-oculus, a, um *(siccus) (Plaut.)* met droge ogen.

siccum, ī *n (siccus)* vasteland, het droge; ▸ *rostra tenent -um (Verg.); in -o.*

siccus, a, um

1. droog, uitgedroogd, dor, zonder vocht [**litus; glebae; lacus; agri; oculi, genae** zonder tranen; **dies** zonder regen; **signa** Grote en Kleine Beer, *omdat ze nooit ondergaan in zee;* **vox** verdroogd door dorst]; *(poët.)* droog makend [**fervor**];

2. niet gedronken hebbend, dorstig [**Tantalus**];

3. *(metaf.)* sober, matig [**vir**];

4. *(v.h. lichaam)* tanig, taai;

5. *(retor.)* sober, eenvoudig [**oratio; orator**].

Sīcelis *zie Sicilia.*

Sicilia, ae *f het eiland Sicilië;* — *inw.* **Siculus,** ī *m;* — *adj.* **Siculus,** a, um [**mare; pastor** = Theocritus; **oratores; tyrannus** = Phalaris], **Siciliēnsis,** e [**bellum; fretum** Straat v. Messina; **pecūnia** verdiend op Sicilië], *fem. ook* **Sīcelis,** idis [**Musae**].

sicilicissitō, sicilicissitāre *(Plaut.)* Siciliaanse gewoonten nadoen.

sīcīlicula, ae *f (demin. v. sicilis) (Plaut.)* sikkeltje.

sīcīlicus, ī *m (postklass.)* ¼ v.e. uncia, *dwz.* een achtenveertigste deel:

1. van een uur;

2. van een voet = een kwart duim;

3. van een as *(aangegeven met* Ɔ*).*

sīcīliō, sīcīlīre met een sikkel afwerken *(na het maaien).*

sīcīlis, is *f (sica) (pre- en postklass.)* sikkel, *ook als wapen.*

sīcine = *siccine.*

Sicoris, is *m zijrivier v.d. Ebro, nu de Segre.*

sī-cubī, *en* **sīcubi** *(ubi)* als ergens, zo ergens.

sīcula, ae *f (demin. v. sica)* dolkje; *(scherts.) (Catull.)* piemeltje.

Siculī, ōrum *m* de Siciliërs, *Indo-europese bewoners v. Sicilië, geïmmigreerd vanuit Italië.*

sī-cunde *(unde)* als ergens vandaan.

sīc-ut *en* **sīc-utī** *adv.*

1. zoals, evenals *(ook m. volg. sic, ita, item);* ▸ *~ dixi; ~ apud nos; ~ in foro, item in theatro;*

2. *(in een vergelijking)* evenzeer als; ▸ *me ~ alterum parentem diligit;*

3. zoals wanneer, alsof; ▸ *~ salutatum introire; ~ partā iam victoriā;*

4. zoals bijvoorbeeld;

5. in de toestand waarin, zoals; ▸ *epistula, ~ erat signata.*

Sicyōn, ōnis *m en f stad ten N.W. v. Corinthe, geboorteplaats v. Aratus;* — *adj.* **Sicyōnius,** a, um [**baca** olijf].

Sīda, ae *f havenstad in Pamphylië (Kl.-Azië), nu* Selimiye; — *inw.* **Sīdētae,** ārum *m.*

sīderālis, e *(sidus) (postklass.)* van de sterren, sterren- [**scientia** astronomie *of* astrologie].

sīdereus, a, um *(sidus) (poët.)*

1. met sterren bezaaid, sterren-, van de sterren [**caelum; ignes** sterren; **dea** godin v.d. nacht];

2. van de zon, zonne- [**lux; ignes** zonnegloed; **aestus** hitte v.d. zon; **coniunx** afstammend van de sterren *(v. Ceyx als zoon v. Lucifer)*]; gewijd aan de zon [**colossus**];

3. *(v. goden e.d.)* hemels;

4. *(metaf.)* stralend, schitterend [**clipeus**].

Sidicīnī, ōrum *m volksstam in Campanië;* — *adj.* **Sidicīnus,** a, um.

sīdō, sīdere, sēdī *en* sīdī, sessum *(vgl. sedeo)*

1. gaan zitten, zich neerzetten *(de plaats waar: abl.; prep.)* [**in sella; super arbore**]; ▸ *sessum ire;*

2. *(v. niet-lev.)* (**a**) dalen, verzakken, gaan liggen; ▸ *nebula campo sederat; (metaf.) sidente metu* toen de angst wegebde; *fundamenta imperii sidentia;* (**b**) blijven steken, blijven zitten, vastzitten; ▸ *navis coepit ~.*

Sīdōn, ōnis *f oudste stad v. Fenicië (ten Z. v.h. huidige Beiroet), moederstad v. Tyrus, nu Saida;* — *inw.* **Sīdōniī,** ōrum *m; fem.* **Sīdōnis,** idis Sidonische, Fenicische; — *adj.* **Sīdōni(c)us,** a, um, *fem. ook* **Sīdōnis,** idis Sidonisch, Tyrisch, Fenicisch [**tellus** = Fenicië; **hospes** = Cadmus; **urbs; moenia; ostrum**]; Carthaags [**equus**]; purperen [**chlamys**]; — **Sīdōnia,** ae *f streek bij Sidon.*

sīdus, eris *n*

1. sterrenbeeld, gesternte;

2. ster; planeet; komeet [**Veneris; Martis; lunae; fervidum** Hondsster];

3. *(meton.)* (a) *(poët.; postklass.)* hemelstreek; (b) jaargetijde; ▸ *hiberno sidere* in de winter; *mutato sidere* in een ander seizoen; (c) dag [**brumale** kortste dag, winterzonnewende]; (d) nacht; ▸ *exactis sideribus;* (e) weer, *ihb.* storm [**Minervae** door Minerva veroorzaakt]; (f) hitte; zonnesteek; ▸ *pestifero sidere ictus;*
4. *(poët.; postklass.) plur.* hemel; ▸ *ad sidera ferre* de hemel in prijzen; *vertice sidera tangere;*
5. *(poët.) (metaf.)* glorie, luister [**Fabiae gentis; Macedoniae**].

siem, siēs *enz. (arch.)* = *sim, sis enz. (conj. praes. v. sum).*

Sigambrī, ōrum *m Germ. volksstam, ttv. Caesar tussen de rivieren de Sieg en de Ruhr, waarvan een deel door Tiberius gedwongen werd te verhuizen naar de linkeroever v.d. Rijn; — adj.* **Sigamber,** bra, brum.

Sīgēum, ī *n voorgebergte en havenstad in het zuiden v. Troas, nu Yenişehir; — adj.* **Sīgē(i)us,** a, um [**freta; tellus**].

sigillāria, ōrum *n (sigillum) (postklass.)*
1. Rom. beeldenfeest op de laatste dag *v.d. Saturnalia, waarbij men elkaar figuurtjes of beeldjes van was of klei gaf;*
2. *(meton.)* (a) figuurtjes of beeldjes van was *of* klei; (b) beeldjesmarkt.

sigillātus, a, um *(sigillum)* met figuurtjes *(in reliëf)* versierd [**putealia**].

sigillum, ī *n (demin. v. signum)*
1. beeldje;
2. reliëf, figuurtje;
3. zegel; ▸ *-a in cera imprimere.*

sigma, atis *n (Gr. leenw.)*
1. *de Gr. letter s(igma);*
2. *(Mart.)* halfronde sofa bij *de eettafel.*

signātor, ōris *m (signo)* ondertekenaar *van een oorkonde* [**falsus** vervalser v. oorkonden].

signātōrius, a, um *(signator) (Laatl.)* zegel- [**anulus**].

Signia, ae *f stad in Latium, nu Segni; — inw.* **Signīnī,** ōrum *m.*

signi-fer *(signum en fero)*
I. *adj.* fera, ferum met sterren bezaaid [**orbis** dierenriem; **caelum**];
II. *subst.* ferī *m*
1. dierenriem;
2. vaandeldrager;
3. *(metaf.)* aanvoerder, leider [**iuventutis**].

significāns, *gen.* antis *(significo) (postklass., klass. alleen adv.* significanter) duidelijk, helder.

significantia, ae *f (significo)*
1. *(postklass.)* duidelijkheid, aanschouwelijkheid;
2. *(Laatl.)* betekenis, *ook plur.*

significātiō, ōnis *f (significo)*
1. aanduiding, aanwijzing, teken [**virtutis; timoris; victoriae; rerum futurarum; fumo facta** rook-, vuursignaal]; ▸ *significationem alcis rei facere of dare* iets te kennen geven;
2. teken v. bijval, toejuiching [**comitiorum et contionum**];
3. *(retor. t.t.)* suggestie, verkapte aanduiding;
4. betekenis *van een uitdrukking of woord;* ▸ *verbum dubiae significationis.*

significātīvus, a, um *(significo) (postklass.)* aanduidend, iets betekenend, symbolisch [**sanguis**].

significātus, ūs *m (significo)*
1. het geven van een teken;
2. voorspelling, verwijzing *naar iets toekomstigs (m. gen.)* [**tempestatum**];
3. betekenis, zin, bedoeling.

signi-ficō, ficāre *(signum en facio)*
1. een teken, tekens geven [**inter se** elkaar een teken v. verstandhouding geven];
2. *(metaf.)* aanwijzen, aanduiden, te kennen geven, tonen [**luctum; suam voluntatem; Zenonem** zinspelen op; *(m. dubb. acc.)* **alqm regem**]; *(ook m. aci.; ut; afh. vr.);*
3. *(iets toekomstigs)* voorspellen, verkondigen [**futura**];
4. *(v. woorden e.d.)* betekenen, aanduiden.

signi-potēns, potentis *(signum) (Cic.)* heersend over de sterren [**nox**].

signō, signāre *(signum)*
1. van een teken, van een merk voorzien, markeren [**locum; campum limite** begrenzen; **carmine saxum** van een opschrift voorzien; **humum pede** betreden; **summo vestigia pulvere** sporen nalaten op de oppervlakte v.h. zand; **ora primā iuventā** met het eerste dons op de wangen];
2. *(poët.; postklass.) (met pen, penseel, griffel)* insnijden, inkerven, graveren, schrijven, griffen *(in, op: abl.; in m. abl.)* [**nomina saxo; caeli regionem in cortice**];
3. van een zegel voorzien, verzegelen [**volumina; arcanas tabellas; epistulam; libellum**];
4. *(munten)* van een stempel voorzien, slaan [**pecuniam**];
5. *(metaf.) in het geheugen* prenten [**nomen pectore**];
6. aanduiden, duidelijk, kenbaar maken, aan-

geven [**viam flammis; terras nomine** benoemen; **se oculis**]; ▸ *ossa nomen signant;*
7. *(poët.)* vaststellen, bepalen [**iura**];
8. *(poët.)* onderscheiden, (ver)sieren [**celebrem festo honore diem; quinquennium lustro**];
9. *(poët.)* kleuren, bevlekken [**pectus sanguine; herbam**];
10. *(Verg.)* waarnemen, in het oog houden [**ultima** het doel];
11. *(Mel.)* het kruisteken maken; zegenen; *se* ~ een kruis(teken) slaan.

signum, ī *n*
1. (ken)teken, kenmerk, spoor; ▸ *-a pedum sequi* voetsporen volgen; *pecori -um imprimere* inbranden; *iuvenca nullum servitii -um cervice gerens (van het juk); oculis alci -um dare; -a timoris mittere* uiten;
2. teken *om iets te doen,* sein, signaal; ▸ *-um dare cantandi* om te zingen;
3. *(milit.)* (a) bevel, commando, signaal [**profectionis** om op te breken]; ▸ *-um receptui dare* tot terugtrekking; *-o dato* op een gegeven teken; *-um tubā dare;* (b) *(niet-klass.)* parool, wachtwoord; ▸ ~ *'optimae matris';* (c) veldteken, banier, vaandel [**legionum**]; ▸ *-a movere, tollere, convellere, ferre* opbreken, beginnen te marcheren; *-um pugnae proponere; -a ferre in hostes en -a inferre hostibus (of in, adversus, contra hostes)* de vijand aanvallen; *-a vertere* rechtsomkeert maken; *-a relinquere en a -is discedere* deserteren; *sub -is urbem intrare* in het gelid; *-a conferre* de veldtekens verenigen, zich verzamelen; *ook* slaags raken, aanvallen; *collatis -is pugnare* in een open veldslag strijden; (d) *(meton.)* vendel, afdeling *van een leger,* cohort, manipel; ▸ *milites unius -i; terror Latinorum -a turbavit;*
4. herkenningsteken, voorteken, indicatie [**morborum**]; ▸ *habere -a ex alqa re;*
5. bewijs(grond); ▸ *hoc ~ est en hoc -i est (m. aci.);*
6. godenbeeld, beeld, figuur [**pictum; marmoreum; Iovis**]; ▸ *palla -is auroque rigens* met gouden figuren bestikt;
7. zegel, wapen [**anuli; publicum** staatswapen]; ▸ *-um epistulae detrahere;*
8. sterrenbeeld, gesternte [**brumale; pluviale capellae; leonis**]; ▸ *-orum ortus et obitus;*
9. *(eccl.)* wonder(teken).

siī *zie sino.*

sīl[1]**,** sīlis *n* oker.

sil[2]**,** silis *n (postklass.) = seselis.*

Sīla, ae *f bosrijk gebergte in Bruttium.*

sīlāceus, a, um *(sil*[1]*)* okergeel.

sīlānus, ī *m (Silenus) (poët.; postklass.) (uit het hoofd v.e. sileen spuitende)* fontein.

Silarus, ī *m rivier in Lucanië, nu de Sele.*

silenda, silentēs *zie sileo.*

Sīlēnicus *zie Silenus.*

silentium, ī *n (sileo)*
1. het (stil)zwijgen, stilte, *poët. vaak plur.* [**ruris; lunae** van de maannacht; **noctis**]; ▸ *(cum) -o of per -um* (stilzwijgend) *alqd audire, proficisci; cum -o audiri* aandachtig aangehoord worden; *-o praeterire, praetervehi, transmittere* stilzwijgend voorbijgaan aan; *egredi -o* zonder geluid; ~ fit treedt in; *ubi ~ coepit* toen het stil werd; *rumpere -a voce; facere -um fabulae* het schouwspel rustig bekijken; *maar: -um facere classico (of aspectu)* om aandacht vragen; *furto -a demere* de diefstal verklappen;
2. ongestoordheid *bij de auspiciën;*
3. *(metaf.)* het nietsdoen, rust, vrije tijd [**inter armatos; iudiciorum ac fori**]; ▸ *vitam -o transire;*
4. roemloosheid; ▸ *laudem alcis iam prope senescentem ab oblivione hominum atque a -o vindicare* aan de roemloze vergetelheid ontrukken.

Sīlēnus, ī *m opvoeder en begeleider v. Bacchus (met kaal hoofd en platte neus, dronken op een ezel rijdend); plur. (Catull.; Plin. Mai.)* silenen = oude saters; — *adj.* **Sīlēnicus,** a, um.

sileō, silēre, siluī, —
I. *intr.*
1. stil zijn, zwijgen, *poët. ook v. niet-lev.;* ▸ ~ *de re publica; silent loca late; silet aequor;* — *p. adj.* **silēns,** *gen.* entis zwijgend, stil: *nocte silenti of silente; umbrae silentes* van de gestorvenen; *subst.* **silentēs,** um *m (poët.)* (a) gestorvenen, doden *in de onderwereld;* ▸ *sedes silentum* = onderwereld; *rex silentum* = Pluto; (b) pythagoreeërs;
2. *(metaf.) (v. personen en niet-lev.)* niets doen, niet werken, rusten; ▸ *inter arma silent leges; silent carmina;*
II. *tr.* verzwijgen, onvermeld laten [**fortia facta; merita alcis**]; — *subst.* **silenda,** ōrum *n* geheimen, mysteriën.

siler, eris *n (poët.; postklass.) een soort boom of struik,* kardinaalsmuts(?).

silēscō, silēscere, — — *(incoh. v. sileo) (poët.)*
1. stil worden; ▸ *domus silescit;*
2. *(metaf.)* rustig worden, gaan liggen; ▸ *venti silescunt; caeli furor silescit.*

silex, icis *m en f*
1. harde steen, kiezel(steen), vuursteen, gra-

niet; ▸ *viam silice sternere* plaveien; *rupes durissimi silicis*; — *vaak ter aand. v. hardvochtigheid: verba duros silices motura*;
2. (*poët.*) (*meton.*) rots [**acuta**]; ▸ *silicum cavernae*.
Sīliānus *zie Silius*.
silicernium, ī *n* (*preklass.*) begrafenismaal; *metaf.* (*als scheldw.*) ouwe knar.
siliceus, a, um (*silex*) (*postklass.*) van steen, steenachtig.
silīgineus, a, um (*siligo*) van tarwemeel, tarwe- [**panis**].
silīgō, inis *f* (*pre- en postklass.*) lichte wintertarwe; *meton.* fijn tarwemeel.
siliqua, ae *f* schil, dop *van peulvruchten*; *meton.* (*plur.*) peulvruchten.
Sīlius, a, um *naam v.e. pleb. Rom. gens:*
1. P. ~ Nerva, *in 48 v. Chr. propretor in Bithynië en Pontus* (*Kl.-Azië*);
2. Tib. Catius Asconius ~ Italicus, *Romeins staatsman en dichter v.h. epos Punica* (*26—101 n. Chr.*);
/ *adj.* **Sīliānus,** a, um.
sillybus, ī *m* (*Gr. leenw.*) titelblad *van boekrollen*.
silp(h)ium, ī *n* silfium (*een venkelachtige, gomhars producerende plant*).
silua, ae *f* (*poët.*) = *silva*.
siluī *pf. v. sileo*.
Silurēs, um *m volksstam in Z.O.-Wales*.
silūrus, ī *m* (*Gr. leenw.*) (*postklass.*) *een riviervis*.
sīlus, a, um met platte neus; — **Sīlus,** ī *m Rom. cognomen*.
silva, ae *f*
1. bos, woud [**densa; pinea; publicae** staatsbossen]; ▸ *dea -arum* = Diana; *-arum numina* = faunen en saters;
2. aanplant, bosje;
3. (*poët.*) (*meton.*) boom, bomen, struik(en), struikgewas;
4. (*poët.*) (*metaf.*) woud v. speren;
5. groot aantal, massa, rijke bron [**dolorum; virtutum et vitiorum**]; (*postklass.*) *als titel v. geschriften* (*wegens de veelsoortigheid v.d. stof*);
6. (*postklass.*) niet bewerkt materiaal, ontwerp, concept.
Silvānus, ī *m god v.h. bos, v.h. veld en v.d. kuddes, vaak gelijkgesteld met Pan resp. Faunus; plur.* bos- en veldgoden.
silvāticus, a, um (*silva*) (*pre- en postklass.*) in het bos groeiend *of* levend, wild [**pirus; mus; porcus**].
silvēscō, silvēscere, — — (*silva*) uitgroeien, verwilderen.
silvestris, e *en* (*poët.; postklass.*) **silvester,** tris, tre (*silva*)
1. bebost, met bos, bosrijk [**loca; collis**]; — *subst.* **silvestria,** ium *n* beboste streken;
2. in het bos (levend), bos- [**tauri; belua** wolvin; **materia** hout uit de bossen; **umbra**];
3. (*poët.*) landelijk [**Musa; carmen**];
4. (*poët.; postklass.*) (in het) wild (groeiend) [**baca; rosa**]; *metaf.* wild, ruw [**gens; animus**].
Silvia *zie Rea*.
silvi-cola, ae *m en f* (*silva en colo*[1]) bosbewoner, bosbewoonster.
silvi-cultrīx, īcis (*f*) (*silva*) (*Catull.*) in het bos wonend [**cerva**].
silvi-fragus, a, um (*silva en frango*) (*Lucr.*) het bos brekend [**flabra**].
silvi-ger, gera, gerum (*silva en gero*) (*Plin. Mai.*) bossen dragend [**montes**].
Silvius, ī *m zoon v. Aeneas en Lavinia; hij volgde zijn oudere halfbroer Ascanius op als koning v. Alba Longa; de naam ging over op de opvolgers uit zijn nageslacht*.
silvōsus, a, um (*silva*) bosrijk, bebost [**saltus**]; houtrijk.
silvula, ae *f* (*demin. v. silva*) (*postklass.*) bosje.
sīmia, ae *f en* (*poët.*) **sīmius,** ī *m* (*simus*) aap; *ook als scheldw.*; ▸ *simius iste* deze apenkop; — (*Plin. Min.*) *metaf.* na-aper [**Stoicorum**].
simila, ae *f* (*postklass.*) zeer fijn tarwemeel.
similāgō, inis *f* = *simila*.
simile, is *n* (*abl. sg. -ī*) (*similis*) gelijkenis; gelijksoortig voorbeeld; ▸ *simili uti*.
similis, e (*superl.* simillimus) gelijk, gelijkend, gelijksoortig (*op, aan: gen., dat.; in: abl., acc.; aan elkaar: inter se; m. volg. ac, atque: als, zoals; m. ut si of ac si, tamquam si m. conj.: net zoals*) [**animus; culpa; patris; deorum; veri** *en* **vero** waarschijnlijk; **moribus**]; ▸ *monstri* ~ wonderbaarlijk, ongelofelijk; ~ *sui of sibi* evenwichtig, onveranderd.
similitūdō, inis *f* (*similis*)
1. gelijkheid, gelijkenis, overeenkomst (*m. gen.; inter*) [**hominum; sapientium; studiorum; parentis** met de vader; **veri** waarschijnlijkheid; **dei** *en* **cum deo** met god; **inter homines et bestias**]; gelijksoortig karakter; (*concreet*) iets gelijksoortigs, nabootsing;
2. vergelijking, analogie, toepassing bij gelijksoortige gevallen; ▸ *similitudini relinquere*;
3. (*retor.*) eenvormigheid *van stijl*.
similō, similāre (*similis*) (*Vulg.; Laatl.*) (*m. acc.*)

1. gelijk zijn aan, lijken op;
2. gelijkmaken aan.

sīmiolus, ī *m (demin. v. simius)* aapje; *(als scheldw.)* apenkop.

simītū *adv. (vgl. simul) (preklass.)* tegelijk.

sīmius *zie simia.*

sīmō, sīmāre *(simus)* platmaken.

Sīmo, ōnis *m verliefde grijsaard in de komedie.*

Simoīs, oentis *m zijrivier v.d. Scamander bij Troje, nu de* Dümrek Çayı.

Simōnidēs, is *en* ae *m Gr. lyrisch dichter, geboren op Ceos, ca. 556—467 v. Chr., gold als uitvinder v.d. mnemotechniek;* — *adj.* **Simōnidēus,** a, um.

sim-plex, *gen.* plicis *(vgl. sem-el en duplex)*
1. eenvoudig, niet samengesteld, ongemengd [**aqua** zuiver; **natura**]; *metaf.* niet gecompliceerd [**genus rei publicae; causa; fortuna** niet wisselend]; — *adv.* **simpliciter** gewoon (-weg), enkel (en alleen) [**sententiam referre; defendere**];
2. eenvoudig, gewoon [**mors** *en* **genus mortis** zonder bijzondere martelingen];
3. afzonderlijk, voor zich alleen, één; ▸ *simplici ordine urbem intrare* in één rij;
4. *(metaf.)* eerlijk, open, trouwhartig, argeloos, naïef [**animus; cogitationes**];
5. natuurlijk, ongekunsteld, eenvoudig [**verba**]; ▸ *simpliciter loqui;*
6. *(Laatl.) (pejor.)* onnozel.

simplicitās, ātis *f (simplex)* eenvoud; *metaf.* eerlijkheid, openheid, trouwhartigheid, naïviteit, oprechtheid [**iuvenis; puerilis; Romana**].

simplum, ī *n (vgl. simplex)* het eenvoudige.

simpuium, ī *n = simpuvium.*

simpulum, ī *n* offerschaal; scheplepel; ▸ *(sprw.) excitare fluctūs in -o* een storm in een glas water veroorzaken.

simpuvium, ī *n* offerschaal.

simul *(< simile, v. similis)*
I. *adv.*
1. tegelijk, gelijktijdig [**venire**]; ▸ *Camillus trium simul bellorum victor (Liv.);* — *simul cum of alleen m. abl.* tegelijk met: *animi simul cum corporibus; voluntas simul cum spe; simul his dictis;* — *simul . . . et (of -que, atque)* zowel . . . als ook: *simul honoribus atque virtutibus;* — *(poët.; postklass.) simul . . . simul* evenzo . . . als, zowel . . . als ook, deels . . . deels; — *bij ptc. pr. (poët.): simul hoc dicens* tegelijk met deze woorden;
2. samen, bijeen;
II. *cj. simul, simul ac (en simulac), simul atque (en simulatque) en simul ut of simul primum (m. indic. pf.)* zodra als; ▸ *simul atque increpuit; simul ac profugit; simul inflavit tibicen.*

simulac *zie simul II.*

simulācrum, ī *n (simulo)*
1. *(v. beelden, schilderingen, reliëfs)* beeld, afbeelding [**Helenae; templi; oppidorum; cereum** wassen beeld];
2. *(poët.)* spiegelbeeld;
3. *(poët.)* droombeeld, *meestal plur.;* ▸ *-a inania somni;*
4. *(filos. t.t.) (Lucr.)* beeldlaagje *(dat door een voorwerp uitgezonden wordt en pas als het ons oog raakt, gezien wordt);*
5. *(poët.; postklass.)* schim *van een dode;* ▸ *-a pallentia;*
6. karakterbeeld, -schets [**viri**];
7. gelijkenis, overeenstemming; ▸ *cuius rei simulacrum et imago (Lucr.);*
8. imitatie [**pugnae** schijngevecht, manoeuvre];
9. drogbeeld, schijn, waanidee [**libertatis; virtutis**];
10. *(eccl.)* afgodsbeeld.

simulāmen, inis *n (simulo) (Ov.; Laatl.)* nabootsing.

simulāns, *gen.* antis *(p. adj. v. simulo) (Ov.)* nabootsend *(m. gen.)* [**vocum**].

simulātiō, ōnis *f (simulo)*
1. nabootsing;
2. *(metaf.)* huichelarij, veinzerij; *plur. (postklass.)* gehuichel; ▸ *simulationum nescius;*
3. het voorwenden, veinzen, voorwendsel, schijn [**virtutis; emptionis** schijnkoop; **prudentiae** schijnwijsheid; **timoris** schijnbare angst; **rei frumentariae** zogenaamd gebrek aan graan; **moenium occupandorum** schijnaanval]; — *simulatione en per simulationem (m. gen.)* onder de schijn van [**rei publicae** zogenaamd in het belang v.d. staat; **equitum** zogenaamd als ruiters; **legis agrariae; hostium** met de vijanden als voorwendsel].

simulātor, ōris *m (simulo)*
1. *(poët.)* nabootser [**figurae**];
2. *(metaf.)* huichelaar *(in: gen.; in m. abl.).*

simulatque *zie simul II.*

simulō, simulāre *(similis)*
1. gelijkmaken, *ihb. ppp.* **simulātus,** a, um in de gestalte van *(m. dat.);* ▸ *Minerva Mentori simulata;*
2. *(poët.)* afbeelden, weergeven, voorstellen *(m. acc. of aci.);* ▸ *aera Alexandri vultum simulantia; Iuno simulavit anum* nam de gestalte v.e. oude

vrouw aan;
3. *(poët.)* nabootsen [**Bacchi furias; vultu torvo Catonem**];
4. *(metaf.)* voorwenden, veinzen, huichelen, voorspiegelen [**morbum** *of* **aegrum** zich ziek voordoen; **iracundiam; mortem; gaudia vultu**]; ▸ *Simulans* 'De huichelaar', *titel v.e. komedie v. Afranius*; — *p. adj.* **simulātus,** a, um gehuicheld, schijnbaar, voor de schijn [**lacrimae; amicitia; sedulitas**];
5. *(m. aci. of inf.)* doen alsof; ▸ *se Tarentum proficisci simulavit; Solon se furere simulavit.*

simultās, ātis *f (gen. plur. -atum en -atium) (similis)* naijver, rivaliteit; gespannen verhouding, wrok, vijandschap; ▸ *~ alci cum alqo est of intercedit* bestaat; *in simultate cum alqo esse; ~ exoritur cum alqo; simultatem deponere.*

simulter *adv. (arch.)* op dezelfde wijze (= *similiter, adv. v. similis*).

sīmulus, a, um *(demin. v. simus) (Lucr.)* met een beetje platte neus.

sīmus, a, um *(Gr. leenw.) (poët.; postklass.)* met een platte neus [**capella**]; plat [**nares**].

sīn *cj. (si en ne[1])* maar indien, als daarentegen, als echter, *met voorafgaande of aan te vullen voorwaarde; versterkt: sin autem*; ▸ *si domi sum, foris est animus; sin foris sum, animus domi est*; — *sin minus en sin aliter* als echter niet, zo niet, anders, in het andere geval.

sināpis, is *f en* **sināpi** *of* **sināpe** *indecl. n (Gr. leenw.)* mosterd.

sincēritās, ātis *f (sincerus) (poët.; postklass.)*
1. zuiverheid, compleetheid; goede gezondheid [**corporis**];
2. *(metaf.)* oprechtheid, eerlijkheid; zuiverheid.

sincērus, a, um
1. zuiver, onvermengd [**populus; proelium equestre** gevecht v. alleen ruiters; **umor** helder];
2. *(metaf.)* echt, onvervalst, niet opgemaakt, natuurlijk [**genae; oratio**];
3. onbedorven, ongeschonden [**Minerva** maagdelijk; **voluptas, gaudium** onbezorgd, onbekommerd; **iudicium**]; *(poët.)* gezond [**corpus**];
4. eerlijk, oprecht [**pronuntiator rerum gestarum; fides**]; ▸ *Fabii Annales, bonae atque sincerae vetustatis libri.*

sincipitāmentum, ī *n (sinciput) (Plaut.)* een halve kop.

sin-ciput, cipitis *n (caput) (pre- en postklass.)* half hoofd; *meton.* hersenen.

Sindēnsēs, ium *m inwoners v.d. stad Sinda (nu Gölhisar) in Pisidië (in Turkije).*

sindon, onis *f (Gr. leenw.) (postklass.)* fijn katoen; *meton.* katoenen gewaad.

sine *prep. m. abl.* zonder; ▸ *non sine aliquo commodo* niet zonder voordeel; *sine ullo commodo* zonder enig voordeel; *sine aliquo commodo* zonder belangrijk voordeel; *sine omni periculo* zonder het minste gevaar; *haud sine ira plebis; vaak in litotes: non sine cura* met bijzondere zorgvuldigheid; *exercitus sine duce* zonder aanvoerder; *civitas sine imperio* zonder leiding; *homo sine re of sine fortunis* zonder bezit; *homo sine spe* zonder hoop; *homo sine sede* zonder vaderland; *sine ullo sensu* buiten zinnen; — *soms (poët.) als postpositie: vitiis nemo sine nascitur* zonder fouten.

singillātim *adv. (singuli)* een voor een, ieder afzonderlijk; ▸ *ad pedes omnium ~ accidere; ~ disserere; centuriones ~ tribunosque militum appellat (Caes.).*

singlāriter *adv. (singuli) (Lucr.)* een voor een.

singulārēs, ium *m (singularis; vul aan: equites) (postklass.)* bereden ordonnansen, bereden (keizerlijk) elitekorps; ▸ *ala singularium.*

singulāris, e *(singuli)*
1. afzonderlijk, individueel; uniek; ▸ *~ homo privatus vix sese in fortunis continet (Cic.); causa nova et ~;*
2. van één persoon, alleen- [**imperium** alleenheerschappij; **certamen** tweekamp; **odium** persoonlijke haat]; bijzonder, speciaal [**supplicium**];
3. *(gramm.)* enkelvoudig [**numerus** enkelvoud];
4. *(metaf.)* uitzonderlijk, uitstekend, voortreffelijk, buitengewoon [**ingenii acumen; honores; fides; virtus; in philosophia; ingenio atque animo**];
5. *(pejor.)* eigenaardig, ongekend, ongehoord [**crudelitas**]; ▸ *homo singulari cupiditate praeditus.*

singulārius, a, um *(singuli)*
1. afzonderlijk;
2. *(Gell.)* uitzonderlijk [**velocitas**].

singulātim = *singillatim.*

singulī, ae, a; *sg. (preklass. en Laatl.)* **singulus,** a, um *(vgl. sim-plex)*
1. ieder een, telkens een; ▸ *-is diebus en in dies -os* van dag tot dag, dagelijks; *quibus -ae naves erant attributae (Caes.)* aan ieder een schip;
2. individueel, alleen [**carri** een voor een achter elkaar]; ▸ *senatoribus -is plausus est datus tel-*

kens wanneer er een kwam;
3. alleenstaand, opzichzelfstaand [**corpora; auctores**]; — *subst.* **singulī,** ōrum *m* individuen;
4. enkelvoudig, maar een [**vestigium**].
singultim *adv.* (*singultus*) (*Hor.*) snikkend [**pauca loqui**].
singultiō, singultīre (*singultus*)
1. hikken, snikken;
2. (*v.e. ader*) kloppen.
singultō, singultāre (*poët.; postklass.*)
I. *intr.* snikken, naar adem snakken; (*v. stervenden*) rochelen;
II. *tr.* rochelend uiten [**sonos**]; (*v. stervenden*) uitrochelen [**animam**].
singultus, ūs *m* (*singulto*)
1. het snikken; ▸ *mitte singultūs* (*Hor.*) houd op met snikken!;
2. (*poët.; postklass.*) het rochelen *van stervenden,* snik (*ook plur.*);
3. (*postklass.*) hik;
4. (*postklass.*) het klokken *van water.*
singulus *zie singuli.*
Sinis, is *m myth. straatrover bij Corinthe, die door Theseus werd gedood.*
sinister, tra, trum (*comp.* sinisterior; *adv.* sinistrē)
1. linker, links, aan de linkerkant [**manus; oculus; calceus; ripa; cornu**]; ▸ *a sinistra parte* aan de linkerkant; *rota sinisterior* te ver naar links gestuurd;
2. (*poët.; postklass.*) (*metaf.*) verkeerd, immoreel, slecht [**mores; interpretatio; liberalitas; instituta**];
3. (*relig. t.t.*) (a) (*volgens Oudrom. rite, waarbij de augur naar het zuiden kijkt en het oosten aan zijn linkerhand houdt*) gelukkig, gunstig [**cornix; tonitrus; volatus avium**]; (b) (*volgens Gr. opvatting, waarbij de priester naar het noorden kijkt en het oosten aan zijn rechterhand houdt*) onheilspellend, ongelukkig, ongunstig [**omen; aves; fulmen**];
4. (*poët.; postklass.*) ongelukkig, ongunstig [**signa; pugna**];
5. (*postklass.*) boos(aardig) [**sermones; rumor**].
sinisteritās, ātis *f* (*sinister*) (*Plin. Min.; Laatl.*) onhandigheid, ongemanierdheid.
sinistra[1]**,** ae *f* (*sinister*) linkerhand, linkerkant; ▸ *dextrā ac -ā* rechts en links.
sinistrā[2]
I. *adv.* aan de linkerkant;
II. *prep. m. acc.* links van (*vaak in comb. m. dextrā*); ▸ *dextra sinistraque ianuam.*
sinistrē *adv.* (*sinister*)
1. ongunstig;
2. verkeerd, onjuist.
sinistrōrsum *en* **-us** *adv.* (< **sinistrō-vorsum en -us; sinister en verto*) naar links.
sinō, sinere, sīvī *en* (*arch.*) siī, situm (*samengetrokken perfectumvormen: sīstī, sīris, sīrit, sīritis, sīsse[m] e.a.*)
1. toelaten, toestaan [**arma viris** overlaten aan]; ▸ (*m. aci.*) *nos transalpinas gentes oleam et vitem serere non sinimus;* (*pass. m. nci.*) *Milo Clodium accusare non est situs;* (*m. ut, ne of m. alleen conj.*) *sine pascat aretque* (*Hor.*) laat, moge; *feriant, sine, litora fluctūs* (*Verg.*);
2. (*preklass.; poët.*) ongemoeid laten, laten gaan, laten passeren; ▸ *nunc sinite* laat de zaak nu maar op zijn beloop; *sine* goed, het zij zo; *sine modo* laat maar zo; *villas intactas sinebat; sine hanc animam* laat me mijn leven.
Sinōn, ōnis *m in Vergilius' Aeneis een Griekse spion die de Trojanen wist te overreden het houten paard binnen de stad te brengen, waardoor de Grieken Troje konden innemen.*
Sinōpa, ae *en* **-ē,** ēs *f stad aan de Zwarte Zee, gesticht vanuit Milete in de 7e eeuw v. Chr., geboorteplaats v.d. cynische filosoof Diogenes, nu Sinop;* — *inw.* **Sinōpēnsēs,** ium *en* **Sinōpēs,** um *m; sg.* **Sinōpeus,** eī; — *adj.* **Sinōpicus,** a, um *en* **Sinōpēnsis,** e.
sinōpis, idis *f* (*Plin. Mai.*) ijzeroker, roodaarde.
Sinues(s)a, ae *f stad in Z.-Latium, nu Torre S. Limato;* — *adj.* **Sinuessānus,** a, um.
sīnum, ī *n brede aarden* kom.
sinuō, sinuāre (*sinus*[1]) (*poët.; postklass.*) krommen, buigen [**nervum** spannen; **terga; orbes** kringen vormen]; — *pass.* zich kronkelen, zich slingeren: *serpens sinuatur in arcūs.*
sinuōsus, a, um (*sinus*[1]) (*poët.; postklass.*)
1. gebogen, vol bochten [**volumina; litora**];
2. vol plooien, opbollend [**vestis**];
3. (*metaf., v. stijl*) gewrongen.
sinus[1]**,** ūs *m*
1. kromming, buiging, ronding, boog; ▸ *sinum dare of facere* een boog vormen;
2. (*poët.*) opbolling v.h. zeil; *meton.* zeil; ▸ *sinūs solvere* de zeilen losmaken van de ra, *zodat ze wind kunnen vangen;*
3. plooi *van een kledingstuk; door omdoen v.e. gordel ontstane plooi in de toga* = zak, *waarin men geld bewaarde;* ▸ *sinum floribus implere;* — *metaf.* (*Tac.*) buidel, zak [**praefectorum**];

4. *(meton.)* kleed met plooien [**auratus; regalis**];
5. kronkeling *van een slang;* ▸ *draco sinūs conficit, flectit;*
6. baai, golf [**maritimus**]; — *meton.* aan de baai liggend land [**Campaniae**];
7. krater, afgrond; ▸ *terra in sinum consedit* week terug in een afgrond; — *(poët.)* kratervormige put; dal;
8. *(metaf.)* boezem, borst, arm, omarming, schoot; ▸ *rapta sinu matris; in sinum alcis venire; in sinu gaudere* zich verkneukelen, in z'n vuistje lachen; *alqm e sinu gremioque patriae abstrahere; optatum negotium alci in sinum defertur* wordt in de schoot geworpen; *in sinum philosophiae compelli* zich in de armen v.d. filosofie werpen; *illum unda accepit sinu (Verg.); (ook als zetel v. gedachten en emoties) vitium in sinu invenies (Sen.);*
9. *(meton.)* tedere liefde, vertrouwen, (vriendschappelijke) bescherming, (liefdevolle) zorg; ▸ *in sinu alcis esse* door iem. bemind worden; *genus de complexu eius et sinu* zijn lievelingen en boezemvrienden; *res publica in sinum Vespasiani cessit* bracht zich in veiligheid;
10. binnenste *van een voorwerp,* hart, kern; holte [**umeri**]; ▸ *hostes in sinu urbis sunt;*
11. *(postklass.)* toevluchtsoord [**occultus**];
12. (stem)buiging, modulatie.

sīnus[2], ī *m* = *sinum.*

sīparium, ī *n (Gr. leenw.)*
1. gordijntje *voor de scènewisselingen in de komedie;* ▸ *(metaf.) post -um* achter de coulissen, heimelijk;
2. *(postklass.) (meton.)* komedie.

sīp(h)arum, ī *n en* **sīp(h)arus,** ī *m (Gr. leenw.) (poët.; postklass.)* top-, bramzeil.

sīphō *en* **sīpō,** ōnis *m (Gr. leenw.) (postklass.)*
1. pijp, buis;
2. brandspuit; *meton.* straal (water).

sīphunculus *en* **sīpunculus,** ī *m (demin. v. sip[h]o) (postklass.)* kleine buis *van een fontein;* fonteintje.

sīpō *zie sipho.*

sīpunculus *zie siphunculus.*

Sipylus, ī *m*
1. *gebergte in Lydië, waar Niobe in een rots veranderde, nu* de Manisa Dağı; — *adj.* **Sipylēus,** a, um;
2. *zoon v. Niobe.*

sī-quandō *cj.* als ooit.

si-quidem *cj.*
1. als tenminste;
2. daar toch, aangezien, in zoverre.

sīremps(e) *(pre- en postklass.) adv.* net zo, evenzo; ▸ ~ *lex esto.*

Sīrēn, ēnis *en* ēnos *f* Sirene, *meestal plur.* **Sīrēnes,** um *volgens de legende de dochter v. Acheloüs, (plur.) vogels met meisjeshoofden, die met gezang de passerende zeelieden op de klippen v. hun eiland de dood injoegen; (poët.) metaf.* verleidster, femme fatale; — *adj.* **Sīrēnius,** a, um [**scopuli**].

sīriāsis, is *f (Gr. leenw.) (postklass.) een soort zonnesteek.*

Sīrius *(Gr. leenw.) (poët.)*
I. *subst.* ī *m* Sirius, Hondsster, *die in het heetst v.d. zomer opkomt;*
II. *adj.* a, um van Sirius [**ardor**].

Sirmiō, ōnis *f schiereiland in het zuidelijke deel v.h. huidige Gardameer, beroemd door een villa v. Catullus, nu Sirmione.*

sirpe, is *n (Plaut.)* (sap v.d.) sirpeplant.

sirpeus, sirpiculus, sirpus *zie scirp-.*

sīrus, ī *m (Gr. leenw.) (postklass.)* silo.

sīs *(arch.)* = *sī vīs (vgl. sultis)* alstublieft, *ihb. bij imp.;* ▸ *refer animum, sis, ad veritatem.*

Sisapō, ōnis *f stad in Z.-Spanje.*

Sīsenna, ae *m Rom. cogn.:* L. Cornelius ~, *Rom. redenaar en geschiedschrijver ttv. Cicero, gest. in 67 v. Chr.*

siser, eris *n (Gr. leenw.) (poët.; postklass.)* rapunzelklokje, witte peen.

sisp- = *sosp-.*

sistō, sistere, stitī *en* stetī, statum *(sto)*
I. *tr.*
1. doen staan, plaatsen, zetten, brengen [**aciem in litore; huc sororem; suem ad aram; alci iaculum in ore** in de mond stoten; **se** zich vertonen];
2. *(niet-klass.)* oprichten, opstellen [**templum; monumenta; effigies**];
3. tot staan brengen, tegenhouden, remmen [**legiones; equos; impetum; se; gradum** *of* **pedem** halt houden; **fugam** staken; **querelas** beëindigen; **populationem; sitim; lacrimas; aquam; certamina; labores**];
4. *(metaf.)* grondvesten [**rem Romanam; civitatem consuetis remediis**]; — *p. adj.* **status,** a, um vastgesteld, bepaald; regelmatig terugkerend [**dies; sacrificium; cursus siderum**];
5. *(jur. t.t.)* voor het gerecht dagen *of* laten verschijnen [**se** *of* **vadimonium** op de bepaalde dag voor het gerecht verschijnen];
II. *intr.*
1. zich plaatsen, gaan staan, postvatten, *pf.*

staan;
2. stilstaan, blijven staan, tot stilstand komen; ▸ *classis stitit; sistunt amnes; sanguis sistit* stolt;
3. *(niet-klass.)* uitrusten, rust vinden;
4. *(metaf.)* (voort)bestaan; ▸ *res publica* ~ *non potest; onpers.: sisti non potest* de toestand is onhoudbaar, zo kan het niet langer;
5. *(jur. t.t.)* voor het gerecht verschijnen;
6. *(Mel.)* = *sum.*

sīstrātus, a, um *(sistrum)* (Mart.) voorzien van een ratel.

sīstrum, ī n *(Gr. leenw.) bij de Isisdienst gebruikte* metalen ratel, Isisratel.

sisura, ae *f* (Gr. *leenw.)* (Laatl.) pelsjas.

sisymbrium, ī n (Gr. *leenw.)* waterkers.

Sīsyphus *en* **-os,** ī *m zoon v. Aeolus, stichter en koning v. Corinthe, stichter v.d. Isthmische spelen; hij werd berucht als listig struikrover en boosdoener tegen de goden; door Theseus gedood, werd hij in de onderwereld veroordeeld om een steeds weer terugrollend rotsblok tegen een berg op te duwen; — adj.* **Sīsyphius,** a, um van Sisyphus; *alg.* Corinthisch: *sanguine cretus Sisyphio* = Odysseus *(zoon v. Sisyphus en Anticlea voor haar huwelijk met Laërtes)*; — patron. **Sīsyphidēs,** ae m Odysseus.

sītarchia, ae *f* (Gr. *leenw.)* (Apul.) voedsel voor onderweg.

sitella, ae *f (demin. v. situla)* lotenbus, stemurn *(een kruik die met water gevuld werd en waarin houten loten werden geworpen; de hals was nauw, zodat steeds slechts één lot boven kon komen drijven)*; ▸ *-am deferre de alqo* over iem. laten stemmen.

Sīthōn, onis *m koning v. Thracië; — adj.* **Sīthōn,** *gen.* onis, **Sīthonius,** a, um, *fem. ook* **Sīthonis,** idis Sithonisch, Thracisch; *subst.* **Sīthonius,** ī *m* Thraciër; **Sīthonis,** idis *f* Thracische.

sitīculōsus, a, um *(sitis)* dorstig; droog, dor [**Apulia**]; dorst veroorzakend [**aestas**].

sitienter *adv. (v. sitiens, zie sitio)* dorstig, smachtend [**haurire salutares aquas; expetere**].

sitiō, sitīre *(sitis)*
1. dorst hebben, dorstig zijn *(naar: acc.)* [**aquam**]; ▸ *ook pass.: aquae sitiuntur* men dorst naar water; *(sprw.) mediis* ~ *in undis* (Ov.) blootstaan aan een Tantaluskwelling;
2. *(v. plaatsen)* arm aan water, dor, droog zijn; *(v. planten)* verdroogd zijn; ▸ *sitit tellus, herba;*
3. *(metaf.)* dorsten naar, hartstochtelijk verlangen naar *(m. acc.)* [**honores; libertatem; sanguinem**]; — p. *adj.* **sitiēns,** *gen.* entis dorstend, smachtend [**aures** smachtend naar bericht; *(naar: gen.)* **voluptatis; virtutis**].

sitis, is *f (acc. -im, abl. -ī)*
1. dorst; ▸ *sitim colligere* dorstig worden *of* dorst veroorzaken; *sitim depellere; arentibus siti faucibus;*
2. *(poët.) (metaf.)* droogte, dorheid; ▸ *regio siti deserta;*
3. hevig verlangen *(naar: gen.)* [**cruoris; libertatis; argenti**].

sitītor, ōris *m (sitio) (postklass.)* iem. die dorst heeft naar, verlangt naar *(m. gen.)* [**aquae; sanguinis**].

sitōnia, ae *f (Gr. leenw.)* (Laatl.) aankoop van graan.

sittybus, ī *m* = *sillybus.*

situla, ae *f* emmer, urn *(voor loten).*

situlus, ī m (water)kruik, emmer.

situs[1]**,** a, um *(sino)*
1. *(preklass.)* gelegd, geplaatst; *(v. geld)* uitgezet;
2. (Tac.) gebouwd, opgericht; ▸ *urbs a Philippo -a; ara Druso -a;*
3. begraven; ▸ *hic* ~ *est Gaius (als grafinscriptie)* hier rust Gaius;
4. gelegen, liggend, zich bevindend; ▸ *Carthago -a est in sinu; (metaf.) ante oculos en in oculis* ~ voor ogen staand;
5. *(postklass.) (v. personen)* wonend, woonachtig; ▸ *gens -a in convallibus;*
6. *(metaf.) situm esse (m. in m. abl.)* berusten op, afhangen van; ▸ *spes omnis in fuga -a erat; quantum est -um in nobis* wat ons betreft.

situs[2]**,** ūs *m (sino)*
1. ligging, plaats [**urbis; loci; montis; castrorum; membrorum**]; *plur.* plaatselijke omstandigheden [**gentium**];
2. (Hor.) bouw; ▸ *regalis* ~ *pyramidum* koninklijke bouw v.d. piramiden.

situs[3]**,** ūs *m*
1. *(poët.)* het lang blijven liggen, rust; het braakliggen, gebrek aan verzorging; ▸ *cessat terra situ;*
2. *(metaf.)* aftakeling, verval, verwaarlozing; ▸ *senectus victa situ; marcescit otio situque civitas;*
3. *(poët.; postklass.)* vergetelheid; ▸ *in aeterno iacere situ;*
4. *(meton.)* troep, schimmel, roest; ▸ *arma situ squalent; canescunt tecta situ.*

sī-ve *en* **seu** *cj.*
1. of wanneer, *klass. alleen na voorafgaand si;* ▸ *si media nox est sive est prima vespera* (Plaut.); *si ista uxor sive amica est* (Ter.);
2. of *(bij een te verwaarlozen verschil)*; ▸ *eiecto sive*

emisso Catilina; proelio sive naufragio; sive potius of liever;

3. **sīve . . . sīve** *(soms [Hor.] ontbreekt sive in het eerste lid) en* **seu . . . seu** *(ook sive . . . seu, seu . . . sive, sive . . . vel, sive . . . aut, sive . . . an e.a.)* (a) hetzij . . . hetzij, *bij afzonderlijke begrippen* (of) . . . of; ▸ *sive casu sive consilio deorum;* — **sīve quod . . . sīve quia . . .** hetzij dat . . . hetzij omdat; (b) *(in afh. vr.)* of. . . of (dat) (= *utrum . . . an*).

sīvī *zie sino.*

smaragdinus, a, um *(smaragdus) (postklass.)* van smaragd, groen.

smaragdus, ī *m en f (Gr. leenw.) (pre- en postklass.)*
1. smaragd;
2. *alg.* groene halfedelsteen.

smaris, idis *f (Gr. leenw.) (poët.; postklass.)* kleine zeevis *v.* matige kwaliteit.

smēgma *(Plin. Mai.) en (Vulg.)* **smīgma,** atis *n (Gr. leenw.)* reinigingsmiddel, zalf.

smīlax, acis *f (Gr. leenw.) (poët.; postklass.) (botan.)* klokjeswinde.

Smintheus, eī *m epith. v. Apollo.*

smyrna, ae *f (Gr. leenw.) (Lucr.)* mirre.

Smyrna, ae *f stad in Ionië aan de monding v.d. Hermus, nu İzmir;* — *inw. en adj.* **Smyrnaeus,** ī *m resp.* a, um.

sobolēs, sobolēscō = *subol-*.

sōbrie-factus, a, um *(sobrius) (postklass.)* nuchter *of* verstandig geworden.

sōbrietās, ātis *f (sobrius) (postklass.)*
1. nuchterheid, matigheid in het drinken;
2. *(metaf.)* soberheid.

sobrīnus, ī *m en* **-a,** ae *f (soror)* achterneef, achternicht; verre neef *of* nicht.

sōbrius, a, um
1. nuchter, niet dronken;
2. *(metaf.)* matig, ingetogen *(ook v. niet-lev.)* [**homo; mensa; pocula**]; ▸ *-e vivere;*
3. *(metaf.)* bedachtzaam, verstandig [**orator; ingenium**].

soccātus, a, um *(soccus) (postklass.)* lichte sandalen dragend.

socculus, ī *m (demin. v. soccus) (postklass.)* lichte sandaal *(gedragen door acteurs in de komedie en door vrouwen).*

soccus, ī *m (Gr. leenw.)*
1. kleine, Griekse schoen *(in Rome alleen door vrouwen en dandy's gedragen);*
2. *schoen v.d. acteurs in de komedie;*
3. *(meton.)* (a) komedie; (b) stijl v.d. komedie; ▸ *-o digna carmina.*

socer *en (Plaut.)* **socerus,** socerī *(en sync.* socrī) *m* schoonvader; *plur.* schoonouders.

socia, ae *f* deelgenote, bondgenote [**tori** echtgenote]; levensgezellin, echtgenote.

sociābilis, e *(socio)* gemakkelijk te verenigen [**consortio** eendrachtig, nauw].

sociālis, e *(socius)*
1. *(poët.; postklass.)* kameraadschappelijk, sociaal; ▸ *homo sociale animal (Sen.);*
2. *(Ov.)* echtelijk, huwelijks- [**amor; torus; carmen** bruiloftszang; **sacra; iura**];
3. van de bondgenoten [**foedus; fides; bellum** met de bondgenoten; **exercitus**]; — *subst.* **sociālia,** ium *n (Tac.)* aangelegenheden v.d. bondgenoten.

sociālitās, ātis *f (socialis) (Plin. Min.)* sociale instelling, gezelligheid.

sociennus, ī *m (socius) (Plaut.)* kameraad.

societās, ātis *f (socius)*
1. gemeenschap, vereniging, deelneming, verbond, nauwe band [**hominum inter ipsos; latronum** roversbende; **vitae** sociaal leven; **periculi; sceleris**]; ▸ *nulla ~ nobis cum tyrannis est (Cic.); in societatem laudum alcis venire* deelnemen aan;
2. vriendschap, gezelschap; ▸ *societatem inire, coire, statuere cum alqo; se a societate seiungere; societatem confirmare;*
3. *(pol.)* verbond, bondgenootschap; ▸ *societatem cum alqo coniungere; societatem belli facere; ~ et foedus* verbond voor wederzijdse bescherming;
4. vennootschap, compagnie; ▸ *societatem gerere* leiden, besturen; *societatem facere* vormen; *iudicium societatis* wegens contractbreuk;
5. syndicaat v.d. publicani [**Bithynica**]; ▸ *magister societatis* voorzitter; *auctor societatis* stichter.

sociō, sociāre *(socius)*
1. verbinden, verenigen [**natam alci** laten trouwen met; **alqm urbe, domo** opnemen in; **verba chordis** laten begeleiden door; **vim rerum cum dicendi exercitatione; dextram** een hand geven; **corpus** seksuele gemeenschap hebben];
2. samen uitvoeren [**parricidium; facinus**];
3. met iem. delen [**periculum; gaudia cum alqo; cubile** het bed delen; **consilia** gezamenlijk plannen maken, plannen op elkaar afstemmen];
/ *p. adj.* **sociātus,** a, um *(poët.)* gemeenschappelijk [**labor**].

socio-fraudus, a, um *(socius en fraudo)* (Plaut.) zijn kameraad bedriegend.

socius *(sequor)*
I. *adj.* a, um
1. gemeenschappelijk, verbonden [**consilia; urbs** zusterstad; **ignes** bruiloftsfakkels; **linguae**]; ▸ *nocte -ā* onder bescherming v.d. nacht;
2. (pol.) verbonden, bevriend [**agmina; classis; reges**];
II. *subst.* ī *m*
1. deelgenoot, bondgenoot, kameraad [**regni** mederegent; **belli; sanguinis** *en* **generis** broer; **tori** echtgenoot; **consiliorum; periculorum**];
2. bondgenoot [**populi Romani**]; ▸ *bellum -orum* met de bondgenoten;
3. zakenpartner, compagnon; ▸ *-um fallere; pro -o damnari* wegens het bedriegen v.d. compagnon;
4. (plur.) (syndicaat v.d.) publicani;
5. ~ *navalis* matroos, marinier, *meestal plur.*;
6. (Mel.) hulpgeestelijke.

socordia, ae *f (socors)*
1. *(postklass.)* bekrompenheid van verstand, geestelijke zwakte;
2. sloomheid, slapheid, achteloosheid.

so-cors, *gen.* cordis *(se[2] en cor)*
1. zwak van geest, kortzichtig, bekrompen;
2. sloom, slap, achteloos *(in, mbt.: gen.)* [**futuri** onbekommerd om; **ceterarum rerum**].

Sōcratēs, is *en* ī *m filosoof in Athene (ca. 470—399 v. Chr.), leermeester v. Plato;* — *adj.* **Sōcraticus,** a, um socratisch, van Socrates [**chartae** geschriften v.d. leerlingen v. Socrates; **domus** school v. Socrates]; — **Sōcraticī,** ōrum *m* leerlingen, aanhangers v. Socrates.

socrus, ūs *f (socer)* schoonmoeder.

sodālicium, ī *n (sodalicius)*
1. *(poët.; postklass.)* vriendschap;
2. (pol.) (geheime) vereniging *of* genootschap.

sodālicius, a, um *(sodalis)* (Laatl.) van de kameraadschap *of* vriendschap.

sodālis
I. *adj.* e vriendschappelijk, bevriend [**turba**];
II. *subst.* is *m*
1. kameraad, maat, vriend, *metaf. ook v. niet-lev.*; ▸ *cratera Veneris* ~ ; *Eurus* ~ *hiemis*;
2. disgenoot, drinkebroer;
3. lid v.e. priestercollege; *plur.* priestercollege;
4. lid v.e. geheim politiek genootschap; spitsbroeder;
5. (Mart.) minnaar *van een getrouwde vrouw.*

sodālitās, ātis *f (sodalis)*
1. vriendschap, *(concreet)* vriendenkring, vrienden [**intima**]; ▸ *homo summa sodalitate* met de grootste vriendenkring; ~ *familiaritasque*;
2. priestercollege [**Lupercorum**];
3. (geheime) vereniging, (geheim) genootschap, politieke club.

sōdēs (< *si audes, audeo)* als je wilt, alsjeblieft, *meestal in comb. m. imp.* = toch; ▸ *da mihi hoc sodes; i sodes intro.*

sōl, sōlis *m*
1. zon; ▸ *sol oriens, occidens* oosten, westen; *solis ortus, cursus, occasus; sole primo of novo* bij zonsopgang, 's morgens vroeg; *sole medio* 's middags; *supremo sole* bij zonsondergang; *(sprw.) nondum omnium dierum sol occidit* (Liv.) het einde der dagen is nog niet gekomen;
2. *personif.* **Sōl** Zonnegod, Sol *(later* = Apollo); ▸ *filia Solis* = Pasiphaë;
3. *(meton.)* (**a**) zonlicht, zonneschijn, -straal, -warmte; ▸ *in sole ambulare*; (**b**) zonnige plek; (**c**) *(poët.)* zonnige dag; *alg.* dag; (**d**) hemel, lucht;
4. *(metaf.)* publieke bezigheid, optreden in het openbaar; ▸ *in solem procedere* publiek optreden; *doctrinam in solem producere;*
5. glans, ster = belangrijk persoon; ▸ *Africanus, sol alter.*

sōlāciolum, ī *n (demin. v. solacium)* (Catull.) schrale troost.

sōlācium, ī *n (solor)*
1. troost, vertroosting, *plur.* troostende woorden; ▸ *-a dicere alci; luctum alcis nullo -o levare posse;*
2. *(metaf.)* verlichting, hulpmiddel, toevlucht *(voor, in, bij: gen.)* [**calamitatis; servitutis; exitii; annonae**]; ▸ *-um afferre, praebere alci;*
3. *(poët.; postklass.)* vergoeding, schadeloosstelling; ▸ *mihi non ultione nec -is opus est* (Tac.);
4. *(poët.) (meton.)* vertrooster; ▸ *aves -a ruris; dicta, duri -a casūs.*

sōlāmen, inis *n (solor) (poët.)* troost, verlichting.

sōlānum, ī *n (postklass.)* nachtschade.

sōlānus, ī *m (sol)* oostenwind.

sōlāris, e *(sol) (poët.; postklass.)* van de zon, zonne- [**lumen**].

sōlārium, ī *n (vul aan: horologium) (sol)*
1. zonnewijzer, *ihb. die op het Forum Romanum, alg.* klok [**ex aqua** waterklok];
2. *(pre- en postklass.)* plat dak, terras, balkon.

sōlātor, ōris *m (solor) (poët.)* trooster.

soldum, ī *n sync. (poët.)* = *solidum*[1].
soldurii, ōrum *m (Kelt. woord) (Caes.)* getrouwen.
soldus, a, um *sync. (poët.)* = *solidus.*
solea, ae *f (solum*[1]*)*
1. sandaal; ▸ *-as demere of deponere (voor de maaltijd); -as poscere (na de maaltijd); -as festinare* haastig aanschieten; *Clodius a muliebribus -is est factus popularis (omdat Clodius zich als vrouw vermomd had) (Cic.)*;
2. voetboei;
3. *(poët.; postklass.) een soort platvis,* tong.
soleārius, ī *m (solea) (Plaut.)* sandalenmaker.
soleātus, a, um *(solea)* met of op sandalen.
sōlemnis *en* **sōlennis,** e = *sollemnis.*
soleō, solēre, solitus sum *(arch. soluī)*
1. plegen, gewoon zijn, *vaak te vertalen met:* gewoonlijk, vaak; ▸ *populus Romanus beneficii memor esse solebat* gedacht gewoonlijk; *(abs.) ut soleo* zoals ik gewoon ben; *ut solet* zoals gewoonlijk; *ut olim solebat* zoals vroeger de gewoonte was; — *p. adj.* **solitus,** a, um *(poët.; postklass.)* gewoon, gewoonlijk, gebruikelijk [**cibus; artes; mos**];
2. *(poët.)* omgang hebben met, samenwonen met [**cum viris**].
sōlers, sōlertia = *soll-.*
Solī, ōrum *m stad in Cilicië;* — *inw.* **Solēnsēs,** ium *m.*
solidāmentum, ī *n (solido) (eccl.)* vaste grondslag.
solidātiō, ōnis *f (solido) (postklass.)* het dichtmaken, stevig maken.
solidēscō, solidēscere *(solidus)*
1. hard, stevig worden;
2. (weer) heel worden, herstellen.
solidi-pēs, pedis *m (solidus) (Plin. Mai.)* eenhoevig dier.
soliditās, ātis *f (solidus)*
1. dichtheid;
2. *(metaf.)* stevigheid, duurzaamheid.
solidō, solidāre *(solidus)*
1. dicht-, vastmaken, verstevigen, versterken [**muros**];
2. samenvoegen [**ossa fracta**].
solidum[1], ī *n (solidus)*
1. iets dichts, het vaste, vast lichaam, vaste grond; ▸ *-o offendere* op iets vasts stoten; *in -o procedere* op vaste bodem; ~ *arboris* kern;
2. *(poët.; postklass.) (metaf.)* veiligheid; ▸ *in -o locare* in veiligheid brengen; *in -o esse; bona sua in -o habere;*
3. het geheel, totale som, gehele kapitaal; ▸ *-um solvere of reddere alci;*
4. *(Hor.)* het essentiële, echte; ▸ *inane abscindere -o* het waardeloze van het waardevolle scheiden.
solidum[2] *adv. (solidus) (Apul.)* heel erg, flink.
solidus
I. *adj.* a, um
1. dicht; degelijk, massief [**paries; marmor**]; ▸ *vasa auro -a;*
2. stevig, hard [**tecta; terra; telum; adamas**];
3. *(poët.; postklass.)* dik, sterk, gedrongen [**corpus; crus**];
4. geheel, volledig [**annus; dies; consulatus** een vol jaar durend]; ▸ *-e scire* zeker, precies;
5. echt, waarachtig, wezenlijk, blijvend [**laus; gloria; gaudium; libertas; beneficium**];
6. onwrikbaar, onwankelbaar [**mens; fides**];
II. *subst.* ī *m (postklass.)* solidus *(gouden munt), oorspr. = 25 denarii, later tot de helft v.d. waarde gedaald.*
sōli-fer, fera, ferum *(sol en fero) (Sen.)* de zon brengend [**plaga** het oosten].
sōliferreum, ī *n* = *solliferreum.*
sōlistimus, a, um = *sollistimus.*
sōlitārius, a, um *(solus)* individueel, alleen (-staand); eenzaam, teruggetrokken.
sōlitās, ātis *f (solus)* het alleen zijn, eenzaamheid.
solitō, solitāre *(soleo)* het zijn vaste gewoonte maken *(m. inf.).*
sōlitūdō, inis *f (solus)*
1. eenzaamheid, stilte, het ontbreken van mensen; ▸ *in solitudine secum loqui;* ~ *ante ostium (Ter.)* ik zie geen mens voor de deur;
2. teruggetrokkenheid; ▸ *in solitudine vivere;*
3. *(meton.)* eenzame, afgelegen streek, *ook plur.;* ▸ *in solitudinem se abdere;*
4. *(metaf.)* verlatenheid, gebrek aan bescherming [**liberorum**];
5. gebrek *(aan: gen.; ab)* [**humani cultūs; magistratuum**].
solitum, ī *n (soleo)* het gewone, het gebruikelijke, gewoonte; ▸ *ex -o* regelmatig; *praeter -um* ongewoon; *-o maior* ongewoon groot; *plus -o* meer dan gewoonlijk.
solitus *zie soleo.*
solium, ī *n*
1. troon [**Iovis; regale**];
2. *(meton.)* koningsmacht, koninklijke waardigheid, koninkrijk; ▸ *-o potiri; alqm avito -o depellere;*
3. leunstoel [**paternum**];

4. badkuip;
5. *(postklass.)* doodkist, sarcofaag.
sōli-vagus, a, um *(solus)* alleen rondzwervend [**bestiae; elephanti; genus hominum**]; *metaf.* opzichzelfstaand [**cognitio**].
sollemne, is *n (sollemnis)*
1. plechtigheid, feest [**Fidei; funeris; ludorum; nuptiarum**]; ▸ *sollemnia incipientis anni precari* de gebruikelijke wensen voor het nieuwe jaar uitspreken *(Tac.)*;
2. *(plur.)* offers; ▸ *exta sollemnium*;
3. gebruik, gewoonte; ▸ *sollemne suum servare; sollemnia repetere* de gewone bezigheden weer opnemen; — *plur.* gangbare regels.
soll-emnis, e *(sollus en annus)*
1. plechtig, feestelijk [**dies festi; ludi; arae; sacrificia; sacramentum; epulae**]; ▸ *sollemniter peragere alqd*;
2. *(jur.)* volgens de juiste procedures, formeel [**verba; probatio**];
3. gewoon(lijk), gebruikelijk [**iter; gloria; mos; officium; opus**].
sollemnitās, ātis *f (sollemnis) (Laatl.)*
1. plechtigheid;
2. *(jur.)* formele procedure.
soll-ers, *gen.* ertis *(sollus en ars)* bedreven, vaardig, met inzicht, slim, bekwaam; sluw, listig *(mbt., in: gen.; m. inf.)* [**adulescens; agricola; Ulixes; consilium; manus; descriptio; lyrae**]; — *adv.* **sollerter.**
sollertia, ae *f (sollers)* vaardigheid, handigheid, bedrevenheid, inzicht; sluwheid, listigheid [**servi; ingenii;** *(mbt., in: gen.)* **venandi; iudicandi**].
sollicitātiō, ōnis *f (sollicito)*
1. *(Ter.)* onrust [**nuptiarum** wegens de bruiloft];
2. het opruien, ophitsen, *ook plur.*
sollicitātor, ōris *m (sollicito) (postklass.)* ophitser; verleider.
sollicitō, sollicitāre *(sollicitus)*
1. *(poët.)* hevig in beweging brengen, doen schudden [**remis freta; tellurem** omwoelen, ploegen; **feras arcu** jagen op; **stamina pollice** op de snaren tokkelen];
2. storen, lastigvallen [**hunc; umbras**]; *metaf.* schokken, verstoren [**pacem**];
3. *(metaf.)* verontrusten, beangstigen, bezorgd maken; ▸ *cura cives sollicitat*;
4. kwaad maken, prikkelen [**bello Iovem**];
5. ophitsen, opruien, opstoken; verleiden, verlokken [**plebem; civitates; cupidinem cantu** opwekken; **animos ad defectionem**];
6. *(poët.; postklass.)* bewegen tot, brengen tot, oproepen tot *(m. ad; in m. acc.; ut, ne; m. inf.)* [**alqm ad colloquium**]; uitnodigen [**in Formianum**];
7. *(Hor.) (v. ziekte e.d.)* prikkelen, irriteren [**stomachum**];
8. *(postklass.)* masturberen.
sollicitūdō, inis *f (sollicitus)*
1. ongerustheid, bezorgdheid, zorg; *(angstvallige)* zorgvuldigheid, nauwkeurigheid [**domestica; publica; animi;** *(voor, in: gen.)* **provinciae; nuptiarum**]; ▸ *a sollicitudine alqm abducere; se ab omni sollicitudine abstrahere; magna sollicitudine affici*;
2. *(Laatl.)* zorg, voorzorg; taak.
solli-citus, a, um *(sollus)*
1. *(poët.)* hevig bewogen *of* in beweging gebracht [**mare; arma** energiek gehanteerd];
2. *(metaf.)* verontrust, ongerust, bezorgd, angstig *(door: abl.; ook de; propter; gen. e.a.; tgv.: ex; dat: ne; m. afh. vr.)* [**civitas; animus; morte amici; de patris valetudine; propter difficultatem locorum; futuri** voor de toekomst]; ▸ *alqm -um habere* iem. bezorgd maken, verdriet doen; *-um hostem ad lucem tenere* in angstige spanning houden;
3. aandachtig, nauwgezet, zorgvuldig; ▸ *ipse ~ omnia incedebat*;
4. *(poët.; postklass.) (v. dieren)* onrustig, schuw [**equus; lepus**]; waakzaam *(bij: ad)* [**canes ad nocturnos strepitus**];
5. *(v. niet-lev.)* (a) verstoord, onrustig [**pax; spes; nox; vita; manus** trillend]; (b) verontrustend, angstig makend [**dolor; amores; metus; cura**];
/ *adv.* **-ē** *(postklass.)* (a) bezorgd; (b) zorgvuldig, gewetensvol.
solli-ferreum, ī *n (sollus en ferreus)* geheel uit ijzer bestaand projectiel, werpspies.
sollistimus, a, um *(superl. v. arch. sollus)* volmaakt, gunstig [**tripudium** gunstig teken, *wanneer kippen zich gretig op het voer storten*].
sollus, a, um *(arch.)* geheel, volledig.
sōlō, sōlāre *(solus) (postklass.)* eenzaam, verlaten maken; ▸ *solatae peste domūs.*
Solō en **Solōn,** ōnis *m staatsman en dichter, wetgever v.d. Atheners, werd tot de Zeven Wijzen gerekend, ca. 640—559 v. Chr.*
soloecismus, ī *m (Gr. leenw.)*
1. *(postklass.)* solecisme *(foute syntactische verbinding v. woorden)*;

2. *(eccl.)* fout, zonde.
soloecum, ī *n* *(Gr. leenw.)* foutief taalgebruik.
Solōn *zie Solo.*
Solōnium, ī *n landstreek in Z.-Latium; — adj.* **Solōnius,** a, um [ager].
sōlor, sōlārī
1. troosten [**inopem et aegrum**];
2. sterken, verkwikken [**fessos opibus**];
3. *(poët.; postklass.)* verzachten, verlichten, sussen [**laborem cantu; metum; curas; famem** stillen; **aestum fluviis**];
4. *(Tac.)* schadeloosstellen [**alqm dote**].
sōlstitiālis, e *(solstitium)*
1. van de zonnewende [**dies** langste dag; **nox** kortste nacht; **orbis** kreeftskeerkring];
2. *(meton.)* van de zomer, zomers [**tempus** hartje zomer; **morbus** zonnesteek].
sōl-stitium, ī *n* *(sto)* zonnewende, *ihb.* zomerzonnewende; *(poët.; postklass.) meton.* zomer (-hitte).
solūbilis, e *(solvo)* *(Laatl.)* ontbindbaar.
soluī *zie solvo.*
solum[1]**,** ī *n*
1. bodem, grond(vlak), fundament [**fossae; stagni**]; *(metaf.)* grondslag, basis;
2. vloer [**marmoreum**];
3. voetzool; *(poët.)* schoenzool, schoen;
4. aarde, grond [**agri; fertile; viride**]; ▸ *urbem ad -um diruere; alqd -o aequare* met de grond gelijkmaken, *(metaf.)* volledig vernietigen; *ponere membra -o; sprw.: quod(cumque) in -um (venit)* wat er maar bij iem. opkomt; ~ *navi subtrahitur (Verg.)* het water wijkt onder het schip vandaan;
5. land, streek [**patriae; caeleste** hemel; **natale** geboorteland]; ▸ *-um vertere of mutare* weggaan, in ballingschap gaan; *urbs Etrusca -o* wat ligging betreft;
6. *(poët.)* bodem, onderlaag [**Cereale** onderlaag v. brood, *waar men fruit op deed*].
sōlum[2] *adv. v. solus.*
sōlum-modo *adv. (postklass.)* alleen maar.
Solūntīnus, a, um uit Solus *(aan de noordkust v. Sicilië, nu Solunto).*
sōlus, a, um *(sg. gen. sōlīus, dat. sōlī)*
1. alleen, enkel, slechts; ▸ *solus cenabo; hic soli sumus; — adv.* **sōlum** alleen, slechts, enkel: *non solum . . . sed etiam (of verum etiam, sed et, sed . . . quoque)* niet alleen . . . maar ook; *non solum (non) . . . sed ne . . . quidem* niet alleen (niet) . . . maar zelfs niet;
2. *(v. personen)* eenzaam, verlaten;
3. verlaten, zonder mensen [**litus; nemora**];
4. buitengewoon, uniek; ▸ *-um id est carum mihi.*
solūtilis, e *(solutus)* *(Suet.)* (gemakkelijk) uiteenvallend [**navis**].
solūtiō, ōnis *f* *(solvo)*
1. het losmaken [*metaf.* **linguae** spraakzaamheid];
2. ontbinding, verslapping [**totius hominis**];
3. (af)betaling [**impedita** verzuim te betalen; **aeris alieni**];
4. *(postklass.)* oplossing, verklaring.
solūtus, a, um *(p. adj. v. solvo)*
1. *(poët.; postklass.)* losgemaakt, los, vrij [**crines; tunica**]; ▸ *loris -is;*
2. *(Sen.)* bevend, trillend [**manus**];
3. *(metaf.)* ongebonden, ongehinderd, zelfstandig, vrij *(door, van: abl.; ab; gen.)* [**animus; civitatis voluntas; amores; ratio; ab omni sumptu; faenore; poenā** vrij van straf; **operum**]; ▸ *-um est (m. inf.)* het staat vrij, het is geoorloofd;
4. *(poët.)* zorgeloos; ▸ *animo -o liberoque; in paupertate* ~ ;
5. vrij van schulden *of* verplichtingen [**praedia; servus**]; ▸ *(jur.) alqd in solutum dare of accipere* iets geven *of* ontvangen om een schuld te voldoen;
6. teugelloos, uitgelaten [**risus; dicta factaque; Clodii praetura**];
7. nalatig, slap, zonder energie, toegevend [**lenitas; curā** onachtzaam]; ▸ *exercitum -e habere;*
8. *(v.e. redenaar)* vlot [**in dicendo** *en* **ad dicendum; in explicandis sententiis**];
9. *(v. taal)* ongebonden: (a) in proza [**carmen**]; (b) vloeiend, vrij [**verba**].
solvō, solvere, solvī *(poët. ook soluī),* solūtum *(se-*[3] *en luo)*
1. losmaken [**catenas; frenum; vittam; funem navis; tunicam; nodum; crines** naar beneden laten hangen; **iuga tauris** afnemen; **vela** de zeilen hijsen; **ancoram, navem** = wegzeilen; **equum senescentem** uitspannen; **leones;** *(van: abl.; ab; de)* **funem a stipite; corollas de fronte**];
2. openen [**epistulam; ergastula; ora** de mond];
3. het anker lichten, wegvaren [(**e**) **portu; a terra**];
4. *(metaf.) (schuld)* betalen, afbetalen, afdragen *(voor: pro)* [**aes alienum; pecuniam debitam;**

pretium; poenam *en* poenas (capite met zijn leven) boeten; supplicium; pro vectura; nihil pro frumento]; ▸ *solvendo non esse* niet kunnen betalen; *solvendo aeri alieno non erat* hij kon de schuld niet betalen;
5. *(plichten, opdrachten, beloften e.d.)* vervullen, nakomen, verwerkelijken, uitvoeren [**fidem** zijn woord houden; **vota; beneficia** vergelden; **iniuriam poenis** boeten voor; **omnia iusta paterno funeri; exsequias rite** passend voltrekken; **suprema** de laatste eer bewijzen];
6. verlossen, bevrijden *(van: abl.)* [**alqm dementiā; alqm curā et negotio; alqm legibus** iem. dispensatie verlenen; **civitatem religione; alqm scelere, crimine nefario** vrijspreken van];
7. *verzen* van het strenge metrum bevrijden; in proza omzetten; ▸ *numeri lege soluti* vrije ritmes;
8. *(poët.; postklass.)* ontketenen, tot uitbarsting brengen [**libidines; iram; linguam ad iurgia**];
9. *(poët.; postklass.)* oplossen, ontbinden [**ordines; pontem** afbreken; **navem** uit elkaar slaan; **nivem** doen smelten; **agmina** scheiden]; — *pass.* oplossen: *hiems solvitur* loopt ten einde; *viscera solvuntur* gaan tot ontbinding over; *alvus soluta* buikloop. diarree *(Tac.)*;
10. *(poët.; postklass.)* slap maken, verzwakken [**homines; alci lumina** iem. de ogen sluiten]; ▸ *solutus annis aevoque; corpora senectus solvit; somno vinoque soluti; solvi in somnos* in slaap vallen; *in otia solvi; (morte) solvi* sterven; *solvuntur frigore membra;*
11. verwijderen, opheffen, afbreken, beëindigen [**morem a prioribus traditum; obsidionem; pacem, foedus** breken; **leges; metum corde** verdrijven, verbannen];
12. verklaren, oplossen [**aenigmata; errorem**];
/ *zie ook solutus.*

Solymī, ōrum *m oudste bewoners v. Lycië, naar wie Hierosolyma (Jeruzalem) genoemd zou zijn.*

somniātor, ōris *m (somnio) (postklass.)* dromer.

somnīculōsus, a, um *(somnus)* slaperig, traag [**senectus**].

somni-fer, fera, ferum *(somnus en fero) (poët.; postklass.)* slaap brengend [**cantus; vis papaveris; venenum** dodelijk].

somni-ficus, a, um *(somnus en facio) (Plin. Mai.)* slaapverwekkend [**vis**].

somniō, somniāre *(somnium)*
1. dromen *(van: de; acc.; m. aci.)*;
2. *(abs.)* fantaseren, zwammen; ▸ *philosophi somniantes.*

somnium, ī *n (somnus)*
1. droom; *meton.* droombeeld, visioen; ▸ *per -a* (in de droom) *loqui; interpres -orum; -o uti of -um videre* een droom hebben, dromen; *-o videre alqd;*
2. *(poët.) (plur.)* slaap;
3. *(metaf.)* waan, inbeelding, dwaasheid, fantasie, *meestal plur.* [**vinolentorum; delirantium**].

somnolentus *en* **somnulentus,** a, um *(somnus) (postklass.)* slaperig.

somnus, ī *m*
1. slaap [**dulcis; levis; altus** diep]; ▸ *-o se dare* zich te slapen leggen; *ad -um proficisci* gaan slapen; *-um capere non posse* niet in slaap kunnen komen; *interruptum -um recuperare non posse* niet weer in slaap kunnen komen; *alqm ex -o excitare; -o solutus sum; per -um, (in) -o en in -is* in de slaap, in een droom; *imago -i* droom(beeld); *pocula ducentia -os;* — *(poët.) personif.* **Somnus** *god v.d. slaap;*
2. *(poët.) (meton.)* (a) doodsslaap [**longus**]; (b) nacht;
3. *(metaf.)* slaperigheid, sloomheid, traagheid; ▸ *dediti -o.*

sōna, ae *f (arch.) = zona.*

sonābilis, e *(sono) (poët.)* geluid makend, klinkend [**sistrum**].

sonāns, *gen.* antis *(p. adj. v. sono)* geluid makend, galmend, klinkend [**concha** schetterend]; welluidend, melodisch [**verba; elegi**].

sonāx, *gen.* ācis *(sono) (postklass.)* luid klinkend, schetterend [**concha**].

soni-pēs, pedis *m (sonus) (poët.)* klepper, rijpaard.

sonitus, ūs *m (sono)* toon, geluid, klank, *ook* gekraak, gebruis, geraas, lawaai *e.d.* [**pedum** voetstappen; **flammae** het knetteren; **remorum** riemslag; **armorum** gekletter; **Olympi** donder; **ventorum**]; *plur. (retor.)* het donderen v.e. redevoering.

sonīvius, a, um *(sonus) (t.t. in de taal v.d. auguren)* een ratelend geluid makend [**tripudium** geruis v. neervallende graankorrels *als gunstig voorteken*].

sonō, sonāre, sonuī, (sonātūrus)
I. *intr.*
1. geluid geven, klinken, galmen, *ook* kraken, bruisen, ruisen, tjilpen, knetteren, sissen, dreunen *e.d.*; ▸ *tela sonant* kletteren; *pennae*

sonuerunt ruisten; *sonuerunt tympana; classica sonant; lyrae, tibiae sonant; spumae sonantes; flamma sonat* knettert; *fons sonat* klatert; *sonans Aufidus* bruisend; *(m. acc. n) chordae diversa sonabant* klonken verschillend; *amnis rauca sonans* dof ruisend; — *retor. (v. woorden en v.e. redevoering)* klinken [**bene**];
2. *(poët.)* weerklinken; ▸ *ripae sonantes; valles sonuere maestum (Sen.)*;
3. genoemd worden (als); ▸ *invictus sonas*;
II. *tr.*
1. doen klinken, laten horen [**raucum quiddam** krijsen; **mortale** menselijke woorden; **hominem** menselijk klinken]; ▸ *poëtae pingue quiddam atque peregrinum sonantes (Cic.)* van wie de taal een hoogdravende en uitheemse klank heeft;
2. *(poët.)* bezingen, in een lied prijzen [**mala fugae; bella**]; ▸ *te carmina nostra sonabunt (Ov.)*;
3. door de stem verraden *of* aanwijzen [**furem**];
4. betekenen [**unum** hetzelfde].
sonor, ōris *m (sono)* geluid, klank, toon, *ook* gebulder *e.d.*; *vaak plur.*; ▸ *sonorem dant silvae; saeva sonoribus arma.*
sonōrus, a, um *(sonor) (poët.; postklass.)* geluid makend, klinkend, ruisend, schetterend [**flumina; tempestas**].
sōns, *gen.* sontis
I. *adj.* schuldig, strafbaar *(aan, wegens: abl.)* [**anima; fraterno sanguine** aan broedermoord];
II. *subst. m* schuldige, misdadiger; ▸ *sontes punire.*
sonticus, a, um *(sons) (niet-klass.)* echt(?), eigenlijk(?) [**morbus** gevaarlijk; *metaf.* **causa** gegronde reden].
sonuī *pf. v. sono.*
sonus, ī *m (sono)*
1. geluid, klank, toon; *ook* geruis, geschetter, gebulder *e.d.* [**gravis** diep, bas-; **acutus** hoog; **dulcis; tympani; tubae; fluminis**]; ▸ *-um arma dedere* kletterden;
2. *(poët.)* woord;
3. uitspraak, accent [**Atticorum; levis**];
4. *(poët.; postklass.)* stem, het spreken [**cycni** gezang]; ▸ *medio in -o* midden onder het spreken; *concordi -o* eenstemmig;
5. *(metaf.) (retor.)* toon, stijl, manier van spreken [**orationis**].
sophia, ae *f (Gr. leenw.) (pre- en postklass.)* wijsheid.
sophisma, atis *n (Gr. leenw.) (postklass.)* drogreden, sofisme.
sophismation, ī *n (Gr. leenw.) (Gell.)* = *sophisma.*
sophistēs *en* **-a,** ae *m (Gr. leenw.)* sofist *(professionele leraar in filosofie en welsprekendheid)*; ook spitsvondig filosoof.
sophisticus, a, um *(Gr. leenw.) (preklass.; Laatl.)* sofistisch, spitsvondig.
Sophoclēs, is *m Gr. tragediedichter (497—406 v. Chr.)*; — *adj.* **Sophoclēus,** a, um.
sophōs[1] *adv. (Gr. leenw.) (postklass.)* bravo!, goed zo!
sophos[2] *en* **-us** *(Gr. leenw.) (poët.)*
I. *adj.* a, um wijs [**gubernator**];
II. *subst.* ī *m* wijze; *ook als cognomen.*
sōpiō[1], sōpīre *(sopor)*
1. doen inslapen [**vino hostes; pervigilem draconem herbis**]; *pass.* inslapen; — *p. adj.* **sōpītus,** a, um ingeslapen, slapend [**vigiles**; *metaf.* **sensus**];
2. verdoven [**regem ictu**]; ▸ *quies sopita* diepe slaap;
3. *(metaf.)* tot rust brengen, kalmeren, sussen; *pass.* sluimeren, rusten; — *p. adj.* **sōpītus,** a, um sluimerend [**virtus; armorum furor; ignis** onder de as smeulend; **consuetudo**]; ▸ *sopitae ignibus arae* het op het altaar uitgedoofde vuur; *sopito mari*;
4. *(poët.)* in eeuwige slaap wiegen, doden; ▸ *quiete sopitus; alqm fundā* ~.
sōpiō[2], ōnis *m (Catull.)* lul, piemel.
sōpītiō, ōnis *f (Petr.)* = *sopio*[2].
sopor, ōris *m*
1. diepe, vaste slaap; *(poët.) alg.* slaap; ▸ *soporem carpere* genieten; — *(Verg.) personif.* **Sopor** *god v.d. slaap*;
2. *(poët.)* doodsslaap [**aeternus; perpetuus**];
3. *(meton.)* slaapdrank; ▸ *soporem miscere; patri soporem dare; soporem sumere*;
4. *(postklass.) (metaf.)* slaperigheid, loomheid;
5. *(postklass.)* bedwelming [**animi corporisque**].
sopōrātus, a, um *(p. adj. v. soporo) (poët.; postklass.)*
1. ingeslapen, slapend [**hostis**; *metaf.* **dolor** sluimerend];
2. bedwelmend, slaap brengend; ▸ *melle -a offa; ramus vi ~ Stygiā.*
sopōri-fer, fera, ferum *(sopor en fero) (poët.; postklass.)* slaap brengend, bedwelmend [**papaver**].
sopōrō, sopōrāre *(sopor) (postklass.)*

1. doen inslapen; bedwelmen;
2. *(metaf.)* kalmeren.
sopōrus, a, um *(sopor) (poët.)* slaap brengend [**nox**].
Sōra, ae *f stad in het gebied v.d. Volsci aan de rivier de Liris; — adj. en inw.* **Sōrānus,** a, um *resp.* ī *m.*
Sōracte, is *n berg ten N. v. Rome, met een tempel v. Apollo, nu de* Soratte; *— adj.* **Sōractīnus,** a, um.
sōracum, ī *n* (Gr. *leenw.) (Plaut.)* kist.
sorbeō, sorbēre, sorbuī, —
1. opdrinken, opzuigen, opslurpen [**aquam; vinum**]; ▸ *(v. niet-lev.) terra flumina sorbet;*
2. *(metaf.)* indrinken, verzwelgen [**alqd animo; odium alcis** opkroppen]; ▸ *sorbent avidae praecordia flammae.*
sorbilis, e *(sorbeo)* uit te zuigen, op te slurpen [**ovum**].
sorbillō, sorbillāre *en* **sorbilō**[1], sorbilāre *(sorbeo) (pre- en postklass.)* kleine teugjes nemen, nippen van *(m. acc.)* [**vinum**].
sorbilō[2] *adv. (sorbeo) (kom.)* druppelsgewijs, slokje voor slokje; *metaf.* als een arme sloeber.
sorbitiō, ōnis *f (sorbeo) (pre- en postklass.)* het opslurpen; *meton.* drank, soep.
sorbuī *pf. v. sorbeo.*
sorbum, ī *n* sorbe, peerlijsterbes.
sorbus, ī *f* sorbeboom.
sordeō, sordēre, sorduī, — *(sordes)*
1. vuil, smerig zijn;
2. *(metaf.)* onbeduidend toeschijnen, niet op zijn waarde geschat worden, te min zijn; ▸ *sordent tibi munera nostra (Verg.).*
sordēs, is *f, meestal plur.*
1. vuil [**aurium** oorsmeer];
2. donkere kleding *van rouwenden en aangeklaagden* [**lugubres; reorum**]; ▸ *sordes suscipere* aandoen; *— meton.* rouw: *in lacrimis et sordibus iacēre* in zak en as zijn;
3. *(metaf.)* armzaligheid, verachtelijkheid [**fortunae et vitae; verborum**];
4. laaghartigheid; gierigheid, hebzucht [**domesticae; iudicum**];
5. *(meton.)* gepeupel, uitschot [**urbis**].
sordēscō, sordēscere, — — *(incoh. v. sordeo)*
1. *(poët.; postklass.)* vuil worden, vervuilen; verwilderen;
2. *(metaf.) (Laatl.)* verdorven *of* onrein worden.
sordidātus, a, um *(sordidus)* in lompen gehuld [**servus**]; in rouwkleding [**senex; reus**].
sordidulus, a, um *(demin. v. sordidus)*
1. *(Juv.)* een beetje vuil [**toga**];
2. *(Plaut.) (metaf.)* armzalig, verachtelijk.
sordidus, a, um *(sordeo)*
1. vuil, vies [**amictus; pellis; lana**];
2. *(poët.)* in lompen *of* rouwkleding gehuld; rouw- [**vestis**];
3. *(metaf.)* laaghartig, schandelijk, beschamend [**cupido; periurium; quaestus**];
4. armzalig, minderwaardig [**amicus; sedes**]; alledaags, ordinair [**verba**]; ▸ *-e dicere;*
5. onfatsoenlijk, vulgair, ordinair [**adulterium; vita**];
6. onbetekenend, onbeduidend; ▸ *-o loco natus.*
sorditūdō, inis *f (sordes) (Plaut.)* vuil, vuiligheid.
sorduī *pf. v. sordeo.*
sōrex, icis *m (pre- en postklass.)* spitsmuis.
sōricīnus, a, um *(sorex) (Plaut.)* van een spitsmuis.
sōrītēs, ae *m (dat. sg. ook sōrītī) (Gr. leenw.)* sluitrede.
soror, ōris *f*
1. zuster, ook halfzuster, schoonzuster *(plur. [poët.] v.d. parcen, muzen, furiën, danaïden e.a.);*
2. (volle) nicht [**patruelis**];
3. *(metaf.) (poët.)* vriendin, minnares;
4. *(poët.; postklass.) v. aan elkaar verwante of verbonden dingen:* ▸ *~ dextrae* = linkerhand.
sororcula, ae *f (demin. v. soror) (Plaut.)* zusje.
sorōri-cīda, ae *m (soror en caedo)* zustermoordenaar.
sorōriō, sorōriāre *(soror) (Plaut.; Plin. Mai.) als zusters* gezamenlijk opgroeien; *metaf.* opzwellen; ▸ *mammae sororiantes.*
sorōrius, a, um *(soror)* zusterlijk, van een zuster, zuster- [**oscula; stuprum** met zijn zuster].
sors, sortis *f*
1. *plankje of staafje dat dienst doet als lot;* ▸ *sortes miscere; sortes (in hydriam) conicere; ~ alcis exit of excidit* komt te voorschijn;
2. *(meton.)* het loten, loting; ▸ *res revocatur ad sortem* er wordt geloot; *sorte ducere* (uit)loten; *excipere sorti* bij de loting apart houden; *extra sortem, sine sorte* zonder loting; *ei sorte provincia obtigit; tertia ~* de derde loting;
3. orakel(spreuk), profetie, *poët. meestal plur.;* ▸ *sortem dare; responsa sortium; ~ alci editur; sortes Lyciae* van de Lycische Apollo;
4. *(door het lot verkregen)* beroep, ambt [**urbana; peregrina**]; ▸ *numquam ex urbe afuit nisi sorte* beroepshalve; *eis cecidit custodia sorti (abl.)* viel als ambt ten deel; — ook ambtsterrein;
5. *(metaf.)* aandeel *(in: gen.)* [**praedae; bonorum**]; ▸ *Saturni ~ prima* eerstgeborene; — erfdeel, bezit; ook beurt: *alterna sorte* om

beurten;
6. *(poët.; postklass.)* lot, lotsbestemming, toeval [**humana; futura; iniqua; suprema** dood; **mali** noodlot];
7. stand, rang [**prima; prior** voorrang]; ▸ *homo ultimae sortis; secundae sortis ingenium* tweederangs *(Sen.)*;
8. *(Ov.)* geslacht [**feminea; altera**];
9. *tegen rente uitgeleend* kapitaal; ▸ *sorte carere.*

sorsum *en* **-us** *adv. (poët.) = seors-.*

sorticula, ae *f (demin. v. sors) (postklass.) plankje dat dienst doet als* lot.

sorti-ger, gerī *m (sors en gero)* orakelgever [**Juppiter**].

sorti-legus *(sors en lego[1])*
I. *adj.* a, um *(Hor.)* waarzeggend;
II. *subst.* ī *m* waarzegger.

sortior, sortīrī *en (preklass.)* **sortiō,** sortīre *(sors)*
I. *intr.* loten, loten trekken *(om: de)* [**de altero consulatu; de ordine agminis; inter se**];
II. *tr.*
1. loten om, verloten, door het lot bepalen [**duas Gallias; provinciam; iudices; regna vini**]; *(ook m. afh. vr.)*;
2. door loting toewijzen *of* toebedelen; door loting (toegewezen) krijgen [**provinciam; proconsulatum**]; — *p. adj.* **sortītus,** a, um door loting toegewezen *of* toebedeeld; *adv.* **sortītō** door het lot, *ook (poët.)* door het noodlot;
3. *(metaf.)* krijgen [**amicum casu; mediterranea Asiae; venerabile ingenium**];
4. *(Verg.)* verdelen, delen [**laborem; periculum**];
5. *(Verg.)* (uit)kiezen, selecteren.

sortis, is *f (kom.) = sors.*

sortītiō, ōnis *f (sortior)* loting [**provinciarum; aedilicia**].

sortītō *adv., zie sortior.*

sortītor, ōris *m (sortior)* iem. die de trekking verricht.

sortītus[1] *zie sortior.*

sortītus[2], ūs *m (sortior)*
1. loting; *concreet* lot; ▸ *alqd sortitūs non pertulit* er is niet om geloot;
2. *(meton.)* wat iem. ten deel valt, (aan)deel.

sorvum, ī *n = sorbum.*

sorvus, ī *f = sorbus.*

Sosiī, ōrum *m de gebroeders Sosii, boekhandelaren te Rome ttv. Horatius.*

sospes, *gen.* itis behouden, ongedeerd, veilig; ▸ *sospitem in patriam redire*; — *(poët.) (v. niet-lev.)* gelukkig, gunstig [**dies**].

Sospita, ae *f (sospes?, ouder:* Sispita*)* redster, beschermster, *als epitheton v. Juno.*

sospitālis, e *(sospes) (pre- en postklass.)* heilzaam.

sospitās, ātis *f (sospes) (Laatl.)* welbevinden.

sospitātor, ōris *m (sospito) (Apul.)* redder.

sospitātrīx, īcis *f (sospitator) (Apul.)* redster.

sospitō, sospitāre *(sospes)* redden, behouden; beschermen, behoeden.

Sōtadēs, ae *m Hellenistische dichter uit Maronea (Thracië) in het begin v.d. 3e eeuw v. Chr.; — adj.* **Sōtadēus** *en* **Sotadicus,** a, um [**versus** *gedicht dat van achteren naar voren gelezen obscene betekenis had*].

sōtēr, ēris *m (Gr. leenw.)* redder, Heiland.

sōtēria, ōrum *n (Gr. leenw.) (Mart.)* geschenk wegens genezing.

spādīcum, ī *n (Gr. leenw.) (Laatl.)* palmtak *(met dadels en al).*

spādīx, *gen.* īcis *(Gr. leenw.) (poët.; postklass.)* kastanjebruin, roodbruin.

spadō, ōnis *m (Gr. leenw.)* eunuch.

spargō, spargere, sparsī, sparsum
1. (uit)strooien [**nummos populo; ossa in foro**], *(vloeistoffen)* sprenkelen, druppelen [**venena** gif druppelen = mensen vergiftigen; **cruorem**];
2. zaaien [**semina; dentes vipereos;** *metaf.* **animos in corpora**];
3. *(poët.; postklass.)* werpen, slingeren, schieten [**glandes; fulmina in terras; tela; hastas**];
4. verdelen, verspreiden, uitstrooien, verbreiden [**legiones, exercitum per provincias; se toto campo; se in fugam; bellum** de oorlog nu eens hier, dan weer daar voeren; **alcis nomen per urbes; voces**]; ▸ *gens sparsa per orbem; spargebatur* het gerucht werd verspreid *(m. aci.)*;
5. *woorden* strooien [**omnia argumenta**];
6. *(poët.; postklass.)* verkwisten [**pecuniam**];
7. *(poët.; postklass.)* in stukken scheuren [**corpora**];
8. *(poët.; postklass.)* bestrooien, besprenkelen, besproeien, *ook metaf.* [**humum foliis; corpus lymphā; favillam amici lacrimā** natmaken; *metaf.* **terras lumine** beschijnen; **caelum astris; porticum tabellis** volhangen; **fraterna caede penates** bespatten];
/ *zie ook sparsus.*

sparsim *adv. (sparsus) (Laatl.)* verspreid, her en der.

sparsiō, ōnis *f (spargo) (Sen.)* het sprenkelen, uitstrooien (*van geparfumeerde vloeistof of geschenken in de circus of in het amfitheater*).

sparsus, a, um (*p. adj. v. spargo*)
1. verstrooid, verspreid [**crines** in de war; **classis tempestate**];
2. gevlekt, gespikkeld, bont [**ōs** met zomersproeten; **anguis maculis**].

Sparta, ae *en* **Spartē,** ēs *f* Sparta (*of* Lacedaemon), *belangrijkste stad v. Laconië, resp. het Spart. gebied*; — *adj.* **Spartānus** *en* **Spartiāticus,** a, um [**disciplina; nobilitas**]; — *inw.* **Spartānus,** ī *m en* **Spartiātēs,** ae *m*.

Spartacus, ī *m Thrac. gladiator, leider v.d. opstand v. slaven en gladiatoren tegen Rome (73—71 v. Chr.)*.

sparteolus, ī *m* (*demin. v. sparteus*) (*Laatl.*) brandweerman.

sparteus, a, um (*spartum*) van vedergras.

spartum, ī *n* (*Gr. leenw.*)
1. vedergras;
2. touw *of* koord van vedergras.

sparulus, ī *m* (*demin. v. sparus*[1]) (*poët.*) brasempje.

sparus[1], ī *m* (*Gr. leenw.*) (*postklass.*) brasem.

sparus[2], ī *m* korte jachtspeer.

spasma, atis *n en* **spasmos,** ī *m* (*Gr. leenw.*) spiersamentrekking, spasme.

spasticus, a, um (*Gr. leenw.*) (*Plin. Mai.*) door kramp *of* spasme getroffen; — *subst.* ī *m* iem. die door kramp *of* spasme wordt getroffen.

spata *zie spatha.*

spatalium, ī *n* (*Gr. leenw.*) (*postklass.*) armband.

spatalocinaedus, ī *m* (*Gr. leenw.*) (*Petr.*) wellustig knaapje.

spatha *en* **spata,** ae *f* (*Gr. leenw.*) (*postklass.*)
1. spatel *om te roeren*;
2. *breed zwaard dat aan twee kanten snijdt*;
3. weefkam.

spatior, spatiārī (*spatium*)
1. heen en weer lopen, wandelen;
2. (*poët.; postklass.*) (*metaf.*) zich uitspreiden; ▸ *alae spatiantes; bracchia spatiantia.*

spatiōsus, a, um (*spatium*) (*poët.; postklass.*)
1. ruim, wijd, groot [**insula; planities; amnis** breed];
2. (*metaf.*) (a) (*v. tijd*) lang(durig) [**nox**]; (b) omvangrijk, veelomvattend; ▸ *magna et -a res est sapientia.*

spatium, ī *n*
1. ruimte, uitgestrektheid [**campi; caeli; castrorum** omvang]; ▸ *-um dare* plaatsmaken; *in -um fugere* ver weg vluchten; — ook (*poët.; postklass.*) lengte, breedte, grootte, omvang [**viae**]; ▸ *aures in -um trahere* in de lengte uitrekken;
2. tussenruimte, afstand; ▸ *trabes paribus -is intermissae; -is propioribus* op geringere afstand;
3. (lengte v.d.) weg, afstand; ▸ *tanto -o* over zo'n lange afstand; *magnum -um emetiri of conficere* afleggen;
4. renbaan, parcours, *poët. ook plur.*; ▸ *in -o decurrere*; — *meton.* (om)loop *op de renbaan*: *septem -is coronam merere; quadrigae addunt se in -a* leggen de ene omloop na de andere af; *-a corripere* versnellen; — *alg.* baan: *-um decurrere* tot het einde doorlópen;
5. (*metaf.*) baan, loop [**gloriae** roemrijke loopbaan]; ▸ *vitae* (*of aetatis*) *-um decurrere* zijn leven beëindigen;
6. wandeling; wandelroute, promenade [**basilicae** in de markthal; **silvestre**]; ▸ *in extremis spatiis decurrebat* op het eind v. zijn tocht;
7. (tijds)duur [**breve; diei; temporis**]; ▸ *hoc* (*of eo*) *-o* in deze periode; *eodem -o* op precies hetzelfde moment;
8. lengte, lange duur; ▸ *-o pugnae defatigati; arbor -o durata;*
9. tijd, gelegenheid (*voor: gen.; ad; in m. acc.*) [**deliberandi** bedenktijd; **consilii habendi**]; ▸ *-um alci dare ad scribendum; -um habere ad dicendum; -um sumere ad cogitandum* de tijd nemen; *-um nancisci* tijd winnen; *irae -um dare* respijt geven; *requiem spatiumque* rustpauze;
10. (*metr. t.t.*) lengtemaat; ▸ *trochaeus eodem -o est quo choreus* heeft dezelfde lengte;
11. (*Tac.*) (*meton.*) meetlint, peillood; ▸ *altitudo nullis -is penetrabilis.*

speciālis, e (*species*) (*postklass.*) bijzonder, speciaal.

speciēs, ēī *f* (*specio*)
1. het zien, kijken, blik; ▸ *primā specie* op het eerste gezicht;
2. aanblik, uiterlijk, verschijning, voorkomen, *ook metaf.* [**humana; caelestis; horribilis; ridentis**]; ▸ *duo signa eādem specie ac formā; speciem horribilem praebere; specie famave* door zijn uiterlijk of naam; *in speciem* (*m. gen.*) lijkend op: *in speciem montis;*
3. schoonheid, pracht, luister, glans [**caeli; iuvenis; vaccae; auri**]; ▸ *specie insignis; triumpho maximam speciem captiva arma praebuere* (*Liv.*); *speciem in dicendo adhibere*; — *metaf.* aanzien [**populi Romani**];
4. droombeeld, visioen [**nocturna; viri; interempti filii**];
5. beeld, afbeelding [**Iovis**];

6. (uiterlijke) schijn [**fallax; humanitatis; pugnantium; imperii** ogenschijnlijk opperbevel]; ▸ *fraudi imponere speciem iuris; speciem honesti praebere, habere of prae se ferre; utilitatis speciem habere of prae se ferre; speciem alci facere (m. aci.)* bij iemand de indruk wekken; *speciem hosti fecit ibi omnem exercitum esse (Liv.); specie, per en in speciem* ogenschijnlijk, schijnbaar; *per speciem auxilii ferendi; ad speciem* voor de schijn; *ad speciem alariis uti* voor een schijnmanoeuvre; — *ook* mom, voorwendsel: *specie (m. gen.)* onder het mom van;
7. voorstelling, idee, indruk [**recti**]; ▸ *veram speciem senatūs capere (Liv.)* een juist beeld v.d. senaat krijgen;
8. ideaal, toonbeeld [**libertatis; eloquentiae; viri boni**];
9. soort, type, categorie *als onderdeel van een groter geheel;* ▸ *genus universum in species certas partietur (Cic.);*
10. *(jur.)* casus, geval;
11. *(Laatl.) plur.* (a) goederen; (b) kruiden, specerijen; ingrediënten, bestanddelen.

specillum, ī *n (demin. v. speculum) chirurgische* sonde.

specimen, inis *n (specio)*
1. bewijs, proeve, teken, blijk [**prudentiae; animorum**]; ▸ *specimen iustitiae alci dare* iem. verschaffen; *specimen dare* blijk geven van;
2. voorbeeld, toonbeeld, ideaal [**humanitatis; antiquitatis**];
3. *(poët.; postklass.)* verschijningsvorm, manifestatie; ▸ *antiquum ~ imperii.*

speciō, specere, spexī, spectum *(preklass.)* zien, bekijken.

speciōsitās, ātis *f (speciosus) (eccl.)* schoonheid.

speciōsus, a, um *(species)*
1. welgevormd, mooi [**femina**];
2. welluidend [**nomina; vocabula**];
3. *(metaf.)* aanzienlijk, imposant, geweldig, prachtig, luisterrijk [**familia; adventus; exemplum; opes**];
4. *(door uiterlijke schijn)* verblindend, betoverend; misleidend, bedrieglijk [**titulus**]; ▸ *(m. sup.) vera potius quam dictu -a (Liv.).*

spectābilis, e *(specto)*
1. zichtbaar [**campus**];
2. *(poët.; postklass.) (metaf.)* bezienswaardig, opvallend, aanzienlijk, prachtig [**heros; victoria; opus**].

spectāculum *en (sync.) (poët.; postklass.)* **-clum,** ī *n (specio)*
1. schouwspel, aanblik [**magnificum; luctuosum; deforme**]; ▸ *-o esse alci* iem. een lust voor het oog zijn; *-um praebere* een schouwspel *of* aanblik bieden; *-um capere* bekijken;
2. wereldwonder; ▸ *inter septem -a numerari;*
3. *(meestal plur.)* (a) tribune, zitplaatsen *(voor de toeschouwers in het theater);* (b) *(meton.) (postklass.)* (amfi)theater; ▸ *-a plausu resonant;*
4. *(meton.) (opgevoerd)* schouwspel [**gladiatorum; scenae; ludorum; naumachiae;** *metaf.* **triumphi**];
5. het beschouwen, bekijken [**pugnae**]; ▸ *formam suam -o assiduo explorare.*

spectāmen, inis *n (specto)*
1. *(Plaut.)* bewijs; kenmerk;
2. schouwspel, aanblik.

spectātiō, ōnis *f (specto)*
1. het kijken, toeschouwen;
2. keuring *van geld.*

spectātīvus, a, um *(specto)* theoretisch [**pars**].

spectātor, ōris *m (specto)*
1. toeschouwer [**ludorum**];
2. iem. die observeert *of* bestudeert [**caeli siderumque; certaminis**];
3. beoordelaar, kenner [**virtutis; proprii ponderis**].

spectātrīx, īcis *f (spectator) (poët.; postklass.)* toeschouwster.

spectātus, a, um *(p. adj. v. specto)*
1. beproefd, bewezen [**fides; integritas; virtus**];
2. voortreffelijk, degelijk, flink [**femina; vir**].

spectiō, ōnis *f (specio)* het houden van auspiciën, recht om auspiciën te houden.

spectō, spectāre *(intens. v. specio)*
1. zien, kijken [**in undam; alte** omhoog];
2. bekijken, observeren, bestuderen [**motūs siderum; caeli signorum ordinem et pulchritudinem;** *metaf.* **causam**];
3. *(in het theater en de circus) als toeschouwer* kijken; *(een schouwspel)* bijwonen, kijken naar *(m. acc.)* [**ludos; fabulam; gladiatores; pugiles; artifices saltationis**];
4. *(poët.)* vol bewondering bekijken, bewonderen; ▸ *spectant oculi te mille loquentem (Hor.);*
5. *(metaf.)* onderzoeken, op de proef stellen, keuren [**exta; aurum in ignibus; rem de** stand v. zaken]; *alqd igni ~* iets aan de vuurproef onderwerpen;
6. beoordelen *(op grond van: ex; ab; abl.)* [**philosophos ex singulis vocibus; ex constantia**]; ▸ *ne haec nostris spectentur ab annis quae*

ferimur (Verg.); natura vocis spectatur quantitate;
7. rekening houden met, in ogenschouw nemen [**commune bonum; audaciam alcis; mores**]; *(ook m. afh. vr.);*
8. streven naar, op het oog hebben, uitzien naar, in gedachten hebben *(m. acc.; zelden ad)* [**magna; praedam; fugam; locum probandae virtutis** de gelegenheid zoeken om; **ad imperatorias laudes; ad suam gloriam; alte** hogerop willen];
9. *(v. niet-lev.)* wijzen op, in de richting gaan van, betrekking hebben op *(m. ad)* [**ad bene vivendum; ad rebellionem; ad perniciem**]; ▸ *res ad arma spectat* het ziet ernaar uit dat er oorlog komt; *consilia ad salutem sociorum spectant; quo id spectat?;*
10. *in een bepaalde richting* liggen, gekeerd zijn naar, gericht zijn op *(m. acc.; ad; in m. acc.)* [**ad fretum; ad orientem solem; ad meridiem; in septentriones; in regionem Hispaniae**].

spectrum, ī *n (specio)* beeld *in de geest,* voorstelling.

spēcula¹, ae *f (demin. v. spes)* een sprankje *of* zweempje hoop.

specula², ae *f (specio)*
1. uitkijk-, wachtpost, wachttoren; ▸ *ignis e -a sublatus; dat signum -ā Misenus ab alta (Verg.); multo ante tamquam ex aliqua -a prospexi tempestatem futuram (Cic.);*
2. *(Verg.)* hoogte [**montis** bergtop]; ▸ *clamorem e -is tollere* vanaf de stadsmuren;
3. *(metaf.)* hinderlaag; ▸ *in -is esse* op de loer liggen;
4. bolwerk [**populi Romani**].

speculābilis, e *(speculor)* te ontwaren, te onderscheiden.

speculābundus, a, um *(speculor) (postklass.)* op de uitkijk *of* op de loer liggend.

speculāmen, inis *n (speculor) (Laatl.)* blik.

speculāris, e *(speculum) (postklass.)* van een spiegel, spiegel-; — *subst.* **-ia,** ium *en* iōrum *n* vensterruiten.

speculātiō, ōnis *f (speculor) (Laatl.)*
1. het op de uitkijk staan, het de wacht houden;
2. *(metaf.)* het overdenken.

speculātor, ōris *m (speculor)*
1. *(in oorlog)* spion, verkenner; ▸ *per speculatores alqd cognoscere;*
2. *(postklass.) plur. soldaten met een speciale functie, o.a.:* boodschappers, beulen *en* lijfwachten *van een veldheer;*
3. onderzoeker [**naturae; futuri**];
4. schildwacht; *(eccl.)* hoeder, bewaker.

speculātōrius, a, um *(speculator)*
1. wacht-, verkennings- [**navigium**]; — *subst.* **-a,** ae *f (vul aan: navis)* verkenningsschip;
2. *(Suet.)* van een soldaat [**caliga**].

speculātrīx, īcis *f (speculator)* spionne [**scelerum**].

speculo-clārus, a, um *(speculum) (Plaut.)* glashelder.

speculor, speculārī *(specula²)*
I. *intr.* om zich heen spieden [**in omnes partes**];
II. *tr.* verkennen, bespionneren, bespieden, observeren [**alcis iter; consilia hostium; dicta factaque alcis; aquas** uitkijken naar]; *(ook m. afh. vr.).*

speculum, ī *n (specio)* spiegel; ▸ *inspicere tamquam in -um in vitas omnium;* — *metaf.* afspiegeling, beeld [**naturae; morum**].

specus, ūs *m en n (dat. en abl. plur.* specubus *en* specibus)
1. grot, spelonk; kloof;
2. (afwaterings)kanaal, riool [**subterraneus**];
3. onderaardse gang, schacht;
4. *(poët.) (metaf.)* holte, gat [**alvi; vulneris** gapende wond].

spēlaeum, ī *n (Gr. leenw.) (poët.)* grot, hol [**ferarum**].

spēlunca, ae *f (Gr. leenw.)* spelonk, grot.

spērābilis, e *(spero) (Plaut.)* waarop te hopen valt [**salus**].

spērāta, ae *f (spero) (kom.)* geliefde, aanstaande bruid, verloofde.

spērātus, ī *m (spero) (kom.)* geliefde, aanstaande bruidegom, verloofde.

Sperchēus, -ēos, -īus *en* **-īos,** ī *m grensrivier in Z.-Thessalië;* — *adj.* **Sperchēis,** idis *(f)* [**undae; ripae**]; — **Sperchīonidēs,** ae *m (Ov.)* afstammeling v.d. riviergod v.d. rivier de Spercheus; — **Sperchīae,** ārum *f stad in het dal v.d. rivier de Spercheus.*

spernāx, *gen.* ācis *(sperno) (postklass.)* verachtend, vol verachting voor *(m. gen.)* [**mortis**].

spernō, spernere, sprēvī, sprētum
1. *(preklass.)* verwijderen [**se a malis** zich distantiëren van];
2. *(metaf.)* versmaden, verachten, minachten, afwijzen [**veteres amicitias; alcis litteras; periculum**]; *(ook m. inf.);* — *gerundivum* **spernendus,** a, um verachtelijk, verwerpelijk *(op grond van: gen.)* [**morum**].

spernor, spernārī *(sperno, aspernor) (Juv.)* minachten, verachten.

spērō, spērāre *(spes)*

1. verwachten, hopen op, hoop vestigen op *(m. acc.)* [**meliora; pacem; omnia ex victoria; praesidium ab** (**ex**) **alqo; praemia sibi; deos** hoop op de goden stellen; **de alqo bene, recte** iets goeds verwachten van; **optime** vol hoop zijn; *(m. dubb. acc.)* **alqm adiutorem**]; ▸ *(m. aci. fut. of m. fore ut) spero aeternam inter nos amicitiam fore; — m. inf. praes. en pf.* hopen, verwachten, aannemen: *sperabam iam defervisse adulescentiam* (Ter.); *— ook m. ut; —* spero *en* ut spero *vaak in parenthese* = hopelijk, naar ik hoop; *— p. adj.* **spērātus,** a, um waarop gehoopt is, verwacht [**gloria; praeda**];

2. verwachten, vrezen [**dolorem; bellum; deos**]; *(ook m. aci.).*

spēs, speī *f*

1. verwachting, hoop [**vera** gegrond; **falsa;** *(op, tav.: gen.; ad)* **consulis; patroni; pacis; arcis capiendae; ad ea temptanda**]; *(m. aci.; zelden m. ut);* ▸ *spem habere, in spe esse of spe duci* hoop koesteren; *alqd in spe est* iets ligt in het vooruitzicht; *~ est in alqo* de hoop is gevestigd op iem.; *alci spem alcis rei dare* iem. hoop op iets geven; *in spem venire, ingredi of adduci* hoop beginnen te krijgen; *spem nancisci* hoop krijgen; *~ me tenet* (m. aci.) ik hoop; *spe deici* in zijn hoop teleurgesteld worden; *spem deponere, dimittere, tollere, perdere* de hoop opgeven; *praeter, contra spem* tegen de verwachting; *omnium spe celerius* sneller dan door iedereen verwacht; *omnem spem salutis in virtute ponere* alle hoop op redding in de deugd stellen; *adulescens summae spei* veelbelovend; *egregiae spei filia* met uitstekende vooruitzichten, veelbelovend; *nullast ~ iuventutis* (Plaut.) van de jeugd valt niets te verwachten; *— personif.* **Spēs** *godin v.d. hoop: ad Spei (vul aan: aedem);*

2. *(meton.)* (a) hoop = datgene waarop men zijn hoop vestigt *(ook v. levende wezens);* ▸ *spe potiri* zijn hoop werkelijkheid zien worden; *~ anni* oogst; *~ gregis (v.d. lammeren); ~ grexque* lammeren en hun moeders; *Scipio ~ populi* de hoop v.h. volk; (b) *(Plaut.) als koosnaam* [**mea**];

3. bange verwachting, bezorgdheid *(om, over: gen.)* [**naufragii**].

Speusippus, ī *m Gr. filosoof, neef en opvolger v. Plato als leider v.d. Academie (gest. in 340 of 339 v. Chr.).*

speusticus, a, um *(Gr. leenw.) (Plin. Mai.)* in allerijl te bereiden [**panis**].

spexī *pf. v. specio.*

sphaera, ae *f (Gr. leenw.)*

1. (aard)bol;

2. hemelsfeer; globe;

3. kringloop, baan *(van hemellichamen).*

sphaeristērium, ī *n (Gr. leenw.) (postklass.)* zaal waar balspelen gedaan werden.

sphaeromachia, ae *f (Gr. leenw.) (postklass.)* bokswedstrijd.

Sphinx, Sphingis *f fabeldier uit de Gr. mythologie, o.a. voorgesteld als vrouw met een gevleugeld leeuwenlichaam.*

sphondylus, ī *m = spondylus.*

sphrāgis, idis *f (Gr. leenw.) (Plin. Mai.)* een steen in een zegelring.

spīca, ae *f*

1. (koren)aar;

2. *(poët.; postklass.) op een aar lijkende pluim van planten* [**Cilissa** = saffraan];

3. Korenaar *(de helderste ster in het sterrenbeeld Maagd).*

spīcātus, a, um *(spica) (postklass.)*

1. aren dragend;

2. *(metaf.)* spits (toelopend), voorzien v.e. spitse top.

spīceus, a, um *(spica) (poët.)* van koren, van aren [**messis** korenoogst; **corona**].

spīci-fer, fera, ferum *(spica en fero) (postklass.)* aren dragend, aren voortbrengend [**Nilus**].

spiciō, spicere *(Plaut.) = specio.*

spīcō, spīcāre *(postklass.)* aren vormen.

spīculō, spīculāre *(spiculum) (postklass.)* spits maken, scherpen [**telum**].

spīculum, ī *n (demin. v. spicum)*

1. spits; speer-, pijlpunt;

2. *(poët.) (meton.)* werpspies, speer, pijl;

3. *(poët.)* angel, *ihb. van insecten* [**apium; crabronum**].

spīcum, ī *n en (postklass.)* **-us,** ī *m = spica.*

spīna, ae *f*

1. *(poët.; postklass.)* doorn, *meton.* doornstruik; ▸ *~ creat rosas;*

2. stekel, pen;

3. (vis)graat [**piscium**];

4. *(pre- en postklass.)* ruggengraat; *(poët.)* rug [**sacra** heiligbeen];

5. *(Petr.)* tandenstoker [**argentea**];

6. *(metaf.) (plur.)* netelige kwesties [**disserendi; partiendi et definiendi** ingewikkelde onderverdelingen en definities];

7. *(poët.)* kwellende zorg; ▸ *-as animo evellere.*

spīnētum, ī *n (spina) (poët.; postklass.)* doornstruik, doornbos.

spīneus, a, um *(spina) (poët.; Laatl.)* van doornen, doornen- [**vincula**].

spīni-ger, gera, gerum *(spina en gero)* doornig, stekelig.

spīnōsus, a, um *(spina)*
1. doornig, stekelig [**herbae; folia**]; vol doornstruiken;
2. *(Catull.) (metaf.)* netelig, lastig [**curae**];
3. spitsvondig [**oratio**].

spīntēr, ēris *n (Gr. leenw.) (Plaut.)* armband.

spīntria, ae *m (Gr. leenw.) (postklass.) (scherts. v.e. prostitué)* 'sluitspierartiest'.

spinturnīcium, ī *n (demin. v. spinturnix) (Plaut.; Laatl.)* ongeluksvogel.

spinturnīx, īcis *f een onbekende vogel.*

spīnula, ae *f (demin. v. spina) (Laatl.)* ruggengraatje.

spīnus, ī *f (spina) (botan.)* sleedoorn.

spīra, ae *f (Gr. leenw.)*
1. kronkel *(ihb. v.e. slang)*, spiraal; ▸ *in -am se colligit anguis (Verg.)*;
2. *(meton.)* (**a**) *(Juv.)* lint *aan een muts*; (**b**) *(Plin. Mai.)* (haar)vlecht, (haar)lok; (**c**) *(Enn.)* militaire eenheid, compagnie.

spīrābilis, e *(spiro)*
1. van lucht, om mee te ademen [**animus; natura**];
2. door lucht bewogen, pneumatisch [**genus machinarum**].

spīrāculum, ī *n (spiro) (poët.; postklass.)* luchtgat; ▸ *-a Ditis* krochten v. Pluto.

spīrāmen, inis *n (spiro) (postklass.)*
1. het ademen, ademhaling; uitademing;
2. *(meton.)* luchtgat [**naris**].

spīrāmentum, ī *n (spiro)*
1. het ademen, ademhaling; adempauze;
2. *(meton.)* luchtweg, -pijp, -gat, spleet [**caeca; terrae; animae** luchtwegen];
3. luchtstroom, tocht.

spīrit(u)ālis, e *(spiritus)*
1. van de adem, adem-, van de lucht, lucht-;
2. *(eccl.)* geestelijk.

spīritus, ūs *m (spiro)*
1. luchtstroom, bries, wind [**frigidus; austri**];
2. het ademen, adem; ▸ *spiritum ducere, trahere* ademhalen; *spiritum haurire; extremo spiritu* bij de laatste adem; *usque ad extremum spiritum* tot de laatste adem; *uno spiritu* in één adem;
3. levensadem, leven;
4. *(poët.)* zucht; ▸ *latere petitus imo* ~ *(Hor.)*;
5. *(Verg.)* het sissen *van een slang*;
6. het geuren, geur [**florum**];
7. (tijd voor) één ademhaling;
8. *(metaf.)* ziel, geest; ▸ *morte carens* ~; *dum* ~ *hos regit artūs (Verg.)*; — *filos. t.t.*: wereldziel;
9. gezindheid, stemming, *meestal plur.* [**hostiles**];
10. enthousiasme, bezieling, geestdrift, inspiratie [**sublimis; poëticus**]; ▸ *spiritu divino tactus*;
11. *(sg. en plur.)* kwaliteit, verhevenheid; ▸ *vir ingentis spiritūs*;
12. *(sg. en plur.)* zelfbewustzijn, trots; hoogmoed, overmoed [**regius; patricii** adeltrots; **tribunicii**]; ▸ *altiores spiritūs sumere* hogerop willen;
13. *(sg. en plur.)* moed; ▸ *animo (dat.) spiritūs facere* bemoedigen;
14. *(Tac.) (sg. en plur.)* verbittering, ontstemming; ▸ *alcis spiritūs mitigare*;
15. *(eccl.) Spiritus Sanctus* de Heilige Geest.

spīrō, spīrāre
I. *intr.*
1. *(poët.; postklass.)* blazen, waaien; ▸ *zephyri, venti spirant*; — *m. dat. (metaf.)* begunstigen: *aura spiravit illi (Verg.)*; — *(poët.) (ook v. goden)* wind sturen: *di, spirate secundi (Verg.)* stuur gunstige wind!;
2. *(poët.) (v.d. zee)* bruisen; ▸ *freta spirantia*; — *v. slangen en vuur*: sissen: *hydra spirans; spirat e pectore flamma (Verg.)*;
3. geuren [**graviter**]; ▸ *odoratis spirabunt floribus arae*;
4. ademen; ▸ *dum* ~ *potero; ne* ~ *quidem sine metu posse*; — leven: *spirans* nog levend; *(metaf.) spirante etiam re publica; spirantia exta* nog warm; *spirantia signa, aera* vol leven;
5. *(metaf.)* voortleven, behouden blijven; ▸ *videtur Laelii mens* ~ *in scriptis (Cic.)*; *spirat adhuc amor (Hor.)*;
6. *(poët.)* dichterlijke inspiratie *of* gave hebben;
II. *tr.*
1. uitademen, uitblazen [**flammas** *(v. vuurspuwende wezens)*; **ignem naribus; frigora** *(v. winden)*];
2. *(poët.)* verspreiden, verbreiden [**odorem**];
3. *(metaf.)* vervuld zijn van, bezield zijn door *(m. acc.)* [**tribunatum** van de geest v.e. tribuun; **amores**].

spissāmentum, ī *n (spisso) (postklass.)* stop, prop *(om iets mee dicht te maken)*.

spissātiō, ōnis *f (spisso) (Sen.)* het dichter *of* compacter worden.

spissēscō, spissēscere, — — *(spissus) (poët.; postklass.)* dichter *of* compacter worden.
spissi-gradus, a, um *(spissus en gradior) (Plaut.)* langzaam voortschrijdend.
spissitās, ātis *f (spissus)* dichtheid, compactheid.
spissitūdō, inis *f (spissus) (postklass.)* dichtheid, compactheid.
spissō, spissāre *(spissus) (poët.; postklass.)*
1. condenseren, verdichten [**lac; ignem**]; opeenhopen [**ramalia**];
2. *(metaf.)* vaak herhalen.
spissus, a, um
1. *(poët.; postklass.)* dicht (opeen), dik, compact [**nubes; coma; aër** wolkenveld; **tunica** dicht geweven; **sanguis** geronnen; **arena**]; overvol, stampvol [**theatrum**];
2. *(metaf.)* langzaam (voortschrijdend); langdurig, moeizaam, moeilijk [**opus; exitus**];
3. *(postklass.)* vaak achter elkaar *of* herhaaldelijk (plaatsvindend, uitgevoerd) [**basia**].
spithama, ae *f (Gr. leenw.) (Plin. Mai.)* span *(als lengtemaat).*
splēn, splēnis *m (Gr. leenw.)* milt.
splendeō, splendēre, — — glanzen, stralen, schitteren, *ook metaf. (van: abl.)*; ▸ *splendens stella candida; virtus splendens; auro atque argento ~ ; sparsis hastis campus splendet; splendet tremulo sub lumine pontus (Verg.).*
splendēscō, splendēscere, splenduī, — *(incoh. v. splendeo) (poët.)* beginnen te stralen, *ook metaf.*
splendicō, splendicāre *(splendeo) (Apul.)* glanzen, schitteren.
splendidus, a, um *(splendeo)*
1. glanzend, stralend, fonkelend [**color; sol; bracchia** van goud; **fons**];
2. *(metaf.)* schitterend, prachtig, fantastisch; ▸ *domus luxu -a;* — met een voorliefde voor schoonheid [**homo**];
3. roemrijk, beroemd, aanzienlijk, belangrijk [**vir; ingenium; causa; civitas; eques Romanus; facta**];
4. *(v.d. stem en v. klank)* helder, duidelijk [**vox**]; *(v. uitdr.)* helder, levendig [**oratio**]; ▸ *-e loqui;*
5. welluidend [**nomen; verba**].
splendor, ōris *m (splendeo)*
1. glans, helder schijnsel [**caeli; aquae; flammae; auri**];
2. *(metaf.)* pracht, schittering [**vitae**];
3. roem, aanzien, belang, eer [**imperii nostri; nominis; familiae; equester**];
4. *(metaf.)*sieraad [**ordinis**];
5. helderheid, duidelijkheid *(van de stem en van klank)* [**vocis**]; helderheid, levendigheid *(van uitdrukking)* [**orationis**];
6. welluidendheid [**nominis**].
splenduī *pf. v. splendesco.*
splēniātus, a, um *(splenium) (Mart.)* vol pleisters [**mentum**].
splēnicus, a, um *(Gr. leenw.) (Plin. Mai.)* met zieke milt; — *subst.* ī *m* iem. die lijdt aan een zieke milt.
splēnium, ī *n (Gr. leenw.) (postklass.)* pleister.
spodium, ī *n (Gr. leenw.) (Plin. Mai.)*
1. as;
2. oxide *(ontstaan bij verassing).*
spodos, ī *m (Gr. leenw.) = spodium 2.*
Spōlētium, ī *n stad in Z.-Umbrië, nu* Spoleto; — *inw. en adj.* **Spōlētīnus,** ī *m resp.* a, um.
spoliārium, ī *n (spolium) (postklass.)*
1. *ruimte in het amfitheater waar gedode gladiatoren van hun wapenrusting werden ontdaan;*
2. *(metaf.)* rovershol.
spoliātiō, ōnis *f (spolio)*
1. plundering, beroving, roof [**oppidorum; fanorum; sacrorum**]; het beroofd worden, verlies [**omnium rerum**];
2. *(metaf.)* het roven, met geweld afnemen [**consulatūs; dignitatis**].
spoliātor, ōris *m (spolio)* plunderaar, rover [**templorum**].
spoliātrīx, īcis *f (spoliator)* plunderaarster; — *attrib.* plunderend, roofzuchtig.
spoliō, spoliāre *(spolium)*
1. van de kleren ontdoen, uitkleden, *ihb. de verslagen vijand* de wapenrusting afnemen *(m. acc.)* [**alqm veste; corpus caesi hostis; cadaver**];
2. plunderen, beroven *(van: abl.)* [**delubra sociorum; alqm argento; alqm regno paterno; alqm vitā**]; ▸ *viris spoliari* van zijn manschappen beroofd worden; — *p. adj.* **spoliātus,** a, um geplunderd, leeggeroofd;
3. *(metaf.)* roven [**alienam pudicitiam; dignitatem alcis; fortunam**].
spolium, ī *n*
1. *(poët.)* afgestroopte *of* afgelegde huid *van een dier,* vel [**leonis; pecudis; serpentis; viperei monstri**];
2. *(plur.)* op de vijand buitgemaakte wapenrusting [**caesorum hostium; opima** wapenrusting, *die een veldheer op de veldheer v.d. vijand heeft buitgemaakt*]; — *meton.* overwinning: *-a ampla referre;*
3. *(metaf.) (ihb. plur.)* buit [**sociorum** op de

bondgenoten behaald; **nostra** op ons behaald; **virginitatis** bestaande uit; **classium** scheepssnebben].

sponda, ae *f* (*poët.; postklass.*)
1. onderstel v.e. bed *of* sofa;
2. (*meton.*) bed, sofa [**aurea; Orciniana** lijkbaar].

spondeō, spondēre, spopondī, spōnsum
1. plechtig en officieel toezeggen, afkondigen [**fidem; pacem; legionibus pecunias; honores et praemia**]; (*m. aci.*);
2. zich borg stellen, borg staan [**pro paupere; pro iudicato** voor een veroordeelde];
3. (*preklass.*) een meisje verloven [**sororem**];
4. (*poët.; postklass.*) beloven, toezeggen;
5. (*v. niet-lev.*) beloven, voorspellen; ▸ *id spondet virtus vestra;* (*m. aci.*).

spondēum, ī *n* (*Gr. leenw.*) (*postklass.*) offerschaal.

spondēus *en* **-dīus,** ī *m* (*Gr. leenw.*) (*metr.*) spondee (— —); *meton.* gedicht in spondeeën.

spondylus, ī *m* (*Gr. leenw.*) (*postklass.*) *een soort mossel.*

spongia *en* (*postklass.*) **-gea,** ae *f* (*Gr. leenw.*)
1. spons;
2. (*metaf.*) *iets met de vorm of substantie v.e. spons, o.a.:* (a) paddestoel; (b) week pantser.

spongiola, ae *f* (*demin. v. spongia*) sponsje.

spongiōsus, a, um (*spongia*) (*postklass.*) sponsachtig, poreus.

spōns, spontis *f* aanzet, prikkel, *komt alleen in gen. en abl. sg. voor; zie sponte.*

spōnsa, ae *f* (*spondeo*) verloofde, bruid.

spōnsālia, ōrum *en* ium *n* (*spondeo*)
1. verloving; ▸ *-a facere* sluiten; *dies -orum;*
2. (*meton.*) (a) verlovingsfeest; (b) (*Laatl.*) verlovingsgeschenken.

spōnsiō, ōnis *f* (*spondeo*)
1. plechtige belofte, gelofte;
2. (*staatsrechtelijke*) officiële toezegging, afkondiging; ▸ *pax non foedere, sed per sponsionem facta est;*
3. (*in een civiel proces*) wederzijdse verplichting *van de strijdende partijen om de winnende partij een bepaalde som geld te betalen,* gerechtelijk akkoord, schikking; ▸ *sponsionem facere cum alqo de; alqm sponsione lacessere* uitdagen tot; *sponsionem en sponsione vincere* een proces winnen; *sponsione condemnari* een proces verliezen.

spōnsiuncula, ae *f* (*demin. v. sponsio*) (*Petr.*) kleine borg.

spōnsor, ōris *m* (*spondeo*) iem. die borg staat, borg.

spōnsum, ī *n* (*spondeo*) belofte, toezegging, gelofte; ▸ *-um negare* een belofte breken.

spōnsus[1] *ppp. v. spondeo.*

spōnsus[2], ī *m* (*spondeo*) verloofde, bruidegom; *plur. ook* (*Hor.*) vrijers, huwelijkskandidaten [**Penelopae**].

spōnsus[3], ūs *m* (*spondeo*) borgstelling.

spontālis, e (*spons*) (*Apul.*) zelfgekozen, vrijwillig [**parricidium**].

spontāneus, a, um (*spons*) (*Laatl.*) vrijwillig, uit eigen vrije wil [**mors; bellum**].

sponte (*abl. v. spons*)
1. (*postklass.*) door de wil van [**legatorum; principis; deorum**];
2. *meā, tuā, suā, nostrā, vestrā sponte, niet-klass. ook zonder pron. poss.:* (a) vrijwillig, uit eigen vrije wil, uit zichzelf; ▸ *alqd sua sponte facere; non sponte (sua)* onvrijwillig; (b) eigenhandig, alleen, spontaan, zonder hulp van buiten; ▸ *nostra sponte cum hostibus bellavimus; ignis sua sponte exstinguitur;* (c) op zichzelf, als zodanig; ▸ *virtus sua sponte laudabilis est;* (d) voor het eerst, zonder precedent; ▸ *alqd sua sponte instituere.*

spopondī *pf. v. spondeo.*

sporta, ae *f gevlochten* mand.

sportella, ae *f* (*demin. v. sportula*) mandje.

sportula, ae *f* (*demin. v. sporta*)
1. (*pre- en postklass.*) mandje, *ihb. gevuld met eten of geld;* geschenk, *bestaand uit eten of geld;*
2. (*Juv.*) picknick.

sprētor, ōris *m* (*sperno*) (*poët.; postklass.*) iem. die veracht.

sprētus *ppp. v. sperno.*

sprēvī *pf. v. sperno.*

spuī *pf. v. spuo.*

spūma, ae *f* schuim, *ook plur.* [**salis** zoutafzetting; **argenti** zilveroxide *op gesmolten zilverhoudend* lood]; ▸ *Venus -ā procreata; alqs -as in ore agit* het schuim staat iem. op de lippen.

spūmātus, ūs *m* (*spumo*) schuimend zweet.

spūmēscō, spūmēscere, — — (*incoh. v. spumo*) (*poët.*) gaan schuimen.

spūmeus, a, um (*spuma*) (*poët.; postklass.*) schuimend [**amnis**].

spūmi-fer, fera, ferum *en* **-ger,** gera, gerum (*spuma en fero resp. gero*) (*poët.*) schuimend [**fons**].

spūmō, spūmāre (*spuma*)
I. *intr.* (*poët.; postklass.*) schuimen; ▸ *salum, aper spumans;*
II. *tr.* met schuim bedekken; ▸ *saxa spumata.*

spūmōsus, a, um *(spuma) (poët.; postklass.)* met schuim bedekt, schuimend [**litora; undae**].

spuō, spuere, spuī, spūtum *(poët.; postklass.)* (uit)spugen, (uit)spuwen.

spurci-dicus, a, um *(spurcus en dico[1]) (Plaut.)* obsceen, onbeschofte taal gebruikend [**versus**].

spurci-ficus, a, um *(spurcus en facio) (Plaut.)* beledigend *of* verwerpelijk gedrag vertonend.

spurcitia, ae *en* **-tiēs,** ēī *f (spurcus)*
1. *(pre- en postklass.)* smerigheid;
2. *(poët.) (metaf.)* verdorvenheid.

spurcō, spurcāre *(spurcus)* besmeuren, bezoedelen, *ook metaf.* [**forum**]; — *p. adj.* **spurcātus,** a, um smerig [**helluo**].

spurcus, a, um
1. vuil;
2. *(metaf.)* smerig, laag [**homo; meretrix; vita; tempestas** hondenweer; **lex**]; ▸ *-e dicere.*

Spurinna, ae *m naam v.e. Etr. gens:*
1. *haruspex die Caesar voor de Idus v. maart waarschuwde;*
2. Vestricius ~, *lyrisch dichter ttv. keizer Otho.*

spurius *(postklass.)*
I. *adj.* a, um buitenechtelijk; onecht;
II. *subst.* ī *m* buitenechtelijk kind.

Spurius, ī *m Rom. voornaam, afk. Sp.*

spūtāmen, inis *n (sputo)* spuug.

spūtāmentum, inis *n = sputamen.*

spūtātilicus, a, um *(sputo)* verachtelijk, afschuwelijk [**crimina**].

spūtātor, ōris *m (sputo) (Plaut.)* iem. die spuwt.

spūtō, spūtāre *(intens. v. spuo) (poët.)*
1. uitspuwen [**sanguinem**];
2. bespuwen; ▸ *qui sputatur morbus* epilepsie, *waarvan men geloofde dat ze met bespuwen te genezen was.*

spūtum, ī *n (spuo) (poët.; postklass.)* speeksel, spuug [**cruentum**].

spūtus *ppp. v. spuo.*

squāleō, squālēre, — — *(squalus[1], squama)*
1. *(poët.)* geschubd *of* ruw zijn; ▸ *squalentia terga lacerti; squalentes conchae;*
2. *(poët.) (metaf.)* overtrokken zijn met, stijf staan, vol zijn van *(met, van: abl.)*; ▸ *tunica auro squalens; humus serpentibus squalet* wemelt; *squalentia ora Medusae* vol met slangen;
3. stijf staan van het vuil, onverzorgd zijn; ▸ *barba, coma squalens;*
4. *(poët.)* grauw *of* donker zijn; ▸ *squalens nubes;*
5. in rouwkleding zijn, rouwen; ▸ *civitas squalebat; municipia squalebant;*
6. *(poët.; postklass.) (v. plaatsen)* woest *of* verlaten liggen; ▸ *squalentes campi; squalent abductis arva colonis (Verg.); litus squalens.*

squālidus, a, um *(squaleo)*
1. *(Lucr.)* ruig, ruw *(van oppervlakte)* [**corpora; membra**];
2. *(metaf.) (v.e. redevoering)* ruw, droog;
3. stijf van het vuil, smerig, onverzorgd [**homo; vestis; carcer**];
4. *(poët.; postklass.)* in rouwkleding, rouwend [**reus; Phoebus**];
5. *(Ov.)* woest, onherbergzaam [**humus**].

squālor, ōris *m (squaleo)*
1. *(Lucr.)* ruigheid, ruwheid *(van oppervlakte);*
2. vuil, smerigheid, onverzorgdheid; ▸ *vestis squalore obsita;*
3. *(meton.)* rouw(kleding) [**sociorum; patris; coniugis**]; ▸ *in squalore esse; squalorem deponere;*
4. *(postklass.)* onherbergzaamheid [**locorum**].

squālus[1], a, um *(Enn.)* vuil [**vestis**].

squalus[2], ī *m een grote zeevis.*

squāma, ae *f (squalus)*
1. schub, *ihb. van vissen en slangen;*
2. *(Juv.) (meton.)* vis;
3. *iets dat lijkt op een schub, o.a.:* schub *van een* pantser; *plur. (Verg.)* geschubd pantser.

squāmeus, a, um *(squama) (poët.)* geschubd [**anguis**].

squāmi-fer, fera, ferum *en* **-ger,** gera, gerum *(squama en fero resp. gero)* geschubd [**piscis; turba** *(v. slangen)*].

squāmōsus, a, um *(squama) (poët.)* geschubd, ruw [**draco;** *(Laatl.)* **thorax** geschubd pantser]; schurftig.

squilla, ae *f (Gr. leenw.)* kleine zeekreeft, krab.

st! *interj.* sst!, stil!

Stabiae, ārum *f stad in Campanië, net als Pompeji en Herculaneum in 79 n. Chr. door een uitbarsting v.d. Vesuvius bedolven, nu Stabia;* — *adj.* **Stabiānus,** a, um; — **Stabiānum,** ī *n* landgoed bij Stabiae.

stabilīmen, inis *n en (pre- en postklass.)* **-mentum,** ī *n (stabilio)* versteviging, steun.

stabiliō, stabilīre *(stabilis)*
1. vastmaken, verstevigen [**naves; stipites**];
2. *(metaf.)* staande houden, verstevigen, waarborgen [**rem publicam; libertatem; leges**].

stabilis, e *(sto)*
1. vast(staand), stevig (staand) [**pes; agmen peditum; pugna** in het gelid]; ▸ *equus vel per medios gurgites ~ (Liv.)* dat ook midden in de stroming stevig blijft staan;

2. geschikt om op te staan, vaste grond biedend [**insula**; **via**]; ▸ *locus ~ ad insistendum*;
3. (*metaf.*) vast, standvastig, duurzaam, onwankelbaar, onveranderlijk [**amicitia**; **amicus**; **animus**; **fortuna**; **sententia**; **imperium**]; ▸ *stabile est* (*m. aci.*) (*Plaut.*) het is besloten, het staat vast.

stabilitās, ātis *f* (*stabilis*)
1. het stevig staan, stabiliteit [**dentium**; **peditum in proeliis**];
2. (*metaf.*) vastheid, standvastigheid, duurzaamheid, onveranderlijkheid [**fortunae**; **amicitiae**; **sententiae**].

stabilītor, ōris *m* (*stabilio*) (*Sen.*) iem. die stevigheid biedt; ▸ *stator stabilitorque*.

stabulārius, ī *m* (*stabulum*) (*postklass.*) stalhouder; herbergier.

stabulātiō, ōnis *f* (*stabulo*) onderdak, behuizing.

stabulō, stabulāre *en* **stabulor,** stabulārī (*stabulum*)
1. op stal staan;
2. (*metaf.*) zich ergens ophouden; huizen.

stabulum, ī *n* (*sto*)
1. (*poët.*) standplaats, verblijfplaats, leger, *vaak plur.* [**ferarum**];
2. stal, *poët. ook* schaapskooi, omheind gebied, weide(plaats); *plur. ook* hoeve, boerderij;
3. (*postklass.*) (*meton.*) kudde;
4. (*pre- en postklass.*) (*metaf.*) kroeg, logement;
5. bordeel; (*pre- en postklass.*) *ook als scheldw.* hoerenkast.

stacta, ae *en* **-ē,** ēs *f* (*Gr. leenw.*) (*pre- en postklass.*) mirresap, -olie.

stadiodromos, ī *m* (*Gr. leenw.*) (*postklass.*) hardloper.

stadium, ī *n* (*gen. plur.* stadiōrum *en* stadium) (*Gr. leenw.*)
1. stadie *als Gr. lengtemaat, ca. 182 m*;
2. renbaan; *metaf.* wedstrijd [**artis rhetoricae**; **laudis**].

Stagīra, ōrum *n kleine stad in Macedonië, geboorteplaats v. Aristoteles*; — *inw.* **Stagīrītēs,** ae *m* (*vaak v. Aristoteles*).

stagneus, a, um (*stagnum*[2]) gemaakt van het *metaal* stagnum.

stāgnō[1], stāgnāre (*stagnum*[1]) (*poët.; postklass.*)
I. *intr.*
1. (*v. wateren*) overstrómen; ▸ *aquae stagnantes; Nilus in faciem lati maris stagnat*;
2. (*v. plaatsen*) overstroomd zijn, onder water staan; ▸ *orbis stagnat paludibus; moenia stagnabant*;
II. *tr.*
1. onder water zetten [**plana urbis**];
2. (*Laatl.*) *het water tot staan brengen, doen* stoppen.

stāgnō[2], stāgnāre (*Laatl.*) versterken [**murum**].

stāgnum[1], ī *n*
1. *door overstroming ontstaan* water, meer, vijver, poel;
2. *kunstmatig aangelegde* vijver, bassin [**navale**; **calidae aquae** *om te baden*];
3. langzaam stromend water [**Cocyti**; **Phrixeae sororis** = de Hellespont]; *plur. ook* zee [**maxima Nerei**].

stagnum[2], ī *n* (*postklass.*) *legering van zilver en lood*.

stalagmium, ī *n* (*Gr. leenw.*) (*kom.*) oorhanger *in de vorm v.e. druppel*.

stāmen, inis *n* (*sto*) (*poët.; postklass.*)
1. hoofddraad *of* -draden (*bij een rechtopstaand weefgetouw*), schering, ketting;
2. draad, *ihb. aan een spinrokken*; ▸ *stamina manu ducere, digitis torquere* spinnen;
3. (*meton.*) weefsel, kleed;
4. (*metaf.*) *levensdraad van de schikgodinnen*, lot; ▸ *Clotho nevit stamina* (*Ov.*);
5. spinnendraad [**araneae**];
6. *snaar van een instrument*; ▸ *stamina pollice sollicitare* tokkelen.

stamināti̇us, a, um (*Gr. leenw.*) (*Petr.*) *-as* (*vul aan: potiones*) *ducere* uit volle kroezen drinken, flink zuipen.

stāmineus, a, um (*stamen*) (*poët.; postklass.*) van draad; vol draden.

stannum, ī *n* = *stagnum*[2].

Stata, ae *f* (*met en zonder mater*) (*sisto*) *beschermgodin v. straten, die bescherming bood tegen grote branden*.

statārius (*sto*)
I. *adj.* a, um
1. vaststaand [**miles** in het gelid vechtend];
2. (*metaf.*) rustig [**orator**; **comoedia** met een rustig verloop];
II. *subst.* ī *m* toneelspeler in een rustig soort komedie.

Statellī *of* **Statiellī,** ōrum *en* **Statellātēs,** um *m volksstam in Ligurië*; — *adj.* **Statellās,** *gen.* ātis.

statēra, ae *f* (*Gr. leenw.*) balans, waag; *ook metaf.*

staticulum, ī *n* (*demin. v. status*[2]) (*Plin. Mai.*) standbeeldje.

staticulus, ī *m* (*demin. v. status*[2]) (*preklass.*) houding, pose.

Statiellī *zie Statelli.*

statim *adv.* (*sto*)
1. (*Plaut.*) staand;
2. (*Ter.*) voortdurend, regelmatig;
3. onmiddellijk, meteen, ogenblikkelijk; ▸ ~ *ut en* ~ *simulac* zodra als;
4. als onmiddellijk gevolg, onvermijdelijk, logischerwijs.

statiō, ōnis *f* (*sto*)
1. (*poët.; postklass.*) het (stil)staan, positie; gevechtsstelling;
2. (*meton.*) plaats, standplaats, verblijf(plaats), kwartier; juiste plaats *of* plek; ▸ *comas in statione ponere;*
3. ankerplaats [**tuta**]; ▸ *stationem nancisci;*
4. (*postklass.*) openbaar plein;
5. (*postklass.*) kantoor;
6. (*milit.*) (**a**) (wacht)post, wacht; ▸ *stationem habere, stationem agere, in statione esse* op wacht staan, de wacht houden; *alqm in statione ponere; in stationem succedere* de wacht aflossen; *praesidium et* ~ veiligheidsposten; (**b**) (*meton.*) (manschappen van de) wacht, troepenafdeling op wacht, patrouille [**equitum; militum**];
7. (*metaf.*) wacht(post) [**imperii**]; ▸ *fungi longissima statione mortali; in statione manere* waken, oppassen;
8. (*Laatl.*) positie *in staatsdienst.*

statiōnārius, a, um (*statio*) (*postklass.*) tot een wachtpost *of* detachement behorend; *milites -i* ordetroepen.

Stātius, ī *m Rom. cogn.*: P. Papinius ~, *Rom. dichter ttv. keizer Domitianus* (*ca. 40—96 n. Chr.*).

statīvus, a, um (*sto*) vast(staand) [**praesidium** post; **castra** vaste legerplaats]; — *subst.* **-a,** ōrum *n* (*vul aan: castra*) vaste legerplaats, kampement: *-a ponere* opslaan.

stator, ōris *m* (*sto*)
1. *ordonnans v.e. Romeinse magistraat in een provincie;*
2. **Stator:** (**a**) 'die (*de vluchtende troepen*) tot staan brengt'; (**b**) (*metaf.*) behoeder, *als epitheton v. Jupiter.*

statua, ae *f* (*statuo*) standbeeld [**aurata**]; ▸ *-am alci ponere, statuere, constituere; Caesaris -am consecrare.*

statuārius, ī *m* (*statua*) beeldhouwer.

statuī *pf. v. statuo.*

statū-līber, erī *m* (*status*[2] *en liber*[2]) (*Laatl.*) slaaf die bij testament onder opschortende voorwaarden is vrijgelaten.

statūmen, inis *n* (*statuo*) stut, basis.

statunculum, ī *n* (*demin. v. statua*) (*postklass.*) beeldje, figuurtje.

statuō, statuere, statuī, statūtum (*status*[2])
1. (*verticaal*) plaatsen, zetten, doen staan [**iuvencum ante aram; crateras; arborem agro** planten op; **cohortes**];
2. oprichten, bouwen, stichten [**aras; statuam; moenia; urbem**];
3. doen stoppen, tot staan brengen [**navem; boves**];
4. (*metaf.*) stellen, als uitgangspunt nemen [**exemplum**];
5. vaststellen, bepalen, verordenen [**tempus colloquio; diem comitiis; modum diuturnitati imperii; modum cupidinibus; pretium arti; stipendium alci de publico; alqm regem** benoemen tot]; (*ook m. ut, ne*);
6. beslissen, een oordeel vellen, oordelen [**aliquid gravius in alqm** een al te hard oordeel vellen; **exilium in reum** opleggen; **de capite civis; de Caesaris actis; de Lentulo; de se** zelfmoord plegen];
7. besluiten, zich voornemen, zich in het hoofd zetten [**cum animo** bij zichzelf; (*m. inf.*) **decertare; ferro arcere contumeliam**]; (*ook m. ut, ne; m. gerundivum in de aci.; m. afh. vr.*);
8. als zijn mening geven, stellen (*m. aci.*); ▸ *sic statuo ac iudico;*
9. achten, vinden (*m. dubb. acc.*) [**neminem fortiorem**].

statūra, ae *f* (*sto*) gestalte, bouw; ▸ *homo -ae procerae.*

status[1] *zie sisto.*

status[2], ūs *m* (*sto*)
1. het staan, stand, positie [**artificis; dignitatis; signorum**]; gevechtspositie [**minax**]; ▸ *statu movere hostem* uit zijn positie brengen;
2. gestalte, lengte; ▸ *homo statu procerus* (*Apul.*);
3. (*metaf.*) toestand, situatie, gesteldheid, verhoudingen, hoedanigheid [**civitatis; mundi; vitae; caeli**]; ▸ *eo statu res erat* zo was de stand van zaken; *in pristinum statum redire of alqm restituere;*
4. bestendigheid, vaste positie, welstand [**mearum fortunarum**]; ▸ *pro statu civitatis se in discrimen offerre; rei publicae statum labefactare;*
5. maatschappelijke positie, stand, rang [**familiarum**];
6. (*jur. en retor.*) ~ *causae* stand van de zaak *of* van het geschilpunt, vraagstelling, probleemstelling;
7. (*gramm. t.t.*) wijs; ▸ *transferuntur et tempora et statūs.*

statūtus, a, um *(p. adj. v. statuo)*
1. *(Plaut.)* rijzig;
2. *(metaf.)* vastgesteld, vast [**consilium**].

stega, ae *f (Gr. leenw.) (Plaut.)* (scheeps)dek.

stēla, ae *f (Gr. leenw.) (pre- en postklass.)* pijler, zuil; grafzuil.

stēliō, ōnis *m = stellio.*

stēlla, ae *f*
1. ster [**errans; inerrans** vaste ster; **crinita** komeet; **Saturni; diurna** Morgenster; **quinque** planeten *(Mercurius, Venus, Mars, Jupiter, Saturnus)*];
2. *(poët.)* gesternte, sterrenbeeld [**coronae; leonis**];
3. *(poët.)* zon.

stēllāns, *gen.* antis *(stella)* vol sterren [**caelum; nox**]; *metaf.* sterachtig, fonkelend, stralend [**gemma; oculi**].

Stēllās *en* **Stēllātis ager** *of* **campus** *vruchtbaar gebied in Campanië; — adj.* **Stēllātīnus,** a, um.

stēllātus, a, um *(stella)*
1. vol sterren, met sterren bezaaid [**Argus** met fonkelende ogen bezaaid];
2. als ster aan de hemel geplaatst;
3. *(metaf.) (poët.; postklass.)* fonkelend, glanzend [**ensis**].

stēlli-fer, fera, ferum *en* **stēlli-ger,** gera, gerum *(stella en fero resp. gero)* vol sterren [**polus**].

stēlliō, ōnis *m (stella) (postklass.)*
1. sterhagedis;
2. *(metaf.)* schurk, serpent.

stēlliōnātus, ūs *m (jur.)* bedrog, vervalsing.

stemma, atis *n (Gr. leenw.) (postklass.)*
1. krans *(als versiering v. voorouderbeelden)*;
2. *(meton.)* stamboom, reeks van voorouders.

stephanūsa, ae *f (Gr. leenw.) (Plin. Mai.)* 'kranswindster', *beeld v. Praxiteles.*

stercorātiō, ōnis *f (stercoro)* het (be)mesten.

stercoreus, a, um *(stercus) (Plaut.; Laatl.)* vuil, smerig.

stercorō, stercorāre *(stercus)* bemesten [**agrum**].

stercorōsus, a, um *(stercus) (pre- en postklass.)* goed bemest; vol drek, smerig.

sterculīn(i)um, ī *n (stercus) (niet-klass.)* mesthoop; *ook als scheldw.:* mestkever.

stercus, oris *n*
1. drek, mest; *ook als scheldw.:* mestkever [**curiae**];
2. slakken *(restproduct bij het verhitten v. erts).*

sterilēscō, sterilēscere *(sterilis) (postklass.)* onvruchtbaar worden.

sterilis, e
1. *(poët.; postklass.)* onvruchtbaar [**uxor; vir** *(ihb. v. eunuchen)*; **vacca; ager; platani** zonder zaadbollen; **aristae** leeg; **coniugium** kinderloos];
2. *(metaf.)* vruchteloos, zonder succes, weinig opleverend, leeg [**labor; annus; amor** onbeantwoord]; *m. gen. of abl.:* arm aan, zonder; ▸ *saeculum virtutum sterile; ingenii* ~;
3. *(poët.)* onvruchtbaar makend [**frigus; hiems**].

sterilitās, ātis *f (sterilis)* onvruchtbaarheid [**agrorum**].

sternāx, *gen.* ācis *(sterno) (poët.)* bokkend, wild [**equus**].

sternō, sternere, strāvī, strātum
1. *(op de grond)* (uit)strooien, uitspreiden, uitstrekken, neerleggen [**vestes; corpora passim; poma**]; *— se* ~ *en pass.* gaan liggen: *sternunt se phocae; se* ~ *somno in litore;* zich uitstrekken: *campi sternuntur; — ppp.* **strātus,** a, um liggend, uitgestrekt [**humi; ad pedes alcis; corpora somno**];
2. neerwerpen, tegen de grond slaan, neermaaien [**hostes caede; alqm subitā morte; aciem; ferro pecus; muros ariete; Troiam a culmine** doen neerstorten; **agros** wegspoelen];
3. *(metaf.)* terneerdrukken, ontmoedigen, in het ongeluk storten [**mortalia corda; Thyestem exitio gravi**];
4. effenen, gladmaken [**aequora** de golvende zee; **ventos** tot rust brengen; **viam per mare** banen; *metaf.* **odia militum** sussen]; *straten* plaveien;
5. *(poët.; postklass.)* bestrooien, bedekken [**solum telis; algā litus; campos sarcinis**];
6. *(tafels, bedden e.d.)* met dekens, kleden *of* kussens (be)dekken, opmaken [**triclinium**];
7. *met een dekkleed/sjabrak* bedekken [**equum**].

sternūmentum, ī *n (sternuo)* het niezen; nies.

sternuō, sternuere, sternuī, —
I. *intr.* niezen; *metaf.* knetteren; ▸ *lumen sternuit;*
II. *tr.* niezend meedelen [**approbationem; omen alci**].

sternūtāmentum, ī *n (sternuto) (postklass.)* het hevig niezen.

sternūtātiō, ōnis *f (sternuto) (postklass.)* het hevig niezen.

sternūtō, sternūtāre *(frequ. v. sternuo) (Petr.; Laatl.)* steeds weer *of* hevig niezen.

sterquilīn(i)um, ī *n = sterculin(i)um.*

sterteia, ae *f (sterto) (Petr.)* vrouw die snurkt.
stertō, stertere, — — snurken [**totam noctem; noctes et dies**].
Stēsichorus, ī *m Gr. lyrisch dichter uit Himera op Sicilië (ca. 630—550 v. Chr.), tijdgenoot v. Sappho.*
stetī *pf. v. sto, soms v. sisto.*
Sthenelus, ī *m*
1. *Gr. legeraanvoerder in de Trojaanse oorlog;*
2. *koning v. Ligurië, vader v.d. in een zwaan veranderde Cycnus;*
3. *zoon v. Perseus en Andromeda, vader v. Eurystheus;*
/ *adj.* **Sthenelēius,** a, um [**proles** = Cycnus], *fem. ook* **Sthenelēis,** idis [**volucris** zwaan].
stibadium, ī *n (Gr. leenw.) (postklass.)* bank, rustbed *in de vorm v.e. halve cirkel.*
stibi, is *en* **stibium,** ī *n (postklass.)* antimonium, spiesglans.
stigma, atis *n (Gr. leenw.)*
1. *(postklass.)* brandmerk; *metaf.* beschimping;
2. *(Mart.)* snee *veroorzaakt door een slechte kapper;*
3. *(Mel.)* wondteken *van Christus.*
stigmatiās, ae *m (Gr. leenw.)* gebrandmerkte slaaf.
stigmōsus, a, um *(stigma) (postklass.)* gebrandmerkt.
stīli-cidium, ī *n = stillicidium.*
stīlla, ae *f*
1. druppel [**mellis; cruoris**];
2. *(metaf.)* een beetje.
stīllārium, ī *n (stilla) (Sen.)* kleine fooi.
stīlli-cidium, ī *n (stilla en cado)*
1. *(pre- en postklass.)* het druppelen, drup;
2. het lekken van regenwater *van een dak,* dakdrop;
3. *(Vitr.)* gootrand *v.e. dak.*
stīllō, stīllāre *(stilla)*
I. *intr.* druppelen, druipen; ▸ *cruor ferro stillat; unguenta capillo stillabant; de ilice stillabant mella (Ov.); pugio stillans (nl. van bloed);*
II. *tr.* laten druppelen, vergieten [**rorem ex oculis** tranen vergieten]; — *pass.* naar beneden druppelen: *stillata de ramis electra.*
stilus, ī *m*
1. schrijfstift, griffel *(van metaal, hout of been om te schrijven op wastafeltjes, met een brede bovenkant om de was glad te strijken);* ▸ *-um vertere* = het geschrevene uitwrijven, verbeteren;
2. *(meton.)* (a) het schrijven, het schriftelijk opstellen; ▸ *~ est optimus dicendi magister; -o prosequi* beschrijven; (b) manier van schrijven, stijl [**pressus**]; ▸ *~ Romanus* taal;
3. *(postklass.)* puntige pin, stift; spitse paal, staak;
4. *(postklass.)* steel *van een plant.*
stimi, is *n = stibi.*
stimulātiō, ōnis *f (stimulo) (postklass.)* prikkel, aansporing.
stimulātrīx, īcis *f (stimulo) (Plaut.; Laatl.)* opruister.
stimuleus, a, um *(stimulus) (Plaut.)* met de zweep voltrokken [**supplicium**].
stimulō, stimulāre *(stimulus)*
1. *met de sporen aanzetten* [**equos calcaribus**];
2. *(metaf.)* kwellen, verontrusten; ▸ *cura of conscientia alqm stimulat;*
3. ophitsen, aansporen, prikkelen *(tot: ad)* [**alqm ad perturbandam rem publicam; alqm ad iram; animum alcis**]; *(m. ut, ne; m. inf.).*
stimulus, ī *m*
1. *(milit. t.t.) plur.* kleine puntige palen *als voetangels;*
2. prikkel, zweep *om trekdieren aan te sporen en slaven te straffen;*
3. *(metaf.)* kwelling, pijn, onrust, *meestal plur.* [**doloris; amoris** jaloezie; **Bacchi** woede, razernij];
4. aansporing, prikkel *(tot: gen.)* [**laboris; furoris; acerrimus**]; ▸ *-os alci admovere, adicere* iemand aansporen; *animum -is gloriae concitare.*
stinguō, stinguere, — — *(preklass.; poët.)*
1. *vuur, licht doven; pass.* uitgaan;
2. *(metaf.)* vernietigen.
stīpātiō, ōnis *f (stipo)*
1. *(pre- en postklass.)* gedrang, aandrang;
2. begeleiding, gevolg.
stīpātor, ōris *m (stipo)* trouw begeleider, lijfwacht; *plur.* gevolg.
stīpendiārius *(stipendium)*
I. *adj.* a, um
1. voor soldij in dienst [**cohors**];
2. belastingplichtig, schatplichtig [**civitas; oppidum; provincia**];
II. *subst.* ī *m*
1. huurling;
2. belastingplichtige, schatplichtige; ▸ *socii stipendiariique populi Romani.*
stīpendium, ī *n (stips[1] en pendo)*
1. soldij; ▸ *~ militare; -um militibus dare, persolvere, numerare; -o afficere exercitum; -um accipere; -um augere; -a merere* soldaat zijn, dienen; *auxiliaria -a mereri* bij de hulptroepen dienen; *-um fraudare of avertere* achterhouden;

2. *(meton.)* (a) krijgsdienst, militaire loopbaan, *ook plur.*; ▸ *-a facere* volbrengen; *homo nullius -i* die nooit in dienst geweest is; *finis -orum*; (b) dienstjaar, veldtocht; ▸ *plurimorum -orum milites; -a conficere, emereri* zijn tijd uitdienen;
3. *(metaf.)* dienst, taak; ▸ *emeritis stipendiis cupiditatum omnium (Cic.)*;
4. belasting, afdracht, tribuut; ▸ *-um alci imperare, imponere; -o alqm multare*; — *(postklass.)* geldelijke bijdrage [**belli** voor de oorlog];
5. *(poët.)* tol, straf, boete.

stīpes, itis *m*
1. stam, stomp *(van een boom)*; *(poët.)* boom;
2. paal, stok, staak;
3. *(poët.)* houtblok;
4. *(poët.)* knots;
5. *(metaf.)* *(als scheldw.)* stomkop.

stīpō, stīpāre
1. dicht opeenpakken, opeenhopen, samenpersen [**phalangem; naves; cohortem**]; *pass.* samendrommen;
2. *(poët.)* ophopen [**mella**];
3. *(poët.; postklass.)* volstoppen, dicht bezetten [**curiam patribus; tribunal**];
4. dicht omgeven *of* omringen [**senatum armatis, lictoribus**]; ▸ *stipati gregibus amicorum.*

stips[1], stipis *f*
1. (kleine) gift, schenking, aalmoes; ▸ *stipem colligere; stipem Apollini conferre; stipem tollere* het bedelen afschaffen;
2. *(postklass.)* loon, betaling;
3. *(Apul.)* *(meton.)* geldstuk.

stīps[2], stīpis *m (Petr.)* = *stipes.*

stipula, ae *f (niet-klass.)*
1. (koren-, stro)halm; stoppel; *plur.* stro; ▸ *domum -is tegere*;
2. rietfluit.

stipulātiō, ōnis *f (stipulor) (jur. t.t.)*
1. mondelinge, formele toezegging *of* verplichting; stipulatie, overeenkomst; ▸ *alqm stipulatione alligare*;
2. formele vraag of iem. tot een stipulatie bereid is.

stipulātiuncula, ae *f (demin. v. stipulatio)* onbeduidende toezegging *of* overeenkomst.

stipulātor, ōris *m (stipulor) (postklass.)* schuldeiser *(op grond van een stipulatie).*

stipulor, stipulārī formeel bedingen, zich laten beloven *(m. acc.; aci.).*

stīria, ae *f (poët.; postklass.)* ijspegel.

stirpis *zie stirps.*

stirpitus *adv. (stirps)* helemaal, volledig, met wortel en al [**errorem extrahere**].

stirps *en* **stirpis,** stirpis *f (poët. en postklass. ook m)*
1. wortelstok, stam met wortels; ▸ *arbores per stirpes suas aluntur*; — *(postklass.)* *alg.* stam;
2. stomp, stronk; stoppel; splinter;
3. plant; struik, boom; *(poët.)* twijg;
4. *(poët.)* haarwortel; ▸ *vellere albos a stirpe capillos*;
5. *(metaf.)* wortel, stam; ▸ *a, cum stirpe* (met wortel en al = tot de laatste man) *necare, interire; Carthago a stirpe interiit* geheel en al;
6. wortel, oorsprong, grondslag, begin [**stultitiae; omnium malorum; virtutis**]; ▸ *a stirpibus renasci* van de grond af;
7. familie, geslacht, stam [**Romana; egregia Priami**]; afkomst, afstamming [**incerta; divina; generosa; Italica**]; ▸ *a stirpe par* van gelijke afkomst;
8. *(meton.)* nakomelingschap; nakomeling, telg [**regia; Achillea** = Neoptolemus];
9. oorspronkelijke aard [**generis**].

stitī *pf. v. sisto.*

stīva, ae *f* ploegstaart.

stlāta *en* **stlatta,** ae *f (postklass.)* vrachtschip.

stlātārius *en* **stlattārius,** a, um *(stlata) (poët.)* per schip aangevoerd [**purpura**].

stlatta *zie stlata.*

stlattārius *zie stlatarius.*

stlīs *(arch.)* = *līs.*

stō, stāre, stetī, statum
1. (er) staan, rechtop staan [**in conspectu senatūs; ante aedes; pede in uno**]; ▸ *stante alqo* in iems. aanwezigheid; *aëneus* (als een bronzen standbeeld) *ut stes (Hor.)*;
2. zich ophouden, verblijven [**ad curiam**];
3. blijven staan, (onbeweeglijk) stilstaan, zich niet verroeren; ▸ *stat pecus metu mutum (Verg.)*; *(ook v. niet-lev.) sanguis vulnere stetit* stolde; *stetit aequore puppis; quid stas, lapis?*;
4. *(v. water e.d.)* stilstaan, roerloos zijn [**mare**];
5. *(v. soldaten)* opgesteld zijn *of* staan, in het gelid staan [**pro porta; ante signa; in armis; in acie**]; ▸ *utrimque phalanges stant*;
6. *(v. schepen)* voor anker liggen; ▸ *classis stat ad Uticam; stant litore puppes*;
7. *(pre- en postklass.)* *(v. bedienden)* bedienen, ten dienste staan [**ad cyathum et vinum**]; ▸ *sto exspectans, si quid mihi imperent (Ter.)*;
8. *(poët.; postklass.)* *(v. meisjes)* klaarstaan, zich aanbieden *(als prostituee)* [**in fornice**];
9. *(poët.)* *(v. projectielen)* blijven steken, vastzitten; ▸ *hasta stat terrā; ferrum in inguine stetit*;

10. *(poët.; postklass.)* (recht) overeind staan, omhoogrijzen, oprijzen; ▸ *aristae stant; stat turris ad auras; stant saetae; stant comae* staan recht overeind; *stat nive candidum Soracte; — m. abl.*: vol zijn van; *stat pulvere caelum;*
11. *(poët.) (v. gebouwen)* (afgebouwd) staan, gebouwd zijn; ▸ *iam stabant Thebae (Ov.);*
12. *(v. rotsen, gebouwen, steden e.d.)* stevig, onwrikbaar staan, bestendig zijn, blijven bestaan; ▸ *stante curia; moenia stabant; nec domus ulla nec urbs ~ poterit;*
13. *(metaf.)* standvastig blijven, zich handhaven, standhouden, niet wankelen [**in gradu; in acie**];
14. blijven bij, vasthouden aan, volharden in *(m. abl.; in m. abl.)* [**condicionibus; promisso; alcis decreto** zich schikken naar; **iudiciis; in sententia**]; ▸ *onpers. pass.: statur foedere* men blijft bij;
15. vastgesteld of besloten zijn; ▸ *alci sententia stat (m. inf.); tempus agendae rei nondum stat; stat sua cuique dies (Verg.); non stat, quid faciamus (Liv.)* is niet afgesproken;
16. aan de kant staan van, partij kiezen voor *(m. cum; ab; pro; tegen: contra; adversus; in m. acc.)* [**cum sociis; pro iure gentium; pro partibus** ondersteunen; **contra verum; adversus tyrannum**]; ▸ *qui nobiscum adversus barbaros steterunt; contra ~* weerstand bieden; *fortuna cum barbaris stabat; dei cum Hannibale stant; victoria stat tecum adversus populi commoda; a senatu et a bonorum causa ~* achter de senaat en de zaak v.d. conservatieven staan;
17. berusten of aangewezen zijn op, afhankelijk zijn van, bepaald zijn door *(m. abl.; in m. abl.)*; ▸ *res Romana disciplinā militari stetit (Liv.); omnis in Ascanio stat cari cura parentis;*
18. kosten, komen te staan op *(m. abl. en gen.)* [**magno (pretio); centum talentis; pluris; gratis** niets kosten]; ▸ *victoria Poenis multo sanguine ac vulneribus stabat;*
19. *per alqm ~* liggen aan, de schuld zijn van *(m. quominus of ne, soms ook quin: dat niet)*; ▸ *per Afranium stetit, quominus proelio dimicaretur;*
20. zich bevinden, verkeren [**meliore loco; in dubio**];
21. *(Tac.)* ophouden, tot staan komen; ▸ *seditio stetit;*
22. *(v. strijd)* gelijk opgaan, in evenwicht zijn [**pugna**];
23. *(preklass.; poët.) (v.e. toneelstuk, acteurs, dichters)* instemming of bijval vinden, in de smaak vallen.

Stoechades, um *f ~ insulae eilandengroep bij* Marseille, *beroemd door koraalvisserij, nu* Iles d'Hyères.

Stōicus
I. *adj.* a, um stoïsch; — *subst.* **-a,** ōrum *n* stoïsche filosofie;
II. *subst.* ī *m* stoïsch filosoof, stoïcijn.

stola, ae *f (Gr. leenw.)*
1. *lang kleed v. voorname Rom. vrouwen;*
2. *(poët.) lang gewaad o.a. van de fluitspeler bij het feest ter ere v.* Minerva [**tibicinis**];
3. *(Mel.) lang, smal, over de beide schouders hangend deel v.h. priesterlijke misgewaad.*

stolātus, a, um *(stola)*
1. in stola gekleed [**Ulixes** een Odysseus in vrouwenkleren *(v.d. listige Livia)*];
2. *(metaf.)* eigen aan een eerbare vrouw [**pudor**].

stoliditās, ātis *f (stolidus) (postklass.)* botheid, domheid.

stolidus, a, um
1. bot, dom, dwaas [**superbia; audacia**];
2. zonder uitwerking [**genus causarum**].

stolō, ōnis *m* loot, spruit.

stomacacē, ēs *f (Gr. leenw.) (Plin. Mai.)* tandvleesontsteking.

stomachicus, ī *m (stomachus) (postklass.)* maaglijder.

stomachor, stomachārī *(stomachus)* verontwaardigd zijn, zich ergeren *(over, aan: abl.; neutr. v.e. pron. of alg. adj.; ob; m. quod)* [**litteris alcis; omnia**]; *(m. cum)* ruziemaken met.

stomachōsus, a, um *(stomachus)* geërgerd, geprikkeld [**litterae**]; lichtgeraakt.

stomachus, ī *m (Gr. leenw.)*
1. keel(gat), slokdarm;
2. maag;
3. *(metaf.)* smaak; ▸ *ludi non tui -i;*
4. *(postklass.)* kooplust; ▸ *-um multa sollicitant;*
5. ergernis, misnoegen, ontstemming, prikkelbaarheid; ▸ *-um alci facere, movere* iem. ergeren; *-um in alqm erumpere* afreageren op iem.

stomida, ae *f (Gr. leenw.) (Apul.)* praam *(neusknijper of knevel om paarden in bedwang te houden).*

storax, acis *m* = *styrax.*

storea *en* **storia,** ae *f (sterno)* mat, dek *(van stro of biezen gevlochten).*

strabō, ōnis *m (Gr. leenw.)* schele, iem. die scheel ziet.

Strabō, ōnis *m (strabo) Gr. stoïsche filosoof, geograaf en historicus uit* Amasia *(64 v. Chr.—23 n.*

Chr.).

strabōnus, a, um *(Gr. leenw.)* scheel.

strāgēs, is *f (sterno)*

1. het neerwerpen, -slaan, omverwerpen; verwoesting, vernieling [**tectorum; arborum**]; ▸ *stragem dare satis* het gewas neerslaan; *stragem facit tempestas* richt een verwoesting aan;

2. *(poët.; postklass.)* het wegkwijnen, sterven [**hominum; volucrum**];

3. het vermoorden [**principum**];

4. slachtpartij, bloedbad, vernietiging, nederlaag [**barbarorum**]; ▸ *stragem dare, edere, facere, efficere, ciere* aanrichten;

5. *(meton.)* (onordelijke) hoop, massa *van mensen en zaken* [**militum; armorum**].

strāgula, ae *f (vul aan: vestis)* = *stragulum.*

strāgulum, ī *n (stragulus)* deken, kleed; *(postklass.)* doodskleed; *(Mart.)* zadelkleed.

strāgulus, a, um *(strages)* als deken *of* kleed dienend [**vestis** deken, kleed].

strāmen, inis *n (sterno) (poët.; postklass.)* stro, strooisel.

strāmentīcius, a, um *(stramentum)* van stro, stro-.

strāmentum, ī *n (sterno)*

1. stro, strooisel, *ook plur.*; ▸ *casae -o (-is) tectae;*

2. stengel, halm *(van graan);*

3. pakzadel; ▸ *mulis -a detrahere.*

strāmineus, a, um *(stramen) (poët.)* van stro, stro- [**casa; Quirites** stropoppen *die men jaarlijks in de Tiber wierp*].

strangulātiō, ōnis *f (strangulo) (postklass.)*

1. kramp, verkramping;

2. *(med.) strangulationes vulvae* hysterie.

strangulātus, ūs *m* = *strangulatio.*

strangulō, strangulāre *(Gr. leenw.)* wurgen, verstikken; *(poët.) metaf.* kwellen, pijnigen.

strangūria, ae *f (Gr. leenw.)* het moeizaam urineren, strangurie.

strāta, ae *f (sterno) (vul aan: via) (postklass.)* (geplaveide) straat.

stratēgēma, atis *n (Gr. leenw.)* krijgslist *(ook metaf.).*

stratēgus, ī *m (Gr. leenw.) (Plaut.)* legeraanvoerder, veldheer.

stratiōticus, a, um *(Gr. leenw.) (Plaut.)* van een soldaat, militair [**mores; nuntius**].

Stratō(n), ōnis *m Gr. filosoof uit Lampsacus, leerling v. Theophrastus, aanhanger v.d. peripatetische filosofie (gest. ca. 270 v. Chr.).*

Stratonīcēa, ae *f stad in Carië (Kl.-Azië), nu Eskihisar;* — *adj.* **Stratonīcēnsis,** e.

strātor, ōris *m (sterno) (Laatl.)*

1. stalknecht, palfrenier;

2. lijfwacht.

strātum, ī *n (sterno)*

1. deken, kussen, matras; *meton.* rustplaats [**molle**]; ▸ *membra -is reponere; -o surgere;*

2. *(postklass.)* zadelkleed;

3. pakzadel;

4. *(poët.) (meestal plur.)* plaveisel [**viarum** geplaveide straten].

strātūra, ae *f (sterno) (postklass.)* het plaveien, bestraten [**viarum**]; *meton.* bestrating, plaveisel.

strātus *ppp. v. sterno.*

Stratus, ī *f belangrijkste stad in Acarnanië (Griekenland), aan de rivier de Acheloüs, nu Sourovigli.*

strāvī *pf. v. sterno.*

strēna, ae *f (strenuus)*

1. *(Plaut.)* voorteken, omen [**bona**];

2. *(postklass.) (als een goed voorteken gegeven)* nieuwjaarsgeschenk.

strēnuitās, ātis *f (strenuus) (preklass.; poët.)* werklust, bedrijvigheid.

strēnuus, a, um monter, energiek, actief, bedrijvig, vastberaden, flink, krachtig *(ook v. niet-lev.)* [**mercator; socius; animus; navis** snel; **inertia** bedrijvig nietsdoen; *(door, met, in: abl.; gen.; dat.)* **manu; bello; linguā; factis; militiae; faciendis iussis**]; ▸ *-e arma capere;*

strepitō, strepitāre *(intens. v. strepo) (poët.)* veel lawaai maken, luid kletteren *e.d.*; ▸ *strepitantes alae; arma strepitantia.*

strepitus, ūs *m (strepo)*

1. lawaai, geraas, herrie [**fluminis** het bruisen; **rotarum** geratel; **valvarum** het kraken; **armorum** gekletter; **bellorum**];

2. *(poët.)* klank, toon *(van instrumenten)* [**citharae; testudinis aureae; tibicinae**];

3. luidruchtigheid, geschreeuw [**popularis; senatūs; nocturnus**];

4. drukte, bedrijvigheid [**forensis**].

strepō, strepere, strepuī, strepitum

I. *intr.*

1. lawaai maken, razen, woeden, ruisen, schreeuwen, ratelen *e.d.*; ▸ *fluvii strepunt; barbari suo more strepuerunt; strepebat sententia* liet zich horen; *(van: abl.) aequor remis strepit;*

2. *(v. plaatsen)* weerklinken, dreunen; ▸ *campus murmure strepuit; cantibus strepentes lacus;*

3. *(poët.) (v. instrumenten)* schetteren; ▸ *litui strepebant; rauco strepuerunt cornua cantu (Verg.);*

II. *tr.* uitroepen, uitschreeuwen [**haec**].

stria, ae *f* groef, ribbel, plooi; *(archit.)* cannelure.

striātus, a, um *(stria)* geribbeld, met groeven, gestreept [**concha; folia**].

strictim *adv. (strictus)*
1. *(Plaut.)* dicht op de huid, krap; rakelings;
2. *(metaf.)* vluchtig, oppervlakkig, kort; bondig [**dicere**].

strictūra, ae *f (stringo)*
1. samentrekking, kramp [**stomachi**];
2. klomp, staaf *(van ijzer of ander metaal)*.

strictus, a, um *(adv. -ē en -im) (p. adj. v. stringo) (poët.; postklass.)* strak, straf; compact [**artus; ianua** goed sluitend]; *metaf. (v. uitdrukking)* kort, bondig [**epistulae**]; streng [**iudex; iudicium**].

strīdeō, strīdēre *en* **strīdō,** strīdere, strīdī, — *(poët.; postklass.)* sissen, gonzen, fluiten, suizen, kraken, ritselen *e.d.*; ▸ *stridens anguis; alae stridentes* ruisend; *rudentes stridentes* krakend; *stridit mare* ruist; *stridet apis* zoemt; *susurri strident* lispelen.

strīdor, ōris *m (strideo)* het sissen, gonzen, fluiten, suizen, kraken, knarsen, ritselen, krijsen *e.d.* [**aquilonis; ianuae; serrae; maris** het ruisen; **anguis; apium** het zoemen; **suis** het knorren; **tribuni** het fluisteren].

strīdulus, a, um *(strideo) (poët.; postklass.)* sissend, gonzend, krakend.

striga, ae *f (strix) (Petr.)* heks.

strig(i)lis, is *f (sg. acc. -em, abl. -ī; gen. plur. -ium) (stringo)*
1. schraapijzer, huidkrabber *(om zalfachtige olie van de huid af te schrapen)*;
2. *(med.)* (oor)spuit;
3. *(archit.)* cannelure.

strigmentum, ī *n (stringo) (Plin. Mai.)* het afgeschraapte.

strigō, strigāre *(stringo) (postklass.) (tijdens het ploegen)* inhouden, stoppen.

strigōsus, a, um mager, schraal *(ook metaf., v.e. redenaar)* [**equi**].

stringō, stringere, strīnxī, strictum
1. strak aantrekken, samentrekken, -binden, (samen)snoeren [**arcum** spannen; **caesariem; nodum; vela** reven; **pectora pigro gelu**]; ▸ *vulnera frigore stricta* samengetrokken;
2. verwijderen, afplukken, afsnijden [**folia ex arboribus; frondes; hordea** afmaaien; **bacam; oleam; glandes; remos** (uit takken) roeiriemen schaven; *metaf.* **rem ingluvie** kaalvreten, erdoor jagen];
3. *(wapens)* trekken, te voorschijn halen [**gladium; cultrum;** *metaf.* **manum** gevechtsklaar maken]; ▸ *stricti in capita civilia mucrones (Sen.)*; *(metaf.) stringitur iambus in hostes (Ov.)* wordt in stelling gebracht tegen;
4. *(poët.; postklass.)* schampen, strijken langs *of* over, licht (aan)raken [**vestigia rostro; ultima Asiae**]; ▸ *ales summas undas stringit*;
5. *(postklass.) (v. plaatsen)* grenzen aan *(m. acc.)* [**Asiam**];
6. *(poët.; postklass.)* licht verwonden; ▸ *tela stringentia corpus*; — *metaf.* kwetsen [**pectora delicto**]; (ont)roeren [**animum alcis**].

stringor, ōris *m (stringo) (Lucr.)* samentrekkende kracht [**aquae gelidae**].

strīnxī *pf. v. stringo.*

strīx, īgis *en* **strix,** igis *f (Gr. leenw.) (poët.; postklass.)* uil *(die volgens bakersprookjes uit de Oudheid kinderen het bloed uitzoog)*.

stropha, ae *f (Gr. leenw.) (poët.; postklass.)* list, truc, kunstgreep.

Strophades, um *f twee kleine eilanden in de Ionische Zee, ten Z. v. Zakynthos (bekend als verblijfplaats v.d. Harpijen).*

strophiārius, ī *m (strophium) (Plaut.)* verkoper *of* maker v. borstbanden.

strophium, ī *n (Gr. leenw.)*
1. borstband, beha;
2. *(poët.)* krans;
3. *(postklass.)* kabel.

Strophius, ī *m koning v. Phocis, vader v. Pylades.*

strophus, ī *m (Gr. leenw.) (Laatl.)* koliek.

strūctilis, e *(struo)*
1. gebruikt voor de bouw, bouw- [**caementum**];
2. van beton gemaakt.

strūctiō, ōnis *f (struo)* het bouwen; bouw.

strūctor, ōris *m (struo)*
1. bouwer, bouwvakker, metselaar;
2. *(postklass.)* iem. die de tafel dekt *of* klaarmaakt *(slaaf die aan tafel het toezicht had over de bedienende slaven)*.

strūctūra, ae *f (struo)*
1. bouw, bouwstijl, structuur [**parietum; antiqua**]; *meton.* muur(werk), bouwwerk; schacht *in de mijnen*;
2. *(retor. en gramm. t.t.)* bouw, ordening; structuur [**carminis; verborum**].

strūctus *ppp. v. struo.*

struēs, is *f (struo)*
1. *opgestapelde* hoop, stapel, massa [**lignorum; pomorum**];
2. brandstapel;

3. rij offerkoeken.

struīx, īcis *f* (*struo*) (*pre- en postklass.*) hoop, stapel.

strūma, ae *f* kliergezwel, *ihb.* opgezette halsklieren, dikke hals, krop [*metaf.* **civitatis** kankergezwel].

strūmōsus, a, um (*struma*) (*postklass.*) met gezwollen klieren.

struō, struere, strūxī, strūctum
1. (op)stapelen, op *of* naast elkaar leggen [**lateres; montes ad sidera** op elkaar stapelen; **arbores in pyram; fruges; avenas**];
2. bouwen, oprichten [**domum; templa; muros; pyram;** *metaf.* **initia imperio** de grondslag leggen voor];
3. (*poët.*) beladen [**altaria donis**];
4. organiseren, regelen, arrangeren [**convivia**];
5. ordenen, opstellen [**copias ante frontem castrorum; armatos in campo** in het gelid opstellen; **aciem;** *metaf.* **verba**];
6. (*metaf.*) (*iets kwaads*) beramen, veroorzaken, toebrengen [**alci pericula, calamitatem, insidias; sibi sollicitudinem; crimina**]; ▸ *quid struit?* wat voert hij in zijn schild?

strūthēum, ī *n* (*Gr. leenw.*) (*Plaut.*) kweepeer.

strūthiō *en* **strūtiō,** ōnis *m* (*Laatl.*) (*Gr. leenw.*) struisvogel.

strūthium[1], ī *n* (*Gr. leenw.*) (*postklass.*) zeepkruid.

strūthīum[2], ī *n* = *strutheum.*

strūthocamēlus, ī *m en f* (*postklass.*) (*Gr. leenw.*) struisvogel.

strūtiō *zie struthio.*

strūxī *pf. v. struo.*

Strȳmō(n), onis *m belangrijke Thrac. rivier, vormt de grens tussen Thracië en Macedonië, nu de Strymonas (in Griekenland) en de Struma (in Bulgarije)*; — *adj.* **Strȳmonius,** a, um *ook* Thracisch; — **Strȳmonis,** idis *f* Thracische.

studeō, studēre, studuī, —
1. zich toeleggen op, zich wijden aan, beoefenen, streven naar (*m. dat.; acc. alleen bij neutr. v.e. pron. of alg. adj.; m. inf.; zelden m. aci.; ut, ne*) [**laudi; virtuti; praeturae; agriculturae** akkerbouw bedrijven; **memoriae** het geheugen oefenen; **novis rebus** op een revolutie zinnen; **legibus cognoscendis; labori ac duritiae** zich proberen te harden; **litteris** *of* **artibus** studeren; **pecuniae; eloquentiae; hoc unum; illud; nihil**];
2. partij kiezen voor, (onder)steunen, begunstigen (*m. dat.*);
3. (*postklass.*) zich wetenschappelijk bezighouden, studeren (*klass.: litteris of artibus studere*).

studiōsus, a, um (*studium*)
1. ijverig, druk, zorgvuldig; ▸ *praedia -e colere;*
2. zich ijverig toeleggend op *of* strevend naar, liefhebber *of* vriend van (*m. gen.; zelden in m. abl.; Plaut. m. dat.*) [**litterarum; florum; dicendi; in argento**];
3. toegedaan, (toe)genegen, aanhangend (*m. gen.*) [**nobilitatis; Catonis** bewonderaar; **alterius partis**];
4. weetgierig, studerend, geleerd [**iuvenis; animus**]; — *subst.* **-ī,** ōrum *m* studenten.

studium, ī *n* (*studeo*)
1. ijverig streven, ijver, begeerte, drang (*naar, tot: gen.*) [**eloquentiae; quaestūs** *en* **lucri** winstbejag; **habendi** hebzucht; **novarum rerum; discendi; pugnandi;** *ook plur.* **militum** vechtlust]; ▸ *-um conferre in (ad) alqd of ponere in re;*
2. enthousiaste deelname, interesse, voorliefde, genegenheid (*aan, voor: gen.; ook in m. acc.; erga*) [**rei publicae** vaderlandsliefde; **in populum Romanum; erga clientes; erga meam dignitatem**]; ▸ *alcis -a excitare;*
3. partijdigheid; ▸ *sine -o dicere* onpartijdig; — *plur.* partijdige ambities: *senatum in -a diducere;*
4. beoefening [**rerum rusticarum; venandi**];
5. lievelingsbezigheid, liefhebberij, passie, hobby;
6. wetenschappelijk werk, studie [**litterarum; philosophiae; iuris; eloquentiae**]; *meton.* wetenschap [**civilia** staatswetenschap];
7. (*Sen.*) (*meton.*) (*plur.*) literaire werken.

studuī *pf. v. studeo.*

stulti-loquentia, ae *f en* **-loquium,** ī *n* (*stultus en loquor*) (*Plaut.; Laatl.*) dom gepraat.

stulti-loquus, a, um (*stultus en loquor*) (*Plaut.*) onzin uitslaand; ▸ *tace, -e.*

stultitia, ae *f* (*stultus*) domheid, dwaasheid, gekheid; ▸ *est enim proprium -ae aliorum vitia cernere, oblivisci suorum (Cic.).*

stulti-vidus, a, um (*stultus en video*) (*Plaut.*) spoken ziend.

stultus
I. *adj.* a, um dom, dwaas, gek [**persona; loquacitas; consilium; occupatio; dies** dwaas doorgebracht]; ▸ *-e respondere;*
II. *subst.* ī *m* dwaas, nar; ▸ *stultorum feriae (benaming voor de Quirinalia).*

stūpa, ae *f* = *stuppa.*

stupe-faciō, facere, fēcī, factum (*pass.* stupe-fīō, fierī, factus sum) (*stupeo*) verbijsteren, doen verstommen, verbluffen; ▸ *privatos luctūs stupefecit publicus pavor (Liv.)*; — *p. adj.* **stupefactus,** a, um verbijsterd, buiten zichzelf, verbaasd.

stupeō, stupēre, stupuī, —
1. *(postklass.)* stijf, star, verlamd zijn; ▸ *membra stupentia;*
2. *(metaf.)* verbijsterd *of* buiten zichzelf zijn, versteld staan, zich verwonderen, verbluft zijn *(door, over: abl.; bij: ad; bij de aanblik van: in m. abl.)* [**carminibus; ad auditas voces; in Turno**]; ▸ *animi exspectatione stupent; semisomnus stupuit;*
3. *(poët.; postklass.)* met verbazing bekijken, bewonderen [**plena horrea**];
4. *(v. niet-lev.)* stilstaan, stokken; ▸ *stupuit Ixionis orbis; stupente seditione.*

stupēscō, stupēscere, stupuī, — *(incoh. v. stupeo)* zich verbazen, versteld staan.

stūpeus, a, um = *stuppeus.*

stupiditās, ātis *f (stupidus)* domheid.

stupidus, a, um *(stupeo)*
1. verstijfd, verlamd;
2. *(metaf.)* perplex, verbluft;
3. dom, stompzinnig.

stupor, ōris *m (stupeo)*
1. verstijving, stijfheid, gevoelloosheid [**sensūs; linguae** stroefheid; **corporis**];
2. *(metaf.)* verbazing, verwondering, ontsteltenis; ▸ *~ omnium animos tenet;*
3. domheid, stompzinnigheid [**cordis**];
4. *(poët.) (meton.)* domme vent, domkop.

stuppa, ae *f (Gr. leenw.)* vlas, hennep, werk.

stuppeus, a, um *(stuppa) (poët.)* van vlas, hennep, werk [**vincula**].

stuprātor, ōris *m (stupro) (postklass.)* verkrachter.

stuprō, stuprāre *(stuprum)* verkrachten; schenden, onteren [**mulierem vi; omnes religiones; pulvinar**].

stuprum, ī *n*
1. *niet geoorloofde geslachtsgemeenschap, ontucht, o.a.:* verkrachting, echtbreuk, hoererij; ▸ *-um alci offerre of inferre; nefarium -um facere cum alqa;*
2. *(metaf.) (preklass.)* schande.

stupuī *pf. v. stupeo en stupesco.*

sturnus, ī *m (postklass.)* spreeuw.

Stygius *zie Styx.*

Stymphālus, ī *m stad, rivier en berg in Arcadië, bekend als verblijfplaats v.d. vraatzuchtige, door Hercules gedode, Stymphalische vogels;* — *adj.* **Stymphāli(c)us,** a, um [**monstra** *(v.d. roofvogels)*], *fem. ook* **Stymphālis,** idis [**undae**].

stypticus, a, um *(Gr. leenw.) (Plin. Mai.)* bestemd om bijeen te binden; stoppend.

styrax, acis *m (Gr. leenw.) (postklass.)* storaxboom; *ook:* zijn lekker ruikende hars.

Styx, Stygis *f*
1. *beek met waterval in N.-Arcadië met ijskoud water dat als dodelijk werd beschouwd;*
2. *in de mythologie de rivier in de onderwereld, waarbij de goden zweren; (poët.) meton.* onderwereld; — *adj.* **Stygius,** a, um van de Styx, van de onderwereld, onderaards [**palus; cumba** = van Charon; **Iuppiter** = Pluto; **Iuno** = Proserpina]; *metaf.* hels, dodelijk, rampzalig [**ōs** *(v.d. bek v.e. slang)*; **bubo** de dood aankondigend].

Suāda, ae *f (suadeo) godin v.d. overreding en welsprekendheid.*

suādēla, ae *f (suadeo) (Plaut.; postklass.)* overreding; — *personif.* **Suādēla** *(poët.) godin v.d. overreding en welsprekendheid.*

suādeō, suādēre, suāsī, suāsum
1. raad geven, raden, adviseren *(m. dat.; m. conj.; ut, ne; zelden m. inf. of aci.)*;
2. overreden, overtuigen dat *(m. dat.; m. aci.) (= persuadeo)*;
3. aanraden, aanbevelen [**pacem; legem; alci multa**];
4. *(poët.; postklass.) (v. niet-lev.)* prikkelen *of* uitnodigen tot *(m. acc.)*; ▸ *sidera somnos suadent.*

suādus, a, um *(suadeo) (postklass.)* overredend, verzoenend.

suārius, a, um *(sus)* van varkens(vlees) [**forum**]; — *subst.* ī *m (Plin. Mai.)* varkenshoeder.

suāsī, *pf. v. suadeo.*

suāsiō, ōnis *f (suadeo)* het aanraden, (redevoering waarin) raad (gegeven wordt), aanbeveling.

suāsor, ōris *m (suadeo)* raadgever; verdediger [**deditionis; legis**].

suāsōria, ae *f (suasorius; vul aan: oratio) (postklass.)* redevoering waarin raad gegeven *of* iets aanbevolen wordt.

suāsōrius, a, um *(suasor)*
1. *(postklass.)* raadgevend;
2. *(Apul.)* overredend, verleidelijk [**oscula**].

suāsum, ī *n (Plaut.)* donkergrijze kleur.

suāsus[1] *ppp. v. suadeo.*

suāsus[2], ūs *m (suadeo) (kom.; postklass.)* het raad geven.

suāve, is *n (suavis) (Mel.)* kus.

suāve-olēns, *gen.* olentis *(suavis en oleo) (ook gesplitst) (poët.)* aangenaam ruikend, welriekend.

suāveolentia, ae *f (suaveolens) (Laatl.)* zoete geur.

suāvi-dicus, a, um *(suavis en dico*[1]*) (Lucr.)* aangenaam (sprekend) [**versus**].

suāvi-loquēns, *gen.* entis (*suavis en loquor*) aangenaam (sprekend) [**carmen; senectus**].

suāviloquentia, ae *f* (*suaviloquens*) aangename manier van spreken.

suāviolum, suāvior = *savi-*.

suāvis, e (*adv.* -iter)
1. aangenaam, prettig (*voor de zintuigen*), *o.a.*: zoet, niet-bitter; welriekend; melodieus; leuk [**potio; odor; cantus; vox; oculi**]; ▸ *suaviter loqui; suaviter meminisse* met plezier; *suave rubens; suave resonare;*
2. aangenaam, prettig (*voor de geest*) [**homo; sermo; litterae**].

suāvi-sāviātiō, ōnis *f* (*suavis*) (*Plaut.*) tedere, liefdevolle kus.

suāvitās, ātis *f* (*suavis*) aangenaamheid *voor de zintuigen of de geest*, lieflijkheid, genoegen [**coloris; odorum; oris et vocis; cibi** lekkere smaak; **vitae**]; vriendelijkheid; *plur.* goede eigenschappen.

suāvitūdō, inis *f* (*suavis*) (*niet-klass.*) lieflijkheid; *ook als koosnaam* [**mea**].

suāvium, ī *n* = *savium*.

sub *prep. en prefix* (< *sup; als prefix ook geassimileerd: suc-cedo, suf-fragium, sup-pleo; su- voor sp: su-spectus; sus-* [< *subs-*]: *sustineo*)
I. *prep. m. acc.*
1. (*v. plaats, op de vraag 'waarheen?'*) (a) (tot) onder, beneden; ▸ *sub terras penetrare; exercitum sub iugum mittere; sub sensum cadere of subiectum esse* zintuiglijk waarneembaar zijn; *sub divum* aan het licht; (b) (tot) dicht bij, tot aan; ▸ *sub montem succedere; sub ictum venire* binnen schootsafstand komen; *turris sub astra educta; sub finem adventare;*
2. (*v. tijd*) tegen, rond, bij, onmiddellijk voor *of* na; ▸ *sub lucem* tegen de morgen; *sub vesperum; sub noctem; sub finem certaminis; sub tempus edendi; sub galli cantum* voor het kraaien v.d. haan; *sub hoc, sub haec* daarop; *sub haec dicta* op deze woorden;
3. onder; ▸ *sub potestatem redigere* onderwerpen; *sub legem cadere* onder de wet vallen, aan de wet onderworpen zijn;
II. *prep. m. abl.*
1. (*v. plaats, op de vraag 'waar?'*) (a) onder, beneden; ▸ *sub divo* onder de blote hemel; *sub pellibus hiemare; sub sarcinis* bepakt; (b) onder aan, aan de voet van; ▸ *sub moenibus esse; sub monte considere; sub ictu teli esse* binnen schootsafstand zijn; *sub sinistra* linksonder; (c) (*poët.*) onder in, in het binnenste van; ▸ *sub antro* in de grot; *silvis sub altis; sub Orco* diep in; *sub pectore* diep in de borst; *sub acie* midden in de strijd; (d) (*poët.*) onmiddellijk achter; ▸ *sub ipso volat Diores* (*Verg.*);
2. (*v. tijd*) (a) tegen, rond, bij; ▸ *sub nocte urbem ingredi; sub bruma; sub eodem tempore; sub adventu Romanorum;* (b) tijdens, in de loop van; ▸ *sub proscriptione; sub ipsa profectione; primis sub annis; sub die nitido* op klaarlichte dag; *sub sole* in de zon; *sub hoc casu* bij dit ongeluk;
3. (a) (*bij onderwerping of afhankelijkheid*) onder, bij; ▸ *sub imperio alcis esse; sub rege* onder de heerschappij v.e. koning; *sub te magistro* onder jouw leiding; (b) (*als aanduiding v. omstandigheden*) onder, bij; ▸ *sub hac condicione; sub specie of sub titulo alcis rei* onder het voorwendsel; *sub hoc sacramento* bij het afleggen van deze eed; *sub nomine; sub oculis alcis* onder, voor iems. ogen; *sub corona vendere* als slaven verkopen; *sub armis esse* onder de wapens zijn; *sub manu esse* bij de hand zijn;
III. *prefix*
1. onder- [**sub-iaceo; sub-igo; sub-mergo; suf-fundo**];
2. van onder naar boven toe [**sub-eo; sub-levo; suf-fodio; suf-fulcio**];
3. daarbij-, erbij- [**suc-cresco**];
4. te hulp [**sub-venio; suc-curro**];
5. onmiddellijk (er)na, meteen [**sub-inde**];
6. heimelijk [**sub-ausculto**];
7. een beetje, iets, tamelijk (*ihb. bij adj. en adv.*) [**sub-agrestis; sub-amarus**].

sub-absurdus, a, um tamelijk dwaas, een beetje ongepast [**tempus discessūs**]; ▸ *-a dicere.*

sub-accūsō, accūsāre een beetje berispen.

sub-acidus, a, um een beetje zuur [**vinum**].

subāctiō, ōnis *f* (*subigo*) bewerking *van de grond*; *metaf.* ontwikkeling *van het verstand*.

subāctus *ppp. v. subigo.*

sub-aed(i)ānus, a, um (*aedes*) bezigheden binnenshuis hebbend.

sub-aerātus, a, um (*Pers.*) vanonder uit koper bestaand [**aurum**].

sub-agrestis, e een beetje boers, tamelijk lomp.

sub-alapa, ae *f* (*Petr.*) een beetje een opschepper.

sub-ālāris, e (*ala*) onder de oksel gedragen [**telum**].

sub-albus, a, um witachtig.

sub-alpīnus, a, um (*Alpes*) (*Plin. Mai.*) aan de voet v.d. Alpen gelegen.

sub-alternus, a, um (*Laatl.; eccl.*) ondergeschikt.

sub-amārus, a, um een beetje bitter.

sub-aquilus, a, um *(Plaut.)* een beetje donker [**corpus**].

sub-argūtulus, a, um *(Gell.)* tamelijk spitsvondig.

sub-arō, arāre *(Plin. Mai.)* helemaal ploegen.

sub-arroganter *adv.* een beetje verwaand.

sub-audiō, audīre *(postklass.)*
I. *intr.* onderhorig zijn;
II. *tr. een implicatie* begrijpen, verstaan.

sub-aurātus, a, um *(postklass.)* verguld.

sub-auscultō, auscultāre heimelijk luisteren; afluisteren.

sub-austērus, a, um *(v. wijn)* redelijk droog.

sub-basilicānus, ī *m (basilica) (Plaut.)* straatslijper.

sub-bibō, bibere, bibī, — *(postklass.)* een beetje drinken, nippen.

sub-blandior, blandīrī *(kom.)* een beetje vleien.

sub-c- *zie ook succ-.*

sub-candidus, a, um *(Plin. Mai.)* een beetje wit, witachtig [**folium**].

sub-cavus, a, um een beetje *of* naar beneden toe hol.

sub-centuriō[1]**,** ōnis *m (Liv.)* plaatsvervangende centurio.

sub-centuriō[2]**,** centuriāre = *succenturio*[2].

sub-cernō, cernere, crēvī, crētum door een zeef halen.

sub-contumēliōsē *adv.* nogal beledigend [**alqm tractare**].

sub-crispus, a, um een beetje gekruld, kroes [**capillus; iuba equi**].

sub-crūdus, a, um
1. half rauw; gedeeltelijk verteerd;
2. *(v.e. zweer)* nog niet rijp.

sub-cruentus, a, um wat bloederig *of* bebloed.

sub-custōs, ōdis *m (Plaut.)* hulpwachter.

sub-dēbilis, e *(Suet.)* een beetje verzwakt.

sub-dēficiēns, *gen.* entis *(postklass.)* een beetje vermoeid.

sub-diālis, e *(dium) (Plin. Mai.)* in de open lucht; — *subst.* is *m en n* terras, balkon *e.d.*

sub-didī *pf. v. subdo.*

sub-difficilis, e tamelijk moeilijk [**quaestio**].

sub-diffīdō, diffīdere, — — niet helemaal vertrouwen.

subditīvus, a, um *(subditus, v. subdo)* ondergeschoven, onecht.

subditus *ppp. v. subdo.*

sub-dīvidō, dīvidere, dīvīsī, dīvīsum *(eccl.)* onderverdelen [**libros**].

subdīvīsiō, ōnis *f (subdivido) (Laatl.)* onderverdeling.

sub-dō, dere, didī, ditum
1. leggen, plaatsen, zetten *(onder: dat.; prep.)* [**ignem; fundamenta theatro; calcaria equo** de sporen geven; **tauros aratro; se aquis** onderduiken; **anguem in sinum** *of* **sub pedem; colla vinclis**];
2. *(metaf.)* geven [**ingenio stimulos** aansporen; **irae facem; faces studiis; alci acriores ad studia dicendi faces; materiam et ignem seditioni** de opstand aanwakkeren];
3. *(poët.; postklass.)* onderwerpen [**prolem regno; feminas imperio**];
4. *(postklass.)* prijsgeven, blootstellen [**rem casibus**];
5. op de plaats *van een ander* zetten [**iudicem in meum locum**];
6. *(valselijk)* voor waar laten doorgaan, onderschuiven, voorwenden [**testamentum; rumorem** valselijk verspreiden; **crimina maiestatis; alqm reum** iem. als schuldige naar voren schuiven].

sub-doceō, docēre, — —
1. als plaatsvervangend leraar onderwijzen; ▸ *ut mallem Cicerones nostros meo potius labore subdoceri (Cic.)*;
2. *(August.)* als hulpleraar terzijde staan *(m. dat.)*.

sub-dolus, a, um geniepig, verraderlijk [**homo; animus; lingua; modestia**].

sub-domō, domāre, — — *(Plaut.)* overweldigen.

sub-dubitō, dubitāre enige twijfel koesteren.

sub-dūcō, dūcere, dūxī, ductum
1. (ergens onder) wegtrekken, -nemen, -halen [**ensem capiti** weg van onder het hoofd; **colla oneri**];
2. onttrekken, weigeren [**cibum athletae; lac agnis**];
3. *(poët.; postklass.)* ontrukken, ontroven [**Turnum pugnae; animam morti**];
4. *se ~ en pass. subduci* zich verwijderen, zich onttrekken *(van, aan: ab; abl.)* [**clam a custodibus; oculis** verdwijnen uit]; ▸ *se ~ colles incipiunt* verdwijnen geleidelijk; *unda subducitur* stroomt terug;
5. stiekem wegnemen *of* ontvreemden [**ignem aetheriā domo; obsides furto; alci anulum**];
6. heimelijk wegvoeren, -brengen, -leiden [**cohortes e dextro cornu; equites ex acie; co-**

pias in proximum collem; milites in primam aciem; alqm in contionem];
7. (*poët.*; *postklass.*) (van onder) naar boven trekken, optrekken [**tunicam**; **vela** reven, opbinden; **remos** intrekken; **supercilia**]; ▸ *subducto vultu* (*Prop.*);
8. *schepen* aan land trekken [**naves longas in aridum**; **classem**];
9. *rationem* (*of ratiunculam, calculos, summam*) ~ optellen, berekenen; *metaf.* overwegen; ▸ *subductā ratione* met overleg.
subductārius, a, um (*subduco*) (*preklass.*) voor het opbinden, bind- [**funis**].
subductiō, ōnis *f* (*subduco*)
1. het aan land trekken, berging (*van schepen*);
2. (*metaf.*) berekening.
subductus ppp. *v. subduco.*
sub-dulcis, e (*Plin. Mai.*) zoetig [**radix**].
sub-dūrus, a, um tamelijk hard *of* moeilijk.
sub-dūxī *pf. v. subduco.*
sub-edō, edere, ēdī, ēsum (*poët.*) van onderen aanknagen *of* aanvreten.
sub-ēgī *pf. v. subigo.*
sub-eō, īre, iī *en* (*poët.*) īvī, itum (*perfectumvormen ook samengetrokken: subīsse(m), subīstī e.d.*) (*m. prep.* [*sub; ad; in m. acc.*]; *acc. of dat.*)
1. gaan, komen, zich buigen *of* bukken onder [**virgulta** kruipen onder; **aquam** onderduiken in; **mucronem** sluipen tot onder; **ingenti feretro**];
2. (*poët.*) binnengaan, betreden [**in nemoris latebras**; **paludem**; **luco**];
3. (*poët.*) (op de schouders) nemen [**onus**; **parentem umeris**; **currum** zich laten inspannen];
4. (a) *iets onaangenaams* op zich nemen, zich belasten met, verdragen, ondergaan [**labores**; **pericula**; **inimicitias**; **invidiam**; **summae crudelitatis famam**; **condiciones** op de voorwaarden ingaan; **iudicium** zich aan een gerechtelijk oordeel onderwerpen; **vim atque iniuriam**; **crimen** op zich laden; **iugum imperii**; **tempestatem**; **verbera** een pak slaag krijgen; **deditionem necessariam** zich noodgedwongen overgeven]; (b) *een bepaalde gedaante, rol e.d.* aannemen [**personas**];
5. *onder iems. heerschappij* komen; ▸ *clarum Alba subiit Latinum* kwam onder de heerschappij v.d. beroemde Latinus;
6. (van onder) naar boven gaan, oprukken, omhoogklimmen [**in montes**; **ad urbem**; **ad portas**; **adverso flumine Babylonem**; **orbem medium** bereiken];
7. naderen, dichterbij ... komen, in de buurt komen van [**ad vallum**; **muros**; **portae**; **gubernaculo** aan het roer gaan staan; **auxilio** te hulp komen]; ▸ *testudine factā subeunt*;
8. (*poët.*) ongemerkt naderen, dichterbij ... sluipen, binnensluipen (*ook metaf.*) [**thalamos**]; ▸ (*metaf.*) *subeunt morbi tristisque senectus* (*Verg.*); *amor subit; sopor lumina fessa subit; fugere pudor verumque fidesque, in quorum subiere locum fraudesque dolique* (*Ov.*);
9. (*v. gedachten, emoties e.d.*) opkomen bij, invallen, voor de geest komen; ▸ *paenitentia, cogitatio, ira animum alcis subit; mentem patriae subiit pietatis imago* (*Verg.*); *subeunt illi fratresque parensque* (*Ov.*); *subiit cari genitoris imago, subiit deserta Creusa et direpta domus et parvi casus Iuli* (*Verg.*);
10. in de plaats gaan staan van, aflossen, vervangen; ▸ *primae legioni tertia subit; furcas subiere columnae*;
11. (*poët.*; *postklass.*) onmiddellijk volgen; ▸ *subiit argentea proles* (*Ov.*);
12. (*poët.*) ontspruiten, groeien; ▸ *herbae subeunt; subit silva.*
sūber, eris *n* (*poët.*; *postklass.*) kurkeik; *meton.* kurk.
sub-ērigō, ērigere, ērēxī, ērēctum (*postklass.*) half oprichten.
sub-f- = *suff-.*
sub-g- *zie ook sugg-.*
sub-grandis, e tamelijk groot.
sub-horridus, a, um tamelijk ruw.
sub-iaceō, iacēre, —— (*postklass.*)
1. (*ihb. v. plaatsen*) onder *of* beneden liggen, (*m. dat.*) liggen onder;
2. (*metaf.*) blootgesteld liggen aan;
3. vallen onder, thuishoren bij (*m. dat.*).
sub-iciō, icere, iēcī, iectum (*iacio*)
1. werpen, zetten, stellen, plaatsen, aanbrengen, leggen *of* uitspreiden onder (*m. dat.*; *sub m. acc.*) [**ignem moenibus**; **faces tectis**; **pallium togae**; **ova gallinis**; **caudam utero** intrekken; **aedes colli** onder aan de heuvel bouwen; **castra urbi** beneden de stad opslaan; **epistulam sub pulvinum**; *metaf.* **alqd oculis** zichtbaar maken; **alqd cogitationi suae** doordenken; **sententiam** *of* **notionem voci** een betekenis geven aan een woord]; ▸ *cum tota se luna sub orbem solis subiecisset* (*Cic.*); *subiecta oratori materia* ter beschikking staand;
2. (*metaf.*) ondergeschikt maken aan [**partes**

generibus]; — *subst.* **subiecta,** ōrum *n* ondergeschikte begrippen;
3. onderwerpen, onder het juk brengen [**provinciam alci; gentem; regna;** *(m. dat.)* **Caesari; edicto**];
4. prijsgeven *of* blootstellen aan *(m. dat.; sub m. acc. of abl.)* [**Galliam servituti; navigationem hiemi; terram ferro** bewerken, ploegen; **scelus odio civium; alcis bona voci praeconis** *of* **sub praecone** *en* **sub praeconem** laten veilen];
5. dichterbij brengen *of* voeren, *(milit.)* doen oprukken *(naar: dat.)* [**milites collibus; aciem suam castris Scipionis; se iniquis locis** oprukken naar, naderen];
6. in de hoogte werpen, omhooggooien [**discum in aëra; corpus saltu in equum** zich op het paard slingeren]; omhoogrichten, opheffen [**pavidum regem in equum**]; — *se* ~ *en pass. subici* zich verheffen, omhooggroeien, opschieten: *se subicit alnus, laurus; flamma subiecta* opschietend;
7. overhandigen [**alci libellum**];
8. *(metaf.)* (in)geven, inblazen, influisteren [**alci spem; carmina; consilia**]; ▸ *ea tute tibi subice* stel je voor, zeg nou zelf;
9. *(in redevoeringen of in geschreven werk)* laten volgen, toevoegen *(op, aan: dat.)* [**rationem; syllabam longam brevi; narrationem prooemio**]; antwoorden [**pauca furenti**];
10. in de plaats stellen van *(m. dat. of pro)* [**integras copias vulneratis defessisque; pro verbo proprio aliud**];
11. *iets onechts* onderschuiven [**librum alterum; testamenta**]; naar voren schuiven, opstoken; ▸ *subicitur L. Metellus ab inimicis Caesaris qui hanc rem distrahat (Caes.); testes frequenter subici ab adversario solent;*
/ *p. adj.* **subiectus,** a, um *(abs.; m. dat.; sub m. acc.)* (a) eronder liggend, liggend onder [**arva; vallis; rivus castris**]; (b) liggend bij, aangrenzend, naburig (aan) [**campus viae; insula ostio**]; (c) onderworpen, ondergeschikt (aan) [**imperio; naturae**]; onderdanig, deemoedig (jegens); — *subst.* **-ī,** ōrum *m (postklass.)* onderdanen; (d) prijsgegeven, blootgesteld (aan) [**gentes tristi servitio; mare ventis; libidini alcis**].

subiectiō, ōnis *f (subicio)*
1. het plaatsen onder; *meton.* het eronder geplaatste, basis;
2. *(retor. t.t.)* het toevoegen *van een verklaring (methode v.e. redenaar om een vraag te stellen en daarop een mogelijke argumentatie te geven)*;
3. vervalsing [**testamentorum**];
4. *(Laatl.)* onderwerping.

subiectō, subiectāre *(intens. v. subicio) (poët.)*
1. leggen onder [**manūs**];
2. omhooggooien [**arenam**].

subiector, ōris *m (subicio)* onderschuiver, vervalser [**testamenti**].

subiectus *zie subicio.*

subigitātiō, ōnis *f (subigito) (Plaut.)* het strelen *of* prikkelen.

subigitātrīx, īcis *f (subigito) (Plaut.)* vrouw die streelt *of* betast.

subigitō, subigitāre *(subigo) (kom.)* strelen, opvrijen [**scortum; amicam**].

sub-igō, igere, ēgī, āctum *(ago)*
1. stroomopwaarts brengen [**classem ad moenia; naves ad castellum** stroomopwaarts roeien];
2. *de akker* bewerken, loswoelen [**terram vomere; segetes aratris; opus digitis** gladstrijken];
3. wrijven, masseren [**tumorem cervicis**];
4. *(metaf.)* onderwerpen, onder het juk brengen, overweldigen, bedwingen, onderdrukken [**populos armis; urbes atque nationes; Asiam**]; *ook erotisch;*
5. temmen [**beluam**];
6. ontwikkelen, scholen [**homines bellis; ingenium**];
7. hard aanpakken, plagen, in het nauw brengen, *meestal pass.;* ▸ *inopiā subacti;*
8. dwingen, noodzaken *(tot: ad; in m. acc.; sub m. acc.; m. inf. of aci.; m. ut)* [**hostem ad (in) deditionem**]; ▸ *vis subigit verum fateri (Plaut.); ut ederet socios, subigi non potuit (Tac.).*

sub-iī *zie subeo.*

sub-impudēns, *gen.* entis een beetje schaamteloos.

sub-inānis, e een beetje lichtzinnig.

sub-inde *adv.*
1. onmiddellijk daarna;
2. sindsdien;
3. steeds weer, herhaaldelijk;
4. *(postklass.)* geleidelijk.

sub-īnferō, īnferre, intulī, — *(Laatl.)* toevoegen.

sub-īnsulsus, a, um een beetje flauw.

sub-intellegō, intellegere, intellēxī, intellēctum *(eccl.)*

1. min of meer begrijpen;
2. in gedachte aanvullen, erbij denken.

sub-intrō, intrāre *(eccl.)* stiekem naar binnen gaan, binnensluipen.

sub-invideō, invidēre, — — een beetje jaloers zijn op, een beetje benijden *(m. dat.; m. aci.)*.

sub-invīsus, a, um een beetje gehaat.

sub-invītō, invītāre op een vage manier uitnodigen *(m. ut)*.

sub-īrāscor, īrāscī, — een beetje boos zijn *(op: dat.)*.

sub-īrātus, a, um wat ontstemd, een beetje boos *(op: dat.)*.

subitāneus, a, um *(subitus) (postklass.)* plotseling (ontstaand) [**ignis**].

subitārius, a, um *(subitus)* plotseling (ontstaan), in haast tot stand gebracht [**aedificia** in allerijl gebouwd; **legiones** haastig gelicht]; dringend, urgent [**res**].

subitātiō, ōnis *f (subitus) (Laatl.)* het plotseling verschijnen.

subitō *adv. (v. subitus)*
1. plotseling, onverhoeds, onverwacht;
2. vlug, in allerijl [**dicere** voor de vuist weg].

subitum, ī *n (subitus)* onverwacht voorval, iets dringends *of* urgents, *meestal plur.* [**belli**]; ▸ *si tibi nihil -i est (Plaut.)* als er voor jou geen haast bij is; — *(Plin. Min.)* improvisatie.

subitus, a, um *(adv. -ō, zie daar) (subeo)*
1. plotseling, onverwacht, onvermoed [**commutatio; clades; multitudo** plotseling aanstormend; **bellum; tempestas**];
2. haastig, dringend [**tempus** noodsituatie; **consilium** overhaast]; snel bijeengebracht [**miles** snel bijeengebrachte troepen]; onvoorbereid [**oratio** rede voor de vuist weg].

subiugāle, is *n (subiugalis) (Laatl.)* lastdier.

sub-iugālis, e *(Laatl.)* gewend aan het juk [**beluae**].

sub-iugō, iugāre *(iugum) (Laatl.)* onder het juk brengen, onderwerpen [**provinciam**].

sub-iungō, iungere, iūnxī, iūnctum
1. bij-, toevoegen, verbinden, onmiddellijk laten volgen *(bij, aan, met, op: dat.)* [**carmina nervis** liederen begeleiden met snarenspel; *metaf.* **omnes artes oratori** binnen het gebied v.d. redenaar trekken];
2. *(poët.; postklass.)* inspannen [**iuvencos plaustro**];
3. *(postklass.) (mondel. of schriftel.)* toevoegen [**preces**];
4. *(metaf.)* onderwerpen, onder het juk brengen *(aan, van: dat.; sub m. acc.)* [**sibi res; urbes sub alcis imperium; gentem**].

sub-īvī *zie subeo.*

sub-lābor, lābī, lāpsus sum *(poët.; postklass.)*
1. ongemerkt binnensluipen, naar binnen glippen; ▸ *vetustas sublapsa;*
2. instorten, wegebben, ook *metaf.*; ▸ *aedificia vetustate sublapsa; (metaf.) retro sublapsa spes; memoria senum sublapsa.*

sublātiō, ōnis *f (tollo)* opheffing; *metaf.* verheffing [**animi**].

sublātus, a, um *(p. adj. v. tollo)*
1. verheven; ▸ *-e dicere;*
2. arrogant, verwaand [**rebus secundis; victoriā**]; ▸ *de se sublatius dicere.*

sub-lectō, lectāre *(lacto²) (Plaut.)* vleien.

sub-legō, legere, lēgī, lēctum
1. *(poët.; postklass.)* oprapen;
2. *(Plaut.)* stiekem wegnemen [**liberos parentibus**];
3. kiezen ter vervanging *(van: in locum [m. gen.])*;
4. *(poët.) (metaf.)* afluisteren, beluisteren, opvangen [**clam alcis sermonem; carmina**].

sublestus, a, um *(Plaut.)* zwak, slap [**vinum; fides**].

sublevātiō, ōnis *f (sublevo)* verlichting, verzachting.

sub-lēvī *pf. v. sublino.*

sub-levō, levāre
1. oprichten, optillen; ▸ *iubis equorum sublevari* zich vasthouden aan;
2. *(metaf.)* ondersteunen, helpen [**pecuniā patriam; vicinos opibus suis**];
3. verlichten, verzachten, verminderen [**laborem; inopiam; res adversas; vitia; offensionem**].

sublica, ae *f* (bruggen)paal.

sublicius, a, um *(sublica)* op palen rustend [**pons** paalbrug *over de Tiber*].

subligāculum, ī *n en (postklass.)* **subligar,** āris *n (subligo)* lendenschort.

sub-ligō, ligāre *(poët.)* aan de onderkant vastbinden *of* bevestigen *(aan: dat.)* [**ensem lateri; clipeum sinistrae**]; — *p. adj.* **subligātus,** a, um opgebonden.

sublīme¹, is *n (sublimis) (postklass.)* hoogte, lucht; ▸ *per sublime volare.*

sublīme² *adv. (sublimis)* omhoog, door de lucht; ▸ *sonus ~ fertur.*

sublīmen *adv. (sublimis) (preklass.)* in de hoogte [**alqm ferre**].

sublīmis, e (*adv.* -e [*zie daar*] *en* -iter)
1. zich hoog in de lucht bevindend, zwevend; ▸ *alqm sublimem rapere* door de lucht ontvoeren; *sublimes in equis redeunt* hoog op hun paarden gezeten; *Venus Paphum sublimis abit*;
2. oprijzend, hoog [**columnae; cacumen montis; atrium**];
3. (*metaf.*) verheven, aanzienlijk [**carmen; nomen; verbum; oratio**]; naar hogere dingen strevend [**mens**].

sublīmitās, ātis *f* (*sublimis*)
1. (*postklass.*) hoogte; *metaf.* verhevenheid [**animi; honorum; carminis**];
2. (Mel.) Hoogheid (*aanspreektitel v.d. keizer*).

sublīmō, sublīmāre (*sublimis*)
1. in de hoogte heffen, omhoogheffen;
2. (*metaf.*) verheffen.

sub-lingulō, ōnis *m* (*lingo*) (*Plaut.*) (*scherts.*) 'onderbelikker' *van schotels* [**coqui** koksmaat].

sub-linō, linere, lēvī, litum (*pre- en postklass.*)
1. besmeren; ▸ (*metaf., sprw.*) *alcis of alci ōs* ~ (*Plaut.*) iemand bedriegen, oplichten, bedotten;
2. aan de onderkant insmeren.

sub-līvidus, a, um (*postklass.*) een beetje blauw.

sub-lūcānus, a, um (*lux*) (*Plin. Mai.*) tegen de morgen; ▸ *-is temporibus* in de morgenstond.

sub-lūceō, lūcēre, lūxī, — (*poët.; postklass.*) oplichten, doorschemeren.

sub-lūcidus, a, um (*poët.*) een beetje licht, schemerig [**lucus; nox**].

sub-luō, luere, luī, lūtum (*lavo*)
1. aan de onderkant bespoelen [**montem; radices collis**];
2. (*poët.; postklass.*) aan de onderkant wassen [**inguina**].

sub-lūstris, e (*lux; vgl. illustris*) schaars verlicht, schemerig [**nox**].

subluviēs, ēī *f* (*subluo*) (*postklass.*)
1. modder, slijk;
2. (*postklass.*) voetrot.

sub-lūxī *pf. v. subluceo.*

sub-m- *zie ook summ-.*

sub-mergō, mergere, mersī, mersum onderdompelen, doen zinken [**navem; classem ponto; membra (in) palude**]; *pass.* zinken, ondergaan, verdrinken; ▸ *submersae beluae* op de zeebodem levend; *submersus equus voraginibus.*

sub-merus, a, um (*Plaut.*) bijna onversneden *of* ongemengd.

subministrātor, ōris *m* (*subministro*) (*Sen.*) handlanger.

sub-ministrō, ministrāre aanbieden, verschaffen, doen toekomen, zenden [**alci pecuniam; frumentum; hostibus auxilia**].

sub-mīsī *pf. v. submitto.*

submissim *adv.* (*submissus*) (*postklass.*) zacht.

submissiō, ōnis *f* (*submitto*)
1. het laten dalen *of* zakken [**vocis; orationis** kalme toon v.d. voordracht];
2. (*metaf.*) (*Laatl.*) het ondergeschikt maken.

submissus, a, um (*p. adj. v. submitto*)
1. neergeslagen; afhangend [**vultus; oculi; bracchia; capillus** lang];
2. (*v. geluid*) gedempt, zacht [**vox; murmur**]; (*v.e. redevoering en redenaar*) rustig, kalm [**oratio; orator**];
3. (a) bescheiden, deemoedig [**preces**]; ▸ *-i petimus terram* (*Verg.*); *-e supplicare*; (b) (*pejor.*) onderdanig, kruiperig.

sub-mittō, mittere, mīsī, missum
1. laten dalen, doen zinken, buigen [**caput; verticem; bracchia; genua; fasces; vultum** de blik neerslaan; **faciem; se ad pedes**];
2. *pass.* (*ihb. v. plaatsen*) aflopen, dalen;
3. (*metaf.*) laten zakken, verminderen [**animos** de moed; **furorem** beteugelen];
4. (*postklass.*) *se* ~ zich verlagen, zich vernederen (*tot: ad; in m. acc.*);
5. (*poët.; postklass.*) onderwerpen, buigen, ondergeschikt maken [**animos amori; se culpae** een fout begaan; **se temporibus, fortunae**];
6. overlaten [**alci imperium**];
7. heimelijk sturen, ter ondersteuning *of* ter aflossing zenden [**alci subsidia; cohortes; milites auxilio; integros defatigatis**]; — *abs.* (a) hulp sturen [**laborantibus**]; (b) een opvolger sturen *of* geven; (c) een boodschap sturen;
8. (*poët.; postklass.*) oprichten, omhoogheffen, verheffen [**oculos; manūs** smekend omhoogheffen; **palmas**];
9. (*pre- en postklass.*) lang laten groeien [**capillum; barbam**];
10. (*poët.*) doen ontspruiten [**flores; pabula**];
11. (*preklass.; poët.*) fokken [**equos in spem gentis; tauros; vitulos**];
12. (*poët.*) (*v. plaatsen*) voortbrengen, *als voortbrengsel* leveren [**monstrum; capreas**].

sub-molestus, a, um een beetje moeilijk, wat onaangenaam.

sub-moneō, monēre, monuī, — (*pre- en postklass.*) heimelijk adviseren, voorzeggen.

sub-mōrōsus, a, um een beetje knorrig.

submōtus[1] *ppp. v. submoveo.*

submōtus[2], ūs *m (submoveo)* het ruim baan maken.

sub-moveō, movēre, mōvī, mōtum
1. verwijderen, wegbrengen, verdrijven [**populum aris; liberos procul a furentibus; hostes a porta**]; ▸ *spelunca submota* afgelegen;
2. *(v.d. lictor)* terugdringen [**populum**]; *abs.* plaats maken; *abl. abs.*: *submoto* nadat er plaats gemaakt was;
3. *(metaf.)* afbrengen van, afhouden van *(m. ab; abl.)* [**alqm a maleficio; reges a bello**];
4. *(poët.; postklass.)* afhouden, tegenhouden, (af)weren [**Phoebeos ictūs**];
5. *(poët.; postklass.)* verbannen [**alqm patriā, urbe**];
6. laten weggaan [**legatos; contionem; alqm administratione rei publicae**];
7. *(poët.; postklass.)* verder opschuiven, terugdringen [**maria proiectis molibus**];
8. *(postklass.)* scheiden; ▸ *ubi Alpes Germaniam ab Italia submovent (Plin. Mai.)*;
9. *(poët.; postklass.)* verdrijven [**curas**].

sub-murmurō, murmurāre *(Laatl.)* heimelijk mompelen.

sub-mūtō, mūtāre over en weer verwisselen.

sub-nāscor, nāscī, nātus sum *(poët.; postklass.)* (op)groeien.

sub-nectō, nectere, nexuī, nexum *(poët.; postklass.)*
1. aan de onderkant vastknopen, van onderen vastbinden *(aan: dat.)* [**aurea cingula mammae; antemnis velum**];
2. (aan de onderkant) samenhouden, aangorden [**vestem; balteum gemmā**];
3. *(metaf.)* toevoegen [**alias causas**].

sub-negō, negāre voorzichtig weigeren.

sub-nexuī *pf. v. subnecto.*

subnexus *ppp. v. subnecto.*

sub-niger, gra, grum *(pre- en postklass.)* zwartachtig [**oculi**].

sub-nimium *adv.* (Plaut.) een beetje te veel.

sub-nīxus *en* **-nīsus,** a, um *(nitor*[2]*)*
1. steunend *of* leunend op, zich schrap zettend tegen *(m. abl.)* [**solio**]; ▸ *(metaf.) urbs muro -a*;
2. *(metaf.)* vertrouwend, zich verlatend *of* bouwend op *(m. abl.)* [**auxiliis; victoriā; propinquitatibus; robore mentis**]; *(abs.)* vol vertrouwen [**animus**].

sub-notō, notāre *(postklass.)*
1. ondertekenen [**libellos**];
2. optekenen, merken, noteren [**nomina**];
3. (heimelijk) opmerken, wijzen naar [**alqm digito**].

sub-nuba, ae *f (nubo; vgl. pronuba) (Ov.)* minnares, bijzit.

sub-nūbilus, a, um licht bewolkt [**nox**].

subō, subāre *(poët.; postklass.)* bronstig zijn.

sub-obscēnus, a, um een beetje schunnig.

sub-obscūrus, a, um een beetje duister *of* onhelder.

sub-odiōsus, a, um een beetje vervelend.

sub-offendō, offendere, —— een beetje aanstoot geven.

sub-oleō *zie subolet.*

sub-olēs, is *f (alo; vgl. proles)*
1. loot, vrucht;
2. nageslacht, nakomelingschap, *van dieren ook* gebroed [**Romae** jeugd]; generatie [**nova**];
3. *(meton.)* nakomeling, kind, *(v. dieren)* jong.

sub-olēscō, olēscere, —— *(vgl. adolesco)* opgroeien.

sub-olet, olēre, —— *en* **-olit,** olere, —— *(kom.) onpers. (mihi) subolet* ik krijg er lucht van, bespeur.

sub-olfaciō, olfacere, —— *(Petr.)* ruiken, vermoeden.

sub-orior, orīrī, — *(poët.; postklass.)* langzamerhand ontstaan, geleidelijk aangroeien.

sub-ōrnō, ōrnāre
1. (stiekem) uitrusten, uitdossen;
2. *(metaf.)* heimelijk instrueren *of* laten optreden [**accusatorem**; *(m. dubb. acc.)* **alqm falsum testem**]; *(ook m. ut)*.

subortus, ūs *m (suborior) (Lucr.)* het ontstaan.

sub-p- = *supp-.*

sub-rādō, rādere
1. aan de onderkant schaven;
2. *(v. rivieren)* voorbijstromen aan *(m. acc.)*.

sub-rancidus, a, um een beetje bedorven [**caro**].

sub-raucus, a, um een beetje hees [**vox**].

subrēctus *ppp. v. subrigo.*

sub-rēgulus, ī *m (Laatl.)* onderkoning, vazal.

sub-rēmigō, rēmigāre *(poët.; postklass.)* roeiende bewegingen maken *(onder: dat.)*.

sub-rēpō, rēpere, rēpsī, rēptum
1. kruipen onder, sluipen naar *(m. sub m. acc.; acc.)* [**sub tabulas; moenia** de stad binnensluipen];
2. *(poët.; postklass.) (metaf.)* binnensluipen, overvallen; ▸ *subrepet aetas iners; somnus in oculos subrepit.*

subrēptīcius, a, um *(subrepo) (Plaut.)* gestolen, ontvoerd [**amor** heimelijk].

sub-rēxī *pf. v. subrigo.*
sub-rīdeō, rīdēre, — — glimlachen; *alci* ~ iemand toelachen.
sub-rīdiculē *adv.* tamelijk geestig.
sub-rigō, rigere, rēxī, rēctum *(rego)* omhoogrichten, opheffen [**aures** spitsen]; *pass.* ook omhoog staan.
sub-ringor, ringī, — de neus optrekken, zich ergeren.
sub-ripiō = *surripio.*
sub-rogō, rogāre
1. *(v.d. voorzitter v.d. verkiezingsbijeenkomst)* voorstellen *om te kiezen als opvolger of vervanger* [**in annum proximum decemviros alios; collegam in locum Bruti; collegam sibi**];
2. *(Mel.)* kiezen, verheffen [**ad sedem apostolicam** tot de pauselijke zetel].
sub-rōstrānī, ōrum *m (rostra) (eig.* 'mensen die zich ophouden bij het podium op het Forum') straatslijpers, baliekluivers.
sub-rotātus, a, um *(roto)* met wielen aan de onderkant.
sub-rubeō, rubēre, — — *(poët.; Laatl.)* roodachtig zijn; — *p. adj.* **subrubēns,** *gen.* entis roodachtig.
sub-ruber, bra, brum *(postklass.)* een beetje rood.
sub-rubicundus, a, um *(postklass.)* roodachtig; vuurrood [**vultus**].
sub-rūfus
I. *adj.* a, um *(postklass.)* roodachtig;
II. *subst.* ī *m (Plaut.)* roodharige, roodkop.
sub-rumō, rumāre laten drinken *(bij: dat.).*
sub-ruō, ruere, ruī, rutum *(ruo)*
1. ondermijnen, ondergráven, doen instorten [**moenia; arces**]; *pass.* instorten;
2. *(metaf.)* ondergráven, doen wankelen, vernietigen, te gronde richten [**libertatem; reges muneribus**].
sub-rupiō, rupere, rupuī, ruptum *(arch.)* = *surripio.*
sub-rūsticus, a, um een beetje boers [**pudor**].
sub-rutilus, a, um *(postklass.)* een beetje roodachtig.
subrutus *ppp. v. subruo.*
sub-sannō, sannāre *(sanna) (Laatl.)* door bespottende gebaren beledigen.
sub-scrībō, scrībere, scrīpsī, scrīptum
1. onderaan schrijven, eronder schrijven [**causam parricidii;** *(onder: dat.)* **haec libello; alqd statuis inauratis**];
2. opschrijven, optekenen;
3. *(v.d. censor) als reden v.e. terechtwijzing* opgeven [**istam causam**];
4. *een aanklacht* (a) ondertekenen = klager zijn, aanklagen; (b) medeondertekenen = medeaanklager zijn;
5. *(Suet.) door zijn ondertekening* goedkeuren;
6. *(poët.; postklass.) aan een ambtelijk schrijven* een groetformule toevoegen;
7. *(metaf.)* bijvallen, goedkeuren, steunen *(m. dat.)* [**irae Caesaris; odiis accusatorum; orationi; gratiae; luxuriae**].
subscrīptiō, ōnis *f (subscribo)*
1. onderschrift, ondertekening, *aan de onderkant aangebracht* opschrift;
2. *(door ondertekening bevestigde)* lijst, opgave;
3. opmerking (van de censor) *over de reden v.e. terechtwijzing* [**censoria**];
4. *(jur.)* (a) *(postklass.)* aanklacht; (b) ondertekening v.d. medeaanklager, medeaanklacht; ▸ *subscriptionem postulare;*
5. *(postklass.)* groetformule *aan het slot v.e. ambtelijk schrijven.*
subscrīptor, ōris *m (subscribo)*
1. medeaanklager;
2. ondersteuner.
subscrīptus *ppp. v. subscribo.*
subscūs, ūdis *f (sub en cudo) houten* pin.
sub-secō, secāre, secuī, sectum aan de onderkant afsnijden [**ungues ferro**].
subsecūtus *p.p. v. subsequor.*
sub-sēdī *pf. v. subsido.*
sub-sellium, ī *n (sella)*
1. (lage) (zit)bank *in huis, ihb. in openbare gebouwen (in theater, rechtbank, senaat e.a.);* ▸ *(sprw.) longi -i iudicatio et mora* langdradig onderzoek in *de senaat, waarbij alles op de lange baan geschoven wordt;*
2. *(plur.)* rechtsza(a)k(en), processen; ▸ *utraque -a* strafprocessen en civiele processen.
sub-sentiō, sentīre, sēnsī, — *(Ter.)* lucht krijgen van *(m. acc.).*
sub-sequor, sequī, secūtus sum
1. op de voet *of* onmiddellijk volgen [**signa**]; ▸ *(abs.) Caesar subsequebatur cum omnibus copiis;*
2. *(metaf.)* zich richten naar, na-apen [**voluntatem alcis; suo sermone humanitatem litterarum**].
sub-serō¹, serere, seruī, sertum *(postklass.; Laatl.)* ergens onder schuiven *of* steken.
sub-serō², serere, sēvī, satum *(postklass.) ter vervanging* zaaien.
sub-serviō, servīre *(pre- en postklass.) (m. dat.)*

1. onderdanig zijn;
2. te hulp komen.

subsessor, ōris *m* (*subsido*) (*postklass.*) iem. die in een hinderlaag op de loer ligt, jager; bandiet.

subsicīvus, a, um (*subseco; eig.* 'afgesneden' = 'afvallend')
1. vrij *van beroepswerkzaamheden,* overblijvend, bij- [**tempora** vrije uren; **opera** nevenactiviteit; *metaf.* **res** bijzaak];
2. (*postklass.*) (*bij opmeting*) overblijvend [**ager**]; — *subst.* **-a,** ōrum *n* het bij het opmeten overblijvende stuk land.

subsidiārius, a, um (*subsidium*)
1. (*milit.*) tot de reserve behorend, reserve- [**cohortes; acies**]; — *subst.* **-ī,** ōrum *m* reservetroepen;
2. (*jur.*) subsidiair [**actio**].

subsidior, subsidiārī (*subsidium*) (*milit.*) de reserve vormen.

sub-sidium, ī *n* (*sedeo*)
1. (*milit. t.t.*) (a) hulptroepen, reserve, *meestal plur.*; ▸ *-a collocare; legiones in -is locare* als reserve; (b) hulp, bijstand *door troepen*; ▸ *-o proficisci; equites in -um mittere; nullo maris -o (Tac.)* zonder hulp vanuit zee;
2. (*metaf.*) hulp, bijstand, steun, versterking [**populi Romani; consulatūs**]; ▸ *-o esse alci* iem. tot bescherming dienen (*tegen: dat.*); *-um ferre, mittere; -o ire, venire;*
3. hulpmiddel [**rei publicae; belli; annonae; industriae**]; ▸ *-a sibi parare ad omnes casus;*
4. toevlucht(soord), asiel [**navigiis** landingsplaats; **senectuti**].

sub-sīdō, sīdere, sēdī, sessum
1. gaan zitten, zich neerzetten, neerhurken [**in genua** (*v. olifanten*) knielen];
2. wachten, loeren [**in insidiis;** (*op: dat.; acc.*) **Miloni; leonem**]; ▸ *devictam Asiam subsedit adulter* de echtbreker loert op de ondergang van Asia (= Troje) (*Verg.*);
3. (*poët.; postklass.*) (*v. niet-lev.*) zinken, zakken, gaan liggen; ▸ *undae, flumina subsidunt* dalen; *urbs subsedit; venti subsederunt;*
4. (*v. personen*) achterblijven; zich vestigen [**in castris; in Sicilia; in oppido**];
5. (*v. zaken*) blijven steken, zich vastzetten; ▸ *navicula in Nilo subsedit.*

sub-signānus, a, um (*signum*) (*postklass.*) zich onder het vaandel bevindend [**miles** reservesoldaat].

sub-signō, signāre
1. (*Plin. Mai.*) onderaan optekenen [**Ciceronis sententiam; notas**];
2. laten registreren [**praedia apud aerarium**];
3. (*postklass.*) door middel van een akte verpanden;
4. (*Plin. Min.*) (*metaf.*) garanderen [**fidem pro moribus alcis**].

sub-siliō, silīre, siluī, — (*salio*)
I. *intr.* (*poët.; postklass.*) omhoog-, opspringen;
II. *tr.* (*Sen.*) inspringen [**terram**].

sub-sistō, sistere, stitī, —
1. stilstaan, blijven staan, halt houden [**in itinere; in flexu viae**];
2. (*poët.; postklass.*) (*metaf., v. niet-lev.*) stilstaan, ophouden, stoppen; ▸ *clamor subsistit* verstomt; *lingua timore substitit* stokte; *substitit unda, amnis;*
3. (achter)blijven, verblijven, dralen [**paucos dies; intra tecta; in urbe;** *metaf.* **intra paupertatem**];
4. weerstand bieden aan, weerstaan, standhouden (tegen) (*abs.; m. dat. of acc.*) [**Hannibali; clipeo iuvenis; feras;** *metaf.* **sumptui** opgewassen zijn tegen]; *abs. ook v. zaken* = het houden; ▸ *ancorae subsistunt;*
5. (*Apul.*) te hulp komen (*m. dat.*) [**civi**].

sub-situs, a, um (*Apul.*) eronder liggend.

sub-sōlānus (*sol*) (*postklass.*)
I. *subst.* ī *m* oostenwind;
II. *adj.* a, um oostelijk, in het oosten [**montes Indorum**].

sub-sortior, sortīrī door loting aanwijzen als vervanger(s) [**iudices**].

subsortītiō, ōnis *f* (*subsortior*) het door loting aanwijzen als vervanger(s) [**iudicum**].

substantia, ae *f* (*substo*) (*postklass.*)
1. aard, wezen;
2. het voorhanden zijn, het bestaan;
3. omvang *van bezittingen,* vermogen;
4. materiaal, substantie.

sub-sternō, sternere, strāvī, strātum
1. (*niet-klass.*) strooien onder, (uit)spreiden onder, eronder leggen [**cinnama; verbenas**];
2. een ondergrond geven (*m. acc.*) [**nidos**];
3. (*metaf.*) prijsgeven, onderwerpen [**omne corporeum animo; rem publicam libidini suae**].

sub-stitī *pf. v. subsisto.*

sub-stituō, stituere, stituī, stitūtum (*statuo*)
1. *achter of onder iets* plaatsen;
2. (*metaf.*) *alqd animo* ~ zich iets voorstellen;
3. vervangen, stellen in de plaats van (*abs.; m. pro; in locum* [*m. gen.*]);

4. (Plin. Min.) (metaf.) blootstellen aan [**alqm crimini** iem. de schuld v.e. misdaad geven];
5. (postklass.) vervangen, benoemen als subsidiaire erfgenaam.

substitūtiō, ōnis *f* (*substituo*) (*jur.*) het in de plaats stellen, vervanging; ▸ *ex substitutione heres.*

sub-stō, stāre, — —
1. (*Ter.*) standhouden;
2. (*postklass.*) blijven; aanwezig zijn.

sub-stomachor, stomachārī (*August.*) een beetje boos zijn.

substrāmen, inis *n* (*substerno*) stro.

substrātus *ppp. v. substerno.*

sub-strāvī *pf. v. substerno.*

substrictus, a, um (*p. adj. v. substringo*) (*Ov.; postklass.*) samengetrokken, mager [**crura**].

sub-stringō, stringere, strīnxī, strictum
1. opbinden [**crinem nodo**];
2. samenbinden, dichtsnoeren, omhoogtrekken [**caput equi loro altius;** *metaf.* **aurem alci** spitsen voor iem. = met gespitste oren naar iem. luisteren];
3. (*metaf.*) onderdrúkken [**bilem**].

substrūctiō, ōnis *f* (*substruo*) onderbouw [**theatri**].

sub-struō, struere, strūxī, strūctum
1. van een onderbouw voorzien; *wegen* bestrooien *met steenslag* [**vias glareā**]; ▸ *Capitolium saxo quadrato substructum est* kreeg een onderbouw v. vierkant gehouwen stenen;
2. (*Plaut.*) (*metaf.*) de onderbouw neerzetten, de grondslag leggen (*voor: acc.*).

subsultim, *adv.* (*subsulto*) (*Suet.*) springend, met sprongen.

sub-sultō, sultāre (*salto*) (*kom.; postklass.*) steeds omhoogspringen.

sub-sum, esse, —
1. zijn *of* liggen onder, zijn *of* liggen achter, verstopt, verborgen zijn in, achter (*m. dat.*); ▸ *subest lingua palato; sol oceano subest* is ondergegaan; *suberat Pan ilicis umbrae* (*Tib.*);
2. dichtbij, in de buurt zijn (van) (*abs. of m. dat.*); ▸ *suberat mons; templa mari subsunt;*
3. (*v. tijd*) nabij, op komst zijn; ▸ *suberat nox, hiems;*
4. (*metaf.*) ten grondslag liggen, schuilgaan, samenhangen (*abs.; aan, achter, met: in m. abl.; dat.*); ▸ *aliqua subest causa; si ulla spes salutis nostrae subesset* (*Cic.*); *notitiae suberit amica* zal onderworpen zijn aan (*Ov.*).

sub-suō, suere, —, sūtum (*Hor.*) van onderen omzomen.

subtegmen, inis *n* = *subtemen.*

sub-tegō, tegere, tēxī, tēctum (*Laatl.*) van onderen bedekken.

sub-tēmen, inis *n* (*texo*) (*poët.; postklass.*)
1. inslag *van een weefsel;*
2. (*meton.*) weefsel, garen, draad, *ihb.* de levensdraden v.d. parcen.

subter (*bij sub, vgl. praeter bij prae*)
I. *adv.* onder, beneden; eronder;
II. *prep.*
1. *m. acc.* (*op de vraag: waarheen?*) (naar) onder, naar beneden;
2. *m. abl.* (*op de vraag: waar?*) onder, beneden;
III. *prefix*
1. eronder, van onderen [**subter-fluo; subter-vaco**];
2. heimelijk [**subter-duco**].

subter-dūcō, dūcere, dūxī, ductum (*Plaut.*) heimelijk onttrekken [**se** er stiekem vandoor gaan].

subter-fluō, fluere, — — stromen onder (*m. acc.*) [**terras**].

subter-fugiō, fugere, fūgī, —
I. *intr.* (*Plaut.*) heimelijk vluchten, ontsnappen;
II. *tr.* heimelijk *of* listig ontkomen aan, vermijden, zich onttrekken aan (*m. acc.*) [**poenam; periculum**].

subter-habeō, habēre, habuī, habitum (*Apul.*) veronachtzamen.

subter-lābor, lābī, lāpsus sum
1. (*poët.*) stromen onder (*m. acc.*); ▸ *fluctus Sicanos subterlabens; flumina antiquos subterlabentia muros;*
2. (*metaf.*) ontglippen, ontsnappen.

sub-terō, terere, trīvī, trītum (*pre- en postklass.*)
1. afschuren, doen afslijten [**pedes**];
2. (ver)malen, verpulveren.

subter-pōnō, pōnere, posuī, positum (*Laatl.*) leggen onder.

sub-terrāneus, a, um (*terra*) ondergronds, zich onder de aarde bevindend [**specus; regna**], onder de aarde levend [**mures**].

subter-vacō, vacāre (*Sen.*) van onderen leeg zijn; ▸ *ille subtervacans locus* onderliggende lege ruimte.

sub-texō, texere, texuī, textum
1. naaien *of* bevestigen op (*m. dat.*); vervlechten met;
2. (*poët.*) (*metaf.*) als een sluier trekken voor [**nubes capiti**]; bedekken [**caelum fumo; diem atra nube**];

3. *(in redevoeringen of geschriften)* invlechten, invoegen, toevoegen *(in, aan: dat.)* [**carmina inceptis chartis; familiarum originem**]; *(ook m. aci.)*.

subtīlis, e

1. *(poët.; postklass.)* dun, fijn, tenger [**filum; corpus**];

2. *(metaf.)* fijn(gevoelig), fijnzinnig [**sententia; iudicium**]; goed in staat smaken te onderscheiden [**palatum**];

3. nauwkeurig, grondig, scherpzinnig [**descriptio partium; argumentatio; definitio; disputator; epistulae** gedetailleerd; **quaestio**];

4. *(v. uitdrukking e.a.)* sober, ongekunsteld [**genus dicendi; oratio; scriptor**]; ▸ *subtiliter dicere;*

5. *(jur.)* strikt.

subtīlitās, ātis *f (subtilis)*

1. fijnheid, dunheid [**linearum**];

2. *(metaf.)* fijn(gevoelig)heid, fijnzinnigheid [**sententiarum; mentis**];

3. nauwkeurigheid, grondigheid, scherpzinnigheid [**ingens; sermonis; disserendi**];

4. soberheid *(van uitdrukking)* [**orationis; scriptorum**];

5. *(jur.)* strikte interpretatie [**verborum**].

sub-timeō, timēre, — — een beetje bang zijn *(m. ne)*.

sub-trahō, trahere, trāxī, tractum

1. wegtrekken *(onder: dat.)* [**mortuum superincubanti Romano**]; *pass. ook* terugwijken *(onder: dat.)*; ▸ *solum subtrahitur* verdwijnt onder iems. voeten; *pedibus raptim tellus subtracta;*

2. wegtrekken, onttrekken, verwijderen [**milites a dextro cornu; hastatos ex acie; pecuniam** verduisteren; **oculos** afwenden; **alci cibum;** *metaf.* **materiam furori**];

3. *(postklass.)* weglaten, niet vermelden [**nomen alcis**];

4. *se* ~ zich terugtrekken, (terug)wijken *(uit: ab; dat.)* [**se multitudini concitatae**].

sub-trīstis, e *(Ter.)* een beetje treurig.

subtrītus *ppp. v. subtero.*

sub-trīvī *pf. v. subtero.*

subturpiculus, a, um *(demin. v. subturpis) en* **sub-turpis,** e een beetje schandelijk.

subtus *(sub; vgl. in-tus)*

I. *adv.* onder, beneden;

II. *prep. m. acc. (Laatl.)* onder, beneden.

sub-tūsus, a, um *(tundo) (Tib.)* een beetje gekneusd.

sub-ūcula, ae *f (vgl. ex-uo)* (wollen) onderhemd.

sūbula, ae *f (suo) (postklass.)* priem; ▸ *(sprw.) -ā leonem excipis? (Sen.)* ga jij met een priem een leeuw te lijf?

su-bulcus, ī *m (sus; vgl. bu-bulcus) (niet-klass.)* varkenshoeder.

Subūra, ae *f beruchte wijk in Rome tussen de Cispius, Viminaal en Esquilijn met een levensmiddelenmarkt, kraampjes en kroegen; — adj.* **Subūrānus,** a, um [**clivus** de Esquilijn].

suburbānitās, ātis *f (suburbanus)* ligging in de nabijheid v.d. stad.

sub-urbānus, a, um in de nabijheid v.d. stad (ihb. v.d. stad Rome) gelegen, nabij de stad [**ager; villa**]; — *subst.* **-um,** ī *n (vul aan: praedium)* landgoed bij Rome; **-ī,** ōrum *m (poët.)* bewoners v.d. plaatsen in de buurt v. Rome.

sub-urbium, ī *n (urbs)* voorstad.

sub-urgeō, urgēre, — — *(Verg.)* aandrukken tegen *(m. ad)* [**proram ad saxa**].

sub-ūrō, ūrere, ussī, ustum *(postklass.)* een beetje schroeien.

subvectiō, ōnis *f (subveho)* toevoer, aanvoer [**frumenti**].

subvectō, subvectāre *(intens. v. subveho) (poët.; postklass.)* aanvoeren [**saxa umeris**].

subvectus[1] *ppp. v. subveho.*

subvectus[2], ūs *m (subveho) (Tac.)* toevoer.

sub-vehō, vehere, vēxī, vectum omhoogbrengen, -voeren, stroomopwaarts (doen) varen [**naves; frumentum navibus**]; — *pass. subvehi* omhoogrijden, stroomopwaarts varen [**curru per aëra; flumine adverso lembis**].

sub-vellō, vellere, —, vulsum *(postklass.)* ontharen.

sub-veniō, venīre, vēnī, ventum *(m. dat.)*

1. te hulp komen, bijstaan, helpen [**laboranti; homini perdito; patriae; filio circumvento; saluti remediis**];

2. *(metaf.) een kwaad* verhelpen [**egestati; luctibus alcis; tempestati adversae; morbo**];

3. *(v. gedachten)* iem. invallen.

subventō, subventāre *(intens. v. subvenio) (Plaut.)* te hulp komen *(m. dat.)*.

sub-vereor, verērī, — een beetje bang zijn *(m. ne)*.

subversiō, ōnis *f (subverto) (eccl.)* omverwerping, verwoesting, *ook plur.*

subversor, ōris *m (subverto) (postklass.)* iem. die omverwerpt of verstoort [**legum**].

sub-vertō, vertere, vertī, versum

1. omstoten, omverwerpen [**statuam; imagi-**

nes; mensam; montes];
2. *(metaf.)* omverwerpen, vernietigen, ten val brengen, ondermijnen [**libertatem; alcis decretum; fidem; probationes scelerum; iura**].
sub-vēxī *pf. v. subveho.*
sub-vexus, a, um schuin oplopend.
sub-viridis, e *(postklass.)* groenig.
sub-volō, volāre omhoogvliegen, opvliegen [**in caelestem locum**].
sub-volturius, a, um *(vultur) (Plaut.)* een beetje op een gier lijkend.
sub-volvō, volvere, volvī, volūtum *(poët.)* omhoogrollen [**saxa**].
sub-vortō *(arch.) = subverto.*
suc-cēdō, cēdere, cessī, cessum *(sub)*
1. gaan *of* binnentreden in *(m. dat.; acc.; sub m. acc.)* [**tumulo terrae** begraven worden; **tectum; sub umbras**];
2. naderen, dichterbij komen, oprukken, optrekken *(bij, naar, tegen: dat. of acc.; ad; sub of in m. acc.)* [**moenibus; portis; pugnae** ten strijde trekken; **muros; aciem; tumulum; ad castra; sub montem**]; ▸ *classis paulatim successit;*
3. *(poët.; postklass.) (een last, zaak)* op zich nemen, aanvaarden *(m. dat.)* [**oneri; operi**]; *ook metaf.;*
4. naar boven stijgen, opstijgen *(naar: ad; in m. acc.; dat.)* [**ad superos; in arduum; caelo;** *metaf.* **animo**];
5. volgen, achternazitten; ▸ *succedentibus nostris;*
6. de plaats innemen van, aflossen, opvolgen *(m. dat.; in locum [m. gen.])* [**defatigatis; patri in regno; in Sequanorum locum**];
7. overnemen *(m. in m. acc.)* [**in stationem** de wacht betrekken; *metaf.* **in paternas opes** de machtige positie van zijn vader overnemen];
8. *(v. plaatsen e.d.)* grenzen aan, liggen naast *(m. ad)*; ▸ *ad alteram partem succedunt Ubii (Caes.);*
9. *(v. tijd)* volgen *(abs. of m. dat.)*; volgen op, spreken na *(m. dat.)* [**orationi**]; ▸ *aetas aetati succedit; successit aënea proles (Ov.);*
10. *(metaf.)* doorgang vinden, (ge)lukken, slagen; ▸ *res nulla successerat; voti pars succedit* gaat in vervulling; *parum succedit quod ago (Ter.);* — *onpers. succedit* het lukt.
suc-cendō, cendere, cendī, cēnsum *(sub)*
1. (van onderen) in brand steken, aansteken [**pontem; turrim; pinūs ab Aetna** op de Etna; **aras** vuur maken op];
2. doen gloeien, een rode gloed geven [**ora**];
3. *(poët.; postklass.) (metaf.) hartstochtelijk* doen ontvlammen; ▸ *Pyrrhae amore succensus; Myrrha succensa patriā senectā (Prop.)* in liefde voor haar oude vader ontbrand.
suc-cēnseō *= suscenseo.*
succēnsus *ppp. v. succendo.*
suc-centuriō[1]**,** ōnis *m (sub)* ondercenturio.
suc-centuriō[2]**,** centuriāre *(sub) (pre- en postklass.)* als aanvulling in een centurie inlijven; *metaf.* aanvullen, vervangen.
suc-cessī *pf. v. succedo.*
successiō, ōnis *f (succedo)*
1. het intreden, intrede; ▸ *doloris amotio successionem efficit voluptatis (Cic.);*
2. opvolging *in een erfenis, ambt of bezit (in: gen.)* [**provinciae; imperii**];
3. *(metaf.)* afloop [**prospera**].
successor, ōris *m (succedo)* opvolger *(in: gen.)* [**patrimonii; studii**]; ▸ *dare alqm alci successorem* als opvolger.
successus[1] *ppp. v. succedo.*
successus[2]**,** ūs *m (succedo)*
1. het oprukken [**hostium**];
2. *(Laatl.)* opeenvolging, verloop [**temporis**];
3. *(metaf.)* succes, (goede) afloop; ▸ *prosperos successūs dare orsis; successum victoriae moderari; pleni successibus anni.*
suc-cīdāneus, a, um *(sub en caedo)* als vervanging geslacht *of* geofferd, plaatsvervangend [**hostia**].
suc-cīdī[1] *pf. v. succido*[1]*.*
suc-cidī[2] *pf. v. succido*[2]*.*
succīdia, ae *f (sus en caedo)* het snijden v.e. lap spek; *meton.* lap spek.
suc-cīdō[1]**,** cīdere, cīdī, cīsum *(sub en caedo)* (van onderen) afhakken, afsnijden, doorhakken [**arbores; segetem**].
suc-cidō[2]**,** cidere, cidī, — *(sub en cado)* neer-, ineenzakken, op de grond vallen, het begeven; ▸ *genua inediā succidunt (Plaut.).*
succiduus, a, um *(succido*[2]*) (poët.; Laatl.)* ineenzakkend, wankelend [**genu; gradus**].
succīnctus, a, um *(p. adj. v. succingo)*
1. *(poët.; Laatl.)* uitgerust, gereed, klaar *(voor: dat.)* [**praedae**];
2. *(postklass.)* kort [**libellus**].
suc-cingō, cingere, cīnxī, cīnctum
1. *(poët.)* opgorden; *meestal ppp.* **succīnctus,** a, um opgegord; ▸ *Diana vestem succincta; (metaf.) pinus succincta comas* met alleen in de kruin naalden;

2. omgorden, -geven, -sluiten [**alqm nimbo** omhullen]; *ihb. ppp.* **succīnctus,** a, um omgord, uitgerust [**gladio; cultro; pharetrā**];
3. *(metaf.)* uitrusten met, voorzien van *(m. abl.)* [**se canibus**]; *ihb. ppp.* **succīnctus,** a, um [**armis legionibusque**];
/ *zie ook succinctus.*

succingulum, ī n *(succingo) (Plaut.)* gordel.

suc-cinō, cinere, — — *(sub en cano) (poët.)*
1. *(preklass.; Hor.)* toestemmen;
2. *(postklass.)* de tweede stem zingen, begeleiden;
3. *(Pers.)* mompelen.

suc-cīnxī *pf. v. succingo.*

suc-cipiō *(arch.) = suscipio.*

succīsiō, ōnis *f (succido[1]) (Vulg.)* het afhakken, het afsnijden.

succīsus ppp. *v. succido[1].*

succlāmātiō, ōnis *f (succlamo)* instemmend geschreeuw.

suc-clāmō, clāmāre *(sub)* met instemming *of* afkeuring roepen *(bij, tegen: dat.)* [**dicto**].

succō, ōnis *m = sacco[2].*

suc-collō, collāre *(sub en collum) (pre- en postklass.)* op de schouders nemen.

suc-crēscō, crēscere, crēvī, — aangroeien; opgroeien [*metaf.* **gloriae seniorum** zich ontwikkelen tot].

succrētus = *subcretus, ppp. v. subcerno.*

succuba, ae *f (succubo) (Laatl.)* minnares.

suc-cubō, cubāre *(sub) (postklass.)* liggen onder *(m. dat. of acc.).*

suc-cubuī *pf. v. succumbo.*

succulentus, a, um = *suculentus.*

suc-cumbō, cumbere, cubuī, — *(sub; vgl. cubo, ac-cumbo)*
1. *(poët.; postklass.)* neerzakken, -vallen, op de grond vallen; ▸ *succumbens victima ferro;*
2. *(postklass.)* gaan liggen;
3. *(metaf.)* bezwijken onder, toegeven aan, onderworpen zijn aan *(m. dat.)* [**oneri; labori; doloribus; culpae; tempori** zich moeten schikken in de tijd; **senectuti; animo** de moed laten zakken; **precibus**];
4. *(preklass.; poët.)* zich *aan een man* (over)geven [**cuivis**]; ▸ *(ook v. dieren) gallina marito succumbit (Mart.).*

suc-currō, currere, currī, cursum *(sub) (m. dat.)*
1. te hulp snellen, *metaf.* bijstaan, helpen [**laborantibus; saluti fortunisque communibus**]; ▸ *licet undique omnes in me terrores periculaque impendeant omnia, succurram atque subibo (Cic.);*
2. *een kwaad* verhelpen [**malis; adversae fortunae**];
3. *(v. gedachten)* opkomen bij, te binnen schieten [**animo**].

suc-cussī *pf. v. succutio.*

succussiō, ōnis *f (Sen.) en* **succussus,** ūs *m (succutio)* trilling, schok.

suc-cutiō, cutere, cussī, cussum *(sub en quatio) (poët.; postklass.)* (van onderaf) doen schudden; ▸ *succutitur alte currus.*

sūcidus, a, um *(sucus) (pre- en postklass.)* sappig, fris [**ficus; lana** van een pas geschoren schaap].

sūcinum, ī n *(sucus) (postklass.)* barnsteen; *plur.* sieraden v. barnsteen.

sūcinus, a, um *(sucinum) (postklass.)* van barnsteen.

sūcophant- = *sycophant-.*

sūcōsus, a, um *(sucus)*
1. *(postklass.)* rijk aan sap, sappig [**folia**];
2. vruchtbaar [**tellus**];
3. *(Petr.) (metaf.)* rijk.

Sucrō, ōnis *m stad in* N.O.-*Spanje aan de Middellandse Zee, nu* Algemesí; — *adj.* **Sucrōnēnsis,** e [**proelium**].

sūctus *ppp. v. sugo.*

sucula[1], ae *f* haspel, windas.

sucula[2], ae *f (demin. v. sus) (Plaut.)* varkentje.

Suculae, ārum *f* de Hyaden, *dochters v. Atlas, zusters v.d. Plejaden.*

sūculentus, a, um *(sucus) (Laatl.)* rijk aan sap, sappig.

sūcus, ī m *(sugo)*
1. sap [**uvae; herbarum; pomorum**];
2. *(poët.; postklass.)* dikke vloeistof [**olivi** olijfolie; **ciborum; nectaris; piscis** vissaus];
3. *(poët.)* sap, drank *als geneesmiddel* [**amarus**];
4. *(poët.) (meton.)* smaak *van iets, ook plur.*; ▸ *ova melioris -i;*
5. *(metaf.)* kracht, frisheid, pit, *ihb. van een redevoering en redenaar* [**ingenii; orationis; Periclis**]; ▸ *omnem -um et sanguinem civitatis amisimus (Cic.).*

sūdārium, ī n *(sudo) (poët.; postklass.)* zweet-, zakdoek.

sūdātiō, ōnis *f (sudo) (postklass.)* het zweten.

sūdātōrium, ī n *(sudatorius) (Sen.)* zweetbad.

sūdātōrius, a, um *(sudo) (Plaut.; Laatl.)* zweet veroorzakend [**unctio**].

sūdātrīx, *gen.* īcis *(f) (sudo) (Mart.)* druipend van het zweet [**toga**].

sudis, is *f*

1. paal; ▸ *ripa erat acutis sudibus praefixis munita (Caes.)*;
2. *(postklass.)* (scherpe) punt, stekel.

sūdō, sūdāre
I. *intr.*
1. zweten;
2. druipen *(van: abl.)* [**sanguine; tepido umore**];
3. *(poët.)* zweten *of* druipen uit *(m. abl.)*; ▸ *balsama odorato sudantia ligno (Verg.)*;
4. *(metaf.)* zich afmatten, zich inspannen [**pro communibus commodis; sub ingenti pharetra**];
II. *tr. (poët.; postklass.)* uitzweten [**tura; mella**].

sūdor, ōris *m (sudo)*
1. zweet [**frigidus** koud zweet; **gelidus**];
2. *(poët.; postklass.) meton.* iedere uitgezweten stof, vochtigheid [**maris; veneni** uitgezweet gif];
3. *(metaf.)* moeite, inspanning; ▸ *libertas parta multo sudore et sanguine maiorum (Cic.)*.

sūdum, ī *n (sudus)* helder weer; *(Verg.)* wolkeloze hemel, heldere lucht.

sūdus, a, um *(Verg.)* helder, wolkeloos, zonnig, droog [**ver**].

Suēbī, ōrum *m* de Suevi, *volksstam oorspr. aan de Oostzee woonachtig, later naar het zuidwesten tot aan de rivier de Rijn doorgedrongen; zij trokken in 406 n. Chr. met de Alani en Vandalen naar Spanje en vestigden daar in het noordwesten een rijk; sg.* **Suēbus,** ī *m en* **Suēba,** ae *f*; — *adj.* **Suēb(ic)us,** a, um [**mare** Oostzee]; — **Suēbia,** ae *f land v.d. Suevi.*

suēscō, suēscere, suēvī, suētum
I. *intr.* wennen aan *(m. dat.)* [**militiae**], *pf.* gewend zijn, plegen *(m. inf.)*; — *p. adj.* **suētus,** a, um (a) gewend *(m. dat. of inf.)* [**armis**]; (b) *(v. niet-lev.)* gebruikelijk; ▸ *Cheruscis sueta proelia*;
II. *tr. (postklass.)* wennen, vertrouwd maken *(aan, met: abl.)* [**viros disciplinā et imperiis**].

Suessa, ae *f,* ~ Aurunca, *stad in Campanië, nu Sessa*; — *adj.* **Suessānus,** a, um.

Suessiōnēs, um *m volksstam in Gallia Belgica, later aan de Remi onderworpen, in de buurt v.h. huidige Soissons.*

Suessula, ae *f stad in Campanië*; — *inw.* **Suessulānī,** ōrum *m.*

Suētōnius, a, um *naam v.e. Rom. gens:*
1. C. ~ Paullinus, *stadhouder v. Britannië in 59 n. Chr.*;
2. C. ~ Tranquillus *(ca. 70—140 n. Chr.), secretaris v. Hadrianus, biograaf (belangrijkste werk: De vita Caesarum, 12 keizerbiografieën van Caesar tot en met Domitianus).*

suētus *zie suesco.*

suēvī *pf. v. suesco.*

sūfes, etis *m* suffeet *(titel v.d. hoogste magistraat in Carthago).*

suf-farcinō, farcināre *(sub en farcio) (kom.; postklass.)* volstoppen, -pakken, bepakken.

suf-fēcī *pf. v. sufficio.*

suffectus *ppp. v. sufficio.*

sufferentia, ae *f (suffero) (eccl.)* volharding, geduld.

suf-ferō, sufferre, sustulī, sublātum *(sub)*
1. *(Plaut.)* aanbieden [**tergum**];
2. *(postklass.)* overeind houden;
3. *(metaf.)* verdragen, uithouden, dulden [**vulnera; sitim; poenam; multam; pro alcis peccatis supplicium**].

suf-ferus, a, um *(sub) (Suet.)* een beetje wild.

suf-fervēfaciō, fervēfacere, fervēfēcī, fervēfactum *(sub) (Plin. Mai.)* bijna aan de kook brengen, laten sudderen.

sufficiēns, *gen.* entis *(p. adj. v. sufficio) (postklass.)* voldoende, genoeg.

suf-ficiō, ficere, fēcī, fectum *(sub en facio)*
I. *tr.*
1. kiezen ter vervanging *(van: dat.; in locum [m. gen.]; als: dubb. acc.)* [**collegam censori; censorem in locum demortui; alqm consulem; Hasdrubalem imperatorem**];
2. *(poët.; postklass.)* vervangen, aanvullen [**prolem**];
3. leveren, aanbieden, inzetten [**Danais animos viresque; milites excursionibus** laten deelnemen aan];
4. met verf kleuren, verven [**lanam**]; ▸ *angues oculos sanguine suffecti* met bloeddoorlopen ogen;
II. *intr.*
1. voldoende *of* genoeg zijn; ▸ *Volscis sufficiunt milites* hebben genoeg; — *onpers. (postklass.) sufficit (m. inf. of m. ut, ne, si)* het is voldoende;
2. standhouden, 't uithouden, *(m. dat.)* opgewassen zijn tegen; ▸ *muri non sufficiebant; umbo ictibus sufficit*;
3. *(poët.; postklass.)* in staat zijn, kunnen *(m. inf.)*.

suf-figō, fīgere, fīxī, fīxum *(sub)*
1. vastmaken, bevestigen *(aan, op: dat.; in m. abl.)* [**alqm cruci, in cruce**]; ▸ *columnam mento suffigit suo (Plaut.)* zet een zuil onder zijn kin *(v. iem. die nadenkend zijn hand onder zijn kin heeft)*;

2. *(postklass.)* beslaan [**trabes auro; aureis clavis crepidas**].

suffīmen, inis *n (Ov.) en* **suffīmentum,** ī *n (suffio)* reukwerk.

suf-fiō, fīre *(sub en fumus) (niet-klass.)*
1. roken, beroken, uitzwavelen [**tecta**];
2. verwarmen [**terras ignibus aetheriis**].

suffītiō, ōnis *f (suffio)* het uitzwavelen; het branden v. reukwerk.

suffītor, ōris *m (suffio) (Plin. Mai.)* iem. die uitrookt.

suffītus, ūs *m (suffio) (Plin. Mai.)* het branden van *of* het blootstellen aan reukwerk; *meton.* rook v. reukwerk.

suf-fīxī *pf. v. suffigo.*

suffīxus ppp. *v. suffigo.*

sufflāmen, inis *n (Juv.)* remblok, -schoen; *metaf.* hindernis.

sufflāminō, sufflāmināre *(sufflamen) (postklass.)* (af)remmen [**rotam**].

sufflātus, a, um *(p. adj. v. sufflo) (pre- en postklass.)*
1. opgeblazen, opgezwollen [**corpus**];
2. *(metaf.)* boos; *(v.e. redenaar)* gezwollen, bombastisch, hoogdravend.

suf-flāvus, a, um *(sub) (postklass.)* lichtblond.

suf-flō, flāre *(sub) (pre- en postklass.)*
1. opblazen [**buccas**]; *metaf. se* ~ boos zijn *(op: dat.)* [**uxori suae**];
2. blazen tegen *(m. acc.)* [**buccis**];
/ *zie ook sufflatus.*

suffōcātiō, ōnis *f (suffoco) (postklass.)* verstikking.

suf-fōcō, fōcāre *(sub en fauces)* de keel snoeren, verstikken, wurgen [**patrem; vocem** smoren; *metaf.* **urbem fame** uithongeren].

suf-fodiō, fodere, fōdī, fossum *(sub)*
1. ondergraven, ondermijnen [**murum; montes**];
2. van onderen doorstéken [**equos**].

suffossiō, ōnis *f (suffodio)* het ondergraven, het ondermijnen.

suffrāctus ppp. *v. suffringo.*

suffrāgāneus, ī *m (Mel.) (aan de aartsbisschop ondergeschikte)* diocesaan bisschop, wijbisschop.

suffrāgātiō, ōnis *f (suffragor)*
1. aanbeveling *voor een ambt* [**militaris** van de soldaten; **urbana** van de stadsbevolking; **iusta**; *(voor: gen.)* **consulatūs**];
2. *(postklass.) (metaf.)* begunstiging, steun [**materna** van moederszijde; **divina**].

suffrāgātor, ōris *m (suffragor)*
1. kiezer;
2. *(pre- en postklass.) (metaf.)* begunstiger, aanhanger.

suffrāgātōrius, a, um *(suffragator)* de steun bij verkiezingen betreffend [**amicitia** voor de verkiezingstijd].

suf-frāgium, ī *n (suffragor)*
1. stem; ▸ *-um ferre* zijn stem uitbrengen, stemmen; *cunctis -is* eenstemmig;
2. *(sg. en plur.)* stemming, het stemmen; ▸ *alqm in -um mittere* iem. laten stemmen; *in -um revocare* opnieuw laten stemmen; ~ *it per omnes* iedereen stemt; *testularum -a* schervengericht, ostracisme; *sine -o populi aedilitatem gerere;*
3. *(meton.)* stemrecht, kiesrecht [**militare**]; ▸ *alci -um dare; alqm -o excludere; civitas sine -o; -o privare; -a populo reddere;*
4. stemgerechtigde centurie;
5. *(metaf.)* oordeel [**compotorum**];
6. *(poët.)* toestemming, bijval [**populi**];
7. *(Laatl.)* ondersteuning, hulp.

suf-frāgō, inis *f (postklass.)* knieboog *van een dier met vier poten.*

suffrāgor, suffrāgārī
1. stemmen voor, door zijn stem begunstigen *(m. dat.; mbt.: ad)* [**domino ad consulatum**];
2. *(metaf.)* begunstigen, steunen, ondersteunen, aanbevelen *(m. dat.)* [**consilio alcis; laudi nostrae**]; ▸ *suffragante alqo* op aanraden *of* door toedoen van iem.; *suffragante fortunā.*

suf-frēgī *pf. v. suffringo.*

suf-frendēns, *gen.* entis *(Laatl.)* een beetje tandenknarsend.

suf-fricō, fricāre *(sub)* de binnenkant opwrijven van *(m. acc.).*

suf-frīgidus, a, um *(sub) (Laatl.)* een beetje koud; *metaf.* een beetje slap.

suf-fringō, fringere, frēgī, frāctum *(sub en frango)* aan de onderkant breken *of* stukslaan [**crura canibus**].

suf-fūdī *pf. v. suffundo.*

suf-fugiō, fugere, fūgī, — *(sub)*
I. *intr.* vluchten onder *(m. in m. acc.)* [**in tecta**];
II. *tr. (poët.; postklass.)* ontvluchten *of* ontsnappen aan.

suffugium, ī *n (suffugio) (poët.; postklass.)* toevluchtsoord, schuilplaats *(tegen: gen.; dat.; adversus)* [**ferarum; hiemi; adversus caeli rigorem**]; *metaf.* toevlucht *(tegen, voor: gen.)* [**malorum**].

suf-fulciō, fulcīre, fulsī, fultum *(sub) (poët.)* (onder)steunen [**porticum columnis**]; *metaf.* versterken [artūs].

suf-fūmigō, fūmigāre *(sub en fumus) (postklass.)* van onderen uitroken.

suf-fundō, fundere, fūdī, fūsum *(sub)*
1. gieten onder *(onder: dat.)*; — *pass. suffundi* uitstromen, stromen, vloeien *of* zich verspreiden onder *(m. dat.)*: *rubor alci suffunditur* iem. bloost;
2. overgieten, natmaken, bevochtigen, verven, bedekken [**lumina rore** de tranen in de ogen laten springen]; — *meestal ppp.* **suffūsus,** a, um: *aether calore suffusus* van warmte doortrokken; *suffusa oculos lacrimis* de ogen nat van tranen; *suffusi cruore oculi*; *lingua veneno suffusa*;
3. (uit)gieten *(op of in: dat.; in m. abl.)* [**merum**].

suf-fūror, fūrārī *(sub) (Plaut.)* heimelijk stelen.

suffusculus, a, um *(demin. v. suffuscus) (Apul.)* wat grauwachtig.

suf-fuscus, a, um *(Tac.)* wat grauw *van kleur.*

suffūsiō, ōnis *f (suffundo) (postklass.)* ~ *(oculorum)* grauwe staar *(oogziekte).*

suffūsōrium, ī *n (suffundo) (Laatl.)* kan.

suffūsus zie *suffundo.*

Sugambrī, ōrum *m = Sigambri.*

sug-gerō, gerere, gessī, gestum *(sub)*
1. leggen, zetten, brengen onder *(m. dat.)* [**flammam aëno**; *metaf.* **flammam invidiae** aanwakkeren];
2. aandragen, toevoeren, leveren, aanbieden; *ook metaf.* [**animalibus cibum; alci tela**]; ▸ *suggerunt affatim ligna proximae silvae (Plin. Min.)*; *prodiga divitias alimentaque mitia tellus suggerit (Ov.)*;
3. toe-, bijvoegen, laten volgen *(aan, op: dat.)* [**ratiunculas incredibili sententiae; firmamenta causae; verba quae desunt; Bruto Horatium**]; *pass.* er nog bij komen;
4. *(postklass.) (metaf.)* ingeven, aanraden; ▸ *alqo suggerente* op iems. aanraden;
5. stiekem toevoegen *of* geven [**alci ludum** iemand een poets bakken];
6. *(poët.)* omhoogbrengen, ophopen [**humum**].

suggestiō, ōnis *f (suggero) (Laatl.)* raad, ingeving, influistering.

suggestum, ī *n (suggero)* verhoging, podium.

suggestus[1]**,** ūs *m (suggero)*
1. verhoging, podium;
2. tafelland, hoogvlakte;
3. suggestie, voorstel.

suggestus[2] *ppp. v. suggero.*

suggil- = *sugil-.*

sug-grandis, e = *subgrandis.*

sug-gredior, gredī, gressus sum *(sub en gradior)* dichterbij komen.

suggrunda, ae *f (postklass.)* afdak.

sūgillātiō, ōnis *f (sugillo)*
1. *(pre- en postklass.)* het kneuzen; verkleuring [**oculorum**];
2. *(metaf.)* bespotting, beschimping.

sūgillō, sūgillāre
1. *(pre- en postklass.)* afranselen; kneuzen;
2. *(metaf.)* bespotten, beschimpen.

sūgō, sūgere, sūxī, sūctum zuigen, opzuigen; *metaf.* inzuigen [**paene cum lacte nutricis errorem**].

suī[1] *gen. sg. en plur. v.h. pron. refl. v.d. 3e pers.* zijn, haar, hun (van, voor, tegen) zich *e.d.*

suī[2] *pf. v. suo.*

suīle, is *n (sus)* varkenskot.

suīlla, ae *f (vul aan: caro) (suillus) (postklass.)* varkensvlees.

suīllus, a, um *(sus)* van een varken, varkens- [**caput; caro**].

Suīonēs, um *m (Tac.) benaming v.d. Germanen in Scandinavië.*

suis *gen. sg. v. sus*[1]*.*

sulcāmen, inis *n (sulco) (Apul.)* vore.

sulcātor, ōris *m (sulco)* iem. die voren maakt, ploeger.

sulcō, sulcāre *(sulcus)*
1. *(poët.; postklass.)* (door)ploegen [**humum vomere; agros**]; (door) ploegen (maken) [**fossas**]; ▸ *serpens sulcat arenam*; — *metaf.* varen door *(m. acc.)* [**undas rate; maria; iter caeli medium** vliegen door];
2. *(Mel.)* schrijven.

sulcus, ī *m*
1. vore *van een akker*; ▸ *aratro -um patefacere*;
2. *(postklass.) (meton.)* het ploegen;
3. *(poët.) iets dat lijkt op een vore, o.a.*: (a) insnijding, kloof; (b) *(postklass.)* kuiltje *voor het planten v. stekjes*; ▸ *plantas deponere -is*; (c) vrouwelijke schaamdelen; (d) rimpel *in de huid*; (e) kronkeling *v.e. slang*;
4. (a) *(metaf.) (poët.)* baan *van een meteoor*; ▸ ~ *dat lucem*; (b) koers *van een varend schip.*

sulfur, sulfur- = *sulpur, sulpur-.*

Sulla, ae *m Rom. cogn. v.d. gens Cornelia*:
1. L. Cornelius ~ (Felix), *dictator en tegenstander v. Marius (138—78 v. Chr.)*; — *adj.* **Sullānus,** a, um; — **Sullānī,** ōrum *m* aanhangers v. Sulla;
2. L. Cornelius ~ Faustus, *zoon v. 1.*;
3. P. Cornelius ~, *neef v. 1., door Cicero verde-*

digd, aanhanger v. Caesar.
sullāturiō, sullāturīre *(desid.; zie Sulla)* voor Sulla willen spelen.
Sulmō, ōnis *m stad v.d. Paeligni in het gebied v.d. Sabijnen, geboortestad v. Ovidius, nu* Sulmona; — *inw.* **Sulmōnēnsēs,** ium *m.*
sulphur, sulphur- = *sulpur, sulpur-.*
Sulpicius, a, um *naam v.e. Rom. gens.*
sulpur, uris *n*
1. zwavel [**vivum** zuivere zwavel];
2. *(meton.)* (a) *(poët.) plur.* zwavelstokjes; (b) *(postklass.) plur.* zwaveldampen, -baden; (c) *(Pers.)* bliksem.
sulpurāria, ae *f (sulpur) (postklass.)* zwavelmijn.
sulpurātiō, ōnis *f (sulpur) (Sen.)* aanwezigheid van zwavel.
sulpurātus, a, um *(sulpur)* zwavelhoudend [**aqua**]; — *subst.* **-a,** ōrum *n* (a) zwaveldraden; (b) zwaveladers.
sulpureus, a, um *(sulpur) (poët.; postklass.)* zwavelig, zwavel- [**aqua; odor**].
sulpurōsus, a, um *(sulpur)* rijk aan zwavel [**locus**].
sultis *(preklass.)* = *si vultis.*
sum, esse, fuī, futūrus
I. *als zelfstandig werkwoord (verbum substantivum)*
1. aanwezig zijn, bestaan, in leven zijn; ▸ *credo esse deos; periculum erat* bestond; *silentium erat* er heerste; *esse metus coepit* ontstond; *nullus sum* het is met me gedaan, ik ben verloren; *est via* er is; *obsidio triginta dies fuit* duurde; *sunt qui (m. conj. of indic.)* er zijn mensen die = sommigen; ontkend: *nemo est quin; est quod (m. conj.)* er is iets dat = menig; *est ubi (m. conj.)* er zijn gevallen waarin = soms; *diu est cum (m. indic.)* het is lang geleden dat of sinds; *est quod, ut, cur (m. conj.)* er is reden dat; *non est quod of ut, nihil est quod of cur* er bestaat geen reden om;
2. zich bevinden, zich ophouden, zijn, wonen, leven, staan *(ook metaf.)* [**in agro; in castris; in servitute; in vinculis; Romae; ruri; in Sicilia; apud exercitum; ante oculos** staan; **in aere alieno** zich in de schulden gestoken hebben; **in invidia** gehaat, impopulair zijn; **in dubio** in twijfel verkeren; **in armis** onder de wapenen zijn; **in periculo** verkeren; **in honore** staan; **in amore alci** door iem. bemind worden]; ▸ *hoc in litteris est* staat; *est apud Ciceronem* het staat bij Cicero (geschreven); *quantum in me est* wat mij betreft; *in dis est* het ligt aan de goden; *est in fatis* het is voorbestemd; *erat in eo summa humanitas* was, leefde in hem; *pro hoste esse* gelden als; *secum esse* op zichzelf staan *of* zijn; *ex familia vetere esse* afstammen; *ab alqo esse* van iemand afstammen *of* aan iems. kant staan; *hoc a me of pro me est* pleit voor mij; *este procul* blijf op afstand!; *hostes prope sunt;*
3. plaatsvinden, gebeuren; ▸ *solis defectio fuit; est ut* het is het geval *of* het komt voor dat: *non est ut mirandum sit* dat men zich verwonderen moet; *ihb. vaak: futurum esse of fore ut, futurum fuisse ut;*
4. *(m. de)* gaan over; ▸ *liber est de animo;* — *m. in m. abl.* berusten op: *omnis spes in impetu equitum est;*
5. *(m. adv. v. wijze)* in elkaar zitten, staan, gaan; ▸ *sic (of ita) vita hominum est; bene (male) est* het gaat goed (slecht); *hoc aliter est* zit anders in elkaar; *satis est; inceptum frustra fuit* was zonder succes; *dicta impune erant* bleven ongestraft; *Caesar in convivio iucunde ac comiter fuit* was goedgehumeurd; *quae cum ita sint* nu het er zo voor staat, daarom;
6. *(m. dat. v.d. pers.)* toebehoren aan, *ihb. te vertalen met* hebben, bezitten; ▸ *amico meo villa est* aan mijn vriend behoort een landhuis = mijn vriend heeft een landhuis; *mihi nomen est (m. nom. of dat.; postklass. ook m. gen.)* ik heet; *Tarquinio cognomen erat Superbus of Superbo; bellum mihi volenti (invito) est* ik voer vrijwillig (tegen mijn wil) oorlog; *alci est in animo* iem. is van plan;
7. werkelijk zijn, waar zijn, gelden; ▸ *sic est* het is werkelijk zo; *est ut dixi; nihil horum est* daar is niks van waar;
8. *esto* het zij zo!, oké!;
9. *id (of hoc) est* dat wil zeggen;
10. *est (m. inf.)* het is mogelijk, men kan, mag; ▸ *Tityon cernere erat;*
II. *als koppelwerkwoord (verbum copulativum)*
1. *(m. predicaatsnomen in de nom.)* zijn; ▸ *vita brevis est; Romulus fuit rex Romanorum;*
2. *(m. gen. poss. of pron. poss.)* toebehoren aan, eigendom zijn van, behoren tot; ▸ *haec domus est patris (of mea, tua enz.); totus Pompei sum* helemaal toegedaan; *res mei consilii non est* gaat mij niet aan; *alieni arbitrii esse* onder vreemde leiding staan;
3. *alcis (meum, tuum enz.) est* het is iems. (mijn, jouw *enz.*) zaak, plicht, opgave, gewoonte; *alcis rei est* het is een teken *of* een bewijs van iets, het is eigen aan iets; ▸ *cuiusvis hominis est errare;*
4. *(m. gen. v.h. gerundivum)* dienen tot, ten doel hebben om, geschikt zijn voor; ▸ *regium impe-*

rium initio conservandae libertatis fuerat;
5. *(m. gen. of abl.)* van ... zijn = hebben, bezitten, tonen; ▸ *magnae sapientiae esse; suae potestatis esse* zijn eigen baas zijn; *tantae molis esse* zo'n grote moeite kosten; *summā iracundiā, laeto animo, humili statura esse; bono (alieno) animo in alqm esse* iem. goedgezind (kwaadgezind) zijn; — *(bij getallen altijd m. gen.)* bedragen, belopen: *classis est ducentarum navium; via erat dierum fere decem;*
6. *(m. gen. of abl. pretii)* waard zijn, gelden, kosten [**magni, pluris, plurimi, parvi, minoris, minimi, tanti, quingentis sestertiis** veel, meer *enz.* waard zijn];
7. *(m. predicatieve dat.)* dienen tot, strekken tot; ▸ *alci curae esse* iem. tot zorg strekken; *sibi oneri esse* zichzelf tot last zijn; *cui bono est?* voor wie is het tot voordeel?;
8. *(m. dat. v.h. gerundivum)* geschikt zijn voor, in staat zijn tot [**oneri ferendo; aeri alieno solvendo; solvendo** betaalkrachtig zijn];
III. *als hulpwerkwoord (verbum auxiliare)* zijn
1. *in verbinding m. ppp. om pf., plqpf. en fut. exactum pass. te vormen;*
2. *om perifrastische constructies te vormen:* ▸ *scripturus sum* ik sta op het punt om te schrijven, ik ga schrijven, ik zal zo schrijven; *liber tibi legendus est* je moet het boek lezen; *mercatura non est vituperanda* mag, hoeft niet afgekeurd te worden;
/ *conj. impf. forem, forēs enz. = essem, esses enz.; conj. praes. fuam, fuās enz. = sim, sis enz.; inf. fut. fore = futurum, am, um esse.*

sumbol- = *symbol-.*

sūmen, inis *n (sugo) (pre- en postklass.)* uier *van een zeug; meton.* zeug.

sum-m- *zie ook subm-.*

summa, ae *f (summus)*
1. hoogste plaats *of* rang [**ordinis; imperii** opperbevel; **totius belli** opperleiding]; ▸ *-am alci concedere;*
2. *(metaf.)* hoofdzaak, belangrijkste punt, onderwerp *of* inhoud, hoofdgedachte [**postulatorum** voornaamste eisen; **epistulae; orationis; sententiae; iudicii**];
3. som, totaal; ▸ *-am facere of subducere* optellen; ~ *-arum* eindresultaat; *addendo deducendoque videre, quae reliqui summa fiat;*
4. geld(som) [**magna; parva**];
5. massa, grote hoeveelheid [**praedae; frumenti**];
6. totaliteit, geheel, totaal [**exercitūs; rerum** de situatie in zijn totaliteit; **victoriae** volledige overwinning]; ▸ *ad -am of (in) -a* over het geheel genomen, over het algemeen, om kort te gaan.

sum-mānō, mānāre *(sub) (Plaut.)* besproeien, natmaken.

Summānus, ī *m god v.d. nachtelijke hemel en de bliksem.*

summārium, ī *n (summa) (Sen.)* samenvatting, inhoud.

summās, *gen.* ātis *(m en f) (summus) (preklass.; Laatl.)* voornaam, van hoge geboorte [**viri; matronae**].

summātim *adv. (summus)*
1. in hoofdzaak, in het kort;
2. aan de bovenkant, aan de buitenkant.

summātus, ūs *m (summus) (Lucr.)* hoogste gezag; ▸ *summatum petere.*

summitās, ātis *f (summus) (Laatl.)* hoogste punt, top.

summ-opere *adv. (= summo opere)* met de uiterste inspanning, uitermate.

summula, ae *f (demin. v. summa) (postklass.)* klein bedrag.

summum[1]**,** ī *n (summus)* hoogte, top [**tecti** nok], *meestal plur.* [**scopuli** top; **malorum** grootste mate]; ▸ *a -o* van boven; *in -o* in de hoogte, boven; *ad -um perducere en pervenire* op het hoogste punt, *(metaf.)* tot de uiterste volmaaktheid.

summum[2] *adv., zie summus.*

summus, a, um *(super)*
1. *(v. plaats)* hoogst, bovenst [**iugum montis**], *meestal (partitief)* = hoogste deel *of* punt, top, hoogte [**mons** top v.d. berg; **urbs** *en* **arx** acropolis; **amphorae** bovenkant v.d. kruiken; **tectum** nok v.h. dak; **gramina; mare, unda, aqua** oppervlakte; **corpus** huid]; ▸ *in -a sacra via* bovenaan de Via Sacra; *feriunt summos fulmina montes;*
2. *(v. tijd)* laatst, uiterst [**dies; senectus**];
3. hoogst, grootst, sterkst [**potestas; tempus** hoogste nood; **hiems** hartje winter; **vox** luidste; **bonum; humanitas; industria; ius** strengste; **aestas** hoogzomer]; ▸ *-o colore illustrare alqd* met de levendigste kleuren schilderen; *(subst.) omnia -a adipisci* het uiterste bereiken; *omnia -a facere* zijn uiterste best doen; — *adv.* (a) **summē** in de hoogste mate, in het bijzonder *(bij adj. en verba)* [**iucundus; cupere**]; (b) **summum** hoogstens; ▸ *duo aut summum tres dies; hodie aut summum cras;*
4. belangrijkst, hoogstgeplaatst, hoofd- [**dux;**

magistratūs; **proelium** beslissend gevecht; **res** hoofdzaak, *ihb.* beslissend gevecht, *plur.* hoogste gezag, opperheerschappij];
5. voortreffelijkst, best [**amicus**]; ▸ *-o loco natus;*
6. volledig, volkomen, geheel, algemeen [**consensio; copiae** volledige strijdmacht; **res (publica)** het welzijn v.d. staat].

sūmō, sūmere, sūmpsī, sūmptum *(sub en emo)*
1. nemen, grijpen [**poculum dextrā; virgam manu; frumentum ex agris; arma; pecuniam (mutuam)** lenen; **aurum mutuum; alci equum** afnemen];
2. aannemen, in ontvangst nemen [**litteras; togam virilem**];
3. aantrekken, aandoen [**togam**];
4. *voedsel* tot zich nemen [**cibum; panem**]; innemen [**venenum; medicamentum**];
5. *(poët.)* bezit nemen van, grijpen *(m. acc.)* [**alqam nudam**];
6. *(kinderen)* aannemen, adopteren;
7. kopen, huren [**decumas agri Leontini; navem**];
8. verbruiken, gebruiken, aanwenden, spenderen [**operam; laborem frustra**];
9. *(metaf.)* (aan)nemen [**(sibi) tempus** zich de tijd gunnen; **speciem hominis; vultūs acerbos; antiquos mores; animum** moed vatten; **interficiendi domini animum** besluiten om; **verba** ontlenen; **supplicium de** *of* **ex alqo** de doodstraf aan iem. voltrekken; **poenam** wraak nemen; **gaudia** genieten; **laudem** oogsten];
10. verwerven, winnen; *(pejor. m. sibi)* zich permitteren, zich aanmatigen [**sibi arrogantiam; sibi iudicium; sibi partes imperatorias**]; *(ook m. ut);*
11. kiezen, uitzoeken [**peritos duces; exempla; laxamentum plebi;** *(m. dubb. acc.)* **alqm sibi collegam; alqm imperatorem**];
12. vaststellen, bepalen [**tempus colloquendi; tempus cibi quietisque; diem ad deliberandum**];
13. ondernemen, beginnen [**proelium; inimicitias**]; *(ook m. inf.);*
14. *(retor. t.t.)* (a) aanvoeren, melding maken van [**alqd argumenti loco** als bewijs]; (b) aannemen, beweren [**alqd pro certo**]; *(ook m. aci.).*

sūmptiō, ōnis *f (sumo)*
1. het nemen [**operae**];
2. *(filos. t.t.)* stelling, premisse *van een syllogisme (sluitrede).*

sūmptuārius, a, um *(sumptus[1])* kosten *of* uitgaven betreffend [**rationes nostrae; lex**].

sūmptuōsus, a, um *(sumptus[1])*
1. kostbaar, duur [**funus; cena; bellum**];
2. spilziek [**amica**].

sūmptus[1], ūs *m (dat. sg. ook -ū) (sumo)* uitgaven, kosten, *sg. en plur.* [**epularum**]; ▸ *sumptu publico* op staatskosten; *suo sumptu* op eigen kosten.

sūmptus[2] *ppp. v. sumo.*

Sūnion *en* **Sūnium,** ī *n zuidoostkaap v. Attica, waar zich een tempel v. Poseidon uit de 5e eeuw v. Chr. bevindt.*

suō, suere, suī, sūtum (aan elkaar) naaien, dichtnaaien; *metaf.* in elkaar flansen.

su-ove-taurīlia, ium *n (sus, ovis en taurus)* plechtig reinigingsoffer *(bestaand uit een varken, een schaap en een stier).*

supellex, ectilis *f*
1. huisraad; uitrusting, gereedschap [**magnifica; militaris**];
2. *(metaf.)* uitrusting, bagage [**oratoria**].

super[1], era, erum = *superus.*

super[2]
I. *adv.*
1. *(v. plaats)* (a) boven, bovenop, erboven, daarboven; ▸ *~ volabat;* (b) *(poët.; postklass.)* van boven(af); (c) *(Verg.)* naar boven (toe), omhoog; ▸ *~ aspectans;*
2. *(metaf.)* (a) bovendien, daarbij; ▸ *~ (quam)* behalve; *~ quam quod* afgezien van het feit dat; *~ haec fatur;* (b) (nog) meer; ▸ *satis superque* meer dan genoeg; *his accensa ~ ;* (c) vooral; (d) over; ▸ *Atheniensibus praeter arma nihil erat ~ ;*
II. *prep. (vaak [ihb. poët.] als postpositie)*
1. *m. abl.* (a) *(v. plaats, op de vraag 'waar?')* boven(op); ▸ *ligna ~ foco reponere; ensis ~ cervice pendet;* (b) *(v. tijd) (poët.)* gedurende, tijdens, onder; ▸ *nocte ~ media; ~ mero;* (c) over, van, aangaande, met betrekking tot *(= de);* ▸ *hac ~ re scribam ad te (Cic.); ~ tali causa missus; ~ scelere suspectus; rogitans ~ Priamo; ~ legatione agere;*
2. *m. acc.* (a) *(v. plaats, op de vraag 'waar?' en 'waarheen?')* boven(op); ▸ *~ tumulum alqd statuere; ~ alqm of alqd procumbere; alqm videre ~ laureatum currum;* — aan de andere kant van: *~ flumen aciem instruere; situs ~ flumen; ~ templum;* — tot bij, tot aan: *~ astra ferri;* — over ... heen, verder dan: *~ Sunium navigare; ~ Indos imperium proferre; Gaetuli ~ Nu-*

midiam sunt; (b) (*v. tijd*) (*postklass.*) tijdens, onder; ▸ ~ *cenam*; ~ *hos divum honores*; (c) boven, meer dan; ▸ ~ *decem milia*; ~ *naturam*; ~ *omnia* bovenal; *alius* ~ *alium* de een na de ander; — behalve (= *praeter*): ~ *ceteros honores*; ~ *cetera* buiten al het andere; ~ *haec* bovendien.

superā *adv. en prep.* (*poët.*) = *supra.*

superābilis, e (*supero*) te beklimmen [**murus**]; *metaf.* bedwingbaar, te overwinnen [**Romani; caecitas** geneeslijk].

super-abundō, abundāre (*eccl.*) meer dan overvloedig zijn.

super-addō, addere, addidī, additum (*poët.*) extra toevoegen.

super-adōrnātus, a, um (*adorno*) (*Sen.*) aan de buitenkant versierd.

superāns, *gen.* antis (*p. adj. v. supero*) (*Lucr.*) de overhand krijgend [**ignis** om zich heen grijpend].

superātor, ōris *m* (*supero*) (*Ov.*) overwinnaar [**Gorgonis**].

superbia, ae *f* (*superbus*) hoogmoed, trots; (*poët.*; *postklass.*) zelfverzekerdheid.

superbi-ficus, a, um (*superbus en facio*) (*Sen.*) zich overmoedig gedragend.

superbi-loquentia, ae *f* (*superbus en loquor*) grootspraak, overmoedig taalgebruik.

superbiō, superbīre (*superbus*) (*poët.*; *postklass.*)
1. trots zijn op, zich beroemen op (*m. abl.*; *de*; *m. quod*; *inf.*) [**nomine avi; honore**];
2. (*metaf.*, *v. niet-lev.*) pracht tentoonspreiden.

superbus, a, um (*super*)
1. (*poët.*) zich hoog oprichtend *of* verheffend [**Tibur; arx**];
2. (*metaf.*) overmoedig, hoogmoedig, arrogant, trots [**familia; reges; domini; Tarquinius; dictum; virtus;** (*op, vanwege: abl.*) **pecunia**];
3. trots makend [**coniugium**];
4. kieskeurig [**aures; dens**];
5. (*v. personen*) verheven, voortreffelijk; (*v. niet-lev.*) prachtig, uitstekend [**apparatus; triumphus**]
/ **Superbus,** ī *m* Rom. *cognomen.*

super-caelestis, e (*eccl.*) zich boven de hemel bevindend, bovenhemels.

super-cēdō, cēdere, cessī, — (*postklass.*) overschrijden.

superciliōsus, a, um (*supercilium*) (*postklass.*) zeer streng, ernstig *of* afkeurend kijkend.

super-cilium, ī *n*
1. wenkbrauw, *sg. ook coll.* wenkbrauwen;
2. (*metaf.*) strengheid, ernst [**censorium**]; ▸ *-i severi matrona*;
3. hoogmoed, arrogantie, trots;
4. verhoging, heuvel, overhangende rand *of* oever [**clivosi tramitis; excelsum**]; ▸ *infimo -o* aan de voet v.d. heuvel;
5. (*Hor.*) knik *van het hoofd*; ▸ *Iuppiter cuncta -o movens.*

super-contegō, contegere, contēxī, — (*poët.*; *postklass.*) overdekken.

super-crēscō, crēscere, crēvī, crētum (*postklass.*) groeien over, overwoekeren; *metaf.* (*August.*) overtreffen.

super-currō, currere, currī, cursum (*postklass.*)
I. *intr.* terrein winnen;
II. *tr.* overtreffen.

super-dūcō, dūcere, dūxī, ductum (*postklass.*) *novercam filio* ~ een stiefmoeder in huis halen.

super-effluō, effluere, efflūxī, efflūxum (*Laatl.*) in overvloed aanwezig zijn.

super-ēmineō, ēminēre, — —
I. *intr.* (*postklass.*) uitblinken;
II. *tr.* (*poët.*) uitsteken boven (*m. acc.*) [**omnes viros; undas umero**].

super-ēmorior, ēmorī, — (*Plin. Mai.*) ter plekke sterven.

super-exaltō, exaltāre (*Laatl.*)
1. ver boven alles verheffen; ▸ *superexaltatus deus in omnia saecula* (*August.*);
2. zegevieren over (*m. acc.*); ▸ *superexaltat misericordia iudicium.*

super-extendō, extendere, — — (*eccl.*) uitstrekken *of* spannen boven.

super-ferō, ferre, tulī, lātum (*postklass.*)
1. leggen *of* zetten op (*m. dat.*);
2. (*pass.*) zich eroverheen *of* erboven voortbewegen.

super-fētō, fētāre (*Plin. Mai.*) opnieuw zwanger worden (*voordat een eerdere vrucht voldragen is*).

superficiārius, a, um (*superficies*) (*postklass.*) in erfpacht [**aedes**]; — *subst.* ī *m* iem. die iets in erfpacht heeft.

super-ficiēs, ēī *f* (*facies*)
1. (*postklass.*) oppervlak, bovenlaag, bovenkant;
2. gebouw, opstal.

super-fīō, fierī, — (*kom.*; *postklass.*) overblijven.

super-fixus, a, um (*figo*) bovenop vastgestoken; ▸ *rumpiis -a capita hostium.*

super-fluō, fluere, flūxī, —
I. *intr.*
1. (*postklass.*) overstromen, buiten zijn oevers treden; ▸ *Nilus, fons superfluens*;

2. *(metaf.) (v. taalgebr.)* overdadig zijn;
3. *(postklass.)* in overvloed voorhanden zijn;
4. *(Catull.)* in overvloed leven;
5. *(postklass.)* overtollig zijn;
II. *tr.* ongemerkt passeren; ▸ *sic nec quae dicentur superfluent aures.*

superfluus, a, um *(superfluo) (postklass.)*
1. overdadig;
2. overtollig;
3. resterend; — *subst.* **superfluum,** ī *n* restant.

super-fūdī *pf. v. superfundo.*

super-fuī *pf. v. supersum.*

super-fundō, fundere, fūdī, fūsum
1. gieten, uitstorten, laten stromen *(op, over: dat.)* [**oleum; magnam vim telorum**]; — *se* ~ *en pass. superfundi* óverstromen, buiten zijn oevers treden; zich uitstorten, zich uitbreiden, *ook metaf. (over: dat.)*: *Tiberis superfusus; flumina campis superfusa; gens superfusa montibus; Macedonum gens superfudit se in Asiam (Cic.); laetitia se superfundens;*
2. *(postklass.)* overgieten, bedekken [*metaf.* **equites equosque** onder de voet lopen].

super-gredior, gredī, gressus sum *(gradior) (postklass.)*
1. gaan over, gaan boven *(m. acc.)*; ▸ *flamma supergressa fastigium templi (Suet.)*;
2. *(metaf.)* overtreffen, overschrijden [**omne exemplum liberalitatis**]; uitstijgen boven *(m. acc.)* [**necessitates**].

superī *zie superus.*

super-iaceō, iacēre, iacuī, — *(postklass.)* erbovenop liggen.

super-iaciō, iacere, iēcī, iectum *(en* iactum)
1. gooien *of* werpen op, over *(op, over: dat.)* [**aggerem; vestem; folia**]; ▸ *aequor superiectum* water dat alles overstroomd heeft;
2. *(poët.; postklass.)* overspoelen, bedekken [**scopulos undā**];
3. *(postklass.)* gaan over *(m. acc.)* [**Alpes**];
4. *(metaf.)* overschrijden; ▸ *superiecere quidam augendo fidem* verloren hun geloofwaardigheid door te overdrijven;
5. *(Sen.)* overtreffen [**beneficia parentum**].

super-immineō, imminēre, — —
1. dreigend erboven hangen;
2. *(m. dat.)* dreigend hangen boven.

super-impōnō, impōnere, imposuī, impositum leggen, zetten *(op: dat.)* [**saxum; statuam monumento**].

super-incidēns, *gen.* entis *(incido[1])* erbovenop vallend.

super-incubāns, *gen.* antis *(incubo)* erbovenop liggend.

super-incumbō, incumbere, incubuī, — *(poët.; postklass.)* zich eroverheen buigen, erop gaan liggen.

super-incurvātus, a, um *(incurvo) (Apul.)* eroverheen gebogen.

super-indūcō, indūcere, indūxī, inductum *(Vulg.)* uitstorten over *(m. dat.; in m. acc.)* [**magnum malum in alqm**].

super-induō, induere, — — *(postklass.)* erover aantrekken.

super-ingerō, ingerere, — — *(postklass.)* erbovenop stapelen.

super-iniciō, inicere, iniēcī, iniectum *(poët.; postklass.)* erop, erover gooien *of* werpen [**frondes; terram; togas**].

super-īnsternō, īnsternere, īnstrāvī, īnstrātum erop, erover uitspreiden *of* leggen [**tabulas**].

super-inung(u)ō, inung(u)ere, — — *(postklass.)* erbovenop smeren.

superior *zie superus.*

super-iūmentārius, ī *m (iumentum) (Suet.)* opperstalmeester.

super-lābor, lābī, lāpsus sum glijden over *(m. acc.)*.

superlātiō, ōnis *f (superfero)* overdrijving.

superlātīvus, a, um *(superfero) (gramm. t.t.)* overtreffend [**gradus**].

super-mittō, mittere, mīsī, missum *(Laatl.)* storten op, over *(m. dat.)*.

supernās, *gen.* ātis *(supernus) (postklass.)* van de kant van de Adriatische Zee komend.

super-natō, natāre *(postklass.)* zwemmen *of* drijven *(over, boven: acc.; dat.)*.

supernus, a, um *(super)* zich boven *of* in de lucht bevindend [**Tusculum** hooggelegen]; — *adv.* **-e** (a) van bovenaf; (b) bovenop, bovenin; (c) naar boven.

superō, superāre *(superus)*
I. *intr.*
1. *(poët.)* uitsteken, erbovenuit komen; ▸ *angues superant capite et cervicibus altis;*
2. *(metaf.)* uitmunten, de overhand hebben, overwinnaar zijn, winnen [**virtute; animis** overmoedig zijn; **equitatu; proelio; non minus consilio quam gladio**]; ▸ *superat fortuna; forma superans* niet te evenaren schoonheid;
3. in overvloed voorhanden zijn; ▸ *divitiae superant; otium superat;*
4. over zijn *of* blijven [**vitā** overleven]; ▸ *nihil ex commeatibus superabat (Liv.)*; — in leven blij-

ven *of* zijn;
5. *alqd alci superat* iets is iem. te veel;
II. *tr.*
1. gaan over, passeren [**Alpes; iuga montium; fossam; flumina; ripas fluminis** stromen over; **alqd saltu** springen over; **fastigia tecti** uitstijgen boven; **amnem adversum remis** stroomopwaarts roeien; *metaf.* **nonum annum**];
2. uitsteken boven *(m. acc.)*; ▸ *iubae superant undas;*
3. voorbijgaan aan *(m. acc.)* [**regionem castrorum**]; om ... heen varen, voorbijvaren [**promunturium; Euboeam; Musarum scopulos**];
4. *(metaf.) (v. geluiden)* dóórdringen tot voorbij *(m. acc.)*; ▸ *clamor superat castra hostium;*
5. overtreffen, uitsteken boven *(m. acc.)* [**omnes splendore; alqm iustitiā, doctrinā; omnes scelere; alqm in ceteris artibus**];
6. overwinnen, innemen [**Asiam bello; hostes proelio; armatos ac victores; maximas nationes; labores** doorstaan; **alqm donis** voor zich innemen; **iram votis; iussa** met succes volbrengen]; ▸ *(metaf. ook v. niet-lev.) alcis mores falsa superant* spreken tegen;
7. *(m. dat.)* overleven, doorstaan [**captae urbi**].

super-occupō, occupāre *(Verg.)* van bovenaf overvallen.

super-pendēns, *gen.* entis *(pendeo)* overhangend [**saxum**].

super-pondium, ī *n (pondus) (Apul.)* extra gewicht.

super-pōnō, pōnere, posuī, positum
1. bovenop zetten *of* leggen *(op: dat.)* [**statuam marmoream Iano;** *metaf.* **capiti decus**];
2. *(metaf.)* verheffen *of* uittillen boven *(m. dat.)* [**animum iniuriis**]; *(Sen.)* voortrekken; — *p. adj.* **superpositus,** a, um aan de leiding geplaatst.

super-ruō, ruere, — — *(postklass.)* bovenop vallen *of* storten *(op: dat.)*.

super-scandō, scandere, — — klimmen over *(m. acc.)*.

super-scrībō, scrībere, scrīpsī, scrīptum *(postklass.)* eroverheen schrijven; *(m. acc.)* over ... heen schrijven.

superscrīptiō, ōnis *f (superscribo) (Laatl.)* opschrift, titel.

super-sedeō, sedēre, sēdī, sessum
1. *(postklass.)* zitten op *(m. dat.)* [**elephanto; tentorio** *(v.e. adelaar)*];
2. *(metaf.)* zich onttrekken aan, zich besparen, nalaten *(meestal m. abl.; postklass. ook m. dat. of acc.)* [**labore; istis verbis; proelio; hanc causam**];
3. *(m. inf.)* niet willen, geen zin hebben, ervan afzien [**certare; venire**].

super-siliō, silīre *(salio) (postklass.)* erop springen.

super-sistō, sistere, stitī, — *(postklass.)* gaan staan boven, op *(m. acc.)*.

super-spērō, spērāre *(Vulg.)* vurig hopen.

super-stāgnō, stāgnāre *(Tac.)* buiten zijn oevers treden.

super-stes, *gen.* stitis *(abl. sg. -e; gen. plur. -um) (sto)*
I. *adj.*
1. erbij staand, aanwezig;
2. nog in leven, overlevend, *ook metaf.* [**liberi; fama** voortlevend; *(m. dat.)* **pater filio; gloriae suae;** *(m. gen.)* **tot bellorum; omnium**];
II. *subst. m* getuige.

super-stetī *pf. v. supersto.*

super-stitī *pf. v. supersisto.*

superstitiō, ōnis *f*
1. bijgeloof, bijgelovigheid [**vana; anilis; barbara**]; ▸ *superstitione liberari; victi superstitione animi;* — *(meton.) plur.* bijgelovige gebruiken, magische praktijken [**magicae**];
2. *(postklass.)* heilig ontzag [**virtutis** voor de deugd];
3. *(postklass.)* verering v.e. godheid, eredienst;
4. *(postklass.)* buitenlandse cultus, niet-Romeinse religie;
5. *(Verg.) (meton.)* (onschendbare) eed.

superstitiōsus, a, um *(superstitio)*
1. bijgelovig [**principes**];
2. *(preklass.)* in godsdienstige extase, voorspellend [**hariolationes; vox**].

superstitō, superstitāre *(superstes) (Plaut.)* volop voorhanden zijn.

super-stō, stāre, stetī, — staan boven, op *(m. dat. of acc.)* [**corporibus; turribus; columnae; ossa**].

super-strātus, a, um *(sterno)* opeengestapeld.

super-stringō, stringere, strīnxī, strictum *(postklass.)* eroverheen trekken.

super-struō, struere, strūxī, strūctum *(postklass.)* bovenop bouwen.

super-substantiālis, e *(substantia) (Vulg.)* nodig voor het levensonderhoud [**panis**].

super-sum, esse, fuī *(ook gesplitst)*
1. over zijn, overblijven, resteren; ▸ *exiguum*

tempus rebus gerendis superest; quod superest voor het overige, overigens; *(niet-klass.)* de rest;
2. nog in leven zijn *of* blijven; ▸ *ex eo proelio mille homines supererant; nulli supererant de inimicis;* — *m. dat.* overleven, doorstaan [**patri; pugnae; temporibus** slechte tijden];
3. in overvloed, volop voorhanden zijn, toereikend zijn; ▸ *arma supersunt; pecunia superest; verba mihi supersunt; tantum illi ingenii superfuit;*
4. overtollig zijn;
5. *(Verg.)* ruimschoots opgewassen zijn tegen *(m. dat.)* [**labori**];
6. *(Tac.)* de meerdere *of* de baas zijn [**fide ac virtute**];
7. bijstaan, helpen *(m. dat.)* [**nobis**].

super-tegō, tegere, tēxī, tēctum *(ook gesplitst) (poët.; postklass.)* overdékken.

super-tulī *pf. v. superfero.*

super-urgeō, urgēre, — — *(Tac.)* van bovenaf binnendringen; ▸ *fluctu superurgente.*

superus, a, um *(nom. sg. m ook super)*
I. *pos.* boven, zich boven bevindend, boven- [**mare** de Adriatische Zee *(soms alleen superum)*; **aether**]; tot de bovenwereld behorend, aards [**orae; aurae**]; tot de Olympus behorend, hemels [**Iuppiter; dii**]; — *subst.* **superī,** ōrum *en* um *m (poët.)* (a) de goden; (b) de mensen op aarde, de bovenwereld; **supera,** ōrum *n (Verg.)* de bovenwereld [**convexa** hemelgewelf];
II. *comp.* **superior,** ius
1. *(v. plaats)* hoger, zich hoger bevindend, hoogste [**domus** het bovenste deel v.h. huis; **pars collis; loca** hoger gelegen gebieden]; ▸ *de (ex) superiore loco* vanaf een hoogte, van bovenaf; *de loco superiore dicere* vanaf een verhoging, spreekgestoelte;
2. *(v. tijd en opeenvolging)* (a) vroeger, voormalig, vorig, voorafgaand, eerder [**annus; oratio; bellum; coniuratio; crudelitas; uxor; censores**]; ▸ *superioribus diebus; addunt ad superiores totidem naves* (*Nep.*) bij de reeds aanwezige schepen; — *subst.* **superiōrēs,** um *m* de mensen die vroeger leefden: *aetas superiorum* het verleden; (b) ouder, bejaarder [**aetate; Africanus**]; meer gevorderd [**aetás; annus**];
3. *(metaf.)* (a) hoger geplaatst, superieur, voornamer, voortreffelijker [**homo; ordo; gradus honoris**]; — *subst.* **superiōrēs,** um *m* hoger geplaatste personen; (b) machtiger, sterker, de overhand hebbend, winnend, winnaar [**bello**]; ▸ *superiorem haberi* als overwinnaar beschouwd worden; *(proelio) superiorem discedere* als overwinnaar uit de strijd te voorschijn komen;
III. *superl.* **suprēmus,** a, um
1. *(v. plaats) (poët.)* bovenst, hoogst [**montes** bergtoppen];
2. *(v. tijd)* laatst [**nox; osculum** afscheidskus; **tabulae** testament; **hora** stervensuur; **(vitae) dies** sterfdag *of* dag v.d. begrafenis; **tori** baar; **ignes** brandstapel; **munera, honor** laatste eer; **tituli** grafschrift]; ▸ *sole supremo* bij zonsondergang; *diem supremum obire* sterven; *diei supremi celebritas* plechtigheid ter ere v.e. sterfdag; — *adv.* **suprēmum** *(poët.; postklass.)* voor de laatste keer;
3. *(metaf.)* (a) uiterst, ergst, hardst, wreedst [**supplicium**]; (b) *(poët.)* verhevenst [**Iuppiter**].

supervacāneus, a, um *(supervacuus)*
1. overbodig, onnodig [**oratio; alter consul**];
2. extra [**opera** extra werk].

super-vacuus, a, um overbodig, onnodig [**facta; doctrina; metus**]; ▸ *vel ex -o* zelfs als het niet nodig is.

super-vādō, vādere, — — overschrijden, gaan over [**ruinas**]; *metaf.* overwinnen, doorstaan [**omnes asperitates**].

super-vehor, vehī, vectus sum om ... heen rijden *of* varen *(m. acc.)* [**montem; promunturium**].

super-veniō, venīre, vēnī, ventum
1. *(poët.)* neerkomen op *(m. dat. of acc.)* [**lapso**]; ▸ *unda supervenit undam;*
2. *(metaf.)* onverwacht verschijnen *of* te hulp komen *(abs. of m. dat.)* [**regi**]; ▸ *equites superveniunt;*
3. verrassen, overvallen *(m. dat.)* [**munientibus**];
4. *(v. niet-lev.)* direct volgen op *of* komen na *(m. dat.)*; ▸ *febris vulneri supervenit.*

superventōrēs, um *m (supervenio) (Laatl.)* lichte cavalerie.

superventus, ūs *m (supervenio)*
1. *(postklass.)* het erbij komen;
2. *(Laatl.) (metaf.) (milit.)* overval.

super-vīvō, vīvere, vīxī, — *(postklass.)* overleven *(m. dat.)*.

super-volitō, volitāre *(poët.; postklass.)* vliegen *of* fladderen over *(m. dat.; acc.)* [**contionanti; tecta**].

super-volō, volāre *(poët.; postklass.)* vliegen boven, óvervliegen *(over: acc.)* [**totum orbem**].

supīnō, supīnāre *(supinus) (poët.; postklass.)* achteroverbuigen, omkeren [**glaebas** omspitten]; ▸ *supinata testudo* op de rug liggend.

supīnus, a, um

1. achterovergebogen, omgekeerd, ruggelings, op de rug liggend; — *adv.* **-ē** omgedraaid, afgewend;

2. naar boven gekeerd [**manūs** naar de hemel opgeheven handpalmen *(houding v. iem. die bidt)*];

3. (licht) hellend, stijgend *of* dalend [**collis; vallis**];

4. *(poët.)* terugstromend [**flumina; unda**];

5. *(postklass.)* *(metaf.)* slap, achteloos [**oratores; animus**];

6. *(Mart.; Pers.)* met het hoofd in de nek, trots.

suppāctus *ppp. v. suppingo.*

sup-paenitet, paenitēre, — — *(sub) onpers.* iem. *(acc.)* heeft een beetje spijt van *(m. gen.)*.

sup-pallidus, a, um *(sub)* *(postklass.)* een beetje bleek.

sup-palpor, palpārī *(sub)* *(Plaut.; Laatl.)* een beetje vleien *(m. dat.)* [**matri vino** de moeder met wijn].

sup-pār, *gen.* paris bijna gelijk(tijdig); ▸ *huic aetati* ~ *Alcibiades fuit* kort hierna leefde Alcibiades.

sup-parasītor, parasītārī *(sub)* *(Plaut.)* een beetje vleien om te parasiteren *(m. dat.)*.

supparus, ī *m* *(pre- en postklass.)* jas, jak.

sup-pateō, patēre, — — *(sub)* *(Apul.)* openliggen *(onder: dat.)*.

suppeditātiō, ōnis *f* *(suppedito)* ruime voorraad, overvloed [**bonorum**].

suppeditō, suppeditāre

I. *tr.*

1. rijkelijk geven, leveren *of* verschaffen *(ook metaf.)* [**alci pecuniam, frumentum; oratoribus copiam dicendi; merces**];

2. rijkelijk voorzien *(van: abl.)* [**lumen novo lumine**];

II. *intr.*

1. rijkelijk voorhanden zijn; ▸ *nec consilium nec ratio suppeditat (Liv.)*;

2. toereikend, voldoende zijn [**ad cultum; in fundamenta**]; ▸ *si vita suppeditat* als ik tijd van leven heb;

3. helpen, bijstaan; ▸ *suppeditandi facultas*;

4. *(Plaut.)* deugen, geschikt zijn voor [**labori**];

5. *(Lucr.)* *onpers. suppeditat (m. inf.)* men kan [**dicere**].

sup-pēdō, pēdere, — — *(sub)* zachtjes winden laten.

sup-pernātus, a, um *(sub en perna, eig.* 'in de heup geraakt'*)* *(Catull.)* geveld; ▸ *alnus -a securi.*

suppetiae, ārum *f* *(suppeto)* hulp, bijstand; ▸ *-as (af)ferre.*

suppetior, suppetiārī *(suppetiae)* *(Laatl.)* helpen, bijstaan *(m. dat.)*.

sup-petō, petere, petīvī *(en* petiī*)*, petītum

1. rijkelijk voorhanden zijn *of* ter beschikking staan *(voor: dat.; ad)*; ▸ *ne pabuli quidem satis magna copia suppetebat (Caes.)*; *frumentum largius obsessis quam obsidentibus suppetebat (Liv.)*;

2. toereikend, genoeg zijn *(voor, om: dat.; ad)*; ▸ *si vita suppetet* als het leven lang genoeg zal zijn; *eis vires suppetebant ad arma ferenda*;

3. opgewassen zijn tegen *(m. dat.)* [**laboribus**].

sup-pīlō, pīlāre *(vgl. compilo)* *(kom.)*

1. stelen, ontfutselen;

2. bestelen, beroven.

sup-pingō, pingere, —, pāctum *(sub en pango)* *(kom.)*

1. onderaan bevestigen *(aan: dat.)* [**fulmentas socco**];

2. *calcar* ~ de sporen geven [**equo**].

supplantātiō, ōnis *f* *(supplanto)* *(Laatl.)* bedrog.

supplantātor, ōris *m* *(supplanto)* *(eccl.; Laatl.)* bedrieger.

sup-plantō, plantāre *(sub en planta[2])*

1. doen struikelen, *ook metaf.* een beentje lichten;

2. de steun wegnemen van *(m. acc.)* [**uvas**];

3. *(Pers.)* *(metaf.)* *verba palato* ~ hakkelen.

supplēmentum, ī *n* *(suppleo)*

1. aanvulling;

2. *(milit. t.t.)* (a) versterking, aanvulling [**classis; remigum**]; (b) rekrutering [**exercitūs**];

3. *(postklass.)* steun.

sup-pleō, plēre, plēvī, plētum *(vgl. compleo, plenus)*

1. *(preklass.; poët.)* bijvullen, weer vullen [**aerarium; inania moenia** opnieuw bevolken];

2. aanvullen, voltallig maken, completeren [**gregem; senatum; bibliothecam; scriptum**];

3. *(milit. t.t.)* aanvullen, voltallig maken, op de vereiste sterkte brengen [**legiones; decurias equitum; naves remigio** geheel met roeiers bemannen];

4. *(metaf.)* compenseren, opvullen [**locum parentis; vigorem firmitate animi**].

sup-plex, *gen.* plicis *(abl. sg. adj. -ī, in dactylische verzen en subst. -e; gen. plur. meestal -um)* *(vgl. supplico)*

I. *adj.* nederig, smekend [**senex; vox; manus; dona** in nederigheid aangeboden gaven]; ▸ *suppliciter loqui; alci fieri of esse supplicem* iem. een nederig verzoek doen;
II. *subst. m* smekeling.
supplicātiō, ōnis *f* (*supplico*) dankfeest, bid-, boetedag (*van staatswege*).
supplicium, ī *n* (*supplex*)
1. (*meestal plur.*) het nederig verzoeken, smeekbede; het bidden, gebed; ▸ *-is deos placare; boves ad deorum -a servare* als offer;
2. vredesteken (*olijf- of lauriertakken*); ▸ *legatos ad consulem cum -is mittere;*
3. (*pre- en postklass.*) boetedoening, zoenoffer; ▸ *-um dare* genoegdoening geven;
4. straf, bestraffing; *ihb.* (*ultimum*) ~ doodstraf, terechtstelling; ▸ *ad -um alqm dare of tradere, -o alqm afficere of -um sumere de alqo* de doodstraf aan iem. voltrekken;
5. (*meton.*) wond; ▸ *dira tegens -a;*
6. (*metaf.*) marteling, kwelling, pijn [**veterum malorum**].
supplicō, supplicāre
1. nederig verzoeken, smeken (*abs. of m. dat.*) [**senatui pro alqo**];
2. (*smekend of dankend*) bidden, aanroepen (*m. dat.*) [**diis per hostias** bij het offeren; **in fano**].
sup-plōdō, plōdere, plōsī, plōsum (*sub en plaudo*) stampen [**pedem** met de voet].
supplōsiō, ōnis *f* (*supplodo*) het stampen, gestamp [**pedis** met de voet].
sup-pōnō, pōnere, posuī, positum (*sync.* postum) (*sub*)
1. leggen, zetten, plaatsen *of* brengen onder (*m. dat.*) [**ova gallinis; tauros iugo; colla oneri; alqm tumulo, terrae, humo** ter aarde bestellen; **alqd terrae** zaaien; **pectora fluminibus** onderdompelen in]; ▸ *ignes suppositi cineri* smeulend onder de as;
2. (*poët.*) van onderen aanbrengen *of* aanleggen (*op, tegen: dat.*) [**cultrum** op de keel; **falcem maturis aristis; ignem tectis**];
3. (*metaf.*) onderwerpen, blootstellen [**se criminibus**];
4. (logisch) ondergeschikt maken [**generi partes**];
5. toevoegen [**exempla; rationem**];
6. (*Ov.*) achterstellen bij (*m. dat.*) [**Samon Latio**];
7. op de plaats zetten van, als vervanger geven voor (*m. dat.; pro; in locum* [*m. gen.*]);
8. onderschuiven, wederrechtelijk opvoeren [**puerum; puellam; falsum testamentum**].
sup-portō, portāre aanvoeren, toevoeren [**frumentum exercitui; omnia inde in castra**].
suppositīcius, a, um (*suppono*)
1. (*Mart.*) als vervanger fungerend;
2. (*preklass.*) ondergeschoven, onecht.
suppositiō, ōnis *f* (*suppono*) (*Plaut.*) het onderschuiven *van een* kind.
suppositus *ppp. v. suppono.*
suppostrīx, īcis *f* (*suppono*) (*Plaut.*) vrouw die *een* kind onderschuift.
suppostus *zie suppono.*
sup-posuī *pf. v. suppono.*
sup-praefectus, ī *m* (*sub*) (*postklass.*)
1. onderprefect;
2. (*metaf.*) ondersteuning.
sup-pressī *pf. v. supprimo.*
suppressiō, ōnis *f* (*supprimo*)
1. (*postklass.*) onderdrukking;
2. (*metaf.*) het achteroverdrukken, verduistering (*van geld*) [**iudicialis**].
suppressus, a, um (*p. adj. v. supprimo*) zacht, gedempt [**vox**].
sup-primō, primere, pressī, pressum (*sub en premo*)
1. neerdrukken, naar beneden drukken [**navem** in de grond boren];
2. (*metaf.*) tegen-, inhouden, stoppen, afremmen [**hostem; impetum militum; fugam; habenas; fontem**];
3. onderdrukken, verbergen, achterhouden, verzwijgen [**iram; famam decreti; nomen Vespasiani**];
4. achterhouden, verduisteren [**pecuniam; nummos; elaborata**];
/ *zie ook suppressus.*
sup-prōmus, ī *m* (*sub*) (*Plaut.*) onderkeldermeester.
sup-pudet, pudēre, —— *onpers.* iem. (*acc.*) schaamt zich een beetje (*voor: gen.*).
suppūrātiō, ōnis *f* (*suppuro*) (*postklass.*) ontsteking, abces.
sup-pūrō, pūrāre (*sub en pus*) (*pre- en postklass.*)
I. *intr.* zweren, etteren, ook *metaf.*; ▸ *cum voluptates ~ coeperunt* (*Sen.*);
II. *tr.* doen zweren, doen etteren.
suppus, a, um (*arch.*)
1. achterovergebogen, op zijn rug;
2. op zijn kop, ondersteboven.
supputātiō, ōnis *f* (*supputo*) (*Laatl.*) berekening.
sup-putō, putāre uit-, berekenen.
suprā (*superus*)

I. *adv.*
1. *(v. plaats)* (a) bovenop, van boven; ▸ *mare quod* ~ *alluit* = de Adriatische Zee; (b) *(Verg.)* erboven, erbovenuit; ▸ *toto vertice* ~ *esse* erbovenuit steken *of* torenen; (c) *(in een tekst)* hierboven; ▸ *supra dictus;*
2. *(v. tijd)* eerder, vroeger, van vroeger, van langer geleden; ▸ ~ *repetere;*
3. *(v. maat)* (nog) meer, hoger; ▸ ~ *adicere (bij veilingen)* hoger bieden; *rem* ~ *ferre quam fieri potest* de zaak overdrijven;
II. *prep. m. acc., soms als postpositie*
1. *(v. plaats, op de vraag 'waar?' en 'waar naartoe?')* (a) boven, boven op; ▸ *ille qui* ~ *nos habitat (Plaut.); accumbere* ~ *alqm;* ~ *eum locum; (metaf.)* ~ *caput esse* boven het hoofd hangen; (b) over . . . heen; ▸ ~ *segetes navigare;* ~ *nubem volare;* (c) aan de andere kant van; ▸ *Syene oppidum, quod est* ~ *Alexandriam; exercitus* ~ *Suessulam hibernat;*
2. *(v. tijd)* eerder dan, vóór; ▸ ~ *hanc memoriam* vóór onze tijd; *res* ~ *septingentesimum annum repetitur* gaat meer dan 700 jaar terug;
3. *(v. maat en rang)* (a) boven . . . uit, meer dan; ▸ ~ *quattuor milia hominum;* ~ *omnia esse* boven alles uitsteken; ~ *modum* bovenmatig; ~ vires; ~ bonum atque honestum meer dan goed en eerbaar is; ~ *leges esse* boven de wet staan; ~ *alqm ire* iem. overtreffen; (b) *(postklass.) (mbt. een ambt)* aan het hoofd van; ▸ ~ *bibliothecam esse* de leiding hebben over; *alqm* ~ *somnum habere* als nachtwaker hebben;
4. behalve *(= praeter).*

suprā-lātiō, ōnis *f (fero) (retor. t.t.)* overdrijving.

suprā-lātus, a, um *(fero)* overdreven.

suprā-scandō, scandere, —— overschrijden, gaan over [**fines**].

suprēmitās, ātis *f (supremus, zie superus) (Laatl.)*
1. het hoogste, het uiterste;
2. punt *van de neus;*
3. levenseinde, dood.

suprēmum[1], ī *n* eindpunt; ▸ *ad -um venire;* — *meestal plur.* **-a,** ōrum *n* (a) stervensuur, dood; ▸ *-is appropinquare en -is admotum esse* de dood naderen; (b) begrafenis; ▸ *-um ferre* de laatste eer bewijzen; *-um militibus solvere;* (c) stoffelijk overschot, lijk; ▸ *-is eius honores dati;* (d) laatste wens, testament.

suprēmum[2] *adv., zie superus.*

suprēmus *zie superus.*

supter *(arch.; poët.) = subter.*

Sur- *(Plaut.) = Syr-.*

sūra, ae *f* kuit *(v.h. been).*

surculus, ī *m*
1. twijg, tak; splinter;
2. stek; entloot.

surdaster, tra, trum *(surdus)* een beetje doof, hardhorend.

surditās, ātis *f (surdus)* doofheid.

surdus, a, um
1. doof [**homo; aures**]; ▸ *(sprw.) -is auribus canere of -o asello fabellam narrare* voor dovemansoren spreken;
2. *(metaf.)* ongevoelig, doof [**mens;** *(voor iets:* ad; *in m. acc.; dat.; voor iem.: dat.)* **ad preces; ad solacia; ad munera; lacrimis**]; ▸ *-i in vota di;*
3. *(poët.; postklass.) (v. niet-lev.)* stil, geluidloos, stom [**lyra; plectra; gratia; fama** waaraan geen ruchtbaarheid wordt gegeven, onbekend];
4. dof (klinkend), mat [**loca** *(v.d. onderwereld);* **vox**].

Sūrēna *en* **Sūrēnas,** ae *m hoogste overerfbare titel na die v. koning bij de Parthen.*

surgō, surgere, surrēxī, surrēctum *(sync. surrēxe = surrēxisse) (sub en rego; vgl. subrigo)*
1. opstaan, zich oprichten [**e lectulo; e cena; de sella; humo; ad aetherias auras** *of* **ad lumina vitae** opstijgen naar de bovenwereld]; opstaan, uit bed komen [**ante lucem; cum die; mane**];
2. *(v.e. spreker)* opstaan, zich verheffen [**ad dicendum**];
3. opstaan, in actie komen;
4. *(metaf., v. niet-lev.)* (op)rijzen, (op)stijgen; ▸ *sol surgit; nemora surgentia; surgunt aequora;*
5. *(v. tijd)* aanbreken, invallen; ▸ *dies, nox surgit; tenebrae surgunt;*
6. *(poët.; postklass.)* ontstaan, beginnen; ▸ *ventus surgit* steekt op; *imber, discordia, pugna surgit;*
7. *(poët.; postklass.)* groeien, toenemen; ▸ *surgit messis, Carthaginis arx;*
8. *(poët.; postklass.)* beginnen te spreken, aanvangen [**a Iove**].

surpiculus, ī *m = scirpiculus.*

surpite, surpuit, surpuerat *sync. vormen, zie surripio.*

sur-r- *zie ook subr-.*

surrēctum *ppp. v. surgo.*

Surrentum, ī *n kuststad in Campanië ten Z. v.d. Golf v. Napels tegenover Capri, nu Sorrento;* — *inw. en adj.* **Surrentīnus,** ī *m resp.* a, um.

surreptīcius, a, um *(surreptus, ppp. v. surripio) (Plaut.)*

1. gestolen, geroofd;
2. *(metaf.)* heimelijk, verborgen [**amor**].

surreptus *ppp. v. surripio.*

surrēxe = *surrexisse, zie surgo.*

surrēxī *pf. v. surgo.*

sur-ripiō, ripere, ripuī, reptum *(sync. vormen: surpite = surripite, surpuit = surripuit, surpuerat = surripuerat; arch. conj. pf. act. surrepsit) (rapio)*
1. heimelijk wegnemen, ontvreemden, stelen [**libros ex bibliotheca; filium ex custodia; Parmam** dmv. een list innemen]; ▸ *qui a Naevio vel sumpsisti multa, si fateris, vel, si negas, surripuisti;*
2. *(metaf.)* wegnemen, onttrekken *(van, aan: dat.)* [**diem** verdoen; **crimina oculis patris**]; ▸ *unum me surpite morti (Hor.);*
3. *(Plaut.) se* ~ wegsluipen;
4. *pass. surripi (door omkoping)* zijn straf ontlopen.

surrupiō *(arch.)* = *surripio.*

surruptīcius, a, um = *surrepticius.*

sūrsum *en* **sursus** *adv.*
1. opwaarts, naar boven [**meare**]; ▸ ~ *deorsum* op en neer;
2. in de hoogte, boven.

sūs[1], suis *m en f*
1. varken, zwijn; ▸ *(sprw.)* ~ *Minervam (vul aan: docet): wanneer een dom iem. een slimme iets wil leren;*
2. *(Ov.) een soort vis.*

sus[2] *adv.* opwaarts, naar boven; *alleen sprw.* **susque dēque** *(eig.* 'op en neer'*)* min of meer, om het even; ▸ *susque deque habere alqd of de alqo* zich niets aantrekken van, zich niet bekommeren om iets *of* iemand.

Sūsa, ōrum *n belangrijkste stad v.d. Perz. provincie Susiana, nu Shush; — inw. en adj.* **Sūsiānus,** ī *m resp.* a, um.

sus-cēnseō, cēnsēre, cēnsuī, — boos, kwaad, woedend zijn *(abs.; op: dat.; over: acc.; m. quod of aci.).*

sus-cēpī *pf. v. suscipio.*

susceptiō, ōnis *f (suscipio)*
1. aanvaarding [**laborum dolorumque** het dulden, verdragen];
2. *(Laatl.)* (a) het opnemen [**peregrinorum**]; (b) het in ontvangst nemen.

susceptor, ōris *m (suscipio) (Laatl.)*
1. iem. die op zich neemt *(m. gen.)* [**causarum**];
2. kroegbaas;
3. *(Vulg.)* beschermer.

sus-cipiō, cipere, cēpī, ceptum *(capio)*
1. *(poët.; postklass.)* opvangen [**dominam ruentem; cruorem pateris**];
2. *(postklass.) (metaf.)* stutten, ondersteunen [**theatrum fulturis**];
3. opnemen, opvoeden;
4. *kinderen krijgen of* hebben bij *een vrouw (m. ex; de)* [**filium ex concubina; liberos ex libertini filia**]; — *pass.* geboren worden;
5. opnemen, aannemen [**alqm in civitatem** als burger; **candidatum; alqm discipulum** als leerling; **alqm erudiendum; sacra peregrina**];
6. *(metaf.) (vrijwillig)* op zich nemen, aanvaarden *(m. acc.; m. inf.)* [**legationem; officium; negotium; laborem; bellum; prodigia** serieus nemen; **iter; salutem rei publicae;** *(m. acc. v.h. gerundivum)* **alqm pecuniā corrumpendum** het op zich nemen iem. om te kopen];
7. ondernemen, beginnen, doen, verrichten [**cursum vitae** inslaan; **votum; scelus; maleficium**];
8. *(metaf.)* opvatten [**consilium; odium in alqm**];
9. *(pijn, ellende)* verdragen, verduren, lijden, op zich laden [**poenam; inimicos** vijanden maken; **invidiam** zich op de hals halen; **pericula**];
10. steunen, verdedigen [**famam defuncti**];
11. ontvankelijk zijn *of* open staan voor *(m. acc.)* [**consolationem**];
12. voor waar houden, erkennen;
13. zich aanmatigen, zich veroorloven [**tantum sibi auctoritatis**];
14. het woord nemen, antwoorden; ▸ *suscipit Anchises.*

sus-citō, citāre
1. *(poët.)* oprichten, doen oprijzen [**lintea** doen bollen; **terga telluris aratro** omwoelen];
2. bouwen, doen verrijzen [**delubra**];
3. laten opstaan [**alqm a subselliis**]; wekken [**alqm e somno, e molli quiete**];
4. *(Catull.)* opjagen, doen opschrikken [**vulturium**];
5. *(metaf.)* aansporen, -vuren, -zetten [**viros in arma**]; aanwakkeren, veroorzaken [**ignes (amoris); bellum; caedem; poenas alci**].

suspectiō, ōnis *f (suspicio*[1]*) (postklass.)* verdenking.

suspectō, suspectāre *(intens. v. suspicio*[1]*) (pre- en postklass.)*
1. omhoogkijken *(naar: acc.)* [**tabulam pictam**];

2. *(metaf.)* argwaan koesteren tegen, verdenken; — *pass.* verdacht zijn *(bij: dat.)*;
3. op zijn hoede zijn voor, vermoeden [**perfidiam; fraudem**].
suspectus[1], a, um *(p. adj. v. suspicio*[1]*)*
1. argwaan wekkend, verdacht, zich verdacht makend [**nomen; legatus; bellum** vermoed; *(bij: dat.)* **regi; civibus**; *(wegens, van: de; super m. abl.; gen.; postklass.: in m. abl.; m. inf.)* **de noverca; super tali scelere; cupiditatis imperii; in morte matris**]; ▸ *alqm of alqd -um habere* verdenken;
2. *(pre- en postklass.)* argwanend, achterdochtig, op zijn hoede.
suspectus[2], ūs *m (suspicio*[1]*) (poët.; postklass.)*
1. het omhoogkijken [**ad Olympum; in caelum**]; *meton.* hoogte [**turris**];
2. *(metaf.)* bewondering [**honorum**].
sus-pendī *pf. v. suspendo.*
suspendiōsus, a, um *(suspendium) (postklass.)* opgehangen.
suspendium, ī *n (suspendo)*
1. het (zich) op-, verhangen, ophanging; ▸ *-o perire*;
2. *(August.)* onzekerheid.
sus-pendō, pendere, pendī, pēnsum
1. ophangen *(aan: in m. abl.; ex; de; ab; abl.)* [**alqm in oleastro; spicula ex umero; se de ficu; arcum umeris**; *metaf.* **vultum mentemque pictā tabellā** fixeren op; **alqm (alqd) naso** de neus ophalen voor];
2. *(poët.) (ter ere v.e. god in een tempel)* ophangen, wijden *(voor, aan: dat.)* [**arma Quirino; vestimenta deo maris**];
3. oprichten, doen oprijzen [**tellurem sulco tenui** licht omploegen *of* omwoelen; **nemora** als dak op een huis leggen];
4. ondersteunen, stutten; ▸ *tellus ligneis columnis suspenditur*;
5. laten zweven, in de lucht laten hangen; — *pass.* zweven: *primos suspensus in artus (Ov.)* op de tenen;
6. *(metaf.)* onbeslist laten [**rem medio responso**];
7. *(poët.; postklass.)* onderbreken, tegenhouden, inhouden [**fletum**];
8. *(poët.; postklass.)* in onzekerheid *of* spanning houden [**animos exspectatione**];
/ *zie ook suspensus.*
suspēnsūra, ae *f (suspendo)* zwevende vloer.
suspēnsus, a, um *(p. adj. v. suspendo)*
1. zwevend [**aurae; alae**]; ▸ *currus per undas* ~ glijdend door; ~ *fluctu* zwevend over; ~ *super alqm* over iem. heen gebogen;
2. *(metaf.)* afhankelijk van, berustend op *(m. ex)*;
3. (nog) onzeker, besluiteloos, vaag [**plebs; verba; animus; res** kritieke toestand; **animi** in het hart]; ▸ *alqm -um tenere* iem. in spanning houden; *alqd -um of in -o relinquere* iets onbeslist laten; *in -o esse*;
4. *(poët.; postklass.)* angstig, onrustig.
su-spexī *pf. v. suspicio*[1].
suspicāx, *gen.* ācis *(suspicor)* achterdochtig, vol argwaan [**populus; silentium**].
su-spiciō[1], spicere, spexī, spectum *(specio)*
I. *intr.* omhoog *of* naar boven kijken [**in, ad caelum**];
II. *tr.*
1. omhoogkijken naar *(m. acc.)* [**astra**];
2. *(metaf.)* opkijken tegen, vereren [**pietatem; artes; eloquentiam**];
3. argwanend bekijken, verdenken;
/ *zie ook suspectus*[1].
suspīciō[2], ōnis *f (specio)*
1. argwaan, verdenking; ▸ *in suspicionem venire (m. dat.)* verdacht worden *of* argwaan wekken bij; *suspicionem habere* verdenking, argwaan koesteren; verdacht zijn, argwaan wekken; *suspicione carere* niet onder verdenking staan; ~ *cadit in alqm* valt op iem.; *suspicionem alci facere, afferre, inferre, inicere, movere, dare, praebere* argwaan wekken bij iem.; *alci in suspicione esse* verdacht zijn bij iem.; *suspicionem a se removere*;
2. reden om iem. te verdenken, *plur.* redenen tot verdenking, verdachte omstandigheden;
3. vermoeden, voorgevoel [**falsa; deorum**]; ▸ *suspicionem habere.*
suspīciōsus, a, um *(suspicio*[2]*)*
1. achterdochtig, vol argwaan;
2. verdacht, argwaan wekkend.
suspicor, suspicārī *en (arch.)* **suspicō,** suspicāre *(suspicio*[1]*)*
1. argwaan koesteren jegens, verdenken *(m. acc.; de; aci.; afh. vr.)* [**res nefarias; de improbitate**];
2. vermoeden, veronderstellen *(m. acc.; aci.; afh. vr.)* [**nihil mali**].
suspīrātiō, ōnis *f en* **suspīrātus,** ūs *m (suspiro)* het zuchten, zucht.
suspīriōsus, a, um *(suspirium) (postklass.)* moeilijk ademend, hijgend.
suspīritus, ūs *m (suspiro)*
1. het zuchten, zucht;
2. *(Plaut.)* last bij het ademen.

suspīrium, ī *n (suspiro)*
1. zucht; ▸ *-a ducere, trahere, pectore prodere* diep ademhalen, zuchten;
2. *(poët.) (meton.)* geliefde;
3. *(postklass.)* zware ademhaling, ademnood;
4. *(poët.)* het ademhalen, ademen, adem.

su-spīrō, spīrāre
1. diep ademhalen, zuchten;
2. *(poët., eccl.)* smachten naar, hunkeren naar *(m. acc., dat., in m. acc. of in m. abl.).*

susque dēque *adv., zie sus*[2].

sus-sultō, sultāre = *subsulto.*

sustentāculum, ī *n (sustento)*
1. *(postklass.)* stut, steun; *ook metaf.*;
2. *(Laatl.)* levensonderhoud, voeding.

sustentātiō, ōnis *f (sustento)*
1. steun; onderhoud;
2. uitstel, vertraging.

sustentō, sustentāre *(intens. v. sustineo)*
1. *(poët.; postklass.)* (onder)steunen, stutten, overeind houden [**fratrem ruentem dextrā**]; — *pass.* overeind blijven: *navis sustentatur* blijft drijven;
2. *(metaf.)* (onder)steunen, op de been houden [**rem publicam; amicos fide; bella auxiliis; valetudinem** behouden; **pugnam** volhouden]; ▸ *me una consolatio sustentat (Cic.)*;
3. onderhouden, voeden [**familiam; exercitum; plebem frumento**];
4. verdragen, verduren, doorstaan [**dolorem; impetum legionum**]; *abs.* zich staande houden;
5. tegenhouden, tot staan brengen [**hostem**]; dragelijk maken [**inopiam**];
6. uitstellen, vertragen, op de lange baan schuiven [**aedificationem ad adventum alcis; consilio bellum**].

sus-tineō, tinēre, tinuī, tentum *(teneo)*
1. hooghouden, rechtop houden, houden, niet laten zakken; (onder)steunen; dragen, tillen [**baculo artūs; onus; undam palmis** scheppen; **se alis** zweven; **umeris bovem; vix arma** nauwelijks kunnen dragen]; ▸ *pugnabant vix membra sustinentes (Liv.)*;
2. *(metaf.)* uithouden, verdragen [**poenam** over zich heen laten komen; **vim morbi; invidiam; dolorem; labores; periculum; vulnera**];
3. *(taken, plichten e.d.)* op zich nemen, aanvaarden [**causam publicam; honorem** bekleden; **personam** een rol op zich nemen *of* spelen; **munus in re publica; nomen consulis; quaestionem**];
4. tegenhouden, remmen, tot staan brengen [**equum incitatum; remos; agmen, signa** het leger doen stilstaan]; *se ~ (m. ab)* zich onthouden van, achterwege laten;
5. weerstand bieden aan, weerstaan *(m. acc.)* [**impetum hostium; alcis potentiam; alcis preces; eos querentes** hun klagen];
6. *(abs.)* zich staande houden, standhouden, zich handhaven [**vix, aegre**]; ▸ *agmen sustinuit; (metaf. ook v. niet-lev.) vires non sustinent;*
7. *(metaf.)* handhaven, bewaren, behouden [**civitatis dignitatem; animos** (de moed) **pugnantium**];
8. *(m. inf.)* 't over zich verkrijgen, 't opbrengen, durven; ▸ *uxor sustinuit coniunx exilis esse viri;*
9. onderhouden, zorgen voor, voeden; ▸ *ager sustinet mille homines;*
10. aanhouden, verschuiven, uitstellen [**extremum fati diem; rem in noctem; oppugnationem ad noctem**].

sus-tollō, tollere, — —
1. omhoogheffen, opheffen [**vultūs ad aethera; columnas Graecas** op hoge sokkels plaatsen];
2. hijsen [**vela**];
3. *(metaf.)* wegnemen.

sustulī *pf. v. suffero en tollo.*

sūsum *adv. = sursum.*

susurrāmen, inis *n (susurro*[1]*) (Apul.)* zacht uitgesproken toverspreuk.

susurrātiō, ōnis *f (susurro*[1]*) (Vulg.)* gefluister, gemompel; geklets.

susurrātor, ōris *m (susurro*[1]*)* fluisteraar.

susurrium, ī *n (susurro*[1]*) (August.)* gefluister; geklets.

susurrō[1], susurrāre *(susurrus)*
I. *intr.* fluisteren; zoemen, ruisen *e.d.*;
II. *tr.* neuriën, zacht zingen [**cantica**].

susurrō[2], ōnis *m (eccl.)* fluisteraar; kletser.

susurrus
I. *subst.* ī *m* het zoemen, gonzen, suizen; het fluisteren, *plur.* gefluister; — *personif. (Ov.)* **Susurrī** Fluisterende Stemmen;
II. *adj.* a, um *(Ov.)* fluisterend [**lingua**].

sūtēla, ae *f (suo) (Plaut.)* web van leugens, intriges.

sūtilis, e *(suo) (poët.; postklass.)* aan elkaar genaaid, aaneengebonden [**balteus auro; cymba**]; gevlochten [**corona; rosa** rozenkrans].

sūtor, ōris *m (suo)* schoenmaker.

sūtōrius *(sutor)*

I. *adj.* a, um schoenmakers- [**atramentum**; **fistula**];
II. *subst.* ī *m* oud-schoenmaker.

sūtrīnum, ī *n* (*sutrinus; vul aan: artificium*) (*Sen.*) schoenmakerswerk.

sūtrīnus, a, um (*sutor*) van een schoenmaker, schoenmakers- [**taberna** schoenmakerswerkplaats; **ars**].

Sūtrium, ī *n stad in Z.-Etrurië aan de latere Via Cassia, nu* Sutri; — *inw. en adj.* **Sūtrīnus,** ī *m resp.* a, um.

sūtūra, ae *f* (*suo*) naad.

sūtus *ppp. v. suo.*

suus, a, um *refl. pron. poss. v.d. 3e pers. sg. en plur.*
1. zijn (haar, hun) (eigen), *versterkt door -met en -pte;* ▸ *suā manu epistulam scribere* eigenhandig; *suo nomine* persoonlijk, zelfstandig; *suā sponte* uit eigen beweging, vrijwillig; *sui iuris esse* zijn eigen baas zijn; *alqd suum facere* zich iets toeeigenen; *hunc sui cives e civitate eiecerunt* (*Cic.*) zijn eigen medeburgers; *vix suus erat* was niet helemaal bij zinnen; *iniurias suas persequi* het hem aangedane onrecht; *suus accusator fuit* zijn eigen aanklager; — *subst.* (a) **suī,** ōrum *m* de zijnen (haren, hunnen), verwanten, vrienden, landgenoten; (b) **suum,** ī *n* het zijne (hare, hunne), zijn (haar, hun) zaak (aangelegenheid, plicht e.d.); *ihb. plur.* eigendom, have en goed; ▸ *de suo dare* uit zijn eigen middelen; *omnia sua secum portare; se suaque defendere;*
2. eigen, (in een land) gebruikelijk, passend, behoorlijk, gewoon; ▸ *suo more pugnare; suo iure* met zijn (haar, hun) goed recht; *suo anno consulem fieri* in het eerste jaar dat de wet toestaat; *suā morte defungi* een natuurlijke dood sterven; *sua tempora complere* de vastgestelde tijd; *suo tempore redire* op tijd; *stat sua cuique dies* (*Verg.*);
3. gunstig, geschikt, voordelig, passend; ▸ *suo loco pugnare* op gunstig terrein;
4. aan hem (haar, hen) geliefd, dierbaar, lievelings- [**volucris** lievelingsvogel];
5. zijn (haar, hun) eigen baas, zelfstandig; ▸ *suus nemo est* (*Sen.*).

sūxī *pf. v. sugo.*

Sybaris, is *f Griekse kolonie aan de gelijknamige rivier in Lucanië, berucht door de buitensporige, decadente luxe; vernietigd in 510 v. Chr., later na verscheidene pogingen herbouwd en omgedoopt tot Thurii, nu* Sibari; — *adj.* **Sybarīticus,** a, um ook wellustig, erotisch; *subst.* **Sybarītica,** ōrum *n obscene gedichten;* — *inw.* **Sybarīta,** ae *m.*

Sychaeus, ī *m echtgenoot v. Dido;* — *adj.* **Sychaeus,** a, um.

sȳcophanta, ae *m* (*Gr. leenw.*)
1. op winst beluste aanklager *of* intrigant;
2. (*metaf.*) vleier, klaploper, bedrieger.

sȳcophantia, ae *f* (*Gr. leenw.*) (*Plaut.*) bedrog, oplichterij.

sȳcophantiōsē *adv.* (*sycophantia*) (*Plaut.*) op bedrieglijke wijze.

sȳcophantor, sȳcophantārī (*Gr. leenw.*) (*Plaut.*) listen smeden (*tegen: dat.*).

Syēnē, ēs *f stad in Egypte aan de bovenloop v.d. Nijl ter hoogte v. Elephantine, nu* Assoean; — *inw. en adj.* **Syēnītēs,** ae *m resp.* (*m*).

syllaba, ae *f* (*Gr. leenw.*)
1. lettergreep;
2. (*Mart.*) (*meton.*) *plur.* verzen, gedichten.

syllabātim *adv.* (*syllaba*) lettergreep voor lettergreep.

syllogismus, ī *m* (*Gr. leenw.*) (*postklass.*) syllogisme, sluitrede, logische conclusie.

syllogisticus, a, um (*Gr. leenw.*) (*postklass.*) van een syllogisme.

Symaethus, ī *m rivier op Sicilië, nu de* Simeto; — *adj.* **Symaethēus** *en* **-thius,** a, um [**flumina, aquae** zijrivieren v.d. Symaethus]; — **Symaethis,** idis *f dochter v.d. riviergod Symaethus.*

symbola, ae *f* (*Gr. leenw.*) (*kom.*)
1. geldelijke bijdrage *voor een gezamenlijke maaltijd;*
2. (*metaf.*) (*scherts.*) *plur.* pak slaag.

symbolum, ī *n en* **-us,** ī *m* (*Gr. leenw.*)
1. (*pre- en postklass.*) herkenningsteken, kenmerk; *meton.* zegelring;
2. (*August.*) geloofsbelijdenis.

symmetria, ae *f* (*Gr. leenw.*) symmetrie, gelijkheid in maat.

sympathīa, ae *f* (*Gr. leenw.*) natuurlijke overeenstemming, natuurlijke samenhang.

symphōnia, ae *f* (*Gr. leenw.*)
1. harmonie, samenklank (*in de muziek*);
2. instrumentale muziek, concert;
3. (*meton.*) orkest.

symphōniacus (*Gr. leenw.*)
I. *adj.* a, um bij de muziek *of* een orkest horend [**puer**; **servus**; **homines**];
II. *subst.* ī *m* (*postklass.*) muzikant; *plur.* orkest.

Symplēgades, um *f* (*Gr. 'botsende rotsen'*) *volgens de mythe twee kleine rotsachtige eilanden die tegen elkaar sloegen zodra een schip de Zwarte Zee op wilde varen, zodat het schip verpletterd werd; na de veilige doortocht v.d. Argo bleven ze onbeweeglijk* *op hun plaats.*

symposium *en* **-on,** ī *n* (*Gr. leenw.*) (*postklass.*) gastmaal; — **Symposium** *titel v.e. dialoog v. Plato en v.e. werk v. Xenophon.*

synagōga, ae *f* (*Gr. leenw.*) (*eccl.*) synagoge; *meton.* de joden.

synedrus, ī *m* (*Gr. leenw.*) assessor *van een college in Macedonië.*

syngrapha, ae *f* (*Gr. leenw.*) schuldbekentenis, wissel; ▸ *-am facere cum alqo* een wissel trekken op iem.; *ex -ā agere.*

syngraphus, ī *m* (*Gr. leenw.*) (*Plaut.*)
1. schriftelijk verdrag;
2. paspoort.

Synnada, ōrum *n en* **Synnas,** adis *f stad in Groot-Frygië, waar albastachtig marmer werd gewonnen, nu* Ṣuhut; — *adj.* **Synnadicus,** a, um.

synodālis, e (*synodus*[1]) (*Laatl.*) van de synode, synodaal.

synodus[1], ī *f* (*Gr. leenw.*) (*Laatl.*) kerkvergadering, synode.

synodūs[2], ontis *m* (*Gr. leenw.*) (*poët.; postklass.*) *een zeevis.*

synoecium, ī *n* (*Gr. leenw.*) (*Petr.*) logement.

syntecticus, a, um (*Gr. leenw.*) (*Plin. Mai.*) (*v.e. ziekte*) uitterend, verwoestend.

synthesina, ae *f* (*Suet.*) = *synthesis 2.*

synthesis, is *f* (*Gr. leenw.*)
1. servies;
2. huiskleding.

Syphāx, ācis *m koning v. W.-Numidië, tegenstander v. Massinissa en de Romeinen in de 2e Pun. oorlog (gest. in 201 v. Chr.).*

Syrācūsae, ārum *f stad aan de oostkust v. Sicilië, waarschijnlijk in 733 v. Chr. door de Corinthiërs gesticht; in de 2e Pun. oorlog in 212 v. Chr. door Rome veroverd (waarbij Archimedes omkwam); nu* Syracuse; — *adj.* **Syrācūsānus, Syrācūsius,** a, um Syracusaans, *poët. ook* **Syrācosius,** a, um Syracusaans, uit Syracuse [**poëta**]; — *inw.* **Syrācūsānus,** ī *m.*

Syrī, ōrum *m* de Syriërs; *sg.* **Syrus,** ī *m* (*vaak als naam v.e. slaaf*); — *adj.* **Syriacus** *en* **Syr(i)us,** a, um Syrisch; — *subst.* **Syriscus,** ī *m en* **-a,** ae *f eigennaam (meestal v.e. slaaf)*; — **Syria,** ae *f* (a) Syrië (*zonder Fenicië en Palestina*); (b) Assyrië; (c) *de Perz. satrapie* Syria; (d) = het Seleucidenrijk; (e) *de Rom. provincie* Syria.

sȳrinx, ingis *f* (*Gr. leenw.*) (*Ov.*) riet; — **Sȳrinx** *Arcadische nimf; Pan hield van haar en zat haar achterna; toen hij haar inhaalde, veranderde ze in riet.*

Syrius *zie Syri en Syros.*

syrma, atis *n* (*Gr. leenw.*) (*poët.*)
1. lang, slepend gewaad (*in de tragedie*);
2. (*meton.*) rol in een tragedie.

Syros, ī *f eiland v.d. Cycladen (niet ver van Delos)*; — *adj.* **Syrius,** a, um.

Syrtis, is *f*
1. Syrte, zandbank in zee, *ihb. naam v. twee zandbanken voor de noordkust v. Afrika, waarvan de grote Syrte ten O., de kleine ten W. v. Tripolis lag*; — *adj.* **Syrticus,** a, um Syrtisch, bij de Syrten wonend;
2. (*meton.*) kuststreek bij de Syrten.

systēma, atis *n* (*Gr. leenw.*) (*Laatl.*)
1. samenhangend geheel, systeem;
2. (*muz.*) akkoord.

T

T. *(afk.)*
1. = *Titus;*
2. = *tribunus (plebis).*

tabānus, ī *m (niet-klass.)* paardenvlieg, horzel.

tābē-faciō, facere, fēcī, factum *(tabes) (Laatl.)* (doen) smelten, oplossen, ontbinden; ▸ *tabefactis nivibus; cadaver tabefactum.*

tabella, ae *f (demin. v. tabula)*
1. *(poët.; postklass.)* plankje, bordje, tafeltje [**liminis** deurvleugel];
2. *(poët.)* trog, tobbe, *waarin Romulus en Remus te vondeling gelegd werden;*
3. *van een plank gemaakt of op een plank lijkend voorwerp:* (a) *(Ov.)* speelbord; (b) schilderij; ▸ *cubicula -is adornavit;* (c) schrijftafeltje [**cerata** met was bestreken]; ▸ *litteras -ae insculpere;* (d) *(meton.) (meestal plur., ihb. als er meer dan één blad is)* schrijven, brief(je) [**laureatae** bericht v.d. overwinning; **signatae** verzegeld bevel]; ▸ *-as mittere et recipere;* (e) *(meton.) (meestal plur.)* verdrag [**emptionis** koopcontract; **dotis** huwelijkscontract]; oorkonde, document, akte [**publicae**]; protocol; *(poët.; postklass.)* schuldbekentenis; (f) *(meestal plur.)* notitieboekje; (g) stembordje *van de burgers in de volksvergadering;* (h) stembordje *van een rechter;* (i) *(poët.)* votieftafeltje, *ihb. van schipbreukelingen* [**votiva**]; (j) *(Ov.)* waaier; (k) *(Mart.)* koekje.

tabellārius *(tabella)*
I. *adj.* a, um
1. het stemmen betreffend [**lex** over de wijze van stemmen *(nl. via tabellae)*];
2. brieven betreffend, brieven- [**navis** postboot];
II. *subst.* ī *m* (post)bode; ▸ *ad me venit cum epistula tua ∼.*

tabelliō, ōnis *m (tabella) (jur.)* iem. die juridische documenten opstelt, notaris.

tābeō, tābēre, — —
1. (weg)smelten, uiteenvallen, vergaan [**corpora**]; *metaf.* wegkwijnen; ▸ *artūs sale* (door zeewater) *tabentes;*
2. *(preklass.)* afnemen, aan kracht verliezen.

taberna, ae *f*
1. *(poët.)* hut [**pauperum**];
2. winkel, werkplaats [**libraria** boekwinkel; **tonsoris** winkel v.e. kapper; **unguentaria**; **argentaria** kraampje v.e. geldwisselaar]; ▸ *-ae circa forum Romanum;*
3. herberg, kroeg [**meritoria**];
4. loge *in de circus;*
5. *(plur.) ook als naam v. pleisterplaatsen, ihb.:* **Trēs Tabernae** *langs de Via Appia, 33 mijl van Rome.*

tabernāculum, ī *n (taberna)*
1. hut; tent [**regium**; **militare**]; ▸ *-um statuere, collocare, ponere* opslaan; *-a detendere* afbreken;
2. *(relig. t.t.) de positie die de augur inneemt om de auspiciën waar te nemen,* hut of tent voor het schouwen; ▸ *-um capere;*
3. *(Mel.)* tabernakel, tempel.

tabernārius, ī *m (taberna)* winkelier; *(postklass.)* waard, herbergier.

tabernula, ae *f (demin. v. taberna) (postklass.)* kleine herberg; winkeltje.

tābēs, is *f (tabeo)*
1. het smelten, verrotting, bederf, ontbinding [**nivis**; **arboris**];
2. vocht, etter, *dat vrijkomt bij het smelten of ontbinding,* modder;
3. *(metaf.)* het verteerd worden, het wegkwijnen; ▸ *quos durus amor crudeli tabe peredit (Verg.);*
4. ziekte; pest, epidemie; ▸ *∼ orta per Aegyptum; tanta vis avaritiae in animos eorum, velut ∼, invaserat (Sall.);*
5. moreel verval, verdorvenheid.

tābēscō, tābēscere, tābuī, — *(incoh. v. tabeo)*
1. smelten, oplossen, vergaan, uiteenvallen, ontbinden; ▸ *tabuerant cerae; ignis tabuit* is uitgegaan, gedoofd; *tabuerunt nives;*
2. *(metaf.)* wegkwijnen, zich aftobben, treuren [**misero diuturnoque morbo**; **dolore ac miseriā**; **aeterno luctu**; **ex alqo** uit liefde voor iem., om iem.];
3. verdwijnen, te gronde gaan.

tābidulus, a, um *(demin. v. tabidus) (poët.)* verterend [**mors**].

tābidus, a, um *(tabeo)*
1. smeltend, oplossend, vergaand, *metaf.* wegkwijnend [**nix**; **corpus**; **mens**];
2. verterend, wegvretend; *ook metaf.* [**venenum**; **vetustas**].

tābi-ficus, a, um *(tabes en facio)* verterend [**venenum**]; *metaf.* uitputtend [**mentis pertur-**

bationes].

tablīnum, ī *n* = *tabulinum.*

tābuī *pf. v. tabesco.*

tabula, ae *f*

1. plank, plaat *(van hout of metaal)* [**navis**]; ▸ *vehiculum ex -is factum;*

2. *voorwerp gemaakt van een plank of mbv. planken:* (a) *(poët.; postklass.)* speelbord; ▸ *nulla fides -ae!*; (b) beschilderd paneel, schilderij; ▸ *imago in -is;* (c) *(poët.)* votieftafel *(afbeelding in een tempel v.e. redding uit een levensgevaarlijke situatie)*; (d) schrijftafeltje, rekenbord [**cerata** met was bestreken]; ▸ *manum de -ā!* = hou op met werken!; (e) wetstafel; ▸ *duodecim -ae* de twaalf wetstafelen *(oudste codificatie v.h. Rom. recht)*; (f) veilingbord *(vertoonde de te veilen zaken)*; ▸ *ad -am venire;* (g) tafel, bank om geld te wisselen;

3. geschrift: (a) oorkonde, document; (b) landkaart; ▸ *e -a pictos ediscere mundos;*

4. *(plur.) voorwerp dat gewoonlijk uit verscheidene schrijftafeltjes bestaat:* (a) geschrift, afschrift [**testamenti**]; (b) brief; register, lijst [**proscriptionis**], lijst v.d. proscripties [**Sullae**]; (c) protocol [**quaestionis** protocol v.d. ondervraging]; (d) verdrag, contract [**signatae; nuptiales; hospitii**]; (e) obligaties; (f) testament; ▸ *qui heredes in -is scripti sunt;* (g) staatsstukken, staatsarchief; (h) grootboek, boekhouding; ▸ *-as conficere* boekhouden; *-as diligentissime legere et digerere; nomen referre in -as* een schuldpost boeken; *in -is expensum scribere; -ae novae* nieuwe schuldboeken, *met het aanleggen hiervan waren alle oude schulden vervallen.*

tabulāris, e *(tabula) (postklass.)* voor een plank [**clavus**] *of* van metalen platen.

tabulārium, ī *n (tabula)* verzameling v. oorkonden, archief.

tabulārius, ī *m (tabula) (postklass.)*

1. kanselier; archivaris;

2. boekhouder.

tabulātiō, ōnis *f (tabula)* betimmering, balkwerk; *meton.* verdieping, etage.

tabulātum, ī *n (tabulatus)*

1. *(postklass.)* vloer van planken; ▸ *-um exstruere;*

2. *(meton.)* verdieping, etage; ▸ *turris -orum quattuor;*

3. *(metaf.) horizontale* laag *takken v.e. boom;* ▸ *-a sequi* van tak naar tak klimmen *(Verg.).*

tabulātus, a, um *(tabula) (postklass.)* van planken, met planken belegd, planken-.

tabulīnum, ī *n (tabula) (pre- en postklass.) beeldengalerij of archiefruimte in een* Rom. *huis tussen het atrium en peristylium.*

tābum, ī *n (tabeo)*

1. *(poët.; postklass.)* vocht, etter, pus;

2. *(meton.)* besmettelijke ziekte, pest; vergif; ▸ *corpora -o affecta; pabula -o inficere.*

Taburnus, ī *m (vul aan: mons) bergketen in Samnium.*

taceō, tacēre, tacuī, tacitum

I. *intr.*

1. zwijgen, niet praten *(abs.; m. de)*; ▸ *taceamus; non (quin) taces?* = wil je wel eens je mond houden!; *tacendo loqui videbantur (Cic.); qui tacet, consentire videtur (rechtsnorm);*

2. stil zijn, zich rustig houden; ▸ *canis ipse tacet; volucres tacent;* — *ptc. pr.* **tacēns,** *gen.* entis stil, geluidloos [**loca** *(v.d. onderwereld)*; **loci** vertrekken; **ventus; Ister, aqua** bevroren, stil, niet ruisend];

3. *(metaf.)* verstommen, verdwenen zijn; ▸ *blanditiae taceant; indoles Romana tacet;*

II. *tr.* verzwijgen, niet spreken over.

Tacita, ae *f godin v.h. stilzwijgen die met magie opgeroepen werd om kwaadsprekerij te verhinderen.*

taciturnitās, ātis *f (taciturnus)*

1. het (stil)zwijgen;

2. discretie, zwijgzaamheid [**testium**]; ▸ *opus est fide et taciturnitate.*

taciturnus, a, um *(taceo, tacitus)*

1. zwijgend, zwijgzaam, stil [**homo; obstinatio** het hardnekkig zwijgen];

2. *(poët.)* stil, rustig, geluidloos [**amnis; ripa; loca; noctis signa**].

tacitus, a, um *(adv. -ē en [Laatl.] -ō) (p. adj. v. taceo)*

I. *pass.*

1. verzwegen, onuitgesproken, onbesproken, onvermeld; ▸ *tacitum erit;*

2. *(metaf.)* stil(zwijgend), heimelijk, geheim, ongemerkt [**condicio; ius; indutiae** stilzwijgende overeenkomst; **assensio; cogitationes; inimicitiae; affectus**];

II. *act.* zwijgend, zwijgzaam, stil:

1. *v. iem. die niet spreekt* [**mulier**]; ▸ *me -o* als ik zwijg;

2. *v. iets dat geen geluid maakt* [**nemus; aqua; aër; fulmen** zonder donder; **nox**]; — *subst.* **tacitum,** ī *n* stilte;

3. *(v. geluiden)* zacht, fluisterend [**murmur; vox**].

Tacitus, ī *m* Rom. *cogn.:* P. Cornelius ~, Rom.

geschiedschrijver en etnograaf; schoonzoon v. Agricola, vriend v. Plinius Minor, geb. ca. 54 n. Chr., gest. ca. 120.

tāctilis, e *(tango) (Lucr.)* tastbaar.

tāctiō, ōnis *f (tango)*
1. *(Plaut.)* aanraking;
2. *(meton.)* tastzin, gevoel.

tāctus[1] *ppp. v. tango.*

tāctus[2], ūs *m (tango)*
1. aanraking [**assilientis aquae**];
2. *(meton.)* tastzin, gevoel, waarneming; ▸ *alqd sub tactum cadit* kan gevoeld worden; *tactu sensuque omni carere; ex quinque his sensibus visu, auditu, gustu, tactu, odoratu;*
3. *(metaf.)* werking, invloed *op het gevoel* [**caeli; solis; librorum**].

tacuī *pf. v. taceo.*

taeda, ae *f*
1. *(poët.; postklass.)* pijnboom, grove den; *plur.* ook pijnbomenbos;
2. *(meton.)* grenenhout;
3. (a) spaander van pijnboomhout, fakkel; ▸ *-as inflammare;* (b) *(poët.)* fakkel *v.d. bruiloft* [**iugalis**]; (c) *(poët.) (meton.)* bruiloft, huwelijk; ook geliefde;
4. *(poët.)* aangestoken stuk hout *(rond het lichaam gelegd als martelwerktuig);*
5. *(Juv.)* grenen plank; *meton.* bodem v.e. schip.

taedet, taedēre, taeduit *en* taesum est *onpers.* iem. *(acc.)* heeft een afkeer van, een hekel aan, genoeg van, neemt aanstoot aan, verdraagt niet *(m. gen.; m. inf.);* ▸ *omnium taedet; me vitae taedet; taedet tui sermonis; taedet eadem audire milies (Ter.).*

taedi-fer, fera, ferum *(taeda en fero) (Ov.)* fakkeldragend [**dea** = Ceres].

taedium, ī *n (taedet)*
1. afkeer, walging, hekel, tegenzin, afschuw, *poët. ook plur. (van, aan, in: gen.)* [**belli; longinquae obsidionis; laudis; laboris**]; ▸ *-um facere; -um evitare; -o alqm afficere; -um pati* voelen;
2. *(postklass.) (meton.)* bron *of* oorzaak v. afkeer *of* hinder.

taeduit *zie taedet.*

Taenarus *en* **-os,** ī *m en f; ook* **-a,** ōrum *n voorgebergte (de zuidelijkste punt v.d. Peloponnesus, nu* Kaap Matapan*) en stad in Laconië met een tempel v. Poseidon en een grot die in de mythen gold als de ingang v.d. onderwereld waarlangs Hercules Cerberus omhoog bracht;* — **Taenaridēs,** ae *m* Spartaan; — *adj.* (a) **Taenarius,** a, um Spartaans [**marita** = Helena; **columnae** van Taenarisch *(zwart)* marmer; **deus** = Neptunus]; *(poët.)* onderaards, van de onderwereld [**porta** naar de onderwereld; **vallis**]; (b) **Taenaris,** idis *(f)* Taenarisch, Spartaans [**soror** = Helena; **ora**], *als subst. f* = Helena.

taenia, ae *f (Gr. leenw.)*
1. (hoofd)band;
2. *en* **-nea,** ae *f (postklass.)* reep, strook *(o.a. van papyrus);*
3. *(Plin. Mai.) (plur.) lange rij uitstekende rotspunten in zee,* rif;
4. *een soort* lintworm.

taesum est *zie taedet.*

taeter, tra, trum
1. akelig, afzichtelijk, walgelijk, weerzinwekkend, onverdraaglijk [**color; odor; morbus; vultus naturā; spectaculum; loca; tenebrae; hiems**];
2. *(metaf.)* afschuwelijk, schandelijk [**tyrannus; facinus; libido; in alqm** tegen iem.]; ▸ *nullum vitium taetrius est quam avaritia.*

tagāx, *gen.* ācis *(tango)* met lange vingers, grijpgraag.

Tagēs, ētis *en* ae *m Etr. god die de Etrusken de diverse manieren om offers te schouwen geleerd zou hebben.*

tagō *(arch.)* = tango.

Tagus, ī *m rivier in Lusitanië, mondt uit in de Atlantische Oceaan bij het huidige Lissabon, nu* de Taag.

tālāris, e *(talus)* tot aan de enkels reikend [**tunica; pallium**]; — *subst.* **tālāria,** ium *n* (a) vleugelschoenen, *ihb. van Mercurius: (sprw.) talaria videamus* laat ons de vlucht overwegen, vluchten; (b) lang *(tot aan de enkels reikend)* gewaad; (c) *(Sen.) een soort martelwerktuig (om de voeten gespannen en geschroefd); ook metaf.*

tālārius, a, um *(talus)* in een lang *(tot aan de enkels reikend)* gewaad [**ludus** spel met dans *(genoemd naar de tunica talaris v.d. acteurs)*].

talassiō, ōnis *en* **-ass(i)us,** ī *m Oudrom. kreet bij een bruiloft;* — **Talassiō** *en* **-ass(i)us** *god v.d. bruiloft: servire Talassio* trouwen.

tālea, ae *f*
1. spitse paal *of* balk;
2. ~ *ferrea* ijzeren staaf(je);
3. stekje.

talentum, ī *n (gen. plur. -*ōrum *en [meestal] -*um*) (Gr. leenw.)* talent, *grootste Gr. gewichts- en munteenheid:*
1. *(als gewicht) ca. 26 kg;*

2. (*als geldbedrag*) *ca.* 5000 *gulden.*

tāliō, ōnis *f* (*jur. t.t.*) vergelding (*volgens het principe 'oog om oog, tand om tand'*).

tālis, e (*adv.* tāliter)
1. dergelijk, van dien aard, zodanig, zulk, zo'n [**argumentum**]; ▸ *tali consilio probato* nadat het zojuist beschreven plan was goedgekeurd; *nil metuens tale*; — *m. volg. ut of qui* (*m. conj.*) = dat: *tales nos esse putamur ut iure laudemur*; — *m. volg. qualis, ac of atque = als*: *cum esset talis, qualem te esse video*;
2. zo groot, zo voortreffelijk [**vir; urbs; dignitas; virtus**];
3. zo verwerpelijk [**facinus; condicio**];
4. volgend, als volgt; ▸ *talia fatur; tali modo liberatus est.*

tālitrum, ī *n* (*talus*) (*Suet.*) tik met de knokkel v.e. vinger.

talpa, ae *m en f* mol.

Talthybius *en* **Talthubius,** ī *m heraut en bode v. Agamemnon.*

tālus, ī *m*
1. enkel; koot(je); *meton.* hiel; ▸ *recto -o stare* rechtop staan, (*metaf.*) bijval oogsten;
2. dobbelsteen (*met twee ronde, niet gemerkte zijden en vier vlakke, wel gemerkte zijden, waarop de cijfers 1, 3, 4, 6 staan; men gooide met vier dobbelstenen; de beste worp gaf alle vier de mogelijke getallen; bij de slechtste worp gaven alle vier dobbelstenen hetzelfde getal*); ▸ *-is ludere; ad -os se conferre.*

tam[1] *adv.* zo, zozeer, in die mate, zover (*bijna alleen bij adj. en adv.*); ▸ *tam multa bene dicta; tam subito copias contrahere non potuit*; — *vaak corresponderend*: (a) **tam . . . quam** zo . . . als = evenzeer (*of* evengoed) . . . als, niet alleen . . . maar ook; ▸ *tam moveor quam tu; tam vera quam falsa cernimus*; (b) **nōn tam . . . quam** niet zozeer . . . als wel; niet zozeer . . . maar veeleer; ▸ *qualis est istorum oratio qui omnia non tam esse quam videri volunt*; (c) **quam . . . tam** (*voor comp. en superl.*) hoe . . . des te.

tam[2] (*arch.*) = *tamen.*

tamarīx, īcis *f* tamarisk.

tam-diū *adv.*
1. zo lang(e tijd) (*m. volg. quamdiu of quam, quoad, dum of donec*); ▸ *ego tamdiu requiesco, quamdiu tuas litteras lego; hic tenuit locum tamdiu, quam ferre potuit laborem; Gracchus tamdiu laudabitur, dum memoria manebit*;
2. al zeer lang(e tijd);
3. (*pre- en postklass.*) sinds lang(e tijd); ▸ *tamdiu Germania vincitur.*

tamen *adv.*
1. toch, echter, evenwel, niettemin, bij dat alles; — *neque* (*nec*) *tamen* toch niet; *at tamen* maar toch; *sed of verum tamen* echter; *si tamen* als toch, (*poët.; postklass.*) toch alleen maar als, vooropgesteld dat; ▸ *semper Aiax fortis, fortissimus* ~ *in furore; expellitur ex oppido, non destitit* ~ ; *seditiones domi quaesitae sunt, nec motae* ~ ; *difficile factu est, sed conabor* ~ ; *Cassius multum potuit non eloquentiā, sed dicendo* ~ ;
2. toch tenminste; *ihb.*: *si non . . .* (*at*) *tamen* als niet . . . dan toch tenminste;
3. (*poët.; postklass.*) toch uiteindelijk; ▸ *in vestras venit si* ~ *ille manūs* (*Ov.*).

tamendem *adv.* (*versterkt tamen*) (*preklass.*) niettemin.

tamen-etsī = *tametsi.*

Tamesis, is *en* **Tamesa,** ae *m rivier in Britannia, nu de* Theems.

tam-etsī *cj.* hoewel, ofschoon; *zonder nazin.* evenwel, toch.

tam-modo *adv.* (*preklass.*) (*ook gesplitst*) zo-even, zojuist.

tam-quam *en* **tan-quam**
I. *adv.* (zo)als, evenals, als het ware; ▸ *tenebrae ibi erant* ~ *nox; ex vitā ita discedo,* ~ *ex hospitio, non* ~ *e domo* (*Cic.*);
II. *cj. m. conj.*
1. zoals wanneer, alsof (= *tamquam si*);
2. (*causaal ter aanduiding v.e. opvatting v.e. ander*) alsof, omdat naar men zegt.

Tanager, grī *m rivier in Lucanië, nu de* Tanagro.

Tanagra, ae *f stad in Boeotië*; — *adj.* **Tanagraeus,** a, um.

Tanais, is *en* idis *m naam v. verschillende rivieren, o.a. in Sarmatië* (*nu de* Don).

Tanaquīl, īlis *f echtgenote v.d. Rom. koning Tarquinius Priscus, bekend als waarzegster.*

tandem *adv.*
1. (toch) uiteindelijk, ten slotte; ▸ ~ *milites conscendere in naves iubet;* ~ *reprime iracundiam* toch, dan;
2. (*in vraagzinnen*) dan wel, in vredesnaam; ▸ *quo* ~ *modo?; quousque* ~ *?; quorsum* ~ *aut cur ita quaeris?; quid* ~ *agebatis?; quae res* ~ *inciderat?*;
3. (*poët.; postklass.*) (*ter afsluiting v.e. opsomming*) ten slotte, kort en goed.

tangō, tangere, tetigī, tāctum
1. aanraken, beroeren, betasten [**alqm cubito; aram; terram genu**];

2. *(poët.; postklass.)* bevochtigen, besprenkelen [**corpus aquā**]; verven [**supercilia**]; beroken [**sulfure ovem**];
3. slaan op, stoten tegen, treffen [**fores; chordas; alqm flagello**]; ▸ *fulmine, de caelo tactus* door de bliksem getroffen; *acu* ~ de spijker op de kop slaan;
4. *(poët.)* zich vergrijpen aan *(m. acc.)* [**virginem**];
5. *(een plaats)* betreden, bereiken, aankomen in *(m. acc.)* [**provinciam; domos; vada; portūs; terram** *(v. schepen)*; **terminum mundi armis**];
6. grenzen aan, liggen naast *(m. acc.)*; ▸ *civitas Rhenum tangit;*
7. (weg)nemen, krijgen [**alqd de praeda; nullum ab invito**];
8. *(poët.)* proeven, eten, drinken [**saporem**];
9. *(poët.)* beginnen [**opus; carmen**];
10. *(metaf.)* roeren, treffen, aangrijpen; ▸ *tangit animum memoria; mentem mortalia tangunt; vota tetigēre deos; religione tactus; minae Clodii modice me tangunt (Cic.); exemplo tangi;*
11. (kort) vermelden, aanroeren; ▸ *ubi Aristoteles ista tetigit;*
12. *(Ter.)* voor de gek houden [**in convivio**];
13. *(pre- en postklass.)* bedriegen, afzetten, erin laten lopen [**patrem talento argenti**]; ▸ *tactus sum vehementer visco.*

tan-quam zie *tamquam.*

Tantalus, ī *m zoon v. Jupiter, koning v. Frygië, vader v. Pelops en Niobe; hij mocht met de goden dineren, maar stal toch nectar en ambrozijn van hen en zette hun zijn eigen geslachte zoon als maaltijd voor; daarom werd hij in de onderwereld veroordeeld tot eeuwige honger en dorst; — adj.* **Tantaleus,** a, um; — *patron.* **Tantalidēs,** ae *m* nakomeling van Tantalus *(Pelops, Atreus, Thyestes, Agamemnon, Orestes)*; *fem.* **Tantalis,** idis en idos *(Niobe, Hermione, Helena)* [**matres** = vrouwen uit het huis v. Tantalus].

tantillum, ī *n (tantillus) (preklass.; poët.)* zo weinig.

tantillus, a, um *(demin. v. tantulus) (pre- en postklass.)* zo klein.

tantīs-per *adv. (tantus)*
1. zo lang(e tijd) *(meestal m. volg. dum = tot)*;
2. intussen, ondertussen.

tant-opere *(ook gesplitst* tantō opere*) adv.* zozeer, in zo grote mate; *non* ~ niet bijzonder; ▸ *studia Graecorum vos* ~ *delectant.*

tantulum, ī *n (tantulus)* zo weinig, zo'n geringe hoeveelheid [**morae**].

tantulus, a, um *(demin. v. tantus)* zo klein, zo gering.

tantum, tantum-modo *zie tantus.*

tantus *(vgl. tam)*
I. *adj.* a, um
1. zo groot, zo belangrijk [**res; onus; vitia; laetitia; multitudo; vir**]; ▸ *tanta ista mala; — vaak m. volg. quantus, ut of qui m. conj.: tanta erat operis firmitudo ut;*
2. zo veel [**pecunia; tempus**];
3. slechts zo groot, zo klein, zo gering; ▸ *vectigalia -a sunt ut iis contenti esse non possimus; senatūs auctoritas tantam vim habet ut;*
II. *subst.* **tantum,** ī *n (alleen nom. en acc.)*
1. een zo grote massa of menigte, zoveel *(m. gen.)* [**mali; itineris** een zo groot traject; **temporis** zo lange tijd; **navium; copiarum; hominum**]; ▸ *ter tantum* drie keer zoveel; *-um debuit; in -um* in die mate, zozeer: *in -um enitescere;*
2. slechts zoveel, zo weinig, zo'n kleinigheid; ▸ *-um est* verder niets, dat is alles; *tantum, quod sciam; -um modo* slechts zoveel; *-um ut* toch zo, dat tenminste;
III. *adv. gebruikte naamvallen:*
1. *(acc.)* **tantum** (a) zozeer, zoveel, zo ver, in die mate *(bij verba en adj.)*; ▸ *-um dissimilis; -um eius auctoritate motus est; id -um abest ab officio ut;* (b) slechts zoveel, zo weinig; ▸ *dixit -um;* (c) slechts, alleen maar *(meestal als postpositie bij het bijbehorende woord); non tantum ... sed etiam* niet alleen ... maar ook; ▸ *non -um in primam aciem, sed etiam ad subsidiarios; — versterkt* **tantum-modo** slechts, alleen; **tantum nōn** bijna: *tantum non ad portam bellum est;* (d) *(v. tijd)* zonet, pasgeleden; **tantum quod** nauwelijks, zojuist; ▸ *tantum quod ex Arpinati veneram, cum mihi a te litterae redditae sunt; tantum quod pueritiam egresso;*
2. *(gen.)* **tantī** zo duur, zo hoog, zoveel waard, zo belangrijk *(in uitdrukkingen v. koop, verkoop, schatting e.d.)*; ▸ *-i esse* zoveel waard zijn (kosten); *frumentum -i fuit, quanti iste aestimavit; -i est (m. inf.)* het is de moeite waard; het maakt weinig uit; *-i mihi est (m. inf.)* (slechts) zoveel is het mij waard; het laat me koud; *non est -i (m. inf.)* het is niet de moeite waard;
3. *(abl.)* **tantō** zoveel, zo ver, zozeer, des te: (a) *voor comp. en verba als malle, antecedere, praestare:* ▸ *-o melior; -o longius; bis -o pluris; ter -o peior; -o antecedere alios ut; tanto melior!* goed (gedaan)!, bravo!; *-o nequior!* dat is slecht!;

— **quantō . . . tantō** hoe . . . des te: *tanto maior vis, quanto recentior*; (b) *voor ante en post:* ▸ *-o ante of post* zo lang van tevoren of erna; (c) *zelden voor superl.:* ▸ *-o pessimus omnium poëta, quanto tu optimus patronus omnium* een evenzo slecht dichter als;

4. *(abl. (f)* **tantā** *(vul aan: pecuniā [?])* zoveel; ▸ *multo* ~ *miserior* vele malen ongelukkiger.

tantus-dem *(vgl. i-dem)*

I. *adj.* tanta-dem, tantum-dem *en* tantun-dem *(pre- en postklass.)* even groot; ▸ *tantidem ponderis petitio est;*

II. *subst. (nom. en acc.)* **tantundem** *n* evenveel *(abs. of m. gen.)* [**viae; auri**]; *vaak corresponderend m. quantum;* ▸ *ego* ~ *scio, quantum tu; aquae* ~;

III. *adv. gebruikte naamvallen:*

1. *(gen.)* **tantīdem** ~ *facere, aestimare e.d.* even groot of hoog schatten;

2. *(acc.)* **tantundem** even ver.

tapēs, ētis *m,* **tapēte,** is *en* **tapētum,** ī *n (Gr. leenw.)*

1. tapijt, kleed;

2. *(Laatl.)* wandtapijt, wandkleed.

Tāprobanē, ēs *f eiland in de Indische Oceaan, nu* Sri Lanka.

Tarbellī, ōrum *m volksstam in Aquitanië met als belangrijkste stad Aquae Tarbellicae resp. Augustae, nu Dax;* — *adj.* **Tarbell(ic)us,** a, um.

tardēscō, tardēscere, tarduī, — *(tardus) (poët.)* langzaam worden.

tardi-gradus, a, um *(tardus en gradior) (preklass.)* langzaam lopend.

tardi-locus *en* **-loquus,** a, um *(tardus en loquor) (postklass.)* langzaam sprekend.

tardi-pēs, *gen.* pedis *(tardus) (poët.)* kreupel, hinkend.

tarditās, ātis *f (tardus)*

1. traagheid [**navium; operis; veneni** trage werking]; ▸ *tarditatem afferre alci rei* iets vertragen; ~ *in rebus gerendis;* — *plur.* langzame bewegingen;

2. *(metaf.)* traagheid, sloomheid [**animi; audientium**].

tarditūdō, inis *f (preklass.)* = *tarditas.*

tardiusculus, a, um *(tardus) (kom.)* een beetje langzaam; *metaf.* een beetje traag van begrip.

tardō, tardāre *(tardus)*

I. *intr.* talmen, treuzelen;

II. *tr.* vertragen, ophouden, afremmen, tegenhouden [**impetum hostium; cursum; profectionem**]; *(bij, in: ad; ab; ook in m. abl.; m. inf. of quin).*

tarduī *pf. v. tardesco.*

tardus, a, um

1. langzaam, traag [**plaustrum; agmen; iuvenci; vulnere** gehinderd door; *(in, bij: in m. abl.)* **in scribendo;** *(mbt.: ad)* **ad discedendum; ad iudicandum; ad danda beneficia**]; ▸ *-e navigare; -e credere* langzaam, eindelijk; *tardissime iudicare;*

2. *(poët.)* langdurend, langzaam voorbijgaand [**nox; sapor** lange tijd nawerkend; **menses**];

3. laat (komend, intredend) [**fata**]; *meestal adv.;* ▸ *-e ad alqm scribere; tardissime venire;*

4. *(poët.; postklass.)* traag makend, verlammend [**onus; senectus; podagra**]; — *subst.* **-a,** ōrum *n* hindernissen;

5. *(metaf.)* traag, sloom, suf, langzaam [**mens; sensus**]; ▸ *-o ingenio esse;* — *subst.* ī *m (poët.)* sufferd;

6. *(retor. t.t.)* bedachtzaam [**stilus; in cogitando; pronuntiatio**]; ▸ *-a et supina compositio.*

Tarentum[1], ī *n en* **-us,** ī *f* Tarente, *havenstad in Z.-Italië (Calabrië) aan de gelijknamige golf, nu* Taranto; — *inw. en adj.* **Tarentīnus,** ī *m resp.* a, um.

Tarentum[2], ī *n* = *Terentum.*

Tarīchea, ae *en* **Tarīcheae,** ārum *f stad in Galilea, op de N.W.-oever v.h. Meer v. Tiberias, nu* Mejdel.

tarmes, itis *m (tero) (Plaut.)* houtworm.

Tarpeius, a, um

1. ~ mons (*of* -a rupes, -um saxum) Tarpeïsche rots, *steile afgrond op de zuidoosthelling v.h. Capitool, waar misdadigers, ihb. landverraders, bij wijze v. straf vanaf gegooid werden;*

2. -a arx (*of* sedes) het Capitool; — **Tarpeia,** ae *f dochter v. Sp. Tarpeius, de bevelhebber op het Capitool in Rome, die de Rom. burcht aan de Sabijnen (volgens een andere versie aan de Kelten) heeft verraden.*

tarpezīta, ae *m* = *trapezita.*

Tarquiniī, ōrum *m stad in Etrurië, waar het Etr. adellijk geslacht vandaan kwam waaruit o.a. de koningen in Rome stamden, nu Tarquinia;* — *adj.* **Tarquiniānus,** a, um *en* **Tarquiniēnsis,** e; — **Tarquinius,** ī *m naam v.d. beide Rom. koningen (van Etr. afkomst) L.* ~ *Prīscus en L.* ~ *Superbus, en v.d. echtgenoot v. Lucretia, L.* ~ *Collātīnus, heerser v. Collatia en samen met Brutus samenzweerder tegen Tarquinius Superbus.*

Tarracīna, ae *en* **-ae,** ārum *f stad in het gebied v.d. Volsci in Latium, oorspr. Anxur, nu Terracina;*

— *inw. en adj.* **Tarracīnēnsis,** is *m resp.* e.

Tarracō, ōnis *f stad aan de N.O.-kust v. Spanje, waarnaar N.-Spanje Hispania Tarraconensis genoemd werd; nu* Tarragona; — *inw. en adj.* **Tarracōnēnsis,** is *m resp.* e.

Tarsus *en* **-os,** ī *f belangrijkste stad v. Cilicië aan de rivier de Cydnus;* — *inw.* **Tarsēnsēs,** ium *m.*

Tartarus[1]**,** ī *m en* **-a,** ōrum *n*

1. de Tartarus, onderwereld; — adj. **Tartareus,** a, um van de onderwereld, onderwereld-; onderaards; *metaf.* verschrikkelijk, huiveringwekkend [**custos** = Cerberus; **sorores** = de Furiën; **vox**];

2. *(August.) (metaf.)* hel [**libidinis**].

Tartarus[2]**,** ī *m rivier in N.-Italië tussen de rivieren Adige en de Po, nu de* Tartaro.

Tartēs(s)us, ī *f gebied en handelsstad in Z.W.-Spanje aan de monding v.d. Baetis, in ca. 500 v. Chr. door de Carthagers verwoest, af en toe met Gades (Cádiz) verward;* — *inw. en adj.* **Tartēs(s)ius,** ī *m resp.* a, um.

Tarusātēs, ium *m volksstam in Aquitanië, ten N. v.d. Adour.*

tat *interj. (Plaut.)* klop klop!

tata, ae *m (kindertaal) (pre- en postklass.)* papa.

tatae *interj. (Plaut.) (als uitroep v. verwondering)* hé!; wel verdraaid!

Tatius, ī *m, voll.* Titus ~, *koning v.d. Sabijnen; voerde oorlog met Rome wegens de roof v.d. meisjes van zijn stam door de Romeinen; later mederegent v. Romulus;* — adj. **Tatius,** a, um.

Taulantiī, ōrum *m Illyrische volksstam in Z.W.-Dalmatië.*

Taunus, ī *m* het Taunusgebergte.

taurea, ae *f (taureus) (postklass.)* bullepees.

taureus, a, um *(taurus) (poët.)* van een rund, runder- [**terga** runderhuiden].

Taurī, ōrum *m Scythisch-Cimmerische volksstam op de Krim;* — adj. **Tauricus,** a, um Taurisch [**terra** = de Krim].

tauri-fer, fera, ferum *(taurus en fero)* stieren voortbrengend.

tauri-fōrmis, e *(taurus en forma) (poët.)* met de gedaante v.e. stier [**Aufidus** *(als riviergod met stierenhoorns afgebeeld)*].

Tauriī lūdī *m feest in Rome ter ere v.d. onderaardse goden, waarbij paardenrennen gehouden werden.*

Taurīnī, ōrum *m Ligurische volksstam in Piemonte aan de bovenloop v.d. Po met als belangrijkste stad Augusta Taurinorum of Colonia Taurina, nu Torino (Turijn);* — adj. **Taurīnus,** a, um.

taurīnus, a, um *(taurus) (poët.; postklass.)* van een stier, stieren-.

taurobolium, ī *n (taurus) (Laatl.)* stierenoffer *ter ere v. Cybele.*

Tauromenium, ī *n en (poët.)* **-nē,** ēs *f stad aan de O.-kust v. Sicilië, nu* Taormina; — *inw. en adj.* **Tauromenitānus,** ī *m resp.* a, um.

taurulus, ī *m (demin. v. taurus) (Petr.)* stiertje.

taurus, ī *m* stier, *poët. ook als sterrenbeeld.*

Taurus, ī *m bergketen in het zuiden v. Kl.-Azië, nu* de Toros.

taxātiō, ōnis *f (taxo)* schatting, geschatte waarde.

taxeus *en* **taxicus,** a, um *(taxus)* van de taxusboom.

taxillus, ī *m (demin. v. talus)* dobbelsteentje, blokje.

taxō, taxāre *(frequ. v. tango) (postklass.)*

1. schatten, taxeren, de waarde vaststellen van;

2. *(metaf.)* hatelijke opmerkingen maken tegen, steken (onder water) geven *(m. acc.).*

taxus, ī *f* taxus *(struik met giftige bessen).*

Tāygetē, ēs *f een v.d. Plejaden.*

Tāygetus, ī *m en (poët.)* **-a,** ōrum *n gebergte tussen Laconië en Messenië; onderaan de steile hellingen hiervan lag Sparta.*

tē[1] *acc. en abl. v. tu.*

-te[2] *suffix, toegevoegd aan pron. als emfase* [**tu-te**].

Teānum, ī *n*

1. ~ (Sidicīnum) *stad in Campanië, nu* Teano;

2. ~ (Apulum) *stad in Apulië, nu ruïne v.* Cività di Chiruti; — *inw.* **Teānēnsēs,** ium *m.*

tech(i)na, ae *f (Gr. leenw.) (kom.)* listige streek.

technyphion, ī *n (Gr. leenw.) (Suet.)* 'kleine werkplaats', *villa v. Augustus in de omgeving v. Rome.*

tectonicus, a, um *(Gr. leenw.) (Laatl.)* het bouwen betreffend, bouw-.

tēctor, ōris *m (tego)* stucadoor, wandschilder.

tēctōrium *en (demin.)* **tēctōriolum,** ī *n (tectorius)*

1. stucwerk, pleisterwerk [**concinnum**];

2. *(pre- en postklass.)* witsel, witkalk;

3. *(Juv.) (metaf.)* schoonheidsmiddel.

tēctōrius, a, um *(tector)*

1. van stucwerk, stucwerk-, stucadoors- [**opus** stucwerk];

2. *(Plaut.)* dienend om een dak te bedekken.

tēctum, ī *n (tego)*

1. dak [**domorum**]; ► *(metaf.) sub uno -o; sub tecto, tectis, tectum;*

2. plafond [**marmoreum**];

3. *(meton.)* onderdak, woning, huis; ► *-o alqm recipere* iem. bij zich opnemen; *in vestra -a discedite;*

4. (*poët.*) tempel [**Triviae**];
5. (*poët.*) grot [**Sibyllae**];
6. (*poët.*) leger *van wild*, nest, bijenkorf.

tēctus, a, um (*p. adj. v. tego*)
1. overdekt, bedekt [**theatrum**];
2. met een dak, *ihb.* van een dek voorzien [**navis**];
3. (*metaf.*) verstopt, verborgen, geheim, heimelijk [**cupiditas; amor**]; ▸ *indicium -ae nobilitatis erat* (*Ov.*);
4. (*v. personen*) (a) terughoudend, voorzichtig [**ad alienos; in dicendo**]; (b) stiekem;
5. verbloemd, bedekt [**verba**]; ▸ *multa sermone -o dicere.*

tēd *zie tu.*

Tegea, ae *f stad in Z.O.-Arcadië met de beroemde cultus v. Athena Alea;* — *adj.* **Tegeaeus,** a, um *ook* Arcadisch [**virgo** = Callisto]; — **Tegeaea,** ae *f* = Atalanta; — *inw.* **Tegeātēs,** ae *m.*

teges, etis *f* (*tego*) (*pre- en postklass.*) deken, mat.

tegetīcula, ae *f* (*demin. v. teges*) (*pre- en postklass.*) dekentje, matje.

tegīle, is *n* (*tego*) (*Apul.*) bedekking.

tegillum, ī *n* (*tego*) (*Plaut.*) matje, dekentje.

tegimen *en* **tegmen,** inis *n* (*tego*)
1. bedekking, deken, omhulsel, kleed [**capitis** helm; **fagi** bladerdak; **caeli** hemelgewelf; **leonis** huid; **aëneum** pantser; **pedum** schoen];
2. (*metaf.*) beschutting, bescherming [**exercitūs**].

tegimentum *en* **tegmentum,** ī *n* (*tego*)
1. bedekking, deken, overtrek [**scuti**], dak [**turris**];
2. (*metaf.*) beschutting, bescherming.

tegmen *zie tegimen.*

tegmentum *zie tegimentum.*

tegō, tegere, tēxī, tēctum
1. bedekken [**casas stramentis; alqm terrā** begraven; *metaf.* **lumina somno** de ogen sluiten om te slapen]; ▸ *capite se totum tegit;*
2. (*poët.; postklass.*) (be)kleden; ▸ *tunicā tectus;*
3. bedekken, verhullen, verstoppen, verbergen [**insignia**]; (*met, in, onder: abl.; voor: ab*); ▸ *fugientem silvae texerunt; nocte tectus; nebulae Scipionem tegunt; ferae se tegunt latibulis;* — *pass.* zich verstoppen, zich verbergen;
4. (*metaf.*) verbergen, verzwijgen [**furta; sententiam; dedecora dissimulatione; alqd mendacio; flagitia parietibus; cupiditatem suam**];
5. goedpraten, verdoezelen [**turpia facta oratione**];
6. dekken, beschermen, verdedigen [**patriam armis**; (*tegen: ab*) **legatos ab ira multitudinis**]; ▸ *miles muro tectus; latere tecto abscedere; portus ab* (voor) *Africo tegebatur; tempestas nostros texit;*
/ *zie ook tectus.*

tēgula, ae *f* (*tego*)
1. dakpan; *meton.* (*meestal plur.*) pannendak;
2. (*postklass.*) plur. dekplaten *van baksteen of marmer.*

tēgulum, ī *n* (*tegula*) (*Plin. Mai.*) dakbedekking.

tegumen, inis *n* = *tegimen.*

tegumentum, ī *n* = *tegimentum.*

tegus, oris *n* (*arch.*) = *tergus.*

Tēius *zie Teos.*

tēla, ae *f* (*texo*)
1. weefsel; ▸ *-as exercere* weven; — (*poët.*) spinnenweb;
2. (*preklass.; poët.*) (*meton.*) (a) schering v.e. weefsel, ketting; ▸ *licia -ae addere* de inslag in de schering weven, aan een nieuw weefsel beginnen; (b) klein weefgetouw; ▸ *plena domus telarum;* (c) weversspoel; (d) (*plur.*) weefkunst [**antiquae**];
3. (*metaf.*) verzinsel, (listige) mededeling.

Telamō(n), ōnis *m koning v. Salamis en Aegina, Argonaut en begeleider v. Hercules; zoon v. Aeacus, vader v.d. grote Ajax en v. Teucer;* — *adj.* **Telamōnius,** a, um; — *patron.* **Telamōniadēs,** ae *en* **Telamōnius,** ī *m* = Ajax.

Telchīnes, um *m* de Telchinen, *kunstzinnige demonen, ihb. op Rhodos, spooksmeden die de drietand voor Neptunus hebben gemaakt.*

Tēleboae, ārum *en* um *m volksstam in Acarnanië, die zich volgens Tacitus later gevestigd heeft op Capri.*

Tēlegonus, ī *m zoon v. Odysseus en Circe, die zijn vader op Ithaca opzocht en hem doodde, zonder hem te herkennen; later zou hij Tusculum in Latium gesticht hebben (vd. Telegoni moenia* = Tusculum*).*

Tēlemachus, ī *m zoon v. Odysseus en Penelope, zou Clusium gesticht hebben.*

Tēlephus, ī *m koning v. Mysië, gewond door de speer v. Achilles, maar door de roest of een splinter v. deze speer weer genezen.*

Telesia, ae *f stad in Samnium niet ver van Beneventum, nu* Telese.

teleta, ae *f* (*Gr. leenw.*) (*Laatl.*) inwijding.

tēlinum, ī *n* (*Gr. leenw.*) (*postklass.*) kostbare zalf (*uit hoornklaver*).

tellūs, ūris *f*
1. aarde; ▸ *pendebat in aëre* ∼ (*Ov.*); — *personif.*

Tellūs *aardgodin, godin v. zaailand, als prima deorum (Verg.)* moeder aarde: *aedes Telluris;*
2. *(poët.)* aardbodem, grond [**dura; ingrata; umida**];
3. *(Hor.)* grond(stuk), grondbezit;
4. *(Ov.)* vloer [**adoperta marmore**];
5. *(poët.)* land(streek), gebied [**Aegyptia; barbara; nova; mea** mijn vaderland].

Telmēssus *en* **-os,** ī *f stad in Lycië, waarvan de inwoners als waarzeggers bekendstonden, nu* Fethiye; — *inw.* **Telmēssēs,** ium *m;* — *adj.* **Telmēssi(c)us,** a, um.

telōnēum, ī *n (Gr. leenw.) (eccl.)* tolhuis.

tēlum, ī *n*
1. werptuig, projectiel: speer, pijl, katapult *e.d., ook* drietand v. Neptunus, bliksem v. Jupiter, zonnestraal; ▸ *-a mittere, conicere; -a manu iacere; telis repulsi; -orum nubes* hagel v. projectielen; *-a vitare;*
2. *alg.* (aanvals)wapen: zwaard, bijl, dolk, mes; hoorn v.e. stier; ▸ *stare in comitio cum -o; esse cum -o hominis occidendi causā lex vetat (Cic.);*
3. *(metaf.)* wapen, pijl [**coniurationis; fortunae**]; ▸ *-a alcis linguae subire; necessitas, quae ultimum telum est.*

Temenītēs, ae *m beeld v. Apollo in een bos bij Syracuse.*

temerārius, a, um *(temere)*
1. toevallig, lukraak; riskant; ▸ *-is remediis graves morbi curantur;*
2. *(v. niet-lev.)* ondoordacht, onbezonnen, lichtvaardig [**consilium; error; eloquentia; cupiditas; tela** blindelings afgeschoten; **bella**]; ▸ *-ae pugnae auctor;*
3. *(v. personen)* roekeloos, vermetel.

temere *adv.*
1. toevallig, blindelings, zonder plan, zonder overleg, op goed geluk; ▸ *pilum ~ emittere; ~ dicere, scribere alqd; rumores ~ orti;*
2. *(poët.)* zonder reden, ongegrond; ▸ *id evenit non ~ neque casu;*
3. zonder meer [**credere alci**]; *(m. ontkenning) non ~* niet zonder meer, niet gemakkelijk, nauwelijks; ▸ *non ~ adire; nullus dies ~ intercessit quo non ad eum scriberet* er ging nauwelijks een dag voorbij;
4. *non (of haud) ~ est* het is niet toevallig, het heeft iets te betekenen.

temeritās, ātis *f (temere)*
1. toeval;
2. onbezonnenheid, lichtvaardigheid, vermetelheid [**militum; verborum**]; ondoordacht oordeel; *plur.* dolle streken.

temerō, temerāre *(poët.; postklass.)* onteren, ontwijden, schenden; verkrachten [**templa; sepulcra; thalamos; aures incestis vocibus; lucos ferro; fluvios venenis** vergiftigen; **Iuliam**].

Temesē, ēs *en* **Tempsa,** ae *f stad in Bruttium met ertsgroeven, ertshandel en wijnbouw;* — *adj.* **Temesaeus** *en* **Tempsānus,** a, um.

tēmētum, ī *n* bedwelmende drank, wijn.

temnō, temnere, tempsī, temptum *(poët.; postklass.)* verachten, versmaden; ▸ *non, haud temnendus* niet te versmaden: *pars non temnenda decoris.*

tēmō, ōnis *m*
1. dissel;
2. *(Verg.)* ploeg(boom);
3. *(poët.) (als sterrenbeeld)* Wagen, Zevengesternte.

Tempē *indecl. n plur. ravijn waardoor de Peneius stroomt tussen de gebergten Ossa en Olympus in Thessalië; (poët.) alg.* landschappelijk aantrekkelijk (bosrijk) dal.

temperāmentum, ī *n (tempero)*
1. *(postklass.)* juiste menging [**caeli** gematigd klimaat];
2. juiste midden tussen warm en koud, aangename temperatuur;
3. *(metaf.)* juiste maat: (a) *(postklass.)* gematigdheid, terughoudendheid [**fortitudinis**]; ▸ *-o potestatem moderari; orationem habere meditato -o* met bestudeerde ingetogenheid; (b) middenweg.

temperāns, *gen.* antis *(p. adj. v. tempero)* maat houdend, zich beheersend, gematigd, matig, sober [**homo;** *(in: gen. of ab)* **potestatis** met mate gebruikend; **gaudii; a cupidine imperii**].

temperantia, ae *f (temperans)* het maathouden, matiging, zelfbeheersing [**in victu**].

temperātiō, ōnis *f (tempero)*
1. juiste menging, gelijkmatigheid, goede gesteldheid [**aeris; caeli** gematigd klimaat];
2. *(metaf.)* evenwichtige organisatie, goede toestand [**civitatis; ordinum; iuris**];
3. ordenende kracht [**mundi**].

temperātor, ōris *m (tempero)* iem. die beheerst, regelt, ordent *(m. gen.)* [**varietatis; voluptatis** iem. die met mate geniet van genoegens].

temperātūra, ae *f (tempero) (postklass.)* juiste menging, juiste verhouding [**ferri; corporis**].

temperātus, a, um *(p. adj. v. tempero)*

1. goed gemengd, *(v.h. klimaat)* mild, warm [**regiones; anni tempus**];
2. *(metaf.)* gematigd [**varietas sonorum** tot de juiste proporties teruggebracht];
3. maat houdend, matig, sober [**vir; mores; in victoria**];
4. rustig, beheerst, bezonnen [**oratio; genus dicendi; animus**].

temperī *adv. (oude loc. v. tempus*[1]*)* op het juiste moment; *comp. temperius* eerder.

temperiēs, ēī *f (tempero) (poët.; postklass.)* juiste menging, goede gesteldheid, gematigdheid, milde temperatuur [**aquarum; caeli**].

temperius *adv., zie temperi.*

temperō, temperāre *(tempus*[1]*)*

I. *tr.*

1. in de juiste verhouding mengen [**vinum; herbas; venenum; colores**]; ▸ *aes conflare et ~;*
2. op temperatuur brengen: (a) *(iets kouds)* verwarmen, (hand)warm maken [**aquam ignibus; balneum**]; (b) *(iets heets)* behoorlijk laten afkoelen [**nimios calores**];
3. *(metaf.)* behoorlijk regelen, ordenen, inrichten [**rem publicam institutis; res hominum ac deorum** *(v. Jupiter)*]; ▸ *constituere et ~ civitates;*
4. matigen, milder maken, verzachten, kalmeren, tot bedaren brengen, beteugelen [**iras; aequor; victoriam** de overwinning met mate benutten; **benignitate imperium; amara risu**]; *(m. ab)* weghouden van, bewaren voor [**animum ab insolentia**];
5. *(poët.)* goed leiden, besturen, regeren [**ratem** sturen; **orbem**];
6. *(m. dat.)* (a) met mate gebruiken, paal en perk stellen aan [**irae; sermonibus; laetitiae; linguae; urbibus expugnandis** afzien van]; (b) sparen, ontzien [**sociis; hostibus superatis; templis**];

II. *intr.*

1. maat houden, zich matigen, zich inhouden [**in potestatibus; in amore**];
2. *(met of zonder sibi)* zich ver houden van, zich onthouden van *(m. ab; abl.)* [**ab oppugnatione; a lacrimis; a maleficio; a caedibus; risu**]; *(ook m. quin; quominus; inf.).*

tempestās, ātis *f (gen. plur.* -ātum *en [postklass.]* -ātium) *(tempus*[1]*)*

1. tijd(stip), periode; tijdsomstandigheden, *meestal abl. sg. en plur.;* ▸ *illā (hac, eādem) tempestate; per ignotas eā tempestate terras; multis tempestatibus* gedurende lange tijd, lang; *multis ante tempestatibus* vele jaren geleden;
2. weer(sgesteldheid) [**clara; frigida; horrida**];
3. noodweer, onweer, storm [**turbulenta; autumni**]; ▸ *~ naves afflixit; — personif.* **Tempestātēs** *(poët.)* Stormen *(als godinnen);*
4. *(metaf.)* stormachtige tijd, onrust, gevaar, ongeluk, *vaak plur.* [**immoderatae; Punici belli**]; ▸ *in tempestate populi iactari; in illa turbulentissima tempestate rei publicae; tempestatem evitare;*
5. het aanstormen, aandrang, onstuimigheid [**popularis; querelarum; periculi**]; ▸ *sustinebant tempestatem propugnatores urbis;*
6. *(v. personen)* vernietiger [**Siculorum** = Verres; **rei publicae** *en* **pacis** = Clodius].

tempestīvitās, ātis *f (tempestivus)* juiste tijd, gunstige tijd.

tempestīvum, ī *en* **-a,** ōrum *n (tempestivus)* het juiste moment.

tempestīvus, a, um *(adv. -ē en [poët.] -ō) (tempus*[1]*)*

1. op tijd, bij een bepaalde tijd passend [**hora**]; ▸ *-e demetere fructūs;*
2. passend, geschikt, gunstig; ▸ *parum ~* ongelegen; *ad mortem ~* een geschikte gelegenheid vormend om te sterven;
3. vroegtijdig, voortijdig, eerder dan gewoonlijk beginnend [**convivium** *vroeg begonnen en dus overvloedig*];
4. *(v. vruchten en [poët.; postklass.] v. personen)* rijp *(voor: dat.; m. inf.);* ▸ *puella viro -a.*

templārius, ī *m (templum) (Mel.)* tempelier *(aanhanger v.e. geestelijke ridderorde).*

templum, ī *n*

1. waarnemingsveld *(de door de augur beschreven ruimte aan de hemel en op aarde waarin de vogelvlucht waargenomen kon worden);*
2. *(poët.)* vrije ruimte, wijde ruimte [**caeli; summi aetheris; mundi** heelal];
3. heiligdom, tempel [**Vestae; Herculis; antiqua deorum; Parnasia**];
4. *(alg.)* iedere gewijde plaats *of* ruimte, heilig gebied, *bv.* grot v.d. sibille, asiel, curia, spreekgestoelte, tribunaal, graf(monument), paleis;
5. *(metaf.) -a mentis* het binnenste;
6. *(archit.)* balk *over de lengte v.h. dak,* gording;
7. *(Mel.)* klooster, kerk; tempelorde.

temporālis, e *(tempus*[1]*)*

1. *(postklass.)* een tijd durend, voorbijgaand, vergankelijk, van beperkte duur [**laudes**];

2. (Mel.) aards, werelds.

temporāneus, a, um (*tempus*) (*Laatl.*)
1. op (de juiste) tijd, tijdig; ▸ *et erumpat temporanea lux nostra* (*August.*);
2. tijdelijk.

temporārius, a, um (*tempus*[1])
1. aan de omstandigheden aangepast, bij een bepaalde tijd passend [**liberalitas; theatrum**];
2. (*postklass.*) (maar een) korte tijd durend, tijdelijk; wispelturig [**ingenia**].

temporī *adv.* = *temperi.*

Tempsa, Tempsānus *zie Temese.*

tempsī *pf. v. temno.*

temptābundus, a, um (*tempto*) in het rond tastend.

temptāmen, inis *en* **temptāmentum,** ī *n* (*tempto*) (*poët.; postklass.*)
1. poging, proef, test;
2. (*metaf.*) verleiding, verzoeking.

temptātiō, ōnis *f* (*tempto*)
1. aanval, (*ook*) *van een ziekte;*
2. poging, proef, test;
3. (*August.*) (*metaf.*) verleiding, verzoeking.

temptātor, ōris *m* (*tempto*) (*poët.*) verleider.

temptō, temptāre
1. aanraken, betasten [**rem manu; flumen vix pede**];
2. (*poët.; postklass.*) (*med. t.t.*) ~ *venas* (iem.) de pols voelen;
3. aanvallen [**Achaiam; castra; urbem; munitiones; nationes bello;** *metaf.* **pedes** verlammen]; ▸ *vina temptant caput;* — (*v. ziekten*) overvallen, treffen: *morbo temptari;*
4. (*poët.*) (*metaf.*) streven naar, proberen te bereiken [**rem frustra; maiora; caelestia; auxilium**]; ▸ *iter per provinciam per vim* ~;
5. onderzoeken, testen, op de proef stellen [**alcis patientiam; regis prudentiam; Thetim ratibus** de zee bevaren; **Bosporum** zich wagen op]; (*ook m. afh. vr.*);
6. beproeven, proberen [**oppugnationem; verba** proberen uit te spreken; **periculum; belli fortunam; vigilias** zijn krachten beproeven in; **se in arte memoriae**]; (*ook m. afh. vr.; inf.; ut*);
7. in de verleiding brengen, proberen te winnen, te verlokken, te beïnvloeden *of* te paaien [**animos ad res novas; alqm** *of* **animum servi metu; animos civitatum; alqm promissis; Iunonem** proberen te verleiden; **rem publicam; animum precando; iudicium pecuniā** proberen om te kopen]; (*ook m. afh. vr.; ut*).

tempus[1], oris *n*
1. tijd(stip), periode, tijdsbestek, *vaak* = uur, dag [**unius horae; diei; noctis; anni** *of* **caeli** seizoen; **primum** lente; **praesens** het heden; **praeteritum** verleden; (*voor: gen.*) **committendi proelii; edendi; somni; curandi**]; ▸ *tempore* mettertijd; *illis temporibus; in omne tempus* voor altijd, eeuwig; *uno tempore* gelijktijdig; *id temporis* op die tijd; *in tempus praesens* voor het ogenblik; *per idem tempus; longis temporibus ante; ad hoc tempus* tot nu toe; *ad, in tempus* een tijd lang, tijdelijk; (*longo, magno, brevi*) *parvo post tempore; post tempus venire* te laat; — *plur.* ook eeuw, tijden: *Periclis temporibus;* — (*vaak plur.*) leeftijd, leven: *a primis temporibus aetatis;*
2. geschikte tijd, gunstige tijd, juiste moment, gunstig ogenblik, gunstige gelegenheid (*voor: gen. v.h. gerundivum*) [**rei gerendae; magistratuum creandorum**]; ▸ *nunc occasio est et tempus; tempus maximum est ut; tempore dato* bij een gunstige gelegenheid; *ante tempus* voor de juiste tijd; *ad tempus,* (*meo, tuo, suo*) *tempore of in tempore* op het juiste ogenblik, te rechter tijd: *ad tempus redire; tempore abest; in tempore auxilium ferre;* ~ *est* (*m. inf. of aci.*) het is tijd (om iets te bewerkstelligen): ~ *est facere finem;* ~ *est conari etiam maiora;* ~ *est dicere alqd de alqo; non id* ~ *est* (*m. ut*) het is niet het juiste moment (om iets te doen);
3. (*sg. en plur.*) omstandigheden, toestand, situatie [**dura; secunda**]; ▸ *tempori cedere, id est necessitati parere;* (*in*) *hoc of tali tempore* onder zulke omstandigheden; *ex, pro tempore en ad tempus* naar de omstandigheden: *ex tempore vivere; ex tempore causas agebat; si ad tuum tempus perducitur, facilis gubernatio est;*
4. (*meestal plur.*) zware tijd, hachelijke omstandigheden, treurige situatie, ongeluk, nood, gevaar [**extremum** *of* **ultimum** uiterste gevaar]; ▸ *tempore summo rei publicae; pro tempore atque periculo exercitum comparare;*
5. (*metr. t.t.*) *de tijd die voor het uitspreken v.e. lettergreep of woord nodig is,* kwantiteit; ▸ *rhythmi spatio temporum constant;*
6. (*gramm.*) tijd; ▸ *in temporibus praesentia, praeterita, futura cernuntur* (*Cic.*).

tempus[2], oris *n* (*poët.; postklass.*) *slaap van het hoofd* (*meestal plur.*) [**laevum; utrumque**]; *meton.* (*plur.*) hoofd, kop, gezicht; ▸ *tempora coronā vincire.*

Tempȳra, ōrum *n stad in Thracië bij het latere Traianopolis.*

tēmulentia, ae *f (temulentus) (postklass.)* dronkenschap.

tēmulentus, a, um *(vgl. temetum)* dronken, in een roes; *metaf.* een roes verradend [**vox**].

tenācitās, ātis *f (tenax)*

1. het vasthouden [**unguium** vasthoudende klauwen];

2. *(metaf.)* gierigheid.

tenāx, *gen.* ācis *(teneo)*

1. *(poët.; postklass.)* vasthoudend, in staat om vast te houden [**hedera; solum; dens ancorae; vinculum**]; ▸ *prehendere ferrum tenaci forcipe; milites tenaciores armorum in proelio;*

2. *(poët.; postklass.)* taai, stevig [**gramen; navis** niet schommelend]; kleverig [**cera**];

3. *(metaf.) (poët.; postklass.)* standvastig, volhardend [**passus; memoria; fortuna**]; vasthoudend aan, vast in *(m. gen.)* [**propositi; disciplinae; amicitiae; iustitiae; boni exempli; veri**];

4. hardnekkig, koppig [**equus; ira; morbus** langdurig];

5. gierig [**pater;** *(mbt.: gen.)* **quaesiti; auri et argenti**].

Tencterī, ōrum *en* um *m Germ. volksstam aan de benedenloop v.d. Rijn.*

tendicula, ae *f (tendo)*

1. *(postklass.)* strak gespannen koord;

2. *(metaf.)* valstrik; ▸ ~ *litterarum* spitsvondige interpretatie.

tendō, tendere, tetendī, tentum *(en* tēnsum*)*

I. *tr.*

1. spannen, strak aantrekken [**arcum; vincula; retia; habenas; chordam; barbiton** de snaren op de luit spannen, de luit stemmen];

2. (uit)spannen: (a) *(zeilen)* uitzetten, ontvouwen; (b) *(tenten)* opslaan [**tabernaculum**]; oprichten [**cubilia**]; (c) (uit)strekken, uitspreiden [**manūs ad caelum; bracchia caelo, matri** naar; **ramos; ad sidera palmas**]; (d) *(poët.)* verlengen, rekken [**noctem sermone**]; (e) ~ *insidias* een hinderlaag leggen;

3. (aan)reiken, -geven, toesteken [**parvum Iulum patri; vincula alci** omdoen; **munera petens pacem;** *metaf.* **opem amicis**];

4. *(poët.)* richten, sturen, mikken, *projectielen* afschieten [**lumina ad caelum; pariter oculos telumque; sagittas arcu; spicula cornu; iter, cursum, fugam** *(naar: ad; in m. acc.)*; **cursum ex acie in Capitolia**];

II. *intr.*

1. *(milit.)* (a) *(in tenten)* gelegerd zijn, ingekwartierd zijn [**in iisdem hibernis; in campis; Lugduni; sub, in vallo**]; (b) *(postklass.)* zich *(in slagorde)* opstellen [**ante, post signa**];

2. snellen, gaan, trekken, marcheren, zeilen [**in Latium; ab classe ad urbem; ad aedes; per aethera;** *(poët. alleen m. acc.: naar)* **haec limina**]; ▸ *unde venis et quo tendis?;*

3. *(poët.; postklass.) (vijandel.)* afstormen op, zich werpen op [**in hostem**];

4. *(metaf.)* streven naar, uit zijn op *(m. ad; zelden m. ut, ne, inf. of aci.)* [**ad maiora; ultra** nog verder streven]; ▸ *quorsum haec tendunt* waarop doelt dit?;

5. zich aangetrokken voelen tot *(m. ad)* [**ad Carthaginienses; ad suum; ad societatem Romanam**];

6. zich inspannen, zijn best doen [**magnā vi; acrius; in obtinendo iure**]; *(m. ut, ne; zelden m. inf. of aci.)*; ▸ *quid tendit* waarom mat hij zich af?;

7. vechten, strijden [**vasto certamine**]; *(m. contra of adversus)* tegenstand bieden aan, tegenwerken;

8. *(poët.; postklass.)* zich uitstrekken, reiken; ▸ *Portae Caspiae quae per Iberiam in Sarmatas tendunt; stomachus tendit ad ventrem.*

tenebrae, ārum *f*

1. duisternis, het donker;

2. nacht; ▸ *tenebris* tijdens de nacht;

3. *(poët.)* blindheid;

4. *(niet-klass.) (bij een flauwte)* duisternis voor de ogen; ▸ ~ *oboriuntur* het wordt iem. zwart voor de ogen;

5. *(poët.; postklass.)* duisternis v.d. dood;

6. (a) duistere, donkere plaats [**Orci; infernae; scalarum** duister hoekje onder de trappen]; (b) donkere kerker; ▸ *in -is claudi; alqm aeternis -is vinculisque mandare;* (c) schuilplaats; ▸ *ex -is erumpere;* (d) bordeel;

7. *(metaf.)* onbekendheid, lage afkomst; ▸ *familiam ex -is in lucem evocare* tot aanzien brengen;

8. het duistere, onduidelijkheid [**erroris et inscientiae**]; ▸ *-as calumniae dispellere;*

9. sombere omstandigheden, chaos [**rei publicae**];

10. *(Plaut.)* duistere praktijken, oplichterij; ▸ *-as trudere* een rad voor ogen draaien.

tenebricōsus, a, um *(tenebricus)*

1. donker, duister, *ook metaf.* [**iter; domus;**

libidines];
2. *(metaf.)* verduisterd, beneveld [**sensūs**].
tenebricus *en (Laatl.)* **tenebrōsus,** a, um *(poët.)* *(tenebrae)* donker, duister [**scalae; palus; sedes** onderwereld].
tenebrō, tenebrāre *(tenebrae) (Apul.)* donker maken, in het donker hullen.
tenebrōsus *zie tenebricus.*
Tenedus *en* **-os,** ī *f klein eiland voor de kust v. Troas, nu Bozcaada; — inw. en adj.* **Tenedius,** ī *m resp.* a, um.
tenellulus, a, um *(demin. v. tenellus) (poët.)* uiterst teer.
tenellus, a, um *(demin. v. tener) (pre- en postklass.)* teer.
teneō, tenēre, tenuī, tentum
1. (vast)houden, (vast)hebben [**aram; dextram dextrā; digitis; telum; sceptra manu; cibum ore; canem** aan de lijn; *metaf.* **gubernacula rei publicae**];
2. omvatten, omarmen [**alqm complexu**];
3. richten, gericht houden *(op: in m. acc. en abl.)* [**oculos immotos in alqm** onbeweeglijk gericht houden op; **lumina fixa in vultu; ora defixa** naar de grond gericht houden]; — ~ *cursum, iter, viam e.d.: de weg* nemen, inslaan [**fugam per medios hostes; cursum vento; iter mediae urbis**]; ▸ *perge ~ istam viam;*
4. sturen, varen *(naar: ad; zelden in m. acc.)* [**a Sicilia classe ad Laurentem agrum; propiora** dichterbij];
5. *een plaats* bereiken [**insulam; regionem; arva; Hesperium fretum**];
6. *(metaf.)* verkrijgen, bereiken [**multa; regnum virtute; auctoritate plura quam certamine**]; ▸ *teneri res aliter non potest;*
7. vatten, begrijpen, kennen, weten [**alqd animo; reconditos sensūs alcis**]; *(ook m. afh. vr.);* ▸ *teneo* ik begrijp het; *tenes, quid dicam? (Ter.);*
8. betrapt hebben, grijpen, schuldig bevinden, vasthouden [**hunc hominem**]; *meestal pass.* schuldig bevonden worden *of* zijn, schuldig zijn aan *(m. gen.; in m. abl.)* [**repetundarum; iniuriarum; in furto**];
9. bezitten, beschikken over, heersen over, in zijn macht hebben [**multa dotibus; terras dicione; rem publicam** de macht in de staat hebben; **imperium** het opperbevel voeren; **prima** de eerste plaats innemen; **tuta** in veiligheid zijn]; ▸ *qui (vul aan: rem publicam) tenent* de machthebbers in de staat;
10. *(poët.) (een geliefde persoon of zaak)* bezitten; ▸ *teneo te* ik heb je weer bij me *(v.h. weerzien met een geliefd persoon); puella iuvenem tenet;*
11. *een plaats* bewonen [**eas regiones; iuga montium**], zich ophouden, zich bevinden *(op een plaats) (m. acc.)* [**silvas** wonen in]; ▸ *vallemque boves amnemque tenebant;*
12. innemen, vullen; ▸ *turba tenet atria; primam aciem viginti cohortes tenebant* stonden in de voorste slaglinie;
13. (a) *een plaats* bezet houden [**portum; insulam; litora**]; ▸ *legio locum non tenuit; Sardiniam hostes tenent;* (b) *een plaats* met succes verdedigen [**oppidum; tumulum; praesidium**]; (c) het bevel voeren over, aanvoeren [**alterum cornu; exercitum pedestrem**];
14. ingesloten, gevangen houden [**eādem custodiā; pecus**]; ▸ *(metaf.) pudor ora tenebit* zal gesloten houden;
15. bewaren, behouden, handhaven [**auctoritatem; morem; ordinem; decus et honorem; memoriam rei** *of* **rem memoriā; dicta**];
16. *bij een bezigheid of in een toestand* (vast)houden [**alqm in servitute; se quietum** zich rustig houden; **oppressas Athenas**];
17. vasthouden aan, niet afwijken van, handhaven, naleven *(m. acc.)* [**spem; fidem; suas leges; modum** maat houden; **nomen antiquum; foedus; consuetudinem**]; *aan een bewering* vasthouden *(m. acc.; m. aci.)*; de richting vasthouden [**vitae**];
18. boeien, vermaken, gunstig stemmen [**animum versibus**];
19. verplichten, binden *(ihb. door wetten, beloften e.d.)* [**alqm lege**]; *(m. ut, ne); — meestal pass. teneri* gebonden zijn aan *of* verplicht zijn tot *(m. abl.)* [**voto; iure iurando; alienis foederibus**]; ▸ *interdicto non teneri; heres creditoribus tenetur;*
20. *(een mening, recht)* doorzetten, bereiken [**ius suum; causam** het proces winnen]; *(meestal m. ut, ne);* ▸ *plebs tenuit ut consules in proximum annum crearentur; — abs.* gelijk krijgen;
21. (tegen)houden, ophouden [**hostem in angustiis; vix ab impetu; famulum; coepta** ophouden met; **alqm longo sermone**]; ▸ *naves vento tenebantur; se domi ~; tene linguam; (ook m. quominus, ne of quin) teneri of me tenere non possum quin* ik kan het niet nalaten om (iets te doen); *vix teneor quin, quae decent, te dicam (Plaut.);*
22. *(emoties, tranen e.d.)* tegenhouden, onderdrukken [**lacrimas; risum; cupiditates;**

iram; **dolorem; vocem** zwijgen];
23. verzwijgen, voor zich houden;
24. ophouden, laten wachten; ▸ *non teneo te pluribus* ik wil je niet lang ophouden = ik zal het kort maken;
25. (*v. bezigheden en toestanden*) zich handhaven, (voort)duren; ▸ *silentium aliquamdiu tenuit; tenet fama* het gerucht doet de ronde;
26. (*v. emoties e.d.*) beheersen, vervullen, in beslag nemen; ▸ *magno amore teneri; desiderio teneri; magna me spes tenet; consulem cupiditas dimicandi tenuit.*

tener, nera, nerum
1. zacht, teer, week, fijn [**plantae; gramen; aër** ijl; **ramus** zwak]; ▸ *in tenere corpore;*
2. (*metaf.*) jeugdig, jong [**coniunx; puer; annus** = lente; **res** jong gewas; **mundus** nieuw]; ▸ *in -is* in de prille jeugd; *a -is, a -o* van jongs af aan, van kindsbeen af;
3. fijngevoelig, meegaand [**animus**];
4. verwijfd, verwend [**mentes**];
5. (*poët.*) liefdevol, verliefd [**versus; poëta; pudor**]; wellustig [**spado**].

tenerāscō, tenerāscere *en* **tenerēscō,** tenerēscere, — — (*tener*) (*Lucr.*) zacht *of* week worden.

teneritās, ātis *f* (*tener*)
1. jeugdigheid;
2. malsheid, zachtheid (*van voedsel*);
3. breekbaarheid, broosheid;
4. (*metaf.*) zachtheid.

teneritūdō, inis *f* (*tener*)
1. jeugdigheid;
2. (*metaf.*) zachtheid, vriendelijkheid.

tēnesmos, ī *m* (*Gr. leenw.*) aandrang *tot ontlasting (door kramp in de endeldarm).*

tennitur (*Ter.*) = *tenditur.*

tenor, ōris *m* (*teneo*)
1. (onafgebroken) loop, gang, baan; ▸ *hasta servat tenorem* vliegt aan één stuk door verder;
2. (*metaf.*) onafgebroken voortgang, verloop, duur *of* gang [**pugnae; vitae; felicitatis** voortdurend geluk; **fati; animi** constantheid]; ▸ *aequali tenore esse* gelijk blijven; *uno tenore* aan één stuk door, onafgebroken;
3. (*postklass.*) continuïteit [**in narrationibus**];
4. (*Laatl.*) inhoud, zin;
5. toon(hoogte), metrum.

Tēnos *en* **-us,** ī *f Cycladeneiland ten Z. v. Andros, nu* Tinos; — *inw.* **Tēniī,** ōrum *m.*

tēnsa, ae *f* processie-, godenwagen, *waarop bij de ludi circenses de godenbeelden naar de circus gebracht worden.*

tēnsus *zie tendo.*

tent- *zie ook tempt-.*

tentīgō, inis *f* (*tendo*) (*poët.*) erectie; geilheid.

tentōrium, ī *n* (*tendo*) tent.

tentus *ppp. v. tendo en teneo.*

tenuī *pf. v. teneo.*

tenuiculus, a, um (*demin. v. tenuis*) nogal armoedig [**apparatus**].

tenuis, e (*tendo*)
1. langgestrekt, dun, fijn, zacht [**filum; acus; amictus; vestis; capilli; myricae; arundo; aurum** gouddraad; **caelum** lucht; **ventus; pluvia** zachtjes neervallend; **acies** langgerekt; **aër** ijl; **nebula**];
2. (*poët.*) tenger, mager [**homo; collum**];
3. smal, nauw [**tellus** landengte; **intervallum; rivus**];
4. laag, ondiep [**aqua; unda**];
5. (*Ov.*) (*v. vloeistoffen*) helder, zuiver [**aqua**];
6. (*metaf.*) fijn, nauwkeurig, grondig [**sermo; distinctio; cura; ratio; aures; Athenae elegant**];
7. gering, onbeduidend [**honores; opes; praeda; civitas; damnum**];
8. zwak [**lunae lumen; spes; suspicio; valetudo**];
9. arm(oedig), behoeftig, schamel [**cibus; mensa; cultus**];
10. (*v. rang en stand*) nederig, laag [**ordo**]; ▸ *adulescentes tenui loco orti;* — *subst.* **tenuiōrēs,** um *m* mensen v.e. lagere stand;
11. (*ihb. v.e. redevoering en redenaar*) sober, eenvoudig [**argumentandi genus; orator**]; ▸ *tenuiter disserere;*
/ *adv.* **tenuiter** *ook* luchtigjes, oppervlakkig [**argumenta colligere**].

tenuitās, ātis *f* (*tenuis*)
1. dunheid, fijnheid, zachtheid [**aëris** ijlheid; **animi; sanguinis; aquae** helderheid];
2. slankheid, magerheid [**crurum**];
3. (*metaf.*) behoeftigheid, armoede, armzaligheid [**hominis; aerarii**];
4. subtiel onderscheid, fijnzinnigheid [**rerum et verborum**];
5. soberheid, eenvoud (*ihb. v.e. redevoering en redenaar*) [**verborum**]; ▸ *tenuitatem Lysiae imitamur.*

tenuō, tenuāre (*tenuis*) (*poët.; postklass.*)
1. dun *of* fijn maken, verdunnen [**aëra**]; oplossen [**se in undas**]; — *pass.* vermageren: *tenuatum corpus recreare; armenta macie tenuabantur;*
2. nauwer maken [**vocis viam**];

3. *(metaf.)* verminderen, verkleinen, verzwakken [**vires; famam; iram; magna** kleineren];
4. *(v.e. dichter)* fijn uitspinnen [**carmen**].

tenus[1] *postpositie m. abl. of gen. (tendo)* tot (aan), niet verder dan; ▸ *tectis* ~ ; *vulneribus* ~ tot er bloed vloeit; *Corcyrae* ~ ; *aurium* ~ ; *(metaf.) verbo* ~ alleen maar in woorden; *nomine* ~ slechts in naam, voor de schijn; *ore* ~ *exercitus* alleen vaardig met de mond.

tenus[2], oris *n (tendo) (Plaut.)* valstrik, vogelstrik.

Teos, ī *f Ionische stad aan de Lydische kust ten N.W. v. Efeze (Kl.-Azië), geboorteplaats v.d. lyrische dichter Anacreon;* — *adj.* **Tēius,** a, um *ook* van Anacreon [**Musa; fides**]; — *inw.* **Tēiī,** ōrum *m.*

tepe-faciō, facere, fēcī, factum, *pass.* -fīō, fierī, factus sum *(tepeo)* verwarmen.

tepefactō, tepefactāre *(intens. v. tepefacio) (Catull.)* verwarmen [**frigida membra**].

tepefactus *ppp. v. tepefacio.*

tepe-fēcī *pf. v. tepefacio.*

tepeō, tepēre, tepuī, — *(poët.; postklass.)*
1. (lauw)warm *of* mild zijn; ▸ *hiems tepet;* — *p. adj.* **tepēns,** *gen.* entis (lauw)warm [**sol; aurae**];
2. *(metaf.)* (a) verliefd zijn, gloeien *(op, voor: abl.)*; (b) lauw in de liefde zijn.

tepēscō, tepēscere, tepuī, — *(incoh. v. tepeo)* lauwwarm worden:
1. warm worden; ▸ *maria agitata ventis tepescunt; litora sole tepescunt;*
2. *(metaf.)* (a) verliefd worden *(op: dat.)*; (b) minder verliefd worden;
3. *(postklass.)* afkoelen.

tepidārium, ī *n (tepidus) (postklass.)* (lauw)-warme badruimte *in een Rom. badhuis.*

tepidus, a, um *(tepeo) (poët.; postklass.)*
1. lauwwarm, lauw, warm, mild [**fons; aqua; sol**];
2. koel, al koud wordend [**rogus**];
3. *(metaf.)* bekoeld, lauw, mat [**ignes; mens**].

tepor, ōris *m (tepeo)*
1. lauwe, milde warmte [**maris; solis**];
2. *(postklass.)* lauwheid; *(metaf.)* matheid *van stijl;* ▸ *eiusdem teporis libri.*

tepuī *pf. v. tepeo en tepesco.*

ter *adv.*
1. driemaal [**in anno; in annum**]; ▸ *bis aut ter* een paar maal;
2. *(poët.) (meton.)* (a) herhaaldelijk, meermalen, vaak; ▸ ~ *vocare; ter et quater;* (b) uitermate, bijzonder, zeer [**felix; amplus**];
3. *(postklass.)* voor de derde keer [**consul**].

ter-centum *(indecl.) (poët.)* = *trecenti.*

ter-deciē(n)s *adv.* dertienmaal.

terebinthus, ī *f (Gr. leenw.) (poët.; postklass.)* terpentijnboom; *meton.* terpentijnbomenhout *(o.a. gebruikt voor meubilair);* — *adj.* **terebinthīnus,** a, um.

terebra, ae *f (tero) (postklass.)* boor; *(med.)* trepaan, schedelboor.

terebrātiō, ōnis *f (terebro) (postklass.)*
1. het boren;
2. *(meton.)* geboord gat.

terebrō, terebrāre *(terebra)*
1. door-, uitboren;
2. *(Plaut.) (metaf.)* grondig onder handen nemen.

terēdō, inis *f (Gr. leenw.) (poët.; postklass.)* houtworm.

Terentius, a, um *naam v.e. Rom. gens:*
1. C. ~ Varro, *in 216 v. Chr. de eerste consul uit zijn familie; werd in de slag bij Cannae verslagen;*
2. P. ~ Afer, *vrijgelatene, komediedichter uit Carthago (ca. 195—159 v. Chr.);*
3. M. ~ Varro *(116—27 v. Chr.) uit Reate in het gebied v.d. Sabijnen, zeer productieve taalonderzoeker, schrijver v. wetenschappelijke werken, encyclopedist en dichter;*
4. P. ~ Varro Atacinus *(82—37 v. Chr.), episch dichter; had grote invloed op de dichters v.d. Augusteïsche tijd;*
5. **Terentia,** ae *f eerste echtgenote v. Cicero;* / *adj.* **Terentiānus,** a, um.

Terentum, ī *n plaats op het Marsveld in Rome, waar zich een altaar v. Dis pater en Proserpina bevond;* — *adj.* **Terentīnus,** a, um [**tribus**].

teres, *gen.* etis *(tero)*
1. langwerpig rond, ovaal [**hastile; stipites; mucro; gemma; lapilli**];
2. *(poët.)* fijn, dicht geweven [**zona; plaga**];
3. *(poët.; postklass.) (v. personen en lichaamsdelen)* (a) rond [**cervix**]; (b) slank [**puer; membra; digiti**];
4. *(metaf.)* smaakvol, fijn; *(v.e. redevoering)* gepolijst [**oratio**].

Tēreus, eī *en* eos *m koning v. Thracië, echtgenoot v. Procne, de dochter v.d. Attische koning Pandion, vader v. Itys; verkrachtte Philomela, de zuster v. zijn vrouw; de zusters sneden uit wraak Itys in stukken en zetten hem aan zijn vader als maaltijd voor; Tereus werd vervolgens in een hop veranderd;* — *patron.* **Tēreidēs,** ae *m zoon v. Tereus* = Itys.

ter-geminus, a, um *(poët.)*
1. met drie lijven *of* koppen [**vir** = Geryones;

canis = Cerberus];
2. drievoudig [**honores** ediliteit, pretuur en consulaat].
tergeō, tergēre *en* **tergō,** tergere, tersī, tersum
1. afvegen, afdrogen, reinigen; *ook metaf.* [**mensam**; vasa oppoetsen; **arma**; **lumina lacrimantia**; *metaf.* **scelus**];
2. wrijven tegen, drukken tegen [**palatum** kietelen];
/ *zie ook tersus*[1].
Tergestīnī, ōrum *m inwoners v.d. Istrische stad Tergeste (nu* Triëst*).*
tergīnum, ī *n (tergum) (poët.)* bullepees.
tergiversātiō, ōnis *f (tergiversor)* uitstel; uitvlucht.
tergiversātor, ōris *m (tergiversor) (Gell.)* treuzelaar.
tergi-versor, versārī *(tergum en verto)* uitvluchten zoeken, zich verzetten, talmen, aarzelen.
tergō *zie tergeo.*
tergum, ī *n en (arch.)* **-us,** ī *m*
1. rug, *poët. vaak plur.* [**boum**; **tauri**]; ▸ *telum per medium pectus penetravit ad -um; -um (of -a) (con)vertere, -a fugae praebere of praestare* vluchten; *-a dare alci* vluchten voor iem.; *-a Phoebo praebere* zonnebaden; *-o poenas pendere; -o ac capite puniri; in -um* achterwaarts; *a -o* van achteren, in de rug; *a -o, a fronte, a lateribus; tumultum hostilem a -o accepit; post -um* in de rug, achter zich; *post -um hostem relinquere; montibus post -um obiectis; sexaginta annos post -um relinquere;*
2. *(metaf.)* rug-, achterkant [**collis**];
3. *(poët.; postklass.)* oppervlakte *(bv. van een rivier, zee, veld)* [**amnis**; **maris**]; *ook* aarden heuveltje *tussen de voren;* ▸ *terga crassa;*
4. *(poët.) (meton.)* (a) lichaam, lijf *(van dieren);* ▸ ~ *Cerberi; -a squamea (v. slangen);* (b) huid, vel, leder [**ferarum**; **leonis**];
5. *(poët.; postklass.) uit huid of leer gemaakt voorwerp, ihb.:* (a) overtrek [**clipei**]; (b) leren schild; (c) slang; (d) tamboerijn.
tergus, oris *n (tergum) (poët.; postklass.)*
1. rug; lichaam, lijf *(van dieren)* [**iuvenci**];
2. *(meton.)* (a) rugstuk; (b) huid *van dieren,* vel; ▸ *tergora deripere; septem taurorum* ~ zevenhuidig schild.
Terīna, ae *f stad in Bruttium, nu S. Eufemia;* — *adj.* **Terīnaeus,** a, um.
ter-iugus, a, um *(Laatl.)* drievoudig.
termentum, ī *n (tero) (Plaut.)* blaar.
termes, itis *m (poët.; postklass.)* tak [**olivae**].
Termināl ia, ium *en* iōrum *n* de Terminaliën, *feest v.d. grensgod Terminus op 23 februari.*
terminālis, e *(termino) (postklass.)* afsluitend.
terminātiō, ōnis *f (termino)*
1. het begrenzen, begrenzing [**agri**; **regionum**];
2. *(metaf.)* afgrenzing, afbakening; oordeel [**aurium** op grond van het gehoor];
3. *(retor. t.t.)* slot *van een periode,* ritmische clausula.
terminō, termināre *(terminus)*
1. begrenzen, afbakenen [**fines imperii**; **regiones**; **fana**; **agrum publicum a privato**];
2. *(metaf.)* beperken, indammen [**gloriam**; **spem**];
3. een grens stellen aan, bepalen, vaststellen [**modum diuturnitatis**]; ▸ *cultu terminatur pecuniae modus; subiectos campos oculis* ~ met de ogen de grenzen bepalen van *(Liv.);*
4. afmeten naar *(m. abl.)* [**bona voluptate**; **mala dolore**];
5. beëindigen [**bellum**; **imperium**; **orationem**; **rem iudicio**].
terminus, ī *m*
1. grenssteen; *plur.* grens *(poët. en postklass. ook sg.)* [**urbis**; **possessionum**; **regni**; **agrorum**];
2. *(metaf.)* grens, uiterste punt [**vitae**; **amicitiae**]; ▸ *nullis -is definire ius suum;*
3. einde, slot [**vitae**; **contentionum**];
4. *personif.* **Terminus** *(poët.; postklass.)* grensgod.
ternī, ae, a *(ter)*
1. elk drie, telkens drie;
2. *(poët.)* drie bij elkaar, drie ineens, met z'n drieën; ▸ ~ *vagantur ductores;*
3. *sg.* drievoudig [**ordo** drievoudige rij].
terō, terere, trīvī, trītum
1. (af)wrijven [**oculos** uitwrijven; **unguibus herbas**; **dentes in stipite**; **metam curru** schampen; **labellum calamo** = fluit spelen; *metaf.* **calcem calce** *iems.* hiel met de hiel schampen = iem. op de hielen zitten];
2. *(poët.; postklass.)* gladmaken, polijsten [**crura pumice**; **radios rotis** draaien];
3. *(poët.)* stukwrijven, vermorzelen [**papaver**; **bacam**];
4. verslijten [**colla bovis**; **vestem** afdragen]; ▸ *tritum ferrum* stomp;
5. *(poët.)* dorsen [**frumentum**; **messes**]; ▸ *area bis frugibus trita est* = er is tweemaal geoogst;
6. *(poët.)* neuken *(ook gebruikt voor andere seksuele handelingen);*

7. (*metaf.*) veel gebruiken, vaak gebruik maken van (*m. acc.*) [**librum; verbum**];
8. afmatten, uitputten, vermoeien (*bij, met: in m. abl.*) [**plebem in armis; se in opere longinquo**];
9. (*poët.*) (*wegen, plaatsen e.d.*) vaak betreden, vaak bezoeken, veel bevaren [**iter propositum**]; ▸ *formica terens iter* heen en weer lopend; *via trita pede;*
10. (*tijd*) doorbrengen, slijten, (*pejor.*) verspillen [**otium conviviis; diem sermone; aevum ferro; tempus rebus inutilibus**];
/ *zie ook tritus*[1].

Terpsichorē, ēs *f* (*poët.*) *muze v.d. reidans, de danskunst en het gezang; alg.* muze, poëzie.

terra, ae *f* (*torreo, eig.* 'het droge')
1. aarde (*als hemellichaam*); ▸ *~ in medio mundo sita est; umbra -ae;*
2. (aard)bodem; ▸ *alqm in -am statuere; -ae motus* aardbeving; *-ae hiatus* kloof, afgrond; *-ae proiectus;*
3. aarde (*als materie*), grond [**pinguis**]; ▸ *genera -ae* soorten; *aquam terramque petere* (*als teken v. onderwerping*); *-ae filius* zoon v.d. aarde = menselijk wezen, iem. zonder aanzien;
4. land (*itt. de hemel en de zee*); ▸ *iter -ā petere; in -am egredi* landen; *-ā* te land; *-ā marique, et -ā et mari of -ā ac mari* te land en ter zee; *insidiae -ā marique factae; aut terrā aut mari; a -ā* van de kant van het land; *tollere saxa de -ā;* — *plur.* onderwereld: *in -is;*
5. (*afzonderlijk*) land, landstreek; ▸ *-ā orti* inboorlingen, inheemsen; — *plur.* de hele aarde, wereld; (*poët.*) de mensen; ▸ *orbis -arum* wereld, *ihb.* het Rom. rijk;
6. *personif.* **Terra** aardgodin (= *Tellus*);
7. (*eccl.*) ~ *Domini* het Heilige Land.

terrāneola, ae *f* (*Phaedr.*) kuifleeuwerik.

terrēnum, ī *n* (*terrenus*) aardbodem, akker.

terrēnus, a, um (*terra*)
1. van aarde, aarden, aard- [**tumulus**];
2. zich op *of* in de aarde bevindend, land-, aard- [**bestiae; hiatus** scheur in de grond]; — *subst.* **-a,** ōrum *n* (*postklass.*) landdieren;
3. (*Ov.*) onderaards [**numina**];
4. (*poët.; postklass.*) aards, sterfelijk; — *subst.* **-ī,** ōrum *m* (*August.*) aardbewoners.

terreō, terrēre, terruī, territum
1. doen schrikken, bang maken, schrik aanjagen [**urbem incendiis**]; (*ook m. ne*); *pass.* schrikken;
2. afschrikken van (*m. abl.*) [**cives a repetenda libertate**]; (*ook m. ne of quominus*);
3. (*poët.*) opschrikken, opjagen, verjagen [**alqm per totum orbem; feras**].

terrestris, e (*terra*)
1. van de aarde, aards, aard-;
2. van het land, land- [**regiones; iter** weg over land; **exercitus** landleger; **pugna** gevecht te land; **bestia** landdier].

terreus, a, um (*terra*) (*preklass.; poët.*) van aarde, van de aarde [**progenies** uit de aarde ontstaan geslacht].

terribilis, e (*terreo*) angstaanjagend, huiveringwekkend [**sonus; clamor**]; ▸ (*m. sup.*) *terribiles visu formae.*

terri-crepus, a, um (*terreo en crepo*) (*August.*) angstaanjagend donderend [**os**].

terricula, ae *f en* **-um,** ī *n* (*terreo*) verschrikking, schrikbeeld.

terrificō, terrificāre (*terrificus*) (*poët.*) schrik aanjagen, bang maken.

terri-ficus, a, um (*terreo en facio*) (*poët.; postklass.*) schrikwekkend.

terri-gena, ae *m en f* (*terra en gigno*) (*poët.*) een uit de aarde geborene, kind v.d. aarde, *o.a.* gigant.

terri-loquus, a, um (*terreo en loquor*) (*Lucr.*) (*met woorden*) schrik aanjagend.

territō, territāre (*intens. v. terreo*) zeer bang maken, enorme schrik aanjagen [**principes civitatis; hostem; urbem; alqm supplicio**].

territōrium, ī *n* (*terra*) gebied [**coloniae**].

terror, ōris *m* (*terreo*)
1. schrik, angst [**externus** *en* **peregrinus** wegens buitenlandse vijanden; **servilis** voor de slaven; (*voor, wegens, over: gen.*) **mortis; nominis Alexandri; belli**]; ▸ *pavens terrore; expers terroris Achilles; terrori alci esse, terrorem alci afferre* (*of inferre, inicere*), *alqm in terrorem conicere* iem. bang maken; *terrorem habere ab alqo of a re* bang zijn voor iem. of iets; *terrore teneri; tantus ~ incidit exercitui ut;*
2. (*meton.*) (a) angstaanjagende situatie, schrikwekkende gebeurtenis, verschrikking, schrikbeeld [**caelestes maritimique** aan de hemel en in zee]; ▸ *metaf.: Carthago Numantiaque terrores huius imperii;* (b) verschrikkelijk nieuws; ▸ *~ affertur.*

terruī *pf. v. terreo.*

terr-ūncius, ī *m* = *teruncius.*

tersī *pf. v. tergeo en tergo.*

tersus[1], a, um (*p. adj. v. tergeo en tergo*) (*poët.; postklass.*)
1. rein, schoon;

2. *(metaf.)* zonder fouten; piekfijn.

tersus², ūs *m (tergo) (Apul.)* het droog- *of* schoonwrijven.

tertia, ae *f (tertius) (Mel.) (t.t. uit de muziek)* terts.

tertia-decimānī, ōrum *m (< tertia decima) (Tac.)* soldaten v.h. 13e legioen.

tertiānus, a, um *(tertius)* tot de derde dag behorend, derdendaags [**febris**]; — *subst.* **-ī,** ōrum *m (Tac.)* soldaten v.h. 3e legioen.

tertiārius, *(tertius)*
I. *adj.* a, um een derde bevattend [**portio**];
II. *subst.* ī *m*
1. eenderde, *ihb. van een sextarius;*
2. *(Petr.) gladiator die een gesneuvelde gladiator vervangt.*

tertiō, tertiāre *(tertius) eig.* voor de derde keer doen:
1. voor de derde keer ploegen;
2. stotterend formuleren [**verba**].

tertius, a, um *(tres)*
1. derde [**pars** eenderde; **partes** derde rol; **hora; annus; vigilia; Saturnalia** derde dag v.d. Saturnalia]; ▸ ~ *e nobis* een v. ons drieën; ~ *dies est* het is twee dagen geleden; *nudius* ~ eergisteren; *ab Iove* ~ in de derde generatie, achterkleinkind; — *adv.* **-ō** *en* **-um** (a) voor de derde keer; ▸ *-o consulem esse;* (b) ten derde;
2. *(poët.)* onderaards *(eig.* 'tot het derde rijk (= de onderwereld) behorend') [**regna; numina**].

tertius-decimus, a, um *(ook gesplitst)* dertiende.

Tertulliānus, ī *m*: Q. Septimius ~ Florens uit *Carthago (ca. 160—220 n. Chr.), oudste Lat. kerkvader en groot stilist.*

ter-ūncius, ī *m (uncia)*
1. drie twaalfde, een kwart *(ihb. van erfenissen);* ▸ *facere alqm heredem ex -o;*
2. *(als munt)* ¼ as; *(metaf.)* duit, cent; ▸ *ne* ~ *quidem* nog niet het minste.

ter-venēficus, ī *m (Plaut.)* aartsgifmenger, schoft.

tesqua *en* **tesca,** ōrum *n (preklass.; poët.)* afgelegen streken, steppes.

tessella, ae *f (demin. v. tessera) (postklass.)* dobbelsteentje; mozaïeksteentje.

tessellātus, a, um *(tessella) (Suet.)* mozaïek- [**pavimentum**].

tessera, ae *f*
1. dobbelsteen *met zes zijden met een cijfer;* ▸ *-as iacere, mittere; -is ludere;*
2. (vierhoekig) bordje: (a) houten bordje met wachtwoord *of* bevel; *(meton.)* wachtwoord, parool, bevel, commando; ▸ ~ *per castra data;* (b) *(postklass.)* tegoedbon [**nummaria** voor het ontvangen v. geld; **frumentaria** voor het ontvangen v. koren]; (c) *(kom.)* ~ *hospitalis* herkenningsteken voor gastvrienden; ▸ *sprw.: hic apud nos iam confregisti -am (v.e. breuk in een vriendschap) (Plaut.).*

tesserārius, ī *m (tessera) (postklass.)* iem. die het wachtwoord overbrengt.

tesserula, ae *f (demin. v. tessera) (niet-klass.)*
1. dobbelsteentje; mozaïeksteentje;
2. bordje, bonnetje.

testa, ae *f*
1. tegel, baksteen;
2. *(postklass.)* aardewerk: pot, kruik *e.d.* [**ardens** lamp];
3. *(postklass.)* scherf, *ihb. gebruikt bij een scherven-gericht (testarum suffragia) in Athene;*
4. schaal *van schaaldieren; (Hor.) (meton.)* schaaldier;
5. *(poët.)* plaat, deksel [**lubrica** ijslaag];
6. *(Suet.) (plur.) een soort* applaus.

testāceus, a, um *(testa) (postklass.)*
1. van baksteen [**opus**];
2. steenrood [**gemma**];
3. met een harde schaal [**operimentum**].

testāmentārius *(testamentum)*
I. *adj.* a, um testamenten betreffend [**lex**], bij testament [**adoptio**];
II. *subst.* ī *m* vervalser v. testamenten.

testāmentum, ī *n (testor)*
1. wilsbeschikking, testament [**falsum**]; ▸ *-um facere, conscribere; -um (ob)signare; -um mutare; -um rumpere; -o en per -um* per testament: *-o alqm adoptare;*
2. *(eccl.)* overeenkomst, gelofte;
3. *(eccl.)* het Oude *of* Nieuwe Testament [**vetus; novum**].

testātiō, ōnis *f (testor)*
1. het als getuige aanroepen;
2. getuigenverklaring.

testātō *adv. (testatus)*
1. met getuigenverklaringen onder ede;
2. na het opstellen v.e. testament.

testātor, ōris *m (testor) (postklass.)* erflater.

testātus *zie testor.*

testiculus, ī *m (testis²)* teelbal, testikel; *meton.* mannelijke kracht.

testificātiō, ōnis *f (testificor)*
1. getuigenverklaring, verklaring ten overstaan van getuigen;
2. bewijs [**repudiatae legationis**].

testificor, testificārī *(testis¹ en facio)*

1. als getuige aanroepen [**deam; homines**];
2. een getuigenis afleggen (op), officieel bevestigen, verklaren *(abs.; m. acc.; aci. of afh. vr.)*;
3. *(metaf.)* getuigen van, bewijzen, tonen [**amorem; adventum dei**]; — *p.p.* **testificātus,** a, um *ook pass.* betoond [**voluntas**].

testimōnium, ī *n (testis[1])*
1. getuigenis *voor de rechtbank*, getuigenverklaring [**de coniuratione**]; ▸ *-um dicere, dare* een getuigenis afleggen *(tegen: in m. acc.)*; *pro -o dicere* als getuige verklaren; *-a non audire* geen waarde hechten aan getuigenissen; *citare ad -um*; — schriftelijke getuigenis: *-um recitare*;
2. *(metaf.)* bewijs, blijk *(voor, van: gen.)* [**integritatis; laboris sui; abstinentiae**].

testis[1], is *m en f*
1. getuige *(van: gen.; de)* [**verus; falsus; idoneus; integer**]; ▸ *testes dare, edere* opvoeren; *deos testes adhibere*;
2. *(meestal poët.) (metaf.)* (oog)getuige [**libidinum; sceleris**]; ▸ *vulnera sunt testes* getuigen het.

testis[2], is *m* teelbal; *meestal plur.*

testor, testārī *(testis[1])*
I. *tr.*
1. als getuige aanroepen *(bij, voor: de; m. aci.)* [**deos; cives; foedera**];
2. een getuigenverklaring afleggen over *(m. acc.)* [**furtum alcis**]; — *p. adj.* **testātus,** a, um (a) betoond, bewezen; afgekondigd [**virtus alcis; libertas**]; (b) een geldig testament achtergelaten hebbend;
3. bewijzen, aantonen, verzekeren *(ook m. aci. of afh. vr.)* [**gemitu dolores; Troiana tempora** dat hij ttv. de Trojaanse oorlog geleefd heeft];
II. *intr.* een testament opmaken *(mbt.: de)*.

testū, ūs *en* **testum,** ī *n (testa) (niet-klass.)* vaatwerk, aardewerk, *o.a.*: schaal, deksel.

testūdinātus, a, um *(testudo) (postklass.) (van vier kanten)* spits toelopend [**tectum**].

testūdineus, a, um *(testudo) (preklass.; poët.)*
1. schildpadachtig [**gradus**];
2. met schildpad ingelegd [**lyra**].

testūdō, inis *f*
1. schildpad *(als dier en als materiaal)*;
2. *iets in de vorm v.h. schild v.e. schildpad:* (a) *(poët.)* lier, citer; (b) *(Ov.)* citervormig kapsel; (c) koepel, gewelf [**templi**]; (d) *(milit.)* houten schutdak; dak v. schilden; (e) *(Mart.)* schaal v.e. zee-egel.

testula, ae *f (demin. v. testa)* potscherf, stukje aardewerk.

testum *zie testu.*

tetanicus, ī *m (Gr. leenw.) (Plin. Mai.)* iem. die aan tetanus lijdt.

tetanus, ī *m (Gr. leenw.)* plotselinge samentrekking v.d. spieren, tetanus.

tē-te *versterkt te; zie tu.*

tetendī *pf. v. tendo.*

tēter, tra, trum = *taeter.*

Tēthȳs, yos *f (dat. -yi, acc. -yn, abl. -ye) zeegodin, dochter v. Uranus en Gaia, getrouwd met haar broer Oceanus, grootmoeder v.d. zeegodin Thetis, die de moeder v. Achilles was; (poët.) meton.* zee.

tetigī *pf. v. tango.*

tetrachmum, ī *n (gen. plur. -ōrum en -um) (Gr. leenw.) Griekse zilveren* munt ter waarde v. vier drachmen.

tetrachordos, on *(Gr. leenw.)* met vier tonen *of* snaren; — *subst.* **-on,** ī *n* tetrachord.

tetracōlos, on *(Gr. leenw.) (postklass.) (retor. t.t.)* bestaand uit vier regels; — *subst.* **-on,** ī *n* vierledige volzin.

tetradeum *en* **tetradium,** ī *n (Gr. leenw.)* viertal.

tetrāns, antis *m (Gr. leenw.) (postklass.)* kwart; kwadrant.

tetraō, ōnis *m (Gr. leenw.) (postklass.)* korhoen.

tetrarchēs, ae *m (Gr. leenw.)* tetrarch *(iem. die over het vierde deel v.e. land heerst); alg.* vorst, regent.

tetrarchia, ae *f (Gr. leenw.)* gebied v.e. tetrarch, tetrarchie.

tetrastichon, ī *n (gen. plur. -ōn) (Gr. leenw.) (poët.; postklass.)* gedicht bestaand uit vier verzen.

tetrastȳlos, on *(Gr. leenw.) (postklass.)* met vier zuilen.

tetricus, a, um streng, ernstig, stug, somber; — *subst.* **Tetrica,** ae *f (vul aan: rupes) berg in het gebied v.d. Sabijnen.*

tetulī *(arch.) = tuli; zie fero.*

Teucer *en* **Teucrus,** crī *m*
1. *eerste koning v. Troje;* — **Teucrī,** ōrum *en* um *m* de Trojanen *(naar Teucer genoemd)*; **Teucris,** idis *f* Trojaanse vrouw; — *adj.* **Teucr(i)us,** a, um *ook* Trojaans; — **Teucria,** ae *f Troje en omgeving, Troas; meton.* de Trojanen;
2. *zoon v. Telamon (de koning v. Salamis) en Hesione (de door Hercules gevangengenomen zuster v. Priamus), jongere halfbroer v. Ajax en diens strijdmakker bij Troje.*

Teus, ī *f = Teos.*

Teuthrās, antis *m*
1. *koning v. Teuthrania (streek in Mysië);* — *adj.* **Teuthrantēus** *en* **-tius,** a, um [**regna**];
2. *meertje bij Cumae in Campanië.*

Teutoburgiēnsis, e ~ *saltus* het Teutoburger Woud, *waar in 9 n. Chr. de Germaanse Cherusken olv. Arminius een overwinning op de Romeinen olv. Varus behaalden.*

Teutonī, ōrum *en* **Teutones,** um *m Germ. volksstam, die in 113 v. Chr. samen met de Kimbren het Rom. rijk binnendrong, maar door Marius in 102 v. Chr. bij Aquae Sextiae vernietigend verslagen werd;* — *adj.* **Teutonicus,** a, um ook *alg.* Germaans.

tēxī *pf. v. tego.*

texō, texere, texuī, textum
1. weven [**vestem; telam**];
2. vlechten [**casas (ex) harundine**];
3. *patronen* doen ontstaan [**purpura**];
4. *(metaf.)* samenvoegen, in elkaar zetten, vervaardigen, bouwen [**robore naves; basilicam in medio foro**]; *schriftelijk* opstellen [**epistulas cotidianis verbis**].

textile, is *n (textilis)* weefsel.

textilis, e *(texo)*
1. geweven [**stragulum; pestis** vergiftigd gewaad];
2. *(postklass.)* gevlochten.

textor, ōris *m (texo) (poët.; Laatl.)* wever.

textōrius, a, um *(texo) (Sen.)* typisch voor een wever.

textrīnum, ī *n (textrinus)* weverij.

textrīnus, a, um *(textor) (Laatl.)* wevers-, van het weven [**opus** het weven].

textrīx, īcis *f (textor) (poët.; Laatl.)* weefster.

textum, ī *n (texo) (poët.)*
1. weefsel, ihb. kleed, doek [**rude**]; vlechtwerk;
2. *(metaf.)* samenvoeging, bouwsel, raamwerk; ▸ *-a rosis facta* krans v. rozen; *pinea coniungens inflexae -a carinae.*

textūra, ae *f (niet-klass.)*
1. = *textum;*
2. het weven.

textus[1], ūs *m (texo) (poët.; postklass.)*
1. weefsel; vlechtwerk;
2. *(metaf.)* samenvoeging;
3. *(retor.)* inhoudelijke samenhang.

textus[2] *ppp. v. texo.*

texuī *pf. v. texo.*

Thāïs, idis *en* idos *f Griekse vrouwennaam, ihb. v.e. Atheense hetaere;* — *titel v.e. komedie v. Menander.*

Thala, ae *f belangrijke stad in Numidië (in het huidige Tunesië).*

thalamēgos, on *(Gr. leenw.) (Suet.)* voorzien van hutten [**navis**].

thalamus, ī *m (Gr. leenw.) (poët.; postklass.)*
1. kamer, vertrek, *ihb.* slaap-, woonkamer; woning, huis [**Eumenidum**]; cel *in een raat;*
2. echtelijke slaapkamer, echtelijk bed; *meton.* huwelijk; ▸ *vita expers -i* zonder huwelijk.

thalassicus, a, um *(Gr. leenw.) (kom.)* zee- [**color**]; zeemans- [**ornatus**].

thalassinus, a, um *(Gr. leenw.) (Lucr.)* zeegroen.

Thalēs, ētis *en* is *m filosoof uit Milete (eerste helft v.d. 6e eeuw v. Chr.), een v.d. zeven wijzen.*

Thalīa, ae *f*
1. *muze v.h. blijspel en de herderspoëzie;*
2. *dochter v. Nereus, Nereïde, zeenimf;*
3. *dochter v. Zeus, een v.d. drie Gratiën (naast Aglaia en Eufrosyne).*

Thamyrās, ae *en* **Thamyris,** idis *m Thrac. zanger en uitvinder v.e. speciale vorm v.d. citer; verloor een wedstrijd met de muzen en werd met blindheid geslagen.*

Thapsus *en* **-os,** ī *f*
1. *schiereiland en stad aan de O.-kust v. Sicilië, nu* Magnisi;
2. *oorspr. Punische stad in Africa, ten Z. v. Carthago (waar Caesar in 46 v. Chr. een overwinning behaalde op de aanhangers v. Pompeius), nu* Ras Dimass; — *inw.* **Thapsitānī,** ōrum *m.*

Thasus *en* **Thasos,** ī *f eiland in de Egeïsche Zee voor de Thrac. kust, beroemd om zijn marmer;* — *inw. en adj.* **Thasius,** ī *m resp.* a, um.

Thaumās, antis *m vader v. Iris en de Harpijen;* — *adj.* **Thaumantēus,** a, um [**virgo** = Iris]; — *patron.* **Thaumantis,** idos *en* **Thaumantias,** adis *f* dochter v. Thaumas (= Iris).

theātrālis, e *(theatrum)* van het theater, theater-, theatraal [**operae** = claqueurs].

theātricus, a, um *(theatrum) (August.)* van het theater, theater-.

theātrum, ī *n (Gr. leenw.)*
1. theater, schouwburg [**structum utrimque** amfitheater]; ▸ *populi sensus maxime -o perspectus est;*
2. *(poët.)* amfitheater, circus;
3. *(meton.)* publiek *in het theater;* ▸ *-a reclamant; -i clamores; consensus -i;* — *alg.* toeschouwers, -hoorders, menigte [**frequentissimum; Orpheum** van Orpheus];
4. *(metaf.)* schouwtoneel, invloedssfeer [**ingenii**]; ▸ *in -o orbis terrarum versari* voor de ogen v.d. hele wereld.

Thēbae, ārum *f*
1. Thebe, *belangrijkste stad v. Boeotië met de 'zevenpoortige' Cadmea (zie Cadmus) als acropolis, nu* Thiva; — *inw. en adj.* **Thēbānus,** ī *m resp.* a, um; — **Thēbais,** idis *f (a)* Thebaanse vrouw;

(b) *tussen 78 en 90 n. Chr. door Statius geschreven epos in 12 boeken over de strijd rond Thebe;*
2. *het 'honderdpoortige'* Thebe, *Griekse naam voor een stad in Z.-Egypte die lange tijd de belangrijkste stad v. Egypte is geweest, nu* Luxor; *— adj.* **Thēbaïcus,** a, um;
3. ~ Phthīōticae *of* Phthīae *stad in Z.-Thessalië;*
4. *het homerische Thebe in Mysië, verblijfplaats v.d. Cilicische koning Eëtion, geboorteplaats v. Andromache (bij het huidige Edremit); — adj.* **Thēbānus,** a, um; — **Thēbāna,** ae *f* = Andromache.

Thēbē, ēs *f* = Thebae 4.; *Thēbēs campus: gebied ten Z. v.d. berg de Ida.*

thēca, ae *f (Gr. leenw.)* houder, koker, foedraal, doos [**nummaria; graphiaria** voor schrijfgerei].

thema, atis *n (Gr. leenw.) (postklass.)*
1. thema, onderwerp; casus;
2. stand v.d. sterren ttv. de geboorte v.e. mens, horoscoop.

Themis, idis *f godin v. orde en gerechtigheid met belangrijke cultusplaatsen in Delphi en Olympia.*

Themistoclēs, is *en* ī *m Atheens staatsman en veldheer, beroemd dankzij zijn overwinning op Xerxes in de slag bij Salamis (480 v. Chr.); — adj.* **Themistoclēus,** a, um.

thēnsa, ae *f* = *tensa.*

thēnsaur- = *thesaur-.*

Theocritus, ī *m dichter uit Syracuse (ca. 270 v. Chr.), tijdgenoot v. Callimachus, schrijver v. bucolische gedichten en epigrammen.*

Theodectēs, is *en* ī *m Gr. redenaar en tragediedichter uit Cilicië (ca. 350 v. Chr.).*

Theodōrus, ī *m*
1. *sofist uit Byzantium (2e helft v.d. 5e eeuw v. Chr.);*
2. *sofist uit Cyrene, leerling v. Protagoras, tijdgenoot v. Socrates;*
3. *retor uit Gadara (1e eeuw v. Chr.), leermeester v. keizer Tiberius op Rhodos.*

Theognis, is *m Griekse dichter uit Megara (6e eeuw v. Chr.).*

theogonia, ae *f (Gr. leenw.)* afstamming v.d. goden, theogonie; *— titel v.e. epos v. Hesiodus.*

theologia, ae *f (Gr. leenw.) (Laatl.)*
1. leer over goden en goddelijke zaken;
2. *(Mel.)* theologie.

theologicus, a, um *(Gr. leenw.) (Laatl.)* theologisch.

theologus, ī *m (Gr. leenw.)*
1. mytholoog *(iem. die het wezen en de afstamming v. goden bestudeert);*
2. *(Mel.)* theoloog.

Theophanēs, is *m geschiedschrijver uit Mytilene, bevriend met Pompeius.*

Theophrastus, ī *m filosoof en schrijver uit Eresus op Lesbos (ca. 371—287 v. Chr.), leerling v. Plato en Aristoteles, ihb. bekend door zijn karakterschetsen in 30 delen.*

Theopompus, ī *m geschiedschrijver van Chios (gest. na 323 v. Chr.), leerling v. Isocrates; zijn werk werd door Cornelius Nepos en Plutarchus gebruikt; — adj.* **Theopompīus** *en* **-ēus,** a, um.

theōrēma, atis *n (Gr. leenw.) (Gell.)* probleem.

Thēra, ae *f vulkanisch eiland in de Egeïsche Zee, nu* Santorini; *— inw. en adj.* **Thēraeus,** ī *m resp.* a, um.

Thērāmenēs, is *m leerling v.d. sofist Prodicus en een v.d. 30 tirannen in Athene (beiden in 404 v. Chr. ter dood gebracht).*

Therapnae, ārum *f* Therapne, *stad in Laconië ten Z.O. v. Sparta, geboorteplaats v. Helena; — adj.* **Therapnaeus,** a, um ook Spartaans [**marita** = Helena].

thēriacus, a *(of* ē*),* um *(Gr. leenw.)* heilzaam tegen slangenbeten; *— subst.* **-ē,** ae *f* antidotum, tegengif.

Thēriclīus, a, um van Thericles *(beroemde pottenbakker uit Corinthe)* [**pocula**].

thermae, ārum *f (vul aan: aquae)* warme bronnen of baden, thermen.

thermipōlium *en* **thermopōlium,** ī *n (Gr. leenw.) (Plaut.)* café waar warme dranken geschonken worden.

Thermōdōn, ontis *m rivier in Pontus, waarbij de Amazonen woonden, nu de* Terme Çayı; *— adj.* **Thermōdontiacus, -tēus** *en* **-tius,** a, um.

thermopōlium *zie thermipolium.*

thermopotō, thermopotāre *(Gr. leenw.) (Plaut.)* met warme drank laven *of* verkwikken [**gutturem**].

Thermopylae, ārum *f (Gr. leenw., eig.* 'warme poorten'*) smalle weg tussen Thessalië en Locris bij de berg de Oeta met geneeskrachtige zwavelbronnen, die aan Hercules gewijd waren; beroemd door de dood v. 300 Spartanen en hun bondgenoten olv. Leonidas, die voor de overmacht v.d. Perzen moesten zwichten (480 v. Chr.).*

thermulae, ārum *f (demin. v. thermae) (Mart.)* = *thermae.*

Thēromedōn, ontis *m Scyth. koning die leeuwen als lijfwacht had, die hij mensenvlees voerde.*

Thersītēs, ae *m Griek die bij Troje vocht, berucht vanwege zijn lelijkheid en onbeschaamdheid; (post-*

klass.) alg. summum v. verachtelijkheid; lasteraar, opruier.

thēsaurārius, a, um *(thesaurus) (Plaut.)* van een schat [**fur**].

thēsaurizō, thēsaurizāre *(thesaurus) (eccl.)*
1. schatten verzamelen;
2. *(metaf.)* oppotten, opkroppen; ▸ *thesaurizans tibi iram in die irae (Vulg.).*

thēsaurus, ī *m (Gr. leenw.)*
1. rijke voorraad, schat [**auri**; *metaf.* **mali**]; ▸ *-um effodere, obruere; (sprw.) carbonem pro -o invenire (Phaedr.);*
2. *(meton.)* schatkamer [**Proserpinae** in de tempel v. Proserpina; **publicus**];
3. *(poët.; postklass.)* voorraadkamer; ▸ *servata mella -is;*
4. *(metaf.)* vindplaats [**argumentorum**]; ▸ *~ omnium rerum est memoria (Cic.).*

Thēseūs, eī *en* eos *m koning v. Athene, zoon v. Aegeus, vader v. Hippolytus, vriend v.d. Lapithenkoning Pirithoüs, doodde de Minotaurus op Kreta; daarvandaan ontvoerde hij Ariadne, die hij op Naxos achterliet; vervolgens trouwde hij met Phaedra;* — *patron.* **Thēsīdēs,** ae *m* = Hippolytus; *plur.* = de Atheners; — *adj.* **Thēsē(i)us,** a, um *ook* Atheens.

thesis, is *f (acc.* -in, *abl.* -ī) *(Gr. leenw.) (postklass.)*
1. *(retor. t.t.)* stelling, these;
2. *(metr. t.t.)* daling *van de stem (itt. arsis: stijging).*

Thespiae, ārum *f stad in Boeotië ten O. v.d. Helicon;* — *adj.* **Thespius,** a, um, *fem. ook* **Thespias,** adis [**deae** = de muzen, *die ihb. op de Helicon vereerd werden*]; *subst.* **Thespiades,** um *f* de muzen; — *inw.* **Thespiēnsis,** is *m.*

Thespis, idis *m uit Icaria, grondlegger v.d. Att. tragedie in de periode voor Pisistratus, tijdgenoot v. Solon.*

Thesprōtia, ae *f landstreek in Epirus tegenover Corcyra (nu Korfoe);* — *inw. en adj.* **Thesprōtius,** ī *m resp.* a, um.

Thessalia, ae *f* Thessalië, *landstreek in N.O.-Griekenland;* — *inw.* **Thessalus,** ī *m, fem.* **Thessalis,** idis; — *adj.* **Thessal(ic)us,** a, um [**victor** = Achilles *uit Phthia in Thessalië;* **tela** = van Achilles; **pinus** = het schip de Argo; = **venena** toverkruiden *(Thessalië werd beschouwd als centrum v.d. toverkunst);* **vox** toverspreuk], *poët.* **Thessalius,** a, um, *fem. ook* **Thessalis,** idis.

Thessalonīca, ae *en* **-ē,** ēs *f stad aan de Macedon. kust (voorheen Therme), nu Thessaloniki;* — *inw.* **Thessalonīcēnsis,** is *m.*

Thestius, ī *m koning v. Aetolië;* — *patron.* (a) **Thestiadēs,** ae *m* = Meleager, Plexippus *of* Toxeus; (b) **Thestias,** adis *f vrl. nakomeling v. Thestius* = Althaea, Leda *of* Hypermestra.

Thestoridēs, ae *m* = *de ziener Calchas, zoon v. Thestor.*

Thetis, idis *f (acc.* -im *en* -in; *abl.* -ī) *Nereïde, dochter v. Nereus en Doris, echtgenote v. Peleus, moeder v. Achilles;* zeegodin; *(poët.) meton.* zee; groot waterbekken.

thiasus, ī *m (Gr. leenw.)* uitgelaten dans, *ihb.* ter ere v. Bacchus; *(poët.) meton.* schare bacchanten; dansend koor.

Thirmida, ae *f stad in Numidië.*

Thisbē, ēs *f*
1. *geliefde v. Pyramus;*
2. *stad in Boeotië;* — *adj.* **Thisbaeus,** a, um.

Thoā(n)s, antis *m*
1. *myth. koning v. Tauris, zoon v. Borysthenes, bij wie Iphigenia priesteres v. Artemis was, door Orestes gedood;* — *adj.* **Thoantēus,** a, um *ook* Taurisch;
2. *koning v. Lemnos, zoon v. Dionysus en Ariadne;* — **Thoantias,** adis *f dochter v. Thoas* = Hypsipyle.

tholus, ī *m (Gr. leenw.) (niet-klass.)* rond gebouw met een koepeldak.

thōrācātus, a, um *(thorax) (postklass.)* gepantserd.

thōrāx, ācis *m (Gr. leenw.)*
1. borstharnas, pantser;
2. *(postklass.)* wambuis, vest [**laneus**];
3. bovenste deel v.h. lichaam, borstkas, romp.

thōs, thōis *m (Gr. leenw.) (Plin. Mai.)* jakhals.

Thrācia, Thrāca, Thrēcia, Thrācē, Thrēcē *en* **Thraeca,** ae *f* Thracië, *landstreek ten N.O. v. Griekenland;* — **Thrāx,** ācis *en* **Thraex,** aecis *m* Thraciër; *meton.* = gladiator in Thracische uitrusting; **Thraessa, Thrēssa** *en* **Thraeissa,** ae *f* Thracische vrouw; — *adj.* **Thrācius, Thraecius, Thrēcius, Thrēicius,** a, um *en* **Thrāx,** ācis *(m).*

Thraecidica, ōrum *n* wapens v.e. Thraciër, *die bij gladiatorengevechten gebruikt werden.*

Thraecius, Thraessa, Thraeissa, Thraex *zie Thracia.*

thrasciās, ae *m (Gr. leenw.) (postklass.)* N.N.W.-wind.

Thrasybūlus, ī *m Atheens politicus, vlootaanvoerder en veldheer; verdreef in 403 v. Chr. de 30 tirannen uit Athene, herstelde de democratie en probeerde de Att. heerschappij op zee nieuw leven in te blazen.*

Thrāx, Thrēcē, Thrēcia, Thrēcius, Thrēicius, Thrēssa *zie Thracia.*

thronus, ī m (Gr. leenw.) (postklass.) troon.

Thūcȳdidēs, is en ī m *Atheens geschiedschrijver (ca. 455—396 v. Chr.); zijn beschrijving v.d. Peloponnesische oorlog (431—404 v. Chr.) loopt tot 411/10 v. Chr.*; — adj. **Thūcȳdidīus,** a, um.

Thūlē en **Thȳlē,** ēs f *verondersteld eiland in het noorden (IJsland, Noorwegen of een v.d. Shetlandeilanden).*

thunnus, ī m = *thynnus.*

Thūriī, ōrum m en **-ae,** ārum f *stad in Lucanië, met Atheense hulp op de plaats v.h. door Croton verwoeste Sybaris gebouwd*; — inw. en adj. **Thūrīnus,** ī m resp. a, um; — **Thūrīnum,** ī n gebied dat Thurii toebehoort.

thūs, ūris n = *tus.*

thya, ae f (Gr. leenw.) (postklass.) = *citrus.*

Thyamis, idis m *rivier en voorgebergte in Epirus, nu de Kalamas.*

Thybris, idis m (acc. -im en -in; abl. -ī; vocat. -i) (poët.) = *Tiberis.*

Thyestēs, ae en is m *zoon v. Pelops en Hippodamia, broer v. Atreus en vader v. Aegisthus*; ▸ *cena Thyestae (waarbij hem zijn eigen zonen door Atreus werden voorgezet)*; — patron. **Thyestiadēs,** ae m = Aegisthus; — adj. **Thyestēus,** a, um.

Thyias, adis f (Gr. leenw.) (poët.) bacchante, ihb. v. *Attische en Delphische afkomst.*

thyius, a, um (*thya*) (poët.) = *citreus.*

thȳlacista, ae m (Gr. leenw.) (Plaut.) iem. die offeranden in een zak inzamelt.

Thȳlē zie *Thule.*

thymbra, ae f (Gr. leenw.) (poët.; postklass.) bonenkruid.

thymelicus, a, um (Gr. leenw.) (Laatl.) van het theater, theater- [**ludi** spelen met zang en dans].

thymum, ī n en **-us,** ī m (Gr. leenw.) (poët.; postklass.) tijm.

Thȳnia, ae f *het noorden v. Bithynië dat door de Thrac. Thyniërs bewoond werd*; — inw. **Thȳnī,** ōrum m; — adj. **Thȳneius Thȳnus** en **Thȳniacus,** a, um.

thynnus, ī m (Gr. leenw.) (niet-klass.) tonijn.

thyon, ī n (Gr. leenw.) (postklass.) = *citrus.*

Thyōnē, ēs f (Gr. leenw. 'de razende', vgl. *Thyias*) *cultusnaam v. Semele, de moeder v. Bacchus*; — patron. **Thyōneus,** eī m = Bacchus; — **Thyōniānus,** ī m attrib. bacchisch [**merus**].

Thyreātis, idis (f) van Thyrea (*stad in Argolis*).

Thyreum, ī n *stad in Acarnanië, ten Z. v.d. Sinus Ambracicus*; — inw. **Thyriēnsēs,** ium m.

thyrsi-ger, gera, gerum (*thyrsus en gero*) (poët.) de thyrsus dragend.

thyrsus, ī m (Gr. leenw.) (poët.; postklass.)
1. stengel, stronk;
2. thyrsus, *de met klimop en wijnranken omwonden Bacchusstaf.*

Ti. (afk.) = *Tiberius.*

tiāra, ae f en **tiārās,** ae m (Gr. leenw. v. oosterse herkomst) (poët.; postklass.) tiara, tulband.

Tib. (afk.) = *Tiberius.*

Tiberis, is m (acc. -im, abl. -ī) *de rivier de Tiber, die door Rome stroomt, nu de Tevere*; (poët.) meton. de riviergod Tiber; — adj. **Tiberīnus,** a, um, *fem.* ook **Tiberīnis,** idis; — **Tiberīnus,** ī m *de rivier en riviergod Tiber, meestal pater Tiberīnus, ook de naam v.d. koning v. Alba, waaraan de rivier haar naam zou hebben ontleend.*

Tiberius, ī m *Rom. voornaam (afk. Ti. en Tib.)*; ihb. ~ Claudius Nero, *als keizer Tiberius voll.*: ~ (Iulius) Caesar Augustus (*geb. in 42 v. Chr., reg. 14—37 n. Chr.*); — demin. **Tiberiolus,** ī m (Tac.) de lieve Tiberius; — adj. **Tibere(i)us** en **Tiberiānus,** a, um.

tībia, ae f
1. (poët.; postklass.) scheenbeen;
2. (meton.) (*de oorspr. v. been gemaakte*) fluit, pijp (*meestal plur., omdat normaal op twee door een mondstuk verbonden fluiten werd gespeeld*) [**dextra** discantfluit; **sinistra** basfluit; **impares** dubbelfluit]; ▸ *-arum cantus* fluitspel; *-is canere* fluit spelen.

tībiālia, ium n (*tibia*) (postklass.) banden om het been (*ter bescherming*); (Mel.) maillot, soort kousen.

tībī-cen[1], cinis m (*tibia en cano*) fluitspeler, fluiter; ▸ *ad tibicinem* met fluitbegeleiding.

tībīcen[2], inis m (poët.) pijler, zuil, stut.

tībīcina, ae f (*tibicen*[1]) fluitspeelster.

tībīcinium, ī n (*tibicen*[1]) fluitspel.

Tibullus, ī m *Rom. cogn.*: Albius ~ (*ca. 50—19 v. Chr.*), *elegisch dichter uit de dichterskring rond Messala.*

Tībur, uris n (abl. -e, loc. -ī) *stad in Latium bij de watervallen v.d. Anio, vakantieoord v.d. rijke Romeinen in de zomer, waar veel villa's stonden; beroemd is de villa v. Hadrianus in het gebied ten Z.W. v.d. stad; nu Tivoli*; — inw. **Tībur̄s,** urtis en **Tībur(tī)nus,** ī m; — adj. **Tīburs,** urtis en **Tībur(tī)nus,** a, um; — **Tīburtīnum,** ī n (*vul aan: praedium*) landgoed bij Tibur; — **Tīburnus, Tīburtus,** ī m *myth. stichter v. Tibur.*

Tīcīnum, ī n *stad op de plaats waar de Ticinus in de*

Po stroomt, later Papia, nu Pavia.

Tīcīnus, ī *m zijrivier v.d. Po, nu de Ticino (waar Hannibal de Romeinen olv. P. Cornelius Scipio in 218 v. Chr. overwon).*

Tīfāta, ōrum *n bergachtig gebied in Campanië ten N. v. Capua.*

Tifernum, ī *n*

1. *stad in Umbrië aan de Tiber, in de buurt v.h. huidige Città di Castello;*

2. *stad in Samnium aan de rivier en bij de berg* **Tifernus,** ī *m, nu resp.* de Biferno *en* Monti del Matese.

tigillum, ī *n (demin. v. tignum)* kleine balk, balkje.

Tigillus, ī *m (tigillum) bijnaam v. Jupiter.*

tignārius, a, um *(tignum)* tot het timmerhout behorend, van timmerhout [**faber** timmerman].

tignum, ī *n* balk, timmerhout [**transversum** dwarsbalk; **cavum** vaartuig].

Tigrānēs, is *m naam v. zes Armeense koningen in de 1e eeuw voor en na Chr.*

Tigrāno-certa, ōrum *n en* ae *f* 'Tigranesstad', *door Tigranes I gestichte, nieuwe hoofdstad v. Groot-Armenië (naast het oude Artaxata).*

tigrīnus, a, um *(tigris) (Plin. Mai.)* getijgerd, gevlekt *als een tijgervel.*

tigris, is *en* idis *m en f (acc.* -im, -in *en* -idem; *abl.* -ī *en* -ide; *plur. meestal* **tigrēs,** ium) *(poët.; postklass.)*

1. tijger;

2. *(meton.)* **(a)** tijgervel; **(b)** *ook als naam voor andere beesten en voor een schip.*

Tigris, is *en* idis *m (acc.* -im *en* -idem; *abl.* -ī, -e *en* -ide) *de rivier* de Tigris *in Mesopotamië.*

Tigurīnī, ōrum *m Helvetische volksstam resp. een v.d. vier belangrijkste gewesten v.d. Helvetiërs;* — *adj.* **Tigurīnus,** a, um.

tilia, ae *f (poët.)* linde.

Tīmaeus, ī *m*

1. *pythagoreeër uit Locri in Z.-Italië, tijdgenoot v. Plato, die een dialoog naar hem noemde;*

2. *Gr. geschiedschrijver uit Tauromenium op Sicilië (ca. 350—260 v. Chr.).*

Tīmāgenēs, is *m redenaar en geschiedschrijver ttv. Augustus.*

Timāvus, ī *m rivier in Istrië die bij Triëst in zee stroomt, nu de* Timavo.

time-factus, a, um *(timeo en facio)* verschrikt, geïntimideerd.

timeō, timēre, timuī, —

1. vrezen, bang zijn voor *(m. acc.; wegens, mbt.: de; m. afh. vr.* = zich angstig afvragen; *m. ne:* dat; *m. ut of ne non:* dat niet; *soms m. aci.* = angstig waarnemen *of* geloven, verwachten) [**hostem; mortem; morbos; meos; iudicium; de re publica; nihil de bello**]; — *p. adj.* **timēns,** *gen.* entis angstig [**animus**]; — *subst.* **timentēs,** ium *m* angsthazen; — *gerundivum* **timendus,** a, um *(poët.; postklass.)* te vrezen, geducht, verschrikkelijk;

2. bezorgd zijn voor, om *(m. dat.)* [**libertati; suis rebus; huic loco; sibi; comiti**];

3. *(m. inf.)* aarzelen, schromen [**facere alqd**].

timiditās, ātis *f (timidus)* angst, schuchterheid; *meton. (plur.)* tekenen van angst.

timidulē *adv. (demin. v. timidus)* een beetje bang.

timidus, a, um *(timeo)* angstig, schuchter, vreesachtig, behoedzaam *(voor: ad; in m. abl.; gen.; m. inf.; ne [non])* [**ad mortem; in labore militari; deorum; pro patria mori**].

Tīmoleōn, ontis *m Corinthische legeraanvoerder (ca. 411—337 v. Chr.), die de hegemonie v. Syracuse op Sicilië herstelde;* — *adj.* **Tīmoleontēus,** a, um.

Timōlus, ī *m (poët.)* = *Tmolus.*

Tīmōn, ōnis *m spreekwoordelijk geworden mensenhater uit Athene ttv. Pericles en Aristophanes;* — *adj.* **Tīmōnēus,** a, um.

timor, ōris *m (timeo)*

1. angst, bezorgdheid *(voor, om: gen. of ab; bovendien m. dezelfde constructies als het verbum timēre: m. de; m. inf.; m. ne, ut, ne non; m. aci.)* [**regis; mortis; poenae; externus** voor een buitenlandse vijand; **caecus; vanus**]; ▸ *timorem alci inicere; alqm timore afficere; omnem timorem abicere; in magno timore esse* in grote angst verkeren en *(v. zaken)* grote angst veroorzaken; *hoc timore* uit angst daarvoor; *timoris causā; prae timore in genua concidere; timore perterritus;* — *plur.* gevoelens van angst: *multi et varii timores; timores omnium mentes pervagantur (Cic.);*

2. *(poët.)* vreesachtigheid, schroom [**virgineus**];

3. *(poët.)* religieus ontzag, heilige schroom *(voor: gen.)* [**deorum**];

4. *(poët.)* voorwerp van angst, schrik [**latronibus**];

5. *(poët.) personif.* **Timor** *(als god v.d. angst of boze demon)* Vrees, Ontsteltenis.

timōrātus, a, um *(timor) (eccl.)* godvrezend.

Tīmotheus, ī *m*

1. *zoon v. Conon, Atheens legeraanvoerder, strateeg vanaf 376/75 v. Chr.;*

2. *musicus uit Milete (ca. 450—360 v. Chr.).*

timuī *pf. v. timeo.*

tīnctilis, e *(tingo) (Ov.)* waarin iets gedoopt wordt [**virus**].

tīnctūra, ae *f (tingo) (Plin. Mai.)* het verven *of* kleuren.

tīnctus *ppp. v. tingo.*

tinea, ae *f (poët.; postklass.)* mot; rups.

Tingi, *acc.* in *f stad in Mauretanië, een tijd door de Puniërs bezet, later de belangrijkste stad v.d. provincie Mauretania Tingitana; nu* Tanger; — *adj.* **Tingitānus,** a, um [**provincia** *nu* Marokko].

tingō, tingere, tīnxī, tīnctum *(ook* tinguō, tinguere*)*
1. natmaken, bevochtigen, bestrijken [**ora lacrimis; corpora lymphis; fontem medicamine** vergiftigen]; besmeuren [**tunicam sanguine**]; onderdompelen, (in)dopen *(in: abl. of in m. abl.)* [**aequore; faces in amne** = uitdoven];
2. *(poët.; postklass.)* verven, kleuren [**poma puniceo colore; comam**]; — *subst. p. adj.* **tīncta,** ōrum *n* geverfde, bonte voorwerpen;
3. *(metaf.)* doordrenken *of* voorzien van *(m. abl.)* [**loca lumine** verlichten]; ▸ *orator tinctus litteris; Laelia patris elegantiā tincta.*

tinnīmentum, ī *n (tinnio) (Plaut.)* getingel.

tinniō, tinnīre
1. *(pre- en postklass.)* rinkelen, tinkelen, klinken [**tintinnabulum**];
2. *(pre- en postklass.)* geluid laten horen, luid zingen, schreeuwen; ▸ *nimium iam tinnis (Plaut.)* ik ben jouw mooie praatjes zat;
3. met geld rinkelen = betalen.

tinnītus, ūs *m (tinnio) (poët.; postklass.)*
1. het rinkelen, gerinkel, *vaak plur.;* ▸ *tinnitūs dare* rinkelen; *tinnitūs ciere* gerinkel laten horen;
2. *(metaf.) plur.* mooie praatjes.

tinnulus, a, um *(tinnio) (poët.)* klinkend, schallend [**aera; vox**].

tintin(n)ābulum, ī *n (tintinno) (poët.; postklass.)* bel.

tintinnāculus, a, um *(tintinno) (Plaut.)* rinkelend; *viri -i* 'rinkelende mannen', *die de misdadigers kettingen omdeden.*

tintin(n)ō, tintin(n)āre *(tinnio) (poët.)* rinkelen; *(v. oren)* suizen.

tīnus, ī *f (poët.; postklass.)* sneeuwbal *(laurierachtige struik).*

tīnxī *pf. v. tingo.*

tippula, ae *f (preklass.)* waterspin.

Tīresiās, ae *m blinde waarzegger en adviseur v. veel koningen in Thebe; alg. (Juv.)* = blinde.

Tīridātēs, ae *m Parthische en Armeense koningsnaam.*

tīrō, ōnis *m*
1. rekruut; — *attrib.* nog ongeoefend [**exercitus**]; ▸ *aetas, legio tironum;*
2. *(metaf.)* (a) beginner, nieuweling, leerling; ▸ *homo non aetate, sed exercitatione* ~ ; (b) *(poët.; postklass.)* jongeman, na *het aantrekken v.d. toga virilis;* ▸ *deductus in forum* ~ ;
3. *(Mel.)* (a) page, knecht [**dei**]; (b) held.

Tīrō, ōnis *m vrijgelatene en secretaris v. Cicero, uitvinder v.d. Rom. stenografie, die uit afkortingen en bijzondere tekens bestaat en tot in de Middeleeuwen werd gebruikt;* — *adj.* **Tīrōniānus,** a, um [**notae Tironianae** steno].

tīrōcinium, ī *n (tiro)*
1. eerste militaire dienst, rekrutentijd;
2. *(meton.)* de rekruten;
3. onervarenheid (in het militaire bedrijf);
4. *(metaf.)* (a) eerste openbare optreden [**fori**]; ▸ *dies -i;* (b) proef [**eloquentiae**]; ▸ *-um ponere* afleggen;
5. *(Mel.)* toernooi.

tīrunculus, ī *m (demin. v. tiro) (postklass.)*
1. jonge soldaat;
2. *(metaf.)* beginner, nieuweling.

Tīrynthius, a, um
1. uit Tiryns *(stad in Argolis, waar Hercules zou zijn opgevoed; geboorteplaats v. zijn moeder Alcmene)* [**iuvenis, heros** = Hercules]; — *subst.* **Tīrynthius,** ī *m* = Hercules; **Tīrynthia,** ae *f* = Alcmene;
2. van Hercules [**tela**].

tīs *arch. gen. v. tu (= tui).*

tisana, ae *f en* **tisanārium,** ī *n* = ptisan-.

Tīsiphonē, ēs *f* 'wreekster v.d. moord', *een v.d. drie Furiën (naast Allecto en Megaera);* — *adj.* **Tīsiphonēus,** a, um = misdadig, onder invloed v. Tisiphone.

Tītān, ānis *en* **Tītānus,** ī *m* Titan, *ihb. de zonnegod Helius als zoon v.d. titan Hyperion of Prometheus als zoon v.d. titan Japetus; meestal plur.* titanen, *godengeslacht, zes zonen v. Uranus (hemel) en Gaea (aarde): Cronus (Saturnus), Hyperion, Oceanus, Coeus, Crius, Japetus; zij brachten Uranus ten val, maar moesten vervolgens wijken voor Cronus en werden tenslotte door Zeus overwonnen (titanomachie) en in de Tartarus geworpen;* — *patron.* **Tītānis,** idis *en* **Tītānia,** ae *f vrl. nakomeling v.e. titan,* vrl. titan, titanendochter *(bv. Circe als dochter v.*

Helius; Latona als dochter v. Coeus; Pyrrha als kleindochter v. Japetus; Tethys als zuster v.d. titanen; Diana als dochter v. Latona en zuster v. Helius); — *adj.* **Tītāni(ac)us,** a, um, *fem.* ook **Tītānis,** idis en idos titanen-.

Tīthōnus, ī *m zoon v. Laomedon, broer v. Priamus, echtgenoot v. Aurora, op wier verzoek hij onsterfelijkheid, maar geen eeuwige jeugd verkreeg; hij schrompelde ten slotte ineen tot een krekel*; — *adj.* **Tīthōnius,** a, um.

Titiēs, ium *en* **Titiēnsēs,** ium (*Liv.* -um) *m*
1. *de leden v. een v.d. oudste drie patric. triben in Rome (naast de Ramnes en Luceres)*;
2. *de leden v.d. gelijknamige riddercenturie, die Romulus uit de tribus zou hebben gevormd.*

tītillātiō, ōnis *f* (*titillo*) het kietelen; (*metaf.*) prikkel, verleiding, bekoring [**voluptatum**].

tītillō, tītillāre kietelen; (*metaf.*) prikkelen [**sensūs**].

tītiō, ōnis *f* brandend stuk hout.

Titius, a, um
1. *naam v.e. Rom. gens; ook adj.: lex -a (over de quaestuur) genoemd naar Sex.* ~, *volkstribuun in 99 v. Chr.*;
2. sodales Titii *door de Sab. koning Titus Tatius gesticht priestercollege, dat door Augustus opnieuw werd opgericht.*

tittibil(l)īcium, ī *n* (*Plaut.*) kleinigheidje.

titubanter *adv.* (*titubo*) wankelend, onzeker.

titubantia, ae *f* (*titubo*)
1. het wankelen;
2. (*Suet.*) (*metaf.*) het stamelen [**linguae**].

titubātiō, ōnis *f* (*titubo*)
1. (*postklass.*) het wankelen;
2. (*metaf.*) onzekerheid, verlegenheid.

titubō, titubāre
1. (*poët.; postklass.*) wankelen, wiebelen, waggelen; ▸ *Silenus titubans annisque meroque*; — *p. adj.* **titubātus,** a, um wankel (geworden) [**vestigia**];
2. (*metaf.*) weifelen, onzeker zijn;
3. struikelen, een fout maken, falen; ▸ *sin quid titubatum* maar als niet alles naar wens gegaan zou zijn;
4. stamelen, stokken; ▸ *lingua titubat.*

titulō, titulāre (*titulus*) (*postklass.*) van een opschrift voorzien, benoemen.

titulus, ī *m*
1. plakkaat, bord, uithangbord, etiket, label;
2. opschrift, inscriptie [**statuae; templi; sepulcri** grafschrift];
3. (*postklass.*) titel *van een boek*; ▸ *materiam libri ex -o cognosces*;
4. (*poët.; postklass.*) bekendmaking, kennisgeving, aankondiging (*van de verkoop v.e. huis of een veiling*); ▸ *sub -um ire* door een aankondiging te koop aangeboden worden; *alqd sub -um mittere* iets te koop aanbieden;
5. eretitel, -naam; ▸ *sustinere -um consulatūs*;
6. (*meton.*) eer, roem, aanzien [**victoriae**]; *plur.* roemvolle daden, verdiensten;
7. (*metaf.*) zogenaamde reden, voorwendsel; ▸ *-um praetendere of praeferre alci rei* als reden voorwenden;
8. (*jur.*) titel, rechtsgrond.

Titus, ī *m* Rom. *voornaam (afk. T.)*:
1. ~ Flavius Sabinus Vespasianus, *als keizer Titus bekend, zoon en opvolger v. keizer Vespasianus (reg. 79—81 n. Chr.)*;
2. ~ Tatius, *Sab. koning.*

Tityos, ī *m zoon v. Gaea, reus op Euboea, die Latona wilde ontvoeren; voor straf werd hij in de onderwereld vastgeketend, waar twee gieren zijn lever aanvraten, die elke maand weer aangroeide.*

Tītyrus, ī *m naam v.e. herder in Vergilius' Bucolica*; — *alg.* (*poët.*) (a) herder; (b) Vergilius' Bucolica; (c) *Vergilius zelf.*

Tmaros, ī *m berg bij Dodona in Epirus.*

Tmōlus, ī *m gebergte (nu de Boz Dağ) en stad in Lydië (nu Gökkaya) bij Sardes (Kl.-Azië), ook de berggod (Ov.)*; — *adj.* **Tmōlītēs,** is (*m*) *en* **Tmōlius,** a, um; — **Tmōlius,** ī *m* wijn van de Tmolus.

toculliō, ōnis *m* woekeraar.

todillus, a, um (*Plaut.*) *adj. v.e. onbekende vogelsoort.*

tōfīnus, a, um (*tofus*) (*Suet.*) van tufsteen.

tōfus, ī *m* (*poët.; postklass.*) tuf(steen).

toga, ae *f* (*tego*)
1. toga, *het officiële bovenkleed v.d. Romeinen, die daaraan de benaming togati of gens togata ontleenden; de toga werd in vredestijd gedragen; ook was het de kleding v. prostituees, omdat zij geen recht hadden om de stola te dragen; de toga was gemaakt van wol en had een rechte en een halfronde zoom; zij werd zo over de linkerschouder geslagen dat ze tot de voeten hing en de linkerhand en de rechterarm vrijliet; de toga was gew. wit en niet afgezet* [**pura, virilis**]; *mensen in de rouw en aangeklaagden droegen een donkere tot zwarte toga* [**pulla, sordida**]; *kandidaten voor een ambt verschenen publiekelijk in een glanzend witte toga* [**candida**]; *vrijgeboren jongens onder de 17 jaar, curulische magistraten en priesters droegen een toga met purperen zoom*

[praetexta];
2. vredesgewaad; (*meton.*) vrede; ▸ *cedant arma -ae;*
3. *meton.* (a) (Tib.) hoertje; (b) (Mart.) (*sg. en plur.*) cliënten.

togāta, ae *f* (*togatus*) (*vul aan: fabula*) *nationale komedie v.d. Romeinen* (*die het Rom. leven in Rom. kleding als onderwerp had*).

togātārius, ī *m* (*togatus*) (*Suet.*) toneelspeler in *een togata.*

togātulus, ī *m* (*demin. v. togatus*) (Mart.) arm cliëntje.

togātus (*toga*)
I. *adj.* a, um
1. in toga gekleed, echt Romeins [**Gallia** = Gallia Cisalpina; **gens** = de Romeinen; **ancilla** = hoer];
2. in vredesgewaad;
3. (Mart.; Juv.) van cliënten [**turba; opera** cliëntendienst];
II. *subst.* ī *m*
1. Rom. burger;
2. burger in vredesgewaad;
3. (Juv.) cliënt.

togula, ae *f* (*demin. v. toga*) kleine *of* gekke toga.

Tolēnus, ī *m rivier in het gebied v.d. Sabijnen, nu de* Turano.

tolerābilis, e (*tolero*)
1. dragelijk, redelijk [**poëta; poena**];
2. geduldig; ▸ *alqd tolerabilius pati, ferre.*

tolerandus, a, um (*eig. gerundivum v. tolero*) dragelijk.

tolerāns, *gen.* antis (*p. adj. v. tolero*) verdragend, duldend (*m. gen.*) [**laborum**]; geduldig; ▸ *dolorem toleranter ferre.*

tolerantia, ae *f* (*tolero*) het geduldig verdragen, het dulden [**rerum humanarum; malorum**]; *abs.* geduld.

tolerātiō, ōnis *f* (*tolero*) kracht om te verdragen (*m. gen.*) [**dolorum**].

tolerō, tolerāre
1. verdragen, uithouden, dulden [**obsidionem; aequo animo servitutem; dolorem; sitim; hiemem; militiam; tributa** opbrengen; **famem alqa re** stillen met; **sumptūs** bestrijden]; (*ook m. aci. en* [*postklass.*] *inf.*);
2. *abs.* het uithouden, volharden [**paulo longius parcendo**];
3. onderhouden, voeden [**equos; corpus; vitam** rekken]; ▸ *his rationibus equitatum* ~ ;
4. (Plaut.) ondersteunen, dragelijk maken [**egestatem; paupertatem eri et meam servitutem**].

Tolētum, ī *n stad in Spanje, nu* Toledo; — *inw.* **Tolētānī,** ōrum *m.*

tollēnō, ōnis *m* hefboom, kraan; belegeringswerktuig.

tollō, tollere, sustulī, sublātum
I. opheffen:
1. op-, omhoogheffen, in de hoogte heffen, optillen, verheffen, oprichten [**manūs ad caelum; alqm in caelum; caput; oculos** opslaan; **gradum; (de) terrā; saxa de terra; iacentem; alqm in crucem** kruisigen; **ignem** een vuur als signaal doen oplichten; **sortes** loten; **freta** opzwepen]; *planten* doen groeien; — *se* ~ *en pass. tolli* zich verheffen, zich omhoogwerken; (*v. planten*) groeien; ▸ *se* ~ *a terrā; se* ~ *super aequora in auras; aquila se in sublime tollit; dea tollitur alis* vliegt weg;
2. (*milit.*) *signa* ~ (de veldtekens opnemen =) opbreken;
3. (*naut.*) *ancoras* ~ de ankers lichten; ▸ *sublatis ancoris;*
4. in de hoogte bouwen [**tectum altius**];
5. *in een vervoermiddel* opnemen, aan boord nemen [**alqm in currum, in navem, in lembum, raedā,** *ook* **in equum**]; tot zich (*ad se*) *of* met zich (mee)nemen; (*v.e. vaartuig*) aan boord nemen, laden, *pf.* aan boord hebben; ▸ *naves quae equites tollunt; tollite me, Teucri;*
6. (*metaf.*) op zich nemen [**partem oneris; poenas** straf ondergaan];
7. (*geschreeuw, gelach e.a.*) aanheffen, beginnen [**clamorem in caelum; risum; cachinnum**]; ▸ *clamor a vigilibus tollitur; anguis tollit minas* richt zich dreigend op;
8. (*met lofprijzingen*) verheffen, verheerlijken, ophemelen [**alqm verissimis laudibus in caelum; alqm altius dicendo; alqm honoribus** iem. een erebaan geven]; ▸ *supra modum se tollens oratio;*
9. (*moedelozen*) opbeuren, bemoedigen, troosten [**afflictum; amicum epistulā**];
10. *animum en animos* ~ opbeuren (*m. dat.*); *abs.* moed vatten;
11. trots maken; ▸ *sublatus victoriā* trots op; *proelio sublati Helvetii;*
12. grootbrengen, opvoeden [**natum filium; liberos; liberos ex Fadia; filium Neronem ex Agrippina**];
II. wegnemen:
1. wegnemen, -brengen, verwijderen, aan de kant zetten, *ook metaf.* [**praedam; posita; si-**

mulacra ex delubris; pecuniam e fano; frumentum de area; hostibus agros afnemen; dolores; morbum facile; metum ex animo; alci metum, errorem, luctum *e.d.* ontnemen, wegnemen van]; *mensam* ~ afruimen; *(poët.)* *gerechten e.d.* wegnemen [cibos; pocula]; ▸ *mensam tolli iubet;* — *personen* uit de weg ruimen [alqm veneno, ferro; alqm e *of* de medio];
2. *(metaf.)* *(wetten, ambten e.d.)* afschaffen, opheffen [veteres leges novis legibus; comitia; dictaturam ex re publica; Areopagum; decemviralem potestatem]; ▸ *deos* ~ het bestaan v.d. goden ontkennen;
3. beëindigen [bellum; querelas];
4. vernietigen, verdelgen [Carthaginem funditus verwoesten; amicitiam; memoriam rei uitbannen]; ▸ *id nomen ex omnibus libris tollatur;*
5. *met praten* verknoeien [tempus, diem dicendo]; *pass.* verloren gaan.

Tolōsa, ae *f stad in Gallia Narbonensis, nu* Toulouse; — *inw.* **Tolōsātēs,** ium *m;* — *adj.* **Tolōsānus,** a, um *en* **Tolōsēnsis,** e.

tolūtārius, a, um *(tolutim) (Sen.)* dravend [equus draver, telganger].

tolūtim *adv.* *(tollo) (pre- en postklass.)* in draf.

tomāc(u)lum, ī *n (postklass.)* braadworst.

tōmentum, ī *n (tumeo) (pre- en postklass.)* vulling v.e. kussen.

Tomī, ōrum *m en* **Tomis,** idis *f stad in Moesië aan de Zwarte Zee, verbanningsoord v. Ovidius vanaf 8 n. Chr., nu* Constanţa; — *inw.* **Tomītae,** ārum *m;* — *adj.* **Tomītānus,** a, um.

tōmix, icis *f (Gr. leenw.)* snoer, touw.

tomus, ī *m (Gr. leenw.)*
1. *(Mart.)* (afgesneden) stuk papyrus [vilis];
2. *(Laatl.)* deel *van een groter werk,* boek.

tondeō, tondēre, totondī, tōnsum
1. (af)scheren [capillum alcis; barbam; oves]; ▸ *tonsus puer (reus);*
2. *se* ~ *en pass.* *tonderī* zich laten scheren;
3. *(poët.; postklass.)* (af)maaien [prata]; plukken [violas manu]; afweiden, afgrazen [campum; gramen]; *bomen, struiken* snoeien; ▸ *arbor tonsa comam; tonsa oliva* rond gesnoeid;
4. *(metaf.)* beroven *(van: abl.)* [alqm auro].

tonitrus, ūs *m en* **tonitruum,** ī *n (tono)* donder (-slag); ▸ *tonitru tremescunt campi.*

tonō, tonāre, tonuī, —
I. *intr.*
1. donderen; ▸ *Iove tonante; tonans Iuppiter; equi tonantes* donderpaarden v. Jupiter; *onpers.: tonat* het dondert; — *subst.* **Tonāns,** antis *m* de Donderaar = Jupiter, Saturnus;
2. *(poët.) (metaf.)* luid weerklinken, dreunen; ▸ *caelum tonat fragore; Aetna tonat; tympana tonant;*
3. *(v.e. redenaar, metaf. ook v.e. redevoering)* met een donderende stem praten; ▸ *Pericles* ~ *dictus est;*
II. *tr. (poët.)* met een luide stem laten klinken [verba]; met luide stem zingen over *(m. acc.)* [ore deos; aspera bella].

tōnsa, ae *f (poët.)* roeiriem.

tōnsilis, e *(tondeo)*
1. geschoren;
2. *(postklass.)* gesnoeid [silvae; nemora].

tōnsilla, ae *f (demin. v. tonsa) (arch.)* meerpaal.

tōnsillae, ārum *f* amandelen *in de keel.*

tōnsitō, tōnsitāre *(frequ. v. tondeo) (Plaut.)* scheren.

tōnsor, ōris *m (tondeo)* kapper.

tōnsōrius, a, um *(tonsor)* van een kapper, kappers- [culter scheer-].

tōnsōrō, = *tonsuro.*

tōnstrīcula, ae *f (demin. v. tonstrix)* kapstertje.

tōnstrīna, ae *f (tonsor) (pre- en postklass.)* kapperswinkel, kapperszaak.

tōnstrīx, īcis *f (tonsor) (pre- en postklass.)* kapster, baardscheerster.

tōnsūra, ae *f (tondeo)*
1. *(niet-klass.)* het scheren, het snoeien;
2. *(Mel.)* tonsuur, kruinschering.

tōnsūrō, tōnsūrāre *(tondeo) (Laatl.)* scheren.

tōnsus[1] *ppp. v. tondeo.*

tōnsus[2], ūs *m (tondeo) (preklass.)* haardracht, coupe.

tonuī *pf. v. tono.*

tonus, ī *m (Gr. leenw.)*
1. *(postklass.)* toon *van een instrument;* klank *van een lettergreep;*
2. tint, glans;
3. *(postklass.)* donder;
4. *(Mel.)* tekst.

topanta *indecl. n (Gr. leenw.)* paladijn, rechterhand.

topāzus *en* **topāzos,** ī *f (Gr. leenw.) (postklass.)* topaas.

tōph- = *tof-.*

topia, ōrum *n (Gr. leenw.)* kunstig aangelegde tuin; schilderijen v.e. landschap.

topiāria, ae *f (topia)* tuinarchitectuur.

topiārius *(topiaria)*

I. *adj.* a, um *(postklass.)* van de tuinarchitectuur; II. *subst.* ī *m* tuinarchitect.

topica, ōrum *n (Gr. leenw.)* topiek, *verzameling v. gemeenplaatsen;* — **Topica** *titel v.e. werk v. Aristoteles en v.e. daarop gebaseerd werk v. Cicero.*

topographia, ae *f (Gr. leenw.) (Laatl.)* plaatsbeschrijving.

topper *adv. (preklass.)*
1. meteen, onmiddellijk;
2. misschien.

toral, ālis *n (torus) (preklass.; poët.)* beddendeken, beddensprei.

torcular, āris *en* **torculārium,** ī *n (torculus) (pre- en postklass.)* schuur met een druiven- *of* olijvenpers.

torculārius, a, um betrekking hebbend op een druiven- *of* olijvenpers.

torculum, ī *n* druiven- *of* olijvenpers.

torculus, a, um *(torqueo)* van *of* horend bij een druiven- *of* oliepers.

toreuma, atis *n (Gr. leenw.)* gedreven werk, reliëf.

toreuta, ae *m (Gr. leenw.) (pre- en postklass.)* ciseleerder, graveur.

toreuticē, ēs *f (Gr. leenw.) (Plin. Mai.)* het ciseleren, graveren.

tormentum, ī *n (torqueo)*
1. windas, lier; ▸ *-um laxare; falces -is introrsus reducere;*
2. werptuig, geschut [**telorum; bellicum**];
3. *(meton.)* projectiel; ▸ *-a mittere;*
4. *(pre- en postklass.)* boei [**ferreum**];
5. martelwerktuig, pijnbank, *meestal plur.;* ▸ *alqm -is dedere* laten martelen; *in -is dicere alqd; -is quaestionem habere; excruciari -is;*
6. *(metaf.)* marteling, pijn, plaag, kwelling [**fortunae; morborum**]; *(Hor.)* dwang [**lene**].

tormina, um *n (torqueo) (med.)* buikkramp, *ihb. tgv. koliek of dysenterie.*

torminālis, e *(tormina)* gebruikt tegen buikkramp.

torminōsus, a, um *(tormina)* lijdend aan buikkramp.

tornāmentum, ī *n (Mel.)* toernooi, wedstrijd.

tornātilis, e *(torno) (Laatl.)* gedraaid; goed gedraaid, volmaakt.

tornō, tornāre *(tornus)*
1. draaien, *iets ronds* vervaardigen [**sphaeram**];
2. *(Hor.) (metaf.)* draaien, afronden; ▸ *versūs male tornati.*

tornus, ī *m (Gr. leenw.) (poët.; postklass.)* draaiijzer, beitel, *ook metaf.*

Torōnē, ēs *f havenstad op Chalcidice aan de Egeïsche Zee, nu* Toroni.

torōsus, a, um *(torus) (poët.; postklass.)* knoestig, knobbelig; gespierd [**cervix**].

torpēdō, inis *f (torpeo)*
1. verstijving; traagheid, sloomheid;
2. sidderrog.

torpeō, torpēre, torpuī, —
1. verstard *of* verstijfd zijn, verstijven, *ihb. van kou;* ▸ *Poeni torpentes gelu in castra redierunt; torpentes rigore nervi;*
2. traag zijn; ▸ *iacent torpentque* ze liggen in trage rust;
3. *(metaf.)* verstijfd *of* verlamd zijn [**metu; desperatione**]; ▸ *torpet vox* stokt; *torpet lingua* is verlamd.

torpēscō, torpēscere, torpuī, — *(incoh. v. torpeo)* verstijven; traag worden, verslappen; *(metaf.)* sloom, suf worden.

torpidus, a, um *(torpeo)* verstard, verstijfd, verdoofd [**somno; miraculo**].

torpor, ōris *m (torpeo)*
1. verstijving, verlamming, verdoving;
2. *(postklass.) (metaf.)* traagheid, sloomheid.

torpuī *pf. v. torpeo en torpesco.*

torquātus, a, um *(torquis)*
1. met een halsketen om; ▸ *Alecto -a colubris* de hals met slangen omringd;
2. **Torquātus** *cogn. in de gens Manlia.*

torqueō, torquēre, torsī, tortum
1. draaien, wenden, omdraaien [**oculos ad moenia** richten; **ora equi frenis; vestigia ad sonitum; stamina pollice** spinnen; **lumina** rollen met; **remis aquas** omwoelen; **capillos ferro** krullen]; ▸ *torta circum bracchia vestis; torta quercus* eikenkrans; *anguis torquetur* slingert zich; *terra circum axem se torquet;*
2. *(poët.; postklass.)* laten draaien [**sidera**];
3. *(poët.)* voortrollen [**saxa**];
4. *(poët.) (metaf.)* afwenden *(van: abl.)* [**aurem ab obscenis sermonibus**];
5. zwaaien, slingeren, werpen [**tela manu; lapidem; iaculum in hostem; fulmina; glaebas; aquosam hiemem** een stortbui doen neerkomen];
6. verdraaien, verwringen, verrekken, *ook metaf.* [**ora; talum; ius omne** het hele recht verdraaien];
7. martelen, folteren; ▸ *eculeo torqueri;*
8. *(metaf.)* draaien, wenden, leiden [**omnia ad commodum suae causae; totas vires in proelia; bella** het verloop v.d. oorlog sturen]; ▸ *versare sententias et huc atque illuc ~;*

9. *(metaf.)* martelen, kwellen, plagen, verontrusten [**convivam fame; se** zich afsloven; **vitam Sullae** nauwkeurig onderzoeken]; ▸ *torqueri ne* vrezen dat; *libidines te torquent; dies noctesque torqueor; sollicitudine torquetur mens.*

torquēs *en* **torquis,** is *m, zelden f (torqueo)*
1. halsketting [**aureus**];
2. *(Verg.)* juk *van ossen;*
3. *(Verg.)* guirlande, bloemenslinger; ▸ *ornatae torquibus arae.*

torrēns[1], *gen.* entis *(torreo)* brandend, gloeiend, heet [**flammae**]; *metaf.* gloeiend, verhit; ▸ *miles sole* ~.

torrēns[2], *gen.* entis
I. *adj. (poët.; postklass.)* snelstromend, meesleurend [**unda; aqua**];
II. *subst. m*
1. bergstroom, -beek [**rapidus**];
2. *(Juv.)* stroom [**meri**];
3. *(postklass.) (metaf.)* woordenstroom.

torreō, torrēre, torruī, tostum
1. drogen, laten uitdrogen;
2. braden, bakken, roosteren [**exta; farra; fruges flammis**]; ▸ *tosta caro* gebraden vlees;
3. (ver)branden, verzengen; ▸ *torrentia agros sidera; sol torrebat corpora;*
4. *(poët.) (metaf.) (in liefde)* doen ontvlammen, doen gloeien [**me; pectora**].

torrēscō, torrēscere, — — *(incoh. v. torreo) (Lucr.)* geroosterd, gebraden worden.

torridus, a, um *(torreo)*
1. (a) *(door hitte)* uitgedroogd, droog [**fons; campi; tellus**]; (b) *(door kou)* verschrompeld, bevroren [**pecora frigore; membra gelu**];
2. verzengend, brandend, heet [**zona; aestas; aër**].

torris, is *m (torreo) (poët.)* brandend stuk hout.

torruī *pf. v. torreo.*

torsī *pf. v. torqueo.*

torsiō, ōnis *f (torqueo) (Laatl.)* het draaien; kramp.

torta, ae *f (tortus) (Vulg.)* rond brood, gedraaid baksel.

tortilis, e *(torqueo) (poët.; postklass.)* gedraaid [**aurum** gouden ketting].

tortiō, ōnis *f (torqueo) (Laatl.)*
1. kwelling, foltering;
2. koliek.

tortīvus, a, um *(torqueo) (pre- en postklass.)* bij de tweede persing geproduceerd [**mustum**].

tortō, tortāre *(intens. v. torqueo) (Lucr.)* steeds weer draaien.

tortor, ōris *m (torqueo)*
1. folteraar, beul;
2. slingeraar.

tortula, ae *f (demin. v. torta) (Laatl.)* taartje.

tortuōsus, a, um *(tortus*[2]*)*
1. met krommingen, vol draaiingen [**alvus; amnis; loci**];
2. *(metaf.)* ingewikkeld, verward [**genus disputandi; visa** onbegrijpelijk];
3. niet openhartig, onoprecht [**ingenium**].

tortūra, ae *f (torqueo) (Mel.)* foltering, kwelling, marteling; kramp.

tortus[1], a, um *(p. adj. v. torqueo)*
1. *(poët.)* gedraaid, gewonden [**funis; quercus** eikenkrans]; kronkelend [**via**];
2. *(Plaut.) (metaf.)* spitsvondig.

tortus[2], ūs *m (torqueo)* het draaien, draaiing.

torulus, ī *m (demin. v. torus)*
1. *(preklass.)* haarwrong;
2. *(postklass.)* spierbundel.

torus, ī *m*
1. *(pre- en postklass.)* wrong, ineengedraaid koord; ▸ *vitis -is ad arborem religetur;*
2. lint *aan een krans;*
3. spier; ▸ *-i lacertorum, corporis, athletarum; colla tument -is;*
4. *(postklass.)* kussen, matras; ▸ ~ *lecto impositus; praebuit herba -um; -i riparum (Verg.);*
5. *(postklass.)* sofa, bed; ▸ *in -o cubare; discumbere -is; -um sternere;* — huwelijksbed [**genialis**]; ▸ *consors of socia -i* echtgenote; — *meton.* huwelijk, liefde: *sacra -i* bruiloft;
6. doodsbed, lijkbaar; ▸ *-os exstruere.*

torvitās, ātis *f (torvus) (postklass.)* grimmigheid, somber uiterlijk [**vultūs**]; *metaf.* strengheid v. zeden.

torvus, a, um wild (uitziend), grimmig, dreigend [**oculi; facies; forma minantis**]; huiveringwekkend, angstaanjagend [**draco; angues; proelia**]; — *adv.* **torvum** *en* **torva** [**tueri; clamare**].

tōsillae, ārum *f = tonsillae.*

tōstrīna, ae *f (Plaut.) = tonstrina.*

tostus *ppp. v. torreo.*

tot *indecl.* zoveel; ▸ *tot anni; tot tantique casus; quot homines, tot causae; (ook m. ex) tot ex tuis amicis.*

tōtāliter *adv. (totus) (Laatl.)* helemaal, volledig.

toti-dem *indecl. (vgl. i-dem, tot)* net zoveel [**naves; pedites**]; *corresponderend m. quot, soms m. ac of atque* als.

totiē(n)s *adv. (tot)*

1. zo vaak; ▸ *tam multa ~ ad te scripsi;* — *corresponderend m. quotiens en quotienscumque, soms m. quot;*
2. (*Hor.*) net zo vaak; ▸ *ter die totiensque nocte.*

tot-iugis, e *en* **-iugus,** a, um (*iugum*) (*Apul.*) zoveel.

totondī *pf. v. tondeo.*

tōtus[1], a, um (*gen. sg.* tōtīus; *dat.* tōtī, *soms* tōtō, tōtae)
1. heel, geheel, totaal, volledig, compleet [**Italia; terra; res publica; annus; exercitus; aedes**]; ▸ *-o caelo; per totam urbem vigilias habere;* — *subst.* **-um,** ī *n* het geheel: *ex -o* volledig, volkomen; *in -o* in het algemeen; *in -um* over het geheel genomen;
2. *plur.* alle, gezamenlijke, in zijn geheel; ▸ *-is copiis; -is viribus* met alle kracht;
3. (*pred.*) helemaal, in zijn geheel, volledig [**in amore; in metu**]; ▸ *sum vester ~* ik ben u met hart en ziel toegedaan; *-os vos tradidistis voluptatibus; naves -ae ex robore factae.*

totus[2], a, um (*vgl. quotus*) de zoveelste.

toxicum *en* **-on,** ī *n* (*Gr. leenw.*) (*poët.; postklass.*) pijlgif, *alg.* gif.

tr. (*afk.*) = *tribunus of tribunicius;* **tr. pl.** = *tribunus plebis.*

trabālis, e (*trabs*)
1. van een balk, balk- [**clavus**]; ▸ (*sprw.*) *alqd clavo trabali figere* iets spijkervast maken;
2. (*Verg.*) zo groot *of* sterk als een balk [**telum**].

trabea, ae *f* (*trabs*) *met brede, purperen zoom afgezet staatsiekleed v. koningen en ridders;* (*poët.*) (*meton.*) ridderstand.

Trabea, ae *m* Q. ~, *Rom. komediedichter, ca. 130 v. Chr.*

trabeātus, a, um (*trabea*) (*poët.; postklass.*) in staatsiekleed [**equites**]; — *subst.* **-ae,** ārum *f* (*vul aan: fabulae*) *een soort Lat. drama, wsch. genoemd naar de ridders, die er het onderwerp van vormden.*

trabēcula *en* **trabicula,** ae *f* (*demin. v. trabs*) balkje.

trabs, trabis *f*
1. balk, *ihb.* dwarsbalk;
2. (*poët.*) boom(stam);
3. (*poët.*) (*meton.*) *o.a.:* (a) schip [**sacra** = de Argo; **Thessalia**]; (b) dak, huis; (c) fakkel; (d) meteoor.

Trāchīn, īnis *f stad in Thessalië aan de voet v.d. Oeta, waar Ceyx koning was en waar Hercules stierf;* — *inw. en adj.* **Trāchīnius,** ī *m resp.* a, um; **Trāchīniae,** ārum *f* de Trachiniën, *tragedie v. Sophocles.*

tractābilis, e (*tracto*)
1. aan te raken, hanteerbaar;
2. (*metaf.*) toegeeflijk, mild; ▸ *caelum non tractabile* stormachtig.

tractātiō, ōnis *f* (*tracto*)
1. hantering, gebruik [**armorum; tibiarum**];
2. (*metaf.*) behandeling *van een zaak,* beoefening *van iets* [**philosophiae; quaestionum; litterarum**]; ▸ *usus et ~ dicendi;*
3. (*postklass.*) behandeling *van iem.* [**mala**].

tractātor, ōris *m* (*tracto*)
1. (*Sen.*) masseur;
2. (*eccl.*) uitlegger, exegeet [**divinarum scripturarum**].

tractātrīx, īcis *f* (*tractator*) (*Mart.*) masseuse.

tractātus, ūs *m* (*tracto*)
1. (*Plin. Mai.*) aanraking;
2. (*metaf.*) behandeling, beoefening [**artium**];
3. (*postklass.*) uiteenzetting, bespreking; verhandeling;
4. (*August.*) preek.

tractim *adv.* (*traho*)
1. (*Plaut.*) strelend; ▸ *~ tangere alqm* iem. een draai om zijn oren geven;
2. (*poët.; postklass.*) op langgerekte, slepende wijze, langzaam [**loqui**]; ▸ *~ pronuntiata littera;*
3. (*Lucr.*) langzamerhand [**ire**].

tractō, tractāre (*frequ. v. traho*)
1. (*preklass.; poët.*) (rond)slepen, (mee)sleuren [**alqm comis** aan de haren; *metaf.* **alqm in iudiciis periculisque**];
2. betasten, aanraken [**alqd manibus; fila lyrae** tokkelen]; ▸ *delphinus praebens se tractandum;*
3. hanteren, bewerken, gebruiken [**ceram pollice** kneden; **gubernacula** sturen; **tela;** *metaf.* **sua pericula** spelen met]; ▸ *aere solum terrae tractabant;*
4. (*metaf.*) behandelen, bedrijven [**artem; personam (in scena)** *of* **partes** een rol spelen]; ▸ *male ~;*
5. leiden, besturen, voeren, beheren [**rem publicam; imperium; aerarium; pecuniam publicam** zorgen voor; **bibliothecam; bellum; animos** beïnvloeden]; ▸ *causas amicorum ~ et agere;*
6. behandelen, zich gedragen tov. (*m. acc.*) [**alqm liberaliter** gastvrij *of* gul onthalen; **plebem placidius**]; ▸ *fortuna nos delicate tractat; omnibus rebus eum ita tractes ut* (*Cic.*); *pater*

parum pie tractatus a filio; non tractabo eum ut consulem;
7. onderzoeken, overdenken [**definitionem; consilia legatorum; alqd studiose**];
8. (*mondel. of schriftel.*) behandelen, bespreken, uiteenzetten [**partem philosophiae; prima elementa**]; ▸ *duo genera materiarum apud rhetores tractantur;*
9. (onder)handelen over (*m. acc.; de*) [**condiciones** *of* **de condicionibus; de negotiis**].

tractum, ī *n* (*traho*)
1. (*preklass.; poët.*) spinwol;
2. (*pre- en postklass.*) uitgerold stuk deeg.

tractus[1]**,** a, um (*p. adj. v. traho*)
1. afstammend van, uitgaand van, voortkomend uit; ▸ *sermo ab isto initio ~;*
2. (*v.e. redevoering*) uitgesponnen, rustig [**sermonis genus; oratio**].

tractus[2]**,** ūs *m* (*traho*)
1. het trekken, het slepen [**incertus** onzekere manier v. schrijven]; ▸ *rota tractu gemens* krakend bij het voorttrekken;
2. het spinnen; ▸ *vellera tractu mollire;*
3. (*meton.*) loop, baan, traject [**lunae; flammarum; aquarum**];
4. uitgestrektheid, ligging [**castrorum**]; rij [**arborum**];
5. (land)streek [**caeli** windstreek, hemelstreek];
6. (*poët.*) kronkeling *van slangen;*
7. (*v.e. redevoering*) kalme, ingehouden stijl [**orationis**]; rekking [**verborum**];
8. (*poët.; postklass.*) langzaam verloop, het slepen [**belli; mortis**];
9. (*Lucr.*) (*v.d. tijd*) verloop.

trā-didī *pf. v. trado.*

trāditiō, ōnis *f* (*trado*)
1. overgave, uitlevering [**urbis**];
2. (*postklass.*) (*metaf.*) overlevering, traditie;
3. (*postklass.*) voordracht, les.

trāditor, ōris *m* (*trado*)
1. (*postklass.*) verrader;
2. (*eccl.*) (*metaf.*) leraar.

trā-dō, dere, didī, ditum
1. overhandigen, overgeven, afgeven, afleveren, bezorgen [**alci poculum; alqd per manūs; alqd in manum; alci epistulam; pecuniam quaestoribus; possessiones creditoribus**];
2. overlaten, overgeven, toevertrouwen [**alci turrim tuendam; alci summam imperii; alci provinciam administrandam; loca alci libera** om er vrij over te beschikken; **alci legionem; pueros magistris; se alcis fidei; alqm in fidem alcis; alci filiam (in matrimonium)** tot vrouw; **uxori cogitationes intimas**]; ▸ *in tuam custodiam me trado;*
3. *als erfenis* nalaten [**filio regnum;** *metaf.* **posteris suis amplitudinem nominis**];
4. uitleveren [**perfugas; obsides; urbem; servos ad supplicium; alqm in custodiam; alqm magistratui; se alci** zich overgeven; **arma hostibus**];
5. (*poët.*) prijsgeven [**feris populandas terras**]; door verraad prijsgeven, verraden [**imperium servo; alci patrios penates**];
6. aanbevelen [**amicum**];
7. (*metaf.*) *se ~* zich overgeven [**se rei publicae; se voluptatibus; se otio; se tristitiae; se totum alci; se in disciplinam alcis**];
8. (*metaf.*) overleveren [**pugnae memoriam posteris**]; ▸ *mos a maioribus traditus; traditum est* (*m. ut of inf.*) het is gebruikelijk;
9. vertellen, berichten, meedelen; *tradunt* (*m. aci.*), *traditur, traduntur* (*m. nci.*) men zegt, er wordt verteld; ▸ *qui unus omnium iustissimus fuisse traditur; traditum est Homerum caecum fuisse* (*Cic.*);
10. onderwijzen [**elementa dicendi; iuventuti multa de rerum natura; virtutem hominibus**].

trā-dūcō, dūcere, dūxī, ductum
1. overbrengen, leiden, brengen [**equitatum in Galliam; exercitum ex Galliā in Ligures**]; ▸ *traduce familiam omnem ad nos;*
2. iem. (*acc.*) overzetten, naar de overkant brengen (*over: acc.; soms trans*) [**copias flumen** over de rivier; **milites Rhenum**]; ▸ *pass.: exercitus Iberum traducitur;*
3. voorbijvoeren, -leiden [**aquaeductum per domum suam; victimas in triumpho**];
4. voeren door, leiden door [**Helvetios per fines Sequanorum; copias per angustias**];
5. (*metaf.*) óverhalen tot, winnen voor (*m. ad; in m. acc.*) [**alqm ad plebem, ad se; civitatem ad Gallos; alqm ad mansuetudinem; alqm ad** *of* **in suam sententiam** voor zich winnen];
6. (*in een andere toestand, in andere omstandigheden*) brengen, plaatsen [**animos a severitate ad risum; inimicitias ad amicitiam** veranderen in; **aegrum in meliorem consuetudinem; alqm ex egestate in rerum abundantiam; centuriones ex inferioribus ordinibus in superiores** bevorderen];
7. aan spot prijsgeven, belachelijk maken [**con-**

iuges per ora hominum]; ▸ *se* ~ *(Juv.)*;
8. *(tijd)* doorbrengen, leiden [**vitam tranquille; adulescentiam eleganter; aevum leniter**];
9. gebruiken, aanwenden *(voor, tbv.: in m. acc.)* [**curam in vitulos**];
10. toepassen *(op: ad)* [**hanc rationem ad id genus**];
11. bekendmaken, tonen [**poëmata** weergeven; **secreta**];
12. *(gramm. t.t.) een woord* afleiden.

trāductiō, ōnis *f (traduco)*
1. het verplaatsen, verplaatsing [**hominis ad plebem**];
2. *(metaf.)* verloop *van de tijd;*
3. *(postklass.)* blootstelling;
4. *(retor. t.t.)* oneigenlijk gebruik van een woord, *ihb.* metonymie.

trāductor, ōris *m (traduco)* overbrenger [**ad plebem** *(v. Pompeius, die geëist had dat Clodius naar een pleb. familie zou overgaan)*].

trāductus *ppp. v. traduco.*

trādux, ucis *m (traduco) (pre- en postklass.)* wijnrank.

trā-dūxī *pf. v. traduco.*

tragacantha, ae *f en* **tragacanthum,** ī *n (Gr. leenw.) (postklass.)* dragant, duindoorn, *ook* sap v.d. dragant.

tragicōmoedia, ae *f (Plaut.)* tragikomedie.

tragicus *(Gr. leenw.)*
I. *adj.* a, um
1. van de tragedie, tragedie-, tragisch [**poëta; poëma** tragedie; **actor; cothurnus** van de tragediespelers; **ars**];
2. *(retor.)* verheven, pathetisch [**orator**]; — *subst.* **-um,** ī *n* dramatisch pathos;
3. *(metaf.)* treurig, verschrikkelijk, gruwelijk [**ignes** liefdesvuur; **scelus**];
II. *subst.* ī *m* tragediedichter; *(Plaut.)* tragediespeler.

tragoedia, ae *f (Gr. leenw.)*
1. treurspel, tragedie; ▸ *-am facere = scribere; -am agere* opvoeren;
2. *plur.* dramatisch pathos; ▸ *-is alcis perturbari;*
3. sentimenteel toneelstuk, sentimentele scène.

tragoedus, ī *m (Gr. leenw.)* tragediespeler.

tragorīganum, ī *n en* **-us,** ī *m (Gr. leenw.) (postklass.)* bokstijm *(een struik).*

trāgula, ae *f*
1. werpspeer *met slingerriem (van de Galliërs en Spanjaarden);*
2. *(Plaut.) (metaf.)* intrige.

tragum, ī *n (Gr. leenw.) (postklass.) een soort pap.*

trahāx, *gen.* ācis *(traho) (Plaut.)* graaierig, hebzuchtig.

trahea, ae *f (traho) van ijzeren punten of scherpe stenen voorziene* plank, dorseg.

trahō, trahere, trāxī, tractum
1. trekken [**currum; naves in saxa; alqm in conventum; puerum avo** naar grootvader meenemen]; ▸ *toto itinere non ducitur, sed trahitur;*
2. met geweld trekken, slepen *of* sleuren [**alqm pedibus; alqm ad praetorem;** *metaf.* **plures in eandem calamitatem**];
3. met zich meeslepen, -sleuren [**praedas ex agris;** *(v. rivieren)* **saxa secum**]; ▸ *metaf.: trahit sua quemque voluptas* sleept mee;
4. heen en weer slepen *of* sleuren [**corpus**]; *(postklass.) (metaf.)* ontwrichten; ▸ *Britanni factionibus trahuntur;*
5. (leeg)plunderen, beroven [**socios**]; ▸ *sibi quisque ducere,* ~*, rapere;*
6. wegnemen [**partem doloris**];
7. *(Verg.)* verdelen [**sorte laborem**];
8. *pecuniam* ~ verkwisten [**omnibus modis**];
9. achter zich aan slepen, voortslepen [**pallam; vestem per pulpita; sarcinas; corpus fessum; genua aegra**];
10. in zijn gevolg hebben [**turbam prosequentium**]; ▸ *crepuscula trahunt noctem; tua fata nostrum pudorem trahunt; quae mox ventura trahuntur (Verg.)* wat volgt, de toekomst;
11. herleiden, afleiden, ontlenen *(van, aan: ab)* [**inde (ab illis) nomen; originem ab alqo**];
12. zich toe-eigenen, tot zich trekken, naar zich toe halen [**regnum; fratrem** *(voor het consulschap)*; **gratiam sibi** dank voor zich opeisen];
13. *(metaf.)* aannemen, krijgen [**figuram lapidis; colorem nigrum; ruborem; sucum; faciem virorum; cognomen; stipendia** soldij ontvangen; **in exemplum** als voorbeeld nemen; **maturitatem; multa ex vicinorum moribus**];
14. trekken uit, halen uit *(m. abl.; de; ex)* [**telum de corpore; manu lignum; aquam ex puteis** putten; *metaf.* **vocem e pectore; gemitūs e corde**];
15. innemen, opslurpen, inzuigen, *ook metaf.* [**aquam; venena ore; animam** *of* **spiritum** ademen; **furorem per ossa** in zich opnemen]; ▸ *(metaf.) navigium aquam trahit;*
16. *(poët.)* samentrekken [**vincla galeae; vul-**

tūs fronsen; vela reven];
17. (*metaf.*) trekken, leiden *of* brengen naar, tot (*m. ad; in m. acc.*) [**alqm ad decernendum**]; ▸ *in diversa trahi* tussen twee besluiten heen en weer geslingerd worden; *quid est, quod me in aliam partem ~ possit;*
18. (*metaf.*) bewegen, verleiden *of* prikkelen tot (*m. ad; in m. acc.*) [**ad cupiditatem scientiae; alqm in suam sententiam** voor zich winnen; **alqm in calamitatem; Teucros in proelia**]; ▸ *trahi ad mutandam fidem; amore trahi; ad imperii cupiditatem trahi* zich meegesleurd voelen;
19. betrekken op, toekennen aan, toeschrijven aan (*m. ad; in m. acc.*) [**id ad clementiam; fortuita ad culpam; nomen in urbem** aan een stad geven; **crimen in se** op zich nemen]; ▸ *omnia non bene consulta in virtutem trahebantur;*
20. duiden, uitleggen, aanzien (*als, voor: in m. acc.*) [**alqd in laudem** als lof; **alqd in metum; in prodigium**]; ▸ *eodem, varie ~ ;*
21. overdenken, overwegen, nadenken over [**consilium**]; ▸ *belli atque pacis rationes ~ ;*
22. (*postklass.*) (*metaf.*) afleiden (*van: ab*) [**alcis animum diverse; alqm ab incepto** afbrengen van]; ▸ *trahi in aliam partem mente;*
23. (*poët.*) uitrekken [**aures in spatium**];
24. (*poët.*) spinnen, kaarden [**vellera; fila digitis; data pensa**];
25. (*metaf.*) rekken, slepende houden, vertragen [**moram; bellum; pugnam aliquamdiu; rem in serum; frustra laborem** zich tevergeefs afsloven]; ▸ *~ omnia* op alle mogelijke manieren;
26. tijd doorbrengen [**noctem sermone; segne otium** zich aan trage rust overgeven];
27. (*postklass.*) aan de praat, aan het lijntje houden [**legatos quaerentes; alqm sermone**];
28. veranderen (*in: ad*); ▸ *libertatem ad licentiam ~.*

Traiānus, ī *m*: M. Ulpius ~, *door Nerva geadopteerd, Rom. keizer (reg. 98—117 n. Chr.).*

trā-iciō, icere, iēcī, iectum (*trans en iacio*)
I. *tr.*
1. eroverheen werpen, schieten *of* brengen [**tela alio; signum trans vallum; de nave in navem; funem** om de mast slingeren]; *metaf.* overdragen (*aan: in m. acc.*) [**culpam in alium**]; ▸ *cum alqd in te ~ coeperit* (*Cic.*);
2. *een brug of juk* plaatsen [**pontem**];
3. (*milit.*) (*troepen*) overbrengen, -zetten [**legiones in Siciliam; classem in Italiam; res suas (trans) flumen**];
4. passeren, overtrekken, overvaren [**montem; flumen**];
5. verplaatsen, verleggen [**naves; verba; pecuniam**];
6. doorboren, doorsteken [**tergum sagittā; lictorem gladio; cuspide serpentem; alci femur tragulā**];
7. breken door . . . heen (*m. acc.*); ▸ *pars magna equitum mediam aciem traiecerunt;*
II. *intr., se ~ en pass. = transire:* (a) oversteken, overvaren [**duabus navibus in Africam; nando** overzwemmen]; (b) (*v. vuur of ongeluk*) doordringen, overslaan; ▸ *incendium, malum traiciet ad nos.*

trāiectīcius, a, um (*traicio*) (*v. geld*) uitgeleend tbv. de export.

trāiectiō, ōnis *f* (*traicio*)
1. overvaart, overtocht [**incendiorum** het overslaan van het ene huis naar het andere];
2. ~ *stellae* het vallen;
3. (*metaf.*) het verplaatsen, afschuiven (*van verantwoordelijkheid*) [**in alium** op iem. anders];
4. (*retor. t.t.*) (a) verplaatsing [**verborum** woordverplaatsing, hyperbaton]; (b) overdrijving [**veritatis**].

trāiectus[1] *ppp. v. traicio.*

trāiectus[2], ūs *m* (*traicio*)
1. overvaart, overtocht [**in Britanniam;** (*m. gen.*) **Albulae** over de Albula];
2. (*meton.*) plaats voor de overtocht *of* oversteek.

trālātīcius, trālātus = *transl-.*

Trallēs *en* **Trallīs,** ium *f stad in het dal v.d. Meander in Carië, sinds Augustus Caesarea genaamd, nu* Aydın; — *adj.* **Tralliānus,** a, um.

trā-loquor = *transloquor.*

trā-lūceō = *transluceo.*

trām- *zie ook transm-.*

trāma, ae *f*
1. (*pre- en postklass.*) ketting *van een weefgetouw,* inslag;
2. (*metaf.*) (*Plaut.*) bagatel.

trāmes, itis *m* (*trans en meo*)
1. dwars-, zijweg [**occultus**];
2. (*poët.; postklass.*) *alg.* weg, pad, gang, loop.

trā-natō, natāre (*trans*)
I. *intr.* overzwemmen, naar de overkant zwemmen; ▸ *relicto equo tranatavit; Germani tranatantes;*
II. *tr.* overzwemmen [**flumen**].

trā-nō, nāre (*trans*)
I. *intr.* naar de overkant zwemmen [**ad suos**];

II. *tr.*
1. overzwemmen [**amnem**];
2. *(metaf.)* dringen, vliegen *of* snellen door, varen op *(m. acc.)* [**nubila; Erebi amnes**].

tranquillitās, ātis *f (tranquillus)*
1. kalme zee, windstilte, *ook plur.*;
2. rust, vrede [**pacis atque otii; rei publicae**]; ▸ *in tranquillitate vivere;*
3. gemoedsrust, kalmte [**animi; vitae; morum**].

tranquillō, tranquillāre *(tranquillus)* kalmeren [**animos**].

tranquillum, ī *n (tranquillus)*
1. windstilte, kalme zee; ▸ *(in) -o* bij rustig weer;
2. rust, vrede; ▸ *rem publicam in -um redigere.*

tranquillus, a, um *(adv. -ē en -ō)*
1. rustig, stil, *ihb.* windstil [**mare; serenitas**];
2. vredig, kalm, rustig [**civitas; libertas; animus; vita; plebs**].

trāns
I. *adv. (postklass.)* aan de andere kant.
II. *prep. m. acc.*
1. *(v. plaats, op de vraag 'waarheen?')* over, over ... heen, naar de overkant van; ▸ *vexillum ~ vallum traicere; ~ mare currere;*
2. *(v. plaats, op de vraag 'waar?')* aan de andere kant van; ▸ *~ Rhenum incolere;*
3. voorbij, verdergaand dan; ▸ *~ legem;*
III. *prefix (voor consonanten en voor i vaak trā-, voor s vereenvoudigd tot trān-)*
1. naar de overkant, eroverheen [**trans-eo; trans-mitto**];
2. erdoorheen, door(heen)- [**trans-figo; trans-luceo; trans-lucidus**];
3. aan de andere kant van [**trans-marinus**];

trāns-abeō, abīre, abiī, abitum
1. *(Verg.)* doorbóren; ▸ *ensis transabiit costas;*
2. *(poët.; postklass.)* nog verder dóórdringen, zich nog verder verwijderen.

trānsāctiō, ōnis *f (transigo) (jur.)* overeenkomst, akkoord.

trānsāctor, ōris *m (transigo)* bemiddelaar, onderhandelaar.

trānsāctus *ppp. v. transigo.*

trāns-adigō, adigere, — — stoten door *(m. acc.)* [**ensem costas**]; doorboren [**alqm costas** iems. ribben].

trāns-alpīnus, a, um *(Alpes)* aan de andere kant v.d. Alpen (gelegen, wonend, plaatsvindend) [**Gallia; gentes; bella**]; — *subst.* **-i,** ōrum *m (postklass.)* de aan de andere kant v.d. Alpen wonende volksstammen.

trāns-bītō, bītere, — — *(Plaut.)* oversteken.

trān-scendō, scendere, scendī, scēnsum *(trans en scando)*
I. *intr.*
1. oversteken [**in fines hostium; in Latinum agrum**]; *metaf.* overgaan [**ex minore aetate in maiorem**];
2. *(poët.; postklass.) (in de redevoering)* overgaan tot *(m. ad)* [**ad ea**];
II. *tr.*
1. gaan over, klimmen over *(m. acc.)* [**fossas; valles; Alpes; muros scalis**];
2. *(metaf.)* overschrijden, schenden [**fines iuris; ordinem**];
3. overslaan [**binos consules**];
4. te boven gaan, uitgaan boven *(m. acc.)* [**mentes**]; ▸ *aetate avum transcendat, ingenio patrem.*

trānscēnsiō, ōnis *f (transcendo) (Laatl.)* het eroverheen klimmen; *metaf.* het overschrijden, het overtreden.

trāns-cīdō, cīdere, cīdī, — *(caedo) (Plaut.)* afranselen.

trān-scrībō, scrībere, scrīpsī, scrīptum
1. overschrijven, -brengen [**verba ex libro; tabulas publicas** vervalsen]; ▸ *eundem librum in exemplaria mille transcriptum;*
2. *(jur. t.t.)* overboeken, schriftelijk overbrengen, vermaken *(op, aan: in m. acc.; dat.)* [**nomina in socios** schulden op bondgenoten; **aes alienum hereditarium in se**];
3. *(poët.; postklass.) iem. in een andere toestand of naar een andere plaats overbrengen* [**matres urbi** naar de stad; **in viros** opnemen];
4. *(poët.) (metaf.)* overdragen *(op: dat.)* [**sceptra colonis; alci spatium vitae** *(aan een ander)* een deel v. zijn leven afstaan].

trāns-currō, currere, (cu)currī, cursum
I. *intr.*
1. haastig gaan *of* lopen naar *(m. in m. acc.; ad)* [**in castra; ad forum**];
2. voorbijlopen, -snellen, -varen, -zeilen *(abs. of praeter)* [**praeter oculos regis**]; *(postklass.) (v.d. tijd)* snel voorbijgaan;
3. *(Lucr.)* snel lopen [**per spatium**];
4. *(Hor.) (metaf.)* snel overgaan naar, tot *(m. ad)* [**ad melius**];
II. *tr.*
1. snel doorlopen, snel gaan door [**caelum**; *metaf.* **cursum suum** zijn loopbaan];
2. *(postklass.) (retor.)* kort doorlopen [**narrationem**].

trānscursus, ūs *m* *(transcurro)* *(postklass.)*
1. het snel doorlopen, vlucht [**per aëra**];
2. het voorbijrennen, -varen, -snellen [**fulguris**];
3. *(v.d. redevoering)* korte behandeling.

trāns-dō, trāns-dūcō = *trado, traduco.*

trāns-ēgī *pf. v. transigo.*

trānsenna, ae *f*
1. net; *(metaf.)* valstrik;
2. tralie(venster); ▸ *alqd quasi per -am aspicere.*

trāns-eō, īre, iī, itum
I. *intr.*
1. naar de andere kant gaan, gaan [**ad forum; ad amicam; in Britanniam**]; ▸ *plebs in sacrum montem ex Aventino transit;* — oversteken, verhuizen [**e suis finibus in Helvetiorum fines**]; *(v. rivieren)* uitmonden in, uitkomen in *(m. in m. acc.)*; ▸ *Mosa in Rhenum transit;*
2. *naar de vijand* overlopen [**a Caesare ad Pompeium; in aliena castra**];
3. *(metaf.)* *(naar een andere partij, mening, in een andere stand e.d.)* overgaan, overlopen, *een zaak* bijvallen *(m. ad; in m. acc.)* [**ex Macedone ac libero in Persicam servitutem; a patribus ad plebem; ad sectam alii philosophi; ad, in alia omnia** tegen stemmen];
4. *(in een redevoering of geschreven werk)* op iets anders overgaan [**ad alias quaestiones; ad rhetoris officia; ad inferiora tempora**];
5. *(poët.)* veranderen in, overgaan naar *(m. in m. acc.)* [**aqua in vinum; in saxum; in humum; in plures figuras; in aestatem post ver**]; ▸ *frequens imitatio transit in mores;*
6. voorbijgaan, voorbijtrekken, voorbijrijden; ▸ *pedites transiere;* — *(v. tijd)* verstrijken, voorbijgaan: *menses transeunt; aetas cito transiit;*
II. *tr.*
1. oversteken, gaan over [**Apenninum; amnem; paludem; vim flammae** overspringen]; ▸ *flumen uno omnino loco pedibus transiri potest;* — *(Verg.)* overrijden: *rota transit serpentem;* — afleggen [**iter**];
2. gaan, trekken *of* reizen door *(m. acc.)* [**Formias; campos pedibus**];
3. *(poët.; postklass.)* voorbijsnellen, inhalen [**equum cursu**]; *(metaf.)* overtreffen;
4. *(metaf.)* overschrijden, schenden [**finem aequitatis et legis in iudicando**]; ▸ *sine dubio finem et modum* ~ ;
5. *(v.d. redenaar)* behandelen, bespreken [**libros proximis diebus**];
6. *(in een redevoering)* overslaan, onvermeld laten [**alqd silentio**]; ▸ *Protagoran transeo; levia haec et transeunda;* — *(bij het lezen)* overslaan [**multa**];
7. *tijd* doorbrengen [**tribunatūs annum quiete; vitam; spatium iuventae**].

trānseunter *adv.* *(transeo)* *(Laatl.)* in het voorbijgaan.

trāns-ferō, ferre, tulī, lātum *(en* trātulī, trālātum*)*
1. overdragen, -brengen, -voeren [**ad se ornamenta ex his hortis;** *(milit.)* **signa** overlopen; **se in forum** zich begeven naar, gaan naar]; ▸ *illinc huc transfertur virgo;*
2. langsdragen [**coronas aureas in triumpho**];
3. verplaatsen, verzetten, *ook metaf.* [**castra trans flumen; copias in Boeotiam; bellum in Italiam** de oorlog naar Italië verplaatsen; **belli terrorem ad urbem; concilium Lutetiam**]; ▸ *domos suas* ~ verhuizen;
4. *(metaf.)* sturen, wenden, schuiven [**crimen ad, in alqm** op iem. schuiven; **animum ad accusandum; sermonem alio; amores alio** op iem. anders richten; **se ad artes** zich toeleggen op];
5. laten overgaan op, overdragen aan *(m. ad)* [**possessiones a liberis ad alienos; summam imperii ad Athenienses**]; — *pass.* overgaan op;
6. afschrijven, overschrijven [**alqd in tabulas; verba in chartas** op papier zetten];
7. omzetten, vertalen [**volumina ex Graeco in Latinum; alqd ab Aristotele** uit Aristoteles]; ▸ *quod Cicero his verbis transfert;*
8. *woorden* beeldend *of* in overdrachtelijke zin gebruiken; ▸ *verba tra(ns)lata* metaforen;
9. toepassen op, gebruiken voor *(m. in m. acc.)* [**definitionem in aliam rem; tempus in alqm custodiendum**];
10. *(poët.; postklass.)* veranderen [**alqd in novam speciem**]; ▸ *civitas se transtulit;*
11. *(in de tijd)* verschuiven, uitstellen [**se in proximum annum** zijn kandidatuur naar het volgende jaar].

trāns-fīgō, fīgere, fīxī, fīxum
1. doorboren [**hostem gladio; scutum ferro**]; ▸ *pilis transfixi; transfixo pectore (Verg.);*
2. *(poët.)* erdoorheen steken [**hastam**].

trānsfigūrātiō, ōnis *f* *(transfiguro)* *(Plin. Mai.)* verandering, omvorming.

trāns-figūrō, figūrāre *(postklass.)* veranderen, omvormen.

trāns-fīxī *pf. v. transfigo.*
trānsfīxus *ppp. v. transfigo.*
trāns-fluō, fluere, flūxī, — overlopen, uitstromen; *ook metaf.*
trāns-fodiō, fodere, fōdī, fossum doorboren; doorsteken [**alci latus**].
trānsfōrmis, e *(transformo) (Ov.)*
1. omgevormd, veranderd [**corpora**];
2. veranderlijk [**Proteus**].
trāns-fōrmō, fōrmāre *(poët.)* omvormen, veranderen [**se in miracula**].
trāns-forō, forāre *(Sen.)* doorboren.
trānsfossus *ppp. v. transfodio.*
trāns-fretō, fretāre *(fretum) (postklass.)* de zee óvervaren, óversteken.
trāns-fūdī *pf. v. transfundo.*
trānsfuga, ae *m en f (transfugio)* overloper, deserteur; *(poët.; postklass.) ook attrib.*: overgelopen, ontrouw, afvallig.
trāns-fugiō, fugere, fūgī, — *naar de vijand* overlopen [**ad hostes; ad victorem;** *metaf.* **ab afflicta amicitia ad aliam**].
trānsfugium, ī *n (transfugio)* het overlopen *naar de vijand.*
trāns-fundō, fundere, fūdī, fūsum
1. *(postklass.) in een ander vat* overgieten, overbrengen;
2. *(metaf.)* overdragen, overbrengen *(op: in m. acc.; ad)* [**amorem in alqm; laudes ad alqm**].
trānsfūsiō, ōnis *f (transfundo)*
1. *(postklass.)* het overgieten;
2. *(metaf.)* vermenging.
trāns-gredior, gredī, gressus sum *(gradior)*
I. *intr.*
1. naar de andere kant, de overkant gaan *of* trekken, oversteken [**in Italiam; per montes; Rheno** over de Rijn; **in Corsicam** zeilen];
2. *(metaf.) naar een partij* overgaan [**in partes Vespasiani**]; ▸ *transgredior ad vos;*
3. *tot een handeling* overgaan [**ad sacramentum**];
II. *tr.*
1. overschrijden, passeren [**amnem; paludem; mare; montem; colonias**];
2. *(metaf.)* overschrijden, te buiten gaan [**communem habitum**];
3. *(postklass.)* kort aanstippen; overslaan.
trānsgressiō, ōnis *f (transgredior)*
1. oversteek, overtocht [**Gallorum**];
2. *(metaf.) (retor.) verborum* ~ afwijking v.d. normale woordvolgorde, hyperbaton;
3. *(eccl.)* overtreding, schending *van een verordening.*
trānsgressor, ōris *m (transgredior) (eccl.)* overtreder *van een verordening.*
trānsgressus[1]**,** ūs *m (transgredior)* oversteek [**amnis** over de rivier].
trānsgressus[2] *p.p. v. transgredior.*
trānsiciō, trānsiectiō, trānsiectus = *traicio, traiectio, traiectus.*
trāns-igō, igere, ēgī, āctum *(ago)*
1. *(poët.; postklass.)* doorboren [**pectus gladio; se ferro; alqm ictu**];
2. *(metaf.)* voltooien, tot stand brengen [**bella**]; ▸ *rebus transactis;* — *(zaken)* uitvoeren, afmaken [**negotium**];
3. een overeenkomst sluiten, schikken [**cum reo; inter se**];
4. *(postklass.)* een einde maken aan *(m. cum; de)* [**cum expeditionibus**];
5. *(postklass.) tijd* doorbrengen [**vitam; pueritiam; tempus per ostentationem; diem sermonibus**].
trāns-iī *pf. v. transeo.*
trān-siliō, silīre, siluī *(en silīvī, siliī),* — *(salio)*
I. *intr.* overspringen; *ook metaf.* [**per hortum ad nos; in naves hostium; per Graeciam** haastig gaan door; *metaf.* **ab illo consilio ad aliud**];
II. *tr.*
1. springen over *(m. acc.)* [**murum; flammas**];
2. *(poët.; postklass.) (metaf.)* snel gaan, vliegen door; snel voorbijgaan;
3. *(metaf.)* overschrijden [**naturalem modum**];
4. overslaan, niet vermelden [**partem vitae**].
trānsitiō, ōnis *f (transeo)*
1. het overgaan, het voorbijgaan [**visionum**];
2. het overlopen *naar de vijand* [**ad hostem; sociorum**]; het voorbijgaan [**ad plebem**];
3. *(meton.)* doorgang *(als plaats)* [**pervia**];
4. *(Ov.)* besmetting *met een ziekte.*
trānsitōrius, a, um *(transeo)*
1. *(Suet.)* met een doorgang, doorgangs- [**domus**];
2. *(Laatl.)* voorbijgaand, kort; vergankelijk.
trānsitus[1]**,** ūs *m (transeo)*
1. overgang, overtocht [**Alpium; fossae;** *metaf.* **a pueritiā ad adulescentiam**]; ▸ *transitum claudere;*
2. doortocht; ▸ *Poeno per agros urbesque transitum dare; alqm transitu arcere;*
3. *(meton.)* doorgang *(als plaats),* plaats van doortocht;

4. (*postklass.*) het overlopen *naar de vijand of naar een andere partij* [**ad validiores**];
5. (*metaf.*) (*poët.; postklass.*) (a) overgang *van het ene onderwerp naar het andere*; (b) overgangsfase, interval; (c) overgang *van kleuren*;
6. het voorbijgaan [**tempestatis**]; ▸ *in transitu urbem capere* in het voorbijgaan;
7. (*eccl.*) dood.

trānsitus[2] ppp. *v. transeo.*

trānslātīcius, a, um (*translatus*[1])
1. overgeleverd, traditioneel [**ius; edictum**];
2. (*metaf.*) gewoon [**mos; funus**];
3. (*gramm. t.t.*) overdrachtelijk, metaforisch [**verbum**].

trānslātiō, ōnis *f* (*transfero*)
1. overdracht [**pecuniarum ab alqo ad alqm**];
2. (*Suet.*) verlegging, verplaatsing [**domicilii**];
3. (*jur. t.t.*) (a) afwijzing *van een rechter, klager e.d.*; (b) weerlegging *van een beschuldiging* [**criminis**];
4. (*retor. t.t.*) (*metaf.*) (a) metafoor; (b) vertaling.

trānslātīvus, a, um (*translatus*[1])
1. verwerpend [**constitutio**];
2. (*Suet.*) = translaticius 2.

trānslātor, ōris *m* (*transfero*) iem. die overdraagt [**quaesturae** (*v. Verres, die op eigen houtje als quaestor met de kas naar Sulla overliep*)].

trānslātus[1] ppp. *v. transfero.*

trānslātus[2]**,** ūs *m* (*transfero*) (*postklass.*) optocht, parade.

trāns-legō, legere, — — (*Plaut.*) geheel voorlezen.

trāns-loquor, loquī, — (*Plaut.*) helemaal vertellen.

trāns-lūceō, lūcēre, — — (*poët.; postklass.*)
1. weerkaatsen [**imago**];
2. doorschíjnend, doorzichtig zijn [**fluvius**]; erdoorheen schijnen [**matrona**].

trānslūcidus, a, um (*transluceo*) (*postklass.*) doorzichtig.

trāns-marīnus, a, um (*mare*) overzees [**provinciae; legatio**].

trānsmeābilis, e (*transmeo*) (*Laatl.*) te passeren [**spatium**].

trāns-meō, meāre (*postklass.*) over- *of* dóórtrekken, passeren [**maria**].

trānsmigrātiō, ōnis *f* (*transmigro*) (*Laatl.*) het verhuizen, het emigreren, vertrek.

trāns-migrō, migrāre
I. *intr.* verhuizen [**Veios; in hortos**];
II. *tr.* (*Laatl.*) laten verhuizen.

trāns-mineō, minēre, — — (*Plaut.*) er helemaal doorheen steken.

trāns-mīsī *pf. v. transmitto.*

trānsmissiō, ōnis *f en* **trānsmissus,** ūs *m* (*transmitto*) overtocht.

trāns-mittō, mittere, mīsī, missum
1. (laten) overbrengen, sturen [**pecora in campum; auxilium;** *metaf.* **bellum in Italiam; vim in alqm** tegen iem. gebruiken; **legiones; cohortem in Britanniam**];
2. leggen, voeren (*over: acc.*) [**pontem**];
3. doorlaten, laten passeren [**exercitum per fines; favonios; lucem**];
4. (*metaf.*) overhandigen, overlaten, toevertrouwen [**imperium alci; signa; hereditatem filiae fratris**];
5. (*postklass.*) negeren, geen aandacht schenken aan, buiten beschouwing laten [**rumores; sententiam; nomen alcis silentio**]; opgeven [**Gangem amnem** de verovering v.d. Ganges];
6. (*postklass.*) tijd doorbrengen [**tempus inter libellos; vitam per obscurum**]; laten verstrijken [**annum**];
7. (*postklass.*) doorstaan [**febrium ardorem**];
8. wijden, besteden aan [**noctes operi; suum tempus temporibus amicorum**];
9. oversteken, -gaan, overtrekken [**maria; Euphratem ponte; Alpes; amnem; ex Sardinia in Africam**]; ▸ *equites medios campos transmittunt.*

trāns-montānī, ōrum *m* (< *trans montes*) volksstammen aan de andere kant v.h. gebergte.

trāns-moveō, movēre, mōvī, mōtum
1. (*Tac.*) verplaatsen [**legiones Syriā** uit Syrië];
2. (*Ter.*) (*metaf.*) overdragen [**labore alieno partam gloriam verbis in se** aan zich(zelf) toeschrijven].

trānsmūtātiō, ōnis *f* (*transmuto*) herschikking, transpositie.

trāns-mūtō, mūtāre (*poët.*) verruilen [**honores**].

trāns-natō, trāns-nō = *tranato, trano.*

trāns-nōminō, nōmināre (*postklass.*) anders noemen, omdopen.

trāns-numerō, numerāre (*postklass.*) afrekenen.

trāns-padānus, a, um (< *trans Padum*) aan de andere kant v.d. Po (wonend, gelegen).

trānspectus, ūs *m* (*transpicio*) (*Lucr.*) doorkijk.

trān-spiciō, spicere, — — (*specio*) (*Lucr.*) erdoorheen zien, waarnemen.

trāns-pōnō, pōnere, posuī, positum (*postklass.*)
1. overbrengen, overzetten [**milites**];
2. overladen [**onera**].

trānsportātiō, ōnis *f (transporto) (Sen.)* verhuizing, verplaatsing [**populorum**].

trāns-portō, portāre
1. overbrengen, naar de overkant brengen [**iumenta**]; *(milit.)* overzetten [**exercitum in Graeciam; milites flumen** over de rivier];
2. *(Suet.)* verbannen [**alqm in insulam**].

trānspositus *ppp. v. transpono.*

trāns-posuī *pf. v. transpono.*

trāns-rhēnānus, a, um (< *trans Rhenum)* aan de andere *(dwz.* oostelijke) kant v.d. Rijn gelegen, wonend [**Germani; gentes**]; — *subst.* **-ī,** ōrum *m* volksstammen aan de andere *(dwz.* oostelijke) kant v.d. Rijn.

trāns-s- = *tran-s-.*

Trāns-tiberīnī, ōrum *m* (< *trans Tiberim)* degenen die aan de andere kant v.d. Tiber *(nu in Trastevere)* wonen.

trāns-tineō, tinēre, — — *(teneo) (Plaut.)* een verbinding vormen.

trānstrum, ī *n*
1. dwarsbalk;
2. roeibank, *meestal plur.*

trāns-tulī *pf. v. transfero.*

trānsultō, trānsultāre *(intens. v. transilio)* overspringen [**in equum**].

trān-sūmō, sūmere *(poët.; postklass.)* overnemen, overbrengen [**cultūs; hastam**].

trān-suō, suere, suī, sūtum doorstéken [**teneros pedes**].

trāns-vadō, vadāre *(Vulg.)* doorwaden.

trānsvectiō, ōnis *f (transveho)*
1. overvaart, overtocht *(over: gen.)* [**Acherontis**];
2. *(Suet.)* het voorbijrijden *van de Rom. ridders langs de censor,* inspectie.

trāns-vehō, vehere, vēxī, vectum
1. óvervaren, overbrengen, overzetten *(over: acc.)* [**agmina classe; exercitum in Britanniam**]; — *pass.* overvaren, oversteken [**in Africam**];
2. voorbijvoeren, -dragen *(ihb. in een triomftocht)* [**spolia carpentis**]; — *pass.* voorbijvaren, -trekken, -rijden;
3. *(metaf.) (Tac.) pass. (v.d. tijd)* voorbijgaan, verstrijken.

trāns-verberō, verberāre doorsteken, -boren [**scutum; se gladio; alqm hastā**].

trānsversārius, a, um *(transversus)* dwars-, dwarsliggend [**tigna**].

trāns-versō, versāre *(poët.)* herhaaldelijk omdraaien.

trānsversum, ī *n (transversus)* dwarse positie, schuine richting; — *adv.* **ex** *of* **de -ō** dwars, schuin, *(metaf.)* storend, onverwacht.

trānsversus, a, um *(p. adj. v. transverto)*
1. dwars(liggend), schuin, scheef [**via; vallum; limites; tigna** elkaar kruisend; **proelium** aanval op de flanken; **iter** zijweg]; ▸ *-o foro (ambulare)* dwars over de markt; *non unguem of digitum -um discedere* geen vingerbreed;
2. *(metaf.)* ongelegen komend, storend; ▸ *alqm -um agere* iem. van het rechte pad afbrengen; / *adv. (acc. plur. n)* **trānsversa** *(poët.)* zijwaarts, *(metaf.)* scheel [**tueri**].

trāns-vertō, vertere, vertī, versum *(postklass.)* omdraaien, omkeren.

trāns-vēxī *pf. v. transveho.*

trāns-volitō, volitāre *(Lucr.)* vliegen door *(m. acc.).*

trāns-volō, volāre
1. naar de overkant vliegen *of* snellen [**in alteram partem**];
2. vliegen over, snel overschrijden *of* oversteken [**Alpes; Oceanum**];
3. voorbijvliegen, voorbijsnellen [**aridas quercus; in medio posita** laten liggen].

trāns-vorō, vorāre *(postklass.)* verslinden, erdoor jagen [**opes**].

trāns-vorsus, a, um *(arch.)* = *transversus.*

trāns-vortō, vortere *(arch.)* = *transverto.*

trapētum, ī *n en* **trapētus,** ī *en plur.* **trapētēs,** um *m (niet-klass.)* olijvenmolen.

trapezīta, ae *m (Gr. leenw.) (Plaut.)* geldwisselaar, bankier.

trapezophorum, ī *n (Gr. leenw.)* 'tafeldrager', versierde poot *van een tafel.*

Trapezūs, ūntis *f Gr. kolonie gesticht door Sinope, een stad in Pontus, nu* Trabzon.

trāsenna, ae *f (Plaut.)* = *transenna.*

Trasumēnus, Trasumennus *en* **Trasimēnus,** a, um Trasimeens; *ihb. (lacus)* ~ *meer in O.-Etrurië, beroemd door de overwinning v. Hannibal op de Romeinen onder C. Flaminius in 217 v. Chr.; nu* Lago Trasimeno.

trā-v- = *trans-v-.*

trāxī *pf. v. traho.*

Trebia, ae *m* zijrivier *v.d. Po, nu de* Trebbia, *mondt uit bij Placentia, beroemd door de overwinning v. Hannibal op de Romeinen onder Ti. Sempronius Longus in 218 v. Chr.*

Trebula, ae *f*
1. *stad in het Sabijnse gebied, ook Mutu(e)sca;*
2. *stad in Campanië, nu* Treglia;

/ *adj.* **Trebulānus,** a, um; *subst.* **Trebulānum,** ī *n* landgoed bij Trebula.

trecēnī, ae, a *(trecenti)* ieder *of* telkens driehonderd.

trecentēsimus, a, um *(trecenti)* driehonderdste.

tre-centī, ae, a *(tres en centum)* driehonderd; *(poët.)* ontelbaar.

trecentiē(n)s *(trecenti) (poët.)* driehonderdmaal.

trechedīpnum, ī *n (Gr. leenw.) (Juv.) een soort schoen.*

trē-decim *indecl. (tres en decem)* dertien.

tremebundus, a, um *(tremo)* bevend, trillend [**membra**].

treme-faciō, facere, fēcī, factum *(tremo)* doen trillen, doen beven, schokken [**Olympum**]; *pass.* -fīō, fierī, factus sum sidderen.

tremendus, a, um *(tremo) (poët.; postklass.)* huiveringwekkend, angstaanjagend [**rex** *(v. Pluto)*].

tremēscō, tremēscere *en* **tremīscō,** tremīscere, — — *(incoh. v. tremo) (poët.)* trillen, beven, sidderen *(voor: acc.)*; *(m. aci.)* bang zijn dat.

tremibundus, a, um = *tremebundus.*

tremīscō *zie tremesco.*

tremō, tremere, tremuī, — trillen, beven, sidderen *(voor: acc.)* [**virgas ac secures dictatoris; offensam Iunonem**]; ▸ *tremunt manus; membra trementia.*

tremor, ōris *m (tremo)*

1. het trillen, beven, sidderen [**membrorum**]; aardbeving;

2. *(Mart.; Petr.) (meton.)* iem. die siddering *of* schrik veroorzaakt; ▸ *Cacus silvarum* ~.

tremuī *pf. v. tremo.*

tremulus, a, um *(tremo)*

1. trillend, bevend, sidderend [**senex; flamma** flakkerend; **vestis** fladderend; **mare** woelig];

2. siddering veroorzakend [**frigus; horror**].

trepidanter *adv. (trepido)* angstig.

trepidātiō, ōnis *f (trepido)* onrust, verwarring, gejaagdheid, het angstig heen en weer lopen.

trepidō, trepidāre *(trepidus)*

1. onrustig, zenuwachtig zijn, angstig heen en weer lopen, door elkaar lopen, zich haasten, rennen [**ad arcem; ad arma; circa advenam** zwermen om]; ▸ *totis castris trepidatur* het hele legerkamp is in rep en roer; — *(v.e. paard)* schuw worden; *(v. ledematen)* stuiptrekken, trillen; *(v.h. hart)* kloppen; *(v.e. vogel)* fladderen; *(v. vlammen)* flakkeren;

2. *(poët.; postklass.)* sidderen, trillen *(door, van: abl.)* [**metu**];

3. *(metaf.)* weifelen, besluiteloos zijn [**inter scelus metumque**]; *(m. inf.)* aarzelen;

4. *(poët.; postklass.)* bang zijn *(voor: abl.; ad; de)* [**morte futura**]; vrezen, terugschrikken voor *(m. acc. of inf.)* [**lupos**]; *(m. ne; afh. vr.)*; ▸ *ne trepides unde volans ignis pervenerit (Lucr.).*

trepidus, a, um

1. *(v. levende wezens en metaf. v. niet-lev.)* onrustig, verward, zenuwachtig, angstig, haastig [**curia; fuga** chaotisch; **vultus** schuw; **unda** deinend; **cursus; vita** in gevaar verkerend; *(door, wegens, over: abl.; soms gen.)* **metu; rerum**]; ▸ *terror ex somno -am civitatem excivit;*

2. *(metaf.)* onrustbarend, verwarrend, onheilspellend [**litterae**]; ▸ *res -ae* angst, verwarring; *in re -a en in rebus -is* in gevaarlijke omstandigheden.

trēs, tria *(gen.* trium, *dat. en abl.* tribus, *acc.* trēs *en* trīs, *n* tria) drie; een paar, enkele [**verba**].

tressis, is *m (tres en as)* som van (maar) drie as.

trēs-vir *zie triumvir.*

treuga, ae *f (Germ. woord) (Mel.)* vrede, wapenstilstand; ~ *dei* godsvrede.

Trēverī *en* **Trēvirī,** ōrum *m; sg.* **Trēvir,** virī *volksstam bij de rivier de Moezel; belangrijkste stad: (Colonia) Augusta Treverorum, nu Trier;* — *adj.* **Trēvericus,** a, um.

tri- *(tres)* drie-.

triangulum, ī *n (triangulus)* driehoek.

tri-angulus, a, um *(postklass.)* driehoekig.

triāriī, ōrum *m* triariërs, soldaten v.d. derde slaglinie *(de oudste en meest ervaren soldaten)*; *metaf.* reserves; ▸ *sprw.*: *res rediit ad -os* het is een crisissituatie geworden.

trias, ados *f (Gr. leenw.) (Mel.)* de Heilige Drieeenheid.

tribas, adis *f (Gr. leenw.) (postklass.)* lesbienne.

Tribocēs, um *en* **-ī,** ōrum *m Germ. volksstam, door Caesar in de Elzas gevestigd.*

tribolus, ī *m* = *tribulus.*

tribrachys, yos *m (Gr. leenw.)* tribrachys, *metrum v. drie korte lettergrepen* (◡ ◡ ◡).

tribuārius, a, um *(tribus)* van de tribus [**crimen** van de omkoping v.d. tribus].

tribuī *pf. v. tribuo.*

trībulātiō, ōnis *f (tribulo) (eccl.)* nood, tegenspoed.

tribūlis *(tribus)*

I. *adj.* e tot dezelfde tribus behorend;

II. *subst.* is *m*

1. tribusgenoot; *(Ter.)* iem. uit dezelfde streek, landsman;

2. *(Mart.)* iem. die tot een lagere bevolkingsklasse behoort.

trībulō, trībulāre *(tribulum)*

1. *(preklass.)* persen; *metaf.* afpersen;

2. *(metaf.) (eccl.)* kwellen, plagen.

trībulum, ī *n (tero) (niet-klass.)* dorsblok, dorswagen.

tribulus, ī *m (Gr. leenw.) (poët.; postklass.) een soort* distel.

tribūnal, ālis *n (tribunus)*

1. verhoging, platform: (a) hoge zitplaats *van de magistraten, ihb. van de tribunen;* rechterstoel; ▸ *pro tribunali sedere* voor op; *alqm de tribunali deturbare; pro tribunali alqd agere; pro, in, e tribunali* officieel *(itt.: de plano);* (b) zitplaats v.d. legeraanvoerder *in het legerkamp;* (c) *(Suet.)* zitplaats v.d. pretor *in het theater;*

2. *(Hor.) (meton.)* de magistraten;

3. *(Tac.)* rouwstellage, katafalk.

tribūnātus, ūs *m (tribunus)* tribunaat [**militum; plebis**].

tribūnicius *(tribunus)*

I. *adj.* a, um van de tribunen, tribuun- [**potestas; vis; terrores; comitia** verkiezingen voor het ambt v. volkstribuun]; van de tribunen *of* van een tribuun afkomstig [**leges**];

II. *subst.* ī *m* voormalig tribuun.

tribūnus, ī *m (tribus)* tribuun:

1. hoofd v.d. tribus;

2. *(in de koningstijd)* ~ *Celerum* cavaleriecommandant;

3. ~ *aerārius of aeris* (a) belastinginner, betaalmeester, *assistent v.d. quaestoren;* (b) rechter;

4. *(milit. t.t.)* (a) ~ *militum of militāris* krijgstribuun *(in elk legioen 6, deels door de legeraanvoerder benoemd, deels door het volk gekozen);* (b) *(postklass.) (in de keizertijd)* ~ *cohortis* bevelhebber v.d. eerste pretoriaanse cohort;

5. *-i militum consulari potestate of -i consulares* krijgstribunen met de bevoegdheid v. consul;

6. ~ *plebis of plebi en alleen tribunus* volkstribuun; *in 494 v. Chr. kregen de plebejers de tribunen als beschermende autoriteit (eerst 2, vervolgens 5, later 10), die oorspr. slechts vetorecht, later grotere macht hadden.*

tribuō, tribuere, tribuī, tribūtum *(tribus)*

1. indelen [**rem universam in partes**];

2. uitdelen, verdelen [**pecuniam equitibus**];

3. *(metaf.)* toedelen, verlenen, schenken, bewijzen, geven [**praemia alci; in tribuendo suum cuique; alci beneficia; salutem mihi; honorem; laudem** toezwaaien; **gratiam** dank betuigen; **nomina sibi deorum** aannemen; **veniam alci; silentium orationi; terris pacem**];

4. doen terwille van *(m. dat.)* [**alqd rei publicae et amicitiae**];

5. *alci multum (plus, plurimum e.d.)* ~ iem. hoog (hoger, zeer hoog, *e.d.*) achten; *alci omnia* ~ iem. zeer graag mogen;

6. ter wille zijn *(m. dat.; in m. acc.)* [**ordini publicanorum; in vulgus** iedereen dienen];

7. toeschrijven, aanrekenen [**casūs adversos hominibus; alqd suae culpae; id virtuti hostium;** *m. dubb. dat.* **alci alqd superbiae, ignaviae** *e.d.* iem. iets als hoogmoed, lafheid aanrekenen]; *abs. magnopere alci rei* ~ trots zijn op iets [**suae virtuti**];

8. *(tijd)* wijden, besteden [**reliqua tempora litteris**].

tribus, ūs *f (dat. en abl. plur.* tribubus)

1. *(oorspr.)* een derde *van het Rom. volk,* stamtribus, *een v.d. drie stammen v.h. Rom. volk; vgl. Ramnes, Tities, Luceres;*

2. *(vanaf Servius Tullius)* afdeling v. Rom. burgers, district, gewest, tribus *(4 urbanae en uiteindelijk 31 rusticae);* ▸ *tribu movere alqm* iem. uit de tribus stoten; *populum in tribus convocare;*

3. *(meton.) plur.* stemmen v.e. tribus; ▸ *tribum ferre* de meerderheid v.d. stemmen v.e. tribus behalen, een tribus achter zich krijgen;

4. *(metaf.)* gilde, kliek [**grammaticae** van critici].

tribūtārius, a, um *(tributum)*

1. *(Cic.)* de belastingen betreffend [**tabellae** dure geschenken belovend];

2. belastingplichtig [**Asia**].

tribūtim *adv. (tribus)* tribusgewijs [**spectacula dare**].

tribūtiō, ōnis *f (tribuo)*

1. verdeling [**aequabilis** evenwicht];

2. belastingbetaling.

tribūtōrius, a, um *(tribus) (jur.) actio -a* verdelingsactie.

tribūtum, ī *n (tribuo)*

1. belasting, heffing, cijns [**annuum**]; ▸ *-um imperare, imponere; civitates -is liberare;*

2. *(poët.) (metaf.)* geschenk, gift.

tribūtus[1] *ppp. v. tribuo.*

tribūtus[2], a, um *(tribus)* volgens tribus ingericht [**comitia**].

tribūtus[3], ūs *m (tribuo) (pre- en postklass.)* belasting.

trīcae, ārum *f*

1. beslommeringen, problemen;
2. *(metaf.)* flauwekul, onzin.

trīcēnārius, a, um *(triceni)*
1. *(postklass.)* dertigjarig [**filius**];
2. *(postklass.)* dertig bevattend [**fistula** dertig vingers wijd].

trīcēnī, ae, a *(triginta)* ieder *of* telkens dertig.

trīcēnsimus *en* **trīcēsimus,** a, um *(triginta)* dertigste.

tri-ceps, *gen.* cipitis *(caput)* driekoppig [**Cerberus**].

trīcēsimus *zie tricensimus.*

trichila, ae *f* prieel.

trīciē(n)s *adv. (triginta)* dertigmaal.

trīclīniarchēs, ae *m (Gr. leenw.) (Petr.)* tafelopzichter.

trīclīniāria, ium *n (triclinium)* dingen voor in de eetkamer.

trīclīniārius, a, um *(triclinium)* van *of* in de eetkamer.

trīclīnium, ī *n (Gr. leenw.)*
1. aanligbed;
2. eetkamer.

trīcō, ōnis *m (tricae) (preklass.)* ruziezoeker.

tricōlum, ī *n (Gr. leenw.) (retor.)* zin die uit drie evenwichtige onderdelen bestaat.

trīcor, trīcārī *(tricae)* moeilijkheden maken, uitvluchten zoeken.

tri-cornis, e *(cornu) (Plin. Mai.)* met drie hoorns.

tri-corpor, *gen.* oris *(corpus) (poët.)* met drie lichamen, drielijvig.

tri-cuspis, *gen.* idis *(Ov.)* drietandig, -puntig.

tri-dēns, *gen.* dentis *(poët.; postklass.)*
I. *adj.* drietandig, -puntig;
II. *subst. m (abl. sg. -e en -ī)* drietand.

tridenti-fer *en* **-ger,** era, erum *(tridens en fero resp. gero) (Ov.)* een drietand dragend.

trīduānus, a, um *(triduum) (Laatl.)* drie dagen durend, driedaags.

trī-duum, ī *n (dies)* (periode van) drie dagen; ▸ *via -i.*

triennia, ium *n (triennium) (Ov.) om de twee jaar gevierd Bacchusfeest.*

tri-ennium, ī *n (annus)* (periode van) drie jaren.

triēns, entis *m (tres)*
1. eenderde;
2. *(als munt)* eenderde as;
3. eenderde *van de erfenis;* ▸ *cum duobus coheredibus in triente esse;*
4. *(poët.) (als inhoudsmaat voor vloeistoffen)* $^1/_3$ sextarius = $^1/_6$ l; *(meton.)* beker.

trientābulum, ī *n (triens) (toewijzing v. grond als)* schadeloosstelling voor eenderde *van de verschuldigde som geld.*

triērarchus, ī *m (Gr. leenw., trieris)* trierarch, kapitein v.e. trireme.

triēris *(Gr. leenw.)*
I. *adj.* e met drie roeiniveaus [**navis**];
II. *subst.* is *f (vul aan: navis)* trireme, driedekker.

trietēricus, a, um *(Gr. leenw.) (poët.)* om de twee jaar gevierd [**sacra**]; — *subst.* **-a,** ōrum *n = triennia.*

trietēris, idis *f (Gr. leenw.)*
1. *= triennia;*
2. *(poët.) = triennium.*

tri-fāriam *adv. (vgl. bi-fariam)* in drieën [**urbem munire** op drie plaatsen].

tri-faucis, *gen.* is *(poët.)* uit drie muilen (komend) [**latratus**].

tri-fer, fera, ferum *(tri en fero)* drie oogsten (per jaar) gevend.

tri-fidus, a, um *(findo) (poët.; postklass.)* in drieën gespleten, drietandig, met drie tongen [**flamma**].

tri-fīlis, e *(filum) (Mart.)* met drie haren.

tri-folium, ī *n (postklass.)* klaver.

tri-fōrmis, e *(forma) (poët.)* met drie vormen, drievormig [**Hecate; Chimaera**].

tri-fūr, fūris *m (Plaut.)* drievoudig dief, aartsdief.

tri-furcifer, erī *m (Plaut.)* aartsschelm.

tri-furcus, a, um *(furca) (postklass.)* met drie vorken *of* takken.

trīga, ae *f (tres en iungo) (pre- en postklass.)* driespan.

trīgārius, ī *m (triga) (Plin. Min.)* bestuurder v.e. driespan.

tri-geminus, a, um
1. drieling- [**filii; fratres**]; — *subst.* **-ī,** ōrum *m* drieling;
2. drievoudig [**victoria; honores** ediliteit, pretuur, consulaat; **Porta Trigemina** poort *van de Rom. stadsmuur met drie doorgangsbogen tegenover de Aventijn*]; met drie gestalten, driekoppig [**Hecate; canis** = Cerberus; **vir** = Geryones].

trīgēsimus, a, um = *tricesimus, zie tricensimus.*

trīgintā *indecl.* dertig.

triglyphus, ī *m (Gr. leenw.) (postklass.)* triglief.

trigōn, ōnis *m (Gr. leenw.) (poët.)*
1. harde kleine bal;
2. *(meton.)* balspel, *waarbij de spelers in een driehoek opgesteld waren.*

trigōnālis, e *(trigonum) (Mart.)* gebruikt bij het balspel trigon [**pila**].

trigōn(i)um, ī *n (Gr. leenw.) (pre- en postklass.)*

driehoek.

trigōnus, a, um *(Gr. leenw.)* driehoekig.

tri-lībris, e *(libra) (poët.)* met een gewicht v. drie pond.

tri-linguis, e *(lingua) (niet-klass.)*
1. met drie tongen [**ōs Cerberi**];
2. drie talen sprekend.

tri-līx, *gen.* līcis *(licium) (poët.)* met een driedubbele draad.

tri-mē(n)stris, e *(mensis) (pre- en postklass.)* van drie maanden.

trimetrus *en* **-os** *(Gr. leenw.) (poët.; postklass.)*
I. *adj.* a, um in drie metra, zesvoetig [**versus**];
II. *subst.* ī *en* **trimeter,** trī *m* trimeter.

trimodia, ae *f (trimodius)* vat met een inhoud v. drie modii.

tri-modius, ī *m maat bestaand uit drie modii.*

trīmulus, a, um *(demin. v. trimus) (Suet.)* pas, slechts drie jaar oud.

trī-mus, a, um *(niet-klass.)* drie jaar oud, driejarig [**filia; capra**]; ▸ *trimā die over drie jaar.*

Trīnacria, ae *en* **Trīnacris,** idis *f (eig. 'de driehoekige') oude naam voor Sicilië; — adj.* **Trīnacrius,** a, um, *fem. ook* **Trīnacris,** idis.

tri-nepōs, nepōtis *m* kleinzoon in de vijfde graad.

trīnī, ae, a; *sg.* **trīnus,** a, um
1. telkens drie, drie tegelijk; *bij plurale tantum:* drie [**castra**];
2. *(poët.; postklass.)* drievoudig [**catenae**].

trīnitās, ātis *f (trini)*
1. drietal;
2. *(eccl.)* de Heilige Drie-eenheid.

Trinobantēs, um *m volksstam in Z.O.-Brittannië.*

trinoctiālis, e *(trinoctium) (Mart.)* tijdens drie achtereenvolgende nachten.

tri-noctium, ī *n (nox) (postklass.)* (een periode van) drie aaneengesloten nachten.

tri-nōdis, e *(nodus) (Ov.)* met drie knopen.

tri-nummus, ī *m munt ter waarde van drie drachmen of drie sestertiën; — Trinummus* 'Driestuiverstuk' *(titel v.e. komedie v. Plautus).*

trīnum nūndinum *zie nundinus.*

trīnus *zie trini.*

triō, ōnis *m (tero) (niet-klass.)* ploegos; *(als sterrenbeeld) plur.* Grote Beer.

triōbolus, ī *m (Gr. leenw.) (preklass.)* drie obolen *(een halve drachme); metaf.* kleinigheid.

Triōcalīnum, ī *n gebied rond Triocala (rotsvesting op Sicilië).*

Triopēius, ī *m* = Erysichthon, *zoon v.d. myth. koning Triopas uit Thessalië, die door Demeter met onverzadigbare honger gestraft werd;* — **Triopēis,** idis *f* = Mestra (Hypermestra), *dochter v. Erysichthon.*

tri-parcus, a, um *(parco) (Plaut.)* overdreven zuinig, zeer gierig.

tri-partītus, a, um *(partior)* in drieën gedeeld, drievoudig [**regio; exercitus**]; — *adv.* **-ō** in drieën, in drie delen *of* afdelingen [**urbem aggredi; bona dividere**].

tri-pectorus, a, um *(pectus) (Lucr.)* met drie bovenlichamen.

tri-pedālis, e *en* **-pedāneus,** a, um drie voet lang [**parma**].

tri-pertītus, a, um = *tripartitus.*

tri-pēs, *gen.* pedis met drie voeten, poten [**mensa**].

Triphȳlia, ae *f zuidelijkste deel v.d. landstreek Elis, valt samen met het rijk v.d. uit Pylos afkomstige Nestor.*

tri-plex, *gen.* plicis*(vgl. duplex)*
I. *adj.* drievoudig [**forma** *(v. Cerberus en Geryones)*; **porticus** met drie rijen zuilen; **murus**; **cuspis** drietand; **mundus** gevormd door hemel, aarde en zee; **regnum** *verdeeld onder Jupiter, Neptunus en Pluto*]; *(poët.) plur.* drie [**deae** = de drie parcen]; ▸ *triplicem aciem instruere;*
II. *subst.*
1. *n* het drievoudige, driemaal zoveel;
2. *plur.* driedelig schrijfplankje.

triplicātiō, ōnis *f (triplico) (jur.)* verweer *(tegen de duplicatio of de replicatio).*

triplicō, triplicāre *(triplex) (postklass.)* verdrievoudigen.

triplinthius, a, um *(Gr. leenw.) (Laatl.)* drie stenen dik.

tri-plus, a, um drievoudig [**pars**]; — *subst.* **-um,** ī *n (Mart.)* het drievoudige, driemaal zoveel.

Tripolis, is *f (acc. -im, abl. -ī) (Gr. leenw., eig. 'driestad') naam v. verschillende Gr. landstreken en steden en v.e. Fen. stad in het huidige Libanon (nu Tripoli); — adj.* **Tripolitānus,** a, um.

Triptolemus, ī *m myth. vorst v. Eleusis, die de ploeg uitvond en de mensen leerde het land te bebouwen; rechter in de onderwereld, samen met Demeter als god v.d. akkerbouw en de oogst vereerd;* ▸ *sprw.: -o dare fruges* = iets overbodigs doen ('water naar de zee dragen').

tripudiō, tripudiāre *(tripudium)* een wapendans opvoeren; *metaf.* een vreugdedans maken.

tri-pudium, ī *n*
1. (a) wapendans met drie passen *van de Salii;*

(b) wapen-, krijgs-, overwinningsdans [**Gallorum**]; (c) *(Catull.)* wilde Bacchusdans;
2. *(t.t. in de taal v.d. augures)* ~ *solistimum* gunstig voorteken, *als de kippen die het voorteken gaven, zich hongerig op het voer stortten.*

tri-pūs, podis *m (acc. plur. -podas) (Gr. leenw.)* drievoet:
1. *ketel op een standaard met drie poten;*
2. kruk met drie poten *van de Pythia v.* Delphi; *(meton., ihb. plur.)* orakel *te* Delphi.

tri-quetrus, a, um
1. driehoekig [**insula** = Brittannië];
2. *(poët.)* Siciliaans [**orae; tellus** = Sicilië].

tri-rēmis *(remus)*
I. *adj.* e met drie roeiers *(per positie, boven elkaar met ieder een eigen riem)* [**navis**];
II. *subst.* is *f (abl. sg. -e en -ī) (vul aan: navis)* trireme, driedekker.

trīs *zie tres.*

tri-scurria, ōrum *n (scurra) (Juv.)* uitbundige grappenmakerij.

trissō, trissāre *(Laatl.)* tsjilpen.

trīsticulus, a, um *(demin. v. tristis)* een beetje treurig.

trīsti-ficus, a, um *(tristis en facio) (poët.)* treurigstemmend, droevig [**voces**].

trīstimōnia, ae *f en* **-um,** ī *n (tristis) (Petr.)* bedroefdheid.

trīstis, e *(adv. -e)*
1. treurig, bedroefd [**amici**]; ▸ *numquam ego te tristiorem vidi esse;* — humeurig, slechtgehumeurd, ontstemd;
2. treurig stemmend, droevig, pijnlijk, akelig [**tempora; dona** dodengaven; **Tartara; nuntius; litterae; bellum; morbus; eventus**]; onheilspellend, beangstigend [**somnia; exta**];
3. onvriendelijk, bars, nors [**dicta**]; ▸ *esse vultu tristi;*
4. streng, onvermurwbaar, hard, angstaanjagend [**iudex; sorores** = de parcen; **senex; vita; antiquitas; Erinys**];
5. ongelukkig, onzalig [**medicamen**];
6. *(poët.)* bitter, wrang, onaantrekkelijk, onaangenaam [**sapor; sucus**].

trīstitia, ae *en* **trīstitiēs,** ēī *f (tristis)*
1. treurigheid, treurnis [**temporum** droevige tijden; **caeli; sermonis**]; humeurigheid, ontstemdheid;
2. onvriendelijkheid, somberheid, hardheid, strengheid.

trīstitūdō, inis *f (tristis) (Apul.)* = tristitia.

trīstor, trīstārī *(tristis) (Vulg.)* bedroefd zijn.

tri-sulcus, a, um *(poët.)* met drie punten, tanden [**lingua serpentis; telum Iovis, ignes** = bliksem].

trīt-avus, ī *m (preklass.)* overgrootvader v.d. overgrootvader *of* -moeder, verre voorvader.

trīticeia, ae *f (Plaut.) een vissoort.*

trīticeus, a, um *(triticum) (niet-klass.)* van tarwe, tarwe- [**messis**].

trīticum, ī *n (tero)* tarwe.

Trītōn, ōnis *m*
1. *zoon v. Neptunus, zeegod met vissenlijf met één of twee staarten, bij Vergilius naam v.e. schip; plur.* Tritonen, *bovennatuurlijke zeewezens in het gevolg v. Neptunus en andere godheden; scherts. bij Cicero: isti piscinarum Tritones (v. liefhebbers v. visvijvers);*
2. *naam v. verschillende meren in* N.-*Afrika, ihb. in Tunesië en in Libië, waar de geboorteplaats v.* Pallas *Athene en andere godheden werd gelokaliseerd;* — *adj.* (a) **Trītōnius,** a, um afkomstig v.h. meer Triton [**Pallas**]; — *subst.* **Trītōnia,** ae *f* = Pallas Athene, *ook* olijfboom; (b) **Trītōniacus,** a, um van Pallas Athene afstammend [**harundo** *door Pallas Athene uitgevonden fluit;* **arx** = *de stad* Athene].

Trītōnis, *gen.* idis *(acc. sg. -idam en -ida)*
I. *subst. f*
1. *(palus)* ~ *meer in* N.-*Afrika;*
2. = Pallas Athene;
II. *adj. (f)* van *of* horend bij Pallas Athene.

trītor, ōris *m (tero) (pre- en postklass.)* iem. die wrijft *of* maalt [**compedium** 'verslijter v. boeien' *(v.e. geketende slaaf)*].

trītūra, ae *f (tero)*
1. het dorsen;
2. *(Apul.)* het wrijven;
3. *(postklass.)* het kneden.

trītūrō, trītūrāre *(tritura) (Laatl.)*
1. dorsen [**fruges**];
2. *(metaf.)* verpletteren.

trītus[1], a, um *(p. adj. v. tero)*
1. *(poët.)* versleten, afgedragen [**vestis**];
2. *(v. wegen)* vaak betreden, platgetrapt [**via Appia**];
3. *(metaf.)* (a) vaak gebruikt, veel gehoord [**proverbium; nomen**]; (b) geoefend [**aures**].

trītus[2], ūs *m (tero)* het wrijven.

triumphālis, e *(triumphus)*
1. triomf-, bij de triomf horend [**currus; corona** van de triomferende veldheer; **ornamenta** de eretekenen v.e. triomfator; **porta** *waardoor de triomfator de stad binnentrekt*]; — *subst.* **triumphālia,** ium *n* de eretekenen v.e. triom-

fator;
2. die een triomftocht heeft gehouden [**senex**]; — *subst.* is *m* triomfator.

triumphātor, ōris *m* *(triumpho)* *(postklass.)* triomfator; *metaf.* overwinnaar [**erroris**].

triumphō, triumphāre *(triumphus)*
I. *intr.*
1. triomferen, een triomftocht houden, als triomfator de stad binnentrekken *(vanwege: de, ex)* [**de Sabinis; ex urbe; ex Macedonia**]; ▸ *equi triumphantes* van de zegekar; *populi iussu triumphatum est;*
2. *(metaf.) (poët.)* een overwinning behalen *(op: de);*
3. jubelen, juichen [**gaudio**]; ▸ *triumphabo de fuga vestra;*
II. *tr.* *(poët.; postklass.)* overwinnen, een totale overwinning behalen op; ▸ *triumphati magis quam victi sunt; triumphatus orbis* onderworpen; *triumphatus bos* buitgemaakt.

triumphus, ī *m*
1. *(door de senaat aan een succesvolle veldheer verleende)* triomf-, zegetocht; ▸ *-um agere* houden; *-um postulare; per -um of in -o (Gallos, elephantos) ducere* in een triomftocht;
2. *(metaf.)* triomf, overwinning *(over, op: gen.; de; ex)* [**de classe; ex Etruria; luxuriae; de se ipso**]; ▸ *-um deportare ex provincia* een overwinning behalen op.

trium-vir *en* **trēs-vir,** virī *m* *(gen. plur. -ōrum en -um)* triumvir, lid v.e. driemanschap; *plur.* **triumvirī** *en* **trēsvirī** triumviri, driemannen, *college dat drie leden telt:*
1. *-i capitales of carceris lautumiarum* college dat toezicht hield op de gevangenissen en de ordedienst; *als nachtwakers heetten zij -i nocturni;*
2. *-i coloniae deducendae, -i agro dando (dividendo, assignando) of -i agrarii* college voor het stichten v. koloniën en het verdelen v.h. akkerland onder de kolonisten;
3. *-i epulones* priestercollege dat de maaltijden bij de openbare spelen verzorgde;
4. *-i mensarii* college voor het beheren v.d. staatskas;
5. *-i auro (of argento, aeri) flando (of feriundo) of -i monetales* college v. muntmeesters;
6. *-i rei publicae (constituendae)* college voor het reorganiseren v.d. staat *(bv.: Antonius, Octavianus en Lepidus);*
7. *-i sacris conquirendis donisque persignandis* college voor het opsporen van tempelschatten en wijgeschenken;
8. *alleen -i* college voor het lichten v. rekruten;
9. *in de municipia:* hoogste college v. magistraten.

triumvirālis, e *(triumvir)* *(poët.; postklass.)* van het college v. triumviri, v. driemannen.

triumvirātus, ūs *m* *(triumvir)* ambt v. triumvir; triumviraat, driemanschap.

tri-venēfica, ae *f* *(Plaut.)* *(als scheldw.)* driedubbele gifmengster.

trīvī *pf. v.* *tero.*

Trivia, ae *f* *(trivius;* 'op driesprongen vereerde') Hecate, *die ook met drie gestalten werd voorgesteld, als helpster en beschermster v. poorten en driesprongen en als godin v.d. maan en de magie; ook* = Diana.

triviālis, e *(trivium)* *(postklass.)* gewoon, alledaags [**verba; carmen**].

trivium, ī *n* *(trivius)* driesprong, kruising, splitsing; openbare weg, straat; ▸ *in -is auctionari; sprw.: arripere maledictum ex -o* op een platte manier uitschelden.

tri-vius, a, um *(via)* *(poët.; postklass.)* behorend tot driesprongen; op driesprongen vereerd [**dea**].

trixāgō, inis *f* *(postklass.)* gamander.

Trōas zie *Tros.*

trochaeus, ī *m* *(Gr. leenw.)*
1. trochee (— ◡);
2. tribrachys (◡ ◡ ◡).

trochilus, ī *m* *(Gr. leenw.)* *(Plin. Mai.)* *klein soort vogel,* pluvier(?).

troc(h)lea, ae *f* *(Gr. leenw.)* *(Lucr.)* katrol, takel.

trochus, ī *m* *(Gr. leenw.)* *(poët.)* ijzeren hoepel *voor kinderen, voorzien v. rinkelende ringen.*

Trocmī, ōrum *m* *volksstam in Galatië.*

Trōes zie *Tros.*

Troezēn, ēnis *f* *stad in Z.O.-Argolis met een Aesculapiuscultus;* — *inw. en adj.* **Troezēnius,** ī *m resp.* a, um.

Trōg(l)odytae, ārum *m* 'holbewoners', Ethiopi*sche volksstam, ihb. de Nubiërs, maar ook wel gebruikt als aanduiding voor de Nabataeërs.*

Troia, Troiānus, Trōïcus zie *Tros.*

Trōilus, ī *m jongste zoon v. Priamus, voor Troje gevangen en door Achilles gedood.*

Troiu-gena, ae *(m en f)* *(Troia en gigno)* in Troje geboren, uit Troje afkomstig, Trojaans [**gentes; Romanus**]; — *subst. m* Trojaan; Romein.

Trōïus zie *Tros.*

tropaeum, ī *n* *(Gr. leenw.)*
1. trofee, overwinningsteken *(bij de Grieken oorspr. een paal met de op de vijand buitgemaakte*

wapenen, bij de Romeinen een monument v. steen of brons); ▸ *-um statuere, ponere* oprichten;
2. *(meton.)* overwinning [**Marathonium**];
3. *(metaf.)* aandenken, gedenkteken [**ingenii**].

Trophōnius, ī *m myth. bouwer v.d. Apollotempel in Delphi, afkomstig uit Lebadeia in Boeotië; bij zijn graf bevond zich een bekend orakel.*

tropicus, a, um *(Gr. leenw.)* omkerend.

tropis, idis *f (acc.* -in) *(Gr. leenw.) (Mart.)* droesem.

tropus, ī *m (Gr. leenw.)*
1. *(postklass.) (retor. t.t.)* beeldspraak;
2. *(Mel.)* melodie.

Trōs, Trōis *m*
1. *zoon v. Erichthonius, kleinzoon v. Dardanus, koning v. Frygië, naar wie de stad Troje genoemd is;*
2. *alg.* Trojaan, *meestal plur.* **Trōes,** um; — **Troia,** ae *f* (a) *het homerische Troje (Turks: Truva) in Kl.-Azië, belangrijkste stad v.d. landstreek Troas;* (b) *door Aeneas bij Laurentum in Latium gebouwde stad;* (c) *door Helenus in Epirus gestichte stad;* (d) *Troiae lusus* Trojaans toernooi, *Romeins schijngevecht voor ruiters;* — **Trōas,** *gen.* adis (a) *adj. (f)* Trojaans [**humus**]; (b) *subst. f* Trojaanse (vrouw); *de landstreek Troas in Kl.-Azië;* — **Troiānus** (a) *adj.* a, um Trojaans [**iudex** = Paris; **equus** het paard v. Troje]; (b) *subst.* ī *m* Trojaan; — **Trōïcus,** *ook* **Trōïus,** a, um Trojaans.

Trosmis, is *f (acc. -in) stad in Moesië aan de benedenloop v.d. Donau.*

trossulī, ōrum *m (pre- en postklass.)*
1. *aanduiding voor Romeinse ruiters;*
2. *spottend gebruikt voor modieuze rijke jongemannen, fatjes; ook sg.*

trucīdātiō, ōnis *f (trucido)* slachting, het afslachten [**pecorum; civium**].

trucīdō, trucīdāre
1. afslachten, afmaken [**captos sicut pecora; legiones ante oculos vestros**]; ▸ *trucidando occidere;*
2. *(metaf.)* te gronde richten, ruïneren [**plebem faenore**];
3. *(poët.)* doven [**ignem**].

truculentia, ae *f (truculentus) (postklass.)* onvriendelijkheid, ruwheid [**caeli** van het klimaat].

truculentus, a, um *(adv.* truculenter) *(trux)*
1. onvriendelijk, bars, nors, ruw, grof, grimmig, woest [**senex; gens; vultus; voces**]; — Truculentus *titel v.e. komedie v. Plautus;*
2. *(poët.) (metaf., v.d. zee)* ruw, stormachtig.

trūdis, is *f (trudo) (poët.; postklass.)* breekijzer.

trūdō, trūdere, trūsī, trūsum
1. *(poët.; postklass.)* (naar voren) duwen, drijven [**hostes; cohortes in paludem; alqm foras; apros in plagas**];
2. *(Verg.) (v. planten)* kweken, laten groeien [**gemmas**]; — *se* ~ *en pass.* groeien;
3. *(metaf.)* dwingen [**alqm in arma, ad mortem** de dood in drijven];
4. *(Plaut.) tenebras* ~ een rookgordijn optrekken.

trulla, ae *f*
1. schep, (opschep)lepel;
2. pekpan.

trullissō, trullissāre *(trulla)* bepleisteren.

truncātiō, ōnis *f (trunco) (Laatl.)* verminking.

truncō, truncāre *(truncus[2])* verminken; snoeien, afhakken, amputeren [**olus foliis** ontdoen van bladeren; **simulacra**]; *(postklass.)* neermaaien [**cervos**].

truncus[1], ī *m*
1. (boom)stam; paal;
2. romp *van het menselijk lichaam;*
3. *(metaf.)* wortel, oorzaak [**aegritudinis**];
4. *(meton., als scheldw.)* botterik, boerenkinkel.

truncus[2], a, um afgehakt, verminkt [**pinus; corpus** in de groei achtergebleven; **tela** gebroken]; ▸ *animalia pedum -a* zonder poten; *(metaf.) urbs -a, sine senatu.*

trūsī *pf. v. trudo.*

trūsō, trūsāre *(intens. v. trudo) (poët.)* masturberen.

trūsus *ppp. v. trudo.*

trutina, ae *f (Gr. leenw.)* weegschaal, balans, *ook metaf.*

trutinō, trutināre *(trutina) (postklass.)* (af)wegen, onderzoeken.

trux, *gen.* trucis *(abl. sg. -ī en -e)* ruw, grimmig, woest, angstaanjagend [**vultus; vox; cantus; tribunus; orator; ingenium; aries; pelagus**].

trygōnus, ī *m (Gr. leenw.) (Plaut.)* stekelrog.

tū *pron. pers. (gen. tuī, arch. tīs, dat. tibi en tibī acc. en abl. tē, arch. tēd)* jij, u; *vaak versterkt door -te en -met, ook: tutemet; vragend: tutin(e) = tutene;* ▸ *ego tu sum, tu es ego: uni animi sumus (Plaut.); bene mones: tute ipse cunctas!*

tuātim *adv. (tuus) (Plaut.)* op jouw, uw manier.

tuba ae *f*
1. *rechte trompet met diepe klank, ihb. in het Rom. leger gebruikt voor het geven v. signalen;* ▸ *concinunt -ae; -ā signum dare;*
2. *(metaf.)* aanstichter [**belli civilis**];

3. *(Mart.) (meton.)* (a) oorlog [**navalis**]; (b) epische poëzie.

Tubantēs, um *m Germ. volksstam bij de rivier de Lippe, later in de Franken opgegaan.*

tūber[1], eris *n (tumeo)*
1. *(pre- en postklass.)* buil, bult, knobbel, gezwel;
2. *(Plin. Mai.)* knoest, kwast in hout;
3. *(Plin. Mai.)* knol [**radicis**];
4. *(Hor.) (metaf.)* grove fout.

tuber[2], eris *m (postklass.) een soort appel, mispel(?).*

tūberculum, ī *n (demin. v. tuber[1]) (Plin. Mai.)* kleine bult, buil, klein gezwel.

tūberō, tūberāre *(postklass.)* zwellen, opzwellen.

Tūberō, ōnis *m (tuber[1]) cogn. in de gens Aelia:*
1. Q. Aelius ~, *volkstribuun in 130 v. Chr.(?), jurist en leerling v.d. stoïsche filosoof Panaetius;*
2. L. Aelius ~, *legaat v. Q. Cicero in Kl.-Azië (58 v. Chr.), kennis v. M. Cicero;*
3. Q. Aelius ~, *zoon v. 2.; belangrijke jurist; aanklager v. Q. Ligarius (46 v. Chr.); als redenaar de mindere v. Cicero.*

tubicen, inis *m (tuba en cano)* trompetspeler, trompettist.

tubilūstrium, ī *n (tuba en lustro) (preklass.; poët.)* feest v.d. wijding v.d. heilige trompetten op 23 *maart en 23 mei; ook plur.*

tubula, ae *f (demin. v. tuba) (Sen.)* kleine trompet.

tubulātus, a, um *(tubulus) (Plin. Mai.)* van pijpen voorzien.

tubulus, ī *m (demin. v. tubus) (preklass.; Laatl.)* kleine (water)pijp.

tubur, uris *m = tuber[2].*

tuburcinor, tuburcinārī opslokken, gretig verorberen.

tubus, ī *m (postklass.)* (water)pijp, buis *(ook v. buisvormige organen in het menselijk lichaam); plur.* verwarming dmv. holle buizen.

tuccētum, *en* **tūcētum,** ī *n (postklass.) een soort paté (?).*

tuditō, tuditāre
1. *(Lucr.)* hard *of* herhaaldelijk slaan, beuken;
2. *(Enn.) (metaf.)* met kracht doen *of* bedrijven.

tueō, tuēre *(arch.) = tueor.*

tueor, tuērī, tuitus, tūtātus *of* tūtus sum
1. bekijken, beschouwen, onderzoeken [**naturam; caelum**]; zien, kijken [**e tenebris; transversa** opzij]; *metaf. (geestel.)* aanzien, beschouwen;
2. beschermen, verdedigen [**castra; oppidum praesidio; libertatem;** *(tegen, voor: ab, zelden contra, adversus of ad)* **fines ab latrociniis; domum a furibus; liberos contra improbitatem; nostra adversus vim et iniuriam**];
3. bewaren, behouden, handhaven [**dignitatem suam; valetudinem; concordiam; beneficium** koesteren; **paternam gloriam; ius; mores; instituta; sacra**];
4. in acht nemen [**munus** vervullen];
5. in goede staat houden, onderhouden [**aedem Castoris; praedia**];
6. voeden, onderhouden [**se suosque; legiones**].

tuguriolum, ī *n (demin. v. tugurium) (postklass.)* hutje.

tugurium, ī *n* hut, schuur.

Tuistō, ōnis *m uit de aarde voortgekomen god, in de Germ. mythologie vader v. Mannus, de eerste mens.*

tuitiō, ōnis *f (tueor)* bescherming; onderhoud.

tuitus *zie tueor.*

tulī *pf. v. fero.*

Tulliola, ae *f (demin. v. Tullia) koosnaam die Cicero voor zijn dochter Tullia gebruikte.*

tullius, ī *m (pre- en postklass.)* wilde stroom, waterval.

Tullius, a, um *naam v.e. Rom. gens v. Etr. origine (afgeleid v.h. praenomen Tullus):*
1. Servius ~, *de zesde Rom. koning;*
— **Tulliānum,** ī *n onderaards gewelf v.d. Rom. staatsgevangenis voor de ter dood veroordeelden, onder de arx bij de helling v.h. Capitool; genoemd naar koning Servius Tullius, die hem zou hebben gebouwd;*
2. M. ~ Cicero, *zie Cicero;* — **Tullia,** ae *f Cicero's dochter;*
/ *adj.* **Tulliānus,** a, um.

Tullus *zie Hostilius.*

tum
I. *adv.*
1. *(v. tijd)* (a) toen, op dat moment, in die tijd; ▸ *homines qui tum erant; Latium tum praetores duos habebat; tum Cimbri et Teutoni Rhenum transcendebant; quod tum assequi non potuerunt, id nunc assecuti sunt; tum vero* ja toen, toen pas echt; — *soms als een adj. te vertalen* = van toen, toenmalig: *discessus tum meus;* (b) daarna, daarop, vervolgens; ▸ *tum ille (vul aan: dixit);* (c) dan; ▸ *cum Romam veneris, tum omnia audies; tum denique (of demum)* dan eindelijk, dan pas;
2. *(bij opsommingen)* dan, daarna, verder; ▸ *primum ... deinde ... tum ... postremo; maledicta, contumeliae, tum iracundiae* verder ook, bovendien;
II. *cj.*

1. **tum ... tum** nu eens ... dan weer; ▸ *tum hoc mihi, tum illud probabilius videtur; alvus tum restringitur, tum relaxatur;*
2. **cum ... tum** niet alleen ... maar ook, zowel ... als ook (in het bijzonder); ▸ *cum omnium provinciarum rationem diligenter habere debetis, tum praecipue Siciliae.*

tume-faciō, facere, fēcī, factum *(tumeo) (poët.)*
1. doen zwellen; ▸ *tumefactus pontus* hoog oprijzend;
2. *(metaf.)* opblazen; ▸ *tumefactus laetitiā inani; tumefactus vano nomine.*

tumeō, tumēre, tumuī, —
1. *(poët.)* (op)gezwollen zijn, uitpuilen *(van: abl. of ab)*; ▸ *unda a vento tumet; pedes tumentes; corpus tumet veneno; tument lumina fletu; tument sacci hordeo;*
2. *(metaf.) (poët.; postklass.)* zwellen, opgeblazen zijn *(van trots e.d.)* [**inani superbiā; laudis amore; gloriā; nominibus**];
3. zwellen, zieden, koken *(van woede)*; ▸ *animus irā tumet;*
4. *(poët.)* zwellen, opgewonden zijn *(van genot)* [**libidine**];
5. onrustig zijn, gisten; ▸ *tument animi plebis; Galliae tument; bella tument* dreigen uit te breken;
6. *(postklass.) (v.e. redevoering en redenaar)* gezwollen, bombastisch zijn.

tumēscō, tumēscere, tumuī, — *(incoh. v. tumeo)*
1. (beginnen te) zwellen; ▸ *mare tumescit;*
2. *(Ov.) (metaf.)* gaan zwellen, zieden *of* koken *(van woede)*;
3. *(Verg.) (v. oorlog)* dreigen uit te breken.

tumidus, a, um *(tumeo)*
1. (op)gezwollen, zwellend, opgeblazen [**membrum; venter; Python** boordevol gif; **Nilus; vela aquilone**];
2. *(metaf.)* opgeblazen, verwaand;
3. *(poët.)* driftig, ziedend, kokend [**corda**];
4. *(poët.)* (aan)zwellend, stormachtig [**aequor; auster**];
5. *(v.e. redevoering en redenaar)* gezwollen, bombastisch [**sermones**];
6. *(Prop.)* strelend, trots makend [**honor**].

tumor, ōris *m (tumeo)*
1. zwelling, gezwel [**oculorum**]; ▸ *manus in tumore est* is opgezwollen; — *(poët.; postklass.) (meton.)* verhoging, heuvel [**loci**];
2. *(metaf.)* het zieden, koken, drift [**animi**];
3. *(poët.; postklass.)* opgeblazenheid, verwaandheid, *ook plur.* [**regius**];
4. onrust, beroering [**rerum**];
5. *(postklass.) (v.e. redevoering)* gezwollenheid.

tumuī *pf. v. tumeo en tumesco.*

tumulō, tumulāre *(tumulus) (poët.)* begraven.

tumulōsus, a, um *(tumulus)* heuvelachtig [**locus**].

tumultuārius, a, um *(tumultus)*
1. *(v. personen)* in haast verzameld *of* samengeraapt [**milites; exercitus**]; in haast gekozen [**dux**];
2. *(v. niet-lev.)* in allerijl ingericht *of* in elkaar gezet, geïmproviseerd, onvoorbereid [**castra** noodkamp; **rogus; proelium**].

tumultuātiō, ōnis *f (tumultuor)* onrust, opschudding.

tumultuō, tumultuāre *(Plaut.) en* **tumultuor,** tumultuārī *(tumultus)*
1. onrust, opschudding veroorzaken; in beroering zijn; *(v.e. redenaar)* tieren;
2. in opstand komen, muiten;
3. *(onpers.)* *tumultuatur* het is onrustig; ▸ *in castris Romanorum tumultuari nuntiatur; cum Gallis tumultuatum magis quam belligeratum est* was er meer sprake van onrust dan van oorlog.

tumultuōsus, a, um *(tumultus)*
1. onrustig, rumoerig [**mare; vita; contio**];
2. onrust veroorzakend, verontrustend [**nuntius; litterae**].

tumultus, ūs *(arch. -ī) m (tumeo)*
1. onrust, rumoer, tumult [**verborum** geschreeuw; **pugnae**]; ▸ *tumultum comprimere, sedare; ~ e castris in urbem penetrat;*
2. oproer, opstand [**servilis; gladiatorum**];
3. strijdgewoel;
4. *(poët.)* tumult *van de elementen,* onweer, bliksem, storm;
5. *(metaf.)* opwinding, bezorgdheid; ▸ *pectora pulsata tumultu;*
6. warboel, rommeligheid, chaos [**sermonis**].

tumulus, ī *m (tumeo)*
1. heuvel, verhoging; ▸ *castellum in alto -o situm;*
2. grafheuvel, gedenkteken [**honorarius; inanis** cenotaaf]; ▸ *-um facere, statuere, constituere, struere* oprichten; *-o (com)ponere, condere* begraven.

tunc *adv. (tum en -ce)*
1. toen, op dat moment, in die tijd; ▸ *tunc aestas erat;*
2. dan;
3. vervolgens, daarna.

tundō, tundere, tutudī, tū(n)sum

1. slaan op, kloppen op, beuken [**tympana; pectora manu**];
2. *(poët.; postklass.)* trappen op, stampen op *(m. acc.)* [**pede terram**];
3. *(poët.; postklass.)* dorsen [**fruges**];
4. *(metaf.) (poët.) (met woorden)* aanvallen [**alqm assiduis vocibus; aures alcis**].

Tunēs, ētis *m sinds de Pun. tijd aan de noordkust v. Africa bij Carthago gevestigde stad, nu* Tunis.

Tungrī, ōrum *m volksstam in de buurt v. Atuatuca Tungrorum (nu* Tongeren *in België).*

tunica, ae *f*
1. tunica *(wollen kledingstuk zonder mouwen, door Rom. vrouwen en mannen gedragen);* ▸ *-as mutare cottidie; sprw.: ~ propior pallio est (Plaut.)* het hemd is nader dan de rok;
2. tuniek *als wapenuitrusting,* maliënkolder [**ferrea; adamantina**];
3. *(poët.; postklass.) (metaf.)* vel, huid, omhulsel.

tunicātus, a, um *(tunica)* (slechts) in tunica gekleed *(buitenshuis, als teken v. armoede)* [**populus**]; — *subst.* **-ī,** ōrum *m* armelui.

tunic(u)la, ae *f (demin. v. tunica)*
1. kleine tunica;
2. *(metaf.)* klein membraan, velletje.

tūnsus *ppp. v. tundo.*

tuor, tuī *(arch.; poët.) = tueor.*

turba, ae *f*
1. onrust, verwarring, lawaai, kabaal [**fugientium; belli**]; ▸ *-as efficere* verwarring stichten;
2. *(kom.)* woede-uitbarsting, ruzie; *plur.* intriges;
3. *(v. personen)* (mensen)menigte, groep, troep [**forensis; militaris; ducum** gevolg; **mea** mijn kroost; **Latonae** kinderschaar]; ▸ *videt in -a Verrem; in -am exire* onder de mensen komen, algemeen bekend worden;
4. *(v. dieren en niet-lev.)* massa, verzameling [**canum; piscium; arborum; verborum**].

turbāmentum, ī *n (turbo[2])*
1. verwarring, chaos [**rei publicae**];
2. *(Tac.) (meton.)* manier om verwarring te zaaien.

turbātiō, ōnis *f (turbo[2])* verwarring, chaos.

turbātor, ōris *m (turbo[2])* onruststoker, opruier [**plebis; Germaniae**]; aanstichter [**belli**].

turbātus, a, um *(p. adj. v. turbo[2])*
1. onrustig, stormachtig [**mare; caelum**]; woelig [**aqua**];
2. verward, in de war [**capilli**];
3. *(metaf.)* verward, opgewonden, onthutst; ▸ *voluntates populi -ae; oculis ac mente ~; hostes inopinato malo -i;*
4. *(Verg.)* verbitterd, vertoornd [**Pallas**].

turbēlae *en* **-ellae,** ārum *f (demin. v. turba)*
1. *(preklass.; Laatl.)* streken, baldadigheid;
2. *(Laatl.)* (mensen)menigte, drukte.

turben, inis
1. *n (Catull.)* wervelwind, cycloon;
2. *m (Tib.)* (zweep)tol.

turbidum, ī *n (turbidus)* onrustige tijd.

turbidus, a, um *(turba)*
1. onrustig, stormachtig [**tempestas; imber; caelum**]; ▸ *freta ventis -a;*
2. woelig, troebel [**aqua; Hermus auro** goudzand met zich meevoerend];
3. *(poët.)* verward, in de war [**coma**];
4. *(metaf.)* verward, verstoord, ontdaan, onthutst [**puella**]; ▸ *reduxit in hiberna -os;*
5. bewogen, heftig, opgewonden [**motūs animi; irā**];
6. *(v. situaties)* onrustig, stormachtig, roerig [**tempus; casūs; seditio**];
7. *(pre- en postklass.)* opstandig, weerspannig [**milites; civitas; ingenium**].

turbinātus, a, um *(turbo[1]) (Plin. Mai.)* taps toelopend, conisch [**mucro**].

turbineus, a, um *(turbo[1]) (Ov.)* draaiend, wervel- [**vertex**].

turbō[1], inis *m*
1. *(poët.)* draaiing, winding;
2. *(poët.)* cirkelvormige, draaiende, rollende beweging [**saxi**]; kolk; ▸ *turbine hastam torquere;*
3. wervelwind, storm [**ater**];
4. *(metaf.)* verwarring [**mentis**];
5. storm, geharrewar [**miserarum rerum** van het ongeluk];
6. *(meton.)* iem. die verstoort [**pacis**]; onruststoker, oproerkraaier;
7. *(meton.)* (a) *tol om mee te spelen;* (b) *(Hor.)* toverrad; (c) *(poët.; postklass.) tol van het spinnewiel.*

turbō[2], turbāre *(turba)*
I. *intr.*
1. onrust stoken, verwarring zaaien, verwarring stichten; ▸ *equites primo impetu turbaverunt; — pass. onpers. turbātur* het is onrustig [**totis castris; in re publicā; in Hispania**];
2. onrustig, in opschudding zijn; ▸ *civitas turbat;*
II. *tr.*
1. door elkaar woelen, in de war brengen, verwarring stichten onder [**capillos; aciem mi-**

litum]; ▸ *equitatus turbabat ordines;*
2. omwoelen [**mare; aequora ventis**]; troebel maken [**fontem; aquam limo; lacum pedibus**];
3. (*poët.; postklass.*) doen opschrikken, doen uitzwermen [**cycnos; apros latratu**];
4. (*metaf.*) onrustig maken, verontrusten, opwinden [**animos; equum** doen schrikken]; ▸ (*m. acc.*) *turbatus pectora bello;*
5. verstoren [**convivia; contionem; auspicia; rem** failliet gaan].

turbula, ae *f* (*turba*) (*Apul.*) groepje mensen, troepje.

turbulentia, ae *f* (*turbulentus*) (*Laatl.*) verwarring.

turbulentō, turbulentāre (*turbulentus*) (*Apul.*) verontrusten.

turbulentus, a, um (*adv.* -*tē en* -*ter*) (*turba*)
1. onrustig [**tempestas** stormachtig];
2. ongeordend, chaotisch [**concursio atomorum**];
3. (*Phaedr.*) troebel [**aqua**];
4. (*metaf.*) (a) in beroering gebracht, bewogen, opgewonden, verontrust [**tempus; contio; res publica; tribunatus; animus**]; (b) onrust stokend, revolutionair [**tribuni; lex**]; verwarring zaaiend, verwarrend [**errores**].

turda *zie turdus.*

Turdētānī, ōrum *m Iberische volksstam in Z.W.-Spanje; hun gebied:* **Turdētānia,** ae *f; als scherts. woordspeling op turdus in:* ~ *milites* (*Plaut.*) 'Schijtlijsters'.

turdus, ī *m* (*poët.; postklass.*) *en* **-a,** ae *f*
1. lijster (*bij de Romeinen als delicatesse beschouwd*);
2. lipvis(?).

tūreus, a, um (*tus*) (*poët.*) wierook- [**virga** wierookstruik].

turgeō, turgēre, tursī, — (*niet-klass.*)
1. gezwollen zijn, bijna barsten (*van: abl.*); ▸ *lumina fletu turgentia; uva turget mero; frumenta turgent;*
2. (*metaf.*) (*v.e. redevoering en redenaar*) gezwollen, hoogdravend zijn;
3. (*Plaut.*) woedend zijn (*op: dat.*); ▸ *uxor turget mihi.*

turgēscō, turgēscere, — — (*incoh. v. turgeo*)
1. (*niet-klass.*) opzwellen, rijpen; ▸ *semen turgescit in agris;*
2. (*metaf.*) woedend worden; ▸ *animus sapientis numquam turgescit* (*Cic.*).

turgidulus, a, um (*demin. v. turgidus*) (*poët.*) licht gezwollen; ▸ *flendo -i rubent ocelli* (*Catull.*).

turgidus, a, um (*turgeo*)
1. gezwollen [**oculus; pes; labra** gekruld; **mare** met hoge golven]; ▸ *vela -a vento* bolstaand; *fluvius hibernā nive* ~ ;
2. (*poët.; postklass.*) (*v.e. redevoering en redenaar*) gezwollen, hoogdravend.

tūribulum, ī *n* (*tus*) wierookvat.

tūri-cremus, a, um (*tus en cremo*) (*poët.*) wierook verbrandend [**arae; foci**].

tūri-fer, fera, ferum (*tus en fero*) (*poët.; postklass.*) wierook dragend, producerend [**Indus**].

tūri-legus, a, um (*tus en lego*[1]) (*Ov.*) wierook verzamelend.

tūris, *gen. sg. v. tus.*

turma, ae *f*
1. afdeling, eskadron (*dertigkoppige Rom. ruiterafdeling, het tiende deel v.e. ala*);
2. (*metaf.*) troep, groep, schare [**feminea** Amazonen; **Gallica** Isispriesters].

turmālis, e (*turma*) behorend tot een (ruiter)-afdeling; — *subst.* **turmālēs,** ium *m* ruiters v.e. afdeling.

turmātim *adv.* (*turma*) in troepen, afdelingen.

turnāmentum, ī *n* (*Laatl.*) toernooi.

Turnus, ī *m koning v.d. Rutuliërs, tegenstander v. Aeneas; door hem verslagen en gedood.*

Turones, um *en* **Turonī,** ōrum *m volksstam bij de rivier de Loire ter hoogte v. Caesarodunum* (*Turonum*)*, nu Tours.*

turpiculus, a, um (*demin. v. turpis*) tamelijk lelijk; wat misvormd.

turpificātus, a, um (*turpis en facio*) zedeloos [**animus**].

turpi-lucri-cupidus, a, um (< *turpis lucri cupidus*) (*Plaut.*) uit op oneerlijke winst.

turpis, e (*adv.* -*iter en* [*poët.*] -*e*)
1. lelijk; misvormd, mismaakt [**vir morbo; aspectus; vestitus**]; (*poët.*) ontsierend [**scabies; podagra**];
2. lelijk klinkend;
3. (*metaf.*) schandelijk, smadelijk [**mors; homo; fuga; causa; cupiditas; verba;** (*m. sup.*) **dictu, factu**]; — *subst.* **turpe,** is *n* schande, smaad;
4. zedeloos, onzedelijk [**homo; amor; adulescentia**]; — *subst.* **turpe,** is *n* onzedelijkheid, zedeloosheid.

turpitūdō, inis *f* (*turpis*)
1. lelijkheid;
2. (*metaf.*) schande, smaad; ▸ *alci turpitudini est* (*m. inf.*) het maakt iem. te schande;

3. onzedelijkheid, zedeloosheid, slechtheid, *ook plur.* [**iudicum; verborum**].

turpō, turpāre *(turpis)*

1. *(preklass.; poët.)* bezoedelen, bevuilen [**aram sanguine**];

2. *(metaf.)* te schande maken, onteren.

turricula, ae *f (turris)*

1. torentje;

2. *(Mart.) torenvormige* dobbelbeker.

turri-fer, fera, ferum *(turris en fero) (Ov.)* = *turriger.*

turri-ger, gera, gerum *(turris en gero) (poët.; postklass.)*

1. van torens voorzien, met torens [**urbes**];

2. voorzien van een torenkrans *(epitheton v. Cybele).*

turris, is *f (acc. sg. -im, postklass. -em; abl. sg. -ī, postklass. -e; gen. plur. -ium)*

1. hoog bouwwerk, paleis, slot; ▸ *pauperum tabernae regumque turres;*

2. toren, *ihb. op een muur of brug;*

3. *(poët.)* duiventil;

4. *iets in de vorm v.e. toren:* (a) tentzadel op een olifant; (b) *een bepaalde slagorde.*

turrītus, a, um *(turris)*

1. = *turriger;*

2. *(v.e. olifant)* voorzien van een (tent)zadel;

3. *(poët.)* torenvormig [**scopuli**].

tursī *pf. v. turgeo.*

turtur, uris *m (niet-klass.)* tortelduif.

turturilla, ae *f (demin. v. turtur) (Sen.)* lamzak.

tūs, tūris *n* wierook; ▸ *mascula tura* grove wierook; *tus dare* offeren; — *meton. plur.* wierookkorrels.

Tuscānicus, a, um *(Tuscus)* in Etruskische stijl [**statua**].

Tuscī, ōrum *m* de Etrusken, bewoners v. Etrurië; *meton.* gebied v.d. Etrusken; ▸ *in -os in exilium abire;* — *adj.* **Tuscus,** a, um (a) Etruskisch [**mare** de Tyrrheense Zee; **amnis, flumen, alveus** *de rivier de Tiber;* **vicus** *drukke straat in Rome vanaf het Forum tot aan Velabrum*]; (b) *(poët.)* Lydisch, *omdat de Etrusken oorspr. uit Lydië afkomstig zouden zijn* [**urbs**].

tūsculum, ī *n (demin. v. tus) (Plaut.)* een beetje wierook.

Tusculum, ī *n oude, vanuit Alba Longa of door Telegonus gestichte stad in Latium, 2 km van het huidige Frascati verwijderd;* — *adj.* **Tuscul(ā-n)us,** a, um van Tusculum, Tusculaans [**arx; populus; disputationes** *op Cicero's Tusculanum gehouden*]; — *inw.* **Tusculānī,** ōrum *m;* — **Tusculānum,** ī *n (vul aan: praedium)* landgoed bij Tusculum, *ihb. het landgoed v. Cicero;* — *adj.* **Tusculānēnsis,** e van Tusculanum, op Tusculanum doorgebracht [**dies**].

Tuscus *zie Tusci.*

tussēdō, inis *f (tussis) (Apul.)* hoest.

tussicula, ae *f (demin. v. tussis) (postklass.)* lichte hoestbui.

tussiō, tussīre *(tussis) (poët.; postklass.)* hoesten [**male** een hardnekkig(e) hoest(je) hebben].

tussis, is *f (acc. -im, abl. -ī) (poët.; postklass.)* hoest; *plur.* hoestbui.

tūsus *zie tundo.*

tūtāmen, inis *(poët.) en* **tūtāmentum,** ī *n (tutor[2])* bescherming.

tūtātus *zie tueor.*

tū-te[1] *versterkt tu.*

tūtē[2] *adv. v. tutus.*

tūtēla, ae *f (tutus)*

1. bescherming, hoede, toezicht [**loci; classis; deorum**]; ▸ *esse in -a alcis* onder iems. bescherming staan; *-am ianuae gerere; subicere alqd -ae alcis;*

2. voogdij; ▸ *tradere alqm in -am alcis; in alcis -am venire* onder iems. voogdij komen te staan; *in suam -am (per)venire* volwassen worden; *-am reddere;*

3. vermogen v.e. pupil [**legitima**];

4. *(poët.)* beschermer *(ook v. beschermgoden)* [**templi; Italiae** = **Augustus**];

5. *(poët.)* beschermeling [**Minervae**];

6. *(postklass.) (bouwtechnisch)* onderhoud [**villae; classis**];

7. *(postklass.)* voeding.

tuticus *zie medix.*

tūtin(e) *zie tu.*

tūtō[1] *adv. v. tutus.*

tūtō[2], tūtāre *(arch.)* = *tutor[2].*

tūtor[1], ōris *m (tueor)*

1. beschermer, behoeder [**finium; religionum**]; ▸ *tutorem imperii agere;*

2. voogd; ▸ *alqm tutorem instituere* iem. als voogd aanstellen; *(metaf.) eloquentiae quasi tutores.*

tūtor[2], tūtārī *(intens. v. tueor)*

1. beschermen, beveiligen *(tegen: ab; contra of adversus)* [**domum; urbem muris; provincias; rem publicam; adversus multitudinem hostium**];

2. handhaven, bewaken [**regnum; dignitatem suam**];

3. afweren, op een afstand houden [*metaf.* **in-**

opiam].

tūtōrius, a, um (*tutor*[1]) (*Laatl.*) van een voogd; ▸ *-o nomine* in de hoedanigheid v. voogd.

tutudī *pf. v. tundo.*

tūtus, a, um (*adv. -ō en -ē, superl.* tūtissimō *en -ē*) (*p. adj. v. tueor*)
1. beschermd, beschut, beveiligd (*tegen: ab; adversus; contra of ad*) [**vita; oppidum moenibus; ab insidiis; ab omni iniuriā; a latronibus; adversus pericula venenorum; ad omnes ictus**];
2. veilig, zonder gevaar, risicoloos [**iter; mare**]; ▸ *-o in senatum venire; -o magistratum gerere; -o in urbe esse; tutissimo vivere;* — *subst.* **tūtum,** ī *n* veiligheid, veilige plaats: *in -o esse; in -um pervenire; alqd in -o collocare; -a petens;*
3. (*metaf.*) voorzichtig, behoedzaam [**consilia**].

tuus, a, um *pron. poss.* (*tu*) jouw, uw, van jou, van u [**bona; pater; litterae; iudicium**]; ▸ *ex tuā manu accepi; tuum est* het is jouw, uw taak, plicht, gewoonte; — gunstig voor jou, u *of* bij jou, u passend: *tuo tempore;* — jegens, voor, naar jou, u [**observantia; desiderium; supplicium; odium**]; — *subst.* (a) **tuus,** ī *m* de jouwe, uwe *plur.* **tuī** de jouwen, uwen, de mensen die bij jou, u horen (familie, verwanten, vrienden); (b) **tuum,** ī *n* het jouwe, uwe, jouw, uw vermogen, zaak, plicht, gewoonte: *in -o* op jouw, uw terrein; *de -o* op jouw, uw kosten, van jouw, uw geld; *tuum tibi reddo* hetgeen jou, u beloofd is; — *plur.* **tua,** ōrum *n* het jouwe, uwe, jouw, uw vermogen, zaken, interesses.

tuxtax *interj.* (*onomatopee*) (*Plaut.*) klits klats.

Tycha, ae *f stadsdeel v. Syracuse, dat zijn naam ontleende aan een tempel v. Tyche (Fortuna).*

Tȳdeus, eī *en* eos *m zoon v. koning Oineus, een v.d. Zeven tegen Thebe, vader v. Diomedes;* — *patron.* **Tȳdīdēs,** ae *m* = Diomedes.

Tȳlē, ēs *f* = *Thyle.*

tympanizō, tympanizāre (*Gr. leenw.*) (*Suet.*) op de tamboerijn slaan.

tympanotrība, ae *m* (*Gr. leenw.*) (*Plaut.*) (*v.d. priesters v. Cybele*) iem. die op de tamboerijn slaat; *ook als scheldw. voor een slappeling.*

tympanum, ī *n* (*Gr. leenw.*)
1. tamboerijn;
2. cilinder, katrol, draaias;
3. (*poët.*) schijf—, bordwiel (*zonder spaken*).

Tyndareus, eī *m koning v. Sparta, zoon v. Oebalus, echtgenoot v. Leda, vader v. Castor, Pollux, Helena en Clytaemnestra;* — *patron.* **Tyndaridēs,** ae *m* zoon, nakomeling v. Tyndareus; **Tyndaris,** idis *en* idos *f* dochter v. Tyndareus.

Tyndaris[1], idis *f Gr. stad aan de noordkust v. Sicilië, 60 km ten W. v. Messina; nu* Tindari; — *inw. en adj.* **Tyndarītānus,** ī *m resp.* a, um.

Tyndaris[2] *zie Tyndareus.*

typanum, ī *n* (*poët.*) = *tympanum.*

Typhōeus, eī *en* eos *en* **Tȳphōn,** ōnis *m monster met honderd hoofden, zoon v. Tartarus en Gaia (godin v.d. aarde); hij wilde Jupiter v.d. troon stoten en zo de heerschappij over de hemel verkrijgen; hij werd echter door de wereldbrand die door Jupiters bliksem veroorzaakt was, overwonnen en onder de Etna begraven; hij veroorzaakt vulkaanuitbarstingen, aardbevingen en verwoestende stormen;* — *adj.* **Typhōius,** a, um, *fem. ook* **Typhōis,** idis.

tȳphus, ī *m* (*Gr. leenw.*) (*eccl.*) ijdelheid, trots.

typicus, a, um (*Gr. leenw.*) (*Laatl.*)
1. overdrachtelijk, symbolisch;
2. (*med.*) terugkerend [**tremor**].

typus, ī *m* (*Gr. leenw.*)
1. beeld, figuur (*in bas-reliëf*);
2. (*Laatl.*) (*med.*) terugkeer.

tyranni-cīda, ae *m* (*tyrannus en caedo*) (*postklass.*) tirannendoder.

tyrannicīdium, ī *n* (*tyrannicida*) (*postklass.*) tirannenmoord.

tyrannicus, a, um (*Gr. leenw.*) tiranniek, despotisch [**leges**].

tyrannis, idis *f* (*Gr. leenw.*)
1. tirannie, dwingelandij;
2. (*meton.*) gebied v.e. tiran.

tyrannoctonus, ī *m* (*Gr. leenw.*) tirannendoder.

tyrannus, ī *m* (*Gr. leenw.*)
1. (alleen)heerser, vorst;
2. tiran, despoot, dwingeland.

Tyrās, ae *m rivier in Sarmatië, nu de* Dnjestr, *waaraan een gelijknamige Gr. kolonie lag.*

tyrianthinus, a, um (*Gr. leenw.*) (*Laatl.*) purperviolet; — *subst.* **-a,** ōrum *n* (*Mart.*) purperen gewaden.

Tyriī, Tyrius, Tyros *zie Tyrus.*

tȳrotarīchum, ī *n* (*Gr. leenw.*) ragout v. kaas en ingezouten vis.

Tyrrhēnī, ōrum *en* um *m* de Tyrrheni, *Gr. naam voor de* Etrusken *en tegelijkertijd voor een volksstam v. zeerovers in de Egeïsche Zee;* — *adj.* **Tyrrhēnus,** a, um; — **Tyrrhēnia,** ae *f* Etrurië.

Tyrtaeus, ī *m Gr. elegisch dichter, ca. 650 v. Chr.*

Tyrus *en* **-os,** ī *f handelsstad op een eiland voor de Fen. kust (door Alexander in 332 v. Chr. door een dam verbonden met het vasteland), moederstad v. Carthago, nu* es-Sur; *beroemd door het verven met* *purper dat daar uitgevonden zou zijn;* — *adj.* **Tyrius,** a, um (a) Tyrisch, van Tyrus [**puella** *en* **paelex** = Europa (*zie daar*); **urbs** Tyrus]; (b) Carthaags, van Carthago [**urbs** = Carthago]; (c) purperen, purperkleurig [**amictus**]; — **Tyriī,** ōrum *m* de Tyrii; *ook* de Carthagers.

U

U., u. *(afk.)* = *urbs, urbis enz.*; **a. u. c.** = *ab urbe conditā.*

ūber[1]**,** eris *n*
1. uier, speen *(van dieren)*; borst, tepel *(van vrouwen)*; ▸ *ubera dare, praebere, admovere* de borst geven; *ubera ducere* zuigen, drinken; *raptus ab ubere* weggerukt van de moederborst;
2. *(poët.; postklass.) (metaf.)* vruchtbaarheid, overvloed, hoge opbrengst [**agri**];
3. *(Verg.) (meton.)* vruchtbare grond, vruchtbaar veld.

ūber[2]**,** *gen.* eris *(abl. sg. -ī en -e; neutr. plur. nom. en acc. -a, gen. plur. -um; adv. comp.* ūberius, *superl.* ūberrimē*)*
1. vruchtbaar, veel opbrengend, overvloedig, rijk *(aan: abl. of gen.)* [**ager; solum**]; ▸ *arbor uberrima pomis; Sulmo gelidis uberrimus undis (Ov.); lactis uberes rivi;*
2. *(metaf.)* rijk(elijk), overvloedig [**fruges; aquae; fletus; artes**]; ▸ *quis uberior in dicendo Platone? (Cic.)* wie heeft een rijkere taal dan Plato?;
3. rijk aan inhoud [**litterae**].

ūberō, ūberāre *(uber*[2]*) (postklass.)*
1. vruchtbaar zijn;
2. vruchtbaar maken.

ūbertās, ātis *f (uber*[2]*)*
1. vruchtbaarheid, productiviteit, (grote) opbrengst [**utilitatis** groot nut; **agrorum; fluminum**];
2. overvloed, rijkdom, volheid [**frugum; lactis;** *metaf.* **ingenii; virtutis; verborum**];
3. rijkdom van taal.

ūbertim *adv. (uber*[2]*) (poët.; postklass.)* rijkelijk [**fundere lacrimulas**].

ubī *en* **ubi**
I. *adv.*
1. *(interr., dir. en afh.)* waar; ▸ *quaero ubi tibi haec potestas data sit* bij welke gelegenheid; *(m. gen.) ubi terrarum of gentium?* waar ter wereld?;
2. *(relat.)* (a) waar; ▸ *est ubi id isto modo valeat* er zijn gelegenheden waarbij soms; *vaak ipv. pron. rel. m. prep.*: *vicus inveniebatur ubi (= in quo) cibus emeretur; nemo fuit ubi (= apud quem) ius nostrum obtineremus;* (b) ubi ubi waar ook (maar), overal waar;
II. *cj. bij eenmalige handeling:* zodra, toen *(m. indic. pf., praes. hist. of fut. exactum)*; *bij herhaalde handeling:* altijd wanneer, zo vaak (als) *(m. indic. plqpf.)*; *vaak versterkt: ubi primum;* ▸ *Pompeius, ubi equitatum suum pulsum vidit, acie excessit; ubi hostes aggressi erant, semper repellebantur;* — *quod ubi* zodra nu.

ubi-cumque *en* **ubī-cumque** *of* **-cunque,** *arch.* **-quomque** *adv. (bij Plaut. ook gesplitst)*
1. *(relat.)* waar ook (maar), overal waar, *ook m. gen.*; ▸ ~ *gentium of terrarum* waar ook maar ter wereld;
2. *(poët.) (indef.)* overal.

Ubiī, ōrum *m volksstam met als belangrijkste stad* oppidum *(of* ara, civitas*)* Ubiorum, *dat later ter ere v.d. daar in 15 of 16 n. Chr. geboren Agrippina* Colonia Claudia Ara Agrippinensium *of* -nensis *genoemd werd (nu* Keulen*)*; — *adj.* **Ubius,** a, um.

ubi-libet *adv. (postklass.)* overal.

ubi-nam *adv. (vragend)* waar toch?

ubi-quāque *adv. (vul aan: parte) (poët.)* overal.

ubī-que
1. *adv.* waar ook (maar), overal;
2. = *et ubi.*

ubi-ubi *adv.* waar ook (maar).

ubi-vīs *adv.* waar je maar wilt = overal.

ūdō, ōnis *m (Mart.; Laatl.)* vilten schoen.

ūdus, a, um *(< uvidus) (poët.; postklass.)*
1. vochtig, nat [**oculi** vol tranen]; stromend [**vina**]; bevloeid [**pomaria**];
2. *(metaf.)* dronken [**aleator**].

Ūfēns, entis *m rivier in Z.-Latium, nu de* Ufente; — *adj.* **Ūfentīnus,** a, um.

ulcerātiō, ōnis *f (ulcero) (postklass.)* ontsteking; *meton.* zweer.

ulcerō, ulcerāre *(ulcus)*
1. doen zweren, een zweer veroorzaken bij *(m. acc.)*; ▸ *nondum ulcerato Philoctetā morsu serpentis* toen Philoctetes nog niet een zwerende wond had opgelopen door de beet v.d. slang;
2. *(Hor.) (metaf.)* prikkelen, kwellen [**iecur alcis** iems. lust].

ulcerōsus, a, um *(ulcus)*
1. *(postklass.)* vol zweren [**facies**];
2. *(Hor.) (metaf.)* geprikkeld, gekweld [**iecur** lust].

ulcīscor, ulcīscī, ultus sum *(m. acc.)*
1. iets wreken, wraak nemen voor iets, *ook pass.* [**scelus; iniurias; mortem alcis**];
2. iem. wreken, wraak nemen voor, in naam van

iem. [**patrem; se; umbras sociorum**]; 3. zich wreken op, (be)straffen (*voor, wegens: pro*) [**hostem pro iniuriis**].

ulcus, eris *n* 1. zweer; uitwas; 2. (*metaf.*) teer punt, wond; 3. (ziekelijke) hartstocht.

ulcusculum, ī *n* (*demin. v. ulcus*) (*postklass.*) zweertje.

ūlīginōsus, a, um (*uligo*) drassig, nat.

ūlīgō, inis *f* (*udus*) (*niet-klass.*) drassigheid *van de grond*, moeras, *ook plur.* [**paludum**].

Ulixēs, is (*en ī of eī*) *m* Odysseus, *koning v. Ithaca, zoon v. Laërtes, echtgenoot v. Penelope, vader v. Telemachus; een v.d. belangrijkste helden v.d. Ilias, ihb. de held v.d. Odyssee, die na de val v. Troje er pas na tien jaar v. omzwervingen in slaagde naar huis terug te keren.*

ūllus, a, um (*gen.* ūllīus, *poët. ook* ūllius; *dat.* ūllī, *poët. fem. ook* ūllae) (ook maar) enig(e); *subst.* (ook maar) íemand, íets; *meestal in ontkennende of qua betekenis ontkennende zinnen* (geen enkel(e), geen een), *vd. ook na vix, sine, quasi, quam m. comp. e.d.*; ▸ *neque ullam picturam fuisse quin conquisierit; neque res ulla praetermissa est; sine virtute neque amicitiam neque ullam rem expetendam consequi possumus; hostium vires vix ulla vis sustinere potuit; sine ulla dubitatione* zonder enige twijfel (*itt.: non sine alqa dubitatione* niet zonder een zekere twijfel); *sine ulla vituperatione* zonder enige blaam; *neque ullam in partem disputo* noch ervoor noch ertegen.

ulmeus, a, um (*ulmus*) (*pre- en postklass.*) van iepen, iepen- [**virgae**].

ulmi-triba, ae *m* (*ulmus*) (*Plaut.*) iem. die met een (iepen) stok geslagen wordt.

ulmus, ī *f* (*poët.; postklass.*) iep.

ulna, ae *f* (*poët.; postklass.*) 1. (onder)arm; ▸ *-is amplecti* omarmen; *-is alqm (at)tollere* op de arm nemen; 2. (*metaf., als lengtemaat*) el (*37 cm*).

Ulpiānus, ī *m* Domitius ~, *Rom. jurist uit het Fen. Tyrus ttv. de Severi, in 222 n. Chr. prefect v.d. pretoriaanse garde onder keizer Alexander Severus, in 223 n. Chr. door de opstandige pretorianen vermoord.*

ulpicum, ī *n* (*preklass.*) look.

Ulpius, a, um *naam v.e. Rom. gens*: M. ~ Traianus, *Rom. keizer (98—117 n. Chr.).*

uls *prep. m. acc.* (*pre- en postklass.*) aan de andere zijde van; *alleen in formules: uls et cis Tiberim.*

ulter, tra, trum aan de andere zijde (liggend); *alleen abl. sg. m ultrō en f ultrā, zie daar.*

ulterior, ius (*comp. v. ulter*) 1. (*v. plaats*) (a) aan de andere zijde (liggend), aan de overkant [**Gallia; ripa; provincia**]; — *subst.* **ulteriōra,** um *n* de streek aan de andere zijde; (b) meer verwijderd, verder (weg) [**equitatus** verder weg geposteerd]; — *subst.* **ulteriōrēs,** um *m* degenen die verder weg zijn; 2. (*v. tijd*) (*poët.; postklass.*) meer verwijderd, verleden; — *subst.* **ulteriōra,** um *n* wat verder terug ligt: *inventis ulteriora petit*; 3. daarbovenuit, erger, meer; / *adv.* (*acc. sg. n*) **ulterius** (a) (*v. plaats*) verder (weg); ▸ *ulterius nihil est nisi frigus* (*Ov.*); (b) (*v. tijd*) verder, langer; ▸ *non tulit ulterius*; (c) verder (weg), meer; ▸ *ulterius iusto.*

ultimus, a, um (*superl. v. ulter*) 1. (*v. plaats*) verst verwijderd, uiterst, laatst [**terrae; nationes; fines; campi;** *ook partit.* **provincia** het verst verwijderde deel v.d. provincie; **aedes** het meest verafgelegen deel v.h. huis; **tellus** rand; **orientis aut obeuntis solis ultimae partes**]; — *subst.* (a) **-um,** ī *en plur.* **-a,** ōrum *n*: ▸ *ultima signant; stagni ultima grenzen*; (b) **-ī,** ōrum *m* de achtersten; ▸ *recessum primi ultimis non dabant*; 2. (*v. tijd*) (a) oudst, eerst [**tempus; antiquitas; origo stirpis Romanae; principium; memoria pueritiae**]; (b) laatst, jongst [**senatūs consultum**]; — *subst.* **-um,** ī *n* einde, slot [**orationis**]; *plur.* **-a,** ōrum *n* de laatste gebeurtenissen; — *adv.* (a) **ad -um** tot het einde toe: *fidem ad -um praestare*; (b) **-um** voor de laatste maal; (c) **-ō** ten slotte, eindelijk; 3. (*v. graad of rangorde*) (a) uiterst, hoogst, grootst, voortreffelijkst [**dimicatio** beslissend gevecht; **natura; causae**], (*pejor.*) ergst [**crudelitas; supplicium** doodstraf; **necessitas; discrimen; tempus** het uiterste gevaar; **spes** laatste hoop; **Teucrum iussa** meest smadelijk]; — *subst.* **-um,** ī *en plur.* **-a,** ōrum *n* het uiterste, grootste, ergste [**sapientiae; inopiae**]: *-a experiri of audere* het uiterste; *-a pati; -um in libertate* de meest teugelloze vrijheid; *-um bonorum* het hoogste goed; — *adv.* **ad -um** uiterst, tot het uiterste [**demens**]; (b) onderst, laagst, laatst, geringst; ▸ *-a laudum* de minst roemvolle dingen; *-i militum.*

ultiō, ōnis *f* (*ulciscor*) wraak, straf (*voor, wegens: gen.*) [**violatae pudicitiae**]; ▸ *ultionis cupiditas; ultionem ab alqo petere* zich wreken op iem.; — *personif.* **Ultiō** *wraakgodin.*

ultor, ōris *m* *(ulciscor)*
1. wreker, straffer [**iniuriarum; inimicorum**]; *ook attrib.* wrekend, straffend;
2. *(poët.; postklass.) bijnaam v. Mars.*

ultrā *(ulter)*
I. *adv.*
1. *(v. plaats)* verder, voorbij [**procedere; provehi**]; aan de andere zijde; ▸ ~ *neque curae neque gaudio locum esse* na het leven;
2. *(v. tijd)* verder, langer [**bellum differre**];
3. *(v. aantal en maat)* erbovenuit, verder (weg); ▸ *nihil* ~ *requirere; quid* ~?;
II. *prep. m. acc. (soms als postpositie)*
1. *(v. plaats)* over . . . heen, aan de andere zijde van; ▸ ~ *terminum vagari;*
2. *(v. tijd) (postklass.)* voorbij, langer dan; ▸ ~ *biennium;* ~ *extremum diem;*
3. *(v. aantal en maat)* boven, meer dan; ▸ ~ *modum;* ~ *vires;* ~ *legem;* ~ *placitum;*
4. *(in negatieve context)* behalve, anders dan; ▸ *nihil* ~ *verba audere.*

ultrā-montānus, a, um *(Mel.)* aan de andere zijde v.d. bergen (= de Alpen) wonend.

ultrā-mundānus, a, um *(Laatl.)* bovenwerelds, transcendent.

ultrīx, īcis *f* *(ultor) (poët.; postklass.)* wreekster; *attrib.* wrekend [**deae; curae** gewetenswroeging].

ultrō *adv. (ulter)*
1. *(v. plaats)* (a) naar de andere zijde toe; ~ *(et) citro,* ~ *citroque* heen en weer, over en weer, van beide kanten [**cursare; beneficia dare**]; ▸ *verbis* ~ *citroque habitis* in dialoog; (b) *(Plaut.)* vort, weg met iem.; ▸ ~ *istum a me* weg met hem!; ~ *te, amator;*
2. (nog) bovendien, zelfs; ▸ *nunc ovis* ~ *fugiat lupus;*
3. uit zichzelf, vrijwillig, ongevraagd [**morti se offerre; polliceri; bellum inferre** tot de aanval overgaan]; — **ultrō tribūta,** ōrum *n* jaarlijkse toekenningen *uit de staatskas (voor het onderhoud v. publ. gebouwen e.d.).*

ultrōneus, a, um *(ultro) (Laatl.)* vrijwillig [**exilium**].

ultus *p.p. v. ulciscor.*

Ulubrae, ārum *f dorp in Latium met dichtbij de Pomptijnse moerassen, nu* Cisterna di Roma; — *adj.* **Ulubrānus,** a, um.

ulula, ae *f* *(ululo)* uiltje.

ululābilis, e *(ululo) (Laatl.)* klaaglijk huilend.

ululātus, ūs *m* *(ululo)*
1. gehuil, geschreeuw *(ihb. van de bacchanten), ook plur.;* ▸ *ululatum tollere* aanheffen;
2. triomfkreet;
3. *(poët.; postklass.)* jammerklacht.

ululō, ululāre
1. huilen, schreeuwen;
2. *(poët.)* van geschreeuw weerklinken *of* dreunen; ▸ *aedes ululant plangoribus femineis;*
3. *(poët.)* huilend aanroepen; ▸ *nocturnis Hecate triviis ululata per urbes (Verg.).*

ulva, ae *f (niet-klass.) in moerassen groeiend* riet.

umbella, ae *f (demin. v. umbra) (Mart.; Juv.)* parasol.

Umber *zie* Umbri.

umbilīcus, ī *m*
1. navel;
2. *iets dat lijkt op een navel, o.a.:* (a) middelpunt [**Siciliae; Graeciae**]; (b) *(poët.)* knop v.e. boekrol *(uiteinde v.d. staaf waarom de boekrol gewikkeld werd);* ▸ *carmen ad -um adducere* beëindigen; (c) zeeslak (?).

umbō, ōnis *m*
1. schildknop; *meton.* schild;
2. uitstekend gedeelte;
3. *(postklass.)* elleboog;
4. *(postklass.)* (knoop in de) toga.

umbra, ae *f*
1. schaduw [**arboris**]; ▸ *in of sub -a* in de schaduw; *sprw.: -am suam of -as timere* = zonder reden bang zijn;
2. *(poët.)* duisternis, donker, *vaak plur.* [**noctis; Erebi, inferna** duisternis v.d. onderwereld]; ▸ *aurora dimoverat -am; ad -am lucis ab ortu* van 's morgens tot 's avonds; *sagitta transilit -as (Verg.)* de donkere wolken;
3. *(in de schilder- en borduurkunst)* schaduw; schakering;
4. *(poët.) (meton.)* wat schaduw geeft, het schaduwrijke *(bv. boom, huis);* ▸ *-as falce premere* de schaduw gevende takken snoeien; *montibus -as inducere* bomen planten;
5. *(poët.)* schaduwrijke plaats [**tonsoris** schaduwrijke winkel; *metaf.* **rhetorica**];
6. *(metaf.)* voortdurende metgezel, schaduw [**luxuriae**]; ▸ *gloria virtutem tamquam* ~ *sequitur;*
7. *(Hor.)* ongenode gast, parasiet; ▸ *-as adducere;*
8. bescherming, beschutting [**auxilii**]; ▸ *sub -a Romanae amicitiae latere;*
9. vrije tijd, rust; privé-leven; ▸ *Veneris cessamus in umbra; studia in -a educata;* — *meton.* studeerkamer;

10. schaduwbeeld, spook, schijn [**honoris** *(v.d. onderscheidingstekens v.e. consul)*; **pietatis**]; schrikbeeld;
11. schijn, voorwendsel; ▸ *sub -a foederis aequi servitutem pati;*
12. *(poët.; postklass.)* schim v.e. gestorvene, geest, spook; *plur.* onderwereld; ▸ *-ae silentes; -arum dominus, -arum rex* = Pluto; *sub -as ire* sterven; *per -as* in de onderwereld.

umbrāculum, ī *n (umbra)*
1. schaduwrijke gang; schaduwrijk prieel;
2. *(plur.)* schaduwrijk leslokaal, studeerkamer [**Theophrasti; eruditorum**];
3. *(poët.)* parasol.

umbrāticulus, ī *m (demin. v. umbraticus) (Plaut.)* luilak.

umbrāticus, a, um *(umbra) (pre- en postklass.)* zich in de schaduw bevindend [**homo** luilak; **litterae** in de studeerkamer beoefend]; behaaglijk levend.

umbrātilis, e *(umbra)*
1. van de schaduw genietend;
2. *(metaf.)* gemoedelijk, rustig, behaaglijk [**vita**];
3. schools [**oratio**].

Umbrī, ōrum *m volksstam in Midden-Italië, wonend aan beide zijden v.d. Apennijnen tussen Etrurië en de ager Gallicus; — adj.* **Umber,** bra, brum; — **Umbra,** ae *f* Umbrische; — **Umber,** brī *m (vul aan: canis)* Umbrische jachthond; — **Umbria,** ae *f* Umbrië.

umbri-fer, fera, ferum *(umbra en fero) (poët.)*
1. schaduw gevend, schaduwrijk [**nemus; rupes**];
2. de schimmen v.d. doden vervoerend [**linter** = bootje v. Charon].

umbrō, umbrāre *(umbra)* beschaduwen, bedekken.

umbrōsus, a, um *(umbra)*
1. beschaduwd, schaduwrijk [**vallis; ripa**]; donker [**caverna**];
2. *(poët.; postklass.)* schaduw gevend, schaduwrijk [**cacumina; salix**].

ūmectō, ūmectāre *(umectus) (poët.; postklass.)* bevochtigen, natmaken [**flaventia culta** *(v.e. rivier)*; **vultum flumine, guttis ora** *(v.e. huilende persoon)*].

ūmectus, a, um *(umeo) (preklass.; Laatl.)* vochtig.

ūmeō, ūmēre, — — *(poët.; postklass.)* vochtig, nat zijn; — *p. adj.* **ūmēns,** *gen.* entis vochtig, nat; — *subst.* **ūmentia,** ium *n* moerasgebied; drassig *of* waterachtig land.

umerus, ī *m*
1. schouder; ▸ *sagittae pendebant ab -o; (metaf.) comitia -is suis sustinere;*
2. *(poët.)* bovenarm;
3. schoft *van dieren.*

ūmēscō, ūmēscere, — — *(incoh. v. umeo) (poët.; postklass.)* vochtig *of* nat worden.

ūmidulus, a, um *(demin. v. umidus) (poët.)* wat vochtig *of* sappig.

ūmidus, a, um *(umeo)* vochtig, nat, sappig [**nox** bedauwd; **regio; Ide** rijk aan bronnen; **lumina, lectus** nat van tranen]; vloeibaar [**mella**]; — *subst.* **-um,** ī *n* (a) *(postklass.)* vochtige plaats, vochtige bodem; (b) *(plur.)* vochtige plaatsen.

ūmi-fer, fera, ferum *(umor en fero) (poët.)* vochtig.

ūmor, ōris *m (umeo)*
1. vochtigheid, vloeistof, vocht, *ook plur.* [**roscidus** dauw; **lacteus** melk; **Bacchi** = wijn; **dulcis musti; in genas labens** *(v. tranen)*; **circumfluus** = zee];
2. *(Verg.)* sap v. planten.

um-quam *en* **un-quam** *adv.* eens, ooit *(meestal in neg. zinnen en in vragende en conditionele zinnen m. neg. betekenis)*; ▸ *nec* ~ en nooit; *nemo* ~ nooit iemand; *nullus* ~ nooit enig.

ūnā *(unus)*
1. *adv.* tezamen, tegelijk, samen; ▸ *una venire, esse; stabat una* daarnaast; *vaak m. prep. cum: una nobiscum;*
2. *prep. m. abl. (Laatl.)* samen met; ▸ *una his.*

ūnaetvīcēnsimānī *en* **ūnaetvīcēsimānī,** ōrum *m = unetvice(n)simani.*

ūna-et-vīcēnsimus *en* **ūna-et-vīcēsimus,** a, um *= unetvicesimus.*

ūnaetvīcēsimānī *zie unaetvicensimani.*

ūna-et-vīcēsimus *zie unaetvicensimus.*

ūn-animāns, *gen.* antis *(unus en animo) (pre- en postklass.)* eensgezind, eendrachtig.

ūn-animis, e *(unus en animus) (Laatl.)* eendrachtig.

ūnanimitās, ātis *f (unanimus)* eendracht.

ūn-animus, a, um *(unus)* eensgezind, eendrachtig.

ūncia, ae *f (unus)* een twaalfde:
1. *(pre- en postklass.) (als gewicht)* Rom. ons = 27,3 gram [**auri**];
2. *(preklass.) (als munt)* een twaalfde deel v.e. as;
3. *v.e. erfenis:* ▸ *heres ex -a;*
4. *(pre- en postklass.) (metaf.)* kleinigheid, beetje.

ūnciālis, e *(uncia) (postklass.)* een twaalfde deel bedragend *of* bevattend.

ūnciārius, a, um *(uncia)* een twaalfde deel bedragend *of* bevattend [**fenus** rente v. 1/12 % maandelijks = 1 % jaarlijks].

ūnciātim *adv.* (*uncia*) (*pre- en postklass.*) per uncia; *metaf.* cent voor cent.

uncīnātus, a, um (*uncinus*) voorzien van haken.

uncīnus, ī *m* (*uncus*) haak.

ūnciola, ae *f* (*demin. v. uncia*) (*Juv.*) een armzalige uncia, twaalfde deel *van een erfenis.*

ūnctiō, ōnis *f* (*ungo*)
1. het zalven; het insmeren met olie;
2. (*Mel.*) (**a**) laatste oliesel (*aan stervenden toegediend*); (**b**) zalving *van de keizer of koning.*

ūnctitō, ūnctitāre (*frequ. v. ungo*) (*preklass.*) vaak zalven.

ūnctiusculus, a, um (*unctus*) (*Plaut.*) wat vetter.

ūnctor, ōris *m* (*ungo*) iem. die zalf insmeert *of* inwrijft.

ūnctōrium, ī *n* (*unctor*) (*Plin. Min.*) zalfruimte *in badhuizen.*

ūnctum, ī *n* (*unguo*) (*postklass.*) zalf.

ūnctūra, ae *f* (*ungo*) het zalven *van de doden.*

ūnctus, a, um (*p. adj. v. unguo*)
1. gezalfd, bevochtigd [**sol** het genieten v.d. warme zon en het zalven; **palaestra** waarin men zich met zalf insmeert; **tela cruore hostili** nat van het bloed];
2. vet (gemaakt), vettig [**manus; carina** geteerd];
3. (*metaf.*) rijk, mooi, heerlijk [**patrimonium; Corinthus; consuetudo loquendi** verfijnd];
4. (*poët.*) smakelijk [**cena**]; — *subst.* **-um,** ī *n* (*poët.*) vette *of* rijke maaltijd; lekkernij.

uncus[1], ī *m* (weer)haak, kram.

uncus[2], a, um (*poët.; postklass.*) haakvormig, gekromd, kromgebogen [**aratrum; dens** tweetandige houweel]; geklauwd [**manus; pedes**].

unda, ae *f*
1. golf, *ook coll.* golven, baren;
2. (*poët.; postklass.*) water(en), zee, stroom [**fontis; Sicula** *deel v.d. Middellandse Zee ten O. v. Sicilië;* **nivales; ferventes** kolkend water]; stromend bloed [**spumans**]; ▸ *terris vel -is agitari* over land en over zee;
3. (*metaf.*) golf, het golven, vloed, stroom, woelige menigte [**comitiorum** gewoel, drukte; **adversae rerum** tegenslagen];
4. (*Mel.*) (**a**) ~ *sacra* wijwater; (**b**) ~ *baptismatis* doop.

undābundus, a, um (*undo*) (*Laatl.*) golvend, vol golven.

undanter *adv.* (*undo*) (*Laatl.*) golvend.

undātim *adv.* (*undo*) (*postklass.*) als golven, lijkend op golven.

unde *adv. interr.* (*dir. en afh.*) *en relat.*
1. (*v. plaats*) vanwaar, waarvandaan, *ook* = *ex, a quo, qua, quibus;* ▸ *unde venis?; te redigam eodem, unde orta es; unde initium belli fieret, explorabant; naves eodem, unde erant profectae, referebantur; eum necavit, unde ipse natus erat; is, unde ius stat* aan wiens kant het recht is;
2. vanwaar, waaruit, waarom; ▸ *si habuerit, unde tibi solvat;*
3. (*poët.; postklass.*) *undeunde* waarvandaan ook maar;
4. (*Mel.*) (**a**) daarom; (**b**) omdat; (**c**) zodat.

ūn-dē- (*unus en de*) *wordt gebruikt om getallen met 9 te vormen, bv.: undeviginti 19, undetriginta 29, undevicesimus 19e, undetricesimus 29e.*

ūndeciē(n)s *adv.* (*undecim*) elfmaal.

ūn-decim *indecl.* (*unus en decem*) elf.

ūndecimus, a, um (*undecim*) elfde.

ūndecim-virī, ōrum *m* college van elf mannen *in Athene, dat belast was met het toezichthouden op gevangenissen, politie en de uitvoering v. straffen.*

unde-cumque *en* **-cunque** *adv.* (*pre- en postklass.*) waarvandaan ook maar.

ūndēnī, ae, a (*undecim*) ieder *of* telkens elf [**pedes** elegisch distichon].

unde-unde *adv.* (*poët.; postklass.*) waarvandaan ook maar.

undi-fragus, a, um (*unda en frango*) (*Laatl.*) golven brekend.

undique *adv.* (*unde*)
1. waarvandaan ook maar, van alle kanten, overal vandaan; ▸ ~ *concurrere; alqs amens* ~ *dicitur* door iedereen;
2. overal, aan alle kanten, *metaf.* in ieder opzicht; ▸ *religionem* ~ *tollere; partes* ~ *aequales.*

undique-versum *adv.* (*ook gesplitst*) van alle kanten.

undi-sonus, a, um (*unda en sono*) (*poët.*) door de golven ruisend [**di** zeegoden; **rupes**].

undō, undāre (*unda*)
1. golven, deinen; ▸ *Nilus undans; undans per domos sanguis; undans fretum; undans cruor* golf v. bloed;
2. zich golvend bewegen, zich golvend verheffen; ▸ *undans Aetna, fumus;* — *p. adj.* **undāns,** *gen.* antis deinend, loshangend, klapperend [**habenae**].

undōsus, a, um (*unda*) (*poët.; Laatl.*) golvend, deinend [**aequor**].

unēdō, ōnis *m* aardbeiboom, arbutus, *ook de vrucht.*

ūnetvīcē(n)simānī, ōrum *m (unetvicesimus) (Tac.)* soldaten v.h. 21e legioen.

ūn-et-vīcēsimus, a, um *(unus)* eenentwintigste.

ungō *zie unguo.*

unguēdō, inis *f (unguo) (Laatl.)* zalf.

unguella, ae *f (demin. v. ungula*[1]*) (Laatl.)* varkenspootje.

unguen, unguinis *n (unguo) (niet-klass.)* zalf, olie.

unguentāria, ae *f (unguentarius)*

1. *(Plaut.) (vul aan: ars)* zalfhandel; ▸ *-am facere;*
2. *(postklass.)* zalfverkoopster.

unguentārius *(unguentum)*

I. *adj.* a, um *(pre- en postklass.)* zalf betreffend, zalf- [**taberna; vasa**];
II. *subst.* ī *m* zalfverkoper.

unguentō, unguentāre *(unguentum) (niet-klass.)* zalven.

unguentum, ī *n (unguo)* zalf, olie.

unguiculus, ī *m (demin. v. unguis)* nageltje, nagel ▸ *a teneris -is* van kindsbeen af.

unguis, is *m (abl. sg. -e en -ī)*

1. (vinger-, teen)nagel; ▸ *ungues recidere, subsecare, purgare; ungues rodere* nagelbijten; — *sprw.* uitdrukkingen: *de tenero ungui* van kindsbeen af; *ab imis unguibus usque ad verticem (summum)* van top tot teen; *ad, in unguem* zeer nauwkeurig; *transversum unguem non discedere* geen duimbreed wijken;
2. *(poët.; postklass.)* klauw, poot;
3. haak.

ungula[1]**,** ae *f (demin. v. unguis)*

1. hoef; ▸ *sprw.: toto corpore atque omnibus -is* met handen en voeten, met alle kracht;
2. *(poët.) (meton.)* paard;
3. klauw, poot;
4. *(eccl.)* folterhaak, martelwerktuig.

ungula[2]**,** ae *f (Vulg.)* olie.

ungulātus, a, um *(ungula*[1]*) (Laatl.)* met klauwen of hoeven; ▸ *pedibus Pan -is.*

ungulus, ī *m (demin. v. unguis) (pre- en postklass.)* ring.

unguō, unguere *en* **ungō,** ungere, ūnxī, ūnctum

1. zalven, insmeren, bestrijken [**alqm unguentis; cubilia limo; tela manu**];
2. *(poët.; postklass.)* natmaken [**arma cruore**]; met pek bestrijken, teren [**carinam**];
3. *(poët.) (gerechten)* met olie aanmaken, vet maken [**caules oleo**];

/ *vgl. ook unctus.*

ūni-animus, a, um *(Plaut.) = unanimus.*

ūni-caulis, e *(unus) (Plin. Mai.)* met een enkele stengel.

ūni-color, *gen.* ōris *(unus)* eenkleurig.

ūni-cornis, e *(unus en cornu) (Plin. Mai.)* met één hoorn [**bos**].

ūnicus, a, um *(unus)*

1. enig, alleen [**filia; spes; remedium**];
2. *(metaf.)* enig in zijn soort, buitengewoon, uniek, voortreffelijk [**poeta; dux; avis** *(v.d. feniks)*; **liberalitas; fides**];
3. *(poët.)* enig geliefd [**maritus**].

ūni-fōrmis, e *(unus en forma) (postklass.)* eenvormig, eenvoudig.

ūni-gena, ae *m en f (unus en gigno)*

1. *(Catull.)* van dezelfde afkomst *(broer of zuster);*
2. enig, uniek [**mundus**];
3. *(eccl.)* enig (geschapen of geboren) [**Christus**].

ūni-genitus, a, um *(unus en gigno) (eccl.)* enig (geschapen of geboren) [**filius** = Christus].

ūni-iugus, a, um *(unus en iugum)*

1. *(Plin. Mai.)* met één horizontale balk *(om wijnranken langs te leiden);*
2. *(Laatl.) (metaf.)* slechts één maal getrouwd.

ūni-manus, a, um *(unus)* met één hand.

ūniō[1]**,** ōnis *m (unus) (postklass.)* enkele grote parel.

ūniō[2]**,** ūnīre *(unus) (postklass.)* verenigen.

ūni-subsellium, ī *n (unus) (Plaut.)* bankje voor één persoon.

ūnitās, ātis *f (unus) (pre- en postklass.)*

1. eenheid, geheel [**mundi**];
2. *(metaf.)* eensgezindheid;
3. eenvormigheid van uiterlijk, gelijkenis [**coloris; foliorum**].

ūniter *adv. (unus) (poët.)* tot één verbonden.

ūniversālis, e *(universus) (postklass.)* algemeen; — *subst.* **ūniversālia,** ium *n (Mel.)* algemene begrippen, soortbegrippen.

ūniversitās, ātis *f (universus)*

1. het geheel, het totaal [**generis humani** het hele menselijk geslacht];
2. ~ *(rerum)* heelal, wereld; geheel v. dingen.

ūniversum, ī *n (universus)* heelal.

ūni-versus *en arch.* **-vorsus,** a, um *(unus en verto)*

1. geheel, gezamenlijk, totaal [**populus; mundus; vita; provincia**]; ▸ *-ae rei dimicatio* beslissende slag; *de re -a tractare* de zaak in ieder opzicht; — *plur.* alle(n) gezamenlijk;
2. algemeen [**natura; odium; pugna** waaraan iedereen deelneemt; **victoria**]; — *adv.* **-e** *en (postklass.)* **in -um** in het algemeen, over het algemeen [**loqui; mandare**].

ūni-vira, ae *f* (*unus en vir*) (*Laatl.*) vrouw die slechts eenmaal getrouwd is geweest.

ūni-vorsus *zie universus.*

ūn-oculus, a, um (*unus*) (*pre- en postklass.*) eenogig, — *subst.* ī m iem. met één oog.

ūno-mammius, a, um (*unus en mamma*) (*Plaut.*) met één borst.

ūnorsum *adv.* (*sync. v. universum*) (*Lucr.*) gezamenlijk.

unquam *zie umquam.*

ūnus, a, um (*gen.* ūnīus, *poët.* ūnius *en* ūnī; *dat.* ūnī) (*arch.* oinos, oenus)

1. één, *meestal sg., plur. bij plur. t.* [**miles; -a castra; -ae aedes** één huis]; ▸ *unus ex filiis, de magistratibus; unus principum, natorum; unus ex multis* een van velen, een gewoon mens; *non unus* meer dan een; *ad unum omnes* allen gezamenlijk, allen zonder uitzondering; *in unum (locum) confluere* op een plaats *of* punt; *sarcinas in unum conicere* op een hoop; *in unum copias cogere* tot een geheel verenigen; *unus et alter dies* een tot twee dagen; *unus aut summum alter* een of hoogstens twee; *unus et (aut) alter* de een en (of) de ander, ettelijke; *una ex parte . . . altera ex parte* enerzijds . . . anderzijds; *uni . . . alii* sommigen . . . anderen;

2. slechts een, een enkele, de enige; ▸ *unus ex omnibus; versterkt m. modo, tantum, solus: unam solam esse civitatem; quem tantum unum fortuna reliquum esse voluisset; Cicero ad haec unum modo respondit; vaak te vertalen door het adv.* alleen, slechts: *in una virtute* in deugd alleen; *Ubii uni legatos miserant* als enigen; *nobis unis;*

3. uniek, een in het bijzonder, ihb. *ter versterking v.d. superl.* verreweg (*m. en zonder omnium*); ▸ *summus vir unus omnis Graeciae* de grootste *of* bijzonder grote man; *homo unus doctissimus* de allergeleerdste;

4. een en dezelfde, dezelfde; ▸ *uno tempore* tegelijkertijd, gelijktijdig; *una rei publicae pestis; omnes uno ordine habere* gelijk behandelen; — *versterkt: unus et (of atque) idem;*

5. een of ander, een zekere; ▸ *unus quisque (ook als één woord geschreven)* ieder afzonderlijk, eenieder; *quivis unus of unus quilibet* wie ook maar; *sicut unus pater familias* als de eerste de beste;

6. (*Mel.*) *als onbep. lidwoord.*

ūnus-quisque, ūna-quaeque, ūnum-quidque (*subst.*) *en* ūnum-quodque (*adj.*) (*ook gesplitst*) ieder afzonderlijk, een ieder.

ūnxī *pf. v. unguo.*

ūpiliō, ōnis *m* = *opilio.*

upupa, ae *f*

1. (*pre- en postklass.*) hop;

2. (*Plaut.*) pikhouweel.

Ūrania, ae *en* **-ē,** ēs *f muze v.d. astronomie en in het alg. v.d. natuurwetenschappen.*

urbānitās, ātis *f* (*urbanus*)

1. stadsleven, leven in Rome; ▸ *desiderium urbanitatis;*

2. (*meton.*) stadse manieren: (a) verfijnde manieren, beschaafd gedrag; (b) beschaafde uitspraak, nette manier van zich uitdrukken; (c) geestigheid, spitsvondig grapje; (d) (*Tac.*) flauwe grap.

urbānus (*urbs*)

I. *adj.* a, um

1. van, in, uit de stad (*ihb. Rome*), stads-, stedelijk [**populus; vita; tribus; plebes; administratio rei publicae** (*itt. provincialis*); **praetor** die in Rome tussen Romeinse burgers rechtspreekt; **consilium** besluit mbt. binnenlandse politiek; **praedium** landgoed bij de stad; **gratia** invloed in Rome; **exercitus**];

2. (*meton.*) op de manier v.e. stadbewoner, steeds: (a) verfijnd, beschaafd [**cives; homo** man v.d. wereld]; (b) (*v.e. redevoering*) verzorgd; (c) geestig, grappig [**homo; sermo**]; (d) (*poët.*) vrijpostig, brutaal, onbeschaamd [**frons**];

II. *subst.* ī m

1. stadbewoner, stedeling, Romein;

2. (*metaf.*) (*Hor.*) grapjas.

urbi-capus, ī m (*urbs en capio*) (*Plaut.*) stedenveroveraar.

urbicus, a, um (*urbs*) (*postklass.*) van de stad (Rome), stads-.

Urbīnum, ī *n stad in Umbrië, nu* Urbino; — *inw. en adj.* **Urbīnās,** ātis (*m*).

Urbius, a, um ~ *clīvus straat in Rome tussen de Esquilijn en de Vicus Cyprius.*

urbs, urbis *f*

1. *iedere tamelijk grote en ommuurde stad;* ▸ *urbem condere, constituere;*

2. de stad Rome (= *urbs Roma*);

3. burcht, acropolis (*ihb. van Athene*);

4. (*meton.*) stadbewoners; ▸ ~ *somno vinoque sepulta;*

5. (*metaf.*) hoofdzaak, -punt, kern [**philosophiae**].

urceātim *adv.* (*urceus*) (*Petr.*) als uit kannen.

urceolus, ī m (*demin. v. urceus*) (*pre- en postklass.*) kruikje.

urceus, ī m (*niet-klass.*) kruik.

ūrēdō, inis *f* (*uro*)

1. brand *(graanziekte)*;
2. branderig gevoel.

urgeō, urgēre *en* **urgueō,** urguēre, ursī, —
1. dringen, duwen, stuwen, drijven, drukken [**naves in Syrtes; pedem alcis pede suo**]; *(poët.) metaf.* verdringen; ▸ *urget diem nox et dies noctem;*
2. aandringen, opdringen; ▸ *fluctūs ad litora urgent; hostes urgebant;*
3. *(metaf.)* in het nauw brengen, lastigvallen, bestoken, vervolgen [**locum** insluiten; **oculos** bedrukken, zwaar drukken op; **hostem a tergo; famulas laboribus** lastigvallen; **alqm invidiā; alqm flebilibus modis** onophoudelijk bejammeren]; ▸ *quaestiones urgent Milonem; urgeri fatis; eum morbus urget; fames me urget; nihil me urget* ik heb geen haast; *ook abs.*: *urgens malum; urget fortuna;*
4. *(door vragen, smeken e.d.)* in het nauw brengen, bestoken [**alqm interrogando; rustice**];
5. staan op, benadrukken, blijven volhouden *(m. acc.; m. aci.)* [**ius; eundem locum diutius**];
6. ijverig doen *of* maken [**opus; iter; vestem** ijverig weven; **arva** met inspanning bewerken; **propositum; forum** veel op het Forum zijn; **occasionem** gretig aangrijpen]; zich uitsloven *(m. inf. of aci.)*;
7. *(v. plaatsen)* (be)grenzen, in de buurt liggen *(aan, van: acc.)* [**vallem**]; ▸ *a tergo Alpes urgent;*
8. *abs.* ophanden zijn; ▸ *comitia urgent.*

ūrīna, ae *f*
1. urine;
2. *(postklass.)* zaad [**genitalis; concepta**].

ūrīnātor, ōris *m (urinor)* duiker.

ūrīnor, ūrīnārī *(urina)* (onder water) duiken.

Ūrios, ī *m (Gr. leenw.)* gever v.e. goede wind [Iuppiter].

urna, ae *f*
1. kruik, waterkruik; *ook als attribuut v.h. sterrenbeeld Aquarius (Waterman)*;
2. *(pre- en postklass.) (als inhoudsmaat voor vloeistoffen)* = ½ amphora = 13,04 l;
3. *(poët.)* pot [**argenti**];
4. stemurn *(voor de stemtafeltjes in de comitia of voor het loten)*; ▸ *nomina in -am conicere; -am movere* schudden; — *(Tac.) (metaf.)* keuze dmv. het lot: *-am postulare;*
5. *(poët.)* asurn; ▸ *requiescere in -a;*
6. *(poët.)* urn v.h. noodlot *(met het doodslot v. alle mensen; in het bezit v. Jupiter en de parcen)*; ▸ *omnium versatur urnā sors exitura* ieder krijgt te zijner tijd zijn laatste lot.

urnālis, e *(urna)* met de inhoud v.e. *urna.*

urnula, ae *f (demin. v. urna)* kruikje.

ūrō, ūrere, ussī, ustum
1. (ver)branden; ▸ *hominem mortuum* ~; *uri calore; ignis urit domos* verteert; *uri se patiuntur Indi* laten zich door de zonnehitte verbranden;
2. verzengen, vernietigen, verwoesten [**agros; urbes hostium; naves**]; ▸ *bellum urendo gerere;*
3. *(Ov.) (als t.t. v.d. schilderkunst)* (a) *(kleuren)* inbranden, opbrengen [**colores**]; (b) *schilderingen* inbranden [**tabulam coloribus**];
4. *(poët.; postklass.) (als vuursignaal of ter verlichting)* (ver)branden [**picem; ceras; cedrum**];
5. *(med. t.t.)* uitbranden [**vulnera**];
6. *(metaf.) (poët.; postklass.)* uitdrogen, verdorren, verzengen [**solum; arva; campum**]; ▸ *sitis fauces urit; febribus uri* verteerd worden;
7. *(poët.; postklass.) (v.d. vorst)* doen bevriezen; *pass.* bevriezen; ▸ *herba per nives usta; ustus ab assiduo frigore Pontus* dichtgevroren;
8. doen schrijnen, knellen; ▸ *lorica urit lacertos; loris* ~ geselen; *sarcina urit;*
9. *(v. emoties)* doen ontvlammen, doen ontbranden, verteren; ▸ *ira (amor) urit alqm;* — *pass.* ontvlamd zijn, branden, verteerd worden: *uritur infelix Dido; uri in alqo* verliefd zijn op iem.;
10. kwellen, verontrusten, plagen; ▸ *pestilentia urbem urens; eos bellum urebat; dies noctesque assiduo labore urente.*

ursa, ae *f (ursus) (poët.; postklass.)*
1. berin, poët. ook beer;
2. Beer *als sterrenbeeld* [**maior; minor**].

ursī *pf. v. urgeo.*

ursīna, ae *f (ursinus; vul aan: caro*[1]*) (Petr.)* berenvlees.

ursīnus, a, um *(ursus) (postklass.)* beren-.

ursus, ī *m* beer; ▸ *-um poscere (in het amfitheater).*

urtīca, ae *f (poët.; postklass.)*
1. brandnetel;
2. zeenetel *(een zeedier)* [**marina**];
3. *(metaf.) (Juv.)* geilheid.

ūrūca, ae *f (poët.; postklass.)* rups.

ūrus, ī *m* oeros, -rund.

Uscāna, ae *f stad in Illyrië;* — *inw.* **Uscānēnsēs,** ium *m.*

ūsiō, ōnis *f (utor)* het gebruiken, gebruik.

Ūsipetēs, um *en* **Ūsipiī** *of* **-pī,** ōrum *m Germ. volksstam bij de rivieren Lippe en Rijn.*

ūsitātus, a, um *(utor)* gewoon, gebruikelijk, normaal [**verba; honos**].

uspiam *adv.*
1. ergens;
2. (Plaut.) op de een of andere manier.

usquam *adv.* (*meestal in neg. zinnen*)
1. ergens; ▸ *nec* ~ en nergens; *nemo* ~ nergens iemand; *ook m. gen.:* ~ *gentium;*
2. ergens heen; ▸ *nec* ~ *discedebam; neque* ~ *a se deflectebat oculos* naar geen kant;
3. in enige zaak, in iets; ▸ *neque erat* ~ *consilio aut auctoritati locus.*

ūsque
I. *adv.*
1. aan één stuk door, ononderbroken [**alqm sequi**];
2. (*v. plaats en v. tijd*) (a) van ... af, van ... vandaan [*m. prep.* **ex ultima Syria; a Capitolio; a Romulo** sinds; **ab heroicis temporibus;** *m. adv.* **inde** van toen af]; (b) tot, tot aan [*m. prep.* **ad castra; in Hispaniam; trans Alpes; ad vesperum; ad extremum vitae diem; in hoc tempus;** *m. adv.* **eo** tot daar, tot zolang; *m. cj.* **dum** net zolang totdat];
II. *prep. m. acc., soms als postpositie* (*pre- en postklass.*) (*v. plaats en v. tijd*) tot (aan); ▸ ~ *pedes;* ~ *somni tempus.*

ūsque-quāque *adv.* (*ook gesplitst*) overal, altijd, in ieder opzicht.

ūsquin (Plaut.) = *usque-ne.*

ussī *pf. v. uro.*

ūssūra, ae *f* (Plaut.) = *usura.*

Ustīca, ae *f heuvel in het gebied v.d. Sabijnen, in de buurt v.h. landgoed v. Horatius.*

ustilō zie *ustulo.*

ustiō, ōnis *f* (*uro*) het verbranden; het dichtbranden [**ulceris**].

ustor, ōris *m* (*uro*) lijkverbrander.

ustrīna, ae *f* (*uro*) (*Laatl.*)
1. verbranding;
2. (*meton.*) plek waar lijken verbrand worden.

ustulō, ustulāre *en* **ustilō,** ustilāre (*uro*) verbranden [**scripta**].

ustus *ppp. v. uro.*

ūsuālis, e (*usus*) (*Laatl.*) gewoonlijk, gebruikelijk.

ūsuārius, a, um (*usus*) (*jur.*) (*v. niet-lev.*) met het zakelijk recht van gebruik; (*v. personen*) die het zakelijk recht van gebruik heeft.

ūsū-capiō[1], capere, cēpī, captum (*eig.* 'door gebruik in bezit nemen') door verjaring verwerven.

ūsū-capiō[2] *en* **ūsūs-capiō,** ōnis *f* (*usucapio*[1]) eigendomsrecht door verjaring [**fundi**]; *abs.* verjaring v. bezit.

ūsūcaptus *ppp. v. usucapio*[1].

ūsū-cēpī *pf. v. usucapio*[1].

ūsūra, ae *f* (*utor*)
1. gebruik, het benutten, genot [**aedium; vitae; unius horae** termijn];
2. gebruik v. geleend kapitaal;
3. (*meton.*) (*sg. en plur.*) rente *voor een lening;* ▸ ~ *menstrua; -am accipere; -am perscribere* geld tegen rente uitlenen; *-am multiplicare* rente op rente rekenen; *certare cum -is fructibus praediorum* de hele opbrengst v.h. land gebruiken om de rente te betalen; *mitte litteras appositis -is* (Plin. Min.).

ūsūrārius, a, um (*usura*) (*niet-klass.*)
1. beschikbaar om te gebruiken, te leen;
2. tegen rente uitgeleend [**pecunia**].

ūsū-receptiō, ōnis *f* (*usus*) (*jur.*) het terugkrijgen van bezit.

ūsurpātiō, ōnis *f* (*usurpo*) gebruik, het benutten, aanwending, toepassing [**doctrinae; nominum** benoeming; **itineris** het opbreken, aftocht; **vetustatis** van een oud gebruik; **civitatis** vermelding van *of* aanspraak op het burgerrecht].

ūsurpō, ūsurpāre (*usus*[2] *en rapio*)
1. benutten, gebruiken, aanwenden, in praktijk brengen [**libertatem**];
2. opeisen, aanspraak maken op, doen gelden [**ius; nomen civitatis** zijn recht als burger];
3. (a) (*rechtmatig*) in bezit nemen, verwerven [**gloriam aliam; caelestes honores; hereditatem** aanvaarden; **amissam possessionem**]; (b) (*wederrechtelijk*) zich toe-eigenen, zich aanmatigen [**alienam possessionem; civitatem Romanam; imperium; titulum regis**];
4. (*woorden*) gebruiken, in de mond nemen [**nomen virtutis; Graecum verbum; alqd crebris sermonibus**];
5. vermelden; noemen (*ook m. dubb. acc.*) [**alqm sapientem**];
6. (*pre- en postklass.*) gewaarworden, waarnemen, bemerken; ▸ *aures usurpant sonitum.*

ūsus[1] *p.p. v. utor.*

ūsus[2], ūs *m* (*utor*) (*dat. sg.* ūsuī *en* ūsū)
1. gebruik, toepassing, aanwending, het benutten [**publicus; privatus; navium; Veneris** liefdesgenot]; ▸ *alqd in usu habere* iets gebruiken; *usui esse* gebruikt worden; *ad copiam atque usus* voor veelvuldig gebruik; *est mihi in usu* ik ben gewoon, ik ... gewoonlijk;
2. praktische bezigheid, uitoefening [**forensis**

als advocaat; **virtutis**]; ▸ *ars (of scientia) et* ~ theorie en praktijk;
3. praktijkervaring, praktijk, oefening (*in: gen.; ook in m. abl.*) [**rerum nauticarum; in re militari; cotidianus**]; ▸ *usu belli et ingenio impavida gens; nec usu nec ratione* noch praktisch noch theoretisch; *usu (dat.) venit* het gebeurt werkelijk (*m. ut*); *haec de Vercingetorige usu ventura* dat het zo met Vercingetorix zou gaan;
4. gewoonte, gebruik, *ook* taalgebruik;
5. (*jur. t.t.*) vruchtgebruik, gebruiksrecht v. vreemd vermogen [**bonorum**]; ▸ ~ *(et) fructus* gebruiksrecht v. vreemd eigendom; — lang gebruik, verjaring: *regnum iam usu possidēre;* ~ *(et) auctoritas* verjaring en het daaruit ontstane eigendomsrecht;
6. (sociaal) verkeer, omgang, bekendheid (*met: gen.*) [**Catonis; domesticus** van huis tot huis; **assiduus**]; ▸ ~ *summus alci est cum alqo; coniunctus magno usu familiaritatis; est varius et multiplex* ~ *amicitiae; id erat in tanto usu nostro* bij onze zo hechte omgang; — (*poët.*) geslachtsverkeer;
7. (*sg. en plur.*) bruikbaarheid, nut, voordeel [**exiguus**]; ▸ *usui esse alci en ex usu alcis esse* nuttig, voordelig zijn voor iem.; *alci prius oneri quam usui esse; magnum usum (of magnos usūs) ad alqd afferre* van groot nut zijn voor iets;
8. (*sg. en plur.*) behoefte, noodzaak [**provinciae; navium; militaris**]; ▸ *quae belli usūs poscunt suppeditare* wat nodig is voor de oorlog; *usui esse ad alqd* noodzakelijk zijn voor iets; ~ *(ad)est, venit* het is, wordt nodig; ~ *est alci alqā re* iem. heeft iets nodig (= *opus est*): *consuli navibus* ~ *non est;* ~ *est filio argenti minis conciliare animos hominum et ad usus* (interesses) *suos adiungere.*

ūsūs-capiō zie *usucapio*[2].

ūsus-frūctus = *usus (et) fructus, zie usus*[2] 5.

ut *en* **utī**

I. *adv.*

1. (*interr., dir. en afh.*) hoe; ▸ *ut vales?; ut meminit nostri?; docebat ut Galliae principatum Aedui tenuissent; videte ut hoc iste correxerit;*
2. (*in een uitroep*) hoe(zeer); ▸ *quae in eum sunt ingesta ut sustinuit, ut contempsit ac pro nihilo putavit!* (*Cic.*); *ut melius pati!* hoeveel beter is het!;
3. (*in parenthese e.d.*) zoals; ▸ *ut dixi; ut supra demonstravimus; ut fieri solet; ut videtur* naar het schijnt;
4. (*vergelijkend*) (**a**) (*m. corresponderend ita, sic, item, eodem modo e.d.*) (even)als, zoals; ▸ *ut initium, sic finis est; ut sementem feceris, ita metes; ut optasti, ita est; sic, ut avus hic tuus, ut ego, iustitiam cole* (*Cic.*); — zowel . . . als (ook): *ut cum Titanis, ita cum Gigantibus; Dolabellam ut Tarsenses ita Laodiceni arcessiverunt;* — *ut quisque . . . ita (of sic)* al naar gelang ieder . . . zo: *ut cuiusque ingenium erat, ita nuntiaverunt; ut quisque aetate antecedebat, ita sententiam dicebat;* — *ut quisque (m. superl.) . . . ita of sic (m. superl.)* hoe meer iemand . . . des te meer: *colendus est ita quisque maxime, ut quisque maxime virtutibus est ornatus; ut quisque est vir optimus, ita difficillime esse alios improbos suspicatur* (*Cic.*); — *adversatief* weliswaar . . . maar: *ut nihil boni est in morte, sic certe nihil mali; ut erat tellus illic, sic erat instabilis* (*Ov.*); *Saguntini ut a proeliis quietem habuerant, ita non nocte, non die umquam cessaverant ab opere;* — *in eden en plechtige verzekeringen* zo waarlijk . . . (als): *ita me di ament, ut ego nunc non tam meāpte causā laetor, quam illius; ita vivam, ut maximos sumptus facio;* (**b**) (*zonder corresponderend partikel*) zoals; ▸ *feci ut mihi imperavisti; perge ut instituisti;* — *bij pred. bepaling en appositie* (zo)als: *alqm ut alumnum diligere; quod non decet poeta fugit ut maximum vitium* als de grootste fout; *Cicero ea, quae nunc usu veniunt, cecinit ut vates; apud me, ut bonum iudicem, argumenta plus quam testes valent;* (**c**) (*postklass.*) (*zonder corresponderend partikel*) **ut maximē** ten hoogste;
5. (*v. plaats*) (*poët.*) waar; ▸ *Indi, litus ut Eoā tunditur undā* (*Catull.*); *Nisus labitur, ut sanguis humum madefecerat;*
6. (*causaal epexegetisch*) als = zoals te verwachten was van, aangezien; ▸ *Diogenes liberius ut Cynicus locutus est* als cynicus = aangezien hij een cynicus was; *ne militibus quidem, ut defessis, neque equitibus, ut paucis et labore confectis, studium deerat; homo, ut erat furiosus, atrociter respondit* woedend als hij was; *permulta colligit Chrysippus, ut est in omni historia curiosus;* — *m. rel. bz. m. conj.* **ut quī** omdat (hij) toch, aangezien (hij): *magna pars Fidenatium, ut qui coloni additi Romanis essent, Latine sciebant* (*Liv.*);
7. (*in hypothetische zinnen*) **ut sī** (= *quasi*) alsof; ▸ *ut si bono animo fecissent, laudavit consilium eorum; ut si esset res mea;* — *m. ptc.: ut exploratā victoriā* alsof de overwinning zeker is;
8. (*beperkend*) zo ver als, voor; ▸ *ut potui, tuli* zo goed als ik kon; *Meneclidam satis exercitatum in dicendo, ut Thebanum scilicet; ut in homine Romano, litterae in eo fuerunt; Ubii, quorum fuit civitas ampla atque florens, ut est captus Germanorum*

zoals de Germanen het opvatten;
9. *(ter aand. v. voorbeelden)* (zoals) bijvoorbeeld; ▸ *in libero populo, ut Rhodi;*
II. *cj. m. indic. (in adv. bz. v. tijd)* **(a)** zodra (als), toen *(meestal m. indic. pf., versterkt door* primum, *bij een herhaalde handeling m. indic. plqpf.)*; ▸ *ut (primum) id audivit, profectus est; perturbatus est, ut id audivit; ut* (zo vaak als, telkens wanneer) *cohortes excubuerant* (buiten lagen), *accessere Pompeiani;* **(b)** sinds; ▸ *octavus annus est, ut imperium obtineo; ut Brundisio profectus es, nullas postea litteras a te accepi;*
III. *cj. m. conj.*
1. *in adv. bijzinnen:* **(a)** *(v. doel)* opdat, om te, *inf. m.* te *(ontkennend: ne)*; ▸ *edere oportet ut vivas; legum idcirco omnes servi sumus, ut liberi esse possimus (Cic.);* **(b)** *(v. gevolg, m. en zonder ita, sic, tam, adeo e.d.)* zodat *(ontkennend: ut non)*; ▸ *Tarquinius sic Servium diligebat ut is eius vulgo haberetur filius; eā celeritate milites ierunt ut hostes impetum sustinere non possent;* **(c)** *(concessief)* zelfs wanneer, ook al; ▸ *ut desint vires, tamen est laudanda voluntas; verum ut hoc non sit, tamen servet rem publicam;* **(d)** *(elliptisch in geëmotioneerde vraag)* is het mogelijk dat?; ▸ *te ut ulla res frangat?* zou?; *egone illam ut non amem?;*
2. *in subject- of objectbijzinnen:* **(a)** *bij verba v. willen, bevelen, bewerkstelligen e.d.:* dat, om te; ▸ *adduxi eum ut maneret* ik haalde hem over te blijven; *Caesar legato imperavit ut noctu iter faceret;* — *bij verba v. vrezen* dat niet *(= ne non): timemus ut veniat;* **(b)** *bij verba v. gebeuren e.d.:* dat; ▸ *saepe fit ut homines fallantur;*
IV. *partikel in wenszinnen (ihb. arch. en poët.)* (o) dat toch *(= utinam)*; ▸ *ut te dii perdant!; ut viveret adhuc!; ut eum intercludamus!* mogen wij hem verre van de stad houden!

ut-cumque *en* **-cunque**
I. *adv.*
1. hoe dan ook, in elk geval; ▸ *nomen ~ tacebo;*
2. *(zonder verbum finitum)* zo goed en zo kwaad als het gaat of ging; ▸ *pace ~ composita gaudebant; ea quoque temptata ~ ;*
II. *cj.*
1. hoe ook (maar); ▸ *~ erit, iuvabit tamen; ~ res sese habet;*
2. al naar gelang; ▸ *~ exaestuat aut deficit mare;*
3. zodra maar, wanneer ook maar; ▸ *~ mecum vos eritis; ibimus, ~ praecedes.*

ūtēns, *gen.* entis *(utor)* gebruikend; ▸ *utentior sane sit* hij kan weliswaar meer geld uitgeven *(Cic.)*.

ūtēnsilia, ium *n (utor)* benodigdheden, gereedschap, levensmiddelen.

uter[1]**,** tris *m*
1. leren zak [**vini**];
2. *(Hor.) (metaf.)* opgeblazen kerel.

uter[2]**,** utra, utrum *(gen.* utrīus *en [poët.]* utrius, *dat.* utrī*) pron. (adj. en subst.)*
1. *(interr., dir. en afh.)* wie v. beide(n), welk v. beide(n); ▸ *ook m. gen.: uter nostrum popularis est?; uter est insanior horum?; verdubbeld: uter utri virtute anteferendus videtur?* wie v. beide(n) lijkt qua moed te verkiezen boven de ander(e)?; *quaeritur, uter utrum lacessierit;*
2. *(relat.)* welk, wie, wat v. beide(n); ▸ *utrum placet, sumite; utrum dixeris, id contra te futurum;*
3. *(indef.)* een v. beide(n).

uter-cumque, utra-cumque, utrum-cumque *(relat.)* wie v. beide(n) (ook maar).

uterīnus, a, um *(uterus) (Laatl.)* van dezelfde moeder afstammend [**fratres**].

uter-libet, utra-libet, utrum-libet *pron.*
1. *(relat.)* wie v. beide(n) ook (maar);
2. *(postklass.) (indef.)* een v. beide(n) ongeacht wie.

uter-que, utra-que, utrum-que *(gen. sg.* utrīusque *en [poët.]* utriusque, *Plaut. ook* utrīque; *dat.* utrīque; *gen. plur.* utrōrumque *en* utrumque*)* elk v. beide(n), beide(n) *(ieder apart voor zich gedacht, vd. gew. m. sg. v. h. verbum)*; ▸ *in utriusque orationis facultate* Grieks en Latijn; *~ frater mortuus est; uterque utrique erat in conspectu; uterque parens* vader en moeder; *uterque Oceanus* de oostelijke en westelijke oceaan; *uterque Phoebus* de op- en ondergaande zon; *uterque polus* noord en zuid; *uterque noster exercitus* onze beide legers; *utraque fortuna (Tac.)* geluk en ongeluk, *(Nep.)* groot en klein vermogen; *solis utraque domus* het Oosten en het Westen; *in utramque partem disputare* voor en tegen; *m. gen.: uterque nostrum, vestrum, eorum, quorum, consulum e.a.;* — *plur.:* (a) *bij plur. t.:* ▸ *utraque castra;* (b) *ter aand. v. twee nauw bij elkaar horende personen of dingen:* ▸ *hi utrique ad urbem imperatores erant;* (c) *bij twee groepen v. verscheidene personen:* ▸ *Caesar, cum Germanis et Britannis bellum intulisset, utrosque vicit; utrique* beide partijen.

uterus, ī *m en (kom.)* **-um,** ī *n*
1. onderlijf, (onder)buik; moederschoot, baarmoeder;
2. *(poët.)* het baren; geboorte; ▸ *puellae -o laborantes;*

3. *(poët.; postklass.) (meton.)* ongeboren vrucht; 4. *(poët.; postklass.) (metaf.)* buik, binnenste [**navis**].

uter-vīs, utra-vīs, utrum-vīs *(gen.* utrīus-vīs, *dat.* utrī-vīs) *pron. indef.* elk v. beide(n), een v. beide(n) (ongeacht wie) *(ook m. gen.)* [**vestrum**].

utī *zie ut;* **ūtī** *zie utor.*

ūtibilis, e *(utor) (kom.)* bruikbaar, nuttig.

Utica, ae *f stad ten N.W. v. Carthago, vanuit het Fen. Tyrus gesticht, nu* Henchir-bou-chateur; — *inw. en adj.* **Uticēnsis,** is *m resp.* e.

ūtilis, e *(utor)*

1. bruikbaar, geschikt, dienstig *(voor: dat.; ad; in m. acc.; poët. m. gen.; m. inf.)*; ▸ *equi utiles bello; dant utile lignum navigiis pinūs; vir communibus rationibus utilissimus; homo ad nullam rem ~; radix medendi ~;*

2. nuttig, voordelig, bevorderlijk; ▸ *lex ~ plebi;* — *utile est (m. inf. of aci.)* het is nuttig;

3. *(jur.)* geldig [**dies; tempus**]; aangepast, analoog [**actio**].

ūtilitās, ātis *f (utilis)*

1. bruikbaarheid, deugdelijkheid;

2. nut, voordeel; ▸ *utilitati esse en utilitatem habere* nuttig zijn;

3. belang, welzijn [**communis** welzijn v.d. staat];

4. *(plur.) (meton.)* goede voorzieningen *of* diensten; ▸ *utilitates praebere* goede diensten bewijzen.

uti-nam *partikel in wenszinnen (ontkennend: utinam ne, zelden utinam non)* o dat toch, als toch:

1. *bij vervulbare wens in een wenszin m. conj. praes. (voor het heden en de toekomst) of conj. pf. (voor het verleden), ook te vertalen met* hopelijk; ▸ *Tibur sit meae sedes ~ senectae* (Hor.);

2. *bij onvervulbare wens in een wenszin m. conj. impf. (voor het heden) en conj. plqpf. (voor het verleden):* ▸ *~ Cyrus viveret!; Achilles ~ vitasset Apollinis arcūs!*

uti-quam *zie neutiquam.*

uti-que[1] *adv.*

1. in ieder geval, beslist, absoluut; ▸ *illud scire ~ cupio; alterum consulem ~ ex plebe fieri necesse est;*

2. vooral, met name;

3. (toch) ten minste; ▸ *unā ~ parte; ~ postridie.*

utī-que[2] = *et utī* en hoe; en opdat *(zie ut).*

ūtor, ūtī, ūsus sum *(m. abl., zelden m. acc.)*

1. gebruiken, gebruikmaken van, benutten [**armis; equis; servis; mari** bevaren; **exemplo** aanhalen; **condicione** aannemen; **sermone** *of* **oratione** spreken; **hac voce** zo spreken; **apparatu regio** zich omgeven met; **castris** verblijven in; **domo** bewonen; **finibus** in het land blijven wonen; **consilio** een plan beramen *of* een besluit nemen; **consilio alcis** iems. raad opvolgen; **temerariā ratione** roekeloos te werk gaan; **alcis auctoritate** zich richten naar; **suo largius** te verkwistend met zijn vermogen omgaan; **pace** aanvaarden *of* behouden; **temporibus** zich naar de omstandigheden schikken; *(m. dubb. abl.: als)* **alqo teste; metu alcis interprete** zich door angst voor iem. laten leiden; **alqo auctore;** *(ipv., als: pro)* **cornibus urorum pro poculis;** *(tot, voor: ad; in m. acc.)* **paterā ad res divinas; Siciliā ad omnes res; civibus in servilia ministeria; male** misbruiken];

2. gebruiken, eten [**cibis bonis; lacte et herbis; largiore vino**];

3. hebben, bezitten [**variā voluntate** de stemming verdeeld vinden; **honoribus** ereambten bekleden; **adversis ventis; patre diligente; tantā prosperitate; proeliis secundis** militair succes behalen; **bonā valetudine** genieten];

4. uitoefenen, bewijzen, tonen [**clementiā; patientiā; auctoritate sua**];

5. omgaan met, omgang hebben met [**rege familiariter; maioribus; M. Bruto; alqo ex voluntate** iem. naar zijn hand zetten; **sociis veluti hostibus** behandelen];

6. nodig hebben; ▸ *ambitione nihil utor* (Cic.).

ut-pote *adv.* namelijk, immers, *meestal voor pron. rel. (gew. m. conj.).*

ut-puta *adv. (poët.; postklass.)* zoals bijvoorbeeld, namelijk.

ut-quid *(ook apart geschreven) adv. (eccl.)* waartoe?, waarom?

ut-quomque (Plaut.) = *utcumque.*

utrāque *adv. (vul aan: parte) (abl. sg. f v. uterque)* aan beide kanten, aan weerszijden.

utrārius, ī *m (uter*[1]*)* drager v.e. leren zak, waterdrager.

utri-cīda, ae *m (uter*[1] *en caedo) (scherts.) (Apul.)* 'zakkenmoordenaar'.

utriculārius, ī *m (utriculus) (Suet.)* doedelzakspeler.

utriculus, ī *m (demin. v. uter*[1]*) (postklass.)* kleine leren zak.

utrimque *adv. (uterque)* aan *of* van beide kanten; ▸ *clamor ~, undique concursus; femina ~ nobilis* van vaders- en moederszijde; — *(pre- en postklass.)* **utrimquesecus** *(ook gesplitst)* langs *of* aan beide kanten.

utrō *adv.* *(uter²)* naar welke v. beide kanten?, waarheen?; ▸ *nescit, ~ potius ruat, et ruere ardet utroque (Ov.).*

utrobī *en* **utrubī** *adv.* *(uter² en ubi)* *(preklass.)* aan welke v. beide kanten?

utrobī-que *en* **utrubī-que** *adv.* aan beide zijden, bij beide partijen; ▸ *inimicos ~ habere;* — *metaf.* in beide gevallen.

utrōque *adv.* *(uterque)* aan beide zijden, naar beide zijden, richtingen.

utrubī *zie utrobi.*

utrubī-que *zie utrobique.*

utrum *adv.* *(n v. uter²)* *vraagpartikel, versterkt* utrumne

1. *in afh. vragen:* of; **utrum ... an** *of* **anne, annōn, necne** of ... of; ▸ *utrum illi sentiant, anne simulent, tu intelleges;*

2. *in dir. vragen:* wel, soms, *meestal onvertaald;* ▸ *utrum ea vestra an nostra culpa est?; utrum maiores vestri exorti ab diis sunt?* zijn soms?

ut-ut *adv.* *(ook gesplitst)* hoe dan ook (maar).

ūva, ae *f*

1. druiventros, druif; ▸ *~ passa* rozijn;

2. *(poët.)* *(meton.)* **(a)** wijn; **(b)** wijnstok;

3. *(Plin. Mai.)* *(metaf.)* *trosvormige* bijenzwerm;

4. *(Hor.)* *~ immitis (v.e. onrijp, nog niet huwbaar meisje);*

5. *(med.)* huig.

ūvēscō, ūvēscere, — — *(poët.)* vochtig worden; *metaf.* zich bedrinken.

ūvidulus, a, um *(demin. v. uvidus)* *(Catull.)* een beetje vochtig *of* nat.

ūvidus, a, um *(poët.; postklass.)*

1. vochtig, nat, druipend [**vestimenta; locus**];

2. bevloeid, waterrijk [**Tibur; terra**];

3. *(metaf.)* dronken.

uxor, ōris *f* echtgenote, vrouw; ▸ *uxorem (in matrimonium) ducere* trouwen met; *(v. geiten) olentis uxores mariti.*

uxorcula, ae *f* *(demin. v. uxor)* *(pre- en postklass.)* vrouwtje, wijfje.

uxōrius, a, um *(uxor)*

1. de echtgenote betreffend, bij de echtgenote horend [**res uitzet**; *ook de echtelijke staat;* **nomen**];

2. *(poët.; Laatl.)* zijn echtgenote (te) zeer toegenegen.

V

V[1] *als getalsaanduiding* = 5.

V.[2], **v.** *(afk.)*

1. = *vir, vivus, vivens, votum, valeo, vales, valetis;*
2. **v. c.** = *vir clarissimus;*
3. **v. f.** = *verba fecit.*

Vacalus, ī *m de rivier de Waal.*

vacātiō, ōnis *f (vaco)*

1. het vrij zijn, vrijstelling, ontheffing *(van: gen. of ab; wegens: gen.)* [**laboris; militiae; a belli administratione; adulescentiae** wegens];
2. verlof [**militum**];
3. *(Tac.) (meton.)* afkoopsom *voor vrijstelling v. militaire dienst.*

vacca, ae *f* koe.

Vaccaeī, ōrum *m volksstam in N.-Spanje, in de buurt v.h. huidige Burgos.*

vaccillō, vaccillāre *(Lucr.)* = *vacillo.*

vaccīnium, ī *n* hyacinthus *(zie daar).*

vaccīnus, a, um *(vacca) (postklass.)* van een koe, koeien- [**lac**].

vaccula, ae *f (demin. v. vacca) (pre- en postklass.)* jonge koe, koetje.

vacerra, ae *f* paal.

vacerrōsus, a, um *(Suet.)* knotsgek.

vacillātiō, ōnis *f (vacillo) (postklass.)* het wankelen, het waggelen.

vacillō, vacillāre

1. wankelen, waggelen, niet stevig staan; ▸ *vacillat arbor, vacillant omnia tecta; litterulae vacillantes* in beverig handschrift; *ex vino* ~; *in utramque partem toto corpore* ~;
2. *(metaf.)* wankelen, onzeker zijn; ▸ *tota res vacillat et claudicat* staat op losse schroeven; *iustitia vacillat; in aere alieno* ~ bijna aan schulden te gronde gaan;
3. weifelen, onstandvastig *of* onbetrouwbaar zijn; ▸ *legio vacillans.*

vacīvitās, ātis *f (vacivus) (Plaut.)* gemis, gebrek *(aan: gen.)* [**cibi**].

vacīvus, a, um *(vaco) (poët.)* leeg, vrij *(van: gen.)* [**aedes; auris** open; **virium** krachteloos]; — *adv.* **vacīvē** op zijn gemak.

vacō, vacāre

1. leeg, vrij, onbezet *of* verlaten zijn; ▸ *domus vacat; ostia vacant* staan droog; *philosophiae locus vacat* is onbezet; *agri vacant* zijn onbebouwd *of* verlaten; *longe saltūs lateque vacantes* verlaten liggend;
2. *(postklass.)* zonder eigenaar *of* onbeheerd zijn; ▸ *bona vacant;* — *subst.* **vacantia,** ium *n (Tac.)* onbeheerde goederen;
3. *(metaf.)* vrij zijn van, niet hebben, niet belast zijn met, zich verre houden van *(m. abl. of ab)* [**utrisque armis** neutraal blijven; **epulis** zich van voedsel onthouden; **culpā; studiis** zich niet bezighouden met studie; **populo** zich niet om het volk bekommeren; **militiae munere; a metu et periculis; ab opere**]; ▸ *natura caelestis et terrā vacat et umore;*
4. (vrije) tijd hebben; ▸ *si forte vacas;* — *(m. dat.; in m. acc.)* tijd hebben voor, zich wijden aan [**philosophiae; clientium negotiis; foro; libellis legendis et rescribendis; corpori; sermoni suo; in grande opus**];
5. *(poët.; postklass.) onpers. vacat* er is tijd, het staat vrij, het is vergund *(abs. of m. inf.)*; ▸ *dum vacat; nobis venari nec vacat nec licet (Plin. Min.).*

vacuē-faciō, facere, fēcī, factum, *pass.* vacuē-fīō, fierī, factus sum *(vacuus)*

1. leeg-, vrijmaken *(van: abl.)* [**subsellia; domum novis nuptiis**]; *pass.* leeg worden; ▸ *possessiones vacuefactae* verlaten, onbeheerd;
2. ontvolken [**Scyrum**].

vacuitās, ātis *f (vacuus)*

1. het vrij zijn, het bevrijd zijn *(van: gen. of ab)* [**aegritudinis; molestiae; ab angoribus**];
2. *(meton.)* vacature *voor een ambt.*

Vacūna, ae *f Sabijnse godin v.d. akkers met heiligdommen bij Reate en in de buurt v.h. landgoed v. Horatius;* — *adj.* **Vacūnālis,** e aan Vacuna gewijd.

vacuō, vacuāre *(vacuus) (pre- en postklass.)* legen, leegmaken.

vacuum, ī *n (vacuus)*

1. leegte, lege ruimte; ▸ *in -um se extendere (v. takken); publicani per -um irruperunt;*
2. vrij *of* onbezet land; onbeheerd eigendom; ▸ *in -o vagari.*

vacuus, a, um

1. leeg, vrij, onbezet [**domus; res publica** onverdedigd, zonder verdedigers; **castra** onbezet; **Britanni** ongewapend]; ▸ *partem aedium -am facere* ontruimen; — *(m. abl. of ab, soms gen.)* vrij van, zonder: ~ *culpā, curis, metu, omni tributo; -i agri cultoribus; locus hominibus plenus,*

amicis ~ (*Sen.*); *mare -um ab hostibus; Sardinia ab imperiis -a* zonder bestuur; *oppidum a defensoribus -um; ager frugum* ~ ; ~ *operum, criminis; -a caedis manus;* — (*m. dat.*) vrij voor: *nox operi -a;*
2. (*poët.*) open, toegankelijk [**porticus; atria; campi;** *metaf.* **aures** open *of* gespitst; **princeps** voor allen toegankelijk];
3. (*metaf.*) onbeheerd, zonder erfgenaam [**praedia; possessio regni; Colchi** zonder koning; **provincia** zonder stadhouder];
4. vrij *van prestaties, zaken, zorgen e.d.* [**civitas** zonder oorlog; **ab omni sumptu; a tributis; tempus; animus** zorgeloos, onbekommerd];
5. zonder beperkingen *of* condities [**domus**];
6. (*poët.; postklass.*) (*v. vrouwen en meisjes*) vrij, ongetrouwd, zonder minnaar;
7. (*poët.; postklass.*) nietig, onbeduidend, waardeloos, nietszeggend [**nomen; pecunia**];
8. (*poët.*) (*v. plaatsen*) rustig, stil [**Tibur; Athenae**];
9. *alqd -um est* men heeft de vrije hand in iets; — *onpers. -um est* (*m. inf.*) men heeft de vrije hand *of* de vrijheid om.

Vada[1], ae *f fort in Gallia Belgica, aan de rivier de Waal.*

Vada[2], ōrum *n stad in Ligurië, nu* Vado.

Vadimōnis lacus *meer in Etrurië, nu* Lago di Bassano.

vadimōnium, ī *n* (*vas*[1])
1. *door borgstelling gegeven verzekering om voor de rechtbank te verschijnen,* borgstelling; ▸ *-um alci imponere* iem. de belofte afdwingen om voor de rechtbank te verschijnen; *-um missum facere* afzien van; *-um concipere* schriftelijk opstellen, schriftelijk garanderen; ~ *fit* iem. wordt voor de rechtbank gedaagd;
2. (*meton.*) (a) het verschijnen voor de rechtbank; (b) (vastgesteld) tijdstip v.d. zitting; ▸ *-um differre* verdagen; *-um constituere* vaststellen; *-um deserere* zich niet houden aan; *non venire ad -um* niet op de zitting verschijnen;
3. (Mel.) verpand voorwerp, onderpand; ▸ *per -um* als onderpand.

vadis *gen. sg. v. vas*[1].

vādō[1], vādere, — — gaan, zich begeven, trekken, oprukken [**ad amnem; in hostem** oprukken; **per medios hostes; per turbam;** *metaf.* **in sententiam cursu** zich snel bij een mening aansluiten].

vadō[2], vadāre (*vadum*) (*Laatl.*) doorwaden [**fluvium**].

vador, vadārī (*vas*[1]) door borgstelling verplichten om voor de rechtbank te verschijnen, dagvaarden; — ppp. **vadātus,** a, um (*pre- en postklass.*) verplicht; *abl. abs.*: **vadātō** (*Hor.*) na borg gegeven te hebben.

vadōsus, a, um (*vadum*) ondiep [**fretum**].

vadum, ī *n* (*vado*)
1. ondiepe, doorwaadbare plaats, voorde, wad [**fluminis**]; ▸ *exercitum -o traducere; scitus -orum; ventus nudaverat -a;*
2. (*poët.*) water, zee, rivier;
3. (*poët.; postklass.*) bodem, bedding (*van een water*), diepte *van een bron;*
4. (*metaf.*) (*preklass.; poët.*) *in -o (salutis) esse* in veiligheid, buiten gevaar zijn.

vae *interj.* o wee!, wee! (*meestal m. dat., ook abs. of m. acc.*); ▸ *vae victis* wee de overwonnenen!; *vae misero mihi!; vae te!*

vaec-, vaeg-, vaep-, vaes- = *vec-, veg-, vep-, ves-.*

vafer, fra, frum sluw, doortrapt, listig [**in disputatione**]; spitsvondig [**ius**].

vafritia, ae *f* (*vafer*) listigheid.

Vaga, ae *f stad in Numidië ten Z.W. v. Utica, nu* Béja; — *inw.* **Vagēnsēs,** ium *m.*

vagābundulus, ī *m* (*demin. v. vagabundus*) (*Mel.*) zwervende student.

vagābundus, a, um (*vagor*) (*Laatl.*) rondzwervend.

vagātiō, ōnis *f* (*vagor*) het rondzwerven.

vāgīna, ae *f*
1. schede *van een zwaard;* ▸ *gladium e -a educere; -ā eripere ensem;*
2. (*metaf.*) bladschede *van een korenaar.*

vāgiō, vāgīre (*v. kleine kinderen en dieren*) janken, schreeuwen.

vāgītus, ūs *m* (*vagio*) het janken, schreeuwen (*van kleine kinderen*); (*Ov.*) het mekkeren *van geiten.*

vagor[1], vagārī *en* (*preklass.; poët.*) **vagō,** vagāre (*vagus*)
1. rondzwerven, -trekken, -dwalen [**circum tecta; per arva; totā Asiā; sine proposito** doelloos];
2. (*v. schepen en zeevarenden*) kruisen, koersen [**per Aegaeum mare; cum lembis circa Lesbum; praeter oram**];
3. (*v. hemellichamen*) trekken, bewegen;
4. (*metaf.*) dwalen; ▸ *alcis animus vagatur errore;*
5. zich verbreiden [**ignis; vis morbi; nomen; fama**];
6. (*v. emoties*) vrij spel hebben;
7. (*v.e. redevoering of redenaar*) afdwalen; ▸ *ne* ~

et errare cogatur oratio.
vāgor[2], ōris *m (preklass.)* = *vagitus.*
vagus
I. *adj.* a, um
1. rondzwervend, -dwalend, zonder vaste (woon)plaats, *metaf. ook v. zaken* [**navita; Gaetuli; pecus; stellae, sidera** planeten; **crines** golvend; **harena** licht; **classis; flumina** slingerend]; ▸ *-i per vias; -e effusi per agros* wijdverspreid; — *subst.* **vagī,** ōrum *m* mensen zonder vaste woonplaats;
2. *(metaf.)* veranderlijk, wisselvallig, onbestendig [**fortuna; sententia; rumores; puella** *in de liefde*];
3. ongeregeld, wanordelijk, stuurloos [**supplicatio**];
4. onbepaald, vaag, algemeen [**pars quaestionum; causae**];
5. *(v.e. redevoering)* wijdlopig, onsamenhangend; ▸ *in oratione solutum quiddam sit nec -um tamen;*
II. *subst.* ī *m (Laatl.)* rondtrekkende student *of* speelman, vagant.
vāh *uitroep v. verwondering, v. ontstemming of vreugde (kom.)* ach!, bah!, hé!
Vahalis, is *m* = *Vacalus.*
valdē *adv. (comp.* valdius, *superl.* valdissimē) *(sync. uit validē; validus)*
1. zeer, sterk, hevig, erg *(bij verba, adj. en adv.)* [**placere; litteras alcis exspectare; alqm laudare; lenis; magnus; bene; vehementer**];
2. (zeer) zeker, stellig.
vale-dīcō, dīcere, dīxī, — *(ook gesplitst) (valeo)* vaarwel zeggen *(m. dat.).*
valēns, *gen.* entis *(valeo)*
1. sterk, krachtig [**iuvenis; bestia;** *metaf.* **tunica** dik];
2. *(metaf.)* effectief, werkzaam, indruk makend [**carmina; dialecticus; argumentum** steekhoudend];
3. gezond [**sensus**];
4. machtig, invloedrijk [**oppidum; opibus**].
valentulus, a, um *(demin. v. valens) (Plaut.)* sterk, krachtig.
valeō, valēre, valuī, valitūrus
1. sterk *of* krachtig zijn, kracht hebben *(wat betreft: abl.; ab)* [**corpore; pedibus; mente**]; ▸ *cursu pedum* ~ snel ter been zijn; *non* ~ *in impetum* geen slagkracht hebben; *animo parum* ~ geesteszwak zijn;
2. gezond zijn, zich goed voelen; ▸ *ut vales?* hoe gaat het?; — *als aanhef v.e. brief:* S. V. B. E. E. Q. V. = *si vales, bene est, ego quidem valeo;* — *als afscheidsgroet:* valē *(minder vaak* valeās) het beste!, tot ziens! *(plur.* valēte); — *als uitdrukking v. afwijzing: valeas (valeat; plur. valete, valeant)* weg met jou! (met hem! *enz.*); — *valere alqm iubeo, (postklass.) alci valere dico, (poët.) vale dico* ik zeg iem. vaarwel, neem afscheid van iem.;
3. *(metaf.)* invloed, macht, gewicht hebben, *iets betekenen* [**multum, plus, plurimum, tantum, minus, minimum, nihil;** *(door, in: abl.)* **rogando** zijn verzoek doordrijven; **potentiā; ingenio; annis; non levius** evenveel waard zijn; **equitatu** sterk zijn in de ruiterij, een grote cavalerie hebben; **opibus; minus multitudine militum** geringere strijdkrachten hebben]; ▸ *multum apud alqm* ~ veel invloed hebben bij iem.; *plus apud me antiquorum auctoritas valet* is voor mij van hogere waarde;
4. *(v. niet-lev.)* de overhand krijgen, de doorslag geven, zwaar wegen; ▸ *alcis consilium valet* dringt door, wint terrein; *verum valet* wint, houdt stand, doet zich gelden; *coniuratio valet* heeft succes; *utrum apud eos pudor atque officium an timor valeat* de overhand heeft;
5. (a) *(m. ad)* in staat zijn tot, geschikt zijn voor [**velocitate ad cursum; viribus ad luctandum**]; ▸ *et ad subeundum periculum et ad vitandum fortuna multum valet* draagt veel bij tot; (b) *(m. inf.)* kunnen, in staat zijn, vermogen; ▸ *tantum valet mutare vetustas (Verg.); valet ima summis mutare deus (Hor.);*
6. dienen voor, bijdragen aan, gelden voor *(m. in m. acc.);* ▸ *definitio in omnes valet; illud verbum in utramque rem valet; responsum eo valet ut* doelt erop dat; *quo valet nummus?* waar is geld goed voor?;
7. *(v. geld)* waard zijn *(m. pro);* ▸ *unus aureus pro decem argenteis valet;*
8. *(v. woorden)* betekenen [**angustius** een beperktere betekenis hebben; **idem** synoniem zijn].
Valerius, a, um *naam v.e. Rom. gens:*
1. P. ~ Poplicola, *legendarische figuur uit de vroegrom. geschiedenis; nam deel aan de verdrijving v.d. Tarquinii, streed tegen Porsenna en haalde de Claudii naar Rome;*
2. L. ~ Poplicola, *zoon v. 1., consul samen met* M. Horatius Barbatus *in 449 v. Chr.; zou met hem opsteller v.d. leges Valeriae Horatiae zijn geweest;*
3. M. ~ Messal(l)a Corvinus, *consul in 31 v. Chr., redenaar ttv. Cicero, staatsman, vriend v. Tibullus en*

Ovidius; stelde in 2 v. Chr. voor om Augustus 'pater patriae' te noemen;
4. Q. ~ Antias, *annalist uit de 1e eeuw v. Chr.; verheerlijkte de gens Valeria, werd door Livius als bron gebruikt;*
5. C. ~ Catullus *zie Catullus;*
6. ~ Maximus, *schrijver v.e. aan keizer Tiberius opgedragen verzameling v. historische voorbeelden voor gebruik in redevoeringen;*
7. C. ~ Flaccus Setinus Balbus, *schrijver v.e. aan keizer Vespasianus opgedragen epos 'Argonautica';*
8. M. ~ Martialis *zie Martialis*[2]*.;*
/ *adj. ook* **Valeriānus,** a, um.

valēscō, valēscere, valuī, — *(incoh. v. valeo)* sterk *of* krachtig worden, in kracht toenemen; ▸ *valescentibus Germanis; superstitiones valescunt.*

valētūdinārium, ī *n (valetudinarius) (postklass.)* ziekenhuis, hospitaal.

valētūdinārius *(valetudo) (pre- en postklass.)*
I. *adj.* a, um ziekelijk;
II. *subst.* ī *m* zieke, patiënt.

valētūdō, inis *f (valeo)*
1. lichamelijke gesteldheid, gezondheid(stoestand) [**integra; aegra; bona; confirmata; infirma** onpasselijkheid, misselijkheid]; ▸ *valetudinem amittere; valetudini indulgere, consulere;*
2. slechte gezondheid, ziekte, onpasselijkheid, zwakheid, aandoening [**gravis, subita; periculosa; oculorum; animi** *of* **mentis** krankzinnigheid]; ▸ *valetudine premi; valetudine affectus* ziek; *valetudinibus fessus; valetudinem simulare* ziekte veinzen.

valgus, a, um *(Plaut.)* krom(benig); scheef [**savia** scheve bekken].

validus, a, um *(adv. -ē, gew. sync.* valdē, *zie daar) (valeo)*
1. sterk, krachtig [**iuvenis; legiones; taurus; corpora; lacerti; ventus**];
2. *(milit. t.t.)* sterk, versterkt [**pons; urbs muris**];
3. gezond, sterk *(van lichaam en geest)*; ▸ *ex morbo ~; male ~* ziekelijk; *mente minus ~ quam corpore; homo ob morbos animo parum valido;*
4. *(metaf.)* invloedrijk, machtig, sterk, belangrijk [**senatūs consultum; spes; hostis; auctor;** *(door, in: abl.; ook gen. of in m. abl.; voor, mbt.: ad of dat.)* **aetate et viribus; ingenio; gratiā et facundiā; virium et opum; ad Caesaris amicitiam; feminis puerisve morandis**];
5. *(poët.; postklass.) (v. geneesmiddelen, drankjes, gif e.d.)* werkzaam, krachtig [**medicamen; venenum**];
6. *(postklass.) (v.e. redevoering en redenaar)* krachtig, geweldig [**orandi**].

valit- = *valet-.*

vallāris, e *(vallum)* van de wal, wal- [**corona** *erekrans voor de soldaat die als eerste de vijandelijke wal beklommen had*].

vallis *en* **-ēs,** is *f*
1. dal, *poët. ook plur.* [**opaca; supina** berghelling, -wand]; ▸ *ex utraque parte eius vallis;*
2. *(Catull.) (metaf.)* ~ *alarum* okselholte.

vallō, vallāre *(vallum)*
1. met een wal en palissaden omgeven, verschansen [**castra**]; *abs.* zich verschansen [**noctem** gedurende de hele nacht];
2. *(metaf.)* beschermend omgeven, beschermen, beschutten; ▸ *Catilina vallatus sicariis; Pontus naturā regionis vallatus.*

vallum, ī *n*
1. verschansing, opgeworpen versterking, *van palissaden voorziene wal;* ▸ *-um ducere, circumicere; -um scindere* afbreken; *castra -o munire; oppidum -o et fossā circumdare;*
2. *(metaf.)* wal, beschutting [**Alpium**].

vallus, ī *m*
1. *(poët.; postklass.)* paal, *ihb. voor het stutten v. wijnstokken;*
2. schanspaal;
3. *(coll.)* (**a**) palissade, paalwerk; (**b**) verschansing, wal;
4. *(Ov.) (metaf.)* ~ *pectinis* tand v.e. kam.

valor, ōris *m (valeo) (Mel.)* waarde; ▸ *ad valorem* naar waarde.

valuī *pf. v. valeo en valesco.*

valvae, ārum *f* vleugeldeuren, dubbele deur.

valvātus, a, um *(valvae) (pre- en postklass.)* voorzien van een dubbele deur.

valvolī *en* **valvulī,** ōrum *m (demin. v. valvae) (postklass.)* peul, schil.

Vandalī *en* **-dil(i)ī,** ōrum *m* de Vandalen, *Germ. volksstam ten O. v.d. rivier de Oder; migreerde later (in de 5e eeuw n. Chr.) grotendeels naar Z.-Spanje (Andalusië) en N.-Afrika.*

vānēscō, vānēscere, —— *(vanus) (poët.; postklass.)* verdwijnen, vergaan, *ook metaf.;* ▸ *incipiunt gravidae ~ nubes (Ov.); vanescit absens et novus intrat amor (Ov.); vanescente plebis irā (Tac.).*

Vangiones, um *m tot de Suevi behorende Germ. volksstam langs de rivier de Rijn, in de buurt v. Borbetomagus (nu Worms).*

vāni-dicus, a, um *(vanus en dico*[1]*)* onzin uitkramend, leugenachtig.
vāni-loquentia, ae *f (vanus en loquor)* leeg gezwets, grootspraak.
Vāni-loqui-dōrus, ī *m (vanus en loquor) (Plaut.)* 'Opschepper, Praalhans'.
vāni-loquus, a, um *(vanus en loquor)* leugenachtig; opschepperig.
vānitās, ātis *f (vanus)*
1. nietigheid, schijn, leegheid;
2. mislukking, nutteloosheid, zinloosheid [**itineris**];
3. leugenachtigheid; leeg gezwets;
4. domheid, opschepperij.
vānitūdō, inis *f (vanus) (preklass.)* leugenachtigheid.
vannus, ī *f* wan.
vānum, ī *n (vanus)* het lege, het ijdele, het vergeefse, schijn, inbeelding, onwaarheid, ijdele waan; ▸ *ad -um redigi* verijdeld, vernietigd worden; *labor in -um cedit (Sen.)* is tevergeefs; *ex -o* zonder reden, op niets gebaseerd; *tota ex -o criminatio erat* ongegrond; — *plur.* **vāna,** ōrum *n* nietigheden: *-a rumoris (Tac.)* uit de lucht gegrepen geruchten; *-a tumens (Verg.)* vol verbeelding, verwaand.
vānus, a, um
1. inhoudsloos, leeg [**arista; imago** schim *van een overledene;* **somnia; venti** zonder lichaam]; dunbevolkt, zwak (bezet) [**magnitudo urbis; acies hostium**];
2. *(metaf.)* vergeefs, zonder resultaat, vruchteloos [**spes; omen; ictus**]; ▸ *nec -a fides* en het is waar; *ego veri -a* blind voor *(Verg.)*;
3. leugenachtig, onbetrouwbaar, opschepperig [**auctor** ongeloofwaardig; **vir; barbarorum ingenia**];
4. ongegrond, onwaar, onjuist [**metus; oratio**].
vapidus, a, um *(postklass.)* verschaald, bedorven [**vinum**]; ▸ *(metaf.) -e se habere (Suet. over Augustus)* zich rot voelen.
vapor, ōris *m*
1. damp, uitwaseming [**aquarum**]; rook [**ater**];
2. *(meton.)* (a) warmte, hitte [**balnei; solis**]; (b) *(poët.)* vuur [**restinctus**];
3. *(metaf.)* liefdesgloed.
vapōrālis, e *(vapor) (Laatl.)* dampend, dampig, damp-; *adv.* **vapōrāliter,** als damp, door verdamping.
vapōrārium, ī *n (vapor)* stoomleiding, -verwarming.
vapōrātiō, ōnis *f (vaporo) (postklass.)*
1. uitwaseming, damp;
2. *(Plin. Mai.)* het stomen, stoombad.
vapōrō, vapōrāre *(vapor) (poët.; postklass.)*
I. *intr.* dampen, wasemen; ▸ *aquae vaporant; (metaf.) invidiā ~;*
II. *tr.* met warme damp vullen, verwarmen; stomen [**templum ture; altaria**].
vapōrōsus, a, um *(vapor) (Apul.)* vol damp, dampend [**caligo**].
vapōs *(Lucr.)* = *vapor.*
vappa, ae *f (poët.; postklass.)*
1. verschaalde, zuur geworden wijn;
2. *(metaf.)* deugniet.
vāpulāris, e *(vapulo) (Plaut.)* die veel klappen krijgt [**tribunus**].
vāpulō, vāpulāre
1. *(niet-klass.)* slaag *of* klappen krijgen, geslagen worden, gestraft worden;
2. *(in de oorlog)* een nederlaag lijden;
3. *(metaf.) (Plaut.)* te gronde gericht *of* geruïneerd worden;
4. gehekeld worden [**omnium sermonibus**].
vāra, ae *f (varus*[2]*)* gevorkte steunbalk.
Vardaeī, ōrum *m volksstam in Dalmatië.*
Varia, ae *f stad aan de rivier de Anio, nu* Vico-Varo.
variāns, *gen.* antis *(p. adj. v. vario) (poët.)*
1. veelkleurig [**flos**];
2. verschillend, bestaand uit verschillende elementen [**forma; acervus**].
variantia, ae *f (vario) (Lucr.)* diversiteit.
Vāriānus zie *Varus*[1].
variātiō, ōnis *f (vario)* diversiteit, onderscheid; ▸ *sine variatione ulla* eenstemmig.
vāricō, vāricāre *(varicus) (pre- en postklass.)* wijdbeens staan.
varicōsus, a, um *(varix) (pre- en postklass.)* vol spataderen.
vāricus, a, um *(varus*[2]*)* wijdbeens.
variegō, variegāre *(Laatl.)* met verschillende kleuren afwisselen, schakeren.
varietās, ātis *f (varius)*
1. bontheid [**florum; pellium**];
2. *(metaf.)* verscheidenheid, (af)wisseling, *ook plur.* [**caeli; annonae** schommeling in prijs; **iuris; gentium; regionum; fructuum; vocum**]; ▸ *varietates temporum* seizoenwisselingen;
3. wisselvalligheid, veranderlijkheid [**fortunae**]; ▸ *bellum in multa varietate versatum est* werd met wisselend succes gevoerd;

4. *(meton.)* verschil van mening [**in disputationibus**]; ▸ *sine ulla varietate* eenstemmig; *tantā sunt in varietate ac dissensione ut* de meningen zijn dusdanig verdeeld en tegenstrijdig dat;
5. onbestendigheid, wankelmoedigheid; ▸ *in eius varietate versati sunt* ze zijn gewend aan zijn buien;
6. veelzijdigheid *van ideeën, van kennis of van vorming;* ▸ *Timaeus sententiarum varietate abundans.*

Varīnī, ōrum *m Germ. volksstam aan de Oostzee.*

variō, variāre *(varius)*

I. *tr.*

1. *(poët.)* bonte kleuren geven, bont verven, bespikkelen [**corpus caeruleis guttis; vestem**]; bont en blauw slaan; ▸ *variari virgis;*
2. *(metaf.)* veranderen, afwisselend maken [**comas positu** zich een ander kapsel aanmeten; **vocem; faciem; in omnes formas**]; ▸ *variatis sententiis* bij uiteenlopende meningen; *onpers.*: *(sententiis) inter eos variatur* de meningen zijn verdeeld; *cum timor atque ira in vicem sententias variavissent* toen men uit angst en woede nu eens zus en dan weer zo gestemd had; — doen afwisselen, inwisselen [**laborem otio; calores frigoraque; vices** elkaar de beurt geven]; — *(mondel. of schriftel.)* onderling afwijken in, verschillend weergeven: *ea variant auctores; variata memoria* verschillend overgeleverd;

II. *intr.*

1. *(poët.; postklass.)* bont, gekleurd *of* gevlekt zijn; ▸ *bacae variant;*
2. *(metaf.)* verschillen, veranderlijk zijn, wisselen, afwisselend zijn; ▸ *manus Oenidae variat* heeft wisselend succes; *fortuna variat; sic abeunt redeuntque mei variantque timores (Ov.);*
3. onderling verschillen; ▸ *fremitus variantis multitudinis;* — *(v. meningen)* uiteenlopen; *onpers. variat* de meningen zijn verdeeld: *ibi si variaret* als de meningen daar verdeeld waren; — verschillend weergegeven *of* bericht worden: *fama variat.*

varius, a, um

1. *(preklass.; poët.)* bont(geschakeerd), gevlekt, gespikkeld [**flores; uvae; serpens; caelum** met sterren bezaaid; **columnae** van gevlekt marmer]; bont en blauw;
2. *(metaf.)* gevarieerd, verschillend, afwisselend, veelsoortig [**formae; studia; sententiae; mores; fortuna; sermo** over verschillende onderwerpen]; ▸ *-um est, quales dii sint* de meningen lopen erover uiteen; *-e scriptum est* het is op verschillende manieren overgeleverd;
3. (af)wisselend, met wisselend succes [**victoria; eventus**]; ▸ *-e bellare;*
4. wankelmoedig, wisselvallig, onbestendig [**animus**];
5. veelzijdig [**ingenium**].

Varius, a, um *naam v.e. Rom. gens:* L. ~ Rufus, *schrijver v.h. leerdicht 'De morte' en de tragedie 'Thyestes' die tot in de late Oudheid bekend was, vriend v. Vergilius en Horatius; gaf na Vergilius' dood diens 'Aeneis' uit.*

varix, icis *m en f* spatader.

Varrō, ōnis *m cogn., ihb. in de gens Terentia, zie Terentius;* — *adj.* **Varrōniānus,** a, um.

varus[1], ī *m* puistje, pukkel.

vārus[2] *(preklass.; poët.)*

I. *adj.* a, um van elkaar af gebogen *of* gegroeid [**cornua boum; bracchia**]; met o-benen; *metaf.* tegenovergesteld;

II. *subst.* ī *m (v. personen)* 'krombeen'; ▸ *hunc -um appellat.*

Vārus[1], ī *m Rom. cogn.*:

1. P. Alfenus ~ *zie Alfenus;*
2. Quintilius ~ *uit Cremona, criticus, vriend v. Vergilius en Horatius;*
3. P. Quinctilius ~, *Rom. veldheer onder Augustus, consul in 13 v. Chr., sneuvelde in de slag tegen de Cherusken in het Teutoburger Woud in 9 n. Chr.;* — *adj.* **Vāriānus,** a, um.

Vārus[2], ī *m rivier in Gallia Narbonensis, nu de Var.*

vas[1], vadis *m*

1. borg, *persoon die borg staat dat de gedaagde op een bepaalde tijd voor het gerecht verschijnt;* ▸ *vadem poscere, dare, deserere;*
2. *(bij de Grieken)* borg, *iem. die in eigen persoon borg staat voor een ander;* ▸ *vas factus est alter (Damon) eius sistendi; vadem te ad mortem tyranno dabis pro amico (Cic.).*

vās[2], vāsis *en (arch.)* **vāsum,** ī *n (plur.* **vāsa,** ōrum*)*

1. vaas, kan, beker [**argenteum; fictile; potorium; vinarium** wijnglas];
2. *plur.* (a) huisraad, meubels; (b) *(milit. t.t.)* bagage, bepakking; ▸ *-a colligere* opbreken, zijn spullen pakken; *-a conclamare* het sein geven om op te breken;
3. *(Mel.)* (wierook)vat.

vasallus, ī *m (Kelt. leenw.) (Mel.)* vazal.

vāsārium, ī *n (vas*[2]*)*

1. uitrustingsgelden *(o.a. reis- en verblijfkosten voor een provinciestadhouder);*
2. archief.

Vascones, um *m* de Basken, *volksstam bij de Pyreneeën.*

vāsculārius, ī *m (vasculum)* maker *of* verkoper v. metalen servies.

vāsculum, ī *n (demin. v. vas*²*) (pre- en postklass.)*
1. vaasje, kannetje;
2. (zaad)doosje *van planten.*

vāsis *gen. sg. v. vas*².

vāstātiō, ōnis *f (vasto)* verwoesting [**agri; silvarum**].

vāstātor, ōris *m (vasto) (poët.; postklass.)* verwoester; uitroeier [**Arcadiae aper; ferarum** jager].

vāstātrīx, īcis *f (vastator) (Sen.)* uitroeister.

vāsti-ficus, a, um *(vastus en facio)* verwoestingen aanrichtend [**belua**].

vāstitās, ātis *f (vastus)*
1. leegte, verlaten-, eenzaamheid [**iudiciorum et fori**];
2. verwoesting, vernieling [**Italiae**]; ▸ *vastitatem facere, efficere of reddere* aanrichten; *vastitatem inferre; —(v. personen) plur.* verwoesters [**provinciarum**];
3. *(postklass.)* onmeetbare omvang, reusachtige grootte [**solis**]; *(meton.)* kolos.

vāstitiēs, ēī *f (vastus) (Plaut.)* staat van verwoesting, vernietiging.

vāstitūdō, inis *f (vastus)*
1. (toestand van) verwaarlozing, onverzorgdheid;
2. enorme omvang [**corporis**].

vāstō, vāstāre *(vastus)*
1. ontruimen, ontvolken [**forum**]; *metaf.* ontdoen, beroven van *(m. abl.)* [**agros cultoribus; fines civibus, pecore**]; — *pass. ook* verwilderen;
2. verwoesten, vernietigen [**agros; Italiam; omnia ferro ignique**];
3. *(postklass.)* plunderen, brandschatten [**cultores**];
4. *(metaf.)* een verwoestende uitwerking hebben op, breken [**mentem**].

vāstus, a, um
1. leeg, verlaten, verwilderd, woest [**ager; urbs incendio ruinisque**]; verlaten door, ontdaan van *(m. ab)* [**mons ab humano cultu; urbs a defensoribus**];
2. verwoest, met de grond gelijkgemaakt [**Troia**]; ▸ *alqd -um dare* te gronde richten;
3. onmetelijk (groot), reusachtig, enorm, geweldig [**belua; campi; aether; columnae; antrum; potentia; animus** onverzadigbare eerzucht; **ira; clamor**];
4. *(metaf.)* onbehouwen, grof, onbeschaafd, boers [**oratio; littera** hard (klinkend)].

vāsum *zie vas*².

vātēs, is *m en f (gen. plur.* -ium *en* -um*)*
1. *(vrl. en mnl.)* waarzegger, profeet, ziener, sibille;
2. *(poët.; postklass.) (vrl. en mnl.)* (door de goden geïnspireerde) zanger, dichter [**Maeonius** = Homerus; **Lesbia** = Sappho; **Aeneidos** = Vergilius].

Vāticānus
I. *adj.* a, um Vaticaans [**mons, collis, ager**];
II. *subst.* ī *m (vul aan: mons)* de Vaticaan *te Rome op de rechteroever v.d. Tiber.*

vāticinātiō, ōnis *f (vaticinor)* voorspelling.

vāticinātor, ōris *m (vaticinor) (Ov.; Laatl.)* profeet, ziener.

vāticinium, ī *n (vaticinus) (postklass.)* voorspelling.

vāticinius, a, um = *vaticinus.*

vāticinor, vāticinārī *(vates)*
1. voorspellen, waarzeggen *(abs., m. acc. of aci.)* [**casūs futuros**];
2. *(als ziener)* waarschuwen, vermanen; verkondigen;
3. *(metaf.)* ijlen, dromen.

vāticinus, a, um *(vates)* voorspellend, profetisch [**libri; furores**].

vatillum, ī *n*
1. *(poët.)* pan *(voor het branden v. wierook of kolen)*;
2. *(preklass.; Laatl.)* schep.

Vatīnius, ī *m* P. ~, *aanhanger v. Caesar, o.a. bekend door de redevoering v. Cicero 'In Vatinium'*; — *adj.* **Vatīniānus,** a, um [**odium; crimina**].

vātis, is *m* = *vates.*

vatius, a, um *(niet-klass.)* krom, met x-benen.

vavatō, ōnis *m (Petr.)* pop.

-ve¹ *enclitische cj.* of (ook wel) [**unus pluresve; duabus tribusve horis**]; *(poët.) -ve ... -ve* (of ...) of, ook *-ve ... aut, -ve ... vel, aut ... -ve* [**plusve minusve**].

vē-² *en* **vae-** *prefix (ter aand. van een teveel of te weinig van iets)* zeer *of* on- [**ve-cors; ve-grandis; ve-sanus**].

vēcordia, ae *f (vecors)* waanzin, gekte; ▸ *-am alci inicere* iem. gek maken.

vē-cors, *gen.* cordis *(ve-*² *en cor)* waanzinnig, gek, gestoord [**mens; impetus**].

vectābilis, e *(vecto) (Sen.)* draagbaar [**materia**].

vectātiō, ōnis *f (vecto) (postklass.)* het rijden, reizen.

vectīgal, ālis *n, meestal plur. (abl. sg.* -ī; *plur. nom.*

-ia, *gen.* -ium *en* iōrum) *(vectigalis)*
1. *(indirecte)* belasting, afdracht aan de staat, tol *(bv.* wegenbelasting, weidegeld, havengeld, pachtgeld) [**aedilicium** *belasting uit de provincies voor de door de edielen in Rome georganiseerde spelen;* **praetorium** heffing v.d. stadhouder *opgelegd aan mensen in de provincie*]; ▸ *vectigalia alci imponere* iem. belasting opleggen; *vectigalia exigere* belasting heffen, innen; *vectigalia exercere* beheren, laten heffen; *vectigalia vendere* verpachten; *vectigalia redimere* pachten; *vectigalia pendere of pensitare* belasting betalen, belastingplichtig zijn; *vectigal statuere* belasting vaststellen; — *alg.* staatsinkomsten;
2. *(sg. en plur.)* particuliere inkomsten [**rustica; urbana; magna**];
3. *(meton.)* bron v. inkomsten; ▸ *sprw.: parsimonia magnum ~ est.*

vectīgālis, e
1. behorend tot de staatsinkomsten: (**a**) als belasting betaald [**pecunia; tributum annuum**]; (**b**) belasting-, schatplichtig [**civitas; agri**];
2. *door de censoren* ingehuurd [**equi** *als renpaarden voor de wedrennen;* **quadrigae**].

vectiō, ōnis *f (veho)* het vervoeren, transporteren.

vectis, is *m (veho)*
1. hefboom, hevel;
2. breekijzer, koevoet;
3. deurgrendel.

Vēctis, is *f eiland voor de zuidkust v. Brittannië, nu* Wight.

vectō, vectāre *(frequ. v. veho)* vervoeren, transporteren, dragen, brengen [**fructūs ex agris; corpora carinā**]; *pass.* vervoerd, gedragen worden [**umeris alcis**]; rijden, reizen [**carpentis per urbem; plaustris; equo**]; zeilen [**praeter oram**].

vector, ōris *m (veho)*
1. *(poët.; postklass.) (meestal v. dieren)* drager, vervoerder; ▸ *Sileni ~ asellus;*
2. passagier *op een schip;*
3. *(poët.)* zeeman;
4. *(poët.)* ruiter.

vectōrius, a, um *(vector)* vracht-, transport- [**navigium**].

vectūra, ae *f (veho)*
1. het vervoeren *of* transporteren, transport, aanvoer [**frumenti; onerum**]; ▸ *pro -a solvere* de vracht betalen;
2. *(pre- en postklass.) (meton.)* vervoerskosten, vrachtgeld.

vectus *ppp. v. veho.*

Vēdiovis, is *m (arch.) = Veiovis.*

vegeō, vegēre, — — *(preklass.)* in beroering brengen, in beweging zetten [**aequora**].

vegetābilis, e *(vegeto) (Laatl.)* opwekkend [**radix**].

vegetātiō, ōnis *f (vegeto) (Apul.)* opwekking.

vegetō, vegetāre *(vegetus) (postklass.)* opwekken, kracht geven, activeren; *ook metaf.* [**animum; memoriam**].

vegetus, a, um *(lich. en geestel.)* levendig, energiek, actief [**mens; ingenium**]; ▸ *fessi cum -is pugnabant.*

vē-grandis, e *(ve-*[2]*)*
1. *(preklass.; poët.)* piepklein, nietig [**oves; farra**];
2. enorm, reusachtig; ▸ *homo vegrandi macie torridus.*

vehemēns, *gen.* entis *(veho)*
1. heftig, hartstochtelijk, onstuimig [**orator; exordium dicendi; in agendo**]; ▸ *vehementem se praebere in alqm;*
2. krachtig, drastisch [**iudicium; senatūs consultum**];
3. *(metaf., alleen v. niet-lev.)* krachtig, hevig, sterk, intens, overweldigend [**cursus; venti; dolor; pilum; impetus; vulnus; somnus** vast, diep; **fuga** wild; **vis frigorum aut calorum**]; — *adv.* **vehementer** zeer, bijzonder, uitermate, in hoge mate [**delectari; errare; studia colere** intensief; **moderatus; vitiosus; carus**].

vehementia, ae *f (vehemens) (postklass.)*
1. heftigheid, hartstochtelijkheid;
2. *(metaf.)* kracht, intensiteit [**odoris; vini**].

vehic(u)lum, ī *n (veho)* voertuig, *meestal* wagen [**frumento onustum**]; ▸ *-o portari.*

vehis, is *f (veho) (pre- en postklass.)* wagenlading, voer, vracht [**feni**].

vehō, vehere, vēxī, vectum
I. *tr.*
1. vervoeren, transporteren, dragen, brengen, trekken [**uxorem plaustro; parentes suos; reticulum panis umero; praedam;** *metaf.* **alqm ad summa** iem. de hoogste eerbewijzen doen toekomen]; ▸ *triumphantem Camillum albi vexerant equi (Liv.);* — *pass.* reizen, rijden, varen [**(in) curru; (in) equo; pisce; in essedo; (in) navi; per urbem; per aequora; equo citato ad hostem** spoorslags afstormen op; **trans aethera** *of* **per aëra** vliegen];
2. met zich meevoeren; ▸ *dum caelum stellas,*

dum vehet amnis aquas; amnis aurum vehit;
3. aanvoeren [**militi frumentum**];
II. *intr.* (*alleen ptc. pr. en gerundium*) reizen, rijden, vervoerd worden; ▸ *quadrigis vehens; equo vehens; ius lecticā per urbem vehendi.*

Vēī *en* **Veiī,** ōrum *m met Rome concurrerende Etruskische stad ten N.W. v. Rome, in 396 v. Chr. door Camillus veroverd en verwoest, nu* Veio;— *inw.* **Veiēns,** ientis *m*; — *adj.* **Veius,** a, um, **Veiēns,** *gen.* ientis *en* **Veientānus,** a, um; — **Veientānum,** ī *n* (*vul aan: vinum*) (goedkope) wijn uit Vei.

Vē-iovis, is *m Oudrom. god v.d. wraak uit de onderwereld;* (*Ov.*) de nog jonge Jupiter.

vel
I. *cj.*
1. of, of ook, of wel; ▸ *fortuna populi posita est in unius voluntate vel moribus;* — **vel . . . vel** of . . . of (*gelijkstellend, terwijl* aut . . . aut *beperkend gebruikt wordt*), hetzij . . . hetzij, deels . . . deels: *multa ad luxuriam invitamenta perniciosa civitatibus suppeditantur mari quae vel capiuntur vel importantur* (*Cic.*);
2. (*poët.*) en ook; ▸ *pariter pietate vel armis; terris agitare vel undis;*
3. (*corrigerend*) *vel potius* of liever; ▸ *homo minime malus vel potius optimus; post obitum vel potius excessum Romuli; vel dicam* of laat ik liever zeggen;
4. (*Laatl.*) = et en;
II. *adv.*
1. (*m. nadruk*) zelfs; ▸ *vel illo ipso iudice; navem vel usque ad Oceanum mittere; haec sunt omnia ingenii vel mediocris;*
2. (*bij superl.*) (a) zeker, beslist; ▸ *quod erat ad obtinendam potentiam nobilium vel maximum; vel maxime* zeer zeker; (b) wel, waarschijnlijk, stellig; ▸ *haec domus est vel pulcherrima Messanae; hoc in genere nervorum vel minimum, suavitatis autem est vel plurimum;*
3. vooral, in elk geval; ▸ *non credite patri? credite ~ sorori;*
4. bijvoorbeeld;
5. (*meestal bij een pron.*) al, reeds; ▸ *rem ita esse vel hac ex re intellegi potest.*

Vēlābrum, ī *n levensmiddelenmarkt te Rome* [**maius** *tussen de Tiber en de Palatijn;* **minus** *bij de W.-helling v.d. Esquilijn*]; — *adj.* **Vēlābrēnsis,** e [**caseus**].

Velaeda, ae *f = Veleda.*

vēlāmen, inis *n* (*velo*) (*poët.; postklass.*) bedekking, omhulsel (*meestal van het lichaam*).

vēlāmentum, ī *n* (*velo*)
1. bedekking, omhulsel; (*metaf.*) dekmantel;
2. (*plur.*) *wollen banden die smekelingen om olijftakken heen winden.*

vēlārium, ī *n* (*velo*) (*Juv.; Laatl.*) zeildoek; *plur. zeilen tegen de zon in het amfitheater.*

vēlātus, ī *m* (*velo*) reservesoldaat.

Velēda, ae *f zieneres v.d. Bructeren* (*een Germ. volksstam*) *ttv. Vespasianus; zij speelde een belangrijke rol bij de opstand v.d. Bataven olv. Iulius Civilis.*

vēles, *gen.* itis
I. *subst. m, gew. plur.* **vēlitēs,** um schermutselaars, *lichtbewapende, snelle soldaten;*
II. *adj.* (*metaf.*) schertsend [**scurra**].

Velia, ae *f*
1. *heuvel aan de N.O.-kant v.d. Palatijn;*
2. *stad in Lucanië (= Elea);* — *inw.* **Veliēnsēs,** ium *m*; — *adj.* **Velīnus,** a, um.

vēli-fer, fera, ferum (*velum en fero*) (*poët.*) zeilen dragend [**carina**].

vēlificātiō, ōnis *f* (*velifico*) het zeilen.

vēlificō, vēlificāre (*velificus*)
I. *intr.*
1. (*poët.; postklass.*) *velifico en pass. velificor* zeilen [**per urbanas aquas**];
2. *pass. velificor* (*metaf.*) zich inspannen, alle zeilen bijzetten [**honori alcis**];
II. *tr.* (*Juv.*) zeilen door (*m. acc.*).

vēli-ficus, a, um (*velum en facio*) (*Plin. Mai.*) zeilend.

Velīnus
I. *subst.* ī *m rivier en een aantal meren in het gebied v.d. Sabijnen, nu de* Velina;
II. *adj.* a, um
1. van Velinus [**tribus** de tribus in het dal v.d. rivier de Velinus];
2. *zie Velia.*

Veliocasses, ium *m volksstam in Normandië.*

vēlitāris, e (*veles*) van een tirailleur [**arma; hastae**].

vēlitātiō, ōnis *f* (*velitor*) (*Plaut.*) schermutseling.

Velīternus, a, um *zie Velitrae.*

vēlitor, vēlitārī (*veles*) (*preklass.; Laatl.*) schermutselen; (*metaf.*) schelden, schimpen.

Velītrae, ārum *f stad in het gebied v.d. Volsci in Z.-Latium, geboorteplaats v. Augustus, nu* Velletri; — *adj.* **Velīternus,** a, um.

vēli-volāns, *gen.* antis *en* **-volus,** a, um (*velum en volo*[1]) (*preklass.; poët.*)
1. snel zeilend [**rates**];
2. door zeilschepen bevaren [**mare**].

Vellaunodūnum, ī *n stad in het gebied v.d. Seno-*

nes in Gallië, nu Château Landon *of* Montargis.

Vellāviī, ōrum *m volksstam in de Cevennen.*

velle *inf. praes. act. v. volo*[2].

Velleius, a, um *naam v.e. Rom. gens:* C. ~ Paterculus, *uit de ridderstand, officier, schreef ttv. Tiberius een beknopte geschiedenis v. Rome in twee boeken.*

vellī *pf. v. vello.*

vellicātiō, ōnis *f (vellico) (postklass.)* het plukken; *metaf.* plagerij.

vellicō, vellicāre *(vello)*

1. *(kom.)* uit- *of* afrukken, plukken; *vogels* plukken;

2. *(metaf.)* hekelen, beschimpen [**absentem**].

vellō, vellere, vellī *(en* vulsī *of* volsī*)*, vulsum *(of* volsum*)*

1. plukken, trekken, rukken [**alci barbam; oves; alci aurem**];

2. uitrukken, -trekken, losrukken, -trekken [**hastam de caespite; poma** afplukken; **dentibus herbas;** *(milit.)* **vallum** *of* **munimenta** de palissade uit de grond trekken = de verdedigingswal afbreken; **signa** de veldtekens uit de grond trekken = opbreken; **pontem** afbreken]; — *pass. (postklass.)* zich laten ontharen.

vellus, eris *n (vello) (poët.; postklass.)*

1. (schapen)wol; *plur.* draden; ▸ *vellera digitis trahere* spinnen;

2. *(meton.)* (schapen)vel, -vacht [**Phrixea** = het Gulden Vlies];

3. *alg.* vel, huid [**leonis; ferina; cervina**];

4. *(v. dingen die op wol lijken) plur.* (a) katoen; (b) schapenwolken; (c) sneeuwvlokken.

vēlō, vēlāre *(velum)*

1. omhullen, bedekken *(met: abl.)* [**caput; nebulā velatus**]; kleden *(in: abl.)* [**velatus veste, amictu**]; — *subst.* **vēlanda,** ōrum *n* ~ *corporis (Plin. Min.)* schaamdelen;

2. omkransen, versieren [**tempora myrto; delubra fronde**];

3. *(metaf.)* verhullen, verbergen, verbloemen [**externa armis falsis; odium blanditiis**].

vēlōcitās, ātis *f (velox)*

1. snelheid, vlugheid, behendigheid; *ook (postklass.) metaf.* [**equi; mali; occasionum**];

2. *(postklass.) (retor. t.t.)* vlotheid, levendigheid.

vēlōx, *gen.* ōcis snel, vlug, behendig, beweeglijk [**pedites; cervus; navis; iaculum; animus; ingenium; toxicum** snelwerkend; **flamma**].

vēlum, ī *n*

1. zeil; ▸ *pleno -o, plenis velis* onder vol zeil, met volle snelheid; *-a (ventis) dare* het zeil hijsen, uitzeilen; *-a dare in altum, ad patriam; -a deducere, contrahere, legere* strijken, reven; *-a facere of pandere* de zeilen ontvouwen; *ook: dirigere -a ad alqm locum; (metaf.) -a orationis pandere, facere* vaart achter de redevoering zetten; *-is remisque* uit alle macht;

2. *(Ov.) (meton.) plur.* schip;

3. zeil, (zeil)doek; gordijn; *(poët.; postklass.)* zeil *tegen de zon in het amfitheater.*

vel-ut(ī) *adv.*

1. *(in vergelijkingen)* (a) zoals, net zoals; ▸ *velut hesterno die;* (b) als het ware, alsof; ▸ *odium velut hereditate relictum;*

2. zoals, zoals bijvoorbeeld; ▸ *velut ex ea disputatione quae mihi nuper habita est in Tusculano;*

3. **velut sī,** *soms alleen* **velut** *(m. conj.; ptc. coniunctum; abl. abs.)* (net) alsof, zoals wanneer; ▸ *Sequani absentis Ariovisti crudelitatem, velut si coram adesset, horrebant; velut si iam ad portas hostis esset; velut ea res nihil ad religionem pertinuisset.*

vēmēns *gen.* entis *(poët.)* = *vehemens.*

vēna, ae *f*

1. bloedvat, ader, polsader, slagader, *plur. (postklass.)* = pols; ▸ *-am temptare* de pols voelen;

2. *(metaf.)* ader, *o.a.:* (a) waterstroom [**fontis**]; (ondergronds) kanaal; (b) ader *(van metalen)* [**aeris; argenti; auri**]; *(poët.) meton.* metaal [**peior** van mindere kwaliteit = ijzer]; (c) *(postklass.)* vat, nerf *(van planten);* (d) ader *(van gesteente)* [**marmoris**];

3. *(poët.; postklass.) (metaf.)* dichtader, aanleg [**dives; ingenii**].

vēnābulum, ī *n (venor)* jachtspies.

Venāfrum, ī *n stad in Campanië, beroemd wegens de rijke opbrengst v.d. olijfboomgaarden, nu* Venafro; — *adj.* **Venāfrānus,** a, um.

vēnāliciārius, a, um *(venalicius) (postklass.)* de slavenmarkt betreffend.

vēnālicium, ī *n (venalicius)* slavenmarkt.

vēnālicius *(venalis)*

I. *adj.* a, um te koop; — *subst.* **-a,** ōrum *n* koopwaar, handelswaar; ook slaven;

II. *subst.* ī *m* slavenhandelaar.

vēnālis, e *(venus)*

1. te koop, verhandelbaar [**res** handelswaar; **horti; tempus** rentetermijn; **artificium; pueri** slaven]; ▸ *alqd venale habere* iets te koop aanbieden; *me venalem habent* ik ben verraden en bekocht; — *subst.* **vēnālia,** ium *n* koopwaar; **vēnālēs,** ium *m* slaven: *venales habere* in slaven handelen;

2. *(metaf.)* omkoopbaar, corrupt [**multitudo; ascriptor**].
vēnāticus, a, um *(venor)* jacht- [**catulus**].
vēnātiō, ōnis *f (venor)*
1. het jagen, jacht;
2. jacht op wilde dieren *(als schouwspel);* ▸ *ludorum venationumque apparatus;*
3. *(meton.)* wild [**capta**].
vēnātor, ōris *m (venor)*
1. jager; *attrib.* jagend [**canis**];
2. *(metaf.)* onderzoeker [**naturae**];
3. *(Plaut.)* bespieder;
4. *(Laatl.)* iem. die *in de arena* tegen wilde dieren vecht; wildebeestenvechter.
vēnātōrius, a, um *(venator)* jacht-, jagers- [**galea; arma**].
vēnātrīx, īcis *f (venator) (poët.; Laatl.)* jageres; *ook* jachthond; *attrib.* jagend [**puella** = Diana].
vēnātūra, ae *f (venor) (Plaut.)* jacht; ▸ *(metaf.) oculis -am facere* spieden.
vēnātus, ūs *m (venor)*
1. jacht; *(Plaut.)* visvangst;
2. *(postklass.) (meton.)* jachtbuit.
vēndāx, *gen.* ācis *(vendo) (preklass.)* verkoopzuchtig.
vendibilis, e *(vendo)*
1. makkelijk verhandelbaar [**fundus; merx**];
2. *(metaf.)* goed in de markt liggend, geliefd [**orator; oratio**].
vendidī *pf. v. vendo.*
venditātiō, ōnis *f (vendito)* het aanprijzen, opschepperij.
venditātor, ōris *m (vendito) (postklass.)* pocher *(op: gen.).*
venditiō, ōnis *f (vendo)*
1. verkoop; veiling [**bonorum**]; ▸ *proscriptiones venditionesque;*
2. *(Plin. Min.) (meton.) plur.* verkochte waar.
venditō, venditāre *(frequ. v. vendo)*
1. willen verkopen, te koop aanbieden, op de veiling aanbieden [**merces; Tusculanum; necessaria funeribus**];
2. *(metaf.) (diensten, gunsten e.d.)* aanbieden in ruil voor geld, verkwanselen, versjacheren [**itinerum spatia et stativorum mutationes; pacem pretio; sese** zich voor geld aanbieden, voor geld te koop zijn];
3. aanprijzen, aanbevelen, opdringen, aansmeren [**operam suam alci; se alci** zich bij iem. opdringen].
venditor, ōris *m (vendo)* verkoper; *(metaf.)* versjacheraar, iem. die verkwanselt [**dignitatis vestrae**].
vendō, vendere, vendidī, venditum
1. verkopen *(de prijs waarvoor: abl. of gen.; ook m. adv.)* [**alqd parvo, male** voor weinig geld, tegen een lage prijs, onvoordelig; **minimo; magno, bene, grandi pecuniā, recte** voor veel geld, voordelig; **plurimo; tanti; pluris; minoris; quam optime** tegen een zo hoog mogelijke prijs];
2. veilen [**bona civium; praedam suam**];
3. *aan degene die het meeste biedt* verpachten [**praedia**];
4. *(metaf.)* versjacheren, verkwanselen [**patriam auro**];
5. aanprijzen, aanbevelen [**poëma**];
/ *(klass.) pass. alleen venditus en vendendus; in andere gevallen vervangen door vormen v. veneo.*
Venedī, ōrum *m* de Wenden *(of* Sorben*); Slavische volksstam op de rechteroever v.d. Weichsel, soms gebruikt als verzamelnaam voor Slavische volksstammen.*
venēfica, ae *f (veneficus)* gifmengster, tovenares.
venēficium, ī *n (veneficus)*
1. het gifmengen; vergiftiging; ▸ *de -is accusare; -i damnari;* — *(meton.)* gifdrank;
2. het betoveren; tovenarij; *(meton.)* tover-, liefdesdrank.
venē-ficus *(venenum en facio)*
I. *adj.* a, um *(poët.; postklass.)*
1. betoverend, tover- [**verba; artes**];
2. gif mengend;
II. *subst.* ī *m*
1. tovenaar;
2. gifmenger.
Venellī, ōrum *m volksstam in het huidige Normandië.*
venēnārius, ī *m (venenum) (postklass.)* gifmenger.
venēnātus, a, um *(p. adj. v. veneno)*
1. vergiftigd, giftig [**dentes; vipera; telum; caro**];
2. *(metaf.)* schadelijk [**munera** gevaarlijk; **iocus** venijnig, bijtend];
3. *(Ov.)* tover- [**virga**].
venēni-fer, fera, ferum *(venenum en fero) (Ov.)* giftig.
venēnō, venēnāre *(venenum)*
1. vergiftigen, *ook metaf.;*
2. *(metaf.) (Plaut.)* betoveren.
venēnōsus, a, um *(venenum) (Laatl.)* giftig, vol gif.
venēnum, ī *n (Venus)*
1. tovermiddel, -drank, liefdesdrank; *(poët.)*

(*meton.*) liefde;
2. magische, medicinale drank;
3. gif(drank); ▸ *-um bibere, parare, infundere; -um obducere* opslurpen; *alci -um dare, praebere; lac -i* giftig, melkachtig sap *van planten;*
4. (*poët.*) (*metaf.*) venijnige taal, venijn;
5. onheil, verderf; ▸ *discordia est ~ urbis;*
6. (*poët.*) verfstof.

vēn-eō, īre, iī, — (*venus*)
1. verkocht worden (*de prijs waarvoor: abl. of gen.*) [**auro, magno, pluris, maioris, minoris; quam plurimo** tegen een zo hoog mogelijke prijs; **sestertio nummo; sub corona** als slaaf];
2. geveild worden [**publice**];
3. verpacht worden; — *veneo wordt vervoegd als eo, ire gaan (zie appendix).*

venerābilis, e (*veneror*) (*postklass.*)
1. eerbiedwaardig, eerwaardig;
2. vol eerbied.

venerābundus, a, um (*veneror*) vol eerbied, eerbiedig.

venerandus, a, um (*veneror*) (*poët.; postklass.*) eerbiedwaardig.

venerātiō, ōnis *f* (*veneror*)
1. eerbetoon, aanbidding;
2. (*meton.*) eerbied, eer;
3. (*postklass.*) waardigheid, aanzien.

venerātor, ōris *m* (*veneror*) (*poët.; Laatl.*) vereerder [**domūs vestrae**].

Venerius *zie Venus.*

veneror, venerārī *en* (*pre- en postklass.*) **venerō,** venerāre (*Venus*)
1. (*een godheid of iem. als godheid*) vereren, aanbidden [**deos; Augustum; alqm ut deum; lapidem pro deo; deorum simulacra in foro**]; — *p.p.* **venerātus,** a, um *poët. ook pass.* vereerd, aanbeden [**Ceres; Sibylla**];
2. eer bewijzen (*aan: acc.*) [**regem; memoriam patris**];
3. smeken, verzoeken (*iem.: acc.; om: acc.; ut, ne*) [**deos multa**].

Venetī, ōrum *en* um *m*
1. = *Venedi;*
2. *volksstam in N.-Italië in de buurt v. Padova met een opzichzelfstaande Indo-europese taal (net als het Latijn, Keltisch, Illyrisch en Germaans);* — *adj.* **Venetus,** a, um; — **Venetia,** ae *f gebied v.d. Veneti;*
3. *volksstam in Bretagne;* — *adj.* **Veneticus,** a, um; — **Venetia,** ae *f gebied v.d. Veneti.*

venetus (*postklass.*)
I. *adj.* a, um zeekleurig, blauwachtig [**factio** de partij die bij de wedrennen in de circus in het blauw gekleed was];
II. *subst.* ī *m* wedrenner v.d. Blauwe Partij.

vēnī *pf. v. venio.*

venia, ae *f*
1. gunst, genade, gratie, toegeeflijkheid, inschikkelijkheid; uitstel, vrijstelling; ▸ *-am alci dare* iem. een gunst verlenen; *-am petere a victoribus* de overwinnaars om genade smeken; *bonā (cum) -ā* welwillend, toegeeflijk; *prosequi alqm veniā* iem. welwillend tegemoet treden; *-am advocandi petere* uitstel, verlenging; *-am ordinis petere* ontslag uit de senaat; *cum data esset ~ eius diei* toen voor deze dag uitstel was gegeven;
2. toestemming, permissie (*tot, om: gen. of ut*); ▸ *-am dicendi exposcere; alci -am dare* iem. verlof geven;
3. vergeving, vergiffenis (*voor: gen. of dat.*); ▸ *-am impetrare errati; dictis -am rogare; -am petere errori atque adulescentiae; ~ iis eius rei fuit* men heeft het hun vergeven;
4. (*Mel.*) *litterae -arum* aflaat.

vēn-iī *pf. v. veneo.*

Venīlia, ae *f*
1. *nimf, moeder v. Turnus;*
2. *echtgenote v. Janus.*

veniō, venīre, vēnī, ventum
1. komen [**in insulam; Athenis Romam; obviam** tegenkomen; **ad, in colloquium; ad summum fortunae** het hoogste geluk bereiken; **in, sub conspectum alcis** onder ogen komen; **sub aspectum** zichtbaar worden; (*m. dat. finalis*) **alci auxilio** *of* **subsidio** iem. te hulp komen; (*m. inf.*) **aurum petere;** (*m. sup.*) **patriam oppugnatum**]; ▸ *venio moriturus* om te sterven; *a te litterae non venerunt; cito mors venit; telum per ilia venit; sagitta per caput venit* boort zich door . . . heen; (*res*) *mihi in mentem venit* het schiet me te binnen; *alqd venit in buccam* het komt (iem.) voor de mond, het valt (iem.) in; *veniens in corpore virtus* aan het daglicht komend;
2. terugkomen, -keren [**Romam**];
3. (*vijandel.*) naderen, oprukken, aanvallen [**ad moenia**]; ▸ *veniens hostis; venientem cuspide ferire; magnā manu ad castra oppugnatum ~ ;*
4. (*metaf.*) *in een situatie terechtkomen, in een toestand geraken, worden tot* (*m. in m. acc.; soms ad*) [**in periculum; in dubium** gaan twijfelen; **in consuetudinem** tot gewoonte worden;

in consuetudinem proverbii *of* **in proverbium** spreekwoordelijk worden; **in sermonem** in opspraak komen; **alci in amicitiam** met iem. bevriend raken; **in sacerdotium** het priesterschap aanvaarden; **in senatum** tot de senaat toetreden; **alci in opinionem** *(m. aci.)* iem. komt op het idee; **in certamen iudiciumque** een proces voeren en aan de beslissing v.d. rechtbank overlaten; **in religionem** bedenkingen v. religieuze aard oproepen; **in aestimationem** getaxeerd worden; **ad senectutem** oud worden; **in invidiam** benijd (gaan) worden; **in odium** gehaat (gaan) worden *(door: dat.)*; **ex invidia in gratiam nobilitatis; in turpitudinem** beschimpt worden; **in suspicionem; in disquisitionem** object v. onderzoek worden; **in votum** object v. verlangen worden; **ad condiciones alcis** zich laten welgevallen; **in spem regni obtinendi** zijn hoop vestigen op; **in partem alcis rei** deelnemen aan iets; **in alcis fidem ac potestatem** in iems. macht komen, aan iems. genade overgeleverd worden; **in cruciatum** martelingen tegemoet gaan]; ▸ *ad famem ventum est* het is gekomen tot hongersnood; *res ad manus venit* men raakt slaags; *in eum locum ventum est ut* men bereikte het punt dat, het is zover gekomen dat;

5. *(v. tijd)* komen, naderen; ▸ *dies (nox, hora) venit; anni venientes* het vorderen der jaren; *veniens aetas* nageslacht; *ventura bella* toekomstig; *ventura videre* de toekomst; *venturi praescia;*

6. *(jur.)* voor de rechtbank verschijnen *of* optreden [**contra iniuriam; contra alienum pro familiari**];

7. te voorschijn komen, verschijnen, zich vertonen; ▸ *sol veniens* opkomend; *venientes lacrimae;*

8. *(v. planten)* opkomen, groeien; ▸ *arbores, uvae veniunt;*

9. *(poët.)* voortkomen uit, afstammen van *(m. de)* [**Romanā de gente**];

10. *(tijdens het spreken)* komen op, overgaan op *(m. ad)* [**a fabulis ad facta; ad nomen Iovis; ad fortissimum virum**];

11. zich voordoen, ontstaan, voortkomen; ▸ *magna commoda ex otio meo rei publicae veniunt; si quid adversi venisset; haec ubi veniunt; usu venire* gebeuren;

12. toekomen, ten deel vallen *(m. dat.; zelden m. ad; in m. acc.)*; ▸ *hereditas mihi venit; gloria tibi veniat;* — *(v. ongeluk e.d.)* overkomen, treffen *(m. dat.; zelden m. ad; in m. acc.)*: *dolor alci venit; ad alqm venit clades.*

vennū(n)cula, ae *f (poët.; postklass.) een druivensoort.*

vēnō *zie venus.*

vēnor, vēnārī

I. *intr.* jagen, op jacht gaan; — *subst. (poët.)* **vēnantēs,** ium *en* um *m* jagers;

II. *tr.*

1. jagen op, jacht maken op *(m. acc.)* [**leporem; feras**];

2. *(metaf.)* jacht maken op, najagen, uit zijn op *(m. acc.)* [**suffragia plebis; amores**]; voor zich trachten te winnen [**viros oculis**].

vēnōsus, a, um *(vena) (postklass.)* vol aderen, geaderd.

venter, tris *m*

1. buik, onderlichaam, ingewanden;

2. maag; *(meton.)* vraatzucht; ▸ *ventre bona lacerare* door slemppartijen;

3. moederschoot, baarmoeder [**gravis**]; ▸ *ventrem ferre* zwanger zijn; — *meton.* nog ongeboren kind, embryo [**maturus**];

4. *(metaf.) buikvormige* bolling, welving; ▸ *in ventrem crescere* opzwellen.

ventilābrum, ī *n (ventilo)* korenschop *om te wannen.*

ventilātiō, ōnis *f (postkl.)*

1. het ventileren;

2. het wannen.

ventilātor, ōris *m (postkl.)*

1. iemand die want;

2. goochelaar.

ventilō, ventilāre *(ventus)*

1. *(poët.; postklass.)* in de lucht bewegen, zwaaien met [**facem; arma**];

2. luchten, ventileren [**fruges**];

3. *(poët.; postklass.)* koelte toewuiven;

4. wannen;

5. *(metaf.)* aanwakkeren, in beroering brengen [**contionem**];

6. *(postklass.)* uitvoerig bespreken, discussiëren over, behandelen [**causam**].

ventiō, ōnis *f (venio) (pre- en postklass.)* het komen, komst.

ventitō, ventitāre *(frequ. v. venio)* vaak *of* geregeld komen.

ventōsitās, ātis *f (ventosus) (Laatl.)* het blazen; *metaf.* opgeblazenheid, ijdelheid, verwaandheid.

ventōsus, a, um *(ventus)*

1. winderig, stormachtig [**regio; mare; aequora; autumnus**];

2. *(metaf.) (poët.)* zo snel als de wind [**equi**];
3. *(poët.; postklass.)* opgeblazen, ijdel, verwaand [**natio; gloria** opschepperij; **lingua; decus**];
4. wisselvallig, onbestendig, veranderlijk [**ingenium; imperium; plebs**].

ventrāle, is *n (venter) (postklass.)* buikriem, *ook* geldbuidel.

ventriculus, ī *m (demin. v. venter)*
1. *(postklass.)* buikje; maag;
2. ~ *cordis* hartkamer.

ventriōsus, a, um *(venter) (Plaut.; postklass.)* met een dikke buik.

ventulus, ī *m (demin. v. ventus*[1]*) (kom.)* een beetje wind, briesje; ▸ *-um facere alci* iem. koelte toewuiven.

ventum *ppp. v. venio.*

ventus[1]**,** ī *m*
1. wind [**secundus, prosper** gunstig; **adversus** tegenwind; **ferens** wind mee]; ▸ ~ *se circumagit* draait; *sprw.: in -is et in aqua scribere* vergeefse moeite doen; *verba in -os dare* zonder enig resultaat spreken; *profundere verba -is; dare verba -is* zijn woord niet houden; *rem -is tradere* aan de vergetelheid prijsgeven;
2. wind-, ademstoot; wind, scheet;
3. *(metaf.)* wind *als symbool voor een gunstig of ongunstig lot;* ▸ *-i secundi* geluk; *quicumque -i erunt* hoe de wind ook zal waaien; *alios ego vidi -os* naderend onheil; *-um in optimum quemque excitare* onrust veroorzaken;
4. gunst [**popularis** volksgunst].

ventus[2]**,** ūs *m (venio) (preklass.)* het komen, komst.

vēnūcula, ae *f* = *vennu(n)cula.*

vēnula, ae *f (demin. v. vena) (postklass.)* adertje.

vēnum *zie venus.*

vēnumdō *en* **vēnundō** *zie venus.*

vēnus, ī *m (alleen dat. en acc.)* verkoop; ▸ *(uitdr. m. dat.) veno dare* te koop aanbieden; *veno exercere alqd* handelen in iets; *veno ponere* veilen; *(uitdr. m. acc., ook als één woord geschreven) venum dare, venun dare* te koop aanbieden, verkopen; *venum ire* verkocht worden.

Venus, eris *f*
1. (a) Venus, *godin v.d. liefde, schoonheid en bevalligheid, met de Gr. godin Aphrodite gelijkgesteld, dochter v. Jupiter en Dione, echtgenote v. Vulcanus, moeder v. Cupido en Aeneas, stammoeder v.h. huis v.d. Julii en v.h. Rom. volk; haar tempel en cultus zijn in de 3e eeuw v. Chr. in Rome geïntroduceerd;* — *Veneris mensis* april; (b) *de planeet* Venus *(ook: stella Veneris);* (c) *(poët.; postklass.)* Venusworp, geluksworp *(de gunstigste worp bij het dobbelen, waarbij alle vier dobbelstenen verschillende getallen lieten zien);*
2. *(poët.; postklass.)* aantrekkelijkheid, lieflijkheid, charme;
3. liefde, seksuele drift, liefdesgenot, geslachtsverkeer, coïtus [**marita** echtelijke liefde]; ▸ *venerem rapere* zwanger worden;
4. *(poët.) (meton.)* de geliefde;
/ *adj.* **Venerius,** a, um (a) aan Venus gewijd, Venus dienend [**servi -i** *of alleen* **Venerii** de tempeldienaren v. Venus *Erycina op Sicilië;* **homo** slaaf v. Venus; **iactus** Venusworp, *zie Venus* 1.]; (b) behorend tot de lichamelijke liefde, lichamelijk, geslachtelijk [**voluptas; complexus; res** geslachtsverkeer; **amor**]; (c) wellustig, onkuis.

Venusia, ae *f stad in het Lucanisch-Apulische grensgebied, geboorteplaats v. Horatius, nu Venosa;* — *inw. en adj.* **Venusīnus,** ī *m resp.* a, um.

venustās, ātis *f (Venus)*
1. charme, aantrekkelijkheid, bevalligheid [**muliebris; corporis; vultūs**];
2. innemendheid, beminnelijkheid;
3. verfijning, verfijnde geestigheid; ▸ *dicendi vis venustate coniuncta;*
4. *(kom.)* genot; ▸ *dies plenus venustatis.*

venustulus, a, um *(demin. v. venustus) (Plaut.; Laatl.)* lieflijk, bekoorlijk, charmant [**oratio**].

venustus, a, um *(Venus)*
1. lieflijk, bekoorlijk, aantrekkelijk [**vultus; gestus et motus; hortuli**]; ▸ *se facit esse -um* hij hangt de Adonis uit;
2. fijnzinnig, aardig, leuk [**dicta; sententiae**].

vē-pallidus, a, um *(Hor.)* lijkbleek.

veprēcula, ae *f (demin. v. vepres)* doornstruikje.

vepris, is *m en (Lucr.) f* doornstruik, doornbos; ▸ *sepulcrum vepribus saeptum.*

vēr, vēris *n*
1. lente; ▸ *vere ineunte (of primo, novo)* in, bij het begin v.d. lente; *sprw.: vere flores numerare (v. iets onmogelijks) (Ov.);*
2. *(meton.)* ~ *sacrum* lenteoffer *(offer in tijden v. nood, dat bestond uit eerstgeborenen v. vee, oorspr. ook kinderen);*
3. *(metaf.) (poët.)* ~ *aetatis* jeugd.

Veragrī, ōrum *m volksstam in het huidige Zwitserse kanton Wallis.*

vērātrum, ī *n (poët.; postklass.)* nieskruid.

vērāx, *gen.* ācis *(verus)* de waarheid sprekend *of* verkondigend, waar(achtig) [**oraculum; Parcae**]; ▸ *visa quietis veracia* waar, betrouwbaar.

verbēna, ae *f (gew. plur.)* heilige tak, groene twijg *(van laurier, olijfboom, mirte, cipres e.d.; deze takken werden gebruikt bij religieuze handelingen).*

verbēnāca, ae *f (verbena) (postklass.)* verbena, ijzerhard.

verbēnātus, a, um *(verbena) (Suet.)* met heilige takken omkranst.

verber, eris *n (meestal plur.; sg. alleen gen. en abl.)*
1. *(sg. en plur.)* zweep; ▸ *pecora verbere domare;*
2. *(poët.; postklass.)* slag, stoot, worp, klap [**virgae; remorum** het slaan v.d. riemen; **ripae** golfslag; **ventorum**]; ▸ *dare verbera ponto (v. zwemmers);*
3. *plur.* (a) (zweep)slag, pak slaag, afranseling; ▸ *alqm verberibus castigare; verberibus lacerari; verberum notae* striemen; *verbera subire* geduldig ondergaan; (b) *(metaf.)* striemen, verwijten [**contumeliarum; linguae**];
4. *(poët.)* slingerriem.

verberābilis, e *(verbero[1]) (Plaut.)* de zweep verdienend.

verberābundus, a, um *(verbero[1]) (Plaut.)* afranselend.

verberātiō, ōnis *f (verbero[1])* afranseling, straf *(voor: gen.)* [**cessationis**].

verberetillus, ī *m (verber) (Plaut.)* zondebok.

verbereus, a, um *(verber) (Plaut.)* slaag verdienend.

verberō[1], verberāre *(verber)*
1. slaan, treffen [**Mutinam tormentis** beschieten; **ōs manibus; alqm ense; aethera alis**]; verpletteren [**vineas grandine**];
2. met een roede slaan, geselen, afranselen;
3. *(metaf.)* tuchtigen, pijnlijk treffen [**alcis aures sermonibus**].

verberō[2], ōnis *m (verber)* vlegel, schurk.

verbēx, ēcis *m (vulgair) = vervex.*

verbi-vēlitātiō, ōnis *f (verbum en velitor) (Plaut.)* woordenstrijd.

verbōsus, a, um *(verbum)* rijk aan woorden, breedsprakig, breedvoerig [**simulatio**].

verbum, ī *n*
1. woord, uitdrukking; *plur.* woorden, redevoering, *ook (v. geschriften)* tekst [**falsa, ficta** leugens; **precantia** smeekbeden; **minacia** dreigementen; **solantia** troostende woorden; **exsecrantia** vervloekingen; **excusantia** verontschuldigingen; **blanda** vleiende woorden]; ▸ *nullum -um facere* er geen woorden aan vuilmaken; *-is certare* een woordenwisseling hebben; *-a in publico facere* in het openbaar spreken, een rede houden; *cum alqo in colloquio -a facere* zich onderhouden met; *his -is* met de volgende inhoud; *haec pactio -is facta est* door mondelinge bevestiging; *multis -is ultro citroque habitis* nadat vele woorden gesproken waren; — *losse uitdrukkingen:* (a) *verbo* naar wat is afgesproken; ▸ *-o liberi sunt;* — door een enkel woord: *-o de sententia desistere;* — mondeling: *-o mandata dare;* (b) *uno verbo* met één woord, kort; ▸ *uno -o dic quid est;* (c) *ad -um, -um pro -o, -um e -o, de -o* woordelijk, op (iems.) woord [**alqd ediscere; alqd reddere** *of* **exprimere** weergeven, vertalen]; (d) *verbi causā (of gratiā)* bijvoorbeeld; (e) *verbis meis, tuis, alcis* in mijn, jouw, iems. naam; ▸ *uxori tuae meis verbis eris gratulatus;*
2. uiting, uitspraak; *(kom.)* spreekwoord; ▸ *verum est ~ quod memoratur;*
3. *(kom.) plur.* grapjes, mopjes;
4. *(meestal plur.)* formule [**sollemnia**]; ▸ *in -a alcis iurare* door iem. na te zeggen de eed afleggen; *verba venefica of non innoxia* toverformules;
5. leeg woord, *plur.* nietszeggend geklets, blabla, *ook* (uiterlijke) schijn; ▸ *alci -a dare* iem. praatjes verkopen, bedriegen, iets op de mouw spelden, om de tuin leiden; *-is non replenda est curia; virtutem -a putas; curis -a dare* zijn zorgen wegredeneren;
6. *(gramm. t.t.)* werkwoord.

Vercellae, ārum *f stad in N.-Italië, nu* Vercelli *(waar Marius de Kimbren versloeg in 101 v. Chr.).*

Vercingetorīx, īgis *m koning v.d. Arverni, leider v.d. grote opstand v.d. Galliërs in 52 v. Chr.; werd bij Alesia door Caesar verslagen en zes jaar later terechtgesteld.*

vērculum, ī *n (demin. v. ver) (Plaut.) (als koosnaam)* lente.

verēcundia, ae *f (verecundus)*
1. schroom, terughoudendheid, schuchterheid [**sermonis; respondendi; turpitudinis** om zich schandelijk te gedragen; **in rogando**];
2. verering, eerbied, (hoog)achting, respect *(voor, tav.: gen.; ook adversus)* [**deorum; parentis; legum; aetatis; maiestatis magistratuum; adversus regem**];
3. schaamte(gevoel); ▸ *-ae est (m. inf. of aci.)* men schaamt zich.

verēcundor, verēcundārī *(verecundus)* terughoudend *of* schuchter zijn, *(m. inf.)* ervoor terugschrikken om [**in publicum prodire**].

verēcundus, a, um *(vereor)*
1. terughoudend, bescheiden, schuchter, schuw [**homo; translatio** niet overdreven;

oratio];
2. zedig, deugdzaam, ingetogen [**color, rubor** schaamrood; **vultus; vita**];
3. *(Laatl.)* eerbiedwaardig [**nomen populi Romani**].
verēdārius, ī *m (veredus) (Laatl.)* koerier.
verēdus, ī *m (Kelt. leenw.) (postklass.)*
1. postpaard;
2. jachtpaard, hunter.
verendus, a, um *(vereor) (poët.)* eerbiedwaardig [**patres**]; — *subst.* **-a,** ōrum *n (postklass.)* schaamdelen.
vereor, verērī, veritus sum
1. *(m. inf.)* schuwen, vrezen *of* bedenkingen hebben om; ▸ *vereor scelus committere; vereor eos interficere; soms onpers.: alqm veretur (m. inf.)* iem. schrikt ervoor terug;
2. vrezen, bang zijn voor, beducht zijn voor *(m. acc.; dat (niet): ne, ne non of ut; soms m. aci.)* [**hostem; supplicium ab alqo; insidias; bella**]; ▸ *om een bewering af te zwakken: vereor ne nemo venerit* ik vrees dat niemand gekomen is = was er maar iem. gekomen; *vereor ne sit turpe timere;* — *(m. afh. vr.)* met bezorgdheid denken aan: *vereor quid dicturus sis;*
3. bezorgd zijn *(voor, om: dat.: wegens: de)* [**navibus; de Carthagine**];
4. vereren, hoogachten, rekening houden met *(m. acc.; soms gen.)* [**deos; fratrem; tui testimonii**];
5. zich schamen, zich generen.
verētrum, ī *n (niet-klass.)* schaamdeel [**virile**].
Vergiliae, ārum *f* Zevengesternte, Plejaden.
Vergilius *en (Laatl.)* **Virgilius,** a, um *naam v.e. Rom. gens: P.* ~ *Maro, beroemde Rom. dichter, geb. in 70 v. Chr. in Andes bij Mantua, gest. in 19 v. Chr. in Brundisium; schrijver v.d. Aeneis, Georgica en Bucolica (Eclogae); behoorde net als Horatius tot de kring rond Maecenas en had nauwe betrekkingen met Augustus.*
Vergīnius *en (Laatl.)* **Virgīnius,** a, um *naam v.e. Rom. gens: L.* ~, *volkstribuun in 449 v. Chr., stak zijn dochter* **Vergīnia** *neer om haar te beschermen tegen de opdringerigheid v.d. decemvir Appius Claudius, die haar als slavin voor zich opeiste.*
vergō, vergere, versī, —
I. *intr.*
1. (af)hellen, glooien, aflopen; ▸ *collis ad flumen vergebat;*
2. gericht zijn naar, liggen in de richting van, zich uitstrekken naar *(m. ad; in m. acc.)* [**ad septentriones; in meridiem; ad solem cadentem**];
3. *(postklass.) (v. tijd)* naderen; ▸ *nox vergit ad lucem; iam in senectutem annis vergentibus;* — het einde naderen, ten einde lopen, aflopen, afnemen: *vergente die, autumno; femina annis vergens* ouder wordend;
4. *(metaf.) (wat karakter betreft)* neigen tot, zich richten op *(m. ad);* ▸ *ad voluptates* ~; *Bruti auxilium ad Italiam vergebat;*
5. *(postklass.)* toevallen aan *(m. ad);*
6. *(Laatl.) res bene vergunt* de zaken staan er goed voor;
II. *tr. (poët.)*
1. doen hellen, doen neigen [**astra ponto**];
2. ingieten, inschenken [**sibi venenum**].
vēri-dicus, a, um *(verus en dico[1])* de waarheid sprekend [**ōs; vox**]; waar.
vēri-loquium, ī *n (verus en loquor)* etymologie.
vērī-similis, e *(verus) (ook gesplitst)* waarschijnlijk.
vērī-similitūdō, inis *f (verus) (ook gesplitst)* waarschijnlijkheid.
vēritās, ātis *f (verus)*
1. waarheid; ▸ *nihil ad veritatem loqui; eius aures veritati clausae sunt; veritatem aspernari;*
2. werkelijkheid; ▸ ~ *vincit imitationem; veritatem imitari* natuurgetrouw zijn, natuurgetrouw weergeven; *quicquam potest casu esse factum quod omnes habet in se numeros veritatis?* innerlijke waarheid, noodzakelijkheid; *cum in veritate dicemus* in de werkelijkheid van alledag *(dwz. op het Forum, niet alleen als oefening); homo expers veritatis* zonder ervaring *(voor de rechtbank);*
3. waarheidsliefde, oprechtheid, openheid; ▸ ~ *odium parit; non offendit me* ~ *litterarum tuarum (Cic.);*
4. onpartijdigheid, rechtschapenheid, eerlijkheid [**iudiciorum**];
5. nauwgezetheid, correctheid; ▸ *consule veritatem* de correcte uitspraak *(Cic.).*
veritus *p.p. v. vereor.*
vēri-verbium, ī *n (verus en verbum) (Plaut.)* het spreken v.d. waarheid.
vermiculātus, a, um *(vermiculus)* wormvormig, met dunne kronkellijntjes *(ihb. v. mozaïek).*
vermiculus, ī *m (demin. v. vermis) (poët.; postklass.)* wormpje.
vermina, um *n (Lucr.)* buikkramp.
verminātiō, ōnis *f (vermino) (postklass.)*
1. het hebben van wormen;
2. *(metaf.)* jeukende pijn.

verminō, vermināre *en* **verminor,** verminārī *(vermis) (postklass.)*
1. wormen hebben;
2. *(metaf.)* kriebelen, jeuken; ▸ *verminat auris.*

vermi(n)ōsus, a, um *(vermis) (Plin. Mai.)* vol wormen.

vermis, is *m (pre- en postklass.)* worm, made *e.d.*

verna, ae *m*
1. in het huis geboren slaaf, huisslaaf;
2. *(attrib.)* in het huis *of* in de stad opgegroeid, inheems [**aper**].

vernāculus, a, um *(verna)*
1. tot het huishouden behorend; — *subst.* ī *m* huisslaaf;
2. inheems, uit het eigen land afkomstig [**equi; artifices; legio**];
3. Romeins, typisch grootsteeds [**festivitas; multitudo** gepeupel; **urbanitas; sapor**].

vernālis, e *(ver) (postklass.)* van de lente, lente-.

vernātiō, ōnis *f (verno) (Plin. Mai.) (v. slangen)* het vervellen.

vernīlis, e *(verna) (postklass.)* van een huisslaaf, typerend voor een huisslaaf, slaven- [**blanditiae; dictum**].

vernīlitās, ātis *f (vernilis) (postklass.)* slaafs gedrag:
1. kruiperige hoffelijkheid, gatlikkerij;
2. grove, brutale grap, brutaliteit.

vernō¹, vernāre *(ver)*
1. *(poët.; postklass.)* lenteachtig worden, zich verjongen; ▸ *arbor vernat* wordt weer groen; *silva vernat; avis vernat* zingt weer; *anguis vernat* verjongt zich, vervelt; *sanguis vernat* stroomt jeugdig; *lanugine* ~ de eerste baardgroei krijgen;
2. *(Mel.)* schitteren van, stralen van *(m. abl.)* [**iaspide**].

vernō² *adv. (pre- en postklass.)* in de lente.

vernula, ae *m en f (demin. v. verna) (postklass.)* = *verna.*

vernus, a, um *(ver)* lente-, van de lente [**tempus; flores; venti; caelum** lenteweer]; — *subst.* **vernum,** ī *n* lente.

vērō¹ *adv. (verus)*
1. inderdaad, werkelijk; *enim vero* ja, inderdaad;
2. *(in antwoorden)* ja (zeker), natuurlijk, zeker; ▸ *tum vero; ibi vero; explicabis? vero; minime vero* nee, helemaal niet;
3. *(in een climax)* zelfs; *tum vero* toen pas echt; *aut vero* of zelfs pas; *iam vero (bij overgangen)* verder;
4. *(bij verzoeken, aansporingen)* toch; ▸ *ostende vero* laat toch zien; *age vero;*
5. *(adversatief)* maar, echter, toch; ▸ *illud vero plane non est ferendum* maar dat is helemaal niet te verdragen; *neque vero* maar niet.

vērō², vērāre *(verus) (preklass.)* de waarheid spreken.

Vērōna, ae *f stad in N.-Italië aan de rivier de Adige, geboorteplaats v. Catullus;* — *inw. en adj.* **Vērōnēnsis,** is *m resp.* e.

verpa, ae *f (poët.)* afgestroopte lul.

verpus, a, um *(verpa) (poët.)* met afgestroopte lul; besneden.

verrēs, is *m* mnl. varken *of* ever; beer; *metaf. geringsch. v.e. mens.*

Verrēs, is *m cogn. in de gens Cornelia:* C. Cornelius ~, *73—71 v. Chr. propraetor in Sicilië, in 70 v. Chr. door Cicero in de redevoeringen tegen Verres wegens corrupte rechtspraak en chantage aangeklaagd en met zulke belastende bewijzen geconfronteerd dat hij in ballingschap naar Massilia ging, waar hij in 43 v. Chr. stierf;* — *adj.* **Verrīnus** *en* **Verrius,** a, um; — **Verria,** ōrum *n door Verres ter ere v. zichzelf uitgeroepen feest, Verresfeest.*

verrīnus, a, um *(verres)* van het varken, varkens- [**ius** varkensjus, *woordspel met ius Verrinum: de (corrupte) rechtspraak van Verres*].

verrō *(arch. ook* **vorrō***),* verrere, —, versum *(en* vorsum*)*
1. vegen, schoonvegen [**aedes; pavimentum; viam**];
2. samenvegen, op een hoop vegen, ook *metaf.*;
3. strijken, glijden, vegen *of* rijden over *(m. acc.)*; ▸ *humum pallā* ~ het gewaad over de grond laten slepen, naar beneden laten golven; *aram crinibus* ~ het haar over het altaar laten slepen; *crinibus templa* ~ het haar over de grond v.d. tempel laten slepen; *venti terras verrunt* scheren over; *aquilo arva et aequora verrens* die veegt over;
4. doorkruisen, -ploegen, -varen; ▸ *aequora remis* ~;
5. *(poët.; postklass.)* (achter zich aan) slepen, sleuren [**hastam; caesariem per aequora**];
6. *(poët.)* voortslepen, meeslepen [**arenas ex imo; canitiem in sanguine**].

verrūca, ae *f (postklass.)*
1. wrat; *(metaf.)* klein gebrek;
2. uitstulping, heuvel.

verrūcōsus, a, um *(verruca)* vol wratten.

verruncō, verruncāre aflopen *(ihb. in relig. taalgebruik)* [**bene** op een goede manier].

verrūtum, ī *n* = *verutum.*

versābilis, e *(verso) (postklass.)* beweeglijk [**acies**]; *(metaf.)* onbestendig, wankel [**condicio; fortuna**].

versābundus, a, um *(verso)* zich voortdurend draaiend.

versātilis, e *(verso)*
1. draaibaar, beweeglijk; ▸ *aciem versatilem ponere* geschikt voor alle manoeuvres opstellen;
2. *(metaf.)* behendig [**ingenium**].

versātiō, ōnis *f (verso)* draaiing [**rotae**]; *(metaf.)* verandering, afwisseling.

versī *pf. v. vergo.*

versi-capillus, ī *m (versus, ppp. v. verto) (Plaut.)* een andere haarkleur gekregen hebbend = grijs geworden.

versi-color, *gen.* colōris *(abl. sg. -ī en -e) (versus, ppp. v. verto)* bont(gekleurd), veelkleurig [**vestimentum; plumae; arma**].

versiculus, ī *m (demin. v. versus[3])*
1. regeltje;
2. versje, *ook geringsch.; (Catull.) plur.* gedichtje.

versificātiō, ōnis *f (versifico) (postklass.)* het maken v. verzen.

versificātor, ōris *m (versifico) (postklass.)* dichter.

versi-ficō, ficāre *(versus[3] en facio) (postklass.)* verzen maken; berijmen.

versi-pellis *(versus, ppp. v. verto)*
I. *adj.* e
1. *(pre- en postklass.)* zich veranderend;
2. *(Laatl.) (metaf.)* sluw, geslepen, listig;
II. *subst.* is *m (postklass.)* weerwolf.

versō, versāre *(frequ. v. verto)*
1. *(poët.)* vaak draaien, heen en weer draaien, wentelen, omdraaien, wenden, omkeren [**ova favillā** in de as; **terram** omploegen; **rura; saxum; currum** rondrijden; **sortem urnā** schudden; **stamina** *of* **fusum pollice** spinnen; **lumina** ronddraaien; **exemplaria Graeca** steeds weer lezen; **cardinem** de deur in de scharnieren draaien; **volumina** zich in bochten draaien];
2. heen en weer drijven [**oves** *in de wei*];
3. *(preklass.; poët.)* achter de broek zitten, opjagen; ▸ *versabo illum hodie probe (Plaut.)*;
4. *(metaf.)* heen en weer draaien, voortdurend omkeren [**se in utramque partem; animum** zijn gedachten steeds weer een andere wending geven; **se huc et illuc** zich geen raad weten; **animum per omnia** *of* **in omnes partes** alles steeds maar weer overwegen; **nunc huc nunc illuc pectore curas; mentem ad omnem malitiam et fraudem**];
5. verontrusten, kwellen, plagen, onrustig maken; ▸ *patrum animos certamen regni ac cupido versabat (Liv.); nunc indignatio nunc pudor pectora multitudinis versabat (Liv.); animos carminibus* ~ waanzinnig maken; *militum animos castigando adhortandoque* ~ voor zich proberen te winnen; *odiis domos* ~ angstig en opgewonden maken; *alcis animum in omnes partes* ~ bewerken;
6. *(v.h. noodlot)* spelen *of* zijn spel spelen met *(m. acc.)*; ▸ *fortuna omnia versat; fortuna in contentione et certamine utrumque versavit*;
7. uitleggen, verklaren [**verba; somnia; causas**];
8. overdenken, overwegen [**rem (in) animo; omnia secum; dolos in pectore** beramen, zinnen op; **novas artes, nova pectore consilia**]; *(ook m. afh. vr.).*

versor, versārī *(pass. v. verso)*
1. heen en weer draaien, zich wentelen [**lecto** woelen], zich omdraaien, zich omkeren, ronddraaien; ▸ *mundus versatur circa axem; orbes versantur retro*;
2. zich ophouden, zich bevinden, zijn, leven, verblijven [**Athenis; domi; in conviviis; in Asia; intra vallum; inter aciem**]; *(metaf.)* zetelen, gevestigd zijn; ▸ *partes eae in quibus aegritudines, irae libidinesque versantur (Cic.)*;
3. zich *(in een toestand, in een situatie)* bevinden, leven, verkeren [**aeternā in laude; in errore; in timore; in periculo; in pace; in celebritate** beroemd zijn]; *(v. niet-lev.)* zich bevinden, zijn, voorkomen; ▸ *nullam artem ipsam in se* ~ op zichzelf een afgesloten geheel vormen; *ea non versantur in oculorum ulla iucunditate* met geen enkel genoegen verbonden; *an vero vestrae peregrinantur aures neque in hoc pervagato civitatis sermone versantur?* zijn jullie oren elders en niet op de hoogte v.d. gesprekken die hier onder de burgers plaatsvonden?; *alci in oculis (of ante, ob oculos)* ~ voor de geest zweven; *quod in forensibus rebus civilibusque versatur* wat tot het gebied v.h. privaatrecht behoort; *res versatur in facili cognitione* is gemakkelijk herkenbaar; *iura civilia iam pridem in nostra familia versantur* hebben reeds lang hun plaats in; *quae in foro versantur* wat er gebeurt;
4. *(metaf.)* zich bezighouden met, bezig zijn met, bedrijven, handelen *(m. in m. abl.; inter)* [**in re publica** politiek actief zijn; **in iudiciis; in imperiis honoribusque** ambten bekleden;

in severitate streng optreden; **in quaestu compendioque; in omnibus ingenuis artibus** bezig zijn met de edele kunsten; **in caede** een bloedbad aanrichten; **multum in bello; inter arma**]; deelnemen aan, deel hebben aan, verwikkeld zijn in, betrokken zijn bij *(m. in m. abl.)* [**in sordida arte; in coniuratorum gratulatione** bij het vreugdefeest; **in eius varietate** blootgesteld zijn aan zijn slechte humeur; **in criminibus**];

5. berusten op, bestaan in *(m. in m. abl.)*; ▸ *laetitia et libido in bonorum opinione versatur; dicendi omnis ratio in communi quodam usu versatur.*

versōria, ae *f (verto) (Plaut.) (naut. t.t.)* bras, *touw voor het draaien v.d. ra;* ▸ *cape -am* keer om!

versum *zie versus*[2].

versūra, ae *f (verto)*

1. het draaien;

2. *(meton.)* hoek; keerpunt, draaipunt; ▸ *venire ad -am;*

3. lening; amortisatielening *(om een andere lening af te lossen);* ▸ *-am facere* een lening afsluiten; *-ā (dis)solvere* een schuld met een lening betalen, *(sprw., Ter.)* het ene gat met het andere dichten, van de regen in de drup komen.

versus[1] *ppp. v. verro en verto.*

versus[2] *en* **versum** *adv. (verto)* naar ... toe, ergens heen: (a) *wordt achter een subst. geplaatst m. in of ad ervoor (behalve bij namen v. steden en domum):* ▸ *in Galliam* ~ ; *in forum* ~ ; *ad Oceanum* ~ ; *ad urbem* ~ ; *maar: Brundisium* ~ ; *domum* ~ ; (b) *wordt achter een adv. geplaatst:* ▸ *quoquo* ~ overal heen; *deorsum* ~ naar beneden.

versus[3], ūs *m (verto)*

1. rij, linie [**remorum; foliorum**];

2. (a) *(in proza)* regel; ▸ *primi versus epistulae;* (b) *(in poëzie)* vers [**Latinus; hexametri**]; *plur. ook* gedicht; ▸ *versūs facere* dichten;

3. *(Plaut.)* draai *in een dans;*

4. *(postklass.) (agr.)* vore, voor.

versūtia, ae *f (versutus)* sluwheid, listigheid.

versūti-loquus, a, um *(versutus en loquor)* sluw (sprekend).

versūtus, a, um *(verto)*

1. *(Plaut.)* wendbaar;

2. *(metaf.)* sluw, listig, slim [**animus; servus**].

vertebra, ae *f (verto) (postklass.)* gewricht, *ihb.* wervel.

vertebrātus, a, um *(vertebra) (Plin. Mai.)* lenig, beweeglijk [**ossa**].

vertex, icis *m (verto)*

1. draaiing *van water,* draaikolk; *metaf.* maalstroom [**amnis; officiorum**];

2. *(v. wind en vuur)* werveling, kronkeling, wervelwind [**venti; igneus, flammis volutus** vuurzuil];

3. kruin *van het hoofd;* ▸ *ab imis unguibus usque ad verticem summum;* — *(poët.) meton.* hoofd, kop: *alba toto vertice canities;*

4. top, spits [**Aetnae**]; heuvel, berg; kruin [**quercūs**]; nok [**domūs**]; ▸ *a vertice* van boven(af); — *(metaf.)* hoogtepunt, het uiterste [**dolorum; principiorum**];

5. draaipunt v.d. hemel, pool.

vertī *pf. v. verto.*

verticōsus, a, um *(vertex)* vol draaikolken [**amnis**].

verticula, ae *f (postklass.)* gewricht, spil.

vertīgō, inis *f (verto)*

1. *(poët.; postklass.)* het (rond)draaien, (rond)wentelen [**venti; caeli**];

2. *(poët.)* draaiing *in het water,* draaikolk [**ponti**];

3. *(metaf.)* duizeling [**oculorum animique; capitis**].

vertō, vertere, vertī, versum

I. *tr.*

1. (rond)-, (om)draaien, omkeren, *ook metaf.* [**gradum** *of* **pedem; cursūs; arma** omdraaien *(als teken van rouw);* **crimen** de schuld omkeren];

2. draaien, sturen, richten, *vaak metaf.* [**equos ad moenia; armentum ad litora; consilia curasque in oppugnationem urbis; iram in alqm; animum in iura civilia; cogitationes in bellum; alqm in iram** iem. woedend maken; **alqm in admirationem** bij iem. bewondering opwekken];

3. veranderen, wijzigen, (ver)wisselen, (ver)ruilen, *ook metaf.* [**vestem; imaginem; nomen; solum** het land verlaten, in ballingschap gaan; **sententiam;** *(in: in m. acc.)* **alqd in lapidem; pectora in silicem**]; *alqm of mentem alcis* ~ iem. van mening doen veranderen;

4. *(poët.)* afwenden, *ook metaf.* [**lumina; sinistrum rumorem**];

5. *(milit. t.t.)* op de vlucht doen slaan, verjagen [**hostes, equites in fugam; agmina; currum; terga** *of* **vestigia** op de vlucht slaan, vluchten];

6. *(poët.; postklass.) de aarde of de zee* omwoelen [**glaebas; agros bove; terram aratro** *of* **ferro; Massica rastris; freta lacertis**];

7. *(poët.; postklass.)* vernielen, verwoesten, omverwerpen, *ook metaf.* [**moenia; arces; res Phrygias fundo; regem** ten val brengen; **leges; omnia, cuncta** alles in de war sturen];
8. *(geld e.d.)* doen toekomen *(aan: ad; in m. acc.)* [**pecuniam ad se** *of* **in suam rem** zich toeeigenen; **litem in suam rem** zich de zaak waarover geprocedeerd wordt toe-eigenen; **Lugdunensium reditūs in fiscum**];
9. *(metaf.)* toekennen aan, toeschrijven aan *(m. in m. acc.; ad)* [**devictorum Samnitium decus ad legatos**];
10. duiden, uitleggen, verklaren *of* behandelen als, maken tot *(m. in m. acc.; dat.)* [**alqd in omen** als een voorteken uitleggen; **in prodigium tempestatem; cognomen in risum** de bijnaam belachelijk maken; **alci alqd vitio** *of* **in crimen** iem. iets verwijten; **rem in superbiam, in gloriam; alqd in suam contumeliam** als een persoonlijke belediging beschouwen];
11. vertalen [**multa de Graecis; fabulas; annales ex Graeco in Latinum sermonem**];
II. *intr., refl. en pass.* vertere, sē vertere *en* vertī
1. zich (om)draaien, -keren; ▸ *se vertere en in fugam vertere* op de vlucht slaan, vluchten; *caelum vertitur;*
2. zich draaien *of* zich wenden naar *of* tot, *ook metaf. (m. ad; in m. acc.);* ▸ *lupus vertitur in pecudes; totus in alqm vertor* ik richt mij helemaal op iem.; *periculum verterat in Romanos; pernicies ad accusatorem vertit; omnis ira belli ad populationem vertit; alio vertere* een andere weg inslaan, een andere wending nemen; *nescit quo se vertat* hij weet zich geen raad; *quoquo verteris* hoe je het ook wendt of keert;
3. *(metaf.)* aflopen, uitvallen; ▸ *detrimentum in bonum vertit; ne memoria Augusti, ne nomen Caesarum in ludibria et contumelias verterent; in seditionem verti* uitlopen op; *res vertit(ur) in laudem* loopt eervol af; *magnitudo pecuniae ei malo vertit* werd zijn ongeluk;
4. (zich) veranderen, overgaan *(abs.; in: in m. acc.; poët. abl.)* [**in avem** *of* **alite** zich in een vogel veranderen]; ▸ *fortuna vertit* verandert; *omnia vertuntur; amores vertuntur; ira vertit(ur) in rabiem; Auster in Africum se vertit* de Auster slaat om in een Africus; *terra in aquam se vertit; se in omnes facies* ~ ; *formam vertitur oris antiquum in Buten* hij verandert wat betreft de vorm v. zijn gezicht in de oude Butes; *versa figura* gedaanteverwisseling; *verso civitatis statu; verso Marte; versis ad prospera fatis;*
5. berusten op, afhangen van *(m. in m. abl.);* liggen; ▸ *omnia in unius potestate vertuntur; ibi summa belli vertitur* daarin ligt de beslissing v.d. oorlog;
6. zich bevinden; zich bewegen [**ante ora** voor de geest staan; **inter primos; in mercatura** handelen; **in mediis catervis**];
7. *(poët.; postklass.) naar, in een bepaalde richting* liggen; ▸ *mare ad occidentem versum; versa est Pachynos ad austros* ligt op het zuiden; *fenestrae in viam versae; gens ad septentrionem se vertit;*
8. *(v. tijd)* verlopen, verstrijken; ▸ *septima post Troiae excidium iam vertitur aestas; intra finem anni vertentis* binnen het (lopende) jaar; *annus vertens* een vol jaar; *anno vertente* in de loop van het *(of* een) jaar.

vertragus, ī *m (Kelt. leenw.)* (Mart.; Laatl.) windhond.

Vertumnus, ī *m god v. alle veranderingen en wisselingen, v.d. seizoenen en de handel; in de buurt v. zijn beeld bij de vicus Tuscus op het Forum waren de boekwinkels v. Rome.*

verū, ūs *n (dat. en abl. plur.* veribus *en* verubus)
1. (braad)spit;
2. werpspies.

veruīna, ae *f (veru)* (Plaut.) spies.

vērum[1], ī *n (verus)*
1. het ware, waarheid, werkelijkheid; ▸ *-um of -a dicere; -um scire; -i similis* waarschijnlijk; *ex -o* naar waarheid, in werkelijkheid;
2. het juiste; ▸ *-um est (m. aci.; zelden m. ut)* het is waar *of* juist;
3. (kom.) *(in een bevestigend antwoord)* ja (zeker), zeker *facies?:: verum.*

vērum[2] *cj. (verus)*
1. maar, toch, ondertussen;
2. *(na ontkenning)* maar; *non modo (of solum)* . . . *verum etiam* niet alleen . . . maar ook;
3. *(in een betoog: bij een afbreking of een overgang)* (maar) toch; ▸ *verum quidem haec hactenus; verum praeterita omittamus.*

verum[3], ī *n* (Plaut.) = *veru.*

vērum-tamen *cj. (ook gesplitst)*
1. maar toch, evenwel; ▸ *consilium cepit primo stultum,* ~ *clemens; verum aliqua tamen;*
2. *(na een onderbreking)* zoals gezegd.

vērus, a, um
1. waar(achtig), werkelijk, echt [**heredes; amicus; oracula; timor** gegrond; **gloria; verbum**];
2. waarheidslievend, oprecht, eerlijk, onge-

veinsd [**iudex; testis; Apollinis ōs** de waarheid verkondigend; **vultus; animus; affectus** gevoel];
3. juist (en billijk), redelijk [**lex; causa** de juiste = de goede en rechtvaardige zaak];
/ *adv.* **vērē** (*comp.* vērius; *superl.* vērissimē) (a) naar waarheid [**loqui; memoriae prodere**]; (b) in werkelijkheid, werkelijk; ▸ *vir vere Romanus; animus vere popularis;* (c) eerlijk, serieus [**agere; pugnare**]; (d) verstandig [**vivere**].

verūtum, ī *n* (*veru*) werpspies.

verūtus, a, um (*veru*) (*Verg.*) met een spies bewapend.

vervactum, ī *n* voor het eerst geploegde grond.

vervēx, ēcis *m* hamel; *ook als scheldwoord, vgl. schaapskop, ezel.*

Vesaevus, ī *m* (*Verg.*) = *Vesuvius.*

vēsānia, ae *f* (*vesanus*) (*poët.; Laatl.*) waanzin, woede, razernij.

vēsāniō, vēsānīre (*vesanus*) (*Catull.; Laatl.*) waanzinnig zijn, razen; ▸ *vesaniens ventus.*

vē-sānus, a, um (*ve-*[2]) waanzinnig, razend, wild, in vervoering [**remex; poëta; leo**]; (*metaf., v. niet-lev.*) ontzaglijk, hevig [**fames; impetus**].

Vesbius, ī *m* (*postklass.*) = *Vesuvius.*

Vescia, ae *f stad in Latium;* — *inw. en adj.* **Vescīnus,** ī *m resp.* a, um.

vēscor, vēscī, —
1. zich voeden met, leven van, eten (*m. abl.; zelden m. acc.*) [**nec cibis nec potionibus; lacte et carne; sacras laurūs**]; *abs.* (uitgebreid) eten, tafelen [**in villa; sub umbra**];
2. (*metaf.*) genieten van (*m. abl.*) [**voluptatibus; vitalibus auris; aurā aetheriā** leven].

vēscus, a, um (*vescor*) (*niet-klass.*) uitgeteerd, mager, zwak [**farra; corpus; papaver** armetierig].

Veseris, is *m rivier in Campanië.*

vēsīca, ae *f*
1. blaas, urineblaas;
2. (*Juv.*) kut;
3. (*Mart.*) (a) muts, kap; (b) lampion *gemaakt v.e. blaas;* (c) (*metaf.*) gezwollenheid, hoogdravendheid *van taal.*

vēsīcula, ae *f* (*demin. v. vesica*) blaasje.

Vēsontiō, ōnis *m belangrijkste stad in het gebied v.d. Sequani in Gallië, nu Besançon, in 58 v. Chr. door Caesar bezet.*

vespa, ae *f* wesp.

Vespasiānus zie *Flavius.*

vesper, erī *m* (*abl. sg.* vesperō *en* vespere)
1. (*poët.; postklass.*) de Avondster; ▸ *vespero surgente;*
2. (*meton.*) avond; **vesperī** (*minder vaak* **vespere**) 's avonds, in de avond; ▸ *ad, sub -um* tegen de avond; *ante -um; primo vespere* aan het begin v.d. avond; *sprw.: quid vesper ferat, incertum est* (*Liv.*) de situatie kan nog flink veranderen; *de vesperi alcis cenare* op iems. kosten;
3. (*poët.*) het westen.

vespera, ae *f* (*vesper*)
1. avond; ▸ *primā -ā* toen het avond werd;
2. (*Mel.*) vesper, kerkdienst in de namiddag.

vesperāscō, vesperāscere, vesperāvī, — (*vespera*) avond *of* donker worden; ▸ *vesperascente caelo of die* bij het vallen v.d. avond; *onpers.: vesperascit* het wordt avond.

vespertīliō, ōnis *m* (*vesper*) (*pre- en postklass.*) vleermuis.

vespertīnus, a, um (*vesper*)
1. avondlijk, avond- [**horae; ambulatio; litterae** 's avonds ontvangen; **senatūs consulta** 's avonds genomen]; ▸ *-um pererro forum* (*Hor.*) 's avonds;
2. westelijk [**regio**].

vesperūgō, inis *f* (*vesper*) (*pre- en postklass.*) de Avondster.

vespillō, ōnis *m*
1. (*postklass.*) lijkdrager *voor arme mensen;*
2. (*Laatl.*) lijkschenner, grafschenner.

Vesta, ae *f*
1. *godin v.h. haardvuur, de huiselijkheid en het gezinsleven, de eendracht en veiligheid v. stad en staat, dochter v. Saturnus en Ops; op het Forum Romanum had zij een rond tempeltje; daarvoor brandde het heilige vuur v.d. staat;* ▸ *ad Vestae* (*vul aan: aedem*) bij de Vestatempel;
2. (*poët.*) (*meton.*) (a) Vestatempel; (b) haard (-vuur);
/ *adj.* **Vestālis,** e Vestaals, van Vesta, aan Vesta gewijd [**foci**]; (*metaf.*) eigen aan Vestaalse maagden, kuis, zedig [**oculi**]; *subst.* **Vestālis,** is *f* (= *virgo Vestalis*) priesteres v. Vesta, Vestaalse maagd (*oorspr. vier, later zes*); **Vestālia,** ium *n* feest ter ere v. Vesta (*op 9 juni*).

vester, tra, trum *pron. poss. v.d. 2e pers. plur.* (*vos*) (van) jullie, uw, aan jullie, u toebehorend [**animus** jullie gezindheid; **maiores; beneficia**]; ▸ *amor vester* liefde van jullie; *amor vestri* liefde voor jullie; *quis vestrum?* wie v. jullie?; — *subst.* **vester,** trī *m* jullie vriend, jullie meester; **vestrum,** ī *n* wat v. jullie is, jullie zaak, jullie vermogen, jullie manier v. doen (*plur.* jullie omstandigheden): *vestrum est* het is jullie zaak.

vestiārium, ī *n* *(vestiarius)* *(postklass.)*
1. garderobe, klerenkamer;
2. kleedgeld *of* kleding *van slaven.*

vestiārius *(vestis)*
I. *adj.* a, um *(preklass.)* kleren-;
II. *subst.* ī *m* *(Laatl.)*
1. handelaar in kleren;
2. bewaker v.e. garderobe.

vestibulum, ī *n*
1. voorplein, -hof [**templi; curiae**];
2. *(poët.; postklass.)* voorportaal *van het huis, tussen de voordeur en het atrium;*
3. ingang [**castrorum; Orci; senatūs; urbis**]; ▸ *in -o Siciliae* bij de toegang tot Sicilië;
4. *(metaf.)* begin [**orationis**].

vestīgātiō, ōnis *f* *(vestigo)* *(Apul.)* het opsporen, het zoeken.

vestīgātor, ōris *m* *(vestigo)* *(pre- en postklass.)* speurder, spion.

vestīgium, ī *n*
1. (voet)spoor, (voet)stap [**hominis; ferae; ungulae; socci**]; ▸ *-a imprimere of figere* lopen, gaan; *-a premere* stilstaan; *(per)sequi of consequi -a alcis of alqm -is* iem. op de hielen zitten, iem. achtervolgen; *-a facere* gaan; *-a vertere of torquere* omkeren; *-a referre* teruggaan; *-a graviter ponere* zwaar lopen; *(metaf.)* *-is alcis ingredi, -a alcis premere* in iems. voetspoor treden; *-um abscedere ab Hannibale* slechts een voetbreed wijken v. Hannibal; *deus ille quem in animi notione tamquam in -o reponimus;*
2. *(meton.)* (voet)zool [**pedis**]; voet;
3. *(metaf.)* spoor [**verberum; sceleris**], kenmerk, teken [**avaritiae**];
4. *(plur.)* resten, puinhopen, ruïne [**urbis**];
5. (stand)plaats; ▸ *eodem -o manere of haerere; in suo -o mori; se -o movere* zich van zijn plaats bewegen;
6. tijdstip, ogenblik; ▸ *e (of in) -o* onmiddellijk, ogenblikkelijk.

vestīgō, vestīgāre *(vestigium)*
1. *(poët.; postklass.)* opsporen, zoeken [**virum; perfugas inquirendo; apes in pumice**];
2. *(metaf.)* uitvorsen, nagaan, zoeken [**voluptates; causas rerum**]; *(ook m. afh. vr.).*

vestīmentum, ī *n* *(vestio)*
1. kledingstuk; *plur.* kleding;
2. *(preklass.)* kleed, deken.

Vestīnī, ōrum *m* *volksstam in Italië bij de Adriatische Zee;* — *adj.* **Vestīnus,** a, um [**populus; legio**].

vestiō, vestīre *(impf. in poëzie ook vestībam)* *(vestis)*
1. (be)kleden;
2. *(metaf.)* bedekken, omgeven [**campos lumine purpureo; montem oleā** beplanten met; **trabes aggere**]; ▸ *montes silvis vestiti* begroeid met; *sepulcrum vepribus vestitum;*
3. versieren [**parietes**]; *(retor.)* inkleden [**alqd oratione**].

vesti-plica, ae *f* *(vestis en plico)* *(postklass.)* strijkster.

vestis, is *f*
1. *(coll.)* kleding, kleren, (kleder)dracht [**pretiosa; muliebris; candida; servilis**]; ▸ *vestem mutare* kleding verruilen; andere kleren *of* rouwkleding aantrekken;
2. kledingstuk, kleed, gewaad [**albae; fucatae**];
3. *(coll.)* kleden, dekens *van rustbedden;* ▸ *super lectos candebat* ~;
4. *(poët.)* *(metaf.)* baard; spinnenweb; huid v.e. slang.

vesti-spica, ae *f* *(vestis en specio)* *(preklass.)* kamenier, kledingverzorgster.

vestītus, ūs *m* *(vestio)*
1. kleding, (kleder)dracht [**muliebris; forensis**]; ▸ *vestitum mutare* rouwkleding aantrekken; *ad suum vestitum redire* het rouwkleed afleggen;
2. *(metaf.)* bekleding, bedekking [**riparum** het groen; **montium** begroeiing]; *(retor.)* versiering, praal [**orationis**].

Vesulus, ī *m* *berg in de Cottische Alpen, nu de* Monviso.

Vesuvius, ī *m* de Vesuvius, *vulkaan in Campanië; door de uitbarsting v. deze vulkaan in 79 n. Chr. werden de steden Pompeji en Herculaneum bedolven.*

veter, *gen.* ēris *(arch.)* = *vetus.*

Vetera, um (*en* **Vetera castra**) *n* *Rom. legerplaats ten Z. v. het huidige Xanten.*

veterāmentārius, a, um *(vetus)* *(postklass.)* van oude dingen [**sutor** oplapper v. oude schoenen].

veterānus *(vetus)*
I. *adj.* a, um
1. volgroeid;
2. oud, sinds vele jaren [**hostis**];
3. *(v. soldaten)* oudgediend, beproefd [**dux; milites; legio, exercitus** bestaand uit veteranen];
II. *subst.* ī *m* oudgediende soldaat, veteraan.

veterārium, ī *n* *(vetus)* *(Sen.)* wijnkelder.

veterātor, ōris *m* *(vetus)*
1. routinier;

2. oude rot, oude vos, slimmerik.

veterātōrius, a, um *(veterator)* geroutineerd; handig, listig.

veterētum, ī *n (vetus) (postklass.)* braakakker.

veterīnārius, a, um *(veterinus)* belast met *of* betrokken bij de verzorging v. dieren [**medicus**].

veterīnus, a, um *(pre- en postklass.)* van het trekvee.

veternōsus, a, um *(veternus) (pre- en postklass.)*
1. slaapzuchtig;
2. *(metaf.)* slaperig, doezelig, dromerig; mat, krachteloos.

veternus, ī *m (vetus)*
1. *(postklass.)* oud vuil(nis), schimmel;
2. slaapzucht; *metaf.* het nietsdoen, indolentie.

vetitum, ī *n (veto)* verbod.

vetō, vetāre, vetuī, vetitum
1. verbieden, niet toelaten, niet toestaan *(m. acc.; m. aci.; inf.; niet-klass. m. ut of ne, quominus, quin, alleen conj.; pass. persoonl. m. nci., niet-klass. onpers. m. inf.)*; ▸ *leges* ~ afwijzen; *in vincula hominem conici vetant (Liv.); haruspex vetuit ante brumam alqd novi negotii incipere (Ter.); quid vetat quaerere* wat let ons te vragen?; *senatores vetiti sunt Aegyptum ingredi (Tac.); vetor ex urbe exire* men verbiedt mij de stad te verlaten; *sanguinem arae offundere vetitum est (Tac.)*;
2. verhinderen *(m. inf.; ne; quominus)*; ▸ *hos vetuit me numerare timor; venti vetantes* ongunstig;
3. afwijzen, het veto uitspreken over *(m. acc.)*.

Vettōnēs, um *m volksstam in Lusitanië, in de buurt v.h. huidige Salamanca in Spanje.*

vettōnicus, a, um *(postklass.) -a herba* betonie.

vetuī *pf. v. veto.*

vetula, ae *f (vetulus) (preklass.; poët.)* oud wijf.

vetulus *(demin. v. vetus)*
I. *adj.* a, um tamelijk oud, ouwelijk [**equus; arbor**];
II. *subst.* ī *m* oude man; *(scherts.) mi -e* ouwe jongen.

vetus, *gen.* eris *(abl. sg. -ere, zelden -erī; nom. en acc. plur. n* -era, *gen. plur.* -erum; *comp. vervangen door* vetustior [*v. vetustus*]; *superl.* veterrimus)
1. oud, bejaard, vergrijsd [**senatores; imperatores**]; zwak door ouderdom [**senectus**];
2. al lang bestaand, oud, van veel jaren *(itt. novus)* [**mos; navis; necessitudines; hospitium; proverbium; amicus**];
3. ervaren, handig, beproefd, oudgediend [**milites; exercitus; gladiator;** *(in: gen.)* **belli; regnandi**];
4. voormalig, vroeger, gewezen [**tribuni; bella; imperium; leges; delictum**]; / *subst.* (a) **veterēs,** um *m* de ouden, voorvaderen; veteranen; *(postklass.)* de oude schrijvers; (b) **Veterēs,** um *f (vul aan: tabernae) oude* kraampjes v.d. geldwisselaars *aan de Z.-kant v.h. Forum*; (c) *plur.* **vetera,** um *n* het oude, het verleden, oude gebeurtenissen, mythen *of* literatuur *e.d.*

vetustās, ātis *f (vetus)*
1. *gevorderde* leeftijd, ouderdom [**tarda**]; ▸ *prisca* ~ hoge leeftijd;
2. lange duur, bestendigheid, het lang bestaan [**societatis; religionis**]; ▸ *vetustatem habere, (per)ferre* bestendig zijn, lang duren, *(v. ziektes)* chronisch zijn, *(v. wijn)* lang gelegen hebben;
3. oude relatie, oude vriendschap; ▸ *vetustate cum alqo coniunctum esse*;
4. langdurige ervaring, routine; ▸ *vetustate alqm vincere*;
5. vroeger tijden, oudheid; ▸ *vetustatis exempla; historia nuntia vetustatis*; — *meton.* mensen v. vroeger;
6. tijd, veroudering, verval [**edax**];
7. verre toekomst; ▸ *de me nulla obmutescet* ~.

vetustus, a, um *(vetus)*
1. oud, bejaard; ▸ *vetustissimus ex censoribus; virginum Vestalium vetustissima*;
2. al lang bestaand, langdurig [**hospitium; oppidum; vinum** die lang heeft gelegen; **disciplina**]; eerbiedwaardig *vanwege de ouderdom* [**mos; templum**];
3. toenmalig, van vroeger [**scriptores**];
4. *(metaf.) (v. redenaars)* ouderwets.

vexāmen, inis *n (vexo) (Lucr.)* verstoring [**mundi**].

vexātiō, ōnis *f (vexo)*
1. *(postklass.)* schok, trilling;
2. *(metaf.)* hinder, last [**corporis; vulneris**]; kwelling, mishandeling [**sociorum**].

vexātor, ōris *m (vexo)* plaaggeest; gesel [**urbis; rei publicae**].

vēxī *pf. v. veho.*

vexillārius, ī *m (vexillum)*
1. vaandeldrager, vaandrig;
2. *(postklass.) plur.* (a) veteranen *(die nog in het leger dienen, maar vrijgesteld zijn van corvee)*; (b) detachement.

vexillātiō, ōnis *f (vexillum) (postklass.)* detachement.

vexilli-fer, fera, ferum *(vexillum en fero) (Laatl.)* vaandrig.

vexillum, ī *n*
1. vaandel, standaard; ▸ *-um tollere* uitrukken;
2. rode seinvlag *op de tent v.d. veldheer of op het vlaggenschip als teken om het kamp te verlaten of de strijd aan te gaan;* ▸ *-o signum dare;*
3. *(meton.) bij een vaandel horend* detachement.

vexō, vexāre
1. hevig bewegen, heen en weer schudden; ▸ *rates* ~; *rector per confragosa vexabitur* zal heen en weer geslagen worden; *venti vexant nubila caeli; in turba vexatus* heen en weer geslingerd;
2. *(metaf.)* teisteren, kwellen, plagen, mishandelen [**cives; hostes; rem publicam bellis; pecuniam** verkwisten]; ▸ *civitatis mores luxuria vexabat; conscientiā, invidiā vexari; vexari viae difficultate; rosae vexatae* platgedrukt;
3. plunderen, brandschatten [**fana; agros; Siciliam**];
4. *(mondeling of schriftelijk)* aanvallen.

via, ae *f*
1. weg, straat: (a) *(buiten de stad)* weg [**militaris** heerbaan; **Appia** *(van Rome naar Brindisi)*; **Flaminia** *(van Rome naar Rimini)*]; ▸ *viam facere, munire, aperire* aanleggen, construeren; *viam sternere* plaveien; (b) *(in de stad)* straat, steeg [**Sacra** heilige straat *(over het Forum Romanum naar het Capitool)*]; ▸ *viae se committere; ex via excedere of de via decedere* van de weg gaan *of* de weg verlaten; *viā ire* op de (juiste) weg blijven; (c) *alg.* weg, pad, gang *(bv. tussen de tenten in het legerkamp of tussen de rijen zitplaatsen in het theater);* ▸ *in viam se dare* zich op weg begeven; *alci viam dare* plaatsmaken voor iem.; (d) baan *van hemellichamen;* ▸ *lunam cursus viam sub sole tenere;*
2. *(meton.)* mars, reis, gang [**nocturna**]; ▸ *in via, inter viam* onderweg; *alci viam per fundum suum dare* recht v. overpad geven; *de via languere; unam tibi viam et perpetuam esse vellent* zouden wensen dat je nooit terugkwam; *mare et (of atque) viae, viae ac mare* reizen over zee en land; *rectā viā* rechtstreeks *(ook metaf.);*
3. rechte weg *(ook metaf.);* ▸ *de via declinare; de via decedere* van het rechte pad;
4. *(metaf.)* pad, weg, middel, manier, wijze [**vitae** *en* **vivendi** levenswandel; **leti** naar de dood; **salutis, potentiae** toegang tot]; ▸ *viam gloriae (of ad gloriam) inire, ingredi* inslaan; *aliā (eādem) viā* op een andere (dezelfde) manier; — *adv.* **viā** met beleid, methodisch [**progredi**]: *ratione et viā;*
5. (a) buis *in het menselijk lichaam, bv.* slokdarm, luchtpijp; (b) *(Verg.)* spleet; (c) *(Tib.)* weefpatroon *in een kledingstuk.*

viālis, e *(via) (Plaut.; Laatl.)* bij de weg horend [**Lares**].

viārius, a, um *(via)* de (herstelwerkzaamheden aan de) weg betreffend [**lex**].

viāticātus, a, um *(viaticum) (Plaut.)* voorzien van reisgeld.

viāticum, ī *n (viaticus)*
1. reisgeld;
2. *(poët.; postklass.) door de soldaten* buitgemaakt *of* gespaard geld;
3. *(Mel.)* sacrament der stervenden.

viāticus, a, um *(via) (Plaut.)* horend bij de reis [**cena** afscheidsmaal].

viātor, ōris *m (via)*
1. reiziger;
2. bode, assistent;
3. *(eccl.)* pelgrim.

viātōrius, a, um *(viator)* horend bij de reis, reis-.

vībex, īcis *f (postklass.)* striem.

vibrāmen, inis *n (vibro) (Apul.)* trilling.

vibrō, vibrāre
I. *tr.*
1. *(poët.; postklass.)* doen trillen; doen beven [**membra; viscera**]; doen schudden; ▸ *vibrabant flamina vestes* lieten fladderen; *sustinentium umeris vibratus;* — *pass.* trillen, schokken; — *p. adj.* **vibrātus,** a, um trillend, schokkend [**lingua; fulgor**];
2. slingeren, werpen [**tela; fulmina; spicula per auras;** *metaf.* **iambos**];
3. *(poët.; postklass.)* haar krullen;
II. *intr.*
1. *(poët.; postklass.)* trillen, schokken, beven; ▸ *vibrat lingua; nervi vibrantes;*
2. fonkelen, glimmen, schitteren; ▸ *mare vibrans; tela vibrantia;*
3. *(metaf., v.e. redevoering)* schitteren; ▸ *vibrans oratio* gloedvol;
4. *(postklass.) (v. klanken)* galmen; ▸ *vox in auribus vibrat.*

vīburnum, ī *n (poët.)* sneeuwbal *(een struik).*

vīcānus *(vicus)*
I. *adj.* a, um in een dorp woonachtig; rondtrekkend langs de dorpen [**haruspex**];
II. *subst.* ī *m* dorpsbewoner.

Vica Pota, ae *f Oudrom. godin v.d. overwinning(?) met een heiligdom op de helling v.d. Velia.*

vicāria, ae *f (vicarius) (Sen.)* plaatsvervangster.

vicārius *(vicis)*

I. *adj.* a, um plaatsvervangend *(voor: gen.)*;
II. *subst.* ī *m*
1. plaatsvervanger, opvolger *(in: gen.)* [**diligentiae meae**]; *(milit.)* vervanger; ▸ *-um expedire alci* verschaffen;
2. onderslaaf *(iem. die door een slaaf gekocht is)*.

vīcātim *adv. (vicus)*
1. in gehuchten [**habitare**]; van dorp tot dorp [**bellum circumferre**];
2. per steeg, van steeg tot steeg [**homines conscribere**].

vice, vicem *zie vicis.*

vīcēnārius, a, um *(viceni)* bestaand uit twintig eenheden.

vīcēnī, ae, a *(viginti)*
1. ieder *of* steeds twintig;
2. *(postklass.)* twintig ineens.

vīcē(n)sima, ae *f (vice[n]simus; vul aan: pars)* twintigste deel (5%) *als belasting aan de staat.*

vīcē(n)simānī, ōrum *m (vice[n]simus) (Tac.)* soldaten v.h. 20e legioen.

vīcē(n)simārius, a, um *(vice[n]simus)* ten bedrage v.h. twintigste deel (5%) [**aurum** belasting v. 5% in goud *bij de vrijlating v. slaven*].

vīcē(n)simus, a, um *(viginti)* twintigste.

vicēs *zie vicis.*

Vīcētia, ae *f stad in N.-Italië, nu Vicenza; — inw.* **Vīcētīnī,** ōrum *m.*

vīcī *pf. v. vinco.*

vicia, ae *f* wikke.

vīciē(n)s *adv. (viginti)* twintigmaal.

Vicilīnus, ī *m* de waakzame, *epith. v. Jupiter.*

vīcīna, ae *f (vicinus)* buurvrouw.

vīcīnālis, e *(vicinus)* de buren betreffend [**bella** met naburige volksstammen].

vīcīnia, ae *f (vicinus)*
1. buurt;
2. *(meton.)* buren;
3. *(postklass.) (metaf.)* nabijheid [**mortis**];
4. gelijkheid, overeenkomst [**virtutum vitiorumque**].

vīcīnitās, ātis *f (vicinus)*
1. buurt;
2. naburigheid; het buren zijn;
3. *(meton.)* (a) buren, *ook plur.*; (b) naburige streek, omgeving;
4. *(postklass.) (metaf.)* gelijkheid, overeenkomst [**nominis**].

vīcīnum, ī *n (vicinus) (poët.; postklass.)* buurt; *plur.* omgeving; ▸ *(in) -o* in de buurt, in de nabijheid; *ex -o* van dichtbij.

vīcīnus *(vicus)*
I. *adj.* a, um
1. naburig, dichtbij, in de buurt [**urbs; bellum** in de directe nabijheid; *(m. dat.)* **Thessalia Macedoniae** grenzend aan; **sedes astris**];
2. *(poët.; Laatl.) (v. tijd)* ophanden zijnd [**mors**];
3. *(metaf.)* lijkend op *(m. dat.)*; ▸ *dialecticorum scientia -a est eloquentiae;*
II. *subst.* ī *m* buurman.

vicis *(gen. sg.) f (nom. sg. en gen. plur. ontbreken; dat. vici, acc. vicem, abl. vice; plur.: nom. en acc. vicēs, dat. en abl. vicibus)*
1. beurt, wisseling, afwisseling, *plur. ook* volgorde; ▸ *vices servare* een vaste volgorde vertonen; *vigiliarum vices servare* afwisselend de wacht betrekken; *mutat terra vices* is onderhevig aan verandering; *nox peragit vicem* wisselt af met de dag; *vice fortunarum humanarum commoveri; versā vice* omgekeerd; *in vicem, invicem, in vices, alternā vice, per vices, suis vicibus e.d.* afwisselend, beurtelings, bij toerbeurt, ter afwisseling; *per vices annorum* om het jaar; *benignā vice* in goede afwisseling; *crebris vicibus* vaak; *vice sermonum* in beurtgesprek *of* dialoog;
2. verandering v.h. lot, noodlot; *(poët.) plur.* wisselende omstandigheden; ▸ *humanam vicem convertere; deum (= deorum) rex volvit vices (Verg.); vices Danaum* krijgskansen;
3. *(metaf.)* plaats(vervanging), positie, ambt, dienst, taak; ▸ *vice alcis fungi, vicem alcis praestare of vices alcis exercere, defendere* iems. dienst overnemen, iem. vervangen; *vices sortiri* loten om de positie;
4. tegenprestatie, vergelding; ▸ *vicem (of vices) alci reddere, referre, exsolvere* iem. met gelijke munt terugbetalen *(nav.: gen.)*; *redde vicem meritis; vices superbae* straf voor hooghartigheid *(Hor.)*;
/ *vaste uitdrukkingen:* **vicem** *en (postklass.)* **vice, ad vicem** *(m. gen. of pron. poss.)* wegens, voor, om [**imperatoris; nostram**]; op de manier van, precies zoals [**pecorum**]; bij wijze van [**oraculi**].

vicissātim *adv. (vicissim) (Plaut.)* op mijn (jouw, zijn, *enz.*) beurt.

vicissim *adv. (vicis)*
1. op mijn (jouw *enz.*) beurt;
2. afwisselend;
3. anderzijds, daarentegen, toch; ▸ *versique ~ Rutuli dant terga;*
4. wederzijds, onderling.

vicissitūdō, inis *f (vicissim)*
1. beurt, afwisseling [**fortunae; dierum ac**

noctium; diurnae nocturnaeque; imperitandi in het regeren; studiorum officiorumque; in sermone communi]; wederzijdse invloed;
2. (Mel.) vergelding.
victima, ae *f*
1. offerdier; (*metaf.*) offer; ▸ *se -am rei publicae praebere;*
2. (Mel.) offerlam (= Christus).
victimārius, ī *m* (*victima*) offerdienaar.
victimō, victimāre (Laatl.) offeren.
vīctitō, vīctitāre (*vivo*) (*pre- en postklass.*) zich in leven houden, zich voeden (*met: abl.*) [**ficis** met vijgen; **suco suo; bene libenter** graag goed eten].
victor, ōris *m* (*vinco*)
1. (over)winnaar (*van, over, in: gen.*) [**hostium; bellorum civilium; belli**]; ▸ *victorem discedere ex pugna* als overwinnaar te voorschijn komen; — attrib. zegevierend [**exercitus; equi** span v.d. overwinnaar; **currus** triomfwagen];
2. *als epith. v. Jupiter en andere goden:* ▸ *aedem Iovi victori vovere;*
3. (*metaf.*) (*attrib.*) overwinnend; ▸ *animus ~ libidinis et divitiarum.*
victōria, ae *f* (*victor*) overwinning [**externa; domestica; Sullana** van Sulla; **Cannensis; dubia; navalis;** (*in: gen.*) **belli; certaminis;** (*over iem.: de; ex*) **de Veientibus; de tot ac tam potentibus populis; ex collega**]; ▸ *-am conclamare* een overwinningsgeschreeuw aanheffen; *-am adipisci, parere of ferre de, ex alqo* de overwinning op iem. behalen; — *personif.* **Victōria** *overwinningsgodin,* Gr. Nike; (*meton.*) beeld v. Victoria.
victōriātus, ī *m* (*victoria*) *~* (*nummus*) Victoriamunt (*zilveren munt met de afbeelding v. Victoria*).
Victōriola, ae *f* (*demin. v. Victoria*) beeldje v. Victoria.
victōriōsus, a, um (*victoria*) (*postklass.; Laatl.*) zegevierend, rijk aan overwinningen.
victrīx, īcis *f* (*victor*) (over)winnares; ook *metaf.*; — attrib. (a) zegevierend [**Athenae; legiones**]; (b) (*poët.; postklass.*) de overwinning betreffend [**litterae; tabellae**]; (c) (*poët.*) triomferend; ▸ *Allecto Iunonem ~ affatur.*
vīctuālis, e (*victus*[2]) (*Laatl.*) behorend tot het leven(sonderhoud); — *subst.* **vīctuālia,** ium *n* levensmiddelen.
victuma, ae *f* = victima.
victus[1] *ppp. v. vinco.*
vīctus[2], ūs *m* (*vivo*)
1. levensonderhoud, voeding, eten [**cotidianus; diurnus; inops** gebrekkig; **tenuis**]; ▸ *alci victum cotidianum in prytaneo publice praebere; maior pars eorum victūs in lacte et carne consistit;*
2. levenswijze [**Persarum**]; ▸ *alqm a victu pristino deducere.*
vīculus, ī *m* (*demin. v. vicus*) dorpje.
vīcus, ī *m*
1. dorp, gehucht; hoeve;
2. (stads)wijk; huizenblok.
vidē-licet *adv.* (< *videre licet*)
1. duidelijk, blijkbaar, zeker;
2. vanzelfsprekend, uiteraard, natuurlijk, *vaak iron.*; ▸ *Catilina homo ~ timidus;*
3. namelijk;
4. (*preklass.*) het is zonneklaar, evident (*m. aci.*); ▸ *~ parcum illum fuisse senem* (*Plaut.*).
vidēn *zie video.*
videō, vidēre, vīdī, vīsum
I. *abs.*
1. zien, kunnen zien, het gezichtsvermogen hebben; ▸ *sensus videndi; acriter ~* arendsogen hebben; *quam longe videmus?* hoever reikt onze blik?;
2. (*Verg.*) de ogen open hebben, wakker zijn;
II. *tr.*
1. zien, waarnemen, aanschouwen, ontwaren [**hostem; alqd in somnis**]; ▸ (*m. aci.*) *suos fugere et concīdi videbat;* (*m. acc. m. ptc.*) *te perturbatum video; supplicem vidit in ara sedentem* zag zitten; *videas* men zou kunnen zien; *videres* men had kunnen zien; *nulli videndus* voor iedereen onzichtbaar; *mugire videbis terram* (*Verg.*);
2. weer terugzien [**patriam**];
3. met eigen ogen zien, meemaken; ▸ *clarissimas victorias aetas nostra vidit; Cinnam memini, vidi Sullam; atque hoc quidem ~ licet* is een ervaring die iedereen mee kan maken;
4. bezoeken, opzoeken [**vicinum; has domos; hominem**];
5. aanzien, bekijken; ▸ *mulieres visum processerant* om te kijken; *alqm ~ non posse* iem. niet kunnen aanzien = niet kunnen uitstaan; *nascentem placido lumine ~;*
6. onverschillig aanzien, toekijken (*meestal m. aci.*) [**nefas**]; ▸ *vos civem in vincula duci videbitis;*
7. (*metaf.*) (*preklass.*) als voorbeeld nemen, vertrouwen; ▸ *me vide* vertrouw op mij;
8. begrijpen, inzien, merken (*m. acc.; aci.; afh. vr.*) [**plus in re publica** een dieper politiek in-

zicht hebben];
9. bedenken, overwegen, bezien *(m. acc.; afh. vr.)* [**aliud consilium**]; ▸ *haec videnda sunt* moeten worden overwogen; *videas, quid agas; alio loco de oratorum animo et iniuriis videro* zal ik bekijken; *sitne malum dolere necne Stoici viderint; ipse viderit* hij mag voor zichzelf bekijken; *tu videris, vos videritis, ipsi viderint;*
10. acht slaan op, zich bekommeren om, zorgen voor *(m. acc.; ut, ne; ne non; ook alleen conj.)*; ▸ *viderit ista deus; videant consules ne quid res publica detrimenti capiat; viderint ista officia viri boni; negotia mea videbis;* — *als mild gebod en verbod: vide, videamus, videant ne* pas op dat niet; *vide ne non, videndum est ut;* ▸ *vide ne nulla sit divinatio* misschien is er wel geen divinatio; *vide ne non sit hoc proprium nomen omnium* dit is waarschijnlijk niet de eigen naam van alle; *videndum est ut honeste vos esse possitis* jullie zullen daar wel niet met goed fatsoen kunnen blijven;
11. omkijken naar, zorg dragen voor [**alqd potionis; alci prandium**];
12. op het oog hebben, nastreven, streven naar *(m. acc.)* [**magnam gloriam; aliud** andere bedoelingen hebben; **imperia immodica; commodum publicum**];
/ viden *(Plaut.; Verg.)* = *videsne?*

videor, vidērī, vīsus sum *(pass. v. video)*
1. gezien worden, zichtbaar zijn, zich vertonen, verschijnen; ▸ *paucae stationes equitum videbantur; impedimenta nostri exercitus ab iis visa sunt;*
2. duidelijk worden *of* zijn, blijken, *soms goed te vertalen met* duidelijk *(m. nci.)*; ▸ *Caesar in supplices usus esse misericordiā videtur; eum omnia deficere videntur* blijkbaar heeft hij aan alles te kort;
3. schijnen, lijken, gelden als, *ook te vertalen met* naar het schijnt, vermoedelijk; ▸ *(m. het naamwoordelijk deel in de nom.) seniores aetate ad bellum inutiles videbantur; poteras felix videri; poena mihi levis visa est; exstinctae potius amicitiae quam oppressae videntur; (m. nci.) milites impetum facere videntur* de soldaten lijken aan te vallen, het lijkt alsof de soldaten aanvallen, vermoedelijk vallen de soldaten aan;
4. *(m. part. fut.)* lijken; ▸ *res videtur prospere eventura (esse); res publica peritura (esse) videtur* dreigt ten onder te gaan;
5. *(sibi) videri* (van zichzelf) geloven, denken, zich verbeelden, menen *(m. nci.)*; ▸ *satis dixisse mihi videor; amens mihi fuisse videor; fortunatus sibi Damocles videbatur; recordatione nostrae amicitiae sic fruor ut beate vixisse videar; si sibi magis honorem tribuere quam ab se salutem accipere videantur; illi omnia posse sibi videntur* ze geloven alles te kunnen; *sperare videor* ik meen te mogen hopen; *iure sumere videmur* we kunnen met recht aannemen;
6. *(onpers.) (alci) videtur* het schijnt iem. juist *of* goed toe, iem. is van mening, iem. besluit *(m. inf.; aci.)*; ▸ *senatui visum est legatos mittere; si tibi videbitur* als je wilt; *si videtur* als het instemming vindt.

vīdī *pf. v. video.*

vidua, ae *f* weduwe.

viduālis, e *(vidua) (Laatl.)* van een weduwe, weduw(en)- [**habitus**].

viduertās, ātis *f (viduus) (preklass.)* schaarste, gebrek.

viduitās, ātis *f (viduus)*
1. positie van weduwe *of* weduwnaar;
2. *(metaf.) (Plaut.)* gebrek [**copiarum atque opum**].

vīdulus, ī *m (vieo) (Plaut.) gevlochten* reiskoffer; vismand.

viduō, viduāre *(vidua) (poët.; postklass.)*
1. weduwe *of* weduwnaar maken; ▸ *viduata* weduwe geworden;
2. *(metaf.)* beroven *of* ontdoen van *(m. abl.)* [**urbem civibus; ornos foliis**].

viduus, a, um *(vidua)*
1. *(poët.; postklass.)* weduwe *of* weduwnaar geworden;
2. ongehuwd; gescheiden [**filia**];
3. *(poët.)* beroofd van de geliefde, eenzaam [**puella; lectus**];
4. *(metaf.) (poët.)* beroofd, leeg, ontbloot *(van: gen.; abl.; ook ab)*; ▸ *pectus -um amoris; lacūs -i a lumine Phoebi;*
5. *(poët.; postklass.) (v. bomen of wijnstokken)* niet steunend *of* niet gesteund;
6. beroofd van zijn bezitter, onbeheerd [**sceptra**].

viella, ae *f (Mel.)* viool, vedel.

Vienna, ae *f belangrijkste stad in het gebied v.d. Allobroges in Gallia Narbonensis, nu Vienne;* — *inw. en adj.* **Viennēnsis,** is *m resp.* e.

vieō, viēre, viēvī, viētum *(preklass.)* vlechten.

viēscō, viēscere, — — *(postklass.)* verschrompelen.

viētus, a, um *(p. adj. v. vieo)* verwelkt, verschrompeld [**membra; senex**].

vigeō, vigēre, viguī, —

1. vitaal, sterk, fris, levendig zijn; ▸ *vires vigent; aetas viget; memoriā* ~ in het volle bezit v. zijn geheugen zijn; *animo vigemus* wij zijn vol goede moed; *mobilitate viget Fama; animus in rerum cognitione viget* (*Cic.*);
2. (*metaf.*) bloeien, machtig zijn, in aanzien staan; ▸ *artium studia vigent; religiones viguerant; auctoritate* (*opibus*) *apud alqm* ~ ; *magnae viguere Mycenae;* — (*v. situaties, gewoontes e.d.*) heersen: *avaritia viget; crimina vigent;*
3. krachtig, effectief zijn; ▸ *oratio vigentibus plena sententiis.*

vigēscō, vigēscere, — — (*incoh. v. vigeo*) (*poët.; Laatl.*) krachtig *of* levendig worden.

vīgēsimus, a, um = *vice(n)simus.*

vigil, *gen.* vigilis (*vigeo*)
I. *subst. m*
1. wachter;
2. (*postklass.*) *plur.* nachtpolitie en brandweer in Rome;
II. *adj.* (*poët.; postklass.*) wakend, waakzaam, wakker [**oculi; ignis** altijd brandend; **lucerna** nachtelijk licht; **nox** doorwaakt].

vigilāns, *gen.* antis (*p. adj. v. vigilo*)
1. (*poët.*) wakend, wakker [**oculi**];
2. (*metaf.*) waakzaam, oplettend [**tribunus plebis**]; ▸ *lumina vigilantia* vuurtoren; *ut nemo vigilantior ad iudicium venisse videatur.*

vigilantia, ae *f* (*vigilans*) waakzaamheid, oplettendheid, voorzorg.

vigilāx, *gen.* ācis (*vigilo*) (*poët.; postklass.*) altijd waakzaam [**curae**].

vigilia, ae *f* (*vigil*)
1. het waken, het wakker zijn; slapeloosheid; *plur.* doorwaakte nachten;
2. (*milit.*) (a) het wachthouden, wacht; ▸ *scutum ferre in -am* een schild meebrengen bij het op wacht gaan; *-as agere* de wacht houden; *exercitus -is fessus;* (b) (tijd van de) nachtwake (*de nacht* [*van zonsondergang tot zonsopgang*] *was verdeeld in vier nachtwakes, waarvan de lengte afhankelijk was v.d. duur v.d. nacht*) [**prima, secunda, tertia, quarta**]; (c) (*meton.*) wachtpost; ▸ *urbs -is munita; -as ponere;*
3. (*metaf.*) waakzaamheid, voorzorg, ijver; (*meton.*) post, ambt;
4. (*Plaut.*) nachtelijke ceremonie [**Cereris**];
5. (*Mel.*) *dag voorafgaand aan een belangrijk kerkelijk feest.*

vigiliārium, ī *n* (*vigilia*) (*Sen.*) wachthuisje.

vigilō, vigilāre (*vigil*)
I. *intr.*
1. waken, wakker zijn *of* blijven [**ad multam noctem; de nocte** de hele nacht; **usque ad lucem**]; ▸ *sprw.: vigilans dormit* (*Plaut.*) slaapt met open ogen;
2. (*metaf.*) waakzaam zijn, onvermoeibaar bezig zijn [**pro alqo; ad salutem rei publicae**];
II. *tr.* (*poët.; postklass.*)
1. doorwaken [**noctes**];
2. wakend verrichten *of* tot stand brengen [**carmen; labores**].

vīgintī *indecl.* twintig.

vīgintīvirātus, ūs *m* (*vigintiviri*) ambt *of* college v. twintig(mannen):
1. (*tijdens het consulaat v. Caesar*) *commissie die belast was met de verdeling v. akkers onder veteranen;*
2. (*Tac.*) *post van lagere ambtenaren in Rome.*

vīgintī-virī, ōrum *m* college v. twintig(mannen).

vigor, ōris *m* (*vigeo*)
1. (levens)kracht, frisheid, levendigheid [**animi corporisque**];
2. (*metaf.*) geldigheid [**legis**].

vigōrō, vigōrāre (*vigor*) (*Laatl.*) levendig *of* krachtig maken.

viguī *pf. v. vigeo.*

vīlēscō, vīlēscere, vīlui, - (*incoh. bij vilis*) (*Laatl.*) zijn waarde verliezen, waardeloos worden.

vīlica, ae *f* (*vilicus*) (*niet-klass.*) beheerster; vrouw v.e. vilicus; boerinnetje.

vīlicātiō, ōnis *f* (*vilico*) (*postklass.*) positie v. beheerder.

vīlicō, vīlicāre (*vilicus*) beheerder zijn (*van: acc.*).

vīlicus, ī *m* (*villa*) beheerder; ▸ (*metaf.*) *populus Romanus deligit magistratūs quasi rei publicae -os.*

vīlis, e
1. goedkoop [**vestis; frumentum**];
2. (*metaf.*) gering (*wat waarde betreft*), waardeloos, onbetekenend, verachtelijk [**rex; vita; honor**]; ▸ *alqd vile en inter vilia habere* iets geringschatten, verachten; *vilia rerum* waardeloze dingen; *est tibi vile mori* jij staat onverschillig tegenover de dood;
3. (*poët.*) overal verkrijgbaar, alledaags [**poma; phaselus**].

vīlitās, ātis *f* (*vilis*)
1. lage prijs [**annonae**]; ▸ *in summa vilitate* bij de laagste prijzen;
2. (*pre- en postklass.*) (*metaf.*) waardeloosheid; geringschatting [**sui**];
3. minderwaardigheid.

vīlla, ae *f*

1. landhuis, landgoed;
2. ~ *publica: openbaar gebouw op de Campus Martius, gebruikt voor het lichten van troepen, voor de census en als onderkomen voor gezanten v. elders;*
3. *(Mel.)* dorp, stad.

vīllica, vīllicō, vīllicus = *vilic-.*

villōsus, a, um *(villus) (poët.; postklass.)* borstelig, harig, ruw [**canis; leo; radix; guttura colubris** omringd door slangen *(v. Medusa)*].

vīllula, ae *f (demin. v. villa)* klein landhuis *of* landgoed.

vīllum, ī *n (demin. v. vinum) (Ter.)* een beetje wijn.

villus, ī *m (vellus)* borstelig *of* wollig haar *van dieren, meestal plur.* [**leonis; arietis**].

vīmen, inis *n (vieo)*
1. wilgentwijg;
2. *(meton.)* vlechtwerk, korf.

vīmentum, ī *n (vieo) (Tac.)* vlechtwerk.

Vīminālis, e *(vimen)* ~ *collis* de Viminaal, *een v.d. zeven heuvels v. Rome, de 'Wilgenheuvel' met het heiligdom v. Jupiter Viminius (tussen de Quirinaal en de Esquilijn).*

vīmineus, a, um *(vimen)* van vlechtwerk.

vīn? = *vīs-ne?, zie volo*[2].

vīnāceus, ī *m (vinum)*
1. druivenpit;
2. *een soort* draf *of* spoeling *(restant van druiven na de persing).*

Vīnālia, ium *n (vinum)* wijnfeest, *in Rome gevierd op 22 april bij het proeven v.d. nieuwe wijn (v.d. oogst v.h. jaar ervoor) ter ere v. Jupiter en Venus, en op 19 en 20 augustus ter ere v. Jupiter om zijn bescherming af te smeken over de nieuwe oogst.*

vīnārium, ī *n (vinarius)* wijnkruik.

vīnārius *(vinum)*
I. *adj.* a, um wijn- [**vas; cella** wijnkelder];
II. *subst.* ī *m* wijnhandelaar.

vincibilis, e *(vinco) (kom.) (gemakkelijk)* te winnen [**causa**]; *(Apul.) (v. argumenten)* dwingend.

vinciō, vincīre, vīnxī, vīnctum
1. vastsnoeren, binden, boeien [**manūs post tergum; alqm trinis catenis**];
2. gevangennemen [**civem Romanum**]; ▸ *vinctos solvere;*
3. *(poët.; postklass.)* omsnoeren, omwinden [**suras cothurno alte; tempora floribus; digitum anulo** aan de vinger doen]; ▸ *boves vincti cornua vittis* runderen waarvan de horens met banden omwonden zijn;
4. *(metaf.)* boeien; ▸ *somno vincti; vi Veneris vinctus;*
5. binden, verplichten [**alqm matrimonio; eum donis**];
6. versterken, beschermen [**oppida praesidiis**];
7. *(retor. t.t.) (woorden, zinnen e.d.)* verbinden [**verba; membra orationis numeris**];
8. tegenhouden, beperken, aan banden leggen [**omnia severis legibus; linguam** verlammen];
9. *(poët.)* betoveren [**hostiles linguas**].

vinclum, ī *n* = *vinculum.*

vincō, vincere, vīcī, victum
I. *intr.*
1. overwinnen, zegevieren *(in: abl.; soms in m. abl.)* [**bello; certamine; armis; (in) acie**]; ▸ *qui vicerunt of vicerant* de overwinnaars; — *subst.* **vincentēs,** ium *m* overwinnaars;
2. *(bij een verschil v. mening)* winnen, zijn mening *of* zijn wil doordrijven, de overhand krijgen; ▸ *vicit in senatu pars illa quae; victi paucis sententiis* overstemd; *vicisti* je hebt gelijk; *viceris* jij zult gelijk hebben *of* jij zult je zin hebben; *vicimus* we hebben het doorgezet, wij hebben ons doel bereikt; *vincite* jullie hebben wel gelijk *of* jullie krijgen wel je zin; *sententia vicit;*
3. in het voordeel zijn;
II. tr.
1. overwinnen, overweldigen, onder de knie krijgen, te boven komen [**Galliam bello; omnes gravi proelio; urbem pugnando;** *metaf.* **iram; saecula** overleven; **gemitum** onderdrukken; **silentium** verbreken; **spem regendi** verijdelen]; ▸ *Etrusci pro victis abiēre* zo goed als overwonnen; *(metaf.) victa iacet pietas; victus labore, desiderio, luctu; sagitta vincit aëra summum arboris* de pijl vliegt over de zich hoog in de lucht verheffende boomtop heen; — *subst.* **victī,** ōrum *m* overwonnenen;
2. winnen [**causam** het proces winnen; **Olympia** bij de Olympische Spelen winnen];
3. *(bij stemmingen)* meer stemmen halen dan *(m. acc.);*
4. *(bij veilingen)* overbieden;
5. *(metaf.)* overtreffen [**omnes parsimoniā; alqm eloquentiā; omnium exspectationem; beluas morum immanitate; regem odio**];
6. tot andere gedachten brengen, vermurwen, bewegen, overhalen [**deam precibus**]; *(m. ut)* overhalen om;
7. overtuigend bewijzen *of* betogen [**alqd verbis**]; *(ook m. aci. of afh. vr.; poët. ook ut).*

vīnctus *ppp. v. vincio.*

vinculum, ī *n* (*vincio*)
1. snoer, band, strik, riem [**tunicae; galeae** riem om de helm]; ▸ *-a epistulae en chartae* zegels; *corpora -is constricta; -a collo aptare; -a pedum* riemen v. sandalen, *meton.* sandalen;
2. (*plur.*) boeien; ▸ *-a alci indere, inicere* aandoen; *alci -a demere; alcis -a solvere; -a rumpere* ontvluchten;
3. (*meton.*) plur. gevangenis; ▸ *in -is esse; ex -is publicis effugere; alqm in -a conicere of ducere; condere alqm in -a; ex -is causam dicere;*
4. (*metaf.*) (a) knellende band, boei; ▸ *~ cupiditati iniectum est* de begeerte is beteugeld; *-a fugae* wat de vlucht tegenhoudt; (b) verenigende band, verbinding [**amicitiae; sponsionis** kracht v.d. belofte]; ▸ *illa -a, quibus quidem libentissime astringor, quanta sunt* hoe sterk zijn toch die banden, waardoor ik zeer graag gebonden ben; *-is propinquitatis coniunctus; imperator est ~ per quod res publica cohaeret* (*Sen.*); — (*poët.*) plur. innige omhelzingen.

Vindelicī, ōrum *m volksstam ten Z. v.d. rivier de Donau met als belangrijkste stad Augusta Vindelicum, nu Augsburg.*

vīn-dēmia, ae *f* (*vinum en demo*)
1. het oogsten *ihb. van wijn,* oogst;
2. oogst, opbrengst; (*meton.*) druiven, wijn.

vīndēmiālis, e (*vindemia*) (*Laatl.*) van de wijnoogst [**ad vindemialis ferias** tot de herfstvakantie]; — *subst.* **vīndēmialia,** ium *n* feest v.d. wijnoogst.

vīndēmiātor, ōris *m* (*vindemia*) druivenplukker.

vīndēmiō, vīndēmiāre (*vindemia*) (*postklass.*) druiven plukken.

vīndēmiola, ae *f* (*demin. v. vindemia*) (*Cic.*) kleine wijnoogst; (*metaf.*) kleine inkomsten.

vīndēmitor, ōris *m* (*poët.*)
1. = *vindemiator;*
2. *ster in het sterrenbeeld Maagd.*

vindex, icis *m en f*
1. (*mnl. of vrl.*) beschermer, redder, bevrijder [**libertatis; terrae; parentis; iniuriae** tegen onrecht; **periculi** in gevaar]; — *attrib.* beschermend, opkomend voor (*m. gen.*): *vox ~ libertatis; vindices vires* beschermende krachten;
2. (*jur.*) borg, procesborg;
3. (*mnl. of vrl.*) wreker, bestraffer [**coniurationis; facinorum et scelerum; rerum capitalium** beul]; — *attrib.* (*poët.*) wrekend, straffend [**flamma**].

vindicātiō, ōnis *f* (*vindico*)
1. (*postklass.*) (*jur. t.t.*) vordering, aanspraak;
2. verdediging.

vindiciae, ārum *f* (*vindico*) voorlopige toewijzing (*de zaak wordt voor de pretor gebracht, beide partijen maken er aanspraak op* [*vindicias postulare*], *de pretor neemt een voorlopige beslissing door de zaak aan een v.d. partijen toe te wijzen* [*vindicias dare, decernere*], *totdat de zaak voor de rechtbank definitief beslist wordt*); ▸ *secundum libertatem -as dare* iem. voorlopig vrij verklaren; *secundum libertatem -as postulare* voorlopige vrijlating eisen; *secundum servitutem -as decernere* voorlopig tot slaaf verklaren; *-as a libertate in servitutem dare* een vrij burger voorlopig tot slaaf verklaren.

vindicō, vindicāre (*vindex*)
1. (*jur.*) opeisen, vorderen [**mobilia; usum fructum**];
2. (*metaf.*) aanspraak maken op, opeisen, zichzelf toeschrijven [**laudem; decus belli; antiquam faciem** weer aannemen; **sibi potestatem; victoriae partem ad se; omnia pro suis**]; ▸ *Chii Homerum suum* (als hun medeburger) *vindicant; ortūs nostri partem vindicat patria;*
3. redden, beschermen, beveiligen, bewaren (*voor, tegen: ab; soms ex*) [**amicum a molestia, a labore; alqm a verberibus; familiam ab interitu; libertatem**]; *in libertatem ~* in vrijheid stellen, bevrijden [**servum; rem publicam; patriam ex servitute**];
4. bestraffen, vergelden, wreken [**maleficia; crudelitatem; necem alcis; iniurias; alcis conatūs perditos**]; (*postklass.*) *se ~* (*m. ab; de*) zich wreken op [**ab illo; de fortuna**];
5. optreden, stappen ondernemen (*tegen: in m. acc.*) [**in socios et cives severe**]; ▸ *in quos eo gravius Caesar vindicandum statuit;*
6. laken, afkeuren [**omnia in altero**].

vindicta, ae *f* (*vindico*)
1. vrijlating *van een slaaf;*
2. (*meton.*) vrijlatingsstaf, vrijheidsstaf (*waarmee de pretor een slaaf die vrijgelaten werd aanraakte*);
3. (*metaf.*) bevrijding, redding [**libertatis; invisae vitae** verlossing v.h. gehate leven; **legis severae**];
4. (*poët.; postklass.*) straf, wraak.

vīnea, ae *f* (*vinum*)
1. wijngaard; ▸ *-ae cultor* wijnboer;
2. (*niet-klass.*) wijnstok;
3. (*milit. t.t.*) *op de manier v.e. prieel v. wingerdloof* gebouwd schutdak (*van belegeraars tegen projectielen*).

vīnētum, ī *n* (*vinum*) wijngaard; ▸ *sprw.*: *-a sua caedere* (*Hor.*) zijn eigen glazen ingooien.
vīnitor, ōris *m* (*vinum*) wijnboer.
vinnulus, a, um (*Plaut.*) liefelijk, mild [**oratio**].
vīnolentia, ae *f* (*vinolentus*) dronkenschap; drankzucht.
vīnolentus (*vinum*)
I. *adj.* a, um
1. beschonken, dronken; drankzuchtig;
2. met wijn vermengd [**medicamina**];
II. *subst.* ī *m* zuiplap.
vīnōsus, a, um (*vinum*)
1. drankzuchtig [**senex; convivium** waarbij veel wijn gedronken wordt];
2. (*postklass.*) naar wijn smakend, wijn- [**sucus; odor** geur v. wijn].
vīnulentia, vīnulentus = *vinol-*.
vīnum, ī *n*
1. wijn [**fugiens** verschalend; **mutatum** verzuurd]; ▸ *-i minister* schenker; *-um male ferre* slecht verdragen; — *plur.* wijnsoorten;
2. (*meton.*) het wijn drinken, het pimpelen; ▸ *in -o, ad* (*of inter*) *-um* bij de wijn; *per -um* als gevolg van het wijn drinken; *in -um trahere* aan het drinken brengen; *-i parcus; intemperantia -i; -o confectus;*
3. (*preklass.*) wijndruif.
vīnxī *pf. v. vincio.*
viō, viāre (*via*) (*postklass.*) gaan, reizen.
viola[1], ae *f*
1. viooltje [**nigra** donker]; (*poët.; postklass.*) violier [**pallens**];
2. (*poët.; postklass.*) (*meton.*) (*de kleur*) violet, paars.
viōla[2], ae *f* (Mel.) altviool.
violābilis, e (*violo*) (*poët.; Laatl.*) kwetsbaar [**cor; numen**].
violāceus, a, um (*viola*[1]) violet(kleurig).
violārium, ī *n* (*viola*[1]) bed met viooltjes.
violārius, ī *m* (*viola*[1]) (*Plaut.*) iem. die kleren violet verft.
violātiō, ōnis *f* (*violo*)
1. ontering, schending [**templi; religionum**];
2. verkrachting.
violātor[1], ōris *m* (*violo*)
1. schender, overtreder [**templi; iuris gentium; fidei**];
2. verkrachter.
viōlātor[2], ōris *m* (*viola*[2]) (Mel.) altviolist.
violēns, *gen.* entis (*vis*) gewelddadig, onstuimig, heftig.
violentia, ae *f* (*violentus*) gewelddadigheid, onstuimigheid, heftigheid, wildheid [**fortunae** grilligheid; **ingenii; gentium; vultūs; ventorum**].
violentus, a, um (*vis*) gewelddadig, agressief, onstuimig, heftig, stormachtig [**ira; ingenium; impetus; tempestas**].
violō, violāre (*vis*)
1. geweld aandoen, mishandelen, verwonden [**patrem**];
2. verwoesten, vernietigen [**agros; urbem** plunderen];
3. schenden, verkrachten [**Palladis virginitatem; virginem**];
4. (*metaf.*) bevlekken, bezoedelen, ontwijden [**loca religiosa; templum; ius; sacra**];
5. schenden, breken [**foedus; amicitiam**];
6. krenken, beledigen [**Cererem; oculos; aures obsceno sermone**].
vīpera, ae *f* adder, slang; *ook metaf., v. personen.*
vīpereus, a, um (*vipera*) (*poët.*)
1. slangen- [**dentes; pennae** gevleugelde slangen];
2. slangachtig [**monstrum** = Medusa; **sorores** = de Furiën; **canis** = Cerberus];
3. (*metaf.*) giftig [**anima** giftige adem].
vīperīnus, a, um (*vipera*) (*poët.; postklass.*) slangen-.
Vīpsānius, a, um *naam v.e. Rom. gens, zie Agrippa.*
vir, virī *m* (*gen. plur.* virōrum en [*poët.*] virum)
1. man (*itt. vrouw*); ▸ *de viro factus femina; ~ bonus et sapiens; ~ turpissimus;*
2. (volwassen) man (*itt. kind*);
3. echtgenoot, man; ▸ *puella viro matura;* — (*poët.*) *v. dieren* [**vir gregis**];
4. vent, minnaar;
5. flinke *of* dappere man, kerel, held; ▸ *dolorem tulit ut vir; virum te praebeas; vir fortis; viri non est* het is onmannelijk; *arma virumque cano* (*Verg.*) oorlogsdaden en de held;
6. (*milit.*) (a) soldaat, *plur. ook* manschappen; (b) *plur.* voetvolk; ▸ *equites virique; equis viris(que)* met man en macht; *boat caelum fremitu virum;*
7. *alg.* man, persoon; ▸ *vir cum viro congreditur* de een raakt slaags met de ander; *vir virum legit;*
8. (*poët.*) mens, *plur.* de mensen; ▸ *per ora virum;*
9. (*poët.*) (*meton.*) potentie, vruchtbaarheid; ▸ *membra sine viro;*
10. (*eccl.*) *als aanspreektitel:* heer; ▸ *vir episcope* heer bisschop.
virāgō, inis *f* (*vir*) (*poët.*) heldin.
Virbius, ī *m*
1. *bijnaam v.d. door Aesculapius weer tot leven ge-*

wekte Hippolytus, die in Aricia samen met Diana werd vereerd;
2. *zoon v. Hippolytus.*
virectum, ī *n* (*vireo*) (*poët.; postklass.*) groene plek, het groen.
virēns, *gen.* entis (*p. adj. v. vireo*) (*poët.; postklass.*)
1. groen [**hedera; mare**];
2. (*metaf.*) bloeiend, jeugdig, fris [**puella**].
vireō, virēre, viruī, —
1. groen worden *of* zijn; ▸ *arbores virent; pectora felle virent; serpens viret* heeft een groenachtige kleur;
2. (*metaf.*) fris *of* krachtig zijn; ▸ *virebat integris sensibus.*
vīrēs *plur. v. vis, zie vis.*
virēscō, virēscere, viruī, — (*incoh. v. vireo*) (*poët.; postklass.*) groen worden; ▸ *virescunt gramina; rami virescunt arboris.*
virētum, ī *n* = *virectum.*
virga, ae *f*
1. dunne tak, twijg [**salicis; viscata** lijmstok];
2. (*poët.*) stek, pootplant; ▸ *-am inserere;*
3. stok, staf, roe; ▸ *vae illis -is miseris quae hodie in tergo morientur meo* (*Plaut.*);
4. *stok of staf gebruikt voor diverse doeleinden, o.a.:* (a) (*poët.*) toverstaf; (b) (*Ov.*) bezem; (c) (*Mel.*) bisschopsstaf;
5. (*meton.*) *plur.* stokslagen; ▸ *alqm -is caedere; -is mori;*
6. (*metaf.*) (*Ov.*) *gekleurde streep op een kledingstuk;*
7. (*Juv.*) tak *van een stamboom.*
virgātor, ōris *m* (*virga*) (*Plaut.*) iem. die met een roe slaat.
virgātus, a, um (*virga*) (*poët.; postklass.*)
1. *van twijgen* gevlochten;
2. (*metaf.*) gestreept [**vestes; tigris**].
virgētum, ī *n* (*virga*) wilgenbosje.
virgeus, a, um (*virga*) (*niet-klass.*) van wilgentakken.
virgi-dēmia, ae *f* (*virga; woordspel met vindemia*) (*Plaut.*) 'klappenoogst' = pak slaag.
Virgilius (*Laatl.*) *zie Vergilius.*
virgināl(e), is *n* (*virginalis*) (*poët.; postklass.*) maagdelijkheid; *meton.* vrouwelijk schaamdeel.
virginālis, e (*virgo*) van een meisje, meisjes- [**forma; habitus; vestitus; feles** pooier].
virginārius, a, um (*virgo*) (*Plaut.*) van een meisje [**feles** pooier].
virginēs-vendōnidēs, ae *m* (*virgo en vendo*) (*scherts.*) (*Plaut.*) meisjesverkoper.
virgineus, a, um (*virgo*) (*poët.*)
1. maagdelijk, van een maagd [**figura; rubor; vultus; favilla** brandstapel voor een maagd; **volucres** = de Harpijen; **sagitta** van Diana; **domus** van de Vestaalse Maagden; **ara** aan Vesta gewijd; **focus** het vuur v. Vesta];
2. uit de Aqua Virgo (*waterleiding in Rome*) [**aqua; liquor**].
virginitās, ātis *f* (*virgo*)
1. maagdelijkheid; ▸ *virginitatem laedere, eripere, rapere;*
2. huwbaarheid; ▸ *mea ~ mille petita procis;*
3. ongehuwde staat, celibaat.
Virginius (*postklass.*) *zie Verginius.*
virgō, inis *f*
1. maagd, (nog) ongetrouwd *of* huwbaar meisje [**Vestalis; regia** prinses; **Saturnia** = Vesta; **Phoebea** = laurierboom (*waarin Daphne, op wie Apollo verliefd was, veranderde*)]; ▸ *natu maxima ~, ~ maxima* de oudste Vestaalse Maagd; *Sabinae honesto ortae loco virgines; virginis aequor* = de Hellespont; *virgines doctae* = de muzen; — *attrib.* (*poët.; postklass.*) (a) maagdelijk, huwbaar, (nog) ongetrouwd [**filia; dea** = Diana]; (b) (*v. niet-lev.*) onaangeroerd, ongebruikt [**charta** nog niet uitgegeven *of* nog niet gelezen geschrift];
2. (*poët.*) jonge vrouw [**adultera** (*v. Medea*)];
3. (*v. planten en dieren*) (*attrib.*) jong, ongerept, nog niet gedekt [**rosae; equae**];
4. (*meton.*) (a) (*poët.*) Maagd (*als sterrenbeeld*); (b) (*poët.; postklass.*) (Aqua) Virgo *waterleiding in Rome.*
virgula, ae *f* (*demin. v. virga*)
1. dun takje, twijgje;
2. kleine staf, stokje [**divina** wichelroede];
3. (*postklass.; Laatl.*) accentteken.
virgulātus, a, um (*virgula*) (*Plin. Mai.*) gestreept [**concha**].
virgultum, ī *n* (*virgula*)
1. (*meestal plur.*) struikgewas;
2. (*poët.*) stekje.
virgultus, a, um (*virgula*) met struiken bedekt [**vallis**].
virguncula, ae *f* (*demin. v. virgo*) (*postklass.*) meisje.
Viriāt(h)us, ī *m aanvoerder v.d. Lusitani in de strijd tegen de Romeinen (147—140 v. Chr.), tijdens de vredesonderhandelingen op instigatie v.d. Romeinen vermoord.*
vīriculae, ārum *f* (*vis*) (*Apul.*) bescheiden middelen.

virid(i)ārium, ī *n* (*viridis*) tuin, park.

viridis, e (*vireo*)
1. groen, groenig [**color; avis** = papegaai; **lapillus** smaragd; **campus; gramen; aqua; Nereidum comae; dii** = zeegoden]; — *subst.* **viride,** is *n* (*de kleur*) groen, het groen, *ihb.* (*meton.*) nog groen *of* onrijp fruit *of* graan;
2. gras-, boomrijk; *subst. plur.* **viridia,** ium *n* (*postklass.*) (*meton.*) planten; struikgewas, plantsoenen;
3. (*metaf.*) jeugdig, fris, energiek, krachtig [**aevum** jeugd; **puella; senectus**].

viriditās, ātis *f* (*viridis*)
1. *de kleur* groen, het groen [**pratorum; maris**];
2. (*metaf.*) (jeugdige) frisheid, levendigheid, kracht; ▸ *senectus aufert viriditatem.*

viridō, viridāre (*viridis*) (*poët.; postklass.*)
I. *intr.* groen zijn; ▸ *laurus, hedera viridans;*
II. *tr.* groen maken; *pass.* groen worden.

virīlis, e (*vir*)
1. mannelijk, van een (volwassen) man, mannen-, een man eigen [**vox; sexus; vultus; stirps; nomen; partes** mannelijke geslachtsdelen; **arma; toga; calceus**];
2. (*metaf.*) mannelijk, manhaftig, sterk, moedig, dapper [**animus; ingenium; oratio; scelera** die mannenmoed vereisen]; ▸ *fortunam viriliter ferre; viriliter aegrotare* zijn ziekte manhaftig dragen; — *subst.* **virīlia,** ium *n* dappere daden;
3. ieder afzonderlijk toekomend, persoonlijk; ▸ *mea pars* ~ mijn deel *of* plicht; *pro virili portione, parte* voorzover het in iems. vermogen ligt.

virīlitās, ātis *f* (*virilis*) (*postklass.*)
1. mannelijkheid, volwassenheid, potentie;
2. (*meton.*) mannelijk geslachtsdeel [**amputare**];
3. (*metaf.*) mannelijke deugd, gedrag *of* moed.

vīri-potēns[1], *gen.* entis (*vires*) (*Plaut.*) bijzonder krachtig (*epith. v. Jupiter*).

viri-potēns[2], *gen.* entis (*vir*) (*postklass.*) (*ook gesplitst*) (*jur. t.t.*) huwbaar [**virgo**].

virītim *adv.* (*vir*)
1. man voor man, per persoon; ▸ *pedites* ~ *legere; pecus* ~ *distribuere;*
2. man tegen man, in een duel [**dimicare**].

viror, ōris *m* (*vireo*) (*Laatl.*) *de kleur* groen, het groen [**pratorum**].

vīrōsus[1], a, um (*virus*) (*poët.; postklass.*) stinkend.

virōsus[2], a, um (*vir*) (*preklass.; Laatl.*) manziek, nymfomaan [**uxor**].

virtuōsus, a, um (*virtus*) (*eccl.*) deugdzaam; wonderen verrichtend.

virtūs, ūtis *f* (*vir*)
1. mannelijkheid; ▸ *appellata est a viro* ~;
2. (*metaf.*) dapperheid, moed, vastberadenheid [**militum; exercitūs;** (*in: gen.*) **rei militaris; bellandi**]; ▸ *virtute et animo* met moed en wilskracht;
3. (*meton.*) *plur.* dappere daden; verdiensten; ▸ *virtutibus eluxit* hij blonk uit in heldendaden; *eius vitia emendata sunt virtutibus;*
4. *personif.* **Virtūs** *godin v.d. militaire dapperheid;*
5. bekwaamheid, aanleg, *plur.* goede eigenschappen [**animi**]; ▸ *virtutibus lenioribus erat ornatus, modestiā, temperantiā, iustitiā;*
6. (*metaf.*) kracht, waarde, voortreffelijkheid, uitstekende kwaliteit [**oratoria; corporis; equi; herbarum; memoriae; mercis; navium**]; — **virtūte** (*m. gen.*) door toedoen van, dankzij [**deum** (= *deorum*)];
7. morele deugdzaamheid, zedelijkheid, moraal; ▸ *alqm ad virtutem revocare; tantā virtute* zo deugdzaam; *honesta in virtute ponuntur;*
8. (*eccl.*) bovennatuurlijke kracht, wonder; *plur.* (*meton.*) wonderdaden.

viruī *pf. v. vireo en viresco.*

vīrulentus, a, um (*virus*) (*Laatl.*) giftig [**serpentes**].

vīrus, ī *n*
1. (*poët.; postklass.*) slijm [**cochlearum**];
2. (*poët.; postklass.*) gif [**echidnae**];
3. (*metaf.*) venijn, gal; ▸ *virus acerbitatis suae evomere;*
4. (*poët.; postklass.*) zoute smaak;
5. (*postklass.*) stank [**animae leonis**].

vīs *f* (*sg. acc.* vim, *abl.* vī; *plur. nom. en acc.* vīrēs, *gen.* vīrium, *dat. en abl.* vīribus)
I. *sg.*
1. kracht, sterkte, hevigheid [**iuvenalis; viri; corporis; fluminis; tempestatis; frigorum; morbi; veneni; meri** koppige wijn]; ▸ *summā vi* met de allergrootste inspanning;
2. geweld(daad), gewelddadigheid, dwang; ▸ *vi of per vim* met geweld, gewelddadig; *alqm de vi accusare* van een gewelddaad; *vim pati* ondergaan; *vim facere* geweld gebruiken; *alci vim afferre* (*of inferre, adhibere, facere*) iem. geweld aandoen; *manu ac vi* door moord en doodslag; *vi aut voluntate* onder dwang of vrijwillig; *naves totae factae ad quamvis vim perferendam* om iedere soort klappen op te vangen; *vim facere per fauces portūs* met geweld openbreken;

3. wapengeweld, aanval, bestorming [**barbarorum; hostium**]; ▸ *urbem vi (of per vim) expugnare* stormenderhand;
4. *(poët.)* moed, daadkracht, vastberadenheid; ▸ *multā vi muniet Albam (Verg.)*;
5. *(metaf.)* macht, kracht, invloed [**orationis; oratoris; patriae; conscientiae; consilii; ingenii**]; ▸ *~ magna est in fortuna in utramque partem*;
6. inhoud, betekenis, zin, wezen, essentie [**virtutis; amicitiae; verborum; eloquentiae**]; ▸ *natura atque ~ animi* aard en wezen;
7. massa, hoeveelheid [**auri argentique; lacrimarum** tranenstroom; **pulveris; iumentorum; telorum**];
8. *(postklass.)* potentie;
II. *plur.*
1. (lichaams)kracht, sterkte [**corporis; equorum; austri**]; ▸ *integris viribus* onvermoeid;
2. *(metaf.)* kracht, werking [**herbarum; mentis; fulminis**];
3. vermogen, kunnen; ▸ *pro viribus* naar vermogen;
4. *(milit.)* strijdkrachten, -macht, troepen [**exiguae**]; ▸ *vires contrahere; satis virium ad certamen habere.*

viscātus, a, um *(viscum, visco)* met vogellijm bestreken [**virga** lijmstok; *(metaf.)* lokkend [**beneficia; munera** geschenken die als lokkertje bedoeld zijn].

vīscera *zie viscus*[2].

vīscerātim *adv. (viscus*[2]*) (preklass.)* bij beetjes.

vīscerātiō, ōnis *f (viscera)*
1. vleesverdeling *onder het volk bij een offerplechtigheid*;
2. *(Sen.) (metaf.)* maal; ▸ *sine amico ~ leonis ac lupi vita est.*

viscō, viscāre *(viscum) (poët.)* met lijm vangen, gevangen houden.

viscum, ī *n*
1. *(poët.; postklass.)* mistel, maretak;
2. *(meton.) (van mistelbessen gemaakte)* vogellijm;
3. *(Plaut.) (metaf.)* lokaas.

viscus[1], ī *m (Plaut.) = viscum.*

vīscus[2], eris *n meestal plur.* **vīscera,** um
1. vlees; ▸ *boum visceribus vesci; sanguis ex visceribus exit;*
2. *(poët.; postklass.)* ingewanden *(longen, lever, hart, maag enz.)*; buik, baarmoeder, moederschoot; testikels;
3. *(poët.; postklass.) (metaf.)* eigen vlees en bloed, eigen kind(eren); ▸ *diripiunt avidae viscera nostra ferae; vires in viscera vertere* de wapens tegen medeburgers opnemen;
4. *(poët.; postklass.) (metaf.)* geschriften van eigen hand, 'geesteskinderen';
5. binnenste, hart, kern, centrum [**montis; terrae; rei publicae; causae**]; ▸ *tyrannus haerens visceribus civitatis* in de harten v.d. burgers;
6. have en goed, vermogen [**aerarii**]; ▸ *pecunia erepta ex rei publicae visceribus;*
7. *(meton.) (Juv.)* lieveling.

vīsī *pf. v. viso.*

vīsibilis, e *(video) (postklass.)* kunnende zien *of* zichtbaar.

vīsiō, ōnis *f (video)*
1. het zien, aanschouwen [**dei**];
2. *(meton.)* verschijning, visioen; ▸ *fluentes visiones* toestromend;
3. *(metaf.)* idee, voorstelling [**doloris**].

vīsitātiō, ōnis *f (visito)*
1. *(postklass.)* het herhaaldelijk zien;
2. *(Laatl.)* bezichtiging, inspectie; *(metaf.)* bezoeking, straf.

vīsitātor, ōris *m (visito) (Laatl.)* bezoeker.

vīsitō, vīsitāre *(frequ. v. viso)*
1. vaak zien *of* bezichtigen;
2. bezoeken, opzoeken [**aegrum**].

vīsō, vīsere, vīsī, — *(intens. v. video)*
1. bekijken, bezichtigen, aanschouwen, in ogenschouw nemen [**ex muris agros; praedam; prodigium** onderzoeken];
— **vīsendus,** a, um bezienswaardig; *subst.* **vīsenda,** ōrum *n* bezienswaardigheden: *Athenae multa visenda habentes;*
2. *(kom.)* kijken naar, gaan zien [**filios**]; ▸ *vise ad portum* ga naar de haven om een kijkje te nemen;
3. bezoeken, op bezoek gaan bij [**aegrotum**]; *plaatsen* aandoen [**Athenas**].

vispillō, ōnis *m (Mart.) = vespillo.*

vissiō, vissīre een scheet laten.

Vist(u)la, ae *m grensrivier tussen Germanië en Sarmatia, nu de* Weichsel *(Pools* Wisła*) in* Polen.

vīsum, ī *n (video)*
1. *(Prop.)* verschijning;
2. visioen; ▸ *-a somniorum;*
3. gewaarwording.

Visurgis, is *m de rivier de* Weser *(in* N.W.-Duitsland*).*

vīsus[1] *ppp. v. video en p.p. v. videor.*

vīsus[2], ūs *m (video)*
1. (a) het zien, aanblik; ▸ *omnia visu obire* in ogenschouw nemen; *terribilis visu* verschrikke-

lijk om te zien; (b) gezichtsvermogen; 2. (a) verschijning [**nocturnus; inopinus**]; (b) uiterlijk, gestalte [**humanus**].

vīta, ae *f (vivus)*
1. leven; ▸ *in -a esse, -am agere* leven; *-am tutam vivere; -am miserrimam degere* leiden; *a -a discedere, e -a (ex)cedere of abire* sterven; *in mea -a* in mijn hele leven; *perducere -am ad annum centesimum; -ā frui; -am trahere* rekken, voortslepen; *-am alci adimere, auferre;*
2. levenswijze, levenswandel, levensloop [**rustica**]; ▸ *librum de -a alcis edere;*
3. *(meton.)* (a) de mensheid, de wereld; (b) *(poët.)* ziel, schim *in de onderwereld;* ▸ *tenues sine corpore -ae;* (c) *(als koosnaam)* lieveling [**mea**]; (d) biografie [**excellentium imperatorum**].

vītābilis, e *(vito) (Ov.)* te vermijden.

vītābundus, a, um *(vito)* ontwijkend, een omtrekkende beweging makend rond *(m. acc.)* [**castra hostium; classem hostium**].

vītālis, e *(vita)*
1. van het leven, tot het leven behorend, levens- [**vis; lumen** levenslicht; **aevum** tijd v. leven];
2. leven schenkend, vitaal [**aura; viae** luchtwegen];
3. *(niet-klass.)* levensvatbaar [**puer**];
4. *(Petr.) lectus* ~ (lijk)baar;
5. *(eccl.) panis* ~ hostie;
/ *subst.* **vītālia,** ium *n (poët.; postklass.)* (a) vitale organen v.h. lichaam; (b) lijkkleed.

vītālitās, ātis *f (vitalis) (Plin. Mai.)* levenskracht, vitaliteit.

vītātiō, ōnis *f (vito)* het vermijden.

Vitellius, a, um *naam v.e. Rom. gens: A.* ~, *Rom. keizer; in 69 n. Chr. door Vespasianus ten val gebracht en door het volk gedood;* — *adj. ook* **Vitelliānus,** a, um; *subst.* **Vitelliānī,** ōrum *m* soldaten v. Vitellius.

vitellus[1]**,** ī *m (demin. v. vitulus) (Plaut.)* kalfje *(ook als koosnaam).*

vitellus[2]**,** ī *m* eierdooier.

vīteus, a, um *(vitis)* van de wijnstok [**pocula** wijn].

vitiātiō, ōnis *f (vitio) (postklass.)* beschadiging, schending.

vitiātor, ōris *m (vitio) (Sen.)* verkrachter.

vīticola, ae *m (vitis en colo*[1]*) (poët.)* wijnboer.

vīticula, ae *f (demin. v. vitis)* kleine wijnstok.

vīti-fer, fera, ferum *(vitis en fero) (postklass.)* wijnranken dragend *of* voortbrengend.

vīti-genus, a, um *(vitis en gigno) (Lucr.)* van de wijnstok [**liquor** wijn].

vītigineus, a, um *(vitis) (pre- en postklass.)* van de wijnstok.

vitilīgō, inis *f (pre- en postklass.)* huiduitslag, psoriasis.

vītilis, e *(vieo) (pre- en postklass.)* gevlochten.

vitiō, vitiāre *(vitium)*
1. *(poët.; postklass.)* bederven, beschadigen, kapotmaken [**auras** verpesten; **oculos; frumentum umore**]; ▸ *vitiata teredine navis; curis vitiatum corpus* misvormd;
2. *(een meisje, vrouw)* onteren, schenden, verkrachten [**virginem**];
3. *(metaf.)* vervalsen [**senatūs consulta; memoriam** de geschiedenis; **significationes**];
4. *(relig. t.t.) een voor een publ. aangelegenheid vastgestelde tijd onder het mom v. ongunstige voortekenen* ongeschikt, ongeldig verklaren [**diem; comitia** dag v.d. verkiezing].

vitiōsitās, ātis *f (vitiosus)* verdorvenheid.

vitiōsus, a, um *(vitium)*
1. gebrekkig [**orator; exemplum**]; ▸ *-e se habere* tekortschieten; — verkeerd, onjuist: *-e concludere;*
2. *(relig. t.t.)* in strijd met de voortekenen gekozen, gehouden *of* gebeurd, ongeldig [**consul; suffragium**];
3. *(metaf.)* verdorven [**vita**].

vītis, is *f*
1. wijnrank;
2. wijnstok; ▸ *vites ponere* planten; — *(Mart.) (meton.)* wijn;
3. *(poët.; postklass.) (meton.) (v.e. afgesneden wijnrank gemaakte)* staf v.d. Rom. centurio; ▸ *milites vite regere* de rang v. centurio hebben;
4. *(poët.; postklass.)* heggenrank [**alba**].

vīti-sator, ōris *m (vitis en sero*[2]*) (poët.)* wijnbouwer.

vitium, ī *n*
1. gebrek, tekortkoming, mankement [**tecti; corporis; sermonis; castrorum** ongunstige positie; **aëris** bedorven lucht; **animi** gebrek aan moed]; ▸ *in -o esse* in gebreke blijven; *aedes -um fecerunt* het huis vertoonde gebreken; — *(poët.; postklass.)* onzuiverheid *in edele metalen;* ▸ *ignis -um metallis excoquit* scheidt slakken af;
2. *(metaf.)* fout, misstap, vergissing [**hostium**]; ▸ *-a emendare* fouten herstellen; *si aliquid modo esset -i* bij het geringste foutje; *-o vertere of dare* als misstap opvatten; — schuld [**fortunae**]; ▸ *in -o esse* schuldig zijn;
3. *(eccl.)* zonde;

4. *(bij de auspiciën)* ongunstig voorteken, vormfout; ▸ *(abl. als adv.) magistratus -o creatus* in strijd met de voortekens; *-o dies dicta;*
5. ondeugd, misdaad, *plur. ook* verdorvenheid; ▸ *homo -is deditus;*
6. *(pre- en postklass.)* schending, verkrachting [**virginis**]; ▸ *-um pudicitiae alcis afferre.*

vītō, vītāre
1. mijden, ontwijken, ontlopen, uit de weg (proberen te) gaan, *ook metaf. (m. acc.; soms m. dat.)* [**oculos hominum; tela; aequora; se ipsum** ontevreden zijn over zichzelf; **stultitiam; huic verbo**]; *(ook m. ne of m. inf.: dat);*
2. ontkomen aan *(m. acc.)* [**odium plebis; fugā mortem; legatione periculum**].

vītor, ōris *m (vieo) (Plaut.; postklass.)* mandenvlechter.

vitreārius, ī *m (vitreus) (Sen.; Laatl.)* glasblazer.

vitreum, ī *n (vitreus) (postklass.)* glaswerk.

vitreus, a, um *(vitrum[1]) (poët.; postklass.)*
1. van glas, glazen, van kristal, kristallen [**sedilia; hostis** *of* **latro** stuk *v.e. bordspel*];
2. *(metaf.)* kristalhelder, glinsterend [**unda; fons; pontus; ros**];
3. bedrieglijk [**fama; verba; spes**];
4. *(Laatl.)* breekbaar als glas = vergankelijk.

vītricus, ī *m*
1. stiefvader;
2. *(Mel.)* beheerder v.d. kerkelijke kas.

vitrum[1], ī *n*
1. glas;
2. *(postklass.)* glazen fles.

vitrum[2], ī *n* wede *(plant die voor blauwe verfstof gebruikt werd).*

Vitrūvius, ī *m architect en ingenieur in het leger v. Caesar en Augustus, schrijver v. 'De architectura' in tien boeken.*

vitta, ae *f (vieo) (poët.; postklass.)*
1. hoofdband *van offerdieren, priesters, vrijgeboren vrouwen en dichters* [**nivea; crinalis**]; ▸ *-is velatus iuvencus;*
2. band: (a) *die om de olijftak v. smekelingen gebonden wordt;* ▸ *-ā compti rami;* (b) *waarmee gewijde voorwerpen omwikkeld worden.*

vittātus, a, um *(vitta) (poët.; postklass.)* met een (hoofd)band *of* een lint versierd [**vacca; capilli**].

vitula, ae *f (vitulus)* kalf, jonge koe.

vitulīna, ae *f (vitulinus; vul aan: caro)* kalfsvlees.

vitulīnus, a, um *(vitulus)* van een kalf, kalfs- [**caruncula; assum** gebraden kalfsvlees].

vītulor, vītulārī *(preklass.)* een overwinnings- *of* lofzang aanheffen [**Iovi**].

vitulus, ī *m*
1. kalf [**lactens**];
2. *(poët.)* veulen;
3. *(postklass.)* ~ *marinus* zeehond.

vituperābilis, e *(vitupero)* afkeurenswaardig.

vituperātiō, ōnis *f (vitupero)*
1. afkeuring, berisping, verwijt; ▸ *vituperationi esse* afkeurenswaardig zijn; *in vituperationem venire (of cadere, adduci, subire)* afgekeurd worden; *vituperationem vitare; vituperationes effugere;*
2. *(meton.)* afkeurenswaardig gedrag.

vituperātor, ōris *m (vitupero)* berisper, criticus [**philosophiae; mei**].

vituperō, vituperāre *(vitium en paro[1])*
1. afkeuren, berispen, kritiseren [**consilium;** *(vanwege: in m. abl.)* **alqm in amicitia Lentuli**];
2. *(Plaut.) (relig. t.t.)* bederven, ongeldig maken [**omen**].

vīvācitās, ātis *f (vivax)*
1. *(postklass.)* levenskracht;
2. *(Laatl.)* levendigheid [**ingenii**].

vīvārium, ī *n (vivus)*
1. *(postklass.)* afgeperkte *of* omheinde ruimte voor levende dieren: dierentuin, visvijver *e.d.;*
2. *(Hor.) (metaf.)* reservaat.

vīvātus, a, um *(vivus) (Lucr.)* bezield.

vīvāx, *gen.* ācis *(vivo) (poët.; postklass.)*
1. met een lang leven [**mater; cervus**]; ▸ *vivacior heres* overlevend;
2. vol levenskracht, fris [**gramen; caespes; oliva**];
3. *(metaf.)* duurzaam [**gratia; virtus**];
4. bezield, levendig, krachtig [**sulpur** helder brandend].

vīve-rādīx = *viviradix.*

viverra, ae *f (postklass.) een soort* fret.

vīvēscō, vīvēscere, vīxī, — *(incoh. v. vivo) (pre- en postklass.)* tot leven gewekt worden *of* komen; levendig *of* krachtig worden.

vīvidus, a, um *(vivo)*
1. *(poët.; postklass.)* bezield, levend [**tellus; gemma** *(v.e. bloemknop)*; **corpus**];
2. *(poët.) (v. beelden en schilderingen)* levensecht, natuurgetrouw [**signa**];
3. *(metaf.)* levendig, energiek, vurig [**animus; ingenium; virtus; eloquentia; carmen**].

vīvi-ficō, ficāre *(vivus en facio) (eccl.)* (opnieuw) leven inblazen, tot leven wekken.

vīvi-rādīx, īcis *f (vivus) van wortels voorziene* aflegger *van een wijnstok.*

vīvō, vīvere, vīxī, vīctūrus
1. leven, in leven zijn; ▸ ~ *ac spirare; triginta annos en annis* ~ ; *ad summam senectutem* ~ ; ~ *de lucro* zijn leven aan iems. genade te danken hebben; *si viveret, verba eius audiretis; pass.: nunc tertia vivitur aetas* generatie; *in bezweringen: ita vivam* zo waar ik leef!; *si vivo; ne vivam,* si ik mag doodgaan, als; *ook v. niet-lev.: vivit vitis; pectus vivens* nog kloppend;
2. van het leven genieten, een aangenaam leven leiden; ▸ *vivamus et amemus* (*Catull.*); (*als afscheidsgroet*) *vive, vivite* het ga je goed!; *vive valeque!*;
3. leven van, zich voeden met (*m. abl.*) [**piscibus; lacte et carne; cortice ex arboribus; herbis vivis et urticā;** (**ex**) **rapto** van diefstal];
4. zich ophouden, zich bevinden [**in Thracia**];
5. *op een of andere manier* leven, zijn leven doorbrengen [**bene** van het goede leven genieten; **male** in armoede leven; **liberius; more regio; in diem** van dag tot dag; **cum timore; sub rege; in paupertate; in litteris; in amore iocisque**];
6. samenleven, omgaan, *ook metaf.* [**cum alqo familiariter, amantissime; secum** slechts voor zichzelf leven]; ▸ *aliter cum tyranno, aliter cum amico vivitur; cum gloria* ~ ;
7. (*metaf.*) voortduren, aanhouden; ▸ *vivunt scripta* zijn nog voorhanden; *ignis vivit* brandt nog.

vīvum, ī *n* (*vivus*)
1. het leven, vlees *met leven en gevoel*; ▸ *calor ad -um perveniens of adveniens* tot op het levende vlees; (*metaf.*) *rem ad -um resecare* tot op het bot onderzoeken;
2. kapitaal, vermogen; ▸ *alqd de -o detrahere of resecare* iets v.h. kapitaal wegnemen; *dat de lucro, nihil detraxit de -o.*

vīvus, a, um (*vivo*)
1. levend, in leven; ▸ *alqm -um capere* levend gevangennemen; *patrem et filium -os comburere; Hannibale -o* tijdens het leven v. Hannibal; *me -o* tijdens mijn leven;
2. (*metaf.*) levens- [**calor**]; fris [**fons; ros**]; sappig [**arundo**]; stromend [**flumen**]; brandend [**lucerna; lapis** vuursteen];
3. natuurlijk [**lacus; pumex** onbewerkt; **saxum**];
4. (*poët.*) levensecht, natuurgetrouw [**de marmore vultus**];
5. (*postklass.*) levendig, vurig [**animus**];
6. *-a vox* mondelinge overdracht.

vix *adv.*
1. met moeite, nauwelijks, ternauwernood; ▸ *affirmare vix possumus; vix credendum est; alci vix notus;* (*m. quin*) *vix teneor quin accurram; vix tandem* eindelijk dan toch;
2. (*v. tijd*) zojuist, net (*vaak m. cum inversum in de bijzin of m. et:* nog niet . . . of, nauwelijks . . . of); ▸ *vix agmen processerat, cum Galli flumen transire non dubitant; vix quies laxaverat artus et deus proiecit in undas praecipitem.*

vix-dum *adv.* (*ook gesplitst; versterkt vix*)
1. nog niet eens, nog maar; ▸ ~ *dimidium dixeram, intellexerat* nog maar . . . of;
2. (*v. tijd*) nog maar nauwelijks (*vaak m. cum inversum in de bijzin of m. et:* nog maar nauwelijks of. . .); ▸ ~ *finierat, cum intremuit nubes;* ~ *ad consulem se pervenisse et audisse oppidum expugnatum.*

vīxī *pf. v. vivo en vivesco.*

vocābulum, ī *n* (*voco*)
1. benaming, naamgeving; ▸ *rebus non commutatis immutaverunt -a;*
2. naam; ▸ *liberta cui* ~ *Acte fuit;*
3. woord; ▸ *alqd alio -o exprimere;*
4. (*pre- en postklass.*) (*gramm. t.t.*) zelfstandig naamwoord, substantivum;
5. (*metaf.*) (*Tac.*) voorwendsel; ▸ *varia praedandi -a.*

vōcālis (*vox*)
I. *adj.* e
1. met een stem; sprekend, pratend, geluid voortbrengend [**terra; nympha** babbelend];
2. klankrijk, klinkend, welluidend [**carmen; chorda; sonus; ranae**];
II. *subst.* is *f* (*vul aan: littera*) klinker.

vōcālitās, ātis *f* (*vocalis*) (*postklass.*) welluidendheid.

vocāmen, inis *n* (*voco*) (*Lucr.; Laatl.*) benaming, naam.

Vocātēs, ium *m volksstam in Aquitanië aan de benedenloop v.d. Garonne.*

vocātiō[1], ōnis *f* (*voco*)
1. (*Catull.*) uitnodiging *om te komen eten;*
2. (*pre- en postklass.*) het oproepen *voor de rechtbank;*
3. (*eccl.*) (a) roeping (*tot het christendom*) [**gentium** van de heidenen]; (b) het heengaan, dood.

vocātiō[2], ōnis *f = vacatio.*

vocātīvus (*voco*) (*Laatl.*)
I. *adj.* a, um van het roepen [**casus** vocativus];
II. *subst.* ī *m* (*gramm. t.t.*) vocativus.

vocātor, ōris *m* (*voco*) (*postklass.*) gastheer.

vocātus, ūs *m* (*voco*)
1. (*poët.*) het roepen;
2. (*alleen abl. sg.*) uitnodiging *voor een senaatszitting of* (*Suet.*) *een etentje.*

vōciferātiō, ōnis *f* (*vociferor*) geschreeuw, luide jammerklacht.

vōciferātor, ōris *m* (*vociferor*) (*Laatl.*) schreeuwlelijk.

vōci-feror, ferārī *en* **-ferō,** ferāre (*vox en fero*) luid roepen, schreeuwen, de stem verheffen (*over: acc. n v. alg. adj. of pron.; de; m. aci.; ut, ne; afh. vr.*) [**talia; haec; de superbia patrum**]; ▸ *quod vociferabaris decem milia talentum Gabinio esse promissa; vociferantur aera* schallen; *carmina vociferantur* weerklinken.

vōci-ficō, ficāre (*vox en facio*) (*preklass.; Laatl.*)
1. harde geluiden maken, zich laten horen;
2. luid en duidelijk verklaren (*m. aci.*).

vocitō, vocitāre (*frequ. v. voco*)
1. plegen te noemen (*m. dubb. acc.*) [**alqm regem**]; *pass.* (*m. dubb. nom.*) ook heten;
2. luid roepen [**nomine** bij de naam].

vocīvus, a, um (*arch.*) = *vacivus.*

vocō, vocāre (*vox*)
1. roepen, oproepen [**hominum multitudinem; alqm in contionem; milites ad (in) arma; ad consilium; senatum; alqm auxilio** te hulp; **auxilium** (om) hulp; **pugnas** tot de strijd]; *ook metaf.*; ▸ *ventis vocatis* als gunstige wind verkregen is; *imbrem votis* ~ bidden om; *aurae vela vocant* de wind is gunstig om te varen;
2. (*poët.; postklass.*) aanroepen, bidden tot [**deos; sidera**];
3. (*voor het gerecht*) dagen, dagvaarden [**alqm in ius** *of* **in iudicium** voor het gerecht]; ▸ *alqm ex iure manum consertum* ~ iem. uitnodigen om mee te gaan om de hand op een (betwist) stuk grond te leggen;
4. *als gast* uitnodigen [**alqm ad cenam, ad prandium; alqm domum; alqm ad pocula**];
5. (*poët.; postklass.*) uitdagen (*tot: ad; in m. acc.; dat.*) [**hostem; alqm ad pugnam; divos in certamina; populum armis**];
6. (*metaf.*) prikkelen, lokken [**alqm in spem** hoop geven; **ad vitam; servos ad libertatem**]; ▸ *nox vocat ad quietem* nodigt uit om te rusten;
7. benoemen, noemen [**sorores timidas;** (*naar: ex of de*) **urbem ex imperatoris nomine; patrio de nomine mensem**]; *pass.* heten (*naar: ex of de*); ▸ *porticus quae Poecile vocatur; ludi de nomine Augusti Augustales vocantur;*
8. (*in een toestand of positie*) brengen, verplaatsen [**alqm in suspicionem** iem. verdacht maken; **alqm in odium, in invidiam** iem. gehaat maken; **ad poenam** een straf opleggen; **alqm in crimen** iem. beschuldigen; **alqm in periculum** *of* **in discrimen** iem. in gevaar brengen; **alqm in partem rei** iem. aan iets laten deelnemen; **divos in vota** de goden aanroepen; **ad exitium** in het verderf storten; **alqd in dubium** iets betwijfelen; **alqd in commune** iets gemeenschappelijk maken; **animum in contraria** in verschillende richtingen laten gaan; **alqd in disceptationem** strijden over iets]; ▸ *ad integritatem maiorum spe suā hominem vocabant* ze hoopten dat hij net zo rechtschapen zou zijn als zijn voorouders;
9. oproepen, veroorzaken [**arrogantiā offensas**].

Vocōnius, a, um *naam v.e. Rom. gens: Q.* ~ *Saxa, volkstribuun in 169 v. Chr.; lex -a: door hem uitgevaardigde wet, die het erfrecht v. vrouwen beperkte.*

Vocontiī, ōrum *m volksstam in de Provence.*

vōcula, ae *f* (*demin. v. vox*)
1. zwak (stem)geluid; (*postklass.*) woordje;
2. (*Cic.*) *plur.* praatjes.

vola, ae *f* (*postklass.*) handpalm; voetzool.

volaemum, ī *n* = *volemum.*

volantēs *zie volo*[1].

Volaterrae, ārum *f stad in Etrurië, nu* Volterra; — *inw. en adj.* **Volaterrānus,** ī *m resp.* a, um.

volāticus, a, um (*volatus*)
1. (*preklass.; Laatl.*) vliegend;
2. zich naar verschillende kanten bewegend [**impetus**];
3. (*metaf.*) vluchtig, onbestendig.

volātilis, e (*volo*[1])
1. gevleugeld, vliegend [**bestiae** gevogelte, vogels; **puer** = Cupido]; — *subst.* **volātile,** is *n* vogel, pl. gevogelte;
2. (*poët.*) vliegensvlug, snel [**ferrum**];
3. (*poët.; postklass.*) (*metaf.*) vluchtig, vergankelijk [**aetas; gloria**].

volātūra, ae *f* (*volo*[1]) = *volatus.*

volātus, ūs *m* (*volo*[1]) het vliegen, vlucht.

Volcae, ārum *m volksstam in de Provence; hiertoe behoorden de* ~ *Tectosages in het zuidwesten tussen* Narbo (*nu* Narbonne) *en* Tolosa (*nu* Toulouse) *en de* ~ *Arecomici in het noordoosten tot aan de rivier de* Rhône *met steden als Tarusco (nu Tarascon) en* Nemausus (*nu* Nîmes).

Volcān- = *Vulcan-.*

volēmum, ī n ~ *pirum perenboom met zeer grote vruchten.*

volēns, *gen.* entis (*p. adj. v. volo²*)
1. bereidwillig, vrijwillig; ▸ *volenti animo; alqs volens in amicitiam venit; iura dare per volentes populos* die ze gewillig accepteren; *alqd alci volenti est* iets is iem. welkom;
2. willens en wetens, met opzet, opzettelijk;
3. toegenegen, welgezind; ▸ *dis volentibus* door de genade v.d. goden; *volentia alci* gunstige berichten voor iem.;
4. (*Tac.*) begerenswaardig, wenselijk; ▸ *haec atque talia plebi volentia fuere.*

volentia, ae *f* (*volens*) (*Laatl.*) wil, gezindheid.

volg- *zie vulg-.*

volitō, volitāre (*intens. v. volo¹*)
1. heen en weer vliegen, rondfladderen; ▸ *aquila, anser volitans;*
2. (*metaf., v. niet-lev.*) (heen en weer) vliegen, rondwaren; ▸ *favilla volitans; volitant atomi; volitans turbo; umbrae volitant inter vivos;* — (*v. roem, geruchten e.d.*) zich verspreiden: *fama volitat per urbem; volito per ora virum* (= *virorum*) mijn naam gaat van mond tot mond;
3. heen en weer snellen, zich haasten [**totā acie; in foro; ante oculos alcis; per mare**];
4. pralen, zich in volle glorie tonen; ▸ *volitat ut rex; coniuratio palam volitabat;* — steeds hogerop willen [**gloriae cupiditate**].

voln- *zie vuln-.*

volō¹, volāre
1. vliegen [**per aëra**]; ▸ *avis volans; tela volantia;* — *subst.* **volantēs,** ium *en* um *f* (*poët.; postklass.*) gevogelte, vogels;
2. (*metaf.*) vliegen, zich haasten; ▸ *navis per aequora, currus, fama volat; aetas volat* vliegt, verstrijkt; *volat vapor ad auras; volat ventus.*

volō², velle, voluī
1. willen, wensen, verlangen, begeren; ▸ *velim* (*bij vervulbare wensen*) ik wou, ik zou willen; *vellem* (*bij onvervulbare wensen*) ik had willen of gewild; (*abs.*) *res est ut volumus; velim nolim* of ik nu wil of niet; *seu velint seu nolint; volens seu invitus* of hij nu wil of niet; (*m. acc.*) *gloriam ingentem, divitias honestas ~ ; plura, eadem ~ ; arma ~ ;* (*m. inf. bij gelijk subj.*) *volo scribere; exire ex urbe volo; vellet abesse* hij had er niet willen zijn; *m. inf. pf.*: *vellet promptas habuisse sagittas;* (*m. aci. bij verschillend subject, soms ook bij gelijk subject*) *alios in se severos esse iudices non ~ ; pater volebat filium secum esse; iudicem me esse, non doctorem volo; m. inf. pf. pass., waarbij esse vaak weggelaten wordt*: willen weten, willen zien: *hoc factum* (*esse*) *volo* ik wil weten of zien dat dit gedaan is; *Corinthum patres vestri exstinctum* (*esse*) *voluerunt; ook m. acc. v.e. adjectief m. en zonder esse*: *uxor te salvum vult;* (*m. ut of ne*) *volo ut mihi respondeas; volo ne ei pareas;* (*m. alleen conj.*) *visne hoc primum videamus?; volo hoc oratori contingat; velim nos defendas; vellem Panaetium nostrum nobiscum haberemus;* — *bijzondere gebruikswijzen*: *volo in Galliam* (*vul aan*: *proficisci*); *alqm velle* iem. willen spreken; *alqm alqd velle* iets v. iem. willen; *bene* (*male*) *alci velle* iem. (niet) mogen; *alcis causā velle* voor iem. wensen, voor iem. overhebben; *num quid vis?* is er nog iets van uw (je) dienst? (*afscheidsformule*);
2. besluiten, beslissen, vaststellen, bepalen; ▸ *velitis iubeatis* (*formele aanhef v.e. rogatio, wetsvoorstel aan het volk*); *duodecim tabulae nocturnum furem interfici impune volunt;*
3. menen, aannemen, beweren (*m. aci.*); ▸ *Plato deum sine corpore esse vult; se ortum Teucrorum a stirpe volebat;* — (*ook zonder esse*) willen zijn, zich uitgeven voor: *Strato physicum se voluit; qui se populares volunt;*
4. liever willen, prefereren; ▸ *servire vellem?* was ik liever een slaaf geweest?; *malae rei se quam nullius duces esse volunt* (*Liv.*);
5. betekenen (*klass. m. sibi*); ▸ *quid sibi vult?* wat betekent dit?; *quid sibi vult haec oratio?; quid sibi vult noctis imago?;* — (*v. personen*) van plan zijn, beogen: *quid pater sibi vult?;*
/ *volt, voltis*: *arch. vormen voor vult, vultis; samengetrokken vormen*: *vīn* = *vīsne, sīs* = *sī vīs, sultis* = *sī vultis;* / *vgl. ook volens.*

volō³, ōnis *m* (*volo²*) vrijwilliger.

Vologēsēs *of* **-gaesēs,** is *en* **Vologēsus** *of* **-gaesus,** ī *m naam v. verschillende Parthische koningen uit het huis v.d. Arsaciden.*

volop = *volup.*

volpēcula, volpēs (*arch.*) = *vulp-.*

volpiō, ōnis *m* (*vulpes*) (*Apul.*) vosachtig iemand, slimmerik.

Volscī, ōrum *m* de Volsci, *volksstam aan de benedenloop v.d. Liris in Latium;* — *adj.* **Volscus,** a, um.

volsella, ae *f* (*vello*) (*pre- en postklass.*) kleine tang, pincet (*ihb. om te epileren*).

Volsiniī, ōrum *m stad in Etrurië, nu Bolsena;* — *inw. en adj.* **Volsiniēnsis,** is *m resp. e.*

volsus *zie vello.*

voltu- *zie vultu-.*

Voltumna, ae *f beschermgodin v.d. bond v. twaalf Etruskische staten.*

volūbilis, e *(volvo)*
1. draaibaar, zich draaiend, rollend, wentelend [**caelum; nexus anguis**]; bochtig [**amnis**];
2. *(metaf.)* onbestendig, veranderlijk [**fortuna; casus**];
3. *(v. taalgebr. en redenaars)* vloeiend, vlot [**oratio; orator; sententia**].

volūbilitās, ātis *f (volubilis)*
1. ronddraaiende beweging [**mundi**];
2. *(metaf.)* onbestendigheid, veranderlijkheid [**fortunae**];
3. *(v. taalgebruik)* vlotheid [**linguae; verborum**].

volucer, cris, cre *(volo[1])*
1. vliegend, gevleugeld [**bestia** vogel; **angues; dracones; turba** zwerm vogels; **equus** = Pegasus; **deus** *of* **puer** = Cupido; **currus** *van Jupiter*];
2. *(metaf.)* gevleugeld, vliegensvlug, zeer snel [**nuntius; fama; classis; sagitta**];
3. vluchtig, onbestendig [**fortuna; somnus; gaudium**].

volucris, is *f (en m) (gen. plur. -um en -ium)* vogel [**picta; peregrina** trekvogel; **fluminea** zwaan]; gevleugeld insect [**parvula** vlieg].

voluī *pf. v. volo[2].*

volūmen, inis *n (volvo)*
1. *(poët.; Laatl.)* draaiing, wenteling, kromming [**siderum** kringloop; **undae; fumi** rookpluim; **crurum**];
2. boekrol, boek; deel *van een geschrift;* ▸ *sedecim volumina epistularum.*

Volumnius, a, um *naam v.e. Rom. gens:*
1. Volumnia, *echtgenote v. Coriolanus;*
2. L. ~ Flamma Violens, *consul in 307 en 296 v. Chr.*

voluntārius *(voluntas)*
I. *adj.* a, um vrijwillig:
1. uit vrije wil handelend [**senator** die zichzelf eigenmachtig heeft aangesteld; **exercitus** vrijwilligersleger; **procurator; milites** vrijwillige soldaten; **auxilia sociorum**];
2. vrijwillig gebeurd [**exilium; mors** zelfmoord; **servitus; deditio**];
II. *subst.* ī *m* vrijwilliger.

voluntās, ātis *f (volo[2])*
1. wil, wens, verlangen; voornemen, besluit [**regis; patrum; optimatum**]; ▸ *voluntate* desgewenst; *de, ex voluntate of ad voluntatem alcis* op iems. wens *of* verzoek; *ex voluntate alqo uti* iem. naar willekeur kunnen gebruiken; *de mea voluntate; voluntatem suscipere* een besluit nemen; *alqm ad suam voluntatem perducere* iem. voor zijn doel winnen; *ambitiosis voluntatibus cedere;*
2. vrije wil, bereidwilligheid; vrije keuze, instemming; — **voluntāte** (a) vrijwillig, gewillig, graag; ▸ *meā (tuā enz.) voluntate* uit eigen vrije wil; (b) met instemming, goedkeuring: ▸ *summā Catuli voluntate* met uitdrukkelijke instemming v. Catulus; *voluntate patrum regnavit;*
3. bedoeling, intentie [**legis**];
4. *(ook plur.)* gezindheid, stemming [**vulgi; secunda in alqm**]; gunstige gezindheid [**in parentes; provinciae erga Caesarem**]; ▸ *confisus municipiorum voluntatibus;*
5. laatste wil(sbeschikking) [**mortui**].

volup *(volo[2]) adv. (pre- en postklass.)* prettig, aangenaam; ~ *facere* genoegen doen *(m. dat.).*

Volupia, ae *f godin v.h. genot (= Voluptas).*

voluptābilis, e *(voluptas) (Plaut.; Laatl.)* aangenaam.

voluptārius, a, um *(voluptas)*
1. genoegen, genot *of* lust betreffend [**disputatio**];
2. genoegen *of* genot verschaffend [**loca; possessiones** hebbedingetjes; **peregrinatio** plezierreisje];
3. voor lichamelijk genot ontvankelijk [**sensus**];
4. aan genot verslaafd, wellustig; — *subst.* ī *m* genieter, epicurist.

voluptās, ātis *f (volup)*
1. genoegen, genot, lust *(van, aan: gen.)* [**potandi; ludorum**]; ▸ *in voluptate esse, voluptate affici, voluptatem capere of percipere* het genoegen beleven; *voluptate capi* zich graag overgeven aan genot; *alci voluptati esse* iem. een genoegen, een plezier doen; *alcis voluptati obstare; voluptatis causā* voor zijn genoegen *of* plezier; *fabulas cum voluptate legere;*
2. *(meestal plur.)* zinnelijk *of* lichamelijk genot, wellust; ▸ *languidae voluptates* uitputtend genot; *voluptatibus frui; se voluptatibus dare; suas voluptates frenare;*
3. *(kom.)* genotzucht;
4. *(plur.) (meton.)* vermaak, toneelvoorstellingen; ▸ *voluptates intermittere* beëindigen;
5. *(preklass.; poët.) (als koosnaam)* liefste; ▸ *Acis mea quidem patrisque sui matrisque* ~ ;
6. *personif.* **Voluptās** *godin v.h. genot.*

voluptuōsus, a, um *(voluptas) (postklass.)* genoeglijk, verrukkelijk.

volūta, ae *f* *(volvo)* krul, volute *(versiering aan een kapiteel).*

volūtābrum, ī *n* *(voluto)* *(poët.; Laatl.)* varkenskot.

volūtābundus, a, um *(voluto)* zich wentelend [**in voluptatibus**].

volūtātiō, ōnis *f* *(voluto)*
1. het zich rondwentelen;
2. *(Sen.)* *(metaf.)* onrust [**animi**];
3. onbestendigheid, wisselvalligheid [**rerum humanarum**].

volūtātus, ūs *m* *(voluto)* *(postklass.)* = *volutatio* 1.

volūtō, volūtāre *(intens. v. volvo)*
1. wentelen, rollen, ronddraaien [**amphoras**]; — *pass. en se* ~ zich wentelen, rollen [**in luto; in pulvere; in nive; ad pedes alcis** zich voor iems. voeten werpen; **genibus alcis**]; zich bevinden; ▸ *in omni dedecore volutari;*
2. *(poët.)* *(metaf.)* *(klanken of de stem)* laten rollen, laten schallen, uitstoten [**vocem per atria**]; ▸ *flamina caeca volutant murmura* laten een dof gesuis horen; *vocem volutant litora* kaatsen terug;
3. wikken en wegen, overdenken [**alqd (in) animo, secum animo, in pectore** *e.d.*; **condiciones cum amicis**]; ▸ *quid intra animum volutaverim* wat ik overdacht heb; *tristi cum corde* ~;
4. *de geest* bezighouden [**animum cogitationibus**]; — *pass.* zich bezighouden *(met: in m. abl.)* [**in veteribus scriptis**].

volūtus[1] *ppp. v. volvo.*

volūtus[2], ūs *m* *(volvo)* *(Apul.)* het voortkronkelen.

volva, ae *f* *(poët.; postklass.)* baarmoeder *(die v.e. zeug gold als delicatesse).*

volvō, volvere, volvī, volūtum
1. wentelen, (laten) rollen, (rond)draaien [**molem; saxa; multos semineces** op de grond laten rollen; **oculos huc illuc** heen en weer laten gaan]; laten opwaaien *of* opdwarrelen [**arenas; sub naribus ignem** vuurspuwen]; — *pass.*: (a) zich wentelen, rollen, (rond)draaien [**ante pedes Veneris**]; ▸ *anguis inter vestes volvitur* kronkelt; *plaustra volventia* voortrollend; (b) naar beneden rollen, neerstorten [**in caput** hals over kop; **currū** van de wagen]; (c) *(v. rivieren, tranen e.d.)* stromen, rollen; ▸ *amnis praecipiti cursu volvitur; lacrimae per ora volutae;* (d) op de grond rollen [**fundo in imo; humi**];
2. *boekrollen* uitrollen = lezen;
3. met zich meesleuren, meeslepen; ▸ *flumen pecus et domos volvens unā; undis volvi* omvergegooid worden;
4. *door een rollende of cirkelvormige beweging* vormen [*milit.*: **orbem** een cirkel maken, naar alle kanten front maken];
5. *(metaf.)* *(poët.; postklass.)* *(de tijd)* laten doorwentelen, doorgaan *of* verstrijken, voorbij laten gaan; ▸ *arbos multa volvens saecula; tot casūs* ~; — *se* ~, *pass. en intr.* verstrijken, voorbijgaan: *in se sua per vestigia volvitur annus; volventibus annis;*
6. *(Verg.)* zich weer voor de geest halen [**monumenta virorum**];
7. *(poët.)* *(v.d. goden en het lot)* bestemmen, beschikken; ▸ *sic volvunt Parcae;*
8. *(v.e. redenaar)* laten rollen, vloeiend uitspreken [**verba celeriter; sententias**]; — *pass.* *(v. taalgebr.)* vloeien, vloeiend klinken;
9. *emoties* koesteren [**ingentes iras; varias pectore curas**];
10. overdenken, overwegen [**inanes cogitationes; (in) animo** *of* **secum; bellum** voorbereiden].

vōmer, eris *m* ploegschaar; ploeg; ▸ *fessi vomere tauri.*

vomica, ae *f* *(vomo)*
1. zweer, etterbuil;
2. *(metaf., v. personen)* etterbuil, etter.

vōmis, eris *m* = *vomer.*

vomitiō, ōnis *f* *(vomo)* het braken; *meton.* braaksel.

vomitō, vomitāre *(intens. v. vomo)* *(postklass.)* herhaaldelijk braken *of* overgeven.

vomitor, ōris *m* *(vomo)* *(Sen.)* braker.

vomitōrius, a, um *(vomo)* *(Plin. Mai.)* braken opwekkend, braak-.

vomitus[1] *ppp. v. vomo.*

vomitus[2], ūs *m* *(vomo)*
1. het braken; *(meton.)* braaksel;
2. *(metaf.)* *(Plaut.)* scheldwoorden, beledigingen.

vomō, vomere, vomuī, vomitum
I. *intr.* braken, overgeven, kotsen; misselijk zijn;
II. *tr.* uitspuwen, uitbraken [**animam; flammas; undam**].

vorācitās, ātis *f* *(vorax)* *(postklass.)* vraatzucht.

vorāginōsus, a, um *(vorago)* *(postklass.)* vol kloven, met afgronden.

vorāgō, inis *f* *(voro)*
1. kloof, afgrond;
2. draaikolk; ▸ *voraginibus submergi;*

3. *(metaf.)* diepte, afgrond [**ventris; vitiorum**], onheil [**rei publicae**];
4. verkwister [**patrimonii**].

vorātor, ōris *m (voro) (Laatl.)* verslinder, vreetzak.

vorāx, *gen.* ācis *(voro)*
1. vraatzuchtig, onverzadigbaar [**Charybdis**];
2. *(metaf.)* verterend [**flamma**].

vorō, vorāre
1. verslinden, opslokken, verzwelgen; ▸ *Charybdis carinas vorans; navem rapidus vorat aequore vortex;*
2. *(metaf.)* gretig lezen, verslinden [**litteras** boeken];
3. *(Catull.) viam* ~ snel afleggen.

vorr-, vors-, vort- *(arch.; poët.) = verr-, vers-, vert-.*

vōs *pron. pers. (gen.* vestrī *en* vestrum; *dat. en abl.* vōbīs; *acc.* vōs) jullie, u; *versterkt:* vōsmet.

Vosegus, ī *m* de Vogezen.

vōsmet *zie vos.*

voster *(arch.) = vester.*

vōtīvus, a, um *(votum)*
1. door een gelofte beloofd, gewijd [**iuvenca; tabula** votiefschilderij; **voces** geloftes];
2. begeerd, verlangd [**nuptiae**].

votō, votāre *(arch.) = veto.*

vōtum, ī *n (voveo)*
1. gelofte; ▸ *-um (per)solvere, dissolvere, reddere* een gelofte vervullen; *-um suscipere, nuncupare, facere, concipere* een gelofte afleggen; *divos in -a vocare* geloften aan de goden doen, de goden aanroepen; *zo ook: deos -is vocare, vota ad deos ferre; -a deum (= deorum)* die men de goden gedaan heeft; *-o teneri of obstrictum esse* aan een gelofte gebonden zijn; *-i damnatus (of reus)* verplicht om een gelofte te vervullen;
2. *(poët.; postklass.) het met een gelofte verbonden* gebed; ▸ *postrema miserorum -a; -a praeire* een gebedsformule voorzeggen; *pia -a;*
3. het beloofde (offer), wijgeschenk; ▸ *-is incendere aras; spolia hostium, Vulcano* ~;
4. wens, verlangen, hoop; ▸ ~ *est of in -o est* het is mijn wens *(m. aci.; inf.; m. ut); -a cupiditatum; in -um venire* gewenst worden; *hoc erat in -is* dit was een van mijn wensen; *-a facere* wensen; *alqm -i compotem facere* iems. wens vervullen.

voveō, vovēre, vōvī, vōtum
1. plechtig beloven [**victimam; aedem; Herculi decumam; vindemiam regi; caput suum pro re publica** wijden, opofferen]; *(ook m. aci. fut.; m. ut);*
2. *(poët.)* wensen; ▸ *elige, quid voveas; ut tua sim, voveo.*

vōx, vōcis *f*
1. stem *van mensen en dieren* [**magna** luid, hard; **parva** zwak; **acuta** *of* **inflexa** hoog; **gravis** laag; **dulcis; sedata; horrenda; Sirenum** gezang; **ebriorum** geschreeuw, gebral; **bovis** geloei]; ▸ *vocem (e)mittere* verheffen; *vocis imago* echo; *citharam cum voce movere* onder gezang;
2. geluid, toon, klank [**iracundiae aut doloris; pelagi**];
3. uiting, uitspraak, woord [**ficta** leugens]; ▸ *unā voce* eenstemmig; *illa* ~ *'civis Romanus sum'; quas hic voces apud Sophoclem in Trachiniis edit!;*
4. woord; ▸ ~ *voluptatis* het woord 'genot';
5. uitspraak, accent [**rustica; agrestis**];
6. *(poët.)* taal; ▸ *Graecā voce loqui;*
7. gebod, bevel; ▸ *consulis voci non oboedire;*
8. *(poët.)* formule, toverspreuk [**sacra**]; ▸ *deripere lunam vocibus;*
9. klemtoon, accent [**acuta**].

Vulcānus, ī *m mank lopende god v.h. vuur, smeden en handwerk in het algemeen; gelijkgesteld aan de Gr. god Hephaestus, zoon v. Jupiter en Juno, echtgenoot v. Venus; — insula Vulcani: het zuidelijkste v.d. Liparische eilanden, nu* Vulcano; *— area Vulcani: het Vulcanal, oude cultusplaats op de helling v.h. Capitool, ten N. v.h. Forum; — meton. (preklass.; poët.)* vuur, vlam; *— adj.* **Vulcānius,** a, um van Vulcanus, aan Vulcanus gewijd, van het vuur; — **Vulcānālia,** ium *n* feest v. Vulcanus *(op 23 augustus).*

vulgāris, e *(vulgus)*
1. gewoon, alledaags, normaal, algemeen [**opinio; exordium; hominum consuetudo; liberalitas** jegens allen; **artes**];
2. openbaar, voor iedereen verkrijgbaar [**scortum**];
3. *(v. niet-lev.)* onbelangrijk, simpel [**oratio**].

vulgārius, a, um *(vulgus)*
1. gewoon, normaal [**significatio**];
2. bij het gewone volk horend, volks- [**plebs**];
3. onopvallend [**oratio**].

vulgātor, ōris *m (vulgo[1]) (Ov.)* verklikker, verklapper.

vulgātus, a, um *(p. adj. v. vulgo[1])*
1. algemeen bekend *of* verbreid [**fama; senatūs consultum**]; ▸ *-um est (m. aci.)* iedereen weet;
2. openbaar, publiek, voor allen beschikbaar [**corpus**].

vulgi-vagus, a, um *(vulgus) (Lucr.)* overal rondzwervend [**Venus** promiscue].

vulgō[1], vulgāre *(vulgus)*

1. onder het volk brengen, tot gemeengoed maken; ▸ *vehicula usu vulgata* algemeen in gebruik gekomen; — *alqd in (per) alqm* ~ iets tot iem. uitbreiden [**morbos in alios; licentiam in omnes; facinus per omnes**]; — *pass.* zich inlaten met [**cum privatis**];

2. aan iedereen overlaten *of* prijsgeven [**ferarum ritu concubitūs plebis patrumque**];

3. algemeen bekendmaken, overal verbreiden, aan iedereen meedelen [**famam interfecti regis; dolorem**]; — *pass.* bekend worden; ▸ *rumor vulgatur (m. aci.)*;

4. *(poët.; postklass.) een geschrift* publiceren [**librum; carmina**].

vulgō[2] *adv., zie vulgus.*

vulgus, ī *n (acc. ook m* vulgum)

1. volk, mensen, de grote massa; ▸ *disciplinam in -um efferre; magis historicis quam -o notus; -um effusum oppido caedere;*

2. gepeupel, het gewone volk;

3. menigte, massa, kudde [**patronorum; servorum; ovium**];

4. *(milit.)* gewone soldaten, voetvolk [**armatorum**]; ▸ *praesente -o* in aanwezigheid v.d. soldaten;

/ *adv.* (a) **in vulgus** voor de grote massa, in het algemeen [**ignotus; probari; gratus** geliefd]; (b) **vulgō** algemeen, overal [**incendia facere; ferre** (als nieuws) naar buiten brengen, verspreiden]; in massa's, bij hopen, massaal [**ad prandium invitare**]; ▸ *vulgo milites a signis discedebant.*

vulnerābilis, e *(vulnero)* kwetsbaar, te verwonden.

vulnerārius *(vulnus) (postklass.)*

I. *adj.* a, um wond-;

II. *subst.* ī *m* traumatoloog.

vulnerātiō, ōnis *f (vulnero)* het verwonden, verwonding; *(metaf.)* kwetsing, belediging [**famae**].

vulnerō, vulnerāre *(vulnus)*

1. (ver)wonden [**ducem graviter; alqm fundā; alqm in ōs** in het gezicht; **corpus; armentum**]; beschadigen [**naves**];

2. *(metaf.)* kwetsen, beledigen, pijn doen [**alqm voce; animos; aures; rem publicam**].

vulni-fer, fera, ferum *(vulnus en fero) (Laatl.)* wonden brengend.

vulni-ficus, a, um *(vulnus en facio) (poët.)* wonden veroorzakend, verwondend [**sus; telum**].

vulnus, eris *n*

1. wond, verwonding, letsel [**grave; tenue** licht; **mortiferum; adversum** voor in de borst; **missilium** van projectielen]; ▸ *vulnus alci inferre, infligere; ex vulnere mori, perire* aan een verwonding sterven; *ex vulnere claudicare* tgv. een verwonding; *vulnus accipere, excipere* gewond raken, een verwonding oplopen; *vulneribus adversis et honestis cadere; ex vulnere recreari;* — beschadiging [**scuti**];

2. *(metaf.)* kwetsing, belediging, schade; ▸ *vulnera rei publicae imponere of inurere; fortunae vulnere percussus* door het noodlot getroffen; *vulnera nova facere* vergrijpen;

3. *(poët.)* verdriet, liefdesverdriet [**inconsolabile**]; ▸ *vulnus venis (sub pectore) alere;*

4. nederlaag; ▸ *sine alqo vulnere* zonder enig verlies;

5. *(meton.)* (a) slag, stoot, steek, snee [**falcis** met een sikkel]; ▸ *ornus vulneribus evicta* door bijlslagen; *inter se vulnera iactare* op elkaar inhakken; *humus reformidat vulnus aratri; elusa vulnera* vergeefse stoten; (b) *(poët.)* wapen, pijl; ▸ *haesit sub gutture* ~ ; *vulnera dirigere* pijlen richten en afschieten; (c) gewonde plaats, wond; ▸ *occulta rei publicae vulnera.*

vulpēcula, ae *f (demin. v. vulpes)* vosje.

vulpēs, is *f* vos.

vulpīnor, vulpīnārī *(vulpinus)* doen als een vos, slim zijn.

vulpīnus, a, um *(vulpes) (poët.; postklass.)* van een vos, vossen- [**lingua; catuli**].

vulsus, a, um *(p. adj. v. vello) (niet-klass.)*

1. geëpileerd, glad [**iuvenis**];

2. *(metaf.)* verwijfd [**mens**].

vulticulus, ī *m (demin. v. vultus)* een enkele blik.

vultuōsus, a, um *(vultus)* grimassen trekkend [**in oratione**].

vultur, uris *m* gier; *(postklass.) (metaf.)* aasgier, geldwolf.

Vultur, uris *m berg in Apulië bij Venusia, nu de* Vulture.

vulturīnus, a, um *(vultur) (postklass.)* van een aasgier *of* geldwolf.

vulturius, ī *m (vultur)*

1. gier;

2. *(metaf.)* hebzuchtig persoon, veelvraat;

3. *(Plaut.)* slechte worp *(bij het dobbelen).*

Vulturnus[1], ī *m rivier in Campanië, nu de* Volturno.

Vulturnus[2], ī *m* ~ *ventus (genoemd naar de berg Vultur)* O.Z.O.-wind.

vultus, ūs *m*
1. (*sg. en plur.*) gezichtsuitdrukking, gelaatstrekken, gezicht, blik [**maestus; hilaris atque laetus; compositus** gekunsteld, gemaakt, in de plooi]; ▸ *imago animi ~ est; vultum fingere* geen spier vertrekken; *nihil metus in vultu supererat;*
2. (*poët.; postklass.*) streng gezicht, boze blik [**tyranni**]; ▸ *vultu alqm terrere; vultu offensionem coniectaverat; vultūs trahere* een boos gezicht trekken; *vultūs exprimere;*
3. (*meestal plur.*) (**a**) gezicht; ▸ *vultum ad sidera tollere; in vultus cadere* op zijn gezicht; (**b**) (*poët.; postklass.*) (*metaf.*) uiterlijk, gestalte [**naturae; salis** van de zee].

vulva, ae *f* = *volva.*

W

wambasia, orum *n* (*Germ. leenw.*) (Mel.) wambuis, *onder de wapenrusting gedragen rok.*
wanna, ae *f* (*Germ. leenw.*) (Mel.) grote mand v. wilgentwijgen.
wantus, ī *m* (*Germ. leenw.*) (Mel.) handschoen.
warantus, ī *m* (*Germ. leenw.*) (Mel.) borg.
werra, ae *f* (*Germ. leenw.*) (Mel.) verwarring; oorlog.

X

X *ter aand. v.h. getal* 10; *(op munten)* = *denarius.*

Xanthippē, ēs *f echtgenote v. Socrates.*

Xanthippus, ī *m*
1. *vader v. Pericles, behaalde samen met de Spartaanse koning Leotychidas de overwinning op de Perzen bij Mycale (in 479 v. Chr.);*
2. *Spartaanse legeraanvoerder bij de Carthagers in de 1e Pun. oorlog.*

Xanthos *en* **-us,** ī *m*
1. *naam v. verscheidene rivieren:* (a) = *Scamander;* (b) *rivier in Lycië, nu de* Eşen Çay;
2. *één v.d. paarden v.d. Zonnegod.*

xeniolum, ī *n (demin. v. xenium) (Laatl.)* geschenkje.

xenium, ī *n (Gr. leenw.) (postklass.)* geschenk *voor een gast.*

Xenocratēs, is *m leerling v. Plato; nam na de dood v. Speusippus de leiding v.d. Academie over.*

xenodochīum *en* **-ēum,** ī *n (Gr. leenw.) (Laatl.)* gasthuis, pension, ziekenhuis.

Xenophanēs, is *m dichter en filosoof uit Colophon, stichter v.d. eleatische school in de 6e eeuw v. Chr.*

Xenophōn, ōntis *m Gr. geschiedschrijver en leerling v. Socrates (ca. 426—354 v. Chr.); — adj.* **Xenophōntēus** *en* **-tīus,** a, um.

xērampelinae, ārum *f (Gr. leenw.) (Juv.)* donkerrode kleding.

Xerxēs *en* **Xersēs,** is *en* ī *m zoon v. Darius I, koning v.d. Perzen (486—465 v. Chr.); aanvoerder in de 3e Perz. oorlog tegen Griekenland (480 v. Chr.).*

xiphiās, ae *m (Gr. leenw.) (poët.; postklass.)* zwaardvis.

xysticus, ī *m (Gr. leenw.) (postklass.)* atleet.

xystus, ī *m (Gr. leenw.)*
1. *(bij de Grieken)* overdekte zuilengang *(in de grote gymnasia als oefenruimte v.d. atleten);*
2. *(bij de Romeinen)* open promenade *of* terras *(in een tuin, door bloemperken omgeven).*

Z

Zacynthos *en* **-us,** ī *f eiland in de Ionische Zee; van hieruit zou Saguntum gesticht zijn, vd. ook* = Saguntum; — *adj.* **Zacynthius,** a, um.

Zaleucus, ī *m wetgever v.d. Locriërs (ca. 650 v. Chr.).*

Zama, ae *f stad in* Numidië *ten Z.W. v. Carthago; residentie v. koning Juba; Hannibal had hier zijn legerkamp voordat hij door Scipio in 202 v. Chr. werd verslagen; de precieze locatie v.d. 'slag bij Zama' is onbekend;* — *inw.* **Zamēnsis,** is *m.*

zāmia, ae *f (Gr. leenw.) (Plaut.)* verlies, schade.

Zanclē, ēs *f oude benaming voor Messana, nu Messina (op Sicilië);* — *adj.* **Zanclaeus** *en* **Zanclēius,** a, um.

zēlō, zēlāre *(Gr. leenw.) (eccl.)*

1. hevig begeren [**mortem**];

2. jaloers zijn *(op: dat.).*

zēlotypia, ae *f (Gr. leenw.)* jaloezie, afgunst.

zēlotypus, a, um *(Gr. leenw.)* jaloers, afgunstig.

zēlus, ī *m (Gr. leenw.)* jaloezie, afgunst.

Zēnō *en* **Zēnōn,** ōnis *m naam v. diverse Gr. filosofen:*

1. *uit* Elea *(nu Veliani in* Z.-Italië*), leefde ca. 495—445 v. Chr.; aanhanger v.d. eleatische filosofie, leerling en navolger v. Parmenides, leraar v. Pericles;*

2. *uit* Cition *op Cyprus, ca. 333—262 v. Chr.; stichter v.d. stoïsche filosofie;*

3. *uit Sidon, aanhanger v. Epicurus, leermeester v. Cicero en Atticus.*

Zēnōn *zie Zeno.*

zephyrus, ī *m (Gr. leenw.) (poët.; postklass.)* W.-wind; *(poët.) alg.* wind.

Zētēs, ae *m gevleugelde zoon v. Boreas, broer v. Calaïs, een v.d. Argonauten.*

Zēthus, ī *m tweelingbroer v. Amphion, zoon v. Jupiter en Antiope.*

Zeugma, atis *n stad in* N.-*Syrië aan de rivier de Euphraat, nu* Kavanlu.

Zeuxis, is *en* idis *m Gr. schilder uit Heraclea (in Z.-Italië), ca. 400 v. Chr.*

zingiber *en* **zingiberi,** eris *n (postklass.)* gember.

zīzānia, ōrum *n (Gr. leenw.) (eccl.)* onkruid.

zmaragdus, ī *m en f = smaragdus.*

Zmyrna, ae *f = Smyrna.*

zōdiacus, a, um *(Gr. leenw.)* van de dierenriem [**orbis, circulus** de dierenriem].

Zōilus, ī *m Gr. grammaticus (gest. ca. 330 v. Chr.), bekritiseerde op pedante en boosaardige manier het werk v. Homerus;* — *(Ov.) alg.* kleingeestige, boosaardige criticus.

zōna, ae *f (Gr. leenw.)*

1. *(poët.)* gordel, *waarmee het onderkleed v. vrouwen werd vastgehouden; symbool v.d. maagdelijkheid;* ▸ ~ *casta;* ~ *recincta; -am solvere;*

2. gordel *van mannen, waarin geld werd bewaard;* ▸ *argentum in -is habere; qui -am perdidit* die zijn geld verloren heeft;

3. *(poët.)* gordel van Orion *(een sterrenbeeld);*

4. *(poët.; postklass.)* aardgordel, zone.

zōnārius *(zona)*

I. *adj.* a, um *(Plaut.)* van de gordel, gordel-, buidel- [**sector** zakkenroller, beurzensnijder];

II. *subst.* ī *m* gordelmaker.

zōnula, ae *f (demin. v. zona) (poët.)* gordeltje.

Zōroastrēs, is *m* Zoroaster *of* Zarathustra, *vernieuwer v.d. Oudiraanse religie.*

zōthēca, ae *f (Gr. leenw.) (postklass.)* nis, erker.

zōthēcula, ae *f (demin. v. zotheca) (postklass.)* nisje.

zuc(h)ara, ae *f (Arabisch leenw.) (Mel.)* suiker.

zygius, a, um *(Gr. leenw.) (Laatl.)* van het huwelijk(sjuk) [**tibiae**].

zȳthum, ī *n (Gr. leenw.)* bier.

Appendix

1 Overzicht van de historische ontwikkeling van het Latijn

De Latijnse taal (*lingua latīna*) is genoemd naar de *Latīnī*, de inwoners van de streek *Latium* in Centraal-Italië, nu Lazio genoemd, waarin de stad Rome (*Rōma*) is gelegen. De vroegste schriftelijke overblijfselen van de Latijnse taal dateren uit een tijd na de traditionele stichtingsdatum van Rome (21 april 753 v. Chr.). De oudste in Rome gevonden tekst dateert uit het eind van de 6de eeuw v. Chr., een zgn. CIPPUS, gevonden onder de *lapis niger* op het FORUM ROMANUM. De grote stroom begint echter pas vanaf de 3de eeuw v. Chr. Literaire teksten bezitten we vanaf ca. 250 v. Chr. Deze vroege teksten wijken in taalkundig opzicht sterk af van wat gewoonlijk het 'klassiek Latijn' wordt genoemd, dat wil zeggen het literaire Latijn zoals gebruikt door auteurs als Gaius Julius Caesar en Marcus Tullius Cicero (1ste eeuw v. Chr.).

Begonnen als taal van een betrekkelijk kleine groep mensen is het Latijn in de Oudheid gaandeweg geworden tot de voertaal van (globaal) heel Zuid- en West-Europa en westelijk Noord-Afrika. Het is de basis geweest voor de huidige Romaanse talen. Na de periode van expansie van het Romeinse Rijk en van stabilisering van de in bezit genomen gebieden ontstond er een toenemende druk van Germaanse en Slavische volkeren van buiten het rijk. Kort na 400 n. Chr. gaven de Romeinen Engeland op. In 410 werd Rome geplunderd door de Visigoten onder Alarik. In dezelfde tijd drongen de Vandalen door tot in Spanje en Afrika. In 476 viel het (West-)Romeinse Rijk. Dit betekende niet dat de Romeinse beschaving meteen ten einde kwam. De binnengevallen stammen namen van de superieure Romeinse cultuur over wat ze gebruiken konden. Een niet onaanzienlijk aantal heidense en christelijke auteurs zette de klassieke literaire traditie voort en ook in andere opzichten is er sprake van continuering van het Romeinse cultuurgoed. Het Latijn bleef bovendien in gebruik als taal van de kerk en de theologie, als taal van de administratieve en juridische documenten, en als wetenschappelijke voertaal. De ineenstorting van het Romeinse Rijk, samengaand met het wegvallen van de bestuurlijke eenheid en het ineenstorten van het onderwijsstelsel, bracht uiteindelijk een diversificatie en verzelfstandiging van de verschillende delen van het Rijk met zich mee. Dat gold ook voor de manier waarop het Latijn zich ontwikkelde. Het 'echte' Latijn werd een tweede taal, een 'geleerden'taal. Het eerste document in de Franse taal dateert van 842 (EDEN VAN STRAATSBURG).

De vorm van het geschreven Latijn van de vroege Middeleeuwen week in meer of mindere mate af van het klassieke Latijn. Dit was afhankelijk van diverse factoren: de mate van scholing van de auteurs, de invloed van ambtelijk en kerkelijk jargon en de invloed van de volkstaal. In Frankrijk heeft o.a. Karel de Grote veel gedaan om het gesproken en geschreven Latijn weer meer op het klassieke Latijn te laten lijken. In de scholen, die weer in ere werden hersteld, werd Latijn in een zo 'zuiver' mogelijke vorm onderwezen. Voor de continuering van het Latijn en de overdracht van de Latijnse literatuur is deze zogenaamde KAROLINGISCHE RENAISSANCE van groot belang geweest. Door dit soort activiteiten werd anderzijds het besef van het verschil tussen volkstaal en Latijn geaccentueerd. Het Latijn ging fungeren als de tweede taal naast de volkstaal en werd als zodanig aan de behoefte van de communicatie aangepast, vooral op het punt van de woordenschat. Deze 'tweede taal' fungeerde o.a. als internationale geleerdentaal, maar ook als taal van het recht en van de poëzie. De latere humanisten herontdekten niet alleen de waarde van de klassieke Oudheid in zijn algemeenheid, maar conformeerden zich ook (opnieuw) aan de normen van het klassieke Latijn. Deze fase van het Latijn (HUMANISTENLATIJN of NEOLATIJN) kende in Nederland zijn hoogtepunt in de 16de en 17de eeuw. Maar ook nu nog wordt het Latijn gebruikt, bijvoorbeeld in (geleerden)poëzie en uiteraard in de roomskatholieke kerk.

2 De uitspraak van het Latijn

2.1 De klanken

Hieronder volgen enkele regels voor de uitspraak van de klanken in de klassieke periode (ten tijde van Caesar en Cicero).

a) klinkers (vocalen):

In het klassieke Latijn bestond er een oppositie tussen lange en korte klinkers, die in het schrift niet tot uitdrukking komt (zie beneden). Dit onderscheid is van wezenlijk belang voor het woordaccent (zie § 2.2) en voor de metriek. De klankwaarde van deze klinkers was ongeveer als hieronder aangegeven:

ā	als in Ned. *baar*	ō	als in Ned. *boos*
a	als in Ned. *bad*	o	als in Ned. *bod*
ē	als in Ned. *beer*	ū	als in Ned. *boer*
e	als in Ned. *bed*	u	als in Ned. *hoed*
ī	als in Ned. *bier*		
i	als in Ned. *bit*		

b) tweeklanken (diftongen):

ae ongeveer als in *maïs*, bijvoorbeeld *Caesar*. Al in de tijd van Caesar en Cicero spraken sommige taalgebruikers een open ē uit, als in Ned. *blèren*.

au als in Ned. *koud*. Ook hier kwam al ten tijde van Cicero de uitspraak als lange open o voor (ō), als in Ned. uitroep *ōōh*, bijvoorbeeld *applaudo* ('ik juich toe').

oe als in Eng. *moist*.

ui als in Ned. *foei*.

eu meestal uitgesproken als in Ned. *ui*, maar beter [ew].

Of het Latijn nog een klank /ü/ (uitgesproken als [u] in *muziek*) kende, is niet zeker.

c) medeklinkers (consonanten):

p	als in Ned. *peer*
b	als in Ned. *beer*
t	als in Ned. *teer*
d	als in Ned. *deerlijk*
k	als in Ned. *keer*
g	als in Frans *garçon*
k^w	(gespeld qu) als in Eng. *quick*, als in Ital. *quando*
g^w	(gespeld gu) als in Ital. *guardare*
m	als in Ned. *maar*
n	als in Ned. *naar*
l	als in Ned. *lief/loef*
r	als in Ned. trillende r (niet: brouw 'r')
f	als in Ned. *fiets*
s	als in Ned. *sap, stem*
j	(gespeld i) als in Ned. *jas*
w	(gespeld v) als in Eng. *William*

2.2 Het schrift

Het Latijnse alfabet bevatte vanaf ca. het begin van onze jaartelling de volgende letters:

A E I O V

B D G

P T C K Q

M N

F S H

L R

X Y Z

De tekens die in de klassieke periode vooral op officiële inscripties maar ook in handschriften werden gebruikt lijken het meest op onze hoofdletters. Een onderscheid tussen hoofd- en kleine letters werd niet gemaakt. Naast dit schrift werd o.a. voor particuliere correspondentie, maar later ook voor boekproductie een 'lopend' ('cursief') schrift ontwikkeld. Onze kleine letters zijn voornamelijk afgeleid van latere versies van een lopend schrift.

De letters corresponderen – zoals in veel talen – niet precies met de eerder beschreven klanken en soms worden combinaties van letters gebruikt. Twee voorbeelden:
1. Lange en korte vocalen worden in het klassieke Latijn weergegeven met hetzelfde teken: MALUS = *mālus* ('appelboom') en *malus* ('slecht').
2. De I en V worden zowel gebruikt voor de (lange en korte) vocalen /i/ en /u/ als voor de semivocalen /j/ en /w/. Aparte tekens voor /j/ en /w/, nl. *j* en *v*, dateren uit de 16de eeuw. In de meeste moderne teksten wordt de *i* nog steeds gebruikt voor de klinker en semivocaal, maar wordt wel de *u* van de *v* onderscheiden. Dat gebeurt ook in dit woordenboek.

2.3 De klemtoon

Anders dan in het Nederlands en het Frans is de klemtoon (het woordaccent) in een woord niet gebonden aan een vaste lettergreep. In het woord *imperátor* ('aanvoerder') rust de klemtoon op de lettergreep *rā*. In de bijbehorende meervoudsvorm *imperatóres* op de lettergreep *tō*. Aan dit voorbeeld is tevens te zien dat de plaatsing van de klemtoon niet volkomen vrij is: het gaat in beide gevallen om de voorlaatste lettergreep van het woord. Bij meerlettergrepige woorden kan het accent nooit op de laatste lettergreep vallen. Het accent valt op de voorlaatste of voorvoorlaatste lettergreep.

2.4 De moderne uitspraak

De moderne uitspraak is een ratjetoe. Afgezien van de invloed van de moedertaal op de uitspraak van het Latijn in de verschillende landen is er een aantal bewuste tendensen.

1. Allereerst is er de Italiaans-katholieke uitspraak. Het meest opvallend daarin is de 'zachte' uitspraak van de /k/ (geschreven -c) als [tsj] en van de /g/ als [dzj], bijvoorbeeld:

caelum [kailoem] uitspraak: [tsjèloem] ('hemel'), vgl. Italiaans *cielo*, *Cesare*.

genus [gènoes] uitspraak: [dzjènoes] ('geslacht'), vgl. Italiaans *genere*.

2. In de Nederlandse standaarduitspraak wordt de /k/ hard uitgesproken voor *a*, *o* en *u*, maar als [s] voor *i*, *e* en *ae*, bijvoorbeeld:

Cicero [Kiekeroo] uitspraak: [Sieseroo], vgl. Frans *Cicéron*.

De /ae/ wordt meestal als [ee] uitgesproken, bijvoorbeeld *caelum* [kailoem] uitspraak: [seelum].

3. Natuurlijk wordt soms ook een poging gedaan om de wetenschappelijk gereconstrueerde uitspraak te gebruiken, bijvoorbeeld /ae/ uitgesproken als [ai]. Echt systematisch gebeurt dat niet. Voor de in de Nederlandse cultuur opgenomen woorden en namen maakt dit ook een vreemde indruk.

3 Overzicht van declinaties en conjugaties

3.1 Declinatie van substantieven

Ie declinatie: -a-stammen

sing.	nom.	ros	a	('roos')	plur.	ros	ae
	gen.	ros	ae			ros	ārum
	dat.	ros	ae			ros	īs
	acc.	ros	am			ros	ās
	abl.	ros	ā			ros	īs

IIe declinatie: -o-stammen

sing.	nom.	domin	us	('meester')	plur.	domin	ī
	gen.	domin	ī			domin	ōrum
	dat.	domin	ō			domin	īs
	acc.	domin	um			domin	ōs
	abl.	domin	ō			domin	īs
	voc.	domin	e				

N.B. Alleen bij deze groep van substantieven komt in het enkelvoud een aparte aanspreekvorm (vocativus) voor. Bij eigennamen op -ius is de voc. -ī (Horātī). Zo ook fīlī ('zoon').

sing.	nom.	puer		('jongen')	plur.	puer	ī
	gen.	puer	ī			puer	ōrum
	dat.	puer	ō			puer	īs
	acc.	puer	um			puer	ōs
	abl.	puer	ō			puer	īs

sing.	nom.	ager		('akker')	plur.	agr	ī
	gen.	agr	ī			agr	ōrum
	dat.	agr	ō			agr	īs
	acc.	agr	um			agr	ōs
	abl.	agr	ō			agr	īs

sing.	nom.	templ	um	('tempel')	plur.	templ	a
	gen.	templ	ī			templ	ōrum
	dat.	templ	ō			templ	īs
	acc.	templ	um			templ	a
	abl.	templ	ō			templ	īs

IIIe declinatie: consonantstammen

sing.	nom.	dux		('leider')	plur.	duc	ēs
	gen.	duc	is			duc	um
	dat.	duc	ī			duc	ibus
	acc.	duc	em			duc	ēs
	abl.	duc	e			duc	ibus

sing.	nom.	opus		('werk')	plur.	oper	a
	gen.	oper	is			oper	um
	dat.	oper	ī			oper	ibus
	acc.	opus				oper	a
	abl.	oper	e			oper	ibus

-i-stammen

sing.	nom.	turr	is	('toren')	plur.	turr	ēs
	gen.	turr	is			turr	ium
	dat.	turr	ī			turr	ibus
	acc.	turr	im			turr	īs (ēs)
	abl.	turr	ī			turr	ibus

sing.	nom.	mar	e	('zee')	plur.	mar	ia
	gen.	mar	is			mar	ium
	dat.	mar	ī			mar	ibus
	acc.	mar	e			mar	ia
	abl.	mar	ī			mar	ibus

-gemengde declinatie

sing.	nom.	cīv	is	('burger')	plur.	cīv	ēs
	gen.	cīv	is			cīv	ium
	dat.	cīv	ī			cīv	ibus
	acc.	cīv	em			cīv	ēs
	abl.	cīv	e			cīv	ibus

sing.	nom.	urb	s	('stad')	plur.	urb	ēs
	gen.	urb	is			urb	ium
	dat.	urb	ī			urb	ibus
	acc.	urb	em			urb	ēs
	abl.	urb	e			urb	ibus

sing.	nom.	os		('bot')	plur.	oss	a
	gen.	oss	is			oss	ium
	dat.	oss	ī			oss	ibus
	acc.	os				oss	a
	abl.	oss	e			oss	ibus

IVe declinatie: -u-stammen

sing.	nom.	man	us	('hand')	plur.	man	ūs
	gen.	man	ūs			man	uum
	dat.	man	uī			man	ibus
	acc.	man	um			man	ūs
	abl.	man	ū			man	ibus

sing.	nom.	corn	ū	('hoorn')	plur.	corn	ua
	gen.	corn	ūs			corn	uum
	dat.	corn	uī/ū			corn	ibus
	acc.	corn	ū			corn	ua
	abl.	corn	ū			corn	ibus

Ve declinatie: -ē-stammen

sing.	nom.	di	ēs	('dag')	plur.	di	ēs
	gen.	di	eī			di	ērum
	dat.	di	eī			di	ēbus
	acc.	di	em			di	ēs
	abl.	di	ē			di	ēbus

3.2 Declinatie van adjectieven

3.2.1 Adjectieven van de a- en o-stammen

a. adjectieven op -us, -a, um (bonus 'goed')

		masc.	fem.	n.		masc.	fem.	n.
sing.	nom.	bon-us	bon-a	bon-um	plur.	bon-ī	bon-ae	bon-a
	gen.	bon-ī	bon-ae	bon-ī		bon-ōrum	bon-ārum	bon-ōrum
	dat.	bon-ō	bon-ae	bon-ō		bon-īs	bon-īs	bon-īs
	acc.	bon-um	bon-am	bon-um		bon-ōs	bon-ās	bon-a
	abl.	bon-ō	bon-ā	bon-ō		bon-īs	bon-īs	bon-īs
	voc.	bon-e						

b. adjectieven op -er, -(e)ra, -(e)rum (līber 'vrij' en *pulcher* 'mooi')

		masc.	fem.	n.		masc.	fem.	n.
sing.	nom.	līber	līber-a	līber-um	plur.	līber-ī	līber-ae	līber-a
	gen.	līber-ī	līber-ae	līber-ī		līber-ōrum	līber-ārum	līber-ōrum
	dat.	līber-ō	līber-ae	līber-ō		līber-īs	līber-īs	līber-īs
	acc.	līber-um	līber-am	līber-um		līber-ōs	līber-ās	līber-a
	abl.	līber-ō	līber-ā	līber-ō		līber-īs	līber-īs	līber-īs

		masc.	fem.	n.		masc.	fem.	n.
sing.	nom.	pulcher	pulchr-a	pulchr-um	plur.	pulchr-ī	pulchr-ae	pulchr-a
	gen.	pulchr-ī	pulchr-ae	pulchr-ī		pulchr-ōrum	pulchr-ārum	pulchr-ōrum
	dat.	pulchr-ō	pulchr-ae	pulchr-ō		pulchr-īs	pulchr-īs	pulchr-īs
	acc.	pulchr-um	pulchr-am	pulchr-um		pulchr-ōs	pulchr-ās	pulchr-a
	abl.	pulchr-ō	pulchr-ā	pulchr-ō		pulchr-īs	pulchr-īs	pulchr-īs

3.2.2 Adjectieven van de IIIe declinatie

a. adjectieven met een abl. sing. op -ī (*ācer* 'scherp', *gravis* 'zwaar', *atrōx* 'gruwelijk')

		masc.	fem.	n.	masc./fem.	n	masc./fem.	n.
sing.	nom.	ācer	ācr-is	ācr-e	grav-is	grav-e	atrōx	
	gen.		ācr-is		grav-is		atrōc-is	
	dat.		ācr-ī		grav-ī		atrōc-ī	
	acc.	ācr-em		ācr-e	grav-em	grav-e	atrōc-em	atrōx
	abl.		ācr-ī		grav-i		atrōc-ī	

		masc.	fem.	n.	masc./fem.	n.	masc./fem.	n.
plur.	nom.	ācr-ēs		ācr-ia	grav-ēs	grav-ia	atrōc-ēs	atrōc-ia
	gen.		ācr-ium		grav-ium		atrōc-ium	
	dat.		ācr-ibus		grav-ibus		atrōc-ibus	
	acc.	ācr-ēs		ācr-ia	grav-ēs	grav-ia	atrōc-ēs	atrōc-ia
	abl.		ācr-ibus		grav-ibus		atrōc-ibus	

b. adjectieven met een abl. sing. op -e (comparatieven, bv. *altior* 'hoger'; verder *dīves* 'rijk', *pauper* 'arm', *vetus* 'oud')

		masc./fem.	n.	masc./fem.	n.			masc./fem.	n.	masc./fem.	n.
sing.	nom.	altior	altius	vetus		plur.	nom.	altiōr-ēs	altiōr-a	veter-ēs	veter-a
	gen.	altiōr-is		veter-is			gen.	altiōr-um		veter-um	
	dat.	altiōr-ī		veter-ī			dat.	altiōr-ibus		veter-ibus	
	acc.	altiōr-em	altius	veter-em	vetus		acc.	altiōr-ēs	altiōr-a	veter-ēs	veter-a
	abl.	altiōr-e		veter-e			abl.	altiōr-ibus		veter-ibus	

3.3 Declinatie van pronomina

Pronomina personalia - Persoonlijke voornaamwoorden

	1e persoon	2e persoon	3e persoon		
nom.	ego 'ik'	tū 'jij, u'	is 'hij'	ea 'zij'	id 'het'
gen.	meī	tuī	eius	eius	eius
dat.	mihi	tibi	eī	eī	eī
acc.	mē	tē	eum	eam	id
abl.	mē	tē	eō	eā	eō
nom.	nōs 'wij'	vōs 'jullie, u'	eī, ī 'zij'	eae 'zij'	ea 'zij'
gen.	nostrum, nostrī	vestrum, vestrī	eōrum	eārum	eōrum
dat.	nōbīs	vōbīs	eīs, iīs, īs	eīs, iīs, īs	eīs, iīs, īs
acc.	nōs	vōs	eōs	eās	ea
abl.	nōbīs	vōbīs	eīs, iīs, īs	eīs, iīs, īs	eīs, iīs, īs

Pronomen reflexivum - Wederkerend voornaamwoord

gen.	suī
dat.	sibi
acc.	sē, sēsē
abl.	sē, sēsē

laudō eum, eam, eōs, eās	'ik prijs hem, haar, hen'
laudat sē	'hij prijst zich, zij prijst zich'
laudant sē	'zij prijzen zich'

Pronomina possessiva - Bezittelijke voornaamwoorden

masc.	fem.	n	
meus	mea	meum	'mijn'
tuus	tua	tuum	'jouw, uw'
noster	nostra	nostrum	'onze, ons'
vester	vestra	vestrum	'jullie, uw'
suus	sua	suum	'zijn (eigen), haar (eigen), hun (eigen)'

Pronomina demonstrativa - Aanwijzende voornaamwoorden

hic,	haec,	hoc	'deze, dit (hier bij mij)'
iste,	ista,	istud	'die, dat (daar bij jou)'
ille,	illa,	illud	'die, dat (daar bij hem, ginds)'

	singularis					
	masc.	fem.	n	masc.	fem.	n
nom.	hic	haec	hoc	ille	illa	illud
gen.	huius	huius	huius	illīus	illīus	illīus
dat.	huic	huic	huic	illī	illī	illī
acc.	hunc	hanc	hoc	illum	illam	illud
abl.	hōc	hāc	hōc	illō	illā	illō

	pluralis					
	masc.	fem.	n	masc.	fem.	n
nom.	hī	hae	haec	illī	illae	illa
gen.	hōrum	hārum	hōrum	illōrum	illārum	illōrum
dat.	hīs	hīs	hīs	illīs	illīs	illīs
acc.	hōs	hās	haec	illōs	illās	illa
abl.	hīs	hīs	hīs	illīs	illīs	illīs

Iste wordt verbogen zoals *ille*.

Pronomina determinativa - Bepalende voornaamwoorden

De bepalende voornaamwoorden zijn:

is, ea, id (zie boven)	'deze (die), dit (dat), degene (datgene)'
ipse, ipsa, ipsum	'zelf'
īdem, eadem, idem	'dezelfde, hetzelfde'

Declinatie van *ipse*

	singularis			pluralis		
	masc.	fem.	n	masc.	fem.	n
nom.	ipse	ipsa	ipsum	ipsī	ipsae	ipsa
gen.	ipsīus	ipsīus	ipsīus	ipsōrum	ipsārum	ipsōrum
dat.	ipsī	ipsī	ipsī	ipsīs	ipsīs	ipsīs
acc.	ipsum	ipsam	ipsum	ipsōs	ipsās	ipsa
abl.	ipsō	ipsā	ipsō	ipsīs	ipsīs	ipsīs

Declinatie van *idem*

	singularis			pluralis		
	masc.	fem.	n	masc.	fem.	n
nom.	īdem	eadem	idem	eīdem	eaedem	eadem
gen.	eiusdem	eiusdem	eiusdem	eōrundem	eārundem	eōrundem
dat.	eīdem	eīdem	eīdem	eīs(iīs, īs)dem	eīs(iīs, īs)dem	eīs(iīs, īs)dem
acc.	eundem	eandem	idem	eōsdem	eāsdem	eadem
abl.	eōdem	eādem	eōdem	eīs(iīs, īs)dem	eīs(iīs, īs)dem	eīs(iīs, īs)dem

Pronomen relativum - Betrekkelijk voornaamwoord

	singularis			pluralis		
	masc.	fem.	n	masc.	fem.	n
nom.	quī	quae	quod	quī	quae	quae
gen.	cuius	cuius	cuius	quōrum	quārum	quōrum
dat.	cui	cui	cui	quibus	quibus	quibus
acc.	quem	quam	quod	quōs	quās	quae
abl.	quō	quā	quō	quibus	quibus	quibus

Pronomen interrogativum - Vragend voornaamwoord

	singularis			pluralis		
	masc.	fem.	n	masc.	fem.	n
nom.	quis	quae	quid	quī	quae	quae
gen.	cuius	cuius	cuius	quōrum	quārum	quōrum
dat.	cui	cui	cui	quibus	quibus	quibus
acc.	quem	quam	quid	quōs	quās	quae
abl.	quō	quā	quō	quibus	quibus	quibus

3.4 Conjugatie van de regelmatige werkwoorden

3.4.1 *Eerste conjugatie*

I. Onvoltooide tijden

Activum	Indicativus	Coniunctivus	Imperativus	Infinitivus	Participium
Praesens	ik prijs	moge (laat) ik prijzen	prijs(t)	(te) prijzen	prijzend
	laudō	laudem		laudāre	laudāns
	laudās	laudēs	laudā		-antis
	laudat	laudet			
	laudāmus	laudēmus			
	laudātis	laudētis	laudāte		
	laudant	laudent			
Imperfectum	ik prees	ik zou prijzen			
	laudābam	laudārem			
	laudābās	laudārēs			
	laudābat	laudāret			
	laudābāmus	laudārēmus			
	laudābātis	laudārētis			
	laudābant	laudārent			

Activum	Indicativus	Coniunctivus	Imperativus	Infinitivus	Participium
Futurum (simplex)	ik zal prijzen			te zullen prijzen	zullende prijzen
	laudābō			laudātūrus -a, -um esse	laudātūrus -a, -um
	laudābis				
	laudābit				
	laudābimus				
	laudābitis				
	laudābunt				

Passivum	Indicativus	Coniunctivus	Imperativus	Infinitivus
Praesens	ik word geprezen	moge ik geprezen worden	spoor(t) aan*	geprezen (te) worden
	laudor	lauder		laudārī
	laudāris	laudēris	hortāre	
	laudātur	laudētur		
	laudāmur	laudēmur		
	laudāminī	laudēminī	hortāminī	
	laudantur	laudentur		

Passivum	Indicativus	Coniunctivus	Imperativus	Infinitivus
Imperfectum	ik werd geprezen	ik zou geprezen worden		
	laudābar	laudārer		
	laudābāris	laudārēris		
	laudābātur	laudārētur		
	laudābāmur	laudārēmur		
	laudābāminī	laudārēminī		
	laudābantur	laudārentur		

Passivum	Indicativus	Coniunctivus	Imperativus	Infinitivus
Futurum (simplex)	ik zal geprezen worden			(te) zullen geprezen worden
	laudābor			laudātum īrī
	laudāberis			
	laudābitur			
	laudābimur			
	laudābiminī			
	laudābuntur			

* N.B. de zogenaamde passieve imperativus komt vrijwel alleen bij de deponentia voor.

II. Voltooide tijden

Activum	Indicativus	Coniunctivus	Infinitivus	
Perfectum	ik heb geprezen ik prees	moge (laat) ik geprezen hebben	geprezen (te) hebben	
	laudāvī laudāvistī laudāvit laudāvimus laudāvistis laudāvērunt	laudāverim laudāverīs laudāverit laudāverīmus laudāverītis laudāverint	laudāvisse	
Plq.pf.	ik had geprezen	ik zou geprezen hebben		
	laudāveram laudāverās laudāverat laudāverāmus laudāverātis laudāverant	laudāvissem laudāvissēs laudāvisset laudāvissēmus laudāvissētis laudāvissent		
Futurum exactum	ik zal geprezen hebben laudāverō laudāveris laudāverit laudāverimus laudāveritis laudāverint			
Passivum	**Indicativus**	**Coniunctivus**	**Infinitivus**	**Participium**
Perfectum	ik ben geprezen ik werd geprezen	moge (laat) ik geprezen zijn	geprezen (te) zijn	geprezen (zijnde)
	laudātus sum -a, -um es est laudātī sumus -ae, -a estis sunt	laudātus sim -a, -um sīs sit laudātī sīmus -ae, -a sītis sint	laudātus -a, -um esse	laudātus -a, -um

Passivum	Indicativus		Coniunctivus		Infinitivus	Participium
Plq.pf.	ik was geprezen		ik zou geprezen zijn			
	laudātus	eram	laudātus	essem		
	-a, -um	erās	-a, -um	essēs		
		erat		esset		
	laudātī	erāmus	laudātī	essēmus		
	-ae, -a	erātis	-ae, -a	essētis		
		erant		essent		
Futurum exactum	ik zal geprezen zijn					
	laudātus	erō				
	-a, -um	eris				
		erit				
	laudātī	erimus				
	-ae, -a	eritis				
		erunt				

3.4.2 *Tweede conjugatie*

Onvoltooide tijden

Activum	Indicativus	Coniunctivus	Imperativus	Infinitivus	Participium
Praesens	ik verwoest	moge (laat) ik verwoesten	verwoest	(te) verwoesten	verwoestend
	dēleō	dēleam		dēlēre	dēlēns
	dēlēs	dēleās	dēlē		-entis
	dēlet	dēleat			
	dēlēmus	dēleāmus			
	dēlētis	dēleātis	dēlēte		
	dēlent	dēleant			

Activum	Indicativus	Coniunctivus	Imperativus	Infinitivus	Participium
Imperfectum	ik verwoestte	ik zou verwoesten			
	dēlēbam	dēlērem			
	dēlēbās	dēlērēs			
	dēlēbat	dēlēret			
	dēlēbāmus	dēlērēmus			
	dēlēbātis	dēlērētis			
	dēlēbant	dēlērent			
Futurum (simplex)	ik zal verwoesten			(te) zullen verwoesten	zullende verwoesten
	dēlēbo			dēlētūrus -a, -um esse	dēlētūrus -a, -um
	dēlēbis				
	dēlēbit				
	dēlēbimus				
	dēlēbitis				
	dēlēbunt				

Passivum	Indicativus	Coniunctivus	Imperativus	Infinitivus
Praesens	ik word verwoest	moge ik verwoest worden	heb(t) medelijden*	verwoest (te) worden
	dēleor	dēlear		dēlērī
	dēlēris	dēleāris	miserēre	
	dēlētur	dēleātur		
	dēlēmur	dēleāmur		
	dēlēminī	dēleāminī	miserēminī	
	dēlentur	dēleantur		

* N.B. zie noot §3.4.1.

Passivum	Indicativus	Coniunctivus	Imperativus	Infinitivus
Imperfectum	ik werd verwoest	ik zou verwoest worden		
	dēlēbar	dēlērer		
	dēlēbāris	dēlērēris		
	dēlēbātur	dēlērētur		
	dēlēbāmur	dēlērēmur		
	dēlēbāminī	dēlērēminī		
	dēlēbantur	dēlērentur		
Futurum (simplex)	ik zal verwoest worden			(te) zullen verwoest worden
	dēlēbor			dēlētum īrī
	dēlēberis			
	dēlēbitur			
	dēlēbimur			
	dēlēbiminī			
	dēlēbuntur			

3.4.3 *Derde conjugatie*

Onvoltooide tijden

Activum	Indicativus	Coniunctivus	Imperativus	Infinitivus	Participium
Praesens	ik overwin	moge (laat) ik overwinnen	overwin(t)	(te) overwinnen	overwinnend
	vincō	vincam		vincere	vincēns
	vincis	vincās	vince		-entis
	vincit	vincat			
	vincimus	vincāmus			
	vincitis	vincātis	vincite		
	vincunt	vincant			
Imperfectum	ik overwon	ik zou overwinnen			
	vincēbam	vincerem			
	vincēbās	vincerēs			
	vincēbat	vinceret			
	vincēbāmus	vincerēmus			
	vincēbātis	vincerētis			
	vincēbant	vincerent			

Activum	Indicativus	Coniunctivus	Imperativus	Infinitivus	Participium
Futurum (simplex)	ik zal overwinnen vincam vincēs vincet vincēmus vincētis vincent			te zullen overwinnen victūrus -a, -um esse	zullende overwinnen victūrus -a, -um

Passivum	Indicativus	Coniunctivus	Imperativus	Infinitivus
Praesens	ik word overwonnen vincor vinceris vincitur vincimur vinciminī vincuntur	moge ik overwonnen worden vincar vincāris vincātur vincāmur vincāminī vincantur	vertrek(t)* proficīscere proficīsciminī	overwonnen (te) worden vincī
Imperfectum	ik werd overwonnen vincēbar vincēbāris vincēbātur vincēbāmur vincēbāminī vincēbantur	ik zou overwonnen worden vincerer vincerēris vincerētur vincerēmur vincerēminī vincerentur		
Futurum (simplex)	ik zal overwonnen worden vincar vincēris vincētur vincēmur vincēminī vincentur			(te) zullen overwonnen worden victum īrī

* N.B. zie noot §3.4.1.

3.4.4 *Vierde conjugatie*

Onvoltooide tijden

Activum	Indicativus	Coniunctivus	Imperativus	Infinitivus	Participium
Prae- sens	ik hoor	moge (laat) ik horen	hoor(t)	(te) horen	horend
	audiō	audiam		audīre	audiēns
	audīs	audiās	audī		-entis
	audit	audiat			
	audīmus	audiāmus			
	audītis	audiātis	audīte		
	audiunt	audiant			
Imper- fectum	ik hoorde	ik zou horen			
	audiēbam	audīrem			
	audiēbās	audīrēs			
	audiēbat	audīret			
	audiēbāmus	audīrēmus			
	audiēbātis	audīrētis			
	audiēbant	audīrent			
Futurum (simplex)	ik zal horen			(te) zullen horen	zullende horen
	audiam			audītūrus	audītūrus
	audiēs			-a, -um	-a, -um
	audiet			esse	
	audiēmus				
	audiētis				
	audient				

Passivum	Indicativus	Coniunctivus	Imperativus	Infinitivus
Praesens	ik word gehoord	moge ik gehoord worden	verdeel(t)*	gehoord (te) worden
	audior	audiar		audīrī
	audīris	audiāris	partīre	
	audītur	audiātur		
	audīmur	audiāmur		
	audīminī	audiāminī	partīminī	
	audiuntur	audiantur		

* N.B. zie noot §3.4.1.

Passivum	Indicativus	Coniunctivus	Imperativus	Infinitivus
Imperfectum	ik werd gehoord audiēbar audiēbāris audiēbātur audiēbāmur audiēbāminī audiēbantur	ik zou gehoord worden audīrer audīrēris audīrētur audīrēmur audīrēminī audīrentur		
Futurum (simplex)	ik zal gehoord worden audiar audiēris audiētur audiēmur audiēminī audientur			

3.4.5 De ***capiō*** *groep*

Een aantal werkwoorden gedraagt zich gedeeltelijk als werkwoorden van de *audio* groep, maar in een klein aantal vormen als de *vinco* groep. In de lemmata in het woordenboek blijkt dat uit de vorm van de infinitivus (*capere*).

3.4.6 *De onregelmatige werkwoorden*

I. *sum, esse, fuī, part. fut. futūrus* 'zijn'

	Indicativus	Coniunctivus	Imperativus	Infinitivus	Participium
Praesens	ik ben	moge (laat) ik zijn	wees(t)	(te) zijn	
	sum	sim		esse	
	es	sīs	es		
	est	sit			
	sumus	sīmus			
	estis	sītis	este		
	sunt	sint			

	Indicativus	Coniunctivus	Imperativus	Infinitivus	Participium
Imperfectum	ik was	ik zou zijn			
	eram	essem (of forem)			
	erās	essēs			
	erat	esset			
	erāmus	essēmus			
	erātis	essētis			
	erant	essent			
Futurum (simplex)	ik zal zijn		wees(t)	(te) zullen zijn	zullende zijn
	erō			futūrus	futūrus
	eris		estō	-a, -um	-a, -um
	erit		estō	esse *of* fore	
	erimus				
	eritis		estōte		
	erunt		suntō		

II. *ferō, ferre, tūlī, lātum* 'dragen', 'brengen'

Onvoltooide tijden

Activum	Indicativus	Coniunctivus	Imperativus	Infinitivus	Participium
Praesens	ik breng	moge (laat) ik brengen	breng(t)	(te) brengen	brengend
	ferō	feram		ferre	ferēns
	fers	ferās	fer		-entis
	fert	ferat			
	ferimus	etc.			
	fertis		ferte		
	ferunt				
Imperfectum	ik bracht	ik zou brengen			
	ferēbam	ferrem			
	ferēbās	ferrēs			
	etc.	etc.			

Activum	Indicativus	Coniunctivus	Imperativus	Infinitivus	Participium
Futurum (simplex)	ik zal brengen feram ferēs etc.	(dat) ik zal brengen lātūrus -a, -um sim etc.	 fertō fertō fertōte feruntō	(te) zullen brengen lātūrus -a, -um esse	zullende brengen lātūrus -a, -um

Passivum	Indicativus	Coniunctivus	Infinitivus
Praesens	ik word gebracht feror ferris fertur ferimur feriminī feruntur	moge (laat) ik gebracht worden ferar ferāris etc.	gebracht (te) worden ferrī
Imperfectum	ik werd gebracht ferēbar ferēbāris etc.	ik zou gebracht worden ferrer ferrēris etc.	
Futurum (simplex)	ik zal gebracht worden ferar ferēris etc.		(te) zullen gebracht worden lātum īrī

IIIa. *volō, velle, voluī* 'willen'

Onvoltooide tijden

	Indicativus	Coniunctivus	Infinitivus	Participium
Praesens	ik wil	moge (laat) ik willen	(te) willen	willend
	volō	velim	velle	volēns, entis
	vīs	velīs		
	vult	velit		
	volumus	velīmus		
	vultis	velītis		
	volunt	velint		
Imperfectum	ik wilde	ik zou willen		
	volēbam	vellem		
	volēbās	vellēs		
	etc.	etc.		
Futurum (simplex)	ik zal willen			
	volam			
	volēs			
	etc.			

IIIb. *nōlō, nōlle, nōluī* 'niet willen'

Onvoltooide tijden

	Indicativus	Coniunctivus	Imperativus	Infinitivus	Participium
Praesens	nōlō	nōlim		nōlle	nōlēns,
	nōn vīs	nōlīs	nōlī		entis
	nōn vult	nōlit			
	nōlumus	nōlīmus			
	nōn vultis	nōlītis	nōlīte		
	nōlunt	nōlint			
Imperfectum	nōlēbam	nōllem			
	nōlēbās	nōllēs			
	etc.	etc.			

IIIc. *mālō, mālle, māluī* 'liever willen'

Onvoltooide tijden

	Indicativus	Coniunctivus	Infinitivus	Participium
Praesens	mālō māvīs māvult mālumus māvultis mālunt	mālim mālīs mālit mālīmus mālītis mālint	mālle	mālēns, entis
Imperfectum	mālēbam mālēbās etc.	māllem māllēs etc.		

IV. *eo, īre, iī, itum* 'gaan'

IVa. Onvoltooide tijden

Activum/ passivum	Indicativus	Coniunctivus	Imperativus	Infinitivus	Participium
Praesens	eō īs it/ītur īmus ītis eunt	eam eās eat/eātur eāmus eātis eant	 ī īte	īre/īrī	iēns, euntis
Imperfectum	ībam ībās etc./ībātur	īrem īrēs etc./īrētur			
Futurum (simplex)	ībō ībis etc./ībitur	itūrus -a, -um sim	 ītō ītō ītōte euntō	itūrus -a, -um cssc	itūrus -a, -um

IVb. Voltooide tijden

	Indicativus	Coniunctivus	Infinitivus
Perfectum	iī īstī iit/itum est iimus īstis iērunt	ierim ierīs etc./itum sit	iisse(īsse)/itum esse
Plq.pf.	ieram ierās etc./itum erat	īssem īssēs etc./itum esset	
Futurum exactum	ierō ieris etc./itum erit		

4 Telwoorden

		hoofd-telwoorden	rang-telwoorden	distributiva	adverbia numeralia
1	I	ūnus, a, um *een*	prīmus, a, um *eerste*	singulī, ae, a *telkens/ieder een*	semel *eenmaal*
2	II	duo, duae, duo	secundus *of* alter	bīnī	bis
3	III	trēs, tria	tertius	ternī (trīnī)	ter
4	IV	quattuor	quārtus	quaternī	quater
5	V	quīnque	quīntus	quīnī	quīnquiē(n)s
6	VI	sex	sextus	sēnī	sexiē(n)s
7	VII	septem	septimus	septēnī	septiē(n)s
8	VIII	octō	octāvus	octōnī	octiē(n)s
9	IX	novem	nōnus	novēnī	noviē(n)s
10	X	decem	decimus	dēnī	deciē(n)s
11	XI	ūndecim	ūndecimus	ūndēnī	ūndeciē(n)s
12	XII	duodecim	duodecimus	duodēnī	duodeciēs
13	XIII	trēdecim	tertius decimus	ternī dēnī	ter deciēs
14	XIV	quattuordecim	quārtus decimus	quaternī dēnī	quater deciēs
15	XV	quīndecim	quīntus decimus	quīnī dēnī	quinquiēs deciēs
16	XVI	sēdecim	sextus decimus	sēnī dēnī	sexiēs deciēs
17	XVII	septendecim	septimus decimus	septēnī dēnī	septiēs deciēs
18	XVIII	duodēvīgintī	duodēvīcēsimus	duodēvīcēnī	duodēviciēs
19	XIX	ūndēvīgintī	ūndēvīcēsimus	ūndēvīcēnī	ūndēviciēs
20	XX	vīgintī	vīcēsimus	vīcēnī	vīciēs
21	XXI	ūnus et vīgintī *of* vīgintī ūnus	ūnus et vīcēsimus *of* vīcēsimus prīmus	singulī et vīcēnī *of* vīcēnī singulī	semel et vīciēs *of* vīciēs semel
22	XXII	duo et vīgintī *of* vīgintī duo	alter et vīcēsimus *of* vīcēsimus alter	bīnī et vīcēnī *of* vīcēnī bīnī	bis et vīciēs *of* vīciēs bis
28	XXVIII	duodētrīgintā	duodētrīcēsimus	duodētrīcēnī	duodētrīciēs
29	XXIX	ūndētrīgintā	ūndētrīcēsimus	ūndētrīcēnī	ūndētrīciēs
30	XXX	trīgintā	trīcēsimus	trīcēnī	trīciēs
40	XL	quadrāgintā	quadrāgēsimus	quadrāgēnī	quadrāgiēs
50	L	quīnquāgintā	quīnquāgēsimus	quīnquāgēnī	quīnquāgiēs
60	LX	sexāgintā	sexāgēsimus	sexāgēnī	sexāgiēs
70	LXX	septuāgintā	septuāgēsimus	septuāgēnī	septuāgiēs
80	LXXX	octōgintā	octōgēsimus	octōgēnī	octōgiēs
90	XC	nōnāgintā	nōnāgēsimus	nōnāgēnī	nōnāgiēs
100	C	centum	centēsimus	centēnī	centiēs
101	CI	centum (et) ūnus	centēsimus prīmus	centēnī singulī	centiēs semel
200	CC	ducentī, ae, a	ducentēsimus	ducēnī	ducentiēs
300	CCC	trecentī, ae, a	trecentēsimus	trecēnī	trecentiēs
400	CD	quadringentī, ae, a	quadringentēsimus	quadringēnī	quadringentiēs

		hoofd-telwoorden	rang-telwoorden	distributiva	adverbia numeralia
500	D	quīngentī, ae, a	quīngentēsimus	quīngēnī	quīngentiēs
600	DC	sescentī, ae, a	sescentēsimus	sescēnī	sescentiēs
700	DCC	septingentī, ae, a	septingentēsimus	septingēnī	septingentiēs
800	DCCC	octingentī, ae, a	octingentēsimus	octingēnī	octingentiēs
900	DCCCC	nōngentī, ae, a	nōngentēsimus	nōngēnī	nōngentiēs
1000	M	mīlle	mīllēsimus	singula mīlia	mīlliēs
2000	MM *of* ĪĪ	duo mīlia	bis mīllēsimus	bīna mīlia	bis mīlliēs
1000000	|X|	deciēs centēna mīlia	deciēs centiēs mīllēsimus	deciēs centēna mīlia	deciēs centiēs mīlliēs

Van de hoofdtelwoorden worden *ūnus, duo, trēs, ducentī* tot *nōngentī* en *mīlia* verbogen.

	masc.	fem.	n	masc.	fem.	n	masc.	fem.	n	
nom.	ūnus	ūna	ūnum	duo	duae	duo	trēs	trēs	tria	mīlia
gen.	ūnīus	ūnīus	ūnīus	duōrum	duārum	duōrum	trium	trium	trium	mīlium
dat.	ūnī	ūnī	ūnī	duōbus	duābus	duōbus	tribus	tribus	tribus	mīlibus
acc.	ūnum	ūnam	ūnum	duo,duōs	duās	duo	trēs	trēs	tria	mīlia
abl.	ūnō	ūnā	ūnō	duōbus	duābus	duōbus	tribus	tribus	tribus	mīlibus

5 Maten, gewichten en munten

Hieronder volgt een overzicht van de meest voorkomende Latijnse termen. De corresponderende Nederlandse eenheden zijn benaderingen van de Romeinse eenheden.

5.1 Maten

Lengtematen

De basiseenheid is de voet (*pēs*) = 30 cm. Een voet werd weer onderverdeeld in 16 'vingers' (*digitī*).

1 **digitus** (*duim*)		= 18.5 mm
1 **pēs** (*voet*)		= 30 cm
1 **cubitus** (*el*)	= 1.5 pedēs	= 45 cm
1 **gradus** (*pas*)	= 2.5 pedēs	= 75 cm
1 **passus** (*twee passen*)	= 2 gradūs	= 1.5 m
mīlle passuum (*Rom. mijl*)		= 1.5 km

Oppervlaktematen

1 **pēs quadrātus**	= 0.09 m^2
1 **iūgerum** (*morgen*)	= 1/4 ha

Inhoudsmaten

- voor vloeistoffen

1 **culleus**	= 20 amphorae	= 520 l
1 **amphora**	= 8 congiī	= 26 l
1 **congius**	= 6 sextāriī	= 3.25 l
1 **hēmīna**		= 0.27 l

- voor vaste stoffen

1 **modius**	(*schepel*)	= 8.75 l
1 **sēmimodius**	(*halve schepel*)	= 4.37 l
1 **sextārius**	(*ook vloeibaar*)	= 0.55 l

5.2 Gewichten

1 **lībra** = as	(Rom. pond)	= 327 g
1 **ūncia**	(ons)	= 27.3 g

5.3 Munten

1 **aureus**	= 25 dēnāriī
1 **dēnārius**	= 4 sēstertiī
1 **sēstertius**	= 2.5 asses

De waarde van de Romeinse munten is moeilijk te bepalen doordat er in de loop van de tijd veel wijzigingen optraden. Voor de tijd van Caesar zou het bestaansminimum moeten worden gesteld op 400 à 500 sestertiën per jaar.

6 De Romeinse kalender

In de Romeinse tijdrekening gold aanvankelijk de maan als vast oriëntatiepunt.
Julius Caesar nam het zonnejaar als uitgangspunt en stelde een jaar op 365 dagen met zo nu en dan een schrikkeldag. Dit is in feite de basis voor onze tijdrekening.

Het jaar werd benoemd naar de consuls van het jaar: *P. Sulpicio C. Aurelio consulibus* 'tijdens het consulaat van P. Sulpicius en C. Aurelius'.

De namen van de maanden waren de volgende: (mēnsis) Iānuārius, Februārius, Mārtius (oorspronkelijk de eerste maand van het jaar), Aprīlis, Māius, Iūnius, Iūlius (oorspronkelijk Quīntīlis), Augustus (oorspronkelijk Sextīlis), September, Octōber, November, December.
De dagen van de week heetten: Lūnae (diēs), Mārtis, Mercūriī, Iovis, Veneris, Sāturnī, Sōlis.

De datum werd berekend met behulp van drie vaste dagen:

Kalendae (Kal.)	1e dag van de maand
Nōnae (Nōn.)	5e dag van de maand (7e in maart, mei, juli en oktober)
Īdūs (Īd.)	13e dag van de maand (15e in maart, mei, juli en oktober)

De andere dagen werden benoemd door vast te stellen hoeveel dagen ze voorafgaan aan de vaste oriëntatiepunten:

Kalendīs Iānuāriīs	1 januari
prīdiē Kalendās Iānuāriās	31 december
ante diem tertium Īdūs Mārtiās	13 maart

(N.B. de Romeinen rekenden 'inclusief')

Een dag werd onderverdeeld in 12 *hōrae* ('uren'), waarvan de lengte afhing van de lengte van de dag tussen zonsopkomst en zonsondergang. Zie het volgende schema.

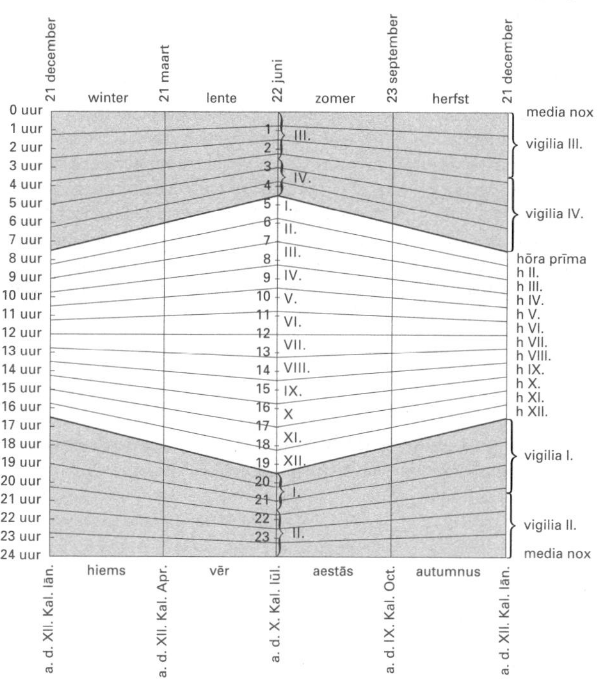

7 De acht windstreken*

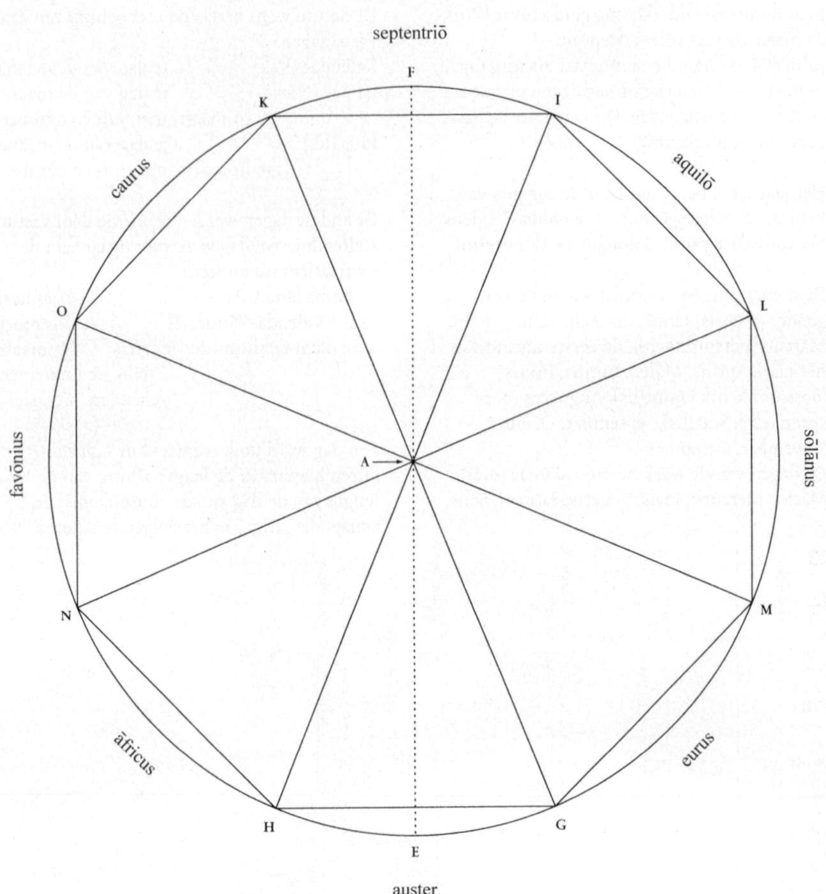

* De afbeelding is met dank aan de uitgever ontleend aan 'Vitruvius *Handboek bouwkunde* vertaald door Ton Peters', Amsterdam, Athenaeum – Polak & Van Gennep 1997, p.52

8 Beknopt overzicht van de Romeinse geschiedenis

Staatkundige ontwikkelingen	Bouwwerken	Literatuur en wijsbegeerte	Enkele ontwikkelingen buiten Rome/het Romeinse Rijk
	Voor Christus		
ca. **800** Nederzettingen op de Palatijn			**814/3** Stichting van Carthago (legende)
753 Romulus sticht Rome, begin koningstijd (legende)			**750 – 550** Griekse kolonies gevestigd in Zuid-Italië en Sicilië
616 – 509 Rome geregeerd door Etruskische koningen	ca. **600** Aanleg van het Forum Romanum		ca. **600** *Massilia* gesticht als Griekse kolonie (Marseille)
509 Stichting van de *res publica* met twee consuls	**510** Tempel van Juppiter op het Forum (legende)		
494 Instelling van het volkstribunaat			
			480 De Grieken verslaan de Perzen bij Salamis
451/450 Wet van de Twaalf Tafelen			**447** Begin van de bouw van het Parthenon in Athene
			431– 404 Peloponnesische oorlog tussen Sparta en Athene
396 Romeinen veroveren de Etruskische stad Veii		**399** Dood van Socrates in Athene	
ca. **386** Galliërs plunderen Rome		ca. **380** Plato sticht de Academie in Athene	

Staatkundige ontwikkelingen	Bouwwerken	Literatuur en wijsbegeerte	Enkele ontwikkelingen buiten Rome/het Romeinse Rijk
	ca. **375** Aanleg van de Servische muur om Rome		
ca. **345 - 290** Samnitische en Latijnse oorlogen: Rome expandeert naar het zuiden en het oosten	**312** Aanleg van de Via Appia en de Aqua Appia door Appius Claudius		**333 - 323** Alexander de Grote verovert het Perzische rijk (incl. Egypte) Na de dood van Alexander de Grote valt zijn rijk uiteen in een aantal koninkrijken o.a. onder de Ptolemaeën (Egypte) en Seleuciden (Syrië), begin van de Hellenistische periode
		ca. **300** Epicurus ontwikkelt zijn filosofie (Athene)	
		ca. **300** Zeno ontwikkelt de stoïcijnse filosofie (Athene)	
		290 Stichting van de bibliotheek in Alexandrië (Egypte)	
281 - 275 Invasie en nederlaag van Pyrrhus, koning van Epirus	**281** Via Appia doorgetrokken naar Tarente		
264 - 241 Eerste Punische oorlog: Rome verovert *Sicilia*			
		240 Eerste toneelproductie in Rome door Livius Andronicus	
			237 - 218 Carthago verovert Spanje
		Plautus (ca. **250 - 184**) komedies	

Staatkundige ontwikkelingen	Bouwwerken	Literatuur en wijsbegeerte	Enkele ontwikkelingen buiten Rome/het Romeinse Rijk
218 – 201 Tweede Punische oorlog: Hannibal verslagen door Scipio Africanus, Rome verovert groot deel van Spanje		Ennius (ca. **239 – 169**) tragedies, epos (*Annales*)	
202 – 191 Rome verovert *Gallia cisalpina* (de Povlakte)		Cato (**234 – 149**) proza (o.a. *De agri cultura*)	
200 – 150 Rome verovert Griekenland en Macedonië			
		Terentius (ca. **190 – 159**) komedies	
149 – 146 Derde Punische oorlog: Carthago verwoest, *Africa* wordt Romeinse provincie			
146 Mummius plundert Corinthe, Griekenland wordt Romeinse provincie (*Achaea*)	**146** Eerste marmeren tempel in Rome (Juppiter Stator)	Lucilius (ca. **180 – 103**) satiren	
133 Tiberius Gracchus stelt voor om land in staatseigendom te verdelen, hij wordt vermoord (**129**)			
123 – 122 Hervormingsplannen van Gaius Gracchus, hij wordt gedood			
111 – 105 Oorlog tegen de Numidische koning Jugurtha, beslist door Marius			**112** Mithridates wordt koning van Pontus
102 – 101 Marius verslaat de Teutonen en de Kimbren			
91 – 89 Bondgenotenoorlog, verlening van het burgerrecht aan de Italische bondgenoten			
83 – 79 Burgeroorlog (Sulla tegen Marius), Sulla wordt *dictator*			

Staatkundige ontwikkelingen	Bouwwerken	Literatuur en wijsbegeerte	Enkele ontwikkelingen buiten Rome/het Romeinse Rijk
73 – 71 Slavenopstand geleid door Spartacus		Cicero (**106 – 43**) redevoeringen, filosofische en retorische geschriften	
64 – 63 Pompeius onderwerpt *Syria* en *Judaea*		Varro (**116 – 27**) encyclopedist	
63 – 62 Samenzwering van Catilina ontdekt en onderdrukt door Cicero		Lucretius (ca. **97 – 55**) leerdicht (*De rerum natura*)	
60 Eerste triumviraat (Pompeius, Crassus, Caesar)		Catullus (ca. **80 – 50**) liefdesgedichten en epigrammen	
58 – 51 Caesar verovert *Gallia transalpina*		Caesar (**100 – 44**) verslagen van zijn oorlogen	
49 – 46 Burgeroorlog tussen Pompeius en Caesar, Caesar verslaat Pompeius bij Pharsalus			
		Nepos (ca. **100 – 27**) biografieën	
46 Kalenderhervorming door Caesar			
44 Caesar wordt *dictator* voor het leven, vermoord op 15 (de *Idus* van) maart		Sallustius (**86 – 34**) geschiedschrijving	
43 Tweede triumviraat (Antonius, Octavianus, Lepidus), Cicero vermoord		Vitruvius (ca. **84 – 14**) handboek over architectuur	
			37 Inval van de Parthen in *Syria*
31 Octavianus verslaat Antonius (en Cleopatra) bij Actium (in Griekenland)			
27 De senaat verleent Octavianus de titels *Augustus* en *Princeps*	**27** Bouw van het Pantheon door Agrippa	Vergilius (**70 – 19**) gedichten (o.a. epos *Aeneis*)	
		Horatius (**65 – 8**) gedichten (o. a. oden)	
	9 Bouw van de *Ara pacis Augustae*	Livius (ca. **59** v. – **17** n. Chr.) geschiedschrijving (*Ab urbe condita*)	

Staatkundige ontwikkelingen	Bouwwerken	Literatuur en wijsbegeerte	Enkele ontwikkelingen buiten Rome/het Romeinse Rijk
		Tibullus (ca. **50** - **19**) liefdeselegieën	
		Propertius (ca **50** - ca. **2**) liefdeselegieën	
12 - **9** De Romeinen veroveren *Germania* tot aan de Elbe		Ovidius (**43** v. - **17** n. Chr.) gedichten (*Metamorphoses*)	
Na Christus			
9 Romeinen o.l.v. Varus vernietigd in het Teutoburgerwoud, de Rijn wordt de grens van het Romeinse Rijk			
14 Dood van Augustus			
14 - **37** keizer Tiberius		Phaedrus (? - ca. **50**) fabels	ca. **30** Kruisiging van Jezus Christus
37 - **41** Caligula			
41 - **54** Claudius			
42 *Mauretania* ingelijfd			
43 Verovering (deel van) *Britannia*			
54 - **68** Nero		Seneca stoïcijns filosoof (ca. **4** - **65**) brieven, tragedies, filosofische geschriften	
64 Brand van Rome, vervolging van christenen in Rome	**64** Bouw van Nero's *Domus aurea*	Lucanus (**39** - **65**) epos (*Pharsalia*)	
69 - **79** Vespasianus			

Staatkundige ontwikkelingen	Bouwwerken	Literatuur en wijsbegeerte	Enkele ontwikkelingen buiten Rome/het Romeinse Rijk
70 Plundering van Jeruzalem		Plinius Maior (ca. **23** - **79**) encyclopedist	
79 Uitbarsting van de Vesuvius, Pompeji en Herculaneum bedolven			
79 - **81** Titus	**80** Bouw van het Colosseum en de Boog van Titus		
81 - **96** Domitianus		Martialis (ca. **40** - **104**) epigrammen	
		Petronius (?) roman (*Satyricon*)	
		Tacitus (ca. **55** - ?) geschiedschrijving (o.a. *Annales*)	
96 - **98** Nerva			
98 - **117** Trajanus		Plinius Minor (ca. **61** - **113**) brieven	
105 - **106** *Dacia* (Roemenië) wordt Romeinse provincie	**112** Oprichting van de Zuil van Trajanus		
113 - **117** Oorlog tegen de Parthen			
117 - **138** Hadrianus		Juvenalis (**67** - ca. **140**) satiren	
	122 Bouw van 'Hadrian's Wall'	Suetonius (ca. **70** - ?) biografieën	
138 - **161** Antoninus Pius			
161 - **180** Marcus Aurelius		Apuleius (ca. **125** - ?) roman (*Metamorphoses*)	**166** Gezantschap van Marcus Aurelius naar China
180 - **192** Commodus			
193 - **211** Septimius Severus		Tertullianus (ca. **160** - **230**) christelijke theologische geschriften	

Staatkundige ontwikkelingen	Bouwwerken	Literatuur en wijsbegeerte	Enkele ontwikkelingen buiten Rome/het Romeinse Rijk
212 - 217 Caracalla			
212 Burgerrecht voor alle vrije inwoners van het Romeinse Rijk			
	216 Bouw van de Thermen van Caracalla		
230 De Perzen vallen *Mesopotamia* binnen			
235 - 270 Invallen van barbaren en talrijke staatsgrepen			
250 Christenvervolgingen onder keizer Decius			
254 De Marcomanni vallen Ravenna aan			
256 Invallen van de Franken bij de Rijn			
Herstel van het centrale gezag onder Aurelianus (**270 - 275**) en Diocletianus (**284 - 305**)	**271** Aureliaanse muur om Rome gebouwd		
ca. **300** Mediolanum (Milaan) wordt keizerlijke residentie		Lactantius (ca. **250** - ca. **325**) christelijke theologische geschriften	
303 - 305 Grote christenvervolgingen			
306 - 337 Constantijn de Grote			
313 Edict van Milaan (christendom getolereerd naast andere culten)			
	329 Bouw van de eerste St.-Pieter voltooid		
330 Constantinopel wordt de tweede hoofdstad			
361-363 Julianus 'de Afvallige', laatste heidense keizer		Ausonius (ca. **310 - 394**) gedichten (*Mosella*)	**375** De Hunnen verslaan de Goten bij de Dnjepr (Rusland), de Goten trekken westwaarts

Staatkundige ontwikkelingen	Bouwwerken	Literatuur en wijsbegeerte	Enkele ontwikkelingen buiten Rome/het Romeinse Rijk
		Ammianus Marcellinus (ca. **330** - ca. **393**) geschiedschrijving	
379 - **395** Theodosius I de Grote			
380 Het christendom wordt staatsgodsdienst		Symmachus (ca. **345** - **402**) brieven	
		Claudianus (? - **404**) gedichten	
395 Splitsing van het Romeinse Rijk in een westelijk en een oostelijk deel			
		Hieronymus (ca. **345** - **420**) christelijke theologische geschriften, bijbelvertaling (*Vulgata*)	
		Augustinus (**354** - **430**) christelijke theologische geschriften, autobiografie (*Confessiones*)	
402 Ravenna wordt de keizerlijke residentie			
406 De Franken en andere stammen vallen Gallië binnen			
410 De Visigoten onder Alarik I plunderen Rome, *Britannia* wordt opgegeven			
	424 Bouw van het Mausoleum van Galla Placidia in Ravenna		
429 - **430** De Vandalen veroveren Noord-Afrika			
		Sidonius Apollinaris (ca. **430** - **486**) gedichten, brieven	
455 De Vandalen plunderen Rome			
476 De laatste Romeinse keizer (Romulus Augustulus) afgezet door Odoaker			

ITALIA ANTIQUA